U0907057

中国信托业年鉴 2020—2021（下卷）

ALMANAC OF CHINA'S TRUSTEE

中国信托业协会　编

中国金融出版社

目　录 CONTENTS

下　卷

2020 年度中国信托公司信息披露分析报告 …… 467

2020 年度各公司年度报告 …… 657

安徽国元信托有限责任公司 …… 659
安信信托股份有限公司 …… 678
百瑞信托有限责任公司 …… 685
北方国际信托股份有限公司 …… 716
北京国际信托有限公司 …… 730
渤海国际信托股份有限公司 …… 752
长安国际信托股份有限公司 …… 770
长城新盛信托有限责任公司 …… 786
重庆国际信托股份有限公司 …… 809
大业信托有限责任公司 …… 827
东莞信托有限公司 …… 841
光大兴陇信托有限责任公司 …… 855
广东粤财信托有限公司 …… 876
国联信托股份有限公司 …… 891
国民信托有限公司 …… 906
国通信托有限责任公司 …… 917
国投泰康信托有限公司 …… 929
杭州工商信托股份有限公司 …… 952
湖南省财信信托有限责任公司 …… 967

华澳国际信托有限公司 …… 988
华宝信托有限责任公司 …… 1006
华宸信托有限责任公司 …… 1029
华能贵诚信托有限公司 …… 1042
华润深国投信托有限公司 …… 1052
华鑫国际信托有限公司 …… 1076
吉林省信托有限责任公司 …… 1090
建信信托有限责任公司 …… 1109
江苏省国际信托有限责任公司 …… 1123
交银国际信托有限公司 …… 1137
昆仑信托有限责任公司 …… 1150
陆家嘴国际信托有限公司 …… 1163
平安信托有限责任公司 …… 1188
山东省国际信托股份有限公司 …… 1209
山西信托股份有限公司 …… 1227
陕西省国际信托股份有限公司 …… 1241
上海爱建信托有限责任公司 …… 1259
上海国际信托有限公司 …… 1283
苏州信托有限公司 …… 1301
天津信托有限责任公司 …… 1330
万向信托股份公司 …… 1351
五矿国际信托有限公司 …… 1367
西部信托有限公司 …… 1378
西藏信托有限公司 …… 1396
厦门国际信托有限公司 …… 1414
兴业国际信托有限公司 …… 1438
雪松国际信托股份有限公司 …… 1456
英大国际信托有限责任公司 …… 1472
云南国际信托有限公司 …… 1490
浙商金汇信托股份有限公司 …… 1508
中诚信托有限责任公司 …… 1522
中国对外经济贸易信托有限公司 …… 1540
中国金谷国际信托有限责任公司 …… 1552

中国民生信托有限公司 …… 1570
中海信托股份有限公司 …… 1593
中航信托股份有限公司 …… 1609
中建投信托股份有限公司 …… 1619
中粮信托有限责任公司 …… 1636
中融国际信托有限公司 …… 1659
中泰信托有限责任公司 …… 1671
中铁信托有限责任公司 …… 1687
中信信托有限责任公司 …… 1702
中原信托有限公司 …… 1717
紫金信托有限责任公司 …… 1731

中国信托业年鉴 2020—2021（下卷）

2020年度中国信托公司信息披露分析报告

2020 年度中国信托公司信息披露分析报告摘要

第一章　信托公司的基本信息

本章主要介绍了已披露年报的63家信托公司披露的公司基本信息、注册资本及股东情况等。

第二章　信托公司年度报告的质量评价——关于审计报告

本章对信托公司被出具的审计报告类型及执行《企业会计准则》的情况进行分析，以此作为后面章节对信托公司进行分析的依据。

第三章　信托公司财务指标排行榜

本章列出信托公司2020年度的各项主要财务数据，并做简要的比较分析。

第四章　固有资产报表总体分析

本章将已披露年报的63家信托公司披露的2020年固有资产部分的会计报表(分为合并报表和母公司单体报表)，包括资产负债表、利润表和所有者权益变动表，分别汇总成代表中国信托行业固有资产整体的汇总报表，以此来分析中国信托公司固有资产整体的财务状况和经营成果。

第五章　信托资产报表总体分析

本章将已披露年报的63家信托公司披露的2020年信托资产部分的会计报表，包括资产负债表和利润表，分别汇总成代表中国信托行业信托资产整体情况的汇总报表，以此来分析中国信托公司信托资产整体的财务状况和经营成果。

第六章　财务报表附注及其他项目的分析

本章分析了在会计报表附注部分披露的包括或有事项、自营资产风险分类、资产损失准备计提以及关联方关系及其交易等各项情况。同时，就信托公司2020年年报中对经营因素的认可情况做了详细的统计，以便于相关部门决策参考。

第七章　公司治理结构及人员结构

本章就信托公司的公司治理情况进行分析。

编 制 说 明

2020 年纳入统计范围的信托公司和 2019 年一致，共计 68 家，其中 63 家已披露相关年报数据。

在进行《2020 年度中国信托公司信息披露分析报告》的编制过程中，关注到已披露年报数据的 63 家信托公司披露的 2020 年度审计报告中，共有 24 家已经执行了最新的金融工具准则，我们需要提醒报告使用者执行不同的金融工具准则，可能产生对各公司排名造成的影响。

此外，在已披露年报数据的 63 家信托公司中，共有 5 家信托公司本年披露的期初净资产与上年披露的年末净资产不一致；4 家信托公司本年披露的上年净利润与上年披露的当年净利润不一致。在这些产生差异的公司中，所有公司均披露了差异原因。由于年鉴篇幅所限，不可能一一列示其差异产生的原因和数据调整过程，因此在计算本年各项指标排名时以信托公司本年披露的年初数为准，同时列报上年净资产数和上年净利润数，以供信息使用者参考。

在对已披露年报数据的 63 家信托公司报表进行汇总统计时，采用各公司的合并报表进行统计分析，同时注意到信托公司报表所采用的货币单位不一致，大部分公司使用万元为单位，部分公司使用元为单位。为便于汇总合并，我们统一以万元为单位，对于存量部分以元为单位的报表进行折算，折算差异可能造成部分表格的明细构成与合计数存在尾差。此外，本年度统计平均值时采用已披露年报数据的 63 家信托公司作为计算平均值的依据。

2020 年，第三章到第五章仍然从资本实力、业务能力、盈利能力、信托理财能力和抗风险能力五个方面指标入手，希望借此能建立更加合理的“信托公司综合评价体系”。

2020年度中国信托公司信息披露分析报告

第一章　信托公司的基本信息 …… 475
一、信息披露情况总览 …… 475
（一）信托公司披露户数及其地区分布情况 …… 475
（二）信托公司变更公司名称情况的披露 …… 475
（三）信托公司基本情况的披露 …… 476
（四）信托公司董事会、监事会及高级管理人员对年报意见的披露 …… 477
（五）信托公司重大事项临时公告的披露 …… 477
二、信托公司实收资本及股东情况 …… 478
（一）信托公司实收资本及股东2019年、2020年的综合变动情况分析 …… 478
（二）信托公司年末股东和大股东情况分析 …… 480
（三）信托公司股东变更情况分析 …… 484
（四）中国银保监会及其派出机构对公司检查后提出整改意见 …… 485
（五）中国银保监会及其省级派出机构认定的其他有必要让客户及相关利益人了解的重要信息 …… 489
第二章　信托公司年度报告的质量评价——关于审计报告 …… 490
一、信托公司2020年、2019年审计报告类型分类汇总情况 …… 490
二、信托公司2020年、2019年会计师事务所审计情况 …… 490
三、信托公司2020年、2019年执行的会计制度统计 …… 492
第三章　信托公司财务指标排行榜 …… 496
一、信托公司单项财务指标排行榜 …… 496
（一）固有资产相关指标 …… 496
（二）信托资产相关指标 …… 515
二、信托公司一些总体指标排名 …… 528
（一）信托公司总资产排行榜 …… 528
（二）年末信托资产规模资本比例排行榜 …… 530
（三）信托公司总收入排行榜 …… 532
（四）现金比率排行榜 …… 533
（五）流动比率排行榜 …… 535
三、信托公司一些其他指标排名 …… 537
（一）固有资产资产负债率增减变动情况排行榜 …… 537
（二）已清算结束信托项目综合实际年化收益率排行榜 …… 538
（三）信托资产配比分析 …… 540
（四）信托公司人均净利润排行榜 …… 546
（五）信托公司资本利润率排行榜 …… 548
（六）信托公司风控指标排行榜 …… 550
（七）信托风险赔偿率排行榜 …… 551
第四章　固有资产报表总体分析 …… 554
一、合并报表数据 …… 554
（一）固有资产财务状况总体分析 …… 554
（二）固有资产经营成果总体分析 …… 556
（三）固有资产所有者权益总体分析 …… 557
（四）固有资产报表结构比率分析 …… 560
二、母公司报表数据 …… 566
（一）母公司固有资产财务状况总体分析 …… 566
（二）固有资产经营成果总体分析 …… 567
（三）母公司固有资产所有者权益总体分析 …… 568

（四）母公司固有资产报表结构比率分析 …… 568
第五章　信托资产报表总体分析 …… 573
一、2020 年信托资产汇总报表分析 …… 573
（一）信托业务汇总报表 …… 573
（二）信托资产汇总结构分析 …… 575
（三）信托资产经营成果及结构分析 …… 576
二、信托资产管理情况分析 …… 580
（一）信托资产运用及分布情况分析 …… 580
（二）集合类、单一类和财产管理类信托项目变动情况 …… 581
第六章　财务报表附注及其他项目的分析 …… 584
一、或有事项情况 …… 584
（一）对外担保和或有事项情况 …… 584
（二）公司本年发生或存在的重大诉讼仲裁事项 …… 585
二、重要资产转让及其出售的说明 …… 586
三、自营资产风险分类情况 …… 587
四、资产损失准备计提和覆盖情况 …… 589
（一）资产损失准备的计提 …… 589
（二）资产准备覆盖分析 …… 592
五、自营股票投资、基金投资、债券投资、长期股权投资和代理业务的分析 …… 595
六、自营贷款分析 …… 597
七、关联方关系及其交易的披露 …… 598
（一）关联方及其交易汇总 …… 598
（二）固有资产与关联方关联交易 …… 599
（三）信托资产与关联方关联交易 …… 600
（四）固有财产与信托财产相互交易 …… 601
（五）信托资产与信托财产相互交易 …… 602
八、子公司及其合并情况 …… 603
九、信托公司 2020 年年报中对经营因素的认可情况分析 …… 604
（一）关于经营目标 …… 604
（二）关于经营方针 …… 604
（三）关于战略规划 …… 605
（四）关于经济金融形势认识 …… 605
（五）关于经营有利因素的认识 …… 605
（六）关于经营不利因素的认识 …… 605
（七）关于内部控制职能部门的认识 …… 606
（八）关于风险管理可能遇到的风险的认识 …… 606
（九）关于风险管理基本原则与政策的认识 …… 606
（十）关于风险管理组织机构与职责的认识 …… 607
（十一）关于信用风险状况的认识 …… 607
（十二）关于信用风险管理措施的认识 …… 607
（十三）关于市场风险状况的认识 …… 607
（十四）关于市场风险管理措施的认识 …… 608
（十五）关于操作风险状况的认识 …… 608
（十六）关于操作风险管理措施的认识 …… 608
（十七）关于其他风险状况的认识 …… 608
（十八）关于其他风险管理措施的认识 …… 609
第七章　公司治理结构及人员结构 …… 610
一、2020 年公司股东会、董事会和监事会情况分析 …… 610
（一）股东会、董事会和监事会会议次数 …… 610
（二）董事会及其基本情况分析 …… 612

（三）独立董事分析 …… 632
（四）监事会及其基本情况分析 …… 637
（五）信托公司股东派出董事和监事情况分析 …… 643
二、公司高级管理人员情况分析 …… 644
（一）公司高级管理人员变动情况分析 …… 644
（二）公司及其董事、监事和高级管理人员受到处罚的情况 …… 648
三、人员结构分析 …… 649
（一）员工数量分析 …… 649
（二）年龄构成分析 …… 650
（三）高级管理人员性别构成分析 …… 651
（四）学历构成分析 …… 651
（五）高级管理人员从业年限结构分析 …… 653
（六）员工岗位汇总分析 …… 653
四、信托公司聘请律师事务所的情况分析 …… 654

第一章　信托公司的基本信息

一、信息披露情况总览

本章主要介绍已披露年报的63家公司的基本情况，包括信托公司的基本信息、股本、股东情况等。

在中国银保监会颁发的《信托投资公司信息披露管理暂行办法》的附件《年度报告内容与格式》中要求公司在重要提示及目录中刊登声明：本公司董事会及董事保证本报告所载资料不存在任何虚假记载、误导性陈述或者重大遗漏，并对其内容的真实性、准确性和完整性承担个别及连带责任。公司负责人、主管会计工作负责人及会计机构负责人（会计主管人员）应当声明：保证年度报告中财务报告的真实、完整。2020年所有63家信托公司披露的年度报告都做了这样的声明，因此之后进行的所有分析均是基于这样的假设：所有披露的信息内容都是真实、准确、完整的。

2020年已披露年报信息的63家信托公司固有业务中，42家明确披露已执行《企业会计准则》（2006年、2018年），17家披露已执行《企业会计准则》（2006年），1家披露已执行《企业会计准则》（2006年、2014年），1家披露同时执行《企业会计准则》和《金融企业会计制度》（2014年），1家披露执行《国际会计准则》和《国际财务报告准则》，1家披露执行《企业会计准则》（2006年、2010年）。由于信托公司披露的年度报告没有统一的格式，使部分公司财务报表格式存在较大的差异：有的公司采用了一般企业的财务报表披露格式，有的公司参考采用了中国银保监会的财务报表格式，还有的公司根据自身业务的特点对相关报表格式进行了调整和补充，导致财务报表列示的科目差别较大，很难统一到一个格式中。为了使各公司的指标具有可比性，我们在统计这些数据时按照统一的口径作出了适当的调整。

2020年信托公司财务报表涉及上年金额和本年金额的披露，部分公司对比较报表年初数进行了调整，但在2020年报中未详细披露数据的调整过程。由于年鉴篇幅所限，无法一一列示其差异原因和数据调整过程，因此本报告中对于公司披露的2019年末数与2020年初数不一致的情况，以2020年初数作为统计口径。

本报告所有的统计都是依据信托公司公开披露的2020年年报内容进行的。以下是信托公司披露的基本信息汇总分析。

（一）信托公司披露户数及其地区分布情况

表1-1-1　信托公司2018年、2019年、2020年披露户数比较

项目	2018年	2019年	2020年
披露户数	68	68	63

表1-1-2　披露的信托公司2018年、2019年、2020年在各省、自治区、直辖市分布情况

省份		北京	上海	广东	江苏	山东	陕西	安徽	福建	河南	辽宁	内蒙古	天津	浙江	重庆	甘肃	黑龙江
分布户数	2018年	11	7	5	4	2	3	2	2	2	1	2	2	5	2	1	1
	2019年	11	7	5	4	2	3	2	2	2	1	2	2	5	2	1	1
	2020年	11	7	5	4	2	3	2	2	2	—	1	2	5	1	1	1
省份		湖南	吉林	江西	山西	西藏	新疆	云南	河北	湖北	四川	贵州	青海	广西	宁夏	海南	合计
分布户数	2018年	1	1	2	1	1	2	1	1	2	2	1	1	—	—	—	68
	2019年	1	1	2	1	1	2	1	1	2	2	1	1	—	—	—	68
	2020年	1	1	2	1	1	1	1	1	2	1	1	1	—	—	—	63

信托公司位于北京的有11家，上海有7家，广东和浙江各有5家，大部分省、自治区、直辖市有1~4家，广西、宁夏、海南、辽宁四个省或自治区均没有信托公司。

（二）信托公司变更公司名称情况的披露

截至2020年12月31日，有一家公司变更公司名称，内容如下。

经公司股东会2020年度第一次会议审议通过，并经中国银保监会湖南监管局批准（湘银保监复〔2020〕89号）及湖南省市场监督管理局核准，将湖南省信托有限责任公司（英文名称：Hunan Trust Co.，Ltd.）变更为湖南省财信信托有限责任公司（英文名称：Hunan Chasing Trust Co.，Ltd.），并于2020年3月19日在湖南省市场监督管理局完成了名称变更登记。

（三）信托公司基本情况的披露

表 1－1－3　披露的信托公司 2020 年基本情况

公司法定中文名称	公司形式	股本（万元）	法定代表人	注册地址	所在省份
安徽国元信托有限责任公司	有限责任公司	420 000. 00	许斌	安徽省合肥市庐阳区宿州路 20 号	安徽
安信信托股份有限公司	股份有限公司	546 913. 79	王少钦	上海市控江路 1553—1555 号 A 座 301 室	上海
百瑞信托有限责任公司	有限责任公司	400 000. 00	王振京	河南省郑州市郑东新区商务外环路 10 号中原广发金融大厦	河南
北方国际信托股份有限公司	股份有限公司	100 099. 89	韩立新	天津经济技术开发区第三大街 39 号	天津
北京国际信托有限公司	有限责任公司	220 000. 00	周瑞明	北京市朝阳区安立路 30 号院 1 号、2 号楼	北京
中铁信托有限责任公司	有限责任公司	500 000. 00	马永红	成都市武侯区航空路 1 号国航世纪中心 B 座 20 层、21 层、22 层	四川
东莞信托有限公司	有限责任公司	145 000. 00	黄晓雯	东莞松山湖高新技术产业开发区创新科技园 2 号楼	广东
光大兴陇信托有限责任公司	有限责任公司	841 819. 05	冯翔	甘肃省兰州市城关区东岗西路 555 号	甘肃
广东粤财信托有限公司	有限责任公司	380 000. 00	莫敏秋	广东省广州市越秀区东风中路 481 号粤财大厦 1 楼自编 C 区 4 楼、14 楼、40 楼	广东
国联信托股份有限公司	股份有限公司	300 000. 00	周卫平	无锡市滨湖区太湖新城金融一街 8 号国联金融大厦	江苏
国民信托有限公司	有限责任公司	100 000. 00	肖鹰	北京市东城区安外西滨河路 18 号院 1 号	北京
国投泰康信托有限公司	有限责任公司	267 054. 55	叶柏寿	北京市西城区阜成门北大街 2 号楼 16 层、17 层	北京
杭州工商信托股份有限公司	股份有限公司	150 000. 00	虞利明	浙江省杭州市江干区迪凯国际中心 3801 室、4101 室、裙房 4 楼	浙江
建信信托有限责任公司	有限责任公司	1 050 000. 00	王宝魁	安徽省合肥市九狮桥街 45 号	安徽
湖南省财信信托有限责任公司	有限责任公司	438 000. 00	王双云	长沙市岳麓区玉兰路 433 号西枢纽商务中心购物中心 T3 写字楼 1801—1809	湖南
华宝信托有限责任公司	有限责任公司	474 400. 00	孔祥清	中国（上海）自由贸易试验区世纪大道 100 号环球金融中心 59 层	上海
吉林省信托有限责任公司	有限责任公司	159 659. 75	张洪东	吉林省长春市人民大街 9889 号	吉林
江苏省国际信托有限责任公司	有限责任公司	876 033. 66	胡军	江苏省南京市长江路 2 号 22 层至 26 层	江苏
雪松国际信托股份有限公司	股份有限公司	300 505. 17	祁绍斌	江西省南昌市红谷滩区金融大街 777 号博能金融中心 27—28 层	江西
兴业国际信托有限公司	有限责任公司	1 000 000. 00	沈卫群	福州市鼓楼区五四路 137 号信和广场 25—26 层	福建
华宸信托有限责任公司	有限责任公司	80 000. 00	田跃勇	内蒙古自治区呼和浩特市赛罕区如意西街 23 号	内蒙古
昆仑信托有限责任公司	有限责任公司	1 022 705. 89	肖华	浙江省宁波市鄞州区和济街 180 号 1 幢 24—27 层	浙江
平安信托有限责任公司	有限责任公司	1 300 000. 00	姚贵平	深圳市福田区益田路 5033 号平安金融中心 29 层（西南、西北）、31 层（3120 室、3122 室）、32 层、33 层	广东
山东省国际信托股份有限公司	股份有限公司	465 885. 00	万众	山东省济南市历下区解放路 166 号	山东
山西信托股份有限公司	股份有限公司	135 700. 00	刘叔肄	山西省太原市府西街 69 号	山西
陕西省国际信托股份有限公司	股份有限公司	396 401. 28	薛季民	西安市高新区科技路 50 号金桥国际广场 C 座	陕西
上海国际信托有限公司	有限责任公司	500 000. 00	潘卫东	中国上海市九江路 111 号	上海
苏州信托有限公司	有限责任公司	120 000. 00	沈光俊	苏州市工业园区苏雅路 308 号信投大厦 18 层	江苏
天津信托有限责任公司	有限责任公司	170 000. 00	赵毅	天津市河西区围堤道 125—127 号天信大厦	天津
长安国际信托股份有限公司	股份有限公司	333 000. 00	高成程	西安市高新区科技路 33 号高新国际商务中心 23 层、24 层	陕西
西部信托有限公司	有限责任公司	200 000. 00	徐谦	陕西省西安市东新街 232 号	陕西
西藏信托有限公司	有限责任公司	300 000. 00	周贵庆	西藏拉萨市经济开发区博达路 1 号阳光新城别墅区 A7 栋	西藏
厦门国际信托有限公司	有限责任公司	375 000. 00	洪文瑾	厦门市思明区展鸿路 82 号厦门国际金融中心 39—42 层	福建
华润深国投信托有限公司	有限责任公司	1 100 000. 00	刘小腊	深圳市福田区中心四路 1－1 号嘉里建设广场第三座第 10—12 层	广东
英大国际信托有限责任公司	有限责任公司	402 900. 60	王剑波	北京市东城区建国门内大街乙 18 号院 1 号楼英大国际大厦 4 层	北京
云南国际信托有限公司	有限责任公司	120 000. 00	甘煜	云南省昆明市南屏街（云南国托大厦）	云南
中诚信托有限责任公司	有限责任公司	245 666. 67	牛成立	北京市东城区安外大街 2 号	北京
中国对外经济贸易信托有限公司	有限责任公司	800 000. 00	杨林	北京市西城区复兴门内大街 28 号凯晨世贸中心中座 6 层	北京
中海信托股份有限公司	股份有限公司	250 000. 00	张德荣	上海市蒙自路 763 号 36 楼	上海
中融国际信托有限公司	有限责任公司	1 200 000. 00	刘洋	哈尔滨市松北区科技创新城创新二路 277 号	黑龙江
中泰信托有限责任公司	有限责任公司	51 660. 00	吴庆斌	上海市黄浦区北京东路 666 号 F 区（西座）32 层和 33 层	上海
中信信托有限责任公司	有限责任公司	1 127 600. 00	陈一松	北京市朝阳区新源南路 6 号京城大厦	北京
中原信托有限公司	有限责任公司	400 000. 00	赵卫华	中国河南省郑州市商务外环路 24 号中国人保大厦	河南
重庆国际信托股份有限公司	股份有限公司	1 500 000. 00	翁振杰	重庆市渝北区龙溪街道金山路 9 号附 7 号	重庆
渤海国际信托股份有限公司	股份有限公司	360 000. 00	成小云	石家庄市新石中路 377 号 B 座 22—23 层	河北
交银国际信托有限公司	有限责任公司	576 470. 59	童学卫	湖北省武汉市江汉区建设大道 847 号瑞通广场 B 座 16—17 层	湖北
中建投信托有限责任公司	有限责任公司	500 000. 00	刘功胜	杭州市教工路 18 号世贸丽晶城欧美中心 1 号楼（A 座）18－19 层 C 区、D 区	浙江

续表

公司法定中文名称	公司形式	股本(万元)	法定代表人	注册地址	所在省份
华能贵诚信托有限公司	有限责任公司	619 455.74	田军	贵州省贵阳市观山湖区长岭北路55号贵州金融城1期商务区10号楼23层、24层	贵州
浙商金汇信托股份有限公司	股份有限公司	170 000.00	余艳梅	浙江省杭州市江干区香樟街39号26—28层	浙江
上海爱建信托有限责任公司	有限责任公司	460 268.46	徐众华	上海市徐汇区肇嘉浜路746号3—8层	上海
中航信托股份有限公司	股份有限公司	465 726.71	姚江涛	江西省南昌市红谷滩新区会展路1009号航信大厦	江西
华澳国际信托有限公司	有限责任公司	250 000.00	吴瑞忠	中国(上海)自由贸易试验区花园石桥路33号花旗集团大厦1702室	上海
大业信托有限责任公司	有限责任公司	120 224.87	陈俊标	广州市花都区迎宾大道163号高晟广场2栋11层	广东
国通信托有限责任公司	有限责任公司	320 000.00	陈建新	武汉市江汉区新华街296号汉江国际1栋1单元32—38层	湖北
华鑫国际信托有限公司	有限责任公司	582 484.04	褚玉	北京市西城区新华里16号院2号楼102号、202号、302号	北京
中国金谷国际信托有限责任公司	有限责任公司	220 000.00	徐兵	北京市西城区金融大街33号通泰大厦C座10层	北京
陆家嘴国际信托有限公司	有限责任公司	480 000.00	黎作强	青岛市崂山区香港东路195号3号楼青岛上实中心12层	山东
五矿国际信托有限公司	有限责任公司	1 305 106.91	王卓	青海省西宁市城中区创业路108号南川工业园区投资服务中心1号楼4层	青海
中粮信托有限责任公司	有限责任公司	230 000.00	吴浩军	北京市朝阳区朝阳门南大街8号中粮福临门大厦11层	北京
紫金信托有限责任公司	有限责任公司	245 300.00	陈峥	江苏省南京市鼓楼区中山北路2号紫峰大厦30层	江苏
长城新盛信托有限责任公司	有限责任公司	30 000.00	喻林	乌鲁木齐经济技术开发区卫星路475号紫金矿业研发大厦A座11层	新疆
中国民生信托有限公司	有限责任公司	700 000.00	张喜芳	北京市东城区建国门内大街28号民生金融中心C座19层	北京
万向信托有限公司	股份有限公司	133 900.00	肖风	浙江省杭州市下城区体育场路429号天和大厦4—6层及9—17层	浙江

注:本年度有5家信托公司尚未披露年报,故未在本表中披露相关数据。

(四)信托公司董事会、监事会及高级管理人员对年报意见的披露

1. 董事会对年报意见的披露

根据中国银保监会颁发的《信托投资公司信息披露管理暂行办法》的附件《年度报告内容与格式》,要求公司在重要提示及目录中刊登声明:本公司董事会及董事保证本报告所载资料不存在任何虚假记载、误导性陈述或者重大遗漏,并对其内容的真实性、准确性和完整性承担个别及连带责任。63家董事均按要求做了声明保证。

2. 监事会对年报意见的披露

根据中国银保监会颁发的《信托投资公司信息披露管理暂行办法》的附件《年度报告内容与格式》,要求公司监事会应当对本公司依法运作情况、财务报告是否真实反映公司的财务状况和经营成果等发表独立意见。2020年已披露年报数据的63家信托公司的监事会均发表了相关意见,认为公司依法运作、财务报告真实反映了公司的财务状况和经营成果。

3. 高级管理人员对年报意见的披露

根据中国银保监会颁发的《信托投资公司信息披露管理暂行办法》的附件《年度报告内容与格式》,要求公司负责人、主管会计工作负责人及会计机构负责人(会计主管人员)应当声明:保证年度报告中财务报告的真实、完整。63家公司均按要求完整披露了高级管理人员发表的声明。

(五)信托公司重大事项临时公告的披露

表1-1-4 披露的信托公司2020年临时公告情况

公司简称	期内临时报告的披露次数	公司简称	期内临时报告的披露次数
安信信托	109	粤财信托	1
陕国投	97	国民信托	1
财信信托	4	建信信托	1
华宝信托	4	兴业信托	1
西部信托	4	华宸信托	1
北方信托	3	平安信托	1
雪松信托	3	山东国信	1
中泰信托	3	山西信托	1
中原信托	3	上海信托	1
中建投信托	3	天津信托	1
华鑫信托	3	外贸信托	1
中国民生信托	3	中海信托	1
百瑞信托	2	中融信托	1

续表

公司简称	期内临时报告的披露次数	公司简称	期内临时报告的披露次数
国投泰康信托	2	重庆信托	1
杭州工商信托	2	渤海信托	1
昆仑信托	2	华能信托	1
苏州信托	2	国通信托	1
长安信托	2	长城新盛信托	1
西藏信托	2	北京信托	—
华润信托	2	东莞信托	—
云南信托	2	国联信托	—
中诚信托	2	吉林信托	—
中信信托	2	江苏信托	—
浙金信托	2	厦门国际信托	—
中航信托	2	英大信托	—
金谷信托	2	交银国际信托	—
陆家嘴信托	2	爱建信托	—
五矿信托	2	华澳信托	—
中粮信托	2	大业信托	—
国元信托	1	紫金信托	—
中铁信托	1	万向信托	—
光大兴陇信托	1		

注：本年度有 5 家信托公司尚未披露年报，故未在本表中披露相关数据。

根据《信托投资公司信息披露管理暂行办法》第十八条规定：

信托投资公司发生重大事项，应当制作重大事项临时报告并向社会披露。重大事项包括（但不限于）下列情况：（一）公司第一大股东变更及原因；（二）公司董事长、总经理变动及原因；（三）公司董事报告期内累计变更超过 50%；（四）信托经理和信托业务人员报告期内累计变更超过 30%；（五）公司章程、股本、注册地和公司名称的变更；（六）公司合并、分立、解散等事项；（七）公司更换为其审计的会计师事务所；（八）公司更换为其服务的律师事务所；（九）法律法规规定的其他重要事项。

上述信托公司中，除了上市公司安信信托、陕国投分别披露了 109 次、97 次外，财信信托、华宝信托、西部信托披露了 4 次公告，其余 45 家公司披露了 1 ~3 次临时公告，另有 13 家公司期内无临时公告。

二、信托公司实收资本及股东情况

（一）信托公司实收资本及股东 2019 年、2020 年的综合变动情况分析

从整体来说，信托公司平均股本 2020 年较 2019 年增加了 42 872. 19 万元，增幅为 10. 26%，平均股东家数较上年略有减少，平均持股 10% 以上的股东家数较上年基本保持一致，第一大股东平均持股比例略有增加，第二大股东平均持股比例略有减少，第三大股东平均持股比例略有减少。总体来看，股本增加而股权构成基本稳定，说明股东对信托公司的发展依然充满信心。信托公司 2019 年、2020 年股本及股东综合情况详见表 1 -2 -1。

表 1 -2 -1　信托公司 2019 年、2020 年股本及股东综合情况

项目	2019 年末	2020 年末	增减变动
平均股本（万元）	417 999. 92	460 872. 11	42 872. 19
平均股东家数（家）	5. 46	5. 1	-0. 36
平均持股 10% 以上股东家数（家）	2. 17	2. 1	-0. 07
第一大股东平均持股比例（%）	65. 02	67. 21	2. 19
第二大股东平均持股比例（%）	19. 34	18. 56	-0. 78
第三大股东平均持股比例（%）	10. 13	9. 57	-0. 56

注：1. 2019 年末披露的信托公司共 68 家。计算平均股东数时不包括陕国投、安信信托和山东国信 3 家上市公司，共采用 65 家数据进行平均计算；计算平均持股 10% 以上股东数时各家全部披露，共采用 68 家数据进行平均计算；2019 年末第一大股东平均持股比例计算的基数是已披露年报的 63 家信托公司的平均数据，第二大股东平均持股比例计算的基数是已披露年报的 63 家信托公司的平均数据，第三大股东平均持股比例计算的基数是 52 家信托公司的平均数据。

2. 2020 年末已披露年报的信托公司共 63 家。计算平均股东数时不包括陕国投、安信信托和山东国信 3 家上市公司，共采用 60 家数据进行平均计算；计算平均持股 10% 以上股东数时各家全部披露，共采用 63 家数据进行平均计算；2020 年末第一大股东平均持股比例计算的基数是 63 家信托公司的平均数据，第二大股东平均持股比例计算的基数是 63 家信托公司的平均数据，第三大股东平均持股比例计算的基数是 47 家信托公司的平均数据。

2020 年末，平均股本达 460 872. 11 万元。超过平均股本的公司和上年持平，仍为有 24 家，占全部 68 家公司的 38. 10%，低于平均股本的公司占 61. 90%，说明部分信托公司的规模与上年相比略有上升。信托公司 2019 年、2020 年股本情况详见表 1 -2 -2。信托公司股本变动情况明细详见表 1 -2 -3。

表 1 -2 -2　信托公司 2019 年、2020 年股本情况（按 2020 年末股本数进行排序）

单位：万元

排名	公司简称	上期股本	股本增加	股本减少	本期股本	排名	公司简称	上期股本	股本增加	股本减少	本期股本
1	重庆信托	1 500 000. 00	—	—	1 500 000. 00	33	厦门国际信托	375 000. 00	—	—	375 000. 00
2	五矿信托	600 000. 00	705 106. 91	—	1 305 106. 91	34	渤海信托	360 000. 00	—	—	360 000. 00
3	平安信托	1 300 000. 00	—	—	1 300 000. 00	35	长安信托	333 000. 00	—	—	333 000. 00
4	中融信托	1 200 000. 00	—	—	1 200 000. 00	36	国通信托	320 000. 00	—	—	320 000. 00
5	中信信托	1 127 600. 00	—	—	1 127 600. 00	37	雪松信托	300 505. 17	—	—	300 505. 17
6	华润信托	1 100 000. 00	—	—	1 100 000. 00	38	国联信托	300 000. 00	—	—	300 000. 00
7	建信信托	246 686. 61	803 313. 39	—	1 050 000. 00	39	西藏信托	300 000. 00	—	—	300 000. 00
8	昆仑信托	1 022 705. 89	—	—	1 022 705. 89	40	国投泰康信托	219 054. 55	48 000. 00	—	267 054. 55
9	兴业信托	1 000 000. 00	—	—	1 000 000. 00	41	中海信托	250 000. 00	—	—	250 000. 00
10	江苏信托	376 033. 66	500 000. 00	—	876 033. 66	42	华澳信托	250 000. 00	—	—	250 000. 00
11	光大兴陇信托	641 819. 05	200 000. 00	—	841 819. 05	43	中诚信托	245 666. 67	—	—	245 666. 67
12	外贸信托	800 000. 00	—	—	800 000. 00	44	紫金信托	245 300. 00	—	—	245 300. 00
13	中国民生信托	700 000. 00	—	—	700 000. 00	45	中粮信托	230 000. 00	—	—	230 000. 00
14	华能信托	619 455. 74	—	—	619 455. 74	46	北京信托	220 000. 00	—	—	220 000. 00
15	华鑫信托	357 484. 04	225 000. 00	—	582 484. 04	47	金谷信托	220 000. 00	—	—	220 000. 00
16	交银国际信托	576 470. 59	—	—	576 470. 59	48	西部信托	150 000. 00	50 000. 00	—	200 000. 00
17	安信信托	546 913. 79	—	—	546 913. 79	49	天津信托	170 000. 00	—	—	170 000. 00
18	中铁信托	500 000. 00	—	—	500 000. 00	50	浙金信托	170 000. 00	—	—	170 000. 00
19	上海信托	500 000. 00	—	—	500 000. 00	51	吉林信托	159 659. 75	—	—	159 659. 75
20	中建投信托	500 000. 00	—	—	500 000. 00	52	杭州工商信托	150 000. 00	—	—	150 000. 00
21	陆家嘴信托	400 000. 00	80 000. 00	—	480 000. 00	53	东莞信托	145 000. 00	—	—	145 000. 00
22	华宝信托	474 400. 00	—	—	474 400. 00	54	山西信托	135 700. 00	—	—	135 700. 00
23	山东国信	465 885. 00	—	—	465 885. 00	55	万向信托	133 900. 00	—	—	133 900. 00
24	中航信托	465 726. 71	—	—	465 726. 71	56	大业信托	100 000. 00	20 224. 87	—	120 224. 87
25	爱建信托	460 268. 46	—	—	460 268. 46	57	苏州信托	120 000. 00	—	—	120 000. 00
26	财信信托	245 132. 00	192 868. 00	—	438 000. 00	58	云南信托	120 000. 00	—	—	120 000. 00
27	国元信托	300 000. 00	120 000. 00	—	420 000. 00	59	北方信托	100 099. 89	—	—	100 099. 89
28	英大信托	402 900. 60	—	—	402 900. 60	60	国民信托	100 000. 00	—	—	100 000. 00
29	百瑞信托	400 000. 00	—	—	400 000. 00	61	华宸信托	80 000. 00	—	—	80 000. 00
30	中原信托	400 000. 00	—	—	400 000. 00	62	中泰信托	51 660. 00	—	—	51 660. 00
31	陕国投	396 401. 28	—	—	396 401. 28	63	长城新盛信托	30 000. 00	—	—	30 000. 00
32	粤财信托	380 000. 00	—	—	380 000. 00		合计数	26 090 429. 45	2 944 513. 17	—	29 034 942. 62

注：1. 本年度有 5 家信托公司尚未披露年报，故未在本表中披露相关数据。
2. 已披露年报的 63 家信托公司股本 2020 年比 2019 年总体增加了 2 944 513. 17 万元。其中，增资最大的是建信信托，增加了 803 313. 39 万元。

表 1 -2 -3　信托公司股本变动情况明细

公司简称	上期股本（万元）	本期股本（万元）	增减变动（万元）	注册资本变动原因
国元信托	300 000. 00	420 000. 00	120 000. 00	为进一步增强公司资本实力，保障公司持续稳定健康发展，公司通过募集资金和以未分配利润转增股本的方式增加注册资本金。2020 年 9 月 4 日，公司召开 2019 年度股东会，审议通过《关于增加公司注册资本金的议案》，同意安徽安振产业投资集团有限公司参加本次现金增资，增资后，安徽安振产业投资集团有限公司持有公司股份 4. 5864%。前五大股东变更为安徽国元金融控股集团有限责任公司、深圳中海投资管理有限公司、安徽皖投资产管理有限公司、安徽安振产业投资集团有限公司、安徽皖维高新材料股份有限公司。
光大兴陇信托	641 819. 05	841 819. 05	200 000. 00	2020 年 11 月，经甘肃银保监局批准，公司将注册资本金由 641 819. 05 万元增加至 841 819. 05 万元。2021 年 4 月 13 日，公司接到甘肃省市场监督管理局核发的营业执照（新），公司注册资本金变更为 841 819. 05 万元。

续表

公司简称	上期股本（万元）	本期股本（万元）	增减变动（万元）	注册资本变动原因
国投泰康信托	219 054. 55	267 054. 55	48 000. 00	报告期内，公司注册资本由 219 054. 554 万元增加至 267 054. 55 万元。本次增资中的43 200万元由国投资本控股有限公司出资，4 800 万元由泰康资产管理有限责任公司出资。增资后，公司股东持股比例变更为：国投资本控股有限公司持股 61. 29%；泰康保险集团股份有限公司持股 27. 06%；泰康资产管理有限责任公司持股 3. 45%；悦达资本股份有限公司持股 8. 20%。
建信信托	246 686. 61	1 050 000. 00	803 313. 39	经公司股东会审议通过，并经北京银保监局批准（京银保监复〔2020〕375 号），2020 年 9 月 2 日，公司注册资本由 2 466 866 069. 00 元增加至 10 500 000 000. 00 元。
财信信托	245 132. 00	438 000. 00	192 868. 00	经公司股东会 2019 年度第四次会议审议通过，并经中国银保监会湖南监管局核准（湘银保监复〔2020〕251 号），公司以资本公积转增注册资本的方式，将注册资本由 24. 5132 亿元增加至 43. 8 亿元。增资后，公司原有股东及出资比例保持不变。公司已于 2020 年 11 月 5 日在湖南省市场监督管理局完成了注册资本变更登记。
江苏信托	376 033. 66	876 033. 66	500 000. 00	根据苏银保监复〔2020〕468 号文件批复，公司注册资本由 376 033. 661182 万元增加至876 033. 661182万元，已完成相应的工商变更登记手续。
西部信托	150 000. 00	200 000. 00	50 000. 00	经公司 2020 年 6 月 30 日召开的 2020 年第五次临时股东会审议通过，公司的注册资本由 15 亿元变更为 20 亿元；公司已于 2020 年 11 月 4 日完成了注册资本金的工商变更事宜。
大业信托	100 000. 00	120 224. 87	20 224. 87	公司股东会 2020 年第四次临时会议审议通过了《关于增资扩股暨修改公司章程的议案》，决定增资 95 000 万元，增资后注册资本达 1 485 396 761. 26 元，股东单位出资额为增资额乘以持股比例，增资后持股比例维持不变。 截至 2020 年 12 月 31 日，公司已收到股东方中国东方资产管理股份有限公司增资款 395 833 333. 34 元，于 2021 年 1 月 8 日收到股东方广州金融控股集团有限公司增资款 364 166 666. 66 元，以及股东方广东京信电力集团有限公司增资款 190 000 000. 00 元。 公司已于 2021 年 1 月 12 日办理工商变更登记，变更后注册资本为 1 485 396 761. 26 元。
华鑫信托	357 484. 04	582 484. 04	225 000. 00	经股东方同意并报北京银保监局批准，公司注册资本由 357 484. 042031 万元增加至 582 484. 042031 万元。
陆家嘴信托	400 000. 00	480 000. 00	80 000. 00	2020 年 11 月 19 日，中国银保监会批复同意公司注册资本金增加至 48 亿元，公司股东出资比例保持不变，2020 年 12 月 7 日公司完成工商变更登记手续。该次增资有效地增强了公司资本实力。
五矿信托	600 000. 00	1 305 106. 91	705 106. 91	经公司 2020 年第三次股东会审议通过，经中国银行保险监督管理委员会青海监管局批准（青银保监复〔2020〕186 号），公司股东单位实施同比例增资，注册资本金增加至 130. 51 亿元。

（二）信托公司年末股东和大股东情况分析

表 1－2－4　披露的信托公司 2020 年末股东数量及持股比例 10% 以上股东数汇总

单位：家

公司简称	股东家数	其中：持股比例 10% 以上股东家数	公司简称	股东家数	其中：持股比例 10% 以上股东家数
安信信托	上市公司	1	长城新盛信托	4	3
山东国信	上市公司	3	山西信托	3	1
陕国投	上市公司	2	上海信托	3	1
北方信托	24	2	苏州信托	3	3
西部信托	24	1	厦门国际信托	3	3
中铁信托	16	1	中原信托	3	2
中诚信托	15	3	渤海信托	3	3
北京信托	10	4	浙金信托	3	2
雪松信托	10	2	爱建信托	3	1
杭州工商信托	9	2	大业信托	3	3
国元信托	8	2	国通信托	3	3
百瑞信托	8	3	金谷信托	3	1
华能信托	8	2	陆家嘴信托	3	3
长安信托	7	4	五矿信托	3	2
东莞信托	6	2	中粮信托	3	2
兴业信托	6	1	粤财信托	2	1
华宸信托	6	3	建信信托	2	2
云南信托	6	4	财信信托	2	1
中泰信托	6	3	华宝信托	2	1

续表

公司简称	股东家数	其中：持股比例10%以上股东家数	公司简称	股东家数	其中：持股比例10%以上股东家数
紫金信托	6	2	昆仑信托	2	2
吉林信托	5	1	平安信托	2	1
天津信托	5	2	西藏信托	2	2
重庆信托	5	2	华润信托	2	2
中国民生信托	5	2	外贸信托	2	1
万向信托	5	2	中海信托	2	1
光大兴陇信托	4	3	中信信托	2	2
国联信托	4	2	交银国际信托	2	2
国民信托	4	4	中建投信托	2	1
国投泰康信托	4	2	中航信托	2	2
江苏信托	4	2	华澳信托	2	2
英大信托	4	2	华鑫信托	2	2
中融信托	4	3	平均数	5.1	2.1

注：1. 本年度有5家信托公司尚未披露年报，故未在本表中披露相关数据。
2. 计算股东平均数时上市公司未包含在内。

49家信托公司的第一大股东持股比例超过了50%，处于绝对控股地位。披露的信托公司2020年末第一大股东的持股比例排序详见表1-2-5。

表1-2-5　披露的信托公司2020年末第一大股东的持股比例排序

排名	公司简称	第一大股东名称	持股比例(%)	第一大股东性质
1	平安信托	中国平安保险(集团)股份有限公司	99.8800	股份有限公司
2	爱建信托	上海爱建集团股份有限公司	99.3300	股份有限公司
3	粤财信托	广东粤财投资控股有限公司	98.1400	有限责任公司
4	华宝信托	中国宝武钢铁集团有限公司	98.0000	有限责任公司
5	吉林信托	吉林省财政厅	97.4960	机关法人
6	上海信托	上海浦东发展银行股份有限公司	97.3333	股份有限公司
7	外贸信托	中化资本有限公司	97.2600	有限责任公司
8	财信信托	湖南财信投资控股有限责任公司	96.0000	有限责任公司
9	中海信托	中国海洋石油集团有限公司	95.0000	有限责任公司
10	金谷信托	中国信达资产管理股份有限公司	92.2900	股份有限公司
11	山西信托	山西金融投资控股集团有限公司	90.7000	有限责任公司
12	中建投信托	中国建银投资有限责任公司	90.0500	有限责任公司
13	西藏信托	西藏自治区财政厅	89.4300	机关法人
14	昆仑信托	中油资产管理有限公司	87.1800	有限责任公司
15	交银国际信托	交通银行股份有限公司	85.0000	股份有限公司
16	中航信托	中航投资控股有限公司	82.7300	有限责任公司
17	中国民生信托	武汉中央商务区股份有限公司	82.7071	股份有限公司
18	中信信托	中国中信有限公司	82.2600	有限责任公司
19	江苏信托	江苏国信股份有限公司	81.4904	股份有限公司
20	中粮信托	中粮资本投资有限公司	80.5090	有限责任公司
21	厦门国际信托	厦门金圆金控股份有限公司	80.0000	股份有限公司
22	中铁信托	中国中铁股份有限公司	78.9110	股份有限公司
23	五矿信托	五矿资本控股有限公司	78.0020	有限责任公司
24	浙金信托	浙江东方金融控股集团股份有限公司	78.0000	股份有限公司
25	天津信托	上海上实(集团)有限公司	77.5800	有限责任公司
26	万向信托	中国万向控股有限公司	76.5000	有限责任公司
27	英大信托	国网英大国际控股集团有限公司	73.4900	有限责任公司
28	兴业信托	兴业银行股份有限公司	73.0000	股份有限公司

续表

排名	公司简称	第一大股东名称	持股比例(%)	第一大股东性质
29	陆家嘴信托	上海陆家嘴金融发展有限公司	71.6060	有限责任公司
30	雪松信托	雪松控股集团有限公司	71.3005	有限责任公司
31	苏州信托	苏州国际发展集团有限公司	70.0100	有限责任公司
32	国联信托	无锡市国联发展(集团)有限公司	69.9190	有限责任公司
33	华鑫信托	中国华电集团资本控股有限公司	69.8400	有限责任公司
34	华能信托	华能资本服务有限公司	67.9200	有限责任公司
35	国通信托	武汉金融控股(集团)有限公司	67.5100	有限责任公司
36	建信信托	中国建设银行股份有限公司	67.0000	股份有限公司
37	重庆信托	同方国信投资控股有限公司	66.9900	有限责任公司
38	国投泰康信托	国投资本控股有限公司	61.2900	有限责任公司
39	东莞信托	东莞金融控股集团有限公司	60.8276	有限责任公司
40	紫金信托	南京紫金投资集团有限责任公司	60.0100	有限责任公司
41	中原信托	河南投资集团有限公司	58.9656	有限责任公司
42	杭州工商信托	杭州市金融投资集团有限公司	57.9920	有限责任公司
43	西部信托	陕西投资集团有限公司	57.7800	有限责任公司
44	安信信托	上海国之杰投资发展有限公司	52.4400	有限责任公司
45	渤海信托	海航资本集团有限公司	51.2300	有限责任公司
46	光大兴陇信托	中国光大集团股份公司	51.0000	股份有限公司
47	华润信托	华润金控投资有限公司	51.0000	有限责任公司
48	百瑞信托	国家电投集团资本控股有限公司	50.2400	有限责任公司
49	华澳信托	北京融达投资有限公司	50.0100	有限责任公司
50	国元信托	安徽国元金融控股集团有限责任公司	49.6933	有限责任公司
51	山东国信	山东省鲁信投资控股集团有限公司	48.1300	有限责任公司
52	大业信托	中国东方资产管理股份有限公司	41.6700	股份有限公司
53	长安信托	西安投资控股有限公司	40.4400	有限责任公司
54	中融信托	经纬纺织机械股份有限公司	37.4700	股份有限公司
55	华宸信托	内蒙古交通投资(集团)有限责任公司	36.5000	有限责任公司
56	长城新盛信托	中国长城资产管理股份有限公司	35.0000	股份有限公司
57	陕国投	陕西煤业化工集团有限责任公司	34.5800	有限责任公司
58	北京信托	北京市国有资产经营有限责任公司	34.3000	有限责任公司
59	中诚信托	中国人民保险集团股份有限公司	32.9206	股份有限公司
60	北方信托	天津泰达投资控股有限公司	32.3300	有限责任公司
61	国民信托	上海丰益股权投资基金有限公司	31.7300	有限责任公司
62	中泰信托	中国华闻投资控股有限公司	31.5700	有限责任公司
63	云南信托	云南省财政厅	25.0000	机关法人

注：本年度有5家信托公司尚未披露年报，故未在本表中披露相关数据。

经统计，2020年，信托公司第一大股东平均持股比例为67.21%，第二大股东平均持股比例为18.56%，第三大股东平均持股比例为9.57%。前三大股东平均合计持股比例为92.92%。披露的信托公司2020年末前三大股东名称及持股比例详见表1-2-6。

表1-2-6　披露的信托公司2020年末前三大股东名称及持股比例

公司简称	第一大股东名称	第一大股东持股比例(%)	第二大股东名称	第二大股东持股比例(%)	第三大股东名称	第三大股东持股比例(%)
平安信托	中国平安保险(集团)股份有限公司	99.8800	上海市糖业烟酒(集团)有限公司	0.1200	—	—
爱建信托	上海爱建集团股份有限公司	99.3300	上海爱建纺织品有限公司	0.3300	上海爱建进出口有限公司	0.3300
粤财信托	广东粤财投资控股有限公司	98.1400	广东省科技创业投资有限公司	1.8600	—	—
华宝信托	中国宝武钢铁集团有限公司	98.0000	舟山市国有资产投资经营有限公司	2.0000	—	—
吉林信托	吉林省财政厅	97.4960	吉林碳素有限公司	0.6260	吉林化纤集团有限责任公司	0.6260

续表

公司简称	第一大股东名称	第一大股东持股比例(%)	第二大股东名称	第二大股东持股比例(%)	第三大股东名称	第三大股东持股比例(%)
上海信托	上海浦东发展银行股份有限公司	97.3333	上海汽车集团股权投资有限公司	2.0000	上海新黄浦实业集团股份有限公司	0.6667
外贸信托	中化资本有限公司	97.2600	中化集团财务有限责任公司	2.7400	—	—
财信信托	湖南财信投资控股有限责任公司	96.0000	湖南省国有投资经营有限公司	4.0000	—	—
中海信托	中国海洋石油集团有限公司	95.0000	中国中信有限公司	5.0000	—	—
金谷信托	中国信达资产管理股份有限公司	92.2900	中国妇女活动中心	6.2500	中国海外工程有限责任公司	1.4600
山西信托	山西金融投资控股集团有限公司	90.7000	太原市海信资产管理有限公司	8.3000	山西国际电力集团有限公司	1.0000
中建投信托	中国建银投资有限责任公司	90.0500	建投控股有限责任公司	9.9500	—	—
西藏信托	西藏自治区财政厅	89.4300	西藏自治区投资有限公司	10.5700	—	—
昆仑信托	中油资产管理有限公司	87.1800	天津经济技术开发区国有资产经营公司	12.8200	—	—
交银国际信托	交通银行股份有限公司	85.0000	湖北省交通投资集团有限公司	15.0000	—	—
中航信托	中航投资控股有限公司	82.7300	华侨银行有限公司	17.2700	—	—
中国民生信托	武汉中央商务区股份有限公司	82.7071	浙江泛海建设投资有限公司	10.7143	北京首都旅游集团有限责任公司	6.4500
中信信托	中国中信有限公司	82.2600	中信兴业投资集团有限公司	17.7400	—	—
江苏信托	江苏国信股份有限公司	81.4904	江苏省苏豪控股集团有限公司	10.9106	江苏省农垦集团有限公司	4.2962
中粮信托	中粮资本投资有限公司	80.5090	蒙特利尔银行	16.2408	中粮财务有限责任公司	3.2502
厦门国际信托	厦门金圆金控股份有限公司	80.0000	厦门建发集团有限公司	10.0000	厦门港务控股集团有限公司	10.0000
中铁信托	中国中铁股份有限公司	78.9110	中铁二局建设有限公司	7.2320	成都工投资产经营有限公司	3.4950
五矿信托	五矿资本控股有限公司	78.0020	青海省国有资产投资管理有限公司	21.2040	西宁城市投资管理有限公司	0.7940
浙金信托	浙江东方金融控股集团股份有限公司	78.0000	中国国际金融股份有限公司	17.5000	传化集团有限公司	4.5000
天津信托	上海上实(集团)有限公司	77.5800	天津市泰达国际控股(集团)有限公司	16.1100	大家人寿保险股份有限公司	3.9031
万向信托	中国万向控股有限公司	76.5000	浙江烟草投资管理有限责任公司	14.4900	北京中邮资产管理有限公司	3.9700
英大信托	国网英大国际控股集团有限公司	73.4900	中国南方电网有限责任公司	25.0000	济钢集团有限公司	0.8200
兴业信托	兴业银行股份有限公司	73.0000	福建省能源集团有限责任公司	8.4167	厦门国贸集团股份有限公司	8.4167
陆家嘴信托	上海陆家嘴金融发展有限公司	71.6060	青岛国信金融控股有限公司	18.2820	青岛国信发展(集团)有限责任公司	10.1120
雪松信托	雪松控股集团有限公司	71.3005	江西省金融控股集团有限公司	20.7559	江西省江信国际大厦有限公司	5.2951
苏州信托	苏州国际发展集团有限公司	70.0100	苏州文化旅游发展集团有限公司	19.9900	联想控股股份有限公司	10.0000
国联信托	无锡市国联发展(集团)有限公司	69.9190	无锡市国联地方电力有限公司	12.1950	无锡华光环保能源集团股份有限公司	9.7560
华鑫信托	中国华电集团资本控股有限公司	69.8400	中国华电集团财务有限公司	30.1600	—	—
华能信托	华能资本服务有限公司	67.9200	贵州乌江能源投资有限公司	31.4800	人保投资控股有限公司	0.1600
国通信托	武汉金融控股(集团)有限公司	67.5100	东亚银行有限公司	19.9900	北大方正集团有限公司	12.5000
建信信托	中国建设银行股份有限公司	67.0000	合肥兴泰金融控股(集团)有限公司	33.0000	—	—
重庆信托	同方国信投资控股有限公司	66.9900	国寿投资控股有限公司	26.0400	上海淮矿资产管理有限公司	4.1000
国投泰康信托	国投资本控股有限公司	61.2900	泰康保险集团股份有限公司	27.0600	悦达资本股份有限公司	8.2000
东莞信托	东莞金融控股集团有限公司	60.8276	东莞发展控股股份有限公司	22.2069	东莞市东资经济贸易有限公司	4.9655
紫金信托	南京紫金投资集团有限责任公司	60.0100	三井住友信托银行股份有限公司	19.9900	南京新工投资集团有限责任公司	7.3400
中原信托	河南投资集团有限公司	58.9656	河南中原高速公路股份有限公司	31.9103	河南省豫粮粮食集团有限公司	9.1241
杭州工商信托	杭州市金融投资集团有限公司	57.9920	绿地金融投资控股集团有限公司	19.9000	百大集团股份有限公司	6.2625
西部信托	陕西投资集团有限公司	57.7800	陕西省产业投资有限公司	8.6600	陕西延长石油(集团)有限责任公司	5.1500
安信信托	上海国之杰投资发展有限公司	52.4400	瀚博汇鑫(天津)投资有限公司	2.9100	上海公信实业有限公司	2.9100
渤海信托	海航资本集团有限公司	51.2300	北京海航金融控股有限公司	26.6700	中国新华航空集团有限公司	22.1000
光大兴陇信托	中国光大集团股份公司	51.0000	甘肃省国有资产投资集团有限公司	23.4200	甘肃金融控股集团有限公司	21.5800

续表

公司简称	第一大股东名称	第一大股东持股比例（%）	第二大股东名称	第二大股东持股比例（%）	第三大股东名称	第三大股东持股比例（%）
华润信托	华润金控投资有限公司	51.0000	深圳市投资控股有限公司	49.0000	—	—
百瑞信托	国家电投集团资本控股有限公司	50.2400	摩根大通投资（中国）有限公司	19.9900	郑州市财政局	15.6500
华澳信托	北京融达投资有限公司	50.0100	重庆财信企业集团有限公司	49.9900	—	—
国元信托	安徽国元金融控股集团有限责任公司	49.6933	深圳中海投资管理有限公司	36.6289	安徽皖投资产管理有限公司	8.1649
山东国信	山东省鲁信投资控股集团有限公司	48.1300	香港中央结算（代理人）有限公司	19.5700	中油资产管理有限公司	18.7500
大业信托	中国东方资产管理股份有限公司	41.6700	广州金融控股集团有限公司	38.3300	广东京信电力集团有限公司	20.0000
长安信托	西安投资控股有限公司	40.4400	上海淳大资产管理有限公司	21.8000	上海证大投资管理有限公司	15.6000
中融信托	经纬纺织机械股份有限公司	37.4700	中植企业集团有限公司	32.9900	哈尔滨投资集团有限责任公司	21.5400
华宸信托	内蒙古交通投资（集团）有限责任公司	36.5000	中国大唐集团资本控股有限公司	32.4500	内蒙古自治区人民政府国有资[illegible]监督管理委员会	30.2000
长城新盛信托	中国长城资产管理股份有限公司	35.0000	天瑞集团股份有限公司	35.0000	德阳市国有资产经营有限公司	27.0000
陕国投	陕西煤业化工集团有限责任公司	34.5800	陕西省高速公路建设集团公司	21.6200	中央汇金资产管理有限责任公司	1.3100
北京信托	北京市国有资产经营有限责任公司	34.3000	航天科技财务有限责任公司	15.3200	威益投资有限公司	15.3000
中诚信托	中国人民保险集团股份有限公司	32.9206	国华能源投资有限公司	20.3528	兖矿集团有限公司	10.1764
北方信托	天津泰达投资控股有限公司	32.3300	天津渤海文化产业投资有限公司	25.4300	天津泰达股份有限公司	5.4300
国民信托	上海丰益股权投资基金有限公司	31.7300	上海璟安实业有限公司	27.5500	上海创信资产管理有限公司	24.1600
中泰信托	中国华闻投资控股有限公司	31.5700	上海新黄浦实业集团股份有限公司	29.9700	广联（南宁）投资股份有限公司	20.0000
云南信托	云南省财政厅	25.0000	涌金实业（集团）有限公司	24.5000	上海纳米创业投资有限公司	23.0000

注：1. 本年度有5家信托公司尚未披露年报，故未在本表中披露相关数据。

2. 计算平均持股比例时，相关股东情况未披露的信托公司不包含在内。

（三）信托公司股东变更情况分析

表1-2-7　披露的信托公司2020年股东变更次数及期内变更详细列示

公司简称	股东变更次数（次）	期内股东变更详细列示
昆仑信托	1	2020年1月，宁波银保监局批复同意昆仑信托有限责任公司股权变更，广博控股集团有限公司将其持有的昆仑信托有限责任公司5[illegible]股权转让给中油资产管理有限公司。股权变更后中油资产管理有限公司出资额为8 915 857 083.41元，出资比例为87.18%；天津经济技术开发[illegible]国有资产经营公司出资额为1 311 201 827.00元，出资比例为12.82%。
天津信托	1	2020年8月19日，根据中国银保监会关于天津信托有限责任公司变更股权的批复（银保监复〔2020〕526号）。批准上海上实（集团[illegible]限公司受让天津海泰控股集团有限公司所持有公司51.58%的股权和天津市泰达国际控股（集团）有限公司所持有的公司26%股权。本次股权变[illegible]，天津海泰控股集团有限公司不再持有公司股权。上海上实（集团）有限公司持有公司股权比例为77.58%（对应注册资本1 318 792 184.07元）[illegible]为公司控股股东。天津市泰达国际控股（集团）有限公司持有公司股权比例由原来的42.11%下降到16.11%（对应注册资本273 839 215.92元）。 截至2020年8月21日，公司已按有关法律法规完成了公司章程变更和工商登记变更等事项。
西部信托	1	根据监管部门的批复，公司股东单位由陕西省电力建设投资开发公司变更为陕西投资集团有限公司。
华润信托	1	2019年6月，公司2019年第二次股东会议审议通过《关于变更华润股份所持公司股权事项的议案》，华润股份有限公司将所持公司[illegible]%的股权转让至华润金控投资有限公司。2020年7月，变更股权事项经中国银行保险监督管理委员会深圳监管局核准（深银保监复〔2020〕317[illegible]）。目前，华润金控持有公司51%的股权，深投控持有公司49%的股权。
英大信托	1	根据《北京银保监局关于英大国际信托有限责任公司变更股权的批复》（京银保监复〔2019〕1006号），批复同意国网英大国际控股[illegible]有限公司、中国电力财务有限公司、济南市能源投资有限责任公司和国网上海市电力公司将其持有的公司73.49%股权转让给上海置信电气股份[illegible]限公司。2020年2月14日，公司完成工商变更登记手续，变更后股东及其持股比例为：上海置信电气股份有限公司（国网英大股份有限公司）持股[illegible]49%，中国南方电网有限责任公司持股25%，济钢集团有限公司持股0.82%，山东网瑞物产有限公司持股0.69%。
长城新盛信托	1	根据新疆生产建设兵团党委对兵团国有企业改革工作的部署要求并经新疆生产建设兵团国有资产监督管理委员会批复同意，公司股东[illegible]团国资公司于2019年5月9日将其持有的长城信托35%股权在新疆产权交易所挂牌公开转让；8月22日，天瑞集团出资拟受让兵团国资公司[illegible]有的长城信托35%股权（10 500万股），双方签订了《股权转让意向性协议》；12月9日根据《信托公司行政许可事项实施办法》《信托公司行政许可[illegible]项申请材料目录及格式要求》等相关监管规定要求，公司向中国银保监会新疆监管局提交《长城新盛信托有限责任公司关于股权变更事项的申请书[illegible]长信报〔2019〕144号），申请由天瑞集团受让兵团国资公司持有长城信托的35%股权及变更股权相关事项。报告期内，中国银保监会新疆监管局于[illegible]20年8月11日批复核准了天瑞集团股东资格并同意天瑞集团受让兵团国资公司持有的长城新盛信托35%股权（10 500万股）；8月27日，公司在[illegible]鲁木齐经济技术开发区（头屯河区）市场监督管理局办理完成了股权（股东）变更相关事项的工商变更登记工作；10月13日，公司向中国银保监会新[illegible]监管局报备了关于公司变更股权（股东）完成情况的书面报告。本次股权（股东）变更后，公司股权（股东）结构为：（1）长城资产出资比例为35%（未[illegible]）；（2）原股东兵团国资公司出资比例由35%变更为天瑞集团出资比例35%；（3）德阳国资出资比例为27%（未变）；（4）伊犁财信出资比例为3%（[illegible]）。

注：2020年内共有6家信托公司发生了股东变更相关事项。

（四）中国银保监会及其派出机构对公司检查后提出整改意见

表1－2－8　披露的信托公司2020年对银保监会及其派出机构对公司检查后提出整改意见详细列示

公司名称	整改意见
国元信托	2020年，安徽银保监局对公司开展了现场检查，并下发了《监管意见书》（〔2020〕32号）和《检查意见书》（〔2020〕6号）。 公司高度重视监管部门提出的意见，召开党委会、总裁办公会研究部署相关工作，根据分工切实制定整改措施，严格按照整改时限完成整改工作，并建立整改台账，实行销号管理，及时报送整改工作进展情况，并将监管要求作为2020年经营发展的重要指导原则，积极实现公司的可持续发展。
安信信托	2020年3月31日，上海银保监局出具了《审慎监管强制措施决定书》（沪银保监强制措施决字〔2020〕1号）及《行政处罚决定书》（沪银保监银罚决字〔2020〕4号），公司因存在"违规承诺信托财产不受损失或保证最低收益""违规将信托财产挪用于非信托目的的用途""推介部分信托计划未充分揭示风险""违规开展非标准化理财资金池等具有影子银行特征的业务""未真实、准确、完整披露信息"行为，被采取审慎监管措施，暂停了公司自主管理类资金信托业务，目前该监管措施仍未解除。
百瑞信托	2020年，公司针对监管部门提出的监管意见和建议，及时逐项制定整改措施，并通过加强领导、责任到人等手段，认真落实到位。整改意见及整改落实情况如下。 第一，持续优化机制及业务方向，加快推进业务转型。一是做好配套机制建设。为了配合业务转型，对组织架构进行了调整，职位管理体系、绩效考核体系、薪酬激励体系全面优化，组织能力稳步提升。在坚持业务流程化和信息化、管理扁平化、内控管理与制度建设系统化的基础上，持续优化公司治理架构、引进专业人才、改革风险管理体系，进一步提升组织管理水平。二是持续优化业务方向。公司充分认识到信托行业回归本源的意义，全力加速业务转型。在转型的过程中，公司持续挖掘信托机制的金融服务功能，在服务实体经济中逐步调整业务结构，并对财富管理、现金管理、慈善信托等本源业务进行合理布局，为持续、健康发展提前打下基础。 第二，加强风险防控机制建设，提升全面风险管控水平。一是做实常规和专项风险排查。按月开展到期前还款排查、按季度开展全面风险排查工作；结合外部政策及宏观环境变化，适时开展重点领域的专项风险排查，及时排查潜在风险隐患。二是加强关键监测指标和全面风险监测指标运用。运用现有的月度关键监测指标和全面风险监测指标，将指标异常变动作为重点关注和风险排查的重点领域。三是进一步完善风险防控和应急预案。在2019年全面风险排查工作中制定的风险防控预案基础上，结合本年的压力测试结果和风险状况，制定信用风险压力测试等管理办法，动态调整和针对性完善风险防控和应急预案，提高对风险化解工作的指导力度。 第三，培育信托合规文化建设，扎实开展信托文化建设。在基本目标方面，公司坚持以服务客户为导向、以风险管理为前提、以研发创新为驱动，恪守"受人之托、忠人之事"的经营宗旨、价值观念和道德行为准则，努力构筑具有百瑞特色的信托文化。在信托文化培育机制方面，严格执行金融监管政策要求，及时更新公司业务合规标准，持续开展公司规章制度升版，实现制度对经营活动、岗位职责的全覆盖，确保将信托文化贯穿在公司治理、经营管理、内部控制、风险管理中。在信托文化建设机制方面，制定完善符合信托文化和受托责任的信托业务操作规程，将良好信托文化贯穿于信托业务各个环节。 第四，按照监管要求，继续落实"资管新规"过渡期整改工作。按照"资管新规"等相关要求，公司进行全面摸底排查，同时审慎评估过渡期内面临的各种潜在风险及可能对公司产生的影响，根据"资管新规"过渡期内存量信托产品整改方案和风险防控预案，将在过渡期内分阶段有序进行整改，以符合监管要求，同时认真做好风险防范等应对措施。
中铁信托	2020年1月，四川银保监局对公司进行了新一轮全面风险排查情况现场调查，提出了如下整改意见：一是加强风险管理，充分揭示各类业务风险情况，严格按照规定进行风险分类，全面真实反映风险状况。二是加强合规管理，强化重点领域业务管控，严格执行"资管新规"等各项监管规定。 2020年11月至2020年12月，四川银保监局对公司实施了新一轮房地产信托业务排查及风险管理有效性综合检查，要求进一步认真落实房地产信托监管要求。
光大兴陇信托	2020年，甘肃银保监局对公司采取了非现场监管与现场检查相结合的审慎监管措施，全年累计进行了两次现场督导与检查，分别涉及信息科技风险快速巡查和房地产信托业务专项现场检查。 甘肃银保监局从以下六个方面提出了整改意见及要求： （1）进一步完善信息科技治理，加强履职。 （2）加强风险管理，切实建立信息科技风险防范"三道防线"。 （3）落实开发测试管理机制，提升项目周期风险前覆盖能力。 （4）强化运维执行力，提升信息安全管理水平。 （5）加强应急体系建设，提升业务连续性能力。 （6）完善外包管理制度，加强做好重大事项报告管理。
粤财信托	广东银保监局于2020年11月对公司开展了房地产信托业务专项排查。同时，公司按照广东银保监局要求，开展了资管业务整改、市场乱象整治"回头看"等自查。结合检查和自查发现的问题，公司通过完善各项制度、优化管控流程、强化操作风险管理等举措，进一步提升公司治理和内部控制水平，更好地保障业务发展。
国联信托	2020年10月，无锡银保监分局就现场检查情况向公司下发《现场检查意见书》，公司针对意见书中提出的问题，逐条落实整改计划和方案，明确整改目标、责任部门及具体整改措施，公司将持续跟踪整改落实情况并按要求及时上报。
国民信托	2020年4月，北京银保监局向公司下发了《国民信托有限公司2019年度监管意见书》（京银保监发〔2020〕123号），对公司治理及股权、风险治理、业务转型等方面提出了加强和改进意见。为进一步整改落实监管要求，公司已形成《国民信托有限公司关于报送2019年度监管意见整改落实方案的报告》并按时向北京银保监局报送，同时积极进行整改落实，北京银保监局未对公司的整改落实方案提出进一步意见。
国投泰康信托	报告期内，北京银保监局对公司开展了关于风险管理有效性的现场检查，检查后认为公司各项业务制度基本能够满足现阶段业务发展需要，重点业务领域风险管理基本有效，对公司业务和管理的个别方面提出了监管意见。公司积极落实监管要求，制定整改方案，现已完成全部整改工作。

续表

公司名称	整改意见
杭州工商信托	2020年4月，中国银保监会浙江监管局下发《2019年度监管意见》（浙银保监发〔2020〕44号），评价公司2019年坚持既定发展战略，持续推进房地产领域专业化经营和管理，多种手段化解处置风险，家族信托、慈善信托等业务亦取得突破，以纾困基金等方式服务民营企业发展的成效良好，总体发展平稳；同时指出公司在"资管新规"落实、合规与风险管理、消费者权益保护、业务创新转型等方面存在问题和不足，并提出了相应的监管要求。公司高度重视监管意见，针对监管提出的问题逐一对照梳理并制定了相应的整改方案。截至目前，监管意见所指出的问题已整改完毕。同时，公司也通过"严格落实政信业务合规管理要求""稳妥推进资管新规要求的落实工作""持续做好风险防范及化解工作""切实提升合规内控管理水平""强化消费者权益保护""加快业务转型创新""积极推进信托文化建设"等措施，切实提升合规管理水平，提高防范化解金融风险能力，实现公司规范经营、稳健发展。 2020年5月25日至6月9日，中国银保监会浙江监管局就公司大额房地产信托业务开展了专项现场检查，并于2020年11月下发《中国银保监会浙江监管局现场检查意见书》（浙银保监检〔2020〕15号），指出公司房地产信托业务在融资需求调查、贷款用途管控、信后跟踪管理等方面存在的问题。针对监管意见，公司积极组织相关部门进行专题研究讨论，并指定各相关部门查找原因、深刻剖析、推进整改，已于2020年12月制定了相应的整改方案上报监管机构。截至目前，现场检查意见所指出的大部分问题已在第一时间内完成整改，其余事项将通过以下措施在后期业务开展和管理过程中予以持续落实和整改：在尽职调查方面，将进一步强化对于项目融资需求合理性的管控；在信后管理方面，将进一步强化信托资金用途管控、信后跟踪管理等具体要求，并在后续业务开展中予以严格落实；通过调整公司章程、配套文件内容等方式提高公司在项目公司治理架构层面的管控效力，并严格落实股权变更工商登记的相关要求，最大限度地保护投资人权益。后续，公司将继续贯彻落实"房住不炒"的政策要求，在业务开展和管理中始终以是否违背"房住不炒"政策作为判断依据，并进一步加强房地产业务全流程风险管理，持续提升合规管理和风险管控能力。 2020年10月，中国银保监会浙江监管局就公司关联交易及股权管理情况进行现场检查，在关联方的甄别、关联交易的系统控制、关联交易报备细则方面提出要求与建议。公司对此高度重视，针对监管提出的问题逐一对照梳理并及时拟定整改措施。截至2020年末，现场检查所指出的问题均已完成整改，在后期业务开展过程中，将通过持续完善关联方甄别机制和关联交易的系统控制来确保监管意见的持续落实。
建信信托	2020年4月，北京银保监局向公司下发《2019年度监管意见书》，公司于2020年6月向北京银保监局报送了整改落实方案，并按照方案认真整改落实。
财信信托	报告期内，湖南银保监局于2020年4月与公司进行了年度审慎监管会谈，出具了《关于原湖南省信托有限责任公司2019年度监管情况的通报》（湘银保监办便函〔2020〕72号），提出了监管意见；湖南银保监局于2020年10月约谈公司，出具了《湖南银保监局监管会谈纪要》（〔2020〕23号），提出了监管要求。公司高度重视，积极落实整改和建议，整改情况如下： 一是将"党的领导"等内容嵌入公司章程，融入公司治理各个环节。二是修订公司监事会工作条例，并选任小股东提名的外部监事，进一步规范公司治理；印发《关于加强董事会下设各专门委员会和对董事会负责的各相关职能部门履职的通知》，梳理工作职能、部署具体工作。三是严格加强关联交易管理，及时修订关联方名单，加强对关联交易事前报告及尽调情况的审查。四是对信托资产、固有资产进行风险分类，及时反映风险资产状况并按规定足额计提准备。五是加强对压力测试工作的组织协调和监督指导，制定有效的应对措施，扎实做好应对准备。六是严格按照监管要求，制订信托融资业务年度压降计划，并顺利完成压降目标。七是大力加强内控基础性设施建设和工作管理，全面加强制度建设和信息化建设，规范反洗钱、反恐怖融资工作和消费者权益保护工作，提高监管报送资料质量。八是落实公司治理三年行动方案重点工作任务，制定任务台账，逐条明确落实措施、时限要求、责任部门及责任人。九是大力推进信托文化建设，有序推广财信文化理念。
吉林信托	中国银行保险监督管理委员会吉林监管局于2020年6月23日至7月31日对公司开展了综合性现场检查并于检查后下发了《现场检查意见书》。按照该意见书的要求，公司组织个部、室、中心对检查中存在的问题进行梳理和分析，切实提高思想认识，落实工作责任，健全长效机制，认真落实各项监管意见和要求，推动公司依法合规经营。具体整改措施如下： 一是进一步完善公司治理机制，强化股东股权管理工作，开展履职评价工作，推动董事会及监事会有效履职，强化激励约束机制建设。 二是完善内控措施，认真执行各项监管规定，不断完善内部控制体系及措施。 三是持续强化合规经营理念，增强业务合规性。完善公司相关管理制度、相关审批内容及流程，提升业务合规性。 四是夯实内部管理基础工作，提升内部审批流程的规范性、归档文件的完整性。 五是持续加强尽职管理，提高自主管理信托财产能力。 六是加大监管意见落实力度，加强责任追究。
江苏信托	2020年11月25日，江苏银保监局非银处对公司房地产业务进行了专项排查，于2020年12月11日向公司下发了监管意见单，提出了"牢固树立大局意识，按'实质重于形式'原则强化房地产信托穿透审查，加强房地产信托风险防控"等监管意见。 收到监管意见单后，公司高度重视，对监管意见单提出的监管意见进行逐项梳理，认真研究整改方案，部署落实相关工作，于2020年12月30日出具了专项整改报告，制订了配套的整改计划表，整改措施涉及规模压降、调整业务模式、严格风险管控、加强项目后续管理，建立完善风险预警机制等。
兴业信托	报告期内，中国银保监会福建监管局通过对公司的非现场监管及现场检查，对公司进一步加强信托业务合规管理、加强风险防控、深化整治市场乱象等提出了监管意见。公司认真按照监管要求，稳步推进业务转型，逐步回归信托本源，强化风险合规管控，规范公司治理和经营管理运行机制，提高服务实体经济质效，加强内控建设及强化问题整改，确保合规稳健经营。
华宸信托	2020年，银保监会及其派出机构对公司进行了1次现场检查，主要针对公司治理及业务经营检查；3次非现场检查，检查内容分别为：巩固治乱象成果、促进合规建设工作"回头看"、关于开展股权治理和关联交易的自查及"内控合规管理年"专项行动。公司积极配合检查，贯彻落实各项监管政策，对自查中发现的制度、业务、管理中存在的问题积极进行了整改。通过检查整改，有力地推动了公司治理结构的完善、内控水平的提高，规范了业务操作的流程，提升了公司的内控合规经营水平。
昆仑信托	2020年，公司共收到宁波银保监局4份监管意见书，分别为关于昆仑信托有限责任公司2019年度的监管意见、关于昆仑信托董事和高级管理人员任职管理的监管意见、关于昆仑信托案件风险事件的监管意见和关于新一轮房地产信托业务专项排查的监管意见，公司逐一分解、研究、制定整改措施，现已基本完成整改落实工作。
平安信托	报告期内，中国银保监会深圳监管局派出检查组对公司开展了现场检查，并就公司数据治理方面提出了宝贵意见及建议。公司高度重视，诚恳接受检查组检查意见，积极认真研究、快速统一部署，严格根据监管检查意见规范公司各类数据治理活动，确保数据的真实性、准确性、连续性、完整性和及时性，全力保障监管意见的深入贯彻和落实。
山东国信	2020年10月27日，山东银保监局按照中国银保监会统一部署，对公司下达了《山东银保监局办公室关于开展新一轮房地产信托业务专项自查的通知》，公司按照通知要求开展了相关自查工作并将自查结果向山东银保监局进行报送。2020年11月9日至20日，山东银保监局对公司自查的房地产信托业务进行现场排查，并于2020年12月24日向公司发出《非现场监管意见书》。公司按照监管要求进行了整改落实，并按要求向山东银保监局报送相关报告。
山西信托	山西银保监局于2020年8月开展年度网络安全检查工作，公司按要求逐项自查，并根据自查过程中暴露的短板制订了下一步工作计划，采购并上线了日志审计和数据库审计系统，不断提高网络安全和风险防范的管理水平。

续表

公司名称	整改意见
苏州信托	2020年，中国银保监会苏州监管分局向公司下发了《关于加强苏州信托经营管理的监管意见书》，公司积极从公司治理、发展转型、风险防控、专项行动自查和整改、合规经营等方面进行整改，并取得了相应成效。
天津信托	2020年4月，天津银保监局组织召开了公司2019年度监管会议，对公司2019年经营管理成效进行了评价，认为公司自营资产稳步增长、信托业务结构有所调整、转型创新成效初显、混改工作持续推进等，同时对公司提出了进一步完善法人治理、内控制度等监管意见和要求。
长安信托	2020年3月，公司收到《中国银行保险监督管理委员会现场检查意见书》（现场检查意见书〔2020〕14号），提出健全公司治理架构、强化业务管控等监管意见。公司高度重视，成立专项领导小组、指定牵头部门，拟订整改推进工作及督导计划，组织开展专项自查及整改工作，通过制度流程修订、补充完善，以及内部人员全面严肃问责等，强化内部管理及业务管控，截至报告期末，已基本落实各项监管意见。2020年9月，公司接受中国银行保险监督管理委员会陕西监管局关于上述现场检查意见书整改情况的现场复查，按要求进行信息反馈、问题解释、情况说明及档案资料提供等，截至报告期末，未收到相关书面复查意见。 2020年，公司按照中国银行保险监督管理委员会陕西监管局的监管意见，组织开展了年度监管提示整改、险资项目专项排查整改、融资业务规模压降等工作，制定了切实可行的整改方案，有序推进落实各项监管意见。此外，公司严格按照监管要求，落实各季度全面风险排查、市场乱象整治"回头看"，以及股权和关联交易专项整治"回头看"工作等，坚守合规经营底线，确保业务持续稳健发展。
西藏信托	2020年1月21日，中国银行保险监督管理委员会西藏监管局办公室下发《西藏银保监局办公室关于西藏信托有限公司"影子银行和交叉金融专项检查"专项现场检查意见书》（藏银保监办发〔2020〕22号），对公司提出监管意见如下： （1）完善银信合作业务管理机制。 （2）进一步强化银信通道业务合规经营意识。 （3）严格按照"穿透"原则，有效识别合格投资者。 （4）进一步规范业务合同管理。 2020年4月17日，中国银行保险监督管理委员会西藏监管局下发《西藏银保监局关于西藏信托有限公司2019年度监管意见书》（藏银保监发〔2020〕61号），对公司提出监管意见如下： （1）进一步完善公司治理及内控机制。 （2）回归本源，加快业务转型发展。 （3）持续推进信托业务"乱象"整治。 （4）要进一步加强风险资产处置、提升风险抵补能力。 （5）建立健全风险排查和压力测试两个"常态化"机制，做到风险交底。 （6）扎实推进信托文化建设。 就西藏银保监局提出的上述整改意见，本公司组织员工认真学习，明确了整改落实目标，落实整改的责任部门和责任人，目前各项整改措施均按照公司的既定目标有序进行。
厦门国际信托	2020年，厦门银保监局对公司开展了房地产专项现场检查及监管数据质量治理现场检查。房地产专项现场检查未提出具体整改意见，监管数据质量治理现场检查中，厦门银保监局对公司监管数据的管理制度、系统保障和数据标准、数据报送、存储和共享应用、数据质量控制、数据质量等方面提出了整改意见，公司对厦门银保监局提出的问题逐一提出了整改方案，部分问题在自查中已经整改完毕，其余问题拟于2021年内整改完毕。
华润信托	2020年7月29日至2020年9月11日，深圳银保监局派出检查组对公司开展了监管标准化数据（EAST）数据质量现场检查。检查意见指出，公司在数据质量管理机制、监管数据质量水平等方面有待进一步提升。 公司高度重视本次检查，认真查找问题来源，分析相关原因，并同步开展数据跟踪和数据治理，制定了详细的整改方案，明确整改措施，确保整改到位，持续提升公司数据治理能力和管理水平。
英大信托	报告期内，公司高度重视并认真落实各项监管政策及监管要求。根据北京银保监局下发的《英大国际信托有限责任公司2019年度监管意见书》，逐项落实整改方案，明确期限，责任到人，建账管理，确保实效。开展股权和关联交易专项整治、市场乱象整治两项"回头看"工作，落实信用风险管控专项工作方案，开展新一轮房地产业务排查，按季度实施全面风险排查，加速推进"资管新规"存量业务整改等各项工作，切实取得了成效，提升了业务发展质量，增强了重点领域风险防控能力。
云南信托	根据《中国银保监会云南监管局检查通知书》，云南银保监局于2020年8月4日至9月25日对公司个人贷款和应收账款信托业务、股权和关联交易专项整治"回头看"工作进行现场检查，并于2020年9月25日向公司下发了《中国银行保险监督管理委员会云南监管局对云南国际信托有限公司现场检查的检查事实与评价》。公司对照该文件制定了整改方案并落实整改措施。 根据《云南银保监局办公室关于开展新一轮房地产信托业务专项排查工作通知》（云银保监办便函〔2020〕238号），云南银保监局于2020年11月9日至30日对公司开展了房地产信托业务现场排查工作，后续公司将按照监管指导开展房地产信托业务。
外贸信托	中国银行保险监督管理委员会派出检查组，于2020年对公司进行现场检查，并于2021年向公司下发《中国银行保险监督管理委员会现场检查意见书》，公司将对照监管意见，严格落实监管要求。
中融信托	2020年，黑龙江银保监局对公司开展了银行业市场乱象整治"回头看"现场检查和部分房地产项目合规情况现场检查。根据检查情况，公司对存在瑕疵的项目制订了相应的整改计划，完善了业务尽职调查和投贷后管理要求，进一步梳理了公司制度管理体系，持续加强公司治理、关联交易管理工作，确保公司业务经营管理始终满足监管法规各项要求。
中泰信托	2020年1月，上海银保监局就第二次全面风险排查向公司下发了风险提示函。3月，上海银保监局通过专网整改监督系统新增了第三次全面风险排查中指出的问题。公司对此高度重视，及时向董事会、股东单位等相关各方进行了报告，并建立整改台账，将贯彻落实监管部门监管意见的具体工作进行了任务分解，明确落实整改的部门分工和责任，要求责任部门全面开展整改工作，并按季度汇总整改落实情况表及已完成工作的佐证材料。截至2020年12月31日，对于监管部门指出的问题及监管意见，已完成11项，其余问题将继续按照公司经营计划和监管要求进行整改。对于监管部门关注的实际控制人阳光化工作，公司高度重视，已积极敦促公司股东等方面按时落实监管要求，后续将继续按计划配合监管部门推进公司股东阳光化工作。
中信信托	报告期内，北京银保监局对公司一笔城投业务进行检查，提出公司在该业务开展中存在尽职管理不到位的问题。公司已按照北京银保监局要求切实落实整改工作，内部控制和合规管理水平得到进一步提升。

续表

公司名称	整改意见
中原信托	中国银行保险监督管理委员会河南监管局检查组于2020年9月15日至10月30日对公司进行了现场检查，检查组对公司的同业通道及房地产等业务进行了检查，并就业务管理的精细化程度及内控制度的完善程度提出了整改意见。公司已根据监管意见对《项目审批办法》等多项内控制度进行了修订完善，后续将根据监管要求不断压降金融同业业务，完善房抵贷业务系统及业务管理，并不断强化精细化管理措施。
重庆信托	报告期内，重庆银保监局根据对公司的现场检查和非现场监管，对公司在风险管理、内控与合规、转型发展等方面提出了监管意见，公司高度重视，认真总结，积极整改，全面落实各项监管要求。在报告期内，公司对规章制度进行了全面修订、补充和完善，健全风险管理制度，提升制度执行力，全面推进信托合规文化建设；根据监管要求，继续强化主动管理，完成融资类信托、金融同业通道类业务的有序压降；严控房地产信托，落实穿透管理，精细化管理水平得到提升，强化内部问责机制，确立持续创新，深入推进业务转型，坚持服务实体经济的基本原则，公司各项业务得到规范、持续、稳健发展。
渤海信托	2020年7月，河北银保监局组织开展市场乱象整治"回头看"自查工作。公司对照《河北银保监局市场乱象整治"回头看"工作实施方案》，结合公司实际情况制定自查方案并认真开展排查工作，形成的自查报告已于2020年11月向河北银保监局报送。
中建投信托	2020年4月，浙江银保监局对公司出具《关于中建投信托股份有限公司2019年度监管的意见》，提出以下监管意见：增强服务大局的责任担当，推动股权结构优化，扭转当前严峻的资产风险状况，夯实资产质量，切实提升内控和合规管理水平，强化消费者权益保护，推动业务结构持续优化，积极推进信托文化建设。根据监管意见，公司认真部署整改工作，扎实构建长效机制，持续提升风险管理水平。截至2020年末，公司业务结构持续优化，资产质量进一步夯实，转型发展有序推进，为公司高质量发展奠定了坚实基础。 2020年6月至8月，浙江银保监局对公司开展大额房地产信托业务专项检查，并于2020年11月出具《现场检查意见书》，对公司房地产业务领域管理制度及内控机制的进一步完善提出监管意见。根据检查意见，公司认真研究制定整改措施，及时上报整改方案。截至报告日，上述监管意见均已完成整改。
浙金信托	浙江银保监局《中国银行保险监督管理委员会浙江监管局现场检查意见书》（浙银保监检〔2020〕16号）向公司提出三个方面的监管意见：一是提高政治站位，不折不扣落实房地产政策要求；二是强化房地产信托业务全流程管理；三是提升内控合规管理水平。公司以现场检查发现的问题为导向，深入开展全面自查，跟踪检查整改情况，边自查边整改，并以此作为内部管理提升的重要抓手。同时，持续加强员工培训教育，培育合规经营企业文化，依法合规开展各项业务，全面提升合规经营水平。2020年公司真抓实干，攻坚克难，狠抓重点，突破难点，在风险防控与处置化解、业务拓展与创新探索、项目运营与期间管理、财富管理与客户服务、内部治理与管理提升等各方面出实招、下功夫，确保了公司的平稳运行。
爱建信托	公司收到上海银保监局下发的《上海银保监局关于上海爱建信托有限责任公司2019年度的监管意见》（沪银保监发〔2020〕6号）后，公司领导高度重视，组织研究，逐条对照监管意见及关注重点进行梳理，制定相应的落实方案和计划。公司整改计划落实情况如下：通过修订公司章程、针对风控体系再造推行三年发展规划，同时持续建立符合转型发展的薪酬和激励机制，推行合规为前导的风险防控体系，启动风险体系再造及信息系统重建计划，推进审批人团队和风管条线人员团队建设，建立中台联席会议机制，基本落实公司治理各项监管要求、培育科学发展的战略理念、坚持回归本源的转型发展导向、夯实内部风险管理能力；固有资金投资信托受益权余额已压降，货币资金余额已增加，股东及实际控制人流动性支持及时有效，且股东恢复与处置计划中已明确流动性支持相关条款，持续保障股东流动性支持意愿和能力，已落实加强固有业务流动性管理；公司严格控制存续房地产业务规模，已落实指标要求，同时已调整风险政策，细化项目测算，推动交易对手评级分析等，结合监管检查部分问题项目，公司已拟订整改方案并推动尽早落实，多数已落实严控房地产业务风险；公司已制定2020年信政业务风险政策，项目准入收紧并鼓励开展包括规范化PPP基金、城市发展基金等业务，已落实关注政信类业务风险；为加强推进销售推介管理体系，已逐步完善多项制度建设、流程、应用移动设备等方式深化落实，同步加强应用APP、CRM等移动工具，推进全流程无纸化，基本落实重视合格投资者甄别，提升销售管理能力和水平，个别管理问题正在进一步明确、细化销售管理职责和流程。
中航信托	报告期内，公司高度重视并认真落实监管部门的监管意见要求，及时向江西银保监局报告了公司开展乱象整治"回头看""资管新规"整改、非标资金池清理、"两压一降"、房地产信托业务规模管控、股权及关联交易整治"回头看"等多个方面的工作措施及成效；有效开展江西银保监局风险管理及内控有效性现场检查发现问题的整改，基本完成整改到位，切实提升了业务发展质量，增强了风险防控能力。
华澳信托	报告期内，上海银保监局分别于2020年1月及2020年6月至9月对公司实施了两轮现场核查或检查工作。公司按照监管部门现场核查或检查发现并反馈的问题，对应制定了整改方案和整改措施，并相应开展整改提升工作。
国通信托	报告期内，公司高度重视并认真落实监管部门的监管意见要求，及时向湖北银保监局反馈公司房地产业务合规管理及风险防控工作措施及成效，切实提升了公司发展质量和风险防控能力。
陆家嘴信托	本报告期内，公司未发生中国银保监会及其派出机构的现场检查，青岛银保监局通过金融监管通报等方式对公司加强监管，要求公司进一步完善各项管理机制，包括夯实公司治理、强化风险合规管控、加强内控管理、持续推进市场乱象整治、提升服务实体质效、推进信托文化建设等。根据相关意见精神，公司认真总结公司日常经营活动中存在的不足，并通过完善机制、修订制度、优化流程、明确责任、加强培训、优化系统等多种手段积极开展相关整改工作，进一步促进了公司全面的管理机制完善。
五矿信托	2020年，中国银保监会青海监管局先后对公司下发了《2019年度监管意见书》《监管提示书》等监管文书，监管局在"夯实公司转型发展基础、强化风险防控责任担当、有力有效处置化解信托风险项目、加强重点领域风险管控、切实做好流动性风险监测"等方面向公司提出了监管意见，并提示了风险。公司高度重视，对照监管意见逐一制定整改落实措施，明确工作目标、具体责任主体和整改要求，持续落实、动态跟踪监管意见的执行整改情况，确保贯彻落实到位。通过整改落实各项监管意见，公司的内控管理、公司治理、经营管理等各项能力水平进一步提高，公司内部控制体系更加完善，为公司高质量发展、稳健转型打下了坚实基础。
中粮信托	2020年4月20日，公司收到北京银保监局下发的《中粮信托有限责任公司2019年度监管意见书》（京银保监发〔2020〕179号），认为公司在"治乱象、去嵌套、防风险"的信托监管总体思路指导下，实现经营管理稳健发展，同时指出公司经营管理中存在的问题与风险并提出相应监管要求。 公司收到监管意见书后高度重视，及时向董事会、监事会进行通报，并立即组织高级管理层和公司相关部门认真学习领会，责成公司合规反洗钱部牵头落实整改工作，制定整改方案，明确整改目标，督促整改进展。通过落实整改方案，公司进一步完善股权管理和公司治理，推进转型发展并强化社会服务领域金融支持，持续推进信托业务治理，深化风险治理并防控重点领域风险隐患，持续提升内控管理能力，持续做好"资管新规"过渡期整改工作，推进信托文化建设回归"受托人"定位。截至2020年末，公司基本完成监管意见书提出的监管要求。
紫金信托	江苏银保监局于2020年11月18日至24日对公司开展了房地产信托业务专项检查，在《监管意见单》中提出了严格落实房地产调控政策、严格执行房地产信托贷款监管政策、加强房地产信托业务风险管控三个方面的监管意见。公司已对监管机关提出的问题和意见制定并报送了相关整改方案，并已落实整改。

续表

公司名称	整改意见
中国民生信托	2020 年 4 月 14 日，北京银保监局下发了《中国民生信托有限公司 2019 年度监管意见书》。公司对照监管意见制定了整改落实方案，并按照方案认真落实整改。
万向信托	2020 年 4 月 26 日，浙江银保监局向公司下发《2019 年度监管的意见》（浙银保监发〔2020〕46 号），对公司坚持发展定位，主动落实监管要求，提升主动管理能力、大力拓展家族信托和慈善信托等创新业务，设立遗嘱信托和全国首只监护支援信托，推进业务转型，加强信息系统建设取得的成绩给予肯定，并对公司治理，风险防控、经营管理中存在的主要问题提出监管意见。公司高度重视，全面审视，认真组织落实，于 2020 年 5 月制定整改措施并于 11 月前报送整改落实情况。 2020 年 7 月 3 日，中国人民银行杭州中心支行正式向公司下发《关于万向信托股份公司稳健性现场评估的意见》（杭银发〔2020〕107 号），对公司治理架构、内部控制体系、合规管理机制等建设给予认可，并对公司治理、内部控制、业务开展等存在的薄弱环节提出评估建议，公司于 2020 年 8 月完成整改落实情况的报告。 2020 年 11 月 30 日，浙江银保监局正式向公司下发《现场检查意见书》（浙银保监检〔2020〕13 号），对公司大额房地产信托业务提出监管意见，公司于 12 月予以推进落实。
雪松信托	公司严格遵循监管的工作指令，高度重视监管部门给出的监管意见，严格按照有关要求力行整改，责任到人。报告期内，公司先后向监管部门报告了公司在落实“资管新规”开展存量信托业务整改、通道类业务压缩、房地产信托业务规模管控及风险处置等方面的整改方案、工作举措及具体实效。

注：2020 年内共有 43 家信托公司披露了整改事项。

（五）中国银保监会及其省级派出机构认定的其他有必要让客户及相关利益人了解的重要信息

公司简称	重要信息
江苏信托	根据《信托公司净资本管理办法》规定，公司净资本监管风险控制指标（根据审计后数据计算）执行情况如下： 净资本/各项业务风险资本之和 =1 744 651. 10 万元/1 190 281. 93 万元 ×100% =146. 57% ≥100%（监管标准）； 净资本/净资产 =1 744 651. 10 万元/2 230 712. 64 万 ×100% =78. 21% ≥40%（监管标准）。
昆仑信托	截至 2020 年末，公司各项净资本管理指标均符合银监会监管要求。2020 年末，净资本余额为 1 150 081. 39 万元；各项业务风险资本之和为 478 917. 97 万元。其中：固有业务风险资本为 234 958. 43 万元，信托业务风险资本为 243 959. 55 万元。
西藏信托	根据《信托公司净资本管理办法》规定，公司净资本监管风险控制指标执行情况如下： 净资本/各项业务风险资本之和 = 430 270. 01 万元/146 941. 16 万元 ×100% =292. 82% ≥100%（监管标准）； 净资本/净资产 = 430 270. 01 万元 / 495 606. 45 万元 ×100% = 86. 82% ≥40%（监管标准）。
云南信托	云南信托以履行社会责任为重要导向，不仅利用信托制度优势向实体企业提供金融服务，还在信托法律文件的签署过程中履行社会责任告知义务。同时，将履行社会责任纳入内部控制体系，从制度层面、业务开展层面确立其重要地位。报告期内，公司在多个方面践行企业的社会责任。 公司严格遵守国家法律法规、监管部门规章、规范性文件及公司章程，并主动接受监管部门和社会公众的监督。积极按照国家货币政策、财政政策、产业政策及其他政策适时调整经营战略，关注社会整体利益，维护国家金融秩序和金融安全。 公司坚决履行反洗钱义务，报告年度，公司建立组织健全、结构完整、职责明确的反洗钱和反恐怖融资管理架构；持续优化反洗钱系统，加强识别、评估洗钱和恐怖融资风险；进一步加强对社会公众的反洗钱宣传，增强社会公众的反洗钱意识。 公司诚信经营，自觉履行纳税义务，依法及时足额纳税，为国家及地方财政收入和经济发展作出贡献。 公司作为专业化财富管理机构，充分发挥信托制度优势，积极开发符合社会和市场需求的信托业务及信托理财产品，不断创新服务方式，积极探索盈利模式，以信托功能满足社会理财需求，秉承“受人之托，忠人之事”的原则开展信托业务，恪尽职守，履行诚实、信用、谨慎、有效管理的义务，维护受益人的合法权益。2020 年，云南信托向受益人兑付的信托本金及收益共计 2 416. 95 亿元，其中信托收益为 133. 88 亿元，涉及信托项目 1 263 个。 公司积极强化资本金管理与运用，努力创造利润，提高投资回报，为股东创造合理投资价值。2020 年公司实现营业收入 7. 46 亿元，实现净利润 3. 20 亿元，净资产收益率为 10. 04%。 公司始终把消费者权益保护工作作为公司经营发展的重要战略，已建立了较为完善的消费者权益保护体系。董事会消费者权益保护委员会带领公司高级管理层组织协调，不断夯实公司消费者权益保护的主体责任。消保职能部门牵头落实各项消保要求，开展具体工作。报告年度，公司完善了消费者权益保护制度建设，妥善处理消费投诉，积极开展了多项内容丰富、形式多样的金融知识宣传与教育活动，取得了较好的社会反响。 公司坚持以员工为本，构建企业文化。培育了一支高素质、高学历、年轻化、专业化的人才队伍。公司积极开展员工培训，提高员工职业素质和从业技能，为员工提供充分的职业发展机会。 公司认真践行生态文明建设和绿色发展理念，公司党委联合工会连续三年开展“大爱星火”植树造林公益活动。三年来，公司党委联合工会组织发起公司员工及家属共 130 余人参加植树造林活动，在昆明市五华区西翥街道办事处桃园社区长虫山和龙池山开辟了“云信林”，共植树造林 12 亩、栽种树木 800 余株，在推动人与自然和谐发展、保护生态环境、履行企业社会责任等方面取得了一定成绩。按照党中央、国务院“十三五”脱贫攻坚工作的战略规划和云南省委、省政府对全省脱贫攻坚工作的总体部署，五年多来，公司在扶贫点水利、道路、医疗等基础设施建设，建档立卡贫困户关爱，贫困村支部共建，教育扶贫，就业扶贫，消费扶贫等方面开展精准帮扶工作，祥云县、普淜镇及云里厂村于 2019 年均提前脱贫摘帽。2020 年，公司获得国务院新闻办公室领导的中央级党政媒体——中国网颁发的“精准扶贫先锋机构奖”和人民日报社旗下《国际金融报》颁发的“2020 年度最佳创新扶贫企业奖”两个重要奖项。 2019 年 9 月，公司和云南省青少年基金会担任共同受托人，成功设立了“扬梦助学慈善信托”，成为我国慈善法正式实施以来首只在云南省落地的慈善信托，该信托项目第一期款项用于购买成都七中网络课程，用于支持云南省丽江市玉龙县田家炳民族中学的教学工作。2020 年 9 月，“扬梦助学慈善信托”又发起了第二次募集，继续购买第二期课程，支持玉龙县田家炳民族中学。2020 年新冠肺炎疫情暴发后，云南信托携手云南省青少年发展基金会第一时间协调各方资源，成立了云南信托—云慈济善慈善信托。资金到位后，第一时间采购价值 39 万余元的医用防护口罩，支援云南省赴湖北抗疫的医疗队。 2020 年，公司继续推进系统化办公，创建节约型社会。在全社会树立节约意识、节约观念，倡导节约文化、节约文明的大背景下，云南信托积极创建节约型企业，推进无纸化办公，节约成本，降低能耗，提高效率。
中海信托	2020 年 7 月，公司荣获《上海证券报》“诚信托—管理团队奖”；公司信托产品“现金稳盈四号”荣获“最佳证券投资信托”产品奖。 2020 年 8 月，公司荣获《证券时报》颁发的“优秀风控信托公司”称号；“中海汇誉 2019 -54 水发集团债权投资项目”荣获“优秀基础设施信托计划奖”。

注：2020 年共有 5 家信托公司披露了重要信息。

第二章 信托公司年度报告的质量评价
——关于审计报告

本章对信托公司被出具的审计报告类型及执行《企业会计准则》的情况进行分析，以此作为后面章节对信托公司进行分析的依据之一。

一、信托公司2020年、2019年审计报告类型分类汇总情况

表2－1－1 信托公司2020年、2019年审计报告意见类型汇总比较

审计意见	2020年		2019年	
	已披露年报信息的份数（份）	百分比（%）	份数（份）	百分比（%）
标准无保留意见	62	98.53	67	98.53
无保留意见＋强调事项段	—	—	—	—
无保留意见＋其他事项段	—	—	—	—
保留意见	1	1.47	1	1.47
无法表示意见	—	—	—	—
合计	63	100.00	68	100.00

注：本年度有5家信托公司尚未披露年报，故未在本表中披露相关数据。

如表2－1－1所示，2020年，有63家信托公司披露了年报信息，会计师事务所对其中62家信托公司年报审计出具了标准无保留意见的审计报告，对1家信托公司出具了保留意见，表明绝大部分的财务报告在重大方面公允反映了被审计信托公司的财务状况和经营成果。2019年，会计师事务所对所有67家信托公司年报审计也均出具了标准无保留意见的审计报告，从审计意见来看，信托公司财务信息的质量较上年持平。

按照《中国注册会计师审计具体准则第1501号——审计报告》的相关规定：如果会计师认为财务报表已经按照适用的企业会计准则和相关财务会计法规的规定，在所有重大方面公允反映了被审计单位的财务状况、经营成果和现金流量；并且注册会计师已经按照独立审计准则计划和实施了审计工作，在审计过程中未受到限制；此外也不存在应当调整或披露而被审计单位未予调整或披露的重要事项情形时，注册会计师应当出具无保留意见的审计报告。而如果会计师认为整体财务报表是公允的，但存在会计政策的选用、会计估计的作出或财务报表的披露不符合适用的会计准则和相关会计制度的规定，虽影响重大，但不至于出具否定意见的审计报告；因审计范围受到限制，不能获取充分、适当的审计证据，虽影响重大，但不至于出具无法表示意见的审计报告时，注册会计师应当出具保留意见的审计报告。

二、信托公司2020年、2019年会计师事务所审计情况

表2－2－1 信托公司2020年聘请的会计师事务所资格情况

2020年简称	2020年聘请的会计师事务所	资格情况
国元信托	容诚会计师事务所（特殊普通合伙）	证券期货资格
安信信托	立信会计师事务所（特殊普通合伙）	证券期货资格
百瑞信托	立信会计师事务所（特殊普通合伙）	证券期货资格
北方信托	安永华明会计师事务所（特殊普通合伙）	证券期货资格
北京信托	天职国际会计师事务所（特殊普通合伙）	证券期货资格
中铁信托	普华永道中天会计师事务所（特殊普通合伙）	证券期货资格
东莞信托	中审众环会计师事务所（特殊普通合伙）	证券期货资格
光大兴陇信托	安永华明会计师事务所（特殊普通合伙）	证券期货资格
粤财信托	致同会计师事务所（特殊普通合伙）	证券期货资格
国联信托	中天运会计师事务所（特殊普通合伙）	证券期货资格
国民信托	安永华明会计师事务所（特殊普通合伙）	证券期货资格
国投信托	信永中和会计师事务所（特殊普通合伙）	证券期货资格

续表

2020 年简称	2020 年聘请的会计师事务所	资格情况
杭州工商信托	大华会计师事务所(特殊普通合伙)	证券期货资格
建信信托	安永华明会计师事务所(特殊普通合伙)	证券期货资格
财信信托	天职国际会计师事务所(特殊普通合伙)	证券期货资格
华宝信托	天健会计师事务所(特殊普通合伙)	证券期货资格
吉林信托	吉林建威会计师事务所(普通合伙)	—
江苏信托	苏亚金诚会计师事务所(特殊普通合伙)	证券期货资格
雪松信托	中喜会计师事务所(特殊普通合伙)	证券期货资格
兴业信托	毕马威华振会计师事务所(特殊普通合伙)	证券期货资格
华宸信托	信永中和会计师事务所(特殊普通合伙)	证券期货资格
昆仑信托	立信会计师事务所(特殊普通合伙)	证券期货资格
平安信托	普华永道中天会计师事务所(特殊普通合伙)	证券期货资格
山东国信	普华永道中天会计师事务所(特殊普通合伙)和罗兵咸永道会计师事务所	证券期货资格
山西信托	毕马威华振会计师事务所(特殊普通合伙)	证券期货资格
陕国投	信永中和会计师事务所(特殊普通合伙)	证券期货资格
上海信托	毕马威华振会计师事务所(特殊普通合伙)	证券期货资格
苏州信托	天衡会计师事务所(特殊普通合伙)	证券期货资格
天津信托	中审华会计师事务所(特殊普通合伙)	证券期货资格
长安信托	希格玛会计师事务所(特殊普通合伙)	证券期货资格
西部信托	天职国际会计师事务所(特殊普通合伙)	证券期货资格
西藏信托	天职国际会计师事务所(特殊普通合伙)	证券期货资格
厦门国际信托	中审众环会计师事务所(特殊普通合伙)	证券期货资格
华润信托	大信会计师事务所(特殊普通合伙)	证券期货资格
英大信托	信永中和会计师事务所(特殊普通合伙)	证券期货资格
云南信托	信永中和会计师事务所(特殊普通合伙)	证券期货资格
中诚信托	天职国际会计师事务所(特殊普通合伙)	证券期货资格
外贸信托	毕马威华振会计师事务所(特殊普通合伙)	证券期货资格
中海信托	立信会计师事务所(特殊普通合伙)	证券期货资格
中融信托	大信会计师事务所(特殊普通合伙)	证券期货资格
中泰信托	中审亚太会计师事务所(特殊普通合伙)	证券期货资格
中信信托	信永中和会计师事务所(特殊普通合伙)	证券期货资格
中原信托	中证天通会计师事务所(特殊普通合伙)	证券期货资格
重庆信托	信永中和会计师事务所(特殊普通合伙)	证券期货资格
渤海信托	中兴财光华会计师事务所(特殊普通合伙)	证券期货资格
交银国际信托	普华永道中天会计师事务所(特殊普通合伙)	证券期货资格
中建投信托	安永华明会计师事务所(特殊普通合伙)	证券期货资格
华能信托	德勤华永会计师事务所(特殊普通合伙)	证券期货资格
浙金信托	大华会计师事务所(特殊普通合伙)	证券期货资格
爱建信托	立信会计师事务所(特殊普通合伙)	证券期货资格
中航信托	中审众环会计师事务所(特殊普通合伙)	证券期货资格
华澳信托	信永中和会计师事务所(特殊普通合伙)	证券期货资格
大业信托	广东中穗会计师事务所有限公司	—
国通信托	中审众环会计师事务所(特殊普通合伙)	证券期货资格
华鑫信托	天职国际会计师事务所(特殊普通合伙)	证券期货资格
金谷信托	安永华明会计师事务所(特殊普通合伙)	证券期货资格
陆家嘴信托	普华永道中天会计师事务所(特殊普通合伙)	证券期货资格
紫金信托	立信中联会计师事务所(特殊普通合伙)	证券期货资格
长城新盛信托	立信会计师事务所(特殊普通合伙)	证券期货资格
中国民生信托	中兴华会计师事务所(特殊普通合伙)	证券期货资格
万向信托	大华会计师事务所(特殊普通合伙)	证券期货资格

注:本年度有5家信托公司尚未披露年报,故未在本表中披露相关数据。

如表 2－2－1 所示，经统计分析，2020 年的审计报告除个别信托公司未聘请具有证券期货资格的会计师事务所出具，其余均由证券期货资格的会计师事务所出具，相对 2019 年，对信托公司进行审计的会计师事务所仍有较大的集中。2020 年，有信永中和会计师事务所（特殊普通合伙）、天职国际会计师事务所（特殊普通合伙）、安永华明会计师事务所（特殊普通合伙）、立信会计师事务所（特殊普通合伙）、毕马威华振会计师事务所（特殊普通合伙）、普华永道中天会计师事务所（特殊普通合伙）、中审众环会计师事务所（特殊普通合伙）、大华会计师事务所（特殊普通合伙）、大信会计师事务所（特殊普通合伙）共 9 家会计师事务所，分别为 2～8 家信托公司进行了财务报表审计，其中信永中和会计师事务所（特殊普通合伙）为 8 家信托公司提供审计服务，天职国际会计师事务所（特殊普通合伙）为 7 家信托公司提供审计服务，安永华明会计师事务所（特殊普通合伙）和立信会计师事务所（特殊普通合伙）各为 6 家信托公司提供审计服务，毕马威华振会计师事务所（特殊普通合伙）、普华永道中天会计师事务所（特殊普通合伙）和中审众环会计师事务所（特殊普通合伙）各为 4 家信托公司提供了审计服务，大华会计师事务所（特殊普通合伙）为 3 家信托公司提供了审计服务，大信会计师事务所（特殊普通合伙）为 2 家信托公司提供了审计服务。这 9 家事务所共为 44 家信托公司提供了审计服务，占 2020 年已披露年报信息的信托公司总户数的 69.84%。

在已披露年报信息的信托公司中，有 11 家在 2020 年变更了会计师事务所，占 2020 年全部信息披露户数的 17.46%，相对于 2019 年的 23.53%，该比例有所下降，我们提请监管部门对信托公司会计师事务所变更事项作必要的要求和监管，对会计师事务所变更应该要求信托公司和前任会计师事务所作出专项声明，以避免有的公司可能通过更换会计师事务所实现其特殊目的。信托公司 2020 年与 2019 年聘请的会计师事务所变更情况见表 2－2－2。

表 2－2－2　信托公司 2020 年与 2019 年聘请的会计师事务所变更情况统计

公司简称	2020 年聘请的会计师事务所	2019 年聘请的会计师事务所
国元信托	容诚会计师事务所（特殊普通合伙）	天职国际会计师事务所（特殊普通合伙）
国联信托	中天运会计师事务所（特殊普通合伙）	公证天业会计师事务所（特殊普通合伙）
国投信托	信永中和会计师事务所（特殊普通合伙）	立信会计师事务所（特殊普通合伙）
杭州工商信托	大华会计师事务所（特殊普通合伙）	德勤华永会计师事务所（特殊普通合伙）
吉林信托	吉林建威会计师事务所（普通合伙）	中准会计师事务所（特殊普通合伙）
江苏信托	苏亚金诚会计师事务所（特殊普通合伙）	天衡会计师事务所（特殊普通合伙）
西部信托	天职国际会计师事务所（特殊普通合伙）	信永中和会计师事务所（特殊普通合伙）
华润信托	大信会计师事务所（特殊普通合伙）	天职国际会计师事务所（特殊普通合伙）
英大信托	信永中和会计师事务所（特殊普通合伙）	天健会计师事务所（特殊普通合伙）
五矿信托	天职国际会计师事务所（特殊普通合伙）	致同会计师事务所（特殊普通合伙）
长城新盛信托	立信会计师事务所（特殊普通合伙）	德勤华永会计师事务所（特殊普通合伙）
国元信托	容诚会计师事务所（特殊普通合伙）	天职国际会计师事务所（特殊普通合伙）

三、信托公司 2020 年、2019 年执行的会计制度统计

表 2－3－1　信托公司 2020 年与 2019 年执行的会计制度比较

固有业务执行会计制度	2020 年	2019 年	信托业务执行会计制度	2020 年	2019 年
	家数	家数		家数	家数
《企业会计准则》（2006 年、2010 年）	1	2	《企业会计准则》（2006 年、2018 年）	42	43
《企业会计准则》（2006 年、2018 年）	42	43	《企业会计准则》（2006 年、2014 年）	1	3
《企业会计准则》（2006 年）	17	18	《企业会计准则》（2006 年）	17	18
《企业会计准则》（2006 年、2014 年）	1	3	《企业会计准则》和《金融企业会计制度》（2014 年）	1	1
《企业会计准则》和《金融企业会计制度》（2014 年）	1	1	《国际会计准则》	—	1
《国际会计准则》	—	1	《企业会计准则》（2006 年、2010 年）	1	2
《中国会计准则》和《国际财务报告准则》	1	—	《中国会计准则》和《国际财务报告准则》	1	—
合计	63	68	合计	63	68

注：本年度有 5 家信托公司尚未披露年报，故未在本表中披露相关数据。

2020 年，在已披露年报信息的信托公司固有业务中，42 家明确披露已执行《企业会计准则》（2006 年、2018 年）其中 24 家执行新金融工具准则，17 家披露已执行《企业会计准则》（2006 年），1 家披露已执行《企业会计准则》（2006 年、2014 年），1 家披露同时执行《企业会计准则》和《金融企业会计制度》（2014 年），1 家披露执行《国际会计准则》和《国际财务报告准则》，1 家披露执行《企业会计准则》（2006 年、2010 年）。

2020 年，在已披露年报信息的信托公司信托业务中，42 家明确披露已执行《企业会计准则》（2006 年、2018 年），17 家披露已执行《企业会计准则》（2006 年），1 家披露已执行《企业会计准则》（2006 年、2014 年），1 家披露同时执行《企业会计准则》和《金融企

业会计制度》(2014 年),1 家披露执行《国际会计准则》和《国际财务报告准则》,1 家披露执行《企业会计准则》(2006 年、2010 年)。

表 2-3-2　2020 年已披露年报信息的信托公司披露执行的会计制度统计

公司简称	2020 年固有业务执行的会计制度	2020 年信托业务执行的会计制度
国元信托	《企业会计准则》(2006 年、2018 年)	《企业会计准则》(2006 年、2018 年)
安信信托	《企业会计准则》(2006 年、2018 年)	《企业会计准则》(2006 年、2018 年)
百瑞信托	《企业会计准则》(2006 年、2018 年)	《企业会计准则》(2006 年、2018 年)
北方信托	《企业会计准则》(2006 年、2018 年)	《企业会计准则》(2006 年、2018 年)
北京信托	《企业会计准则》(2006 年)	《企业会计准则》(2006 年)
中铁信托	《企业会计准则》(2006 年、2018 年)	《企业会计准则》(2006 年、2018 年)
东莞信托	《企业会计准则》(2006 年)	《企业会计准则》(2006 年)
光大兴陇信托	《企业会计准则》(2006 年、2018 年)	《企业会计准则》(2006 年、2018 年)
粤财信托	《企业会计准则》(2006 年、2018 年)	《企业会计准则》(2006 年、2018 年)
国联信托	《企业会计准则》(2006 年、2018 年)	《企业会计准则》(2006 年、2018 年)
国民信托	《企业会计准则》(2006 年、2018 年)	《企业会计准则》(2006 年、2018 年)
国投信托	《企业会计准则》(2006 年、2018 年)	《企业会计准则》(2006 年、2018 年)
杭州工商信托	《企业会计准则》(2006 年、2014 年)	《企业会计准则》(2006 年、2014 年)
建信信托	《企业会计准则》(2006 年、2018 年)	《企业会计准则》(2006 年、2018 年)
财信信托	《企业会计准则》(2006 年、2018 年)	《企业会计准则》(2006 年、2018 年)
华宝信托	《企业会计准则》(2006 年、2018 年)	《企业会计准则》(2006 年、2018 年)
吉林信托	《企业会计准则》(2006 年、2018 年)	《企业会计准则》(2006 年、2018 年)
江苏信托	《企业会计准则》(2006 年、2018 年)	《企业会计准则》(2006 年、2018 年)
雪松信托	《企业会计准则》(2006 年、2010 年)	《企业会计准则》(2006 年、2010 年)
兴业信托	《企业会计准则》(2006 年、2018 年)	《企业会计准则》(2006 年、2018 年)
华宸信托	《企业会计准则》(2006 年)	《企业会计准则》(2006 年)
昆仑信托	《企业会计准则》和《金融企业会计制度》	《企业会计准则》和《金融企业会计制度》
平安信托	《企业会计准则》(2006 年、2018 年)	《企业会计准则》(2006 年、2018 年)
山东国信	中国会计准则和国际财务报告准则	中国会计准则和国际财务报告准则
山西信托	《企业会计准则》(2006 年、2018 年)	《企业会计准则》(2006 年、2018 年)
陕国投	《企业会计准则》(2006 年、2018 年)	《企业会计准则》(2006 年、2018 年)
上海信托	《企业会计准则》(2006 年、2018 年)	《企业会计准则》(2006 年、2018 年)
苏州信托	《企业会计准则》(2006 年、2018 年)	《企业会计准则》(2006 年、2018 年)
天津信托	《企业会计准则》(2006 年、2018 年)	《企业会计准则》(2006 年、2018 年)
长安信托	《企业会计准则》(2006 年、2018 年)	《企业会计准则》(2006 年、2018 年)
西部信托	《企业会计准则》(2006 年、2018 年)	《企业会计准则》(2006 年、2018 年)
西藏信托	《企业会计准则》(2006 年)	《企业会计准则》(2006 年)
厦门国际信托	《企业会计准则》(2006 年)	《企业会计准则》(2006 年)
华润信托	《企业会计准则》(2006 年)	《企业会计准则》(2006 年)
英大信托	《企业会计准则》(2006 年)	《企业会计准则》(2006 年)
云南信托	《企业会计准则》(2006 年)	《企业会计准则》(2006 年)
中诚信托	《企业会计准则》(2006 年、2018 年)	《企业会计准则》(2006 年、2018 年)
外贸信托	《企业会计准则》(2006 年)	《企业会计准则》(2006 年)
中海信托	《企业会计准则》(2006 年、2018 年)	《企业会计准则》(2006 年、2018 年)
中融信托	《企业会计准则》(2006 年、2018 年)	《企业会计准则》(2006 年、2018 年)
中泰信托	《企业会计准则》(2006 年、2018 年)	《企业会计准则》(2006 年、2018 年)
中信信托	《企业会计准则》(2006 年、2018 年)	《企业会计准则》(2006 年、2018 年)
中原信托	《企业会计准则》(2006 年)	《企业会计准则》(2006 年)
重庆信托	《企业会计准则》(2006 年、2018 年)	《企业会计准则》(2006 年、2018 年)
渤海信托	《企业会计准则》(2006 年)	《企业会计准则》(2006 年)
交银国际信托	《企业会计准则》(2006 年)	《企业会计准则》(2006 年)
中建投信托	《企业会计准则》(2006 年)	《企业会计准则》(2006 年)
华能信托	《企业会计准则》(2006 年、2018 年)	《企业会计准则》(2006 年、2018 年)
浙金信托	《企业会计准则》(2006 年、2018 年)	《企业会计准则》(2006 年、2018 年)
爱建信托	《企业会计准则》(2006 年、2018 年)	《企业会计准则》(2006 年、2018 年)
中航信托	《企业会计准则》(2006 年、2018 年)	《企业会计准则》(2006 年、2018 年)

续表

公司简称	2020 年固有业务执行的会计制度	2020 年信托业务执行的会计制度
华澳信托	《企业会计准则》(2006 年)	《企业会计准则》(2006 年)
大业信托	《企业会计准则》(2006 年、2018 年)	《企业会计准则》(2006 年、2018 年)
国通信托	《企业会计准则》(2006 年)	《企业会计准则》(2006 年)
华鑫信托	《企业会计准则》(2006 年、2018 年)	《企业会计准则》(2006 年、2018 年)
金谷信托	《企业会计准则》(2006 年、2018 年)	《企业会计准则》(2006 年、2018 年)
陆家嘴信托	《企业会计准则》(2006 年、2018 年)	《企业会计准则》(2006 年、2018 年)
五矿信托	《企业会计准则》(2006 年、2018 年)	《企业会计准则》(2006 年、2018 年)
中粮信托	《企业会计准则》(2006 年、2018 年)	《企业会计准则》(2006 年、2018 年)
紫金信托	《企业会计准则》(2006 年)	《企业会计准则》(2006 年)
长城新盛信托	《企业会计准则》(2006 年、2018 年)	《企业会计准则》(2006 年、2018 年)
中国民生信托	《企业会计准则》(2006 年、2018 年)	《企业会计准则》(2006 年、2018 年)
万向信托	《企业会计准则》(2006 年)	《企业会计准则》(2006 年)

注：本年度有 5 家信托公司尚未披露年报，故未在本表中披露相关数据。

表 2-3-3　2019 年已披露年报的 63 家信托公司披露执行的会计制度统计

公司简称	2019 年固有业务执行的会计制度	2019 年信托业务执行的会计制度
国元信托	《企业会计准则》(2006 年、2018 年)	《企业会计准则》(2006 年、2018 年)
安信信托	《企业会计准则》(2006 年、2018 年)	《企业会计准则》(2006 年、2018 年)
百瑞信托	《企业会计准则》(2006 年、2018 年)	《企业会计准则》(2006 年、2018 年)
北方信托	《企业会计准则》(2006 年、2018 年)	《企业会计准则》(2006 年、2018 年)
北京信托	《企业会计准则》(2006 年)	《企业会计准则》(2006 年)
中铁信托	《企业会计准则》(2006 年、2018 年)	《企业会计准则》(2006 年、2018 年)
东莞信托	《企业会计准则》(2006 年)	《企业会计准则》(2006 年)
光大兴陇信托	《企业会计准则》(2006 年、2018 年)	《企业会计准则》(2006 年、2018 年)
粤财信托	《企业会计准则》(2006 年、2018 年)	《企业会计准则》(2006 年、2018 年)
国联信托	《企业会计准则》(2006 年、2018 年)	《企业会计准则》(2006 年、2018 年)
国民信托	《企业会计准则》(2006 年、2018 年)	《企业会计准则》(2006 年、2018 年)
国投泰康信托	《企业会计准则》(2006 年、2018 年)	《企业会计准则》(2006 年、2018 年)
杭州工商信托	《企业会计准则》(2006 年、2014 年)	《企业会计准则》(2006 年、2014 年)
建信信托	《企业会计准则》(2006 年、2018 年)	《企业会计准则》(2006 年、2018 年)
财信信托	《企业会计准则》(2006 年、2010 年)	《企业会计准则》(2006 年、2010 年)
华宝信托	《企业会计准则》(2006 年、2018 年)	《企业会计准则》(2006 年、2018 年)
吉林信托	《企业会计准则》(2006 年、2014 年)	《企业会计准则》(2006 年、2014 年)
江苏信托	《企业会计准则》(2006 年、2018 年)	《企业会计准则》(2006 年、2018 年)
雪松信托	《企业会计准则》(2006 年、2010 年)	《企业会计准则》(2006 年、2010 年)
兴业信托	《企业会计准则》(2006 年、2018 年)	《企业会计准则》(2006 年、2018 年)
华宸信托	《企业会计准则》(2006 年)	《企业会计准则》(2006 年)
昆仑信托	《企业会计准则》和《金融企业会计制度》(2014 年)	《企业会计准则》和《金融企业会计制度》(2014 年)
平安信托	《企业会计准则》(2006 年、2018 年)	《企业会计准则》(2006 年、2018 年)
山东国信	国际会计准则	国际会计准则
山西信托	《企业会计准则》(2006 年、2018 年)	《企业会计准则》(2006 年、2018 年)
陕国投	《企业会计准则》(2006 年、2018 年)	《企业会计准则》(2006 年、2018 年)
上海信托	《企业会计准则》(2006 年、2018 年)	《企业会计准则》(2006 年、2018 年)
华融信托	《企业会计准则》(2006 年、2018 年)	《企业会计准则》(2006 年、2018 年)
苏州信托	《企业会计准则》(2006 年、2018 年)	《企业会计准则》(2006 年、2018 年)
天津信托	《企业会计准则》(2006 年、2018 年)	《企业会计准则》(2006 年、2018 年)
长安信托	《企业会计准则》(2006 年、2018 年)	《企业会计准则》(2006 年、2018 年)
西部信托	《企业会计准则》(2006 年、2018 年)	《企业会计准则》(2006 年、2018 年)
西藏信托	《企业会计准则》(2006 年)	《企业会计准则》(2006 年)
厦门国际信托	《企业会计准则》(2006 年)	《企业会计准则》(2006 年)
新华信托	《企业会计准则》(2006 年、2014 年)	《企业会计准则》(2006 年、2014 年)
华润信托	《企业会计准则》(2006 年)	《企业会计准则》(2006 年)
华信信托	《企业会计准则》(2006 年)	《企业会计准则》(2006 年)
英大信托	《企业会计准则》(2006 年)	《企业会计准则》(2006 年)

续表

公司简称	2019 年固有业务执行的会计制度	2019 年信托业务执行的会计制度
云南信托	《企业会计准则》(2006 年)	《企业会计准则》(2006 年)
中诚信托	《企业会计准则》(2006 年、2018 年)	《企业会计准则》(2006 年、2018 年)
外贸信托	《企业会计准则》(2006 年)	《企业会计准则》(2006 年)
中海信托	《企业会计准则》(2006 年、2018 年)	《企业会计准则》(2006 年、2018 年)
中融信托	《企业会计准则》(2006 年、2018 年)	《企业会计准则》(2006 年、2018 年)
中泰信托	《企业会计准则》(2006 年、2018 年)	《企业会计准则》(2006 年、2018 年)
中信信托	《企业会计准则》(2006 年、2018 年)	《企业会计准则》(2006 年、2018 年)
中原信托	《企业会计准则》(2006 年)	《企业会计准则》(2006 年)
重庆信托	《企业会计准则》(2006 年、2018 年)	《企业会计准则》(2006 年、2018 年)
渤海信托	《企业会计准则》(2006 年)	《企业会计准则》(2006 年)
交银国际信托	《企业会计准则》(2006 年)	《企业会计准则》(2006 年)
中建投信托	《企业会计准则》(2006 年)	《企业会计准则》(2006 年)
华能信托	《企业会计准则》(2006 年、2018 年)	《企业会计准则》(2006 年、2018 年)
浙金信托	《企业会计准则》(2006 年、2018 年)	《企业会计准则》(2006 年、2018 年)
爱建信托	《企业会计准则》(2006 年、2018 年)	《企业会计准则》(2006 年、2018 年)
新时代信托	《企业会计准则》(2006 年、2018 年)	《企业会计准则》(2006 年、2018 年)
中航信托	《企业会计准则》(2006 年、2018 年)	《企业会计准则》(2006 年、2018 年)
华澳信托	《企业会计准则》(2006 年)	《企业会计准则》(2006 年)
大业信托	《企业会计准则》(2006 年、2018 年)	《企业会计准则》(2006 年、2018 年)
国通信托	《企业会计准则》(2006 年)	《企业会计准则》(2006 年)
华鑫信托	《企业会计准则》(2006 年、2018 年)	《企业会计准则》(2006 年、2018 年)
金谷信托	《企业会计准则》(2006 年、2018 年)	《企业会计准则》(2006 年、2018 年)
陆家嘴信托	《企业会计准则》(2006 年、2018 年)	《企业会计准则》(2006 年、2018 年)
四川信托	《企业会计准则》(2006 年、2018 年)	《企业会计准则》(2006 年、2018 年)
五矿信托	《企业会计准则》(2006 年、2018 年)	《企业会计准则》(2006 年、2018 年)
中粮信托	《企业会计准则》(2006 年、2018 年)	《企业会计准则》(2006 年、2018 年)
紫金信托	《企业会计准则》(2006 年)	《企业会计准则》(2006 年)
长城新盛信托	《企业会计准则》(2006 年、2018 年)	《企业会计准则》(2006 年、2018 年)
中国民生信托	《企业会计准则》(2006 年、2018 年)	《企业会计准则》(2006 年、2018 年)
万向信托	《企业会计准则》(2006 年)	《企业会计准则》(2006 年)

第三章 信托公司财务指标排行榜

2020 年，我们汇总统计了信托公司的财务指标，对各项指标分别按照金额、比率等大小排序。希望通过这些指标来分析建立信托公司综合评价体系。该体系主要包含五个方面的能力分析：资本实力、盈利能力、业务能力、信托理财能力和抗风险能力。本文中仅对指标进行列示和相应的描述，各项指标分别按照金额、比率大小排序，不对公司的综合评价进行排名。

评价标准	评价指标	公式	索引号
资本实力	总资产		见表 3 -1 -1
	净资产		见表 3 -1 -7
盈利能力	营业总收入		见表 3 -1 -3
	营业费用收入比	营业费用/营业收入 ×100%	见表 3 -1 -1[illegible]
	净利润		见表 3 -1 -9
	人均净利润	净利润/员工总人数	见表 3 -3 -9
	信托报酬率	信托业务收入/实收信托资产平均余额 ×100%	见表 3 -1 -27
	资本利润率	净利润/所有者权益平均余额 ×100%	见表 3 -3 -11
业务能力	信托资产余额		见表 3 -2 -1
	信托资产余额年度增量	期末信托资产余额 - 期初信托资产余额	见表 5 -1 -4
	年度新增信托业务规模		见表 3 -3 -6
	固有总资产年度增量	固有总资产期末余额 - 固有总资产期初余额	见表 3 -1 -1
	固有资产增长率	（本期固有资产余额/上期固有资产余额 -1）×100%	见表 3 -1 -1
	信托业务收入		见表 3 -1 -22
	信托业务收入增长率	（本期信托业务收入/上期信托业务收入 -1）×100%	见表 3 -1 -22
	信托业务收入占比	信托业务收入/营业总收入 ×100%	见表 3 -1 -24
	自营业务收入		见表 3 -1 -3
	自营业务收入增长率	（本期自营业务收入/上期自营业务收入 -1）×100%	见表 3 -1 -3
理财能力	信托产品年度清算综合收益率		见表 3 -3 -3
	集合类信托年度清算收益率		见表 3 -3 -3
	主动管理型信托资产余额		见表 3 -3 -8
	主动管理型信托资产占比	主动管理型信托资产余额/信托资产余额 ×100%	见表 3 -3 -8
	集合类信托资产余额		见表 3 -3 -3
	集合类信托资产占比	集合信托资产余额/信托资产余额 ×100%	见表 3 -3 -4
	信托净利润		见表 5 -1 -7
	信托资产利润率	信托净利润/信托总资产平均余额	见表 5 -1 -8
抗风险能力	净资本		见表 3 -3 -13
	净资本/净资产		见表 3 -3 -13
	风险覆盖率	净资本/各项风险资本准备之和	见表 3 -3 -13
	固有资产不良率		见表 6 -3 -1
	信托风险准备金余额	信托赔偿准备金余额 + 一般风险准备金余额	见表 3 -1 -17
	信托赔偿准备金提取率	信托赔偿准备金余额/股本 ×100%	见表 3 -1 -18
	信托风险赔偿率	信托风险准备余额/信托资产余额 ×100%	见表 3 -3 -14

一、信托公司单项财务指标排行榜

（一）固有资产相关指标

2020 年信托行业固有资产总额比 2019 年增长 17.32%，达 13 329.52 亿元。其中固有资产总额增长的有 49 家，减少的有 14 家；华鑫信托，以增长率 49.20% 高居榜首。固有资产合并资产总额排行见表 3 -1 -1。

表 3-1-1　固有资产合并资产总额排行榜

排名	公司简称	2020 年 12 月 31 日(万元)	2019 年 12 月 31 日(万元)	增长率(%)
1	重庆信托	26 100 710. 10	23 448 548. 11	11. 31
2	平安信托	24 377 286. 77	17 281 355. 29	41. 06
3	兴业信托	6 275 168. 39	4 214 517. 92	48. 89
4	中信信托	4 711 415. 20	4 240 304. 51	11. 11
5	建信信托	4 370 229. 84	3 158 562. 94	38. 36
6	中融信托	2 855 775. 58	2 761 605. 95	3. 41
7	江苏信托	2 807 425. 74	2 342 805. 06	19. 83
8	华能信托	2 745 605. 55	2 445 988. 59	12. 25
9	华润信托	2 725 585. 22	2 625 521. 16	3. 81
10	五矿信托	2 502 254. 98	1 822 630. 82	37. 29
11	上海信托	2 415 719. 79	2 388 714. 82	1. 13
12	中诚信托	2 203 090. 17	2 312 452. 93	-4. 73
13	山东国信	2 068 382. 10	1 457 229. 00	41. 94
14	安信信托	1 993 211. 81	2 079 366. 78	-4. 14
15	中铁信托	1 982 715. 65	1 878 004. 93	5. 58
16	外贸信托	1 940 402. 84	1 841 343. 25	5. 38
17	交银国际信托	1 830 185. 87	1 289 947. 54	41. 88
18	光大兴陇信托	1 808 148. 53	1 395 488. 34	29. 57
19	中航信托	1 659 708. 99	1 667 041. 92	-0. 44
20	陕国投	1 651 705. 63	1 466 673. 64	12. 62
21	渤海信托	1 545 582. 42	1 582 018. 60	-2. 30
22	中国民生信托	1 517 367. 85	1 420 382. 36	6. 83
23	北京信托	1 485 603. 57	1 381 361. 77	7. 55
24	昆仑信托	1 452 614. 55	1 374 045. 80	5. 72
25	华宝信托	1 302 168. 85	1 316 928. 42	-1. 12
26	中建投信托	1 253 275. 58	1 063 265. 61	17. 87
27	百瑞信托	1 212 723. 20	1 048 194. 54	15. 70
28	国投泰康信托	1 205 425. 76	871 917. 69	38. 25
29	华鑫信托	1 204 479. 48	807 291. 11	49. 20
30	英大信托	1 187 981. 99	1 070 685. 26	10. 96
31	财信信托	1 175 863. 21	1 069 623. 16	9. 93
32	陆家嘴信托	1 124 870. 42	979 787. 88	14. 81
33	长安信托	1 116 444. 68	1 030 986. 12	8. 29
34	爱建信托	1 058 397. 66	1 012 368. 42	4. 55
35	国通信托	1 012 151. 06	815 215. 15	24. 16
36	中原信托	992 351. 41	1 040 356. 46	-4. 61
37	天津信托	896 984. 07	806 937. 26	11. 16
38	国元信托	881 436. 94	752 944. 38	17. 07
39	粤财信托	851 558. 42	755 699. 98	12. 68
40	厦门国际信托	780 792. 00	727 797. 00	7. 28
41	吉林信托	760 822. 68	702 098. 94	8. 36
42	中海信托	703 379. 97	710 342. 13	-0. 98
43	西部信托	681 383. 23	637 938. 37	6. 81
44	东莞信托	620 456. 88	609 402. 31	1. 81
45	苏州信托	613 596. 35	565 918. 75	8. 42
46	北方信托	590 465. 26	545 023. 46	8. 34
47	杭州工商信托	575 898. 00	519 138. 00	10. 93
48	国联信托	565 292. 00	539 641. 00	4. 75
49	中粮信托	537 647. 96	538 839. 71	-0. 22
50	西藏信托	535 228. 34	501 337. 76	6. 76
51	华澳信托	530 852. 14	540 972. 22	-1. 87
52	雪松信托	525 372. 46	360 948. 56	45. 55
53	紫金信托	522 224. 86	465 158. 94	12. 27

续表

排名	公司简称	2020 年 12 月 31 日(万元)	2019 年 12 月 31 日(万元)	增长率(%)
54	中泰信托	493 056. 66	474 725. 16	3. 86
55	金谷信托	476 176. 82	529 531. 01	-10. 08
56	云南信托	419 110. 91	358 845. 15	16. 79
57	万向信托	386 881. 08	437 000. 31	-11. 47
58	国民信托	347 461. 45	323 817. 75	7. 30
59	山西信托	344 942. 13	435 219. 10	-20. 74
60	大业信托	280 326. 95	245 522. 76	14. 18
61	浙金信托	269 674. 80	250 516. 30	7. 65
62	长城新盛信托	130 646. 47	153 671. 76	-14. 98
63	华宸信托	101 459. 65	128 392. 82	-20. 98
64	四川信托	未披露	未披露	未披露
65	华融信托	未披露	未披露	未披露
66	华信信托	未披露	未披露	未披露
67	新华信托	未披露	未披露	未披露
68	新时代信托	未披露	未披露	未披露
合计		133 295 158. 92	113 619 912. 76	17. 32
平均		2 115 796. 17	1 803 490. 68	17. 32

注：1. 由于存在会计政策变更等因素造成 2020 年初的金额和 2019 年末的金额存在部分调整差异，本年统计的数据按照各企业在公布的审计报告确认的年初数为准。

2. 本年度有 5 家信托公司尚未披露年报，故未在本表中披露相关数据。

固有资产总额超过 100 亿元的信托公司有 35 家，比上年增加 3 家，这 35 家公司的固有资产总额占已披露年报的 63 家信托公司固有资产总额的 88. 44%；2020 年所有公司固有资产总额均大于 10 亿元。固有资产总额分布情况见表 3－1－2。

表 3－1－2　固有资产总额分布情况

项目	2020 年			2019 年		
	家数(家)	资产总额(万元)	占比(%)	家数(家)	资产总额(万元)	占比(%)
100 亿元以上	35	117 879 679. 03	88. 44	32	96 528 320. 04	84. 96
50 亿～100 亿元	18	12 165 742. 98	9. 13	20	13 457 774. 12	11. 84
10 亿～50 亿元	10	3 249 736. 91	2. 44	11	3 633 818. 60	3. 20
10 亿元以下	—	—	—	—	—	—
合计	63	133 295 158. 92	100. 00	63	113 619 912. 76	100. 00

2020 年，信托行业营业总收入为 1 555. 80 亿元，相比 2019 年增长了 10. 86%，上涨的有 46 家，其中上涨金额最大的为平安信托，增加了 27. 26 亿元，占总增长额的 17. 88%。固有资产营业总收入排行见表 3－1－3。

表 3－1－3　固有资产营业总收入排行榜

排名	公司简称	2020 年度(万元)	2019 年度(万元)	增长率(%)
1	平安信托	2 143 087. 75	1 870 505. 32	14. 57
2	中信信托	874 585. 82	718 278. 03	21. 76
3	重庆信托	769 282. 46	787 918. 85	-2. 37
4	建信信托	660 754. 50	497 738. 86	32. 75
5	华能信托	600 087. 89	506 940. 96	18. 37
6	光大兴陇信托	563 042. 36	418 548. 54	34. 52
7	中融信托	549 999. 99	535 879. 06	2. 64
8	兴业信托	534 227. 29	446 097. 41	19. 76
9	上海信托	525 389. 38	458 682. 56	14. 54
10	五矿信托	516 351. 98	415 665. 12	24. 22
11	华润信托	397 617. 12	304 631. 18	30. 52
12	中航信托	376 851. 90	358 357. 75	5. 16
13	长安信托	322 184. 96	262 534. 46	22. 72
14	外贸信托	308 938. 28	278 872. 85	10. 78
15	华宝信托	281 701. 68	259 846. 32	8. 41
16	国投泰康信托	260 096. 13	216 545. 52	20. 11

续表

排名	公司简称	2020 年度(万元)	2019 年度(万元)	增长率(%)
17	中诚信托	258 461. 21	242 200. 68	6. 71
18	江苏信托	256 268. 29	323 543. 00	−20. 79
19	爱建信托	238 182. 33	255 832. 05	−6. 90
20	渤海信托	229 699. 37	292 411. 33	−21. 45
21	中铁信托	226 613. 47	227 684. 88	−0. 47
22	交银国际信托	226 593. 61	187 708. 75	20. 72
23	中国民生信托	224 738. 85	234 351. 88	−4. 10
24	中建投信托	222 741. 31	242 341. 71	−8. 09
25	陕国投	212 582. 25	175 565. 46	21. 08
26	英大信托	211 300. 05	159 528. 78	32. 45
27	昆仑信托	205 987. 25	193 887. 33	6. 24
28	山东国信	205 398. 80	187 249. 80	9. 69
29	百瑞信托	195 568. 84	162 859. 87	20. 08
30	陆家嘴信托	194 205. 95	144 474. 98	34. 42
31	北京信托	182 964. 46	189 781. 76	−3. 59
32	华鑫信托	167 712. 17	126 593. 63	32. 48
33	厦门国际信托	157 418. 00	114 139. 00	37. 92
34	万向信托	156 712. 37	141 451. 03	10. 79
35	粤财信托	150 168. 61	121 261. 95	23. 84
36	财信信托	143 362. 55	91 596. 42	56. 52
37	国通信托	124 021. 47	116 543. 85	6. 42
38	紫金信托	116 517. 30	110 324. 71	5. 61
39	东莞信托	116 098. 98	109 918. 43	5. 62
40	杭州工商信托	114 043. 00	113 329. 00	0. 63
41	中粮信托	113 494. 42	85 910. 24	32. 11
42	北方信托	112 752. 24	77 448. 22	45. 58
43	苏州信托	105 487. 95	81 917. 87	28. 77
44	华澳信托	103 680. 87	99 362. 94	4. 35
45	西部信托	100 268. 50	78 044. 30	28. 48
46	天津信托	97 806. 11	84 264. 52	16. 07
47	国元信托	86 534. 25	68 423. 05	26. 47
48	中原信托	83 307. 23	96 845. 44	−13. 98
49	西藏信托	82 526. 78	79 624. 35	3. 65
50	云南信托	74 588. 89	88 412. 05	−15. 63
51	中海信托	67 557. 47	112 372. 14	−39. 88
52	国联信托	62 957. 00	109 731. 00	−42. 63
53	国民信托	58 064. 62	70 288. 76	−17. 39
54	浙金信托	56 753. 17	55 460. 75	2. 33
55	大业信托	50 367. 72	48 303. 64	4. 27
56	金谷信托	45 402. 38	51 747. 24	−12. 26
57	中泰信托	35 401. 65	27 021. 46	31. 01
58	山西信托	33 710. 78	19 216. 46	75. 43
59	雪松信托	30 494. 26	26 383. 48	15. 58
60	吉林信托	29 822. 43	58 764. 97	−49. 25
61	长城新盛信托	17 436. 58	39 019. 40	−55. 31
62	华宸信托	14 409. 61	418. 10	3346. 45
63	安信信托	−126 392. 16	−26 732. 14	372. 81
64	华融信托	未披露	未披露	未披露
65	四川信托	未披露	未披露	未披露
66	新时代信托	未披露	未披露	未披露
67	华信信托	未披露	未披露	未披露
68	新华信托	未披露	未披露	未披露
合计		15 557 992. 73	14 033 871. 32	10. 86
平均		246 952. 27	222 759. 86	10. 86

注:1. 由于各家公司的报告格式不一致,在统计利润表时我们对报表项目进行了调整,具体调整结果见表 4 −1 −3。

2. 本年度有 5 家信托公司尚未披露年报,故未在本表中披露相关数据。

固有资产营业总收入超过50亿元的信托公司共有10家,较上年增加5家,增幅加大,10家公司的固有资产营业总收入占已披露年报的63家信托公司合计数的“半壁江山”,高达49.73%。固有资产营业总收入分布情况见表3-1-4。

表3-1-4 固有资产营业总收入分布情况

项目	2020年			2019年		
	家数(家)	营业总收入(万元)	占比(%)	家数(家)	营业总收入(万元)	占比(%)
50亿元以上	10	7 736 809.42	49.73	5	4 419 522.22	31.49
10亿~50亿元	35	7 020 434.55	45.12	36	8 312 607.58	59.23
5亿~10亿元	10	720 463.23	4.63	15	1 168 111.12	8.32
5亿元以下	8	80 285.52	0.52	7	133 630.41	0.95
合计	63	15 557 992.73	100.00	63	14 033 871.32	100.00

2020年,信托行业固有资产利润总额为751.91亿元,较2019年小幅下降,降幅为2.64%,其中增长的有39家,增长幅度最大的为山西信托,增长了214.65%。固有资产利润总额排行见表3-1-5。

表3-1-5 固有资产利润总额排行榜

排名	公司简称	2020年度(万元)	2019年度(万元)	增长率(%)
1	平安信托	820 297.39	735 229.47	11.[illegible]
2	华能信托	500 621.80	421 093.91	18.[illegible]
3	重庆信托	498 348.21	559 928.94	-11.[illegible]
4	中信信托	491 768.81	476 677.57	3.[illegible]
5	五矿信托	370 307.15	280 103.57	32.[illegible]
6	光大兴陇信托	350 929.18	278 196.04	26.[illegible]
7	建信信托	327 536.05	294 659.65	11.[illegible]
8	华润信托	315 218.88	334 813.31	-5.[illegible]
9	中航信托	261 490.56	256 382.22	1.[illegible]
10	兴业信托	233 506.84	218 819.14	6.[illegible]
11	上海信托	231 157.13	264 070.05	-12.[illegible]
12	江苏信托	220 998.20	295 002.92	-25.[illegible]
13	外贸信托	184 740.13	235 195.28	-21.[illegible]
14	中融信托	170 670.34	220 770.30	-22.[illegible]
15	国投泰康信托	168 278.96	143 624.68	17.[illegible]
16	昆仑信托	165 815.47	132 731.21	24.[illegible]
17	英大信托	163 296.05	137 319.07	18.[illegible]
18	交银国际信托	161 766.65	151 356.80	6.[illegible]
19	爱建信托	161 479.65	165 527.73	-2.[illegible]
20	华宝信托	160 004.08	145 568.52	9.[illegible]
21	陆家嘴信托	153 094.23	84 466.99	81.[illegible]
22	中铁信托	149 507.65	136 011.84	9.[illegible]
23	百瑞信托	148 040.06	141 234.68	4.[illegible]
24	北京信托	133 954.68	123 006.12	8.[illegible]
25	中诚信托	117 605.24	119 339.34	-1.[illegible]
26	华鑫信托	113 380.19	84 274.12	34.[illegible]
27	粤财信托	113 103.10	98 041.98	15.[illegible]
28	财信信托	91 917.08	32 325.49	184.[illegible]
29	陕国投	91 807.35	76 025.19	20.[illegible]
30	厦门国际信托	86 907.00	72 553.00	19.[illegible]
31	杭州工商信托	85 034.00	84 710.00	0.[illegible]
32	万向信托	83 832.25	95 054.24	-11.[illegible]
33	紫金信托	80 118.52	71 388.36	12.[illegible]
34	山东国信	73 297.10	87 783.50	-16.[illegible]
35	长安信托	72 612.40	69 140.06	5.[illegible]

续表

排名	公司简称	2020 年度(万元)	2019 年度(万元)	增长率(%)
36	中建投信托	68 551. 73	117 579. 34	-41. 70
37	苏州信托	68 263. 88	63 060. 26	8. 25
38	东莞信托	68 252. 21	66 268. 50	2. 99
39	国元信托	67 140. 75	54 045. 73	24. 23
40	国通信托	60 983. 12	67 077. 96	-9. 09
41	西部信托	56 943. 21	44 719. 06	27. 34
42	华澳信托	56 849. 28	40 981. 40	38. 72
43	国联信托	55 492. 00	64 311. 00	-13. 71
44	天津信托	52 469. 44	63 950. 99	-17. 95
45	中海信托	51 656. 17	91 680. 11	-43. 66
46	西藏信托	48 630. 53	55 523. 98	-12. 42
47	中粮信托	44 269. 79	16 196. 49	173. 33
48	云南信托	42 121. 61	53 360. 60	-21. 06
49	中原信托	41 712. 00	54 360. 78	-23. 27
50	北方信托	39 553. 20	32 966. 55	19. 98
51	国民信托	29 498. 47	25 123. 96	17. 41
52	中泰信托	23 415. 39	13 806. 55	69. 60
53	金谷信托	15 448. 44	7 201. 18	114. 53
54	大业信托	14 795. 21	14 308. 00	3. 41
55	浙金信托	14 245. 00	14 047. 80	1. 40
56	山西信托	5 471. 92	1 739. 03	214. 65
57	渤海信托	5 151. 56	148 927. 31	-96. 54
58	华宸信托	2 890. 73	-7 697. 79	-137. 55
59	吉林信托	-2 221. 19	21 368. 71	-110. 39
60	长城新盛信托	-8 535. 72	30 647. 24	-127. 85
61	中国民生信托	-60 434. 21	124 882. 16	-148. 39
62	雪松信托	-72 848. 70	-153 416. 83	-52. 52
63	安信信托	-823 121. 49	-526 187. 09	-56. 43
64	四川信托	未披露	未披露	未披露
65	新时代信托	未披露	未披露	未披露
66	新华信托	未披露	未披露	未披露
67	华信信托	未披露	未披露	未披露
68	华融信托	未披露	未披露	未披露
合计		7 519 086. 74	7 723 258. 28	-2. 64
平均		119 350. 58	122 591. 40	-2. 64

注:1. 由于各家公司的报告格式不一致,在统计利润表时我们对报表项目进行了调整,具体调整结果见表4 -2 -1。
2. 本年度有5家信托公司尚未披露年报,故未在本表中披露相关数据。

2020 年,固有资产利润总额超过 20 亿元的共有 12 家,较上年减少 2 家,合计为 462. 22 亿元,占利润总额的比重略有减少,达 61. 47%;低于 1 亿元以下的为 8 家,部分信托企业亏损严重。固有资产利润总额分布情况见表 3 -1 -6。

表 3 -1 -6 固有资产利润总额分布情况

项目	2020 年			2019 年		
	家数(家)	利润总额(万元)	占比(%)	家数(家)	利润总额(万元)	占比(%)
20 亿元以上	12	4 622 180. 20	61. 47	14	4 870 942. 37	63. 07
10 亿 ~20 亿元	15	2 264 736. 48	30. 12	13	1 787 108. 79	23. 14
1 亿 ~10 亿元	28	1 585 817. 15	21. 09	31	1 743 568. 61	22. 58
1 亿元以下	8	-953 647. 10	-12. 68	5	-678 361. 50	-8. 78
合计	63	7 519 086. 74	100. 00	63	7 723 258. 28	100. 00

由于2020年部分企业会计政策变更等原因，使用了新收入准则与新金融资产准则，导致部分公司审计报告中披露的期初净资产与上年披露存在差异，共有5家信托公司本年披露的期初净资产与上年披露的期末净资产不一致，所有公司均披露了政策变更的原因。

2020年信托行业固有资产净资产总额为7 107. 30亿元，较2019年增长了9. 71%，其中增长的有58家，增长幅度最大的为五矿信托，增长了62. 18%。固有资产净资产排行见表3－1－7。

表3－1－7　固有资产净资产排行榜

单位：万元

排名	公司简称	2020年12月31日	本年列报2019年末数	上年列报2019年末数	2019年末数与2020年初数差异
1	平安信托	6 289 312. 71	5 731 787. 46	5 731 787. 46	—
2	重庆信托	4 214 573. 81	3 681 403. 14	3 681 403. 14	—
3	中信信托	3 358 104. 81	3 085 333. 45	3 085 333. 45	—
4	华润信托	2 552 929. 94	2 282 320. 12	2 278 404. 13	3 915. 99
5	华能信托	2 302 298. 02	2 046 777. 64	2 046 777. 64	—
6	建信信托	2 256 580. 71	2 080 120. 48	2 080 120. 48	—
7	五矿信托	2 246 786. 64	1 385 372. 02	1 385 372. 02	—
8	江苏信托	2 230 712. 64	2 048 618. 47	2 048 618. 45	0. 02
9	中融信托	2 135 652. 63	2 070 939. 41	2 070 939. 41	—
10	兴业信托	2 114 551. 99	1 951 991. 82	1 951 991. 82	—
11	山东国信	1 963 488. 10	1 321 515. 40	1 321 515. 40	—
12	上海信托	1 916 935. 20	1 785 044. 73	1 785 044. 73	—
13	外贸信托	1 898 342. 79	1 771 664. 86	1 771 664. 86	—
14	中诚信托	1 887 292. 20	1 794 764. 89	1 794 764. 89	—
15	光大兴陇信托	1 466 756. 99	1 071 113. 26	1 071 113. 26	—
16	昆仑信托	1 398 599. 02	1 320 232. 45	1 320 232. 45	—
17	中航信托	1 392 165. 09	1 280 975. 46	1 280 975. 46	—
18	交银国际信托	1 330 434. 82	1 214 522. 16	1 214 522. 16	—
19	渤海信托	1 322 466. 13	1 313 421. 37	1 313 421. 37	—
20	陕国投	1 179 504. 85	1 097 736. 37	1 097 736. 37	—
21	华宝信托	1 173 171. 16	1 133 180. 77	1 133 180. 77	—
22	国投泰康信托	1 065 452. 56	786 425. 31	786 425. 31	—
23	中铁信托	1 063 894. 56	975 657. 87	975 657. 87	—
24	百瑞信托	1 023 503. 35	925 630. 45	925 630. 45	—
25	北京信托	1 013 728. 30	946 759. 59	946 759. 59	—
26	中国民生信托	984 034. 37	1 096 080. 79	1 096 080. 79	—
27	英大信托	980 566. 15	944 850. 73	942 607. 75	2 242. 98
28	华鑫信托	912 954. 14	605 572. 50	616 366. 46	－10 793. 96
29	中原信托	905 729. 33	883 280. 58	883 280. 58	—
30	中建投信托	880 506. 35	832 732. 71	832 732. 71	—
31	国元信托	841 985. 97	717 636. 68	717 769. 12	－132. 44
32	爱建信托	830 803. 39	744 041. 79	744 041. 79	—
33	粤财信托	820 066. 32	721 761. 81	721 761. 81	—
34	长安信托	781 370. 47	746 668. 48	746 668. 48	—
35	财信信托	718 473. 36	698 702. 67	697 703. 48	999. 19
36	陆家嘴信托	667 489. 51	553 026. 08	553 026. 08	—
37	国通信托	650 192. 61	605 569. 29	605 569. 29	—
38	中海信托	629 411. 10	633 978. 86	633 978. 86	—
39	天津信托	622 271. 90	573 005. 50	573 005. 50	—
40	东莞信托	578 592. 15	565 774. 27	565 774. 27	—
41	西部信托	564 970. 69	530 111. 16	530 111. 16	—
42	厦门国际信托	563 385. 00	539 757. 00	539 757. 00	—
43	苏州信托	557 332. 29	507 801. 98	507 801. 98	—
44	北方信托	500 213. 59	469 285. 33	469 285. 33	—
45	国联信托	495 970. 00	451 955. 00	451 955. 00	—

续表

排名	公司简称	2020 年 12 月 31 日	本年列报 2019 年末数	上年列报 2019 年末数	2019 年末数与 2020 年初数差异
46	西藏信托	495 606. 45	464 362. 32	464 362. 32	—
47	杭州工商信托	488 882. 00	443 041. 00	443 041. 00	—
48	中粮信托	483 756. 44	450 560. 02	450 560. 02	—
49	中泰信托	472 219. 63	455 253. 00	455 253. 00	—
50	华澳信托	455 581. 21	413 135. 81	413 135. 81	—
51	紫金信托	451 034. 48	406 410. 32	406 410. 32	—
52	金谷信托	415 484. 34	404 357. 76	404 357. 76	—
53	吉林信托	405 763. 20	411 932. 58	411 932. 58	—
54	云南信托	334 207. 74	302 257. 10	302 257. 10	—
55	万向信托	311 315. 73	363 715. 58	363 715. 58	—
56	国民信托	303 370. 86	274 918. 40	274 918. 40	—
57	大业信托	246 450. 39	195 716. 18	195 716. 18	—
58	浙金信托	228 298. 34	217 665. 39	217 665. 39	—
59	山西信托	180 151. 61	192 834. 21	192 834. 21	—
60	安信信托	160 058. 65	833 910. 29	833 910. 29	—
61	雪松信托	158 304. 80	204 900. 58	204 900. 58	—
62	长城新盛信托	104 784. 35	114 605. 23	114 605. 23	—
63	华宸信托	94 176. 28	106 949. 88	106 949. 88	—
64	华信信托	未披露	未披露	1 228 925. 36	—
65	四川信托	未披露	未披露	966 878. 61	—
66	华融信托	未披露	未披露	875 077. 46	—
67	新时代信托	未披露	未披露	861 616. 25	—
68	新华信托	未披露	未披露	596 072. 43	—
合计		71 073 004. 19	64 781 427. 80	69 313 766. 14	-3 768. 23
平均		1 128 142. 92	1 028 276. 63	1 019 320. 09	

注:1. 报表披露中绝对值差异小于等于 1 万元的视为尾差,不计入不一致范围。本次排名以公司本年披露的年初数为准,同时列报上年净资产。

2. 本年度有 5 家信托公司尚未披露年报,故未在本表中披露相关数据。

68 家公司固有资产平均净资产为 112. 81 亿元,净资产超过 30 亿元的有 56 家,较上年略有下降。仅有 1 家公司净资产低于 10 亿元。固有资产净资产分布情况见表 3 -1 -8。

表 3 -1 -8　固有资产净资产分布情况

项目	2020 年			2019 年		
	家数(家)	净利润(万元)	占比(%)	家数(家)	净利润(万元)	占比(%)
30 亿元以上	56	64 787 587. 69	91. 16	56	63 477 606. 16	97. 92
10 亿 ~30 亿元	6	6 191 240. 22	8. 71	7	1 307 589. 87	2. 02
1 亿 ~10 亿元	1	94 176. 28	0. 13	—	43 830. 00	0. 07
1 亿元以下	—	—	—	—	—	—
合计	63	71 073 004. 19	100. 00	63	64 829 026. 03	100. 00

表 3 -1 -9　固有资产净利润排行榜

单位:万元

排名	公司简称	2020 年 12 月 31 日	本年列报 2019 年末数	上年列报 2019 年末数	2019 年末数与 2020 年初数差异
1	平安信托	640 723. 74	572 983. 23	572 983. 23	—
2	重庆信托	391 086. 81	434 705. 38	434 705. 38	—
3	中信信托	385 537. 24	359 312. 10	359 312. 10	—
4	华能信托	376 457. 92	317 524. 50	317 524. 50	—
5	五矿信托	278 375. 77	210 462. 16	210 462. 16	—
6	华润信托	275 098. 95	280 457. 55	280 457. 55	—
7	光大兴陇信托	261 143. 55	207 768. 85	207 768. 85	—
8	建信信托	252 942. 47	221 768. 98	221 768. 98	—

续表

排名	公司简称	2020 年 12 月 31 日	本年列报 2019 年末数	上年列报 2019 年末数	2019 年末数与 2020 年初数差异
9	中航信托	198 100. 09	193 992. 99	193 992. 99	—
10	江苏信托	194 413. 76	241 851. 93	241 851. 93	—
11	兴业信托	176 317. 90	166 402. 87	166 402. 87	—
12	上海信托	162 031. 17	199 977. 62	199 977. 62	—
13	外贸信托	142 061. 86	179 104. 66	179 104. 66	—
14	中融信托	137 908. 32	175 509. 89	175 509. 89	—
15	国投泰康信托	127 787. 81	108 406. 21	108 406. 21	—
16	昆仑信托	126 250. 56	99 135. 75	99 135. 75	—
17	英大信托	123 764. 14	103 896. 46	98 481. 66	5 414. 80
18	交银国际信托	121 838. 06	113 793. 89	113 793. 89	—
19	爱建信托	121 079. 20	123 786. 43	123 786. 43	—
20	华宝信托	119 103. 00	113 021. 89	113 021. 89	—
21	陆家嘴信托	114 463. 43	62 544. 08	62 544. 08	—
22	中铁信托	113 356. 69	103 162. 42	103 162. 42	—
23	百瑞信托	112 820. 30	108 768. 95	108 768. 95	—
24	中诚信托	111 118. 80	100 583. 06	100 583. 05	—
25	北京信托	102 190. 82	92 756. 98	92 756. 98	—
26	粤财信托	100 560. 50	83 799. 55	83 799. 55	—
27	华鑫信托	79 768. 48	63 722. 86	65 426. 02	−1 703. 16
28	财信信托	70 057. 51	24 152. 86	24 887. 45	−734. 59
29	陕国投	68 569. 08	58 152. 80	58 152. 80	—
30	万向信托	65 601. 91	69 830. 82	69 830. 82	—
31	杭州工商信托	64 039. 00	63 831. 00	63 831. 00	—
32	山东国信	62 781. 80	66 390. 60	66 390. 60	—
33	厦门国际信托	62 394. 00	55 735. 00	55 735. 00	—
34	紫金信托	58 010. 16	53 214. 83	53 214. 83	—
35	国元信托	55 023. 14	43 907. 18	43 907. 18	—
36	长安信托	53 596. 04	51 456. 74	51 456. 74	—
37	东莞信托	51 618. 22	50 080. 74	50 080. 74	—
38	苏州信托	50 990. 44	47 956. 45	47 956. 45	—
39	天津信托	50 485. 49	57 815. 11	57 815. 10	—
40	中建投信托	50 144. 91	87 999. 35	87 999. 35	—
41	国联信托	47 818. 00	42 900. 00	42 900. 00	—
42	国通信托	45 217. 47	50 045. 84	50 045. 84	—
43	西藏信托	42 800. 17	49 161. 12	49 161. 12	—
44	西部信托	42 472. 78	34 224. 15	34 224. 15	—
45	华澳信托	42 445. 41	30 617. 63	30 617. 63	—
46	中粮信托	33 203. 28	11 596. 32	11 596. 32	—
47	云南信托	31 950. 65	40 325. 01	40 325. 01	—
48	中原信托	31 327. 59	41 151. 76	41 151. 76	—
49	中海信托	29 999. 99	73 917. 79	73 917. 79	—
50	北方信托	29 856. 16	24 545. 78	24 545. 78	—
51	国民信托	22 501. 21	18 918. 41	18 918. 41	—
52	中泰信托	21 599. 12	12 941. 46	12 941. 46	—
53	金谷信托	11 511. 31	5 251. 13	5 251. 13	—
54	大业信托	11 150. 88	10 742. 12	10 742. 12	—
55	浙金信托	10 632. 95	10 429. 32	10 429. 32	—
56	华宸信托	2 251. 67	−6 053. 80	−6 053. 80	—
57	山西信托	2 089. 89	1 657. 03	1 657. 03	—
58	渤海信托	1 754. 69	111 586. 88	111 586. 88	—

续表

排名	公司简称	2020 年 12 月 31 日	本年列报 2019 年末数	上年列报 2019 年末数	2019 年末数与 2020 年初数差异
59	吉林信托	64. 31	18 062. 89	18 062. 89	—
60	长城新盛信托	−9 820. 87	23 060. 77	23 060. 77	—
61	中国民生信托	−44 906. 54	93 344. 37	93 344. 37	—
62	雪松信托	−72 848. 70	−153 416. 83	−153 416. 83	—
63	安信信托	−673 851. 65	−399 410. 31	−399 424. 64	14. 33
64	四川信托	未披露	未披露	73 077. 16	—
65	新时代信托	未披露	未披露	14 964. 87	—
66	新华信托	未披露	未披露	1 558. 64	—
67	华信信托	未披露	未披露	−15 244. 73	—
68	华融信托	未披露	未披露	−41 227. 34	—
合计		5 768 832. 79	5 915 323. 55	5 912 332. 16	2 991. 39
平均		91 568. 77	93 894. 02	86 946. 06	−2 325. 25

注：1. 报表披露中差异绝对值小于等于 1 万元的视为尾差，不计入不一致范围。共有 4 家信托公司本年披露的上年净利润与上年披露的当年净利润不一致，本次排名以公司本年披露的上年数为准，同时列示上年披露的净利润数。

2. 本年度有 5 家信托公司尚未披露年报，故未在本表中披露相关数据。

2020 年固有资产净利润较上年下降了 2. 54%，同时固有资产净利润金额超过 10 亿元的有 26 家（见表 3 –1 –9），较 2019 年增加 3 家，平均净利润较上年下降了 2. 54%，其净利润合计为 526. 65 亿元，占已披露年报的 63 家信托公司净利润合计数的 91. 29%（见表 3 –1 –10）。

表 3 –1 –10　固有资产净利润分布情况

项目	2020 年			2019 年		
	家数（家）	净利润（万元）	占比（%）	家数（家）	净利润（万元）	占比（%）
30 亿元以上	4	1 793 805. 71	31. 09	4	1 684 525. 21	28. 48
10 亿 ~30 亿元	22	3 472 727. 16	60. 20	19	3 064 303. 69	51. 80
1 亿 ~10 亿元	29	1 297 567. 13	22. 49	35	1 718 467. 44	29. 05
1 亿元以下	8	−795 267. 21	−13. 79	5	−551 972. 78	−9. 33
合计	63	5 768 832. 79	100. 00	63	5 915 323. 55	100. 00

2020 年总体的固有资产净资产收益率为 8. 12%，较上年的 9. 13% 所有下降（见表 3 –1 –11），其中低于 6% 的有 19 家，较上年增加了 3 家（见表 3 –1 –12）。

表 3 –1 –11　固有资产净资产收益率排行榜

单位：%

排名	公司简称	2020 年	2019 年
1	万向信托	21. 07	19. 20
2	光大兴陇信托	17. 80	19. 40
3	陆家嘴信托	17. 15	11. 31
4	华能信托	16. 35	15. 51
5	爱建信托	14. 57	16. 64
6	中航信托	14. 23	15. 14
7	杭州工商信托	13. 10	14. 41
8	紫金信托	12. 86	13. 09
9	英大信托	12. 62	11. 00
10	五矿信托	12. 39	15. 19
11	粤财信托	12. 26	11. 61
12	国投泰康信托	11. 99	13. 78
13	中信信托	11. 48	11. 65
14	建信信托	11. 21	10. 66
15	厦门国际信托	11. 07	10. 33
16	百瑞信托	11. 02	11. 75
17	华润信托	10. 78	12. 29

续表

排名	公司简称	2020 年	2019 年
18	中铁信托	10. 65	10. 57
19	平安信托	10. 19	10. 00
20	华宝信托	10. 15	9. 97
21	北京信托	10. 08	9. 80
22	财信信托	9. 75	3. 46
23	国联信托	9. 64	9. 49
24	云南信托	9. 56	13. 34
25	华澳信托	9. 32	7. 41
26	重庆信托	9. 28	11. 81
27	交银国际信托	9. 16	9. 37
28	苏州信托	9. 15	9. 44
29	昆仑信托	9. 03	7. 51
30	东莞信托	8. 92	8. 85
31	华鑫信托	8. 74	10. 52
32	江苏信托	8. 72	11. 81
33	西藏信托	8. 64	10. 59
34	上海信托	8. 45	11. 20
35	兴业信托	8. 34	8. 52
36	天津信托	8. 11	10. 09
37	西部信托	7. 52	6. 46
38	外贸信托	7. 48	10. 11
39	国民信托	7. 42	6. 88
40	国通信托	6. 95	8. 26
41	中粮信托	6. 86	2. 57
42	长安信托	6. 86	6. 89
43	国元信托	6. 53	6. 12
44	中融信托	6. 46	8. 47
45	北方信托	5. 97	5. 23
46	中诚信托	5. 89	5. 60
47	陕国投	5. 81	5. 30
48	中建投信托	5. 70	10. 57
49	中海信托	4. 77	11. 66
50	浙金信托	4. 66	4. 79
51	中泰信托	4. 57	2. 84
52	大业信托	4. 52	5. 49
53	中原信托	3. 46	4. 66
54	山东国信	3. 20	5. 02
55	金谷信托	2. 77	1. 30
56	华宸信托	2. 39	-5. 66
57	山西信托	1. 16	0. 86
58	渤海信托	0. 13	8. 50
59	吉林信托	0. 02	4. 38
60	中国民生信托	-4. 56	8. 52
61	长城新盛信托	-9. 37	20. 12
62	雪松信托	-46. 02	-74. 87
63	安信信托	-421. 00	-47. 90
64	四川信托	未披露	未披露
65	新时代信托	未披露	未披露
66	新华信托	未披露	未披露
67	华信信托	未披露	未披露
68	华融信托	未披露	未披露
平均值		8. 12	9. 13

注：本年度有 5 家信托公司尚未披露年报，故未在本表中披露相关数据。

表 3－1－12　固有资产平均净资产收益率分布情况

指标	家数（家）	平均净资产收益率（%）
大于等于6%	44	10.50
3%～6%（含3%）	10	3.88
0～3%	5	－1.70
0以下	4	－234.54
合计	63	8.12

2020年已披露年报的63家信托公司总体的成本收入比为28.42%，比2019年略有上升，其中35家信托公司成本收入比降低（见表3－1－13）。成本收入比例超过50%的有5家公司，低于10%的有3家，与上年保持一致（见表3－1－14）。

表 3－1－13　成本收入比排行榜

排名	公司简称	2020年			2019年		
		业务及管理费（万元）	营业总收入（万元）	成本收入比（%）	业务及管理费（万元）	营业总收入（万元）	成本收入比（%）
1	雪松信托	57 400.23	30 494.26	188.23	31 069.80	26 383.48	117.76
2	吉林信托	24 564.74	29 822.43	82.37	26 579.41	58 764.97	45.23
3	中融信托	374 170.86	549 999.99	68.03	311 946.72	535 879.06	58.21
4	浙金信托	34 225.58	56 753.17	60.31	37 582.26	55 460.75	67.76
5	山西信托	19 866.20	33 710.78	58.93	20 668.36	19 216.46	107.56
6	长安信托	155 551.15	322 184.96	48.28	53 270.25	262 534.46	20.29
7	国民信托	27 389.24	58 064.62	47.17	26 140.94	70 288.76	37.19
8	华宝信托	120 621.41	281 701.68	42.82	97 865.17	259 846.32	37.66
9	云南信托	31 532.09	74 588.89	42.27	34 513.85	88 412.05	39.04
10	上海信托	213 950.90	525 389.38	40.72	190 060.64	458 682.56	41.44
11	东莞信托	45 259.75	116 098.98	38.98	42 460.52	109 918.43	38.63
12	平安信托	783 956.64	2 143 087.75	36.58	616 937.96	1 870 505.32	32.98
13	大业信托	18 124.52	50 367.72	35.98	16 698.35	48 303.64	34.57
14	国投泰康信托	89 821.80	260 096.13	34.53	71 624.87	216 545.52	33.08
15	国通信托	42 086.11	124 021.47	33.93	39 019.15	116 543.85	33.48
16	金谷信托	15 203.51	45 402.38	33.49	14 768.08	51 747.24	28.54
17	中国民生信托	70 230.61	224 738.85	31.25	105 553.24	234 351.88	45.04
18	陕国投	64 638.36	212 582.25	30.41	52 990.00	175 565.46	30.18
19	兴业信托	161 613.73	534 227.29	30.25	114 446.40	446 097.41	25.66
20	中诚信托	77 875.57	258 461.21	30.13	77 102.25	242 200.68	31.83
21	中粮信托	33 727.92	113 494.42	29.72	26 861.03	85 910.24	31.27
22	华澳信托	30 797.82	103 680.87	29.70	25 920.47	99 362.94	26.09
23	中铁信托	66 757.34	226 613.47	29.46	49 674.36	227 684.88	21.82
24	爱建信托	69 284.54	238 182.33	29.09	73 188.73	255 832.05	28.61
25	西部信托	29 128.15	100 268.50	29.05	30 034.80	78 044.30	38.48
26	北方信托	32 320.76	112 752.24	28.67	31 888.76	77 448.22	41.17
27	中航信托	104 795.90	376 851.90	27.81	98 781.20	358 357.75	27.56
28	北京信托	50 781.00	182 964.46	27.75	54 476.48	189 781.76	28.70
29	五矿信托	143 107.53	516 351.98	27.72	131 270.87	415 665.12	31.58
30	万向信托	43 351.38	156 712.37	27.66	39 829.66	141 451.03	28.16
31	光大兴陇信托	151 659.24	563 042.36	26.94	115 895.73	418 548.54	27.69
32	中泰信托	9 360.13	35 401.65	26.44	10 687.83	27 021.46	39.55
33	中建投信托	56 008.94	222 741.31	25.15	66 622.40	242 341.71	27.49
34	杭州工商信托	28 522.00	114 043.00	25.01	27 299.00	113 329.00	24.09

续表

排名	公司简称	2020 年			2019 年		
		业务及管理费（万元）	营业总收入（万元）	成本收入比（%）	业务及管理费（万元）	营业总收入（万元）	成本收入比（%）
35	中原信托	20 791. 75	83 307. 23	24. 96	22 016. 46	96 845. 44	22. 73
36	西藏信托	20 144. 04	82 526. 78	24. 41	20 313. 56	79 624. 35	25. 51
37	紫金信托	27 544. 03	116 517. 30	23. 64	26 089. 47	110 324. 71	23. 65
38	华鑫信托	39 336. 79	167 712. 17	23. 45	32 653. 48	126 593. 63	25. 79
39	中信信托	200 276. 49	874 585. 82	22. 90	181 791. 69	718 278. 03	25. 31
40	中海信托	15 233. 67	67 557. 47	22. 55	20 116. 76	112 372. 14	17. 90
41	厦门国际信托	34 269. 00	157 418. 00	21. 77	32 441. 00	114 139. 00	28. 42
42	华宸信托	3 018. 65	14 409. 61	20. 95	3 293. 82	418. 10	[illegible]37. 81
43	陆家嘴信托	39 649. 26	194 205. 95	20. 42	53 902. 52	144 474. 98	37. 31
44	粤财信托	29 863. 78	150 168. 61	19. 89	22 194. 27	121 261. 95	18. 30
45	重庆信托	137 585. 18	769 282. 46	17. 88	146 631. 89	787 918. 85	18. 61
46	外贸信托	54 580. 65	308 938. 28	17. 67	57 780. 80	278 872. 85	20. 72
47	苏州信托	18 398. 06	105 487. 95	17. 44	18 026. 24	81 917. 87	22. 01
48	百瑞信托	32 311. 19	195 568. 84	16. 52	24 572. 32	162 859. 87	5. 09
49	天津信托	15 884. 18	97 806. 11	16. 24	15 882. 35	84 264. 52	8. 85
50	国元信托	13 918. 82	86 534. 25	16. 08	12 140. 99	68 423. 05	7. 74
51	交银国际信托	34 853. 90	226 593. 61	15. 38	35 208. 97	187 708. 75	8. 76
52	昆仑信托	31 190. 85	205 987. 25	15. 14	31 312. 33	193 887. 33	6. 15
53	华能信托	89 462. 98	600 087. 89	14. 91	86 823. 70	506 940. 96	7. 13
54	华润信托	54 776. 89	397 617. 12	13. 78	49 813. 49	304 631. 18	6. 35
55	建信信托	83 904. 36	660 754. 50	12. 70	80 445. 21	497 738. 86	6. 16
56	江苏信托	32 258. 89	256 268. 29	12. 59	22 450. 59	323 543. 00	6. 94
57	长城新盛信托	2 089. 27	17 436. 58	11. 98	8 077. 92	39 019. 40	20. 70
58	财信信托	15 918. 76	143 362. 55	11. 10	16 578. 04	91 596. 42	18. 10
59	英大信托	22 510. 81	211 300. 05	10. 65	22 103. 38	159 528. 78	13. 86
60	国联信托	6 648. 00	62 957. 00	10. 56	6 454. 00	109 731. 00	5. 88
61	山东国信	18 270. 60	205 398. 80	8. 90	22 099. 10	187 249. 80	11. 80
62	渤海信托	13 277. 92	229 699. 37	5. 78	41 125. 13	292 411. 33	14. 06
63	安信信托	36 581. 81	−126 392. 16	−28. 94	39 612. 63	−26 732. 14	−[illegible]8. 18
64	华融信托	未披露	未披露	未披露	未披露	未披露	未披露
65	新华信托	未披露	未披露	未披露	未披露	未披露	未披露
66	四川信托	未披露	未披露	未披露	未披露	未披露	未披露
67	新时代信托	未披露	未披露	未披露	未披露	未披露	未披露
68	华信信托	未披露	未披露	未披露	未披露	未披露	未披露
合计		4 422 236. 24	15 557 992. 73	28. 42	3 915 681. 65	14 033 871. 32	27. 90

注：1. 由于个别信托本年度收入为负数，成本收入比为负数，故统计比例时将其放入超过 50% 中。
2. 本年度有 5 家信托公司尚未披露年报，故未在本表中披露相关数据。

表 3－1－14　固有资产成本收入比分布情况

项目	2020 年		2019 年	
	家数（家）	成本收入比（%）	家数（家）	成本收入比（%）
50% 以上	5	95. 20	6	72.[illegible]
30% ~50%	15	36. 66	19	35.[illegible]
10% ~20%	40	20. 67	36	21.[illegible]
10% 以下	3	7. 25	2	6.[illegible]
合计	63	28. 42	63	27.[illegible]

2020年末，已披露年报的63家信托公司平均固有资产每股净资产为2.45元，与2019年基本保持一致，除了个别信托公司外，其他信托公司固有资产每股净资产均超过了1.00元，其中42家信托公司的固有资产每股净资产超过了2.00元，与上年保持一致（见表3-1-15）。

表3-1-15 固有资产每股净资产排行榜

单位：元

排名	公司简称	2020年12月31日	2019年12月31日
1	中泰信托	9.14	8.81
2	中诚信托	7.68	7.31
3	北方信托	5.00	4.69
4	平安信托	4.84	4.41
5	苏州信托	4.64	4.23
6	北京信托	4.61	4.30
7	山东国信	4.21	2.34
8	东莞信托	3.99	3.90
9	国投泰康信托	3.99	3.59
10	上海信托	3.83	3.57
11	华能信托	3.72	3.30
12	渤海信托	3.67	3.65
13	天津信托	3.66	3.37
14	长城新盛信托	3.49	3.82
15	杭州工商信托	3.26	2.95
16	国民信托	3.03	2.75
17	中航信托	2.99	2.75
18	中信信托	2.98	2.74
19	陕国投	2.98	2.77
20	西部信托	2.82	3.53
21	重庆信托	2.81	2.45
22	云南信托	2.79	2.52
23	百瑞信托	2.56	2.31
24	江苏信托	2.55	5.45
25	吉林信托	2.54	2.58
26	中海信托	2.52	2.54
27	华宝信托	2.47	2.39
28	英大信托	2.43	2.35
29	外贸信托	2.37	2.21
30	长安信托	2.35	2.24
31	万向信托	2.32	2.72
32	华润信托	2.32	2.07
33	交银国际信托	2.31	2.11
34	中原信托	2.26	2.21
35	粤财信托	2.16	1.90
36	建信信托	2.15	8.43
37	中铁信托	2.13	1.95
38	兴业信托	2.11	1.95
39	中粮信托	2.10	1.96
40	大业信托	2.05	1.96
41	国通信托	2.03	1.89
42	国元信托	2.00	2.39
43	金谷信托	1.89	1.84
44	紫金信托	1.84	1.66

续表

排名	公司简称	2020 年 12 月 31 日	2019 年 12 月 31 日
45	华澳信托	1.82	1.65
46	爱建信托	1.81	1.62
47	中融信托	1.78	1.73
48	中建投信托	1.76	1.67
49	光大兴陇信托	1.74	1.67
50	五矿信托	1.72	2.31
51	国联信托	1.65	1.51
52	西藏信托	1.65	1.55
53	财信信托	1.64	2.85
54	华鑫信托	1.57	1.69
55	厦门国际信托	1.50	1.44
56	中国民生信托	1.41	1.57
57	陆家嘴信托	1.39	1.38
58	昆仑信托	1.37	1.29
59	浙金信托	1.34	1.28
60	山西信托	1.33	1.42
61	华宸信托	1.18	1.34
62	中江信托	0.53	0.68
63	安信信托	0.29	1.52
64	华融信托	未披露	未披露
65	四川信托	未披露	未披露
66	华信信托	未披露	未披露
67	新时代信托	未披露	未披露
68	新华信托	未披露	未披露
	平均	2.45	2.48

注：本年度有 5 家信托公司尚未披露年报，故未在本表中披露相关数据。

2020 年已披露年报的 63 家信托公司固有资产货币资金总额为 1 812.54 亿元，比 2019 年增加了 202.68 亿元，增幅为 12.59%。其中增长的有 30 家公司，增长最多的为平安信托（见表 3－1－16）。

表 3－1－16　固有资产货币资金排行榜

单位：万元

排名	公司简称	2020 年 12 月 31 日	2019 年 12 月 31 日	增减
1	平安信托	6 694 248.43	4 890 369.14	1 803 879.29
2	重庆信托	3 521 455.81	3 655 638.17	－134 182.36
3	中融信托	1 077 480.42	1 062 206.37	15 274.05
4	光大兴陇信托	699 364.00	775 968.41	－76 604.[illegible]
5	兴业信托	655 999.03	613 924.26	42 074.77
6	建信信托	646 422.86	445 760.80	200 662.06
7	中铁信托	617 652.65	415 868.33	201 784.33
8	中信信托	541 301.68	389 392.14	151 909.54
9	上海信托	418 130.64	383 404.97	34 725.67
10	华宝信托	274 712.27	288 139.08	－13 426.[illegible]
11	中航信托	235 058.03	112 289.65	122 768.38
12	五矿信托	187 741.14	111 716.76	76 024.38
13	财信信托	172 045.61	360 837.33	－188 791.[illegible]
14	国投泰康信托	153 350.57	123 986.06	29 364.[illegible]
15	交银国际信托	142 662.65	75 880.47	66 782.[illegible]
16	爱建信托	141 288.53	49 978.99	91 309.[illegible]
17	长安信托	110 236.96	86 184.92	24 052.[illegible]
18	渤海信托	109 020.35	134 563.82	－25 543.[illegible]
19	长城新盛信托	105 237.17	127 369.81	－22 132.[illegible]

续表

排名	公司简称	2020 年 12 月 31 日	2019 年 12 月 31 日	增减
20	苏州信托	104 632. 99	153 363. 46	−48 730. 47
21	中海信托	103 031. 04	26 856. 91	76 174. 13
22	山东国信	96 953. 50	96 442. 40	511. 10
23	天津信托	87 732. 20	59 004. 76	28 727. 44
24	中江信托	85 997. 74	41 426. 03	44 571. 71
25	北京信托	71 572. 44	69 839. 80	1 732. 64
26	中建投信托	65 971. 84	117 623. 28	−51 651. 44
27	中诚信托	63 074. 77	110 125. 68	−47 050. 91
28	安信信托	63 005. 60	22 221. 12	40 784. 48
29	华润信托	61 089. 73	42 676. 51	18 413. 22
30	金谷信托	60 663. 50	65 754. 25	−5 090. 75
31	吉林信托	56 184. 76	58 321. 37	−2 136. 61
32	中国民生信托	52 799. 51	165 198. 02	−112 398. 51
33	百瑞信托	49 219. 51	17 117. 21	32 102. 30
34	昆仑信托	45 443. 66	93 054. 19	−47 610. 53
35	厦门国际信托	44 183. 00	56 308. 00	−12 125. 00
36	陕国投	43 339. 61	82 705. 38	−39 365. 77
37	中原信托	38 630. 71	54 350. 47	−15 719. 76
38	万向信托	36 206. 36	69 004. 17	−32 797. 81
39	西藏信托	33 581. 45	84 138. 87	−50 557. 42
40	云南信托	32 383. 58	11 680. 29	20 703. 28
41	陆家嘴信托	32 252. 48	16 715. 59	15 536. 90
42	英大信托	28 547. 81	18 642. 59	9 905. 22
43	华宸信托	28 457. 45	25 672. 55	2 784. 90
44	华能信托	28 293. 34	28 993. 33	−699. 99
45	外贸信托	25 569. 08	28 037. 25	−2 468. 17
46	江苏信托	23 714. 89	5 080. 43	18 634. 46
47	东莞信托	18 356. 99	34 877. 89	−16 520. 90
48	粤财信托	17 813. 14	84 636. 10	−66 822. 96
49	北方信托	17 234. 80	40 816. 98	−23 582. 18
50	国民信托	16 748. 59	16 068. 03	680. 56
51	中泰信托	12 803. 67	34 880. 84	−22 077. 17
52	国通信托	11 125. 11	24 216. 28	−13 091. 18
53	中粮信托	10 083. 36	37 309. 84	−27 226. 49
54	华澳信托	9 699. 70	25 063. 63	−15 363. 93
55	大业信托	9 237. 20	10 639. 01	−1 401. 81
56	紫金信托	8 613. 68	12 597. 14	−3 983. 46
57	国联信托	6 423. 00	9 947. 00	−3 524. 00
58	杭州工商信托	5 325. 00	1 889. 00	3 436. 00
59	浙金信托	4 909. 69	3 392. 07	1 517. 62
60	华鑫信托	4 229. 85	16 562. 92	−12 333. 07
61	国元信托	2 570. 38	1 358. 57	1 211. 81
62	西部信托	2 178. 08	6 025. 13	−3 847. 05
63	山西信托	2 074. 96	14 467. 29	−12 392. 33
64	四川信托	未披露	未披露	未披露
65	华融信托	未披露	未披露	未披露
66	新华信托	未披露	未披露	未披露
67	华信信托	未披露	未披露	未披露
68	新时代信托	未披露	未披露	未披露
合计		18 125 368. 53	16 098 581. 11	2 026 787. 42
平均		287 704. 26	255 533. 03	32 171. 23

注:1. 为了使各家公司报告对货币资金披露的一致,表格中的货币资金包括货币资金、存放中央银行款项、存放同业款项和其他货币资金。

2. 本年度有 5 家信托公司尚未披露年报,故未在本表中披露相关数据。

2020 年已披露年报的 63 家信托公司期末信托风险准备金余额为 492.29 亿元，比 2019 年增长 14.45%，仅有 3 家公司本年未计提风险准备（见表 3－1－17）。

表 3－1－17　信托风险准备金余额排行榜

排名	公司简称	2020 年 12 月 31 日（万元）	2019 年 12 月 31 日（万元）	增长率（%）
1	平安信托	805 107.42	581 249.11	38.51
2	中信信托	217 110.78	201 980.40	7.49
3	中铁信托	191 995.94	177 295.64	8.29
4	上海信托	182 225.97	169 073.60	7.78
5	江苏信托	156 362.78	139 933.57	11.74
6	华润信托	145 675.61	135 328.36	7.65
7	交银国际信托	136 917.84	134 486.45	1.81
8	中融信托	133 481.20	126 551.05	5.48
9	华能信托	128 516.22	105 990.09	21.25
10	重庆信托	123 832.62	112 318.95	10.25
11	北京信托	121 514.72	119 370.63	1.80
12	华宝信托	116 944.80	108 733.56	7.55
13	五矿信托	116 285.71	92 436.01	25.80
14	外贸信托	106 155.48	96 746.00	9.73
15	国投泰康信托	96 807.15	82 812.23	16.90
16	中航信托	94 333.27	84 089.27	12.18
17	山东国信	89 269.50	83 403.60	7.03
18	国通信托	85 698.52	61 709.85	38.87
19	爱建信托	77 925.43	65 119.98	19.66
20	兴业信托	72 535.82	64 397.93	12.64
21	安信信托	72 043.86	72 043.86	—
22	中建投信托	70 677.17	53 370.64	32.43
23	百瑞信托	69 687.52	63 394.49	9.93
24	中海信托	67 756.90	63 127.04	7.33
25	建信信托	66 843.43	58 401.98	14.45
26	长安信托	66 137.79	49 944.32	32.42
27	国元信托	64 817.67	61 089.77	6.10
28	昆仑信托	62 753.23	56 440.71	11.18
29	中诚信托	62 198.49	62 198.49	—
30	渤海信托	58 734.22	58 646.48	0.15
31	中粮信托	54 766.52	54 333.69	0.80
32	英大信托	54 065.29	45 751.18	18.17
33	财信信托	52 416.54	49 697.52	5.47
34	粤财信托	51 391.41	43 897.64	17.07
35	光大兴陇信托	50 326.98	37 269.80	35.03
36	中国民生信托	47 926.25	45 623.40	5.05
37	厦门国际信托	44 622.00	40 908.00	9.08
38	吉林信托	44 619.53	41 367.93	7.86
39	陆家嘴信托	42 881.97	37 119.64	15.52
40	华鑫信托	41 693.29	32 875.43	26.82
41	北方信托	40 398.19	38 184.28	5.80
42	西部信托	39 120.38	36 996.74	5.74
43	天津信托	36 899.02	34 374.75	7.34

续表

排名	公司简称	2020 年 12 月 31 日(万元)	2019 年 12 月 31 日(万元)	增长率(%)
44	陕国投	35 532. 29	32 103. 84	10. 68
45	国联信托	35 501. 00	32 495. 00	9. 25
46	杭州工商信托	33 281. 00	30 145. 00	10. 40
47	西藏信托	32 688. 38	30 548. 37	7. 01
48	东莞信托	31 992. 79	29 966. 50	6. 76
49	中原信托	31 829. 08	30 262. 70	5. 18
50	苏州信托	29 727. 69	25 262. 65	17. 67
51	大业信托	25 190. 49	22 368. 08	12. 62
52	山西信托	24 491. 38	24 220. 74	1. 12
53	紫金信托	24 413. 53	20 656. 04	18. 19
54	云南信托	23 816. 39	20 995. 37	13. 44
55	中江信托	21 335. 72	19 547. 22	9. 15
56	华澳信托	19 552. 20	17 429. 93	12. 18
57	金谷信托	19 162. 99	18 587. 42	3. 10
58	万向信托	19 035. 54	15 755. 44	20. 82
59	中泰信托	17 968. 82	17 332. 07	3. 67
60	国民信托	15 579. 54	14 454. 48	7. 78
61	浙金信托	8 649. 82	7 674. 50	12. 71
62	华宸信托	7 235. 86	7 123. 48	1. 58
63	长城新盛信托	4 483. 56	4 483. 56	—
64	新华信托	未披露	未披露	未披露
65	四川信托	未披露	未披露	未披露
66	华信信托	未披露	未披露	未披露
67	新时代信托	未披露	未披露	未披露
68	华融信托	未披露	未披露	未披露
合计		4 922 942. 49	4 301 496. 45	14. 45
平均		78 141. 94	68 277. 72	14. 45

注:1. 信托风险准备金余额＝信托风险准备余额＋一般风险准备余额。

2. 本年度有5家信托公司尚未披露年报,故未在本表中披露相关数据。

2020 年已披露年报的63 家信托公司平均信托赔偿准备金提取率为 16. 96%,有 29 家公司超过平均值(见表 3－1－18)。其中,超过 30%的有7 家公司,本年度没有低于5%的公司(见表3－1－19)。

表 3－1－18 信托风险准备金余额提取率排行榜

排名	公司简称	信托风险准备金(万元)	股本(万元)	提取率(%)
1	平安信托	805 107. 42	1 300 000. 00	61. 93
2	北京信托	121 514. 72	220 000. 00	55. 23
3	北方信托	40 398. 19	100 099. 89	40. 36
4	中铁信托	191 995. 94	500 000. 00	38. 40
5	上海信托	182 225. 97	500 000. 00	36. 45
6	国投泰康信托	96 807. 15	267 054. 55	36. 25
7	中泰信托	17 968. 82	51 660. 00	34. 78
8	吉林信托	44 619. 53	159 659. 75	27. 95
9	中海信托	67 756. 90	250 000. 00	27. 10
10	国通信托	85 698. 52	320 000. 00	26. 78
11	中诚信托	62 198. 49	245 666. 67	25. 32
12	苏州信托	29 727. 69	120 000. 00	24. 77
13	华宝信托	116 944. 80	474 400. 00	24. 65

续表

排名	公司简称	信托风险准备金(万元)	股本(万元)	提取率(%)
14	中粮信托	54 766.52	230 000.00	23.81
15	交银国际信托	136 917.84	576 470.59	23.75
16	杭州工商信托	33 281.00	150 000.00	22.19
17	东莞信托	31 992.79	145 000.00	22.06
18	天津信托	36 899.02	170 000.00	21.71
19	大业信托	25 190.49	120 224.87	20.95
20	华能信托	128 516.22	619 455.74	20.75
21	中航信托	94 333.27	465 726.71	20.26
22	长安信托	66 137.79	333 000.00	19.86
23	云南信托	23 816.39	120 000.00	19.85
24	西部信托	39 120.38	200 000.00	19.56
25	中信信托	217 110.78	1 127 600.00	19.25
26	山东国信	89 269.50	465 885.00	19.16
27	山西信托	24 491.38	135 700.00	18.05
28	江苏信托	156 362.78	876 033.66	17.85
29	百瑞信托	69 687.52	400 000.00	17.42
30	爱建信托	77 925.43	460 268.46	16.93
31	渤海信托	58 734.22	360 000.00	16.32
32	国民信托	15 579.54	100 000.00	15.58
33	国元信托	64 817.67	420 000.00	15.43
34	长城新盛信托	4 483.56	30 000.00	14.95
35	万向信托	19 035.54	133 900.00	14.22
36	中建投信托	70 677.17	500 000.00	14.14
37	粤财信托	51 391.41	380 000.00	13.52
38	英大信托	54 065.29	402 900.60	13.42
39	外贸信托	106 155.48	800 000.00	13.27
40	华润信托	145 675.61	1 100 000.00	13.24
41	安信信托	72 043.86	546 913.79	13.17
42	财信信托	52 416.54	438 000.00	11.97
43	厦门国际信托	44 622.00	375 000.00	11.90
44	国联信托	35 501.00	300 000.00	11.83
45	中融信托	133 481.20	1 200 000.00	11.12
46	西藏信托	32 688.38	300 000.00	10.90
47	紫金信托	24 413.53	245 300.00	9.95
48	华宸信托	7 235.86	80 000.00	9.04
49	陕国投	35 532.29	396 401.28	8.96
50	陆家嘴信托	42 881.97	480 000.00	8.93
51	五矿信托	116 285.71	1 305 106.91	8.91
52	金谷信托	19 162.99	220 000.00	8.71
53	重庆信托	123 832.62	1 500 000.00	8.26
54	中原信托	31 829.08	400 000.00	7.96
55	华澳信托	19 552.20	250 000.00	7.82
56	兴业信托	72 535.82	1 000 000.00	7.25
57	华鑫信托	41 693.29	582 484.04	7.16
58	雪松信托	21 335.72	300 505.17	7.10
59	中国民生信托	47 926.25	700 000.00	6.85
60	建信信托	66 843.43	1 050 000.00	6.37
61	昆仑信托	62 753.23	1 022 705.89	6.14
62	光大兴陇信托	50 326.98	841 819.05	5.98
63	浙金信托	8 649.82	170 000.00	5.09

续表

排名	公司简称	信托风险准备金(万元)	股本(万元)	提取率(%)
64	新华信托	未披露	未披露	未披露
65	四川信托	未披露	未披露	未披露
66	华融信托	未披露	未披露	未披露
67	华信信托	未披露	未披露	未披露
68	新时代信托	未披露	未披露	未披露
合计		4 922 942. 49	29 034 942. 62	16. 96
平均		78 141. 94	460 872. 11	16. 96

注:本年度有5家信托公司尚未披露年报,故未在本表中披露相关数据。

表3-1-19　信托公司赔偿准备金余额提取率分布情况

项目	家数(家)
30%以上	7
15%~30%	26
5%~15%	30
5%以下	—
合计	63

(二)信托资产相关指标

2020年已披露年报的63家信托公司信托资产总额达197 798. 69亿元,比2019年下降4. 43%。其中增长的仅有20家公司,增幅最大的为外贸信托(见表3-1-20)。

表3-1-20　信托资产总额排行榜

排名	公司简称	2020年12月31日(万元)	2019年12月31日(万元)	增长率(%)
1	建信信托	152 611 401. 11	139 123 223. 74	9. 70
2	中信信托	122 465 894. 57	157 415 595. 52	-22. 20
3	光大兴陇信托	102 607 617. 33	75 061 700. 66	36. 70
4	华润信托	102 370 363. 20	95 488 578. 40	7. 21
5	华能信托	85 040 020. 31	72 504 705. 17	17. 29
6	中融信托	71 763 023. 33	76 545 192. 11	-6. 25
7	五矿信托	70 285 249. 23	88 497 646. 97	-20. 58
8	外贸信托	67 512 869. 19	44 576 502. 17	51. 45
9	中航信托	66 653 016. 57	66 579 192. 85	0. 11
10	交银国际信托	63 062 386. 89	76 185 016. 58	-17. 22
11	上海信托	60 813 010. 87	69 265 214. 29	-12. 20
12	英大信托	57 425 385. 68	39 812 433. 81	44. 24
13	渤海信托	43 780 987. 86	59 660 296. 11	-26. 62
14	华宝信托	43 068 598. 57	48 922 928. 64	-11. 97
15	平安信托	39 105 195. 33	44 260 816. 75	-11. 65
16	兴业信托	37 846 138. 85	56 329 127. 11	-32. 81
17	长安信托	37 509 648. 40	46 568 011. 83	-19. 45
18	江苏信托	37 091 901. 12	36 772 324. 75	0. 87
19	中海信托	34 407 864. 17	30 634 277. 25	12. 32
20	中铁信托	32 594 756. 00	42 541 413. 00	-23. 38
21	百瑞信托	31 343 221. 58	24 335 104. 94	28. 80
22	西部信托	29 749 117. 92	31 866 670. 26	-6. 65
23	粤财信托	27 052 034. 81	27 879 405. 48	-2. 97
24	山东国信	26 012 791. 50	26 458 063. 53	-1. 68
25	陕国投	25 703 213. 30	28 871 257. 31	-10. 97
26	云南信托	25 254 288. 29	20 084 924. 55	25. 74
27	华鑫信托	24 578 587. 86	26 207 609. 70	-6. 22

续表

排名	公司简称	2020 年 12 月 31 日(万元)	2019 年 12 月 31 日(万元)	增长率(%)
28	天津信托	22 911 456. 98	21 670 593. 28	5. 73
29	厦门国际信托	22 107 661. 00	20 102 802. 00	9. 97
30	昆仑信托	22 002 673. 43	27 183 171. 94	-19. 06
31	陆家嘴信托	21 818 772. 27	23 347 581. 09	-6. 55
32	重庆信托	21 485 193. 23	21 249 625. 68	1. 11
33	中诚信托	20 772 879. 61	24 935 451. 33	-16. 69
34	中国民生信托	20 593 926. 57	19 640 630. 80	4. 85
35	中原信托	20 490 976. 32	17 889 027. 04	14. 54
36	北京信托	19 309 571. 20	19 978 438. 74	-3. 35
37	国通信托	17 715 692. 49	20 684 031. 25	-14. 35
38	国投泰康信托	16 749 470. 75	20 022 974. 85	-16. 35
39	安信信托	16 142 323. 44	19 404 847. 49	-16. 81
40	中粮信托	15 759 666. 16	15 727 497. 56	0. 20
41	中建投信托	15 011 826. 32	18 009 647. 55	-16. 65
42	国民信托	14 934 147. 90	22 307 344. 96	-33. 05
43	西藏信托	14 663 665. 71	19 736 982. 55	-25. 70
44	金谷信托	14 299 741. 13	10 029 085. 80	42. 58
45	国元信托	14 100 284. 91	17 796 034. 78	-20. 77
46	财信信托	13 312 214. 00	10 699 234. 00	24. 42
47	爱建信托	12 924 073. 40	18 309 393. 26	-29. 41
48	紫金信托	12 607 443. 59	14 306 482. 53	-11. 88
49	北方信托	10 806 789. 72	16 942 629. 48	-36. 22
50	万向信托	10 740 571. 12	13 379 894. 97	-19. 73
51	华澳信托	8 422 812. 02	13 220 339. 47	-36. 29
52	苏州信托	8 204 759. 91	9 502 359. 85	-13. 66
53	雪松信托	8 131 113. 46	9 442 742. 55	-13. 89
54	浙金信托	7 795 993. 61	8 899 876. 05	-12. 40
55	国联信托	6 982 130. 00	7 331 439. 00	-4. 76
56	东莞信托	6 862 059. 93	7 368 867. 50	-6. 88
57	大业信托	5 962 723. 88	7 511 143. 06	-20. 61
58	吉林信托	4 597 426. 62	6 490 000. 97	-29. 16
59	杭州工商信托	4 325 612. 00	5 005 735. 00	-13. 59
60	山西信托	4 016 050. 88	3 832 770. 29	4. 78
61	中泰信托	2 597 601. 54	3 240 492. 19	-19. 84
62	长城新盛信托	1 038 388. 46	1 785 461. 93	-41. 84
63	华宸信托	80 577. 39	213 840. 34	-62. 32
64	新时代信托	未披露	未披露	未披露
65	四川信托	未披露	未披露	未披露
66	新华信托	未披露	未披露	未披露
67	华融信托	未披露	未披露	未披露
68	华信信托	未披露	未披露	未披露
合计		1 977 986 854. 79	2 069 645 704. 61	-4. 43
平均		31 396 616. 74	32 851 519. 12	-4. 43

注:本年度有 5 家信托公司尚未披露年报,故未在本表中披露相关数据。

信托资产总额超过 1 000. 00 亿元的公司有 50 家,比 2019 年的 51 家减少了 1 家;55 家信托公司资产总额达 190 896.[illegible]6 亿元,占整个信托资产总额的 96. 51%,已披露年报的 63 家信托公司平均信托资产总额为 3 139. 66 亿元,超过平均值的仅有 [illegible] 家公司(见表 3 -1 -21)。

表 3-1-21 信托资产总额分布情况

项目	2020 年			2019 年		
	家数(家)	信托资产总额(万元)	占比(%)	家数(家)	信托资产总额(万元)	占比(%)
1 万亿元以上	4	480 055 276.21	24.27	2	296 538 819.26	14.33
0.5 万亿~1 万亿元	8	542 554 962.07	27.43	10	736 116 670.25	35.57
0.1 万亿~0.5 万亿元	38	886 359 366.81	44.81	39	966 365 486.37	46.69
0.1 万亿元以下	13	69 017 249.70	3.49	12	70 624 728.73	3.41
合计	63	1 977 986 854.79	100.00	63	2 069 645 704.61	100.00

2020 年已披露年报的 63 家信托公司信托资产营业收入合计为 14 482.54 亿元，比 2019 年略有上升。其中上涨的仅 22 家，增幅最大的是爱建信托，增长幅度为 64.24%（见表 3-1-22）。

表 3-1-22 信托资产营业收入排行榜

排名	公司简称	2020 年(万元)	2019 年(万元)	增长率(%)
1	华润信托	10 102 450.12	7 734 685.26	30.61
2	中信信托	10 037 465.07	11 042 094.13	-9.10
3	外贸信托	7 785 088.05	4 931 726.95	57.86
4	建信信托	7 298 854.16	7 929 573.98	-7.95
5	光大兴陇信托	7 046 304.25	5 188 613.12	35.80
6	五矿信托	6 627 628.97	4 838 828.12	36.97
7	中融信托	6 484 173.93	6 012 036.54	7.85
8	华能信托	5 667 123.67	5 369 310.74	5.55
9	中航信托	5 062 488.83	4 385 334.79	15.44
10	渤海信托	3 504 535.12	3 199 809.79	9.52
11	交银国际信托	3 498 558.01	4 992 774.93	-29.93
12	兴业信托	3 489 279.02	4 192 126.39	-16.77
13	平安信托	3 391 785.55	4 059 816.11	-16.45
14	上海信托	3 347 444.90	4 146 898.49	-19.28
15	华宝信托	3 111 121.21	3 024 188.05	2.87
16	长安信托	2 864 995.35	3 503 353.67	-18.22
17	粤财信托	2 645 474.54	2 652 309.61	-0.26
18	江苏信托	2 600 531.64	3 037 197.34	-14.38
19	华鑫信托	2 468 798.11	2 064 169.92	19.60
20	西部信托	2 462 367.51	2 290 722.91	7.49
21	陕国投	2 102 079.90	2 481 526.12	-15.29
22	中铁信托	2 087 124.00	2 387 888.00	-12.60
23	英大信托	2 058 081.66	1 445 422.84	42.39
24	中海信托	1 905 509.84	2 063 506.75	-7.66
25	陆家嘴信托	1 737 307.43	1 718 632.73	1.09
26	山东国信	1 701 300.75	1 861 916.30	-8.63
27	百瑞信托	1 591 956.45	1 242 567.59	28.12
28	云南信托	1 588 840.04	1 796 573.53	-11.56
29	厦门国际信托	1 516 360.00	1 105 730.00	37.14
30	昆仑信托	1 472 175.81	1 821 947.10	-19.20
31	天津信托	1 398 903.14	1 138 641.24	22.86
32	中诚信托	1 369 654.53	1 602 451.20	-14.53
33	国通信托	1 359 880.38	1 422 596.03	-4.41
34	国投泰康信托	1 358 954.92	1 572 359.42	-13.57
35	中国民生信托	1 355 110.75	1 422 523.57	-4.74
36	中建投信托	1 239 977.14	1 383 149.50	-10.35
37	西藏信托	1 235 086.29	1 750 195.32	-29.43
38	万向信托	1 205 421.78	1 293 583.69	-6.82
39	爱建信托	1 148 049.15	699 015.16	64.24
40	中原信托	1 143 310.84	1 192 902.08	-4.16

续表

排名	公司简称	2020 年(万元)	2019 年(万元)	增长率(%)
41	国民信托	1 122 396. 89	1 512 363. 31	-25.7[illegible]
42	国元信托	1 119 409. 62	1 253 832. 13	-10.7[illegible]
43	北京信托	1 111 105. 09	1 819 413. 84	-38.[illegible]
44	中粮信托	1 106 833. 72	890 293. 93	24.[illegible]
45	重庆信托	1 077 922. 56	1 383 732. 48	-22.[illegible]
46	紫金信托	994 852. 21	1 040 047. 44	-4.[illegible]
47	财信信托	882 339. 00	1 013 171. 00	-12.[illegible]
48	北方信托	729 833. 01	1 151 942. 65	-36.[illegible]
49	浙金信托	715 379. 37	720 549. 26	-0.[illegible]
50	华澳信托	710 371. 06	910 303. 55	-21.[illegible]
51	苏州信托	645 248. 09	607 654. 23	6.[illegible]
52	金谷信托	636 197. 27	824 426. 38	-22.[illegible]
53	东莞信托	631 375. 80	590 395. 14	6.[illegible]
54	吉林信托	612 632. 09	453 577. 45	35.[illegible]
55	雪松信托	525 800. 30	537 600. 84	-2.[illegible]
56	杭州工商信托	487 931. 00	492 147. 00	-0.[illegible]
57	国联信托	452 866. 00	476 098. 00	-4.[illegible]
58	大业信托	337 000. 42	579 134. 03	-41.[illegible]
59	安信信托	326 242. 46	844 071. 39	-61.[illegible]
60	山西信托	243 003. 79	262 537. 72	-7.4[illegible]
61	中泰信托	229 096. 32	206 032. 21	11.1[illegible]
62	长城新盛信托	48 339. 66	207 846. 54	-76.7[illegible]
63	华宸信托	7 634. 96	19 438. 03	-60.7[illegible]
64	华信信托	未披露	未披露	未披露
65	新华信托	未披露	未披露	未披露
66	四川信托	未披露	未披露	未披露
67	华融信托	未披露	未披露	未披露
68	新时代信托	未披露	未披露	未披露
合计		144 825 363. 50	143 795 307. 55	0. 72
平均		2 298 815. 29	2 282 465. 20	0. 72

注：本年度有 5 家信托公司尚未披露年报，故未在本表中披露相关数据。

信托资产营业收入达 100 亿元以上的有 45 家，较上年减少 1 家，45 家信托公司的信托资产营业收入占全部信托资产营业收入的 93. 64%。63 家公司平均信托资产营业收入为 229. 88 亿元，超过平均水平的有 20 家公司（见表 3 -1 -23）。

表 3 -1 -23　信托资产营业收入分布情况

项目	2020 年			2019 年		
	家数(家)	信托资产总额(万元)	占比(%)	家数(家)	信托资产总额(万元)	占比(%)
500 亿元以上	9	66 111 577. 05	45. 65	6	43 276 313. 77	30. 10
100 亿 ~500 亿元	36	69 497 643. 64	47. 99	40	91 197 872. 92	63. 42
10 亿 ~100 亿元	16	9 160 168. 19	6. 32	16	9 301 682. 83	6. 47
10 亿元以下	2	55 974. 62	0. 04	1	19 438. 03	0. 01
合计	63	144 825 363. 50	100. 00	63	143 795 307. 55	100. 00

2020 年已披露年报的 63 家信托公司信托业务收入合计为 839. 81 亿元，63 家公司平均信托收入为 13. 33 亿元，超过平均信托业务收入的信托公司总共 21 家。2020 年信托业务收入占固有资产营业收入的比重为 47. 97%（见表 3 -1 -24）。

表 3 -1 -24　信托业务收入排行榜

排名	公司简称	信托手续费及佣金收入(万元)	其他业务收入中的信托部分收入(万元)	信托业务收入合计(万元)	固有资产营业收入合计(万元)	信托业务收入占比(%)
1	中信信托	578 607. 76	—	578 607. 76	876 293. 22	[illegible]. 03
2	光大兴陇信托	449 941. 66	—	449 941. 66	563 080. 86	[illegible]. 91
3	平安信托	410 944. 37	—	410 944. 37	2 729 225. 83	[illegible]. 06
4	中融信托	389 189. 00	—	389 189. 00	553 370. 00	[illegible]. 33

续表

排名	公司简称	信托手续费及佣金收入(万元)	其他业务收入中的信托部分收入(万元)	信托业务收入合计(万元)	固有资产营业收入合计 万元)	信托业务收入占比(%)
5	中航信托	382 856. 35	—	382 856. 35	381 320. 90	100. 40
6	华能信托	382 332. 01	—	382 332. 01	616 491. 03	62. 02
7	五矿信托	375 430. 35	—	375 430. 35	521 687. 17	71. 96
8	建信信托	280 988. 35	—	280 988. 35	679 140. 45	41. 37
9	长安信托	217 458. 21	—	217 458. 21	330 003. 63	65. 90
10	兴业信托	191 357. 00	—	191 357. 00	622 157. 00	30. 76
11	渤海信托	185 684. 07	—	185 684. 07	252 212. 97	73. 62
12	外贸信托	181 653. 35	—	181 653. 35	310 479. 31	58. 51
13	爱建信托	173 492. 92	—	173 492. 92	247 661. 74	70. 05
14	重庆信托	169 247. 55	—	169 247. 55	1 404 289. 81	12. 05
15	英大信托	169 203. 19	—	169 203. 19	216 737. 51	78. 07
16	中建投信托	167 359. 82	—	167 359. 82	228 789. 08	73. 15
17	华润信托	166 371. 42	—	166 371. 42	398 876. 64	41. 71
18	中国民生信托	136 009. 01	30 231. 30	166 240. 31	270 869. 55	61. 37
19	中铁信托	153 581. 71	—	153 581. 71	264 450. 52	58. 08
20	万向信托	138 718. 83	—	138 718. 83	158 832. 86	87. 34
21	上海信托	136 680. 84	—	136 680. 84	543 961. 85	25. 13
22	交银国际信托	130 966. 78	—	130 966. 78	226 593. 60	57. 80
23	陆家嘴信托	127 619. 00	—	127 619. 00	213 882. 00	59. 67
24	北京信托	123 396. 00	—	123 396. 00	196 805. 25	62. 70
25	陕国投	121 408. 91	—	121 408. 91	240 992. 15	50. 38
26	华鑫信托	121 137. 34	—	121 137. 34	170 032. 46	71. 24
27	山东国信	115 241. 90	—	115 241. 90	267 450. 40	43. 09
28	中诚信托	113 415. 57	—	113 415. 57	284 532. 47	39. 86
29	国投泰康信托	105 427. 00	—	105 427. 00	263 612. 00	39. 99
30	江苏信托	105 349. 21	—	105 349. 21	268 214. 49	39. 28
31	厦门国际信托	102 098. 00	—	102 098. 00	166 995. 00	61. 14
32	国通信托	99 015. 08	—	99 015. 08	144 817. 60	68. 37
33	昆仑信托	97 570. 89	—	97 570. 89	203 047. 90	48. 05
34	百瑞信托	95 891. 36	—	95 891. 36	202 127. 02	47. 44
35	华宝信托	88 361. 77	—	88 361. 77	286 218. 16	30. 87
36	紫金信托	85 573. 24	—	85 573. 24	121 594. 50	70. 38
37	杭州工商信托	83 413. 00	—	83 413. 00	116 027. 00	71. 89
38	东莞信托	81 678. 63	—	81 678. 63	116 028. 97	70. 40
39	中粮信托	79 869. 67	—	79 869. 67	114 417. 46	69. 81
40	苏州信托	77 873. 00	—	77 873. 00	105 492. 00	73. 82
41	西部信托	72 312. 14	—	72 312. 14	100 872. 83	71. 69
42	中海信托	68 623. 69	—	68 623. 69	68 580. 11	100. 06
43	财信信托	67 784. 80	—	67 784. 80	143 400. 48	47. 27
44	浙金信托	65 202. 07	—	65 202. 07	74 294. 13	87. 76
45	中原信托	61 853. 48	—	61 853. 48	87 171. 31	70. 96
46	云南信托	60 623. 79	—	60 623. 79	77 129. 52	78. 60
47	雪松信托	58 752. 38	—	58 752. 38	44 210. 49	132. 89
48	粤财信托	56 001. 26	—	56 001. 26	150 202. 84	37. 28
49	北方信托	53 237. 18	—	53 237. 18	114 501. 95	46. 49
50	国民信托	49 110. 95	—	49 110. 95	62 772. 19	78. 24
51	大业信托	48 387. 09	—	48 387. 09	51 509. 30	93. 94
52	华澳信托	44 712. 02	—	44 712. 02	111 291. 07	40. 18
53	天津信托	44 223. 76	—	44 223. 76	108 735. 46	40. 67

续表

排名	公司简称	信托手续费及佣金收入（万元）	其他业务收入中的信托部分收入（万元）	信托业务收入合计（万元）	固有资产营业收入合计（万元）	信托业务收入占比（%）
54	西藏信托	42 795.28	—	42 795.28	82 614.39	51.80
55	金谷信托	37 491.67	—	37 491.67	48 968.12	76.56
56	国元信托	36 608.81	—	36 608.81	88 044.73	41.58
57	国联信托	26 023.00	—	26 023.00	65 346.00	39.82
58	安信信托	24 132.79	—	24 132.79	−12 902.25	−187.04
59	吉林信托	20 129.46	—	20 129.46	43 547.72	46.22
60	山西信托	16 062.78	—	16 062.78	47 606.48	33.74
61	长城新盛信托	13 781.44	—	13 781.44	17 436.59	79.04
62	中泰信托	7 187.97	—	7 187.97	37 139.04	19.35
63	华宸信托	459.40	—	459.40	14 410.91	3.19
64	四川信托	未披露	未披露	未披露	未披露	未披露
65	华融信托	未披露	未披露	未披露	未披露	未披露
66	华信信托	未披露	未披露	未披露	未披露	未披露
67	新时代信托	未披露	未披露	未披露	未披露	未披露
68	新华信托	未披露	未披露	未披露	未披露	未披露
合计		8 367 911.34	30 231.30	8 398 142.64	17 505 697.77	47.97
平均		132 823.99	479.86	133 303.85	277 868.22	47.97

注：1. 此部分数据来源于企业自行编制的收入结构表中，由于存在统计口径的不同，我们做了适当的调整，均采用信托手续费及佣金收入的总收入（即未扣除信托手续费及佣金支出）的金额。

2. 本年度有 5 家信托公司尚未披露年报，故未在本表中披露相关数据。

2020 年信托资产实收信托总额达 190 706.49 亿元，较上年度下降了 5.26%，其中下降的有 44 家公司，增长的仅有 19 家（见表 3－1－25）。

表 3－1－25 信托资产实收信托排行榜

排名	公司简称	2020 年（万元）	2019 年（万元）	增长率（%）
1	建信信托	142 699 393.83	129 458 619.70	1[illegible]23
2	中信信托	118 128 026.65	153 612 338.48	−2[illegible]0
3	光大兴陇信托	99 983 511.95	73 728 625.79	3[illegible]1
4	华润信托	93 125 525.51	89 891 221.52	[illegible]0
5	华能信托	83 194 319.90	71 280 102.31	1[illegible]1
6	中融信托	71 252 080.49	75 629 280.96	−[illegible]9
7	五矿信托	69 116 759.81	87 506 181.17	−2[illegible]1
8	中航信托	65 079 579.23	65 170 589.33	−[illegible]4
9	外贸信托	60 360 333.85	40 714 422.69	4[illegible]5
10	交银国际信托	59 944 164.15	74 136 117.47	−1[illegible]4
11	上海信托	58 323 536.70	67 566 700.08	−1[illegible]8
12	英大信托	57 376 746.83	39 768 181.83	44[illegible]8
13	渤海信托	42 978 939.17	58 789 301.59	−26[illegible]9
14	华宝信托	38 574 922.21	43 282 769.39	−10[illegible]8
15	平安信托	37 142 905.71	41 689 130.25	−10[illegible]1
16	长安信托	37 091 993.70	46 230 224.72	−19[illegible]7
17	兴业信托	36 494 095.48	54 995 912.48	−33[illegible]4
18	江苏信托	35 147 432.67	34 998 160.34	0[illegible]3
19	中海信托	33 840 037.32	30 072 556.93	12[illegible]3
20	中铁信托	30 995 466.00	42 009 176.00	−26[illegible]2
21	百瑞信托	30 756 172.11	23 640 193.95	30[illegible]0
22	西部信托	29 028 669.58	31 571 825.93	−8[illegible]6
23	陕国投	25 943 855.50	29 324 608.08	−11[illegible]3
24	云南信托	24 895 090.72	20 044 367.17	24[illegible]0
25	山东国信	24 869 730.03	25 766 445.72	−3[illegible]8

续表

排名	公司简称	2020 年(万元)	2019 年(万元)	增长率(%)
26	粤财信托	24 504 169. 48	26 418 305. 34	-7. 25
27	华鑫信托	24 365 954. 16	26 916 719. 19	-9. 48
28	厦门国际信托	21 925 404. 00	20 181 784. 00	8. 64
29	天津信托	21 920 168. 75	20 737 960. 94	5. 70
30	陆家嘴信托	21 593 506. 49	23 113 211. 77	-6. 58
31	昆仑信托	21 584 672. 32	26 781 849. 12	-19. 41
32	重庆信托	20 979 270. 46	20 866 321. 39	0. 54
33	中诚信托	20 564 626. 74	24 725 447. 83	-16. 83
34	中国民生信托	20 488 335. 03	19 286 941. 92	6. 23
35	中原信托	20 249 812. 32	17 707 853. 87	14. 35
36	北京信托	19 090 008. 97	19 552 787. 65	-2. 37
37	国通信托	17 944 955. 57	20 633 543. 48	-13. 03
38	国投泰康信托	16 528 980. 76	19 919 302. 68	-17. 02
39	安信信托	15 777 010. 05	18 825 426. 38	-16. 19
40	中粮信托	15 554 805. 36	15 526 023. 93	0. 19
41	中建投信托	14 759 878. 08	17 709 064. 30	-16. 65
42	国民信托	14 643 175. 69	22 166 533. 07	-33. 94
43	西藏信托	14 433 652. 51	19 836 084. 82	-27. 24
44	金谷信托	14 146 494. 95	9 784 790. 38	44. 58
45	国元信托	13 354 910. 77	17 146 894. 95	-22. 11
46	财信信托	13 031 349. 00	10 347 481. 00	25. 94
47	爱建信托	12 510 264. 00	17 873 653. 63	-30. 01
48	紫金信托	12 348 369. 04	14 144 300. 48	-12. 70
49	北方信托	10 672 523. 11	16 841 329. 01	-36. 63
50	万向信托	10 489 503. 76	13 241 984. 14	-20. 79
51	华澳信托	8 215 966. 19	13 096 529. 11	-37. 27
52	苏州信托	8 030 600. 89	9 299 854. 73	-13. 65
53	雪松信托	8 020 338. 46	9 035 933. 63	-11. 24
54	浙金信托	7 680 919. 00	8 759 219. 12	-12. 31
55	国联信托	6 879 390. 00	7 257 943. 00	-5. 22
56	东莞信托	6 496 505. 26	7 015 463. 45	-7. 40
57	大业信托	5 949 586. 65	7 481 722. 42	-20. 48
58	吉林信托	4 464 076. 81	6 299 103. 46	-29. 13
59	杭州工商信托	4 142 373. 00	4 761 163. 00	-13. 00
60	山西信托	3 894 374. 95	3 730 091. 24	4. 40
61	中泰信托	2 399 826. 47	3 055 413. 86	-21. 46
62	长城新盛信托	1 016 815. 38	1 756 245. 07	-42. 10
63	华宸信托	69 043. 46	189 896. 50	-63. 64
64	新时代信托	未披露	未披露	未披露
65	四川信托	未披露	未披露	未披露
66	华融信托	未披露	未披露	未披露
67	新华信托	未披露	未披露	未披露
68	华信信托	未披露	未披露	未披露
合计		1 907 064 906. 99	2 012 901 227. 75	-5. 26
平均		30 270 871. 54	31 950 813. 14	-5. 26

注:本年度有5家信托公司尚未披露年报,故未在本表中披露相关数据。

63家公司平均实收信托总额为3 027. 09亿元,超过0. 5万亿元的有12家,与上年保持一致,12家信托公司的实收信托总额占全部信托总额的51. 32%。

表 3－1－26　信托资产实收信托分布情况

项目	2020 年			2019 年		
	家数（家）	信托权益（万元）	占比（%）	家数（家）	信托权益（万元）	占比（%）
1 万亿元以上	2	260 827 420.48	13.68	2	283 070 958.18	14.06
0.5 万亿～1 万亿元	10	717 756 558.42	37.64	10	718 694 032.70	35.70
0.1 万亿～0.5 万亿元	38	861 221 111.57	45.16	38	932 709 397.00	46.34
0.1 万亿元以下	13	67 259 816.52	3.53	13	78 426 839.86	3.90
合计	63	1 907 064 906.99	100.00	63	2 012 901 227.75	100.00

信托资产本年度较前两年有所上升，超过了近三年来的最高点 2017 年时的 0.42%（见图 3－1－1），2020 年有 32 家信托公司的信托报酬率大于等于平均值 0.43%（见表 3－1－27）。

表 3－1－27　信托资产信托报酬率排行榜

排名	公司简称	信托业务收入（万元）	实收信托		信托报酬率（%）
			2020 年（万元）	2019 年（万元）	
1	杭州工商信托	83 413.00	4 142 373.00	4 761 163.00	1.87
2	东莞信托	81 678.63	6 496 505.26	7 015 463.45	1.21
3	万向信托	138 718.83	10 489 503.76	13 241 984.14	1.17
4	爱建信托	173 492.92	12 510 264.00	17 873 653.63	1.14
5	平安信托	410 944.37	37 142 905.71	41 689 130.25	1.04
6	中建投信托	167 359.82	14 759 878.08	17 709 064.30	1.03
7	长城新盛信托	13 781.44	1 016 815.38	1 756 245.07	0.99
8	苏州信托	77 873.00	8 030 600.89	9 299 854.73	0.90
9	中国民生信托	166 240.31	20 488 335.03	19 286 941.92	0.84
10	重庆信托	169 247.55	20 979 270.46	20 866 321.39	0.81
11	浙金信托	65 202.07	7 680 919.00	8 759 219.12	0.79
12	大业信托	48 387.09	5 949 586.65	7 481 722.42	0.72
13	雪松信托	58 752.38	8 020 338.46	9 035 933.63	0.69
14	紫金信托	85 573.24	12 348 369.04	14 144 300.48	0.65
15	北京信托	123 396.00	19 090 008.97	19 552 787.65	0.64
16	中航信托	382 856.35	65 079 579.23	65 170 589.33	0.59
17	财信信托	67 784.80	13 031 349.00	10 347 481.00	0.58
18	国投泰康信托	105 427.00	16 528 980.76	19 919 302.68	0.58
19	陆家嘴信托	127 619.00	21 593 506.49	23 113 211.77	0.57
20	中融信托	389 189.00	71 252 080.49	75 629 280.96	0.53
21	长安信托	217 458.21	37 091 993.70	46 230 224.72	0.52
22	光大兴陇信托	449 941.66	99 983 511.95	73 728 625.79	0.52
23	中粮信托	79 869.67	15 554 805.36	15 526 023.93	0.51
24	国通信托	99 015.08	17 944 955.57	20 633 543.48	0.51
25	中诚信托	113 415.57	20 564 626.74	24 725 447.83	0.50
26	华能信托	382 332.01	83 194 319.90	71 280 102.31	0.50
27	厦门国际信托	102 098.00	21 925 404.00	20 181 784.00	0.48
28	五矿信托	375 430.35	69 116 759.81	87 506 181.17	0.48
29	华鑫信托	121 137.34	24 365 954.16	26 916 719.19	0.47
30	山东国信	115 241.90	24 869 730.03	25 766 445.72	0.46
31	陕国投	121 408.91	25 943 855.50	29 324 608.08	0.44
32	中信信托	578 607.76	118 128 026.65	153 612 338.48	0.43
33	山西信托	16 062.78	3 894 374.95	3 730 091.24	0.42
34	中铁信托	153 581.71	30 995 466.00	42 009 176.00	0.42
35	华澳信托	44 712.02	8 215 966.19	13 096 529.11	0.42
36	兴业信托	191 357.00	36 494 095.48	54 995 912.48	0.42
37	昆仑信托	97 570.89	21 584 672.32	26 781 849.12	0.40
38	北方信托	53 237.18	10 672 523.11	16 841 329.01	0.39
39	吉林信托	20 129.46	4 464 076.81	6 299 103.46	0.37
40	国联信托	26 023.00	6 879 390.00	7 257 943.00	0.37

续表

排名	公司简称	信托业务收入（万元）	实收信托		信托报酬率（%）
			2020年（万元）	2019年（万元）	
41	渤海信托	185 684.07	42 978 939.17	58 789 301.59	0.36
42	外贸信托	181 653.35	60 360 333.85	40 714 422.69	0.36
43	华宸信托	459.40	69 043.46	189 896.50	0.35
44	百瑞信托	95 891.36	30 756 172.11	23 640 193.95	0.35
45	英大信托	169 203.19	57 376 746.83	39 768 181.83	0.35
46	中原信托	61 853.48	20 249 812.32	17 707 853.87	0.33
47	金谷信托	37 491.67	14 146 494.95	9 784 790.38	0.31
48	江苏信托	105 349.21	35 147 432.67	34 998 160.34	0.30
49	云南信托	60 623.79	24 895 090.72	20 044 367.17	0.27
50	国民信托	49 110.95	14 643 175.69	22 166 533.07	0.27
51	中泰信托	7 187.97	2 399 826.47	3 055 413.86	0.26
52	西藏信托	42 795.28	14 433 652.51	19 836 084.82	0.25
53	国元信托	36 608.81	13 354 910.77	17 146 894.95	0.24
54	西部信托	72 312.14	29 028 669.58	31 571 825.93	0.24
55	粤财信托	56 001.26	24 504 169.48	26 418 305.34	0.22
56	上海信托	136 680.84	58 323 536.70	67 566 700.08	0.22
57	华宝信托	88 361.77	38 574 922.21	43 282 769.39	0.22
58	中海信托	68 623.69	33 840 037.32	30 072 556.93	0.21
59	天津信托	44 223.76	21 920 168.75	20 737 960.94	0.21
60	建信信托	280 988.35	142 699 393.83	129 458 619.70	0.21
61	交银国际信托	130 966.78	59 944 164.15	74 136 117.47	0.20
62	华润信托	166 371.42	93 125 525.51	89 891 221.52	0.18
63	安信信托	24 132.79	15 777 010.05	18 825 426.38	0.14
64	四川信托	未披露	未披露	未披露	未披露
65	华信信托	未披露	未披露	未披露	未披露
66	华融信托	未披露	未披露	未披露	未披露
67	新华信托	未披露	未披露	未披露	未披露
68	新时代信托	未披露	未披露	未披露	未披露
合计		8 398 142.64	1 907 064 906.99	2 012 901 227.75	0.43
平均		133 303.85	30 270 871.54	31 950 813.14	0.43

注：1. 信托报酬率＝信托业务收入÷实收信托平均余额×100%。
2. 信托业务收入＝信托手续费收入＋其他业务信托收入。
3. 实收信托平均余额＝（期初实收信托余额＋期末实收信托余额）÷2。
4. 本年度有5家信托公司尚未披露年报，故未在本表中披露相关数据。

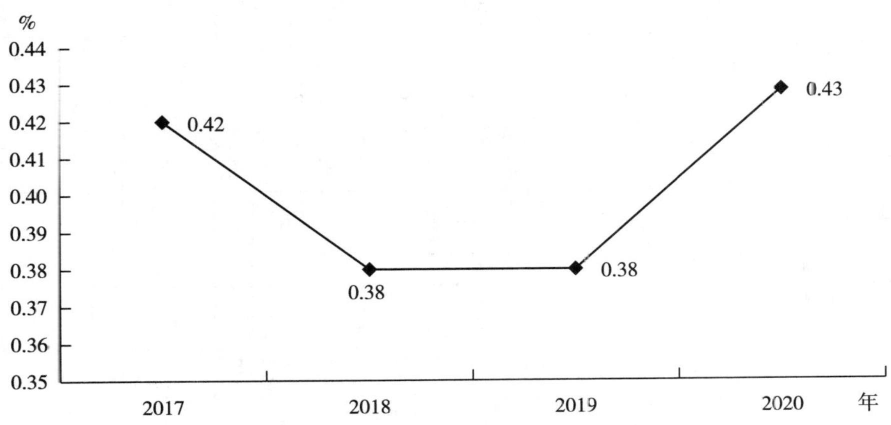

图3－1－1 2017年至2020年信托资产信托报酬率

2020 年信托资产信托权益总额为 195 210. 65 亿元，比 2019 年下降了 4. 64%。其中上涨的仅有 18 家公司，增长额最大的为光大兴陇信托，增长额为 2 679. 37 亿元（见表 3 –1 –28）。

表 3 –1 –28　信托资产信托权益（净资产）排行榜

排名	公司简称	2020 年（万元）	2019 年（万元）	增长率（%）
1	建信信托	150 975 888. 47	136 773 912. 25	10.[illegible]
2	中信信托	121 291 673. 44	155 882 225. 85	–22.[illegible]
3	光大兴陇信托	100 990 526. 97	74 196 857. 04	36.[illegible]
4	华润信托	99 768 973. 79	93 254 241. 45	6.[illegible]
5	华能信托	84 959 088. 50	72 389 637. 01	17.[illegible]
6	中融信托	70 254 677. 21	74 689 829. 69	–5.[illegible]
7	五矿信托	69 175 223. 58	87 627 795. 50	–21.[illegible]
8	外贸信托	66 551 051. 12	43 996 879. 53	51.[illegible]
9	中航信托	65 530 185. 66	65 719 205. 40	–0.[illegible]
10	交银国际信托	62 823 844. 89	75 732 394. 66	–17.[illegible]
11	上海信托	59 469 454. 41	68 273 561. 49	–12.[illegible]
12	英大信托	57 408 080. 27	39 774 604. 27	44.[illegible]
13	渤海信托	43 151 490. 02	59 139 774. 27	–27.[illegible]
14	华宝信托	42 003 240. 41	48 274 912. 11	–12.[illegible]
15	平安信托	38 628 007. 46	43 739 633. 85	–11.[illegible]
16	兴业信托	37 413 963. 06	55 771 132. 53	–32.[illegible]
17	长安信托	37 310 164. 56	46 410 580. 36	–19.[illegible]
18	江苏信托	36 470 323. 58	36 657 554. 29	–0.[illegible]
19	中海信托	34 186 059. 83	30 453 509. 95	12.[illegible]
20	中铁信托	31 096 566. 00	42 417 940. 00	–26.[illegible]
21	百瑞信托	30 855 958. 21	23 711 794. 68	30.[illegible]
22	西部信托	29 336 733. 11	31 787 161. 03	–7.[illegible]
23	粤财信托	26 931 169. 04	27 800 268. 98	–3.[illegible]
24	山东国信	25 430 120. 78	26 162 643. 78	–2.[illegible]
25	陕国投	25 302 784. 81	28 618 001. 37	–11.[illegible]
26	云南信托	25 046 165. 49	19 931 047. 06	25.[illegible]
27	华鑫信托	24 118 640. 54	25 749 032. 03	–6.[illegible]
28	天津信托	22 761 670. 24	21 411 637. 26	6.[illegible]
29	厦门国际信托	22 030 943. 00	20 032 589. 00	9.[illegible]
30	昆仑信托	21 887 229. 91	27 114 710. 69	–19.[illegible]
31	陆家嘴信托	21 785 860. 28	23 297 482. 01	–6.[illegible]
32	重庆信托	20 982 989. 68	20 860 130. 83	0.[illegible]
33	中诚信托	20 588 893. 79	24 776 159. 72	–16.[illegible]
34	中国民生信托	20 278 864. 74	19 231 742. 11	5.[illegible]
35	中原信托	20 276 435. 15	17 724 082. 87	14.[illegible]
36	北京信托	19 251 828. 07	19 917 577. 71	–3.[illegible]
37	国通信托	17 545 677. 09	20 308 265. 05	–13.[illegible]
38	国投泰康信托	16 636 057. 11	19 959 458. 30	–16.[illegible]
39	安信信托	15 795 102. 48	19 064 157. 44	–17.[illegible]
40	中粮信托	15 686 972. 81	15 660 693. 28	0.[illegible]
41	中建投信托	14 966 819. 60	17 919 021. 59	–[illegible]6.[illegible]
42	国民信托	14 868 401. 96	22 263 736. 93	–33.[illegible]
43	西藏信托	14 547 272. 72	19 699 867. 01	–26.[illegible]
44	金谷信托	14 238 414. 26	9 921 612. 02	43.5[illegible]
45	国元信托	13 612 324. 50	17 355 556. 69	–21.5[illegible]
46	财信信托	13 115 738. 00	10 501 828. 00	24.[illegible]
47	爱建信托	12 788 573. 17	18 137 930. 87	–29.[illegible]

续表

排名	公司简称	2020 年(万元)	2019 年(万元)	增长率(%)
48	紫金信托	12 591 101.99	14 303 837.00	-11.97
49	北方信托	10 716 442.87	16 830 821.68	-36.33
50	万向信托	10 679 011.09	13 346 068.82	-19.98
51	苏州信托	8 140 358.25	9 425 819.36	-13.64
52	华澳信托	8 120 442.54	13 056 147.54	-37.80
53	雪松信托	8 025 954.52	9 165 763.02	-12.44
54	浙金信托	7 740 153.98	8 682 546.61	-10.85
55	国联信托	6 979 985.00	7 331 297.00	-4.79
56	东莞信托	6 782 157.34	7 237 631.40	-6.29
57	大业信托	5 914 408.05	7 438 218.50	-20.49
58	吉林信托	4 473 194.73	6 299 808.12	-28.99
59	杭州工商信托	4 220 293.00	4 837 980.00	-12.77
60	山西信托	3 931 042.75	3 755 755.72	4.67
61	中泰信托	2 563 754.85	3 217 121.88	-20.31
62	长城新盛信托	1 030 734.23	1 780 403.23	-42.11
63	华宸信托	71 391.60	204 717.65	-65.13
64	新时代信托	未披露	未披露	未披露
65	新华信托	未披露	未披露	未披露
66	华信信托	未披露	未披露	未披露
67	华融信托	未披露	未披露	未披露
68	四川信托	未披露	未披露	未披露
合计		1 952 106 550.56	2 047 008 307.34	-4.64
平均		30 985 818.26	32 492 195.35	-4.64

注:本年度有5家信托公司尚未披露年报,故未在本表中披露相关数据。

63家公司平均信托权益为3 098.58亿元,超过1千亿元的有50家,与2019年持平(见表3－1－29)。

表3－1－29　信托资产平均信托权益分布情况

项目	2020 年			2019 年		
	家数(家)	信托权益(万元)	占比(%)	家数(家)	信托权益(万元)	占比(%)
1万亿元以上	3	373 258 088.88	19.12	2	292 656 138.10	14.30
0.5万亿～1万亿元	9	635 940 579.43	32.58	10	726 794 429.04	35.51
0.1万亿～0.5万亿元	38	874 914 011.40	44.82	38	948 259 065.69	46.32
0.1万亿元以下	13	67 993 870.85	3.48	13	79 298 674.51	3.87
合计	63	1 952 106 550.56	100.00	63	2 047 008 307.34	100.00

2020年末信托资产中长期股权投资总额为15 111.67亿元,占全部信托资产的7.64%,较上年7.69%基本保持一致(见表3－1－30)。

表3－1－30　长期股权投资占比排行榜

排名	公司简称	长期股权投资(万元)	信托资产总额(万元)	长期股权投资占比(%)
1	长城新盛信托	474 847.61	1 038 388.46	45.73
2	中粮信托	5 052 081.50	15 759 666.16	32.06
3	雪松信托	2 328 683.76	8 131 113.46	28.64
4	北京信托	5 521 916.92	19 309 571.20	28.60
5	中融信托	14 118 379.68	71 763 023.33	19.67
6	安信信托	2 910 767.26	16 142 323.44	18.03
7	爱建信托	2 217 369.75	12 924 073.40	17.16
8	中航信托	10 825 168.72	66 653 016.57	16.24
9	中诚信托	3 223 267.18	20 772 879.61	15.52
10	陆家嘴信托	3 045 296.72	21 818 772.27	13.96
11	兴业信托	5 278 976.92	37 846 138.85	13.95
12	中铁信托	4 199 789.00	32 594 756.00	12.88

续表

排名	公司简称	长期股权投资(万元)	信托资产总额(万元)	长期股权投资占比(%)
13	长安信托	4 495 692. 59	37 509 648. 40	11. 99
14	大业信托	709 318. 89	5 962 723. 88	11. 90
15	苏州信托	970 123. 96	8 204 759. 91	11. 82
16	国投泰康信托	1 896 532. 14	16 749 470. 75	11. 32
17	中泰信托	292 854. 35	2 597 601. 54	11. 27
18	华澳信托	935 270. 37	8 422 812. 02	11. 10
19	国民信托	1 644 933. 67	14 934 147. 90	11. 01
20	昆仑信托	2 419 955. 73	22 002 673. 43	11. 00
21	华宝信托	4 693 840. 28	43 068 598. 57	10. 90
22	中信信托	13 301 749. 17	122 465 894. 57	10. 86
23	万向信托	1 147 340. 27	10 740 571. 12	10. 68
24	重庆信托	2 279 400. 21	21 485 193. 23	10. 61
25	金谷信托	1 505 886. 89	14 299 741. 13	10. 53
26	陕国投	2 596 908. 58	25 703 213. 30	10. 10
27	中国民生信托	1 964 707. 06	20 593 926. 57	9. 54
28	杭州工商信托	407 113. 00	4 325 612. 00	9. 41
29	光大兴陇信托	9 065 472. 34	102 607 617. 33	8. 84
30	国通信托	1 518 054. 97	17 715 692. 49	8. 57
31	华能信托	7 238 283. 54	85 040 020. 31	8. 51
32	渤海信托	3 107 571. 06	43 780 987. 86	7. 10
33	紫金信托	884 265. 33	12 607 443. 59	7. 01
34	吉林信托	312 747. 96	4 597 426. 62	6. 80
35	浙金信托	529 569. 83	7 795 993. 61	6. 79
36	粤财信托	1 773 858. 11	27 052 034. 81	6. 56
37	华鑫信托	1 548 958. 00	24 578 587. 86	6. 30
38	百瑞信托	1 909 369. 82	31 343 221. 58	6. 09
39	山西信托	235 910. 69	4 016 050. 88	5. 87
40	国元信托	823 007. 71	14 100 284. 91	5. 84
41	西部信托	1 617 449. 53	29 749 117. 92	5. 44
42	中海信托	1 767 936. 99	34 407 864. 17	5. 14
43	山东国信	1 233 297. 86	26 012 791. 50	4. 74
44	中建投信托	640 786. 24	15 011 826. 32	4. 27
45	建信信托	6 082 937. 04	152 611 401. 11	3. 99
46	北方信托	370 857. 40	10 806 789. 72	3. 43
47	江苏信托	1 204 022. 76	37 091 901. 12	3. 25
48	上海信托	1 918 055. 26	60 813 010. 87	3. 15
49	厦门国际信托	677 757. 00	22 107 661. 00	3. 07
50	中原信托	627 384. 31	20 490 976. 32	3. 06
51	国联信托	212 203. 00	6 982 130. 00	3. 04
52	云南信托	593 588. 45	25 254 288. 29	2. 35
53	交银国际信托	1 291 002. 35	63 062 386. 89	2. 05
54	财信信托	238 876. 00	13 312 214. 00	1. 79
55	五矿信托	1 259 122. 21	70 285 249. 23	1. 79
56	英大信托	706 862. 30	57 425 385. 68	1. 23
57	西藏信托	136 833. 81	14 663 665. 71	0. 93
58	天津信托	196 929. 42	22 911 456. 98	0. 86
59	东莞信托	52 443. 16	6 862 059. 93	0. 76
60	平安信托	274 645. 73	39 105 195. 33	0. 70
61	外贸信托	360 386. 80	67 512 869. 19	0. 53
62	华润信托	248 115. 30	102 370 363. 20	0. 24
63	华宸信托	—	80 577. 39	—
64	华融信托	未披露	未披露	未披露
65	新华信托	未披露	未披露	未披露

续表

排名	公司简称	长期股权投资(万元)	信托资产总额(万元)	长期股权投资占比(%)
66	四川信托	未披露	未披露	未披露
67	华信信托	未披露	未披露	未披露
68	新时代信托	未披露	未披露	未披露
合计		151 116 734. 46	1 977 986 854. 79	7. 64

注:本年度有5家信托公司尚未披露年报,故未在本表中披露相关数据。

2020年末信托资产中交易性金融资产总额为22 917. 04亿元,较上年的197 798. 69亿元有所增长。与此同时,2020年交易性金融资产总额占全部信托资产总额的11. 59%,较上年的9. 32%也有较大幅度的增长,在已披露年报的63家信托公司中,超过平均值的有16家公司。其中,华润信托占比达47. 33%,排名榜首。另有5家信托公司本年度无交易性金融资产。

表3-1-31 交易性金融资产占比排行榜

排名	公司简称	交易性金融资产(万元)	信托资产总额(万元)	交易性金融资产占比(%)
1	华润信托	48 448 181. 49	102 370 363. 20	47. 33
2	外贸信托	31 530 016. 82	67 512 869. 19	46. 70
3	东莞信托	2 505 182. 95	6 862 059. 93	36. 51
4	粤财信托	8 407 272. 77	27 052 034. 81	31. 08
5	北方信托	2 461 371. 86	10 806 789. 72	22. 78
6	平安信托	8 737 840. 67	39 105 195. 33	22. 34
7	中海信托	6 850 110. 99	34 407 864. 17	19. 91
8	江苏信托	6 847 387. 14	37 091 901. 12	18. 46
9	国投泰康信托	3 008 947. 06	16 749 470. 75	17. 96
10	西藏信托	2 395 300. 34	14 663 665. 71	16. 33
11	陕国投	4 076 901. 53	25 703 213. 30	15. 86
12	兴业信托	5 540 902. 53	37 846 138. 85	14. 64
13	华宝信托	6 206 144. 12	43 068 598. 57	14. 41
14	光大兴陇信托	13 766 964. 35	102 607 617. 33	13. 42
15	上海信托	7 628 742. 39	60 813 010. 87	12. 54
16	交银国际信托	7 621 424. 97	63 062 386. 89	12. 09
17	华鑫信托	2 609 071. 16	24 578 587. 86	10. 62
18	五矿信托	7 456 279. 52	70 285 249. 23	10. 61
19	北京信托	2 038 057. 48	19 309 571. 20	10. 55
20	中诚信托	2 151 422. 76	20 772 879. 61	10. 36
21	苏州信托	842 919. 22	8 204 759. 91	10. 27
22	建信信托	15 381 914. 70	152 611 401. 11	10. 08
23	中信信托	12 108 073. 70	122 465 894. 57	9. 89
24	山东国信	2 479 757. 76	26 012 791. 50	9. 53
25	长安信托	3 133 060. 52	37 509 648. 40	8. 35
26	云南信托	1 811 935. 41	25 254 288. 29	7. 17
27	国民信托	1 032 466. 71	14 934 147. 90	6. 91
28	爱建信托	817 231. 51	12 924 073. 40	6. 32
29	中国民生信托	1 042 685. 02	20 593 926. 57	5. 06
30	中泰信托	125 328. 92	2 597 601. 54	4. 82
31	中航信托	2 247 184. 09	66 653 016. 57	3. 37
32	渤海信托	1 466 605. 90	43 780 987. 86	3. 35
33	国联信托	181 377. 00	6 982 130. 00	2. 60
34	西部信托	748 717. 65	29 749 117. 92	2. 52
35	中融信托	1 717 766. 59	71 763 023. 33	2. 39
36	昆仑信托	525 899. 75	22 002 673. 43	2. 39
37	重庆信托	337 598. 21	21 485 193. 23	1. 57
38	财信信托	191 356. 00	13 312 214. 00	1. 44
39	厦门国际信托	305 183. 00	22 107 661. 00	1. 38

续表

排名	公司简称	交易性金融资产(万元)	信托资产总额(万元)	交易性金融资产占比(%)
40	长城新盛信托	14 233. 87	1 038 388. 46	1. 37
41	天津信托	310 848. 70	22 911 456. 98	1. 36
42	国通信托	200 098. 28	17 715 692. 49	1. 13
43	百瑞信托	342 092. 94	31 343 221. 58	1. 09
44	大业信托	57 063. 11	5 962 723. 88	0. 96
45	中建投信托	143 525. 35	15 011 826. 32	0. 96
46	华能信托	807 388. 63	85 040 020. 31	0. 95
47	雪松信托	70 342. 83	8 131 113. 46	0. 87
48	英大信托	300 000. 00	57 425 385. 68	0. 52
49	山西信托	19 416. 80	4 016 050. 88	0. 48
50	华澳信托	35 919. 23	8 422 812. 02	0. 43
51	浙金信托	24 522. 59	7 795 993. 61	0. 31
52	吉林信托	6 108. 37	4 597 426. 62	0. 13
53	国元信托	14 986. 78	14 100 284. 91	0. 11
54	中原信托	11 792. 62	20 490 976. 32	0. 06
55	中铁信托	12 863. 00	32 594 756. 00	0. 04
56	中粮信托	6 139. 07	15 759 666. 16	0. 04
57	陆家嘴信托	7 694. 22	21 818 772. 27	0. 04
58	安信信托	792. 36	16 142 323. 44	—
59	金谷信托	—	14 299 741. 13	—
60	紫金信托	—	12 607 443. 59	—
61	万向信托	—	10 740 571. 12	—
62	杭州工商信托	—	4 325 612. 00	—
63	华宸信托	—	80 577. 39	—
64	华融信托	未披露	未披露	未披露
65	四川信托	未披露	未披露	未披露
66	新华信托	未披露	未披露	未披露
67	新时代信托	未披露	未披露	未披露
68	华信信托	未披露	未披露	未披露
合计		229 170 413. 31	1 977 986 854. 79	11. 59

注:1. 本年度有 5 家信托公司尚未披露年报,故未在本表中披露相关数据。
2. 部分企业实行新金融工具准则,导致数据口径的不一致,可能会影响排名。

二、信托公司一些总体指标排名

(一)信托公司总资产排行榜

2020 年末总资产达 211 128. 20 亿元,较 2019 年的 228 040. 47 亿元下降 7. 42%,平均固有资产资产总额占比为 6. 31%,其中比例最低的为云南信托,仅为 1. 63%(见表 3 -2 -1)。从 2017 年开始连续 4 年固有资产占总资产的比重持续增长。

其中,总资产排名前 10 的信托公司总资产为 93 152. 12 亿元,占已披露年报的 63 家信托公司总资产的 44. 12%;这 10 家公司固有资产占其总资产的平均比重为 2. 91%,各家信托公司占比比较平均,最高的为中融信托,固有资产占其总资产的比重也仅为 3. 83%。

表 3 -2 -1　信托公司总资产排行榜

排名	公司简称	固有资产资产总计(万元)	信托资产资产总计(万元)	总资产(万元)	固有资产资产总额占比(%)
1	建信信托	4 370 229. 84	152 611 401. 11	156 981 630. 95	2. 78
2	中信信托	4 711 415. 20	122 465 894. 57	127 177 309. 77	3. 70
3	华润信托	2 725 585. 22	102 370 363. 20	105 095 948. 42	2. 59
4	光大兴陇信托	1 808 148. 53	102 607 617. 33	104 415 765. 86	1. 73
5	华能信托	2 745 605. 55	85 040 020. 31	87 785 625. 86	3. 13
6	中融信托	2 855 775. 58	71 763 023. 33	74 618 798. 91	3. 83

续表

排名	公司简称	固有资产资产总计(万元)	信托资产资产总计(万元)	总资产(万元)	固有资产资产总额占比(%)
7	五矿信托	2 502 254. 98	70 285 249. 23	72 787 504. 21	3. 44
8	外贸信托	1 940 402. 84	67 512 869. 19	69 453 272. 03	2. 79
9	中航信托	1 659 708. 99	66 653 016. 57	68 312 725. 56	2. 43
10	交银国际信托	1 830 185. 87	63 062 386. 89	64 892 572. 76	2. 82
11	平安信托	24 377 286. 77	39 105 195. 33	63 482 482. 10	38. 40
12	上海信托	2 415 719. 79	60 813 010. 87	63 228 730. 66	3. 82
13	英大信托	1 187 981. 99	57 425 385. 68	58 613 367. 67	2. 03
14	重庆信托	26 100 710. 10	21 485 193. 23	47 585 903. 33	54. 85
15	渤海信托	1 545 582. 42	43 780 987. 86	45 326 570. 28	3. 41
16	华宝信托	1 302 168. 85	43 068 598. 57	44 370 767. 42	2. 93
17	兴业信托	6 275 168. 39	37 846 138. 85	44 121 307. 24	14. 22
18	江苏信托	2 807 425. 74	37 091 901. 12	39 899 326. 86	7. 04
19	长安信托	1 116 444. 68	37 509 648. 40	38 626 093. 08	2. 89
20	中海信托	703 379. 97	34 407 864. 17	35 111 244. 14	2. 00
21	中铁信托	1 982 715. 65	32 594 756. 00	34 577 471. 65	5. 73
22	百瑞信托	1 212 723. 20	31 343 221. 58	32 555 944. 78	3. 73
23	西部信托	681 383. 23	29 749 117. 92	30 430 501. 15	2. 24
24	山东国信	2 068 382. 10	26 012 791. 50	28 081 173. 60	7. 37
25	粤财信托	851 558. 42	27 052 034. 81	27 903 593. 23	3. 05
26	陕国投	1 651 705. 63	25 703 213. 30	27 354 918. 93	6. 04
27	华鑫信托	1 204 479. 48	24 578 587. 86	25 783 067. 34	4. 67
28	云南信托	419 110. 91	25 254 288. 29	25 673 399. 20	1. 63
29	天津信托	896 984. 07	22 911 456. 98	23 808 441. 05	3. 77
30	昆仑信托	1 452 614. 55	22 002 673. 43	23 455 287. 98	6. 19
31	中诚信托	2 203 090. 17	20 772 879. 61	22 975 969. 78	9. 59
32	陆家嘴信托	1 124 870. 42	21 818 772. 27	22 943 642. 69	4. 90
33	厦门国际信托	780 792. 00	22 107 661. 00	22 888 453. 00	3. 41
34	中国民生信托	1 517 367. 85	20 593 926. 57	22 111 294. 42	6. 86
35	中原信托	992 351. 41	20 490 976. 32	21 483 327. 73	4. 62
36	北京信托	1 485 603. 57	19 309 571. 20	20 795 174. 77	7. 14
37	国通信托	1 012 151. 06	17 715 692. 49	18 727 843. 55	5. 40
38	安信信托	1 993 211. 81	16 142 323. 44	18 135 535. 25	10. 99
39	国投泰康信托	1 205 425. 76	16 749 470. 75	17 954 896. 51	6. 71
40	中粮信托	537 647. 96	15 759 666. 16	16 297 314. 12	3. 30
41	中建投信托	1 253 275. 58	15 011 826. 32	16 265 101. 90	7. 71
42	国民信托	347 461. 45	14 934 147. 90	15 281 609. 35	2. 27
43	西藏信托	535 228. 34	14 663 665. 71	15 198 894. 05	3. 52
44	国元信托	881 436. 94	14 100 284. 91	14 981 721. 85	5. 88
45	金谷信托	476 176. 82	14 299 741. 13	14 775 917. 95	3. 22
46	财信信托	1 175 863. 21	13 312 214. 00	14 488 077. 21	8. 12
47	爱建信托	1 058 397. 66	12 924 073. 40	13 982 471. 06	7. 57
48	紫金信托	522 224. 86	12 607 443. 59	13 129 668. 45	3. 98
49	北方信托	590 465. 26	10 806 789. 72	11 397 254. 98	5. 18
50	万向信托	386 881. 08	10 740 571. 12	11 127 452. 20	3. 48
51	华澳信托	530 852. 14	8 422 812. 02	8 953 664. 16	5. 93
52	苏州信托	613 596. 35	8 204 759. 91	8 818 356. 26	6. 96
53	雪松信托	525 372. 46	8 131 113. 46	8 656 485. 92	6. 07
54	浙金信托	269 674. 80	7 795 993. 61	8 065 668. 41	3. 34
55	国联信托	565 292. 00	6 982 130. 00	7 547 422. 00	7. 49
56	东莞信托	620 456. 88	6 862 059. 93	7 482 516. 81	8. 29
57	大业信托	280 326. 95	5 962 723. 88	6 243 050. 83	4. 49
58	吉林信托	760 822. 68	4 597 426. 62	5 358 249. 30	14. 20

续表

排名	公司简称	固有资产资产总计(万元)	信托资产资产总计(万元)	总资产(万元)	固有资产占资产总额占比(%)
59	杭州工商信托	575 898. 00	4 325 612. 00	4 901 510. 00	11. 75
60	山西信托	344 942. 13	4 016 050. 88	4 360 993. 01	7. 91
61	中泰信托	493 056. 66	2 597 601. 54	3 090 658. 20	15. 95
62	长城新盛信托	130 646. 47	1 038 388. 46	1 169 034. 93	11. 18
63	华宸信托	101 459. 65	80 577. 39	182 037. 04	55. 74
64	新时代信托	未披露	未披露	未披露	未披露
65	四川信托	未披露	未披露	未披露	未披露
66	华融信托	未披露	未披露	未披露	未披露
67	新华信托	未披露	未披露	未披露	未披露
68	华信信托	未披露	未披露	未披露	未披露
合计		133 295 158. 92	1 977 986 854. 79	2 111 282 013. 71	6. 31

注：1. 总资产 = 固有资产资产总计 + 信托资产资产总计。

2. 本年度有 5 家信托公司尚未披露年报，故未在本表中披露相关数据。

（二）年末信托资产规模资本比例排行榜

表 3－2－2　信托资产规模资本比例排行榜

排名	公司简称	净资产(万元)	信托资产(万元)	信托资产规模资本比例(%)
1	华宸信托	94 176. 28	80 577. 39	116. 88
2	重庆信托	4 214 573. 81	21 485 193. 23	19. 62
3	中泰信托	472 219. 63	2 597 601. 54	18. 18
4	平安信托	6 289 312. 71	39 105 195. 33	16. 08
5	杭州工商信托	488 882. 00	4 325 612. 00	11. 30
6	长城新盛信托	104 784. 35	1 038 388. 46	10. 09
7	中诚信托	1 887 292. 20	20 772 879. 61	9. 09
8	吉林信托	405 763. 20	4 597 426. 62	8. 83
9	东莞信托	578 592. 15	6 862 059. 93	8. 43
10	山东国信	1 963 488. 10	26 012 791. 50	7. 55
11	国联信托	495 970. 00	6 982 130. 00	7. 10
12	苏州信托	557 332. 29	8 204 759. 91	6. 79
13	爱建信托	830 803. 39	12 924 073. 40	6. 43
14	国投泰康信托	1 065 452. 56	16 749 470. 75	6. 36
15	昆仑信托	1 398 599. 02	22 002 673. 43	6. 36
16	江苏信托	2 230 712. 64	37 091 901. 12	6. 01
17	国元信托	841 985. 97	14 100 284. 91	5. 97
18	中建投信托	880 506. 35	15 011 826. 32	5. 87
19	兴业信托	2 114 551. 99	37 846 138. 85	5. 59
20	华澳信托	455 581. 21	8 422 812. 02	5. 41
21	财信信托	718 473. 36	13 312 214. 00	5. 40
22	北京信托	1 013 728. 30	19 309 571. 20	5. 25
23	中国民生信托	984 034. 37	20 593 926. 57	4. 78
24	北方信托	500 213. 59	10 806 789. 72	4. 63
25	陕国投	1 179 504. 85	25 703 213. 30	4. 59
26	山西信托	180 151. 61	4 016 050. 88	4. 49
27	中原信托	905 729. 33	20 490 976. 32	4. 42
28	大业信托	246 450. 39	5 962 723. 88	4. 13
29	华鑫信托	912 954. 14	24 578 587. 86	3. 71

续表

排名	公司简称	净资产(万元)	信托资产(万元)	信托资产规模资本比例(%)
30	国通信托	650 192. 61	17 715 692. 49	3. 67
31	紫金信托	451 034. 48	12 607 443. 59	3. 58
32	西藏信托	495 606. 45	14 663 665. 71	3. 38
33	百瑞信托	1 023 503. 35	31 343 221. 58	3. 27
34	中铁信托	1 063 894. 56	32 594 756. 00	3. 26
35	五矿信托	2 246 786. 64	70 285 249. 23	3. 20
36	上海信托	1 916 935. 20	60 813 010. 87	3. 15
37	中粮信托	483 756. 44	15 759 666. 16	3. 07
38	陆家嘴信托	667 489. 51	21 818 772. 27	3. 06
39	粤财信托	820 066. 32	27 052 034. 81	3. 03
40	渤海信托	1 322 466. 13	43 780 987. 86	3. 02
41	中融信托	2 135 652. 63	71 763 023. 33	2. 98
42	浙金信托	228 298. 34	7 795 993. 61	2. 93
43	金谷信托	415 484. 34	14 299 741. 13	2. 91
44	万向信托	311 315. 73	10 740 571. 12	2. 90
45	外贸信托	1 898 342. 79	67 512 869. 19	2. 81
46	中信信托	3 358 104. 81	122 465 894. 57	2. 74
47	华宝信托	1 173 171. 16	43 068 598. 57	2. 72
48	天津信托	622 271. 90	22 911 456. 98	2. 72
49	华能信托	2 302 298. 02	85 040 020. 31	2. 71
50	厦门国际信托	563 385. 00	22 107 661. 00	2. 55
51	华润信托	2 552 929. 94	102 370 363. 20	2. 49
52	交银国际信托	1 330 434. 82	63 062 386. 89	2. 11
53	中航信托	1 392 165. 09	66 653 016. 57	2. 09
54	长安信托	781 370. 47	37 509 648. 40	2. 08
55	国民信托	303 370. 86	14 934 147. 90	2. 03
56	雪松信托	158 304. 80	8 131 113. 46	1. 95
57	西部信托	564 970. 69	29 749 117. 92	1. 90
58	中海信托	629 411. 10	34 407 864. 17	1. 83
59	英大信托	980 566. 15	57 425 385. 68	1. 71
60	建信信托	2 256 580. 71	152 611 401. 11	1. 48
61	光大兴陇信托	1 466 756. 99	102 607 617. 33	1. 43
62	云南信托	334 207. 74	25 254 288. 29	1. 32
63	安信信托	160 058. 65	16 142 323. 44	0. 99
64	华信信托	未披露	未披露	未披露
65	华融信托	未披露	未披露	未披露
66	四川信托	未披露	未披露	未披露
67	新华信托	未披露	未披露	未披露
68	新时代信托	未披露	未披露	未披露
合计		71 073 004. 19	1 977 986 854. 79	3. 59
平均		1 128 142. 92	31 396 616. 74	3. 59

注:本年度有5家信托公司尚未披露年报,故未在本表中披露相关数据。

2020年信托资产规模资本比例整体相比2019年的3. 19%有所上升(见表3 -2 -2),其中高于平均值的有30家公司。信托规模资本比例超过10%的公司有6家公司,都主要集中在1% ~5%(见表3 -2 -3)。

表 3－2－3　信托规模资本比例分布情况

单位：家

项目	2020 年
大于 10%	6
5% ～10%	16
1% ～5%以下	40
小于 1%	1
合计	63

（三）信托公司总收入排行榜

2020 年已披露年报的 63 家信托公司总收入为 16 038. 34 亿元，较 2019 年的总收入 15 781. 84 亿元有所上升，其中固有资产营业收入上升了 10. 95%，信托资产营业收入上升了 0. 72%。

2020 年固有资产营业收入与信托资产营业收入之比的平均值为 10. 74%，比 2019 年的平均值 9. 76%略有上升。其中有 30 家公司的固有资产营业收入与信托资产营业收入之比超过平均值（见表 3－2－4）。

表 3－2－4　信托公司总收入排行榜

排名	公司简称	固有资产营业收入（万元）	信托资产营业收入（万元）	总收入合计（万元）	固有资产营业收入/信托资产营业收入（%）
1	中信信托	874 585. 82	10 037 465. 07	10 912 050. 89	8. 71
2	华润信托	397 617. 12	10 102 450. 12	10 500 067. 24	3. 94
3	外贸信托	308 938. 28	7 785 088. 05	8 094 026. 33	3. 97
4	建信信托	660 754. 50	7 298 854. 16	7 959 608. 66	9. 05
5	光大兴陇信托	563 042. 36	7 046 304. 25	7 609 346. 61	7. 99
6	五矿信托	516 351. 98	6 627 628. 97	7 143 980. 95	7. 79
7	中融信托	549 999. 99	6 484 173. 93	7 034 173. 92	8. 48
8	华能信托	600 087. 89	5 667 123. 67	6 267 211. 56	10. 59
9	平安信托	2 143 087. 75	3 391 785. 55	5 534 873. 30	63. 18
10	中航信托	376 851. 90	5 062 488. 83	5 439 340. 73	7. 44
11	兴业信托	534 227. 29	3 489 279. 02	4 023 506. 31	15. 31
12	上海信托	525 389. 38	3 347 444. 90	3 872 834. 28	15. 70
13	渤海信托	229 699. 37	3 504 535. 12	3 734 234. 49	6. 55
14	交银国际信托	226 593. 61	3 498 558. 01	3 725 151. 62	6. 48
15	华宝信托	281 701. 68	3 111 121. 21	3 392 822. 89	9. 05
16	长安信托	322 184. 96	2 864 995. 35	3 187 180. 31	11. 25
17	江苏信托	256 268. 29	2 600 531. 64	2 856 799. 93	9. 85
18	粤财信托	150 168. 61	2 645 474. 54	2 795 643. 15	5. 68
19	华鑫信托	167 712. 17	2 468 798. 11	2 636 510. 28	6. 79
20	西部信托	100 268. 50	2 462 367. 51	2 562 636. 02	4. 07
21	陕国投	212 582. 25	2 102 079. 90	2 314 662. 15	10. 11
22	中铁信托	226 613. 47	2 087 124. 00	2 313 737. 47	10. 86
23	英大信托	211 300. 05	2 058 081. 66	2 269 381. 71	10. 27
24	中海信托	67 557. 47	1 905 509. 84	1 973 067. 31	3. 55
25	陆家嘴信托	194 205. 95	1 737 307. 43	1 931 513. 38	11. 18
26	山东国信	205 398. 80	1 701 300. 75	1 906 699. 55	12. 07
27	重庆信托	769 282. 46	1 077 922. 56	1 847 205. 02	71. 37
28	百瑞信托	195 568. 84	1 591 956. 45	1 787 525. 29	12. 28
29	昆仑信托	205 987. 25	1 472 175. 81	1 678 163. 06	13. 99
30	厦门国际信托	157 418. 00	1 516 360. 00	1 673 778. 00	10. 38
31	云南信托	74 588. 89	1 588 840. 04	1 663 428. 93	4. 69
32	中诚信托	258 461. 21	1 369 654. 53	1 628 115. 74	18. 87
33	国投泰康信托	260 096. 13	1 358 954. 92	1 619 051. 05	19. 14
34	中国民生信托	224 738. 85	1 355 110. 75	1 579 849. 60	16. 58
35	天津信托	97 806. 11	1 398 903. 14	1 496 709. 25	6. 99
36	国通信托	124 021. 47	1 359 880. 38	1 483 901. 85	9. 12
37	中建投信托	222 741. 31	1 239 977. 14	1 462 718. 45	17. 96

续表

排名	公司简称	固有资产营业收入(万元)	信托资产营业收入(万元)	总收入合计(万元)	固有资产营业收入/信托资产营业收入(%)
38	爱建信托	238 182. 33	1 148 049. 15	1 386 231. 48	20. 75
39	万向信托	156 712. 37	1 205 421. 78	1 362 134. 15	13. 00
40	西藏信托	82 526. 78	1 235 086. 29	1 317 613. 07	6. 68
41	北京信托	182 964. 46	1 111 105. 09	1 294 069. 55	16. 47
42	中原信托	83 307. 23	1 143 310. 84	1 226 618. 07	7. 29
43	中粮信托	113 494. 42	1 106 833. 72	1 220 328. 14	10. 25
44	国元信托	86 534. 25	1 119 409. 62	1 205 943. 87	7. 73
45	国民信托	58 064. 62	1 122 396. 89	1 180 461. 51	5. 17
46	紫金信托	116 517. 30	994 852. 21	1 111 369. 51	11. 71
47	财信信托	143 362. 55	882 339. 00	1 025 701. 55	16. 25
48	北方信托	112 752. 24	729 833. 01	842 585. 25	15. 45
49	华澳信托	103 680. 87	710 371. 06	814 051. 93	14. 60
50	浙金信托	56 753. 17	715 379. 37	772 132. 54	7. 93
51	苏州信托	105 487. 95	645 248. 09	750 736. 04	16. 35
52	东莞信托	116 098. 98	631 375. 80	747 474. 78	18. 39
53	金谷信托	45 402. 38	636 197. 27	681 599. 65	7. 14
54	吉林信托	29 822. 43	612 632. 09	642 454. 52	4. 87
55	杭州工商信托	114 043. 00	487 931. 00	601 974. 00	23. 37
56	雪松信托	30 494. 26	525 800. 30	556 294. 56	5. 80
57	国联信托	62 957. 00	452 866. 00	515 823. 00	13. 90
58	大业信托	50 367. 72	337 000. 42	387 368. 14	14. 95
59	山西信托	33 710. 78	243 003. 79	276 714. 57	13. 87
60	中泰信托	35 401. 65	229 096. 32	264 497. 97	15. 45
61	安信信托	-126 392. 16	326 242. 46	199 850. 30	-38. 74
62	长城新盛信托	17 436. 58	48 339. 66	65 776. 24	36. 07
63	华宸信托	14 409. 61	7 634. 96	22 044. 57	188. 73
64	四川信托	未披露	未披露	未披露	未披露
65	华信信托	未披露	未披露	未披露	未披露
66	新时代信托	未披露	未披露	未披露	未披露
67	华融信托	未披露	未披露	未披露	未披露
68	新华信托	未披露	未披露	未披露	未披露
合计		15 557 992. 73	144 825 363. 50	160 383 356. 23	10. 74

注:1. 总收入=固有资产营业收入+信托资产营业收入。
2. 本年度有5家信托公司尚未披露年报,故未在本表中披露相关数据。

(四)现金比率排行榜

表3-2-5 现金比率排行榜

排名	公司简称	2020年	2019年	较上年增减
1	昆仑信托	37. 07	25. 93	11. 14
2	百瑞信托	29. 03	31. 43	-2. 40
3	长城新盛信托	17. 13	8. 82	8. 31
4	五矿信托	12. 65	18. 25	-5. 60
5	中泰信托	11. 54	11. 18	0. 36
6	国民信托	9. 97	5. 82	4. 15
7	光大兴陇信托	7. 80	5. 26	2. 55
8	国投泰康信托	7. 65	8. 97	-1. 33
9	英大信托	7. 42	15. 67	-8. 25
10	中粮信托	7. 31	4. 08	3. 23
11	交银国际信托	6. 43	25. 52	-19. 09
12	中国民生信托	6. 38	4. 40	1. 99

续表

排名	公司简称	2020 年	2019 年	较上年增减
13	中航信托	6.06	4.29	1.76
14	陕国投	6.04	8.01	-1.97
15	中融信托	5.70	6.98	-1.28
16	金谷信托	5.13	8.03	-2.90
17	爱建信托	4.99	10.97	-5.98
18	华宸信托	4.57	1.24	3.33
19	华宝信托	4.06	2.29	1.77
20	中铁信托	3.73	3.77	-0.04
21	浙金信托	3.63	4.91	-1.28
22	华鑫信托	3.40	0.47	2.93
23	上海信托	3.33	2.35	0.98
24	山东国信	3.13	1.90	1.23
25	苏州信托	3.07	4.37	-1.30
26	中海信托	2.97	1.10	1.87
27	厦门国际信托	2.85	3.18	-0.33
28	陆家嘴信托	2.69	3.03	-0.34
29	建信信托	2.63	4.32	-1.69
30	华能信托	2.55	1.51	1.05
31	西藏信托	2.48	4.48	-2.00
32	紫金信托	2.41	1.88	0.53
33	国通信托	2.34	3.45	-1.10
34	中信信托	2.21	1.77	0.44
35	杭州工商信托	2.03	0.08	1.95
36	华润信托	1.98	0.50	1.47
37	江苏信托	1.78	2.56	-0.78
38	兴业信托	1.69	1.54	0.15
39	山西信托	1.53	1.53	—
40	天津信托	1.44	1.04	0.40
41	外贸信托	1.36	0.57	0.79
42	平安信托	1.09	1.20	-0.11
43	北方信托	0.83	2.83	-2.00
44	万向信托	0.77	0.95	-0.17
45	大业信托	0.71	0.56	0.15
46	云南信托	0.69	0.94	-0.25
47	华澳信托	0.66	0.34	0.32
48	吉林信托	0.61	1.15	-0.54
49	财信信托	0.61	1.01	-0.40
50	渤海信托	0.59	0.61	-0.02
51	粤财信托	0.57	2.51	-1.94
52	长安信托	0.48	0.51	-0.02
53	中原信托	0.46	0.35	0.11
54	东莞信托	0.44	0.89	-0.45
55	安信信托	0.42	0.52	-0.10
56	中建投信托	0.39	0.95	-0.56
57	雪松信托	0.27	0.76	-0.48
58	中诚信托	0.23	0.33	-0.10
59	重庆信托	0.20	0.24	-0.04
60	国元信托	0.20	0.11	0.09
61	北京信托	0.20	0.28	-0.09
62	国联信托	0.16	0.16	—

续表

排名	公司简称	2020 年	2019 年	较上年增减
63	西部信托	0.06	0.16	-0.10
64	华融信托	未披露	未披露	未披露
65	华信信托	未披露	未披露	未披露
66	新华信托	未披露	未披露	未披露
67	四川信托	未披露	未披露	未披露
68	新时代信托	未披露	未披露	未披露
平均		1.11	1.16	-0.05

注:1. 平均值由63家合计数计算得出。

2. 计算时货币资金为各家报告中的货币资金、现金及存放中央银行款项、存放同业款项、贵金属、拆出资金、其他货币资金汇总金额。

3. 现金比率=(货币资金+交易性金融资产)/流动负债。

4. 流动比率=流动资产/流动负债。

5. 本年度有5家信托公司尚未披露年报,故未在本表中披露相关数据。

2020年已披露年报的63家信托公司总体现金比率较上年下降了0.05,现金比率增长的有26家公司,增长最多的为昆仑信托;现金比率减少的有35家公司,减少最多的为交银国际信托(见表3-2-5);2020年现金比率大于1的有42家,与2019年保持一致(见表3-2-6)。

表3-2-6 信托公司现金比率分布情况

单位:家

现金比率	2020 年	2019 年
大于3	25	25
1~3	17	17
0.5~1	9	11
小于0.5	12	10
合计	63	63

(五)流动比率排行榜

2020年已披露年报的63家信托公司总体流动比率较2019年的1.67下降了0.12,在流动比率增长的27家公司中,增长最多的为昆仑信托;流动比率减少的有36家公司,减少最多的为交银国际信托(见表3-2-7);其中,2020年流动比率大于1的有51家,较上年下降了3家(见表3-2-8)。

表3-2-7 流动比率排行榜

排名	公司简称	2020 年	2019 年	较上年增减
1	昆仑信托	49.95	25.93	24.02
2	百瑞信托	29.32	31.59	-2.27
3	国通信托	18.45	23.21	-4.76
4	长城新盛信托	17.13	8.82	8.31
5	中泰信托	14.80	14.55	0.25
6	五矿信托	12.65	18.25	-5.60
7	山西信托	11.16	11.45	-0.29
8	国民信托	10.10	5.93	4.16
9	中粮信托	9.45	5.63	3.82
10	光大兴陇信托	7.92	5.34	2.58
11	国投泰康信托	7.84	9.24	-1.40
12	陕国投	7.70	8.53	-0.83
13	英大信托	7.52	15.91	-8.39
14	中航信托	6.74	4.89	1.86
15	中国民生信托	6.51	4.43	2.08
16	交银国际信托	6.43	25.52	-19.09
17	浙金信托	5.93	6.14	-0.22
18	中融信托	5.83	7.12	-1.29
19	华宸信托	5.42	1.46	3.95

续表

排名	公司简称	2020 年	2019 年	较上年增减
20	爱建信托	5. 16	10. 97	-5. 81
21	金谷信托	5. 13	8. 03	-2. 90
22	苏州信托	4. 70	4. 37	0. 32
23	北方信托	4. 58	5. 82	-1. 24
24	西部信托	4. 57	3. 91	0. 66
25	华宝信托	4. 37	2. 55	1. 82
26	华鑫信托	3. 97	1. 51	2. 47
27	渤海信托	3. 94	5. 11	-1. 17
28	山东国信	3. 77	2. 33	1. 44
29	中铁信托	3. 73	3. 77	-0. 04
30	西藏信托	3. 62	4. 97	-1. 36
31	上海信托	3. 43	2. 46	0. 96
32	华澳信托	3. 25	4. 57	-1. 31
33	中海信托	3. 01	1. 65	1. 36
34	厦门国际信托	2. 97	3. 18	-0. 21
35	华能信托	2. 92	1. 59	1. 33
36	外贸信托	2. 88	1. 49	1. 38
37	建信信托	2. 85	4. 48	-1. 63
38	中信信托	2. 81	2. 49	0. 32
39	天津信托	2. 78	2. 90	-0. 11
40	陆家嘴信托	2. 77	5. 13	-2. 36
41	中建投信托	2. 73	4. 64	-1. 91
42	紫金信托	2. 47	1. 98	0. 49
43	华润信托	2. 24	0. 93	1. 31
44	杭州工商信托	2. 05	0. 15	1. 89
45	江苏信托	1. 95	3. 18	-1. 23
46	兴业信托	1. 85	1. 77	0. 08
47	大业信托	1. 51	1. 18	0. 32
48	吉林信托	1. 35	1. 72	-0. 37
49	平安信托	1. 34	1. 51	-0. 17
50	中原信托	1. 13	0. 72	0. 41
51	长安信托	1. 11	1. 06	0. 05
52	万向信托	0. 98	1. 55	-0. 57
53	云南信托	0. 88	1. 12	-0. 23
54	东莞信托	0. 88	1. 29	-0. 41
55	重庆信托	0. 75	0. 80	-0. 05
56	粤财信托	0. 65	2. 67	-2. 02
57	财信信托	0. 62	1. 02	-0. 40
58	国联信托	0. 55	0. 50	0. 05
59	中诚信托	0. 52	0. 64	-0. 12
60	雪松信托	0. 47	1. 46	-0. 99
61	国元信托	0. 47	0. 71	-0. 24
62	安信信托	0. 47	0. 63	-0. 16
63	北京信托	0. 31	0. 45	-0. 14
64	新华信托	未披露	未披露	未披露
65	华融信托	未披露	未披露	未披露
66	华信信托	未披露	未披露	未披露
67	四川信托	未披露	未披露	未披露
68	新时代信托	未披露	未披露	未披露
平均		1. 55	1. 67	-0. 12

注：本年度有 5 家信托公司尚未披露年报，故未在本表中披露相关数据。

表 3－2－8　信托公司流动比率分布情况

单位:家

项目	2020 年	2019 年
大于 10	8	9
5～10	13	12
1～5	30	33
小于 1	12	9
合计	63	63

三、信托公司一些其他指标排名

(一)固有资产资产负债率增减变动情况排行榜

2020 年已披露年报的 63 家信托公司整体资产负债率为 46.68%,比 2019 年有所上升,其中有 31 家公司上涨,32 家公司下降。其中上涨最多的是安信信托,下降最多的是五矿信托(见表 3－1－1)。

表 3－3－1　固有资产资产负债率增减变动情况排行榜

排名	公司简称	2020 年 12 月 31 日			2019 年 12 月 31 日			资产负债率增减变动(%)
		资产总计(万元)	负债总计(万元)	资产负债率(%)	资产总计(万元)	负债总计(万元)	资产负债率(%)	
1	安信信托	1 993 211.81	1 833 153.17	91.97	2 079 366.78	1 245 456.49	59.90	32.07
2	雪松信托	525 372.46	367 067.66	69.87	360 948.56	156 047.98	43.23	26.64
3	交银国际信托	1 830 185.87	499 751.06	27.31	1 289 947.54	75 425.39	5.85	21.46
4	建信信托	4 370 229.84	2 113 649.12	48.36	3 158 562.94	1 078 442.43	34.14	14.22
5	兴业信托	6 275 168.39	4 160 616.40	66.30	4 214 517.92	2 262 526.10	53.68	12.62
6	中国民生信托	1 517 367.85	533 333.49	35.15	1 420 382.36	324 301.56	22.83	12.32
7	国通信托	1 012 151.06	361 958.45	35.76	815 215.15	209 645.86	25.72	10.04
8	中建投信托	1 253 275.58	372 769.23	29.74	1 063 265.61	230 532.90	21.68	8.06
9	江苏信托	2 807 425.74	576 713.09	20.54	2 342 805.06	294 186.60	12.56	7.99
10	平安信托	24 377 286.77	18 087 974.06	74.20	17 281 355.29	11 549 567.83	66.83	7.37
11	英大信托	1 187 981.99	207 415.84	17.46	1 070 685.26	125 834.55	11.75	5.71
12	吉林信托	760 822.68	355 059.51	46.67	702 098.94	290 166.36	41.33	5.34
13	云南信托	419 110.91	84 903.17	20.26	358 845.15	56 588.05	15.77	4.49
14	财信信托	1 175 863.21	457 389.87	38.90	1 069 623.16	370 920.50	34.68	4.22
15	百瑞信托	1 212 723.20	189 219.84	15.60	1 048 194.54	122 564.09	11.69	3.91
16	陕国投	1 651 705.63	472 200.78	28.59	1 466 673.64	368 937.27	25.15	3.43
17	万向信托	386 881.08	75 565.35	19.53	437 000.31	73 284.73	16.77	2.76
18	长安信托	1 116 444.68	335 074.21	30.01	1 030 986.12	284 317.64	27.58	2.44
19	浙金信托	269 674.80	41 376.46	15.34	250 516.30	32 850.91	13.11	2.23
20	厦门国际信托	780 792.00	217 405.00	27.84	727 797.00	188 041.00	25.84	2.01
21	国投泰康信托	1 205 425.76	139 973.21	11.61	871 917.69	85 492.38	9.81	1.81
22	天津信托	896 984.07	274 712.17	30.63	806 937.26	233 931.76	28.99	1.64
23	中信信托	4 711 415.20	1 353 310.36	28.72	4 240 304.51	1 154 971.06	27.24	1.49
24	北方信托	590 465.26	90 251.69	15.28	545 023.46	75 738.12	13.90	1.39
25	紫金信托	522 224.86	71 191.58	13.63	465 158.94	58 748.62	12.63	1.00
26	杭州工商信托	575 898.00	87 016.00	15.11	519 138.00	76 097.00	14.66	0.45
27	北京信托	1 485 603.57	471 875.27	31.76	1 381 361.77	434 602.18	31.46	0.30
28	中融信托	2 855 775.58	720 122.95	25.22	2 761 605.95	690 666.54	25.01	0.21
29	西部信托	681 383.23	116 412.54	17.08	637 938.37	107 827.21	16.90	0.18
30	中泰信托	493 056.66	20 837.03	4.23	474 725.16	19 472.17	4.10	0.12
31	西藏信托	535 228.34	39 621.89	7.40	501 337.76	36 975.44	7.38	0.03
32	华能信托	2 745 605.55	443 307.53	16.15	2 445 988.59	399 210.95	16.32	-0.17
33	昆仑信托	1 452 614.55	54 015.53	3.72	1 374 045.80	53 813.35	3.92	-0.20
34	国元信托	881 436.94	39 450.96	4.48	752 944.38	35 307.71	4.69	-0.21
35	中海信托	703 379.97	73 968.87	10.52	710 342.13	76 363.26	10.75	-0.23

续表

排名	公司简称	2020 年 12 月 31 日			2019 年 12 月 31 日			资产负债率增减变动（%）
		资产总计（万元）	负债总计（万元）	资产负债率（%）	资产总计（万元）	负债总计（万元）	资产负债率（%）	
36	东莞信托	620 456. 88	41 864. 73	6. 75	609 402. 31	43 628. 06	7. 16	-0. 41
37	重庆信托	26 100 710. 10	21 886 136. 29	83. 85	23 448 548. 11	19 767 144. 97	84. 30	-0. 45
38	华鑫信托	1 204 479. 48	291 525. 30	24. 20	807 291. 11	201 718. 62	24. 99	-0. 78
39	粤财信托	851 558. 42	31 492. 10	3. 70	755 699. 98	33 938. 17	4. 49	-0. 79
40	苏州信托	613 596. 35	56 264. 07	9. 17	565 918. 75	58 116. 77	10. 27	-1. 10
41	外贸信托	1 940 402. 84	42 060. 05	2. 17	1 841 343. 25	69 678. 39	3. 78	-1. 62
42	中铁信托	1 982 715. 65	918 821. 09	46. 34	1 878 004. 93	902 347. 06	48. 05	-1. 71
43	国民信托	347 461. 45	44 090. 59	12. 69	323 817. 75	48 899. 35	15. 10	-2. 41
44	渤海信托	1 545 582. 42	223 116. 29	14. 44	1 582 018. 60	268 597. 23	16. 98	-2. 54
45	陆家嘴信托	1 124 870. 42	457 380. 91	40. 66	979 787. 88	426 761. 80	43. 56	-2. 90
46	国联信托	565 292. 00	69 322. 00	12. 26	539 641. 00	87 686. 00	16. 25	-3. 99
47	华宝信托	1 302 168. 85	128 997. 69	9. 91	1 316 928. 42	183 747. 65	13. 95	-4. 05
48	山东国信	2 068 382. 10	104 894. 00	5. 07	1 457 229. 00	135 713. 60	9. 31	-4. 24
49	光大兴陇信托	1 808 148. 53	341 391. 54	18. 88	1 395 488. 34	324 375. 08	23. 24	-4. 36
50	上海信托	2 415 719. 79	498 784. 59	20. 65	2 388 714. 82	603 670. 09	25. 27	-4. 62
51	爱建信托	1 058 397. 66	227 594. 27	21. 50	1 012 368. 42	268 326. 63	26. 50	-5. 00
52	长城新盛信托	130 646. 47	25 862. 12	19. 80	153 671. 76	39 066. 53	25. 42	-5. 63
53	中粮信托	537 647. 96	53 891. 52	10. 02	538 839. 71	88 279. 70	16. 38	-6. 36
54	中原信托	992 351. 41	86 622. 08	8. 73	1 040 356. 46	157 075. 88	15. 10	-6. 37
55	华润信托	2 725 585. 22	172 655. 28	6. 33	2 625 521. 16	343 201. 04	13. 07	-6. 74
56	中航信托	1 659 708. 99	267 543. 90	16. 12	1 667 041. 92	386 066. 45	23. 16	-7. 04
57	山西信托	344 942. 13	164 790. 52	47. 77	435 219. 10	242 384. 89	55. 69	-7. 92
58	中诚信托	2 203 090. 17	315 797. 97	14. 33	2 312 452. 93	517 688. 04	22. 39	-8. 05
59	大业信托	280 326. 95	33 876. 56	12. 08	245 522. 76	49 806. 58	20. 29	-8. 20
60	华澳信托	530 852. 14	75 270. 93	14. 18	540 972. 22	127 836. 41	23. 63	-9. 45
61	华宸信托	101 459. 65	7 283. 14	7. 18	128 392. 82	21 442. 94	16. 70	-9. 52
62	金谷信托	476 176. 82	60 692. 48	12. 75	529 531. 01	125 173. 25	23. 64	-10. 89
63	五矿信托	2 502 254. 98	255 468. 34	10. 21	1 822 630. 82	437 258. 80	23. 99	-13. 78
64	四川信托	未披露	未披露	未披露	未披露	未披露	未披露	未披露
65	华融信托	未披露	未披露	未披露	未披露	未披露	未披露	未披露
66	新华信托	未披露	未披露	未披露	未披露	未披露	未披露	未披露
67	新时代信托	未披露	未披露	未披露	未披露	未披露	未披露	未披露
68	华信信托	未披露	未披露	未披露	未披露	未披露	未披露	未披露
合计		133 295 158. 92	62 222 153. 67	46. 68	113 619 912. 76	48 838 485. 98	42. 98	3. 70

注：本年度有 5 家信托公司尚未披露年报，故未在本表中披露相关数据。

2020 年资产负债率在 20% 以下的有 36 家公司，其中外贸信托资产负债率最低，仅为 2. 17%（见表 3 -3 -2）。

表 3 -3 -2　固有资产平均资产负债率分布情况

项目	2020 年		2019 年	
	家数（家）	平均资产负债率（%）	家数（家）	平均资产负债率（%）
40% 以上	10	74. 19	9	71. 71
20% ~40%	17	27. 49	23	25. 36
5% ~20%	31	12. 46	26	12. 94
5% 以下	5	3. 34	5	4. 08
合计	63	46. 68	63	42. 98

（二）已清算结束信托项目综合实际年化收益率排行榜

2020 年已披露年报的 63 家信托公司整体已清算结束信托项目加权平均实际年化收益率为 6. 02%，较 2019 年的 6. 12% 略有下降，高于平均值的有32家公司。本年度未有超过10%的企业，低于4%的仍有4家(见表3-3-3)。

表3-3-3 已清算结束信托项目综合实际年化收益率排行榜

排名	公司简称	实收信托金额(万元)			加权平均实际年化收益率(%)			综合实际年化收益率(%)
		集合类	单一类	财产管理类	集合类	单一类	财产管理类	
1	杭州工商信托	1 540 624. 63	65 200. 00	—	8. 91	6. 13	—	8. 80
2	中泰信托	25 961. 13	760 856. 06	—	8. 98	8. 56	—	8. 57
3	安信信托	147 214. 19	549 000. 00	277 095. 67	7. 51	6. 02	12. 82	8. 18
4	中粮信托	1 384 215. 00	287 268. 27	434 331. 14	8. 52	4. 53	7. 45	7. 76
5	西藏信托	898 322. 00	4 295 107. 00	2 841 055. 00	14. 36	7. 41	5. 64	7. 56
6	中建投信托	6 593 058. 20	2 354 076. 00	1 326 150. 29	7. 99	6. 61	5. 27	7. 32
7	中融信托	12 599 939. 75	4 370 738. 32	3 426 716. 28	7. 83	5. 75	6. 60	7. 18
8	东莞信托	1 600 152. 84	1 382 122. 09	1 802 135. 00	6. 62	4. 13	9. 87	7. 12
9	中国民生信托	5 192 405. 49	645 403. 00	13 000. 00	7. 29	4. 50	—	6. 96
10	浙金信托	2 395 167. 00	1 962 690. 85	1 661 020. 80	7. 07	6. 89	6. 67	6. 90
11	山西信托	229 810. 78	1 259 950. 42	253 778. 73	7. 93	7. 17	4. 57	6. 89
12	陆家嘴信托	9 561 238. 28	2 368 254. 90	655 957. 70	6. 40	7. 72	7. 29	6. 69
13	万向信托	5 022 512. 17	3 287 934. 00	661 789. 32	6. 93	6. 46	6. 07	6. 69
14	中航信托	14 481 688. 42	7 828 610. 05	1 502 726. 94	6. 86	6. 57	5. 58	6. 68
15	国通信托	4 982 077. 00	6 432 800. 86	477 077. 49	7. 43	5. 91	7. 20	6. 60
16	中海信托	6 755 826. 86	2 544 753. 16	2 026 565. 69	6. 88	6. 79	5. 31	6. 58
17	长城新盛信托	—	923 969. 97	180 700. 00	—	6. 14	8. 25	6. 49
18	渤海信托	5 893 141. 67	21 526 089. 41	1 766 426. 74	6. 59	6. 69	3. 35	6. 47
19	华能信托	8 756 337. 52	6 384 001. 21	10 170 317. 33	7. 75	5. 99	5. 61	6. 45
20	国联信托	621 775. 00	90 350. 00	—	6. 35	7. 04	—	6. 44
21	西部信托	4 763 688. 81	8 207 132. 96	2 903 520. 88	6. 88	6. 83	4. 26	6. 37
22	山东国信	5 206 997. 66	3 687 526. 56	31 985. 60	6. 81	5. 62	14. 49	6. 35
23	苏州信托	1 984 069. 75	871 248. 58	759 608. 16	7. 55	5. 54	4. 09	6. 34
24	云南信托	3 586 497. 63	14 540 382. 49	3 603 030. 71	10. 91	5. 33	5. 85	6. 34
25	紫金信托	4 594 040. 07	1 447 712. 74	2 370 952. 31	6. 82	5. 59	5. 80	6. 32
26	华宸信托	20 000. 00	147 000. 00	—	9. 37	5. 81	—	6. 24
27	英大信托	428 604. 00	1 503 720. 70	232 443. 31	9. 09	5. 61	4. 64	6. 19
28	财信信托	2 187 401. 00	2 882 835. 00	1 455 552. 00	4. 53	6. 23	8. 58	6. 18
29	华润信托	9 454 933. 54	11 538 365. 67	9 642 759. 89	5. 28	6. 05	7. 18	6. 17
30	交银国际信托	3 974 101. 90	3 624 742. 97	113 999. 00	6. 79	5. 49	5. 86	6. 17
31	建信信托	3 315 658. 89	1 621 299. 86	582 419. 33	6. 74	5. 41	4. 85	6. 15
32	北京信托	4 461 225. 46	1 783 691. 04	3 350 034. 63	6. 19	6. 93	5. 38	6. 04
33	中原信托	1 456 432. 06	1 624 342. 42	1 466 730. 54	6. 25	6. 88	4. 76	5. 99
34	平安信托	40 814 226. 93	5 158 599. 37	2 168 567. 05	6. 08	5. 63	5. 05	5. 99
35	陕国投	8 177 448. 14	5 625 506. 56	619 235. 00	5. 54	6. 72	4. 98	5. 98
36	上海信托	5 554 541. 67	5 030 353. 90	5 218 238. 74	6. 57	4. 62	6. 63	5. 97
37	光大兴陇信托	34 190 036. 01	13 880 400. 95	7 807 701. 15	6. 11	6. 00	4. 65	5. 88
38	大业信托	2 011 728. 87	1 667 251. 66	422 261. 13	6. 20	6. 63	1. 14	5. 85
39	北方信托	1 798 905. 74	14 536 798. 76	1 195 186. 86	7. 49	5. 89	2. 44	5. 82
40	中信信托	30 747 329. 38	60 103 210. 40	13 855 472. 01	6. 23	5. 62	5. 53	5. 79
41	昆仑信托	3 634 089. 00	1 875 345. 98	4 234 338. 26	5. 89	5. 90	5. 48	5. 71
42	兴业信托	12 237 470. 00	14 897 319. 00	5 936 700. 00	6. 66	5. 16	5. 13	5. 71
43	国投泰康信托	2 671 842. 73	2 720 154. 33	576 044. 11	6. 95	4. 39	5. 18	5. 61
44	粤财信托	2 126 531. 17	4 195 890. 60	2 461 813. 24	7. 73	4. 96	4. 68	5. 55
45	雪松信托	745 344. 92	1 816 684. 62	440 123. 94	7. 89	5. 91	—	5. 54
46	重庆信托	4 525 190. 39	1 498 529. 34	401 442. 39	5. 58	5. 96	3. 25	5. 52
47	百瑞信托	8 409 754. 46	1 287 115. 45	2 726 253. 70	5. 91	6. 56	3. 54	5. 46
48	五矿信托	22 262 581. 92	3 815 514. 44	5 211 429. 65	5. 54	6. 10	4. 57	5. 45
49	国民信托	1 207 300. 66	12 959 703. 05	450 000. 00	3. 35	5. 53	6. 67	5. 39

续表

排名	公司简称	实收信托金额(万元)			加权平均实际年化收益率(%)			综合实际年化收益率(%)
		集合类	单一类	财产管理类	集合类	单一类	财产管理类	
50	中诚信托	8 112 688. 60	5 574 685. 10	562 790. 00	6. 30	4. 01	5. 34	5. 37
51	长安信托	13 377 131. 59	9 576 798. 31	2 128 483. 41	5. 06	5. 52	6. 41	5. 35
52	厦门国际信托	5 440 143. 00	6 106 989. 00	643 126. 00	4. 86	5. 73	5. 23	5. 31
53	华宝信托	3 641 424. 52	5 930 242. 57	695 343. 34	4. 93	5. 72	3. 66	5. 30
54	华澳信托	285 616. 05	162 552. 85	77 548. 14	5. 98	3. 59	6. 25	5. 28
55	中铁信托	7 309 850. 00	9 800 395. 00	8 093 883. 00	5. 90	6. 08	2. 44	4. 86
56	爱建信托	9 708 393. 53	2 710 739. 96	1 355 350. 00	4. 22	6. 87	4. 60	4. 78
57	外贸信托	15 241 818. 32	1 269 046. 23	2 602 347. 80	4. 56	5. 47	4. 57	4. 62
58	江苏信托	3 293 875. 00	3 722 956. 35	1 612 750. 00	5. 73	4. 82	1. 35	4. 52
59	天津信托	3 307 879. 37	3 581 577. 25	8 726 915. 76	6. 33	3. 26	3. 88	4. 26
60	华鑫信托	5 172 091. 52	4 356 829. 07	184 367. 00	3. 75	4. 15	6. 32	3. 98
61	国元信托	921 057. 00	4 795 376. 34	4 347 817. 31	5. 19	5. 52	1. 92	3. 93
62	金谷信托	2 160 380. 00	656 724. 65	7 314 966. 49	4. 94	5. 98	3. 12	3. 69
63	吉林信托	22 380. 00	6 100 177. 43	520 426. 43	9. 37	3. 26	3. 77	3. 32
64	华信信托	未披露	未披露	未披露	未披露	未披露	未披露	未披露
65	华融信托	未披露	未披露	未披露	未披露	未披露	未披露	未披露
66	新时代信托	未披露	未披露	未披露	未披露	未披露	未披露	未披露
67	新华信托	未披露	未披露	未披露	未披露	未披露	未披露	未披露
68	四川信托	未披露	未披露	未披露	未披露	未披露	未披露	未披露
平均		6 241 653. 48	5 368 454. 68	2 358 425. 43	6. 64	5. 81	4. 94	6. 02

注:1. 已清算结束信托项目综合实际年化收益率 =(集合类实收信托合计 × 集合类加权平均实际年化收益率 + 单一类实收信托合计 × 单一类加权平均实际年化收益率 + 财产权实收信托合计 × 财产权类加权平均实际年化收益率)/(集合、单一、财产权实收信托合计)。

2. 本年度有 5 家信托公司尚未披露年报,故未在本表中披露相关数据。

(三)信托资产配比分析

1. 期末信托资产配比分析

2020 年已披露年报的 63 家信托公司期末信托资产总额为 197 536. 27 亿元,较 2019 年下降了 4. 49%,其中上涨的仅有 20 家公司,涨幅最大的为外贸信托(见表 3 -3 -4)。

表 3 -3 -4 期末信托资产增长率排行榜(按类别分类)

排名	公司简称	2020 年(万元)				2019 年合计(万元)	增长率(%)
		集合类	单一类	财务管理类	合计		
1	外贸信托	47 181 969. 13	7 751 348. 20	12 579 551. 86	67 512 869. 19	44 576 502. 17	51. 45
2	英大信托	1 347 734. 02	7 635 481. 74	48 442 169. 91	57 425 385. 67	39 812 433. 81	44. 24
3	金谷信托	3 762 673. 82	3 182 331. 91	7 354 735. 40	14 299 741. 13	10 029 085. 80	42. 58
4	光大兴陇信托	63 920 030. 72	26 994 109. 98	9 069 371. 24	99 983 511. 94	73 728 625. 79	35. 61
5	百瑞信托	20 716 195. 40	4 180 704. 30	6 446 321. 88	31 343 221. 58	24 335 104. 94	28. 80
6	云南信托	5 277 602. 01	16 196 828. 65	3 779 857. 63	25 254 288. 29	20 084 924. 55	25. 74
7	财信信托	5 778 986. 00	4 382 154. 00	3 151 074. 00	13 312 214. 00	10 699 234. 00	24. 42
8	华能信托	26 432 143. 88	21 227 838. 93	37 380 037. 49	85 040 020. 30	72 504 705. 17	17. 29
9	中原信托	8 610 337. 92	8 328 965. 12	3 551 673. 27	20 490 976. 31	17 889 027. 04	14. 54
10	中海信托	13 083 456. 00	4 265 427. 00	17 058 981. 00	34 407 864. 00	30 634 277. 00	12. 32
11	厦门国际信托	6 606 111. 00	12 630 334. 00	2 871 216. 00	22 107 661. 00	20 102 802. 00	9. 97
12	建信信托	35 340 496. 97	37 602 570. 61	79 668 333. 53	152 611 401. 11	139 123 223. 74	9. 70
13	华润信托	42 360 113. 09	32 781 920. 22	27 228 329. 89	102 370 363. 20	95 488 578. 40	7. 21
14	天津信托	10 687 690. 26	2 809 102. 92	9 414 663. 81	22 911 456. 99	21 670 593. 27	5. 73
15	中国民生信托	18 735 517. 89	1 741 336. 69	117 071. 99	20 593 926. 57	19 640 630. 80	4. 85
16	山西信托	1 434 828. 56	2 450 443. 02	130 779. 30	4 016 050. 88	3 832 770. 29	4. 78
17	重庆信托	15 783 837. 07	2 844 173. 26	2 857 182. 90	21 485 193. 23	21 249 625. 68	1. 11

续表

排名	公司简称	2020 年（万元）				2019 年合计（万元）	增长率（%）
		集合类	单一类	财务管理类	合计		
18	江苏信托	19 677 406.04	15 934 947.75	1 479 547.33	37 091 901.12	36 772 324.76	0.87
19	中粮信托	8 584 058.00	4 554 134.58	2 621 473.58	15 759 666.16	15 727 497.57	0.20
20	中航信托	47 110 320.61	15 276 538.70	4 266 157.26	66 653 016.57	66 579 192.85	0.11
21	山东国信	8 559 205.24	13 467 499.39	3 986 086.87	26 012 791.50	26 458 063.53	−1.68
22	粤财信托	11 385 807.22	7 085 641.76	8 580 585.80	27 052 034.78	27 879 405.48	−2.97
23	北京信托	13 254 887.12	4 850 501.00	1 204 183.07	19 309 571.19	19 978 438.74	−3.35
24	国联信托	2 234 794.00	4 534 600.00	212 736.00	6 982 130.00	7 331 439.00	−4.76
25	华鑫信托	13 090 137.10	10 171 855.90	1 316 594.86	24 578 587.86	26 207 609.70	−6.22
26	中融信托	63 093 616.81	5 234 655.24	3 434 751.28	71 763 023.33	76 545 192.11	−6.25
27	陆家嘴信托	14 728 108.58	6 408 480.38	682 183.31	21 818 772.27	23 347 581.09	−6.55
28	西部信托	9 119 343.42	11 033 830.89	9 595 943.61	29 749 117.92	31 866 670.26	−6.65
29	东莞信托	5 462 383.11	1 365 370.03	34 306.79	6 862 059.93	7 368 867.49	−6.88
30	陕国投	16 804 876.16	8 324 866.77	573 470.37	25 703 213.30	28 871 257.31	−10.97
31	平安信托	24 853 048.05	11 408 901.00	2 843 246.28	39 105 195.33	44 260 816.75	−11.65
32	紫金信托	8 178 516.63	2 220 013.49	2 208 913.47	12 607 443.59	14 306 482.53	−11.88
33	华宝信托	15 177 926.63	26 248 775.11	1 641 896.84	43 068 598.58	48 922 928.63	−11.97
34	上海信托	21 465 217.83	21 729 858.81	17 617 934.23	60 813 010.87	69 265 214.29	−12.20
35	浙金信托	2 940 221.32	2 199 646.29	2 656 126.00	7 795 993.61	8 899 876.05	−12.40
36	杭州工商信托	3 734 125.00	471 487.00	120 000.00	4 325 612.00	5 005 735.00	−13.59
37	苏州信托	4 930 330.57	2 980 298.25	294 131.09	8 204 759.91	9 502 359.85	−13.66
38	雪松信托	3 888 136.47	3 703 476.52	539 500.47	8 131 113.46	9 442 742.55	−13.89
39	国通信托	8 802 266.30	4 645 972.76	4 267 453.43	17 715 692.49	20 684 031.25	−14.35
40	国投泰康信托	12 023 011.61	3 861 471.31	864 987.83	16 749 470.75	20 022 974.85	−16.35
41	中建投信托	8 606 733.89	2 247 334.72	4 157 757.71	15 011 826.32	18 009 647.55	−16.65
42	中诚信托	10 532 594.19	8 196 885.20	2 043 400.22	20 772 879.61	24 935 451.33	−16.69
43	安信信托	12 821 399.56	2 837 972.51	482 951.37	16 142 323.44	19 404 847.49	−16.81
44	交银国际信托	44 390 395.13	17 999 895.48	672 096.28	63 062 386.89	76 185 016.58	−17.22
45	昆仑信托	11 055 448.66	8 546 423.81	2 400 800.96	22 002 673.43	27 183 171.94	−19.06
46	长安信托	20 687 687.77	11 600 064.27	5 221 896.36	37 509 648.40	46 568 011.83	−19.45
47	万向信托	6 790 151.12	3 642 403.12	308 016.88	10 740 571.12	13 379 894.97	−19.73
48	中泰信托	645 111.42	1 659 320.87	293 169.25	2 597 601.54	3 240 492.20	−19.84
49	五矿信托	55 604 041.76	9 461 796.54	5 219 410.93	70 285 249.23	88 497 646.98	−20.58
50	大业信托	3 226 616.58	1 984 043.57	752 063.73	5 962 723.88	7 511 143.07	−20.61
51	国元信托	4 052 991.31	6 801 952.62	3 245 340.97	14 100 284.90	17 796 034.78	−20.77
52	中信信托	69 986 159.88	40 434 155.13	12 045 579.56	122 465 894.57	157 415 595.52	−22.20
53	中铁信托	9 338 589.00	15 950 101.00	7 306 066.00	32 594 756.00	42 541 413.00	−23.38
54	西藏信托	3 841 172.96	6 015 059.32	4 807 433.43	14 663 665.71	19 736 982.55	−25.70
55	渤海信托	13 456 408.12	27 827 840.24	2 496 739.50	43 780 987.86	59 660 296.11	−26.62
56	吉林信托	529 411.95	2 031 896.59	2 036 118.08	4 597 426.62	6 490 000.97	−29.16
57	爱建信托	8 471 493.91	3 608 069.87	844 509.62	12 924 073.40	18 309 393.26	−29.41
58	兴业信托	12 707 549.00	15 677 821.00	9 460 769.00	37 846 139.00	56 329 127.00	−32.81
59	国民信托	3 310 607.44	11 160 436.65	463 103.81	14 934 147.90	22 307 344.96	−33.05
60	北方信托	4 674 733.39	5 172 248.96	959 807.37	10 806 789.72	16 942 629.48	−36.22
61	华澳信托	2 462 863.18	5 055 579.63	904 369.21	8 422 812.02	13 220 339.47	−36.29
62	长城新盛信托	11 964.53	1 026 423.93	—	1 038 388.46	1 785 461.93	−41.84
63	华宸信托	38 634.25	4 346.01	37 597.13	80 577.39	213 840.34	−62.32
64	新时代信托	未披露	未披露	未披露	未披露	未披露	未披露
65	新华信托	未披露	未披露	未披露	未披露	未披露	未披露
66	四川信托	未披露	未披露	未披露	未披露	未披露	未披露
67	华融信托	未披露	未披露	未披露	未披露	未披露	未披露
68	华信信托	未披露	未披露	未披露	未披露	未披露	未披露
合计		973 400 226.56	593 659 964.52	408 302 558.24	1 975 362 749.32	2 063 312 629.40	−4.49

注：本年度有 5 家信托公司尚未披露年报，故未在本表中披露相关数据。

2020 年期末信托资产中集合类信托资产为 97 340. 02 亿元，单一类信托资产为 59 366. 00 亿元，财务管理类信托资产为 40 830. 26亿元；单一类与集合类信托资产比重合计为 79. 33%，比 2019 年的83. 10%略有下降，但仍占有绝对的比重，财务管理类信托资产仍占比较少（见表 3 –3 –5）。

表 3 –3 –5　信托资产分类分布情况

项目	2020 年（%）	2019 年（%）
集合类	49. 28	45. 97
单一类	30. 05	37. 13
财务管理类	20. 67	16. 89
合计	100. 00	100. 00

2020 年期末信托资产中主动管理型信托资产为 105 034. 57 亿元，占比为 53. 17%，较 2019 年有所提升，被动管理型信托资产为 92 501. 70 亿元，占比仅为 46. 83%；在已披露年报的 63 家信托公司中主动管理型信托资产的占比超过被动管理型信托资产，且从 2019 年的 22 家公司增加到 2020 年的 33 家公司（见表 3 –3 –6）。

表 3 –3 –6　期末信托资产增长排行榜（类型分类）

排名	公司简称	2020 年（万元）			2019 年（万元）			合计增长率（%）
		主动管理型	被动管理型	合计	主动管理型	被动管理型	合计	
1	外贸信托	51 571 138. 01	15 941 731. 18	67 512 869. 19	30 602 125. 24	13 974 376. 93	44 576 502. 17	51. 45
2	英大信托	1 458 831. 26	55 966 554. 41	57 425 385. 67	1 355 147. 39	38 457 286. 42	39 812 433. 81	44. 24
3	金谷信托	4 235 049. 10	10 064 692. 03	14 299 741. 13	4 438 948. 14	5 590 137. 66	10 029 085. 80	42. 58
4	光大兴陇信托	73 961 797. 73	26 021 714. 21	99 983 511. 94	44 068 317. 93	29 660 307. 86	73 728 625. 79	35. 61
5	百瑞信托	28 138 727. 51	3 204 494. 07	31 343 221. 58	20 949 946. 85	3 385 158. 09	24 335 104. 94	28. 80
6	云南信托	12 334 977. 71	12 919 310. 58	25 254 288. 29	7 840 743. 37	12 244 181. 18	20 084 924. 55	25. 74
7	财信信托	5 062 249. 00	8 249 965. 00	13 312 214. 00	3 839 993. 00	6 859 241. 00	10 699 234. 00	24. 42
8	华能信托	38 989 854. 92	46 050 165. 39	85 040 020. 31	24 788 221. 29	47 716 483. 88	72 504 705. 17	17. 29
9	中原信托	13 860 920. 36	6 630 055. 95	20 490 976. 31	7 608 890. 54	10 280 136. 50	17 889 027. 04	14. 54
10	中海信托	12 172 550. 00	22 235 314. 00	34 407 864. 00	12 199 635. 00	18 434 642. 00	30 634 277. 00	12. 32
11	厦门国际信托	9 913 376. 00	12 194 286. 00	22 107 662. 00	6 396 440. 00	13 706 362. 00	20 102 802. 00	9. 97
12	建信信托	32 880 552. 61	119 730 848. 50	152 611 401. 11	32 446 038. 69	106 677 185. 05	139 123 223. 74	9. 70
13	华润信托	54 276 171. 83	48 094 191. 37	102 370 363. 20	33 688 121. 52	61 800 456. 88	95 488 578. 40	7. 21
14	天津信托	14 147 892. 95	8 763 564. 04	22 911 456. 99	11 645 314. 12	10 025 279. 15	21 670 593. 27	5. 73
15	中国民生信托	19 369 959. 51	1 223 967. 06	20 593 926. 57	16 883 297. 34	2 757 333. 46	19 640 630. 80	4. 85
16	山西信托	1 716 279. 60	2 299 771. 28	4 016 050. 88	1 181 949. 85	2 650 820. 44	3 832 770. 29	4. 78
17	重庆信托	14 583 284. 60	6 901 908. 63	21 485 193. 23	14 465 541. 55	6 784 084. 13	21 249 625. 68	1. 11
18	江苏信托	22 460 612. 87	14 631 288. 25	37 091 901. 12	11 356 271. 83	25 416 052. 93	36 772 324. 76	0. 87
19	中粮信托	6 430 303. 27	9 329 362. 89	15 759 666. 16	5 822 116. 84	9 905 380. 73	15 727 497. 57	0. 20
20	中航信托	54 094 083. 23	12 558 933. 34	66 653 016. 57	46 887 983. 05	19 691 209. 80	66 579 192. 85	0. 11
21	山东国信	24 869 730. 03	1 143 061. 47	26 012 791. 50	25 766 445. 72	691 617. 81	26 458 063. 53	–1. 68
22	粤财信托	18 290 472. 70	8 761 562. 10	27 052 034. 80	17 131 564. 97	10 747 840. 51	27 879 405. 48	–2. 97
23	北京信托	13 520 745. 74	5 788 825. 46	19 309 571. 20	13 319 794. 96	6 658 643. 78	19 978 438. 74	–3. 35
24	国联信托	1 943 476. 00	5 038 654. 00	6 982 130. 00	1 764 357. 00	5 567 082. 00	7 331 439. 00	–4. 76
25	华鑫信托	11 751 004. 00	12 827 583. 86	24 578 587. 86	9 697 335. 02	16 510 274. 68	26 207 609. 70	–6. 22
26	中融信托	62 186 584. 02	9 576 439. 31	71 763 023. 33	58 290 198. 25	18 254 993. 86	76 545 192. 11	–6. 25
27	陆家嘴信托	12 694 097. 60	9 124 674. 67	21 818 772. 27	11 618 854. 28	11 728 726. 81	23 347 581. 09	–6. 55
28	西部信托	11 497 974. 51	18 251 143. 41	29 749 117. 92	11 977 850. 06	19 888 820. 20	31 866 670. 26	–6. 65
29	东莞信托	6 225 078. 69	636 981. 24	6 862 059. 93	6 177 438. 42	1 191 429. 07	7 368 867. 49	–6. 88
30	陕国投	18 603 547. 58	7 099 665. 72	25 703 213. 30	15 756 062. 46	13 115 194. 85	28 871 257. 31	–10. 97
31	平安信托	26 081 977. 33	13 023 218. 00	39 105 195. 33	25 747 680. 95	18 513 135. 80	44 260 816. 75	–11. 65
32	紫金信托	6 524 612. 17	6 082 831. 42	12 607 443. 59	6 561 466. 23	7 745 016. 30	14 306 482. 53	–11. 88
33	华宝信托	13 999 990. 83	29 068 607. 75	43 068 598. 58	10 186 018. 02	38 736 910. 61	48 922 928. 63	–11. 97
34	上海信托	19 690 502. 08	41 122 508. 79	60 813 010. 87	19 811 994. 76	49 453 219. 53	69 265 214. 29	–12. 20
35	浙金信托	4 505 347. 36	3 290 646. 25	7 795 993. 61	3 184 718. 96	5 715 157. 09	8 899 876. 05	–12. 40

续表

排名	公司简称	2020年(万元)			2019年(万元)			合计增长率(%)
		主动管理型	被动管理型	合计	主动管理型	被动管理型	合计	
36	杭州工商信托	3 728 180.00	597 432.00	4 325 612.00	4 623 443.00	382 292.00	5 005 735.00	-13.59
37	苏州信托	4 985 747.57	3 219 012.34	8 204 759.91	4 839 219.61	4 663 140.24	9 502 359.85	-13.66
38	雪松信托	3 984 415.12	4 146 698.34	8 131 113.46	3 291 754.84	6 150 987.71	9 442 742.55	-13.89
39	国通信托	7 272 705.06	10 442 987.43	17 715 692.49	6 896 216.09	13 787 815.16	20 684 031.25	-14.35
40	国投泰康信托	9 918 382.22	6 831 088.53	16 749 470.75	8 808 764.17	11 214 210.68	20 022 974.85	-16.35
41	中建投信托	9 857 525.39	5 154 300.93	15 011 826.32	12 076 118.70	5 933 528.85	18 009 647.55	-16.65
42	中诚信托	11 557 902.32	9 214 977.29	20 772 879.61	10 751 572.00	14 183 879.33	24 935 451.33	-16.69
43	安信信托	13 997 263.66	2 145 059.78	16 142 323.44	15 805 995.95	3 598 851.54	19 404 847.49	-16.81
44	交银国际信托	21 469 930.55	41 592 456.34	63 062 386.89	19 918 295.52	56 266 721.06	76 185 016.58	-17.22
45	昆仑信托	16 797 822.05	5 204 851.38	22 002 673.43	18 980 076.75	8 203 095.19	27 183 171.94	-19.06
46	长安信托	16 316 922.64	21 192 725.76	37 509 648.40	18 199 000.92	28 369 010.91	46 568 011.83	-19.45
47	万向信托	4 496 393.40	6 244 177.72	10 740 571.12	5 074 607.67	8 305 287.30	13 379 894.97	-19.73
48	中泰信托	683 179.58	1 914 421.96	2 597 601.54	566 004.34	2 674 487.86	3 240 492.20	-19.84
49	五矿信托	59 770 486.37	10 514 762.86	70 285 249.23	65 002 230.95	23 495 416.03	88 497 646.98	-20.58
50	大业信托	2 042 090.98	3 920 632.90	5 962 723.88	2 051 083.03	5 460 060.04	7 511 143.07	-20.61
51	国元信托	2 360 652.69	11 739 632.21	14 100 284.90	1 680 412.13	16 115 622.65	17 796 034.78	-20.77
52	中信信托	65 890 762.29	56 575 132.28	122 465 894.57	72 586 174.86	84 829 420.66	157 415 595.52	-22.20
53	中铁信托	15 666 787.00	16 927 969.00	32 594 756.00	16 276 287.00	26 265 126.00	42 541 413.00	-23.38
54	西藏信托	3 844 945.37	10 818 720.34	14 663 665.71	3 195 684.71	16 541 297.84	19 736 982.55	-25.70
55	渤海信托	23 579 012.48	20 201 975.38	43 780 987.86	24 200 600.60	35 459 695.51	59 660 296.11	-26.62
56	吉林信托	2 296 829.81	2 300 596.81	4 597 426.62	2 459 880.66	4 030 120.31	6 490 000.97	-29.16
57	爱建信托	7 882 138.65	5 041 934.75	12 924 073.40	8 479 365.49	9 830 027.76	18 309 393.25	-29.41
58	兴业信托	8 932 811.00	28 913 328.00	37 846 139.00	13 157 385.00	43 171 742.00	56 329 127.00	-32.81
59	国民信托	3 927 610.02	11 006 537.88	14 934 147.90	1 965 915.82	20 341 429.14	22 307 344.96	-33.05
60	北方信托	1 922 238.59	8 884 551.13	10 806 789.72	1 881 253.51	15 061 375.97	16 942 629.48	-36.22
61	华澳信托	2 439 645.94	5 983 166.07	8 422 812.01	2 682 011.45	10 538 328.02	13 220 339.47	-36.29
62	长城新盛信托	637 387.32	401 001.14	1 038 388.46	1 061 800.02	723 661.92	1 785 461.94	-41.84
63	华宸信托	42 216.45	38 360.94	80 577.39	62 895.77	150 944.57	213 840.34	-62.32
64	华信信托	未披露	未披露	未披露	未披露	未披露	未披露	未披露
65	四川信托	未披露	未披露	未披露	未披露	未披露	未披露	未披露
66	华融信托	未披露	未披露	未披露	未披露	未披露	未披露	未披露
67	新华信托	未披露	未披露	未披露	未披露	未披露	未披露	未披露
68	新时代信托	未披露	未披露	未披露	未披露	未披露	未披露	未披露
合计		1 050 345 737.23	925 017 013.12	1 975 362 750.35	922 030 874.16	1 146 281 755.24	2 068 312 629.40	-4.49
比重		53.17	46.83	100.00	44.58	55.42	100.00	

注:1. 2020年末信托资产按类型分类与类别分类金额存在差异,系尾差造成。
2. 本年度有5家信托公司尚未披露年报,故未在本表中披露相关数据。

由于各家公司类型中披露的明细与合计金额存在差异,我们未对信托资产类型中的细分进行统计,仅作出汇总分析(见表5-2-9和表5-2-10)。

2. 本期新增信托资产配比分析

2020年已披露年报的63家信托公司本期新增信托资产总额为79 991.07亿元,本期新增类别中集合类占比为52.96%,单一类占比为20.42%,财务管理类占比为26.63%(见表3-3-7)。

表3-3-7 本期新增信托资产类别情况

单位:万元

排名	公司简称	集合类	单一类	财务管理类	合计
1	光大兴陇信托	54 839 545.54	15 227 963.86	12 065 514.86	82 133 024.26
2	华能信托	18 749 421.82	9 199 625.18	27 338 329.53	55 287 376.53
3	华润信托	26 366 156.00	11 990 703.00	14 866 514.00	53 223 373.00

续表

排名	公司简称	集合类	单一类	财务管理类	合计
4	建信信托	6 812 620. 84	3 746 327. 48	34 864 839. 37	45 42[illegible] 787. 69
5	外贸信托	24 199 329. 41	5 095 835. 04	9 740 613. 22	39 03[illegible] 777. 67
6	五矿信托	27 175 765. 60	3 252 275. 32	3 111 283. 97	33 53[illegible] 324. 89
7	中信信托	21 507 624. 59	2 575 148. 13	1 994 218. 13	26 07[illegible] 990. 85
8	百瑞信托	13 240 004. 86	2 692 501. 62	5 654 578. 08	21 58[illegible] 084. 56
9	中铁信托	6 089 921. 00	9 607 888. 00	4 118 596. 00	19 81[illegible] 405. 00
10	上海信托	6 306 798. 20	1 302 266. 64	11 254 802. 62	18 86[illegible] 867. 46
11	中航信托	12 562 312. 49	2 295 661. 61	3 825 676. 69	18 68[illegible] 650. 79
12	天津信托	10 239 821. 00	1 453 857. 79	6 840 991. 76	18 53[illegible] 670. 55
13	云南信托	3 560 713. 63	10 502 121. 69	2 361 663. 08	16 42[illegible] 498. 40
14	厦门国际信托	5 560 565. 00	7 173 621. 00	2 619 371. 00	15 35[illegible] 557. 00
15	平安信托	12 070 566. 41	2 205 685. 77	829 252. 74	15 105 [illegible]04. 92
16	渤海信托	4 571 853. 07	7 746 692. 26	1 056 750. 00	13 375 [illegible]95. 33
17	中融信托	10 978 824. 69	662 624. 19	1 443 432. 27	13 084 [illegible]81. 15
18	陆家嘴信托	10 409 308. 11	1 857 685. 71	556 967. 22	12 823 [illegible]61. 04
19	江苏信托	8 288 716. 18	3 236 557. 33	1 008 098. 03	12 533 [illegible]71. 54
20	华鑫信托	8 571 011. 26	2 774 856. 21	1 058 446. 00	12 404 [illegible]13. 47
21	中建投信托	8 648 676. 70	712 147. 44	2 129 904. 25	11 490 [illegible]28. 39
22	中海信托	1 827 148. 00	571 750. 00	9 043 789. 00	11 442 [illegible]87. 00
23	长安信托	5 240 979. 63	3 290 710. 42	2 640 906. 19	11 172 [illegible]96. 24
24	粤财信托	1 621 752. 57	2 390 479. 00	6 859 422. 03	10 871 [illegible]53. 60
25	西部信托	3 722 146. 41	4 180 806. 30	2 837 796. 90	10 740 [illegible]49. 61
26	兴业信托	5 974 984. 00	438 199. 00	4 073 315. 00	10 486 [illegible]98. 00
27	交银国际信托	8 823 299. 38	584 373. 47	743 121. 56	10 150 [illegible]94. 41
28	中原信托	3 363 418. 00	3 103 817. 00	3 583 898. 00	10 051 [illegible]33. 00
29	国通信托	5 965 597. 51	981 131. 80	2 762 675. 24	9 709 [illegible]04. 55
30	金谷信托	3 028 951. 27	1 635 112. 92	4 727 895. 69	9 391 [illegible]59. 88
31	陕国投	7 782 084. 33	1 212 566. 18	378 950. 00	9 373 [illegible]00. 51
32	中国民生信托	8 985 390. 16	100 001. 00	126 976. 34	9 212 [illegible]67. 50
33	财信信托	3 533 916. 00	2 117 791. 00	3 557 949. 00	9 209 [illegible]56. 00
34	中诚信托	1 855 950. 02	6 117 665. 57	927 601. 50	8 901 2[illegible]7. 09
35	华宝信托	1 655 960. 12	5 068 377. 71	1 446 850. 00	8 171 1[illegible]7. 83
36	爱建信托	6 847 436. 31	1 160 031. 38	45 618. 00	8 053 0[illegible]5. 69
37	国投泰康信托	7 142 246. 20	159 930. 24	404 854. 02	7 707 0[illegible]0. 46
38	山东国信	3 368 058. 76	842 061. 71	2 935 131. 97	7 145 2[illegible]2. 44
39	北京信托	3 946 552. 00	2 102 908. 06	994 883. 60	7 044 3[illegible]. 66
40	重庆信托	3 550 230. 00	1 642 118. 45	1 720 745. 29	6 9[illegible]3 0[illegible]. 74
41	万向信托	5 091 984. 17	1 610 106. 61	163 728. 81	6 865 8[illegible]. 59
42	中粮信托	3 548 688. 69	626 182. 53	2 104 191. 00	6 279 0[illegible]. 22
43	国元信托	1 125 916. 90	2 235 337. 82	2 802 821. 69	6 164 0[illegible]. 41
44	国民信托	1 576 110. 23	3 868 175. 08	204 714. 14	5 648 9[illegible]. 45
45	紫金信托	3 216 978. 37	803 690. 56	1 574 997. 21	5 595 6[illegible]. 14
46	浙金信托	1 727 182. 59	911 799. 40	1 588 502. 27	4 227 48[illegible]. 26
47	西藏信托	1 597 500. 24	1 449 057. 48	939 866. 41	3 986 42[illegible]. 13
48	苏州信托	3 388 505. 90	431 692. 46	50. 00	3 820 24[illegible]. 36
49	大业信托	2 357 700. 00	584 600. 00	618 700. 00	3 561 00[illegible]. 00
50	雪松信托	3 041 088. 07	316 520. 00	155 400. 00	3 513 00[illegible]. 07
51	北方信托	648 554. 00	2 033 234. 11	688 800. 00	3 370 58[illegible]. 11
52	英大信托	—	1 145 350. 00	1 871 830. 01	3 017 18[illegible]. 01
53	华澳信托	1 695 540. 00	355 037. 76	385 000. 00	2 435 57[illegible]. 76
54	东莞信托	1 596 185. 60	421 538. 65	34 104. 00	2 051 82[illegible]. 25
55	杭州工商信托	1 630 748. 00	348 898. 00	—	1 979 64[illegible]. 00

续表

排名	公司简称	集合类	单一类	财务管理类	合计
56	山西信托	680 322. 93	1 089 670. 63	137 830. 07	1 907 823. 63
57	昆仑信托	1 150 202. 00	687 402. 00	55 000. 00	1 892 604. 00
58	吉林信托	110 460. 00	1 059 411. 16	669 819. 69	1 839 690. 85
59	国联信托	438 399. 00	42 500. 00	297 740. 00	778 639. 00
60	中泰信托	—	275 418. 00	103 055. 84	378 473. 84
61	华宸信托	100. 00	8 780. 00	37 596. 96	46 476. 96
62	安信信托	—	500. 00	—	500. 00
63	长城新盛信托	—	130. 18	—	130. 18
64	四川信托	未披露	未披露	未披露	未披露
65	新时代信托	未披露	未披露	未披露	未披露
66	华融信托	未披露	未披露	未披露	未披露
67	新华信托	未披露	未披露	未披露	未披露
68	华信信托	未披露	未披露	未披露	未披露
平均		423 607 823. 76	163 316 908. 91	212 985 970. 25	799 910 702. 92
比重(%)		52. 96	20. 42	26. 63	100. 00

注:本年度有5家信托公司尚未披露年报,故未在本表中披露相关数据。

承接表3-3-6,本期新增信托资产类型中,主动管理型信托资产占比为65. 74%,较上年的61. 28%略有增长,被动管理型信托资产占比为34. 26%,新增类型结构以主动管理型信托资产为主,其中主动管理型大于被动管理型的有46家(见表3-3-8)。

表3-3-8 本期新增信托资产类型情况

单位:万元

排名	公司简称	主动管理型	被动管理型	合计
1	光大兴陇信托	66 768 614. 99	15 364 409. 27	82 133 024. 26
2	华能信托	30 726 304. 64	24 561 071. 88	55 287 376. 53
3	华润信托	31 406 103. 00	21 817 270. 00	53 223 373. 00
4	建信信托	7 453 442. 12	37 970 345. 57	45 423 787. 69
5	外贸信托	29 973 507. 39	9 062 270. 28	39 035 777. 67
6	五矿信托	30 888 772. 75	2 650 552. 14	33 539 324. 89
7	中信信托	20 288 162. 25	5 788 828. 60	26 076 990. 85
8	百瑞信托	20 305 721. 17	1 281 363. 39	21 587 084. 56
9	中铁信托	10 284 663. 00	9 531 742. 00	19 816 405. 00
10	上海信托	6 933 734. 99	11 930 132. 47	18 863 867. 46
11	中航信托	17 876 926. 63	806 724. 16	18 683 650. 79
12	天津信托	13 022 433. 70	5 512 236. 85	18 534 670. 55
13	云南信托	9 410 265. 21	7 014 233. 19	16 424 498. 40
14	厦门国际信托	9 296 064. 00	6 057 493. 00	15 353 557. 00
15	平安信托	13 791 052. 11	1 314 452. 81	15 105 504. 92
16	渤海信托	8 914 904. 75	4 460 390. 58	13 375 295. 33
17	中融信托	11 734 577. 60	1 350 303. 55	13 084 881. 15
18	陆家嘴信托	10 559 835. 84	2 264 125. 20	12 823 961. 04
19	江苏信托	9 555 436. 18	2 977 935. 36	12 533 371. 54
20	华鑫信托	8 218 115. 34	4 186 198. 13	12 404 313. 47
21	中建投信托	9 341 204. 97	2 149 523. 42	11 490 728. 39
22	中海信托	2 346 425. 00	9 096 262. 00	11 442 687. 00
23	长安信托	7 115 480. 36	4 057 115. 88	11 172 596. 24
24	粤财信托	6 177 808. 45	4 693 845. 15	10 871 653. 60
25	西部信托	5 736 565. 72	5 004 183. 89	10 740 749. 61
26	兴业信托	4 759 674. 00	5 726 824. 00	10 486 498. 00
27	交银国际信托	5 033 370. 00	5 117 424. 41	10 150 794. 41
28	中原信托	10 051 133. 00	—	10 051 133. 00
29	国通信托	5 611 245. 19	4 098 159. 36	9 709 404. 55
30	金谷信托	3 989 056. 19	5 402 903. 69	9 391 959. 88

续表

排名	公司简称	主动管理型	被动管理型	合计
31	陕国投	8 755 770. 33	617 830. 18	9 373 600. 51
32	中国民生信托	9 211 214. 85	1 152. 65	9 212 367. 50
33	财信信托	3 242 860. 00	5 966 796. 00	9 209 656. 00
34	中诚信托	7 342 108. 15	1 559 108. 94	8 901 217. 09
35	华宝信托	2 348 397. 39	5 822 790. 44	8 171 187. 83
36	爱建信托	6 847 536. 31	1 205 549. 38	8 053 085. 69
37	国投泰康信托	7 669 868. 47	37 162. 00	7 707 030. 46
38	山东国信	3 824 543. 19	3 320 709. 25	7 145 252. 44
39	北京信托	5 431 360. 45	1 612 983. 21	7 044 343. 66
40	重庆信托	3 930 954. 00	2 982 139. 74	6 913 093. 74
41	万向信托	3 999 134. 11	2 866 685. 48	6 865 819. 59
42	中粮信托	3 609 362. 22	2 669 700. 00	6 279 062. 22
43	国元信托	1 125 916. 90	5 038 159. 51	6 164 076. 41
44	国民信托	2 093 652. 82	3 555 346. 63	5 648 999. 45
45	紫金信托	4 013 772. 76	1 581 893. 38	5 595 666. 14
46	浙金信托	3 416 282. 27	811 201. 99	4 227 484. 26
47	西藏信托	2 656 363. 36	1 330 060. 77	3 986 424. 13
48	苏州信托	3 528 000. 36	292 248. 00	3 820 248. 36
49	大业信托	1 908 800. 00	1 652 200. 00	3 561 000. 00
50	雪松信托	3 235 008. 07	278 000. 00	3 513 008. 07
51	北方信托	902 724. 20	2 467 863. 91	3 370 588. 11
52	英大信托	39 432. 01	2 977 748. 00	3 017 180. 01
53	华澳信托	1 695 340. 00	740 237. 76	2 435 577. 76
54	东莞信托	1 737 971. 60	313 856. 65	2 051 828. 25
55	杭州工商信托	1 679 330. 00	300 316. 00	1 979 646. 00
56	山西信托	957 833. 57	949 990. 06	1 907 823. 63
57	昆仑信托	1 360 703. 94	531 900. 00	1 892 604. 00
58	吉林信托	791 776. 95	1 047 913. 90	1 839 690. 85
59	国联信托	739 639. 00	39 000. 00	778 639. 00
60	中泰信托	164 738. 00	213 735. 84	378 473. 84
61	华宸信托	—	46 476. 96	46 476. 96
62	安信信托	—	500. 00	500. 00
63	长城新盛信托	—	130. 18	130. 18
64	四川信托	未披露	未披露	未披露
65	新时代信托	未披露	未披露	未披露
66	华融信托	未披露	未披露	未披露
67	新华信托	未披露	未披露	未披露
68	华信信托	未披露	未披露	未披露
平均		525 830 995. 82	274 079 707. 04	525 830 995. 82
比重（%）		65. 74	34. 26	

注：本年度有5家信托公司尚未披露年报，故未在本表中披露相关数据。

（四）信托公司人均净利润排行榜

2020年已披露年报的63家公司总体的平均人均净利润为264. 03万元，比2019年的313. 06万元大幅下降，其中35家公司增加，28家公司减少（见表3–3–9）。人均利润在1 000万元以上的有3家公司，100万元以下的有15家信托公司，分布变化较2019年主要为500万~1 000万元及100万~500万元家数大幅减少。

表 3－3－9　信托公司人均净利润排行榜

排名	公司简称	2020 年人数（人）	2019 年人数（人）	净利润（万元）	人均净利润（万元）
1	重庆信托	199	160	391 086. 81	1 364. 34
2	平安信托	682	463	640 723. 74	1 119. 17
3	华能信托	376	365	376 457. 92	1 013. 00
4	江苏信托	226	186	194 413. 76	943. 76
5	英大信托	197	180	123 764. 14	654. 84
6	华润信托	389	376	275 098. 95	615. 43
7	五矿信托	648	560	278 375. 77	602. 13
8	中航信托	478	423	198 100. 09	579. 75
9	百瑞信托	228	193	112 820. 30	542. 47
10	交银国际信托	240	236	121 838. 06	518. 46
11	粤财信托	212	193	100 560. 50	496. 60
12	国联信托	89	90	47 818. 00	492. 97
13	中信信托	752	750	385 537. 24	469. 88
14	昆仑信托	272	275	126 250. 56	459. 09
15	西藏信托	110	105	42 800. 17	396. 30
16	华鑫信托	211	207	79 768. 48	394. 89
17	华宝信托	319	325	119 103. 00	369. 89
18	中铁信托	283	275	113 356. 69	361. 00
19	建信信托	406	423	252 942. 47	349. 37
20	上海信托	421	398	162 031. 17	334. 36
21	国元信托	169	169	55 023. 14	332. 76
22	中诚信托	342	342	111 118. 80	326. 82
23	财信信托	201	202	70 057. 51	326. 00
24	陆家嘴信托	380	348	114 463. 43	314. 46
25	外贸信托	602	554	142 061. 86	309. 97
26	天津信托	170	160	50 485. 49	305. 97
27	紫金信托	190	191	58 010. 16	305. 32
28	光大兴陇信托	868	944	261 143. 55	295. 08
29	杭州工商信托	225	200	64 039. 00	288. 00
30	浙金信托	248	278	10 632. 95	287. 98
31	北京信托	288	290	102 190. 82	285. 00
32	苏州信托	165	175	50 990. 44	275. 62
33	国投泰康信托	237	233	127 787. 81	275. 11
34	山东国信	235	229	62 781. 80	267. 16
35	厦门国际信托	231	226	62 394. 00	260. 19
36	中泰信托	93	107	21 599. 12	232. 25
37	中融信托	232	699	137 908. 32	229. 32
38	爱建信托	554	525	121 079. 20	224. 22
39	华澳信托	219	224	42 445. 41	191. 20
40	万向信托	373	407	65 601. 91	168. 21
41	东莞信托	379	352	51 618. 22	141. 23
42	中海信托	213	213	29 999. 99	140. 85
43	中建投信托	429	452	50 144. 97	130. 52
44	国通信托	357	368	45 217. 47	124. 57
45	西部信托	347	367	42 472. 78	118. 97
46	北方信托	260	276	29 856. 16	109. 77
47	云南信托	283	320	31 950. 65	106. 00
48	陕国投	671	639	68 569. 03	102. 19
49	兴业信托	531	587	176 317. 90	98. 89
50	中粮信托	321	299	33 203. 28	97. 02
51	国民信托	247	241	22 501. 21	92. 22
52	金谷信托	177	155	11 511. 31	69. 35
53	大业信托	183	157	11 150. 88	60. 93

续表

排名	公司简称	2020 年人数(人)	2019 年人数(人)	净利润(万元)	人均净利润(万元)
54	长安信托	948	872	53 596. 04	[illegible]8. 62
55	华宸信托	100	94	2 251. 67	[illegible]2. 52
56	山西信托	246	241	2 089. 89	[illegible]. 39
57	渤海信托	268	273	1 754. 69	[illegible]. 49
58	吉林信托	167	177	64. 31	[illegible]. 19
59	中原信托	267	254	31 327. 59	[illegible]. 04
60	雪松信托	1076	775	-72 848. 70	-[illegible]. 71
61	中国民生信托	584	550	-44 906. 54	-85. 04
62	长城新盛信托	81	88	-9 820. 87	-1[illegible]. 54
63	安信信托	313	466	-673 851. 65	-2 1[illegible]. 88
64	四川信托	未披露	未披露	未披露	未披露
65	新时代信托	未披露	未披露	未披露	未披露
66	新华信托	未披露	未披露	未披露	未披露
67	华信信托	未披露	未披露	未披露	未披露
68	华融信托	未披露	未披露	未披露	未披露
合计		22 520. 00	20 145. 00	5 945 460. 76	2[illegible]. 03

注：1. 人均净利润以各家公司披露金额为准。
2. 陕国投、山东国信、安信信托、英大信托未披露人均净利润，我们采用本期净利润/全年平均人数计算得出。
3. 合计行的人均利润我们也采用本期所有公司净利润合计数/(2019 年人数 +2020 年人数) ×2 计算得出。
4. 本年度有 5 家信托公司尚未披露年报，故未在本表中披露相关数据。

表 3 -3 -10　信托公司人均利润分布情况

项目	2020 年	2019 年
	家数(家)	家数(家)
1 000 万元以上	3	3
500 万 ~1 000 万元	7	6
100 万 ~500 万元	38	42
100 万元以下	15	12
合计	63	63

(五)信托公司资本利润率排行榜

2020 年已披露年报的 63 家信托公司平均资本利润率为 8. 49%，比 2019 年降低 1. 13%（见表 3 -3 -11），资本利润率增加的信托公司有 26 家，具体分布情况详见表 3 -3 -12。

表 3 -3 -11　信托公司资本利润率排行榜

单位：%

排名	公司简称	2020 年	2019 年	增减率
1	光大兴陇信托	20. 58	21. 11	-0. 53
2	万向信托	19. 44	21. 24	-1. 80
3	陆家嘴信托	18. 76	11. 99	6. 77
4	五矿信托	17. 47	16. 01	1. 46
5	华能信托	17. 38	16. 49	0. 89
6	爱建信托	15. 38	17. 77	-2. 39
7	中航信托	14. 82	15. 77	-0. 95
8	杭州工商信托	13. 91	15. 22	-1. 31
9	国投泰康信托	13. 80	14. 81	-1. 01
10	紫金信托	13. 53	13. 49	0. 04
11	粤财信托	13. 15	12. 42	0. 73
12	英大信托	12. 86	11. 07	1. 79
13	华鑫信托	12. 22	10. 30	1. 92
14	中信信托	11. 97	12. 82	-0. 85
15	建信信托	11. 67	12. 90	-1. 23
16	百瑞信托	11. 58	12. 43	-0. 85

续表

排名	公司简称	2020 年	2019 年	增减率
17	华润信托	11.38	13.16	-1.78
18	厦门国际信托	11.08	10.56	0.52
19	平安信托	10.66	10.50	0.16
20	中铁信托	10.66	9.48	1.18
21	北京信托	10.43	10.11	0.32
22	华宝信托	10.33	10.70	-0.37
23	国联信托	10.09	9.29	0.80
24	云南信托	10.04	14.29	-4.25
25	华澳信托	9.77	7.70	2.07
26	苏州信托	9.57	10.04	-0.47
27	交银国际信托	9.57	9.80	-0.23
28	重庆信托	9.56	13.26	-3.70
29	昆仑信托	9.29	7.64	1.65
30	财信信托	9.24	3.43	5.81
31	江苏信托	9.09	12.64	-3.55
32	东莞信托	9.05	9.03	0.02
33	西藏信托	8.92	16.31	-7.39
34	兴业信托	8.67	8.98	-0.31
35	天津信托	8.45	10.64	-2.19
36	上海信托	7.89	11.17	-3.28
37	国民信托	7.78	7.13	0.65
38	西部信托	7.76	6.95	0.81
39	外贸信托	7.74	11.82	-4.08
40	国元信托	7.31	6.36	0.95
41	国通信托	7.20	8.62	-1.42
42	长安信托	6.88	7.00	-0.12
43	中粮信托	6.64	2.92	3.72
44	中融信托	6.56	8.79	-2.23
45	中建投信托	6.33	11.28	-4.95
46	北方信托	6.16	5.43	0.73
47	中诚信托	6.06	5.76	0.30
48	陕国投	5.11	5.44	-0.33
49	大业信托	5.04	5.64	-0.60
50	浙金信托	4.77	4.91	-0.14
51	中海信托	4.75	11.72	-6.97
52	中泰信托	4.66	2.91	1.75
53	山东国信	4.04	6.90	-2.86
54	中原信托	3.51	4.81	-1.30
55	金谷信托	2.81	1.30	1.51
56	华宸信托	2.24	-5.88	8.12
57	吉林信托	1.00	4.58	-3.58
58	山西信托	0.95	1.59	-0.64
59	渤海信托	0.13	8.87	-8.74
60	中国民生信托	-4.56	8.77	-13.33
61	长城新盛信托	-8.95	22.37	-31.32
62	雪松信托	-45.09	-58.00	12.91
63	安信信托	-80.37	-37.93	-42.44
64	四川信托	未披露	未披露	未披露
65	新时代信托	未披露	未披露	未披露
66	新华信托	未披露	未披露	未披露
67	华信信托	未披露	未披露	未披露
68	华融信托	未披露	未披露	未披露
平均		8.49	9.62	-1.13

注:1. 资本利润率=净利润/所有者权益平均余额×100%。
2. 我们以各信托公司审计报告中披露的数字为准。
3. 本年度有5家信托公司尚未披露年报,故未在本表中披露相关数据,另外山东国信、安信信托,陕国投报告未披露,使用公式计算所得。

表 3-3-12　信托公司平均资本利润率分布情况

单位:家

项目	2020 年	2019 年
20%以上	1	3
10% ~20%	23	29
5% ~10%	25	20
5%以下	14	11
合计	63	63

(六)信托公司风控指标排行榜

根据《信托公司净资本管理办法》(中国银行业监督管理委员会令 2010 年第 5 号)的有关规定,信托公司需达到以下风险控制指标要求:

(1)信托公司净资本不得低于人民币 2 亿元。

(2)信托公司净资本不得低于各项风险资本之和的 100%。

(3)信托公司净资本不得低于净资产的 40%。

2020 年已披露年报的 63 家信托公司均披露其净资本和各项风险资本,除个别信托公司外,其余 61 家信托公司全部符合监管要求。

2020 年已披露年报的 63 家信托公司净资本合计为 4 866.36 亿元,仅有个别公司净资本低于 10 亿元;净资本与各项业务风险资本之比为 188.99%,较上年的 182.3% 有所提高,除个别信托公司外,其他信托公司均超过监管要求(见表 3-3-13)。

表 3-3-13　信托公司风控指标排行榜(以风险覆盖率之比大小排序)

排名	公司简称	净资本(亿元)	各项业务风险资本(亿元)	风险覆盖率(%)	净资本与净资产之比(%)
1	长城新盛信托	7.64	0.99	770.08	66.70
2	中泰信托	37.91	6.09	622.50	80.28
3	华宸信托	7.43	1.24	598.51	69.51
4	英大信托	86.15	20.40	422.38	87.45
5	财信信托	60.02	17.43	344.30	84.35
6	苏州信托	45.29	13.26	341.48	83.35
7	重庆信托	227.64	70.26	323.99	86.31
8	国民信托	26.65	8.67	307.48	87.[illegible]
9	西藏信托	43.03	14.69	292.82	86.82
10	中铁信托	80.04	27.49	291.19	81.57
11	中海信托	54.19	19.82	273.43	86.[illegible]
12	国联信托	50.40	18.75	268.76	90.72
13	国元信托	67.79	25.47	266.17	82.7[illegible]
14	东莞信托	49.69	19.03	261.11	85.8[illegible]
15	华润信托	140.63	54.63	257.42	56.6[illegible]
16	北方信托	34.53	13.69	252.28	73.57
17	华宝信托	82.14	32.90	249.71	72.4[illegible]
18	上海信托	139.35	57.51	242.32	84.4[illegible]
19	昆仑信托	115.01	47.89	240.14	82.23
20	中诚信托	128.35	55.90	229.60	69.67
21	平安信托	191.84	84.04	228.27	72.84
22	中原信托	71.62	31.57	226.90	79.08
23	国投泰康信托	79.20	35.77	221.40	100.71
24	兴业信托	140.51	63.61	221.00	79.00
25	爱建信托	62.95	29.00	217.10	75.77
26	金谷信托	33.47	15.86	210.94	80.54
27	华澳信托	27.97	13.29	210.43	51.70
28	大业信托	19.74	9.47	208.34	80.09
29	华鑫信托	74.66	36.04	207.15	81.86
30	紫金信托	36.86	17.93	205.54	81.72
31	中信信托	220.00	110.00	200.00	72.00

续表

排名	公司简称	净资本(亿元)	各项业务风险资本(亿元)	风险覆盖率(%)	净资本与净资产之比(%)
32	粤财信托	68.71	34.48	199.26	84.41
33	华能信托	192.05	97.52	196.94	83.44
34	山东国信	78.69	40.18	195.83	80.61
35	杭州工商信托	36.65	18.79	195.05	77.65
36	外贸信托	159.51	85.06	187.53	84.16
37	百瑞信托	85.69	45.82	186.99	83.73
38	交银国际信托	113.85	61.12	186.30	86.20
39	陕国投	86.43	50.40	171.49	73.28
40	西部信托	48.07	28.08	171.19	85.08
41	中融信托	162.52	95.71	169.81	85.26
42	浙金信托	16.67	9.83	169.65	73.06
43	建信信托	156.38	97.17	160.93	75.73
44	山西信托	13.42	8.39	159.95	71.46
45	北京信托	67.36	42.34	159.07	68.15
46	云南信托	27.52	17.32	159.00	82.00
47	五矿信托	197.66	127.20	155.39	87.97
48	中建投信托	55.56	36.17	153.59	62.84
49	天津信托	62.23	29.34	149.79	70.63
50	渤海信托	92.67	63.22	146.58	70.07
51	江苏信托	174.47	119.03	146.57	78.21
52	中粮信托	37.36	25.75	145.00	80.00
53	国通信托	51.27	35.94	142.65	78.85
54	中国民生信托	63.72	45.20	140.97	64.10
55	万向信托	25.77	18.80	137.09	82.78
56	中航信托	121.15	89.30	135.67	86.94
57	光大兴陇信托	131.92	97.45	135.38	89.94
58	陆家嘴信托	50.26	37.52	133.94	75.26
59	厦门国际信托	40.26	33.10	121.62	73.08
60	长安信托	45.77	42.98	106.00	59.00
61	雪松信托	11.03	10.56	104.44	66.91
62	吉林信托	9.90	9.54	103.81	24.82
63	安信信托	-60.84	48.87	-124.51	-629.93
64	华信信托	未披露	未披露	未披露	未披露
65	新华信托	未披露	未披露	未披露	未披露
66	新时代信托	未披露	未披露	未披露	未披露
67	四川信托	未披露	未披露	未披露	未披露
68	华融信托	未披露	未披露	未披露	未披露
合计		4 866.36	2 574.88	188.99	61.32

注:1. 合计的净资本与各项业务风险资本之比 =63 家净资本合计/63 家各项业务风险资本。
2. 合计的净资本与净资产之比 =63 家净资本合计/63 家公司报表披露净资产之和。
3. 本年度有 5 家信托公司尚未披露年报,故未在本表中披露相关数据。

(七)信托风险赔偿率排行榜

2020 年已披露年报的 63 家信托公司平均信托风险赔偿率为 0.249%,较上年的 0.217% 有所上升,其中 30 家公司超过平均值(见表 3-3-14)。

表 3-3-14　信托风险赔偿率排行榜

排名	公司简称	信托风险准备金(万元)	信托资产总额(万元)	信托风险赔偿率(%)
1	华宸信托	7 235.86	80 577.39	8.980
2	平安信托	805 107.42	39 105 195.33	2.059
3	吉林信托	44 619.53	4 597 426.62	0.971

续表

排名	公司简称	信托风险准备金（万元）	信托资产总额（万元）	信托风险赔偿率（%）
4	杭州工商信托	33 281. 00	4 325 612. 00	0. 7[illegible]
5	中泰信托	17 968. 82	2 597 601. 54	0. 6[illegible]
6	北京信托	121 514. 72	19 309 571. 20	0. 6[illegible]
7	山西信托	24 491. 38	4 016 050. 88	0. 6[illegible]
8	爱建信托	77 925. 43	12 924 073. 40	0. 6[illegible]
9	中铁信托	191 995. 94	32 594 756. 00	0. 5[illegible]
10	国投泰康信托	96 807. 15	16 749 470. 75	0. 5[illegible]
11	重庆信托	123 832. 62	21 485 193. 23	0. 5[illegible]
12	国联信托	35 501. 00	6 982 130. 00	0. 5[illegible]
13	国通信托	85 698. 52	17 715 692. 49	0. 4[illegible]
14	中建投信托	70 677. 17	15 011 826. 32	0. 4[illegible]
15	东莞信托	31 992. 79	6 862 059. 93	0. 4[illegible]
16	国元信托	64 817. 67	14 100 284. 91	0. 4[illegible]
17	安信信托	72 043. 86	16 142 323. 44	0. 4[illegible]
18	长城新盛信托	4 483. 56	1 038 388. 46	0. 4[illegible]
19	大业信托	25 190. 49	5 962 723. 88	0. 4[illegible]
20	江苏信托	156 362. 78	37 091 901. 12	0. 4[illegible]
21	财信信托	52 416. 54	13 312 214. 00	0. 34
22	北方信托	40 398. 19	10 806 789. 72	0. 3[illegible]
23	苏州信托	29 727. 69	8 204 759. 91	0. 3[illegible]
24	中粮信托	54 766. 52	15 759 666. 16	0. 3[illegible]
25	山东国信	89 269. 50	26 012 791. 50	0. 3[illegible]
26	上海信托	182 225. 97	60 813 010. 87	0. 3[illegible]
27	中诚信托	62 198. 49	20 772 879. 61	0. 29
28	昆仑信托	62 753. 23	22 002 673. 43	0. 25
29	华宝信托	116 944. 80	43 068 598. 57	0. 2[illegible]
30	雪松信托	21 335. 72	8 131 113. 46	0. 2[illegible]
31	中国民生信托	47 926. 25	20 593 926. 57	0. 2[illegible]
32	华澳信托	19 552. 20	8 422 812. 02	0. 2[illegible]
33	西藏信托	32 688. 38	14 663 665. 71	0. 2[illegible]
34	百瑞信托	69 687. 52	31 343 221. 58	0. 2[illegible]
35	交银国际信托	136 917. 84	63 062 386. 89	0. 2[illegible]
36	厦门国际信托	44 622. 00	22 107 661. 00	0. 2[illegible]
37	中海信托	67 756. 90	34 407 864. 17	0. 1[illegible]
38	陆家嘴信托	42 881. 97	21 818 772. 27	0. 1[illegible]
39	紫金信托	24 413. 53	12 607 443. 59	0. 1[illegible]
40	兴业信托	72 535. 82	37 846 138. 85	0. 1[illegible]
41	粤财信托	51 391. 41	27 052 034. 81	0. 1[illegible]
42	中融信托	133 481. 20	71 763 023. 33	0. 1[illegible]
43	中信信托	217 110. 78	122 465 894. 57	0. 17
44	万向信托	19 035. 54	10 740 571. 12	0. 17
45	长安信托	66 137. 79	37 509 648. 40	0. 1[illegible]
46	华鑫信托	41 693. 29	24 578 587. 86	0. 1[illegible]
47	五矿信托	116 285. 71	70 285 249. 23	0. 16
48	天津信托	36 899. 02	22 911 456. 98	0. 16
49	外贸信托	106 155. 48	67 512 869. 19	0. 1[illegible]
50	中原信托	31 829. 08	20 490 976. 32	0. 15
51	华能信托	128 516. 22	85 040 020. 31	0. 1[illegible]
52	华润信托	145 675. 61	102 370 363. 20	0. 14
53	中航信托	94 333. 27	66 653 016. 57	0. 14
54	陕国投	35 532. 29	25 703 213. 30	0. 13
55	渤海信托	58 734. 22	43 780 987. 86	0. 13
56	金谷信托	19 162. 99	14 299 741. 13	0. 13

续表

排名	公司简称	信托风险准备金(万元)	信托资产总额(万元)	信托风险赔偿率(%)
57	西部信托	39 120.38	29 749 117.92	0.132
58	浙金信托	8 649.82	7 795 993.61	0.111
59	国民信托	15 579.54	14 934 147.90	0.104
60	云南信托	23 816.39	25 254 288.29	0.094
61	英大信托	54 065.29	57 425 385.68	0.094
62	光大兴陇信托	50 326.98	102 607 617.33	0.049
63	建信信托	66 843.43	152 611 401.11	0.044
64	华信信托	未披露	未披露	未披露
65	新华信托	未披露	未披露	未披露
66	四川信托	未披露	未披露	未披露
67	华融信托	未披露	未披露	未披露
68	新时代信托	未披露	未披露	未披露
合计		4 922 942.49	1 977 986 854.79	0.249
平均		78 141.94	31 396 616.74	

注:本年度有5家信托公司尚未披露年报,故未在本表中披露相关数据。

第四章 固有资产报表总体分析

本章分别汇总了2020年已披露年报的63家信托公司固有资产部分的合并报表和单体报表，对于没有合并报表的公司我们在合并报表统计中汇总了单体报表数据；这些报表包括资产负债表、利润表、所有者权益变动表。汇总成报表代表中国信托行业固有资产整体状况，以此来分析中国信托公司固有资产整体的财务状况和经营成果。

一、合并报表数据

（一）固有资产财务状况总体分析

表4－1－1 2020年固有资产汇总资产负债表

单位：万元

资产	年末数	年初数	负债和所有者权益	年末数	年初数
现金及存放中央银行款项	3 532 566.21	3 780 479.99	同业及其他金融机构存放款项	276 189.82	362 708.45
存放同业款项	1 630 433.52	1 395 013.21	向中央银行借款	479 366.67	165 000.00
贵金属	—	—	短期借款	2 105 807.30	1 994 911.38
其他货币资金	—	—	拆入资金	16 800 799.40	2 278 165.38
拆出资金	1 744 429.13	1 743 724.97	交易性金融负债	1 145 602.08	1 405 955.98
货币资金	11 217 939.66	9 179 362.94	衍生金融负债	9 117.03	18 305.20
交易性金融资产	28 793 263.02	22 977 046.13	卖出回购金融资产款	5 029 196.43	3 217 575.24
衍生金融资产	8 584 329.61	8 045 873.20	存入保证金	799 669.10	448 140.01
买入返售金融资产	3 827 200.64	3 711 622.78	应付款项	338 475.60	376 035.19
应收利息	248 534.51	274 432.56	应付手续费及佣金	3 022.40	4 058.01
应收股利	25 601.17	23 967.67	预收款项（合同负债）	549 750.74	495 134.22
分为贷款和应收款类的投资	670 344.91	920 915.41	应付职工薪酬	2 546 608.04	2 257 470.62
应收手续费及佣金	16 931.41	8 123.03	应交税费	2 055 900.82	1 770 688.85
应收款项	1 396 372.60	1 174 859.58	代理买卖证券款	5 995 754.80	3 864 544.92
结算备付金	1 096 581.10	620 980.54	代理业务负债	238 130.50	—
存出保证金	874 081.64	427 009.73	应付利息	158 945.95	136 945.14
其他应收款	1 345 712.49	1 299 295.45	应付股利	246 847.78	89 775.31
预付款项	31 709.74	13 935.73	其他应付款	3 353 055.18	2 496 434.06
存货	151 704.75	149 284.55	一年内到期的非流动负债	—	164.09
其他流动资产	325 941.95	286 190.89	其他流动负债	96 519.03	162 837.62
流动资产合计	65 513 678.07	56 032 118.35	流动负债合计	42 228 758.67	35 544 849.67
发放贷款和垫款	21 723 269.29	17 126 028.46	长期借款	123 342.64	209 658.97
债权投资	14 678 986.90	12 710 154.85	租赁负债	114 907.87	128 746.87
其他债权投资	3 158 353.94	2 674 842.26	应付债券	9 528 919.86	7 702 915.48
其他权益工具投资	614 140.47	460 939.57	递延收益	24 623.78	26 291.79
可供出售金融资产	8 120 021.26	8 140 832.73	长期应付款	3 169.16	6 142.97
长期股权投资	8 655 261.69	7 955 690.14	预计负债	792 112.61	504 895.38
投资性房地产	105 757.43	102 880.99	递延所得税负债	245 964.51	246 577.04
持有至到期投资	3 073 866.21	2 068 317.41	其他负债	9 160 354.57	4 468 407.80
固定资产	385 970.77	388 019.14	长期负债合计	19 993 395.00	13 293 636.31
使用权资产	98 010.05	126 000.54	负债合计	62 222 153.67	48 838 485.98
在建工程	89 114.32	73 652.97	所有者权益（或股东权益）：		
无形资产	191 780.29	164 615.16	实收资本（或股本）	29 034 942.62	2[illegible]90 429.45
开发支出	9 747.14	7 006.73	资本公积	6 273 866.97	[illegible]388 029.09

续表

资产	年末数	年初数	负债和所有者权益	年末数	年初数
长期待摊费用	32 762. 84	34 167. 92	其他综合收益	388 204. 02	446 242. 93
递延所得税资产	2 130 636. 57	1 522 708. 76	盈余公积	5 430 014. 20	4 872 238. 50
抵债资产	27 455. 98	18 455. 45	信托赔偿准备金	1 242 330. 37	1 130 470. 37
代理业务资产	—	—	一般风险准备	3 680 612. 12	3 171 026. 08
商誉	46 871. 12	42 272. 11	未分配利润	20 179 842. 20	18 409 817. 42
信托受益权	206 897. 24	222 718. 17	归属于母公司所有者权益合计	66 229 812. 49	61 008 253. 84
其他非流动资产	4 432 576. 27	3 748 492. 06	少数股东权益	4 843 191. 70	3 773 173. 96
非流动资产合计	67 781 479. 79	57 587 795. 42	所有者权益（或股东权益）合计	71 073 004. 19	64 781 427. 80
资产总计	133 295 157. 86	113 619 913. 78	负债和所有者权益（或股东权益）总计	133 295 157. 86	113 619 913. 78

注：1. 其他非流动资产中包含了报表尾差。

2. 本年度有5家信托公司尚未披露年报，故未在本表中披露相关数据。

我们对资产负债表按大类进行了分析，其增减变动情况见表4－1－2。

表4－1－2 2020年固有资产汇总简式资产负债表增减变动明细

项目	2020年（万元）	2019年（万元）	增减额（万元）	增减率（%）	平均每户增减（万元）
流动资产	65 513 678. 07	56 032 118. 35	9 481 559. 72	16. 92	150 500. 95
非流动资产	67 781 479. 79	57 587 795. 42	10 193 684. 36	17. 70	161 804. 51
资产合计	133 295 157. 86	113 619 913. 78	19 675 244. 08	17. 32	312 305. 46
流动负债	42 228 758. 67	33 544 849. 67	8 683 909. 00	25. 89	137 839. 83
长期负债	19 993 395. 00	15 293 636. 31	4 699 758. 69	30. 73	74 599. 34
负债合计	62 222 153. 67	48 838 485. 98	13 383 667. 69	27. 40	212 439. 17
归属于母公司所有者权益	66 229 812. 49	61 008 253. 84	5 221 558. 66	8. 56	82 881. 88
少数股东权益	4 843 191. 70	3 773 173. 96	1 070 017. 74	28. 36	16 984. 41
所有者权益合计	71 073 004. 19	64 781 427. 80	6 291 576. 39	9. 71	99 866. 29
资产负债率（%）	46. 68	42. 98	3. 70	8. 60	

注：本年度有5家信托公司尚未披露年报，故本表合计数未包含这5家数据。

2020年信托行业固有资产总规模为13 329. 52亿元（见表4－1－1），比2019年增加了1 967. 52亿元，增幅为17. 32%。其中，流动资产增加948. 16亿元，非流动资产增加1 019. 37亿元，导致资产增长率增长。负债总额为6 222. 22亿元，比2019年增加了1 338. 37亿元，增幅为27. 40%。所有者权益增加了629. 16亿元，主要是实收资本及未分配利润增加所致。

2020年信托行业固有资产资产负债率为46. 68%，较上年略有上升，主要是负责增长率大于资产增长率所致。

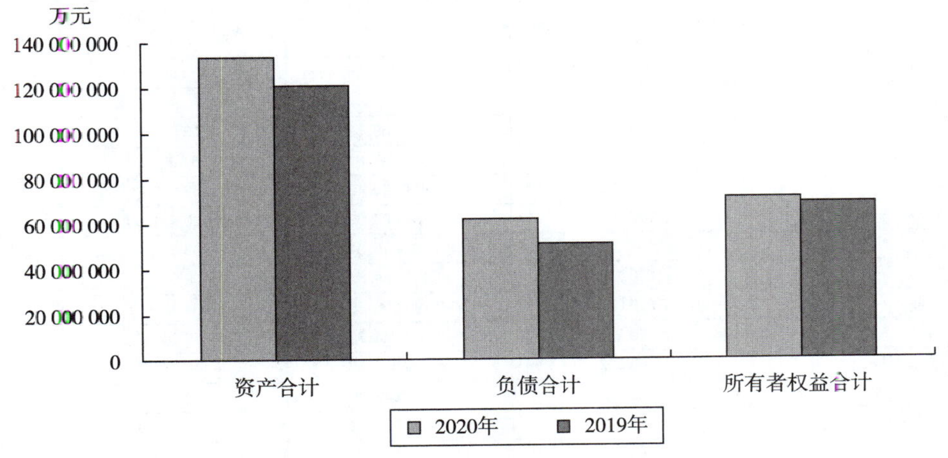

图4－1－1 固有资产汇总资产负债情况

（二）固有资产经营成果总体分析

2020 年信托行业汇总利润总额为 751.91 亿元，较上年的 772.33 亿元降低了 2.64%；汇总综合收益总额为 570.09 亿元，较上年降低了 8.90%。

在汇总利润表中，2020 年营业总收入为 1 555.80 亿元，增长 10.86%。其中，手续费及佣金净收入为 993.74 亿元，占营业总收入的 63.87%；投资收益为 337.87 亿元，占营业收入的 21.72%。营业总支出为 788.58 亿元，增长 25.16%，其中业务及销售管理费用为 442.22 亿元，占营业总支出的 56.08%（见表 4－1－3）。

此外，2020 年由于会计政策变更等原因，部分公司对年初数进行了追溯调整，各科目的期初数与上年的年末数存在差异，以本年报告披露数为准。

表 4－1－3　2020 年汇总利润表

项目	2020 年实际数（万元）	2019 年实际数（万元）	增减数	
			金额（万元）	比例（%）
一、营业总收入	15 557 992.73	14 033 871.32	1 524 121.41	10.86
1. 营业收入	178.83	98.21	80.62	82.09
2. 利息净收入	869 242.63	898 389.08	－29 146.44	－3.24
利息收入	2 476 751.17	2 331 141.33	145 609.84	6.25
利息支出	1 607 508.54	1 432 752.25	174 756.28	12.20
3. 金融企业往来净收入	—	—	—	—
金融企业往来收入	—	—	—	—
金融企业往来支出	—	—	—	—
4. 手续费及佣金净收入	9 937 420.66	9 092 282.20	845 138.46	9.30
手续费及佣金收入	10 240 389.18	9 298 525.56	941 863.61	10.13
手续费及佣金支出	302 968.52	206 243.37	96 725.15	46.90
5. 租赁收入	—	—	—	—
6. 投资收益（损失以"－"号填列）	3 378 740.34	3 001 155.12	377 585.22	12.58
7. 公允价值变动收益（损失以"－"号填列）	235 189.84	164 962.39	70 227.46	42.57
8. 汇兑收益（损失以"－"号填列）	－4 164.61	2 818.01	－6 982.62	－247.79
9. 其他业务收入	974 991.34	770 061.59	204 929.75	26.61
10. 资产处置收益（亏损以"－"号填列）	698.40	4 968.62	－4 270.22	－85.94
11. 基金管理收入	—	—	—	—
12. 补贴收入（其他收益）	165 695.30	99 136.11	66 559.19	67.14
13. 信托业务收入	—	—	—	—
14. 担保业务收入	—	—	—	—
15. 房地产销售收入	—	—	—	—
二、营业总支出	7 885 789.93	6 300 676.94	1 585 113.00	25.16
1. 营业成本	16.76	4.78	11.98	250.63
2. 营业税金及附加	100 954.72	91 595.78	9 358.95	10.22
3. 业务及销售管理费用	4 422 236.24	3 915 681.65	506 554.59	12.94
4. 财务费用	—	—	—	—
5. 资产减值损失	1 350 270.84	846 956.72	503 314.11	59.43
6. 其他业务成本	759 080.43	605 247.81	153 832.62	25.42
7. 信用减值损失	1 253 230.94	841 190.19	412 040.75	48.98
三、营业利润（亏损以"－"号填列）	7 672 202.80	7 733 194.39	－60 991.59	－0.79
加：营业外收入	47 595.24	91 218.51	－43 623.26	－47.82
减：营业外支出	200 711.30	101 154.61	99 556.69	98.42
四、利润总额（亏损总额以"－"号填列）	7 519 086.74	7 723 258.28	－204 171.54	－2.64
减：所得税费用	1 750 253.95	1 807 934.72	－57 680.77	－3.19
五、净利润（净亏损以"－"号填列）	5 768 832.79	5 915 323.55	－146 490.76	－2.48
其中：被合并方在合并前实现的净利润	1 225 309.51	1 202 613.93	22 695.58	1.89
归属于母公司所有者的净利润	872 028.40	994 883.24	－122 854.84	－12.35
少数股东损益	46 635.75	29 540.61	17 095.13	57.87
六、其他综合收益	－67 932.12	342 835.45	－410 767.57	－119.81
七、综合收益总额	5 700 900.67	6 258 159.00	－557 258.33	－8.90

注：本年度有 5 家信托公司尚未披露年报，故本表合计数未包含其相关数据。

(三)固有资产所有者权益总体分析

2020 年所有者权益为 7 107. 30 亿元,较上年增加 629. 16 亿元,增幅为 9. 71%,其中,股本占比为 40. 85%,较上年有所增加;资本公积占比为 8. 83%,较上年略有下降;其他综合收益占比为 0. 55%,较上年下降 13. 01%;盈余公积占比为 7. 64%,较上年略有增长;风险准备金占比为 6. 93%,较上年略有增长;未分配利润占比为 28. 39%,较上年略有增长。从表 4 −1 −4 及图 4 −1 −2 可以看出,本年所有者权益结构与上年基本相同。

表 4 −1 −4　固有资产所有者权益的组成占比

项目	2020 年		2019 年		增减	
	金额(万元)	比率(%)	金额(万元)	比率(%)	金额(万元)	比率(%)
股本	29 034 942. 62	40. 85	26 090 429. 45	40. 27	2 944 513. 17	11. 29
资本公积	6 273 866. 97	8. 83	6 888 029. 09	10. 63	−614 162. 13	−8. 92
其他综合收益	388 204. 02	0. 55	446 242. 93	0. 69	−58 038. 91	−13. 01
盈余公积	5 430 014. 20	7. 64	4 872 238. 50	7. 52	557 775. 70	11. 45
风险准备金	4 922 942. 49	6. 93	4 301 496. 45	6. 64	621 446. 04	14. 45
未分配利润	20 179 842. 20	28. 39	18 409 817. 42	28. 42	1 770 024. 78	9. 61
归属于母公司所有者权益合计	66 229 812. 49	93. 19	61 008 253. 84	94. 18	5 221 558. 66	8. 56
少数股东权益	4 843 191. 70	6. 81	3 773 173. 96	5. 82	1 070 017. 74	28. 36
所有者权益合计	71 073 004. 19	100. 00	64 781 427. 80	100. 00	6 291 576. 39	9. 71

注:本年度有 5 家信托公司尚未披露年报,故本表合计数未包含其相关数据。

已披露年报的 63 家信托公司 2020 年股本共增加 294. 45 亿元(见表 4 −1 −5),2020 年股本发生变动的情况分析见第一章。

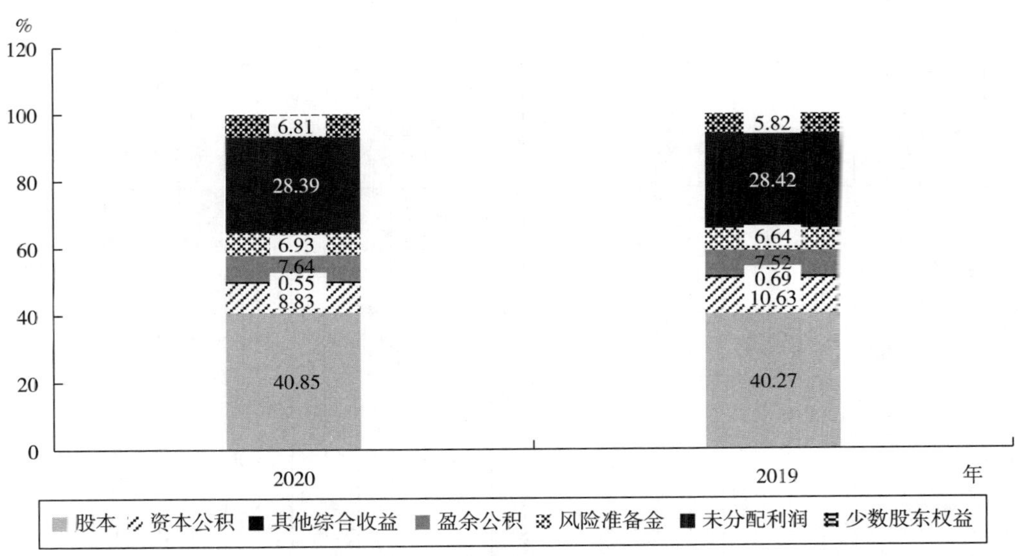

图 4 −1 −2　固有资产所有者权益结构

表 4－1－5　2020 年汇总所有者权益变动表

单位：万元

项目	本年金额								
	归属于母公司所有者权益							少数股东权益	所有者权益合计
	实收资本（或股本）	资本公积	其他综合收益	盈余公积	信托赔偿准备	一般风险准备	未分配利润		
一、上年年末余额	26 090 429. 46	6 888 028. 09	446 243. 94	4 872 251. 75	1 130 471. 36	3 171 034. 70	18 419 723. 77	3 432 699. 84	64 450 882. 91
加：会计政策变更	—	—	－719. 54	－13. 24	—	－8. 61	686. 27	—	－55. 12
前期差错更正	—	—	—	—	—	—	－9 794. 77	—	－9 794. 77
其他	—	—	—	—	—	—	－9. 16	—	－9. 16
二、本年年初余额	26 090 429. 46	6 888 028. 09	445 524. 40	4 872 238. 51	1 130 471. 36	3 171 026. 09	18 410 606. 12	3 432 699. 84	64 441 023. 87
三、本年增减变动金额（减少以"－"号填列）	2 944 513. 18	－613 480. 41	－57 318. 32	557 775. 71	111 860. 01	509 569. 16	1 769 236. 28	464 508. 08	5 686 663. 67
（一）净利润	—	—	—	—	—	—	5 411 412. 18	347 683. 80	5 759 095. 98
（二）其他综合收益	—	－5 411. 38	－59 003. 47	—	—	—	1 492. 80	－1 428. 80	－64 350. 85
1. 可供出售金融资产公允价值变动净额	—	—	－32 578. 88	—	—	—	1 492. 80	－1 428. 51	－32 514. 59
2. 权益法下被投资单位其他所有者权益变动的影响	—	－384. 19	－15 991. 32	—	—	—	—	—	－16 375. 51
3. 与计入所有都权益项目相关的所得税影响	—	1. 00	－9 147. 11	—	—	—	—	—	－9 146. 11
4. 其他	—	－5 028. 19	－2 020. 65	—	—	—	—	－0. 29	－7 049. 13
5. 未披露	—	—	734. 49	—	—	—	—	—	734. 49
净利润及其他综合收益小计	—	－5 411. 38	－59 003. 47	—	—	—	5 412 904. 98	346 255. 00	5 694 745. 13
（三）所有者投入和减少资本	1 729 013. 63	193 468. 57	—	—	—	—	159. 77	240 517. 00	2 163 158. 97
1. 所有者投入资本	1 729 013. 63	202 635. 10	—	—	—	—	230. 39	248 673. 44	2 180 552. 55
2. 股份支付计入所有者权益的金额	—	－14 277. 89	—	—	—	—	—	－6 726. 16	－21 004. 05
3. 分立减资（或其他）	—	5 111. 37	—	—	—	—	－70. 61	－1 430. 28	3 610. 47
（四）利润分配	—	—	—	581 177. 63	111 860. 01	509 569. 16	－3 344 083. 44	－121 265. 71	－2 262 742. 37
1. 提取盈余公积	—	—	—	581 177. 63	—	—	－581 177. 63	—	—
2. 提取信托赔偿准备	—	—	—	—	111 860. 01	15 780. 55	－127 640. 56	—	－0. 00
3. 一般风险准备	—	—	—	—	—	493 788. 60	－493 788. 60	—	—
4. 所有者的分配	—	—	—	—	—	—	－2 136 461. 09	－116 193. 39	－2 252 654. 48
5. 其他	—	—	—	—	—	—	－5 015. 56	－5 072. 33	－10 087. 89
（五）所有者权益内部结转	1 215 499. 55	－801 537. 60	1 685. 15	－23 401. 92	—	—	－299 745. 03	－998. 21	91 501. 94
1. 资本公积转增资本	898 107. 09	－898 107. 09	—	—	—	—	—	—	—
2. 盈作公积转增资本	23 401. 92	—	—	－23 401. 92	—	—	—	—	—
3. 盈余公积弥补亏损	—	—	—	[illegible]	—	[illegible]	—	[illegible]	—
4. 其他	[illegible]	96 569. 49	1 685. 15	—	—	—	－299 745. 03	－998. 21	91 501. 94
未披露变更原因的调整事项	—	－681. 73	—	—	—	16. 91	—	8. 05	－656. 77
四、本年年末余额	29 034 942. 63	6 273 865. 96	388 206. 07	5 430 014. 22	1 242 331. 37	3 680 612. 15	20 179 842. 40	3 897 215. 97	70 127 030. 77

续表

项目	上年金额								
	归属于母公司所有者权益							少数股东权益	所有者权益合计
	实收资本（或股本）	资本公积	其他综合收益	盈余公积	信托赔偿准备	一般风险准备	未分配利润		
一、上年年末余额	24 000 871. 96	6 564 214. 80	112 029. 32	4 271 327. 92	990 930. 97	2 846 524. 31	16 764 755. 47	3 085 624. 39	58 636 279. 13
加：会计政策变更			[illegible]	[illegible]	[illegible]	[illegible]	[illegible]	[illegible]	[illegible]
前期差错更正	—	—	—	—	—	—	−9 090. 80	—	−9 090. 80
其他	—	—	−46 825. 60	−3 105. 00	−1 274. 16	−8 365. 66	−376 586. 39	—	−436 156. 81
二、本年年初余额	24 000 871. 96	6 564 214. 80	129 335. 26	4 268 577. 91	990 165. 50	2 830 900. 06	16 282 842. 08	3 083 345. 24	58 150 252. 80
三、本年增减变动金额（减少以"－"号填列）	2 089 557. 50	302 506. 90	−34 415. 91	603 673. 83	140 305. 86	340 107. 81	2 126 087. 73	349 329. 26	5 917 152. 97
（一）净利润	—	−4 315. 53	−35 740. 50	—	—	—	5 612 528. 07	310 369. 27	5 882 841. 31
（二）其他综合收益	—	—	—	—	—	—	5 612 528. 07	309 071. 01	5 921 599. 08
1. 可供出售金融资产公允价值变动净额	—	−4 315. 53	−35 740. 50	—	—	—	—	1 298. 26	−38 757. 77
2. 权益法下被投资单位其他所有者权益变动的影响	—	—	168 180. 08	—	—	—	—	—	168 180. 08
3. 与计入所有都权益项目相关的所得税影响	—	—	23 617. 56	—	—	—	—	—	23 617. 56
4. 其他	—	—	—	—	—	—	—	—	—
5. 未披露	—	−4 315. 53	12 559. 36	—	—	—	—	1 298. 26	9 542. 10
净利润及其他综合收益小计	—	—	−193 446. 64	—	—	—	—	—	−193 446. 64
（三）所有者投入和减少资本	996 279. 38	548 391. 48	—	—	—	—	—	85 162. 73	1 629 833. 59
1. 所有者投入资本	996 279. 38	569 018. 08	—	—	—	—	—	20 126. 54	1 585 424. 00
2. 股份支付计入所有者权益的金额	—	−15 985. 42	—	—	—	—	—	−7 083. 31	−23 068. 73
3. 分立减资（或其他）	—	−4 641. 18	—	—	—	—	—	72 119. 50	67 478. 32
（四）利润分配	281 625. 94	—	—	603 673. 83	140 305. 86	340 107. 81	−2 914 768. 13	−46 593. 69	−1 595 648. 39
1. 提取盈余公积	—	—	—	603 673. 83	—	—	−603 673. 83	—	—
2. 提取信托赔偿准备	—	—	—	—	140 305. 86	26 931. 64	−167 237. 50	—	—
3. 一般风险准备	—	—	—	—	—	313 176. 18	−313 176. 18	—	—
4. 所有者的分配	—	—	—	—	—	—	−1 548 441. 69	−46 059. 36	−1 594 501. 05
5. 其他	281 625. 94	—	—	—	—	—	−282 238. 94	−534. 34	−1 147. 34
（五）所有者权益内部结转	811 652. 18	−241 569. 05	1 324. 59	—	—	—	−571 672. 21	390. 95	126. 46
1. 资本公积转增资本	276 652. 18	276 652. 18		—	—	—	—	—	—
2. 盈作公积转增资本	500 000. 00	—	—	—	—	—	−500 000. 00	—	—
3. 盈余公积弥补亏损	—	—	—	—	—	—	—	—	—
4. 其他	35 000. 00	35 083. 13	1 324. 59	—	—	—	−71 672. 21	390. 95	126. 46
未披露变更原因的调整事项	—	21 306. 38	—	—	—	26. 83	—	25. 35	21 358. 56
四、本年年末余额	26 090 429. 46	6 888 028. 08	94 919. 35	4 872 251. 73	1 130 471. 36	3 171 034. 71	18 408 929. 80	3 432 699. 84	64 088 764. 33

注：1. 在编制汇总所有者权益变动表中，存在部分公司与资产负债表数据上的尾差，汇总时未将尾差调整。

2. 本年度有5家信托公司尚未披露年报，故本表合计数未包含其相关数据。

（四）固有资产报表结构比率分析

1. 资产结构分析

2020 年信托行业整体固有资产总额为 13 329.52 亿元，比 2019 年增长 17.32%。其中，流动资产增长 16.92%，非流动资产增 17.70%（见表 4－1－6）。

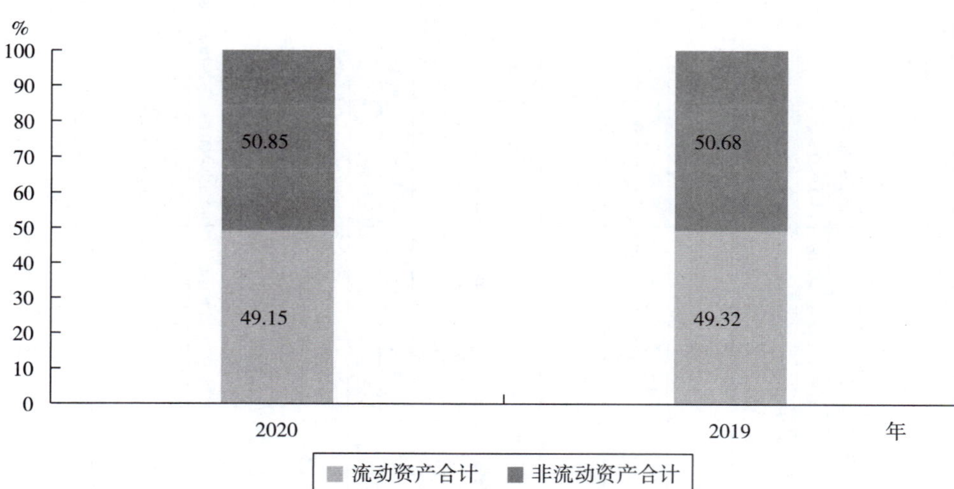

图 4－1－3　固有资产比重结构

表 4－1－6

固有资产汇总报表资产结构分析

科目	2020 年 12 月 31 日		2019 年 12 月 31 日		增减	
	金额（万元）	占比（%）	金额（万元）	占比（%）	金额（万元）	比例（%）
货币资产	18 125 368.53	13.60	16 098 581.11	14.17	2 026 787.42	12.59
金融资产	41 204 793.27	30.91	34 734 542.11	30.57	6 470 251.16	18.63
往来资产	5 705 869.58	4.28	4 763 519.70	4.19	942 349.87	19.78
其他流动资产	477 646.70	0.36	435 475.44	0.38	42 171.26	9.68
流动资产合计	65 513 678.07	49.15	56 032 118.35	49.32	9 481 559.72	16.92
长期投资等投资资产	60 023 899.77	45.03	51 136 805.42	45.01	8 887 094.35	17.38
固定资产等实物资产	678 852.57	0.51	690 553.63	0.61	－11 701.06	－1.69
无形资产等非实物资产	515 514.61	0.39	489 235.55	0.43	26 279.06	5.37
其他非流动资产	6 563 212.83	4.92	5 271 200.82	4.64	1 292 012.01	24.51
非流动资产合计	67 781 479.79	50.85	57 587 795.42	50.68	10 193 684.36	17.70
资产合计	133 295 157.86	100.00	113 619 913.78	100.00	19 675 244.08	17.32

注：本年度有 5 家信托公司尚未披露年报，故本表合计数未包含其相关数据。

由于在统计分析过程中，各家公司审计报告的科目设置并不一致，我们根据资产的流动属性将资产重新分类，分类明细如下。

流动资产包括：（1）货币资产。该资产包括现金及存放中央银行款项、存放同业款项、贵金属、其他货币资金、拆出资金、货币资金。（2）金融资产。该资产包括交易性金融资产、衍生金融资产、买入返售金融资产。（3）往来资产。该资产包括应收利息、应收股利、分为贷款和应收款类的投资、应收手续费及佣金、应收款项、结算备付金、存出保证金、其他应收款、预付款项。（4）其他流动资产。该资产包括存货及其他流动资产。

非流动资产包括：（1）长期投资等投资资产。该资产包括发放贷款和垫款、债权投资、可供出售金融资产、长期应收款、长期股权投资、持有至到期投资、其他权益工具。（2）固定资产等实物资产。该资产包括投资性房地产、固定资产、使用权资产、在建工程。（3）无形资产。该资产包括无形资产、开发支出、长期待摊费用、抵债资产、代理业务资产、商誉、信托受益权。（4）其他非流动资产。

该资产包括核算递延所得税资产和其他资产项目。

2020 年流动资产总额为 6 551.37 亿元，比上年增长 16.92%，主要为金融资产的增加；流动资产占资产总额的 49.15%，比 2019 年增加了 948.16 亿元。非流动资产为 6 778.15 亿元，比上年增加了 1 019.37 亿元，增幅为 17.70%，主要表现为长期投资等投资资产的增加（见图 4－1－3）。

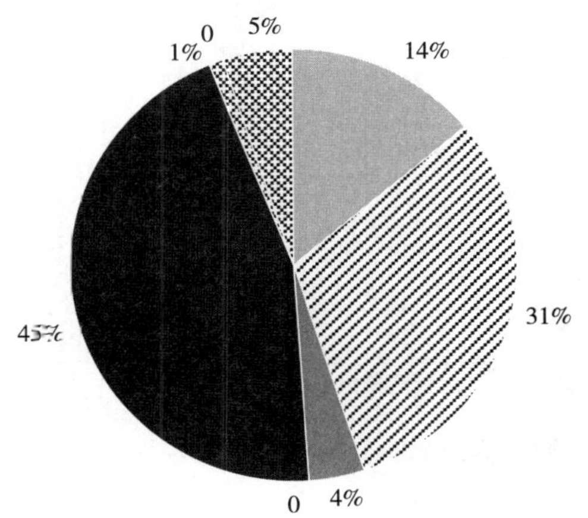

图 4－1－4　2020 年固有资产汇总报表资产结构

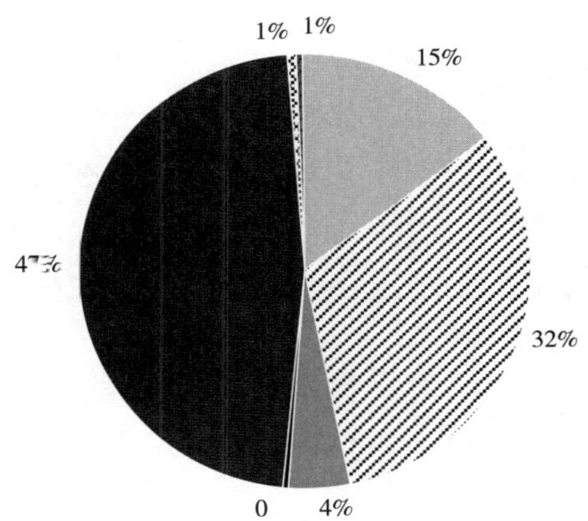

图 4－1－5　2019 年固有资产汇总报表资产结构

从资产项目结构来看，长期投资等长期资产、流动资产占比依然较大（见图 4－1－4、图 4－1－5）。其中，货币占比为 13.60%，长期投资等长期资产占比为 45.03%，两者共占总资产的 58.63%；与上年的 59.18%略有下降。

2. 负债结构分析

2020 年整个信托行业的负债结构并未发生重大变化，整体负债随着资产的增长上升 27.40%，其中流动负债增长 25.89%，长期负债增长 30.73%（见表 4－1－7 和图 4－1－6）。

表 4－1－7　固有资产汇总报表负债结构分析

科目	2020 年 12 月 31 日		2019 年 12 月 31 日		增减	
	金额（万元）	比例（%）	金额（万元）	比例（%）	金额（万元）	比例（%）
流动负债合计	42 228 758.67	67.87	33 544 849.67	68.69	8 683 909.00	25.89
长期负债合计	19 993 395.00	32.13	15 293 636.31	31.31	4 699 758.69	30.73
合计	62 222 153.67	100.00	48 838 485.98	100.00	13 383 667.69	27.40

注：本年度有 5 家信托公司尚未披露年报，故本表合计数未包含其相关数据。

2020 年，长期负债比上年增加了 469.98 亿元，其中应付债券、其他负债及预计负债增加，应付债券、长期借款等减少（见表 4－1－8）。

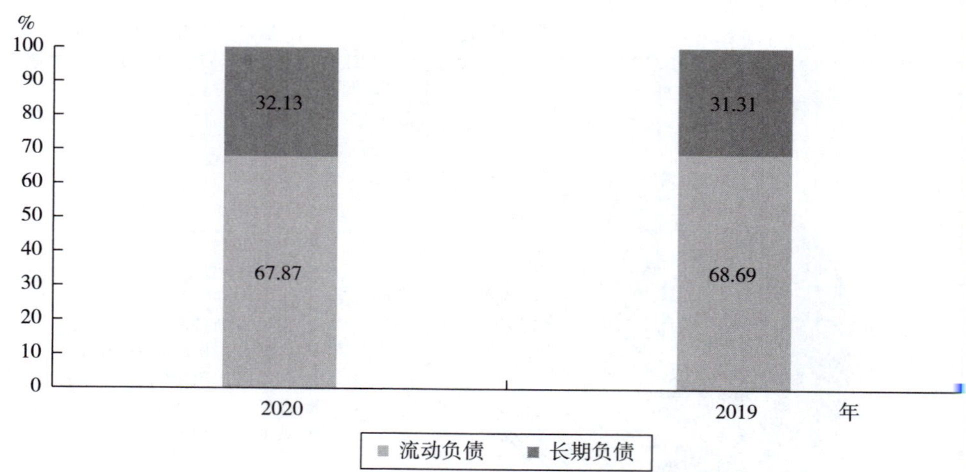

图 4－1－6　固有资产汇总报表负债结构

表 4－1－8　固有资产汇总报表长期负债结构分析

科目	2020 年 12 月 31 日		2019 年 12 月 31 日		增减	
	金额（万元）	比例（%）	金额（万元）	比例（%）	金额（万元）	比例（%）
长期借款	123 342. 64	0. 62	209 658. 97	1. 37	−86 316. 33	−41. 17
租赁负债	114 907. 87	0. 57	128 746. 87	0. 84	−13 839. 00	−10. 75
应付债券	9 528 919. 86	47. 66	7 702 915. 48	50. 37	1 826 004. 38	23. 71
递延收益	24 623. 78	0. 12	26 291. 79	0. 17	−1 668. 01	−6. 34
长期应付款	3 169. 16	0. 02	6 142. 97	0. 04	−2 973. 81	−48. 41
预计负债	792 112. 61	3. 96	504 895. 38	3. 30	287 217. 22	56. 89
递延所得税负债	245 964. 51	1. 23	246 577. 04	1. 61	−612. 53	−0. 25
其他负债	9 160 354. 57	45. 82	6 468 407. 80	42. 29	2 691 946. 77	41. 62
长期负债合计	19 993 395. 00	100. 00	15 293 636. 31	100. 00	4 699 758. 69	30. 73

注：本年度有 5 家信托公司尚未披露年报，故本表合计数未包含其相关数据。

3. 偿债能力分析

（1）资产负债率分析

2020 年信托公司汇总资产负债率为 46. 68%，较上年上升 3. 70%（见表 4－1－9）。

资产负债率＝汇总负债总额/汇总资产总额×100%

表 4－1－9　固有资产汇总报表资产负债率分析

单位：%

项目	2020 年	2019 年	增减
资产负债率	46. 68	42. 98	3. [illegible]

注：本年度有 5 家信托公司尚未披露年报，故本表合计数未包含其相关数据。

（2）流动比率分析

2020 年固有资产流动比率为 1. 55，较上年下降了 0. 12，企业短期偿债能力有所下降（见表 4－1－10）。各家公司中流动比率增长的有 27 家公司，增长最多的为昆仑信托；现金比率减少的有 36 家公司，减少最多的为交银国际信托；其中，2020 年流动比率大于 1 的有 51 家，低于 1 的仅有 12 家（详见表 3－2－7）。

流动比率＝汇总流动资产/汇总流动负债

表 4－1－10　固有资产汇总报表流动比率分析

项目	2020 年	2019 年	增减
流动比率	1. 55	1. 67	−0. [illegible]2

注：本年度有 5 家信托公司尚未披露年报，故本表合计数未包含其相关数据。

（3）现金比率分析

现金偿债比率较上年下降 0. 11（见表 4－1－11）。

现金偿债比率＝汇总(货币资金＋存放中央银行款项＋存放同业款项＋其他货币资金)/汇总流动负债

表4－1－11　固有资产汇总现金偿债比率分析

项目	2020年	2019年	增减
现金偿债比率	0.43	0.54	－0.11

注:本年度有5家信托公司尚未披露年报,故本表合计数未包含其相关数据。

4. 盈利能力分析

(1)营业利润分析

2020年信托行业整体营业利润率降低了10.51%,是由于营业总收入增长10.86%,而营业成本上升幅度达25.16%所致(见表4－1－12)。

表4－1－12　固有资产汇总报表营业利润率

项目	2020年(万元)	2019年(万元)	增减(万元)	变动比率(%)
营业总收入	15 557 992.73	14 033 871.32	1 524 121.41	10.86
营业总成本	7 885 789.93	6 300 676.94	1 585 113.00	25.16
营业利润	7 672 202.80	7 733 194.39	－60 991.59	－0.79
营业利润率	49.31	55.10	－5.79	－10.51

注:本年度有5家信托公司尚未披露年报,故本表合计数未包含其相关数据。

(2)收入结构分析

2020年营业总收入为1 555.80亿元,较上年的1 403.39亿元增加了152.41亿元,增幅为10.86%。从表4－1－13可以看出,除汇兑收益与利息净收入有所下降外,其余的项目均有所上涨,其中手续费及佣金净收入与投资收益增加金额最大,合计增加122.27亿元,占总增长额的80.22%。在营业总收入构成中,手续费及佣金净收入占比最大,达63.87%,其次是投资收益,占比为21.72%,总体结构与上年基本保持一致。

表4－1－13　固有资产汇总报表营业收入组成明细

项目	2020年		2019年		增减	
	金额(万元)	比例(%)	金额(万元)	比例(%)	金额(万元)	比例(%)
1. 营业收入	178.83	—	98.21	—	80.62	82.09
2. 利息净收入	869 242.63	5.59	898 389.08	6.40	－29 146.44	－3.24
3. 金融企业往来净收入	—	—	—	—	—	—
4. 手续费及佣金净收入	9 937 420.66	63.87	9 092 282.20	64.79	845 138.46	9.30
5. 租赁收入	—	—	—	—	—	—
6. 投资收益	3 378 740.34	21.72	3 001 155.12	21.39	377 585.22	12.58
7. 公允价值变动收益	235 189.84	1.51	164 962.39	1.18	70 227.46	42.57
8. 汇兑收益	－4 164.61	－0.03	2 818.01	0.02	－6 982.62	－247.79
9. 其他业务收入	1 141 385.04	7.34	874 166.32	6.23	267 218.71	30.57
营业总收入合计	15 557 992.73	100.00	14 033 871.32	100.00	1 524 121.41	10.86

注:1. 其他业务收入中包含了其他业务收入、补贴收入和资产处置收入等。
2. 本年度有5家信托公司尚未披露年报,故本表合计数未包含其相关数据。

(3)固有业务资产收益率分析

从表4－1－14可以看出,2020年整个信托行业的总资产收益率为4.33%,比2019年降低0.88%;净资产收益为8.12%,比2019年降低了1.01%,这主要是净利润下降2.48%,而净资产增长9.71%所致。59家信托公司净资产收益率为正值,4家净资产收益率为负值,超过6%的公司有44家(见表3－1－11)。

表4－1－14　固有资产汇总报表资产收益率情况

项目	2020年(万元)	2019年(万元)	增减(%)
净利润	5 768 832.79	5 915 323.55	－2.48
净资产	71 073 004.19	64 781 427.80	9.71
净资产收益率(%)	8.12	9.13	－1.01
总资产	133 295 157.86	113 619 913.78	17.32
总资产收益率(%)	4.33	5.21	－0.88

注:其他业务收入中包含了其他业务收入、补贴收入和资产处置收入等。

(4)综合收益总额分析

2020 年整个信托行业的综合收益总额为 570.09 亿元,比 2019 年减少 55.73 亿元,下降了 8.90%。其中,净利润下降 2.48%;其他综合收益下降 -119.81%,与 2019 年相比,有较大幅度的减少(见表 4-1-15)。

表 4-1-15 汇总综合收益总额变动情况

项目	2020 年(万元)	2019 年(万元)	增减额(万元)	增减率(%)
营业利润	7 672 202.80	7 733 194.39	-60 991.59	-0.79
营业外收入	47 595.24	91 218.51	-43 623.26	-47.82
营业外支出	200 711.30	101 154.61	99 556.69	98.42
利润总额	7 519 086.74	7 723 258.28	-204 171.54	-2.64
所得税费用	1 750 253.95	1 807 934.72	-57 680.77	-3.19
净利润	5 768 832.79	5 915 323.55	-146 490.76	-2.48
其他综合收益	-67 932.12	342 835.45	-410 767.57	-119.81
综合收益总额	5 700 900.67	6 258 159.00	-557 258.33	-8.90

注:其他业务收入中包含了其他业务收入、补贴收入和资产处置收入等。

2020 年已披露年报的 63 家信托公司中,综合收益出现亏损的有 7 家公司(见表 4-1-16)。

表 4-1-16 固有资产综合收益的组成占比

排名	公司简称	利润总额(万元)	所得税费用(万元)	净利润(万元)	其他综合收益(万元)	综合收益总额(万元)	[illegible]总额比例(%)
1	平安信托	820 297.39	179 573.65	640 723.74	-17 225.64	623 498.10	10.94
2	中信信托	491 768.81	106 231.57	385 537.24	17 612.55	403 149.79	7.07
3	华能信托	500 621.80	124 163.88	376 457.92	—	376 457.92	6.60
4	重庆信托	498 348.21	107 261.40	391 086.81	-35 631.90	355 454.91	6.24
5	五矿信托	370 307.15	91 931.38	278 375.77	—	278 375.77	4.88
6	华润信托	315 218.88	40 119.93	275 098.95	-16 342.63	258 756.32	4.54
7	光大兴陇信托	350 929.18	89 785.63	261 143.55	-3 169.17	257 974.38	4.53
8	建信信托	327 536.05	74 593.58	252 942.47	-5 975.38	246 967.09	4.33
9	江苏信托	220 998.20	26 584.44	194 413.76	7 679.52	202 093.28	3.54
10	中航信托	261 490.56	63 390.47	198 100.09	-9 298.62	188 801.47	3.31
11	外贸信托	184 740.13	42 678.27	142 061.86	40 717.53	182 779.39	3.21
12	兴业信托	233 506.84	57 188.94	176 317.90	-2 161.73	174 156.17	3.05
13	上海信托	231 157.13	69 125.96	162 031.17	1 503.92	163 535.09	2.87
14	中融信托	170 670.34	32 762.02	137 908.32	-4 022.77	133 885.55	2.35
15	昆仑信托	165 815.47	39 564.91	126 250.56	5 916.98	132 167.54	2.32
16	国投泰康信托	168 278.96	40 491.15	127 787.81	-206.70	127 581.11	2.24
17	英大信托	163 296.05	39 531.91	123 764.14	432.12	124 196.26	2.18
18	交银国际信托	161 766.65	39 928.59	121 838.06	—	121 838.06	2.14
19	爱建信托	161 479.65	40 400.45	121 079.20	—	121 079.20	2.12
20	陆家嘴信托	153 094.23	38 630.80	114 463.43	—	114 463.43	2.01
21	中铁信托	149 507.65	36 150.96	113 356.69	—	113 356.69	1.99
22	中诚信托	117 605.24	6 486.44	111 118.80	-1 545.12	109 573.68	1.92
23	北京信托	133 954.68	31 763.86	102 190.82	364.30	102 555.12	1.80
24	华宝信托	160 004.08	40 901.08	119 103.00	-21 185.32	97 917.68	1.72
25	百瑞信托	148 040.06	35 219.76	112 820.30	-14 947.39	97 872.91	1.72
26	粤财信托	113 103.10	12 542.60	100 560.50	-3 433.00	97 127.50	1.70
27	陕国投	91 807.35	23 238.27	68 569.08	25 091.43	93 660.51	1.64
28	华鑫信托	113 380.19	33 611.71	79 768.48	2 613.17	82 381.65	1.45
29	财信信托	91 917.08	21 859.57	70 057.51	4 713.19	74 770.70	1.31
30	万向信托	83 832.25	18 230.34	65 601.91	—	65 601.91	1.15
31	杭州工商信托	85 034.00	20 995.00	64 039.00	-198.00	63 841.00	1.12
32	山东国信	73 297.10	10 515.30	62 781.80	-687.00	62 094.80	1.09
33	厦门国际信托	86 907.00	24 513.00	62 394.00	-1 389.00	61 005.00	1.07
34	紫金信托	80 118.52	22 108.36	58 010.16	—	58 010.16	1.02

续表

排名	公司简称	利润总额(万元)	所得税费用(万元)	净利润(万元)	其他综合收益(万元)	综合收益总额(万元)	占总额比例(%)
35	国元信托	67 140. 75	12 117. 61	55 023. 14	-1 568. 73	53 454. 41	0. 94
36	西部信托	56 943. 21	14 470. 43	42 472. 78	8 877. 71	51 350. 49	0. 90
37	苏州信托	68 263. 88	17 273. 44	50 990. 44	-1 020. 76	49 969. 67	0. 88
38	天津信托	52 469. 44	1 983. 95	50 485. 49	-1 219. 09	49 266. 40	0. 86
39	中建投信托	68 551. 73	18 406. 82	50 144. 91	-2 371. 25	47 773. 66	0. 84
40	国联信托	55 492. 00	7 674. 00	47 818. 00	-2 811. 00	45 007. 00	0. 79
41	长安信托	72 612. 40	19 016. 37	53 596. 04	-8 904. 04	44 692. 00	0. 78
42	国通信托	60 983. 12	15 765. 65	45 217. 47	-594. 15	44 623. 32	0. 78
43	西藏信托	48 630. 53	5 830. 36	42 800. 17	—	42 800. 17	0. 75
44	华澳信托	56 849. 28	14 403. 87	42 445. 41	—	42 445. 41	0. 74
45	中粮信托	44 269. 79	11 066. 52	33 203. 28	—	33 203. 28	0. 58
46	云南信托	42 121. 61	10 170. 97	31 950. 65	—	31 950. 65	0. 56
47	北方信托	39 553. 20	9 697. 04	29 856. 16	1 072. 09	30 928. 25	0. 54
48	国民信托	29 498. 47	6 997. 26	22 501. 21	5 951. 25	28 452. 46	0. 50
49	东莞信托	68 252. 21	16 633. 99	51 618. 22	-24 300. 35	27 317. 87	0. 48
50	中海信托	51 656. 17	21 656. 18	29 999. 99	-3 371. 34	26 628. 65	0. 47
51	中原信托	41 712. 00	10 384. 41	31 327. 59	-4 843. 65	26 483. 94	0. 46
52	中泰信托	23 415. 39	1 816. 27	21 599. 12	-4 632. 46	16 966. 66	0. 30
53	金谷信托	15 448. 44	3 937. 13	11 511. 31	—	11 511. 31	0. 20
54	大业信托	14 795. 21	3 644. 34	11 150. 88	—	11 150. 88	0. 20
55	浙金信托	14 245. 00	3 612. 05	10 632. 95	—	10 632. 95	0. 19
56	渤海信托	5 151. 56	3 396. 88	1 754. 69	7 290. 07	9 044. 76	0. 16
57	吉林信托	-2 221. 19	-2 285. 50	64. 31	-6 233. 68	-6 169. 37	-0. 11
58	山西信托	5 471. 92	3 382. 03	2 089. 89	-9 705. 94	-7 616. 05	-0. 13
59	长城新盛信托	-8 535. 72	1 285. 15	-9 820. 87	—	-9 820. 87	-0. 17
60	华宸信托	2 890. 73	639. 06	2 251. 67	-15 025. 06	-12 773. 39	-0. 22
61	中国民生信托	-60 434. 21	-15 527. 67	-44 906. 54	—	-44 906. 54	-0. 79
62	雪松信托	-72 848. 70	—	-72 848. 70	26 252. 92	-46 595. 78	-0. 82
63	安信信托	-823 121. 49	-149 269. 84	-673 851. 65	—	-673 851. 65	-11. 82
64	华信信托	未披露	未披露	未披露	未披露	未披露	未披露
65	四川信托	未披露	未披露	未披露	未披露	未披露	未披露
66	新时代信托	未披露	未披露	未披露	未披露	未披露	未披露
67	华融信托	未披露	未披露	未披露	未披露	未披露	未披露
68	新华信托	未披露	未披露	未披露	未披露	未披露	未披露
合计		7 519 086. 74	1 750 253. 95	5 768 832. 79	-67 932. 12	5 700 900. 67	100. 00

注:本年度有5家信托公司尚未披露年报,故未在本表中披露其相关数据。

(5)固有资产人均利润

表4-1-17 固有资产汇总报表人均利润最高和最低的前五位公司排名

最高前五位			最低前五位		
序号	公司简称	人均利润(万元)	序号	公司简称	人均利润(万元)
1	重庆信托	1 364. 34	1	安信信托	-2 152. 88
2	平安信托	1 119. 17	2	长城新盛信托	-115. 54
3	华能信托	1 013. 00	3	中国民生信托	-85. 04
4	江苏信托	943. 76	4	雪松信托	-78. 71
5	英大信托	654. 84	5	中原信托	0. 04

注:明细详见表3-3-9。

二、母公司报表数据

(一)母公司固有资产财务状况总体分析

表 4 -2 -1　2020 年母公司固有资产汇总资产负债表

单位:万元

资产	年末数	年初数	负债和所有者权益(或股东权益)	年末数	年初数
现金及存放中央银行款项	1 194 695. 08	1 586 720. 82	同业及其他金融机构存放款项	—	—
存放同业款项	1 333 700. 76	1 040 367. 70	向中央银行借款	—	—
贵金属	—	—	短期借款	290 000. 00	496 300. 00
其他货币资金	—	—	拆入资金	1 470 591. 46	967 737. 39
拆出资金	34 000. 00	99 100. 00	交易性金融负债	23 166. 76	—
货币资金	3 270 204. 03	2 913 059. 60	衍生金融负债	—	—
交易性金融资产	20 864 187. 57	18 016 671. 57	卖出回购金融资产款	5 440. 00	—
衍生金融资产	306 460. 83	311 523. 50	存入保证金	—	—
买入返售金融资产	1 340 839. 39	1 348 255. 68	应付款项	234. 05	264. 05
应收利息	77 892. 93	121 625. 62	应付手续费及佣金	2 069. 51	600. 82
应收股利	28 972. 00	27 338. 50	预收款项(合同负债)	559 050. 54	492 541. 59
分为贷款和应收款类的投资	1 135 436. 38	867 716. 81	应付职工薪酬	1 924 683. 10	1 770 154. 80
应收手续费及佣金	15 231. 78	6 877. 53	应交税费	1 836 698. 00	1 617 341. 68
应收款项	422 685. 76	471 640. 88	代理买卖证券款	—	—
结算备付金	177. 03	172. 13	代理业务负债	—	—
存出保证金	—	—	应付利息	3 141. 24	3 947. 80
其他应收款	1 243 917. 30	1 207 756. 81	应付股利	239 191. 22	87 603. 69
预付款项	29 606. 58	10 535. 80	其他应付款	1 867 159. 00	1 414 924. 32
存货	—	—	一年内到期的非流动负债	—	—
其他流动资产	297 858. 22	263 173. 69	其他流动负债	72 502. 25	87 217. 29
流动资产合计	31 595 865. 65	28 292 536. 65	流动负债合计	8 293 927. 13	6 838 633. 42
发放贷款和垫款	4 403 975. 09	4 015 331. 26	长期借款	—	63 300. 00
债权投资	12 465 872. 20	11 972 124. 12	租赁负债	71 631. 33	79 925. 72
其他债权投资	292 567. 44	342 279. 05	应付债券	—	—
其他权益工具投资	511 555. 14	378 723. 95	递延收益	23 099. 02	24 808. 39
可供出售金融资产	8 606 032. 83	8 279 648. 75	长期应付款	2 415. 70	4 889. 90
长期股权投资	11 085 716. 18	10 671 659. 71	预计负债	827 934. 95	393 109. 05
投资性房地产	56 424. 41	49 706. 32	递延所得税负债	243 028. 25	253 923. 92
持有至到期投资	2 069 638. 88	1 594 075. 62	其他负债	4 532 044. 42	4 478 611. 39
固定资产	254 306. 16	257 721. 52	长期负债合计	5 700 153. 67	5 398 568. 38
使用权资产	71 963. 02	92 344. 71	负债合计	13 994 080. 80	12 237 201. 80
在建工程	42 965. 98	25 624. 12	所有者权益(或股东权益):		
无形资产	297 898. 24	235 264. 84	实收资本(或股本)	29 034 942. 62	26 330 429. 45
开发支出	8 218. 51	6 761. 99	资本公积	6 123 662. 66	6 728 659. 38
长期待摊费用	32 018. 17	30 783. 98	其他综合收益	345 255. 38	402 400. 06
递延所得税资产	1 872 300. 46	1 348 459. 79	盈余公积	5 430 513. 30	4 572 737. 60
抵债资产	45 404. 44	31 666. 81	信托赔偿准备金	1 242 330. 37	1 130 470. 37
代理业务资产	—	2 280. 73	一般风险准备	2 911 032. 33	2 517 792. 33
商誉	—	—	未分配利润	17 782 457. 50	16 442 876. 88
信托受益权	200 039. 38	215 860. 31	归属于母公司所有者权益合计	62 870 194. 15	58 235 366. 07
其他非流动资产	2 951 512. 76	2 679 713. 64	少数股东权益	—	—
非流动资产合计	45 268 409. 30	42 230 031. 23	所有者权益(或股东权益)合计	62 870 194. 15	58 235 366. 07
资产总计	76 864 274. 95	70 522 567. 88	负债和所有者权益(或股东权益)总计	76 864 274. 95	70 522 567. 88

注:1. 其他非流动资产中包含了报表尾差。

2. 本年度有 5 家信托公司尚未披露年报,故未在本表中披露相关数据。

我们对资产负债表按大类进行了分析,其增减变动情况见表 4 -2 -2。

表 4－2－2　2020 年母公司固有资产简式资产负债表增减变动明细

项目	2020 年(万元)	2019 年(万元)	增减额(万元)	增减率(%)	平均每户增减(万元)
流动资产	31 595 865. 65	28 292 536. 65	3 303 329. 00	11. 68	52 433. 79
非流动资产	45 268 409. 30	42 230 031. 23	3 038 378. 08	7. 19	48 228. 22
资产合计	76 864 274. 95	70 522 567. 88	6 341 707. 07	8. 99	100 662. 02
流动负债	8 293 927. 13	6 938 633. 42	1 355 293. 70	19. 53	21 512. 60
长期负债	5 700 153. 67	5 298 568. 38	401 585. 29	7. 58	6 374. 37
负债合计	13 994 080. 80	12 237 201. 80	1 756 878. 99	14. 36	27 886. 97
所有者权益合计	62 870 194. 15	58 285 366. 07	4 584 828. 08	7. 87	72 775. 05
资产负债率(%)	18. 21	17. 35	0. 85	4. 92	

2020 年信托行业母公司固有资产总规模为 7 686. 43 亿元，比 2019 年增加了 634. 17 亿元，增幅为 8. 99%。其中，流动资产增加 330. 33 亿元、非流动资产增加 303. 84 亿元是导致资产总额增长的主要因素。负债总额为 1 399. 41 亿元，比 2019 年增加了 175. 69 亿元，增幅为 14. 36%，主要是流动负债增加所致。所有者权益增加了 458. 48 亿元，主要是实收资本、盈余公积及未分配利润增加所致。

2020 年信托行业固有资产负债率为 18. 21%，较上年略有上升，主要是资产总额增长幅度低于负债总额增长幅度所致。

(二)固有资产经营成果总体分析

表 4－2－3　2020 年母公司汇总利润表

项目	本年实际数(万元)	上年实际数(万元)	增减数	
			金额(万元)	比例(%)
一、营业总收入	11 712 800. 20	10 912 540. 02	800 260. 18	7. 33
1. 营业收入	—	—	—	—
2. 利息净收入	204 984. 29	246 661. 56	－41 677. 28	－16. 90
利息收入	582 156. 04	617 499. 89	－35 343. 84	－5. 72
利息支出	377 171. 76	370 838. 32	6 333. 43	1. 71
3. 金融企业往来净收入	—	—	—	—
金融企业往来收入	—	—	—	—
金融企业往来支出	—	—	—	—
4. 手续费及佣金净收入	8 337 711. 57	7 728 698. 73	609 012. 84	7. 88
手续费及佣金收入	8 422 052. 46	7 796 754. 43	625 298. 03	8. 02
手续费及佣金支出	84 340. 89	68 055. 70	16 285. 19	23. 93
5. 租赁收入	—	—	—	—
6. 投资收益(损失以"－"号填列)	2 801 592. 22	2 628 249. 01	173 343. 21	6. 60
7. 公允价值变动收益(损失以"－"号填列)	42 120. 18	98 289. 79	－56 169. 61	－57. 15
8. 汇兑收益(损失以"－"号填列)	15 009. 91	901. 63	14 108. 28	1564. 75
9. 其他业务收入	163 420. 46	127 359. 03	36 061. 43	28. 31
10. 资产处置收益(亏损以"－"号填列)	600. 11	1 810. 49	－1 210. 38	－66. 85
11. 基金管理收入	—	—	—	—
12. 补贴收入(其他收益)	147 361. 45	80 569. 78	66 791. 67	82. 90
13. 信托业务收入	—	—	—	—
14. 担保业务收入	—	—	—	—
15. 房地产销售收入	—	—	—	—
二、营业总支出	5 421 202. 61	4 104 812. 55	1 316 390. 06	32. 07
1. 营业支出	—	—	—	—
2. 营业税金及附加	70 475. 84	65 489. 72	4 986. 11	7. 61
3. 业务(销售、管理)费用	3 088 188. 43	2 694 535. 13	393 653. 31	14. 61
4. 财务费用	—	—	—	—
5. 资产减值损失	1 299 035. 60	688 680. 52	610 355. 09	88. 63
6. 其他业务成本	43 267. 02	12 906. 14	30 360. 88	235. 24
7. 信用减值损失	920 235. 71	643 201. 04	277 034. 68	43. 07

续表

项目	本年实际数(万元)	上年实际数(万元)	增减数	
			金额(万元)	比例(%)
三、营业利润(亏损以“-”号填列)	6 291 597.59	6 807 727.47	-516 129.88	-7.58
加:营业外收入	53 130.92	88 718.61	-35 587.69	-40.11
减:营业外支出	199 383.81	140 740.66	58 643.15	41.67
四、利润总额(亏损总额以“-”号填列)	6 145 344.70	6 755 705.42	-610 360.72	-9.03
减:所得税费用	1 466 703.02	1 552 072.13	-85 369.10	-5.50
五、净利润(净亏损以“-”号填列)	4 678 641.68	5 203 633.30	-524 991.62	-10.09
六、其他综合收益	-53 463.23	323 013.07	-376 476.30	-116.55
七、综合收益总额	4 625 178.45	5 526 646.37	-901 467.92	-16.31

注:本年度有5家信托公司尚未披露年报,故未在本表中披露相关数据。

2020年信托行业母公司汇总净利润为467.86亿元,较上年的520.36亿元下降了10.09%,综合收益总额为462.52亿元,较上年下降了16.31%。

在母公司汇总利润表中,2020年的营业总收入为1 171.28亿元,增长幅度为7.33%。其中,手续费及佣金净收入为833.77亿元,占营业总收入的71.18%;投资收益为280.16亿元,占营业总收入的23.92%。营业总支出为542.12亿元,较上年增长32.07%,其中业务及销售管理费用为308.82亿元,占营业总支出的56.97%。

此外,2020年由于会计政策变更等原因,部分公司对年初数进行了追溯调整,各科目2020年期初数与2019年期末数有所差异,以本年报告披露数为准。

(三)母公司固有资产所有者权益总体分析

2020年所有者权益为6 287.02亿元,较上年增加458.48亿元,增幅为7.87%。其中,股本占比为46.18%,较上年增长11.29%;资本公积占比为9.74%,较上年下降8.99%;其他综合收益占比为0.55%,较上年下降14.20%;盈余公积占比为8.64%,较上年增长11.45%;风险准备金占比为6.61%,较上年增长10.81%;未分配利润占比为28.28%,较上年增长了8.15%。从表4-2-4可以看出,除资本公积和其他综合收益外,所有者权益中其他各项均有所增长。

表4-2-4 母公司固有资产所有者权益的组成占比

项目	2020年		2019年		增减	
	金额(万元)	比率(%)	金额(万元)	比率(%)	金额(万元)	比率(%)
股本	29 034 942.62	46.18	26 090 429.45	44.76	2 944 513.17	11.29
资本公积	6 123 662.66	9.74	6 728 659.38	11.54	-604 996.73	-8.99
其他综合收益	345 255.38	0.55	402 400.06	0.69	-57 144.68	-14.20
盈余公积	5 430 513.30	8.64	4 872 737.60	8.36	557 775.70	11.45
风险准备金	4 153 362.70	6.61	3 748 262.70	6.43	405 100.00	10.81
未分配利润	17 782 457.50	28.28	16 442 876.88	28.21	1 339 580.63	8.15
所有者权益合计	62 870 194.15	100.00	58 285 366.07	100.00	4 584 828.08	7.87

注:1. 本年度有5家信托公司尚未披露年报,故未在本表中披露相关数据。
2. 部分信托公司未披露母公司所有者权益变动表,我们未单独列示汇总母公司所有者权益变动表。

(四)母公司固有资产报表结构比率分析

1. 母公司资产结构分析

2020年信托行业母公司整体固有资产总额为7 204.05亿元,比2019年增长8.34%。其中,流动资产增长11.68%,非流动资产增加5.87%(见表4-2-5)。

表4-2-5 母公司固有资产汇总报表资产结构分析

科目	2020年12月31日		2019年12月31日		增减	
	金额(万元)	比例(%)	金额(万元)	比例(%)	金额(万元)	比例(%)
货币资产	5 832 599.87	8.10	5 639 248.12	8.48	193 351.75	3.43
金融资产	22 511 487.79	31.25	19 676 450.75	29.59	2 835 037.04	14.41
往来资产	2 953 919.76	4.10	2 713 664.08	4.08	240 255.68	8.85
其他流动资产	297 858.22	0.41	263 173.69	0.40	34 684.53	13.18
流动资产合计	31 595 865.65	43.86	28 292 536.65	42.55	3 303 329.00	11.68

续表

科目	2020 年 12 月 31 日		2019 年 12 月 31 日		增减	
	金额(万元)	比例(%)	金额(万元)	比例(%)	金额(万元)	比例(%)
长期投资等投资资产	39 435 357.77	54.74	37 253 842.45	56.03	2 181 515.32	5.86
固定资产等实物资产	425 659.57	0.59	425 396.68	0.64	262.89	0.06
无形资产等非实物资产	583 578.74	0.81	522 618.67	0.79	60 960.07	11.66
其他非流动资产	4 823 813.23	6.70	4 028 173.43	6.06	795 639.80	19.75
非流动资产合计	40 444 596.08	56.14	38 201 857.80	57.45	2 242 738.28	5.87
资产合计	72 040 461.72	100.00	66 494 394.45	100.00	5 546 067.28	8.34

注:本年度有 5 家信托公司尚未披露年报,故未在本表中披露相关数据。

由于在统计分析过程中,各家公司审计报告的科目设置并不一致,我们根据资产的流动属性将资产重新分类,分类规则和合并规则一致。

2020 年流动资产总额为 3 159.59 亿元,比上年增长 11.68%,主要是金融资产投资的增加所致;流动资产占资产总额的 43.86%,比 2019 年略幅增长(见图 4-2-1)。非流动资产为 4 044.46 亿元,比上年增加 224.27 亿元,增幅为 5.87%,主要体现在长期投资等投资资产的增加。

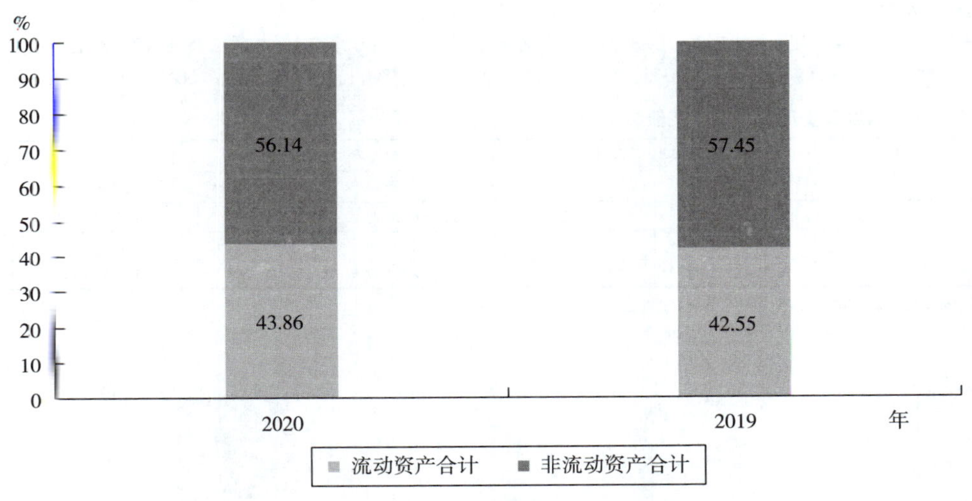

图 4-2-1 固有资产比重

从资产项目结构来看,2020 年金融资产和长期投资占比依然较大。其中,金融资产占比为 31.25%,长期投资等投资资产占比为 54.74%,两者共占总资产的 85.99%;与上年的 85.62% 基本持平(见图 4-2-2 和图 4-2-3)。

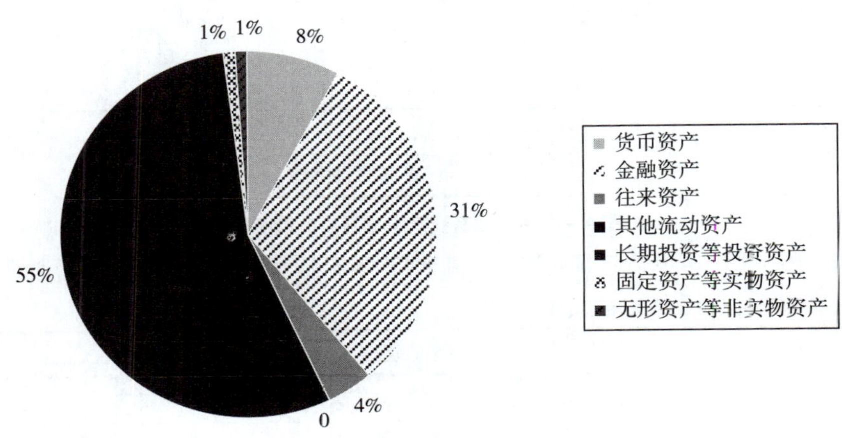

图 4-2-2 2020 年固有资产汇总报表资产结构

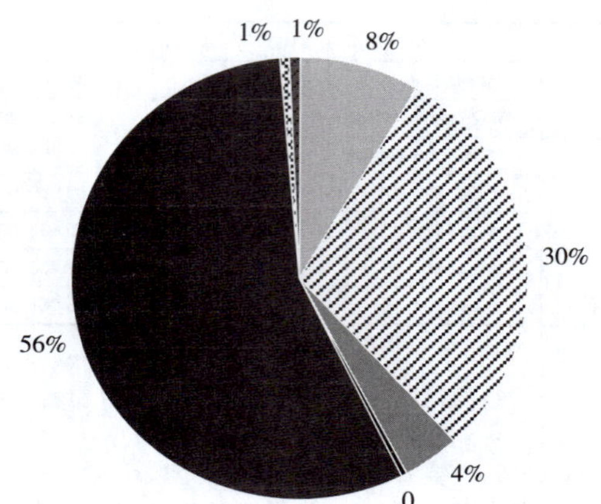

图 4-2-3　2019 年固有资产汇总报表资产结构

2. 母公司负债结构分析

2020 年整个负债结构并未发生重大变化，基本上保持着流动负债占比在 60% 左右，长期负债在 40% 左右的比例（见图 4-2-4），但整体负债金额有所增加，增长率为 14.36%，其中流动负债增长 19.53%，长期负债增长 7.58%（见表 4-2-6）。

表 4-2-6　母公司固有资产汇总报表负债结构分析

科目	2020 年 12 月 31 日		2019 年 12 月 31 日		增减	
	金额（万元）	比例（%）	金额（万元）	比例（%）	金额（万元）	比例（%）
流动负债合计	8 293 927.13	59.27	6 938 633.42	56.70	1 355 293.70	19.53
长期负债合计	5 700 153.67	40.73	5 298 568.38	43.30	401 585.29	7.58
合计	13 994 080.80	100.00	12 237 201.80	100.00	1 756 878.99	14.36

注：本年度有 5 家信托公司尚未披露年报，故未在本表中披露相关数据。

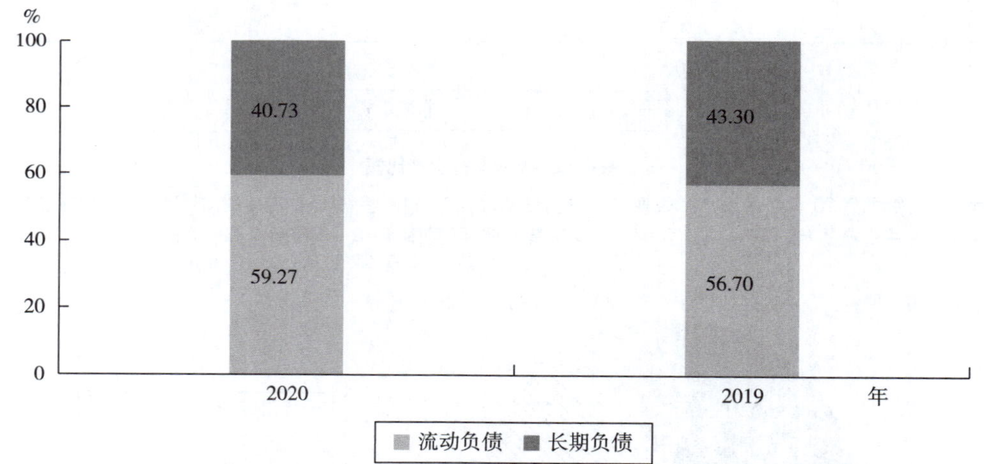

图 4-2-4　固有资产汇总报表负债结构

2020 年，长期负债比上年增加 40.16 亿元，其中预计负债增长 43.48 亿元，为长期负债增长的主要因素（见表 4-2-7）。

表 4-2-7　母公司固有资产汇总报表长期负债结构分析

科目	2020 年 12 月 31 日		2019 年 12 月 31 日		增减	
	金额（万元）	比例（%）	金额（万元）	比例（%）	金额（万元）	比例（%）
长期借款	—	—	63 300.00	1.19	-63 300.00	-100.00
租赁负债	71 631.33	1.26	79 925.72	1.51	-8 294.39	-10.38
应付债券	—	—	—	—	—	—
递延收益	23 099.02	0.41	24 808.39	0.47	-1 709.37	-6.89

续表

科目	2020 年 12 月 31 日		2019 年 12 月 31 日		增减	
	金额(万元)	比例(%)	金额(万元)	比例(%)	金额(万元)	比例(%)
长期应付款	2 415.70	0.04	4 889.90	0.09	-2 474.20	-50.60
预计负债	827 934.95	14.52	393 109.05	7.42	434 825.89	110.61
递延所得税负债	243 028.25	4.26	253 923.92	4.79	-10 895.67	-4.29
其他负债	4 532 044.42	79.51	4 478 611.39	84.52	53 433.02	1.19
长期负债合计	5 700 153.67	100.00	5 298 568.38	100.00	401 585.29	7.58

注:本年度有 5 家信托公司尚未披露年报,故未在本表中披露相关数据。

3. 偿债能力分析

(1)母公司资产负债率分析

2020 年信托公司汇总母公司资产负债率为 18.21%,较上年上升了 0.85%(见表 4-2-8)。

资产负债率 = 汇总负债总额/汇总资产总额 ×100%

表 4-2-8 母公司固有资产汇总报表资产负债率分析

单位:%

项目	2020 年	2019 年	增减
资产负债率	18.21	17.35	0.85

注:本年度有 5 家信托公司尚未披露年报,故未在本表中披露相关数据。

(2)流动比率分析

2020 年固有资产流动比例为 3.81,较上年减少了 0.27,企业短期偿债能力变弱(见表 4-2-9)。

流动比率 = 汇总流动资产/汇总流动负债

表 4-2-9 固有资产汇总报表流动比率分析

项目	2020 年	2019 年	增减
流动比率	3.81	4.08	-0.27

注:本年度有 5 家信托公司尚未披露年报,故未在本表中披露相关数据。

(3)母公司现金比率分析

现金偿债比率较上年下降 0.11(见表 4-2-10)。

现金偿债比率 = 汇总(货币资金 + 存放中央银行款项 + 存放同业款项 + 其他货币资金)/汇总流动负债

表 4-2-10 固有资产汇总现金偿债比率分析

项目	2020 年	2019 年	增减
现金偿债比率	0.70	0.81	-0.11

注:本年度有 5 家信托公司尚未披露年报,故未在本表中披露相关数据。

4. 盈利能力分析

(1)营业利润分析

2020 年信托行业营业总收入上升 7.33%,而营业总成本上升 32.07%,故 2020 年营业利润率为 53.72%,较上年下降了 8.67%(见表 4-2-11)。

表 4-2-11 固有资产汇总报表营业利润率

项目	2020 年(万元)	2019 年(万元)	增减(万元)	变动比率(%)
营业总收入	11 712 800.20	10 912 540.02	800 260.18	7.33
营业总成本	5 421 202.61	4 104 812.55	1 316 390.06	32.07
营业利润	6 291 597.59	6 807 727.47	-516 129.88	-7.58
营业利润率(%)	53.72	62.38	-8.67	-13.90

注:本年度有 5 家信托公司尚未披露年报,故未在本表中披露相关数据。

(2)收入结构分析

2020 年营业总收入为 1 171.28 亿元,较上年的 1 091.25 亿元增加了 80.03 亿元,增长 7.33%。其中,手续费及佣金收入增加 60.90 亿元,增长幅度为 7.88%(见表 4-2-12)。

在营业总收入构成中,手续费及佣金净收入占比最大,达 71.18%;其次是投资收益,占比为 23.92%。

表 4 -2 -12　固有资产汇总报表营业收入组成明细

项目	2020 年		2019 年		增减	
	金额(万元)	比例(%)	金额(万元)	比例(%)	金额(万元)	比例(%)
1. 营业收入	—	—	—	—	—	—
2. 利息净收入	204 984. 29	1. 75	246 661. 56	2. 26	-41 677. 28	-16. 90
3. 金融企业往来净收入	—	—	—	—	—	—
4. 手续费及佣金净收入	8 337 711. 57	71. 18	7 728 698. 73	70. 82	609 012. 84	7. 88
5. 租赁收入	—	—	—	—	—	—
6. 投资收益	2 801 592. 22	23. 92	2 628 249. 01	24. 08	173 343. 21	6. 60
7. 公允价值变动收益	42 120. 18	0. 36	98 289. 79	0. 90	-56 169. 61	-57. 15
8. 汇兑收益	15 009. 91	0. 13	901. 63	0. 01	14 108. 28	1564. 75
9. 其他业务收入	311 382. 02	2. 66	209 739. 30	1. 92	101 642. 73	48. 46
营业总收入合计	11 712 800. 20	100. 00	10 912 540. 02	100. 00	800 260. 18	7. 33

注:1. 本期将营业收入单独列示披露。
2. 本年度有 5 家信托公司尚未披露年报,故未在本表中披露相关数据。

5. 固有业务资产收益率分析

2020 年整个信托行业的总资产收益率为 6. 09%,比 2019 年下降 1. 29%;净资产收益率为 7. 44%,比 2019 年下降了 1. 49%。其中,净利润减少 52. 50 亿元,下降了 10. 09%;净资产增加 458. 48 亿元,增长了 7. 87%(见表 4 -2 -13)。

表 4 -2 -13　固有资产汇总报表资产收益率情况

项目名称	2020 年(万元)	2019 年(万元)	增减率(%)
净利润	4 678 641. 68	5 203 633. 30	-10. 09
净资产	62 870 194. 15	58 285 366. 07	7. 87
净资产收益率(%)	7. 44	8. 93	-1. 49
总资产	76 864 274. 95	70 522 567. 88	[illegible]
总资产收益率(%)	6. 09	7. 38	-1. 29

6. 综合收益总额分析

2020 年整个信托行业的综合收益总额为 462. 52 亿元,比 2019 年减少 90. 15 亿元,下降 16. 31%。其中,营业利润较上年下降 7. 58%,利润总额较上年下降 9. 03%,故本年综合收益较上年有所下降(见表 4 -2 -14)。

表 4 -2 -14　汇总综合收益总额变动情况

项目	2020 年(万元)	2019 年(万元)	增减额(万元)	增减率(%)
营业利润	6 291 597. 59	6 807 727. 47	-516 129. 88	-7. 58
营业外收入	53 130. 92	88 718. 61	-35 587. 69	-40. 11
营业外支出	199 383. 81	140 740. 66	58 643. 15	41. 67
利润总额	6 145 344. 70	6 755 705. 42	-610 360. 72	-9. 03
所得税费用	1 466 703. 02	1 552 072. 13	-85 369. 10	-5. 50
净利润	4 678 641. 68	5 203 633. 30	-524 991. 62	-10. 09
其他综合收益	-53 463. 23	323 013. 07	-376 476. 30	-116. 55
综合收益总额	4 625 178. 45	5 526 646. 37	-901 467. 92	-16. 31

第五章　信托资产报表总体分析

本章我们将2020年已披露年报的63家信托公司披露的信托资产部分的会计报表，包括信托资产负债表和信托项目利润及利润分配表分别汇总成代表中国信托行业信托资产整体状况的汇总报表，对中国信托公司信托资产的整体财务状况和经营成果进行分析。

一、2020年信托资产汇总报表分析

（一）信托业务汇总报表

2020年，已披露年报的63家信托公司整体信托项目资产合计为197 798.69亿元，比2019年下降4.43%，信托负债增长14.32%（见表5－1－1）。

表5－1－1　信托资产的汇总资产负债表

信托资产	年末数（万元）	年初数（万元）	增减额（万元）	增减率（%）
信托资产：				
货币资金	43 998 491.36	52 361 232.76	－8 362 741.40	－15.97
拆出资金	2 447 579.03	3 780 135.19	－1 332 556.16	－35.25
存出保证金	313 189.44	166 974.47	146 214.97	87.57
交易性金融资产	229 170 413.31	195 124 630.64	34 045 782.67	17.45
衍生金融资产	133 249.77	10 647.44	122 602.33	1 151.47
结算备付金	28 866.40	43 848.41	－14 982.01	－34.17
应收票据	0.73	—	0.73	—
应收利息	720 896.32	584 018.28	136 878.04	23.44
应收股利	101 996.37	108 682.10	－6 685.73	－6.15
应收款项	92 065 871.54	131 090 661.10	－39 024 789.56	－29.77
买入返售资产	68 887 120.46	76 526 666.23	－7 639 545.76	－9.98
其他应收款	4 116 331.65	4 331 310.42	－214 978.77	－4.96
客户贷款	670 838 564.70	800 396 400.81	－129 557 836.12	－16.19
可供出售金融资产	299 044 115.89	312 232 387.09	－13 188 271.20	－4.22
持有至到期投资	212 977 001.33	187 311 860.51	25 665 140.82	13.70
长期股权投资	151 116 734.46	161 261 781.76	－10 145 047.30	－6.29
长期应收款	55 971 716.87	17 142 144.34	38 829 572.53	226.52
固定资产	—	—	—	—
投资性房地产	114 203.87	149 658.02	－35 454.15	－23.69
无形资产	44 088.93	2 493 750.73	－2 449 661.80	－98.23
长期待摊费用	5 623.53	4 631.42	992.11	21.42
其他资产	145 890 798.81	124 524 281.94	21 366 516.87	17.16
信托资产合计	1 977 986 854.76	2 069 645 703.65	－91 658 848.90	－4.43

续表

信托负债和信托权益	年末数(万元)	年初数(万元)	增减额(万元)	增减率(%)
信托负债:				
应付受托人报酬	548 859. 26	518 492. 77	30 366. 49	5. 86
应付托管费	106 106. 08	105 042. 72	1 063. 36	1. 01
应付管理人报酬	—	—	—	—
应付受益人收益	1 915 692. 88	1 652 617. 78	263 075. 10	15. 92
应付销售服务费	50 865. 73	44 651. 74	6 213. 99	13. 92
衍生金融负债	—	—	—	—
卖出回购资产款	1 765 663. 06	1 650 861. 50	114 801. 56	6. 95
应付股利	272 449. 09	77 645. 00	194 804. 09	250. 89
应付账款	763 189. 37	473 178. 88	290 010. 49	61. 29
预收账款	5. 00	5. 00	—	—
应交税金	821 762. 78	574 733. 90	247 028. 87	42. 98
其他应付款项	19 386 048. 55	16 925 009. 82	2 461 038. 73	14. 54
长期应付款	—	—	—	—
其他负债	249 450. 89	615 155. 64	-365 704. 75	-59. 45
信托负债合计	25 880 304. 20	22 637 396. 32	3 242 697. 94	14. 32
信托权益:	—	—	—	—
实收信托	1 907 064 906. 99	2 012 901 227. 75	-105 836 320. 76	-5. 26
资本公积	3 966 220. 46	4 095 378. 46	-129 158. 00	3. 15
其他综合收益	240 815. 84	-199 837. 00	440 652. 84	-220. 51
外币报表折算差额	3 580. 62	11 876. 87	-8 296. 25	-69. 85
未分配利润	40 831 319. 83	30 199 661. 26	10 631 658. 57	35. 20
信托权益合计	1 952 106 550. 56	2 047 008 307. 34	-94 901 463. 60	-4. 64
信托负债及信托权益合计	1 977 986 854. 76	2 069 645 703. 65	-91 658 765. 66	-4. 43

注:1. 在统计过程中,由于部分公司报表存在尾差,在汇总报表时将其全部记入"其他负债"科目。
2. 本年度有 5 家信托公司尚未披露年报,故未在本表中披露相关数据。

2020 年信托行业信托资产负债率为 1. 31%,较上年有所上升(见表 5 -1 -2),信托资产一般资产负债率都在 1%左右,负债占比较低。

2020 年信托资产总额比 2019 年减少了 9 165. 88 亿元,下降 4. 43%,其中减少最多的为客户贷款,减少了 12 955. 78 亿元。

相比资产总额的大额减少,信托负债增加324. 29 亿元,增长 14. 33%。信托资产的权益合计减少了 9 490. 18 亿元,主要是实收信托减少了 10 583. 63 亿元。

表 5 -1 -2 信托资产的汇总简式资产负债表

信托资产	2020 年 12 月 31 日(万元)	2019 年 12 月 31 日(万元)	增减额(万元)	增减率(%)
信托资产合计	1 977 986 854. 76	2 069 645 703. 65	-91 658 848. 90	-4. 43
信托负债合计	25 880 304. 20	22 637 396. 32	3 242 907. 88	14. 33
信托权益合计	1 952 106 550. 56	2 047 008 307. 34	-94 901 756. 78	-4. 64
信托资产负债率(%)	1. 31	1. 09	—	—

注:本年度有 5 家信托公司尚未披露年报,故未在本表中披露相关数据。

2020 年信托业务收入为 14 482. 54 亿元，比 2019 年的 14 379. 53 亿元增加了 103. 01 亿元，增长 0. 72%（见表 5 －1 －3）。

2020 年综合收益为 12 604. 03 亿元，比 2019 年增加了 69. 07 亿元。2020 年将可供分配利润中 74. 17% 用于分配，比 2019 年的 80. 06% 有所下降。2020 年末未分配信托利润为 4 083. 13 亿元，比 2019 年增加了 1 011. 47 亿元。

信托利润点依然来自利息收入和投资收益，分别占营业总收入的 47. 95% 和 44. 19%。

表 5 －1 －3　信托资产的汇总简式利润表

项目	2020 年（万元）	2019 年（万元）	增减额（万元）	增减率（%）
一、营业收入	144 825 363. 50	143 795 307. 55	1 030 055. 95	0. 72
利息收入	69 445 123. 25	73 236 486. 15	−3 791 362. 90	−5. 18
投资收益	63 999 176. 55	55 421 690. 38	8 577 486. 17	15. 48
租赁收入	4 556. 35	5 097. 85	−541. 50	−10. 62
公允价值变动损益	8 441 558. 83	11 779 629. 69	−3 338 070. 86	−28. 34
汇兑损益（损失以"－"号填列）	−22 959. 48	−6 581. 18	−16 378. 30	248. 87
其他收入	2 957 908. 01	3 358 984. 67	−401 076. 66	−11. 94
二、营业支出	18 490 589. 33	16 183 085. 71	2 307 503. 62	14. 26
三、营业税金及附加	364 487. 08	336 170. 70	28 316. 38	8. 42
四、营业外收支	−98 785. 78	−13 605. 29	−85 180. 49	626. 08
五、扣除资产损失前的信托利润	125 871 501. 31	127 262 445. 85	−1 390 944. 55	−1. 09
减：资产减值损失	339 850. 07	2 346 586. 66	−2 006 736. 59	−85. 52
加：其他综合收益	508 610. 71	433 721. 60	74 889. 11	17. 27
六、综合收益	126 040 261. 95	125 349 580. 79	690 681. 16	0. 55
加：期初未分配信托利润	30 188 600. 99	11 849 021. 65	18 339 579. 35	154. 78
加：未分配信托利润平准金	995 617. 13	644 065. 01	351 552. 12	54. 58
加：其他转入	—	—	—	—
减：其他综合收益	508 610. 71	433 721. 60	74889. 1132	17. 27
七、可供分配的信托利润	156 715 869. 36	137 408 945. 85	19 306 923. 51	14. 05
减：本期已分配信托利润	116 231 738. 84	110 014 467. 38	6 217 271. 46	5. 65
加：损益平准金	347 189. 30	2 805 182. 79	−2 457 993. 49	−87. 62
加：未注明原因的事项	—	—	—	—
八、期末未分配信托利润	40 831 319. 83	30 199 661. 26	10 114 704. 66	43. 42

注：1. 对部分未披露上年金额的信托公司，采用 2019 年报告的数据进行统计。
2. 本年度有 5 家信托公司尚未披露年报，故未在本表中披露相关数据。

（二）信托资产汇总结构分析

从资产结构的构成来看，贷款（包括发放贷款和客户贷款）占比最高，达总信托资产的 33. 92%，其金额为 67 083. 86 亿元，其次是可供出售金融资产，总额达 29 904. 41 亿元，占总信托资产的 15. 12%（见表 5 －1 －4）。

2020 年信托行业整体信托资产略有减少，下降了 4. 43%，从减少额上看，最主要的是贷款、应收款项、可供出售金融资产、长期股权投资总额合计比上年合计减少 19 191. 59 亿元；交易性金融资产、持有至到期投资、长期应收款及其他资产增加金额较多，其他变动额不大。

表 5 －1 －4　信托资产汇总报表资产结构分析

项目	2020 年 12 月 31 日		2019 年 12 月 31 日		增减	
	金额（万元）	占比（%）	金额（万元）	占比（%）	金额（万元）	比率（%）
货币资金	43 998 491. 36	2. 22	52 361 232. 76	2. 53	−8 362 741. 40	−15. 97
拆出资金	2 447 579. 03	0. 12	3 780 135. 19	0. 18	−1 332 556. 16	−35. 25
存出保证金	313 189. 44	0. 02	166 974. 47	0. 01	146 214. 97	87. 57
交易性金融资产	229 170 413. 31	11. 59	195 124 630. 64	9. 43	34 045 782. 67	17. 45
衍生金融资产	133 249. 77	0. 01	10 647. 44	—	122 602. 33	1151. 47
结算备付金	28 866. 40	—	43 848. 41	—	−14 982. 01	−34. 17
应收票据	0. 73	—	—	—	0. 73	—
应收利息	720 896. 32	0. 04	584 018. 28	0. 03	136 878. 04	23. 44
应收股利	101 996. 37	0. 01	108 682. 10	0. 01	−6 685. 73	−6. 15
应收款项	92 065 871. 54	4. 65	131 090 661. 10	6. 33	−39 024 789. 56	−29. 77
买入返售资产	68 887 120. 46	3. 48	76 526 666. 23	3. 70	−7 639 545. 76	−9. 98

续表

项目	2020 年 12 月 31 日		2019 年 12 月 31 日		增减	
	金额（万元）	占比（%）	金额（万元）	占比（%）	金额（万元）	比率（%）
其他应收款	4 116 331. 65	0. 21	4 331 310. 42	0. 21	-214 978. 77	-4. 96
贷款	670 838 564. 70	33. 92	800 396 400. 81	38. 67	-129 557 836. 12	-16. 19
可供出售金融资产	299 044 115. 89	15. 12	312 232 387. 09	15. 09	-13 188 271. 20	-4. 22
持有至到期投资	212 977 001. 33	10. 77	187 311 860. 51	9. 05	25 665 140. 82	13. 70
长期股权投资	151 116 734. 46	7. 64	161 261 781. 76	7. 79	-10 145 047. 30	-6. 29
长期应收款	55 971 716. 87	2. 83	17 142 144. 34	0. 83	38 829 572. 53	226. 52
固定资产	—	—	—	—	—	—
投资性房地产	114 203. 87	0. 01	149 658. 02	0. 01	-35 454. 15	-23. 69
无形资产	44 088. 93	—	2 493 750. 73	0. 12	-2 449 661. 80	-98. 23
长期待摊费用	5 623. 53	—	4 631. 42	—	992. 11	21. 42
其他资产	145 890 798. 81	7. 38	124 524 281. 94	6. 02	21 366 516. 87	17. 16
信托资产运用合计	1 977 986 854. 76	100. 00	2 069 645 703. 65	100. 00	-91 658 848. 90	-4. 43

注：本年度有 5 家信托公司尚未披露年报，故未在本表中披露相关数据。

从表 5 -1 -5 可以看出，信托资产的权益合计为 195 210. 68 亿元，其中，实收信托总额达 190 706. 49 亿元，占信托权益总额的 97. 69%。信托权益减少的主要原因是实收信托的减少，我们在表 5 -1 -2 中也有所阐述。

表 5 -1 -5　信托资产汇总报表信托权益结构分析

项目	2020 年 12 月 31 日		2019 年 12 月 31 日		增减	
	金额（万元）	占比（%）	金额（万元）	占比（%）	金额（万元）	比率（%）
实收信托	1 907 064 906. 99	97. 69	2 012 901 227. 75	98. 33	-105 836 320. 76	-5. 26
资本公积	3 966 220. 46	0. 20	4 095 378. 46	0. 20	-129 158. 00	-3. 15
其他综合收益	240 815. 84	0. 01	-199 837. 00	-0. 01	440 652. 84	-220. 51
外币折算差额	3 580. 62	—	11 876. 87	—	-8 296. 25	-69. 85
未分配利润	40 831 319. 83	2. 09	30 199 661. 26	1. 48	10 631 658. 57	35. 20
信托权益合计	1 952 106 843. 74	100. 00	2 047 008 307. 34	100. 00	-94 901 463. 60	-4. 64

2020 年营业总收入比 2019 年增加 103. 01 亿元，其中，投资收益增加 857. 75 亿元，其他主要项目均有所减少（见表 5 -1 -6）。

从公司收入结构分析，利息收入与投资收益是收入的主要来源，这与资产分布情况有关联。发放贷款和客户贷款合计占资产总额的 33. 92%，导致利息收入占营业总收入的比例为 47. 95%；金融资产（包括交易性金融资产、可供出售金融资产、债权投资、其他权益工具和持有至到期投资）占资产总额的 37. 47%；对外投资（包括短期投资、长期债权投资、长期股权投资及其他长期投资）占资产总额的 7. 64%，导致投资收益占营业总收入的比例为 44. 19%。

表 5 -1 -6　信托资产汇总报表收入结构分析

项目	2020 年 12 月 31 日		2019 年 12 月 31 日		增减	
	金额（万元）	占比（%）	金额（万元）	占比（%）	金额（万元）	比率（%）
利息收入	69 445 123. 25	47. 95	73 236 486. 15	50. 93	-3 791 362. 90	-5. 18
投资收益	63 999 176. 55	44. 19	55 421 690. 38	38. 54	8 577 486. 17	15. 48
租赁收入	4 556. 35	—	5 097. 85	—	-541. 50	-10. 62
公允价值变动损益	8 441 558. 83	5. 83	11 779 629. 69	8. 19	-3 338 070. 86	-28. 34
汇兑损益	-22 959. 48	-0. 02	-6 581. 18	—	-16 378. 30	248. 87
其他收入	2 957 908. 01	2. 04	3 358 984. 67	2. 34	-401 076. 66	-11. 94
营业收入合计	144 825 363. 50	100. 00	143 795 307. 55	100. 00	1 030 055. 95	0. 72

（三）信托资产经营成果及结构分析

表 5 -1 -7　信托资产汇总报表利润总额结构

单位：万元

排名	公司简称	营业收入	营业支出	营业税金及附加	营业外收支	减：资产减值损失	其他综合收益	综合收益
1	华润信托	10 102 450. 12	938 947. 88	21 521. 00	-116 944. 08	105 005. 10	—	8[illegible]20 032. 06
2	中信信托	10 037 465. 07	1 364 660. 20	28 144. 02	—	171 765. 52	—	8[illegible]72 895. 33

续表

排名	公司简称	营业收入	营业支出	营业税金及附加	营业外收支	减:资产减值损失	其他综合收益	综合收益
3	外贸信托	7 785 088.05	892 444.37	14 797.55	18 212.30	23 994.75	—	6 872 063.68
4	建信信托	7 298 854.16	660 849.91	17 944.07	—	—	—	6 736 214.64
5	光大兴陇信托	7 046 304.25	788 757.05	18 113.98	—	—	—	6 239 433.22
6	五矿信托	6 627 628.97	1 293 357.61	21 728.74	54.00	—	—	5 312 596.62
7	中融信托	6 484 173.93	1 171 726.28	—	—	—	-53 262.35	5 259 185.30
8	华能信托	5 667 123.67	911 390.09	16 202.34	—	3 671.78	—	4 735 859.46
9	中航信托	5 062 488.83	566 533.29	13 601.63	—	5 390.69	-93 533.97	4 383 429.25
10	华宝信托	3 111 121.21	161 613.32	5 977.95	—	—	289 080.88	3 232 610.82
11	渤海信托	3 504 535.12	327 133.27	—	—	33.67	—	3 177 368.18
12	兴业信托	3 489 279.02	447 084.99	—	—	—	—	3 042 194.03
13	上海信托	3 347 444.90	427 161.42	10 215.58	—	13 357.31	120 367.51	3 017 078.10
14	交银国际信托	3 498 558.01	520 284.41	11 394.35	—	3 445.64	-67 120.35	2 896 313.26
15	平安信托	3 391 785.55	601 969.21	12 021.38	—	—	—	2 777 794.96
16	长安信托	2 864 995.35	366 401.58	—	—	—	30 837.11	2 529 430.88
17	粤财信托	2 645 474.54	234 890.40	5 082.65	—	369.89	—	2 405 131.60
18	江苏信托	2 600 531.64	192 525.48	12 392.99	—	25 004.05	—	2 370 609.12
19	华鑫信托	2 468 798.11	241 024.82	5 656.73	—	—	—	2 222 116.56
20	西部信托	2 462 367.51	247 258.82	7 504.51	—	1 481.50	—	2 206 122.68
21	英大信托	2 058 081.66	199 378.24	7 045.87	—	—	—	1 851 657.55
22	陕国投	2 102 079.90	302 392.62	7 668.59	—	—	—	1 792 018.69
23	中铁信托	2 087 124.00	302 133.00	—	—	—	—	1 784 991.00
24	中海信托	1 905 509.84	251 853.08	9 216.76	—	—	—	1 644 440.00
25	云南信托	1 588 840.04	127 925.87	5 952.49	—	47 483.46	83 346.14	1 490 824.36
26	陆家嘴信托	1 737 307.43	265 569.59	5 626.75	—	—	—	1 466 111.09
27	山东国信	1 701 300.75	267 837.81	5 450.48	—	—	36 486.57	1 464 499.03
28	百瑞信托	1 591 956.45	206 235.57	5 481.28	—	—	—	1 380 239.60
29	厦门国际信托	1 516 360.00	162 464.00	5 072.00	—	—	—	1 348 824.00
30	昆仑信托	1 472 175.81	132 890.62	3 636.83	—	—	—	1 335 648.36
31	国投泰康信托	1 358 954.92	174 657.16	4 241.63	—	—	—	1 180 056.13
32	国通信托	1 359 880.38	152 399.43	3 914.24	—	31 740.00	—	1 171 826.71
33	西藏信托	1 235 086.29	72 154.90	2 304.15	—	-28.27	—	1 160 655.51
34	中诚信托	1 369 654.53	248 790.31	4 937.93	—	—	—	1 115 926.29
35	中国民生信托	1 355 110.75	243 017.05	3 132.00	—	—	—	1 108 961.70
36	国民信托	1 122 396.89	113 730.69	3 598.59	—	—	95 115.29	1 100 182.90
37	国元信托	1 119 409.62	68 569.50	3 950.37	—	—	—	1 046 889.75
38	万向信托	1 205 421.78	158 419.02	3 241.73	—	—	—	1 043 761.03
39	中原信托	1 143 310.84	118 269.63	3 813.89	—	—	—	1 021 227.32
40	天津信托	1 398 903.14	398 947.86	8 425.75	—	3 183.07	19 321.77	1 007 668.23
41	中粮信托	1 106 833.72	96 307.88	3 495.72	—	—	—	1 007 030.12
42	中建投信托	1 239 977.14	250 752.19	4 122.36	—	—	—	985 102.59
43	爱建信托	1 148 049.15	218 656.15	3 373.58	—	—	—	926 019.42
44	北京信托	1 111 105.09	198 320.90	3 487.28	—	7 919.36	—	901 377.55
45	重庆信托	1 077 922.56	202 143.09	4 284.36	—	—	—	871 495.11
46	紫金信托	994 852.21	129 692.96	3 186.89	—	—	—	861 972.36
47	财信信托	882 339.00	143 292.00	2 958.00	—	—	1 975.00	738 064.00
48	北方信托	729 833.01	75 334.37	2 434.22	—	—	33 998.55	686 062.97
49	浙金信托	715 379.37	77 077.94	1 746.99	—	—	4 415.39	640 969.83
50	华澳信托	710 371.06	73 937.19	2 529.73	—	—	—	633 904.14
51	吉林信托	612 632.09	15 250.63	732.68	—	—	—	596 648.78
52	苏州信托	645 248.09	100 514.66	2 083.05	—	—	—	542 650.38

续表

排名	公司简称	营业收入	营业支出	营业税金及附加	营业外收支	减:资产减值损失	其他综合收益	综合收益
53	东莞信托	631 375. 80	102 443. 67	1 996. 02	—	—	367. 35	527 303. 46
54	金谷信托	636 197. 27	119 353. 81	2 157. 69	—	—	—	514 685. 77
55	雪松信托	525 800. 30	69 946. 47	1 830. 11	—	—	6 598. 82	460 622. 54
56	国联信托	452 866. 00	39 871. 00	1 067. 00	—	—	—	411 928. 00
57	杭州工商信托	487 931. 00	93 149. 00	1 879. 00	—	—	617. 00	393 520. 00
58	大业信托	337 000. 42	58 714. 89	—	—	—	—	278 285. 53
59	安信信托	326 242. 46	50 711. 01	1 162. 12	—	—	—	274 369. 33
60	山西信托	243 003. 79	20 372. 84	723. 64	—	—	—	221 907. 31
61	中泰信托	229 096. 32	16 561. 98	—	—	12 187. 01	—	200 347. 33
62	长城新盛信托	48 339. 66	14 173. 32	209. 36	—	—	—	33 956. 98
63	华宸信托	7 634. 96	361. 02	16. 48	—	—	—	7 257. 45
64	四川信托	未披露	未披露	未披露	未披露	未披露	未披露	未披露
65	新时代信托	未披露	未披露	未披露	未披露	未披露	未披露	未披露
66	新华信托	未披露	未披露	未披露	未披露	未披露	未披露	未披露
67	华融信托	未披露	未披露	未披露	未披露	未披露	未披露	未披露
68	华信信托	未披露	未披露	未披露	未披露	未披露	未披露	未披露
合计		144 825 363. 50	18 490 589. 33	364 487. 08	-98 677. 78	339 850. 07	508 610. 71 8	126 040 369. 95

注:本年度有 5 家信托公司尚未披露年报,故未在本表中披露相关数据。

2020 年信托资产汇总综合收益总额合计为 12 604. 04 亿元,其中超过 500 亿元的有 7 家,金额在 100 亿 ~500 亿元的有 34 家公司,10 亿元以下的仅有 2 家公司(见表 5 -1 -8)。

表 5 -1 -8　信托资产汇总综合收益总额分布情况

项目	2020 年		
	家数(家)	利润总额(万元)	占比(%)
500 亿元以上	7	47 812 420. 85	37. 93
100 亿 ~500 亿元	34	66 519 498. 26	52. 78
10 亿 ~100 亿元	20	11 667 236. 40	9. 26%
10 亿元以下	2	41 214. 43	0. 03
合计	63	126 040 369. 95	100. 00

2020 年信托资产总资产综合收益率为 6. 23%(见表 5 -1 -9),其中 2 家公司超过 10%,绝大多数的信托公司平均综合收益率在 5% ~10%,3% 以下的仅有 2 家信托公司(见表 5 -1 -10)。

表 5 -1 -9　信托资产汇总报表总信托资产综合收益率

排名	公司简称	综合收益(万元)	平均信托资产(万元)	总信托资产综合收益率(%)
1	外贸信托	6 872 063. 68	56 044 685. 68	12. 26
2	吉林信托	596 648. 78	5 543 713. 80	10. 76
3	华润信托	8 920 032. 06	98 929 470. 80	9. 02
4	粤财信托	2 405 131. 60	27 465 720. 15	8. 76
5	华鑫信托	2 222 116. 56	25 393 098. 78	8. 75
6	万向信托	1 043 761. 03	12 060 233. 05	8. 65
7	杭州工商信托	393 520. 00	4 665 673. 50	8. 43
8	浙金信托	640 969. 83	8 347 934. 83	7. 68
9	东莞信托	527 303. 46	7 115 463. 72	7. 41
10	西部信托	2 206 122. 68	30 807 894. 09	7. 16
11	中融信托	5 259 185. 30	74 154 107. 72	7. 09
12	华宝信托	3 232 610. 82	45 995 763. 61	7. 03
13	光大兴陇信托	6 239 433. 22	88 834 659. 00	7. 02
14	中泰信托	200 347. 33	2 919 046. 87	6. 86
15	西藏信托	1 160 655. 51	17 200 324. 13	6. 75
16	五矿信托	5 312 596. 62	79 391 448. 10	6. 69
17	平安信托	2 777 794. 96	41 683 006. 04	6. 66
18	中航信托	4 383 429. 25	66 616 104. 71	6. 58

续表

排名	公司简称	综合收益(万元)	平均信托资产(万元)	总信托资产综合收益率(%)
19	云南信托	1 490 824. 36	22 669 606. 42	6. 58
20	陕国投	1 792 018. 69	27 287 235. 31	6. 57
21	国元信托	1 046 889. 75	15 948 159. 85	6. 56
22	陆家嘴信托	1 466 111. 09	22 583 176. 68	6. 49
23	兴业信托	3 042 194. 03	47 087 632. 98	6. 46
24	江苏信托	2 370 609. 12	36 932 112. 94	6. 42
25	国投泰康信托	1 180 056. 13	18 386 222. 80	6. 42
26	紫金信托	861 972. 36	13 456 963. 06	6. 41
27	中粮信托	1 007 030. 12	15 743 581. 86	6. 40
28	厦门国际信托	1 348 824. 00	21 105 231. 50	6. 39
29	[illegible]信信托	738 064. 00	12 005 724. 00	6. 15
30	渤海信托	3 177 368. 18	51 720 641. 99	6. 14
31	苏州信托	542 650. 38	8 853 559. 88	6. 13
32	国通信托	1 171 826. 71	19 199 861. 87	6. 10
33	中信信托	8 472 895. 33	139 940 745. 05	6. 05
34	长安信托	2 529 430. 88	42 038 830. 12	6. 02
35	华能信托	4 735 859. 46	78 772 362. 74	6. 01
36	中建投信托	985 102. 59	16 510 736. 94	5. 97
37	爱建信托	926 019. 42	15 616 733. 33	5. 93
38	国民信托	1 100 182. 90	18 620 746. 43	5. 91
39	华澳信托	633 904. 14	10 821 575. 75	5. 86
40	国联信托	411 928. 00	7 156 784. 50	5. 76
41	山西信托	221 907. 31	3 924 410. 59	5. 65
42	山东国信	1 464 499. 03	26 235 427. 52	5. 58
43	中国民生信托	1 108 961. 70	20 117 278. 69	5. 51
44	昆仑信托	1 335 648. 36	24 592 922. 69	5. 43
45	中原信托	1 021 227. 32	19 190 001. 68	5. 32
46	雪松信托	460 622. 54	8 786 928. 01	5. 24
47	中海信托	1 644 440. 00	32 521 070. 71	5. 06
48	百瑞信托	1 380 239. 60	27 839 163. 26	4. 96
49	北方信托	686 062. 97	13 874 709. 60	4. 94
50	华宸信托	7 257. 45	147 208. 86	4. 93
51	中诚信托	1 115 926. 29	22 854 165. 47	4. 88
52	中铁信托	1 784 991. 00	37 568 084. 50	4. 75
53	上海信托	3 017 078. 10	65 039 112. 58	4. 64
54	建信信托	6 736 214. 64	145 867 312. 43	4. 62
55	北京信托	901 377. 55	19 644 004. 97	4. 59
56	天津信托	1 007 668. 23	22 291 025. 13	4. 52
57	金谷信托	514 685. 77	12 164 413. 47	4. 23
58	交银国际信托	2 896 313. 26	69 623 701. 74	4. 16
59	大业信托	278 285. 53	6 736 933. 47	4. 13
60	重庆信托	871 495. 11	21 367 409. 46	4. 08
61	英大信托	1 851 657. 55	48 618 909. 75	3. 81
62	长城新盛信托	33 956. 98	1 411 925. 20	2. 41
63	安信信托	274 369. 33	17 773 585. 47	1. 54
64	华信信托	未披露	未披露	未披露
65	四川信托	未披露	未披露	未披露
66	新华信托	未披露	未披露	未披露
67	华融信托	未披露	未披露	未披露
68	新时代信托	未披露	未披露	未披露
合计		126 040 369. 95	2 023 816 279. 70	6. 23

注:本年度有5家信托公司尚未披露年报,故未在本表中披露相关数据。

表 5－1－10　信托资产总资产综合收益率分布情况

项目	2020 年	
	家数（家）	平均综合收益率（%）
10%以上	2	1[illegible].13
5%～10%	45	[illegible].66
3%～5%	14	[illegible].70
3%以下	2	[illegible].27
合计	63	6.23

二、信托资产管理情况分析

（一）信托资产运用及分布情况分析

2020 年信托资产总额为 197 798.69 亿元（见表 5－2－1）。从信托资产结构情况分析，客户贷款占信托资产比重最大，达 34.54%（见图 5－2－1）。从信托资产投向分布分析，主要集中在金融、证券、基础产业、实业、房地产业五大产业，占比为 72.77%，其他产业占比为 20.44%（见图 5－2－2）。

表 5－2－1　信托资产分布及运用情况

资产运用情况			资产分布情况		
项目	金额（万元）	比例（%）	项目	金额（万元）	比例（%）
货币资产	44 312 805.05	2.24	基础产业	294 648 722.47	14.90
客户贷款	683 162 936.18	34.54	房地产业	238 702 660.97	12.07
交易性金融资产	229 338 634.75	11.59	证券	260 659 025.61	13.18
应收账款	14 282 179.53	0.72	实业	376 729 490.26	19.05
买入返售金融资产	12 075 249.15	0.61	金融	268 729 441.89	13.59
可供出售金融资产	297 298 720.54	15.03	教育	—	—
持有至到期投资	213 223 714.36	10.78	其他企业	—	—
长期股权投资	151 038 549.06	7.64	工商企业	134 221 715.01	6.79
融资租赁	—	—	债券	—	—
长期应收款	3 840 015.11	0.19	基金	—	—
投资性房地产	57 115.72		其他	404 295 799.57	20.44
无形资产	—	—			
买入返售资产	1 218 161.12	0.06			
其他	328 138 775.21	16.59			
信托资产总额	1 977 986 855.78	100.00	信托资产总额	1 977 986 855.78	100.00

注：其他中包含尾差。

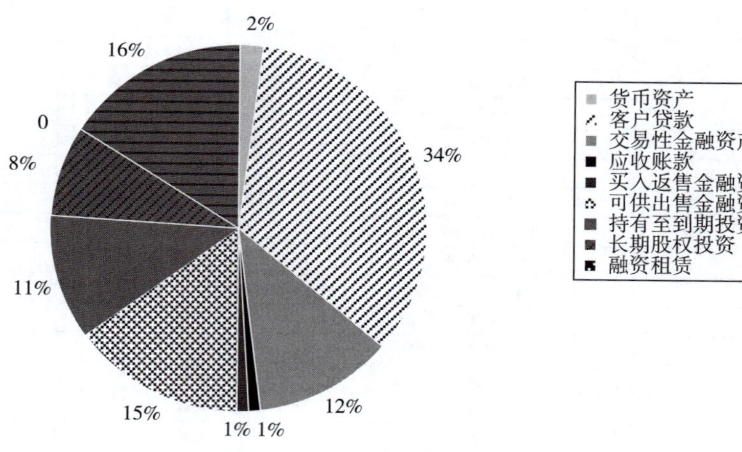

图 5－2－1　信托资产运用分析

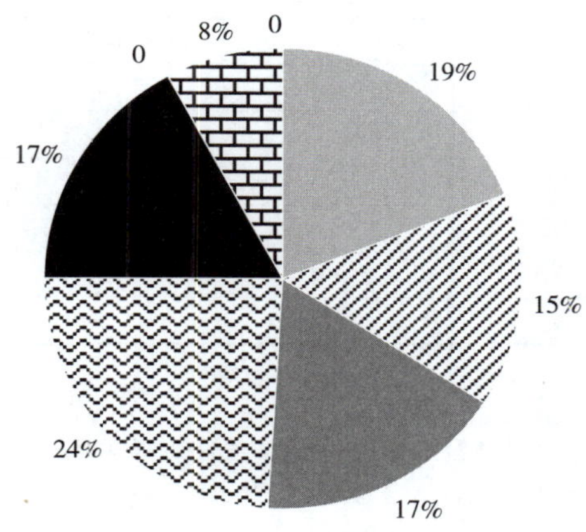

图 5-2-2　信托资产分布分析

(二)集合类、单一类和财产管理类信托项目变动情况

2020 年中止的信托项目数量比 2019 年多 795 个,合计金额比 2019 年增加 4 178.58 亿元。其中,单一类信托项目资产金额占比为 38.43%比 2019 年略有下降(见表 5-2-2)。

2020 年中止的信托项目资产加权平均实际年化收益率为 6.02%,具体详见表 3-3-3。

表 5-2-2　2020 年中止的集合类、单一类和财产管理类信托项目数量、金额汇总分析

项目	2020 年			2019 年		
	份数(份)	合计金额(万元)	金额比重(%)	份数(份)	合计金额(万元)	金额比重(%)
集合类	8 253	393 224 169.19	44.68	7 468	349 271 037.17	41.67
单一类	7 178	338 212 645.08	38.43	7 416	335 909 494.11	40.07
财产管理类	1 592	148 580 802.39	16.88	1 344	153 051 285.01	18.26
合计	17 023	880 017 616.66	100.00	16 228	838 231 816.29	100.00

注:1 本年度有 5 家信托公司尚未披露年报,故未在本表中披露相关数据。
2. 2019 年数据引用 2019 年信托年鉴中披露的相关数据。

从披露的中止的集合类加权平均实际收益率看,按已披露年报的 63 家信托公司简单的平均计算,加权平均实际收益率约为 6.64%,高于 2019 年中止的集合类加权平均实际收益率 4.84%,同时高于银行贷款利率(见表 5-2-3)。

2020 年仅有 9 家信托公司的集合类信托项目资产加权平均实际年化收益率低于 5%。

表 5-2-3　2020 年中止的集合类加权平均实际收益率前五名

公司简称	加权平均实际收益率(%)
西藏信托	14.36
云南信托	10.91
华宸信托	9.37
吉林信托	9.37
英大信托	9.09
总体平均	6.64

注:1. 明细详见表 3-3-3。
2. 本年度有 5 家信托公司尚未披露年报,故未在本表中披露相关数据。

从披露的中止的单一类加权平均实际收益率看,按 63 家信托公司简单的平均计算,加权平均实际收益率约为 5.81%(见表 5-2-4),较集合类项目加权平均收益率低,比上年中止的单一类加权平均实际收益率略有下降;在 63 家信托公司中,有 12 家信托公司平均收益率低于 5%。

表5-2-4　2020年中止的单一类加权平均实际收益率前五名

公司简称	加权平均实际收益率(%)
中泰信托	8.56
陆家嘴信托	7.72
西藏信托	7.41
山西信托	7.17
国联信托	7.04
总体平均	5.81

注:1. 明细详见表3-3-3。
2. 本年度有5家信托公司尚未披露年报,故未在本表中披露相关数据。

2020年新增的信托项目中,集合类信托项目占较大份额,占总体的52.96%,单一类与财产管理类信托项目金额合计占比为47.04%(见表5-2-5)。此外,在新增项目类型中,主动管理型信托项目仍占比较大,被动管理型信托项目仅占34.26%(见表3-3-8)。

表5-2-5　2020年新增的集合类、单一类和财产管理类信托项目数量、金额汇总分析

类别	份数(份)	合计金额(万元)	金额比重(%)
集合类	11 485	423 607 823.76	52.96
单一类	8 685	163 316 908.91	20.42
财产管理类	6 079	212 985 970.25	26.63
新增合计	26 249	799 910 702.86	100.00
其中:主动管理型	21 331	525 830 995.82	65.74
被动管理型	4 918	274 079 707.04	34.26

注:本年度有5家信托公司尚未披露年报,故未在本表中披露相关数据。

2020年已清算结束的主动管理型信托项目实收信托金额合计为40 513.84亿元,其中融资类信托项目比重最大,占比为55.05%(见表5-2-6)。由于在各家公司的年报披露中,存在未披露加权平均实际年化信托报酬率或加权平均实际年化收益率的情况,我们在本次年鉴中未进行统计分析。

表5-2-6　2020年信托公司已清算结束的主动管理型资产运用情况

已清算结束信托项目	项目个数(个)	实收信托合计金额(万元)	金额占比(%)
证券投资类	1 373	72 400 334.53	17.87
股权投资类	878	46 580 126.31	11.50
融资类	5 599	223 046 382.29	55.05
事务管理类	339	12 813 987.61	3.16
权益类	49	659 468.90	0.16
其他投资类	1 287	49 638 090.37	12.25
合计	9 525	405 138 390.01	100.00

注:本年度有5家信托公司尚未披露年报,故未在本表中披露相关数据。

2020年已清算结束的被动管理型信托项目实收信托金额合计为47 487.92亿元,其中事务管理类信托项目比重最大,占比为77.17%(见表5-2-7)。由于在各家公司的年报披露中,存在未披露加权平均实际年化信托报酬率或加权平均实际年化收益率的情况,我们在本次年鉴中未进行统计分析。

表5-2-7　2020年信托公司已清算结束的被动管理型资产运用情况

已清算结束信托项目	项目个数(个)	实收信托合计金额(万元)	金额占比(%)
证券投资类	451	16 026 941.42	3.37
股权投资类	146	15 309 171.37	3.22
融资类	1 300	68 994 426.53	14.53
事务管理类	5 521	366 441 147.71	77.17
其他投资类	80	8 107 538.61	1.71
合计	7 498	474 879 225.64	100.00

注:本年度有5家信托公司尚未披露年报,故未在本表中披露相关数据。

2020 年信托资产期末数总金额为 197 536. 27 亿元，比 2019 年减少 9 294. 99 亿元，降幅为 4. 49%（见表 5 -2 -8）。其中，集合类信托资产比重最大，占期末数的 49. 28%（见表 3 -3 -4）。

表 5 -2 -8　信托资产的期初数、期末数

信托资产	期初数		期末数	
	金额（万元）	比重（%）	金额（万元）	比重（%）
集合类	941 267 994. 48	45. 51	973 400 226. 56	49. 28
单一类	769 573 945. 72	37. 21	593 659 964. 52	30. 05
财产权类	357 470 689. 19	17. 28	408 302 558. 24	20. 67
合计	2 068 312 629. 39	100. 00	1 975 362 749. 32	100. 00

注：本年度有 5 家信托公司尚未披露年报，故未在本表中披露相关数据。

2020 年主动管理型信托业务的信托资产期末数总金额为 105 030. 77 亿元，比 2019 年增加 12 827. 68 亿元，增幅为 13. 91%（见表 5 -2 -9）。其中，融资类比重最大，占期末数的 42. 47%（明细见表 3 -3 -6）。

表 5 -2 -9　主动管理型信托业务的信托资产期初数、期末数

主动管理型信托资产	期初数		期末数	
	金额（万元）	比重（%）	金额（万元）	比重（%）
证券投资类	139 628 608. 68	15. 14	204 658 977. 93	19. 49
股权投资类	126 273 375. 15	13. 70	152 070 648. 63	14. 48
融资类	496 235 444. 24	53. 82	446 022 775. 93	42. 47
事物管理类	46 273 957. 39	5. 02	63 416 187. 77	6. 04
权益类	1 490 899. 63	0. 16	2 607 818. 92	0. 25
其他投资类	112 128 589. 08	12. 16	181 531 312. 96	17. 28
合计	922 030 874. 17	100. 00	1 050 307 722. 14	100. 00

注：本年度有 5 家信托公司尚未披露年报，故未在本表中披露相关数据。

2020 年被动管理型信托业务的信托资产期末数总金额为 92 501. 70 亿元，比 2019 年减少 22 126. 47 亿元，降幅为 19. 30%（见表 5 -2 -10）。其中事务管理类比重最大，占期末数的 77. 23%（明细见表 3 -3 -6）。

表 5 -2 -10　被动管理型信托业务的信托资产期初数、期末数

被动管理型信托资产	期初数		期末数	
	金额（万元）	比重（%）	金额（万元）	比重（%）
证券投资类	76 615 138. 20	6. 68	48 307 378. 95	5. 22
股权投资类	51 152 221. 76	4. 46	36 827 780. 76	3. 98
融资类	160 176 441. 37	13. 97	100 456 047. 52	10. 86
事物管理类	832 128 563. 18	72. 59	714 403 014. 45	77. 23
权益类	100 220. 99	0. 01	29 000. 11	—
其他投资类	26 109 169. 74	2. 28	24 993 791. 35	2. 70
合计	1 146 281 755. 24	100. 00	925 017 013. 14	100. 00

注：本年度有 5 家信托公司尚未披露年报，故未在本表中披露相关数据。

第六章　财务报表附注及其他项目的分析

本章对财务报表附注披露的一些重要事项进行了分析，包括或有事项、自营资产风险分类情况、资产损失准备计提情况，以及关联方关系及其交易等各项情况。同时，本章还对信托公司在2020年年报中对经营因素的认可情况做了详细的统计，以便于相关部门决策参考。

一、或有事项情况

（一）对外担保和或有事项情况

1. 对外担保总额分析

经过对已披露年报的63家信托公司的统计，2020年末，涉及对外担保的公司共有6家，对外担保金额为18.70亿元，比上年减少了6.56亿元（见表6－1－1）。2020年末信托公司对外担保的详细情况见表6－1－2。

表6－1－1　2020年末信托公司担保事项汇总

币种	2020年末担保金额（万元）	2019年末担保金额（万元）	增减额（万元）	增幅（%）
人民币	187 026.46	252 646.46	－65 620.00	－25.97

表6－1－2　2020年信托公司涉及对外担保的详细情况

单位：万元

公司简称	被担保单位	年初担保金额	年末担保金额
安信信托	上海盛玄集团有限公司	48 000.00	—
安信信托	天津方能石油化工销售有限公司	40 000.00	20 000.00
安信信托	天津宏远旺能石油化工科技有限公司	50 000.00	25 000.00
安信信托	天津万能石油化工科技有限公司	5 000.00	4 000.00
北方信托	未披露	62 490.00	14 990.00
厦门国际信托	厦门市市政项目担保	2 289.00	2 169.00
渤海信托	未披露	44 867.46	34 867.46
天津信托	未披露	—	60 000.00
吉林信托	吉林市城投大数据建设有限公司	—	1 000.00
吉林信托	吉林市吉房置业发展有限公司	—	3 000.00
吉林信托	吉林市城投建设实业有限公司	—	4 000.00
吉林信托	吉林市吉城综合管廊建设经营有限公司	—	4 000.00
吉林信托	吉林农业投资发展有限公司	—	7 000.00
吉林信托	吉林市隆鑫市政工程有限责任公司	—	7 000.00
合计		252 646.46	187 026.46

注：本年度华四川信托等5家信托公司尚未披露年报，故未在本表中披露相关数据。

2. 对外担保与净资产的比较分析

在已披露年报的63家信托公司中，2020年末存在担保事项的5家信托公司担保金额合计为18.70亿元，占63家公司自有净资产总额6 287.02亿元的0.297%。有担保事项的公司年末担保额均没有超过净资产；担保额占净资产比例的平均值为5.36%，超过平均值的有3家，情况详见表6－1－3。

表 6－1－3　2020 年末信托公司担保金额占自有净资产比例情况

公司简称	期末担保金额(万元)	期末净资产(万元)	担保占净资产比(%)
天津信托	60 000.00	622 271.90	9.64
安信信托	49 000.00	96 587.01	50.73
渤海信托	34 867.46	1 322 466.13	2.64
吉林信托	26 000.00	398 771.31	6.52
北方信托	14 990.00	500 213.59	3.00
厦门国际信托	2 169.00	550 938.00	0.39
合计	187 026.46	3 491 247.94	5.36

注：本年度华四川信托等 5 家信托公司尚未披露年报，故未在本表中披露相关数据。

(二)公司本年发生或存在的重大诉讼仲裁事项

2020 年，在已披露年报的 63 家信托公司中，有 38 家公司披露没有诉讼仲裁事项，30 家公司披露有诉讼仲裁事项，情况详见表 6－1－4。

14 家披露有诉讼仲裁事项的信托公司合计存在 273 件诉讼仲裁案件，涉及金额约为 677.16 亿元，平均每个案件约 24 804.25 万元。

表 6－1－4　披露信托公司诉讼仲裁事件

公司简称	总诉讼件数(件)	涉诉金额(万元)	件数(起诉)(件)	金额(起诉)(万元)	件数(被诉)(件)	金额(被诉)(万元)
安信信托	115	4 303 900.00	35	2 319 400.00	80	1 984 500.00
百瑞信托	19	490 949.77	7	227 149.77	12	263 800.00
东莞信托	9	394 352.00	9	394 352.00	—	—
光大兴陇信托	3	3 756.00	3	3 756.00	—	—
杭州工商信托	1	—	1	未披露	—	—
财信信托	20	200 688.43	20	200 688.43	—	—
吉林信托	8	—	8	未披露	—	—
江苏信托	1	178 450.78	1	178 450.78	—	—
华宸信托	6	—	5	未披露	1	未披露
昆仑信托	4	—	4	未披露	—	—
山东国信	4	13 875.00	—	—	4	13 875.00
陕国投	2	16 057.50	2	16 057.50	—	—
苏州信托	1	15 000.00	1	15 000.00	—	—
长安信托	17	417 454.00	17	417 454.00	—	—
西部信托	2	13 297.00	1	13 000.00	1	297.00
厦门国际信托	1	—	1	未披露	—	—
英大信托	1	21 700.00	1	21 700.00	—	—
云南信托	11	171 749.68	11	171 749.68	—	—
中泰信托	1	—	1	未披露	—	—
中原信托	7	—	7	未披露	—	—
重庆信托	2	158 891.18	2	158 891.18	—	—
渤海信托	1	12 400.00	1	12 400.00	—	—
交银国际信托	2	—	2	未披露	—	—
中建投信托	9	—	9	未披露	—	—
爱建信托	1	8 690.00	—	—	1	8 690.00
国通信托	5	—	5	未披露	—	—
金谷信托	4	—	2	—	2	未披露
五矿信托	9	350 349.63	9	350 349.63	—	—
中粮信托	4	—	4	190 228.68	—	—

续表

公司简称	总诉讼件数(件)	涉诉金额(万元)	件数(起诉)(件)	金额(起诉)(万元)	件数(被诉)(件)	金额(被诉)(万元)
万向信托	3	—	3	未披露	—	—
合计	273	6 771 560.96	172	4 690 627.64	101	2 271 162.00

注:1. 杭州工商信托发生诉讼案件1起,为信托项目所涉且由公司作为原告,被告为信托项目所涉的交易对手。目前在法院审理阶段。未披露明确涉案金额。

2. 吉林信托存在以下重大诉讼事项:吉林省高级人民法院(2018)吉民初字第94号合同纠纷案、吉林省高级人民法院(2018)吉民初字第57号金融借款合同纠纷案、石家庄市中级人民法院(2020)冀01民初543号金融借款合同纠纷案、长春市中级人民法院(2019)吉01民初1035号合同纠纷案、中国国际经济贸易仲裁委员会D20191089号投资合作协议争议仲裁案、沈阳市中级人民法院(2019)辽01民初980号合同纠纷案、长春市中级人民法院(2020)吉01民初1552号合同纠纷案、长春市中级人民法院(2020)吉01民初3986号合同纠纷案。以上均未披露明确涉案金额。

3. 华宸信托存在以前年度重大未决诉讼事项6起(含仲裁案件)。其中,作为原告的案件5起、被告的案件1起。作为原告的案件主要是因信托融资引发的与债务人的纠纷,案件均已胜诉。作为被告的案件主要是因转让信托财产引发,目前案件已进入执行阶段。2020年,公司新增2起诉讼案件,其中1起已胜诉,1起正处于诉讼阶段。以上均未披露明确涉案金额。

4. 昆仑信托作为原告新增重大未决诉讼事项4起,分别为:因与北京北大高科技产业投资有限公司的合同纠纷,向法院申请追究被告人责任;因与武汉金凰珠宝股份有限公司合同纠纷,向法院申请追究被执行人责任;因与今典投资集团有限公司合同纠纷,向法院申请追究被执行人责任;因与沈阳金杯车辆有限公司合同纠纷,向法院申请追究被执行人责任。以上均未披露明确涉案金额。

5. 厦门国际信托新增客户于某诉厦门国际信托有限公司等信托纠纷一案,未披露明确涉案金额。

6. 2019年中泰信托的"中泰·弘泰11号集合资金信托计划"交易对手未按合同约定还款。公司于2020年2月向上海金融法院起诉都匀经济开发区管理委员会,并请求法院进行财产保全。2021年3月12日,上海金融法院已开庭审理本案。截至目前,尚未作出判决。未披露明确涉案金额。

7. 中原信托作为原告提起重大诉讼案件7件,该等法律诉讼主要为该公司向相关交易对手客户就未能偿还公司债权而提起的诉讼。该等法律诉讼(无论一方或共同)预期不会对该公司财务状况或经营业绩造成重大不利影响。未披露明确涉案金额。

8. 交银国际信托项目——"交银国信中宏投资贷款集合资金信托计划",由于出现融资方违约情况仍涉及司法程序;济宁农村商业银行与该公司之间因营业信托纠纷,涉及民事诉讼事项,截至2020年末,本案仍在审理过程中。同时,个别事务管理类项目存在代为诉讼或涉诉情形,相关风险均由委托人承担。未披露明确涉案金额。

9. 中信信托公司新增未决诉讼案件9件,其中5件在一审审理阶段、1件已调解待履行中、3件在二审审理阶段。以上均未披露明确涉案金额。

10. 国通信托诉北京邦文当代艺术投资有限公司(以下简称北京邦文)、黄宇杰、李红合同纠纷一案,已于2014年12月19日与北京邦文、黄宇杰、李红等在湖北省高级人民法院主持下达成了《民事调解书》,公司据《民事调解书》向法院申请司法强制执行;与债务人常州华光房地产开发有限公司、常州阳光银河湾置业有限公司、江苏华光银河湾房地产开发有限公司、钱菊生等办理的具有强制执行效力的公证债权文书,因常州华光房地产开发有限公司、常州阳光银河湾职业有限公司已进入破产程序,常州华光的抵押物已在债务人破产程序中完成拍卖,拍卖款尚待分配;与债务人华门控股有限公司、浙江浙大网新实业发展有限公司、天津安吉拉房地产开发有限公司、南京瑞柏贸易有限公司、南京嘉坤工贸实业有限公司、南京山水置业有限公司、徐群等办理的具有强制执行效力的公证债权文书,公司向人民法院申请强制执行,执行法院裁定将抵押物交付公司抵偿相应债务,公司仍在积极查找其他财产线索,追索剩余债权;与债务人中广建设集团有限公司、杭州环东置业有限公司、丁亚平等办理的具有强制执行效力的公证债权文书,公司已向杭州市中级人民法院申请强制执行,目前抵押物拍卖已完成,拍卖款项已分配,债务人进入破产程序,公司积极推进破产案件进程;起诉江苏赤山湖生态产业有限公司、南京建工产业集团有限公司、南京建工集团有限公司、句容市赤山湖管理委员会、句容市财政局合同纠纷一案,已于2019年9月19日由江苏省南京市中级人民法院受理,目前该案在一审过程中。以上均未披露明确涉案金额。

11. 金谷信托股东之一的中国妇女活动中心,向北京市西城区人民法院起诉,请求确认公司另一股东中国海外工程有限责任公司在北京产权交易所转让公司1[illegible]6%股权的交易行为无效并主张优先购买权,法院于2021年1月判决,驳回了中国妇女活动中心的全部诉讼请求。目前,中国妇女活动中心已经提起上诉,二审程序尚未开庭审理;中国妇女活动中心请求公司提供2017年1月至2019年11月的会计账簿和会计凭证,2020年9月本案开庭时,中国妇女活动中心要求增加提供2017年1月至2019年12月的财务会计报告和报表,目前该案正在审理过程中,尚未作出一审判决;委托人北京世宸房地产开发有限公司将其持有的惠州海宸置业有限公司99%股权作为信托财产委托公司设立了某财产权信托,2020年1月,北京世宸房地产开发有限公司、惠州海宸置业有限公司、北京汇宸投资管理有限公司、北京金宸星合资产管理有限公司等主体(以下合称原告)向法院起诉,请求确认信托受益人宁波春鸿二期投资管理合伙企业(有限合伙)将信托受益权转让给广东胜坚集团有限公司的行为无效,并将公司、中国信达广东分公司列为共同被告;请求确认宁波春鸿二期投资管理合伙企业(有限合伙)向广东胜坚集团有限公司转让其对原告债权的行为无效等,目前该案尚未开庭审理;公司一名离职员工因劳动合同争议不服北京市西城区人民法院2019年12月作出的一审判决,向北京市第二中级人民法院提起上诉,2020年10月北京市第二中级人民法院作出判决,支持了其部分诉讼请求。以上均未披露明确涉案金额。

12. 万向信托新增3件公司作为原告的诉讼案件,公司均取得胜诉。未披露明确涉案金额。

13. 本年度四川信托等5家信托公司尚未披露年报,故未在本表中披露相关数据。

二、重要资产转让及其出售的说明

根据已披露年报的63家信托公司2020年年度报告中披露的重要资产转让及出售说明统计,共有2家信托公司2020年发生了重要资产的转让。具体详见表6-2-1。

表6-2-1　2020年信托公司重要资产转让及出售说明

公司简称	金额(万元)	备注
山西信托	未披露	附注1
上海信托	未披露	附注2

注:1. 通过深圳证券交易所系统以大宗交易方式,将持有的山西证券股份有限公司无限售条件流通股份15 465 450股转让给山西金控集团。

2. 上投摩根基金管理有限公司(以下简称上投摩根)由上海信托持股51%,摩根资产管理(英国)有限公司(以下简称摩根资产管理)持股49%。上海信托持有的[illegible]2%和49%股权目前正处于转让过程中,买方为摩根资产管理。

3. 本年度四川信托等5家信托公司尚未披露年报,故未在本表中披露相关数据。

三、自营资产风险分类情况

根据已披露年报的63家信托公司在其2020年年度报告中披露的自营信用风险资产及其分类情况统计，2019年末自营资产合计为6 004.64亿元，2019年末正常类自营信用风险资产占比为90.58%，关注类自营信用风险资产占比为5.35%，不良类自营信用风险资产占比为1.31%。2020年纳入分类的自营信用风险资产为7 088.81亿元，比2019年增加1 084.17亿元，增长比例为18.06%；2020年末正常类自营信用风险资产占比为84.38%，关注类自营信用风险资产占比为8.45%，不良类自营信用风险资产占比为7.17%（见表6-3-1）。

表6-3-1　2020年末与2019年末信托公司自营资产五级分类汇总比较

类别	2020年末		2019年末		增减率（%）
	金额（万元）	比例（%）	金额（万元）	比例（%）	
正常类	59 816 052.57	84.38	54 389 902.90	90.58	-6.20
关注类	5 991 414.92	8.45	3 215 450.61	5.35	3.10
次级类	1 968 365.74	2.78	788 688.24	1.31	1.46
可疑类	1 310 507.43	1.85	965 708.76	1.61	0.24
损失类	1 801 807.71	2.54	686 698.57	1.14	1.40
合计	70 888 148.37	100.00	60 046 449.08	100.00	—
不良比例	5 079 362.14	7.17	2 441 095.57	4.07	—

2019年末自营资产五级分类不良资产率情况详见表6-3-2。

表6-3-2　2019年末自营资产五级分类不良资产率由高到低排序

单位：%

公司简称	不良资产率	公司简称	不良资产率
华宸信托	39.26	国联信托	0.85
大业信托	36.17	平安信托	0.75
中粮信托	35.48	上海信托	0.43
中江信托	25.85	爱建信托	0.36
浙金信托	25.68	光大兴陇信托	0.33
昆仑信托	17.89	外贸信托	0.14
国民信托	17.63	厦门信托	0.10
华澳信托	17.09	华能信托	0.09
中投信托	15.06	中铁信托	—
山西信托	14.62	东莞信托	—
中泰信托	14.49	粤财信托	—
吉林信托	11.61	国投信托	—
长安信托	11.00	杭州工商信托	—
华宝信托	10.83	建信信托	—
天津信托	9.85	湖南信托	—
万向信托	9.11	江苏信托	—
中诚信托	7.48	苏州信托	—
渤海信托	6.66	云南信托	—
兴业信托	6.59	中海信托	—
方正东亚	4.94	中融信托	—
西藏信托	4.90	重庆信托	—
陆家嘴信托	4.81	交银国际	—
华润信托	4.48	华鑫信托	—
五矿信托	4.00	紫金信托	—
中信信托	3.90	长城新盛信托	—
西部信托	3.33	中国民生信托	—

续表

公司简称	不良资产率	公司简称	不良资产率
北方信托	2.92	安信信托	—
英大信托	2.14	山东信托	—
国元信托	2.10	中原信托	—
金谷信托	1.82	新时代信托	未披露
北京信托	1.74	四川信托	未披露
陕国投	1.57	新华信托	未披露
百瑞信托	1.09	华融信托	未披露
中航信托	1.01	华信信托	未披露

注：1. 68 家信托公司中，四川信托等 5 家信托公司尚未披露年报，故未在本表中披露相关数据。

2. 国元信托、大业信托、五矿信托、昆仑信托、华润信托、中诚信托、渤海信托 7 家公司披露的不良资产率与计算有差异。

2020 年末自营资产五级分类不良资产率情况详见表 6－3－3。

表 6－3－3　2020 年末自营资产五级分类不良资产率由高到低排序

单位：%

公司简称	不良资产率	公司简称	不良资产率
安信信托	98.47	百瑞信托	1.9[illegible]
中国民生信托	55.06	上海信托	1.8[illegible]
雪松信托	39.67	国元信托	1.7[illegible]
大业信托	36.50	北京信托	1.4[illegible]
渤海信托	33.76	五矿信托	1.2[illegible]
中粮信托	29.72	兴业信托	0.8[illegible]
中建投信托	28.28	中航信托	0.7[illegible]
长安信托	25.67	外贸信托	0.70
华宸信托	20.57	国联信托	0.6[illegible]
昆仑信托	17.53	平安信托	0.60
国民信托	17.23	陕国投	0.5[illegible]
华澳信托	16.34	光大兴陇信托	0.25
万向信托	14.69	爱建信托	0.25
杭州工商信托	13.85	交银国际信托	0.18
中泰信托	11.27	厦门国际信托	0.09
吉林信托	11.18	华能信托	0.08
中诚信托	10.69	东莞信托	0.05
财信信托	9.46	粤财信托	—
天津信托	8.06	国投泰康信托	—
山西信托	8.05	建信信托	—
西藏信托	7.83	江苏信托	—
中信信托	7.06	云南信托	—
浙金信托	6.82	中海信托	—
英大信托	6.15	中融信托	—
长城新盛信托	6.03	重庆信托	—
中铁信托	5.86	华鑫信托	—
国通信托	4.98	紫金信托	—
陆家嘴信托	3.35	山东国信	—
西部信托	2.65	华融信托	—
苏州信托	2.51	新华信托	未披露
华宝信托	2.45	华信信托	未披露
华润信托	2.39	中原信托	未披露
金谷信托	2.34	新时代信托	未披露
北方信托	2.23	四川信托	未披露

注：本年度四川信托等 5 家信托公司尚未披露年报，故未在本表中披露相关数据。

四、资产损失准备计提和覆盖情况

(一)资产损失准备的计提

在已披露2020年报的63家信托公司中,2020年初资产损失准备余额为370.21亿元,2020年计提金额为195.33亿元,转回金额为21.05亿元,核销金额为38.21亿元,2020年末余额为506.28亿元。汇总的资产损失准备计提详见表6-4-1。

表6-4-1 信托公司资产损失准备计提情况

单位:万元

类别	2020期初金额	2020本期计提金额	2020本期转回金额	2020本期核销金额	2020期末金额
贷款损失准备	948 841.67	531 667.17	103 251.64	14 245.78	1 363 011.42
其他资产减值准备	2 753 253.50	1 421 644.41	107 225.66	367 874.41	3 699 797.84
其中:可供出售金融资产减值准备	1 481 611.02	680 853.78	51 710.86	298 061.21	1 812 692.73
持有至到期投资减值准备	217 336.05	137 056.17	1 119.32	6 511.54	346 761.36
长期股权投资减值准备	137 712.01	18 745.75	15 928.79	41.56	140 487.41
坏账准备	674 127.53	234 656.54	17 165.93	39 209.85	852 408.29
固定资产减值准备	26 759.50	—	22.10	—	26 737.40
投资性房地产减值准备	3 269.62	740.28	—	—	4 009.90
其他减值准备	212437.76	349591.90	21278.66	24050.25	516 700.75
合计	3 702 095.163	1 953 311.581	210 477.29	382 120.19	5 062 809.26

注:1. 其他减值准备包含存货跌价准备、拆出资金减值准备、抵债资产减值准备等。
2. 本年度四川信托等5家信托公司尚未披露年报,故未在本表中披露相关数据。

对68家信托公司披露的资产准备余额、风险资产准备余额、非风险资产准备余额进行排序,由高到低的排序结果详见表6-4-2、表6-4-3、表6-4-4。

表6-4-2 信托公司2020年末资产准备合计余额情况

单位:万元

公司简称	全部准备总额	公司简称	全部准备总额
安信信托	1 062 259.61	长城新盛信托	23 462.85
雪松信托	513 424.07	北京信托	23 128.00
渤海信托	300 853.80	苏州信托	21 678.00
中信信托	258 852.12	华宝信托	21 416.57
中铁信托	198 193.00	中粮信托	17 471.36
中国民生信托	180 716.00	交银国际信托	16 153.63
长安信托	177 511.76	西部信托	15 653.27
中原信托	172 174.63	国元信托	15 000.06
中诚信托	172 154.48	上海信托	12 049.86
中建投信托	169 910.65	浙金信托	11 384.42
昆仑信托	145 021.87	光大兴陇信托	10 256.71
华润信托	141 773.28	重庆信托	9 459.52
天津信托	129 491.55	中航信托	9 413.57
外贸信托	114 219.09	爱建信托	8 888.14
大业信托	82 637.03	江苏信托	7 426.32
金谷信托	82 004.51	中融信托	5 894.17
国通信托	79 088.27	粤财信托	5 835.05
华鑫信托	76 806.76	建信信托	5 681.73
财信信托	74 463.00	国联信托	3 265.00
兴业信托	68 202.00	英大信托	2 126.14
国民信托	66 984.94	东莞信托	1 927.92
华澳信托	64 095.47	杭州工商信托	801.00
北方信托	47 734.29	中海信托	670.70
中泰信托	44 612.37	云南信托	395.62
华宸信托	44 043.22	万向信托	—
山西信托	42 195.28	国投泰康信托	—
平安信托	41 124.12	陕国投	—
陆家嘴信托	37 357.00	华融信托	未披露

续表

公司简称	全部准备总额	公司简称	全部准备总额
吉林信托	35 950. 37	新华信托	未披露
华能信托	34 549. 43	华信信托	未披露
西藏信托	33 117. 31	新时代信托	未披露
厦门国际信托	33 049. 00	四川信托	未披露
五矿信托	31 777. 46	山东国信	未披露
百瑞信托	29 527. 58		
紫金信托	27 494. 33	合计	5 06[illegible] 26

表 6－4－3　信托公司 2020 年末风险资产准备合计余额情况

单位：万元

公司简称	风险资产准备	公司简称	风险资产准备
安信信托	729 782. 32	国通信托	[illegible]
中信信托	186 390. 93	雪松信托	—
渤海信托	139 035. 30	中铁信托	—
天津信托	69 775. 78	中原信托	—
中诚信托	53 820. 00	外贸信托	—
中泰信托	30 716. 06	大业信托	—
陆家嘴信托	30 021. 00	兴业信托	—
中建投信托	24 590. 60	国民信托	—
北京信托	21 901. 00	华澳信托	—
吉林信托	11 103. 86	山西信托	—
国元信托	9 700. 00	华能信托	—
爱建信托	7 348. 74	西藏信托	—
北方信托	7 293. 10	五矿信托	—
华鑫信托	5 243. 91	紫金信托	—
光大兴陇信托	3 964. 05	长城新盛信托	—
百瑞信托	3 767. 00	华宝信托	—
重庆信托	3 653. 99	中粮信托	—
华宸信托	3 000. 00	上海信托	—
财信信托	2 942. 00	浙金信托	—
西部信托	2 725. 20	江苏信托	—
金谷信托	2 466. 55	粤财信托	—
英大信托	1 867. 85	东莞信托	—
华润信托	1 859. 12	中海信托	—
长安信托	1 721. 64	云南信托	—
厦门国际信托	1 390. 00	国投泰康信托	—
中融信托	1 268. 00	万向信托	—
中国民生信托	1 166. 70	陕国投	—
交银国际信托	1 085. 00	四川信托	未披露
建信信托	1 038. 18	华融信托	未披露
平安信托	893. 76	新华信托	未披露
杭州工商信托	706. 00	华信信托	未披露
中航信托	350. 00	新时代信托	未披露
国联信托	250. 00	山东国信	未披露
昆仑信托	116. 01	—	—
苏州信托	55. 00	合计	1 363 0[illegible]

注：1. 2020 年已披露年报的 63 家信托公司中，除山东国信外，有 26 家没有计提风险资产准备。
2. 本年度四川信托等 5 家信托公司尚未披露年报，故未在本表中披露相关数据。

表 6-4-4　信托公司 2020 年末非风险资产准备合计情况

单位:万元

公司简称	可供出售金融资产减值准备	持有至到期投资减值准备	长期股权投资减值准备	坏账准备	固定资产减值准备	投资性房地产减值准备	其他资产减值准备	合计
雪松信托	404 888.94	—	—	108 535.13	—	—	—	513 424.07
安信信托	—	214 404.71	—	91 942.67	26 129.91	—	—	332 477.29
中铁信托	—	—	113 310.00	33 127.00	—	—	51 756.00	198 193.00
中国民生信托	—	—	—	1 162.69	—	—	178 386.61	179 549.30
长安信托	119 222.73	18 640.00	4 814.37	32 782.83	330.19	—	—	175 790.12
中原信托	163 443.46	—	—	8 731.17	—	—	—	172 174.63
渤海信托	105 701.03	—	—	1 507.74	—	2 859.73	51 750.00	161 818.50
中建投信托	118 817.84	—	—	26 502.21	—	—	—	145 320.05
昆仑信托	—	—	37.60	87 082.80	—	—	57 785.46	144 905.86
华润信托	107 257.25	—	—	30 407.62	—	1 150.17	1 099.12	139 914.16
中诚信托	72 890.17	—	1 591.60	43 852.71	—	—	—	118 334.48
外贸信托	109 064.43	—	401.79	4 752.87	—	—	—	114 219.09
大业信托	—	81 717.85	—	919.18	—	—	—	82 637.03
金谷信托	79 161.75	—	—	—	—	—	376.21	79 537.96
国通信托	—	—	—	79 085.50	—	—	—	79 085.50
中信信托	—	—	—	9 222.64	—	—	63 238.55	72 461.19
华鑫信托	70 440.81	—	—	1 122.04	—	—	—	71 562.85
财信信托	58 733.00	11 550.00	—	1 238.00	—	—	—	71 521.00
兴业信托	67 788.00	—	—	414.00	—	—	—	68 202.00
国民信托	—	—	—	66 984.94	—	—	—	66 984.94
华澳信托	61 123.50	—	—	2 971.97	—	—	—	64 095.47
天津信托	39 763.00	—	—	4 631.29	—	—	15 321.48	59 715.77
山西信托	27 135.57	—	3 300.00	11 555.94	203.77	—	—	42 195.28
华宸信托	16 354.17	—	—	22 027.92	—	—	2 661.13	41 043.22
北方信托	39 842.95	—	—	548.90	—	—	49.34	40 441.19
平安信托	—	—	4 999.34	29 860.79	—	—	5 370.23	40 230.36
华能信托	26 938.33	—	—	2 234.43	—	—	5 376.67	34 549.43
西藏信托	—	15 428.65	—	—	—	—	17 688.66	33 117.31
五矿信托	—	—	—	31 777.46	—	—	—	31 777.46
厦门国际信托	216.00	303.00	—	32.00	—	—	31 108.00	31 659.00
紫金信托	27 494.33	—	—	—	—	—	—	27 494.33
百瑞信托	21 886.86	—	—	3 865.07	—	—	8.65	25 760.58
吉林信托	1 209.57	1.50	297.75	13 831.70	—	—	9 505.99	24 846.51
长城新盛信托	—	—	—	23 462.85	—	—	—	23 462.85
苏州信托	14 170.00	—	—	7 268.00	—	—	185.00	21 623.00
华宝信托	14 333.14	—	7 066.23	17.20	—	—	—	21 416.57
中粮信托	—	—	—	17 471.36	—	—	—	17 471.36
交银国际信托	—	—	—	498.43	—	—	14 570.20	15 068.63
中泰信托	3 124.07	156.48	—	10 615.76	—	—	—	13 896.31
西部信托	10 925.19	1 835.00	—	167.88	—	—	—	12 928.07
上海信托	11 996.26	—	53.60	—	—	—	—	12 049.86
浙金信托	—	—	—	11 384.42	—	—	—	11 384.42
中航信托	—	—	—	9 063.57	—	—	—	9 063.57
江苏信托	—	—	—	7 426.32	—	—	—	7 426.32
陆家嘴信托	—	—	—	1 766.00	—	—	5 570.00	7 336.00
光大兴陇信托	—	—	—	4 239.90	73.53	—	1 979.23	6 292.66
粤财信托	5 828.18	—	—	6.87	—	—	—	5 835.05
重庆信托	5 718.84	—	—	86.69	—	—	—	5 805.53

续表

公司简称	可供出售金融资产减值准备	持有至到期投资减值准备	长期股权投资减值准备	坏账准备	固定资产减值准备	投资性房地产减值准备	其他资产减值准备	合计
国元信托	4 460.00	—	—	840.06	—	—	—	5 300.06
建信信托	—	—	4 553.13	90.42	—	—	—	4 643.55
中融信托	—	84.17	—	3 621.00	—	—	921.00	4 626.17
国联信托	375.00	2 640.00	—	—	—	—	—	3 015.00
东莞信托	1 717.66	—	—	210.26	—	—	—	1 927.92
爱建信托	—	—	—	248.61	—	—	1 290.79	1 539.40
北京信托	—	—	62.00	1 165.00	—	—	—	1 227.00
中海信托	670.70	—	—	—	—	—	—	670.70
云南信托	—	—	—	23.62	—	—	372.00	395.62
英大信托	—	—	—	22.86	—	—	235.43	258.29
杭州工商信托	—	—	—	—	—	—	95.00	95.00
陕国投	—	—	—	—	—	—	—	—
国投泰康信托	—	—	—	—	—	—	—	—
万向信托	—	—	—	—	—	—	—	—
华融信托	未披露	未披露	未披露	未披露	未披露	未披露	未披露	未披露
新时代信托	未披露	未披露	未披露	未披露	未披露	未披露	未披露	未披露
四川信托	未披露	未披露	未披露	未披露	未披露	未披露	未披露	未披露
华信信托	未披露	未披露	未披露	未披露	未披露	未披露	未披露	未披露
新时代信托	未披露	未披露	未披露	未披露	未披露	未披露	未披露	未披露
山东国信	未披露	未披露	未披露	未披露	未披露	未披露	未披露	未披露
合计	1 812 692.73	346 761.36	140 487.41	852 408.29	26 737.40	4 009.90	516 700.75	3 699 797.84

注：1. 2020 年 63 家披露年报的信托公司中有 8 家没有计提非风险资产准备。
2. 本年度四川信托等 5 家信托公司尚未披露年报，故未在本表中披露相关数据。

（二）资产准备覆盖分析

根据已披露的 63 家信托公司的 2020 年年报汇总分析，2019 年末风险资产余额为 6 004.64 亿元，2020 年末风险资产余额为 7 088.81亿元；2019 年末资产减值准备余额为 369.78 亿元，2020 年末资产减值准备余额为 506.28 亿元；2019 年末风险资产减值准备余额为 94.86 亿元，2020 年末风险资产减值准备余额为 136.30 亿元。根据上述数据计算 2019 年末资产准备覆盖率为 5.24%，2020 年末资产准备覆盖率为 6.59%；2019 年末风险资产准备覆盖率为 1.58%，2020 年末风险资产准备覆盖率为 1.92%。信托公司的风险资产安全水平上升。68 家信托公司汇总的资产准备覆盖情况见表 6 –4 –5。

表 6 –4 –5　信托公司资产损失准备覆盖情况分析

项目	2019 年末	2020 年末
资产总额（万元）	70 522 567.88	76 864 274.95
风险资产总额（万元）	60 046 449.08	70 888 148.37
全部准备总额（万元）	3 697 810.65	5 062 809.26
风险资产准备总额（万元）	948 606.35	1 363 011.42
资产准备覆盖率（%）	5.24	6.59
风险资产准备覆盖率（%）	1.58	1.92

我们对已披露年报的 63 家信托公司 2020 年末的资产准备覆盖率和风险资产准备覆盖率进行排序，详见表 6 –4 –6 和表 6 –4 –7。

表 6 –4 –6　信托公司 2020 年末资产准备覆盖率

公司简称	风险资产准备合计（万元）	风险资产总额（万元）	风险资产准备覆盖率（%）
安信信托	729 782.32	965 356.31	75.60
中信信托	186 390.93	2 324 223.60	8.02
渤海信托	139 035.30	1 745 856.00	7.96
天津信托	69 775.78	943 783.46	7.39
中泰信托	30 716.06	521 919.96	5.89
陆家嘴信托	30 021.00	946 422.00	3.17
华宸信托	3 000.00	102 219.12	2.93

续表

公司简称	风险资产准备合计(万元)	风险资产总额(万元)	风险资产准备覆盖率(%)
金谷信托	2 466.55	100 199.44	2.46
中诚信托	53 820.00	2 265 317.44	2.38
中建投信托	24 590.60	1 309 665.06	1.88
吉林信托	11 103.86	720 571.15	1.54
北京信托	21 901.00	1 438 852.00	1.52
北方信托	7 293.10	600 805.47	1.21
国元信托	9 700.00	864 246.40	1.12
爱建信托	7 348.74	1 051 909.91	0.70
华鑫信托	5 243.91	1 102 676.49	0.48
西部信托	2 725.20	686 086.85	0.40
百瑞信托	3 767.00	1 063 004.46	0.35
财信信托	2 942.00	988 811.00	0.30
光大兴陇信托	3 964.05	1 724 069.71	0.23
厦门国际信托	1 390.00	785 473.00	0.18
英大信托	1 867.85	1 154 677.34	0.16
长安信托	1 721.64	1 293 956.44	0.13
杭州工商信托	706.00	538 560.00	0.13
中国民生信托	1 166.70	898 528.24	0.13
重庆信托	3 653.99	2 942 910.60	0.12
中融信托	1 268.00	1 049 945.60	0.12
华润信托	1 859.12	2 737 712.44	0.07
交银国际信托	1 085.00	1 808 376.33	0.06
建信信托	1 038.18	2 503 531.57	0.04
国联信托	250.00	604 324.00	0.04
平安信托	893.76	3 396 433.34	0.03
中航信托	350.00	1 641 245.36	0.02
昆仑信托	116.01	882 372.76	0.01
苏州信托	55.00	1 092 553.00	0.01
国通信托	2.77	1 061 179.88	—
陕国投	—	1 375 645.91	—
中粮信托	—	567 585.72	—
中铁信托	—	1 723 374.00	—
华澳信托	—	569 918.45	—
雪松信托	—	415 806.47	—
东莞信托	—	592 588.37	—
粤财信托	—	20 471.60	—
国民信托	—	388 772.42	—
国投泰康信托	—	1 006 628.00	—
华宝信托	—	850 291.68	—
江苏信托	—	2 798 700.96	—
兴业信托	—	2 145 263.00	—
山西信托	—	266 433.40	—
上海信托	—	1 909 986.55	—
西藏信托	—	568 345.65	—
云南信托	—	405 103.93	—
外贸信托	—	1 907 648.02	—
中海信托	—	695 838.09	—
华能信托	—	2 725 865.56	—
浙金信托	—	243 651.12	—
大业信托	—	331 989.08	—
五矿信托	—	2 481 275.51	—
紫金信托	—	544 134.97	—
长城新盛信托	—	128 378.26	—

续表

公司简称	风险资产准备合计(万元)	风险资产总额(万元)	风险资产准备覆盖率(%)
万向信托	—	366 675. 92	—
中原信托	未披露	未披露	—
山东国信	未披露	未披露	—
新时代信托	未披露	未披露	—
华融信托	未披露	未披露	—
华信信托	未披露	未披露	—
四川信托	未披露	未披露	—
新华信托	未披露	未披露	—
合计	1 363 011. 42	70 888 148. 37	[illegible]

注：本年度四川信托等5家信托公司尚未披露年报，故未在本表中披露相关数据。

表6-4-7　信托公司2019年末风险资产准备覆盖率

公司简称	风险资产准备合计(万元)	风险资产总额(万元)	风险资产准备覆盖率(%)
天津信托	79 154. 84	854 707. 31	[illegible]
中泰信托	30 716. 06	408 339. 94	[illegible]
中信信托	119 810. 56	2 083 604. 32	[illegible]
陆家嘴信托	29 913. 00	659 080. 00	[illegible]
渤海信托	44 000. 00	1 632 691. 00	[illegible]
吉林信托	7 866. 26	326 209. 46	[illegible]
中诚信托	53 820. 00	2 335 459. 81	[illegible]
长安信托	21 055. 02	1 136 582. 35	[illegible]
北京信托	21 302. 00	1 343 991. 00	[illegible]
北方信托	5 400. 00	562 115. 22	[illegible]
华宸信托	1 500. 00	163 360. 95	[illegible]
国元信托	6 200. 00	708 628. 37	[illegible]
华鑫信托	4 953. 91	774 873. 95	[illegible]
金谷信托	729. 46	129 039. 03	[illegible]
西部信托	3 112. 20	643 826. 41	[illegible]
财信信托	1 640. 00	420 152. 00	[illegible]
光大兴陇信托	3 964. 05	1 327 251. 58	[illegible]
百瑞信托	2 849. 00	1 003 234. 26	[illegible]
中建投信托	2 710. 86	1 068 388. 40	[illegible]
爱建信托	2 202. 57	1 005 439. 60	[illegible]
杭州工商信托	732. 00	489 464. 00	[illegible]
国联信托	625. 00	560 114. 00	[illegible]
重庆信托	3 247. 35	3 149 291. 10	[illegible]
交银国际信托	1 085. 00	1 279 489. 15	[illegible]
中航信托	637. 50	1 620 837. 09	[illegible]
英大信托	381. 07	1 014 721. 92	[illegible]
中融信托	217. 00	1 176 807. 54	[illegible]
厦门国际信托	125. 00	713 951. 00	[illegible]
中国民生信托	106. 40	688 705. 50	[illegible]
苏州信托	75. 00	545 184. 00	[illegible]
国通信托	5. 82	949 448. 68	—
陕国投	—	1 276 620. 91	—
中粮信托	—	552 265. 05	—
中铁信托	—	1 506 765. 00	—
华澳信托	—	563 958. 53	—

续表

公司简称	风险资产准备合计(万元)	风险资产总额(万元)	风险资产准备覆盖率(%)
雪松信托	—	305 328. 30	—
东莞信托	—	577 684. 90	—
粤财信托	—	90 010. 28	—
国民信托	—	372 649. 26	—
国投泰康信托	—	787 079. 00	—
建信信托	—	2 128 438. 79	—
华宝信托	—	889 570. 73	—
江苏信托	—	722 871. 79	—
兴业信托	—	1 853 373. 00	—
昆仑信托	—	889 148. 40	—
山西信托	—	249 900. 21	—
上海信托	—	1 826 543. 76	—
西藏信托	—	527 176. 32	—
华润信托	—	2 625 796. 55	—
云南信托	—	344 248. 21	—
外贸信托	—	1 805 111. 64	—
中海信托	—	701 911. 58	—
华能信托	—	2 421 493. 07	—
浙金信托	—	265 099. 04	—
大业信托	—	283 729. 70	—
五矿信托	—	1 819 214. 33	—
紫金信托	—	474 223. 13	—
长城新盛信托	—	150 923. 73	—
万向信托	—	366 385. 26	—
平安信托	—	2 893 939. 67	—
安信信托	498 469. 42	未披露	
山东国信	未披露	未披露	—
新华信托	未披露	未披露	—
华信信托	未披露	未披露	—
华融信托	未披露	未披露	—
新时代信托	未披露	未披露	—
四川信托	未披露	未披露	—
合计	948 606. 35	60 046 449. 08	

注:本年度四川信托等5家信托公司尚未披露年报,故未在本表中披露相关数据。

五、自营股票投资、基金投资、债券投资、长期股权投资和代理业务的分析

根据已披露的63家信托公司的2020年年报,2020年末自营股票投资、基金投资、债券投资、长期股权投资、代理业务及其他投资的总额为4 839.20亿元,2019年末为4 301.43亿元,较2019年末增加537.76亿元,主要是由其他投资的增加所致。从构成来看,其他投资业务占比为60.25%,为主要业务内容。68家公司整体汇总情况见表6-5-1,各信托公司的具体业务情况见表6-5-2。

表6-5-1 信托公司自营股票投资、基金投资、债券投资、长期股权投资和代理业务情况分析

名称	2020年末(万元)	2020年末比例(%)	2019年末(万元)	2019年末比例(%)	变动比例(%)
自营股票	2 133 497. 27	4. 41	1 573 189. 27	3. 66	35. 62
基金	3 771 881. 20	7. 79	3 527 191. 98	8. 20	6. 94
债券	1 138 678. 10	2. 35	914 562. 63	2. [illegible]3	24. 51
长期股权投资	11 851 685. 28	24. 49	11 007 569. 19	25. 59	7. 67

续表

名称	2020 年末(万元)	2020 年末比例(%)	2019 年末(万元)	2019 年末比例(%)	变动比例(%)
其他投资	29 157 644. 34	60. 25	25 528 654. 42	59. 35	14. 22
担保业务	187 026. 46	0. 39	252 646. 46	0. 59	-25. 97
代理业务(委托业务)	151 549. 58	0. 31	210 517. 81	0. 49	-28. 01
合计	48 391 962. 23	100. 00	43 014 331. 76	100. 00	12. 50

表 6-5-2　信托公司 2020 年末具体业务情况

单位:万元

公司简称	自营股票投资	基金投资	债券投资	长期股权投资	其他投资	担保业务	代理业务(委托业务)	合计
国元信托	7 679. 23	11 906. 38	0. 40	423 349. 10	124 749. 48	—	—	567 684. 59
安信信托	—	—	—	—	—	49 000. 00	—	49 000. 00
百瑞信托	2 495. 00	30 041. 74	—	227 043. 18	556 188. 35	—	—	815 768. 27
北方信托	—	47 996. 52	29 608. 88	43 732. 18	38 004. 19	14 990. 00	—	174 331. 77
北京信托	2. 00	28 149. 00	2 779. 00	51 131. 00	635 940. 00	—	1 409. 63	719 410. 63
中铁信托	118 125. 00	20 669. 00	—	98 917. 00	—	—	3 626. 00	241 337. 00
东莞信托	—	—	—	12 471. 07	532 210. 39	—	—	544 681. 46
光大兴陇信托	58 113. 44	262 188. 09	4. 94	—	659 487. 51	—	—	979 793. 98
粤财信托	—	2 857. 20	—	249 444. 32	522 530. 03	—	—	774 831. 55
国联信托	18 042. 00	—	—	388 751. 00	108 612. 00	—	1 930. 00	517 335. 00
国民信托	—	100 401. 71	—	—	183 497. 30	—	—	283 899. 01
国投泰康信托	—	43 435. 00	—	20 223. 00	891 991. 00	—	—	955 649. 00
杭州工商信托	244. 00	—	4 845. 00	33 231. 00	411 275. 00	—	4 211. 00	453 806. 00
建信信托	660. 58	—	—	795 080. 11	1 508 800. 66	—	—	2 304 541. 35
财信信托	17 266. 00	2 206. 00	53 950. 00	—	575 921. 00	—	—	649 343. 00
华宝信托	1 491. 54	33 706. 47	—	83 248. 37	610 256. 15	—	—	728 702. 53
吉林信托	2 037. 13	—	20 212. 33	447 998. 65	4 117. 63	26 000. 00	—	500 365. 74
江苏信托	25 760. 43	20 486. 18	—	1 508 692. 45	982 655. 91	—	—	2 537 594. 97
雪松信托	29 548. 36	2 834. 69	—	112 974. 82	204 645. 83	—	—	350 003. 70
兴业信托	—	197 542. 00	406. 00	404 516. 00	1 464 650. 00	—	—	2 067 114. 00
华宸信托	—	4 816. 48	—	242. 37	24 189. 12	—	—	29 247. 97
昆仑信托	26 388. 43	70 784. 49	—	2 377. 88	—	—	—	99 550. 80
平安信托	—	70 234. 01	—	765 399. 79	2 007 973. 42	—	—	2 843 607. 22
山东国信	—	—	—	—	—	—	—	—
山西信托	—	—	—	61 762. 95	15 869. 43	—	—	77 632. 38
陕国投	—	—	—	—	—	—	—	—
上海信托	19 644. 10	381 443. 79	3 171. 05	150 330. 11	932 774. 79	—	2 864. 42	1 490 228. 26
苏州信托	89 106. 00	—	—	12 921. 00	311 262. 00	—	—	413 289. 00
天津信托	3 298. 55	12 012. 39	6 284. 60	214 932. 01	320 077. 84	60 000. 00	—	616 605. 39
长安信托	45 192. 90	134 857. 84	62 587. 32	28 482. 65	—	—	—	271 120. 71
西部信托	347 575. 72	—	—	—	318 255. 59	—	—	665 831. 31
西藏信托	43 414. 88	1 441. 94	—	—	381 667. 54	—	—	426 524. 36
厦门国际信托	26 226. 00	95 696. 00	300. 00	113 768. 00	284 775. 00	2 169. 00	3 308. 00	526 242. 00
华润信托	—	98 166. 75	—	1 612 996. 78	531 201. 85	—	—	2 242 365. 38
英大信托	113 309. 44	504 076. 34	209 451. 02	243 254. 44	—	—	—	1 070 091. 24
云南信托	—	—	25 000. 00	71 950. 00	200 039. 38	—	—	296 989. 38
中诚信托	503. 54	84 654. 21	—	1 173 983. 40	702 314. 47	—	—	1 961 455. 62
外贸信托	99 289. 12	69 961. 82	—	103 236. 06	—	—	—	272 487. 00
中海信托	4 779. 03	76 346. 25	39 000. 00	265 579. 56	317 675. 13	—	—	703 379. 97
中融信托	4 853. 19	775 872. 33	225 601. 99	226 964. 41	—	—	—	1 233 291. 92
中泰信托	31 517. 50	—	5 011. 50	215 658. 27	168 829. 72	—	—	421 016. 99
中信信托	13 533. 87	55 401. 83	29 807. 07	325 364. 78	1 635 745. 41	—	72 527. 79	2 132 380. 75
中原信托	8 252. 22	4 878. 55	—	—	618 642. 70	—	—	631 773. 47
重庆信托	224 479. 74	6 736. 53	346. 70	833 420. 66	1 443 602. 15	—	—	2 508 585. 78

续表

公司简称	自营股票投资	基金投资	债券投资	长期股权投资	其他投资	担保业务	代理业务（委托业务）	合计
渤海信托	1 184.25	—	—	50 718.31	531 400.58	34 867.46	—	618 170.60
交银国际信托	—	14 761.70	29 594.74	604.52	1 169 484.28	—	—	1 214 445.24
中建投信托	429 340.17	21 182.76	24 111.81	20 000.00	—	—	4 446.77	499 081.51
华能信托	199 451.60	55 159.36	1 030.66	20 000.00	—	—	—	275 641.62
浙金信托	—	—	—	—	214 132.27	—	—	214 132.27
爱建信托	15 836.46	23 516.39	20 096.73	3 968.54	388 302.39	—	57 225.97	508 946.48
中航信托	—	—	1 000.00	317 398.94	984 557.45	—	—	1 302 956.39
华澳信托	—	200 000.00	—	—	339 650.00	—	—	200 000.00
大业信托	—	—	—	—	—	—	—	—
国通信托	17 676.15	—	95 764.61	—	729 273.26	—	—	842 714.02
华鑫信托	18 372.05	117 655.32	180 933.83	—	766 800.00	—	—	1 083 761.20
金谷信托	—	—	—	—	349 202.41	—	—	349 202.41
陆家嘴信托	—	—	—	—	720 317.00	—	—	720 317.00
五矿信托	15 595.23	79 463.22	62 981.34	60 652.17	1 997 356.30	—	—	2 216 048.26
中粮信托	16 774.41	—	926.78	2 510.00	—	—	—	20 211.19
紫金信托	36 438.01	7 590.92	3 869.80	52 404.43	406 812.22	—	—	507 115.38
长城新盛信托	—	—	—	—	7 411.53	—	—	7 411.53
中国民生信托	—	—	—	—	333 426.31	—	—	333 426.31
万向信托	—	750.00	—	—	328 740.37	—	—	329 490.37
新华信托	未披露	未披露	未披露	未披露	未披露	未披露	未披露	未披露
华信信托	未披露	未披露	未披露	未披露	未披露	未披露	未披露	未披露
华融信托	未披露	未披露	未披露	未披露	未披露	未披露	未披露	未披露
新时代信托	未披露	未披露	未披露	未披露	未披露	未披露	未披露	未披露
四川信托	未披露	未披露	未披露	未披露	未披露	未披露	未披露	未披露
合计	2 133 497.27	3 771 881.20	1 138 678.10	11 851 685.28	29 157 644.34	187 026.46	151 549.58	48 391 962.23

注：本年度四川信托等5家信托公司尚未披露年报，故未在本表中披露相关数据。

六、自营贷款分析

2020年末，在已披露年报的63家信托公司中，有安信信托、山东国信、山西信托、陕国投、中国民生信托5家公司没有披露前五名自营贷款的信息。在披露自营贷款信息的信托公司中，有21家披露无自营贷款，有20家信托公司前五名自营贷款占全部自营贷款的比例为100%，风险非常集中。68家信托公司前五名自营贷款占自营贷款总额的比例情况详见表6−6−1。

表6−6−1　2020年信托公司前五名自营贷款占自营贷款总额的比例情况

单位：%

公司简称	前五名自营贷款占总自营贷款比例	公司简称	前五名自营贷款占总自营贷款比例
国联信托	100.00	北京信托	41.11
建信信托	100.00	国元信托	37.73
华宸信托	100.00	中铁信托	无自营贷款
昆仑信托	100.00	东莞信托	无自营贷款
苏州信托	100.00	粤财信托	无自营贷款
英大信托	100.00	国民信托	无自营贷款
国通信托	100.00	国投泰康信托	无自营贷款
华鑫信托	100.00	华宝信托	无自营贷款
中诚信托	100.00	江苏信托	无自营贷款
中航信托	100.00	兴业信托	无自营贷款
厦门国际信托	100.00	上海信托	无自营贷款
华润信托	100.00	云南信托	无自营贷款
金谷信托	100.00	外贸信托	无自营贷款
中建投信托	100.00	中原信托	无自营贷款

续表

公司简称	前五名自营贷款占总自营贷款比例	公司简称	前五名自营贷款占总自营贷款比例
光大兴陇信托	100.00	华能信托	无自营贷款
陆家嘴信托	100.00	浙金信托	无自营贷款
杭州工商信托	100.00	华澳信托	无自营贷款
长安信托	100.00	大业信托	无自营贷款
中泰信托	100.00	五矿信托	无自营贷款
渤海信托	100.00	中粮信托	无自营贷款
重庆信托	99.15	紫金信托	无自营贷款
中融信托	97.64	长城新盛信托	无自营贷款
西藏信托	96.77	万向信托	无自营贷款
中信信托	95.66	安信信托	未披露
北方信托	94.36	雪松信托	未披露
中海信托	93.60	山东国信	未披露
吉林信托	93.58	山西信托	未披露
西部信托	84.30	陕国投	未披露
百瑞信托	80.45	中国民生信托	未披露
交银国际信托	80.00	华融信托	未披露
平安信托	73.16	新华信托	未披露
财信信托	69.87	华信信托	未披露
天津信托	68.60	新时代信托	未披露
爱建信托	53.78	四川信托	未披露

注：本年度四川信托等5家信托公司尚未披露年报，故未在本表中披露相关数据。

七、关联方关系及其交易的披露

关联交易一直是公司经营的一个瓶颈，在公司业务发展良好和不良两个阶段均会发生大量的关联交易。在业务发展良好时，公司可能会向关联方输送利益；在业务发展不良时，关联方可能会向公司输送利益。即使在公司业务发展一般时，也会因为种种原因与关联方发生关联交易。因此关联交易也就一直成为公众和监管部门关注的重点。

（一）关联方及其交易汇总

经统计，2020年已披露年报的63家信托公司关联方数量为1784家，关联交易总金额为12 545.49亿元（见表6－7－1）。

表6－7－1　2020年信托公司关联方交易情况，关联方交易金额由高到低排序

公司简称	关联交易方数量（家）	关联交易金额（万元）	公司简称	关联交易方数量（家）	关联交易金额（万元）
英大信托	750	34 760 700.00	国通信托	1	[illegible]
兴业信托	25	15 321 738.17	国元信托	16	[illegible]
光大兴陇信托	17	12 939 726.05	爱建信托	17	[illegible]
中海信托	19	11 930 893.94	长城新盛信托	2	[illegible]
华能信托	7	8 229 898.58	华澳信托	2	[illegible]
华润信托	24	7 933 893.54	中泰信托	6	[illegible]
建信信托	14	6 530 418.84	云南信托	3	[illegible]
百瑞信托	10	2 904 981.76	粤财信托	6	[illegible]
交银国际信托	5	2 815 282.70	山西信托	3	[illegible]
重庆信托	9	2 764 732.25	西藏信托	1	[illegible]
平安信托	35	2 737 416.90	浙金信托	10	[illegible]
金谷信托	8	2 560 480.33	华宸信托	2	[illegible]
国投泰康信托	29	1 490 997.75	外贸信托	9	[illegible]
中融信托	19	1 466 318.27	中建投信托	2	[illegible]
财信信托	95	1 326 116.49	万向信托	10	[illegible]
中原信托	79	1 254 461.23	吉林信托	4	[illegible]
华鑫信托	102	1 093 368.61	国联信托	4	[illegible]

续表

公司简称	关联交易方数量(家)	关联交易金额(万元)	公司简称	关联交易方数量(家)	关联交易金额(万元)
昆仑信托	4	1 092 584.18	北方信托	1	599.00
渤海信托	10	1 017 367.00	西部信托	3	448.51
厦门国际信托	26	753 582.00	杭州工商信托	1	9.00
五矿信托	15	687 117.06	上海信托	5	-294 975.57
中粮信托	18	572 611.43	中国民生信托	12	-789 533.77
中诚信托	54	429 470.78	国民信托	—	—
雪松信托	3	395 125.58	大业信托	—	—
江苏信托	5	390 824.20	天津信托	—	—
苏州信托	106	386 740.51	安信信托	未披露	未披露
中铁信托	14	336 736.00	山东国信	未披露	未披露
长安信托	40	311 460.24	陕国投	未披露	未披露
北京信托	20	279 487.00	华融信托	未披露	未披露
中信信托	40	213 456.21	新华信托	未披露	未披露
华宝信托	7	211 790.94	华信信托	未披露	未披露
陆家嘴信托	10	207 722.35	新时代信托	未披露	未披露
紫金信托	7	192 415.84	四川信托	未披露	未披露
东莞信托	24	190 729.60			
中航信托	14	158 494.06	合计	1 784	125 454 912.60

注:本年度四川信托等5家信托公司尚未披露年报,故未在本表中披露相关数据。

(二)固有资产与关联方关联交易

通过分析表6-7-2发现,固有资产与关联方的交易主要集中在投资和其他两个方面,关于其他的具体内容,信托公司年报中未详细披露。总体看来,固有资产与关联方之间的交易比上年有所下降,其他类大幅下降。已披露年报的63家信托公司2020年固有资产与关联方交易的汇总表及明细表分别见表6-7-2和表6-7-3。

表6-7-2 固有资产与关联方关联交易汇总

项目	2019年末余额(万元)	2019年末比例(%)	2020年末余额(万元)	2020年末比例(%)	增减率(%)
贷款	—	—	274 715.18	9.34	—
投资	2 267 751.35	70.00	2 397 002.37	81.52	5.70
租赁	11 302.12	0.35	13 233.04	0.45	17.08
担保	55 029.00	1.70	—	—	—
应收账款	116 177.44	3.59	86 006.23	2.93	-25.97
其他	789 445.42	24.37	169 388.75	5.76	-78.54
合计	3 239 705.33	100.00	2 940 345.57	100.00	-9.24

表6-7-3 2020年末固有资产与关联方关联交易余额明细,由高到低排序

单位:万元

公司简称	关联交易余额	公司简称	关联交易余额
平安信托	664 693.07	国联信托	—
中融信托	383 433.89	新华信托	—
英大信托	339 594.30	西部信托	—
雪松信托	272 530.69	四川信托	—
中诚信托	263 615.20	中航信托	—
北京信托	257 747.00	财信信托	—
交银国际信托	151 496.94	万向信托	—
华润信托	145 335.36	国通信托	—
重庆信托	128 324.47	百瑞信托	—
五矿信托	121 417.06	粤财信托	—
华澳信托	117 800.00	国民信托	—
国投泰康信托	90 618.61	杭州工商信托	—
国元信托	88 794.00	昆仑信托	—
长安信托	84 382.08	苏州信托	—
长城新盛信托	80 859.97	天津信托	—

续表

公司简称	关联交易余额	公司简称	关联交易余额
厦门国际信托	77 410. 00	西藏信托	—
上海信托	58 420. 00	中海信托	—
中泰信托	37 483. 30	中原信托	—
吉林信托	20 286. 67	渤海信托	—
中铁信托	20 000. 00	中建投信托	—
陆家嘴信托	19 068. 33	爱建信托	—
华宝信托	15 000. 00	新时代信托	—
山西信托	12 500. 00	大业信托	—
北方信托	11 000. 00	华鑫信托	—
中信信托	9 533. 43	江苏信托	-8[illegible]. 08
华宸信托	6 767. 67	兴业信托	-226 1[illegible]. 01
云南信托	5 000. 00	建信信托	-23[illegible]. 84
金谷信托	4 317. 37	陕国投	未披露
中国民生信托	1 959. 31	山东国信	未披露
外贸信托	1 873. 44	光大兴陇信托	未披露
紫金信托	1 470. 80	安信信托	未披露
中粮信托	405. 92	华融信托	未披露
浙金信托	367. 27	新华信托	未披露
华能信托	110. 62	华信信托	未披露
东莞信托	75. 73	新时代信托	未披露
华融信托	—	四川信托	未披露
华信信托	—	合计	2 940 [illegible]

注：本年度四川信托等 5 家信托公司尚未披露年报，故未在本表中披露相关数据。

（三）信托资产与关联方关联交易

通过分析表 6－7－4 发现，信托资产与关联方的交易主要集中在贷款和其他方面，信托资产与关联方贷款交易约占整个信托资产与关联方交易的 6. 65%；信托资产与关联方投资交易约占整个信托资产与关联方交易的 3. 12%；信托资产与关联方其他交易约占整个信托资产与关联方交易的 89. 98%。已披露年报的 63 家信托公司 2020 年信托资产与关联方交易的汇总表及明细表分别见表 6－7－4 和表 6－7－5。

表 6－7－4　信托资产与关联方关联交易汇总分析

项目	2019 年末余额（万元）	2019 年末比例（%）	2020 年末余额（万元）	2020 年末比例（%）	增长率（%）
贷款	18 818 629. 75	11. 01	12 933 060. 74	6. 65	－31. 28
投资	7 591 526. 32	4. 44	6 074 130. 26	3. 12	－19. 99
租赁	—	—	—	—	—
担保	10 500. 00	0. 01	5 000. 00	—	－52. 38
应收账款	250 320. 61	0. 15	479 599. 32	0. 25	91. 59
其他	144 265 633. 11	84. 40	175 133 294. 64	89. 98	21. 40
合计	170 936 609. 79	100. 00	194 625 084. 96	100. 00	13. 86

表 6－7－5　2020 年末信托资产与关联方关联交易余额明细，由高到低排序

单位：万元

公司简称	关联交易余额	公司简称	关联交易余额
建信信托	79 510 787. 95	中原信托	75 752. 17
英大信托	54 789 844. 34	国元信托	65 96[illegible]. 00
兴业信托	15 547 847. 18	东莞信托	49 823. 00
光大兴陇信托	12 413 474. 67	中信信托	44 698. 07
华能信托	6 098 834. 58	雪松信托	37 100. 00
中海信托	4 678 423. 51	万向信托	33 762. 00
华润信托	3 768 137. 09	江苏信托	29 090. 03
交银国际信托	2 663 785. 76	粤财信托	20 800. 00
金谷信托	2 556 162. 96	云南信托	20 600. 00

续表

公司简称	关联交易余额	公司简称	关联交易余额
陕国投	1 158 300. 00	北京信托	19 807. 63
昆仑信托	1 092 584. 18	华澳信托	16 080. 00
百瑞信托	1 041 189. 35	浙金信托	14 200. 00
渤海信托	1 017 367. 00	中泰信托	10 338. 00
中国民生信托	819 624. 58	西藏信托	8 497. 40
西部信托	796 636. 75	外贸信托	—
平安信托	751 404. 28	财信信托	—
厦门国际信托	676 172. 00	大业信托	—
陆家嘴信托	632 876. 36	国投泰康信托	—
五矿信托	565 700. 00	中建投信托	—
中诚信托	528 618. 74	华宸信托	—
重庆信托	362 411. 95	天津信托	—
中融信托	331 998. 31	国联信托	—
中铁信托	316 736. 00	国民信托	—
华鑫信托	283 939. 89	杭州工商信托	—
北方信托	267 642. 92	吉林信托	—
长安信托	227 078. 23	山西信托	—
紫金信托	190 945. 04	苏州信托	—
中粮信托	173 808. 26	新华信托	未披露
华宝信托	173 191. 98	华信信托	未披露
山东国信	173 102. 24	华融信托	未披露
中航信托	155 114. 86	四川信托	未披露
长城新盛信托	139 996. 93	新时代信托	未披露
上海信托	99 999. 99	安信信托	未披露
爱建信托	95 147. 78		
国通信托	79 690. 00	合计	194 625 084. 96

注:本年度四川信托等5家信托公司尚未披露年报,故未在本表中披露相关数据。

(四)固有财产与信托财产相互交易

表6-7-6　固有财产与信托财产相互交易汇总分析

单位:万元

项目	2020年末
余额	10 188 719. 81
发生额	25 796 228. 63

表6-7-7　固有财产与信托财产关联交易余额情况

单位:万元

公司简称	2020年末	公司简称	2020年末
五矿信托	1 998 300. 44	雪松信托	259 458. 86
重庆信托	1 437 822. 42	中诚信托	251 126. 91
华能信托	1 286 109. 23	北京信托	247 943. 19
外贸信托	1 252 937. 35	光大兴陇信托	231 337. 42
建信信托	1 180 967. 39	中融信托	219 785. 25
兴业信托	1 028 129. 27	紫金信托	202 098. 00
中航信托	883 548. 73	浙金信托	199 611. 34
江苏信托	856 137. 38	云南信托	192 292. 44
上海信托	768 801. 51	厦门国际信托	144 200. 00
昆仑信托	744 741. 31	山西信托	132 314. 15

续表

公司简称	2020 年末	公司简称	2020 年末
国通信托	731 732. 22	西部信托	125 4[illegible]0. 00
中国民生信托	710 721. 66	渤海信托	86 9[illegible]0. 00
交银国际信托	689 261. 05	中海信托	76 1[illegible]0. 00
国投泰康信托	659 280. 00	英大信托	61 3[illegible]0. 85
中原信托	652 397. 73	国联信托	59 4[illegible]9. 00
山东国信	647 728. 09	北方信托	58 1[illegible]5. 69
华鑫信托	602 041. 59	国元信托	51 0[illegible]5. 00
陆家嘴信托	552 680. 00	华宸信托	31 0[illegible]1. 96
平安信托	540 897. 49	中泰信托	20 3[illegible]. 35
华宝信托	518 774. 00	长城新盛信托	6 6[illegible]. 38
百瑞信托	498 048. 31	吉林信托	2 6[illegible]. 00
东莞信托	495 610. 52	天津信托	2[illegible]. 35
华润信托	463 372. 49	国民信托	—
中信信托	456 015. 41	中铁信托	—
中建投信托	417 298. 07	财信信托	—
粤财信托	367 977. 42	金谷信托	—
西藏信托	360 482. 16	华澳信托	—
杭州工商信托	351 795. 00	新时代信托	未披露
万向信托	327 028. 53	新华信托	未披露
陕国投	295 960. 48	华信信托	未披露
大业信托	280 891. 09	华融信托	未披露
爱建信托	280 197. 20	四川信托	未披露
中粮信托	270 555. 14	安信信托	未披露
苏州信托	267 627. 00		
长安信托	260 897. 31	合计	25 796 22[illegible]. 63

注：本年度四川信托等 5 家信托公司尚未披露年报，故未在本表中披露相关数据。

（五）信托资产与信托财产相互交易

表 6 – 7 – 8　信托资产与信托财产相互交易汇总分析

单位：万元

项目	2020 年末
余额	15 123 602. 96
发生额	69 588 960. 82

表 6 – 7 – 9　信托资产与信托财产关联交易余额情况

单位：万元

公司简称	2020 年末	公司简称	2020 年末
建信信托	9 056 439. 63	杭州工商信托	346 95[illegible]. 00
华宝信托	7 608 455. 00	云南信托	309 917. 7[illegible]
中信信托	6 334 616. 27	浙金信托	271 90[illegible]. 7[illegible]
华能信托	5 435 653. 73	大业信托	215 572. 0[illegible]
外贸信托	4 886 033. 72	华鑫信托	207 387. 13
华润信托	3 557 048. 60	粤财信托	125 103. 2[illegible]
昆仑信托	3 016 603. 31	陕国投	121 150. 00
中国民生信托	2 359 888. 40	山西信托	97 702. 09

续表

公司简称	2020 年末	公司简称	2020 年末
江苏信托	2 342 426. 15	国元信托	37 367. 00
中融信托	2 142 596. 74	北方信托	11 670. 00
交银国际信托	2 128 775. 11	西部信托	10 553. 00
光大兴陇信托	2 107 987. 53	天津信托	5 080. 00
东莞信托	1 582 452. 24	长安信托	1 040. 00
百瑞信托	1 366 384. 10	雪松信托	—
上海信托	1 233 317. 26	中粮信托	—
五矿信托	1 147 173. 38	长城新盛信托	—
中建投信托	1 085 012. 29	财信信托	—
重庆信托	836 456. 36	中诚信托	—
万向信托	790 193. 91	中铁信托	—
平安信托	780 422. 06	国民信托	—
中海信托	751 752. 72	吉林信托	—
陆家嘴信托	720 368. 65	华宸信托	—
紫金信托	673 026. 25	中航信托	—
兴业信托	587 077. 84	华澳信托	—
中原信托	574 063. 50	中泰信托	—
山东国信	566 916. 22	渤海信托	—
英大信托	550 520. 00	金谷信托	—
西藏信托	525 859. 06	华信信托	未披露
国投泰康信托	511 548. 99	华融信托	未披露
北京信托	484 059. 54	新时代信托	未披露
厦门国际信托	481 770. 00	四川信托	未披露
爱建信托	432 123. 34	新华信托	未披露
国通信托	419 281. 37	安信信托	未披露
苏州信托	386 740. 51		
国联信托	364 513. 00	合计	69 588 960. 82

注：本年度四川信托等5家信托公司尚未披露年报，故未在本表中披露相关数据。

八、子公司及其合并情况

2020 年，在已披露年报的63 家信托公司中，有26 家公司不需要编制合并报表，在需要编制合并报表的37 家中，有21 家披露了合并子公司数量，共计合并了83 家子公司。具体情况详见表6－8－1。

表6－8－1　2020 年信托公司对合并范围内的子公司的披露情况

公司简称	是否合并报表	子公司数量（家）	公司简称	是否合并报表	子公司数量（家）
中融信托	是	18	重庆信托	是	未披露
苏州信托	是	11	陆家嘴信托	是	未披露
平安信托	是	8	中建投信托	是	未披露
中诚信托	是	8	北方信托	不适用	
交银国际信托	是	7	四川信托	不适用	
吉林信托	是	5	东莞信托	不适用	
建信信托	是	3	光大兴陇信托	不适用	
上海信托	是	3	粤财信托	不适用	
华宝信托	是	3	国民信托	不适用	
华润信托	是	2	江苏信托	不适用	
兴业信托	是	2	华宸信托	不适用	
中信信托	是	2	昆仑信托	不适用	

续表

公司简称	是否合并报表	子公司数量(家)	公司简称	是否合并报表	子公司数量(家)
国联信托	是	2	华融信托	不适用	
中粮信托	是	2	天津信托	不适用	
中铁信托	是	2	长安信托	不适用	
北京信托	是	1	西部信托	不适用	
国投泰康信托	是	1	西藏信托	不适用	
杭州工商信托	是	1	华信信托	不适用	
厦门国际信托	是	1	云南信托	不适用	
华能信托	是	1	外贸信托	不适用	
财信信托	是	—	中海信托	不适用	
国元信托	是	未披露	中泰信托	不适用	
山西信托	是	未披露	新华信托	不适用	
百瑞信托	是	未披露	中原信托	不适用	
华澳信托	是	未披露	渤海信托	不适用	
陕国投	是	未披露	爱建信托	不适用	
雪松信托	是	未披露	新时代信托	不适用	
英大信托	是	未披露	大业信托	不适用	
浙金信托	是	未披露	国通信托	不适用	
中航信托	是	未披露	金谷信托	不适用	
华鑫信托	是	未披露	五矿信托	不适用	
安信信托	是	未披露	紫金信托	不适用	
山东国信	是	未披露	长城新盛信托	不适用	
中国民生信托	是	未披露	万向信托	不适用	

注：本年度四川信托等5家信托公司尚未披露年报，故未在本表中披露相关数据。

九、信托公司2020年年报中对经营因素的认可情况分析

（一）关于经营目标

2020年总共有63家公司对经营目标作出了表述。

通过对63家披露了经营目标的信托公司年报进行分析，如表6-9-1所示，认同目标前五名依次为依法合规、稳健经营；致力于客户利益、股东价值和员工满足感的最大化；发展中转型，成为主业突出、规模领先、质效并举的信托公司；推进业务转型，不断提高主动管理能力；有效执行风险偏好政策，着力推进全面风险管理体系建设。

表6-9-1　认同前五名的经营目标

经营目标	认同公司数(家)
依法合规、稳健经营	38
致力于客户利益、股东价值和员工满足感的最大化	24
发展中转型，成为主业突出、规模领先、质效并举的信托公司	16
推进业务转型，不断提高主动管理能力	10
有效执行风险偏好政策，着力推进全面风险管理体系建设	7

注：本年度四川信托等5家信托公司尚未披露年报，故未在本表中披露相关数据。

（二）关于经营方针

2020年共有63家公司披露了经营方针。

通过对63家披露了经营方针的信托公司年报分析，如表6-9-2所示为经营方针认同前五名。

表6-9-2　认同前五名的经营方针

经营方针	认同公司数(家)
依法合规、稳健经营	38
产品创新为投资者提供更加多样化、个性化的金融服务	26
在防范化解金融风险的基础上,加快推进业务转型	17
持续完善公司合规风险管理体制机制	7
树立经营客户理念,有针对性地挖掘业务机会	7

注:本年度四川信托等5家信托公司尚未披露年报,故未在本表中披露相关数据。

(三)关于战略规划

2020年,63家公司均披露了战略规划。

通过对63家披露了战略规划的信托公司年报进行分析,如表6-9-3所示,为战略规划认同前五名。大部分公司将"深化公司机制体制改革,加大业务转型与创新"作为战略规划的重点。

表6-9-3　认同前五名的战略规划

战略规划	认同公司数(家)
深化公司机制体制改革,加大业务转型与创新	30
搭建具有自身鲜明特色的业务结构和可持续健康发展盈利模式	23
大力发展主动管理业务,升级营销服务	21
推进金融科技在信托领域的应用	13
增强风险控制能力	12

注:本年度四川信托等5家信托公司尚未披露年报,故未在本表中披露相关数据。

(四)关于经济金融形势认识

2020年共有56家公司披露了对经济形势的认识。

通过对56家披露了对经济金融形势认识的信托公司年报分析,如表6-9-4所示,为经济金融形势前五名。

表6-9-4　认同前五名的经济金融形势分析

经济金融形势	认同公司数(家)
经济总体保持平稳运行态势,经济结构优化升级持续推进	27
新冠疫情后,国家间及信托业的竞争和博弈比以前更激烈	23
实施"稳金融"政策,加大金融开放力度及推进金融供给侧结构性改革	18
随着我国经济进入高质量发展新阶段,产业转型升级必将成为新的经济发展着力点	11
监管机构始终致力于明确信托行业的准入标准,助推信托行业转型发展	6

注:本年度四川信托等5家信托公司尚未披露年报,故未在本表中披露相关数据。

(五)关于经营有利因素的认识

2020年共有56家公司均披露了经营有利因素。

通过对56家披露了经营有利因素的信托公司年报分析,如表6-9-5所示,为经营有利因素认同前五名。排名前两位的是对"转型发展已进入结构性调整的深化阶段,助力实体经济"及"新出台的'资管新规'重塑了资产管理行业格局"的认同。

表6-9-5　认同前五名经营有利因素分析

经营有利因素	认同公司数(家)
转型发展已进入结构性调整的深化阶段,助力实体经济	34
新出台的"资管新规"重塑了资产管理行业格局	23
2020年,在党中央的正确领导和部署下,我国经济社会发展经受住了新冠肺炎疫情带来的巨大冲击	16
公司层面不断提升公司治理水平及专业管理能力	14
科技创新取得重大进展,改革开放实现重要突破	11

注:本年度四川信托等5家信托公司尚未披露年报,故未在本表中披露相关数据。

(六)关于经营不利因素的认识

2020年共有57家公司均披露了经营不利因素。

通过对57家披露了经营不利因素的信托公司年报分析，如表6－9－6所示，为经营不利因素认同前五名。

表6－9－6　认同前五名的经营不利因素分析

经营不利因素	认同公司数(家)
国内外新冠肺炎疫情防控和经济形势正在发生新的重大变化，我国经济下行压力持续加大	40
由于经济下行，市场风险、信用风险、流动性风险等交织出现，信托业务风险进一步提升	27
部分实体经济行业仍处于结构调整期，行业面临较大的转型压力	24
资管行业竞争加剧、"资管新规"打破刚性兑付背景下，资金募集难度加大	22
传统业务难以支撑营业收入持续增长，创新业务模式尚未成熟	10

注：本年度四川信托等5家信托公司尚未披露年报，故未在本表中披露相关数据。

（七）关于内部控制职能部门的认识

2020年共有62家公司披露了内部控制职能部门。

通过对62家披露了内部控制职能部门的信托公司年报分析可以看出，对信托公司内部控制认为有效的、应当建立的职能部门前五名的部门为股东会、董事会、监事会及管理层、董事会合规与风险管理委员会、董事会审计委员会、风险及合规管理部、稽核审查部。认同前五名的对内部控制职能部门认同分析详见表6－9－7。

表6－9－7　认同前五名的对内部控制职能部门认同分析

内部控制职能部门	认同公司数(家)
股东会、董事会、监事会及管理层	62
董事会合规与风险管理委员会	58
董事会审计委员会	49
风险及合规管理部	42
稽核审查部	34

注：本年度四川信托等5家信托公司尚未披露年报，故未在本表中披露相关数据。

（八）关于风险管理可能遇到的风险的认识

2020年共有63家公司披露了可能遇到的风险。

通过对63家披露了可能遇到的风险的信托公司年报分析可以看出，信托公司认为风险管理可能遇到的前四名风险分别为信用风险、市场风险、操作风险、其他风险。详见表6－9－8之认同前四名的风险管理可能遇到的风险分析详见表6－9－8。

表6－9－8　认同前四名的风险管理可能遇到的风险分析

可能遇到的风险	认同公司数(家)
信用风险	63
市场风险	63
操作风险	63
其他风险	60

注：本年度四川信托等5家信托公司尚未披露年报，故未在本表中披露相关数据。

（九）关于风险管理基本原则与政策的认识

2020年共有40家公司披露了风险管理的基本原则和政策。

通过对40家披露了风险管理的基本原则和政策的信托公司年报分析，如表6－9－9所示，为风险管理基本原则与政策认同前五名。

表6－9－9　认同前五名的风险管理基本原则与政策的分析

风险管理基本原则与政策	认同公司数(家)
全面性原则	33
审慎性原则	22
独立性原则	22
有效性原则	22
及时性原则	20

注：本年度四川信托等5家信托公司尚未披露年报，故未在本表中披露相关数据。

（十）关于风险管理组织机构与职责的认识

2020 年共有 62 家公司披露了风险管理的组织机构与职责。

通过对 62 家披露了风险管理的组织机构与职责的信托公司年报分析，如表 6－9－10 所示，为风险管理基本组织机构与职责认同前五名。

表 6－9－10　认同前五名的风险管理组织机构与职责的分析

风险管理组织机构与职责	认同公司数（家）
合规及风险控制委员会：拟订公司的风险管理政策和指导原则，风险的评估、识别、防范和认定	58
董事会：承担风险管理的最终责任，对公司进行全面风险管理，掌握公司面临的各项重大风险及其风险管理状况，作出有效控制风险的决策	60
合规风险部门：发挥日常监督、控制和预警的职能，对公司经营管理和执业行为的监察监督	47
稽核审查部：对各项经营风险控制情况进行全面监督检查和评价	47
公司各职能部门是公司风险控制措施的具体执行部门	35

注：本年度四川信托等 5 家信托公司尚未披露年报，故未在本表中披露相关数据。

（十一）关于信用风险状况的认识

2020 年共有 61 家公司认同信用风险，信用风险是指交易过程中由于交易对手方或相关交易方产生的交易不确定性。

61 家公司均披露了具体风险点。认同前四名的信用风险状况分析见表 6－9－11。

表 6－9－11　认同前四名的信用风险状况的分析

信用风险	认同公司数（家）
交易对手和合作方的信用状况及履约能力的变化	60
公司贷款业务中贷款对象、债券发行人造成的不确定性险	21
存放同业款项、贷款、担保和应收款项的信用风险	18
担保业务中的相关交易方造成的不确定性	16

注：本年度四川信托等 5 家信托公司尚未披露年报，故未在本表中披露相关数据。

（十二）关于信用风险管理措施的认识

2020 年共有 61 家公司披露了信用风险管理措施。

通过对 61 家披露了信用风险管理措施的信托公司年报进行分析，如表 6－9－12 所示，为信用风险管理措施认同前五名，公司基本贯彻了事前、事中、事后风险管理，保持了风险管理的连贯性。针对信贷业务中信用风险较高的情况，大部分信托公司均认真落实了加强对交易对手尽职调查等事前防范。

表 6－9－12　认同前五名的信用风险管理措施的分析

信用风险管理措施	认同公司数（家）
加强对交易对手进行信用调查与分析，形成尽职调查报告	4[illegible]
持续关注交易对手的履约能力，加强项目资金监管	36
对交易对手进行动态管理，在资金发放后，定期或不定期地进行贷后检查和抽查，形成检查报告	30
严格制定的项目审批操作流程及放款审查要求来进行风险事中控制	29
严格按财政部和中国银保监会的要求，足额提取各种准备金	22

注：本年度四川信托等 5 家信托公司尚未披露年报，故未在本表中披露相关数据。

（十三）关于市场风险状况的认识

2020 年共有 62 家公司均披露了市场风险状况，认为股价、汇率、利率、其他价格等金融市场变量波动对盈利的影响是主要的市场风险。另有个别公司提到了同业竞争风险、通货膨胀和经济周期风险等。认同前四名的市场风险状况的分析见表 6－9－13。

表 6－9－13　认同前四名的市场风险状况的分析

市场风险	认同公司数(家)
股价波动风险	56
利率风险	56
其他价格波动的影响	53
同业竞争形成的风险	26

注:本年度四川信托等 5 家信托公司尚未披露年报,故未在本表中披露相关数据。

(十四)关于市场风险管理措施的认识

2020 年共有 62 家公司均披露了市场风险管理措施。

如表 6－9－14 所示,大多数公司采取了考验自身投研实力的主动性措施:关注国家宏观政策变化,规避限制类行业和相关项目。

表 6－9－14　认同前五名的市场风险管理措施的分析

市场风险管理措施	认同公司数(家)
及时识别、计量、监测和控制市场风险,实现风险可控前提下的效益最大化	42
通过多领域的业务组合来分散市场风险	28
夯实证券投资研究基础,加强债券信用研究,动态调整投资策略	20
对市场风险较高的业务采取极为审慎的态度开展	17
定期或不定期地及时开展市场风险压力测试	17

注:本年度四川信托等 5 家信托公司尚未披露年报,故未在本表中披露相关数据。

(十五)关于操作风险状况的认识

2020 年共有 61 家公司明确披露了操作风险中可能的风险点。

排名前五名的风险点如表 6－9－15 所示。

表 6－9－15　认同前五名的操作风险状况的分析

操作风险	认同公司数(家)
不完善或有问题的内部程序和信息科技系统	59
操作者个人原因	56
信息系统还不够全面及时	48
外部事件影响	34
内部控制缺失	13

注:本年度四川信托等 5 家信托公司尚未披露年报,故未在本表中披露相关数据。

(十六)关于操作风险管理措施的认识

2020 年共有 61 家公司披露了操作风险管理措施。

排名前五位的操作风险管理措施如表 6－9－16 所示。

表 6－9－16　认同前五名的操作风险管理措施的分析

操作风险管理措施	认同公司数(家)
规范业务授权管理,制定岗位分离、相互制约的投资决策及实施流程	42
对公司业务审批流程进行持续的优化,明确节点责任	31
公司不断加强制度培训,提高员工的规范意识和责任意识	29
加大信息科技方面的建设和投入,完善信息科技管理平台	21
强化考核问责,依据公司岗位问责制度	17

注:本年度四川信托等 5 家信托公司尚未披露年报,故未在本表中披露相关数据。

(十七)关于其他风险状况的认识

2020 年共有 60 家公司披露了其他风险状况。

排名前五名的其他风险状况见表6-9-17。

表6-9-17 认同前五名的其他风险状况的分析

其他风险状况	认同公司数(家)
声誉风险:由于公司操作失误,违反有关规定,资产质量下降不能到期偿债和管理不善等原因,对其外部市场造成的不良影响	49
合规风险:公司因没有遵循法律、规则和准则可能遭受法律制裁、监管处罚、重大财务损失和声誉损失的风险	32
法律风险:公司在业务经营中由于合同内容等方面在法律上有缺陷或不完善而发生法律纠纷等风险	28
道德风险:由于内部人员蓄意违法或与利益主体串通所引起的风险	26
政策风险:宏观政策及监管政策的变动对公司经营环境和发展所造成的风险	25

注:本年度四川信托等5家信托公司尚未披露年报,故未在本表中披露相关数据。

(十八)关于其他风险管理措施的认识

2020年共有60家公司披露了其他风险管理措施。

如表6-9-18所示,为认同前五名的其他风险管理措施。

表6-9-18 认同前五名的其他风险管理措施的分析

其他风险管理措施	认同公司数(家)
设立舆情工作领导小组,建立舆情监测机制	31
加强党的建设、员工思想政治方面教育,强化内控机制	31
全面推进依法治企工作,利用法律手段防范业务风险	29
公司及时跟踪和研究国家宏观政策和行业监管政策	29
及时对业务程序和操作指引进行梳理和修订	19

注:本年度四川信托等5家信托公司尚未披露年报,故未在本表中披露相关数据。

第七章　公司治理结构及人员结构

本章就信托公司的公司治理情况进行分析。

一、2020 年公司股东会、董事会和监事会情况分析

(一)股东会、董事会和监事会会议次数

2020 年，已披露年报的 63 家信托公司在年报中均披露了"三会"会议的召开情况，详见表 7－1－1。

2020 年，已披露年报的 63 家信托公司共召开股东会 260 次，平均股东会召开次数为 4. 13 次；董事会召开次数为 571 次，平均董事会召开次数为 9. 06 次；监事会召开次数为 239 次，平均监事会召开次数为 3. 79 次（见表 7－1－1）。2019 年的三项平均数字分别为 3. 76 次、9. 13 次和 3. 29 次。

表 7－1－1　已披露年报的 63 家信托公司 2020 年"三会"的会议情况

单位：次

公司简称	2020 年股东会会议次数(次)	2020 年董事会会议次数(次)	2020 年监事会会议次数(次)
爱建信托	4	3	3
安信信托	1	4	4
百瑞信托	5	19	8
北方信托	7	15	8
北京信托	4	5	2
渤海信托	7	5	6
大业信托	7	8	2
东莞信托	2	6	3
光大兴陇信托	6	9	2
国联信托	3	6	3
国民信托	5	8	2
国通信托	5	9	15
国投泰康信托	6	7	2
国元信托	4	8	3
杭州工商信托	1	4	4
财信信托	5	16	5
华澳信托	5	7	3
华宝信托	4	12	2
华宸信托	3	7	2
华能信托	3	10	2
华润信托	2	4	1
华鑫信托	4	3	1
吉林信托	3	5	2
建信信托	7	10	6
江苏信托	3	23	2
交银国际信托	3	9	3
金谷信托	7	19	7
昆仑信托	5	5	2
陆家嘴信托	4	8	5

续表

公司简称	2020 年股东会会议次数(次)	2020 年董事会会议次数(次)	2020 年监事会会议次数(次)
平安信托	3	5	4
厦门国际信托	1	2	2
山东国信	2	10	4
山西信托	5	7	2
陕国投	2	10	7
上海信托	3	8	2
苏州信托	5	17	3
天津信托	11	6	11
外贸信托	6	7	3
万向信托	1	3	2
五矿信托	6	10	3
西部信托	7	9	6
西藏信托	3	14	4
兴业信托	3	9	5
雪松信托	4	11	3
英大信托	6	7	2
粤财信托	3	11	4
云南信托	4	2	3
长安信托	1	34	3
长城新盛信托	3	9	2
浙金信托	5	9	5
中诚信托	3	3	2
中国民生信托	3	7	3
中海信托	3	9	3
中航信托	2	5	4
中建投信托	6	11	6
中粮信托	6	4	4
中融信托	5	10	2
中泰信托	5	13	6
中铁信托	2	18	4
中信信托	5	20	2
中原信托	6	7	7
重庆信托	2	4	2
紫金信托	3	6	4
四川信托	未披露	未披露	未披露
新时代信托	未披露	未披露	未披露
华融信托	未披露	未披露	未披露
新华信托	未披露	未披露	未披露
华信信托	未披露	未披露	未披露
合计	260	571	239
平均	4. 13	9. 06	3. 79

注:本年度有5家信托公司尚未披露年报,故未在本表中披露相关数据。

（二）董事会及其基本情况分析

1. 董事的变更分析

经统计，有 47 家信托公司在 2020 年发生了董事会人员的变更；其余 16 家明确披露了 2020 年没有发生董事的变更。具体变更情况详见表 7－1－2。

表 7－1－2　信托公司 2020 年董事变更情况

公司简称	是否变更	变更次数（次）	董事变更详情列示
爱建信托	是	1	2020 年 5 月 12 日，上海银保监局核准徐众华上海爱建信托有限责任公司董事长任职资格。
安信信托	否		
百瑞信托	是	2	经个人提请并经股东会审议通过，樊玉涛先生和何耀东先生辞去董事会董事职务。 经股东提名、股东会审议通过，以及河南银保监局核准通过，张盼盼女士和曹路先生当选公司第七届董事会董事并正式履职。
北方信托	是	2	根据公司 2020 年 4 月 10 日召开的 2020 年第一次临时股东大会决议，审议通过了《关于提名韩立新担任北方国际信托股份有限公司第三届董事会董事的议案》，拟由公司股东天津泰达投资控股有限公司推举的韩立新先生担任公司董事，并履行相应的董事任职程序。2020 年 5 月 15 日，天津银保监局下发《天津银保监局关于韩立新任职资格的批复》（津银保监复〔2020〕146 号），核准韩立新北方国际信托股份有限公司董事的任职资格。依据《天津市人民政府关于韩立新任职的通知》（津政人〔2020〕41 号），根据公司 2020 年 4 月 17 日召开的第三届董事会 2020 年第三次临时会议决议，审议通过了《关于选举韩立新担任北方国际信托股份有限公司董事长的议案》，并履行相应的董事长任职程序。2020 年 7 月 2 日，天津银保监局下发《天津银保监局关于韩立新任职资格的批复》（津银保监复〔2020〕223 号），核准韩立新北方国际信托股份有限公司董事长的任职资格。 根据公司 2020 年 9 月 28 日召开的 2020 年第四次临时股东大会决议，审议通过了《关于北方国际信托股份有限公司第三届董事会董事任免的议案》，拟由公司股东天津泰达投资控股有限公司推举的刘轶先生、由公司股东天津泰达水业有限公司推举的周宇飞先生、由公司股东天津泰达股份有限公司推举的张旺先生担任公司董事，并履行相应的董事任免程序，王小林、朱文芳、胡军不再担任北方国际信托股份有限公司第三届董事会董事。刘轶先生、周宇飞先生、张旺先生任职材料正在报批过程中。
北京信托	是	2	报告年度，中国银行保险监督管理委员会北京监管局核准何晓峰任公司董事的任职资格（京银保监复〔2020〕[illegible]号）、孙婧任公司董事的任职资格（京银保监复〔2020〕191 号）、于卫东任公司董事的任职资格（京银保监复〔2020〕193 号）、[illegible]任公司董事的任职资格（京银保监复〔2020〕684 号），以上人员均已履职。 2020 年 11 月公司工会代表大会选举韩波为公司职工董事
渤海信托	是	1	2020 年 9 月 17 日，经 2020 年第四次临时股东大会审议通过，同意马建军辞去公司董事职务。
大业信托	是	6	2019 年 4 月，牛南洁先生因工作原因辞去公司董事会董事职务，公司股东会拟聘任薛贵先生担任公司董事会董事职务。2020 年 2 月 10 日，中国银行保险监督管理委员会广东监管局下发《关于薛贵任职资格的批复》（粤银保监复〔2020〕[illegible]号），核准了薛贵先生担任公司董事会董事的任职资格。 2019 年 7 月，王毅先生因个人原因辞去公司董事、总经理职务，公司股东会拟聘任战伟宏先生担任公司董事会董事职务，公司董事会拟聘任战伟宏先生担任公司总经理职务。2020 年 4 月 26 日，中国银行保险监督管理委员会广东监管局下发《关于战伟宏任职资格的批复》（粤银保监复〔2020〕203 号），核准了战伟宏先生担任公司董事会董事、总经理的任职资格。 2020 年 1 月，王仲兴先生因任期届满，不再担任公司董事会独立董事职务，公司股东会拟聘任彭燎原先生担任公司董事会独立董事职务。2020 年 9 月 8 日，中国银行保险监督管理委员会广东监管局下发《关于彭燎原任职资格的批复》（粤银保监复〔2020〕611 号），核准了彭燎原先生担任公司董事会独立董事的任职资格。 2020 年 5 月，李嘉玮先生因工作原因辞去公司董事会董事职务，公司股东会拟聘任韦典含女士担任公司董事会董事职务。2020 年 8 月 28 日，中国银行保险监督管理委员会广东监管局下发《关于韦典含任职资格的批复》（粤银保监复〔2020〕[illegible]8 号），核准了韦典含女士担任公司董事会董事的任职资格。 2020 年 9 月，俞二牛先生因工作原因辞去公司董事会独立董事职务，公司股东会拟聘任廖文义先生担任公司董事会独立董事职务。2020 年 12 月 25 日，中国银行保险监督管理委员会广东监管局下发《关于廖文义任职资格的批复》（粤银保监复〔2020〕928 号），核准了廖文义先生担任公司董事会独立董事的任职资格。 2020 年 12 月，杨东先生因工作原因辞去公司董事会董事职务，公司股东会拟聘任张宁先生担任公司董事会董事职务。截至 2020 年 12 月 31 日，张宁先生的任职资格尚待监管部门核准。
东莞信托	否		
光大兴陇信托	是	5	2020 年 1 月 19 日，经光大兴陇信托有限责任公司 2020 年第一次临时股东会审议通过，选举秦莉同志为公司董事，[illegible]卫东同志不再担任公司董事。2020 年 5 月 26 日，甘肃银保监局核准秦莉同志董事任职资格。 2020 年 3 月 20 日，经光大兴陇信托有限责任公司 2020 年第二次临时股东会审议通过，选举王志远同志为公司董事，吴万华同志不再担任公司董事。2020 年 5 月 26 日，甘肃银保监局核准王志远同志董事任职资格。 2020 年 10 月 21 日，经光大兴陇信托有限责任公司第二届职工代表大会第三次会议表决通过，选举张满红同志为公司职工董事。 2020 年 11 月 5 日，经光大兴陇信托有限责任公司 2020 年第四次临时股东会审议通过，选举谢太峰、赵欣、方文彬同志为公司独立董事，周小明同志、苑德军同志、张萍同志不再担任公司独立董事。2021 年 1 月 5 日，甘肃银保监局核准谢太峰同志、赵欣同志独立董事任职资格。2021 年 1 月 21 日，甘肃银保监局核准方文彬同志独立董事任职资格。 2021 年 1 月 29 日，经光大兴陇信托有限责任公司 2021 年第二次临时股东会审议通过，选举冯翔同志为公司董事，[illegible]桂军同志不再担任公司董事。同日，经光大兴陇信托有限责任公司董事会 2021 年第一次会议审议通过，选举冯翔同志为公司董事长，闫桂军同志不再担任公司董事长。2021 年 4 月 9 日，甘肃银保监局核准冯翔同志董事、董事长任职资格。

续表

公司简称	是否变更	变更次数(次)	董事变更详情列示
国联信托	否		
国民信托	是	1	2020年12月,王向燊先生因个人原因不再担任公司独立董事职务,经股东会选举并经北京银保监局任职资格审批,李红成先生担任公司独立董事职务。
国通信托	是	1	2020年11月16日,中国银保监会湖北监管局核准陈建新先生担任公司董事长的任职资格(鄂银保监复〔2020〕484号)。
国投泰康信托	是	1	2020年4月28日,经公司2019年度股东会同意,聘任刘德兵先生为公司董事。2020年11月4日刘德兵先生经北京银保监局核准任职资格后正式履职。
国元信托	否		
杭州工商信托	否		
财信信托	否		
华澳信托	否		
华宝信托	是	1	2020年4月9日,华宝信托2020年股东会第二次临时会议以通讯方式召开。会议批准《关于选举孔祥清为董事的议案》,选举孔祥清为华宝信托董事(第七届),任期自监管部门核准其任职资格之日起至本届董事会任期届满止,张轶自监管部门对孔祥清的董事任职资格核准通过之日起不再担任华宝信托董事。
华宸信托	是	2	2020年4月27日,公司召开了2019年度股东会会议,审议通过了《关于调整第五届董事会人选的议案》。经股东中国大唐集团资本控股有限公司提名,周海莹为华宸信托第五届董事会董事,赵英吉不再担任华宸信托董事职务。 2020年8月27日,公司召开了2020年第一次临时股东会会议,审议通过了《关于不再聘任赵康慧担任公司独立董事的议案》和《关于聘任姜德广担任公司独立董事的议案》,不再聘任赵康慧担任公司独立董事,聘任姜德广担任公司独立董事。
华能信托	否		
华润信托	是	3	2019年10月,公司2019年第三次股东会会议审议通过《关于变更董事的议案》,由李福利、任海川担任公司董事,刘晓勇、郭庆卫不再担任公司董事。2020年5月,李福利董事任职资格经中国银行保险监督管理委员会深圳监管局核准。2020年6月,任海川董事任职资格经中国银行保险监督管理委员会深圳监管局核准。 2020年1月,公司2020年第一次股东会会议审议通过《关于变更董事的议案》,由姚飞担任公司董事,桂自强不再担任公司董事。2020年7月,姚飞董事任职资格经中国银行保险监督管理委员会深圳监管局核准。 2020年5月,公司第七届董事会第七次会议审议通过《关于选举董事长的议案》,选举李福利担任公司董事长,刘晓勇不再担任公司董事长。2020年8月,李福利董事长任职资格经中国银行保险监督管理委员会深圳监管局核准。
华鑫信托	是	2	根据工作需要,按照股东方提名并经公司股东会选举,经北京银保监局核准,江涛担任公司非独立董事。 因工作原因,华淑蕊不再担任公司董事。
吉林信托	是	2	报告期内,根据吉林省人民政府《关于郃戈免职的通知》(吉政干任〔2020〕84号),免去郃戈的吉林省信托有限责任公司董事长职务。 报告期内,根据中共吉林省财政厅党组文件《关于王平任职的通知》(吉财党〔2020〕45号),经吉林银保监局批复,王平任吉林省信托有限责任公司股权董事。
建信信托	是	2	经董事会提名,公司2019年第四次临时股东会选举彭剑锋担任独立董事;2020年3月25日,北京银保监局核准其任职资格(京银保监复〔2020〕141号)。 2020年3月25日,王巍辞任公司独立董事职务。
江苏信托	是	1	2020年1月9日,江苏银保监局核准章明同志为公司董事(苏银保监复〔2020〕21号),陈宁同志不再担任公司董事。
交银国际信托	是	2	2020年10月,公司召开股东会,选举陈洪、仇高擎担任公司非执行董事,颇颖、周黎勤不再担任公司非执行董事职务。 2020年12月,湖北银保监局核准汤晓东担任公司董事任职资格。
金谷信托	是	2	根据工作需要,经监管批复,2020年4月2日,聘任武泽平担任董事职务;2020年11月4日,聘任徐兵担任董事职务;2020年12月25日,聘任陆益龙担任独立董事职务;2021年2月3日,聘任李洪江担任董事、董事长职务;2021年3月5日,聘任陈振军、叶郁文担任董事职务。 根据工作需要,彭新不再担任董事长、董事职务;刘学敏、武泽平、李玉萍、陈义斌、沈洪溥不再担任董事职务。
昆仑信托	是	1	股东变更,重新选聘
陆家嘴信托	是	1	本报告期内,公司独立董事张广鸿辞任,公司将在2021年选任新的独立董事并报请监管部门进行任职资格核准。
平安信托	是	1	报告期内,因工作调整,沈建厅先生不再担任公司董事职务。经监管批复同意,2020年11月20日,孟庆崴先生就任公司非执行董事职务。
厦门国际信托	是	1	公司第五届董事会成员任期届满,2020年5月28日,公司按照《公司法》《信托公司治理指引》《公司章程》及相关议事规则的规定,顺利完成董事会换届工作。薛荷女士、刘持金先生、孙立坚先生及陈工先生任期届满不再担任公司董事,Wu Shangzhi(吴尚志)先生、袁东先生、王遥女士及胡荣炜先生为新任董事,其余组成人员不变。上述四位新任董事任职时均经监管部门任职资格核准,符合相关监管规定。

续表

公司简称	是否变更	变更次数(次)	董事变更详情列示
山东国信	是	3	王百灵女士已经于公司2019年11月28日举行的2019年度第一次临时股东大会获选举为公司非执行董事。王女士作为非执行董事的任职资格已于2020年3月25日获得山东银保监局核准。 岳增光先生因工作调整,辞任公司执行董事职务。董事会已于2021年2月3日批准岳先生的辞任,而其辞任将于公司新任执行董事的任职资格获山东银保监局核准时生效。在此之前,岳先生继续履行执行董事职责。 经董事会建议,方灏先生已经于公司2021年3月30日举行的2021年第一次临时股东大会获选举为公司[illegible]执行董事。方先生作为执行董事的任职资格尚待山东银保监局核准。
山西信托	否		
陕国投	是	2	2020年7月23日,经公司2020年第一次临时股东大会选举,赵廉慧当选公司第九届董事会独立董事。2020年12月24日,陕西银保监局核准赵廉慧独立董事任职资格。 公司董事会于2020年7月3日收到独立董事赵锡军提交的书面辞职报告。赵锡军因个人原因申请辞去公司独立董事职务及董事会相关委员职务。辞去上述职务后,赵锡军不再担任公司任何职务。赵锡军的辞职报告在股东大会选举产生新任独立董事填补其空缺后生效。
上海信托	否		
苏州信托	是	2	根据股东方提名,经股东会表决,并经中国银保监会江苏监管局资格核准(苏银保监复〔2020〕207号),任命[illegible]伟华为公司第五届董事会董事。 根据股东方提名、经股东会表决,并经中国银保监会江苏监管局资格核准(苏银保监复〔2020〕404号),任命[illegible]悦为公司第五届董事会董事。
天津信托	是	2	天津信托有限责任公司股东会2020年第九次临时会议(2020年11月24日召开现场会议)审议了《关于审议天津信托有限责任公司第九届董事会提名董事人选及第八届董事会董事退出的议案》,经审议决定,同意天津信托有限责任公司第八届董事会成员王威继续留任。赵毅、李林、王雪利、苏欣、弓劲梅、刁锋不再担任公司董事,其董事履职待公司第九届董事会正式履职后自动解除。截至2021年3月30日,周雄、周予鼎、姜杰、钟涛、蒋明康、陈伟明、凌亮等7人已经先后取得监管部门董事任职资格核准,正式开始履职。 天津信托有限责任公司第九届董事会第一次会议(2021年3月31日召开现场会议)审议通过了《关于同意选举周雄董事任天津信托有限责任公司第九届董事会董事长(法定代表人)的决议》,周雄董事长的任职资格正待监管部门核准过程中。
外贸信托	是	1	2020年第二次股东会议通过决议,伊力扎提不再担任外贸信托董事职务。2020年第六次股东会议通过决议,同意选举刘剑担任外贸信托董事。
万向信托	否		
五矿信托	否		
西部信托	是	1	因公司原职工董事张烨个人岗位调整,不再适宜担任公司职工董事一职,经公司职代会选举,公司职工董事由张烨变更为杨驰。
西藏信托	是	2	公司于2020年4月15日召开工会职工代表大会2020年第一次会议,审议通过《关于〈选举第六届董事会职工董事〉的议案》,选举王汀担任第六届董事会职工董事。 因第五届董事会任职期限届满,公司于2020年9月7日召开2020年第一次临时股东会议审议通过《关于选举第六届董事会董事的议案》,选举周贵庆、涂艺山、桑珠、李占通、聂兴凯、杨巍为公司第六届董事会董事。公司于2020年12月[illegible]日召开第六届董事会第一次会议,审议通过《关于选举公司董事长的议案》,选举周贵庆同志为公司董事长。
兴业信托	是	1	报告期内,吴军先生因工作调整辞去公司董事职务。2020年6月12日,公司2020年第一次临时股东会选举郭文彤女士担任公司第六届董事会董事,郭文彤女士董事任职资格已经福建银保监局以闽银保监复〔2020〕284号文件核准。
雪松信托	是	1	2020年,原董事长林伟龙、原董事刘湖源和陈晖辞任。公司先后于2020年7月4日、7月8日召开了2020年第二次、第三次股东大会,选举产生非独立董事赵斌、李尚荣及非独立董事、董事长祁绍斌,上述人员已取得江西银保监局董事任职资格批复。
英大信托	是	2	2019年12月20日,经股东会审议,同意选举赵现军担任公司董事。2020年8月17日,赵现军经北京银保监局核准任职资格后正式履职,原董事马晓燕不再继续履职。 2020年10月30日,经股东会审议,同意选举俞华军担任公司董事。2021年1月26日,俞华军经北京银保监局核准任职资格后正式履职,原董事吴骏不再继续履职。
粤财信托	是	1	因人员变动及完善公司治理需要,2019年股东会选举莫敏秋先生、吴锋先生、杨福明先生、王麒麟先生任公司董事,董事会选举莫敏秋先生任董事长。2020年,上述董事长、董事任职资格已获广东银保监局核准并已到任。
云南信托	是	1	2020年8月27日经《云南银保监局关于甘泽任职资格的批复》(云银保监复〔2020〕387号)批准,并于2020年[illegible]月21日办理完毕工商变更登记,甘泽先生正式履行公司董事职责。
长安信托	是	2	2019年12月23日,公司股东选举刘斌先生为公司第三届董事会董事。刘斌先生的任职资格于2020年5月[illegible]日经中国银行保险监督管理委员会陕西监管局核准。 2020年9月14日,公司独立董事程守太先生向董事会递交了辞职信,辞去公司独立董事职务。

续表

公司简称	是否变更	变更次数(次)	董事变更详情列示
长城新盛信托	是	3	经公司第三十三次(临时)股东会和二届六十四次(临时)董事会审议表决通过后,公司于2020年11月23日向中国银保监会新疆监管局上报了拟任董事(副董事长)、财务总监的任职资格请示及相关材料;2021年4月,中国银保监会新疆监管局先后批复核准了张建中任公司董事暨副董事长、戴维任公司独立董事、吕超任公司财务总监的任职资格。由公司原股东兵团国资公司推荐提名的董事(副董事长)陈一滔、独立董事马德贵和财务总监王敏离任,不再履职。目前相关手续正在办理中。 根据股东长城资产《关于调整推荐长城新盛信托有限责任公司董事长及高级管理人员的函》(中长资函〔2021〕6号),因工作需要推荐吴映江担任长城新盛信托有限责任公司董事、董事长,不再推荐王文兵担任长城新盛信托有限责任公司董事、董事长。 经公司第三十五次(临时)股东会和二届六十八次(临时)董事会审议表决通过后,吴映江拟任公司董事暨董事长的任职资格请示材料已上报中国银保监会新疆监管局,目前正在审批过程中。
浙金信托	是	2	因洪峰先生辞去公司董事职务,2020年4月10日,公司股东大会选举谢蔚然先生为公司董事,谢蔚然先生的董事任职资格已获浙江银保监局核准。 因董事会换届,2020年8月31日,公司股东大会选举余艳梅女士、戴俊先生、谢蔚然先生、费荣富先生、辛洁先生、杨柏樟先生、王维安先生(独立董事)、程卫东先生(独立董事)、童杰先生(独立董事)为公司第五届董事会董事,董事的任职资格均已获浙江银保监局核准。
中诚信托	是	5	2020年6月18日,取得《北京银保监局关于中诚信托有限责任公司李青任职资格的批复》(京银保监复〔2020〕332号)、《北京银保监局关于中诚信托有限责任公司于英杰任职资格的批复》(京银保监复〔2020〕333号),核准李青、于英杰为中诚信托有限责任公司董事。 2020年6月23日,取得《北京银保监局关于中诚信托有限责任公司罗学东任职资格的批复》(京银保监复〔2020〕343号),核准罗学东为中诚信托有限责任公司董事。 2020年6月24日,取得《北京银保监局关于中诚信托有限责任公司叶林任职资格的批复》(京银保监复〔2020〕347号),核准叶林为中诚信托有限责任公司独立董事。 2020年9月10日,取得《北京银保监局关于中诚信托有限责任公司许跃东任职资格的批复》(京银保监复〔2020〕578号),核准许跃东为中诚信托有限责任公司董事。 2020年11月27日,经中诚信托2020年第二次临时股东会审议通过,张树忠、于英杰不再担任中诚信托董事。
中国民生信托	是	3	2020年5月29日,经公司第三届董事会第五次会议审议通过,选举张喜芳担任第三届董事会董事长,不再担任副董事长职务。根据公司章程的规定,公司法人变更为张喜芳。 2020年9月2日,经公司第三届董事会第七次会议审议通过,选举贺强担任第三届董事会独立董事。刘纪鹏不再担任独立董事职务。 2020年9月10日,经公司2020年第二次临时股东会审议通过,选举贺强担任第三届董事会独立董事。刘纪鹏不再担任独立董事职务。
中海信托	是	1	2020年8月,经公司股东大会2020年第二次临时会议决议,选举殷醒民担任公司第四届董事会独立董事职务。张秉训由于任期届满,不再担任公司独立董事职务。殷醒民任职资格已获上海银保监局核准。
中航信托	是	1	2020年12月8日,因个人工作安排原因,杨涛不再担任公司独立董事、董事会薪酬与考核委员会主任委员及金融科技委员会主任委员。
中建投信托	是	3	2020年6月,公司原董事张亚平女士因退休辞去董事职务。经公司2020年第五次临时股东大会审议通过,并报经浙江银保监局核准(浙银保监复〔2020〕648号),刘原先生任公司董事。 2020年8月,公司原董事长王文津先生因职务调动辞去董事长职务。经公司2020年第四次临时股东大会和第一届董事会第二十四次会议审议通过,并报经浙江银保监局核准(浙银保监复〔2020〕568号),公司董事长由王文津变更为刘功胜。 2020年12月,公司原独立董事袁志刚先生因任期届满申请辞去公司独立董事职务。经公司2021年第一次临时股东大会审议通过,袁志刚先生不再担任公司独立董事职务。
中粮信托	是	2	公司第三届董事会任期已届满,经公司股东会审议通过,改选产生第四届董事会,其中陈德彪因工作调整不再担任董事,姜正华当选第四届董事会董事,姜正华董事任职资格已获北京银保监局核准,于2020年6月15日正式任职。 经公司股东会审议通过,毕仲华因个人原因不再担任公司独立董事,选举潘慧峰为独立董事,潘慧峰独立董事任职资格已获北京银保监局核准,于2020年11月9日正式任职。
中融信托	否		
中泰信托	否		
中铁信托	否		
中信信托	是	1	2020年12月,陈一松因工作变动不再担任公司董事长、董事职务;股东会选举刘正均担任公司董事,董事会选举刘正均担任公司董事长,董事长任职资格已获北京银保监局核准。
中原信托	是	2	2020年9月,中国银行保险监督管理委员会河南监管局《关于核准赵卫华中原信托有限公司董事长资格的批复》(豫银保监复〔2020〕361号)核准赵卫华先生担任公司董事长的资格。 2020年9月,中国银行保险监督管理委员会河南监管局《关于核准张秋云等六人中原信托有限公司董事任职资格的批复》(豫银保监复〔2020〕360号)核准张秋云、张东红、岳道贵、魏华阳担任公司董事及冯根福、瞿强担任公司独立董事的资格。

续表

公司简称	是否变更	变更次数(次)	董事变更详情列示
重庆信托	是	1	报告期内,公司股东大会2020年第一次会议选举张华宇先生为公司股东董事、黄俊先生为公司独立董事,其任职资格已经监管部门核准。
紫金信托	否		
四川信托	未披露	未披露	未披露
新时代信托	未披露	未披露	未披露
华融信托	未披露	未披露	未披露
新华信托	未披露	未披露	未披露
华信信托	未披露	未披露	未披露

注:本年度有5家信托公司尚未披露年报,故未在本表中披露相关数据。

2. 董事构成分析

已披露年报的63家信托公司2020年末董事会人员合计548人,其中男性占比为84.85%,是女性人数的5.6倍,有15家公司没有女性董事(见表7-1-3)。

表7-1-3 已披露年报的63家信托公司2020年末董事会人员性别构成分析

公司简称	董事会成员人数(人)	其中男性人数(人)	男性人数比例(%)	其中女性人数(人)	女性人数比例(%)
爱建信托	8	8	100.00	—	—
安信信托	6	4	66.67	2	33.33
百瑞信托	11	10	90.91	1	9.09
北方信托	9	5	55.56	4	44.44
北京信托	13	8	61.54	5	38.46
渤海信托	6	6	100.00	—	—
大业信托	9	8	88.89	1	11.11
东莞信托	7	5	71.43	2	28.57
光大兴陇信托	9	7	77.78	2	22.22
国联信托	9	9	100.00	—	—
国民信托	8	7	87.50	1	12.50
国通信托	9	9	100.00	—	—
国投泰康信托	9	8	88.89	1	11.11
国元信托	9	7	77.78	2	22.22
杭州工商信托	9	8	88.89	1	11.11
财信信托	7	6	85.71	1	14.29
华澳信托	6	5	83.33	1	16.67
华宝信托	9	9	100.00	—	—
华宸信托	8	6	75.00	2	25.00
华能信托	9	4	44.44	5	55.56
华润信托	9	6	66.67	3	33.33
华鑫信托	6	4	66.67	2	33.33
吉林信托	5	4	80.00	1	20.00
建信信托	9	6	66.67	3	33.33
江苏信托	9	8	88.89	1	11.11
交银国际信托	9	9	100.00	—	—
金谷信托	8	8	100.00	—	—
昆仑信托	7	6	85.71	1	14.29
陆家嘴信托	6	4	66.67	2	33.33
平安信托	10	10	100.00	—	—
厦门国际信托	9	7	77.78	2	22.22
山东国信	8	6	75.00	2	25.00
山西信托	7	6	85.71	1	14.29
陕国投	10	9	90.00	1	10.00
上海信托	9	8	88.89	1	11.11

续表

公司简称	董事会成员人数(人)	其中男性人数(人)	男性人数比例(%)	其中女性人数(人)	女性人数比例(%)
苏州信托	9	7	77.78	2	22.22
天津信托	8	5	62.50	3	37.50
外贸信托	7	7	100.00	—	—
万向信托	13	13	100.00	—	—
五矿信托	9	6	66.67	3	33.33
西部信托	9	8	88.89	1	11.11
西藏信托	10	10	100.00	—	—
兴业信托	9	8	88.89	1	11.11
雪松信托	9	8	88.89	1	11.11
英大信托	9	8	88.89	1	11.11
粤财信托	8	8	100.00	—	—
云南信托	9	8	88.89	1	11.11
长安信托	10	10	100.00	—	—
长城新盛信托	6	5	83.33	1	16.67
浙金信托	9	8	88.89	1	11.11
中诚信托	12	10	83.33	2	16.67
中国民生信托	13	13	100.00	—	—
中海信托	8	5	62.50	3	37.50
中航信托	7	7	100.00	—	—
中建投信托	11	9	81.82	2	18.18
中粮信托	9	8	88.89	1	11.11
中融信托	7	6	85.71	1	14.29
中泰信托	9	8	88.89	1	11.11
中铁信托	8	7	87.50	1	12.50
中信信托	9	8	88.89	1	11.11
中原信托	11	10	90.91	1	9.09
重庆信托	12	10	83.33	2	16.67
紫金信托	7	5	71.43	2	28.57
四川信托	未披露	未披露	未披露	未披露	未披露
新时代信托	未披露	未披露	未披露	未披露	未披露
华融信托	未披露	未披露	未披露	未披露	未披露
新华信托	未披露	未披露	未披露	未披露	未披露
华信信托	未披露	未披露	未披露	未披露	未披露
合计	548	465	84.85	83	15.15
平均	8.69	7.38	—	—	—

注:本年度有5家信托公司尚未披露年报,故未在本表中披露相关数据。

已披露年报的63家信托公司2020年末董事会成员年龄在40岁以上的有521人,占全部总人数的95.07%,没有20岁以下的董事成员;董事的平均年龄为51.94岁(见表7-1-4)。

表7-1-4 披露的信托公司2020年末董事会人员年龄构成分析

公司简称	董事会成员人数(人)	其中30~39岁人数(人)	30~39岁人数比例(%)	其中40岁以上人数(人)	40岁以上人数比例(%)	董事的平均年龄(岁)
爱建信托	8	—	—	8	100.00	55.75
安信信托	6	—	—	6	100.00	54.50
百瑞信托	11	—	—	11	100.00	50.55
北方信托	9	—	—	9	100.00	55.22
北京信托	13	—	—	13	100.00	52.85
渤海信托	6	—	—	6	100.00	51.17
大业信托	9	2	22.22	7	77.78	49.56
东莞信托	7	—	—	7	100.00	52.29

续表

公司简称	董事会成员人数(人)	其中30~39岁人数(人)	30~39岁人数比例(%)	其中40岁以上人数(人)	40岁以上人数比例(%)	董事的平均年龄(岁)
光大兴陇信托	9	—	—	9	100.00	52.33
国联信托	9	—	—	9	100.00	51.56
国民信托	8	1	12.50	7	87.50	53.88
国通信托	9	—	—	9	100.00	55.00
国投泰康信托	9	1	11.11	8	88.89	52.78
国元信托	9	—	—	9	100.00	53.56
杭州工商信托	9	—	—	9	100.00	55.44
财信信托	7	2	28.57	5	71.43	49.00
华澳信托	6	—	—	6	100.00	56.83
华宝信托	9	—	—	9	100.00	50.11
华宸信托	8	2	25.00	6	75.00	45.88
华能信托	9	1	11.11	8	88.89	51.56
华润信托	9	—	—	9	100.00	53.67
华鑫信托	6	—	—	6	100.00	51.50
吉林信托	5	—	—	5	100.00	56.80
建信信托	9	—	—	9	100.00	52.22
江苏信托	9	—	—	9	100.00	52.00
交银国际信托	9	—	—	9	100.00	[illegible].44
金谷信托	8	—	—	8	100.00	54.38
昆仑信托	7	1	14.29	6	85.71	52.43
陆家嘴信托	6	1	16.67	5	83.33	45.50
平安信托	10	—	—	10	100.00	54.20
厦门国际信托	9	—	—	9	100.00	52.33
山东国信	8	—	—	8	100.00	5[illegible].25
山西信托	7	—	—	7	100.00	4[illegible].14
陕国投	10	1	10.00	9	90.00	5[illegible].00
上海信托	9	—	—	9	100.00	51.78
苏州信托	9	1	11.11	8	88.89	50.00
天津信托	8	—	—	8	100.00	47.38
外贸信托	7	—	—	7	100.00	56.00
万向信托	13	—	—	13	100.00	53.77
五矿信托	9	—	—	9	100.00	50.89
西部信托	9	3	33.33	6	66.67	46.56
西藏信托	10	4	40.00	6	60.00	43.90
兴业信托	9	—	—	9	100.00	56.00
雪松信托	9	—	—	9	100.00	51.44
英大信托	9	—	—	9	100.00	49.39
粤财信托	8	2	25.00	6	75.00	48.25
云南信托	9	2	22.22	7	77.78	47.44
长安信托	10	—	—	10	100.00	49.00
长城新盛信托	6	—	—	6	100.00	54.[illegible]0
浙金信托	9	1	11.11	8	88.89	49.3[illegible]
中诚信托	12	—	—	12	100.00	53.[illegible]
中国民生信托	13	—	—	13	100.00	52.[illegible]
中海信托	8	—	—	8	100.00	55.[illegible]
中航信托	7	—	—	7	100.00	52.[illegible]7

续表

公司简称	董事会成员人数(人)	其中30~39岁人数(人)	30~39岁人数比例(%)	其中40岁以上人数(人)	40岁以上人数比例(%)	董事的平均年龄(岁)
中建投信托	11	1	9.09	10	90.91	51.73
中粮信托	9	—	—	9	100.00	54.00
中融信托	7	—	—	7	100.00	49.43
中泰信托	9	1	11.11	8	88.89	53.22
中铁信托	8	—	—	8	100.00	55.63
中信信托	9	—	—	9	100.00	54.00
中原信托	11	—	—	11	100.00	51.64
重庆信托	12	—	—	12	100.00	60.17
紫金信托	7	—	—	7	100.00	47.57
四川信托	未披露	未披露	未披露	未披露	未披露	未披露
新时代信托	未披露	未披露	未披露	未披露	未披露	未披露
华融信托	未披露	未披露	未披露	未披露	未披露	未披露
新华信托	未披露	未披露	未披露	未披露	未披露	未披露
华信信托	未披露	未披露	未披露	未披露	未披露	未披露
合计	548	27	4.93	521	95.07	51.94

注:本年度有5家信托公司尚未披露年报,故未在本表中披露相关数据。

3. 董事会下设机构情况分析

经统计,已披露年报的63家信托公司中有62家完整地设置了审计委员会、风险管理委员会及人事薪酬委员会。此外,雪松信托未披露董事会下设机构情况(见表7-1-5)。

表7-1-5 信托公司2020年末董事会下设机构情况分析

公司简称	董事会下是否设置了审计委员会	董事会下是否设置了风险管理委员会	董事会下是否设置了人事薪酬委员会
爱建信托	是	是	是
安信信托	是	是	是
百瑞信托	是	是	是
北方信托	是	是	是
北京信托	是	是	是
渤海信托	是	是	是
大业信托	是	是	是
东莞信托	是	是	是
光大兴陇信托	是	是	是
国联信托	是	是	是
国民信托	是	是	是
国通信托	是	是	是
国投泰康信托	是	是	是
国元信托	是	是	是
杭州工商信托	是	是	是
财信信托	是	是	是
华澳信托	是	是	是
华宝信托	是	是	是
华宸信托	是	是	是
华能信托	是	是	是
华润信托	是	是	是
华鑫信托	是	是	是
吉林信托	是	是	是
建信信托	是	是	是
江苏信托	是	是	是
交银国际信托	是	是	否

续表

公司简称	董事会下是否设置了审计委员会	董事会下是否设置了风险管理委员会	董事会下是否设置了人事薪酬委员会
金谷信托	是	是	是
昆仑信托	是	是	是
陆家嘴信托	是	是	是
平安信托	是	是	是
厦门国际信托	是	否	是
山东国信	是	是	是
山西信托	是	是	是
陕国投	是	是	是
上海信托	是	是	是
苏州信托	是	是	是
天津信托	是	是	是
外贸信托	是	是	是
万向信托	是	是	否
五矿信托	是	是	是
西部信托	是	是	是
西藏信托	是	是	是
兴业信托	是	是	是
雪松信托	未披露	未披露	未披露
英大信托	是	是	是
粤财信托	是	是	是
云南信托	是	是	是
长安信托	是	是	是
长城新盛信托	是	是	是
浙金信托	是	是	是
中诚信托	是	是	是
中国民生信托	是	是	是
中海信托	是	是	是
中航信托	是	是	是
中建投信托	是	是	是
中粮信托	是	是	是
中融信托	是	是	是
中泰信托	是	是	是
中铁信托	是	是	是
中信信托	是	是	是
中原信托	是	是	是
重庆信托	是	是	是
紫金信托	是	是	是
四川信托	未披露	未披露	未披露
新时代信托	未披露	未披露	未披露
华融信托	未披露	未披露	未披露
新华信托	未披露	未披露	未披露
华信信托	未披露	未披露	未披露

注：本年度有5家信托公司尚未披露年报，故未在本表中披露相关数据。

按照中国银保监会的信息披露要求，信托公司应当披露董事会下设机构的年度会议情况。经统计，在已披露年报的63家信托公司中，有20家未作任何披露，详见表7-1-6。

表 7－1－6　已披露年报的 63 家信托公司 2020 年董事会下设委员会开会情况

公司简称	年度董事会下设审计委员会会议次数(次)	年度董事会下设风险管理委员会会议次数(次)	年度董事会下设人事薪酬委员会会议次数(次)
爱建信托	未披露	1	1
安信信托	未披露	3	未披露
百瑞信托	未披露	未披露	未披露
北方信托	4	4	1
北京信托	2	2	1
渤海信托	4	4	4
大业信托	4	2	1
东莞信托	2	2	2
光大兴陇信托	2	1	1
国联信托	未披露	未披露	未披露
国民信托	共 13 次		
国通信托	未披露	未披露	未披露
国投泰康信托	1	1	1
国元信托	未披露	未披露	未披露
杭州工商信托	5	2	5
财信信托	9	9	3
华澳信托	未披露	未披露	未披露
华宝信托	3	3	3
华宸信托	4	2	6
华能信托	未披露	未披露	未披露
华润信托	未披露	未披露	未披露
华鑫信托	未披露	未披露	未披露
吉林信托	未披露	未披露	未披露
建信信托	6	5	1
江苏信托	未披露	未披露	未披露
交银国际信托	未披露	未披露	未披露
金谷信托	8	8	6
昆仑信托	1	2	1
陆家嘴信托	3	2	1
平安信托	2	3	4
厦门国际信托	未披露	未披露	未披露
山东国信	3	1	2
山西信托	1	1	1
陕国投	11	11	3
上海信托	2	2	2
苏州信托	4	7	4
天津信托	1	1	3
外贸信托	4	6	4
万向信托	2	2	
五矿信托	5	5	2
西部信托	6	5	4
西藏信托	4	3	1
兴业信托	7	7	1
雪松信托	未披露	未披露	未披露
英大信托	1	3	1
粤财信托	8	4	2
云南信托	6	33	3
长安信托	5	8	10
长城新盛信托	未披露	未披露	未披露

续表

公司简称	年度董事会下设审计委员会会议次数(次)	年度董事会下设风险管理委员会会议次数(次)	年度董事会下设人事薪酬委员会会议次数(次)
浙金信托	未披露	未披露	未披露
中诚信托	3	1	1
中国民生信托	2	1	4
中海信托	未披露	未披露	未披露
中航信托	未披露	未披露	未披露
中建投信托	4	4	1
中粮信托	未披露	未披露	未披露
中融信托	4	4	7
中泰信托	未披露	未披露	未披露
中铁信托	1	1	4
中信信托	4	2	2
中原信托	1	未披露	未披露
重庆信托	未披露	未披露	未披露
四川信托	未披露	未披露	未披露
新时代信托	未披露	未披露	未披露
华融信托	未披露	未披露	未披露
新华信托	未披露	未披露	未披露
华信信托	未披露	未披露	未披露

注：本年度有5家信托公司尚未披露年报，故未在本表中披露相关数据。

经统计，除雪松信托未披露董事会下设机构外，其余62家信托公司都在董事会下设了审计委员会，其中59家信托公司对董事会下设审计委员会的委员人数做了披露，65家信托公司对审计委员会的职能做了披露。

通过对59家已经披露的审计委员会委员人数情况进行分析，审计委员会的平均设置人数为3.36人，具体详见表7－1－7。

表7－1－7　信托公司2020年末董事会下设审计委员会情况分析

公司简称	是否设置	审计委员会人数(人)	审计委员会职能
爱建信托	是	3	配合监事会履职，拟订对公司财务进行检查、监督的方案；配合监事会履职，拟订对公司经营决策、风险管理和内部控制等方面进行内部审计或检查的方案；配合监事会履职，拟订或配合集团拟订董事、高管离任审计或专项调查方案；提议聘请或更换外部审计机构；监事会授权的其他事宜。
安信信托	是	未披露	未披露
百瑞信托	是	4	审议公司一般关联交易业务与重大关联交易业务开展及非业务事项关联交易；审查公司年度报告；聘请或解聘年度财务报表外部审计机构；审议公司内部控制的健全性和有效性报告；审议公司内部审计报告及年度审计报告；检查会计政策、财务报告程序和财务状况；监督公司内部审计和外部审计中发现的问题及整改情况；审议审计、关联交易管理相关制度、政策；其他应当审议的事项。
北方信托	是	4	代表董事会对公司运作和经营活动中的风险进行监督、控制和管理，对公司经营活动行使审计评价和监督职能，是公司经营风险的防范与控制机构，也是对公司内外部审计和内控活动进行监督、核查的机构。
北京信托	是	3	1. 提议聘请或更换外部审计机构； 2. 监督公司内部审计工作及制度实施； 3. 负责内部审计与外部审计之间的沟通； 4. 审核公司财务信息及其披露； 5. 审查公司内控制度，对重大关联交易进行审计； 6. 公司董事会授权的其他事宜。
渤海信托	是	3	主要负责检查公司风险及合规状况、会计政策、财务报告程序和财务状况；负责公司年度审计工作，提出外部审计机构的聘请与更换建议，并就审计后的财务报告信息的真实性、准确性、完整性和及时性作出判断性报告，提交董事会审议；监督高级管理层关于信用风险、流动性风险、市场风险、操作风险、合规风险和声誉风险等风险的控制情况，对公司风险政策、管理状况及风险承受能力进行定期评估，提出完善公司风险管理和内部控制的意见。
大业信托	是	3	主要对公司的内部审计制度进行评价，对内部审计工作进行核查。
东莞信托	是	3	主要负责董事会要求的审计事项，监督公司的内部审计制度及其实施，审查公司内控制度。
光大兴陇信托	是	3	负责检查、监督公司内部控制及实施，并提出完善内部控制的意见；负责检查监督公司内部审计工作、内部审计制度及实施；负责对公司重大关联交易进行审计等。
国联信托	是	3	审查和监督公司风险管理政策、制度，并对其执行情况进行评价

续表

公司简称	是否设置	审计委员会人数(人)	审计委员会职能
国民信托	是	3	负责公司重大的会计和审计事项;协助董事会对财务报告提供独立审阅及监察意见,并监察外聘审计师是否独立客观及审计程序是否有效;监察公司业绩表现,包括财务报表、账目及正式公告的完整性、准确性等董事会授予的职责。
国通信托	是	3	负责确定公司风险管理的总体目标、风险偏好、风险承受度、风险管理策略和重大风险管理解决方案,检查公司内部控制制度的制定、完善和执行及董事会授予的其他职责。
国投泰康信托	是	3	1. 审议公司内部审计报告; 2. 审议公司年度风险管理报告; 3. 审议公司年度案件防控报告和反洗钱报告; 4. 委托外部审计机构,公司内部、外部审计的沟通、监督和核查工作; 5. 对公司内控机制和风险管理方面存在的问题进行评价、分析; 6. 有权向董事会提交内部控制、审计、风险管理方面的议案; 7. 推进公司法治建设,提出指导意见和建议; 8. 董事会授予的其他职责。
国元信托	是	3	负责检查公司风险及合规状况、会计政策、财务报告程序和财务状况;负责公司年度审计工作,提出外部审计机构的聘请与更换建议,并就审计后的财务报告信息的真实性、准确性、完整性和及时性作出判断性报告,提交董事会审议。
杭州工商信托	是	3	审议公司的合规与风险管理构架、风险战略和合规与风险管理基本政策,并提请董事会批准;研究宏观国家经济金融政策、分析市场变化,提出有效执行的实施建议和行业风险管理建议,研究公司风险约束指标体系;监督公司对国家金融方针、政策、法规及各项业务规章的执行情况,对公司管理内控薄弱环节和存在问题提出整改意见,并要求及时进行纠正;研究公司发展战略、风险管理体系,审阅有关风险管理报告、科技信息及数据治理报告、合规(包括合规、反洗钱、案防、舆情等合规相关事项)报告及相关计划,了解公司合规与风险管理决策体系的有效性,指导公司的合规与风险管理工作,提出改进合规与风险管理的组织架构、控制程序、风险处置等决策建议,完善公司合规与风险管理及内部控制;对战略规划的实施过程进行监督和评估,对公司高级管理层在业务、经营、操作等方面的风险控制及管理情况进行监督;督促高级管理层定期对公司固有财产和信托财产的风险状况进行评估,并采取必要的措施有效识别、监测和控制、防范风险;审议公司总裁提议审核的公司推出拟议的创新产品;审阅公司经营管理中重大风险事件的预警预控、应急预案;协助董事会对关联交易实施监督管理;组织对公司重大经营风险事件的风险评估工作,审议高级管理层提交的重大突发事件、重大风险的解决方案;董事会授权的其他事宜。
财信信托	是	5	研究提出公司风险控制的总体目标、风险偏好、风险承受度、风险控制策略和重大风险控制解决方案;对公司信托业务和自营业务的风险控制及合规管理进行监督;对公司自有财产和受托资产的风险状况进行定期评估;对公司关联交易业务风险进行评估;对公司信息披露的真实性、准确性、完整性及合规性等进行监督;提出完善公司风险控制和内部控制的建议;监督公司内部审计制度及其实施;审核公司的财务信息及其披露;提议聘请或更换外部审计机构;董事会授予的其他职责。
华澳信托	是	3	1. 根据国家金融政策、市场情况及公司发展方向,制定重点业务管理及经营风险的防范与控制措施; 2. 负责督促公司依法履行董事会赋予的职责,对公司执行经董事会批准的年度经营计划的过程及结果进行监督和审计; 3. 对公司合规、合法运营进行审计和监督; 4. 对会计报表、会计账目及相关材料进行审计,审查财务收支的真实性、合法性、效益性; 5. 审议董事会不时要求的其他事项; 6. 评估审计报告中所提出的相关问题及行动建议; 7. 审批审计工作计划; 8. 评估审计团队的工作表现; 9. 参与评估审计稽核部的工作绩效; 10. 审核公司的重大关联交易; 11. 对公司关联交易情况进行监督检查; 12. 审议执行委员会不时请求的其他事项。
华宝信托	是	3	董事会风险管理和审计委员会是董事会设立的专门工作机构,主要负责公司合规和风险管理、监督和评估;公司内部、外部审计的沟通、监督和核查工作。
华宸信托	是	3	1. 定期听取内审部门工作情况,监督、检查、指导公司内部审计工作; 2. 根据工作需要,组织开展重大、专项审计; 3. 负责对公司财务预算方案、决算方案、固定资产支出预算方案、利润分配方案和弥补亏损方案进行初审; 4. 负责对聘用或更换外部审计机构提出建议; 5. 负责审查公司内部控制,监督内部控制的有效实施和内部控制自我评价情况,协调内部控制审计及其他相关事宜等; 6. 修订公司关联交易管理办法,报经董事会和股东大会批准后实施; 7. 按照法律、监管法规的规定对关联交易的种类进行界定,并确定审批程序和标准等内容; 8. 确认公司的关联方,向董事会和监事会报告,并及时向公司公布所确认的关联方; 9. 审核需提交给董事会或股东会审议的关联交易事项; 10. 监督公司的关联交易活动,定期向董事会报告公司关联交易总体状况、风险程度、结构分布、控制措施及工作建议等,按年度分别向董事会、股东大会做好公司关联交易及其管理情况的总体报告; 11. 根据董事会授权,需要履行的其他职责。

续表

公司简称	是否设置	审计委员会人数(人)	审计委员会职能
华能信托	是	3	拟订公司风险管理政策和重大风险管理解决方案;审议公司风险管理组织机构设置及其职责;定期审查公司风险管理、合规管理、内部审计工作报告,就完善内部控制向董事会提出建议;董事会授予的其他职责。
华润信托	是	未披露	负责检查公司财务报告;监督公司内部审计制度及其实施,批准授权范围内的关联交易事项;评估公司内控制度健全性及关联交易情况;审核公司财务信息及其披露,检查、监督公司关联交易管理情况;批准公司内部审计部门负责人的任免;提出外部审计机构的聘请与更换建议。
华鑫信托	是	3	负责内部、外部审计的沟通、监督及核查工作,以及重大关联交易的审核。
吉林信托	是	3	负责批准公司内部审计制度、中长期审计规划和年度工作计划,监督公司的内部审计基本制度及其实施,以及内部审计与外部审计之间的沟通。
建信信托	是	3	1. 向董事会提议聘请或更换外部审计机构; 2. 监督公司的内部审计制度的制定及其实施; 3. 负责内部审计与外部审计之间的沟通; 4. 审核公司的各项相关业务信息及其披露; 5. 评价公司的内控制度; 6. 监督监管机构及其他外部部门对公司提出意见的整改,并向董事会报告; 7. 董事会授予的其他职责。
江苏信托	是	3	审议关于公司财务审计、内部控制的规划、制度、规则、报告等,为董事会决策提供依据和建议;监督公司内部审计制度实施。
交银国际信托	是	未披露	研究和拟订公司风险管理战略及总体政策;研究和拟订公司合规管理战略及总体政策;对公司信用、市场、操作等风险管理情况及关联交易、授权管理、合规管理情况进行监督;对公司风险管理状况、风险承受能力及水平进行评估;定期审阅反洗钱工作报告,及时了解重大洗钱风险事件及处理情况等。
金谷信托	是	3	负责公司的风险控制、管理、监督及评估,以及公司内部、外部审计的沟通、监督和核查等工作。
昆仑信托	是	3	检查内部审计监督部门职责要求、目标及有关的审计监督政策;监督公司内部审计质量与财务信息披露;检查公司风险及合规状况;负责公司年度审计工作。
陆家嘴信托	是	3	监督公司内部审计制度及其实施;负责内部审计与外部审计之间的沟通;审核公司的财务信息及其披露;提议聘请或更换外部审计机构;董事会授予的其他职责。
平安信托	是	3	检查内部审计监督部门职责要求、目标及有关的审计监督政策;监督公司内部审计质量与财务信息披露;检查公司风险及合规状况;负责公司年度审计工作。
厦门国际信托	是	3	提议聘请和更换外部审计机构;审批审计部提交的年度审计工作计划;每季度听取并审议审计部的工作报告;审批审计部提交的年度审计工作报告;审议批准公司案防工作总体政策,推动案防管理体系建设;明确高级管理层有关案防职责及权限,督促高级管理层采取必要措施有效监测、预警和处置案件风险;提出案防工作整体要求,审议案防工作报告;考核评估公司案防工作有效性,确保内审稽核对案防工作进行有效审查和监督;定期审阅反洗钱工作报告,并及时了解重大洗钱风险事件及处理情况;向董事会提交反洗钱工作有关报告与洗钱风险管理有关意见。
山东国信	是	3	1. 就外聘审计师的委任、重新委任及罢免撤换向董事会提供建议,批准外聘审计师的薪酬及聘用条款,以及处理任何有关该审计师辞职或辞退该审计师的问题。 2. 按适用的标准检讨及监察外聘审计师是否独立客观及审计程序是否有效;审计委员会应于审计工作开始前先与审计师讨论审计性质及范畴,以及有关申报责任。 3. 就外聘审计师提供非审计服务制定政策,并予以执行。就此规定而言,外聘审计师包括与负责审计的公司处于同一控制权、所有权或管理权之下的任何机构,或一个合理知悉所有有关资料的第三方,在合理情况下会断定该机构属于该负责审计的公司的本土或国际业务的一部分的任何机构,审计委员会应就其认为必须采取的行动或改善的事项向董事会报告,并提出建议。 4. 监察公司的财务报表及公司年度报告及账目、半年度报告及(若拟刊发)季度报告的完整性、准确性及公正性,并审阅报表及报告所载有关财务申报的重大意见,审计委员会在向董事会提交财务报表及公司年度报告及账目、半年度报告及(若拟刊发)季度报告前对有关报表及报告作出审阅时,应特别针对下列事项: (1)会计政策及实务的任何更改; (2)涉及重要判断的事项; (3)因审计而出现的重大调整; (4)企业持续经营的假设及任何保留意见; (5)是否遵守会计准则; (6)是否遵守有关财务申报的上市规则及其他法律规定。 5. 就上述(4)项而言: (1)审计委员会委员须与公司的董事会及高级管理人员联络,审计委员会须至少每年与公司的外聘审计师召开两次会议; (2)审计委员会应考虑于该等报告及账目中所反映或需反映的任何重大或不寻常事项,并须适当考虑任何由公司属下会计及财务汇报职员、监察主任或审计师提出的事项。

续表

公司简称	是否设置	审计委员会人数（人）	审计委员会职能
山东国信	是	3	6. 检讨公司的财务监控，以及（除非有另设的董事会辖下风险控制审计委员会又或董事会本身会明确处理）检讨公司的风险管理及内部监控系统。 7. 与管理层讨论风险管理及内部监控系统，确保管理层已履行职责建立及维持有效的系统。讨论内容应包括考虑公司在会计及财务汇报职能方面的资源、员工资历及经验是否足够，以及员工所接受的培训课程和有关预算是否充足。 8. 主动或应董事会的委派，就有关风险管理及内部监控事宜的重要调查结果及管理层对调查结果的响应进行研究。 9. 须确保内部和外聘审计师的工作得到协调；也须确保内部审核功能在公司内部有足够资源运作，并且有适当的地位；以及审查及监察内部审核功能是否有效。 10. 检讨集团的财务及会计政策及实务。 11. 检查外聘审计师给予管理层的审核情况说明函件、审计师就会计纪录、财务账目或监控制度向管理层提出的任何重大疑问及管理层作出的响应。 12. 确保董事会及时响应于外聘审计师给予管理层的审核情况说明函件中提出的事宜。 13. 就上市规则的附录十四中标题为“审核审计委员会”内所载的事宜向董事会汇报。 14. 审计委员会应处理以下事项。 （1）检讨公司有设定如下安排：公司雇员可暗中就财务汇报、内部监控或其他方面可能发生的不正当行为提出关注。审计委员会应确保有适当安排，让公司对此等事宜作出公平独立的调查及采取适当行动； （2）审计委员会应制定举报政策及系统，让雇员及其他与公司有往来的人士可暗中向审计委员会提出其对任何可能关于公司的不正当行为的关注。 15. 担任公司与外聘审计师之间的主要代表，负责监察二者之间的关系；。 16. 公司董事会授权的其他事宜。
山西信托	是	7	审定公司风险管理的原则和政策，推动案防管理体系建设。在授权范围内，对公司重大事项的风险进行评审，检查、指导公司日常风险管理、案防工作；审定公司内部审计计划，监督公司财务运行，提议聘请或更换外部审计机构。
陕国投	是	4	1. 向董事会提交公司全面风险管理年度报告。 2. 确定公司风险管理的总体目标、风险偏好、风险承受度、风险管理策略和重大风险管理解决方案。 3. 为董事会督导公司风险管理文化建设提供建议。 4. 审批重大风险管理政策和程序。 5. 审议公司风险管理组织机构设置及其职责。 6. 提出完善公司风险管理和内部控制的建议。 7. 审批公司拟开展的以下活动：（1）设立新机构；（2）从事重大收购和投资；（3）开发新产品、对现有产品进行重大改动、拓展新的业务领域等金融创新。 8. 对公司自有财产和信托财产的风险状况进行定期评估。 9. 对公司信托业务和自营业务的风险控制及管理情况进行监督。 10. 对公司信息披露的真实性、准确性、完整性及合规性等进行监督；审批全面风险和各类重要风险的信息披露。 11. 监督公司内部审计制度及其实施。 12. 负责内部审计与外部审计之间的沟通。 13. 审核公司的财务信息及其披露。 14. 提议聘请或更换外部审计机构。 15. 审议批准案防工作总体政策，推动案防管理体系建设；明确高级管理层有关案防职责及权限，确保高级管理层采取必要措施有效监测、预警和处置案件风险；提出案防工作整体要求，审议案防工作报告；考核评估本机构案防工作有效性；确保内审稽核对案防工作进行有效审查和监督。 16. 风险管理部和监察审计部每季度应制订下一季度履职计划，经董事会办公室报董事长审定。 17. 董事会安排的事宜及相关法律法规中涉及的其他事项。 风险管理与审计委员会在年度报告工作中的特别职责： 1. 应当与会计师事务所协商确定年度财务报告审计工作的时间安排； 2. 督促会计师事务所在约定时限内提交审计报告，并以书面意见形式记录督促的方式、次数和结果，以及相关负责人的确认签字； 3. 应在年审注册会计师进场前审阅公司编制的财务会计报表，形成书面意见； 4. 在年审注册会计师进场后加强与年审注册会计师的沟通，在年审注册会计师出具初步审计意见后再一次审阅公司财务会计报表，形成书面意见； 5. 应对年度财务会计报表进行表决，形成决议后提交董事会审核； 6. 应当向董事会提交会计师事务所从事本年度公司审计工作的总结报告； 7. 应当向董事会提交下年度续聘或改聘会计师事务所的决议。
上海信托	是	3	监督公司的内部审计制度实施；负责内部审计与外部审计之间的沟通；审核公司的财务信息及其披露；对重大关联交易进行审计；提议聘请或更换外部审计机构；董事会授权的其他事宜。
苏州信托	是	5	负责公司与外部审计的沟通及对其的监督核查、对内部审计的监管，以及评估、分析公司内控机制和风险管理方面存在的问题。
天津信托	是	2	负责对公司内部、外部审计和信息披露，以及重大关联交易进行监督和审查。
外贸信托	是	3	负责内部及外部审计工作，对公司内部控制管理工作进行监督，核查财务信息披露等。

续表

公司简称	是否设置	审计委员会人数（人）	审计委员会职能
万向信托	是	3	确定公司风险管理的总体目标、风险偏好、风险承受度、风险管理策略和重大风险管理解决方案；评估公司关联交易业务风险；监督公司信托业务和自营业务的风险控制及管理；监督公司信息披露的真实性、准确性、完整性和合规性；提出完善公司风险管理和内部控制及内部审计实施的建议等。
五矿信托	是	3	主要负责拟订公司风险管理政策和重大风险管理解决方案，督促公司各项业务的合规、合法运作，以防范和控制业务风险。
西部信托	是	3	对管理层的经营情况、内控制度的制定和执行情况的监督检查。
西藏信托	是	3	监督、审核公司内部审计制度及其实施、信息披露、财务信息；负责内部审计与外部审计之间的沟通；提议聘请或更换外部审计机构等。
兴业信托	是	5	主要负责公司审计与风险的控制、管理、评估和监督，同时负责公司内部、外部审计的沟通、监督和核查工作，以及重大关联交易的审核。
雪松信托	未披露	未披露	
英大信托	是	3	负责监督公司内部、外部审计工作。
粤财信托	是	3	审核内部审计章程等重要制度和审计工作报告；审批中长期审计规划和年度审计计划；监督审计基本管理制度、规章、规划和计划的执行；指导、考核和评价内部审计工作；提议聘请或者解聘外部审计机构；协调内部审计部门与外部审计机构之间的沟通；董事会授权或者交办的其他事宜。
云南信托	是	3	监督公司的内部审计制度及其实施。
长安信托	是	5	监督公司重大经营活动的合法性、合规性，保证有关法律、法规、监管规章的贯彻执行；提议聘请或更换外部审计机构；检查、监督、评价公司内部审计工作情况和内部审计制度的建设及实施情况；监督指导公司财务活动并对重大事项进行审计等。
长城新盛信托	是	3	1. 经董事会授权，审核内部审计章程等重要制度和报告； 2. 选聘公司年度审计所需的会计师事务所，如财政部、银保监会等有关部门有特殊规定的从其规定； 3. 审批公司年度内部审计计划，指导、考核和评价内部审计工作； 4. 审查公司内控制度，监督、检查公司内部控制制度的建立、健全与执行情况； 5. 董事会授权的其他职权。
浙金信托	是	3	负责检查公司风险及合规状况、会计政策、财务报告程序和财务状况；审核、评议公司年度审计工作计划；指导内部审计工作，负责对公司内部审计制度的有效性及其执行情况进行监督；负责内部审计与外部审计之间的沟通与协调；提议聘请或更换外部审计机构，并就审计后的财务报告信息的真实性、准确性、完整性和及时性作出判断性报告，提交董事会审议；董事会授权的其他事宜。
中诚信托	是	3	1. 对聘请或更换外部审计机构提出建议； 2. 审议评价公司的内部审计制度，并对其执行情况进行检查； 3. 审议评价公司重要的会计及财务政策并提出意见和建议； 4. 审议评价公司的财务报告及其信息披露状况； 5. 必要时对公司经营活动提出专项审计建议； 6. 审议公司内部重大违反财经纪律的事项，并提出处理建议； 7. 公司董事会授权的其他相关事项。
中国民生信托	是	5	1. 对公司信息披露的真实性、准确性、完整性和合规性等进行监督； 2. 监督公司内部审计制度及其实施； 3. 负责内部审计与外部审计之间的沟通； 4. 审核公司的财务信息及其披露； 5. 提议聘请或更换外部审计机构； 6. 董事会授予的其他职责。
中海信托	是	3	指导公司内部控制体系建设；提议聘请或更换外部审计机构；监督公司的内部审计制度及其实施；负责内部审计与外部审计之间的沟通；审核公司的财务信息及其披露；审查公司内控制度；对公司内部审计机构负责人的任免提出意见等。
中航信托	是	3	负责监督公司内部、外部审计工作。
中建投信托	是	3	1. 根据公司发展战略，制订、审核公司风险管理工作规划，评价公司战略目标和经营计划所涉及的风险因素，并向董事会提出建议； 2. 定期审核、评议公司风险管理政策，促进风险管理政策的合法合规和及时有效； 3. 从风险控制角度，监督公司各项规章制度的执行情况，并对公司重大经营决策进行风险监测和评价； 4. 审阅公司风险管理工作报告，对风险管理工作提出改善意见和建议； 5. 审核、批准公司的风险控制流程与风险计量模型和方法的监测、调整等相关工作； 6. 审核、评议公司年度审计工作规划； 7. 负责对公司内部审计制度的有效性及其执行情况进行监督； 8. 负责内部审计与外部审计之间的沟通与协调； 9. 对公司关联交易业务风险进行评估，对重大关联交易事项进行审查并提交董事会审议； 10. 提议聘请或更换外部审计机构； 11. 董事会授权的其他事宜。

续表

公司简称	是否设置	审计委员会人数(人)	审计委员会职能
中粮信托	是	3	1. 制定、审核、批准公司的风险管理和内部控制的政策、程序并报请董事会审议; 2. 对公司信托业务、自营业务及其他业务的风险控制及风险管理政策、程序、执行情况进行监督; 3. 对公司固有财产和信托财产的风险状况进行定期评估; 4. 对公司合规风控部、审计部的工作程序和工作效果进行评议; 5. 提议聘请或更换外部审计机构; 6. 监督公司的制度建设及其执行情况; 7. 监督董事会决议的执行情况; 8. 审核公司的财务信息及其披露; 9. 审查公司内控制度; 10. 审查公司在遵守反洗钱相关内部政策和规程方面的情况; 11. 审查公司消费者权益保护制度建设和工作情况; 12. 按监管规定要求履行案防职责; 13. 法律法规、监管规定、公司章程或公司董事会要求或授权的其他职责或事项。
中融信托	是	3	对公司经营管理进行全面监督,防范公司面临的各类风险,保证公司各项业务运作符合有关法律法规;对公司固有业务关联交易的决策,进行监督和控制,防范不正当关联交易导致公司所承担的各类风险。
中泰信托	是	5	负责公司的风险控制、管理、监督和评估,以及公司内外部审计的沟通、监督和核查等工作。
中铁信托	是	3	负责公司风险的控制、管理、监督和评估;公司关联交易的审查;公司内部、外部审计的监督和核查工作。
中信信托	是	3	审核和监督风险控制和内部审计年度计划的制定和执行,评估风险控制和审计结果,并提出改进建议等。
中原信托	是	5	审议公司年度内部审计工作计划,审议聘用或者解聘外部审计机构,监督和指导内部审计工作,监督和审核公司的财务信息,审查公司内控制度的有效性,对重大关联交易进行审计,董事会授予的其他职责。
重庆信托	是	4	负责审定公司内部审计制度;负责提议聘请或更换外部审计机构;负责审定公司内部审计部门的年度审计工作计划;负责审定公司内部审计部门提交的年度工作总结;负责批准公司内部审计方案;负责公司内部审计部门负责人的任免;负责研究审定公司内部审计部门报送的审计报告;指导公司内部审计工作,检查、监督公司内部审计实施情况;负责对公司内部审计部门工作成效进行评价;审查评估公司内部控制的健全性和有效性;监督公司业务经营活动的真实性、合法性等。
紫金信托	是	3	合法合规性审查;审计工作及审查;财务及内控审查;公司董事会授权的其他事宜。
四川信托	未披露	未披露	未披露
新时代信托	未披露	未披露	未披露
华融信托	未披露	未披露	未披露
新华信托	未披露	未披露	未披露
华信信托	未披露	未披露	未披露

注:本年度有5家信托公司尚未披露年报,故未在本表中披露相关数据。

经统计,62家信托公司在董事会下设了人事薪酬委员会,59家信托公司对董事会下设人事薪酬委员会委员人数的设置做了披露,61家信托公司对董事会下设人事薪酬委员会的职能做了披露,详见表7-1-8。

通过对60家经披露的信托公司的人事薪酬委员会委员人数情况进行分析可见,人事薪酬委员会的平均设置人数为3.36人。

表7-1-8　信托公司2020年末董事会下设人事薪酬委员会情况分析

公司简称	是否设置	人事薪酬委员会人数(人)	人事薪酬委员会职能
爱建信托	是	3	确定公司风险、合规管理的总体目标、风险偏好、风险承受度、风险管理策略和重大风险管理解决方案;向董事会提交公司风险、合规管理年度报告;对公司信托业务和自营业务的风险、合规控制及管理情况进行监督;提出案防工作整体要求、审议批准案防工作总体政策和审议案防工作报告,推动案防管理体系建设、考核评估本机构案防工作有效性,监督案防工作的内审稽核;提出反洗钱工作整体要求、审议批准反洗钱工作总体政策,考核评估反洗钱工作有效性;明确高级管理层有关案防职责及权限,确保高级管理层采取必要措施有效监测、预警和处置案件风险。
安信信托	是	未披露	未披露
百瑞信托	是	4	审议公司年度合规及风险管理政策;审查公司风险偏好和风险承受能力;审议公司全面风险评估报告、合规报告及风险管理报告;审议重大决策的风险评估报告及重大风险解决方案;对风险政策、管理状况及风险承受能力进行定期评估;监督经营层关于信用风险、流动性风险、市场风险、操作风险、合规风险、声誉风险、洗钱风险、案防风险等风险的控制情况;监督、检查公司经营活动的合法性、合规性;审议风险管理相关制度、政策;其他应当审议的事项。
北方信托	是	4	代表董事会对公司运作和经营活动中的风险进行监督、控制和管理,对公司经营活动行使审计评价和监督职能,是公司经营风险的防范与控制机构,也是对公司内部及外部审计和内控活动进行监督、核查的机构。

续表

公司简称	是否设置	人事薪酬委员会人数（人）	人事薪酬委员会职能
北京信托	是	5	1. 制定公司风险管理的目标和政策； 2. 健全完善公司风险管理体系； 3. 制定公司风险管理的流程管控程序； 4. 公司董事会授权的其他职责。
渤海信托	是	3	主要负责检查公司风险及合规状况、会计政策、财务报告程序和财务状况；负责公司年度审计工作，提出外部审计机构的聘请与更换建议，并就审计后的财务报告信息的真实性、准确性、完整性和及时性作出判断性报告，提交董事会审议；监督高级管理层关于信用风险、流动性风险、市场风险、操作风险、合规风险和声誉风险等风险的控制情况，对公司风险政策、管理状况及风险承受能力进行定期评估，提出完善公司风险管理和内部控制的意见。
大业信托	是	3	强化董事会在防范公司经营风险中的作用，并对公司长期发展战略和资产结构、投资方向及重大投资决策进行审议评价并提出建议。
东莞信托	是	3	建立风险管理制度，对重大业务风险进行识别、监视和综合管理。
光大兴陇信托	是	4	根据公司总体战略，审核和修订公司风险政策，对其实施情况及效果进行监督和评价，并向董事会提出建议；对项目风险进行预警、评价；董事会授予的其他职责。
国联信托	是	3	审查和监督公司风险管理政策、制度，并对其执行情况进行评价。
国民信托	是	3	负责公司内控和风险管理体系、政策的建立和完善；拟订公司关联交易政策，审议重大关联交易；根据授权，对重要信托项目进行审批；负责组织对公司存在重大风险隐患或出现的重大风险事故的内部调查工作等董事会授予的其他职责。
国通信托	是	3	负责确定公司风险管理的总体目标、风险偏好、风险承受度、风险管理策略和重大风险管理解决方案，检查公司内部控制制度的制定、完善和执行，以及董事会授予的其他职责。
国投泰康信托	是	3	1. 审议公司内部审计报告； 2. 审议公司年度风险管理报告； 3. 审议公司年度案件防控报告和反洗钱报告； 4. 委托外部审计机构，对公司内部、外部审计的沟通、监督和核查工作； 5. 对公司内控机制和风险管理方面存在的问题进行评价、分析； 6. 有权向董事会提交内部控制、审计、风险管理方面的议案； 7. 推进公司法治建设，提出指导意见和建议； 8. 董事会授予的其他职责。
国元信托	是	3	负责监督高管层关于信用风险、流动性风险、市场风险、操作风险、合规风险和声誉风险等方面的控制情况，对公司风险政策、管理状况及风险承受能力进行定期评估，提出完善公司风险管理和内部控制的意见。
杭州工商信托	是	3	提议聘用或更换会计师事务所；监督公司的内部审计制度的建立及其实施；负责内部审计及外部审计之间的沟通，了解定期报告的编制和相关重大调整情况，并向董事会报告；审阅总裁提交的公司年度财务报告、审计报告等，并向董事会提出建议；审阅公司的财务信息及其披露；审查公司的内控制度；审阅内审部门提交的内审报告；对总裁编制的预算提出建议；董事会授权的其他事宜。
财信信托	是	5	研究提出公司风险控制的总体目标、风险偏好、风险承受度、风险控制策略和重大风险控制解决方案；对公司信托业务和自营业务的风险控制及合规管理进行监督；对公司自有财产和受托资产的风险状况进行定期评估；对公司关联交易业务风险进行评估；对公司信息披露的真实性、准确性、完整性和合规性等进行监督；提出完善公司风险控制和内部控制的建议；监督公司内部审计制度及其实施；审核公司的财务信息及其披露；提议聘请或更换外部审计机构；董事会授予的其他职责。
华澳信托	是	3	1. 审议公司的信托及固有资本的贷款、投资、产品发行等业务； 2. 确定信托产品及发行和服务的定价原则； 3. 年度风险控制评估； 4. 董事会决定的其他事项。
华宝信托	是	3	董事会风险管理和审计委员会是董事会设立的专门工作机构，主要负责公司合规和风险管理、监督和评估；公司内部与外部审计的沟通、监督和核查工作。
华宸信托	是	2	1. 根据公司总体战略规划，制定与之相适应的风险偏好，报董事会审批，对实施情况及效果进行监督和评价； 2. 审核经营管理层制定的风险管理政策和程序，重大风险管理政策应报董事会审批； 3. 审核经营管理层有关风险管理的具体制度和内部控制流程，对其实施情况及效果进行监督和评价； 4. 审核经营管理层根据风险偏好制定的风险限额，包括但不限于行业、区域、客户、产品等维度； 5. 负责审核、监督、检查经营管理层关于不良资产的清收处置等相关工作； 6. 负责对公司抵债资产处置、信贷资产处置、不良资产核销事宜的初审工作； 7. 负责公司对外担保事项的初审工作； 8. 董事会授权的其他事宜。
华能信托	是	3	拟订公司风险管理政策和重大风险管理解决方案；审议公司风险管理组织机构设置及其职责；定期审查公司风险管理、合规管理、内部审计工作报告，就完善内部控制向董事会提出建议；董事会授予的其他职责。

续表

公司简称	是否设置	人事薪酬委员会人数(人)	人事薪酬委员会职能
华润信托	是	未披露	负责对高级管理层在合规、业务、市场、操作等方面的风险控制情况和薪酬方案的实施情况进行监督;对公司的风险状况进行定期评估并提出完善风险管理、内部控制和薪酬方案的意见;审议公司薪酬管理制度和政策。
华鑫信托	是	3	负责公司风险的控制、管理、监督和评估。
吉林信托	是	2	负责制定、审核风险控制制度,监督制度执行。对重大业务事项从风险管理角度向董事会提出意见和建议。
建信信托	是	4	1. 根据公司总体战略,研究拟订公司风险战略和风险管理政策,报董事会审定,并对其实施情况进行监督和评价; 2. 监督和评价风险管理部门的设置、组织方式、工作程序,并提出改善意见; 3. 指导公司的风险管理工作和内控制度建设; 4. 审议公司风险和内控报告,对公司风险和内控状况进行定期评估,提出完善公司风险管理和内部控制的意见; 5. 对公司首席风险官的工作进行评价; 6. 审批各项业务管理办法中注明需由董事会审议的重大经营项目,具体的审批权限按董事会相关文件执行; 7. 董事会授予的其他职责。
江苏信托	是	3	审核公司关于风险管控、关联交易的规划、制度、规则、报告等,为董事会决策提供依据和建议;对公司经营的风险控制及管理情况进行监督。
交银国际信托	是	未披露	提议聘请或更换外部审计机构;审议并报请董事会批准内部审计制度并监督实施;审议公司经审计的财务信息披露事项;评价公司内部控制和风险管理制度设计的合理性和运行的有效性,并根据需要对重大关联交易、重大投资事项进行审计等。
金谷信托	是	3	负责公司的风险控制、管理、监督和评估,以及公司内外部审计的沟通、监督和核查等工作。
昆仑信托	是	3	组建公司风险管理系统;对公司日常经营管理风险进行整体分析和评估;负责公司的危机处理工作;对公司运作过程中的重大事项进行风险管理和控制;负责公司案防工作。
陆家嘴信托	是	3	向董事会提交公司全面风险管理年度报告;确定公司风险管理的总体目标、风险偏好、风险承受度、风险管理策略和重大风险管理解决方案;提出完善公司风险管理和内部控制的建议;对公司信托业务和固有业务的风险控制及管理情况进行监督;对公司固有财产和信托财产的风险管理状况进行定期评价;对公司关联交易业务风险进行评估,对重大关联交易事项进行审查并提交董事会审议;董事会授予的其他职责。
平安信托	是	3	审核公司风险治理架构和风险管理策略;审议公司整体风险偏好和风险限额;督促公司管理层采取必要措施有效识别、评估、监测和控制风险;评估公司管理层关于信用风险、流动性风险、操作风险和市场风险等风险的控制情况,提出完善建议;审议公司风险管理报告;董事会授予的其他职责。
厦门国际信托	是	3	初步拟订公司发展战略,并报董事会确定; 根据经营环境等情况的变化,提出发展战略的调整建议、方案,并报董事会确定; 负责战略规划组织落实的督导评价工作; 负责公司战略性研究工作的组织领导,包括课题研究、同业研讨交流及形成可行性意见并促进同业领先实践在公司内转化等;建立公司风险文化;制定公司风险管理策略;设定公司风险偏好和确保风险限额的设立;审批公司重大风险管理政策和程序;监督高级管理层开展全面风险管理;审议公司全面风险管理报告;审批公司依法对反映自身经营状况的全面风险和各类重要风险的信息披露;其他董事会授权的职责。
山东国信	是	3	1. 根据宏观经济环境、行业发展趋势和本公司经营状况,对公司中长期发展战略进行研究并提出建议; 2. 检查、监督和评估本公司发展战略的执行情况; 3. 组织制订公司信托业务、自营业务发展等专项规划; 4. 了解和掌握公司面临的各项重大风险及其风险管理现状; 5. 审议公司年度或专项风险管理报告; 6. 审查公司风险管理的体制机制是否健全、政策措施是否有效、风险控制流程是否合理; 7. 审议风险策略、重大风险管理解决方案,以及重大决策、重大风险、重大事件和重要业务流程的判断标准或判断机制; 8. 审查、监督公司遵守、执行法律法规的情况。
山西信托	是	7	审定公司风险管理的原则和政策,推动案防管理体系建设。在授权范围内,对公司重大事项的风险进行评审,检查、指导公司日常风险管理、案防工作;审定公司内部审计计划,监督公司财务运行,提议聘请或更换外部审计机构。
陕国投	是	4	1. 向董事会提交公司全面风险管理年度报告。 2. 确定公司风险管理的总体目标、风险偏好、风险承受度、风险管理策略和重大风险管理解决方案。 3. 为董事会督导公司风险管理文化建设提供建议。 4. 审批重大风险管理政策和程序。 5. 审议公司风险管理组织机构设置及其职责。 6. 提出完善公司风险管理和内部控制的建议。 7. 审批公司拟开展的以下活动:(1)设立新机构;(2)从事重大收购和投资;(3)开发新产品、对现有产品进行重大改动、拓展新的业务领域等金融创新。

续表

公司简称	是否设置	人事薪酬委员会人数（人）	人事薪酬委员会职能
陕国投	是	4	8. 对公司自有财产和信托财产的风险状况进行定期评估。 9. 对公司信托业务和自营业务的风险控制及管理情况进行监督。 10. 对公司信息披露的真实性、准确性、完整性和合规性等进行监督；审批全面风险和各类重要风险的信息披露。 11. 监督公司内部审计制度及其实施。 12. 负责内部审计与外部审计之间的沟通。 13. 审核公司的财务信息及其披露。 14. 提议聘请或更换外部审计机构。 15. 审议批准案防工作总体政策，推动案防管理体系建设；明确高级管理层有关案防职责及权限，确保高级管理[illegible]取必要措施有效监测、预警和处置案件风险；提出案防工作整体要求，审议案防工作报告；考核评估本机构案防工作有效性；确[illegible]督核对案防工作进行有效审查和监督。 16. 风险管理部和监察审计部每季度应制订下一季度履职计划，经董事会办公室报董事长审定。 17. 董事会安排的事宜及相关法律法规中涉及的其他事项。 风险管理与审计委员会在年度报告工作中的特别职责： 1. 应当与会计师事务所协商确定年度财务报告审计工作的时间安排； 2. 督促会计师事务所在约定时限内提交审计报告，并以书面意见形式记录督促的方式、次数和结果，以及相关[illegible]的确认签字； 3. 应在年审注册会计师进场前审阅公司编制的财务会计报表，形成书面意见； 4. 在年审注册会计师进场后加强与年审注册会计师的沟通，在年审注册会计师出具初步审计意见后再一次审[illegible]财务会计报表，形成书面意见； 5. 应对年度财务会计报表进行表决，形成决议后提交董事会审核； 6. 应当向董事会提交会计师事务所从事本年度公司审计工作的总结报告； 7. 应当向董事会提交下年度续聘或改聘会计师事务所的决议。
上海信托	是	3	对公司高级管理层在信托业务和自营业务方面的风险控制及管理情况进行监督；对公司固有财产和信托财产的风[illegible]状况进行定期评估；提出完善公司风险管理和内部控制的建议；董事会授权的其他事宜。
苏州信托	是	5	审核和拟订公司的风险管理战略、政策和规程，以及内部控制制度，并监督上述战略、政策、规程和内部控制制度的[illegible]行。
天津信托	是	3	负责审核公司风险管理的政策和程序，审定公司风险管理目标，督促公司管理层建立必要的风险识别、衡量、监[illegible]制制度，监督和评价公司风险管理的全面性、有效性及高级管理层在风险管理方面的履职情况。
外贸信托	是	3	以全面风险管理为目的，对公司经理层风险管理工作进行指导及监督，为董事会提供决策支持意见和管理改善[illegible]并在授权范围内进行审批决策。
万向信托	是	3	确定公司风险管理的总体目标、风险偏好、风险承受度、风险管理策略和重大风险管理解决方案；评估公司关联[illegible]务风险；监督公司信托业务和自营业务的风险控制及管理；监督公司信息披露的真实性、准确性、完整性和合规性；提出完善公[illegible]管理和内部控制及内部审计实施的建议等。
五矿信托	是	3	主要负责拟订公司风险管理政策和重大风险管理解决方案，督促公司各项业务的合规、合法运作，以防范和控制[illegible]风险。
西部信托	是	5	对公司所面临的风险状况进行评估，并提出相应的意见。
西藏信托	是	3	确定公司风险管理的总体目标、风险偏好、风险承受度、风险管理策略和重大风险管理解决方案。
兴业信托	是	5	主要负责公司审计与风险的控制、管理、评估和监督，同时负责公司内部、外部审计的沟通、监督和核查工作，[illegible]大关联交易的审核。
雪松信托	未披露	未披露	
英大信托	是	3	监督、评估公司的风险管理状况，提出完善风险管理意见，监督、评估公司风险管理部门的工作；负责认定关联[illegible]联交易，并审核重大关联交易。
粤财信托	是	5	审议公司治理、法人结构、"三重一大"、机构议事规则等重大事项相关制度及具有基础性的基本管理制度（属董[illegible]设其他专业委员会职责范围内的除外），并报董事会审批；审议公司重大风险管理制度，并向董事会提出建议；审批公司风险[illegible]策，包括审定公司风险管理策略、设定风险偏好、设立风险额度；监督高级管理层开展全面风险管理；审议公司全面风险管理报[illegible]合规风险管理报告，监督合规风险管理，评价合规风险管理的有效性；审议案件防控工作报告，评估案件防控工作的有效性；[illegible]钱工作报告，监督和指导反洗钱工作；董事会授权或者交办的其他事宜。
云南信托	是	3	研究、考核公司的风险控制制度，并提出建议。
长安信托	是	6	根据公司发展战略，制定公司风险管理与内控合规政策；确定公司整体风险偏好、可承受的风险水平、各类业务[illegible]及风险定价；审议公司风险管理体系和组织架构的设立和调整；对总裁审批通过的集合信托项目进行备案；拟订洗钱风险管理[illegible]建设目标，审定洗钱风险管理策略；确定公司案防工作总体政策，推动案防管理体系建设；对高级管理层在信用风险、流动性风[illegible]风险、操作风险、合规风险、声誉风险等方面的控制情况进行监督等。

续表

公司简称	是否设置	人事薪酬委员会人数(人)	人事薪酬委员会职能
长城新盛信托	是	5	1. 组织研究公司风险防范体系和组织方案; 2. 对公司信托业务和固有业务的风险控制及管理情况进行监督; 3. 对公司自有财产和信托财产的风险状况进行整体评价; 4. 向董事会提交公司全面风险管理年度报告; 5. 对战略规划的实施过程进行监督和评估,督促经营管理层持续改进风险管控能力; 6. 组织研究公司风险管理体系,提出改进风险管理体系的决策程序及建议; 7. 组织制定公司风险管理体系,监督检查公司内部风险控制制度执行情况; 8. 董事会授权的其他职权。
浙金信托	是	3	审议公司的风险管理构架、风险战略和风险管理基本政策,并提请董事会批准;研究国家宏观经济金融政策,分析市场变化,提出有效风险管理建议,研究公司风险控制指标体系;监督公司对国家金融方针、政策、法规及各项规章的执行情况,及时提出整改意见并进行纠正;研究公司风险管理体系,审议有关风险管理报告、合规报告及风险管理计划,了解公司风险管理决策体系的有效性,提出风险管理的组织构架、控制程序、风险处置等决策建议,完善公司风险管理和内部控制;对公司战略规划的实施过程进行监督和评估,对公司高级管理层在业务经营中的风险控制及管理情况进行监督;督促公司高级管理层定期对公司固有财产和信托财产的风险状况进行评估,并采取必要的措施有效识别、监测和控制、缓释风险;审议公司创新产品的风险控制情况;审议公司经营管理中重大风险的预警预控、应急预案;组织对公司重大经营风险事件的风险评估工作,审议高级管理层提交的重大突发事件、重大风险事件的应对处置方案;审议公司案防工作总体方案,推动案防体系建设;明确高级管理层在案防工作中的职责及权限;审议案防工作报告,考核评估公司案防工作有效性;督促高级管理层制订和执行反洗钱政策、制度和程序,并对反洗钱工作进行监督和评价;审议公司高级管理层关于重大反洗钱事项及反洗钱风险整体状况的报告;审议公司内部审计年度工作计划,并提请董事会批准;根据内部审计年度工作计划,对内部审计工作的开展进行监督、指导;董事会授权的其他事宜。
中诚信托	是	3	1. 建立企业风险文化,监督管理层开展全面风险管理,拟订风险偏好,确保风险限额的设立; 2. 向董事会提交公司全面风险管理年度报告,并对完善公司风险管理和内部控制提出建议; 3. 审议公司重大风险的解决方案,并向董事会提出意见和建议; 4. 审议评价公司风险管理策略、政策、程序、组织机构设置及其职责; 5. 审议公司经营部门制定的公司内部风险控制制度,并对其完备性和有效性进行评价; 6. 对公司信托业务、自营业务及创新业务的风险控制及管理情况进行监督; 7. 对公司信息披露的真实性、准确性、完整性和合规性等进行监督; 8. 履行洗钱和恐怖融资风险管理的相关职能,向董事会提供洗钱风险管理专业意见; 9. 审议批准公司案防工作总体政策、推动案防管理体系建设,明确高级管理层有关案防的职责及权限,审议案防工作报告,评估公司案防工作有效性,确保内审稽核对案防工作进行有效审查和监督; 10. 董事会授权的其他风险管理事项。
中国民生信托	是	5	1. 向董事会提交公司全面风险管理年度报告; 2. 确定公司风险管理的总体目标、风险偏好、风险承受度、风险管理策略和重大风险管理解决方案; 3. 对公司信托业务和自营业务的风险控制及管理情况进行监督; 4. 对公司自有财产和信托财产的风险状况进行定期评估; 5. 对公司关联交易业务风险进行评估,对重大关联交易事项进行审查并提交董事会审议; 6. 提出完善公司风险管理和内部控制的建议; 7. 审议公司风险管理组织机构设置及其职责; 8. 为董事会督导公司风险管理文化建设提供建议; 9. 董事会授予的其他职责。
中海信托	是	3	研究公司发生重大、突发性事项的对策;研究制定总体风险管理、关联交易控制政策供董事会审议;研究公司风险管理的战略结构和资源,并使之与公司的内部风险管理政策相兼容;研究重要的风险边界;对相关的风险管理、关联交易控制政策进行监督、审查,并向董事会提出建议;负责向董事会提供洗钱风险管理专业意见等。
中航信托	是	3	监督、评估公司的风险管理状况,提出完善风险管理意见,监督、评估公司风险管理部门的工作。
中建投信托	是	3	1. 根据公司发展战略,制订、审核公司风险管理工作规划,评价公司战略目标和经营计划所涉及的风险因素,并向董事会提出建议; 2. 定期审核、评议公司风险管理政策,促进风险管理政策的合法合规和及时有效; 3. 从风险控制角度,监督公司各项规章制度的执行情况,并对公司重大经营决策进行风险监测和评价; 4. 审阅公司风险管理工作报告,对风险管理工作提出改善意见和建议; 5. 审核、批准公司的风险控制流程与风险计量模型和方法的监测、调整等相关工作; 6. 审核、评议公司年度审计工作规划; 7. 负责对公司内部审计制度的有效性及其执行情况进行监督; 8. 负责内部审计与外部审计之间的沟通与协调; 9. 对公司关联交易业务风险进行评估,对重大关联交易事项进行审查并提交董事会审议; 10. 提议聘请或更换外部审计机构; 11. 董事会授权的其他事宜。

续表

公司简称	是否设置	人事薪酬委员会人数（人）	人事薪酬委员会职能
中粮信托	是	3	1. 制定、审核、批准公司的风险管理和内部控制的政策、程序并报请董事会审议； 2. 对公司信托业务、自营业务及其他业务的风险控制及风险管理政策、程序、执行情况进行监督； 3. 对公司固有财产和信托财产的风险状况进行定期评估； 4. 对公司合规风控部、审计部的工作程序和工作效果进行评议； 5. 提议聘请或更换外部审计机构； 6. 监督公司的制度建设及其执行情况； 7. 监督董事会决议的执行情况； 8. 审核公司的财务信息及其披露； 9. 审查公司内控制度； 10. 审查公司在遵守反洗钱相关内部政策和规程方面的情况； 11. 审查公司消费者权益保护制度建设和工作情况； 12. 按监管规定要求履行案防职责； 13. 法律法规、监管规定、公司章程或公司董事会要求或授权的其他职责或事项。
中融信托	是	3	对公司经营管理进行全面监督，防范公司面临的各类风险，保证公司各项业务运作符合有关法律法规；对公司固有业务关联交易的决策，进行监督和控制，防范不正当关联交易导致公司所承担的各类风险。
中泰信托	是	5	负责公司的风险控制、管理、监督和评估，以及公司内部、外部审计的沟通、监督和核查等工作。
中铁信托	是	3	负责公司风险的控制、管理、监督和评估；公司关联交易的审查；公司内部、外部审计的监督和核查工作。
中信信托	是	3	负责拟订风险管理战略、风险管理政策和内部控制原则，监督风险管理和内部控制系统的健全性、合理性和执行的有效性，指导公司全面风险管理和内部控制工作。
中原信托	是	6	对公司发展战略和运营模式进行风险评价；对公司风险管理体系进行评价；对公司资产风险状况进行评价；董事会交办的事项。
重庆信托	是	5	制定公司全面风险管理的总体目标和政策，制定公司风险管理基本制度；负责对包括信用风险、交易风险、结构性利率风险、汇率风险、流动性风险、运营风险等在内的所有风险进行全面管理；负责董事会授权范围内公司固有业务、信托业务的审查；负责对公司信托新产品的风险评判；负责制定公司不良资产监控与管理策略，批准不良资产经营和清收计划；负责公司风险管理突发事项和紧急事项的应急处理；负责定期评价公司风险管理状况和相关政策的执行状况。
紫金信托	是	3	制定公司风险管理政策和风控制度；风险控制审查监督；案防工作及审查；关联交易审查；公司董事会授权的其他事宜。
四川信托	未披露	未披露	未披露
新时代信托	未披露	未披露	未披露
华融信托	未披露	未披露	未披露
新华信托	未披露	未披露	未披露
华信信托	未披露	未披露	未披露

注：本年度有5家信托公司尚未披露年报，故未在本表中披露相关数据。

（三）独立董事分析

设立独立董事是加强公司治理的一个重要手段。上市公司一般要求独立董事人数占全部董事人数的1/3以上，这对公司治理非常重要。2020年共有47家信托公司符合这一标准（见表7-1-9）。

表7-1-9　披露的信托公司2020年末独立董事人数构成

公司简称	董事会成员人数（人）	独立董事成员人数（人）	独立董事占比（%）
爱建信托	8	3	37.50
安信信托	6	3	50.00
百瑞信托	11	3	27.27
北方信托	9	3	33.33
北京信托	13	5	38.46
渤海信托	6	3	50.00
大业信托	9	3	33.33
东莞信托	7	2	28.57
光大兴陇信托	9	3	33.33
国联信托	9	3	33.33
国民信托	8	4	50.00

续表

公司简称	董事会成员人数(人)	独立董事成员人数(人)	独立董事占比(%)
国通信托	9	2	22.22
国投泰康信托	9	3	33.33
国元信托	9	3	33.33
杭州工商信托	9	3	33.33
财信信托	7	3	42.86
华澳信托	6	2	33.33
华宝信托	9	3	33.33
华宸信托	8	3	37.50
华能信托	9	3	33.33
华润信托	9	3	33.33
华鑫信托	6	2	33.33
吉林信托	5	2	40.00
建信信托	9	3	33.33
江苏信托	9	3	33.33
交银国际信托	9	3	33.33
金谷信托	8	3	37.50
昆仑信托	7	3	42.86
陆家嘴信托	6	2	33.33
平安信托	10	3	30.00
厦门国际信托	9	3	33.33
山东国信	8	3	37.50
山西信托	7	1	14.29
陕国投	10	4	40.00
上海信托	9	3	33.33
苏州信托	9	3	33.33
天津信托	8	1	12.50
外贸信托	7	3	42.86
万向信托	13	5	38.46
五矿信托	9	3	33.33
西部信托	9	3	33.33
西藏信托	10	3	30.00
兴业信托	9	3	33.33
雪松信托	9	3	33.33
英大信托	9	3	33.33
粤财信托	8	2	25.00
云南信托	9	3	33.33
长安信托	10	2	20.00
长城新盛信托	6	3	50.00
浙金信托	9	3	33.33
中诚信托	12	3	25.00
中国民生信托	13	4	30.77
中海信托	8	3	37.50
中航信托	7	2	28.57
中建投信托	11	3	27.27
中粮信托	9	3	33.33
中融信托	7	2	28.57

续表

公司简称	董事会成员人数(人)	独立董事成员人数(人)	独立董事占比(%)
中泰信托	9	4	4.44
中铁信托	8	3	7.50
中信信托	9	3	3.33
中原信托	11	3	7.27
重庆信托	12	5	4.67
紫金信托	7	2	3.57
四川信托	未披露	未披露	未披露
新时代信托	未披露	未披露	未披露
华融信托	未披露	未披露	未披露
新华信托	未披露	未披露	未披露
华信信托	未披露	未披露	未披露
合计	548	184	3.58
平均	8.70	2.92	

注：本年度有5家信托公司尚未披露年报，故未在本表中披露相关数据。

在已披露年报的63家信托公司中，除北京信托未披露董事的性别，其他公司独立董事男性人数合计为158人，占总人数的85.87%；女性人数合计为26人，占总人数的14.13%（见表7－1－10）。其中，30～39岁的人数为4人，占总人数的2.17%；40岁以上的人数为180人，占总人数的97.83%。独立董事的平均年龄为56.35岁，高于董事平均年龄（见表7－1－11）。

表7－1－10　披露的信托公司2020年末独立董事人员性别构成

公司简称	独立董事人员数(人)	其中男性人数(人)	男性所占比例(%)	其中女性人数(人)	女性所占比例(%)
爱建信托	3	3	100.00	—	—
安信信托	3	3	100.00	—	—
百瑞信托	3	3	100.00	—	—
北方信托	3	—	—	3	100.00
北京信托	5	3	60.00	2	40.00
渤海信托	3	3	100.00	—	—
大业信托	3	3	100.00	—	—
东莞信托	2	2	100.00	—	—
光大兴陇信托	3	2	66.67	1	33.33
国联信托	3	3	100.00	—	—
国民信托	4	3	75.00	1	25.00
国通信托	2	2	100.00	—	—
国投泰康信托	3	3	100.00	—	—
国元信托	3	2	66.67	1	33.33
杭州工商信托	3	3	100.00	—	—
财信信托	3	2	66.67	1	33.33
华澳信托	2	1	50.00	1	50.00
华宝信托	3	3	100.00	—	—
华宸信托	3	3	100.00	—	—
华能信托	3	1	33.33	2	66.67
华润信托	3	1	33.33	2	66.67
华鑫信托	2	—	—	2	100.00
吉林信托	2	2	100.00	—	—
建信信托	3	3	100.00	—	—
江苏信托	3	3	100.00	—	—
交银国际信托	3	3	100.00	—	—
金谷信托	3	3	100.00	—	—
昆仑信托	3	3	100.00	—	—
陆家嘴信托	2	—	—	2	100.00

续表

公司简称	独立董事人员数(人)	其中男性人数(人)	男性所占比例(%)	其中女性人数(人)	女性所占比例(%)
平安信托	3	3	100.00	—	—
厦门国际信托	3	2	66.67	1	33.33
山东国信	3	2	66.67	1	33.33
山西信托	1	1	100.00	—	—
陕国投	4	4	100.00	—	—
上海信托	3	3	100.00	—	—
苏州信托	3	2	66.67	1	33.33
天津信托	1	1	100.00	—	—
外贸信托	3	3	100.00	—	—
万向信托	5	5	100.00	—	—
五矿信托	3	2	66.67	1	33.33
西部信托	3	3	100.00	—	—
西藏信托	3	3	100.00	—	—
兴业信托	3	3	100.00	—	—
雪松信托	3	3	100.00	—	—
英大信托	3	2	66.67	1	33.33
粤财信托	2	2	100.00	—	—
云南信托	3	3	100.00	—	—
长安信托	2	2	100.00	—	—
长城新盛信托	3	3	100.00	—	—
浙金信托	3	3	100.00	—	—
中诚信托	3	3	100.00	—	—
中国民生信托	4	4	100.00	—	—
中海信托	3	2	66.67	1	33.33
中航信托	2	2	100.00	—	—
中建投信托	3	3	100.00	—	—
中粮信托	3	3	100.00	—	—
中融信托	2	2	100.00	—	—
中泰信托	4	4	100.00	—	—
中铁信托	3	3	100.00	—	—
中信信托	3	3	100.00	—	—
中原信托	3	3	100.00	—	—
重庆信托	5	4	80.00	1	20.00
紫金信托	2	1	50.00	1	50.00
四川信托	未披露	未披露	未披露	未披露	未披露
新时代信托	未披露	未披露	未披露	未披露	未披露
华融信托	未披露	未披露	未披露	未披露	未披露
新华信托	未披露	未披露	未披露	未披露	未披露
华信信托	未披露	未披露	未披露	未披露	未披露
合计	184	158	85.87	26	14.13

注:本年度有5家信托公司尚未披露年报,故未在本表中披露相关数据。

表7-1-11　披露的信托公司2020年末独立董事人员年龄构成

公司简称	独立董事人员数(人)	其中30~39岁人数(人)	30~39岁比例(%)	其中40岁以上人数(人)	40岁以上比例(%)	独立董事平均年龄(岁)
爱建信托	3	—	—	3	100.00	56.33
安信信托	3	—	—	3	100.00	60.33
百瑞信托	3	—	—	3	100.00	49.67
北方信托	3	—	—	3	100.00	62.00
北京信托	5	—	—	5	100.00	55.20

续表

公司简称	独立董事人员数（人）	其中 30～39 岁人数（人）	30～39 岁比例（%）	其中 40 岁以上人数（人）	40 岁以上比例（%）	独立董事平均年龄（岁）
渤海信托	3	—	—	3	100. 00	50. 00
大业信托	3	—	—	3	100. 00	59. 00
东莞信托	2	—	—	2	100. 00	61. 50
光大兴陇信托	3	—	—	3	100. 00	56. 00
国联信托	3	—	—	3	100. 00	53. 67
国民信托	4	1	25. 00	3	75. 00	57. 50
国通信托	2	—	—	2	100. 00	59. 00
国投泰康信托	3	—	—	3	100. 00	60. 67
国元信托	3	—	—	3	100. 00	49. 67
杭州工商信托	3	—	—	3	100. 00	62. 00
财信信托	3	—	—	3	100. 00	55. 33
华澳信托	2	—	—	2	100. 00	62. 00
华宝信托	3	—	—	3	100. 00	55. 67
华宸信托	3	1	33. 33	2	66. 67	43. 00
华能信托	3	—	—	3	100. 00	58. 67
华润信托	3	—	—	3	100. 00	58. 67
华鑫信托	2	—	—	2	100. 00	54. 50
吉林信托	2	—	—	2	100. 00	65. 00
建信信托	3	—	—	3	100. 00	55. 00
江苏信托	3	—	—	3	100. 00	56. 33
交银国际信托	3	—	—	3	100. 00	56. 00
金谷信托	3	—	—	3	100. 00	51. 33
昆仑信托	3	—	—	3	100. 00	56. 67
陆家嘴信托	2	1	50. 00	1	50. 00	40. 50
平安信托	3	—	—	3	100. 00	50. 00
厦门国际信托	3	—	—	3	100. 00	55. 67
山东国信	3	—	—	3	100. 00	51. 67
山西信托	1	—	—	1	100. 00	[illegible]4. 00
陕国投	4	—	—	4	100. 00	51. 25
上海信托	3	—	—	3	100. 00	62. 00
苏州信托	3	—	—	3	100. 00	53. 33
天津信托	1	—	—	1	100. 00	43. 00
外贸信托	3	—	—	3	100. 00	62. 00
万向信托	5	—	—	5	100. 00	58. 80
五矿信托	3	—	—	3	100. 00	51. 33
西部信托	3	—	—	3	100. 00	52. 00
西藏信托	3	1	33. 33	2	66. 67	47. 00
兴业信托	3	—	—	3	100. 00	53. 67
雪松信托	3	—	—	3	100. 00	53. 67
英大信托	3	—	—	3	100. 00	50. 33
粤财信托	2	—	—	2	100. 00	53. 00
云南信托	3	—	—	3	100. 00	53. 33
长安信托	2	—	—	2	100. 00	52. 50
长城新盛信托	3	—	—	3	100. 00	5[illegible]. 00
浙金信托	3	—	—	3	100. 00	49. 67
中诚信托	3	—	—	3	100. 00	60. 33

续表

公司简称	独立董事人员数（人）	其中30~39岁人数（人）	30~39岁比例（%）	其中40岁以上人数（人）	40岁以上比例（%）	独立董事平均年龄（岁）
中国民生信托	4	—	—	4	100.00	59.75
中海信托	3	—	—	3	100.00	64.00
中航信托	2	—	—	2	100.00	61.00
中建投信托	3	—	—	3	100.00	63.00
中粮信托	3	—	—	3	100.00	54.33
中融信托	2	—	—	2	100.00	52.50
中泰信托	4	—	—	4	100.00	59.75
中铁信托	3	—	—	3	100.00	59.00
中信信托	3	—	—	3	100.00	59.00
中原信托	3	—	—	3	100.00	58.00
重庆信托	5	—	—	5	100.00	62.80
紫金信托	2	—	—	2	100.00	49.00
四川信托	未披露	未披露	未披露	未披露	未披露	未披露
华融信托	未披露	未披露	未披露	未披露	未披露	未披露
华信信托	未披露	未披露	未披露	未披露	未披露	未披露
新华信托	未披露	未披露	未披露	未披露	未披露	未披露
新时代信托	未披露	未披露	未披露	未披露	未披露	未披露
合计	184	4	2.17	180	97.83	56.35

注：本年度有5家信托公司尚未披露年报，故未在本表中披露相关数据。

（四）监事会及其基本情况分析

在已披露年报的63家信托公司中，有23家披露监事没有发生变动、40家披露了监事变更次数和变更的详情，详见表7－1－12。

表7－1－12　披露的信托公司2020年监事变更情况

公司简称	是否变更	变更次数（次）	期内监事变更详情列示
爱建信托	否		
安信信托	否		
百瑞信托	否		
北方信托	是	1	根据公司2020年7月9日召开的2020年第三次临时股东大会决议，审议通过了《北方国际信托股份有限公司第三届监事会监事任免的议案》，公司股东单位中国海洋石油渤海有限公司派出的监事蒲彦泉因到退休年龄提出辞职申请，不再担任北方信托监事，由中国海洋石油渤海有限公司提名傅津女士担任北方信托第三届监事会监事。根据公司2021年3月22日召开的2021年第二次会议，审议通过了《关于免去徐松北方国际信托股份有限公司第三届监事会监事长的议案》，徐松不再担任公司监事长；根据公司2021年3月26日召开的2021年第一次临时股东大会决议，审议通过了《关于免去徐松北方国际信托股份有限公司第三届监事会监事职务的议案》，徐松不再担任公司监事。
北京信托	是	2	卓玮、陆雅清为职工监事。 2020年第二次监事会同意王深坤、刘率辞去公司监事职务；选举李慧、曹月秋为公司监事。
渤海信托	是	1	2020年9月17日，经2020年第四次临时股东大会审议通过，选举马建军接替刘超担任公司监事；经第二届监事会第四次会议审议通过，选举马建军担任公司监事会主席。
大业信托	是	1	2020年9月，李珊女士因工作原因辞去公司监事会监事职务，公司股东会聘任张敏娜女士担任公司监事会监事。
东莞信托	否		
光大兴陇信托	是	2	2020年3月20日，经光大兴陇信托有限责任公司2020年第二次临时股东会审议通过，选举张晶同志为公司监事，陆代森同志不再担任公司监事。 2020年3月23日，经光大兴陇信托有限责任公司第一届监事会第十一次会议审议通过，选举张晶同志为公司监事会主席。
国联信托	是	1	2020年末，原监事会主席刘旭峰因工作岗位调整，申请辞去公司监事、监事会主席职务。
国民信托	否		

续表

公司简称	是否变更	变更次数(次)	期内监事变更详情列示
国通信托	否		
国投泰康信托	否		
国元信托	否		
杭州工商信托	否		
财信信托	是	1	9月24日，股东会2020年第三次会议通过了《关于变更股东监事的议案》，同意唐杰同志辞去公司股东监事职务，选举鲍礼彬同志担任公司第五届监事会股东代表监事，任职期限与公司第五届监事会其他监事任职期限一致。
华澳信托	是	1	原监事、监事长张宏先生于2020年6月8日经股东会批准不再担任监事职务，于2020年6月9日经监事会批准不再担任监事长职务。根据股东提名，股东会同意选举周永才先生为公司第三届监事会监事；根据股东推荐，监事会同意选举周永才先生为公司第三届监事会监事长。
华宝信托	是	2	2020年4月24日，华宝信托职代会联席会议以现场会议方式召开。会议选举刘文力同志为华宝信托有限责任公司第七届监事会职工监事。 2020年5月25日，华宝信托2020年股东会第三次临时会议以通讯方式召开。会议批准《关于监事会换届的议案》，选举沈雁、黄洪永为公司第七届监事会股东代表监事。职工代表监事由公司职代会联席会议选举产生。
华宸信托	否		
华能信托	否		
华润信托	否		
华鑫信托	否		
吉林信托	是	1	报告期内，增补刘继新、娄敬群为公司监事。钟湘华、郭燕因退休不再担任公司监事。
建信信托	是	1	2020年6月6日，杨洲德辞去公司监事职务。
江苏信托	是	1	2020年9月18日，经公司股东会审议通过，李崇琦同志、顾宏武同志担任公司监事，徐文进同志、张瑞琪同志不再担任公司监事。
交银国际信托	是	1	2020年10月、11月，公司召开股东会及监事会，选举颇颖为公司监事长，郑智勇因工作变动原因不再担任公司监事长。
金谷信托	否		
昆仑信托	是	1	股东变更，重新选聘。
陆家嘴信托	是	1	本报告期内，公司监事(监事会主席)蔡嵘、扈鑫辞任，公司已选任郭嵘、李岩梅任公司第四届监事会监事，其中郭嵘当选为公司第四届监事会主席。
平安信托	否		
厦门国际信托	否		
山东国信	是	1	公司股东代表监事官伟先生因工作调整，自2020年12月29日起不再担任公司股东代表监事职务。
山西信托	否		
陕国投	是	1	公司监事会于2020年7月31日收到监事殷醒民的书面辞职报告。殷醒民因个人原因申请辞去公司监事职务。辞去上述职务后，殷醒民不再担任公司任何职务。殷醒民的辞职报告于送达监事会时生效。
上海信托	是	2	赵峥嵘同志因个人原因辞去上海国际信托有限公司第六届监事会监事长、监事职务。根据上海浦东发展银行《关于变更上海国际信托有限公司高管人选的函》，经2020年5月14日公司2020年股东会第一次通讯会议表决通过，赵峥嵘同志不再担任上海国际信托有限公司第六届监事会监事长、监事职务。 根据上海浦东发展银行《关于提名上海国际信托有限公司监事人选的函》，经2020年6月10日公司2020年股东会第二次通讯会议表决通过，增补顾炯同志为公司第六届监事会监事。
苏州信托	是	1	2020年4月，第五届监事会第二次临时会议选举陈磊担任第五届监事会监事长。
天津信托	是	1	天津信托有限责任公司股东会2020年第九次临时会议(2020年11月24日召开现场会议)审议了《关于审议天津信托有限责任公司第九届监事会提名监事人选及第八届监事会监事退出的议案》。陈杰、于淦、丁粤军不再担任公司监事。同意[illegible]、刘响东、杨雪屏3人为第九届监事会成员。 天津信托有限责任公司股东会2021年第一次临时会议以通讯方式审议了《关于审议调整天津信托有限责任公司第九届监事会监事人选的议案》，同意杨雪屏不再担任公司监事，胡俊强担任公司监事。
外贸信托	是	1	2020年第六次股东会议通过决议，同意选举王鹤飞担任外贸信托监事，刘剑不再担任外贸信托监事会主席、监事职务。
万向信托	是	2	2020年5月，公司股东大会审议方泽亮为监事会监事。 2020年4月，公司职工代表大会选举李元龙为职工监事。
五矿信托	是	2	公司2020年第四届监事会第二次会议通过调整公司第四届监事会组成人员的议案，推荐王茜同志、位志宇同志为公司监事人选。 公司2020年第四届监事会第四次会议通过监事会成员调整方案的议案，推荐蔡琦同志为公司监事人选。公司原监事刘雁同志不再担任公司监事。
西部信托	否		

续表

公司简称	是否变更	变更次数(次)	期内监事变更详情列示
西藏信托	是	2	公司于2020年4月15日召开工会职工代表大会2020年第一次会议,审议通过《关于〈选举第六届监事会职工监事〉的议案》,选举蔺楷毅为职工监事。 因第五届监事会任职期限届满,公司于2020年9月7日召开2020年第一次临时股东会议审议通过《关于选举第六届监事会监事的议案》,选举付兴简、姚远为公司第六届监事会监事。公司于2020年12月11日召开第六届监事会第一次会议,审议通过《关于选举公司监事会主席的议案》,选举付兴简为公司监事会主席。
兴业信托	是	1	根据公司修订后的章程,2020年9月,经公司第四届第三次职工代表大会和第六届监事会第三次临时会议选举,吕伟先生当选为公司第六届监事会职工监事并担任监事长,不再担任公司股权监事职务。
雪松信托	是	1	2020年,原监事会主席赵斌辞任,公司于2020年7月4日召开了2020年第二次股东大会,选举韩伟明为第三届监事会非职工监事,与非职工监事张轶骞、职工监事王雁共同组成公司第三届监事会。
英大信托	是	1	2020年8月10日,经股东会审议,同意选举苗苗担任公司监事,张冀鲁不再担任公司监事。
粤财信托	是	1	报告期内,公司监事柯少葭女士因个人工作变动不再担任公司监事。根据股东广东粤财投资控股有限公司提名,公司2020年7月第一次临时股东会推荐梁小天先生担任公司监事。
云南信托	否		
长安信托	否		
长城新盛信托	是	2	报告期内,因公司股权(股东)发生变更,原股东兵团国资公司已变更为新股东天瑞集团,根据公司章程有关董事(副董事长)、监事(监事会主席)及财务总监推荐提名权的规定,天瑞集团推荐提名张建中担任公司董事暨副董事长、赵力担任公司董事、戴维担任公司独立董事、刘孟涛担任公司监事(监事会主席)、吕超担任公司财务总监。经公司第三十三次(临时)股东会和二届十三次监事会审议通过后,刘孟涛担任公司监事(监事会主席),由公司原股东兵团国资公司推荐提名的李勇不再担任监事(监事会主席)。
浙金信托	是	1	因监事会换届,2020年8月31日,公司股东大会选举李庆玲女士、张逢伟先生、蔡晓利先生为第五届监事会监事,赵丹明先生、文舟女士为职工代表大会选举产生的职工监事。
中诚信托	是	2	公司于2020年1月15日召开职工代表大会选举倪彦若为公司第六届职工监事。 公司于2020年11月27日召开2020年第二次临时股东会会议,选举黄克孟为公司外部监事,选举袁云鹏先生为公司监事,原监事龙治安不再担任公司监事,进一步优化监事会结构。
中国民生信托	是	2	2020年7月28日,经公司2020年第一次临时股东会审议通过,选举方舟担任第三届监事会监事。宋宏谋不再担任监事会主席、监事职务。 2020年12月9日,因工作调整需要,赵岩辞去公司第三届监事会监事职务。
中海信托	是	1	2020年4月,经股东中国海油提名,公司股东大会2020年第一次临时会议和第四届监事会第十次会议审议通过,选举金伟根担任公司监事、监事会主席职务,任敏不再担任公司监事、监事会主席职务。
中航信托	是	2	2020年4月27日,因工作安排原因,王旺松不再担任公司监事、监事会主席,增补刘明志担任公司监事。2020年4月28日,经监事会选举,刘明志担任公司监事会主席。 2020年11月27日,经股东大会选举产生,邓剑锋担任公司外部监事。经职工代表大会选举产生,陈君枫担任公司职工监事。
中建投信托	否		
中粮信托	是	2	公司第三届监事会已届满,经公司股东会、职工代表大会、监事会审议通过,改选产生第四届监事会,其中许良因工作调整不再担任职工代表监事、监事会主席,王伟因工作调整不再担任监事,李德罡当选第四届监事会主席,江元军当选第四届监事会职工代表监事。 增强职工代表监事在监事会中的作用,进一步维护职工利益,经公司股东会审议通过并经北京银保监局核准,公司修改了公司章程,将监事会人数由4名增加至5名,增补1名职工监事;后经职工代表大会审议通过,沈慧当选职工代表监事。
中融信托	否		
中泰信托	是	1	报告期内,公司监事会主席刘卓先生因个人原因提出辞职。经公司股东会、监事会审议,焦远超先生被选举为股东代表监事、监事会主席。
中铁信托	是	2	经公司第五届监事会第一一次会议审议通过,同意解义才不再担任公司第五届监事会监事长;经公司股东会2020年第二次会议审议通过,同意解义才不再担任公司第五届监事会监事。 经公司股东会2020年第二次会议选举,丁宁为公司第五届监事会监事;经公司第五届监事会第十二次会议选举,丁宁为公司第五届监事会监事长。
中信信托	否		
中原信托	否		
重庆信托	是	1	报告期内,公司职工代表大会研究决定,因工作需要同意李静女士辞去职工代表监事职务,并选举邹恒舟先生为公司职工代表监事。
紫金信托	是	2	2020年4月20日,紫金信托有限责任公司2019年股东会审议通过《关于渠泉先生辞职的议案》,渠泉先生不再担任紫金信托有限责任公司监事。审议通过《关于提名公司监事候选人的议案》,选举许慧女士为紫金信托有限责任公司监事。 2020年9月30日,紫金信托有限责任公司2020年股东会第二次临时会议审议通过《关于监事辞职及选举监事的议案》,陈玲女士不再担任紫金信托有限责任公司监事,选举李颖女士为紫金信托有限责任公司监事。2020年10月12日,紫金信托有限责任公司第三届监事会第十二次会议选举李颖女士为第三届监事会主席。

续表

公司简称	是否变更	变更次数(次)	期内监事变更详情列示
四川信托	未披露	未披露	未披露
华融信托	未披露	未披露	未披露
华信信托	未披露	未披露	未披露
新华信托	未披露	未披露	未披露
新时代信托	未披露	未披露	未披露

注:本年度有 5 家信托公司尚未披露年报,故未在本表中披露相关数据。

截至 2020 年末,63 家信托公司均设立了监事及监事会,合计监事 276 人,平均每家设置监事 4.38 人。其中,男性合计 187 人,占比为 67.751%;女性 89 人,占比为 32.25%。与董事的性别构成比较,监事的女性占比大于董事的女性占比。具体详见表 7-1-13。

表 7-1-13 披露的信托公司 2020 年末监事会人员性别构成

公司简称	监事会成员人数(人)	其中男性人数(人)	男性比例(%)	其中女性人数(人)	女性比例(%)
爱建信托	5	4	80.00	1	20.00
安信信托	3	2	66.67	1	33.33
百瑞信托	8	7	87.50	1	12.50
北方信托	5	1	20.00	4	80.00
北京信托	6	2	33.33	4	66.67
渤海信托	3	2	66.67	1	33.33
大业信托	5	2	40.00	3	60.00
东莞信托	7	3	42.86	4	57.14
光大兴陇信托	3	—	—	3	100.00
国联信托	3	2	66.67	1	33.33
国民信托	3	1	33.33	2	66.67
国通信托	5	3	60.00	2	40.00
国投泰康信托	3	3	100.00	—	—
国元信托	3	3	100.00	—	—
杭州工商信托	3	2	66.67	1	33.33
财信信托	5	3	60.00	2	40.00
华澳信托	3	2	66.67	1	33.33
华宝信托	3	3	100.00	—	—
华宸信托	3	3	100.00	—	—
华能信托	3	2	66.67	1	33.33
华润信托	3	2	66.67	1	33.33
华鑫信托	3	2	66.67	1	33.33
吉林信托	3	2	66.67	1	33.33
建信信托	3	3	100.00	—	—
江苏信托	6	4	66.67	2	33.33
交银国际信托	3	2	66.67	1	33.33
金谷信托	5	1	20.00	4	80.00
昆仑信托	5	4	80.00	1	20.00
陆家嘴信托	5	3	60.00	2	40.00
平安信托	3	3	100.00	—	—
厦门国际信托	3	2	66.67	1	33.33
山东国信	8	7	87.50	1	12.50
山西信托	4	1	25.00	3	75.00
陕国投	5	4	80.00	1	20.00
上海信托	3	3	100.00	—	—
苏州信托	5	4	80.00	1	20.00
天津信托	3	1	33.33	2	66.67
外贸信托	3	3	100.00	—	—
万向信托	3	3	100.00	—	—

续表

公司简称	监事会成员人数(人)	其中男性人数(人)	男性比例(%)	其中女性人数(人)	女性比例(%)
五矿信托	5	4	80.00	1	20.00
西部信托	3	2	66.67	1	33.33
西藏信托	3	3	100.00	—	—
兴业信托	3	3	100.00	—	—
雪松信托	3	2	66.67	1	33.33
英大信托	3	1	33.33	2	66.67
粤财信托	3	2	66.67	1	33.33
云南信托	7	4	57.14	3	42.86
长安信托	6	3	50.00	3	50.00
长城新盛信托	5	5	100.00	—	—
浙金信托	6	4	66.67	2	33.33
中诚信托	18	15	83.33	3	16.67
中国民生信托	8	7	87.50	1	12.50
中海信托	3	1	33.33	2	66.67
中航信托	5	4	80.00	1	20.00
中建投信托	5	3	60.00	2	40.00
中粮信托	5	3	60.00	2	40.00
中融信托	3	3	100.00	—	—
中泰信托	3	1	33.33	2	66.67
中铁信托	5	4	80.00	1	20.00
中信信托	3	1	33.33	2	66.67
中原信托	5	4	80.00	1	20.00
重庆信托	5	3	60.00	2	40.00
紫金信托	3	1	33.33	2	66.67
四川信托	未披露	未披露	未披露	未披露	未披露
华融信托	未披露	未披露	未披露	未披露	未披露
华信信托	未披露	未披露	未披露	未披露	未披露
新华信托	未披露	未披露	未披露	未披露	未披露
新时代信托	未披露	未披露	未披露	未披露	未披露
合计	276	187	67.75	89	32.25

注:本年度有5家信托公司尚未披露年报,故未在本表中披露相关数据。

从监事的年龄结构来看,20～29岁的有2人,占比为0.72%;30～39岁的有40人,占比为14.49%;40岁以上的有226人,占比为81.88%;而监事的平均年龄为47.40岁,年龄结构比董事要年轻。总体来说,监事人数及其构成基本合理。详见表7－1－14。

表7－1－14　披露的信托公司2020年末监事会人员年龄构成

公司简称	监事会成员人数(人)	其中20～29岁人数(人)	20～29岁比例(%)	其中30～39岁人数(人)	30～39岁比例(%)	其中40岁以上人数(人)	40岁以上比例(%)	监事的平均年龄(岁)
爱建信托	5	—	—	—	—	5	100.00	49.00
安信信托	3	—	—	—	—	—	—	42.67
百瑞信托	8	—	—	1	12.50	6	75.00	47.00
北方信托	5	—	—	—	—	5	100.00	50.60
北京信托	6	—	—	1	16.67	4	66.67	48.50
渤海信托	3	—	—	—	—	3	100.00	49.67
大业信托	5	—	—	—	—	5	100.00	47.40
东莞信托	7	—	—	1	14.29	5	71.43	52.86
光大兴陇信托	3	—	—	—	—	3	100.00	49.00
国联信托	3	—	—	3	100.00	—	—	36.67
国民信托	3	2	66.67	—	—	2	66.67	42.67
国通信托	5	—	—	—	—	5	100.00	47.60
国投泰康信托	3	—	—	—	—	3	100.00	47.33

续表

公司简称	监事会成员人数(人)	其中20~29岁人数(人)	20~29岁比例(%)	其中30~39岁人数(人)	30~39岁比例(%)	其中40岁以上人数(人)	40岁以上比例(%)	监事的平均年龄(岁)
国元信托	3	—	—	1	33.33	1	33.33	49.00
杭州工商信托	3	—	—	—	—	3	100.00	45.67
财信信托	5	—	—	—	—	5	100.00	48.80
华澳信托	3	—	—	—	—	3	100.00	43.00
华宝信托	3	—	—	—	—	3	100.00	49.00
华宸信托	3	—	—	—	—	3	100.00	56.67
华能信托	3	—	—	—	—	3	100.00	53.33
华润信托	3	—	—	1	33.33	2	66.67	48.67
华鑫信托	3	—	—	1	33.33	2	66.67	47.67
吉林信托	3	—	—	—	—	3	100.00	47.33
建信信托	3	—	—	—	—	3	100.00	52.67
江苏信托	6	—	—	—	—	6	100.00	48.00
交银国际信托	3	—	—	—	—	3	100.00	51.00
金谷信托	5	—	—	1	20.00	4	80.00	47.40
昆仑信托	5	—	—	—	—	5	100.00	46.80
陆家嘴信托	5	—	—	2	40.00	3	60.00	41.20
平安信托	3	—	—	—	—	3	100.00	50.67
厦门国际信托	3	—	—	1	33.33	2	66.67	46.67
山东国信	8	—	—	2	25.00	6	75.00	45.25
山西信托	4	—	—	—	—	4	100.00	48.00
陕国投	5	—	—	—	—	5	100.00	57.80
上海信托	3	—	—	—	—	3	100.00	50.00
苏州信托	5	—	—	2	40.00	3	60.00	44.20
天津信托	3	—	—	—	—	3	100.00	46.00
外贸信托	3	—	—	—	—	3	100.00	47.67
万向信托	3	—	—	—	—	3	100.00	48.00
五矿信托	5	—	—	2	40.00	3	60.00	42.40
西部信托	3	—	—	1	33.33	2	66.67	45.67
西藏信托	3	—	—	2	66.67	1	33.33	40.33
兴业信托	3	—	—	—	—	3	100.00	50.33
雪松信托	3	—	—	—	—	3	100.00	48.00
英大信托	3	—	—	—	—	3	100.00	46.00
粤财信托	3	—	—	—	—	3	100.00	48.67
云南信托	7	—	—	4	57.14	3	42.86	39.29
长安信托	6	—	—	1	16.67	5	83.33	48.17
长城新盛信托	5	—	—	—	—	5	100.00	50.20
浙金信托	6	—	—	—	—	5	83.33	40.33
中诚信托	18	—	—	2	11.11	16	88.89	47.83
中国民生信托	8	—	—	1	12.50	7	87.50	47.13
中海信托	3	—	—	1	33.33	2	66.67	48.00
中航信托	5	—	—	1	20.00	4	80.00	51.60
中建投信托	5	—	—	2	40.00	3	60.00	44.80
中粮信托	5	—	—	—	—	5	100.00	52.00
中融信托	3	—	—	1	33.33	2	66.67	48.67
中泰信托	3	—	—	—	—	3	100.00	49.00
中铁信托	5	—	—	1	20.00	3	60.00	44.60
中信信托	3	—	—	—	—	3	100.00	49.33
中原信托	5	—	—	2	40.00	3	60.00	45.40
重庆信托	5	—	—	—	—	5	100.00	51.60

续表

公司简称	监事会成员人数(人)	其中20~29岁人数(人)	20~29岁比例(%)	其中30~39岁人数(人)	30~39岁比例(%)	其中40岁以上人数(人)	40岁以上比例(%)	监事的平均年龄(岁)
紫金信托	3	—	—	2	66.67	1	33.33	39.33
四川信托	未披露	未披露	未披露	未披露	未披露	未披露	未披露	未披露
华融信托	未披露	未披露	未披露	未披露	未披露	未披露	未披露	未披露
华信信托	未披露	未披露	未披露	未披露	未披露	未披露	未披露	未披露
新华信托	未披露	未披露	未披露	未披露	未披露	未披露	未披露	未披露
新时代信托	未披露	未披露	未披露	未披露	未披露	未披露	未披露	未披露
合计	276	2	0.72	40	14.49	226	81.88	47.40

注:本年度有5家信托公司尚未披露年报,故未在本表中披露相关数据。

(五)信托公司股东派出董事和监事情况分析

本期安信信托未披露股东派出董事和监事情况,其余信托公司由股东派出的董事为397人,占董事会总人数548人的72.45%,其中,有14家信托公司的董事成员全部由股东派除,平均每家公司派出6.40人。

由股东派出的监事共163人,占监事会总人数276人的59.06%。由此可见,目前的信托公司的董事和监事绝大部分是由股东派出的,股东对信托公司日常经营的控制非常明显。详见表7-1-15。

表7-1-15 2020年末股东派出董事和监事情况

公司简称	董事			监事		
	总人数(人)	其中股东单位派出人数(人)	股东单位派出占比(%)	总人数(人)	其中股东单位派出人数(人)	股东单位派出占比(%)
爱建信托	8	5	62.50	5	3	60.00
安信信托	6	未披露	—	3	未披露	—
百瑞信托	11	10	90.91	8	5	62.50
北方信托	9	8	88.89	5	3	60.00
北京信托	13	6	46.15	6	4	66.67
渤海信托	6	3	50.00	3	—	—
大业信托	9	8	88.89	5	3	60.00
东莞信托	7	6	85.71	7	4	57.14
光大兴陇信托	9	5	55.56	3	2	66.67
国联信托	9	6	66.67	3	1	33.33
国民信托	8	3	37.50	3	2	66.67
国通信托	9	5	55.56	5	3	60.00
国投泰康信托	9	9	100.00	3	2	66.67
国元信托	9	6	66.67	3	2	66.67
杭州工商信托	9	9	100.00	3	2	66.67
财信信托	7	6	85.71	5	3	60.00
华澳信托	6	6	100.00	3	2	66.67
华宝信托	9	8	88.89	3	2	66.67
华宸信托	8	4	50.00	3	2	66.67
华能信托	9	5	55.56	3	2	66.67
华润信托	9	6	66.67	3	2	66.67
华鑫信托	6	3	50.00	3	2	66.67
吉林信托	5	2	40.00	3	1	33.33
建信信托	9	6	66.67	3	1	33.33
江苏信托	9	5	55.56	6	4	66.67
交银国际信托	9	6	66.67	3	2	66.67
金谷信托	8	5	62.50	5	4	80.00
昆仑信托	7	7	100.00	5	3	60.00
陆家嘴信托	6	4	66.67	5	3	60.00
平安信托	10	6	60.00	3	1	33.33
厦门国际信托	9	5	55.56	3	2	66.67
山东国信	8	4	50.00	8	5	62.50

续表

公司简称	董事			监事		
	总人数(人)	其中股东单位派出人数(人)	股东单位派出占比(%)	总人数(人)	其中股东单位派出人数(人)	股东单位派出占比(%)
山西信托	7	6	85.71	4	2	50.00
陕国投	10	5	50.00	5	3	60.00
上海信托	9	5	55.56	3	2	66.67
苏州信托	9	8	88.89	5	4	80.00
天津信托	8	8	100.00	3	2	66.67
外贸信托	7	7	100.00	3	2	66.67
万向信托	13	8	61.54	3	2	66.67
五矿信托	9	5	55.56	5	3	60.00
西部信托	9	5	55.56	3	2	66.67
西藏信托	10	9	90.00	3	2	66.67
兴业信托	9	6	66.67	3	1	33.33
雪松信托	9	9	100.00	3	2	66.67
英大信托	9	5	55.56	3	2	66.67
粤财信托	8	7	87.50	3	2	66.67
云南信托	9	9	100.00	7	4	57.14
长安信托	10	10	100.00	6	4	66.67
长城新盛信托	6	5	83.33	5	3	60.00
浙金信托	9	9	100.00	6	3	50.00
中诚信托	12	8	66.67	18	11	61.11
中国民生信托	13	8	61.54	8	5	62.50
中海信托	8	5	62.50	3	2	66.67
中航信托	7	5	71.43	5	1	20.00
中建投信托	11	10	90.91	5	3	60.00
中粮信托	9	9	100.00	5	3	60.00
中融信托	7	5	71.43	3	2	66.67
中泰信托	9	9	100.00	3	2	66.67
中铁信托	8	5	62.50	5	3	60.00
中信信托	9	9	100.00	3	2	66.67
中原信托	11	7	63.64	5	3	60.00
重庆信托	12	7	58.33	5	3	60.00
紫金信托	7	7	100.00	3	1	33.33
四川信托	未披露	未披露	未披露	未披露	未披露	未披露
华融信托	未披露	未披露	未披露	未披露	未披露	未披露
华信信托	未披露	未披露	未披露	未披露	未披露	未披露
新华信托	未披露	未披露	未披露	未披露	未披露	未披露
新时代信托	未披露	未披露	未披露	未披露	未披露	未披露
合计	548	397	72.45	276	163	59.06

注：本年度有5家信托公司尚未披露年报，故未在本表中披露相关数据。

二、公司高级管理人员情况分析

（一）公司高级管理人员变动情况分析

2020年，43家公司披露有高级管理人员的变动，详见表7-2-1。

表7-2-1　2020年高级管理人员变更情况

公司简称	是否变更	变更次数（次）	期内高级管理人员变更详情列示
爱建信托	是	1	2020年6月2日，上海银保监局核准杨毅上海爱建信托有限责任公司副总经理任职资格。
安信信托	否		
百瑞信托	否		

续表

公司简称	是否变更	变更次数（次）	期内高级管理人员变更详情列示
北方信托	是	6	根据2020年3月27日天津市人民政府印发的《天津市人民政府关于韩立新不再担任北方国际信托股份有限公司总经理职务的通知》（津政人〔2020〕40号）、《天津市人民政府关于韩立新任职的通知》（津政人〔2020〕41号），韩立新任公司党委书记、董事长，不再担任总经理职务；2020年4月17日召开的第三届董事会2020年第三次临时会议审议通过了《关于聘任王燕滨代为履行北方国际信托股份有限公司总经理职务的议案》，由王燕滨代为履行总经理职务。 2020年11月13日召开的第三届董事会2020年第八次临时会议审议通过了《关于聘任北方国际信托股份有限公司市场化选聘职业经理人的议案》，同意聘任黄河同志为北方国际信托股份有限公司职业经理人总经理，同意聘任钟振宇同志、张文栋同志、杨大宇同志为北方国际信托股份有限公司职业经理人副总经理，并履行相应的高级管理人员任职程序；根据2021年1月6日天津银保监局印发的《天津银保监局关于黄河任职资格的批复》（津银保监复〔2021〕13号），核准黄河北方国际信托股份有限公司总经理的任职资格。 根据2021年1月5日天津银保监局印发的《天津银保监局关于张文栋任职资格的批复》（津银保监复〔2021〕6号），核准张文栋北方国际信托股份有限公司副总经理的任职资格。 根据2021年1月21日天津银保监局印发的《天津银保监局关于杨大宇任职资格的批复》（津银保监复〔2021〕40号），核准杨大宇北方国际信托股份有限公司副总经理的任职资格。 根据2021年3月30日天津银保监局印发的《天津银保监局关于钟振宇任职资格的批复》（津银保监复〔2021〕137号），核准钟振宇北方国际信托股份有限公司副总经理的任职资格。 根据2020年11月8日天津市人民政府国有资产监督管理委员会党委《关于王燕滨、陆妍同志免职的通知》（津国资党任〔2020〕146号）王燕滨、陆妍不再担任公司副总经理职务。
北京信托	是	2	2020年第三次临时董事会同意夏彬辞去公司董事会秘书；聘任韩波任公司董事会秘书（任职资格待监管部门核准后生效）。 报告年度，中国银行保险监督管理委员会北京监管局核准何晓峰任公司总经理的任职资格（京银保监复〔2020〕10号）、昌青任公司副总经理的任职资格（京银保监复〔2020〕78号）、韩波任公司总经理助理的任职资格（京银保监复〔2020〕685号）。
渤海信托	是	1	2020年9月16日，经第二届董事会第十一次会议审议通过，同意马建军辞去公司总裁职务。
大业信托	是	2	2020年4月，原公司常务副总经理田明先生、副总经理陈玉鹏先生因任期届满，不再担任公司高级管理人员职务。公司董事会拟聘任赵一海先生担任公司常务副总经理，江赛民先生、黄俊先生担任公司副总经理。2020年8月28日，中国银行保险监督管理委员会广东监管局下发《关于赵一海任职资格的批复》（粤银保监复〔2020〕589号），核准了赵一海先生担任公司副总经理的任职资格；2020年9月8日，中国银行保险监督管理委员会广东监管局下发《关于黄俊任职资格的批复》（粤银保监复〔2020〕609号），核准了黄俊先生担任公司副总经理的任职资格；2020年9月8日，中国银行保险监督管理委员会广东监管局下发《关于江赛民任职资格的批复》（粤银保监复〔2020〕610号），核准了江赛民先生担任公司副总经理的任职资格。 2020年12月，经公司董事会决议，孙亚南先生不再兼任公司首席风险官职务，江赛民先生任公司副总经理兼首席风险官。
东莞信托	否		
光大兴陇信托	是	1	2020年3月20日，经光大兴陇信托有限责任公司第一届董事会第五十四次会议审议通过，聘任王志远同志为公司副总裁。2020年5月26日，甘肃银保监局核准王志远同志副总裁任职资格。
国联信托	否		
国民信托	否		
国通信托	否		
国投泰康信托	否		
国元信托	是	2	2020年6月11日，经公司董事会2020年第三次临时会议审议和表决通过，魏世春先生辞去公司副总裁职务，聘任潘卫权先生担任公司副总裁，2020年9月，经安徽银保监局审查核准，潘卫权先生正式任职。 2020年8月30日，经国元金控集团党委2020年第十九次会议研究决定，董鸿宾先生担任公司党委副书记。
杭州工商信托	是	1	按照公司章程的相关规定，为进一步完善公司治理结构，强化管理，公司第八届董事会第九次会议审议通过了《关于免去康波同志职务的议案》和《关于聘任康波同志为首席财务官的议案》。2020年3月11日，中国银保监会浙江监管局出具《关于康波任职资格的批复》（浙银保监复〔2020〕126号），核准康波同志的首席财务官任职资格。
财信信托	否		
华澳信托	是	1	2020年12月25日，上海银保监局核准叶立副总裁的任职资格。
华宝信托	是	3	2020年9月1日，华宝信托第七届董事会第十七次会议以通讯方式召开。会议同意《关于选举董事长的议案》，选举李琦强董事为公司董事长，任期自银保监会核准其任职资格之日起至本届董事会任期届满止。朱永红不再担任华宝信托有限责任公司董事长。同意《关于解聘董事会秘书的议案》。解聘高卫星的华宝信托有限责任公司董事会秘书职务。 2020年10月13日，华宝信托第七届董事会第十八次会议以通讯方式召开。会议同意《关于公司高管职务调整的议案》，聘请刘雪莲担任公司副总经理及解聘王锦凌的公司副总经理职务。 2020年12月14日，华宝信托第七届董事会第二十次会议以通讯方式召开。会议同意《关于提请聘任公司总经理助理的议案》，聘请卢晓亮任公司总经理助理，并自监管部门核准其任职资格且发文后正式履职。
华宸信托	否		
华能信托	否		

续表

公司简称	是否变更	变更次数（次）	期内高级管理人员变更详情列示
华润信托	是	1	2020 年 1 月，公司第七届董事会第五次会议审议通过《关于聘任副总经理的议案》，聘任卢伦为公司副总经理，免去其财务总监职务，由公司副总经理郭庆卫分管财务工作。2020 年 8 月，卢伦副总经理任职资格经中国银行保险监督管理委员会深圳监管局核准。
华鑫信托	是	1	吉学斌不再担任公司副总经理。
吉林信托	是	1	报告期内，根据吉林银保监局文件《吉林银保监局关于核准李巍任职资格的批复》（吉银保监〔2020〕231 号），李巍任吉林省信托有限责任公司总经理助理。
建信信托	否		
江苏信托	是	1	2020 年 11 月 13 日，公司原副总经理黄河同志因个人原因辞去公司副总经理职务。
交银国际信托	是	3	2020 年 10 月，公司召开董事会，由于工作变动原因，解聘谢洁、孟宪宇交银国际信托有限公司副总裁职务。 2020 年 10 月，湖北银保监局核准陈维担任公司副总裁任职资格。 2020 年 12 月，公司召开董事会，聘任李艳为公司副总裁。
金谷信托	是	2	根据工作需要，经北京银保监局核准，2020 年 9 月 8 日，聘任徐兵担任总经理职务；2020 年 9 月 29 日，聘任李鹏、赵朝晖担任总经理助理职务。 根据工作需要，武泽平不再担任副总经理职务。
昆仑信托	是	1	解聘 1 人为李效熙。
陆家嘴信托	否		
平安信托	是	1	报告期内，因工作调整，张承刚不再担任公司风险总监。
厦门国际信托	是	1	因公司管理调整，经党委会、董事会等有权机构决议，公司总经理助理何金先生、林俊民先生为公司经营班子成员，协助总经理分管具体经营事务；兰文伟先生不再担任公司纪委书记职务（受公司委派前往子公司任职），林漳龙先生职务相应调整为公司纪委书记。公司高级管理人员首次任职时均经监管部门任职资格核准，符合相关监管规定。
山东国信	是	1	经董事会于2021 年 2 月 3 日审议通过，公司总经理岳增光先生因工作调整，不再担任公司总经理一职。董事会已于同日聘任方灏先生担任公司总经理。于方灏先生的任职资格生效前，岳增光先生继续承担总经理职责。方灏先生的任职资格已于 2021 年 3 月 31 日经山东银保监局批准生效。
山西信托	是	1	报告期内，公司总经理助理赵小军、风控总监刘拓旺因年龄原因退任。
陕国投	是	3	2020 年 11 月 12 日，经公司第九届董事会第十三次会议审议，决定聘任贾少龙为公司总会计师。2021 年 2 月 9 日，陕西银保监局核准贾少龙担任公司总会计师的任职资格。 2020 年 7 月 13 日，经公司第九届董事会第十次会议审议，决定聘任王维华为公司董事会秘书。2020 年 11 月 27 日，陕西银保监局核准王维华担任公司董事会秘书的任职资格。 公司董事会于 2020 年 5 月 11 日收到公司董事会秘书李玲提交的书面辞职报告。由于工作原因，李玲申请辞去公司董事会秘书职务，辞职后仍担任公司副总裁职务。
上海信托	是	2	公司于 2020 年 8 月 10 日以通讯方式召开第六届董事会第三十八次会议，同意聘任张晓军同志为公司副总经理，并经中国银保监会上海监管局核准任职资格后于 2020 年 12 月 28 日正式任职。 公司于 2020 年 12 月 30 日以通讯方式召开第六届董事会第四十一次会议，同意聘任邹俪同志为公司副总经理，并经中国银保监会上海监管局核准任职资格后于 2021 年 2 月 8 日正式任职。
苏州信托	是	2	经公司第五届董事会第二十一次临时会议审议同意，并经中国银保监会江苏监管局核准（苏银保监复〔2020〕208 号），张清担任公司总裁，董事长沈光俊不再代为履行总裁职责。 公司原副总裁、董事会秘书张言于 2020 年 3 月到龄退休，经公司第五届董事会第二十一次临时会议审议同意，副总裁江瑜兼任董事会秘书。
天津信托	是	2	天津信托有限责任公司第九届董事会第一次会议（2021 年 3 月 31 日召开现场会议）审议通过了《关于同意周雄董事代为履职天津信托有限责任公司董事长的决议》和《关于同意副总经理王辉代为履职天津信托有限责任公司总经理的决议》，代为履职期限最长均不超过 6 个月。 天津信托有限责任公司第九届董事会第二次会议（2021 年 3 月 31 日召开现场会议）审议通过了《关于同意聘任天津信托有限责任公司副总经理及其他高级管理人员的决议》。
外贸信托	是	2	2020 年第七届董事会第十二次会议通过决议，同意伊力扎提不再担任外贸信托总经理职务。2020 年第七届董事会第十五次会议通过决议，同意刘剑拟任外贸信托总经理职务。 2021 年 1 月 25 日，北京银保监局核准刘剑总经理、董事的任职资格（京银保监复〔2021〕54 号）。
万向信托	是	1	2020 年 12 月，张学峰因个人原因，辞去总裁助理职务。
五矿信托	是	2	公司 2020 年第四届董事会第三次会议同意聘任王涛、刘家鸿同志为公司总经理助理，任职资格已获监管机构核准。 公司 2020 年第四届董事会第九次会议同意聘任刘雁同志为公司财务总监，兼任公司董事会秘书。蔡琦同志不再担任公司财务总监、不再兼任董事会秘书职务，任职资格已获监管机构核准。

续表

公司简称	是否变更	变更次数（次）	期内高级管理人员变更详情列示
西部信托	是	1	公司根据工作实际情况，经总经理提名，董事会审议通过，同意聘任雷秦为公司副总经理。
西藏信托	否		
兴业信托	否		
英大信托	是	4	2020年4月28日，经董事会审议，同意聘任左土民担任公司总经理助理，2021年1月26日左土民经北京银保监局核准任职资格后正式履职。 2020年10月9日，经董事会审议，同意聘任马亚军担任公司副总经理，2020年12月25日马亚军经北京银保监局核准任职资格后正式履职。 2020年10月9日，经董事会审议，同意聘任李芳担任公司总会计师，2021年1月26日李芳经北京银保监局核准任职资格后正式履职。 2020年10月30日，经董事会审议，同意聘任俞华军担任公司总经理，2021年1月26日俞华军经北京银保监局核准任职资格后正式履职。
粤财信托	是	1	为完善公司经营管理架构、提高公司内控监督水平，2019年董事会聘任刘星宇先生、肖建辉先生、骆传朋先生为公司高级管理人员。2020年，上述高级管理人员任职资格已获广东银保监局核准并已到任。
云南信托	否		
长安信托	是	3	2019年12月9日，公司董事会聘任刘斌先生为公司总裁。刘斌先生的任职资格于2020年5月28日经中国银行保险监督管理委员会陕西监管局核准。 2020年8月7日，公司董事会聘任桂林先生为公司副总裁。桂林先生的任职资格于2020年9月30日经中国银行保险监督管理委员会陕西监管局核准。 2020年10月30日，公司董事会批准方灏先生因个人原因辞去公司常务副总裁职务。
长城新盛信托	是	3	推荐喻林担任长城新盛信托有限责任公司副高级专家，不再推荐其担任长城新盛信托有限责任公司总经理。 目前，经公司第二届董事会第六十七次会议（临时）审议表决通过后，由公司董事、副总经理顾涛代为履行公司总经理职务，该事项已向中国银保监会新疆监管局书面报告。 公司董事会秘书孟庄因到龄退休，目前公司暂未提名推荐董事会秘书人选。
浙金信托	是	2	经公司董事会审议通过，同意聘任许向华先生为公司风险总监，2020年4月8日，公司收到中国银保监会浙江监管局《关于许向华任职资格的批复》（浙银保监复〔2020〕176号），核准了许向华先生的公司风险总监任职资格。 经公司董事会审议通过，同意聘任黄永庆先生为公司总经理助理，黄永庆先生的总经理助理任职资格须经浙江银保监局核准后方能生效。
中诚信托	是	2	2020年11月27日，经中诚信托第六届董事会第三次会议批准，张树忠不再担任中诚信托副董事长、总裁。 2020年12月29日，因工作调动，秦岭不再担任中诚信托副总裁。
中国民生信托	是	4	2020年2月19日，经公司第三届董事会第三次会议审议通过，聘任鲁乐为公司助理总裁职务。 2020年9月2日，经公司第三届董事会第七次会议审议通过，公司高级管理人员职务序列不再设置首席稽核总监、首席运营总监职务；聘任林德琼担任执行副总裁，不再担任首席稽核总监职务；聘任黄明芳担任首席风险控制总监，不再担任首席运营总监职务。 2020年9月29日，经公司第三届董事会第八次会议审议通过，田吉申不再担任总裁职务，由张喜芳董事长代为履行总裁职务，执行副总裁林德琼协助张喜芳董事长主持公司的日常经营管理工作。 2020年11月6日，经公司第三届董事会第九次会议审议通过，聘任林德琼担任总裁职务，张喜芳不再代行总裁职务。
中海信托	是	3	2020年8月，经公司第四届董事会第二十七次会议审议通过，同意免去杨楠副总裁、总信息师职务。 2020年11月，经公司股东中国海油党组审议通过，任命朱闻达为公司党委副书记。 2020年11月，由于公司原证券投资总监舒小辛到龄退休，经公司第四届董事会第二十九次会议审议通过，同意免去舒小辛证券投资总监职务。
中航信托	是	1	2020年6月15日，经公司董事会审议通过、监管部门核准，张瑰正式履职公司副总经理。
中建投信托	否		
中江信托	否		
中粮信托	是	1	2020年11月，因工作调整需要，经公司董事会审议通过，张文生不再担任公司副总经理。
中融信托	是	11	2020年2月，连晋华因到龄退休，公司第六届董事会第七次会议审议通过，同意连晋华辞去财务总监职务。 因职务调整，2020年3月，经第六届董事会第十次会议审议通过，胡猛不再担任副总裁职务。 因职务调整，2020年12月，经第六届董事会第十七次会议通过，胡猛不再担任资本市场业务总监职务。 解弘因个人原因辞去副总裁职务。2020年12月，经第六届董事会第十七次会议审议通过，同意解弘辞去副总裁职务。 因职务调整，2020年12月 经第六届董事会第十七次会议审议通过，王强不再担任合规总监。 因职务调整，2020年12月，经第六届董事会第十七次会议审议通过，侯春琳不再担任稽核总监。 因职务调整，2020年12月，经第六届董事会第十七次会议审议通过，董继红不再担任财务总监。 2020年2月，经股东提名，第六届董事会第七次会议审议通过，董继红任财务总监。 经股东提名，2020年12月，第六届董事会第十七次会议审议通过，董继红任首席财务官。 因职务调整，2020年3月，经第六届董事会第十次会议审议通过，胡猛担任资本市场业务总监。 因职务调整，2020年12月，经第六届董事会第十七次会议审议通过，王强任首席合规官职务。 因职务调整，2020年12月，经第六届董事会第十七次会议审议通过，侯春琳任总稽核职务。

续表

公司简称	是否变更	变更次数（次）	期内高级管理人员变更详情列示
中泰信托	是	1	报告期内，经公司董事会会议决定，并经上海银保监局核准，胡杰先生就任公司总裁。
中铁信托	是	2	经公司第五届董事会第十八次会议聘任，舒军华为公司董事会秘书。2020 年 12 月，中国银保监会四川监管局核准舒军华中铁信托有限责任公司董事会秘书的任职资格。 经公司第五届董事会第三十九次会议聘任李京为公司总经理助理。根据相关文件规定的同级任职监管核准规定，公司已于规定时间向中国银保监会四川监管局报送专项报告。
中信信托	否		
中原信托	否		
重庆信托	是	1	报告期内，祁绍斌先生不再担任公司副总经理（副总裁）。
紫金信托	否		
四川信托	未披露	未披露	未披露
华融信托	未披露	未披露	未披露
华信信托	未披露	未披露	未披露
新华信托	未披露	未披露	未披露
新时代信托	未披露	未披露	未披露

注：本年度有 5 家信托公司尚未披露年报，故未在本表中披露相关数据。

（二）公司及其董事、监事和高级管理人员受到处罚的情况

44 家信托公司明确表示公司及其董事、监事和高级管理人员未受到处罚，另外 19 家公司受到了相关的处罚。详见表 7－2－2。

表 7－2－2　2020 年公司及其董事、监事和高级管理人员受到处罚的情况

公司简称	是否受到处罚	处罚次数（次）	期内处罚的详情列示
安信信托	是	1	2020 年 3 月 31 日，上海银保监局出具了《审慎监管强制措施决定书》（沪银保监强制措施决字〔2020〕1 号）及《行政处罚决定书》（沪银保监银罚决字〔2020〕4 号），公司因存在"违规承诺信托财产不受损失或保证最低收益""违规将信托财产挪用于非信托目的的用途""推介部分信托计划未充分揭示风险""违规开展非标准化理财资金池等具有影子银行特征的业务""未真实、准确、完整披露信息"等行为，被采取审慎监管措施，暂停了公司自主管理类资金信托业务，目前该监管措施仍未解除。
国通信托	是	1	2020 年 12 月 31 日，中国银保监会湖北监管局作出《行政处罚决定书》（鄂银保监罚决字〔2020〕68 号），公司副总裁[illegible]阳因对被处罚项目负有管理责任受到警告、罚款 5 万元的处罚。
华宸信托	是	3	2020 年 12 月 16 日，《内蒙古银保监局关于华宸信托有限责任公司曹志任职资格的批复》（内银保监复〔2020〕43[illegible]号）文件，核准了曹志华宸信托有限责任公司风险总监的任职资格。 2020 年 6 月 22 日，《内蒙古银保监局关于华宸信托有限责任公司孙琦任职资格的批复》（内银保监复〔2020〕193 号）文件，核准了孙琦华宸信托有限责任公司董事会秘书的任职资格。 2020 年 11 月 6 日，《内蒙古银保监局关于华宸信托有限责任公司尹伟任职资格的批复》（内银保监复〔2020〕371 号）文件，核准了尹伟华宸信托有限责任公司总经理助理的任职资格
吉林信托	是	4	中国银行保险监督管理委员会吉林监管局于 2020 年 8 月 3 日，对公司作出了行政处罚，根据《中国银保监会吉林监管局行政处罚决定书》（吉银保监罚决字〔2020〕14 号），公司因"未严格审核信托目的的合法合规性，为银行规避监管提供通道"被罚款 40 万元。 中国银行保险监督管理委员会吉林监管局于 2020 年 8 月 3 日，对公司作出了行政处罚，根据《中国银保监会吉林监管局行政处罚决定书》（吉银保监罚决字〔2020〕15 号），李巍因"对吉林省信托有限责任公司未严格审核信托目的的合法合规性，为银行规避监管提供通道的违法违规行为负领导责任和管理责任"被处以警告处分。 中国银行保险监督管理委员会吉林监管局于 2020 年 12 月 23 日，对公司作出了行政处罚，根据《中国银保监会吉林监管局行政处罚决定书》（吉银保监罚决字〔2020〕49 号），公司因"违规提供隐性的第三方金融机构信用担保，向监管部门报送虚假业务报告"被罚款 140 万元。 中国人民银行长春中心支行于 2020 年 9 月 7 日，对公司作出了行政处罚，根据《中国人民银行长春中心支行行政处罚决定书》（长银罚字〔2020〕33 号）公司因"1. 未按照规定履行客户身份识别义务；2. 未按照规定报送可疑交易报告"被罚款 90 万元。
江苏信托	是	1	2020 年 12 月 28 日，江苏银保监局作出了苏银保监罚决字〔2020〕85 号的行政处罚。
金谷信托	是	1	因公司涉嫌存在未将直接涉及劳动者切身利益的规章制度和重大事项决定公示，或者告知劳动者的行为，北京市西城区人力资源和社会保障局于 2020 年 5 月 14 日对公司处以警告的行政处罚。
山东国信	是	1	2020 年 8 月 3 日，山东银保监局向公司下发《行政处罚决定书》（鲁银保监罚决字〔2020〕24 号），对 2016 年公司个别项目不合规及于 2012 年至 2016 年对个别员工行为管理不到位罚款 70 万元。截至本年度报告日期，公司已支付了上述罚款。

续表

公司简称	是否受到处罚	处罚次数（次）	期内处罚的详情列示
山西信托	是	1	因未按规定履行客户身份识别义务和未按规定报送可疑交易报告，2020 年 4 月，中国人民银行太原中心支行下达《行政处罚决定书》（并银罚字〔2020〕第 1 号），对公司处以 75.48 万元罚款，并对相关人员共处以 19 万元罚款。公司高度重视，严格按要求对内控制度、培训工作、客户身份识别、可疑交易报告及信息系统方面进行了全面整改，目前已整改完毕。
苏州信托	是	1	报告期内，公司因信贷资产转让严重违反审慎经营原则被中国银保监会苏州监管分局进行处罚，罚款 30 万元（苏州银保监罚决字〔2020〕50 号）。
天津信托	是	1	2020 年末天津银保监局对公司一名高级管理人员未经核准提前履职事项，作出行政处罚，罚款金额为 20 万元，该高级管理人员的任职资格已于 2019 年获批，公司已整改完毕，该起事件对公司经营没有造成影响。
五矿信托	是	1	报告期内，中国银保监会青海监管局向公司出具青银保监罚决字〔2020〕26 号的《行政处罚决定书》，认定公司违规接受保险资金投资事务管理类信托计划，对公司予以行政处罚，罚款 30 万元。公司的董事、监事和高级管理人员未发生受到处罚的情况。
兴业信托	是	1	报告期内，公司及董事、监事和高级管理人员无受处罚情况。 2018 年 6 月 5 日，福建银保监局对公司作出行政处罚（闽银监罚决字〔2018〕7 号），处罚方式为罚款。该事项于 2020 年 9 月 28 日信息公开。
长安信托	是	1	报告期内，中国银行保险监督管理委员会陕西监管局对公司作出行政处罚 1 次，处罚方式为罚款。除前述事项外，公司及公司董事、监事和高级管理人员没有受到监管部门处罚的情况发生。
长城新盛信托	是	1	报告期内，根据中国银保监会《行政处罚决定书》（银保监罚决字〔2020〕76 号），公司因 2017 年违规设立子公司和 2016 年设立"港海一号"单一信托项目存在抵押物评估严重不审慎的违规行为，中国银保监会对公司罚款 150 万元。
中海信托	是	1	2019 年 12 月 27 日，经江苏省高级人民法院终审裁定，公司原副总裁魏志刚因犯受贿罪（受贿行为发生于 2009 年、2013 年），被判处有期徒刑 10 年 6 个月，并处罚金 50 万元。2020 年 2 月，公司党委根据有关规定，批准给予魏志刚开除党籍、行政开除处分。
中航信托	是	1	2020 年 2 月，公司收到江西银保监局《行政处罚决定书》（赣银保监罚决字〔2020〕13 号），对公司未按规定报送案件信息行为处以 30 万元罚款及相关责任人警告的行政处罚。
中建投信托	是	1	2020 年 9 月，浙江银保监局向公司出具《行政处罚决定书》，对公司未按监管规定及时进行信息披露、推介信托计划时存在对公司过去的经营业绩作夸大介绍的情况作出行政处罚，合计罚款 45 万元。公司高度重视监管处罚意见，针对所涉问题是以前年度开展的业务，切实落实整改措施，严肃追究责任人员。截至报告日，上述均按照监管要求完成整改。
中铁信托	是	1	报告期内，公司因违反审慎经营原则，受到中国银行保险监督管理委员会四川监管局罚款 30 万元的行政处罚。
中信信托	是	1	报告期内，北京银保监局对公司作出一笔 50 万元罚款的行政处罚。除上述事项外，公司及其董事、监事和高级管理人员无其他受到处罚的情况。
四川信托	未披露	未披露	未披露
华融信托	未披露	未披露	未披露
华信信托	未披露	未披露	未披露
新华信托	未披露	未披露	未披露
新时代信托	未披露	未披露	未披露

注：本年度有 5 家信托公司尚未披露年报，故未在本表中披露相关数据。

三、人员结构分析

从年报中所披露的信托公司人员构成来看，各信托公司普遍拥有一定比例的博士研究生、硕士研究生及本科以上学历的人员，行业从业人员的整体素质较好。就从业经历而言，大多数人员基本具备了相应的业务经验和一定的专业理财能力。岗位分布包括前台一线业务部门、中台二线业务管理部门、后台三线综合管理部门三个层次。其中，前台一线业务部门包括信托公司自营、信托业务中直接为客户提供服务的部门，如自营资产管理、运作部门，信托业务的产品研发、营销部门等；中台二线业务管理部门包括直接为公司自营及信托业务运作提供支持、进行管理与监督的部门，如研究、风险控制、财务核算、稽核审计、信息技术、法律等部门；后台三线综合管理部门包括除一线、二线外的其他部门，如人力资源部门、行政管理部门、工会、党办、机关党委等。总体来看，信托公司目前的人员构成基本合理。

（一）员工数量分析

2020 年末员工人数前五名和后五名的信托公司情况详见表 7－3－1、表 7－3－2。

表 7－3－1　2020 年末员工人数前五名的信托公司情况

序号	公司简称	人数(人)
1	雪松信托	1 076
2	长安信托	948
3	光大兴陇信托	868
4	中信信托	752
5	平安信托	682

表 7－3－2　2020 年末员工人数后五名的信托公司情况

序号	公司简称	人数(人)
1	西藏信托	110
2	华宸信托	100
3	中泰信托	93
4	国联信托	89
5	长城新盛信托	81

(二)年龄构成分析

1. 全体员工的年龄构成

2020 年已披露年报的 63 家公司披露的员工总人数为 21 208 人，有 3 家没有披露具体的人员年龄段构成。通过对其余 60 家公司人员年龄构成分析可以看出，20～29 岁的人数占比为 21.30%，30～39 岁的人数占比为 57.72%，40 岁以上的人数占比为 20.97%。人员年龄汇总分析如表 7－3－3 所示，员工年龄分布见图 7－3－1。

表 7－3－3　信托公司人员年龄汇总分析

年龄段	2020 年员工人数(人)	所占比例(%)	2019 年员工人数(人)	所占比例(%)
20～29 岁	4 266	21.30	5 020	23.49
30～39 岁	11 559	57.72	12 003	56.15
40 岁以上	4 200	20.97	4 352	20.36
小计	20 025	100.00	21 375	100.00
统计公司数量	60	—	66	—
员工总人数	21 208	—	22 520	—

注：本年度有 5 家信托公司尚未披露年报，故未在本表中披露相关数据。

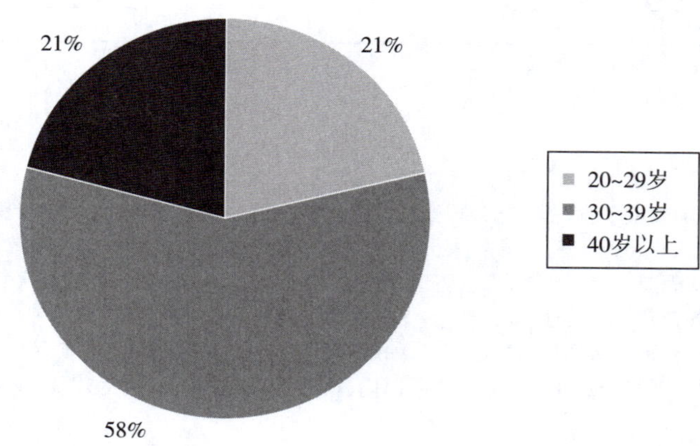

图 7－3－1　2020 年员工年龄分布

2. 高级管理人员的年龄构成分析

2020 年已披露年报的 63 家信托公司的高级管理人员总人数为 422 人，平均每家 6.70 人；2019 年已披露年报的 63 家信托公司的高级管理人员总人数为 454 人，平均每家 6.67 人；2020 年度各信托公司的平均高级管理人员人数略高于 2019 的平均高级管理人员人数。

通过对 63 家公司高级管理人员年龄构成的分析可以看出，主要集中在 40 岁以上的年龄段，占比为 91.57%。信托公司高级管理人员年龄汇总分析如表 7－3－4 所示，2020 年高级管理人员年龄分布如图 7－3－2 所示。

表 7－3－4　信托公司高级管理人员年龄汇总分析

分类	2020 年末人数（人）	占比（%）	2019 年末人数（人）	占比（%）
20～29 岁	—	—	—	—
30～39 岁	35	7.99	38	8.37
40～49 岁	206	54.64	221	48.68
50 岁以上	181	36.93	195	42.95
小计	422	100.00	454	100.00

注：本年度有 5 家信托公司尚未披露年报，故未在本表中披露相关数据。

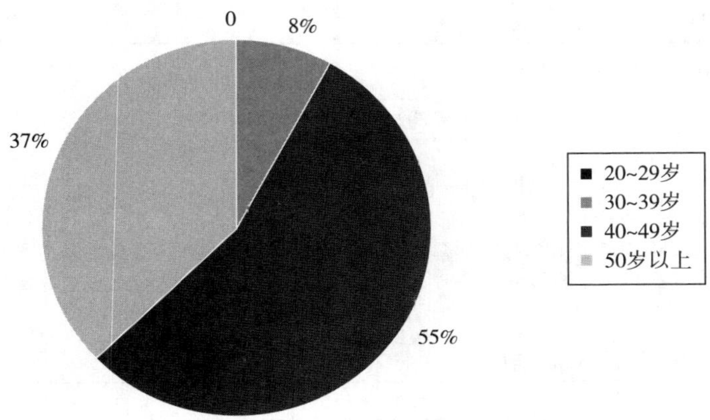

图 7－3－2　2020 年末高级管理人员年龄分布

（三）高级管理人员性别构成分析

2020 年 63 家信托公司的高级管理人员总人数为 331 人，男性从业人员占比为 78.44%，比 2019 年有所提高，如表 7－3－5 所示。

表 7－3－5　2020 年末已披露年报的 63 家信托公司高级管理人员性别汇总分析

分类	2020 年末人数（人）	占比（%）	2019 年末人数（人）	占比（%）
男性	331	78.44	356	78.41
女性	91	21.56	98	21.59
小计	422	100	454	100

注：本年度有 5 家信托公司尚未披露年报，故未在本表中披露相关数据。

（四）学历构成分析

1. 员工的学历构成

2020 年已披露年报的 63 家信托公司披露的员工总人数为 21 208 人，学历结构如表 7－3－6 所示。与 2019 年相比较，2020 年其他类人员学历的比例下降了 0.20%，大专人员的比例下降了 0.21%，本科的比例下降了 1.12%，硕士的比例上升了 1.49%，博士的比例基本持平（见图 7－3－3）。

表 7－3－6　2020 年、2019 年披露的信托公司员工的学历结构比较

学历	2020 年		2019 年		2020 年与 2019 年学历结构比较（%）
	人数（人）	比例（%）	人数（人）	比例（%）	
其他	72	0.34	119	0.53	-0.19
大专	819	3.86	918	4.08	-0.22
本科	8 584	40.48	9 367	41.59	-1.11
硕士	11 319	53.37	11 685	51.88	1.49
博士	414	1.95	432	1.92	0.03
总计	21 208	100.00	22 521	100.00	

注：本年度有 5 家信托公司尚未披露年报，故未在本表中披露相关数据。

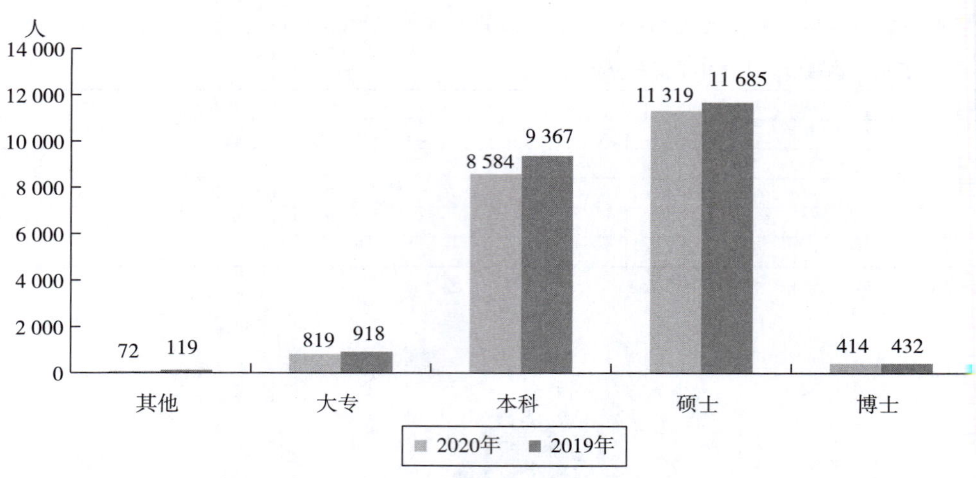

图 7－3－3　员工学历结构比较

2. 高级管理人员的学历构成

在已披露年报的 63 家信托公司中，3 家未在年报中披露高级管理人员学历构成，3 家高级管理人员人数为 13 人。

2020 年，60 家信托公司高级管理人员的学历构成见表 7－3－7。与 2019 年情况相比较，2020 年高级管理人员中的博士比例有所提高（见图 7－3－4）。

表 7－3－7　高级管理人员学历结构与上年比较

学历	2020 年		2019 年		2020 年与 2019 年学历结构比较（%）
	人数（人）	比例（%）	人数（人）	比例（%）	
其他	—	—	—	—	—
大专	4	0.98	5	1.13	-0.15
本科	125	30.56	129	29.05	1.51
硕士	234	57.21	251	56.53	0.68
博士	46	11.25	59	13.29	-2.04
总计	409	100.00	444	100.00	

注：1. 安信信托、华鑫信托、金谷信托未对高级管理人员学历进行披露。

2. 本年度有 5 家信托公司尚未披露年报，故未在本表中披露相关数据。

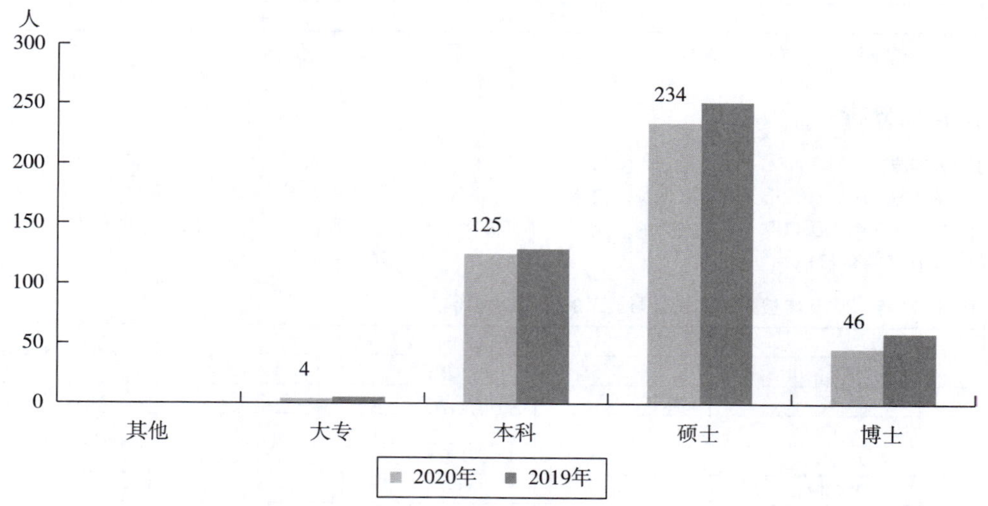

图 7－3－4　高级管理人员学历构成

(五)高级管理人员从业年限结构分析

在已披露年报的63家信托公司中,4家公司未在年报中披露高级管理人员从业年限结构,4家高级管理人员人数为19人。在披露的59家信托公司中,从业年限15年以上的高级管理人员人数占比低于上年,详见表7-3-8及图7-3-5。

表7-3-8 2020年信托公司高级管理人员从业年限与上年比较

从业年限	2020年		2019年		2020年与2019年从业年限比较(%)
	人数(人)	比例(%)	人数(人)	比例(%)	
3年以下	3	0.74	1	0.23	0.51
3~4年	4	0.99	5	1.15	-0.16
5~8年	24	5.96	20	4.61	1.35
9~14年	66	16.38	60	13.82	2.55
15年以上	306	75.93	348	80.18	-4.25
合计	403	100.00	434	100.00	

注:本年度有5家信托公司尚未披露年报,故未在本表中披露相关数据。

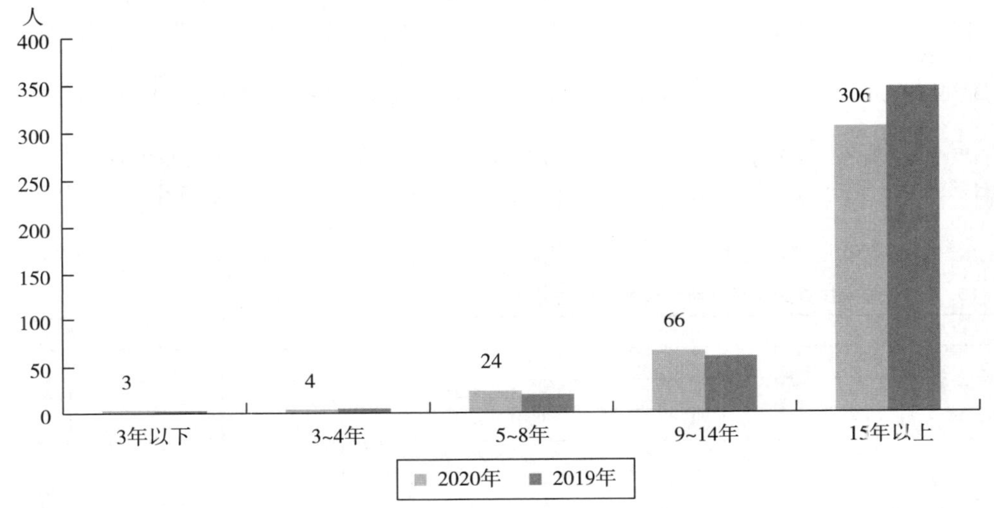

图7-3-5 高级管理人员从业年限结构分析

(六)员工岗位汇总分析

在2020年已披露年报的63家信托公司中,有1家公司披露的员工岗位构成中未区分自营业务人员和信托业务人员,2家公司未披露员工岗位情况。

在分析中,未区分自营业务人员和信托业务人员的公司,我们全部统计在了信托业务人员中,具体员工岗位结构分析情况如表7-3-9所示。

2020年末,披露员工岗位情况的61家信托公司中,自营业务人员与信托业务人员占公司人数的53.99%,为主要的员工;董事、监事及高级管理人员占公司人数的2.86%,其他人员占公司人数的43.15%(见图7-3-6)。

表7-3-9 2020年末信托公司已披露的员工岗位汇总分析

分类	人数(人)	结构比例(%)
董事、监事及高级管理人员	582	2.86
自营业务人员	465	2.28
信托业务人员	10 524	51.71
其他	8 781	43.15
合计	20 352	100.00

注:1. 此表中的高级管理人员人数合计与前述表中的差异是公司部分高级管理人员及职工监事分别为信托业务人员和其他人员。
2. 本年度有5家信托公司尚未披露年报,故未在本表中披露相关数据。

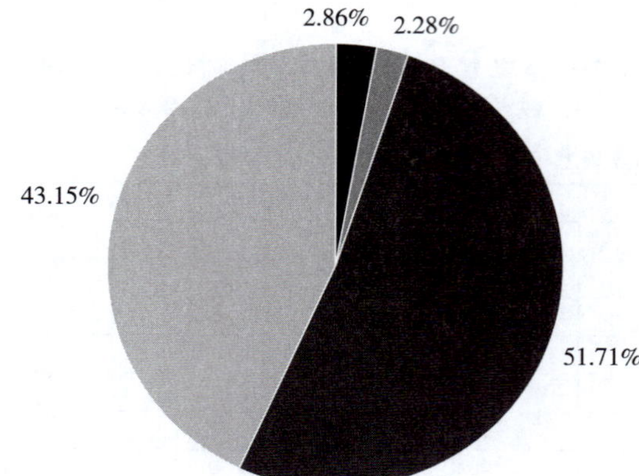

图 7－3－6　员工岗位汇总分析

对 61 家披露了员工岗位构成的信托公司 2020 年度从事自营业务和信托业务的人员和业务经营效益进行分析后可以得出以下结论（见表 7－3－10）：

（1）从事自营业务人员的人均营业收入为 31 346. 51 万元，比从事信托业务人员的人均营业收入 13 459. 27 万元多 17 887. 24 万元。

（2）从事自营业务人员的人均净利润为 11 417. 58 万元，比从事信托业务人员的人均净利润 11 648. 43 万元少 230. 85 万元。

（3）从事自营业务人员的人均资产总额为 226 973. 64 万元，比从事信托业务人员的人均资产总额 183 466. 22 万元多 43 507. 42万元。

这里应当指出的是，自营业务数据是经过审计的，而信托业务数据未经审计，该因素可能会给数据的计算带来差异。

表 7－3－10　2020 年末披露的信托公司各岗位与效益分析

名称	自营业务	信托业务
人数（人）	465	10 524
营业收入（万元）	14 576 128. 02	141 645 361. 64
人均营业收入（万元）	31 346. 51	13 459. 27
净利润（万元）	5 309 176. 90	122 966 923. 22
人均净利润（万元）	11 417. 58	11 648. 43
资产总额（万元）	105 542 743. 19	1 930 798 448. 26
人均资产总额（万元）	226 973. 64	183 466. 22

注：1. 陕国投、重庆信托未披露员工岗位情况，分析中已剔除。
2. 本年度有 5 家信托公司尚未披露年报，故未在本表中披露相关数据。

四、信托公司聘请律师事务所的情况分析

在已披露年报的 63 家信托公司中，有 17 家公司没有披露聘请律师事务所的相关情况、2 家公司明确表示没有聘请律师事务所，其余 44 家公司披露了聘请的律师事务所的名称及其地址（见表 7－4－1）。在 44 家披露了律师事务所情况的信托公司中，国投泰康信托、山东国信、重庆信托、紫金信托聘请了两家律师事务所，金谷信托聘请了 6 家律师事务所，厦门国际信托聘请了 8 家律师事务所。

表 7－4－1　2020 年信托公司披露的年度律师事务所聘请情况

公司简称	年度律师事务所	律师事务所地址
爱建信托	未披露	未披露
安信信托	未披露	未披露
百瑞信托	北京市中银律师事务所	北京市朝阳区东三环中路 39 号建外 soho 东区 A 座 31 层
北方信托	未披露	未披露
北京信托	未披露	未披露
渤海信托	未披露	未披露
大业信托	锦天城律师事务所	上海市浦东新区银城中路 501 号上海中心大厦 9 层、11 层、12 层

续表

公司简称	年度律师事务所	律师事务所地址
东莞信托	山东鲁宁律师事务所	青岛市崂山区深圳路179号华沃大厦T1栋5层
光大兴陇信托	北京德恒律师事务所	中国北京市西城区金融街19号富凯大厦B座12层
国联信托	江苏漫修律师事务所	江苏省无锡市智慧路18号智慧大厦607室
国民信托	北京观韬中茂律师事务所	北京市西城区金融大街5号新盛大厦B座18层
国通信托	湖北得伟君尚律师事务所	武汉市江汉区唐家墩路32号国创大厦20楼
国投泰康信托	北京天达共和律师事务所 上海市锦天城律师事务所	北京市朝阳区东三环北路8号亮马河大厦1座20层 上海市浦东新区银城中路501号上海中心大厦11—12层
国元信托	中天恒律师事务所	安徽省合肥市濉溪路287号金鼎广场A座八层
杭州工商信托	浙江天册律师事务所	浙江省杭州市杭大路1号黄龙世纪广场A座11楼
财信信托	未披露	未披露
华澳信托	无	无
华宝信托	上海市锦天城律师事务所	上海市浦东新区银城中路501号上海中心大厦9层、11层、12层
华宸信托	未披露	未披露
华能信托	北京市中盛律师事务所	北京朝阳区建外大街8号国际财源中心22层
华润信托	广东经天律师事务所	深圳市滨河大道5022号联合广场A座25层
华鑫信托	北京中盛律师事务所	北京市朝阳区建国门外大街8号国际财源中心22层
吉林信托	吉林开晟律师事务所	长春市绿园区普阳街128号晨光国际大厦B座14楼
建信信托	未披露	未披露
江苏信托	上海市锦天城(南京)律师事务所	南京市中山路228号地铁大厦19—20层
交银国际信托	上海市锦天城律师事务所	上海市浦东新区银城中路501号上海中心大厦
金谷信托	北京市中伦律师事务所 北京市环球律师事务所 北京市兰台律师事务所 北京植德律师事务所 北京市中盛律师事务所 上海市方达(北京)律师事务所	北京市朝阳区金和东路20号院正大中心3号楼南塔23—31层 北京市朝阳区建国路81号华贸中心1号写字楼15层和20层 北京市朝阳区曙光西里甲一号(第三置业大厦)B座29层 北京市东城区东直门南大街1号来福士中心办公楼5层 北京市朝阳区建国门外大街8号楼国际财源中心22层 北京市朝阳区光华路1号北京嘉里中心北楼27层
昆仑信托	上海市锦天城律师事务所	上海市浦东新区银城中路501号 上海中心大厦9楼、11楼、12楼
陆家嘴信托	上海市锦天城律师事务所	上海市浦东新区银城中路501号上海中心大厦11楼
平安信托	未披露	未披露
厦门信托	上海锦天城(厦门)律师事务所 福建远大联盟律师事务所 北京中伦文德(厦门)律师事务所 北京(大成)厦门律师事务所 福建英合律师事务所 北京盈科(成都)律师事务所 福建力衡律师事务所 福建闽翔律师事务所	厦门市思明区展鸿路82号厦门国际金融中心27层 厦门市思明区七星西路178号七星大厦22楼远大律所 厦门市思明区展鸿路82号厦门国际金融中心27层 厦门市思明区展鸿路82号厦门国际金融中心9层 福建省厦门市思明区湖滨南路55号禹洲广场5层 成都市锦江区锦华路三段88号汇融国际A座20—21楼 厦门市七星西路七星一号大厦10楼福建力衡律师事务所 厦门市湖里区安岭路988号三楼B302
山东国信	上海市方达律师事务所 方达律师事务所	中国上海市石门一路288号兴业太古汇香港兴业中心二座24楼 中国香港中环康乐广场8号交易广场1期26楼
山西信托	北京大成(太原)律师事务所	太原市晋源区集阜路1号鸿升时代金融广场19层
陕国投	未披露	未披露
上海信托	锦天城律师事务所	上海市浦东新区银城中路501号上海中心大厦12层
苏州信托	江苏新天伦律师事务所	苏州工业园区苏桐路37号(星海街口)四号楼3—4楼
天津信托	无	
外贸信托	未披露	未披露
万向信托	未披露	未披露
五矿信托	上海市锦天城律师事务所	北京市东城区东长安街1号东方广场C1座6层
西部信托	北京金诚同达律师事务所西安分所	西安市沣惠南路华晶广场B座15层
西藏信托	北京市嘉源律师事务所	北京市西城区复兴门内大街158号远洋大厦F408
兴业信托	未披露	未披露

续表

公司简称	年度律师事务所	律师事务所地址
雪松信托	未披露	未披露
英大信托	兰台律师事务所	北京市朝阳区曙光西里甲一号B座29层
粤财信托	广东君信律师事务所	广州市农林下路83号广发银行大厦20楼
云南信托	云南八谦律师事务所	云南省昆明市滇池路914号摩根道5栋
长安信托	北京市康达（西安）律师事务所	西安市雁塔区太白南路139号云图中心15层
长城信托	北京市兰台律师事务所	北京市朝阳区曙光西里甲1号第三置业B座29层
浙金信托	上海市锦天城律师事务所	上海市浦东新区银城中路501号上海中心大厦11层、12层
中诚信托	未披露	未披露
中国民生信托	未披露	未披露
中海信托	上海市锦天城律师事务所	上海市浦东新区银城中路501号上海中心大厦9楼、11楼、12楼
中航信托	北京市君泽君律师事务所	北京市西城区金融大街9号金融街中心南楼6层
中建投信托	浙江天册律师事务所	浙江省杭州市杭大路1号黄龙世纪广场A座11楼
中粮信托	未披露	未披露
中融信托	北京市中伦（上海）律师事务所	上海市浦东新区世纪大道8号国金中心二期10—11楼
中泰信托	北京市天铎律师事务所	北京市西城区官园国英一号三楼
中铁信托	泰和泰律师事务所	成都市高新区天府大道中段199号棕榈泉国际中心16楼、17楼
中信信托	北京市嘉源律师事务所	北京市西城区复兴门内大街158号远洋大厦F407室
中原信托	河南仟问律师事务所	郑州市郑东新区平安大道189号正商环湖国际12层
重庆信托	上海中联（重庆）律师事务所（原重庆索通律师事务所）	重庆市渝中区华盛路7号企业天地7号楼10层、11层、12层
紫金信托	上海市锦天城（南京）律师事务所 北京大成（南京）律师事务所	南京市建邺区江东中路347号国金中心一期27层、28层 南京市鼓楼区集慧路18号联创科技大厦A座7楼、8楼、9楼、10楼
四川信托	未披露	未披露
华融信托	未披露	未披露
华信信托	未披露	未披露
新华信托	未披露	未披露
新时代信托	未披露	未披露

注：本年度有5家信托公司尚未披露年报，故未在本表中披露相关数据。

中国信托业 2020—2021 年鉴（下卷）

2020年度各公司年度报告

安徽国元信托有限责任公司

1. 重要提示

1.1 公司董事会及董事保证本报告所载资料不存在任何虚假记载、误导性陈述或者重大遗漏，并对其内容的真实性、准确性和完整性承担个别及连带责任。

1.2 未有董事对年度报告内容的真实性、准确性和完整性无法保证或存在异议的情况。

1.3 公司独立董事蒋敏、王昊、朱艳声明：保证年度报告内容的真实、准确、完整。

1.4 容诚会计师事务所（特殊普通合伙）根据中国注册会计师审计准则对公司年度财务报告进行审计，出具了标准无保留意见的审计报告。

1.5 公司董事长许斌、总裁许植、总会计师朱先平，会计机构负责人王敬声明：保证本年度报告中财务报告的真实、完整。

2. 公司概况

2.1 公司简介

2.1.1 公司法定中文名称：安徽国元信托有限责任公司
中文名称缩写：国元信托
公司法定英文名称：Anhui Guoyuan Trust Co. ,Ltd.
英文名称缩写：Guoyuan Trust

2.1.2 法定代表人：许斌

2.1.3 注册地址：安徽省合肥市庐阳区宿州路 20 号
邮政编码：230001
公司国际互联网网址：www. gyxt. com. cn
电子信箱：xtbgs@ gyxt. com. cn

2.1.4 公司信息披露事务负责人：徐安
联系电话：（0551）62631717
传真：（0551）62620261
电子信箱：xuan1975@ gyxt. com. cn

2.1.5 公司选定的信息披露报纸：《上海证券报》

2.1.6 公司年度报告备置地点：安徽省合肥市庐阳区宿州路 20 号 17 层及公司网站

2.1.7 公司聘请的会计师事务所：容诚会计师事务所（特殊普通合伙）
住所：北京市西城区阜成门外大街 22 号 1 幢外经贸大厦 901 -22 至 901 -26

2.1.8 公司聘请的律师事务所：安徽中天恒（北京）律师事务所
住所：北京市朝阳区西大望路蓝堡国际中心 1 座 12 层

2.2 组织结构

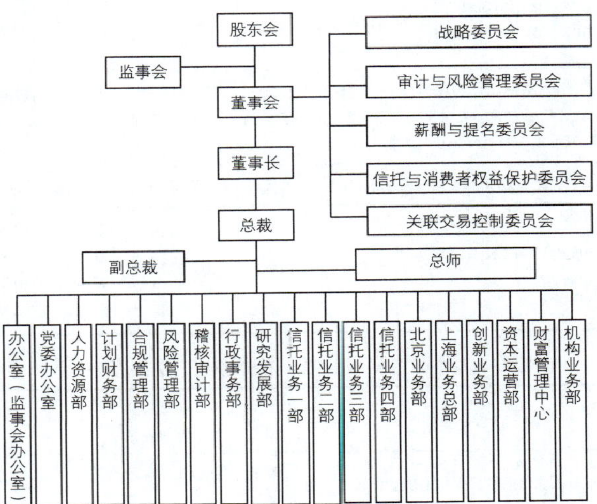

3. 公司治理

3.1 股东

报告期末股东总数为 8 个，前 3 个股东为安徽国元金融控股集团有限责任公司、深圳中海投资管理有限公司、安徽皖投资产管理有限公司，其中安徽国元金融控股集团有限责任公司和安徽皖投资产管理有限公司为国有独资公司。

股东名称	持股比例（%）	法人代表	注册资本（万元）	注册地址	主要经营业务及主要财务情况
安徽国元金融控股集团有限责任公司	49. 6933	方旭	600 000. 00	安徽省合肥市蜀山区梅山路 18 号	经营国家授权的集团公司及所属控股企业全部国有资产和国有股权，资本运营，资产管理，收购兼并等。2020 年末资产总额为 1 174. 49 亿元，负债为 695. 57 亿元，归属于母公司所有者权益为 153. 38 亿元，净利润为 23. 15 亿元。
深圳中海投资管理有限公司	36. 6289	陈晓峰	265 000. 00	深圳市罗湖区翠竹街道翠竹路 2058 号旭飞华达园裙楼三楼 309 -3A	股权投资、投资管理、受托资产管理；建筑、投资项目咨询、监理；房地产、国内贸易等。2020 年末资产总额为 34. 43 亿元，负债为零，归属于母公司所有者权益为 34. 43 亿元，净利润为 1. 75 亿元。

续表

股东名称	持股比例(%)	法人代表	注册资本(万元)	注册地址	主要经营业务及主要财务情况
安徽皖投资产管理有限公司	8.1649	李家宏	100 000.00	安徽省合肥市经济技术开发区宿松路3658号	管理、经营、处置托管资产及不良资产；股权、债权投融资业务；资产管理及项目服务，投资咨询服务。 2020年末资产总额为12.22亿元，负债为705.26万元，所有者权益为12.21亿元，净利润为1 450.60万元。
安徽安振产业投资集团有限公司(现已更名为安徽国控资本有限公司)	4.5869	黄海波	227 285.80	安徽省合肥市庐阳区濉溪路278号财富广场二期B幢1703室	股权投资，产业及项目投资，资产管理，财务顾问，投资咨询。2020年末资产总额为45.83亿元，负债总额为16.52亿元，所有者权益为29.32亿元，净利润为8 907.77万元。
安徽皖维高新材料股份有限公司	0.6251	吴福胜	192 589.47	安徽省巢湖市巢维路56号	各种高低聚合度和醇解度的PVA系列产品、高强高模聚乙烯醇纤维、高强高模PVA短纤及长丝、PVA水溶性纤维、聚乙烯醇薄膜、PVB树脂、可再分散性乳胶粉、粘合剂用相关产品、聚乙烯醇强力纱、涤纶纤维、聚酯切片、聚醋酸乙烯乳液、高档三料、水泥、石灰制造、销售，工业与民用建筑工程施工三级(限建筑分公司经营)，设备安装，机械加工，铁路轨道衡计量经营；建筑用石料、水泥用混合材、化工产品的生产与销售，自营和代理各类商品和技术的进出口业务。2020年末资产总额为107.08亿元，负债为50.19亿元，所有者权益为56.89亿元，净利润为6.11亿元。
安徽新力金融股份有限公司	0.1875	朱金和	51 336.44	安徽省巢湖市长江西路269号	互联网信息服务，投资管理及咨询等。2019年末资产总额为54.03亿元，负债为28.44亿元，所有者权益为25.59亿元，净利润为0.82亿元。
安徽国生电器有限责任公司	0.0567	何卫华	2 100.00	安徽省合肥市庐阳区沿河路106号	家电销售、维修及服务、房屋租赁等。2020年末资产总额为2.19亿元，负债为1.79亿元，所有者权益为0.41亿元，净利润为-850万元。
安徽省信用担保集团有限公司	0.0567	严琛	1 868 600.00	合肥市蜀山区怀宁路288号安徽担保大厦	贷款担保、票据承兑担保、贸易融资担保、项目担保、信用证担保业务等。2020年末资产总额为289.12亿元，负债为71.43亿元，所有者权益为217.69亿元，净利润为0.214亿元。

注：经公司股东会2019年第一次临时会议及2020年第三次临时会议审议批准，根据《中国银保监会安徽监管局关于国元信托公司变更股权的批复》(皖银保监复〔2021〕33号)同意，公司股东深圳中海投资管理有限公司将其持有的公司36.6289%股权转让给中建资本控股有限公司，并于2021年2月24日完成了相关工商变更登记。
中建资本控股有限公司基本情况如下。

股东名称	持股比例(%)	法人代表	注册资本(万元)	注册地址	主要经营业务及主要财务情况
中建资本控股有限公司	36.6289	孙震	300 000.00	深圳市南山区粤海街道中心路3331号中建钢构大厦37楼	投资管理；项目投资(不涉及限制项目)。 2020年末资产总额为145.08亿元，负债为11.34亿元，所有者权益为133.74亿元，净利润为4.16亿元。

报告期内，公司主要股东及其控股股东、实际控制人、一致行动人、最终受益人情况如下表所示。

股东名称	该股东的控股股东	该股东的实际控制人	该股东的一致行动人	最终受益人
安徽国元金融控股集团有限责任公司	安徽省人民政府国有资产监督管理委员会	安徽省人民政府国有资产监督管理委员会	无	安徽省人民政府国有资产监督管理委员会
深圳中海投资管理有限公司	中国建筑股份有限公司	国务院国有资产监督管理委员会	无	国务院国有资产监督管理委员会
安徽皖投资产管理有限公司	安徽省投资集团控股有限公司	安徽省人民政府国有资产监督管理委员会	无	安徽省人民政府国有资产监督管理委员会

3.2 董事及独立董事

董事

姓名	职务	性别	年龄(岁)	选任日期	所推举的股东名称	该股东持股比例(%)	简要履历
许　斌	党委书记、董事长	男	57	2018年4月24日	金控集团	49.6933	历任安徽大学教师，安徽省国际信托投资公司法律部主任，国元集团法律部主任，国元信托信托总部总经理、监事长，国元集团总法律顾问；现任国元集团党委委员、副总经理兼任国元信托党委书记、董事长。
芦　辉	董事	女	59	2018年4月24日	金控集团	49.6933	历任安徽省国际信托投资公司计划财务部科长、副经理，国元集团计划财务部经理、副总会计师；现任国元集团总会计师。
许植	党委副书记、董事	男	53	2018年4月24日	金控集团	49.6933	历任安徽大学教师，安徽省国际信托投资公司、国元信托部门副总经理、总经理，国元信托副总裁、总裁；现任国元信托董事、总裁。

续表

姓名	职务	性别	年龄（岁）	选任日期	所推举的股东名称	该股东持股比例（%）	简要履历
庞金营	董事	男	53	2018年4月24日	中海投资	36.6289	历任中国海外集团有限公司财务资金部助理总经理、副总经理、总经理；现任中海物业集团有限公司执行董事、副总裁。
陈德有	董事	男	50	2018年4月24日	中海投资	36.6289	历任中建总公司党校辅导员，鸿达大厦项目财务负责人、资金部律师，中建电子公司办公室负责人，北京建孚律师事务所兼职律师，中海集团中星网（北京）财务负责人、财务资金部助理总经理，中海集团助理总法律顾问兼法律事务部总经理；现任中海地产集团公司副总裁。
于上游	董事	男	61	2018年4月24日	中海投资	36.6289	历任中国黑龙江国际经济技术合作公司海外投资管理项目经理，中国建筑工程总公司高级经济师，中国海外集团有限公司财务资金部副总经理，中海财务有限公司董事及总经理，中国海外金融投资有限公司副董事长，深圳市中海投资管理有限公司副总经理，中海工银中国投资管理有限公司副总裁兼合规主管，中国海外宏洋集团有限公司执行董事；现任中国海外集团金融业务部总经理。

独立董事

姓名	所在单位及职务	性别	年龄（岁）	选任日期	所推举的股东名称	该股东持股比例（%）	简要履历
蒋　敏	安徽天禾律师事务所合伙人	男	55	2018年4月24日	—	—	1987年9月至1990年7月，安徽大学法律系研究生，法学硕士学位；1990年研究生毕业后进入法律事务所，从事专职律师工作。
王　昊	南京审计大学审计科学研究院副院长、研究员	男	54	2018年4月24日	—	—	1986年7月至1999年11月南京大学科技处科员、副主任科员，科技开发部副主任；1999年11月至今南京审计大学科研处副处长、处长，经管实验中心主任，审计信息工程重点实验室主任，审计科学研究院副院长，研究员。
朱　艳	上海念桐投资管理有限公司总裁	女	40	2018年4月24日	—	—	2003年至2012年华普天健会计师事务所审计项目经理、审计部门经理；2012年至2017年华普天健会计师事务所审计合伙人，荣获"全国注册会计师行业审计工作岗位能手"及全国"青年岗位能手"称号；现任上海念桐投资管理有限公司总裁。

3.3　监事

姓名	职务	性别	年龄（岁）	选任日期	所推举的股东名称	该股东持股比例（%）	简要履历
徐景明	纪委书记、监事长	男	57	2018年4月24日	金控集团	49.6933	历任肥东县人民银行副股长、股长、副行长、行长，人民银行合肥中心支行合作处副处长，人民银行淮北市中心支行副行长，淮北银监分局局长，安徽银监局政策法规处处长、非银处处长，国元信托副总裁；现任国元信托监事长、纪委书记。
陈　浩	监事	男	34	2018年4月24日	中海投资	36.6289	2007年7月至2011年7月，中海地产苏州公司财务资金部财务主管、高级财务主管；2011年7月至2012年9月中国海外集团有限公司财务资金部财务经理；2012年9月至2014年7月，中国海外集团有限公司财务资金部高级财务经理；2014年7月至今，中国海外集团有限公司财务资金部助理总经理。
方志龙	监事	男	56	2020年9月4日	职工监事	—	历任安徽省财政厅经济开发处科长，安徽省信托投资公司部门副总经理，安徽国元信托有限责任公司信托业务发展部、信托业务二部副总经理，安徽国元信托有限责任公司信托业务四部总经理兼研究发展部总经理。

3.4　高级管理人员

姓　名	职　务	性别	年龄（岁）	选任日期	金融从业年限（年）	学历	专业	简要履历
许　植	党委副书记、总裁	男	53	2018年4月24日	22	硕士	法制史	历任安徽大学教师，安徽省国际信托投资公司、国元信托部门副总经理、总经理，国元信托副总裁、总裁；现任国元信托董事、总裁。
董鸿宾	党委副书记	男	57	2020年8月30日	19	硕士	行政管理	历任安庆石油化工总厂团委书记，安徽团省委常委、青工部部长，安徽国元信托投资公司机关党委书记兼国元农业保险股份有限公司筹备组成员，国元农业保险股份有限公司副总裁兼董事会秘书，国元农业保险股份有限公司党委委员、纪委书记、副总裁、办公室主任。
黄庆兵	副总裁	男	54	2018年4月24日	24	硕士	投资经济	历任南京大学工程师，直属机关团总支副书记；华泰证券投资银行部业务经理、高级经理、投资银行业务内核委员，中海财务公司助理总经理，中国海外金融投资公司助理总经理，深圳中海投资助理总经理；现任国元信托副总裁。

续表

姓 名	职 务	性别	年龄（岁）	选任日期	金融从业年限（年）	学历	专业	简要履历
潘卫权	副总裁	男	51	2020 年 9 月 7 日	26	硕士	工商管理	历任安徽省国际信托投资公司咨询部副经理，安徽国元信托投资公司上海安申投资管理公司投资部经理、副总经理，安徽国元信托投资公司兴元投资管理公司总经理、董事长，安徽国元信托投资公司总裁助理，安徽国元投资有限责任公司总裁、副总裁，安徽国元融资租赁公司董事长；现任国元信托副总裁。
朱先平	总会计师	男	54	2018 年 4 月 24 日	23	本科	工业管理	历任巢湖东风矿副科长、科长、副矿长，安徽省国际信托投资公司部门副经理，国元信托稽核部经理、计划财务部总经理、董事会秘书；现任国元信托总会计师。
虞焰智	副总裁	男	56	2021 年 4 月 27 日	23	本科	系统工程	历任合肥炮兵学院教员，安徽省国际信托投资公司电脑中心副主任，国元证券网上经纪业务部副总经理，国元信托信息技术部总经理、办公室主任、人力资源部总经理；现任国元信托董事会秘书。
程碧波	副总裁	女	54	2018 年 4 月 24 日	23	硕士	工商管理	历任安徽省国际信托投资公司投资咨询公司副总经理，证券研究部总经理，国元信托信托业务二部总经理，国元信托总裁助理；现任国元信托副总裁。
陈 康	副总裁	男	50	2018 年 4 月 24 日	29	本科	法学	历任安徽省国际信托投资公司法律事务部业务主办，国元信托法律事务部副主任、风险及合规管理部总经理；现任国元信托副总裁。
徐 安	董事会秘书	女	45	2021 年 4 月 27 日	24	本科	金融学	历任安徽国元信托有限责任公司业务经理、高级业务经理、信托业务二部副总经理、创新业务部总经理、风险管理部总经理。

3.5 公司员工

项目		2020 年		2019 年	
		人数（人）	比例（%）	人数（人）	比例（%）
年龄分布	25 岁以下	—	—	—	—
	25～29 岁	27	15.98	27	15.98
	30～39 岁	66	39.05	64	37.87
	40 岁以上	76	44.97	78	46.15
学历分布	博士	1	0.59	1	0.59
	硕士	79	46.75	74	43.79
	本科	73	43.2	73	43.19
	专科	16	9.46	21	12.43
	其他	—	—	—	—
岗位分布	董事、监事及高级管理人员	11	6.51	9	5.33
	自营业务人员	8	4.73	8	4.73
	信托业务人员	86	50.89	87	51.48
	其他人员	64	37.87	65	38.46

4. 经营管理

4.1 经营方针、战略规划

4.1.1 经营方针

公司的经营方针：坚持“依法合规、稳健经营”理念，深入贯彻落实监管各项决策部署，围绕提升公司核心竞争力，在防范化解金融风险的基础上，加快推进业务转型，不断提高资产主动管理能力，推动信托回归本源，服务实体经济和地方建设发展，实现公司持续稳定健康发展。

4.1.2 战略规划

中期目标：“十四五”期间，发挥党委领导作用，深化公司机制体制改革，加大业务转型与创新，不断优化经营发展模式，保持优良资产质量和品牌形象，达到规范化的经营管理制度、专业化的公司员工队伍和回归信托本源的业务定位，进而将公司建设成为具有良好信托文化、公司治理更完善、业务结构更合理、创新能力强、区域综合优势明显的金融服务机构。

长期目标：以将公司建设成为植根地方、覆盖长三角、辐射全国，服务广大社会投资者、服务实体经济、服务地方的行业先进的财富管理机构为战略目标，综合实力进入全国一流信托公司行列。

4.2 所经营业务的主要内容

公司业务主要分为信托业务和固有业务两个大类。信托业务主要从事资金信托、财产信托、股权信托、财务顾问等业务。品种主要有集合资金信托、单一资金信托及产权信托；按运用方式分为贷款、交易性金融资产、持有至到期投资和长期股权投资等。固有业务主要包括贷款、股权投资和金融产品投资等业务。

自营资产运用与分布表

资产运用	金额（万元）	占比（%）	资产分布	金额（万元）	占比（%）
货币资产	2 570.38	0.29	基础产业	2[illegible]6 [illegible]00.00	25.74
贷款及应收款	202 591.08	22.98	房地产业	[illegible]6 [illegible]07.12	5.29
交易性金融资产	5 124.43	0.58	证券市场	[illegible]8 [illegible]24.43	0.92
可供出售金融资产	109 739.87	12.45	实业	[illegible]2 375.00	4.81
持有至到期投资	20 000.00	2.27	金融机构	5[illegible]9 [illegible]37.33	62.29
长期股权投资	423 349.10	48.03	其他	1[illegible]06.87	0.95
其他	118 062.08	13.39			
资产总计	881 436.94	100.00	资产总计	8[illegible]1 [illegible]36.94	100.00

信托资产运用与分布表

资产运用	金额（万元）	占比（%）	资产分布	金额（万元）	占比（%）
货币资产	186 532.23	1.32	基础产业	5 372 [illegible]29.33	38.10
贷款	8 267 637.30	58.63	房地产业	38[illegible] [illegible]64.00	2.70
交易性金融资产	14 986.78	0.11	证券市场	5[illegible] [illegible]33.86	0.41
可供出售金融资产	—	—	实业	4 15[illegible] [illegible]72.70	29.47
持有至到期投资	4 297 176.27	30.48	金融机构	3 42[illegible] [illegible]04.76	24.28
长期股权投资	823 007.71	5.84	其他	71[illegible] 5[illegible]0.25	5.04
其他	510 944.62	3.62			
资产总计	14 100 284.90	100.00	资产总计	14 10[illegible] 2[illegible]4.90	100.00

4.3 市场分析

4.3.1 影响本公司业务发展的有利因素

2020 年,在党中央的正确领导部署下,我国经济社会发展经受住了新冠肺炎疫情带来的巨大冲击,在监管的导向下,信托行业有效应对困难并积极谋求转型,成功抵御住了考验,在管理信托业务规模收缩的情况下,通过提质增效实现了经营收入和信托业务收入的稳定增长,高质量发展动能进一步汇聚。

当前,在加速构建新发展格局,促进我国经济社会高质量发展的主题下,信托业将坚持受托人定位,回归信托本源,进一步加快转型创新步伐,不断提升资产的主动管理能力,以迎接发展新机遇。

2020 年,公司牢固坚持“依法合规、稳健经营”理念,严格落实监管要求,强化风险防范,提升内控管理,积极推进转型创新,努力提升主动管理能力,稳中求进,保持公司持续稳定健康发展。

4.3.2 影响本公司业务发展的不利因素

在严监管的发展背景下,信托公司积极加快推进转型升级,实现高质量发展是行业可持续发展的必由之路。信托公司应顺应宏观经济金融环境,大力提升主动管理能力,深入探索符合监管导向的新型业务,积极实现持续稳定健康发展。

4.4 内部控制

4.4.1 内部控制环境和内部控制文化

公司建立了由股东会、董事会、监事会和高级管理层组成的分工明确、权责对应、合理制衡的公司治理结构,实现了“三会一层”的治理体系规范运作。

公司董事会下设战略委员会、审计与风险管理委员会、薪酬与提名委员会、信托与消费者权益保护委员会、关联交易控制委员五个专业委员会,通过加强对公司长期发展战略、重大投资决策和风险控制、高级管理人员任职与考核、信息披露、消费者权益保护、关联交易控制等方面的管理和监督,进一步完善治理结构,促进董事会科学高效决策。

公司内设部门设置健全,职责清晰,建立起多部门联动的内部控制格局和风险隔离机制,加强全流程内控管理,有效防范各类风险。

公司不断加强内部控制文化建设,通过开展一系列专题学习培训、合规文化建设活动,使全体员工全面掌握应知应会的内控要求和相关业务操作流程,加强信托文化建设,牢固树立“依法合规、稳健经营”理念,形成了依法合规、稳健经营、勤勉尽责、全员参与的内部控制和风险管理文化。

为加大宣传力度,公司内网专设了政策法规、合规建设、监管文件、规章制度等专栏,及时向全体员工传递最新法律法规及监管政策,不断强化员工的职业操守和合规理念。

4.4.2 内部控制措施

公司业务流程包括前台业务部门、中台合规风控部门、后台职能支持三大模块,前台、中台、后台岗位职责分离,基本形成了事前防范、事中控制、事后监督和纠正的内控机制。

4.4.2.1 绩效考评控制

公司建立和实施绩效考核办法,科学设置考核指标,并于每年初为各部门制定年度考核目标,年末进行考核和客观评价。

公司将合规风险类指标纳入经营业绩考核指标中,新修订的《绩效考核暂行办法》,合理设置考评指标和权重,提高内控、合规、风险管理类指标分值。将内部控制执行与评价纳入合规类指标,将反映公司风险状况及变动趋势的指标纳入风险指标,将案防工作纳入考核指标。

4.4.2.2 授权审批控制

公司结合经营管理实际,制定了《内部控制管理暂行办法》《内部授权管理暂行办法》,公司各级管理人员按照规章制度要求,在授权范围内行使职权和承担责任。

4.4.2.3 不相容岗位职责分离控制

公司业务流程严格按照前台、中台、后台划分,按照监管要求和公司制度、操作规程、业务指引、风险偏好,前台负责业务受理、初审及具体操作,包括尽职调查、审批后的合同签署、产品发售、后续管理和客户服务等工作;中台贯穿业务决策程序和管理环节,负责项目合法合规性审查、风险控制审查、议事决策、业务综合管理和过程控制,与前台部门共同完成事前防范和事中控制;后台负责财务管理、信息化支持、行政保障、人力资源管理和审计监督,实现内控流程的后端控制。

4.4.2.4 预算控制

公司每年年初开展预算工作,要求各部门在客观分析经济形势的基础上,合理确定部门年度预算。同时,公司年度考评中将年初预算作为年度考核的重要指标,强化预算约束。

4.4.2.5 财产保全控制

公司建立财产日常管理机制和定期清查机制,采取财产记录、实物保管、定期盘点、账实核对等措施,确保财产安全。

4.4.2.6 会计系统控制

财务部门按照国家颁布的会计准则进行会计核算,严格履行会计监督职能,认真执行财务会计制度,通过规范的账务处理流程、可靠的会计凭证、完整的账簿登记、严格的信息核对保障公司各项经营管理活动能够通过会计信息得到准确反映。

4.4.2.7 运营分析控制

公司定期召开经营分析工作会议,各级管理层通过对外部经营环境与内部经营管理活动进行分析,发现存在的问题,分析原因,提出改进建议,为公司制定年度业务工作指引提供依据。

报告期内,公司新增《操作风险管理规定》《家族信托业务管理规定》《员工履职回避实施细则》《新闻发言人制度》《信访管理办法》《工程建设与大宗物资招标采购管理办法》等 15 项制度,修订《固有业务管理办法》《绩效考核暂行办法》《流动性风险管理办法》《资产损失核销管理办法》《征信管理规定》等 23 项制度,涉及信托业务、固有业务、财务管理、风险控制、合规审计、综合管理、人力资源等方面,为经营管理工作提供制度保障。

通过上述内控措施,进一步保障公司在严守合规底线的前提下稳健发展。

4.4.3 信息交流与反馈

4.4.3.1 内部信息传达机制

公司及时印发各类文件和规章制度,在办公内网上开辟“重要通知”“公司文件”“最新来文”“信托研究”“法律园地”“合规建设”“信托业务制度及流程”等栏目,能够及时将最新的法律法规、监管要求、行业动态及公司的经营和风险状况传递给员工。

4.4.3.2　信息报告机制

通过总裁办公会、季度经营形势分析会、项目管理工作交流汇报会、各部门工作情况汇报及定期或不定期会议等形式，各部门及各岗位能将经营过程中存在的重大问题及时向高级管理层报告，管理层定期或不定期向董事会、监事会、股东会和监管部门报告。

4.4.3.3　外部沟通机制

公司注重加强与监管部门的沟通和汇报，定期报送财务报表、统计报表、年度财务报告、项目发行与管理报告等，真实、完整、准确、及时地反映公司经营管理状况，重大事项及时汇报请示，就内外部审计情况、风险状况、经营情况及时向监管部门沟通、报告。此外，公司积极参加业内举行的各种研讨会，加强业内交流与合作。

公司严格按照法律法规和公司章程的规定，根据监管机构要求，真实、准确、及时、完整地披露了 2020 年度报告。通过公司网站、媒体等途径及时向客户公开披露公司经营状况、信托财产管理状况等信息，并根据文件约定向相关利益人提交书面文件，披露相关信息。此外，公司还通过电话、电子邮件、微信平台等途径与投资者进行交流。报告期内，公司内控制度得到有效执行，未发生因违反内控制度对公司财务状况、经营成果产生重大影响的事项。

4.4.4　监督评价与纠正

4.4.4.1　内部审计监督机制

公司内部审计具有独立性，由董事长直接分管。内部专项审计主要包括内部控制风险管理审计、反洗钱工作审计、征信管理工作审计、金融消费者权益保护工作审计、关联交易情况审计及集合信托项目审计等。内部审计能及时、全面、准确地发现公司内控存在的缺陷与隐患，及时以审计报告、专项报告等形式向公司报告。

4.4.4.2　外部审计监督机制

公司年报审计会计师事务所为容诚会计师事务所（特殊普通合伙），由董事会选聘，该会计师事务所执业纪录良好。公司 2020 年度审计报告中审计意见为标准无保留意见。

4.4.4.3　内部控制的评价机制

公司每年对内部控制的建设和执行情况进行检查评价，出具年度内部控制评价报告，评价结果能真实反映公司的内控水平。

4.4.4.4　内部控制的纠正机制

公司内外部检查、审计发现的问题能得到限期整改，公司制定有岗位问责和重大事故责任追究制度，并能有效落实。

4.5　风险管理

公司一贯坚持“依法合规、稳健经营”的理念，能够及时识别和度量业务运行中的潜在风险，建立了以董事会、审计与风险管理委员会、高级管理层和风险管理部、合规管理部、稽核审计部为主体的风险管理组织体系，形成了防范、控制、处置和评价的风控机制。

公司重视风险管理，通过制定健全的内部规章制度，建立职责分工合理的组织机构，并结合公司实际情况，将现代风险管理技术与传统风险管理方法相结合，采取有效措施进行事前、事中、事后的有效控制与管理。

报告期内，公司不断完善全面风险管理制度体系，强化制度执行力度，风险管理工作有序开展，保障了公司稳健经营。

4.5.1　信用风险

信用风险主要指交易对手因履约意愿或履约能力发生变化，违约造成不履行义务的可能性，主要表现在贷款、投资回购、担保、履约承诺等交易过程中，交易对手不履行承诺，不能或不愿履行合同而使固有财产、信托财产遭受潜在损失的可能性。

公司信用风险应对措施主要通过对交易对手的尽职调查进行事前控制。以交易结构设计、风险定价、设定担保、项目跟踪管理、风险监测与处置等手段防范、监督和化解交易对手信用风险，具体包括以下几个方面。

一是交易前，制定、执行尽职调查工作指引等业务规章，强化对交易对手的尽职调查，科学评估交易对手的履约能力和履约意愿；选择有效的、与交易对手信用风险相匹配的增级措施；科学、客观、公正地评估担保物，严格控制抵（质）押率，注重采用多种担保措施提高信用风险的保障系数。

二是审查阶段，建立了完善的评审体系，对业务进行集体评审与决策，提出风险控制具体要求。

三是管理阶段，按照合同约定与公司规定全面收集交易对手生产经营资料和财务数据，了解其异常变动情况等，定期或不定期对企业或者项目进行现场与非现场检查，监测项目风险状况及抵（质）押物价值变化情况。

四是及时开展信用风险压力测试。设置测试情景与参数，构建测试模型，对表内外预期信用风险损失开展压力测试工作。测试结果表明：公司表内外预期信用风险损失总体在可控范围，即使在重度压力情景下，新增表内外损失占公司固有资产比例也较低。

截至 2020 年末，公司合并资产总额为 881 436.94 万元，其中信用不良资产期末数为 14947.93 万元，均按公司规定计提了资产减值准备和一般风险准备；信托资产风险率处于行业低水平。

4.5.2　市场风险

市场风险主要指公司在开展资产管理业务过程中，投资于有公开市场价值的金融产品或者其他产品时，因股价、市场汇率、利率及其他价格因素变动，金融产品或者其他产品的价格发生波动导致资产遭受损失的可能性。

公司市场风险应对措施主要包括：一是在风险可控的范围内，探索开展债券、股票等标品信托业务及固有业务。二是严格按照国家产业政策和监管要求进行资金投放。对于主营业务为参与地方建设的国有企业合作业务，公司严格按照监管要求与市场化原则规范开展，评估区域经济发展及交易对手实力，明确风险缓释措施，进行区域限额管理与单笔业务限额管理。对于房地产项目，公司高度关注房地产市场情况、融资方实力及项目区位，规范开展该类业务。三是及时开展市场风险压力测试。根据公司业务实际，聚焦利率风险、标品信托市场风险及房地产价值波动风险等开展压力测试工作。测试结果表明上述因素变动，对公司资产质量及收益影响较小。

截至 2020 年末，公司信托业务中存续的标准化信托产品主要投资于私募债、公募债及权益类打新产品，风险可控。在固有业务中，开展自营股票投资业务控制在较小的额度内。固有资金主要用于投资金融股权中高流动性、低风险的金融产品及固定收益型产品。报告期内，公司固有资金和信托资金均未投向产能过剩项目。对于房地产项目，公司高度关注房地产市场情况、融资方实力及项目区位，规范开展该类业务，且规模较小。报告期内，公司上述业务均未出现风险。

4.5.3 流动性风险

公司流动性风险主要表现在公司虽有清偿能力，却无法及时获得充足资金或无法以合理成本及时获得充足资金以满足下列情形：一是不能按期清偿到期债务；二是无法按计划投放固有项目；三是信托项目不能按期清算、分配，公司应承担赔偿责任时的资金需求。报告期内，公司动态监测流动性风险指标、加强资金需求预测、定期开展压力测试，有效把控流动性风险。

公司严格按照《信托公司管理办法》等监管规定，加强负债业务管理。为进一步规范公司流动性风险管理，公司制定了《流动性风险管理规定》，并采取如下措施对流动性风险进行管控：一是定期进行资金需求测算，做好流动性安排。二是项目设计时，根据还款方的现金流及债务情况合理安排项目期限，降低项目还款方出现流动性风险的可能性。三是制定并落实《恢复与处置计划》，建立流动性补足机制。四是定期开展流动性风险压力测试工作，为公司决策提供依据。

4.5.4 操作风险

操作风险是指因公司治理、内控机制失效或因有关责任人出现失误、欺诈等问题，公司没有及时充分地做好尽职调查、持续监控、信息披露等工作，未能及时作出应有的反应，或者作出的反应明显有失专业和常理，甚至违约违规；公司没有履行勤勉尽职管理义务，或者无法出具充分有效的证据和记录，证明已履行勤勉尽职管理义务。操作风险表现在信托业务和固有业务的全过程中。

公司不断完善内控体系建设，强化制度执行力度，采取以下三个方面的措施管控操作风险：一是按照“规范管理、制度先行”的原则开展各类业务，要求每项业务在受理申请、尽职调查、交易结构设计、审查审批、营销签约、执行终止等各阶段全过程合法合规，按照相关流程、制度办理。二是建立了职责分离、相互监督制约的内控机制，建立和完善有效的投资决策机制，实行严格的复核审核程序。公司构建前台、中台、后台条线清晰、相互制约、相互配合的组织机构，在一定程度上起到岗位隔离与中后台对前台的监督制衡作用。三是通过外部检查与公司内部排查工作，查找经营管理中的不足，不断完善公司制度体系建设。同时开展员工行为风险排查，强化员工合规、廉政开展业务。

报告期内，公司未发生因操作风险所造成的损失。

4.5.5 其他风险

公司面临的其他风险主要包括政策风险、信息科技风险和声誉风险等。

政策风险是指国家宏观经济政策、监管政策调整可能对公司业务经营造成一定影响。针对政策风险，公司及时跟踪和研究国家宏观政策和行业监管政策，加强与监管部门的沟通，坚持依法合规、稳健经营，保持经营策略与宏观政策、监管政策相一致，保障各项业务合法合规。报告期内，公司的各项业务严格按照国家宏观政策和监管政策，依法合规操作，未出现违反国家相关政策，受到监管处罚的情形。

信息科技风险是指信息技术在公司运用过程中，由于自然因素、人为因素、技术漏洞和管理缺陷等，导致公司信息系统故障或信息安全事件的风险。针对信息科技风险，公司高度重视信息系统建设与安全运行，严格遵守相关规定，不断完善信息安全管理制度，规范操作流程；持续加强软硬件投入，推进信息系统建设，增强网络安全防控能力；加大员工培训，牢固树立信息安全意识，为公司业务开展和综合办公提供保障。报告期内，公司未发生重大信息安全和信息系统故障事件。

声誉风险是指因公司操作失误、违反有关规定、资产质量下降，项目无法按时清算或不能向服务对象提供高质量金融服务等因素，对公司外部市场地位和声誉产生消极或不良影响的风险。针对声誉风险，公司将声誉风险管理纳入全面风险管理体系，不断建立完善声誉风险管理机制、办法、相关制度和要求，通过充分、及时的信息披露，实现与投资者的互动沟通。同时，公司加强舆情监测，以保护投资者合法利益及其他各相关方合法权益，切实履行社会责任。

4.5.6 净资本管理

《信托公司净资本管理办法》规定信托公司的净资本监管标准为：净资本不低于2亿元；净资本/各项业务风险资本不低于100%；净资本/净资产不低于40%。

截至2020年末，公司净资产（母公司数据，以下同）为818 968.05万元，净资本为677 922.97万元，各项业务风险资本之和为254 695.36万元，净资本/各项业务风险资本之和为266.17%，净资本/净资产为82.78%，各项指标均达到监管标准。

5. 报告期末及上一年度末的比较式会计报表

5.1 自营资产

5.1.1 会计师事务所审计意见全文

审 计 报 告

容诚审字〔2021〕230Z1293号

安徽国元信托有限责任公司全体股东：

一、审计意见

我们审计了安徽国元信托有限责任公司（以下简称国元信托）财务报表，包括2020年12月31日的合并及母公司资产负债表，2020年度的合并及母公司利润表、合并及母公司现金流量表、合并及母公司所有者权益变动表及相关财务报表附注。

我们认为，后附的财务报表在所有重大方面按照企业会计准则的规定编制，公允反映了国元信托2020年12月31日的合并及母公司财务状况及2020年度的合并及母公司经营成果和现金流量。

二、形成审计意见的基础

我们按照中国注册会计师审计准则的规定执行了审计工作。审计报告的“注册会计师对财务报表审计的责任”部分进一步阐述了我们在这些准则下的责任。按照中国注册会计师职业道德守则，我们独立于国元信托，并履行了职业道德方面的其他责任。我们相信，我们获取的审计证据是充分、适当的，为发表审计意见提供了基础。

三、管理层和治理层对财务报表的责任

国元信托管理层（以下简称管理层）负责按照企业会计准则的规定编制财务报表，使其实现公允反映，并设计、执行和维护必要的内部控制，以使财务报表不存在由于舞弊或错误导致的重大错报。

在编制财务报表时，管理层负责评估国元信托的持续经营能力，披露与持续经营相关的事项（如适用），并运用持续经营假设，除非管理层计划清算国元信托、终止运营或别无其他现实的选择。

治理层负责监督国元信托的财务报告过程。

四、注册会计师对财务报表审计的责任

我们的目标是对财务报表整体是否不存在由于舞弊或错误导致的重大错报获取合理保证，并出具包含审计意见的审计报告。合理保证是高水平的保证，但并不能保证按照审计准则执行的审计在某一重大错报存在时总能发现。错报可能由于舞弊或错误导致，如果合理预期错报单独或汇总起来可能影响财务报表使用者依据财务报表作出的经济决策，则通常认为错报是重大的。

在按照审计准则执行审计工作的过程中，我们运用职业判断，并保持职业怀疑。同时，我们也执行以下工作：

（1）识别和评估由于舞弊或错误导致的财务报表重大错报风险，设计和实施审计程序以应对这些风险，并获取充分、适当的审计证据，作为发表审计意见的基础。由于舞弊可能涉及串通、伪造、故意遗漏、虚假陈述或凌驾于内部控制之上，未能发现由于舞弊导致的重大错报的风险高于未能发现由于错误导致的重大错报的风险。

（2）了解与审计相关的内部控制，以设计恰当的审计程序，但目的并非对内部控制的有效性发表意见。

（3）评价管理层选用会计政策的恰当性和作出会计估计及相关披露的合理性。

（4）对管理层使用持续经营假设的恰当性得出结论。同时，根据获取的审计证据，就可能导致对国元信托持续经营能力产生重大疑虑的事项或情况是否存在重大不确定性得出结论。如果我们得出结论认为存在重大不确定性，审计准则要求我们在审计报告中提请报表使用者注意财务报表中的相关披露；如果披露不充分，我们应当发表非无保留意见。我们的结论基于截至审计报告日可获得的信息。然而，未来的事项或情况可能导致国元信托不能持续经营。

（5）评价财务报表的总体列报、结构和内容，并评价财务报表是否公允反映相关交易和事项。

（6）就国元信托中实体或业务活动的财务信息获取充分、适当的审计证据，以对财务报表发表审计意见。我们负责指导、监督和执行集团审计，并对审计意见承担全部责任。

我们与治理层就计划的审计范围、时间安排和重大审计发现等事项进行沟通，包括沟通我们在审计中识别出的值得关注的内部控制缺陷。

容诚会计师事务所　　中国注册会计师：卢　珍
（特殊普通合伙）
中国·北京　　中国注册会计师：王　旭
2021 年 4 月 27 日

5.1.2　资产负债表

合并资产负债表

编制单位：安徽国元信托有限责任公司　　2020 年 12 月 31 日　　单位：万元

资产	期末金额	期初金额	负债和所有者权益	期末金额	期初金额
资产：			负债：		
货币资金	7. 26	12. 44	向中央银行借款	—	—
存放同业款项	2 563. 12	1 346. 13	拆入资金	—	—
以公允价值计量且其变动计入当期损益的金额资产	5 124. 43	2 380. 61	代理买卖证券款	—	—
预付款项	13. 90	7. 34	代理承销证券款	—	—
其他应收款	1 257. 15	588. 52	应付职工薪酬	7 369. 80	7 369. 86
其中：应收利息	620. 03	548. 16	应交税费	27 849. 39	25 921. 71
应收股利	—	—	预收款项	767. 09	—
买入返售金融资产	9 471. 19	20 525. 21	其他应付款	2 908. 32	1 537. 44
发放贷款和垫款	200 700. 00	175 300. 00	其中：应付利息	—	—
可供出售金融资产	109 739. 87	80 507. 17	应付股利	720. 00	734. 06
持有至到期投资	20 000. 00	—	递延所得税负债	531. 41	453. 75
长期股权投资	423 439. 10	340 454. 68	其他负债	24. 95	24. 95
固定资产	2 334. 46	2 571. 37	负债合计	39 450. 96	35 307. 71
在建工程	46 607. 12	46 626. 62	所有者权益：	—	—
无形资产	631. 10	702. 87	实收资本	420 000. 00	3[illegible]0 000. 00

续表

资产	期末金额	期初金额	负债和所有者权益	期末金额	期初金额
长期待摊费用	—	—	资本公积	184 347.35	135 134.31
递延所得税资产	5 477.31	4 395.27	减:库存股	—	—
其他资产	54 160.93	77 526.15	其他综合收益	982.27	2 551.01
			盈余公积	60 825.30	55 313.93
			一般风险准备	64 817.67	61 089.77
			未分配利润	87 857.26	10 342.90
			归属于母公司所有者权益合计	818 829.85	694 431.91
			少数股东权益	23 156.12	23 204.76
			所有者权益合计	841 985.98	717 636.67
资产总计	881 436.94	752 944.39	负债和所有者权益总计	881 436.95	752 944.39

法定代表人:许　斌　　　　主管会计工作负责人:朱先平　　　　会计机构负责人:王　敬

母公司资产负债表

编制单位:安徽国元信托有限责任公司　2020 年 12 月 31 日　　　　单位:万元

资产	期末金额	期初金额	负债和所有者权益	期末金额	期初金额
资产:			负债:		
货币资金	7.26	12.44	向中央银行借款	—	—
存放同业款项	2 416.83	1 331.60	拆入资金	—	—
以公允价值计量且其变动计入当期损益的金额资产	5 124.43	2 380.61	代理买卖证券款	—	—
预付款项	13.90	2.35	代理承销证券款	—	—
其他应收款	1 403.38	733.93	应付职工薪酬	7 369.80	7 369.86
其中:应收利息	620.03	548.16	应交税费	27 844.12	25 917.68
应收股利	—	—	预收款项	746.47	—
买入返售金融资产	9 471.19	20 525.21	其他应付款	2 497.95	1 277.44
发放贷款和垫款	200 700.00	175 300.00	其中:应付利息	—	—
可供出售金融资产	109 739.87	80 507.17	应付股利	720.00	734.06
持有至到期投资	200 000.00	—	递延所得税负债	531.41	453.75
长期股权投资	446 423.49	363 487.86	其他负债	24.95	24.95
固定资产	2 330.25	2 566.04	负债合计	39 014.70	35 043.68
在建工程	—	33.17	所有者权益:	—	—
无形资产	631.10	702.87	实收资本	420 000.00	300 000.00
长期待摊费用	78.61	64.93	资本公积	184 347.35	135 134.31
递延所得税资产	5 481.77	4 397.50	减:库存股	—	—
其他资产	54 160.66	77 526.15	其他综合收益	982.27	2 551.01
			盈余公积	60 825.30	55 313.93
			一般风险准备	64 817.67	61 089.77
			未分配利润	87 995.45	140 439.13
			所有者权益合计	818 968.05	694 528.14
资产总计	857 982.74	729 571.82	负债和所有者权益总计	857 982.74	729 571.82

法定代表人:许　斌　　　　主管会计工作负责人:朱先平　　　　会计机构负责人:王　敬

5.1.3 利润表

合并利润表

编制单位：安徽国元信托有限责任公司　　2020 年度　　单位：万元

项目	本期发生额	上期发生额
一、营业总收入	86 534.25	68 423.05
利息净收入	17 131.63	13 629.18
利息收入	17 689.54	13 952.96
利息支出	557.92	323.79
手续费及佣金净收入	36 823.34	37 560.81
手续费及佣金收入	37 699.77	37 698.11
手续费及佣金支出	876.42	137.30
其他业务收入	155.53	23.28
投资收益（损失以“-”号填列）	32 279.29	17 337.98
其中：对联营企业和合营企业的投资收益	18 456.81	12 520.31
公允价值变动收益（损失以“-”号填列）	144.46	-128.73
资产处置收益（损失以“-”号填列）	—	0.54
汇兑收益（损失以“-”号填列）	—	—
二、营业总成本	19 369.80	14 375.51
税金及附加	608.10	484.04
业务及管理费	13 918.82	12 140.99
资产减值损失	4 842.88	1 750.48
其他业务成本	—	—
三、营业利润（亏损以“-”号填列）	67 164.46	54 047.53
加：营业外收入	76.14	25.32
其中：非流动资产处置利得	—	—
减：营业外支出	99.84	27.13
其中：非流动资产处置损失	—	—
四、利润总额（亏损总额以“-”号填列）	67 140.76	54 045.72
减：所得税费用	12 117.61	10 138.55
五、净利润（净亏损以“-”号填列）	55 023.15	43 907.17
（一）按经营持续性分类	—	—
1. 持续经营净利润（净亏损以“-”号填列）	55 023.15	43 907.17
2. 终止经营净利润（净亏损以“-”号填列）	—	—
（二）按所有权归属分类	—	—
1. 归属于母公司所有者的净利润（净亏损以“-”号填列）	55 071.79	43 961.87
2. 少数股东损益（净亏损以“-”号填列）	-48.64	-54.70
六、其他综合收益的税后净额	-1 568.73	1 633.34
归属母公司所有者的其他综合收益的税后净额	—	—
（一）以后不能重分类进损益的其他综合收益	—	—
1. 重新计量设定受益计划净负债或净资产的变动	—	—
2. 权益法下在初投资单位不能重分类进损益的其他综合收益中享有的份额	—	—
（二）以后将重分类进损益的其他综合收益	-1 568.73	1 633.34
1. 权益法下在被投资单位以后将重分类进损益的其他综合收益中享有的份额	-3 098.23	1 356.41
2. 可供出售金融资产公允价值变动损益	1 529.50	276.94
3. 持有至到期投资重分类为可供出售金融资产损益	—	—
4. 现金流量套期损益的有效部分	—	—
5. 外币财务报表折算差额	—	—
6. 其他	—	—
归属于少数股东的其他综合收益的税后净额	—	—
七、综合收益总额	53 454.42	45 540.51
归属于母公司所有者的综合收益总额	53 503.06	45 595.21
归属于少数股东的综合收益总额	-48.64	-54.70

续表

法定代表人：许　斌　　主管会计工作负责人：朱先平　　会计机构负责人：王　敬

母公司利润表

编制单位：安徽国元信托有限责任公司　　2020 年度　　单位：万元

项目	本期发生额	上期发生额
一、营业总收入	86 422.06	68 491.55
利息净收入	17 131.34	13 628.99
利息收入	17 689.26	13 952.78
利息支出	557.92	323.79
手续费及佣金净收入	36 823.34	37 560.81
手续费及佣金收入	37 699.77	37 698.11
手续费及佣金支出	875.42	137.30
其他业务收入	52.4[illegible]	23.28
投资收益（损失以“-”号填列）	32 32[illegible].5[illegible]	17 406.66
其中：对联营企业和合营企业的投资收益	18 49[illegible].01	12 545.82
公允价值变动收益（损失以“-”号填列）	14[illegible].4[illegible]	-128.73
资产处置收益（损失以“-”号填列）	—	0.54
汇兑收益（损失以“-”号填列）	—	—
二、营业总成本	19 215.23	14 299.65
税金及附加	586.40	475.98
业务及管理费	13 780.52	12 065.36
资产减值损失	4 852.29	1 758.30
其他业务成本	—	—
三、营业利润（亏损以“-”号填列）	67 252.83	54 191.90
加：营业外收入	76.14	25.32
其中：非流动资产处置利得	—	—
减：营业外支出	99.84	27.13
其中：非流动资产处置损失	—	—
四、利润总额（亏损总额以“-”号填列）	67 229.14	54 190.08
减：所得税费用	12 115.39	10 136.50
五、净利润（净亏损以“-”号填列）	55 113.75	44 053.58
六、其他综合收益的税后净额	-1 568.73	1 633.34
（一）以后不能重分类进损益的其他综合收益	—	—
1. 重新计量设定受益计划净负债或净资产的变动	—	—
2. 权益法下在初投资单位不能重分类进损益的其他综合收益中享有的份额	—	—
（二）以后将重分类进损益的其他综合收益	-1 568.73	1 633.34
1. 权益法下在被投资单位以后将重分类进损益的其他综合收益中享有的份额	-3 098.23	1 356.41
2. 可供出售金融资产公允价值变动损益	1 529.50	276.94
3. 持有至到期投资重分类为可供出售金融资产损益	—	—
4. 现金流量套期损益的有效部分	—	—
5. 外币财务报表折算差额	—	—
6. 其他	—	—
七、综合收益总额	53 545.02	45 686.93

法定代表人：许　斌　　主管会计工作负责人：朱先平　　会计机构负责人：王　敬

5.1.4 所有者权益变动表

合并所有者权益变动表

编制单位:安徽国元信托有限责任公司　　2020 年度　　单位:万元

项目	本期金额													
	归属于母公司所有者权益												少数股东权益	所有者权益合计
	实收资本(或股本)	其他权益工具			资本公积	减:库存股	其他综合收益	专项储备	盈余公积	一般风险准备	未分配利润	小计		
		优先股	永续债	其他										
一、上年年末余额	300 000.00	—	—	—	135 134.31	—	2 551.01	—	55 327.17	61 098.38	140 453.49	694 564.36	23 204.76	717 769.12
加:会计政策变更	—	—	—	—	—	—	—	—	-13.24	-8.61	-110.59	-132.45	—	-132.45
前期差错更正	—	—	—	—	—	—	—	—	—	—	—	—	—	—
同一控制下企业合并	—	——	—		—	—	—	—	—	—	—	—	—	—
其他	—	—	—	—	—	—	—	—	—	—	—	—	—	—
二、本年年初余额	300 000.00	—	—	—	135 134.31	—	2 551.01	—	55 313.93	61 089.77	140 342.90	694 431.91	23 204.76	717 636.67
三、本年增减变动金额(减少以“-”号填列)	120 000.00	—	—	—	49 213.04	—	-1 568.73	—	5 511.38	3 727.90	-52 485.64	124 397.94	-48.64	124 349.30
(一)综合收益总额	—	—	—	—	—	—	-1 568.73	—	—	—	55 071.79	53 503.06	-48.64	53 454.42
(二)所有者投入和减少资本	30 681.85	—	—	—	49 213.04	—	—	—	—	—	—	79 894.89	—	79 894.89
1. 所有者投入的普通股	30 681.85	—	—	—	49 213.04	—	—	—	—	—	—	79 894.89	—	79 894.89
2. 其他权益工具持有者投入资本	—	—	—	—	—	—	—	—	—	—	—	—	—	—
3. 股份支付计入所有者权益的金额	—	—	—	—	—	—	—	—	—	—	—	—	—	—
4. 其他	—	—	—	—	—	—	—	—	—	—	—	—	—	—
(三)利润分配	—	—	—	—	—	—	—	—	5 511.38	3 727.90	-18 239.28	-9 000.00	—	-9 000.00
1. 提取盈余公积	—	—	—	—	—	—	—	—	5 511.38	—	-5 511.38	—	—	—
2. 提取一般风险准备	—	—	—	—	—	—	—	—	—	3 727.90	-3 727.90	—	—	—
3. 对所有者的分配	—	—		—	—	—	—	—	—	—	-9 000.00	-9 000.00		-9 000.00
4. 其他	—	—	—	—	—	—	—	—	—	—	—	—	—	—
(四)所有者权益内部结转	89 318.15	—	—	—	—	—	—	—	—	—	-89 318.15	—	—	—
1. 资本公积转增资本	—	—	—	—	—	—	—	—	—	—	—	—	—	—
2. 盈余公积转增资本	—	—	—	—	—	—	—	—	—	—	—	—	—	—
3. 盈余公积弥补亏损	—	—	—	—	—	—	—	—	—	—	—	—	—	—
4. 设定受益计划变动额结转留存收益	—	—	—	—	—	—	—	—	—	—	—	—	—	—
5. 其他	89 318.15	—	—	—	—	—	—	—	—	—	-89 318.15	—	—	—
(五)专项储备	—	—	—	—	—	—	—	—	—	—	—	—	—	—
1. 本年提取	—	—	—	—	—	—	—	—	—	—	—	—	—	—
2. 本年使用	—	—	—	—	—	—	—	—	—	—	—	—	—	—
(六)其他	—	—	—	—	—	—	—	—	—	—	—	—	—	—
四、本年年末余额	420 000.00	—	—	—	184 347.35	—	982.27	—	60 825.30	64 817.67	87 857.26	818 829.85	23 156.12	841 985.98

法定代表人:许　斌　　主管会计工作负责人:朱先平　　会计机构负责人:王　敬

合并所有者权益变动表（续）

2020 年度

编制单位：安徽国元信托有限责任公司　　　　单位：万元

项目	上期金额													
	归属于母公司所有者权益												少数股东权益	所有者权益合计
	实收资本（或股本）	其他权益工具			资本公积	减：库存股	其他综合收益	专项储备	盈余公积	一般风险准备	未分配利润	小计		
		优先股	永续债	其他										
一、上年年末余额	300 000. 00	—	—	—	135 134. 31	—	-50 460. 26	—	51 524. 91	58 324. 02	116 599. 20	656 122. 18	23 259. 46	679 381. 64
加：会计政策变更	—	—	—	—	—	—	—	—	—	—	—	—	—	—
前期差错更正	—	—	—	—	—	—	—	—	—	—	—	—	—	—
同一控制下企业合并	—	—	—	—	—	—	—	—	—	—	—	—	—	—
其他	—	—	—	—	—	—	6 377. 92	—	-603. 10	—	-5 427. 86	346. 97	—	346. 97
二、本年年初余额	300 000. 00	—	—	—	135 134. 31	—	917. 66	—	50 921. 81	58 324. 02	11 171. 34	656 469. 15	23 259. 46	679 728. 61
三、本年增减变动金额（减少以"－"号填列）	—	—	—	—	—	—	1 633. 34	—	4 405. 36	2 774. 36	29 282. 15	38 095. 21	-54. 70	38 040. 51
（一）综合收益总额	—	—	—	—	—	—	1 633. 34	—	—	—	43 961. 87	45 595. 21	-54. 70	45 540. 51
（二）所有者投入和减少资本	—	—	—	—	—	—	—	—	—	—	—	—	—	—
1. 所有者投入的普通股	—	—	—	—	—	—	—	—	—	—	—	—	—	—
2. 其他权益工具持有者投入资本	—	—	—	—	—	—	—	—	—	—	—	—	—	—
3. 股份支付计入所有者权益的金额	—	—	—	—	—	—	—	—	—	—	—	—	—	—
4. 其他	—	—	—	—	—	—	—	—	—	—	—	—	—	—
（三）利润分配	—	—	—	—	—	—	—	—	4 405. 36	2 774. 36	-14 679. 72	-7 500. 00	—	-7 500. 00
1. 提取盈余公积	—	—	—	—	—	—	—	—	4 405. 36		-40 405. 36	—	—	—
2. 提取一般风险准备	—	—	—	—	—	—	—	—	—	2 774. 36	-2 774. 36	—	—	—
3. 对所有者的分配	—	—	—	—	—	—	—	—	—	—	-7 500. 00	-7 500. 00	—	-7 500. 00
4. 其他	—	—	—	—	—	—	—	—	—	—	—	—	—	—
（四）所有者权益内部结转	—	—	—	—	—	—	—	—	—	—	—	—	—	—
1. 资本公积转增资本	—	—	—	—	—	—	—	—	—	—	—	—	—	—
2. 盈余公积转增资本	—	—	—	—	—	—	—	—	—	—	—	—	—	—
3. 盈余公积弥补亏损	—	—	—	—	—	—	—	—	—	—	—	—	—	—
4. 设定受益计划变动额结转留存收益	—	—	—	—	—	—	—	—	—	—	—	—	—	—
5. 其他	—	—	—	—	—	—	—	—	—	—	—	—	—	—
（五）专项储备	—	—	—	—	—	—	—	—	—	—	—	—	—	—
1. 本年提取	—	—	—	—	—	—	—	—	—	—	—	—	—	—
2. 本年使用	—	—	—	—	—	—	—	—	—	—	—	—	—	—
（六）其他	—	—	—	—	—	—	—	—	—	—	—	—	—	—
四、本年年末余额	300 000. 00	—	—	—	135 134. 31	—	2 551. 01	—	55 327. 17	61 098. 38	140 453. 49	694 564. 36	23 204. 76	717 769. 12

法定代表人：许　斌　　　　主管会计工作负责人：朱先平　　　　会计机构负责人：王　敬

母公司所有者权益变动表

2020 年度

编制单位：安徽国元信托有限责任公司　　　　单位：万元

项目	本年金额											
	实收资本（或股本）	其他权益工具			资本公积	减：库存股	其他综合收益	专项储备	盈余公积	一般风险准备	未分配利润	所有者权益合计
		优先股	永续债	其他								
一、上年年末余额	300 000. 00	—	—	—	135 134. 31	—	2 551. 01	—	55 327. 17	61 098. 38	140 549. 72	694 660. 59
加：会计政策变更	—	—	—	—	—	—	—	—	−13. 24	−0. 61	−110. 59	−132. 45
前期差错更正	—	—	—	—	—	—	—	—	—	—	—	—
其他	—	—	—	—	—	—	—	—	—	—	—	—
二、本年年初余额	300 000. 00	—	—	—	135 134. 31	—	2 551. 01	—	55 313. 93	61 089. 77	140 439. 13	694 528. 14
三、本年增减变动金额（减少以“−”号填列）	120 000. 00	—	—	—	49 213. 04	—	−1 568. 73	—	5 511. 38	3 727. 90	−52 443. 68	124 439. 91
（一）综合收益总额	—	—	—	—	—	—	−1 568. 73	—	—	—	55 113. 75	53 545. 02
（二）所有者投入和减少资本	30 681. 85	—	—	—	49 213. 04	—	—	—	—	—	—	79 894. 89
1. 所有者投入的普通股	30 681. 85	—	—	—	49 213. 04	—	—	—	—	—	—	79 894. 89
2. 其他权益工具持有者投入资本	—	—	—	—	—	—	—	—	—	—	—	—
3. 股份支付计入所有者权益的金额	—	—	—	—	—	—	—	—	—	—	—	—
4. 其他	—	—	—	—	—	—	—	—	—	—	—	—
（三）利润分配	—	—	—	—	—	—	—	—	5 511. 38	3 727. 90	−18 239. 28	−9 000. 00
1. 提取盈余公积	—	—	—	—	—	—	—	—	5 511. 38	—	−5 511. 38	—
2. 提取一般风险准备	—	—	—	—	—	—	—	—	—	3 727. 90	−3 727. 90	—
3. 对所有者的分配	—	—	—	—	—	—	—	—	—	—	−9 000. 00	−9 000. 00
4. 其他	—	—	—	—	—	—	—	—	—	—	—	—
（四）所有者权益内部结转	89 318. 15	—	—	—	—	—	—	—	—	—	−89 318. 15	—
1. 资本公积转增资本	—	—	—	—	—	—	—	—	—	—	—	—
2. 盈余公积转增资本	—	—	—	—	—	—	—	—	—	—	—	—
3. 盈余公积弥补亏损	—	—	—	—	—	—	—	—	—	—	—	—
4. 设定受益计划变动额结转留存收益	—	—	—	—	—	—	—	—	—	—	—	—
5. 其他综合收益结转留存收益	—	—	—	—	—	—	—	—	—	—	—	—
6. 其他	89 318. 15	—	—	—	—	—	—	—	—	—	−89 318. 15	—
（五）专项储备	—	—	—	—	—	—	—	—	—	—	—	—
1. 本期提取	—	—	—	—	—	—	—	—	—	—	—	—
2. 本期使用	—	—	—	—	—	—	—	—	—	—	—	—
（六）其他	—	—	—	—	—	—	—	—	—	—	—	—
四、本年年末余额	420 000. 00	—	—	—	184 347. 35	—	982. 27	—	60 825. 30	64 817. 67	87 995. 45	818 968. 05

法定代表人：许　斌　　　　主管会计工作负责人：朱先平　　　　会计机构负责人：王　敬

5.2 信托资产

5.2.1 信托项目资产负债汇总表

编制单位：安徽国元信托有限责任公司　　2020 年 12 月 31 日　　单位：万元

信托资产	期末余额	年初余额	信托负债和信托权益	期末余额	年初余额
信托资产：			信托负债：		
货币资金	186 532. 23	38 716. 76	交易性金融负债	—	—
拆出资金	—	—	衍生金融负债	—	—
存出保证金	—	—	应付受托人报酬	30. 09	—
交易性金融资产	14 986. 78	50 000. 00	应付托管费	1. 77	—
衍生金融资产	—	—	应付受益人收益	—	—
买入返售金融资产	4 947. 00	—	应交税费	15. 82	[illegible]78. 89
其中：买入返售证券	4 947. 00	—	应付销售服务费	—	—
买入返售信贷资产	—	—	其他应付款项	487 960. 39	440 [illegible]99. 20
应收款项	470 527. 34	442 961. 38	其他负债		
发放贷款	8 267 637. 30	11 708 307. 34	信托负债合计	487 960. 39	440 [illegible]78. 09
其中：基础产业	2 566 104. 33	5 005 901. 34	信托权益：		
房地产	366 383. 00	366 307. 00	实收信托	13 354 910. 77	17 1[illegible]6 [illegible]94. 95
其他产业	5 335 149. 97	6 336 099. 00	其中：资金信托	10 342 032. 80	13 8[illegible]8 [illegible]5. 39
可供出售金融资产	—	—	集合	3 880 052. 23	4 0[illegible]7 [illegible]9. 91
持有至到期投资	4 297 176. 27	3 945 232. 75	单一	6 461 980. 57	9 8[illegible]0 [illegible]5. 48
长期应收款	—	—	财产信托	3 012 877. 97	3 2[illegible]8 [illegible]9. 56
长期股权投资	823 007. 71	1 563 953. 71	资本公积	—	—
其中：基础产业	523 927. 00	1 153 723. 00	未分配利润	257 413. 73	20[illegible] [illegible]1. 74
房地产	—	—	信托权益合计	13 612 324. 50	17 3[illegible] [illegible]6. 69
其他产业	299 080. 71	410 230. 71			
投资性房地产	—	—			
固定资产	—	—			
无形资产	—	—			
长期待摊费用	—	—			
其他资产	35 470. 28	46 862. 84			
其中：融资租赁资产	—	—			
信托资产总计	14 100 284. 90	17 796 034. 78	信托负债及信托权益总计	14 100 284. 90	17 79[illegible] 0[illegible]. 78

单位负责人：许　斌　　财务负责人：朱先平　　会计机构负责人：王　敬

5.2.2 信托项目利润及利润分配汇总表

编制单位：安徽国元信托有限责任公司　　2020 年度　　单位：万元

项目	本年金额	上年金额
1. 营业收入	1 119 409. 62	1 253 832. 13
1. 1 利息收入	735 895. 05	915 396. 82
1. 2 投资收益	383 578. 56	338 435. 31
1. 2. 1 其中：对联营企业和合营企业投资收益	—	—
1. 3 公允价值变动收益	-64. 19	—
1. 4 租赁收入	—	—
1. 5 汇兑收益	—	—
1. 6 其他收入	0. 2	—
2. 支出	72 519. 86	111 078. 47
2. 1 营业税金及附加	3 950. 37	4 355. 60
2. 2 受托人报酬	39 500. 01	39 835. 52
2. 3 保管费	5 232. 38	6 707. 21
2. 4 投资管理费	306. 74	547. 68
2. 5 销售服务费	2 160. 18	727. 23
2. 6 交易费用	153. 86	163. 79
2. 7 资产减值损失	—	—
2. 8 其他费用	21 216. 33	58 741. 44
3. 信托净利润	1 046 889. 76	1 142 753. 66

续表

项目	本年金额	上年金额
4. 其他综合收益		
5. 综合收益	1 046 889. 76	1 [illegible]42 753. 66
6. 加：期初未分配信托利润	208 661. 74	[illegible]64 344. 50
7. 可供分配的信托利润	1 255 551. 49	1 [illegible]07 098. 16
8. 减：本期已分配信托利润	998 137. 76	1 [illegible]98 436. 42
9. 期末未分配信托利润	257 413. 73	[illegible]08 661. 74

单位负责人：许　斌　　财务负责人：朱先平　　会计机构负责人：王　敬

6. 会计报表附注

6.1 会计报表编制基准不符合会计核算基本前提的说明

报告期内公司无上述事项。

6.2 或有事项说明

报告期内公司无上述事项。

6.3 重要资产转让及其出售的说明

报告期内公司无重大资产转让及其出售。

6.4 会计报表中重要项目的明细资料

6.4.1 自营资产经营情况

6.4.1.1 按信用风险五级分类结果披露信用风险资产的期初数、期末数

信用风险资产五级分类	正常类（万元）	关注类（万元）	次级类（万元）	可疑类（万元）	损失类（万元）	信用风险资产合计（万元）	不良资产合计（万元）	不良资产率（%）
期初数	682 166.70	11 548.12	2.50	9 566.06	5 344.99	708 628.37	14 913.55	1.98
期末数	838 392.59	10 905.88	14.03	—	14 933.9	864 246.40	14 947.93	1.69

注：不良资产合计＝次级类＋可疑类＋损失类。

6.4.1.2 各项资产减值损失准备的期初数、本期计提、本期转回、本期核销、期末数

单位：万元

项目	期初数	本期计提	本期转销	其他变化	期末数
贷款损失准备	6 200.00	3 500.00	—	—	9 700.00
其他资产减值准备	3 957.18	—	—	—	5 317.86
可供出售金融资产减值准备	3 225.00	1 235.00	—	—	4 460.00
持有至到期投资减值准备	—	—	—	—	—
长期股权投资减值准备	—	—	—	—	—
坏账准备	732.18	107.88	—	—	840.06
固定资产减值准备	—	—	—	—	—
其他减值准备	—	—	—	—	—

6.4.1.3 按照投资品种分类，固有股票投资、基金投资、债券投资、股权投资等投资业务的期初数、期末数

单位：万元

项目	自营股票	基金	债券	长期股权投资	其他投资	合计
期初数	18 542.79	3 825.18	—	340 587.12	81 045.01	444 000.10
期末数	7 679.23	11 906.38	0.40	423 349.10	124 749.48	567 684.59

6.4.1.4 按投资入股金额排序，前五名的自营长期股权投资的企业名称、占被投资企业权益的比例、主要经营活动及投资收益情况等

企业名称	占被投资企业权益的比例（%）	主要经营活动	投资损益（万元）
1. 国元证券股份有限公司	13.58	证券经纪、证券买卖	18 600.22
2. 金信基金管理有限公司	31.00	基金募集、基金销售、特定客户资产管理	-213.75
3. 安徽国元基金管理有限公司	12.50	基金募集、基金销售、特定客户资产管理	111.54

6.4.1.5 前五名的自营贷款的企业名称、占贷款总额的比例和还款情况等

企业名称	占贷款总额的比例（%）	还款情况
1. 萧县交通投资有限责任公司	9.41	正常
2. 郎溪县思创科技创业园发展有限公司	8.41	正常
3. 太和县西城建设有限公司	7.08	正常
4. 宁国市宁港生态城镇投资建设有限公司	6.65	正常
5. 安徽辰航实业有限责任公司	6.18	正常

6.4.1.6 表外业务的期初数、期末数；按照代理业务、担保业务和其他类型表外业务分别披露表外业务的期初数、期末数情况

单位：万元

表外业务	期初数	期末数
担保业务	—	—
代理业务（委托业务）	—	—
其他	—	—
合计	—	—

6.4.1.7 公司当年的收入结构

收入结构	金额（万元）	占比（%）
手续费及佣金收入	37 699.77	42.82
其中：信托手续费收入	36 608.81	41.58
投资银行业务收入	1 090.96	1.24
利息收入	17 689.54	20.09
其他业务收入	155.53	0.18
其中：计入信托业务收入部分	—	—
投资收益	32 279.29	36.66
其中：股权投资收益	19 463.82	22.11
证券投资收益	7 524.98	8.55
其他投资收益	5 290.49	6.00
公允价值变动收益	144.46	0.16
营业外收入	76.14	0.09
收入合计	88 044.73	100.00

注：1. 手续费及佣金收入、利息收入、其他业务收入、投资收益、营业外收入均应为损益表中的一级科目，其中手续费及佣金收入、利息收入、营业外收入为未抵减掉相应支出的全年累计实现收入数。

2. 其他业务收入中包含汇兑收益、租赁收入等。

6.4.2 信托财产管理情况

6.4.2.1 信托资产的期初数、期末数

单位：万元

信托资产	期初数	期末数
集合	4 092 015.42	4 052 991.31
单一	10 246 357.55	6 801 952.62
财产权	3 457 661.81	3 245 340.97
合计	17 796 034.78	14 100 284.90

6.4.2.1.1　主动管理型信托业务的信托资产期初数、期末数

单位:万元

主动管理型信托资产	期初数	期末数
证券投资类	—	—
股权投资类	17 001.58	23 055.35
融资类	1 410 405.73	1 783 524.22
事物管理类	433.34	540.28
合计	1 680 412.13	2 360 652.69

6.4.2.1.2　被动管理型信托业务的信托资产期初数、期末数

单位:万元

被动管理型信托资产	期初数	期末数
证券投资类	50 000.00	—
股权投资类	1 593 401.35	788 217.66
融资类	7 477 360.89	4 892 379.03
事物管理类	4 807 840.12	4 127 067.00
合计	16 115 622.65	11 739 632.21

6.4.2.2　本年度已清算结束信托项目

6.4.2.2.1　本年度已清算结束信托项目

已清算结束的信托项目	项目个数(个)	实收信托合计金额(万元)	加权平均实际年化收益率(%)
集合类	25	921 057.00	5.19
单一类	102	4 795 376.34	5.52
财产管理类	18	4 347 817.31	1.92

注:加权平均实际年化收益率=(信托项目1的实际年化收益率×信托项目1的实收信托+…+信托项目n的实际年化收益率×信托项目n的实收信托)/(信托项目1的实收信托+…+信托项目n的实收信托)×100%。

6.4.2.2.2　本年度已清算结束的主动管理型信托项目

已清算结束的信托项目	项目个数(个)	实收信托合计金额(万元)	加权平均实际年化信托报酬率(%)	加权平均实际年化收益率(%)
证券投资类	—	—	—	—
投资类	1	20 000.00	0.89	6.94
融资类	20	288 575.00	1.25	6.56
事务管理类	—	—	—	—

注:加权平均实际年化收益率=(信托项目1的实际年化收益率×信托项目1的实收信托+…+信托项目n的实际年化收益率×信托项目n的实收信托)/(信托项目1的实收信托+…+信托项目n的实收信托)×100%。

6.4.2.2.3　本年度已清算结束的被动管理型信托项目

已清算结束的信托项目	项目个数(个)	实收信托合计金额(万元)	加权平均实际年化信托报酬率(%)	加权平均实际年化收益率(%)
证券投资类	—	—	—	—
投资类	27	2 624 561.34	0.09	5.08
融资类	76	2 745 305.00	0.11	5.71
事务管理类	21	4 385 827.30	0.02	1.96

6.4.2.3　本年度新增的信托项目

新增信托项目	项目个数(个)	实收信托合计金额(万元)
集合类	75	1 125 916.90
单一类	33	2 235 337.82
财产管理类	12	2 [illegible]02 821.69
新增合计	120	6 164 076.41
其中:主动管理型	75	1 125 916.90
被动管理型	45	5 038 159.51

注:本年新增信托项目指在本报告年度内累计新增的信托项目个数和金额,包含本年度新增并于本年度内结束的项目和本年度新增至报告期末仍在存续管理的信托项目,包含本年度开放式产品金额。

6.4.2.4　信托业务创新成果和特色业务有关情况

2020年,公司立足新发展阶段,贯彻新发展理念,加强科学谋划,推进转型创新,以切实的工作举措,积极实现公司高质量发展。

(1)以标品信托为突破口,加快转型创新。2020年,公司在改造提升传统业务的基础上,加强研究、加大投入,大力发展主动管理类、投资类及体现信托本源的新型信托业务。综合考虑业务发展的传统优势等因素,选择以固定收益类私募债产品为突破口,加快开展标品信托业务。截至2020年末,公司共发行标品信托产品6个,规模为5.87亿元,创新工作迈出了坚实有力的步伐。

(2)资产证券化业务继续保持良好发展势头。2020年,公司首单ABN项目成功发行。全年公司新增资产证券化项目9个,规模为260亿元,在行业中位列第九。截至2020年末,存续资产证券化项目19个,金额为288亿元,继续保持行业领先地位。

此外,公司积极发展家族信托、公益(慈善)信托,开展养老信托、其他财产权信托研究等,积极调动各方面资源支持业务发展。

6.4.2.5　本公司履行受托人义务情况

公司作为受托人,严格按照《中华人民共和国信托法》《信托公司管理办法》《信托公司集合资金信托计划管理办法》及信托文件对受托人义务的规定,积极履行受托职责。在管理信托财产时,恪尽职守,履行诚实、信用、谨慎、有效管理的义务,保护受益人权益。

公司将信托财产与其固有财产分别管理、分别记账,并将不同委托人的信托财产设立信托专户,单独记账,单独核算。

按照信托文件的约定,及时履行定期信托计划的信息披露及报告事项。每个信托计划设立后5个工作日内,在公司网站发布成立公告。并按照信托合同的约定,定期发布信托项目管理报告。信托合同终止时,根据信托合同的约定,向受益人支付信托财产及收益。同时,在信托终止后10个工作日内作出处理信托事务的清算报告。

妥善保管处理信托事务的完整记录、原始凭证及有关资料,保存期自本信托终止之日起15年。同时对委托人、受益人及处理信托事务的情况和资料依法保密。

2020年,公司制定实施了《消费者权益保护管理办法》《销售专区及录音录像管理规定》《消费投诉处理管理办法》《信访管理办法》等制度规定,不断建立健全消费者权益保护制度体系,明确相关工作的职责分工与办理流程。公司严格落实监管

要求和展业规范，切实做好维护金融消费者权益相关工作。一是严格执行“双录”制度，在投资者签订风险申明书时，进行风险提示，严防销售风险；保护买卖双方的合法权益；妥善保管处理信托事务的完整记录、原始凭证及有关资料，同时对委托人、受益人及处理信托事务的情况和资料依法保密。二是认真开展常态化宣传，积极组织多项金融知识宣传教育活动，向社会投资者普及金融知识。三是完善投诉机制建设，建立了来电、来函、来访等多种投诉渠道，提高投诉渠道的畅通性和有效性，明确客户投诉受理部门及投诉处理流程等，切实保护消费者合法权益。

报告期内，公司管理的信托项目运作正常，全年到期清算信托项目 149 个，资金规模为 995.61 亿元，未出现因公司自身责任而导致信托资产损失情况，信托业务稳健发展。

6.5 关联方关系及其交易的披露

6.5.1 关联交易方的数量、关联交易的总金额及关联交易的定价政策等

项目	关联交易方数量（个）	关联交易金额（万元）	定价政策
合计	16	135 806.35	市场公允价

6.5.2 关联交易方与本公司的关系性质，关联交易方的名称、法定代表人，注册地址、注册资本及主营业务等

关系性质	关联方名称	法定代表人	注册地址	注册资本（万元）	主营业务
持有公司 49.6933% 股权的实际控制人	安徽国元金融控股集团有限责任公司	方旭	安徽省合肥市蜀山区梅山路 18 号	600 000	经营国家授权的集团公司及所属控股企业全部国有资产和国有股权，资本运营，资产管理，收购兼并，资产重组，投资咨询。
同受母公司控制	安徽国元投资有限责任公司	沈和付	安徽省合肥市庐阳区宿州路 20 号	190 000	股权、债权、产业投资管理及咨询，高新技术及产品开发、转让、销售，房地产租赁服务，物业管理，企业财务顾问，企业资产重组、兼并咨询服务，机械设备租赁服务，资产管理及转让咨询服务，商务信息咨询服务，金融信息咨询服务。
同受母公司控制、公司持有股权 13.02%	国元证券股份有限公司	俞仕新	安徽省合肥市梅山路 18 号	436 377.7891	证券的代理买卖、证券自营买卖、证券承销、证券投资咨询、客户资产管理等。
同受母公司控制	国元期货有限公司	洪明	北京市东城区东直门外大街 46 号 1 号楼 19 层 1901，9 层 906、908B	60 969.46	商品期货经纪、金融期货经纪、期货投资咨询、资产管理。
同受母公司控制、公司持有 12.5% 股权	安徽国元基金管理有限公司	陈益民	安徽省合肥高新技术产业开发区创新大道 2800 号合肥创新产业园二期 E1 栋 856 室	10 000	受托管理股权投资基金企业的投资业务、资产经营管理、投资管理。
同受母公司控制	安徽国元种子投资基金有限公司	陈益民	安徽省合肥高新技术产业开发区创新大道 2800 号合肥创新产业园二期 E1 栋 855 室	100 000	股权投资、基金投资、债权及其他投资、投资顾问、投资管理、投资咨询、资产管理。
同受母公司控制、同一法定代表人	安徽省农业产业化发展基金有限公司	许斌	合肥市包河区锦绣大道与黑龙江路交口（滨湖金融小镇）	280 000	创业投资、股权投资、投资顾问、投资管理、投资咨询。
同受母公司控制	巢湖国元小额贷款有限公司	陈联	安徽省合肥市巢湖经济开发区金山路 12 号标准厂房 208 室	10 000	许可经营项目：小额贷款发放。一般经营项目：中小企业财务咨询服务。
同受母公司控制	安徽国元创投有限责任公司	李向军	安徽省合肥市经济技术开发区翠微路 6 号海恒大厦 316#、318#	50 000	创业投资及咨询，为创业企业提供创业管理服务业务；参加设立创业投资企业与创业投资管理顾问，股权管理咨询。
同受母公司控制	安徽国元资本有限责任公司	陈益民	安徽省合肥市望江西路 860 号科技创新服务中心 B 座 12 楼	120 000	一般经营项目：资本经营管理，兴办经济实体，物业管理，物业代理，投资咨询服务，房屋租赁。
同受母公司控制	芜湖国元小额贷款有限责任公司	吴述兵	安徽省芜湖市镜湖区镜街 99 金鼎 2601	10 000	发放小额贷款、小企业发展管理、财务咨询。
同受母公司控制	安徽省股权托管交易中心有限责任公司	陈益民	安徽省合肥市高新区望江西路 860 号科技创新服务中心 B 座 13 楼	20 000	一般经营项目：办理各类非上市企业股权集中登记托管，并提供确权、非交易过户、挂失、查询、分红派息和股权质押登记服务；为股权、债权和其他权益类产品的挂牌、转让、融资、登记、托管、结算提供场所、设施和服务；为企业债权备案与交易、理财产品交易金融产品交易提供服务；为企业改制、重组、并购、上市、投资提供业务咨询服务；与上述经营范围相关的产品和服务的信息发布；其他经监管部门核准的业务。
同受母公司控制	芜湖国信大酒店有限公司	董帮琪	中国（安徽）自由贸易试验区芜湖片区浦江路 5 号	3 000	客房、餐饮、桑拿、美容美发、娱乐服务，日用百货销售，瓶装酒、烟零售，房屋及场地租赁、办公设备租赁、车辆租赁，农副产品收购（除粮、棉、油），洗衣、健身、会务服务，食堂后勤服务，酒店管理与培训咨询，养老服务咨询。
公司持有 31% 股权并有重大影响	金信基金管理有限公司	殷克胜	深圳市前海深港合作区前湾一路 1 号 A 栋 201 室	10 000	基金募集、基金销售、特定客户资产管理、资产管理和中国证监会许可的其他业务。
公司持有 7.43% 股权并有重大影响	安徽天长农村商业银行股份有限公司	贾信相	安徽省天长市城东新区永福东路 8 号	66 682.1244	吸收公众存款，发放短期、中期和长期贷款，办理国内结算，办理票据承兑和贴现，从事借记卡业务，代理发行、代理兑付、承销政府债券，买卖政府债券、金融债券，从事同业拆借，代理收付款项及代理保险业务，提供保险箱服务，办理经中国银行业监督管理机构批准的其他业务。

续表

关系性质	关联方名称	法定代表人	注册地址	注册资本（万元）	主营业务
同受母公司间接控制	马鞍山国元融资担保有限责任公司	虞舒捷	马鞍山市雨山区雨山西路 497 号安基大厦 5 楼	10 000	主营贷款担保，票据承兑担保，贸易融资担保，项目融资担保，信用证担保业务；兼营诉讼保全担保，投标担保、预付款担保、工程履约担保、尾付款如约偿付担保等履约担保业务，与担保业务有关的融资咨询、财务顾问中介服务，以自有资金进行投资业务。

6.5.3 本公司与关联方的重大交易事项

6.5.3.1 固有与关联方交易情况：贷款、投资、租赁、应收账款、担保、其他方式等期初汇总数、本期发生额汇总数、期末汇总数

单位：万元

固有与关联方关联交易				
项目	期初数	借方发生额	贷方发生额	期末数
贷款	—	—	—	—
投资	8 784	7 201	2 062	13 923
租赁	—	—	—	—
担保	—	—	—	—
应收账款	—	—	—	—
其他	664	74 371	164	74 871
合计	9 448	81 572	2 226	88 794

6.5.3.2 信托与关联方交易情况：贷款、投资、租赁、应收账款、担保、其他方式等期初汇总数、本期发生额汇总数、期末汇总数

单位：万元

信托与关联方关联交易				
项目	期初数	借方发生额	贷方发生额	期末数
贷款	—	—	—	—
投资	93 090	45 900	73 029	65 961
租赁	—	—	—	—
担保	—	—	—	—
应收账款	—	—	—	—
其他	—	—	—	—
合计	93 090	45 900	73 029	65 961

6.5.3.3 信托公司自有资金运用于自己管理的信托项目（固信交易）、信托公司管理的信托项目之间的相互（信信交易）交易金额，包括余额和本报告年度的发生额

6.5.3.3.1 固有财产与信托财产之间的交易金额期初汇总数、本期发生额汇总数、期末汇总数

单位：万元

固有财产与信托财产相互交易			
项目	期初数	本期发生额	期末数
合计	23 723.00	27 352.00	51 075.00

6.5.3.3.2 信托项目之间的交易金额期初汇总数、本期发生额汇总数、期末汇总数

单位：万元

信托资产与信托财产相互交易			
项目	期初数	本期发生额	期末数
合计	38 685.00	-1 318.00	37 367.00

6.5.4 关联方逾期未偿还公司资金的详细情况及公司为关联方担保发生或即将发生垫款的详细情况

报告期内公司无上述事项。

6.6 会计制度的披露

公司固有业务自 2008 年 1 月 1 日起执行财政部 2006 年颁布的《企业会计准则》。

公司信托业务自 2010 年 1 月 1 日起执行财政部 2006 年颁布的《企业会计准则》。

7. 财务情况说明书

7.1 利润实现和分配情况

2020 年，公司实现净利润 55 113.75 万元，加上年初未分配利润为 140 439.13 万元，可供分配利润为 195 552.88 万元。根据法律法规要求和公司股东会决议，以未分配利润转增实收资本 89 318.15 万元，支付普通股股利 9 000 万元，提取法定盈余公积金 5 511.38 万元，提取信托赔偿金 2 755.69 万元，提取一般准备金 972.21 万元，年末未分配利润为 87 995.45 万元。

7.2 主要财务指标

指标名称	指标值
资本利润率（%）	7.31
加权年化信托报酬率（%）	0.10
人均净利润（万元）	332.76

注：1. 资本利润率 = 净利润/所有者权益平均余额 ×100%。

2. 加权年化信托报酬率 =（信托项目 1 的实际年化信托报酬率 × 信托项目 1 的实收信托 + 信托项目 2 的实际年化信托报酬率 × 信托项目 2 的实收信托 + … + 信托项目 n 的实际年化信托报酬率 × 信托项目 n 的实收信托）/（信托项目 1 的实收信托 + 信托项目 2 的实收信托 + … + 信托项目 n 的实收信托）×100%。

3. 人均净利润 = 净利润/年平均人数。

4. 平均值采取年初、年末余额简单平均法，公式为 a（平均）=（年初数 + 年末数）/2。

7.3 对本公司财务状况、经营成果有重大影响的其他事项

无。

8. 特别事项揭示

8.1 前五名股东报告期内变动情况及原因

为进一步增强公司资本实力，保障公司持续稳定健康发展，公司通过募集资金和以未分配利润转增股本的方式增加注册资本金。2020 年 9 月 4 日，公司召开 2019 年度股东会，审

议通过《关于增加公司注册资本金的议案》，同意安徽安振产业投资集团有限公司参加本次现金增资，增资后，安徽安振产业投资集团有限公司持有公司股份4.5864%。前五大股东变更为安徽国元金融控股集团有限责任公司、深圳中海投资管理有限公司、安徽皖投资产管理有限公司、安徽安振产业投资集团有限公司、安徽皖维高新材料股份有限公司。

根据公司股东深圳中海投资管理有限公司母公司中国建筑股份有限公司安排，经公司股东会2019年第一次临时会议及2020年第三次临时会议审议批准，《中国银保监会安徽监管局关于国元信托公司变更股权的批复》（皖银保监复〔2021〕33号）同意，公司股东深圳中海投资管理有限公司将其持有的公司36.6289%股权转让给中国建筑股份有限公司全资子公司中建资本控股有限公司，并于2021年2月24日完成了相关工商变更登记。

8.2 董事、监事及高级管理人员变动情况及原因

2020年6月11日，经公司董事会2020年第三次临时会议审议和表决通过，魏世春先生辞去公司副总裁职务，聘任潘卫权先生担任公司副总裁，2020年9月，经安徽银保监局审查核准，潘卫权先生正式任职。

2020年8月30日，经国元金控集团党委2020年第十九次会议研究决定，董鸿宾先生担任公司党委副书记。

8.3 变更注册资本、变更注册地或公司名称、公司分立合并事项

报告期内，经公司2019年度股东会审议同意，公司注册资本由30亿元变更为42亿元。此项变更经安徽银保监局审核批准，并于2020年11月3日完成了工商注册变更登记。

报告期内，公司注册地和公司名称未发生变更，未发生分立合并事项。

8.4 公司的重大诉讼事项

报告期内，公司无重大诉讼事项。

8.5 公司及其董事、监事和高级管理人员受到处罚的情况

报告期内，公司及其董事、监事和高级管理人员未发生受到处罚的情况。

8.6 中国银保监会及其派出机构对公司检查的整改情况

2020年，安徽银保监局对公司开展了现场检查，并下发了《监管意见书》（〔2020〕32号）和《检查意见书》（〔2020〕6号）。

公司高度重视监管部门提出的意见，召开党委会、总裁办公会研究部署相关工作，根据分工切实制定整改措施，严格按照整改时限完成整改工作，并建立整改台账，实行销号管理，及时报送整改工作进展情况，并将监管要求作为2020年经营发展的重要指导原则，积极实现公司的可持续发展。

8.7 本年度重大事项临时报告的简要内容、披露时间、所披露的媒体及其版面

2020年11月7日，公司在《上海证券报》信息披露第9版刊登了以下重大事项临时报告内容。

（1）经公司2019年度股东会审议同意，公司注册资本由30亿元增加至42亿元，通过募集现金和以未分配利润转增股本的方式增加注册资本金。其中，向原股东及新股东安徽安振产业投资集团有限公司共募集现金79 894.8864万元，募集价格按评估基准日（2019年12月31日）经备案的资产评估结果781 193.67万元计算。增资完成后股东出资额及出资比例如下：安徽国元金融控股集团有限责任公司出资2 087 117 337.89元，持股比例为49.6933%；深圳中海投资管理有限公司出资1 538 412 229.62元，持股比例为36.6289%；安徽皖投资产管理有限公司出资342 927 803.51元，持股比例为8.1649%；安徽安振产业投资集团有限公司出资192 650 780.36元，持股比例为4.5869%；安徽皖维高新材料股份有限公司出资26 253 047.56元，持股比例为0.6251%；安徽新力金融股份有限公司出资7 875 914.90元，持股比例为0.1875%；安徽省信用担保集团有限公司出资2 381 443.08元，持股比例为0.0567%；安徽国生电器有限责任公司出资2 381 443.08元，持股比例为0.0567%。

（2）鉴于公司注册资本、股权结构及公司股东名册发生变更，股东会同时对公司章程进行了修订。

此次公司注册资本变更等事项已经中国银保监会安徽监管局审核批准，并于2020年11月3日完成了工商注册变更登记。

8.8 中国银保监会及其省级派出机构认定的其他有必要让客户及相关利益人了解的重要信息

报告期内，公司已按有关规定充分披露相关信息，无银保监会及其省级派出机构认定的其他有必要让客户及相关利益人了解的重要信息。

安信信托股份有限公司

1. 重要提示

1.1 2020年度报告摘要来自年度报告全文，为全面了解本公司的经营成果、财务状况及未来发展规划，投资者应当到上海证券交易所网站等中国证监会指定媒体上仔细阅读年度报告全文。

1.2 公司董事会、监事会及董事、监事、高级管理人员保证年度报告内容的真实、准确、完整，不存在虚假记载、误导性陈述或重大遗漏，并承担个别和连带的法律责任。

1.3 公司全体董事出席董事会会议。

1.4 立信会计师事务所(特殊普通合伙)为公司出具了保留意见的审计报告，公司董事会、监事会对相关事项已有详细说明，请投资者注意阅读。

1.5 经董事会审议的报告期利润分配预案或公积金转增股本预案

经立信会计师事务所(特殊普通合伙)审计确认，公司2020年实现归属于母公司股东的净利润为 -673 800.28 万元，期末可供分配利润为 -940 361.52 万元。

鉴于公司2020年的净利润为负数，根据公司章程的有关规定，综合考虑公司发展阶段和下一步经营需要，2020年公司不进行利润分配，也不进行资本公积金转增股本。

2. 公司概况

2.1 公司简介

公司股票简况				
股票种类	股票上市交易所	股票简称	股票代码	变更前股票简称
A股	上海证券交易所	安信信托	600816	鞍山信托

联系人和联系方式	董事会秘书	证券事务代表
姓名	王岗	—
办公地址	上海市黄浦区广东路689号海通证券大厦29楼	—
电话	021-63410710	—
电子信箱	600816@anxintrust.com	—

2.2 报告期公司主要业务简介

公司目前经营的主要业务包括固有业务和信托业务。

2.2.1 主要业务

2.2.1.1 固有业务

固有业务是指信托公司运用自有资本开展的业务，主要包括但不限于贷款、租赁、投资、同业存放、同业拆放等。公司的固有业务包括固有资金存贷款及投资业务。该类业务由公司内设的固有业务部负责。

报告期内，公司的利息收入及投资收益情况如下：

单位：万元

项目	2020年	2019年	2018年
利息净收入	-108 078.47	-34 988.52	1 390.81
其中：利息收入	5 688.98	11 009.00	72 489.90
利息支出	113 767.45	45 997.52	71 099.09
投资收益	119.51	-28 723.49	-8 527.50
公允价值变动收益	-42 844.54	1 301.75	-126 179.00

2.2.1.2 信托业务

信托业务是指公司作为受托人，按照委托人意愿以公司名义对受托的货币资金或其他财产进行管理或处分，并从中收取手续费的业务。公司的信托业务主要由其下设的各信托业务部门负责开展经营。

报告期内，公司与信托业务相关的收入体现在手续费及佣金收入中，具体情况如下：

单位：万元

项目	2020年	2019年	2018年
手续费及佣金收入	24 132.79	36 805.01	155 974.19
其中：信托报酬	23 977.98	35 808.50	153 994.72
手续费及佣金支出	—	1 141.21	2 221.35
手续费及佣金净收入	24 132.79	35 663.80	153 752.84

2.2.2 公司的经营模式

公司以基于产业的主动管理信托业务为核心主业，以“实业投行”为战略定位，以产融结合的模式和股债联动的投资方式，灵活运用多种创新金融工具，根据不同产业及企业的特性，致力于在资产端为实业企业提供全方位、个性化的创新金融服务方案，在客户端提供多元化、多层次的投资理财产品，构建连通资产管理与财富管理的桥梁，以客户为中心着力打造信托行业特色的“财富管理平台”。

固有业务以自有资金服务主业为宗旨，以安全性、流动性、低风险性为投资原则，布局具备成长性的优质金融资产，在获取稳定投资收益的同时谋求协同发展效应。

2.3 公司主要会计数据和财务指标

2.3.1 近3年的主要会计数据和财务指标

项目	2020年	2019年	本年比上年增减(%)	2018年
总资产	19 932 118 143.30	20 793 667 846.30	-4.14	31 536 201 940.49
营业收入	—	—	—	278 559.41
扣除与主营业务无关的业务收入和不具备商业实质的收入后的营业收入	298 217 735.22	—	—	—
归属于上市公司股东的净利润	-6 738 002 833.36	-3 992 827 810.26	-68.75	-1 832 796 150.45
归属于上市公司股东的扣除非经常性损益的净利润	-5 814 069 548.47	-3 988 170 584.24	-45.78	-1 997 225 417.68
归属于上市公司股东的净资产	892 905 150.86	7 630 907 984.22	-88.30	12 011 949 119.20
经营活动产生的现金流量净额	477 283 511.59	703 308 790.38	-32.14	-2 534 048 351.03
基本每股收益(元/股)	-1.2320	-0.7301	-68.74	-0.3351
稀释每股收益(元/股)	-1.2320	-0.7301	-68.74	-0.3351
加权平均净资产收益率(%)	-158.10	-41.55	减少116.55个百分点	-13.54

2.3.2 报告期分季度的主要会计数据

单位:元

项目	第一季度(1—3月)	第二季度(4—6月)	第三季度(7—9月)	第四季度(10—12月)
营业收入				
营业总收入	45 395 865.02	26 857 695.63	44 996 297.12	180 967 877.45
归属于上市公司股东的净利润	-665 452 527.79	-2 191 036 431.00	-958 559 196.35	-2 922 954 678.22
归属于上市公司股东的扣除非经常性损益后的净利润	-665 302 527.79	-1 948 747 361.84	-741 286 624.47	-2 458 733 034.37
经营活动产生的现金流量净额	171 948 432.03	2 296 180 670.89	13 867 526.84	-2 004 713 118.17

2.4 股本及股东情况

2.4.1 普通股股东和表决权恢复的优先股股东数量及前10名股东持股情况

截至报告期末普通股股东总数(户)	84 048
年度报告披露日前上一月末的普通股股东总数(户)	77 739
截至报告期末表决权恢复的优先股股东总数(户)	—
年度报告披露日前上一月末表决权恢复的优先股股东总数(户)	—

前10名股东持股情况

股东名称(全称)	报告期内增减(股)	期末持股数量(股)	比例(%)	持有有限售条件的股份数量(股)	质押或冻结情况		股东性质
					股份状态	数量(股)	
上海国之杰投资发展有限公司	—	2 867 929 342	52.44	204 847 399	冻结	2 017 929 342	境内非国有法人
瀚博汇鑫(天津)投资有限公司	—	159 325 756	2.91	—	质押	159 325 756	境内非国有法人
上海公信实业有限公司	-21 264 000	159 305 777	2.91	—	无	—	境内非国有法人
山东岚桥港有限公司	—	136 564 932	2.50	—	质押	136 564 932	境内非国有法人
中国证券金融股份有限公司	-136 534 938	104 826 000	1.92	—	无	—	国有法人
梁建业	-652 200	52 914 317	0.97	—	无	—	境内自然人
湘财证券股份有限公司	-37 003 906	26 747 502	0.49	—	无	—	境内非国有法人
上海方圆达创投资合伙企业(有限合伙)—方圆—东方43号私募投资基金	3 638 300	18 234 200	0.33	—	无	—	其他
上海方圆达创投资合伙企业(有限合伙)—方圆—东方8号私募投资基金	—	17 182 080	0.31	—	无	—	其他
陈绍明	14 000 000	14 000 000	0.26	—	无	—	境内自然人
上述股东关联关系或一致行动的说明	公司股东中上海国之杰投资发展有限公司为公司实际控制人高天国先生控制的企业,其余股东公司未知是否存在关联关系及一致行动的情况。						
表决权恢复的优先股股东及持股数量的说明	—						

2.4.2 公司与控股股东之间的产权及控制关系

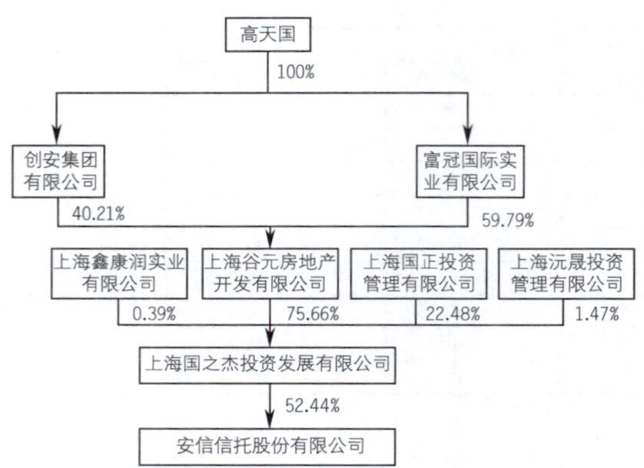

3. 经营情况讨论与分析

2020 年度公司实现营业总收入 29 821.77 万元，同比降幅为 37.63%；实现归属于母公司所有者的净利润为 -673 800.28 万元，同比降幅为 68.75%。截至 2020 年 12 月 31 日，公司总资产为1 993 211.81万元，较 2020 年初减少 86 154.97 万元；归属于母公司所有者权益为 89 290.52 万元，较 2020 年初减少 673 800.28万元；截至 2020 年 12 月 31 日，公司每股净资产为 0.1633 元，资产负债率为 91.97%。

3.1 固有业务方面

公司 2020 年固有业务收入比上年有较大幅度下滑，主要原因是受资本市场波动的影响，公司持有的交易性金融资产公允价值下降、部分金融资产需要计提减值准备，主要资产为公司自营证券及参与的各类定向增发类资产等，受期末股价下跌影响，公允价值下降。

3.2 信托业务方面

截至报告期末，存续信托项目 248 个，受托管理信托资产规模为 1 614.23 亿元；已完成清算的信托项目 47 个，清算信托规模为 97.33 亿元；新增设立信托项目 1 个，新增信托规模为 0.05 亿元。其中，新增单一类信托项目 1 个，实收信托规模为 0.05 亿元。

3.3 积极配合和推动重组和风险化解工作

2020 年 3 月，公司在有关部门的指导下，筹划风险化解重大事项，股票自 2020 年 3 月 31 日起停牌，并于 6 月 1 日复牌。停牌期间，在有关部门的指导下，公司严格按照相关法律、法规及规范性文件的要求，积极推进风险化解重大事项的各项工作，并与相关各方就风险化解方案积极开展沟通和磋商等工作；随后根据有关部门和工作组的安排继续开展重组和风险化解工作，目前相关各方正就本次重组开展商务谈判。

3.4 加强诉讼力量，妥善应对诉讼事项

自 2019 年以来，公司因前期信托业务中存在保底承诺引发大量诉讼，随着案件的快速增长，前期公司诉讼力量不足制约了对诉讼案件的有效应对。2020 年，在重组工作组的指导下，公司诉讼管理工作得以加强并逐步规范，诉讼保全领导小组、工作小组、资产保全部团队配置基本到位。2020 年公司依据法律规定程序，积极行使诉讼权利，应对部分被诉案件，同时作为原告发起了对部分债务人的诉讼，目前各项诉讼工作正在有条不紊地推进。

3.5 开展内控缺陷整改，加强内部控制和风险管理

2019 年《内部控制审计报告》显示，公司内部控制存在公司在签署远期回购协议或出具流动性支持函过程中，未按照业务审批及用印管理的内部管理制度履行审批程序，造成内控失效。针对上述重大缺陷，公司高度重视、认真整改，采取多项措施加强业务审批流程管理：一是取消了线下纸质审批流程，业务审批流程全部在 OA 系统完成；二是强化了用印过程双人复核；三是对负有审核职责的核心岗位员工加强了合规教育。2020 年，相关整改措施已经落实到位，造成印鉴管理授权审批各环节失效的因素已经消除。

2020 年，公司以风险化解、资产清收处置为核心工作，坚持合规经营、严控风险的指导思想，在查找现有内控工作薄弱环节的基础上，将内部控制和风险管理贯穿于业务开展的整个过程，进行全流程的合规风险识别、评估、监测、报告和管理，从源头把控合规风险。

一是公司加强内控合规制度建设和内部控制状况的自我评估，着力查找当前规章制度之间衔接不顺、职能不清和过度控制等问题，以及因薄弱环节而产生的合规风险点，及时监督整改，做到边查边改，进一步完善《合规风险管理制度》《全面风险管理办法》《信托业务风险控制管理办法》等合规基本管理制度，并加强上述制度之间的衔接性、落实情况的自查和不断调适，形成“发现—反馈—整改—提升”的良性循环工作机制。

二是公司加强各项业务的内控管理排查力度，对规章制度与业务流程的合法合规性、业务关键环节与关键岗位的合规风险防范、控制与纠正等方面进行自查、检查，并就检查情况形成报告，评价内部控制的有效性，及时发现风险敞口并制定整改措施切实整改落实到位。

三是公司进一步加强对重大项目风险管理的力度和深度，对涉及的法律条件、法律安排、信用风险、操作风险隐患和漏洞，以及相关的规避措施和防范手段等客观独立地进行审查，完善有关工作方案，为经营决策提供参考依据，监督业务部门对风险管理采取有效的控制措施，保障公司经营管理和重大决策的合法合规。

4. 审计意见

一、保留意见

我们审计了安信信托股份有限公司（以下简称安信信托）财务报表，包括 2020 年 12 月 31 日的合并及母公司资产负债表，2020 年度的合并及母公司利润表、合并及母公司现金流量表、合并及母公司所有者权益变动表及相关财务报表附注。

我们认为，除“形成保留意见的基础”部分所述事项可能产生的影响外，后附的财务报表在所有重大方面按照企业会计准则的规定编制，公允反映了安信信托2020年12月31日的合并及母公司财务状况及2020年度的合并及母公司经营成果和现金流量。

二、形成保留意见的基础

如财务报表附注十四(二)所述，安信信托存在以签署《信托受益权转让协议》《框架合作协议》或出具流动性支持函等形式提供保底承诺等事项的情况。由于保底承诺等事项相关文件未履行安信信托相关制度规定的用印审批流程，我们无法确认保底承诺等事项信息的完整性。截至2020年12月31日，安信信托因提供保底承诺等原因引发诉讼50宗，涉诉本金184.91亿元。如财务报表附注七(五十二)所述，2020年12月31日，安信信托管理层针对其中二审未决的诉讼计提了预计负债；针对一审未判决的诉讼及未进入司法程序的保底承诺等事项，因无法判断承担相应保底承诺义务或其他相关责任的可能性，安信信托管理层未就这些事项确认预计负债。由于各地各级法院对安信信托保底承诺等事项的责任裁定存在差异，我们无法就安信信托因保底承诺等事项可能导致的损失金额获取充分、适当的审计证据，也无法确定是否有必要对相关财务报表金额及披露进行调整。由于提供保底承诺等事项影响安信信托对相关结构化主体控制权的评估和判断，因此，我们也无法就安信信托纳入合并报表的结构化主体的完整性获取充分、适当的审计证据。

我们按照中国注册会计师审计准则的规定执行了审计工作。审计报告的“注册会计师对财务报表审计的责任”部分进一步阐述了我们在这些准则下的责任。按照中国注册会计师职业道德守则，我们独立于安信信托，并履行了职业道德方面的其他责任。我们相信，我们获取的审计证据是充分、适当的，为发表保留意见提供了基础。

三、与持续经营相关的重大不确定性

我们提醒财务报表使用者关注，如财务报表附注四(二)所述，安信信托2018年度、2019年度及2020年度连续发生重大亏损；2020年12月31日的逾期固有业务负债余额为66.28亿元。

安信信托2020年年报披露：“公司在有关部门指导下筹划风险化解重大事项。在有关部门的指导下，公司严格按照相关法律、法规及规范性文件的要求，积极推进风险化解重大事项的各项工作，并与相关各方就风险化解方案积极开展沟通和磋商等工作；随后根据有关部门和工作组的安排继续开展重组和风险化解工作，目前相关各方正就本次重组开展商务谈判。对于相关涉诉案件公司将依法积极应诉，维护公司合法权益，本年度公司将继续推进有关重大事项，争取妥善化解风险，早日回归正常经营。”

这些事项和情况，连同财务报表附注四(二)所示的其他事项，表明存在可能导致对安信信托持续经营能力产生重大疑虑的重大不确定性。该事项不影响已发表的审计意见。

四、关键审计事项

关键审计事项是我们根据职业判断，认为对本期财务报表审计最为重要的事项。这些事项的应对以对财务报表整体进行审计并形成审计意见为背景，我们不对这些事项单独发表意见。除“形成保留意见的基础”部分和“与持续经营相关的重大不确定性”部分所述事项外，我们确定下列事项是需要在审计报告中沟通的关键审计事项。

关键审计事项	该事项在审计中是如何应对的
1. 以摊余成本计量的金融资产减值	
事项描述 请参阅财务报表附注七(十四)、(十五)。截至2020年12月31日，安信信托发放贷款和垫款、债权投资账面价值分别为23.56亿元和10.99亿元，占合并总资产的比例为17.33%，其中发放贷款和垫款账面余额和预期信用损失准备余额分别为96.54亿元和72.98亿元，债权投资账面余额和预期信用损失准备余额分别为32.43亿元和21.44亿元。 发放贷款和垫款、债权投资信用损失准备余额反映了管理层在资产负债表日采用《企业会计准则第22号——金融工具确认和计量》预期信用损失模型，对相关金融资产预期信用损失的最佳估计。 管理层通过评估发放贷款和垫款、债权投资的信用风险自初始确认后是否显著增加，运用三阶段减值模型计量预期信用损失。 预期信用损失计量模型包含重大管理层判断和假设，安信信托就预期信用损失计量建立了相关流程和控制。 考虑到安信信托发放贷款和垫款、债权投资金融资产的识别和损失准备评估过程均涉及重大的管理层判断，该事项被确定为关键审计事项。	审计应对 我们对发放贷款和垫款、债权投资的减值评估和减值计算相关内部控制设计和运行的有效性进行了评估和测试，这些控制包括预期信用损失模型选择、参数估计、信用风险显著增加、违约和已发生信用损失减值判断及前瞻性调整的过程审批。 我们抽取样本，就借款人财务状况、非财务信息及其他因素方面复核管理层作出的评估结果是否合理。 我们针对部分项目信托资金来源和使用，获取并检查相关内部文件；获取并检查安信信托固有资金受让信托受益权相关文件，包括信托内部签报表、受益权转让登记确认单、资金划付审批流程；函证确认信托资金使用用途与交易对手签订的合同约定用途一致；访谈信托经理及相关方。 我们复核了管理层对前瞻性计量的方法和结果。 基于上述审计程序结果，现有证据能够支持管理层在发放贷款和垫款、债权投资减值评估中所采取的方法。
2. 手续费及佣金收入	
事项描述 请参阅财务报表附注七(六十四)。2020年，安信信托确认手续费及佣金收入为2.41亿元，较上年同期下降34.43%，其中信托报酬为2.40亿元，占比为99.36%。安信信托管理层对公司管理的信托计划交易对手状况、可供分配信托利益等因素进行评估，认为由于公司管理的部分信托计划交易对手未能正常按照合同约定支付信托报酬，虽然公司根据信托合同约定有提取信托报酬的权利，但是暂无充足证据表明相关信托报酬能如期收到，安信信托对该等项目未确认或未足额确认信托报酬。 考虑到安信信托的信托报酬评估过程涉及重大的管理层判断，该事项被确定为关键审计事项。	审计应对 我们对信托报酬的提取和确认相关内部控制设计和运行的有效性进行了评估和测试。 对超过一定规模的信托计划，获取并阅读信托合同、交易合同、投贷后管理报告等文件主要条款，并执行重新计算程序。 获取未足额提取信托报酬项目清单，了解分析未足额提取信托报酬的原因。 抽取一定比例的项目，对交易对手进行函证、走访，了解信托项目底层资产质量，核实安信信托管理层对信托项目的判断。 基于上述审计程序结果，现有证据能够支持管理层对信托报酬确认的判断和估计。

五、其他信息

安信信托管理层(以下简称管理层)对其他信息负责。其他信息包括安信信托2020年年度报告中涵盖的信息，但不包括财务报表和我们的审计报告。

我们对财务报表发表的审计意见不涵盖其他信息，我们也不对其他信息发表任何形式的鉴证结论。

结合我们对财务报表的审计，我们的责任是阅读其他信息，在此过程中，考虑其他信息是否与财务报表或我们在审计过程中了解到的情况存在重大不一致或者似乎存在重大错报。

基于我们已执行的工作，如果我们确定其他信息存在重大错报，我们应当报告该事实。如上述“形成保留意见的基础”部分所述，我们无法就安信信托因提供保底承诺等事项导致的影响获取充分、适当的审计证据。因此，我们无法确定与该事项相关的其他信息是否存在重大错报。

六、管理层和治理层对财务报表的责任

管理层负责按照企业会计准则的规定编制财务报表，使其实现公允反映，并设计、执行和维护必要的内部控制，以使财务报表不存在由于舞弊或错误导致的重大错报。

在编制财务报表时，管理层负责评估安信信托的持续经营能力，披露与持续经营相关的事项（如适用），并运用持续经营假设，除非计划进行清算、终止运营或别无其他现实的选择。

治理层负责监督安信信托的财务报告过程。

七、注册会计师对财务报表审计的责任

我们的目标是对财务报表整体是否不存在由于舞弊或错误导致的重大错报获取合理保证，并出具包含审计意见的审计报告。合理保证是高水平的保证，但并不能保证按照审计准则执行的审计在某一重大错报存在时总能发现。错报可能由于舞弊或错误导致，如果合理预期错报单独或汇总起来可能影响财务报表使用者依据财务报表作出的经济决策，则通常认为错报是重大的。

在按照审计准则执行审计工作的过程中，我们运用职业判断，并保持职业怀疑。同时，我们也执行以下工作：

（1）识别和评估由于舞弊或错误导致的财务报表重大错报风险，设计和实施审计程序以应对这些风险，并获取充分、适当的审计证据，作为发表审计意见的基础。由于舞弊可能涉及串通、伪造、故意遗漏、虚假陈述或凌驾于内部控制之上，未能发现由于舞弊导致的重大错报的风险高于未能发现由于错误导致的重大错报的风险。

（2）了解与审计相关的内部控制，以设计恰当的审计程序。

（3）评价管理层选用会计政策的恰当性和作出会计估计及相关披露的合理性。

（4）对管理层使用持续经营假设的恰当性得出结论。同时，根据获取的审计证据，就可能导致对安信信托持续经营能力产生重大疑虑的事项或情况是否存在重大不确定性得出结论。如果我们得出结论认为存在重大不确定性，审计准则要求我们在审计报告中提请报表使用者注意财务报表中的相关披露；如果披露不充分，我们应当发表非无保留意见。我们的结论基于截至审计报告日可获得的信息。然而，未来的事项或情况可能导致安信信托不能持续经营。

（5）评价财务报表的总体列报（包括披露）、结构和内容，并评价财务报表是否公允反映相关交易和事项。

（6）就安信信托中实体或业务活动的财务信息获取充分、适当的审计证据，以对财务报表发表审计意见。我们负责指导、监督和执行集团审计，并对我们审计了承担全部责任。

我们与治理层就计划的审计范围、时间安排和重大审计发现等事项进行沟通，包括沟通我们在审计中识别出的值得关注的内部控制缺陷。

我们还就已遵守与独立性相关的职业道德要求向治理层提供声明，并与治理层沟通可能被合理认为影响我们独立性的所有关系和其他事项，以及相关的防范措施（如适用）。

从与治理层沟通过的事项中，我们确定哪些事项对本期财务报表审计最为重要，因而构成关键审计事项。我们在审计报告中描述这些事项，除非法律法规禁止公开披露这些事项，或在极少数情形下，如果合理预期在审计报告中沟通某事项造成的负面后果超过在公众利益方面产生的益处，我们确定不应在审计报告中沟通该事项。

5. 2020 年度信托业务年度报告（未经审计）

5.1 信托财务报表

5.1.1 信托项目资产负债汇总表

资产负债表

编制单位：安信信托股份有限公司　　2020 年 12 月 31 日　　单位：万元

信托资产	期末数	期初数	信托负债和信托权益	期末数	期初数
信托资产：			信托负债：		
货币资金	80 296.93	93 199.71	交易性金融负债	—	—
拆出资金	—	—	衍生金融负债	—	—
存出保证金	—	—	应付受托人报酬	5 429.16	4 549.30
交易性金融资产	792.36	879.36	应付保管费	939.16	351.39
衍生金融资产	—	—	应付受益人收益	151 217.99	178 314.20
买入返售金融资产	4 170.21	—	应交税费	1 656.04	7 941.22
应收款项	5 878 278.54	6 750 982.77	应付销售服务费	—	—
发放贷款	6 312 953.94	8 255 791.68	其他应付款项	187 978.61	149 033.94
可供出售金融资产	—	—	其他负债	—	—
持有至到期投资	955 064.20	1 292 300.91	信托负债合计	347 220.96	340 190.05
长期应收款	—	—			

续表

信托资产	期末数	期初数	信托负债和信托权益	期末数	期初数
长期股权投资	2 910 767. 26	3 011 693. 06	信托权益:		
投资性房地产	—	—	实收信托	15 777 010. 05	18 825 426. 38
固定资产	—	—	资本公积	3 247. 00	3 247. 00
无形资产	—	—	外币报表折算差额	—	—
长期待摊费用	—	—	未分配利润	14 845. 43	235 484. 06
其他资产	—	—	信托权益合计	15 795 102. 48	19 064 157. 44
信托资产总计	16 142 323. 44	19 404 847. 49	信托负债及信托权益总计	16 142 323. 44	19 404 847. 49

5. 1. 2 信托项目利润及利润分配汇总表

利润及利润分配表

编制单位:安信信托股份有限公司 2020 年度 单位:万元

项目	本年累计金额	上年累计金额
1. 营业收入	326 242. 46	844 071. 39
1. 1 利息收入	215 645. 88	211 663. 77
1. 2 投资收益	21 266. 28	445 935. 47
1. 2. 1 对联营企业和合营企业的投资收益	—	—
1. 3 公允价值变动损益	—	—
1. 4 租赁收入	—	—
1. 5 汇兑损益	—	—
1. 6 其他收入	89 330. 30	186 472. 15
2. 支出	51 873. 13	98 035. 79
2. 1 营业税金及附加	1 162. 12	2 919. 67
2. 2 受托人报酬	25 738. 24	50 677. 32
2. 3 保管费	2 517. 64	3 481. 12
2. 4 投资管理费	—	—
2. 5 销售服务费	—	952. 65
2. 6 交易费用	—	0. 10
2. 7 资产减值损失	—	9 561. 19
2. 8 其他费用	22 455. 13	30 443. 74
3. 信托净利润	274 369. 33	746 035. 60
4. 其他综合收益	—	—
5. 综合收益	274 369. 33	746 035. 60
6. 加:期初未分配信托利润	235 484. 06	307 884. 29
7. 可供分配的信托利润	509 853. 39	1 053 919. 89
8. 减:本期已分配信托利润	495 007. 96	818 435. 83
9. 期末未分配信托利润	14 845. 43	235 484. 06

5. 2 编制基础

公司以信托业务实际发生的交易和事项,按行业监管要求及国家相关财务会计制度规定予以确认和计量,并编制信托财务报表。

5. 3 会计报表中重要项目的明细资料

5. 3. 1 信托资产

单位:万元

信托资产	期初数	期末数
集合	14 231 482. 35	12 821 399. 56
单一	4 148 884. 48	2 837 972. 51
财产权	1 024 480. 66	482 951. 37
合计	19 404 847. 49	16 142 323. 44

5. 3. 1. 1 主动管理型信托业务的信托资产

单位:万元

主动管理型信托资产	期初数	期末数
证券投资类	—	—
其他投资类	9 172 464. 26	8 196 009. 78
融资类	6 633 531. 69	5 801 253. 88
事务管理类	—	—
合计	15 805 995. 95	13 997 263. 66

5. 3. 1. 2 被动管理型信托业务的信托资产

单位:万元

被动管理型信托资产	期初数	期末数
证券投资类	—	—
其他投资类	—	—
融资类	—	—
事务管理类	3 598 851. 54	2 145 059. 78
合计	3 598 851. 54	2 145 059. 78

5. 3. 2 本年度已清算结束的信托项目

已清算结束的信托项目	项目个数(个)	实收信托合计金额(万元)	加权平均实际年化收益率(%)
集合类	30	147 214. 19	7. 51
单一类	8	549 000. 00	6. 02
财产管理类	9	277 095. 67	12. 82

5. 3. 2. 1 本年度已清算结束的主动管理型信托项目

已清算结束的信托项目	项目个数(个)	实收信托合计金额(万元)	加权平均实际年化信托报酬率(%)	加权平均实际年化收益率(%)
证券投资类	—	—	—	—
其他投资类	2	25 725. 00	9. 06	7. 37
融资类	28	121 489. 19	1. 08	7. 56
事务管理类	—	—	—	—

5. 3. 2. 2 本年度已清算结束的被动管理型信托项目

已清算结束的信托项目	项目个数(个)	实收信托合计金额(万元)	加权平均实际年化信托报酬率(%)	加权平均实际年化收益率(%)
证券投资类	—	—	—	—
其他投资类	—	—	—	—
融资类	—	—	—	—
事务管理类	17	826 095. 67	0. 11	9. 89

5.3.3　本年度新增信托项目

新增信托项目	项目个数（个）	实收信托合计金额（万元）
集合类	—	—
单一类	1	500.00
财产管理类	—	—
新增合计	1	500.00
其中：主动管理型	—	—
被动管理型	1	500.00

5.3.4　信托资产运用与分布表

资产运用	金额（万元）	占比（%）	资产分布	金额（万元）	占比（%）
货币资金	80 296.93	0.50	基础产业	754 302.16	4.67
贷款	6 312 953.94	39.11	房地产	5 548 158.18	34.37
交易性金融资产	792.36	—	证券市场	—	—
可供出售金融资产	—	—	实业	8 264 207.11	51.20
持有至到期投资	955 064.20	5.92	金融机构	—	—
长期股权投资	2 910 767.26	18.03	其他	1 575 655.99	9.76
其他	5 882 448.75	36.44	—	—	—
信托资产总计	16 142 323.44	100.00	信托资产总计	16 142 323.44	100.00

5.4　关联关系及其交易

5.4.1　信托与关联方交易情况

本期无信托与关联方之间的交易。

5.4.2　信托公司自有资金运用于自己管理的信托项目、信托公司管理的信托项目之间关联交易情况

公司用自有资金运用于自己管理的信托计划的信托受益权，期初余额为64.32亿元，期末余额为87.3[illegible]亿元。

公司管理的信托项目之间的信托受益权交易，期初余额为39.82亿元，期末余额为39.04亿元。

5.5　主要财务指标

指标名称	指标值
加权年化信托报酬率（%）	0.[illegible]4

5.6　公司履行受托人义务情况及因公司自身责任而导致的信托资产损失情况

近年来，部分信托业务受宏观经济面影响，出现了不同程度的流动性风险。对此，公司已制定相应的风险管理策略，并建立了有效的危机处理机制。公司根据《中华人民共和国信托法》《信托公司管理办法》等相关法律法规和信托文件的规定，在管理和处分信托财产时，履行了恪尽职守、诚实、信用、谨慎、有效管理的义务。

百瑞信托有限责任公司

1. 重要提示

1.1 公司董事会及董事保证本报告所载资料不存在任何虚假记载、误导性陈述或者重大遗漏,并对其内容的真实性、准确性和完整性承担个别及连带责任。

1.2 公司全体董事出席了董事会。无董事声明异议。

1.3 公司独立董事曾刚先生、王京宝先生、任志毅先生声明:保证本年度报告内容的真实性、准确性和完整性。

1.4 立信会计师事务所(特殊普通合伙)为本公司出具了标准无保留意见的审计报告。

1.5 公司总经理秦小军先生、副总经理张迎军先生和计划财务部总经理宋红霞女士声明:保证本年度报告中财务报告的真实、完整。

2. 公司概况

2.1 公司简介

2.1.1 公司历史沿革

公司前身为郑州信托投资公司,始建于 1986 年 4 月,初始注册资本为 1 000 万元,注册地河南省郑州市;1988 年 7 月,公司开始与郑州市财务开发公司合署办公;1990 年 11 月,郑州市财政局将公司的注册资本补充至 5 006.7 万元;1992 年 10 月,公司与郑州市财务开发公司分设重组,1993 年 2 月重组开业;2002 年 9 月,经中国人民银行总行批准,公司重新登记,更名为百瑞信托投资有限责任公司,注册资本为 35 000 万元;2007 年 11 月,经中国银行业监督管理委员会批准,公司换领新的金融许可证后更名为百瑞信托有限责任公司。自 2008 年 3 月起,公司历经数次增资扩股,截至 2020 年末注册资本为 400 000 万元。

2.1.2 公司法定中文名称:百瑞信托有限责任公司
中文简称:百瑞信托
公司法定英文名称:Bridge Trust Co. ,Ltd.
英文缩写:BRTC
公司法定代表人:王振京
公司注册地址:河南省郑州市郑东新区商务外环路 10 号中原广发金融大厦
邮政编码:450018
公司网址:www. brxt. net
公司电子信箱:brxt@ brxt. net

2.1.3 公司负责信息披露事务的高级管理人员:副总经理兼董事会秘书王克槿女士
联系电话:0371-65817171
电子信箱:wkj@ brxt. net

2.1.4 公司负责信息披露事务的联系人:董事会办公室副总经理韩俊杰先生
联系电话:0371-65817027
电子信箱:hanjj@ brxt. net
传真:0371-69177300

2.1.5 公司选定的信息披露报纸:《上海证券报》

2.1.6 公司年度报告备置地点:董事会办公室

2.1.7 公司聘请的会计师事务所:立信会计师事务所(特殊普通合伙)
住所:上海市黄浦区南京东路 61 号 4 楼

2.1.8 公司聘请的律师事务所:北京市中银律师事务所
住所:北京市朝阳区东三环中路 39 号建外 soho 东区 A 座 31 层

2.2 组织结构

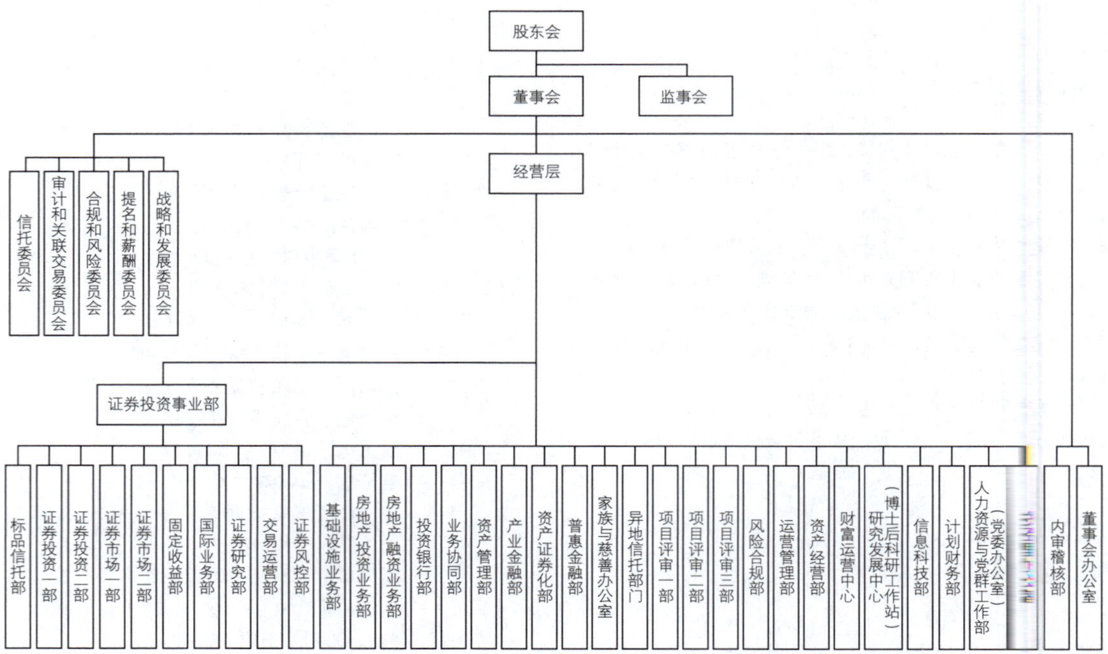

注：上述为截至 2021 年 3 月末公司组织结构。

3. 公司治理

3.1 股东

3.1.1 股东情况

截至 2020 年 12 月 31 日，公司共有 8 家股东，最终实际控制人为国家电力投资集团有限公司（以下简称国家[illegible]投集团公司）。公司控股股东国家电投集团资本控股有限公司（以下简称资本控股）为国家电投集团公司二级单位国家电投集团东[illegible]新能源股份有限公司的全资子公司。以下是持有公司 10% 以上（含 10%）出资比例的股东情况。

股东名称	持股比例（%）	法定代表人	注册资本（亿元）	注册地址	主要经营业务及 2020 年末主要财务情[illegible]
国家电投集团资本控股有限公司	50.24	王振京	73.99	北京市西城区金融大街 28 号院 3 号楼	主要经营业务：股权投资与资产管理；资产受托管理；投、融[illegible]务的研发与创新；委托与受托投资；为企业重组、并购、创业投资提供服务；投[illegible]问、投资咨询；有色金属产品销售；组织展览、会议服务（企业依法自主选择[illegible]项目，开展经营活动；依法须经批准的项目，经相关部门批准后依批准的内容[illegible]经营活动；不得从事本市产业政策禁止和限制类项目的经营活动）。 主要财务情况（合并报表）：资产总额为 7 632 222.1[illegible]元，负债总额为 4 822 448.76万元，所有者权益总额为 2 809 773.37 万元。
摩根大通	19.99	—	—	c/o CT Corporation，1209 Orange Street，Wilmington，DE2 DE，19801－1120 United States	主要经营业务：零售及社区银行，企业及投资银行，商业银[illegible]产管理。 主要财务情况（合并报表）：资产总额为 33 860.71 亿美元，[illegible]总额为31 067.17 亿美元，所有者权益总额为 2 793.54 亿美元。
郑州市财政局	15.65	赵新民	—	郑州市兴华南街 39 号	政府职能部门。

3.1.2 持有公司10%以上(含10%)出资股东的主要股东情况

3.1.2.1 资本控股主要股东情况

主要股东名称	持股比例(%)	法定代表人	注册资本(亿元)	注册地址	主要经营业务及2020年末主要财务情况
国家电投集团东方新能源股份有限公司	100	李固旺	53.83	河北省石家庄市建华南大街161号	主要经营业务:火力发电、风力发电、太阳能发电项目的开发与施工;热力供应;代收代缴热费;自有房屋租赁;电力的生产(限分支机构经营)。电力设施及供热设施的安装、调试、检修、运行、维护;供热设备、电力设备及配件的销售;售电;电能的输送与分配活动;充电桩的建设与运营。股权投资与资产管理;资产受托管理;投、融资业务的研发与创新;委托与受托投资;为企业重组、并购、创业投资提供服务;投资顾问、投资咨询;有色金属产品销售;组织展览、会议服务。经营集团成员单位的下列人民币金融业务及外汇金融业务;对成员单位办理财务和融资顾问、信用鉴证及相关的咨询、代理业务;协助成员单位实现交易款项的收付;经批准的保险代理业务;对成员单位提供担保;办理成员单位之间的委托贷款及委托投资;对成员单位办理票据承兑与贴现;办理成员单位之间的内部转账结算及相应的结算、清算方案设计;吸收成员单位的存款;对成员单位办理贷款及融资租赁;从事同业拆借;经批准发行财务公司债券;承销成员单位的企业债券;对金融机构的股权投资;有价证券投资;成员单位产品的消费信贷、买方信贷及融资租赁。 主要财务情况(合并报表):资产总额为9 140 897.12万元,负债总额为5 804 087.12万元,所有者权益为3 336 810.00万元。

3.1.2.2 摩根大通主要股东情况

主要股东名称	持股比例(%)	法定代表人	注册资本	注册地址	主要经营业务
The Vanguard Group	7.99	—	—	100 Vanguard Blvd. Malvern, PA 19355 the USA	投资管理
BlackRock, Inc.	6.30	—	—	55 East 52nd Street New York, NY10055 the USA	投资管理

注:此处主要股东指截至2020年12月31日持有摩根大通5%以上(含5%)普通股股份的股东。

3.1.2.3 郑州市财政局为机关法人

3.2 董事

3.2.1 公司董事会成员

姓 名	职 务	性别	年龄(岁)	选任日期	任期(年)	所推举的股东名称	股东持股比例(%)	简要履历
王振京	董事长	男	57	2020年6月9日	3	资本控股	50.24	曾在河南省电力工业局、河南省电力公司工作;2002年12月至2013年12月在中国电力投资集团公司历任财务与产权管理部、财务部副主任;2013年12月至2017年4月分别任中电投融和控股投资有限公司执行董事、总经理、党组书记,中电投财务有限公司董事长、党组成员,国家电投集团资本控股有限公司执行董事、党组书记;2017年4月至2018年5月在国家电投集团资本控股有限公司任执行董事、党委书记,百瑞信托有限责任公司董事长;2018年5月至今在国家电投集团资本控股有限公司任董事长、党委书记,百瑞信托有限责任公司董事长。
陈 立	董事	男	48	2020年6月9日	3	资本控股	50.24	曾在湖南省建设银行湖南电力专业分行、建设银行长沙市迎宾办事处、建设银行长沙市马王堆分理处工作;2010年7月至2016年3月分别在国家核电技术公司财务部、国核财务有限公司资金部、中电投财务有限公司计划资金部历任业务主管、副经理及副总经理(部门总经理级);2016年3月至2016年7月在国家电投集团资本控股有限公司战略发展部任副总经理(部门总经理级);2016年7月至2018年5月在国家电投集团资本控股有限公司战略发展部任总经理;2018年5月至今在国家电投集团资本控股有限公司任总经理助理兼战略发展部总经理。
袁 飞	董事	男	47	2020年6月9日	3	资本控股	50.24	曾在南阳蒲山电厂、南阳蒲山发电运营中心、南阳方达发电运行有限公司、南阳热电有限责任公司工作;2008年8月至2014年7月在中电投河南电力有限公司历任党群工作部、人力资源部薪酬、劳动组织主管、高级主管;2014年7月至2017年2月分别在中电投融和控股投资有限公司、国家电投集团资本控股有限公司任人力资源部薪酬绩效经理;2017年2月至2018年5月在国家电投集团资本控股有限公司人力资源部任副总经理;2018年5月至2019年1月在国家电投集团资本控股有限公司人力资源部任副总经理(主持工作);2019年1月至今在国家电投集团资本控股有限公司人力资源部任总经理。
苏小军	执行董事	男	48	2020年6月9日	3	资本控股	50.24	曾任百瑞信托有限责任公司信托业务二部总经理、业务总监;2012年7月至2018年1月任百瑞信托有限责任公司副总裁,2018年1月至2018年2月任百瑞信托有限责任公司副总裁、党支部副书记(2017年12月至2018年2月代为履行总裁职权);2018年2月至2018年4月任百瑞信托有限责任公司总裁、党支部副书记;2018年4月至2018年12月任百瑞信托有限责任公司总裁、执行董事、党支部副书记;2018年12月至今任百瑞信托有限责任公司总经理、党委副书记、执行董事。

续表

姓　名	职　务	性别	年龄（岁）	选任日期	任期（年）	所推举的股东名称	股东持股比例（%）	简要履历
张盼盼	董事	女	50	2020 年 8 月 12 日	3	郑州股东	29.77	1991 年 9 月至 1995 年 12 月为郑州市财政局办事员；1995 年 12 月至 2005 年 7 月在郑州市预算外资金管理局为会计科科员；2005 年 7 月至 2009 年 1 月任郑州市预算外资金管理局副主任科员；2009 年 1 月至 2014 年 4 月任郑州市预算外资金管理局综合处副处长；2014 年 4 月至 2020 年 5 月任中原土地储备中心财务处处长；2020 年 5 月至今任郑州市中融创产业投资有限公司财务总监。
王建伟	董事	男	53	2020 年 6 月 9 日	3	郑州股东	29.77	曾在郑州惠济区政府办公室、郑州市公用事业局工作，2002 年 4 月至 2015 年 8 月在郑州市污水净化有限公司历任纪委书记、副总经理、党委书记、总经理；2015 年 8 月至今，在郑州自来水投资控股有限公司任党委委员、董事、副总经理。
曹　路	董事	男	53	2020 年 8 月 24 日	3	摩根大通	19.99	1989 年 7 月至 1997 年 4 月在中国银行北京分行任经理；1997 年 4 月至 1998 年 2 月在加拿大蒙特利尔银行北京分行任高级经理；1998 年 2 月至 1999 年 7 月在德国德累斯登银行北京分行任高级经理；1999 年 7 月至 2007 年 8 月在美国摩根大通银行北京分行历任营运部经理、副行长；2007 年 8 月至 2019 年 12 月在摩根大通银行（中国）有限公司历任北京分行副行长、总行合规负责人、董事会秘书、首席运营官及副行长等职务；2020 年 1 月至今在摩根大通亚洲咨询（北京）有限公司任董事长兼总经理。
张迎军	职工董事	男	51	2020 年 6 月 9 日	3	—	—	曾在中国人民银行濮阳市中心支行、濮阳银监分局、新乡银监分局工作；2013 年 6 月至 2015 年 11 月在河南银监局党委办公室任副主任、非银行业金融机构监管处任副处长（主持工作）；2015 年 11 月至 2017 年 4 月在信阳银监分局任党委书记、局长；2017 年 4 月起在百瑞信托有限责任公司工作，2017 年 6 月至 2017 年 8 月任百瑞信托有限责任公司副总裁；2017 年 8 月至 2018 年 4 月任百瑞信托有限责任公司党支部书记、副总裁；2018 年 4 月至 2018 年 12 月任百瑞信托有限责任公司党支部书记、副总裁、职工董事；2018 年 12 月至今任百瑞信托有限责任公司党委书记、副总经理、职工董事。

注：1. 郑州市财政局、郑州自来水投资控股有限公司、郑州市金水区财政局、巩义市财政局、登封市财政局和中牟县财政局合称为郑州股东。

2. “选任日期”栏中张盼盼董事、曹路董事任职时间为监管部门核准资格时间，其他董事任职时间为公司股东会审议通过时间。

3. 上表中简历为根据 2020 年 12 月末董事任职情况更新。

3.2.2 公司独立董事

姓　名	所在单位及职务	性别	年龄（岁）	选任日期	所推举的股东名称	股东持股比例（%）	简要履历
曾　刚	国家金融与发展实验室副主任，上海金融与发展实验室主任，教授，博士生导师	男	46	2020 年 6 月 9 日	资本控股	50.24	2003 年 7 月至 2005 年 9 月在中国社会科学院金融研究所货币理论与政策研究室任助理研究员；2005 年 9 月至 2008 年 10 月在中国社会科学院金融所国际金融与经济研究室任副主任、副研究员；2008 年 10 月至 2015 年 12 月在中国社会科学院金融所银行研究室历任副主任、副研究员、主任、研究员；20[illegible] 年 12 月至 2018 年 5 月，任中国社会科学院金融研究所银行研究室主任；2018 年 5 月至 2020 年 9 月，任中国社会科学院金融研究所研究员；2020 年 9 月至今，任国家金融与发展实验室副主任，上海金融与发展实验室主任，教授、博士生导师、多所高校兼职教授。
王京宝	河南大正律师事务所合伙人律师、主任	男	58	2020 年 6 月 9 日	郑州股东	29.77	曾在许昌地区中级人民法院、许昌地区律师事务所、河南省[illegible]律师事务所工作；1997 年 3 月至今任河南大正律师事务所合伙人律师、主任。
任志毅	上海市方达律师事务所合伙人律师	男	45	2020 年 6 月 9 日	摩根大通	19.99	2003 年 10 月至 2011 年 3 月在年利达律师事务所任律师、[illegible]律师；2011 年 3 月至 2013 年 3 月在第一创业摩根大通证券有限公司任法务合规部主管；2013 年 3 月至 2016 年 6 月在摩根大通中国区任合规总监；2016 年 6 月至今在上海市方达律师事务所任合伙人律师。

3.3 监事

姓　名	职　务	性别	年龄（岁）	选任日期	任期（年）	所推举的股东名称	股东持股比例（%）	简要履历
张玉柱	监事会主席	男	59	2020 年 6 月 9 日	3	郑州股东	29.77	曾在郑州煤炭管理干部学院、郑州市经济体制改革委员会工作；200[illegible] 年 10 月至 2016 年 3 月在郑州市财政局历任综合规划处处长、商贸金融处处长、税政条法处处长；2016 年 3 月至 2017 年 4 月在郑州市财政局任总经济师；2017 年 4 月至 2018 年 [illegible] 月在郑州市财政局任总经济师，百瑞信托有限责任公司监事会主席；2018 年 11 月至今任百瑞信托有限责任公司监事会主席。
高鹏飞	监事	男	51	2020 年 6 月 9 日	3	资本控股	50.24	曾在山东电力集团公司财务部、审计办公室综合审计处工作；2008 年 4 月至 2016 年 3 月在国家电投保险经纪公司历任总经理助理、副总经理、执行董事兼[illegible]；2016 年 3 月至 2018 年 5 月在国家电投集团资本控股有限公司任副总会计师兼财务管理部总经理；2018 年 5 月至今在国家电投集团资本控股有限公司任总经理助理兼专职董事办公室主任。

续表

姓　名	职　务	性别	年龄（岁）	选任日期	任期（年）	所推举的股东名称	股东持股比例（%）	简要履历
董生玉	监事	男	46	2020年6月9日	3	资本控股	50.24	曾在中瑞华恒信会计师事务所、安永华明会计师事务所、毕马威华振会计师事务所工作；2008年3月起至2014年5月在中电投财务有限公司历任结算管理部会计主管、投资管理部投行业务管理经理、总经理助理兼财务顾问经理；2014年5月至2016年12月分别在中电投融和控股投资有限公司、国家电投集团资本控股有限公司历任监察审计与风险管理部副总经理、审计与风险管理部副总经理；2016年12月至2018年5月在国家电投集团资本控股有限公司监察审计部任副总经理；2018年5月至2018年8月在国家电投集团资本控股有限公司财务管理部任副总经理（主持工作）；2018年8月至2018年12月在国家电投集团资本控股有限公司财务管理部任总经理；2018年12月至今在国家电投集团资本控股有限公司计划财务部任总经理。
梁　斌	监事	男	47	2020年6月9日	3	摩根大通	19.99	1997年8月至2005年7月在香港高伟绅国际律师事务所工作；2005年7月至今在摩根大通法律部任职；现任摩根大通集团中国区法律总监。
申中辉	监事	男	48	2020年6月9日	3	郑州股东	29.77	1995年12月至1998年10月在巩义市站街镇财政所工作；1998年10月至2011年10月，在巩义市投资评审中心工作；2011年10月至今在巩义市财政局国有资产管理科任职。
高志杰	职工监事	男	47	2020年6月9日	3	—	—	1997年8月至2003年11月在中国建设银行股份有限公司濮阳分行历任对公会计、对公客户经理、票据中心主任；2008年10月至2018年12月在百瑞信托有限责任公司研究发展中心（含博士后工作站）先后任研究员、高级研究员、副总经理、总经理；2018年12月至2019年4月在百瑞信托有限责任公司任研究发展中心（含博士后工作站）总经理、纪委委员；2019年4月至2019年12月在百瑞信托有限责任公司任业务总监兼研究发展中心（含博士后工作站）总经理、纪委委员；2019年12月至2021年1月在百瑞信托有限责任公司任业务总监、纪委委员；2021年1月至今在百瑞信托有限责任公司任业务总监兼证券投资事业部总经理、纪委委员。
郭晓茹	职工监事	女	36	2020年6月9日	3	—	—	2010年7月至2011年12月在百瑞信托有限责任公司信托业务二部任信托助理；2011年12月至2016年2月在百瑞信托有限责任公司房地产业务部任信托经理、高级信托经理；2016年2月至2017年7月在百瑞信托有限责任公司房地产融资业务部任副总经理；2017年7月至2018年3月在百瑞信托有限责任公司房地产融资业务部任副总经理、公司党支部委员；2018年3月至2018年12月在百瑞信托有限责任公司房地产融资业务部任总经理、公司党支部委员；2018年12月至今在公司房地产融资业务部任总经理。
黄　彪	职工监事	男	42	2020年6月9日	3	—	—	曾在河南省卫生厅国际合作处、河南永华联合会计师事务所工作；2009年10月至2018年8月在百瑞信托有限责任公司历任计划财务部信托会计助理、信托主管会计、高级信托主管会计、机构业务部高级信托经理、房地产业务部高级信托经理、房地产投资业务部高级信托经理；2018年8月至2020年8月在百瑞信托有限责任公司任内审稽核部副总经理（主持工作），其间2019年11月至2020年4月在百瑞信托有限责任公司代为行使董事会办公室总经理职权；2020年8月至今在百瑞信托有限责任公司任内审稽核部总经理。

注：公司监事会无下属委员会。

3.4　高级管理人员

姓　名	职　务	性别	年龄（岁）	选任日期	金融从业年限（年）	学历	专业	简要履历
苏小军	总经理	男	48	2018年2月11日	25	硕士研究生	工商管理	曾任百瑞信托有限责任公司信托业务二部总经理、业务总监；2012年7月至2018年1月任百瑞信托有限责任公司副总裁，2018年1月至2018年2月任百瑞信托有限责任公司副总裁、党支部副书记（2017年12月至2018年2月代为履行总裁职权）；2018年2月至2018年4月任百瑞信托有限责任公司总裁、党支部副书记；2018年4月至2018年12月任百瑞信托有限责任公司总裁、执行董事、党支部副书记；2018年12月至今任百瑞信托有限责任公司总经理、党委副书记、执行董事。
张迎军	副总经理	男	51	2017年6月15日	31	硕士研究生	政治经济学	曾在中国人民银行濮阳市中心支行、濮阳银监分局、新乡银监分局工作；2013年6月至2015年11月在河南银监局党委办公室任副主任、非银行业金融机构监管处任副处长（主持工作）；2015年11月至2017年4月在信阳银监分局任党委书记、局长；2017年4月起在百瑞信托有限责任公司工作，2017年6月至2017年8月任百瑞信托有限责任公司副总裁；2017年8月至2018年4月任百瑞信托有限责任公司党支部书记、副总裁；2018年4月至2018年12月任百瑞信托有限责任公司党支部书记、副总裁、职工董事；2018年12月至今任百瑞信托有限责任公司党委书记、副总经理、职工董事。

续表

姓 名	职 务	性别	年龄（岁）	选任日期	金融从业年限（年）	学历	专业	简要履历
罗 靖	执行总经理	男	46	2014 年 5 月 13 日	13	博士研究生	金融学	曾任百瑞信托有限责任公司研究发展中心高级研究员、主任业务总监；2012 年 3 月至 2014 年 5 月任百瑞信托有限责任公司副总裁；2014 年 5 月至 2018 年 12 月任公司执行总裁；2018 年 12 月至今任百瑞信托有限责任公司党委委员、执行总经理。
王克槿	副总经理兼董事会秘书	女	48	2017 年 8 月 15 日	26	硕士研究生	经济法	曾任百瑞信托有限责任公司总裁办公室副主任、主任、人力资源部总经理、董事会秘书兼人力资源部总经理；2011 年 3 月至 2014 年 5 月任百瑞信托有限责任公司董事会秘书兼财务总监；2014 年 5 月至 2017 年 8 月任百瑞信托有限责任公司董事会秘书；2017 年 8 月至 2018 年 12 月任百瑞信托有限责任公司副总裁兼董事会秘书、党支部专职副书记；2018 年 12 月至今任百瑞信托有限责任公司党委委员、纪委书记、副总经理兼董事会秘书。
陈立军	首席风险官	男	49	2018 年 8 月 3 日	16	硕士研究生	法律	曾任百瑞信托有限责任公司合规风险部副总经理、合规风险部总经理、合规总监；2013 年 2 月至 2018 年 8 月任百瑞信托有限责任公司业务总监，期间曾分别代职机构业务部、基础设施业务部、产业资本部、基础产业三部、产业金融部、资本市场部总经理；2018 年 8 月至 2018 年 12 月任百瑞信托有限责任公司首席风险官；2018 年 12 月至今任百瑞信托有限责任公司党委委员、首席风险官。

注："选任日期"栏中苏小军总经理、张迎军副总经理、王克槿副总经理兼董事会秘书、陈立军首席风险官任职时间为监管部门核准资格/变更备案时间，罗靖执行总经理任职时间为公司董事会审议通过时间。

3.5 公司员工

项目		报告期年度			上年度		
		职工人数（人）	博后站人数（人）	比例（%）	职工人数（人）	博后站人数（人）	比例（%）
年龄分布	25 岁以下	—	—	—	—	—	—
	25～29 岁	40	—	17	33	1	18
	30～39 岁	148	7	66	109	6	59
	40 岁以上	40	—	17	44	—	23
学历分布	博士	8	7	6	8	7	8
	硕士	189	—	81	143	—	74
	本科	28	—	12	32	—	16
	专科	2	—	1	2	—	1
	其他	1	—	—	1	—	1
岗位分布	董事、监事及其他高级管理人员	9	—	4	9	—	5
	自营业务人员	12	—	5	14	—	7
	信托业务人员	156	—	65	108	—	56
	其他人员	51	7	23	55	7	32

注：1. "董事、监事及其他高级管理人员"不含未在公司就职的董事和监事。

2. 报告期末职工总数为 228 人，平均年龄为 35 岁；博后站人员总数为 7 人，平均年龄为 33 岁。

4. 经营管理

4.1 经营目标、经营方针和战略规划

4.1.1 经营目标和经营方针

"追求卓越，与时俱进，做中国信托业的百年老店"是公司坚持追求的经营目标。"客户至上，品誉第一，稳健高效，精诚服务"是公司始终秉承的经营方针。

4.1.2 战略规划

2020 年制定《公司"十四五"发展规划（征求意见稿）》，明确公司从区域性信托公司向全国性一流信托公司迈进的战略方向。"十四五"期间，公司将积极响应国家政策、顺应监管导向，坚持回归本源、服务实体，紧抓"双循环"新格局构建、"三新"产业发展等宏观政策带来的发展机遇，深挖产业端资产运营能力，服务实体经济发展。从受益人利益出发，公司将不断提升客户服务质量和水平，为客户持续提供定制化、差异化的综合财富管理方案，培育具有忠诚度的高净值客户群体。争取至"十四五"末，公司能够具有广泛的金融业务合作伙伴和核心客户，具备为客户提供全流程综合金融服务方案和全方位财富管理方案的能力，将公司发展成为行业一流的综合财富管理机构。

为了顺利实现"十四五"发展目标规划,公司将私募投行业务、资产管理业务、财富管理业务、服务信托和慈善信托五大业务确定为重点业务方向,持续优化业务结构。私募投行业务向基金化、平台化的方向发展,积极拓展真股权投资、投贷联动等业务模式;资产管理业务以标准化投资为核心,从二级市场寻找新的业务机会,对冲非标业务规模下滑的风险;财富管理业务主要侧重以客户为中心,为机构客户和个人客户提供财富管理服务;服务信托业务属于信托本源业务,公司着重以资产证券化业务为主要抓手,快速扩大业务规模,并结合新的业务场景探索新的服务信托业务机会;慈善信托相对传统慈善捐赠具有灵活、透明和高效的特点,公司已有较好的基础,"十四五"期间将加强此类业务拓展。

4.2 所经营业务的主要内容

自营资产运用与分布表

资产运用	金额（万元）	占比（%）	资产分布	金额（万元）	占比（%）
货币资金	38 441.51	3.66	基础产业	—	—
交易性金融资产	629 326.08	59.87	房地产业	93 115.78	8.86
发放贷款及垫款	191 296.44	18.20	证券市场	34 547.66	3.29
债权投资	25 497.17	2.43	实业	307 323.23	29.24
其他权益工具投资	116 216.75	11.06	金融机构	115 709.77	11.01
长期股权投资	22 841.40	2.17	其他	500 437.80	47.60
其他	27 514.89	2.61	—	—	—
资产总计	1 051 134.24	100.00	资产总计	1 051 134.24	100.00

信托资产运用与分布表

资产运用	金额（万元）	占比（%）	资产分布	金额（万元）	占比（%）
货币资产	150 173.57	0.48	基础产业	6 182 964.72	19.73
贷款	16 021 895.82	51.12	房地产业	5 431 824.54	17.33
交易性金融资产	342 092.94	1.09	证券市场	685 948.55	2.19
可供出售金融资产	2 134 606.76	6.81	实业	14 446 601.70	46.09
持有至到期投资	70 000.00	0.22	金融机构	2 157 007.48	6.88
长期股权投资	1 909 369.82	6.09	其他	2 438 874.59	7.78
其他	10 715 082.67	34.19	—		
信托资产总计	31 343 221.58	100.00	信托资产总计	31 343 221.58	100.00

4.3 市场分析

4.3.1 宏观经济金融形势分析

2020年是极不平凡的一年。面对严峻复杂的国际形势、艰巨繁重的国内改革发展和稳定任务,特别是受新冠肺炎疫情的严重冲击,我国坚持以习近平新时代中国特色社会主义思想为指导,全面贯彻党的十九大和十九届二中、三中、四中、五中全会精神,按照党中央、国务院决策部署,统筹疫情防控和经济社会发展,扎实做好"六稳"工作,全面落实"六保"任务,经济运行逐季改善、逐步恢复常态。2020年,我国实现国内生产总值成功突破100万亿元,比2019年增长2.3%,是唯一实现经济正增长的全球主要经济体。

2020年,我国经济社会发展虽然受到新冠肺炎疫情的短期冲击,但经济社会发展长期向好的趋势没有改变。分季度来看,2020年第一季度GDP同比下降6.8%,第二季度GDP恢复至同比正增长,增速为3.2%,第三季度、第四季度的GDP同比增速继续回升,分别为4.9%、6.5%。随着主要经济指标逐步回归正常,我国货币政策将坚持以稳为主,保持流动性合理充裕。

近年来,我国金融业的发展处于严格监管环境之下。2020年12月召开的中央经济工作会议明确了2021年的几项重点工作任务,与金融业发展相关的包括"要健全金融机构治理,促进资本市场健康发展,提高上市公司质量,打击各种逃废债行为""金融创新必须在审慎监管的前提下进行"等。

信托业作为重要的资产管理子行业,其发展与大资管行业的整体发展趋势紧密相关。2020年7月,人民银行会同国家发展改革委、财政部、中国银保监会、中国证监会、国家外汇管理局等部门审慎研究决定,将《关于规范金融机构资产管理业务的指导意见》(以下简称"资管新规")过渡期延长至2021年末。但是,过渡期延长不涉及"资管新规"相关监管标准的变动和调整。为做好过渡期存量资管业务整改工作,金融管理部门将建立健全激励约束机制,夯实金融机构主体责任,在锁定存量资产的基础上,继续由金融机构自主调整整改计划,按季度监测实施,切实防范道德风险。

4.3.2 影响本公司业务发展的主要因素

4.3.2.1 促进公司业务发展的有利因素

4.3.2.1.1 政策变化带来新的业务机遇

2018年出台的资管新规重塑了资产管理行业格局,各个资产管理子行业被纳入统一的监管框架之下。2020年5月,资管新规在信托行业的配套细则《信托公司资金信托管理暂行办法(征求意见稿)》(以下简称《资金信托新规(征求意见稿)》)发布,引导信托公司积极推进业务转型。

《资金信托新规(征求意见稿)》要求信托公司管理的全部集合资金信托提供贷款或投资于其他非标资产的合计金额占比不得超过全部集合资金信托的50%,这将引导信托公司加大标准化资产的配置力度,逐步降低非标资产的配置比例。证券投资类信托、股权投资类信托等投资类信托将迎来发展机遇,成为信托公司重点发力业务方向。《资金信托新规(征求意见稿)》同时明确了服务信托的定义及业务范围。服务信托主要包括家族信托、资产证券化信托、企业年金信托、慈善信托等,且存在较大的业务创新空间,未来将成为信托公司的专属业务领域,为信托公司提供新的业务增长点。

2020年,公司顺应新的监管形势,先后成立资产证券化部和证券投资事业部,资产证券化业务、证券投资类业务均取得一定成效,为公司深化业务转型奠定了良好基础。

4.3.2.1.2 股东协同发展进一步深化

公司控股股东国家电投集团提出"2035一流战略",将从传统能源企业向一流清洁能源企业转型,对深度推进产融结合提出更高要求。公司依托股东背景和充分利用信托优势,在资产经营和金融服务领域深入整合集团优势资源,有针对性地提升服务集团产业发展的金融供给能力。2020年,公司积极对接国家电投集团金融服务需求,利用自身专业优势提供量身定制的金融解决方案,在资产证券化、供应链金融等多个业务领域拓展成效明显。未来，公司将以此为基础持续推进金融服务与产业发展的深度融合，拓展更多创新业务增长点，助力碳达峰和碳中和目标的实现，推动公司持续稳健发展。

4.3.2.2 影响公司发展的不利因素

在金融监管趋严、行业深化转型的背景下，公司发展仍面临着一些不利因素。

第一，业务转型效果与预期仍有差距。公司虽然较早地启动了业务转型，但是创新业务对业务规模和利润的贡献仍相对较低，证券投资类业务规模、现金管理业务规模与行业头部公司仍有一定差距，未来仍有较大的提升空间。

第二，科技能力对业务支撑不足。近年来，公司持续加大科技投入，IT系统建设已取得明显进步。但是，公司近年来大力发展的证券投资类业务、资产证券化业务，以及服务信托等创新业务模式均对科技系统提出了更高的要求，科技能力对业务转型的支撑作用仍有待进一步提高。

第三，品牌建设相对滞后。目前，信托业务资源向行业头部公司集中的趋势日益明显，公司的品牌将对信托业务发展发挥越来越重要的作用。未来公司将充分发挥研发优势，持续加强品牌宣传力度，在业务端和产品端打造良好的品牌形象，助力公司从区域性信托公司向全国一流信托公司迈进。

4.4 内部控制

4.4.1 内部控制环境和内部控制文化

为保证公司规范运作，有效防范和化解经营风险，确保公司经营、财务和其他信息真实、准确、完整，最大限度地维护信托当事人、公司股东及其他利益相关者的合法权益，公司按照《中华人民共和国公司法》《信托公司治理指引》及相关法律法规的要求，建立了包括股东会、董事会、监事会和高级管理层在内的完善的法人治理结构，各自根据公司章程确定的职责范围行使职权，在保持相互独立的基础上，做到了有机协调和相互制衡。

公司通过建立和完善法人治理结构，强化决策机制，充分发挥股东会、董事会和监事会的决策与监督作用。公司采用多种方式将良好、诚信的企业文化在公司内传播，通过责任目标的制定、激励考核机制的导向、晋升通道的完善、以企业文化为主题的各类活动的开展，增强员工归属感和忠诚度。同时也将“诚信、创新、务实、高效”的理念和“快乐工作、诚信为本、合规经营、敢于承担”的员工行为规范贯穿于公司各项制度和日常经营管理中，并最终落实在履行受托人职责上。公司牢固树立内部控制和合规风险管理优先的审慎经营理念，积极培养员工的合规风险防范意识，营造浓厚的内控文化氛围。

4.4.2 内部控制措施

4.4.2.1 履行内部控制职能的部门

公司根据业务发展需要设立了业务部门和职能部门，并按照职责分离原则设立相应的工作岗位，各个岗位都有明确的岗位职责说明和清晰的报告关系。在此基础上，公司努力建立健全内部约束机制，实行前台、中台、后台的岗位职责分离。

4.4.2.2 内部控制的主要政策、制度、程序及执行情况

公司遵循全面性、审慎性、制衡性和相匹配原则，确定业务受理与初审、业务决策与风险控制、业务核算与业务监督相分离的部门和岗位，建立了对风险进行事前防范、事中控制、事后监督和纠正的动态机制。

公司内部控制制度由公司法人治理制度、基本管理制度、具体规章组成。其中，公司法人治理制度包括公司章程、《董事、监事产生办法》《股东会议事规则》《董事会议事规则》和《监事会议事规则》等。公司基本管理制度包括《内部控制管理制度》《风险管理制度》《关联交易管理制度》《财务管理制度》《人力资源管理制度》《信托业务管理制度》《固有业务管理制度》《反腐败、反贿赂、反舞弊管理制度》《内部审计制度》和《信息披露管理制度》等。公司具体规章包括基本管理制度的实施细则、具体业务或党建工作相关的管理办法及其附属流程等。

公司章程的制定充分考虑了《公司法》及相关法律法规的要求，股东会、董事会、监事会、高级管理层等相应的议事规则切实可行，董事会下属委员会有明确的委员构成、职权权限和工作细则，公司日常管理和业务经营决策等环节均有章可循。

在内部控制执行方面，一是由公司董事会及下设委员会建立并实施充分有效的内部控制体系，保证公司在法律和政策框架内审慎经营，明确设定可接受的风险水平，保证高级管理层采取必要的风险控制措施，负责监督高级管理层对内部控制体系的充分性与有效性进行监测和评估；二是监事会监督董事会、高级管理层完善内部控制体系，监督董事会、高级管理层及其成员履行内部控制职责；三是高级管理层执行董事会决策，根据董事会确定的可接受的风险水平，制定系统化的制度、流程和方法，采取相应的风险控制措施，建立和完善内部组织机构，保证内部控制的各项职责得到有效履行，组织对内部控制体系的充分性与有效性进行监测和评估；四是公司各部门进行自我评估和分析，对发现的内部控制隐患和缺陷及时报告，并据此对相关规章制度进行调整和补充，使得公司的各项规章制度在实际工作中得到有效执行；五是公司风险合规部与内审稽核部分别承担检查公司制度执行情况、定期评价内部控制设计合理性及运行有效性职责。通过以上措施，公司内部控制体系不断完善，同时经营层的自律和独立于经营层的外部监督，保证了内部控制体系在促进业务稳健经营和持续发展方面能够有效发挥作用。

4.4.3 信息交流与反馈

公司在内部信息交流方面，通过建立各项规章制度，明确了公司股东会、董事会、监事会、高级管理层、各部门负责人及员工信息传递职责和报告路径，从而使各级管理者和员工能够及时了解和掌握公司的经营管理情况，有效履行各自的职责。

公司在与外部信息交流方面，一是采取书面邮件、网站公告等形式，向监管部门、受益人报告公司的重大事项和项目管理情况；二是通过推动品牌建设，树立公司良好的企业形象，并通过在网站、微信平台设立信息披露专栏，及时更新和公布公司各类信息和运营动态，让客户更加全面和及时地了解公司、认知公司；三是通过微信互动、设立呼叫中心和在营业场所提供面对面咨询服务等方式，向客户推介产品信息、进行投资者教育，以更好地履行自身诚实、信用、谨慎、有效管理的义务；四是不断提升公司内刊《百瑞财富》的编辑出版质量，并通过向重点客户和合作伙伴免费寄送，使其成为客户了解公司的重要载体。

4.4.4 监督评价与纠正

公司的内控监督体系包括三个层面：一是对股东会负责的监事会，主要对董事会、董事及高级管理人员履职情况行使监督职能；二是董事会下设合规和风险委员会、审计和关联交易委员会、对公司董事会负责的内审稽核部，其中合规和风险委

员会主要负责监督、检查公司经营活动的合法合规性，审议风险管理相关制度政策、重大决策的风险评估报告及重大风险解决方案、公司全面风险评估、风险管理、合规报告等，审计和关联交易委员会主要负责检查会计政策、财务报告程序、财务状况、内部控制健全性和有效性、聘请或解聘年度财务报表外部审计机构、监督公司内部审计和外部审计中发现的问题及整改情况等；内审稽核部主要根据董事会的要求，对公司业务经营、财务管理、内部控制进行检查、监督和评价，并对发现的问题督促整改，同时审查和评价风险管理的充分性和有效性；三是对经营层负责的风险合规部主要根据经营层的要求，督导内控制度建设、检查内控制度的执行情况，并组织开展业务活动中合规与法律风险的研究、监控及评价。

为了保证稳健经营，防范和化解经营风险，明确风险责任，公司对不履行或不正确履行国家法律法规和公司内部规章制度的人员进行责任追究。

4.5 风险管理

4.5.1 风险管理概况

4.5.1.1 经营过程面临的主要风险

基于金融行业运营环境和信托业特征，公司在经营过程中面临的主要风险包括战略风险、信用风险、合规风险、流动性风险、市场风险、操作风险、声誉风险及其他风险。

4.5.1.2 风险管理基本原则和控制政策

为有效防范和化解各项风险，保证稳健经营，公司确立了以下风险管理基本原则和政策。

4.5.1.2.1 全面性原则

风险管理覆盖固有业务和信托业务，涵盖公司所面临的各项风险，贯穿项目立项、尽职调查、预审核、决策审批、项目管理、事中风险管理至资产处置的全部业务环节，同时渗透到所有部门和岗位，构成全面风险管理体系。

4.5.1.2.2 独立性原则

保持风险管理决策、监控的独立性，并与业务决策适当分离。公司风险合规管理部门在董事会、合规和风险委员会的领导下，客观评价经营风险，独立履行风险管理职能。在业务调研和决策环节，保持风险管理决策和业务决策的适度分离，在业务实施前，独立进行风险研判。

4.5.1.2.3 客观性原则

正确认识风险客观存在，避免利益冲突或偏见，如实反映公司的风险状况，遵循内容真实、数字准确、资料可靠的原则。

4.5.1.2.4 前瞻主动原则

风险管理部门及业务部门相互协作，前瞻性的开展风险研究及管理工作，主动识别、选择和承担风险，完善管控措施，确保风险可控。充分了解客户、了解业务，特别是对于公司新介入的创新业务模式，本着实质重于形式的原则，强化事前风险评估和全程风险监控，确保风险可承受。

4.5.1.2.5 定量和定性相结合原则

通过建立完善的风险管理指标体系，依托定量分析和定性分析手段评价和控制风险。

4.5.1.2.6 风险与收益匹配原则

通过主动控制，平衡收益和风险，每类业务活动都应至少获得与其所承担风险相匹配的收益，并实现资本优化配置。

4.5.1.2.7 制衡性原则

坚持内控优先，全面分析公司经营环节和业务流程，合理设置体现制衡原则的前台、中台、后台岗位职责，明确划分相关部门之间、岗位之间、上下级机构之间的职责，建立职责分离、横向与纵向相互监督制约的机制。

4.5.1.2.8 信托财产单独管理原则

信托业务系统和固有业务系统的部门和人员分离；信托业务和固有业务分别由不同的高级管理人员分工管理，实现高管人员分工分离；信托财务和固有财务的人员、账表、资产分离，对每项信托业务单独开户、单独核算、单独管理，维护信托财产的独立性，形成管理防火墙。

4.5.1.2.9 风险信息充分披露原则

培育信托产品的合格投资人，强化风险意识，在信托产品设计和销售中充分识别和揭示风险。

4.5.1.3 风险管理组织结构与职责划分

公司建立了以董事会、合规和风险委员会、高级管理层、基层风险管理单位为主体的风险管理组织体系。

董事会就公司全面风险管理工作的有效性对股东会负责，在其下设合规和风险委员会的协助下，了解公司的风险状况，制定公司的风险管理政策；批准需要董事会批准的公司任何合规和内部控制政策或程序；决定业务风险的化解和处置。

合规和风险委员会对董事会负责，在董事会授权范围内对审议事项提出意见或决策，为董事会决策提供支持。

高级管理层负责执行公司风险管理政策，审查监督风险管理程序及具体操作规程，及时向董事会及其下设委员会、监事会报告风险管理情况。

基层风险管理单位包含前台、中台、后台所有与风险管理工作有关的部门，对各部门严格按照风险管理“三道防线”的原则划分风险管理责任。

业务部门承担风险管理“第一道防线”职责，负责主动识别业务经营活动所承担的风险，实施积极主动的管理，严格执行公司的风险偏好、风险管理政策、程序和集中度限额，确保业务活动不偏离风险管理要求。

风险合规部、项目评审部门、运营管理部等中后台职能部门为“第二道防线”。风险合规部统筹开展公司全面风险管理、内控合规管理及法律事务管理工作，制定年度风险管理、内控合规及法律事务管理计划并组织实施，推动公司全面风险管理体系不断完善。项目评审部门负责公司各类型业务的评审，全面参与项目尽职调查、预审核、项目决策审批、事中风险管理等环节，为业务开展提供风险控制保障和法律技术支持。运营管理部负责存续项目后期管理，开展合同执行性工作并对发现的风险信息进行反馈和报告。

内审稽核部为“第三道防线”，负责对“第一道防线”和“第二道防线”运行情况进行独立的审计检查和监督，对风险管理体系的有效性和执行情况进行监督和评价。

上述各部门负责人为本部门风险管理工作的第一责任人，在各自职责范围内承担相应的风险管理职责，负责部门内部基础风险管理工作，将本部门相关风险信息向公司高级管理层报告。

4.5.2 风险状况

4.5.2.1 合规风险状况

合规风险主要是指公司未遵循法律、法规和监管规定而受到法律制裁、监管处罚、重大财务损失和声誉损失的风险。2020 年，监管机构围绕打好防范化解重大金融风险攻坚战的重点任务，深入推进市场乱象整治“回头看”，发布《信托公司股权管理暂行办法》，加强信托公司股权管理和关联交易管控，坚定推进监管压降、房地产规模管控及资管新规整改工作，进一步加强反洗钱监管。信托行业监管态势进一步趋严，对信托公司合规管理不断提出更高要求，行业面临的合规风险随之提升。报告期内，公司积极落实监管政策要求，不断完善合规管理体系，加强合规文化建设，大力推动监管压降、房地产规模管控、资管新规整改等重点工作，优化反洗钱工作机制，保障公司合规经营。

4.5.2.2 信用风险状况

信用风险主要指交易对手丧失履行合同义务的意愿或能力而使公司遭受财产损失的可能。2020 年，受新冠肺炎疫情全球蔓延、宏观经济形势下行、房地产融资政策收紧、债券市场超预期违约事件冲击等因素影响，行业面临的信用风险持续加大。报告期内，公司紧跟行业形势和监管政策变化，及时调整业务准入标准，综合运用限额管理、准入管理、事中管理和风险处置等各种管理手段，有效控制信用风险，资产质量整体保持稳定。

4.5.2.3 市场风险状况

市场风险主要指因市场价格（利率、汇率、股票价格等）的不利变化或者波动导致资产价值发生变动，进而使公司固有资产或信托资产遭受损失的可能。在债券市场方面，2020 年，随着我国疫情防控阻击战取得重大战略成果，宏观经济政策目标经历了“稳增长”向“稳杠杆”的转变，货币政策由流动性宽松逐步转向正常化，年内债券市场收益率出现大幅波动。股票市场方面，2020 年 A 股市场主要指数总体上涨，但新冠肺炎疫情蔓延、原油价格暴跌、中美贸易摩擦等利空事件频发，与国内流动性宽松、疫情阻击取得成效、经济基本面逐渐边际改善等利好事件交织影响，导致 A 股市场大幅波动频现，股票投资面临较大市场风险。公司密切关注宏观经济政策变化，加强证券投资研究，综合运用集中度控制、投资授权管理、资产池构建、止盈止损控制等各项手段，强化市场风险抵御能力。报告期内，证券投资类信托产品整体运行平稳。

4.5.2.4 操作风险状况

操作风险主要是指由于内控制度不完善或规章制度执行不到位，给公司经营带来隐患或损失的可能。2020 年，监管机构推动信托行业加快转型发展，公司加大人才引进力度，加快创新业务孵化和开展，业务转型过程中面临的操作风险进一步提升。

报告期内，公司不断完善内控制度体系，进一步规范尽职管理操作，强化重点领域操作风险排查，加大问责整改力度，确保各项制度和流程的执行效果达到预期目标，操作风险得到有效防范和控制。

4.5.2.5 流动性风险状况

流动性风险主要是指公司清偿能力不足或虽然有清偿能力，但无法以合理成本及时获得充足资金以应对资产增长或偿付到期债务所引发的风险。2020 年，监管机构坚持“去通道”任务目标和监管要求，银信业务持续萎缩，信托公司外部流动性环境相对严峻。从风险成因来看，新冠肺炎疫情全球蔓延、宏观经济形势下行等多重负面因素叠加，导致行业信用风险持续加大，由信用风险引发流动性风险的可能进一步上升。此外，受融资类业务压降和资金信托新规发布预期影响，信托行业积极布局标品投资业务，此类业务流动性管理难度较大，进一步抬升信托业务整体流动性风险。报告期内，公司不断完善创新业务流动性风险防控机制，健全流动性风险管理体系，通过日常限额管理、月度流动性监测、季度流动性压力测试等措施加强管理。公司全年流动性状况良好，未发生流动性风险事件。

4.5.2.6 其他风险状况

其他风险主要包括法律风险和声誉风险等。

法律风险是指公司所签订合同存在法律瑕疵，从而产生法律纠纷，使公司遭受损失的风险。报告期内公司无该类风险发生。

声誉风险是指由公司经营、管理及其他行为或外部事件导致利益相关方对公司负面评价的风险。报告期内公司无该类风险发生。

4.5.3 风险管理情况

4.5.3.1 合规风险管理

公司合规风险管理体现在以下几个方面：一是建立健全内控合规管理体系，通过完善管理制度，细化执行标准，加强监督评价，加大考核问责，筑牢内控合规风险防线，确保依法合规经营。二是在“强监管、严问责”的常态化监管趋势下，强化监管政策传导，动态调整合规管理制度、机制，确保员工明晰监管动向，认真落实监管要求，严守合规底线。三是加强合规文化建设，倡导“全员主动合规”“合规创造价值”等合规理念，开展合规培训教育、知识竞赛，持续提升员工合规意识及合规专业技能。

2020 年，公司以“风险合规一流”建设为目标，积极落实监管要求，累计新建和升版合规管理相关制度 39 项，通过制度约束、流程约束、系统约束加强合规风险管理，组织合规宣导培训共 28 次，员工主动合规意识和执行力显著增强。

4.5.3.2 信用风险管理

公司信用风险管理主要通过充分研判宏观经济形势及行业政策变化，及时动态调整风控措施，以限额管理、准入管理、事中管理和风险处置为手段，将风险敞口控制在可承受范围之内。具体措施包括以下几个方面。

一是强化限额管理。基于公司风险偏好及战略转型目标，严格控制不同行业业务规模占比；根据交易对手行业地位、战略协同效应等确定单一客户业务规模限额；防止单个行业或单一客户风险对公司整体业务造成重大不利影响。

二是强化准入管理。结合监管要求和宏观环境变化，及时调整各类业务的准入标准，引导业务人员加强行业中优质客户的拓展和合作；严格立项审查，对于不符合风险标准、风险缓释措施不足的项目不予立项，严守风控底线；制定工作手册，细化操作标准，合理借助中介机构对交易对手资信情况深入调查，充分掌握项目真实状况，加强业务尽职调查管理。

三是强化事中管理。建立风险排查机制、项目到期前管理机制、压力测试工作机制、风险信号工作机制等事中风险管理机制，做好项目存续期管理，勤勉履行管理责任，稳定表内外资产质量。

四是强化风险处置管理。及时采取有效应对措施，解决预警项目潜在风险隐患；大力开展风险项目处置工作，综合运用催收、诉讼、债权重组、盘活资产等手段推动风险项目资金回收。

此外，公司根据监管要求，定期对资产质量进行五级分类。

对承担风险和损失的资产提取坏账准备，由此准确反映公司资产质量情况，并为风险化解储备资金支持。其中一般准备金余额原则上不得低于风险资产期末余额的1.5%，专项减值准备结合资产风险分类结果以预期信用损失为基础计提；公司自2019年1月1日起执行财政部于2017年修订的《企业会计准则第22号——金融工具确认和计量》，根据该准则规定，对分类为以摊余成本计量的金融资产计提信用减值损失。

4.5.3.3　市场风险管理

为有效应对市场风险，公司秉承"理性、稳健"的风险偏好，建立了与总体业务发展战略、管理能力、资本实力和风险承受能力相匹配的市场风险管理原则和程序。具体管理措施包括以下几个方面。

一是建立健全证券业务投资决策机制。规范业务授权管理，合理确定投资业务人员及部门的权限范围，制定岗位分离、相互制约的投资决策及实施流程。

二是夯实证券投资研究基础。持续跟踪宏观经济形势、政策、行业发展态势变化，加强债券信用研究，动态调整投资策略，有效指导证券业务投资运作。

三是加强投资资产管理。设定证券业务投资标准，选择优质资产和优质客户，构建合作客户白名单、债券投资库，限定投资范围。四是丰富市场风险管理工具。设定投资标的限额，强化止损止盈控制，加强风险监测，有效控制风险敞口，及时开展风险应对。

4.5.3.4　操作风险管理

公司操作风险管理的基本策略是加强内控体系建设、落实和监督。具体措施包括以下几个方面。

一是不断优化内控管理体系。完善规章制度，细化各类业务操作规范，强化监督制衡机制，通过现场检查、非现场检查、合规风险月报等手段发现内控缺陷、操作风险点，并及时整改、完善，确保内控体系的全面性和有效性。

二是强化信息系统约束。将各项操作要求制度化、制度表单化、表单信息化，将重要内控事项嵌入信息管理系统，提升制度执行力，防范操作风险。

三是完善考核与问责机制。将内控合规考核作为绩效考核的重要方面，针对重大违规事项，加大责任追究力度，通过行政责任追究和经济责任追究相结合的问责形式，规范员工操作行为。

2020年，公司针对操作风险管理中的薄弱环节，深入开展多项制度建设和升版工作，细化操作指引，全面提升公司内控水平，有效防范操作风险发生。

4.5.3.5　流动性风险管理

公司流动性风险管理的策略取向为"稳健"，即在适当平衡公司资产收益性和流动性的基础上，保持适度流动性，将流动性风险控制在可以承受的合理范围之内，确保公司的安全运营，维护良好的公众形象。具体措施包括以下几个方面。

一是严格执行《公司流动性风险管理暂行办法》有关流动性限额管理的规定，加强流动性限额管理。

二是按季度开展流动性压力测试，分析下一季度影响流动性的主要风险因素，采取有针对性的措施，以防范极端情况下的流动性风险，保障公司正常经营。

三是按月对到期前项目进行摸排，通过严格控制固有项目、信托项目的风险，防范信用风险向流动性风险传导。

四是积极探索通过其他合法合规方式增强公司抵御流动性风险的能力。

2020年，公司严格执行上述各项管理措施，流动性风险得到有效控制，未发生流动性风险事件。

4.5.3.6　其他风险管理

公司法律风险管理策略为法律专业人员全面参与涉及法律问题的经营管理事项，为重大决策提供法律咨询和建议，为业务运行全过程提供法律支持，有效处理公司法律纠纷案件。具体措施包括：一是全面推进依法治企工作，完善法律事务管理制度，确保重大经营管理事项履行合法性审查程序；二是利用法律手段防范业务风险，由法务人员参与项目立项、尽职调查、审核审批、放款实施、后期管理、风险处置等各个环节，强化业务法律文本的审核和盖章控制，防范法律风险、维护公司权益；三是强化法治文化培育，通过法律培训、考试与教育，提高公司全员的法律风险防范意识。

公司声誉风险管理策略为将声誉构建与发展战略和企业文化进行有机结合，通过尽职管理和充分信息披露塑造专业、诚信形象。具体管理措施包括：一是完善舆情管理制度，依托专业舆情监控系统的技术支持，实现对各类舆情的全天候监控；二是深化与行业媒体的深度合作，积极传达公司价值理念，宣导先进人物和事迹，不断提升公司形象，扩大品牌影响力；三是建立声誉风险突发事件应急机制，确保第一时间发现负面舆情并迅速作出反应，避免公司声誉受到损害。

5. 2020年度及上年度比较式会计报表

5.1　自营资产

5.1.1　会计师事务所审计意见全文

审计报告

信会师报字〔2021〕第ZG10279号

百瑞信托有限责任公司：

一、审计意见

我们审计了百瑞信托有限责任公司（以下简称百瑞信托）财务报表，包括2020年12月31日的合并及母公司资产负债表，2020年度的合并及母公司利润表、合并及母公司现金流量表、合并及母公司所有者权益变动表以及相关财务报表附注。

我们认为，后附的财务报表在所有重大方面按照企业会计准则的规定编制，公允反映了百瑞信托2020年12月31日的合并及母公司财务状况及2020年度的合并及母公司经营成果和现金流量。

二、形成审计意见的基础

我们按照中国注册会计师审计准则的规定执行了审计工作。审计报告的"注册会计师对财务报表审计的责任"部分进一步阐述了我们在这些准则下的责任。按照中国注册会计师职业道德守则，我们独立于百瑞信托，并履行了职业道德方面的其他责任。我们相信，我们获取的审计证据是充分、适当的，为发表审计意见提供了基础。

三、管理层和治理层对财务报表的责任

管理层负责按照企业会计准则的规定编制财务报表，使其实现公允反映，并设计、执行和维护必要的内部控制，以使财务报表不存在由于舞弊或错误导致的重大错报。

在编制财务报表时，管理层负责评估百瑞信托的持续经营能力，披露与持续经营相关的事项（如适用），并运用持续经营假设，除非计划进行清算、终止运营或别无其他现实的选择。

治理层负责监督百瑞信托的财务报告过程。

四、注册会计师对财务报表审计的责任

我们的目标是对财务报表整体是否不存在由于舞弊或错误导致的重大错报获取合理保证，并出具包含审计意见的审计报告。合理保证是高水平的保证，但并不能保证按照审计准则执行的审计在某一重大错报存在时总能发现。错报可能由于舞弊或错误导致，如果合理预期错报单独或汇总起来可能影响财务报表使用者依据财务报表作出的经济决策，则通常认为错报是重大的。

在按照审计准则执行审计工作的过程中，我们运用职业判断，并保持职业怀疑。同时，我们也执行以下工作：

（1）识别和评估由于舞弊或错误导致的财务报表重大错报风险，设计和实施审计程序以应对这些风险，并获取充分、适当的审计证据，作为发表审计意见的基础。由于舞弊可能涉及串通、伪造、故意遗漏、虚假陈述或凌驾于内部控制之上，未能发现由于舞弊导致的重大错报的风险高于未能发现由于错误导致的重大错报的风险。

（2）了解与审计相关的内部控制，以设计恰当的审计程序，但目的并非对内部控制的有效性发表意见。

（3）评价管理层选用会计政策的恰当性和作出会计估计及相关披露的合理性。

（4）对管理层使用持续经营假设的恰当性得出结论。同时，根据获取的审计证据，就可能导致对百瑞信托持续经营能力产生重大疑虑的事项或情况是否存在重大不确定性得出结论。如果我们得出结论认为存在重大不确定性，审计准则要求我们在审计报告中提请报表使用者注意财务报表中的相关披露；如果披露不充分，我们应当发表非无保留意见。我们的结论基于截至审计报告日可获得的信息。然而，未来的事项或情况可能导致百瑞信托不能持续经营。

（5）评价财务报表的总体列报（包括披露）、结构和内容，并评价财务报表是否公允反映相关交易和事项。

（6）就百瑞信托中实体或业务活动的财务信息获取充分、适当的审计证据，以对合并财务报表发表审计意见。我们负责指导、监督和执行集团审计，并对审计意见承担全部责任。

我们与治理层就计划的审计范围、时间安排和重大审计发现等事项进行沟通，包括沟通我们在审计中识别出的值得关注的内部控制缺陷。

中国注册会计师：

中国注册会计师：

中国·上海　　　　2021 年 4 月 15 日

5.1.2　资产负债表

合并资产负债表

编制单位：百瑞信托有限责任公司　　2020 年 12 月 31 日　　单位：万元

项　目	期末余额	年初余额
资产：		
货币资金	49 219.51	17 117.21
存放同业款项	—	—
贵金属	—	—
拆出资金	—	—
衍生金融资产	—	—
应收款项	5 575.21	2 887.84
合同资产	—	—
买入返售金融资产	310.00	—
持有待售资产	—	—
发放贷款和垫款	296 725.98	332 304.87
金融投资：	—	—
交易性金融资产	534 266.27	543 875.71
债权投资	109 846.95	57 725.67
其他债权投资	—	—
其他权益工具投资	116 216.75	55 451.14
长期股权投资	23 261.11	23 377.35
投资性房地产	—	—
固定资产	3 470.73	3 634.31
在建工程	—	—
无形资产	1 504.74	1 491.53
商誉	—	—
递延所得税资产	11 861.74	7 624.47
其他资产	60 464.21	2 704.44
资产总计	1 212 723.20	[illegible]048 194.54
负债：	—	—
向中央银行借款	—	—
同业及其他金融机构存放款项	—	—
拆入资金	—	—
交易性金融负债	—	—
衍生金融负债	—	—
卖出回购金融资产款	—	—
吸收存款	—	—
应付职工薪酬	1 310.39	1 621.90
应交税费	16 322.75	13 886.43
应付款项	—	—
合同负债	2 468.90	2 342.38
持有待售负债	—	—
预计负债	6 496.49	4 512.56
应付债券	—	—
其中：优先股	—	—
永续债	—	—
递延所得税负债	—	—
其他负债	162 621.31	[illegible]00 200.82
负债合计	189 219.84	[illegible]22 564.09
所有者权益：	—	—
实收资本	400 000.00	400 000.00
其他权益工具	—	—
其中：优先股	—	—
永续债	—	—
资本公积	7 983.90	7 983.90
减：库存股	—	—
其他综合收益	5 460.65	20 408.05
盈余公积	87 046.33	75 817.22
一般风险准备	69 687.52	63 394.49
未分配利润	453 324.95	[illegible]58 026.79
归属于母公司所有者权益合计	1 023 503.36	[illegible]25 630.45
少数股东权益	—	—
所有者权益合计	1 023 503.36	[illegible]25 630.45
负债和所有者权益总计	1 212 723.20	[illegible]48 194.54

法定代表人：王振京　　主管会计工作负责人：张迎军　　会[illegible]构负责人：宋红霞

母公司资产负债表

编制单位：百瑞信托有限责任公司　　2020 年 12 月 31 日　　单位：万元

项目	期末余额	年初余额
资产：		
货币资金	38 441. 51	15 799. 90
存放同业款项	—	—
贵金属	—	—
拆出资金	—	—
衍生金融资产	—	—
应收款项	5 669. 93	2 924. 05
合同资产	—	—
买入返售金融资产	—	—
持有待售资产	—	—
发放贷款和垫款	191 296. 44	232 781. 03
金融投资：	—	—
交易性金融资产	629 326. 08	543 911. 87
债权投资	25 497. 17	113 203. 80
其他债权投资	—	—
其他权益工具投资	116 216. 75	55 451. 14
长期股权投资	22 841. 40	20 574. 59
投资性房地产	—	—
固定资产	3 470. 73	3 634. 31
在建工程	—	—
无形资产	1 504. 74	1 491. 53
商誉	—	—
递延所得税资产	11 869. 77	7 759. 04
其他资产	4 999. 73	2 714. 95
资产总计	1 051 134. 24	1 000 246. 20
负债：	—	—
向中央银行借款	—	—
同业及其他金融机构存放款项	—	—
拆入资金	—	—
交易性金融负债	—	—
衍生金融负债	—	—
卖出回购金融资产款	—	—
吸收存款	—	—
应付职工薪酬	1 310. 39	1 621. 90
应交税费	15 941. 27	13 792. 99
应付款项	—	—
合同负债	2 468. 90	2 342. 38
持有待售负债	—	—
预计负债	6 496. 49	4 512. 56
应付债券	—	—
其中：优先股	—	—
永续债	—	—
递延所得税负债	—	—
其他负债	1 539. 53	51 591. 79
负债合计	27 756. 58	73 861. 62
所有者权益：	—	—
实收资本（或实收资本）	400 000. 00	400 000. 00
其他权益工具	—	—
其中：优先股	—	—
永续债	—	—
资本公积	7 983. 90	7 983. 90
减：库存股	—	—
其他综合收益	5 110. 04	20 408. 05
盈余公积	87 046. 33	75 817. 22
一般风险准备	69 687. 52	63 394. 49
未分配利润	453 549. 86	358 780. 92
所有者权益合计	1 023 377. 66	926 384. 58
负债和所有者权益总计	1 051 134. 24	1 000 246. 20

法定代表人：王振京　　主管会计工作负责人：张迎军　　会计机构负责人：宋红霞

5. 1. 3　利润表

合并利润表

编制单位：百瑞信托有限责任公司　　2020 年 12 月 31 日　　单位：万元

项目	本期金额	上期金额
一、营业总收入	195 568. 84	162 859. 88
利息净收入	39 190. 37	33 307. 58
其中：利息收入	45 918. 62	36 346. 75
利息支出	6 728. 25	3 039. 17
手续费及佣金净收入	95 891. 36	104 296. 12
其中：手续费及佣金收入	95 891. 36	104 296. 12
手续费及佣金支出	—	—
投资收益（损失以“－”号填列）	31 406. 48	40 440. 30
其中：对联营企业和合营企业的投资收益	420. 75	1 828. 63
以摊余成本计量的金融资产终止确认产生的投资收益（损失以“－”号填列）	—	—
净敞口套期收益（损失以“－”号填列）	—	—
其他收益	269. 95	81. 90
公允价值变动收益（损失以“－”号填列）	28 810. 72	－15 266. 05
汇兑收益（损失以“－”号填列）	－0. 04	0. 02
其他业务收入	—	—
资产处置收益（损失以“－”号填列）	—	—
二、营业总支出	47 567. 85	22 994. 63
税金及附加	1 187. 66	1 096. 19
业务及管理费	32 311. 19	24 572. 32
信用减值损失	14 069. 00	－2 673. 88
其他资产减值损失	—	—
其他业务成本	—	—
三、营业利润（亏损以“－”号填列）	148 000. 99	139 865. 25
加：营业外收入	99. 88	1 500. 46
减：营业外支出	60. 81	131. 02
四、利润总额（亏损总额以“－”号填列）	148 040. 06	141 234. 69
减：所得税费用	35 219. 76	32 465. 73
五、净利润（净亏损以“－”号填列）	112 820. 30	108 768. 96
（一）按经营持续性分类	—	—
1. 持续经营净利润（净亏损以“－”号填列）	112 820. 30	108 768. 96
2. 终止经营净利润（净亏损以“－”号填列）	—	—
（二）按所有权归属分类	—	—
1. 归属于母公司股东的净利润（净亏损以“－”号填列）	112 820. 30	108 768. 96
2. 少数股东损益（净亏损以“－”号填列）	—	—
六、其他综合收益的税后净额	－14 947. 39	－2 284. 60
归属于母公司所有者的其他综合收益的税后净额	－14 947. 39	－2 284. 60
（一）不能重分类进损益的其他综合收益	－3 171. 73	－4 158. 95
1. 重新计量设定受益计划变动额	—	—
2. 权益法下不能转损益的其他综合收益	—	—
3. 其他权益工具投资公允价值变动	－3 171. 73	－4 158. 95
4. 企业自身信用风险公允价值变动	—	—
（二）将重分类进损益的其他综合收益	－11 775. 66	1 874. 35
1. 权益法下可转损益的其他综合收益	3 529. 06	1 874. 35
2. 其他债权投资公允价值变动	—	—
3. 金融资产重分类计入其他综合收益的金额	—	—
4. 其他债权投资信用损失准备	—	—
5. 现金流量套期储备	—	—
6. 外币财务报表折算差额	—	—
7. 其他	－15 304. 72	—
归属于少数股东的其他综合收益的税后净额	—	—
七、综合收益总额	97 872. 91	106 484. 35
归属于母公司所有者的综合收益总额	97 872. 91	106 484. 35
归属于少数股东的综合收益总额	—	—
八、每股收益	—	—
（一）基本每股收益（元/股）	—	—
（二）稀释每股收益（元/股）	—	—

法定代表人：王振京　　主管会计工作负责人：张迎军　　会计机构负责人：宋红霞

母公司利润表

编制单位：百瑞信托有限责任公司　　2020 年 12 月 31 日　　单位：万元

项　目	本期金额	上期金额
一、营业总收入	192 083.48	161 701.04
利息净收入	22 344.78	20 225.62
其中：利息收入	22 837.03	23 264.79
利息支出	492.25	3 039.17
手续费及佣金净收入	119 543.99	113 518.02
其中：手续费及佣金收入	119 543.99	113 518.02
手续费及佣金支出	—	—
投资收益（损失以“-”号填列）	29 739.02	45 963.11
其中：对联营企业和合营企业的投资收益	374.67	1 810.57
以摊余成本计量的金融资产终止确认产生的投资收益（损失以“-”号填列）	—	—
净敞口套期收益（损失以“-”号填列）	—	—
其他收益	269.95	81.90
公允价值变动收益（损失以“-”号填列）	20 185.78	-18 087.64
汇兑收益（损失以“-”号填列）	-0.04	0.02
其他业务收入	—	—
资产处置收益（损失以“-”号填列）	—	—
二、营业总支出	44 485.16	22 049.65
税金及附加	1 046.27	1 055.46
业务及管理费	30 117.66	23 842.24
信用减值损失	13 321.23	-2 848.04
其他资产减值损失	—	—
其他业务成本	—	—
三、营业利润（亏损以“-”号填列）	147 598.32	139 651.39
加：营业外收入	99.88	1 500.46
减：营业外支出	60.81	131.02
四、利润总额（亏损总额以“-”号填列）	147 637.39	141 020.82
减：所得税费用	35 346.30	31 738.27
五、净利润（净亏损以“-”号填列）	112 291.09	109 282.56
（一）持续经营净利润（净亏损以“-”号填列）	112 291.09	109 282.56
（二）终止经营净利润（净亏损以“-”号填列）	—	—
六、其他综合收益的税后净额	-15 298.00	-2 284.60
（一）不能重分类进损益的其他综合收益	-3 171.73	-4 158.95
1. 重新计量设定受益计划变动额	—	—
2. 权益法下不能转损益的其他综合收益	—	—
3. 其他权益工具投资公允价值变动	-3 171.73	-4 158.95
4. 企业自身信用风险公允价值变动	—	—
（二）将重分类进损益的其他综合收益	-12 126.27	1 874.35
1. 权益法下可转损益的其他综合收益	3 529.06	1 874.35
2. 其他债权投资公允价值变动	—	—
3. 金融资产重分类计入其他综合收益的金额	—	—
4. 其他债权投资信用损失准备	—	—
5. 现金流量套期储备	—	—
6. 外币财务报表折算差额	—	—
7. 其他	-15 655.33	—
七、综合收益总额	96 993.09	106 997.95
八、每股收益	—	—
（一）基本每股收益（元/股）	—	—
（二）稀释每股收益（元/股）	—	—

法定代表人：王振京　　主管会计工作负责人：张迎军　　会计机构负责人：宋红霞

合并利润分配表

编制单位：百瑞信托有限责任公司　　2020 年 12 月 31 日　　单位：万元

项　目	本年累计数	上年累计数
本年净利润	112 820.[illegible]	108 768.96
加：（一）年初未分配利润	358 026.[illegible]	266 904.30
（二）盈余公积弥亏	—	—
（三）其他调整因素	—	—
（四）会计政策变更	—	—
可供分配的利润	470 847.[illegible]	375 673.26
减：（一）单项留用的利润	—	—
（二）补充流动资本	—	—
（三）提取法定盈余公积	11 229.[illegible]	10 928.26
（四）提取法定公益金	—	—
（五）提取信托赔偿准备金	5 614.[illegible]	5 464.13
（六）提取一般准备金	678.[illegible]	1 254.09
（七）提取企业发展基金	—	—
（八）利润归还投资	—	—
（九）其他	—	—
可供投资者分配的利润	453 324.9[illegible]	358 026.79
减：（一）应付优先股股利	—	—
（二）提取任意盈余公积	—	—
（三）应付普通股股利	—	—
（四）转作资本（股本）的普通股股利	—	—
（五）其他	—	—
未分配利润	453 324.9[illegible]	358 026.79

法定代表人：王振京　　主管会计工作负责人：张迎军　　会计机构负责人：宋红霞

母公司利润分配表

编制单位：百瑞信托有限责任公司　　2020 年 12 月 31 日　　单位：万元

项　目	本年累计数	上年累计数
本年净利润	112 291.09	109 282.56
加：（一）年初未分配利润	358 780.92	267 144.83
（二）盈余公积弥亏	—	—
（三）其他调整因素	—	—
（四）会计政策变更	—	—
可供分配的利润	471 072.01	376 427.39
减：（一）单项留用的利润	—	—
（二）补充流动资本	—	—
（三）提取法定盈余公积	11 229.11	10 928.26
（四）提取法定公益金	—	—
（五）提取信托赔偿准备金	5 614.55	5 464.13
（六）提取一般准备金	678.48	1 254.09
（七）提取企业发展基金	—	—
（八）利润归还投资	—	—
（九）其他	—	—
可供投资者分配的利润	453 549.86	358 780.92
减：（一）应付优先股股利	—	—
（二）提取任意盈余公积	—	—
（三）应付普通股股利	—	—
（四）转作资本（股本）的普通股股利	—	—
（五）其他	—	—
未分配利润	453 549.86	358 780.92

法定代表人：王振京　　主管会计工作负责人：张迎军　　会计机构负责人：宋红霞

5.1.4 所有者权益变动表

合并所有者权益变动表

编制单位：百瑞信托有限责任公司　　2020 年度　　单位：万元

项目	本年数												
	归属于母公司所有者权益											少数股东权益	所有者权益合计
	实收资本	其他权益工具			资本公积	减：库存股	其他综合收益	盈余公积	一般风险准备	未分配利润	小计		
		优先股	永续债	其他									
一、上年年末余额	400 000.00	—	—	—	7 983.90	—	20 408.05	75 817.22	63 394.49	358 026.79	925 630.45	—	925 630.45
加：会计政策变更	—	—	—	—	—	—	—	—	—	—	—	—	—
前期差错更正	—	—	—	—	—	—	—	—	—	—	—	—	—
其他	—	—	—	—	—	—	—	—	—	—	—	—	—
二、本年年初余额	400 000.00	—	—	—	7 983.90	—	20 408.05	75 817.22	63 394.49	358 026.79	925 630.45	—	925 630.45
三、本期增减变动金额（减少以"－"号填列）	—	—	—	—	—	—	－14 947.39	11 229.11	6 293.03	95 298.16	97 872.91	—	97 872.91
（一）综合收益总额	—	—	—	—	—	—	－14 947.39	—	—	112 820.30	97 872.91	—	97 872.91
（二）所有者投入和减少资本	—	—	—	—	—	—	—	—	—	—	—	—	—
1. 所有者投入的普通股	—	—	—	—	—	—	—	—	—	—	—	—	—
2. 其他权益工具持有者投入	—	—	—	—	—	—	—	—	—	—	—	—	—
3. 股份支付计入所有者权益	—	—	—	—	—	—	—	—	—	—	—	—	—
4. 其他	—	—	—	—	—	—	—	—	—	—	—	—	—
（三）利润分配	—	—	—	—	—	—	—	11 229.11	6 293.03	－17 522.14	—	—	—
1. 提取盈余公积	—	—	—	—	—	—	—	11 229.11	—	－11 229.11	—	—	—
2. 提取一般风险准备	—	—	—	—	—	—	—	—	6 293.03	－6 293.03	—	—	—
3. 对所有者的分配	—	—	—	—	—	—	—	—	—	—	—	—	—
4. 其他	—	—	—	—	—	—	—	—	—	—	—	—	—
（四）所有者权益内部结转	—	—	—	—	—	—	—	—	—	—	—	—	—
1. 资本公积转增实收资本	—	—	—	—	—	—	—	—	—	—	—	—	—
2. 盈余公积转增实收资本	—	—	—	—	—	—	—	—	—	—	—	—	—
3. 盈余公积弥补亏损	—	—	—	—	—	—	—	—	—	—	—	—	—
4. 设定受益计划变动额结转留存收益	—	—	—	—	—	—	—	—	—	—	—	—	—
5. 其他综合收益结转留存收益	—	—	—	—	—	—	—	—	—	—	—	—	—
四、本期期末余额	400 000.00	—	—	—	7 983.90	—	5 460.65	87 046.33	69 687.52	453 324.95	1 023 503.36	—	1 023 503.36

合并所有者权益变动表（续）

编制单位：百瑞信托有限责任公司　　2020 年度　　单位：万元

项目	上期金额												
	归属于母公司所有者权益											少数股东权益	所有者权益合计
	实收资本	其他权益工具			资本公积	减：库存股	其他综合收益	盈余公积	一般风险准备	未分配利润	小计		
		优先股	永续债	其他									
一、上年年末余额	400 000.00	—	—	—	7 983.90	—	16 399.82	65 771.83	57 159.82	276 821.31	824 136.68	—	824 136.68
加：会计政策变更	—	—	—	—	—	—	6 292.83	－882.86	－483.54	－9 917.01	－4 990.58	—	－4 990.58
前期差错更正	—	—	—	—	—	—	—	—	—	—	—	—	—
其他	—	—	—	—	—	—	—	—	—	—	—	—	—

续表

项目	上期金额												
	归属于母公司所有者权益											少数股东权益	所有者权益合计
	实收资本	其他权益工具			资本公积	减:库存股	其他综合收益	盈余公积	一般风险准备	未分配利润	小计		
		优先股	永续债	其他									
二、本年年初余额	400 000. 00	—	—	—	7 983. 90	—	22 692. 65	64 888. 97	56 676. 27	266 904. 30	819 146. 10	—	819 146. 10
三、本期增减变动金额(减少以“－”号填列)	—	—	—	—	—	—	－2 284. 60	10 928. 26	6 718. 22	91 122. 48	106 484. 35	—	106 484. 35
(一)综合收益总额	—	—	—	—	—	—	－2 284. 60	—	—	108 768. 96	106 484. 35	—	106 484. 35
(二)所有者投入和减少资本	—	—	—	—	—	—	—	—	—	—	—	—	—
1. 所有者投入的普通股	—	—	—	—	—	—	—	—	—	—	—	—	—
2. 其他权益工具持有者投入资本	—	—	—	—	—	—	—	—	—	—	—	—	—
3. 股份支付计入所有者权益的金额	—	—	—	—	—	—	—	—	—	—	—	—	—
4. 其他	—	—	—	—	—	—	—	—	—	—	—	—	—
(三)利润分配	—	—	—	—	—	—	—	10 928. 26	6 718. 22	－17 646. 47	—	—	—
1. 提取盈余公积	—	—	—	—	—	—	—	10 928. 26	—	－10 928. 26	—	—	—
2. 提取一般风险准备	—	—	—	—	—	—	—	—	6 718. 22	－6 718. 22	—	—	—
3. 对所有者的分配	—	—	—	—	—	—	—	—	—	—	—	—	—
4. 其他	—	—	—	—	—	—	—	—	—	—	—	—	—
(四)所有者权益内部结转	—	—	—	—	—	—	—	—	—	—	—	—	—
1. 资本公积转增实收资本	—	—	—	—	—	—	—	—	—	—	—	—	—
2. 盈余公积转增实收资本	—	—	—	—	—	—	—	—	—	—	—	—	—
3. 盈余公积弥补亏损	—	—	—	—	—	—	—	—	—	—	—	—	—
4. 设定受益计划变动额转留存收益	—	—	—	—	—	—	—	—	—	—	—	—	—
5. 其他综合收益结转留存收益	—	—	—	—	—	—	—	—	—	—	—	—	—
四、本期期末余额	400 000. 00	—	—	—	7 983. 90	—	20 408. 05	75 817. 22	63 394. 49	358 026. 79	925 630. 45	—	925 630. 45

法定代表人:王振京　　主管会计工作负责人:张迎军　　会计机构负责人:宋红霞

母公司所有者权益变动表

编制单位:百瑞信托有限责任公司　　2020 年度　　单位:万元

项目	本期金额										
	实收资本	其他权益工具			资本公积	减:库存股	其他综合收益	盈余公积	一般风险准备	未分配利润	所有者权益合计
		优先股	永续债	其他							
一、上年年末余额	400 000. 00	—	—	—	7 983. 90	—	20 408. 05	75 817. 22	63 394. 49	358 780. [illegible]	926 384. 58
加:会计政策变更	—	—	—	—	—	—	—	—	—	—	—
前期差错更正	—	—	—	—	—	—	—	—	—	—	—
其他	—	—	—	—	—	—	—	—	—	—	—
二、本年年初余额	400 000. 00	—	—	—	7 983. 90	—	20 408. 05	75 817. 22	63 394. 49	358 780. [illegible]	926 384. 58
三、本期增减变动金额(减少以“－”号填列)	—	—	—	—	—	—	－15 298. 00	11 229. 11	6 293. 03	94 768. [illegible]	96 993. 09
(一)综合收益总额	—	—	—	—	—	—	－15 298. 00	—	—	112 291. [illegible]	96 993. 09
(二)所有者投入和减少资本	—	—	—	—	—	—	—	—	—	—	—
1. 所有者投入的普通股	—	—	—	—	—	—	—	—	—	—	—
2. 其他权益工具持有者投入资本	—	—	—	—	—	—	—	—	—	—	—

续表

项　　目	本期金额										
	实收资本	其他权益工具			资本公积	减:库存股	其他综合收益	盈余公积	一般风险准备	未分配利润	所有者权益合计
		优先股	永续债	其他							
3. 股份支付计入所有者权益的金额	—	—	—	—	—	—	—	—	—	—	—
4. 其他	—	—	—	—	—	—	—	—	—	—	—
(三)利润分配	—	—	—	—	—	—	—	11 229.11	6 293.03	-17 522.14	—
1. 提取盈余公积	—	—	—	—	—	—	—	11 229.11	—	-11 229.11	—
2. 提取一般风险准备	—	—	—	—	—	—	—	—	6 293.03	-6 293.03	—
3. 对所有者(或股东)的分配	—	—	—	—	—	—	—	—	—	—	—
4. 其他	—	—	—	—	—	—	—	—	—	—	—
(四)所有者权益内部结转	—	—	—	—	—	—	—	—	—	—	—
1. 资本公积转增资本(或实收资本)	—	—	—	—	—	—	—	—	—	—	—
2. 盈余公积转增资本(或实收资本)	—	—	—	—	—	—	—	—	—	—	—
3. 盈余公积弥补亏损	—	—	—	—	—	—	—	—	—	—	—
4. 设定受益计划变动额结转留存收益	—	—	—	—	—	—	—	—	—	—	—
5. 其他综合收益结转留存收益	—	—	—	—	—	—	—	—	—	—	—
6. 其他	—	—	—	—	—	—	—	—	—	—	—
四、本期期末余额	400 000.00	—	—	—	7 983.90	—	5 110.04	87 046.33	69 687.52	453 549.86	1 023 377.67

法定代表人:王振京　　　　主管会计工作负责人:张迎军　　　　会计机构负责人:宋红霞

母公司所有者权益变动表(续)

编制单位:百瑞信托有限责任公司　　　　2020 年度　　　　单位:万元

项　　目	上期金额										
	实收资本	其他权益工具			资本公积	减:库存股	其他综合收益	盈余公积	一般风险准备	未分配利润	所有者权益合计
		优先股	永续债	其他							
一、上年年末余额	400 000.00	—	—	—	7 983.90	—	16 399.82	65 771.83	57 159.82	274 109.38	821 424.75
加:会计政策变更	—	—	—	—	—	—	6 292.83	-882.86	-483.54	-6 964.55	-2 038.12
前期差错更正	—	—	—	—	—	—	—	—	—	—	—
其他	—	—	—	—	—	—	—	—	—	—	—
二、本年年初余额	400 000.00	—	—	—	7 983.90	—	22 692.65	64 888.97	56 676.27	267 144.83	819 386.63
三、本期增减变动金额(减少以"-"号填列)	—	—	—	—	—	—	-2 284.60	10 928.26	6 718.22	91 636.08	106 997.95
(一)综合收益总额	—	—	—	—	—	—	-2 284.60	—	—	109 282.56	106 997.95
(二)所有者投入和减少资本	—	—	—	—	—	—	—	—	—	—	—
1. 所有者投入的普通股	—	—	—	—	—	—	—	—	—	—	—
2. 其他权益工具持有者投入资本	—	—	—	—	—	—	—	—	—	—	—
3. 股份支付计入所有者权益的金额	—	—	—	—	—	—	—	—	—	—	—
4. 其他	—	—	—	—	—	—	—	—	—	—	—
(三)利润分配	—	—	—	—	—	—	—	10 928.26	6 718.22	-17 646.47	—
1. 提取盈余公积	—	—	—	—	—	—	—	10 928.26	—	-10 928.26	—
2. 提取一般风险准备	—	—	—	—	—	—	—	—	6 718.22	-6 718.22	—
3. 对所有者(或股东)的分配	—	—	—	—	—	—	—	—	—	—	—
4. 其他	—	—	—	—	—	—	—	—	—	—	—
(四)所有者权益内部结转	—	—	—	—	—	—	—	—	—	—	—
1. 资本公积转增资本(或实收资本)	—	—	—	—	—	—	—	—	—	—	—
2. 盈余公积转增资本(或实收资本)	—	—	—	—	—	—	—	—	—	—	—
3. 盈余公积弥补亏损	—	—	—	—	—	—	—	—	—	—	—
4. 设定受益计划变动额结转留存收益	—	—	—	—	—	—	—	—	—	—	—
5. 其他综合收益结转留存收益	—	—	—	—	—	—	—	—	—	—	—
6. 其他	—	—	—	—	—	—	—	—	—	—	—
四、本期期末余额	400 000.00	—	—	—	7 983.90	—	20 408.05	75 817.22	63 394.49	358 780.92	926 384.58

法定代表人:王振京　　　　主管会计工作负责人:张迎军　　　　会计机构负责人:宋红霞

5.2 信托资产

5.2.1 信托项目资产负债汇总表

信托项目资产负债表

编制单位：百瑞信托有限责任公司　　2020 年 12 月 31 日　　单位：万元

信托资产	期末余额	期初余额	信托负债和信托权益	期末余额	期初余额
信托资产	—	—	信托负债	—	—
货币资金	150 173.57	128 273.96	交易性金融负债	—	—
拆出资金	—	—	衍生金融负债	—	—
存出保证金	—	—	应付受托人报酬	6 338.98	4 213.37
交易性金融资产	342 092.94	49 132.28	应付托管费	424.46	117.18
衍生金融资产	—	—	应付受益人收益	321.86	629.96
买入返售金融资产	163 694.67	251 194.18	应交税费	15 091.33	12 504.04
应收款项	94 729.54	130 878.18	应付销售服务费	0.73	—
发放贷款	16 021 895.82	13 239 692.68	其他应付款项	465 086.01	605 845.71
可供出售金融资产	2 134 606.76	2 136 583.90	预计负债	—	—
持有至到期投资	70 000.00	—	其他负债	—	—
长期应收款	—	—	信托负债合计	487 263.37	623 310.26
长期股权投资	1 909 369.82	2 022 490.17	—	—	—
其他长期投资	—	—	—	—	—
投资性房地产	—	—	信托权益	—	—
固定资产	—	—	实收信托	30 756 172.11	23 640 193.95
无形资产	—	—	资本公积	109 413.46	116 275.88
长期待摊费用	864.07	894.07	损益平准金	—	—
其他资产	10 455 794.39	6 375 965.52	未分配利润	−9 627.36	−44 675.15
减：各项资产减值准备	—	—	信托权益合计	30 855 958.21	23 711 794.68
信托资产总计	31 343 221.58	24 335 104.94	信托负债和信托权益总计	31 343 221.58	24 335 104.94

法定代表人：王振京　　主管会计工作负责人：张迎军　　会计机构负责人：宋红霞

5.2.2 信托项目利润及利润分配汇总表

信托项目利润及利润分配表

编制单位：百瑞信托有限责任公司　　2020 年度　　单位：万元

项　目	本年数	上年数
1. 营业收入	1 591 956.45	1 242 567.59
1.1 利息收入	1 273 465.74	974 541.40
1.2 投资收益(损失以"−"号填列)	255 750.59	171 843.21
1.2.1 其中：对联营企业和合营企业的投资收益	—	—
1.3 公允价值变动收益(损失以"−"号填列)	3 507.97	199.17
1.4 租赁收入	—	—
1.5 汇兑损益(损失以"−"号填列)	—	—
1.6 其他收入	59 232.15	95 983.81
2. 支出	211 716.85	219 757.80
2.1 营业税金及附加	5 481.28	4 494.95
2.2 受托人报酬	125 950.79	120 228.67
2.3 保管费	6 151.54	6 233.78
2.4 投资管理费	63.36	63.83
2.5 销售服务费	11 649.53	13 764.30
2.6 交易费用	106.52	48.12
2.7 资产减值损失	—	—
2.8 其他费用	25 688.95	13 912.09
2.9 其他支出	36 624.88	61 012.06
3. 信托净利润(净亏损以"−"号填列)	1 380 239.60	1 022 809.79

续表

项　目	本年数	上年数
4. 其他综合收益	—	—
5. 综合收益	1 380 239.60	1 022 809.79
6. 加：期初未分配信托利润	−44 675.15	17 185.57
7. 可供分配的信托利润	1 335 564.45	1 039 995.36
8. 减：本期已分配信托利润	1 345 191.81	1 084 670.51
9. 期末未分配信托利润	−9 627.36	−44 675.15

法定代表人：王振京　　主管会计工作负责人：张迎军　　会计机构负责人：宋红霞

6. 会计报表附注

6.1 报告年度会计报表编制基准、会计政策、会计估计和核算方法发生的变化

6.1.1 会计报表不符合会计核算基本前提的事项

报告期内无上述事项。

6.1.2 重要会计政策和会计估计说明

6.1.2.1 计提资产减值准备的范围和方法

6.1.2.1.1 计提资产减值准备的原则

公司根据谨慎性原则，预计各项资产可能发生的损失，对可能发生的各项损失计提一般准备和资产减值准备。

6.1.2.1.2 计提范围和方法

6.1.2.1.2.1 一般准备计提范围和方法

根据财政部《金融企业准备金计提管理办法》(财金〔2012〕20号)规定,为了防范经营风险,增强金融企业抵御风险能力,促进金融企业稳健经营和健康发展,金融企业应提取一般准备作为利润分配处理,并作为股东权益的组成部分。公司根据标准法对风险资产所面临的风险状况定量分析,确定潜在风险估计值。对于潜在风险估计值高于资产减值准备的差额,计提一般准备。当潜在风险估计值低于资产减值准备时,可不计提一般准备。一般准备余额原则上不得低于风险资产期末余额的1.5%。难以一次性达到1.5%的,可以分年到位,原则上不得超过5年。

6.1.2.1.2.2 资产减值准备计提范围和方法

对于固定资产、在建工程、使用寿命有限的无形资产、以成本模式计量的投资性房地产及对子公司、合营企业、联营企业的长期股权投资、商誉等长期资产,公司于资产负债表日判断是否存在减值迹象。如存在减值迹象的,则估计其可收回金额,进行减值测试。商誉、使用寿命不确定的无形资产和尚未达到可使用状态的无形资产,无论是否存在减值迹象,每年均进行减值测试。减值测试结果表明资产的可收回金额低于其账面价值的,按其差额计提减值准备并计入减值损失。上述资产减值损失一经确认,以后期间不予转回。

公司考虑所有合理且有依据的信息,包括前瞻性信息,以单项或组合的方式对以摊余成本计量的金融资产和以公允价值计量且其变动计入其他综合收益的金融资产(债务工具)的预期信用损失进行估计。预期信用损失的计量取决于金融资产自初始确认后是否发生信用风险显著增加。

预期信用损失一般模型。如果该金融工具的信用风险自初始确认后已显著增加,公司按照相当于该金融工具整个存续期内预期信用损失的金额计量其损失准备;如果该金融工具的信用风险自初始确认后并未显著增加,公司按照相当于该金融工具未来12个月内预期信用损失的金额计量其损失准备。由此形成的损失准备的增加或转回金额,作为减值损失或利得计入当期损益。

通常逾期超过30日,公司即认为该金融工具的信用风险已显著增加,除非有确凿证据证明该金融工具的信用风险自初始确认后并未显著增加。

具体来说,公司将购买或源生时未发生信用减值的金融工具发生信用减值的过程分为三个阶段,对于不同阶段的金融工具的减值有不同的会计处理方法。

第一阶段:信用风险自初始确认后未显著增加。对于处于该阶段的金融工具,公司按照未来12个月的预期信用损失计量损失准备,并按其账面余额(即未扣除减值准备)和实际利率计算利息收入(若该工具为金融资产,下同)。

第二阶段:信用风险自初始确认后已显著增加但尚未发生信用减值。对于处于该阶段的金融工具,按照该工具整个存续期的预期信用损失计量损失准备,并按其账面余额和实际利率计算利息收入。

第三阶段:初始确认后发生信用减值。对于处于该阶段的金融工具,按照该工具整个存续期的预期信用损失计量损失准备,但对利息收入的计算不同于处于前两阶段的金融资产。对于已发生信用减值的金融资产,按其摊余成本(账面余额减已计提减值准备,也即账面价值)和实际利率计算利息收入。

对于购买或源生时已发生信用减值的金融资产,仅将初始确认后整个存续期内预期信用损失的变动确认为损失准备,并按其摊余成本和经信用调整的实际利率计算利息收入。

公司对在资产负债表日具有较低信用风险的金融工具,选择不与其初始确认时的信用风险进行比较,而直接作出该工具的信用风险自初始确认后未显著增加的假定。

如果公司确定金融工具的违约风险较低,借款人在短期内履行其支付合同现金流量义务的能力很强,并且即使较长时期内经济形势和经营环境存在不利变化,也不一定会降低借款人履行其支付合同现金流量义务的能力,那么该金融工具可被视为具有较低的信用风险。

应收款项。本公司对于《企业会计准则第14号——收入》所规定的、不含重大融资成分(包括根据该准则不考虑不超过一年的合同中融资成分的情况)的应收款项,采用预期信用损失的简化模型,始终按照整个存续期内预期信用损失的金额计量其损失准备。

6.1.2.2 金融资产三分类的范围和标准

根据管理的金融资产的业务模式和金融资产的合同现金流量特征,公司将金融资产划分为以下三类:以摊余成本计量的金融资产;以公允价值计量且其变动计入其他综合收益的金融资产;以公允价值计量且其变动计入当期损益的金融资产。

公司管理金融资产的业务模式是指公司如何管理金融资产以产生现金流量,是以公司关键管理人员决定的对金融资产进行管理的特定业务目标为基础确定,是以客观事实为依据。金融资产的合同现金流量特征是指金融工具合同约定的、反映相关金融资产经济特征的现金流量属性。

6.1.2.2.1 以摊余成本计量的金融资产的范围和标准

以摊余成本计量的金融资产是指同时满足下列条件的金融资产:(1)企业管理该金融资产的业务模式是以收取合同现金流量为目标;(2)该金融资产的合同条款规定,在特定日期产生的现金流量,仅为对本金和以未偿付本金金额为基础的利息的支付。

6.1.2.2.2 以公允价值计量且变动计入其他综合收益的金融资产的范围和标准

以公允价值计量且变动计入其他综合收益的金融资产是指同时满足下列条件的金融资产(债务工具):(1)管理该金融资产的业务模式既以收取合同现金流量为目标又以出售该金融资产为目标;(2)该金融资产的合同条款规定,在特定日期产生的现金流量,仅为对本金和以未偿付本金金额为基础的利息的支付。

对权益工具,在初始确认时,公司可以将非交易性权益工具投资指定为以公允价值计量且其变动计入其他综合收益的金融资产。

6.1.2.2.3 以公允价值计量且其变动计入当期损益的金融资产的范围和标准

除上述规定的以摊余成本计量的金融资产和以公允价值计量且其变动计入其他综合收益的金融资产外的金融资产,公司将其分类为以公允价值计量且其变动计入当期损益的金融资产。

6.1.2.2.4　金融资产的重分类

公司改变管理金融资产的业务模式，并对所有受影响的相关金融资产进行重分类。自重分类日起采用未来适用法进行相关会计处理，未对以前已经确认的利得、损失（包括减值损失或利得）或利息进行追溯调整。重分类日是指导致企业对金融资产进行重分类的业务模式发生变更后的首个报告期间的第一天。

公司将一项以摊余成本计量的金融资产重分类为以公允价值计量且其变动计入当期损益的金融资产的，按照该资产在重分类日的公允价值进行计量。原账面价值与公允价值之间的差额计入当期损益。

公司将一项以摊余成本计量的金融资产重分类为以公允价值计量且其变动计入其他综合收益的金融资产的，按照该金融资产在重分类日的公允价值进行计量。原账面价值与公允价值之间的差额计入其他综合收益。该金融资产重分类不影响其实际利率和预期信用损失的计量。

公司将一项以公允价值计量且其变动计入其他综合收益的金融资产重分类为以摊余成本计量的金融资产的，将之前计入其他综合收益的累计利得或损失转出，调整该金融资产在重分类日的公允价值，并以调整后的金额作为新的账面价值，即视同该金融资产一直以摊余成本计量。该金融资产重分类不影响其实际利率和预期信用损失的计量。

公司将一项以公允价值计量且其变动计入其他综合收益的金融资产重分类为以公允价值计量且其变动计入当期损益的金融资产的，继续以公允价值计量该金融资产。同时，公司将之前计入其他综合收益的累计利得或损失从其他综合收益转入当期损益。

公司将一项以公允价值计量且其变动计入当期损益的金融资产重分类为以摊余成本计量的金融资产的，以其在重分类日的公允价值作为新的账面余额。

公司将一项以公允价值计量且其变动计入当期损益的金融资产重分类为以公允价值计量且其变动计入其他综合收益的金融资产的，继续以公允价值计量该金融资产。

对金融资产重分类进行处理的，公司根据该金融资产在重分类日的公允价值确定其实际利率。

6.1.2.3　金融资产的计量

公司初始确认金融资产，按照公允价值计量。对于以公允价值计量且其变动计入当期损益的金融资产，相关交易费用直接计入当期损益；对于其他类别的金融资产，相关交易费用计入初始确认金额。但是，公司初始确认的应收账款未包含《企业会计准则第14号——收入》所定义的重大融资成分或根据《企业会计准则第14号——收入》规定不考虑不超过1年的合同中的融资成分的，按照该准则定义的交易价格进行初始计量。

交易费用是指可直接归属于购买、发行或处置金融工具的增量费用。增量费用是指企业没有发生购买、发行或处置相关金融工具的情形就不会发生的费用，包括支付给代理机构、咨询公司、券商、证券交易所、政府有关部门等的手续费、佣金、相关税费以及其他必要支出，不包括债券溢价、折价、融资费用、内部管理成本和持有成本等与交易不直接相关的费用。

6.1.2.3.1　金融资产的公允价值

公允价值通常为相关金融资产或金融负债的交易价格。金融资产的公允价值与交易价格存在差异的，公司区别下列情况进行处理：（1）在初始确认时，金融资产的公允价值依据相同资产在活跃市场上的报价或者以仅使用可观察市场数据的估值技术确定的，公司将该公允价值与交易价格之间的差额确认为一项利得或损失。（2）在初始确认时，金融资产的公允价值以其他方式确定的，公司将该公允价值与交易价格之间的差额递延。初始确认后，公司根据某一因素在相应会计期间的变动程度将该递延差额确认为相应会计期间的利得或损失。该因素应当仅限于市场参与者对该金融工具定价时将予考虑的因素，包括时间等。

6.1.2.3.2　金融资产的后续计量

初始确认后，企业应当对不同类别的金融资产，分别以摊余成本、以公允价值计量且其变动计入其他综合收益或以公允价值计量且其变动计入当期损益进行后续计量。

金融资产的摊余成本，以该金融资产的初始确认金额经下列调整后的结果确定：（1）扣除已偿还的本金。（2）加上或减去采用实际利率法将该初始确认金额与到期日金额之间的差额进行摊销形成的累计摊销额。（3）扣除累计计提的损失准备（仅适用于金融资产）。

实际利率法是指计算金融资产的摊余成本以及将利息收入或利息费用分摊计入各会计期间的方法。

实际利率是指将金融资产在预计存续期的估计未来现金流量，折现为该金融资产账面余额所使用的利率。在确定实际利率时，在考虑金融资产所有合同条款（如提前还款、展期、看涨期权或其他类似期权等）的基础上估计预期现金流量，但不考虑预期信用损失。

公司与交易对手方修改或重新议定合同，未导致金融资产终止确认，但导致合同现金流量发生变化的，将重新计算该金融资产的账面余额，并将相关利得或损失计入当期损益。重新计算的该金融资产的账面余额，根据将重新议定或修改的合同现金流量按金融资产的原实际利率（或者购买或源生的已发生信用减值的金融资产的经信用调整的实际利率）或重新计算的实际利率（如适用）折现的现值确定。对于修改或重新议定合同所产生的所有成本或费用，公司将调整修改后的金融资产账面价值，并在修改后金融资产的剩余期限内进行摊销。

6.1.2.3.3　权益工具的计量

公司对权益工具的投资和与此类投资相联系的合同以公允价值计量。但在有限情况下，如果用以确定公允价值的近期信息不足，或者公允价值的可能估计金额分布范围很广，而成本代表了该范围内对公允价值的最佳估计的，该成本可代表其在该分布范围内对公允价值的恰当估计。

公司利用初始确认日后可获得的关于被投资方业绩和经营的所有信息，判断成本能否代表公允价值。存在下列情形（包含但不限于）之一的，可能表明成本不代表相关金融资产的公允价值，公司将对其公允价值进行估值：（1）与预算、计划或阶段性目标相比，被投资方业绩发生重大变化。（2）对被投资方技术产品实现阶段性目标的预期发生变化。（3）被投资方的权益、产品或潜在产品的市场发生重大变化。（4）全球经济或被投资方经营所处的经济环境发生重大变化。（5）被投资方可比企业的业绩或整体市场所显示的估值结果发生重大变化。(6)被投资方的内部问题,如欺诈、商业纠纷、诉讼、管理或战略变化。(7)被投资方权益发生了外部交易并有客观证据,包括发行新股等被投资方发生的交易和第三方之间转让被投资方权益工具的交易等。

6.1.2.4 长期股权投资核算方法

长期股权投资是指公司对被投资单位具有控制、共同控制或重大影响的长期股权投资。公司对被投资单位不具有控制、共同控制或重大影响的长期股权投资,作为可供出售金融资产或以公允价值计量且其变动计入当期损益的金融资产核算。

6.1.2.4.1 投资成本的确定

对于企业合并形成的长期股权投资,如为同一控制下的企业合并取得的长期股权投资,在合并日按照取得被合并方所有者权益账面价值的份额作为初始投资成本。通过非同一控制下的企业合并取得的长期股权投资,企业合并成本包括购买方付出的资产、发生或承担的负债、发行的权益性证券的公允价值之和;购买方为企业合并发生的审计、法律服务、评估咨询等中介费用及其他相关管理费用,应当于发生时计入当期损益;购买方作为合并对价发行的权益性证券或债务性证券的交易费用,应当计入权益性证券或债务性证券的初始确认金额。

除企业合并形成的长期股权投资外的其他股权投资,按成本进行初始计量,该成本视长期股权投资取得方式的不同,分别按照公司实际支付的现金购买价款、公司发行的权益性证券的公允价值、投资合同或协议约定的价值、非货币性资产交换交易中换出资产的公允价值或原账面价值、该项长期股权投资自身的公允价值等方式确定。与取得长期股权投资直接相关的费用、税金及其他必要支出也计入投资成本。

6.1.2.4.2 长期股权投资的后续计量及损益确认方法

对被投资单位具有共同控制(构成共同经营者除外)或重大影响的长期股权投资,采用权益法核算。此外,公司财务报表采用成本法核算能够对被投资单位实施控制的长期股权投资。

采用成本法核算时,长期股权投资按初始投资成本计价,除取得投资时实际支付的价款或者对价中包含的已宣告但尚未发放的现金股利或者利润外,当期投资收益按照享有被投资单位宣告发放的现金股利或利润确认。

采用权益法核算时,长期股权投资的初始投资成本大于投资时应享有被投资单位可辨认净资产公允价值份额的,不调整长期股权投资的初始投资成本;初始投资成本小于投资时应享有被投资单位可辨认净资产公允价值份额的,其差额计入当期损益,同时调整长期股权投资的成本。

采用权益法核算时,当期投资损益为应享有或应分担的被投资单位当年实现的净损益的份额。在确认应享有被投资单位净损益的份额时,以取得投资时被投资单位各项可辨认资产等的公允价值为基础,并按照公司的会计政策及会计期间,对被投资单位的净利润进行调整后确认。对于公司与联营企业及合营之间发生的未实现内部交易损益,按照持股比例计算属于公司的部分予以抵销,在此基础上确认投资损益。公司与被投资单位发生的未实现内部交易损失,按照《企业会计准则第8号——资产减值》等规定属于所转让资产减值损失的,不予以抵销。对被投资单位的其他综合收益,相应调整长期股权投资的账面价值确认为其他综合收益并计入资本公积。

在确认应分担被投资单位发生的净亏损时,以长期股权投资的账面价值和其他实质上构成对被投资单位净投资的长期权益减记至零为限。此外,如公司对被投资单位负有承担额外损失的义务,则按预计承担的义务确认预计负债,计入当期投资损失。被投资单位以后期间实现净利润的,公司在收益分享额弥补未确认的亏损分担额后,恢复确认收益分享额。

对于公司首次执行新会计准则之前已经持有的对联营企业和合营企业的长期股权投资,如存在与该投资相关的股权投资借方差额,按原剩余期限直线摊销的金额计入当期损益。

收购少数股权时,在编制合并财务报表时,因购买少数股权新增的长期股权投资与按照新增持股比例计算应享有子公司自购买日(或合并日)开始持续计算的净资产份额之间的差额,调整资本公积,资本公积不足冲减的,调整留存收益。

除合并财务报表外的其他情形下的长期股权投资处置,对于处置的股权,其账面价值与实际取得价款的差额,计入当期损益;采用权益法核算的长期股权投资,在处置时将原计入所有者权益的其他综合收益部分按相应的比例转入当期损益。对于剩余股权,按其账面价值确认为长期股权投资或其他相关金融资产,并按前述长期股权投资或金融资产的会计政策进行后续计量。涉及对剩余股权由成本法转为权益法核算的,按相关规定进行追溯调整。

6.1.2.5 固定资产计价和折旧方法

6.1.2.5.1 固定资产确认条件

固定资产是指为生产商品、提供劳务、出租或经营管理而持有的,使用寿命超过一个会计年度的有形资产。固定资产仅在与其有关的经济利益很可能流入公司,且其成本能够可靠地计量时才予以确认。固定资产按成本并考虑预计弃置费用因素的影响进行初始计量。

6.1.2.5.2 固定资产的分类、计价方法及折旧方法

固定资产从达到预定可使用状态的次月起,在使用寿命内计提折旧。各类固定资产的使用寿命、预计净残值和年折旧率、折旧方法如下表所示。

固定资产类别	折旧年限(年)	预计净残值率(%)	年折旧率(%)	折旧方法
房屋建筑物	20~35	5	2.71~4.75	平均年限法
电子设备	3~5	5	19.00~31.67	平均年限法
安全保卫设备	5	5	19.00	平均年限法
办公设备	5	5	19.00	平均年限法
交通运输设备	4~5	5	19.00~23.75	平均年限法

预计净残值是指假定固定资产预计使用寿命已满并处于使用寿命终了时的预期状态,公司目前从该项资产处置中获得的扣除预计处置费用后的金额。

6.1.2.5.3 固定资产后续支出的处理

与固定资产有关的后续支出,如果与该固定资产有关的经

济利益很可能流入且其成本能可靠地计量，则计入固定资产成本，并终止确认被替换部分的账面价值。除此以外的其他后续支出，在发生时计入当期损益。

当固定资产处于处置状态或预期通过使用或处置不能产生经济利益时，终止确认该固定资产。固定资产出售、转让、报废或毁损的处置收入扣除其账面价值和相关税费后的差额计入当期损益。

公司至少于年度终了对固定资产的使用寿命、预计净残值和折旧方法进行复核，如发生改变则作为会计估计变更处理。

6.1.2.6　无形资产计价及摊销政策

6.1.2.6.1　无形资产的确认及计价方法

无形资产是指公司拥有或者控制的没有实物形态的可辨认非货币性资产。

无形资产按成本进行初始计量。与无形资产有关的支出，如果相关的经济利益很可能流入公司且其成本能可靠地计量，则计入无形资产成本。除此以外的其他项目的支出，在发生时计入当期损益。

取得的土地使用权通常作为无形资产核算。自行开发建造厂房等建筑物，相关的土地使用权支出和建筑物建造成本则分别作为无形资产和固定资产核算。如为外购的房屋及建筑物，则将有关价款在土地使用权和建筑物之间进行分配，难以合理分配的，全部作为固定资产处理。

6.1.2.6.2　无形资产的摊销

使用寿命有限的无形资产自可供使用时起，对其原值减去预计净残值和已计提的减值准备累计金额在其预计使用寿命内采用直线法分期摊销。使用寿命不确定的无形资产不予摊销。

期末，对使用寿命有限的无形资产的使用寿命和摊销方法进行复核，如发生变更则作为会计估计变更处理。此外，还对使用寿命不确定的无形资产的使用寿命进行复核，如果有证据表明该无形资产为企业带来经济利益的期限是可预见的，则估计其使用寿命并按照使用寿命有限的无形资产的摊销政策进行摊销。

6.1.2.7　长期应收款的核算方法

长期应收款的核算内容包括融资租赁产生的应收款项和采用递延方式具有融资性质的提供劳务等产生的应收款项。

出租人融资产生的应收租赁款初始价值按租赁开始日最低租赁收款额与初始直接费用之和进行入账。

采用递延方式分期收款提供劳务产生的长期应收款，在满足收入确认条件时，初始价值按应收的合同或协议价款入账。

6.1.2.8　长期待摊费用的摊销政策

长期待摊费用为已经发生但应由报告期和以后各期负担的分摊期限在1年以上的各项费用。长期待摊费用在预计受益期间按直线法摊销。

6.1.2.9　合并会计报表的编制方法

公司对合并财务报表按照《企业会计准则第33号——合并财务报表》执行。

合并财务报表以母公司和纳入合并范围的子公司的个别财务报表为基础，根据其他有关资料为依据，按照权益法调整对子公司的长期股权投资后，由母公司编制。合并时对内部权益性投资与子公司所有者权益、内部投资收益与子公司利润分配、内部交易事项、内部债权债务进行抵销。

合并成本大于合并中取得的被购买方可辨认净资产公允价值份额的差额，确认为商誉。合并成本小于合并中取得的被购买方可辨认净资产公允价值份额的，其差额计入当期损益。

子公司所采用的会计政策与母公司保持一致。对于子公司所采用的会计政策与母公司不一致的，在编制合并财务报表时，应按母公司会计政策进行必要的调整。

6.1.2.10　收入确认原则和方法

公司的收入包括利息收入、手续费及佣金收入、证券投资业务收入和其他收入。收入在经济利益很可能流入公司，且金额能够可靠计量，并同时满足下列条件时予以确认。

6.1.2.10.1　利息收入

利息收入是指按实际利率法确认的以摊余成本计量、以公允价值计量且其变动计入其他综合收益的金融资产和以摊余成本计量的金融负债等产生的利息收入。对于购入或源生的已发生信用减值的金融资产，公司自初始确认起，按照该金融资产的摊余成本和经信用调整的实际利率计算确定其利息收入。对于购入或源生的未发生信用减值、但在后续期间成为已发生信用减值的金融资产，本公司在后续期间，按照该金融资产的摊余成本和实际利率计算确定其利息收入。

6.1.2.10.2　手续费及佣金收入

手续费及佣金收入是指公司通过向客户提供各类服务收取手续费及佣金。其中，通过在一定期间内提供服务收取的手续费及佣金在相应期间内按照履约进度确认，其他手续费及佣金于相关交易完成时确认。

6.1.2.10.3　其他业务收入

其他业务收入于提供相关服务且与其相关的经济利益能够可靠地计量时确认。

6.1.2.10.4　投资收益

投资收益包括证券投资业务收入和股权投资业务收入。其中证券投资业务收入是证券出售时，按成交价（扣除实际支付的交易手续费用）与成本价的差额确认收入；股权投资业务收入是在成本法下，按收到股权分红款、收到股权处置款与投资成本的差额确认收入。

6.1.2.11　所得税的会计处理方法

某些资产、负债项目的账面价值与其计税基础之间的差额，以及未作为资产和负债确认但按照税法规定可以确定其计税基础的项目的账面价值与计税基础之间的差额产生的暂时性差异，采用资产负债表债务法确认递延所得税资产及递延所得税负债。

与商誉的初始确认有关，以及与既不是企业合并、发生时也不影响会计利润和应纳税所得额（或可抵扣亏损）的交易中产生的资产或负债的初始确认有关的应纳税暂时性差异，不予确认有关的递延所得税负债。此外，对与子公司、联营企业及合营企业投资相关的应纳税暂时性差异，如果公司能够控制暂时性差异转回的时间，而且该暂时性差异在可预见的未来很可能不会转回，也不予确认有关的递延所得税负债。除上述例外情况，公司确认其他所有应纳税暂时性差异产生的递延所得税负债。

与既不是企业合并、发生时也不影响会计利润和应纳税所得额(或可抵扣亏损)的交易中产生的资产或负债的初始确认有关的可抵扣暂时性差异,不予确认有关的递延所得税资产。此外,对与子公司、联营企业及合营企业投资相关的可抵扣暂时性差异,如果暂时性差异在可预见的未来不是很可能转回,或者未来不是很可能获得用来抵扣可抵扣暂时性差异的应纳税所得额,不予确认有关的递延所得税资产。除上述例外情况,公司以很可能取得用来抵扣可抵扣暂时性差异的应纳税所得额为限,确认其他可抵扣暂时性差异产生的递延所得税资产。

对于能够结转以后年度的可抵扣亏损和税款抵减,以很可能获得用来抵扣可抵扣亏损和税款抵减的未来应纳税所得额为限,确认相应的递延所得税资产。

资产负债表日,对于递延所得税资产和递延所得税负债,根据税法规定,按照预期收回相关资产或清偿相关负债期间的适用税率计量。

于资产负债表日,对递延所得税资产的账面价值进行复核,如果未来很可能无法获得足够的应纳税所得额用以抵扣递延所得税资产的利益,则减记递延所得税资产的账面价值。在很可能获得足够的应纳税所得额时,减记的金额予以转回。

6.1.2.12 信托报酬确认原则和方法

与信托业务相关的利益能够流入公司;收入的金额能够可靠地计量;按照合同、协议约定的收费时间和方法,信托服务已经提供或者有关合同已经履行。

6.1.2.13 会计估计变更

报告期内无会计估计变更。

6.2 或有事项说明

无。

6.3 重要资产转让及其出售的说明

无。

6.4 会计报表中重要项目的明细资料

6.4.1 自营资产经营情况

6.4.1.1 信用风险资产的期初数、期末数

信用风险资产五级分类	正常类(万元)	关注类(万元)	次级类(万元)	可疑类(万元)	损失类(万元)	信用风险资产合计(万元)	不良资产合计(万元)	不良资产率(%)
上年年末数	938 875.99	53 394.97	—	—	10 963.30	1 003 234.26	10 963.30	1.09
期末数	1 024 464.77	17 805.05	—	—	20 734.64	1 063 004.46	20 734.64	1.95

注:不良资产合计=次级类+可疑类+损失类。

6.4.1.2 各项资产减值损失准备的期初金额、本期计提金额、本期转回金额、本期核销金额、期末金额

单位:万元

项目	期初金额	本期计提金额	本期转回金额	本期核销金额	期末金额
贷款损失准备	2 849.00	918.00	—	—	3 767.00
一般准备	2 849.00	918.00	—	—	3 767.00
专项准备	—	—	—	—	—
其他资产减值准备	8.65	—	—	—	8.65
债权投资减值准备	11 732.44	10 154.42	—	—	21 886.86
应收款项坏账准备	1 616.26	2 316.07	67.26	—	3 865.07

6.4.1.3 自营股票投资、基金投资、债券投资、股权投资等投资业务的期初数、期末数

单位:万元

	自营股票投资	基金投资	债券投资	股权投资	其他投资	合计
期初数	40 461.22	104 391.33	—	143 245.41	456 775.89	744 873.85
期末数	2 495.00	30 041.74	—	227 043.18	556 188.35	815 768.27

6.4.1.4 按投资入股金额排序,前五名的自营长期股权投资的企业名称、占被投资企业权益的比例、主要经营活动及投资收益情况

企业名称	占被投资企业权益的比例(%)	主要经营活动	投资损益(万元)
国家电投集团产业基金管理有限公司	30	受托管理股权投资基金(不得从事证券投资活动;不得以公开方式募集资金开展投资活动;不得从事公开募集基金管理业务);资产管理(不得从事信托、金融资产管理、证券资产管理等业务);股权投资;投资管理、投资顾问、投资咨询(以上均不含限制项目)。	724.89
郑州百瑞创新资本创业投资有限公司	25.71	创业投资;代理其他创业投资企业等机构或个人的创业投资业务;创业投资咨询业务;为创业企业提供创业管理服务;参与设立创业投资企业与创业投资管理顾问机构。	-267.37
河南省鸿启企业管理有限公司	24.5	企业管理、企业营销、商务服务、商业活动策划与咨询、经济信息咨询。	-11.81
中原航空港产业投资基金管理有限公司	27.7	管理或受托管理非证券类股权投资及相关咨询服务。	-71.04

注:1. 投资损益是指按照企业会计准则规定,核算股权投资确认损益并计入披露年度利润表的金额。

2. 截至2020年末,公司自营长期股权投资企业共4家。

6.4.1.5　前五名的自营贷款的企业名称、占贷款总额的比例和还款情况

企业名称	占贷款总额的比例(%)	还款情况
河南聚金商业运营服务有限公司	17.50	正常
昆明帕塔泰健康管理发展有限公司	16.78	正常
河南锦寓置业有限公司	15.44	正常
马鞍山市锦家置业有限公司	15.44	正常
河南美尔健康产业发展有限公司	15.29	正常

6.4.1.6　表外业务的期初数、期末数

单位:万元

表外业务	期初数	期末数
担保业务	—	—
代理业务(委托业务)	—	—
其他	—	—
合计	—	—

注:代理业务主要反映因客观原因应规范而尚未完成规范的历史遗留委托业务,包括委托贷款和委托投资。

6.4.1.7　公司当年的收入结构

公司当年的收入结构(合并)

收入结构	金额(万元)	占比(%)
手续费及佣金收入	95 891.36	49.01
其中:信托手续费收入	95 891.36	49.01
投资银行业务收入	—	—
利息收入	39 190.37	20.03
其他业务收入	269.95	0.14
其中:计入信托业务收入部分	—	—
投资收益	31 406.48	16.05
其中:股权投资收益	1 340.31	0.68
证券投资收益	1 603.65	0.82
其他投资收益	28 462.52	14.55
公允价值变动损益	28 810.72	14.72
汇兑损益	−0.04	—
营业外收入	99.88	0.05
收入合计	195 668.72	100.00

注:1. 手续费及佣金收入、其他业务收入、投资收益、营业外收入均应为损益表中的科目,其中手续费及佣金收入、营业外收入为未抵减掉相应支出的全年累计实现收入数。
2. 利息收入为抵减掉利息支出的利息净额。
3. 其他业务收入中包含租赁业务等收入。

公司当年的收入结构(母公司)

收入结构	金额(万元)	占比(%)
手续费及佣金收入	119 543.99	62.20
其中:信托手续费收入	119 543.99	62.20
投资银行业务收入	—	—
利息收入	22 344.78	11.63
其他业务收入	269.95	0.14
其中:计入信托业务收入部分	—	—
投资收益	29 739.02	15.47
其中:股权投资收益	1 294.23	0.67
证券投资收益	933.19	0.49
其他投资收益	27 511.60	14.31
公允价值变动损益	20 185.78	10.50
汇兑损益	−0.04	—
营业外收入	99.88	0.05
收入合计	192 183.36	100.00

注:①手续费及佣金收入、其他业务收入、投资收益、营业外收入均应为损益表中的科目,其中手续费及佣金收入、营业外收入为未抵减掉相应支出的全年累计实现收入数;②利息收入为抵减掉利息支出的利息净额;③其他业务收入中包含租赁业务等收入。

6.4.2　披露信托财产管理情况

6.4.2.1　信托资产的期初数、期末数

单位:万元

信托资产	期初数	期末数
集合	17 746 769.22	20 716 195.40
单一	3 118 181.50	4 180 704.30
财产权	3 470 154.22	6 446 321.88
合计	24 335 104.94	31 343 221.58

6.4.2.1.1　主动管理型信托业务的信托资产期初数、期末数

单位:万元

主动管理型信托资产	期初数	期末数
证券投资类	13 075.04	454 770.15
股权投资类	4 131 857.47	[illegible]858 214.05
融资类	11 782 553.35	[illegible]927 598.61
事务管理类	—	[illegible]698 193.49
其他投资	5 022 460.99	[illegible]199 951.20
合计	20 949 946.85	[illegible]138 727.51

6.4.2.1.2　被动管理型信托业务的信托资产期初数、期末数

单位:万元

被动管理型信托资产	期初数	期末数
证券投资类	—	—
股权投资类	—	—
融资类	—	—
事务管理类	3 385 158.09	[illegible]204 474.34
其他投资	—	19.73
合计	3 385 158.09	[illegible]204 494.07

6.4.2.2 本年度已清算结束的信托项目个数、实收信托合计金额、加权平均实际年化收益率

6.4.2.2.1 本年度已清算结束的集合类、单一类资金信托项目和财产管理类信托项目个数、实收信托合计金额、加权平均实际年化收益率

已清算结束的信托项目	项目个数(个)	实收信托合计金额(万元)	加权平均实际年化收益率(%)
集合类	82	8 409 754.46	5.91
单一类	18	1 287 115.45	6.56
财产管理类	23	2 726 253.70	3.54

注:1. 收益率是指信托项目清算后,给受益人赚取的实际收益水平。

2. 加权平均实际年化收益率=(信托项目1的实际年化收益率×信托项目1的实收信托+信托项目2的实际年化收益率×信托项目2的实收信托+…+信托项目n的实际年化收益率×信托项目n的实收信托)/(信托项目1的实收信托+信托项目2的实收信托+…+信托项目n的实收信托)×100%。

6.4.2.2.2 本年度已清算结束的主动管理型信托项目个数、实收信托合计金额、加权平均实际年化信托报酬率、加权平均实际年化收益率

已清算结束的信托项目	项目个数(个)	实收信托合计金额(万元)	加权平均实际年化信托报酬率(%)	加权平均实际年化收益率(%)
证券投资类	—	—	—	—
股权投资类	9	1 910 321.00	1.35	5.88
融资类	52	3 507 224.00	0.78	6.49
事务管理类	—	—	—	—
其他投资	44	5 203 258.16	0.17	4.48

注:加权平均实际年化信托报酬率=(信托项目1的实际年化信托报酬率×信托项目1的实收信托+信托项目2的实际年化信托报酬率×信托项目2的实收信托+…+信托项目n的实际年化信托报酬率×信托项目n的实收信托)/(信托项目1的实收信托+信托项目2的实收信托+…+信托项目n的实收信托)×100%。

6.4.2.2.3 本年度已清算结束的被动管理型信托项目个数、实收信托合计金额、加权平均实际年化信托报酬率、加权平均实际年化收益率

已清算结束的信托项目	项目个数(个)	实收信托合计金额(万元)	加权平均实际年化信托报酬率(%)	加权平均实际年化收益率(%)
证券投资类	—	—	—	—
股权投资类	—	—	—	—
融资类	—	—	—	—
事务管理类	18	1 802 320.45	0.24	6.07
其他投资	—	—	—	—

6.4.2.3 本年度新增的集合类、单一类和财产管理类信托项目个数、实收信托合计金额

新增信托项目	项目个数(个)	实收信托合计金额(万元)
集合类	111	13 240 004.86
单一类	40	2 692 501.62
财产管理类	45	5 654 578.08
新增合计	196	21 587 084.56
其中:主动管理型	187	20 305 721.17
被动管理型	9	1 281 363.39

注:本年新增信托项目指在本报告年度内累计新增的信托项目个数和金额,包含本年度新增并于本年度内结束的项目和本年度新增至报告期末仍在持续管理的信托项目。

6.4.2.4 信托业务创新成果和特色业务有关情况

2020年,公司积极推动业务转型,在创新业务领域取得积极进展,主要体现在以下四个方面。

第一,丰富证券投资类产品线。公司依托博士后科研工作站,在业内较早地开展了量化投资研究,先后推出公募FOF、私募FOF、指数增强等证券投资类产品。2020年,该类产品收益跑赢市场大部分同类产品。同时,公司落地多期"中国50"金选系列FOF集合资金信托计划,并与优秀公募基金共同打造基金专户投资,让普通投资者享受到专业投资服务。此外,公司根据客户需求推出了"固收+"系列资产配置信托,为客户提供兼具安全性与收益性的产品。

第二,积极拓展资产证券化业务。2020年,公司设立资产证券化部,专门开展资产证券化业务。公司作为受托管理人发行"中电投融和融资租赁有限公司2020年度绿能第一期绿色资产支持商业票据""中电投融和融资租赁有限公司2020年度第一期新基建资产支持商业票据""国家电力投资集团有限公司2020年度新能源2号第一期绿色定向资产支持商业票据"等多单资产证券化项目,发行规模较2019年有较大幅度的提升。公司资产证券化业务创新也取得突破,2020年11月发行的"中电投融和融资租赁有限公司2020年度绿能第一期绿色资产支持商业票据",为市场首单绿色资产支持商业票据。

第三,以供应链金融服务实体产业。2020年,公司通过"供应链金融+资产证券化"的业务模式,围绕国家电投集团的"应付账款"开展证券化和类证券化业务。自2020年4月以来,公司协同国家电投集团云链科技公司,共同设计了总规模超过330亿元的"资金信托+证券化信托"方案。

第四,以慈善信托服务社会公益事业。慈善信托作为公司特色业务,在2020年得到了进一步发展。2020年12月,"百瑞仁爱·敬老家园慈善信托""百瑞仁爱·振寰美育慈善信托"在郑州市民政局完成备案。至2020年末,公司已成功备案慈善信托12单,并通过发挥自身资产管理能力,为来自社会各界的善款实现了约2 000万元的增值,为社会累计捐赠金额超2 000万元。

6.4.2.5 公司履行受托人义务情况及因公司自身责任而导致的信托资产损失情况

6.4.2.5.1 公司履行受托人义务情况

公司作为受托人,严格按照《中华人民共和国信托法》等法律法规及监管部门的要求,履行以下义务。

公司管理信托财产时恪尽职守,本着诚实、信用、谨慎、有效管理的原则为受益人的最大利益处理信托事务;公司妥善保管处理信托事务的完整记录、原始凭证及有关资料,并且按照信托合同的约定将信托财产的管理运用、处分及收支情况,报告委托人和受益人;公司对委托人、受益人以及处理信托事务的情况和资料依法保密;公司以信托财产为限向受益人支付信托利益;法律法规及信托合同规定的其他义务。

6.4.2.5.2 因公司自身责任而导致的信托资产损失情况

报告期内无上述事项。

6.4.2.6 信托赔偿准备金的提取、使用和管理情况

2020年公司计提信托赔偿准备金5 614.55万元,截至2020年12月31日,公司信托项目运行良好,未发生使用信托赔偿准备金情况,信托赔偿准备金余额为54 122.47万元。

6.5 关联方关系及其交易的披露

6.5.1 关联交易方的数量、关联交易的总金额及关联交易的定价政策等

项目	关联交易方数量（个）	关联交易总金额（万元）	定价政策
合计	10	2 904 981.76	市场价

注：关联交易的统计范围应基本与中国银保监会非现场监管信息系统中关于关联交易的范围和口径一致。关联交易总金额中，信托与关联方之间的交易金额为 [illegible]040 549.35 万元；信托项目之间的交易金额为 1 366 384.10 万元；固有财产与信托财产之间的交易金额为 498 048.31 万元。

6.5.2 关联交易方与公司的关系性质、关联交易方的名称、法定代表人、注册地址、注册资本及主营业务等

关系性质	关联方名称	法定代表人	注册地址	注册资本	主营业务
股东关联企业	青海黄河上游水电开发有限责任公司	谢小平	青海省西宁市五四路西路43号	650 000 万元	电站的开发与建设：电站的生产、经营；硅产品和太阳能发电设备的生产、销售；铝锭、铝合金及铝型材的生产、销售；碳素制品的生产、销售；经营国家禁止和指定公司经营以外的进出口商品；经营进出口代理业务；配售电；热力生产及供应；火电厂生产的粉煤灰、干渣、脱硫石膏副产品的销售；废旧物资的综合利用及销售（不含危险废物）；送出线路租赁；多晶硅、三氯氢硅、四氯氢硅销售（仅限取得许可的分支机构经营）（以上经营范围依法须经批准的项目，经相关部门批准后方可开展经营活动）。
股东关联企业	青铜峡铝业股份有限公司	冯建清	宁夏青铜峡市大坝镇铝厂区中兴路1号	139 680.15 万元	铝、铝型材及其制品、各种铝板材、铝箔坯料、铝合金型材、铝板等铝系列产品及其原辅材料、碳素制品，机械设备、仪器仪表、金属化工材料及电力产品的生产与销售，设备维修和提供售后服务及委托与投资企业（电厂）销售电（但限于公司享有发电容量中自用后的富余电量），经营本企业相关技术的出口业务，经营本企业生产、科研所需的原辅材料、机械设备、仪器仪表、零配件及技术的进口业务；经营进出口贸易；承办中外合资经营、合作生产及"三来一补"业务，汽车运输及修理，建筑工程设计、施工、装饰、装修（子公司经营）；物业管理，房屋租赁及维修；住宿、餐饮（依法须经批准的项目，经相关部门批准后方可开展经营活动）。
股东关联企业	国家电投集团贵州金元股份有限公司	朱邵纯	贵州省贵阳市观山湖区金阳北路296号	469 231.54 万元	法律、法规、国务院决定规定禁止的不得经营；法律、法规、国务院决定规定应当许可（审批）的，经审批机关批准后凭许可（审批）文件经营；法律、法规、国务院决定规定无须许可（审批）的，市场主体自主选择经营［从事电力生产（限分支机构）、购售（限分支机构）、检修、电力建设、与其他产业的横向联合及第三产业；电力物资的批零兼营；电力投资，投资业务（除金融和证券投资以外）］。
股东关联企业	中电投融和融资租赁有限公司	姚　敏	中国（上海）自由贸易试验区正定路530号A5库区集中辅助区三层318室	150 712 万美元	融资租赁业务；租赁业务；向国内外购买租赁财产；租赁财产的残值处理及维修；租赁交易咨询和担保；从事与主营业务有关的商业保理业务（依法须经批准的项目，经相关部门批准后方可开展经营活动）。
股东关联企业	中国康富国际租赁股份有限公司	王　莉	北京市海淀区北四环西路58号20层2008	249 791.8927 万元	（1）融资租赁业务：经营国内外各种先进适用的机械设备、电器、交通运输工具、各种仪器、仪表以及先进技术和房地产的直接融资租赁、转租赁、回租和租赁物品的销售处理；（2）其他租赁业务：经营中华人民共和国国内和国外生产的各种先进适用的机械、电器、设备、交通运输工具、器具、器材、仪器、仪表等通用物品的出租业务和对租赁物品的残值变卖、销售处理；（3）根据用户委托，按照融资租赁合同直接从国内外购买租赁所需物品；（4）融资租赁项下的，不包括需要配额和许可证的，其出口额以还清租金为限的产品出口业务（每项出口需另行报批）；（5）对租赁业务实行担保和咨询；销售医疗器械Ⅱ类；销售第三类医疗器械（市场主体依法自主选择经营项目，开展经营活动；销售第三类医疗器械以及依法须经批准的项目，经相关部门批准后依批准的内容开展经营活动；不得从事国家和本市产业政策禁止和限制类项目的经营活动）。
股东关联企业	上海融和图星新能源科技有限公司	郭　鹏	上海市青浦区徐泾镇双联路158号1幢11层B区1180室	30 000 万元	许可项目：道路货物运输（不含危险货物）（依法须经批准的项目，经相关部门批准后方可开展经营活动，具体经营项目以相关部门批准文件或许可证件为准）。一般项目：从事新能源科技领域内的技术开发、技术服务、技术咨询、技术转让，机械设备及配件、电力设备的销售，自有设备租赁，机械设备安装、维修，新能源汽车换电设施销售，汽车新车销售，二手车经销，汽车零配件销售，商务咨询，新能源汽车电附件销售，汽车租赁，仓储服务，货物或技术进出口（国家禁止或涉及行政审批的货物和技术进出口除外）；国内货物运输代理（除依法须经批准的项目外，凭营业执照依法自主开展经营活动）。

续表

关系性质	关联方名称	法定代表人	注册地址	注册资本	主营业务
股东关联企业	贵州金沙金元配售电有限公司	黄乾礼	贵州省毕节市金沙县鼓场街道玉屏社区二网格	10 001 万元	法律、法规、国务院决定规定禁止的不得经营；法律、法规、国务院决定规定应当许可（审批）的，经审批机关批准后凭许可（审批）文件经营；法律、法规、国务院决定规定无须许可（审批）的，市场主体自主选择经营（电力生产、热水生产；配电网投资及运营、售电、购电业务；售热、冷、汽、水业务；煤炭贸易、输电配电设施安装、检修、运营管理及各种电气设备实验；热力设施安装、检修、运营管理；综合智慧能源业务）。
股东关联企业	贵州黔西金元配售电有限公司	黄乾礼	贵州省毕节市黔西县莲城街道办事处四楼	10 500 万元	法律、法规、国务院决定规定禁止的不得经营；法律、法规、国务院决定规定应当许可（审批）的，经审批机关批准后凭许可（审批）文件经营；法律、法规、国务院决定规定无须许可（审批）的，市场主体自主选择经营（电力生产、热水生产；配电网建设及运营、售电、购电业务；售热、冷、汽、水业务；煤炭贸易、输电配电设施安装、检修、运营管理及各种电气设备试验；热力设施安装、检修、运营管理；综合智慧能源业务；依法须经批准的项目，经相关部门批准后方可开展经营活动）。
股东关联企业	国家电投集团贵州遵义产业发展有限公司	颜传宝	贵州省遵义市务川仡佬族苗族自治县大坪工业园区电商4楼	189 000 万元	法律、法规、国务院决定规定禁止的不得经营；法律、法规、国务院决定规定应当许可（审批）的，经审批机关批准后凭许可（审批）文件经营；法律、法规、国务院决定规定无须许可（审批）的，市场主体自主选择经营（煤、电、铝、化一体化投资开发）。
信托公司以托管或信托等其他方式控制的企业	兰州新区城市投资发展基金合伙企业（有限合伙）	执行事务合伙人：北京富诚宝鼎投资基金管理有限公司	甘肃省兰州市兰州新区商业服务中心4号楼	52 400 万元	项目投资、股权投资、股权投资管理、投资管理及咨询、企业管理及咨询。

注：其他关联交易方为公司受托管理的信托项目。

6.5.3 本公司与关联方的重大交易事项

6.5.3.1 固有与关联方交易情况

报告期内无上述事项。

6.5.3.2 信托与关联方交易情况

单位：万元

信托与关联方关联交易				
项目	期初数	借方发生额	贷方发生额	期末数
贷款	55 800.00	—	1 400.00	54 400.00
投资	111 500.00	874 649.35	—	986 149.35
租赁	—	—	—	—
担保	—	—	—	—
应收账款	—	—	—	—
其他	640.00	—	640.00	—
合计	167 940.00	874 649.35	2 040.00	1 040 549.35

注：以信托资产为关联方提供投融资等服务，或以担保等方式为关联方融资提供便利的业务均应纳入统计披露范围。

6.5.3.3 信托公司固有资金运用于自己管理的信托项目（固信交易），信托公司管理的信托项目之间的相互（信信交易）交易金额

6.5.3.3.1 固有财产与信托财产之间的交易

单位：万元

固有财产与信托财产相互交易			
项目	期初数	本期发生额	期末数
合计	402 587.06	95 461.25	498 048.31

注：以固有资金投资公司自己管理的信托项目受益权，或购买自己管理的信托项目的信托资产均应纳入统计披露范围。

6.5.3.3.2 信托项目之间的交易

单位：万元

信托资产与信托财产相互交易			
项目	期初数	本期发生额	期末数
合计	1 721 245.46	-354 861.36	1 366 384.10

注：以公司受托管理的一个信托项目的资金购买自己管理的另一个信托项目的受益权或信托项下资产均应纳入统计披露范围。

6.5.4 关联方逾期未偿还公司资金的详细情况及公司为关联方担保发生或即将发生垫款的详细情况

报告期内无上述事项。

6.6 会计制度的披露

2019年1月1日起，公司固有业务开始执行财政部以财会〔2017〕7号文、8号文、14号文修订的《企业会计准则第22号——金融工具确认和计量》《企业会计准则第23号——金融资产转移》《企业会计准则第37号——金融工具列报》。

2020年1月1日起，公司固有业务开始执行《企业会计准则第14号——收入》，同时按照《关于修订印发2018年度金融企业财务报表格式的通知》规定编报财务报表。

公司信托业务执行财政部2006年颁布的《企业会计准则——基本准则》（财政部令第33号）、《财政部关于印发〈企业会计准则第1号——存货〉等38项具体准则的通知》（财会〔2006〕3号）及2014年财政部分别以财会〔2014〕6号、7号、8号、14号、23号颁布的《企业会计准则第39号——公允价值计量》《企业会计准则第30号——财务报表列报（2014年修订）》

《企业会计准则第 9 号——职工薪酬(2014 年修订)》《企业会计准则第 2 号——长期股权投资(2014 年修订)》《企业会计准则第 37 号——金融工具列报(2014 年修订)》。

7. 财务情况说明书

7.1 利润实现和分配情况

2020 年公司实现合并口径净利润 112 820.30 万元,实现母公司口径净利润 112 291.09 万元。根据《金融企业准备金计提管理办法(财金〔2012〕20 号)规定》,从净利润(母公司口径)中足额提取一般准备金 678.48 万元;根据公司章程规定,以净利润(母公司口径)的 10%足额提取了法定盈余公积金11 229.11 万元;根据《信托公司管理办法》(中国银行业监督管理委员会令〔2007〕第 2 号),公司 2020 年末提取信托赔偿准备金5 614.55 万元;期末合并口径未分配利润累计为 453 324.95 万元,母公司口径未分配利润累计为 453 549.86 万元。

7.2 主要财务指标

指标名称	指标值
资本利润率(合并口径)(%)	11.58
资本利润率(母公司口径)(%)	11.52
加权年化信托报酬率(%)	0.53
人均净利润(万元)	542.47

注:1. 资本利润率 = 净利润/所有者权益平均余额 ×100%。

2. 加权年化信托报酬率 = (信托项目 1 的实际年化信托报酬率 × 信托项目 1 的实收信托 + 信托项目 2 的实际年化信托报酬率 × 信托项目 2 的实收信托 + … + 信托项目 n 的实际年化信托报酬率 × 信托项目 n 的实收信托)/(信托项目 1 的实收信托 + 信托项目 2 的实收信托 + … + 信托项目 n 的实收信托) ×100%。

3. 人均净利润 = 净利润/年平均人数。

4. 平均值采取年初、年末余额简单平均法,公式为:a(平均) = (年初数 + 年末数)/2。

7.3 对公司财务状况、经营成果有重大影响的其他事项

报告期内无上述事项。

8. 净资本、风险资本及风险控制指标等情况

8.1 净资本

截至 2020 年 12 月 31 日,公司净资产为 1 023 377.67 万元,净资本为 856 852.38 万元。

8.2 风险资本

截至 2020 年 12 月 31 日,公司各项业务风险资本之和为 458 228.56 万元,其中固有业务风险资本为 156 311.32 万元,信托业务风险资本为 301 917.24 万元。

8.3 风险控制指标

根据《信托公司净资本管理办法》(中国银行业监督管理委员会令 2010 年第 5 号)的有关规定,信托公司需达到以下风险控制指标要求:

(1)信托公司净资本不得低于 20 000 万元。

(2)信托公司净资本不得低于各项业务风险资本之和的 100%。

(3)信托公司净资本不得低于净资产的 40%。

截至 2020 年 12 月 31 日,公司净资本为 856 852.38 万元,净资本比各项业务风险资本之和为 186.9[illegible]%,净资本比净资产为 83.73%,符合以上风险控制指标要求。

9. 社会责任履行情况

2020 年,公司坚定不移地贯彻新发展理念,不断强化使命担当意识,持续完善风控体系,积极服务实体经济、服务脱贫攻坚,助力打赢疫情防控的人民战争,为全面建成小康社会贡献百瑞力量。

一是发挥金融工具职能,高效服务实体经济。公司围绕实体企业需求,通过提供综合化金融服务等方式,持续加大对重大民生项目的金融服务力度,支持实体经济和绿色经济发展。全年投放于河南省内的资金规模达 964 亿元,支持实体经济的信托规模为 2 708 亿元。同时,作为郑东新区重点税源单位,公司全年纳税总额达 8.83 亿元(其中信托税收为[illegible].56 亿元),较好地履行了纳税人义务,为地方经济建设和财政收入水平的持续提升作出了积极贡献。

二是贯彻新冠肺炎疫情防控要求,大力支持复工复产。疫情期间,公司积极向“中国信托业抗击新型肺炎慈善信托”捐款 50 万元,信托资金第一时间投入湖北抗疫的帮扶救助工作中,并组织动员全体员工捐款 12.17 万元支持湖北抗疫。公司发挥慈善信托制度优势,联合海南晨阳社会工作发展中心,利用“百瑞仁爱·甘霖慈善信托”向湖北抗疫一线捐款 5 万元,用于购买医疗物资等事宜。同时,通过设立多项信托计划,向武汉市的企业提供 39.5 亿元资金,支持湖北抗疫、企业复工复产。

三是提升风险管理水平,全面防控金融风险。公司严格落实“两压一降”、房地产规模管控等监管政策要求,持续完善风险管理制度流程,提高尽职调查、信息披露等环节的尽职履责能力,强化房地产、基础设施等重点风险领域管理,有效运用风险识别、风险监控和风险处置等管理手段,勤勉尽责做实全流程风险管控,全面有效防范金融风险。公司持续提升依法治企管理水平,深化内控合规文化建设,促进形成全员防风险、全员重合规的内控文化氛围,保障各项经营活动合法合规,全力维护投资人合法权益。

四是忠实履行受托人责任,维护消费者权益。公司积极履行适当性管理义务,强化消费者权益保护制度体系建设,对制度流程进行修订、补充,确保制度体系的实效性,保障各项业务合规开展。公司推动财富管理数字化转型,上线微信信托、网上信托等,快速迭代相关系统,为客户提供一站式金融服务,构建起全客户、全产品、全渠道的服务体系,满足客户多样化需求。公司履行金融机构宣教义务,通过线上媒体宣传与线下网点宣传相结合,开展系列金融知识宣教工作,加强投资者教育。

五是热心公益慈善,积极践行责任担当。公司致力于推动慈善信托的发展,先后备案成立“百瑞仁爱·盛[illegible]慈善信托”“百瑞仁爱·振寰美育慈善信托”和“百瑞仁爱·[illegible]老家园慈善信托”,慈善目的涵盖教育、科学、文化、体育、助老、孝道文化传

承、帮助和激励高校人才培养、心智障碍人群及其家庭救助等《中华人民共和国慈善法》认可的公益事业。积极参与脱贫攻坚，利用慈善信托先后捐款104.8万元支持贫困地区教育，购买6.3万元农产品用于消费扶贫。

六是持续完善员工保障机制，关心关爱员工成长。公司已建立符合自身特点的薪酬管理体系，设立较为灵活的带薪休假和奖励休假制度，及时足额为员工缴纳各项社会保险费、住房公积金等，增强员工归属感和认同感。公司通过完善“工作指导人”制度，为员工提供“个性化＋集中式”的培训机会。持续开展立体化、全覆盖式培训，拓宽员工职业发展通道。新冠肺炎疫情防控期间，公司积极慰问抗疫一线员工家属，持续做好员工关心关爱工作。

10. 特别事项揭示

10.1 前五名股东报告期内变动情况及原因

报告期内无上述事项。

10.2 董事、监事及高级管理人员变动情况及原因

10.2.1 董事变动情况及原因

经个人提请并经股东会审议通过，樊玉涛先生和何耀东先生辞去董事会董事职务；经股东提名、股东会审议通过及河南银保监局核准通过，张盼盼女士和曹路先生当选公司第七届董事会董事并正式履职。

10.2.2 监事变动情况及原因

报告期内无上述事项。

10.2.3 高级管理人员变动情况及原因

报告期内无上述事项。

10.3 公司的重大未决诉讼事项

2020年公司的重大未决诉讼事项为信托业务，固有业务无重大未决诉讼事项。

序号	原告/申请人	被告/被申请人、第三人	立案时间	标的本金（万元）	进展情况
1	百瑞信托有限责任公司	天津九策实业集团有限公司等	2013年8月28日	40 000	截至2020年12月31日，被执行人处于破产程序中。
2	百瑞信托有限责任公司	上上集团有限公司等	2018年2月2日	25 000	截至2020年12月31日，被执行人处于破产程序中。
3	百瑞信托有限责任公司	东方金钰股份有限公司等	2018年6月21日	27 031.33	截至2020年12月31日，案件处于强制执行程序中。
4	百瑞信托有限责任公司	神州长城股份有限公司等	2018年9月7日	30 000	截至2020年12月31日，案件处于强制执行程序中。
5	黑龙江林甸农村商业银行股份有限公司	被告：济南农村商业银行股份有限公司、山东卡乐迪尔塑胶科技有限公司等； 第三人：百瑞信托有限责任公司	2018年9月16日	30 000	截至2020年12月31日，此案处于一审程序中。
6	大庆农村商业银行股份有限公司	被告：济南农村商业银行股份有限公司、济南国邦贸易有限公司等； 第三人：百瑞信托有限责任公司	2018年9月16日	30 000	截至2020年12月31日，此案处于一审程序中。
7	黑龙江杜尔伯特农村商业银行股份有限公司	被告：济南农村商业银行股份有限公司、山东鲜特鲜进出口有限公司等； 第三人：百瑞信托有限责任公司	2018年9月16日	20 000	截至2020年12月31日，案件处于一审程序中。
8	大庆农村商业银行股份有限公司	被告：济南农村商业银行股份有限公司、山东康赢能源有限公司等； 第三人：百瑞信托有限责任公司	2018年9月16日	12 000	截至2020年12月31日，案件处于一审程序中。
9	黑龙江杜尔伯特农村商业银行股份有限公司	被告：济南农村商业银行股份有限公司、济南旺恒能源有限公司等； 第三人：百瑞信托有限责任公司	2018年9月16日	20 000	截至2020年12月31日，案件处于一审程序中。
10	黑龙江林甸农村商业银行股份有限公司	被告：济南农村商业银行股份有限公司、济南宝财物资有限公司等； 第三人：百瑞信托有限责任公司	2018年9月16日	29 400	截至2020年12月31日，案件处于一审程序中。
11	大庆农村商业银行股份有限公司	被告：济南农村商业银行股份有限公司、山东伟元贸易有限公司等； 第三人：百瑞信托有限责任公司	2018年9月16日	20 000	截至2020年12月31日，案件处于一审程序中。
12	黑龙江杜尔伯特农村商业银行股份有限公司	被告：济南农村商业银行股份有限公司、山东民华网络科技有限公司等； 第三人：百瑞信托有限责任公司	2018年9月16日	30 000	截至2020年12月31日，案件处于一审程序中。
13	大庆农村商业银行股份有限公司	被告：济南农村商业银行股份有限公司、济南吉茂商贸有限公司等； 第三人：百瑞信托有限责任公司	2018年9月16日	20 000	截至2020年12月31日，案件处于一审程序中。

续表

序号	原告/申请人	被告/被申请人、第三人	立案时间	标的本金（万元）	进展情况
14	大庆农村商业银行股份有限公司	被告：济南农村商业银行股份有限公司、济南凯利斯工贸有限公司等； 第三人：百瑞信托有限责任公司	2018 年 9 月 16 日	29 400	截至 2020 年 12 月 31 日，案件处于一审程序中。
15	大庆农村商业银行股份有限公司	被告：济南农村商业银行股份有限公司、山东通茂智能科技有限公司等； 第三人：百瑞信托有限责任公司	2018 年 9 月 16 日	18 000	截至 2020 年 12 月 31 日，案件处于一审程序中。
16	河南兰考农村商业银行股份有限公司	被告：百瑞信托有限责任公司； 第三人：宝塔石化集团有限公司等	2018 年 12 月 28 日	5 000	2020 年 12 月 21 日，银川市中级人民法院裁定驳回原告起诉。原告已提起上诉，截至 2020 年 12 月 31 日，案件处于二审程序中。
17	百瑞信托有限责任公司	河南平原控股集团股份有限公司等	2019 年 9 月 19 日	29 050	截至 2020 年 12 月 31 日，案件处于强制执行程序中。
18	百瑞信托有限责任公司	河南天利能源股份有限公司等	2020 年 3 月 17 日	38 000	截至 2020 年 12 月 31 日，被执行人正在按《执行和解协议》履行各项义务。
19	百瑞信托有限责任公司	汝州市建设投资发展有限公司等	2020 年 7 月 29 日	38 068.44	截至 2020 年 12 月 31 日，被告正在执行调解协议。

10.4　公司及其董事、监事和高级管理人员受到处罚的情况

报告期内无上述事项。

10.5　对中国银保监会及其派出机构对公司检查后提出整改意见的整改情况

公司一贯理解、支持和配合各级监管部门的监管工作，对监管部门的监管意见高度重视，及时按照有关要求进行整改，得到了监管部门的肯定。

2020 年，公司针对监管部门提出的监管意见和建议，及时逐项制订整改措施，并通过加强领导、责任到人等手段，认真落实到位。整改意见及整改落实情况如下：

10.5.1　持续优化机制及业务方向，加快推进业务转型

一是做好配套机制建设。为了配合业务转型，公司对组织架构进行了调整，职位管理体系、绩效考核体系、薪酬激励体系全面优化，组织能力稳步提升。在坚持业务流程化和信息化、管理扁平化、内控管理与制度建设系统化的基础上，公司持续优化治理架构、引进专业人才、改革风险管理体系，进一步提升组织管理水平。二是持续优化业务方向。公司充分认识到信托行业回归本源的意义，全力加速业务转型。在转型的过程中，公司持续挖掘信托机制的金融服务功能，在服务实体经济中逐步调整业务结构，并对财富管理、现金管理、慈善信托等本源业务进行合理布局，为持续、健康发展提前打下基础。

10.5.2　加强风险防控机制建设，提升全面风险管控水平

一是做实常规和专项风险排查。公司按月开展到期前还款排查、按季度开展全面风险排查工作；结合外部政策及宏观环境变化，适时开展重点领域的专项风险排查，及时排查潜在风险隐患。二是加强关键监测指标和全面风险监测指标运用。公司运用现有月度关键监测指标和全面风险监测指标，将指标异常变动作为重点关注和风险排查的重点领域。三是进一步完善风险防控和应急预案。在 2019 年全面风险排查工作中制定的风险防控预案基础上，结合 2020 年压力测试结果和风险状况，制定信用风险压力测试等管理办法，动态调整和针对性完善风险防控和应急预案，提高对风险化解工作的指导力度。

10.5.3　培育信托合规文化建设，扎实开展信托文化建设

在基本目标方面，公司坚持以服务客户为导向、以风险管理为前提、以研发创新为驱动，恪守“受人之托，忠人之事”的经营宗旨、价值观念和道德行为准则，努力构筑具有百瑞特色的信托文化。在信托文化培育机制方面，严格执行金融监管政策要求，及时更新公司业务合规标准，持续开展公司规章制度升版，实现制度对经营活动、岗位职责的全覆盖，确保将信托文化贯穿在公司治理、经营管理、内部控制、风险管理中。在信托文化建设机制方面，公司制定完善的符合信托文化和受托责任的信托业务操作规程，将良好信托文化贯穿于信托业务各个环节。

10.5.4　按照监管要求，继续落实资管新规过渡期整改工作

按照资管新规等相关要求，公司进行全面摸底排查，同时审慎评估过渡期内面临的各种潜在风险及可能对公司产生的影响，根据资管新规过渡期内存量信托产品整改方案和风险防控预案，将在过渡期内分阶段有序进行整改，以符合监管要求，同时认真做好风险防范等应对措施。

10.6　本年度重大事项临时报告情况

序号	披露内容	披露时间	披露媒体及版面
1	关于变更会计师事务所的公告	2020 年 1 月 6 日	《上海证券报》第 96 版
2	关于变更常年法律顾问的公告	2020 年 4 月 16 日	《上海证券报》第 99 版

10.7　中国银保监会及其省级派出机构认定的其他有必要让客户及相关利益人了解的重要信息

报告期内无上述事项。

11.　公司监事会意见

报告期内，公司监事会成员认真负责、勤勉审慎，通过列席

董事会、参加或列席经营层会议等方式，对公司依法运作情况进行监督。在此基础上，监事会发表如下独立意见。

11.1 公司依法运作情况

2020年公司董事会认真落实股东会的决议要求，切实履行董事会职责，各项会议决策程序符合《中华人民共和国公司法》《中华人民共和国信托法》和公司章程及监管部门的有关规定。公司建立了完善的内部控制制度，董事和高级管理人员在履行职责及行使职权时，严格遵守国家法律法规和公司章程规定，以维护公司股东利益为出发点，切实履行诚信和勤勉尽责义务，认真执行股东会决议。公司目标明确、管理科学、决策民主、运作规范。

11.2 检查公司财务情况

公司监事会长期关注公司财务情况，通过与相关负责人沟通并获取公司财务会计报告，了解最新监管政策及公司经营管理的情况，积极履行监督职责。同时公司监事会通过审阅公司整体经营情况报告、查阅审计报告等方式，认为经立信会计师事务所（特殊普通合伙）出具的标准无保留意见的审计报告（信会师报字〔2021〕第ZG10279号）真实、客观地反映公司2020年度的财务状况和经营成果。

北方国际信托股份有限公司

1. 重要提示

1.1 公司董事会及董事保证本报告所载资料不存在任何虚假记载、误导性陈述或者重大遗漏,并对其内容的真实性、准确性和完整性承担个别及连带责任。本年度报告摘要摘自年度报告全文,客户及相关利益人欲了解详细内容,应阅读年度报告全文。

1.2 公司全体董事均出席了董事会并对公司2020年年度报告发表了同意的意见。

1.3 独立董事王爱俭、戴金平、毛翔对公司2020年年度报告基于独立判断立场,发表意见如下:公司2020年年度报告属实,内容真实、准确、完整。

1.4 安永华明会计师事务所(特殊普通合伙)出具了标准无保留意见的审计报告。

1.5 公司法定代表人、董事长韩立新,总经理黄河,主管会计工作负责人王燕滨,会计机构负责人李学娟声明:保证年度报告中财务报告的真实、完整。

2. 公司概况

2.1 公司简介

1	法定名称(及缩写)	北方国际信托股份有限公司(北方信托)
2	英文名称(及缩写)	Northern International Trust Co., Ltd.(NITIC)
3	法定代表人	韩立新
4	注册地址	天津经济技术开发区第三大街39号
5	邮政编码	300457
6	办公地址	天津市河西区友谊路5号北方金融大厦
7	邮政编码	300201
8	互联网网址	http://www.nitic.cn/
9	负责信息披露高级管理人员	王辉
10	联系人	孙晨曦
11	联系电话	022-28370688
12	传真	022-28370088
13	电子信箱	sunchenxi@nitic.cn
14	公司信息披露的报纸名称	《中国证券报》
15	公司年度报告备置地点	天津市河西区友谊路5号北方金融大厦26层
16	公司聘请的会计师事务所名称及住所	安永华明会计师事务所(特殊普通合伙) 北京市东城区东长安街1号东方广场安永大楼17层01—12室

2.2 组织结构

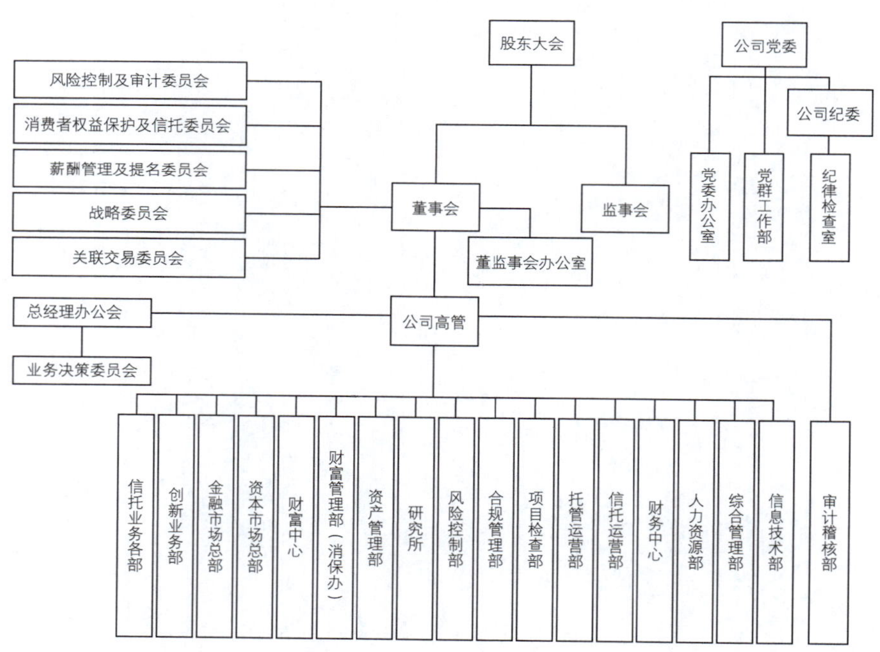

3. 公司治理

3.1 股东

截至信息披露日，股东总数24家。公司前三位股东情况。

股东名称	出资比例（%）	法人代表	注册资本（万元）	注册地址	主要经营业务
★天津泰达投资控股有限公司	32.33	王志勇	1 007 695	天津经济技术开发区盛达街9号1201	以自有资金对区域内基础设施开发建设、金融、保险、证券业、房地产业、交通运输业、电力、燃气、蒸汽及水的生产和供应业、建筑业、仓储业、旅游业、餐饮业、旅馆业、娱乐服务业、广告、租赁服务业的投资；高新技术开发、咨询、服务、转让；房屋租赁；基础设施建设；土地开发整理；汽车租赁、设备租赁（不含融资租赁）（依法须经批准的项目，经相关部门批准后方可开展经营活动）。
天津渤海文化产业投资有限公司	25.43	于学昕	392 900	天津河西区友谊北路61号银都大厦5层	对文化艺术产业进行投资；文化场馆及设施的租赁；广告业务；商务信息咨询；百货、工艺美术品销售；物业服务（以上范围内国家有专营专项规定的按规定办理）。
天津泰达股份有限公司	5.43	张旺	147 557.3852	天津经济技术开发区第三大街16号	以自有资金对建筑业、房地产业、纺织业、化学纤维制造业、批发零售业、交通运输、仓储业、电力生产和供应业、环境和公共设施管理业、住宿和餐饮业、科学研究和技术服务业、教育业、文化、体育和娱乐业等行业投资；资产经营管理（金融资产除外）；投资咨询服务；自有房屋租赁及管理服务（依法须经批准的项目，经相关部门批准后方可开展经营活动）。

3.2 董事

董事长、董事

姓 名	职 务	性别	年龄（岁）	选任日期	所推举的股东名称	该股东持股比例（%）	简要履历
韩立新	董事长	男	52	2020年7月	天津泰达投资控股有限公司	32.33	曾任天津信托有限责任公司业务三部副经理、国际业务部副经理、业务三部经理、市场开发部经理、公司总经理助理兼市场开发部经理、公司副总经理、公司常务副总经理、公司总经理，北方信托党委副书记、总经理；现任北方信托党委书记、董事长。
申小林	董事	男	53	2014年4月	天津泰达投资控股有限公司	32.33	曾任国家冶金工业部经济发展研究中心经济师、高级经济师，首钢总公司计划财务部副部长、高级会计师，中央企业工作委员会国有重点大型企业监事会专职监事，国务院国资委国有重点大型企业监事会专职监事，天津泰达投资控股有限公司董事、副总经理、党委委员，渤海银行股份有限公司董事。
贾晋平	董事	男	56	2014年4月	天津泰达电力有限公司	4.31	曾任兰州大学管理学院教师，中国化工进出口总公司甘肃公司业务主办，中粮集团甘肃分公司副科长、科长、总经理助理，天津泰达集团有限公司项目经理，天津泰达投资控股有限公司项目评估部副部长，风险控制部部长，财务中心主任（兼）；现任天津泰达投资控股有限公司总经理助理。
朱文芳	董事	女	53	2014年4月	天津泰达投资控股有限公司	32.33	曾任兰州公共交通公司宣传干事，天津开发区工业投资公司企划部干部，天津泰达集团投资部干部、办公室副主任，天津泰达投资控股有限公司证券部副经理、证券部经理，天津泰达投资控股有限公司金融事业部经理、金融事业部党支部书记；现任北方国际信托股份有限公司董事。
胡 军	董事	男	43	2014年4月	天津泰达股份有限公司	5.43	曾任中国工商银行天津分行房地产信贷部高级主管，天津泰达投资控股有限公司投资管理部副经理、经理，天津泰达股份有限公司董事长，天津市泰达国际控股（集团）有限公司董事；现任同方股份有限公司副董事长、董事、总裁。
于学昕	董事	男	54	2015年3月	津联集团有限公司	11.21	曾任天津市油漆助剂厂干部，天津市化学工业局干部，天津市经委调整二业办公室科员、副主任科员、主任科员、副主任，天津市国资委企业改革改组处副处长，综合协调处处长，天津市国有企业监事会正处级领导职务专职监事（处长），天津渤海国资公司副总经理、常务副总经理、总经理、党委书记，天津津联投资控股有限公司房地产开发部部长、总经理助理，天津渤海文化产业投资有限公司董事长；现任天津津智国有资本投资运营有限公司董事长。

独立董事

姓 名	所在单位及职务	性别	年龄（岁）	选任日期	所推举的股东名称	该股东持股比例（%）	简要履历
王爱俭	—	女	66	2014年4月	天津保税区投资有限公司	1.35	曾任天津财经大学副校长，第十一届全国人大代表，第十二届全国政协委员；现任天津财经大学教授、博士生导师。
戴金平	南开大学国家经济战略研究院副院长	女	55	2014年4月	天津市大安房地产开发有限公司	3.37	曾任河北经贸大学教师，南开大学教师，南开大学国经所所长，南开大学深圳金融工程学院副院长，跨国公司研究中心副主任；现任南开大学国家经济战略研究院副院长、教授、博士生导师。
毛 翔	—	女	65	2015年12月	监事会	—	曾在天津市计划委员会财政金融处工作，先后负责主抓市财政局及国资委、计算机网络等方面的工作，兼任市计划委员会团副书记，后被派往委机关下属三产主持建立会计师事务所，后组建天津吉威会计师事务所、商务咨询公司、评估公司、税务咨询公司、深圳鹏城会计师事务所北京分所，均任负责人 现任建科机械（天津）股份有限公司独立董事。

董事会下属委员会

名 称	职 责
风险控制及审计委员会	代表董事会对公司运作和经营活动中的风险进行监督、控制和管理，对公司经营活动行使审计评价和监督职能，是公司经营风险的防范与控制机构，也是对公司内部、外部审计和内控活动进行监督、核查的机构。
消费者权益保护及信托委员会	代表董事会督促公司依法履行受托职责，当公司或者股东利益与受益人利益发生冲突时，保证公司为受益人的最大利益服务。
薪酬管理及提名委员会	代表董事会对公司激励机制建设、薪酬分配进行管理，是公司薪酬分配的管理机构，负责拟订董事和高级管理层成员的选任程序和标准，对董事和高级管理层的任职资格进行初步审核，并向董事会提出建议。
战略委员会	代表董事会负责制定公司经营管理目标和长期发展战略，监督、检查年度经营计划、投资方案的执行情况。
关联交易委员会	代表董事会对公司关联交易进行监督、控制和管理，保证公司充分维护受益人的利益。

3.3 监事

监事会成员

姓 名	职 务	性别	年龄（岁）	选任日期	所推举的股东名称	该股东持股比例（%）	简要履历
王春丽	监事	女	51	2014年9月	天津天药药业股份有限公司	3.37	曾任天津日电通讯有限公司财务部部长，艾迪斯鼎力科技（天津）有限公司财务总监，天津天药药业股份有限公司财务部长、财务总监；现任天津天药药业股份有限公司董事会秘书。
傅 津	监事	女	49	2020年7月	中国海洋石油渤海有限公司	3.89	曾在中海油田服务有限公司企业发展部、上市办、董秘办、财务部等部门分别任职；现任中海石油投资控股有限公司股权管理部经理。
王振忠	监事	男	54	2014年4月	天津水务建设有限公司	0.35	曾任天津市经济体制改革委员会干部，君安证券天津业务部总经理，渤海证券有限公司董事、副总裁，中国节能投资公司总经理助理兼资本运营部主任；现任天津滨海海胜股权投资基金管理有限公司董事长。
					天津市津东房地产投资开发集团有限公司	0.26	
					天津火炬科技发展公司	0.26	
					天津海晶汇利实业有限公司	0.20	
					天津渤海化工有限责任公司天津化工厂	0.19	
					中信天津工业发展公司	0.18	
					天津大沽化工投资发展有限公司	0.11	
					天津经济技术开发区工业投资公司	0.02	
夏金玲	监事	女	52	2014年4月	职工代表	—	曾任天津滨海信托财务部经理，北方信托计划财务部副经理、托管部经理，天津北信财务咨询服务有限公司副总经理，北方国际信托投资股份有限公司稽核专员，天津北信中乒投资发展有限公司副总经理兼财务总监，北方国际信托股份有限公司审计稽核部总经理，北方国际信托股份有限公司运营部总经理；现任北方国际信托股份有限公司工会副主席。
翟绍菁	监事	女	47	2014年10月	职工代表	—	曾在天津市人民政府办公厅信息处从事政务信息编辑工作、天津市人民政府法制办公室复议应诉指导处工作，曾任北方国际信托股份有限公司风险控制主管；现任北方国际信托股份有限公司风险控制部副总经理（主持工作）。

3.4 高级管理人员

姓 名	职 务	性别	年龄（岁）	选任日期	金融从业年限（年）	学历	专业	简要履历
韩立新	董事长	男	52	2020年7月	29	硕士	金融学	曾任天津信托有限责任公司业务三部副经理、国际业务部副经理、业务三部经理、市场开发部经理、公司总经理助理兼市场开发部经理、公司副总经理、公司常务副总经理、公司总经理，北方信托党委副书记、总经理；现任北方信托党委书记、董事长。
黄 河	总经理	男	37	2021年1月	11	硕士	会计	曾在江西省第三建筑公司财务部、天健正信会计师事务所审计部、中航信托风险管理部任职，曾任中航信托风险管理部总经理助理、副总经理，中航信托普惠金融事业部副总经理（主持工作），江苏省国际信托副总经理；现任北方信托党委副书记、总经理。
钟振宇	副总经理	男	45	2021年3月	22	本科	国际企业管理	曾在山东省国际信托国际金融部任职，曾任山东省国际信托信托业务六部总经理，中诚信托信托业务部执行总经理，长城证券实体经济部总经理，中国信托业保障基金重组业务部副总经理、机构业务部总经理、业务审查部总经理；现任北方信托副总经理。

续表

姓名	职务	性别	年龄（岁）	选任日期	金融从业年限（年）	学历	专业	简要履历
张文栋	副总经理	男	45	2021年1月	19	硕士	世界经济	曾在深圳新产业投资股份有限公司资产管理部任职，曾在北方信托业务拓展部、信托业务总部、综合业务部、信托业务二部任职，曾任北方信托信托业务二部副总经理（主持工作）、信托业务二部总经理、公司业务总监、公司首席总监、公司运营总监；现任北方信托副总经理。
杨大宇	副总经理	男	42	2021年1月	15	硕士	工商管理	曾在北京市煤炭总公司任职，曾在民生银行总行投资银行部、资产保全部、贸易金融部任职，曾任北京世华国际金融信息公司证券市场分析部部门经理，民生银行总行健康产业金融部内河航运部行业研究与风险审查中心总经理助理（主持工作），民生信托风险控制部副总经理、投行业务评审部副总经理（主持工作）、投行业务评审部总经理、运营管理总部副总裁；现任北方信托副总经理。
金树良	总经济师	男	55	2018年12月	27	硕士	世界经济	曾任北京大学经济学院国际经济系教师，海南省证券公司副总裁，北京华宇世纪投资有限公司副总裁，昆仑证券有限责任公司总裁，北方信托总经理助理兼资产管理部总经理，渤海财产保险股份有限公司常务副总经理、总经理，北方信托总经理助理；现任北方信托总经济师。
王　辉	董事会秘书	男	50	2016年12月	26	博士	金融工程	曾在北方信托电脑部、证券部、投资管理二部任职，曾任战略发展研究所综合研究室副主任、战略发展研究所副所长、综合管理部总经理、公司总经理助理；现任北方信托党委委员、董事会秘书。
曾广炜	风险总监	男	51	2017年2月	20	本科	会计	曾任中国燕兴天津公司财务科副科长，天津开发区总公司会计，天津滨海新兴产业公司财务部副经理，北方信托信托业务四部副经理、证券投资部副总经理、财务中心总经理、风险控制部总经理、公司总经理助理；现任北方信托风险总监。
董　刚	总经理助理	男	46	2018年12月	20	硕士	管理科学与工程	曾在工商银行石家庄支行、天津仁爱投资公司任职，曾在北方信托投资银行部、业务发展总部、信托业务一部任职，曾任北方信托信托业务一部副总经理、信托业务一部副总经理（主持工作）、信托业务一部总经理、公司业务总监、公司首席总监；现任北方信托总经理助理。
刘德发	总经理助理	男	51	2018年12月	27	本科	会计	曾在天津第五建筑公司财务部做出纳工作，曾在北方信托会计部、投资管理部、投资银行部、理财中心、信托业务一部任职，曾任北方信托滨海业务部副总经理（主持工作）、信托业务三部总经理、公司业务总监、公司首席总监；现任北方信托总经理助理。

3.5　公司党委委员

姓名	职务	性别	年龄（岁）	选任日期	简要履历
韩立新	党委书记	男	52	2020年3月	曾任天津信托有限责任公司业务三部副经理、国际业务部副经理、业务三部经理、市场开发部经理、公司总经理助理兼市场开发部经理、公司副总经理、公司常务副总经理、公司总经理，北方信托党委副书记、总经理；现任北方信托党委书记、董事长。
黄　河	党委副书记	男	37	2020年11月	曾在江西省第三建筑公司财务部、天健正信会计师事务所审计部、中航信托风险管理部任职，曾任中航信托风险管理部总经理助理、副总经理，中航信托普惠金融事业部副总经理（主持工作），江苏省国际信托副总经理；现任北方信托党委副书记、总经理。
王燕滨	党委委员	男	58	2014年12月	曾任内蒙古银行学校教研室主任、团委书记、学生科科长，内蒙古自治区证券公司发行部、上海业务部总经理、公司总经理助理、副总经理，海通证券股份有限公司天津营业部、北京营业部总经理，北方信托业务二部总经理、公司总经理助理、副总经理，2020年4月代为履行北方信托总经理职务；现任北方信托党委委员、首席专家。
郭洪军	党委委员	男	51	2015年5月	曾任天津市化工局干部、天津市纪委办公厅科员、副主任科员、主任科员、副处级纪律检查员、副主任、副主任（正处级）、市纪委绩效管理监察室副主任（正处级）、监察综合室副主任（正处级）、市行政投诉中心副主任（正处级）；现任北方国际信托股份有限公司党委委员、纪委书记。
王　辉	党委委员	男	50	2014年12月	曾在北方信托电脑部、证券部、投资管理二部任职，曾任战略发展研究所综合研究室副主任、战略发展研究所副所长、综合管理部总经理、公司总经理助理；现任北方信托党委委员、董事会秘书。

3.6 公司员工

项目		报告期年度		上年度	
		人数(人)	比例(%)	人数(人)	比例(%)
年龄分布	25 岁以下	2	0.77	6	2.17
	25～29 岁	32	12.31	39	14.13
	30～39 岁	130	50.00	135	48.91
	40 岁以上	96	36.92	96	34.78
学历分布	博士	9	3.46	8	2.90
	硕士	148	56.92	160	57.97
	本科	94	36.15	98	35.51
	专科	8	3.08	9	3.26
	其他	1	0.39	1	0.36
岗位分布	董事、监事及高级管理人员	8	3.08	9	3.26
	自营业务人员	8	3.08	8	2.90
	信托业务人员	138	53.09	151	54.71
	其他人员	106	40.77	108	39.13
总数		260		276	

注：自营业务人员是指按照岗位分工，专门从事固有资金使用或固有资产管理有关业务的员工；信托业务人员是指按照岗位分工，专门从事信托资金募集、使用等有关信托资产管理业务的员工；其他人员是指未划入自营业务和信托业务范畴的人员。

4. 经营管理

4.1 经营目标、经营方针、战略规划

公司秉承“诚信、稳健、创新、高效”的企业精神，以“做可信赖的信托公司”为目标，贯彻“立足天津、深耕京津冀、辐射全国”的经营方针，抢抓行业转型发展机遇，大力发展主动管理业务，稳妥推进混合所有制改革，着力提升内部管理水平，致力成为内部治理完善、盈利能力强、业务特色鲜明的创新型信托公司。

4.2 所经营业务的主要内容

4.2.1 自营资产运用与分布

自营资产运用与分布表

资产运用	金额（万元）	占比（%）	资产分布	金额（万元）	占比（%）
货币资产	17 234.80	2.92	基础产业	6 500.00	1.11
贷款及应收款	68 070.38	11.53	房地产业	10 482.00	1.79
交易性金融资产	12 904.11	2.19	证券市场	159 134.88	27.21
可供出售金融资产	214 048.14	36.25	实业	3 546.05	0.61
持有至到期投资	19 576.91	3.32	金融机构	194 492.53	32.29
长期股权投资	39 807.18	6.74	其他	216 309.82	36.99
其他资产	218 823.76	37.06			
资产合计	590 465.28	100.00	资产总计	590 465.28	100.00

4.2.2 信托资产运用与分布

信托资产运用与分布表

资产运用	金额（万元）	占比（%）	资产分布	金额（万元）	占比（%）
货币资产	231 356.85	2.14	基础产业	1 129 644.04	10.45
贷款	4 577 938.73	42.36	房地产	1 735 668.92	16.06
交易性金融资产	2 461 371.86	22.78	证券	2 486 451.10	23.01
可供出售金融资产	768 501.22	7.11	实业（工商企业）	2 514 268.29	23.27
持有至到期投资	1 731 761.84	16.02	金融机构	101 096.00	0.94
长期股权投资	370 857.41	3.43	其他	2 839 661.37	26.28
其他	665 001.81	6.15			
资产总计	10 806 789.72	100.00	资产总计	10 806 789.72	100.00

4.3 市场分析

4.3.1 有利因素

2020 年，宏观经济长期向好的基本面未变，经济增长中枢仍然处于稳定运行通道。经济结构优化升级持续推进；天津区域经济焕发出新的活力，持续推进京津冀协同发展战略，协同发展深入推进，产业结构进一步优化，科技创新支撑作用持续增强。信托行业在监管政策的引导下，迎来转型发展新机遇，信托回归本源、服务实体经济成为行业共识；公司坚持党的集中统一领导，以党建促发展，持续优化业务结构，业务创新能力、风险控制能力和内部管理水平进一步提升。

4.3.2 不利因素

2020 年，突如其来的新冠肺炎疫情给中国乃至全球经济带来前所未有的冲击，外部环境日趋复杂，不确定因素较多，国内结构性矛盾突出。大资管行业的竞争逐渐加剧，信托行业面临较大的转型压力。公司发展仍面临困难和挑战，房地产业务和传统融资类业务开展空间受限；公司正处于转型发展期，创新业务尚未形成稳定的利润来源；科技对业务支撑能力不足，人才队伍建设、运营管理能力还需进一步加强。

4.4 内部控制

公司在持续稳健发展的同时，始终将业务的合规性、风险的有效防控作为前提和保证。公司已经建立起一套较完善的内部控制体系，具备明确的内控目标和原则，覆盖公司各项业务、所有部门和人员。公司坚持倡导合规企业文化，注重引导员工树立合规意识和风险意识，并通过严格业务审批权限、规范业务操作流程、完善全员合规管理责任制、监督考核与奖惩机制对员工的行为进行规范、监督。2020 年，在监管形势进一步趋严的大背景下，公司持续优化风险管理体系，强化全流程风险管控，弥补薄弱环节，及时识别潜在风险、采取有效措施防范化解风险，全面提升风险管控能力。

公司已建立了三个层级的内部控制机构，形成了分工合理、职责明确、运行顺畅、制衡有效的风险管理机制。各级机构均严格履行职责，保证对各种业务风险进行事前、事中、事后的

有效监管和控制。2020年，公司进一步完善专业评审会议事规则，提升评审的专业性、保证评审的客观、公平，还成立了合规管理部，进一步加强合规风险管理，合并成立托管运营部，严控操作风险。

公司已建立一套内容涵盖公司各部门、岗位，渗透公司各业务及操作流程的制度体系；制度中既有原则规范，又包含操作流程、风险点和防范措施，切实增强可操作性和执行性。

公司为各项业务的开发、决策、实施、后期管理设定了标准化、规范化的流程，将业务全流程纳入系统管理，并根据需要对系统进行不断升级改造，完善系统功能、优化系统流程，以保证业务的规范有序开展。公司不断加强信息化建设，发挥信息技术在风险管理中的作用；确保内审与评价机制的独立性，对内控制度的执行情况和效果严格监督；倡导先进、优良的风险文化，科学确立风险战略。

4.5 风险管理

公司经营活动中可能遇到的风险包括信用风险、市场风险、操作风险、其他风险等。

信用风险即违约风险，是指交易对手不能全部或部分按时履行合约义务而造成财务上损失的风险。公司涉及客户信用风险的业务包括存放同业款项、贷款、担保和应收款项。对于信用风险的管理，公司注重事前对交易对手、项目的尽职调查，融资业务方案设定包括保证担保、资产抵押、权利质押等多种信用增级方式，项目实施过程中加强跟踪检查，项目结束后及时进行稽核和评价。2020年，公司继续优化业务决策流程，完善风险控制部初审、专业会评审、决策会审批三层决策机制，强化准入管理。公司强化全流程风险管控，弥补薄弱环节，进一步拓展风险监测手段和渠道，提高风险监测效率，及时识别潜在风险，制定并实施风险预案。对于固有资产，按要求进行了五级分类管理。对除存放同业款项外的表内信用类资产计提一般准备和专项准备。建立健全风险资产处置常态化机制，对出现信用风险的业务，在保证国有资产安全的前提下，公司妥善制定策略，积极协调各方，采取债务重组、流动支持或诉讼清收等手段相结合的方式稳健化解存量不良资产。

市场风险指公司在信托资产及固有资产合法经营中，因为利率、汇率、股价、股指、商品价格等市场价格的波动而产生的风险。对于市场风险的管理，公司加强对经济及金融形势的分析预测，关注市场变动，并提出相应对策及业务调整方案。对房地产、“两高一剩”、政府融资平台等重点行业、重点类型业务定期进行监测，密切关注市场情况，加强风险防范。股权投资避免进入限制类行业和相关项目，不断拓展多元化的投资领域，充分考虑投资项目筛选、运营管理、退出中的策略，严格投资后的管理。

操作风险主要指因内控机制不健全、管理失误、操作系统不完善，或其他一些人为的错误而导致损失的可能性。对于操作风险的管理，一方面，公司围绕固有财产及信托资产的运营管理、资本市场投资、会计核算、资金交易、信息系统及文档管理等日常经营及业务开展的各个方面，制定管理规定和操作流程，明确操作权限和内容，严格遵循“决策与操作分离”“业务操作与风险监控分离”等原则，持续开展流程调整优化，弥补漏洞缺陷；另一方面，公司加强对制度执行的检查、评价，推行责任追究机制，同时加强员工培训，提高员工风险意识，认真履行受托职责。通过建立满足业务需要的信息管理系统，将业务全流程纳入系统管理，设定严格的流程与使用权限，赋予风控、托管运营、项目检查、审计部门监督权，减少人为的操作风险。

其他风险主要有合规风险、道德风险。合规风险指公司经营活动、业务开展因未能遵循国家法律法规、监管部门规则或公司内部规章制度，而可能遭受法律制裁、监管处罚、财务或声誉损失的风险。道德风险主要表现为公司内部人员蓄意违法违规或与公司的交易对手串通而给信托受益人或公司自身带来损失的可能。对于其他风险的管理，公司将合规风险管理作为公司风险管理的基础，从完善公司治理、内控制度、加强合规组织机构及配套机制建设、培育良好合规文化等方面，构建有效的合规风险管理机制。2020年，公司根据监管要求，持续对通道业务规模、房地产业务规模进行常态化管控，坚决贯彻落实金融同业通道业务、融资类信托业务规模压降的监管要求。经过努力，公司完成了2020年监管部门要求的“两项业务”规模压降、自营及信托业务风险资产化解、房地产业务规模管控等各项任务指标。

持续进行资管新规整改工作，公司要求各相关业务部门、团队高度重视该项工作，对尚未整改完毕的项目加快整改进程，同时严格按照“资管新规”的要求审慎开展新增业务。2020年整改取得了较显著进展。

公司通过加强党的建设及员工思想政治方面的教育，强化内控机制，严格业务流程与监督制衡，加大检查监督的频率和力度，防范道德风险的发生。

4.6 净资本管理

2020年末，公司净资本为345 269.59万元。各项风险资本之和为136 859.89万元，其中固有业务风险资本为62 960.72万元、信托业务风险资本为73 899.17万元。

5. 报告期末及上一年度末的比较式会计报表

5.1 自营资产

5.1.1 会计师事务所审计结论

安永华明会计师事务所审计了北方国际信托股份有限公司的财务报表，包括2020年12月31日的资产负债表，2020年度的利润表、股东权益变动表和现金流量表及相关财务报表附注。

安永华明会计师事务所认为，北方国际信托股份有限公司的财务报表在所有重大方面按照企业会计准则的规定编制，公允反映了北方国际信托股份有限公司2020年12月31日的财务状况及2020年度的经营成果和现金流量。

5.1.2 资产负债表

资产负债表

编制单位:北方国际信托股份有限公司　　2020 年 12 月 31 日　　单位:万元

项目	2020 年 12 月 31 日	2019 年 12 月 31 日
资产		
货币资金	17 234. 80	30 816. 98
拆出资金	—	10 000. 00
以公允价值计量且变动计入当期损益的金融资产	12 904. 11	15 135. 23
买入返售金融资产	134 184. 85	57 427. 82
应收利息	2 135. 22	1 563. 24
发放贷款和垫款	68 070. 38	120 829. 64
可供出售金融资产	248 264. 47	206 180. 96
持有至到期投资	19 576. 91	1 191. 74
长期股权投资	5 590. 84	5 241. 04
投资性房地产	4 372. 42	947. 97
固定资产	3 440. 53	6 209. 13
无形资产	—	1 208. 63
递延所得税资产	22 495. 73	13 266. 45
其他资产	52 195. 00	75 004. 63
资产总计	590 465. 28	545 023. 44
负债		
应付职工薪酬	17 052. 17	14 142. 68
应交税费	13 869. 58	5 622. 05
预计负债	9 453. 10	—
卖出回购金融资产款	5 440. 00	—
其他负债	44 436. 84	55 973. 39
负债合计	90 251. 69	75 738. 11
所有者权益		
股本	100 099. 89	100 099. 89
资本公积	—	—
其他综合收益	532. 17	-539. 93
盈余公积	49 062. 22	46 076. 60
一般风险准备	8 814. 35	8 093. 25
信托赔偿准备	31 583. 84	30 091. 03
未分配利润	310 121. 12	285 464. 49
所有者权益合计	500 213. 58	469 285. 33
负债和所有者权益总计	590 465. 28	545 023. 44

法定代表人:韩立新　　主管会计工作负责人:王燕滨　　会计机构负责人:李学娟

5.1.3 利润表

利润表

编制单位:北方国际信托股份有限公司　　2020 年度　　单位:万元

项目	2020 年度	2019 年度
一、营业收入	112 752. 24	77 448. 24
利息净收入	10 723. 12	7 777. 88
利息收入	12 290. 63	9 297. 42
利息支出	1 567. 51	1 519. 54
手续费及佣金净收入	54 479. 47	64 508. 32
手续费及佣金收入	54 497. 83	64 542. 27
手续费及佣金支出	18. 36	33. 96
投资收益	46 411. 03	-4 679. 01
公允价值变动收益	1 081. 17	9 736. 61
汇兑损益	-0. 37	0. 09
其他业务收入	57. 82	104. 34
二、营业支出	63 580. 27	44 422. 26
业务及管理费	32 320. 76	31 888. 76
税金及附加	688. 82	615. 58
资产减值损失	30 570. 69	11 917. 93
三、营业利润	49 171. 97	33 025. 97
加:营业外收入	163. 84	310. 49
减:营业外支出	9 782. 61	369. 89
四、利润总额	39 553. 20	32 966. 57
减:所得税费用	9 697. 04	8 420. 77
五、净利润	29 856. 16	24 545. 80
六、其他综合收益的税后净额	1 072. 09	9 930. 56
将重分类进损益的其他综合收益	—	—
权益法下可转损益的其他综合收益	-7. 48	132. 99
可供出售金融资产公允价值变动	1 079. 58	9 797. 57
七、综合收益总额	30 928. 26	34 476. 36

法定代表人:韩立新　　主管会计工作负责人:王燕滨　　会计机构负责人:李学娟

5.1.4 股东权益变动表

股东权益变动表

编制单位:北方国际信托股份有限公司　　2020 年度　　单位:万元

	股本	资本公积	其他综合收益	盈余公积	一般风险准备	信托赔偿准备	未分配利润	股东权益合计
2020 年 1 月 1 日余额	100 099.89	—	-539.93	46 076.60	8 093.25	30 091.03	285 464.49	469 285.33
本年增减变动金额	—	—	—	—	—	—	—	—
(一)综合收益总额	—	—	1 072.09	—	—	—	29 856.16	30 928.26
(二)利润分配	—	—	—	—	—	—	—	—
1. 提取盈余公积	—	—	—	2 985.62	—	—	-2 985.62	—
2. 提取一般风险准备	—	—	—	—	721.11	—	-721.11	—
3. 提取信托赔偿准备	—	—	—	—	—	1 492.81	-1 492.81	—
4. 对股东的分配	—	—	—	—	—	—	—	—
2020 年 12 月 31 日余额	100 099.89	—	532.17	49 062.22	8 814.35	31 583.84	310 121.12	500 213.58

法定代表人:韩立新　　主管会计工作负责人:王燕滨　　会计机构负责人:李学娟

5.2 信托资产

5.2.1 信托项目资产负债汇总表

信托项目资产负债表

编制单位:北方国际信托股份有限公司　　2020 年 12 月 31 日　　单位:万元

信托资产	期末数	期初数	信托负债和信托权益	期末数	期初数
信托资产:			信托负债:		
货币资金	231 356.85	187 596.80	交易性金融负债	—	—
拆出资金	—	—	衍生金融负债	—	—
存出保证金	—	—	卖出回购金融资产款	—	—
交易性金融资产	2 461 371.86	2 701 091.88	应付受托人报酬	3 663.68	1 975.64
衍生金融资产	—	—	应付托管费	328.87	358.74
买入返售资产	25 079.28	107 855.90	应付受益人收益	54 340.55	54 657.66
应收款项	560 642.75	433 227.17	应交税费	5 305.89	5 217.42
发放贷款	4 577 938.73	8 089 745.35	应付销售服务费	34.76	—
可供出售金融资产	768 501.22	1 283 670.29	其他应付款项	26 673.10	49 598.34
持有至到期投资	1 731 761.84	2 459 317.52	预计负债	—	—
长期应收款	79 279.79	64 432.16	其他负债	—	—
长期股权投资	370 857.40	1 615 692.41	信托负债合计	90 346.85	111 807.80
投资性房地产	—	—	信托权益:		
固定资产	—	—	实收信托	10 672 523.11	16 841 329.01
无形资产	—	—	资本公积	29 160.05	33 710.04
长期待摊费用	—	—	未分配利润	14 759.71	-44 217.37
其他资产	—	—			
	—	—	信托权益合计	10 716 442.87	16 830 821.68
信托资产总计	10 806 789.72	16 942 629.48	信托资产总计	10 806 789.72	16 942 629.48

5.2.2 信托项目利润及利润分配汇总表

信托项目利润及利润分配表

编制单位:北方国际信托股份有限公司　　2020 年度　　单位:万元

项　目	本年	上年
一、营业收入	729 833.01	1 151 942.65
利息收入	553 597.37	816 698.05
投资收益(损失以"-"号填列)投资收入	114 926.99	297 128.35
其中:对联营企业和合营企业的投资收益	—	—
公允价值变动收益(损失以"-"号填列	-4 490.74	36 764.84
租赁收入	—	—
汇兑损益(损失以"-"号填列)	—	—
其他收入	65799.39	1351.41
二、营业支出	77 768.59	69 070.06
营业税金及附加	2 434.22	3 945.77
业务及管理费	75 334.37	65 124.29

续表

项　目	本年	上年
资产减值损失	—	—
三、信托利润(净亏损以"-"号填列)	652 064.42	1 082 872.59
加:其他综合收益	33 998.55	-11 461.78
四、综合收益	686 062.97	1 071 410.81
加:期初未分配信托利润	-55 278.65	286 530.99
五、可供分配的信托利润	630 784.32	1 357 941.80
减:本期已分配信托利润	616 024.61	1 402 159.17
六、期末未分配信托利润	14 759.71	-44 217.37

6. 会计报表附注

6.1 简要说明报告年度会计报表编制基准、会计政策、会计估计和核算方法发生的变化

公司自营业务遵循财政部颁布的《企业会计准则——基本准

则》，以及其后颁布和修订的具体会计准则、应用指南、解释及其他相关规定（统称企业会计准则）编制。会计报表编制基准、会计政策、会计估计和核算方法本年度未发生重大变化。

6.2 或有事项说明

2020 年初担保余额为 62 490 万元，年末担保余额为 14 990万元。

6.3 重要资产转让及其出售的说明

无。

6.4 会计报表中重要项目的明细资料

6.4.1 披露自营资产经营情况

6.4.1.1 按信用风险五级分类结果披露信用风险资产的期初数、期末数

风险分类	正常类（万元）	关注类（万元）	次级类（万元）	可疑类（万元）	损失类（万元）	信用风险资产合计（万元）	不良资产合计（万元）	不良资产率（%）
期初数	399 167. 69	146 512. 72	11 000. 00	3 059. 08	2 375. 73	562 115. 22	16 434. 81	2. 92
期末数	385 650. 99	201 778. 75	11 000. 00	—	2 375. 73	600 805. 47	13 375. 73	2. 23

注：不良资产合计 = 次级类 + 可疑类 + 损失类。

6.4.1.2 各项资产减值损失准备的期初数、本期计提、本期转回、本期核销/冲销、期末数

单位：万元

项目	期初数	本期计提	本期转回	本期核销/冲销	期末数
贷款损失准备	5 400. 00	1 893. 10	—	—	7 293. 10
可供出售金融资产减值准备	40 409. 77	27486. 99	—	28 053. 81	39 842. 95
持有至到期投资减值准备	1 792. 18	1191. 74	—	2983. 92	—
长期股权投资减值准备	—	—	—	—	—
坏账准备	625. 21	—	1. 15	75. 16	548. 90
投资性房地产减值准备	—	—	—	—	—
其他减值准备	49. 34	—	—	—	49. 34
各项资产减值损失准备合计	48 276. 50	30 571. 83	1. 15	31 112. 89	47 734. 29

6.4.1.3 按照投资品种分类，分别披露固有业务股票投资、基金投资、债券投资、股权投资等投资业务的期初数、期末数

单位：万元

项目	自营股票投资	基金投资	债券投资	长期股权投资	其他投资	合计
期初数		60 384. 87	2 983. 92	43 382. 38	28 507. 98	135 259. 15
期末数		47 996. 52	29 608. 88	43 732. 18	38 004. 19	159 341. 77

6.4.1.4 按投资入股金额排序，前三名的自营长期股权投资的企业名称、占被投资企业权益的比例、主要经营活动及投资收益情况等

企业名称	占被投资企业权益的比例（%）	主要经营活动	投资收益（万元）
天津滨海农村商业银行股份有限公司	1. 81	吸收存款、发放贷款、办理结算、同业拆借、办理票据承兑和贴现等	—
渤海财产保险股份有限公司	6. 77	财产损失险、责任险、信用保险和保证保险、短期健康险和意外伤害险等	—
长城嘉信资产管理有限公司	22. 00	特定客户资产管理业务	357. 28

注：投资损益是指按照企业会计准则规定，核算股权投资确认损益并记入披露年度利润表的金额。

6.4.1.5 前三名的自营贷款的企业名称、占贷款总额的比例和还款情况等（从大到小顺序排列）

企业名称	占贷款总额的比例（%）	还款情况
天津振弘企业管理有限公司	53. 08	未到期
内蒙古天宇信力置业发展有限责任公司	23. 18	已逾期
天津塘沽海洋高新区滨都公用设施绿化工程有限公司	8. 62	未到期

6.4.1.6 表外业务的期初数、期末数；按照代理业务、担保业务和其他类型表外业务分别披露

单位：万元

表外业务	期初数	期末数
担保业务	62 490	14 990
代理业务（委托业务）	—	—
其他	—	—
合计	62 490	4 990

注：代理业务主要反映因客观原因应规范而尚未完成规范的历史遗留委托业务，包括委托贷款和委托投资。

6.4.1.7 公司当年的收入结构（母公司口径、与表口径同时披露）

收入结构	金额（万元）	占比（%）
手续费及佣金收入	54 497. 83	47. 60
其中：信托手续费收入	53 237. 18	46. 49
投资银行业务收入	682. 60	0. 60
利息收入	12 290. 63	10. 73
其他业务收入	57. 45	0. 05
其中：计入信托业务收入部分	—	—
投资收益	46 411. 03	40. 53
其中：股权投资收益	1 290. 58	1. 13
证券投资收益	259. 40	0. 23
其他投资收益	44 861. 05	39. 18
公允价值变动收益	1 081. 17	0. 94
营业外收入	163. 84	0. 14
收入合计	114 501. 95	00. 00

注：手续费及佣金收入、利息收入、其他业务收入、投资收益、营业外收入均应为损益表中的科目，其中手续费及佣金收入、利息收入、营业外收入为未抵减掉相关支出的全年累计实现收入数。

6.4.2 披露信托财产管理情况

6.4.2.1 信托资产的期初数、期末数

单位：万元

信托资产	期初数	期末数
集合	5 384 333.81	4 674 733.39
单一	10 304 986.69	5 172 248.96
财产权	1 253 308.98	959 807.37
合计	16 942 629.48	10 806 789.72

6.4.2.1.1 主动管理型信托业务的信托资产期初数、期末数，分证券投资类、股权投资类、其他投资类、融资类、事务管理类分别披露

单位：万元

主动管理型信托资产	期初数	期末数
证券投资类	—	316 176.82
股权投资类	4 750.34	48 524.14
其他投资类	—	333 432.14
融资类	1 876 503.17	1 224 105.49
事务管理类	—	—
合计	1 881 253.51	1 922 238.59

6.4.2.1.2 被动管理型信托业务的信托资产期初数、期末数，分证券投资类、股权投资类、其他投资类、融资类、事务管理类分别披露

单位：万元

被动管理型信托资产	期初数	期末数
证券投资类	—	—
股权投资类	—	—
其他投资类	—	—
融资类	—	—
事务管理类	15 061 375.97	8 884 551.13
合计	15 061 375.97	8 884 551.13

6.4.2.2 本年度已清算结束的信托项目个数、实收信托合计金额、加权平均实际年化收益率

6.4.2.2.1 本年度已清算结束的集合类、单一类资金信托项目和财产管理类信托项目个数、实收信托合计金额、加权平均实际年化收益率

已清算结束的信托项目	项目个数（个）	实收信托合计金额（万元）	加权平均实际年化收益率（%）
集合类	70	1 798 905.74	7.4926
单一类	192	14 536 798.76	5.8939
财产管理类	24	1 195 186.86	2.4446

注：1. 收益率是指信托项目已清算后，给受益人赚取的实际收益水平。

2. 加权平均实际年化收益率 =（信托项目 1 的实际年化收益率 × 信托项目 1 的实收信托 + 信托项目 2 的实际年化收益率 × 信托项目 2 的实收信托 + … + 信托项目 n 的实际年化收益率 × 信托项目 n 的实收信托）/（信托项目 1 的实收信托 + 信托项目 2 的实收信托 + … + 信托项目 n 的实收信托）×100%。

6.4.2.2.2 本年度已清算结束的主动管理型信托项目个数、实收信托合计金额、加权平均实际年化收益率，分证券投资类、股权投资类、其他投资类、融资类、事务管理类分别计算并披露

续表

已清算结束的信托项目	项目个数（个）	实收信托合计金额（万元）	加权平均实际年化信托报酬率（%）	加权平均实际年化收益率（%）
证券投资类	5	29 600.00	0.0921	5.2586
股权投资类	—	—	—	—
其他投资类	14	259 229.00	0.8923	6.8930
融资类	46	1 247 379.00	1.2106	7.6297
事务管理类	—	—	—	—

注：加权平均实际年化信托报酬率 =（信托项目 1 的实际年化信托报酬率 × 信托项目 1 的实收信托 + 信托项目 2 的实际年化信托报酬率 × 信托项目 2 的实收信托 + … + 信托项目 n 的实际年化信托报酬率 × 信托项目 n 的实收信托）/（信托项目 1 的实收信托 + 信托项目 2 的实收信托 + … + 信托项目 n 的实收信托）×100%。

6.4.2.2.3 本年度已清算结束的被动管理型信托项目个数、实收信托合计金额、加权平均实际年化收益率，分证券投资、股权投资、融资、事务管理类分别计算并披露

已清算结束的信托项目	项目个数（个）	实收信托合计金额（万元）	加权平均实际年化信托报酬率（%）	加权平均实际年化收益率（%）
证券投资类	—	—	—	—
股权投资类	—	—	—	—
其他投资类	—	—	—	—
融资类	—	—	—	—
事务管理类	221	15 994 683.36	0.1510	5.5664

6.4.2.3 本年度新增的集合类、单一类和财产管理类信托项目个数、实收信托合计金额

新增信托项目	项目个数（个）	实收信托合计金额（万元）
集合类	95	648 554.00
单一类	94	2 033 234.11
财产管理类	4	688 800.00
新增合计	193	3 370 588.11
其中：主动管理型	92	902 724.20
被动管理型	101	2 467 863.91

注：本年新增信托项目指在本报告年度内累计新增的信托项目个数和金额，包含本年度新增并于本年度内结束的项目和本年度新增至报告期末仍在持续管理的信托项目。

6.4.2.4 信托创新研究成果和特色业务有关情况

公司积极推进各类业务创新，在慈善信托、标品信托、股权投资等业务领域有了突破性进展。其中，在慈善信托方面，积极履行国有企业社会责任，通过金融手段助力慈善事业发展，成立“美丽乡村”“智慧乡村”“助老”等多笔慈善信托，共计规模 78 万余元，提高了困难群体的基础保障水平。

6.4.2.5 公司履行受托人义务情况及因公司自身责任而导致的信托资产损失情况

报告期内，公司严格履行受托人义务，不存在因公司自身责任而导致的信托资产损失情况。

6.5 关联方关系及其交易的披露

6.5.1 关联交易方的数量、关联交易的总金额及关联交易的定价政策等

项目	关联交易方数量（个）	关联交易金额（万元）	定价政策
合计	1	599.00	市场定价

注：“关联交易”定义应以《中华人民共和国公司法》和《企业会计准则第 36 号——关联方披露》有关规定为准。

6.5.2 关联交易方与公司的关系性质、关联交易方的名称、法定代表人、注册地址、注册资本及主营业务等

关系性质	关联方名称	法定代表人	注册地址	注册资本(万元)	主营业务
公司主要股东	天津泰达股份有限公司	张　旺	天津经济技术开发区第三大街16号	147 557.3852	以自有资金对建筑业、房地产业、纺织业、化学纤维制造业、批发零售业、交通运输、仓储业、电力生产和供应业、环境和公共设施管理业、住宿和餐饮业、科学研究和技术服务业、教育业、文化、体育和娱乐业等行业投资;资产经营管理(金融资产除外);投资咨询服务;自有房屋租赁及管理服务(依法须经批准的项目,经相关部门批准后方可开展经营活动)。
公司股东的关联企业	天津星天房地产开发有限公司	刘华洲	天津市津南区八里台工业园区建设路6号A区207室	3 000	房地产开发;房屋中介服务;代理销售商品房;企业管理咨询服务;自有房屋租赁;装饰装修工程设计、施工;建筑用材料、装饰装修材料批发兼零售(依法须经批准的项目,经相关部门批准后方可开展经营活动)。
公司股东的关联企业	天津星科置业有限公司	张文涛	天津市津南区八里台工业园区建设路6号A区206室	3 000	房地产开发;物业管理;自有房屋租赁;酒店管理;广告设计、制作、代理、发布(依法须经批准的项目,经相关部门批准后方可开展经营活动)。
公司股东的关联企业	天津国泰会展有限公司	周志远	天津市西青经济开发区赛达新兴产业园赛达九纬路8号E1座609室	273 372.0444	会展服务;基础设施建设;以自有资金对房地产业投资;广告业务;仓储;房屋租赁;代收水费、电费、燃气费、物业费(依法须经批准的项目,经相关部门批准后方可开展经营活动)。
公司控股股东	天津泰达投资控股有限公司	王志勇	天津经济技术开发区盛达街9号1201	1 107 695	以自有资金对区域内基础设施开发建设、金融、保险、证券业、房地产业、交通运输业、电力、燃气、蒸汽及水的生产和供应业、建筑业、仓储业、旅游业、餐饮业、旅馆业、娱乐服务业、广告、租赁服务业的投资;高新技术开发、咨询、服务、转让;房屋租赁;基础设施建设;土地开发整理;汽车租赁、设备租赁(不含融资租赁)(依法须经批准的项目,经相关部门批准后方可开展经营活动)。
公司股东的关联企业	天津市泰达国际控股(集团)有限公司	刘　轶	天津经济技术开发区盛达街9号泰达大厦金融广场11层	1 037 279.388663	重点对金融业及国民经济其他行业进行投资控股;监督、管理控股投资企业的各种国内、国际业务;投资管理及相关咨询服务;进行金融综合产品的设计,促进机构间协同,推动金融综合经营;对金融机构的中介服务、金融及相关行业计算机管理、网络系统的设计、建设、管理、维护、咨询服务、技术服务;资产受托管理(依法须经批准的项目,经相关部门批准后方可开展经营活动)。
公司股东的关联企业	渤海财产保险股份有限公司	许　宁	天津市滨海高新区华苑产业区梅苑路增10号10－301至10－1601	162 500	财产损失保险;责任保险;信用保险和保证保险;短期健康保险和意外伤害保险;上述业务的再保险业务;国家法律、法规允许的保险资金运用业务;经银保监会批准的其他业务(以上经营范围涉及行业许可的凭许可证件,在有效期限内经营,国家有专项专营规定的按规定办理)。

6.5.3 逐笔披露本公司与关联方的重大交易事项

6.5.3.1 固有财产与关联方:贷款、投资、租赁、担保、应收账款、其他方式等期初汇总数、本期借方和贷方发生额汇总数、期末汇总数

单位:万元

固有与关联方关联交易				
项目	期初数	借方发生额	贷方发生额	期末数
贷款	—	—	—	—
投资	11 000.00	—	—	11 000.00
租赁	—	—	—	—
担保	—	—	—	—
应收账款	—	—	—	—
其他	—	—	—	—
合计	11 000.00	—	—	11 000.00

6.5.3.2 信托资产与关联方:贷款、投资、租赁、应收账款、担保、其他方式等期初汇总数、本期发生额汇总数、期末汇总数

单位:万元

信托与关联方关联交易				
项目	期初数	借方发生额	贷方发生额	期末数
贷款	470 848.00	599.00	214 804.08	256 642.92
投资	11 000.00	—	—	11 000.00
租赁	—	—	—	—
担保	—	—	—	—
应收账款	—	—	—	—
其他	—	—	—	—
合计	481 848.00	599.00	214 804.08	267 642.92

6.5.3.3 信托公司自有资金运用于自己管理的信托项目(固信交易)、信托公司管理的信托项目之间的相互(信信交易)交易金额,包括余额和本报告年度的发生额

6.5.3.3.1 固有财产与信托财产之间的交易金额期初汇总数、本期发生额汇总数、期末汇总数

单位:万元

固有财产与信托财产相互交易			
项目	期初数	本期发生额	期末数
合计	86 012.72	－27 887.03	58 125.69

注:以固有资金投资公司自己管理的信托项目受益权,或购买自己管理的信托项目的信托资产均应纳入统计披露范围。

6.5.3.3.2 信托资产与信托财产之间的交易金额期初汇总数、本期发生额汇总数、期末汇总数

单位:万元

信托资产与信托财产相互交易			
项目	期初数	本期发生额	期末数
合计	31 000.00	－19 330.00	11 670.00

注:以公司受托管理的一个信托项目的资金购买自己管理的另一个信托项目的受益权或信托项下资产均应纳入统计披露范围。

6.5.4 逐笔披露关联方逾期未偿还公司资金的详细情况及公司为关联方担保发生或即将发生垫款的详细情况

关联方无逾期未偿还公司资金情况,公司无为关联方担保发生或即将发生垫款情况。

6.6 会计制度的披露

公司自营业务遵循2006年度财政部颁布的《企业会计准则——基本准则》，以及其后颁布及修订的具体会计准则、应用指南、解释及其他相关规定（统称《企业会计准则》）。

信托业务执行2006年度财政部颁布的《企业会计准则——基本准则》，以及其后颁布及修订的具体会计准则、应用指南、解释及其他相关规定（统称《企业会计准则》）。

7. 财务情况说明书

7.1 利润实现和分配情况（母公司口径和并表口径同时披露）

2020年公司实现净利润29 856.16万元，按净利润的10%提取盈余公积金2 985.62万元、按5%提取信托赔偿准备金1 492.81万元，本年应计提一般风险准备金721.11万元，进行上述分配后，留存净利润为24 656.62万元。2020年初未分配利润为285 464.49万元，2020年未向股东分红，2020年末可供分配利润为310 121.12万元。

7.2 主要财务指标

母公司口径

指标名称	指标值
资本利润率（%）	6.16
加权年化信托报酬率（%）	0.2402
人均净利润（万元）	109.77

注：1. 资本利润率＝净利润/所有者权益平衡×100%。

2. 加权年化信托报酬率＝（信托项目1的实际年化信托报酬率×信托项目1的实收信托＋信托项目2的实际年化信托报酬率×信托项目2的实收信托＋…＋信托项目n的实际年化信托报酬率×信托项目n的实收信托）/（信托项目1的实收信托＋信托项目2的实收信托＋…＋信托项目n的实收信托）×100%。

3. 人均净利润＝净利润/年平均人数。

4. 平均值采取年初、年末余额简单平均法，公式为a（平均）＝（年初数＋年末数）/2。

7.3 对公司财务状况、经营成果有重大影响的其他事项

无。

8. 特别事项揭示

8.1 前五名股东报告期内变动情况及原因

无。

8.2 董事、监事及高级管理人员变动情况及原因

根据公司2020年4月10日召开的2020年第一次临时股东大会决议，审议通过了《关于提名韩立新担任北方国际信托股份有限公司第三届董事会董事的议案》，拟由公司股东天津泰达投资控股有限公司推举的韩立新先生担任公司董事，并履行相应的董事任职程序。2020年5月15日，天津银保监局下发《天津银保监局关于韩立新任职资格的批复》（津银保监复〔2020〕146号），核准韩立新北方国际信托股份有限公司董事的任职资格。依据《天津市人民政府关于韩立新任职的通知》（津政人〔2020〕41号），根据公司2020年4月17日召开的第三届董事会2020年第三次临时会议决议，审议通过了《关于选举韩立新担任北方国际信托股份有限公司董事长的议案》，并履行相应的董事长任职程序。2020年7月2日，天津银保监局下发《天津银保监局关于韩立新任职资格的批复》（津银保监复〔2020〕223号），核准韩立新北方国际信托股份有限公司董事长的任职资格。根据公司2020年9月28日召开的2020年第四次临时股东大会决议，审议通过了《关于北方国际信托股份有限公司第三届董事会董事任免的议案》，拟由公司股东天津泰达投资控股有限公司推举的刘轶先生、由公司股东天津泰达水业有限公司推举的周宇飞先生、由公司股东天津泰达股份有限公司推举的张旺先生担任公司董事，并履行相应的董事任免程序。申小林、朱文芳、胡军不再担任北方国际信托股份有限公司第三届董事会董事。刘轶先生、周宇飞先生、张旺先生任职材料正在报批过程中。

根据公司2020年7月9日召开的2020年第三次临时股东大会决议，审议通过了《北方国际信托股份有限公司第三届监事会监事任免的议案》，公司股东中国海洋石油渤海有限公司派出的监事蒲彦泉因到退休年龄提出辞职申请，不再担任北方信托监事，由中国海洋石油渤海有限公司提名傅津女士担任北方信托第三届监事会监事。根据公司2021年3月22日召开的2021年第二次会议，审议通过了《关于免去徐松北方国际信托股份有限公司第三届监事会监事长的议案》，徐松不再担任公司监事长；根据公司2021年3月26日召开的2021年第一次临时股东大会决议，审议通过了《关于免去徐松北方国际信托股份有限公司第三届监事会监事职务的议案》，徐松不再担任公司监事。

根据2020年3月27日天津市人民政府印发的《天津市人民政府关于韩立新不再担任北方国际信托股份有限公司总经理职务的通知》（津政人〔2020〕40号）、《天津市人民政府关于韩立新任职的通知》（津政人〔2020〕41号），韩立新任公司党委书记、董事长，不再担任总经理职务；根据2020年4月17日召开的第三届董事会2020年第三次临时会议审议通过了《关于聘任王燕滨代为履行北方国际信托股份有限公司总经理职务的议案》，由王燕滨代为履行总经理职务；2020年11月13日召开的第三届董事会2020年第八次临时会议审议通过了《关于聘任北方国际信托股份有限公司市场化选聘职业经理人的议案》，同意聘任黄河同志为北方国际信托股份有限公司职业经理人总经理，同意聘任钟振宇同志、张文栋同志、杨大宇同志为北方国际信托股份有限公司职业经理人副总经理，并履行相应的高管任职程序；根据2021年1月6日天津银保监局印发的《天津银保监局关于黄河任职资格的批复》（津银保监复〔2021〕13号），核准黄河北方国际信托股份有限公司总经理的任职资格；根据2021年1月5日天津银保监局印发的《天津银保监局关于张文栋任职资格的批复》（津银保监复〔2021〕6号），核准张文栋北方国际信托股份有限公司副总经理的任职资格；根据2021年1月21日天津银保监局印发的《天津银保监局关于杨大宇任职资格的批复》（津银保监复〔2021〕40

号），核准杨大宇北方国际信托股份有限公司副总经理的任职资格；根据2021年3月30日天津银保监局印发的《天津银保监局关于钟振宇任职资格的批复》（津银保监复〔2021〕137号），核准钟振宇北方国际信托股份有限公司副总经理的任职资格；根据2020年11月8日天津市国资委党委《关于王燕滨、陆妍同志免职的通知》（津国资党任〔2020〕146号）王燕滨、陆妍不再担任公司副总经理职务。

8.3　变更注册资本、变更注册地或公司名称、公司分立合并事项

截至信息披露日，公司无注册资本、注册地、公司名称变更及分立合并事项。

8.4　公司重大诉讼事项

截至信息披露日，公司不存在对经营活动产生影响的重大诉讼事项。

8.5　对会计师事务所出具的有保留意见、否定意见或无法表示意见的审计报告的，公司董事会应就所涉及事项做出说明

安永华明会计师事务所（特殊普通合伙）出具了标准无保留意见的审计报告。

8.6　公司及其董事、监事和高级管理人员受到处罚的情况

截至信息披露日的报告期内，公司及其董事、监事和高级管理人员未受到处罚。

8.7　中国银保监会及其派出机构对公司检查后的整改情况

截至信息披露日的报告期内，天津银保监局未对公司进行现场检查。

8.8　本年度重大事项临时报告的简要内容、披露时间、所披露的媒体及其版面

2020年7月10日，公司在《证券时报》B80版就关于聘任韩立新同志担任董事长相关事项进行了重大事项临时披露。

2020年9月14日，公司在《证券时报》B6版就面向社会公开选聘北方国际信托股份有限公司总经理、副总经理相关事项进行了重大事项临时披露。

2021年1月12日，公司在《证券时报》B7版就关于聘任黄河同志担任总经理相关事项进行了重大事项临时披露。

8.9　其他重大需披露信息

无。

8.10　公司履行社会责任情况

2020年，公司顶住了新冠肺炎疫情、严监管政策和外部环境变化等不利因素的挑战，坚持“扬长补短调结构、开源节流增效益”的经营导向，全年实现营业收入11.28亿元，同比增加3.53亿元，增幅为46%；实现利润总额3.96亿元，同比增加0.66亿元，增幅为20%。用改革发展的“事功”诠释了市属国企的社会责任担当。

8.10.1　发挥信托优势、服务实体经济，助力经济社会发展

8.10.1.1　回归信托本源，服务实体经济

2020年，公司认真贯彻落实监管要求，持续优化业务结构，提升主动管理和服务实体经济的能力。截至2020年末，公司信托资产总额为1 080.68亿元，较2020年初减少613.59亿元，其中，主动管理类信托资产为192.22亿元，较2020年初增加4.09亿元；事务管理类信托资产为888.46亿元，较2020年初减少617.68亿元。同时，公司利用信托灵活制度优势，全力支持区域经济发展，加大力度向大型商贸企业、上市公司、地方国有优质企业等非房业务领域拓展，努力为客户提供多样化的产品与服务，客户结构进一步优化。

8.10.1.2　自觉履行纳税义务

公司认真遵守税收法规，积极履行纳税的责任和义务，依照法律、行政法规的规定及时足额缴纳各项税款，做和谐社会建设的积极参与者。2020年，公司累计缴纳各项税费约为4.34亿元，为增加国家和地方财政收入、促进地方经济发展和社会进步作出了积极贡献。

8.10.2　坚持恪尽职守、履行受托责任，忠实受益人利益

8.10.2.1　信托产品全部到期清算

2020年，公司管理的信托产品全部到期清算，累计为受益人实现收益68.61亿元。

8.10.2.2　积极开展信托文化建设，培育受托人文化

公司积极响应监管政策号召，深刻领会信托文化建设的重要意义，在监管部门和行业协会指导下，从治理文化、受托文化、合规文化、风险文化、创新文化五个维度，制定了信托文化建设工作方案，立足受托人定位，完善公司治理体系，强化风控合规管理，夯实内部管理根基；积极开展专题教育培训，引导公司全员深刻认识信托文化的内涵，培育“诚信、专业、勤勉、尽职”的价值理念，认真履行受托人职责；积极宣传普及信托知识，加强投资者和社会公众对信托的认识和理解，提升投资者风险识别能力，培育“投资有风险”“高收益高风险”的投资理念。

8.10.2.3　保障客户权益，创新服务方式

公司在与客户的业务往来中，严格遵照监管及公司制度规定，遵循平等、自愿、公平和诚实信用的原则，充分披露信息及风险，保障客户的合法权益。严格执行投资者投诉管理的相关规定，2020年保持零投诉。

作为专业化财富管理机构，公司积极探索与自身能力相匹配的信托本源业务领域，服务实体经济和慈善事业，设立工商企业信托、慈善信托、标准化信托产品等，根据客户需求进行资产配置，满足社会理财需求。

8.10.3　强化风险管理、依法合规经营，守住风险底线

8.10.3.1　完善风控体系建设，强化风险管理

公司始终将业务的合规性、风险的有效防控作为持续稳健发展的前提和保证，已建立了完善的风险管控机制。2020年，公司进一步完善专业评审会议事规则，提升评审的专业性、保证评审的客观性和公平性，合并成立托管运营部，严控操作风险。公司持续加强对主动管理业务的风险监测和预警，充分利

用启信宝等渠道对交易对手的新增风险事件及负面舆情实时监控。

8.10.3.2 认真贯彻落实监管要求，强化合规管理

公司始终高度重视合规管理工作，2020年，公司设立合规管理部，制定《合规管理暂行办法》，健全合规管理组织架构和制度体系，持续完善内部合规管理工作流程，提升合规管理水平；认真贯彻落实监管部门的各项监管政策和要求，认真组织开展市场乱象整治“回头看”、股权和关联交易专项整治“回头看”等重点工作，及时发现并弥补公司经营管理中存在的合规问题和漏洞，保障公司合规稳健发展；完成2020年监管部门要求的“两项业务”规模压降、自营及信托业务风险资产化解、房地产业务规模管控等各项任务指标；编制《信托业务合规手册》，引导公司全员加强监管法规政策学习，树牢合规意识，坚守合规经营管理理念。

8.10.3.3 加大落实、培训和宣传力度，履行反洗钱义务

公司参照《法人金融机构洗钱和恐怖融资风险管理指引（试行）》《银行业金融机构反洗钱和反恐怖融资管理办法》等法规的相关要求，持续完善公司反洗钱内控制度体系，做好客户身份识别和客户身份资料及交易记录保存，在可疑交易分析甄别工作方面进一步强化审查流程，增加异常交易分析工作的人力保障。2020年，公司针对修订的《北方国际信托股份有限公司反洗钱管理办法》，进一步明确相关人员的职责与分工，全面推进了反洗钱制度在本单位内的执行与落实。同时，在反洗钱培训工作方面，开展并积极参与了各种线上、线下的培训活动；在反洗钱宣传工作方面，在满足人民银行天津分行主题宣传的前提下，通过多种渠道，调动公司可以利用的宣传渠道，进行了广泛的宣传活动。公司的反洗钱工作在各个方面进行大幅改善，取得良好效果，更加有效地预防洗钱风险的发生。

8.10.4 坚持以人为本、保障员工权益，促进员工职业发展

8.10.4.1 加强员工民主管理

2020年，公司先后召开了6次职工（会员）代表大会，充分发挥了职工（会员）代表大会作用，加强员工民主管理，构建和谐劳动关系。2020年公司工会共召开了20次工会委员会会议，充分发挥集体决策的作用，专题讨论研究涉及职工利益方面的重大事项。

8.10.4.2 保障和维护员工合法权益

公司严格执行《中华人民共和国劳动法》《中华人民共和国劳动合同法》等相关法律法规，建立完善的培训、薪酬和考核体系，保障员工的合法权益。2020年，公司为员工职业素养和专业技能提升提供平台，组织业务类面授全员培训4场，参训820人次，内容涵盖信托业务发展趋势、信托法律实务案例解析、财务会计准则知识等。公司积极对接中国信托业协会、中国银行业协会及外部机构培训资源，共选派27人次参加公司外部面授培训15场。

在新冠肺炎疫情背景下，公司积极拓展线上培训，通过公司的在线培训平台——“北信E企学”，上线十余门线上课程；斥资十余万元购置上海智信资产管理研究有限公司旗下“资管云”平台学习账号，帮助员工了解中国资产管理全貌，搭建体系化的知识框架，积极参加监管机构、各级协会组织的线上讲座课程，累计组织相关人员参加线上讲座三十余场次。

8.10.4.3 提供健康、安全的工作环境

面对突如其来的新冠肺炎疫情，公司严格落实防疫要求，按日配发口罩等疫情防护用品，并加大防疫宣传及培训力度，营造公司全员重视疫情、平稳心态、科学应对的常态化防护氛围。

8.10.5 践行国企担当、发展慈善信托，履行公益责任

8.10.5.1 助力脱贫攻坚，实现精准扶贫

2020年，公司利用信托制度，设立“智慧乡村慈善信托”“美丽乡村慈善信托”项目，募集扶贫助困资金58万元，将资金分别用于蔡家地、四合庄的党组织活动场所修缮及党员教育设施更新，帮助帮扶村发展壮大村级集体经济。此外，公司利用原“北方信托·信扶基金”助困助学基金剩余资金向帮扶单位崔黄口镇前营村43名学生发放了2015年至2020年六个年度的助学金11.3万元；通过消费扶贫共采购扶贫农产品合计10.3万元。公司在打赢精准脱贫攻坚战中展现了国有企业的政治担当。

8.10.5.2 全力抗击新冠肺炎疫情，助力疫情防控阻击战

公司积极响应中国信托业协会倡议，2020年初捐资50万元认购“中国信托业抗击新型肺炎慈善信托”，该笔信托资金参与武汉雷神山、协和、同济等重点医院一线重症病房建设，并捐赠了大量医疗物资设备。同时，自新冠肺炎疫情以来，公司按照天津市“惠企21条”和“27条措施”精神，对公司房产承租企业给予免收3个月房租或3个月房租减半的优惠政策，共计免减租金61.33万元，积极助力疫情后天津市经济的重启。

9. 公司监事会独立意见

公司监事会认为，截至信息披露日的报告期内，公司能够严格按照《中华人民共和国公司法》、公司章程及有关法律、法规依法运作，各项经营管理活动依法合规，公司现任董事、高级管理人员履行公司职务时没有违反法律、法规、公司章程或损害公司、股东及受益人利益的行为，高级管理层认真执行股东会、董事会的各项决议，经营业绩良好，公司财务报告真实、客观地反映了公司的财务状况和经营成果。

北京国际信托有限公司

1. 重要提示

1.1 公司董事会及董事保证本报告所载资料不存在任何虚假记载、误导性陈述或者重大遗漏，并对其内容的真实性、准确性和完整性承担个别及连带责任。本年度报告摘要摘自年度报告全文，客户及相关利益人欲了解详细内容，应阅读年度报告全文。

1.2 无董事对年度报告内容真实性、准确性、完整性无法保证或存在异议进行声明。

1.3 独立董事贝多广、王化成、吴晶妹、王剑钊等4人保证本报告所载资料不存在任何虚假记载、误导性陈述或者重大遗漏，并对其内容的真实性、准确性和完整性承担个别及连带责任。

1.4 天职国际会计师事务所（特殊普通合伙）为公司出具了无保留意见的审计报告。

1.5 公司负责人法定代表人周瑞明、总经理何晓峰、总会计师吴京林声明：保证年度报告中财务报告的真实、完整。

2. 公司概况

2.1 公司简介

北京国际信托有限公司（以下简称北京信托或公司）是北京市属非银行金融机构，现为中国信托业协会会员、理事单位，中国证券业协会、北京市银行业协会会员单位。注册资本为22亿元。

北京信托是中国信托业从起步到规范发展的重要历史见证人和实践者。公司前身是1979年2月经北京市批准成立的北京市工程建设总公司，同年4月更名为北京市经济建设总公司，是改革开放之初首批可以从事金融信托业务的公司之一。1984年4月，北京市经济建设总公司分拆后正式设立北京国际信托投资公司，同年10月，北京国际信托投资公司开始营业。2000年3月，增资改制成为多家企业参股的非银行金融机构。2002年3月，经中国人民银行批准重新登记。2007年，经中国银行业监督管理委员会批准，公司实施了引进境外战略投资人的股权重组，同时按照监管要求换发了新的金融许可证，并更名为北京国际信托有限公司。

公司成立40多年来，始终以“尽信守托、经世济民”为使命，以“专业受托者、百年守业人”为愿景，致力于成为专业卓越、最值得信赖的财富管理机构，打造信托业百年老店。公司成立初期作为首都对外投融资窗口，在引进外资等方面发挥了重要作用。20世纪90年代，公司最先在北京开办沪深股票交易业务，承办的北京顺鑫农业在深圳证券交易所上市，推出北京朝阳商务中心区（CBD）信托计划等。近年来，公司认真贯彻落实党中央、国务院指示精神和北京市委、市政府各项决策部署，严格遵循金融监管要求，重点围绕国家重大发展战略和北京“四个中心”功能建设需要，发挥信托制度优势，坚持服务实体经济、防范金融风险，在基础设施建设、城市发展、民生公益和服务“三农”等领域积极展业，不断创新，提质增效，已发展成为资产质量高、流动性良好、抗风险能力强的现代金融机构。代表信托公司核心竞争力的主动管理能力稳居行业前列，连续多年保持行业评级最高级“A级”，多次荣获行业权威评选的“卓越公司奖”“杰出信托公司奖”“中国房地产信托综合能力优秀企业”“年度金牌市场影响力金融产品”“投资回报奖”“最佳慈善信托产品奖”等荣誉，深受广大投资者的信赖与合作伙伴的认可。

2.1.1 中文名称：北京国际信托有限公司
中文名称缩写：北京信托
英文名称：Beijing International Trust Co., Ltd.
英文名称缩写：BJITIC

2.1.2 法定代表人：周瑞明
地址：北京市朝阳区安立路30号院1号、2号楼
邮政编码：100012
网址：www.bjitic.com
电子信箱：dshbgs@bjitic.com

2.1.3 信息披露事务负责人：韩波
电话：010-59680830
传真：010-59680999
电子信箱：hanbo@bjitic.com

2.1.4 信息披露报纸：《上海证券报》

2.1.5 年度报告备置地点：北京市朝阳区安立路30号院1号、2号楼

2.1.6 会计师事务所：天职国际会计师事务所（特殊普通合伙）
地址：北京市海淀区车公庄西路19号68号楼A-1和A-5区域

2.2 组织结构

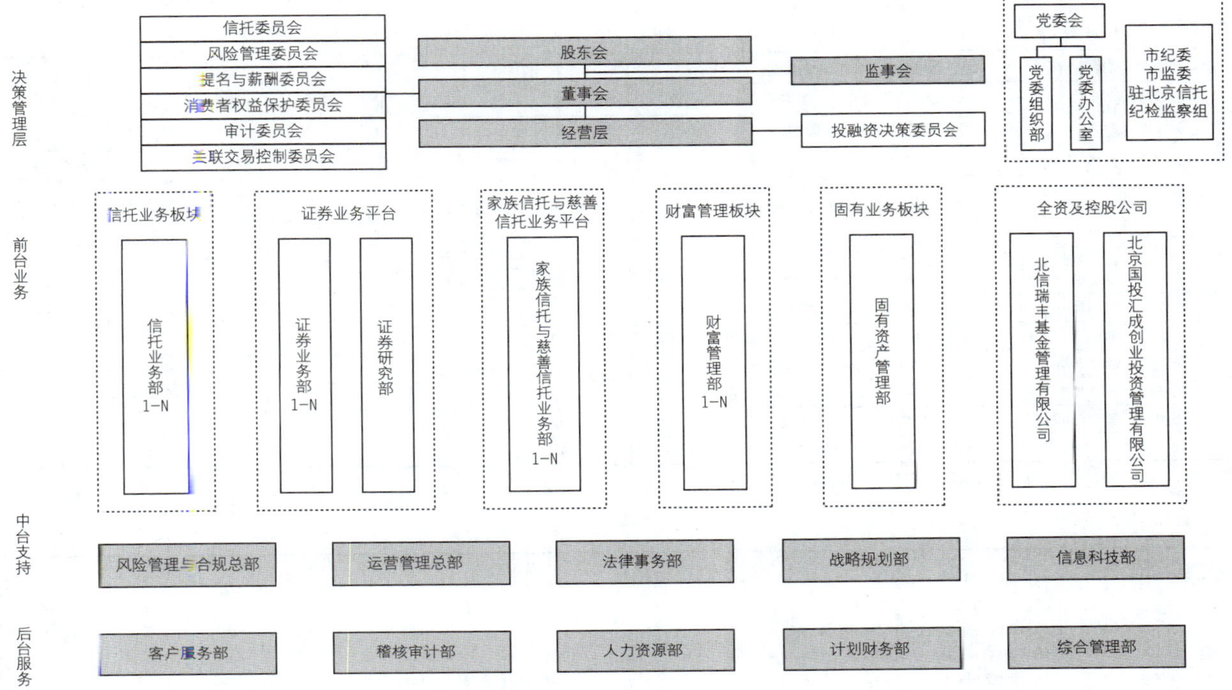

3. 公司治理

3.1 股东

报告期末,公司股东总数为10家。

序号	股东名称	持股金额（元）	占比（%）
1	北京市国有资产经营有限责任公司	754 600 000.00	34.30
2	航天科技财务有限责任公司	337 127 377.02	15.32
3	威益投资有限公司(Win Eagle Investments Limited)	336 713 485.67	15.30
4	中国石油化工股份有限公司	314 285 714.29	14.29
5	上海游久游戏股份有限公司	139 595 297.85	6.35
6	杭州钢铁集团有限公司	135 142 857.14	6.14
7	天津经济技术开发区投资有限公司	72 204 464.40	3.28
8	鹏丰投资有限公司	55 371 428.57	2.52
9	北京宏达信资产经营有限公司	36 102 232.20	1.64
10	北京市海淀区欣华农工商公司	18 857 142.86	0.86
	合计	2 200 000 000.00	100.00

报告期内,公司股东未质押公司股权,不存在以股权及其受(收)益权设立信托等金融产品的情况。

3.2 董事、董事会及其下属委员会

董事、董事长、独立董事

序号	姓 名	董事性质	担任本机构及其他机构职务	性别	年龄（岁）	选任时间	代表股东	该股东持股比例（%）
1	周瑞明	董事长	北京国际信托有限公司党委书记、董事长	男	57	2019 年 11 月	北京市国有资产经营有限责任公司	34.3
2	何晓峰	董事	北京国际信托有限公司党委副书记、董事、总经理	男	48	2019 年 11 月		
3	孙 婧	董事	北京市国有资产经营有限责任公司副经理	女	47	2019 年 11 月		
4	王 亮	董事	航天科技财务有限责任公司副总经理	男	43	2020 年 4 月	航天科技财务有限责任公司	15.32
5	于宏英	董事	中诚信投资集团有限公司总裁	女	56	2016 年 2 月	威益投资有限公司（Win Eagle Investments Limited）	15.30
6	刘迎新	董事	中国石化销售股份有限公司总会计师	女	44	2019 年 2 月	中国石油化工股份有限公司	14.29
7	许汉章	董事	上海游久游戏股份有限公司	男	64	2015 年 9 月	上海游久游戏股份有限公司	6.35
8	于卫东	董事	杭州钢铁集团有限公司财务资产管理部总经理	男	52	2019 年 11 月	杭州钢铁集团有限公司	6.14
9	贝多广	独立董事	中国人民大学中国普惠金融研究院理事会联席主席兼院长	男	63	2015 年 9 月	无	
10	王化成	独立董事	中国人民大学商学院教授	男	57	2015 年 9 月	无	
11	吴晶妹	独立董事	中国人民大学财政金融学院教授	女	56	2016 年 2 月	无	
12	王剑钊	独立董事	北京奋迅律师事务所合伙人	男	52	2015 年 9 月	无	
13	韩 波	职工董事	北京国际信托有限公司总经理助理、战略管理部总经理	女	48	2020 年 12 月	无	

注：韩波同志职工董事任职资格已经监管部门核准（京银保监复〔2021〕234）。

董事会下属委员会

名称	主要职责
信托委员会	1. 对公司依法履行受托人职责进行监督。 2. 评估公司信托业务发展规划和趋势。 3. 评估公司信托业务的决策标准和程序。 4. 监督和评估公司信托业务在产品设计、产品营销、中后期管理及终止清算过程中的合规管理情况，确保受益人合法权益不被侵害。 5. 监督、检查和评估公司信托业务战略、政策、规划、措施等的执行情况。 6. 向董事会提出完善公司履行受托人职责的建议。 7. 董事会授予的其他事宜。
风险管理委员会	1. 制定公司风险管理的目标和政策。 2. 健全完善公司风险管理体系。 3. 制定公司风险管理的流程管控程序。 4. 公司董事会授权的其他职责。
提名与薪酬委员会	1. 根据经营情况、资产规模和股权结构对董事会的规模和构成向董事会提出建议。 2. 研究董事和经营班子的选聘标准和程序，并向董事会提出建议。 3. 培养储备董事和经营层的补充人选。 4. 对董事候选人和经营层人选进行审查并提出建议。 5. 对须提请董事会聘任的其他高级管理人员进行审查并提出建议。 6. 根据董事及高级管理人员管理岗位的主要范围、职责、重要性及其他相关企业相关岗位的薪酬水平制订薪酬计划或方案。 7. 薪酬计划或方案主要包括但不限于绩效评价标准、程序及主要评价体系，奖励和惩罚的主要方案和制度等。 8. 审查公司董事（非独立董事）及高级管理人员履行职责情况并对其进行年度绩效考评。 9. 负责对公司薪酬制度执行情况进行监督。 10. 董事会授权的其他事宜。
审计委员会	1. 提议聘请或更换外部审计机构。 2. 监督公司内部审计工作及制度实施。 3. 负责内部审计与外部审计之间的沟通。 4. 审核公司财务信息及其披露。 5. 审查公司内控制度，对重大关联交易进行审计。 6. 公司董事会授权的其他事宜。
消费者权益保护委员会	1. 对公司依法履行保护消费者合法权益职责进行监督。 2. 评估公司消费者权益保护工作战略、规划和目标。 3. 评估公司消费者权益保护工作的工作程序和标准。 4. 监督和评估公司消费者权益保护工作年度工作计划。 5. 监督、检查和评估公司消费者权益保护工作的战略、政策、规划、措施等的执行情况。 6. 向董事会提出完善公司消费者权益保护职责的建议。 7. 公司董事会授权的其他职责。

续表

名称	主要职责
关联交易控制委员会	1. 负责公司关联交易控制方面的重要工作。 2. 审查公司重大关联交易，并提交董事会或由董事会提交股东会审议批准。 3. 有关法律、法规、公司章程规定及董事会授权的其他职责。

3.3 监事、监事会及其下属委员会

序号	姓　名	监事性质	担任本机构及其他机构职务	性别	年龄（岁）	选任时间	代表股东	该股东持股比例（%）
1	王进才	监事会主席	天津经济技术开发区投资有限公司	男	61	2017 年 4 月	天津经济技术开发区投资有限公司	3.28
2	李　慧	监事	航天科技财务有限责任公司风险管理与法律部副部长	女	38	2020 年 12 月	航天科技财务有限责任公司	15.32
3	孟福增	监事	鹏丰投资有限公司	男	66	2015 年 9 月	鹏丰投资有限公司	2.52
4	曹月秋	监事	北京市海淀区欣华农工商公司财务科长	女	42	2020 年 12 月	北京市海淀区欣华农工商公司	0.86
5	卓　玮	职工监事	北京国际信托有限公司办公室主任	女	43	2020 年 12 月	无	—
6	陆雅清	职工监事	北京国际信托有限公司计划财务部总经理	女	41	2020 年 12 月	无	—

3.4 高级管理人员

姓　名	职　务	性别	年龄（岁）	任职日期	金融从业年限（年）	学历	专业	简要履历
周瑞明	党委书记、董事长	男	57	2019 年 12 月	29	博士	企业管理	中国社会科学院研究生院管理学博士，历任中国人民银行金管司干部，原国务院证券管理委员会国内市场处处长，中国证券监督管理委员会上市公司部监管二处处长、信息统计部副主任、党委办公室副主任兼宣传部副部长（副局级），共青团中国证监会委员会书记，2001 年入职北京信托，历任公司副总经理、党委副书记、纪委书记、副董事长、总经理，2019 年任公司党委书记、董事长。
何晓峰	党委副书记、董事、总经理	男	48	2020 年 1 月	18	硕士	工商管理	清华大学工商管理硕士，2003 年入职北京信托，历任公司信托经理、高级信托经理、房地产信托业务总部总经理、不动产信托事业一部第一责任人，2014 年任公司党委委员、副总经理，2019 年任公司党委副书记、董事、总经理。
瞿　纲	副总经理	男	46	2013 年 5 月	25	硕士	工商管理	中国科学院研究生院工商管理硕士，曾就职中国建设银行岳阳分行、中国建银投资有限责任公司、中投信托有限责任公司、中国建银投资有限责任公司，2013 年入职北京信托，任公司副总经理，2014 年任公司党委委员、副总经理。
幸宇晖	副总经理	男	56	2014 年 10 月	34	硕士	国际金融	中国人民大学金融硕士，1987 年入职北京信托，历任公司国际金融部、国际业务部、金融业务部、资金信托部、信托总部等部门经理，2008 年任公司总经理助理，2013 年任公司首席风控官，2014 年任公司党委委员、副总经理。
昌　青	副总经理	男	55	2020 年 2 月	37	硕士	高级管理人员工商管理硕士	厦门大学高级管理人员工商管理硕士，曾就职中国工商银行分理处、北京城市合作银行、北京市商业银行、北京银行股份有限公司，2019 年任公司副总经理。
吴京林	总会计师	男	56	2008 年 7 月	29	硕士	国际工商管理	美国德克萨斯大学阿灵顿分校 EMBA，曾就职北京市审计局，1992 年入职北京信托，历任公司稽核审计部经理、计划财务部经理，2005 年任公司副总会计师，2008 年任公司总会计师，2014 年任公司党委委员、总会计师。
黄晓炜	总经理助理	女	50	2013 年 5 月	28	硕士	政治经济学	中国人民大学经济学硕士，1993 年入职北京信托，历任公司大户交易室经理、信托总部高级经理、合规与风险管理部总监、信托业务运营管理部总经理，2011 年任公司首席风控官兼风险管理部总经理，2013 年任公司总经理助理兼人力资源部总经理；现任公司总经理助理兼党委组织部部长、人力资源部总经理。
韩　波	总经理助理、董事会秘书	女	48	2020 年 10 月任总经理助理；2020 年 11 月聘任董事会秘书	7	学士	工业自动化	郑州轻工业学院工学学士，曾就职北内集团总公司、中共北京市委工业工委、中共北京市委组织部、北京市政府办公厅，2014 年入职北京信托，历任党群工作部部长、战略规划部总经理，2020 年任公司总经理助理；现任公司董事会秘书、总经理助理兼战略管理部总经理。

续表

姓　名	职　务	性别	年龄（岁）	任职日期	金融从业年限（年）	学历	专业	简要履历
孟广杰	首席运营官	女	49	2018 年 12 月	27	硕士	会计	中央财经大学会计硕士，1994 年入职北京信托，历任公司信[illegible]部高级业务经理，托管部副总经理、总经理，运营管理总部总经理，2018 年任[illegible]席运营官；现任公司首席运营官兼运营管理总部总经理。
张　昕	总经理助理（首席创新官）	女	47	2019 年 6 月	21	博士	土地资源管理	中国人民大学土地资源管理专业博士，曾就职招商银行股[illegible]限公司北京分行，2010 入职北京信托，历任公司信托业务二总部副总经理、信[illegible]务事业二部第一责任人兼总经理、信托业务二部总经理、公司业务董事总经理，2[illegible]年任公司总经理助理；现任公司总经理助理（首席创新官）。

注：韩波同志董事会秘书、职工董事任职资格已经监管部门核准（京银保监复〔2021〕234 号）。

公司设专职党委副书记 1 人，市纪委市监委驻北京国际信托有限公司纪检监察组组长 1 人。

姓　名	职　务	性别	年龄（岁）	任职日期	金融从业年限（年）	学历	专业	简要履历
何燕卿	党委副书记	男	58	2016 年 3 月	5	研究生	法律	中共北京市委党校法学专业研究生，曾任北京市大兴县地[illegible]常务副局长，丰台区地税局局长，丰台区发改委主任，北京化学工业集团有[illegible]司副总经理，2016 年任北京信托党委副书记。
彭兴利	党委委员、市纪委市监委驻北京国际信托有限公司纪检监察组组长	男	56	2019 年 6 月	2	研究生	法学理论	中共中央党校法学理论专业研究生，曾任北京市行政服务[illegible]副主任，北京东方饭店有限公司总经理，市纪委昌平教育基地主任，市纪[illegible]厅副主任（正处级），市纪委市监委办公厅副主任，2019 年任北京信托党[illegible]，市纪委市监委驻公司纪检监察组组长。

3.5　公司员工

报告期内，公司职工人数为 288 人，平均年龄为 35 岁。

项　目		报告期年度（2020 年）		报告期年度（2019 年）	
		人数（人）	比例（%）	人数（人）	比例（%）
年龄分布	20～29 岁	66	22.9	64	22.1
	30～39 岁	162	56.3	168	57.9
	40 岁以上	60	20.8	58	20
学历分布	博士	8	2.8	6	2.1
	硕士	212	73.6	215	74.1
	本科	65	22.6	65	22.4
	专科	3	1	4	1.4
	其他	—	—	—	—
岗位分布	高级管理人员	10	3.5	10	3.4
	自营业务人员	3	1	3	1
	信托业务人员	239	83	244	84.2
	其他人员	36	12.5	33	11.4

注：表中“高级管理人员”为已获监管部门核准任职资格人员。

4. 经营管理

4.1　经营目标、经营方针、战略规划

经营目标：以“专业受托者、百年守业人”为愿景，致力于成为专业卓越、最值得信赖的财富管理机构，打造信托业百年老店。

经营方针：合规经营、防范风险、持续创新、稳健发展。

“十四五”发展规划：以推动公司转型为主线，巩固传统业务优势、培育创新特色业务，统筹风险防范和高[illegible]效发展，加快从资产驱动向资产与资金双轮驱动转变，全力[illegible]优私募投行、做专资产管理、做强财富管理、做精固有业务[illegible]构建公司发展新格局。

4.2　所经营业务的主要内容

4.2.1　自营资产运用与分布表

资产运用	金额（万元）	占比（%）	资产分布	金额（万元）	占比（%）
货币资产	71 572	4.82	基础产业	3[illegible]350	2.62
贷款及应收款	663 604	44.67	房地产业	2[illegible]000	8.48
交易性金融资产	21 026	1.42	证券市场	3[illegible]111	2.36
可供出售金融资产	434 983	29.28	实业	2[illegible]16	55.49
持有至到期投资	248 083	16.70	金融机构	2[illegible]21	28.58
长期股权投资	9 729	0.65	其他	3[illegible]06	2.46
其他	36 606	2.46			
资产总计	1 485 604	100.00	资产总计	1 [illegible]604	100.00

4.2.2　信托资产运用与分布表

资产运用	金额（万元）	占比（%）	资产分布	金额（万元）	占比（%）
货币资产	139 760.84	0.72	基础产业	2 [illegible]44.33	12.32
贷款及拆出	5 833 905.65	30.21	房地产	7 [illegible]76.48	38.20
交易性金融资产	2 038 057.48	10.55	证券市场	2 [illegible]16.51	14.88
可供出售金融资产	508 260.36	2.63	实业	4 [illegible]75.33	25.71
持有至到期投资	3 993 046.09	20.68	金融机构	1 [illegible]64.73	6.97
长期股权投资	5 521 916.92	28.60	其他	[illegible]93.82	1.92
其他	1 274 623.86	6.60			
信托总资产	19 309 571.20	100.00	信托总资产	19 [illegible]1.20	100.00

4.3 市场分析

4.3.1 影响信托业务发展的有利因素

中国经济的韧性好、潜力足，稳中向好、长期向好的基本趋势不变。2020年，我国新冠肺炎疫情防控取得重大战略成果，并成为全球唯一实现经济正增长的主要经济体；三大攻坚战取得决定性成就，科技创新取得重大进展，改革开放实现重要突破，民生得到有力保障。当前宏观政策保持连续性、稳定性和可持续性，对经济恢复形成必要支持。中央提出加快构建以国内大循环为主体、国内国际双循环相互促进的新发展格局，保障信托展业相对稳定的金融与行业市场大环境。同时，监管政策加速引导信托行业转型发展，突出强调了"守正、忠实、专业"的受托人文化，持续推动"回归本源"，促使信托公司不断优化业务结构；信托公司积极推动发展服务信托、财务管理、慈善信托等业务，也为行业转型方向逐步明晰了方向。

4.3.2 影响信托业务发展的不利因素

当前国内外环境仍面临深刻变化，疫情全球蔓延仍在持续，疫情走势的不确定性对经济恢复仍然构成掣肘，经济动能接续转换存在诸多障碍，受疫情冲击导致的各类衍生风险不容忽视。经济环境不确定性上升，信托业的转型发展处于重要的关键时期。信托行业强监管、严监管趋势成为常态，传统业务空间进一步压缩，业务结构亟待优化。"资管新规"过渡期即将结束，信托公司项目风险管理、投研与创新能力、投资者教育、舆情管理等工作任务仍然艰巨。随着监管政策的统一，未来资管市场竞争将日益加剧，对信托公司在细分领域的核心能力提出更高要求。

4.4 内部控制

4.4.1 内部控制环境和内部控制文化

公司按照《中华人民共和国公司法》《信托公司管理办法》《信托公司股权管理暂行办法》等法律法规及公司章程的相关规定，建立了由股东会、董事会、监事会、高级管理层组成的分工明确、权责对应、合理制衡的公司治理结构，严格落实"三重一大"制度和党委前置研究决策要求。截至报告期内，公司已建立涵盖公司治理、业务指引、风险控制与合规管理、审计、人力资源、财务等各类公司一级制度119个。

重视内部控制文化建设，公司始终以"尽信守托，经世济民"为使命，遵循以"恪信重诺、审慎稳健、明责笃行、守正出新"的价值观，依托全面的风险管理体系和内部控制机制，坚持合规经营、稳健发展，统筹做好风险防范和高质效发展，切实维护受益人、股东利益。

报告期内，公司党委把方向、管大局、保落实，董事会定战略、做决策、防风险，经营层谋经营、抓落实、强管理的治理机制运行顺畅有序。

4.4.2 内部控制措施

公司按照全面性、审慎性、独立性、有效性、适时性和相互制约原则，建立了涵盖公司治理、风险合规、审计、人力、法务及综合管理等全方位的内控管理体系，严格实施授权审批控制、岗位分离、资产隔离，规范业务标准和操作流程；制定了包括公司治理、业务管理、合规内控、综合管理等在内的类别清晰完整的制度体系，以及实施细则和操作流程；坚持"防火墙"机制，使业务流程上下环节协调和相互制衡；加强业务管理体系建设，通过标准合同文本指引方式，规范法律文本。

报告期内，公司根据监管要求和自身发展实际，研究完善党委、董事会、经营层对风险控制的管理体系，优化了董事会风险管理委员会、经营层关于全面风险管理的职责分工。制定、修订公司一级、二级内控制度共计28项，进一步完善了内控制度，优化了业务管理流程，重点关注内部控制关键环节及风险点，促进内控体系的完善和风险防控措施的落实。借助信息技术平台，在办公自动化系统中调整优化各项工作流程，有效完善制度流程化运行，不断推进公司经营管理工作规范化、标准化建设。

4.4.3 信息交流与反馈

公司建立了有效的信息交流和反馈机制，内部各层级信息报告、反馈路线清晰，通过事务管理月报、季报、专项报告等方式，确立了信息交流与共享机制。建立了完善的信息披露制度和程序，通过公司官网等平台及时向委托人和社会公众准确、及时披露公司有关信息。

报告期内，公司持续完善综合业务管理系统和流程，优化项目审批和项目管理业务系统，确保信息传递路径通畅，各项信息上通下达，交流反馈及时有效。按照监管要求，公司及时报送各类业务报表、及时事前报告、关联交易报告等；履行受托人职责，向投资者及时披露各类业务信息。公司发挥信息技术和自媒体优势，通过官方网站等渠道，确保公司对外交流的及时性、有效性和规范性。

4.4.4 监督评价与纠正机制

公司建立了完善的内部控制监督评价与纠正机制。监事会负责监督董事会、高级管理层及其成员履职情况，检查、监督公司财务活动；驻公司纪检监察组聚焦党风廉政建设和廉洁从业，强化监督执纪问责；稽核审计部独立行使监督评价职能，通过常规审计和专项审计相结合的方式，对内部控制制度执行情况进行动态审计和检查，并对内审报告作出的结论和处理意见的执行及整改情况进行后期追踪检查，督促整改落实。

报告期内，公司内部控制得到有效执行，围绕内部控制关键环节及风险点，强化内控审计监督，开展审计三十余项，促进内控体系的完善和风险防控措施的落实。未发生因违反内部控制对公司财务状况、经营成果产生重大影响的事项。

4.5 风险管理

4.5.1 风险管理概况

公司持续健全完善全面风险管理运作体系，围绕实现一体化运作、专业化分工、多层次协调、多角度防范的风险管理职能，搭建了以董事会、监事会、高级管理层、合规、法务、审计、各业务部门为主体的多层级风险治理架构。加强党的全面领导，严格执行"三重一大"和党委前置研究等制度，将风险管理嵌入公司前中后台各部门、各岗位，以及项目前期论证、中期审查及中后期管理全周期。

报告期内，公司对《风险管理办法》进行了全面修订，从风险管理架构、风险分类和风险管理策略、指标等方面，优化完善了风险管理运行机制，进一步完善了全面风险管理网络。公司制定、修订《同业合作管理办法》《事务管理信托业务展业指引》《政信合作信托业务展业指引》等一系列业务制度和指引，确保业务制度，指引符合公司风控理念，落实监管政策要求，满足业务发展需要。公司还加强舆情监测，定期对存续期项目进行全面风险排查，将项目舆情风险纳入项目前期风险审查环节，确保声誉风险管理覆盖项目全生命周期。

4.5.2　风险状况

4.5.2.1　信用风险状况与管理

公司信托业务的信用风险主要来自融资类信托业务和主动管理投资类信托中投资的信用债券。报告期内，公司融资类信托存续项目运行良好，到期信托项目均按期清算兑付；投资类项目中的信用债均符合公司风险偏好和限额指标，信用风险可控。

公司固有业务信用风险主要来自固定收益类资产。报告期内，公司投资的具有融资属性的金融产品运行良好。

4.5.2.2　市场风险状况与管理

市场风险主要表现为因市场价格——利率、汇率、股票价格和商品价格等的不利变动而使公司的表内和表外业务发生损失的风险。公司信托业务的市场风险主要来自证券投资类业务、不动产信托业务、工商企业信托业务等。

报告期内，公司高度关注货币政策、商品市场价格波动、房地产政策调整及相关经济运行情况；定期排查存续项目交易对手财务状况，加强流动性风险管理；严格控制证券投资类业务风险，较好地控制了市场风险。

4.5.2.3　操作风险状况与管理

公司操作风险主要来自内部控制、系统及运营过程中的错误、疏忽或外部事件而可能引起的潜在损失。报告年度，公司积极完善内控制度、优化流程；加强信息科技建设，科技赋能运营管理；加强员工培训、提升职业操守，强化受托人职责，未发生因操作风险所造成的损失。

4.5.2.4　声誉风险状况与管理

公司高度重视声誉风险管理，建立了涵盖声誉风险监测、识别、预警、控制和化解的全方位管理机制；运用专业舆情检测系统，实时开展声誉风险监测。报告年度，公司声誉风险管理良好。

4.5.2.5　其他风险状况

其他风险主要是指公司业务开展中的合规风险、政策风险、员工道德风险等。报告年度，公司未发生因上述风险所造成的损失。

5. 报告期末及上一年度末的比较式会计报表

5.1　自营资产

5.1.1　会计师事务所审计意见全文

审 计 报 告

天职业字〔2021〕8280 号

北京国际信托有限公司全体股东：

一、审计意见

我们审计了后附的北京国际信托有限公司（以下简称北京信托）财务报表，包括 2020 年 12 月 31 日的合并及母公司资产负债表，2020 年度的合并及母公司利润表、合并及母公司现金流量表、合并及母公司所有者权益变动表，以及财务报表附注。

我们认为，后附的财务报表在所有重大方面按照企业会计准则的规定编制，公允反映了北京信托 2020 年 12 月 31 日的合并及母公司财务状况及 2020 年度的合并及母公司经营成果和现金流量。

二、形成审计意见的基础

我们按照中国注册会计师审计准则的规定执行了审计工作。审计报告的“注册会计师对财务报表审计的责任”部分进一步阐述了我们在这些准则下的责任。按照中国注册会计师职业道德守则，我们独立于北京信托，并履行了职业道德方面的其他责任。我们相信，我们获取的审计证据是充分、适当的，为发表审计意见提供了基础。

三、管理层和治理层对财务报表的责任

管理层负责按照企业会计准则的规定编制财务报表，使其实现公允反映，并设计、执行和维护必要的内部控制，以使财务报表不存在由于舞弊或错误导致的重大错报。

在编制财务报表时，管理层负责评估北京信托的持续经营能力，披露与持续经营相关的事项（如适用），并运用持续经营假设，除非计划进行清算、终止运营或别无其他现实的选择。

治理层负责监督北京信托的财务报告过程。

四、注册会计师对财务报表审计的责任

我们的目标是对财务报表整体是否不存在由于舞弊或错误导致的重大错报获取合理保证，并出具包含审计意见的审计报告。合理保证是高水平的保证，但并不能保证按照审计准则执行的审计在某一重大错报存在时总能发现。错报可能由于舞弊或错误导致，如果合理预期错报单独或汇总起来可能影响财务报表使用者依据财务报表作出的经济决策，则通常认为错报是重大的。

在按照审计准则执行审计工作的过程中，我们运用职业判断，并保持职业怀疑。同时，我们也执行以下工作：

（1）识别和评估由于舞弊或错误导致的财务报表重大错报风险，设计和实施审计程序以应对这些风险，并获取充分、适当的审计证据，作为发表审计意见的基础。由于舞弊可能涉及串通、伪造、故意遗漏、虚假陈述或凌驾于内部控制之上，未能发现由于舞弊导致的重大错报的风险高于未能发现由于错误导致的重大错报的风险。

（2）了解与审计相关的内部控制，以设计恰当的审计程序，但目的并非对内部控制的有效性发表意见。

（3）评价管理层选用会计政策的恰当性和作出会计估计及相关披露的合理性。

（4）对管理层使用持续经营假设的恰当性得出结论。同时，根据获取的审计证据，就可能导致对北京信托持续经营能力产生重大疑虑的事项或情况是否存在重大不确定性得出结论。如果我们得出结论认为存在重大不确定性，审计准则要求我们在审计报告中提请报表使用者注意财务报表中的相关披露;如果披露不充分,我们应当发表非无保留意见。我们的结论基于截至审计报告日可获得的信息。然而,未来的事项或情况可能导致北京信托不能持续经营。

(5)评价财务报表的总体列报、结构和内容,并评价财务报表是否公允反映相关交易和事项。

(6)就北京信托中实体或业务活动的财务信息获取充分、适当的审计证据,以对财务报表发表审计意见。我们负责指导、监督和执行集团审计,并对审计意见承担全部责任。

我们与治理层就计划的审计范围、时间安排和重大审计发现等事项进行沟通,包括沟通我们在审计中识别出的值得关注的内部控制缺陷。

中国注册会计师:

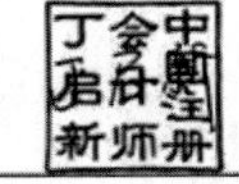

中国注册会计师:

中国注册会计师:

5.1.2 资产负债表

资产负债表

编制单位:北京国际信托有限公司　　2020年12月31日　　单位:元

项目	行次	期末数		期初数	
		合并	母公司	合并	母公司
资产:	1				
现金及银行存款	2	142 725 505.74	21 389 009.54	172 905 436.32	37 574 912.08
存放中央银行款项	3	—	—	—	—
存放同业款项	4	572 998 845.15	572 998 845.15	525 492 561.07	525 492 561.07
贵金属	5	—	—	—	—
预付账款	6	14 136 878.21	10 668 163.05	3 678 878.51	803 354.10
交易性金融资产	7	182 444 635.23	—	—	—
以公允价值计量且其变动计入当期损益的金融资产	8	27 812 905.00	27 812 905.00	526 557 184.69	395 854 251.32
衍生金融资产	9	—	—	—	—
买入返售金融资产	10	41 807 418.07	41 807 418.07	20 000 000.00	20 000 000.00
应收账款	11	229 538 228.26	180 884 230.13	439 132 953.24	384 657 706.21
其他应收款	12	249 286 668.04	117 754 665.46	252 339 469.62	116 735 383.79
发放贷款和垫款	13	6 101 271 071.56	6 101 271 071.56	5 487 856 415.50	5 487 856 415.50
可供出售金融资产	14	4 349 833 493.72	4 228 586 861.65	3 895 939 368.58	3 757 197 895.36
持有至到期投资	15	2 480 830 719.15	2 480 830 719.15	2 086 610 000.00	2 086 610 000.00
长期股权投资	16	97 292 875.07	397 980 000.00	64 588 906.33	397 980 000.00
投资性房地产	17	—	—	—	—
固定资产原价	18	61 849 619.18	49 481 865.87	58 261 998.52	47 187 992.15
减:累计折旧	19	43 645 931.65	35 420 717.66	40 815 606.36	33 099 827.65
固定资产净值	20	18 203 687.53	14 061 148.21	17 446 392.16	14 088 164.50
减:固定资产减值准备	21	—	—	—	—
固定资产净额	22	18 203 687.53	14 061 148.21	17 446 392.16	14 088 164.50
工程物资	23	—	—	—	—
在建工程	24	—	—	—	—
固定资产清理	25	—	—	—	—
无形资产	26	6 194 161.86	2 272 325.66	4 119 312.82	3 055 552.43
长期待摊费用	27	105 796 562.29	97 961 934.96	113 233 800.84	104 157 567.22
递延所得税资产	28	235 862 011.22	221 081 430.94	203 717 062.01	203 479 619.27
其他资产	29	—	—	—	—
	30	—	—	—	—
资产总计	31	14 856 035 666.10	14 517 360 728.53	13 813 617 741.69	13 535 543 382.85

企业负责人:周瑞明　　主管会计工作负责人:吴京林　　会计机构负责人:魏东华

资产负债表（续）

编制单位：北京国际信托有限公司　　2020 年 12 月 31 日　　单位：元

项　目	行次	期末数		期初数	
		合并	母公司	合并	母公司
负债：	32	—	—	—	—
向中央银行借款	33	—	—	—	—
同业及其他金融机构存放款项	34	—	—	—	—
拆入资金	35	1 300 000 000. 00	1 300 000 000. 00	1 300 000 000. 00	1 300 000 000. 00
以公允价值计量且其变动计入当期损益的金融负债	36	—	—	—	—
衍生金融负债	37	—	—	—	—
卖出回购金融资产款	38	—	—	—	—
应付账款	39	6 515 488. 24	—	6 294 855. 00	—
合同负债	40	1 319 934. 40	—	—	—
应付职工薪酬	41	922 633 033. 52	896 088 171. 87	857 353 565. 43	8[illegible]0 511 133. 70
应交税费	42	369 134 530. 79	303 754 293. 51	412 202 701. 77	395 764 936. 85
预收账款	43	44 031. 12	—	—	—
其他应付款	44	2 111 427 256. 06	2 105 272 657. 77	1 767 053 914. 74	1 7[illegible]4 417 146. 52
长期应付款	45	34 598. 87	—	30 723. 51	—
递延所得税负债	46	7 597 867. 01	4 391 165. 70	3 062 588. 35	2 919 088. 35
预计负债	47	—	—	—	—
一年内到期的非流动负债	48	45 928. 99	—	23 459. 66	—
负债合计	49	4 718 752 669. 00	4 609 506 288. 85	4 346 021 808. 46	4 2[illegible]3 612 305. 42
所有者权益：	50	—	—	—	—
实收资本	51	2 200 000 000. 00	2 200 000 000. 00	2 200 000 000. 00	2 200 000 000. 00
国家资本	52	—	—	—	—
集体资本	53	—	—	—	—
法人资本	54	1 863 286 514. 33	1 863 286 514. 33	1 863 286 514. 33	1 863 286 514. 33
其中：国有法人资本	55	1 613 360 412. 85	1 613 360 412. 85	1 613 360 412. 85	1 613 360 412. 85
集体法人资本	56	—	—	—	—
个人资本	57	—	—	—	—
外商资本	58	336 713 485. 67	336 713 485. 67	336 713 485. 67	336 713 485. 67
资本公积	59	1 664 567 702. 24	1 664 000 000. 00	1 664 567 702. 24	1 664 000 000. 00
减：库存股	60	—	—	—	—
其他综合收益	61	13 173 497. 15	13 173 497. 15	9 530 515. 04	8 757 265. 07
其中：外币报表折算差额	62	—	—	—	—
盈余公积	63	1 002 482 610. 64	1 002 482 610. 64	903 131 897. 62	903 131 897. 62
一般风险准备	64	215 147 203. 19	215 147 203. 19	193 706 262. 44	193 706 262. 44
信托赔偿准备	65	1 000 000 000. 00	1 000 000 000. 00	1 000 000 000. 00	1 000 000 000. 00
未分配利润	66	3 905 411 883. 17	3 813 051 128. 70	3 372 694 385. 01	3 292 335 652. 30
外币报表折算差额	67	—	—	—	—
归属于母公司权益合计	68	10 000 782 896. 39	9 907 854 439. 68	9 343 630 762. 35	9 261 361 077. 43
少数股东权益	69	136 500 100. 71	—	123 965 170. 88	—
所有者权益（或股东权益）合计	70	10 137 282 997. 10	9 907 854 439. 68	9 467 595 933. 23	9 261 [illegible]1 077. 43
负债和所有者权益（或股东权益）总计	71	14 856 035 666. 10	14 517 360 728. 53	13 813 617 741. 69	13 535 543 382. 85

企业负责人：周瑞明　　主管会计工作负责人：吴京林　　会计机构负责人：魏东华

5.1.3 利润表

利润表

编制单位:北京国际信托有限公司　　2020 年度　　单位:元

项　目	行次	本期数		上期数	
		合并	母公司	合并	母公司
一、营业收入	1	1 829 644 563.29	1 653 620 051.98	1 897 817 618.34	1 712 932 391.03
利息净收入	2	273 591 414.50	272 931 264.07	408 213 549.51	407 495 284.00
利息收入	3	392 340 536.59	391 680 386.16	482 530 849.80	481 810 705.67
利息支出	4	118 749 122.09	118 749 122.09	74 317 300.29	74 315 421.67
手续费及佣金净收入	5	1 229 765 810.32	1 092 972 368.62	1 261 838 693.17	1 124 082 368.90
手续费及佣金收入	6	1 233 960 248.37	1 097 166 806.67	1 270 639 084.65	1 132 882 760.38
手续费及佣金支出	7	4 194 438.05	4 194 438.05	8 800 391.48	8 800 391.48
投资收益/(损失)	8	283 764 183.55	270 501 436.51	244 359 824.65	216 297 504.46
其中:对联营企业和合营企业的投资收益/(损失)	9	9 601 688.17		5 532 043.49	
公允价值变动收益/(损失)	10	28 792 621.71	17 341 542.00	-33 849 142.44	-35 511 329.14
汇兑收益/(损失)	11	-126 559.22	-126 559.22	45 062.98	45 062.98
其他业务收入	12	3 421 528.55	—	14 871 307.33	—
其他收益	13	10 263 739.61	—	2 565 499.83	523 499.83
资产处置收益(损失以“-”号填列)	14	171 824.27	—	-227 176.69	—
二、营业支出	15	503 963 113.57	368 061 007.56	668 819 911.28	552 274 722.36
税金及附加	16	11 720 579.13	11 055 043.19	12 311 352.83	11 564 960.69
业务及管理费	17	507 809 955.24	379 686 751.68	544 764 805.92	428 823 498.66
资产减值损失	18	-15 567 420.80	-22 680 787.31	111 743 752.53	111 886 263.01
其他业务成本	19	—	—	—	—
三、营业利润	20	1 325 681 449.72	1 285 559 044.42	1 228 997 707.06	1 160 657 668.67
加:营业外收入	21	15 653 856.66	9 653 784.01	1 859 410.34	611 172.31
减:营业外支出	22	1 788 513.62	1 454 142.36	795 948.78	577 569.66
四、利润总额	23	1 339 546 792.76	1 293 758 686.07	1 230 061 168.62	1 160 691 271.32
减:所得税费用	24	317 638 591.07	300 251 555.90	302 491 349.03	286 911 398.86
五、净利润	25	1 021 908 201.69	993 507 130.17	927 569 819.59	873 779 872.46
归属于母公司所有者的净利润	26	1 004 735 901.96	993 507 130.17	909 779 408.95	873 779 872.46
少数股东损益	27	17 172 299.73	—	17 790 410.64	—
持续经营损益	28	1 021 908 201.69	993 507 130.17	927 569 819.59	873 779 872.46
终止经营损益	29	—	—	—	—
六、其他综合收益的税后净额	30	3 642 982.11	4 416 232.08	25 288 042.80	19 465 666.35
(一)以后不能重分类进损益的其他综合收益	31	—	—	—	—
其中:1. 重新计量设定受益计划净负债或净资产的变动	32	—	—	—	—
2. 权益法下在被投资单位不能重分类进损益的其他综合收益中享有的份额	33	—	—	—	—
(二)以后将重分类进损益的其他综合收益	34	3 642 982.11	4 416 232.08	25 288 042.80	19 465 666.35
其中:1. 权益法下在被投资单位以后将重分类进损益的其他综合收益中享有的份额	35	—	—	—	—
2. 可供出售金融资产公允价值变动损益	36	3 642 982.11	4 416 232.08	25 288 042.80	19 465 666.35
3. 持有至到期投资重分类为可供出售金融资产损益	37	—	—	—	—
4. 现金流量套期损益的有效部分	38	—	—	—	—
5. 外币报表折算差额	39	—	—	—	—
七、综合收益总额	40	1 025 551 183.80	997 923 362.25	952 857 862.39	893 245 538.81
归属于母公司所有者的综合收益总额	41	1 008 378 884.07	997 923 362.25	932 666 523.67	893 245 538.81
*归属于少数股东的综合收益总额	42	17 172 299.73	—	20 191 338.72	—
八、每股收益	43	—	—	—	—
基本每股收益	44	—	—	—	—
稀释每股收益	45	—	—	—	—

企业负责人:周瑞明　　主管会计工作负责人:吴京林　　会计机构负责人:魏东华

5. 1. 4 所有者权益变动表

合并所有者权益变动表

2020 年度

编制单位:北京国际信托有限公司　　　　单位:元

项目	行次	本年金额													
		归属于母公司所有者权益												少数股东权益	所有者权益合计
		实收资本(或股本)	其他权益工具	资本公积	减:库存股	其他综合收益	专项储备	盈余公积	一般风险准备	信托赔偿准备	未分配利润	其他	小计		
栏次	—	1	2	3	4	5	6	7	8	9	10	11	12	13	14
一、上期期末余额	1	2 200 000 000. 00	—	1 664 567 702. 24	—	9 530 515. 04	—	903 131 897. 62	193 706 262. 44	1 000 000 000. 00	3 372 694 385. 01	—	9 343 630 762. 35	123 965 170. 88	9 467 595 933. 23
加:会计政策变更	2	—	—	—	—	—	—	—	—	—	773 249. 97	—	773 249. 97	—	773 249. 97
前期差错更正	3	—	—	—	—	—	—	—	—	—	—	—	—	—	—
其他	4	—	—	—	—	—	—	—	—	—	—	—	—	—	-
二、本期期初余额	5	2 200 000 000. 00	—	1 664 567 702. 24	—	9 530 515. 04	—	903 131 897. 62	193 706 262. 44	1 000 000 000. 00	3 373 467 634. 98	—	9 344 404 012. 32	123 965 170. 88	9 468 369 183. 20
三、本期增减变动金额(减少以"-"号填列)	6	—	—	—	—	3 642 982. 11	—	99 350 713. 02	21 440 940. 75	—	531 944 248. 19	—	656 378 884. 07	12 534 929. 83	668 913 813. 90
(一)综合收益总额	7	—	—	—	—	3 642 982. 11	—	—	—	—	1 004 735 901. 96	—	1 008 378 884. 07	17 172 299. 73	1 025 551 183. 80
(二)所有者投入和减少资本	8	—	—	—	—	—	—	—	—	—	—	—	—	-4 637 369. 90	-4 637 369. 90
1. 所有者投入的普通股	9	—	—	—	—	—	—	—	—	—	—	—	—	—	—
2. 其他权益工具持有者投入资本	10	—	—	—	—	—	—	—	—	—	—	—	—	—	—
3. 股份支付计入所有者权益的金额	11	—	—	—	—	—	—	—	—	—	—	—	—	—	—
4. 其他	12	—	—	—	—	—	—	—	—	—	—	—	—	-4 637 369. 90	-4 637 369. 90
(三)专项储备提取和使用	13	—	—	—	—	—	—	—	—	—	—	—	—	—	—
1. 计提专项储备	14	—	—	—	—	—	—	—	—	—	—	—	—	—	—
2. 使用专项储备	15	—	—	—	—	—	—	—	—	—	—	—	—	—	—
(四)利润分配	16	—	—	—	—	—	—	99 350 713. 02	21 440 940. 75	—	-472 791 653. 77	—	-352 000 000. 00	—	-352 000 000. 00
1. 提取盈余公积	17	—	—	—	—	—	—	99 350 713. 02	—	—	-99 350 713. 02	—	—	—	—
其中:法定公积金	18	—	—	—	—	—	—	99 350 713. 02	—	—	-99 350 713. 02	—	—	—	—
任意公积金	19	—	—	—	—	—	—	—	—	—	—	—	—	—	—
#储备基金	20	—	—	—	—	—	—	—	—	—	—	—	—	—	—
#企业发展基金	21	—	—	—	—	—	—	—	—	—	—	—	—	—	—
#利润归还投资	22	—	—	—	—	—	—	—	—	—	—	—	—	—	—
2. 提取一般风险准备	23	—	—	—	—	—	—	—	21 440 940. 75	—	-21 440 940. 75	—	—	—	—
3. 对所有者(或股东)的分配	24	—	—	—	—	—	—	—	—	—	-352 000 000. 00	—	-352 000 000. 00	—	-352 000 000. 00
4. 提取信托赔偿准备	25	—	—	—	—	—	—	—	—	—	—	—	—	—	—
5. 其他	26	—	—	—	—	—	—	—	—	—	—	—	—	—	—
(五)所有者权益内部结转	27	—	—	—	—	—	—	—	—	—	—	—	—	—	—
1. 资本公积转增资本(或股本)	28	—	—	—	—	—	—	—	—	—	—	—	—	—	—
2. 盈余公积转增资本(或股本)	29	—	—	—	—	—	—	—	—	—	—	—	—	—	—
3. 盈余公积弥补亏损	30	—	—	—	—	—	—	—	—	—	—	—	—	—	—
4. 结转重新计量设定受益计划净负债或净资产所产生的变动	31	—						—	—	—					
5. 其他	32			—	—	—	—	—	—	—	—	—	—	—	—
四、本期期末余额	33	2 200 000 000. 00	—	1 664 567 702. 24	—	13 173 497. 15	—	1 002 482 610. 64	215 147 203. 19	1 000 000 000. 00	3 905 411 883. 17	—	10 000 782 896. 39	136 500 100. 71	10 137 282 997. 10

企业负责人:周瑞明　　　　主管会计工作负责人:吴京林　　　　会计机构负责人:魏东华

合并所有者权益变动表(续)

编制单位:北京国际信托有限公司　　2020 年度　　单位:元

项　目	行次	上年金额													
		归属于母公司所有者权益												少数股东权益	所有者权益合计
		实收资本(或股本)	其他权益工具	资本公积	减:库存股	其他综合收益	专项储备	盈余公积	一般风险准备	信托赔偿准备	未分配利润	其他	小计		
栏次	—	15	16	17	10	10	20	21	22	23	24	25	26	27	28
一、上年年末余额	1	2 200 000 000.00	—	1 664 567 702.24	—	-13 356 599.68	—	815 753 910.38	167 880 014.94	900 000 000.00	3 028 119 210.80	—	8 762 964 238.68	110 773 832.16	8 873 738 070.84
加:会计政策变更	2	—	—	—	—	—	—	—	—	—	—	—	—	—	—
前期差错更正	3	—	—	—	—	—	—	—	—	—	—	—	—	—	—
其他	4	—	—	—	—	—	—	—	—	—	—	—	—	—	—
二、本年年初余额	5	2 200 000 000.00	—	1 664 567 702.24	—	-13 356 599.68	—	815 753 910.38	167 880 014.94	900 000 000.00	3 028 119 210.80	—	8 762 964 238.68	110 773 832.16	8 873 738 070.84
三、本年增减变动金额(减少以"-"号填列)	6	—	—	—	—	22 887 114.72	—	87 377 987.24	25 826 247.50	100 000 000.00	344 575 174.21	—	580 666 523.67	13 191 338.72	593 857 862.39
(一)综合收益总额	7	—	—	—	—	22 887 114.72	—	—	—	—	909 779 408.95	—	932 666 523.67	20 191 338.72	952 857 862.39
(二)所有者投入和减少资本	8	—	—	—	—	—	—	—	—	—	—	—	—	—	—
1. 所有者投入的普通股	9	—	—	—	—	—	—	—	—	—	—	—	—	—	—
2. 其他权益工具持有者投入资本	10	—	—	—	—	—	—	—	—	—	—	—	—	—	—
3. 股份支付计入所有者权益的金额	11	—	—	—	—	—	—	—	—	—	—	—	—	—	—
4. 其他	12	—	—	—	—	—	—	—	—	—	—	—	—	—	—
(三)专项储备提取和使用	13	—	—	—	—	—	—	—	—	—	—	—	—	—	—
1. 计提专项储备	14	—	—	—	—	—	—	—	—	—	—	—	—	—	—
2. 使用专项储备	15	—	—	—	—	—	—	—	—	—	—	—	—	—	—
(四)利润分配	16	—	—	—	—	—	—	87 377 987.24	25 826 247.50	100 000 000.00	-565 204 234.74	—	-352 000 000.00	-7 000 000.00	-359 000 000.00
1. 提取盈余公积	17	—	—	—	—	—	—	87 377 987.24	—	—	-87 377 987.24	—	—	—	—
其中:法定公积金	18	—	—	—	—	—	—	87 377 987.24	—	—	-87 377 987.24	—	—	—	—
任意公积金	19	—	—	—	—	—	—	—	—	—	—	—	—	—	—
#储备基金	20	—	—	—	—	—	—	—	—	—	—	—	—	—	—
#企业发展基金	21	—	—	—	—	—	—	—	—	—	—	—	—	—	—
#利润归还投资	22	—	—	—	—	—	—	—	—	—	—	—	—	—	—
2. 提取一般风险准备	23	—	—	—	—	—	—	—	25 826 247.50	—	-25 826 247.50	—	—	—	—
3. 对所有者(或股东)的分配	24	—	—	—	—	—	—	—	—	—	-352 000 000.00	—	-352 000 000.00	-7 000 000.00	-359 000 000.00
4. 提取信托赔偿准备	25	—	—	—	—	—	—	—	—	100 000 000.00	-100 000 000.00	—	—	—	—
5. 其他	26	—	—	—	—	—	—	—	—	—	—	—	—	—	—
(五)所有者权益内部结转	27	—	—	—	—	—	—	—	—	—	—	—	—	—	—
1. 资本公积转增资本(或股本)	28	—	—	—	—	—	—	—	—	—	—	—	—	—	—
2. 盈余公积转增资本(或股本)	29	—	—	—	—	—	—	—	—	—	—	—	—	—	—
3. 盈余公积弥补亏损	30	—	—	—	—	—	—	—	—	—	—	—	—	—	—
4. 结转重新计量设定受益计划净负债或净资产所产生的变动	31	—	—	—	—	—	—	—	—	—	—	—	—	—	—
5. 其他	32	—	—	—	—	—	—	—	—	—	0.00	—	—	—	—
四、本年年末余额	33	2 200 000 000.00	—	1 664 567 702.24	—	9 530 515.04	—	903 131 897.62	193 706 262.44	1 000 000 000.00	3 372 694 385.01	—	9 343 630 762.35	123 965 170.88	9 467 595 933.23

企业负责人:周瑞明　　主管会计工作负责人:吴京林　　会计机构负责人:魏东华

公司所有者权益变动表

编制单位：北京国际信托有限公司　　2020 年度　　单位：元

项　目	行次	本年金额											
		实收资本（或股本）	其他权益工具	资本公积	减：库存股	其他综合收益	专项储备	盈余公积	一般风险准备	信托赔偿准备	未分配利润	其他	所有者权益合计
栏次	—	1	2	3	4	5	6	7	8	9	10	11	12
一、上期期末余额	1	2 200 000 000. 00	—	1 664 000 000. 00	—	8 757 265. 07	—	903 131 897. 62	193 706 262. 44	1 000 000 000. 00	3 292 335 652. 30	—	9 261 931 077. 43
加：会计政策变更	2	—	—	—	—	—	—	—	—	—	—	—	—
前期差错更正	3	—	—	—	—	—	—	—	—	—	—	—	—
其他	4	—	—	—	—	—	—	—	—	—	—	—	—
二、本期期初余额	5	2 200 000 000. 00	—	1 664 000 000. 00	—	8 757 265. 07	—	903 131 897. 62	193 706 262. 44	1 000 000 000. 00	3 292 335 652. 30	—	9 261 931 077. 43
三、本期增减变动金额（减少以"－"号填列）	6	—	—	—	—	4 416 232. 08	—	99 350 713. 02	21 440 940. 75	—	520 715 476. 40	—	645 923 362. 25
（一）综合收益总额	7	—	—	—	—	4 416 232. 08	—	—	—	—	993 507 130. 17	—	997 923 362. 25
（二）所有者投入和减少资本	8	—	—	—	—	—	—	—	—	—	—	—	—
1. 所有者投入的普通股	9	—	—	—	—	—	—	—	—	—	—	—	—
2. 其他权益工具持有者投入资本	10	—	—	—	—	—	—	—	—	—	—	—	—
3. 股份支付计入所有者权益的金额	11	—	—	—	—	—	—	—	—	—	—	—	—
4. 其他	12	—	—	—	—	—	—	—	—	—	—	—	—
（三）专项储备提取和使用	13	—	—	—	—	—	—	—	—	—	—	—	—
1. 计提专项储备	14	—	—	—	—	—	—	—	—	—	—	—	—
2. 使用专项储备	15	—	—	—	—	—	—	—	—	—	—	—	—
（四）利润分配	16	—	—	—	—	—	—	99 350 713. 02	21 440 940. 75	—	-472 791 653. 77	—	-352 000 000. 00
1. 提取盈余公积	17	—	—	—	—	—	—	99 350 713. 02	—	—	-99 350 713. 02	—	—
其中：法定公积金	18	—	—	—	—	—	—	99 350 713. 02	—	—	-99 350 713. 02	—	—
任意公积金	19	—	—	—	—	—	—	—	—	—	—	—	
#储备基金	20	—	—	—	—	—	—	—	—	—	—	—	—
#企业发展基金	21	—	—	—	—	—	—	—	—	—	—	—	—
#利润归还投资	22	—	—	—	—	—	—	—	—	—	—	—	—
2. 提取一般风险准备	23	—	—	—	—	—	—	—	21 440 940. 75	—	-21 440 940. 75	—	—
3. 对所有者（或股东）的分配	24	—	—	—	—	—	—	—	—	—	-352 000 000. 00	—	-352 000 000. 00
4. 提取信托赔偿准备	25	—	—	—	—	—	—	—	—	—	—	—	—
5. 其他	26	—	—	—	—	—	—	—	—	—	—	—	—
（五）所有者权益内部结转	27	—	—	—	—	—	—	—	—	—	—	—	—
1. 资本公积转增资本（或股本）	28	—	—	—	—	—	—	—	—	—	—	—	—
2. 盈余公积转增资本（或股本）	29	—	—	—	—	—	—	—	—	—	—	—	—
3. 盈余公积弥补亏损	30	—	—	—	—	—	—	—	—	—	—	—	—
4. 结转重新计量设定受益计划净负债或净资产所产生的变动	31	—	—	—	—								
5. 其他	32	—	—	—	—	—	—	—	—	—	—	—	—
四、本期期末余额	33	2 200 000 000. 00	—	1 664 000 000. 00	—	13 173 497. 15	—	1 002 482 610. 64	215 147 203. 19	1 000 000 000. 00	3 813 051 128. 70	—	9 907 854 439. 68

企业负责人：周瑞明　　主管会计工作负责人：吴京林　　会计机构负责人：魏东华

公司所有者权益变动表(续)

编制单位:北京国际信托有限公司　　　　2020 年度　　　　单位:元

项　目	行次	上年金额											
		实收资本(或股本)	其他权益工具	资本公积	减:库存股	其他综合收益	专项储备	盈余公积	一般风险准备	信托赔偿准备	未分配利润	其他	所有者权益合计
栏次	—	13	14	15	16	17	18	19	20	21	22	23	24
一、上年年末余额	1	2 200 000 000. 00	—	1 664 000 000. 00	—	-10 708 401. 28	—	815 753 910. 38	167 880 014. 94	900 000 000. 00	2 983 760 014. 58	—	8 720 685 538. 62
加:会计政策变更	2	—	—	—	—	—	—	—	—	—	—	—	—
前期差错更正	3	—	—	—	—	—	—	—	—	—	—	—	—
其他	4	—	—	—	—	—	—	—	—	—	—	—	—
二、本年年初余额	5	2 200 000 000. 00	—	1 664 000 000. 00	—	-10 708 401. 28	—	815 753 910. 38	167 880 014. 94	900 000 000. 00	2 983 760 014. 58	—	8 720 685 538. 62
三、本年增减变动金额(减少以"-"号填列)	6	—	—	—	—	19 465 666. 35	—	87 377 987. 24	25 826 247. 50	100 000 000. 00	308 575 637. 72	—	541 245 538. 81
(一)综合收益总额	7	—	—	—	—	19 465 666. 35	—	—	—	—	873 779 872. 46	—	893 245 538. 81
(二)所有者投入和减少资本	8	—	—	—	—	—	—	—	—	—	—	—	—
1. 所有者投入的普通股	9	—	—	—	—	—	—	—	—	—	—	—	—
2. 其他权益工具持有者投入资本	10	—	—	—	—	—	—	—	—	—	—	—	—
3. 股份支付计入所有者权益的金额	11	—	—	—	—	—	—	—	—	—	—	—	—
4. 其他	12	—	—	—	—	—	—	—	—	—	—	—	—
(三)专项储备提取和使用	13	—	—	—	—	—	—	—	—	—	—	—	—
1. 计提专项储备	14	—	—	—	—	—	—	—	—	—	—	—	—
2. 使用专项储备	15	—	—	—	—	—	—	—	—	—	—	—	—
(四)利润分配	16	—	—	—	—		—	87 377 987. 24	25 826 247. 50	100 000 000. 00	-565 204 234. 74	—	-352 000 000. 00
1. 提取盈余公积	17	—	—	—	—	—	—	87 377 987. 24	—	—	-87 377 987. 24	—	—
其中:法定公积金	18	—	—	—	—	—	—	87 377 987. 24	—	—	-87 377 987. 24	—	—
任意公积金	19	—	—	—	—	—	—	—	—	—	—	—	—
#储备基金	20	—	—	—	—	—	—	—	—	—	—	—	—
#企业发展基金	21	—	—	—	—	—	—	—	—	—	—	—	—
#利润归还投资	22	—			—	—	—	—	—	—	—	—	—
2. 提取一般风险准备	23	—	—	—	—	—	—	—	25 826 247. 50	—	-25 826 247. 50	—	—
3. 对所有者(或股东)的分配	24	—	—	—	—	—	—	—	—	—	-352 000 000. 00	—	-352 000 000. 00
4. 提取信托赔偿准备	25	—	—	—	—	—	—	—	—	100 000 000. 00	-100 000 000. 00	—	—
5. 其他	26	—	—	—	—	—	—	—	—	—	—	—	—
(五)所有者权益内部结转	27	—	—		—	—	—	—	—	—	—	—	—
1. 资本公积转增资本(或股本)	28	—	—	—	—	—	—	—	—	—	—	—	—
2. 盈余公积转增资本(或股本)	29	—	—	—	—	—	—	—	—	—	—	—	—
3. 盈余公积弥补亏损	30	—	—	—	—	—	—	—	—	—	—	—	—
4. 结转重新计量设定受益计划净负债或净资产所产生的变动	31	—	—	—	—	—	—	—	—	—	—	—	—
5. 其他	32	—	—	—	—	—	—	—	—	—	—	—	—
四、本年年末余额	33	2 200 000 000. 00	—	1 664 000 000. 00	—	8 757 265. 07	—	903 131 897. 62	193 706 262. 44	1 000 000 000. 00	3 292 335 652. 30	—	9 261 931 077. 43

企业负责人:周瑞明　　　　主管会计工作负责人:吴京林　　　　会计机构负责人:魏东华

5.2 信托资产

5.2.1 信托项目资产负债汇总表

信托项目资产负债汇总表

编制单位：北京国际信托有限公司　　2020 年 12 月 31 日　　单位：万元

信托资产	期初数	期末数	信托负债和信托权益	期初数	期末数
信托资产：			信托负债：		
货币资金	140 125.64	103 958.82	交易性金融负债	—	—
拆出资金	1 800 000.00	300 000.00	衍生金融负债	—	—
存出保证金	16 448.95	35 802.02	应付受托人报酬	837.88	3 332.90
交易性金融资产	1 705 664.66	2 038 057.48	应付托管费	735.05	345.39
衍生金融资产	—	—	应付受益人收益	3 568.87	2 812.59
买入返售金融资产	572 180.11	946 994.63	应交税费	2 580.73	3 122.70
应收款项	233 169.09	147 460.30	应付销售服务费	111.06	146.06
发放贷款	5 603 172.12	5 533 905.65	其他应付款项	53 027.44	47 983.49
可供出售金融资产	802 394.95	508 260.36	预计负债	—	—
持有至到期投资	3 278 221.44	3 993 046.09	其他负债	—	—
长期应收款	—	—	信托负债合计	60 861.02	57 743.14
长期股权投资	5 578 601.44	5 521 916.92			
投资性房地产	—	—	信托权益：		
固定资产	—	—	实收信托	19 552 787.65	19 090 008.97
无形资产	1 588.93	1 588.93	资本公积	43 399.26	59 717.40
长期待摊费用	—	—	损益平准金	—	—
其他资产	246 871.41	178 580.00	未分配利润	321 390.80	102 101.70
减：各项资产减值准备	—	—	信托权益合计	19 917 577.72	19 251 828.06
信托资产总计	19 978 438.74	19 309 571.20	信托负债及信托权益总计	19 978 438.74	19 309 571.20

会计机构负责人：孟广杰　　复核：崔沛雨　　制表：马政毅

5.2.2 信托项目利润及利润分配汇总表

信托项目利润及利润分配汇总表

编制单位：北京国际信托有限公司　　2020 年度　　单位：万元

项目	本年数	上年数
1. 营业收入	1 111 105.08	1 819 413.84
1.1 利息收入	628 862.03	765 284.12
1.2 投资收益（损失以"－"号填列）	504 205.65	1 049 814.28
1.2.1 其中：对联营企业和合营企业的投资收益	—	—
1.3 公允价值变动收益（损失以"－"号填列）	－51 964.56	－8 625.62
1.4 租赁收入	—	—
1.5 汇兑损益（损失以"－"号填列）	－473.73	－258.17
1.6 其他收入	30 475.70	13 199.23
2. 支出	209 727.54	166 282.88
2.1 税金及附加	3 487.28	4 302.38
2.2 受托人报酬	115 247.86	107 295.90
2.3 托管费	11 561.89	17 501.62
2.4 投资管理费	13 718.08	10 408.46
2.5 销售服务费	6 899.37	6 974.35
2.6 交易费用	1 706.07	622.97
2.7 资产减值损失	7 919.36	—
2.8 其他费用	49 187.63	19 177.20
3. 信托净利润（净亏损以"－"号填列）	901 377.55	1 653 130.97
4. 其他综合收益	—	—
5. 综合收益	901 377.55	1 653 130.97
6. 加：期初未分配信托利润	321 390.80	364 243.41
7. 可供分配的信托利润	1 222 768.35	2 017 374.38
8. 减：本期已分配信托利润	1 120 666.65	1 695 983.57
9. 期末未分配信托利润	102 101.70	321 390.80

会计机构负责人：孟广杰　　复核：崔沛雨　　制表：马政毅

6. 会计报表附注

6.1 会计报表编制基准不符合会计核算基本前提的说明

6.1.1 会计报表不符合会计核算基本前提的事项

公司会计报表编制基准不存在不符合会计核算基本前提的情况。

6.1.2 财务报表数据口径说明

公司于 2011 年 5 月投资设立北京国投汇成创业投资管理有限公司，持有其 100% 的股权，自 2012 年起公司按照《企业会计准则》编制合并报表。公司于 2014 年 4 月发起投资设立北信瑞丰基金管理有限公司，持有其 60% 的股权，自 2014 年起公司按照《企业会计准则》编制合并报表。

根据会计准则规定，2020 年财务报表同时存在"合并报表"和"公司报表"两个概念。除特殊说明外，本报告中的相关分析均为合并报表数据口径。

除特别说明外，本报告所有信托业务数值保留至小数点后两位数，若出现总数与各分项数值之和尾数不符的情况，均为四舍五入原因造成。

6.2 重要会计政策和会计估计说明

6.2.1 计提资产减值准备的范围和方法

根据财政部《金融企业准备金计提管理办法》(财金〔2012〕20号)的规定，公司计提一般准备和资产减值准备。原则上一般准备余额不得低于风险资产期末余额的1.5%。公司按中国银行业监督管理委员会《关于非银行金融机构全面推行资产质量五级分类管理的通知》(银监发〔2004〕4号)文件规定实行以风险为基础的五级分类，按资产风险特征划分为若干组合，计提资产减值准备，包括贷款损失准备、坏账准备、持有至到期投资减值准备和长期投资减值准备。各项组合计提比例如下表所示。

风险程度	计提比例(%)
正常类	1
关注类	3
次级类	25
可疑类	50
损失类	100

6.2.2 金融工具

公司除下属子公司北信瑞丰基金管理有限公司(以下简称北信瑞丰)外适用以下政策，北信瑞丰自2020年起执行新金融工具准则。

6.2.2.1 金融资产的确认及计量

公司按照取得金融资产的目的，将持有的金融资产分成以下四类：以公允价值计量且其变动计入当期损益的金融资产，包括交易性金融资产和指定为以公允价值计量且其变动计入当期损益的金融资产；持有至到期投资；贷款和应收款项；可供出售金融资产。金融资产在初始确认时以公允价值计量，对于不属于以公允价值计量且其变动计入当期损益的金融资产，在初始确认时还需要加上可直接归属于该金融资产购置的相关交易费用。

6.2.2.2 金融资产的减值测试和减值准备计提方法

资产负债表日对以公允价值计量且其变动计入当期损益的金融资产以外的金融资产的账面价值进行检查，如有客观证据表明该金融资产发生减值的，计提减值准备。

对单项金额重大的金融资产单独进行减值测试；对单项金额不重大的金融资产，可以单独进行减值测试，或包括在具有类似信用风险特征的金融资产组合中进行减值测试；单独测试未发生减值的金融资产(包括单项金额重大和不重大的金融资产)，包括在具有类似信用风险特征的金融资产组合中再进行减值测试。

按摊余成本计量的金融资产，期末有客观证据表明其发生了减值的，根据其账面价值与预计未来现金流量现值之间的差额确认减值损失。在活跃市场中没有报价且其公允价值不能可靠计量的权益工具投资，或与该权益工具挂钩并须通过交付该权益工具结算的衍生金融资产发生减值时，将该权益工具投资或衍生金融资产的账面价值，与按照类似金融资产当时市场收益率对未来现金流量折现确定的现值之间的差额，确认为减值损失。可供出售金融资产的公允价值发生较大幅度下降，或在综合考虑各种相关因素后，预期这种下降趋势属于非暂时性的，确认其减值损失，并将原直接计入所有者权益的公允价值累计损失一并转出计入减值损失。

6.2.2.3 贷款

6.2.2.3.1 贷款种类和范围

公司贷款种类按贷款的发放期限之长短确定。凡合同期限在1年以内(含1年)的贷款作为短期贷款，合同期限在1~5年(含5年)的贷款作为中期贷款，合同期限在5年以上的贷款作为长期贷款。

6.2.2.3.2 计提贷款损失准备的范围和方法

贷款损失准备计提范围为公司承担风险和损失的贷款(含抵押、质押、保证、信用等贷款)、贴现、信用垫款(如银行承兑汇票垫款、担保垫款、信用证垫款等)、进出口押汇、应收账款保理等表内外信贷资产。

以公司上述表内外信贷资产按风险分类(五级分类)的结果为基础，结合实际情况，如对借款人还款能力、财务状况、抵押担保充分性等的评价，充分评估可能存在的损失，分析确定各类信贷资产应计提损失准备总额。各类贷款计提贷款损失准备的比例如下表所示。

贷款级次	贷款损失准备计提比例(%)
正常类	1
关注类	3
次级类	25
可疑类	50
损失类	100

提取的贷款损失准备计入当期损益，发生贷款损失，冲减已计提的贷款损失准备。已核销的贷款损失以后又收回的，其冲减的贷款损失准备则予以转回。

6.2.2.4 应收款项

应收款项包括应收账款、其他应收款等。

6.2.3 长期股权投资核算方法

6.2.3.1 投资成本的确定

同一控制下的企业合并形成的，合并方以支付现金、转让非现金资产、承担债务或发行权益性证券作为合并对价的，在合并日按照取得被合并方所有者权益在最终控制方合并财务报表中的账面价值的份额作为其初始投资成本。长期股权投资初始投资成本与支付的合并对价的账面价值或发行股份的面值总额之间的差额调整资本公积；资本公积不足冲减的，调整留存收益。

非同一控制下的企业合并形成的，在购买日按照支付的合并对价的公允价值作为其初始投资成本。

除企业合并形成以外的，以支付现金取得的，按照实际支付的购买价款作为其初始投资成本；以发行权益性证券取得的，按照发行权益性证券的公允价值作为其初始投资成本；投资者投入的，按照投资合同或协议约定的价值作为其初始投资成本(合同或协议约定价值不公允的除外)。

6.2.3.2 后续计量及损益确认方法

对被投资单位能够实施控制的长期股权投资采用成本法核算，在编制合并财务报表时按照权益法进行调整；对具有共同控制或重大影响的长期股权投资，采用权益法核算。

6.2.3.3　确定对被投资单位具有控制、重大影响的依据

按照合同约定，与被投资单位相关的重要财务和经营决策需要分享控制权的投资方一致同意的，认定为共同控制；对被投资单位的财务和经营政策有参与决策的权力，但并不能够控制或者与其他方一起共同控制这些政策的制定的，认定为重大影响。

6.2.3.4　减值测试方法及减值准备计提方法

对子公司、联营企业及合营企业的投资，在资产负债表日有客观证据表明其发生减值的，按照账面价值与可收回金额的差额计提相应的减值准备。

6.2.4　固定资产计价和折旧方法

6.2.4.1　固定资产确认条件、计价和折旧方法

公司的固定资产是指为提供劳务、出租或经营管理而持有，并且使用年限超过1年的有形资产。固定资产在同时满足下列条件时予以确认：(1)与该固定资产有关的经济利益很可能流入企业；(2)该固定资产的成本能够可靠地计量。

6.2.4.2　各类固定资产的折旧方法

公司采用年限平均法计提折旧，固定资产自达到预定可使用状态时开始计提折旧，终止确认时或划分为持有待售非流动资产是停止计提折旧。在不考虑减值准备的情况下，公司根据固定资产类别、预计使用寿命和预计净残值率分别确定折旧率如下表所示。

固定资产类别	预计净残值率(%)	预计使用寿命(年)	年折旧率(%)
房屋及建筑物	3	30~45	2.16~3.23
机器设备	3	10	9.7
运输设备	3	6	16.17
电子设备及其他	3	3~6	16.17~32.33

6.2.5　抵债资产

公司取得抵债资产时，按公允价值入账。为取得抵债资产支付的抵债资产欠缴的税费、垫付的诉讼费用和取得抵债资产支付的相关税费计入抵债资产价值。

公司处置抵债资产时，如果取得的处置收入大于抵债资产账面价值，其差额计入营业外收入；如果取得的处置收入小于抵债资产账面价值，其差额计入营业外支出；保管过程中发生的费用直接计入其他业务支出；处置过程中发生的费用从处置收入中抵减。

本公司将抵债资产列入其他资产。

6.2.6　预计负债

当与或有事项相关的义务同时符合以下条件的，公司将其确认为预计负债：(1)该义务是企业承担的现时义务；(2)该义务的履行很可能导致经济利益流出企业；(3)该义务的金额能够可靠地计量。

预计负债按照履行相关现时义务所需支出的最佳估计数进行初始计量。

企业应当在资产负债表日对预计负债的账面价值进行复核，如有确凿证据表明预计负债账面价值不能真实反映当前最佳估计数的，应当按照当前最佳估计数对该账面价值进行调整。

6.2.7　收入确认原则和方法

收入是公司在开展日常业务活动过程中所取得的各项收入，主要包括利息收入、手续费及佣金收入、投资收益及其他业务收入等。

在相关的经济利益能够流入及收入的金额能够可靠地计量时，公司确认收入。

6.2.7.1　利息收入

利息收入是指公司发放自营贷款，按期计提利息所确认的收入。

利息收入按照实际利率法确认，实际利率与合同利率差异较小的，也可按合同利率计算。

此外，根据财政部有关规定，公司发放的贷款，按期计提利息并确认收入。发放贷款到期(含展期，下同)90天后尚未收回的，其应计利息停止计入当期利息收入，纳入表外核算，原在表内反映的应计利息同时冲销当期损益，转入表外核算；同时该笔贷款转作非应计贷款，以后每期计息均在表外核算，不确认当期收益。

金融企业往来存款利息收入在收到存款银行结息通知单时确认存款利息收入。

6.2.7.2　手续费及佣金收入

手续费及佣金收入主要包括托管及其他受托业务佣金、顾问和咨询费收入。托管及其他受托业务佣金是根据信托合同规定的计提方法、计提标准确认应由信托项目承担的受托人报酬；顾问和咨询费收入，于所提供金融咨询服务的结果能够可靠估计的情况小，按合同或协议约定确认收入。

6.2.7.3　投资收益

公司的投资收益划分为持有金融工具产生的投资收益和持有长期股权投资产生的投资收益。

对于持有金融工具产生的投资收益，公司根据持有金融工具的不同，按对应金融工具的确认和计量标准确认投资收益。

对于长期股权投资，在采用成本法核算时，当被投资单位宣告发放现金股利或分派利润时，公司确认投资收益；在采用权益法核算时，根据被投资单位实现的净利润或经调整后的净利润计算应享有的份额，确认投资收益；出售或处置长期股权投资是，按所获得的收入与投资账面价值之间的差额确认投资收益。

6.2.7.4　汇兑收益

在交易已经完成，实际收到款项时确认汇兑收益。

6.2.8　支出确认原则

支出主要包括利息支出、手续费佣金支出及其他业务支出等。

利息支出采用实际利率法确认在利润表。实际利率与合同利率差异较小的，也可按合同利息计算。

手续费及佣金支出及其他业务支出按权责发生制原则确认和计量。

6.2.9　租赁

公司将租赁分为融资租赁和经营租赁。

6.2.10　信托业务核算办法

《中华人民共和国信托法》等规定，信托财产与属于受托人所有的财产(固定财产)相区别，不得归入受托人的固有财产或者成为固有财产的一部分。

公司信托财产是指因设立信托而取得的财产，对于因信托财产的管理、运用、处分或者其他情形而取得的财产，也归入信

托财产。

信托财产不属于公司的固有资产，也不属于公司对受益的负债。公司终止时，信托财产不属于清算资产。

公司对信托财产与固有财产分别管理、分别记账，并将不同委托人的信托财产分别管理、分别记账。

公司的信托项目是指根据信托文件的约定，单独或者集合管理、运用、处分信托财产的基本单位，公司以每个信托项目作为独立的会计核算主体，独立核算信托财产的管理、运用和处分情况。各信托项目分别记账、独立核算并编制财务报表。

6.2.11 信托赔偿准备金的计提

中国人民银行颁布的《信托投资公司管理办法》有关规定，公司按税后利润的5%计提信托赔偿准备金，公司信托赔偿准备金累计额为公司注册资本20%以上时，不再提取。提取的信托赔偿准备金主要用于弥补因管理操作不善而对信托财产造成的损失。

虽然信托赔偿准备累计总额已超过公司注册资本的20%，公司因提高公司抗风险能力的需要，效仿中国银保监会设计的信托业救助基金的基本理念和方案，把公司会计科目项下的信托赔偿准备加上公司对项目责任人预留的风险准备金等，设立公司信托项目缓解风险救助基金，截至本期末累计计提10亿元信托赔偿准备金。

6.2.12 一般准备的计提

一般风险准备是从净利润中提取的，用于部分弥补尚未识别的可能性损失的准备金。

公司每年年度终了对承担风险和损失的资产计提一般风险准备，具体包括发放贷款和垫款、可供出售金融资产、持有至到期投资、长期股权投资、存放同业、拆出资金、抵债资产、应收款项等，一般准备余额原则上不得低于风险资产期末余额的1.5%。

6.3 或有事项说明

公司无对外担保及其他或有事项。

6.4 重要资产转让及其出售的说明

无重要资产转让及出售。

6.5 会计报表中重要项目的明细资料

6.5.1 披露自营资产经营情况

6.5.1.1 按信用风险五级分类结果披露信用风险资产的期初数、期末数

信用风险资产五级分类	正常类（万元）	关注类（万元）	次级类（万元）	可疑类（万元）	损失类（万元）	信用风险资产合计（万元）	不良资产合计（万元）	不良资产率（%）
期初数	1 320 657	—	10 000	—	13 334	1 343 991	23 334	1.74
期末数	1 417 518	—	10 000	—	11 334	1 438 852	21 334	1.48

注：不良资产合计=次级类+可疑类+损失类。

6.5.1.2 各项资产减值损失准备的期初数、本期计提、本期转回、本期核销、期末数

单位：万元

项目	期初数	本期计提	本期转回	本期核销	期末数
贷款损失准备	21 302	599	1 980	—	19 921
可供出售金融资产减值准备	—	—	—	—	—
持有至到期投资减值准备	—	—	—	—	—
长期股权投资减值准备	38	29	5	—	62
坏账准备	677	516	28	—	1 165
投资性房地产减值准备	—	—	—	—	—

6.5.1.3 按照投资品种分类，分别披露固有业务股票投资、基金投资、债券投资、股权投资等投资业务的期初数、期末数

单位：万元

项目	自营股票投资	基金投资	债券投资	长期股权投资	其他投资	合计
期初数	9 092	51 230	7 207	47 861	543 979	659 369
期末数	2	28 149	2 779	51 131	635 940	718 001

6.5.1.4 按投资入股金额排序，前三名的自营长期股权投资的企业名称、占被投资企业权益的比例及投资收益情况等（从大到小顺序排列）

企业名称	占被投资企业权益的比例（%）	投资收益（万元）
1. 深圳前海京信供销基金管理有限公司	35	583
2. 中合供销（上海）股权投资基金管理有限公司	40	3
3. 北京宋庄小堡艺术区投资发展有限公司	30	1

6.5.1.5 前三名的自营贷款的企业名称、占贷款总额的比例和还款情况等（从贷款金额大到小顺序排列）

企业名称	占贷款总额的比例（%）	还款情况（万元）
1. 北京丽轩物业管理有限公司	7.30	正常
2. 厦门江厦贸易有限公司	7.30	正常
3. 浙江昌源实业有限公司	7.30	正常

6.5.1.6 表外业务的期初数、期末数，按照代理业务、担保业务和其他类型表外业务分别披露

单位：万元

表外业务	期初数	期末数
担保业务	—	—
代理业务（委托业务）	1 403.07	1 409.63
其他	—	—
合计	1 403.07	1 409.63

注：代理业务主要反映历史业务代保管的保证金。

6.5.1.7　公司当年的收入结构

收入结构	金额（万元）	占比（%）
手续费及佣金收入	123 396	62.69
其中：信托手续费收入	123 396	62.69
投资银行业务收入	—	—
利息收入	39 234	19.93
其他业务收入	1 373	0.70
其中：计入信托业务收入部分	—	—
投资收益	28 376	14.42
其中：股权投资收益	3 523	14.33
证券投资收益	8 166	0.08
其他投资收益	16 687	—
公允价值变动收益	2 879	1.46
营业外收入	1 565	0.80
收入合计	196 824	100.00%

注：1. 手续费及佣金收入、利息收入、其他业务收入、投资收益、营业外收入均应为损益表中的一级科目，其中手续费及佣金收入、利息收入、营业外收入为未抵减掉相应支出的全年累计实现收入数。

2. 报告年度实现信托业务收入的总额，包括以手续费及佣金确认的信托业务收入金额，以业绩报酬形式确认的信托业务收入金额和以其他形式确认的信托业务收入金额。

6.5.2　披露信托财产管理情况

6.5.2.1　信托资产的期初数、期末数

单位：万元

信托资产	期初数	期末数
集合	13 422 593.35	13 254 887.12
单一	5 623 328.18	4 850 501.00
财产权	932 517.21	1 204 183.07
合计	19 978 438.74	19 309 571.20

6.5.2.1.1　主动管理型信托业务的信托资产期初数、期末数

单位：万元

主动管理型信托资产	期初数	期末数
证券投资类	2 225 413.66	3 213 744.83
其他金融产品投资	304 130.48	535 223.74
股权投资类	3 373 820.48	3 531 568.37
其他投资	97 418.24	29 796.80
融资类	7 261 828.79	6 151 330.59
事务管理类	57 183.31	59 081.41
合计	13 319 794.96	13 520 745.74

注：上市公司股票受益权统计在“证券投资类”中。

6.5.2.1.2　被动管理型信托业务的信托资产期初数、期末数

单位：万元

被动管理型信托资产	期初数	期末数
证券投资类	—	—
股权投资类	—	—
融资类	20 955.86	20 395.44
事务管理类	6 637 687.92	5 768 430.02
合计	6 658 643.78	5 788 825.46

6.5.2.2　本年度已清算结束的信托项目个数、实收信托合计金额、加权平均实际年化收益率

6.5.2.2.1　本年度已清算结束的集合类、单一类资金信托项目和财产管理类信托项目个数、实收信托金额、加权平均实际年化收益率

已清算结束的信托项目	项目个数（个）	实收信托合计金额（万元）	加权平均实际年化收益率（%）
集合	51	4 461 225.46	6.19
单一	82	1 783 691.04	6.93
财产权	6	3 350 034.63	5.38

注：实收信托合计金额是信托本金累计给付额。

6.5.2.2.2　本年度已清算结束的主动管理型信托项目个数、实收信托合计金额、加权平均实际年化收益率

已清算结束的信托项目	项目个数（个）	实收信托合计金额（万元）	加权平均实际年化信托报酬率（%）	加权平均实际年化收益率（%）
证券投资类	14	450 961.17	0.44	3.34
其他金融产品投资	3	195 090.00	0.31	7.23
股权投资类	11	1 002 743.34	2.41	6.56
其他投资类	—	—	—	—
融资类	35	2 941 559.94	0.86	6.54
事务管理类	—	—	—	—

注：1. 实收信托合计金额是信托本金累计给付额。

2. 上市公司股票受益权投资统计在证券投资类。

6.5.2.2.3　本年度已清算结束的被动管理型信托项目个数、实收信托合计金额、加权平均实际年化收益率

已清算结束的信托项目	项目个数（个）	实收信托合计金额（万元）	加权平均实际年化信托报酬率（%）	加权平均实际年化收益率（%）
证券投资类	—	—	—	—
股权投资类	—	—	—	—
融资类	—	—	—	—
事务管理类	76	5 004 596.68	0.12	5.85

注：实收信托合计金额是信托本金累计给付额。

6.5.2.3 本年度新增的集合类、单一类和财产管理类信托项目个数、实收信托合计金额

新增信托项目	项目个数(个)	实收信托合计金额(万元)
集合	84	3 946 552.00
单一	88	2 102 908.06
财产权	19	994 883.60
合计	191	7 044 343.66
其中:主动管理型	152	5 431 360.45
被动管理型	39	1 612 983.21

注:实收信托合计金额是2020年新增信托项目累计新增的实收信托金额。

6.5.2.4 信托业务创新成果和特色业务

公司始终秉持支持实体经济高质量发展和满足人民群众对美好生活向往的使命,发挥在专业化资产管理、全面风险管理和综合金融服务能力方面的优势,围绕国家重大战略、京津冀协同发展、"四个中心"功能建设,不断进行管理创新和业务创新,切实提高金融服务实体经济质效。

公司坚持"服务北京、深耕北京",全面加强与北京市属企业合作,发挥信托制度优势,服务北京国资国企。截至2020年末,公司与北京市属企业合作的存续信托项目规模达302亿元。参与设立"银政担园共同体"——北京海淀区中小微企业政府融资担保基金,重点支持科创、文创、现代服务业等符合海淀区功能定位和发展规划的中小微企业。

公司深耕细作基础设施信托业务,助力地方经济社会发展。巩固政信业务取得的新成果,在安徽、福建、浙江等区域,培育了一批优质合作伙伴。根据监管要求,公司积极创新政信合作业务模式,把握城市更新、产业升级等机遇,实现从基础产业向多元产业的业务拓展。

公司调整业务结构,持续加大证券投资业务培育力度,加强证券投资人才队伍建设,搭建投研体系,丰富证券投资产品线,健全完善证券投资业务风险管控体系和信息科技支撑。公司坚持开展全权委托型家族信托业务,为人民群众提供财富传承、财富规划、养老医疗等多种形式和内涵的家族财富管理服务。公司持续开展慈善信托业务,2020年新设立慈善信托2个,总规模达670万元。

6.5.2.5 公司履行受托人义务情况及公司因自身责任而导致的信托财产损失情况

公司在信托财产的管理运用和处分过程中,严格按照信托合同等信托文件的约定对信托财产进行管理,切实履行了受托人义务,维护受益人最大利益。报告期内无因公司自身责任而导致的信托财产损失的情况。

6.5.2.6 信托赔偿准备金的提取、使用和管理情况

报告期内,公司提取信托赔偿准备为零,累计提取100 000万元,达到注册资本的45.45%。

6.5.2.7 信托业保障基金余额

报告期内,公司通过归集专户认缴资金信托对应的信托业保障基金余额为112 011.56万元。

6.6 关联方关系及其交易的披露

6.6.1 关联交易方的数量、关联交易的总金额及关联交易的定价政策

关联交易方数量	关联交易定价政策	关联交易总金额(万元)
20	基金以市场公允价值计价; 信托产品以合同约定的收益级别定价	279 487

6.6.2 关联交易方与公司的关系性质、关联交易方的名称、法定代表人、注册地址、注册资本及主营业务等

公司子公司北信瑞丰基金管理有限公司,法定代表人李永东,公司注册地址北京市怀柔区九渡河镇黄坎村735号,公司注册资本为17 000万元,主营业务为基金募集、基金销售、特定客户资产管理、资产管理和中国证监会许可的其他业务。

公司子公司北信瑞丰基金管理有限公司之子公司上海北信瑞丰资产管理有限公司,法定代表人李永东,公司注册地址上海市虹口区欧阳路196号10号楼5层01室,公司注册资本为10 000万元,主营业务为特定客户资产管理。

6.6.3 公司与关联方的重大交易事项

6.6.3.1 固有财产与关联方:贷款、投资、租赁、应收账款担保、其他方式等期初汇总数、本期发生额汇总数、期末汇总数

单位:万元

固有与关联方关联交易				
项目	期初数	借方发生额	贷方发生额	期末数
贷款	—	—	—	—
投资	204 980	166 127	113 360	257 747
租赁	—	—	—	—
担保	—	—	—	—
应收账款	—	—	—	—
其他	—	—	—	—
合计	204 980	166 127	113 360	257 747

6.6.3.2 信托与关联方交易情况:贷款、投资、租赁、应收账款、担保、其他方式等期初汇总数、本期借方和贷方发生额汇总数、期末汇总数

单位:万元

信托与关联方关联交易				
项目	期初数	借方发生额	贷方发生额	期末数
贷款	—	—	—	—
投资	42 156.85	—	22 349.22	19 807.63
租赁	—	—	—	—
担保	—	—	—	—
应收账款	—	—	—	—
其他	—	—	—	—
合计	42 156.85	—	22 349.22	19 807.63

6.6.3.3 固有财产与信托财产之间的交易金额期初汇总数、本期发生额汇总数、期末汇总数

单位:万元

固有财产与信托财产相互交易			
项目	期初数	本期发生额	期末数
合计	193 661.00	54 282.19	247 943.19

6.6.3.4 信托项目之间的交易金额期初汇总数、本期发生额汇总数、期末汇总数

单位:万元

信托资产与信托财产相互交易			
项目	期初数	本期发生额	期末数
合计	502 786.34	-18 726.80	484 059.54

6.6.4 关联方逾期未偿还公司资金的情况及公司为关联方担保发生或即将发生垫款的情况

报告期内,无关联方逾期未偿还公司资金的情况及公司为关联方担保发生或即将发生垫款的情况。

6.7 会计制度的披露

公司固有业务(自营业务)自2008年1月1日起执行财政部2006年发布的《企业会计准则》,信托业务自2010年1月1日起执行《企业会计准则》。

7. 财务情况说明书

7.1 利润实现和分配情况

单位:万元

项目	金额
利润总额	133 955
减:所得税费用	31 764
净利润	102 191
减:少数股东损益	1 717
提取法定盈余公积	9 935
提取一般风险准备	2 144
信托赔偿准备	—
加:期初未分配利润	337 346
减:本期利润分配	35 200
期末未分配利润	390 541

7.2 主要财务指标

指标名称	指标值
资本利润率(%)	10.43
加权年化信托报酬率(%)	0.60
人均净利润(万元)	285

注:1. 资本利润率=净利润/所有者权益平均余额×100%。

2. 加权年化信托报酬率=(信托项目1的实际年化信托报酬率×信托项目1的实收信托+信托项目2的实际年化信托报酬率×信托项目2的实收信托+…+信托项目n的实际年化信托报酬率×信托项目n的实收信托)/(信托项目1的实收信托+信托项目2的实收信托+…+信托项目n的实收信托)×100%。

3. 人均净利润=净利润/年平均人数。

4. 平均值采取年初及各季末余额移动算术平均法,公式为a(平均)$=(a_0/2+a_1+a_2+a_3+a_4/2)/4$。

7.3 对公司财务状况、经营成果有重大影响的其他事项

报告年度,公司未发生对财务状况、经营成果有重大影响的其他事项。

7.4 公司净资本情况

信托公司风险控制指标监管报表

2020年12月31日

项目	期末余额	监管标准	备注
净资本(万元)	673 558	≥2亿元	达标
固有业务风险资本(万元)	201 265	—	—
信托业务风险资本(万元)	222 160	—	—
其他业务风险资本(万元)	—	—	—
各项业务风险资本之和(万元)	423 425	—	—
净资本/各项业务风险资本之和(%)	159.07	≥100	达标
净资本/净资产(%)	68.15	≥40	达标

8. 特别事项揭示

8.1 前五名股东报告期内变动情况

报告期内,公司前五名股东情况无变化。

8.2 董事、监事及高级管理人员变动情况及原因

8.2.1 董事、监事变动情况及原因

报告期内,中国银行保险监督管理委员会北京监管局核准何晓峰任公司董事的任职资格(京银保监复〔2020〕10号)、孙婧任公司董事的任职资格(京银保监复〔2020〕191号)、于卫东任公司董事的任职资格(京银保监复〔2020〕193号)、王亮任公司董事的任职资格(京银保监复〔2020〕684号),以上人员均已履职。

2020年第三次临时董事会同意夏彬辞去公司董事会秘书;聘任韩波任公司董事会秘书(任职资格待监管部门核准后生效)。

2020年11月公司工会代表大会选举韩波为公司职工董事,卓玮、陆雅清为职工监事。

2020年第二次监事会同意王深坤、刘率辞去公司监事职务;选举李慧、曹月秋为公司监事。

8.2.2 高级管理人员变动情况及原因

报告期内,中国银行保险监督管理委员会北京监管局核准何晓峰任公司总经理的任职资格(京银保监复〔2020〕10号)、昌青任公司副总经理的任职资格(京银保监复〔2020〕78号)、韩波任公司总经理助理的任职资格(京银保监复〔2020〕685号)。

8.3 变更注册资本、变更注册地或公司名称、公司分立合并事项

报告期内,公司未发生变更注册资本、变更注册地或公司名称、公司分立合并事项。

8.4 公司的重大诉讼事项

报告期内,公司无新发生重大诉讼和被诉案件。

8.5 公司及其高级管理人员受到处罚的情况

报告期内，无公司及其董事、监事和高级管理人员受到处罚的情况。

8.6 中国银保监会及其派出机构对公司检查后提出整改意见的整改情况

报告期内，中国银保监会及其派出机构未对公司进行现场检查。

8.7 本年度重大事项报告

报告期内，北京银保监局核准了公司修订后的公司章程（京银保监复〔2020〕1006号）。

8.8 中国银保监会及其派出机构认定的其他有必要让客户及其相关利益人了解的重要信息

报告期内，无中国银保监会及其派出机构认定的其他有必要让客户及其相关利益人了解的重要信息。

9. 公司监事会意见

公司监事会认为公司依法合规运作，认真贯彻国家经济金融政策和监管要求；董事会、高级管理层及其成员勤勉尽责、忠诚履职，没有违反法律、法规、公司章程或损害公司利益的行为；报告期内，公司克服新冠肺炎疫情等不利影响，取得了良好的经营业绩；经营中未出现违规操作行为，未出现损害公司、股东及受益人利益的行为。年度报告客观、真实地反映了公司的财务状况和经营成果。

渤海国际信托股份有限公司

1. 重要提示

1.1 公司董事会及董事保证本报告所载资料不存在任何虚假记载、误导性陈述或者重大遗漏，并对其内容的真实性、准确性和完整性承担个别及连带责任。

1.2 公司独立董事朱玉杰、苏敬勤、孟庆斌对本报告内容的真实性、准确性和完整性表示认可。

1.3 中兴财光华会计师事务所（特殊普通合伙）为公司出具了标准无保留意见的审计报告。

1.4 公司董事长成小云、财务总监董丁丁声明：保证年度报告中财务会计报告的真实、完整。

2. 公司概况

2.1 公司简介

渤海国际信托股份有限公司（以下简称渤海信托或公司）前身为河北省国际信托投资有限责任公司，成立于1983年12月，2007年2月增资扩股后，注册资本金增加到72 565万元。2007年11月，公司名称变更为渤海国际信托有限公司。2009年3月由原股东增资7 000万元，注册资本金增加至79 565万元。2011年6月，海航资本控股有限公司（现更名为海航资本集团有限公司）增资120 435万元，注册资本金增加至200 000万元。2015年7月完成股改，更名为渤海国际信托股份有限公司。2017年2月，注册资本金增加到360 000万元。

法定中文名称	渤海国际信托股份有限公司
法定中文缩写名称	渤海信托
公司法定英文名称	Bohai International Trust Co., Ltd
法定英文缩写名称	BITC
法定代表人	成小云
注册地址	石家庄市新石中路377号B座22—23层
公司网址	www.bohaitrust.com
邮政编码	050090
信息披露事务联系人	李晓晨，电话：010-57819191，传真：010-59782079；电子信箱：xch_li@bohaitrust.com
选定的信息披露报纸	《上海证券报》
信息披露事务负责人	董丁丁
公司年报备置地点	石家庄市新石中路377号B座22—23层
聘请的会计师事务所	中兴财光华会计师事务所（特殊普通合伙）
聘请的会计师事务所住所	北京市西城区阜成门外大街2号22层A24

2.2 组织结构

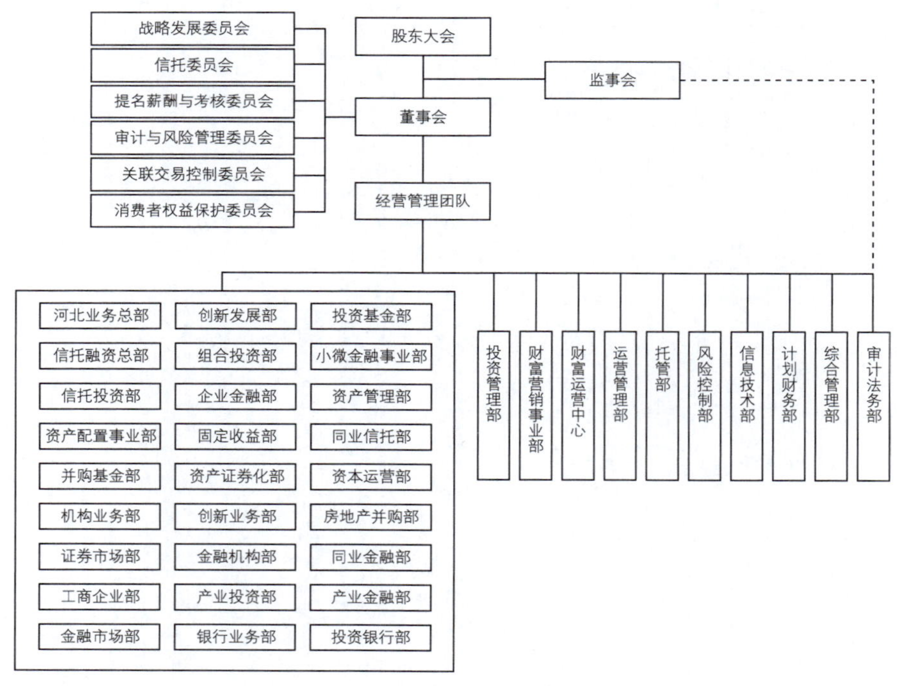

3. 公司治理

3.1 股东

截至2020年末，公司股份总数360 000万股，股东总数3家；控股股东为海航资本集团有限公司；实际控制人、最终受益人均为海南省慈航公益基金会。

股东名称	持股比例（%）	法人代表	注册资本（万元）	注册地址	主要经营业务
海航资本集团有限公司	51.23	金川	3 348 035	海南省海口市海秀路29号	企业资产重组、购并及项目策划，财务顾问中介服务，信息咨询服务，交通能源新技术、新材料的投资开发，航空器材的销售及租赁业务，建筑材料、酒店管理，游艇码头设施投资。
北京海航金融控股有限公司	26.67	丁永忠	2 120 000	北京市丰台区丽泽路18号院1号楼701－31室	投资与资产管理；投资咨询；经济贸易咨询；企业策划；财务咨询（不得开展审计、验资、查账、评估、会计咨询、代理记账等需经专项审批的业务，不得出具相应的审计报告、验资报告、查账报告、评估报告等文字材料）；技术开发；技术服务（1. 未经有关部门批准，不得以公开方式募集资金；2. 不得公开开展证券类产品和金融衍生品交易活动；3. 不得发放贷款；4. 不得对所投资企业以外的其他企业提供担保；5. 不得向投资者承诺投资本金不受损失或者承诺最低收益。不得以公开方式募集资金；不得公开交易证券类产品和金融衍生品；不得发放贷款；不得向所投资企业以外的其他企业提供担保；不得向投资者承诺投资本金不受损失或者承诺最低收益。企业依法自主选择经营项目，开展经营活动；依法须经批准的项目，经相关部门批准后依批准的内容开展经营活动；不得从事本市产业政策禁止和限制类项目的经营活动）。
中国新华航空集团有限公司	22.10	陈明	438 664.5137	北京市顺义区天竺镇府前一街16号	许可经营项目：由天津始发（部分航班由北京始发）至国内部分城市的航空客、货运输业务（以经营许可证有效期为准）。 一般经营项目：与航空运输相关的服务业务；自有房地产经营；资产管理；航空器材、建筑材料、装饰材料、化工产品（不含危险化学品）、电子产品、日用百货、纺织品、机械、电子设备、黑色金属的销售；广告设计、制作、代理、发布；设计和制作印刷品广告，利用《新华航空》杂志发布国内外广告 进出口业务。

第一大股东海航资本集团有限公司的主要股东如下表所示；控股股东为海航集团有限公司；实际控制人、最终受益人均为海南省慈航公益基金会。

股东名称	持股比例（%）	法人代表	注册资本（万元）	注册地址	主要经营业务
海航集团有限公司	88.05	陈峰	6 000 000	海口市美兰区国兴大道7号新海航大厦25层	航空运输及机场的投资与管理；酒店及高尔夫球场的投资与管理；信息技术服务；飞机及航材进出口贸易；能源、交通、新技术、新材料的投资开发及股权运作；境内劳务及商务服务中介代理。
珠海东方嘉泽投资管理中心（有限合伙）	11.95	深圳东方藏山资产管理有限公司（执行事务合伙人）	400 010	珠海市横琴新区宝华路6号105室－20074	合伙协议记载的经营范围：投资管理；股权投资；投资咨询；企业管理咨询；投资兴办实业；受托资产管理（依法须经批准的项目，经相关部门批准后方可开展经营活动）。

3.2 董事、董事会及其下属委员会

董事长、董事

姓 名	职 务	性别	年龄（岁）	选任日期	所推举股东名称	该股东持股比例（%）	简要履历
成小云	董事长	男	58	2019年2月28日	海航资本集团有限公司	51.23	历任合肥农村商业银行董事、行长、党委副书记，营口沿海银行董事长，新光海航人寿保险有限责任公司董事长，渤海金控投资股份有限公司监事会主席；现任渤海国际信托股份有限公司董事长。
李令星	董事	男	53	2013年3月26日	海航资本集团有限公司	51.23	历任河北省国际信托投资有限公司稽核审计部总经理，海航资本集团有限公司合规管理部总经理；现任渤海人寿保险股份有限公司副总经理，渤海国际信托股份有限公司董事。

续表

姓　名	职　务	性别	年龄（岁）	选任日期	所推举股东名称	该股东持股比例（%）	简要履历
陈　虹	董事	男	46	2018 年 3 月 20 日	北京海航金融控股有限公司	26.67	现任中南财经政法大学法学院经济法系副教授，渤海国际信托股份有限公司董事。

独立董事

姓　名	职　务	性别	年龄（岁）	选任日期	所推举股东名称	该股东持股比例（%）	简要履历
朱玉杰	独立董事	男	51	2017 年 11 月 28 日	—	—	历任清华大学经济管理学院金融系助教、讲师、副教授；现任清华大学经济管理学院金融系教授，渤海国际信托股份有限公司独立董事。
苏敬勤	独立董事	男	59	2017 年 11 月 28 日	—	—	历任大连理工大学图书情报专业教研室副主任，技术经济研究所所长，管理学院党总支副书记、党委书记、副院长、党委组织部部长、党校常务副校长、管理学院副院长；现任大连理工大学管理学院院长，中国工业科技管理大连培训中心主任，渤海国际信托股份有限公司独立董事。
孟庆斌	独立董事	男	40	2018 年 7 月 20 日	—	—	现任中国人民大学商学院财务金融系副教授，渤海国际信托股份有限公司独立董事。

董事会下属委员会

董事会下属委员会名称	职责	组成人员	职务
战略发展委员会	主要负责制定公司经营管理目标和长期发展战略，监督、检查年度经营计划、投资方案的执行情况。	成小云	主任委员
		陈虹	委员
		朱玉杰	委员
		孟庆斌	委员
信托委员会	主要负责督促公司依法履行受托职责。当公司或其股东利益与受益人利益发生冲突时，保证公司为受益人的最大利益服务。	朱玉杰	主任委员
		陈虹	委员
提名薪酬与考核委员会	主要负责拟定董事和高级管理层成员的选任程序和标准，对董事和高级管理层成员的任职资格进行初步审核，并向董事会提出建议；拟定董事和高级管理层成员的薪酬方案，向董事会提出薪酬方案建议，并监督方案实施；制定公司董事及高级管理层成员的考核标准并进行考核。	苏敬勤	主任委员
		成小云	委员
审计与风险管理委员会	主要负责检查公司风险及合规状况、会计政策、财务报告程序和财务状况；负责公司年度审计工作，提出外部审计机构的聘请与更换建议，并就审计后的财务报告信息真实性、准确性、完整性和及时性作出判断性报告，提交董事会审议；监督高级管理层关于信用风险、流动性风险、市场风险、操作风险、合规风险和声誉风险等风险的控制情况，对公司风险政策、管理状况及风险承受能力进行定期评估，提出完善公司风险管理和内部控制的意见。	朱玉杰	主任委员
		李令星	委员
		陈虹	委员
关联交易控制委员会	主要负责公司关联交易的管理、审批，控制关联交易风险。	孟庆斌	主任委员
		李令星	委员
		陈虹	委员
消费者权益保护委员会	主要负责制定公司金融消费者权益保护工作的战略、政策和目标，对消费者权益保护工作进行总体规划指导，督促高管层有效执行和落实相关工作。	成小云	主任委员

3.3　监事、监事会及其下属委员会

监事会成员

姓　名	职　务	性别	年龄（岁）	选任日期	所推举股东名称	该股东持股比例（%）	简要履历
马建军	监事会主席	男	49	2020 年 9 月 17 日	—	—	历任渤海国际信托股份有限公司总裁助理，副总裁，执行董事兼总裁；2020 年 9 月 17 日起任渤海国际信托股份有限公司监事会主席。
唐晓蕾	职工监事	女	46	2019 年 4 月 24 日	—	—	历任渤海国际信托股份有限公司审计法务部总经理；现任渤海国际信托股份有限公司职工监事、运营管理部总经理。
童清	监事	男	52	2019 年 4 月 24 日	—	—	历任华安财产保险股份有限公司董事长特别助理、副总裁；现任华安财产保险股份有限公司执行董事兼总裁，渤海国际信托股份有限公司监事。

3.4 公司高级管理人员

姓名	职务	性别	年龄（岁）	任职日期	金融从业年限（年）	学历	专业	简要履历
符高萌	副总裁	男	51	2017年7月14日	28	本科	财政学	历任海南省信托投资公司资金部副经理，海南海信期货经纪有限公司总经理助理，国泰君安证券股份有限责任公司海口营业部资本运作部经理，幸运旅行社项目经理，渤海国际信托股份有限公司总裁助理；现任渤海国际信托股份有限公司副总裁。
姜鲁宁	副总裁	女	37	2017年9月7日	12	硕士	法律	历任渤海国际信托股份有限公司信托融资总部总经理；现任渤海国际信托股份有限公司副总裁。
章全明	副总裁	男	53	2018年3月20日	19	硕士	金融学	历任人民银行营业管理部副主任科员，原中国银监会北京监管局副处长，国民信托有限公司副总裁，中节能财务有限公司副总经理；现任渤海国际信托股份有限公司副总裁。
董丁丁	财务总监	男	40	2016年8月15日	13	硕士	金融学	历任海南航空股份有限公司机组资源管理员，海航集团财务有限公司资金信贷部总经理；现任渤海国际信托股份有限公司财务总监。
李力盛	首席风控官	男	41	2018年7月20日	7	本科	会计	历任普华永道会计师事务所高级审计师，中国海洋石油总公司高级审计师，新东方教育科技集团有限公司审计经理，百年城集团财务总监，首开商业地产有限公司财务总监，渤海国际信托有限公司风险控制部总经理；现任渤海国际信托股份有限公司首席风控官兼风险控制部总经理。
李　欣	总裁助理	女	38	2017年9月7日	9	本科	统计学	历任扬子江地产集团有限公司综合管理部薪酬绩效主管，扬子江保险经纪有限公司综合管理部经理，海航资本集团有限公司人力资源部副总经理；现任渤海国际信托股份有限公司总裁助理兼综合管理部总经理。
侯庆涛	总裁助理	男	38	2017年9月7日	10	硕士	法律	历任渤海国际信托股份有限公司河北业务总部信托业务总监，创新发展部信托总经理；现任渤海国际信托股份有限公司总裁助理兼创新发展部总经理。

3.5 公司员工

项目		报告期年度		上年度	
		人数（人）	比例（%）	人数（人）	比例（%）
年龄分布	20～29岁	35	13.06	51	18.68
	30～39岁	182	67.91	173	63.37
	40岁以上	51	19.03	49	17.95
学历分布	博士	1	0.37	2	0.73
	硕士	119	44.40	121	44.32
	本科	145	54.11	147	53.85
	专科	3	1.12	3	1.10
岗位分布	董事、监事及高级管理人员	10	3.73	9	3.30
	自营业务人员	5	1.86	5	1.83
	信托业务人员	152	56.72	157	57.51
	其他人员	101	37.69	102	37.36

4. 经营管理

4.1 经营目标、经营方针、战略规划

4.1.1 经营目标

聚焦主业发展。公司坚守信托本源，专注信托主业，致力于成长为核心竞争优势明显、可持续发展能力强的综合金融服务机构。

提供优质产品。公司以客户投融资需求为导向，提高金融综合服务水平，满足社会资金多元化需求，为客户提供全面金融解决方案。

强化风险管理。公司不断夯实风险管理和内部控制基础，持续提高风险识别和管控能力，为投资者保驾护航。

保持持续盈利。公司推进业务转型，提升研发与创新水平，提高项目的募、投、管、退能力，增强市场竞争力，保持公司盈利能力稳定。

服务实体经济。公司整合运用多种金融工具，在新兴产业、供给侧改革、消费结构升级、中小微企业发展等领域提供全方位的金融服务。

4.1.2 经营方针

公司的经营方针是坚持“诚信、业绩、创新”的企业理念，以诚信树品牌，以市场为导向，以客户为中心，以创新促发展，谨慎规范，坚守底线，创造优异的经营业绩，实现国家、社会、员工和股东价值的共同成长。

4.1.3 战略规划

短期规划。公司响应政策号召，运用信托制度优势，加强风险管控及过程管理，提高项目质量与发展质量，积极布局财富管理业务，着力推动信托业务创新转型，深挖个性化、差异化信托业务领域，大力发展金融科技和普惠金融业务，促进实体经济和民营经济发展。

中长期规划。公司大力发展资产管理业务和财富管理业务，不断提高资产配置及投资能力，打造行业一流的资产管理平台和财富管理品牌；回归信托本源，积极开展家族信托、公益信托业务，为客户提供持续稳健的财富增值和财富传承服务；顺应国家及行业转型发展趋势，培育投资银行及股权投资业务，加快间接融资向直接融资转型，更好地服务实体经济；齐头并进，持续推动建设综合性、创新性、有特色、抗风险的一流信托公司。

4.2 所经营业务的主要内容

自营资产运用与分布表

资产运用	金额（万元）	占比（%）	资产分布	金额（万元）	占比（%）
货币资产	109 020.35	7.05	基础产业	4 488.04	0.29
贷款及应收款	185 470.86	12.00	房地产业	100.00	0.01
以公允价值及其变动计入当期损益的金融资产	1 184.26	0.08	证券市场	1 284.26	0.08

续表

资产运用	金额（万元）	占比（%）	资产分布	金额（万元）	占比（%）
可供出售金融资产	582 118.89	37.66	实业	700 485.00	45.32
持有至到期投资	—	—	金融机构	683 953.76	44.25
长期股权投资	—	—	其他	155 271.36	10.05
其他	667 788.06	43.21	—	—	—
资产总计	1 545 582.42	100.00	资产总计	1 545 582.42	100.00

信托资产运用与分布表

资产运用	金额（万元）	占比（%）	资产分布	金额（万元）	占比（%）
货币资产	817 757.23	1.87	基础产业	5 678 197.09	12.97
贷款	25 959 154.12	59.29	房地产	5 418 871.02	12.38
以公允价值及其变动计入当期损益的金融资产	1 466 605.90	3.35	证券市场	994 993.69	2.27
可供出售金融资产	—	—	实业	26 808 854.75	61.23
持有至到期投资	11 121 509.48	25.40	金融机构	2 920 476.01	6.67
长期股权投资	3 107 571.06	7.10	其他	1 959 595.30	4.48
其他	1 308 390.07	2.99	—	—	—
信托资产总计	43 780 987.86	100.00	信托资产总计	43 780 987.86	100.00

4.3 市场分析

4.3.1 有利因素

面对复杂严峻的外部环境和新冠肺炎疫情带来的严重冲击，国内经济呈现持续恢复、稳定回升的发展态势，为信托业的发展提供了广阔空间。

信托行业的制度法规加速完善，进一步规范了信托公司的公司治理、内部管理、业务定位，为信托业的整体转型指明了方向。同时，“资管新规”过渡期的延长也为信托业的转型争取了宝贵的时间。

作为唯一一家注册地在河北省的信托机构，公司在抢抓京津冀协同发展和雄安新区规划建设机遇方面具有独特的区位优势。

多年来，公司坚持稳健运行，持续夯实风险管控体系建设，无重大风险项目拖累，可以轻装上阵，获取更多的市场机会。

4.3.2 不利因素

在新冠肺炎疫情的冲击下，信托展业过程中的“面对面”环节难以落实，存续业务的过程管理及新业务的开拓均受到不同程度的影响。

信托行业仍处于严监管阶段，金融同业通道业务、融资类业务继续受到严格管控，亟待寻找新的业务增长点和业绩支撑点。

在新冠肺炎疫情等多重因素的冲击下，部分实体企业的经营状况开始恶化，并呈现出风险逐步向金融领域传导的趋势，信托业的风险处置压力和资本消耗压力明显加大。

4.4 内部控制

4.4.1 内部控制机制依据和内部控制机制覆盖范围

4.4.1.1 内部控制机制依据

渤海信托内部控制评估工作的依据是《中华人民共和国公司法》《商业银行内部控制指引》《信托公司管理办法》《信托公司治理指引》等法律法规，《渤海国际信托股份有限公司章程》《渤海国际信托股份有限公司内部控制指引》及其他相关规章制度。

4.4.1.2 内部控制机制覆盖范围

渤海信托内部控制评估涵盖公司治理结构三会一层，固有、信托两大业务体系及前台、中台、后台各部门。

4.4.2 内部控制制度及执行情况

4.4.2.1 公司治理内控

公司章程规范、完善，股东大会、董事会和监事会的议事规则和决策程序健全，董事会和董事长的决策权限明确、具体，对关联交易设置了专门的审议规则和决策机制；董事会、监事会及董事会下设的战略发展委员会、信托委员会、审计与风险管理委员会、提名薪酬与考核委员会、关联交易控制委员会及消费者权益保护委员会的议事规则健全、决策程序完善、工作职责明确和年度工作计划具体，且落实情况良好，为公司内部控制的运作提供了良好的基础和环境。股东大会正常、有效地行使在决定公司经营方针和投资计划、更换董事、批准财务预算和决算方案等方面的权利。董事会、监事会能够正常有效地行使公司章程所赋予的各项职权。

公司股东严格遵守法律、行政法规和监管机构的规定履行出资人义务和行使出资人的权利。公司建立了规范的关联交易管理制度，涉及关联交易项目均严格执行相关审核原则和程序，关联交易活动遵循了平等、自愿、信用和对价的商业原则，向利益关系人予以充分披露关联交易的定价依据。关联交易均按监管要求事先向监管机构报告。

在公司经营管理过程中，董事会、监事会和公司高级管理人员认真履行了公司章程及公司内部控制制度所赋予的职责，遵守《中华人民共和国公司法》《金融违法行为处罚办法》《金融机构高级管理人员任职资格管理办法》和《信托公司行政许可事项实施办法》等相关法律法规及公司章程和内部控制制度所列示的禁止性规定，展现了公正廉洁、遵纪守法、忠于职守、重视内控、规范经营、严防风险的高度责任意识和优良的工作作风；组织管理能力和业务能力与任职相称。

4.4.2.2 业务控制

4.4.2.2.1 信托业务与固有业务独立机制

《中华人民共和国信托法》《信托公司管理办法》《信托公司集合资金信托计划管理办法》等相关法律规定信托业务和固有业务完全独立，形成“防火墙”，确保相关人员、系统及财产不交叉。《渤海国际信托股份有限公司审批流程指引》对此也进行了明确的确认和区分。

4.4.2.2.2 项目独立评审机制

按照《渤海信托业务评审指引》《渤海信托融资类信托项目尽职调查指引》等相关制度，项目尽职调查、审查、评审、审批、执行、后期管理、信息反馈、审计监督基本是相互分离的，项目尽职调查基本上客观、如实地记录和报告了业务状况和风险状况，风险控制部和业务评审委员会在项目审查、评审环节独立发表意见。业务评审委员会在公平、公开前提下的评审项目，业务评审委员会对于项目的评审遵循独立客观原则。

4.4.2.2.3 风险量化机制

公司按照《渤海信托融资类信托业务尽职调查指引》暨《渤海信托交易对手及项目评级办法》对交易对手进行量化评估。交易对手及项目评级由定量评价和定性评价构成，评级要素包括市场竞争地位、信誉状况、管理水平、财务指标及项目评估五个方面。交易对手及项目评级通过对潜在交易对手及拟融资项目主要风险要素的评价,系统分析和识别潜在交易对手及项目存在的风险和问题,据此确定对潜在交易对手融资需求拟采取的风控措施。

4.4.2.2.4　项目操作指引规范化机制

公司重视完善风险管理制度,通过完善业务管理制度,明确业务操作规范。随着业务发展,公司相关部门不断总结风险管理工作经验,积极落实监管要求,逐步提高风险管理工作水平,适时制定并修订《信托项目过程管理办法》《信托业务合同签署和风控措施落实管理办法》《金融消费者权益保护制度》《金融消费者权益保护工作考核评价办法》《产品信息公开查询平台管理制度》《金融消费者投诉处理制度》《金融知识宣传教育管理办法》《集合信托产品销售专区录音录像管理工作制度》《集合资金信托业务客户认购资金退款事项操作指引》《集合资金信托业务信息披露操作指引》《集合资金信托受益权转让登记操作指引》《信托业务档案管理办法》等操作指引,将公司的风险管理理念和工作经验固化到规章制度中,使业务标准和操作程序更加明确,风险管理更加有效。

4.4.2.2.5　项目审计机制

根据监管要求,公司相关部门跟踪审核业务整改情况。监管机构开展年度例行现场检查后,根据发现的问题,提出一系列监管要求,需要管理层或信托业务部门马上落实,对相关问题进行整改。审计法务部对业务部门的整改工作进行审计监督,有效保证了监管要求的落实和缺陷项目的整改,降低了公司经营风险。此外,公司修订并发布《内部审计管理制度》,定期向股东及公司领导汇报公司业务发展情况、执行差异及处理情况、即将到期项目还款来源落实情况。上述措施为公司加强内部控制、有效落实各项管理制度、提早落实到期项目还款来源、敦促业务部门及时对已出现执行差异的项目提出和落实解决方案、防范与化解各类经营风险、提升非现场审计风险监控工作水平等,提供了有力的支持。

4.4.2.2.6　合规管理机制

为防控合规风险,由风险控制部负责合规内控事宜。公司与各业务部门签订风险合规责任书和案件防控责任书,落实业务风险合规责任和金融机构案件防控责任。此外,风险控制部密切保持与当地监管部门的工作联系和信息沟通,确保公司治理、业务经营等诸方面均能较好地落实监管政策,依法依规稳健经营。

4.4.2.2.7　业务流程监控机制

信息技术部按照《信息化需求管理制度》编制 IT 建设方案并与开发商恒生电子公司协商落实系统开发,积极推进公司业务流程监控系统建设,为科学开展风险管理创造条件。

4.4.2.2.8　注重过程管理机制

为进一步规范信托项目运营管理,提高运营管理水平,公司成立运营管理部。以《信托项目过程管理办法》《信托业务合同签署和风控措施落实管理办法》等制度为依托,公司严格控制项目操作风险,提高项目过程管理水平。

4.4.2.3　授权审批控制

公司授权管理制度规定清晰、明确。董事会在公司日常经营管理方面对总裁合理授权,经营管理层各位高级管理人员、职能部门负责人和关键人员岗位均在公司经营相应层次和项目管理的相应环节有适度授权,且授权范围及额度根据市场形势及公司业务运作实际需要适时调整。特别是固有资金运用和费用预算审批,在不同层级有明确的授权额度。从实际运行情况看,目前各层级、各类型授权范围及额度是适当的,符合公司经营需要,也能够满足风险控制要求。

4.4.2.4　重大投资控制

对于重大投资项目,公司设有投资风险评估与控制(项目小组、风险控制部、业务评审委员会和审计与风险管理委员会)、财务成本收益监管与控制(计划财务部和财务总监)、董事会决策控制和股东大会授权控制多层次控制机制。

4.4.2.5　信息披露控制

公司信息反馈机制完善,内部报告路径明确完整,交流渠道通畅,不断加强信息系统建设,逐步实现信息的共享,确保公司股东、董事会、监事会和高级管理层能够及时全面了解公司的经营和内控情况;公司通过监管报表、专项报告、事前报告和重大事项报告等形式向监管部门及时报送各种数据信息和资料;公司严格执行信息披露的监管要求,根据信托文件约定通过公司网站和书面通知的形式,向当事人全面披露信托财产管理运用的相关信息,按时披露公司年报和重要经营信息等重大事项。信息披露内容真实、完整、充分,按照监管机构的规定刊登在全国性报纸上向公众披露有关信息。

4.4.2.6　财务管理内部控制

在核算管理方面,公司认真贯彻落实《中华人民共和国会计法》《企业财务会计报告条例》《企业会计准则》等有关法律、法规;以实际发生的交易或事项为依据,提供的会计信息能够如实反映财务状况、经营成果和现金流量;按照公司制度规定的会计处理方法进行会计核算,核算及时、清晰明了,会计指标口径一致,相互可比;能够及时、准确上报各种财务报表。

在资金管理方面,公司的现金管理和银行存款管理均按照《现金管理暂行条例》和《人民币银行结算账户管理办法》认真执行,严格账户开立审批制度;根据公司业务开展模式,完善公司资金管理形式,并按照流程严格执行,做到既配合业务部门及时完成资金的划转,同时保证了资金的安全和相对可控。

在税收管理方面,公司计划财务部将纳税管理责任落实到具体岗位,实行纳税专管制度;日常税务申报及时;按照税务机关《发票管理办法》购买和正确使用各种发票;按照国务院财政、税务主管部门规定的保管期限保管账簿、记账凭证、完税凭证及其他有关资料。

4.4.2.7　预算控制

公司严格执行相关预算管理办法,控制日常各项经济活动的支出。

4.4.2.8　财产保护控制

计划财务部按照公司相关制度每月进行固定资产折旧的计提、无形资产的摊销;按时对资产变动状况进行维护,并保证账务处理正确、及时;对账面保留的原有业务产生的债权、资产,计划财务部积极配合资产处置,提出财务建议和意见,降低公司不良资产率。

4.4.2.9　绩效考评控制

公司高度重视绩效考评工作,通过完善的绩效考评机制,建立竞争意识强又公平公正的公司环境。目前,公司绩效考评从工作业绩、胜任素质、合规管理、风险控制、价值准则,民主评议六个方面展开。根据全员考核成绩确定考核等级，并根据考核等级对干部员工进行相应的激励和处罚，建立起绩效考评与员工激励的联动机制，使绩效考评真正落到实处。

4.4.2.10　反洗钱内部控制

为了建立健全反洗钱工作管理机制，加强公司反洗钱工作，有效预防洗钱活动，保持公司经营稳健，公司制定并修订《反洗钱和反恐怖融资工作管理制度及操作流程》《客户身份识别和客户风险等级划分管理办法》《洗钱和恐怖融资风险自评估管理办法》。公司要求各相关部门按照《反洗钱法》《银行业金融机构反洗钱和反恐怖融资管理办法》《金融机构反洗钱规定》等相关规定，严格审查客户提供的法定代表人身份证、经办人身份证、企业营业执照、组织机构代码证、国地税务登记证及贷款卡信息等证明文件和资料，确保其真实性、完整性和有效性。交易对手是自然人的，严格审查自然人的身份证明等基本资料。真正做到了解客户、识别客户。对于委托人的信托财产，公司按照《信托法》等有关法律规定严格审查其来源的合法性，严禁与财产来源不明确的委托人开展业务。

4.4.2.11　重大突发事件应急控制

公司制定了《渤海信托信托项目风险应急响应和处置办法》，为应对业务及其他方面的重大突发事件作了预先准备。为妥善处置重大突发事件，在组织领导、工作程序、物质准备、信息披露及反馈等方面进行了周密的计划和安排，将事件对公司的不利影响降到最低。

4.4.2.12　信息系统保障机制

公司的信息系统可全流程支持公司现有全部业务开展。此外，公司为严格防范信息技术风险，积极部署双活系统。公司在全部信息系统均已实现双机热备的基础上，按照“分系统、分步骤”的原则，完成了14个核心生产运营系统的双活，同时聘请专业的信息安全团队为公司提供漏洞扫描、网络防护、渗透测试及应急响应服务，有效地为信息系统运营安全提供了保障。

4.4.3　内部控制监督体系

内部控制监督体系由公司的董事会、经营管理层和全体员工共同建立并实施的，公司为控制风险、实现经营管理目标，通过制定和执行一系列制度、程序和方法，对风险进行识别、评估、控制、监测和纠正的动态持续过程和机制。

4.4.4　内部审计机制

公司审计法务部担任着内部审计的职能，按照《信托公司管理办法》《信托公司治理指引》及公司制定的《内部审计管理制度》的有关规定，每年进行两次年度审计。在日常工作中，对公司业务后期管理的跟踪等进行实时、不定期的监督审查。此外，审计法务部还依照《内部审计管理制度》对拟离任的公司高级管理人员进行审计，以核查其在任职期间是否依法合规履行自己的权利和义务。

4.4.5　内部控制缺陷认定及跟踪整改机制

公司通过不断完善内控机制，已形成了以合规审核、风险管理和内部审计为主，业务授权控制、会计控制及业务流程环节控制等方面共同作用的内部监督评价与纠正机制，实现了内控缺陷的及时发现和自主纠正。监督评价机制的有效运作，一方面促进了业务操作流程的不断优化和完善，另一方面增强了对操作风险的实时掌控，使内部监督制约机制更加健全有效。同时，审计法务部按照监管要求和公司制度对内部控制机制和业务运作进行监督、检查与跟踪评价，发现问题迅速自纠。公司高级管理层高度重视监管意见和专业机构的审计结果，根据监管政策和业务发展现状，及时梳理公司规章制度和业务审批流程，不断修订完善，确保内部控制体系的科学有效运行。

公司定期聘请外部审计机构对公司的经营状况、财务状况和内部控制状况进行外部审计，并积极采纳外部审计机构的意见，改善和健全自身的内部控制。

4.5　风险管理

4.5.1　风险管理概况

公司始终坚持“全员风控”的理念，将“三会一层”和前台、中台、后台各部门、各岗位均纳入了公司风险管理体系，以董事会下设的审计与风险管理委员会做原则统领，经营层下设的业务评审委员会和风险控制部、审计法务部、运营管理部，前台各业务部门（团队）负责具体项目的筛选和风险识别。公司全面实施风险管理精细化、流程化体系建设、明确风险防控目标和职责。公司通过健全和完善审计与风险管理委员会的功能和作用，建立直接向董事会汇报的内控管理机制；通过建立完善资产质量考核体系和问责制，形成良好的风险管理文化；通过建立重大事项报告和信息沟通制度，为董事会、监事会履行职责和正确决策提供基础。

董事会作为公司的经营决策机构，对公司风险管理承担最终责任；监事会对董事会、董事会审计与风险管理委员会、公司高级管理层对风险管理的有效性进行监督；董事会审计与风险管理委员会统筹负责风险管理政策的制定，并对其执行情况进行监督。高级管理层负责公司风险管理的有效执行，承担有效管理和执行风险管理的责任。业务评审委员会作为总裁领导下的风险管理及决策机构，主要负责对公司的固有项目、信托项目，以及与项目有关的其他重大事项进行审查、评估和决策。前台业务部门直接管理，承担风险管理的直接责任；运营管理与风险控制部门统筹推动，承担制定政策和流程，监测和管理风险的责任；审计法务部门监督检查，承担业务部门和风险管理部门履职情况的审计责任。公司建立“三道防线”的风险管理体系，不断促进业务流程优化和系统升级，合理保障公司的稳健经营和健康发展。

公司高度重视风险管理，认为风险管理能力是公司核心竞争力的重要构成，是公司持续稳健发展的基本保障，持续关注业务经营所面临的信用风险、市场风险、流动性风险、操作风险和声誉风险等各类风险。

4.5.2　风险状况

4.5.2.1　信用风险状况

信用风险是指由于债务人或交易对手不能履行或不能按时履行其合同义务，或者信用状况的不利变动而导致的风险。报告期末，公司自营业务信用风险资产按资产质量进行五级分类并按规定标准足额提取呆账准备金，公司按规定提取信托赔偿准备金和各项资产减值损失准备。信托业务信用风险资产按照资产五级分类标准均为“正常”，报告期内，信托业务均按期清算，无违约和逾期现象出现。

4.5.2.2　市场风险状况

市场风险是指因市场价格（利率、汇率、股票价格和商品价格）的不利变动而使公司表内和表外业务发生损失的风险。公司开展的证券投资业务比重较低，固有业务和信托业务整体受股价波动的影响较轻；公司融资类业务存在利率风险，面临由于利率水平不利变动产生的收益相对减少的利率风险；商品价格的不利变动可能给交易对手带来销售下降或成本上升从而收益减少，进而给公司财产或者信托财产带来市场风险；报告期内公司未开展外币业务，汇率变动不会对公司的盈利能力和财务状况产生直接影响。

4.5.2.3　操作风险状况

操作风险是因内部程序、人员和业务系统的不完善或者工作失误给公司造成损失的风险。报告期内，公司不断优化业务操作指引和工作流程，进一步完善以风险管理为导向的综合业务管理平台，前台、中台、后台各部门的业务操作更加规范，公司各项业务运行正常，未发生操作风险事件。

4.5.2.4　合规风险状况

合规风险是指公司因没有遵循法律、规则和准则可能遭受法律制裁、监管处罚、重大财务损失和声誉损失的风险。报告期内，河北银保监局组织开展市场乱象整治"回头看"自查工作，公司从始至终高度重视整治市场乱象整治工作，认真组织落实各项自查事项，内部自查、配合检查、整改落实等具体工作，工作成果得到监管机构认可。公司未因开展违法违规业务或受托履职不当受到监管处罚，也未因法律风险管控不当导致交易无效或发生重大财务损失。

4.5.2.5　其他风险状况

公司面临的其他风险主要是指声誉风险和战略风险等。报告期内，公司未发生声誉风险和战略风险事件。

4.5.3　风险管理

4.5.3.1　信用风险管理

公司通过规范尽调程序和尽调报告内容，并对业务人员进行专项培训，不断加强尽职调查工作，实施交易对手信用风险量化管理，审慎选择交易对手，严控项目信用风险。公司融资类信托业务普遍采取实物抵押、权利质押、企业保证等风控措施。报告期内，公司交易对手均具有良好信用纪录，没有违约事件发生。在项目前期尽调阶段，业务部门切实履行受托责任，确保收集的信息完整真实；在项目立项审批阶段，在业务评审委员会的指导下，风险控制部独立评估项目风险及风控措施的充足性、有效性，审核合同资料；在项目操作阶段，运营管理部督导业务部门严格落实项目风控措施；在项目执行过程的管理中，运营管理部监督项目经理实时跟踪评价交易对手的风险状况。运营管理部建立业务管理台账，加强对公司整体信用风险的动态管理，定期向业务部门收集项目履约情况、风控措施落实情况和还款来源落实情况，进行风险监测。

4.5.3.2　市场风险管理

公司加强对证券投资业务的专业培训，利用外部专业研究机构提供的信息和数据，加强对经济形势、金融市场行情、重点行业状况和行业周期的研究，确定投资范围、设计预警线和止损限额；增设专门实时监控岗位、降低股票质押率和增强信息披露等方式，有效防范股价波动风险；对部分业务通过合同约定实行浮动利率，有效规避利率风险；对于受商品价格影响较大的交易对手，加强对其所处行业的跟踪研究，动态关注其产销情况和盈利能力的变动状况，有效防范商品价格波动带来的风险。报告期内，公司未发生因市场风险造成的损失。

4.5.3.3　操作风险管理

公司高度重视内部控制制度建设，根据监管政策和业务发展需要，不断修订和完善《渤海信托审批流程指引》及各项业务操作流程，调整授权体系，明确岗位职责和操作规范，实行岗位职责和监督检查相结合，形成不同部门和不同岗位之间的既协作配合又监督制衡的关系。信托业务及固有业务实行调查评估、预审、审批、风险监测与监督检查相互分离的原则，风险管控流程覆盖了信托项目及固有项目的设立、信托财产及固有资金的运用与管理、固有融资到期偿还及信托计划终止与清算等所有业务环节。公司加强员工业务技能和企业文化培训，提高员工的业务素质、工作品质和职业道德水平，制定完善各类合同文本模板，提升业务规范化程度和操作效率，降低操作风险隐患。

4.5.3.4　合规风险管理

公司始终将合规文化作为企业文化的一个重要组成部分来培育，倡导和培育的合规基调和理念：在公司上下倡导并积极推行诚信和正直的道德行为准则和价值观念，努力培育所有员工的合规意识，强化合规理念、意识和行为准则，促进公司内部合规与外部监管之间的有效互动；合规人人有责，合规应从公司高层做起，主动合规；合规创造价值；依法合规是公司生存与发展的生命线。公司坚持开展制度文件合规审查机制，从制度源头上完善内控建设、加强合规管理；持续开展各类业务合规审核机制，将合规审核内嵌于公司业务审批流程当中，各类业务均需履行合规审查，以实现对各项业务的事前合规审查；深入开展合规文化培训与宣导，培育守法合规意识，纠正片面追求规模扩张、高速发展的粗放式经营理念，注重向管理要效益、向质量要效益、向服务要效益，真正形成"不能违规、不敢违规、不愿违规"的合规文化。

4.5.3.5　其他风险管理

公司不断强化全面风险管理的理念，在合规经营和稳健发展的基础上，着力提升公司的品牌价值和市场形象。

4.6　金融消费者权益保护

公司在做好常态化疫情防控工作的同时，确保公司各项业务及客户服务工作正常进行，积极保障金融消费者合法权益，全面完成公司2020年消费者权益保护工作目标。在日常工作中，积极落实监管部门工作要求并结合公司实际情况，完善公司消费者权益保护体制机制建设，2020年修订、新制定消费者权益保护工作制度3个，目前公司共制定消费者权益保护相关制度十余个，建立了较为全面的工作监督管理及执行落实体系。公司不断提升、丰富客户服务内容及质量，持续加大客户服务体系信息化建设投入，公司日常业务及客户服务的各环节严格落实消费者权益保护工作要求，不断完善消费者权益保护内部考核及结果应用，开展2020年度员工消费者权益保护知识技能培训，提高公司员工综合金融素质及客户服务能力，切实将消费者权益保护各项要求落到实处。针对消费者投诉事项，公司均安排专人妥善处理，与消费者积极沟通，争取与消费者和解或达成一致意见；对于监管部门转办的消费投诉，公司在积极妥善处理的同时，按时反馈处理情况。

2020年，公司组织开展了"3・15"消费者权益保护教育宣传周、金融知识宣传月、打击非法集资宣传月等多场金融知识普及宣传系列活动，通过线上线下相结合的形式，提高消费者风险防范意识及自我保护意识，增进社会群众对信托及各类金融理财知识的了解和认识。此外，公司充分发挥职场宣传教育主阵地作用，在职场办公区、“双录”专区长期摆放金融知识宣传材料，供客户阅览并向客户发放，开展常态化宣传活动，持续提高客户金融素养。

4.7 社会责任履行情况

2020 年，在新冠肺炎疫情、全球经济衰退等多重挑战下，我国在全球主要经济体中唯一实现经济正增长。在过去的一年中，渤海信托努力克服疫情不利影响，充分发挥信托多层次、多领域、多渠道配置资源的优势，全力支持国内实体经济恢复和发展，助力产业转型升级。截至 2020 年末，公司投向实体经济领域规模为 2855.52 亿元，占总规模的 66.44%。其中，投向基础设施领域 238.31 亿元、节能环保领域 31.11 亿元、产业转型升级领域 48.60 亿元。与此同时，公司立足国家经济和区域发展大局，积极服务国家重大战略，坚持融入京津冀协同发展、雄安新区规划建设等重大项目。其中，公司京津冀协同相关项目存续规模为 21.82 亿元，服务河北地区项目存续规模为 206.66 亿元。2020 年，公司被河北省人民政府授予 2020 年“河北省优秀民营企业”称号，并入选“2020 河北服务业企业 100 强”名单。

2020 年，中国脱贫攻坚战取得全面胜利，决胜全面建成小康社会取得决定性成就。渤海信托始终牢记企业社会责任，在“为他人做点事，为社会做点事”理念指引下，公司积极投身全面小康建设和脱贫攻坚伟大战役中。2020 年，公司累计投入民生保障领域规模 14.98 亿元，覆盖社会民生多个领域。此外，公司多年来坚持开展扶贫助困活动，为践行精准扶贫、实现全面小康尽一己之力。2020 年 9 月，公司员工走访石家庄市多所中小学，为需要帮助的孩子送去四万多元助学金。

2020 年，也是极不平凡的一年，新冠肺炎疫情突如其来，我国抗疫成绩举世瞩目。在 2020 年初新冠肺炎疫情防控关键阶段，渤海信托考虑河北省疫情防控需求，并充分发挥自身优势，成立了“渤海信托·大爱无疆抗击新冠肺炎慈善信托”，成为河北省历史上首单慈善信托。渤海信托高级管理团队和员工自发认购了该慈善信托产品，信托资金和收益共计 34 万全部捐赠至河北省红十字会，用于河北省胸科医院、石家庄市第五医院及河北省援鄂医疗队对新冠肺炎疫情的防控工作。

5. 报告期末及上一年度末的比较式会计报表

5.1 自营资产

5.1.1 会计师事务所审计意见全文

审计报告

中兴财光华审会字〔2021〕第 215014 号

渤海国际信托股份有限公司全体股东：

一、审计意见

我们审计了渤海国际信托股份有限公司（以下简称渤海信托公司）财务报表，包括 2020 年 12 月 31 日的资产负债表，2020 年度的利润表、现金流量表、股东权益变动表及财务报表附注。

我们认为，后附的财务报表在所有重大方面按照企业会计准则的规定编制，公允反映了渤海信托公司 2020 年 12 月 31 日的财务状况及 2020 年度的经营成果和现金流量。

二、形成审计意见的基础

我们按照中国注册会计师审计准则的规定执行了审计工作。审计报告的“注册会计师对财务报表审计的责任”部分进一步阐述了我们在这些准则下的责任。按照中国注册会计师职业道德守则，我们独立于渤海信托公司，并履行了职业道德方面的其他责任。我们相信，我们获取的审计证据是充分、适当的，为发表审计意见提供了基础。

三、管理层和治理层对财务报表的责任

管理层负责按照企业会计准则的规定编制财务报表，使其实现公允反映，并设计、执行和维护必要的内部控制，以使财务报表不存在由于舞弊或错误导致的重大错报。

在编制财务报表时，管理层负责评估渤海信托公司的持续经营能力，披露与持续经营相关的事项（如适用），并运用持续经营假设，除非管理层计划清算渤海信托公司、终止运营或别无其他现实的选择。

治理层负责监督渤海信托公司的财务报告过程。

四、注册会计师对财务报表审计的责任

我们的目标是对财务报表整体是否不存在由于舞弊或错误导致的重大错报获取合理保证，并出具包含审计意见的审计报告。合理保证是高水平的保证，但并不能保证按照审计准则执行的审计在某一重大错报存在时总能发现。错报可能由于舞弊或错误导致，如果合理预期错报单独或汇总起来可能影响财务报表使用者依据财务报表作出的经济决策，则通常认为错报是重大的。

在按照审计准则执行审计工作的过程中，我们运用职业判断，并保持职业怀疑。同时，我们也执行以下工作

（1）识别和评估由于舞弊或错误导致的财务报表重大错报风险，设计和实施审计程序以应对这些风险，并获取充分、适当的审计证据，作为发表审计意见的基础。由于舞弊可能涉及串通、伪造、故意遗漏、虚假陈述或凌驾于内部控制之上，未能发现由于舞弊导致的重大错报的风险高于未能发现由于错误导致的重大错报的风险。

（2）了解与审计相关的内部控制，以设计恰当的审计程序，但目的并非对内部控制的有效性发表意见。

（3）评价管理层选用会计政策的恰当性和作出会计估计及相关披露的合理性。

（4）对管理层使用持续经营假设的恰当性得出结论。同时，根据获取的审计证据，就可能导致对渤海信托公司持续经营能力产生重大疑虑的事项或情况是否存在重大不确定性得出结论。如果我们得出结论认为存在重大不确定性，审计准则要求我们在审计报告中提请报表使用者注意财务报表中的相关披露；如果披露不充分，我们应当发表非无保留意见。我们的结论基于截至审计报告日可获得的信息。然而，未来的事项或情况可能导致渤海信托公司不能持续经营。

（5）评价财务报表的总体列报、结构和内容，并评价财务报表是否公允反映相关交易和事项。

我们与治理层就计划的审计范围、时间安排和重大审计发现等事项进行沟通，包括沟通我们在审计中识别出的值得关注的内部控制缺陷。

中兴华会计师事务所（特殊普通合伙）

中国·北京

中国注册会计师：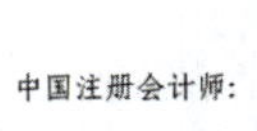

中国注册会计师：

2021年4月19日

5.1.2　资产负债表

资产负债表

编制单位：渤海国际信托股份有限公司　2020年12月31日　单位：元

项　目	期末余额	期初余额
资产：	—	—
现金及存放中央银行款项	13 231.28	11 463.14
存放同业款项	1 090 190 256.16	1 345 626 696.63
贵金属	—	—
拆出资金	—	—
以公允价值计量且其变动计入当期损益的金融资产	11 842 550.00	18 505 630.00
买入返售金融资产	5 718 950 000.00	—
其他应收款	593 783 049.53	461 880 476.34
发放贷款和垫款	1 260 925 600.00	986 170 000.00
可供出售金融资产	5 821 188 885.81	2 936 880 310.74
持有至到期投资	—	—
长期股权投资	—	—
投资性房地产	19 784 781.68	20 462 084.96
固定资产	1 055 828.70	1 815 270.97
在建工程	7 572 546.91	5 146 554.64
无形资产	20 012 117.11	17 192 063.41
递延所得税资产	910 141 147.14	427 149 451.60
长期待摊费用	364 240.39	825 991.47
其他资产	—	—
资产合计	15 455 824 234.71	15 820 185 993.90

资产负债表(续表)

编制单位：渤海国际信托股份有限公司　2020年12月31日　单位：元

项　目	期末余额	期初余额
负债：	—	—
向中央银行借款	—	—
同业及其他金融机构存放款项	—	—
拆入资金	760 000 000.00	760 000 000.00
以公允价值计量且其变动计入当期损益的金融负债	—	—
衍生金融负债	—	—
卖出回购金融资产款	—	—
吸收存款	—	—
应付职工薪酬	122 749 895.25	160 872 888.59
应交税费	698 176 366.22	636 443 672.85
其他应付款	301 314 510.06	679 733 566.82
预计负债	348 674 566.33	448 674 566.33
长期借款	—	—
应付债券	—	—

续表

项　目	期末余额	期初余额
递延所得税负债	—	—
其他负债	247 604.74	247 604.74
负债合计	2 231 162 942.60	2 685 972 299.33
股东权益：	—	—
股本	3 600 000 000.00	3 600 000 000.00
资本公积	5 603 586 997.66	5 603 586 997.66
减：库存股	—	—
其他综合收益	—	-72 900 744.30
盈余公积	470 585 102.70	468 830 417.38
一般风险准备	255 380 562.01	255 380 562.01
信托赔偿准备金	331 961 594.88	331 084 252.22
未分配利润	2 963 147 034.86	2 948 232 209.60
股东权益合计	13 224 661 292.11	13 134 213 694.57
负债和股东权益总计	15 455 824 234.71	15 820 185 993.90

5.1.3　利润表

利润表

编制单位：渤海国际信托股份有限公司　2020年度　单位：元

项　目	本年金额	上年金额
一、营业收入	2 296 993 747.97	2 924 113 308.14
利息净收入	484 014 468.02	370 454 123.97
利息收入	515 005 579.13	431 635 485.30
利息支出	30 991 111.11	61 181 361.33
手续费及佣金净收入	1 668 567 644.46	2 112 827 177.05
手续费及佣金收入	1 856 840 706.33	2 382 595 730.47
手续费及佣金支出	188 273 061.87	269 768 553.42
投资收益(损失以“-”号填列)	148 597 711.61	436 357 815.78
其中：对联营企业和合营企业的投资收益	—	—
公允价值变动损益(损失以“-”号填列)	-6 663 080.00	2 860 464.37
汇兑损益(损失以“-”号填列)	-3 523.38	882.24
资产处置收益(损失以“-”号填列)	—	—
其他收益	—	—
其他业务收入	2 480 527.26	1 612 844.73
二、营业支出	2 251 296 423.13	1 010 500 585.57
税金及附加	15 810 076.92	20 780 408.30
业务及管理费	132 779 179.23	—
资产减值损失	2 102 029 863.70	577 791 620.67
其他业务成本	677 303.28	677 303.28
三、营业利润(亏损以“-”号填列)	45 697 324.84	1 913 612 722.57
加：营业外收入	5 868 291.31	24 585 295.60
减：营业外支出	50 000.00	448 924 966.33
四、利润总额(亏损总额以“-”号填列)	51 515 616.15	1 489 273 051.84
减：所得税费用	33 968 762.91	373 404 211.67
五、净利润(净亏损以“-”号填列)	17 546 853.24	1 115 868 840.17
(一)持续经营净利润(净亏损以“-”号填列)	17 546 853.24	1 115 868 840.17
(二)终止经营净利润(净亏损以“-”号填列)	—	—
六、每股收益：	—	—
基本每股收益	—	—
稀释每股收益	—	—
七、其他综合收益	72 900 744.30	-14 894 652.65
八、综合收益总额	90 447 597.54	1 100 974 187.52

5.1.4 所有者权益变动表

所有者权益（股东权益）变动表

编制单位：渤海国际信托股份有限公司　　　　2020 年度　　　　单位：元

项　目	本年金额							
	实收资本(股本)	资本公积	其他综合收益	盈余公积	一般风险准备	信托赔偿准备金	未分配利润	所有者权益合计
一、上年年末余额	3 600 000 000. 00	5 603 586 997. 66	-72 900 744. 30	468 830 417. 38	255 380 562. 01	331 084 252. 22	2 948 232 209. 60	13 134 213 694. 57
加：1. 会计政策变更	—	—	—	—	—	—	—	—
2. 前期差错更正	—	—	—	—	—	—	—	—
二、本年年初余额	3 600 000 000. 00	5 603 586 997. 66	-72 900 744. 30	468 830 417. 38	255 380 562. 01	331 084 252. 22	2 948 232 209. 60	13 134 213 694. 57
三、本年增减变动金额(减少以"-"号填列)	—	—	72 900 744. 30	1 754 685. 32	—	877 342. 66	14 914 825. 26	90 447 597. 54
(一)本年净利润	—	—	—	—	—	—	17 546 853. 24	17 546 853. 24
(二)其他综合收益	—	—	72 900 744. 30	—	—	—	—	72 900 744. 30
上述(一)和(二)小计	—	—	72 900 744. 30	—	—	—	17 546 853. 24	90 447 597. 54
(三)股东投入和减少资本	—	—	—	—	—	—	—	—
1. 股东投入资本	—	—	—	—	—	—	—	—
2. 股份支付计入股东权益的金额	—	—	—	—	—	—	—	—
3. 其他	—	—	—	—	—	—	—	—
(四)利润分配	—	—	—	1 754 685. 32	—	877 342. 66	-2 632 027. 98	—
1. 提取盈余公积	—	—	—	1 754 685. 32	—	—	-1 754 685. 32	—
2. 提取一般风险准备	—	—	—	—	—	—	—	—
3. 提取信托赔偿准备金	—	—	—	—	—	877 342. 66	-877 342. 66	—
4. 对股东的分配	—	—	—	—	—	—	—	—
(五)股东权益内部结转	—	—	—	—	—	—	—	—
1. 资本公积转增股本	—	—	—	—	—	—	—	—
2. 盈余公积转增股本	—	—	—	—	—	—	—	—
3. 盈余公积弥补亏损	—	—	—	—	—	—	—	—
4. 其他	—	—	—	—	—	—	—	—
四、本年年末余额	3 600 000 000. 00	5 603 586 997. 66	—	470 585 102. 70	255 380 562. 01	331 961 594. 88	2 963 147 034. 86	13 224 661 292. 11

5.2 信托资产

5.2.1 信托项目资产负债汇总表

信托项目资产负债汇总表

编制单位：渤海国际信托股份有限公司　　　　2020 年 12 月 31 日　　　　单位：万元

信托资产	2020 年 12 月 31 日	2019 年 12 月 31 日	信托负债和信托权益	2020 年 12 月 31 日	2019 年 12 月 31 日
信托资产：			信托负债：		
货币资金	817 757. 23	1 929 275. 49	交易性金融负债	—	—
拆出资金	606 499. 03	471 065. 19	衍生金融负债	—	—
存出保证金	—	—	应付账款	—	889. 00
买入返售金融资产	—	—	应付受托人报酬	—	—
以公允价值及其变动计入当期损益的金融资产	1 466 605. 90	1 307 416. 03	应付托管费	—	—
衍生金融资产	—	—	应付受益人收益	—	—
持有至到期投资	11 121 509. 48	14 445 998. 57	其他应付款项	627 560. 81	517 303. 83
应收账款	383 264. 67	175 000. 00	应交税金	1 937. 03	2 329. 01
应收利息	4 612. 84	—	卖出回购金融资产款	—	—
应收股利	—	—	其他负债	—	—
应收票据	—	—	信托负债合计	629 497. 84	520 521. 84
其他应收款	314 013. 53	396 103. 36	—	—	—
长期应收款	—	—	—	—	—
长期股权投资	3 107 571. 06	4 129 613. 76	—	—	—

续表

信托资产	2020年12月31日	2019年12月31日	信托负债和信托权益	2020年12月31日	2019年12月31日
发放贷款	25 959 154.12	36 805 823.71	—	—	—
可供出售金融资产	—	—	信托权益:	—	—
投资性房地产	—	—	实收信托	42 978 939.17	58 789 301.59
融资租赁资产	—	—	资本公积	—	—
固定资产	—	—	损益平准金	—	—
固定资产清理	—	—	未分配利润	172 550.85	350 472.68
无形资产	—	—	信托权益合计	43 151 490.02	59 139 774.27
长期待摊费用	—	—	—	—	—
其他资产	—	—	—	—	—
信托资产总计	43 780 987.86	59 660 296.11	信托负债和信托权益总计	43 780 987.86	59 660 296.11

5.2.2 信托项目利润及利润分配汇总表

信托项目利润及利润分配汇总表

编制单位:渤海国际信托股份有限公司　2020年度　单位:万元

项　目	2020年度	2019年度
一、营业收入	3 504 535.12	3 199 809.79
利息收入	2 671 130.76	2 854 337.38
投资收入	812 750.12	291 035.49
租赁收入	—	—
其他收入	20 654.24	54 436.92
二、营业费用	327 133.27	402 201.92
三、营业税金及附加	—	—
四、扣除资产损失前的信托利润	3 177 401.85	2 797 607.87
减:资产减值损失	33.67	1.60
五、扣除资产损失后的信托利润	3 177 368.18	2 797 606.27
加:期初未分配信托利润	350 472.68	307 108.88
六、可供分配的信托利润	3 527 840.86	3 104 715.15
减:本期已分配信托利润	3 355 290.01	2 754 242.47
七、期末未分配信托利润	172 550.85	350 472.68

6. 会计报表附注

6.1 财务报表的编制基础

6.1.1 编制基础

公司财务报表以持续经营假设为基础,根据实际发生的交易和事项,按照财政部于2006年2月15日及以后颁布的《企业会计准则——基本准则》和各项具体会计准则、企业会计准则应用指南、企业会计准则解释及其他相关规定(以下合称《企业会计准则》)的披露规定编制。

根据企业会计准则的相关规定,公司会计核算以权责发生制为基础。除某些金融工具外,本财务报表均以历史成本为计量基础。资产如果发生减值,则按照相关规定计提相应的减值准备。

6.1.2 持续经营

公司自本报告期末至少12个月内具备持续经营能力,无影响持续经营能力的重大事项。

6.2 重要会计政策和会计估计说明

6.2.1 计提资产减值准备的范围和方法

根据《贷款风险分类指引》(银监发〔2007〕54号)及企业会计准则的相关规定要求,计提相应的资产减值准备。

6.2.2 金融工具的分类

管理层按照取得持有金融资产和承担金融负债的目的,将其划分为以公允价值计量且其变动计入当期损益的金融资产或金融负债,包括交易性金融资产或金融负债和直接指定为以公允价值计量且其变动计入当期损益的金融资产或金融负债;持有至到期投资;贷款和应收款项;可供出售金融资产;其他金融负债等。

6.2.3 长期股权投资

6.2.3.1 投资成本的确定

6.2.3.1.1 企业合并形成的长期股权投资

同一控制下的企业合并,合并方以支付现金、转让非现金资产或承担债务方式作为合并对价的,应当在合并日按照被合并方所有者权益在最终控制方合并财务报表中的账面价值的份额作为长期股权投资的初始投资成本。长期股权投资初始投资成本与支付的现金、转让的非现金资产及所承担债务账面价值之间的差额,应当调整资本公积;资本公积不足冲减的,调整留存收益。

合并方以发行权益性证券作为合并对价的,应当在合并日按照被合并方所有者权益在最终控制方合并财务报表中的账面价值的份额作为长期股权投资的初始投资成本。按照发行股份的面值总额作为股本,长期股权投资初始投资成本与所发行股份面值总额之间的差额,应当调整资本公积;资本公积不足冲减的,调整留存收益。

非同一控制下的企业合并,购买方在购买日应当按照《企业会计准则第20号——企业合并》的有关规定确定的合并成本作为长期股权投资的初始投资成本。

合并方或购买方为企业合并发生的审计、法律服务、评估咨询等中介费用及其他相关管理费用,应当于发生时计入当期损益。

6.2.3.1.2 其他方式取得的长期股权投资

以支付现金取得的长期股权投资,应当按照实际支付的购买价款作为初始投资成本。初始投资成本包括与取得长期股权投资直接相关的费用、税金及其他必要支出。

以发行权益性证券取得的长期股权投资,应当按照发行权益性证券的公允价值作为初始投资成本。与发行权益性证券直接相关的费用,应当按照《企业会计准则第37号——金融工具列报》的有关规定确定。

通过非货币性资产交换取得的长期股权投资,其初始投资成本应当按照《企业会计准则第 7 号——非货币性资产交换》的有关规定确定。

通过债务重组取得的长期股权投资，其初始投资成本应当按照《企业会计准则第 12 号——债务重组》的有关规定确定。

6.2.3.2　长期股权投资的核算

投资方能够对被投资单位实施控制的长期股权投资应当采用成本法核算。投资方对联营企业和合营企业的长期股权投资，采用权益法核算。

6.2.4　投资性房地产

投资性房地产包括已出租的土地使用权、持有并准备增值后转让的土地使用权和已出租的建筑物。

投资性房地产按照成本进行初始计量，采用成本模式进行后续计量，按期预计使用寿命及净残值率对建筑物和土地使用权计提折旧或摊销。投资性房地产的预计使用寿命、净残值率及折旧率列示如下表所示。

项目	折旧年限（年）	残值率（%）	年折旧率（%）
房屋及建筑物	20～40	5	2.38～4.75

资产负债表日，若单项投资性房地产的可收回金额低于账面价值时，将资产账面价值减记至可收回金额，减记的金额确认为资产减值损失，计入当期损益，同时计提相应的资产减值准备。投资性房地产减值一经确认，在以后会计期间不再转回。

当投资性房地产被处置，或者永久退出使用且预计不能从其处置中取得经济利益时，终止确认该项投资性房地产。投资性房地产出售、转让、报废或毁损的处置收入扣除其账面价值和相关税费后的金额计入当期损益。

6.2.5　固定资产及其累计折旧

6.2.5.1　固定资产确认条件、计价和折旧方法

固定资产是指为生产商品、提供劳务、出租或经营管理而持有的，使用年限超过一个会计年度的有形资产。

固定资产以取得时的实际成本入账，并从其达到预定可使用状态的次月起采用年限平均法计提折旧。

6.2.5.2　各类固定资产的折旧方法

类别	使用年限（年）	残值率（%）	年折旧率（%）
房屋及建筑物	20～40	5	2.38～4.75
运输设备	5	5	19
电子设备	5	5	19
机器设备	5	5	19
办公家具	5	5	19

资产负债表日，有迹象表明固定资产发生减值的，按照账面价值与可收回金额的差额计提相应的减值准备。

6.2.6　无形资产

无形资产包括土地使用权、专利权及非专利技术等，按成本进行初始计量。

使用寿命有限的无形资产，在使用寿命内按照与该项无形资产有关的经济利益的预期实现方式系统合理地摊销，无法可靠确定预期实现方式的，采用直线法摊销。摊销方式如下表所示。

项目	使用寿命（年）	摊销方法	备注
软件	5～10	直线法	—

使用寿命确定的无形资产，在资产负债表日有迹象表明发生减值的，按照账面价值与可收回金额的差额计提相应的减值准备；使用寿命不确定的无形资产和尚未达到可使用状态的无形资产，无论是否存在减值迹象，每年均进行减值测试。

6.2.7　在建工程

在建工程同时满足经济利益很可能流入、成本能够可靠计量则予以确认。在建工程按建造该项资产达到预定可使用状态前所发生的实际成本计量。

在建工程达到预定可使用状态时，按工程实际成本转入固定资产。已达到预定可使用状态但尚未办理竣工决算的，先按估计价值转入固定资产，待办理竣工决算后再按实际成本调整原暂估价值，但不再调整原已计提的折旧。

资产负债表日，有迹象表明在建工程发生减值的，按照账面价值与可收回金额的差额计提相应的减值准备。

6.2.8　长期待摊费用的摊销政策

长期待摊费用按实际发生额入账，在受益期或规定的期限内分期平均摊销。如果长期待摊的费用项目不能使以后会计期间受益则将尚未摊销的该项目的摊余价值全部转入当期损益。

6.2.9　收入确认原则

销售商品收入确认的确认标准及收入确认时间的具体判断标准：已将商品所有权上的主要风险和报酬转移给购买方；既没有保留与所有权相联系的继续管理权，也没有对已售出的商品实施有效控制；收入的金额能够可靠地计量；相关的经济利益很可能流入企业；相关的已发生或将发生的成本能够可靠地计量时，确认商品销售收入实现。

提供劳务交易的结果在资产负债表日能够可靠估计的（同时满足收入的金额能够可靠地计量、相关经济利益很可能流入、交易的完工进度能够可靠地确定、交易中已发生和将发生的成本能够可靠地计量），采用完工百分比法确认提供劳务的收入，并按已完工作的测量确定提供劳务交易的完工进度。提供劳务交易的结果在资产负债表日不能够可靠估计的，若已经发生的劳务成本预计能够得到补偿，按已经发生的劳务成本金额确认提供劳务收入，并按相同金额结转劳务成本；若已经发生的劳务成本预计不能够得到补偿，将已经发生的劳务成本计入当期损益，不确认劳务收入。

让渡资产使用权在同时满足相关的经济利益很可能流入、收入金额能够可靠计量时，确认让渡资产使用权的收入。利息收入按照他人使用公司货币资金的时间和实际利率计算确定；使用费收入按有关合同或协议约定的收费时间和方法计算确定。

6.2.10　所得税的会计处理方法

所得税包括当期所得税和递延所得税。除由于企业合并产生的调整商誉，或与直接计入所有者权益的交易或者事项相关的递延所得税计入所有者权益外，均作为所得税费用计入当期损益。

当期所得税是按照当期应纳税所得额计算的当期应交所得税金额。应纳税所得额是根据有关税法规定对本年度税前会计利润作相应调整后得出。

公司根据资产、负债于资产负债表日的账面价值与计税基础之间的暂时性差异，采用资产负债表债务法确认递延所得税。

6.3 或有事项说明

期末，公司对外担保预计将承担3.49亿元的支出。

6.4 资产负债表日后事项

无。

6.5 会计报表中重要项目的明细资料

6.5.1 披露自营资产经营情况

6.5.1.1 按信用风险五级分类结果披露信用风险资产的期初数、期末数

信用风险资产五级分类	正常类（万元）	关注类（万元）	次级类（万元）	可疑类（万元）	损失类（万元）	信用风险资产合计（万元）	不良资产合计（万元）	不良资产率（%）
期初数	1 4[illegible]1 263.00	32 648.00	—	23 000.00	85 780.00	1 632 691.00	108 780.00	0.66
期末数	1 1[illegible]8 957.00	27 448.00	396 257.00	22 360.00	170 834.00	1 745 856.00	589 451.00	16.80

注：不良资产合计＝次级类＋可疑类＋损失类。

6.5.1.2 各项资产减值损失准备的期初数、本期计提、本期转回、本期核销、期末数

单位：万元

	期初数	本期计提	本期转回	本期核销	期末数
贷款损失准备	44 000.00	76 677.73	—	—	120 677.73
一般准备	—	—	—	—	—
专项准备	44 000.00	76 677.73	—	—	120 677.73
其他资产减值准备	—	51 750.00	—	—	51 750.00
可供出售金融资产减值准备	41 533.04	64 167.99	—	—	105 701.03
持有至到期投资减值准备	—	—	—	—	—
长期股权投资减值准备	—	—	—	—	—
坏账准备	12 400.47	5 638.95	—	—	18 039.42
投资性房地产减值准备	2 859.73	—	—	—	2 859.73

6.5.1.3 按照投资品种分类，分别披露固有业务股票投资、基金投资、债券投资、股权投资等投资业务的期初数、期末数

单位：万元

项目	自营股票投资	基金投资	债券投资	股权	理财产品	合计
期初数	[illegible]850.56	—	—	55 814.31	237 873.72	295 538.59
期末数	[illegible]184.25	—	—	50 718.31	531 400.58	583 303.14

6.5.1.4 按投资入股金额排序，前三名的自营长期股权投资的企业名称、占被投资企业权益的比例、主要经营活动及投资收益情况等（从大到小顺序排列）

企业名称	占被投资企业权益的比例（%）	主要经营活动	投资损益（万元）
—	—	—	—

注：投资损益是指按照企业会计准则规定，核算股权投资确认损益并计入披露年度利润表的金额。

6.5.1.5 前三名的自营贷款的企业名称、占贷款总额的比例和还款情况等（从贷款金额大到小顺序排列）

项目	占贷款总额的比例（%）	还款情况
1	69.75	尚未到期
2	9.06	逾期
3	8.22	逾期

6.5.1.6 表外业务的期初数、期末数，按照代理业务、担保业务和其他类型表外业务分别披露

单位：万元

表外业务	期初数	期末数
担保业务	44 867.46	34 867.46
代理业务（委托业务）	—	—
其他	—	—
合计	44 867.46	34 867.46

注：代理业务主要反映因客观原因应规范而尚未完成规范的历史遗留委托业务，包括委托贷款和委托投资。

无其他表外业务。

6.5.1.7 公司当年的收入结构

收入结构	金额（万元）	占比（%）
手续费及佣金收入	185 684.07	73.62
其中：信托手续费收入	185 684.07	73.62
投资银行业务收入	—	—
利息收入	51 500.56	20.42
其他业务收入	248.05	0.10
其中：计入信托业务收入部分	—	—
投资收益	14 859.77	5.89
其中：股权投资收益	2 578.47	1.02
证券投资收益	—	—
其他投资收益	12 281.30	4.87
公允价值变动收益	−666.31	−0.26
资产处置收益	—	—
营业外收入	586.83	0.23
收入合计	252 212.97	100.00

6.5.2 披露信托财产管理情况

6.5.2.1 信托资产的期初数、期末数

单位：万元

信托资产	期初数	期末数
集合	14 834 283.99	13 456 408.12
单一	41 591 605.45	27 827 840.24
财产权	3 234 401.67	2 496 739.50
合计	59 660 296.11	43 780 987.86

6.5.2.1.1　主动管理型信托业务的信托资产期初数、期末数,分证券投资类、股权投资类、融资类、事务管理类分别披露

单位:万元

主动管理型信托资产	期初数	期末数
证券投资类	123 389. 20	170 800. 00
股权投资类	1 361 600. 00	2 195 560. 00
融资类	22 506 460. 40	20 819 016. 48
事务管理类	209 151. 00	393 636. 00
合计	24 200 600. 60	23 579 012. 48

6.5.2.1.2　被动管理型信托业务的信托资产期初数、期末数,分证券投资类、股权投资类、融资类、事务管理类分别披露

单位:万元

被动管理型信托资产	期初数	期末数
证券投资类	1 543 424. 27	824 193. 69
股权投资类	2 743 153. 28	885 950. 58
融资类	27 600 217. 62	16 879 392. 19
事务管理类	3 572 900. 34	1 612 438. 92
合计	35 459 695. 51	20 201 975. 38

6.5.2.2　本年度已清算结束的信托项目个数、实收信托合计金额、加权平均实际年化收益率

6.5.2.2.1　本年度已清算结束的集合类、单一类资金信托项目和财产管理类信托项目个数、实收信托合计金额、加权平均实际年化收益率

已清算结束的信托项目	项目个数(个)	实收信托合计金额(万元)	加权平均实际年化收益率(%)
集合类	86	5 893 141. 67	6. 59
单一类	499	21 526 089. 41	6. 69
财产管理类	14	1 766 426. 74	3. 35

注:1. 收益率是指信托项目清算后,给受益人赚取的实际收益水平。

2. 加权平均实际年化收益率 =(信托项目 1 的实际年化收益率 × 信托项目 1 的实收信托 + 信托项目 2 的实际年化收益率 × 信托项目 2 的实收信托 + … + 信托项目 *n* 的实际年化收益率 × 信托项目 *n* 的实收信托)/(信托项目 1 的实收信托 + 信托项目 2 的实收信托 + … + 信托项目 *n* 的实收信托)×100%。

6.5.2.2.2　本年度已清算结束的主动管理型信托项目个数、实收信托合计金额、加权平均实际年化收益率,分证券投资类、股权投资类、融资类、事务管理类分别计算并披露

已清算结束的信托项目	项目个数(个)	实收信托合计金额(万元)	加权平均实际年化信托报酬率(%)	加权平均实际年化收益率(%)
证券投资类	1	104 589. 20	0. 30	5. 80
股权投资类	3	86 040. 00	0. 70	6. 15
融资类	227	9 850 414. 67	0. 60	6. 93
事务管理类	2	138 765. 00	0. 21	6. 45

注:加权平均实际年化信托报酬率 =(信托项目 1 的实际年化信托报酬率 × 信托项目 1 的实收信托 + 信托项目 2 的实际年化信托报酬率 × 信托项目 2 的实收信托 + … + 信托项目 *n* 的实际年化信托报酬率 × 信托项目 *n* 的实收信托)/(信托项目 1 的实收信托 + 信托项目 2 的实收信托 + … + 信托项目 *n* 的实收信托)×100%。

6.5.2.2.3　本年度已清算结束的被动管理型信托项目个数、实收信托合计金额、加权平均实际年化收益率,分证券投资类、股权投资类、融资类、事务管理类分别计算并披露

已清算结束的信托项目	项目个数(个)	实收信托合计金额(万元)	加权平均实际年化信托报酬率(%)	加权平均实际年化收益率(%)
证券投资类	17	644 230. 58	0. 27	4. 00
股权投资类	10	1 326 251. 65	0. 28	5. 71
融资类	325	14 998 817. 39	0. 32	6. 47
事务管理类	14	2 036 549. 33	0. 20	4. 38

6.5.2.3　本年度新增的集合类、单一类和财产管理类信托项目个数、实收信托合计金额

新增信托项目	项目个数(个)	实收信托合计金额(万元)
集合类	40	4 5[illegible]1 853. 07
单一类	188	7 [illegible]6 692. 26
财产管理类	13	1 [illegible]6 750. 00
新增合计	241	13 [illegible]5 295. 33
其中:主动管理型	140	8 9[illegible] 904. 75
被动管理型	101	4 4[illegible] 390. 58

注:本年新增信托项目是指在本报告年度内累计新增的信托项目个数和金额,包含本年度新增并于本年度内结束的项目和本年度新增至报告期末仍在持续管理的信托项目。

6.5.2.4　信托业务创新成果和特色业务有关情况

2020 年,公司不断探索新的业务模式,提升主动管理能力,谋求高质量发展。在家族信托方面,完成财富管理业务的布局,设立了“汇鑫、鸿诺、恒承”品牌系列家族信托产品;在慈善信托方面,公司于 2020 年 3 月正式设立“渤海信托·大爱无疆抗击新冠肺炎慈善信托”;在标准化业务方面,公司着重开展资产支持票据(ABN)项目、资产支持证券(ABS)项目、“固收 +”、多种策略的证券投资项目等多种创新产品。在其他业务领域中,凭借开展债券业务的优秀表现,渤海信托在北京金融资产交易所举办的 2019 年度债权融资计划业务总结暨 2020 年工作展望交流会上荣膺“优秀管理机构奖”。

6.5.2.5　公司履行受托人义务情况及因公司自身责任而导致的信托资产损失情况(合计金额、原因等)

在本信托年度,公司作为受托人,严格遵守《中华人民共和国信托法》《信托公司管理办法》等法律法规及公司规章制度,每个信托项目分别开立了信托财产专用账户,对不同的信托资产单独进行管理和核算,公司管理的信托资产与固有资产由不同的部门和人员分别进行管理,信息隔离;同时,公司始终坚持诚实、信用、谨慎、有效管理的原则,牢固树立风险管理的理念,严格按照信托合同中约定的管理方式、权限,忠实地为委托人管理、运用及处分信托财产,保证了信托财产的安全完整和受益人的最大利益。

截至目前,公司无信托财产损失情况的发生。

6.6　关联方关系及其交易的披露

6.6.1　关联交易方的数量、关联交易的总金额及关联交易的定价政策等

项目	关联交易方数量(个)	关联交易金额(万元)	定价政策
合计	10	1 017 367. 00	公平协议价格

6.6.2 关联交易方与公司的关系性质、关联交易方的名称、法定代表人、注册地址、注册资本及主营业务等

序号	关系性质	关联方名称	法定代表人	注册地址	注册资本(万元)	主营业务
1	母公司之母公司	海航集团有限公司	陈峰	海口市美兰区国兴大道7号新海航大厦25层	6 000 000.00	航空运输及机场的投资与管理;酒店及高尔夫球场的投资与管理;信息技术服务;飞机及航材进出口贸易;能源、交通、新技术、新材料的投资开发及股权运作;境内劳务及商务服务中介代理。
2	母公司	海航资本集团有限公司	金川	海南省海口市海秀路29号	3 348 035.00	企业资产重组、购并及项目策划,财务顾问中介服务,信息咨询服务,交通能源新技术、新材料的投资开发,航空器材的销售及租赁业务,建筑材料、酒店管理,游艇码头设施投资。
3	受同一最终控制人控制	海航商业控股有限公司	陈汉	北京市顺义区南法信镇府前街12号207室	1 309 755.00	项目投资及投资管理;货物进出口、技术进出口、代理进出口;专业承包;技术开发、技术咨询、技术服务、技术转让;设备租赁(汽车除外);销售服装鞋帽、五金交电、日用杂品、文化体育用品、日用百货、珠宝首饰、针纺织品。
4	控股公司间接持股	浦航融资租赁有限公司	郑兴	中国(上海)自由贸易试验区正定路530号A5库区集中辅助区三层318室	1 268 340.00	融资租赁业务;自有设施设备租赁;租赁交易咨询(经纪业务除外);实业投资(股权投资除外);财务咨询(代理记账业务除外);向国内外购买融资租赁资产;从事与主营业务相关的货物进出口业务(依法须经批准的项目,经相关部门批准后方可开展经营活动)。
5	受同一最终控制人控制	海航实业集团有限公司	陈汉	北京市朝阳区阜通东大街6号院1号楼3层306	1 413 652.58	项目投资;投资管理;企业管理;销售机械设备;机械设备租赁。
6	受同一控制人控制	天津渤海四号租赁有限公司	时晨	天津自贸试验区(东疆保税港区)澳洲路6262号查验库办公区202室	10.00	融资租赁业务;租赁业务;向国内外购买租赁财产;租赁财产的残值处理及维修;租赁交易咨询。
7	受同一控制人控制	海口渤海四号租赁有限公司	时晨	海南省澄迈县老城经济开发区南一环路69号海口综合保税区联检大楼301房-4	10.00	融资租赁(金融租赁公司特有的经营内容除外)业务、租赁业务、租赁财产的残值处理及维修、租赁业务的咨询、向国内外购买租赁资产、货物及技术进出口。
8	受同一最终控制人控制	长江租赁有限公司	郑兴	天津自贸试验区(空港经济区)环河南路88号2-2034室	1 079 000.00	国内外各种先进或适用的生产设备、通信设备、医疗设备、科研设备、检验检测设备、工程机械、交通运输工具(包括飞机、汽车、船舶)等机械设备及其附带技术的直接租赁、转租赁、回租赁、杠杆租赁、委托租赁、联合租赁等不同形式的本外币融资性租赁业务;自有公共设施、房屋、桥梁、隧道等不动产及基础设施租赁;根据承租人的选择,从国内外购买租赁业务所需的货物及附带技术;租赁物品残值变卖及处理业务;租赁交易咨询和担保业务;投资管理;财务顾问咨询;信息咨询服务;以自有资金对交通、能源、新技术、新材料及游艇码头设施进行投资;酒店管理;经商务部批准的其他业务;兼营与主营业务有关的商业保理业务(依法须经批准的项目,经相关部门批准后方可开展经营活动)。
9	受同一最终控制人控制	海航生态科技集团有限公司	桂海鸿	海口市国兴大道7号海航大厦16楼	752 500.00	科技产品的开发、研制,数据中心,科技、能源、物流的投资开发,商务信息咨询。
10	海航集团联营企业	大新华航空有限公司	陈峰	海南省海口市海秀路29号	600 832.40	航空运输;航空维修和服务;机上供应品;与航空运输相关的延伸服务;机场的投资管理;候机楼服务和经营管理,酒店管理。

6.6.3 逐笔披露本公司与关联方的重大交易事项

6.6.3.1 固有与关联方交易情况:贷款、投资、租赁、应收账款、担保、其他方式等期初汇总数、本期借方和贷方发生额汇总数、期末汇总数

单位:万元

固有与关联方关联交易				
项目	期初数	借方发生额	贷方发生额	期末数
贷款	—	—	—	—
投资	—	—	—	—
租赁	—	—	—	—
担保	—	—	—	—
应收账款	—	—	—	—
其他	—	—	—	—
合计	—	—	—	—

6.6.3.2 信托与关联方交易情况:贷款、投资、租赁、应收账款、担保、其他方式等期初汇总数、本期借方和贷方发生额汇总数、期末汇总数

单位:万元

信托与关联方关联交易				
项目	期初数	借方发生额	贷方发生额	期末数
贷款	1 136 321.00	—	133 954.00	1 002 367.00
投资	15 000.00	—	—	15 000.00
租赁	—	—	—	—
担保	—	—	—	—
应收账款	—	—	—	—
其他	—	—	—	—
合计	1 151 321.00	—	133 954.00	1 017 367.00

6.6.3.3 信托公司自有资金运用于自己管理的信托项目（固信交易）、信托公司管理的信托项目之间的相互（信信交易）交易金额，包括余额和本报告年度的发生额

6.6.3.3.1 固有财产与信托财产之间的交易金额期初汇总数、本期发生额汇总数、期末汇总数

单位：万元

固有财产与信托财产相互交易			
项目	期初数	本期发生额	期末数
合计	65 381.00	21 519.00	86 900.00

注：以固有资金投资公司自己管理的信托项目受益权，或购买自己管理的信托项目的信托资产均应纳入统计披露范围。

6.6.3.3.2 信托项目之间的交易金额期初汇总数、本期发生额汇总数、期末汇总数

单位：万元

信托资产与信托财产相互交易			
项目	期初数	本期发生额	期末数
合计	—	—	—

注：以公司受托管理的一个信托项目的资金购买自己管理的另一个信托项目的受益权或信托项下资产均应纳入统计披露范围。

6.6.4 逐笔披露关联方逾期未偿还公司资金的详细情况及公司为关联方担保发生或即将发生垫款的详细情况

无。

6.7 会计制度的披露

固有业务及信托业务均执行2006年及以后颁布的《企业会计准则——基本准则》和各项具体会计准则、企业会计准则应用指南、企业会计准则解释及其他相关规定。

7. 财务情况说明书

7.1 利润实现和分配情况

经中兴财光华会计师事务所（特殊普通合伙）审计后，公司2020年实现利润总额5 151.56万元，扣除所得税3 396.87万元，净利润为1 754.69万元，根据《信托公司管理办法》及公司章程规定，提取5%信托赔偿准备金87.73万元，根据《中华人民共和国公司法》提取法定盈余公积金175.47万元，期末可供股东分配的利润为296 314.70万元。

7.2 主要财务指标

指标名称	指标值
资本利润率（%）	0.13
加权年化信托报酬率（%）	0.40
人均净利润（万元）	6.49

注：1. 资本利润率 = 净利润/所有者权益平均余额 ×100%。

2. 加权年化信托报酬率 =（信托项目1的实际年化信托报酬率 × 信托项目1的实收信托 + 信托项目2的实际年化信托报酬率 × 信托项目2的实收信托 + … + 信托项目 n 的实际年化信托报酬率 × 信托项目 n 的实收信托）/（信托项目1的实收信托 + 信托项目2的实收信托 + … + 信托项目 n 的实收信托）×100%。

3. 人均净利润 = 净利润/平均人数。

4. 平均值采取年初、年末余额简单平均法，公式为 a（平均）=（年初数 + 年末数）/2。

7.3 对公司财务状况、经营成果有重大影响的其他事项

报告期内，未发生对财务状况、经营成果有重大影响的其他事项。

7.4 公司净资本情况

报告期内，公司依据《信托公司净资本管理办法》积极推进净资本管理工作。

指标名称	指标值	监管标准
净资本（万元）	926 661.50	≥2亿元
各项业务风险资产之和（万元）	632 181.90	—
净资本/各项业务风险资本之和（%）	146.58	≥100
净资本/净资产（%）	70.07	≥40

8. 特别事项揭示

8.1 报告期内，前五名股东变动情况及原因，股份变动情况

报告期内，公司的股东及股份无变化。

8.2 董事、监事及高级管理人员变动情况及原因

8.2.1 董事变动情况

2020年9月17日，经2020年第四次临时股东大会审议通过，同意马建军辞去公司董事职务。

8.2.2 监事变动情况

2020年9月17日，经2020年第四次临时股东大会审议通过，选举马建军接替刘超担任公司监事；经第二届监事会第四次会议审议通过，选举马建军担任公司监事会主席。

8.2.3 高级管理人员变动情况

2020年9月16日，经第二届董事会第十一次会议审议通过，马建军辞去公司总裁职务。

8.3 变更注册资本、变更注册地或公司名称、公司分立合并事项

报告期内，无相关变更事项。

8.4 公司的重大诉讼事项

宝塔化工案件，涉诉金额约1.24亿元，执行阶段已取得部分回款，该案保全的财产充足，预计不会造成损失。报告期内，法院以被执行人涉及案件数量较多，需协调统一执行为由，已作出终结执行裁定，法定期限内具备执行条件的可恢复执行。

8.5 公司及其董事、监事和高级管理人员受到处罚的情况

报告期内，公司及其董事、监事和高级管理人员未受到相关处罚。

8.6 对国务院银行业监督管理机构或其派出机构提出的检查整改意见处理情况

2020年7月，河北银保监局组织开展市场乱象整治“回头看”自查工作。公司对照《河北银保监局市场乱象整治“回头

看”工作实施方案》，结合公司实际情况制定自查方案并认真开展排查工作，形成的自查报告已于 2020 年 11 月向河北银保监局报送。

8.7 本年度重大事项临时报告的简要内容、披露时间、所披露的媒体及其版面

2020 年 4 月 29 日，在《证券时报》B19 版刊登《渤海国际信托股份有限公司 2019 年度报告摘要》。

8.8 股东违反承诺质押公司股权或以股权及其受(收)益权设立信托等金融产品的情况

报告期内无上述情况。

8.9 已向国务院银行业监督管理机构或其派出机构提交行政许可申请但尚未获得批准的事项

报告期内无上述事项。

8.10 国务院银行业监督管理机构或其派出机构认定的其他有必要让客户及相关利益人了解的重要信息

报告期内无上述事项。

9. 公司监事会意见

公司监事会认为，报告期内，公司能够按照合法决策程序对重大事项进行决策，对所开展的业务经营活动符合《中华人民共和国公司法》《中华人民共和国信托法》《信托公司管理办法》《信托公司治理指引》等有关法律规定，内部控制制度较为完善，没有发现公司董事、高级管理人员在执行公司职务时有违法违纪和损害委托人、受益人、公司及股东利益的行为。公司财务报告真实客观地反映了公司的财务状况和经营成果。

长安国际信托股份有限公司

1. 重要提示

1.1 公司董事会及董事保证本报告所载资料不存在任何虚假记载、误导性陈述或者重大遗漏，并对其内容的真实性、准确性和完整性承担个别及连带责任。

1.2 公司独立董事王满仓、施继元声明：保证本年度报告内容真实、准确、完整。

1.3 公司2020年度财务报告经希格玛会计师事务所（特殊普通合伙）审计，并出具了标准无保留意见的审计报告。

1.4 公司董事长高成程、总裁刘斌、主管会计工作负责人张胜及会计机构负责人马华声明：保证年度报告中财务会计报告的真实、完整。

2. 公司概况

2.1 公司简介

长安国际信托股份有限公司的前身为西安市信托投资公司，1986年8月经中国人民银行批准成立，是国有独资的非银行金融机构。1999年12月，公司增资改制为有限责任公司。2002年4月，经中国人民银行总行批准，在信托业清理整顿中予以单独保留。2003年12月，经中国银行业监督管理委员会陕西监管局批准，换发了新的中华人民共和国金融许可证。2008年1月，经中国银行业监督管理委员会批准，公司名称变更为西安国际信托有限公司，注册资本变更为3.6亿元。2009年12月，经中国银行业监督管理委员会陕西监管局批准，公司注册资本变更为5.1亿元。2011年7月，经中国银行业监督管理委员会陕西监管局批准，公司注册资本变更为5.58亿元。2011年11月，经中国银行业监督管理委员会批准，公司整体变更并更名为长安国际信托股份有限公司，注册资本变更为7.5888亿元。2011年12月，经中国银行业监督管理委员会陕西监管局批准，公司注册资本变更为12.5888亿元。2014年3月，经中国银行业监督管理委员会陕西监管局批准，公司注册资本变更为13.46022857亿元。2016年2月，经中国银行业监督管理委员会陕西监管局批准，公司注册资本变更为33.3亿元。

2.1.1 公司法定中文名称：长安国际信托股份有限公司（简称：长安信托）

公司法定英文名称：Chang'an International Trust Co.，Ltd.（缩写：CITC）

2.1.2 公司法定代表人：高成程

2.1.3 公司注册地址：西安市高新区科技路33号高新国际商务中心23、24层

公司邮政编码：710075

公司国际互联网网址：http://www.caitc.cn

2.1.4 负责信息披露事务人：董事会秘书 令林强

信息披露事务联系人：陈拓

联系电话：029-87995909

传　　真：029-87990856

电子信箱：chentuo@caitc.cn

2.1.5 公司选定的信息披露报纸：《上海证券报》《金融时报》《证券时报》

2.1.6 公司年度报告备置地点：西安市高新区科技路33号高新国际商务中心24层

2.1.7 公司聘请的会计师事务所名称：希格玛会计师事务所（特殊普通合伙）

住　所：陕西省西安市浐灞生态区浐灞大道一号外事大厦6层

2.1.8 公司聘请的律师事务所名称：北京市康达（西安）律师事务所

住所：西安市雁塔区太白南路139号云玺中心十五层

2.2 组织结构

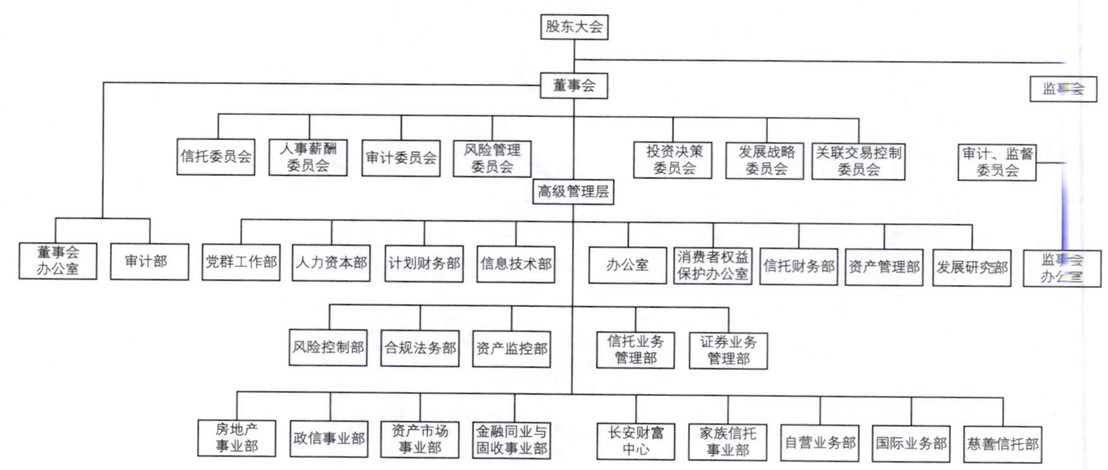

3. 公司治理

3.1 股东

公司股份及前十大股东持股情况。

报告期末股份总数（股）	3 330 000 000					
报告期末股东总数（个）	7					
报告期股份变动情况	无					
公司前十大股东						
股东名称	年末持股数（万股）	持股比例（%）	法定代表人	注册资本（万元）	注册地址	主要经营业务
西安投资控股有限公司	134 662.2138	40.44	巩宝生	1 422 989.992577	西安市高新区科技五路8号数字大厦四层	投资业务、项目融资、资产管理、资产重组与购并、财务咨询等。
上海淳大资产管理有限公司	72 605.2237	21.80	吴　秀	252 000	中国（上海）自由贸易试验区长柳路100号一层G室	实业投资、投资管理咨询、企业管理咨询。
上海证大投资管理有限公司	51 938.6594	15.60	朱立宏	200 000	中国（上海）自由贸易试验区民生路1199弄1号16层1908室	投资管理、资产管理。
上海随道投资发展有限公司	48 922.8308	14.69	周国华	100 000	上海市浦东新区洲海路2777号8－11层	资产经营管理（除金融业务）、实业投资、企业管理咨询等。
陕西鼓风机（集团）有限公司	20 339.8812	6.11	李宏安	13 738.247096	西安市临潼区代王街办	分布式能源及能源互联一体化项目的设计、技术研发、工程总包、建设及运营管理；分布式能源及能源互联一体化成套设备、大型压缩机、鼓风机、汽轮机、燃气轮机、通风机、各种透平机械、仪器仪表、智能化设备、自动化装备及其他机电产品的研发、设计、制造、销售、安装调试、售后与维修服务及再制造等。
西安高新技术产业开发区科技投资服务中心	3 238.0959	0.97	杨　酥	82 424.19	西安市雁塔区高新一路25号	为西安高新技术产业开发区企业提供投融资服务，开发区内中小企业贷款担保服务。
西安广播电视台	1 293.0952	0.39	惠　毅	92 087.79	西安市曲江新区曲江池西路60号	制播广播电视节目、移动电视频道及网络电视运营、广播电视节目发射、传输和覆盖技术服务广播电视广告经营等。

注：1. 上海淳大资产管理有限公司和上海证大投资管理有限公司存在关联关系。

2. 西安高新技术产业开发区科技投资服务中心和西安广播电视台为事业单位，其注册资本为开办资金。

3.2 董事、独立董事

3.2.1 董事

姓　名	职　务	性别	年龄（岁）	选任日期	所推举的股东名称	该股东持股比例（%）	简要履历
高成程	董事长	男	[illegible]	2018年4月23日	西安投资控股有限公司	40.44	曾任西安市国际信托投资公司投资租赁部副主任、主任，西安市生产资金管理分局副局长，西安市经济技术投资担保有限公司副总经理、总经理，西安国际信托有限公司董事长；现任长安国际信托股份有限公司董事长。
刘　斌	董事	男	[illegible]9	2019年12月23日	上海淳大资产管理有限公司	21.80	曾任华西证券绵阳花园营业部经纪业务管理总部总经理助理，民生银行成都分行清江支行副行长，民生银行成都分行公司部总经理、资金及资本市场部总经理，民生银行总行投资银行部结构融资部理财中心负责人，民生银行成都分行金融市场部总经理，四川聚信发展股权投资基金管理有限公司总经理、投决会主席、董事；现任长安国际信托股份有限公司总裁。
刘建利	董事	男	[illegible]9	2018年4月23日	西安投资控股有限公司	40.44	曾任西安旅游股份有限公司副总经理、董事会秘书；现任西安投资控股有限公司副总经理。
鹿　山	董事	男	[illegible]3	2018年4月23日	西安投资控股有限公司	40.44	曾任西安西格玛消防科技股份有限公司副总经理，华融渝富股权投资基金管理有限公司投资总监，西安财经学院教师，西安投资控股有限公司副总经理；现任西安城市发展（集团）有限公司副总经理。
徐　良	董事	男	[illegible]8	2018年4月23日	上海淳大资产管理有限公司	21.80	曾任深圳发展银行罗湖支行行长助理，平安银行成都分行行长助理、副行长、行长、党委书记；现任嘉腾控股有限公司董事长。

续表

姓　名	职　务	性别	年龄（岁）	选任日期	所推举的股东名称	该股东持股比例（%）	简要履历
葛　岗	董事	男	51	2018 年 4 月 23 日	上海证大投资管理有限公司	15.60	曾任成都第八建筑工程公司财务科科长，万腾实业集团有限公司常务副总经理、副总裁、总裁等；现任万腾实业集团有限公司副董事长。
王　岿	董事	男	52	2018 年 4 月 23 日	上海随道投资发展有限公司	14.69	曾任深圳市越众（集团）股份有限公司副总经理，成都中信城市建设有限公司总经理，中信地产成都有限公司党委书记、董事长；现任西藏嘉宜新能源科技有限公司董事长，拉萨市禹巽商贸有限责任公司董事长。
柴　进	董事	男	41	2018 年 4 月 23 日	陕西鼓风机（集团）有限公司	6.11	曾任北大方正集团总务部财务主管，北京北大方正电子有限公司运营管理部运营主管，西安陕鼓动力股份有限公司融资服务部部长助理、副部长；现任西安陕鼓动力股份有限公司董事会秘书、投资副总监。

注：上表中的“选任日期”为股东大会选举通过时间。

3.2.2　独立董事

姓　名	所在单位及职务	性别	年龄（岁）	选任日期	所推举的股东名称	所推荐股东持股比例（%）	简要履历
王满仓	西北大学经济管理学院金融系主任、教授	男	57	2018 年 4 月 23 日	西安投资控股有限公司	40.44	曾任西北大学经济管理学院管理系助教、讲师、副教授；现任西北大学经济管理学院教授、金融系主任。
施继元	上海立信会计金融学院教授	男	48	2018 年 4 月 23 日	上海证大投资管理有限公司、上海随道投资发展有限公司	15.60、14.69	曾任上海金融学院国际金融学院教授、副院长；现任上海立信会计金融学院教授，上海金融学会理事。

注：上表中的“选任日期”为股东大会选举通过时间。

3.3　监事

姓　名	职　务	性别	年龄（岁）	选任日期	所推举的股东名称	所推荐股东持股比例（%）	简要履历
周文革	监事会主席	男	54	2018 年 4 月 23	西安投资控股有限公司	40.44	曾任陆军第 47 集团军 139 师 415 团副连长、连长，西安陆军学院正连职、副营职、正营职教员，西安市财政局控办干部，西安市财政局组织人事处副处长、处长；现任长安国际信托股份有限公司监事会主席。
田洪涛	监事	男	49	2018 年 4 月 23 日	上海淳大资产管理有限公司	21.80	曾任联想集团控股公司审计师、审计部副总经理，神州数码控股公司经营管理部副总经理、企业发展部总经理、审计部总经理、集团总裁助理兼企业运营部总经理、法律部总经理、风险管理委员会负责人，神州数码副总裁兼财务部总经理、南区总裁、主任集团财经委员会和人力资源委员会负责人、神州数码信息服务有限公司 CFO（常务副总裁）；MI 能源控股有限公司执行董事兼执行总裁；现任北京慧康天诚医药科技有限公司董事长。
衡春妮	监事	女	46	2018 年 4 月 23 日	上海证大投资管理有限公司	15.60	曾任华夏证券广元营业部财务经理，成都中加国联投资有限公司财务总监、万腾实业集团副总裁；现任万腾实业集团总裁。
刘　朵	监事	女	34	2018 年 4 月 23 日	西安高新技术产业开发区科技投资服务中心	0.97	曾任中国人寿保险股份有限公司业务助理；现任西安市高新区财政局所属西安高新技术开发区科技投资服务中心会计。
刘　静	职工代表监事	女	51	2018 年 4 月 23 日	—	—	曾任西安国际信托投资有限公司投资银行部投资经理、投资银行部副总经理、信托二部副总经理；现任长安国际信托股份有限公司审计部总经理。
刘　斌	职工代表监事	男	55	2018 年 4 月 23 日	—	—	曾任建设银行西安市分行人事教育处团专干、信托投资公司信贷员，建设银行陕西省分行所属支行办公室、审批部、房地产信贷部、综合保障部负责人；西安华夏资产管理公司副总经理；长安国际信托股份有限公司历任总裁办公室、证券业务管理部、信托业务管理部、战略客户部负责人；现任长安国际信托股份有限公司信托业务管理部负责人。

注：周文革先生、田洪涛先生、衡春妮女士和刘朵女士的“选任日期”为股东大会选举通过时间；刘静女士和刘斌先生的“选任日期”为第三届监事会成立日期。

3.4 高级管理人员

姓名	职务	性别	年龄（岁）	选任日期	金融从业年限（年）	学历	专业	简要履历
刘斌	总裁	男	49	2019年12月9日	17	本科	金融学	曾任华西证券绵阳花园营业部经纪业务管理总部总经理助理，民生银行成都分行清江支行副行长，民生银行成都分行公司部总经理、资金及资本市场部总经理、民生银行总行投资银行部结构融资部理财中心负责人，民生银行成都分行金融市场部总经理，四川聚信发展股权投资基金管理有限公司总经理、投决会主席、董事；现任长安国际信托股份有限公司总裁。
瞿文康	副总裁	男	54	2018年4月23日	34	硕士研究生	经济管理	曾在西安市财政局、西安市国际信托投资有限公司工作；曾任西安市生产资金管理分局副主任、主任，西安市经济技术投资担保有限公司计财部主任、财务总监、副总经理兼财务负责人；现任长安国际信托股份有限公司副总裁。
张胜	党委书记、副总裁	男	57	2018年4月23日	33	博士研究生	电路与系统	曾任中国银行朔州支行副科长、科长，华夏银行太原支行个人金融处处长、营业部主任、行长助理、副行长、纪委书记，华夏银行网络银行部总经理、信息技术部总经理、总行机关党委委员、副首席信息官，华夏银行海口分行行长、党委书记，平安银行总行北京首席代表；现任长安国际信托股份有限公司党委书记、副总裁。
袁政	副总裁	男	49	2018年4月23日	25	本科	金融学	曾任深圳发展银行长城大厦支行副行长，深圳发展银行龙华支行行长，深圳发展银行总行信贷管理部总经理助理兼信贷监测与预警室经理，深圳发展银行总行资产保全部信贷执行官，深圳发展银行总行信贷管理部副总经理，深圳发展银行成都分行副行长兼信贷执行官，平安银行上海分行副行长兼信贷执行官，平安银行杭州分行副行长兼信贷执行官，平安银行电子信息产业金融事业部副总裁；现任长安国际信托股份有限公司副总裁。
黄海涛	副总裁	男	53	2018年4月23日	32	硕士研究生	工商管理	曾任陕西省邮政储汇局局长助理，商洛市邮政局副局长，陕西省邮政储汇局副局长，中国邮政储蓄银行陕西省分行副行长，中邮证券有限责任公司总经理；现任长安国际信托股份有限公司副总裁。
喻福兴	副总裁	男	53	2018年4月23日	33	本科	信息技术应用与管理	曾任建行浙江省信托投资有限公司信贷科科长，金信信托投资有限公司信托业务二部副经理，平安信托投资有限公司浙江营销中心总经理助理，长安国际信托股份有限公司信托六部总经理、总裁助理；现任长安国际信托股份有限公司副总裁。
桂林	副总裁	男	41	2020年8月7日	16	硕士研究生	金融学	曾任云南国际信托有限公司投资银行部副总经理，兴业银行总行投资银行部财富顾问处产品经理，民生银行总行投资银行部财富管理中心负责人，恒丰银行总行公司金融部总经理助理；现任长安国际信托股份有限公司副总裁。
黄立军	总裁助理	男	44	2018年4月23日	15	博士研究生	经济学	曾任安信证券研究中心金融分析师，宏源证券研究所行业公司部主管、公司战略小组成员、所长助理、副所长；现任长安国际信托股份有限公司总裁助理。
傅齐	总裁助理	男	43	2018年4月23日	25	本科	会计学	曾任深圳发展银行成都分行科华北路支行行长助理，深圳发展银行成都分行市场四部团队负责人，平安银行成都分行金融城支行筹备负责人、行长，平安银行成都分行行长室销售总监；现任长安国际信托股份有限公司总裁助理。
谷林强	董事会秘书	男	54	2018年4月23日	24	本科	管理科学	曾任陕西商业专科学校校长办公室秘书，长安国际信托股份有限公司投资银行部副总经理、证券业务部总经理、控股子公司总经理、自营业务部副总经理；现任长安国际信托股份有限公司董事会秘书、董事会办公室主任。

注：上表中的“选任日期”为董事会审议通过时间。

3.5 公司员工

项目		报告期年度		上年度	
		人数（人）	比例（%）	人数（人）	比例（%）
年龄分布	25岁以下	7	0.74	13	1.49
	25～29岁	141	14.87	140	16.06
	30～39岁	601	63.40	525	60.21
	40岁以上	199	20.99	194	22.25
学历分布	博士	11	1.16	12	1.38
	硕士	454	47.89	439	50.34
	本科	443	46.73	388	44.50
	专科	38	4.01	29	3.33
	其他	2	0.21	4	0.46

续表

项目		报告期年度		上年度	
		人数（人）	比例（%）	人数（人）	比例（%）
岗位分布	董事、监事及高级管理人员	12	1.27	11	1.26
	自营业务人员	5	0.53	5	0.57
	信托业务人员	361	38.08	370	42.43
	其他人员	570	60.13	486	55.73

4. 经营管理

4.1 经营目标、经营方针、战略规划

4.1.1 经营目标

公司的经营目标是以有效服务实体经济为根本出发点，以满足社会日益增长的财富保值增值需求为核心驱动，以合规经

营为基本原则，充分发挥信托功能优势和专业特长，不断做强做精信托主业，打造一家真正专业的资产管理公司，实现长期可持续的稳健发展。

4.1.2 经营方针

公司坚持创新、进取、专业、务实的企业文化，以全面满足客户的投融资需求为目标，以提升主动管理能力为着力点，以增强风险控制能力和专业人才队伍建设为保障，通过持续推进业务和产品创新，不断完善产品和客户服务体系，为客户提供专业、诚信的综合金融服务。

4.1.3 战略目标

公司的长期战略目标为做“高净值客户的最佳金融生活服务商”。公司将通过打造专业化事业部来实现上述战略目标。公司已经组建了六大事业部，分别是房地产事业部、政信事业部、资本市场事业部、金融同业与固收事业部、长安财富中心和家族信托事业部。各事业部聚焦细分市场，形成专业化壁垒，为客户提供全生命周期、全天候具有竞争优势的产品及服务。通过组建并成立事业部，实现专业化和高效化，建设精品信托公司，快速响应市场需求，获取高附加值业务，推动公司转型升级和可持续发展，为实现公司的战略目标提供有力保障。

4.2 所经营业务的主要内容

4.2.1 自营资产运用与分布情况

自营资产运用与分布表

资产运用	金额（万元）	占比（%）	资产分布	金额（万元）	占比（%）
货币资金	110 236.96	9.87	房地产	34 665.90	3.11
贷款及应收款	25 045.89	2.24	金融机构	280 279.68	25.10
交易性金融资产	28 566.72	2.56	实业	205 345.76	18.39
可供出售金融资产	523 091.39	46.86	证券市场	393 474.16	35.25
持有至到期投资	89 360.00	8.00	其他	202 679.18	18.15
长期股权投资	28 482.65	2.55			
其他	311 661.08	27.92			
资产总计	1 116 444.68	100.00	资产总计	1 116 444.68	100.00

4.2.2 信托资产运用与分布情况

信托资产运用与分布表

资产运用	金额（万元）	占比（%）	资产分布	金额（万元）	占比（%）
货币资产	374 293.95	1.00	基础产业	4 595 216.82	12.25
贷款	11 190 472.78	29.83	房地产	7 790 420.78	20.77
交易性金融资产	3 133 060.52	8.35	证券市场	3 328 297.58	8.87
可供出售金融资产	2 537 861.29	6.77	实业	13 804 816.86	36.80
买入返售金融资产	7 302 109.27	19.47	金融机构	2 182 954.53	5.82
持有至到期投资	7 656 832.67	20.41	其他	5 807 941.83	15.49
长期股权投资	4 495 692.59	11.99			
其他	819 325.33	2.18			
信托资产总计	37 509 648.40	100.00	信托资产总计	37 509 648.40	100.00

4.3 市场分析

4.3.1 影响公司业务发展的有利因素

2020年，在坚守受托人定位、回归信托本源、坚持法律关系、细化开展主营业务的大背景下，公司自上而下推行事业部制改革，主动顺应资管新规对行业发展提出的新要求，优化公司业务架构。随着公司事业部制改革的深入推进，初步形成了以房地产事业部、政信事业部、资本市场事业部、金融同业与固收事业部、长安财富中心和家族信托事业部为基石的发展新路径。事业部制改革既是公司组织架构的不断优化，也是公司业务发展的方向的再一次深化与聚焦，逐步形成公司核心业务品类，助力公司更好地适应大资管时代日渐激烈的竞争环境。

4.3.2 影响公司业务发展的不利因素

2020年全球经济遭受“新冠病毒”侵袭，国内宏观经济在短期内也受到了一定的影响，给信托行业的发展带来一定压力，主要有以下三个方面：一是在新冠肺炎疫情冲击下，部分实体经济领域风险加剧，为信托公司开展业务及期间管理带来了较大的压力，公司对合作伙伴的选择与风险甄别较以往难度加大；二是随着人民银行加大货币市场流动性供给，市场中资金量充裕造成了信托产品投资收益持续走低，对公司财富端销售带来了一定难度；三是当前资管市场同质化竞争加剧，并伴随着行业“去通道、压降影子银行业务规模”等监管要求，在新的业务模式尚未成为利润增长点时，传统信托业务模式受限造成的展业压力日益凸显。

4.4 内部控制

4.4.1 内部控制环境和内部控制文化

按照《中华人民共和国公司法》《信托公司治理指引》等相关法律法规及公司章程相关要求，公司建立了股东大会、董事会、监事会和高级管理层为核心的法人治理结构。公司的股东大会、董事会、监事会和高级管理层各司其职，各治理主体按照法律法规的有关规定和“独立运作、有效制衡、相互合作、协调运转”的原则，建立了合理的激励、约束机制，科学、高效地决策、执行和监督。

公司内部控制建设的总体目标是遵循法律法规及监管规定，保证经营合法合规；有效整合资源，确保经济、高效地实现公司目标；建立健全内部控制制度，做到有规可循；保障各项业务有序进行、信息传递畅通无误；保障公司资产安全及财务报告质量。

公司重视并积极培育内部控制文化，强调内控建设人人有责。公司从控制环境、制度文化、行为准则等多层次、全方位营造内控优先的管理理念，通过咨询、培训等方式，积极学习借鉴先进管理措施；通过制度规范、宣导教育、考核激励及全员问责等多种方式，倡导营造良好的内控文化氛围，保障内部控制的有效实施。

2020年，公司根据《信托公司信托文化建设指引》，制定年度信托文化建设工作实施方案、五年工作规划及配套方案，通过成立信托文化建设工作领导小组牵头推进各项活动落地，信托文化建设将为公司内部控制文化夯实基础。

4.4.2 内部控制措施

公司历来重视内控体系建设工作，不断优化完善内部控制措施。2020年，公司结合经营战略，围绕业务转型创新，继续深入探索将合规风险、内控管理、操作风险管理及反洗钱风险管理闭环贯穿在信托业务全生命周期，建立一套符合 COSO 整合框架等国际惯例和监管底线性要求、具有信托特色的管理体系。

2020 年，在内部事业部制改革背景下，公司围绕“业务逻辑、管理逻辑、经营逻辑”，初步形成“三层次风险管理体系”建设思路，对风险分级与差异化风险授权进行了有益探索，形成了基于风险分级管理的分层、分类、分级业务授权管理工作机制，进一步规范事业部风险管理履职管理工作。

此外，公司积极推进责权利体系建设工作，以问题管理为切入点，加强内部控制管理。一方面，公司建立责权利体系问题改进的常态化及快速响应机制，通过集中梳理、上报整改、督导落实等持续改进；另一方面，通过特定流程梳理及时将新问题、新情况纳入制度管理，不断提升公司管理规范化水平。

4.4.3 信息交流与反馈

公司在与外部信息交流方面，一是根据监管相关要求及时报备业务方案，汇报公司管理、经营情况及监管政策执行情况；二是与其他相关政府机构建立了良好的沟通机制，通过拜访、微信联络群等方式，积极促进了信息的沟通；三是树立良好外部形象，通过公司官网及时更新和发布公司动态、产品推介、信息披露等方面信息；四是借助公司内刊《信长安》向客户及合作伙伴传递公司声音。

公司在内部信息交流方面，一是通过总裁办公会、季度工作会等各种会议和行业业务动态及信托业务月报、风险信息快报、工作周报等各种内部文件，加强公司各部门之间的沟通，并快速解决业务和管理中出现的问题；二是通过公司 OA 系统、视频会议系统等信息化平台建设，进一步加强公司内部交流的便利性、保密性；三是建立问题管理机制，通过问题发现、上报、梳理、整改、督导等不断改进，加强内部管理信息沟通与反馈。

4.4.4 监督评价与纠正

公司建立了多层次的内控监管体系：监事会依法履行监督职能，对公司董事、高级管理层履职情况进行监督；董事会下设各专业委员会不定期召开会议，检查监督内部控制体系的运行情况；审计部对公司各项经营活动及内部控制制度的执行情况进行检查和评价，提出改进建议并督导落实整改。

4.5 风险管理

4.5.1 风险管理概况

2020 年，公司以“业务逻辑、经营逻辑、管理逻辑”为纲，秉持“风险技术优先”的风险管理理念，坚持受益人合法利益最大化原则，严守底线，在大力推动业务转型的同时，始终将防范风险作为持续经营和业务拓展的第一要务，不断优化完善风险管理长效机制。

公司持续优化和完善全面风险管理体系，提升事业部制下风险管理的精细化和专业化水平，通过调整和完善风险管理制度，创新风险管理手段，加强培训考评及资质管理，建立风险管理后评价机制等措施，强化风险管控力度，平衡业务发展与风险管理的关系。

一是探索事业部专业化转型下的风险管理体系。初步形成了基于宏观公司层、中观业务层、微观项目层的事业部“三层次风险管理体系”框架。宏观公司层，主要负责制定公司级经营策略、风险策略及风险差异化授权方案；中观业务层，主要负责明确事业部各类业务展业标准，通过“标准、评估、纠偏、调整”机制，形成事中制衡和事后监督；微观项目层，主要是在公司风险管理基本标准及原则下，事业部细化风险管控细则及核心控制规程，最大限度地发挥特定领域风险专业化、集约化管控优势。

二是有序推进强监管背景下的合规管理。2020 年信托行业转型步入深水区，一方面，公司积极配合不同层级监管检查，深入自查整改；另一方面，与监管机构保持良性沟通，及时明确业务边界，获取监管对公司转型的支持。同时根据事业部制改革运行实践和经验积累，优化完善具有信托特色、涵盖合规管理、内控管理、操作风险管理和反洗钱管理“四位一体”，符合 COSO 整合框架等国际惯例和监管底线性要求的合规内控管理体系，确保事业部制度创新在公司合规内控有效范围内进行。

三是构建期间管理全面监控体系。公司在原有投后管理体系基础上，进一步梳理了不同业务类型管理的监控要点与重点环节。以经营风险为导向，以实现全流程、全员工、全品类、全风险、全覆盖为目标，以“标准化＋差异化”与“专业化＋精细化”管理模式为支撑，对传统债权类、股权投资类、标品投资类、服务信托类、其他类项目制定了差异化管理策略，加强资金端与资产端产品适配性监督，结合精细化数据流进行风险管理。

四是搭建风险项目管理体系。通过多层次的制度建设，针对重点处置项目的清收处置、案件管理等重点工作，形成体系闭环。同时，风险项目管理体系与公司全面监控体系、事业部改革工作相衔接，使信托项目全流程管理更加完整与顺畅。

4.5.2 风险状况

4.5.2.1 信用风险

信用风险是指交易对手未能履约所造成的风险，主要表现为在信托贷款、资金回购、后续资金安排、担保、履约承诺等交易过程中，借款人、回购人、担保人、保管人（托管人）等交易对手，不能或不愿履约而使信托资产或固有资产遭受损失的可能性。

4.5.2.2 市场风险

市场风险是指由于市场价格或利率波动而导致的对金融产品或其他产品的资产价值产生负面波动，主要表现为因市场价格，如利率、汇率、股票价格和商品价格等的不利变动而使公司信托资产和固有资产发生损失的风险。

4.5.2.3 操作风险

操作风险是指由不完善或有问题的内部程序、员工和信息科技系统，以及外部事件所造成损失的风险，主要表现为公司信息系统还不够全面，内控程序和结构还不够完善，以及人员操作不规范和责任心不强等造成损失的风险。

4.5.2.4 其他风险

其他风险主要是指公司业务开展中的法律风险、合规风险、声誉风险、人员道德风险等。

4.5.3 风险管理

4.5.3.1 信用风险管理

2020 年，公司持续完善信用风险的管理架构，主要从业务准入、期间管理和兑付管理三个环节进行严控，提升整体风险管理质效。

业务准入环节。一是适时调整风险管理政策。公司及时捕捉宏观经济金融环境变化，顺应监管导向，结合自身业务特征，不定期对房地产业务、政信业务、资本市场业务、服务信托业务等领域风险管理政策进行调整和完善，审慎选择交易对手，提升方案设计水平，发挥风险管理指引对信托业务的引领作用，从业务准入端有效把控风险。二是深化业务创新，争取转型先机。在行业传统业务普遍受限的背景下，公司主动出击，加强投研，在严守风险底线的基础上，形成了一系列操作性强、市场基础广泛、具备复制和推广价值的创新业务模式，并实现业务落地。三是细化业务风险分级，差异化合理授权。以事业部改革为契机，公司进一步提升风险管理的精细化水平，基于“经营风险稳定性、风险补偿能力”维度，细化业务风险等级标准，实施差异化授权管理方案，厘清业务风险管理责权边界，建立配套监督后评价制约，实现“合理授权、审慎用权”的目标。四是加强重点行业领域风险管控，防范过度信贷风险。公司重点加强对房地产融资、政府融资平台、金融同业通道等领域授信管控，防范过度信贷的风险。构建房地产和政府融资平台名单制管理体系，继续严格实施区域和交易对手集中度限额管控机制，进行量化管理；实施房地产领域投放规模总量管控，定期进行房地产等业务压力测试；加强政府融资平台业务合规性审查，杜绝对地方政府违规授信，严把风险准入关口。

期间管理环节。一是夯实“标准化、差异化”风险监测基础，公司初步建立了基于项目分层管理的业务风险图谱，制定“五级监控体系”，针对不同监控等级的项目落实差异化管控措施。二是公司按照“早发现、早预警、早处置”的工作思路，定期或不定期地加强风险排查频次，提升重点领域、重点区域业务监控力度。三是公司搭建风险信息内部传递和共享的有效机制，进一步强化内外部沟通和舆情管理能力，发挥风险管理协同效应。

兑付管理环节。一是公司严格按照兑付管理相关制度，规范执行管理动作。二是在兑付排查全覆盖基础上，公司针对到期紧迫性，实施差异化管理措施。三是公司针对兑付期识别的潜在风险，前置化介入时点，制定“一户一策”的风险化解方案，以时间换空间，提升风险化解工作质效。

4.5.3.2 市场风险管理

公司持续关注市场风险管理能力的提升。一是在投资方案设计和审查端，抓住大类资产配置的核心风控逻辑，遵循组合投资、分散风险的原则，限制单一资产集中度，限制高风险资产的配置比例，限制对冲策略的风险敞口；二是建立公司层级投资管理人和外部合作伙伴准入管理机制，通过名单制管理，筛选和引入历史业绩优秀的头部合作伙伴，提升投资收益水平，平滑市场波动及回撤幅度；三是针对证券类业务，加强运行期间盯市及预警管理，充分履行受托人职责，严格落实合同关于盯盘、关注预警、止损的管理要求，及时监控市场波动，准确把握不同市场行情下资产风险敞口大小，及时提示风险。

4.5.3.3 操作风险管理

公司在全面风险管理框架下，通过流程优化再造、风险经验合理化分布、金融信息科技支持、合规内控审计自查等方式，持续管理和防范操作风险。

一是启动公司层级流程再造。公司全面梳理现存的各项流程制度，在满足合规内控要求及风险可控的基础上，删减非必要节点，合并重复审批流程，确保流程中各审批节点责权清晰、与公司现行制度相匹配，提升流程合理性。同时加强对流程有效性的合规内控和审计检查、评价，加强责任追究。

二是公司加强风险管理团队建设，提升风险管理人员的结构、数量与业务的匹配性，经验分布合理化，加强风险管理人员管理技能培训，提升风险管理人员稳定性，杜绝因“操作疲劳”导致的风险识别能力下降及风险识别有效性贬损。

三是公司秉持信息科技引领金融风险管控策略，加快布局风险信息系统建设，充分利用金融信息科技手段，加快合规内控管理一体化信息系统的开发；建立全链条深度投后管理体系，借助信息系统实现风险监控、信息收集、数据分析、风险识别、跟踪预警；充分利用外部第三方专业信息支持服务，实现系统对接，以信息科技系统替代手工录入管理，标准化作业，提升效率，降低操作风险。

四是公司积极开展全面风险排查、市场乱象整治、“资管新规”整改、扫黑除恶专项斗争等各项整治工作，加强反洗钱管理、案防管理、评级管理、关联交易、授权管理、制度及流程管理等各项日常合规内控管理工作，开展员工培训，提高员工风险意识，防范操作风险。

4.5.3.4 其他风险管理

公司持续关注有关法律、法规的最新变化，加强对国家政策的分析与研究，加强与监管机构及同业的沟通交流，确保正确理解和准确把握各项规定。在公司事业部制改革下，及时对业务程序和操作指引进行梳理和修订。同时，公司不断加强员工职业道德教育，强化全员的合法合规意识，防范员工道德风险。

4.6 净资本管理

2020 年末，公司净资本风险控制指标：净资本为 4 577 143 559 元，各项业务风险资本之和为 4 298 222 798 元，净资本/各项业务风险资本之和为 106%，净资本/净资产为 59%。2020 年，公司积极调整优化资产和业务结构，净资本各项监管指标均达到监管要求。

4.7 消费者权益保护

2020 年，在监管机构的正确指导下，公司按照全年消费者权益保护工作部署，以切实保护消费者合法权益为目标，不断夯实基础，筑牢根基，持续健全消保内部管理机制，加强消费者教育与宣传，规范日常经营服务行为，全面提升消费者权益保护工作质效，为提振消费信心，推进社会协同共治积极开展相关工作。

在体制机制建设方面，公司将消费者权益保护工作纳入经营发展战略和企业文化建设中，公司董事会及董事会信托委员会定期审议消费者权益保护工作报告，并对公司的消费者权益保护工作提出指导意见，督促高级管理层有效执行和落实相关要求，积极有序推动公司开展有关工作。

在制度建设方面，根据内外部环境变化，公司对客户投诉、信托专户、信息披露、档案管理、一区“双录”等管理制度进行修订优化，同时根据公司实际情况，出台了业务审批、专行人员管理、客服热线等方面的相关制度。

在产品准入方面，为应对复杂多变的市场环境，公司积极布局业务转型，不断提高公司应对金融风险、化解消费者权益保护隐患方面的能力。

在消费者权益保护培训方面,为提升公司化解金融消费纠纷能力,使员工掌握金融纠纷解决要点,了解行业纠纷案例,根据监管部门对金融机构投诉工作的相关要求以及公司消保工作年度培训计划,公司组织了多次与消费者权益保护相关的培训。邀请外部讲师对理财师进行投诉处理技巧分享、政策解读。参加陕西金融消费纠纷调解中心 2020 年调解员培训班,学习民法典、调解技巧、调解案例、调解规则及程序。提高思想站位,强化消费者权益保护理念,提升消费者权益保护业务能力。公司组织员工及客户参加了以“聚焦信托——正确认识信托产品和公司”为主题的线上培训活动,加深投资者对信托的了解。

在金融知识宣传及投资者教育方面,公司认真制定宣传工作方案,部署相关工作,明确宣传要求,陆续组织了线上、线下等形式多样的专题活动十余场,涉及信托文化建设、清廉文化建设、扫黑除恶、资管新规、反洗钱、非法集资等多方面。组织了“3·15 消费者权益保护周”“金融知识进乡村”“守住钱袋子·护好幸福家”“扫黑除恶宣传教育月”“防范和打击非法集资宣传月”“金融知识普及月”等一系列活动。

4.8 企业社会责任

公司秉持“长安心、百年业”的可持续发展理念,始终坚守着对股东的回报之心、对客户的诚挚之心、对员工的关爱之心、对社会的奉献之心,坚持把积极履行企业社会责任作为实现战略愿景的重要路径和依托。2020 年,公司积极投身抗击新冠肺炎疫情、精准扶贫、乡村振兴等领域,发挥信托功能优势,切实履行企业社会责任。

在新冠肺炎疫情蔓延之初,公司第一时间响应中国信托业协会号召,出资 50 万元参与设立“中国信托业抗击新型肺炎慈善信托”,用于投入防疫新型肺炎的帮扶救助工作。随着抗击疫情工作的推进,公司与员工共同出资 51 万余元,设立“长安慈——抗疫与共慈善信托”,用于支持陕西省新冠肺炎疫情的防控工作。

为了巩固精准扶贫成果、助力乡村振兴,公司设立“长安慈——脱贫攻坚关爱农村三留守群体慈善信托”,在陕北革命老区,以资助和赋能为主要方式,通过公益项目带动地方政府、企业、社会团体和群众参与,激活社会资源,最终形成资金流和服务流的自主良性循环,为推动系统性解决留守老人、留守妇女、留守儿童问题打造范本,进而以点带面,推广形成可复制、可持续的公益模式。

此外,公司始终以国家利益为重,在谋求自身稳健、创新发展的同时,恪守诚信之道,合法经营,坚持依法按时缴纳税款、积极履行扣缴义务人代扣代缴税款的义务,连续多年被税务机关评为“纳税信用 A 级纳税人”,树立了诚信纳税的良好企业形象和品牌信誉。

经过多年的实践累积,公司已经形成了以自身专业化的金融服务能力为核心,以信托产品为驱动的履行社会责任的企业特色,并保持与时俱进、不断创新,塑造了负责任的资产管理和财富管理品牌形象,成为推动提高企业履行社会责任的积极力量。

公司履行社会责任工作的详情见随后在公司官网披露的《长安国际信托股份有限公司 2020 年社会责任报告》。

5. 报告期末及上一年度末的比较式会计报表

5.1 自营资产

5.1.1 会计师事务所审计意见全文

审 计 报 告

希会审字(2021) 2220 号

长安国际信托股份有限公司全体股东:

一、审计意见

我们审计了长安国际信托股份有限公司(以下简称贵公司)财务报表,包括 2020 年 12 月 31 日的资产负债表,2020 年度的利润表、现金流量表、股东权益变动表及相关财务报表附注。

我们认为,后附的财务报表在所有重大方面按照企业会计准则的规定编制,公允反映了贵公司 2020 年 12 月 31 日的财务状况及 2020 年度的经营成果和现金流量。

二、形成审计意见的基础

我们按照中国注册会计师审计准则的规定执行了审计工作。审计报告的“注册会计师对财务报表审计的责任”部分进一步阐述了我们在这些准则下的责任。按照中国注册会计师职业道德守则,我们独立于贵公司,并履行了职业道德方面的其他责任。我们相信,我们获取的审计证据是充分的、适当的,为发表审计意见提供了基础。

三、管理层和治理层对财务报表的责任

贵公司管理层(以下简称管理层)负责按照企业会计准则的规定编制财务报表,使其实现公允反映,并设计、执行和维护必要的内部控制,以使财务报表不存在由于舞弊或错误导致的重大错报。

在编制财务报表时,管理层负责评估贵公司的持续经营能力,披露与持续经营相关的事项(如适用),并运用持续经营假设,除非管理层计划清算贵公司、终止运营或别无其他现实的选择。

治理层负责监督贵公司的财务报告过程。

四、注册会计师对财务报表审计的责任

我们的目标是对财务报表整体是否不存在由于舞弊或错误导致的重大错报获取合理保证,并出具包含审计意见的审计报告。合理保证是高水平的保证,但并不能保证按照审计准则执行的审计在某一重大错报存在时总能发现。错报可能由于舞弊或错误导致,如果合理预期错报单独或汇总起来可能影响财务报表使用者依据财务报表作出的经济决策,则通常认为错报是重大的。

在按照审计准则执行审计工作的过程中,我们运用职业判断,并保持职业怀疑。同时,我们也执行以下工作:

(1)识别和评估由于舞弊或错误导致的财务报表重大错报风险,设计和实施审计程序以应对这些风险,并获取充分、适当的审计证据,作为发表审计意见的基础。由于舞弊可能涉及串通、伪造、故意遗漏、虚假陈述或凌驾于内部控制之上,未能发现由于舞弊导致的重大错报的风险高于未能发现由于错误导致的重大错报的风险。

（2）了解与审计相关的内部控制，以设计恰当的审计程序，但目的并非对内部控制的有效性发表意见。

（3）评价管理层选用会计政策的恰当性和作出会计估计及相关披露的合理性。

（4）对管理层使用持续经营假设的恰当性得出结论。同时，根据获取的审计证据，就可能导致对贵公司持续经营能力产生重大疑虑的事项或情况是否存在重大不确定性得出结论。如果我们得出结论认为存在重大不确定性，审计准则要求我们在审计报告中提请报表使用者注意财务报表中的相关披露；如果披露不充分，我们应当发表非无保留意见。我们的结论基于截至审计报告日可获得的信息。然而，未来的事项或情况可能导致贵公司不能持续经营。

（5）评价财务报表的总体列报、结构和内容，并评价财务报表是否公允反映相关交易和事项。

我们与治理层就计划的审计范围、时间安排和重大审计发现等事项进行沟通，包括沟通我们在审计中识别出的值得关注的内部控制缺陷。

希格玛会计师事务所（特殊普通合伙）

中国注册会计师：朱洪雄

中国·西安市　　中国注册会计师：杨晓荣

2021 年 4 月 28 日

5.1.2 资产负债表

资产负债表

编制单位：长安国际信托股份有限公司　2020 年 12 月 31 日　单位：元

项目	期末余额	期初余额
货币资金	1 102 369 557. 21	861 849 217. 11
结算备付金	—	—
拆出资金	—	—
以公允价值计量且其变动计入当期损益的金融资产	285 667 230. 10	452 899 806. 10
衍生金融资产	—	—
应收票据及应收账款	—	—
预付款项	17 806 745. 71	25 270 873. 07
其他应收款	1 769 850 575. 03	1 404 473 676. 87
买入返售金融资产	—	—
存货	—	—
持有待售资产	—	—
发放贷款及垫款	250 458 947. 01	14 483 514. 38
可供出售金融资产	5 230 913 925. 42	5 661 368 183. 57
持有至到期投资	893 600 000. 00	625 000 000. 00
长期应收款	—	—
长期股权投资	284 826 477. 89	328 687 277. 71
投资性房地产	—	—
固定资产	65 805 484. 02	68 645 024. 48
在建工程	4 229 192. 87	4 801 622. 40
生产性生物资产	—	—
无形资产	54 158 774. 13	39 240 664. 79
开发支出	50 386 716. 86	34 909 353. 93

续表

项目	期末余额	期初余额
商誉	—	—
长期待摊费用	20 190 667. 43	23 349 585. 70
递延所得税资产	1 134 182 541. 60	764 882 434. 42
其他资产	—	—
资产总计	11 164 446 835. 28	10 309 861 234. 53

法定代表人：高成程　主管会计工作负责人：张　胜　会计机构负责人：马　华

资产负债表（续）

编制单位：长安国际信托股份有限公司　2020 年 12 月 31 日　单位：元

项目	期末余额	期初余额
流动负债：		
短期借款	1 150 000 000. 00	1 220 000 000. 00
拆入资金	—	—
以公允价值计量且其变动计入当期损益的金融负债	—	—
衍生金融负债	—	—
应付票据及应付账款	—	—
预收款项	221 547 832. 18	302 632 717. 16
卖出回购金融资产款	—	—
应付手续费及佣金	—	—
应付职工薪酬	994 053 852. 03	581 892 452. 82
应交税费	489 024 593. 15	365 824 420. 47
其他应付款	13 474 437. 35	14 975 156. 30
持有待售负债	—	—
长期借款	—	—
应付债券	—	—
长期应付款	—	—
长期应付职工薪酬	—	—
专项应付款	—	—
预计负债	357 457 888. 17	138 097 388. 74
递延收益	—	—
递延所得税负债	125 183 489. 16	119 754 309. 24
负债合计	3 350 742 092. 04	2 843 176 444. 73
股东权益：		
股本	3 330 000 000. 00	3 330 000 000. 00
其他权益工具	—	—
资本公积	9 828 804. 44	9 828 804. 44
减：库存股	—	—
其他综合收益	245 828 416. 59	334 868 851. 49
专项储备	368 681 628. 94	331 883 609. 52
盈余公积	718 874 479. 18	565 278 440. 34
一般风险准备	292 696 266. 52	157 559 613. 72
未分配利润	2 847 795 147. 57	2 527 265 470. 29
股东权益合计	7 813 704 743. 24	7 466 684 789. 80
负债和股东权益总计	11 164 446 835. 28	10 309 861 234. 53

法定代表人：高成程　主管会计工作负责人：张　胜　会计机构负责人：马　华

5.1.3 利润表

利润表

编制单位:长安国际信托股份有限公司　2020年度　单位:元

项　目	本期发生额	上期发生额
一、营业总收入	3 288 336 196.47	2 692 390 818.82
手续费及佣金收入	2 174 582 083.01	1 983 541 744.03
其他业务收入	217 259 459.60	155 204 492.11
利息收入	40 047 123.49	51 640 391.87
其他收益	1 763 451.66	1 199.96
投资收益(损失以"-"号填列)	715 045 255.40	428 323 309.05
公允价值变动收益(损失以"-"号填列)	139 645 812.29	73 734 483.71
资产处置收益(损失以"-"号填列)	339.91	-56 632.24
汇兑收益(损失以"-"号填列)	-7 328.89	1 830.33
二、营业总成本	2 573 398 444.53	1 863 932 322.62
利息支出	66 486 611.11	67 046 250.01
手续费及佣金支出	—	—
税金及附加	19 591 259.60	17 359 951.67
业务及管理费	1 555 511 533.53	532 702 522.10
管理费用	—	—
财务费用	—	—
资产减值损失	931 809 040.29	1 246 823 598.84
三、营业利润(亏损以"-"号填列)	714 937 751.94	828 458 496.20
加:营业外收入	11 700 251.50	1 626 777.66
减:营业外支出	513 960.05	138 684 631.63
四、利润总额(亏损总额以"-"号填列)	726 124 043.39	691 400 642.23
减:所得税费用	190 163 655.05	176 833 202.54
五、净利润(净亏损以"-"号填列)	535 960 388.34	514 567 439.69
(一)持续经营净利润	535 960 388.34	514 567 439.69
(二)终止经营净利润	—	—
六、其他综合收益的税后净额	-89 040 434.90	545 466 248.78
(一)以后不能重分类进损益的其他综合收益	—	—
其中:1. 重新计量设定受益计划净负债或净资产的变动	—	—
2. 权益法下在被投资单位不能重分类进损益的其他综合收益中享有的份额	—	—
(二)以后将重分类进损益的其他综合收益	-89 040 434.90	545 466 248.78
其中:1. 权益法下在被投资单位以后将重分类进损益的其他综合收益中享有的份额	—	734 039.05
2. 可供出售金融资产公允价值变动损益	-89 040 434.90	544 732 209.73
3. 持有至到期投资重分类为可供出售金融资产损益	—	—
4. 现金流量套期损益的有效部分	—	—
5. 外币财务报表折算差额	—	—
6. 其他	—	—
归属于少数股东的其他综合收益的税后净额	—	—
七、综合收益总额	446 919 953.44	1 060 033 688.47
八、每股收益:	—	—
基本每股收益	0.16	0.15
稀释每股收益	0.16	0.15

法定代表人:高成程　主管会计工作负责人:张　胜　会计机构负责人:马　华

5.2 信托资产

5.2.1 信托项目资产负债汇总

信托项目资产负债表

编制单位:长安国际信托股份有限公司　2020年12月31日　单位:万元

信托资产	期末数	信托负债和信托权益	期末数
信托资产:		信托负债	
货币资金	374 293.95	交易性金融负债	—
拆出资金	—	应付受托人报酬	6 090.25
存出保证金	—	应付托管费	1 068.33
交易性金融资产	3 133 060.52	应付受益人收益	62 616.75
买入返售金融资产	7 302 109.27	其他应付款项	118 763.22
应收款项	810 753.11	应交税费	10 096.63
发放贷款	11 190 472.78	应付销售服务费	848.66
可供出售金融资产	2 537 861.29	其他负债	—
持有至到期投资	7 656 832.67	信托负债合计	199 483.84
长期股权投资	4 495 692.59	信托权益:	
固定资产	—	实收信托	37 091 993.70
无形资产	—	资本公积	82 937.85
长期应收款	—	其他综合收益	-129 225.67
长期待摊费用	81.47	未分配利润	264 458.68
其他资产	8 490.75	信托权益合计	37 310 164.56
信托资产总计	37 509 648.40	信托负债及信托权益总计	37 509 648.40

法定代表人:高成程　主管会计工作负责人:瞿文康　会计机构负责人:李　杰

5.2.2 信托项目利润及利润分配汇总表

信托项目利润及利润分配汇总表

编制单位:长安国际信托股份有限公司　2020年度　单位:万元

项　目	本年累计数
一、营业收入	2 864 995.35
利息收入	2 047 054.38
投资收益	724 603.96
公允价值变动损益	93 093.65
租赁收入	—
汇兑损益	-61.35
其他收入	304.71
二、营业支出	366 401.58
三、信托净利润	2 498 593.77
四、其他综合收益	30 837.11
五、综合收益	2 529 430.88
加:期初未分配信托利润	244 742.99
六、可供分配的信托利润	2 743 336.76
减:本期已分配信托利润	2 478 878.08
七、期末未分配信托利润	264 458.68

法定代表人:高成程　主管会计工作负责人:瞿文康　会计机构负责人:李　杰

6. 会计报表附注

6.1 简要说明报告年度会计报表编制基准、会计政策、会计估计和核算方法发生的变化

无。

6.2 或有事项说明

无。

6.3 重要资产转让及其出售的说明

无。

6.4 会计报表中重要项目的明细资料

6.4.1 披露自营资产经营情况

6.4.1.1 按信用风险五级分类结果披露信用风险资产的期初数、期末数

单位：万元

时点	正常类	关注类	次级类	可疑类	损失类	信用风险资产合计	不良资产净额合计
期初数	978 267.80	33 321.00		47 843.28	77 150.27	1 136 582.35	19 397.33
期末数	855 130.59	106 619.84	136 702.91	156 670.03	38 833.07	1 293 956.44	154 694.25

注：不良资产净额合计＝次级类＋可疑类＋损失类，并扣除已计提拨备；期初数按同口径调整。

6.4.1.2 各项资产减值损失准备的期初数、本期计提、本期转回、本期核销、期末数

单位：万元

项目	期初数	本期增加	本期减少		期末数
			转回	转销	
一、坏账准备	26 415.39	6 465.81	1.79	96.58	32 782.83
二、贷款损失准备	21 055.02	300.00	19 633.38	—	1 721.64
三、可供出售金融资产减值准备	38 865.74	113 352.05	13 000.00	19 995.06	119 222.73
四、持有至到期投资减值准备	17 500.00	1 140.00	—	—	18 640.00
五、长期股权投资减值准备	—	4814.37	—	—	4 814.37
六、投资性房地产减值准备	—	—	—	—	—
七、固定资产减值准备	352.29	—	22.10	—	330.19
八、工程物资减值准备	—	—	—	—	—
九、在建工程减值准备	—	—	—	—	—
十、生产性生物资产减值准备	—	—	—	—	—
十一、油气资产减值准备	—	—	—	—	—
十二、无形资产减值准备	—	—	—	—	—
十三、商誉减值准备	—	—	—	—	—
十四、其他	1 407.78	—	—	1 407.78	—
合计	105 596.22	126 072.23	32 657.27	21 499.42	177 511.76

6.4.1.3 自营股票投资、基金投资、债券投资、股权投资等投资业务的期初数、期末数

单位：万元

时点	自营股票	基金	债券	长期股权投资
期初数	11 903.62	160 349.52	37 193.26	32 868.73
期末数	45 192.90	134 857.84	62 587.32	28 482.65

6.4.1.4 前五名的自营长期股权投资的企业名称、占被投资企业权益的比例、主要经营活动及投资收益情况等（从大到小顺序排列）

企业名称	投资比例（%）	主要经营活动	投资收益情况
上海淳璞投资管理中心（有限合伙）	62.50	投资管理、咨询、企业管理咨询、实业投资、财务咨询。	本年按权益法核算确认-33.77万元。
长安基金管理有限公司	29.63	公开募集证券投资基金管理，基金销售，特定客户资产管理。	本年按权益法核算确认-12.09万元。
西安企业资本服务中心有限公司	13.16	为企业融资、并购相关业务提供服务；为非上市公司债权、合伙企业财产份额及有关财产权益类产品转让提供服务；其他相关业务。	本年按权益法核算确认1.64万元。
青岛溢源润达投资管理有限公司	40.00	自有资金对外投资及投资咨询。	本年按权益法核算确认-6.08万元。
西安财金合作发展基金投资管理有限公司	40.00	一般经营项目：股权投资、项目投资、资产管理咨询、投资管理。	本年按权益法核算确认[illegible]3.09万元。

6.4.1.5 前五名的自营贷款的企业名称、占贷款总额的比例和还款情况等（从大到小顺序排列）

企业名称	占贷款总额的比例（%）	还款情况
申华控股集团有限公司	37.36	正常
四川锐丰投资管理集团有限公司	37.36	正常
海昌（中国）有限公司	18.68	展期
韩城市城市空间开发运营管理有限公司	6.60	逾期
总计	100.00	

6.4.1.6 表外业务的期初数、期末数，按照代理业务、担保业务和其他类型表外业务分别披露

无。

6.4.1.7 公司当年的收入结构

收入结构	金额(万元)	占比(%)
手续费及佣金收入	217 458.21	65.90
其中:信托手续费收入	217 458.21	100.00
投资银行业务收入	—	—
利息收入	4 004.71	1.21
其他业务收入	21 725.95	6.58
其中:计入信托业务收入的部分	21 725.95	100.00
投资收益	71 504.53	21.67
其中:股权投资收益	2 129.26	2.98
证券投资收益	46 882.46	65.57
其他投资收益	22 492.80	31.46
公允价值变动损益及汇兑损益	13 963.85	4.23
其他收益	176.35	0.05
资产处置收益	0.03	—
营业外收入	1 170.03	0.35
合计	330 003.64	100.00

6.4.2 信托资产管理情况

6.4.2.1 信托资产的期初数、期末数

单位:万元

信托资产	期初数	期末数
集合	25 517 962.29	20 687 687.77
单一	17 813 638.49	11 600 064.27
财产权	3 236 411.05	5 221 896.36
合计	46 568 011.83	37 509 648.40

6.4.2.1.1 主动管理型信托业务的信托资产期初数、期末数

单位:万元

主动管理型信托资产	期初数	期末数
证券投资类	1 927 055.78	1 892 571.03
股权投资类	3 091 865.62	2 265 551.55
权益投资类	1 490 837.63	2 607 738.92
融资类	11 686 919.76	9 548 670.54
事务管理类	2 322.13	2 390.60
合计	18 199 000.92	16 316 922.64

6.4.2.1.2 被动管理型信托业务的信托资产期初数、期末数

单位:万元

被动管理型信托资产	期初数	期末数
证券投资类	261 367.74	136 092.21
股权投资类	63 786.45	1 224.57
权益投资类	100 220.99	29 000.11
融资类	722 432.16	100 018.30
事务管理类	27 221 203.57	20 926 390.57
合计	28 369 010.91	21 192 725.76

6.4.2.2 本年度已清算结束的集合类、单一类资金信托项目和财产管理类信托项目数量、实收信托合计金额、加权平均实际年化收益率

6.4.2.2.1 本年度已清算结束的集合类、单一类资金信托项目和财产管理类信托项目个数、实收信托合计金额、加权平均实际年化收益率

已清算结束的信托项目	项目个数(个)	实收信托合计金额(万元)	加权平均实际年化收益率(%)
集合类	172	13 377 131.59	5.06
单一类	238	9 576 798.31	5.52
财产管理类	40	2 128 483.41	6.41

6.4.2.2.2 本年度已清算结束的主动管理型信托项目个数、实收信托合计金额、加权平均实际年化信托报酬率、加权平均实际年化收益率

已清算结束的信托项目	项目个数(个)	实收信托合计金额(万元)	加权平均实际年化信托报酬率(%)	加权平均实际年化收益率(%)
证券投资类	22	3 137 556.49	0.19	3.46
股权投资类	15	2 300 123.00	0.92	3.92
其他权益投资	43	504 594.36	1.05	3.91
融资类	142	6 371 883.43	1.32	6.91
事务管理类	—	—	—	—

6.4.2.2.3 本年度已清算结束的被动管理型信托项目个数、实收信托合计金额、加权平均实际年化信托报酬率、加权平均实际年化收益率

已清算结束的信托项目	项目个数(个)	实收信托合计金额(万元)	加权平均实际年化信托报酬率(%)	加权平均实际年化收益率(%)
证券投资类	—	—	—	—
股权投资类	—	—	—	—
其他权益投资	—	—	—	—
融资类	5	971 400.00	0.17	4.43
事务管理类	223	11 796 856.03	0.17	5.42

6.4.2.3 本年度新增的集合类、单一类资金信托项目和财产管理类信托项目个数、实收信托合计金额

新增信托项目	项目个数(个)	实收信托合计金额(万元)
集合类	128	5 240 979.63
单一类	162	3 290 710.42
财产管理类	33	2 640 906.19
新增合计	323	11 172 596.24
其中:主动管理型	215	7 115 480.36
被动管理型	108	4 057 115.88

6.4.2.4 信托业务创新成果和特色业务有关情况

2020 年,公司在错综复杂的外部环境影响下,坚持回归信

托本源业务，不断提高自身主动管理能力的发展路线不动摇。在事业部制改革的规划蓝图下，通过聚焦核心业务方向，在多个业务领域内探索出了一些具有转型意义的模式。

一是大力开展标品固收类业务。随着传统非标融资类业务的受限，公司通过开展标准化固定收益类产品，在符合监管要求的前提下，为客户提供了新的替代产品。

二是深度绑定上市公司，围绕核心客户需求开展资本市场业务。随着国家大力建设资本市场的趋势日益明朗，公司在总结过往经验的基础上，确定了围绕核心上市公司客户需求，提供全面服务的资本市场业务发展战略，进一步提升了公司在开展资本市场业务方面的深度。

三是通过基金化业务逻辑，推动地产、政信业务升级。在传统融资类业务模式难以为继的大背景下，公司借鉴基金化业务模式，选定行业内头部客户，共同设立投资基金深度参与项目管理，从本质上改变单纯提供资金融通服务的业务逻辑，逐步积累自身的主动管理能力，为客户提供更加优质的产品服务。

6.4.2.5　公司履行受托人义务情况及因公司自身责任而导致信托资产的损失情况（合计金额、原因等）

无。

6.5　关联方关系及其交易的披露

6.5.1　关联交易方的数量、关联交易的总金额及关联交易的定价政策等

	关联交易数量	关联交易余额（万元）	定价政策
合计	40	311 460.24	公允价格

注：关联交易是指信托公司以自有资产、信托资产为关联方提供融资等服务，或以担保等方式为关联方融资提供便利的业务。关联交易的统计范围基本与中国银保监会非现场监管信息系统中关于关联交易的范围和口径一致，也可增加为关联方提供咨询等其他非投融资类业务服务的信息。

6.5.2　关联交易方与公司的关系性质、关联交易方的名称、法定代表人、注册地址、注册资本及主营业务等

关系性质	关联方名称	法定代表人/执行事务合伙人	注册地址	注册资本（万元）	主营业务
股东	西安投资控股有限公司	巩宝生	西安市高新区科技五路8号数字大厦四层	1 422 989.992577	投资业务、项目融资、资产管理、资产重组与购并、财务咨询、物业管理、其他市政府批准的业务等。
股东	陕西鼓风机（集团）有限公司	李宏安	西安市临潼区代王街办	13 738.247096	大型压缩机、鼓风机、通风机及各种透平机械的开发、制造、销售、维修、服务等。
公司与股东发起设立	北京长安信托公益基金会	张　胜	北京市东城区建国门内大街28号民生金融中心A座8层	200	扶贫济困，资助与教育发展、医疗救助、环境保护相关的公益项目。
股东控制的关联方	西安投融资担保有限公司	赵增宽	西安市曲江新区雁塔南路2216号曲江国际大厦1幢1单元12001室	310 000	主营贷款担保、票据承兑担保、贸易融资担保、项目融资担保、信用证担保及其他法律法规许可的融资性担保业务等。
股东能施加重大影响的关联方	西安秦岭终南山世界地质公园旅游发展有限公司	蒋建军	陕西省西安市长安区太乙宫街办太乙村甲字一号	60 000	预包装食品销售，烟草零售，滑道索道、观光车服务（依法须经批准的项目，经相关部门批准后方可开展经营活动）等。
股东控制的关联方	德祥汽车产业有限公司	吕　颖	西安经济技术开发区文景路（中段）16号白桦林国际A座11层	994 000	汽车生产线项目建设，厂房建设，建筑工程、市政工程的施工等。
能施加重大影响的关联方	长安基金管理有限公司	万跃楠	上海市虹口区丰镇路806号3幢371室	27 000	公开募集证券投资基金管理，基金销售，特定客户资产管理。
能施加重大影响的关联方	长安新生（深圳）金融投资有限公司	桂　林	深圳市前海深港合作区前湾一路1号A栋201室	16 909.42	投资兴办实业（具体项目另行申报），投资管理、投资咨询，金融信息咨询等。
能施加重大影响的关联方的参股公司	长安财富资产管理有限公司	刘晓军	上海市虹口区广纪路738号2幢428室	10 000	特定客户资产管理业务及中国证监会许可的其他业务。
信托计划控股公司	长安盛世（北京）资产管理有限公司	谭卫东	北京市东城区建国门内大街28号1幢8层801－1单元	30 000	资产管理、投资、投资管理、投资咨询等。
信托计划持股公司	宜昌绿色产业基金管理有限公司	陈兆平	宜昌市伍家岗区沿江大道182号	1 000	管理或受托管理股权类投资并从事相关咨询业务等。
公司董事长	高成程	—	—	—	—
公司监事	刘　斌	—	—	—	—
公司高管近亲属	杨　静	—	—	—	—
公司高管近亲属	解　红	—	—	—	—
公司高管近亲属	王　艳	—	—	—	—
公司高管近亲属	高利君	—	—	—	—

6.5.3　**公司与关联方的重大交易事项**

6.5.3.1　固有财产与关联方：贷款、投资、租赁、应收账款、担保、其他方式等期初汇总数、本期发生额汇总数、期末汇总数

单位：万元

固有财产与关联方关联交易			
项目	期初数	本期发生额	期末数
贷款	—	—	—
投资	80 622.57	3 759.51	84 382.08
租赁	—	—	—
担保	—	—	—
应收账款	—	—	—
其他	—	—	—
合计	80 622.57	—	84 382.08

6.5.3.2　信托资产与关联方：贷款、投资、租赁、应收账款、担保、其他方式等期初汇总数、本期发生额汇总数、期末汇总数

单位：万元

信托资产与关联方关联交易			
项目	期初数	本期发生额	期末数
关联人认购	8 068.88	1 804.94	9 873.82
贷款	—	—	—
投资	241 579.86	-60 107.74	181 472.12
租赁	—	—	—
担保	10 500.00	-5 500.00	5 000.00
应收账款	—	—	—
其他	113 358.83	-82 626.54	30 732.29
合计	373 507.57	—	227 078.23

6.5.3.3　信托公司自有资金运用于自己管理的信托项目（固信交易）、信托公司管理的信托项目之间的相互（信信交易）交易金额，包括余额和本报告年度的发生额

6.5.3.3.1　固有财产与信托财产之间的交易金额期初汇总数、本期发生额汇总数、期末汇总数

单位：万元

固有财产与信托财产相互交易			
项目	期初数	本期发生额	期末数
合计	379 768.70	-118 871.39	260 897.31

6.5.3.3.2　信托项目之间的交易金额期初汇总数、本期发生额汇总数、期末汇总数

单位：万元

信托资产与信托财产相互交易			
项目	期初数	本期发生额	期末数
合计	750.00	290.00	1 040.00

上述所有关联交易均以向监管机构履行报备为准。

6.5.4　逐笔披露关联方逾期未偿还公司资金的详细情况及公司为关联方担保发生或即将发生垫款的详细情况

未偿还的关联方是西安经济技术开发区资产投资有限公司，欠款为792.56万元，是本公司原控股子公司，注册资本为1 500万元，该欠款主要用于补充其营运资金不足，逾期时间在10年以上。

6.5.5　其他需披露的关联交易事项

报告期内，公司以信托计划募集资金与关联方产生的交易存续共计11笔。

6.6　会计制度的披露

固有业务（自营业务）、信托业务执行会计制度的名称及颁布的年份如下：

公司固有业务和信托业务财务报表均执行2006年2月15日财政部颁布的《企业会计准则》（财政部令第33号）、《企业会计准则应用指南》（财会〔2006〕18号），以及财政部后续修订或颁布的各项新准则。

公司编制的固有业务财务报表反映了公司2020年12月31日的财务状况、2020年度的经营成果和现金流量等信息。

7. 财务情况说明书

7.1　利润实现和分配情况

单位：万元

项目	金额
利润总额（亏损总额以"-"号填列）	72 612.40
减：所得税费用	19 016.36
净利润（净亏损以"-"号填列）	53 596.04
其中：归属于母公司所有者的净利润	53 596.04
少数股东损益	—
每股收益（元）：	—
（一）基本每股收益	0.16
（二）稀释每股收益	0.16
其他综合收益	-8 904.04
综合收益总额	44 692.00

按照公司章程的规定，税后利润按以下顺序进行分配：

按照10%提取法定盈余公积53 596 038.84元；按照5%提取信托赔偿准备金26 798 019.42元；按照《金融企业准备金计提管理办法》（财金〔2012〕20号）计提一般风险准备135 136 652.80元；向投资者分配利润，具体分配方案由董事会提出预案，股东大会决定。

2020年末可供分配的未分配利润为2 847 795 147.57元。

7.2　主要财务指标

指标名称	指标值
资本利润率（%）	6.88
信托报酬率（%）	0.55
人均净利润（万元）	58.62

注：1. 资本利润率=净利润/所有者权益平均余额×100%。

2. 信托报酬率=信托业务收入/实收信托平均余额×100%。

3. 人均净利润=净利润/年平均人数。

4. 平均值采取年初及各季度末余额移动算术平均法，公式为 a（平均）=（$a_0/2+a_1+a_2+a_3+a_4/2$）/4。

7.3 对公司财务状况、经营成果有重大影响的其他事项

无。

8. 特别事项揭示

8.1 前五名股东报告期内变动情况及原因

无。

8.2 董事、监事及高级管理人员变动情况及原因

8.2.1 董事变动情况及原因

2019 年 12 月 23 日，公司股东选举刘斌先生为公司第三届董事会董事。刘斌先生的任职资格于 2020 年 5 月 28 日经中国银行保险监督管理委员会陕西监管局核准。

2020 年 9 月 14 日，公司独立董事程守太先生向董事会递交了辞职信，辞去公司独立董事职务。

8.2.2 监事变动情况及原因

无。

8.2.3 高级管理人员变动情况及原因

2019 年 12 月 9 日，公司董事会聘任刘斌先生为公司总裁。刘斌先生的任职资格于 2020 年 5 月 28 日经中国银行保险监督管理委员会陕西监管局核准。

2020 年 8 月 7 日，公司董事会聘任桂林先生为公司副总裁。桂林先生的任职资格于 2020 年 9 月 30 日经中国银行保险监督管理委员会陕西监管局核准。

2020 年 10 月 30 日，公司董事会批准方灏先生因个人原因辞去公司常务副总裁职务。

8.3 变更注册资本、变更注册地或公司名称、公司分立合并事项

无。

8.4 公司的重大诉讼事项

2020 年，公司以前年度存续执行案件及诉讼案件共计 14 宗，标的金额合计为 317 366 万元（以下金额均为本金金额，不包括利息、罚息、违约金等）。存续重大诉讼事项具体如下：

序号	项目名称	金额（万元）	备注
1	煤炭资源产业投资基金 3 号集合资金信托计划	20 000	执行案件
2	东友绒业流动资金贷款 2 期集合资金信托计划	8 200	执行案件
3	艺术品投资基金集合资金信托计划	8 150	执行案件
4	锋威新能源流动资金贷款集合资金信托计划	6 500	执行案件
5	中龙建电力流动资金贷款集合资金信托计划	6 216	执行案件
6	互联网创智精瑞 2 号集合资金信托计划	13 500	执行案件
7	府谷镁业（二期）流动资金贷款集合资金信托计划	5 000	执行案件
8	金塔矿业流动资金贷款集合资金信托计划	17 800	执行案件
9	万福实业股权收购贷款集合资金信托计划	30 000	执行案件
10	淮南志高股权收益权投资集合资金信托	30 000	执行案件
11	东海岸实业股权收益权买入返售集合资金信托计划	[illegible]	执行案件
12	山东物流流动资金贷款集合资金信托计划	[illegible]	诉讼案件
13	宏图三胞股权收益权转让及回购集合资金信托计划	[illegible]	诉讼案件
14	天启成应收账款债权投资集合资金信托计划	[illegible]	诉讼案件
	合计	317 366	

2020 年，公司新增执行案件 1 宗，诉讼案件 2 宗，标的金额合计 100 088 万元（以下金额均为本金金额，不包括利息、罚息、违约金等）。具体情况见下表：

序号	项目名称	金额（万元）	备注
1	国之杰应收债权投资集合资金信托计划	[illegible]	执行案件
2	长吉图流动资金贷款集合资金信托计划	[illegible]	诉讼案件
3	金凰 3 号贷款集合资金信托计划	[illegible]	诉讼案件
	合计	100 088	

2020 年，公司完成风险化解的执行案件 4 宗，化解风险规模合计 284 800 万元，其中信集丰盛 95 000 万元、信集东部 160 000 万元、权集成安 16 800 万元、宁集海岸 13 000 万元。

2020 年，公司被诉案件主要为信集楼俊项目系列案件，项目所有被诉案件截至 2020 年末二审均已胜诉。

8.5 公司及其董事、监事和高级管理人员受到处罚的情况

报告期内，中国银行保险监督管理委员会陕西监管局对公司作出行政处罚 1 次，处罚方式为罚款。除前述事项外，公司及公司董事、监事和高级管理人员没有受到监管部门处罚的情况发生。

8.6 中国银保监会及其派出机构检查意见的整改情况

2020 年 3 月，公司收到《中国银行保险监督管理委员会现场检查意见书》（现场检查意见书〔2020〕14 号），提出健全公司治理架构、强化业务管控等监管意见。公司高度重视，成立专项领导小组、指定牵头部门，拟订整改推进工作及督导计划，组织开展专项自查及整改工作，通过制度流程修订、补充完善，以及内部人员全面严肃问责等，强化内部管理及业务管控，截至报告期末，已基本落实各项监管意见。2020 年 9 月，公司接受中国银行保险监督管理委员会陕西监管局关于上述现场检查意见书整改情况的现场复查，按要求进行信息反馈、问题解释、情况说明及档案资料提供等，截至报告期末，已收到相关书面复查意见。

2020 年，公司按照中国银行保险监督管理委员会陕西监管局的监管意见，组织开展了年度监管提示整改、风险资项目专项排查整改、融资业务规模压降等工作，制定了切实可行的整改方案，有序推进落实各项监管意见。此外，公司严格按照监管要求，落实各季度全面风险排查、市场乱象整治“回头看”，以及股权和关联交易专项整治“回头看”工作等，坚守合规经营底线，确保业务持续稳健发展。

8.7 本年度重大事项临时报告的简要内容、披露时间、所披露的媒体及其版面

鉴于公司总裁变动，2020 年 6 月 3 日公司在《上海证券报》第 26 版刊登《长安国际信托股份有限公司关于总裁变动的公告》。

鉴于公司章程修订，2020 年 9 月 18 日公司在《上海证券报》第 11 版刊登《长安国际信托股份有限公司关于修改公司章程的公告》。

8.8 报告期内股东违反承诺质押信托公司股权或以股权及其受（收）益权设立信托等金融产品的情况

无。

8.9 已向中国银保监会或其派出机构提交行政许可申请但尚未获得批准的事项

无。

8.10 中国银保监会及其省级派出机构认定的其他有必要让客户及相关利益人了解的重要信息

无。

9. 公司监事会意见

公司监事会认为，报告期内公司能够按照合法决策程序对重大事项进行决策，所开展的业务经营活动符合《中华人民共和国公司法》《中华人民共和国信托法》《信托公司管理办法》《信托公司治理指引》等有关法律法规的规定。没有发现公司董事、高级管理层履行职务时有违法违规、违反公司章程或损害公司及股东利益的行为。监事会认为，希格玛会计师事务所（特殊普通合伙）出具的 2020 年度无保留意见的审计报告，真实、客观地反映了公司的财务状况和经营结果。

长城新盛信托有限责任公司

1. 重要提示

1.1 本公司董事会及董事保证本报告所载资料不存在任何虚假记载、误导性陈述或者重大遗漏，并对其内容的真实性、准确性和完整性承担个别及连带责任。

1.2 本公司未有董事对年度报告内容的真实性、准确性、完整性无法保证或存在异议。

1.3 公司独立董事刘普、马德贵、闫晓旭声明：保证年度报告内容的真实性、准确性、完整性。

1.4 执行本公司审计的会计事务所未对公司出具保留意见（或否定意见、无法表示意见）的审计报告。

1.5 公司董事长王文兵、副总经理顾涛（代为履行总经理职务）、财务总监王敏声明：保证本年度财务报告的真实、完整。

2. 公司概况

2.1 公司简介

长城新盛信托有限责任公司（以下简称长城信托）是在重组原伊犁哈萨克自治州信托投资公司基础上设立。伊犁哈萨克自治州信托投资公司设立于1988年12月9日，是经中国人民银行新疆维吾尔自治区分行（新人银〔88〕金管字第70号）批准并经伊犁哈萨克自治州工商局登记注册，由伊犁哈萨克自治州财政局出资的国有独资地方性金融机构，注册资本为3 000万元。

在信托业第五次清理整顿过程中，2003年12月17日中国银监会下发了《关于同意伊犁州信托投资公司重组方案的复函》（银监函〔2003〕205号），伊犁哈萨克自治州信托投资公司由此被中国银监会列为13家遗留问题信托公司之一。

2011年9月30日，中国银监会下发了《关于伊犁哈萨克自治州信托投资公司重新登记等有关事项的批复》（银监复〔2011〕408号），批准由中国长城资产管理公司（2016年更名为中国长城资产管理股份有限公司，以下简称长城资产，持股35%）、新疆生产建设兵团国有资产经营公司（2016年更名为新疆生产建设兵团国有资产经营有限责任公司，以下简称兵团国资，持股35%）、深圳市盛金创业投资发展有限公司（后更名为深圳市盛金投资控股有限公司，以下简称深圳盛金，持股17%）、伊犁哈萨克自治州财信融通融资担保有限公司（以下简称伊犁财信，持股13%）四家公司在对伊犁哈萨克自治州信托投资公司进行重组的基础上进行增资扩股、更名、改制等事项变更重组。2011年10月8日由中国银监会新疆监管局发放了金融许可证，同日在新疆维吾尔自治区工商局经济技术开发区分局领取了换发后的企业法人营业执照，公司名称由伊犁哈萨克自治州信托投资公司变更为新疆长城新盛信托有限责任公司，公司注册资本由3 000万元变更为30 000万元。

2013年11月8日，经国家工商总局核准并经中国银监会新疆监管局批准，公司名称再次变更为长城新盛信托有限责任公司。

2015年8月21日，经中国银监会新疆监管局核准并经工商登记变更，长城资产下属的全资子公司德阳市国有资产经营有限公司（以下简称德阳国资）受让了深圳盛金所持有长城信托17%的全部股权，由此，长城信托股权结构发生了根本性变化。

2016年12月30日，经中国银监会新疆监管局批复同意并经工商登记变更，长城资产下属的全资子公司德阳国资再次受让了伊犁财信所持有长城信托10%的股权；此次股权转（受）让后，德阳国资合计持有长城信托27%的股权，伊犁财信持有长城信托3%的股权。

2020年8月11日，经中国银保监会新疆监管局批复同意天瑞集团股份有限公司（以下简称天瑞集团）受让了兵团国资所持有的长城信托35%的股权，并于8月27日办理完成了相关工商变更登记。

2.1.1 公司法定名称

公司中文名称：长城新盛信托有限责任公司

公司英文名称：Great Wall Xinsheng Trust Co.，Ltd.

公司英文名称缩写：GWXS TRUST

2.1.2 公司法定代表人：喻林

2.1.3 公司注册地址：乌鲁木齐经济技术开发区卫星路475号紫金矿业研发大厦A座11层

公司邮政编码：830026

公司国际互联网网址：www. gwxstrust. com

公司电子信箱：gwxs@ gwxstrust. com

2.1.4 公司负责信息披露事务人员

联系人：王佳

联系电话：0991-2308361

传　　真：0991-3775362

电子信箱：wangjia@ gwxstrust. com

2.1.5 公司信息披露报纸名称：《上海证券报》

年度报告备置地点：乌鲁木齐经济技术开发区卫星路475号紫金矿业研发大厦A座11层、乌鲁木齐市天山区人民路280号银行联合办公楼7层和北京市西城区月坛北街2号月坛大厦B座7层

登载年度报告的互联网网址：www. gwxstrust. com

2.1.6 公司聘请的会计师事务所名称：立信会计师事务所（特殊普通合伙）

公司聘请的会计师事务所住所：北京市朝阳区安定路五号院七号楼中海国际中心A座9层，17－20层

2.1.7 公司聘请的律师事务所名称：北京市兰台律师事务所

公司聘请的律师事务所住所：北京市朝阳区曙光西里甲1号第三置业B座29层

2.2 组织结构

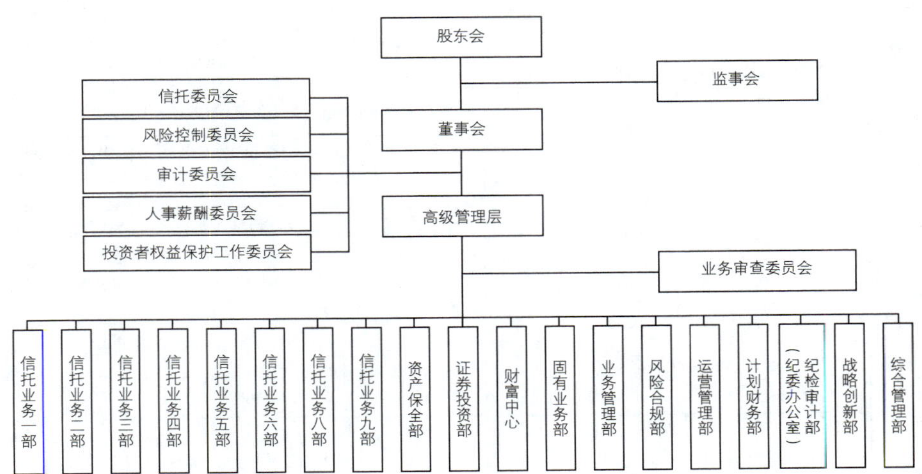

3. 公司治理

3.1 股东

报告期末股东总数为4家(3家股东持有10%以上股份),按股东持股比例从大到小排列如下:

股东名称	持股比例(%)	法定代表人	注册资本(万元)	注册地址	主要经营业务及主要财务情况
★长城资产	35	沈晓明	5 123 360.9796	北京市西城区月坛北街2号	收购、受托经营金融机构不良资产,对不良资产进行管理、投资和处置;债权转股权,对股权资产进行管理、投资和处置;对外投资;买卖有价证券;发行金融债券、同业拆借和向其他金融机构进行商业融资;破产管理;财务、投资、法律及风险管理咨询和顾问;资产及项目评估;经批准的资产证券化业务、金融机构托管和关闭清算业务;非金融机构不良资产业务;国务院银行业监督管理机构批准的其他业务。企业依法自主选择经营项目,开展经营活动;依法须经批准的项目,经相关部门批准后依批准的内容开展经营活动;不得从事本市产业政策禁止和限制类项目的经营活动。财务状况良好。
天瑞集团	35	李留法	200 000	河南省汝州市广成东路南侧	控股、投资;计算机及软件应用服务;信息科技服务;机械设备及矿山设备销售、非金属加工专用设备销售,铁路机车车辆配件销售;建筑材料批发;企业管理服务、工程管理服务和其他专业服务;旅游开发经营;铝业经营;资源开发经营;矿山地质技术服务;矿山开采,石料开采、加工、销售;道路普通货物运输;无车承运,无船承运,货物运输车辆租赁;仓储(不含危险化学品)、货运站场、物流、装卸搬运及货物运输代理等服务。
德阳国资	27	孙　刚	10 000	四川省德阳市泰山南路二段733号15层	资产置换、转让与销售,债务重组、资产重组及并购,基金投资与管理;股权投资、投资、财务及法律咨询(依法须经批准的项目,经相关部门批准后方可开展经营活动)。财务状况良好。
伊犁财信	3	李刚别克	100 023.3507	伊宁市新滨河路怡安家园1号综合楼	许可经营项目:贷款担保、票据承兑担保、贸易融资担保、项目融资担保、信用证担保及其他融资性担保业务;兼营诉讼保全担保;投标担保、预付款担保、工程履约担保、尾付款如约偿付担保等履约担保业务;与担保业务有关的融资咨询、财务顾问等中介服务;以自有资金进行投资;办理债券发行担保业务;国家及自治区规定的其他业务。财务状况良好。

注:德阳国资为长城资产全资子公司,因此长城资产为长城信托的实际控制人。

3.2 董事

董事长、副董事长、董事

姓　名	职　务	性别	年龄(岁)	选任日期	所推举的股东名称	该股东持股比例(%)	简要履历
王文兵	董事长	男	59	2018年11月14日	长城资产	35	法学学士,西南政法学院刑事侦察专业,经济师,历任福建省人民警察学校教官,中国农业银行福建省分行机关党委、政工办干部、监察室干部、办公室副主任,长城资产福州办事处综合管理部(人力资源部)处长,长城资产重庆办事处副总经理,长城资产法律事务部副总经理、总经理,长城资产法律总监;现任长城资产运营总监,长城信托党委书记、董事长。

续表

姓 名	职 务	性别	年龄（岁）	选任日期	所推举的股东名称	该股东持股比例（%）	简要履历
陈一滔	副董事长	女	56	2015年11月16日	兵团国资	35	硕士研究生，解放军空军工程大学管理科学与工程专业，高级会计师，历任新疆生产建设兵团外经贸局计财处、新疆农垦纺织五矿化工机械进出口公司任计财部经理，任新疆农垦进出口公司董事，常务副总经理，兵团国资总经理助理兼财务部经理、兵团国资副总经理、总经理、董事长；现任新疆生产建设兵团投资有限责任公司董事长。
顾 涛	董事	男	50	2016年3月21日	长城资产	35	华中理工大学工学、中国政法大学法学双学士，证券、银行风险管理、律师执业资格，高级经济师，历任农业银行北京分行资产保全处科员、主任科员，长城资产北京办事处债权管理部项目经理、法律事务部高级经理（副处级），长城资产法律事务部法律审核处副处长、诉讼业务管理处高级副经理、重大诉讼项目处高级经理、专项资产经营管理事业部副主任，长城国融担保有限公司风险总监（总经理助理级）、党委委员、董事，长城资产深圳办事处党委委员、风险总监（副总经理级）；现任长城信托党委委员、副总经理（代为履行公司总经理职务）、执行董事。
段合明	董事	男	57	2017年10月23日	德阳国资	27	硕士研究生，经济师，历任石河子联合中学教师，兵团经济专科学校教师，人民银行新疆区分行科员，新疆银监局办公室主任科员、副主任、调研员、非银处处长；现任长城信托党委委员、纪委书记、风险总监、工会主席、执行董事。
蔺怀华	董事	男	52	2015年11月16日	兵团国资	35	法学学士，兰州大学法学专业，执业律师，历任新疆维吾尔自治区高级人民法院审判员，新疆国通律师事务所律师，新疆元正律师事务所律师；现任兵团国资法律顾问、新疆元正盛业律师事务所律师。
喻 林	董事	男	53	2015年11月16日	职工董事	—	大学本科，湖南财经学院工业企业管理专业，经济师，历任中国农业银行湖南省分行信贷管理处副主任科员，长城资产长沙办事处资产经营部主任科员，湖南天一科技股份有限公司副总经理，长城资产长沙办事处资产经营部主任科员，长城资产长沙办事处资产经营一部高级副经理，长城资产长沙办事处资产经营一部高级副经理（主持工作），长城资产长沙办事处资产经营三部高级副经理（主持工作），长城资产长沙办事处资产经营三部高级经理，长城资产长沙办事处业务拓展一部高级经理，长城资产长沙办事处党委委员、总经理助理，长城资产长沙办事处党委委员、副总经理，长城信托第一副总经理、党委副书记、总经理、职工董事；现任长城信托职工董事、副高级专家，公司法定代表人。

独立董事

姓 名	职 务	性别	年龄（岁）	选任日期	所推举的股东名称	该股东持股比例（%）	简要履历
刘 普	独立董事	男	48	2015年11月16日	长城资产	35	博士研究生，武汉大学经济学专业，历任河北滏阳律师事务所律师，河北[illegible]人民法院审判员，清华控股有限公司高级管理人员，北京市洪范律师事务所高级合伙人、律师，清华大学社科学院经济学研究所博士后研究，陕西省国际信托股份有限公司北京业务部总经理；现任北京天驰君泰律师事务所高级合伙人兼清华大学中国企业发展研究中心研究员，中国政法大学票据法研究中心副主任、中国银行业协会首届首席法律顾问。
马德贵	独立董事	男	58	2015年11月16日	兵团国资	35	硕士研究生，中国社会科学院研究生院工业经济系企业管理专业，历任新疆鄯善县县委办公室文秘，乌鲁木齐市政府办公厅、新疆生产建设兵团党委办公厅秘书，新疆生产建设兵团供销合作公司副总经理，北京鸿运集团新疆分公司总经理，海南睿丰投资公司董事长助理，国泰君安证券股份有限公司乌鲁木齐营业部总经理；现任国泰君安证券股份有限公司巡查委员会巡察员。
闫晓旭	独立董事	男	44	2017年10月23日	德阳国资	27	硕士研究生，厦门大学民商法专业，执业律师，历任山西某律师事务所律师助理，大唐移动通讯设备有限公司法律顾问，中国航空技术进出口总公司法律顾问，北京君泽君律师事务所律师（合伙人）；现任北京德恒律师事务所律师。

3.3 监事

监事会成员

姓 名	职 务	性别	年龄（岁）	选任日期	所推举的股东名称	该股东持股比例（%）	简要履历
刘孟涛	监事会主席	男	49	2020年11月27日	天瑞集团	35	中央财经大学金融学硕士，历任北京思特奇信息技术有限公司副总经理，北京屹海互动信息技术有限公司总经理，中华社会救助基金会功臣关爱基金理事，天津景民股权投资基金管理有限公司合伙人，中国缅甸友好协会理事，易安财产保险股份有限公司独立董事，聚力文化股份有限公司独立董事；现任中工经联科技发展（北京）有限公司董事。

续表

姓 名	职 务	性别	年龄（岁）	选任日期	所推举的股东名称	该股东持股比例（%）	简要履历
黄 虎	监事会副主席	男	57	2015 年 11 月 16 日	长城资产	35	长江商学院 EMBA 工商管理专业硕士研究生，高级经济师，历任农业银行广东省分行人事处干部科干部、副科长、科长、处长助理、副处长（主持全面工作），农业银行广东省江门市分行党组成员、副行长并兼任外海支行行长，农业银行广州市分行党委委员、广州穗西支行行长（正处级），农业银行广东省韶关市分行党委书记、行长，长城资产广州办事处党委委员、副总经理、纪委书记，长城资产海口办事处党委书记、总经理；现任长城融资担保有限公司监事长，长城资产（国际）控股有限公司董事，长城国富置业有限公司董事，长城环亚控股有限公司非执行董事。
顾 雷	监事	男	55	2016 年 3 月 21 日	德阳国资	27	研究生毕业，法学博士学位，中国人民大学刑法学专业，历任上海市人民政府办公厅科员，海通证券有限公司发行部经理，上海财政证券公司证券发行部经理，上海财经大学法学院副教授，长城资产投资银行部高级经理（正处级）、投资银行部受托代理处高级经理、市场拓展部（投资银行部）业务拓展一处高级经理、机构协同部经营监测处高级经理、战略发展部（博士后工作站）研究与刊物编辑处高级经理、天津金融资产交易所有限责任公司总经理助理。
郭 韬	职工监事	男	44	2015 年 11 月 16 日	职工代表大会	—	硕士研究生毕业，中国人民大学经济法学专业，历任长城资产法律事务部、债权管理部副主任科员、法律事务部主任科员、业务主管、高级副经理，长城信托产品研发与运营部总经理兼综合部总经理；现任长城信托资产保全部总经理兼任信托业务一部总经理。
耿全会	职工监事	男	47	2015 年 11 月 16 日	职工代表大会	—	大学毕业，新疆大学法律专业，历任河南洛阳市九都律师事务所律师助理、执业律师，新疆丝路律师事务所执业律师，长城资产乌鲁木齐办事处债权管理处业务员，长城资产乌鲁木齐办事处综合管理处法律事务部业务主管，长城资产乌鲁木齐办事处资产经营二部（南疆项目组）项目经理，长城资产乌鲁木齐办事处资产经营部（北疆项目组）项目经理，伊犁信托重组小组成员，长城信托审计部高级经理；现任长城信托业务九部高级经理。

3.4 高级管理人员

高级管理人员

姓 名	职 务	性别	年龄（岁）	选任日期	金融从业年限（年）	学历	专业	简要履历
顾 涛	副总经理（代为履行公司总经理职务）	男	50	2017 年 2 月 10 日	24	本科	法律	华中理工大学工学、中国政法大学法学双学士，证券、银行风险管理、律师从业资格，高级经济师，历任农业银行北京分行资产保全处科员、主任科员，长城资产北京办事处债权管理部项目经理、法律事务部高级经理（副处级），长城资产法律事务部法律审核处副处长、诉讼业务管理处高级副经理、重大诉讼项目处高级经理、专项资产经营管理事业部副主任，长城国融担保有限公司风险总监（总经理助理级）、党委委员、董事，长城资产深圳办事处党委委员、风险总监（副总经理级）；现任长城信托党委委员、副总经理（代为履行公司总经理职务）、执行董事。
段合明	风险总监	男	57	2017 年 5 月 15 日	25	硕士	农业经济及管理	硕士研究生，经济师，历任石河子联合中学教师，兵团经济专科学校教师，人民银行新疆区分行科员，新疆银监局办公室主任科员、副主任、调研员、非银处处长；现任长城信托党委委员、纪委书记、风险总监、工会主席、执行董事。
王 敏	财务总监	女	53	2016 年 5 月 23 日	9	硕士	金融	研究生学历，新疆财经学院金融专业，高级会计师，历任兵团经济专科学校任教师，新疆农垦进出口股份有限公司计财部、结算部经理，兵团国资公司研发部副经理、财务总监，新疆宏海房地产开发有限公司总会计师，兵团国资公司风险管控部经理，长城信托监事会主席；现任长城信托财务总监。
杨 辰	副总经理	男	56	2011 年 10 月 8 日	14	硕士	金融	商学硕士，日本早稻田大学商学专业，历任南开大学金融学系讲师，日本安田火灾海上保险公司总部、安田综合研究所委托研究员，日本安田火灾海上保险公司总部国际业务部业务主办，深圳力合数字电视有限公司副总裁，深圳力合传媒有限公司董事，宁波成功多媒体通讯有限公司董事，深圳盛金董事、副总裁，上海飞乐音响股份有限公司董事、战略委员会委员；现任长城信托副总经理。

3.5 公司员工

公司最近两个年度职工人数、年龄分布、学历分布、岗位分布，所有层级加总整体为100%。

项目		报告期年度		上年度	
		人数（人）	比例（%）	人数（人）	比例（%）
年龄分布	25岁以下	—	—	—	—
	25～29岁	5	6.17	16	18.18
	30～39岁	49	60.5	48	54.55
	40岁以上	27	33.33	24	27.27
学历分布	博士	2	2.47	2	2.27
	硕士	46	56.79	55	62.50
	本科	32	39.51	29	32.96
	专科	1	1.23	2	2.27
	其他	—	—	—	—
岗位分布	高级管理人员	5	6.17	7	7.95
	自营业务人员	7	8.64	5	5.68
	信托业务人员	54	66.67	67	76.14
	其他人员	15	18.52	9	10.23

注：自营业务人员是指按照岗位分工，专门或至少主要从事固有资金使用和固有资产管理有关业务的职工；信托业务人员是指按照岗位分工，专门或主要从事信托资金使用和信托资产管理各项业务的职工；对于人力资源部等类似无法明确区分的综合部门归为其他人员。

4. 经营管理

4.1 经营目标、经营方针、战略规划

4.1.1 经营目标

以习近平新时代中国特色社会主义思想为引领，深入贯彻落实党的十九大和十九届二中、三中、四中、五中全会、中央经济工作会议精神，坚持"稳中求进、顺势而为、量力而行、质量为先"的工作总基调，加强合规经营，优化内部管理，夯实转型基础，推动公司稳健持续发展。

4.1.2 经营方针

遵循稳健、创新、和谐、发展的经营方针，根据客户需求、风险偏好，充分发挥信托独特的制度优势，采用信托贷款、股权投资、投资理财、资产管理、财富传承等多种方式，为客户提供多样化、专业化的综合金融服务。

4.1.3 战略规划

以习近平新时代中国特色社会主义思想为指导，立足重点城市，辐射全国市场，坚持客户至上的理念，坚持依法合规、稳健经营，依托雄厚的股东背景及其在资产管理领域的竞争优势，专心致力于信托主业，合规开展传统融资业务，稳妥拓展证券投资等资本市场业务，积极探索REITS、消费信托、家族信托、慈善信托等创新类业务，不断提高公司风险控制能力、业务创新能力和运营管理能力，将公司发展成为具有一定品牌影响力、具有较强市场竞争力的专业化金融服务机构。

4.2 所经营业务的主要内容

4.2.1 经营的主要业务、品种

公司业务主要分为固有业务及信托业务。

4.2.2 资产组合与分布

公司在自营资产中，货币资产占总资产的比例为80.55%，交易性金融资产占比为1.03%，其他资产占比为18.34%。

自营资产运用与分布表

资产运用	金额（万元）	占比（%）	资产分布	金额（万元）	占比（%）
货币资产	105 237.17	80.55	基础产业	—	—
贷款及应收款	—	—	房地产业	—	—
交易性金融资产	1 344.87	1.03	证券市场	—	—
可供出售金融资产	—	—	实业	—	—
持有至到期投资	—	—	金融机构	117 867.07	90.22
长期股权投资	—	—	其他	12 779.40	9.78
其他	24 064.43	18.42			
资产总计	130 646.47	100.00	资产总计	130 646.47	100.00

注：其他资产主要包括其他应收款14 384.69万元、债权投资7411.53万元、递延所得税资产1 176.86万元、无形资产717.63万元、固定资产126.56万元、待抵扣进项税26.69万元、长期待摊费用2.10万元，预缴所得税218.37万元。

信托资产运用与分布表

资产运用	金额（万元）	占比（%）	资产分布	金额（万元）	占比（%）
货币资产	6 768.47	0.65	基础产业	—	—
贷款	1 000.00	0.10	房地产	326 443.15	31.44
交易性金融资产	14 233.87	1.37	证券市场	—	—
可供出售金融资产	38 000.00	3.66	实业	652 471.01	62.83
持有至到期投资	1 000.00	0.10	金融机构	—	—
长期股权投资	474 847.61	45.73	其他	59 474.31	5.74
其他	502 538.51	48.40			
信托资产总计	1 038 388.46	100.00	信托资产总计	1 038 388.46	100.00

注：公司资产运用中，长期股权投资占总资产的比例为45.73%，可供出售资产占比为3.66%，其他资产占比为48.40%。在资产分布中，实业占总资产的比例62.83%，房地产占总资产的比例为31.44%，其他资产占比为5.74%。

4.2.3 资本充足率、资产质量和盈利状况

2020年期末，公司固有资产为130 646.47万元，固有负债为25 862.12万元，所有者权益为104 784.35万元。公司资本充足，所有者权益比率为80.20%。

报告期内，公司实现收入合计17 436.58万元，利润总额为－8 535.72万元，净利润为－9 820.87万元。公司2020年总资产利润率（税前利润/年均总资产）为－6%，资本利润率（净利润/年均所有者权益）为－8.95%，主营业务收益率（净利润/营业总收入）为－56.32%。

4.3 市场分析

4.3.1 有利因素

国家供给侧结构性改革深入推进，在去杠杆、去泡沫的监管政策下，市场风险已得到缓释，资产价格估值相对合理，有利于公司充分利用信托牌照功能，围绕产业救助和企业纾困，开展资产重组业务。

国民财富快速增长，企业和个人对不同类型资产配置和财富传承的需求日益旺盛，为信托公司开展资产管理业务，发挥信托本源优势提供有利条件。

依托股东资源和品牌优势，在市场上有较高的知度，为业

务开展提供得天独厚的条件。

依托股东资源和品牌优势,在市场上有较高认知度,为业务开展提供得天独厚的条件。

4.3.2 不利因素

国内经济发展降速提质,经济下行尚未触底企稳,隐藏着较大的不确定性和风险隐患,中美贸易摩擦等国际环境变化带来的不利影响叠加,经济转型期间的"阵痛"越发明显,当前拓展业务将面临更大的市场风险。

随着国家防范化解重大风险攻坚战的打响,金融监管持续加强,《关于规范金融机构资产管理业务的指导意见》等多个办法陆续出台,强调穿透监管、去杠杆、去通道,对信托影响较大。

随着《商业银行理财子公司管理办法》的出台及国有商业银行、股份制商业银行理财子公司的设立,更高层次、更加规范、更加激烈的资管市场的竞争时代已经来临,信托公司的传统主流业务模式及销售渠道将受到更大冲击。

4.4 内部控制

4.4.1 内部控制环境和内部控制文化

公司按照《中华人民共和国公司法》《信托公司管理办法》《信托公司治理指引》《企业内部控制基本规范》《信托公司股权管理办法》等法律法规及公司章程的相关要求,建立了由股东会、董事会、监事会、高级管理层组成的分工合理、职责明确、相互制衡、报告关系清晰的公司治理结构。

董事会作为决策机构,负责审核公司内控机制的建设规划,并通过授权管理、投资决策管理、人力资源管理、财务管理、运营管理和运营保障管理等制度建设,建立公司内部控制制度体系并维持其有效性。公司已构建起较为完备的内控质控职能体系,实现内部控制职能的分层控制。公司内部控制职能部门为风险合规部、业务管理部、综合管理部、计划财务部、运营管理部和纪检审计部。公司内部控制遵循全面、审慎、有效、独立的原则。2020 年公司新增、修订了《关联方交易管理办法》《法律中介机构管理办法》《固有业务管理办法》《征信工作管理办法》《集合资金信托计划操作指引》等多项规章制度,进一步完善了公司内控制度体系。按照监管要求,公司始终重视内控合规文化建设,从上至下树立依法合规的经营理念,通过制度完善、内控检查、教育培训、行为管理多种方式加强内控管理水平。

4.4.2 内部控制措施

公司持续健全在各层级、各业务流程、各关键操作环节的控制措施,将人工控制与自动控制相结合,不断改造和升级信息系统,逐步实现关键风险点的自动化管控和监督;前台、中台、后台部门权责明晰,相互监督制衡的运行机制贯穿于全业务流程。

公司内控的控制活动包括不相容职务分离控制、授权审批控制、业务流程控制、会计系统控制、财产保护控制、运营分析控制、信息系统控制和绩效考评控制,并建立业务预警、应急机制等。

4.4.3 信息交流与反馈

报告期内,公司不断完善信息交流与反馈机制。在信息传达方面,公司通过办公自动化系统或专题会议形式,将最新的法律法规、监管要求、股东意见、信托行业及内部经营风险状况等信息及时传递给相关部门,确保员工充分掌握信息并及时作出反馈。在信息报告方面,公司制定了清晰的信息报告流程,确保各部门将经营过程中存在的重大问题和风险事项及时报告高级管理层、董事会、监事会和相关监管部门。在外部沟通方面,公司严格遵循监管要求,与监管部门建立了完备的沟通和报告机制,及时就公司的经营情况、风险状况、内外部审计情况等向监管部门报告。在部门间工作协调方面,公司内部搭建了高效畅通的信息交流渠道,通过定期会议和随时沟通实现跨部门协作。

4.4.4 监督评价与纠正

公司通过建立自控、互控、监控三位一体的机制,对内部控制活动进行检查、评价、监督和纠正。业务部门对各项业务跟踪管理,经常检查其经营状况,一旦发现存在问题,迅速予以自纠;风险合规管理部门、纪检审计部门和财务管理部门分别行使中后台风险管理职能和监督职能。相关部门、岗位之间互相制衡、监督,一旦发现问题,均要求限时纠正。

4.5 风险管理

4.5.1 风险管理概况

公司风险管理的基本原则:合规性,即公司经营活动与所涉及的法律、规则和准则及自身规章制度相一致;全面性,即风险管理涵盖各项业务管理的各环节,并渗透到各项业务过程中;制衡性,即明确划分相关部门、岗位之间的职责,建立职责分离、横向与纵向相互监督制约的机制;资产隔离性,即将公司自营资产与信托资产、不同委托人的信托财产分别管理、分别记账、独立核算;流动性,即突出现金流量管理在公司经营活动中的重要性;程序性,即公司风险管理组织系统的安排遵循事前授权审批、事中控制和事后审计监督三道程序;可衡量性,即采用定性分析与定量分析相结合的方法控制风险。董事会下设风险控制委员会负责对公司风险管理的政策、项目执行过程实施风险监督和评审,并按照公司风险管理总体要求,制定风险管理监督、风险计量检测和风险控制流程等风险监控制度。公司高级管理层根据股东会和董事会制定的风险管理政策、程序,负责对风险控制过程实施管理。对风险控制过程出现和可能出现的风险,制定和采取风险控制措施并及时报告董事会或者股东会。公司业务审查委员会负责对信托项目的审核。

风险合规部负责公司风险管理基本政策的制定,起草制定各类风险管理制度,负责建立和完善风险管理体系,进行风险识别、计量和控制,开展公司内部风险评估和报告,参与各类业务的风险评估、管理及对合法性和合规性进行审核,指导公司内部全面开展风险管理。

4.5.2 风险状况

公司经营活动中可能遇到的主要风险有信用风险、市场风险、操作风险等。

4.5.2.1 信用风险状况

信用风险主要指交易对手不履行义务的可能性,主要表现为:在贷款、资产回购、后续资金安排、担保、履约承诺、资金往来、证券投资等交易过程中,借款人、担保人、保管人(托管人)、证券投资开户券商、银行等交易对手不履行承诺,不能或不愿履行合约承诺而使信托财产或固有财产遭受潜在损失的可能性。

公司信托业务的信用风险主要来自融资类信托业务。报告期内，公司完成了部分融资类信托项目的终止清算，对于存续项目公司针对信用风险采取了相应措施，履行了受托人的尽职管理职责。

4.5.2.2　市场风险状况

市场风险主要指在金融市场等投资业务过程中，投资于有公开市场价值的金融产品或者其他产品时，金融产品或者其他产品的价格发生波动导致公司信托财产或固有财产遭受损失的可能性。同时，市场风险还具有很强的传导效应，某些信用风险的根源可能也来自交易对手的市场风险。

报告期内，公司无在公开市场交易的金融产品，受市场风险影响有限。

4.5.2.3　操作风险状况

操作风险表现为由于公司治理机制、内部控制失效或者有关责任人出现失误、欺诈等问题，公司没有充分、及时地做好尽职调查、持续监控、信息披露等工作，未能及时作出应有的反应，或作出的反应明显有失专业和常理，甚至违规违约；公司没有履行勤勉尽职管理的义务，或者无法出具充分有效的证据和记录，证明自己已履行勤勉尽职管理的义务。

报告期内，公司按照内部控制制度严格操作流程，明确岗位职责，加强合规宣传，与各部门负责人签订了《党风廉政建设和风险防范目标责任书》，无操作风险事项的发生。

4.5.2.4　其他风险状况

其他风险主要是指公司业务开展中的流动性风险、政策风险、信誉风险、道德风险等。公司固有业务流动性强，发生流动性风险的可能性较小。在政策、信誉、道德风险方面，公司没有发生因信托财产管理、处分不当或其他信托公司的原因，致使信托财产遭受损失，进而致公司声誉受损的情况。公司注重将各方股东的优秀企业文化融入公司内部管理中，致力塑造诚信、专业的公司形象，通过尽职管理和充分披露等方式，避免产生对公司不良影响事件的发生。

4.5.3　风险管理

4.5.3.1　信用风险管理

为适应公司业务规模和业务模式的发展变化，公司继续完善风险管理体系和制度建设。公司强调全流程风险管理、强调风险管理关口前置、强调完善信用风险管理的制度体系、强调对交易对手履约情况的持续跟踪，以各类业务准入政策、业务报审及审批流程等为抓手，严格执行信用风险的事前防范、事中控制和事后检查制度。

信用风险的管理：一是公司严格实行贷前调查、贷时审查、贷后检查的“三查”制度。在贷前调查（项目立项）阶段，公司规范项目尽职调查的程序、重点和方法；在贷时审查（项目审批）阶段，公司风险合规部、业务管理部、运营管理部等进行会审，公司业务审查委员会对业务进行汇总审核出具审核审批意见；在贷后检查（项目运营）阶段，公司要求业务部门持续监控交易对手的履约能力，严格按照公司《项目后期管理办法》等相关文件的规定，履行贷后管理职责和受托义务。二是注重信用风险的分散和补偿。在产品交易结构设计上，公司综合运用规避、预防、分散、转移、补偿等手段管理风险，尽力降低信用风险敞口。比如：公司通过引入金融机构信用、财产抵押、权利质押等担保方式，将融资主体的信用风险进行分散、转移。为防止因抵（质）押物价值变化扩大信用风险敞口，公司对拟抵（质）押资产设置了抵（质）押率上限，作为价值变化的缓冲；通过账户管理归集和监控项目本身的现金流，作为履约的主要资金来源；在可能的情况下监管交易对手账户，监督资金使用，防止挪用；通过信托受益权的优先劣后安排，将具有不同风险偏好和风险承受能力的客户分开；加大交易对手违约成本，使交易对手不敢轻易违约；通过现场过程监控和非现场信息监控，及时了解项目进展、交易对手经营和资金使用状况，安排信托受益权的流通转让，分散信用风险。三是按照中国银保监会要求及公司文件规定，定期对公司资产进行风险分类。四是严格按财政部和中国银保监会的要求，提足包括呆账准备金、信托赔偿准备金在内的各项准备金。

4.5.3.2　市场风险管理

市场风险的管理：一是加强对经济及金融形势的分析预测，并据此提出资产配置及其调整方案。密切跟踪市场，及时调整投资策略和投资组合，密切关注经济运行状况，严格规避政策导向变化带来的不利影响。二是坚持稳健原则，在投资组合中配置足够的固定收益类低风险投资品种。三是对证券投资组合的净值、仓位和投资集中度等指标事先设定预警点或止损点。四是通过投资分散化（组合对冲）降低非系统性风险。五是在业务决策和管理过程中，分别通过压力测试进行分析和评估，进行动态跟踪管理。六是积极贯彻落实监管部门有关文件精神，密切专注市场变化，加强防范业务风险的措施。

4.5.3.3　操作风险管理

操作风险的管理：一是制定和完善公司内部控制制度，在业务操作、会计系统、信息披露、信息系统、人力资源管理、关联交易、档案管理、紧急事件应变等方面，建立行之有效的内控制度和内控流程。二是明确岗位职责，即在合理的组织机构基础上，将各部门的业务活动和管理活动细化为各个具体的工作岗位，按照岗位确定职责和权限，做到定岗、定责、定职、定编、定人，从而建立起公司内部相互制约、相互督促的工作网络。三是在建立岗位职责的基础上，制定公司的业务授权制度和问责制度。通过授权机制，将从业人员的灵活性和责任制结合起来。四是不断整合公司各项业务流程和管理流程，逐步实现前台、中台、后台分离的业务操作流程化管理。五是建立管理“防火墙”，以信托财产和固有财产为隔离基础，实现信托业务系统和自营业务系统的部门和人员分离；高级管理人员管理分工分离；信托财务和自营财务的部门、人员、账表、资产和办公场所分离；每个信托财产的分离，即对每项信托业务单独开户、单独核算、单独管理。六是强调信息系统支持。七是制定公司员工行为规范，加强对员工守法意识、职业道德的教育。八是重视合规文化建设，宣传合规政策，使员工牢固树立“风险管理是公司经营的基础、效益的前提和核心竞争力的保证”这一风险管理核心价值观念。

4.5.3.4　其他风险管理

其他风险的管理：一是加强员工合规培训，要求员工认真学习并执行有关的法律法规，增强合规意识，提高员工的风险管理意识和风险管理水平。二是加强对运作项目的现金流量管理，同时做好公司现金流量的预测和安排。三是加强职业道德教育，规范职业行为，把职业道德、职业操守作为员工教育的一个重要内容，不断增强员工的工作责任心，严格控制道德风险。

4.6　企业社会责任

公司恪尽职守，严格履行受托人诚实、信用、谨慎、有效的管理义务，依托自身在资产管理、风险控制等方面的优势，为投资者创造信托财富，为企业提供全面金融服务。截至2020年末，公司已向投资者分配信托利润4.42亿元，为全国多家企业提供全面的金融服务；公司自觉守法经营、照章纳税、公平竞争、合作共赢等理念，积极参与社会公益活动。一是为抗击2020年新冠肺炎疫情，积极响应中国信托业协会号召，捐款50万元注入“中国信托业抗击新型肺炎慈善信托”，与信托同业众志成城，全力以赴助力疫情防控；同时，积极响应国家号召，向湖北省慈善总会捐款40万元，用于驰援奋战抗疫一线的医务工作者。二是支持长城资产的扶贫工作，为“筑爱长城·扶贫慈善信托”项目捐款20万元，用于陕西陇县脱贫工作。三是作为在新疆地区注册的企业，积极贯彻落实中央关于维护社会稳定和长治久安新疆工作总目标，报告期内，共向新疆南疆地区捐款10万元，用于扶贫和助学活动。2020年，公司已向注册地新疆乌鲁木齐市经济技术开发区缴纳各项税费合计0.74亿元，是重点纳税企业之一。公司不断完善员工关爱体系，推动员工与企业共同成长，开展节日慰问、困难职工情况排查帮扶、组织文体活动等工作，切实增强员工福利，保障员工权益。

4.7　消费者权益保护

公司在2020年继续健全消费者权益保障机制，在公司制度建设、产品营销、投诉管理、宣传教育、信息披露、内部监督、IT科技、客户服务等多维度不断完善全流程消费者权益保护体系。公司2020年根据监管相关要求对涉及消费者权益保护的相关制度和业务流程进行了梳理建全。同时，公司主动利用微信公众号、远程会议等途径，通过短视频等创新形式，开展了一系列以消费者权益保护为主题的金融知识宣教工作，相关活动在向广大消费者普及金融知识的同时，也提高了消费者的法律意识及自我权益保护意识，取得了良好的效果。

5. 报告期末及上一年度末的比较式会计报表

5.1　自营资产

5.1.1　会计师事务所审计意见全文

审 计 报 告

信会师报字〔2021〕第ZG21384号

长城新盛信托有限责任公司管理层：

一、审计意见

我们审计了长城新盛信托有限责任公司（以下简称贵公司）财务报表，包括2020年12月31日的合并及母公司资产负债表，2020年度的合并及母公司利润表、合并及母公司现金流量表、合并及母公司所有者权益变动表，以及相关财务报表附注。

我们认为，后附的财务报表在所有重大方面按照企业会计准则的规定编制，公允反映了贵公司2020年12月31日的合并及母公司财务状况及2020年度的合并及母公司经营成果和现金流量。

二、形成审计意见的基础

我们按照中国注册会计师审计准则的规定执行了审计工作。审计报告的“注册会计师对财务报表审计的责任”部分进一步阐述了我们在这些准则下的责任。按照中国注册会计师职业道德守则，我们独立于贵公司，并履行了职业道德方面的其他责任。我们相信，我们获取的审计证据是充分、适当的，为发表审计意见提供了基础。

三、管理层和治理层对财务报告的责任

贵公司管理层（以下简称管理层）负责按照企业会计准则的规定编制财务报表，使其实现公允反映，并设计、执行和维护必要的内部控制，以使财务报表不存在由于舞弊或错误导致的重大错报。

在编制财务报表时，管理层负责评估贵公司的持续经营能力，披露与持续经营相关的事项（如适用），并运用持续经营假设，除非计划进行清算、终止运营或别无其他现实的选择。

治理层负责监督贵公司的财务报告过程。

四、注册会计师对财务报表审计的责任

我们的目标是对财务报表整体是否不存在由于舞弊或错误导致的重大错报获取合理保证，并出具包含审计意见的审计报告。合理保证是高水平的保证，但并不能保证按照审计准则执行的审计在某一重大错报存在时总能发现。错报可能由于舞弊或错误导致，如果合理预期错报单独或汇总起来可能影响财务报表使用者依据财务报表作出的经济决策，则通常认为错报是重大的。

在按照审计准则执行审计工作的过程中，我们运用职业判断，并保持职业怀疑。同时，我们也执行以下工作：

（1）识别和评估由于舞弊或错误导致的财务报表重大错报风险，设计和实施审计程序以应对这些风险，并获取充分、适当的审计证据，作为发表审计意见的基础。由于舞弊可能涉及串通、伪造、故意遗漏、虚假陈述或凌驾于内部控制之上，未能发现由于舞弊导致的重大错报的风险高于未能发现由于错误导致的重大错报的风险。

（2）了解与审计相关的内部控制，以设计恰当的审计程序，但目的并非对内部控制的有效性发表意见。

（3）评价管理层选用会计政策的恰当性和作出会计估计及相关披露的合理性。

（4）对管理层使用持续经营假设的恰当性得出结论。同时，根据获取的审计证据，就可能导致对贵公司持续经营能力产生重大疑虑的事项或情况是否存在重大不确定性得出结论。如果我们得出结论认为存在重大不确定性，审计准则要求我们在审计报告中提请报表使用者注意财务报表中的相关披露；如果披露不充分，我们应当发表非无保留意见。我们的结论基于截至审计报告日可获得的信息。然而，未来的事项或情况可能导致贵公司不能持续经营。

（5）评价财务报表的总体列报（包括披露）、结构和内容，并评价财务报表是否公允反映相关交易和事项。

（6）就贵公司中实体或业务活动的财务信息获取充分、适当的审计证据，以对财务报表发表审计意见。我们负责指导、监督和执行集团审计，并对审计意见承担全部责任。

我们与治理层就计划的审计范围、时间安排和重大审计发现等事项进行沟通，包括沟通我们在审计中识别出的值得关注的内部控制缺陷。

立信会计师事务所（特殊普通合伙）

中国注册会计师：许培梅

中国注册会计师：王红娜

中国·上海　　2021 年 3 月 16 日

5.1.2　资产负债表

合并资产负债表

编制单位：长城新盛信托有限责任公司　　2020 年 12 月 31 日　　单位：元

资产	附注	期末余额	上年年末余额
资产：			
货币资金	五、（一）	1 052 371 722. 52	1 273 698 [illegible]15. 39
其中：客户资金存款	—	—	—
结算备付金	—	—	—
其中：客户备付金	—	—	—
贵金属	—	—	—
拆出资金	—	—	—
融出资金	—	—	—
衍生金融资产	—	—	—
存出保证金	—	—	—
应收款项	—	—	—
买入返售金融资产	—	—	—
持有待售资产	—	—	—
金融投资：			
交易性金融资产	五、（二）	13 448 693. 24	16 119 [illegible]91. 21
债权投资	五、（三）	74 115 294. 27	—
其他债权投资	—	—	—
其他权益工具投资	—	—	—
长期股权投资	—	—	—
投资性房地产	—	—	—
固定资产	五、（四）	1 265 590. 71	1 893 [illegible]23. 10
在建工程	—	—	—
无形资产	五、（五）	7 176 334. 06	3 721 [illegible]58. 32
商誉	—	—	—
递延所得税资产	五、（六）	11 768 594. 03	21 709 [illegible]64. 35
其他资产	五、（七）	146 318 449. 45	219 574 [illegible]22. 28
资产总计	—	1 306 464 678. 28	1 536 717 [illegible]74. 65

合并资产负债表（续）

编制单位：长城新盛信托有限责任公司　　2020 年 12 月 31 日　　单位：元

负债和所有者权益（或股东权益）	附注	期末余额	上年年末余额
负债：			
短期借款	—	—	—
应付短期融资款	—	—	—
拆入资金	—	—	—
交易性金融负债	—	—	—
衍生金融负债	—	—	—
卖出回购金融资产款	—	—	—
代理买卖证券款	—	—	—
代理承销证券款	—	—	—
应付职工薪酬	五、（八）	51 466 302. 61	104 093 1[illegible]. 22
应交税费	五、（九）	10 768 160. 90	42 219 2[illegible]. 47
应付款项	—	—	—
持有待售负债	—	—	—

续表

负债和所有者权益(或股东权益)	附注	期末余额	上年年末余额
预计负债	—	—	—
长期借款	—	—	—
应付债券	—	—	—
其中:优先股	—	—	—
永续债	—	—	—
长期应付职工薪酬	—	—	—
递延收益	—	—	—
递延所得税负债	—	—	—
其他负债	五、(十)	196 386 688. 92	244 352 929. 43
负债合计	—	258 621 152. 43	390 665 317. 12
所有者权益(或股东权益):			
实收资本(或股本)	五、(十一)	300 000 000. 00	300 000 000. 00
其他权益工具	—	—	—
其中:优先股	—	—	—
永续债	—	—	—
资本公积	—	—	—
减:库存股	—	—	—
其他综合收益	—	—	—
盈余公积	五、(十二)	89 671 242. 64	89 671 242. 64
一般风险准备	五、(十三)	44 835 621. 33	44 835 621. 33
未分配利润	五、(十四)	613 336 661. 88	711 545 393. 56
归属于母公司所有者权益(或股东权益)合计	—	1 047 843 525. 85	1 146 052 257. 53
少数股东权益	—	—	—
所有者权益(或股东权益)合计	—	1 047 843 525. 85	1 146 052 257. 53
负债和所有者权益(或股东权益)总计	—	1 306 464 678. 28	1 536 717 574. 65

母公司资产负债表

编制单位:长城新盛信托有限责任公司　　2020 年 12 月 31 日　　单位:元

资产	附注	期末余额	上年年末余额
资产:			
货币资金	五、(一)	1 052 369 184. 37	1 273 698 115. 39
其中:客户资金存款	—	—	—
结算备付金	—	—	—
其中:客户备付金	—	—	—
贵金属	—	—	—
拆出资金	—	—	—
融出资金	—	—	—
衍生金融资产	—	—	—
存出保证金	—	—	—
应收款项	—	—	—
买入返售金融资产	—	—	—
持有待售资产	—	—	—
金融投资:			
交易性金融资产	五、(二)	80 152 458. 09	16 119 691. 21
债权投资	—	—	—
其他债权投资	—	—	—
其他权益工具投资	—	—	—
长期股权投资	—	—	—
投资性房地产	—	—	—
固定资产	五、(四)	1 265 590. 71	1 893 823. 10
在建工程	—	—	—
无形资产	五、(五)	7 176 334. 06	3 721 858. 32
商誉	—	—	—
递延所得税资产	五、(六)	11 768 594. 03	21 709 964. 35
其他资产	五、(七)	146 318 449. 45	219 574 122. 28
资产总计	—	1 299 050 610. 71	1 536 717 574. 65

母公司资产负债表（续）

编制单位：长城新盛信托有限责任公司　　2020 年 12 月 31 日　　单位：元

负债和所有者权益（或股东权益）	附注	期末余额	上年年末余额
负债：			
短期借款	—	—	—
应付短期融资款	—	—	—
拆入资金	—	—	—
交易性金融负债	—	—	—
衍生金融负债	—	—	—
卖出回购金融资产款	—	—	—
代理买卖证券款	—	—	—
代理承销证券款	—	—	—
应付职工薪酬	五、（八）	51 466 302. 61	104 093 1[illegible]. 22
应交税费	五、（九）	10 768 160. 90	42 219 2[illegible]. 47
应付款项	—	—	—
持有待售负债	—	—	—
预计负债	—	—	—
长期借款	—	—	—
应付债券	—	—	—
其中：优先股	—	—	—
永续债	—	—	—
长期应付职工薪酬	—	—	—
递延收益	—	—	—
递延所得税负债	—	—	—
其他负债	五、（十）	188 974 882. 28	244 352 9[illegible] 43
负债合计	—	251 209 345. 79	390 665 31[illegible] 12
所有者权益（或股东权益）：			
实收资本（或股本）	五、（十一）	300 000 000. 00	300 000 0[illegible] 00
其他权益工具	—	—	—
其中：优先股	—	—	—
永续债	—	—	—
资本公积	—	—	—
减：库存股	—	—	—
其他综合收益	—	—	—
盈余公积	五、（十二）	89 671 242. 64	89 671 24[illegible] 64
一般风险准备	五、（十三）	44 835 621. 33	44 835 62[illegible] 33
未分配利润	五、（十四）	613 334 400. 95	711 545 39[illegible] 56
所有者权益（或股东权益）合计	—	1 047 841 264. 92	1 146 052 25[illegible] 53
负债和所有者权益（或股东权益）总计	—	1 299 050 610. 71	1 536 717 57[illegible] 65

5. 1. 3　利润表

合并利润表

编制单位：长城新盛信托有限责任公司　　2020 年度　　单位：元

项目	附注	本期金额	上期金额
一、营业总收入	—	174 365 787. 54	390 194 [illegible]39. 66
利息净收入	五、（十五）	35 862 451. 31	30 583 [illegible]16. 33
其中：利息收入	五、（十五）	47 554 255. 73	30 650 [illegible]75. 75
利息支出	五、（十五）	11 691 804. 42	67 [illegible]59. 42
手续费及佣金净收入	五、（十六）	137 814 378. 34	355 620 [illegible]67. 63
其中：信托报酬收入	五、（十六）	137 814 378. 34	355 620 [illegible]67. 63
财务顾问费收入	—	—	—
投资收益（损失以“－”号填列）	五、（十七）	909 002. 21	5 349 [illegible]90. 95
其中：对联营企业和合营企业的投资收益	—	—	—
以摊余成本计量的金融资产终止确认产生的收益（损失以“－”号填列）	—	—	—

续表

项目	附注	本期金额	上期金额
净敞口套期收益（损失以“-”号填列）	—	—	—
其他收益	五、（十八）	6 955.68	—
公允价值变动收益（损失以“-”号填列）	五、（十九）	-227 000.00	-1 330 994.33
汇兑收益（损失以“-”号填列）	—	—	—
其他业务收入	—	—	—
资产处置收益（损失以“-”号填列）	五、（二十）	—	20 859.08
二、营业总支出	—	256 591 276.51	83 122 489.69
税金及附加	五、（二十一）	1 070 081.85	2 343 309.08
业务及管理费	五、（二十二）	20 892 702.54	80 779 180.61
资产减值损失	—	—	—
信用减值损失	五、（二十三）	234 628 492.12	—
其他资产减值损失	—	—	—
其他业务成本	—	—	—
三、营业利润（亏损以“-”号填列）	—	-82 225 488.97	307 071 549.97
加：营业外收入	五、（二十四）	—	880.00
减：营业外支出	五、（二十五）	3 131 701.30	600 000.00
四、利润总额（亏损总额以“-”号填列）	—	-85 357 190.27	306 472 429.97
减：所得税费用	五、（二十六）	12 851 541.41	75 864 762.15
五、净利润（净亏损以“-”号填列）	—	-98 208 731.68	230 607 667.82
（一）按经营持续性分类	—	—	—
1. 持续经营净利润（净亏损以“-”号填列）	—	-98 208 731.68	230 607 667.82
2. 终止经营净利润（净亏损以“-”号填列）	—	—	—
（二）按所有权归属分类	—	—	—
1. 归属于母公司股东的净利润（净亏损以“-”号填列）	—	-98 208 731.68	230 607 667.82
2. 少数股东损益（净亏损以“-”号填列）	—	—	—
六、其他综合收益的税后净额	—	—	—
归属于母公司所有者的其他综合收益的税后净额	—	—	—
（一）不能重分类进损益的其他综合收益	—	—	—
1. 重新计量设定受益计划变动额	—	—	—
2. 权益法下不能转损益的其他综合收益	—	—	—
3. 其他权益工具投资公允价值变动	—	—	—
4. 企业自身信用风险公允价值变动	—	—	—
（二）将重分类进损益的其他综合收益	—	—	—
1. 权益法下可转损益的其他综合收益	—	—	—
2. 其他债权投资公允价值变动	—	—	—
3. 可供出售金融资产公允价值变动损益	—	—	—
4. 金融资产重分类计入其他综合收益的金额	—	—	—
5. 持有至到期投资重分类为可供出售金融资产损益	—	—	—
6. 其他债权投资信用损失准备	—	—	—
7. 现金流量套期储备（现金流量套期损益的有效部分）	—	—	—
8. 外币财务报表折算差额	—	—	—
9. 其他	—	—	—
归属于少数股东的其他综合收益的税后净额	—	—	—
七、综合收益总额	—	-98 208 731.68	230 607 667.82
归属于母公司所有者的综合收益总额	—	-98 208 731.68	230 607 667.82
归属于少数股东的综合收益总额	—	—	—
八、每股收益	—	—	—
（一）基本每股收益（元/股）	—	—	—
（二）稀释每股收益（元/股）	—	—	—

母公司利润表

编制单位：长城新盛信托有限责任公司　　　　2020 年度　　　　单位：元

项目	附注	本期金额	上期金额
一、营业总收入	—	-51 518 675.98	390 1[illegible] 039.66
利息净收入	五、（十五）	13 274 222.94	30 5[illegible] 516.33
其中：利息收入	五、（十五）	24 966 027.36	30 6[illegible] 775.75
利息支出	五、（十五）	11 691 804.42	6[illegible] 259.42
手续费及佣金净收入	五、（十六）	137 814 378.34	355 62[illegible] 667.63
其中：信托报酬收入	五、（十六）	137 814 378.34	355 62[illegible] 667.63
财务顾问费收入	—	—	—
投资收益（损失以"－"号列示）	五、（十七）	909 002.21	5 34[illegible] 990.95
其中：对联营企业和合营企业的投资收益	—	—	—
以摊余成本计量的金融资产终止确认产生的收益（损失以"－"号填列）	—	—	—
净敞口套期收益（损失以"－"号填列）	—	—	—
其他收益	五、（十八）	6 955.68	—
公允价值变动收益（损失以"－"号列示）	五、（十九）	-203 523 235.15	-1 38[illegible] 994.33
汇兑收益（损失以"－"号列示）	—	—	—
其他业务收入	—	—	—
资产处置收益（损失以"－"号填列）	五、（二十）	—	2[illegible] 359.08
二、营业总支出	—	30 709 073.92	83 12[illegible] 489.69
税金及附加	五、（二十一）	1 090 351.53	2 34[illegible] 309.08
业务及管理费	五、（二十二）	20 874 936.00	80 77[illegible] 180.61
资产减值损失	—	—	—
信用减值损失	五、（二十三）	8 743 786.39	—
其他资产减值损失	—	—	—
其他业务成本	—	—	—
三、营业利润（亏损以"－"号列示）	—	-82 227 749.90	307 071 549.97
加：营业外收入	五、（二十四）	—	[illegible]80.00
减：营业外支出	五、（二十五）	3 131 701.30	60[illegible] [illegible]00.00
四、利润总额（亏损总额以"－"号列示）	—	-85 359 451.20	306 472 [illegible]29.97
减：所得税费用	五、（二十六）	12 851 541.41	75 864 [illegible]62.15
五、净利润（净亏损以"－"号列示）	—	-98 210 992.61	230 607 667.82
（一）持续经营净利润（净亏损以"－"号填列）	—	-98 210 992.61	230 607 667.82
（二）终止经营净利润（净亏损以"－"号填列）	—	—	—
六、其他综合收益的税后净额	—	—	—
（一）不能重分类进损益的其他综合收益	—	—	—
1. 重新计量设定受益计划变动额	—	—	—
2. 权益法下不能转损益的其他综合收益	—	—	—
3. 其他权益工具投资公允价值变动	—	—	—
4. 企业自身信用风险公允价值变动	—	—	—
（二）将重分类进损益的其他综合收益	—	—	—
1. 权益法下可转损益的其他综合收益	—	—	—
2. 其他债权投资公允价值变动	—	—	—
3. 可供出售金融资产公允价值变动损益	—	—	—
4. 金融资产重分类计入其他综合收益的金额	—	—	—
5. 持有至到期投资重分类为可供出售金融资产损益	—	—	—
6. 其他债权投资信用损失准备	—	—	—
7. 现金流量套期储备（现金流量套期损益的有效部分）	—	—	—
8. 外币财务报表折算差额	—	—	—
9. 其他	—	—	—
七、综合收益总额	—	-98 210 992.61	230 607 6[illegible]7.82
八、每股收益	—	—	—
（一）基本每股收益（元/股）	—	—	—
（二）稀释每股收益（元/股）	—	—	—

5.1.4 现金流量表

合并现金流量表

编制单位：长城新盛信托有限责任公司　　2020 年度　　单位：元

项目	附注	本期金额	上期金额
一、经营活动产生的现金流量：			
销售商品、提供劳务收到的现金		—	—
收取利息、手续费及佣金的现金		151 091 113.43	410 898 074.35
拆入资金净增加额		—	—
回购业务资金净增加额		—	—
代理买卖证券收到的现金净额		—	—
收到其他与经营活动有关的现金		116 976 657.05	107 415 573.38
经营活动现金流入小计		268 067 770.48	518 313 647.73
为交易目的而持有的金融资产净增加额		—	−220 400 000.00
债权投资支付的本金和利息净额		300 000 000.00	—
拆出资金净增加额		—	—
返售业务资金净增加额		—	—
支付利息、手续费及佣金的现金		75 777.57	67 259.42
支付给职工及为职工支付的现金		50 106 347.43	55 785 207.12
支付的各项税费		71 712 146.50	195 748 894.17
支付其他与经营活动有关的现金		146 785 950.92	79 718 716.81
经营活动现金流出小计		568 680 222.42	110 920 077.52
经营活动产生的现金流量净额		−300 612 451.94	407 393 570.21
二、投资活动产生的现金流量：			
收回投资收到的现金		—	20 400 000.00
取得投资收益收到的现金		909 002.21	1 156 090.70
处置固定资产、无形资产和其他长期资产收回的现金净额		—	108 613.09
处置子公司及其他营业单位收到的现金净额		—	—
收到其他与投资活动有关的现金		—	—
投资活动现金流入小计		909 002.21	21 664 703.79
投资支付的现金		—	—
购建固定资产、无形资产和其他长期资产支付的现金		4 741 662.57	1 132 273.35
取得子公司及其他营业单位支付的现金净额		—	—
支付其他与投资活动有关的现金		—	—
投资活动现金流出小计		4 741 662.57	1 132 273.35
投资活动产生的现金流量净额		−3 832 660.36	20 532 430.44
三、筹资活动产生的现金流量：			
吸收投资收到的现金		30 000 000.00	—
其中：子公司吸收少数股东投资收到的现金		—	—
取得借款收到的现金		270 000 000.00	—
发行债券收到的现金		—	—
收到其他与筹资活动有关的现金		—	—
筹资活动现金流入小计		300 000 000.00	—
偿还债务支付的现金		270 000 000.00	—
分配股利、利润或偿付利息支付的现金		11 616 026.85	—
其中：子公司支付给少数股东的股利、利润		—	—
支付其他与筹资活动有关的现金		—	—
筹资活动现金流出小计		281 616 026.85	—
筹资活动产生的现金流量净额		18 383 973.15	—
四、汇率变动对现金及现金等价物的影响		—	—
五、现金及现金等价物净增加额		−286 061 139.15	427 926 000.65
加：期初现金及现金等价物余额		1 273 698 115.39	845 772 114.74
六、期末现金及现金等价物余额		987 636 976.24	1 273 698 115.39

母公司现金流量表

编制单位：长城新盛信托有限责任公司　　　　2020 年度　　　　单位：元

项目	附注	本期金额	上期金额
一、经营活动产生的现金流量：			
销售商品、提供劳务收到的现金		—	—
收取利息、手续费及佣金的现金		151 088 601. 28	410 89[illegible]074. 35
拆入资金净增加额		—	—
回购业务资金净增加额		—	—
代理买卖证券收到的现金净额		—	—
收到其他与经营活动有关的现金		116 976 657. 05	107 415[illegible]73. 38
经营活动现金流入小计		268 065 258. 33	518 313[illegible]47. 73
为交易目的而持有的金融资产净增加额		270 000 000. 00	-220 400[illegible]00. 00
拆出资金净增加额		—	—
返售业务资金净增加额		—	—
支付利息、手续费及佣金的现金		75 777. 57	67[illegible]59. 42
支付给职工及为职工支付的现金		50 106 347. 43	55 785[illegible]07. 12
支付的各项税费		71 712 146. 50	195 748[illegible]94. 17
支付其他与经营活动有关的现金		146 785 976. 92	79 718[illegible]16. 81
经营活动现金流出小计		538 680 248. 42	110 920[illegible]77. 52
经营活动产生的现金流量净额		-270 614 990. 09	407 393[illegible]70. 21
二、投资活动产生的现金流量：		—	—
收回投资收到的现金		—	20 400[illegible]00. 00
取得投资收益收到的现金		909 002. 21	1 156[illegible]90. 70
处置固定资产、无形资产和其他长期资产收回的现金净额		—	108[illegible]3. 09
收到其他与投资活动有关的现金		—	—
投资活动现金流入小计		909 002. 21	21 664[illegible]3. 79
投资支付的现金		—	—
购建固定资产、无形资产和其他长期资产支付的现金		4 741 662. 57	1 132[illegible]3. 35
支付其他与投资活动有关的现金		—	—
投资活动现金流出小计		4 741 662. 57	1 132[illegible]3. 35
投资活动产生的现金流量净额		-3 832 660. 36	20 532[illegible]. 44
三、筹资活动产生的现金流量：		—	—
吸收投资收到的现金		—	—
取得借款收到的现金		270 000 000. 00	—
发行债券收到的现金		—	—
收到其他与筹资活动有关的现金		—	—
筹资活动现金流入小计		270 000 000. 00	—
偿还债务支付的现金		270 000 000. 00	—
分配股利、利润或偿付利息支付的现金		11 616 026. 85	—
支付其他与筹资活动有关的现金		—	—
筹资活动现金流出小计		281 616 026. 85	—
筹资活动产生的现金流量净额		-11 616 026. 85	—
四、汇率变动对现金及现金等价物的影响		—	—
五、现金及现金等价物净增加额		-286 063 677. 30	427 926 0[illegible] 65
加：期初现金及现金等价物余额		1 273 698 115. 39	845 772 1[illegible] 74
六、期末现金及现金等价物余额		987 634 438. 09	1 273 698 1[illegible] 39

5.1.5 所有者权益变动表

合并所有者权益变动表

编制单位：长城新盛信托有限责任公司　　2020 年度　　单位：元

项目	本期金额												
	归属于母公司所有者权益											少数股东权益	所有者权益（或股东权益）合计
	实收资本（或股本）	其他权益工具			资本公积	减：库存股	其他综合收益	盈余公积	一般风险准备	未分配利润	小计		
		优先股	永续债	其他									
一、上年年末余额	300 000 000.00	—	—	—	—	—	—	89 671 242.64	44 835 621.33	711 545 393.56	1 146 052 257.53	—	1 146 052 257.53
加：会计政策变更	—	—	—	—	—	—	—	—	—	—	—	—	—
前期差错更正	—	—	—	—	—	—	—	—	—	—	—	—	—
同一控制下企业合并	—	—	—	—	—	—	—	—	—	—	—	—	—
其他	—	—	—	—	—	—	—	—	—	—	—	—	—
二、本年年初余额	300 000 000.00	—	—	—	—	—	—	89 671 242.64	44 835 621.33	711 545 393.56	1 146 052 257.53	—	1 146 052 257.53
三、本年增减变动金额（减少以"－"号填列）	—	—	—	—	—	—	—	—	—	-98 208 731.68	-98 208 731.68	—	-98 208 731.68
（一）综合收益总额	—	—	—	—	—	—	—	—	—	-98 208 731.68	-98 208 731.68	—	-98 208 731.68
（二）所有者投入和减少资本	—	—	—	—	—	—	—	—	—	—	—	—	—
1. 所有者投入的普通股	—	—	—	—	—	—	—	—	—	—	—	—	—
2. 其他权益工具持有者投入资本	—	—	—	—	—	—	—	—	—	—	—	—	—
3. 股份支付计入所有者权益的金额	—	—	—	—	—	—	—	—	—	—	—	—	—
4. 其他	—	—	—	—	—	—	—	—	—	—	—	—	—
（三）利润分配	—	—	—	—	—	—	—	—	—	—	—	—	—
1. 提取盈余公积	—	—	—	—	—	—	—	—	—	—	—	—	—
2. 提取一般风险准备	—	—	—	—	—	—	—	—	—	—	—	—	—
3. 对所有者（或股东）的分配	—	—	—	—	—	—	—	—	—	—	—	—	—
4. 其他	—	—	—	—	—	—	—	—	—	—	—	—	—
（四）所有者权益内部结转	—	—	—	—	—	—	—	—	—	—	—	—	—
1. 资本公积转增资本（或股本）	—	—	—	—	—	—	—	—	—	—	—	—	—
2. 盈余公积转增资本（或股本）	—	—	—	—	—	—	—	—	—	—	—	—	—
3. 盈余公积弥补亏损	—	—	—	—	—	—	—	—	—	—	—	—	—
4. 设定受益计划变动额结转留存收益	—	—	—	—	—	—	—	—	—	—	—	—	—
5. 其他综合收益结转留存收益	—	—	—	—	—	—	—	—	—	—	—	—	—
6. 其他	—	—	—	—	—	—	—	—	—	—	—	—	—
四、本期期末余额	300 000 000.00	—	—	—	—	—	—	89 671 242.64	44 835 621.33	613 336 661.88	1 047 843 525.85	—	1 047 843 525.85

合并所有者权益变动表（续）

编制单位：长城新盛信托有限责任公司　　2020 年度　　单位：元

项目	上期金额												
	归属于母公司所有者权益											少数股东权益	所有者权益（或股东权益）合计
	实收资本（或股本）	其他权益工具			资本公积	减：库存股	其他综合收益	盈余公积	一般风险准备	未分配利润	小计		
		优先股	永续债	其他									
一、上年年末余额	300 000 000.00	—	—	—	—	—	—	66 610 475.86	33 305 237.94	515 528 875.91	915 444 589.71	—	915 444 589.71
加：会计政策变更	—	—	—	—	—	—	—	—	—	—	—	—	—
前期差错更正	—	—	—	—	—	—	—	—	—	—	—	—	—
同一控制下企业合并	—	—	—	—	—	—	—	—	—	—	—	—	—
其他	—	—	—	—	—	—	—	—	—	—	—	—	—
二、本年年初余额	300 000 000.00	—	—	—	—	—	—	66 610 475.86	33 305 237.94	515 528 875.91	915 444 589.71	—	915 444 589.71
三、本年增减变动金额（减少以"－"号填列）	—	—	—	—	—	—	—	23 060 766.78	11 530 383.39	196 016 517.65	230 607 667.82	—	230 607 667.82
（一）综合收益总额	—	—	—	—	—	—	—	—	—	230 607 667.82	230 607 667.82	—	230 607 667.82
（二）所有者投入和减少资本	—	—	—	—	—	—	—	—	—	—	—	—	—

续表

项　目	上期金额												
	归属于母公司所有者权益											少数股东权益	所有者权益（或股东权益）合计
	实收资本（或股本）	其他权益工具			资本公积	减：库存股	其他综合收益	盈余公积	一般风险准备	未分配利润	小计		
		优先股	永续债	其他									
1. 所有者投入的普通股	—	—	—	—	—	—	—	—	—	—	—	—	—
2. 其他权益工具持有者投入资本	—	—	—	—	—	—	—	—	—	—	—	—	—
3. 股份支付计入所有者权益的金额	—	—	—	—	—	—	—	—	—	—	—	—	—
4. 其他	—	—	—	—	—	—	—	—	—	—	—	—	—
（三）利润分配	—	—	—	—	—	—	—	23 060 766. 78	11 530 383. 39	-34 591 150. 17	—	—	—
1. 提取盈余公积	—	—	—	—	—	—	—	23 060 766. 78	—	-23 060 766. 78	—	—	—
2. 提取一般风险准备	—	—	—	—	—	—	—	—	11 530 383. 39	-11 530 383. 39	—	—	—
3. 对所有者（或股东）的分配	—	—	—	—	—	—	—	—	—	—	—	—	—
4. 其他	—	—	—	—	—	—	—	—	—	—	—	—	—
（四）所有者权益内部结转	—	—	—	—	—	—	—	—	—	—	—	—	—
1. 资本公积转增资本（或股本）	—	—	—	—	—	—	—	—	—	—	—	—	—
2. 盈余公积转增资本（或股本）	—	—	—	—	—	—	—	—	—	—	—	—	—
3. 盈余公积弥补亏损	—	—	—	—	—	—	—	—	—	—	—	—	—
4. 设定受益计划变动额结转留存收益	—	—	—	—	—	—	—	—	—	—	—	—	—
5. 其他	—	—	—	—	—	—	—	—	—	—	—	—	—
四、本期期末余额	300 000 000. 00	—	—	—	—	—	—	89 671 242. 64	44 835 621. 33	711 545 393. 56	1 146 052 257 53	—	1 146 052 257. 53

母公司所有者权益变动表

编制单位：长城新盛信托有限责任公司　　2020 年度　　单位：元

项　目	本期金额										
	实收资本（或股本）	其他权益工具			资本公积	减：库存股	其他综合收益	盈余公积	一般风险准备	未分配利润	所有者权益（或股东权益）合计
		优先股	永续债	其他							
一、上年年末余额	300 000 000. 00	—	—	—	—	—	—	89 671 242. 64	44 835 621. 33	711 545 393. 56	1 146 052 257. 53
加：会计政策变更	—	—	—	—	—	—	—	—	—	—	—
前期差错更正	—	—	—	—	—	—	—	—	—	—	—
其他	—	—	—	—	—	—	—	—	—	—	—
二、本年年初余额	300 000 000. 00	—	—	—	—	—	—	89 671 242. 64	44 835 621. 33	711 545 393. 56	1 146 052 257. 53
三、本年增减变动金额（减少以“-”号填列）	—	—	—	—	—	—	—	—	—	-98 210 992. 61	-98 210 992. 61
（一）综合收益总额	—	—	—	—	—	—	—	—	—	-98 210 992. 61	-98 210 992. 61
（二）所有者投入和减少资本	—	—	—	—	—	—	—	—	—	—	—
1. 所有者投入的普通股	—	—	—	—	—	—	—	—	—	—	—
2. 其他权益工具持有者投入资本	—	—	—	—	—	—	—	—	—	—	—
3. 股份支付计入所有者权益的金额	—	—	—	—	—	—	—	—	—	—	—
4. 其他	—	—	—	—	—	—	—	—	—	—	—
（三）利润分配	—	—	—	—	—	—	—	—	—	—	—
1. 提取盈余公积	—	—	—	—	—	—	—	—	—	—	—
2. 提取一般风险准备	—	—	—	—	—	—	—	—	—	—	—
3. 对所有者（或股东）的分配	—	—	—	—	—	—	—	—	—	—	—
4. 其他	—	—	—	—	—	—	—	—	—	—	—
（四）所有者权益内部结转	—	—	—	—	—	—	—	—	—	—	—
1. 资本公积转增资本（或股本）	—	—	—	—	—	—	—	—	—	—	—
2. 盈余公积转增资本（或股本）	—	—	—	—	—	—	—	—	—	—	—
3. 盈余公积弥补亏损	—	—	—	—	—	—	—	—	—	—	—
4. 设定受益计划变动额结转留存收益	—	—	—	—	—	—	—	—	—	—	—
5. 其他综合收益结转留存收益	—	—	—	—	—	—	—	—	—	—	—
6. 其他	—	—	—	—	—	—	—	—	—	—	—
四、本期期末余额	300 000 000. 00	—	—	—	—	—	—	89 671 242. 64	44 835 621. 33	613 334 400. 95	1 0[illegible] 841 264. 92

母公司所有者权益变动表(续)

编制单位:长城新盛信托有限责任公司　　　　2020 年度　　　　单位:元

项　　目	上期金额										
	实收资本(或股本)	其他权益工具			资本公积	减:库存股	其他综合收益	盈余公积	一般风险准备	未分配利润	所有者权益(或股东权益)合计
		优先股	永续债	其他							
一、上年年末余额	300 000 000.00	—	—	—	—	—	—	66 610 475.86	33 305 237.94	515 528 875.91	915 444 589.71
加:会计政策变更	—	—	—	—	—	—	—	—	—	—	—
前期差错更正	—	—	—	—	—	—	—	—	—	—	—
其他	—	—	—	—	—	—	—	—	—	—	—
二、本年年初余额	300 000 000.00	—	—	—	—	—	—	66 610 475.86	33 305 237.94	515 528 875.91	915 444 589.71
三、本年增减变动金额(减少以"-"号填列)	—	—	—	—	—	—	—	23 060 766.78	11 530 383.39	196 016 517.65	230 607 667.82
(一)综合收益总额	—	—	—	—	—	—	—	—	—	230 607 667.82	230 607 667.82
(二)所有者投入和减少资本	—	—	—	—	—	—	—	—	—	—	—
1. 所有者投入的普通股	—	—	—	—	—	—	—	—	—	—	—
2. 其他权益工具持有者投入资本	—	—	—	—	—	—	—	—	—	—	—
3. 股份支付计入所有者权益的金额	—	—	—	—	—	—	—	—	—	—	—
4. 其他	—	—	—	—	—	—	—	—	—	—	—
(三)利润分配	—	—	—	—	—	—	—	23 060 766.78	11 530 383.39	-34 591 150.17	—
1. 提取盈余公积	—	—	—	—	—	—	—	23 060 766.78	—	-23 060 766.78	—
2. 提取一般风险准备	—	—	—	—	—	—	—	—	11 530 383.39	-11 530 383.39	—
3. 对所有者(或股东)的分配	—	—	—	—	—	—	—	—	—	—	—
4. 其他	—	—	—	—	—	—	—	—	—	—	—
(四)所有者权益内部结转	—	—	—	—	—	—	—	—	—	—	—
1. 资本公积转增资本(或股本)	—	—	—	—	—	—	—	—	—	—	—
2. 盈余公积转增资本(或股本)	—	—	—	—	—	—	—	—	—	—	—
3. 盈余公积弥补亏损	—	—	—	—	—	—	—	—	—	—	—
4. 设定受益计划变动额结转留存收益	—	—	—	—	—	—	—	—	—	—	—
5. 其他	—	—	—	—	—	—	—	—	—	—	—
四、本期期末余额	300 000 000.00	—	—	—	—	—	—	89 671 242.64	44 835 621.33	711 545 393.56	1 146 052 257.53

5.2　信托资产

5.2.1　信托项目资产负债汇总表

信托项目资产负债汇总表

报送口径:境内汇总数据　　报表日期:2020 年 12 月 31 日　　单位:万元

序号	项目	A	B
		期末余额	年初余额
1	信托资产:		
2	1. 货币资金	6 768.47	6 088.89
3	2. 拆出资金	—	—
4	3. 存出保证金	—	—
5	4. 交易性金融资产	14 233.87	31 455.65
6	5. 衍生金融资产	—	—
7	6. 买入返售金融资产	500 400.00	868 041.10
8	其中:6.1 买入返售证券	—	—
9	6.2 买入返售信贷资产	—	—
10	7. 应收款项	2 138.51	5 870.34
11	8. 发放贷款	1 000.00	10 490.00
12	其中:8.1 基础产业	—	—
13	8.2 房地产	—	—
14	9. 可供出售金融资产	38 000.00	39 544.30
15	10. 持有至到期投资	1 000.00	98 424.04
16	11. 长期应收款	—	30 000.00
17	12. 长期股权投资	474 847.61	695 547.61
18	其中:12.1 基础产业	—	—
19	12.2 房地产	9 253.50	144 953.50
20	13. 投资性房地产	—	—
21	14. 固定资产	—	—
22	15. 无形资产	—	—
23	16. 长期待摊费用	—	—
24	17. 其他资产	—	—
25	18. 信托资产总计	1 038 388.46	1 785 461.93
26	19. 各项资产减值准备	—	—
27	信托负债:	—	—
28	20. 交易性金融负债	—	—
29	21. 衍生金融负债	—	—
30	22. 应付受托人报酬	—	564.04
31	23. 应付托管费	—	3.85
32	24. 应付受益人收益	—	949.04
33	25. 应交税费	—	446.63
34	26. 应付销售服务费	—	—
35	27. 其他应付款项	7 654.23	3 095.14
36	28. 其他负债	—	—
37	29. 信托负债合计	7 654.23	5 058.70

续表

序号	项目	A 期末余额	B 年初余额
38	信托权益:	—	—
39	30. 实收信托	1 016 815. 38	1 756 245. 07
40	30. 1 资金信托	1 016 815. 38	1 590 545. 07
41	30. 1. 1 集合	9 253. 50	76 150. 28
42	30. 1. 2 单一	1 007 561. 88	1 514 394. 79
43	30. 2 财产信托	—	165 700. 00
44	30. 2. 1 信贷资产证券化	—	—
45	30. 2. 2 其他资产(准)证券化	—	—
46	31. 资本公积	—	—
47	32. 外币报表折算差额	—	—
48	33. 未分配利润	13 918. 85	24 158. 16
49	34. 信托权益合计	1 030 734. 23	1 780 403. 23
50	35. 信托负债和信托权益总计	1 038 388. 46	1 785 461. 93

5. 2. 2 信托项目利润及利润分配汇总表

信托项目利润及利润分配汇总表

报送口径:境内汇总数据　　报表日期:2020 年 12 月 31 日　　单位:万元

项目	A 本年累计数	B 上年累计数
1. 营业收入	48 339. 62	207 846. 57
1. 1 利息收入	9 975. 78	107 013. 83
1. 2 投资收益(损失以“ - ”号填列)	43 585. 61	96 012. 14
1. 2. 1 其中:对联营企业和合营企业的投资收益	—	—
1. 3 公允价值变动收益(损失以“ - ”号填列)	-5221. 77	4 820. 56
1. 4 租赁收入	—	—
1. 5 汇兑损益(损失以“ - ”号填列)	—	—
1. 6 其他收入	—	0. 04
2. 支出	14 382. 68	38 664. 86
2. 1 营业税金及附加	209. 36	742. 72

续表

项目	A 本年累计数	B 上年累计数
2. 2 受托人报酬	14 091. 65	37 454. 92
2. 3 托管费	59. 95	95. 82
2. 4 投资管理费	—	—
2. 5 销售服务费	—	—
2. 6 交易费用	—	1. 40
2. 7 资产减值损失	—	—
2. 8 其他费用	21. 72	370. 00
3. 信托净利润(净亏损以“ - ”号填列)	33 956. 94	169 181. 71
4. 其他综合收益	—	—
5. 综合收益	33 956. 94	169 181. 71
6. 加:期初未分配信托利润	24 158. 16	3 825. 68
7. 可供分配的信托利润	58 115. 10	173 007. 39
8. 减:本期已分配信托利润	44 196. 25	148 849. 23
9. 期末未分配信托利润	13 918. 85	24 158. 16
10. 职工人数	81. 00	97. 00

6. 会计报表附注

6. 1 报告年度会计报表编制基准、会计政策、会计估计和核算方法发生的变化

报告期内,公司会计报表编制基准、会计政策、会计估值和核算方法均未发生变化。

6. 2 或有事项说明

2020 年公司无需要说明的或有事项。

6. 3 重要资产转让及其出售的说明

公司 2020 年未发生重要资产的转让。

6. 4 会计报表中重要项目的明细资料

6. 4. 1 披露自营资产经营情况

6. 4. 1. 1 按信用风险五级分类结果披露信用风险资产的期初数、期末数

信用风险资产五级分类	正常类(万元)	关注类(万元)	次级类(万元)	可疑类(万元)	损失类(万元)	信用风险资产合计(万元)	不良资产合计(万元)	不良资产率(%)
期初数	150 923. 73	—	—	—	—	150 923. 73	—	—
期末数	120 632. 38	—	334. 35	7 411. 53	—	128 378. 26	7 745. 88	6. 03

注:不良资产合计 = 次级类 + 可疑类 + 损失类。

6. 4. 1. 2 各项资产减值损失准备的期初数、本期计提、本期转回、本期核销、期末数

单位:万元

	期初数	本期计提	本期转回	本期核销	期末数
贷款损失准备	—	—	—	—	—
一般准备	—	—	—	—	—
专项准备	—	—	—	—	—
其他资产减值准备	—	—	—	—	—
可供出售金融资产减值准备	—	—	—	—	—
持有至到期投资减值准备	—	—	—	—	—
长期股权投资减值准备	—	—	—	—	—
坏账准备	—	23 462. 85	—	—	23 462. 85
投资性房地产减值准	—	—	—	—	—

注:本表基础为合并报表口径。

6. 4. 1. 3 按照投资品种分类,分别披露固有业务股票投资、基金投资、债券投资、股权投资等投资业务的期初数、期末数

单位:万元

	自营股票	基金	债券	长期股权投资	其他投资	合计
期初数					498. 65	498. 65
期末数					7 411. 53	7 411. 53

注:本表基础为合并报表口径,其他投资为债权投资。

6. 4. 1. 4 按投资入股金额排序,前五名的自营长期股权投资的企业名称、占被投资企业权益的比例、主要经营活动及投资收益情况等

报告期内,公司无此类业务。

6.4.1.5　前五名的自营贷款的企业名称、占贷款总额的比例和还款情况等

报告期内，公司无此类业务。

6.4.1.6　表外业务的期初数、期末数，按照代理业务、担保业务和其他类型表外业务分别披露

报告期内，公司无上述表外业务。

6.4.1.7　公司当年的收入结构（母公司口径、并表口径同时披露）

合并报表口径

收入结构	金额（万元）	占比（%）
手续费及佣金收入	13 781.44	79.04
其中：信托手续费收入	13 781.44	79.04
投资银行业务收入	—	—
利息收入	3 586.25	20.57
其他业务收入	—	—
其中：计入信托业务收入部分	—	—
投资收益	90.90	0.52
其中：股权投资收益	—	—
证券投资收益	—	—
其他投资收益	90.90	0.52
公允价值变动收益	-22.70	-0.13
其他收益	0.70	—
营业外收入	—	—
收入合计	17 436.58	100.00

母公司报表口径

收入结构	金额（万元）	占比（%）
手续费及佣金收入	13 781.44	-267.50
其中：信托手续费收入	13 781.44	-267.50
投资银行业务收入	—	—
利息收入	1 327.42	-25.77
其他业务收入	—	—
其中：计入信托业务收入部分	—	—
投资收益	90.90	-1.76
其中：股权投资收益	—	—
证券投资收益	—	—
其他投资收益	90.90	-1.76
公允价值变动收益	-20 352.32	395.05
其他收益	0.70	-0.01
营业外收入	—	—
收入合计	-5 151.87	100.00

6.4.2　披露信托财产管理情况

6.4.2.1　信托资产的期初数、期末数

单位：万元

信托资产	期初数	期末数
集合	77 853.33	11 964.53
单一	1 540 857.95	1 026 423.93
财产权	166 750.65	—
合计	1 785 461.93	1 038 388.46

6.4.2.1.1　主动管理型信托业务的信托资产期初数、期末数

单位：万元

主动管理型信托资产	期初数	期末数
证券投资类	—	—
股权投资类	148 397.67	89 154.92
融资类	913 402.35	548 232.40
事务管理类	—	—
合计	1 061 800.02	637 387.32

6.4.2.1.2　被动管理型信托业务的信托资产期初数、期末数

单位：万元

被动管理型信托资产	期初数	期末数
证券投资类	11 281.52	—
股权投资类	—	—
融资类	23 427.42	—
事务管理类	688 952.99	401 001.14
合计	723 661.92	401 001.14

6.4.2.2　本年度已清算结束的信托项目个数、实收信托合计金额、加权平均实际年化收益率

6.4.2.2.1　本年度已清算结束的集合类、单一类资金信托项目和财产管理类信托项目个数、实收信托合计金额、加权平均实际年化收益率

已清算结束的信托项目	项目个数（个）	实收信托合计金额（万元）	加权平均实际年化收益率（%）
集合类	—	—	—
单一类	12	923 969.97	6.14
财产管理类	2	180 700.00	8.25

注：1. 收益率是指信托项目清算后，给受益人赚取的实际收益水平。

2. 加权平均实际年化收益率 =（信托项目 1 的实际年化收益率 × 信托项目 1 的实收信托 + 信托项目 2 的实际年化收益率 × 信托项目 2 的实收信托 + … + 信托项目 n 的实际年化收益率 × 信托项目 n 的实收信托）/（信托项目 1 的实收信托 + 信托项目 2 的实收信托 + … + 信托项目 n 的实收信托）×100%。

6.4.2.2.2　本年度已清算结束的主动管理型信托项目个数、实收信托合计金额、加权平均实际年化收益率

已清算结束的信托项目	项目个数（个）	实收信托合计金额（万元）	加权平均实际年化信托报酬率（%）	加权平均实际年化收益率（%）
证券投资类	—	—	—	—
股权投资类	—	—	—	—
融资类	4	630 000.00	0.15	7.74
事务管理类	—	—	—	—

注：加权平均实际年化信托报酬率 =（信托项目 1 的实际年化信托报酬率 × 信托项目 1 的实收信托 + 信托项目 2 的实际年化信托报酬率 × 信托项目 2 的实收信托 + … + 信托项目 n 的实际年化信托报酬率 × 信托项目 n 的实收信托）/（信托项目 1 的实收信托 + 信托项目 2 的实收信托 + … + 信托项目 n 的实收信托）×100%。

6.4.2.2.3 本年度已清算结束的被动管理型信托项目个数、实收信托合计金额、加权平均实际年化收益率

已清算结束的信托项目	项目个数（个）	实收信托合计金额（万元）	加权平均实际年化信托报酬率（%）	加权平均实际年化收益率（%）
证券投资类	—	—	—	—
股权投资类	—	—	—	—
融资类	—	—	—	—
事务管理类	10	474 669.97	0.12	4.80

6.4.2.3 本年度新增的集合类、单一类和财产管理类信托项目个数、实收信托合计金额

本年度公司无新增信托项目。

6.4.2.4 信托业务创新成果和特色业务有关情况

公司目前正在积极探索创新业务和特色业务。

6.4.2.5 公司履行受托人义务情况及因公司自身责任而导致的信托资产损失情况

公司严格遵守信托法律法规及信托文件对受托人义务的规定，为受益人的最大利益处理信托事务，管理信托财产时，恪守职守，履行诚实、信用、谨慎、有效管理的义务。

报告期内，公司无因自身责任而导致的信托资产损失情况。

6.4.2.6 信托赔偿准备金的提取、使用和管理情况

公司严格按照《信托公司管理办法》规定，依据税后利润5%提取信托赔偿准备金，2020年因公司净利润为负故本年度故无需提取信托赔偿准备金；截至目前信托赔偿准备金累计计提4 483.56万元，累计总额尚未达到公司注册资本的20%。

公司至今未发生需使用信托赔偿准备金弥补亏损的情况。

6.5 关联方关系及其交易的披露

6.5.1 关联交易方的数量、关联交易的总金额及关联交易的定价政策等

项目	关联交易方数量	关联交易金额（万元）	定价政策
合计	2	83 330.97	市场公允价格

6.5.2 关联交易方与公司的关系性质、关联交易方的名称、法定代表人、注册地址、注册资本及主营业务等

关系性质	关联方名称	法定代表人	注册地址	注册资本（万元）	主营业务
股东	中国长城资产管理股份有限公司	沈晓明	北京市西城区月坛北街2号	5 123 360.98	收购、受托经营金融机构不良资产，对不良资产进行管理、投资和处置。
受同一母公司控制	长城华西银行股份有限公司	谭运财	四川省德阳市蒙山街14号	230 372.15	吸收公众存款；发放短期、中期和长期贷款；办理国内结算；办理票据贴现等。

6.5.3 逐笔披露公司与关联方的重大交易事项

6.5.3.1 固有与关联方交易情况：贷款、投资、租赁、应收账款、担保、其他方式等期初汇总数、本期借方和贷方发生额汇总数、期末汇总数

报告期内，本公司固有财产除在长城华西银行有定、活期存款外，未发生其他类型与关联方之间的重大交易事项。

单位：万元

固有与关联方关联交易				
项目	期初数	借方发生额	贷方发生额	期末数
贷款	—	—	—	—
投资	—	—	—	—
租赁	—	—	—	—
担保	—	—	—	—
应收账款	—	—	—	—
其他	44 508.27	733 790.43	697 438.73	80 859.97
合计	44 508.27	733 790.43	697 438.73	80 859.97

6.5.3.2 信托与关联方交易情况：贷款、投资、租赁、应收账款、担保、其他方式等期初汇总数、本期借方和贷方发生额汇总数、期末汇总数

单位：万元

信托与关联方关联交易				
项目	期初数	借方发生额	贷方发生额	期末数
贷款	34 490.00	—	9 490.00	25 000.00
投资	385 244.39	—	272 396.73	112847.61
租赁	—	—	—	—
担保	—	—	—	—
应收账款	721.34	7 883.38	6 455.40	2 149.32
其他	—	—	—	—
合计	420 455.74	7 883.38	288 342.18	139 996.93

6.5.3.3 信托公司自有资金运用于自己管理的信托项目（固信交易）、信托公司管理的信托项目之间的相互（信信交易）交易金额，包括余额和本报告年度的发生额

6.5.3.3.1 固有财产与信托财产之间的交易金额期初汇总数、本期发生额汇总数、期末汇总数

单位：万元

固有财产与信托财产相互交易			
项目	期初数	本期发生额	期末数
合计	498.65	7 171.73	6 670.38

注：以固有资金投资公司自己管理的信托项目受益权，或购买自己管理的信托项目的信托资产均应纳入统计披露范围。

6.5.3.3.2 信托项目之间的交易金额期初汇总数、本期发生额汇总数、期末汇总数

报告期内，公司无此类业务。

6.5.4 逐笔披露关联方逾期未偿还公司资金的详细情况及公司为关联方担保发生或即将发生垫款的详细情况

报告期内，公司无此类业务。

6.6 会计制度的披露

本报告期公司固有业务及信托业务均执行中华人民共和

国财政部颁布的《企业会计准则》(财会〔2006〕3 号)及相关规定。

其中,公司固有业务于 2019 年 1 月 1 日起执行财政部于 2017 年修订的《企业会计准则第 22 号——金融工具确认和计量》《企业会计准则第 23 号——金融资产转移》《企业会计准则第 24 号——套期会计》《企业会计准则第 37 号——金融工具列报》(以下简称新金融工具准则)及《企业会计准则第 14 号——收入》。与 2019 年 1 月 1 日之前的金融工具确认和计量与新金融工具准则要求不一致的,公司按照新金融工具准则的要求进行衔接调整。涉及前期比较财务报表数据与新金融工具准则要求不一致的,公司不进行调整。金融工具原账面价值和在新金融工具准则施行日的新账面价值之间的差额,计入 2019 年 1 月 1 日的留存收益或其他综合收益。施行新金融工具准则对本公司固有财务报表未产生重大影响。

2020 年,公司信托业务尚未执行修订的新金融工具准则,仍执行修订前的《企业会计准则第 22 号——金融工具确认和计量》《企业会计准则第 23 号——金融资产转移》《企业会计准则第 24 号——套期会计》和《企业会计准则第 37 号——金融工具列报》(以下简称原金融工具准则)。

7. 财务情况说明书

7.1 利润实现和分配情况(母公司口径和并表口径同时披露)

2020 年,公司编制合并财务报口径的利润实现和分配如下:

年利润总额为 −8 535.72 万元;所得税费用为1 285.15万元;净利润为 −9 820.87 万元。

2020 年,公司编制母公司财务报口径的利润实现和分配如下:

年利润总额为 −8 535.95 万元;所得税费用为1 285.15万元;净利润为 −9 821.10 万元;提取法定盈余公积金:0 万元;按照《信托公司管理办法》规定,按照税后利润 5%提取信托赔偿准备金 0 万元;2020 年当年可分配利润 0 万元;2020 年末公司累计可分配利润 61 333.44 万元。

考虑公司实际情况,2020 年公司拟不进行利润分配。

7.2 主要财务指标(母公司口径和并表口径同时披露)

指标名称	指标值(合并口径)	指标值(母公司口径)
资本利润率(%)	−8.95	−8.95
加权年化信托报酬率(%)	1.44	1.44
人均净利润(万元)	−115.54	−115.54

注:1. 资本利润率 = 净利润/所有者权益平均余额 ×100%。

2. 加权年化信托报酬率 =(信托项目 1 的实际年化信托报酬率 × 信托项目 1 的实收信托 + 信托项目 2 的实际年化信托报酬率 × 信托项目 2 的实收信托 +…+ 信托项目 n 的实际年化信托报酬率 × 信托项目 n 的实收信托)/(信托项目 1 的实收信托 + 信托项目 2 的实收信托 +…+ 信托项目 n 的实收信托)×100%。

3. 人均净利润 = 净利润/年平均人数。

4. 平均值采取年初、年末余额简单平均法,公式为 a(平均)=(年初数 + 年末数)/2。

7.3 对公司财务状况、经营成果有重大影响的其他事项

报告期内,无对公司财务状况、经营成果有重大影响的其他事项。

8. 特别事项揭示

8.1 报告期内股东变动情况及原因

根据新疆生产建设兵团党委对兵团国有企业改革工作的部署要求并经新疆生产建设兵团国有资产监督管理委员会批复同意,公司股东兵团国资公司于 2019 年 5 月 9 日将其持有的长城信托 35%股权在新疆产权交易所挂牌公开转让;8 月 22 日,天瑞集团出资拟受让兵团国资公司持有的长城信托 35%股权(10 500 万股),双方签订了《股权转让意向性协议》;12 月 9 日根据《信托公司行政许可事项实施办法》《信托公司行政许可事项申请材料目录及格式要求》等相关监管规定要求,公司向中国银保监会新疆监管局提交《长城新盛信托有限责任公司关于股权变更事项的申请书》(长信报〔2019〕144 号),申请由天瑞集团受让兵团国资公司持有长城信托的 35%股权及变更股权相关事项。

报告期内,中国银保监会新疆监管局于 2020 年 8 月 11 日批复核准了天瑞集团股东资格并同意天瑞集团受让兵团国资公司持有的长城新盛信托 35%股权(10 500 万股);8 月 27 日,公司在乌鲁木齐经济技术开发区(头屯河区)市场监督管理局办理完成了股权(股东)变更相关事项的工商变更登记工作;10 月 13 日,公司向中国银保监会新疆监管局报备了关于公司变更股权(股东)完成情况的书面报告。本次股权(股东)变更后,公司股权(股东)结构为:长城资产出资比例为 35%(未变);原股东兵团国资公司出资比例 35%变更为天瑞集团出资比例 35%;德阳国资出资比例为 27%(未变);伊犁财信出资比例为 3%(未变)。

8.2 董事、监事及高级管理人员变动情况及原因

报告期内,公司监事及高级管理人员均有变动,具体变动情况如下:

报告期内,因公司股权(股东)发生变更,原股东兵团国资公司已变更为新股东天瑞集团,根据公司章程有关董事(副董事长)、监事(监事会主席)及财务总监推荐提名权的规定,天瑞集团推荐提名:张建中担任公司董事暨副董事长,赵力担任公司董事,戴维担任公司独立董事,刘孟涛担任公司监事(监事会主席),吕超担任公司财务总监。经公司第三十三次(临时)股东会和二届十三次监事会审议通过后,刘孟涛担任公司监事(监事会主席),由公司原股东兵团国资公司推荐提名的李勇不再担任监事(监事会主席);经公司第三十三次(临时)股东会和二届六十四次(临时)董事会审议表决通过后,公司于 2020 年 11 月 23 日向中国银保监会新疆监管局上报了拟任董事(副董事长)、财务总监的任职资格请示及相关材料;2021 年 4 月中国银保监会新疆监管局先后批复核准了张建中任公司董事暨副董事长、戴维任公司独立董事、吕超任公司财务总监的任

职资格。由公司原股东兵团国资公司推荐提名的董事（副董事长）陈一滔、独立董事马德贵和财务总监王敏离任，不再在公司任职。目前相关手续正在办理中。

根据股东长城资产《关于调整推荐长城新盛信托有限责任公司董事长及高级管理人员的函》（中长资函〔2021〕6 号），因工作需要推荐吴映江担任长城新盛信托有限责任公司董事、董事长，不再推荐王文兵担任长城新盛信托有限责任公司董事、董事长；推荐喻林担任长城新盛信托有限责任公司副高级专家，不再推荐其担任长城新盛信托有限责任公司总经理。目前，经公司二届六十七次（临时）董事会审议表决通过后，由公司董事、副总经理顾涛代为履行公司总经理职务，该事项已向中国银保监会新疆监管局书面报告。经公司第三十五次（临时）股东会和二届六十八次（临时）董事会审议表决通过后，吴映江拟任公司董事暨董事长的任职资格请示材料已上报中国银保监会新疆监管局，目前正在审批过程中。

公司董事会秘书孟庄因到龄退休，目前公司暂未提名推荐董事会秘书人选。

8.3　公司的重大诉讼事项

报告期内，公司无重大诉讼事项。

8.4　对会计师事务所出具的有保留意见、否定意见或无法表示意见的审计报告的，公司董事会应就所涉及事项作出说明

执行公司审计的会计事务所未对公司出具有保留意见、否定意见或无法表示意见的审计报告。

8.5　公司及其董事、监事和高级管理人员受到处罚的情况

报告期内，根据中国银保监会《行政处罚决定书》（银保监罚决字〔2020〕76 号），公司因 2017 年违规设立子公司和 2016 年设立“港海一号”单一信托项目存在抵押物评估严重不审慎的违规行为，中国银保监会对公司罚款 150 万元。

报告期内，董事、监事和高级管理人员无受到处罚的情况。

8.6　中国银保监会及其派出机构对公司检查后提出整改意见的整改情况

报告期内，中国银保监会及其派出机构未对公司进行检查。

8.7　本年度重大事项临时报告的简要内容、披露时间、所披露的媒体及其版面

2020 年 10 月 14 日，公司因股权变动分别在公司网站和《上海证券报》第 9 版发布了《长城新盛信托有限责任公司关于股权（股东）变更重大事项的信息披露公告》，对天瑞集团入股公司并持有 35%股权的事项进行了披露。

8.8　中国银保监会及其省级派出机构认定的其他有必要让客户及相关利益人了解的重要信息

报告期内，未发生中国银保监会及其省级派出机构认定的其他有必要让客户及相关利益人了解的重要信息。

8.9　风险资本和净资本情况

8.9.1　风险资本情况

截至 2020 年末，根据《信托公司净资本管理办法》第三章风险资本的计算公式，公司固有业务风险资本为 3 147.60 万元，信托业务风险资本为 6 778.76 万元，其他业务风险资本为零，公司 2020 年末各项风险资本之和为 9 926.36 万元。

8.9.2　净资本情况

截至 2020 年末，根据《信托公司净资本管理办法》，公司基于审计后的净资产调整计算的净资本为 76 440.63 万元，大于年末净资产的 40%，也高于风险资本。

9. 公司监事会意见

公司监事会认为，公司 2020 年能够认真贯彻执行国家法律、法规、公司章程和制度的要求，依法合规促发展，不断完善内控制度、持续强化风险管控。公司董事和高级管理人员履职期间能够遵守国家有关金融法律法规和《中华人民共和国公司法》的有关规定，认真尽职履责，无受到处罚的情形，也没有损害公司利益、股东利益和委托人利益的行为。公司 2020 年度财务报告客观真实地反映了公司的实际财务状况和经营成果，中介机构出具了无保留意见审计报告，本年度报告的内容和格式符合中国银保监会的规定。

重庆国际信托股份有限公司

1. 重要提示

1.1 本公司董事会及董事保证本报告所载资料不存在任何虚假记载、误导性陈述或者重大遗漏，并对其内容的真实性、准确性和完整性承担个别及连带责任。本年度报告摘要摘自年度报告全文，客户及相关利益人欲了解详细内容，应阅读年度报告全文。

1.2 本公司独立董事雷世文、史锦杰、王友伟、王淑慧、黄俊认为本报告内容是真实、准确、完整的。

1.3 信永中和会计师事务所（特殊普通合伙）为本公司出具了标准无保留意见的审计报告。

1.4 本公司负责人翁振杰先生、财务负责人吕维女士及财务部门负责人刘景女士声明：保证年度报告中财务报告的真实、完整。

2. 公司概况

2.1 公司简介

2.1.1 历史沿革

公司的前身是重庆国际信托投资公司，于1984年10月经中国人民银行批准成立，注册资本金为3 500万元。2002年1月，公司引入战略投资者，进行增资改制，并经中国人民银行总行《中国人民银行关于重庆国际信托投资有限公司重新登记有关事项的批复》（银复〔2002〕9号）批准，获准重新登记，注册资本金增至10.3373亿元（含美元1 565万元）。

2004年末，公司进一步增资扩股，注册资本金增加至16.3373亿元，取得了中国银行业监督管理委员会重庆监管局颁发的中华人民共和国金融许可证（编号为K10226530H002）和重庆市工商行政管理局颁发的企业法人营业执照（注册号为5000001800019）。2007年10月，经中国银行业监督管理委员会《中国银监会关于重庆国际信托投资有限公司变更公司名称和业务范围的批复》（银监复〔2007〕461号）批准变更公司名称、业务范围并领取新的金融许可证（编号为K0051H25000000 ）。

2010年11月经中国银行业监督管理委员会《关于批准重庆国际信托有限公司增加注册资本及调整股权结构等有关事项的批复》（银监复〔2010〕552号）批准，公司注册资本由16.3373亿元增加至24.3873亿元，公司股权结构由单一股东持股变更为多家机构投资者共同持股，该事项于2010年12月22日完成工商变更登记（注册号为500000000005609）。

2015年9月，经中国银行业监督管理委员会重庆监管局《关于重庆国际信托有限公司变更名称及注册资本的批复》（渝银监复〔2015〕114号）批准，公司完成股份制改造，变更名称为重庆国际信托股份有限公司，注册资本由24.3873亿元增至128亿元，该事项于2015年9月29日完成工商变更登记（注册号91500000202805720T）。

2017年12月，经中国银行业监督管理委员会重庆监管局《关于重庆国际信托股份有限公司变更注册资本的批复》（渝银监复〔2017〕189号）批准，公司注册资本金增至150亿元，该事项于2017年12月21日完成工商变更登记。

2.1.2 公司的法定中文名称：重庆国际信托股份有限公司
中文名称缩写：重庆信托
公司法定英文名称：Chongqing International Trust Inc.
英文名称缩写：CQITI

2.1.3 公司负责人：翁振杰

2.1.4 注册地址：重庆市渝北区龙溪街道金山路9号附7号

2.1.5 邮政编码：401147

2.1.6 公司国际互联网网址：http://www.cqiti.com

2.1.7 电子信箱：cqiti@cqiti.com

2.1.8 信息披露事务负责人：吕维
联系电话：023-89035888
传　　真：023-89035998
电子信箱：cqiti@cqiti.com

2.1.9 年度报告备置地点：重庆市渝中区民权路107号
信息披露报纸：《上海证券报》《证券时报》《金融时报》

2.1.10 聘请的会计师事务所：信永中和会计师事务所（特殊普通合伙）
住所：北京市东城区朝阳门北大街8号富华大厦A座9层

2.1.11 聘请的律师事务所：上海中联（重庆）律师事务所（原重庆索通律师事务所）
住所：重庆市渝中区华盛路7号企业天地7号楼10层、11层、12层

2.2 组织结构

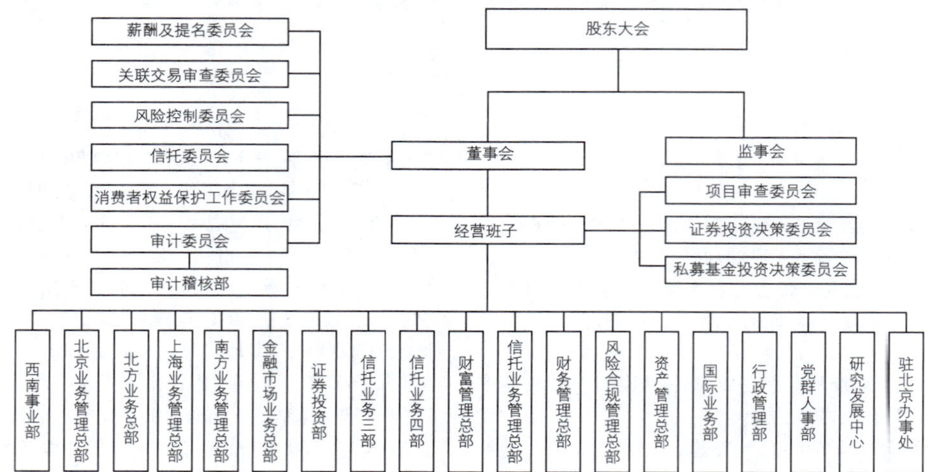

3. 公司治理

3.1 前三位股东

股东名称	持股比例(%)	法定代表人	注册资本(亿元)	注册地址	主要经营业务及主要财务情况
同方国信投资控股有限公司	66.99	刘勤勤	25.74	重庆市渝北区龙溪街道金山路9号附7号	利用自有资金进行投资;企业重组、并购策划与咨询服务,企业总部管理,企业管理,商业综合体管理服务,对外承包工程,物业管理等。截至2020年末,合并资产总额为3 002.26亿元;2020年,净利润为14.92亿元。
国寿投资保险资产管理有限公司	26.04	张凤鸣	37.00	北京市朝阳区景华南街5号17层(14)1703单元	受托管理委托人委托的人民币、外币资金,开展另类投资业务;开展债权投资计划、股权投资计划等保险资产管理产品业务等。截至2020年末,合并资产总额为243.71亿元;2020年,净利润为22.[illegible]2亿元。
上海淮矿资产管理有限公司	4.10	吕朝阳	17.00	中国(上海)自由贸易试验区浦东南路256号803、804室	资产管理,实业投资,投资咨询,从事货物及技术的进出口业务等。截至2020年末,合并资产总额为24.34亿元;2020年,净利润为0.26亿元。

注:公司股东国寿投资控股有限公司于2021年1月20日变更企业名称为国寿投资保险资产管理有限公司。

3.2 董事

董事长、副董事长、董事

姓　名	职　务	性别	年龄(岁)	选任日期	所推举的股东名称	该股东持股比例(%)	简要履历
翁振杰	董事长	男	58	2018年11月30日	同方国信投资控股有限公司	66.99	硕士研究生,高级经济师,享受国务院特殊津贴专家,全国劳动模范,历任重庆三峡银行股份有限公司董事长,西南证券股份有限公司董事长,重庆市第三、第四届人大代表和人大常委会常委,民建第九届中央经济委员会委员,民建第十届中央财政金融委员会副主任等职;现任重庆国际信托股份有限公司董事长,国都证券股份有限公司董事长,重庆三峡银行股份有限公司董事,合肥科技农村商业银行股份有限公司董事,中国信托业保障基金有限责任公司董事,中国信托登记有限责任公司董事,民建重庆市委副主委,政协重庆市第五届委员会常务委员,民建第十一届中央财政金融委员会副主任。
时平生	董事	男	57	2018年11月30日	同方国信投资控股有限公司	66.99	硕士研究生,助理研究员,历任陕西证券常务副总经理,ITG(香港)风险投资公司北京代表处首席代表等职;现任中国新纪元有限公司董事,重庆国际信托股份有限公司董事。
谢维宪	董事	男	65	2018年11月30日	同方国信投资控股有限公司	66.99	大学本科,高级工程师(管理),历任中共中央政法委员会干部,北京市公安局海淀分局副局长,公安部正局级干部;现任重庆国际信托股份有限公司董事。
刘勤勤	董事	男	64	2018年11月30日	同方国信投资控股有限公司	66.99	硕士研究生,讲师、编辑,历任军事经济学院教官、财务理论教研室主任,总后勤部财务结算中心副主任等职;现任同方国信投资控股有限公司董事兼总经理,重庆国际信托股份有限公司董事。

续表

姓 名	职 务	性别	年龄(岁)	选任日期	所推举的股东名称	该股东持股比例(%)	简要履历
张华宇	董事	男	63	2020年4月23日	同方国信投资控股有限公司	66.99	硕士研究生,高级经济师,历任交通银行西安分行行长,中国光大银行总行营业部党委书记、主任,中国光大银行行长助理、副行长;现任重庆国际信托股份有限公司党委书记、董事。
窦仁政	董事	男	51	2018年11月30日	同方国信投资控股有限公司	66.99	硕士研究生,高级经济师,历任中国人民银行银行监管一司监管二处副处长,中国银监会财务会计部财务管理处副处长、会计制度处处长、中国银监会财务会计部副主任、中国银监会人事部副主任、组织部副部长及中国银监会国有重点金融机构监事会专职监事;现任重庆国际信托股份有限公司董事、总经理。
刘 蓉	董事	女	50	2018年11月30日	国寿投资保险资产管理有限公司	26.04	博士研究生,高级会计师,历任中保人寿保险有限公司深圳市分公司财务处理中心总经理,中国人寿保险(集团)公司财务会计部高级经理、总经理助理、副总经理,国寿投资保险资产管理有限公司财务会计部总经理等职;现任国寿投资保险资产管理有限公司首席财务官,重庆国际信托股份有限公司董事。

注:2019年12月,公司股东大会2019年第一次临时会议选举通过陈忠先生任公司股东董事,其任职资格尚待监管部门核准。

独立董事

姓 名	所在单位及职务	性别	年龄(岁)	选任日期	所推举的单位名称	该股东持股比例(%)	简要履历
雷世文	北京市天驰君泰律师事务所	男	56	2018年11月30日	重庆国际信托股份有限公司	—	硕士研究生,助理工程师,律师,曾任职于安徽省机械工业厅、国家工商行政管理局干部;现任北京天驰君泰律师事务所高级合伙人,重庆国际信托股份有限公司独立董事。
史锦杰	重庆市人力资源和社会保障局退休干部	男	73	2018年11月30日	重庆国际信托股份有限公司	—	大学本科,高级经济师,历任重庆市市中区副区长,重庆市巴南区区委书记,重庆市劳动保障局局长,重庆市三届政协常委等职;现任重庆国际信托股份有限公司独立董事。
王淑慧	北京化工大学经济管理学院教授	女	60	2018年11月30日	重庆国际信托股份有限公司	—	硕士研究生,教授,北京市教学名师,注册会计师,注册税务师,注册资产评估师,历任北京化工大学经济管理学院副院长、会计财务管理专业负责人等职;现任北京化工大学经济管理学院硕士研究生导师,重庆国际信托股份有限公司独立董事。
王友伟	重庆市国资委退休干部	男	76	2018年11月30日	重庆国际信托股份有限公司	—	高级经济师,历任重庆市团委书记,重庆市总工会常务副主席,重庆市旅游局局长,重庆市企业工委,国资委副书记等职;现任重庆国际信托股份有限公司独立董事。
黄 俊	西南大学经济管理学院教授	男	49	2020年4月23日	重庆国际信托股份有限公司	—	博士研究生,教授,曾任职于东风日产汽车公司(技术管理、综合管理);现任西南大学经济管理学院博士生导师,重庆国际信托股份有限公司独立董事。

3.3 监事

监事会成员

姓 名	职 务	性别	年龄(岁)	选任日期	所推举股东名称	该股东持股比例(%)	简要履历
雷万亚	监事会主席	女	66	2018年11月30日	同方国信投资控股有限公司	66.99	硕士研究生,一级高级检察官,曾任重庆市人民检察院副检察长(正厅);现任重庆国际信托股份有限公司纪委书记、监事会主席。
吕朝阳	监事	男	49	2018年11月30日	上海淮矿资产管理有限公司	4.10	硕士研究生,现任上海淮矿资产管理有限公司书记、董事长、总经理,重庆国际信托股份有限公司监事。
张小龙	监事	男	45	2018年11月30日	国寿投资保险资产管理有限公司	26.04	硕士研究生,现任国寿投资保险资产管理有限公司信用评估部副总经理(主持工作),重庆国际信托股份有限公司监事。
胡雪莲	职工监事	女	47	2018年11月30日	重庆国际信托股份有限公司职代会	—	硕士研究生,注册会计师,现任重庆国际信托股份有限公司西南事业部执行总裁、职工监事。
邹恒舟	职工监事	男	51	2020年4月3日	重庆国际信托股份有限公司职代会	—	硕士研究生,律师,现任重庆国际信托股份有限公司风险合规管理总部总裁、职工监事。

3.4 高级管理人员

姓　名	职　务	性别	年龄(岁)	选任时期	金融从业年限(年)	学　历	专　业
窦仁政	总经理	男	51	2018 年 12 月 7 日	23	硕士	货币银行学
吕　维	副总裁	女	48	2018 年 12 月 7 日	15	硕士	民商法
方　莉	副总裁	女	47	2018 年 12 月 7 日	11	大专	EMBA
潘　峰	副总裁	男	44	2018 年 12 月 7 日	21	本科	政治经济学
罗怀建	副总裁	男	44	2018 年 12 月 7 日	21	本科	金融学经济法
叶凌风	副总裁	男	48	2018 年 12 月 7 日	20	博士	国民经济学

3.5 公司员工

项　目		报告期	
		人数(人)	比例(%)
学历分布	博士	8	4.02
	硕士	137	68.84
	本科	48	24.12
	专科	6	3.02
	其他	—	—
总人数(人)		199	
平均年龄(岁)		36	

4. 经营管理

4.1 经营目标、经营方针、战略规划

公司的经营目标：坚持服务实体经济为己任，多途径、深层次服务实体企业融资需求，调结构、谋转型、促发展，构建多元化业务体系。公司积极回归信托本源，努力满足人民群众日益增长的多元化财富管理需求。持续强化控制、驾驭风险的能力，依托优秀的资产管理能力，形成可持续发展的盈利模式和核心竞争力。在稳居行业头部公司地位的基础上，努力将公司建设为国内一流金融机构，打造成为信托行业“百年老店”，充分实现公司价值、股东权益和社会效益的有机统一、和谐共进。

公司的经营方针：坚持新时代中国特色社会主义思想，以诚信树品牌，以稳健谋发展，以创新促改革，发展壮大与风险防控并重，坚持依法合规经营。

公司的战略规划：立足重庆，紧跟“一带一路”倡议、“长江经济带建设”“京津冀协同发展”“成渝地区双城经济圈”“粤港澳大湾区发展规划”等国家重大战略部署，以基础设施建设和金融投资为核心，大力发展信托主业，不断探索前沿业务，积极推进金融创新，力争公司信托规模、管理水平、盈利能力不断迈向新的高度；同时，积极探索与国内外金融机构的合作，引进优质战略资本及先进管理技术，不断提升公司的资本实力、管理水平和盈利能力。

4.2 经营业务的主要内容

4.2.1 公司经营业务的构成

公司经营业务由自营业务、信托业务等构成。自营业务主要开展贷款、金融机构股权投资、证券投资等业务；信托业务主要开展资金信托、财产或财产权信托、信贷(票据)资产转让、投资银行等业务。

4.2.2 公司信托业务的主要品种

公司信托业务的主要品种是单一资金信托、集合资金信托、股权信托；按运用方式分为投资类信托、贷款类信托、财产(财产权)管理类信托。

4.2.3 资产组合与分布

自营资产运用与分布表

资产运用	金额(万元)	占比(%)	资产分布	金额(万元)	占比(%)
货币资产	80 917.04	2.74	基础产业		
贷款及应收款	299 667.16	10.15	房地产业	92 552.51	3.14
以公允价值计量且其变动计入当期损益的金融资产	38 679.34	1.31	证券市场	231 552.96	7.85
可供出售金融资产	1 603 507.41	54.33	实业		
长期股权投资	833 420.66	28.24	金融机构	2 401 227.18	81.36
其他	95 130.97	3.23	其他	225 969.93	7.65
资产总计	2 951 322.58	100.00	资产总计	2 951 322.58	100.00

信托资产运用与分布表

资产运用	金额(万元)	占比(%)	资产分布	金额(万元)	占比(%)
货币资产	67 844.26	0.32	基础产业	1 378 373.00	6.42
贷款及应收款	15 325 137.39	71.33	房地产业	2 370 262.75	11.03
以公允价值计量且其变动计入当期损益的金融资产	501 819.36	2.33	证券市场	467 297.98	2.17
可供出售金融资产	3 211 292.00	14.95	实业	8 756 555.56	40.76
持有至到期投资	99 700.01	0.46	金融机构	5 380 729.30	25.04
长期股权投资	2 279 400.21	10.61	其他	3 131 374.64	14.58
信托资产总计	21 485 193.23	100.00	信托资产总计	21 485 193.23	100.00

4.3 市场分析

当前全球仍处于新冠肺炎疫情防控攻坚阶段，面临着世界经济衰退、国际贸易和投资萎缩、国际金融市场动荡、国际交往受限、经济全球化遭遇逆流、一些国家保护主义和单边主义盛行、地缘政治风险上升等不利局面。从国内情况来看，我国经济正处在转变发展方式、优化经济结构、转换增长动能的关键期，经济发展前景向好，但也面临着结构性、周期性问题相互交

织所带来的困难和挑战，加上新冠肺炎疫情的冲击，后疫情时代我国经济运行仍面临一定压力。

2021年是"十四五"规划开局之年，也是脱贫攻坚取得全面胜利后乡村振兴的开局之年，做好经济工作十分重要。在以习近平同志为核心的党中央的坚强领导下，全党全国各族人民认真贯彻落实党中央决策部署，紧扣新时代社会主义建设目标任务，坚持稳中求进工作总基调，坚持新发展理念，坚持以供给侧结构性改革为主线不动摇，坚持以改革开放为动力，推动高质量发展。

4.3.1 有利因素

4.3.1.1 行业转型方向明确，信托行业步入"新常态"

信托行业现已步入回归本源、转型发展的"新常态"。随着包括"资管新规"在内的一系列监管政策陆续出台，监管部门对于信托业未来的发展定位已经基本清晰，信托同业对于"做精融资业务、做强投资业务、做优标品信托、做大服务信托"转型方向的认识也基本趋同。信托公司需积极顺应新发展阶段新要求，主动融入新发展格局新征程，正确认识金融供给侧结构性改革目标任务，准确把握信托行业发展客观规律，找准发展路径，补足发展短板，积蓄发展势能，涵养发展后劲，提质增效。

4.3.1.2 监管新规密集出台，引导信托行业转型发展

2020年初《信托公司股权管理暂行办法》出台，进一步加强信托公司股权管理，规范信托公司股东行为，促进信托公司持续健康发展；2020年末《信托公司行政许可事项实施办法》出台，进一步规范了明确信托公司行政许可准入标准，引导信托公司完善公司治理，助推信托业转型发展。目前，《信托公司资本管理办法》《信托公司资金信托管理暂行办法》也在酝酿之中。新规的密集出台，将引导信托行业回归受托人定位，集中精力打好防范化解信托行业风险攻坚战，守住不发生系统性风险底线，促进信托公司高质量发展。

4.3.1.3 财富管理行业前景广阔，信托工具优势凸显

2020年，面对剧烈的国内外经济、金融市场动荡，全球各经济体均承受了巨大的压力。2013至2020年，我国个人财富积累复合增速达13.0%，财富管理市场仍具有广阔的发展前景，伴随着财富管理需求日益上升，财富管理行业竞争日趋激烈。一方面，是以高净值群体为代表，基于长期的投资习惯对固定收益或类固定收益资产有着持续性需求；另一方面，在"资管新规"下市场中符合投资者要求的优质标的存在一定稀缺性。信托公司应紧抓信托具备财富传承、风险隔离等天然优势，全力打造家族财富管理类信托业务，助力信托行业回归本源。

4.3.1.4 夯实公司资本实力，紧抓信托文化建设

截至2020年末，公司注册资本为150亿元，归属于母公司净资产为276.80亿元，资本充足，资产优良，各项经营指标持续稳居行业前列，为进一步提高服务实体经济能力和抗风险能力、实现持续稳定健康发展奠定了坚实的基础。公司抢抓信托文化建设战略机遇期，严格落实中国银保监会及中国信托业协会要求，守正创新、行稳致远，以推动公司服务实体经济转型发展为抓手，以服务人民群众日益增长的财富管理需求为目标，以防范化解重大风险为底线，大力弘扬信托文化。公司形成了以优秀文化涵养发展为基础，以高质量发展打造品牌文化的良性循环局面。

4.3.2 不利因素

4.3.2.1 国际环境错综复杂，不稳定因素尚存

新冠肺炎疫情仍在全球蔓延，国际形势的不稳定性不确定性增加，世界经济形势复杂严峻。2021年世界经济有望开启复苏进程，但世界经济最终表现将取决于疫情持续时间及宏观对冲政策的有效性，仍然存在较大的不确定性。就国际市场来看，受疫情影响欧美央行采取了量化宽松政策，利率、资产价格等出现波动，还需密切关注全球宏观及资本市场的一系列变化，深刻认识错综复杂的国际环境带来的新矛盾、新挑战。

4.3.2.2 国内风险挑战交织叠加，信托公司展业面临挑战

2020年为缓解疫情对经济的冲击，中央及时采取了一系列积极的财政政策和信贷支持，对经济增长起到了支撑作用。但要看到2021年国内风险挑战交织叠加，形势可能依旧严峻。受疫情冲击、市场主体经营困难等因素影响，企业债违约风险有所上升，信托公司展业面临更为严峻的挑战。

4.3.2.3 监管政策持续收紧，行业内外竞争日趋激烈

2021年，监管政策的持续发力将对信托行业现有的市场环境、展业逻辑都产生更为深刻的影响。目前"资管新规"过渡期进入倒计时，信托行业内外的竞争压力超预期，信托公司转型发展已处于重要的关键时期。信托公司需要找准定位、迎接挑战，在竞争日趋白热化的资管行业中巩固立足之根本。

4.4 内部控制

4.4.1 内部控制环境和内部控制文化

公司按照《中华人民共和国公司法》《信托公司管理办法》《信托公司治理指引》《信托公司受托责任尽职指引》《信托公司股权管理暂行办法》和监管部门的要求，完善公司治理的相关制度和实施细则，进一步明确了"三会一层"的权责和制约关系，公司经营班子与下属部门也形成了有效的授权分责关系。

公司坚持"诚信、稳健、创新、求精"的经营宗旨，坚持以人为本，追求效率与效益，综合运用激励与福利机制，在积极向上的企业文化体系中实现员工与公司共同成长进步。

4.4.2 内部控制措施

公司已建立职责明晰的股东大会、董事会、监事会和经营管理层，各组织构架之间协调运作，相互制衡。公司董事会下设关联交易审查委员会、风险控制委员会、审计委员会、信托委员会、薪酬及提名委员会、消费者权益保护工作委员会等专业委员会，各委员会职责清晰、分工明确，在董事会授权范围内协助董事会开展公司业务；引入了独立董事制度，并由独立董事出任关联交易审查委员会、信托委员会、审计委员会及消费者权益保护工作委员会主任委员，以有效控制公司重大业务的决策风险，其中消费者权益保护工作委员会成员全部由独立董事担任，以便更好地起到内部监督作用。公司监事会有效履行监督职责。公司经营班子下设了项目审查委员会、证券投资决策委员会及私募基金投资决策委员会，负责公司的日常经营决策，以保证最大限度地降低公司重大业务项目的经营风险，并针对不同业务，采取不同的授权审批形式。

公司按职责分离的原则设置内部各部门。前台部门（业务部门）对业务进行受理和初审，并负责实施项目的具体操作；中台部门（信托业务管理总部、风险合规管理总部等）对业务进行审查和事中控制；后台部门（财务管理总部等）对业务进行财务核算和管理。通过内部约束机制达到强化中台、后台对前台的

控制反映和监督评价。

公司根据相关监管要求，并结合公司实际情况，修订了公司章程、《重大事项报告制度》《反洗钱管理办法》《关联交易管理办法》等相关制度，促进公司业务规范、稳健发展，加强了公司内部管理。

4.4.3 信息交流与反馈

公司内部建立了良好的信息交流与反馈制度，通过公司内网、会议、座谈、报告、讲座等方式，公司经营班子和员工之间开展有效的互动和交流，相互传递政策信息；通过公司外部网站及报纸等媒介，根据法律法规规定向公众披露公司资产经营状况；根据信托文件约定向信托委托人（受益人）及时披露信托财产管理运用等相关信息。

4.4.4 监督评价与纠正

公司的内控机制通过内部的自我完善和外部的检查督促来实现监督、评价和纠正，并在实际工作中得到检验。一是自我检验纠错；二是经监管部门的检查提示，在出现遗漏或不足时公司会采取相应的措施加以完善。

公司从多方面入手，充分发挥内部审计的监督作用。2020年，内部审计的范围和深度进一步加强，全年出具各类内审报告201份。对审计过程中发现的问题及时与各部门沟通，要求限期完善或整改，并采取后续审计等方式进行跟踪，对防止风险出现或扩大，促进业务合法、合规、稳健经营发挥了积极作用。

4.5 风险管理

4.5.1 风险管理概况

公司坚持"宁可错过，不可做错"的风险管理理念，已形成一套比较完善和行之有效的风控机制、规章制度和操作流程，促进公司各项业务可持续发展。公司经营活动中可能遇到的风险主要包括信用风险、市场风险、操作风险、其他风险（如政策风险、法律风险、道德风险、声誉风险）等。

4.5.2 风险状况

4.5.2.1 信用风险状况

信用风险主要是交易对手违约带来的风险，主要来自借款、对外担保、投资等业务。报告期内，公司严格按财政部和中国银保监会的要求，提足各项准备金。2020年末，公司信用风险资产按照资产五级分类标准分类结果为：(1)正常类资产为2 774 645.46万元；(2)关注类资产为168 265.14万元；(3)次级类资产无；(4)可疑类资产无；(5)损失类资产无。公司不良资产期初数为零、期末数为零。

4.5.2.2 市场风险状况

公司面临的市场风险主要是因股价、市场汇率、利率及其他价格因素变动而产生和可能产生的风险。对于公司开展的股票质押信托业务，侧重于选择业绩面好的股票，设置较低的质押率；同时引入了保证金追加制度和止损线，以有效防范市场波动风险；公司目前暂未开展外币业务，不受汇率市场变动影响；公司的信托贷款项目大部分为固定利率贷款，市场利率的变动对投资者的收益及公司信托报酬影响较小。

4.5.2.3 操作风险状况

操作风险主要是由于公司内部程序、人员、系统的不完善或失误，或外部事件而引发的风险。为实现公司标准化、制度化、规范化管理，报告期内，公司进一步清理、修订、拟订了一系列规章制度和操作流程，以提高预防和控制操作风险的能力；同时公司结合业务发展需要，加强员工培训，提高员工技能，加强流程控制；对于外部事件可能给公司经营带来的风险，公司制定专门应急预案，实行突发事件预案管理。报告期内，公司未发生因操作风险带来的损失。

4.5.2.4 其他风险状况

公司面临的其他风险主要有政策风险、法律风险、道德风险、声誉风险等。报告期内，公司适时关注宏观经济政策、行业发展政策和信托业监管政策的变化对公司经营和业务运作带来的影响，顺应政策要求合理设计项目方案；加强公司员工专业技能、职业道德培训，组织开展合规考试，提升依法合规意识和风险管控能力。

4.5.3 风险管理情况

4.5.3.1 信用风险管理

公司对信用风险的管理，一是事前加强对交易对手及项目的尽职调查，严格按照业务流程开展业务，强化项目风险控制措施的有效性和合法合规性；二是在信托产品设计中明确风险揭示及风险承担，做到"卖者尽责、买者自负"；三是事中对交易对手（项目）进行跟踪检查，流程控制、多手段并举，对重点项目实行现场监管，及时发现和处置风险隐患苗头；四是对重点项目制定应急处置预案，密切跟踪处置情况，及时化解已发生的风险、降低损失程度，最大限度保护信托财产安全，维护受益人利益；最后，事后对已结束项目进行审计和后续评价，以获取管理经验。

在自有业务方面，公司严格控制对外担保，截至报告日，对外担保余额为零；公司的短期投资主要投资于质地优良、风险低的金融类产品；2020年末，公司存续固有贷款余额为243 599万元，规模较小，风险可控。

在信托业务方面，公司依法合规履行受托人职责，按照公司信托业务相关管理制度及各专门委员会议事规则的规定，从立项、审批、报备、登记、产品发行，到项目后续管理、风险披露、清算分配，严格履行相应的审批手续。2020年，公司未出现到期未清算项目。

4.5.3.2 市场风险管理

在加强市场风险管理方面，公司积极吸引人才，加强对国家宏观经济政策、货币信贷政策、财政政策等领域的研究，及时掌握市场变化，为调整投资决策提供依据；对产业市场、资本市场等领域实行分散投资，根据公司整体安排，适时调整各领域的投资规模，合理安排期限结构；提升风险意识和市场敏感度，充分甄别存在问题与瑕疵的考察项目和交易对手，确保落地项目质地优良、风险可控；强化日常风险监控和报告制度，以便及时处置化解风险。

4.5.3.3 操作风险管理

在操作风险管理方面，公司根据政策、法律法规、监管规定及公司业务发展需要，适时对业务及风险管理制度、法律文书等进行补充、修订、完善和规范；坚持信托财产与固有财产及不同信托财产分别管理、分别记账的原则，在部门设置和人员安排上使前台、中台、后台部门分设和人员分离，业务交易、会计记录和后续管理监督分离；加强对员工行为监测、法律合规知识及的业务技能培训，强化员工的合规意识、风险意识、责任意识和道德水准；提升全流程风险管理意识，强化对审批、印章使用、凭证保管等重要操作环节的监督检查，加强内部控制和防范操作风险；制定应急预案，适时启动奖惩机制等措施防范和控制操作风险。

4.5.3.4　其他风险管理

公司通过加强对宏观经济政策和行业政策的跟踪、研究，提高预见性；公司风险合规管理总部、信托业务管理总部、财务管理总部对交易行为或合同进行内部审查，聘请专门的律师事务所和会计师事务所协助公司开展项目法律审查和咨询，以防范和控制业务风险；公司加强员工职业道德和思想教育建设，通过开展培训和座谈、员工行为管理等措施防范和控制道德风险；依法合规开展业务、诚信尽职地履行受托人义务，向投资者销售风险匹配的信托产品、充分披露信托产品信息，对新产品发售注重风险揭示、投资者教育和体验，提升公司信誉度和美誉度。公司还将根据业务发展规模的不断扩大和市场变化等情况，对公司风险管理措施进一步修改和完善。

4.6　企业社会责任

公司始终坚持党的领导，始终牢记服务实体经济与地方经济发展的使命宗旨，坚持开展扶贫助困活动，积极投身公益事业，用心回馈社会。

4.6.1　同心同德多措并举，助力打赢疫情防控阻击战

面对突如其来的新冠肺炎疫情，公司认真贯彻习近平总书记关于新冠肺炎疫情防控工作的重要讲话精神，在重庆市委、市政府的领导下，广泛动员可以动员的力量，积极投身打赢疫情防控的人民战争、总体战、阻击战当中。2020 年春节期间，公司仅用半天时间成立“万众一心共抗疫情”慈善信托。同时，公司作为主要参与方，与中国信托业协会等机构共同发起设立“支援湖北疫情防控信托计划”，短短 3 天时间筹集资金 3 080 万元，全部用于支援新冠肺炎疫情防控的救助工作。截至 2020 年末，“万众一心共抗疫情”慈善信托总规模达 1 046.50 万元，有力支持了疫情防控工作的开展。

疫情初期，公司广泛发动各方力量采购应急物资，并向本地一线医护人员捐赠 N95 口罩等紧缺物资。在国内疫情得到有效控制时，公司又组织向海外友好国家援助抗疫物资，助力打赢疫情防控阻击战。公司因此荣获“抗击新冠肺炎疫情爱心单位”等荣誉称号。

4.6.2　深度服务重大战略，全力支持复工复产

公司积极响应国家号召，坚持创新引领，转变业务发展思路，借助信托制度优势和资源优势，充分发挥实业投行的作用，运用资产证券化等创新业务模式，从国家战略部署中寻求新的业务契机，主动对接“一带一路”倡议，以及长江经济带建设、成渝地区双城经济圈建设、京津冀协同发展、粤港澳大湾区发展规划等国家重大战略规划，提供综合金融支持，大力拓展公司服务社会、服务实体经济的空间。截至 2020 年末，公司在“一带一路”倡议、长江经济带辐射区域内存续信托业务规模为 2 024.97亿元；服务成渝地区双城经济圈建设存续信托规模为 345.47 亿元；服务京津冀地区存续信托业务规模为 744.64 亿元；服务粤港澳大湾区建设存续信托业务规模为 179.79 亿元。

公司始终牢记服务地方经济发展的使命宗旨，截至 2020 年末，公司累计为地方经济建设募集资金近 1 860 亿元，为人民群众创造财产性收入近800 亿元，为促进长江上游经济中心建设发挥了重要作用。同时，公司依托在结构设计、资产管理、风险控制等方面积累的大量经验，立足信托业灵活多变的特点，积极支持民营企业和小微企业发展。2020 年，公司新增服务民营信托业务规模 312.41 亿元，新增服务小微企业信托业务规模 85.81 亿元。

2020 年受新冠肺炎疫情影响，公司坚决贯彻落实中国银保监会关于支持企业复工复产相关要求，做好“六稳”工作，落实“六保”任务。对受疫情影响严重的实体企业提供必要金融支持，并做好存续信托业务排查，通过展期、续贷、降费让利等多项措施，帮助企业渡过难关。

4.6.3　助力脱贫攻坚结硕果，践行社会责任初心不改

公司坚持开展扶贫助困活动，积极探索产业扶贫，用“造血式扶贫”模式助力脱贫攻坚。2020 年设立“重庆信托·产业扶贫慈善信托”，信托资金为 60 万元，全部用于建设重庆信托平安乡农副产品加工扶贫车间，帮助重庆市 18 个深度贫困乡镇之一的奉节县平安乡实现农副产品的规范化、标准化生产销售，打造“平安味道”品牌。车间于 2020 年 9 月竣工投产，截至 2020 年末，销售收入已达 105 万元（其中贫困户农户产品 12 万元），吸纳困难群众务工 20 人（其中贫困户 9 人），困难群众务工收入 45 322 元（其中贫困户务工收入 25 258 元），不仅打开当地农副产品的销售渠道，更为贫困农户增加了收入，巩固脱贫成果。

公司积极投身公益事业，用心回馈社会，践行企业的社会责任和使命担当，已累计向各类慈善活动捐款近 2.52 亿元，主要包括“金色盾牌英烈救助基金”慰问救助捐款 1.59 亿元，累计救助慰问公安干警及其家属和相关人员超 13 000 人次；为重庆市政府募集 50 亿元资金支持主城区危旧房改造，并捐赠 2 500万元信托报酬支持地方经济建设等。此外，公司积极参与红十字基金会、中国检察教育基金会及民建善德基金等公益项目，开展“春蕾圆梦行动”帮扶 272 名贫困女学生圆梦校园、“逐梦未来”关爱留守学生及特殊儿童等爱心活动。

2020 年，公司消费者权益保护工作有计划、有节奏地顺利开展，将消费者权益保护融入公司治理与企业文化建设之中。2020 年，公司根据监管部门要求，结合业务实际，加强组织领导和协调配合，全面提升消费者权益保护工作理念，搭建纵向传导机制及横向沟通机制；公司为健全消费者权益保护制度体系，进一步完善了消费者权益保护审查、投诉管理、重大事项报告管理等制度；践行消费者权益保护工作的事前审查、事中管控、事后监督机制，强化行为规范执行落实，在产品和服务全流程管控中落实消费者权益保护工作要求；加强员工培训和金融知识宣传教育工作，提升产品和服务质效，切实保护了消费者的合法权益。公司按照监管部门的统一部署，积极开展 2020 年“金融知识进万家”“普及金融知识万里行”等集中宣传教育活动，不断拓宽宣教渠道，并荣获“2020 年宣传服务月活动先进集体”称号。公司通过线上与线下宣传相结合，主题教育和常态化教育相结合，开展层次鲜明、具有特色的金融知识宣传教育活动，开设线上“消保专区”专栏、推出“重信文化”系列金融消费者教育直播活动、开展线下公益课堂、拓宽送教上门阵地等形式，切实提高金融消费者的金融素养和风险防范意识。2020 年，公司积极配合监管部门关于消费者权益保护的各项工作，接受内外部监督评价，并及时反馈、落实整改；公司所有信托计划都全部按合同约定及时兑付，未发生投诉及二次投诉情况，未发生负面舆情及重大突发事件情况，未发生消费者诉讼及仲裁情况，未产生侵害消费者基本合法权益的情形。

5. 报告期末及上一年度末的比较式会计报表

5.1 自营资产

5.1.1 会计师事务所审计意见

信永中和会计师事务所（特殊普通合伙）审计了公司财务报表，包括2020年12月31日的合并及母公司资产负债表，2020年度的合并及母公司利润表、合并及母公司现金流量表、合并及母公司所有者权益变动表，以及财务报表附注。会计师事务所认为，公司财务报表在所有重大方面按照企业会计准则的规定编制，公允反映了公司2020年12月31日的合并及母公司财务状况，以及2020年度的合并及母公司经营成果和现金流量。

5.1.2 资产负债表

5.1.2.1 母公司资产负债表

母公司资产负债表

编制单位：重庆国际信托股份有限公司　　2020年12月31日　　单位：万元

资　产	期末数	期初数	负债和所有者权益	期末数	期初数
资产：			负债：		
现金及存放银行款项	80 917.04	124 792.05	向中央银行借款	—	—
拆出资金	—	—	拆入资金	123 000.00	150 000.00
以公允价值计量且其变动计入当期损益的金融资产	38 679.34	26 384.35	交易性金融负债	—	—
买入返售金融资产	50 000.00	58 000.00	卖出回购金融资产款	—	—
应收股利	3 430.00	3 430.00	应付职工薪酬	15 364.96	29 663.77
应收利息	1 220.37	826.86	应交税费	86 661.31	87 490.24
应收手续费及佣金	15 231.78	6 849.48	应付利息	9.92	941.23
其他应收款	39 839.99	22 873.01	应付股利	60 000.00	—
预付账款	—	—	其他应付款	21 109.74	55 183.83
贷款及垫款	239 945.02	213 242.65	预收手续费及佣金	2 069.51	600.82
可供出售金融资产	1 603 507.41	1 846 995.29	应付债券	—	—
持有至到期投资	—	—	递延所得税负债	5 475.26	15 204.81
长期股权投资	833 420.66	811 272.37	其他负债	—	340 000.00
投资性房地产	492.40	510.23	负债合计	313 690.70	679 084.70
固定资产	3 213.24	3 344.24	所有者权益：		
在建工程	701.03	—	实收资本	1 500 000.00	1 500 000.00
无形资产	143.69	68.80	资本公积	213 169.49	213 169.49
递延所得税资产	12 646.26	15 137.61	其他综合收益	−149 834.71	−116 901.01
抵债资产	—	—	盈余公积	153 517.71	129 027.86
其他资产	27 934.35	31 024.88	一般风险准备	46 667.63	47 415.80
			信托赔偿准备	76 758.86	64 513.93
			未分配利润	797 352.90	648 441.05
			所有者权益合计	2 637 631.88	2 485 667.12
资产总计	2 951 322.58	3 164 751.82	负债和所有者权益总计	2 951 322.58	3 164 751.82

5.1.2.2 合并资产负债表

合并资产负债表

编制单位：重庆国际信托股份有限公司　　2020年12月31日　　单位：万元

资　产	期末数	期初数	负债和所有者权益	期末数	期初数
资产：			负债：		
现金及存放银行款项	1 813 600.11	2 011 013.20	向中央银行借款	479 366.67	165 000.00
贵金属	—	—	同业及其他金融机构存放款项	276 189.82	362 708.45
拆出资金	1 707 855.70	1 644 624.97	拆入资金	273 000.00	168 552.12
以公允价值计量且其变动计入当期损益的金融资产	38 679.34	29 562.21	交易性金融负债	—	—

续表

资　　产	期末数	期初数	负债和所有者权益	期末数	期初数
衍生金融资产	—	—	衍生金融负债	—	—
买入返售金融资产	1 381 016.12	717 896.91	卖出回购金融资产款	1 083 240.00	859 915.51
应收利息	158 958.96	133 799.46	吸收存款	15 180 207.94	13 271 865.56
应收股利	—	—	应付职工薪酬	49 224.27	64 657.51
应收手续费及佣金	16 931.41	8 094.98	应交税费	111 719.62	102 593.33
其他应收款	45 577.11	25 717.31	应付利息	155 814.63	133 938.57
预付账款	128.40	38.04	应付股利	67 656.56	2 171.62
金融投资	8 261 884.39	7 724 168.42	其他应付款	146 803.53	197 898.03
交易性金融资产	1 999 965.55	1 048 773.17	预收手续费及佣金	3 008.25	3 804.31
债权投资	5 528 380.76	5 606 768.75	预计负债	4 243.52	4 818.85
其他债权投资	717 863.95	1 049 040.08	应付债券	4 021 116.82	4 038 270.26
其他权益工具投资	15 674.13	19 586.42	递延所得税负债	9 292.25	17 840.92
发放贷款及垫款	10 281 738.30	8 535 892.34	其他负债	25 252.41	373 109.93
可供出售金融资产	1 603 507.41	1 874 493.00	负债合计	21 886 136.29	19 767 144.97
持有至到期投资	—	—	股东权益	—	—
应收款项类投资	—	—	股本	1 500 000.00	1 500 000.00
长期股权投资	458 229.20	436 080.92	减:库存股	—	—
投资性房地产	492.40	510.23	资本公积	210 642.90	210 642.90
固定资产	60 209.75	59 934.85	其他综合收益	-133 443.89	-99 008.29
在建工程	701.03	—	盈余公积	153 589.64	129 099.79
无形资产	13 868.10	14 145.82	一般风险准备	47 073.76	47 805.02
商誉	—	—	信托赔偿准备	76 758.86	64 513.93
递延所得税资产	98 736.84	77 585.64	未分配利润	913 367.82	725 393.41
其他资产	158 595.53	154 989.81	归属于母公司股东权益	2 767 989.09	2 578 446.76
			少数股东权益	1 446 584.72	1 102 956.38
			股东权益合计	4 214 573.81	3 681 403.14
资产总计	26 100 710.10	23 448 548.11	负债和股东权益总计	26 100 710.10	23 448 548.11

5.1.3 利润表

5.1.3.1 母公司利润表

利润表

编制单位:重庆国际信托股份有限公司　　2020 年度　　单位:万元

项　　目	本年数	上年数
一、营业收入	312 458.56	334 260.99
利息净收入	8 524.55	-14 203.03
利息收入	18 821.59	9 816.12
利息支出	10 297.04	24 019.15
手续费及佣金净收入	168 454.45	201 061.93
手续费及佣金收入	175 234.01	203 884.16
手续费及佣金支出	6 779.56	2 822.23
投资收益(损失以"-"号填列)	132 896.23	136 540.84
其中:对联营企业和合营企业的投资收益	34 974.01	35 935.48
公允价值变动损益(损失以"-"号填列)	1 525.92	10 032.66
汇兑收益(损失以"-"号填列)	0.08	0.02
其他业务收入	849.64	827.47

续表

项　　目	本年数	上年数
资产处置收益(损失以"-"号填列)	—	—
其他收益	207.69	1.10
二、营业支出	12 108.28	7 290.28
税金及附加	1 510.26	1 617.80
业务及管理费	4 720.89	4 530.24
资产减值损失	5 859.29	1 124.40
其他业务成本	17.84	17.84
三、营业利润(亏损以"-"号填列)	300 350.28	326 970.71
加:营业外收入	9 785.86	18 216.44
减:营业外支出	1 257.89	23.86
四、利润总额(亏损总额以"-"号填列)	308 878.25	345 163.29
减:所得税费用	63 979.79	71 408.48
五、净利润(净亏损以"-"号填列)	244 898.46	273 754.81
六、其他综合收益的税后净额	-32 933.70	24 703.47
七、综合收益总额	211 964.76	298 458.28

5.1.3.2 合并利润表

合并利润表

编制单位：重庆国际信托股份有限公司　2020 年度　单位：万元

项　　目	本年数	上年数
一、营业收入	769 282.46	787 918.85
利息净收入	404 114.48	331 785.18
利息收入	1 014 492.24	951 078.22
利息支出	610 377.76	619 293.04
手续费及佣金净收入	193 539.18	228 343.66
手续费及佣金收入	208 204.40	236 216.03
手续费及佣金支出	14 665.22	7 872.37
投资收益（损失以“-”号填列）	166 925.60	206 045.74
其中：对联营企业和合营企业的投资收益	34 974.01	35 935.48
以摊余成本计量的金融资产终止确认收益	—	—
公允价值变动损益（损失以“-”号填列）	3 873.46	18 436.26
汇兑收益（损失以“-”号填列）	-552.61	396.72
其他业务收入	722.07	410.47
资产处置收益（损失以“-”号填列）	9.65	101.66
其他收益	650.63	2 399.16
二、营业支出	278 549.49	244 918.93
税金及附加	7 328.31	7 256.43
业务及管理费	137 585.18	146 631.89
信用减值损失	127 565.29	90 095.04
资产减值损失	5 859.29	735.70
其他业务成本	211.42	199.87
三、营业利润（亏损以“-”号填列）	490 732.97	542 999.92
加：营业外收入	9 364.37	18 311.79
减：营业外支出	2 349.13	1 382.77
四、利润总额（亏损总额以“-”号填列）	498 348.21	559 928.94
减：所得税费用	107 261.40	125 223.56
五、净利润（净亏损以“-”号填列）	391 086.81	434 705.38
归属于母公司的净利润	283 241.48	322 828.31
少数股东损益	107 845.33	111 877.07
六、其他综合收益的税后净额	-35 631.90	38 784.66
七、综合收益总额	355 454.91	473 490.04
归属于母公司的综合收益总额	249 525.42	351 923.76
归属于少数股东的综合收益总额	105 929.49	121 566.28

5.1.4 所有者权益变动表

5.1.4.1 母公司所有者权益变动表

所有者权益变动表

编制单位：重庆国际信托股份有限公司　2020 年度　单位：万元

项　　目	本年金额							
	实收资本	资本公积	其他综合收益	盈余公积	一般风险准备	信托赔偿准备	未分配利润	所有者权益合计
一、上年年末余额	1 500 000.00	213 169.49	-116 901.01	129 027.86	47 415.80	64 513.93	648 441.05	2 485 667.12
加：会计政策变更	—	—	—	—	—	—	—	—
前期差错更正	—	—	—	—	—	—	—	—
其他	—	—	—	—	—	—	—	—
二、本年年初余额	1 500 000.00	213 169.49	-116 901.01	129 027.86	47 415.80	64 513.93	648 441.05	2 485 667.12
三、本年增减变动金额（减少以“-”号填列）	—	—	-32 933.70	24 489.85	-748.17	12 244.93	148 911.85	151 964.76
（一）综合收益总额	—	—	-32 933.70	—	—	—	244 898.46	211 964.76
（二）所有者投入和减少资本	—	—	—	—	—	—	—	—
1. 所有者投入资本	—	—	—	—	—	—	—	—
2. 股份支付计入所有者权益的金额	—	—	—	—	—	—	—	—
3. 其他	—	—	—	—	—	—	—	—
（三）利润分配	—	—	—	24 489.85	-748.17	12 244.93	-95 986.61	-60 000.00
1. 提取盈余公积	—	—	—	24 489.85	—	—	-24 489.85	—
2. 提取一般风险准备	—	—	—	—	-748.17	—	748.17	—
3. 提取信托赔偿准备	—	—	—	—	—	12 244.93	-12 244.93	—
4. 对所有者（或股东）的分配	—	—	—	—	—	—	-60 000.00	-60 000.00
（四）所有者权益（或股东权益）内部结转	—	—	—	—	—	—	—	—
1. 资本公积转增资本（或股本）	—	—	—	—	—	—	—	—
2. 盈余公积转增资本（或股本）	—	—	—	—	—	—	—	—
3. 盈余公积弥补亏损	—	—	—	—	—	—	—	—
4. 一般风险准备弥补亏损	—	—	—	—	—	—	—	—
5. 其他	—	—	—	—	—	—	—	—
四、本年年末余额	1 500 000.00	213 169.49	-149 834.71	153 517.71	46 667.63	76 758.86	797 352.90	2 637 631.88

所有者权益变动表(续)

编制单位:重庆国际信托股份有限公司　　　　2020 年度　　　　单位:万元

项目	上年金额							
	实收资本	资本公积	其他综合收益	盈余公积	一般风险准备	信托赔偿准备	未分配利润	所有者权益合计
一、上年年末余额	1 500 000.00	213 169.49	-141 604.48	101 652.38	43 993.12	50 826.19	479 172.14	2 247 208.84
加:会计政策变更	—	—	—	—	—	—	—	—
前期差错更正	—	—	—	—	—	—	—	—
其他	—	—	—	—	—	—	—	—
二、本年年初余额	1 500 000.00	213 169.49	-141 604.48	101 652.38	43 993.12	50 826.19	479 172.14	2 247 208.84
三、本年增减变动金额(减少以"-"号填列)	—	—	24 703.47	27 375.48	3 422.68	13 687.74	169 268.91	238 458.28
(一)综合收益总额	—	—	24 703.47	—	—	—	273 754.81	298 458.28
(二)所有者投入和减少资本	—	—	—	—	—	—	—	—
1. 所有者投入资本	—	—	—	—	—	—	—	—
2. 股份支付计入所有者权益的金额	—	—	—	—	—	—	—	—
3. 其他	—	—	—	—	—	—	—	—
(三)利润分配	—	—	—	27 375.48	3 422.68	13 687.74	-104 485.90	-60 000.00
1. 提取盈余公积	—	—	—	27 375.48	—	—	-27 375.48	—
2. 提取一般风险准备	—	—	—	—	3 422.68	—	-3 422.68	—
3. 提取信托赔偿准备	—	—	—	—	—	13 687.74	-13 687.74	—
4. 对所有者(或股东)的分配	—	—	—	—	—	—	-60 000.00	-60 000.00
(四)所有者权益(或股东权益)内部结转	—	—	—	—	—	—	—	—
1. 资本公积转增资本(或股本)	—	—	—	—	—	—	—	—
2. 盈余公积转增资本(或股本)	—	—	—	—	—	—	—	—
3. 盈余公积弥补亏损	—	—	—	—	—	—	—	—
4. 一般风险准备弥补亏损	—	—	—	—	—	—	—	—
5. 其他	—	—	—	—	—	—	—	—
四、本年年末余额	1 500 000.00	213 169.49	-116 901.01	129 027.86	47 415.80	64 513.93	648 441.05	2 485 667.12

5.1.4.2　合并所有者权益变动表

合并所有者权益变动表

编制单位:重庆国际信托股份有限公司　　　　2020 年度　　　　单位:万元

项目	本年金额								
	归属于母公司股东的权益							少数股东权益	所有者权益合计
	实收资本	资本公积	其他综合收益	盈余公积	一般风险准备	信托赔偿准备	未分配利润		
一、上年年末余额	1 500 000.00	210 642.90	-99 008.29	129 099.79	47 805.02	64 513.93	725 393.41	1 102 956.38	3 681 403.14
加:会计政策变更	—	—	-719.54	—	—	—	719.54	—	—
前期差错更正	—	—	—	—	—	—	—	—	—
其他	—	—	—	—	—	—	—	—	—
二、本年年初余额	1 500 000.00	210 642.90	-99 727.83	129 099.79	47 805.02	64 513.93	726 112.95	1 102 956.38	3 681 403.14
三、本年增减变动金额(减少以"-"本号填列)	—	—	-33 716.06	24 489.85	-731.26	12 244.93	187 254.87	343 628.34	533 170.67
(一)综合收益总额	—	—	-33 716.06	—	—	—	283 241.48	105 929.49	355 454.91
(二)所有者投入和减少资本	—	—	—	—	—	—	—	270 000.00	270 000.00
1. 所有者投入资本	—	—	—	—	—	—	—	—	—
2. 股份支付计入所有者权益的金额	—	—	—	—	—	—	—	—	—
3. 其他	—	—	—	—	—	—	—	270 000.00	270 000.00
(三)利润分配	—	—	—	24 489.85	-748.17	12 244.93	-95 986.61	-32 309.20	-92 309.20
1. 提取盈余公积	—	—	—	24 489.85	—	—	-24 489.85	—	—
2. 提取一般风险准备	—	—	—	—	-748.17	—	748.17	—	—
3. 提取信托赔偿准备	—	—	—	—	—	12 244.93	-12 244.93	—	—
4. 对所有者(或股东)的分配	—	—	—	—	—	—	-60 000.00	-27 704.32	-87 704.32
5. 其他	—	—	—	—	—	—	—	-4 604.88	-4 604.88
(四)所有者权益内部结转	—	—	—	—	—	—	—	—	—
1. 资本公积转增资本	—	—	—	—	—	—	—	—	—

续表

项目	本年金额								
	归属于母公司股东的权益							少数股东权益	所有者权益合计
	实收资本	资本公积	其他综合收益	盈余公积	一般风险准备	信托赔偿准备	未分配利润		
2. 盈余公积转增资本	—	—	—	—	—	—	—	—	—
3. 盈余公积弥补亏损	—	—	—	—	—	—	—	—	—
4. 一般风险准备弥补亏损	—	—	—	—	—	—	—	—	—
5. 其他	—	—	—	—	—	—	—	—	—
（五）同一控制下合并结转	—	—	—	—	—	—	—	—	—
（六）其他	—	—	—	—	16.91	—	—	8.05	24.96
四、本年年末余额	1 500 000.00	210 642.90	-133 443.89	153 589.64	47 073.76	76 758.86	913 367.82	1 446 584.72	4 214 573.81

合并所有者权益变动表（续）

编制单位：重庆国际信托股份有限公司　　2020 年度　　单位：万元

项目	上年金额								
	归属于母公司股东的权益							少数股东权益	所有者权益合计
	实收资本	资本公积	其他综合收益	盈余公积	一般风险准备	信托赔偿准备	未分配利润		
一、上年年末余额	1 500 000.00	213 222.78	-128 641.23	101 724.31	44 355.51	50 826.19	508 496.07	986 547.[illegible]	3 276 530.94
加：会计政策变更	—	—	537.49	—	—	—	-1 445.07	-2 222.[illegible]	-3 130.02
前期差错更正	—	—	—	—	—	—	—	—	—
其他	—	—	—	—	—	—	—	—	—
二、本年年初余额	1 500 000.00	213 222.78	-128 103.74	101 724.31	44 355.51	50 826.19	507 051.00	984 324.[illegible]	3 273 400.92
三、本年增减变动金额（减少以“-”号填列）	—	-2 579.88	29 095.45	27 375.48	3 449.51	13 687.74	218 342.41	118 631.[illegible]	408 002.22
（一）综合收益总额	—	—	29 095.45	—	—	—	322 828.31	121 566.[illegible]	473 490.04
（二）所有者投入和减少资本	—	-2 579.88	—	—	—	—	—	-2 960.[illegible]	-5 540.00
1. 所有者投入资本	—	—	—	—	—	—	—	—	—
2. 股份支付计入所有者权益的金额	—	—	—	—	—	—	—	—	—
3. 其他	—	-2 579.88	—	—	—	—	—	-2 960.[illegible]	-5 540.00
（三）利润分配	—	—	—	27 375.48	3 422.68	13 687.74	-104 485.90	—	-60 000.00
1. 提取盈余公积	—	—	—	27 375.48	—	—	-27 375.48	—	—
2. 提取一般风险准备	—	—	—	—	3 422.68	—	-3 422.68	—	—
3. 提取信托赔偿准备	—	—	—	—	—	13 687.74	-13 687.74	—	—
4. 对所有者（或股东）的分配	—	—	—	—	—	—	-60 000.00	—	-60 000.00
（四）所有者权益内部结转	—	—	—	—	—	—	—	—	—
1. 资本公积转增资本	—	—	—	—	—	—	—	—	—
2. 盈余公积转增资本	—	—	—	—	—	—	—	—	—
3. 盈余公积弥补亏损	—	—	—	—	—	—	—	—	—
4. 一般风险准备弥补亏损	—	—	—	—	—	—	—	—	—
5. 其他	—	—	—	—	—	—	—	—	—
（五）同一控制下合并结转	—	—	—	—	—	—	—	—	—
（六）其他	—	—	—	—	26.83	—	—	25.35	52.18
四、本年年末余额	1 500 000.00	210 642.90	-99 008.29	129 099.79	47 805.02	64 513.93	725 393.41	1 102 956.38	3 681 403.14

5.2 信托资产

5.2.1 信托项目资产负债汇总表

信托项目资产负债表

编制单位：重庆国际信托股份有限公司　　2020 年 12 月 31 日　　单位：万元

信托资产	期末余额	期初余额	信托负债和信托权益	期末余额	期初余额
信托资产：			信托负债：		
货币资金	67 844.26	177 638.61	交易性金融负债	—	—
拆出资金	—	—	衍生金融负债	—	—
存出保证金	—	—	应付受托人报酬	20.82	241.10
以公允价值计量且其变动计入当期损益的金融资产	337 598.21	699 358.28	应付托管费	21.02	26.07

续表

信托资产	期末余额	期初余额	信托负债和信托权益	期末余额	期初余额
衍生金融资产	—	—	应付受益人收益	967.25	452.00
买入返售金融资产	164 221.15	600.01	应交税费	1 638.31	2 505.65
应收款项	1 866 077.81	1 873 822.35	应付销售服务费	—	—
发放贷款	13 459 059.58	12 418 898.64	其他应付款项	499 556.15	386 270.03
可供出售金融资产	3 211 292.00	3 665 626.79	预计负债	—	—
持有至到期投资	99 700.01	99 700.02	其他负债	—	—
长期应收款	—	—	信托负债合计	502 203.55	389 494.85
长期股权投资	2 279 400.21	2 313 980.98			
投资性房地产	—	—			
固定资产	—	—	信托权益:	—	—
无形资产	—	—	实收信托	20 979 270.46	20 866 321.39
长期待摊费用	—	—	资本公积	—	—
其他资产	—	—	未分配利润	3 719.22	-6 190.56
减:各项资产减值准备	—	—	信托权益合计	20 982 989.68	20 860 130.83
信托资产总计	21 485 193.23	21 249 625.68	信托负债和信托权益总计	21 485 193.23	21 249 625.68

5.2.2 信托项目利润及利润分配汇总表

信托项目利润及利润分配表

编制单位:重庆国际信托股份有限公司 2020年度 单位:万元

项 目	本年数	上年数
一、营业收入	1 077 922.56	1 383 732.48
利息收入	883 473.43	579 233.19
投资收益(损失以"-"号填列)	184 200.09	561 311.15
其中:对联营企业和合营企业的投资收益	—	—
公允价值变动损益(损失以"-"号填列)	-13 925.01	207 613.85
租赁收入	—	—
汇兑损益(损失以"-"号填列)	-152.01	—
其他收入	24 326.06	35 574.29
二、营业支出	206 427.45	217 907.75
税金及附加	4 284.36	5 537.14
受托人报酬	148 342.06	168 687.50
保管费	3 981.32	3 930.26
投资管理费	252.38	224.60
销售服务费	14 193.44	8 553.84
交易费用	—	—
资产减值损失	—	—
其他费用	35 373.89	30 974.41
三、信托净利润(净亏损以"-"号填列)	871 495.11	1 165 824.73
四、其他综合收益	—	—
五、综合收益	871 495.11	1 165 824.73
加:期初未分配信托利润	-6 190.56	-275 665.37
六、可供分配的信托利润	865 304.55	890 159.36
减:本期已分配信托利润	861 585.33	896 349.92
七、期末未分配信托利润	3 719.22	-6 190.56

6. 会计报表附注

6.1 会计报表编制基准、会计政策、会计估计和核算方法的变化

报告年度会计报表编制基准、会计估计和核算方法未发生变化。

财政部于2017年3月31日分别发布了《企业会计准则第22号——金融工具确认和计量(2017年修订)》(财会〔2017〕7号)、《企业会计准则第23号——金融资产转移(2017年修订)》(财会〔2017〕8号)、《企业会计准则第24号——套期会计(2017年修订)》(财会〔2017〕9号);2017年5月2日发布了《企业会计准则第37号——金融工具列报(2017年修订)》(财会〔2017〕14号)(上述准则以下统称新金融工具准则)。子公司益民基金管理有限公司和国泓资产管理有限公司根据会计部和证券基金机构监管部于2019年12月12日共同发布关于基金管理公司执行《企业会计准则第22号——金融工具确认和计量》(2017)等企业会计准则的通知,于2020年1月1日开始执行新金融工具准则。新金融工具准则执行日的新账面价值与原账面价值之间的差额计入2020年1月1日的留存收益或其他综合收益。

6.2 或有事项说明

6.2.1 对外担保

单位:万元

项目	年末数	年初数
对外担保	—	—
合计	—	—

6.2.2 重大承诺事项

本报告期内公司无重大承诺事项。

6.3 重要资产转让及其出售的说明

本报告期内公司无重要资产转让及其出售情况。

6.4 会计报表中重要项目的明细资料

6.4.1 自营资产经营情况

6.4.1.1 资产风险分类结集

信用风险资产五级分类	正常类(万元)	关注类(万元)	次级类(万元)	可疑类(万元)	损失类(万元)	信用风险资产合计(万元)	不良资产合计(万元)	不良资产率(%)
期初数	3 137 528.55	11 762.55	—	—	—	3 149 291.10	—	—
期末数	2 774 645.46	168 265.14	—	—	—	2 942 910.60	—	—

6.4.1.2　各项资产减值损失准备

单位:万元

项　　目	期初数	本期计提	本期核销	其他增加	期末数
贷款损失准备	3 247.35	406.64	—	—	3 653.99
一般准备	3 247.35	406.64	—	—	3 653.99
专项准备	—	—	—	—	—
其他资产减值准备	352.88	5 452.65	—	—	5 805.53
可供出售金融资产减值准备	346.53	5 372.31	—	—	5 718.84
持有至到期投资减值准备	—	—	—	—	—
长期股权投资减值准备	—	—	—	—	—
坏账准备	6.35	80.34	—	—	86.69
投资性房地产减值准备	—	—	—	—	—

6.4.1.3　股票投资、基金投资、债券投资、股权投资等投资业务

单位:万元

项目	自营股票	基金	债券	长期股权投资	其他投资	合计
期初数	204 880.51	2 318.06	5.66	811 272.37	1 697 478.04	2 715 954.64
期末数	224 479.74	6 736.53	346.70	833 420.66	1 443 602.15	2 508 585.78

6.4.1.4　前三名的自营长期股权投资

企业名称	占被投资企业权益的比例(%)	主要经营活动	投资损益(万元)
1. 重庆三峡银行股份有限公司	28.9957	人民币业务;吸收存款;发放贷款;办理国内结算等经中国人民银行批准的业务。	11 313.50
2. 合肥科技农村商业银行股份有限公司	24.99	吸收公众存款;发放短期、中期和长期贷款;办理国内结算等经中国银行保险监督管理委员会批准的业务。	18 746.51
3. 中国信托业保障基金有限责任公司	13.04	受托管理保障基金;参与托管和关闭清算信托公司;通过融资、注资等方式向信托公司提供流动性支持;收购、受托经营信托公司的固有财产,并进行管理、投资和处置等依法经相关部门批准后依批准展开的经营活动。	13 145.88

6.4.1.5　前三名的自营贷款

企业名称	占贷款总额的比例(%)	还款情况
广州汇盈资本管理有限公司	61.58	已于 2021 年 3 月 25 日全部收回
四川九寨天堂国际会议度假中心有限公司	16.42	尚未到期
贵州康源置业有限公司	9.65	尚未到期

6.4.1.6　表外业务

单位:万元

表外业务	期初数	期末数
担保业务	—	—
代理业务(委托业务)	—	—
其他	—	—
合计	—	—

6.4.1.7　公司当年的收入结构

母公司口径

收入结构	金额(万元)	占比(%)
手续费及佣金收入	175 234.01	51.64
其中:信托手续费收入	169 247.55	49.88
投资银行业务收入	5 986.46	1.76
利息收入	18 821.59	5.55
其他业务收入	1 057.41	0.31
投资收益	132 896.23	39.17
其中:股权投资收益	46 287.51	13.64
证券投资收益	6 584.11	1.94
其他投资收益	80 024.61	23.59
公允价值变动损益	1 525.92	0.45
营业外收入	9 785.86	2.88
收入合计	339 321.02	100.00

合并口径

收入结构	金额(万元)	占比(%)
手续费及佣金收入	208 204.40	14.83
其中:信托手续费收入	169 247.55	12.05
银行理财手续费收入	19 880.82	1.42
基金管理费及销售服务费收入	4 385.02	0.31
其他	14 691.01	1.05
利息收入	1 014 492.24	72.24
其他业务收入	829.74	0.05
投资收益	166 925.60	11.89
其中:股权投资收益	46 287.51	3.30
证券投资收益	8 326.36	0.59
其他投资收益	112 311.73	8.00
公允价值变动损益	3 873.46	0.28
营业外收入	9 964.37	0.71
收入合计	1 404 289.81	100.00

6.4.2　信托财产管理情况

6.4.2.1　信托资产

单位:万元

信托资产	期初数	期末数
集合	16 382 789.01	15 738 837.07
单一	2 679 236.13	2 841 173.26
财产权	2 187 600.54	2 857 182.90
合计	21 249 625.68	21 435 193.23

6.4.2.1.1　主动管理型信托业务

单位:万元

主动管理型信托资产	期初数	期末数
证券投资类	699 443.05	335 741.64
股权投资类	1 246 017.83	923 896.75
融资类	12 070 552.60	12 633 865.03
事务管理类	449 528.07	621 781.18
合计	14 465 541.55	14 533 284.60

6.4.2.1.2 被动管理型信托业务

单位:万元

被动管理型信托资产	期初数	期末数
证券投资类	90 884.63	32 405.74
股权投资类	1 242 948.40	922 648.51
融资类	3 682 850.66	1 271 564.96
事务管理类	1 767 400.44	4 675 289.42
合计	6 784 084.13	6 901 908.63

6.4.2.2 本年度已清算结束的信托项目

6.4.2.2.1 按信托类型分类

已清算结束的信托项目	项目个数(个)	实收信托合计金额(万元)	加权平均实际年化收益率(%)
集合类	32	4 525 190.39	5.58
单一类	26	1 498 529.34	5.96
财产管理类	10	401 442.39	3.25

6.4.2.2.2 主动管理型

已清算结束的信托项目	项目个数(个)	实收信托合计金额(万元)	加权平均实际年化信托报酬率(%)	加权平均实际年化收益率(%)
证券投资类	11	581 221.27	1.12	6.45
股权投资类	3	221 150.00	0.69	5.42
融资类	42	2 222 186.99	2.01	6.82
事务管理类	3	161.00	—	0.01

6.4.2.2.3 被动管理型

已清算结束的信托项目	项目个数(个)	实收信托合计金额(万元)	加权平均实际年化信托报酬率(%)	加权平均实际年化收益率(%)
证券投资类	3	127 257.00	0.31	6.54
股权投资类	2	200 900.00	0.10	2.81
融资类	16	2 150 515.29	0.32	5.49
事务管理类	18	921 770.57	0.25	2.40

6.4.2.3 本年度新增的信托项目

新增信托项目	项目个数(个)	实收信托合计金额(万元)
集合	59	3 550 230.00
单一	42	1 642 118.45
财产权	21	1 720 745.29
新增合计	122	6 913 093.74
其中:主动管理型	84	3 930 954.00
被动管理型	38	2 982 139.74

6.4.2.4 信托业务创新成果和特色业务有关情况

6.4.2.4.1 资产证券化业务

2020年,公司继续运用信托制度功能,加强对资产证券化业务的开拓,主要担任受托人及发行载体管理机构及资产服务机构,持续帮助优质企业盘活资产,改善经营。基础资产包括银行信贷资产、个人车贷、应收债权等。截至2020年12月末,公司共存续15笔资产证券化项目,规模为322.61亿元。2020年,公司参与发行了国内规模最大的ABCP"中国中车股份有限公司2020年度面行1号资产支持商业票据",产品发行总规模为30.60亿元,帮助中国中车有效盘活了存量资产,优化资产负债结构,提高资金使用效率。

6.4.2.4.2 慈善信托业务

为响应国家脱困扶贫政策,坚决打好精准脱贫攻坚战,公司近年来以《慈善信托管理办法》为制度基础,与重庆慈善总会等慈善机构建立合作关系,持续推进慈善信托业务发展。2020年,公司积极开展慈善信托为疫情防控工作提供大力支持,如"共抗疫情"系列慈善信托、"重庆信托·中欧基金心意国际疫情援助慈善信托""重庆信托·三峡银行疫情防控慈善信托"等多期慈善信托,募捐资金逾1 000万元,全部捐赠用于援助湖北、重庆等地疫情防控一线的防疫机构、组织、医护人员和患者等。

截至2020年末,公司已累计开展慈善信托(公益信托)13笔,总规模约2.80亿元,持续在产业扶贫、教育扶贫、扶老、救孤、恤病等公益事业领域全面发力,已形成了稳定的产品发展模式。

6.4.2.4.3 消费信托

2020年,公司继续在消费信托业务领域持续探索,疫情期间,酒店消费行业受到持续影响,疫情好转后,为帮助酒店消费产业恢复客流,改善经营,公司与融汇温泉产业发展有限公司以发行消费信托产品的形式,吸引客户、促进消费增加融汇温泉产业收入,取得了显著成效。公司设立的"重庆信托·尊享5号消费信托"以"理财+消费"的产品设计,使得投资者将投资理财和消费品进行了更多结合,得到投资者广泛认可,是公司服务消费、贯彻普惠金融的有效尝试。截至2020年末,公司消费信托产品规模余额约1亿元。

6.4.2.4.4 家族信托

2020年,公司利用信托制度功能,在家族信托领域继续加大投研力度,在财富管理端持续强化对家族信托高端客户群体的培育和转化,全年成功设立家族信托11笔,存续产品规模为1.50亿元。公司已设立的家族信托产品均以实现家庭财富的保护、传承和管理为目的,由受托人按照信托文件约定对信托财产进行管理运用,为委托人提供财产规划、风险隔离、资产配置、子女激励、养老等事务管理和金融服务,并根据委托人意愿提供定制化的信托利益分配方案。

6.4.2.5 本公司履行受托人义务的情况及因本公司自身责任而导致的信托资产损失情况

作为信托计划的受托人,公司严格按照国家法律、法规和信托合同的约定,从事信托活动。在信托成立之前,对委托人明示信托投资的风险,不承诺保底收益;在信托计划履行过程中,恪尽诚实、信用、谨慎、有效管理的义务,对所有信托项目均单独开户,单独核算,严格收支管理;从后期管理上,设置专职的信托经理,对信托项目实行及时跟踪管理和书面报告制度,真实记录并全面反映信托项目管理情况和财务状况,并根据法律法规要求及信托文件约定对信托项目的运行情况在公司网站上进行定期的披露。

截至报告期末,所有信托项目均按时分配收益,无拖延拒付情况,也未出现因本公司自身责任而导致信托资产出现损失的情况。

6.5 关联方关系及其交易

6.5.1 关联交易方的数量、关联交易的总金额及关联交易的定价政策

项目	关联交易方数量	关联交易金额(万元)	定价政策
合计	9	2 764 732.25	按市价公平定价

6.5.2 关联交易方与本公司的关系性质、关联交易方的名称、法人代表、注册地址、注册资本及主营业务

序号	关联性质	关联交易方名称	法定代表人或负责人	注册地址	注册资本（万元）	主营业务
1	母公司	同方国信投资控股有限公司	刘勤勤	重庆	257 416.25	利用自有资金进行投资，商业综合体管理服务、物业管理等。
2	被投资单位	重庆三峡银行股份有限公司	丁世录	重庆	557 397.50	吸收公众存款，发放短期、中期和长期贷款等经银行业监督管理机构和国家外汇管理机关批准的其他业务。
3	被投资单位	国泓资产管理有限公司	康　健	北京	10 000.00	特定客户资产管理业务以及中国证监会许可的其他业务，投资咨询，财务咨询等。
4	被投资单位	合肥科技农村商业银行股份有限公司	胡忠庆	合肥	180 034.64	吸收公众存款，发放短期、中期和长期贷款，办理国内结算等经中国银行保险监督管理委员会批准的业务。
5	被投资单位	中国信托业保障基金有限责任公司	肖　璞	北京	1 150 000.00	受托管理保障基金，参与托管和关闭清算信托公司，通过融资、注资等方式向信托公司提供流动性支持，收购、受托经营信托公司的固有财产，并进行管理、投资和处置等依法经相关部门批准后依批准展开的经营活动。
6	同一母公司	重庆未来投资有限公司	卢　俊	重庆	6 000.00	实业、股权及市场开发投资、资产经营管理、国内贸易等。
7	同一母公司	重庆国投财富投资管理有限公司	周　艳	重庆	1 000.00	企业投资管理、企业财务咨询、投资咨询、企业管理咨询、企业营销策划、承办经批准的商务文化交流活动等。
8	同一母公司	重庆国投物业管理有限公司	张雁乔	重庆	50.00	物业管理、会议及展览服务。
9	公司董事、高级管理人员控制或施加重大影响的企业	渔阳饭店有限公司	刘勤勤	北京	42 700.00	住宿，食品制售，提供会议室、停车场，销售日用百货等。
10	公司董事、高级管理人员控制或施加重大影响的企业	云南纺织（集团）股份有限公司	刘勤勤	昆明	12 293.74	棉纺织品、针纺织品、服装的生产、加工销售，商业运营管理，停车场经营，房屋场地出租、仓储服务，物业服务，组织文化艺术交流活动，承办会议及商品展览展示活动，企业管理等。

6.5.3 重大关联方交易

6.5.3.1 固有与关联方交易

单位：万元

项目	期初数	借方发生额	贷方发生额	期末数
贷款	—	—	—	—
投资	8 085.00	—	—	8 085.00
租赁	499.80	1 365.16	1 864.96	—
担保	—	—	—	—
应收账款	—	—	—	—
其他	440 907.20	427 586.86	106 458.93	120 239.47
合计	449 492.00	428 952.02	108 323.89	128 324.47

6.5.3.2 信托与关联方交易

单位：万元

项目	期初数	借方发生额	贷方发生额	期末数
贷款	473 877.00	—	112 648.00	361 229.00
投资	600.00	300.00	—	900.00
租赁	—	—	—	—
担保	—	—	—	—
应收账款	—	—	—	—
其他	282.95	—	282.95	—
合计	474 759.95	300.00	112 930.95	362 129.00

6.5.3.3 固信交易与信信交易

6.5.3.3.1 固有财产与信托财产相互交易

单位：万元

固有财产与信托财产相互交易			
项目	期初数	本期发生额	期末数
合计	1 662 961.86	−225 139.44	1 437 822.42

固有财产与信托财产相互交易本年增加 3 076 118.92 万元，本年减少 3 301 258.36 万元。

6.5.3.3.2 信托财产与信托财产相互交易

单位：万元

信托财产与信托财产相互交易			
项目	期初数	本期发生额	期末数
合计	199 799.00	636 657.36	836 456.36

6.5.4 报告期末，关联方逾期未偿还本公司资金和为关联方担保发生或即将发生垫款的情况

无。

6.6 会计制度的披露

报告期内，公司自营业务、信托业务均执行《企业会计准则》。

7. 财务情况说明书

7.1 利润实现和分配情况

7.1.1 利润实现和分配情况(母公司)

本报告期初公司未分配利润为648 441.05万元,2020年实现净利润244 898.46万元,提取法定盈余公积24 489.85万元,提取信托赔偿准备12 244.93万元,提取一般风险准备-748.17万元,扣除向股东宣告分配的2019年现金红利60 000万元后,剩余可供股东分配的利润为797 352.90万元,将用于以后年度分配。

7.1.2 利润实现和分配情况(合并口径)

本报告期初归属于母公司的未分配利润为726 112.95万元,2020年实现的归属于母公司的净利润为283 241.48万元,提取法定盈余公积24 489.85万元,提取信托赔偿准备12 244.93万元,提取一般风险准备-748.17万元,扣除向股东宣告分配的2019年度现金红利60 000万元后,剩余可供母公司股东分配的利润为913 367.82万元,将用于以后年度分配。

7.2 主要财务指标

7.2.1 主要财务指标(母公司)

指标名称	指标值
资本利润率(%)	9.56
加权年化信托报酬率(%)	1.00
人均净利润(万元)	1 364.34

7.2.2 主要财务指标(并表口径)

指标名称	指标值
资本利润率(%)	10.60
加权年化信托报酬率(%)	1.00
人均净利润(万元)	1 577.95

7.3 对本公司财务状况、经营成果有重大影响的其他事项

无。

7.4 公司净资本情况

指标名称	指标值	监管标准
净资本(万元)	2 276 409.33	≥2亿元
各项业务风险资本之和(万元)	702 617.90	—
净资本/各项业务风险资本之和(%)	323.99	≥100
净资本/净资产(%)	86.31	≥40

8. 特别事项揭示

8.1 前五名股东报告期内变动情况及原因

无。

8.2 董事、监事及高级管理人员变动情况及原因

报告期内,公司股东大会2020年第一次会议选举张华宇先生为公司股东董事、黄俊先生为公司独立董事,其任职资格已经监管部门核准。

报告期内,公司职工代表大会研究决定,因工作需要同意李静女士辞去职工代表监事职务,并选举邹恒舟先生为公司职工代表监事。

报告期内,祁绍斌先生不再担任公司副总经理(副总裁)。

8.3 公司的重大未决诉讼事项

固有业务无未结、新办诉讼案件。

信托有新办诉讼案件2件,具体情况如下。

公司与重庆聚信美家居有限公司、重庆固地实业有限公司、重庆银翔实业集团有限公司、重庆银翔摩托车(集团)有限公司、重庆银翔房地产开发有限公司、北汽银翔汽车有限公司、龙富勇借款合同纠纷案,涉案本金为1.19亿元,该案于2020年7月28日由重庆市第五中级人民法院立案受理,已开庭审理,尚未判决。该案件是事务管理类项目,公司根据委托人意愿以公司名义提起诉讼,诉讼最终结果与费用由相关受益人承担,公司不承担相关风险。

公司与大连一方集团有限公司(简称大连一方)起诉长春融鑫置业有限公司、逄超越、逄宇峰、大连汇盛投资有限公司(简称汇盛投资)民间借贷纠纷案,涉案本金为146 991.18万元,该案件由大连市中级人民法院立案受理。该案件是大连一方与汇盛投资等之间的民间借贷纠纷,该民间借贷事宜与公司无关,不涉及公司任何权利义务。大连一方将公司牵涉进诉讼是由于公司将持有的某公司股权转让汇盛投资并已收取全部转让价款,但因汇盛投资股东资格目前未获监管部门审核通过,故股权暂未过户仍在公司名下持有,大连一方向法院申请保全冻结了公司名下持有的该股权(2021年3月25日,大连市中级人民法院根据各方当事人就本案达成的和解协议签订了《民事调解书》,确认争议的民间借贷事宜与公司无关,本案终结)。

以第三人身份应诉案件1件:公司与中国工商银行股份有限公司安庆分行、雨润控股集团有限公司、江苏雨润农产品集团有限公司、桐城市雨润生物科技有限公司、江苏地华实业集团有限公司、祝义财、吴学琴合同纠纷案,涉案本金为3亿元,该案于2018年1月29日由安徽省高级人民法院立案受理并完成涉案财产查封冻结。该案中公司与原、被告不存在债权债务关系,仅因作为信托受托人,持有江苏雨润肉类产业集团有限公司(以下称雨润肉类集团)部分股权,原告为冻结该部分股权将公司列为第三人。公司于2018年4月28日收到法院传票并于6月1日向法院提交事实陈述材料。2018年12月29日收到法院判决,公司无须承担责任,但原告有权拍卖公司持有的雨润肉类集团股权。2019年1月9日,雨润控股集团有限公司提起上诉。2019年5月23日收到最高人民法院裁定书,因雨润控股集团有限公司未缴纳诉讼费,最高人民法院裁定按自动撤诉处理,一审判决生效。中国工商银行股份有限公司安庆分行申请执行,公司将配合该行处置以信托名义持有的雨润肉类集团部分股权。

8.4 对会计师事务所出具的有保留意见、否定意见或无法表示意见的审计报告的，公司董事会应就所涉及事项作出说明

无。

8.5 公司及其董事、监事和高级管理人员受到处罚的情况

无。

8.6 中国银保监会及其派出机构对公司检查后提出整改意见的整改情况

报告期内，重庆银保监局根据对公司的现场检查和非现场监管，对公司在风险管理、内控与合规、转型发展等方面提出了监管意见，公司高度重视，认真总结，积极整改，全面落实各项监管要求。在报告期内，公司对规章制度进行了全面修订、补充和完善，健全风险管理制度，提升制度执行力，全面推进信托合规文化建设；根据监管要求，继续强化主动管理，完成融资类信托、金融同业通道业务的有序压降；严控房地产信托，落实穿透管理，精细化管理水平得到提升；强化内部问责机制，确立持续创新，深入推进业务转型，坚持服务实体经济的基本原则，公司各项业务得到规范、持续、稳健发展。

8.7 本年度重大事项临时报告的简要内容、披露时间、所披露的媒体及其版面

2020 年 8 月 21 日，公司于《上海证券报》第 164 版披露《重庆国际信托股份有限公司关于修订〈公司章程〉的公告》。

8.8 中国银保监会及其省级派出机构认定的其他有必要让客户及相关利益人了解的重要信息

无。

9. 公司监事会意见

公司监事会对任期内公司的生产经营活动进行了监督检查，监事会认为：

2020 年，公司面对更加复杂、更加严峻的国内外形势，攻坚克难，强化风险防控，深化转型发展，实现营业收入 76.93 亿元、净利润为 39.11 亿元，其中归属于母公司净利润为 28.32 亿元，圆满地完成了各项经营指标。

董事会及各位董事认真执行了股东大会的各项决议，勤勉尽责，未出现损害公司、股东利益的行为，董事会的各项决议符合《中华人民共和国公司法》等法律法规，以及公司章程的要求，重大决策思路清晰，为公司稳健发展奠定了基础。

2020 年，公司经营班子认真执行了董事会的各项决议，坚持稳健经营，强化风险防控，深化转型发展，积极发挥公司资本优势，适时适度调整经营策略，圆满地完成了公司年初制定的经营计划和利润目标，实现了公司的可持续发展，经营中未出现违规操作行为。

大业信托有限责任公司

1. 重要提示

1.1 本公司董事会及董事保证本报告所载资料不存在任何虚假记载、误导性陈述或者重大遗漏，并对其内容的真实性、准确性和完整性承担个别及连带责任。

1.2 独立董事廖文义先生、彭燎原先生、华庆成先生认为本报告内容是真实、准确、完整的。

1.3 本公司董事长陈俊标先生、总经理战伟宏先生、财务总监黄志坤先生及会计机构负责人谢祖江先生声明：保证年度报告中财务报告的真实、完整。

2. 公司概况

2.1 公司简介

大业信托有限责任公司是经中国银保监会批准的，在重组原广州科技信托投资公司的基础上，重新登记的非银行金融机构。公司注册资本为10亿元，注册地为广州市，在北京、上海和武汉设有业务管理部。公司在2011年3月10日获取金融许可证，并在2011年3月16日换取新的营业执照正式开业，经允许从事经中国银行保险监督管理委员会依照有关法律、行政法规和其他规定批准的业务。

2.1.1 公司的法定名称

中文名称：大业信托有限责任公司

中文简称：大业信托

英文名称：Daye Trust Co. ,Ltd.

英文缩写：Daye Trust

2.1.2 公司法定代表人：陈俊标

2.1.3 公司注册地址：广州市花都区迎宾大道163号高晟广场2栋11层

邮政编码：510800

公司国际互联网网址：http://www. dytrustee. com

电子信箱：info@ dytrustee. com

2.1.4 公司负责信息披露事务的高级管理人员：汪鑫

电话：020-22679368

传真：020-22679301

电子邮箱：wangx@ dytrustee. com

2.1.5 公司选定的信息披露报纸：《上海证券报》

2.1.6 公司年度报告备置地点：广州市花都区迎宾大道163号高晟广场2栋11层

2.1.7 公司聘请的会计师事务所：广东中穗会计师事务所有限公司

地址：广州市越秀区寺右新马路17号707房

2.1.8 公司聘请的律师事务所：锦天城律师事务所

地址：上海市浦东新区银城中路501号上海中心大厦9层、11层、12层

2.2 组织结构

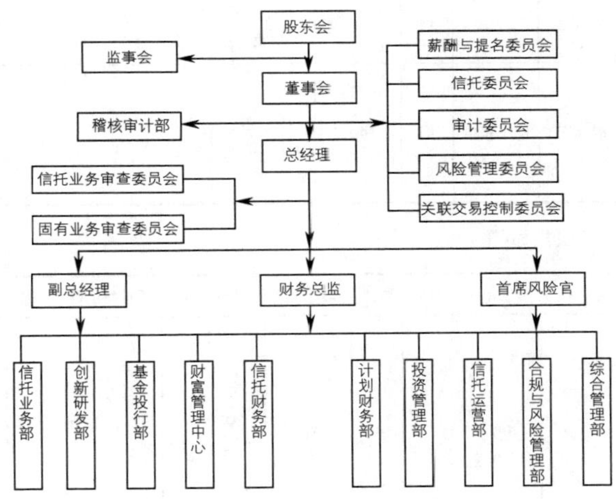

3. 公司治理

3.1 公司治理结构

股东

截至报告期末，公司股东共3家。股东情况如下：

股东名称	持股比例(%)	法人代表	注册资本(万元)	注册地址	主要经营业务
广州金融控股集团有限公司	33.33	聂林坤	776 827.6472	广州市天河区体育西路191号中石化大厦B座26层2601-2624号房	商务服务业；企业自有资金投资，资产管理（不含许可审批项目），投资咨询服务，投资管理服务，企业管理服务（不含许可审批项目）。
中国东方资产管理股份有限公司	41.67	吴跃	6 824 278.6326	北京市西城区阜成门内大街410号	收购、受托经营金融机构不良资产，对不良资产进行管理、投资和处置；债权转股权，对股权资产进行管理、投资和处置；对外投资；买卖有价证券；发行金融债券、同业拆借和向其他金融机构进行商业融资；破产管理；财务、投资、法律及风险管理咨询和顾问；资产及项目评估；经批准的资产证券化业务、金融机构托管和关闭清算业务；非金融机构不良资产业务；国务院银行业监督管理机构批准的其他业务。

续表

股东名称	持股比例（%）	法人代表	注册资本（万元）	注册地址	主要经营业务
广东京信电力集团有限公司	20	吉金	32 462.00	佛山市南海区西樵镇新田南海发电一厂行政楼二楼	国内贸易、电力投资、投资策划、商务信息咨询、电力技术的咨询服务、物业管理。

3.2 董事

董事长、董事

姓名	职务	性别	年龄（岁）	选任日期	所推举的股东名称	该股东持股比例（%）	简要履历
陈俊标	董事长	男	54	2015年8月3日	广州金融控股集团有限公司	38.33	曾任广发基金资金财务部副总经理，浙江升华拜克生物股份有限公司董事兼董事会秘书、副总经理兼财务负责人，广州国际控股集团有限公司产权管理部总经理，大业信托有限责任公司董事会秘书；现任大业信托有限责任公司董事长。
杨　东	董事	男	48	2015年12月4日	中国东方资产管理股份有限公司	41.67	曾任中国东方资产管理股份有限公司投资管理部项目管理二处经理、投行业务部助理总经理，资产经营部副总经理、总经理、资金运营及金融市场部总经理；现任中国东方资产管理股份有限公司人力资源部总经理。
薛　贵	董事	男	47	2019年4月19日	中国东方资产管理股份有限公司	41.67	曾任中信证券股份有限公司高级经理，中国东方资产管理公司机构管理部高级经理、助理总经理、副总经理，中华联合财产保险股份有限公司党委委员、董事、副总经理；现任中国东方资产管理股份有限公司综合计划与战略协同部副总经理。
韦典含	董事	女	36	2020年5月22日	广州金融控股集团有限公司	38.33	曾任广州金融控股集团有限公司产权管理部业务主办、业务主管、总经理助理；现任广州金融控股集团有限公司产权管理部副总经理（主持工作）。
吴林海	董事	男	35	2019年4月19日	广东京信电力集团有限公司	20	曾任震旦（中国）有限公司投资部经理，佛山市南海港能燃料物料有限公司任融资部总经理、总裁兼投融资部总经理；现任广州京信小额贷款有限公司董事长。
战伟宏	职工董事	男	49	2019年7月20日			曾任中国人民银行非银行司主任科员，中国银监会非银部监管六处副处长，中国银监会非银部信托公司非现场监管处副处长、处长，中融国际信托有限公司副总裁，浙商金汇信托股份有限公司董事、总经理；现任大业信托有限责任公司总经理。

独立董事

姓名	所在单位及职务	性别	年龄（岁）	选任日期	所推举的股东名称	该股东持股比例（%）	简要履历
廖文义	信用生活（广州）智能科技有限公司	男	59	2020年9月11日	中国东方资产管理股份有限公司	41.67	曾任广州金融高等专科学校（现为广东金融学院）党委委员、副校长，中国人民银行广东省分行办公室主任，中国人民银行广州分行营业管理部党委委员、副主任，中国人民银行东莞市中心支行党委副书记、副行长，中国人民银行阳江市中心支行党委书记、行长，外管分局局长，中国银监会阳江监管分局筹备组组长，中国银监会广东监管局城市银行处处长，中国银监会广西监管局党委委员、副局长，广东南粤银行副行长，深圳前海大数金融服务有限公司研究院执行院长；现任信用生活（广州）智能科技有限公司顾问。
彭燎原	广东连越律师事务所	男	52	2020年1月15日	广州金融控股集团有限公司	38.33	曾任石油大学（广州）外语系团委书记，广州华建企业集团有限公司企业管理处副处长，广东金轮律师事务所律师；现任广东连越律师事务所合伙人。
华庆成	—	男	66	2016年10月18日	广东京信电力集团有限公司	20	曾任美国大通曼哈顿银行上海分行副行长，摩根大通银行（中国）有限公司上海分行行长兼董事总经理，摩根大通银行（中国）有限公司副行长兼董事总经理，苏格兰皇家银行（中国）有限公司行长。

3.3 监事

监事会成员

姓名	职务	性别	年龄（岁）	选任日期	所推举的股东名称	该股东持股比例（%）	简要履历
吉　金	监事长	男	51	2010年10月18日	广东京信电力集团有限公司	20.00	曾任广东省石油公司部门经理，广东华兴公司副总经理，广东京信电力集团有限公司董事总经理；现任广州国电京信电力投资有限公司董事长。

续表

姓名	职务	性别	年龄(岁)	选任日期	所推举的股东名称	该股东持股比例(%)	简要履历
张敏娜	监事	女	45	2020年9月11日	中国东方资产管理股份有限公司	41.67	曾任中国东方资产管理公司经营处置审查部审查一处主任、经营处置审查部审查三处助理经理、经济师、投融资审核及处置审查部审查三处经理、高级经理、资产保全部业务管理三处高级经理，中国东方资产管理股份有限公司辽宁省分公司党委委员、纪委书记、总经理助理，中国东方资产管理股份有限公司业务管理二部总经理助理；现任中国东方资产管理股份有限公司协同及客户管理部副总经理。
朱琬瑜	监事	女	48	2015年8月21日	广州金融控股集团有限公司	38.33	曾任联合证券广州华乐路证券营业部财务部副经理，广州科技风险投资有限公司综合部财务主管，万联证券有限责任公司财务部财务主管，广州金融控股集团有限公司财务部副总经理(主持工作)，广州金融控股集团有限公司财务部总经理；现任广州金融控股集团有限公司财务总监。
李岱	职工监事	女	51	2020年1月19日			曾任广州房地产实业集团有限公司经济师，南海渔村有限公司人力资源部经理、党支部书记，广东省建筑设计研究院党委秘书、高级政工师，广东开放大学发展规划办公室副主任；现任大业信托有限责任公司监事会办公室总经理。
郝继龙	职工监事	男	42	2020年1月19日			曾任万联证券湖北荆门地区营业部、广州东风东营业部、北京西单营业部等会计、财务经理、财务负责人，中国平安保险(集团)股份有限公司财务部财务经理；现任大业信托有限责任公司信托财务部高级经理。

3.4 高级管理人员

姓名	职务	性别	年龄(岁)	选任日期	金融从业年限(年)	学历	专业	简要履历
战伟宏	总经理	男	49	2019年7月20日	25	硕士研究生	管理科学	曾任中国人民银行非银行司主任科员，中国银监会非银部监管六处副处长，中国银监会非银部信托公司非现场监管处副处长、处长，中融国际信托有限公司副总裁，浙商金汇信托股份有限公司董事、总经理；现任大业信托有限责任公司总经理。
赵一海	常务副总经理	男	47	2020年4月28日	16	本科	投资金融	曾任中国保监会广东监管局检查处、寿险处、中介处、产险处担任科长、处长职务，期间曾借调中国保监会工作，分别参与中国保监会财会部、寿险部、中介部开展的监管工作，曾任复星健康管理集团总裁助理，复星联合健康保险公司副总裁；现任大业信托有限责任公司常务副总经理。
孙亚南	副总经理	男	53	2020年12月14日	22	本科	物资经营	曾任中国光大银行北京分行公司管理部副处长，中国光大银行金融街支行行长，中国外贸金融租赁有限公司董事、副总经理，大连银行股份有限公司党委委员、副行长；现任大业信托有限责任公司副总经理。
江赛民	副总经理兼首席风险官	男	40	2020年12月14日	10	硕士研究生	宪法学与行政法学	曾任中诚信托有限责任公司风险控制部高级经理，中国民生信托有限公司法律合规部总经理，中融国际信托有限公司独立审批人兼法律事务部总经理，华中融资租赁有限公司副总裁，浙商金汇信托股份有限公司风险总监，大业信托有限责任公司副总经理；现任大业信托有限责任公司副总经理兼首席风险官。
黄俊	副总经理	男	40	2020年4月28日	14	硕士研究生	金融管理	曾任中国东方资产管理公司广州办事处市场开发部主任、助理经理，大业信托有限责任公司投资管理部总经理，中国东方资产管理公司广州办事处江门地区业务部高级经理，中国东方资产管理股份有限公司深圳市分公司助理总经理，中国东方资产管理股份有限公司广东省分公司总经理助理；现任大业信托有限责任公司副总经理。
黄志坤	财务总监	男	54	2017年4月28日	4	硕士研究生	工商管理	曾任关王陈方会计师事务所会计，罗兵咸会计师事务所高级会计，中建电讯集团控股有限公司财务经理，亚洲电视有限公司高级财务经理，嘉音电子有限公司财务总监，联太工业有限公司集团财务总监，应用科学技术研究院有限公司高级会计经理，德宝工程集团有限公司财务总监，Timex Corporate Consulting Limited 财务总监；现任大业信托有限责任公司财务总监。
汪鑫	董事会秘书	男	35	2015年8月21日	11	硕士研究生	经济学	曾任广州有林投资管理有限公司产权管理部主管，广州金融控股集团有限公司人力资源部业务主办、总经理助理，大业信托有限责任公司董事长秘书、董事会办公室总经理；现任大业信托有限责任公司董事会秘书。

3.5 公司员工

报告期末，公司共设置部门 40 个，员工 183 名，员工平均年龄为 35.88 岁。

项目		报告期年度		上年度	
		人数（人）	比例（%）	人数（人）	比例（%）
年龄分布	25 岁以下	—	—	3	1.91
	25～29 岁	26	14.21	32	20.38
	30～39 岁	98	53.55	84	53.50
	40 岁以上	59	32.24	38	24.20
学历分布	博士	2	1.09	2	1.27
	硕士	114	62.29	102	64.97
	本科	60	32.79	48	30.57
	大专	7	3.83	5	3.18
岗位分布	高级管理人员	8	4.37	7	4.46
	自营业务人员	4	2.19	3	1.91
	信托业务人员	68	37.16	93	59.24
	其他人员	103	56.28	54	34.39

4. 经营管理

4.1 经营目标、经营方针、战略规划

4.1.1 经营目标

公司以建设国内一流的信托公司为目标，致力于建成管理有序、内控有效、经营稳健、声誉良好、有特色的专业资产管理机构。

4.1.2 经营方针

公司恪守信用，合法经营，以市场为导向，以客户为中心，提供优质金融服务，创造良好经济效益，促进国民经济发展。

4.1.3 战略规划

公司依托北京和粤港澳大湾区的区域优势，最大程度地挖掘和利用股东的平台支撑。全面彻底优化人才队伍，提升精细化管理水平，做大做强财富管理，把风险管理和财富管理能力培育为核心竞争力。力争在 3～5 年内，尽最大努力消化存量风险，同时稳健开展增量业务，以盈补亏，实现脱困；主动加强股东业务协同，深化金融同业合作，深度挖掘传统业务和创新业务合作空间，增强资源整合能力；业务发展从自下而上向自上而下转变，从以项目为中心向以客户为中心转变，从单纯资金提供者向综合金融服务提供者转变；审慎开展传统融资业务，围绕战略核心客户大力拓展股权投资、标准化固收等资产管理业务，探索差异化、可持续发展路径，形成新的盈利增长点。

4.2 所经营业务的主要内容

4.2.1 信托业务

公司坚持发展信托主业，积极顺应监管政策导向，注重内涵式增长，不断培育和增强主动管理能力，大幅增加主动管理规模。

截至 2020 年 12 月 31 日，公司已成立的信托产品规模为 6 931.34亿元，存续信托资产余额为 596.27 亿元。2020 年公司信托业务实现收入 4.84 亿元。

根据信托业务服务内容划分，公司信托业务分为投资类、融资类和事务管理类三大部分。

4.2.1.1 投资类信托

公司将该类业务作为重点发展方向，着力提高产品创新含量、设计水平和管理能力，将自身定位从融资工具转变为个性化产品及基金的设计者和管理者。公司担任受托人和投资管理人，对信托资金的投资运作效果承担责任。截至 2020 年 12 月 31 日，该类业务存续信托资产余额为 69.82 亿元，约占存续信托资产余额的 11.71%。其主要业务包括集合资金信托金融投资、集合资金信托直接投资、集合投资类资产流动化信托、单一授权型信托金融投资和单一授权型信托直接投资。

4.2.1.2 融资类信托

公司在该类业务中担任受托人、贷款人和贷款服务商，主要承担融资项目尽职调查、筛选推荐、交易结构设计、债权及担保管理职责。其主要业务包括集合资金信托贷款、集合资金信托结构性融资、集合融资类资产流动化信托和单一授权型信托贷款。截至 2020 年 12 月 31 日，该类业务存续信托资产余额为 134.38 亿元，约占存续信托资产余额的 22.5[illegible]%。

4.2.1.3 事务管理类信托

公司在该类业务中主要担任受托人、账户管理人和财务顾问，按照信托文件约定和委托人指令执行或提出建议。这类业务主要是单一指定型信托。

截至 2020 年 12 月 31 日，该类业务存续信托资产余额为 392.06 亿元，约占存续信托资产余额的 65.75%。

4.2.2 固有业务

根据净资本管理办法的要求，结合公司净资本的实际状况，以及与信托业务协同发展的需要，公司对固有资金运用制定了高流动性、低风险的投资原则。2020 年公司固有业务净收入为 0.20 亿元。

4.2.3 主要业务的资产组合与分布

4.2.3.1 固有资产运用与分布表

资产运用	金额（万元）	占比（%）	资产分布	金额（万元）	占比（%）
货币资产	9 237.20	3.30	金融机构	229 0[illegible].53	81.69
应收类款项	20 349.91	7.26	其他	51 3[illegible].42	18.31
持有至到期投资	211 070.73	75.29			
其他	39 669.11	14.15			

4.2.3.2 信托资产运用与分布表

资产运用	金额（万元）	占比（%）	资产分布	金额（万元）	占比（%）
贷款	1 551 499.11	26.02	基础产业	466 1[illegible].00	7.82
交易性金融资产投资	57 063.11	0.96	房地产	1 445 4[illegible].08	24.24
可供出售及持有至到期投资	2 094 817.67	35.13	证券	104 9[illegible].11	1.76
长期股权投资	631 133.90	10.58	金融机构	509 70[illegible].41	8.55
存放同业	73 122.38	1.23	工商企业	1 472 63[illegible].65	24.70
其他	1 555 087.71	26.08	其他	1 963 71[illegible].63	32.93
资产总计	5 962 723.88	100.00	资产总计	5 962 72[illegible].88	100.00

4.3 市场分析

4.3.1 有利因素

国内经济社会发展保持稳中有进、稳中向好的态势，供给侧结构性改革深入推进，改革开放力度加大，宏观政策的效果正在逐步显现，为信托业发展创造了有利环境。

国民财富不断累积，居民可支配收入和高净值人群的持续增长，使通过信托这类专业财富管理机构投资理财的需求日趋旺盛。

信托业在理财市场和资产管理领域的地位和作用及其对中国经济社会发展的价值不断被认识，其在中国金融体系中的地位和影响力不断提升。

监管机构坚持风险防范与创新发展并举，信托业制度与基础建设进一步完善，信托监管不断完善，行业回归信托本源，聚焦服务实体经济。

粤港澳大湾区建设作为国家战略正有序推进，孕育重大的投融资机会。

4.3.2 不利因素

实体经济变化、部分实体企业经营困难的压力传导到信托行业，新冠肺炎疫情给实体经济和信托行业带来实质性冲击，信托公司业务风险管理压力加大。

行业发展面临新旧动能转换，传统业务规模持续萎缩，创新业务的运作模式、盈利能力仍有待市场检验，调整转型的短期“阵痛”在所难免。

各类金融机构之间的业务边界趋于模糊，交叉融合度大幅度提升，金融同业机构间的竞合关系和深度已达到历史空前的水平，资产管理市场的竞争趋于白热化。

公司资本规模偏小，未来资本实力的高低将成为制约信托公司业务发展的重要因素。

4.4 内部控制

4.4.1 内部控制环境和内部控制文化

公司建立分工明确、权责对应、合理制衡的公司治理结构；不断完善选贤举能、优胜劣汰、约束监督、科学激励的治理机制。公司重视环境文化、制度文化、组织文化和行为文化等内控文化建设，通过多种形式，研讨讲解内部控制的最新法规制度和政策；加强制度建设，强化员工职业操守；强化公司内控部门的管理，提升公司内控文化。

4.4.2 内部控制措施

公司不断检讨和修订内控制度，监督检查和评价内控的科学性、规范性和可操作性。

公司通过《内部控制指引》对不同业务和管理事项制定有针对性的控制措施，构筑设计监督、操作执行和规范评价三道内控防线，保证了业务管理活动的正常运行。

公司内部不同级次、不同部门之间有明确的授权关系和报告关系；每类业务都有相应的操作规程和风险管理制度。

公司成立信托业务审查委员会和固有业务审查委员会进行项目评审，由公司领导及前台、中台、后台部门负责人担任评审委员，对高风险或创新业务进行集体审议。

4.4.3 监督评价与纠正

公司在配合好外部审计工作的同时，注重内部的经济监督及评价，健全内部审计制度，在董事会下设立审计委员会，对公司财务收支及其经济效益进行内部审计监督。同时，董事会下设稽核审计部，对公司内部控制情况进行定期评价，对存在的问题及时指正，并提出相关整改意见和建议。

4.5 风险管理

4.5.1 风险管理概况

公司风险管理的全局性目标是实现长远发展、资本回报和风险暴露之间的平衡，追求运营的高效率和资源的优化配置，追求公司价值最大化。

报告期内，公司依据《信托公司净资本管理办法》积极推进净资本管理，在优化存量风险资产结构的同时，进一步强化增量业务的资本约束机制，确立了以净资本管理为核心的业务发展模式和管理体系。截至2020年末，公司净资本为197 384.21万元，各项业务风险资本之和为94 740.57万元，净资本/各项业务风险资本之和的比率为208.34%，净资本/净资产的比率为80.09%，包括上述两个指标在内的净资本各项指标均符合监管要求。

4.5.2 风险状况

公司经营活动中面临的风险主要包括信用风险、市场风险、操作风险、合规风险及其他风险等。

4.5.2.1 信用风险状况

信用风险主要表现为公司交易对手不能履行合约义务从而导致公司资产价值发生变动遭受损失带来的风险，其中包括业务合作伙伴、贷款对象的信用风险，以及资金往来银行的信用风险。

4.5.2.2 市场风险状况

市场风险主要表现为因市场价格——利率、汇率、股票价格和商品价格等的不利变动而使公司的表内和表外业务发生损失的风险。具体表现为经济运行周期变化风险、金融市场利率波动风险、通货膨胀风险、房地产交易风险、证券市场及货币市场交易风险等。这些风险的存在不但影响信托财产的价值及信托收益水平，也将影响公司由于资产负债结构不匹配等而导致公司整体的、当前和未来收入的损失。

4.5.2.3 操作风险状况

操作风险主要是公司内部控制、系统及运营过程中的错误、疏忽或外部事件而可能引起潜在损失的风险，表现在信息系统还不够全面及时，风险评估、风险管理的程序和结构还不够完善，以及人员操作不规范和责任心不强等方面。

4.5.2.4 其他风险状况

政策风险是指国家宏观经济政策的调整可能对公司业务经营或成果造成一定影响。

道德风险是指由于公司内部人员蓄意违规、违法给公司带来损失的可能性。

声誉风险是指由于公司操作失误、违反有关规定、资产质量下降不能按期兑付、不能向公众提供高质量的综合金融服务和管理不善等原因，对公司外部市场地位和声誉产生的消极和不良影响。

4.5.3 公司风险管理

4.5.3.1 信用风险管理

公司信用风险管理主要通过对交易对手的尽职调查进行

事前控制；通过交易结构设计、风险定价、设定担保措施、持续进行风险评估等手段规避和监控交易对手信用风险变化；明确界定业务部门与风险管理等部门的风险管理职责。公司强调风险管理关口前移，注重业务管理的调研和过程控制，严格授权审批制度、决策限额。公司注重信用风险的分散和补偿，关注交易对手的履约能力，并借鉴商业银行信贷管理经验加强该类风险管理。

4.5.3.2　市场风险管理

市场风险管理是识别、计量、监测和控制市场风险的全过程，其目标是通过将市场风险控制在公司可以承受的合理范围内，实现经风险调整后的收益最大化。

公司关注国家宏观政策变化，避免进入限制类行业和相关项目；控制行业集中度，通过业务创新不断拓展多元化的投资领域；充分考虑拟投资项目筛选、评估、运营、退出中的策略、渠道和措施，注重投资项目的调研和分析工作，建立充足的项目储备池，制定风险处置预案锁定项目退出风险，组建专业化的管理团队，明确项目组织管理结构与投资管理责任，并通过对货币政策、行业政策和利率走势等的深入分析研究，进行持续的专项监控。

4.5.3.3　操作风险管理

公司要求每项业务在尽职调查、受理、设计、审批、销售、执行和终止的全过程中都合法合规，按照程序操作。

构建内部控制环境，目前公司的各项控制制度和操作规程涵盖了所有业务领域，基本实现了对公司各项业务操作过程的有效控制。

操作风险管理要点包括注重尽职调查、加强产品规范化管理、借助外部中介机构进行管控、进行持续风险监测和风险评价、加强合同档案管理、规范信息披露、加强信息化支持等。

4.5.3.4　其他风险管理

4.5.3.4.1　政策风险管理

公司及时跟踪研究国家宏观政策和行业政策的调整与变化，尽可能准确地分析宏观政策和监管政策的未来趋势；积极研究、分析外部政策法规变化对信托公司发展方向、盈利模式的影响，不断摸索适合公司发展的道路；加强与政策制定部门的沟通，及时调整发展思路和经营理念，保持公司经营策略与国家政策的一致性。

4.5.3.4.2　道德风险管理

公司通过制度设计完善内部控制机制，规范操作流程；严格执行管理制度及纪律要求；公司加强道德文化教育，鼓励员工遵纪守法，构筑道德风险"防火墙"，不断提高员工廉洁自律和勤勉尽职的意识；公司以员工为本，强调和谐共赢，不断加强企业的凝聚力和员工的归属感，避免各类短期行为和寻租现象；公司加强制度建设，通过制度建设为防范道德风险提供制度保障。

4.5.3.4.3　声誉风险管理

公司将声誉风险管理纳入公司治理和全面风险管理体系，强调在合规经营和健康发展的基础上，主动、有效、灵活地管理声誉风险和应对声誉事件，主要是通过机制和制度建设明晰声誉风险监控、管理和应对流程，通过充分信息披露等方式实现与投资者的良性沟通，通过履行社会责任等积极提升公司的品牌价值和社会形象。

5. 报告期末及上一年度末的比较式会计报表

5.1　自营资产

5.1.1　会计师事务所审计意见全文

审 计 报 告

中穗审字〔20[illegible]〕第 A046 号

大业信托有限责任公司全体股东：

一、审计意见

我们审计了大业信托有限责任公司的财务报表，包括 2020 年 12 月 31 日的资产负债表，2020 年度的利润表、现金流量表和所有者权益变动表，以及相关财务报表附注。

我们认为，后附的财务报表在所有重大方面按照企业会计准则的规定编制，公允反映了大业信托有限责任公司 2020 年 12 月 31 日的财务状况及 2020 年度的经营成果和现金流量。

二、形成审计意见的基础

我们按照中国注册会计师审计准则的规定执行了审计工作。审计报告的"注册会计师对财务报表审计的责任"部分进一步阐述了我们在这些准则下的责任。按照中国注册会计师职业道德守则，我们独立于大业信托有限责任公司，并履行了职业道德方面的其他责任。我们相信，我们获取的审计证据是充分的、适当的，为发表审计意见提供了基础。

三、其他信息

大业信托有限责任公司管理层（以下简称管理层）对其他信息负责。其他信息包括大业信托有限责任公司 2020 年年度报告中涵盖的信息，但不包括财务报表和我们的审计报告。

我们对财务报表发表的审计意见并不涵盖其他信息，我们也不对其他信息发表任何形式的鉴证结论。

结合我们对财务报表的审计，我们的责任是阅读其他信息，在此过程中，考虑其他信息是否与财务报表或我们在审计过程中了解到的情况存在重大不一致或者似乎存在重大错报。

基于我们已执行的工作，如果我们确定该其他信息存在重大错报，我们应当报告该事实。在这方面，我们无任何事项需要报告。

四、管理层和治理层对财务报表的责任

大业信托有限责任公司管理层负责按照企业会计准则的规定编制财务报表，使其实现公允反映，并设计、执行和维护必要的内部控制，以使财务报表不存在由于舞弊或错误导致的重大错报。

在编制财务报表时，管理层负责评估大业信托有限责任公司的持续经营能力，披露与持续经营相关的事项（如适用），并运用持续经营假设，除非管理层计划清算、停止营运或别无其他现实的选择。

治理层负责监督大业信托有限责任公司的财务报告过程。

五、注册会计师对财务报表审计的责任

我们的目标是对财务报表整体是否不存在由于舞弊或错误导致的重大错报获取合理保证，并出具包含审计意见的审计报告。合理保证是高水平的保证，但并不能保证按照审计准则执行的审计在某一重大错报存在时总能发现。错报可能由舞弊或错误所导致，如果合理预期错报单独或汇总起来可能影响财务报表使用者依据财务报表作出的经济决策，则通常认为错报是重大的。

在按照审计准则执行审计的过程中，我们运用职业判断，并保持职业怀疑。同时，我们也执行以下工作：

（1）识别和评估由于舞弊或错误导致的财务报表重大错报风险；设计和实施审计程序以应对这些风险，并获取充分、适当的审计证据，作为发表审计意见的基础。由于舞弊可能涉及串通、伪造、故意遗漏、虚假陈述或凌驾于内部控制之上，未能发现由于舞弊导致的重大错报的风险高于未能发现由于错误导致的重大错报的风险。

（2）了解与审计相关的内部控制，以设计恰当的审计程序。但目的并非对内部控制的有效性发表意见。

（3）评价管理层选用会计政策的恰当性和作出会计估计及相关披露的合理性。

（4）对管理层使用持续经营假设的恰当性得出结论。同时，根据获取的审计证据，就可能导致对大业信托有限责任公司持续经营能力产生重大疑虑的事项或情况是否存在重大不确定性得出结论。如果我们得出结论认为存在重大不确定性，审计准则要求我们在审计报告中提请报表使用者注意财务报表中的相关披露；如果披露不充分，我们应当发表非无保留意见。我们的结论基于截至审计报告日可获得的信息。然而，未来的事项或情况可能导致大业信托有限责任公司不能持续经营。

（5）评价财务报表的总体列报、结构和内容（包括披露），并评价财务报表是否公允反映相关交易和事项。

我们与治理层就计划的审计范围、时间安排和重大审计发现等事项进行沟通，包括沟通我们在审计中识别出的值得关注的内部控制缺陷。

广东中穗会计师事务所有限公司

中国・广州

二〇二一年三月十五日

5.1.2 资产负债表

资产负债表

编制单位：大业信托有限责任公司　　2020 年 12 月 31 日　　单位：元

资　产	期末余额	年初余额	负债和所有者权益（或股东权益）	期末余额	年初余额
流动资产：			流动负债：		
货币资金	92 371 982.37	106 390 129.82	短期借款	—	—
以公允价值计量且其变动计入当期损益的金融资产	86 966 042.82	20 499 027.20	以公允价值计量且其变动计入当期损益的金融负债	—	—
应收账款	21 777 370.66	44 321 741.93	应付账款	—	—
预付款项	—	—	预收款项	33 374 794.79	40 193 572.84
其他应收款	181 721 758.00	97 648 695.29	应付职工薪酬	135 978 329.02	149 767 481.11
存货	—	—	应交税费	83 652 970.04	33 595 411.99
持有待售的资产	—	—	其他应付款	1 209 479.01	3 959 309.27
一年内到期的非流动资产	—	—	持有待售的负债	—	—
其他流动资产	—	—	一年内到期的非流动负债	—	—
流动资产合计	382 837 153.85	268 859 594.24	其他流动负债	—	—
非流动资产：	—	—	流动负债合计	254 215 572.86	227 515 775.21
可供出售金融资产	—	—	非流动负债：	—	—
持有至到期投资	2 110 707 286.34	1 913 144 469.84	长期借款	—	—
长期应收款	—	—	应付债券	—	—
长期股权投资	—	—	其中：优先股	—	—
投资性房地产	—	—	永续债	—	—
固定资产	40 259 189.61	41 222 860.47	长期应付款	—	—
在建工程	—	—	预计负债	84 550 000.00	90 550 000.00
生产性生物资产	—	—	递延收益	—	—
油气资产	—	—	递延所得税负债	—	—
无形资产	6 269 237.40	5 466 579.15	其他非流动负债	—	180 000 000.00
开发支出	—	—	非流动负债合计	84 550 000.00	270 550 000.00
商誉	—	—	负债合计	338 765 572.86	498 065 775.21
长期待摊费用	1 789 773.28	2 625 522.59	所有者权益（或股东权益）：	—	—
递延所得税资产	261 406 838.60	223 908 551.04	实收资本（或股本）	1 202 248 650.53	1 000 000 000.00
其他非流动资产	—	—	其他权益工具	193 584 682.81	—

续表

资　　产	期末余额	年初余额	负债和所有者权益(或股东权益)	期末余额	年初余额
非流动资产合计	2 420 432 325.23	2 186 367 983.09	其中:优先股	—	—
			盈余公积	216 117 684.18	2[illegible]4 966 807.10
			一般风险准备	251 904 942.11	2[illegible]3 680 803.57
			未分配利润	600 647 946.59	[illegible]28 514 191.45
			所有者权益(或股东权益)合计	2 464 503 906.22	[illegible]57 161 802.12
资产总计	2 803 269 479.08	2 455 227 577.33	负债和所有者权益(或股东权益)总计	2 803 269 479.08	[illegible]5 227 577.33

法定代表人:陈俊标　　　　主管会计工作负责人:黄志坤　　　　会计机构负责人:谢祖江

5.1.3 利润表

利润表

编制单位:大业信托有限责任公司　　　　2020 年度　　　　单位:元

项　　目	本期金额	上期金额
一、营业收入	503 677 169.32	483 036 42[illegible]8
利息净收入	-10 917 519.77	-17 914 58[illegible]4
利息收入	92 980.23	238 10[illegible]1
利息支出	11 010 500.00	18 152 69[illegible]5
手续费及佣金净收入	483 870 939.89	473 802 54[illegible]8
手续费及佣金收入	483 870 939.89	473 802 54[illegible]8
手续费及佣金支出	—	—
投资收益(损失以“-”号填列)	30 688 657.46	27 148 46[illegible]4
其中:对联营企业和合营企业的投资收益	—	—
公允价值变动收益(损失以“-”号填列)	—	—
资产处置收益(损失以“-”号填列)	—	—
其他业务收入	35 091.74	—
其他收益	—	—
减:营业支出	355 510 844.39	369 761 48[illegible]4
税金及附加	3 212 053.94	3 031 57[illegible]7
业务及管理费用	181 245 190.45	166 983 52[illegible]3
资产减值损失	171 053 600.00	199 746 37[illegible]9
其他业务成本	—	—
二、营业利润(亏损以“-”号填列)	148 166 324.93	113 274 94[illegible]4
加:营业外收入	405 346.11	29 805 01[illegible]0
减:营业外支出	619 548.04	—
三、利润总额(亏损总额以“-”号填列)	147 952 123.00	143 079 95[illegible]4
减:所得税费用	36 443 352.24	35 658 77[illegible]4
四、净利润(净亏损以“-”号填列)	111 508 770.76	107 421 18[illegible]0

法定代表人:陈俊标　　　　主管会计工作负责人:黄志坤　　　　会计机构负责人:谢祖江

5.1.4 所有者权益变动表

所有者权益变动表

编制单位:大业信托有限责任公司　　　　2020 年度　　　　单位:元

项　　目	本期金额					
	实收资本(或股本)	资本公积	盈余公积	一般风险准备	未分配利润	所有者权益合计
一、上年年末余额	1 000 000 000.00	—	204 966 807.10	223 680 803.57	528 514 191.45	1 [illegible] 161 802.12
加:会计政策变更	—	—	—	—	—	—
前期差错更正	—	—	—	—	—	—
其他	—	—	—	—	—	—
二、本年年初余额	1 000 000 000.00	—	204 966 807.10	223 680 803.57	528 514 191.45	1 [illegible] 161 802.12
三、本年增减变动金额(减少以“-”号填列)	202 248 650.53	193 584 682.81	11 150 877.08	28 224 138.54	72 133 755.14	5[illegible] 342 104.10

续表

项　　目	本期金额					
	实收资本(或股本)	资本公积	盈余公积	一般风险准备	未分配利润	所有者权益合计
(一)综合收益总额	—	—	—	—	111 508 770. 76	111 508 770. 76
(二)所有者投入和减少资本	202 248 650. 53	193 584 682. 81	—	—	—	395 833 333. 34
1. 所有者投入的普通股	202 248 650. 53	193 584 682. 81	—	—	—	395 833 333. 34
2. 其他权益工具持有者投入资本	—	—	—	—	—	—
3. 股份支付计入股东权益的金额	—	—	—	—	—	—
4. 其他	—	—	—	—	—	—
(三)利润分配	—	—	11 150 877. 08	28 224 138. 54	-39 375 015. 62	—
1. 提取盈余公积	—	—	11 150 877. 08	—	-11 150 877. 08	—
2. 提取一般风险准备	—	—	—	28 224 138. 54	-28 224 138. 54	—
3. 对所有者(或股东)的分配	—	—	—	—	—	—
4. 结转重新计量设定受益计划净负债或净资产所产生的变动	—	—	—	—	—	—
5. 其他	—	—	—	—	—	—
(四)所有者权益内部结转	—	—	—	—	—	—
1. 资本公积转增资本(或股本)	—	—	—	—	—	—
2. 盈余公积转增资本(或股本)	—	—	—	—	—	—
3. 盈余公积弥补亏损	—	—	—	—	—	—
4. 其他	—	—	—	—	—	—
(五)其他	—	—	—	—	—	—
四、本年年末余额	1 202 248 650. 53	193 584 682. 81	216 117 684. 18	251 904 942. 11	600 647 946. 59	2 464 503 906. 22

所有者权益变动表

编制单位:大业信托有限责任公司　　2020 年度　　单位:元

项　　目	上期金额					
	实收资本(或股本)	资本公积	盈余公积	一般风险准备	未分配利润	所有者权益合计
一、上年年末余额	1 000 000 000. 00	—	194 224 688. 77	219 555 835. 23	435 960 094. 82	1 849 740 618. 82
加:会计政策变更	—	—	—	—	—	—
前期差错更正	—	—	—	—	—	—
其他	—	—	—	—	—	—
二、本年年初余额	1 000 000 000. 00	—	194 224 688. 77	219 555 835. 23	435 960 094. 82	1 849 740 618. 82
三、本年增减变动金额(减少以"-"号填列)	—	—	10 742 118. 33	4 124 968. 34	92 554 096. 63	107 421 183. 30
(一)综合收益总额	—	—	—	—	107 421 183. 30	107 421 183. 30
(二)所有者投入和减少资本	—	—	—	—	—	—
1. 所有者投入的普通股	—	—	—	—	—	—
2. 其他权益工具持有者投入资本	—	—	—	—	—	—
3. 股份支付计入股东权益的金额	—	—	—	—	—	—
4. 其他	—	—	—	—	—	—
(三)利润分配	—	—	10 742 118. 33	4 124 968. 34	-14 867 086. 67	—
1. 提取盈余公积	—	—	10 742 118. 33	—	-10 742 118. 33	—
2. 提取一般风险准备	—	—	—	4 124 968. 34	-4 124 968. 34	—
3. 对所有者(或股东)的分配	—	—	—	—	—	—
4. 结转重新计量设定受益计划净负债或净资产所产生的变动	—	—	—	—	—	—
5. 其他	—	—	—	—	—	—
(四)所有者权益内部结转	—	—	—	—	—	—
1. 资本公积转增资本(或股本)	—	—	—	—	—	—
2. 盈余公积转增资本(或股本)	—	—	—	—	—	—
3. 盈余公积弥补亏损	—	—	—	—	—	—
4. 其他	—	—	—	—	—	—
(五)其他	—	—	—	—	—	—
四、本年年末余额	1 000 000 000. 00	—	204 966 807. 10	223 680 803. 57	528 514 191. 45	1 957 161 802. 12

法定代表人:陈浚标　　主管会计工作负责人:黄志坤　　会计机构负责人:谢祖江

5.2 信托资产

5.2.1 信托项目资产负债汇总表

信托项目资产负债汇总表

编制单位：大业信托有限责任公司　　2020 年 12 月 31 日　　单位：元

资产	年初余额	期末余额	负债与所有者权益	年初余额	期末余额
资产：			负债：		
货币资金	610 539 793. 75	731 562 074. 07	交易性金融负债	—	—
拆出资金	—	—	衍生金融负债	—	—
存出保证金	—	—	应付受托人报酬	2 426 785. 88	3 297 674. 41
交易性金融资产	1 028 269 142. 16	570 631 095. 38	应付托管费	240 418. 83	257 831. 69
衍生金融资产	—	—	应付受益人收益	77 393 014. 51	70 [illegible]43 303. 76
买入返售金融资产	—	294 300 012. 00	应交税费	10 290 866. 53	5 017 336. 22
应收款项	6 591 732 448. 04	7 904 121 370. 88	应付销售服务费	—	—
发放贷款	32 519 585 382. 00	15 514 991 210. 05	其他应付款项	638 894 506. 48	404 [illegible]42 134. 66
可供出售金融资产	12 203 269 896. 47	7 793 748 200. 37	预计负债	—	—
持有至到期投资	8 202 101 139. 19	13 154 428 553. 13	其他负债	—	—
长期应收款	—	—	负债合计	729 245 592. 23	483 [illegible]58 280. 74
长期股权投资	9 122 768 936. 73	7 093 188 936. 73			
投资性房地产	—	—	所有者权益：		
固定资产	—	—	实收信托	74 817 224 218. 43	59 495 [illegible]66 480. 66
无形资产	—	—	资本公积	235 244 056. 43	232 [illegible]62 223. 10
长期待摊费用	—	—	损益平准金	—	—
其他资产	4 833 163 830. 56	6 570 267 377. 74	未分配利润	−670 283 298. 19	−584 748 154. 15
减：各项资产减值准备	—	—	所有者权益合计	74 382 184 976. 67	59 144 [illegible]80 549. 61
资产总计	75 111 430 568. 90	59 627 238 830. 35	负债和所有者权益总计	75 111 430 568. 90	59 627 238 830. 35

5.2.2 信托项目利润及利润分配表

信托项目利润及利润分配表

编制单位：大业信托有限责任公司　　2020 年度　　单位：元

项目	上年累计金额	本年累计金额
1. 营业收入	5 791 340 251. 40	3 370 004 212. 55
1. 1 利息收入	3 385 474 911. 72	1 747 852 705. 09
1. 2 投资收益（损失以“－”号填列）	2 121 259 299. 66	1 664 109 860. 13
1. 2. 1 其中：对联营企业和合营企业的投资收益	—	—
1. 3 公允价值变动损益	276 631 509. 78	3 681 203. 62
1. 4 租赁收入	—	—
1. 5 汇兑损益（损失以“－”号填列）	—	—
1. 6 其他业务收入	7 974 530. 24	−45 639 556. 29
2. 营业支出	647 780 117. 80	587 148 907. 00
2. 1 营业税金及附加	—	—
2. 2 受托人报酬	454 930 915. 60	492 435 982. 11
2. 3 托管费	28 487 481. 04	15 390 233. 97
2. 4 投资管理费	—	—
2. 5 销售服务费	106 086 129. 25	49 562 585. 27
2. 6 交易费用	323 637. 07	290 847. 36
2. 7 资产减值损失	—	—
2. 8 其他费用	57 951 954. 84	29 469 258. 29
3. 信托净利润（净亏损以“－”号填列）	5 143 560 133. 60	2 782 855 305. 55
4. 其他综合收益	—	—
5. 综合收益	5 143 560 133. 60	2 782 855 305. 55

续表

项目	上年累计金额	本年累计金额
加：期初未分配信托利润	−797 765 908. 97	−670 283 298. 19
6. 损益平准金	—	—
7. 可供分配的信托利润	4 345 794 224. 63	2 112 572 007. 36
8. 减：本期已分配信托利润	5 016 077 522. 82	2 697 320 161. 51
9. 期末未分配信托利润	−670 283 298. 19	−584 748 154. 15

6. 会计报表附注

6.1 会计报表编制基准不符合会计核算基本前提的说明

6.1.1 会计核算基本前提的说明

公司以持续经营为基础，根据实际发生的交易和事项，按照《企业会计准则——基本准则》和其他各项具体会计准则、应用指南及准则解释的规定进行确认和计量，在此基础上编制财务报表。

公司所编制的会计报表符合企业会计准则的要求，真实、完整地反映了公司的财务状况、经营成果、股东权益变动和现金流量等有关信息。

6.1.2 重要会计政策和会计估计说明

公司自 2010 年 9 月开始筹建起执行财政部 2006 年 2 月 15 日颁布的《企业会计准则》（财会〔2006〕3 号）及其后续规定。

6.2 或有事项说明

本期公司无对外担保及其他或有事项。

6.3 重要资产转让及其出售的说明

本期公司无重要资产转让及其出售。

6.4 会计报表中重要项目的明细资料

6.4.1 披露自营资产经营情况

6.4.1.1 按信用风险五级分类结果披露信用风险资产的期初数和期末数

按照中国银监会《非银行金融机构资产风险分类指导原则(试行)》的分类标准,本年度末公司质量情况如下:

信用风险资产五级分类	正常类(万元)	关注类(万元)	次级类(万元)	可疑类(万元)	损失类(万元)	信用风险资产合计(万元)	不良资产合计(万元)	不良资产率(%)
期初数	132 328.81	48 772.22	25 642.93	74 034.74	2 951.00	283 729.70	102 628.67	9.89
期末数	168 317.99	42 500.00	25 473.00	92 747.09	2 951.00	331 989.08	121 171.09	9.06

6.4.1.2 各项资产减值损失准备的期初数、本期计提、本期转回、本期核销、期末数

单位:万元

	期初数	本期计提	本期转回	本期核销	期末数
贷款损失准备:	—	—	—	—	—
一般准备	—	—	—	—	—
专项准备	—	—	—	—	—
其他资产减值准备:	65 531.67	17 105.36	—	—	82 637.03
可供出售金融资产减值准备	—	—	—	—	—
持有至到期投资减值准备	64 681.21	17 036.64	—	—	81 717.85
长期股权投资减值准备	—	—	—	—	—
坏账准备	850.46	68.72	—	—	919.18
投资性房地产减值准备	—	—	—	—	—
合计	65 531.67	17 105.36	—	—	82 637.03

6.4.1.3 自营股票投资、基金投资、债券投资、长期股权投资等投资的期初数、期末数

本期公司尚无此类业务。

6.4.1.4 前五名的自营长期股权投资的企业名称、占被投资企业权益的比例、主要经营活动及投资收益情况等

本期公司尚无此类业务。

6.4.1.5 前五名的自营贷款的企业名称、占贷款总额的比例和还款情况等

期末,公司无此类业务。

6.4.1.6 表外业务的期初数、期末数

本期公司尚无此类业务。

6.4.1.7 公司当年的收入结构

收入结构	金额(元)	占比(%)
手续费及佣金收入	483 870 939.89	93.94
其中:信托手续费收入	483 870 939.89	93.94
投资银行业务收入	—	—
利息收入	92 980.23	0.02
其他业务收入	35 091.74	0.01
其中:计入信托业务收入部分	—	—
投资收益	30 688 657.46	5.96

续表

收入结构	金额(元)	占比(%)
其中:股权投资收益	—	—
证券投资收益	—	—
其他投资收益	30 688 657.46	5.96
公允价值变动收益	—	—
营业外收入	405 346.11	0.08
收入合计	515 093 015.43	100.00

6.4.2 信托资产管理情况

6.4.2.1 信托资产的期初数、期末余额数

单位:万元

信托资产	期初数	期末数
集合	3 665 683.10	3 226 616.58
单一	3 289 831.13	1 984 043.57
财产权	555 628.84	752 063.73
合计	7 511 143.07	5 962 723.88

6.4.2.1.1 主动管理型信托业务的信托资产期初数、期末数

单位:万元

主动管理型信托资产	期初数	期末数
证券投资类	—	—
其他投资类	494 160.84	698 238.99
融资类	1 556 922.19	1 343 851.99
事务管理类	—	—
合计	2 051 083.03	2 042 090.98

6.4.2.1.2 被动管理型信托业务的信托资产期初数、期末数

单位:万元

被动管理型信托资产	期初数	期末数
证券投资类	122 826.91	104 989.11
其他投资类	—	—
融资类	—	—
事务管理类	5 337 233.13	3 815 643.79
合计	5 460 060.04	3 920 632.90

6.4.2.2 本年度已清算结束的信托项目个数、实收信托合计金额、加权平均实际年化收益率

6.4.2.2.1 本年度已清算结束的集合类、单一类资金信托项目和财产管理类信托项目个数、实收信托合计金额、加权平均实际年化收益率

已清算结束的信托项目	项目个数（个）	实收信托合计金额（万元）	加权平均实际年化信托报酬率（%）	加权平均实际年化收益率（%）
集合类	60	2 011 728.87	1.31	6.20
单一类	53	1 667 251.66	0.17	6.63
财产管理类	8	422 261.13	0.12	1.14

6.4.2.2.2 本年度已清算结束的主动管理型信托项目个数、实收信托合计金额、加权平均实际年化收益率

已清算结束的信托项目	项目个数（个）	实收信托合计金额（万元）	加权平均实际年化信托报酬率（%）	加权平均实际年化收益率（%）
证券投资类	—	—	—	—
其他投资类	4	81 680.00	1.36	3.82
融资类	30	1 269 023.00	1.96	7.06

6.4.2.2.3 本年度已清算结束的被动管理型信托项目个数、实收信托合计金额、加权平均实际年化收益率

已清算结束的信托项目	项目个数（个）	实收信托合计金额（万元）	加权平均实际年化信托报酬率（%）	加权平均实际年化收益率（%）
证券投资类	4	38 361.09	0.26	-6.98
其他投资类	—	—	—	—
融资类	—	—	—	—
事务管理类	83	2 712 177.57	0.28	5.67

6.4.2.3 本年度新增的集合类、单一类和财产管理类信托项目个数、实收信托合计金额

新增信托项目	项目个数（个）	实收信托合计金额（亿元）
集合类	52	235.77
单一类	20	58.46
财产管理类	3	61.87
新增合计	75	356.10
其中：主动管理型	42	190.88
被动管理型	33	165.22

6.4.2.4 本公司履行受托人义务情况及因本公司自身责任而导致的信托资产损失情况

2020年，公司共成立信托项目75个，新增信托规模总计400.82亿元（含2020年前成立的产品新增的规模）；共清算信托项目121个，清算信托规模合计554.03亿元（含部分清算项目），截至2020年12月31日，存续信托项目207个，存续项目信托规模合计594.96亿元。

2020年，全部信托项目共实现信托净利润27.83亿元，加上年初未分配利润-6.70亿元，全年可供分配信托利润合计21.12亿元，2020年公司累计共向各类受益人分配信托净利润26.97亿元，正常兑付已清算项目（含部分清算）信托本金554.03亿元，截至2020年末，累计未分配信托利润余额为-5.85亿元。

6.5 关联方关系及其交易的披露

6.5.1 关联交易方的数量、关联交易的总金额及关联交易的定价政策

报告期内，公司未发生资金来源于关联方、运用于关联方的关联交易。

6.5.2 关联交易方与本公司的关系性质、关联交易方的名称、法定代表人、注册地址、注册资本及主营业务

无。

6.5.3 公司与关联方的重大交易事项

6.5.3.1 固有资产与关联方

报告期内，公司无固有资产与关联方发生重大交易情况。

6.5.3.2 信托资产与关联方

单位：万元

项目	期初数	期末数
贷款	—	—
投资	56 880.00	—
租赁	—	—
担保	—	—
应收账款	—	—
其他	—	—
合计	56 880.00	—

6.5.3.3 公司自有资金运用于自己管理的信托项目（固信交易）、信托公司管理的信托项目之间的相互（信信交易）交易金额

6.5.3.3.1 固有财产与信托财产之间的交易金额期初汇总数、本期发生额汇总数、期末汇总数

单位：万元

固有财产与信托财产相互交易			
项目	期初数	本期发生额	期末数
合计	234 168.67	46 722.42	280 891.09

6.5.3.3.2 信托项目之间的交易金额期初汇总数、本期发生额汇总数、期末汇总数

单位：万元

信托资产与信托财产相互交易			
项目	期初数	本期发生额	期末数
合计	314 478.12	-98 906.03	215 572.09

6.5.4 关联方逾期未偿还本公司资金的详细情况以及本公司为关联方担保发生或即将发生垫款的情况

关联方无逾期不偿还本公司资金情况，本公司无为关联方担保发生或即将发生垫款情况。

6.6 会计制度的披露

公司固有业务自2008年1月1日起执行财政部2006年2月15日颁布的《企业会计准则》（财会〔2006〕3号）及其后续规定。公司以持续经营为基础，根据实际发生的交易和事项，按照《企业会计准则——基本准则》和其他各项具体会计准则、

应用指南及准则解释的规定进行确认和计量，在此基础上编制财务报表。

7. 财务情况说明书

7.1 利润实现和分配情况

2020 年，公司实现净利润 11 150.88 万元。依据《公司法》《信托公司管理办法》《金融企业准备金计提管理办法》和公司章程，公司对 2020 年可供分配利润按照 10% 提取法定盈余公积金 1 115.09万元，提取 5% 的信托赔偿准备金 557.54 万元，根据风险资产质量调整一般准备金余额 2 264.87 万元。

7.2 主要财务指标

指标名称	指标值
资本收益率(%)	5.04
加权年化信托报酬率(%)	0.73
人均利润(万元)	60.93

注:1. 资本收益率 = 净利润 ÷ 所有者权益平均余额 ×100%。

2. 加权年化信托报酬率 = $\sum_{i=1}^{n}(A_i \times P_i) \div \sum_{i=1}^{n}(A_i)$ [A_i——信托项目 i 的实收信托规模，P_i——信托项目 i 的实际年化信托报酬率]。

3. 人均净利润 = 净利润 ÷ 期末人数。

7.3 对本公司财务状况、经营成果有重大影响的其他事项

报告期内，公司无上述事项。

8. 特别事项揭示

8.1 报告期内股东变动情况及原因

报告期内，公司无上述事项。

8.2 董事、监事及高级管理人员变动情况及原因

2019 年 4 月，牛南洁先生因工作原因辞去公司董事会董事职务，公司股东会拟聘任薛贵先生担任公司董事会董事职务。2020 年 2 月 10 日，中国银行保险监督管理委员会广东监管局下发《关于薛贵任职资格的批复》(粤银保监复〔2020〕65 号)，核准了薛贵先生担任公司董事会董事的任职资格。

2019 年 7 月，王毅先生因个人原因辞去公司董事、总经理职务，公司股东会拟聘任战伟宏先生担任公司董事会董事职务，公司董事会拟聘任战伟宏先生担任公司总经理职务。2020 年 4 月 26 日，中国银行保险监督管理委员会广东监管局下发《关于战伟宏任职资格的批复》(粤银保监复〔2020〕203 号)，核准了战伟宏先生担任公司董事会董事、总经理的任职资格。

2020 年 1 月，王仲兴先生因任期届满，不再担任公司董事会独立董事职务，公司股东会拟聘任彭燎原先生担任公司董事会独立董事职务。2020 年 9 月 8 日，中国银行保险监督管理委员会广东监管局下发《关于彭燎原任职资格的批复》(粤银保监复〔2020〕611 号)，核准了彭燎原先生担任公司董事会独立董事的任职资格。

2020 年 5 月，李嘉玮先生因工作原因辞去公司董事会董事职务，公司股东会拟聘任韦典含女士担任公司董事会董事职务。2020 年 8 月 28 日，中国银行保险监督管理委员会广东监管局下发《关于韦典含任职资格的批复》(粤银保监复〔2020〕588 号)，核准了韦典含女士担任公司董事会董事的任职资格。

2020 年 9 月，俞二牛先生因工作原因辞去公司董事会独立董事职务，公司股东会拟聘任廖文义先生担任公司董事会独立董事职务。2020 年 12 月 25 日，中国银行保险监督管理委员会广东监管局下发《关于廖文义任职资格的批复》(粤银保监复〔2020〕928 号)，核准了廖文义先生担任公司董事会独立董事的任职资格。

2020 年 9 月，李珊女士因工作原因辞去公司监事会监事职务，公司股东会聘任张敏娜女士担任公司监事会监事。

2020 年 12 月，杨东先生因工作原因辞去公司董事会董事职务，公司股东会拟聘任张宁先生担任公司董事会董事职务。截至 2020 年 12 月 31 日，张宁先生的任职资格尚待监管部门核准。

2020 年 4 月，原公司常务副总经理田明先生、副总经理陈玉鹏先生因任期届满，不再担任公司高管职务。公司董事会拟聘任赵一海先生担任公司常务副总经理，江赛民先生、黄俊先生担任公司副总经理。2020 年 8 月 28 日，中国银行保险监督管理委员会广东监管局下发《关于赵一海任职资格的批复》(粤银保监复〔2020〕589 号)，核准了赵一海先生担任公司副总经理的任职资格;2020 年 9 月 8 日，中国银行保险监督管理委员会广东监管局下发《关于黄俊任职资格的批复》(粤银保监复〔2020〕609 号)，核准了黄俊先生担任公司副总经理的任职资格;2020 年 9 月 8 日，中国银行保险监督管理委员会广东监管局下发《关于江赛民任职资格的批复》(粤银保监复〔2020〕610 号)，核准了江赛民先生担任公司副总经理的任职资格。

2020 年 12 月，经公司董事会决议，孙亚南先生不再兼任公司首席风险官职务，江赛民先生任公司副总经理兼首席风险官。

8.3 公司的重大未决诉讼事项

报告期内公司无重大未决诉讼事项。

8.4 公司及其董事、监事和高级管理人员受到处罚的情况

报告期内，公司无上述处罚情况。

8.5 对中国银保监会及其派出机构提出整改意见的整改情况说明

报告期内无上述事项。

8.6 重大事项临时报告情况

报告期内无上述事项。

8.7 其他有必要让客户及相关利益人了解的重要信息

公司股东会 2020 年第四次临时会议审议通过了《关于增资扩股暨修改公司章程的议案》，决定增资 95 000 万元，增资

后实现注册资本达 1 485 396 761.26 元，股东单位出资额为增资额乘以持股比例，增资后持股比例维持不变。

截至 2020 年 12 月 31 日，公司已收到股东方中国东方资产管理股份有限公司增资款 395 833 333.34 元，2021 年 1 月 8 日收到股东方广州金融控股集团有限公司增资款 364 166 666.66 元，以及股东方广东京信电力集团有限公司增资款 190 000 000.00 元。

公司已于 2021 年 1 月 12 日办理工商变更登记，变更后注册资本为 1 485 396 761.26 元。

9. 公司监事会意见

公司监事会认为，报告期内，公司决策程序合法，内部控制制度较为完善，没有发现公司董事、经理和其他高级管理人员在执行公司职务时有违法违纪和有损公司及股东利益的行为。公司财务报告真实地反映了公司的财务状况和经营成果。

东莞信托有限公司

1. 重要提示

1.1 公司董事会及董事保证本报告所载资料不存在任何虚假记载、误导性陈述或者重大遗漏，并对其内容的真实性、准确性和完整性承担个别及连带责任。

1.2 公司独立董事林海、张耀麟声明：保证本年度报告真实、准确和完整。

1.3 公司2020年度财务报告经中审众环会计师事务所（特殊普通合伙）广东分所审计，认为公司财务报表已经按照企业会计准则的规定编制，在所有重大方面公允反映了东莞信托有限公司2020年12月31日的财务状况及2020年度的经营成果和现金流量。

1.4 公司董事长黄晓雯及财务负责人李亚改声明：保证年度报告中财务会计报告的真实、完整。

2. 公司概况

2.1 公司简介

法定中文名称/缩写	东莞信托有限公司/东莞信托
英文名称/缩写	DongGuan Trust Co.,Ltd. /DGTC
法定代表人	黄晓雯
注册地址	东莞松山湖高新技术产业开发区创新科技园2号楼
邮政编码	523808
网址	http://www.dgxt.com
电子邮箱	bgs@dgxt.com
信息披露事务负责人	王晓天

续表

信息披露事务联系人	姓名：李雄晖
	联系电话：(0769)26261028
	传真：(0769)22389630
	电子邮箱：bgs@dgxt.com
公司年报信息披露报纸	《证券时报》《上海证券报》
公司年报备置地点	东莞松山湖高新技术产业开发区创新科技园2号楼
公司聘请的会计师事务所	名称：中审众环会计师事务所（特殊普通合伙）广东分所
	住所：广州市越秀区解放南路123号金汇大厦27楼
	电话：020－38892706
公司聘请的律师事务所	名称：山东鲁宁律师事务所
	住所：青岛市崂山区深圳路179号华沃大厦T1栋5层
	电话：0532－88010510

2.2 组织结构

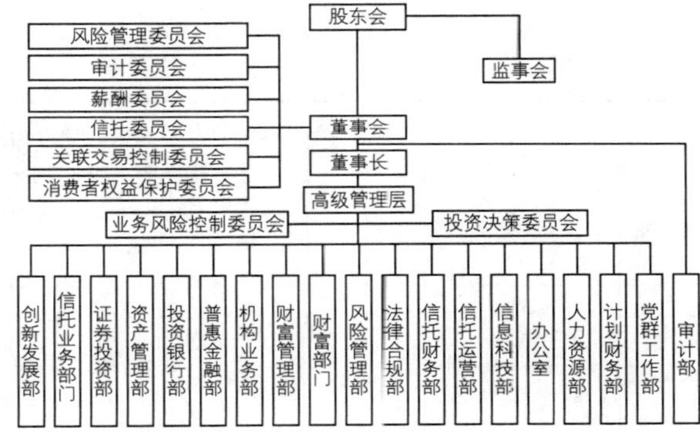

3. 公司治理

3.1 股东

报告期末，公司股东总数6家，主要股东为东莞金融控股集团有限公司，持有本公司60.8276%的股权，以及东莞发展控股股份有限公司，持有本公司22.2069%的股权，其他股东中有3家股东持股比例为4.9655%、有1家股东持股比例为2.0690%。本公司主要股东情况如下：

股东名称	持股比例（%）	法定代表人	注册资本（万元）	注册地址	主要经营业务	主要财务情况
东莞金融控股集团有限公司	60.8276	廖玉林	530 000.0000	广东省东莞市松山湖园区红棉路6号3栋501室	股权投资、物业投资，资产管理，商业咨询等	总资产为1 503 510.71万元，总负债为310 595.33万元，所有者权益为1 192 915.37万元。
东莞发展控股股份有限公司	22.2069	张庆文	103 951.6992	东莞市南城区科技工业园科技路39号	东莞高速公路的投资、建设、经营	总资产为1 398 693.40万元，总负债为496 482.75万元，所有者权益为902 210.65万元。

注：东莞金融控股集团有限公司于2020年12月31日经东莞市人民政府国有资产监督管理委员会同意转增注册资本，于2021年2月9日完成工商变更。

本公司第一大股东东莞金融控股集团有限公司，是东莞市人民政府国有资产监督管理委员会全资拥有的企业。东莞金融控股集团有限公司股东情况如下：

股东名称	持股比例（%）	法定代表人	注册资本（万元）	注册地址	主要经营业务及财务情况
东莞市人民政府国有资产监督管理委员会	100	卢汉彪	—	东莞市莞城区万寿路76号	—

3.2 董事

董事长、董事

姓 名	职 务	性别	年龄(岁)	选任日期	所推举的股东名称	该股东持股比例(%)	简要履历
黄晓雯	董事长	女	47	2019 年 7 月	东莞金融控股集团有限公司	60.8276	曾任中国民生银行广州分行东城支行行长，东莞银行副行长、首席风险官，东莞信托有限公司总经理；现任东莞信托有限公司董事长。
陈 英	董事	男	52	2019 年 7 月	东莞金融控股集团有限公司	60.8276	曾任中信实业银行公司银行总部信贷业务部副总经理、总行部产品规划部总经理，中信银行产品发展部总经理、产业金融部总经理，中信银行青岛分行行长助理、副行长、党委委员，长安国际信托股份有限公司副总经理、常务副总裁；现任东莞信托有限公司党委委员、总经理。
江 帆	董事	男	40	2019 年 7 月	东莞金融控股集团有限公司	60.8276	曾任农业银行东莞分行个人业务部经理助理、个人金融部副经理，东莞信托有限公司信托三部副总经理、信托五部总经理；现任东莞金融控股集团有限公司董事、副总经理。
萧瑞兴	董事	女	46	2019 年 7 月	东莞发展控股股份有限公司	22.2069	曾任东莞市交通投资集团有限公司人事监察科副科长、科长、人力资源部部长；现任东莞发展控股股份有限公司党委副书记、董事、总经理，兼任东莞市东能新能源有限公司董事长，东莞市康亿创新能源科技有限公司董事长。
陈贺健	职工董事	男	58	2019 年 7 月	东莞信托有限公司职工代表大会	—	曾任东莞望牛墩农村信用社副主任(主管全面二作)，东莞[illegible]涌农村信用社主任、党支部书记，东莞信托有限公司行政部经理、副总经理、党委委员；现任东莞信托有限公司党委副书记、纪检监察组组长。

注：1. 第五届董事会董事陈英、江帆、萧瑞兴、陈贺健于 2019 年 12 月获得监管机构核准的任职资格。

2. 由于工作变动原因，2021 年 3 月 3 日经公司股东会审议通过，黄晓雯辞去董事长职务，在拟任董事长获得监管部门任职资格核准并正式履职前，继续履行董事长作为法定代表人职责。

独立董事

姓 名	所在单位及职务	性别	年龄(岁)	选任日期	所推举的股东名称	该股东持股比例(%)	简要履历
林 海	广东南粤银行顾问	男	60	2019 年 7 月	东莞金融控股集团有限公司	60.8276	曾任中国人民银行广州分行监管专员(副局级)，广东银监局党委委员、副局长，东莞银行党委副书记、纪委书记(正行级)、副董事长，广东南粤银行监事长；现任广东南粤银行顾问。
张耀麟	上海浦东发展银行深圳分行 退休	男	63	2019 年 7 月	东莞市东资经济贸易有限公司	4.9655	曾任复旦大学物理学教师，中国建设银行湖北省分行国际部副总经理，中国建设银行深圳市分行国际部总经理、信贷处处长 上海浦东发展银行深圳分行筹建负责人，上海浦东发展银行广州分行行长兼党组书记 上海浦东发展银行总行副行长，平安银行总行副行长，上海浦东发展银行深圳分行行长兼党委书记，在上海浦东发展银行深圳分行正式退休；现任[illegible]银行独立董事，平安壹账通独立董事，宁夏银行独立董事。

备注：第五届董事会独立董事张耀麟于 2019 年 12 月获得监管机构核准任职资格。

董事会下属委员会

董事会下属委员会名称	职责	组成人员姓名	职务
风险管理委员会	建立风险管理制度，对重大业务风险进行识别、监视和综合管理。	黄晓雯	董事长
		陈英	董事
		陈贺健	职工董事
审计委员会	主要负责董事会要求的审计事项，监督公司的内部审计制度及其实施，审查公司内控制度。	林海	独立董事
		黄晓雯	董事长
		萧瑞兴	董事
薪酬委员会	研究和审查高级管理人员的薪酬政策与方案。	陈贺健	职工董事
		江帆	董事
		萧瑞兴	董事
信托委员会	主要负责督促公司依法履行受托职责和组织制订公司信托业务发展专项规划。	张耀麟	独立董事
		江帆	董事
		陈英	董事

续表

董事会下属委员会名称	职责	组成人员姓名	职务
关联交易控制委员会	主要职责是负责关联交易的管理，及时审查和批准关联交易，控制关联交易风险。	张耀麟	独立董事
		黄晓雯	董事长
		江帆	董事
消费者权益保护委员会	执行消费者权益保护工作战略、政策及目标，确保相关制度规定与公司治理、企业文化建设和经营发展战略相适应。	陈英	董事
		萧瑞兴	董事
		陈贺健	职工董事

3.3 监事

监事会成员

姓　名	职　务	性别	年龄（岁）	选任日期	所推举的股东名称	该股东持股比例（%）	简要履历
庞张欢	党委书记、监事会主席	女	55	2019 年 7 月	东莞市东资经济贸易有限公司	4.9655	曾任广州机电设备招标局主任科员、招标一处副处长、招标三处处长，广东天兆第一工会委员、副主席，省铁路建设投资集团有限公司资产经营部部长、党支部书记，东莞信托有限公司党委副书记；现任东莞信托有限公司党委书记、监事会主席。
唐普新	监事	男	66	2019 年 7 月	东莞市糖酒集团有限公司	4.9655	曾任东莞市运河商场办公室主任，东莞市糖酒集团有限公司副总经理；现任东莞市糖酒集团有限公司副董事长。
陈尧燊	监事	男	77	2019 年 7 月	东莞市东糖集团有限公司	2.069	曾任重庆市望江机器厂技术员，东糖工人大学及教育培训中心教师、主任，东莞糖厂副厂长、党委副书记，东糖实业集团有限公司党委书记、厂长；现任东莞市东糖集团有限公司董事长。
陶莉娜	专职监事	女	38	2019 年 7 月	广东福地投资有限公司	4.9655	曾任东莞市塘厦镇政府采购中心办事员，东莞市财政局塘厦分局股长，东莞市财政局塘厦分局聘任副局长，东莞市塘厦实业投资控股集团筹建办公室副主任；现任东莞信托有限公司专职监事。
陈　国	监事	男	48	2019 年 7 月	职工监事代表	—	曾任东莞农信社万江分社网点负责人、稽核部稽核员，东莞信托有限公司信托一部副总经理、信托七部总经理；现任东莞信托有限公司东莞业务二部总经理。
陈玉清	监事	女	42	2019 年 7 月	职工监事代表	—	曾任建设银行东莞市分行个人金融部业务主管、部门副经理，东莞市莞邑投资有限公司财务部部门经理，东莞信托有限公司人力资源部副总经理；现任审计部副总经理（主持全面）。
刘香兰	监事	女	44	2019 年 7 月	职工监事代表	—	曾任广发银行东莞分行公司银行部客户经理、信贷管理部副经理、风险监测组副经理、高级风险经理，东莞信托有限公司稽核部主管、高级稽核经理；现任东莞信托有限公司风险管理部副总经理。

3.4 高级管理人员

高级管理人员

姓　名	职　务	性别	年龄（岁）	选任日期	金融从业年限（年）	学历	专业	简要履历
陈　英	总经理	男	52	2019 年 7 月	27	本科	金融	曾任中信银行青岛分行行长助理、纪委书记、党委委员，长安国际信托股份有限公司副总经理、常务副总裁；现任东莞信托有限公司党委委员、总经理。
冯　杰	副总经理	男	47	2019 年 7 月	24	本科	法学	曾任东莞信托有限公司办公室主管、办公室副主任、办公室主任等；现任东莞信托有限公司党委委员、副总经理、工会主席。
王晓天	副总经理、董事会秘书	男	46	2019 年 7 月	23	博士	金融学	曾任北京市第二外国语学院国际经贸学院教师，招商银行总行战略管理室主管，招商银行广州分行同业金融部总经理，平安银行战略规划部副总经理，华融证券公司董事会秘书（公司副总经理级）兼上海业务总部总经理等；现任东莞信托有限公司副总经理、董事会秘书。
张晓斌	总经理助理	男	43	2019 年 7 月	23	本科	工商管理	曾任中国银行东莞虎门支行副行长，中国银行东莞分行公司业务部副总经理、总经理，东莞信托有限公司信托二部总经理；现任东莞信托有限公司党委委员、总经理助理。
黄晓光	总经理助理	女	49	2019 年 7 月	23	本科	法学	曾任广东南粤信托房产开发有限公司经营部副经理；广东发展银行总行资产管理部律师，广东广大、广东安华理达律师事务所专职律师，东莞银行广州分行风险管理岗、合规部副总经理，东莞银行总行合规部副总经理（主持全面），东莞银行广州分行副行长，东莞银行广东自贸试验区南沙分行副行长，东莞信托有限公司法律合规部总经理、风险管理部总经理；现任东莞信托有限公司总经理助理。

注：高级管理人员王晓天、黄晓光于 2019 年 12 月获得监管机构核准的任职资格。

3.5 公司员工

公司2020年职工人数为379人，其中信息科技人员共9人，占总人数的2.37%。

项目		报告期年度		上年度	
		人数（人）	比例（%）	人数（人）	比例（%）
年龄分布	25岁以下	6	1.58	9	2.56
	25～29岁	80	21.11	80	22.72
	30～39岁	199	52.51	181	51.41
	40岁以上	94	24.80	82	23.31
学历分布	博士	6	1.58	4	1.14
	硕士	151	39.84	126	35.8
	本科	213	56.20	209	59.38
	专科	9	2.37	13	3.68
	其他	—	—	—	—
岗位分布	董事、监事及其高级管理人员	11	2.90	11	3.13
	自营业务人员	8	2.11	6	1.7
	信托业务人员	114	30.08	115	32.67
	其他人员	246	64.91	220	62.5

4. 经营管理

4.1 经营目标、经营方针、战略规划

4.1.1 经营目标

公司的经营目标是看清大势，聚焦重点，把握节奏，实现平衡发展的经营目标。

4.1.2 经营方针

公司的经营方针是坚定不移地加强党的领导和党的建设，发挥党建引领公司发展作用。树立全面、整体发展的观念，坚定中长期发展的信心。在经济下行期，守住风险底线，防范和化解各类风险。坚守信托本源，弘扬信托文化，强化合规建设。聚焦重点区域和特色领域，树立经营客户理念，有针对性地挖掘业务机会；创新发展思路，发挥信托制度优势，长短目标结合，促进业务和收入增长。积极服务实体经济，肩负起国有企业担当。

4.1.3 战略规划

公司的战略规划是追求成为值得信赖的专业资产管理及财富管理金融机构的企业愿景。跟随市场主流的同时打造自身专长，打造具备专业能力和地区特色的综合型信托公司。业务上锁定传统基石业务，围绕自身能力禀赋选择培养产业金融、标品信托、服务信托、家族信托及财富管理等战略及创新业务；区域上立足东莞，深耕粤港澳大湾区。

4.2 所经营业务的主要内容

自营资产运用与分布表

资产运用	金额（万元）	占比（%）	资产分布	金额（万元）	占比（%）
货币资产	18 356.99	2.96	基础产业	—	—
贷款及应收款	18 439.91	2.97	房地产业	—	—
可供出售金融资产	532 210.39	85.78	证券市场	117 982.88	19.02
买入返售金融资产	—	—	实业	—	—
长期股权投资	12 471.07	2.01	金融机构	4[illegible]282.28	7.62
其他	38 978.52	6.28	其他	455[illegible]91.72	73.36
资产总计	620 456.88	100.00	资产总计	620 456.88	100.00

信托资产运用与分布表

资产运用	金额（万元）	占比（%）	资产分布	金额（万元）	占比（%）
货币资产	112 510.23	1.64	基础产业	95 666.07	1.39
贷款	1 160 520.37	16.91	房地产	1[illegible]11 427.48	14.74
交易性金融资产	2 505 182.95	36.51	证券市场	2[illegible]5 786.68	3.87
可供出售金融资产	1 184 969.30	17.27	实业	2[illegible]12 413.03	42.44
持有至到期投资	—	—	金融机构	40 150.00	0.59
长期股权投资	52 443.16	0.76	其他	25[illegible]6 616.67	36.97
投资性房地产	27 115.72	0.40			
其他	1 819 318.22	26.51			
信托资产总计	6 862 059.93	100.00	信托资产总计	6 862 059.93	100.00

2020年，公司研发了新一代的综合营销服务系统，系统计划总投入355万元，报告期内投入142万元。目前已投产上线的功能中，面向移动客户端的功能包括客户注册、实名认证、合格投资者声明、风险承受能力评估调查问卷、CRS（个人居民税收身份）、预约、电子合同、双录、追加认购、赎回、转投、信息披露、受益人大会表决等；面向营销运营管理的功能包括产品发行、客户信息审核、双录管理等。

4.3 市场分析

4.3.1 影响公司业务发展的有利因素

2020年，我国宏观经济运行取得一定的成就：我国成为全球唯一实现正增长的主要经济体；三大攻坚战取得决定性成果；改革开放实现重要突破；民生得到有力保障；我国经济实力、科技实力、综合国力和人民生活水平跃上新的大台阶；新时代脱贫攻坚目标任务如期完成，全面建成小康社会胜利在望，中华民族伟大复兴向前迈出了新的一大步。宏观经济的良好运行，为整个信托行业的转型和发展奠定了一定的外部环境。同时，2020年，面对持续的监管高压态势，信托行业整体机遇与挑战并存。在去通道、控地产、融资压降等背景下，正是信托公司结合自身条件，制定相应的转型策略、提升自身业务能力储备，改善风控机制、全面提升盈利能力，积极探索新业务模式的历史机遇。在当前政策与经济环境下，信托行业将持续向信托本源回归、服务实体经济、强化主动管理能力的方向转变。要深入理解信托本源的内涵，结合自身实际情况积极拓展创新转型业务，逐步将通道业务规模和资源向新兴业务倾斜。深入探索发展符合监管政策的非标业务新模式，积极发展标品业务新方向，培育发展服务信托业务，在资产证券化、家族信托、慈善信托、年金等领域寻求特色化发展，同时寻求养老信托、绿色信托、REITs、遗嘱信托等领域的新突破，扩大信托制度应用领域。

4.3.2 影响公司业务发展的不利因素

2020 年，受新冠肺炎疫情冲击的影响，我国宏观经济下行压力进一步凸显，工业运行、投资、消费等均收到不同程度的重创，给信托行业的经营发展带来了一定的困难和挑战，尤其是不利于信托新业务的拓展和资产质量的优化。同时，在经济下行压力、疫情蔓延冲击和坚定推动转型等多种因素共同影响下，2020 年信托产品违约风险事件频繁发生，信托行业频频爆雷，行业面临风险持续上升的压力，风险项目规模和数量持续上升。此外，在去通道、治乱象、防风险的大背景下，严监管态势仍将持续，监管部门排查与处罚的力度也将持续加大，信托公司的风险管控能力面临巨大考验。

从整体来看，展望 2021 年，后疫情时代，经济社会逐步回归常态，支持疫情的政策会根据疫情发展进行边际调整和改善，金融行业供给侧改革进一步加快推进，“资管新规”过渡期剩下最后一年，信托公司转型发展进入一个相对关键的时期，信托公司需要通过明确战略方向、强化专业能力、夯实社会信任基础等多方面路径，实现自身的高质量发展。在我国经济结构调整、金融供给侧改革、新冠肺炎疫情影响的大背景下，信托公司转型发展已逐渐步入深水区，需要培育好信托文化，塑造具有可持续性的商业模式。信托公司需要根据资管新规要求，促进非标业务的转型升级，推动净值化管理体系建设，逐步打破刚性兑付；需要积极开展标品业务，从思维、业务模式、人才结构、专业能力、组织架构、客户结构、募资能力、流动性管理能力等方面构建和完善标品业务体系；需要培育发展服务信托、家族信托、慈善信托、养老信托、证券化业务等创新业务，充分发挥信托制度优势，回归本源，培育新的盈利增长点，实现差异化、特色化发展；需要增强专业化水平，加强风险管理能力，建设高素质人才队伍，更好地履行受托人职责。公司将致力丰富新业务布局与提高风险管理意识双轮驱动，深耕湾区，强化科技创新活力服务，引领公司高质量、可持续发展。

4.4 内部控制

4.4.1 内部控制环境和内部控制文化

公司已按照《企业内部控制基本规范》关于现代企业制度的要求，逐步完善了公司组织结构、内部控制和运行机制，建立了科学、合理、有效的内部控制体系，确立了风险管理优先的内控文化。

在内部控制环境方面，公司组织机构包括股东会、董事会、监事会、经营管理层及相关专业委员会。各机构根据《中华人民共和国公司法》及公司章程的规定行使相关职责，公司制定了《风险管理委员会工作细则》《审计委员会工作细则》《薪酬委员会工作细则》《信托委员会工作细则》《关联交易控制委员会工作细则》《股东会议事规则》《董事会议事规则》《会议管理办法》《投资决策委员会工作制度》《业务风险控制委员会工作制度》，明确了各自的议事方式和表决程序。

公司董事会下设风险管理委员会、审计委员会、薪酬委员会、信托委员会、关联交易控制委员会及消费者权益保护委员会；在经营管理层设有投资决策委员会、业务风险控制委员会、风险管理部、法律合规部及审计部构成的风险管理组织架构。各主体根据其风险管理的职责对公司各项业务的事前、事中和事后风险开展不同层面的管理。

4.4.2 内部控制措施

公司的内部控制制度由组织架构、业务管理制度、授权制度、资金管理制度、会计系统、计算机应用系统及保密、人事管理、风险管理及稽核等方面构成，通过有效建立“防火墙”，做到事前防范、事中控制、事后监督和纠正，形成操作、决策、稽核与评价相互监督和纠正的内部约束机制。

2020 年，公司坚持制度先行，内控优先原则，持续实施流程优化，对信托业务流程、风险管理流程、财富管理流程、办公流程等进行深入梳理和优化，并同步建立健全相关规章制度，实现运转顺畅、效率提升、内控强化、保障合规的管理需求。全年共制定《东莞信托有限公司股权管理办法》《东莞信托有限公司股东会议事规则》等制度 36 项，修订《东莞信托有限公司会议管理办法》《东莞信托有限公司信托业务担保权利凭证管理办法》等制度 37 项，提升了公司治理、内控管理、业务管理、人力资源管理、行政管理、财务管理等领域的制度支撑，进一步提高内部管理的有效性。

4.4.3 信息交流与反馈

公司积极配合监管部门的监管，按时报送各类报表、报告，主动地向监管部门反映经营状况，并根据监管政策和监管意见对公司内控制度进行不断的完善，使业务合规、健康地发展。严格按照信托合同的约定，定期向监管部门、委托人和受益人披露信托项目执行报告，按时披露年度报告，主动接受社会各界的监督。

4.4.4 监督评价与纠正

公司建立了以法律合规部和审计部为核心的内部控制监督、评价机制。

审计部通过常规性审计和专项审计，对公司业务活动、财务收支、资金流转、经济效益及内控执行情况等进行全面的审计监督，对存在问题提出合理化改进建议，持续跟进整改落实情况，并结合公司业务发展和监管要求，对公司各项制度提出修订及更新意见；法律合规部定期出具合规管理报告，统筹建立、修订公司各项规章制度，组织开展制度后评价，使内控制度建设不断完善。

4.5 风险管理

4.5.1 信用风险状况及管理策略

4.5.1.1 信用风险状况

公司面临的信用风险主要表现为融资业务中交易对手违约造成的风险。公司采用以风险为基础的分类方法评估信用风险资产质量，将其分为正常、关注、次级、可疑和损失五类，其中后三类合称为不良资产。

截至 2020 年 12 月 31 日，公司自营贷款余额为零。

4.5.1.2 信用风险管理

对于信用风险，公司紧密围绕投向管理、投（贷）前管理及投（贷）后管理三个关键环节，结合业务发展实际，不断完善风险管理措施。一是优化投向管理，通过制定信托业务风险管理指引等风险管理政策，对风险战略和风险偏好、信托业务产品和模式等要素进行优化。二是做好投（贷）前管控，不断完善业务决策流程及操作流程，采取业务和风控部门双线尽职调查，严把项目准入关。按照审贷分离、分级授权审批的原则对投融资项目进行评审。执行集中放款审核的操作模式，由专门部门专职人员负责出账前提条件审核，监督落实风险控制措施。三是强化投（贷）后管理，公司通过细化期间管理加强信用风险排查，密切跟进项目进度和资金流向，定期对资产五级分类进行风险的事中控制，通过审计日常检查进行事后控制，通过提取损失准备金来提高抵御风险的能力；通过风险预警项目防控领导小组加强对风险预警情况的快速响应及决策、控制，加强信用风险管理。四是加强风险排查，定期开展全面风险排查工作及信用风险压力测试，对于出现风险的项目按照"一户一策"原则及时制定有效风险应对措施。

4.5.2 市场风险状况及管理策略

4.5.2.1 市场风险状况

市场风险主要表现为证券市场由于因股市价格、利率、汇率等的变动而导致公司财产或信托财产未预料到的潜在损失的风险。证券投资主要是证券一级、二级市场股票投资、基金投资、证券型资管计划、委托基金公司的专户理财及债券投资。在报告期内，公司市场风险总体可控。

4.5.2.2 市场风险管理

公司在自营证券业务方面，主要是对公司发行的证券投资类信托产品的投资，不断优化固有资产配置组合，确保自营证券获得稳定投资收益。在信托证券业务方面，逐步转变为资产管理者角色，主要通过优选投资管理人，强化对投资管理人评价体系，丰富投资顾问库，适时优胜劣汰，提升产品的过程管理能力，着力发展资产配置类业务，设计符合客户风险、收益偏好的产品，加强对产品投资过程的组合评估，努力做好择时、严选管理人、多维度评估投资标的，管控产品的市场风险。在债券投资方面，公司加强投研体系建设，搭建年度投资策略、季度动态策略调整、月度市场分析、标的深入研究的多层次投研体系；加强投前的尽职调查和风险把控，做好投后市场跟踪、定期风险排查和舆情监控，切实把握业务风险。

4.5.3 操作风险状况及管理策略

4.5.3.1 操作风险状况

操作风险是指公司由于内部程序、系统的不完善或操作失误而产生的风险。2020 年，公司未发生操作风险事件。

4.5.3.2 操作风险管理

公司通过整合优化部门职能，持续推进业务流程改造、加强员工培训教育及开发信息系统等手段规范业务前台、中台、后台操作，减少操作风险。2020 年根据实际执行情况持续优化业务流程，并重新搭建公司信托业务期间管理体系，完善期间管理工作措施。

4.5.4 流动性风险状况及管理策略

公司流动性比例为 116.82%，自有资产保持了较高的流动性。报告期内，公司的流动性负债主要是应付税金、应付职工薪酬支出等，无对外举债。

4.5.5 法律风险及声誉风险状况及管理策略

4.5.5.1 法律风险及声誉风险状况

2020 年公司没有被诉案件，涉诉案件均为公司作为原告方的信托业务诉讼。公司严守监管底线，积极防范法律风险，法律风险总体可控。公司未发生被监管部门行政处罚的情况，未发生到期无法支付或无法履约导致出现声誉风险的情况。

4.5.5.2 法律风险及声誉风险管理

公司通过持续更新和完善信托业务合同及行政合同范本库，使用线上法律文本审查流程，执行合同面签制度，大大降低了合同管理的法律风险，合同起草、审核、会签、审批、用印、签署、归档等法律文本全流程管控模式日趋成熟。同时，通过建立律师事务所备选库、律师驻场办公，缩短法律服务半径，提升业务法律保障力度。按照《东莞信托有限公司声誉风险管理办法》，针对声誉风险时间进行预防、监测、报告、评估和处置。

5. 报告期末及上一年度末的比较式会计报表

5.1 自营资产

5.1.1 会计师事务所审计意见摘要

审 计 报 告

众环审字〔2021〕0500036 号

东莞信托有限公司全体股东：

一、审计意见

我们审计了东莞信托有限公司（以下简称贵公司）财务报表，包括 2020 年 12 月 31 日的资产负债表，2020 年度的利润表、现金流量表、所有者权益变动表，以及相关财务报表附注。

我们认为，后附的财务报表在所有重大方面按照企业会计准则的规定编制，公允反映了贵公司 2020 年 12 月 31 日的财务状况及 2020 年度的经营成果和现金流量。

二、形成审计意见的基础

我们按照中国注册会计师审计准则的规定执行了审计工作。审计报告的"注册会计师对财务报表审计的责任"部分进一步阐述了我们在这些准则下的责任。按照中国注册会计师职业道德守则，我们独立于贵公司，并履行了职业道德方面的其他责任。我们相信，我们获取的审计证据是充分的、适当的，为发表审计意见提供了基础。

三、管理层和治理层对财务报表的责任

贵公司管理层（以下简称管理层）负责按照企业会计准则的规定编制财务报表，使其实现公允反映，并设计、执行和维护必要的内部控制，以使财务报表不存在由于舞弊或错误导致的重大错报。

在编制财务报表时，管理层负责评估贵公司的持续经营能力，披露与持续经营相关的事项（如适用），并运用持续经营假设，除非管理层计划清算贵公司、终止运营或别无其他现实的选择。

治理层负责监督贵公司的财务报告过程。

四、注册会计师对财务报表审计的责任

我们的目标是对财务报表整体是否不存在由于舞弊或错误导致的重大错报获取合理保证，并出具包含审计意见的审计报告。合理保证是高水平的保证，但并不能保证按照审计准则执行的审计在某一重大错报存在时总能发现。错报可能由于舞弊或错误导致，如果合理预期错报单独或汇总起来可能影响财务报表使用者依据财务报表作出的经济决策，则通常认为错报是重大的。

在按照审计准则执行审计工作的过程中，我们运用职业判断，并保持职业怀疑。同时，我们也执行以下工作

（1）识别和评估由于舞弊或错误导致的财务报表重大错报风险，设计和实施审计程序以应对这些风险，并获取充分、适当的审计证据，作为发表审计意见的基础。由于舞弊可能涉及串通、伪造、故意遗漏、虚假陈述或凌驾于内部控制之上，未能发现由于舞弊导致的重大错报的风险高于未能发现由于错误导致的重大错报的风险。

（2）了解与审计相关的内部控制，以设计恰当的审计程序。

（3）评价管理层选用会计政策的恰当性和作出会计估计及相关披露的合理性。

（4）对管理层使用持续经营假设的恰当性得出结论。同时，根据获取的审计证据，就可能导致对贵公司持续经营能力产生重大疑虑的事项或情况是否存在重大不确定性得出结论。如果我们得出结论认为存在重大不确定性，审计准则要求我们在审计报告中提请报表使用者注意财务报表中的相关披露；如果披露不充分，我们应当发表非无保留意见。我们的结论基于截至审计报告日可获得的信息。然而，未来的事项或情况可能导致贵公司不能持续经营。

（5）评价财务报表的总体列报、结构和内容，并评价财务报表是否公允反映相关交易和事项。

我们与治理层就计划的审计范围、时间安排和重大审计发现等事项进行沟通，包括沟通我们在审计中识别出的值得关注的内部控制缺陷。

中审众环会计师事务所（特殊普通合伙）

中国注册会计师：王　兵

中国注册会计师：潘桂权

中国・武汉　　2021 年 2 月 25 日

5.1.2　资产负债表

资产负债表

编制单位：东莞信托有限公司　　2020 年 12 月 31 日　　单位：万元

序号	资产	期末余额	期初余额	序号	负债及所有者权益	期末余额	期初余额
1	资产：			25	负债：		
2	货币资金	18 356.99	34 877.89	26	拆入资金	—	—
3	以公允价值计量且其变动计入当期损益的金融资产	—	—	27	以公允价值计量且其变动计入当期损益的金融负债	—	—
4	衍生金融资产	—	—	28	衍生金融负债	—	—
5	买入返售金融资产	—	—	29	应付账款	—	—
6	应收账款	13 210.73	12 806.42	30	应付职工薪酬	28 849.32	24 531.08
7	应收股利	—	—	31	应交税费	11 075.29	10 980.77
8	应收利息	—	—	32	应付股利	—	—
9	其他应收款	5 229.18	2 820.74	33	其他应付款	1 940.12	3 758.79
10	拆出资金	—	—	34	预计负债	—	—
11	发放贷款和垫款	—	—	35	递延所得税负债	—	4 357.42
12	抵债资产	—	—	36	其他负债	—	—
13	持有至到期投资	—	—	37	负债合计	41 864.73	43 628.06
14	可供出售金融资产	532 210.39	515 442.46	38			
15	长期股权投资	12 471.07	11 730.59	39	所有者权益：		
16	固定资产	15 562.30	15 693.12	40	实收资本	145 000.00	145 000.00
17	在建工程	—	—	41	资本公积	166 166.58	166 166.58
18	无形资产	374.35	624.39	42	其他综合收益	−11 177.80	13 122.55
19	长期待摊费用	6 723.27	4 153.71	43	盈余公积	48 233.59	43 071.76
20	递延所得税资产	10 621.25	5 815.84	44	一般风险准备	8 329.76	8 884.38
21	其他资产	5 697.35	5 437.15	45	信托赔偿准备	23 663.03	21 082.12
22				46	未分配利润	198 376.99	168 446.88
23				47	所有者权益合计	578 592.15	565 774.27
24	资产总计	620 456.88	609 402.33	48	负债和所有者权益合计	620 456.88	609 402.33

法定代表人：黄晓雯　　会计机构负责人：李亚改

5.1.3　利润及利润分配表

利润表

编制单位：东莞信托有限公司　　2020 年度　　单位：万元

序号	项　目	2020 年度	2019 年度
1	一、营业收入	116 098.98	109 918.43
2	利息净收入	545.98	−1 415.23
3	手续费及佣金净收入	81 831.12	87 567.35

续表

序号	项　　目	2020 年度	2019 年度
4	投资收益(损失以"－"号填列)	33 651. 87	23 766. 3[illegible]
5	其中:对联营企业合营企业的投资收益	1 140. 80	605. [illegible]
6	公允价值变动损益(损失以"－"号填列)	—	—
7	汇兑损益(损失以"－"号填列)	—	—
8	其他业务收入	—	—
9	资产处置收益(损失以"－"号填列)	—	—
10	其他收益	70. 01	—
11	二、营业支出	47 761. 19	43 050. [illegible]
12	税金及附加	580. 35	583. 1[illegible]
13	业务及管理费	45 259. 75	42 460. [illegible]
14	资产减值损失	1 921. 09	6. [illegible]
15	其他业务成本	—	—
16	三、营业利润	68 337. 79	66 867. [illegible]
17	加:营业外收入	—	0. 7[illegible]
18	减:营业外支出	85. 58	600. 1[illegible]
19	四、利润总额(亏损以"－"号填列)	68 252. 21	66 268. 5[illegible]
20	减:所得税费用	16 633. 99	16 187. 7[illegible]
21	五、净利润(亏损以"－"号填列)	51 618. 22	50 080. 7[illegible]
22	(一)持续经营净利润(净亏损以"－"号填列)	51 618. 22	50 080. 7[illegible]
23	(二)终止经营净利润(净亏损以"－"号填列)	—	—
24	六、其他综合收益的税后净额	－24 300. 35	－8 089. 2[illegible]
25	(一)以后不能重分类进损益的其他综合收益	—	—
26	(二)以后将重分类进损益的其他综合收益	－24 300. 35	－8 089. 2[illegible]
27	1. 权益法可转损益的其他综合收益	—	9. 5[illegible]
28	2. 可供出售金融资产公允价值变动损益	－24 300. 35	－8 098. 8[illegible]
29	七、综合收益总额	27 317. 87	41 991. 4[illegible]

法定代表人:黄晓雯　　　　会计机构负责人:李亚改

5. 1. 4　所有者权益变动表

所有者权益变动表

编制单位:东莞信托有限公司　　　　2020 年度　　　　单位:万元

项　　目	本年金额							
	实收资本	资本公积	其他综合收益	盈余公积	一般风险准备	信托赔偿准备	未分配利润	所有者权益合计
一、上年年末余额	145 000. 00	166 166. 58	13 122. 55	43 071. 76	8 884. 38	21 082. 12	168 44[illegible]	565 774. 27
加:会计政策变更	—	—	—	—	—	—	—	—
前期差错更正	—	—	—	—	—	—	—	—
其他	—	—	—	—	—	—	—	—
二、本年年初余额	145 000. 00	166 166. 58	13 122. 55	43 071. 76	8 884. 38	21 082. 12	168 44[illegible]	565 774. 27
三、本年增减变动金额(减少以"－"号填列)	—	—	－24 300. 34	5 161. 82	－554. 62	2 580. 91	29 93[illegible]	12 817. 88
(一)综合收益总额	—	—	－24 300. 34	—	—	—	51 61[illegible]	27 317. 88
(二)所有者投入和减少资本	—	—	—	—	—	—	—	—
1. 所有者投入资本	—	—	—	—	—	—	—	—
2. 其他权益工具持有者投入资本	—	—	—	—	—	—	—	—
3. 股份支付计入所有者权益的金额	—	—	—	—	—	—	—	—
4. 其他	—	—	—	—	—	—	—	—
(三)利润分配	—	—	—	5 161. 82	－554. 62	2 580. 91	－21 68[illegible]	－14 500. 00
1. 提取盈余公积	—	—	—	5 161. 82	—	—	－5 16[illegible]	—
2. 提取一般风险准备	—	—	—	—	－554. 62	—	55[illegible]	—
3. 对所有者的分配	—	—	—	—	—	—	－14 50[illegible]	－14 500. 00
4. 其他	—	—	—	—	—	2 580 91	－2 58[illegible]	—
(四)所有者权益内部结转	—	—	—	—	—	—	—	—
1. 资本公积转增资本	—	—	—	—	—	—	—	—
2. 盈余公积转增资本	—	—	—	—	—	—	—	—
3. 盈余公积弥补亏损	—	—	—	—	—	—	—	—
4. 未分配利润转增资本	—	—	—	—	—	—	—	—
5. 结转重新计量设定受益计划净负债或净资产所产生的变动	—	—	—	—	—	—	—	—
6. 其他	—	—	—	—	—	—	—	—
四、本年年末余额	145 000. 00	166 166. 58	－11 177. 80	48 233. 59	8 329. 76	23 663. 03	198 37[illegible]	578 592. 15

法定代表人:黄晓雯　　　　会计机构负责人:李亚改

5.2 信托资产

5.2.1 信托项目资产负债表

信托项目资产负债表

编制单位:东莞信托有限公司　　2020 年 12 月 31 日　　单位:万元

序号	资产	期末余额	年初余额	序号	负债及所有者权益	期末余额	年初余额
1	资产:			27	负债:		
2	现金	—	—	28	拆入资金	—	—
3	存放同业款项	111 427. 13	198 363. 36	29	交易性金融负债	—	—
4	其他货币资金	1 083. 10	33 987. 00	30	衍生金融负债	—	—
5	交易性金融资产	2 505 182. 95	2 022 601. 16	31	应付账款	—	—
6	衍生金融资产	—	—	32	预收账款	5. 00	5. 00
7	买入返售金融资产	35 643. 55	115 147. 75	33	应付受益人收益	15 865. 44	4 666. 44
8	应收账款	—	—	34	应付受托人报酬	11 847. 93	12 535. 13
9	预付账款	1 060. 39	657. 83	35	应付托管费	139. 46	371. 34
10	应收手续费及佣金	—	—	36	应付销售及顾问费	—	—
11	应收股利	19. 03	—	37	应交税费	5 515. 22	5 441. 85
12	应收利息	15 869. 83	2 937. 84	38	其他应付款	46 529. 54	108 216. 34
13	其他应收款	629 608. 15	533 242. 33	39	预计负债	—	—
14	拆出资金	—	—	40	递延所得税负债	—	—
15	发放贷款	1 160 520. 36	1 320 661. 39	41	其他负债	—	—
16	抵债资产	—	—	42	负债合计	79 902. 59	131 236. 09
17	持有至到期投资	—	675 108. 37	43			
18	可供出售金融资产	1 184 969. 30	1 090 735. 16	44	所有者权益:		
19	长期股权投资	52 443. 16	27 838. 19	45	实收信托	6 496 505. 26	7 015 463. 45
20	投资性房地产	27 115. 72	27 102. 46	46	资本公积	—	—
21	固定资产	—	—	47	盈余公积	—	—
22	无形资产	—	—	48	其他综合收益	—	-367. 35
23	长期待摊费用	—	—	49	外币报表折算差数	—	—
24	递延所得税资产	—	—	50	未分配利润	285 652. 08	222 535. 30
25	其他资产	1 137 117. 26	1 320 484. 66	51	所有者权益合计	6 782 157. 34	7 237 631. 40
26	资产总计	6 862 059. 93	7 368 867. 49	52	负债及所有者权益总计	6 862 059. 93	7 368 867. 49

法定代表人:黄晓雯　　会计机构负责人:李亚改

5.2.2 信托项目利润及利润分配表

信托项目利润及利润分配表

编制单位:东莞信托有限公司　　2020 年度　　单位:万元

序号	项目	本期数	上年同期数
1	一、营业收入	631 375. 80	590 395. 13
2	利息收入	229 518. 27	316 256. 36
3	租赁收入	1 051. 82	77. 42
4	投资收益(损失以"-"号填列)	296 829. 21	235 058. 12
5	其中:对联营企业和合营企业的投资收益	—	—
6	公允价值变动损益(损失以"-"号填列)	79 112. 77	14 796. 92
7	汇兑损益(损失以"-"号填列)	—	—
8	其他收入	24 863. 73	24 206. 32
9	二、营业支出	104 439. 69	142 699. 00
10	税金及附加	1 996. 02	2 122. 36
11	管理费用	102 443. 67	140 576. 64
12	资产减值损失	—	—
13	其他费用	—	—
14	三、信托净利润(亏损以"-"号填列)	526 936. 11	447 696. 13
15	四、其他综合收益	367. 35	336. 94
16	五、综合收益(净亏损以"-"号填列)	527 303. 46	448 033. 07
17	六、加:期初未分配信托利润	222 535. 30	156 112. 74
18	七、加:本期损益平准金	57 093. 94	5 402. 36
19	八、可供分配的信托利润	806 565. 35	609 211. 24
20	九、减:本期已分配信托利润	520 913. 28	386 675. 94
21	十、期末未分配信托利润	285 652. 07	222 535. 30

法定代表人:黄晓雯　　会计机构负责人:李亚改

6. 会计报表附注

6.1 会计政策和会计估计变更说明

公司本年度无会计政策、会计估计变更事项。

6.2 或有事项说明

无。

6.3 重要资产转让及其出售的说明

报告期内,公司没有发生重要资产转让及出售。

6.4 会计报表中重要项目的明细资料

6.4.1 披露自营资产经营情况

6.4.1.1 按信用风险五级分类结果披露信用风险资产的期初数、期末数

信用风险资产五级分类	正常类（万元）	关注类（万元）	次级类（万元）	可疑类（万元）	损失类（万元）	信用风险资产合计（万元）	不良资产合计（万元）	不良资产率（%）
期初数	577 548.46	136.44	—	—	—	577 684.9	—	—
期末数	503 123.94	89 175.63	—	288.80	—	592 588.37	288.80	0.05

6.4.1.2 各项资产减值损失准备的期初数、本期计提、本期转回、本期核销、期末数

单位：万元

项目	期初数	本期计提	本期转回	本期核销	期末数
贷款损失准备	—	—	—	—	—
一般准备	—	—	—	—	—
专项准备	—	—	—	—	—
其他资产减值准备	—	—	—	—	—
可供出售金融资产减值准备	—	1 717.66	—	—	1 717.66
持有至到期投资减值准备	—	—	—	—	—
长期股权投资减值准备	—	—	—	—	—
坏账准备	6.82	204.28	0.84	—	210.26
投资性房地产减值准备	—	—	—	—	—

6.4.1.3 按照投资品种分类，分别披露固有业务股票投资、基金投资、债券投资、股权投资等投资业务的期初数、期末数

单位：万元

	自营股票	基金	债券	长期股权投资	其他投资	合计
期初数	—	—	—	11 730.59	515 442.46	527 173.05
期末数	—	—	—	12 471.07	532 210.39	544 681.46

6.4.1.4 按投资入股金额排序，前五名的自营长期股权投资的企业名称、占被投资企业权益的比例、主要经营活动及投资收益情况等

企业名称	占被投资企业权益的比例（%）	主要经营活动	投资损益（万元）
华联期货有限公司	25.02	期货经纪业务、期货信息咨询培训	1140.80

6.4.1.5 前三名的自营贷款的企业名称、占贷款总额的比例和还款情况等（从贷款金额大到小顺序排列）

企业名称	占贷款总额的比例	还款情况（万元）
—	—	—
—	—	—
—	—	—

6.4.1.6 表外业务的期初数、期末数，按照代理业务、担保业务和其他类型表外业务分别披露

单位：万元

表外业务	期初数	期末数
担保业务	—	—
代理业务（委托业务）	—	—
其他	—	—
合计	—	—

6.4.1.7 公司当年的收入结构

收入结构	金额（万元）	占比（%）
手续费及佣金收入	81 831.12	70.48
其中：信托手续费收入	81 678.53	70.35
投资银行业务收入	—	—
利息净收入	545.98	0.47
其他业务收入	—	—
其他收益	70.01	0.06
其中：计入信托业务收入部分	—	—
投资收益	33 651.87	28.99
其中：股权投资收益	2 220.70	1.91
证券投资收益	16 490.41	14.20
其他投资收益	14 941.36	12.87
公允价值变动收益	—	—
营业外收入	—	—
收入合计	116 098.98	100.00

6.4.2 披露信托财产管理情况

6.4.2.1 信托资产的期初数、期末数

单位：万元

信托资产	期初数	期末数
集合	5 236 479.91	5 [illegible]6[illegible] 383.11
单一	1 629 496.65	1 [illegible]6[illegible] 370.03
财产权	502 890.93	3[illegible] 306.79
合计	7 368 867.49	6 [illegible]6[illegible] [illegible]59.93

6.4.2.1.1 主动管理型信托业务的信托资产期初数、期末数，分证券投资类、股权投资类、融资类、事务管理类、其他投资类分别披露

单位：万元

主动管理型信托资产	期初数	期末数
证券投资类	421 777.26	37[illegible] 836.86
股权投资类	23 829.24	[illegible]6[illegible] 781.73
融资类	2 412 602.37	1 [illegible]6[illegible] 089.06
事务管理类	—	—
其他投资类	3 319 229.55	3 [illegible]2[illegible] 371.04
合计	6 177 438.42	6 [illegible]2[illegible] [illegible]78.69

6.4.2.1.2 被动管理型信托业务的信托资产期初数、期末数，分证券投资类、股权投资类、融资类、事务管理类、其他投资类分别披露

单位：万元

被动管理型信托资产	期初数	期末数
证券投资类	18 646.12	2 [illegible]34.57
股权投资类	135.68	[illegible]35.47
融资类	433 263.57	4[illegible]8 [illegible]31.45

续表

被动管理型信托资产	期初数	期末数
事务管理类	46.23	2 014.62
其他投资类	739 337.47	174 115.14
合计	1 191 429.07	636 981.24

6.4.2.2 本年度已清算结束的信托项目个数、实收信托合计金额、加权平均实际年化收益率

6.4.2.2.1 本年度已清算结束的集合类、单一类资金信托项目和财产管理类信托项目个数、实收信托合计金额、加权平均实际年化收益率

已清算结束的信托项目	项目个数（个）	实收信托合计金额（万元）	加权平均实际年化收益率（%）
集合类	67	1 600 152.84	6.6157
单一类	43	1 382 122.09	4.1286
财产管理类	5	1 802 135.00	9.8704

6.4.2.2.2 本年度已清算结束的主动管理型信托项目个数、实收信托合计金额、加权平均实际年化收益率，分证券投资类、股权投资类、融资类、事务管理类、其他分别计算并披露

已清算结束的信托项目	项目个数（个）	实收信托合计金额（万元）	加权平均实际年化信托报酬率（%）	加权平均实际年化收益率（%）
证券投资类	6	29 521.26	0.9101	4.5355
股权投资类	—	—	—	—
融资类	59	170 520.00	3.1576	7.3253
事务管理类	—	—	—	—
其他	32	483 388.79	0.5216	3.0456

6.4.2.2.3 本年度已清算结束的被动管理型信托项目个数、实收信托合计金额、加权平均实际年化收益率，分证券投资类、股权投资类、融资类、事务管理类、其他分别计算并披露

已清算结束的信托项目	项目个数（个）	实收信托合计金额（万元）	加权平均实际年化信托报酬率（%）	加权平均实际年化收益率（%）
证券投资类	1	6 500.00	0.3178	32.1551
股权投资类	—	—	—	—
融资类	11	256 622.88	0.7955	10.6312
事务管理类	—	—	—	—
其他	6	1 837 857.00	0.0607	9.8731

6.4.2.3 本年度新增的集合类、单一类和财产管理类信托项目个数、实收信托合计金额

新增信托项目	项目个数（个）	实收信托合计金额（万元）
集合类	76	1 596 185.60
单一类	16	421 538.65
财产管理类	15	34 104.00
新增合计	107	2 051 828.25
其中：主动管理型	78	1 737 971.60
被动管理型	29	313 856.65

6.4.2.4 公司履行受托人义务情况及因公司自身责任而导致的信托资产损失情况

报告期内，公司没有发生因履行受托人义务情况及因公司自身责任而导致的信托资产损失情况。

6.4.2.5 信托赔偿准备金的提取、使用和管理情况

信托赔偿准备金按公司净利润的5%提取，截至2020年12月31日，信托赔偿准备金余额为23 663.03万元，本年度未使用信托赔偿准备金。

6.5 关联方关系及其交易的披露

6.5.1 关联交易方的数量、关联交易的总金额及关联交易的定价政策等

项目	关联交易方数量（个）	关联交易金额（万元）	定价政策
合计	24	190 729.60	按市场公允价格定价

信托与关联方重大关联交易

单位：万元

关联方名称	交易方式及内容	定价政策	年初数	本年增加	本年减少	期末数
深圳前海莞信投资基金管理有限公司	股权投资	公允价格	—	39 723.00	—	39 723.00
深圳前海莞信投资基金管理有限公司	私募基金投资	公允价格	—	10 100.00	—	10 100.00
东莞证券股份有限公司	代理推介费	公允价格	—	266.16	266.16	—
东莞银行股份有限公司	代理推介费	公允价格	—	1 769.85	1 769.85	—

6.5.2 关联交易方与公司的关系性质、关联交易方的名称、法定代表人、注册地址、注册资本及主营业务等

关系性质	关联方名称	法定代表人	注册地址	注册资本（万元）	主营业务
母公司	东莞金融控股集团有限公司	廖玉林	东莞市	530 000.00	股权投资、物业投资、资产管理、商业咨询业务。
联营企业	华联期货有限公司	周毅夫	东莞市	37 587.5549	商品期货经纪、金融期货经纪、期货投资咨询、资产管理。
本公司股东	东莞发展控股股份有限公司	张庆文	东莞市	103 951.6992	东莞高速公路的投资、建设、经营。
本公司股东	广东福地投资有限公司	周杰峰	东莞市	38 000	实业投资，物业租赁，国内贸易，停车服务，物业管理，商务代理服务。
本公司股东	东莞市东资经济贸易有限公司	胡德新	东莞市	12 200	工业生产资料、百货，批发：其他家庭用品、五金产品、电器设备、建材，技术进出口，信息咨询，仓储业务，零售：预包装食品、卷烟、雪茄烟、汽油、柴油、润滑油。
本公司股东	东莞市糖酒集团有限公司	张国衡	东莞市	8 000	自营和代理商业系统的商品出口；经营连锁企业配送中心批发商品和连锁企业自用商品及相关技术的进口。承办进料加工和"三来一补"业务，开展对销贸易和转口贸易。预包装食品、乳制品批发、零售，酒类批发；销售：农副产品），百货，工艺美术品，五金，交电，针、纺织品，包装材料，建筑材料，普通机械，其他化工产品；物业租赁，室内外停车场服务。

续表

关系性质	关联方名称	法定代表人	注册地址	注册资本(万元)	主营业务
本公司股东	东莞市东糖集团有限公司	陈尧燊	东莞市	51 813	制造糖,酵母,机制纸,磁性器件;火力发电,国内商业,物资供销业;经营和代理各类商品及技术的进出口 但国家限定公司经营或禁止进出口的商品及技术除外;废纸收购;批发、零售:预包装食品、散装食品。
受同一母公司控制	东莞金控资本投资有限公司	江　帆	东莞市	25 000	物业投资,商业投资,股权投资,投资信息咨询。
受同一母公司控制	深圳前海莞信投资基金管理有限公司	梁琦伟	深圳市	10 000	股权投资基金管理、受托资产管理、投资管理。
受同一母公司控制	东莞市莞邑投资有限公司	麦林善	东莞市	5 000	企业资产重组;企业并购、收购和资产转让;企业投资及财务顾问;物业管理。
受同一母公司控制	东莞市中鹏贸易有限公司	廖思娜	东莞市	55	销售:办公设备。
受同一母公司控制	东莞市兆业贸易有限公司	李汉恒	东莞市	60	销售:服装、五金、家用电器、日用杂品、民用建材。
受同一母公司控制	东莞市银达贸易有限公司	邓伟才	东莞市	50	销售五金、家用电器、建筑材料、建筑陶瓷、汽车零配件、农副产品。
受同一母公司控制	东莞民间金融街实业发展有限公司	刘润明	东莞市	5 000	实业投资,物业出租、物业管理,场地租赁,房地产中介服务,办公服务,商务信息咨询服务,设计、制作、代理、发布国内外各类广告,酒店管理、餐饮管理,会务服务,车辆存放,园林绿化,仓储、建筑工程施工,室内装饰工程,水电安装维修,清洁服务,水池清洁;餐饮服务。
受同一母公司控制	东莞市上市莞企发展投资合伙企业(有限合伙)	深圳前海莞信投资基金管理有限公司	东莞市	170 100	创业投资;股权投资;实业投资;投资咨询;企业管理咨询。
受同一母公司控制	东莞市莞金产业投资合伙企业(有限合伙)	深圳前海莞信投资基金管理有限公司	东莞市	15 000	产业投资;股权投资;创业投资;实业投资;股权投资管理,受托管理股权投资基金。
受同一母公司控制	东莞市虎门倍增优选股权投资合伙企业(有限合伙)	深圳前海莞信投资基金管理有限公	东莞市	9 000	股权投资;创业投资;实业投资;股权投资管理,受托管理股权投资基金。
母公司的联营企业	东莞证券股份有限公司	陈照星	东莞市	150 000	证券经纪;证券投资咨询;与证券交易、证券投资活动有关的财务顾问;证券承销与保荐;证券自营;证券资产管理;证券投资基金代销;为期货公司提供中间介绍业务;融资融券;代销金融产品。
母公司的联营企业	东莞资产管理有限公司	苏胜傍	东莞市	100 000	投资管理;资产管理,受托资产管理;企业资产的重组、并购;股权投资、项目投资、物业投资;项目策划咨询顾问业务;信息咨询;货物进出口;物业租赁、物业管理;机器设备租赁;批发业、零售业。
母公司总经理担任董事的企业	东莞银行股份有限公司	卢国锋	东莞市	218 000	吸收公众存款;发放短期、中期和长期贷款;办理国内结算;办理票据贴现;代理发行、兑付、承销政府债券;买卖政府债券;同业拆借;发行金融债券;提供担保;代理收付款项;提供保管箱业务;办理地方财政信用周转使用资金的委托存贷款业务;外汇存款;外汇贷款;外汇汇款;外币兑换;国际结算;同业外汇拆借;外汇票据的承兑和贴现;外汇担保;结汇、售汇;代客外汇买卖;代理国外信用卡付款;代理保险业务;证券投资基金代销业务;自营外汇买卖业务。

注:东莞金融控股集团有限公司于2020年12月31日经东莞市人民政府国有资产监督管理委员会同意转增注册资本,于2021年2月9日完成工商变更。

6.5.3　逐笔披露公司与关联方的重大交易事项

6.5.3.1　固有与关联方交易情况:贷款、投资、租赁、应收账款、担保、其他方式等期初汇总数、本期借方和贷方发生额汇总数、期末汇总数

单位:万元

固有与关联方关联交易				
项目	期初数	借方发生额	贷方发生额	期末数
贷款	—	—	—	—
投资	—	—	—	—
租赁	—	116.14	116.14	—
担保	—	—	—	—
应收账款	78.00	23.64	25.91	75.73
其他	—	22.64	22.64	—
合计	78.00	162.42	164.69	75.73

6.5.3.2　信托与关联方交易情况:贷款、投资、租赁、应收账款、担保、其他方式等期初汇总数、本期借方和贷方发生额汇总数、期末汇总数

单位:万元

信托与关联方关联交易				
项目	期初数	借方发生额	贷方发生额	期末数
贷款	—	—	—	—
投资	—	49 823.00	—	49 823.00
租赁	—	—	—	—
担保	—	—	—	—
应收账款	—	—	—	—
其他	—	—	—	—
合计	—	49 823.00	—	49 823.00

重大关联交易逐笔披露如下：

单位：万元

关联方名称	交易方式及内容	定价政策	年初数	本年增加	本年减少	期末数
深圳前海莞信投资基金管理有限公司	股权投资	公允价格	—	39 723.00	—	39 723.00
深圳前海莞信投资基金管理有限公司	私募基金设立	公允价格	—	10 100.00	—	10 100.00
东莞证券股份有限公司	代理推介费	公允价格	—	266.16	266.16	—
东莞银行股份有限公司	代理推介费	公允价格	—	1 769.85	1 769.85	—

6.5.3.3 信托公司自有资金运用于自己管理的信托项目（固信交易）、信托公司管理的信托项目之间的相互（信信交易）交易金额，包括余额和本报告年度的发生额

6.5.3.3.1 固有财产与信托财产之间的交易金额期初汇总数、本期发生额汇总数、期末汇总数

单位：万元

固有财产与信托财产相互交易			
项目	期初数	本期发生额	期末数
合计	461 457.56	34 152.96	495 610.52

6.5.3.3.2 信托项目之间的交易金额期初汇总数、本期发生额汇总数、期末汇总数

单位：万元

信托资产与信托财产相互交易			
项目	期初数	本期发生额	期末数
合计	1 706 414.49	−123 962.25	1 582 452.24

6.5.4 逐笔披露关联方逾期未偿还公司资金的详细情况及公司为关联方担保发生或即将发生垫款的详细情况

无。

6.6 会计制度的披露

公司固有业务及信托业务均执行按照《企业会计准则》和其他各项具体会计准则、应用指南及准则解释的规定进行确认和计量。

7. 财务情况说明书

7.1 利润实现和分配情况

2020 年实现利润总额为 68 252.21 万元，税后利润为 51 618.22万元，年初未分配利润为 168 446.88 万元、本年按 2020 年净利润提取法定盈余公积 5 161.82 万元，信托赔偿准备 2 580.91万元、一般风险准备 −554.62 万元，2020 年末未分配利润为198 376.99万元。

7.2 主要财务指标

指标名称	指标值
资本利润率（%）	9.05
加权年化信托报酬率①（%）	1.0612
人均净利润（万元）	141.23

注：①报告期结束项目加权年化信托报酬率。

7.3 对公司财务状况、经营成果有重大影响的其他事项

报告期内，公司没有发生对公司财务状况、经营成果有重大影响的其他事项。

8. 特别事项揭示

8.1 前五名股东报告期内变动情况及原因

报告期内，公司前五名股东无变动情况。

8.2 董事、监事及高级管理人员变动情况及原因

报告期内，董事、监事及高级管理人员无变动情况。

8.3 变更注册资本、变更注册地或公司名称、公司分立合并事项

报告期内，公司未变更注册资本，未变更注册地或者公司名称，未公司分立合并事项。

8.4 公司的重大诉讼事项

8.4.1 重大未决诉讼事项

报告期内，公司新发生 9 项重大未决诉讼（含涉及金凰项目执行案件），均为公司为原告方的信托业务诉讼事项，涉诉债权本金合计 394 352 万元，其中主要为涉及金凰项目事项，涉及债权本金为 338 500 万元，均为公司作为原告（申请执行人）。

8.4.2 以前年度发生，于本报告年度内终结的诉讼事项

报告期内，公司发生 2 项以前年度发生、于本报告年度内终结的重大诉讼事项，为信托业务诉讼事项，涉诉债权本金为 36 053万元。其中，1 宗诉讼案件为公司胜诉，涉诉债权本金为 9 053万元；另 1 宗诉讼案件为调解，涉诉债权本金为27 000 万元。

8.4.3 本报告年度发生，于本报告年度内终结的诉讼事项

公司无在本报告年度发生、于本报告年度内终结的重大诉讼事项。

8.5 公司及其董事、监事和高级管理人员受到处罚的情况

2020 年公司坚持审慎、合规经营，公司及公司董事、监事和高级管理人员没有受到监管等相关部门的处罚。

8.6 本年度重大事项临时报告的简要内容、披露时间、所披露的媒体及其版面

报告期内，公司没有重大事项临时报告需要披露。

8.7 中国银保监会及其省级派出机构认定的其他有必要让客户及相关利益人了解的重要信息

报告期内，公司没有中国银监会及其省级派出机构认定的其他有必要让客户及相关利益人了解的重要信息。

8.8 报告期内股东违反承诺质押信托公司股权或以股权及其受（收）益权设立信托等金融产品的情况

报告期内，公司股东没有违反承诺质押信托公司股权或以股权及其受（收）益权设立信托等金融产品的情况。

8.9 已向国务院银行业监督管理机构或其派出机构提交行政许可申请但尚未获得批准的事项

报告期内，公司没有向国务院银行业监督管理机构或其派出机构提交行政许可申请但尚未获得批准的事项。

9. 公司监事会意见

本报告期内，公司监事列席了2019年度股东会、2020年度股东会第一次临时会议；2019年度董事会议、第五届董事会第四次、第七次会议。监督检查了公司依法运作情况、重大决策和重大经营活动情况及公司的财务、内控状况，并在此基础上发表如下独立意见。

公司依法运作情况。公司能够严格按照《中华人民共和国公司法》《东莞信托有限公司章程》及国家有关法律法规运作，公司所有重大决策程序依法合规，没有发现公司董事、高级管理人员在履行公司职责过程中存在违法违规、损害公司利益和委托人、受益人利益的行为。

检查公司财务情况。本报告期公司财务状况良好。2020年度财务报告经中审众环会计师事务所审计（特殊普通合伙）审计并出具无保留审计意见的审计报告，该报告真实、客观、准确地反映了公司的财务状况和经营成果。

对公司内控的监督情况。本报告期内，监事会对各项制度进行审阅和对其执行情况进行监督，确保公司制定的各项制度及时、完整、合规、有效，确保内控制度较好地得到执行。

对关联交易业务的监督。报告期内，公司发生的关联交易业务均严格遵循市场公允价值，认真执行《信托公司管理办法》有关规定，未发现损害公司利益及委托人、受益人利益的情况。

光大兴陇信托有限责任公司

1. 重要提示

1.1 本公司董事会及董事保证本报告所载资料不存在任何虚假记载、误导性陈述或者重大遗漏，并对其内容的真实性、准确性和完整性承担个别及连带责任。本年度报告摘要摘自年度报告全文，客户及相关利益人欲了解详细内容，应阅读年度报告全文。

1.2 本公司独立董事对年度报告内容的真实性、准确性、完整性无异议。

1.3 安永华明会计师事务所（特殊普通合伙）为本公司出具了标准无保留意见的审计报告。

1.4 本公司董事会郑重声明：保证年度报告中财务报告的真实和完整。

2. 公司概况

2.1 公司简介

2.1.1 公司历史沿革

光大兴陇信托有限责任公司（简称光大兴陇信托）是在原甘肃省信托有限责任公司（简称原甘肃信托）基础上重组后成立的。原甘肃信托是1980年2月经甘肃省政府批准成立、1981年6月经中国人民银行和财政部批准续办的甘肃省第一家具有金融业务资格的省属金融机构。1991年、1996年两次经中国人民银行批准进行重新登记，2002年4月经中国人民银行批准，由原甘肃省信托投资公司、天水市信托投资公司和白银市信托投资公司合并重组，组建成立甘肃省信托投资有限责任公司。2009年3月经中国银行业监督管理委员会批准，公司名称变更为甘肃省信托有限责任公司。

2014年5月经中国银行业监督管理委员会批准，由中国光大（集团）总公司（2014年12月更名为中国光大集团股份公司，简称光大集团）在原甘肃信托基础上重组成立光大兴陇信托，光大集团为控股股东，占比为51%，甘肃方股东占比为49%，公司成为光大集团金融板块中与银行、保险、证券并列的核心子公司之一。公司于2015年、2018年、2020年分别增资24亿元、30亿元、20亿元，目前公司注册资本为841 819.05万元。

2.1.2 公司的法定名称

中文：光大兴陇信托有限责任公司（缩写：光大兴陇信托）

英文：Everbright Xinglong Trust Co.，Ltd.（缩写：EXTC）

2.1.3 公司法定代表人：冯翔

2.1.4 公司注册地址：甘肃省兰州市城关区东岗西路555号

邮政编码：730030

公司互联网网址：http://www.ebtrust.com

公司电子信箱：contact@ebtrust.com

2.1.5 公司信息披露事务联系人：鲁林岐

办公电话：0931－4650507

办公传真：0931－4650710

电子信箱：lulinqi@ebtrust.com

2.1.6 公司选定的信息披露报纸：《证券时报》

2.1.7 年度报告备置地点：北京市西城区太平桥大街丰盛胡同28号太平洋保险大厦17层；甘肃省兰州市东岗西路555号甘肃金融国际大厦9层

2.1.8 公司聘请的会计师事务所：安永华明会计师事务所（特殊普通合伙）

住所：中国北京市东城区东长安街1号东方广场安永大楼16层

2.1.9 公司聘请的律师事务所：北京德恒律师事务所

住所：中国北京市西城区金融街19号富凯大厦B座12层

2.2 组织结构

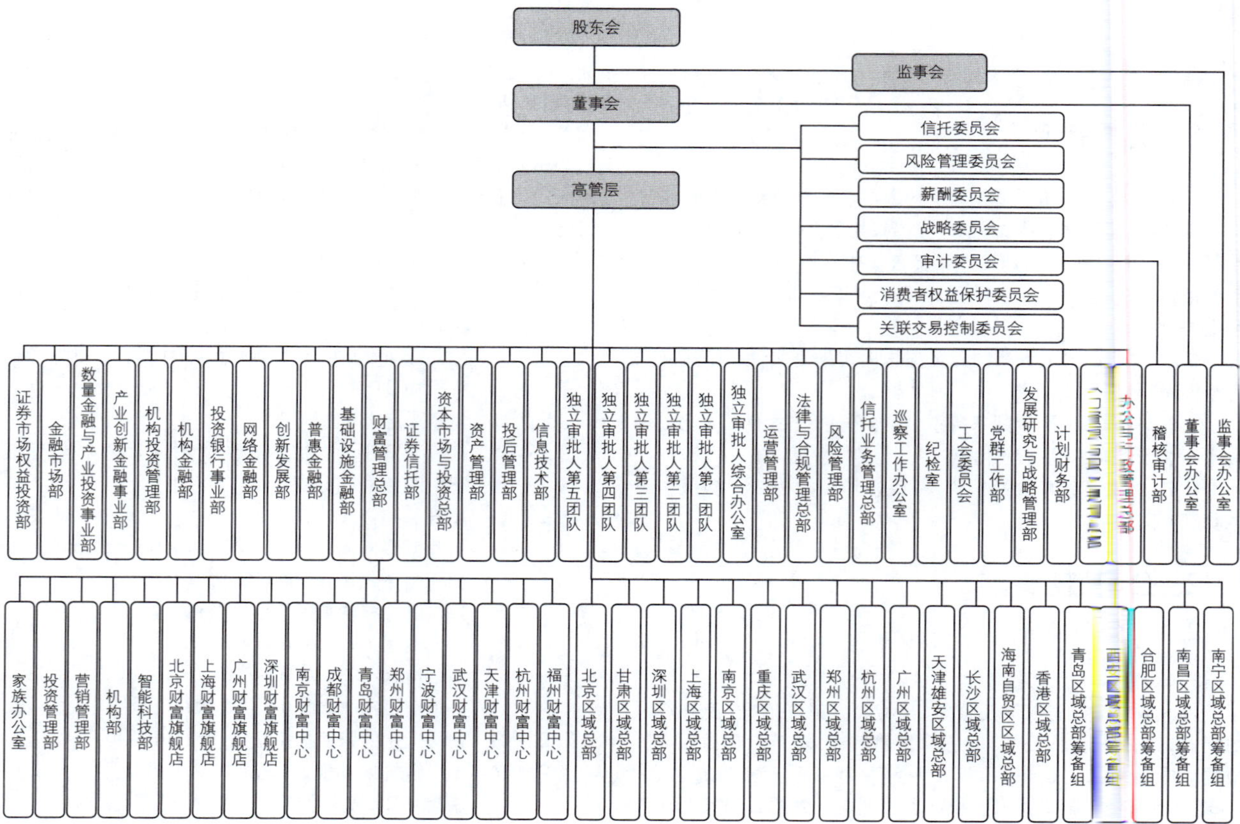

3. 公司治理

3.1 股东和股东会

截至报告期末，股东总数为 4 名。股东及出资情况如下：

股东名称	持股比例（%）	出资额（万元）	法定代表人	注册资本（万元）	注册地址	主要经营业务
中国光大集团股份公司	51.00	429 327.72	李晓鹏	7 813 450.37	北京市西城区太平桥大街 25 号	投资和管理金融业包括银行、证券、保险、基金、信托、期货、租赁、金银交易；资产管理；投资和管理非金融业。
甘肃省国有资产投资集团有限公司	23.42	197 177.49	冯文戈	1 231 309.99	甘肃省兰州市七里河区瓜州路 4800 号	开展融资业务，投资业务，国有股权运营管理，国有资本运营，受托管理业务；企业并购重组；经省政府国资委授权的其他业务等。
甘肃金融控股集团有限公司	21.58	181 641.00	陈牧原	1 056 168.88	甘肃省兰州市城关区东岗西路 638 号	投资管理银行、证券、保险、基金、担保、信托、租赁、期货、资产管理、典当、股权交易等金融业务，投资管理和从事战略性新兴产业、现代服务业、商业贸易与物流等非金融业务。
天水市财政局	4.00	33 672.84	张宪泉	—	甘肃省天水市秦州区合作北路 62 号	—

注：1. 中国光大集团股份公司为本公司实际控制人。

2. 报告期内，本公司股东未质押公司股权，不存在以股权及其受（收）益权设立信托等金融产品的情况。

截至报告期末，公司主要股东（持股比例 5% 以上）共有 3 名，主要股东及其控股股东、实际控制人、关联方、一致行动人、最终受益人情况如下：

股东名称	其控股股东	其实际控制人	其一致行动人	其最终受益人	其关联方
中国光大集团股份公司	中央汇金投资有限责任公司	中央汇金投资有限责任公司	—	中央汇金投资有限责任公司	由中国光大集团股份公司直接、间接控制，施加重大影响或符合《企业会计准则第 36 号——关联方披露》中规定的关联方情形的法人或自然人。

续表

股东名称	其控股股东	其实际控制人	其一致行动人	其最终受益人	其关联方
甘肃省国有资产投资集团有限公司	甘肃省人民政府国有资产监督管理委员会	甘肃省人民政府国有资产监督管理委员会	—	甘肃省人民政府国有资产监督管理委员会	由甘肃省国有资产投资集团有限公司直接、间接控制，施加重大影响或符合《企业会计准则第36号——关联方披露》中规定的关联方情形的法人或自然人。
甘肃金融控股集团有限公司	甘肃省财政厅	甘肃省财政厅	—	甘肃省财政厅	由甘肃金融控股集团有限公司直接、间接控制，施加重大影响或符合《企业会计准则第36号——关联方披露》中规定的关联方情形的法人或自然人。

3.2 董事、董事会及其下属委员会

董事长、董事

姓名	职务	性别	年龄（岁）	选任日期	任期（年）	所代表（推举）的股东名称	该股东持股比例（%）	简要履历
冯翔	董事长	男	46	2021年1月	3	中国光大集团股份公司	51	曾任中国光大银行南昌分行党委书记、行长，中国光大银行集团客户部总经理，中国光大银行战略客户与投资银行部总经理，中国光大集团股份公司协同发展部总经理，兼集团雄安新区办公室、京津冀协同发展办公室、长三角协同发展办公室、粤港澳大湾区协同发展办公室主任；现任光大兴陇信托有限责任公司党委书记、董事长、法定代表人。
邵泉	董事	男	51	2019年10月	3	中国光大集团股份公司	51	曾任中国光大银行西安分行党委委员、纪委书记、风险总监（分行副行长级），中国光大银行石家庄分行党委书记、行长，中国光大银行信用审批部总经理；现任光大兴陇信托有限责任公司党委副书记、总裁。
秦莉	董事（2021年4月不再担任）	女	49	2020年1月	3	中国光大集团股份公司	51	曾任中国光大集团股份公司法律部主任科员、副处长、处长、部门副总经理；现任中国光大集团股份公司风险管理与内控合规部/法律部副总经理。
蔡彤	董事	男	52	2019年7月	3	甘肃省国有资产投资集团有限公司、甘肃金融控股集团有限公司、天水市财政局（三方联合）	49	曾任中国人民银行武威市中心支行党委书记、行长兼国家外汇管理局武威市中心支局局长，中国人民银行兰州中心支行党委办公室主任、办公室主任；现任光大兴陇信托有限责任公司党委委员、副总裁。
王志远	董事	男	51	2020年3月	3	甘肃省国有资产投资集团有限公司、甘肃金融控股集团有限公司、天水市财政局（三方联合）	49	曾任浦发银行青岛分行办公室主任，甘肃银行党委委员、副行长、纪委委员、党委组织部部长、人力资源部总经理、战略发展部总经理（兼）；现任光大兴陇信托有限责任公司党委委员、副总裁。
张满红	职工董事	男	54	2020年10月	3	—	—	曾任中国银监会张掖监管分局党委书记、局长，中国银监会甘肃监管局局非银行金融机构监管处处长；现任光大兴陇信托有限责任公司营销总监。

董事会下属委员会

董事会下属委员会名称	职责	组成人员姓名	职务
信托委员会	研究审议公司年度信托业务报告；对公司信托业务发展进行阶段性回顾，提出业务优化措施，对发现的问题提出相关整改意见，重大问题及时向董事会报告；对损害委托人利益的情形进行监督，及时向董事会报告，督促公司依法履行受托职责；在履行监督职责过程发现的风险因素及时向董事会报告；董事会授予的其他职权。	谢太峰	主任委员
		冯翔	委员
		邵泉	委员
风险管理委员会	根据公司总体战略，审核和修订公司风险管理政策及风险偏好，报董事会批准后实施；对经营管理层风险管理政策的执行情况及效果进行监督；对公司风险管理基本制度和风险管理机制进行评估；向董事会提出完善公司风险管理的建议；组织协调内部控制的建立实施及日常工作，审核公司内部控制体系情况，审议重要内部控制制度；董事会授予的其他职权。	邵泉	主任委员
		秦莉	委员（2021年4月不再担任）
		蔡彤	委员
		王志远	委员
		方文彬	委员

续表

董事会下属委员会名称	职　责	组成人员姓名	职　务
薪酬委员会	拟定董事、独立董事、监事及高级管理人员的薪酬方案，并向董事会提出薪酬方案的建议；负责对公司薪酬制度执行情况进行监督；拟定董事会年度费用预算方案，向董事会提出建议；董事会授予的其他职权。	秦　莉	主任委员（2021年4月不再担任）
		谢太峰	委员
		赵　欣	委员
战略委员会	研究审议公司长期发展战略；研究审议公司业务及机构发展规划；研究审议公司重大投资融资方案和其他影响公司发展的重大事项；将研究审议结论向公司董事会提出建议及方案。	冯　翔	主任委员
		邵　泉	委员
		谢太峰	委员
审计委员会	负责检查、监督公司内部控制及实施，并提出完善内部控制的意见；负责对高级管理层在公司经营方面的风险控制情况进行监督；负责检查监督公司内部审计工作、内部审计制度及实施；审核公司财务信息及其披露；董事会授予的其他职权。	方文彬	主任委员
		秦　莉	委员（2021年4月不再担任）
		赵　欣	委员
消费者权益保护委员会	拟定公司消费者权益保护工作的战略、政策和目标，从总体规划上指导高级管理层加强消费者权益保护的企业文化建设，将消费者权益保护相关内容纳入公司治理和经营发展战略中等；相关消费者权益保护监管规定要求的或董事会授权的其他职权。	蔡　彤	主任委员
		张满红	委员
		方文彬	委员
关联交易控制委员会（2021年1月设立）	负责公司关联交易管理，对公司关联交易整体情况进行监督和评估；对中国银保监会及其派出机构，以及其他监管、审计机构检查公司关联交易情况后，要求董事会整改的问题，提出具体措施；对公司关联交易管理制度的完备性、合理性、有效性进行审查，审议公司关联交易管理制度，并监督其实施等；董事会赋予的其他职责。	赵　欣	主任委员
		蔡　彤	委员
		王志远	委员

3.3　监事、监事会及其下属委员会

监事会成员

姓　名	职　务	性别	年龄（岁）	选任日期	任期（年）	所代表（推举）的股东名称	该股东持股比例（%）	简要履历
张　晶	监事会主席	女	52	2020年3月	3	甘肃省国有资产投资集团有限公司、甘肃金融控股集团有限公司、天水市财政局（三方联合）	49	曾任白银市政府副市长、党组成员，甘肃省教育厅纪检组长、党组成员，甘肃省高校纪工委书记、高校工委委员，甘肃省纪委常委；现任光大兴陇信托有限责任公司党委委员、监事会主席。
焦　宇	监事	女	49	2019年3月	3	中国光大集团股份公司	51	曾任光大依波金银珠宝公司财务部副总经理，中国光大集团股份公司财务管理部综合处处长；现任中国光大集团股份公司财务管理部副总经理。
俞　静	职工监事	女	46	2019年3月	3	—	—	曾任原甘肃省信托有限责任公司党委委员、总裁助理；现任光大兴陇信托有限责任公司职工监事、稽核审计部总经理。

注：监事会未设立下属委员会。

3.4　独立董事

独立董事

姓　名	所在单位及职务	性别	年龄（岁）	选任日期	任期（年）	简要履历
谢太峰	首都经济贸易大学金融学院教授、博士生导师	男	62	2020年11月	3	曾任北京证券公司研究发展中心总经理，北京机械工业学院工商管理分院教授、党总支书记；现任首都经济贸易大学金融学院教授、博士生导师。
赵　欣	中央财经大学会计学院讲师	女	51	2020年11月	3	曾在中洲会计师事务所工作；现任中央财经大学会计学院讲师。
方文彬	兰州财经大学会计学院教授、硕士生导师	男	55	2020年11月	3	曾任兰州财经大学会计学院讲师、副教授、财务会计教研室主任；现任兰州财经大学会计学院教授、硕士生导师，兼任甘肃省审计学会常务理事。

3.5 高级管理人员

姓名	职务	性别	年龄（岁）	任职日期	金融从业年限（年）	学历	专业	简要履历
邵泉	总裁	男	51	2019年10月	28	硕士	政治经济学	曾任中国光大银行西安分行党委委员、纪委书记、风险总监（分行副行长级），中国光大银行石家庄分行党委书记、行长，中国光大银行信用审批部总经理；现任光大兴陇信托有限责任公司党委副书记、总裁（2019年12月取得任职资格）。
陈凯慧	常务副总裁（2021年4月不再担任）	男	57	2014年12月	30	博士研究生	管理科学与工程	曾任中国光大银行广州分行党委书记、行长；现任光大兴陇信托有限责任公司党委委员、常务副总裁（2015年7月取得任职资格）。
李招军	副总裁	男	56	2014年12月	28	博士研究生	政治经济学	曾任中国银行业监督管理委员会非银行金融机构监管部处长，河北银监局党委委员、副局长；现任光大兴陇信托有限责任公司党委委员、副总裁（2015年7月取得任职资格）。
刘向东	副总裁	女	53	2014年12月	22	博士研究生	金融学	曾任北京信托首席研究员兼研究发展中心总经理；现任光大兴陇信托有限责任公司党委委员、副总裁（2015年7月取得任职资格）、工会主席、首席经济学家。
蔡彤	副总裁	男	52	2019年7月	27	硕士	工商管理	曾任中国人民银行武威市中心支行党委书记、行长兼国家外汇管理局武威市中心支局局长，中国人民银行兰州中心支行党委办公室主任、办公室主任；现任光大兴陇信托有限责任公司党委委员、副总裁（2019年9月取得任职资格）。
王志远	副总裁	男	51	2020年3月	27	本科	哲学	曾任浦发银行青岛分行办公室主任，甘肃银行党委委员、副行长、纪委委员、党委组织部部长、人力资源部总经理、战略发展部总经理（兼）；现任光大兴陇信托有限责任公司党委委员、副总裁（2020年5月取得任职资格）。

3.6 公司员工

公司2019年末员工人数为945人，2020年末员工人数为868人

项目		报告期年度		上年度	
		人数（人）	比例（%）	人数（人）	比例（%）
年龄分布	25岁以下	6	0.69	9	0.95
	25～29岁	115	13.25	165	17.46
	30～39岁	598	68.89	629	66.56
	40岁以上	149	17.17	142	15.03
学历分布	博士	28	3.23	24	2.54
	硕士	514	59.22	561	59.37
	本科	313	36.06	344	36.40
	专科	11	1.27	14	1.48
	其他	2	0.22	2	0.21
岗位分布	董事、监事及高级管理人员	9	1.04	7	0.74
	自营业务人员	25	2.88	21	2.22
	信托业务人员	519	59.79	722	76.41
	其他人员	315	36.29	195	20.63

注：自营业务人员是指按照岗位分工，专门或至少从事固有资金使用和固有资产管理有关业务的职工；信托业务人员是指按照岗位分工，专门或至少从事信托资金使用和信托资产管理各项业务的职工；对于人力资源部等类似无法明确区分的综合部门归为其他人员。

4. 经营概况

4.1 经营目标、经营方针、战略规划

4.1.1 经营方针

2020年，公司坚持“稳中求进、变中求机、进中求新”的工作思路，有效应对“疫情时代”经济下行的复杂宏观形势和严格的监管政策，以精益管理为主题，稳规模、调结构、提效率、抓创新、树品牌、强风险、保质量，秉持“前中后台融合共生”的生态文化和“流程服务于业务”的原则，加大业务创新力度，推进业务转型，加快数字化转型速度，健全全面风险管控体系，提升系统支撑能力，夯实价值创造基础，做好回归信托本源、服务实体经济、深化改革发展、防控金融风险工作，发展质效显著提升。

一是持续加强战略引领，着力提升创新水平。公司围绕“战略决定成败、执行决定成败、细节决定成败”的原则，不断优化战略体系建设和生态建造，统筹推进战略、创新工作高质量发展。

二是全面压实五个责任，不断增强风险管控创新力度。公司坚决守住不发生系统性风险底线，把防范和化解风险放到更加重要的位置，贯彻精益管理原则，有效执行风险偏好政策，着力推进全面风险管理体系建设，大力培育勤勉尽责的受托人风险管理文化，做令人放心的受托人。

三是以稳定经营质效为基础，加快业务转型发展。2020年，公司以结构调整为主线，以战略管控为主轴，以精益管理为主题，将转型发展作为第一要务，继续巩固基石业务优势，持续加强传统业务创新和标准化业务发展，实现符合监管要求的回归本源、平稳有序、服务实体、价值创造的发展模式，经营质效

持续向好。

四是大力提升信息科技水平，加快数字化转型。公司全面推进科技建设，持续加大科技投入力度，以建设数字化、平台化、智能化科技金融公司为目标，一手抓科技建设，一手抓科技管理，补齐短板、夯实根基，全面提升信息科技水平。

4.1.2 战略规划及目标

公司以“建设全方位领先，具有可持续竞争能力的中国一流信托公司”为战略目标，以“助力社会更美好”为愿景，以“综合、敏捷、专业、生态”为战略主线，围绕业务组合、运营模式、支撑体系、发展方式四大战略发展主线，落实资产管理和财富管理两大核心业务策略，强化人力资源、风险管理、运营管理、信息科技、创新体系、资本管理、内外协同、企业文化等支撑体系建设。

4.2 所经营业务的主要内容

4.2.1 自营资产运用与分布表

资产运用	金额（万元）	占比（%）	资产分布	金额（万元）	占比（%）
货币资产	699 364	38.68	基础产业	—	—
贷款及应收款	25 366.60	1.40	房地产	—	—
交易性金融资产	979 793.98	54.19	证券市场	136 262.65	7.53
使用权资产	40 187.17	2.22	实业	4 632.41	0.26
固定资产	5 441.54	0.30	金融机构	764 629.83	42.29
投资性房地产	3 429.02	0.19	其他	902 623.64	49.92
其他	54 566.22	3.02			
资产总计	1 808 148.53	100.00	资产总计	1 808 148.53	100.00

4.2.2 信托资产运用与分布表

资产运用	金额（万元）	占比（%）	资产分布	金额（万元）	占比（%）
货币资产	2 432 176.97	2.37	基础产业	26 468 061.44	25.80
贷款	44 850 342.80	43.71	房地产	9 037 556.98	8.80
交易性金融资产	13 766 964.35	13.42	证券市场	9 707 900.41	9.46
可供出售金融资产	15 866 749.60	15.46	实业	38 378 496.03	37.40
持有至到期投资	1 031 815.72	1.00	金融机构	9 938 920.68	9.69
长期股权投资	9 065 472.34	8.84	其他	9 076 681.79	8.85
其他	15 594 095.55	15.20			
信托资产总计	102 607 617.33	100.00	信托资产总计	102 607 617.33	100.00

4.3 市场分析

4.3.1 经济形势分析

全球经济普遍衰退，宽松政策有望延续。2020 年，受新冠肺炎疫情影响，全球经济陷入严重衰退，除中国外的全球主要经济体均出现经济萎缩。为应对疫情冲击，全球主要经济体货币政策及财政政策均大幅宽松，有序推进复工复产，全球经济运行、进出口贸易等呈现非均衡复苏态势，但经济恢复仍需较长周期。

国内经济复苏分化，结构优化潜力巨大。2020 年，突如其来的新冠肺炎疫情不改我国经济潜在增长趋势，全年 GDP 增速为 2.3%，成为全球唯一正增长国家，明后两年经济将逐渐向潜在增速回归。全年经济复苏呈不平衡的分化趋势，出口和房地产复苏较快，消费和制造业投资恢复较慢。“十四五”时期，我国进入构建以国内大循环为主、国际国内互相促进的双循环发展新格局。我国经济发展的主要逻辑正在发生深刻变化，经济发展总量目标进一步被淡化，经济发展质量将受到更多关注，未来消费将成为双循环的重要支点，经济结构将逐渐从投资驱动转向消费驱动。

展望 2021 年，全球经济将逐步复苏。2020 年各国的财政政策扩张带来债务风险上升短期难以消化，疫情仍然是全球经济恢复的不确定性因素，整体经济复苏的基础尚不牢固。在境内外不确定性增大的情况下，我国有望再次引领全球经济走出困境，我国对疫情的控制得当，率先复工复产，财政政策和货币政策“不急转弯”，经济正在向常态回归，内生动能逐步增强，总体宏观形势基本向好。

4.3.2 金融形势分析

从国际市场看，全球金融市场受疫情影响波动剧烈，以美国、欧盟、日本为代表的主要经济体，中央银行出台大规模货币刺激措施，全球流动性危机缓解，投资者风险偏好回升，全球商品、债市、股市、汇市等金融市场均经历剧烈震荡。

从国内市场看，2020 年在新冠肺炎疫情冲击和国内外经济复杂形势的影响下，呈以下态势，首先，金融调控更加注重前瞻性、精准性和直达性。中央银行综合运用降准、再贷款、再贴现、中期借贷便利（MLF）、公开市场操作等多种货币政策工具，出台支持中小企业发展的定向支持工具等，保持流动性总量与市场需求相匹配，信贷支持实体经济力度增强，制造业中长期贷款和小微企业贷款增长加快。其次，金融市场化改革持续推进，“强监管”依然是主基调。2020 年，监管部门对金融机构公司治理、信托行业、房地产领域、互联网领域等的监管进一步强化，防范化解重大金融风险攻坚战取得重大成效。

展望 2021 年，全球经济复苏压力较大，主要经济体将保持相对宽松的货币政策支持经济恢复，低利率政策还将长期持续，“实体弱、金融强”的局面还将持续，这有利于金融市场稳定运行。从国内看，我国金融业将围绕“十四五”规划，不断提高金融服务实体的质量和效率。2021 年，为助力中国经济长期平稳和可持续增长，货币政策将更加注重稳增长与防风险的平衡，宽松力度将明显弱于 2020 年，既不会大幅宽松，也难有明显收紧。

4.3.3 影响本公司业务发展的主要因素

4.3.3.1 有利因素

一是股东单位支持力度持续加大。中国光大集团综合金融优势及甘肃方股东的合力支持成为公司发展强劲的重要力量来源。作为大股东的中国光大集团是具有金融全牌照的金融控股集团、世界 500 强企业。公司可充分依托集团综合金融优势，深入挖掘信托功能潜力，主动加强与中国光大集团内各企业的业务联动，开展多渠道、多层次、多元化的业务合作。同时，公司依托股东单位支持，于 2020 年完成增资，资本实力不断增强。

二是财富管理领域蕴含巨大的市场潜力。随着资本市场改革加速推进，金融产品的逐渐丰富，金融开放不断迈向更高水平，居民财富积累水平不断升高，投资管理意识逐步提升，居民对资产配置的多样化需求进一步凸显。同时，部分高净值客户对于资产配置、家族财富传承等个性化财富管理服务需求持续上升，财富管理服务正趋于精品化、特色化和多元化，这为公司做大做强财富管理业务提供了良好的机遇。在理财等类固收产品的预期收益率不断下行的背景下，公司可以客户需求为核心，综合配置各类资本品，不断推陈出新，承接客户由固定收益向净值化转型的投资需求。

三是我国经济高质量发展提供了新的信托服务需求。目前，我国发展仍处于并将长期处于重要战略机遇期，建设现代经济体系将坚持质量第一、效益优先，不断提高经济发展质量和效益。在此过程中，实体经济对于信托金融服务的需求将逐步增大。公司可发挥信托的制度优势，增加对实体经济部门的支持，找寻价值洼地，寻求新的投资机遇。

四是金融科技赋能信托业务。金融科技已成为全球金融领域的风口，其主要技术包括人工智能、区块链、大数据、云计算等，并且已在金融领域得到了广泛关注。公司已经开始将金融科技应用于信托产品、服务和管理创新，未来将在风险防控、客户体验等多个方面夯实基础管理，提升运营效率。

4.3.3.2　不利因素

一是传统信托业务增长受制约。监管部门加大融资类信托、通道类信托等信托业务规模压降力度，严格管控房地产信托规模，传统信托业务增长空间明显受限。从长期来看，信托公司需要加速回归信托本源，提升主动管理能力，加快创新转型，打造核心竞争力。

二是新冠肺炎疫情影响经营发展。2020 年，突发的新冠肺炎疫情对于公司经营发展带来了较大影响。一方面，在严格执行疫情管控的过程中，部分正常经营活动受限，影响了业务拓展；另一方面，新冠肺炎疫情对于宏观经济形成较为明显的冲击，资产端部分实体企业的经营困难向信托行业传导，导致部分行业领域短期风险管控难度增大。

三是资管业务竞争日趋激烈。资产管理市场发展正加速变革，市场主体呈现高度竞争合作关系。随着“资管新规”等配套政策的实施，资产管理机构资产配置范围逐步趋同，信托公司与券商资管、银行理财子公司等资管机构之间竞争日趋激烈。信托公司虽在非标、创新方面具有突出优势，但在产品资源、渠道资源、专业人才等方面仍有一定差距，需从构建丰富的产品和服务线、提升投研能力、提高风险管控能力等方面不断进取，培养核心竞争力。

4.4　风险管理

4.4.1　风险管理概况

报告期内，公司严守风险底线，回归信托本源，进一步强化全面风险管理体系建设，不断完善全面风险管理政策落实，针对经营活动中的信用风险、流动性风险、合规风险、市场风险、操作风险及其他风险，完善风险管理的组织架构和流程。加强监测排查，多措并举严控新增风险；严守合规底线，依法合规开展各项经营活动；提高市场风险管控水平，保障创新发展；积极培育稳健、审慎的信托风险文化，保障公司业务健康发展。

公司风险管理的基本原则是全面性、审慎性、及时性、有效性和独立性。风险管理涵盖公司的各项业务、各个部门和各级人员，渗透到决策、执行、监督、反馈各个环节，是一项长期持续性工作，贯穿公司经营过程始终。风险管理的核心是有效防范风险。公司通过制定和不断完善健全的内部控制体系，建立职责明确、分工合理的组织架构，采取有效措施进行事前、事中、事后的风险控制，实现风险的早发现、早预防、早处置，以促进公司持续、稳健、规范运行。

公司建立了运行有效的风险管理组织体系。董事会对公司的风险管理决策承担治理责任，是公司风险管理的核心，就全面风险管理工作的有效性对股东会负责。董事会下设风险管理委员会及其他专业委员会，按照公司章程和相应委员会议事规则履行职责。高级管理层承担落实董事会确定的风险战略和风险偏好、确定风险容忍度和风险限额、制定风险政策等管理职责。监事会负责监督董事会和高级管理层在风险管理方面的履职尽责情况，依法独立履行监督职能。

报告期内，公司加强全面风险管理，优化风险管理机制体制，以《全面风险管理工作要点》为抓手，扎实开展全面风险管理各项工作；加强风险管理制度建设，按照统筹安排、突出重点、整体推进的思路，构建内容协调、有效管用的公司制度体系，整理形成公司《规章制度手册》；持续优化审查审批机制，提高审批效率，有效发挥信托业务评审委员会、固有业务评审委员会、产品创新委员会、标品投决会的专业职能；加强风险管理信息系统化建设，借助信息科技力量加强投前、投中、投后管理，提升系统支持业务发展的能力；同时公司积极贯彻落实监管要求，认真完成各项风险排查、专项检查等工作，实现风险的有效管控。

4.4.2　风险状况

4.4.2.1　信用风险状况

信用风险是公司面临的主要风险之一，主要指交易对手因履约意愿或履约能力发生变化导致信托财产或公司财产遭受损失的风险，主要表现为在贷款、资产回购、后续资金安排、担保、履约承诺等交易过程中，借款人、担保人、保管人等交易对手不能或不愿履行合约承诺而使信托财产和固有财产遭受损失。

报告期内，受宏观经济下行和新冠肺炎疫情的影响，部分工商企业类交易对手经营情况、资金回流等受到较大影响，信用违约风险加大。政府隐性债务负担逐步显现，部分基础设施建设项目还款压力较大。公司持续严格履行受托人尽职管理职责，做实做细现场和非现场风险检查，针对存量项目中交易对手违约事件，积极采取多项措施化解风险，及时进行信息披露，必要时采取法律手段予以解决，最大限度地保护受托人合法权益，公司信用风险可控。

4.4.2.2　市场风险状况

市场风险主要是指在开展资产管理业务过程中，投资于有公开市场价值的金融产品或者其他产品时，金融产品或者其他产品的价格发生波动导致资产遭受损失的可能性。同时，市场风险还具有很强的传导效应，市场风险很可能引发交易对手的信用风险。

报告期内，公司坚持稳健运营的策略，密切关注宏观政策导向，充分深入调研，对有价证券投资管理状况进行实时监测，控制总体证券投资规模和比例，设置限制性指标和止损限额，通过投资组合分散投资风险。公司信托资产投资、固有资产投资的市场风险情况正常。

4.4.2.3　操作风险状况

操作风险是指由不完善或有问题的管理制度、内部程序、人员岗位和信息科技系统，以及外部事件所造成损失的风险。公司持续完善管理制度体系建设、提升内部控制流程设计有效性和执行有效性，对所开展的业务工作进行操作流程优化。设置操作风险管理专员，加强员工操作风险意识的培养，注重提高员工素质和责任心，避免人为主观因素引发操作风险。报告期内，公司未发生严重操作风险事件。

4.4.2.4　其他风险状况

其他风险主要包括流动性风险、政策风险、合规风险和声誉风险等。流动性风险是指公司短期内资金周转困难无法偿付到期债务而造成损失的风险。政策风险主要表现为宏观政策及行业政策的变动对公司经营环境和发展所造成的影响。合规风险是指公司因没有遵循法律、规则和准则可能遭受法律制裁、监管处罚、重大财务损失和声誉损失的风险。声誉风险是指由公司经营、管理及其他行为或外部事件导致利益相关方对公司作出负面评价的风险，影响公司正常经营。报告期内，公司上述风险均实现有效管控、风险情况正常。

4.4.3　风险管理

4.4.3.1　信用风险管理

公司严格履行受托人职责，积极面对复杂多变的外部风险形势带来的不利影响和潜在挑战，高度重视信用风险的防范和管理，加强信用风险防范的前瞻性、针对性、及时性和主动性，强化过程管理和风险预警处置，及时转移、释放和化解信用风险。具体措施包括：一是公司严格落实监管政策和指导要求，持续推进制度建设，及时调整和优化各项业务政策，着力构建和完善信用风险管理体系；二是及时制定或修订信托业务系列指引，重点关注项目准入、细化尽职调查工作要求；三是细化落实现场和非现场检查和排查，通过严格的风险排查实现风险隐患的早发现、早处置；四是建立和完善投后管理、风险监测分析等各项机制，及时防范和化解信用风险，并加强存量不良资产管理和处置；五是加大信用风险管理信息化投入，建立了有效的风险预警机制，投后管理信息系统。

4.4.3.2　市场风险管理

公司加强对宏观经济金融形势、调控政策及行业周期性的研究，加大股票投资项目调研力度。坚持稳健经营策略，谨慎选择项目，各项投资活动实施前均经过全面调查，对可能产生市场风险的各因素进行测算评估。对有价证券投资管理状况进行实时监测，增强对资本市场走向及证券投资产品走势的预判，优化证券投资业务策略和管理流程，提高证券投资业务决策有效性和时效性。严格遵循组合投资、分散风险的原则，通过投资组合分散投资风险并提早做好防范措施。积极发挥业务系统在证券投资及风险管理方面的功能作用，提高证券估值效率和风险评估的科学性，强化预警平仓等风险防范措施。

4.4.3.3　操作风险管理

公司加强内控制度和风险管理制度的落实，发布《信托业务操作风险识别和控制实施细则》，不断提升业务操作的规范化水平，有效管理操作风险。加强内控机制建设，建立系统化的公司制度体系，强化层级授权体系，明确各部门、岗位的职责和权限，使公司业务运行的每一个过程和环节有章可循，各相关业务部门按照各自的职责在授权范围内独立运作，提高业务合规管理和风险管理质量。公司不断加强制度培训，提高员工的规范意识和责任意识。通过技术手段对操作权限和内容进行程序设定、制定应急预案等措施控制操作风险。根据监管规定对公司固有业务和信托业务进行严格的分离和岗位设置。

4.4.3.4　其他风险管理

公司坚持稳健运营的基本原则，合理制定固有资产投资策略，审慎进行固有资产的投资，在固有资产配置上以流动性和安全性为首要原则，提高货币资金、金融产品投资等流动性资产的配置比例，在确保流动性及安全性的基础上取得了较好的经营成效。

公司通过加强对国家政策的分析和研究，准确把握政策变化趋势，根据监管政策和市场的变化，加强政策风险管理，适时调整发展战略和经营策略。

公司严格按照法律法规规定开展各项业务，保持与监管部门的积极沟通，确保公司经营活动符合国家政策和监管要求，从完善公司治理、加强合规组织机构、配套机制建设、培育良好合规文化等方面，构建有效的合规风险管理机制。

公司高度重视声誉风险管理，将公司声誉构建与公司发展战略、企业文化进行有机结合，对可能影响公司声誉的业务坚决予以回避，尽职管理受托资产并进行充分信息披露。加强舆情监测，不断完善舆情管理体系与舆情处突能力，积极维护公司良好的声誉和企业形象。

4.5　企业社会责任

2020年，面对新冠肺炎疫情的冲击和复杂严峻的国内外形势，公司坚决贯彻落实党中央、国务院决策部署，锐意进取、奋勇向前，在实现新发展、迈上新台阶的同时切实履行社会责任，为美好社会的繁荣发展助力同行，向股东、员工及社会交出了一份难能可贵的成绩单。

4.5.1　坚持党的领导毫不动摇，努力实现国有资产保值增值

2020年，公司党委以习近平新时代中国特色社会主义思想为指导，不断增强“四个意识”、坚定“四个自信”、做到“两个维护”，锚定“双一流”目标，进一步加强党的领导，政治建设和业务建设取得一定成效。面对严峻的发展形势，公司迎难而上，圆满完成全年各项经营发展工作任务，实现营业收入56.30亿元，净利润为26.11亿元，净资产收益率为20.58%，管理信托资产规模为9 998.35亿元。公司综合实力再上新台阶，核心财务指标均排名行业前五位，荣获行业最高A类评级。

4.5.2　积极响应中央号召，助力打赢抗击新冠肺炎疫情阻击战

自新冠肺炎疫情发生以来，公司党委坚决贯彻落实党中央关于推进疫情防控和经济社会发展各项决策部署，在实现全体员工零确诊、零疑似的同时，发挥信托制度优势，支持疫情防控，率先设立国内首单抗击疫情专项慈善信托和首单医疗实物救援慈善信托，并发起首个支持前线医护人员的“致敬白衣天使”慈善信托，累计共设立疫情相关慈善信托19单，总规模突破5 000万元，慈善信托设立数量及资金规模均为行业第一。慈善信托筹集超过100万只医用手套、20万只医用口罩、2万套防护服、10辆负压急救车、10吨消毒剂、大型医疗CT机专用设备、危重呼吸机ECMO等各类急缺的医疗物资支援到疫情防控第一线。同时，公司组织全员积极为新冠肺炎疫情防控工作捐款逾400万元，以实际行动践行中央企业的责任和担当。

4.5.3 彰显中央企业使命担当，全力做好脱贫攻坚工作

公司党委坚决贯彻落实党中央关于脱贫攻坚的决策部署，积极开展信托扶贫创新，探索产业扶贫长效机制，促进扶贫资源精准对接，助力中央"脱贫攻坚"重点区域甘肃省和政县、临洮县、迭部县和湖南省新化县、新田县、古丈县脱贫摘帽。截至2020年末，公司累计扶贫总投入838.88万元（含以慈善信托资金方式投入92万元）。其中，消费扶贫199.66万元，产业及民生扶贫77万元，教育扶贫189.79万元，向集团定点贫困县捐款360万元，向贫困母亲专项捐款12.43万元。公司与上海真爱梦想公益基金会合作，在湖南、甘肃等省份的贫困地区共捐建了5个"梦想中心"教室，开设"梦想课程"，投入资金90万元，为超过10 169名孩子带去优质教育资源。

4.5.4 认真履行受托人义务，维护受益人利益

公司以受益人利益最大化为原则，认真履行诚实、信用、专业和有效管理信托财产的受托人义务，全年为受益人分配收益571.2亿元，同比增长48.4%，充分履行了受托责任，为投资者实现了财产保值增值。

5. 报告期末及上一年度末的比较式会计报表

5.1 自营资产

5.1.1 会计师事务所审计意见全文

审 计 报 告

安永华明(2021)审字第61362549_A01号

光大兴陇信托有限责任公司

光大兴陇信托有限责任公司董事会：

一、审计意见

我们审计了光大兴陇信托有限责任公司的财务报表，包括2020年12月31日的资产负债表，2020年度的利润表、所有者权益变动表和现金流量表，以及相关财务报表附注。

我们认为，后附的光大兴陇信托有限责任公司的财务报表在所有重大方面按照企业会计准则的规定编制，公允反映了光大兴陇信托有限责任公司2020年12月31日的财务状况及2020年度的经营成果和现金流量。

二、形成审计意见的基础

我们按照中国注册会计师审计准则的规定执行了审计工作。审计报告的"注册会计师对财务报表审计的责任"部分进一步阐述了我们在这些准则下的责任。按照中国注册会计师职业道德守则，我们独立于光大兴陇信托有限责任公司，并履行了职业道德方面的其他责任。我们相信，我们获取的审计证据是充分的、适当的，为发表审计意见提供了基础。

三、其他信息

光大兴陇信托有限责任公司管理层对其他信息负责。其他信息包括年度报告中涵盖的信息，但不包括财务报表和我们的审计报告。

我们对财务报表发表的审计意见不涵盖其他信息，我们也不对其他信息发表任何形式的鉴证结论。

结合我们对财务报表的审计，我们的责任是阅读其他信息，在此过程中，考虑其他信息是否与财务报表或我们在审计过程中了解到的情况存在重大不一致或者似乎存在重大错报。

基于我们已执行的工作，如果我们确定其他信息存在重大错报，我们应当报告该事实。在这方面，我们无任何事项需要报告。

四、管理层和治理层对财务报表的责任

光大兴陇信托有限责任公司管理层负责按照企业会计准则的规定编制财务报表，使其实现公允反映，并设计、执行和维护必要的内部控制，以使财务报表不存在由于舞弊或错误导致的重大错报。

在编制财务报表时，管理层负责评估光大兴陇信托有限责任公司的持续经营能力，披露与持续经营相关的事项（如适用），并运用持续经营假设，除非计划进行清算、终止运营或别无其他现实的选择。

治理层负责监督光大兴陇信托有限责任公司的财务报告过程。

五、注册会计师对财务报表审计的责任

我们的目标是对财务报表整体是否不存在由于舞弊或错误导致的重大错报获取合理保证，并出具包含审计意见的审计报告。合理保证是高水平的保证，但并不能保证按照审计准则执行的审计在某一重大错报存在时总能发现。错报可能由于舞弊或错误导致，如果合理预期错报单独或汇总起来可能影响财务报表使用者依据财务报表作出的经济决策，则通常认为错报是重大的。

在按照审计准则执行审计工作的过程中，我们运用职业判断，并保持职业怀疑。同时，我们也执行以下工作：

(1)识别和评估由于舞弊或错误导致的财务报表重大错报风险，设计和实施审计程序以应对这些风险，并获取充分、适当的审计证据，作为发表审计意见的基础。由于舞弊可能涉及串通、伪造、故意遗漏、虚假陈述或凌驾于内部控制之上，未能发现由于舞弊导致的重大错报的风险高于未能发现由于错误导致的重大错报的风险。

(2)了解与审计相关的内部控制，以设计恰当的审计程序，但目的并非对内部控制的有效性发表意见。

(3)评价管理层选用会计政策的恰当性和作出会计估计及相关披露的合理性。

(4)对管理层使用持续经营假设的恰当性得出结论。同时，根据获取的审计证据，就可能导致对光大兴陇信托有限责任公司持续经营能力产生重大疑虑的事项或情况是否存在重大不确定性得出结论。如果我们得出结论认为存在重大不确定性，审计准则要求我们在审计报告中提请报表使用者注意财务报表中的相关披露；如果披露不充分，我们应当发表非无保留意见。我们的结论基于截至审计报告日可获得的信息。然而，未来的事项或情况可能导致光大兴陇信托有限责任公司不能持续经营。

(5)评价财务报表总体列报（包括披露）、结构和内容，并评价财务报表是否公允反映相关交易和事项。

我们与治理层就计划的审计范围、时间安排和重大审计发现等事项进行沟通，包括沟通我们在审计中识别出的值得关注的内部控制缺陷。

安永华明会计师事务所（特殊普通合伙）

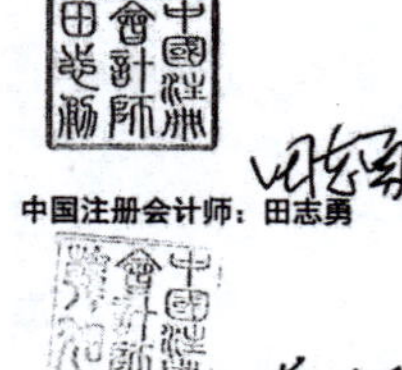

中国注册会计师：田志勇

中国注册会计师：韩旭

中国·北京　　　　2021 年 4 月 7 日

续表

项目	2020 年 12 月 31 日	2019 年 12 月 31 日	2019 年 1 月 1 日
所有者权益			
实收资本	841 819. 05	641 819. 05	341 819. 05
资本公积	7 730. 00	7 730. 00	307 730. 00
其他综合收益	1 329. 31	4 498. 48	4 830. 00
盈余公积	75 512. 54	49 398. 19	28 621. 31
一般风险准备	12 245. 00	12 245. 00	12 245. 00
信托赔偿准备	38 081. 98	25 024. 80	14 636. 36
未分配利润	490 039. 11	330 397. 74	187 293. 88
所有者权益合计	1 466 756. 99	1 071 113. 26	897 175. 60
负债和所有者权益总计	1 808 148. 53	1 395 488. 34	1 101 582. 85

单位负责人：冯　翔　主管会计工作的公司负责人：王志远　会计机构负责人：苏　雪

5. 1. 2　资产负债表

资产负债表

编制单位：光大兴陇信托有限责任公司　　2020 年 12 月 31 日　　单位：万元

项目	2020 年 12 月 31 日	2019 年 12 月 31 日	2019 年 1 月 1 日
资产			
现金	—	—	—
存放同业款项	699 364. 00	775 968. 41	785 856. 28
交易性金融资产	979 793. 98	507 833. 28	283 037. 90
应收账款	24 966. 60	20 392. 95	3 479. 83
发放贷款和垫款	400. 00	400. 00	400. 00
其他权益工具投资	4 632. 41	8 857. 97	9 300. 00
使用权资产	40 187. 17	50 978. 60	—
固定资产	5 441. 54	4 061. 51	4 429. 65
无形资产	5 383. 15	802. 39	920. 25
投资性房地产	3 429. 02	3 538. 90	3 381. 74
递延所得税资产	20 072. 76	11 045. 95	4 057. 98
其他资产	24 477. 90	11 608. 38	6 719. 22
资产总计	1 808 148. 53	1 395 488. 34	1 101 582. 85
负债和所有者权益	—	—	—
预收款项	—	—	105 729. 56
合同负债	85 551. 59	148 733. 03	不适用
租赁负债	43 848. 10	52 859. 91	不适用
应付职工薪酬	21 525. 72	24 766. 84	23 266. 84
应交税费	93 521. 49	70 684. 12	53 374. 79
其他负债	7 323. 86	7 846. 61	6 236. 97
预计负债	75 020. 66	19 484. 57	15 799. 09
应付股利	14600. 12	—	—
负债合计	341 391. 54	324 375. 08	204 407. 25

5. 1. 3　利润表

利润表

编制单位：光大兴陇信托有限责任公司　　2020 年度　　单位：万元

项目	2020 年	2019 年
一、营业收入	563 042. 36	418 548. 54
利息收入	12 552. 58	6 601. 85
手续费及佣金收入	479 033. 34	374 475. 22
投资收益	53 049. 98	44 613. 11
公允价值变动（损失）/收益	17 498. 32	−8 049. 13
其他业务收入	946. 12	938. 24
资产处置收益	−37. 98	−30. 75
汇兑净收益/（损失）	—	—
二、营业支出	210 807. 02	139 821. 35
营业税金及附加	5 693. 63	5 004. 42
业务及管理费	151 659. 24	115 895. 73
信用减值损失	−2 524. 21	−673. 25
资产减值损失	55 536. 09	19 484. 57
其他业务成本	442. 27	109. 88
三、营业利润	352 235. 34	278 727. 19
加：营业外收入	0. 52	69. 02
减：营业外支出	1 306. 68	600. 17
四、利润总额	350 929. 18	278 196. 04
减：所得税费用	89 785. 63	70 427. 19
五、净利润	261 143. 55	207 768. 85
六、其他综合收益的税后净额以后将重分类进损益的其他综合收益	−3 169. 17	−331. 52
其他权益工具投资公允价值变动	−3 169. 17	−331. 52
公允价值变动损益	—	—
综合收益总额	257 974. 38	207 437. 33

单位负责人：冯　翔　主管会计工作的公司负责人：王志远　会计机构负责人：苏　雪

5. 1. 4　所有者权益变动表

所有者权益变动表

编制单位：光大兴陇信托有限责任公司　　2020 年度　　单位：万元

项目	2020 年度							
	实收资本	资本公积	其他综合收益	盈余公积	一般风险准备	信托赔偿准备	未分配利润	所有者权益合计
2019 年 12 月 31 日余额	641 819. 05	7 730. 00	4 498. 48	49 398. 19	12 245. 00	25 024. 80	330 397. 74	1 071 113. 26
会计政策变更	—	—	—	—	—	—	—	—
2020 年 1 月 1 日余额	641 819. 05	7 730. 00	4 498. 48	49 398. 19	12 245. 00	25 024. 80	330 397. 74	1 071 113. 26
本年增减变动金额	—	—	—	—	—	—	—	—

续表

2020 年度								
项目	实收资本	资本公积	其他综合收益	盈余公积	一般风险准备	信托赔偿准备	未分配利润	所有者权益合计
1. 净利润	—	—	—	—	—	—	261 143. 55	261 143. 55
2. 其他综合收益	—	—	-3 169. 17	—	—	—	—	-3 169. 17
3. 股东注资	200 000. 00	—	—	—	—	—	—	200 000. 00
4. 利润分配	—	—	—	—	—	—	—	—
——提取盈余公积	—	—	—	26 114. 35	—	—	-26 114. 35	—
——提取一般风险准备	—	—	—	—	—	—	—	—
——提取信托赔偿准备	—	—	—	—	—	13 057. 18	-13 057. 18	—
——分配股利	—	—	—	—	—	—	-62 330. 65	-62 330. 65
2020 年 12 月 31 日余额	841 819. 05	7 730. 00	1 329. 31	75 512. 54	12 245. 00	38 081. 98	490 039. 11	1 466 756. 99

2019 年度								
项目	实收资本	资本公积	其他综合收益	盈余公积	一般风险准备	信托赔偿准备	未分配利润	所有者权益合计
2018 年 12 月 31 日余额	341 819. 05	307 730. 00	4 830. 00	28 621. 30	12 245. 00	14 636. 36	187 293. 89	897 175. 60
会计政策变更	—	—	—	—	—	—	—	—
会计差错更正	—	—	—	—	—	—	—	—
2019 年 1 月 1 日余额	341 819. 05	307 730. 00	4 830. 00	28 621. 30	12 245. 00	14 636. 36	187 293. 89	897 175. 60
本年增减变动金额	—	—	—	—	—	—	—	—
1. 净利润	—	—	—	—	—	—	207 768. 85	207 768. 85
2. 其他综合收益	—	—	-331. 52	—	—	—	—	-331. 52
3. 股东注资	300 000. 00	-300 000. 00	—	—	—	—	—	—
4. 利润分配	—	—	—	—	—	—	—	—
—提取盈余公积	—	—	—	20 776. 89	—	—	-20 776. 89	—
—提取一般风险准备	—	—	—	—	—	—	—	—
—提取信托赔偿准备	—	—	—	—	—	10 388. 44	-10 388. 44	—
—分配股利	—	—	—	—	—	—	-33 499. 67	-33 499. 67
2019 年 12 月 31 日余额	641 819. 05	7 730. 00	4 498. 48	49 398. 19	12 245. 00	25 024. 80	330 397. 74	1 071 113. 26

单位负责人：冯　翔　　　　主管会计工作的公司负责人：王志远　　　　会计机构负责人：苏　雪

5.2 信托资产

5.2.1 信托项目资产负债汇总表

信托项目资产负债汇总表

编制单位：光大兴陇信托有限责任公司　　　　2020 年 12 月 31 日　　　　单位：万元

信托资产	期末数	期初数	信托负债和信托权益	期末数	期初数
信托资产：			信托负债：		
货币资金	2 432 176. 97	1 212 106. 20	交易性金融负债	—	—
拆出资金	—	—	衍生金融负债	—	—
存出保证金	—	—	应付受托人报酬	29 206. 50	26 567. 18
交易性金融资产	13 766 964. 35	10 279 425. 36	应付托管费	5 111. 51	4 540. 59
衍生金融资产	—	—	应付受益人收益	86 333. 71	80 634. 86
买入返售金融资产	9 771 634. 41	8 366 600. 38	应交税费	60 240. 44	38 657. 40
应收款项	5 821 973. 19	5 981 814. 10	应付销售服务费	611. 73	4 537. 07
发放贷款	44 850 342. 80	35 744 411. 77	其他应付款项	1 435 586. 47	709 906. 54
可供出售金融资产	15 866 749. 60	6 379 778. 82	其他负债	—	—
持有至到期投资	1 031 815. 72	78 256. 18	信托负债合计	1 617 090. 36	864 843. 62
长期应收款	—	—	信托权益：		
长期股权投资	9 065 472. 34	6 943 988. 75	实收信托	99 983 511. 95	73 728 625. 79
投资性房地产	—	—	资本公积	81 372. 99	69 771. 10
固定资产	—	—	损益平准金	-293. 18	—
无形资产	—	—	未分配利润	925 935. 21	398 460. 15

续表

信托资产	期末数	期初数	信托负债和信托权益	期末数	期初数
长期待摊费用	—	—			
其他资产	487.95	75 319.10	信托权益合计	100 990 526.97	74 196 857.04
信托资产总计	102 607 617.33	75 061 700.66	信托负债及权益总计	102 607 617.33	75 061 700.66

单位负责人：冯　翔　　会计主管：彭建平　　复核：王　璐　　制表：吴　娟

5.2.2 信托项目利润及利润分配汇总表

信托项目利润及利润分配汇总表

编制单位：光大兴陇信托有限责任公司　　2020 年度　　单位：万元

项　　目	本年数	上年数
一、营业收入	7 046 304.26	5 188 613.13
1. 利息收入	4 713 293.92	2 924 996.50
2. 投资收益	2 270 345.48	2 043 529.71
3. 公允价值变动损益	49 167.51	186 489.16
4. 租赁收入	—	—
5. 汇兑损益	—	—
6. 其他收入	13 497.34	33 597.75
二、营业费用	806 871.03	582 849.10
1. 营业税金及附加	18 113.98	13 560.10
2. 受托人报酬	474 412.62	377 801.05
3. 托管费	25 790.37	24 419.69
4. 投资管理费	13 987.28	6 960.53
5. 销售服务费	49 852.96	62 426.62
6. 交易费用	11 549.40	1 291.68
7. 资产减值损失	—	—
8. 其他费用	213 164.42	96 389.43
三、信托净利润（净亏损以“—”号填列）	6 239 433.23	4 605 764.03
四、其他综合收益	—	—
五、综合收益	6 239 433.23	4 605 764.03
加：期初未分配信托利润	398 460.15	-357 870.81
六、可供分配信托利润	6 637 893.38	4 247 893.23
减：本期已分配信托利润	5 711 958.16	3 849 433.08
七、期末未分配信托利润	925 935.22	398 460.15

单位负责人：冯　翔　　会计主管：彭建平　　复核：王　璐　　制表：吴　娟

6. 会计报表附注

6.1 会计报表编制基准不符合会计核算基本前提的说明

6.1.1 会计报表不符合会计核算基本前提的事项

无。

6.1.2 合并报表说明

无。

6.2 重要会计政策和会计估计说明

会计年度：本公司会计年度采用公历年度，即每年自 1 月 1 日起至 12 月 31 日止。

记账本位币：本公司记账本位币和编制本财务报表所采用的货币均为人民币。除有特别说明外，均以人民币元为单位表示。

计量属性在本期发生变化的报表项目及其本期采用的计量属性：编制本财务报表时，除某些金融工具外，均以历史成本为计价原则。资产如果发生减值，则按照相关规定计提相应的减值准备。

现金等价物确定标准：现金是指本公司的库存现金及可以随时用于支付的存款；现金等价物是指本公司持有的期限短、流动性强、易于转换为已知金额的现金、价值变动风险很小的投资。

6.2.1 计提资产减值准备的范围和方法

6.2.1.1 贷款及应收款项减值准备的范围和方法

本公司以预期信用损失为基础，对以摊余成本计量的金融资产、以公允价值计量且其变动计入其他综合收益的债务工具投资进行减值处理并确认损失准备。

对于不含重大融资成分的应收款项，本公司运用简化计量方法，按照相当于整个存续期内的预期信用损失金额计量损失准备。

6.2.1.2 固定资产、无形资产、长期股权投资减值准备

本公司对除金融资产和递延所得税资产外（如固定资产、无形资产等）的资产减值，按以下方法确定：

本公司于资产负债表日判断资产是否存在可能发生减值的迹象，存在减值迹象的，本公司将估计其可收回金额，进行减值测试。

可收回金额根据资产的公允价值减去处置费用后的净额与资产预计未来现金流量的现值两者之间较高者确定。本公司以单项资产为基础估计其可收回金额；难以对单项资产的可收回金额进行估计的，以该资产所属的资产组为基础确定资产组的可收回金额。资产组的认定，以资产组产生的主要现金流入是否独立于其他资产或者资产组的现金流入为依据。

当资产或资产组的可收回金额低于其账面价值时，本公司将其账面价值减记至可收回金额，减记的金额计入当期损益，同时计提相应的资产减值准备。

资产减值损失一经确认，在以后会计期间不会转回。

本公司于资产负债表日对金融资产的账面价值进行检查，有客观证据表明该金融资产发生减值的，计提减值准备。表明金融资产发生减值的客观证据是指金融资产初始确认后实际发生的、对该金融资产的预计未来现金流量有影响，且企业能够对该影响进行可靠计量的事项。金融资产发生减值的客观证据，包括发行人或债务人发生严重财务困难、债务人违反合同条款（如偿付利息或本金发生违约或逾期等）、债务人很可能倒闭或进行其他财务重组，以及公开的数据显示预计未来现金流量确已减少且可计量。

6.2.1.3 金融资产的减值准备

本公司以预期信用损失为基础，对以摊余成本计量的金融资产、以公允价值计量且其变动计入其他综合收益的债务工具投资、应收款项及财务担保合同进行减值处理并确认损失准备。

对于不含重大融资成分的应收款项，本公司运用简化计量方法，按照相当于整个存续期内的预期信用损失金额计量损失

准备。

除上述采用简化计量方法外的金融资产,本公司在每个资产负债表日评估其信用风险自初始确认后是否已经显著增加,如果信用风险自初始确认后未显著增加,处于第一阶段,本公司按照相当于未来12个月内预期信用损失的金额计量损失准备,并按照账面余额和实际利率计算利息收入;如果信用风险自初始确认后已显著增加但尚未发生信用减值的,处于第二阶段,本公司按照相当于整个存续期内预期信用损失的金额计量损失准备,并按照账面余额和实际利率计算利息收入;如果初始确认后发生信用减值的,处于第三阶段,本公司按照相当于整个存续期内预期信用损失的金额计量损失准备,并按照摊余成本和实际利率计算利息收入。

本公司在每个资产负债表日评估相关金融工具的信用风险自初始确认后是否已显著增加。本公司以单项金融工具或者具有相似信用风险特征的金融工具组合为基础,通过比较金融工具在资产负债表日发生违约的风险与在初始确认日发生违约的风险,以确定金融工具预计存续期内发生违约风险的变化情况。

当对金融资产预期未来现金流量具有不利影响的一项或多项事件发生时,该金融资产成为已发生信用减值的金融资产。

当本公司不再合理预期能够全部或部分收回金融资产合同现金流量时,本公司直接减记该金融资产的账面余额。

6.2.2 金融工具核算方法

本公司的金融资产于初始确认时,根据本公司企业管理金融资产的业务模式和金融资产的合同现金流量特征分类为:以摊余成本计量的金融资产、以公允价值计量且其变动计入其他综合收益的金融资产、以公允价值计量且其变动计入当期损益的金融资产。

金融资产在初始确认时以公允价值计量,但是因销售商品或提供服务等产生的应收账款或应收票据未包含重大融资成分或不考虑不超过1年的融资成分的,按照交易价格进行初始计量。

对于以公允价值计量且其变动计入当期损益的金融资产,相关交易费用直接计入当期损益,其他类别的金融资产相关交易费用计入其初始确认金额。

6.2.2.1 金融资产的后续计量

金融资产的后续计量取决于其分类。

6.2.2.1.1 以摊余成本计量的债务工具投资

金融资产同时符合下列条件的,分类为以摊余成本计量的金融资产:管理该金融资产的业务模式是以收取合同现金流量为目标;该金融资产的合同条款规定,在特定日期产生的现金流量仅为对本金和以未偿付本金金额为基础的利息的支付。此类金融资产采用实际利率法确认利息收入,其终止确认、修改或减值产生的利得或损失,均计入当期损益。此类金融资产主要包含现金及存放款项、应收账款、发放贷款和垫款和其他应收款等。

6.2.2.1.2 以公允价值计量且其变动计入其他综合收益的债务工具投资

金融资产同时符合下列条件的,分类为以公允价值计量且其变动计入其他综合收益的金融资产:本公司管理该金融资产的业务模式是既以收取合同现金流量为目标又以出售金融资产为目标;该金融资产的合同条款规定,在特定日期产生的现金流量仅为对本金和以未偿付本金金额为基础的利息的支付。此类金融资产采用实际利率法确认利息收入。除利息收入、减值损失及汇兑差额确认为当期损益外,其余公允价值变动计入其他综合收益。当金融资产终止确认时,之前计入其他综合收益的累计利得或损失从其他综合收益转出,计入当期损益。此类金融资产列报为其他债权投资

6.2.2.1.3 以公允价值计量且其变动计入其他综合收益的权益工具投资

本公司不可撤销地选择将部分非交易性权益工具投资指定为以公允价值计量且其变动计入其他综合收益的金融资产,仅将相关股利收入(明确作为投资成本部分收回的股利收入除外)计入当期损益,公允价值的后续变动计入其他综合收益,需计提减值准备。当金融资产终止确认时,之前计入其他综合收益的累计利得或损失从其他综合收益转出,计入留存收益。此类金融资产列报为其他权益投资。

满足下列条件之一的,属于交易性金融资产:取得相关金融资产主要是为了在近期内出售或回购;属于集中管理的可辨认金融工具组合的一部分,且有客观证据表明企业近期采用短期获利方式模式;属于衍生工具,但是被指定且为有效套期工具的衍生工具、符合财务担保合同的衍生工具除外。

6.2.2.1.4 以公允价值计量且其变动计入当期损益的金融资产

上述以摊余成本计量的金融资产和以公允价值计量且其变动计入其他综合收益的金融资产外的金融资产,分类为以公允价值计量且其变动计入当期损益的金融资产。对于此类金融资产,采用公允价值进行后续计量,所有公允价值变动计入当期损益。

当且仅当本公司改变管理金融资产的业务模式时,才对所有受影响的相关金融资产进行重分类。

6.2.2.2 金融负债分类和计量

本公司的金融负债于初始确认时分类为:以公允价值计量且其变动计入当期损益的金融负债、其他金融负债。对于以公允价值计量且其变动计入当期损益的金融负债,相关交易费用直接计入当期损益,其他金融负债的相关交易费用计入其初始确认金额。

6.2.2.2.1 以公允价值计量且其变动计入当期损益的金融负债

以公允价值计量且其变动计入当期损益的金融负债,包括交易性金融负债(含属于金融负债的衍生工具)和初始确认时指定为以公允价值计量且其变动计入当期损益的金融负债。交易性金融负债(含属于金融负债的衍生工具),按照公允价值进行后续计量,所有公允价值变动均计入当期损益。对于指定为以公允价值计量且其变动计入当期损益的金融负债,按照公允价值进行后续计量,除由本公司自身信用风险变动引起的公允价值变动计入其他综合收益之外,其他公允价值变动计入当期损益;如果由本公司自身信用风险变动引起的公允价值变动计入其他综合收益会造成或扩大损益中的会计错配,本公司将所有公允价值变动(包括自身信用风险变动的影响金额)计入当期损益。

6.2.2.2.2　其他金融负债

对于此类金融负债，采用实际利率法，按照摊余成本进行后续计量。

6.2.3　租赁资产的核算方法（自 2019 年 1 月 1 日起适用）

6.2.3.1　租赁的识别

在合同开始日，本公司评估合同是否为租赁或者包含租赁，如果合同中一方让渡了在一定期间内控制一项或多项已识别资产使用的权利以换取对价，则该合同为租赁或者包含租赁。为确定合同是否让渡了在一定期间内控制已识别资产使用的权利，本公司评估合同中的客户是否有权获得在使用期间内因使用已识别资产所产生的几乎全部经济利益，并有权在该使用期间主导已识别资产的使用。

6.2.3.2　单独租赁的识别

合同中同时包含多项单独租赁的，本公司将合同予以分拆，并分别各项单独租赁进行会计处理。同时符合下列条件的，使用已识别资产的权利构成合同中的一项单独租赁：（1）本公司作为承租人可从单独使用该资产或将其与易于获得的其他资源一起使用中获利；（2）该资产与合同中的其他资产不存在高度依赖或高度关联关系。

6.2.3.3　租赁期的评估

租赁期是本公司有权使用租赁资产且不可撤销的期间。本公司有续租选择权，即有权选择续租该资产，且合理确定将行使该选择权的，租赁期还包含续租选择权涵盖的期间。本公司有终止租赁选择权，即有权选择终止租赁该资产，但合理确定将不会行使该选择权的，租赁期包含终止租赁选择权涵盖的期间。发生本公司可控范围内的重大事件或变化，且影响本公司是否合理确定将行使相应选择权的，本公司对其是否合理确定将行使续租选择权、购买选择权或不行使终止租赁选择权进行重新评估。

6.2.3.4　作为承租人的使用权资产

本公司使用权资产类别主要包括房屋及建筑物、运输工具。

在租赁期开始日，本公司将其可在租赁期内使用租赁资产的权利确认为使用权资产，包括：（1）租赁负债的初始计量金额；（2）在租赁期开始日或之前支付的租赁付款额，存在租赁激励的，扣除已享受的租赁激励相关金额；（3）本公司作为承租人发生的初始直接费用；（4）为拆卸及移除租赁资产、复原租赁资产所在场地或将租赁资产恢复至租赁条款约定状态预计将发生的成本。

本公司后续采用年限平均法对使用权资产计提折旧。能够合理确定租赁期届满时取得租赁资产所有权的，本公司在租赁资产剩余使用寿命内计提折旧。无法合理确定租赁期届满时能够取得租赁资产所有权的，本公司在租赁期与租赁资产剩余使用寿命两者孰短的期间内计提折旧。

本公司按照变动后的租赁付款额的现值重新计量租赁负债，并相应调整使用权资产的账面价值时，如使用权资产账面价值已调减至零，但租赁负债仍需进一步调减的，本公司将剩余金额计入当期损益。

6.2.3.5　租赁负债

在租赁期开始日，本公司将尚未支付的租赁付款额的现值确认为租赁负债，短期租赁和低价值资产租赁除外。

在计算租赁付款额的现值时，本公司采用承租人增量借款利率作为折现率。本公司按照固定的周期性利率计算租赁负债在租赁期内各期间的利息费用，并计入当期损益。未纳入租赁负债计量的可变租赁付款额于实际发生时计入当期损益。

租赁期开始日后，当实质固定付款额发生变动、担保余值预计的应付金额发生变化、用于确定租赁付款额的指数或比率发生变动、购买选择权、续租选择权或终止选择权的评估结果或实际行权情况发生变化时，本公司按照变动后的租赁付款额的现值重新计量租赁负债。

6.2.3.6　租赁变更

租赁变更是原合同条款之外的租赁范围、租赁对价、租赁期限的变更，包括增加或终止一项或多项租赁资产的使用权，延长或缩短合同规定的租赁期等。

租赁发生变更且同时符合下列条件的，本公司将该租赁变更作为一项单独租赁进行会计处理：（1）该租赁变更通过增加一项或多项租赁资产的使用权而扩大了租赁范围；（2）增加的对价与租赁范围扩大部分的单独价格按该合同情况调整后的金额相当。

租赁变更未作为一项单独租赁进行会计处理的，在租赁变更生效日，本公司重新确定租赁期，并采用修订后的折现率对变更后的租赁付款额进行折现，以重新计量租赁负债。在计算变更后租赁付款额的现值时，本公司采用剩余租赁期间的租赁内含利率作为折现率；无法确定剩余租赁期间的租赁内含利率的，采用租赁变更生效日的本公司增量借款利率作为折现率。

就上述租赁负债调整的影响，本公司区分以下情形进行会计处理：（1）租赁变更导致租赁范围缩小或租赁期缩短的，本公司调减使用权资产的账面价值，以反映租赁的部分终止或完全终止。本公司将部分终止或完全终止租赁的相关利得或损失计入当期损益；（2）其他租赁变更，本公司相应调整使用权资产的账面价值。

6.2.3.7　短期租赁和低价值资产租赁

本公司将在租赁期开始日，租赁期不超过 12 个月，且不包含购买选择权的租赁认定为短期租赁；将单项租赁资产为全新资产时价值不超过 5 万元的租赁认定为低价值资产租赁。本公司对短期租赁和低价值资产租赁选择不确认使用权资产和租赁负债，租金在租赁期内各个期间按直线法摊销，计入利润表中的“业务及管理费”。

6.2.3.8　经营租赁出租人

租赁开始日实质上转移了与租赁资产所有权有关的几乎全部风险和报酬的租赁为融资租赁，除此之外的均为经营租赁。

本公司作为经营租赁出租人，经营租赁的租金收入在租赁期内各个期间按直线法摊销，计入利润表中的“其他业务收入”，或有租金在实际发生时计入当期损益。

6.2.3.9　承租人增量借款利率

本公司采用增量借款利率作为折现率计算租赁付款额的现值。确定增量借款利率时，本公司各机构根据所处经济环境，以可观察的利率作为确定增量借款利率的参考基础，在此基础上，根据自身情况、标的资产情况、租赁期和租赁负债金额等租赁业务具体情况对参考利率进行调整以得出适用的增量借款利率。

6.2.4 固定资产计价和折旧方法

6.2.4.1 固定资产及在建工程的确认

固定资产仅在与其有关的经济利益很可能流入本公司,且其成本能够可靠地计量时才予以确认。与固定资产有关的后续支出,符合该确认条件的,计入固定资产成本,并终止确认被替换部分的账面价值;否则,在发生时计入当期损益。

6.2.4.2 固定资产及在建工程的计价

固定资产按照成本进行初始计量。外购固定资产的初始成本包括购买价款、相关税费,以及使该资产达到预定可使用状态前所发生的可归属于该项资产的支出。

6.2.4.3 固定资产折旧方法

固定资产的折旧采用年限平均法计提,各类固定资产的使用寿命、预计净残值率及年折旧率如下:

类　别	使用寿命(年)	预计净残值率(%)	年折旧率(%)
房屋及建筑物	50	5	1.9
运输工具	10	5	9.5
办公设备及其他	3~10	5	9.50~31.67

本公司至少于每年年度终了,对固定资产的使用寿命、预计净残值和折旧方法进行复核,必要时进行调整。

6.2.5 无形资产计价及摊销政策

无形资产仅在与其有关的经济利益很可能流入本公司,且其成本能够可靠地计量时才予以确认,并以成本进行初始计量。但非同一控制下企业合并中取得的无形资产,其公允价值能够可靠地计量的,即单独确认为无形资产并按照公允价值计量。

无形资产按照其能为本公司带来经济利益的期限确定使用寿命,无法预见其为本公司带来经济利益期限的作为使用寿命不确定的无形资产。各项无形资产的使用寿命如下:

类别	使用寿命(年)
软件	3~10

本公司至少于每年年度终了,对无形资产的使用寿命及摊销方法进行复核,必要时进行调整。

6.2.6 长期待摊费用的摊销政策

长期待摊费用是已经发生但应由本期和以后各期负担的、分摊期限在1年以上的各项费用,按预计受益期间分期平均分摊。

6.2.7 合并会计报表的编制方法

无。

6.2.8 收入确认原则和方法

本公司在履行了合同中的履约义务,即在客户取得相关商品或服务控制权时确认收入。取得相关商品或服务的控制权,是指能够主导该商品的使用或该服务的提供并从中获得几乎全部的经济利益。

6.2.8.1 利息收入

金融资产的利息收入根据让渡资金使用权的时间和实际利率在发生时计入当期损益。利息收入包括折让或溢价摊销,或生息资产的初始账面金额与到期日金额之间的差异按实际利率基准计算的摊销。

实际利率法是指按照金融资产的实际利率计算其摊余成本及利息收入的方法。实际利率是将金融资产在预计存续期间或更短的期间(如适用)内的未来现金流量,折现至该金融资产当前账面价值所使用的利率。在计算实际利率时,本公司会在考虑金融工具的所有合同条款的基础上预计未来现金流量。计算项目包括属于实际利率组成部分的订约方之间所支付或收取的各项费用、交易费用和所有其他溢价或折价。

对于购入或源生的已发生信用减值的金融资产,本公司自初始确认起,按照该金融资产的摊余成本和经信用调整的实际利率计算确定其利息收入。经信用调整的实际利率是指将购入或源生的已发生信用减值的金融资产在预计存续期的估计未来现金流量,折现为该金融资产摊余成本的利率。

对于购入或源生的未发生信用减值、但在后续期间成为已发生信用减值的金融资产,本公司在后续期间,按照该金融资产的摊余成本和实际利率计算确定其利息收入。

6.2.8.2 手续费及佣金收入

本公司通过向客户提供各类服务收取手续费及佣金。其中,通过在一定期间内提供服务收取的手续费及佣金在相应期间内按照履约进度确认,其他手续费及佣金于相关交易完成时确认。

6.2.8.3 股利收入

非上市权益工具投资的股利收入与本公司收取股利的权利确立时在利润表内确认。上市权益工具投资的股利收入在投资项目的股价除息时确认。

6.2.9 所得税的会计处理方法

所得税包括当期所得税和递延所得税。除由于企业合并产生的调整商誉,或与直接计入所有者权益的交易或者事项相关的计入所有者权益外,均作为所得税费用或收益计入当期损益。

本公司对于当期和以前期间形成的当期所得税负债或资产,按照税法规定计算的预期应缴纳或返还的所得税金额计量。

本公司根据资产与负债于资产负债表日的账面价值与计税基础之间的暂时性差异,以及未作为资产和负债确认但按照税法规定可以确定其计税基础的项目的账面价值与计税基础之间的差额产生的暂时性差异,采用资产负债表债务法计提递延所得税。

各种应纳税暂时性差异均据以确认递延所得税负债,除非以下情况发生:

(1)应纳税暂时性差异是在以下交易中产生的:商誉的初始确认,或者具有以下特征的交易中产生的资产或负债的初始确认:该交易不是企业合并,并且交易发生时既不影响会计利润也不影响应纳税所得额或可抵扣亏损。

(2)对于与子公司、合营企业及联营企业投资相关的应纳税暂时性差异,该暂时性差异转回的时间能够控制并且该暂时性差异在可预见的未来很可能不会转回。

对于可抵扣暂时性差异、能够结转以后年度的可抵扣亏损和税款抵减,本公司以很可能取得用来抵扣可抵扣暂时性差异、可抵扣亏损和税款抵减的未来应纳税所得额为限,确认由此产生的递延所得税资产,除非以下情况:

(1)可抵扣暂时性差异是在以下交易中产生的:该交易不是企业合并,并且交易发生时既不影响会计利润也不影响应纳税所得额或可抵扣亏损。

（2）对于与子公司、合营企业及联营企业投资相关的可抵扣暂时性差异，同时满足下列条件的，确认相应的递延所得税资产：暂时性差异在可预见的未来很可能转回，且未来很可能获得用来抵扣可抵扣暂时性差异的应纳税所得额。

本公司于资产负债表日，对于递延所得税资产和递延所得税负债，依据税法规定，按照预期收回该资产或清偿该负债期间的适用税率计量，并反映资产负债表日预期收回资产或清偿负债方式的所得税影响。

于资产负债表日，本公司对递延所得税资产的账面价值进行复核，如果未来期间很可能无法获得足够的应纳税所得额用以抵扣递延所得税资产的利益，减记递延所得税资产的账面价值。于资产负债表日，本公司重新评估未确认的递延所得税资产，在很可能获得足够的应纳税所得额可供所有或部分递延所得税资产转回的限度内，确认递延所得税资产。

如果拥有以净额结算当期所得税资产及当期所得税负债的法定权利，且递延所得税与同一应纳税主体和同一税收征管部门相关，则将递延所得税资产和递延所得税负债以抵销后的净额列示。

6.2.10　信托报酬确认原则和方法

本公司通过向客户提供各类服务收取手续费及佣金。其中，通过在一定期间内提供服务收取的手续费及佣金在相应期间内按照履约进度确认，其他手续费及佣金于相关交易完成时确认。

6.2.11　投资性房地产核算方法

投资性房地产是指为赚取租金或资本增值，或两者兼有而持有的房地产，包括已出租的建筑物。

投资性房地产按照成本进行初始计量。与投资性房地产有关的后续支出，如果与该资产有关的经济利益很可能流入且其成本能够可靠地计量，则计入投资性房地产成本。否则，于发生时计入当期损益。

本公司采用成本模式对投资性房地产进行后续计量。本公司将投资性房地产的成本扣除预计净残值和累计减值准备后在使用寿命内按年限平均法计提折旧。投资性房地产的使用寿命、预计净残值率及年折旧率如下：

项目	使用寿命（年）	预计净残值率（%）	年折旧率（%）
房屋及建筑物	50	5.00	1.90

6.2.12　长期应收款的核算方法

无。

6.2.13　其他资产的核算方法

6.2.13.1　其他资产分类

无。

6.2.13.2　抵债资产的计量

无。

6.2.13.3　抵债资产的减值

无。

6.2.14　利润分配

资产负债表日后，经审议批准的利润分配方案中拟分配的股利或利润，不确认为资产负债表日的负债，在附注中单独披露。

6.3　或有事项说明

如果与或有事项相关的义务是本公司承担的现时义务，且该义务的履行很可能会导致经济利益流出本公司，以及有关金额能够可靠地计量，则本公司会确认预计负债。对于货币时间价值影响重大的，预计负债以预计未来现金流量折现后的金额确定。

对过去的交易或者事项形成的潜在义务，其存在须通过未来不确定事项的发生或不发生予以证实；或过去的交易或者事项形成的现时义务，履行该义务不是很可能导致经济利益流出本公司或该义务的金额不能可靠计量，则本公司会将该潜在义务或现时义务披露为或有负债。

6.4　会计报表中重要项目的明细资料

6.4.1　自营资产经营情况

6.4.1.1　按资产风险五级分类结果披露资产的期初数、期末数

信用风险资产五级分类	正常类（万元）	关注类（万元）	次级类（万元）	可疑类（万元）	损失类（万元）	信用风险资产合计（万元）	不良资产合计（万元）	不良资产率（%）
期初数	1 322 887.53	—	—	1 000.00	3 364.05	1 327 251.58	4 364.05	0.33
期末数	1 719 705.66	—	—	1 000.00	3 364.05	1 724 069.71	4 364.05	0.25

注：不良资产合计＝次级类＋可疑类＋损失类。

6.4.1.2　披露资产损失准备的期初数、本期计提、本期转回、本期核销、期末数

单位：万元

	2020年1月1日	本期计提/（转回）	本期核销	2020年12月31日
发放贷款和垫款	3 964.05			3 964.05
可供出售金融资产				
应收账款	6 596.93	−2357.03		4 239.90
固定资产	73.53			73.53
其他资产	2 174.42	−167.18	−28.01	1 979.23
合计	12 808.93	−2 524.21	−28.01	10 256.71

6.4.1.3　披露自营股票投资、基金投资、债券投资、长期股权投资等投资的期初数、期末数

单位：万元

	自营股票	基金	债券	长期股权投资	其他投资	合计
期初数	16 020.88	170 574.28	—	—	321 238.12	507 833.28
期末数	58 113.44	262 188.09	4.94	—	659 487.51	979 793.98

6.4.1.4 按投资入股金额排序，披露前三名的自营长期股权投资的企业名称、占被投资企业权益的比例、主要经营活动及投资收益情况等

无。

6.4.1.5 披露前三名的自营贷款的企业名称、占贷款总额的比例和还款情况等

企业名称	占贷款总额的比例(%)	还款情况
白银有色金属公司	54.00	逾期
甘肃宏良皮业股份公司	23.09	逾期
甘肃天赐一秀有限公司	22.91	逾期

6.4.1.6 表外业务的期初数、期末数，按照代理业务、担保业务和其他类型表外业务分别披露

无。

6.4.1.7 公司当年的收入结构

收入结构	金额(万元)	占比(%)
手续费及佣金收入	479 033.34	85.08
其中：信托手续费收入	449 941.66	—
投资银行业务收入	29 091.68	—
利息收入	—	—
金融企业往来收入	12 552.58	2.23
其他业务收入	946.12	0.17
其中：计入信托业务收入部分	—	—
汇兑收益	—	—
投资收益	53 049.98	9.42
其中：股权投资收益	8 297.99	—
证券投资收益	9 899.80	—
其他投资收益	34 852.19	—
公允价值变动收益	17 498.32	3.11
营业外收入	0.52	—
资产处置收益	-37.98	-0.01
收入合计	563 042.88	100.00

6.4.1.8 公司净资本、风险资本以及风险控制指标

根据公司审计报告、《信托公司净资本管理办法》(中国银监会令2010年第5号)、《中国银监会关于印发信托公司净资本计算标准有关事项的通知》(银监发〔2011〕11号)的规定计算：截至2020年12月31日，公司净资产为1 466 756.99万元，固有业务风险资本为130 751.49万元，信托业务风险资本为843 708.48万元，其他业务风险资本为零，各项业务风险资本之和为974 459.97万元，公司净资本为1 319 190.39万元，符合大于等于2亿元的监管标准。

净资本/各项业务风险资本之和为135.38%，符合大于等于100%的监管标准。

净资本/净资产为89.94%，符合大于等于40%的监管标准。

6.4.2 信托资产管理情况

6.4.2.1 披露履行受托人义务的情况

公司作为受托人，严格按照《中华人民共和国信托法》《信托公司管理办法》《信托公司资金信托管理暂行办法》(征求意见稿)等法律法规的规定及信托合同等文件的约定，恪尽职守，诚信、谨慎、高效地管理信托财产，严格履行受托人的义务，为委托人的最大利益处理信托事务。

6.4.2.2 披露信托资产的期初数、期末数

单位：万元

信托资产	期初数	期末数
集合	43 270 521.19	63 920 030.72
单一	25 646 547.07	26 994 109.98
财产权	4 811 557.53	9 069 371.24
合计	73 728 625.79	99 983 511.94

6.4.2.2.1 主动管理型信托业务的信托资产期初数、期末数

单位：万元

主动管理型信托资产	期初数	期末数
证券投资类	9 402 971.05	12 563 924.69
股权投资类	3 231 563.99	5 919 309.96
融资类	25 655 059.18	22 843 091.68
事务管理类	2 549 738.00	11 842 671.41
其　他	3 228 985.71	20 792 799.99
合　计	44 068 317.93	73 961 797.73

6.4.2.2.2 被动管理型信托业务的信托资产期初数、期末数

单位：万元

被动管理型信托资产	期初数	期末数
证券投资类	569 692.68	258 852.95
股权投资类	655 769.66	3 822 491.04
融资类	4 406 873.26	310 566.27
事务管理类	23 361 290.14	20 460 504.79
其他	666 682.12	1 169 299.16
合计	29 660 307.86	26 021 714.21

6.4.2.3 本年度已清算结束的信托项目个数、实收信托合计金额、加权平均实际年化收益率

6.4.2.3.1 本年度已清算结束的集合类、单一类资金信托项目和财产权类信托项目个数、实收信托合计金额、加权平均实际年化收益率

已清算结束的信托项目	项目个数(个)	实收信托合计金额(万元)	加权平均实际年化收益率(%)
集合类	353	34 190 036.01	6.11
单一类	327	13 880 400.95	6.00
财产权类	126	7 807 701.15	4.65
合计	806	55 878 138.11	5.95

6.4.2.3.2　本年度已清算结束的主动管理型信托项目个数、实收信托合计金额、加权平均实际年化收益率

已清算结束的信托项目	项目个数（个）	实收信托合计金额（万元）	加权平均实际年化信托报酬率（%）	加权平均实际年化收益率（%）
证券投资类	50	15 371 710.36	0.39	4.07
股权投资类	21	2 343 015.22	1.85	10.30
融资类	279	13 178 430.34	1.25	6.95
事务管理类	82	5 981 979.27	0.73	6.17
合计	432	36 875 135.19	0.88	5.98

6.4.2.3.3　本年度已清算结束的被动管理型信托项目个数、实收信托合计金额、加权平均实际年化收益率

已清算结束的信托项目	项目个数（个）	实收信托合计金额（万元）	加权平均实际年化信托报酬率（%）	加权平均实际年化收益率（%）
证券投资类	3	358 800.00	0.14	3.28
股权投资类	3	546 600.00	0.11	6.47
融资类	25	1 413 617.78	0.31	7.31
事务管理类	343	16 683 985.14	0.19	5.75
合计	374	19 003 002.92	0.20	5.86

6.4.2.4　本年度新增的集合类、单一类和财产权类信托项目数量、实收信托合计金额

新增信托项目	项目个数（个）	合计金额（万元）
集合类	685	5[illegible]839 545.54
单一类	1539	1[illegible]227 963.86
财产权类	133	1[illegible]065 514.86
新增合计	2357	8[illegible]133 024.26
其中：主动管理型	1993	6[illegible]768 614.99
被动管理型	364	1[illegible]364 409.27

6.4.2.5　披露信托财产的损失情况（笔数、合计金额、原因等）

无。

6.4.2.6　披露因本公司自身责任而导致的信托资产损失情况

无。

6.5　关联方关系及其交易的披露

6.5.1　关联交易方的数量、关联交易的总金额及关联交易的定价政策等

关联交易方数量	关联交易方总金额（余额）（万元）	关联交易的定价政策
17	12 939 726.05	按市场价格交易；若无价格，则按公允原则，以不优于对非关联方同类交易的条件交易。

6.5.2　关联交易方与本公司的关系性质、关联交易方的名称、法定代表、注册地址、注册资本及主营业务等

关联交易方与本公司的关系性质	关联交易方的名称	法定代表	注册地址	注册资本（万元）	主营业务
同一母公司控制下的子公司	中国光大银行股份有限公司	李晓鹏	北京市西城区太平桥大街25号、甲25号中国光大中心	5 248 927.00	吸收公众存款，发放短期、中期和长期贷款，办理国内外结算，办理票据承兑与贴现等。
同一最终控制方	中光控股有限公司	李少平	北京市石景山区石景山路31号院盛景国际广场3号楼1908室	10 000.00	企业总部管理、投资管理、项目投资、资产管理。
同一母公司控制下的子公司	光大证券股份有限公司	刘秋明	上海市静安区新闸路1508号	461 078.76	证券经纪，证券投资咨询，与证券交易、证券投资活动有关的财务顾问，证券承销与保荐，证券自营等。
同一最终控制方	光大理财有限责任公司	张旭阳	山东省青岛市崂山区香港东路195号4号楼16至19层	500 000.00	面向不特定社会公众公开发行理财产品，对受托的投资者财产进行投资和管理，理财顾问和咨询服务等。
同一最终控制方	内蒙古光大股权投资管理有限公司	陈岱青	内蒙古自治区鄂尔多斯市东胜区郝家圪卜路11号联丰食品加工园1号楼6层609	3 000.00	股权投资管理、企业投资咨询、财务咨询、商务信息咨询、理财咨询。

注：1. 公司本年度发生关联交易的关联方共有17个，主要来自光大集团内部，表中为公司主要关联方。

2. 中光控股有限公司曾用名光大金控财金资本有限公司。

6.5.3　逐笔披露本公司与关联方的重大交易事项

6.5.3.1　固有财产与关联方交易情况

名称	金额（万元）
中光财金兴陇（兰考）股权投资基金合伙企业（有限合伙）	108 550.00

6.5.3.2　信托资产与关联方交易情况

业务类型	公司名称	金额（余额）（万元）	备注
贷款类	—	—	
投资类	—	—	
应收账款类	—	—	

续表

业务类型	公司名称	金额（万元）	备注
其他类	中国光大银行股份有限公司	7 312 767.[illegible]	关联方认购本公司信托产品的
	光大金控资产管理有限公司	729 800.0[illegible]	
	光大证券股份有限公司	1 242 573.[illegible]	
	中光控股有限公司	1 779 612.[illegible]	
	光大理财有限责任公司	430 000.0[illegible]	
	内蒙古光大股权投资管理有限公司	89 950.0[illegible]	
	光大证券股份有限公司	728 770.4[illegible]	本信托产品认购关联方管理的资管产品的
	昆明轩雅棚改投资合伙企业（有限合伙）	100 000.0[illegible]	

续表

业务类型	公司名称	金额(余额)(万元)	备注
合计		12 413 474. 67	

注:1. 光大证券股份有限公司含其子公司上海光大证券资产管理有限公司。
2. 此部分的金额为2020年期末资金余额数。

6. 5. 3. 3　信托公司自有资金运用于自己管理的信托项目(固信交易)、信托公司管理的信托项目之间的相互(信信交易)交易金额

6. 5. 3. 3. 1　固有财产与信托财产之间的交易金额、交易方式等期初汇总数、本期发生汇总数、期末汇总数

单位:万元

期初汇总数	本期发生汇总数	期末汇总数
83 883. 21	231 337. 42	315 220. 63

6. 5. 3. 3. 2　信托资产与信托财产之间的交易金额、交易方式等期初汇总数、本期发生汇总数、期末汇总数

单位:万元

期初汇总数	本期发生汇总数	期末汇总数
3 924 446. 36	2 107 987. 53	6 032 433. 89

6. 5. 4　逐笔披露关联方逾期未偿还本公司资金的详细情况及本公司为关联方担保发生或即将发生垫款的详细情况

无。

6. 6　会计制度的披露

为加强公司财务管理,规范财务工作,促进经营业务的发展,提高经济效益,促进本公司法人治理结构的建立和完善,防范财务风险、规范公司会计行为,根据国家有关法律、法规规定和公司章程,制定了《光大兴陇信托有限责任公司差旅费报销管理办法》《光大兴陇信托有限责任公司业务招待费管理办法》《光大兴陇信托有限责任公司财务咨询顾问服务类业务管理办法》《光大兴陇信托有限责任公司金融工具准则分类与计量管理办法》《光大兴陇信托有限责任公司金融工具公允价值估值管理办法》《光大兴陇信托有限责任公司金融工具公允价值估值细则》《光大兴陇信托有限责任公司实施金融工具准则减值管理办法》。

7. 财务情况说明书

7. 1　利润实现和分配情况

7. 1. 1　实现利润

本公司2020年实现利润总额350 929. 18万元,净利润为261 143. 55万元。

7. 1. 2　提取盈余公积

根据公司法和公司章程的规定,本公司按2020年净利润的10%提取法定盈余公积26 114.35万元(2019年为20 776. 89万元)。

7. 1. 3　提取一般风险准备

根据《金融企业准备金计提管理办法》(财金〔2012〕20号)的规定,一般风险准备是从净利润中提取的,用于部分弥补尚未识别的可能性损失的准备金。原则上一般风险准备余额不低于风险资产期末余额的1. 5%,本公司符合上述规定,2020年未再提取一般风险准备。

7. 1. 4　提取信托赔偿准备

根据《信托公司管理办法》(中国银行业监督管理委员会令2007年第2号)第四十九条及公司章程的规定,本公司按2020年净利润的5%提取信托赔偿准备13 057. 18万元(2019年为10 388. 44万元)。

7. 1. 5　分配股利

根据2020年12月30日召开的2020年第五次临时股东会决议批准,本公司2020年向股东派发现金股利金额62 330. 65万元(2019年为33 499. 67万元)。

7. 2　主要财务指标

指标名称	指标值
资本利润率(%)	20. 58
加权年化信托报酬率(%)	0. 58
人均净利润(万元)	295. 08

7. 3　对本公司财务状况、经营成果有重大影响的其他事项

无。

7. 4　其他事项

无。

8. 特别事项揭示

8. 1　前五名股东报告期内变动情况及原因

无。

8. 2　董事、监事及高级管理人员变动情况及原因

8. 2. 1　董事变动情况

2020年1月19日,经光大兴陇信托有限责任公司2020年第一次临时股东会审议通过,选举秦莉同志为公司董事,陆卫东同志不再担任公司董事。2020年5月26日,甘肃银保监局核准秦莉同志董事任职资格。

2020年3月20日,经光大兴陇信托有限责任公司2020年第二次临时股东会审议通过,选举王志远同志为公司董事,吴万华同志不再担任公司董事。2020年5月26日,甘肃银保监局核准王志远同志董事任职资格。

2020年10月21日,经光大兴陇信托有限责任公司第二届职工代表大会第三次会议表决通过,选举张满红同志为公司职工董事。

2020年11月5日,经光大兴陇信托有限责任公司2020年第四次临时股东会审议通过,选举谢太峰同志、赵欣同志、方文彬同志为公司独立董事,周小明同志、苑德军同志、张萍同志不再担任公司独立董事。2021年1月5日,甘肃银保监局核准谢太峰同志、赵欣同志独立董事任职资格。2021年1月21日,

甘肃银保监局核准方文彬同志独立董事任职资格。

2021 年 1 月 29 日，经光大兴陇信托有限责任公司 2021 年第二次临时股东会审议通过，选举冯翔同志为公司董事，闫桂军同志不再担任公司董事。同日，经光大兴陇信托有限责任公司董事会 2021 年第一次会议审议通过，选举冯翔同志为公司董事长，闫桂军同志不再担任公司董事长。2021 年 4 月 9 日，甘肃银保监局核准冯翔同志董事、董事长任职资格。

8.2.2 监事变动情况

2020 年 3 月 20 日，经光大兴陇信托有限责任公司 2020 年第二次临时股东会审议通过，选举张晶同志为公司监事，陆代森同志不再担任公司监事。

2020 年 3 月 23 日，经光大兴陇信托有限责任公司第一届监事会第十一次会议审议通过，选举张晶同志为公司监事会主席。

8.2.3 高级管理人员变动情况

2020 年 3 月 20 日，经光大兴陇信托有限责任公司第一届董事会第五十四次会议审议通过，聘任王志远同志为公司副总裁。2020 年 5 月 26 日，甘肃银保监局核准王志远同志副总裁任职资格。

8.3 变更注册资本、变更注册地或公司名称、公司分立合并事项

2020 年 11 月，经甘肃银保监局批准，公司将注册资本金由 641 819.05 万元增加至 841 819.05 万元。2021 年 4 月 13 日，公司接到甘肃省市场监督管理局核发的新营业执照，公司注册资本金变更为 841 819.05 万元。

8.4 公司的重大诉讼事项

8.4.1 重大未决诉讼事项

8.4.1.1 固有业务重大诉讼案件情况

白银有色金属公司（以下简称白银有色）欠公司两笔贷款的借款纠纷案，第一笔经最高人民法院（2002）民二终字第 187 号《民事判决书》判决公司胜诉，由白银有色偿还贷款本金 30 430 000.00元及相应利息；第二笔经甘肃省高级人民法院（2002）甘民二初字第 39 号《民事判决书》判决公司胜诉，由白银有色偿还贷款本金 7 130 000.00 元及相应利息，案件受理费 75 627.00 元由白银有色承担。甘肃省最高人民法院作出（2019）甘执异 198 号裁定书，公司已经对该裁定书向最高人民法院提起复议。

8.4.1.2 信托业务重大诉讼案件情况

公司诉江苏东来房地产公司借款合同纠纷一案，该案公司已经作为原告向甘肃省高级人民法院起诉，2015 年 12 月 7 日收到甘肃省高级人民法院（2015）甘民二初字第 27 号民事判决书，判决江苏东来房地产公司提前偿还借款本息，并需支付自提前到期日至实际偿付日期间所有利息及罚息，各担保人承担连带担保责任，公司对抵押物优先受偿。因江苏东来房地产公司被其他债权人申请破产，公司案件暂停执行，公司已经向破产管理人申报债权，并得到破产管理人对债权的确认，目前等待破产管理人的下一步安排。

公司诉河南省豫粮粮食集团有限公司、河南省国有资产控股运营集团有限公司股权收益权回购合同纠纷一案，2020 年 12 月 16 日兰州市中级人民法院作出一审判决，判决被告向公司归还相应的本金及违约金，担保人承担连带保证责任，被告目前已经上诉，等待二审。

公司相信，通过公平、公正、公开的司法环境，能够促使以上案件的圆满解决。

8.4.2 以前年度发生，于本报告年度内终结的诉讼事项

公司诉青海省投资集团有限公司等被告金融借款合同纠纷一案，2019 年 9 月 11 日，公司收到甘肃省高级人民法院民事判决书，判决被告向公司归还相应的本金、利息及其他诉讼费用，各担保人承担连带保证责任，后被告方上诉但是并未缴纳上诉费。2020 年 4 月 21 日，公司进入执行程序后，青海省投资集团有限公司及担保人被申请破产。公司向破产管理人申报债权，并得到破产管理人确认债权。

8.4.3 本报告年度发生，于本报告年度内终结的诉讼事项

无。

8.5 对会计师事务所出具的有解释性说明、保留意见、拒绝表示意见或否定意见的审计报告的，公司董事会应就所涉及事项作出说明

安永华明会计师事务所（特殊普通合伙）为本公司出具了标准无保留意见的审计报告。

8.6 公司及其董事、监事和高级管理人员受到处罚的情况

无。

8.7 中国银保监会及其派出机构对公司检查后提出整改意见的，应简单说明整改情况

2020 年，甘肃银保银监局对公司采取了非现场监管与现场检查相结合的审慎监管措施，全年累计进行了两次现场督导与检查，分别涉及信息科技风险快速巡查和房地产信托业务专项现场检查。甘肃银保监局从以下六个方面提出了整改意见及要求：（1）进一步完善信息科技治理，加强履职；（2）加强风险管理，切实建立信息科技风险防范“三道防线”；（3）落实开发测试管理机制，提升项目周期风险前覆盖能力；（4）强化运维执行力，提升信息安全管理水平；（5）加强应急体系建设，提升业务连续性能力；（6）完善外包管理制度，加强做好重大事项报告管理。

公司秉承“尊重监管、服从监管”的理念，严格根据以上整改意见和要求积极落实整改问责，建立整改问题跟踪台账，及时向监管部门上报整改报告，同时，进一步加强内部追责处罚力度，确保合规压力的有效传导。

8.8 本年度重大事项临时报告的简要内容、披露时间、所披露的媒体及其版面

2020 年 1 月 2 日，在《证券时报》B2 版对邵灵同志任公司董事、总裁事项进行了公告。

8.9 中国银保监会及其省级派出机构认定的其他有必要让客户及相关利益人了解的重要信息

无。

9. 公司监事会意见

报告期内，公司监事会严格遵守《中华人民共和国公司法》《光大兴陇信托有限责任公司章程》的有关规定，依法独立履行职责，全体监事列席了各次股东会会议及董事会会议，监督检查了公司依法运作、重大决策、重大经营活动情况及财务状况，认为公司能够合规运作。2020 年度财务报告经安永华明会计师事务所（特殊普通合伙）审计，出具了标准无保留意见的审计报告，该报告真实、客观、准确地反映了公司财务状况和经营成果。

广东粤财信托有限公司

1. 重要提示

1.1 本公司董事会及董事保证本报告所载资料不存在任何虚假记载、误导性陈述或者重大遗漏，并对其内容的真实性、准确性和完整性承担个别及连带责任。

1.2 公司独立董事对本报告所披露内容进行了认真审查，保证本报告内容的真实性、准确性和完整性。

1.3 致同会计师事务所(特殊普通合伙)广州分所对本公司年度财务报告进行了审计，出具了标准无保留意见的审计报告。

1.4 公司负责人、主管会计工作负责人及会计部门负责人保证年度报告中财务报告的真实、完整。

2. 公司概况

2.1 公司简介

广东粤财信托有限公司成立于1984年，是经原中国银监会批准设立的非银行金融机构，是国内首批设立的信托公司，目前为广东省唯一省属国有信托机构。公司注册资本为38亿元，其中广东粤财投资控股有限公司出资372 931.59万元，出资比例为98.14%；广东省科技创业投资有限公司出资7 068.41万元，出资比例为1.86%。

公司一直坚持“诚信为本、稳健经营、专业进取、开拓创新”的经营方针，以完善的风险控制系统为基础，以金融产品创新为手段，构建专业化、综合性的金融服务平台，为客户提供个性化、专业化、全方位的金融需求解决方案。未来，公司将以“致力更优服务，成就客户与员工价值，引领行业发展”为使命，向着“成为资本实力雄厚、主动管理能力及创新研发能力卓越的全球资产管理与财富管理金融服务商”的目标不断迈进。

2.1.1 公司法定中文名称：广东粤财信托有限公司
英文名称：Guangdong Finance Trust Co. ,Ltd.

2.1.2 法定代表人：莫敏秋

2.1.3 注册地址：广东省广州市越秀区东风中路481号粤财大厦1楼自编C区、4楼、14层、40楼

2.1.4 邮政编码：510045

2.1.5 公司国际互联网网址：http://www.utrusts.com

2.1.6 公司电子信箱：wealth@utrust.cn

2.1.7 公司信息披露事务联系人：金虎
联系电话：020-37126321
传真：020-83063082
电子信箱：wealth@utrust.cn

2.1.8 公司本次信息披露报纸名称：《证券时报》《金融时报》

2.1.9 公司年度报告备置地点：广州市东风中路481号粤财大厦14楼

2.1.10 公司聘请的会计师事务所：致同会计师事务所(特殊普通合伙)广州分所；办公地点：中国广州市天河区珠江新城珠江东路32号利通广场10楼

2.2 组织结构

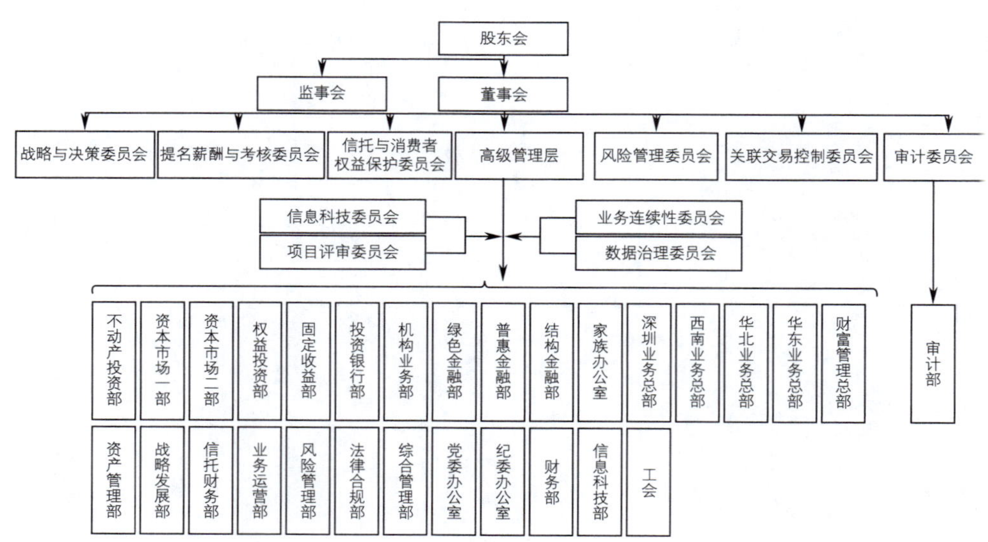

3. 公司治理

3.1 股东

股东构成

股东名称	广东粤财投资控股有限公司	广东省科技创业投资有限公司
出资额(万元)	372 931.59	7 068.41
出资比例(%)	98.14	1.86
法人代表	金圣宏	汪涛
注册资本(亿元)	351.40	10.40
注册地址	广州市东风中路481号粤财大厦15楼	广东省广州市天河区珠江西路17号4301房自编号1房
主要经营业务及主要财务情况	主要经营业务:资本运营管理、资产受托管理、投资项目的管理;科技风险投资、实业投资;企业重组、并购咨询服务、互联网信息服务、网络科技咨询服务。 主要财务情况(未经审计,合并报表):资产总额为1 034.71亿元;净资产为495.38亿元;当年净利润为11.61亿元。	主要经营业务:供创业管理服务业务;参与设立创业投资企业与创业投资管理顾问机构;股权投资业务;咨询业务;产业园投资;物业出租。 主要财务情况(未经审计):资产总额为38.48亿元;净资产为14.91亿元;当年净利润为63.52万元。

3.2 董事、董事会

董事长、董事

职　务	姓　名	性别	年龄(岁)	选任日期	所推举的股东名称	该股东持股比例(%)	简要履历
董事长	莫敏秋	男	49	2020年5月19日	广东粤财投资控股有限公司	98.14	2015年9月,任广东粤财投资控股有限公司总经理助理;2019年4月,任广东金融租赁股份有限公司董事长;2020年5月,任广东粤财信托有限公司董事长。
董事	吴　锋	男	52	2020年5月12日	广东粤财投资控股有限公司	98.14	2009年11月,任广东省经济和信息化委员会党组成员、副主任;2015年1月,任广东粤财投资控股有限公司党委委员、副总经理;2020年5月,任广东粤财信托有限公司董事。
董事	杨福明	男	47	2020年5月12日	广东粤财投资控股有限公司	98.14	2016年4月,任中国银行天津市分行总审计师;2018年12月,任广东粤财投资控股有限公司首席财务官;2020年5月,任广东粤财信托有限公司董事。
董事	刘发宏	男	50	2018年12月28日	广东粤财投资控股有限公司	98.14	2016年11月,任广东粤财投资控股有限公司审计部总经理;2018年12月,任广东粤财信托有限公司职工董事、党委副书记;2019年8月,任广东粤财投资控股有限公司人力资源部总经理;2019年11月,任广东粤财信托有限公司董事。
职工董事	王麒麟	男	38	2020年4月27日			2016年6月,任广东粤财信托有限公司信托管理一部副总经理;2017年6月,任广东粤财信托有限公司机构业务部总经理;2020年4月,任广东粤财信托有限公司职工董事。
董事	杨　鹏	男	38	2018年1月22日	广东省科技创业投资有限公司	1.86	2016年9月,任招商银行广州分行金融机构部副总经理;2017年3月,任粤科金融集团金融业务部副部长 2018年1月,任广东粤财信托有限公司董事;2019年3月,任广州资产管理有限公司深圳办事处副主任。

独立董事

职　务	姓　名	所在单位及职务	性别	年龄(岁)	选任日期	所推举的股东名称	该股东持股比例(%)	简要履历
独立董事	张天民	北京市君泽君律师事务所合伙人律师	男	50	2008年1月	广东粤财投资控股有限公司	98.14	2004年起任北京市君泽君律师事务所合伙人律师;2008年1月,任广东粤财信托有限公司独立董事。
独立董事	李文中	退休	男	62	2019年7月	广东粤财投资控股有限公司	98.14	2001年10月,任陕西省电力公司总会计师兼财务部主任;2002年1月,任贵州省电力公司总会计师;2003年2月,任中国南方电网公司财务部主任;2007年11月,任中国南方电网公司副总会计师兼财务部主任;2008年12月,任中国南方电网公司总会计师;2019年7月,任广东粤财信托有限公司独立董事。

3.3 监事、监事会

监事会成员

职　务	姓　名	性别	年龄(岁)	选任日期	所推举的股东名称	该股东持股比例(%)	简要履历
监事长	彭金灯	男	53	2019年12月24日	广东粤财投资控股有限公司	98.14	2009年3月,任广东粤财投资控股有限公司审计部总经理;2015年[illegible]月,任广东粤财物业发展有限公司总经理;2017年8月,兼任粤财控股香港国际有限公司、飞龙国际投资有限公司、香港粤财大厦有限公司、新飞龙国际投资有限公司、粤信（澳门）投资有限公司监事长;2019年12月,任广东粤财信托有限公司监事长。
监事	梁小天	男	44	2020年7月29日	广东粤财投资控股有限公司	98.14	2015年9月,任广东省融资再担保有限公司财务资源部副总经理;20[illegible]年3月,任广东省融资再担保有限公司财务资源部总经理;2018年2月,任广东粤财投资控股有限公司财务部副总经理;2019年11月,任广东省融资再担保有限公司财务资源部总经理;2020年7月,任广东粤财信托有限公司监事。
监事	赵敏华	女	49	2017年12月11日	职工代表监事	—	2003年1月,任广东粤财投资控股有限公司资产管理部业务经理、经理、高级经理;2011年4月,任广东粤财信托有限公司资产管理部高级经理;2017年12月,任广东粤财信托有限公司职工监事;2018年9月,任广东粤财信托有限公司综合管理部高级经理。

3.4 高级管理人员

高级管理人员

职　务	姓　名	性别	年龄(岁)	任职日期	金融从业年限(年)	学历	专业	简要履历
董事长	莫敏秋	男	49	2020年5月19日	3	硕士研究生	行政管理	2015年9月,任广东粤财投资控股有限公司总经理助理;2019年4月,任广东金融租赁股份有限公司董事长;2020年5月,任广东粤财信托有限公司董事长,代为履行总经理职责。
副总经理	刘东辉	男	52	2015年11月24日	16	博士	企业管理	2012年1月,任广东粤财信托有限公司信托管理三部总经理;2013年7月,任广东粤财信托有限公司总经理助理;2015年11月,任广东粤财信托有限公司副总经理。
副总经理	李亚娟	女	51	2013年7月15日	26	硕士研究生	投资经济学	2010年1月,任原广东银监局非银处处长;2012年[illegible]月,任原广东银监局纪委副书记;2013年7月,任广东粤财信托有限公司副总经理。
副总经理	刘星宇	男	41	2020年5月15日	15	本科学士	金融学、数学	2013年4月,任中国银行珠海分行副行长;2016年[illegible]月,任广东省融资再担保有限公司总经理助理;2018年2月,任广东省融资再担保有限公司副总经理;2020年5月,任广东粤财信托有限公司副总经理。
总会计师	肖建辉	男	45	2020年5月12日	1	本科学士	管理学	2007年4月,任广东粤财控股有限公司财务资源部(后更名为计划财务部)高级经理;2013年5月,任广东粤财投资控股有限公司计划财务部副总经理;2018年7月,任广东粤财资产管理有限公司总经理助理;2019年11月,任广东粤财信托有限公司财务部、资产管理部总经理;2020年5月,任广东粤财信托有限公司总会计师。
总经理助理	骆传朋	男	41	2020年5月12日	7	博士	世界经济	2013年12月,任广东粤财信托有限公司信托管理三部副总经理;2016年1月,任广东粤财信托有限公司信托管理三部(后更名为资本金融部)总经理;2018年2月,任广东粤财信托有限公司高级业务总监;2020年5月,任广东粤财信托有限公司总经理助理。
总经理助理	于健	男	39	2019年11月14日	11	硕士研究生	工商管理	2009年7月,任华澳国际信托有限市场营销管理总部副总经理;2014年8月,任陆家嘴国际信托有限市场营销中心总经理;2019年11月,任广东粤财信托有限公司总经理助理。

3.5 公司员工

项目		报告期年度		上年度	
		人数(人)	比例(%)	人数(人)	比例(%)
年龄分布	30 岁以下	64	30	57	30
	30～40 岁	113	54	98	51
	40～50 岁	26	12	28	14
	50 岁以上	9	4	10	5
学历分布	博士	7	3	9	4.7
	硕士	134	63	116	60.1
	本科	67	32	64	33.2
	专科	3	1.6	3	1.5
	其他	1	0.4	1	0.5
岗位分布	董事、监事及其高级管理人员	9	4.2	6	3.1
	自营业务人员	9	4.2	8	4.1
	信托业务人员	156	73.6	139	72.0
	其他人员	38	18	40	20.8

4. 经营管理

4.1 经营目标、经营方针、战略规划

4.1.1 经营目标

公司的经营目标是成为资本实力雄厚、主动管理能力及创新研发能力卓越的全球资产管理与财富管理金融服务商。

4.1.2 经营方针

公司的经营方针是“诚信为本、稳健经营、专业进取、开拓创新”。

4.1.3 战略规划

在公司股东的大力支持下，加快推进各项改革，积极推动业务创新，通过“管理机制先行、研发营销领先、运营风控优化与家园文化提升”等举措，全面践行“客户倍增战略、业务创新战略、全球服务战略和互联网＋战略”，以“致力更优服务，成就客户与员工价值，引领行业发展”为使命，向着“成为资本实力雄厚、主动管理能力及创新研发能力卓越的全球资产管理与财富管理金融服务商”的目标不断迈进。

4.2 所经营业务的主要内容

中国银保监会核准公司承办以下人民币和外币金融业务：资金信托；动产信托；不动产信托；有价证券信托；其他财产或财产权信托；作为投资基金或者基金管理公司的发起人从事投资基金业务；经营企业资产的重组、购并及项目融资、公司理财、财务顾问等业务；受托经营国务院有关部门批准的证券承销业务；办理居间、咨询、资信调查等业务；代保管及保管箱业务；以存放同业、拆放同业、贷款、租赁、投资方式运用固有财产；以固有财产为他人提供担保；从事同业拆借；法律法规规定或中国银行保险监督管理委员会批准的其他业务。

2020 年，公司自营资产运用与分布和信托财产运用与分布情况如下：

自营资产运用与分布表

资产运用	金额(万元)	占比(%)	资产分布	金额(万元)	占比(%)
货币资产	17 813.14	2.09	基础产业	—	—
贷款及应收款	2 651.58	0.31	房地产业	—	—
可供出售金融资产	525 387.23	61.70	证券市场	2 857.20	0.34
持有至到期投资	—	—	工商企业	—	—
长期股权投资	249 444.32	29.29	金融机构	841 046.12	98.76
其他	56 262.15	6.61	其他	7 655.10	0.90
资产总计	851 558.42	100.00	资产总计	851 558.42	100.00

信托资产运用与分布表

资产运用	金额(万元)	占比(%)	资产分布	金额(万元)	占比(%)
货币资产	560 112.29	2.07	基础产业	177 854.00	0.66
贷款	4 782 037.65	17.68	房地产	1 769 070.00	6.54
交易性金融资产	8 407 272.77	31.08	证券市场	7 830 193.65	28.94
可供出售金融资产	23 350.08	0.09	工商企业	8 723 299.52	32.25
持有至到期投资	11 384 010.01	42.08	金融机构	6 245 369.62	23.09
长期股权投资	1 773 858.11	6.56	其他	2 306 248.02	8.53
其他	121 393.90	0.45			
信托资产总计	27 052 034.80	100.00	信托资产总计	27 052 034.80	100.00

4.3 市场分析

4.3.1 促进本公司业务发展的有利因素

一是“十四五”时期，在国内大循环为主体、国际国内双循环相互促进的新格局下，金融业加速构建新发展格局，谋求高质量发展，信托行业仍有较大发展空间。

二是“资管新规”有利于重塑信托业态，标准类业务、非标转标业务是监管鼓励和发展方向，公司深耕资本市场业务多年，具有一定的先发优势。

三是公司作为具有多年稳健经营历史的广东省唯一省属国有信托机构，区位优势明显，2021 年在大湾区内挖掘资金端和资产端需求方面存在市场机遇。

4.3.2 影响本公司业务发展的不利因素

一是世界经济形势仍然复杂严峻，复苏不稳定不平衡，疫情冲击导致的各类衍生风险不容忽视，疫情变化和外部环境存在诸多不确定性，国内部分行业和区域信用风险和流动性风险阶段性上升。

二是在严监管、强监管常态化背景下，按照深化金融供给侧结构性改革和高质量发展等监管新政要求，公司转型发展面临短期的政策压力。

三是“资管新规”实施后，财富管理和资产管理行业竞争加剧，公司在客户渠道、资金成本、研发能力等方面与头部金融同业相比，面临一定的竞争压力。

4.4 内部控制

公司通过完善的组织架构、内部规章实现内部控制，形成了研究、决策、操作、检查、反馈的 PDCA 管理循环，构建了前台调查、中台审查、后台审计评价相互制衡的内部控制机制。

4.4.1 内部控制环境和内部控制文化

公司按照合法、高效、精简、制衡原则设置组织机构，设股东会、董事会和监事会，实行董事会领导下的总经理负责制。公司董事会及其下设战略与决策委员会和提名薪酬与考核委员会为公司决策系统，在董事会领导下的经营管理层及相关业务部门为公司执行系统，监事会及董事会下设的信托与消费者权益保护委员会、风险管理委员会、审计委员会及关联交易控制委员会为公司监督及信息反馈系统，四个系统既相互独立又相互联系。公司大力推进合规文化建设，通过开展内控制度培训、内部合规检查、建立风险问责制度等，促进全体员工牢固树立合规经营、按程序办事的意识。

4.4.2 内部控制措施

公司建立多层次内部控制组织架构，根据《中华人民共和国公司法》《信托公司管理办法》《信托公司治理指引》等法律法规，参照《商业银行公司治理指引》，完善《股东会议事规则》《董事会议事规则》《监事会议事规则》等规章制度，严格按章办事，确保董事、监事、经营管理层成员的权力有效约束、职责有效履行。

除董事会下属战略与决策委员会、提名薪酬与考核委员会、信托与消费者权益保护委员会、风险管理委员会、审计委员会及关联交易控制委员会外，专设审计部、风险管理部、法律合规部为内部控制职能部门。

其中，风险管理委员会主要负责审议公司治理、法人结构、“三重一大”、机构议事规则等重大事项相关制度及具有基础性的基本管理制度（属董事会下设其他专业委员会职责范围内的除外），并报董事会审批；审议公司重大风险管理制度，并向董事会提出建议；审批公司风险管理政策，包括审定公司风险管理策略、设定风险偏好、设立风险额度；监督高级管理层开展全面风险管理等。审计委员会主要负责审核内部审计章程等重要制度和审计工作报告；审批中长期审计规划和年度审计计划；监督审计基本管理制度、规章、规划和计划的执行；指导、考核和评价内部审计工作等。关联交易控制委员会主要负责审议有关关联交易的管理制度；确认公司关联方，向董事会和监事会报告；审批一般关联交易或者接受一般关联交易的备案；审查重大关联交易及其他需要提交董事会或者股东大会审议的关联交易，并提交董事会或股东大会批准；监督、检查关联交易管理和执行情况等。审计部、风险管理部和法律合规部主要按照审计委员会、关联交易控制委员会、风险管理委员会和经营管理层要求开展具体工作。

总体来看，公司内部控制职责明确，建立了前台、中台、后台分离，集中审批的业务管理架构，确保各业务环节岗位职能分离，相互监督，有效制衡。

4.4.3 信息交流与反馈

公司通过建立详细的工作报告及审核流程，工作信息得以规范、快速、有序传递；内部控制部门通过办公自动化系统实时传递外部监管意见及内部管理信息，业务部门与风险管理部门保持全流程业务信息共享，有效避免因信息交流不足导致的业务差错、信息递减或效率损耗。公司与监管部门建立了良好的沟通机制，各类业务按规定及时报告或报备，有效落实监管意见，为公司合规经营提供支持。

4.4.4 监督评价与纠正

公司定期对内部控制执行情况实施审计，并于本年度进一步加强内部控制监督工作，充实审计队伍，完善相关制度，年度审计稽核及内部合规检查情况显示公司内控执行情况良好，监管部门外部检查及内控检查发现的问题均已得到及时纠正。

4.5 风险管理

4.5.1 风险管理概况

公司推进全面风险管理体系建设，进一步优化现有组织架构，构建以董事会为核心，以战略与决策委员会、提名薪酬与考核委员会、风险管理委员会、审计委员会、关联交易控制委员会等为支点的风险管理体系，由内部规章、组织架构、授权制度、技术手段及审计与事后评价等部分组成。在具体风险管控方面，进一步厘清部门分工，明确各部门在风险管理中的职责，分别搭建信用风险、市场风险、操作风险、合规风险、关联交易等内评体系，进一步优化内部运作机制。公司优化了风险偏好体系，并设计了公司全面风险报告体系，明确报告内容和路径。公司建立了风险压力测试体系和方法，形成适合公司的压力测试方法论、压力测试情景设计、压力测试报告模板及相应的管理机制、流程，进一步夯实与完善压力测试常态化工作机制。在项目运作上建立事前预防、事中控制、事后监督检查的风险控制流程，按照主动管理思路对项目尽职调查、贷款审查、贷后管理、押品管理和资产保全等流程进行再造。在项目审核上经由业务部门、法律合规部门、风险管理部门、项目评审委员会等多道环节进行综合风险管理，尤其强调过程控制，使公司在出现风险苗头时能快速反应，及时有效化解。

4.5.2 风险状况

4.5.2.1 信用风险状况

信用风险是公司经营面临的主要风险，是指交易对手未能履行合同所带来的经济损失，表现为交易对手不履行承诺而使信托资产或自有资产遭受潜在损失的可能性。报告期内，公司固有业务未发生交易对手信用风险事项。信托业务的信用风险主要来自融资类信托业务，公司针对不同类别的信托产品项下的交易对手风险，采取充分的信息披露，紧盯重点领域的交易对手风险隐患，及时充分地向委托人、受益人进行密切沟通和报告，审慎履行受托人职责。同时公司加强重点领域信用风险防控，对房地产、信政合作等重点信用风险领域，认真落实国家宏观调控政策，加强行业研究和分析、实施业务规模分类管控和业务过程监测，从源头控制风险，有保有压，优化业务结构。

4.5.2.2 市场风险状况

市场风险是指由于基础资产市场价格的不利变动或者急剧波动而导致衍生工具价格或者价值产生负面波动的风险，表现为市场利率、汇率、股票、债券行情等市场价格波动而造成的信托资产、自有资产损失的风险。固有业务项下所面临的市场风险主要来自证券投资类资产。公司固有业务秉承稳健投资原则，在投资品种、仓位限制和止损等方面严格执行公司的相关规定，谨慎操作，证券市场的波动对公司固有业务的整体影响有限。信托业务所面临的市场风险主要来自证券投资信托业务、直接投资的权益类资产及融资类业务质押品价格波动。公司严格依据信托合同进行投资运营，严格选择投资顾问，运用投资管理信托系统，设置专门实时监控岗位、降低股票质押率和增强信息披露等方式，有效防范股价波动风险，确保各项风险控制措施有效执行，使有价证券投资类信托产品整体运行平稳。

4.5.2.3 流动性风险状况

流动性风险指公司虽然有清偿能力,但无法及时获得充足资金或无法以合理成本及时获得充足资金以应对资产增长或支付到期债务的风险,表现为短期内资金周转困难、无力偿付到期负债而造成损失或破产的风险。公司对流动性风险高度重视,从制度、流程、识别、监控、压力测试等多角度进行管理,确保稳健经营。

4.5.2.4 操作风险状况

操作风险是指由于不完善或有问题的内部操作过程、人员、系统或外部事件而导致的直接或间接损失的风险。公司信托项目笔数多、资金流量大、交易流程节点多,公司通过严格执行授权制度、统一业务操作流程等,明确信托开户、保管、资金划付等岗位责任等,最大限度地降低操作风险。2020 年,公司未发生操作风险事故。

4.5.2.5 其他风险状况

公司面临的其他风险有合规风险、声誉风险、信息科技风险等。

合规风险是指公司因未能遵循法律法规、监管要求、规则、自律性组织制定的有关准则,以及适用于自身业务活动的行为准则,而可能遭受法律制裁或监管处罚、重大财务损失或声誉损失的风险。

声誉风险是指由公司经营、管理及其他行为或外部事件导致利益相关方对公司负面评价的风险。

信息科技风险是指信息科技在公司运用过程中,由于自然因素、人为因素、技术漏洞和管理缺陷产生的操作、法律和声誉等风险。

本年度公司继续坚持稳健合规经营理念,未发生合规风险、声誉风险、信息科技风险。

4.5.3 风险管理

4.5.3.1 信用风险

公司通过业务部门事前尽职调查、法律合规部门合规审查、风险管理部门风险审查、项目评审委员会审核决策,项目现金流压力测试、抵(质)押担保、资金监控等予以防范;通过项目实施过程中的跟踪检查及审计进行事中、事后控制。通过选择实力雄厚、信誉卓著、业绩优良的金融机构作为合作伙伴,关注交易对手经营管理及财务状况,适时调整合作规模及产品,控制交易对手风险。对于风险相对较高的存续信托资产,采取一户一策,动态调整授信策略和制定风险化解预案,并通过追加抵(质)押物、担保、优化管控条件、设置风险敞口分步压缩等方式,强化信用风险管控手段,严防资产风险出现劣变。在出现风险预警后,通过协商、调解、债权申报及诉讼等多种方式,积极主张权利,化解风险,有效维护信托财产安全。

4.5.3.2 市场风险

公司坚持"诚信为本、稳健发展"的经营理念,避免介入风险较大且难以有效控制的项目,审慎介入风险可控的项目,综合运用敏感性分析、情景分析等方法充分评估潜在市场风险,并通过业务部门—法律合规部—风险管理部—项目评审委员会的多层次审核,并设置专门实时监控岗位,结合严格的分级授权、系统支持、逐日盯市、预警止损等制度控制市场风险。

4.5.3.3 流动性风险

公司在风险管理过程中,注重审慎选择资产项目的同时,控制好主动管理类集合资金信托总体规模及信托项目单一集中度,定期开展流动性压力测试,测算压力情景下流动性缺口,制定有效的流动性风险应急预案,控制好公司整体流动性风险。针对潜在风险项目及早制定并落实化解预案,公司自营资产保持高流动性配置,防控潜在流动性风险。

4.5.3.4 操作风险

公司通过严格的授权制度和业务操作流程,明确岗位职责,建立内部相互制约、相互督促的工作机制;严格依法建账,将信托财产与固有财产分开管理、分别记账,对信托业务与非信托业务分开核算,对每项信托业务单独核算,对各项经营活动过程及资金运作建立严格的复核和监控程序;通过系统权限设置对证券投资操作权限和内容进行严格划分和分工,在业务和资金流转过程中设立双岗核定和确认制度,防范可能出现的漏洞。公司为提升内部管理水平和优化业务管理流程,积极查漏补缺,制定及修订各类制度,着重从制度层面、执行层面着手推进相关工作。法律合规部、风险管理部、审计部分别根据自身职责,独立进行定期或不定期的检查,及时发现问题并督促纠正。

4.5.3.5 其他风险

4.5.3.5.1 合规风险

公司根据监管形势和监管政策要求,做好合规风险管理的各项工作,建立健全内部控制制度、组织架构以规范与控制公司经营行为。公司法律合规部负责法律合规事务,对公司的法律合规风险进行识别、评估、监控,提出合规风险提示和修改完善建议;及时梳理、整合、改进公司规章制度和操作流程;组织员工进行合规培训和反洗钱教育,严格履行客户身份识别、风险等级划分、可疑交易监测和报告等反洗钱义务;保持与监管部门的密切沟通,积极响应监管指示,及时掌握政策动向,把握公司业务方向以控制政策风险。

4.5.3.5.2 声誉风险

声誉是信托公司赖以生存的重要资产。公司始终坚持稳健合规的经营理念,审慎选择信托项目、交易对手、合作机构;认真做好项目运作全过程的信息披露工作,保障金融消费者的知情权,避免因信息不对称造成金融消费者的过激反应;审慎尽职履行受托人管理职责,明确舆情管理职责,实时关注舆情信息,加强舆情信息研判,及时披露相关信息,主动接受舆论监督;日常加强分析研究,对可能发生的各类声誉风险事件进行情景分析,制定应急预案,强化声誉风险防范意识,切实防范声誉风险。

4.5.3.5.3 信息科技风险

为顺应公司业务流程信息化与系统建设需求,公司继续大力加强信息系统建设,在推动业务发展的同时切实防范相关风险。在信息科技治理方面,通过制度的修订与组织架构完善,进一步规范信息科技工作。在系统建设项目方面,公司在梳理、提炼业务系统需求的基础上,认真执行监管部门关于信托业务管理系统开发、金融机构信息科技系统风险防控要求,推动有关监管合规要求在系统开发、测试、维护中的落实;加强信息科技学习培训,逐步完善安全机制;制定相关的业务应急预案,做好演练,确保业务的连续性;切实做好信息科技审计,确保信息科技管理各项制度落实到位。

4.5.3.6　净资本及风险资本情况

截至2020年12月31日，公司净资产为82.01亿元，净资本为68.709亿元；公司各项业务风险资本之和为34.48亿元，其中固有业务风险资本为12.87亿元，信托业务风险资本为21.04亿元，其他业务风险资本0.56亿元。净资本比各项业务风险资本之和为199.26%，净资本比净资产为84.41%，符合监管要求。

5. 报告期末及上一年度末的比较式会计报表

5.1　自营资产

5.1.1　资产负债表

资产负债表

编制单位：广东粤财信托有限公司　　2020年12月31日　　单位：万元

项　目	期末余额	期初余额	项　目	期末余额	期初余额
资产：			负债：		
现金及存放中央银行款项	0.87	0.93	向中央银行借款	—	—
存放同业款项	17 812.27	84 635.17	同业及其他金融机构存放款项	—	—
贵金属	—	—	拆入资金	—	—
拆出资金	—	—	以公允价值计量且其变动计入当期损益的金融负债	—	—
以公允价值计量且其变动计入当期损益的金融资产	—	—	衍生金融负债	—	—
衍生金融资产	—	—	卖出回购金融资产款	—	—
买入返售金融资产	—	—	预收账款	1 304.47	3 971.05
应收账款	1 041.33	3 884.03	应付职工薪酬	9 911.66	6 481.59
应收利息	—	361.00	应付股利	—	—
其他应收款	1 610.25	1 126.33	应交税费	13 772.28	17 255.14
预付账款	—	—	其他应付款	6 503.69	6 040.38
发放贷款及垫款	—	—	应付债券	—	—
可供出售金融资产	525 387.23	339 727.33	递延所得税负债	—	190.01
持有至到期投资	—	5 000.00	其他负债	—	—
长期股权投资	249 444.32	228 493.31	负债合计	31 492.10	33 938.17
固定资产	3 209.91	3 429.67	所有者权益（或股东权益）：		
在建工程	—	—	实收资本	380 000.00	380 000.00
无形资产	1 165.74	1 253.84	资本公积	9 943.84	8 766.84
商誉	—	—	其他综合收益	-140.05	3 292.94
递延所得税资产	3 274.45	994.07	盈余公积	78 715.78	68 659.73
其他资产	48 612.05	86 794.30	一般风险准备	51 391.41	43 897.64
			未分配利润	300 155.34	217 144.66
			所有者权益（或股东权益）合计	820 066.32	721 761.81
资产总计	851 558.42	755 699.98	负债和所有者权益（或股东权益）总计	851 558.42	755 699.98

企业负责人：莫敏秋　　主管会计机构负责人：肖建辉　　会计机构负责人：肖建辉

5.1.2 利润表

利润表

编制单位：广东粤财信托有限公司　　2020 年度　　单位：万元

项　　目	2020 年度	2019 年度
一、营业收入	150 168.61	121 261.95
利息净收入	1 127.67	2 095.86
利息收入	1 127.67	2 095.86
利息支出	—	—
手续费及佣金净收入	60 119.38	56 707.10
手续费及佣金收入	60 150.67	58 387.29
手续费及佣金支出	31.29	1 680.19
投资收益（亏损以“－”号填列）	88 883.65	62 374.34
其中：交易性金融资产投资收益	—	—
对联营企业和合营企业的投资收益	65 075.17	43 351.58
公允价值变动收益（损失以“－”号填列）		—
汇兑收益（亏损以“－”号填列）	-23.45	6.03
其他业务收入	21.39	78.62
其他收益	39.97	—
资产处置收益（损失以“－”号填列）	—	—
二、营业支出	36 217.72	22 592.12
税金及附加	522.62	394.11
业务及管理费用	29 863.78	22 194.27
资产减值损失	5 831.32	3.74
其他业务成本	—	—
三、营业利润（亏损以“－”号填列）	113 950.89	98 669.83
加：营业外收入	2.95	1.97
减：营业外支出	850.74	629.82
四、利润总额（亏损总额以“－”号填列）	113 103.10	98 041.98
减：所得税费用	12 542.60	14 242.43
五、净利润（净亏损以“－”号填列）	100 560.50	83 799.55
（一）来自持续经营和终止经营的净利润	—	—

续表

项　　目	2020 年度	2019 年度
1. 持续经营净利润（净亏损以“－”号填列）	100 560.50	83 799.55
2. 终止经营净利润（净亏损以“－”号填列）	—	—
（二）归属所有者的净利润	100 560.50	83 799.55
其中：归属于母公司所有者的净利润	100 560.50	83 799.55
*少数股东损益	—	—
六、其他综合收益的税后净额	-3 433.00	1 945.37
归属于母公司所有者的其他综合收益的税后净额	-3 433.00	1 945.37
（一）以后不能重分类进损益的其他综合收益	—	—
其中：1. 重新计量设定受益计划净负债或净资产的变动	—	—
2. 权益法下在被投资单位不能重分类进损益的其他综合收益中享有的份额	—	—
（二）将重分类进损益的其他综合收益	-3 433.00	1 945.37
其中：1. 权益法下在被投资单位以后将重分类进损益的其他综合收益中享有的份额	-3 026.63	1 597.73
2. 可供出售金融资产公允价值变动损益	-406.37	347.64
3. 持有至到期投资重分类为可供出售金融资产损益	—	—
4. 现金流量套期损益的有效部分	—	—
5. 外币财务报表折算差额	—	—
*归属于少数股东的其他综合收益的税后净额	—	—
七、综合收益总额	97 127.51	85 744.92
归属于母公司所有者的综合收益总额	97 127.51	85 744.92
*归属于少数股东的综合收益总额	—	—
八、每股收益：	—	—
基本每股收益	—	—
稀释每股收益	—	—

企业负责人：莫敏秋　　主管会计机构负责人：肖建辉　　会计机构负责人：肖建辉

5.1.3 所有者权益变动表

所有者权益变动表

2020 年度

编制单位：广东粤财信托有限公司　　单位：万元

项　目	2020 年度							2019 年度						
	实收资本	资本公积	其他综合收益	盈余公积	一般风险准备金	未分配利润	所有者权益合计	实收资本	资本公积	其他综合收益	盈余公积	一般风险准备金	未分配利润	所有者权益合计
一、上年年末余额	380 000.00	8 766.84	3 292.94	68 659.73	43 897.64	217 144.66	721 761.81	380 000.00	—	1 347.57	60 279.77	38 205.39	147 417.32	627 250.05
加：会计政策变更	—	—	—	—	—	—	—	—	—	—	—	—	—	—
前期差错更正	—	—	—	—	—	—	—	—	—	—	—	—	—	—
其他	—	—	—	—	—	—	—	—	—	—	—	—	—	—
二、本年年初余额	380 000.00	8 766.84	3 292.94	68 659.73	43 897.64	217 144.66	721 761.81	380 000.00	—	1 347.57	60 279.77	38 205.39	147 417.32	627 250.05
三、本年增减变动金额（减少以“－”号填列）	—	1 177.00	−3 433.00	10 056.05	7 493.77	83 010.68	98 304.51	—	8 766.84	1 945.37	8 379.95	5 692.26	69 727.34	94 511.76
（一）综合收益总额	—	—	−3 433.00	—	—	100 560.50	97 127.51	—	—	1 945.37	—	—	83 799.55	85 744.92
（二）所有者投入和减少资本	—	1 177.00	—	—	—	—	1 177.00	—	8 766.84	—	—	—	—	8 766.84
1. 所有者投入的普通股	—	—	—	—	—	—	—	—	—	—	—	—	—	—
2. 其他权益工具持有者投入资本	—	—	—	—	—	—	—	—	—	—	—	—	—	—
3. 股份支付计入所有者权益的金额	—	—	—	—	—	—	—	—	—	—	—	—	—	—
4. 其他	—	1 177.00	—	—	—	—	1 177.00	—	8 766.84	—	—	—	—	8 766.84
（三）专项储备提取和使用	—	—	—	—	—	—	—	—	—	—	—	—	—	—
1. 提取专项储备	—	—	—	—	—	—	—	—	—	—	—	—	—	—
2. 使用专项储备	—	—	—	—	—	—	—	—	—	—	—	—	—	—
（四）利润分配	—	—	—	10 056.05	7 493.77	−17 549.82	—	—	—	—	8 379.95	5 692.26	−14 072.21	—
1. 提取盈余公积	—	—	—	10 056.05	—	−10 056.05	—	—	—	—	8 379.95	—	−8 379.95	—
其中：法定公积金	—	—	—	10 056.05	—	−10 056.05	—	—	—	—	8 379.95	—	−8 379.95	—
任意公积金	—	—	—	—	—	—	—	—	—	—	—	—	—	—
储备基金	—	—	—	—	—	—	—	—	—	—	—	—	—	—
企业发展基金	—	—	—	—	—	—	—	—	—	—	—	—	—	—
利润归还投资	—	—	—	—	—	—	—	—	—	—	—	—	—	—
2. 提取一般风险准备	—	—	—	—	7 493.77	−7 493.77	—	—	—	—	—	5 692.26	−5 692.26	—
3. 对所有者（或股东）的分配	—	—	—	—	—	—	—	—	—	—	—	—	—	—
4. 其他	—	—	—	—	—	—	—	—	—	—	—	—	—	—
（五）所有者权益内部结转	—	—	—	—	—	—	—	—	—	—	—	—	—	—
1. 资本公积转增资本（或股本）	—	—	—	—	—	—	—	—	—	—	—	—	—	—
2. 盈余公积转增资本（或股本）	—	—	—	—	—	—	—	—	—	—	—	—	—	—
3. 盈余公积弥补亏损	—	—	—	—	—	—	—	—	—	—	—	—	—	—
4. 结转重新计量设定受益计划净负债或净资产所产生的变动		—	—	—	—	—	—			—	—			—
5. 其他	—	—	—	—	—	—	—	—	—	—	—	—	—	—
四、本年年末余额	380 000.00	9 943.84	−140.06	78 715.78	51 391.41	300 155.34	820 066.32	380 000.00	8 766.84	3 292.94	68 659.73	43 897.64	217 144.66	721 761.81

企业负责人：莫敏秋　　主管会计机构负责人：肖建辉　　会计机构负责人：肖建辉

5.2 信托资产

5.2.1 信托项目资产负债汇总表

信托项目资产负债汇总表

编制单位：广东粤财信托有限公司　　2020 年 12 月 31 日　　单位：万元

信托资产	期初余额	期末余额	信托负债和信托权益	期初余额	期末余额
信托资产：			信托负债：		
货币资金	563 313.57	560 112.29	以公允价值计量且其变动计入当期损益的金融负债	—	—
拆出资金	—	—	衍生金融负债	—	—
存出保证金	—	—	应付受托人报酬	4 576.71	2 677.51
以公允价值计量且其变动计入当期损益的金融资产	7 316 804.89	8 407 272.77	应付托管费	342.79	842.21
衍生金融资产	—	—	应付受益人收益	33 813.21	10 729.84
买入返售金融资产	25 464.15	25 622.55	应交税费	2 995.87	7 101.30
应收款项	65 759.28	76 272.45	应付销售服务费	243.97	407.27
发放贷款	6 108 444.16	4 782 037.65	其他应付款项	36 663.95	99 107.64
可供出售金融资产	5 022.62	23 350.08	预计负债	—	—
持有至到期投资	11 404 879.65	11 401 471.80	其他负债	—	—
长期应收款	—	—	信托负债合计	79 136.50	120 865.77
长期股权投资	2 388 049.93	1 773 858.11			
投资性房地产	1 398.52	1 244.06	信托权益：		
固定资产	—	—	实收信托	26 418 305.34	24 504 169.48
无形资产	—	—	资本公积	195 601.75	137 788.60
长期待摊费用	268.71	293.05	损益平准金	—	—
其他资产	—	500.00	未分配利润	1 186 361.89	2 289 210.96
减：各项资产减值准备	—	—	信托权益合计	27 800 268.98	26 931 169.04
信托资产总计	27 879 405.48	27 052 034.81	信托负债及信托权益总计	27 879 405.48	27 052 034.81

企业负责人：莫敏秋　　主管会计机构负责人：肖建辉　　会计机构负责人：刘鸣

5.2.2 信托项目利润及利润分配汇总表

信托项目利润及利润分配汇总表

编制单位：广东粤财信托有限公司　　2020 年度　　单位：万元

项　目	本年累计数	上年同期数
一、营业收入	2 645 474.54	2 652 309.61
利息收入	851 814.77	1 089 652.72
投资收益（损失以"－"号填列）	821 799.75	809 758.16
其中：对联营企业和合营企业的投资收益	—	—
公允价值变动收益（损失以"－"号填列）	970 794.53	751 178.39
租赁收入	604.01	620.38
汇兑损益（损失以"－"号填列）	—	—
其他收入	461.48	1 099.96
二、支出	240 342.94	188 372.03
税金及附加	5 082.65	5 371.88
受托人报酬	53 078.39	53 316.55
托管费	13 592.33	13 521.22
投资管理费	2 654.89	7 029.38
销售服务费	3 168.19	1 718.70
交易费用	6 536.30	3 326.36
资产减值损失	369.89	—
其他费用	155 860.30	104 087.94
三、信托净利润（净亏损以"－"号填列）	2 405 131.60	2 463 937.58
其他综合收益	—	—
四、综合收益	2 405 131.60	2 463 937.58
加：期初未分配信托利润	1 186 361.89	60 929.31
五、可供分配的信托利润	3 591 493.49	2 524 866.89
减：本期已分配信托利润	1 302 282.53	1 338 505.00
六、期末未分配信托利润	2 289 210.96	1 186 361.89

续表

企业负责人：莫敏秋　　主管会计机构负责人：肖建辉　　会计机构负责人：刘鸣

6. 会计报表附注

6.1 会计政策变更

6.1.1 会计政策变更

本公司本期无会计政策变更。

6.1.2 会计估计变更

本公司本期无会计估计变更。

6.2 或有事项说明

本年度公司未发生重要的或有事项。

6.3 重要资产转让及其出售的说明

本年度公司未发生重要资产转让或出售。

6.4 会计报表中重要项目的明细资料

6.4.1 自营资产经营情况

6.4.1.1 信用风险资产五级分类

信用风险资产五级分类	正常类（万元）	关注类（万元）	次级类（万元）	可疑类（万元）	损失类（万元）	信用风险资产合计（万元）	不良资产合计（万元）	不良资产率（%）
2020 年 12 月 31 日	20 467.86	3.74	—	—	—	20 471.60	—	—
2019 年 12 月 31 日	90 006.54	3.74	—	—	—	90 010.28	—	—

注：1. 不良资产合计 = 次级类 + 可疑类 + 损失类。

2. 本公司"信用风险资产"为存放同业款项、贷款、应收账款、其他应收款和应收利息。

6.4.1.2 各项资产减值损失准备

单位：万元

	期初数	本期计提	本期转回	本期核销	其他减少	期末数
贷款损失准备：						
一般准备	—	—	—	—	—	—
专项准备	—	—	—	—	—	—
其他资产减值准备：						
可供出售金融资产减值准备	—	5 828.18	—	—	—	5 828.18
持有至到期投资减值准备	—	—	—	—	—	—
长期股权投资减值准备	—	—	—	—	—	—
坏账准备	3.74	3.13	—	—	—	6.87
投资性房地产减值准备	—	—	—	—	—	—
合计	3.74	5 831.31	—	—	—	5 835.05

6.4.1.3 投资品种分类

单位：万元

投资品种分类	自营股票	基金	债券	长期股权投资	其他投资	合 计
2020 年期初	—	4 292.89	5 000.00	228 493.31	335 434.44	573 220.64
2020 年期末	—	2 857.20	—	249 444.32	522 530.03	774 831.55

6.4.1.4 前五名的自营长期股权投资

企业名称	占被投资企业权益的比例（%）	主要经营活动	按照权益法核算投资损益（万元）
易方达基金管理有限公司	22.6514	基金管理和发起设立基金	65 075.17

6.4.1.5 公司自营贷款

截至 2020 年 12 月 31 日，公司自营贷款余额为零。

6.4.1.6 表外业务分类

单位：万元

表外业务	期初数	期末数
担保业务	—	—
代理业务（委托贷款）	—	—
其他	—	—
合计	—	—

6.4.1.7 公司当年的收入结构

收入结构	金额（万元）	占比（%）
手续费及佣金收入：	60 150.67	40.03
其中：信托手续费收入	56 001.26	37.38
其他手续费收入	4 149.41	2.65
利息收入	1 127.67	0.75
其他业务收入	21.38	0.01
其中：计入信托业务收入部分	—	—
投资收益	88 883.65	59.19
其中：股权投资收益	67 561.73	44.99
证券投资收益	—	—
其他投资收益	21 321.93	14.20
公允价值变动收益	—	—
汇兑收益	-23.45	-0.02
其他收益	39.97	0.04
营业外收入	2.95	—
收入合计	150 202.84	100.00

6.4.2 信托财产管理情况

6.4.2.1 信托资产分类

单位：万元

信托资产	期初数	期末数
集合	6 102 014.41	1[illegible]807.22
单一	13 827 062.57	[illegible]641.76
财产权	7 950 328.50	[illegible]585.80
合计	27 879 405.48	2[illegible]034.78

6.4.2.1.1 主动管理型信托业务的信托资产分类

单位：万元

主动管理型信托资产	期初数	期末数
证券投资类	6 950 778.25	8[illegible]431.59
股权投资类	4 488 490.57	3[illegible]30.14
融资类	5 587 385.95	6[illegible]46.37
事务管理类	104 910.20	[illegible]64.60
合计	17 131 564.97	18[illegible]72.70

6.4.2.1.2 被动管理型信托业务的信托资产分类

单位:万元

被动管理型信托资产	期初数	期末数
证券投资类	516 498.44	173 270.68
股权投资类	322 972.01	207 774.36
融资类	2 691 962.11	1 346 713.51
事务管理类	7 216 407.95	7 033 803.55
合计	10 747 840.51	8 761 562.10

6.4.2.2 本年度已清算结束的信托项目

本报告期内,本年度已清算结束的信托项目个数为 331 个,实收信托合计金额为 8 784 235.01 万元,加权平均实际年化收益率为 5.8399%,具体情况如下:

已清算结束的信托项目	项目个数(个)	实收信托合计金额(万元)	加权平均实际年化收益率(%)
集合类	164	2 126 531.17	7.7252
单一类	131	4 195 890.60	4.9644
财产管理类	36	2 461 813.24	4.6827

注:1. 收益率是指信托项目清算后,给受益人赚取的实际收益水平。

2. 加权平均实际年化收益率 =(信托项目 1 的实际年化收益率 × 信托项目 1 的实收信托 + 信托项目 2 的实际年化收益率 × 信托项目 2 的实收信托 + … + 信托项目 n 的实际年化收益率 × 信托项目 n 的实收信托)/(信托项目 1 的实收信托 + 信托项目 2 的实收信托 + … + 信托项目 n 的实收信托)×100%(下同)。

本年度已清算结束的主动管理型信托项目 231 个,实收信托合计金额为 4 348 144.78 万元,加权平均实际年化收益率为 6.6046%,具体情况如下:

已清算结束的信托项目	项目个数(个)	实收信托合计金额(万元)	加权平均实际年化收益率(%)
证券投资类	107	751 183.21	7.0723
股权投资类	25	1 210 443.64	5.1825
融资类	99	2 386 517.93	6.8139
事务管理类	—	—	—

本年度已清算结束的被动管理型信托项目 100 个,实收信托合计金额为 4 436 090.22 万元,加权平均实际年化收益率 5.0498%,具体情况如下:

已清算结束的信托项目	项目个数(个)	实收信托合计金额(万元)	加权平均实际年化收益率(%)
证券投资类	7	83 170.97	-10.7137
股权投资类	—	—	—
融资类	25	874 565.04	6.3989
事务管理类	68	3 478 354.22	5.5458

6.4.2.3 本年度新增的信托项目

新增信托项目	项目个数(个)	实收信托合计金额(万元)
集合类	121	1 621 752.57
单一类	75	2 390 479.00
财产管理类	62	6 859 422.03
新增合计	258	10 871 653.60
其中:主动管理型	218	6 177 808.45
被动管理型	40	4 693 845.15

6.4.2.4 信托业务创新成果和特色业务有关情况

报告期内,公司根据政策变化、规则调整和市场需求情况,有重点地逐步开展创新业务工作,致力于为客户提供专业化的一揽子综合金融服务,拓展新业务盈利点,打造先行优势和核心竞争力做好充分准备。

6.4.2.4.1 进一步推进主动管理证券投资业务

2020 年 6 月,公司成立多种策略配置型投资类信托计划——“粤财信托 · 粤选有财 FOF 配置型集合资金信托计划”,是公司首只实质主动管理的 FOF 产品,通过多元化的资产配置、投资风格、子管理人,实现信托计划单位净值的稳健增长,是公司业务从被动管理向主动管理转型的有益尝试。2020 年,公司已初步完成大固收产品线的布局,涵盖现金管理产品、纯债净值产品和“固收 + 产品”等大固收系列产品,业绩均跑赢当前市场相应指数,且风险可控。此外,公司加强与券商、私募管理机构合作,逐步推出 TOF、大宗交易产品、收益凭证产品,成立多只指数增强型收益凭证项目,进一步丰富产品种类。

6.4.2.4.2 资产证券化业务稳步开展,形成粤财特色

2020 年末,公司资产证券化和类资产证券化业务余额为 698.94 亿元,其中 2020 年新成立 39 个(类)ABS 项目,新增规模为 449.97 亿元。2020 年公司与惠州农商银行、清远农商银行、中山农商银行等粤港澳大湾区机构合作开展类资产证券化业务,项目落地 100 多亿元,间接支持了粤港澳大湾区企业的发展,在广东省农村信用体系中形成粤财特色。

6.4.2.4.3 坚定不移服务实体经济,支持广东省“一核一带一区”建设

党的十九届五中全会进一步提出,要构建金融有效支持实体经济的体制机制,提升金融科技水平,增强金融普惠性。粤财信托积极响应中央、监管部门要求,拓展实体经济业务,2020 年末,各部门服务实体经济项目规模超 1200 亿元,服务广东地区实体经济项目规模为 632.64 亿元,投向粤港澳大湾区项目规模为 563.28 亿元。

6.4.2.4.4 家族信托产品与保险金信托产品持续优化,服务能力提升

2020 年,公司家族信托业务产品线与保险金信托业务产品线持续优化升级,已形成保险金信托保盈系列(1.0 模式)和保鑫系列(2.0 模式)、粤信系列现金管理类家族信托、粤恒系列股权类家族信托的主要产品体系;正式上线家族信托业务系统,家族信托、保险金信托及慈善信托的全周期业务数据将在系统内进行封闭管理,服务能力进一步提升;加强外部渠道培育、专业机构合作及市场客户培育,12 月成功举办 2020 大湾区家族财富管理服务机构研讨会,充分展示信托公司在家族财富,尤其是家族经营性产业传承的定位,并与专业机构充分探讨架构的价值、家族信托治理的价值,有效提升公司家族信托业务市场影响力。

6.4.2.5 本公司履行受托人义务情况及因本公司自身责任而导致的信托资产损失情况(合计金额、原因等)

公司已成立信托与消费者权益保护委员会,并按照信托合同条款的规定,履行诚实、信用、谨慎、有效的管理,为受益人的最大利益处理信托事务,除按规定取得信托报酬外,没有利用信托资产为自己谋取利益。

公司设置独立运作的自营与信托业务、财务部门,对信托资产与固有资产分别管理,并为每个信托项目开设专户,分别记账,分别核算。

公司信托业务部门妥善保存处理信托事务的完整记录,定期将信托财产的管理运用、处分及收支情况报告委托人、收益人,对委托人和收益人的信托资料保密。信托项目结束后,公

司以信托财产为限向收益人兑付信托财产及收益，无延期兑付和无法兑付情况发生。

本年度没有发生因公司自身责任而导致的信托资产损失。

6.4.2.6 信托赔偿准备金的提取、使用和管理情况

单位：万元

项目	2019 年末余额	2020 年计提	2020 年使用	2020 年末余额
信托赔偿准备金	34 086.04	5 028.03	—	39 114.07

6.5 关联方关系及其交易的披露

6.5.1 关联交易方的数量、关联交易的总金额及关联交易的定价政策等

项目	关联交易方数量（个）	关联交易金额（万元）	定价政策
合计	6	12 675.30	市场价格、协议定价

6.5.2 关联交易方与本公司的关系性质、关联交易方的名称、法定代表人、注册地址、注册资本及主营业务等

关系性质	关联方名称	法定代表人	注册地址	注册资本（万元）	主营业务
最终控制方	广东粤财投资控股有限公司	金圣宏	广州市越秀区东风中路481号粤财大厦15楼	3 514 027.70	资本运营管理，资产受托管理，投资项目的管理；科技风险投资，实业投资，企业重组、并购咨询服务，互联网信息服务、网络科技咨询服务。
受同一母公司控制企业	广东粤财金融云科技股份有限公司	胡军	珠海市横琴新区宝华路6号105室－15178	58 700	金融产品的研究开发、组合设计、咨询服务、中介及其他相关服务，非公开发行的股权投资基金等各类交易相关配套服务，金融及经济咨询服务、市场调研及数据分析服务，电子商务，会务服务，设计、制作、代理发布各类广告，商务咨询，财务咨询（不得从事代理记账）；第二类增值电信业务中的信息服务业务（仅限互联网信息服务）；计算机软硬件的开发、设计、技术咨询及相关技术服务；计算机系统集成；计算机网络维护；计算机软、硬件的批发、信息咨询、技术推广；计算机数据处理，数据库服务，软件开发、软件销售及技术服务；信息系统基础设施销售及技术服务；大数据和云计算相关应用服务；法律法规不禁止的其他业务。
受同一母公司控制企业	珠海粤财实业有限公司	邢蓬延	珠海市香洲区吉大景山路188号粤财大厦7楼8单元	15 600	经营珠海粤财假日酒店的住宿、餐饮；卡拉OK、歌舞厅；桑拿按摩、美容美发；健美健身、桌球、游泳、棋类、桥牌；卷烟、雪茄烟、酒类零售；酒店配套用品的零售商务；物业管理（以上仅限分支机构）；销售、出租、管理自建的位于珠海吉大景山路188号的珠海粤财大厦的商业办公综合楼宇；投资咨询等（以上需行政许可的，凭许可证经营）（依法须经批准的项目，经相关部门批准后方可开展经营活动）。
受同一母公司控制企业	粤财控股（北京）有限公司	邢蓬延	北京市西城区宣武门外大街18号粤财控股（北京）有限公司北京粤财金威万豪酒店201	10 000	项目投资；投资管理；投资咨询；资产管理；物业管理；酒店管理；货物进出口、技术进出口；出租商业用房；出租办公用房；以下项目限分支机构经营：住宿、餐饮项目的筹建。
受同一公司最终控制	广州粤财房地产开发有限公司	李明东	广州市越秀区东风中路481号粤财大厦5楼503室	18 551.35	房地产开发经营
受同一母公司控制企业	广东粤财实业发展有限公司	李明东	广州市越秀区东风中路481号粤财大厦5楼501室	22 270	项目投资；销售：建筑材料，五金、交电，百货，日用杂货，电子产品及通信设备（不含卫星电视广播地面接收设备），仪器仪表，工艺美术品，饲料，农副产品，农畜产品；停车场经营；物业管理。

6.5.3 本公司与关联方的重大交易事项

6.5.3.1 固有与关联方交易情况

单位：万元

固有与关联方关联交易				
项目	期初数	借方发生额	贷方发生额	期末数
贷款	—	—	—	—
投资	—	—	—	—
租赁	—	778.20	778.20	—
担保	—	—	—	—
应收账款	—	—	—	—
其他	—	11 897.10	11 897.10	—
合计	—	12 675.30	12 675.30	—

6.5.3.2 固有与关联方的重大关联交易

本年度无重大关联交易事项。

6.5.3.3 信托与关联方交易情况

单位：万元

信托与关联方关联交易				
项目	期初数	借方发生额	贷方发生额	期末数
贷款	—	—	—	—
投资	11 600.00	9 200.00	—	20 800.00
租赁	—	—	—	—
担保	—	—	—	—
应收账款	—	—	—	—
其他	—	—	—	—
合计	11 600.00	9 200.00	—	20 800.00

6.5.3.4　公司自有资金运用于自己管理的信托项目(固信交易)、公司管理的信托项目之间的相互(信信交易)交易情况

6.5.3.4.1　固有财产与信托财产之间的交易情况

单位:万元

固有财产与信托财产相互交易				
项目	期初数	本期增加额	本期减少额	期末数
合计	235 053.64	331 291.37	198 367.59	367 977.42

其中,固有财产与信托财产重大交易如下

单位:万元

信托项目	交易内容	定价策略	年初数	本期增加	本期减少	年末数
锦绣海湾城项目集合资金信托计划	受益权	公允价格	—	40 000.00	—	40 000.00
粤兴11号集合资金信托计划	受益权	公允价格	—	29 460.00	18 780.00	10 680.00

6.5.3.4.2　信托项目之间的交易情况

单位:万元

	期初数	本期增加额	本期减少额	期末数
合计	154 295.24	26 646.16	55 838.19	125 103.21

6.5.4　关联方逾期未偿还本公司资金的详细情况及本公司为关联方担保发生或即将发生垫款的详细情况

本年度公司无上述情况。

6.6　会计制度的披露

本公司以持续经营为基础,根据实际发生的交易和事项,按照财政部2006年颁布的《企业会计准则》、新颁布或修订的相关会计准则进行会计核算。

根据《中华人民共和国信托法》《信托公司管理办法》等规定,信托财产与属于受托人所有的财产(以下简称固有财产)相区别,不得归入受托人的固有财产或者成为固有财产的一部分。公司将固有财产与信托财产分开管理、分别核算。公司管理的信托项目是指受托人根据信托文件的约定,单独或者集合管理、运用、处分信托财产的基本单位,以每个信托项目作为独立的会计核算主体,独立核算信托财产的管理、运用和处分情况。各信托项目单独记账,单独核算,并编制财务报表。其资产、负债及损益不列入本财务报表。

7. 财务情况说明书

7.1　利润实现和分配情况

2020年,公司经审计后实现税后净利润100 560.50万元,年初未分配利润为217 144.66万元,向所有者分配为零,2020年末可供分配的利润为317 705.16万元。经公司董事会批准,按《信托公司管理办法》规定,根据净利润的5%提取信托赔偿准备金5 028.03万元;根据财政部关于印发《金融企业准备金计提管理办法》的通知按承担风险和损失的资产期末余额的1.5%为其他风险准备金最低限额,计提其他风险准备金2 465.74万元;根据法律法规要求提取法定盈余公积10 056.05万元;年末未分配利润为300 155.34万元。

7.2　主要财务指标

指标名称	指标值
资本利润率(%)	13.15
人均净利润(万元)	496.60

注:1. 资本利润率=净利润/所有者权益平均余额×100%。
2. 人均净利润=净利润/年平均人数。

7.3　对本公司财务状况、经营成果有重大影响的其他事项

本年度公司无其他须披露的重大影响事项。

8. 特别事项揭示

8.1　前两名股东报告期内变动情况及原因

报告期内,公司股东无变动情况。

8.2　董事、监事及高级管理人员变动情况及原因

因人员变动及完善公司治理需要,2019年股东会选举莫敏秋先生、吴锋先生、杨福明先生、王麒麟先生任公司董事,董事会选举莫敏秋先生任董事长。2020年,上述董事长、董事任职资格已获广东银保监局核准并已到任。

报告期内,公司监事柯少葭女士因个人工作变动不再担任公司监事。根据股东单位广东粤财投资控股有限公司提名,公司2020年7月第一次临时股东会推荐梁小天先生担任公司监事。

为完善公司经营管理架构,提高公司内控监督水平,2019年董事会聘任刘星宇先生、肖建辉先生、骆传朋先生为公司高级管理人员。2020年,上述高级管理人员任职资格已获广东银保监局核准并已到任。

8.3　公司的重大诉讼事项

报告期内,公司无重大诉讼事项。

8.4　公司及其董事、监事和高级管理人员受到处罚的情况

报告期内,公司及其董事、监事和高级管理人员没有受到监管部门处罚。

8.5　中国银保监会及派出机构检查后公司的整改情况

中国银行保险监督管理委员会广东监管局于2020年11月对公司开展了房地产信托业务专项排查,同时公司按照广东银保监局要求开展了资管业务整改、市场乱象整治“回头看”等自查。结合检查和自查发现的问题,公司通过完善各项制度、优化管控流程、强化操作风险管理等举措,进一步提升了公司治理和内部控制水平,更好地保障了业务的发展。

8.6　本年度重大事项临时报告情况

经粤财信托第六届董事会第十九次会议审议通过，并报经中国银行保险监督管理委员会广东监管局对莫敏秋董事长的任职资格进行核准，莫敏秋任粤财信托董事长；同时根据《广东粤财信托有限公司章程》规定，公司法定代表人变更为莫敏秋。粤财信托在广东省市场监督管理局办理办毕工商登记变更及备案手续后，于 2020 年 6 月 10 日在公司官网对此事项作出了相应披露，并于 6 月 11 日在《证券时报》B1 版披露。

8.7　中国银保监会及其省级派出机构认定的其他有必要让客户及相关利益人了解的重要信息

本报告期内无中国银保监会及其省级派出机构认定的有必要让客户及相关利益人了解的重要信息。

8.8　公司履行社会责任情况

报告期内，公司严格遵守国家法律法规，认真贯彻国家经济金融政策及监管要求；始终坚持诚信经营，自觉履行纳税义务；不断推动信托产品创新，全力支持实体经济发展；有效履行受托人职责与义务，充分维护受益人利益最大化。

2020 年，公司继续大力推进消费者权益保护工作。公司原消费者权益保护委员会与董事会下设的信托委员会合并，成立信托与消费者权益保护委员会，实现了由经营层下设到董事会下设的治理层级提升；持续完善消费者权益保护制度体系；积极开展线上线下金融知识宣传教育活动，并组织全体员工进行了消费者权益保护专题培训及测试；不断完善投诉处理流程，进一步修订了投诉处理制度，建立了较为全面的投诉处理应对机制。

粤财信托积极探索“慈善 + 金融”的创新与改革，为委托人与公益慈善事业搭建桥梁，于 2016 年设立了广东省首单慈善信托计划——“德睿慈善信托计划”，信托财产优先使用于广东省内的扶贫济困项目。2017—2019 年，先后设立“广东省扶贫开发协会粤财扶贫慈善信托计划”“润泽慈善信托计划”等慈善信托，已成立慈善信托计划规模总计 1 845 万元，投向包括扶贫、助学、医疗公益研究等领域，用金融为慈善事业贡献坚实力量。2020 年，粤财信托接受民政局牵头的慈善信托业务评估，对“德睿慈善信托计划”及“广东省扶贫开发协会粤财扶贫慈善信托计划”进行现场检查，评估结果均为 A 级。公司慈善信托的管理过程规范性和社会效益得到认可。

粤财信托在国内首创设立了“亚洲开发银行贷款广东节能减排促进项目资金信托计划”，资金规模为 1 亿美元，已累计为 47 家企业发放贷款 17.36 亿元，带动企业总投资 50.01 亿元，已完工项目每年可实现节电 17.5 亿千瓦时，创造了显著节能效益。2019 年，公司成功发行主动管理型的绿色信托产品——“粤财信托 · 珠光绿色鼎能一期集合资金信托计划”，2020 年公司成立“粤财信托 · 绿色鼎能二期集合资金信托计划”，通过先进绿色冷源新技术及智能能效管理技术的应用，有效降低能耗与减少碳排放，推动商业物业绿色改造，有力支持绿色金融发展。

2020 年，粤财信托在落实各项防疫举措的同时，积极履行金融企业责任，发挥信托制度优势，推出八大金融服务措施，助力打赢疫情防控阻击战，包括加大对疫情防控物资相关领域企业的融资支持力度；为受疫情影响较大的地区企业提供差异化、优惠的金融服务；建立防疫业务“绿色通道”等。公司 2020 年成立 3 单与抗疫相关的慈善信托项目，捐赠金额共 311.4 万元。此外，公司利用自有资金捐资 450 万元，有力地支持了援汉援鄂医疗工作人员防疫保障、学校复学及医疗研发。2020 年，公司共为 30 家企业办理了延期还本付息，共涉及本金利息达 18 亿元，为 802 户小微企业延长授信额度，有力帮助企业复工复产、缓解资金困难。

9. 公司监事会意见

报告期内，公司依据国家有关法律、法规和公司章程的规定，建立了较完善的内部控制制度，决策程序符合相关规定；公司已建立了较完善的“三会一层”公司治理架构。董事会及其下属委员会的设置较合理，董事会及下属各委员会严格按照相关法律法规和制度要求规范运作。公司董事及其他高级管理人员在履行职责时，勤勉尽责，不存在违反法律、法规及公司章程或损害公司及股东利益的行为。报告期内，公司财务制度健全、内控制度完善，财务运作规范，没有发现虚假记载或重大遗漏，有效保障了公司生产经营的正常运行。公司财务报告真实、准确、完整地反映了公司的财务状况和经营成果。

国联信托股份有限公司

1. 重要提示

1.1 本公司董事会及董事保证本报告所载资料不存在任何虚假记载、误导性陈述或者重大遗漏，并对其内容的真实性、准确性和完整性承担个别及连带责任。

1.2 公司独立董事吴斌、张爱民、景旭对公司 2020 年度报告基于独立判断立场，发表意见如下：公司 2020 年度报告属实，其内容真实、准确、完整。

1.3 公司董事长周卫平、主管会计工作负责人王颖、会计机构负责人（会计主管人员）陆洋声明：保证年度报告中财务报告的真实、完整。

2. 公司概况

2.1 公司简介

国联信托股份有限公司（以下简称国联信托）前身为无锡市信托投资公司，初创于 1987 年 1 月。2003 年 1 月，经中国人民银行批准，公司获准重新登记，更名为国联信托投资有限责任公司。2007 年 6 月，经中国银行业监督管理委员会批准，公司获准换领新金融许可证，并更名为国联信托有限责任公司。2008 年 7 月，经中国银行业监督管理委员会批准，整体变更为股份公司，并更名为国联信托股份有限公司。目前，公司注册资本为 30 亿元。

公司控股股东为无锡市国联发展（集团）有限公司（以下简称国联集团）。国联集团是无锡市人民政府出资设立并授予国有资产投资主体资格的国有企业集团。

1	法定名称	国联信托股份有限公司
2	英文名称（及缩写）	Guolian Trust Co.,Ltd.（GLTRUST）
3	法定代表人	周卫平
4	注册地址	无锡市滨湖区太湖新城金融一街 8 号国联金融大厦
5	邮政编码	214131
6	公司国际互联网网址	http://www.gltic.com.cn
7	公司电子信箱	gltic@gltic.com.cn
8	公司负责信息披露事务高级管理人员	朱文革
9	公司负责信息披露事务人	陆洋
10	联系电话	0510-82833729
11	传真电话	0510-82833803
12	电子信箱	zhangwen@gltic.com.cn
13	公司信息披露的报纸名称	《证券时报》
14	公司年度报告备置地点	无锡市滨湖区太湖新城金融一街 8 号国联金融大厦 11 楼
15	公司聘请的会计师事务所名称及住所	中天运会计师事务所（特殊普通合伙） 北京市西城区车公庄大街九号五栋大楼 B1 座七层、八层
16	公司聘请的律师事务所名称及住所	江苏漫修律师事务所 江苏省无锡市智慧路 18 号智慧大厦 607 室

2.2 组织结构

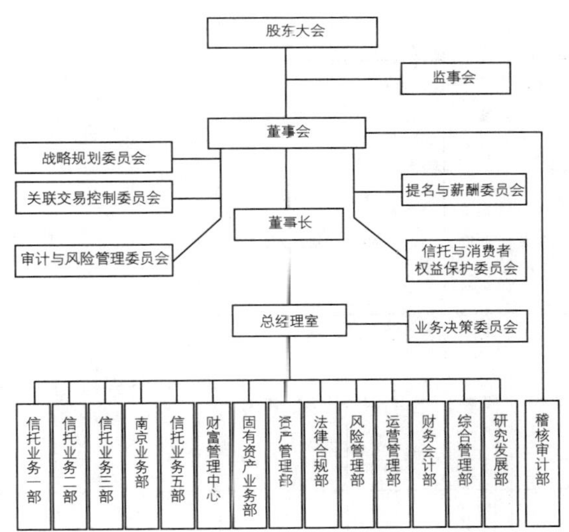

3. 公司治理

3.1 股东

2020 年末，公司股东总数 4 名。

股东名称	持股比例（%）	法人代表	注册资本（万元）	注册地址
★无锡市国联发展（集团）有限公司	69.919	许可	800 000	无锡市金融一街 8 号
无锡市国联地方电力有限公司	12.195	马桂彬	31 950.6	无锡市金融一街 8 号
无锡华光环保能源集团股份有限公司	9.756	蒋志坚	55 939.2211	无锡市金融一街 8 号
无锡商业大厦大东方股份有限公司	8.13	高兵华	88 477.9518	无锡市中山路 343 号

股东名称	主要经营业务	2020 年主要财务情况（亿元）		
		总资产	净资产	利润总额
★无锡市国联发展（集团）有限公司	从事资本、资产经营，利用自有资金对外投资，贸易咨询，企业管理服务。	1 240.00	392.15	24.49
无锡市国联地方电力有限公司	分布式光伏发电、房屋租赁服务、煤炭的销售、贸易咨询服务。	5.85	5.85	0.0012
无锡华光环保能源集团股份有限公司	围绕能源与环保两大产业，主要从事电站装备制造及工程服务、市政环境工程与服务及地方能源供应业务。	166.27	78.42	7.22
无锡商业大厦大东方股份有限公司	食品、黄金、珠宝销售；综合货运站（场）（仓储），普通货运；国内贸易（国家有专项规定的，办理审批手续后经营）；金饰品的修理改制；家用电器的安装、维修等。	70.99	36.03	4.35

注：1. ★表示公司实际控制人。

2. 关联关系说明：无锡华光锅炉股份有限公司为无锡市国联发展（集团）有限公司控股子公司；无锡市国联地方电力有限公司为无锡国联实业投资有限公司的全资子公司，是无锡市国联发展（集团）有限公司二级全资子公司；其余无关联。

3.2 董事

根据公司章程，公司董事会由 9 名董事组成，其中独立董事 3 名。

目前的董事构成中，股东无锡市国联发展（集团）有限公司推荐 3 名，股东无锡华光环保能源集团股份有限公司推荐 1 名，股东无锡市国联地方电力有限公司推荐 1 名，股东无锡商业大厦大东方股份有限公司推荐 1 名，独立董事 3 名。

董事会成员

姓　名	职务	性别	年龄（岁）	选任日期	任期（年）	所推举的股东名称	持股比例（%）	简要履历
周卫平	董事长	男	52	2018 年 4 月	3	无锡市国联发展（集团）有限公司	69.919	曾任无锡市探矿机械总厂会计，无锡恒达证券公司财务部经理，无锡市信托投资公司上海邯郸路营业部副经理，在无锡市信托投资公司开信证券营业部先后任副经理、经理，国联证券有限责任公司县前东街营业部总经理，国联证券有限责任公司经纪业务部总经理，无锡国联期货经纪有限公司总经理，无锡市国联发展（集团）有限公司财务部经理，兼无锡国联期货经纪有限公司董事长，尚德电力控股有限公司执行董事、总裁、CEO、CFO；现任国联信托股份有限公司董事长。
汪兴平	董事	男	57	2018 年 4 月	3	无锡市国联发展（集团）有限公司	69.919	曾任湖北鄂州师范学校教师，纺织工业部管理干部学院讲师，无锡证券、国联证券电子商务部副总经理、高级经济师，上海联狐信息技术有限公司市场总监、经纪业务总监，国联集团法务部经理助理；现任国联集团法律风控部总经理。
马海疆	董事	男	49	2018 年 4 月	3	无锡市国联发展（集团）有限公司	69.919	曾任无锡市证券公司发行调研部主管，无锡证券有限责任公司中山路营业部副总经理、江阴青果路营业部副总经理、总经理，国联证券资产管理部副总经理、并购融资部总经理，无锡国联期货经纪有限公司总经理、董事长；现任无锡市国联发展（集团）有限公司金融投资管理部总经理。
朱文革	董事	男	53	2018 年 4 月	3	无锡市国联地方电力有限公司	12.195	曾任无锡幸福食品厂生产调度、车间主任、副厂长，国联证券有限责任公司营业部总经理、投资银行部总经理、研发部总经理，国联基金管理有限责任公司副总经理，国联信托有限责任公副总经理，国联创投公司总经理，国联信托副总经理、兼无锡市国联资本管理有限公司总经理、无锡市金融投资有限公司董事长；现任国联信托股份有限公司总经理，无锡嘉信资产管理有限公司董事长。
钟文俊	董事	男	43	2018 年 4 月	3	无锡华光环保能源集团股份有限公司	9.756	曾任金东纸业（江苏）有限公司机械处担任机械工程师，上海彩之虹广告有限公司担任销售经理，上海佳信发艺术印刷有限公司担任销售经理，国联证券股份有限公司并购融资部工作，华英证券有限责任公司企业融资部业务总监、投资银行部业务总监、投资银行部无锡负责人，无锡华光环保能源集团股份有限公司总经理助理；现任无锡华光环保能源集团股份有限公司副总经理、董秘
高兵华	董事	男	49	2018 年 4 月	3	无锡商业大厦大东方股份有限公司	8.13	曾任中国北方航空公司计划助理，均瑶集团云南分公司总经理，均瑶集团投资部总经理，均瑶集团电子商务业务单元总经理，上海均瑶（集团）有限公司战略与投资总监，江苏无锡商业大厦集团有限公司董事、总经理，上海均瑶（集团）有限公司资产管理部总经理；现任上海均瑶（集团）有限公司副总裁，无锡商业大厦大东方股份有限公司董事长。

独立董事

姓名	所在单位及职务	性别	年龄（岁）	选任日期	任期（年）	简要履历
吴斌	东南大学经济管理学院教授	男	55	2018年4月	3	曾任南京交通高等专科学校管理系财会教研室主任，副教授；现任东南大学经济管理学院教授、博士生导师。
张爱民	华东理工大学商学院会计学教授	男	56	2018年4月	3	曾任华东理工大学工商经济学院会计学助教、会计学讲师、会计学副教授、会计学教授，华东理工大学商学院财务与会计学教研室主任，华东理工大学商学院会计学系系主任，华东理工大学财务处处长、华东理工大学审计处处长；现任华东理工大学商学院会计学教授。
景旭	北京市君都律师事务所高级合伙人；西北政法大学兼职教授	男	50	2018年4月	3	曾任中国远大集团法律顾问，北京市君都律师事务所主任、高级合伙人；现任北京市君都律师事务所高级合伙人，西北政法大学兼职教授。

3.3 监事

姓名	职务	性别	年龄（岁）	选任日期	所推举的股东名称	持股比例（%）	简要履历
高金云	监事会主席	男	37	2021年4月	国联集团	69.919	曾任正大集团有限公司董事会办公室秘书，无锡市联合中小企业担保有限责任公司综合管理部副经理、工会主席，无锡市国联发展（集团）有限公司团委书记；现任无锡市国联发展（集团）有限公司党委办公室主任助理。
潘双博	监事	男	35	2018年4月	职工代表	—	曾任国联信托股份有限公司信托业务部信托经理、高级信托经理，国联信托股份有限公司信托业务一部总经理助理；现任国联信托股份有限公司信托业务一部副总经理。
薛晓丽	监事	女	38	2018年4月	职工代表	—	曾任职于无锡市国联发展（集团）有限公司法务部，国联信托股份有限公司合规管理部副经理，国联信托股份有限公司法律合规部副经理；现任国联信托股份有限公司法律合规部总经理。

3.4 高级管理人员

姓名	职务	性别	年龄（岁）	选任日期	金融从业年限（年）	学历	专业	简要履历
周卫平	董事长	男	52	2014年1月	28	本科	会计学	曾任无锡市探矿机械总厂会计，无锡恒达证券公司财务部经理，无锡市信托投资公司上海邯郸路营业部副经理，在无锡市信托投资公司开信证券营业部先后任副经理、经理，国联证券有限责任公司县前东街营业部总经理，国联证券有限责任公司经纪业务部总经理，无锡国联期货经纪有限公司总经理，无锡市国联发展（集团）有限公司财务部经理，兼无锡国联期货经纪有限公司董事长，尚德电力控股有限公司执行董事、总裁、CEO、CFO；现任国联信托董事长。
朱文革	总经理	男	53	2014年9月	22	本科	食品工程系	曾任无锡幸福食品厂生产调度、车间主任、副厂长，国联证券有限责任公司营业部总经理、投资银行部总经理、研发部总经理，国联基金管理有限责任公司副总经理，国联信托有限责任公司副总经理，国联创投公司总经理，国联信托副总经理，兼无锡市国联资本管理有限公司总经理，无锡市金融投资有限公司董事长；现任国联信托总经理，嘉信资产董事长。
王颖	副总经理	女	46	2016年8月	25	本科	会计学	曾任职于无锡市信托投资公司营业部、证券投资部、恒信证券营业部、财务部、国联信托有限责任公司财务部，任国联信托有限责任公司稽核审计部副经理、经理，无锡微研有限公司财务总监（兼），国联信托股份有限公司稽核审计部经理，江苏资产管理有限公司总经理助理；现任国联信托副总经理。
邓清泉	副总经理	男	48	2020年9月	19	硕士	工商管理	曾任健桥证券研究所金融工程/债券研究员，云南信托投资银行部副总经理，中信证券执行总经理，大通证券总裁助理，平安银行资产管理事业部副总裁，平安信托董事总经理、产品平台总经理，深圳市钜盛华股份有限公司副总裁，新疆前海联合基金管理有限公司副董事长；现任国联信托副总经理。

3.5 公司员工表

项目		报告期年度		上年度	
		人数（人）	比例（%）	人数（人）	比例（%）
年龄分布	25岁以下	—	—	—	—
	25~29岁	9	10.11	15	16.67
	30~39岁	51	57.30	50	55.55
	40岁以上	29	32.58	25	27.78

续表

项目		报告期年度		上年度	
		人数（人）	比例（%）	人数（人）	比例（%）
学历分布	博士	2	2.25	2	2.22
	硕士	34	38.20	34	37.78
	本科	47	52.81	48	53.33
	专科	6	6.74	6	6.67
	其他	—	—	—	—

续表

项　目		报告期年度		上年度	
		人数（人）	比例（%）	人数（人）	比例（%）
岗位分布	董事、监事及高级管理人员	6	6.74	5	5.56
	自营业务人员	2	2.25	3	3.33
	信托业务人员	27	30.34	29	32.22
	其他人员	56	62.92	55	61.11

注：公司职工监事分别为信托业务人员和其他人员，故岗位百分比大于100%。

4. 经营管理

4.1　经营目标、经营方针和战略规划

4.1.1　经营目标

公司的经营目标是以高质量发展为主题，以服务新发展格局下实体经济高质量发展和服务人民美好生活需要为目的，以打造特定业务领域具有行业核心竞争优势为目标，将国联信托打造成为业务结构合理、风险可控、品牌良好、能持续健康发展的有特色的专业金融服务商。

4.1.2　经营方针

公司的经营方针是秉承"诚信、稳健、规范、创新"的经营理念，严控风险，审慎经营，坚持"稳"字为先，谋求信托受益人的利益最大化。

4.1.3　战略规划

公司的战略规划是回归信托本源，坚守受托人定位，向标准化、权益类、服务型转型。

4.2　所经营业务的主要内容

4.2.1　自营资产运用与分布表

资产运用	金额（万元）	占比（%）	资产分布	金额（万元）	占比（%）
货币资产	5 713	0.95	基础产业	—	—
贷款及应收款	27 084	4.49	房地产业	3 341	0.55
交易性金融资产投资	2 355	0.39	证券市场	20 592	3.41
可供出售金融资产投资	64 494	10.69	实业	16 567	2.75
持有至到期投资	56 789	9.42	金融机构	306 418	50.81
长期股权投资	388 751	64.47	其他	256 118	42.48
其他	57 850	9.59			
资产总计	603 036	100	资产总计	603 036	100

4.2.2　信托资产运用与分布

资产运用	金额（万元）	占比（%）	资产分布	金额（万元）	占比（%）
货币资产	36 672	0.53	基础产业	1 096 298	15.70
贷款	1 684 610	24.13	房地产	12 245	0.18
交易性金融资产	181 377	2.59	证券市场	196 317	2.81
可供出售金融资产	142 850	2.05	工商企业	671 250	9.61
持有至到期投资	4 491 810	64.33	金融机构	6	—
买入返售金融资产	14 940	0.21	其他	5 006 014	71.70
长期股权投资	212 203	3.04			
其他	217 668	3.12			
信托资产总计	6 982 130	100	信托资产总计	6 982 130	100

4.3　市场分析

4.3.1　有利因素

一是宏观经济稳中向好。2020年，全球经济仍面临贸易保护主义和地缘政治风险加剧的态势，面对复杂严峻的内外部形势，我国持续深化供给侧结构性改革，新旧动能转换步伐加快，经济增长保持韧性，总体保持平稳运行态势。金融改革开放深化，金融业发展处于重要的机遇期。

二是进一步回归本源转型发展。监管部门持续加强对通道业务和非标融资的监管，推动金融去杠杆，多数信托公司主动控制规模和增速，信托行业正在从高度依赖房地产、政府平台类企业融资与牌照通道套利的增长模式向回归信托本源、服务实体经济、强调高质量发展的方向转变。

三是行业更加健康稳健发展。短期内，信托公司的受托管理资产规模和盈利能力在通道和融资业务收缩的压力下将面临较大冲击，从长期来看，信托公司将顺应标准化、净值化管理的发展趋势，加速回归信托本源，打造核心竞争力。新的外部环境有助于提升信托行业资产管理能力和风险防控意识，加快信托行业转型，实现可持续健康发展，也促进信托行业健康稳健发展。

四是良好的区域经济优势和品牌信誉。国联信托地处经济发达的长三角地区，经济发展程度高，市场需求旺，为业务发展提供了地域优势。控股股东国联集团是无锡市政府出资设立并授予国有资产投资主体资格的国有企业集团，布局金融、实业等多个领域，有助于发挥资源协调优势。长期以来，国联信托以诚信稳健赢得了投资人的信任，树立了良好的品牌形象。

4.3.2　不利因素

一是行业生态。伴随国内经济进入减速换挡期，供给侧结构性改革步入深水区，信托行业前期积累的金融风险较大规模地爆发，个别公司声誉危机带来的影响对整个行业不利。

二是转型压力。信托业监管要求不断加强，传统的业务模式均无以为继，展业面临很大的压力和困难，信托业直面转型压力，业务逻辑重构。

三是市场竞争。传统业务领域机会减少，来自其他资管机构的竞争压力又持续增大，信托业的市场竞争压力比以前更重，信托牌照的优势不断弱化。

4.4　内部控制概况

4.4.1　内部控制环境和内部控制文化

按照"三会分设、三权分开、有效制约、协调发展"的要求，公司设立了由股东会、董事会、监事会和高级管理层构建的公司治理架构。股东会、董事会、监事会和高级管理层之间既相互独立，又相互制衡和相互协调，形成了权力机构、决策机构、监督机构和管理层之间的制衡机制，在公司经营和发展中持续发挥着各自的职能与作用。董事会引入独立董事制度并下设各专门委员会，能够较好地运行，为公司内部控制制度制定与运行提供了一个良好的内部环境。

公司坚持业务经营与风险管理并重的原则。通过组织员工培训、学习等办法，培养员工风险防范意识，并提升了员工的法律意识，道德规范及自身素质建设，提高了风险管理的自觉性。

4.4.2 内部控制措施

公司在完善内部控制机制中，贯彻健全、合理、制衡、独立的原则，建立起内控岗位授权制度、内控报告制度、内控审计制度及考核评价制度。公司内部控制覆盖了包括环境控制、风险管理控制、合规管理控制、信托业务控制、固有业务控制、会计系统控制、授权体系控制、关联交易控制、信息披露控制、数据管理控制、内部控制保障等各个环节和公司的各项业务、各个部门和各级人员，并贯穿于决策、执行、监督、反馈整个流程。各部门和岗位职权分明、职能独立并相互牵制、相互制衡，重要岗位实行双人负责制；对于担任单岗处理的业务，有相应的后续监督。

报告期内，公司严格执行各项内控制度，操作规范，措施有效。

4.4.3 信息交流与反馈

公司加强信息建设，为内控的设计、执行、反馈提供信息保障。一是建立起管理层与内控管理专职部门信息联结和定期联系机制，及时、真实、完整地传导监管意图、交流信息、沟通问题。制定并执行内控报告制度和突发事件应急管理办法。二是严格执行信息披露制度，主动及时向社会公众准确披露有关信息，发挥社会公众对公司内控建设的监督作用。

4.4.4 监督评价与纠正

公司推行事前、事中与事后“三位一体”的风险管理和监督评价体系，对业务环节和经营管理进行持续性的全方位、全过程的监督、评价、后评价与纠正。

2020年，公司充分发挥内部与外部审计的监督作用，审计的范围和深度进一步加强，对审计过程中发现的问题及时与各部门沟通，要求限期完善或整改，并采取后续审计等方式进行跟踪，对防止风险出现或扩大，对促进业务合法、合规、稳健经营发挥了积极作用。

4.5 风险管理

4.5.1 风险管理概况

公司持续完善全面风险管理体系，积极倡导“全员风控”理念。公司风险管理架构由董事会及审计与风险管理委员会、监事会、经营管理层、业务决策委员会及各相关职能部门组成，形成了多层次、上下联动的架构格局。风险管理贯穿于公司业务活动的各个方面和运行过程的每一环节，建立了涵盖业务操作和风险管理各层面的制度体系。

公司风险管理贯彻全覆盖原则、独立性原则、有效性原则、相互制衡原则及责任追究原则，并着重进行事前防范、事中监控和事后稽查三个方面工作，通过规章制度和流程的规范有效运行，保障公司经营目标和风险管理目标的实现。

公司董事会和经营层坚持业务发展与风险管理并重的原则。在新业务开展前，充分研判其风险点及控制措施，在确保风险可控的前提下开展业务；对于已实施的业务项目，做好存续管理，定期开展全面风险排查及针对重点项目的专项排查，若有风险状况及时预警。

报告期内，公司风险管理状况较好，不存在到期未兑付的信托项目，也未新增存在兑付风险的信托项目。

4.5.2 风险状况

4.5.2.1 信用风险状况

信用风险主要指交易对手违约带来的风险，主要来自融资类业务和固定收益类投资。公司在相关业务中优选交易对手，严格落实尽职调查和各项增信措施，并严格按照监管规定足额计提一般准备和资产减值准备，按比例提取信托赔偿准备金，以提高公司抵御风险的能力。报告期末，公司不良资产余额为3 716万元，无对外担保余额。

4.5.2.2 市场风险状况

市场风险是指公司在业务经营中所不可避免的因市场参数波动而产生的风险。公司面临的市场风险主要是股价波动风险、利率风险。报告期内，公司严格依据信托合同进行投资运营，公司固有项下的权益性投资主要以战略性持有为目的，实质上受市场风险影响的业务规模较小，相关业务整体运营平稳。

4.5.2.3 操作风险状况

操作风险主要表现在相关业务办理过程中，因尽职管理不到位、内部控制缺失或系统的不完善等带来的直接或间接的财务、声誉损失的风险。公司建立了完善的内部控制机制，并制定了各项操作规程，不断提升业务操作的规范化，有效管理各类操作风险。报告期内，公司未发生因操作风险所造成的损失。

4.5.2.4 其他风险状况

公司还面临着诸如政策风险、合规与法律风险和声誉风险等其他风险。政策风险主要指由于宏观政策及监管政策的变动对公司经营环境和发展所造成的风险。合规与法律风险主要指因业务模式违规、业务合同不完善等而导致的监管处罚及法律纠纷等风险。声誉风险指由公司在经营、管理及其他行为或外部事件导致利益相关方对公司负面评价的风险。报告期内，公司未发生相关风险事项。

4.5.3 风险管理情况

4.5.3.1 信用风险管理

对于信用风险的防范，公司执行事前调查、事中审查、事后检查的“三查”制度。公司主要通过制定严格的准入标准及风险管理策略和科学严谨的决策机制来进行风险事前防范；通过严格执行项目审批操作流程及放款审查要求来进行风险事中控制；通过对项目的后续管理和排查预警来进行风险事后控制。

公司通过尽职调查程序，选择信誉良好、管理规范、业绩出色的企业作为交易对手，并严格落实相关增信措施。同时，选择实力雄厚、信誉卓著、业绩优良的金融机构为合作伙伴，作为公司信托业务的托管银行，以防范来自金融同业的交易对手风险。此外，公司自营业务按规定对贷款实行五级分类，并足额计提相应资产损失准备。

4.5.3.2 市场风险管理

对于市场风险的防范，公司制定相关管理制度，规范操作程序，配备与业务规模和市场风险管理要求相适应的专业团队，加强投资立项论证，通过研究、决策、操作、评价相互制衡的机制，结合严格的授权制度，以防范市场风险。

公司合理设计投资组合，密切跟踪市场行情变化，审慎分析预测，及时调整投资策略和方案。公司坚持不仅关注市场风险的管理，更强调市场风险的规避，不盲目追求业务规模和短期的经营业绩。坚持业务规模及复杂程度与公司业务能力相匹配，在市场风险可控前提下开展证券类业务。

4.5.3.3 操作风险管理

对于操作风险的防范，公司不断完善内部控制制度，明确各岗位各节点的操作流程要求，加强对操作流程的监督、检查，及时排除隐患。

公司通过对各部门、各岗位制定明确的职责和权限，坚持信托财产之间、信托财产与固有财产之间分别管理、分别记账等相互分离、相互监督、相互制约的原则，并通过严格的授权制度与过程监控来实施，包括采用技术手段，如在电脑系统对操作权限和内容进行程序设定，以及在业务和资金流转过程中实施双岗核定确认等。

公司持续加强员工教育培训，使其增强责任意识和业务技能，并通过奖惩激励对其行为进行约束。同时，加大投入，实施软件升级和硬件更新，定期进行系统维护，避免出现故障。

4.5.3.4 其他风险管理

对于政策风险的防范，加强对国家宏观政策和监管规定的跟踪研判，加强与监管部门和行业间的沟通、联系，以尽可能准确地判断分析宏观政策和监管政策的未来趋势，来管理政策风险。

对于合规与法律风险的防范，公司高度重视合规理念与合规文化的培育，持续进行监管政策的宣导，倡导“合规人人有责”的基本理念，坚持合规管理全覆盖。公司法务人员对项目方案、各类法律文本等的合法、合规性进行审查，提出法律审查意见。公司加大合同管理力度，有步骤地建立业务合同标准化体系。

对于声誉风险的防范，将公司声誉构建与公司发展战略和公司文化进行有机结合，通过尽职管理和充分信息披露以塑造公司的专业和诚信形象，对可能影响公司声誉的业务坚决予以回避等。加强员工职业道德教育和公司文化教育，增强员工的工作责任心和团队意识，维护公司信誉，防范声誉风险。

4.6 社会责任履行情况

4.6.1 社会责任履行情况

自国联信托成立以来，始终坚持合规经营、诚实守信的基本原则，以维护良好的金融市场环境为己任，不断提高社会责任感。公司发挥信托优势，积极投身地方经济建设和社会事业的发展，支持实体经济发展，引导和培育居民健康投资意识和财富管理理念，做到了支持实体经济发展、保障百姓财富保值增值与公司发展的有机结合。

2020年，国联信托立足地方，支持实体经济发展，将自身成长与实体经济发展紧密结合，大力促进结构调整和产业转型升级，用实际行动响应“产业强市”的战略号召。

公司始终秉承客户价值优先理念，强调以客户为中心，不断努力提升服务水平和服务效能，依托国联综合金融平台，在为企业量身定制综合金融产品、提供综合解决方案和服务的同时，为百姓财富收入增长提供了重要的投资渠道。

公司积极投身社会公益事业，组织广大干部员工开展各类慈善活动，积极履行企业社会责任，努力推动经济、社会与环境的和谐发展。

2020年初，为坚定不移把党中央、国务院各项疫情防控决策部署落到实处，积极履行企业社会责任，助力打赢新冠肺炎疫情防控阻击战，公司积极响应中国信托业协会关于成立“中国信托业抗击新型肺炎慈善信托”的倡议，向该专项慈善信托捐款50万元，第一时间投入对湖北防疫新冠肺炎的帮扶救助工作。发挥信托制度优势及自身资源禀赋优势，尽心尽力参与抗疫阻击战，发挥金融企业担当，履行企业社会责任。

4.6.2 消费者权益保护情况

公司一直将消费者权益保护工作作为一项重点工作推进，公司的消费者权益保护工作开展总体情况良好。公司制定了比较完善的消费者权益保护工作制度，并且切实履行各规章制度的各项要求。2020年，为进一步做好消费者权益保护工作，信托委员会更名为信托与消费者权益保护委员会，进一步明确职能，落实责任，将金融消费者权益保护的理念融入公司经营发展和业务运营的方方面面。

多年来，公司消费者权益保护工作开展顺利，及时、妥善地解答了消费者的投诉及疑惑，有效保护了消费者的权益，未给社会造成任何不良影响。

公司的信托产品与服务在开发设计、审批准入、营销推介等各个流程中都嵌入了消费者权益保护的理念，坚持从客户需求出发，坚持风险可控、合规经营，通过完善的风险管理措施，保障信托计划的顺利运作，实现客户的财富管理目标。

在金融知识宣传与教育方面，公司开展了多次内部学习及培训，有效提高了员工消费者权益保护意识；对外，公司积极开展公众金融知识宣传教育活动，充分利用自有宣传渠道，加大宣传普及力度，并通过进校园、进社区、进地铁等形式，把金融知识送到百姓身边，让金融知识到达更多受众。

公司高度重视消费者权益维护，强化服务监督体系，建立健全客户投诉建议处理机制，设置了多种投诉渠道，了解客户真实需求，实现服务投诉处理“零距离”、客户投诉“全响应”。自成立以来，公司未有重点消保问题发生。

2020年，公司对业务系统进行了全面升级改造，2021年，公司将继续围绕客户体验，对线上线下服务进行全面升级，力求给投资者更好的体验。

今后，公司将一如既往地重视消费者权益保护工作，进一步加强消费者权益保护理念，恪尽职守，履行诚实、信用、谨慎、有效管理的义务。

5. 报告期末及上一年度末的比较式会计报表

5.1 自营资产（经审计）

5.1.1 会计师事务所审计结论

审计报告

中天运〔2021〕审字第00663号

国联信托股份有限公司全体股东：

一、审计意见

我们审计了国联信托股份有限公司（以下简称国联信托）的财务报表，包括2020年12月31日的合并及公司资产负债表，2020年度的合并及公司利润表、合并及公司现金流量表、合并及公司股东权益变动表，以及财务报表附注。

我们认为，后附的财务报表在所有重大方面按照企业会计准则的规定编制，公允反映了国联信托2020年12月31日的合并及公司财务状况，以及2020年度的合并及公司经营成果和现金流量。

二、形成审计意见的基础

我们按照中国注册会计师审计准则的规定执行了审计工作。审计报告的“注册会计师对财务报表审计的责任”部分进一步阐述了我们在这些准则下的责任。按照中国注册会计师职业道德守则,我们独立于国联信托,并履行了职业道德方面的其他责任。我们相信,我们获取的审计证据是充分的、适当的,为发表审计意见提供了基础。

三、其他信息

国联信托管理层(以下简称管理层)对其他信息负责。其他信息包括2020年度报告中涵盖的信息,但不包括财务报表和我们的审计报告。

我们对财务报表发表的审计意见不涵盖其他信息,我们也不对其他信息发表任何形式的鉴证结论。

结合我们对财务报表的审计,我们的责任是阅读其他信息,在此过程中,考虑其他信息是否与财务报表或我们在审计过程中了解到的情况存在重大不一致或者似乎存在重大错报。

基于我们已执行的工作,如果我们确定其他信息存在重大错报,我们应当报告该事实。在这方面,我们无任何事项需要报告。

四、管理层和治理层对财务报表的责任

国联信托管理层(以下简称管理层)负责按照企业会计准则的规定编制财务报表,使其实现公允反映,并设计、执行和维护必要的内部控制,以使财务报表不存在由于舞弊或错误导致的重大错报。

在编制财务报表时,管理层负责评估国联信托的持续经营能力,披露与持续经营相关的事项(如适用),并运用持续经营假设,除非管理层计划清算国联信托、终止运营或别无其他现实的选择。

治理层负责监督国联信托的财务报告过程。

五、注册会计师对财务报表审计的责任

我们的目标是对财务报表整体是否不存在由于舞弊或错误导致的重大错报获取合理保证,并出具包含审计意见的审计报告。合理保证是高水平的保证,但并不能保证按照审计准则执行的审计在某一重大错报存在时总能发现。错报可能由于舞弊或错误导致,如果合理预期错报单独或汇总起来可能影响财务报表使用者依据财务报表作出的经济决策,则通常认为错报是重大的。

在按照审计准则执行审计工作的过程中,我们运用职业判断,并保持职业怀疑。同时,我们也执行以下工作:

(1)识别和评估由于舞弊或错误导致的财务报表重大错报风险,设计和实施审计程序以应对这些风险,并获取充分、适当的审计证据,作为发表审计意见的基础。由于舞弊可能涉及串通、伪造、故意遗漏、虚假陈述或凌驾于内部控制之上,未能发现由于舞弊导致的重大错报的风险高于未能发现由于错误导致的重大错报的风险。

(2)了解与审计相关的内部控制,以设计恰当的审计程序,但目的并非对内部控制的有效性发表意见。

(3)评价管理层选用会计政策的恰当性和作出会计估计及相关披露的合理性。

(4)对管理层使用持续经营假设的恰当性得出结论。同时,根据获取的审计证据,就可能导致对国联信托持续经营能力产生重大疑虑的事项或情况是否存在重大不确定性得出结论。如果我们得出结论认为存在重大不确定性,审计准则要求我们在审计报告中提请报表使用者注意财务报表中的相关披露;如果披露不充分,我们应当发表非无保留意见。我们的结论基于截至审计报告日可获得的信息。然而,未来的事项或情况可能导致国联信托不能持续经营。

(5)评价财务报表的总体列报、结构和内容,并评价财务报表是否公允反映相关交易和事项。

(6)就国联信托中实体或业务活动的财务信息获取充分、适当的审计证据,以对财务报表发表审计意见。我们负责指导、监督和执行集团审计,并对审计意见承担全部责任。

我们与治理层就计划的审计范围、时间安排和重大审计发现等事项进行沟通,包括沟通我们在审计中识别出的值得关注的内部控制缺陷。

中天运会计师事务所(特殊普通合伙)

中国注册会计师　汪群峰

中国注册会计师　王珍

中国·北京　　二〇二一年四月一日

5.1.2　资产负债表

资产负债表

编制单位:国联信托股份有限公司　　2020年12月31日　　单位:万元

资　产	附注	合并		母公司	
		期末余额	年初余额	期末余额	年初余额
货币资金		6 423	9 947	5 713	8 089
以公允价值计量且变动计入当期损益的金融资产		2 355	1 616	2 355	1 616
买入返售金融资产		3 430	5 220	2 550	4 260
应收账款		—	—	—	—
其他应收款		17 337	19 371	17 334	19 084
发放贷款和垫款		9 750	24 375	9 750	24 375
可供出售金融资产		117 432	110 822	64 494	56 950
持有至到期投资		66 686	39 014	56 789	30 341
长期股权投资		286 535	270 678	388 751	354 360
固定资产		415	341	414	340

续表

资　产	附注	合并		母公司	
		期末余额	年初余额	期末余额	年初余额
递延所得税资产		1 562	848	1 562	848
其他资产		53 367	57 409	53 324	57 399
资产总计		565 292	539 641	603 036	557 662
拆入资金		—	—	—	—
应付职工薪酬		1 862	1 202	1 761	1 202
应交税费		5 933	3 197	5 873	3 161
其他应付款		46 361	68 078	25 130	24 989
应付股利		—	—	—	—
递延所得税负债		15 166	15 209	15 167	15 209
负债合计		69 322	87 686	47 931	44 561
实收资本		300 000	300 000	300 000	300 000
资本公积		29 544	30 536	29 935	30 927
其他综合收益		−2 704	107	−2 704	107
盈余公积		46 000	41 419	46 000	41 419
信托赔偿准备		26 541	24 251	26 541	24 251
一般风险准备		8 960	8 244	8 960	8 244
未分配利润		87 629	47 398	146 373	108 153
所有者权益（或股东权益）合计		495 970	451 955	555 105	513 101
负债和所有者权益（或股东权益）合计		565 292	539 641	603 036	557 662

5.1.3　利润表

利润表

编制单位：国联信托股份有限公司　　　　2020 年度　　　　单位：万元

项　目	行次	合并		母公司	
		本期金额	上期金额	本期金额	上期金额
一、营业收入	1	62 957	109 731	59 441	108 267
利息净收入	2	−17	−2 458	2 338	2 005
利息收入	3	2 386	2 188	2 372	2 176
利息支出	4	2 403	4 646	34	171
手续费及佣金净收入	5	26 023	24 088	25 092	23 881
手续费及佣金收入	6	26 023	24 088	25 092	23 881
手续费及佣金支出	7	—	—	—	—
投资收益（损失以“－”号填列）	8	37 060	87 154	32 121	81 436
其中：对联营企业和合营企业的投资收益	9	21 473	11 047	21 448	10 526
公允价值变动收益（损失以“－”号填列）	10	−123	930	−123	930
资产处置收益（损失以“－”号填列）	11	−2	—	−2	—
其他收益	12	16	17	15	15
二、营业支出	13	7 414	57 944	6 093	9 088
税金及附加	14	208	185	201	183
业务及管理费	15	6 648	6 454	6 267	6 180
资产减值损失	16	558	51 305	−375	2 725
三、营业利润（亏损以“－”号填列）	17	55 543	51 787	53 348	99 179
加：营业外收入	18	—	12 524	—	12 524
减：营业外支出	19	51	—	50	—

续表

项目	行次	合并		母公司	
		本期金额	上期金额	本期金额	上期金额
四、利润总额（亏损总额以“－”号填列）	20	55 492	64 311	53 298	111 703
减：所得税费用	21	7 674	21 411	7 491	21 361
五、净利润（净亏损以“－”号填列）	22	47 818	42 900	45 807	90 342
六、其他综合收益的税后净额	23	−2 811	−41 344	−2 811	−41 344
以后不能重分类进损益的其他综合收益	24	—	—	—	—
以后将重分类进损益的其他综合收益	25	−2 811	−41 344	−2 811	−41 344
1. 权益法下在被投资单位其他综合收益享有份额	26	−1 629	—	−1 629	—
2. 可供出售金融资产公允价值变动损益	27	−1 182	−41 344	−1 182	−41 344
七、综合收益总额：	28	45 008	1 556	42 997	48 998
八、每股收益：	29	—	—	—	—
基本每股收益	30	0.16	0.14	0.15	0.30

5.1.4 所有者权益变动表（合并）

股东权益变动表

编制单位：国联信托股份有限公司　　2020 年度　　单位：万元

项目	2020 年度								2019 年度							
	股本	资本公积	其他综合收益	盈余公积	信托赔偿准备	一般风险准备	未分配利润	所有者权益合计	股本	资本公积	其他综合收益	盈余公积	信托赔偿准备	一般风险准备	未分配利润	所有者权益合计
一、上年年末余额	300 000	30 536	107	41 419	24 251	8 244	47 398	451 955	300 000	30 536	41 450	32 385	19 734	7 537	39 863	471 506
1. 会计政策变更	—	—	—	—	—	—	—	—	—	—	—	—	—	—	—	—
2. 其他	—	—	—	—	—	—	—	—	—	—	—	—	—	—	−17 057	−17 057
二、本年年初余额	300 000	30 536	107	41 419	24 251	8 244	47 398	451 955	300 000	30 536	41 450	32 385	19 734	7 537	22 806	454 448
三、本年增减变动金额（减少以“－”号填列）	—	−992	−2 811	4 581	2 290	716	40 230	44 015	—	—	−41 344	9 034	4 517	707	24 592	−2 494
（一）综合收益总额	—	—	−2 811	—	—	—	47 818	45 008	—	—	−41 344	—	—	—	42 900	1 556
（二）所有者投入和减少资本	—	−992	—	—	—	—	—	−992	—	—	—	—	—	—	—	—
1. 股东投入的普通股	—	—	—	—	—	—	—	—	—	—	—	—	—	—	—	—
2. 其他权益工具持有者投入资本	—	1	—	—	—	—	—	1	—	—	—	—	—	—	—	—
3. 股份支付计入所有者权益的金额	—	—	—	—	—	—	—	—	—	—	—	—	—	—	—	—
4. 其他	—	−993	—	—	—	—	—	−993	—	—	—	—	—	—	—	—
（三）利润分配	—	—	—	4 581	2 290	716	−7 587	—	—	—	—	9 034	4 517	707	−18 308	−4 050
1. 提取盈余公积	—	—	—	4 581	—	—	−4 581	—	—	—	—	9 034	—	—	−9 034	—
2. 提取一般风险准备	—	—	—	—	—	716	−716	—	—	—	—	—	—	707	−707	—
3. 对所有者或股东的分配	—	—	—	—	—	—	—	—	—	—	—	—	—	—	−4 050	−4 050
4. 其他	—	—	—	—	2 290	—	−2 290	—	—	—	—	—	4 517	—	−4 517	—
（四）所有者权益内部结转	—	—	—	—	—	—	—	—	—	—	—	—	—	—	—	—
1. 资本公积转增资本（或股本）	—	—	—	—	—	—	—	—	—	—	—	—	—	—	—	—
2. 盈余公积转增资本（或股本）	—	—	—	—	—	—	—	—	—	—	—	—	—	—	—	—
3. 盈余公积弥补亏损	—	—	—	—	—	—	—	—	—	—	—	—	—	—	—	—
4. 其他	—	—	—	—	—	—	−1	−1	—	—	—	—	—	—	—	—
四、本年年末余额	300 000	29 544	−2 704	46 000	26 541	8 960	87 628	495 970	300 000	30 536	107	41 419	24 251	8 244	47 398	451 955

5.1.5 所有者权益变动表(母公司)

股东权益变动表

编制单位:国联信托股份有限公司　　2020 年度　　单位:万元

项目	2020 年度								2019 年度							
	股本	资本公积	其他综合收益	盈余公积	信托赔偿准备	一般风险准备	未分配利润	所有者权益合计	股本	资本公积	其他综合收益	盈余公积	信托赔偿准备	一般风险准备	未分配利润	所有者权益合计
一、上年年末余额	300 000	30 927	107	41 419	24 251	8 244	108 154	513 101	300 000	30 927	41 450	32 385	19 734	7 537	36 120	468 153
1. 会计政策变更	—	—	—	—	—	—	—	—	—	—	—	—	—	—	—	—
2. 前期差错更正	—	—	—	—	—	—	—	—	—	—	—	—	—	—	—	—
二、本年年初余额	300 000	30 927	107	41 419	24 251	8 244	108 154	513 101	300 000	30 927	41 450	32 385	19 734	7 537	36 120	468 153
三、本年增减变动金额(减少以"-"号填列)	—	-992	-2 811	4 581	2 290	716	38 219	42 004	—	—	-41 344	9 034	4 517	707	72 034	44 948
(一)综合收益总额	—	—	-2 811	—	—	—	45 807	42 997	—	—	-41 344	—	—	—	90 342	48 998
(二)所有者投入和减少资本	—	-992	—	—	—	—	—	-992	—	—	—	—	—	—	—	—
1. 股东投入的普通股	—	—	—	—	—	—	—	—	—	—	—	—	—	—	—	—
2. 其他权益工具持有者投入资本	—	1	—	—	—	—	—	1	—	—	—	—	—	—	—	—
3. 股份支付计入所有者权益的金额	—	—	—	—	—	—	—	—	—	—	—	—	—	—	—	—
4. 其他	—	-993	—	—	—	—	—	-993	—	—	—	—	—	—	—	—
(三)利润分配	—	—	—	4 581	2 290	716	-7 587	—	—	—	—	9 034	4 517	707	-18 308	-4 050
1. 提取盈余公积	—	—	—	4 581	—	—	-4 581	—	—	—	—	9 034	—	—	-9 034	—
2. 提取一般风险准备	—	—	—	—	—	716	-716	—	—	—	—	—	—	707	-707	—
3. 对所有者或股东的分配	—	—	—	—	—	—	—	—	—	—	—	—	—	—	-4 050	-4 050
4. 其他	—	—	—	—	2 290	—	-2 290	—	—	—	—	4 517	—	—	-4 517	—
(四)所有者权益内部结转	—	—	—	—	—	—	—	—	—	—	—	—	—	—	—	—
1. 资本公积转增资本(或股本)	—	—	—	—	—	—	—	—	—	—	—	—	—	—	—	—
2. 盈余公积转增资本(或股本)	—	—	—	—	—	—	—	—	—	—	—	—	—	—	—	—
3. 盈余公积弥补亏损	—	—	—	—	—	—	—	—	—	—	—	—	—	—	—	—
4. 其他	—	—	—	—	—	—	-1	-1	—	—	—	—	—	—	—	—
四、本年年末余额	300 000	29 935	-2 704	46 000	26 541	8 960	146 373	555 105	300 000	30 927	107	41 419	24 251	8 244	108 154	513 101

5.2 信托资产

5.2.1 信托资产项目资产负债汇总表

信托项目资产负债汇总表

编制单位:国联信托股份有限公司　　2020 年 12 月 31 日　　单位:万元

信托资产	行次	年末数	年初数	信托负债和信托权益	行次	年末数	年初数
信托资产:				信托负债:			
货币资金	1	36 672	41 593	交易性金融负债	20	—	—
拆出资金	2	—	—	衍生金融负债	21	—	—
存出保证金	3	—	—	应付受托人报酬	22	1 589	—
交易性金融资产	4	181 377	42 953	应付托管费	23	—	—
衍生金融资产	5	—	—	应付受益人收益	24	48	—
买入返售金融资产	6	14 940	—	应交税费	25	122	—
应收款项	7	5 898	1 330	应付销售服务费	26	—	—
发放贷款	8	1 684 610	2 082 650	其他应付款项	27	386	142
可供出售金融资产	9	13 217	227 567	预计负债	28	—	—
持有至到期投资	10	4 621 443	4 720 488	其他负债	29	—	—
长期应收款	11	—	—	信托负债合计	30	2 145	142
长期股权投资	12	212 203	214 858	信托权益:	31		
投资性房地产	13	—	—	实收信托	32	6 879 390	7 257 943
固定资产	14	—	—	资本公积	33	—	—
无形资产	15	—	—	损益平准金	34	—	—
长期待摊费用	16	—	—	未分配利润	35	100 595	73 354
其他资产	17	211 770	—	信托权益合计	36	6 979 985	7 331 297
减:各项资产减值准备	18	—	—				
信托资产总计	19	6 982 130	7 331 439	信托负债及信托权益总计	37	6 982 130	7 331 439

5.2.2 信托项目利润及利润分配汇总表

信托项目利润及利润分配汇总表

编制单位:国联信托股份有限公司　　2020 年度　　单位:万元

项　目	行次	本年数	上年数
一、营业收入	1	452 866	476 097
利息收入	2	99 686	129 646
投资收益	3	354 096	346 436
其中:对联营企业和合营企业的投资收益	4	—	—
公允价值变动收益(损失以"-"号填列)	5	-937	13
租赁收入	6	—	—
汇兑损益(损失以"-"号填列)	7	—	—
其他收入	8	21	3
二、支出	9	40 938	39 865
税金及附加	10	1 067	1 255
受托人报酬	11	25 645	25 286
托管费	12	8 552	6 145
投资管理费	13	—	—
销售服务费	14	286	1 075
交易费用	15	8	1
资产减值损失	16	—	—
其他费用	17	5 380	6 104
三、信托净利润	18	411 928	436 232
四、其他综合收益	19	—	—
五、综合收益	20	411 928	436 232
加:期初未分配利润	21	73 354	58 960
加:损益平准金	22	1 976	—
六、可供分配的信托利润	23	487 258	495 192
减:本期已分配信托利润	24	386 663	421 838
七、期末未分配信托利润	25	100 595	73 354

6. 会计报表附注

6.1 简要说明报告年度会计报表编制基础、会计政策、会计估计和核算方法发生的变化

合并会计报表的范围:本公司 2020 年 12 月 31 日合并范围无变化。本公司合并子公司为无锡嘉信资产管理有限公司和无锡国联和富投资中心(有限合伙)。

会计期间以公历年月划分,会计年度自公历 1 月 1 日起至 12 月 31 日止。以权责发生制为基础进行会计确认、计量和报告。在对会计要素进行计量时一般采用历史成本,在保证所确认的会计要素金额能够取得并可靠计量时,采用重置成本、可变现净值、现值、公允价值计量。

根据财政部《关于呆账准备提取有关问题的通知》的规定,以及《金融企业呆账准备提取及呆账核销管理办法》《非银行金融机构资产风险分类指导原则(试行)》的规定,在净利润中按风险资产最低提取比例 1.5%减值准备即一般风险准备。计提资产减值一般风险准备的范围:交易性金融资产、应收款项、发放贷款和垫款、长期应收款、可供出售金融资产、持有至到期投资、长期股权投资、固定资产、在建工程、无形资产、其他长期资产。

根据《信托公司管理办法》及董事会决议,按净利润的 5%计提信托赔偿准备金,该赔偿准备金累计总额达到公司注册资本的 20%时,可不再提取。

6.2 或有事项

无。

6.3 重要资产转让及其出售

无。

6.4 会计报表中重要项目的明细资料

6.4.1 披露自营资产经营情况

6.4.1.1 按资产风险分类的结果披露资产的期初数、期末数

信用风险资产五级分类	正常类(万元)	关注类(万元)	次级类(万元)	可疑类(万元)	损失类(万元)	信用风险资产合计(万元)	不良资产合计(万元)	不良资产率(%)
期初数	555 339	—	—	4 400	375	560 114	4 775	0.85
期末数	600 608	—	—	3 341	375	604 324	3 716	0.62

注:不良资产合计=次级类+可疑类+损失类。

6.4.1.2 各项资产减值损失准备的期初数、本期计提、本期转回、本期核销、期末数;贷款的一般准备和专项准备和其他资产减值准备

单位:万元

项目	期初数	本期计提	本期转回	本期核销	期末数
贷款损失准备	625	—	375	—	250
一般准备	625	—	375	—	250
专项准备	—	—	—	—	—
其他资产减值准备	—	—	—	—	—
可供出售金融资产减值准备	375	—	—	—	375
持有至到期投资减值准备	2 640	—	—	—	2 640
长期股权投资准备	—	—	—	—	—
坏账准备	—	—	—	—	—
投资性房地产减值准备	—	—	—	—	—

6.4.1.3 自营股票投资、基金投资、债券投资、长期股权投资等投资的期初数、期末数

单位:万元

项目	自营股票	基金	债券	长期股权投资	其他投资	合计
期初数	21 816	—	—	354 360	70 105	446 281
期末数	18 042	—	—	388 751	108 612	515 405

6.4.1.4 前三名的自营长期股权投资的企业名称、占被投资企业权益的比例及投资收益情况

企业名称	占被投资企业权益的比例(%)	投资收益(万元)
1. 国联证券股份有限公司(列示于长期股权投资)	16.41	9 644
2. 无锡农村商业银行股份有限公司(列示于长期股权投资)	9	11 803
3. 江苏宜兴农村商业银行股份有限公司(列示于可供出售金融资产)	6.35	679

6.4.1.5　前三名的自营贷款的企业名称、占贷款总额的比例和还款情况

企业名称	占贷款总额的比例(%)	还款情况
1. 海安市新世纪实业有限责任公司	100	贷款未到期、无欠息

6.4.1.6　表外业务的期初数、期末数，按照代理业务、担保业务和其他类型表外业务分别披露

单位：万元

表外业务	期末数	期初数
担保业务	—	—
代理业务(委托业务)	1 930	1 930
其他	—	—
合计	1 930	1 930

注：代理业务主要反映因客观原因应规范而尚未完成规范的历史遗留委托业务，包括委托贷款和委托投资。

6.4.1.7　公司当年的收入结构

项目	合并		母公司	
收入结构	金额（万元）	占总收入比例(%)	金额（万元）	占总收入比例(%)
手续费及佣金收入	26 023	39.82	25 092	42.20
其中：信托手续费收入	26 023	39.82	25 092	42.20
投资银行业务收入	—	—	—	—
利息收入	2 386	3.65	2 372	3.99
其他业务收入	—	—	—	—
其中：计入信托业务收入部分	—	—	—	—
投资收益	37 060	56.72	32 121	54.02
其中：股权投资收益	21 473	32.86	21 448	36.07
证券投资收益	2 652	4.06	2 652	4.46
其他投资收益	12 935	19.79	8 021	13.49
公允价值变动收益	-123	-0.19	-123	-0.21
收入合计	65 346	100.00	59 462	100.00

注：手续费及佣金收入、利息收入、其他业务收入、投资收益、营业外收入均应为损益表中的一级科目，其中手续费及佣金收入、利息收入、营业外收入为未抵减掉相应支出的全年累计实现收入数。

6.4.2　披露信托资产管理情况

6.4.2.1　信托资产的期初数、期末数

单位：万元

信托资产	期末数	期初数
集合	2 234 794	2 446 079
单一	4 534 600	4 885 360
财产权	212 736	—
合计	6 982 130	7 331 439

6.4.2.1.1　主动管理型信托业务期初数、期末数，分证券投资类、股权投资类、融资类、事务管理类分别披露

单位：万元

续表

主动管理型信托资产	期末数	期初数
证券投资类	196 317	42 953
股权投资类	69 407	78 562
融资类	559 750	669 163
事务管理类	—	—
其他投资类	1 118 002	973 679
合计	1 943 476	1 764 357

6.4.2.1.2　被动管理型信托业务期初数、期末数，分证券投资类、股权投资类、融资类、事务管理类分别披露

单位：万元

被动管理型信托资产	期末数	期初数
证券投资类	—	—
股权投资类	—	—
融资类	—	—
事务管理类	5 035 236	5 562 570
其他投资类	3 418	4 512
合计	5 038 654	5 567 082

6.4.2.2　本年度已清算结束的信托项目个数、实收信托合计金额、加权平均实际年化收益率

本年度已清算结束的信托项目个数为2[illegible]个，合计金额为712 215万元，加权平均实际年化收益率为6.43%。

6.4.2.2.1　本年度已清算结束的集合类、单一类资金信托项目和财产管理类信托项目个数、合计金额、加权平均实际年化收益率

已清算结束的信托项目	项目个数(个)	合计金额（万元）	加权平均实际年化收益率(%)
集合类	16	621 775	6.35
单一类	5	90 350	7.04
财产管理类	—	—	—

注：1. 收益率是指信托项目清算后，给受益人赚取的实际收益水平。

2. 加权平均实际年化收益率＝（信托项目1的实际年化收益率×信托项目1的资产总计＋信托项目2的实际年化收益率×信托项目2的资产总计＋…＋信托项目n的实际年化收益率×信托项目n的资产总计）/（信托项目1的资产总计＋信托项目2的资产总计＋…＋信托项目n的资产总计）×100%。

6.4.2.2.2　本年度已清算结束的主动管理型信托项目个数、合计金额、加权平均实际年化收益率，分证券投资类、股权投资类、融资类、事务管理类分别披露

本年度已清算结束的主动管理型信托项目个数为12个，合计金额为456 235万元，加权平均实际年化收益率为6.96%，加权平均实际年化信托报酬率为1.47%。

已清算结束的信托项目	项目个数（个）	合计金额（万元）	加权平均实际年化信托报酬率(%)	加权平均实际年化收益率(%)
证券投资类	—	—	—	—
股权投资类	—	—	—	—
融资类	3	175 640	0.80	6.54
事务管理类	—	—	—	—
其他投资类	9	280 595	1.89	7.22

6.4.2.2.3　本年度已清算结束的被动管理型信托项目个数、合计金额、加权平均实际年化收益率，分证券投资类、股权投资类、融资类、事务管理类分别披露

本年度已清算结束的被动管理型信托项目个数为9个，合计金额为255 890万元，加权平均实际年化收益率为5.50%，

加权平均实际年化信托报酬率为0.12%。

已清算结束的信托项目	项目个数（个）	合计金额（万元）	加权平均实际年化信托报酬率（%）	加权平均实际年化收益率（%）
证券投资类	—	—	—	—
股权投资类	—	—	—	—
融资类	—	—	—	—
事务管理类	9	255 890	0.12	5.50
其他投资类	—	—	—	—

6.4.2.3 本年度新增的集合类、单一类和财产管理类信托项目个数、实收信托合计金额

新增信托项目	项目个数（个）	实收信托合计金额（万元）
集合类	27	438 399
单一类	5	42 500
财产管理类	2	297 740
新增合计	34	778 639
其中：主动管理型	31	739 639
被动管理型	3	39 000

注：本年新增信托项目指在本报告年度内累计新增的信托项目个数和金额，包含本年度新增并于本年度内结束的项目和本年度新增至报告期末仍在持续管理的信托项目。

6.4.2.4 信托业务创新成果和特色业务有关情况

无。

6.4.2.5 本公司履行受托人义务情况及因本公司自身责任而导致的信托资产损失情况

截至2020年12月31日，本公司未出现因自身责任导致信托资产损失的情况。

6.5 关联方关系及其交易的披露

6.5.1 关联交易方的数量、关联交易的总金额及关联交易的定价政策等

	关联交易方数量	关联交易金额（万元）	定价政策
合计	4	601	详见注

注：关联交易的定价政策：（1）本公司对关联方交易价格根据市场价或协议价确定，与对非关联方的交易价格基本一致，无重大高于或低于正常交易价格的情况。（2）固有财产、信托资产与关联方贷款按人民银行规定的利率执行，投资按市场公允价确定。（3）信托财产与信托财产之间的关联交易按交易双方协商价格执行。

6.5.2 关联交易方与本公司的关系性质、关联交易方的名称、法人代表、注册地址、注册资本及主营业务等

关系性质	关联方名称	法定代表人	注册地址	注册资本（万元）	主营业务
股东的关联方	无锡国联新城投资有限公司	许军	无锡市	40 000	房地产业
股东的关联方	无锡国联物业管理有限责任公司	许军	无锡市	500	物业管理
股东的关联方	国联财务有限责任公司	刘清欣	无锡市	50 000	财务顾问
联营方	无锡农村商业银行股份有限公司	邵辉	无锡市	184 811	银行业务

6.5.3 逐笔披露本公司与关联方的重大交易事项

6.5.3.1 固有财产与关联方：贷款、投资、租赁、应收账款、担保、其他方式等期初汇总数、本期发生额汇总数、期末汇总数

项目名称	类别	年初数（万元）	增加额（万元）	减少额（万元）	期末数（万元）
无锡国联新城投资有限公司	租赁	—	409	—	409
无锡国联物业管理有限责任公司	物业	—	187	—	187
国联财务有限责任公司	利息支出	—	4	—	4
无锡农村商业银行股份有限公司	利息收入	—	1	—	1

6.5.3.2 信托资产与关联方：贷款、投资、租赁、应收账款、担保、其他方式等期初汇总数、本期借方和贷方发生额汇总数、期末汇总数

单位：万元

信托与关联方关联交易				
	期初数	借方发生额	贷方发生额	期末数
贷款	—	—	—	—
投资	—	—	—	—
租赁	—	—	—	—
担保	—	—	—	—
其他应收款	—	—	—	—
其他	—	—	—	—
合计	—	—	—	—

6.5.3.3 信托公司自有资金运用于自己管理的信托项目（固信交易）、信托公司管理的信托项目之间的相互（信信交易）交易金额，包括余额和本报告年度的发生额

6.5.3.3.1 固有财产与信托财产之间的交易金额期初汇总数、本期发生额汇总数、期末汇总数

单位：万元

固有财产与信托财产相互交易			
	期初数	本期发生额	期末数
合计	23 681	35 748	59 429

注：以固有资金投资公司自己管理的信托项目受益权，或购买自己管理的信托项目的信托资产均应纳入统计披露范围。

6.5.3.3.2 信托资产与信托财产之间的交易金额期初汇总数、本期发生额汇总数、期末汇总数

单位：万元

信托资产与信托财产相互交易			
	期初数	本期发生额	期末数
合计	423 894	−59 381	364 513

注：以公司受托管理的一个信托项目的资金购买自己管理的另一个信托项目的受益权或信托项下资产均应纳入统计披露范围。

6.5.4 逐笔披露关联方逾期未偿还本公司资金的详细情况及本公司为关联方担保发生或即将发生垫款的详细情况

截至 2020 年 12 月 31 日，本公司未发生关联方逾期未偿还本公司资金的情况，也无本公司为关联方担保发生或即将发生垫款的情况。

6.6 会计制度的披露

本财务报表（包含固有业务及信托业务）以公司持续经营假设为基础，根据实际发生的交易和事项，按照财政部 2006 年 2 月 15 日颁布的《企业会计准则——基本准则》及其后颁布及修订的具体会计准则、应用指南、解释，以及其他相关规定（统称《企业会计准则》）编制。

7. 财务情况说明书

7.1 利润实现和分配情况

母公司：经中天运会计师事务所（特殊普通合伙）审计，2020 年公司实现利润 53 298 万元，企业所得税为 7 491 万元，实现净利润 45 807 万元。

根据公司章程及财务制度的相关规定：

（1）按净利润的 10% 计提法定盈余公积金 4 581 万元。

（2）根据《信托公司管理办法》（中国银行业监督管理委员会令 2007 年第 2 号）的规定，按净利润的 5% 计提信托赔偿准备金 2 290 万元。

（3）根据财政部《金融企业准备金计提管理办法》的规定，按风险资产的 1.5% 计提一般风险准备 716 万元。

（4）上述各项计提分配后，2020 年末可供股东分配利润为 146 373万元。

合并：报告期公司合并实现净利润 47 818 万元，2020 年初未分配利润为 47 398 万元，提取盈余公积金 4 581 万元、信托赔偿准备金 2 290 万元、一般风险准备 716 万元，2020 年末可供股东分配利润为 87 629 万元。

7.2 主要财务指标

	合并	母公司
指标名称	指标值	指标值
资本利润率（%）	10.09	8.58
加权年化信托报酬率（%）	0.98	0.98
人均净利润（万元）	492.97	565.52

注：1. 资本利润率 = 净利润/所有者权益平均余额 ×100%。

2. 加权年化信托报酬率 =（信托项目 1 的实际年化信托报酬率 × 信托项目 1 的实收信托 + 信托项目 2 的实际年化信托报酬率 × 信托项目 2 的实收信托 +… + 信托项目 n 的实际年化信托报酬率 × 信托项目 n 的实收信托）/（信托项目 1 的实收信托 + 信托项目 2 的实收信托 +… + 信托项目 n 的实收信托）×100%。

3. 该指标是反映公司实际的信托报酬水平，计算在报告年度真正清算结束了的项目。

4. 人均净利润 = 净利润/年平均人数。

5. 平均值采取年初、年末余额简单平均法，公式为 a（平均）=（年初数 + 年末数）/2。

7.3 对本公司财务状况、经营成果有重大影响的其他事项

无。

7.4 公司净资本监管指标

指标名称	指标值	监管标准
净资本（万元）	503 993	≥2 亿元
各项业务风险资本之和（万元）	187 526	—
净资本/各项业务风险资本之和（%）	268.76	≥100
净资本/净资产（%）	90.79	≥40

8. 特别事项揭示

8.1 前五名股东报告期内变动情况及原因

无。

8.2 董事、监事及高级管理人员变动情况及原因

2020 年末，原监事会主席刘旭峰因工作岗位调整，申请辞去公司监事、监事会主席职务。

8.3 公司的重大未决诉讼事项

本报告年度所有涉诉项目，除了一个集合信托业务外，其余均为事务管理类信托计划，公司作为受托人按照相关法律、法规和信托文件的规定，履行受托义务，及时揭示风险，并按照委托人的指令进行项目操作，项目风险均由委托人自担，案件的所有权利义务均由委托人享有与承担。具体涉诉项目如下：

集合信托起诉个数：1 个。

诉讼对象：福建医科大学附属协和医院、福建省闽兴医药有限公司，金额为本金 32 715 万元。

单一信托起诉个数：2 个。

（1）诉讼对象：昆明天和斗特实业（集团）有限公司、史佩欣、昆明和信屋业开发有限责任公司，金额为 8 000 万元股权转让款。本案已进入执行阶段。

（2）诉讼对象：无锡市电线二厂有限公司、无锡尊园置业投资有限公司、邹玉仙，金额为本金 5 000 万元。本案已终结本次执行程序。

8.4 对会计师事务所出具的有保留意见、否定意见或无法表示意见的审计报告的，公司董事会应就所涉及事项作出说明

无。

8.5 公司及其董事、监事和高级管理人员受到处罚的情况

无。

8.6 中国银保监会及其派出机构对公司检查后提出整改意见的，应简要说明整改情况

2020 年 10 月，无锡银保监分局就现场检查情况向公司下发《现场检查意见书》。公司针对意见书中提出的问题，逐条落实整改计划和方案，明确整改目标、责任部门及具体整改措施，公司将持续跟踪整改落实情况并按要求及时上报。

8.7 本年度重大事项临时报告的简要内容、披露时间、所披露的媒体及其版面

无。

8.8 中国银保监会及其省级派出机构认定的其他有必要让客户及相关利益人了解的重要信息

无。

9. 公司监事会意见

9.1 公司依法运作情况

经检查，监事会认为：报告期内，依据国家有关法律、法规和公司章程的规定，公司建立了较完善的内部控制制度，决策程序符合相关规定。公司董事及其他高级管理人员在履行职责时，未发现违反法律、法规、规章及公司章程等的规定或损害公司及股东利益的行为。

9.2 检查公司财务情况

2020 年，监事会对公司的财务制度、内控制度和财务状况等进行了认真细致的检查，认为公司目前财务会计内控制度健全，会计无重大遗漏和虚假记载，公司财务状况、经营成果及现金流量情况良好。

9.3 公司关联交易情况

对于公司 2020 年日常经营相关的关联交易，监事会认为：交易定价公允，符合市场原则，交易公平、公开，无内幕交易行为，也无损害股东利益，特别是中小非关联股东利益的行为。

9.4 公司对外担保及股权、资产置换情况

2020 年公司无对外担保，无债务重组、非货币性交易事项、资产置换，也无其他损害公司股东利益或造成公司资产流失的情况。

9.5 内部控制自我评价报告

公司已建立了适合公司运行的内部控制制度体系并能得到有效的执行。公司内部控制的自我评价报告真实、客观地反映了公司内部控制制度的建设及运行情况。本届监事会将继续严格按照《中华人民共和国公司法》、公司章程和国家有关法规政策的规定，忠实履行自己的职责，进一步促进公司的规范运作。

国民信托有限公司

1. 重要提示

1.1 公司董事会及董事保证本报告所载资料不存在任何虚假记载、误导性陈述或者重大遗漏，并对其内容的真实性、准确性和完整性承担个别及连带责任。

1.2 公司独立董事王海智先生、李建生女士、罗毅先生、李红成先生申明：本报告所载资料真实、准确、完整。

1.3 公司2020年度财务会计报告经安永华明会计师事务所审计，并出具了标准无保留意见的审计报告。

1.4 公司法定代表人暨董事长肖鹰先生和财务总监曹志强先生申明：保证本年度报告中财务会计报告的真实、完整。

1.5 本年度报告摘要摘自年度报告全文，客户及相关利益人欲了解详细内容，应阅读年度报告全文。

2. 公司概况

2.1 公司简介

2.1.1 法定中文名称：国民信托有限公司
法定英文名称：The National Trust Ltd.
法定英文名称缩写：Natrust

2.1.2 法定代表人：肖鹰
注册地址：北京市东城区安外西滨河路18号院1号
邮政编码：100011
互联网网址：www. natrust. cn
电子信箱：info@ natrust. cn

2.1.3 信息披露事务负责人：付然
电话：010-84268088
传真：010-84268000
电子信箱：florafu@ natrust. cn

2.1.4 信息披露报纸：《上海证券报》

2.1.5 公司年报备置点：北京市东城区安外西滨河路18号院1号

2.1.6 金融许可证机构编码：K0007H211000001
统一社会信用代码：911100001429120804

2.1.7 聘请的会计师事务所：安永华明会计师事务所
住所：北京市东城区东长安街1号东方广场安永大楼16层
聘请的律师事务所：北京观韬中茂律师事务所
住所：北京市西城区金融大街5号新盛大厦B座18层

2.2 组织结构

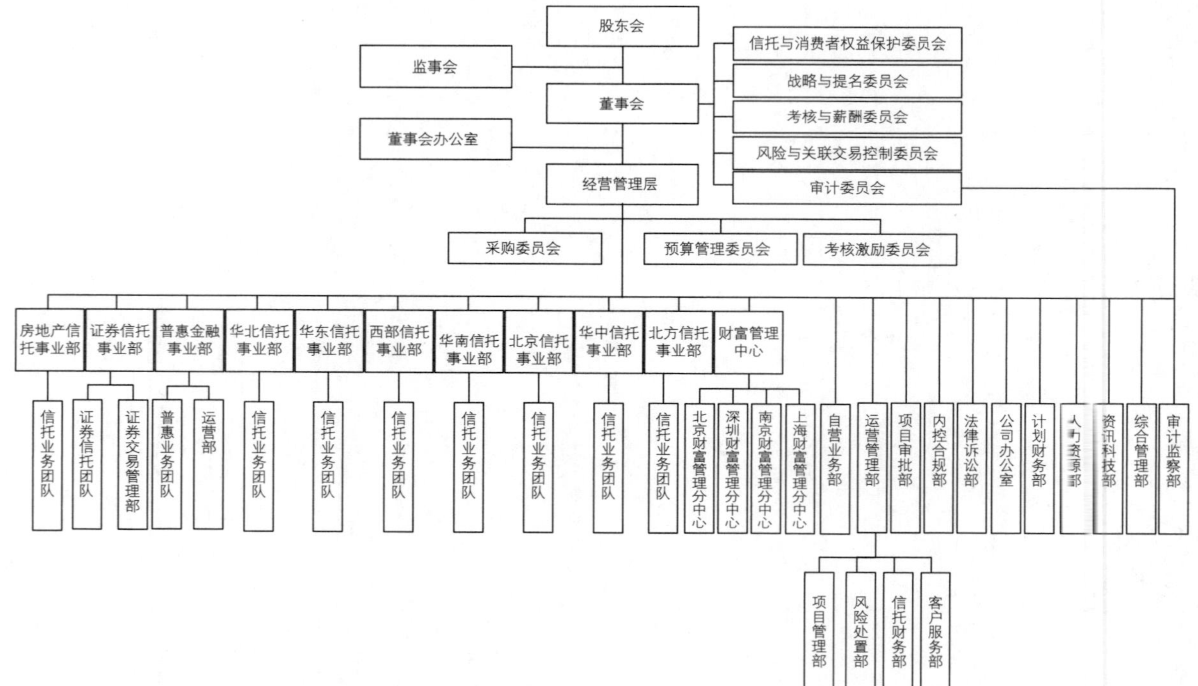

（注：项目管理部、风险处置部、信托财务部、客户服务部为运营管理部下设二级部门）

3. 公司治理

3.1 股东

公司前三位股东的情况如下：

股东名称	持股金额(元)	持股比例(%)	法定代表人	注册资本(万元)	注册地址	主营业务及财务情况
上海丰益股权投资基金有限公司	317 272 727.28	31.73	张　峻	55 000	上海市浦东新区莲林路15号403室	主营项目投资、股权投资，财务状况良好。
上海璟安实业有限公司	275 472 727.27	27.55	靳方景	129 318	上海市浦东新区浦东大道555号801室	主营企业管理、建筑材料、园林绿化，财务状况良好。
上海创信资产管理有限公司	241 654 545.45	24.16	李荣辉	100 000	浦东南路1952号238室	主营项目投资，财务状况良好。

注：1. 股东上海璟安股权投资有限公司已更名为上海璟安实业有限公司。

2. 股东上海丰益股权投资基金有限公司、股东上海创信资产管理有限公司和股东恒丰裕实业发展有限公司为一致行动人。

3.2 董事及独立董事

董事

姓　名	职　务	性别	年龄(岁)	选任日期	所推举的股东名称	代表股东持股比例(%)	简要履历
肖鹰	董事长	男	47	2019年2月27日	—	—	毕业于中国人民大学金融学专业，获金融学硕士学位，拥有注册会计师资格，历任中国人民银行银行一处、工商银行监管处副主任科员、副科长，原中国银监会北京监管局国有银行一处科长、副处长、政策法规处副处长，股份银行二处处长、办公室主任、纪委书记、党委委员，具有21年的金融机构监管和从业工作经验，自2016年12月起任公司董事，自2019年2月起任公司董事长。
李春彦	副董事长	男	56	2017年5月16日	上海丰益股权投资基金有限公司	31.73	毕业于对外经济贸易大学国际法学专业，获法学博士学位，历任中国平安部门总经理，分公司总经理、北京代表处主任，平安银行董事、行长助理、董事会秘书，富德生命人寿董事会秘书、董事，富德财产保险股份有限公司董事长，富德保险控股股份有限公司董事、副总经理；现任富德控股(集团)有限公司副董事长和深圳市富德资源投资控股有限公司董事长，具备31年的金融从业及管理工作经验，自2016年12月29日起任公司董事。
张　涛	董事	男	41	2016年12月29日	恒丰裕实业发展有限公司	16.56	毕业于中国人民大学金融学(保险)专业获经济学硕士学位，历任太平洋保险部门经理，富德生命人寿部门经理、董事长办公室总监、总经理助理，富德保险控股股份有限公司副总经理、董事会秘书；现任富德控股(集团)有限公司董事、总裁，富德财产保险股份有限公司董事，深圳市富德前海基础设施投资控股有限公司董事长，深圳市前海富德能源投资控股有限公司董事长、总经理，恒丰裕实业发展有限公司执行董事、总经理，拥有19年的金融工作经历。
黄晓东	董事	男	57	2017年1月16日	上海创信资产管理有限公司	24.16	毕业于吉林大学政治学理论专业获法学博士学位，历任共青团博罗县县委副书记，博罗县石湾镇镇委副书记，共青团广东省省委正科级干部，深圳市委办公厅副处级秘书，深圳人事局副处长，龙岗镇党委书记，龙岗区区长助理，共青团广东省省委副书记，珠海市香洲区区委书记，珠海市市委常委，南方报业总经理，珠影集团党委书记、董事长；现任富德控股(集团)副总裁、富德(常州)能源化工发展有限公司董事长，拥有多年的经济管理工作经验。

独立董事

姓　名	所在单位及职务	性别	年龄(岁)	选任日期	所推举的股东名称	代表股东持股比例(%)	简要履历
王海智	—	男	67	2016年12月29日	—	—	毕业于中国农业大学经济管理专业，高级经济师，历任中国银行承德分行，中国银行秦皇岛分行行长，东方资产管理公司石家庄办事处总经理，天津办事处总经理，天津信托公司董事长，拥有29年的金融工作经验。
李建生	—	女	66	2017年1月16日	—	—	毕业于香港浸会大学应用会计与金融理学专业获理学硕士学位，历任铁道部基本建设总局财务处助理会计师、会计师、副处长、处长，中国铁路工程总公司副总会计师、总会计师，中国中铁股份有限公司副总裁、财务总监、总法律顾问，中铁信托董事长，宝盈基金董事长，具有36年的会计、金融从业经验。

续表

姓　名	所在单位及职务	性别	年龄（岁）	选任日期	所推举的股东名称	代表股东持股比例（%）	简要履历
罗　毅	深圳市前海多晟科技股份有限公司董事	男	58	2016 年 12 月 29 日	—	—	毕业于上海财经大学高级管理人员工商管理专业获工商管理硕士学位，历任南京港务集团财务处主办会计，蛇口中华会计师事务所项目经理，沙河股份财务总监，曙光信息产业（深圳）有限公司财务总监，具有 36 年的企业会计核算、财务管理、企业管理及项目投资经验。
李红成	北京市尚公律师事务所高级合伙人	男	39	2020 年 12 月 15 日	—	—	毕业于中国政法大学诉讼法学专业，获法学硕士学位，具有律师执业资格和基金从业资格，拥有近 10 年的律师工作经验，主要为金融机构和中央企业、国有大型企业提供法律专业服务，主要执业领域包括信托、债权资本市场与资产证券化、上市与并购、争议解决等，具有较高的专业水准、丰富的理论知识和实际工作经验。

注：原独立董事王向燊先生自 2020 年 12 月 15 日起不再担任公司独立董事职务。

3.3　监事

姓名	职务	性别	年龄（岁）	选任日期	所推举的股东名称	代表股东持股比例（%）	简要履历
常　存	监事会主席	女	42	2018 年 3 月 27 日	上海创信资产管理有限公司、恒丰裕实业发展有限公司	24.16 和 16.56	毕业于北京工商大学会计学专业，获管理学硕士学位，曾任职于中国保监会、幸福人寿；现任富德生命人寿保险股份有限公司董事、审计责任人，富德保险控股股份有限公司董事、副总经理、审计责任人，生命保险资产管理有限公司审计责任人，首钢福山资源集团有限公司董事，拥有 18 年的保险从业经历，有着较为丰富的监管检查、合规管理和审计经验。
郭培能	监事	男	49	2016 年 11 月 22 日	上海璟安实业有限公司	27.55	毕业于四川大学法学专业，获法学学士学位，先后于揭阳市公安机关、深圳市交通管理机关、深圳市泰腾材料贸易有限公司任职；现任深圳市锦祥[illegible]投资控股集团有限公司董事长、总经理，具有丰富的经营管理工作经验。
程翔华	职工监事	女	37	2015 年 6 月 11 日	—	—	先后就读于浙江大学竺可桢学院和英国 Lancaster 管理学院，金融管理学硕士，英国皇家特许会计师（ACA），曾就职于伦敦德勤会计师事务所，在各类行业的审计及内控咨询服务工作方面拥有丰富经验。

3.4　高级管理人员

姓名	职务	性别	年龄（岁）	选任日期	金融从业年限（年）	学历	专业
肖　鹰	董事长（代履职总经理）	男	47	2019 年 4 月 19 日	21	硕士	金融学
刘　晶	副总经理	女	47	2013 年 1 月 10 日	20	博士	金融学
付　然	副总经理兼董事会秘书	女	41	2017 年 5 月 9 日	10	硕士	国际商法
何　远	副总经理	男	51	2011 年 10 月 11 日	26	在职研究生	金融学
曹志强	财务总监	男	52	2015 年 3 月 19 日	14	硕士	金融与投资

3.5　公司员工

报告期内公司员工人数、年龄分布、学历分布如下：

项　目		报告期年度	
		人数（人）	比例（%）
年龄分布	25 岁以下	4	1.62
	26～29 岁	31	12.55
	30～39 岁	149	60.32
	40 岁以上	63	25.51

续表

项　目		报告期年度	
		人数（人）	比例（%）
学历分布	博士	6	2.43
	硕士	98	39.68
	本科	124	50.20
	专科	14	5.67
	其他	5	2.02

4.　经营管理

4.1　经营目标、经营方针、战略规划

4.1.1　经营目标

公司的经营目标是以服务实体经济为根本目标、以转型创新为根本动力，聚焦资产管理和财富管理等核心领域，探索服务信托科学发展模式，为股东创造价值，为客户创造财富，打造具有凝聚力、竞争力的员工团队，致力于成为灵活、创新、高效、合规的国内一流综合金融服务机构。

4.1.2　经营方针

公司的经营方针是以“改革、转型、发展”为总体战略方针，坚持稳中求进、严守风险底线的总基调，通过全面加快转型创新、全面做强本源主业、全面推进风险防化和全面建设高素质专业化人才队伍，实现公司高质量发展，为客户提供最佳的综合金融服务。

4.1.3 战略规划

公司的发展方向：全面贯彻落实中央经济工作会议精神和中国银保监会监督管理要求，以服务实体经济为根本目标，努力实现公司业务结构均衡、收益回报优良、风险总体可控、经营指标稳健合规的高质量发展。

公司的业务类型：从以项目为导向的投融资业务加快转向以客户为中心的财富管理业务和以资产管理为主业的综合信托金融服务。

公司的短期策略：为顺应内外部宏观经济形势和信托行业发展新态势，公司坚持“改革、转型、发展”的总体战略方针，全面完善运营体系、管理制度和内控流程，优化升级金融科技基础，建立高效灵活的管理决策、市场营销和服务支持体系。2021 年，公司将在持续推动落实各项改革措施、不断提升经营管理水平的基础上，进一步增强主动管理能力建设、打造多元化资金渠道、提升产品研发和投资能力、确保各项监管指标稳健合规，为高质量发展进一步夯实业务能力基础和人才储备基础。

公司的中长期策略：以推动建立优秀企业文化和信托文化为抓手，进一步提升公司品牌信誉度。持续推进产品和服务创新，逐步扩大市场和产品的深度和广度，不断优化客户投资解决方案和服务流程，在资产管理、财富管理和服务信托等领域取得实质成效，探索形成可持续发展的盈利模式。

公司的长期策略：通过构建优秀企业文化、不断完善治理架构、优化升级内部管理体系、打造专业化团队等方面的多措并举，努力实现业务结构多元均衡、信托业务与自营业务协同发展、支柱型业务与创新型业务多点开花、“客户、股东和员工”多方共赢的高质量、可持续性发展。

4.2 所经营业务的主要内容

4.2.1 固有业务情况

截至 2020 年 12 月 31 日，公司固有资产运用与分布情况如下：

固有资产运用与分布表

资产运用	金额(万元)	占比(%)	资产分布	金额(万元)	占比(%)
货币资产	16 748. 59	4. 82	基础产业	—	—
贷款及应收款	33 674. 84	9. 69	房地产业	—	—
以公允价值计量且其变动计入当期损益的金融资产	270 968. 90	77. 99	证券市场	—	—
可供出售金融资产	2 930. 11	0. 84	实业	—	—
持有至到期投资	10 000. 00	2. 88	金融机构	283 899. 01	81. 71
长期股权投资	—	—	其他	63 562. 44	18. 29
其他	13 139. 01	3. 78			
资产合计	347 461. 45	100. 00	资产合计	347 461. 45	100. 00

资产分布中，对“其他”事项的说明如下：

资产分布中“其他”事项明细		
资产分布	金额(万元)	占比(%)
货币资产	16 748. 59	4. 82
贷款及应收款	33 674. 84	9. 69
其他	13 139. 01	3. 78
其他合计	63 562. 44	18. 29

4.2.2 信托业务情况

截至 2020 年 12 月 31 日，公司受托管理的信托资产运用与分布情况如下：

信托资产运用与分布表

资产运用	金额(万元)	占比(%)	资产分布	金额(万元)	占比(%)
货币资产	152 437. 06	1. 02	基础产业	2 004 345. 78	13. 42
贷款	7 010 058. 40	46. 94	房地产	1 466 168. 38	9. 82
交易性金融资产	1 032 466. 71	6. 91	证券市场	1 753 395. 78	11. 74
可供出售金融资产	813 877. 67	5. 45	金融机构	911 017. 85	6. 10
长期股权投资	1 644 933. 67	11. 01	实业	7 647 162. 86	51. 21
其他(注)	4 280 374. 39	28. 67	其他	1 152 057. 25	7. 71
信托资产合计	14 934 147. 90	100. 00	信托资产合计	14 934 147. 90	100. 00

资产运用和资产分布中，对“其他”事项的说明

资产运用中“其他”事项明细			资产分布中“其他”事项明细		
资产运用	金额(万元)	占比(%)	资产分布	金额(万元)	占比(%)
应收账款	126 431. 60	0. 85	银行存款	152 437. 06	1. 02
持有至到期投资	3 493 761. 97	23. 39	应收账款	126 431. 60	0. 85
买入返售金融资产	37 824. 16	0. 25	财产权	463 103. 81	3. 10
其他	622 356. 66	4. 18	其他	410 084. 78	2. 74
其他合计	4 280 374. 39	28. 67	其他合计	1 152 057. 25	7. 71

4.3 市场分析

展望 2021 年，全球新冠肺炎疫情或将得到一定控制，外部环境将发生积极变化；同时中央经济工作会议强调要继续实施积极的财政政策和稳健的货币政策，保持对经济恢复的必要支持力度，政策操作上要更加精准有效，不急转弯，进一步稳定了市场预期。随着“资管新规”及其配套实施细则全面落地，信托行业加快回归信托本源，一方面，信托公司可以通过开展标准化业务、净值化管理探索资管类信托产品的转型发展；另一方面，可以通过服务信托的灵活性，进一步拓展信托业务服务领域。服务信托、家族信托、资产证券化或将迎来高速发展的契机，成为信托公司业务转型发展的重点和新的利润增长点。

然而，受宏观经济下行压力和同业竞争等因素影响，信托公司展业和业务转型发展仍面临较大压力。首先，信托同业竞争不断加剧。一方面，头部信托公司由于具有品牌信誉度高、资金渠道广、产品线丰富、客户依存度高等优势，行业市场份额加速向头部机构集中，对于中小信托公司的生存空间造成挤压；另一方面，随着商业银行理财子公司的相继成立展业，资管行业的竞争也将更加白热化。其次，金融行业整体风险规模仍然较高。由于宏观经济尚未企稳，且受 2020 年新冠肺炎疫情影响冲击，市场上债务违约事件明显增多，加上部分企业风险暴露存在一定滞后性，存续项目的期间管理难度和潜在风险将不断加大。

4.4 内部控制

4.4.1 内部控制环境和文化

4.4.1.1 公司治理机制

按照《信托公司治理指引》和现代企业制度的要求，公司设置了以股东会、董事会、监事会和高级管理层为核心的法人治理结构，明确了议事规则和决策程序。股东会为公司最高权力机

构；董事会为公司决策机构；高级管理层为公司执行机构，负责执行董事会批准的各项决策和制度；监事会为公司监督机构，主要对公司财务经营状况及董事、高级管理人员履行职务的行为进行监督。公司逐步建立起了分工明确、权责相互制衡的公司治理和内部控制机制，并持续进行改善，实现了董事会对高级管理层经营活动的合理授权和有效监督。在经营管理层面，公司搭建了权责明确、合理制衡、报告关系清晰的组织架构，高级管理层、内审稽核部门定期向董事会及其专门委员会、监事会报告公司合规管理（含反洗钱）、风险管理和内部审计工作情况。

4.4.1.2 内控文化的建设和执行情况

公司在董事会及高级管理层的领导下，形成了诚实守信、稳健经营、恪尽职守的内部控制文化，树立内部控制和合规风险管理优先的审慎经营理念，积极培养员工的合规风险防范意识。公司强化合规经营理念的培育，公司持续关注法律法规、监管政策调整，及时梳理和完善相关内控规章制度，调整操作流程，不断推进公司内控管理工作的规范化、标准化。公司要求董事、监事和高级管理人员在企业文化建设中发挥主导和垂范作用。公司定期制订员工培训计划，定期开展学习培训，提高公司员工的业务能力、合规意识和道德水准，包括通过制定和实施《员工行为规范》，加强员工业务知识培养；通过学习法律法规、分析典型案例等多种形式，引导和规范员工行为，培育积极向上的价值观、诚实守信的执业理念。

报告期内，公司持续完善合规管理体制、培育合规文化，从而不断加强合规管理，有效防范合规风险，确保公司各项经营活动的合法合规性。一方面，公司通过培训、学习、研讨、测试、警示教育等多种形式不断加强全员对合规文化的理解与认同，提高合规管理的主观能动性；另一方面，不断加强合规审核人员的培训、教育，提高合规风险识别、防范能力。合规管理的基础是公司员工了解、熟悉现行的监管法律法规及政策，并能遵守执行，随着监管政策不断调整，合规管理压力逐渐增大，公司将根据法律法规、监管政策的调整，加强对全员合规管理的指导和培训，及时解读，引导全员依法合规开展业务。

4.4.2 内部控制措施

公司不断完善内控机构设置和制度建设；强调董事会和高级管理层的责任，将风险内控管理作为公司内部管理的核心，营造风险管理环境。公司建立了董事会风险与关联交易控制委员会、高级管理层、风险内控管理职能部门和业务部门四个层级的全面风险管理架构，贯彻全面风险管理的要求和全方位、全过程及全员风控管理的原则，逐步完善在不相容职务分离控制、授权审批控制、会计系统控制、财产保护控制、预算控制、运营分析控制和绩效考评控制等方面的内控活动。公司内部控制制度覆盖公司的各项业务、各个部门和各级人员，并融入决策、执行、监督、反馈等各个经营环节，保证各个部门和岗位既相互独立又相互制约。

在公司制定的全面风险管理体系架构下，内部控制的主要实施工作由内控合规部门、项目审批部门、运营管理部门、财务部门和内审稽核部门等具体执行。公司现有风险管理体系架构，有效保障风险管理程序的执行力，使公司业务运作和决策更为可控，也使高级管理层能全面及时地掌握公司的日常经营、财务和风险状况并保证风险管控措施有效执行。另外，公司持续建设和完善信息系统，在支持业务发展的同时，帮助加强内部控制，防范风险。

公司根据业务发展、政策变化，持续完善各方面的管理制度，涉及业务管理、操作流程及后台工作等，涵盖业务事前、事中、事后的全过程。报告期内，公司在贯彻现行制度办法的基础上，为适应市场变化、促进公司展业，公司制定并颁布了《证券信托事业部授权审批管理办法（试行）》《普惠金融事业部风控及合规授权前置审批管理办法（试行）》《证券业务内控合规审核管理办法（试行）》《债券投资业务管理办法》《证券投资决策工作小组议事规则》《消费金融信托业务操作指引（试行）》《信托受益权变更管理办法（试行）》《信托业务合同管理办法（试行）》《信托业务问责管理办法（试行）》等一系列制度，修订了《信托业务审批管理办法》《个人房抵贷业务操作指引》等制度。

报告期内，在公司运营方面，公司修订了《资产采购制度》《固定资产管理制度》《办公室安全管理制度》《函件收发管理办法》等一系列制度，为公司精细化管理夯实了制度基础。

报告期内，为完善公司信托产品销售业务管理相关规定，建立激励有力、约束有效的销售人员薪酬分配机制，公司制定并颁布了《信托产品销售管理办法》《销售人员薪酬与考核管理办法》《理财经理管理办法》，为公司促进信托产品直销及销售管理业务的发展提供了制度规范。

报告期内，公司不断加强洗钱风险管理工作。为加强洗钱风险管理工作，建立健全洗钱风险管理体系，完善洗钱风险管理制度和流程，根据中国人民银行对反洗钱工作的要求及相关法律法规规定，报告期内，公司制定了《业务洗钱风险评估操作指引（试行）》，修订了《反洗钱管理制度》，进一步完善了反洗钱工作机制。

报告期内，为加强公司内控合规、廉洁文化建设，保证员工具有良好的职业操守，公开、公正、公平履行职责，遵守各项工作纪律和保密原则，严格执行廉洁从业规定，公司制定了《人员任职和业务回避制度》，促进公司安全、稳健运行。

报告期内，为维护消费者合法权益，规范公司消费者权益保护工作、金融知识宣传教育工作及客户投诉处理和管理工作，公司修订了《消费者权益保护工作管理办法》《消费者权益保护工作内部考评办法》《金融知识宣传教育工作办法》《客户投诉处理管理办法》。

报告期内，为有效组织公司的统计工作，提高统计工作质量，公司制定了《监管统计工作管理制度》。

报告期内，为加强案件管理工作，建立责任明确、协调有序的工作机制，公司制定了《案件管理制度》。

4.4.3 监督评价与纠正

公司十分重视内部控制问题的后续追踪整改。对于持续监控、内审稽核、监管检查及重大事件所反映的内控问题组织持续追踪整改。针对常规内审高风险项目中反映的制度和流程缺陷，公司通过合规部门关注重大合规风险识别、评估、整改要求，对重大违规事项整改情况进行跟踪，持续优化制度和流程，从源头防范内控漏洞，以杜绝类似问题重复发生。公司内部审计人员对业务部门落实整改执行情况进行逐项跟踪，对未按时整改的情况及时予以分析追踪和报告。

4.5 风险管理

4.5.1 风险状况

4.5.1.1 信用风险状况

信用风险不仅包括违约风险，还包括由于交易对手和合作方的信用状况及履约能力的变化而导致公司资产价值发生变动造成损失的风险。信用风险压力主要表现在融资类业务中，对于此类风险，公司一方面从市场环境、行业、区域和集中度等几个方面制定整体风控策略和标准，另一方面严格要求前期的详细尽调、中期的独立审查与评估、后期的及时跟踪管理，同时针对交易对手信用资质情况，要求提供相应的抵押、质押、保证及其他一些增信措施，防范信用风险；同时公司严格按照内部决策流程对投资类业务进行信用评估，选取具有较高信用资质的交易对手，从多个维度对投资业务设定风险额度来控制信用风险，有力地保障了公司对信用风险的管控效果。

报告期内，公司持续严格履行受托人管理职责，到期主动管理融资类项目均实现了顺利清算，信用风险可控。

4.5.1.2　市场风险状况

市场风险是指公司在对信托财产和固有财产的合法经营中，因市场利率、汇率、股指和商品价格等市场参数的波动而产生的风险，包括利率风险、汇率风险、股市风险和通货膨胀风险等。

公司市场风险主要涉及证券投资和股权投资信托业务，以及上市公司股权质押融资、不动产投资信托业务等。对于此类业务，公司本着审慎原则，合理配置资产，通过合理的交易安排和严密的管理措施，勤勉、尽职履行受托人职责，最大限度地保障受益人的资金安全。

报告期内，公司信托资产投资、固有资产投资的市场风险正常。

4.5.1.3　操作风险状况

操作风险是指由于内部控制程序和系统的不完善、人员操作失误或外部突发事件等可能导致公司遭受损失的风险。

公司实行规范化、标准化、制度化管理，各项业务的开展都严格执行内部控制程序及业务操作流程。此外，公司还根据市场环境、监管要求及业务发展变化，不断加强内控管理，调整和完善业务操作流程和规章制度，并将多项制度的执行信息化、自动化，降低操作风险。

报告期内，公司严格按照规章制度、审批运营流程操作，未因操作不当造成风险。

4.5.1.4　其他风险状况

除以上三类风险外，公司还面临合规风险、流动性风险、声誉风险、员工道德风险，以及国家法律法规和政策的不确定性对公司经营产生影响的政策风险等。公司针对各项风险建立了较完善的防范、应对机制。其中，合规风险作为公司风险防范的重中之重，是公司经营和管理各方面的红线，公司对于合规尺度坚持严格把控、实质重于形式的原则，为公司的发展提供了坚实的合规基础。

报告期内，公司加强部门联动协同，严格防范其他各类风险，无其他重大风险发生。

4.5.2　风险管理

4.5.2.1　信用风险管理

公司严格执行信用风险的事前防范、事中控制和事后检查制度。在业务发生前，主要由业务部门对交易对手进行详细的尽职调查，重点确定业务的商业风险可控性、公司收益与风险承担的合理性；内控合规部根据业务部门的尽职调查情况对项目交易结构和合同条款的合规性进行审查；项目审批部负责对信托项目的信用风险和市场风险情况进行充分的评估和审核，“两级评审会”对项目进行审核和评定，从而尽可能地降低信用风险发生的概率；公司 2020 年对证券和普惠金融两个专业化事业部分别派驻了专职的项目审查人员，在严格专业化审批的同时，提升审批效率。运营管理部负责组织开展项目中后期管理工作，开展定期或不定期的风险排查、检查工作，多维度防范、预警项目运行中潜在的信用风险。目前，公司信用风险管理框架较为完善，存续项目信用风险敞口较小。

4.5.2.2　市场风险管理

控制市场风险的主要方法是加强对经济及金融形势的分析预测，加强相关行业研究，必要情况下在具体项目尽职调查时聘请专业的机构参与调查，并在业务决策时，参考聘请的外部行业专家对项目进行的行业与市场分析。公司根据业务性质、规模、复杂程度和风险特征，结合总体业务发展战略、管理能力和资本实力，确定总体风险承受水平，并尽量采取分散投资、分散风险的办法。一方面，加强对宏观经济和证券市场的研究，坚持价值投资理念，采取稳健的投资策略，建立止损机制，有效防范资本市场风险；另一方面，定期或不定期对房地产和证券投资等业务进行市场风险压力测试及动态估值，分析业务对外部市场变化的敏感程度和可能的影响，以制定策略应对市场变化。

2020 年，公司加强了对宏观经济和同行业业务情况的研究，及时根据市场变化情况调整投资管理策略，防范市场风险的发生。

4.5.2.3　操作风险管理

公司建立起较完整的内控制度，保障各项业务正常、有序地开展。公司部门间实行明确的职责划分，部门内部细分岗位职责和权限，开展不相容岗位梳理，保证岗位的有效分离与制衡，形成了相互配合、相互监督、相互制约的风控机制。公司各项业务的开展都严格执行内部控制程序及业务操作流程，同时将各项工作的操作规范内嵌至系统审批流程，使操作风险的防控效率、效果大大提升。

报告期内，为了业务发展和管理需要，公司加强了项目全周期管理，继续推动流程优化和制度建设，并结合业务转型的需要加快推进 IT 系统的升级和改造，同时不断强化员工行为管理和排查，有效防范了操作风险的发生。

4.5.2.4　其他风险管理

公司加强对国家政策的分析和研究，提高对政策的理解能力，并与监管部门及时沟通，根据要求进行业务调整和制度完善；此外，还不定期与信托同业进行业务交流，探讨业务经营管理中发现的问题，以提高对政策的理解度和执行力，从而有效地防范政策风险。

公司高度重视法律风险的防范。法律诉讼部为法律风险的主要管理部门，不断强化法律风险的识别和防范，积极有效应对各类诉讼案件。对于重大项目聘请外部律师事务所等专业服务机构提供专业意见，以强化法律方面的风险管理。同时，公司颁布相关制度规范外聘律师操作，防止出现道德风险。

公司高度重视流动性风险，专门成立了流动性工作小组统筹公司流动性管理。公司坚持审慎性原则，持续监测在各产品、各业务条线的流动性风险；公司建立流动资金预警线预警机制，并按照监管要求建立了流动性补充方案。报告期内，公司流动性保持合理充裕。

公司高度重视声誉风险防控，建立了舆情应对应急管理机制，未雨绸缪，防范在前。公司安排专职人员每日对舆情进行监测，一旦发现涉及公司的相关舆情，及时上报相关情况，迅速进行舆情处置，保持各方面的沟通，同时加强对正面舆情的引导工作。

公司全面加强员工素质教育，防范道德风险。公司积极组织员工参加监管部门开展的与信托业务有关的法律法规学习和考试；鼓励员工参加内部和外部培训交流，进一步提高员工的业务能力和专业知识，增强风险意识和预判能力，将风险控制理念融入业务和管理工作的各方面、各环节。

4.6 净资本风险控制指标

公司报告期末的净资本风险控制指标情况如下：

指标名称	期末数	监管标准
净资本（万元）	266 475.74	≥20 000
固有业务风险资本（万元）	29 696.98	—
信托业务风险资本（万元）	56 967.97	—
其他业务风险资本（万元）	—	—
各项业务风险资本（万元）	86 664.95	—
净资本/各项业务风险资本之和（%）	307.48	≥100
净资本/净资产（%）	87.84	≥40

5. 会计师事务所审计意见

安永华明会计师事务所对公司2020年财务报表出具了标准无保留意见，认为公司财务报表在所有重大方面已经按照企业会计准则的规定编制，公允地反映了国民信托有限公司2020年12月31日的财务状况及2020年度的经营成果和现金流量。

6. 公司财务报表及附注

6.1 资产负债表

资产负债表

编制单位：国民信托有限公司　　2020年12月31日　　单位：万元

项目	2020年12月31日	2019年12月31日
资产		
货币资金	16 748.59	16 068.03
以公允价值计量且其变动计入当期损益的金融资产	270 968.90	215 984.63
应收账款	3 642.15	4 673.61
可供出售金融资产	2 930.11	2 816.58
持有至到期投资	10 000.00	30 610.27
应收款项类投资	—	—
投资性房地产	7 935.00	—
固定资产	341.89	298.99
无形资产	626.35	482.70
其他资产	34 268.46	52 882.94
资产合计	347 461.45	323 817.75
负债及所有者权益		
负债		
应付职工薪酬	21 921.31	24 007.62
应交税费	6 936.26	15 885.04
递延所得税负债	5 152.95	2 681.51
其他负债	10 080.07	6 325.18
负债合计	44 090.59	48 899.35
所有者权益		
实收资本	100 000.00	100 000.00
其他综合收益	6 029.48	78.23
盈余公积	24 379.49	22 129.37
一般风险准备	4 063.67	4 063.67
信托赔偿准备	11 515.87	10 390.81
未分配利润	157 382.35	138 256.32
所有者权益合计	303 370.86	274 918.40
负债及所有者权益合计	347 461.45	323 817.75

6.2 利润表

利润表

编制单位：国民信托有限公司　　2020年度　　单位：万元

项目	2020年	2019年
营业收入		
手续费及佣金收入	49 110.95	54 871.80
投资收益/（损失）	4 601.01	11 170.85
公允价值变动收益	-395.75	-91.60
利息净收入	455.09	576.78
其中：利息收入	455.09	870.20
利息支出	—	-293.42
其他业务收入	3 760.93	3 760.93
其他收益	142.39	—
资产处置收益	390.00	—
营业收入合计	58 064.62	70 288.76
营业支出		
营业税金及附加	461.46	489.88
业务及管理费	27 389.24	36 140.94
资产减值损失	1 243.44	12 630.05
营业支出合计	29 094.14	49 260.87
营业利润	28 970.48	21 027.89
加：营业外收入	5 097.57	4 130.69
减：营业外支出	4 569.58	34.62
利润总额	29 498.47	25 123.96
减：所得税费用	6 997.26	6 205.55
净利润	22 501.21	18 918.41
其他综合收益的税后净额	5 951.25	—
综合收益总额	28 452.46	18 918.41

6.3 所有者权益变动表

所有者权益变动表

编制单位:国民信托有限公司　　2020 年度　　单位:万元

项目	实收资本	其他综合收益	盈余公积	一般风险准备	信托赔偿准备	未分配利润	所有者权益合计
本年年初余额	100 000.00	78.23	22 129.37	4 063.67	10 390.81	138 256.32	274 918.40
本年增减变动金额	—	—	—	—	—	—	—
(一)综合收益总额	—	5 951.25	—	—	—	22 501.21	28 452.46
(二)利润分配	—	—	—	—	—	—	—
提取盈余公积	—	—	2 250.12	—	—	-2 250.12	—
提取一般风险准备	—	—	—	—	—	—	—
提取信托赔偿准备	—	—	—	—	1 125.06	-1 125.06	—
对所有者的分配	—	—	—	—	—	—	—
本年年末余额	100 000.00	6 029.48	24 379.49	4 063.67	11 515.87	157 382.35	303 370.86

所有者权益变动表(续)

编制单位:国民信托有限公司　　2019 年度　　单位:万元

项目	实收资本	其他综合收益	盈余公积	一般风险准备	信托赔偿准备	未分配利润	所有者权益合计
本年年初余额	100 000.00	78.23	20 237.53	4 063.67	9 444.89	122 175.67	255 999.99
本年增减变动金额	—	—	—	—	—	—	—
(一)综合收益总额	—	—	—	—	—	18 918.41	18 918.41
(二)利润分配	—	—	—	—	—	—	—
提取盈余公积	—	—	1 891.84	—	—	-1 891.84	—
提取一般风险准备	—	—	—	—	—	—	—
提取信托赔偿准备	—	—	—	—	945.92	-945.92	—
对所有者的分配	—	—	—	—	—	—	—
本年年末余额	100 000.00	78.23	22 129.37	4 063.67	10 390.81	138 256.32	274 918.40

6.4 财务报表附注

6.4.1 报告期内,公司财务报表编制基准、会计政策、会计估计和核算方法变化情况

本公司 2020 年度会计报表编制基准、会计政策、会计估计和核算方法无重大变化。

6.4.2 财务报表主要项目的明细

6.4.2.1 信用风险资产分类情况

信用风险资产五级分类	正常类(万元)	关注类(万元)	次级类(万元)	可疑类(万元)	损失类(万元)	资产合计(万元)	不良资产合计(万元)	不良资产率(%)
期初数	306 968.03	—	10 463.99	—	55 217.24	372 649.26	65 681.23	—
期末数	321 787.47	—	10 463.99	—	56 520.96	388 772.42	66 984.94	—

注:1. 不良资产合计 = 次级类 + 可疑类 + 损失类。

2. 不良资产率 =(不良资产合计—不良资产已计提拨备)/资产合计,截至 2020 年末,公司不良资产已 100% 计提拨备。

6.4.2.2 各项资产减值损失准备的期初数、本期计提、本期转回、本期核销、期末数

单位:万元

项目	期初数	本期计提	本期转回	本期核销	期末数
贷款损失准备	—	—	—	—	—
一般准备	—	—	—	—	—
专项准备	—	—	—	—	—
其他资产减值准备	65 827.45	1 316.21	-72.77	-85.95	66 984.94
应收款项类资产	51 816.68	—	-24.82	—	51 791.86
持有至到期投资减值准备	—	—	—	—	—
长期股权投资减值准备	—	—	—	—	—
坏账准备	14 010.77	1 316.21	-47.95	-85.95	15 193.08
投资性房地产减值准备	—	—	—	—	—

6.4.2.3 固有业务股票投资、基金投资、债券投资、股权投资等投资业务的期初数、期末数

单位:万元

项目	自营股票	基金	债券	长期股权投资	其他投资	合计
期初数	—	63 845.35	—	—	185 566.13	249 411.48
期末数	—	100 401.71	—	—	183 497.30	283 899.01

6.4.2.4 前三名自营长期股权投资(包括以公允价值计量且其变动计入当期损益的金融资产)的企业名称、占被投资企业权益的比例、主要经营活动及投资收益情况等

企业名称	占被投资企业权益的比例(%)	主要经营活动	投资收益(万元)
汇丰人寿保险有限公司	50	人寿保险、健康保险和意外伤害保险等保险业务;及上述业务的再保险业务(法定保险业务除外)。	3 760.93

6.4.2.5 前三名自营贷款的企业名称、占贷款总额的比例和还款情况等

企业名称	占贷款总额的比例(%)	还款情况
—	—	—

6.4.2.6 表外业务的期初数、期末数，按照代理业务、担保业务和其他类型表外业务分别披露

本年度无表外业务。

6.4.2.7 收入结构

收入结构	金额(万元)	占比(%)
手续费及佣金收入	49 110.95	77.76
其中:信托手续费收入	49 110.95	77.76
投资银行业务收入	—	—
利息收入	455.09	0.72
其他业务收入	3 760.93	5.95
其中:计入信托业务收入部分	—	—
投资收益/(损失)	4 601.01	7.28
其中:股权投资收益	—	—
证券投资收益	—	—
其他投资收益	4 601.01	7.28
公允价值变动收益	-395.75	-0.63
营业外收入	5 097.57	8.07
其他收益	142.39	0.23
资产处置收益	390.00	0.62
收入合计	63 162.19	100.00

注:1. 其他业务收入为合营企业的有关收益。
2. 营业外收入主要为政府奖励收入。

6.4.3 关联方关系及其交易

6.4.3.1 关联交易方的数量、关联交易的总金额及关联交易的定价政策

项目	关联交易方数量	关联交易金额(万元)	定价政策
合计	—	—	—

6.4.3.2 关联交易方与公司的关系性质、关联交易方的名称、法定代表人、注册地址、注册资本及主营业务

关系性质	关联方名称	法定代表人	注册地址	注册资本(万元)	主营业务
—	—	—	—	—	—

6.4.3.3 公司与关联方的重大交易事项

固有资产与关联方交易情况如下:

单位:万元

固有资产与关联方关联交易				
项目	期初数	借方发生额	贷方发生额	期末数
贷款	—	—	—	—
投资	—	—	—	—
租赁	—	—	—	—
担保	—	—	—	—
应收账款	—	—	—	—
其他	—	—	—	—
合计	—	—	—	—

6.4.3.4 关联方逾期未偿还公司资金以及公司为关联方担保发生或即将发生垫款情况

截至2020年12月31日，公司没有向关联方担保或即将发生垫款情况，也没有关联方逾期未偿还公司资金情况。

6.4.4 或有事项说明

报告期内，本公司共有数起作为原告方/被告方/申请执行人的诉讼案件，本公司管理层认为目前该等法律诉讼与仲裁事项不会对本公司的财务状况或经营成果产生重大影响。

6.4.5 重要资产转让及其出售的说明

报告期内，本公司并无须作披露的重要资产转让及其出售。

6.4.6 会计制度

公司固有业务执行财政部颁布的《企业会计准则——基本准则》及其后颁布修订的具体会计准则、应用指南、解释，以及其他相关规定。

7. 财务情况说明

7.1 利润实现和分配情况

公司2020年总收入为63 162.19万元，总支出为40 660.98万元，实现净利润22 501.21万元。2020年公司未向股东分配利润。

7.2 主要财务指标

指标名称	指标值
资本利润率(%)	[illegible]8
人均净利润(万元)	[illegible]2
加权年化信托报酬率(%)	[illegible]7

注:加权年化信托报酬率指标仅包括本报告年度内已清算结束了的信托项目。

7.3 报告期内，公司有无发生对公司财务状况、经营成果有重大影响的其他事项

无。

8. 信托财务报表及附注

8.1 信托项目资产负债汇总表

信托项目资产负债汇总表

编制单位:国民信托有限公司　　2020年12月31日　　单位:万元

项目	2020年12月31日	2019年12月31日
信托资产		
货币资金	152 437.06	1[illegible]29.27
交易性金融资产	1 032 466.71	[illegible]10.57
买入返售金融资产	37 824.16	1[illegible]58.78
应收款项	126 431.60	1[illegible]71.32
发放贷款	7 010 058.40	14[illegible]12.88
可供出售金融资产	813 877.67	1[illegible]72.40
长期股权投资	1 644 933.67	1[illegible]94.22
无形资产	—	2[illegible]79.30
持有至到期投资	3 493 761.97	—
其他	622 356.66	[illegible]16.22
信托资产总计	14 934 147.90	22[illegible]44.96
信托负债和信托权益		
信托负债		

续表

	2020 年 12 月 31 日	2019 年 12 月 31 日
应付受托人报酬	875.06	475.94
应付托管费	53.05	33.08
应付受益人收益	4 600.36	535.42
应交税费	5 118.47	1 960.31
其他应付款项	55 099.00	40 603.28
信托负债合计	65 745.94	43 608.03
信托权益		
实收信托	14 643 175.69	22 166 533.07
资本公积	6 535.24	3 942.07
未分配利润	218 691.03	93 261.79
信托权益合计	14 868 401.96	22 263 736.93
信托负债和信托权益总计	14 934 147.90	22 307 344.96

8.2 信托项目利润及利润分配汇总表

信托项目利润及利润分配汇总表

编制单位:国民信托有限公司　　2020 年度　　单位:万元

项目	2020 年度	2019 年度
营业收入		
利息收入	691 652.41	1 142 311.45
投资收益	424 202.80	353 761.21
公允价值变动损失	6 404.16	16 270.61
其他收入	137.52	20.04
营业收入合计	1 122 396.89	1 512 363.31
营业支出		
营业税金及附加	3 598.59	5 086.62
受托人报酬	51 197.91	56 260.14
托管费	4 277.51	10 949.89
销售服务费	13 375.71	6 766.86
交易费用	437.00	233.88
其他费用	44 442.56	10 515.98
营业支出合计	117 329.28	89 813.37
信托净(亏损)/利润	1 005 067.61	1 422 549.94
其他综合收益	95 115.29	—
综合(亏损)/收益	1 100 182.90	1 422 549.94
加:期初未分配信托利润	93 261.79	-5 810.72
可供分配的信托利润	1 193 444.69	1 416 739.22
减:本期已分配信托利润	974 753.66	1 323 477.43
期末未分配信托收益	218 691.03	93 261.79

8.3 信托资产管理情况

8.3.1 信托资产的期初数、期末数

单位:万元

信托资产	期初数	期末数
集合	2 407 253.38	3 310 607.44
单一	19 220 459.38	11 160 436.65
财产权	679 632.20	463 103.81
合计	22 307 344.96	14 934 147.90

8.3.2 主动管理型信托业务的信托资产期初数、期末数

单位:万元

主动管理型	期初数	期末数
证券投资类	615 844.03	2 066 888.94
股权投资类	16 735.31	8 949.25
融资类	1 005 275.62	1 351 398.33
事务管理类	—	177 740.53
其他	328 060.86	322 632.97
合计	1 965 915.82	3 927 610.02

8.3.3 被动管理型信托业务的信托资产期初数、期末数

单位:万元

被动管理型	期初数	期末数
证券投资类	—	—
股权投资类	1 565 505.04	1 724 664.34
融资类	—	—
事务管理类	18 775 924.10	9 281 873.54
其他	—	—
合计	20 341 429.14	11 006 537.88

8.3.4 本年度已清算结束的信托项目情况

本年度已清算结束的信托项目 299 个,实收信托金额合计 14 617 003.71万元,加权平均实际年化收益率为 5.39%,加权平均实际年化报酬率为 0.27%。公司已依照信托合同约定,将前述已清算信托项目项下信托财产及收益分配信托受益人。

8.3.5 本年度已清算结束的集合类、单一类资金信托项目和财产管理类信托项目个数、实收信托合计金额、加权平均实际年化收益率

已清算结束的信托项目	项目个数(个)	实收信托合计金额(万元)	加权平均实际年化收益率(%)
集合类	37	1 207 300.66	3.35
单一类	259	12 959 703.05	5.53
财产管理类	3	450 000.00	6.67

8.3.6 本年度已清算结束的主动管理型信托项目情况

主动管理型已清算信托项目	项目个数(个)	实收信托合计金额(万元)	加权平均实际年化信托收益率(%)	加权平均实际年化报酬率(%)
证券投资类	18	175 627.01	16.00	2.19
股权投资类	2	33 230.50	18.34	1.31
融资类	18	231 974.00	8.22	1.37
事务管理类	—	—	—	—
其他	2	44 500.00	-9.21	0.28

8.3.7 本年度已清算结束的被动管理型信托项目情况

被动管理型已清算信托项目	项目个数(个)	实收信托合计金额(万元)	加权平均实际年化信托收益率(%)	加权平均实际年化报酬率(%)
证券投资类	—	—	—	—
股权投资类	3	70 716.30	3.19	0.17
融资类	—	—	—	—
事务管理类	256	14 060 955.90	5.23	0.23
其他	—	—	—	—

8.3.8 本年度新增的集合类、单一类和财产管理类信托项目个数、实收信托合计金额

新增信托项目	项目个数(个)	实收信托合计金额(万元)
集合类	90	1 576 110.23
单一类	194	3 868 175.08
财产管理类	7	204 714.14
新增合计	291	5 648 999.45
其中:主动管理类	163	2 093 652.82
被动管理类	128	3 555 346.63

8.4 关联方关系及其交易

8.4.1 信托资产与关联方交易情况

单位:万元

信托资产与关联方关联交易				
项目	期初数	借方发生额	贷方发生额	期末数
贷款	47 500.00	—	—	47 500.00
投资	—	—	—	—
租赁	—	—	—	—
担保	—	—	—	—
应收账款	—	—	—	—
其他	—	—	—	—
合计	47 500.00	—	—	47 500.00

报告期内,公司信托资产与关联方无新发生关联交易。

8.4.2 固有财产与信托财产之间的交易情况

单位:万元

固有财产与信托财产相互交易			
项目	期初数	本期发生额	期末数
合计	62 065.22	10 000.00	72 065.22

报告期内,公司以固有财产认购2笔公司发行的集合资金信托计划,合计金额为1亿元。

8.4.3 信托财产与信托财产之间的交易情况

单位:万元

信托财产与信托财产相互交易			
项目	期初数	本期发生额	期末数
合计	620.00	4 319.40	4 939.40

报告期内,公司以信托财产认购17笔公司发行的集合资金信托计划,金额为4 319.40万元。

8.5 会计制度

信托业务自2010年1月1日起全面执行财政部2006年2月颁布的《企业会计准则——基本准则》和38项具体会计准则、其后颁布的应用指南、解释,以及其他相关规定。

9. 特别事项揭示

9.1 前五名股东报告期内变动情况及原因

报告期内,公司股东未发生变动。

9.2 董事、监事及高级管理人员变动情况及原因

2020年12月,王向燊先生因个人原因不再担任公司独立董事职务,经股东会选举并经北京银保监局任职资格审批,李红成先生担任公司独立董事职务。

9.3 报告期内公司变更注册资本、变更注册地或公司名称、公司分立合并事项

无。

9.4 报告期内公司重大诉讼事项

无。

9.5 公司及其董事、监事和高级管理人员在报告期内受到的行政处罚

无。

9.6 中国银保监会及其派出机构对公司检查后提出整改意见及整改情况

2020年4月,北京银保监局向公司下发了《国民信托有限公司2019年度监管意见书》(京银保监发〔2020〕123号),对公司治理及股权、风险治理、业务转型等方面提出了加强和改进意见。为进一步整改落实监管要求,公司已形成《国民信托有限公司关于报送2019年度监管意见整改落实方案的报告》,并按时向北京银保监局报送,同时积极进行整改落实,北京银保监局未对公司的整改落实方案提出进一步意见。

9.7 本年度重大事项临时报告的简要内容、披露时间、所披露的媒体及其版面

序号	刊登内容	刊登时间	报纸名称	所属版面
1	国民信托有限公司2019年年度报告摘要	2020年4月30日	《上海证券报》	11版

9.8 其他重大需披露信息

报告期内,公司未发生中国银保监会及其省级派出机构认定的其他有必要让客户及相关利益人了解的重要信息。

报告期内,公司不存在已向中国银保监会或其派出机构提交行政许可申请但尚未获得批准的事项。

10. 公司监事会意见

公司监事会认为,公司董事会和高级管理层能够遵守法规及政策,稳健经营,业务风险可控;本年度财务报告经安永华明会计师事务所审计并出具无保留审计意见的审计报告,该财务报告真实、客观地反映了公司的财务状况和经营成果。

国通信托有限责任公司

1. 重要提示

1.1 本公司董事会及董事保证:本报告所载资料不存在任何虚假记载、误导性陈述或者重大遗漏,并对其内容的真实性、准确性和完整性承担个别及连带责任。

1.2 本公司独立董事唐建新先生、梁达文先生对年度报告内容的真实性、准确性和完整性无异议。

1.3 本公司2020年度财务报告已经中审众环会计师事务所(特殊普通合伙)根据中国注册会计师独立审计准则审计,并出具了标准无保留意见的审计报告。

1.4 本公司董事长(法定代表人)陈建新先生、主管会计工作负责人副总裁岳建强先生、计划财务部负责人李艳桃女士、信托财务部负责人高艺女士声明:保证年度报告中财务报告的真实、完整。

1.5 公司2020年度报告全文同时在公司网站上公布(网址:http://www.gt-trust.com)。欲了解公司更为详细的情况,谨请登录公司网站阅鉴。

2. 公司概况

2.1 公司简介

法定中文名称	国通信托有限责任公司
法定中文缩写名称	国通信托
法定英文名称	Guotong Trust Co., Ltd.
法定英文缩写名称	GUOTONG
法定代表人	陈建新
注册地址	武汉市江汉区新华街296号汉江国际1栋1单元32-38层
邮政编码	430000
国际互联网网址	http://www.gt-trust.com
电子信箱	info@gt-trust.com
信息披露事务负责人	岳建强
联系方式	联系电话:027-85567318;传真:027-85565776
选定的信息披露报纸	《金融时报》《证券时报》
公司年报备置地点	办公室
聘请的会计师事务所及住所	中审众环会计师事务所(特殊普通合伙) 武汉市武昌区东湖路169号众环大厦2—9层
聘请的律师事务所及住所	湖北得伟君尚律师事务所 武汉市江汉区唐家墩路32号国创大厦20楼

2.2 组织结构

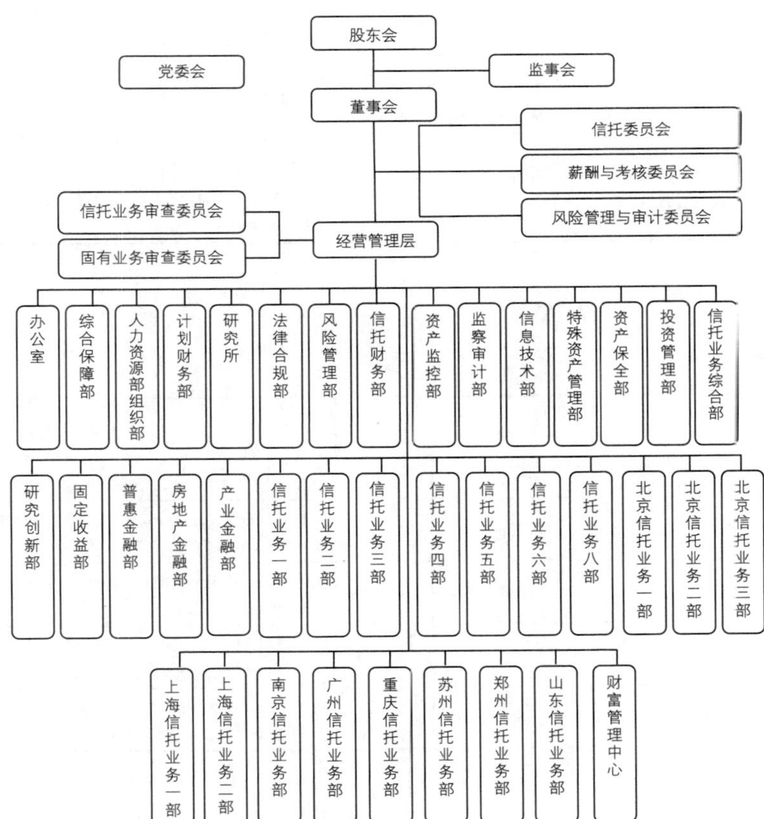

3. 公司治理

3.1 股东

报告期末股东总数为 3 名。股东之间不存在关联关系。

股东名称	持股比例(%)	法定代表人	注册资本	注册地址	主要经营业务
武汉金融控股(集团)有限公司★	67.51	谌赞雄	100 亿元	武汉市江汉区长江日报路 77 号	金融业股权投资及管理等业务。
东亚银行有限公司	19.99	李国宝	股本港币 415.57 亿元(截至 2020 年 12 月 31 日)	香港中环德辅道中 10 号	商业银行业务。
北大方正集团有限公司	12.50	生玉海	110 252.86 万元	北京市海淀区成府路 298 号	制造方正电子出版系统、技术开发、投资管理等业务。

3.2 董事

公司董事会成员基本情况如下：

姓 名	职 务	性别	年龄(岁)	选任日期	所推举的股东名称	该股东持股比例(%)	简要履历
陈建新	董事长	男	55	2020 年 11 月 16 日	武汉金控	67.51	硕士，2019 年 12 月至今，任国通信托有限责任公司党委书记；2020 年 11 月至今任国通信托有限责任公司董事长。
叶志衡	董事	男	46	2015 年 4 月 23 日	东亚银行	19.99	博士，现任东亚银行有限公司总经理兼中国业务总部主管；2015 年 4 月至今，任国通信托有限责任公司董事。
李胜利	董事	男	48	2015 年 10 月 28 日	方正集团	12.50	硕士，现任北大方正集团财务有限公司董事、总经理；2015 年 10 月至今，任国通信托有限责任公司董事，其间，2015 年 10 月至 2017 年 1 月，任国通信托有限责任公司董事长。
岳建强	董事	男	58	2017 年 8 月 8 日	武汉金控	67.51	硕士，注册会计师，现任国通信托有限责任公司副总裁；2010 年 9 月至 2017 年 7 月任国通信托有限责任公司监事；2017 年 8 月至今，任国通信托有限责任公司董事。
唐武	董事	男	52	2018 年 4 月 25 日	武汉金控	67.51	本科，现任武汉金融控股(集团)有限公司总经理助理；2018 年 4 月至今，任国通信托有限责任公司董事。
唐建新	独立董事	男	56	2017 年 8 月 8 日	—	—	博士，现任武汉大学经济与管理学院会计系教授、博士生导师；2017 年 8 月至今，任国通信托有限责任公司独立董事。
梁达文	独立董事	男	62	2018 年 6 月 14 日	—	—	硕士，现任瑞安管理(上海)有限公司资金管理总监；2018 年 6 月至今，任国通信托有限责任公司独立董事。

注：统计截止日期为 2020 年 12 月 31 日。

3.3 监事

公司监事会成员基本情况如下：

姓 名	职 务	性别	年龄(岁)	选任日期	所推举的股东名称	该股东持股比例(%)	简要履历
郝飚	监事长	男	54	2018 年 4 月 26 日	武汉金控	67.51	硕士，2018 年 4 月至今，任国通信托有限责任公司监事长。
贾丛笑	监事	女	47	2017 年 6 月 12 日	东亚银行	19.99	硕士，现任东亚银行(中国)有限公司行长助理兼中西区区长；2017 年 6 月至今，任国通信托有限责任公司监事。
胡滨	监事	男	41	2017 年 6 月 12 日	方正集团	12.50	本科，特许公认会计师、特许金融分析师、注册会计师；2017 年 6 月至今，任国通信托有限责任公司监事。
李艳桃	职工监事	女	48	2018 年 4 月 26 日	—	—	硕士，高级会计师，现任国通信托有限责任公司计划财务部总经理；2018 年 4 月至今，任国通信托有限责任公司职工监事。
吴宏亮	职工监事	男	48	2018 年 4 月 26 日	—	—	硕士，现任国通信托有限责任公司特殊资产管理部总经理；2018 年 4 月至今，任国通信托有限责任公司职工监事。

注：1. 统计截止日期为 2020 年 12 月 31 日。

2. 本届监事会未设立下属委员会。

3.4 高级管理人员

姓 名	职 务	性别	年龄(岁)	选任日期	学历/学位	专业	金融从业年限(年)
周全锋	总裁	男	50	2011年12月	硕士	工商管理	18
岳建强	副总裁	男	58	2018年1月	硕士	法学	13
谢从斌	副总裁	男	56	2012年7月	硕士	金融学	33
曹阳	副总裁	男	50	2015年5月	本科	金融学	27
黄健旋	副总裁、首席风险官	男	45	2019年2月	博士	金融学	21
邹晓磊	助理总裁	男	44	2015年5月	硕士	EMBA	14

注:统计截止日期为2020年12月31日。

3.5 公司员工

报告期末,公司职工人数为357人。学历分布比例为博士2.2%、硕士51.3%;本科43.1%、专科2.8%、其他0.6%。

4. 经营管理

4.1 经营目标、经营方针、战略规划

4.1.1 经营目标

公司经营始终坚持立足受托人定位,牢记支持实体经济高质量发展、满足人民群众对美好生活的向往两大使命,本着受益人利益最大化的经营原则和风控第一的经营理念,以"值得信赖的资产管理机构+区域综合金融服务商"为目标,争创国内一流地方信托公司。

4.1.2 经营方针

公司秉持"风控第一、客户至上"的经营理念,严格遵守监管规定,完善全面风险管理,提升公司主动管理能力和信托服务水平,为客户提供便捷、专业、系统、高效的一揽子金融服务,实现公司可持续发展。

4.1.3 战略规划

立足受托人定位,遵循"诚信、专业、创新、高效"指导方针,结合自身资源禀赋和发展实际,协同推进实业投行、资产管理、财富管理三大业务,不断提升主动管理能力和风险管理水平,精耕细作传统业务,探索发展转型业务,积极拓展彰显本源的服务信托业务,建设"治理规范、资本充足、风控有力、经营稳健、效益良好、变革图强"的一流信托公司。

4.2 所经营业务的主要内容

经中国银保监会和公司登记机关核准,公司经营下列本外币业务:(1)资金信托;(2)动产信托;(3)不动产信托;(4)有价证券信托;(5)其他财产或财产权信托;(6)作为投资基金或者基金管理公司的发起人从事投资基金业务;(7)经营企业资产的重组、购并及项目融资、公司理财、财务顾问等业务;(8)受托经营国务院有关部门批准的证券承销业务;(9)办理居间、咨询、资信调查等业务;(10)代保管及保管箱业务;(11)存放同业、拆放同业、贷款、租赁、投资方式运用固有财产;(12)以固有财产为他人提供担保;(13)从事同业拆借业务;(14)中国银保监会批准的其他业务。

4.2.1 信托业务

报告期内,公司信托资产运用与分布情况如下:

信托资产运用与分布表

资产运用	金额(万元)	占比(%)	资产分布	金额(万元)	占比(%)
货币资产	163 600.28	0.92	基础产业	2 993 398.90	16.90
贷款	4 004 971.68	22.61	房地产	3 403 233.56	19.21
交易性金融资产	200 098.28	1.13	证券市场	210 813.64	1.19
可供出售金融资产	18 778.33	0.11	实业	4 505 352.19	25.43
持有至到期投资	6 666 778.60	37.63	金融机构	1 016 683.55	5.74
长期股权投资	1 518 054.97	8.57	其他	5 586 210.65	31.53
其他	5 143 410.35	29.03			
信托资产总计	17 715 692.49	100.00	信托资产总计	17 715 692.49	100.00

4.2.2 固有业务

报告期内,公司固有资产运用与分布情况如下:

固有资产运用与分布表

资产运用	金额(万元)	占比(%)	资产分布	金额(万元)	占比(%)
货币资产	11 125.11	1.10	基础产业	—	—
贷款及应收款	813 025.62	80.33	房地产业	—	—
交易性金融资产	99 640.35	9.84	证券市场	113 440.77	11.21
可供出售金融资产	—	—	实业	—	—
持有至到期投资	—	—	金融机构	740 398.36	73.15
长期股权投资	—	—	其他	158 311.93	15.64
其他	88 359.98	8.73			
资产总计	1 012 151.06	100.00	资产总计	1 012 151.06	100.00

4.3 市场分析

4.3.1 影响本公司业务发展的有利因素

一是我国成为2020年全球唯一实现正增长的主要经济体,在加快构建以国内大循环为主体、国内国际双循环相互促进的新发展格局中,我国经济长期向好的基本面没有改变。二是湖北和武汉加快实施疫后重振战略布局,武汉加快打造区域金融中心等,为公司高质量发展创造良好环境。三是监管层对行业提出新的监管理念,有力地引导和推动了信托行业回归本源、精准定位、强化主业、高品质发展。

4.3.2 影响本公司业务发展的不利因素

一是武汉是受疫情影响的重灾区,作为本土信托公司,公司受到一定程度的影响。二我国经济步入新常态,在"房住不炒"与"规范地方政府融资"的政策调控下,房地产、地方国企等传统业务拓展和风险管控难度加大。三是资产证券化、家族信托、慈善信托等转型业务盈利模式尚不成熟,经营业绩持续增长压力较大。

4.4 内部控制

4.4.1 内部控制环境和内部控制文化

公司按照《中华人民共和国公司法》及公司章程,把加强党的领导和完善公司治理有机结合,建立了由股东会、董事会、监事会和高级管理层组成的分工明确、权责对应、合理制衡的法人治理结构。董事会下设信托委员会、薪酬与考核委员会、风

险管理与审计委员会，各机构按照规定的工作程序、议事规则运作，做到有机协调和分权制衡；公司独立董事按照公司章程的规定，对重大事项发表独立意见；公司监事会强化对董事和经营管理层的约束和监督，推进公司治理制度的有效执行。

4.4.2 内部控制措施

公司股东会、董事会、监事会、经营管理层按照公司章程规定的职权，实施内部控制的监督管理；公司前台、中台、后台职责分离，横向与纵向相互监督制约；内审部门负责组织对公司内部控制活动进行监督、检查。

公司持续健全完善内部控制制度，根据监管要求、业务发展的需求及组织机构调整，及时制定和修订各项业务管理制度，不断细化工作流程。公司现行内部控制制度涵盖公司经营管理活动各个环节，执行情况良好。

4.4.3 监督评价与纠正

公司建立了多层次的内部控制监督评价机制。监事会负责对公司董事及高级管理人员履职情况进行监督；董事会下设的风险管理与审计委员会，依据公司章程及议事规则所赋予的职责权限对公司风险管理、关联交易、内部控制与内部审计制度及其实施进行监督；内审部门根据董事会批准的年度内审工作计划，对公司经营管理活动进行审计评价，并督促改进，不断推进公司制度健全，强化制度执行力。

4.5 风险管理概况

公司坚持“宁失效益，不失风控”的风控原则，通过建立和完善全面风险管理体系，使公司风险管理与战略目标相适应，确保公司风险始终在公司确定的承受水平之内，并在此基础上持续提高风险管理水平，促进各项业务稳健发展，实现客户价值、公司价值最大化。

4.5.1 信用风险概况

信用风险是指交易对手和合作方的违约、或因信用状况和履约能力上的变化而导致公司各类资产价值发生变动所造成损失的风险。公司通过详尽的尽职调查，有效利用各类信用评级系统和人民银行征信系统，对项目信用风险进行充分的事前评估，审慎选择交易对手；通过事中控制、事后检查持续关注交易对手的信用状况，以及抵（质）押物价值及保证人担保能力的变化，并根据具体情况采取有效的应对措施；通过实施重点客户、区域倾斜，保持一定程度上的客户集中度，在依托各种信用增级手段的基础上，切实降低信用风险；通过法律条款的设定，借助外部律师的意见，提高抵御信用风险的能力。建立项目风险量化指标体系，覆盖项目的立项和审批环节，对新增项目的交易对手和项目进行客观的评价，使公司各类项目的风控审核更加具有客观性。

4.5.2 市场风险状况概况

市场风险是指公司各类财产因市场利率、汇率和股价等市场参数的波动而产生的风险。公司建立了市场风险识别、计量、监测和控制程序，以确保市场风险管理能够与业务性质、规模、复杂程度和风险特征相适应，与能够承担的总体市场风险水平相一致；公司加强对宏观经济和市场的研究，及时跟踪市场价格波动情况，对每项业务和产品中的市场风险因素进行分解和分析，以及时准确识别所有业务中市场风险的类别和性质；通过定期或不定期对房地产和证券投资等业务进行市场风险压力测试，分析业务对外部市场变化的敏感程度和可能的影响，以制定策略应对市场变化；公司对重大市场风险情况事先制定应急处理方案，积极采取对冲、减少风险敞口等措施降低市场风险水平。

4.5.3 操作风险状况概况

操作风险是指由于不完善或有问题的内部程序、员工、信息科技系统或外部事件所造成损失的风险。公司明确界定各业务部门和管理部门的操作风险管理职责，确保各部门切实履职；公司根据业务特点、管理流程和复杂程度，逐步确定重点操作风险，通过运用操作风险因素清单、关键风险指标、风险与控制自我评估等工具，定期监测并报告操作风险状况和重大损失情况；公司针对潜在损失不断增大的风险，建立了早期的操作风险预警机制，以便及时采取措施控制、降低风险，降低损失事件的发生频率及损失程度；公司还将履约风险作为重大操作风险，实施专项管理，按照信托合同和其他有关法律文件的规定和要求，勤勉尽职履行受托人管理义务，避免因操作不当导致风险事件的发生。

4.5.4 其他风险状况概况

其他风险包括政策风险、流动性风险、员工道德风险等。公司通过加强对国家政策分析和研究，加强与监管部门及同业间的沟通，以提高对政策的理解度和执行力，从而防范政策风险；公司建立与业务性质、规模、复杂程度和风险特征相适应的流动性风险管理体系，将固有业务、信托业务均纳入流动性风险监测范围，对各项指标进行定期监控、报告，提前制定流动性整体管理对策，从而防范流动性风险；公司通过制度规范、业务及职业道德培训、内部审计人员的监督与检查来防范员工道德风险。

4.6 消费者权益保护

报告期内，公司坚持以受益人利益为根本出发点，组织做好消费者权益保护工作，切实保障受益人利益，为维护金融市场稳定和行业稳健发展切实承担好主体责任。一是完善消费者权益保护组织架构体系，董事会承担消费者权益保护工作的最终责任，高级管理层负责具体工作开展。专门设立金融消费权益保护部，贯彻落实各项消费者权益保护工作。二是落实投资者适当性原则，真实、全面地披露产品信息，做好项目贷后管理及运维工作，切实保护消费者合法权益。三是积极组织开展了“3·15 消费者维权”“防范非法集资”“金融知识进万家”等宣传服务活动。

4.7 企业社会责任

报告期内，本公司重视发挥企业社会价值，履行社会责任。一是成立帮扶抗疫突击队，深入社区一线开展疫情防控工作。设立和运作两单慈善信托，投入资金超 3000 万元助力疫情防控和复工复产。二是积极落实监管要求，坚定践行金融使命，持续创新金融服务方式，继续推进民企纾困基金，进一步加大实体经济服务力度。三是始终秉持持续为客户创造价值的理念，切实履行“受人之托，代人理财”的受托责任，为合格投资者提供丰富多样的信托产品和个性化定制式的财富管理服务。四是积极参与公益慈善事业，深入农户和扶贫企业考察，积极对接采购农产品，助力脱贫攻坚。五是高度重视员工培养，将人才视为企业最有价值的财富，组织丰富的活动和培训。凭借良好的工作成效，公司荣获“武汉市和谐企业”“2020 年卓越竞争力社会责任金融机构”等称号。

5. 报告期末会计报表及上一年度末的比较式会计报表

5.1 固有资产

5.1.1 会计师事务所审计意见全文

审 计 报 告

众环审字〔2021〕0101352 号

国通信托有限责任公司全体股东：

一、审计意见

我们审计了国通信托有限责任公司（以下简称国通信托）财务报表，包括 2020 年 12 月 31 日的资产负债表，2020 年度的利润表、现金流量表、所有者权益变动表，以及财务报表附注。

我们认为，后附的财务报表在所有重大方面按照企业会计准则的规定编制，公允反映了国通信托 2020 年 12 月 31 日的财务状况及 2020 年度的经营成果和现金流量。

二、形成审计意见的基础

我们按照中国注册会计师审计准则的规定执行了审计工作。审计报告的“注册会计师对财务报表审计的责任”部分进一步阐述了我们在这些准则下的责任。按照中国注册会计师职业道德守则，我们独立于国通信托，并履行了职业道德方面的其他责任。我们相信，我们获取的审计证据是充分的、适当的，为发表审计意见提供了基础。

三、其他信息

国通信托公司管理层对其他信息负责。其他信息包括 2020 年度报告中涵盖的信息，但不包括财务报表和我们的审计报告。

我们对财务报表发表的审计意见不涵盖其他信息，我们也不对其他信息发表任何形式的鉴证结论。

结合我们对财务报表的审计，我们的责任是阅读其他信息，在此过程中，考虑其他信息是否与财务报表或我们在审计过程中了解到的情况存在重大不一致或者似乎存在重大错报。

基于我们已执行的工作，如果我们确定其他信息存在重大错报，我们应当报告该事实。在这方面，我们无任何事项需要报告。

四、管理层和治理层对财务报表的责任

国通信托公司管理层（以下简称管理层）负责按照企业会计准则的规定编制财务报表，使其实现公允反映，并设计、执行和维护必要的内部控制，以使财务报表不存在由于舞弊或错误导致的重大错报。

在编制财务报表时，管理层负责评估国通信托公司的持续经营能力，披露与持续经营相关的事项（如适用），并运用持续经营假设，除非管理层计划清算国通信托公司、终止运营或别无其他现实的选择。

治理层负责监督国通信托公司的财务报告过程。

五、注册会计师对财务报表审计的责任

我们的目标是对财务报表整体是否不存在由于舞弊或错误导致的重大错报获取合理保证，并出具包含审计意见的审计报告。合理保证是高水平的保证，但并不能保证按照审计准则执行的审计在某一重大错报存在时总能发现。错报可能由于舞弊或错误导致，如果合理预期错报单独或汇总起来可能影响财务报表使用者依据财务报表作出的经济决策，则通常认为错报是重大的。

在按照审计准则执行审计工作的过程中，我们运用职业判断，并保持职业怀疑。同时，我们也执行以下工作：

（1）识别和评估由于舞弊或错误导致的财务报表重大错报风险，设计和实施审计程序以应对这些风险，并获取充分、适当的审计证据，作为发表审计意见的基础。由于舞弊可能涉及串通、伪造、故意遗漏、虚假陈述或凌驾于内部控制之上，未能发现由于舞弊导致的重大错报的风险高于未能发现由于错误导致的重大错报的风险。

（2）了解与审计相关的内部控制，以设计恰当的审计程序，但目的并非对内部控制的有效性发表意见。

（3）评价管理层选用会计政策的恰当性和作出会计估计及相关披露的合理性。

（4）对管理层使用持续经营假设的恰当性得出结论。同时，根据获取的审计证据，就可能导致对国通信托公司持续经营能力产生重大疑虑的事项或情况是否存在重大不确定性得出结论。如果我们得出结论认为存在重大不确定性，审计准则要求我们在审计报告中提请报表使用者注意财务报表中的相关披露；如果披露不充分，我们应当发表非无保留意见。我们的结论基于截至审计报告日可获得的信息。然而，未来的事项或情况可能导致国通信托公司不能持续经营。

（5）评价财务报表的总体列报、结构和内容，并评价财务报表是否公允反映相关交易和事项。

我们与治理层就计划的审计范围、时间安排和重大审计发现等事项进行沟通，包括沟通我们在审计中识别出的值得关注的内部控制缺陷。

中审众环会计师事务所（特殊普通合伙）

中国注册会计师　朱烨

中国注册会计师　周珺

中国 · 武汉　　2021 年 3 月 31 日

5.1.2 资产负债表

资产负债表

编制单位：国通信托有限责任公司　　2020 年 12 月 31 日　　单位：元

资　　产	2020 年 12 月 31 日	2019 年 12 月 31 日	负债和所有者权益	2020 年 12 月 31 日	2019 年 12 月 31 日
资产：			负债：		
货币资金	111 251 067.38	242 162 849.45	向中央银行借款	—	—
存放同业款项	—	—	同业及其他金融机构存放款项	—	—
贵金属	—	—	拆入资金	—	—
拆出资金	—	—	交易性金融负债	—	—
交易性金融资产	996 403 528.33	725 853 922.80	衍生金融负债	—	—
衍生金融资产	—	—	卖出回购金融资产款	—	—
买入返售金融资产	138 004 140.00	115 200 900.00	吸收存款	—	—
应收利息	185 864 844.64	106 481 963.16	应付职工薪酬	100 630 280.48	131 [illegible] 240.79
发放贷款及垫款	5 521 270.70	3 824 846.64	应交税费	348 471 624.27	143 [illegible] 701.09
可供出售金融资产	—	69 626 079.96	应付利息	23 860 555.54	5 [illegible] 000.01
持有至到期投资	—	—	预计负债	—	—
应收款项类投资	7 292 732 565.85	5 328 410 163.90	应付债券	—	—
长期股权投资	—	—	递延所得税负债	—	1 [illegible] 491.42
投资性房地产	—	—	其他负债	3 146 622 038.22	1 813 [illegible] 210.93
固定资产	179 843 002.09	193 851 303.22	负债合计	3 619 584 498.51	2 096 4[illegible] 644.24
在建工程	—	—	股东权益：	—	—
无形资产	23 448 228.62	24 060 629.57	实收资本	3 200 000 000.00	3 200 0[illegible] 000.00
递延所得税资产	205 093 702.23	156 415 361.51	资本公积	25 997 150.00	25 9[illegible] 150.00
其他资产	983 348 260.78	1 186 263 507.48	减：库存股	—	—
			其他综合收益	—	5 9[illegible]1 474.25
			盈余公积	550 192 611.20	504 9[illegible] 140.91
			一般风险准备	856 985 213.61	617 0[illegible] 510.82
			未分配利润	1 868 751 137.30	1 701 6[illegible] 607.47
			外币报表折算差额	—	—
			归属于母公司的股东权益合计	6 501 926 112.11	6 055 6[illegible] 883.45
			少数股东权益	—	—
			股东权益合计	6 501 926 112.11	6 055 6[illegible] 883.45
资产总计	10 121 510 610.62	8 152 151 527.69	负债和股东权益总计	10 121 510 610.62	8 152 15[illegible] 527.69

5.1.3 利润表

利润表

编制单位：国通信托有限责任公司　　2020 年度　　单位：元

项　　目	2020 年度	2019 年度
一、营业收入	1 240 214 709.70	1 165 438 545.55
利息净收入	−183 171 343.88	−151 919 246.67
利息收入	22 671 378.38	23 493 281.11
利息支出	205 842 722.26	175 412 527.78
手续费及佣金净收入	990 150 858.77	979 073 722.61
投资收益（损失以"－"号填列）	430 886 691.08	331 618 933.73
公允价值变动净收益（损失以"－"号填列）	7 050 088.84	4 813 404.02
汇兑收益（损失以"－"号填列）	−5 834 301.85	1 867 205.74
资产处理收益	−7 229.28	−15 473.88
其他收益	1 139 946.02	—
二、营业支出	631 494 862.18	501 473 581.17
营业税金及附加	8 870 265.51	9 653 860.30

续表

项　　目	2020 年度	2019 年度
业务及管理费	420 861 144.94	3[illegible] 191 539.24
资产减值损失	201 763 451.73	1[illegible] 628 181.63
其他业务成本	—	—
三、营业利润（亏损以"－"号填列）	608 719 847.52	6[illegible] 964 964.38
加：营业外收入	2 111 382.10	[illegible] 814 660.90
减：营业外支出	1 000 000.00	—
四、利润总额（亏损总额以"－"号填列）	609 831 229.62	6[illegible] 779 625.28
减：所得税费用	157 656 526.71	1[illegible] 321 265.23
五、净利润（净亏损以"－"号填列）	452 174 702.91	5[illegible] 458 360.05
六、每股收益：	—	—
（一）基本每股收益（元）	—	—
（二）稀释每股收益（元）	—	—
七、其他综合收益	−5 941 474.25	−[illegible]154 104.28
八、综合收益总额	446 233 228.66	50[illegible] 312 464.33

5.1.4 所有者权益变动表

所有者权益变动表

编制单位:国通信托有限责任公司　　2020 年度　　单位:元

项　　目	2020 年度						
	实收资本	资本公积	其他综合收益	盈余公积	一般风险准备	未分配利润	所有者权益合计
一、上年年末余额	3 200 000 000.00	25 997 150.00	5 941 474.25	504 975 140.91	617 098 510.82	1 701 680 607.47	6 055 692 883.45
加:会计政策变更	—	—	—	—	—	—	—
前期差错更正	—	—	—	—	—	—	—
其他	—	—	—	—	—	—	—
二、本年年初余额	3 200 000 000.00	25 997 150.00	5 941 474.25	504 975 140.91	617 098 510.82	1 701 680 607.47	6 055 692 883.45
三、本期增减变动金额(减少以"-"号填列)	—	—	-5 941 474.25	45 217 470.29	239 886 702.79	167 070 529.83	446 233 228.66
(一)综合收益总额	—	—	-5 941 474.25	—	—	452 174 702.91	446 233 228.66
(二)所有者投入和减少资本	—	—	—	—	—	—	—
1. 所有者投入资本	—	—	—	—	—	—	—
2. 其他权益工具持有者投入的资本	—	—	—	—	—	—	—
3. 股份支付计入所有者权益的金额	—	—	—	—	—	—	—
4. 其他	—	—	—	—	—	—	—
(三)专项储备提取和使用	—	—	—	—	—	—	—
1. 提取专项储备	—	—	—	—	—	—	—
2. 使用专项储备	—	—	—	—	—	—	—
(四)利润分配	—	—	—	45 217 470.29	239 886 702.79	-285 104 173.08	—
1. 提取盈余公积	—	—	—	45 217 470.29	—	-45 217 470.29	—
2. 提取一般风险准备	—	—	—	—	239 886 702.79	-239 886 702.79	—
3. 对所有者的分配	—	—	—	—	—	—	—
4. 其他	—	—	—	—	—	—	—
(五)所有者权益内部结转	—	—	—	—	—	—	—
1. 资本公积转增资本	—	—	—	—	—	—	—
2. 盈余公积转增资本	—	—	—	—	—	—	—
3. 盈余公积弥补亏损	—	—	—	—	—	—	—
4. 未分配利润转增资本	—	—	—	—	—	—	—
四、本年年末余额	3 200 000 000.00	25 997 150.00	—	550 192 611.20	856 985 213.61	1 868 751 137.30	6 501 926 112.11

所有者权益变动表(续)

编制单位:国通信托有限责任公司　　2020 年度　　单位:元

项　　目	2019 年度						
	实收资本	资本公积	其他综合收益	盈余公积	一般风险准备	未分配利润	所有者权益合计
一、上年年末余额	3 200 000 000.00	25 997 150.00	1 787 369.97	454 929 304.91	552 298 152.65	1 316 068 441.59	5 551 080 419.12
加:会计政策变更	—	—	—	—	—	—	—
前期差错更正	—	—	—	—	—	—	—
其他	—	—	—	—	—	—	—
二、本年年初余额	3 200 000 000.00	25 997 150.00	1 787 369.97	454 929 304.91	552 298 152.65	1 316 068 441.59	5 551 080 419.12
三、本期增减变动金额(减少以"-"号填列)	—	—	4 154 104.28	50 045 836.00	64 800 358.17	385 612 165.88	504 612 464.33
(一)综合收益总额	—	—	4 154 104.28	—	—	500 458 360.05	504 612 464.33
(二)所有者投入和减少资本	—	—	—	—	—	—	—
1. 所有者投入资本	—	—	—	—	—	—	—
2. 其他权益工具持有者投入的资本	—	—	—	—	—	—	—
3. 股份支付计入所有者权益的金额	—	—	—	—	—	—	—
4. 其他	—	—	—	—	—	—	—
(三)专项储备提取和使用	—	—	—	—	—	—	—
1. 提取专项储备	—	—	—	—	—	—	—
2. 使用专项储备	—	—	—	—	—	—	—
(四)利润分配	—	—	—	50 045 836.00	64 800 358.17	-114 846 194.17	—
1. 提取盈余公积	—	—	—	50 045 836.00	—	-50 045 836.00	—
2. 提取一般风险准备	—	—	—	—	64 800 358.17	-64 800 358.17	—

续表

项　　目	2019 年度						
	实收资本	资本公积	其他综合收益	盈余公积	一般风险准备	未分配利润	所有者权益合计
3. 对所有者的分配	—	—	—	—	—	—	—
4. 其他	—	—	—	—	—	—	—
（五）所有者权益内部结转	—	—	—	—	—	—	—
1. 资本公积转增资本	—	—	—	—	—	—	—
2. 盈余公积转增资本	—	—	—	—	—	—	—
3. 盈余公积弥补亏损	—	—	—	—	—	—	—
4. 未分配利润转增资本	—	—	—	—	—	—	—
四、本年年末余额	3 200 000 000. 00	25 997 150. 00	5 941 474. 25	504 975 140. 91	617 098 510. 82	1 701 680 607. 47	6 055 692 883. 45

5.2 信托资产

5.2.1 信托项目资产负债汇总表

信托项目资产负债汇总表

编制单位：国通信托有限责任公司　　2020 年 12 月 31 日　　单位：万元

序号	项　　目	期末余额	年初余额
1	信托资产：		
2	1. 货币资金	163 600. 28	298 058. 73
3	2. 拆出资金	—	—
4	3. 存出保证金	—	—
5	4. 交易性金融资产	200 098. 28	414 260. 42
6	5. 衍生金融资产	—	—
7	6. 买入返售金融资产	4 721. 36	—
8	其中：6. 1 买入返售证券	4 721. 36	—
9	6. 2 买入返售信贷资产	—	—
10	7. 应收款项	255 033. 49	424 575. 35
11	8. 发放贷款	4 004 971. 68	7 732 201. 72
12	其中：8. 1 基础产业	1 258 705. 67	1 877 053. 83
13	8. 2 房地产	1 064 308. 05	2 258 130. 82
14	9. 可供出售金融资产	18 778. 33	70 439. 27
15	10. 持有至到期投资	6 666 778. 60	7 422 377. 60
16	11. 长期应收款	278 627. 76	410 913. 88
17	12. 长期股权投资	1 518 054. 97	1 281 881. 84
18	其中：12. 1 基础产业	56 490. 00	34 120. 00
19	12. 2 房地产	320 581. 15	292 672. 40
20	13. 投资性房地产	53 697. 12	87 980. 74
21	14. 固定资产	—	—
22	15. 无形资产	—	—
23	16. 长期待摊费用	—	—
24	17. 其他资产	4 551 330. 62	2 541 341. 70
25	18. 信托资产总计	17 715 692. 49	20 684 031. 25
26	19. 各项资产减值准备	31 740. 00	—
27	信托负债	—	—
28	20. 交易性金融负债	—	—
29	21. 衍生金融负债	—	—
30	22. 应付受托人报酬	19 733. 42	17 220. 28
31	23. 应付托管费	1 128. 24	3 794. 88
32	24. 应付受益人收益	72 863. 88	121 113. 22
33	25. 应交税费	8 831. 74	11 398. 04
34	26. 应付销售服务费	106. 53	124. 69
35	27. 其他应付款项	67 351. 59	222 115. 09
36	28. 其他负债	—	—
37	29. 信托负债合计	170 015. 40	375 766. 20
38	信托权益	—	—
39	30. 实收信托	17 944 955. 57	20 633 543. 48
40	30. 1 资金信托	13 687 378. 81	13 633 648. 41
41	30. 1. 1 集合	8 827 824. 81	8 882 946. 38
42	30. 1. 2 单一	4 859 554. 00	4 750 702. 03
43	30. 2 财产信托	4 257 576. 76	6 999 895. 07
44	30. 2. 1 信贷资产证券化	953 367. 51	302 436. 98
45	30. 2. 2 其他资产（准）证券化	789. 30	3 046. 67
46	31. 资本公积	—	—
47	32. 外币报表折算差额	—	—
48	33. 未分配利润	−399 278. 48	−325 278. 43
49	34. 信托权益合计	17 545 677. 09	20 308 265. 05
50	35. 信托负债和信托权益总计	17 715 692. 49	20 684 031. 25

5.2.2 信托项目利润及利润分配汇总表

信托项目利润及利润分配汇总表

编制单位：国通信托有限责任公司　　2020 年度　　单位：万元

序号	项　　目	2020 年度	2019 年度
1	1. 营业收入	1 359 880. 38	422 596. 03
2	1. 1 利息收入	409 311. 51	654 509. 16
3	1. 2 投资收益（损失以"−"号填列）	858 613. 34	673 412. 95
4	1. 2. 1 其中：对联营企业和合营企业的投资收益	—	—
5	1. 3 公允价值变动收益（损失以"−"号填列）	91 583. 39	91 797. 44
6	1. 4 租赁收入	1. 10	589. 08
7	1. 5 汇兑损益（损失以"−"号填列）	—	—
8	1. 6 其他收入	371. 04	2 287. 40
9	2. 支出	188 053. 67	169 806. 93
10	2. 1 营业税金及附加	3 914. 24	3 958. 40
11	2. 2 受托人报酬	104 394. 19	102 931. 08
12	2. 3 托管费	2 137. 61	8 180. 57
13	2. 4 投资管理费	—	1 120. 00
14	2. 5 销售服务费	7 184. 39	15 096. 25
15	2. 6 交易费用	549. 68	564. 40
16	2. 7 资产减值损失	31 740. 00	—
17	2. 8 其他费用	38 133. 46	37 956. 23
18	3. 信托净利润（净亏损以"−"号填列）	1 171 826. 71	1 252 789. 10
19	4. 其他综合收益	—	—
20	5. 综合收益	1 171 826. 71	1 252 789. 10
21	6. 加：期初未分配信托利润	−325 278. 43	−175 428. 98
22	7. 可供分配的信托利润	846 548. 28	1 077 360. 12
23	8. 减：本期已分配信托利润	1 245 826. 76	1 402 638. 55
24	9. 期末未分配信托利润	−399 278. 48	−325 278. 43

6. 会计报表附注

6.1 会计报表编制基准不符合会计核算基本前提的说明

本公司执行财政部颁布的《企业会计准则》,会计报表编制无不符合会计核算基本前提事项。

6.2 或有事项说明

本公司在报告期内无需要披露的承诺事项及或有事项。

6.3 重要资产转让及其出售的说明

报告期无重要资产转让或出售。

6.4 会计报表中重要项目的明细资料

6.4.1 披露固有资产经营情况

6.4.1.1 按信用风险五级分类结果披露信用风险资产的期初数、期末数

信用风险资产五级分类	正常类(万元)	关注类(万元)	次级类(万元)	可疑类(万元)	损失类(万元)	信用风险资产合计(万元)	不良资产合计(万元)	不良资产率(%)
期初数	824 583.36	77 962.81	20 108.71	26 793.30	—	949 448.68	46 902.01	4.94
期末数	949 870.49	58 507.39	36 928.23	15 873.77	—	1 061 179.88	52 802.00	4.98

注:不良资产合计=次级类+可疑类+损失类。

6.4.1.2 各项资产减值损失准备

单位:万元

项目	期初数	本期计提	本期转回	本期核销	期末数
贷款损失准备	5.82	-3.05	—	—	2.77
一般准备	5.82	-3.05	—	—	2.77
专项准备	—	—	—	—	—
其他资产减值准备	58 906.10	20 179.40	—	—	79 085.50
可供出售金融资产减值准备	—	—	—	—	—
持有至到期投资减值准备	—	—	—	—	—
长期股权投资减值准备	—	—	—	—	—
坏账准备	58 906.10	20 179.40	—	—	79 085.50
投资性房地产减值准备	—	—	—	—	—

6.4.1.3 固有业务投资品种明细

单位:万元

项目	固有股票	基金	债券	长期股权投资	其他投资	合计
期初数	25 255.54	6 962.61	58 849.94	—	532 841.01	623 909.10
期末数	17 676.15	—	95 764.61	—	729 273.26	842 714.02

6.4.1.4 前三名固有长期股权投资企业情况

报告期内公司无长期股权投资。

6.4.1.5 前三名固有贷款企业情况

企业名称	贷款金额(万元)	占贷款总额的比例(%)	还款情况
消费金融贷	552.13	100	正常

6.4.1.6 表外业务情况

报告期内公司无表外业务。

6.4.1.7 公司当年的收入结构

收入结构	金额(万元)	占比(%)
手续费及佣金净收入	99 015.08	79.84
其中:信托手续费收入	99 015.08	79.84
投资银行业务收入	—	—
利息净收入	-18 317.13	-14.77
其他业务收入	113.99	0.09
其中:计入信托业务收入部分	—	—
投资收益	43 088.67	34.74
其中:股权投资收益	—	—
证券投资收益	8 474.94	6.83
其他投资收益	34 613.73	27.91
公允价值变动损益	705.01	0.57
汇兑损益	-583.43	-0.47
资产处置收益	-0.72	—
收入合计	124 021.47	100.00

6.4.2 信托财产管理情况

6.4.2.1 信托资产的期初数、期末数

单位:万元

信托资产	期初数	期末数
集合	8 926 207.65	8 802 266.30
单一	9 686 362.51	4 645 972.76
财产权	2 071 461.09	4 267 453.43
合计	20 684 031.25	17 715 692.49

6.4.2.1.1 主动管理型信托业务的信托资产期初数、期末数

单位:万元

主动管理型信托资产	期初数	期末数
证券投资类	25 997.87	30 853.82
股权投资类	644 277.54	649 086.34
其他投资类	1 987 078.34	2 875 588.20
融资类	4 091 619.93	3 691 230.50
事务管理类	147 242.41	25 946.20
合计	6 896 216.09	7 272 705.06

6.4.2.1.2 被动管理型信托业务的信托资产期初数、期末数

单位:万元

被动管理型信托资产	期初数	期末数
证券投资类	393 429.55	174 173.77
股权投资类	112 665.92	40 891.29
其他投资类	929 142.53	1 487 091.18
融资类	161 694.39	
事务管理类	12 190 882.77	8 740 831.19
合计	13 787 815.16	10 442 987.43

6.4.2.2　本年度已清算结束的信托项目

6.4.2.2.1　本年度已清算结束的集合类，单一类资金信托项目和财产管理类信托项目情况

已清算结束的信托项目	项目个数（个）	实收信托合计金额（万元）	加权平均实际年化收益率（%）
集合类	102	4 982 077.00	7.43
单一类	99	6 432 800.86	5.91
财产管理类	7	477 077.49	7.20

6.4.2.2.2　本年度已清算结束的主动管理型信托项目情况

已清算结束的信托项目	项目个数（个）	实收信托合计金额（万元）	加权平均实际年化信托报酬率（%）	加权平均实际年化收益率（%）
证券投资类	2	82 780.00	0.36	20.10
股权投资类	—	—	—	—
其他投资类	25	1 043 054.47	0.96	6.92
融资类	55	2 165 143.00	1.63	8.24
事务管理类	—	—	—	—

6.4.2.2.3　本年度已清算结束的被动管理型信托项目情况

已清算结束的信托项目	项目个数（个）	实收信托合计金额（万元）	加权平均实际年化信托报酬率（%）	加权平均实际年化收益率（%）
证券投资类	17	556 909.00	0.68	0.74
股权投资类	1	70 000.00	0.48	7.30
其他投资类	3	300 000.00	0.10	7.27
融资类	4	235 970.00	0.36	6.98
事务管理类	101	7 438 098.88	0.24	6.32

6.4.2.3　本年度新增信托项目情况

新增信托项目	项目个数（个）	合计金额（万元）
集合类	83	5 965 597.51
单一类	21	981 131.80
财产管理类	19	2 762 675.24
新增合计	123	9 709 404.55
其中：主动管理型	85	5 611 245.19
被动管理型	38	4 098 159.36

6.4.2.4　公司履行受托人义务情况及因公司自身责任而导致的信托财产损失情况

公司严格按照信托相关法律法规的规定，以及信托文件的约定管理、运用及处分信托财产，恪尽职守，履行诚实、信用、谨慎、有效管理的义务，维护受益人的最大利益。

本年度无因公司自身责任而导致的信托资产损失情况。

6.4.2.5　信托赔偿准备金的提取、使用和管理情况

本年度公司提取信托赔偿准备金 2 260.87 万元，截至 2020 年 12 月 31 日，信托赔偿准备金余额为 27 509.63 万元。报告期内，未使用信托赔偿准备金。

6.5　关联方关系及其交易的披露

6.5.1　关联交易方的数量、关联交易的总金额及关联交易的定价政策等

项目	关联交易方的数量	关联交易总金额（万元）	定价政策
合计	1	150 000	其他应付款实际金额

6.5.2　关联交易方情况

关系性质	关联方名称	法定代表人	注册地址	注册资本（亿元）	主营业务
控股股东	武汉金融控股（集团）有限公司	谌赞雄	武汉江汉区长江日报路 77 号	100	金融业股权投资及管理等业务。

6.5.3　公司与关联方的重大交易事项

6.5.3.1　固有资产与关联方关联交易

无。

6.5.3.2　信托财产与关联方关联交易

单位：万元

信托财产与关联方关联交易				
	期初数	借方发生额	贷方发生额	期末数
贷款	90 000.00	—	90 000.00	—
投资	—	—	—	—
租赁	—	—	—	—
担保	—	—	—	—
应收账款	—	—	—	—
其他	54 030.00	286 550.00	260 890.00	79 690.00
合计	144 030.00	286 550.00	350 890.00	79 690.00

6.5.3.3　信托公司固有资金运用于自己管理的信托项目（固信交易）、信托公司管理的信托项目之间相互（信信交易）交易金额，包括余额和本报告年度的发生额

6.5.3.3.1　固有财产与信托财产相互交易情况

单位：万元

固有财产与信托财产相互交易			
	期初数	本期发生额	期末数
合计	538 719.90	193 012.32	731 732.22

6.5.3.3.2　信托资产与信托财产相互交易情况

单位：万元

信托资产与信托财产相互交易				
	期初数	本年借方发生额	本年贷方发生额	期末数
合计	676 454.45	266 713.08	9 540.00	419 281.37

6.5.4　逐笔披露关联方逾期未偿还本公司资金的详细情况及本公司为关联方担保发生或即将发生垫款的详细情况

报告期内无关联方逾期未偿还本公司资金的情况及公司为关联方担保发生或即将发生垫款的情况。

6.6　会计制度的披露

公司固有业务和信托业务执行的是财政部颁布的《企业会计准则》。

7. 财务情况说明书

7.1 利润实现和分配情况

单位:万元

项目	本年数	上年数
本年净利润	45 217. 47	50 045. 84
加:年初未分配利润	170 168. 06	131 606. 84
其他转入	—	—
可供分配的利润	215 385. 53	181 652. 68
减:提取法定盈余公积	4 521. 75	5 004. 58
提取法定公益金	—	—
提取信托赔偿准备金	2 260. 87	2 502. 29
提取一般准备金	21 727. 8	3 977. 75
提取职工奖励及福利基金	—	—
提取储备基金	—	—
提取企业发展基金	—	—
利润归还投资	—	—
可供投资者分配的利润	186 875. 11	170 168. 06
减:应付优先股股利	—	—
提取任意盈余公积	—	—
股利分配	—	—
转作股本的普通股股利	—	—
年末未分配利润	186 875. 11	170 168. 06

7.2 主要财务指标

指标名称	指标值
资本利润率(%)	7. 2
加权年化信托报酬率(%)	0. 54
人均净利润(万元)	124. 57

7.3 对本公司财务状况、经营成果有重大影响的其他事项

报告期内没有发生对本公司财务状况、经营成果有重大影响的其他事项。

8. 特别事项揭示

8.1 前五名股东报告期内变动情况及原因

无。

8.2 董事、监事及高级管理人员变动情况及原因

2020 年 11 月 16 日,中国银保监会湖北监管局核准陈建新先生担任公司董事长的任职资格(鄂银保监复〔2020〕484 号)。

8.3 变更注册资本、变更注册地或公司名称、公司分立合并事项

无。

8.4 公司的重大诉讼事项

8.4.1 重大未决诉讼事项

公司诉北京邦文当代艺术投资有限公司、黄宇杰、李红合同纠纷一案,已于 2014 年 12 月 19 日与北京邦文、黄宇杰、李红等在湖北省高级人民法院主持下达成了民事调解书,公司据民事调解书向法院申请司法强制执行。

根据公司与债务人常州华光房地产开发有限公司、常州阳光银河湾置业有限公司、江苏华光银河湾房地产开发有限公司、钱菊生等办理的具有强制执行效力的公证债权文书,因常州华光房地产开发有限公司、常州阳光银河湾职业有限公司已进入破产程序,常州华光的抵押物已在债务人破产程序中完成拍卖,拍卖款尚待分配。

根据公司与债务人华门控股有限公司、浙江浙大网新实业发展有限公司、天津安吉拉房地产开发有限公司、南京瑞柏贸易有限公司、南京嘉坤工贸实业有限公司、南京山水置业有限公司、徐群等办理的具有强制执行效力的公证债权文书,公司向人民法院申请强制执行,执行法院裁定将抵押物交付公司抵偿相应债务,公司仍在积极查找其他财产线索,追索剩余债权。

根据公司与债务人中广建设集团有限公司、杭州环东置业有限公司、丁亚平等办理的具有强制执行效力的公证债权文书,公司已向杭州市中级人民法院申请强制执行。目前抵押物拍卖已完成,拍卖款项已分配,债务人进入破产程序,公司积极推进破产案件进程。

公司起诉江苏赤山湖生态产业有限公司、南京建工产业集团有限公司、南京建工集团有限公司、句容市赤山湖管理委员会、句容市财政局合同纠纷一案,已于 2019 年 9 月 19 日由江苏省南京市中级人民法院受理,目前该案在一审过程中。

8.4.2 以前年度发生,于本报告期内终结的诉讼事项

无。

8.4.3 本报告年度发生,于本报告期内终结的诉讼事项

无。

8.5 公司及其董事、监事和高级管理人员受到处罚的情况

2020 年 12 月 31 日,中国银保监会湖北监管局作出《行政处罚决定书》(鄂银保监罚决字〔2020〕68 号),公司副总裁曹阳因对被处罚项目负有管理责任受到警告、罚款 5 万元的处罚。

8.6 中国银保监会及其派出机构对公司的整改意见及公司整改情况

报告期内,公司高度重视并认真落实监管部门的监管意见要求,及时向湖北银保监局反馈公司房地产业务合规管理及风险防控工作的措施及成效,切实提升了公司发展质量和风险防控能力。

8.7 公司重大事项临时报告的简要内容、披露时间、所披露的媒体及版面

2020 年 11 月 25 日,公司于《金融时报》第 3 版刊登了《关于董事长变更的公告》,对公司董事长变更为陈建新进行了披露。

8.8 中国银保监会及其派出机构认定的其他有必要让客户及相关利益人了解的重要信息

无。

9. 净资本管理情况

报告期内，本公司按照中国银保监会《信托公司净资本管理办法》，积极贯彻落实监管要求，优化净资本相关绩效考核指标，引导经营部门加强净资本和风险资本管理意识，加强业务转型和结构调整，提高资本使用效率，各项净资本指标均符合监管要求：截至 2020 年 12 月 31 日，本公司净资产为 65.02 亿元，净资本为 51.27 亿元（监管要求≥2 亿元），各项业务风险资本之和为 35.94 亿元，净资本/各项业务风险资本之和为 142.65%（监管要求≥100%），净资本/净资产为 78.85%（监管要求≥40%）。

10. 公司监事会意见

报告期内，公司决策程序符合《中华人民共和国公司法》《中华人民共和国信托法》《信托公司管理办法》和公司章程的规定，内部控制制度较为完善，公司董事、高级管理人员认真履行职责，未发生违法行为和损害公司利益的行为。公司 2020 年度财务报告经中审众环会计师事务所（特殊普通合伙）审计，真实地反映了公司财务状况和经营成果。

国投泰康信托有限公司

1. 重要提示

1.1 本公司董事会及董事保证本报告所载资料不存在任何虚假记载、误导性陈述或者重大遗漏，并对其内容的真实性、准确性和完整性承担个别及连带责任。

1.2 本报告经公司第六届董事会第二十二次会议审议通过。本公司独立董事童朋方先生、付磊先生、王相品先生，认为本报告内容是真实、准确、完整的。

1.3 信永中和会计师事务所为本公司出具了标准无保留意见的审计报告。

1.4 公司法定代表人董事长叶柏寿先生、总经理傅强先生、财务总监李涛先生及计划财务部总经理孙欣妍女士声明：保证年度报告中财务报告的真实、完整。

2. 公司概况

2.1 公司简介

2.1.1 公司法定中文名称：国投泰康信托有限公司
公司法定英文名称：Sdic Taikang Trust Co.，Ltd

2.1.2 法定代表人：叶柏寿

2.1.3 公司注册地址：北京市西城区阜成门北大街2号楼16层、17层
邮政编码：100034
国际互联网网址：www sdictktrust. com
电子信箱：sdictktrust@ sdictktrust. com

2.1.4 信息披露事务负责人：李涛
联系电话：010-83321800
传真：010-83321811
电子信箱：sdictktrust@ sdictktrust. com

2.1.5 报告期内公司信息披露报纸名称：《证券时报》《上海证券报》

2.1.6 公司年度报告备置地点：北京市西城区阜成门北大街2号楼17层

2.1.7 公司聘请的会计师事务所：信永中和会计师事务所(特殊普通合伙)
地址：北京市东城区朝阳门北大街8号富华大厦B座12层

2.1.8 公司聘请的常年律师事务所：
(1)北京天达共和律师事务所
地址：北京市朝阳区东三环北路8号亮马河大厦1座20层
(2)上海市锦天城律师事务所
地址：上海市浦东新区银城中路501号上海中心大厦11－12层

2.2 组织结构

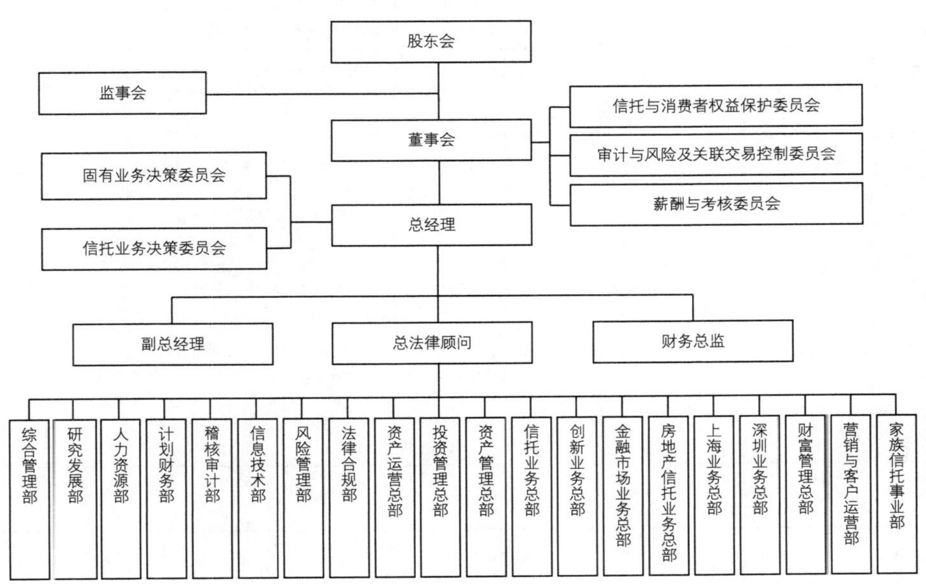

3. 公司治理

3.1 股东

股东名称	出资比例(%)	法人代表	注册资本(亿元)	注册地址	主要经营业务及主要财务情况
国投资本控股有限公司	61.29	叶柏寿	37	北京市西城区阜成门北大街6－6号国际投资大厦A座	从事对外投资、资产管理、接受委托对企业进行管理、投资策划及咨询服务。截至2020年末，公司合并资产总额为143.99亿元；2020年实现合并利润总额19.76亿元。
泰康保险集团股份有限公司	27.06	陈东升	27.2919707	北京市西城区复兴门内大街156号泰康人寿大厦8层、9层	投资设立保险企业，管理投资控股企业，国家法律法规允许的投资业务，经中国银保监会批准的保险业务，经中国银保监会批准的其他业务。截至2020年末，公司合并资产总额为11 296.16亿元；2020年实现合并利润总额278.63亿元。
悦达资本股份有限公司	8.20	刘德兵	31.2	盐城经济技术开发区希望大道南路5号	资产管理；创业投资；实业投资；投资咨询；自有房屋租赁。截至2020年末，公司合并资产总额为123.62亿元；2020年实现营业收入[illegible]1.64亿元（未经审计）。
泰康资产管理有限责任公司	3.45	段国圣	10	中国（上海）自由贸易试验区张杨路828—838号26F07室、F08室	管理运用自有资金及保险资金；受托资金管理业务；与资金管理业务相关的咨询业务；公开募集证券投资基金管理业务；国家法律法规允许的其他资产管理业务。截至2020年末，公司合并资产总额为15[illegible].33亿元；2020年实现合并利润总额57.63亿元。

3.2 董事

董事长、副董事长、董事

姓名	职务	性别	年龄（岁）	选任日期	所推举的股东名称	该股东持股比例(%)	简要履历
叶柏寿	董事长	男	58	2015年3月	国投资本控股有限公司	61.29	大学本科学历，正高级会计师，现任国投泰康信托有限公司董事长，国家开发投资集团有限公司副总经济师，国投资本股份有限公司董事长，国投资本控股有限公司董事长，国投瑞银基金管理有限公司董事长，渤海银行股份有限公司董事；曾任国家计委经济研究所财政金融研究室副主任，国家开发投资公司财务会计部资金处处长、财务会计部副主任、[illegible]
段国圣	副董事长	男	59	2015年3月	泰康保险集团股份有限公司、泰康资产管理有限责任公司	30.51	博士研究生学历，研究员，现任国投泰康信托有限公司副董事长，泰康保险集团股份有限公司执行副总裁、首席投资官兼泰康资产管理有限责任公司首席执行官，中国保险资产管理业协会会长；曾在江汉石油学院工作，曾任中国平安保险（集团）公司执委会成员、助理首席投资官，泰康人寿保险股份有限公司执行副总裁、首席投资官。
张　帅	董事	男	34	2017年9月	国投资本控股有限公司	61.29	硕士研究生学历，高级经济师，现任国投泰康信托有限公司董事，国投资本股份有限公司股权管理部部门副总经理；曾任国投资本控股有限公司综合部信息规划业务处经理、业务管理部业务经理、高级业务经理。
陈　冰	董事	女	45	2018年7月	国投资本控股有限公司	61.29	大学本科学历，经济师，现任国投泰康信托有限公司董事，国投资本股份有限公司综合部部门总经理兼党群工作部部门总经理；曾在中国成套设备进出口（集团）总公司工作，曾任国投资本控股有限公司项目经理、高级项目经理（外派国投中谷期货综合部经理）、综合部副经理、经理。
霍　焱	董事	男	47	2019年12月	泰康保险集团股份有限公司、泰康资产管理有限责任公司	30.51	硕士研究生学历，现任国投泰康信托有限公司董事，泰康资产管理有限责任公司投后管理部负责人；曾在广东北电通信设备有限公司、摩托罗拉（中国）有限公司工作，曾任工银瑞信基金管理有限公司财务总监，泰康资产管理有限责任公司财务负责人、财务部负责人，国投泰康信托有限公司监事。
刘德兵	董事	男	50	2020年11月	悦达资本股份有限公司	8.2	大学本科学历，注册会计师，现任国投泰康信托有限公司董事，悦达资本股份有限公司董事长、总经理；曾在盐都水利建筑工程公司、江苏悦达开发区管委会、盐城悦达房地产有限公司工作，曾任上海悦达房地产有限公司财务总监，上海悦达新实业集团有限公司财务总监，江苏悦达集团有限公司财务部部长。

独立董事

姓名	所在单位及职务	性别	年龄（岁）	选任日期	所推举的股东名称	该股东持股比例(%)	简要履历
童朋方	北京市德润律师事务所主任、律师	男	48	2015年3月	国投资本控股有限公司	61.29	硕士研究生学历，注册会计师、律师，现任国投泰康信托有限公司独立董事，北京市德润律师事务所主任、律师；曾任财政部中国财政经济出版社会计分社编辑。

续表

姓　名	所在单位及职务	性别	年龄（岁）	选任日期	所推举的股东名称	该股东持股比例（%）	简要履历
付　磊	首都经济贸易大学教授、博士生导师	男	69	2015年3月	泰康保险集团股份有限公司、泰康资产管理有限责任公司	30.51	博士研究生学历，教授、博士生导师，现任国投泰康信托有限公司独立董事，首都经济贸易大学教授、博士生导师；曾在北京东城机修厂工作，曾任首都经济贸易大学会计学院副院长、党总支书记、院长。
王相品	无	男	65	2019年3月	国投资本控股有限公司	61.29	博士研究生学历，高级经济师，现任国投泰康信托有限公司独立董事；曾在中国人民建设银行、国家计划委员会经济研究所、中国人民银行、中国农业发展银行工作，曾任华夏银行总行资金营运部总经理、总行纪委副书记、监察室主任，华夏银行福州分行行长。

3.3　监事

姓　名	职　务	性别	年龄（岁）	选任日期	所推举的股东名称	该股东持股比例（%）	简要履历
曲　刚	监事会主席	男	46	2019年8月	国投资本控股有限公司	61.29	硕士研究生学历，高级会计师，现任国投泰康信托有限公司监事会主席，国投资本股份有限公司副总裁、财务总监；曾在中国人民银行、毕博咨询、国家开发投资公司、国投资本控股有限公司工作，曾任国投财务有限公司副总经理。
冯铁良	监事	男	41	2019年4月	泰康保险集团股份有限公司、泰康资产管理有限责任公司	30.51	硕士研究生学历，现任国投泰康信托有限公司监事，泰康资产管理有限责任公司首席市场官、执行委员会委员兼战略客户部负责人；曾在中国国际航空公司、泰康人寿保险股份有限公司工作，曾任泰康资产管理有限责任公司人力资源总监。
汪　斌	职工监事	男	55	2015年1月	—	—	大学本科学历，正高级会计师，现任国投泰康信托有限公司稽核审计部总经理；曾在鞍山市审计局、鞍山市信托投资股份有限公司任职，曾任国投泰康信托有限公司稽核审计部副经理。

3.4　高级管理人员

姓　名	职务	性别	年龄（岁）	选任日期	金融从业年限（年）	学历	专业
傅　强	总经理	男	51	2013年8月	25	硕士研究生	工商管理
李　涛	财务总监（副总经理级）	男	46	2013年11月	15	硕士研究生	会计学
刘桂进	副总经理、总法律顾问	男	49	2015年5月	15	硕士研究生	工商管理
姚少杰	副总经理	男	47	2016年5月	20	大学本科	机械制造工艺及设备
江　芳	副总经理	女	50	2016年11月	27	博士研究生	国际法
包恋群	副总经理	男	48	2019年11月	27	大学本科	财税
高　嵩	总经理助理	女	47	2018年11月	18	大学本科	财政学
曹　莹	总经理助理	女	39	2019年6月	15	大学本科	金融学保险

3.5　公司员工

项　　目		报告期年度	
		人数（人）	比例（%）
年龄分布	25岁以下	3	1
	25～29岁	65	28
	30～39岁	123	52
	40岁以上	46	19
学历分布	博士	5	2
	硕士	153	65
	本科	74	31
	专科	5	2
	其他	—	—
岗位分布	董事、监事及其高级管理人员	8	3
	自营业务人员	12	5
	信托业务人员	116	49
	其他人员	101	43

注：公司2020年在岗员工人数为237人（不含外部董事、监事）。

4. 经营管理

4.1　经营目标、经营方针、战略规划

公司依托股东优势资源，坚持“规模适当、业绩优良、风险可控、发展健康”的发展思路，打造实业投行、资产管理、财富管理三大业务板块，围绕提升业务能力和品质、改进管理理念和

方法、守住风控与合规底线三个方面，贯彻落实“稳中求进”的核心理念，持续提升企业核心竞争力，建设精品信托公司，成为稳健卓越的资产管理机构和值得托付的财富管理人。

4.2 所经营业务的主要内容

自营资产运用与分布表

资产运用	金额（万元）	占比（%）	资产分布	金额（万元）	占比（%）
货币资产	44 322	4.38	基础产业	—	—
贷款及应收款	6 657	0.66	房地产业	—	—
交易性金融资产	935 426	92.48	证券市场	311 699	31
长期股权投资	20 223	2.00	实业	—	—
其他	4 860	0.48	金融机构	70 832	7.00
			其他	628 957	62.18
资产总计	1 011 488	100.00	资产总计	1 011 488	100.00

注：在资产分布中，其他资产包括货币资金 44 322 万元，应收款项 6 657 万元，公司投资的信托产品、资管计划和信托业保障基金等 573 118 万元，其他固定资产投资、在建工程、无形资产和递延所得税资产等 4 860 万元。

信托资产运用与分布表

资产运用	金额（万元）	占比（%）	资产分布	金额（万元）	占比（%）
货币资产	425 506.02	2.54	基础产业	4 032 960.00	24.08
贷款	4 012 821.27	23.96	房地产	2 753 529.50	16.44
交易性金融资产	3 008 947.06	17.96	证券市场	1 651 457.89	9.86
可供出售金融资产	1 696 847.49	10.13	实业	1 831 227.55	10.93
持有至到期投资	435 383.10	2.60	金融机构	3 977 876.07	23.75
长期股权投资	1 896 532.14	11.32	其他	2 502 419.74	14.94
其他	5 273 433.67	31.48	—	—	—
信托资产总计	16 749 470.75	100.00	信托资产总计	16 749 470.75	100.00

注：在资产运用中，其他主要包括买入返售金融资产、应收款项及其他资产。在资产分布中，其他主要包括私募基金、货币资金等。

4.3 影响公司业务发展的主要因素

4.3.1 有利因素

在宏观经济方面，我国是 2020 年唯一实现全年经济正增长的主要经济体，经济韧性凸显，为未来经济高质量发展奠定了较好基础。党的十九届五中全会提出“十四五”时期要构建以国内大循环为主体，国内国际双循环的新发展格局，在经济实现高质量发展过程中，会不断催生新的投融资需求，为信托服务实体经济提供更多机会。

在金融市场方面，随着双循环新格局的建立，金融供给侧结构性改革将进一步深化。监管将进一步引导金融机构优化信贷结构，提升金融服务实体经济质效，切实防范化解金融风险。金融市场环境不断向好将为信托业务更好发展提供支持。

在信托行业方面，构建双循环新发展格局、防范化解金融风险、完善多层次资本市场建设将成为国家当前及未来一段时间的重要任务，信托横跨货币市场、资本市场和实业领域，在满足金融需求的适应性、灵活性和创新性等方面具有较大优势。信托公司不断发挥自身优势，寻求更加多元化、更高质量服务实体经济的方式，在业务转型升级、内控管理提升方面已初见成效。

4.3.2 不利因素

在宏观经济方面，当今世界正经历百年未有之大变局，国际环境日趋复杂，不稳定性、不确定性明显增强。2020 年新冠肺炎疫情给全球经济带来的影响重大且深远，当前形势仍然复杂严峻，复苏不稳定不平衡，受疫情冲击导致的各类衍生风险不容忽视。我国虽然实现经济正增长，但依然面临诸多内外部挑战。立足于新的发展阶段，我国面临深入贯彻新发展理念，加速构建新发展格局以推动经济高质量发展的艰巨任务。

在金融市场方面，我国金融市场机制尚待健全，金融供给侧结构性改革持续推进。金融行业乱象频发，防范化解金融风险的监管力度持续加强。为应对新冠肺炎疫情的冲击而导致的低利率环境使全球经济金融市场更加脆弱。随着金融对外开放进程的加快，国内金融市场竞争将进一步加剧，倒逼各子行业企业加速向头部集中。信托面临的内外部金融市场环境更加严峻多变，给信托公司发展带来一定不确定性。

在信托行业方面，当前信托行业处于转型攻坚期，传统业务发展模式有悖监管要求和大势所趋，业务规模不断收缩，本源业务发展意识和文化建设尚不完备，尚不能成为信托公司新的盈利增长点，信托行业经营业绩压力加大。同时优质资产竞争激烈，行业“马太效应”凸显，龙头公司优势进一步加强，使行业内公司进一步分化。

4.4 内部控制

4.4.1 内部控制环境和内部控制文化

4.4.1.1 治理机制建设和执行情况

公司设置股东会、董事会、监事会。股东会是公司的最高权力机构。董事会负责公司的重大决策，并向股东会负责，董事会下设信托与消费者权益保护委员会、审计与风险及关联交易控制委员会、薪酬与考核委员会三个专业委员会，专业委员会向董事会负责。监事会是公司的监督机构，对股东会负责。

公司经营层设立固有业务决策委员会和信托业务决策委员会，分别对固有业务、信托业务进行分类管理及科学决策。

公司建立了涵盖信托业务、固有业务、合规管理、风险管理、稽核审计、信息技术管理、财务管理、人力资源管理等多维度的内控体系，制定了多项基本管理制度、一般管理制度、业务管理制度，构建了全面、动态、主动、可验证的内部控制和风险防范体系，以满足监管政策、经营管理、业务发展等各方面的要求。公司按照职责分离的原则设立相应的工作岗位，保证公司对风险能够进行事前防范、事中控制、事后监督与纠正，形成健全的内部约束机制和监督机制。

公司坚持稳健经营理念，重视风险管控，通过建立风险防范的“三道防线”，构筑了完整的内控管理架构：“第一道防线”为各业务部门对本部门所面临的主要风险点进行识别、自我检查和实施关键控制程序，并据此开展业务；“第二道防线”为风险管理部和法律合规部对业务制度、业务流程的执行进行独立的监控和管理，对各部门的业务活动及各风险环节进行检查和监督；“第三道防线”为稽核审计部对公司各部门风险点控制情况进行监督。

4.4.1.2　内控文化建设和执行情况

公司依照诚实、信用、谨慎、有效的原则，遵循监管机构的各项法规政策，倡导“有道而正、信则人任”的企业文化精神。公司持续加强内控文化建设，组织员工参加公司内外部培训，培育每个员工的内控文化理念，建立以风险管理为核心的公司内控文化和内控环境。

4.4.2　内部控制措施

风险管理部作为公司内控管理和全面风险管理牵头部门，负责组织公司内控体系和全面风险管理体系的建立实施及日常工作。公司坚持风险控制与业务经营相匹配，按照定性与定量相结合的原则，不断建立完善风险评估标准，持续健全风险管理组织体系、制度体系，并通过风险管理机制与流程，确保各类风险在相应的制度约束下得到充分、有效的管控。

4.4.3　监督评价与纠正

4.4.3.1　内部控制的评价和后评价

公司持续对法律法规、部门规章和公司各项制度的执行情况及执行效果进行评价和后评价，探索和改进内部控制评价的方法，采取定性与定量相结合的方法对内部控制进行科学评价和后评价。本年度各项规章制度、业务流程执行情况良好，业务运作稳健高效，内部控制成效显著。

4.4.3.2　内部控制的监督和纠正

风险管理部门监督检查各部门内控制度的执行情况，稽核审计部门对公司内部控制情况进行稽核审计。对操作过程中发现的内控缺陷按照管辖权限层层上报，经有权管辖的相应层级决定后开展整改。公司各个管理层级在自己的管理权限内对内部控制存在的问题进行纠正。

4.5　风险管理

4.5.1　风险状况

4.5.1.1　监管合规风险状况

随着“资管新规”的落地执行及监管政策的持续强化，信托展业的合规风险不断增大，强化合规风险管理愈发成为公司稳健经营的基石。公司不断培养合规文化，严守合规底线，健全合规经营体制、机制和制度，把合规管理融入各项经营管理和业务发展中，深化、固化合规理念，切实防范合规风险。

4.5.1.2　信用风险状况

自2020年新冠肺炎疫情发生以来，实体经济下行压力空前加大，企业经营困难增多，行业面临的信用风险不断加大。2020年，公司坚持审慎稳健的展业理念，信托业务和固有业务均未发生因信用风险带来的损失。

4.5.1.3　流动性风险状况

公司高度重视流动性管理，持续加强日常经营中的流动性风险监控，坚持资产和负债合理配置、稳健管理，固有资产和信托业务整体流动性风险可控。

4.5.1.4　市场风险状况

市场风险是指因价格、利率、汇率等市场因素的变化导致公司发生损失或收入减少的风险。公司秉承稳健审慎的投资理念，严格遵循价值投资、组合投资、分散风险的原则，目前市场风险基本可控。

4.5.1.5　操作风险状况

公司通过不断完善内控制度、持续优化业务操作流程、加强关键节点监控、加强制度执行的引导教育，有效防范操作风险。2020年，公司未发生因操作风险带来的损失。

4.5.1.6　洗钱和恐怖融资风险状况

由于信托业务的复杂性和创新性，随着信托行业服务客户数量不断增加、资产管理规模不断扩大，随之而来的洗钱和恐怖融资风险也不断增加。面对反洗钱和反恐怖融资工作的专业性、复杂性、紧迫性和长期性，公司持续推进反洗钱和反恐怖融资内控机制建设，不断增强反洗钱和反恐怖融资工作能力，通过采取预防、监控等措施，有效防范了洗钱和恐怖融资风险。2020年，公司未发生因洗钱和恐怖融资风险带来的损失。

4.5.1.7　其他风险状况

2020年，公司未发生因其他风险带来的损失。

4.5.2　风险管理

4.5.2.1　监管合规风险管理

公司全面贯彻“合规风险全覆盖”理念，深化、固化合规理念，通过事前调查、事中控制、事后检查实现业务全过程合规管理。公司不断加强政策解读，组织开展对重大法规和监管政策的研究，同时高度重视交易结构的合规规划和法律文件的审查，深入分析并梳理各类业务合规要点，持续提升业务整体合规水平。

4.5.2.2　信用风险管理

公司坚持稳健经营，持续优化业务准入标准，重视业务逻辑和风控逻辑；做实项目过程管理，强化项目风险的预警和处置；完善重点项目监测机制，定期组织专项会议讨论汇报项目管理情况，对异常事项和潜在风险做到“早发现、早预警、早处置”，有效防控信用风险。

4.5.2.3　流动性风险管理

对于固有业务，公司制定并采取了有效的流动性管理措施，通过资金全流程监测、多元化期限配置、备付外部流动性等方式，持续关注并加强固有资金运作中的风险防范。信托业务方面，公司持续优化资产组合，高度注重资产安全性、流动性、收益性之间的平衡，重视资产的流动性和期限管理，确保流动性风险可控。

4.5.2.4　市场风险管理

公司秉承稳健审慎的投资理念，严格遵循组合投资、分散风险的原则，根据宏观经济形势、市场情况及时调整投资结构，发挥信息技术手段对市场风险的监控作用，对业务数据进行及时跟踪、监测和预警，并及时应对市场变化和风险信息；选用经验丰富、业绩优秀的投资顾问，动态识别市场中潜在的风险；设置科学、操作性强的警戒与止损机制并对其严格执行，确保风险始终处于可控状态。

4.5.2.5　操作风险管理

公司通过建立和严格执行业务制度、业务流程防范操作风险。通过流程培训、持续督导、风险提示等形式，加强制度执行的引导教育，结合问责机制，履行受托人职责，力促各项制度落到实处，防范操作风险。

4.5.2.6　洗钱和恐怖融资风险管理

公司将洗钱和恐怖融资风险纳入全面风险管理，不断健全洗钱和恐怖融资风险管理体系，对公司洗钱和恐怖融资风险进行持续识别、审慎评估、有效控制和全程管理，并通过培训、考核、内部监督及问责等方式推动全员反洗钱和反恐怖融资尽责履职，不断提升洗钱和恐怖融资风险管理水平。

4.5.2.7 其他风险管理

公司业务发展战略明确，组织架构合理，内控管理严格，管理职责分工明晰，人力资源培训能够满足公司发展需要，有效控制和管理风险。

5. 报告期末及上一年度末的比较式会计报表

5.1 自营资产

5.1.1 会计师事务所审计结论

信永中和会计师事务所（特殊普通合伙）审计结论：后附的财务报表在所有重大方面按照附注二财务报表的编制基础编制，公允反映了国投泰康信托母公司2020年12月31日的财务状况及2020年度的经营成果和现金流量。

5.1.2 资产负债表

资产负债表（母公司）

编制单位：国投泰康信托有限公司　　2020年12月31日　　单位：元

项　　目	附注	年末金额	年初余额
流动资产：			
货币资金	附注（一）	443 218 558.12	268 633 412.32
☆交易性金融资产	附注（二）	8 285 944 486.26	5 675 995 778.03
衍生金融资产	—	—	—
应收票据	—	—	—
应收账款	附注（三）	55 615 337.40	842 369.80
☆应收款项融资	—	—	—
预付款项	—	—	—
其他应收款	附注（四）	10 952 786.55	9 131 510.34
其中：应收股利	—	—	—
存货	—	—	—
其中：原材料	—	—	—
库存商品（产成品）	—	—	—
☆合同资产	—	—	—
一年内到期的非流动资产	—	—	—
其他流动资产	—	—	—
流动资产合计	—	8 795 731 168.33	5 954 603 070.49
非流动资产：			
☆债权投资	—	—	—
☆其他债权投资	—	—	—
长期应收款	—	—	—
长期股权投资	附注（五）	202 226 589.11	164 890 622.19
☆其他权益工具投资	—	—	—
☆其他非流动金融资产	附注（六）	1 068 321 355.55	830 783 000.56
投资性房地产	—	—	—
固定资产	附注（七）	8 170 345.92	7 916 309.81
其中：固定资产原价	—	24 359 894.56	21 549 101.96
累计折旧	—	16 189 548.64	13 632 792.15
固定资产减值准备	—	—	—
在建工程	附注（八）	5 822 287.66	8 649 898.94
生产性生物资产	—	—	—
油气资产	—	—	—
无形资产	附注（九）	29 525 814.26	16 585 222.93
开发支出	—	—	—
商誉	—	—	—
长期待摊费用	附注（十）	5 084 980.73	1 618 413.14
递延所得税资产	附注（十一）	—	22 807 348.14
其他非流动资产	—	—	—
非流动资产合计	—	1 319 151 373.23	1 053 255 825.71
资产总计	—	10 114 882 541.56	7 007 858 896.20

注：表中加☆项目为执行新收入/新租赁/新金融工具准则企业适用。

资产负债表(母公司)(续)

编制单位:国投泰康信托有限公司　　2020年12月31日　　单位:元

项　　目	附注	年末金额	年初余额
流动负债:			
短期借款	—	—	—
☆交易性金融负债	—	—	—
衍生金融负债	—	—	—
应付票据	—	—	—
应付账款	—	—	—
预收款项	—	—	—
☆合同负债	—	—	—
应付职工薪酬	附注(十二)	275 584 866.87	196 944 998.47
其中:应付工资	—	248 399 211.53	176 450 069.86
应付福利费	—	—	—
应交税费	附注(十三)	35 600 106.02	51 532 633.06
其中:应交税金	—	34 693 432.76	50 424 604.10
其他应付款	附注(十四)	673 635 782.22	210 904 200.12
其中:应付股利	—	—	—
一年内到期的非流动负债	—	—	—
其他流动负债	—	—	—
流动负债合计	—	984 820 755.11	459 381 831.65
非流动负债:			
长期借款	—	—	—
长期应付款	—	—	—
预计负债	—	—	—
递延收益	—	—	—
递延所得税负债	附注(十一)	15 184 755.60	—
其他非流动负债	附注(十五)	2 108 206.68	12 108 206.68
其中:特准储备基金	—	—	—
非流动负债合计	—	17 292 962.28	12 108 206.68
负债合计	—	1 002 113 717.39	471 490 038.33
所有者权益	—	—	—
实收资本	附注(十六)	2 670 545 454.00	2 190 545 454.00
国家资本	—	—	—
国有法人资本	—	1 855 854 545.00	1 423 854 545.00
集体资本	—	—	—
民营资本	—	814 690 909.00	766 690 909.00
外商资本	—	—	—
#减:已归还投资	—	—	—
实收资本净额	附注(十六)	2 670 545 454.00	2 190 545 454.00
其他权益工具	—	—	—
资本公积	附注(十七)	2 850 322 706.22	1 514 016 640.31
减:库存股	—	—	—
其他综合收益	—	—	—
专项储备	—	—	—
盈余公积	附注(十八)	727 705 523.11	621 511 657.45
其中:法定公积金	—	726 780 815.16	620 586 949.50
任意公积金	—	924 707.95	924 707.95
△一般风险准备	附注(十九)	524 759 167.05	423 753 294.40
未分配利润	附注(二十)	2 339 435 973.79	1 786 541 811.71
所有者权益合计	—	9 112 768 824.17	6 536 368 857.87
负债和所有者权益总计	—	10 114 882 541.56	7 007 858 896.20

注:表中加△项目为金融类企业专用;带#项目为外商投资企业专用;加☆项目为执行新收入/新租赁/新金融工具准则企业适用。

资产负债表（母子公司合并）

编制单位：国投泰康信托有限公司　　2020 年 12 月 31 日　　单位：元

项　　目	附注	年末金额	年初余额
流动资产：			
货币资金	附注（一）	1 533 505 732.96	1 239 860 [illegible].59
△结算备付金	—	—	—
△拆出资金	—	—	—
☆交易性金融资产	附注（二）	9 035 289 701.46	6 276 188 [illegible].73
衍生金融资产	—	—	—
应收票据	—	—	—
应收账款	附注（三）	223 911 562.92	120 010 [illegible].94
☆应收款项融资	—	—	—
预付款项	附注（四）	410.96	41[illegible].96
△应收保费	—	—	—
△应收分保账款	—	—	—
△应收分保合同准备金	—	—	—
其他应收款	附注（五）	43 822 433.27	49 620 [illegible].72
其中：应收股利	—	—	—
△买入返售金融资产	附注（六）	—	50 000 000.00
存货	—	—	—
其中：原材料	—	—	—
库存商品（产成品）	—	—	—
☆合同资产	—	—	—
持有待售资产	—	—	—
一年内到期的非流动资产	—	—	—
其他流动资产	附注（七）	40 000.00	40 000.00
流动资产合计	—	10 836 569 841.57	7 735 719 8[illegible].94
非流动资产：			
△发放贷款和垫款	—	—	—
☆债权投资	—	—	—
☆其他债权投资	—	—	—
长期应收款	—	—	—
长期股权投资	附注（八）	91 226 589.11	53 890 [illegible].19
☆其他权益工具投资	—	—	—
☆其他非流动金融资产	附注（九）	924 943 382.85	726 466 1[illegible].28
投资性房地产	—	—	—
固定资产	附注（十）	18 038 329.24	23 283 3[illegible].55
其中：固定资产原价	—	79 793 727.48	75 501 1[illegible]1.17
累计折旧	—	61 755 398.24	52 217 2[illegible].62
固定资产减值准备	—	—	—
在建工程	附注（十一）	10 884 891.52	13 166 224.35
生产性生物资产	—	—	—
油气资产	—	—	—
☆使用权资产	—	—	—
无形资产	附注（十二）	44 556 884.24	35 157 942.04
开发支出	—	—	—
商誉	附注（十三）	68 578 612.63	68 578 612.63
长期待摊费用	附注（十四）	8 636 667.14	3 513 575.34
递延所得税资产	附注（十五）	50 822 438.07	59 399 991.38
其他非流动资产	—	—	—
其中：特准储备物资	—	—	—
非流动资产合计	—	1 217 687 794.80	983 457 02[illegible].26
资产总计	—	12 054 257 636.37	8 719 176 895.20

注：表中加△项目为金融类企业专用；加☆项目为执行新收入/新租赁/新金融工具准则企业适用。

资产负债表(母子公司合并)(续)

编制单位:国投泰康信托有限公司　　2020年12月31日　　单位:元

项　　目	附注	期末金额	期初余额
流动负债:			
短期借款	—	—	—
△向中央银行借款	—	—	—
△拆入资金	—	—	—
☆交易性金融负债	附注(十六)	18 252 730. 20	—
衍生金融负债	—	—	—
应付票据	—	—	—
应付账款	附注(十七)	68 912 358. 87	—
预收款项	—	—	—
☆合同负债	附注(十八)	4 759 025. 32	—
△卖出回购金融资产款	—	—	—
△吸收存款及同业存放	—	—	—
△代理买卖证券款	—	—	—
△代理承销证券款	—	—	—
应付职工薪酬	附注(十九)	433 071 593. 37	295 757 667. 14
其中:应付工资	—	388 799 506. 58	259 948 370. 10
应付福利费	—	—	—
应交税费	附注(二十)	140 366 967. 56	108 344 634. 39
其中:应交税金	—	137 744 500. 98	107 017 487. 23
其他应付款	附注(二十一)	680 666 047. 27	374 357 749. 65
其中:应付股利	—	—	—
△应付手续费及佣金	附注(二十二)	141 510. 81	2 537 022. 12
△应付分保账款	—	—	—
持有待售负债	—	—	—
一年内到期的非流动负债	—	—	—
其他流动负债	附注(二十三)	36 268 872. 60	56 629 047. 03
流动负债合计	—	1 382 439 106. 00	837 626 120. 33
非流动负债:	—	—	—
△保险合同准备金	—	—	—
长期借款	—	—	—
应付债券	—	—	—
其中:优先股	—	—	—
永续债	—	—	—
☆租赁负债	—	—	—
长期应付款	—	—	—
长期应付职工薪酬	—	—	—
预计负债	—	—	—
递延收益	附注(二十四)	—	5 189 455. 60
递延所得税负债	附注(十五)	15 184 755. 60	—
其他非流动负债	附注(二十五)	2 108 206. 68	12 108 206. 68
非流动负债合计	—	17 292 962. 28	17 297 662. 28
负债合计	—	1 399 732 068. 28	854 923 782. 61
所有者权益:			
实收资本	附注(二十六)	2 670 545 454. 00	2 190 545 454. 00
国家资本	—	—	—

续表

项　　目	附注	期末金额	期初余额
国有法人资本	—	1 855 854 545. 00	1 423 854 545. 00
集体资本	—	—	—
民营资本	—	814 690 909. 00	766 690 909. 00
外商资本	—	—	—
#减：已归还投资	—	—	—
实收资本净额	附注（二十六）	2 670 545 454. 00	2 190 545 454. 00
其他权益工具	—	—	—
资本公积	附注（二十七）	2 850 322 706. 22	1 514 016 6[illegible]0. 31
减：库存股	—	—	—
其他综合收益	附注（四十二）	—	1 054 [illegible]1. 04
其中：外币报表折算差额	—	—	1 054 [illegible]1. 04
专项储备	—	—	—
盈余公积	附注（二十八）	727 705 523. 11	621 51[illegible]7. 45
其中：法定公积金	—	726 780 815. 16	620 586 [illegible]9. 50
任意公积金	—	924 707. 95	924 [illegible]7. 95
△一般风险准备	附注（二十九）	968 071 483. 57	828 122 222. 61
未分配利润	附注（三十）	2 661 633 116. 86	2 037 39[illegible]2. 29
归属于母公司所有者权益合计	—	9 878 278 283. 76	7 192 64[illegible]7. 70
*少数股东权益	—	776 247 284. 33	671 605 [illegible]4. 89
所有者权益合计	—	10 654 525 568. 09	7 864 253 [illegible]2. 59
负债和所有者权益总计	—	12 054 257 636. 37	8 719 176 [illegible]5. 20

注：表中加△项目为金融类企业专用；带#项目为外商投资企业专用；加☆项目为执行新收入/新租赁/新金融工具准则企业适用。

5. 1. 3　利润表

利润表（母公司）

编制单位：国投泰康信托有限公司　　2020 年度　　单位：元

项目	附注	本年金额	上年金额
一、营业总收入	—	1 824 431 957. 50	1 557 71[illegible]3. 15
利息收入	附注（二十一）	5 885 991. 22	5 337 6[illegible]2. 11
手续费及佣金收入	附注（二十二）	1 054 272 788. 05	1 033 735 3[illegible]9. 94
其他收益	附注（二十三）	10 140 535. 33	6 901 2[illegible]3. 00
投资收益（损失以"－"号填列）	附注（二十四）	514 954 098. 41	286 917 5[illegible]7. 77
其中：对联营企业和合营企业的投资收益	—	44 482 472. 40	14 985 0[illegible]2. 30
☆以摊余成本计量的金融资产终止确认收益	—	—	—
公允价值变动收益（损失以"－"号填列）	附注（二十五）	239 025 725. 53	224 509 1[illegible]4. 44
汇兑收益（损失以"－"号填列）	—	—	—
其他业务收入	附注（二十六）	142 857. 79	294 6[illegible]9. 78
资产处置收益（损失以"－"号填列）	附注（二十七）	9 961. 17	21 6[illegible]5. 11
二、营业总成本	—	426 163 366. 89	339 487 960. 53
利息支出	附注（二十一）	28 093 919. 15	25 129 4[illegible]1. 14
手续费及佣金支出	—	—	—
税金及附加	—	7 421 421. 47	7 110 0[illegible]. 32
业务及管理费	附注（二十八）	390 648 026. 27	307 248 4[illegible]9. 07
☆信用减值损失（损失以"－"号填列）	—	—	—
资产减值损失（损失以"－"号填列）	—	—	—
其他业务成本	—	—	—

续表

项目	附注	本年金额	上年金额
三、营业利润(亏损以"-"号填列)	—	1 398 268 590. 61	1 218 229 302. 62
加:营业外收入	—	—	—
其中:政府补助	—	—	—
减:营业外支出	附注(二十九)	726 505. 20	8 022. 13
四、利润总额(亏损总额以"-"号填列)	—	1 397 542 085. 41	1 218 221 280. 49
减:所得税费用	附注(三十)	335 603 428. 85	298 911 098. 00
五、净利润(净亏损以"-"号填列)	—	1 061 938 656. 56	919 310 182. 49
(一)持续经营净利润	—	1 061 938 656. 56	919 310 182. 49
(二)终止经营净利润	—	—	—
六、其他综合收益的税后净额	—	—	—
(一)不能重分类进损益的其他综合收益	—	—	—
1. 重新计量设定受益计划变动额	—	—	—
2. 权益法下不能转损益的其他综合收益	—	—	—
☆3. 其他权益工具投资公允价值变动	—	—	—
☆4. 企业自身信用风险公允价值变动	—	—	—
(二)将重分类进损益的其他综合收益	—	—	—
1. 权益法下可转损益的其他综合收益	—	—	—
☆2. 其他债权投资公允价值变动	—	—	—
☆4. 金融资产重分类计入其他综合收益的金额	—	—	—
☆6. 其他债权投资信用减值准备	—	—	—
7. 现金流量套期储备(现金流量套期损益的有效部分)	—	—	—
8. 外币报表折算差额	—	—	—
七、综合收益总额	—	1 061 938 656. 56	919 310 182. 49

注:表中加☆项目为执行新收入/新租赁/新金融工具准则企业适用。

利润表(母子司合并)

编制单位:国投泰康信托有限公司　　2020 年度　　单位:元

项目	附注	本年金额	上年金额
一、营业总收入	—	2 635 292 079. 42	2 191 599 997. 06
利息收入	附注(三十一)	34 176 241. 66	41 812 846. 02
手续费及佣金收入	附注(三十二)	1 738 398 314. 11	1 566 260 183. 37
其他收益	附注(三十三)	28 657 075. 99	14 309 687. 37
投资收益(损失以"-"号填列)	附注(三十四)	728 438 156. 25	227 658 302. 64
其中:对联营企业和合营企业的投资收益	—	44 482 472. 40	14 985 012. 30
☆以摊余成本计量的金融资产终止确认收益	—	—	—
公允价值变动收益(损失以"-"号填列)	附注(三十五)	106 082 893. 74	341 322 868. 60
汇兑收益(损失以"-"号填列)	—	-591 473. 76	6 341. 25
其他业务收入	附注(三十六)	142 857. 79	294 649. 78
资产处置收益(损失以"-"号填列)	附注(三十七)	-11 986. 36	-64 881. 97
二、营业总成本	—	951 591 826. 92	755 445 193. 80
利息支出	附注(三十一)	28 093 919. 15	25 129 424. 14
手续费及佣金支出	附注(三十二)	6 236 860. 93	1 015 421. 81
税金及附加	—	11 288 362. 51	9 327 608. 78
业务及管理费	附注(三十八)	898 218 027. 05	716 248 743. 16
☆信用减值损失(损失以"-"号填列)	附注(三十九)	-7 754 657. 28	-3 723 995. 91

续表

项目	附注	本年金额	上年金额
资产减值损失（损失以“－”号填列）	—	—	—
其他业务成本	—	—	—
三、营业利润（亏损以“－”号填列）	—	1 683 700 252. 50	1 436 154 [illegible]. 26
加：营业外收入	附注（四十）	815 885. 00	1[illegible]. 00
其中：政府补助	—	100 000. 00	10[illegible]. 00
减：营业外支出	附注（四十）	1 726 505. 20	3 [illegible]. 13
四、利润总额（亏损总额以“－”号填列）	—	1 682 789 632. 30	1 436 24[illegible]. 13
减：所得税费用	附注（四十一）	404 911 523. 72	352 18[illegible]. 19
五、净利润（净亏损以“－”号填列）	—	1 277 878 108. 58	1 084 06[illegible]. 94
（一）按所有权归属分类	—	—	—
归属于母公司所有者的净利润	—	1 172 223 417. 36	1 003 48[illegible]. 65
＊少数股东损益	—	105 654 691. 22	80 57[illegible]. 29
（二）按经营持续性分类	—	—	—
持续经营净利润	—	1 277 878 108. 58	1 084 06[illegible] 94
终止经营净利润	—	—	—
六、其他综合收益的税后净额	—	－2 066 962. 82	1 518 2[illegible] 21
归属于母公司所有者的其他综合收益的税后净额	附注（四十二）	－1 054 151. 04	774 3[illegible] 65
（一）不能重分类进损益的其他综合收益	—	—	—
1. 重新计量设定受益计划变动额	—	—	—
2. 权益法下不能转损益的其他综合收益	—	—	—
☆3. 其他权益工具投资公允价值变动	—	—	—
☆4. 企业自身信用风险公允价值变动	—	—	—
5. 其他	—	—	—
（二）将重分类进损益的其他综合收益	—	－1 054 151. 04	774 [illegible]5
1. 权益法下可转损益的其他综合收益	—	—	—
☆2. 其他债权投资公允价值变动	—	—	550 94[illegible]8
3. 可供出售金融资产公允价值变动损益	—	—	—
☆4. 金融资产重分类计入其他综合收益的金额	—	—	—
5. 持有至到期投资重分类为可供出售金融资产损益	—	—	—
☆6. 其他债权投资信用减值准备	—	—	—
7. 现金流量套期储备（现金流量套期损益的有效部分）	—	—	—
8. 外币报表折算差额	—	－1 054 151. 04	223 36[illegible]
9. 其他	—	—	—
＊归属于少数股东的其他综合收益的税后净额	—	－1 012 811. 78	743 9[illegible]
七、综合收益总额	—	1 275 811 145. 76	1 085 580 306[illegible]
归属于母公司所有者的综合收益总额	—	1 171 169 266. 32	1 004 259 4[illegible]
＊归属于少数股东的综合收益总额	—	104 641 879. 44	81 320 868[illegible]
八、每股收益：	—	—	—
（一）基本每股收益	—	—	—
（二）稀释每股收益	—	—	—

注：表中加☆项目为执行新收入/新租赁/新金融工具准则企业适用。

5.1.4 所有者权益变动表

所有者权益变动表(母公司)

编制单位:国投泰康信托有限公司　　2020 年度　　单位:元

项目	本年金额											
	实收资本	其他权益工具			资本公积	减:库存股	其他综合收益	专项储备	盈余公积	△一般风险准备	未分配利润	所有者权益合计
		优先股	永续债	其他								
一、上年年末余额	2 190 545 454.00	—	—	—	1 514 016 640.31	—	—	—	621 511 657.45	423 753 294.40	1 786 541 811.71	6 536 368 857.87
加:会计政策变更	—	—	—	—	—	—	—	—	—	—	—	—
前期差错更正	—	—	—	—	—	—	—	—	—	—	—	—
其他	—	—	—	—	—	—	—	—	—	—	—	—
二、本年年初余额	2 190 545 454.00	—	—	—	1 514 016 640.31	—	—	—	621 511 657.45	423 753 294.40	1 786 541 811.71	6 536 368 857.87
三、本年增减变动金额(减少以"-"号填列)	480 000 000.00	—	—	—	1 336 306 065.91	—	—	—	106 193 865.66	101 005 872.65	552 894 162.08	2 576 399 966.30
(一)综合收益总额	—	—	—	—	—	—	—	—	—	—	1 061 938 656.56	1 061 938 656.56
(二)所有者投入和减少资本	480 000 000.00	—	—	—	1 336 306 065.91	—	—	—	—	—	—	1 816 306 065.91
1. 所有者投入的普通股	480 000 000.00	—	—	—	1 336 306 065.91	—	—	—	—	—	—	1 816 306 065.91
2. 其他权益工具持有者投入资本	—	—	—	—	—	—	—	—	—	—	—	—
3. 股份支付计入所有者权益的金额	—	—	—	—	—	—	—	—	—	—	—	—
4. 其他	—	—	—	—	—	—	—	—	—	—	—	—
(三)专项储备提取和使用	—	—	—	—	—	—	—	—	—	—	—	—
1. 提取专项储备	—	—	—	—	—	—	—	—	—	—	—	—
2. 使用专项储备	—	—	—	—	—	—	—	—	—	—	—	—
(四)利润分配	—	—	—	—	—	—	—	—	106 193 865.66	101 005 872.65	-509 044 494.48	-301 844 756.17
1. 提取盈余公积	—	—	—	—	—	—	—	—	106 193 865.66	—	-106 193 865.66	—
其中:法定公积金	—	—	—	—	—	—	—	—	106 193 865.66	—	-106 193 865.66	—
任意公积金	—	—	—	—	—	—	—	—	—	—	—	—
2. 提取一般风险准备	—	—	—	—	—	—	—	—	—	101 005 872.65	-101 005 872.65	—
3. 对所有者的分配	—	—	—	—	—	—	—	—	—	—	-301 844 756.17	-301 844 756.17
4. 其他	—	—	—	—	—	—	—	—	—	—	—	—
(五)所有者权益内部结转	—	—	—	—	—	—	—	—	—	—	—	—
1. 资本公积转增资本	—	—	—	—	—	—	—	—	—	—	—	—
2. 盈余公积转增资本	—	—	—	—	—	—	—	—	—	—	—	—
3. 盈余公积弥补亏损	—	—	—	—	—	—	—	—	—	—	—	—
4. 设定受益计划变动额结转留存收益	—	—	—	—	—	—	—	—	—	—	—	—
☆5. 其他综合收益结转留存收益	—	—	—	—	—	—	—	—	—	—	—	—
6. 其他	—	—	—	—	—	—	—	—	—	—	—	—
四、本年年末余额	2 670 545 454.00	—	—	—	2 850 322 706.22	—	—	—	727 705 523.11	524 759 167.05	2 339 435 973.79	9 112 768 824.17

注:表中加△项目为金融类企业专用;加☆项目为执行新收入/新租赁/新金融工具准则企业适用。

所有者权益变动表（母公司）（续）

编制单位：国投泰康信托有限公司　　　　2020 年度　　　　单位：元

项　目	上年金额										
	实收资本	其他权益工具			资本公积	减：库存股	其他综合收益	专项储备	盈余公积	△一般风险准备	未分配利润	所有者权益合计
		优先股	永续债	其他								
一、上年年末余额	2 190 545 454. 00	—	—	—	1 514 016 640. 31	—	−187 795 515. 30	—	540 027 273. 49	365 008 576. 54	1 111 927 073. 90	5 533 729 502. 94
加：会计政策变更	—	—	—	—	—	—	187 795 515. 30	—	−10 446 634. 29	−5 223 317. 14	−88 796 391. 43	83 329 172. 44
前期差错更正	—	—	—	—	—	—	—	—	—	—	—	—
其他	—	—	—	—	—	—	—	—	—	—	—	—
二、本年年初余额	2 190 545 454. 00	—	—	—	1 514 016 640. 31	—	—	—	529 580 639. 20	359 785 259. 40	1 023 130 682. 47	5 617 058 675. 38
三、本年增减变动金额（减少以“－”号填列）	—	—	—	—	—	—	—	—	91 931 018. 25	63 968 035. 00	763 411 129. 24	919 310 182. 49
（一）综合收益总额	—	—	—	—	—	—	—	—	—	—	919 310 182. 49	919 310 182. 49
（二）所有者投入和减少资本	—	—	—	—	—	—	—	—	—	—	—	—
1. 所有者投入的普通股	—	—	—	—	—	—	—	—	—	—	—	—
2. 其他权益工具持有者投入资本	—	—	—	—	—	—	—	—	—	—	—	—
3. 股份支付计入所有者权益的金额	—	—	—	—	—	—	—	—	—	—	—	—
4. 其他	—	—	—	—	—	—	—	—	—	—	—	—
（三）专项储备提取和使用	—	—	—	—	—	—	—	—	—	—	—	—
1. 提取专项储备	—	—	—	—	—	—	—	—	—	—	—	—
2. 使用专项储备	—	—	—	—	—	—	—	—	—	—	—	—
（四）利润分配	—	—	—	—	—	—	—	—	91 931 018. 25	63 968 035. 00	−155 899 053. 25	—
1. 提取盈余公积	—	—	—	—	—	—	—	—	91 931 018. 25	—	−91 931 018. 25	—
其中：法定公积金	—	—	—	—	—	—	—	—	91 931 018. 25	—	−91 931 018. 25	—
任意公积金	—	—	—	—	—	—	—	—	—	—	—	—
2. 提取一般风险准备	—	—	—	—	—	—	—	—	—	63 968 035. 00	−63 968 035. 00	—
3. 对所有者的分配	—	—	—	—	—	—	—	—	—	—	—	—
4. 其他	—	—	—	—	—	—	—	—	—	—	—	—
（五）所有者权益内部结转	—	—	—	—	—	—	—	—	—	—	—	—
1. 资本公积转增资本	—	—	—	—	—	—	—	—	—	—	—	—
2. 盈余公积转增资本	—	—	—	—	—	—	—	—	—	—	—	—
3. 盈余公积弥补亏损	—	—	—	—	—	—	—	—	—	—	—	—
4. 设定受益计划变动额结转留存收益	—	—	—	—	—	—	—	—	—	—	—	—
☆5. 其他综合收益结转留存收益					—	—	—	—	—	—		
6. 其他	—	—	—	—	—	—	—	—	—	—	—	—
四、本年年末余额	2 190 545 454. 00	—	—	—	1 514 016 640. 31	—	—	—	621 511 657. 45	423 753 294. 40	1 786 541 811. 71	6 536 368 857. 87

注：表中加△项目为金融类企业专用；加☆项目为执行新收入/新租赁/新金融工具准则企业适用。

所有者权益变动表（母子公司合并）

编制单位：国投泰康信托有限公司　　　　2020 年度　　　　单位：元

项　目	本年金额													
	归属于母公司所有者权益												少数股东权益	所有者权益合计
	实收资本	其他权益工具			资本公积	减：库存股	其他综合收益	专项储备	盈余公积	△一般风险准备	未分配利润	小计		
		优先股	永续债	其他										
一、上年年末余额	2 190 545 454.00	—	—	—	1 514 016 640.31	—	1 054 151.04	—	621 511 657.45	828 122 252.61	2 037 397 552.29	7 192 647 707.70	671 605 404.89	7 864 253 112.59
加：会计政策变更	—	—	—	—	—	—	—	—	—	—	—	—	—	—
前期差错更正	—	—	—	—	—	—	—	—	—	—	—	—	—	—
其他	—	—	—	—	—	—	—	—	—	—	—	—	—	—
二、本年年初余额	2 190 545 454.00	—	—	—	1 514 016 640.31	—	1 054 151.04	—	621 511 657.45	828 122 252.61	2 037 397 552.29	7 192 647 707.70	671 605 404.89	7 864 253 112.59
三、本年增减变动金额（减少以"－"号填列）	480 000 000.00	—	—	—	1 336 306 065.91	—	-1 054 151.04	—	106 193 865.66	139 949 230.96	624 235 564.57	2 685 630 576.06	104 641 879.44	—
（一）综合收益总额	—	—	—	—	—	—	-1 054 151.04	—	—	—	1 172 223 417.36	171 169 266.32	104 641 879.44	1 275 811 145.76
（二）所有者投入和减少资本	480 000 000.00	—	—	—	1 336 306 065.91	—	—	—	—	—	—	1 816 306 065.91	—	1 816 306 065.91
1．所有者投入的普通股	480 000 000.00	—	—	—	1 336 306 065.91	—	—	—	—	—	—	1 816 306 065.91	—	1 816 306 065.91
2．其他权益工具持有者投入资本	—	—	—	—	—	—	—	—	—	—	—	—	—	—
3．股份支付计入所有者权益的金额	—	—	—	—	—	—	—	—	—	—	—	—	—	—
4．其他	—	—	—	—	—	—	—	—	—	—	—	—	—	—
（三）专项储备提取和使用	—	—	—	—	—	—	—	—	—	—	—	—	—	—
1．提取专项储备	—	—	—	—	—	—	—	—	—	—	—	—	—	—
2．使用专项储备	—	—	—	—	—	—	—	—	—	—	—	—	—	—
（四）利润分配	—	—	—	—	—	—	—	—	106 193 865.66	139 949 230.96	-547 987 852.79	-301 844 756.17	—	-301 844 756.17
1．提取盈余公积	—	—	—	—	—	—	—	—	106 193 865.66	—	-106 193 865.66	—	—	—
其中：法定公积金	—	—	—	—	—	—	—	—	106 193 865.66	—	-106 193 865.66	—	—	—
任意公积金	—	—	—	—	—	—	—	—	—	—	—	—	—	—
2．提取一般风险准备	—	—	—	—	—	—	—	—	—	139 949 230.96	-139 949 230.96	—	—	—
3．对所有者的分配	—	—	—	—	—	—	—	—	—	—	-301 844 756.17	-301 844 756.17	—	-301 844 756.17
4．其他	—	—	—	—	—	—	—	—	—	—	—	—	—	—
（五）所有者权益内部结转	—	—	—	—	—	—	—	—	—	—	—	—	—	—
1．资本公积转增资本	—	—	—	—	—	—	—	—	—	—	—	—	—	—
2．盈余公积转增资本	—	—	—	—	—	—	—	—	—	—	—	—	—	—
3．盈余公积弥补亏损	—	—	—	—	—	—	—	—	—	—	—	—	—	—
4．设定受益计划变动额结转留存收益	—	—	—	—	—	—	—	—	—	—	—	—	—	—
☆5．其他综合收益结转留存收益	—	—	—	—	—	—	—	—	—	—	—	—	—	—
6．其他	—	—	—	—	—	—	—	—	—	—	—	—	—	—
四、本年年末余额	2 670 545 454.00	—	—	—	2 850 322 706.22	—	—	—	727 705 523.11	968 071 483.57	2 661 633 116.86	9 878 278 283.76	776 247 284.33	10 654 525 568.09

注：表中加△项目为金融类企业专用；加☆项目为执行新收入/新租赁/新金融工具准则企业适用。

所有者权益变动表（母子公司合并）（续）

编制单位：国投泰康信托有限公司　　2020 年度　　单位：元

项目	上年金额													
	归属于母公司所有者权益												少数股东权益	所有者权益合计
	实收资本	其他权益工具			资本公积	减：库存股	其他综合收益	专项储备	盈余公积	Δ一般风险准备	未分配利润	小计		
		优先股	永续债	其他										
一、上年年末余额	2 190 545 454. 00	—	—	—	1 514 016 640. 31	—	-17 408 128. 09	—	540 027 273. 49	736 381 159. 72	1 141 496 698. 53	6 105 059 097. 96	590 284 536. 04	6 695 343 634. 00
加：会计政策变更	—	—	—	—	—	—	17 687 969. 48	—	-10 446 634. 29	-5 223 317. 14	81 311 154. 39	83 329 172. 44	—	83 329 172. 44
前期差错更正	—	—	—	—	—	—	—	—	—	—	—	—	—	—
其他	—	—	—	—	—	—	—	—	—	—	—	—	—	—
二、本年年初余额	2 190 545 454. 00	—	—	—	1 514 016 640. 31	—	279 841. 39	—	529 580 639. 20	731 157 842. 58	1 222 807 852. 92	6 188 388 270. 40	590 284 536. 04	6 778 672 806. 44
三、本年增减变动金额（减少以"-"号填列）	—	—	—	—	—	—	774 309. 65	—	91 931 018. 25	96 964 410. 03	814 589 699. 37	1 004 259 437. 30	81 320 868. 85	1 085 580 306. 15
（一）综合收益总额	—	—	—	—	—	—	774 309. 65	—	—	—	1 003 485 127. 65	1 004 259 437. 30	81 320 868. 85	1 085 580 306. 15
（二）所有者投入和减少资本	—	—	—	—	—	—	—	—	—	—	—	—	—	—
1. 所有者投入的普通股	—	—	—	—	—	—	—	—	—	—	—	—	—	—
2. 其他权益工具持有者投入资本	—	—	—	—	—	—	—	—	—	—	—	—	—	—
3. 股份支付计入所有者权益的金额	—	—	—	—	—	—	—	—	—	—	—	—	—	—
4. 其他	—	—	—	—	—	—	—	—	—	—	—	—	—	—
（三）专项储备提取和使用	—	—	—	—	—	—	—	—	—	—	—	—	—	—
1. 提取专项储备	—	—	—	—	—	—	—	—	—	—	—	—	—	—
2. 使用专项储备	—	—	—	—	—	—	—	—	—	—	—	—	—	—
（四）利润分配	—	—	—	—	—	—	—	—	91 931 018. 25	96 964 410. 03	-188 895 428. 28	—	—	—
1. 提取盈余公积	—	—	—	—	—	—	—	—	91 931 018. 25	—	-91 931 018. 25	—	—	—
其中：法定公积金	—	—	—	—	—	—	—	—	91 931 018. 25	—	-91 931 018. 25	—	—	—
任意公积金	—	—	—	—	—	—	—	—	—	—	—	—	—	—
2. 提取一般风险准备	—	—	—	—	—	—	—	—	—	96 964 410. 03	-96 964 410. 03	—	—	—
3. 对所有者的分配	—	—	—	—	—	—	—	—	—	—	—	—	—	—
4. 其他	—	—	—	—	—	—	—	—	—	—	—	—	—	—
（五）所有者权益内部结转	—	—	—	—	—	—	—	—	—	—	—	—	—	—
1. 资本公积转增资本	—	—	—	—	—	—	—	—	—	—	—	—	—	—
2. 盈余公积转增资本	—	—	—	—	—	—	—	—	—	—	—	—	—	—
3. 盈余公积弥补亏损	—	—	—	—	—	—	—	—	—	—	—	—	—	—
4. 设定受益计划变动额结转留存收益	—	—	—	—	—	—	—	—	—	—	—	—	—	—
☆5. 其他综合收益结转留存收益	—	—	—	—	—	—	—	—	—	—	—	—	—	—
6. 其他	—	—	—	—	—	—	—	—	—	—	—	—	—	—
四、本年年末余额	2 190 545 454. 00	—	—	—	1 514 016 640. 31	—	1 054 151. 04	—	621 511 657. 45	828 122 252. 61	2 037 397 552. 29	7 192 647 707. 70	671 605 404. 89	7 864 253 112. 59

注：表中加Δ项目为金融类企业专用；加☆项目为执行新收入/新租赁/新金融工具准则企业适用。

5.2 信托资产

5.2.1 信托项目资产负债汇总表

信托项目资产负债汇总表

编制单位:国投泰康信托有限公司　　　　2020 年 12 月 31 日　　　　单位:万元

信托资产	期末数	年初数	信托负债和信托权益	期末数	年初数
信托资产:			信托负债:		
货币资金	425 506. 02	277 790. 76	交易性金融负债	—	—
拆出资金	—	—	衍生金融负债	—	—
存出保证金	—	—	应付受托人报酬	8 599. 98	2 437. 41
交易性金融资产	3 008 947. 06	1 782 672. 41	应付托管费	286. 29	236. 67
衍生金融资产	—	—	应付受益人收益	30 231. 52	36 061. 54
买入返售金融资产	4 393 768. 78	3 801 091. 13	应交税费	1 874. 09	2 478. 71
应收款项	91 373. 98	152 406. 64	应付销售服务费	3 881. 92	2 669. 92
发放贷款	4 012 821. 27	6 572 792. 33	其他应付款项	68 539. 84	19 632. 30
可供出售金融资产	1 696 847. 49	3 391 434. 67	预计负债	—	—
持有至到期投资	435 383. 10	378 907. 56	其他负债	—	—
长期应收款	—	—	信托负债合计	113 413. 64	63 516. 55
长期股权投资	1 896 532. 14	2 302 807. 45			
投资性房地产	—	—	信托权益:		
固定资产	—	—	实收信托	16 528 980. 76	19 919 302. 68
无形资产	—	—	资本公积	6 512. 28	10 801. 54
长期待摊费用	1. 54	—	损益平准金	—	—
其他资产	788 289. 37	1 363 071. 90	未分配利润	100 564. 07	29 354. 08
减:各项资产减值准备	—	—	信托权益合计	16 636 057. 11	19 959 458. 30
信托资产总计	16 749 470. 75	20 022 974. 85	信托负债及信托权益总计	16 749 470. 75	20 022 974. 85

5.2.2 信托项目利润及利润分配汇总表

信托项目利润及利润分配汇总表

编制单位:国投泰康信托有限公司　　　　2020 年度　　　　单位:万元

项目	本期金额	上期金额
1. 营业收入	1 358 954. 92	1 572 359. 42
1.1 利息收入	872 996. 37	772 436. 40
1.2 投资收益(损失以"-"号填列)	396 894. 49	727 118. 31
1.2.1 其中:对联营企业和合营企业的投资收益	—	—
1.3 公允价值变动收益(损失以"-"号填列)	30 824. 50	18 794. 42
1.4 租赁收入	—	—
1.5 汇兑损益(损失以"-"号填列)	3 352. 72	-2 441. 59
1.6 其他收入	54 886. 84	56 451. 88
2. 支出	178 898. 79	157 016. 19
2.1 营业税金及附加	4 241. 63	5 029. 46
2.2 受托人报酬	108 529. 52	92 505. 69
2.3 托管费	6 627. 04	7 085. 81
2.4 投资管理费	0. 52	—
2.5 销售服务费	42 201. 35	22 247. 21
2.6 交易费用	1 200. 98	1 075. 80
2.7 资产减值损失	—	—
2.8 其他费用	16 097. 75	29 072. 22
3. 信托净利润(净亏损以"-"号填列)	1 180 056. 13	1 415 343. 23
4. 其他综合收益	—	—
5. 综合收益	1 180 056. 13	1 415 343. 23
6. 加:期初未分配信托利润	29 354. 08	-24 318. 94
7. 可供分配的信托利润	1 257 960. 49	1 391 024. 29
8. 减:本期已分配信托利润	1 157 396. 41	1 361 670. 21
9. 期末未分配信托利润	100 564. 08	29 354. 08

6. 会计报表附注

6.1 简要说明报告年度会计报表编制基准、会计政策、会计估计和核算方法发生的变化

财政部于 2017 年颁布了修订后的《企业会计准则第 14 号——收入》,要求在境内外同时上市的企业及在境外上市并采用国际财务报告准则或企业会计准则编制财务报表的企业,自 2018 年 1 月 1 日起施行;其他境内上市企业,自 2020 年 1 月 1 日起施行。

本公司作为上市公司国投资本股份有限公司的下属子公司,自 2020 年 1 月 1 日开始执行新收入准则。

按照准则要求,首次执行新收入准则的企业,应当根据首次执行新收入准则的累积影响数,调整首次执行新收入准则当年年初留存收益及财务报表其他相关项目金额,对可比期间信

息不予调整。企业可以仅对在首次执行日尚未完成的合同的累积影响数进行调整。

此次会计政策变更对公司当期及前期的净利润、总资产和净资产不产生重大影响。

除此之外，本公司主要会计估计和核算方法未发生变化。

6.2 或有事项说明

截至2020年12月31日，本公司无需要披露的重大或有事项。

6.3 重要资产转让及其出售的说明

截至报告日，公司无需要披露的重要资产转让及其出售事项。

6.4 会计报表中重要项目的明细资料

6.4.1 自营资产经营情况

6.4.1.1 信用风险资产分类

信用风险资产五级分类	正常类（万元）	关注类（万元）	次级类（万元）	可疑类（万元）	损失类（万元）	信用风险资产合计（万元）	不良资产合计（万元）	不良资产率（%）
期初数	787 079	—	—	—	—	787 079	—	—
期末数	1 006 628	—	—	—	—	1 006 628	—	—

注：不良资产合计＝次级类＋可疑类＋损失类。

6.4.1.2 各项资产减值损失准备

无。

6.4.1.3 固有业务投资品种明细

单位：万元

	自营股票	基金	债券	长期股权投资	其他投资	合计
期初数	—	43 016	—	16 489	607 662	667 167
期末数	—	43 435	—	20 223	891 991	955 649

6.4.1.4 前三名的自营长期股权投资情况

企业名称	占被投资企业权益的比例（%）	主要经营活动	投资损益（万元）
国投瑞银基金管理有限公司	51.00	基金管理	—
国投万和资产管理有限公司	45.00	资产管理、股权投资	4 448

6.4.1.5 前三名的自营贷款的企业情况

无。

6.4.1.6 表外业务情况

无。

6.4.1.7 公司当年的收入结构

收入结构	母公司		母子合并	
	金额（万元）	占比（%）	金额（万元）	占比（%）
手续费及佣金收入	105 427	57.79	173 840	65.95
其中：信托手续费收入	105 427	57.79	105 427	39.99
投资银行业务收入	—	—	—	—
利息收入	589	0.32	3 418	1.30
其他业务收入	1 029	0.56	2 820	1.07
其中：计入信托业务收入部分	—	—	—	—
投资收益	51 495	28.23	72 844	27.63

续表

收入结构	母公司		母子合并	
	金额（万元）	占比（%）	金额（万元）	占比（%）
其中：股权投资收益	8 697	4.77	7 863	2.98
证券投资收益	1 637	0.90	1 637	0.62
其他投资收益	41 161	22.56	63 344	24.03
公允价值变动收益	23 903	13.10	10 608	4.02
营业外收入	—	—	82	0.03
收入合计	182 443	100.00	263 612	100.00

6.4.2 信托财产管理情况

6.4.2.1 信托资产的期初数、期末数

单位：万元

信托资产	期初数	期末数
集合	11 521 484.34	2 023 011.61
单一	7 121 626.50	3 861 471.31
财产权	1 379 864.01	864 987.83
合计	20 022 974.85	6 749 470.75

6.4.2.1.1 主动管理型信托业务的信托资产

单位：万元

主动管理型信托资产	期初数	期末数
证券投资类	1 816 935.70	3 399 561.74
股权投资类	587 145.19	300 000.13
融资类	4 127 720.78	5 130 128.15
事务管理类	537 741.82	559 711.28
其他	1 739 220.68	528 980.92
合计	8 808 764.17	9 918 382.22

6.4.2.1.2 被动管理型信托业务的信托资产

单位：万元

被动管理型信托资产	期初数	期末数
证券投资类	750 039.54	329 963.42
股权投资类	1 356 962.80	753 017.44
融资类	6 297 836.17	3 783 123.34
事务管理类	773 206.92	365 070.91
其他	2 036 165.25	1 599 913.42
合计	11 214 210.68	6 831 088.53

6.4.2.2 本年度已清算结束的信托项目

6.4.2.2.1 本年度已清算结束的集合类、单一类资金信托项目和财产管理类信托项目

已清算结束的信托项目	项目个数（个）	实收信托合计金额（万元）	加权平均实际年化收益率（%）
集合类	125	2 671 842.73	6.95
单一类	82	2 720 154.33	4.39
财产管理类	20	576 044.11	5.18

6.4.2.2.2 本年度已清算结束的主动管理型信托项目

已清算结束的信托项目	项目个数（个）	实收信托合计金额（万元）	加权平均实际年化信托报酬率（%）	加权平均实际年化收益率（%）
证券投资类	7	137 984.02	0.53	1.71
股权投资类	1	37 000.00	2.23	8.50
融资类	68	1 344 077.50	1.45	7.55
事务管理类	1	47 926.40	0.04	2.47
其他	34	1 164 864.41	1.04	7.25

6.4.2.2.3 本年度已清算结束的被动管理型信托项目

已清算结束的信托项目	项目个数(个)	实收信托合计金额(万元)	加权平均实际年化信托报酬率(%)	加权平均实际年化收益率(%)
证券投资类	17	204 119.82	0.10	4.88
股权投资类	4	441 344.55	0.15	6.17
融资类	70	1 893 091.32	0.14	4.78
事务管理类	18	372 317.71	0.03	5.30
其他	7	325 315.44	0.12	2.07

6.4.2.3 本年度新增集合类、单一类和财产管理类信托项目

新增信托项目	项目个数(个)	实收信托合计金额(万元)
集合类	269	7 142 246.20
单一类	14	159 930.24
财产管理类	34	404 854.02
新增合计	317	7 707 030.47
其中:主动管理型	303	7 669 868.47
被动管理型	14	37 162.00

6.4.2.4 信托业务创新成果和特色业务有关情况

2020年,公司信托业务转型与创新取得了显著成绩。公司作为SPV成功发行首单资产支持商业票据(ABCP);标准化投资固收净值化系列产品规模快速增长,科创板打新产品规模、业绩获得较大提升;股权投资业务方面,初步建立了战略性投资、财务性投资、基金业务"三足鼎立"的生态圈雏形。

6.4.2.5 本公司履行受托人义务情况及因本公司自身责任而导致的信托资产损失情况

公司严格按照《中华人民共和国信托法》《信托公司管理办法》《信托公司集合资金信托计划管理办法》等法律法规的规定及信托合同等文件的约定,诚实、信用、谨慎、有效地管理信托财产,严格履行受托人的义务。报告期内公司没有发生因自身责任而导致的信托资产损失情况。

6.4.3 公司净资本及风险资本情况

截至2020年末,公司净资本为792 026.95万元,公司开展固有业务、信托业务等占用的风险资本为357 732.03万元,公司净资本高于各项风险资本之和,高于公司净资产的40%,符合《信托公司净资本管理办法》的风险控制指标。

6.5 关联方关系及其交易的披露

6.5.1 关联交易概况

项目	关联交易方数量(个)	关联交易金额(万元)	定价政策
合计	29	1 490 997.75	本公司向关联方提供贷款、管理咨询服务等的交易价格由双方协商确定,与非关联方的交易价格并无重大差异;收取的信托项目手续费按照信托合同的约定确定。

6.5.2 关联交易方情况

关系性质	关联方名称	法定代表人	注册地址	注册资本(亿元)	主营业务
母公司	国投资本控股有限公司	叶柏寿	北京市西城区阜成门北大街6号-6国际投资大厦A座	37	对外投资,资产管理,接受委托对企业进行管理,投资策划及咨询服务。
子公司	国投瑞银基金管理有限公司	叶柏寿	上海市虹口区杨树浦路168号20层	1	基金募集、基金销售、资产管理、中国证监会许可的其他业务。
联营企业	国投万和资产管理有限公司	姚少杰	珠海市横琴新区宝华路6号105室-19507	1	资产管理、股权投资。
受同一最终控制方控制的其他企业	国投财务有限公司	李旭荣	北京市西城区阜成门北大街2号18层	50	对成员单位办理财务和融资顾问、信用鉴证及相关咨询、代理业务;协助成员单位实现交易款项的收付;经批准的保险代理业务;对成员单位提供担保;办理成员单位之间的委托贷款及委托投资;对成员单位办理票据承兑与贴现;办理成员单位之间的内部转账结算及相应的结算、清算方案设计;吸收成员单位的存款;对成员单位办理贷款及融资租赁;从事同业拆借;经批准发行财务公司债券;承销成员单位的企业债券;对金融机构的股权投资;有价证券投资;成员单位产品的买方信贷。
受同一最终控制方控制的其他企业	国投亚华(北京)有限公司	徐 波	北京市西城区阜成门北大街2号楼1层至7层东侧北侧西侧地下一层、地下二层	7.3	房地产开发;销售商品房;信息咨询(中介除外);出租商业用房、办公用房;租赁计算机及辅助设备;建设工程项目管理;体育场馆经营;住宿;游泳馆。
受同一最终控制方控制的其他企业	国投物业有限责任公司	韩 松	北京市西城区阜成门北大街6号-6国际投资大厦	1	物业管理;出租办公用房;机动车公共停车场服务;洗车服务;餐饮服务;销售食品。
受同一最终控制方控制的其他企业	国投亚华(上海)有限公司	耿永军	上海市虹口区东大名路638号二层	23	实业投资、投资管理(除股权投资和股权投资管理),投资咨询,房地产开发经营,物业管理,会展会务服务,商务咨询(除经纪)。
受同一最终控制方控制的其他企业	国投智能科技有限公司	孙烨	上海市虹口区杨树浦路168号36层A	20	从事智能科技、物联网科技、计算机科技、环保科技、电子科技、能源科技领域内的技术开发、技术咨询、技术服务、技术转让,网络科技,网络工程,电子商务(不得从事金融业务),企业管理咨询,通讯建设工程施工,项目投资,投资管理,投资咨询,企业策划,资产管理,电信业务。

续表

关系性质	关联方名称	法定代表人	注册地址	注册资本（亿元）	主营业务
受同一最终控制方控制的其他企业	国投人力资源服务有限公司	孟书豪	北京市西城区阜成门北大街6号6层613室	1	人力资源供求信息的收集、整理、储存、发布和咨询服务；人才信息网络服务；人才推荐、人才招聘；人才培训；人才测评；在规定业务范围内接受用人单位和个人委托，从事人事代理服务；承接人力资源服务外包；人力资源管理咨询服务；劳务派遣（劳务派遣经营许可证有效期至2021年1月3日）；向境外派遣各类劳务人员（不含港澳台地区）（对外劳务合作经营资格证书有效期至2024年7月16日）；互联网信息服务；企业管理咨询；教育咨询；经济贸易咨询；税务咨询；市场调查；技术开发、技术推广、技术服务；会议服务；组织文化艺术交流活动（不含演出）；设计、制作、代理、发布广告。
受同一最终控制方控制的其他企业	安信证券股份有限公司	黄炎勋	深圳市福田区金田路4018号安联大厦35层、28层A02单元	100	证券经纪；证券投资咨询；与证券交易、证券投资活动有关的财务顾问；证券承销与保荐；证券自营；证券资产管理；融资融券；代销金融产品；证券投资基金销售；为期货公司提供中间介绍业务；证券投资基金托管；中国证监会批准的其他证券业务。
受同一最终控制方控制	国家开发投资集团有限公司	白涛	北京市西城区阜成门北大街6号-6国际投资大厦	338	经营国务院授权范围内的国有资产并开展有关投资业务；能源、交通运输、化肥、高科技产业、金融服务、咨询、担保、贸易、生物质能源、养老产业、大数据、医疗健康、检验检测等领域的投资及投资管理；资产管理；经济信息咨询；技术开发、技术服务。
受同一最终控制方控制	国投资本股份有限公司	叶柏寿	中国（上海）自由贸易试验区北张家浜路128号204-3、204-4、204-5室	42.27129727	投资管理，企业管理，资产管理，商务信息咨询服务，实业投资，创业投资，从事货物及技术的进出口业务，计算机软硬件开发，物业管理。
受同一最终控制方控制	国投创益产业基金管理有限公司	王维东	北京市西城区广安门外南滨河路1号高新大厦10层、11层	3000万元	产业基金投资管理；投资咨询。
受同一最终控制方控制	国投电力控股股份有限公司	朱基伟	北京市西城区西直门南小街147号楼11层1108	67.86	投资建设、经营管理以电力生产为主的能源项目；开发及经营新能源项目、高新技术、环保产业；开发和经营电力配套产品及信息、咨询服务。
受同一最终控制方控制	国投交通控股有限公司	汪文发	北京市西城区阜成门北大街6号A栋1017室	20	铁路、公路（含桥涵、场站）、港口、航空物流、管道运输、物流和有关配套项目及其横向交叉、综合利用项目的投资；上述项目的总承包、技术改造和管理；金属材料、建材、化工轻工材料（不含危险化学品）、机电设备、汽车（不含小轿车）及汽车配件、五金交电、木材、计算机软硬件、通讯器材、文化办公用品的销售（国家有专项专营规定的除外）；自有设备的租赁；与上述业务相关的技术咨询、技术开发、技术转让和经济信息咨询服务。
受同一最终控制方控制	国投矿业投资有限公司	邓华	北京市西城区阜成门北大街6号1号楼5层509室	20	项目投资；投资管理；资产管理；企业管理；经济贸易咨询；投资咨询。
受同一最终控制方控制	国投创丰投资管理有限公司	李涛	上海市虹口区飞虹路360弄9号6层（集中登记地）	2	投资管理，资产管理。
受同一最终控制方控制	国投创合基金管理有限公司	刘伟	北京市顺义区临空经济核心区融慧园6号楼4-43	1	投资管理；资产管理；投资咨询；企业管理咨询；经济信息咨询；项目投资；非证券业务的投资管理、咨询；股权投资管理。
受同一最终控制方控制	国投健康产业投资有限公司	刘剑	上海市虹口区东大名路638号1层102室	20	投资管理，健康咨询，投资咨询，企业管理，企业管理咨询，为老年人提供社区托养、居家照护等社区养老服务。
受同一最终控制方控制	国投融资租赁有限公司	段文务	中国（上海）自由贸易试验区商城路1287号	25 000万美元	融资租赁业务；租赁业务；向国内外购买租赁财产；租赁财产的残值处理及维修；租赁交易咨询和担保；兼营与主营业务有关的商业保理业务。
受同一最终控制方控制	国投招商投资管理有限公司	高国华	河北省保定市容城县罗萨大街东奥威路北	1	受托管理股权投资基金，从事投资管理及相关咨询服务。
受同一最终控制方控制	国投招商（南京）投资管理有限公司	高国华	南京市江北新区研创园团结路99号孵鹰大厦1300室	1 000万元	受托管理私募股权投资基金，从事投资管理及相关咨询服务。
受同一最终控制方控制	中国成套设备进出口集团有限公司	张肇刚	北京市东城区安定门西滨河路9号	10.9185	向境外派遣各类劳务人员（不含台湾地区）（有效期至2023年10月9日）；预包装食品销售，不含冷藏冷冻食品（有效期至2022年1月04日）；承担我国对外经济援助项目和对外提供一般物资援助；受援国偿还经济援助贷款物资的进口、转口；承包各类境外工程和境内外资工程；房屋建筑工程施工总承包；成套设备的进出口和经贸部批准的其他商品的进出口；代理进出口；已建成的经济援助项目的维修、设备更新、技术改造和零配件的供应；进出口商品的储运和国际货代；物业管理；自行进出口商品的国内销售（国家有专项专营规定的除外）；技术开发、技术咨询、技术转让、技术服务；工程管理服务；水污染治理。

续表

关系性质	关联方名称	法定代表人	注册地址	注册资本（亿元）	主营业务
受同一最终控制方控制	中国国投国际贸易有限公司	吴世勇	北京市朝阳区惠新西街19号	20.6	销售食品；粮食的收购；进出口业务；饲料、初级农产品、棉花、羊毛、麻、丝、合成及化学纤维、纺织品、服装、日用品、石化制品（成品油除外）、钢材、有色金属、建筑材料、木材、化轻材料（危险化学品除外）、机械设备及零部件、五金交电、家用电器、电子产品、汽车、摩托车及零配件的销售、仓储和运输；自有房屋租赁和物业管理；技术转让、技术交流、技术咨询和技术服务；投资与资产管理；文化交流。
受同一最终控制方控制	中国投融资担保股份有限公司	段文务	北京市海淀区西三环北路100号北京金玉大厦写字楼9层	45	融资性担保业务：贷款担保、票据承兑担保、贸易融资担保、项目融资担保、信用证担保及其他融资性担保业务；监管部门批准的其他业务：债券担保、诉讼保全担保、投标担保、预付款担保、工程履约担保、尾付款如约偿付担保等履约担保业务，与担保业务有关的融资咨询、财务顾问等中介服务，以自有资金投资；投资及投资相关的策划、咨询；资产受托管理；经济信息咨询；人员培训；新技术、新产品的开发、生产和产品销售；仓储服务；组织、三办会议及交流活动；上述范围涉及国家专项规定管理的按有关规定办理。
股东	泰康资产管理有限责任公司	段国圣	中国（上海）自由贸易试验区张杨路828－838号26F07、F08室	10	管理运用自有资金及保险资金，受托资金管理业务，与资金管理业务相关的咨询业务，公开募集证券投资基金管理业务，国家法律法规允许的其他资产管理业务。
其他关联方	泰康人寿保险有限责任公司	陈东升	北京市昌平区科技园区科学园路21－1号（泰康中关村创新中心）1层	30	开展各类人民币、外币的人身保险业务，其中包括各类人寿保险、健康保险（不包括团体长期健康保险）、意外伤害保险等保险业务；上述业务的再保险及共保业务；开展为境内外的保险机构代理保险、检验、理赔等业务；在中国银行保险监督管理委员会批准的范围内，代理泰康在线财产保险股份有限公司的保险业务；开展保险咨询业务；依照有关法规从事资金运用业务；证券投资基金销售业务；开展经中国银行保险监督管理委员会批准的其他业务。
其他关联方	渤海银行股份有限公司	李伏安	天津市河东区海河东路218号	177.62	吸收公众存款；发放短期、中期和长期贷款 办理国内外结算；办理票据承兑与贴现；发行金融证券；代理发行、代理兑付、承销政府债券；买卖政府债券、金融债券；从事同业拆借；买卖、代理买卖外汇；结汇、售汇业务；从事银行卡业务；提供信用证服务及担保；代理收付款项及保险兼业代理；提供保管箱服务；从事衍生产品交易业务；证券投资基金托管、保险资金托管业务；证券投资基金销售业务；经国务院银行业监督管理机构批准的其他业务。
受同一最终控制方控制	天津国投津能发电有限公司	朱基伟	天津市滨海新区汉沽汉南路266号	35.81	电力、热力、海水淡化设施的开发建设、生产、供应；燃料灰渣的综合利用；旅馆住宿服务。

6.5.3 本公司与关联方的重大交易事项

6.5.3.1 固有与关联方交易情况

单位：万元

固有与关联方关联交易				
项目	期初数	借方发生额	贷方发生额	期末数
贷款	—	—	—	—
投资	75 317.99	12 015.84	7 379.33	79 954.50
租赁	—	4 002.60	4 002.60	2 816.18
担保	—	—	—	—
应收账款	—	—	—	—
其他	13 150.86	54 733.07	57 219.82	10 664.11
合计	88 468.85	70 751.51	68 601.75	90 618.61

6.5.3.2 信托与关联方交易情况

单位：万元

信托与关联方关联交易				
项目	期初数	借方发生额	贷方发生额	期末数
贷款	13 373.50	—	13 373.50	—
投资	—	—	—	—
租赁	—	—	—	—
担保	—	—	—	—
应收账款	—	—	—	—
其他	—	—	—	—
合计	13 373.50	—	13 373.50	—

6.5.3.3 信托公司自有资金运用于自己管理的信托项目（固信交易）、信托公司管理的信托项目之间的相互（信信交易）交易金额

6.5.3.3.1 固有财产与信托财产之间的交易

单位：万元

固有财产与信托财产相互交易				
项目	期初数	借方发生额	贷方发生额	期末数
合计	381 693	468 816	191 229	659 280

6.5.3.3.2 信托项目之间的交易

单位：万元

项目	期初数	本期增加	本期减少	期末数
合计	250 637.00	469 568.99	208 657.00	511 548.99

6.5.4 报告期本公司关联方逾期未偿还本公司资金及本公司为关联方担保发生或即将发生垫款的情况

无。

6.6 会计制度的披露

本公司根据实际发生的交易和事项，按照财政部颁布的《企业会计准则——基本准则》和陆续颁布的各项具体会计准则、企业会计准则应用指南、企业会计准则解释及其他相关规

定进行确认和计量，在此基础上编制财务报表。

7. 财务情况说明书

7.1 利润实现和分配情况

母公司口径：公司累计实现利润总额 139 754 万元，较上年同期增加 17 932 万元，增幅为 14.72%；实现净利润 106 194 万元，较上年同期增加 14 263 万元，增幅为 15.51%。按相关法规及公司章程提取盈余公积 10 619 万元，提取一般准备金 10 101 万元。

合并口径：公司累计实现利润总额 168 279 万元，较上年同期增加 24 654 万元，增幅为 17.17%；实现净利润 127 788 万元，较上年同期增加 19 382 万元，增幅为 17.88%。按相关法规及公司章程提取盈余公积 10 619 万元，提取一般准备金 13 995 万元。

7.2 主要财务指标

指标名称	指标值（母公司）	指标值（母子公司合并）
资本利润率（%）	13.57	13.80
加权年化信托报酬率（%）	0.58	0.58
人均净利润（万元）	449.97	275.11

7.3 对本公司财务状况、经营成果有重大影响的其他事项

报告期内无对本公司财务状况、经营成果有重大影响的其他事项。

8. 特别事项揭示

8.1 前五名股东报告期内变动情况及原因

报告期内，公司注册资本由 219 054.5454 万元增至 267 054.5454万元。本次增资中的 43 200 万元由国投资本控股有限公司出资，4 800 万元由泰康资产管理有限责任公司出资。增资后公司股东持股比例变更为：国投资本控股有限公司持股 61.29%；泰康保险集团股份有限公司持股 27.06%；泰康资产管理有限责任公司持股 3.45%；悦达资本股份有限公司持股 8.20%。

8.2 董事、监事及高级管理人员变动情况及原因

2020 年 4 月 28 日，公司 2019 年度股东会同意聘任刘德兵先生为公司董事。2020 年 11 月 4 日，刘德兵先生经北京银保监局核准任职资格后正式履职。

8.3 公司的重大未决诉讼事项

8.3.1 重大未决诉讼事项

无。

8.3.2 以前年度发生，于本报告年度内终结的诉讼事项

公司以前年度发生、报告期内终结的诉讼案件 1 件。该案发生时间为 2012 年 8 月，起诉人为沈阳万鹏投资有限责任公司，诉讼请求金额为 700 万元。该案为国投集团收购公司前遗留事项。2020 年 9 月，辽宁省高级人民法院已作出终审判决，判决公司最终承担金额为 17.65 万元（诉讼费 0.15 万元），现已履行完毕。该款项将最终由国投集团收购公司前的原股东承担。

8.4 对会计师事务所出具的有保留意见、否定意见或无法表示意见的审计报告的，公司董事会应就所涉及事项作出说明

会计师事务所出具了无保留意见审计报告。

8.5 公司及其董事、监事和高级管理人员受到处罚的情况

报告期内，公司未发现公司及其董事、监事和高级管理人员受到处罚的信息。

8.6 中国银保监会及其派出机构对公司检查后提出整改意见的，应简单说明整改情况

报告期内，北京银保监局对公司开展了关于风险管理有效性的现场检查，检查认为公司各项业务制度基本能够满足现阶段业务发展需要，重点业务领域风险管理基本有效，对公司业务和管理的个别方面提出了监管意见。公司积极落实监管要求，制定整改方案，现已完成全部整改工作。

8.7 本年度重大事项临时报告的主要内容、披露时间、所披露的媒体及其版面

公司关于增加注册资本及调整股权结构的公告于 2020 年 3 月 20 日在《证券时报》B2 版发布。

公司落实《信托公司股权管理暂行办法》等监管要求，结合董事会专业委员会设置调整等情况相应修改公司章程的公告于 2020 年 8 月 11 日在《证券时报》B6 版发布。

8.8 中国银保监会及其省级派出机构认定的其他有必要让客户及相关利益人了解的重要信息

无。

9. 公司监事会意见

报告期内，监事列席了股东会、董事会会议并发表了独立意见，对公司依法经营情况、财务情况进行了监督。公司监事会无下属委员会。

监事会认为，公司 2020 年的经营和运作，符合法律规范和监管部门的要求，完成了各项年度重点工作；公司各位董事、高级管理人员在执行公司职务时能够恪尽职守，合规经营，依法管理，围绕股东会确定的年度目标审慎经营、规范运作，各项决策程序合法有效；依据信永中和会计师事务所 2021 年 3 月 22 日发布的编号为 XYZH/2021BJAB10029、XYZH/2021BJAB10043 的审计报告，公司财务报告客观真实地反映了公司财务状况及经营成果。依据公司的内部审计报告，未发现公司存在违法、违规和损害股东、投资者利益的行为，也未发现公司因违法、违规给公司自

身和客户财产造成损失的问题。

10. 公司履行社会责任情况

作为中央企业控股的信托公司和中国信托业协会理事单位，公司始终秉承“有道而正、信则人任”的核心价值观，以务实的精神、稳健的作风及细致的服务，为客户、员工、股东及社会创造最大价值。公司严格遵守国家法律法规、监管部门规章、规范性文件及《信托公司社会责任公约》、公司章程的规定，依法合规稳健经营，所有主动管理产品均实现平稳运行，树立了良好的社会形象，2020 年荣获“优秀财富管理品牌”“十佳财富管理创新奖”“金牌服务力金融机构”“‘诚信托’管理团队奖”“中国房地产信托综合能力 TOP10”等多个重量级奖项。

公司积极履行社会责任，主动投身公益慈善事业。通过参与中国信托业协会慈善信托、组织党员捐赠等形式累计捐款约 60 万元，助力新冠肺炎疫情防控。积极助力脱贫攻坚，开展消费扶贫，全年累计“以购代捐”25.51 万元；通过集团公益捐赠平台为贫困学生捐款，公司党员参与率 100%。

公司持续开展公益慈善信托业务。2020 年成立“国投泰康信托 2020 年国投教育 1 号慈善信托”，首期规模为 160 万元，用于在甘肃省合水县、甘肃省宁县、贵州省平塘县、贵州省罗甸县等地修建教室、配备电子科技设备、强化师资力量和完善教育课程体系。此外，公司仍有 3 单慈善信托存续运作，其中“国投泰康信托·2018 甘肃临洮产业扶贫慈善信托”继续支持甘肃临洮县扶贫开发；“国投泰康信托 2016 年国投慈善 1 号慈善信托”2020 年支出 993 万元，支持贵州平塘县产业帮扶、教育资助、技能培训、消费扶贫等定点帮扶项目；“国投泰康信托 2017 年真爱梦想 2 号教育慈善信托”继续支持“梦想力”基础研究项目。

在经营过程中，公司高度重视利益相关方的权益保护工作，高度注重风险管控，依照诚实、信用、谨慎、有效的原则，审慎管理信托资产，切实维护客户权益，2020 年到期项目全部顺利清算，未出现兑付风险，存续项目运转良好，为客户投资理财的安全性、稳定性提供了必要保障。公司不断健全客户服务体系，以实际行动践行“普惠金融”的理念；公司高度重视客户投诉，持续完善客户投诉受理机制，客户投诉得到妥善处理；公司重视和保护员工合法权益，定期组织职业培训与相关技能培训，关心员工成长；公司按照监管部门要求，积极有效开展反洗钱、治理商业贿赂、案件防控和消费者权益保护工作，为维护社会安定和金融秩序作出努力。

杭州工商信托股份有限公司

1. 重要提示

1.1 本报告根据中国银行保险监督管理委员会的有关规定编制。本公司董事会及董事保证本报告所载资料不存在任何虚假记载、误导性陈述或者重大遗漏，并对其内容的真实性、准确性和完整性承担个别及连带责任。本年度报告摘要摘自年度报告全文，客户及相关利益人欲了解详细内容，应阅读年度报告全文。

1.2 独立董事梅建平先生、竺福江先生、苏显泽先生认为本年度报告内容是真实、准确、完整的。

1.3 公司总裁江龙先生、主管会计工作负责人康波女士及会计主管人员吴庆元先生声明：保证年度报告中财务会计报告的真实、完整。

2. 公司概况

2.1 公司简介

2.1.1 公司法定中文名称：杭州工商信托股份有限公司
公司法定英文名称：Hangzhou Industrial & Commercial Trust Co.，Ltd.

2.1.2 法定代表人：虞利明

2.1.3 注册地址：浙江省杭州市江干区迪凯国际中心3801室、4101室、裙房4楼

2.1.4 邮政编码：310016

2.1.5 公司国际互联网网址：www.hztrust.com

2.1.6 电子信箱：hztrust@hztrust.com

2.1.7 信息披露事务负责人：张锐
联系电话/传真：0571-87213936
电子信箱：zhangrui@hztrust.com

2.1.8 公司选定的信息披露报纸名称：《证券时报》《上海证券报》《金融时报》

2.1.9 公司年度报告备置地点：浙江省杭州市江干区迪凯国际中心41层

2.1.10 公司聘请的会计师事务所名称：大华会计师事务所（特殊普通合伙）
住所：北京市海淀区西四环中路16号院7号楼1101

2.1.11 公司聘请的律师事务所名称：浙江天册律师事务所
住所：浙江省杭州市杭大路1号黄龙世纪广场A座11楼

2.2 组织结构

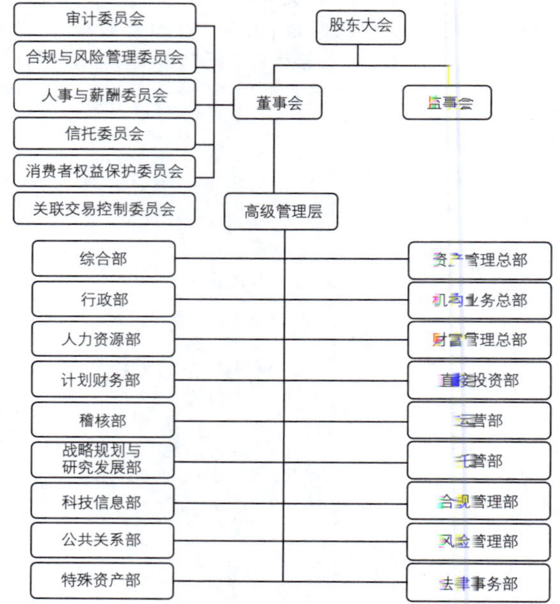

3. 公司治理

3.1 股东

3.1.1 股东情况

公司报告期末股东总数为9家，报告期间股权无变动情况。报告期末股东持股情况如下：

股东名称	股份数量（股）	持股比例（%）
杭州市金融投资集团有限公司	869 880 001.46	57.992
绿地金融投资控股集团有限公司	298 500 000.00	19.9
百大集团股份有限公司	93 937 500.00	6.2625
浙江大学控股集团有限公司	66 515 625.00	4.434375
西子电梯集团有限公司	66 515 625.00	4.434375
浙江省东联集团有限责任公司	38 135 623.54	2.542375
浙江物产元通汽车集团有限公司	28 380 001.48	1.892

续表

股东名称	股份数量(股)	持股比例(%)
浙江省冶金物资有限公司	19 067 811.76	1.2711875
浙江省盐业集团有限公司	19 067 811.76	1.2711875
总计	1 500 000 000	100

3.1.2 公司前三位股东情况

股东名称	出资比例(%)	法人代表	注册资本	注册地址	主要经营业务及主要财务情况
★杭州市金融投资集团有限公司	57.992	张锦铭	50亿元	杭州市上城区庆春路155号中财发展大厦12楼	市政府授权范围内的国有资产经营,市政府及有关部门委托经营的资产;矿产品、建材及化工厂产品、机械设备、五金产品及电子产品的批发;其他无须报经审批的一切合法项目。2020年末净资产为258.66亿元,净利润为19.53亿元(合并口径未经审计)。
绿地金融投资控股集团有限公司	19.9	耿靖	90亿元	上海市崇明县潘园公路1800号2号楼888室(上海泰和经济开发区)	金融资产投资,资产管理,投资管理,商务咨询与服务。2020年末净资产为208.77亿元,净利润为30.88亿元(合并口径)。
百大集团股份有限公司	6.2625	陈夏鑫	376 240 316元	杭州市下城区延安路546号	百货批发零售。2020年末净资产为21.58亿元,净利润为3.03亿元(合并口径)。

注:★号代表本公司最终实际控制人。

3.1.3 报告期末主要股东及其控股股东、实际控制人、关联方、一致行动人、最终受益人情况

主要股东名称	该股东的控股股东	该股东的实际控制人	一致行动人	最终受益人
杭州市金融投资集团有限公司	杭州市人民政府	杭州市人民政府	无	杭州市人民政府、浙江省财政厅
绿地金融投资控股集团有限公司	绿地数字科技有限公司	无实际控制人	无	绿地控股集团股份有限公司
百大集团股份有限公司	西子国际控股有限公司	陈桂花及其配偶王水福	西子电梯集团有限公司	陈桂花及其配偶王水福
西子电梯集团有限公司	王水福	王水福	百大集团股份有限公司	王水福、陈夏鑫

3.1.4 报告期末主要股东关联方名单

主要股东名称	关联方名单
杭州市金融投资集团有限公司	杭州工商信托股份有限公司、杭州市民卡有限公司、杭州金投资本管理有限公司、杭州市财开投资集团有限公司、杭州金投企业集团有限公司等,详见公开挂网的《杭州市金融投资集团有限公司2020年年度报告》。
绿地金融投资控股集团有限公司	绿地金融投资控股集团有限公司、绿地数字科技有限公司、绿地金创科技有限公司、绿地控股集团有限公司、绿地控股集团股份有限公司、绿地创新投资有限责任公司、绿地永续财富投资管理有限公司、大连绿地文化产权交易中心有限公司、上海绿地股权投资管理有限公司、上海绿联资本管理有限公司、上海绿地创极投资管理有限公司、上海绿臻资产管理有限公司、上海绿堃资产管理有限公司、上海绿珩投资管理有限公司、上海绿鹍信息科技有限公司、上海易涟信息技术有限公司、上海廪溢投资合伙企业(有限合伙)、北京绿锦投资有限公司、绿地教育产业投资集团有限公司、绿地金融海外投资集团有限公司、绿地国际资本有限公司、绿地资产管理有限公司、上海绿地交信投资管理有限责任公司、宁波绿珷投资管理有限公司、上海绿地弘途投资发展有限公司、上海珑樽投资管理有限公司、深圳绿琎企业管理有限公司、上海绿穗信息科技有限责任公司、贵州省绿地金融资产交易有限公司、黑龙江省金融资产交易中心有限公司、绿地融资租赁有限公司、华臻国际商业保理有限公司、苏州绿创创联投资管理中心(有限合伙)、山东省电子商务综合运营管理有限公司、深圳前海联奇在线信息技术服务有限公司、上海奉贤绿地小额贷款股份有限公司、重庆保税港区绿地小额贷款有限公司、宁波江北区绿地小额贷款有限责任公司、青岛绿地申花小额贷款有限公司、绿学产业投资有限公司、绿学资产管理有限公司、上海绿优培训学校有限公司、上海徐汇绿优托育有限公司、绿地海外集团投资有限公司、绿地联合金融投资有限公司、绿地虚拟金融股份有限公司、绿地(亚洲)证券有限公司、绿地金融财务有限公司、绿地财富(澳门)投资一人有限公司、上海绿投磐囗商务服务有限公司、上海绿地融资担保有限公司、上海绿地典当有限公司、宿州绿登商务信息咨询有限公司、上海加财投资管理有限公司、上海廪岳股权投资合伙企业(有限合伙)、上海廪荟股权投资合伙企业(有限合伙)、上海廪辉股权投资合伙企业(有限合伙)、上海廪君股权投资管理合伙企业(有限合伙)、上海廪臻投资合伙企业(有限合伙)、上海彤翼资产管理有限公司、上海茁蕴投资管理合伙企业(有限合伙)、上海绿艾投资合伙企业(有限合伙)、上海茁蓄投资管理合伙企业(有限合伙)、上海绿廪创舸投资合伙企业(有限合伙)、上海绿开投资合伙企业(有限合伙)、Oasis Bunon Limited、湖州廪信股权投资合伙企业(有限合伙)、GMT Holding、上海碧昶企业管理合伙企业(有限合伙)、绿安创兴有限公司、GEM Holding、上海绿槐企业管理合伙企业(有限合伙)、宁波廪峰投资管理合伙企业(有限合伙)、GPT Holding、苏州绿缜创业投资合伙企业(有限合伙)、上海廪蔚企业管理合伙企业(有限合伙)、上海廪泓企业管理合伙企业(有限合伙)、宿州绿玖企业管理有限公司、Greentech Tianhong Investment Holding Limited、上海廪骏企业管理合伙企业(有限合伙)、宿州绿联恒阳股权投资合伙企业(有限合伙)、宿州绿杲企业管理有限公司、哈尔滨樽升投资有限公司、Greenland(Singapore) Trust Management Pte. Ltd.、上海鹏塔网络科技有限公司、深圳市绿信科技集团有限公司、上海绿地欣业资产管理有限公司、厦门瑞为信息技术有限公司、资管通金融科技服务(宁波)有限公司、南昌虚拟现实研究院股份有限公司、苏州绿创产投投资合伙企业(有限合伙)、中金瑞德(上海)股权投资管理有限公司、中国绿地博大绿泽集团有限公司、上海森锐投资管理有限公司、广州市绿地吉客小额贷款有限责任公司、上海绿地吉客智能科技有限公司、绿地联行信息科技有限责任公司、北京绿地京城置业有限公司、北京绿地京韬房地产开发有限公司、本溪高新技术产业开发区绿地置业有限公司、河南绿地广场置业发展有限公司、河南绿地陆港置业有限公司、河南绿地新城置业有限公司、河南绿地御湖置业有限公司、昆山联合商业发展有限公司、昆山雅苑商业发展有限公司、绿地地产集团有限公司、绿地集团成都置业有限公司、绿地集团合肥紫峰置业有限公司、绿地集团南京宝地置业有限公司、绿地香港投资集团有限公司、南昌绿地申飞置业有限公司、上海翱禹资产管理有限公司、上海恺泰房地产开发有限公司、上海康宸房地产开发有限公司、上海卢湾绿地商业管理有限公司、上海绿地仓储物流有限公司、上海绿地海珀置业有限公司、绿地集团森茂园林有限公司、上海绿地嘉定置业有限公司、上海绿地建设(集团)有限公司、上海绿地建筑工程有限公司、上海绿地汽车服务(集团)有限公司、上海绿地青迈置业有限公司、上海绿地优鲜超市有限公司、上海绿鼎置业有限公司、上海市锦绿建筑工程有限公司、上海市锦绿实业发展有限公司、上海徐汇绿地商业管理有限公司、沈阳辰宇建设集团有限责任公司、沈阳顺天建设集团有限公司。

续表

主要股东名称	关联方名单
百大集团股份有限公司	西子电梯集团有限公司、西子国际控股有限公司、浙江百大置业有限公司、浙江百大酒店管理有限公司、浙江百大资产管理有限公司等，详见公开挂网的《百大集团股份有限公司2020年年度报告》。
西子电梯集团有限公司	西子联合控股有限公司、浙江西子节能服务有限公司、杭州西子富沃德电器有限公司、宁波西子海港资产管理有限公司、浙江西子商业经营管理有限公司、浙江西子重工钢构有限公司、杭州必锐经贸有限公司、浙江西子重工机械有限公司、浙江三农物流有限公司、天津西子联合有限公司、浙江方向投资有限公司、宁波西子资产管理有限公司、浙江西子电梯部件有限公司、杭州锅炉集团股份有限公司、杭州西子孚信科技有限公司、浙江西子势必锐航空工业有限公司、浙江西子工业质量技术研究院有限公司、浙江西航企业管理有限公司、杭州素春斋餐饮管理有限公司、浙江蒲惠智造科技有限公司、浙江方向融资租赁有限公司、杭州西子典当有限责任公司、浙江西子飞机部件有限公司、沈阳西子航空产业有限公司、浙江西子航空紧固件有限公司、杭州杭锅钢构有限公司、杭州起重机械有限公司、浙江西子别墅电梯制造有限公司、杭州西子农业开发有限公司、杭州市优质农产品展示展销中心有限公司、杭州临安清凉峰旅游开发有限公司、杭州新世纪设备租赁有限公司、杭州杭锅江南能源有限公司、浙江国新股权投资有限公司、杭州锅炉检测技术有限公司、杭州锅炉厂工程物资有限公司、浙江杭锅江南国际贸易有限公司、杭州杭锅电气科技有限公司、浙江西子联合工程有限公司、杭州杭锅工业锅炉有限公司、杭州西子星月产业园经营管理有限公司、杭州新世纪能源环保工程股份有限公司、浙江杭锅能源投资管理有限公司、杭州杭锅通用设备有限公司、江西乐浩综合利用电业有限公司、杭州西子机电技术学校、杭锅国际实业有限公司、浙江西子联合设备成套有限公司、浙江杭胜锅炉有限公司、杭州莱德锅炉辅机有限公司、杭州杭锅设备成套工程有限公司、杭州国荷伊泰克工程技术有限公司、杭州临安绿能环保发电有限公司、深圳市迪博能源科技有限公司、厦门西子原卉能源投资有限公司、杭州西子轨道交通设备有限公司、杭州西子智能停车股份有限公司、杭州西子停车产业有限公司、杭州西子智能工程有限公司、杭州泊锦科技有限公司、重庆西子停车场管理有限公司、北京西子停车管理有限公司、杭州尚诚西子停车场管理有限公司、上海西子停车管理有限公司、西子联合控股有限公司澳大利亚发中心有限公司、宁波市西腾停车管理有限公司、台州蒲惠智造科技有限公司、金华蒲惠智造科技有限公司、嵊州蒲惠智造科技有限公司、绍兴蒲惠智造科技有限公司、嘉兴蒲惠智造科技有限公司、永嘉蒲惠智造科技有限公司、新西奥电梯集团有限公司、上海西子投资控股有限公司、上海西子电梯有限公司、上海莘伦投资有限公司、上海西子联合实业有限公司、上海西子联合投资有限公司、上海绿西物业管理有限公司、奥的斯机电电梯（上海）有限公司、南通金管家物业管理有限公司、浙江大学创新技术研究院有限公司、浙江绿城新兴置业有限公司、浙江绿西房地产集团有限公司、浙江华瑞航空制造有限公司、杭州绿城墅园置业有限公司、杭州紫元绿西房地产有限公司、奥的斯机电电梯有限公司、浙江西子绿城房地产集团有限公司、杭州临宜房地产开发有限公司、杭州艺高景观工程有限公司、杭州经济技术开发区邻里商贸有限公司、杭州御园置业有限公司、杭州西奥电梯现代化更新有限公司、新华园房产集团有限公司、杭州昂璨机电设备有限公司、杭州笕桥商会实业有限公司、杭州西子投资担保有限公司、杭州西奥电梯安装服务有限公司、杭州全程商业零售有限公司、杭州守峰建设管理有限公司、杭州优迈科技有限公司、杭州沁都置业有限公司、杭州斯沃德电梯有限公司、杭州西奥投资控股有限公司、杭州大奇山教育管理咨询有限公司、杭州大奇山郡实业有限公司、桐庐大奇山郡置业有限公司、桐庐大奇山郡酒店有限公司、桐庐大奇山郡运动休闲有限公司、莱茵达（桐庐）体育发展有限公司、桐庐大奇山郡旅游开发有限公司、杭州江悦郡置业有限公司、西子电梯科技有限公司、杭州临安西子房地产开发有限公司、浙江西子富沃德电机有限公司、杭州临安西园酒店管理有限公司、杭州西子富沃德精密机械有限公司、宁波铸英投资合伙企业（有限合伙）、宁波西子太平洋置业有限公司、宁波绿新物业管理有限公司、宁波西子太平洋百货有限公司、宁海西子国际大酒店有限公司、诸暨祥生景辉置业有限公司、浙江新西奥资产管理有限公司、浙江新西奥典当有限公司、九江市跨贸小镇建设有限公司、郑州西奥电梯现代化更新有限公司、广州西奥电梯安装工程有限公司、奥的斯机电电梯（重庆）有限公司、速捷电梯有限公司、成都西子孚信科技有限公司、西子国际控股有限公司、浙江绿西物业管理有限公司、宁波铸石投资管理有限公司、杭州余杭西子置业有限公司、杭州西子电梯工程有限公司、杭州西奥电梯有限公司、宁波西子太平洋商业管理有限公司、百大集团股份有限公司、浙江百大置业有限公司、浙江百大酒店管理有限公司、百大物服（杭州）物业服务有限责任公司、浙江百大资产管理有限公司、杭州百大置业有限公司、温州蒲惠智造科技有限公司、诸暨驻云智造科技有限公司、奥的斯机电科技有限公司、浙江优迈智慧科技有限公司、浙江杭锅能源装备有限公司、杭州新能固废能源科技有限公司、桐庐新固源环保科技有限公司、杭州佰粹网络科技有限公司、上海翀宜实业有限公司。

报告期内，公司股东无出质公司股权情况。

3.2 董事

董事长、董事

姓名	职务	性别	年龄（岁）	选任日期	所推举的股东名称	该股东持股比例（%）	简要履历
虞利明	董事长	男	54	2017 年 10 月（换届连任）	杭州市金融投资集团有限公司	57.992	曾任交通银行杭州分行党委委员、副行长，杭州市投资控股有限公司董事长、总经理；现任杭州市金融投资集团有限公司党委副书记、副董事长、总经理。
徐云鹤	董事	男	57	2017 年 10 月（换届连任）	杭州市金融投资集团有限公司	57.992	曾任杭州市投资控股有限公司投资发展部经理，董事、副总经理；现任杭州市金融投资集团有限公司党委委员、董事、副总经理。
丁建萍	董事	男	55	2017 年 10 月（换届连任）	杭州市金融投资集团有限公司	57.992	曾任海南万通集团有限公司咨讯事业部总经理，新加坡大洋企业有限公司副总经理，杭州市投资控股有限公司投资发展部经理，杭州工商信托股份有限公司执行总经理和总裁；现任聚光科技（杭州）股份有限公司董事长，杭州前岩企业管理咨询有限公司总经理，杭州工商信托股份有限公司首席顾问。
江龙	董事	男	46	2018 年 10 月（股东大会选举）2018 年 12 月（监管机构核准）	杭州市金融投资集团有限公司	57.992	曾任杭州工商信托股份有限公司证券营业部电脑部、科技部主管、投资银行部信托经理、市场开发部客户经理、金融信托部副总经理、结构融资部负责人、结构融资部总经理、资产管理总监、副总裁；现任杭州工商信托股份有限公司总裁。
朱虹	董事	女	53	2017 年 10 月（换届连任）	绿地金融投资控股集团有限公司	19.9	曾任职于中国人民银行上海分行金融机构管理处和稽核处，里昂证券上海办事处首席代表，汉宇资本（亚洲）有限公司董事总经理，蓝涛亚洲及上海蓝涛投资咨询有限公司董事总经理；现任绿地金融投资控股集团有限公司执行副总裁。

续表

姓　名	职　务	性别	年龄（岁）	选任日期	所推举的股东名称	该股东持股比例（%）	简要履历
施征宇	董事	男	48	2017 年 10 月（换届选举）2018 年 2 月（监管机构核准）	绿地金融投资控股集团有限公司	19.9	曾任中国农业银行上海市分行房地产金融部总经理；现任绿地金融投资控股集团有限公司副总经理。

独立董事

姓　名	所在单位及职务	性别	年龄（岁）	选任日期	所推举的股东名称	该股东持股比例（%）	简要履历
金雪军	浙江大学教授	男	62	2017 年 10 月（换届连任）	各股东协商提名	100	曾任浙江大学金融研究所所长，浙江大学外经贸学院副院长兼经济与金融系主任，浙大经济学院副院长兼金融系主任、金融学院院长；现任浙江省特级专家、浙江大学求是特聘教授，国务院政府特殊津贴专家，金融学博导，浙大资产管理研究中心主任，省政府咨询委员，杭州市政府参事，中国金融学会常务理事，省监察委特约监察员，浙江大学金融研究院学术委员会主任等。
梅建平	长江商学院副院长、教授	男	60	2017 年 10 月（换届选举）2017 年 12 月（监管机构核准）	各股东协商提名	100	曾任纽约大学金融学副教授，芝加哥大学访问副教授，清华大学特聘教授；现任长江商学院副院长、金融学教授，长江房地产研究中心主任，沃顿金融机构研究中心学者。
竺福江	杭州民生医药控股集团董事长、总裁；杭州民生药业党委书记、董事长；浙江浙商健投资产管理有限公司董事长	男	64	2017 年 10 月（换届选举）2018 年 2 月（监管机构核准）	各股东协商提名	100	曾任杭州民生药厂车间副主任、厂工会主席、党委副书记、书记、副董事长，杭州民生药业集团公司董事长、总经理、党委书记，杭州赛诺菲圣德拉堡民生制药有限公司董事长，杭州民生集团有限公司董事长、总裁；现任杭州民生医药控股集团董事长、总裁，杭州民生药业党委书记、董事长；浙江浙商健投资产管理有限公司董事长。

3.3　监事

监事会成员

姓　名	职　务	性别	年龄（岁）	选任日期	所推举的股东名称	该股东持股比例（%）	简要履历
董振东	监事会主席	男	45	2017 年 10 月（换届选举）	各股东协商提名	100	曾先后供职于中国银行江苏省分行、新利软件股份有限公司、浙江国信创业投资有限公司、杭州锅炉集团股份有限公司、西子电梯集团有限公司、百大集团股份有限公司；现任百大集团股份有限公司执行副总经理、董事，兼任宁波铸石投资管理有限公司执行董事、杭州西子智能停车股份有限公司董事、浙江红土创业投资有限公司董事。
沈卫勤	监事	女	50	2017 年 10 月（换届选举）	各股东协商提名	100	曾先后供职于杭州市财税局、浙江东方会计事务所、杭州市财开投资集团、杭州市金融投资集团有限公司、杭州金投融资租赁有限公司；现任杭州市金融投资集团有限公司财务管理部（资金管理部）总经理。
石　峰	监事	男	42	2017 年 10 月（换届连任）	职工监事	—	曾先后供职于浙江天名律师事务所、浙江浙元律师事务所、杭州工商信托股份有限公司合规与风险管理部；现任杭州工商信托股份有限公司法律事务部副总经理（主持工作）。

3.4　高级管理人员

姓　名	职　务	性别	年龄（岁）	选任日期	金融从业年限（年）	学历学位	专业
江　龙	总裁	男	46	2018 年 9 月（资产管理总监，代行总裁职权）2018 年 12 月（副总裁，代行总裁职权）2019 年 3 月（总裁）	26	硕士	金融学；工商管理
张　锐	副总裁	男	59	2017 年 11 月（行政总监，换届连任）2018 年 12 月（副总裁）	40	大学	经济管理

续表

姓 名	职 务	性别	年龄（岁）	选任日期	金融从业年限（年）	学历学位	专业
汪 勇	副总裁	男	48	2017 年 11 月（投资运营总监，换届连任） 2018 年 12 月（副总裁）	25	大学	会计学
马晓涛	副总裁	男	51	2017 年 11 月（风险管理总监，换届连任） 2018 年 12 月（副总裁）	33	硕士	工商管理
康波	首席财务官	女	56	2017 年 11 月（财务总监，换届连任） 2018 年 12 月（副总裁） 2020 年 3 月（首席财务官）	37	大学	经济管理

3.5 公司员工

报告期内，职工人数为 225 人；平均年龄为 34.68 岁。

学历分布比率

学历	人数（人）	学历分布比例（%）
博士	1	0.4
硕士	114	50.7
本科	99	44.0
专科	9	4.0
其他	2	0.9

4. 经营管理

4.1 经营目标、经营方针、战略规划

4.1.1 经营目标

公司的经营目标是以支持实体经济高质量发展和满足人民美好生活需要为己任，回归信托本源，充分发挥和利用信托的制度与功能优势，打造优秀的专业化团队，为客户提供个性化、高质效的金融产品和服务，打造国内领先、专业特色鲜明、服务品质卓越的综合金融服务商。

4.1.2 经营方针

公司坚守受托人定位，坚持“专业、精致、恒久”的经营理念，坚持“有所为、有所不为”的发展思路，坚持“投资化、中长期化、基金化、产品化”的业务导向，创新服务模式，推进业务转型，构建高效的运营体系和完善的内控体系，合规经营、稳健发展。

4.1.3 战略规划

公司通过机制赋能、专业赋能、品牌赋能和科技赋能，提升全面风险管理能力、专业化资产管理能力、综合化管理服务能力和高效运营能力，推动业务模式转型、收入模式转型、服务领域转型和客户结构转型，实现文化理念升级、服务能力升级、风控能力升级和管理能力升级。

公司促进资产管理与财富管理融合发展，推动服务信托创新发展。在资产管理领域，充分发挥信托投融资兼备优势，注重金融能力与行业能力相结合，关注经济增长的新领域，加大对传统产业升级和新兴产业发展的支持力度；在财富管理领域，坚持以客户为中心，完善产品供给，提升配置能力，为客户提供一站式财富解决方案；在服务信托领域，围绕信托制度的功能优势开展业务创新，发挥受托管理的核心价值。加强资本规划与管理，优化固有业务布局和固有资产结构，实现固有业务与信托业务的相互促进和协同发展。

4.2 所经营业务的主要内容

4.2.1 经营业务、品种

公司业务主要分为信托业务和固有财产管理两大类。公司目前的信托业务主要包括：（1）以创设和管理优质资产为目标的资产管理业务；（2）以客户需求为驱动的财富管理业务；（3）以受托管理为核心的服务信托业务；（4）体现社会责任的慈善信托。

公司目前信托业务品种主要有单一资金信托、集合资金信托、财产权信托。按运用方式分有投资类信托、融资类信托、组合投资管理类信托。

4.2.2 资产组合与分布

自营资产运用与分布表

资产运用	金额（万元）	占比（%）	资产分布	金额（万元）	占比（%）
货币资产	5 007	0.91	基础产业	—	—
贷款及应收款	55 604	10.07	房地产业	14 7[illegible]0	2.66
交易性金融资产投资	74 572	13.50	证券市场	2[illegible]4	0.04
可供出售金融资产投资	365 177	66.11	实业	22 2[illegible]0	4.03
持有至到期投资	4 844	0.88	金融机构	416 2[illegible]1	75.37
长期股权投资	5 000	0.90	其他	93 8[illegible]8	17.90
其他	42 149	7.63			
资产总计	552 353	100.00	资产总计	552 353	100.00

信托资产运用与分布表

资产运用	金额（万元）	占比（%）	资产分布	金额（万元）	占比（%）
货币资产	142 225	3.29	基础产业	3[illegible]6 000	8.23
贷款	966 190	22.34	房地产	2 6[illegible]8 018	62.14
交易性金融资产投资	—	—	证券市场	2[illegible]0 153	4.86
可供出售金融资产投资	681 911	15.76	实业	1[illegible]5 019	4.05
持有至到期投资	—	—	金融机构	500 198	11.56
长期股权投资	407 113	9.41	其他	396 224	9.16
其他	2 128 173	49.20			
信托资产总计	4 325 612	100.00	信托资产总计	4 325 612	100.00

4.3 市场分析

4.3.1 有利因素

随着我国向高质量发展阶段迈进，经济保持长期向好态势，双循环新发展格局的构建和供给侧、需求侧改革进一步释

放了市场主体活力，资源和要素的重新组合蕴藏着广阔的业务机会和空间，居民日益增长的财富带来了更加多元化、个性化的金融服务需求。

信托行业制度和监管框架的不断完善，为信托公司的定位和业务转型提出了明确的方向，也为行业发展建立了新的准则和规范。监管部门积极推动信托文化建设，引导信托公司完善公司治理，鼓励开展信托本源业务，助推信托公司提质增效、稳健经营，信托行业逐步走向高质量发展阶段。

公司长期坚持“专业、精致、恒久”的经营理念，贯彻“投资化、中长期化、基金化、产品化”的业务发展理念，聚焦公司自身资源禀赋及业务基础，注重金融能力与行业能力的共同发展，形成了以主动管理为主导的业务特色。2020 年公司加快转型步伐，资本市场业务布局取得初步成果，家族信托业务不断创新，高端财富专户产品迭代升级，核心竞争力打造取得新的突破。

4.3.2 不利因素

在新冠肺炎疫情背景下，宏观经济面临持续压力和扰动，金融市场波动加剧，诸多因素叠加使金融体系风险加速积聚和暴露，对信托公司风险管理提出了更高的要求。

信托行业处于转型发展的关键时期，监管压降具有影子银行特征的信托融资业务，信托业管理资产总规模持续收缩，以非标融资为主的业务模式和以利差收入为主的盈利方式难以为继，转型“阵痛”在短期内对信托公司经营形成一定冲击。信托公司需顺应宏观经济和金融发展的新形势，弘扬信托文化建设，助力全行业提质增效，实现高质量发展。

4.4 内部控制

公司建立了完善的内部治理架构，以及清晰的内部控制目标和原则，经营管理层牢固树立了内控优先的风险管理理念，公司前台、中台、后台职责明确，操作独立、运行顺畅。公司根据《中华人民共和国信托法》《信托公司管理办法》等相关法律法规的要求，建立了一整套顺应公司业务发展、符合监管政策的内部控制制度体系，公司现行内控制度渗透到公司的各项业务过程和各个操作环节，基本覆盖所有的部门和岗位，基本形成对风险进行事前防范、事中控制、事后监督和纠正的内控机制，体现了较好的完整性、合理性和有效性，在控制金融风险方面起到了积极的作用，并根据监管要求和经营管理发展需要，适时新增或修订内部控制制度。公司建立了上传下达、下情上达的充分、合理的信息沟通制度，通过多种渠道获取各类信息。公司内部监督分为日常监督和专项监督，合规管理部、风险管理部和稽核部职能分离、职责分明、协同合作，成为公司合规风险的前后道防线，并能组织落实公司的合规风险评估，整个控制活动措施到位，帮助公司降低和规避各类风险，通过后续纠正和改进达到合规和降低风险的目的，提升了公司业务发展和管理水平。

4.5 风险管理概况

公司在经营活动中所面临的风险主要包括信用风险、市场风险、操作风险及其他各类风险。针对不同类型的风险，公司在确保尽职调查工作质量的基础上严格控制项目和合作方的准入，有效控制集中度，强化项目期间管理和风险预警以防范信用风险；加强对宏观经济形势和行业特征的研究，通过适时调整策略和优化升级业务结构以防范市场风险；严格执行并不断补充和完善各项经营管理制度，通过问责和考核机制提高制度执行力和有效性，优化和提升系统支持功能，以防范操作风险；积极关注并认真研究国家法律法规政策，聘请专业法律顾问机构，持续完善法律、合规工作机制，以防范法律风险、合规风险及其他风险。

报告期内，公司深入贯彻执行国家政策、法规及监管要求，持续强化公司风险管理体系建设，建立健全风险管理长效机制，不断规范和完善公司制度体系并提高制度执行力，不断完善合规风险管理，通过日常事项管理、现场检查、风险排查等方式落实项目后期管理及各项风险控制措施。目前公司经营正常，报告期内到期产品均正常完成信托财产的清算工作；就个别项目存在的风险，公司积极推进处置工作，主动化解风险，保障信托财产权益。

5. 报告期末及上一年度末的比较式会计报表

5.1 自营资产

5.1.1 会计师事务所审计结论

大华会计师事务所（特殊普通合伙）出具了标准无保留审计意见。

5.1.2 资产负债表

资产负债表（母公司）

编制单位：杭州工商信托股份有限公司　　2020 年 12 月 31 日　　单位：万元

资　产	期末余额	年初余额	负债和所有者权益（或股东权益）	期末余额	年初余额
资产：			负债：		
现金及存放中央银行款项	1	1	向中央银行借款	—	—
存放同业款项	5 005	1 862	同业及其他金融机构存放款项	—	—
贵金属	—	—	拆入资产	—	—
拆出资金	—	—	交易性金融负债	—	—
交易性金融资产	74 572	—	衍生金融负债	—	—
衍生金融资产	—	—	卖出回购金融资产款	—	—
买入返售金融资产	—	—	吸收存款	—	—
应收利息	856	1 806	应付职工薪酬	2 893	3 130

续表

资　　产	期末余额	年初余额	负债和所有者权益（或股东权益）	期末余额	年初余额
发放贷款和垫款	55 604	83 878	应交税费	35 299	20 804
可供出售金融资产	365 177	371 957	应付利息	—	—
持有至到期投资	4 845	—	预计负债	—	—
长期股权投资	5 000	5 000	应付债券	—	—
投资性房地产	999	1 097	递延所得税负债	—	—
固定资产	351	295	其他负债	42 130	47 565
无形资产	1 816	1 251	负债合计	80 322	71 499
递延所得税资产	10 829	7 617	股东权益:		
其他资产	27 298	25 203	股本	150 000	150 000
			资本公积	334	334
			减:库存股	—	—
			其他综合收益	4 925	5 170
			盈余公积	49 972	43 791
			一般风险准备	33 281	30 145
			未分配利润	233 519	199 028
			股东权益	472 031	428 468
资产总计	552 353	499 967	负债和股东权益总计	552 353	499 967

企业负责人:虞利明　　　　财务负责人:康　波　　　　制表:侯　硕

资产负债表（合并报表）

编制单位:杭州工商信托股份有限公司　　　　2020 年 12 月 31 日　　　　单位:万元

资　　产	期末余额	年初余额	负债和所有者权益（或股东权益）	期末余额	年初余额
资产:			负债:		
现金及存放中央银行款项	1	1	向中央银行借款	—	—
存放同业款项	5 324	1 888	同业及其他金融机构存放款项	—	—
贵金属	—	—	拆入资产	—	—
拆出资金	—	—	交易性金融负债	2 065	—
交易性金融资产	76 470	—	衍生金融负债	—	—
衍生金融资产	—	—	卖出回购金融资产款	—	—
买入返售金融资产	—	—	吸收存款	—	—
应收利息	856	1 806	应付职工薪酬	2 896	3 135
发放贷款和垫款	55 604	83 878	应交税费	35 421	20 912
可供出售金融资产	390 426	394 598	应付利息	—	—
持有至到期投资	4 845	—	预计负债	—	—
长期股权投资	2 152	1 209	应付债券	—	—
投资性房地产	999	1 097	递延所得税负债	142	126
固定资产	351	296	其他负债	46 492	51 924
无形资产	1 816	1 251	负债合计	87 016	76 097
递延所得税资产	10 829	7 617	股东权益:		
其他资产	26 225	25 497	股本	150 000	50 000
			资本公积	334	334
			减:库存股	—	—
			其他综合收益	5 349	5 547
			盈余公积	49 972	43 791
			一般风险准备	33 281	30 145
			未分配利润	249 946	[illegible]13 224
			股东权益	488 882	[illegible]43 041
资产总计	575 898	519 138	负债和股东权益总计	575 898	[illegible]19 138

企业负责人:虞利明　　　　财务负责人:康　波　　　　制表:侯　硕

5.1.3 利润表

利润表(母公司)

编制单位:杭州工商信托股份有限公司 2020 年度 单位:万元

项　　目	本期累计金额	上期累计金额
一、营业收入	111 043	107 793
利息净收入	9 450	7 756
利息收入	9 583	8 824
利息支出	133	1 068
手续费及佣金净收入	84 466	72 577
手续费及佣金收入	84 466	72 577
手续费及佣金支出	—	—
投资收益(损失以“-”号填列)	25 091	27 254
其中:对联营企业和合营企业的投资收益	—	—
公允价值变动收益(损失以“-”号填列)	-8 286	—
汇兑收益(损失以“-”号填列)	—	—
其他业务收入	185	183
资产处置收益	9	10
其他收益	128	13
二、营业支出	28 875	28 268
税金及附加	708	592
业务及管理费	28 093	26 845
资产减值损失	-26	732
其他业务成本	100	99
三、营业利润(亏损以“-”号填列)	82 168	79 525
加:营业外收入	331	—
减:营业外支出	115	83
四、利润总额(亏损总额以“-”号填列)	82 384	79 442
减:所得税费用	20 576	19 644
五、净利润(净亏损以“-”号填列)	61 808	59 798
六、每股收益:		
(一)基本每股收益	0.41	0.40
(二)稀释每股收益	0.41	0.40

企业负责人:虞利明 财务负责人:康　波 制表:侯　硕

利润表(合并报表)

编制单位:杭州工商信托股份有限公司 2020 年度 单位:万元

项　　目	本期累计金额	上期累计金额
一、营业收入	114 043	113 329
利息净收入	9 013	7 756
利息收入	10 589	8 824
利息支出	1 576	1 068
手续费及佣金净收入	83 413	72 939
手续费及佣金收入	83 413	72 939
手续费及佣金支出	—	—
投资收益(损失以“-”号填列)	29 495	32 343
其中:对联营企业和合营企业的投资收益	1 425	328
公允价值变动收益(损失以“-”号填列)	-8 286	—
汇兑收益(损失以“-”号填列)	—	—
其他业务收入	270	268
资产处置收益	9	10
其他收益	129	13
二、营业支出	29 311	28 738
税金及附加	715	597
业务及管理费	28 522	27 299
资产减值损失	-26	743
其他业务成本	100	99
三、营业利润(亏损以“-”号填列)	84 732	84 591
加:营业外收入	417	201
减:营业外支出	115	82
四、利润总额(亏损总额以“-”号填列)	85 034	84 710
减:所得税费用	20 995	20 879
五、净利润(净亏损以“-”号填列)	64 039	63 831
六、每股收益:		
(一)基本每股收益	0.43	0.43
(二)稀释每股收益	0.43	0.43

企业负责人:虞利明 财务负责人:康　波 制表:侯　硕

5.1.4 股东权益变动表

股东权益变动表(母公司)

编制单位:杭州工商信托股份有限公司 2020 年 12 月 31 日 单位:万元

项目	股本	资本公积	其他综合收益	盈余公积	一般风险准备	信托赔偿准备	未分配利润	股东权益
一、2019 年 12 月 31 日	150 000	334	5 170	43 791	7 758	22 387	199 028	428 468
二、2020 年 1 月 1 日余额	150 000	334	5 170	43 791	7 758	22 387	199 028	428 468
三、本年增减变动金额	—	—	—	—	—	—	—	—
(一)净利润	—	—	—	—	—	—	61 808	61 808
(二)其他综合收益	—	—	-245	—	—	—	—	-245
(一)和(二)小计	—	—	-245	—	—	—	61 808	61 563
(三)股东投入和减少资本	—	—	—	—	—	—	—	—
(四)利润分配	—	—	—	—	—	—	—	—
1. 提取盈余公积	—	—	—	6 181	—	—	-6 181	—

续表

项目	股本	资本公积	其他综合收益	盈余公积	一般风险准备	信托赔偿准备	未分配利润	股东权益
2. 提取一般风险准备	—	—	—	—	45	—	-45	—
3. 提取信托赔偿准备	—	—	—	—	—	3 091	-3 091	—
4. 对股东的分配	—	—	—	—	—	—	-18 000	-18 000
（五）股东权益内部结转	—	—	—	—	—	—	—	—
四、2020 年 12 月 31 日余额	150 000	334	4 925	49 972	7 803	25 478	233 519	472 031

企业负责人：虞利明　　财务负责人：康　波　　制表：侯　硕

股东权益变动表（母公司）（续）

编制单位：杭州工商信托股份有限公司　　2019 年 12 月 31 日　　单位：万元

项目	股本	资本公积	其他综合收益	盈余公积	一般风险准备	信托赔偿准备	未分配利润	股东权益
一、2018 年 12 月 31 日	150 000	334	4 970	37 811	7 554	19 397	176 904	396 970
二、2019 年 1 月 1 日余额	150 000	334	4 970	37 811	7 554	19 397	176 904	396 970
三、本年增减变动金额	—	—	—	—	—	—	—	—
（一）净利润	—	—	—	—	—	—	59 798	59 798
（二）其他综合收益	—	—	200	—	—	—	—	200
（一）和（二）小计	—	—	200	—	—	—	59 798	59 998
（三）股东投入和减少资本	—	—	—	—	—	—	—	—
（四）利润分配	—	—	—	—	—	—	—	—
1. 提取盈余公积	—	—	—	5 980	—	—	-5 980	—
2. 提取一般风险准备	—	—	—	—	204	—	-204	—
3. 提取信托赔偿准备	—	—	—	—	—	2 990	-2 990	—
4. 对股东的分配	—	—	—	—	—	—	-28 500	-28 500
（五）股东权益内部结转	—	—	—	—	—	—	—	—
四、2019 年 12 月 31 日余额	150 000	334	5 170	43 791	7 758	22 387	199 028	428 468

企业负责人：虞利明　　财务负责人：康　波　　制表：侯　硕

股东权益变动表（合并报表）

编制单位：杭州工商信托股份有限公司　　2020 年 12 月 31 日　　单位：万元

项目	归属于母公司股东权益							少数股东权益	股东权益合计
	股本	资本公积	其他综合收益	盈余公积	一般风险准备	信托赔偿准备	未分配利润		
一、2019 年 12 月 31 日	150 000	334	5 547	43 791	7 758	22 387	213 224	—	443 041
二、2020 年 1 月 1 日余额	150 000	334	5 547	43 791	7 758	22 387	213 224	—	443 041
三、本年增减变动金额	—	—	—	—	—	—	—	—	—
（一）净利润	—	—	—	—	—	—	64 039	—	64 039
（二）其他综合收益	—	—	-198	—	—	—	—	—	-198
（一）和（二）小计	—	—	-198	—	—	—	64 039	—	63 841
（三）股东投入和减少资本	—	—	—	—	—	—	—	—	—
（四）利润分配	—	—	—	—	—	—	—	—	—
1. 提取盈余公积	—	—	—	6 181	—	—	-6 181	—	—
2. 提取一般风险准备	—	—	—	—	45	—	-45	—	—
3. 提取信托赔偿准备	—	—	—	—	—	3 091	-3 091	—	—
4. 对股东的分配	—	—	—	—	—	—	-18 000	—	-18 000
（五）股东权益内部结转	—	—	—	—	—	—	—	—	—
四、2020 年 12 月 31 日余额	150 000	334	5 349	49 972	7 803	25 478	249 946	—	488 882

企业负责人：虞利明　　财务负责人：康　波　　制表：侯　硕

股东权益变动表(合并报表)(续)

编制单位:杭州工商信托股份有限公司　　2019 年 12 月 31 日　　单位:万元

项目	归属于母公司股东权益							少数股东权益	股东权益合计
	股本	资本公积	其他综合收益	盈余公积	一般风险准备	信托赔偿准备	未分配利润		
一、2018 年 12 月 31 日	150 000	334	5 329	37 811	7 554	19 397	187 067	—	407 492
二、2019 年 1 月 1 日余额	150 000	334	5 329	37 811	7 554	19 397	187 067	—	407 492
三、本年增减变动金额	—	—	—	—	—	—	—	—	—
(一)净利润	—	—	—	—	—	—	63 331	—	63 831
(二)其他综合收益	—	—	218	—	—	—	—	—	218
(一)和(二)小计	—	—	218	—	—	—	63 331	—	64 049
(三)股东投入和减少资本	—	—	—	—	—	—	—	—	—
(四)利润分配	—	—	—	—	—	—	—	—	—
1. 提取盈余公积	—	—	—	5 980	—	—	-5 980	—	—
2. 提取一般风险准备	—	—	—	—	204	—	-204	—	—
3. 提取信托赔偿准备	—	—	—	—	—	2 990	-2 990	—	—
4. 对股东的分配	—	—	—	—	—	—	-28 500	—	-28 500
(五)股东权益内部结转	—	—	—	—	—	—	—	—	—
四、2019 年 12 月 31 日余额	150 000	334	5 547	43 791	7 758	22 387	213 224	—	443 041

企业负责人:虞利明　　财务负责人:康　波　　制表:侯　硕

5.2 信托资产

5.2.1 信托项目资产负债汇总表

信托项目资产负债汇总表

编制单位:杭州工商信托股份有限公司　　2020 年 12 月 31 日　　单位:万元

信托资产	期初数	期末数	信托负债和信托权益	期初数	期末数
信托资产:			信托负债:		
货币资金	153 152	142 225	交易性金融负债	—	—
拆出资金	—	—	衍生金融负债	—	—
存出保证金	—	—	应付受托人报酬	37 927	36 799
以公允价值计量且其变动计入当期损益的金融资产	—	—	应付托管费	13	15
衍生金融资产	—	—	应付受益人收益	689	3 247
买入返售金融资产	52 792	22 300	应交税费	528	593
应收款项	8 955	366	应付销售服务费	—	4
发放贷款	1 333 001	966 190	其他应付款项	128 598	64 661
可供出售金融资产	338 418	681 911	其他负债	—	—
持有至到期投资	—	—	信托负债合计	167 755	105 319
长期应收款	—	—			
长期股权投资	409 722	407 113	信托权益:		
投资性房地产	—	—	实收信托	4 761 163	4 142 373
固定资产	—	—	资本公积	—	507
无形资产	—	—	外币报表折算差额	—	—
长期待摊费用	—	—	未分配利润	76 817	77 413
其他资产	2 709 695	2 105 507	信托权益合计	4 837 980	4 220 293
信托资产总计	5 005 735	4 325 612	信托负债和信托权益总计	5 005 735	4 325 612

企业负责人　虞利明　　财务负责人:康　波　　制表:陈俏敏

5.2.2 信托项目利润及利润分配汇总表

信托项目利润及利润分配汇总表

编制单位:杭州工商信托股份有限公司　　2020 年度　　单位:万元

项　目	本年累计数	上年累计数
一、营业收入	487 931	492 147
利息收入	380 466	381 067
投资收益	107 726	105 209
公允价值变动收益	−261	24
财务顾问收入	—	—
租赁收入	—	—
汇兑损益	—	—
其他收入	—	5 847
二、支出	95 028	78 334
营业税金及附加	1 879	1 838
受托人报酬	88 793	74 207
保管费	842	—
投资管理费	1	—
销售服务费	4	—
交易费用	3	—
资产减值损失	—	—
其他费用	3 506	2 289
三、信托净利润	392 903	413 813
四、其他综合收益	617	—
五、综合收益	393 520	413 813
加:期初未分配信托利润	76 817	60 692
六、可供分配的信托利润	470 337	474 505
减:本期已分配信托利润	392 924	397 688
七、期末未分配信托利润	77 413	76 817

企业负责人:虞利明　　财务负责人:康波　　制表:陈俏敏

6. 会计报表附注

6.1 简要说明报告年度会计报表编制基准、会计政策、会计估计和核算方法发生的变化

无。

6.2 或有事项说明

无。

6.3 重要资产转让及其出售的说明

无。

6.4 会计报表中重要项目的明细资料

6.4.1 披露自营资产经营情况

6.4.1.1 按信用风险五级分类结果披露信用风险资产的期初数、期末数

信用风险资产五级分类	正常类(万元)	关注类(万元)	次级类(万元)	可疑类(万元)	损失类(万元)	信用风险资产合计(万元)	不良资产合计(万元)	不良资产率(%)
期初数	452 854	36 610	—	—	—	489 464	—	—
期末数	428 678	35 310	74 572	—	—	538 560	74 572	13.85

注:不良资产合计 = 次级类 + 可疑类 + 损失类。

6.4.1.2 各项资产减值损失准备的期初数、本期计提、本期转回、本期核销、期末数,贷款的一般准备、专项准备和其他资产减值准备应分别披露

单位:万元

项目	期初数	本期计提	本期转回	本期核销	期末数
贷款损失准备	732	—	26	—	706
一般准备	—	—	—	—	—
专项准备	732	—	26	—	706
其他资产减值准备	95	—	—	—	95
可供出售金融资产减值准备	—	—	—	—	—
持有至到期投资减值准备	—	—	—	—	—
长期股权投资减值准备	—	—	—	—	—
坏账准备	—	—	—	—	—
投资性房地产减值准备	—	—	—	—	—
其他减值准备	95	—	—	—	95

6.4.1.3 自营股票投资、基金投资、债券投资、股权投资等投资业务的期初数、期末数

单位:万元

项目	自营股票	基金	债券	股权投资	其他投资	合计
期初数	251	—	—	29 610	347 0[illegible]5	376 956
期末数	244	—	4 845	33 231	411 275	449 595

6.4.1.4 按投资入股金额排序,前三名的自营长期股权投资的企业名称、占被投资企业权益的比例及投资收益情况等(从大到小顺序排列)

企业名称	占被投资企业权益的比例(%)	投资损益(万元)
浙江蓝桂资产管理有限公司	100.00	—

注:投资损益是指按照企业会计准则有关规定,核算股权投资确认损益并计入披露年度利润表的金额。

6.4.1.5 前三名的自营贷款的企业名称、占贷款总额的比例和还款情况(从大到小顺序排列)

企业名称	占贷款总额的比例(%)	还款情况
1. 银江科技集团有限公司	36.07	正常收息,未到期
2. 池州市远洲旅游发展有限公司	26.64	正常收息,未到期
3. 上海伊禾农产品科技发展股份有限公司	21.31	正常收息,未到期

6.4.1.6 表外业务的期初数、期末数,按照代理业务、担保业务和其他类型表外业务分别披露

单位:万元

表外业务	期初数	期末数
担保业务	—	—
代理业务(委托业务)	4 211	4 211
其他	—	—
合计	4 211	4 211

注:代理业务主要反映因客观原因应规范而尚未完成规范的历史遗留委托业务,包括委托贷款和委托投资。

6.4.1.7 公司当年的收入结构(母公司口径、并表口径同时披露)

收入结构	母公司口径		合并口径	
	金额(万元)	占比(%)	金额(万元)	占比(%)
手续费及佣金收入	84 466	75.75	83 413	71.88
其中:信托手续费收入	84 466	75.75	83 413	71.88
投资银行业务收入	—	—	—	—
利息收入	9 583	8.59	10 589	9.13
其他业务收入	185	0.17	270	0.23
其中:计入信托业务收入部分	—	—	—	—
投资收益	25 091	22.50	29 495	25.42
其中:股权投资收益	1 072	0.96	3 546	3.06
证券投资收益	9	0.01	9	0.01
其他投资收益	24 010	21.53	25 940	22.35
公允价值变动收益	-8 286	-7.43	-8 286	-7.14
资产处置收益	9	0.01	9	0.01
其他收益	128	0.11	129	0.11
营业外收入	331	0.30	417	0.36
收入合计	111 507	100.00	116 036	100.00

注:手续费及佣金收入、利息收入、其他业务收入、投资收益、营业外收入均应为损益表中的科目,其中手续费及佣金收入、利息收入、营业外收入为未抵减掉相应支出的全年累计实现收入数。

6.4.2 披露信托资产管理情况

6.4.2.1 信托资产的期初数、期末数

单位:万元

信托资产	期初数	期末数
集合	4 655 867	3 734 125
单一	229 868	471 487
财产权	120 000	120 000
合计	5 005 735	4 325 612

6.4.2.1.1 主动管理型信托业务的信托资产期初数、期末数,分证券投资类、股权投资类、融资类、事务管理类分别披露

单位:万元

主动管理型信托资产	期初数	期末数
证券投资类	—	15 028
股权投资类	1 838 727	1 557 137
组合投资类	1 560 138	1 003 738
融资类	1 224 516	1 152 197
事务管理类	62	80
其他投资	—	—
合计	4 623 443	3 728 180

6.4.2.1.2 被动管理型信托业务的信托资产期初数、期末数,分证券投资类、股权投资类、融资类、事务管理类分别披露

单位:万元

被动管理型信托资产	期初数	期末数
证券投资类	—	—
股权投资类	—	—
融资类	—	—
事务管理类	382 292	597 432
合计	382 292	597 432

6.4.2.2 本年度已清算结束的信托项目个数、实收信托合计金额、加权平均实际年化收益率

6.4.2.2.1 本年度已清算结束的集合类、单一类资金信托项目和财产管理类信托项目个数、实收信托合计金额、加权平均实际年化收益率

已清算结束的信托项目	项目个数(个)	实收信托合计金额(万元)	加权平均实际年化收益率(%)
集合类	37	1 540 624.63	8.91
单一类	4	65 200.00	6.13
财产管理类	—	—	—

注:1. 收益率是指信托项目清算后,给受益人赚取的实际收益水平。

2. 加权平均实际年化收益率=(信托项目1的实际年化收益率×信托项目1的实收信托+信托项目2的实际年化收益率×信托项目2的实收信托+…+信托项目n的实际年化收益率×信托项目n的实收信托)/(信托项目1的实收信托+信托项目2的实收信托+…+信托项目n的实收信托)×100%。

6.4.2.2.2 本年度已清算结束的主动管理型信托项目个数、实收信托合计金额、加权平均实际年化收益率,分证券投资类、股权投资类、融资类、事务管理类分别披露

已清算结束的信托项目	项目个数(个)	实收信托合计金额(万元)	加权平均实际年化信托报酬率(%)	加权平均实际年化收益率(%)
证券投资类	—	—	—	—
股权投资类	15	582 800.00	2.48	9.07
组合投资类	8	509 404.33	2.54	8.64
融资类	15	472 800.00	2.43	8.49
事务管理类	1	20.30	0.82	0.29

注:加权平均实际年化信托报酬率=(信托项目1的实际年化信托报酬率×信托项目1的实收信托+信托项目2的实际年化信托报酬率×信托项目2的实收信托+…+信托项目n的实际年化信托报酬率×信托项目n的实收信托)/(信托项目1的实收信托+信托项目2的实收信托+…+信托项目n的实收信托)×100%。

6.4.2.2.3 本年度已清算结束的被动管理型信托项目个数、实收信托合计金额、加权平均实际年化收益率,分证券投资类、股权投资类、融资类、事务管理类分别披露

已清算结束的信托项目	项目个数(个)	实收信托合计金额(万元)	加权平均实际年化信托报酬率(%)	加权平均实际年化收益率(%)
证券投资类	—	—	—	—
股权投资类	—	—	—	—
融资类	—	—	—	—
事务管理类	2	40 800.00	0.32	8.32

6.4.2.3 本年度新增的集合类、单一类和财产管理类信托项目个数、实收信托合计金额

新增信托项目	项目个数(个)	实收信托合计金额(万元)
集合类	44	1 630 748
单一类	24	348 898
财产管理类	—	—
新增合计	68	1 979 646
其中:主动管理型	50	1 679 330
被动管理型	18	300 316

注:本年新增信托项目指在本报告年度内累计新增的信托项目个数和金额,包含本年度新增并于本年度内结束的项目和本年度新增至报告期末仍在持续管理的信托项目。

6.4.2.4 信托业务创新成果和特色业务有关情况

公司坚守受托人定位，充分发挥和利用信托制度与功能优势，推动资产管理和财富管理协同发展，聚焦特定类别服务信托、慈善信托，以支持实体经济发展和满足人民美好生活需要为己任，持续探索开拓创新业务。(1)公司进一步提升家族信托业务服务水平，拓宽委托资产类别并尝试组合管理，形成“嘉和汇”家族信托系列，满足客户的多元化理财需求，新成立家族信托规模不断突破。(2)公司对原有“瑞德”“钱潮”高端财富专户系列产品进行提升改造，在客户需求分析、投资策略拟定、外部资产投资、信息披露规范等方面均有质的提高，为客户提供了更加优质的金融服务。(3)公司积极布局资本市场标准化信托业务，落地多单证券投资项目，推出不同策略的FOF/TOF产品、指数增强收益凭证信托产品、短期理财现金管理类产品等多个创新产品，丰富了公司的产品线，为客户提供了更加丰富的投资选择。(4)公司已获批QDII业务资格，目前正在积极申请投资额度，争取进一步拓展业务版图，满足本地金融机构和投资者的境外投资需求。

社会责任履行情况：在极不平凡的2020年，公司积极开展了抗击新冠肺炎疫情、支持复工复产、助力脱贫攻坚等多个领域的公益活动，认真践行企业的社会责任。(1)公司通过捐赠、设立慈善信托等方式，团结社会各界力量，助力打赢疫情防控阻击战。2020年1月，中国信托业协会倡议发起设立“中国信托业抗击新型肺炎慈善信托”。公司捐赠50万元认购该慈善信托，用于疫情防控、物资采购及援助医院和医护人员。2020年4月23日，在“世界读书日”当天，公司联合杭州市图书馆事业基金会成立“杭工信·温暖阅读慈善信托”。目前，该慈善信托第一期募集资金用于购买图书及电子书卡，向医务工作者、公安民警、社区工作者和志愿者等奋战在抗疫一线人员的子女送去关爱。(2)公司大力帮扶物流、餐饮、酒店等行业的相关企业有效抵御、尽快摆脱疫情的严重影响，并加强对医疗卫生事业的支持力度。2020年，公司为多家企业提供延期还本付息的金融服务，减免利息金额超过700万元，批准延期付息金额超过1000万元。根据杭州市人民政府国有资产监督管理委员会相关要求，公司对出租房产中符合减免政策的某培训学校减免2020年三个月的租金。2020年，公司累计向杭州市民卡有限公司提供超过5000万元医疗无息融资，大力帮助杭州市民在新冠肺炎疫情防控期间顺利实现就诊和药品消费，在民生领域积极践行国有企业的社会责任。(3)公司秉承可持续发展的理念，积极推动绿色金融实践。2020年公司新增2个绿色信托——“鸿利19号”和“盛世17号”集合资金信托计划，通过运用信托工具，分别助力污水处理、绿色住区等绿色产业发展。(4)公司重点扶助贫困残疾儿童、贫困女生、农村学生等特殊群体，联合社会各界力量，帮助“祖国的花朵”茁壮成长，竭力阻断贫困代际传播。2020年4月，公司联合杭州市下城区政府、贵州黎平县政府等单位设立“杭工信·山凤凰慈善信托”，针对深度贫困村的女学生，以学前夏令营、助学、奖学、就业扶持等多种形式，帮扶深度贫困家庭实现脱贫。2020年该信托计划覆盖地域偏远的双江镇25个村寨，为考入高中、大学的女学生分别给予3 000元至8 000元的奖学金，预计将惠及200余名女学生。在2020年的“世界读书日”，公司联合杭州市图书馆事业基金会成立“杭工信·温暖阅读慈善信托”，该信托募集资金用于图书馆(尤其贫困偏远地区图书馆)建设，推进全民阅读尤其是青少年阅读工作的全面发展。2020年6月，公司通过员工募集等方式向浙江省淳安县鸠坑乡中心小学捐赠图书3 000余册，建立“爱心书房”，满足全校学生的基本阅读需求。2020年10月，公司为贵州省麻江县隆昌小学捐赠阳光音乐教室，共捐赠播放设备、电声乐队设备、排练音响、排练谱架等价值5万元的音乐器材。2016年至2020年，公司通过“母亲微笑行动”援助200余个贫困的唇腭裂患儿进行免费医疗救治。自2016年在浙江省丽水市湖山乡小学发起“六一·微心愿”公益活动以来，已连续5年在儿童节为孩子们带去关怀与礼物。(5)公司不断探索新模式，创造新机制，将金融扶贫与帮扶困难群体、发展当地产业紧密结合，完善利益联结机制，增强产业“造血”动能。自2007年起，公司连续13年参与杭州市“联乡结村”帮扶活动，帮扶桐庐合村乡、建德梅城镇解决实际困难，促进低收入农户持续增收，发展当地发展特色产业，壮大村级集体经济。通过一系列帮扶项目，合村乡、梅城镇的基础设施得到明显提升，村集体经济造血功能得以增强，美丽乡村建设取得实质性突破。公司全体员工积极响应杭州市“春风行动”号召，连续20年踊跃奉献爱心，连续多年获得“杭州市‘春风行动’先进单位”等荣誉称号。

2020年公司获得中央精神文明建设指导委员会授予的“全国文明单位”称号、浙江省人民政府办公厅授予的“金融机构支持浙江经济社会发展三等奖”、金融时报社“2020中国金融机构金牌榜·年度最佳稳健成长信托公司”、证券时报社2020年度“优秀财富管理品牌”、上海证券报社“诚信托”行业文化奖、《浙商》杂志社“2020浙商最信赖金融机构”、杭州市民政局授予的“最美慈善人”等众多荣誉和奖项。

6.4.2.5 本公司履行受托人义务情况及因本公司自身责任而导致的信托资产损失情况(合计金额、原因等)

报告期内，公司坚守受托人的职责与定位，依照国家法律法规及信托合同的约定，诚实、信用、谨慎、有效地管理信托财产，严格履行受托人的义务，为受益人的最大利益处理信托事务，公平、公正地处置信托财产，未发生因为本公司自身责任而导致的信托资产损失情况。

6.5 关联方关系及其交易的披露

6.5.1 关联交易方的数量、关联交易的总金额及关联交易的定价政策等

项目	关联交易方数量	关联交易金额(万元)	定价政策
合计	1	9	市场公允价格

注："关联交易"定义应以《中华人民共和国公司法》《企业会计准则第36号——关联方披露》有关规定为准。

6.5.2 关联交易方与本公司的关系性质、关联交易方的名称、法定代表人、注册地址、注册资本及主营业务等

关系性质	关联方名称	法定代表人	注册地址	注册资本(万元)	主营业务
受同一母公司控制	杭州国际机场大厦开发有限公司	姚建惠	浙江省杭州市江干区庆春东路2-6号102室	16 000	杭州国际机场大厦开发(凭资质证书经营),自有房屋租赁。

6.5.3 本公司与关联方的重大交易事项

6.5.3.1 固有与关联方交易情况:贷款、投资、租赁、应收账款、担保、其他方式等期初汇总数、本期借方和贷方发生额汇总数、期末汇总数

单位:万元

固有与关联方关联交易				
项目	期初数	借方发生额	贷方发生额	期末数
贷款	—	—	—	—
投资	—	—	—	—
租赁	—	9	9	—
担保	—	—	—	—
应收账款	—	—	—	—
其他	—	—	—	—
合计	—	9	9	—

6.5.3.2 信托资产与关联方:贷款、投资、租赁、应收账款、担保、其他方式等期初汇总数、本期发生额汇总数、期末汇总数

单位:万元

信托与关联方关联交易				
项目	期初数	借方发生额	贷方发生额	期末数
贷款	—	—	—	—
投资	—	—	—	—
租赁	—	—	—	—
担保	—	—	—	—
应收账款	—	—	—	—
其他	—	—	—	—
合计	—	—	—	—

6.5.3.3 信托公司自有资金运用于自己管理的信托项目(固信交易)、信托公司管理的信托项目之间的相互(信信交易)交易金额,包括余额和本报告年度的发生额

6.5.3.3.1 固有财产与信托财产之间的交易金额期初汇总数、本期发生额汇总数、期末汇总数

单位:万元

固有财产与信托财产相互交易			
项目	期初数	本期发生额	期末数
合计	335 696	16 099	351 795

注:以固有资金投资公司自己管理的信托项目受益权,或购买自己管理的信托项目的信托资产均应纳入统计披露范围。

6.5.3.3.2 信托项目之间的交易金额期初汇总数、本期发生额汇总数、期末汇总数

单位:万元

信托资产与信托财产相互交易			
项目	期初数	本期发生额	期末数
合计	223 666	123 286	346 952

注:以公司受托管理的一个信托项目的资金购买自己管理的另一个信托项目的受益权或信托项下资产均应纳入统计披露范围。

6.5.4 逐笔披露关联方逾期未偿还本公司资金的详细情况及本公司为关联方担保发生或即将发生垫款的详细情况

无。

6.6 会计制度的披露

固有业务(自营业务)、信托业务:本公司执行财政部颁布的企业会计准则(包括于2014年新颁布的新的和修订的企业会计准则)及相关规定。

7. 财务情况说明书

7.1 利润实现和分配情况(母公司口径和并表口径同时披露)

(1)母公司口径:本年度实现利润总额82 384万元,所得税费用为20 576万元(其中当期所得税为23 706万元、递延所得税为-3 130万元),净利润为61 808万元,年初未分配利润为199 028万元,年末未分配利润为233 519万元。

并表口径:本年度实现利润总额85 034万元,所得税费用为20 995万元(其中当期所得税为24 125万元、递延所得税为-3 130万元),净利润为64 039万元,年初未分配利润为213 224万元,年末未分配利润为249 946万元。

(2)母公司口径:按10%提取法定盈余公积6 181万元。

并表口径:按10%提取法定盈余公积6 181万元。

(3)母公司口径:按5%提取信托赔偿准备金3 091万元。

并表口径:按5%提取信托赔偿准备金3 091万元。

(4)母公司口径:按风险资产余额的1.5%计提一般风险准备金45万元。

并表口径:按风险资产余额的1.5%计提一般风险准备金45万元。

(5)母公司口径:年末可供分配的利润为233 519万元。

并表口径:年末可供分配的利润为249 946万元。

7.2 主要财务指标(母公司口径和并表口径同时披露)

指标名称	指标值	
	母公司口径	合并口径
资本利润率(%)	13.89	13.91
加权年化信托报酬率(%)	2.48	2.48
人均净利润(万元)	289	288

注:1. 资本利润率=净利润/股东权益平均余额×100%。

2. 加权年化信托报酬率=(信托项目1的实际年化信托报酬率×信托项目1的实收信托+信托项目2的实际年化信托报酬率×信托项目2的实收信托+…+信托项目n的实际年化信托报酬率×信托项目n的实收信托)/(信托项目1的实收信托+信托项目2的实收信托+…+信托项目n的实收信托)×100%信托业务收入/实收信托平均余额×100%。

3. 人均净利润=净利润/年平均人数。

4. 平均人数采取年初、年末余额简单平均法,公式为a(平均)=(年初数+年末数)/2。

7.3 对本公司财务状况、经营成果有重大影响的其他事项

无。

8. 特别事项揭示

8.1 前五名股东报告期内变动情况及原因

无。

8.2 董事、监事及高级管理人员变动情况及原因

按照公司章程相关规定，为进一步完善公司治理结构及强化管理，公司第八届董事会第九次会议审议通过了《关于免去康波同志职务的议案》和《关于聘任康波同志为首席财务官的议案》。2020 年 3 月 11 日，中国银保监会浙江监管局出具《关于康波任职资格的批复》（浙银保监复〔2020〕126 号），核准康波同志的首席财务官任职资格。

8.3 公司的重大未决诉讼事项

报告期间，公司发生诉讼案件 1 起，为信托项目所涉且由公司作为原告，被告为信托项目所涉的交易对手。目前在法院审理阶段。

8.4 对会计师事务所出具的有保留意见、否定意见或无法表示意见的审计报告的，公司董事会应就所涉及事项作出说明

无。

8.5 公司及其董事、监事和高级管理人员受到处罚的情况

无。

8.6 中国银保监会及其派出机构对公司检查后提出整改意见的，应简单说明整改情况

2020 年 4 月，中国银保监会浙江监管局下发《2019 年度监管意见》（浙银保监发〔2020〕44 号），评价公司 2019 年坚持既定发展战略，持续推进房地产领域专业化经营和管理，多种手段化解处置风险，家族信托、慈善信托等业务也取得突破，以纾困基金等方式服务民营企业发展的成效良好，总体发展平稳。同时，指出公司在“资管新规”落实、合规与风险管理、消费者权益保护、业务创新转型等方面存在问题和不足，并提出了相应的监管要求。公司高度重视监管意见，针对监管提出的问题逐一对照梳理并制定了相应的整改方案。截至目前，监管意见所指出的问题已整改完毕。同时，公司也通过严格落实政信业务合规管理要求、稳妥推进资管新规要求的落实工作、持续做好风险防范及化解工作、切实提升合规内控管理水平、强化消费者权益保护、加快业务转型创新、积极推进信托文化建设等措施，切实提升合规管理水平，提高防范化解金融风险能力，实现公司规范经营、稳健发展。

2020 年 11 月，中国银保监会浙江监管局下发《中国银保监会浙江监管局现场检查意见书》（浙银保监检〔2020〕15 号），指出公司房地产信托业务在融资需求调查、贷款用途管控、信后跟踪管理等方面存在的问题。针对监管意见，公司积极制定相应的整改方案上报监管机构。截至目前，现场检查意见所指出的大部分问题已在第一时间内完成整改，其余事项将通过以下措施在后期业务开展和管理过程中予以持续落实和整改：在贷前调查方面，将进一步强化对于项目融资需求合理性的管控；在信后管理方面，将进一步强化信托资金用途管控、信后跟踪管理等具体要求，并在后续业务开展中予以严格落实；通过调整项目公司章程、配套文件内容等方式提高公司在项目公司治理架构层面的管控效力，并严格落实股权变更工商登记的相关要求，最大限度地保护投资人权益。

2020 年 10 月，中国银保监会浙江监管局就公司关联交易及股权管理情况进行现场检查，在关联方的甄别、关联交易的系统控制、关联交易报备细则方面提出要求与建议。针对现场检查所指出的问题均已完成整改，在后期业务开展过程中，将通过持续完善关联方甄别机制和关联交易的系统控制来确保监管意见的持续落实。

8.7 本年度重大事项临时报告的简要内容、披露时间、所披露的媒体及其版面

经公司股东大会审议通过，公司聘用的会计师事务所更换为大华会计师事务所（特殊普通合伙）。上述内容于 2020 年 11 月 7 日在《证券时报》B001 版披露。

根据《信托公司股权管理暂行办法》（中国银行保险监督管理委员会令 2020 年第 4 号）的相关规定，结合公司实际，经公司 2019 年度股东大会审议通过，对公司章程进行了相关修改，修改后的公司章程已经中国银保监会浙江监管局批复同意（浙银保监复〔2020〕726 号）。上述事项已完成工商变更登记备案，于 2020 年 11 月 26 日在《证券时报》B097 版披露。

8.8 本年度净资本管理情况

净资本管理风险控制指标表

项目	期末余额	监管标准
净资本（万元）	366 540	≥20 000
净资本/各项业务风险资本之和（%）	195.05	≥100
净资本/净资产（%）	77.65	≥40

8.9 中国银保监会及其省级派出机构认定的其他有必要让客户及相关利益人了解的重要信息

无。

9. 公司监事会意见

公司监事会认为，本报告期内，公司决策程序合法，内部控制制度较为完善，没有发现公司董事、总裁和其他高级管理人员在执行公司职务时有违法违纪或有损公司及股东利益的行为。公司财务报告真实地反映了公司的财务状况和经营成果。

湖南省财信信托有限责任公司

1. 重要提示

1.1 本公司董事会及其董事保证本报告所载资料不存在任何虚假记载、误导性陈述或者重大遗漏，并对其内容的真实性、准确性和完整性承担个别及连带责任。

1.2 未有公司董事声明对本年度报告内容的真实性、准确性、完整性存在异议。

1.3 公司独立董事张强、屈茂辉、陈长春声明：保证本年度报告内容真实、准确、完整。

1.4 公司董事长王双云、分管财务工作副总裁段湘姬声明：保证本年度报告中财务报告的真实、完整。

2. 公司概况

2.1 公司简介

湖南省财信信托有限责任公司前身为湖南省信托投资公司，成立于1985年，2002年12月4日经中国人民银行总行《关于湖南省信托投资公司重新登记的批复》（银复〔2002〕345号）核准重新登记更名为湖南省信托投资有限责任公司，2008年10月23日经中国银行业监督管理委员会《中国银监会关于湖南省信托投资有限责任公司变更公司名称和业务范围的批复》（银监复〔2008〕429号）批准同意更名为湖南省信托有限责任公司，2020年3月16日经中国银保监会湖南监管局《关于湖南省信托有限责任公司变更名称的批复》（湘银保监复〔2020〕89号）同意更名为湖南省财信信托有限责任公司。

公司目前注册资本为43.8亿元。湖南财信投资控股有限责任公司和湖南省国有投资经营有限公司分别持有96%、4%的股权。

法定名称	湖南省财信信托有限责任公司
中文缩写	财信信托
英文名称（及缩写）	Hunan Chasing Trust Co.，Ltd.（英文缩写：Hunan Chasing Trust）
法定代表人	王双云

续表

注册地址	长沙市岳麓区玉兰路433号西枢纽商务中心购物中心T3写字楼1801－1809
邮政编码	410006
公司国际互联网网址	www. cxxt. com
公司电子信箱	cxxt@ cxxt. com
公司负责信息披露事务人	邓冰
联系电话	0731－85196916
传真电话	0731－85196911
电子信箱	dengbing@ cxxt. com
公司信息披露报纸名称	《证券时报》《上海证券报》
公司年度报告备置地点	长沙市天心区城南西路1号财信大厦9楼902室
公司聘请的会计师事务所名称及住所	天职国际会计师事务所（特殊普通合伙）；地址：北京市海淀区车公庄西路19号外文文化创意园12号楼

2.2 组织结构

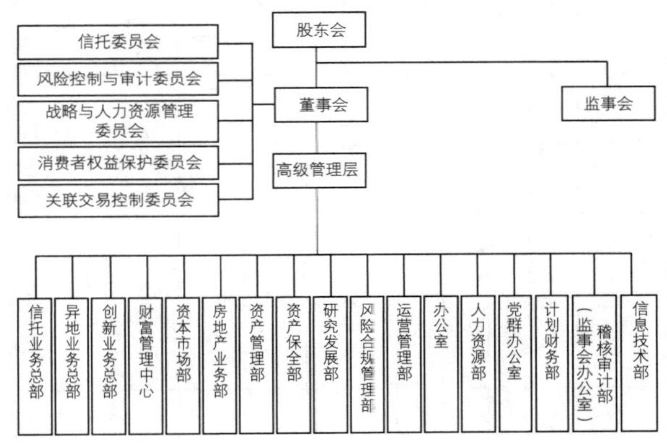

3. 公司治理

3.1 股东

报告期末公司股东总数为2个。

公司2名股东全部为国有法人独资公司，湖南财信投资控股有限责任公司、湖南省国有投资经营有限公司均为湖南财信金融控股集团有限公司的全资子公司。

股东情况

股东名称	持股比例（%）	法定代表人	注册资本（万元）	注册地址	主要经营业务及主要财务情况
湖南财信投资控股有限责任公司	96	胡贺波	374 418.89	长沙市天心区城南西路1号	主要经营业务：法律、法规允许的资产投资、经营及管理（依法须经批准的项目，经相关部门批准后方可开展经营活动）。主要财务情况：2020年，实现合并营业收入为855 196.87万元，其中母公司营业收入126 290.33万元；实现合并利润221 965.70万元，其中母公司利润为85 813.23万元；合并净利润183 413.13万元，其中母公司净利润为86 053.41万元。公司合并资产总额为9 195 195.15万元，其中母公司资产总额为2 353 296.04万元；合并净资产总额为1 867 574.52万元，其中母公司净资产总额为1 331 037.26万元。

续表

股东名称	持股比例(%)	法定代表人	注册资本(万元)	注册地址	主要经营业务及主要财务情况
湖南省国有投资经营有限公司	4	李立新	33 282.06	长沙市岳麓区茶子山东路112号滨江金融中心T4栋712	主要经营业务:授权范围内的国有资产投资、经营、管理与处置,企业资产重组、债务重组,企业托管、并购、委托投资,投资咨询、财务顾问;旅游资源投资、开发、经营(限分支机构凭许可证书经营);经营商品和技术的进出口业务(不得从事吸收存款、集资收款、受托贷款、发行票据、发放贷款等国家金融监管及财政信用业务;依法须经批准的项目,经相关部门批准后方可开展经营活动)。 主要财务情况:2020年,公司实现合并营业收入12 082.21万元,其中母公司营业收入为6 840.11万元;实现合并利润169.25万元,其中母公司利润为71.80万元。公司合并资产总额为252 448.38万元,其中母公司资产总额为207 965.86万元;合并净资产总额为49 333.68万元,其中母公司净资产总额为52 964.21万元。

注:湖南财信投资控股有限责任公司为公司控股股东、主要股东,是湖南财信金融控股集团有限公司的全资子公司。公司实际控制人为湖南财信金融控股集团有限公司。

报告期末股东的出资方式和出资比例

股东名称	湖南财信投资控股有限责任公司	湖南省国有投资经营有限公司
出资方式	货币及评估后净资产	货币
出资额(元)	4 204 800 000	175 200 000
出资比例(%)	96	4

3.2 董事、董事会及其下属委员会

董事长、董事

姓名	职务	性别	年龄(岁)	选任日期	所推举的股东名称	该股东持股比例(%)	简要履历
王双云	董事长	男	56	2016年3月	湖南财信投资控股有限责任公司	96	曾任湖南省财政厅经济建设处副处长,湖南省财政厅监督检查局副局长,省财政稽查办公室主任(正处长级),湖南省财政厅机关党委专职副书记、党办主任、机关工会主席,湖南省财政厅人事教育处处长,湖南财信金融控股集团有限公司党委副书记;现任我公司董事长。
朱昌寿	董事	男	48	2019年8月	湖南财信投资控股有限责任公司	96	曾任财富证券有限责任公司计划财务部总经理,财富通典当有限责任公司总经理,公司财务总监、副总裁;公司董事任职资格于2019年3月经湖南银保监局核准,自2019年8月起担任我公司董事。
刘京韬	董事	男	38	2019年8月	湖南财信投资控股有限责任公司	96	曾任微软(中国)有限公司开发工具及平台事业部市场合作经理、IPG资本高级顾问,中华少年儿童慈善救助基金会项目发展部总监兼资助中心主任,南华生物医药股份有限公司市场部总经理,湖南财信金融控股集团有限公司战略与投资部总经理,湖南省财信资产管理有限公司总经理兼副董事长,公司董事任职资格于2019年4月经湖南银保监局核准,自2019年8月起担任我公司董事。
刘之彦	职工董事	男	35	2019年8月	—	96	曾任吉祥人寿保险股份有限公司资产管理部投研总监,湖南财信投资控股有限责任公司投资管理部投资经理,湖南省财信产业基金管理有限公司副总经理,湖南财信金融控股集团有限公司战略与投资部总经理;现任湖南财信金融科技服务有限公司董事长,公司董事任职资格于2019年8月经湖南银保监局核准,自2019年8月起担任我公司董事。

独立董事

姓名	所在单位及职务	性别	年龄(岁)	选任日期	任期(年)	所推举的股东名称	该股东持股比例(%)	简要履历
张强	湖南大学教育基金会理事长	女	66	2019年8月	3	湖南财信投资控股有限责任公司	96	曾任中共湖南大学委员会常委,湖南大学常务副校长;现任湖南大学教育基金会理事长、金融与统计学院教授、博士生导师,享受国务院特殊政府津贴专家,中国人民银行货币政策委员会专家,兼任国家教育部本科教学评估专家、国家社会科学基金通讯评委、国家自然科学基金通讯评委、长江学者通讯评委,中国金融学会常务理事,中国金融教育基金名誉理事,湖南大学教育基金会理事长等;公司董事任职资格于2019年4月经湖南银保监局核准,自2019年8月起担任我公司董事。

续表

姓名	所在单位及职务	性别	年龄（岁）	选任日期	任期（年）	所推举的股东名称	该股东持股比例（%）	简要履历
屈茂辉	湖南大学法学院院长	男	58	2019 年 8 月	3	湖南财信投资控股有限责任公司	96	中国人民大学民商法博士，美国华盛顿大学高级访问学者，教育部新世纪创新人才，国务院特殊津贴专家，教授、博士生导师；现任湖南大学法学院院长，湖南大学学位委员会委员、教学委员会委员，法学一级学科博士点和省级重点学科带头人，兼任中国法学会理事、中国民法学研究会常务理事、国家社会科学基金学科规划评审组专家、教育部法学学科教学指导委员会委员、湖南省法学会副会长、湖南省民商法研究会会长、湖南省院士专家咨询委员会委员、湖南省法官检察官遴选委员会专家、长沙仲裁委员会副主任及长沙市、常德市、岳阳市、株洲市等地市委、政府法律顾问等社会职务；公司董事任职资格于 2019 年 4 月经湖南银保监局核准，自 2019 年 8 月起担任我公司董事。
陈长春	大华会计师事务所湖南分所所长	男	42	2019 年 8 月	3	湖南财信投资控股有限责任公司	96	注册会计师，注册税务师，注册资产评估师，注册房地产估价师；现为大华会计师事务所湖南分所所长；公司董事任职资格于 2019 年 4 月经湖南银保监局核准，自 2019 年 8 月起担任我公司董事。

3.3 监事、监事会及其下属委员会

监事会成员

姓名	职务	性别	年龄（岁）	选任日期	所提名的股东名称	该股东持股比例（%）	简要履历
欧光荣	监事会主席	男	58	2019 年 8 月	湖南财信投资控股有限责任公司	96	先后在中国人民银行邵阳分行、湖南省分行、长沙金融监管办事处和湖南银监局从事会计、监管和纪检监察工作，曾任湖南银监局纪委办主任、监察室主任；现任我公司监事会主席。
鲍礼彬	股东监事	男	40	2020 年 9 月	湖南省国有投资经营有限公司	4	先后在三一集团、湖南省国有投资经营有限公司工作，湖南湘西财信投资置业有限公司担任会计、会计主管、财务总监、总经理、董事长等职务；现任湖南省财信资产管理有限公司总经理。
胡爱明	职工监事	女	48	2020 年 4 月	—	—	先后在公司证券部、财务部、资产管理部工作，曾任财务部总经理；现任公司稽核审计部总经理。
唐　杰	股东监事	男	49	2019 年 8 月	湖南财信投资控股有限责任公司	96	自 2020 年 9 月 9 日起，不再担任公司监事。
刘　畅	职工监事	女	—	2019 年 8 月	—	—	自 2020 年 4 月 4 日起，不再担任公司监事。

公司监事会未设立下属委员会。

3.4 高级管理人员

姓　名	职务	性别	年龄（岁）	选任日期	金融从业年限（年）	学历	专业	简要履历
朱昌寿	总裁	男	48	2019 年 3 月	22	本科	会计学	曾任财富证券有限责任公司计划财务部总经理，财富通典当有限责任公司总经理，公司财务总监、副总裁；现任公司总裁。
杨　云	副总裁	男	40	2012 年 4 月	12	硕士	金融信息工程	曾任湖南财信投资控股有限责任公司人力资源部总经理，公司行政总监、工会主席、党总支负责人，曾挂职担任湘潭县县委常委、副县长，湘潭市化债办副主任，兼任财政部 PPP 专家库专家成员、湘潭市人民政府金融顾问、湖南大学金融学硕士生导师；现任公司副总裁。
段湘娅	副总裁	女	48	2017 年 3 月	16	本科	工商管理	曾在长沙市农业银行、湖南省农业银行任职多年；曾任湖南农业大学后勤服务集团副总经理，湖南水利投资有限公司财务总监，湖南省水利发展投资有限公司副总经理；现任公司副总裁。
彭　耀	副总裁	男	49	2017 年 9 月	22	本科	财政税收	曾任公司资产管理总部总经理、信托业务一部总经理；现任公司副总裁。
邓　冰	董事会秘书、总裁助理	男	38	2018 年 6 月	9	硕士	政治经济学	曾任公司上海业务总部总经理；现任公司董事会秘书、总裁助理。

3.5 公司员工

报告期内，公司员工 201 人，平均年龄为 36 岁。

项　目		报告期年度		上年度	
		人数（人）	比例（%）	人数（人）	比例（%）
年龄分布	20 岁以下	—	—	—	—
	20 ~29 岁	40	19.90	39	19.31
	30 ~39 岁	113	56.22	113	55.94
	40 岁以上	48	23.88	50	24.75
学历分布	博士	5	2.49	5	2.48
	硕士	98	48.76	91	45.05
	本科	88	43.78	93	46.04
	专科	6	2.98	8	3.96
	其他	4	1.99	5	2.47
岗位分布	董事、监事及其高级管理人员	8	3.98	8	3.96
	自营业务人员	6	2.99	6	2.97
	信托业务人员	122	60.70	119	58.91
	其他人员	65	32.33	69	34.16

3.6 年度内召开股东会会议情况

2020 年召开股东会会议 5 次，其中定期会议 3 次，临时会议 2 次。会议召开程序符合法律法规和公司章程的规定，具体情况如下。

2020 年 3 月 11 日，股东会 2020 年度第一次会议审议通过了《关于变更公司名称的议案》《关于修改公司章程的议案》《2020 年度自有资金投资计划》。

2020 年 4 月 28 日，股东会 2020 年度第二次会议审议通过了《2019 年度董事会工作报告》《2019 年度监事会工作报告》《2019 年度财务决算报告》《2020 年度财务预算预案》《2019 年度公司主要股东评估报告》。会议还通报了《2019 年度受益人利益实现情况报告》《2019 年度董事、监事履职评价》《关于 2019 年度监管意见及整改落实情况的报告》。

2020 年 9 月 24 日，股东会 2020 年度第三次会议审议通过了《2020 年上半年度董事会工作报告》《恢复与处置计划（试行）》《关于变更股东监事的议案》《关于修订〈公司章程〉的议案》。会议还通报了《2020 年上半年度监管意见及整改落实情况的报告》《2020 年度信托文化建设方案》；通报并组织学习了《信托公司信托文化建设指引》。

2020 年 10 月 22 日，股东会 2020 年度第一次临时会议审议通过了《关于同城迁址的议案》。

2020 年 12 月 2 日，股东会 2020 年度第二次临时会议审议通过了《关于向股东进行利润分配的议案》《监事会工作条例（2020 年版）》。

4. 经营管理

4.1 经营目标、经营方针、战略规划

4.1.1 经营目标

公司坚持以习近平新时代中国特色社会主义思想为指导，坚持以服务地方经济社会发展为宗旨，围绕湖南财信金控集团“精干主业、精济实业、精耕湖南”的发展方略，不断完善公司治理结构，严守合规经营底线，提升发展质量、风控水平与综合金融服务能力，以更好地服务实体经济为着眼点，回归信托本源，加快推进业务转型。

4.1.2 经营方针

公司的经营方针是精干主业、精济实业、精耕湖南、稳中求进、改革转型。

4.1.3 战略规划

公司的战略规划是立足湖南，走向全国，培育自身核心竞争优势，使“财信信托”的品牌在全国范围内被市场广泛认知，并形成强大的品牌效应，致力于将财信信托打造成为“资本充足、信誉良好、经营稳健、勇于创新”的专业金融机构。

4.2 所经营业务的主要内容

公司业务主要分为信托业务和固有业务两大类。

4.2.1 信托业务

报告期末，公司信托财产运用与分布情况如下：

信托资产运用与分布表

资产运用	金额（万元）	占比（%）	资产分布	金额（万元）	占比（%）
货币资产	186 408	1.40	基础产业	3 4[illegible] 702	26.26
贷款	4 918 228	36.95	房地产业	4[illegible]984	3.49
交易性金融资产	195 356	1.47	证券市场	6[illegible] 340	5.10
可供出售金融资产	1 628	0.01	实业	6 2[illegible]515	46.87
持有至到期投资	7 559 564	56.79	金融机构	1 38[illegible]350	10.38
长期股权投资	238 876	1.79	其他	1 05[illegible]723	7.90
其他	212 154	1.59			
信托资产总计	13 312 214	100.00	信托资产总计	13 3[illegible]214	100.00

注：资产运用类中的“其他”内容为应收款项 212 154 万元。资产分布类中的“其他”为其他行业运用 1 051 723 万元。

4.2.2 固有业务

报告期末，公司固有资产运用与分布情况如下：

固有资产运用与分布表（合并口径）

资产运用	金额（万元）	占比（%）	资产分布	金额（万元）	占比（%）
货币资产	172 046	14.63	基础产业	395 [illegible]	33.65
贷款及应收款	262 630	22.34	房地产业	55 [illegible]	4.72
交易性金融资产	106 487	9.06	证券市场	248 [illegible]	21.14
可供出售金融资产	354 272	30.13	实业	69 [illegible]	5.94
持有至到期投资	258 808	22.00	金融机构	330 [illegible]	32.40
其他	21 620	1.84	其他	25 [illegible]	2.15
资产总计	1 175 863	100.00	资产总计	1 175 [illegible]	100.00

注：1. 资产运用类中“其他”项主要明细说明：递延所得税资产为 19 300 万元、无形资产为 987 万元等。

2. 资产分布类中“其他”项主要明细说明：可供出售金融资产为[illegible]998 万元、其他应收款为 696 万元、递延所得税资产为 19 300 万元等。

4.3 内部控制

根据国家有关法律法规和公司章程，公司构建了较为完善的法人治理结构，建立了权责分明、制衡合理、报告关系清晰的

组织结构与决策程序。公司不断优化内部控制体系,董事会下设风险控制与审计委员会,负责公司风险控制、管理、监督和评估,确保公司对风险的识别、防范和反馈纠正等管理活动能够有效开展。

公司积极引导员工树立合规意识和风险意识。通过多种形式的讲座、交流和培训活动,将有关内部控制的最新制度和要求及时传达给员工,强调风险管理、内部控制、合规经营的重要性,不断提高员工职业道德水准,规范员工职业行为。

4.4 风险管理

4.4.1 风险管理概况

公司的主要风险是信用风险、流动性风险、市场风险、操作风险、声誉风险和其他风险。

4.4.2 风险状况及管理情况

4.4.2.1 信用风险状况及管理情况

公司通过翔实的尽职调查,对交易对手和项目进行事前筛选,选取符合公司风控要求的项目。注重增信措施安排,增强风险保障。严格执行内部评审制度,通过分级授权与专家评审会议进行风险识别与控制。项目后期,公司按照《后期管理办法》进行后期管理,持续关注交易对手经营情况变化,及时采取风险预警措施。

4.4.2.2 流动性风险状况及管理情况

公司综合考虑年内固有资金投资与流动性需求,对固有资金使用进行合理安排,制定年度固有资金投资计划。落实《恢复与处置计划》,建立流动性补足机制,有效应对流动性风险。对于具体业务,公司建立合理的流动性需求测算方法,对资产端、负债端之间的期限、规模实行动态监测,及时测算流动性需求,合理控制资金头寸与久期。报告期内,公司通过强化项目风险管理、合理控制资金头寸、加强资产端与负债端的匹配性管理等措施,未出现流动性风险导致的风险事件。

4.4.2.3 市场风险状况及管理情况

一是加强对宏观经济及金融形势的分析和预测,增强预警性,以防范利率、汇率等风险;二是密切关注国家相关行业政策变化并采取相应对策,加强对投资、贷款单位的监管;三是密切关注宏观经济形势变化。报告期内,公司重视市场风险管理,严格落实各项风险管理措施,未发生由于市场风险引发的风险事件。

4.4.2.4 操作风险状况及管理情况

一是建立有效的决策机制;二是建立岗位职责分离、内部牵制制度;三是加强员工培训、强化责任追究;四是及时发现风险隐患并及时整改;五是对前台、中台、后台全面实施风险考核,并将风险考核运用到公司风险管理、绩效分配、资源配置、人力资源管理等方面。报告期内,公司未发现因公司内部业务流程、计算机系统、工作人员在操作中的不完善造成损失的风险,也未发现公司因外部因素如通信系统故障等给公司造成损失或影响公司的正常运行。

4.4.2.5 声誉风险状况及管理情况

声誉风险的管理,一是按照《舆情管理办法》建立上下贯通、全面覆盖的舆情监控网络;二是加强舆情监测力度,及时掌握舆情动态;三是严格落实《处置舆情突发事件应急预案》,按照既定的负面舆情报告路径,做好舆情应急准备,确保早报告、早处置;四是建立迅速回应机制,明确舆情反应时间,确保舆情管理及时、有效;五是根据声誉风险事件发展阶段,对发酵期、高涨期制定相应的应对方案;六是加强公司正面形象宣传。报告期内,公司未发生声誉风险导致的重大风险事件。

4.4.2.6 其他风险状况及管理情况

公司落实《全面风险管理办法(试行)》《合规风险管理办法》等一系列风险管理与内控制度,执行风险考核与内部稽核审计,加强了公司的全面风险管理。公司通过强化、执行依法合规经营的各项规章制度,加强风险合规管理部、稽核审计部对业务合规性的审查、专项稽核检查和内部审计来控制合规性风险;通过对宏观政策和行业政策的研究和适用,来控制政策风险;通过建立完善内部控制制度、责任追究制度、业务流程,不断加强员工的职业道德教育,来控制操作风险和道德风险。报告期内,未发现该类风险给公司造成损失或影响公司的正常运行。

5. 报告期末及上一年度末的比较式会计报表

5.1 自营资产

5.1.1 会计师事务所审计意见全文

审 计 报 告

天职业字〔2021〕13307 号

湖南省财信信托有限责任公司:

一、审计意见

我们审计了湖南省财信信托有限责任公司(以下简称贵公司)财务报表,包括2020年12月31日的合并资产负债表及资产负债表,2020年度的合并利润表及利润表、合并现金流量表及现金流量表、合并所有者权益变动表及所有者权益变动表,以及相关财务报表附注。

我们认为,后附的财务报表在所有重大方面按照企业会计准则的规定编制,公允反映了贵公司2020年12月31日的合并财务状况及财务状况,以及2020年度的合并经营成果和合并现金流量及经营成果和现金流量。

二、形成审计意见的基础

我们按照中国注册会计师审计准则的规定执行了审计工作。审计报告的"注册会计师对财务报表审计的责任"部分进一步阐述了我们在这些准则下的责任。按照中国注册会计师职业道德守则,我们独立于贵公司,并履行了职业道德方面的其他责任。我们相信,我们获取的审计证据是充分的、适当的,为发表审计意见提供了基础。

三、管理层和治理层对财务报表的责任

贵公司管理层(以下简称管理层)负责按照企业会计准则的规定编制财务报表,使其实现公允反映,并设计、执行和维护必要的内部控制,以使财务报表不存在由于舞弊或错误导致的重大错报。

在编制财务报表时,管理层负责评估贵公司的持续经营能力,披露与持续经营相关的事项(如适用),并运用持续经营假设,除非管理层计划清算贵公司、终止运营或别无其他现实的选择。

治理层负责监督贵公司的财务报告过程。

四、注册会计师对财务报表审计的责任

我们的目标是对财务报表整体是否不存在由于舞弊或错误导致的重大错报获取合理保证，并出具包含审计意见的审计报告。合理保证是高水平的保证，但并不能保证按照审计准则执行的审计在某一重大错报存在时总能发现。错报可能由于舞弊或错误导致，如果合理预期错报单独或汇总起来可能影响财务报表使用者依据财务报表作出的经济决策，则通常认为错报是重大的。

在按照审计准则执行审计工作的过程中，我们运用职业判断，并保持职业怀疑。同时，我们也执行以下工作：

（1）识别和评估由于舞弊或错误导致的财务报表重大错报风险，设计和实施审计程序以应对这些风险，并获取充分、适当的审计证据，作为发表审计意见的基础。由于舞弊可能涉及串通、伪造、故意遗漏、虚假陈述或凌驾于内部控制之上，未能发现由于舞弊导致的重大错报的风险高于未能发现由于错误导致的重大错报的风险。

（2）了解与审计相关的内部控制，以设计恰当的审计程序，但目的并非对内部控制的有效性发表意见。

（3）评价管理层选用会计政策的恰当性和作出会计估计及相关披露的合理性。

（4）对管理层使用持续经营假设的恰当性得出结论。同时，根据获取的审计证据，就可能导致对贵公司持续经营能力产生重大疑虑的事项或情况是否存在重大不确定性得出结论。如果我们得出结论认为存在重大不确定性，审计准则要求我们在审计报告中提请报表使用者注意财务报表中的相关披露；如果披露不充分，我们应当发表非无保留意见。我们的结论基于截至审计报告日可获得的信息。然而，未来的事项或情况可能导致贵公司不能持续经营。

（5）评价财务报表的总体列报、结构和内容，并评价财务报表是否公允反映相关交易和事项。

（6）就贵公司中实体或业务活动的财务信息获取充分、适当的审计证据，以对财务报表发表审计意见。我们负责指导、监督和执行集团审计，并对审计意见承担全部责任。

我们还就已遵守与独立性相关的职业道德要求向治理层提供声明，并与治理层沟通可能被合理认为影响我们独立性的所有关系和其他事项。

我们与治理层就计划的审计范围、时间安排和重大审计发现等事项进行沟通，包括沟通我们在审计中识别出的值得关注的内部控制缺陷。

中国注册会计师：

中国注册会计师：

中国注册会计师：

5.1.2 资产负债表

资产负债表

编制单位：湖南省财信信托有限责任公司　　2020 年 12 月 31 日　　单位：万元

项目	行次	期末数		年初数	
		合并	母公司	合并	母公司
资产：	1				
现金及银行存款	2	172 045.61	159 568.82	360 837.33	352 [illegible]1.91
存放中央银行款项	3	—	—	—	—
存放同业款项	4	—	—	—	—
拆出资金	5	—	—	—	—
预付账款	6	—	—	—	—
以公允价值计量且其变动计入当期损益的金融资产	7	106 486.65	91 668.64	13 286.26	1[illegible].26
衍生金融资产	8	—	—	—	—
买入返售金融资产	9	—	—	—	—
应收账款	10	—	—	—	—
应收利息	11	447.17	—	775.19	—
其他应收款	12	1 856.25	1 492.88	1 912.07	[illegible]5[illegible] 36
发放贷款和垫款	13	260 326.25	103 942.88	408 960.90	6[illegible] 9[illegible] 00
可供出售金融资产	14	354 272.49	525 224.01	270 455.67	47[illegible]0[illegible] 55
持有至到期投资	15	258 808.37	32 450.00	—	—
长期股权投资	16	—	—	—	—

续表

项目	行次	期末数		年初数	
		合并	母公司	合并	母公司
投资性房地产	17	—	—	—	—
固定资产原价	18	1 806.15	1 806.15	1 816.37	1 816.37
减:累计折IE	19	1 294.14	1 294.14	1 208.31	1 208.31
固定资产净值	20	512.01	512.01	608.06	608.06
减:固定资产减值准备	21	—	—	—	—
固定资产净额	22	512.01	512.01	608.06	608.06
工程物资	23	—	—	—	—
在建工程	24	651.29	651.29	—	—
固定资产清理	25	—	—	—	—
无形资产	26	987.34	987.34	82.41	82.41
长期待摊费用	27	169.81	169.81	13.31	13.31
递延所得税资产	28	19 299.97	21 503.32	12 691.96	12 802.33
其他资产	29	—	—	—	—
	30				
	31				
	32				
	33				
	34				
	35				
	36				
	37				
	38				
	39				
资产总计	40	1 175 863.22	938 171.00	1 069 623.17	918 328.20

法定代表人:王双云　　主管会计工作负责人:段湘娅　　会计机构负责人:熊一芬

资产负债表(续)

编制单位:湖南省财信信托有限责任公司　　2020 年 12 月 31 日　　单位:万元

项目	行次	期末数		年初数	
		合并	母公司	合并	母公司
负债:	41				
向中央银行借款	42	—	—	—	—
同业及其他金融机构存放款项	43	—	—	—	—
拆入资金	44	50 000.00	50 000.00	85 630.00	85 630.00
以公允价值计量且其变动计入当期损益的金融负债	45	232 866.11	—	149 763.51	—
衍生金融负债	46	—	—	—	—
卖出回购金融资产款	47	—	—	—	—
应付账款	48	—	—	—	—
预收账款	49	24 988.09	26 553.61	12 404.48	12 724.58
应付职工薪酬	50	13 731.84	13 731.84	11 492.02	11 492.02
应交税费	51	14 612.03	14 253.09	14 232.87	13 928.28
应付利息	52	—	—	—	—
应付股利	53	—	—	—	—
其他应付款	54	119 720.06	119 738.33	97 064.31	96 516.45

续表

项　目	行次	期末数		年初数	
		合并	母公司	合并	[illegible]公司
递延所得税负债	55	1 455. 97	2 375. 64	317. 54	[illegible]3. 61
预计负债	56	—	—	—	—
其他负债	57	15. 77	15. 77	15. 77	[illegible]15. 77
负债合计	58	457 389. 85	226 668. 27	370 920. 50	20[illegible]30. 72
所有者权益:	59	—	—	—	—
实收资本	60	438 000. 00	438 000. 00	245 132. 00	2[illegible]32. 00
国家资本	61	—	—	—	—
集体资本	62	—	—	—	—
法人资本	63	438 000. 00	438 000. 00	245 132. 00	2[illegible]32. 00
其中:国有法人资本	64	438 000. 00	438 000. 00	245 132. 00	2[illegible]32. 00
集体法人资本	65	—	—	—	—
个人资本	66	—	—	—	—
外商资本	67	—	—	—	—
资本公积	68	12 997. 44	12 997. 44	205 865. 44	2[illegible]5. 44
减:库存股	69	—	—	—	—
其他综合收益	70	4 884. 25	4 092. 87	171. 07	[illegible]9. 28
其中:外币报表折算差额	71	—	—	—	—
盈余公积	72	54 291. 56	54 291. 56	47 781. 39	[illegible]1. 39
一般风险准备	73	13 457. 12	13 457. 12	13 993. 18	3[illegible]3. 18
信托赔偿准备	74	38 959. 42	38 959. 42	35 704. 34	[illegible]4. 34
未分配利润	75	155 883. 57	149 704. 32	150 055. 25	1[illegible]1. 85
外币报表折算差额	76	—	—	—	—
归属于母公司权益合计	77	718 473. 37	711 502. 73	698 702. 68	6[illegible]7. 48
少数股东权益	78	—	—	—	—
所有者权益(或股东权益)合计	79	718 473. 37	711 502. 73	698 702. 68	6[illegible]7. 48
负债和所有者权益(或股东权益)总计	80	1 175 863. 22	938 171. 00	1 069 623. 17	9[illegible]8. 20

法定代表人:王双云　　　　主管会计工作负责人:段湘姬　　　　会[illegible]构负责人:熊一芬

5. 1. 3　利润表

利润表

编制单位:湖南省财信信托有限责任公司　　　　2020 年度　　　　单位:万元

项　目	行次	本期数		上期数	
		合并	母公司	合并	[illegible]公司
一、营业收入	1	143 362. 56	135 602. 07	91 596. 43	8[illegible]43. 62
利息净收入	2	29 747. 81	15 942. 26	15 160. 05	[illegible]91. 81
利息收入	3	50 692. 07	19 491. 34	39 475. 15	[illegible]71. 88
利息支出	4	20 944. 27	3 549. 08	24 315. 11	[illegible]63. 69
手续费及佣金净收入	5	67 781. 82	73 871. 55	58 091. 34	6[illegible]08. 73
手续费及佣金收入	6	67 784. 80	73 874. 53	58 094. 22	6[illegible]11. 61
手续费及佣金支出	7	2. 98	2. 98	2. 88	2. 88
投资收益/(损失)	8	41 050. 04	42 612. 30	19 072. 93	2[illegible]67. 98
其中:对联营企业和合营企业的投资收益/(损失)	9	—	—	—	—
公允价值变动收益/(损失)	10	4 610. 30	3 003. 36	-757. 07	[illegible]29. 54

续表

项　目	行次	本期数		上期数	
		合并	母公司	合并	母公司
汇兑收益/(损失)	11	—	—	—	—
其他业务收入	12	—	—	—	—
其他收益	13	172.84	172.84	4.36	4.36
资产处置收益	14	-0.25	-0.25	24.82	24.82
二、营业支出	15	51 197.38	49 553.46	59 273.24	54 333.39
税金及附加	16	1 007.26	858.37	1 099.37	951.13
业务及管理费	17	15 918.76	15 574.93	16 578.04	16 003.69
资产减值损失	18	34 271.35	33 120.15	41 595.83	37 378.56
其他业务成本	19	—	—	—	—
三、营业利润	20	92 165.18	86 048.61	32 323.19	32 610.23
加:营业外收入	21	34.70	34.70	34.19	34.19
减:营业外支出	22	282.80	282.80	31.88	31.88
四、利润总额	23	91 917.07	85 800.51	32 325.49	32 612.53
减:所得税费用	24	21 859.57	20 698.84	8 172.63	8 062.26
五、净利润	25	70 057.51	65 101.66	24 152.86	24 550.27
归属于母公司所有者的净利润	26	70 057.51	—	24 152.86	—
少数股东损益	27	—	—	—	—
持续经营损益	28	70 057.51	65 101.66	24 152.86	24 550.27
终止经营损益	29	—	—	—	—
六、其他综合收益的税后净额	30	4 713.19	3 753.59	-2 975.86	-2 723.88
(一)以后不能重分类进损益的其他综合收益	31	—	—	—	—
其中:1. 重新计量设定受益计划净负债或净资产的变动	32	—	—	—	—
2. 权益法下在被投资单位不能重分类进损益的其他综合收益中享有的份额	33	—	—	—	—
(二)以后将重分类进损益的其他综合收益	34	4 713.19	3 753.59	-2 975.86	-2 723.88
其中:1. 权益法下在被投资单位以后将重分类进损益的其他综合收益中享有的份额	35	—	—	-4 194.75	-4 194.75
2. 可供出售金融资产公允价值变动损益	36	3 959.54	3 753.59	1 218.89	1 470.88
3. 持有至到期投资重分类为可供出售金融资产损益	37	—	—	—	—
4. 现金流量套期损益的有效部分	38	—	—	—	—
5. 外币报表折算差额	39	—	—	—	—
6. 其他	—	753.65	—	—	—
七、综合收益总额	40	74 770.69	68 855.25	21 176.99	21 826.39
归属于母公司所有者的综合收益总额	41	74 770.69	—	21 176.99	—
*归属于少数股东的综合收益总额	42	—	—	—	—
八、每股收益	43	—	—	—	—
基本每股收益	44	—	—	—	—
稀释每股收益	45	—	—	—	—

法定代表人:王双云　　主管会计工作负责人:段湘姬　　会计机构负责人:熊一芬

5.1.4 合并所有者权益变动表

合并所有者权益变动表

编制单位：湖南省财信信托有限责任公司　　2020 年度　　单位：万元

项目	行次	本年金额													
		归属于母公司所有者权益												少数股东权益	所有者权益合计
		实收资本（或股本）	其他权益工具	资本公积	减：库存股	其他综合收益	专项储备	盈余公积	△一般风险准备	△信托赔偿准备	未分配利润	其他	小计		
栏次	—	1	2	3	4	5	6	7	8	9	10	11	12	13	14
一、上年年末余额	1	245 132. 00	—	205 865. 44	—	171. 07	—	47 781. 39	13 993. 18	35 704. 34	149 056. 06	—	697 703. 48	—	697 703. 48
加：会计政策变更	2	—	—	—	—	—	—	—	—	—	—	—	—	—	—
前期差错更正	3	—	—	—	—	—	—	—	—	—	999. 19	—	999. 19	—	999. 19
其他	4	—	—	—	—	—	—	—	—	—	—	—	—	—	—
二、本年年初余额	5	245 132. 00	—	205 865. 44	—	171. 07	—	47 781. 39	13 993. 18	35 704. 34	150 055. 25	—	698 702. 68	—	698 702. 68
三、本年增减变动金额（减少以"－"号填列）	6	192 868. 00	—	-192 868. 00	—	4 713. 19	—	6 510. 17	-536. 06	3 255. 08	5 828. 32	—	19 770. 69	—	19 770. 69
（一）综合收益总额	7	—	—	—	—	4 713. 19	—	—	—	—	70 057. 51	—	74 770. 69	—	74 770. 69
（二）所有者投入和减少资本	8	—	—	—	—	—	—	—	—	—	—	—	—	—	—
1. 所有者投入的普通股	9	—	—	—	—	—	—	—	—	—	—	—	—	—	—
2. 其他权益工具持有者投入资本	10	—	—	—	—	—	—	—	—	—	—	—	—	—	—
3. 股份支付计入所有者权益的金额	11	—	—	—	—	—	—	—	—	—	—	—	—	—	—
4. 其他	12	—	—	—	—	—	—	—	—	—	—	—	—	—	—
（三）专项储备提取和使用	13	—	—	—	—	—	—	—	—	—	—	—	—	—	—
1. 计提专项储备	14	—	—	—	—	—	—	—	—	—	—	—	—	—	—
2. 使用专项储备	15	—	—	—	—	—	—	—	—	—	—	—	—	—	—
（四）利润分配	16	—	—	—	—	—	—	6 510. 17	-536. 06	3 255. 08	-64 229. 19	—	-55 000. 00	—	-55 000. 00
1. 提取盈余公积	17	—	—	—	—	—	—	6 510. 17	—	—	-6 510. 17	—	—	—	—
其中：法定公积金	18	—	—	—	—	—	—	6 510. 17	—	—	-6 510. 17	—	—	—	—
任意公积金	19	—	—	—	—	—	—	—	—	—	—	—	—	—	—
#储备基金	20	—	—	—	—	—	—	—	—	—	—	—	—	—	—
#企业发展基金	21	—	—	—	—	—	—	—	—	—	—	—	—	—	—
#利润归还投资	22	—	—	—	—	—	—	—	—	—	—	—	—	—	—
2. 提取一般风险准备	23	—	—	—	—	—	—	—	-536. 06	—	536. 06	—	—	—	—
3. 对所有者（或股东）的分配	24	—	—	—	—	—	—	—	—	—	-55 000. 00	—	-55 000. 00	—	-55 000. 00
4. 提取信托赔偿准备	25	—	—	—	—	—	—	—	—	3 255. 08	-3 255. 08	—	—	—	—
（五）所有者权益内部结转	26	192 868. 00	—	-192 868. 00	—	—	—	—	—	—	—	—	—	—	—
1. 资本公积转增资本（或股本）	27	192 868. 00	—	-192 868. 00	—	—	—	—	—	—	—	—	—	—	—
2. 盈余公积转增资本（或股本）	28	—	—	—	—	—	—	—	—	—	—	—	—	—	—
3. 盈余公积弥补亏损	29	—	—	[illegible]	[illegible]	[illegible]	[illegible]	[illegible]	[illegible]	[illegible]	[illegible]	[illegible]	[illegible]	[illegible]	[illegible]
[illegible]变动	30	—	—	—	—	—	—	—	—	—	—	—	—	—	—
5. 其他	31	—	—	—	—	—	—	—	—	—	—	—	—	—	—
四、本年年末余额	32	438 000. 00	—	12 997. 44	—	4 884. 25	—	54 291. 56	13 457. 12	38 959. 42	155 883. 57	—	718 473. 37	—	718 473. 37

法定代表人：王双云　　主管会计工作负责人：段湘媛　　会计机构负责人：熊一芬

合并所有者权益变动表(续)

编制单位:湖南省财信信托有限责任公司　　2020 年度　　单位:万元

项目	行次	上年金额													
		归属于母公司所有者权益												少数股东权益	所有者权益合计
		实收资本(或股本)	其他权益工具	资本公积	减:库存股	其他综合收益	专项储备	盈余公积	△一般风险准备	△信托赔偿准备	未分配利润	其他	小计		
栏次	—	15	16	17	18	19	20	21	22	23	24	25	26	27	28
一、上年年末余额	1	245 132.00	—	201 573.58	—	3 146.93	—	45 326.37	15 190.98	34 476.83	206 653.38	—	751 500.07	—	751 500.07
加:会计政策变更	2	—	—	—	—	—	—	—	—	—	—	—	—	—	—
前期差错更正	3	—	—	—	—	—	—	—	—	—	1 733.76	—	1 733.76	—	1 733.76
其他	4	—	—	—	—	—	—	—	—	—	—	—	—	—	—
二、本年年初余额	5	245 132.00	—	201 573.58	—	3 146.93	—	45 326.37	15 190.98	34 476.83	208 387.14	—	753 233.83	—	753 233.83
三、本年增减变动金额(减少以"-"号填列)	6	—	—	4 291.85	—	-2 975.86	—	2 455.03	-1 197.80	1 227.51	-58 331.88	—	-54 531.15	—	-54 531.15
(一)综合收益总额	7	—	—	—	—	-2 975.86	—	—	—	—	24 152.86	—	21 176.99	—	21 176.99
(二)所有者投入和减少资本	8	—	—	4 291.85	—	—	—	—	—	—	—	—	4 291.85	—	4 291.85
1. 所有者投入的普通股	9	—	—	4 291.85	—	—	—	—	—	—	—	—	4 291.85	—	4 291.85
2. 其他权益工具持有者投入资本	10	—	—	—	—	—	—	—	—	—	—	—	—	—	—
3. 股份支付计入所有者权益的金额	11	—	—	—	—	—	—	—	—	—	—	—	—	—	—
4. 其他	12	—	—	—	—	—	—	—	—	—	—	—	—	—	—
(三)专项储备提取和使用	13	—	—	—	—	—	—	—	—	—	—	—	—	—	—
1. 计提专项储备	14	—	—	—	—	—	—	—	—	—	—	—	—	—	—
2. 使用专项储备	15	—	—	—	—	—	—	—	—	—	—	—	—	—	—
(四)利润分配	16	—	—	—	—	—	—	2 455.03	-1 197.80	1 227.51	-82 484.74	—	-80 000.00	—	-80 000.00
1. 提取盈余公积	17	—	—	—	—	—	—	2 455.03	—	—	-2 455.03	—	—	—	—
其中:法定公积金	18	—	—	—	—	—	—	2 455.03	—	—	-2 455.03	—	—	—	—
任意公积金	19	—	—	—	—	—	—	—	—	—	—	—	—	—	—
#储备基金	20	—	—	—	—	—	—	—	—	—	—	—	—	—	—
#企业发展基金	21	—	—	—	—	—	—	—	—	—	—	—	—	—	—
#利润归还投资	22	—	—	—	—	—	—	—	—	—	—	—	—	—	—
2. 提取一般风险准备	23	—	—	—	—	—	—	—	-1 197.80	—	1 197.80	—	—	—	—
3. 对所有者(或股东)的分配	24	—	—	—	—	—	—	—	—	—	-80 000.00	—	-80 000.00	—	-80 000.00
4. 提取信托赔偿准备	25	—	—	—	—	—	—	—	—	1 227.51	1 227.51	—	—	—	—
(五)所有者权益内部结转	26	—	—	—	—	—	—	—	—	—	—	—	—	—	—
1. 资本公积转增资本(或股本)	27	—	—	—	—	—	—	—	—	—	—	—	—	—	—
2. 盈余公积转增资本(或股本)	28	—	—	—	—	—	—	—	—	—	—	—	—	—	—
3. 盈余公积弥补亏损	29	—	—	—	—	—	—	—	—	—	—	—	—	—	—
4. 结转重新计量设定受益计划净负债或净资产所产生的变动	30	—	—	—	—	—	—	—	—	—	—	—	—	—	—
5. 其他	31	—	—	—	—	—	—	—	—	—	—	—	—	—	—
四、本年年末余额	32	245 132.00	—	205 865.44	—	171.07	—	47 781.39	13 993.18	35 704.34	150 055.25	—	698 702.68	—	698 702.68

法定代表人:王双云　　主管会计工作负责人:段湘姬　　会计机构负责人:熊一芬

5.2 信托资产

5.2.1 信托项目资产负债汇总表

信托项目资产负债汇总表

编制单位:湖南省财信信托有限责任公司　　2020 年 12 月 31 日　　单位:万元

信托资产	期末数	年初数	信托负债和信托权益	期末数	年初数
信托资产	—	—	一、信托负债	—	—
货币资金	186 408	147 800	交易性金融负债	—	—
拆出资金	—	—	衍生金融负债	—	—
存出保证金	—	—	应付受托人报酬	11 874	5 601
交易性金融资产	191 356	183 153	应付托管费	200	108
衍生金融资产	—	—	应付受益人收益	6 896	2 715
买入返售金融资产	4 000	—	应交税费	7 109	7 200
应收款项	212 154	176 705	应付销售服务费	31	—
发放贷款	4 918 228	7 804 304	其他应付款项	170 366	181 782
可供出售金融资产	1 628	1 628	其他负债	—	—
持有至到期投资	3 833 747	1 163 744			
长期应收款	—	—	信托负债合计	196 476	197 406
长期股权投资	238 876	49 883			
投资性房地产	—	—	二、信托权益	—	—
固定资产	—	—	实收信托	13 031 349	[illegible]347 481
无形资产	—	—	资本公积	10 855	7 015
长期待摊费用	—	—	外币报表折算差额	—	—
其他资产	3 725 817	1 172 017	未分配利润	73 534	147 332
减:各项资产减值准备	—	—	信托权益合计	13 115 738	[illegible]501 828
信托资产总计	13 312 214	10 699 234	信托负债和信托权益总计	13 312 214	[illegible]699 234

法定代表人:王双云　　主管会计工作负责人:段湘姬　　会计人员:唐亚

5.2.2 信托项目利润及利润分配汇总表

信托项目利润及利润分配汇总表

编制单位:湖南省财信信托有限责任公司　　2020 年度　　单位:万元

项　目	本年数	上年数
1. 营业收入	882 339	1 013 171
1.1 利息收入	568 802	656 321
1.2 投资收益(损失以"－"号填列)	303 801	355 433
1.2.1 其中:对联营企业和合营企业的投资收益	—	—
1.3 公允价值变动收益(损失以"－"号填列)	9 736	1 417
1.4 租赁收入	—	—
1.5 汇兑损益(损失以"－"号填列)	—	—
1.6 其他收入	—	—
2. 支出	146 250	130 391
2.1 营业税金及附加	2 958	3 283
2.2 受托人报酬	88 911	77 288
2.3 托管费	2 081	4 811
2.4 投资管理费	39	38
2.5 销售服务费	13 900	10 620
2.6 交易费用	133	67
2.7 资产减值损失	—	—
2.8 其他费用	38 228	34 284
3. 信托净利润(净亏损以"－"号填列)	736 089	882 780
4. 其他综合收益	1 975	—
5. 综合收益	738 064	882 780
6. 加:期初未分配信托利润	147 332	7 200
7. 可供分配的信托利润	885 396	889 980
8. 减:本期已分配信托利润	811 862	742 648
9. 期末未分配信托利润	73 534	147 332

法定代表人:王双云　　主管会计工作负责人:段湘姬　　会计人员:唐亚

6. 会计报表附注

6.1 会计报表编制基准不符合会计核算基本前提的说明

6.1.1 会计报表不符合会计核算基本前提的事项

无。

6.1.2 对编制合并会计报表的公司，应予以说明

报告期内，本公司无纳入合并财务报表范围的子公司。

按照《企业会计准则第 33 号——合并财务报表》的规定，本公司将以自有资金参与、并满足准则规定的"控制"定义的结构化主体纳入合并报表范围。

项目	年末数量/余额	年初数量/余额
纳入合并的产品数量(个数)	27	21
纳入合并的结构化主体的总资产(元)	4 708 894 250.1[illegible]	[illegible]10 029 906.97
本公司在上述结构化主体的权益体现在资产负债表中交易性金融资产和可供出售金融资产的总金额(元)	2 213 673 343.1[illegible]	[illegible]080 625 362.76

6.2 重要会计政策和会计估计说明

无。

6.3 或有事项说明

报告期内，本公司无相关说明事项。

6.4 重要资产转让及其出售的说明

报告期内，本公司无需要披露的重要资产转让及其出售

事项。

6.5 主要会计政策变更

报告期内，本公司无需要披露的重大会计政策变更事项。

6.6 会计估计变更情况

报告期内，本公司无需要披露的重大会计估计变更事项。

6.7 前期重大会计差错更正情况

6.7.1 更正事项的性质及原因

公司对2020年以前年度实施控制的自持信托计划未纳入合并范围。

《企业会计准则第33号——合并财务报表》(财会〔2014〕10号)第七条规定，合并财务报表的合并范围应当以控制为基础予以确定。控制，是指投资方拥有对被投资方的权力，通过参与被投资方的相关活动而享有可变回报，并且有能力运用对被投资方的权力影响其回报金额。

《企业会计准则第41号——在其他主体中权益的披露》第三条规定，本准则所指的在其他主体中的权益，是指通过合同或其他形式能够使企业参与其他主体的相关活动并因此享有可变回报的权益。参与方式包括持有其他主体的股权、债权，或向其他主体提供资金、流动性支持、信用增级和担保等。结构化主体，是指在确定其控制方时没有将表决权或类似权利作为决定因素而设计的主体。

本公司对结构化主体是否应纳入合并范围进行判断，包括本公司作为受托人的结构化主体和本公司投资的由其他机构发行的结构化主体。本期公司认购或受让的资产管理计划、基金、信托计划，综合考虑本公司对该等结构化主体拥有的权利及参与该等结构化主体的相关活动而享有可变回报等控制因素，公司对2019年实现控制的结构化主体进行了合并，调整了2020年期初财务报表。

6.7.2 更正事项的财务影响

6.7.2.1 对2020年1月1日合并资产负债表的影响

合并资产负债表

项目	2019年12月31日	2020年1月1日	调整数
资产：			
现金及银行存款	3 520 220 623.34	3 608 373 307.36	88 152 684.02
应收利息	0.11	7 751 923.99	7 751 923.88
其他应收款	15 533 635.21	19 120 688.96	3 587 053.75
发放贷款和垫款	639 600 000.00	4 089 609 000.00	3 450 009 000.00
可供出售金融资产	4 743 927 296.50	2 704 556 696.50	−2 039 370 600.00
递延所得税资产	128 023 316.67	126 919 622.96	−1 103 693.71
资产总计	9 187 205 363.03	10 696 231 730.97	1 509 026 367.94
负债：			
以公允价值计量且其变动计入当期损益的金融负债	3 259 238.81	1 497 635 131.66	1 494 375 892.85
预收账款	127 245 849.06	124 044 840.37	−3 201 008.69
应交税费	139 282 773.31	142 328 666.02	3 045 892.71
其他应付款	965 829 368.83	970 643 051.06	4 813 682.23
负债合计	2 210 170 517.86	3 709 204 976.96	1 499 034 459.10
所有者权益：			
未分配利润	1 490 560 636.66	1 500 552 545.50	9 991 908.84
归属于母公司权益合计	6 977 034 845.17	6 987 026 754.01	9 991 908.84
所有者权益(或股东权益)合计	6 977 034 845.17	6 987 026 754.01	9 991 908.84
负债和所有者权益(或股东权益)总计	9 187 205 363.03	10 696 231 730.97	1 509 026 367.94

6.7.2.2 对2019年合并利润表的影响

合并利润表

项目	2019年度—更正前	2019年度—更正后	调整数
一、营业收入	873 803 531.09	915 964 260.27	42 160 729.18
利息净收入	−44 916 398.30	151 600 462.98	196 516 861.28
利息收入	51 720 504.41	394 751 530.64	343 031 026.23
利息支出	96 636 902.71	243 151 067.66	146 514 164.95
手续费及佣金净收入	650 990 918.54	580 913 350.01	−70 077 568.53
手续费及佣金收入	651 019 762.48	580 942 193.95	−70 077 568.53
投资收益/(损失)	248 679 792.88	190 729 295.90	−57 950 496.98
二、营业支出	544 329 657.51	592 732 394.89	48 402 737.38

续表

项目	2019 年度—更正前	2019 年度—更正后	调整数
税金及附加	9 511 336. 77	10 993 700. 23	[illegible] 363. 46
业务及管理费	161 032 710. 81	165 780 359. 55	[illegible] 648. 74
资产减值损失	373 785 609. 93	415 958 335. 11	[illegible] 725. 18
三、营业利润	329 473 873. 58	323 231 865. 38	-6[illegible]2 008. 20
四、利润总额	329 496 902. 82	323 254 894. 62	-6[illegible]2 008. 20
减：所得税费用	80 622 629. 16	81 726 322. 87	[illegible] 693. 71
五、净利润	248 874 273. 66	241 528 571. 75	-7[illegible] 701. 91

上述差错更正事项对母公司报表数据无影响。

6.8 其他情况

无。

6.9 会计报表中重要项目的明细资料

6.9.1 披露自营资产经营情况

6.9.1.1 按资产风险分类的结果披露资产的期初数、期末数

6.9.1.1.1 按原值计算

信用风险资产五级分类	正常类（万元）	关注类（万元）	次级类（万元）	可疑类（万元）	损失类（万元）	信用风险资产合计（万元）	不良资产合计（万元）	不良资产率（%）
期初数	892 035	14 898	—	—	39 232	946 165	39 232	4. 15
期末数	813 139	82 107	30 000	13 905	49 660	988 811	93 565	9. 46

6.9.1.1.2 按净值计算

信用风险资产五级分类	正常类（万元）	关注类（万元）	次级类（万元）	可疑类（万元）	损失类（万元）	信用风险资产合计（万元）	不良资产合计（万元）	不良资产率（%）
期初数	890 371	14 451	—	—	—	904 822	—	—
期末数	811 644	76 141	21 000	5 562	—	914 347	26 562	2. 91

注：1. 上表反映的是公司固有业务投融资情况。

2. 2020 年末不良资产余额（含次级、可疑、损失三类资产）较高，是公司出于谨慎性考虑，将持有的暂无实际违约行为但区域有较大负面舆情的资产划分为不良类。

6.9.1.2 各项资产减值损失准备的期初数、本期计提、本期转回、资产转让、期末数

单位：万元

	期初数	本期计提	本期转回	资产核销	期末数
贷款损失准备	1 640	1 302	—	—	2 942
一般准备	—	—	—	—	—
专项准备	—	—	—	—	—
其他资产减值准备	—	—	—	—	—
可供出售金融资产减值准备	38 726	20 007	—	—	58 733
持有至到期投资减值准备	—	11 550	—	—	11 550
长期股权投资减值准备	—	—	—	—	—
坏账准备	977	261	—	—	1 238

6.9.1.3 自营股票投资、基金投资、债券投资、股权投资等投资业务的期初数、期末数

单位：万元

	自营股票	基金	债券	长期股权投资	其他投资	合计
期初数	5 919	6 857	510	—	4[illegible]	487 287
期末数	17 266	2 206	53 950	—	5[illegible]	649 343

6.9.1.4 前五名的自营长期股权投资的企业名称、占被投资企业权益的比例、主要经营活动及投资收益情况等

报告期末，本公司无自营长期股权投资。

6.9.1.5 前五名的自营贷款的企业名称、占贷款总额的比例和还款情况等

企业名称	占贷款总额的比例（%）	还款情况
常宁市自来水公司	16. 84	正常
娄底市万宝新区开发投资集团有限公司	15. 42	正常
湖南省楚之晟控股实业集团有限公司	14. 22	正常
桃源县经济开发区开发投资有限公司	14. 03	正常
衡阳白沙洲开发建设投资有限公司	9. 36	正常

6.9.1.6 表外业务的期初数、期末数，按代理业务、担保业务和其他类型表外业务分别披露

单位：万元

表外业务	期初数	期末数
担保业务	—	—
代理业务（委托业务）	—	—
其他	—	—
合计	—	—

6.9.1.7 公司当年的收入结构

收入结构	金额（万元）	占比（%）
手续费及佣金净收入	73 872	[illegible]. 46
其中：信托手续费收入	69 602	[illegible]. 31
投资银行业务收入	—	—
利息净收入	15 942	[illegible]. 75
其他业务收入	—	—
其中：计入信托业务收入部分	—	—
投资收益	42 612	[illegible] 42

续表

收入结构	金额(万元)	占比(%)
其中:股权投资收益	—	—
证券投资收益	9 204	6.79
其他投资收益	33 408	24.63
公允价值变动收益	3 003	2.21
其他收益	173	0.13
资产处置损益	—	—
营业外收入	35	0.03
收入合计	135 637	100.00

6.9.2 披露信托资产管理情况

6.9.2.1 信托资产的期初数、期末数

单位:万元

信托资产	期初数	期末数
集合	4 369 552	5 778 986
单一	5 142 967	4 382 154
财产权	1 186 715	3 151 074
合计	10 699 234	13 312 214

6.9.2.1.1 主动管理型信托业务期初数、期末数,分证券投资类、股权投资类、融资类、事务管理类分别披露

单位:万元

主动管理型信托资产	期初数	期末数
证券投资类	161 144	432 398
股权投资类	62 035	61 720
融资类(含债权投资)	3 613 517	4 564 824
事务管理类	3 297	3 307
合计	3 839 993	5 062 249

6.9.2.1.2 被动管理型信托业务期初数、期末数,分证券投资类、股权投资类、融资类、事务管理类分别披露

单位:万元

被动管理型信托资产	期初数	期末数
证券投资类	—	—
股权投资类	—	—
融资类	4	3
事务管理类	6 859 237	8 249 962
合计	6 859 241	8 249 965

6.9.2.2 本年度已清算结束的信托项目个数、实收信托合计金额、加权平均实际年化收益率

6.9.2.2.1 本年度已清算结束的集合类、单一类资金信托项目和财产管理类信托项目个数、实收信托合计金额、加权平均实际年化收益率

已清算结束的信托项目	项目个数(个)	实收信托合计金额(万元)	加权平均实际年化收益率(%)
集合类	120	2 187 401	4.53
单一类	62	2 882 835	6.23
财产管理类	9	1 455 552	8.58

6.9.2.2.2 本年度已清算结束的主动管理型信托项目个数、实收信托合计金额、加权平均实际年化收益率,分证券投资类、股权投资类、融资类、事务管理类分别披露

已清算结束主动管理型信托项目	项目个数(个)	实收信托合计金额(万元)	加权平均实际年化信托报酬率(%)	加权平均实际年化收益率(%)
证券投资类	7	207 835	0.06	0.47
股权投资类	4	540	2.12	1.98
融资类(含债权投资)	109	1 862 911	1.67	6.78
事务管理类	—	—	—	—

6.9.2.2.3 本年度已清算结束的被动管理型信托项目个数、实收信托合计金额、加权平均实际年化收益率,分证券投资类、股权投资类、融资类、事务管理类分别披露

已清算结束被动管理型信托项目	项目个数(个)	实收信托合计金额(万元)	加权平均实际年化信托报酬率(%)	加权平均实际年化收益率(%)
证券投资类	—	—	—	—
股权投资类	—	—	—	—
融资类	—	—	—	—
事务管理类	71	4 454 502	0.19	7.53

6.9.2.3 本年度新增的集合类、单一类和财产管理类信托项目个数、实收信托合计金额

新增信托项目	项目个数(个)	实收信托合计金额(万元)
集合类	106	3 533 916
单一类	42	2 117 791
财产管理类	20	3 557 949
新增合计	168	9 209 656
其中:主动管理型	108	3 242 860
被动管理型	60	5 966 796

6.9.2.4 本公司履行受托人义务情况及因公司自身责任而导致的信托资产损失情况(合计金额、原因等)

公司在管理信托财产的过程中,恪尽职守,履行诚实、信用、谨慎、有效管理的义务,公司没有发生损害受益人利益的情况。

报告期内,公司没有发生因公司自身责任而导致的信托资产损失情况。

6.9.2.5 信托赔偿准备金的提取、使用和管理情况

《信托公司管理办法》第四十九条规定,信托公司每年应当从税后利润中提取5%作为信托赔偿准备金,但该赔偿准备金累计总额达到公司注册资本的20%时,可不再提取。根据该规定,公司当年提取信托赔偿准备金3 255 万元,截至 2020 年 12 月 31 日,信托赔偿准备金余额为 38 959 万元。

公司迄今为止未发生需要使用信托赔偿准备金的情况,也未使用信托赔偿准备金。

6.10 关联方关系及其交易的披露

6.10.1 关联交易方的数量、关联交易的总金额及关联交易的定价政策等

	关联交易方数量	关联交易涉及金额(万元)	定价政策
合计	95	1 326 116.49	市场公允价格

6.10.2 关联交易方与本公司的关系性质、关联交易方的名称、法人代表、注册地址、注册资本及主营业务等

关系性质	关联方名称	法定代表人	注册地址	注册资本（万元）	主营业务
母公司	湖南财信投资控股有限责任公司	胡贺波	长沙市天心区城南西路 1 号	374 418.89	法律法规允许的资产投资、经营及管理。
实际控制人	湖南财信金融控股集团有限公司	胡贺波	长沙市天心区城南西路 3 号	1 000 000.00	省政府授权的国有资产投资、经营、管理等。
本公司股东	湖南省国有投资经营有限公司	李立新	长沙市岳麓区茶子山东路 112 号滨江金融中心 T4 栋 712	33 282.06	授权范围内的国有资产投资、经营、管理与处置，企业资产重组、债务重组，企业托管、并购、委托投资，投资咨询、财务顾问。
受同一实际控制人控制	财信证券有限责任公司	刘宛晨	湖南省长沙市岳麓区茶子山东路 112 号滨江金融中心 T3、T4 及裙房 718	6 697 977.98	证券经纪；证券投资咨询；与证券交易、证券投资活动有关的财务顾问；证券承销与保荐；证券自营；证券资产管理；融资融券；证券投资基金代销；代销金融产品。
受同一实际控制人控制	湖南省财信资产管理有限公司	万少科	长沙市岳麓区茶子山东路 112 号滨江金融中心 T4 栋	300 000.00	省内金融机构不良资产批量收购；收购、管理和处置金融机构、类金融机构和其他机构的不良资产；资产管理；资产及资产管理相关的重组、兼并、投资管理咨询服务；企业管理及企业资产管理、财务顾问；接受地方政府、企业等的委托或委托其他机构对资产进行管理、处置；承接国有企业改制、重组和国有企业办社会职能剥离的资产；债务重组；债权转股权；追偿债务和利息；根据省政府授权开展其他资产管理业务等。
受同一实际控制人控制	湖南财信金融科技服务有限公司	刘之彦	长沙市岳麓区观沙岭街道滨江路 53 号楷林国际 C 栋 29 楼 2906 号	38 000.00	软件开发及技术咨询、转让、推广、服务；信息系统集成服务；数据处理和存储服务；企业管理、商务信息、财务信息咨询；电子商务平台的开发建设等。
受同一实际控制人控制	湖南财信酒店管理有限责任公司	陈荣华	长沙市天心区城南西路 1 号	5 366.55	酒店管理；住宿；餐饮管理；正餐服务；物业管理；物业清洁、维护；饮料及冷饮服务；乳制品、预包装食品、日用百货、非酒精饮料及茶叶、烟草制品、饮用水的零售；劳动力外包服务；商务信息咨询；培训活动的组织；会议、展览及相关服务；票务服务；行李搬运服务；行李包裹寄存服务；洗染服务；停车场运营管理；汽车租赁；健身服务；养生保健服务；保健按摩；足疗；桑拿、汗蒸；KTV 歌厅娱乐服务；以自有资产进行旅游景区（点）、旅游项目、旅游商品的投资、开发及资产管理（不含代客理财、不得从事吸收存款、集资收款、受托贷款、发行票据、发放贷款等国家金融监管及财政信用业务）；从事其他旅游相关业务。
关联方	华融湘江银行股份有限公司	黄卫忠	长沙市天心区芙蓉南路一段 828 号杰座大厦	775 043.14	吸收公众存款；发放短期、中期和长期贷款；办理国内结算；办理票据承兑与贴现；发行金融债券；代理发行、代理兑付、承销政府债券；买卖政府债券、金融债券；从事同业拆借；买卖、代理买卖外汇；从事银行卡业务；提供信用证服务及担保；代理收付款项及代理保险业务；提供保管箱服务；证券投资基金销售业务；经银行业监督管理机构批准的其他业务。
受同一实际控制人控制	财信资产管理（怀化）有限公司	舒明发	湖南省怀化市鹤城区府前路智慧大厦 13A	10 000.00	资产收购、管理、处置；资产重组；接受委托或委托对资产进行管理、处置；投资管理；以企业自有资金从事项目投资、股权投资、债权投资；资产管理、企业财务、企业资产重组及并购的咨询业务；接受委托对金融机构剥离的不良资产进行处置。
受同一实际控制人控制	湖南育才保险代理有限公司	张仁兴	湖南省长沙市岳麓区观沙岭街道滨江路 53 号楷林商务中心 A 座 1807 号	5 000.00	代理销售保险产品；代理收取保险费；根据保险公司委托，代理相关业务的损失勘查和理赔（经营保险代理业务许可证号：202361000000800）。
受同一实际控制人控制	财信期货有限公司	曾小龙	长沙市岳麓区茶子山东路 112 号滨江金融中心 T3、T4 及裙房 717	47 272.73	商品期货经纪、金融期货经纪、资产管理、期货投资咨询。
受同一实际控制人控制	湖南省长株潭试验区小额贷款有限公司	甘文彬	湖南省长沙市岳麓区茶子山东路 112 号滨江金融中心 T4 栋 720 室	20 000.00	发放小额贷款及提供财务咨询；开展委托贷款业务。
受同一实际控制人控制	财信吉祥人寿保险股份有限公司	周江军	长沙市岳麓区滨江路 53 号楷林国际 A 栋 3 楼、21 –24 楼	346 347.94	人寿保险、健康保险、意外伤害保险等各类人身保险业务；上述业务的再保险业务；国家法律、法规允许的保险资金运用业务；经中国保监会批准的其他业务。
受同一实际控制人控制	湖南省财信产业基金管理有限公司	曾若冰	长沙市岳麓区茶子山东路 112 号滨江金融中心 T4 栋 721 室	72 000.00	受托管理私募产业基金及股权投资基金，受托资产管理、投资管理，创业投资，股权投资。

续表

关系性质	关联方名称	法定代表人	注册地址	注册资本（万元）	主营业务
受同一实际控制人控制	深圳惠和投资有限公司	易声宇	深圳市前海深港合作区前湾一路1号A栋201室	50 000.00	一般经营项目是：金融产品投资、股权投资。

6.10.3 公司与关联方的重大交易事项

6.10.3.1 逐笔披露与关联方的重大交易情况

6.10.3.1.1 固有业务与关联方的重大关联交易情况

关联方	关联交易类型	涉及金额（万元）
华融湘江银行股份有限公司，财信证券有限责任公司	自有资金10 000万元认购财信证券承销的华融湘江银行股份有限公司2020年无固定期限资本债券	10 000.00
财信证券有限责任公司	自有资金6 000万元认购财信证券承销的郴州市产业投资集团有限公司2020年非公开发行公司债券（第一期）	6 000.00
财信证券有限责任公司	自有资金35 000万元投资财信证券发行的麓山2号资管计划	35 000.00
财信证券有限责任公司	自有资金20 000万元认购财信证券发行的财富1号资管计划	20 000.00
财信证券有限责任公司	自有资金20 000万元认购财信证券承销的湘潭市两型社会建设投融资有限公司2020公司债券（第二期）	20 000.00
财信证券有限责任公司	自有资金2 000万元申购财信证券有限责任公司发行的财信证券12个月定期开放（006期）集合资产管理计划	2 000.00
财信证券有限责任公司	自有资金2 000万元申购财信证券有限责任公司发行的麓山5号集合资产管理计划	2 000.00
财信证券有限责任公司	租赁办公楼	408.01
财信证券有限责任公司	咨询顾问费	10.25
湖南省财信资产管理有限公司	自有资金25 151万元受让湖南省财信资产管理有限公司持有的信托受益权	25 151.00
湖南省财信资产管理有限公司	向湖南省财信资产管理有限公司转让我司持有的信托产品的受益权	59 370.00
湖南省财信资产管理有限公司	自有资金不超过2 900万元购买湖南省财信资产管理有限公司持有的资产包	28 56.34
湖南省财信资产管理有限公司	咨询顾问费	16.80

6.10.3.1.2 信托业务与关联方的重大关联交易情况

关联方	关联交易类型	涉及金额（万元）	对应信托计划名称
华融湘江银行股份有限公司	认购信托计划	11 919.00	湘财盛2019－16号
华融湘江银行股份有限公司	认购信托计划	5 304.00	湘财盛2019－11号
华融湘江银行股份有限公司	认购信托计划	10 000.00	湘财盛2020－2号
华融湘江银行股份有限公司	认购信托计划	10 000.00	湘财盛2020－3号
华融湘江银行股份有限公司	认购信托计划	10 300.00	湘财诚2019－23号
华融湘江银行股份有限公司	认购信托计划	7 051.00	湘财通2020－2号
华融湘江银行股份有限公司	认购信托计划	21 600.00	湘财源2020－4号
华融湘江银行股份有限公司	认购信托计划	32 000.00	湘财兴2020－1号
华融湘江银行股份有限公司	认购信托计划	20 000.00	湘财汇2017－3号
华融湘江银行股份有限公司	认购信托计划	15 000.00	湘财通2020－5号
华融湘江银行股份有限公司	认购信托计划	24 000.00	湘财进2020－3号
华融湘江银行股份有限公司	代销信托计划	11 500.00	湘财兴2019－23号
华融湘江银行股份有限公司	代销信托计划	1 723.00	湘财汇2019－1号
湖南省财信资产管理有限公司	认购信托计划	146 500.00	湘财进2019－32号
湖南省财信资产管理有限公司	认购信托计划	11 621.00	稳健增利集合资金信托计划
湖南省财信资产管理有限公司	认购信托计划	6 850.00	湘财盛2020－14号
湖南省财信资产管理有限公司	认购信托计划	26 000.00	湘财汇2020－7号
湖南省财信资产管理有限公司	认购信托计划	28 000.00	湘财通2020－9号
湖南省财信资产管理有限公司	受让信托受益权	100.00	从“现金增利集合资金信托计划”受让
湖南省财信资产管理有限公司	受让信托受益权	98 503.00	从“湘财进2019－24号”受让
湖南财信金融科技服务有限公司	认购信托计划	1 000.00	湘信沪盈2019－15号
湖南财信金融科技服务有限公司	认购信托计划	649.00	湘信沪盈2019－1号
湖南财信金融科技服务有限公司	认购信托计划	280.00	湘信沪盈2019－15号
湖南财信金融科技服务有限公司	认购信托计划	2 300.32	湖南信托不动产供应链金融2019－1号

续表

关联方	关联交易类型	涉及金额(万元)	对应信托计划名称
湖南财信金融科技服务有限公司	认购信托计划	11 450.00	湖南信托经营性抵押贷款2019-2号
湖南财信金融科技服务有限公司	认购信托计划	579.00	湘信沪盈2019—[illegible]号
湖南财信金融科技服务有限公司	认购信托计划	98.00	湘信沪盈2019-5号
湖南财信金融科技服务有限公司	认购信托计划	1 597.15	湖南信托不动产供应链金融2019-1号
湖南财信金融科技服务有限公司	认购信托计划	30 000.00	湘信创盈2020-[illegible]号
湖南财信金融科技服务有限公司	信托计划资金投向财信金科	1 500.00	湘信创盈2019-[illegible]号
财信证券有限责任公司	估值服务	6 600.00	财信启林指数增强2号集合资金信托计划
财信证券有限责任公司	认购财信证券主承销商债券"20益交01"	2 700.00	财信信托现金管理项目集合资金信托计划
财信证券有限责任公司	认购财信证券主承销商债券"20永开03"	1 000.00	财信信托现金管理项目集合资金信托计划
财信证券有限责任公司	认购财信证券主承销商债券"20郴投01"	2 300.00	财信信托湘信稳健一年锁定期1号集合资金信托计划
财信证券有限责任公司	代销信托计划	13 514.00	湘信申财07号集合资金信托计划
财信证券有限责任公司	代销信托计划	2 630.00	湘信鹏盈08号集合资金信托计划
财信证券有限责任公司	代销信托计划	1 100.00	指数增强4号集合资金信托计划
财信证券有限责任公司	代销信托计划	2 300.00	财信幻方指数增强7号集合资金信托计划
财信证券有限责任公司	代销信托计划	1 158.00	财信启林指数增强5号集合资金信托计划
财信证券有限责任公司	财信证券麓山2号集合资产管理计划资管计划认购	5 900.00	湘财进2020-3号
财信证券有限责任公司	认购财信证券作为管理人的湘信1号资产支持专项计划	4 947.00	湘财进2020-20号
财信证券有限责任公司	以信托受益权为底层资产发行ABS， 且该ABS资产支持计划管理人为财信证券	98 940.00	财信信托湘财1号财产权信托
财信证券有限责任公司	经纪服务	288 221.17	湘财进2019-32号、湘财进2020-6号、 湘财兴2020-4号、湘财诚2020-1[illegible]等12个信托计划

6.10.3.2 信托公司自有资金运用于自己管理的信托项目(固信交易)、信托公司管理的信托项目之间的相互(信信交易)交易金额，包括余额和本报告年度的发生额

6.10.3.2.1 固有与信托财产之间的交易金额

无。

6.10.3.2.2 逐笔披露信托项目之间的交易情况

信托计划名称	交易对方信托计划名称	涉及金额(万元)
财信启林指数增强2号集合资金信托计划	湖南信托·稳健增利集合资金信托计划	1 900
	财信安心2号集合资金信托计划	1 000
湖南信托湘财瑞2019-2号项目单一资金信托计划	财信指数增强3号集合资金信托计划	2 300
财信启林指数增强1号集合资金信托计划	稳健增利集合资金信托计划	2 600
财信信托现金管理项目集合资金信托计划	"湖南信托湘财汇2019-1号项目集合资金信托计划""湖南信托湘财瑞2019-4号项目集合资金信托计划""湖南信托湘财进2019-22号项目集合资金信托计划"等73个信托计划	36 138
湖南信托-自强助学慈善信托计划	湘信沪盈2020-7号集合资金信托计划	602
湘财诚2020-9号	湘财诚2020-6号	[illegible]950
湘财瑞2020-3号	湘财进2019-13号	13 000
湘财进2020-14号	湘财诚2020-10号	[illegible]800
	湘财进2020-15号	[illegible]900
	指数增强6号	300
湘信资富2019-11号	湖南信托·稳健增利集合资金信托计划	[illegible]600
财信启林指数增强2号集合资金信托计划	湖南信托·稳健增利集合资金信托计划	[illegible]000

注:2020年，共有"湖南信托湘财汇2019-1号项目集合资金信托计划""湖南信托湘财瑞2019-4号项目集合资金信托计划""湖南信托湘财进2019-22号项目[illegible]等73个信托计划认购了财信信托现金管理项目集合资金信托计划，财信信托现金管理项目集合资金信托计划截至2020年12月31日余额为36 138万元。

6.10.4 逐笔披露关联方逾期偿还本公司资金的详细情况及本公司为关联方担保发生或即将发生垫款的详细情况

无。

6.11 会计制度的披露

本公司固有业务(自营业务)已自2008年1月1日起执行新的《企业会计准则》，同时所有与会计有关的内容均作出相应修改。

信托业务自2010年1月1日起执行新的《企业会计准则》，同时所有与会计有关的内容均作出相应修改。

7. 财务情况说明书

7.1 利润实现和分配情况

经天职国际会计师事务所(特殊普通合伙)审计，公司2020年实现利润总额85 801万元，净利润为65 1[illegible]万元。计

提法定盈余公积 6 510 万元，提取信托赔偿准备 3 255 万元，提取一般风险准备 -536 万元。

公司 2020 年以累计未分配利润向股东分配利润 55 000 万元。

7.2 主要财务指标

指标名称	指标值
资本利润率(%)	9.24
人均净利润(万元)	326
净资本(万元)	600 168
风险资本(万元)	174 317
净资本/各项风险资本(%)	344.30
净资本/净资产(%)	84.35

注:1. 资本利润率=净利润/所有者权益平均余额×100%。
2. 所有者权益平均余额是指年初及年末所有者权益余额的简单平均数。
3. 人均净利润=净利润/年平均人数。
4. 年平均人数是指年初及年末人数的简单平均数。

7.3 对本公司财务情况、经营成果有重大影响的其他事项

报告期内，公司没有对财务状况、经营成果产生重大影响的其他事项。

8. 特别事项揭示

8.1 最大十名股东报告期内变动情况及原因

无。

8.2 董事、监事及高级管理人员变动情况及原因

2020 年 9 月 24 日，股东会 2020 年度第三次会议通过了《关于变更股东监事的议案》，同意唐杰同志辞去公司股东监事职务，选举鲍礼彬同志担任公司第五届监事会股东代表监事，任职期限与公司第五届监事会其他监事任职期限一致。

8.3 变更注册资本、变更注册地或公司名称、公司分立合并事项

8.3.1 变更注册资本

经公司股东会 2019 年度第四次会议审议通过，并经中国银保监会湖南监管局核准(湘银保监复〔2020〕251 号)，公司以资本公积转增注册资本的方式，将注册资本由 24.5132 亿元增至 43.8 亿元。增资后，本公司原有股东及出资比例保持不变。公司已于 2020 年 11 月 5 日在湖南省市场监督管理局完成了注册资本变更登记。

8.3.2 变更注册地

经公司股东会 2020 年度第一次临时会议审议通过，并经中国银保监会湖南监管局批准(湘银保监复〔2020〕491 号)，公司住所由长沙市天心区城南西路 1 号，邮政编码为 410015 变更为长沙市岳麓区玉兰路 433 号西枢纽商务中心购物中心 T3 写字楼 1801-1809，邮政编码为 410006。公司已于 2020 年 11 月 23 日在中国银保监会湖南监管局换取新金融许可证，并于 2020 年 11 月 25 日在湖南省市场监督管理局办理完成住所登记变更。

8.3.3 变更公司名称

经公司股东会 2020 年度第一次会议审议通过，并经中国银保监会湖南监管局批准(湘银保监复〔2020〕89 号)及湖南省市场监督管理局核准，公司名称由湖南省信托有限责任公司(英文名称:Hunan Trust Co.,Ltd.)变更为湖南省财信信托有限责任公司(英文名称:Hunan Chasing Trust Co.,Ltd.)，并于 2020 年 3 月 19 日在湖南省市场监督管理局完成了名称变更登记。公司更名后营业执照登记的统一社会信用代码为 9143000044488082X5，未发生变化。本次更名后，公司业务主体、服务承诺和法律关系不变，公司名称变更不影响原有的各项权利及义务。公司网站域名由 www.huntic.com 变更为 www.cxxt.com。

8.4 公司的重大诉讼事项

8.4.1 重大未决诉讼事项

8.4.1.1 本公司作为原告的重大未决诉讼

序号	原告(申请人)	被告(被申请人)	案由	标的及金额	诉讼进展情况(截至 2020 年 12 月 31 日)
1	本公司	湖南湘渝电力投资有限责任公司、湖南金垣电力集团股份有限公司	金融借款合同纠纷	本金 3 200 万元及相应利(罚)息	强制执行阶段
2	本公司	湖南博兴创业投资有限公司、湖南博雅眼科医院有限公司、李迟康、严素娥	借款合同纠纷	本金 1 800 万元及相应利息、违约金	强制执行阶段(终结本次执行)
3	本公司	湖南蟠桃宴酒业有限公司、湖南天运生物技术集团有限公司	债权转让合同纠纷	3 270 万元及相应利(罚)息等	强制执行阶段(天运生物破产中)
4	本公司	湖南蟠桃宴酒业有限公司、湖南天健纤维板有限公司、湖南天运生物技术集团有限公司、文靖波	债权转让合同纠纷	1 523.428 万元及相应利(罚)息等	强制执行阶段(天运生物破产中)
5	本公司	湖南省科农林业科技开发有限公司	金融借款合同纠纷	本金 1 400 万元及相应利(罚)息等	强制执行阶段，已收回部分款项
6	本公司	湖南省德胜房地产开发有限公司	金融借款合同纠纷	本金 1.35 亿元及相应利(罚)息等	强制执行阶段

续表

序号	原告（申请人）	被告（被申请人）	案由	标的及金额	诉讼进展情况（截至2020年12月31日）
7	本公司	淮南志高动漫文化科技发展有限责任公司、志高实业（龙岩）有限公司、泰安志高实业集团有限责任公司、江焕溢	金融借款合同纠纷	本金2.999亿元及相应利（罚）息等	强制执行阶段，抵押人破产清算后已收回大部分款项
8	本公司	长沙三瑞环保科技实业有限公司、湖南天福泉酒业有限公司	金融借款合同纠纷	本金1 000万元及相应利（罚）息等	强制执行阶段（终结本次执行程序）
9	本公司	湖南洞庭珍珠开发有限公司	金融借款合同纠纷	本金2 000万元及相应利（罚）息等	破产阶段
10	本公司	湖南山江技术开发有限公司、世银联控股有限公司、崔璀	金融借款合同纠纷	本金2 000万元及相应利（罚）息等	强制执行阶段
11	本公司	袁洁云、向平、李季、北京中科时代资产管理有限公司、中国科学院长春应用化学科技总公司、长沙坤宇实业有限公司	与公司有关的纠纷	赔偿款2 300万元及和解损失约40万元	强制执行阶段（终结本次执行）
12	本公司	湖南欧珀投资置业有限公司、贺延伟、张福芝	信托纠纷	本金7 200万元及相应利（罚）息等	强制执行阶段，已收回大部分款项
13	本公司	湖南千山制药机械股份有限公司、刘祥华、陈端华、湖南乐福地医药包材科技有限公司	金融借款合同纠纷	1.98亿元本金及相应利（罚）息等	破产重整
14	本公司	陈端华、邓诗蒙、张洪飞、李莉、刘飞、江苏大红鹰恒顺药业有限公司	债权人撤销权纠纷	江苏大红鹰恒顺药业有限公司77.78%的股权	二审胜诉
15	本公司	福建同孚实业有限公司、上海五天实业有限公司、上海五天供应链服务有限公司、林文昌、林文洪、林文智、蔡佼骏福建冠福实业有限公司、冠福控股股份有限公司	金融借款合同纠纷	1.9亿元本金及相应利（罚）息等	强制执行阶段
16	本公司	海航创新股份有限公司、海航旅游集团有限公司、海航实业集团有限公司	金融借款合同纠纷	本金2.57亿元及相应利（罚）息等	强制执行阶段，已收回部分款项
17	本公司	凯迪生态环境科技股份有限公司、阳光凯迪新能源集团有限公司	金融借款合同纠纷	4 300万元本金及相应利（罚）息等	强制执行阶段
18	本公司	海航实业集团有限公司、海航商业控股有限公司	金融借款合同纠纷	本金4亿元及相应利（罚）息等	一审胜诉
19	本公司	弘高融资租赁有限公司、湖南津湘投资有限责任公司、范可风、朱文胜、湖南多力物业经营管理有限公司、中安南方控股有限公司	金融借款合同纠纷	本金2 700万元及相应利（罚）息等	强制执行阶段，已收回部分款项
20	本公司	上海市华信金融控股有限公司、上海华信国际集团有限公司	金融借款合同纠纷	本金1.9965亿元及相应利（罚）息	破产清算

8.4.1.2 本公司作为第三人的重大未决诉讼

无。

8.4.2 以前年度发生，于本报告年度内终结的诉讼事项

序号	原告（申请人）	被告（被申请人）	案由	标的及金额	结案情况
21	华宸未来资产管理有限公司	何新芸、张来普、毛珍芳、彭日大、张传棉、滁州中普置业有限公司	金融借款合同纠纷	本金2.951亿元及其相应利（罚）息等	二审已判决，公司作为第三人，无责任承担
22	本公司	张奇华	营业信托纠纷	5 100万元	达成调解后收回全部款项

8.4.3 本报告年度发生，于本报告年度内终结的诉讼事项

序号	原告（申请人）	被告（被申请人）	案由	标的及金额	结案情况
1	本公司	湖南晟冉房地产开发有限公司、福晟集团有限公司、湖南福晟集团有限公司、湖南亚太美立方投资置业有限公司	金融借款合同纠纷	本金2 844万元及其相应利（罚）息等	已撤诉并收回全部款项

8.5 公司及其董事、监事和高级管理人员受到处罚的情况

无。

8.6 中国银保监会及其派出机构对公司的检查意见及其整改情况说明

报告期内，湖南银保监局于2020年4月与公司进行了年度审慎监管会谈，出具了《关于原湖南省信托有限责任公司2019年度监管情况的通报》（湘银保监办便函〔2020〕72号），提出了监管意见；湖南银保监局于2020年10月约谈公司，出具了《湖南银保监局监管会谈纪要》（〔2020〕23号），提出了监管要求。公司高度重视，积极落实整改和建议，整改情况如下。

一是将"党的领导"等内容嵌入公司章程，融入公司治理各个环节。二是修订《监事会工作条例》，并选任小股东提名的外部监事，进一步规范公司治理；印发《关于加强董事会下设各专门委员会和对董事会负责的各相关职能部门履职的通知》，梳

理工作职能、部署具体工作。三是严格加强关联交易的管理，及时修订关联方名单，加强对关联交易事前报告及尽调情况的审查。四是对信托资产、固有资产进行风险分类，及时反映风险资产状况并按规定足额计提准备。五是加强对压力测试工作的组织协调和监督指导，制定有效的应对措施，扎实做好应对准备。六是严格按照监管要求，制定信托融资业务年度压降计划，并顺利完成压降目标。七是大力加强内控基础性设施建设和工作管理，全面加强制度建设和信息化建设，规范反洗钱、反恐怖融资工作和消费者权益保护工作，提高监管报送资料质量。八是落实公司治理三年行动方案重点工作任务，制定任务台账，逐条明确落实措施、时限要求、责任部门及责任人。九是大力推进信托文化建设，有序推广财信文化理念。

8.7 本年度重大事项临时报告的简要内容、披露时间、所披露的媒体及其版面

2020 年 3 月 24 日，公司分别在《证券时报》B007 版、《上海证券报》31 版，刊登了《关于湖南信托更名为财信信托的公告》和《关于湖南省信托有限责任公司金融许可证信息变更的公告》。

2020 年 4 月 30 日，公司在《证券时报》B015 版刊登了《2019 年度报告摘要》。

2020 年 11 月 7 日，公司分别在《证券时报》B011 版、《上海证券报》64 版，刊登了《关于增加注册资本及修改公司章程的公告》。

2020 年 11 月 28 日，公司分别在《证券时报》B062 版、《上海证券报》71 版刊登了《湖南省财信信托有限责任公司关于变更住所的公告》。

8.8 中国银保监会及其省级派出机构认定的其他有必要让客户及相关利益人了解的重要信息

无。

9. 履行社会责任情况

公司在支持实体经济发展的同时，高度重视公益慈善，履行社会责任。一是支持实体经济建设发展。2020 年，公司发行信托计划筹集资金 1 303 亿元、缴税 6.31 亿元，服务地方经济社会发展。二是积极服务人民美好生活。2020 年，公司为投资者创造收益 67 亿元，保障了投资者资金的安全和增值。三是慈善信托项目公益事业。公司运行“湘信 · 善达农村医疗援助公益信托计划”，共募集援建资金 2 643.72 万元，累计援建 21 个县的 135 个村卫生室和 7 个乡卫生院。运行“自强助学金慈善信托计划”，共捐助了 480 名高三考入大学的贫困学子。2020 年，“自强助学金慈善信托计划”助学金还向对口的湖南省、海南省 8 所学校在校学生和教职员工直系亲属中参与一线抗疫的 27 名医护人员专项奖励 27 万元，为抗疫医护人员送去了真诚的关怀与慰问，并致以最崇高的敬意。四是积极开展各项公益活动。公司向“湖南省财信公益基金会”捐赠 200 万元，用于对湖南省的防疫新冠肺炎的帮扶救助；向“中国信托业抗击新型肺炎慈善信托”捐赠 50 万元，用于对湖北省防疫新冠肺炎的帮扶救助；上调 2 月发行的固收类产品预期年化收益率，并将公司收取的部分信托报酬计提善款，向湖南省财信公益基金会捐资；发动员工为抗击新冠肺炎疫情捐款 14.5 万元；开展“微光大义，致敬白衣天使”志愿者活动，走访慰问支援湖北的医护人员。五是大力支持消费扶贫。公司通过集体购买和个人购买相结合的方式，在湖南省消费扶贫中心采购特色扶贫农产品 41 万元；支持十八洞村的扶贫项目，定制十八洞村矿泉水作为公司会议接待用水，助力精准扶贫。

华澳国际信托有限公司

1. 重要提示

1.1 本公司董事会及董事保证本报告所载资料不存在任何虚假记载、误导性陈述或者重大遗漏,并对其内容的真实性、准确性和完整性承担个别及连带责任。

1.2 本公司全体董事出席董事会会议。

1.3 本公司设独立董事制度,独立董事王家祥、翟立宏在此发表独立声明,确认本报告所载资料及内容的真实性、准确性和完整性并无异议。

1.4 本公司已聘请信永中和会计师事务所根据中国注册会计师审计准则对本公司年度财务报告进行审计,该审计机构已为本公司出具了标准无保留意见的审计报告和审计结论。

1.5 公司法定代表人及董事长吴瑞忠、主管会计工作负责人解媛媛及会计部门负责人(会计主管人员)钱旭在此声明:保证本年度报告所载财务资料和内容的真实性、准确性和完整性。

2. 公司概况

2.1 公司简介

2.1.1 公司法定中文名称:华澳国际信托有限公司
公司法定中文名称缩写:华澳信托
公司法定英文名称:Sino - Australian International Trust Co., Ltd.
公司英文名称缩写:SATC

2.1.2 公司法定代表人:吴瑞忠

2.1.3 注册地址:中国(上海)自由贸易试验区花园石桥路33号花旗集团大厦1702室
邮政编码:200120
公司国际互联网网址:www.huaao - trust.com
公司电子信箱:enquiry@huaao - trust.com

2.1.4 公司信息披露事务负责人姓名:周[illegible]
联系电话:+86(021)68883700
传真:+86(021)68885995
电子信箱:haxxpl@huaao - trust.com

2.1.5 公司信息披露报纸名称:《证券时报》《上海证券报》

2.1.6 公司年度报告备置地点:中国(上海)自由贸易试验区花园石桥路33号花旗集团大厦14层及1702室

2.1.7 公司聘请的境内会计师事务所名称:信永中和会计师事务所(特殊普通合伙)
办公地址:中国北京市东城区朝阳门北大街8号富华大厦A座9层
联系电话:+86(010)6554 7190

2.1.8 公司聘请的境内律师事务所名称:报告期内,公司未聘请担任常年法律顾问的律师事务所

2.2 组织结构

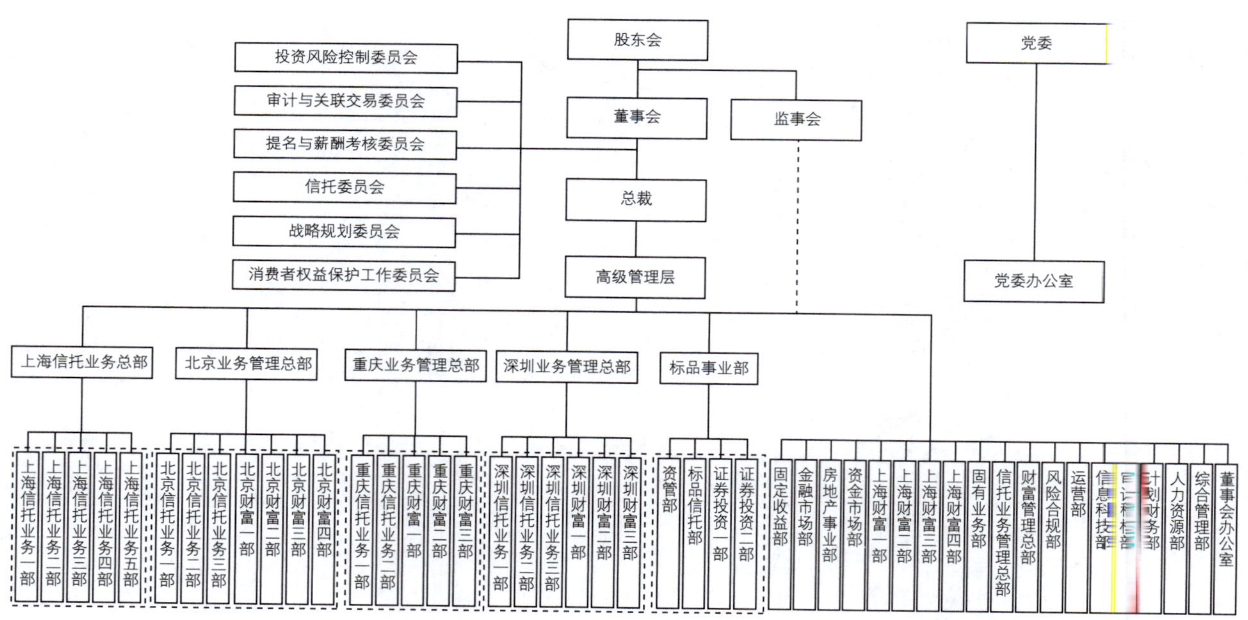

3. 公司治理

3.1 股东

3.1.1 股东及其实际控制人

报告期末股东总数2家。

公司全部股东均持有公司10%以上(含10%)出资比例,股东名称及持股情况如下:

股东名称	持股比例(%)	法人代表	注册资本(万元)	注册地址	主要经营业务
北京融达投资有限公司	50.01	杨昌文	130 000	北京市通州区永乐店镇永乐大街31号-1389号	投资管理、资产管理、销售机械设备。
重庆财信企业集团有限公司★	49.99	卢生举	111 600	重庆市江北区江北城西大街3号14-1、15-1、16-1	利用自有资金对建设工程项目进行投资,农业及旅游业项目开发;销售建筑材料、装饰材料、金属材料、化工产品及原料;环境污染防治工程设计,环境污染治理。

注:表中股东名称一栏中★为公司实际控制人。

3.1.2 关联方

截至2020年12月末,华澳信托关联方包括公司股东重庆财信企业集团有限公司,北京融达投资有限公司,华澳信托董事、监事、高级管理人员14人,公司股东重庆财信企业集团有限公司董事、监事、高级管理人员6人,关联企业190家,以及其他关联自然人29人。

3.1.3 一致行动人

不适用。

3.1.4 最终受益人

公司最终受益人为卢生举先生。

3.2 董事、董事会及其下属委员会

董事长、副董事长、董事

姓名	职务	性别	年龄(岁)	选任日期	所推举的股东名称	该股东持股比例(%)	简要履历
吴瑞忠	董事长	男	56	2019年8月19日	北京融达投资有限公司	50.01	曾任福建省莆田县财政局副局长,兴业银行莆田分行党委书记、行长,兴业银行沈阳分行党委书记、行长,兴业银行重庆分行党委书记、行长,兴业银行总行企业金融总部风险总监、企业金融信用业务首席审批官,历任华澳国际信托有限公司总裁;现任华澳国际信托有限公司董事长、总裁(代行)。
彭陵江	董事	男	49	2015年11月11日	重庆财信企业集团有限公司	49.99	曾任重庆财信企业集团有限公司总裁助理、常务副总裁、执行总裁、总裁、联席总裁;现任财信投资集团有限公司董事局副主席、执行董事、执行总裁,重庆财信企业集团有限公司联席董事长,财信地产发展集团股份有限公司董事。
罗宇星	董事	男	58	2016年6月12日	重庆财信企业集团有限公司	49.99	曾任重庆市江北区检察院副检察长,重庆市江北区法院副院长,重庆市江北区委政策研究室主任,重庆市江北区市政绿化管理委员会主任、党工委书记,历任重庆市城市建设投资(集团)有限公司法律审计部主任、党委委员,重庆渝开发股份有限公司总经理、党委书记,安诚财产保险股份有限公司总经理、党委书记,重庆财信企业集团有限公司高级副总裁、常务副总裁;现任财信投资集团有限公司董事局执行董事、高级副总裁,重庆财信企业集团有限公司党委书记,财信地产发展集团股份有限公司董事,重庆农村商业银行股份有限公司非执行董事。
毛彪勇	董事	男	54	2019年6月12日	北京融达投资有限公司	50.01	曾任河北省政协委员,历任工商银行洋浦分行副行长,海口市分行副行长,海南省分行资产风险管理处副处长,历任中国华融资产管理公司郑州办事处副总经理、海口办事处副总经理、纪委书记、国际业务部副总经理,曾任融德资产管理有限公司(合资企业)副总经理(常务副总裁),中国华融资产管理公司经营决策委员会秘书处秘书长(总经理级),历任中国华融资产管理股份有限公司河北分公司总经理,党委书记、业务审查部副总经理(总经理级)、风险管理部副总经理(总经理级),曾任华融晋商资产管理股份有限公司党委副书记、总经理、董事,中国华融资产管理股份有限公司风险管理部总经理,兼任职工监事,金亚投国际资本控股(北京)集团有限公司执行总裁;现任财信投资集团有限公司首席风控官,财信地产发展集团股份有限公司董事。

独立董事

姓名	所在单位及职务	性别	年龄（岁）	选任日期	所推举的股东名称	该股东持股比例（%）	简要履历
王家祥	—	女	73	2017 年 7 月 31 日	重庆财信企业集团有限公司	49.99	曾任上海国际信托投资公司申信进出口公司建设部经理，正大国际财务有限公司总裁助理，上海实业联合集团股份有限公司总经理助理，浦银安盛基金管理有限公司独立董事。
翟立宏	西南财经大学信托与理财研究所所长	男	51	2017 年 7 月 31 日	北京融达投资有限公司	50.01	曾任山东工商学院经济学院副院长；现任西南财经大学金融学院教授、博士生导师，西南财经大学信托与理财研究所所长，中国信托业协会非会员理事、泰安银行独立董事，凉山农村商业银行独立董事，普益财富（普益集团 PUYI INC.）独立董事。

董事会下属委员会

董事会下属委员会名称	职责	组成人员姓名	职务
信托委员会	1. 组织审查公司信托业务的各项重大制度、规定。 2. 监督、检查、评价信托计划的实施情况，并向董事会提出建议。 3. 针对监管机关检查公司信托业务后要求董事会组织整改的问题，研究提出具体措施。 4. 当公司或股东利益与受益人利益发生冲突时，研究提出维护受益人权益的具体措施。 5. 确保公司以一般谨慎受托人应当采取的审慎态度，尽职程度，技术能力进行资金管理。 6. 监督保证信托资金资产相对于其他资金资产的独立性。 7. 保证解释交易及资金财务记录的会计账目的准确性及可获取性。 8. 董事会授权的其他事宜。	翟立宏	主任委员
		吴瑞忠	委员
		罗宇星	委员
投资风险控制委员会	1. 审议公司的信托及固有资本的贷款、投资、产品发行等业务。 2. 确定信托产品及发行和服务的定价原则。 3. 年度风险控制评估。 4. 董事会决定的其他事项。	毛彪勇	主任委员
		吴瑞忠	委员
		罗宇星	委员
提名与薪酬考核委员会	1. 根据公司的股权结构、资产规模和经营活动对董事会、高级管理层的架构和组成向董事会提出建议。 2. 研究董事、高级管理人员的选择标准和程序并提出建议，对董事人选和高级管理人员人选进行审查并提出建议。 3. 研究董事与高级管理人员考核的标准，进行考核并提出建议，研究和审查董事、高级管理人员的薪酬政策与方案。 4. 负责对公司薪酬制度执行情况进行监督。 5. 董事会授权的其他事宜。	王家祥	主任委员
		吴瑞忠	委员
		罗宇星	委员
审计与关联交易委员会	1. 根据国家金融政策、市场情况和公司发展方向，制定重点业务管理及经营风险的防范与控制措施。 2. 负责督促公司依法履行董事会赋予的职责，对公司执行经董事会批准的年度经营计划的过程及结果进行监督和审计。 3. 对公司合规、合法运营进行审计和监督。 4. 对会计报表、会计账目及相关材料进行审计，审查财务收支的真实性、合法性、效益性。 5. 审议董事会不时要求的其他事项。 6. 评估审计报告中所提出的相关问题及行动建议。 7. 审批审计工作计划。 8. 评估审计团队的工作表现。 9. 参与评估审计稽核部的工作绩效。 10. 审核公司的重大关联交易。 11. 对公司关联交易情况进行监督检查。 12. 审议执行委员会不时请求的其他事项。	翟立宏	主任委员
		毛彪勇	委员
		吴瑞忠	委员
战略规划委员会	1. 对公司的长期发展规划、经营目标、发展方针进行研究并提出建议或意见。 2. 对公司的经营战略包括但不限于产品战略、市场战略、营销战略、研发战略、人才战略进行研究并提出建议或意见。 3. 对公司重大战略性投资、融资方案进行研究并提出建议或意见。 4. 对公司重大资本运作、资产经营项目进行研究并提出建议或意见。 5. 对其他影响公司发展战略的重大事项进行研究并提出建议或意见。 6. 确定公司相关战略规划研究部门的职能，指导其研究方向，并听取和审议其汇报及建议或意见。 7. 董事会授权的其他事宜。	吴瑞忠	主任委员
		彭陵江	委员
		罗宇星	委员
		毛彪勇	委员
		翟立宏	委员

续表

董事会下属委员会名称	职责	组成人员姓名	职务
消费者权益保护工作委员会	1. 拟定公司消费者权益保护工作的战略、政策和目标，从总体规划上指导执行委员会加强消费者权益保护的企业文化建设，将消费者权益保护相关内容纳入公司治理和经营发展战略中。 2. 根据董事会授权范围，授权执行委员会制订与公司消费者权益保护工作有关的工作政策。 3. 负责督促执行委员会有效执行和落实消费者权益保护的相关工作，定期听取执行委员会关于公司消费者权益保护工作开展情况的专题报告，审议并通过相关专题报告，向董事会提交相关专题报告，并将相关工作作为信息披露的重要内容。 4. 根据公司总体战略，对拟提交董事会审议的消费者权益保护方面的议案进行审议并向董事会提出建议。 5. 相关银行业消费者权益保护监管规定要求的或董事会授权的其他事宜。	吴瑞忠	主任委员
		彭陵江	委员
		罗宇星	委员

3.3 监事、监事会及其下属委员会

姓名	职务	性别	年龄（岁）	选任日期	所推举的股东名称	该股东持股比例（%）	简要履历
周永才	监事长	男	45	2020 年 6 月 9 日	北京融达投资有限公司	50.01	曾任重庆百货大楼股份有限公司财务总监，马上消费金融股份有限公司董事（兼任），重庆财信企业集团有限公司副总裁，财信智慧生活集团有限公司董事长（兼任）；现任财信投资集团有限公司总裁助理，中垦融资租赁股份有限公司董事。
李登峰	监事	男	41	2016 年 3 月 3 日	重庆财信企业集团有限公司	49.99	曾任重庆盛世文辉律师事务所律师，重庆财信企业集团风险控制部总经理；现任财信智慧生活服务集团有限公司副总裁，重庆财信环境资源股份有限公司监事会主席。
吴　非	职工监事	女	43	2019 年 12 月 12 日	—	—	曾任兴业基金管理有限公司计划财务部副总经理（主持工作）；现任华澳国际信托有限公司审计稽核部总经理。

本报告期公司监事会暂未下设专业委员会。

3.4 高级管理人员

姓名	职务	性别	年龄（岁）	选任日期	金融从业年限（年）	学历	专业	简要履历
吴瑞忠	董事长、总裁（代行）	男	56	2019 年 8 月 22 日	39	硕士	工商管理	曾任福建省莆田县财政局副局长，兴业银行莆田分行党委书记、行长，兴业银行沈阳分行党委书记、行长，兴业银行重庆分行党委书记、行长，兴业银行总行企业金融总部风险总监、企业金融信用业务首席审批官，历任华澳国际信托有限公司总裁；现任华澳国际信托有限公司董事长、总裁（代行）。
杨伟琳	副总裁	男	44	2018 年 3 月 16 日	26	本科	法学	曾任兴业银行南昌分行副行长，兼任分行企业金融总部副总裁、金融市场总部南昌分部总裁等职，具有丰富的金融从业经验和资深的金融公司管理经验。
叶　立	副总裁	男	48	2020 年 12 月 25 日	17	硕士	工商管理	曾任重庆国际信托有限公司投资银行部负责人，兴业国际信托有限公司业务总监、总裁助理及党委委员，平安集团执委，上海陆家嘴国际金融资产交易市场股份有限公司控股重庆金融资产交易所副总经理，具有丰富的金融从业经验和管理经验。
曾珊珊	副总裁	女	37	2017 年 12 月 8 日	17	硕士	工商管理	曾任重庆农商行资金运营部副总经理，兴业国际信托投资银行部总经理、华北业务总部总经理等职，兼备一线业务工作经验和条线管理经验，拥有丰富的金融市场、企业金融业务经验。
解媛媛	首席财务官	女	50	2019 年 4 月 1 日	5	硕士	工商管理	曾任天健会计事务所审计部负责人，重庆市财务局财政投资评审经理，重庆财信企业集团总裁助理兼重庆财信房地产开发有限公司副总裁，具有丰富审计及管理方面的从业经验。
李爱民	总裁助理	男	45	2018 年 7 月 23 日	21	硕士	国际法	曾任职于大业信托、外贸信托、安信信托等机构，在信托业务及风控合规管理领域有丰富经验。
张一明	总裁助理	男	45	2019 年 10 月 21 日	11	硕士	工商管理	曾任中国建设银行苏州分行住房信贷科科长，远东国际租赁人力资源部副总经理，陆家嘴信托人力总监，具有丰富人力资源管理及金融从业经验。
周　雷	董事会秘书	男	42	2019 年 10 月 24 日	19	硕士	法学	曾任职于中国人民银行及原中国银监会，担任科长、副处长等职务，具有长期的金融监管及从业工作经验。

3.5 公司员工

本报告期，公司在岗员工219人。

项目		报告期内		2019年末	
		人数（人）	比例（%）	人数（人）	比例（%）
年龄分布	25岁以下	6	2.74	2	0.89
	25~29岁	37	16.90	58	25.89
	30~39岁	138	63.01	129	57.59
	40岁以上	38	17.35	35	15.63
学历分布	博士	1	0.45	1	0.45
	硕士	121	55.25	109	48.66
	本科	93	42.47	107	47.77
	专科	4	1.83	7	3.13
	其他	—	—	—	—
岗位分布	董事长、监事长及高级管理人员	8	3.65	8	3.57
	自营业务人员	9	4.11	9	4.02
	信托业务人员	74	33.79	74	33.04
	财富营销人员	42	19.18	38	16.96
	其他人员	86	39.27	95	42.41

4. 经营管理

4.1 经营目标、经营方针、战略规划

4.1.1 经营目标

公司坚守受托人的根本定位，塑造发展新优势，坚持信托法律关系，做精做细信托主业，打造“小而美、精而专”的信托公司。以实施资金信托新规为契机，形成“自上而下”和“自下而上”的有机结合，完善顶层设计，激发基层创新，提高风控水平和治理水平，加快推动公司“从融资向投资转型、从非标向标准转型、向服务信托转型”，实现高质量发展。

4.1.2 经营方针

公司认真贯彻监管部门关于做好金融服务实体、防范化解风险的各项部署，落实股东会、董事会、监事会的各项决议，紧密团结公司全体员工，秉持“稳增长，控风险，强基础，促改革、增效益”的经营策略，持续推进机制改革、深化人才战略、全面风险管理、金融科技赋能，激活公司发展的新动能，推动各业务板块、管理体系转型升级，提升公司业绩水平。

4.1.3 战略规划

公司围绕“小而美、精而专”的四大内涵——“效率高、体制机制活、风控能力强、盈利水平优”，持续完善公司治理和内部控制机制，推动融资向投资转型、非标向标准转型、向服务信托转型；强化七个领域的建设：以风险为前提、以客户为根本、以团队为基础、以业务为核心、以效益为中心、以文化为引领、以体制机制为保障。坚持“依法展业、合规经营”和“风险为本”的基本方针，持续提升公司服务实体企业、满足客户信托需求的资产管理能力、财富管理能力和受托服务能力，努力推动公司发展成为良好信托文化的践行者、先行者。

4.2 所经营业务的主要内容

4.2.1 公司主营业务

信托业务方面，2020年公司在切实提升全员和风控能力水平基础上，坚持行业深化转型和可持续健康发展。在错综复杂的经济、金融及政策监管环境下，公司定位打造“小而美、精而专”的信托公司，聚焦“融资向投资转型，非标向标准转型、向服务信托转型”，强化“小公司服务大客户”的能力，提高主动管理能力。面对复杂的经济金融形势和强监管态势，公司内部强调顺势而为，准确把握市场的形势及监管态势，增强风险管理的能力，加快三大战略转型目标。坚持“稳发展、控风险、强基础、促转型、增效益”的经营策略，夯实根基、促进转型、狠抓落实，在充分认清市场及自身状况的基础上，发挥优势，稳健有效地推进信托业务持续健康的发展。

为贯彻公司关于信托业务转型发展的要求，将创新转型摆在发展全局的核心位置，公司制定了业务转型发展总体方案，明确了传统业务结构优化，创新转型业务以股权投资、标品业务、债项投资、服务信托为主的发展方向。公司信托业务主要方向：（1）做精做强融资类业务。公司在有限的融资类额度内，建立健全资产、资金端定价体系，并引导部分业务向股权、债项投资等模式转换。（2）做实房地产股权投资业务，获取相应的风险溢价收益。公司在开展房地产信托业务时，基于自身的房地产信托业务准入标准与集中对头部房企授信的业务策略，优先选择区域、业态及投资回报率满足准入标准的项目，通过发行股权信托计划的方式直接或间接通过SPV投资于项目公司股权。（3）打造特色化的标品信托业务。公司大力开展服务类与机构定制类标品信托业务，进一步健全、完善公司相关业务与风控制度，通过相关产品的实际运行，检验公司交易运营、估值清算、信息系统等中后台业务支撑能力。在此基础上，有序开展以公司自主管理、现金管理、定开固收（债券池）、银行渠道定制TOF为代表的主动管理固收类业务，以指数增强、中性策略为代表的量化投资阳光私募及分级定增、FOF等主动管理权益类业务。

固有业务方面，以投资为主，同时更加重视流动性管理，为确保公司稳健经营的流动性安全，适度开展同业拆借业务及信托业保障基金公司的流动性支持业务；固有资金同时作为公司风险缓释的重要手段，给予信托项目一定的流动性支持，帮助信托项目解决成立及垫付信保基金等时点上需求。

公司固有业务主要包括：（1）贷款类业务。贷款类业务是提高固有资金运营效率的重要手段，公司通过对贷款结构、期限、规模的动态调整和优化，积极把握各类行业发展孕育的投资机会，从客户资源、渠道资源、项目资源等方面为信托主业提供有力支持，同时获得风险可控的较高收益。（2）金融产品投资类业务。金融产品投资类业务较为灵活，可根据公司当期资金情况，提高资金使用效率。适当配比不同种类的金融产品时，可降低投资组合风险。同时在风险相对较低的情况下可获得可观收益。目前，金融产品投资类业务主要包括购买信托产品、定向资管产品等。（3）固定收益业务。固定收益业务对公司在优化固有资产投资结构、提升固有资产运营效率等方面发挥着重要作用。公司以确保资金的安全性和资产的流动性为原则，通过对固定收益市场和相关投资品种的深入研究，根据

市场环境的变化动态调整和优化资产配置结构，构成稳健的投资组合，获取固定收益。

目前公司各类投资产品为银行同业定存、货币基金、银行理财产品、定向资管、私募基金、私募债及其他债权投资。

4.2.2 资产组合与分布

2020 年末，公司净资本为 279 670.46 万元，各项业务风险资本之和为 132 905.73 万元，净资本/各项业务风险资本为 210.43%。

自营资产运用与分布表

资产运用	金额（万元）	占比（%）	资产分布	金额（万元）	占比（%）
货币资金	9 699.70	1.83	工商企业	243 526.50	45.87
交易性金融资产	40 000.00	7.54	基础产业	15 000.00	2.83
应收款项	195 159.65	36.76	金融机构	49 699.70	9.36
发放贷款	—	—	其他	222 625.95	41.94
可供出售金融资产	258 526.50	48.70	证券	—	—
长期股权投资	—	—	房地产	—	—
其他	27 466.30	5.17	—	—	—
合计	530 852.15	100.0	合计	530 852.15	100.00

信托资产运用与分布表

资产运用	金额（万元）	占比（%）	资产分布	金额（万元）	占比（%）
货币资金	171 909.48	2.04	工商企业	2 514 831.53	29.86
交易性金融资产	35 919.23	0.43	基础产业	3 044 043.94	36.14
买入返售金融资产	—	—	金融机构	164 972.43	1.96
应收款项	2 305 425.08	27.37	其他	564 169.00	6.70
发放贷款	3 701 436.40	43.95	证券	67 724.71	0.80
可供出售金融资产	1 272 851.46	15.11	房地产	2 067 070.40	24.54
长期应收款	—	—	—	—	—
长期股权投资	935 270.37	11.10	—	—	—
其他资产	—	—	—	—	—
合计	8 422 812.02	100.00	合计	8 422 812.02	100.00

4.3 市场分析

2020 年，面对突如其来的新冠肺炎疫情，党中央、国务院及时采取有力措施，遏制疫情扩散，打赢了疫情防控的阻击战，为国内复工复产创造了初步条件。得益于完整的产业体系和广阔内需市场，中国经济释放巨大动能，率先通过"内循环"实现正增长，成为世界经济增长的曙光。同时，中国经济也面临着需求修复滞后、消费需求不稳、基建投资较为疲弱、中小外贸企业经营遇困、区域增长不平衡加剧等现象，需要找准根源，对症下药。中央明确提出要加快构建以国内大循环为主体、国内国际双循环相互促进的新发展格局。构建新发展格局，关键在于实现经济循环流转和产业关联畅通。根本要求是提升供给体系的创新力和关联性，畅通国民经济循环。2020 年，金融行业努力克服新冠肺炎疫情冲击，稳妥应对各种风险挑战，继续保持了稳健运行的良好态势，服务实体经济质效持续提高。同时，各项金融政策多管齐下，实现了金融风险可控，使金融行业的经营指标和监管指标都处于较好状态。

信托监管部门在 2020 年先后出台了《信托公司股权管理暂行办法》《信托公司行政许可事项实施办法》及《信托公司资金信托管理暂行办法(征求意见稿)》，中国信托业协会发布了《信托公司信托文化建设指引》，加强引导信托公司回归信托"受人之托、代人理财、忠人之事"的本源，构建良好受托文化，塑造行业良好声誉。2020 年度信托业年会上，时任中国银保监会黄洪副主席强调，信托行业要认清形势：严监管、强监管态势将进一步巩固，监管问责将更加严格。他进一步指出，信托公司要围绕受托人的中心地位建设良好受托人文化，牢固树立受托人意识；牢记两个使命：支持实体经济高质量增长和满足人民群众对美好生活的向往；养成三个习惯：遵规守纪、埋头实干、勤勉尽责，提升四个能力：全面风险管理能力、专业化资产管理能力、综合化管理服务能力、信息科技支撑引领能力。在实施资金信托新规的大背景下，加强股权管理、公司治理、风险管理和内部控制，提升主动管理能力，向标品转型、向投资转型成为信托公司的共识。从长期来看，新的外部环境有助于提升信托行业资产管理能力和风险防控意识，加快信托行业转型速度，促进信托行业健康稳健发展。

4.4 内部控制

4.4.1 内部环境和内部控制文化

治理结构。公司建立了"三会一层"治理结构，股东会、董事会、监事会、高级管理层在各自权限范围内履行职责，保障业务决策和日常管理安全有序。公司设置了前台、中台、后台分离的部门组织架构，职责流程、报告关系较为清晰，共同保证经营目标有效实施。

经营战略。2020 年，公司将信托文化建设和合规建设作为全年工作主线，把经营安全作为第一要务，着力提升公司防控五个风险的能力，向管理要效益、向风险要效益、向结构调整要效益，大力发展服务信托，开拓信托本源业务，坚持为实体经济服务，持续打造"小而美、精而专"的信托公司。

激励约束。为建立与公司战略相适应的激励机制和薪酬体系，公司持续优化薪酬考核机制，提升薪酬标准竞争力，打开员工晋升与发展通道，充分调动员工积极性。公司定期修订信托业务和财富管理条线绩效考核制度，综合考量业务达成和风险合规因素，鼓励业务创新，推动经营目标的实现。

廉政建设。公司持续开展"廉洁自律、勤勉尽职"专项工作，从完善廉洁从业和问责制度、宣导不当收入处理规定及廉政监察邮箱、不定期开展教育培训、签订《员工行为自律承诺书》等方面，倡导清廉司风，遏制违规行为。

4.4.2 内部控制措施

公司以建立"全面有效的风险管理体系"为目标，制定与公司战略、业务发展相匹配的风险偏好和风险策略；公司重视信用风险防范，通过前台部门尽职调查、中台部门审批复核，业务落地后定期走访，中台部门定期舆情监测，建立事前、事中、事后全流程风险控制机制；公司定期开展合规经营培训，加强风险评价体系制度建设，将监管部门专项治理、案件排查、全面风险自查工作常态化。公司固有业务和信托业务分属不同的业务部门，部门之间相互独立、相互制约，能够确保固有业务风险和信托业务风险有效隔离。计划财务部、运营部、固有业务部等部门对会计账表、统计信息进行分工，建立内部复核机制，对外报送路径清晰。公司建立了操作风险突发事件和非业务法律事务突发事件应急预案。

4.4.3 信息交流与反馈

内部交流方面，公司通过明确治理层议事规则、经营层会议制度，组织召开定期会议及专题会议，充分运用公文系统及邮件系统等多种形式，确保信息传导及时完整；外部沟通方面，公司与监管部门建立了沟通报告机制，与股东建立了公文传递机制，与客户建立了咨询和投诉反馈机制，以保障信息传递流畅，有利于组织目标的实现。

4.4.4 监督评价与纠正

公司审计与关联交易委员会下设审计稽核部履行内审监督职能，公司持续健全内部审计各项工作规范，完善内部审计体系，提高审计工作质量。2020 年，审计部门根据工作要求开展审计项目及专项检查，其中完成专项、离任、终止审计共 7 个项目，根据监管要求共开展 6 次排查及自查，实事求是、有针对性地开展审计工作，力争为公司经营提效、管理升级做出贡献。

4.5 风险管理

4.5.1 风险管理概况

4.5.1.1 公司风险管理的宗旨

公司风险管理以保护委托人（受益人）最大合法利益为宗旨。（1）风险管理是公司整体经营和各项业务稳健持续发展的保障。（2）董事会和公司最高管理层对风险的识别和管理负最终责任。（3）分工明确、相互制约的组织架构是公司风险管理的前提。（4）完善的制度体系建设是风险管理的基础。

4.5.1.2 公司风险管理的总体目标

（1）提升公司经营管理效果，促进经营和业务积极稳健发展。（2）确保公司经营合法合规及公司内部规章制度得以贯彻执行。（3）确保将公司经营和业务风险控制在与公司总体目标相适应并可承受的范围内。（4）确保公司建立各类重大风险（包括但不限于合规风险、信用风险、市场风险、流动性风险、操作风险、声誉风险、道德风险等）的防范和应急处理机制，保护公司不因灾害性风险或人为失误而遭受重大损失。（5）形成良好的风险管理文化，使全体员工不断强化风险防范和风险管理意识。

4.5.1.3 公司风险管理的原则

（1）全面性。公司风险管理做到事前、事中、事后控制相统一；覆盖公司的所有业务、部门和人员，渗透到决策、执行、监督、反馈等各个环节，确保不存在风险管理的空白或漏洞。（2）独立性。承担风险管理监督检查职能的部门独立于公司其他部门。各业务部门的业务环节应相互独立，各司其职。（3）制衡性。公司部门和岗位的设置权责分明、相互制衡，一线业务运作、二线管理支持及三线监督检查适当分离。

4.5.1.4 公司风险管理的组织架构

公司积极推进涵盖合规风险、信用风险、流动性风险、操作风险和声誉风险等方面的全面风险管理体系框架建设，逐步构建包括从治理层面到经营层面的组织架构和职能设置，业务事前、事中、事后全流程管控，前台、中台和后台"三道防线"的全面风险管理机制，以及不同风险类型的管控机制。通过不断强化全员风险管理理念，厘清风险管理三道防线的职责，实现从项目尽职调查到项目清算的全流程、全方位的风险防范体系。

董事会作为公司最高风险管理机构，审批风险管理战略，确定风险管理的机构设置、职能分工、审批公司风险管理制度、年度目标、监督考核等。

监事会承担公司全面风险管理的监督责任，负责监督检查董事会和高级管理层（执行委员会）在风险管理方面的履职尽责情况。

董事会下设投资风险控制委员会由公司董事组成，负责提出公司经营管理过程中防范和控制风险的指导意见，监督公司风险管理的制度建设；负责审查（审批）重大业务风险；对公司风险状况和风险管理能力及水平进行评价，提出完善公司风险管理的建议。

执行委员会主要负责实施公司战略发展规划，监督业务风险管理制度、业务流程的制定，落实各项风险管理工作。

业务评审委员会由高级管理人员及相关部门负责人组成，负责对公司各项业务的评审和审批，包括对项目合规风险、法律风险、信用风险、市场风险、流动性风险、操作风险、声誉风险等的综合审议；只有经该委员会评审通过的项目方可实施或提交公司投资风险控制委员会审批（根据不同权限）。

前台业务部门是项目风险防范的第一责任人及风险管理第一道防线，按照公司业务指引和风险管理制度要求，履行所经办业务或项目的事前尽调、事中管理和风险处置等风险管控职能职责，并对业务或项目的真实性负责。

风险合规部作为公司全面风险管理的牵头协调部门及第二道风险防线，负责制定公司及各业务的风险管理政策和风险管理制度体系搭建，不断完善公司风险管理文化；依据公司的总体战略和风险偏好，制定风控规划并确定公司风险容忍度；负责存续项目风险管理及相关的制度和流程管理；负责存续项目的信息搜集、整理、统计分析；按照监管部门要求，协调公司各相关部门牵头完成与存续项目风险管理相关的各专项及临时监管信息的报备工作；负责公司法律合规风险管理和咨询服务，对业务部门送审的项目进行法律合规风险审查，提出独立审查意见；负责牵头处理监管部门有关事务，组织案防、反洗钱相关工作；代表公司处理非诉及诉讼等相关事宜；负责促进公司合规文化建设，确保公司各项经营管理活动合法合规。

运营部作为公司信托业务中后端集中运营服务的管理综合平台，主要承担对信托资产存续期的运营处理、核算估值、运营分析和监督控制等职责。

审计稽核部作为风险管理第三道防线，负责风险管理制度和流程执行的监督、审计并进行独立的风险评估；负责协助公司改进风险管理与内部控制系统；通过评价内部控制的效率与效果、促进内部控制的持续改善；对所发现的重大风险事项可直接向审计和关联交易委员会及投资风险控制委员会汇报。

信托业务管理总部负责对公司信托业务进行统筹管理，优化资源配置，提升公司核心盈利能力，促进公司信托业务目标的达成，引领公司信托业务研究与创新；负责针对业务主要风险环节制定相应的业务操作流程。

固有业务部负责公司自有资金的运用和管理，依据年度资金计划，开展固有投资及支持主业发展的各项资金投放，在信托业务需要启动预警机制时，及时调配资金及通过合规手段提供流动性支持，保障公司正常经营运转；同时，负责风险项目的处置清收，通过各种法律手段化解风险项目，最大限度地清收回款，降低损失。

计划财务部负责固有资金预测和收支管理,确保业务资金需求和资金安全,为固有资金运用提供数据支持和建议;及时、准确地计算和报送公司净资本、风险资本及各项监管指标,对指标异动进行分析和警示。本公司在资产负债表日分析判断评估资产的减值情况,根据谨慎原则计提资产减值损失准备。

财富管理总部负责对公司财富管理业务进行统筹管理,优化资源配置,树立公司财富品牌,提升公司资金募集、受托服务等核心竞争力,促进公司财富管理业务目标达成;财富管理总部下设家族信业务办公室,负责公司家族信托业务统筹管理,建立产品及品牌体系,负责业务营销拓展,保障业务落地,推动公司家族信托业务目标达成。

4.5.2 **风险状况**

4.5.2.1 信用风险状况

信用风险主要指交易对手不履行义务的可能性,主要表现为:在信托贷款、资产回购、后续资金安排、担保、履约承诺等交易过程中,借款人、担保人、保管人(托管人)等交易对手不履行承诺,不能或不愿履行约定或承诺而使信托财产和固有财产遭受潜在损失的可能性。同时,当信用风险发生时,如受托人没有尽职管理、安排预算不恰当时,或信托项目违法违规未能如期执行时,则可能会发生流动性风险。

2020年末,公司已按照净利润的5%计提了信托赔偿准备金,年末余额为11 079.06万元,较2019年末增加了2 122.27万元;已按风险资产的1.5%计提了一般风险准备,年末余额为8 473.14万元,与2019年末持平。

4.5.2.2 市场风险状况

市场风险是指公司在运营过程中可能因股价、市场汇率、利率及其他商品价格因素等变动而产生的风险。具体表现为:由经济运作周期变化、金融市场利率波动、通货膨胀、房地产交易、证券市场变化等造成的风险,这些风险可能影响信托财产的价值及信托收益水平,也可能影响公司固有资产价值或导致损失。报告期内,公司未发生因市场风险所造成的损失。

利率风险主要源于市场利率变动对利率敏感金融工具的公允价值或未来现金流量的影响。根据公司资金运作的实际情况,公司计息资产主要为短期同业存放及1年内到期的短期贷款,受市场利率变动的影响可控。

汇率风险指因汇率变动产生损失的风险。2020年,公司业务活动均以人民币计价结算。故此,公司不存在汇率风险。

其他价格风险是指金融工具的公允价值受市场利率和外汇汇率以外的市场价格因素变动发生波动的风险。报告期内,公司不存在重大的其他价格风险。

4.5.2.3 操作风险状况

操作风险是指由于不完善或有问题的内部操作过程、人员、系统或外部事件而导致的直接或间接损失的风险。报告期内,公司经营管理活动严格按照相关制度和操作流程执行,未出现重大差错、失误及责任事故。同时,公司将持续重视和加强操作风险管理,严控操作风险。

4.5.2.4 其他风险状况

其他风险主要指公司业务开展中的流动性风险等。流动性风险是指没有足够资金以满足到期债务支付的风险。根据公司资金运作的实际情况及对流动性的预测,公司的资本基本能够满足日常的业务与投资需求,通过同业拆入等形式的外部融资,能够在一定程度上补充公司流动性,公司流动性风险总体可控。

4.5.3 **风险管理**

4.5.3.1 信用风险管理

为管理和防范信用风险,公司已初步建立信托业务和固有业务全过程风险管理体系框架,风控措施覆盖项目立项、尽职调查、评审审批、发行及资金投放、存续管理、清算等全过程。

公司各项目风险审查人员、法律合规审查人员根据项目评审及风险防范相关原则,通过参与项目前期尽职调查、审核项目材料、参加项目预沟通会、优化交易方案等方式,有效识别、计量、揭示并控制项目存在的各类风险。

公司存续项目管理人员通过对存续项目开展常规检查、集中检查、专项检查及现场检查,持续监控存续期项目风险状况。存续期内,通过查询交易对手(包括抵押人和保证人)涉诉及负面报道情况、查询征信报告、每月向业务部门发布并流动性提示及要求对未来即将到期的信托项目提交具有可操作性的资金安排计划等管理方式,及时跟踪交易对手的信用状况。

同时,公司还通过规范项目重大事项变更审批流程、项目风险事件汇报路线和应急处置流程来持续加强和优化审批流程,将授权和相互协调制约机制细化到具体经办流程中去。

本着业务发展制度先行的原则,公司根据市场及行业发展状况不断梳理和完善风险管理制度风险管理办法、风险管理指引。报告期内,公司新增或修订了《业务评审委员会议事规则》《业务评审委员会实施细则》《投资风险控制委员会关于工作流程的决定(暂行)》,进一步提高业务审批的完整性、规范性和审批效率;出台《房地产信托业务准入与风险指引》《房地产信托项目强监管操作指引》《基础设施类信托业务准入标准及风险指引》及配套的附件,制定《产品风险分级暂行管理办法》,细化和完善公司各类业务和各环节的操作指导;通过梳理集团客户授信管理、项目事前风险审查、存续期项目风险排查等流程及操作规范,进一步明确评审员的专业化分工,优化和规范风险管理操作流程;推进评审员专业化管理,补充业务审核和存续管理力量。

4.5.3.2 市场风险管理

2020年,公司在以往年度制度建设的基础上,根据监管部门监管政策及公司经营发展需要和市场环境变化,在业务指引方面分别修订并出台了房地产和基础设施类信托业务准入标准、房地产信托项目强监管操作指引等。公司的相关制度、相关办法、相关指引基本覆盖公司已开展和拟开展业务类型,为管控市场风险提供制度保障。

4.5.3.3 操作风险管理

公司通过采取一系列措施规范操作流程,进一步降低操作风险:(1)建立严格的部门职责和员工岗位职责,梳理各项业务流程和操作规程;(2)建立职责分离、相互监督制约的机制,建立严格的审核、复核程序;(3)建立规范的信息系统管理流程并配置灾备系统;(4)公司不断完善各项规章制度,使之更加完整严密。

2020年,公司通过数据治理工作小组和流程优化工作小组不断优化现有公司管理流程,提高管理效能,进一步降低操作风险。

通过在业务尽职调查、产品规范化管理、外部中介机构管控、风险监测评价、档案管理、信息披露等方面不断细化管理要点和规范操作流程，提升业务操作的规范化和标准化水平，消除操作风险隐患，有效管理各类操作风险。

4.5.3.4　其他风险管理

4.5.3.4.1　声誉风险

公司高度重视声誉风险管理，通过建立积极、合理、有效的声誉风险管理机制，实现对声誉风险的识别、监测、控制和化解。公司实时关注舆情信息，及时澄清虚假信息或不完整信息。建立信息披露管理制度，及时准确地向公众发布信息，主动接受舆论监督，为正常的新闻采访活动提供便利和必要保障。公司创建多种渠道与投资人进行良好互动，保障客户合法权益，不断提升客户综合满意度，巩固和提升公司的良好形象，推动公司持续稳健发展。

4.5.3.4.2　道德风险

公司通过制度设计完善内部控制机制，规范操作流程；严格执行管理制度及纪律要求；定期开展合规教育，开展员工异常行为排查，要求员工遵纪守法，签署《华澳国际信托有限公司员工行为自律承诺书》《履职回避承诺书》，不断提高员工廉洁自律和勤勉尽职的意识；以员工为本，强调和谐共赢，不断加强企业的凝聚力和员工的归属感，使员工认识到与公司共同成长的重要性，为防范道德风险提供制度保障。

4.5.3.4.3　流动性风险

公司充分重视流动性风险的管理和控制，已制定《华澳国际信托流动性风险管理办法（暂行）》，保持固有资产流动性适度充沛，信托业务在方案设计及后续管理中把流动性风险管理作为重要风险要素之一。公司不断提高识别、监测和调控头寸的能力，随着业务项目的增加，将逐步完善流动性风险管理体系的建设。流动性管理实行分工管理、实时监控、动态调整原则，固有业务部对固有投资、公司整体的流动性需求及缺口进行测算；运营部对信托项目流动性缺口进行测算；风险合规部通过定期风险排查、投贷后管理、流动性风险提示函等方式，及时跟踪并向公司管理层汇报存续项目可能存在的流动性风险，审计稽核部通过对日常经营管理定期审计，对业务项目常规的阶段性稽核及1个月内到期项目的专项稽核等对措施，对流动性管理情况进行监督检查。基本达到提高资金使用效率，保障公司经营持续、稳健的目的。

5. 报告期末及上一年度末的比较式会计报表

5.1　自营资产（会计报表已经审计）

5.1.1　会计师事务所审计意见全文

审 计 报 告

XYZH/2021CQAA20089

华澳国际信托有限公司全体股东：

一、审计意见

我们审计了华澳国际信托有限公司（以下简称华澳信托）财务报表，包括2020年12月31日的合并及母公司资产负债表，2020年度合并及母公司利润表、合并及母公司现金流量表、合并及母公司所有者权益变动表，以及财务报表附注。

我们认为，后附的财务报表在所有重大方面按照企业会计准则的规定编制，公允反映了华澳信托2020年12月31日的合并及母公司财务状况，以及2020年度的合并及母公司经营成果和现金流量。

二、形成审计意见的基础

我们按照中国注册会计师审计准则的规定执行了审计工作。审计报告的“注册会计师对财务报表审计的责任”部分进一步阐述了我们在这些准则下的责任。按照中国注册会计师职业道德守则，我们独立于华澳信托，并履行了职业道德方面的其他责任。我们相信，我们获取的审计证据是充分的、适当的，为发表审计意见提供了基础。

三、其他信息

华澳信托管理层（以下简称管理层）对其他信息负责。其他信息包括华澳信托2020年度报告中涵盖的信息，但不包括财务报表和我们的审计报告。

我们对财务报表发表的审计意见不涵盖其他信息，我们也不对其他信息发表任何形式的鉴证结论。

结合我们对财务报表的审计，我们的责任是阅读其他信息，在此过程中，考虑其他信息是否与财务报表或我们在审计过程中了解到的情况存在重大不一致或者存在重大错报。

基于我们已执行的工作，如果我们确定其他信息存在重大错报，我们应当报告该事实。在这方面，我们无任何事项需要报告。

四、管理层和治理层对财务报表的责任

华澳信托管理层负责按照企业会计准则的规定编制财务报表，使其实现公允反映，并设计、执行和维护必要的内部控制，以使财务报表不存在由于舞弊或错误导致的重大错报。

在编制财务报表时，管理层负责评估华澳信托的持续经营能力，披露与持续经营相关的事项（如适用），并运用持续经营假设，除非管理层计划清算华澳信托、终止运营或别无其他现实的选择。

治理层负责监督华澳信托的财务报告过程。

五、注册会计师对财务报表审计的责任

我们的目标是对财务报表整体是否不存在由于舞弊或错误导致的重大错报获取合理保证，并出具包含审计意见的审计报告。合理保证是高水平的保证，但并不能保证按照审计准则执行的审计在某一重大错报存在时总能发现。错报可能由于舞弊或错误导致，如果合理预期错报单独或汇总起来可能影响财务报表使用者依据财务报表作出的经济决策，则通常认为错报是重大的。

在按照审计准则执行审计工作的过程中，我们运用职业判断，并保持职业怀疑。同时，我们也执行以下工作：

（1）识别和评估由于舞弊或错误导致的财务报表重大错报风险，设计和实施审计程序以应对这些风险，并获取充分、适当的审计证据，作为发表审计意见的基础。由于舞弊可能涉及串通、伪造、故意遗漏、虚假陈述或凌驾于内部控制之上，未能发现由于舞弊导致的重大错报的风险高于未能发现由于错误导致的重大错报的风险。

（2）了解与审计相关的内部控制，以设计恰当的审计程序，但目的并非对内部控制的有效性发表意见。

（3）评价管理层选用会计政策的恰当性和作出会计估计及相关披露的合理性。

（4）对管理层使用持续经营假设的恰当性得出结论。同时，根据获取的审计证据，就可能导致对华澳信托持续经营能力产生重大疑虑的事项或情况是否存在重大不确定性得出结论。如果我们得出结论认为存在重大不确定性，审计准则要求我们在审计报告中提请报表使用者注意财务报表中的相关披露；如果披露不充分，我们应当发表非无保留意见。我们的结论基于截至审计报告日可获得的信息。然而，未来的事项或情况可能导致华澳信托不能持续经营。

（5）评价财务报表的总体列报、结构和内容，并评价财务报表是否公允反映相关交易和事项。

（6）就华澳信托中实体或业务活动的财务信息获取充分、适当的审计证据，以对财务报表发表审计意见。我们负责指导、监督和执行集团审计，并对审计意见承担全部责任。

我们与华澳信托治理层就计划的审计范围、时间安排和重大审计发现等事项进行沟通，包括沟通我们在审计中识别出的值得关注的内部控制缺陷。

信永中和会计师事务所（特殊普通合伙）

中国注册会计师：阳伟

中国注册会计师：杨黎立

中国·北京　　　　二〇二一年四月八日

5.1.2　资产负债表

资产负债表

编制单位：华澳国际信托有限公司　　　　2020 年 12 月 31 日　　　　单位：万元

资　　产	合并		母公司	
	年末余额	年初余额	年末余额	年初余额
资产				
现金及存放银行款项	9 699.70	5 063.63	9 699.70	5 063.63
存放中央银行款项	—	—	—	—
贵金属	—	—	—	—
拆出资金	—	20 000.00	—	20 000.00
以公允价值计量且其变动计入当期损益的金融资产	40 000.00	—	40 000.00	—
衍生金融资产	—	—	—	—
买入返售金融资产	—	—	—	—
应收利息	1 046.46	2 962.98	1 046.46	2 962.98
应收手续费及佣金	—	—	—	—
其他应收款	194 113.19	54 826.44	194 113.19	54 826.44
预付账款	—	—	—	—
持有待售资产	—	—	—	—
发放贷款及垫款	—	3 269.36	—	—
可供出售金融资产	258 526.50	185 643.58	258 526.50	438 623.90
持有至到期投资	—	—	—	—
应收款项类投资	—	249 710.96	—	—
长期股权投资	—	—	—	—
投资性房地产	—	—	—	—
固定资产	305.01	419.11	305.01	419.11
无形资产	1 408.78	1 305.65	1 408.78	1 305.65
商誉	—	—	—	—
递延所得税资产	18 929.98	12 647.35	18 929.98	12 647.35
抵债资产	—	—	—	—
其他资产	6 822.52	5 123.16	6 822.52	5 123.16
资产总计	530 852.15	540 972.22	530 852.15	540 972.22

法定代表人：吴瑞忠　　　　主管会计工作的负责人：解媛媛　　　　会计机构负责人：钱　旭

资产负债表（续）

编制单位：华澳国际信托有限公司　　　　2020 年 12 月 31 日　　　　单位：万元

负债和股东权益	合并		母公司	
	年末余额	年初余额	年末余额	年初余额
负债				
向中央银行借款	—	—	—	—
同业及其他金融机构存放款项	—	—	—	—
拆入资金	20 000.00	20 000.00	20 000.00	20 000.00

续表

负债和股东权益	合并		母公司	
	年末余额	年初余额	年末余额	年初余额
交易性金融负债	—	—	—	—
衍生金融负债	—	—	—	—
卖出回购金融资产款	—	—	—	—
吸收存款	—	—	—	—
应付职工薪酬	11 624.46	7 018.60	11 624.46	[illegible] 018.60
应交税费	22 402.27	21 152.41	22 402.27	[illegible] 152.41
应付利息	2.39	150.90	2.39	150.90
其他应付款	21 241.81	24 514.50	21 241.81	[illegible] 514.50
预收手续费及佣金	—	—	—	—
持有待售负债	—	—	—	—
预计负债	—	—	—	—
应付债券	—	—	—	—
递延所得税负债	—	—	—	—
其他负债	—	55 000.00	—	5[illegible] 000.00
负债合计	75 270.94	127 836.41	75 270.94	1[illegible] 836.41
股东权益	—	—	—	—
实收资本	250 000.00	250 000.00	250 000.00	25[illegible] 000.00
减:库存股	—	—	—	—
资本公积	—	—	—	—
其他综合收益	—	—	—	—
盈余公积	22 158.12	17 913.58	22 158.12	[illegible]913.58
一般风险准备	8 473.14	8 473.14	8 473.14	8 473.14
信托赔偿准备	11 079.06	8 956.79	11 079.06	8 [illegible]56.79
未分配利润	163 870.89	127 792.30	163 870.89	1[illegible] 792.30
归属于母公司所有者权益	455 581.21	413 135.81	—	—
少数股东权益	—	—	—	—
所有者权益合计	455 581.21	413 135.81	455 581.21	4[illegible] 135.81
负债和所有者权益总计	530 852.15	540 972.22	530 852.15	54[illegible]72.22

法定代表人:吴瑞忠　　主管会计工作的负责人:解媛媛　　会计机构负责人:钱 旭

5.1.3 利润表

利润表

编制单位:华澳国际信托有限公司　　2020 年度　　单位:万元

项目	合并		母公司	
	本年发生额	上年发生额	本年发生额	上年发生额
一、营业收入	103 680.86	99 362.94	103 680.86	9[illegible] 362.94
利息净收入	-2 015.49	6 744.49	-2 015.49	-[illegible] 252.33
利息收入	241.91	14 246.03	241.91	1[illegible] 249.22
利息支出	2 257.39	7 501.55	2 257.39	7 501.55
手续费及佣金净收入	49 092.68	51 496.20	49 092.68	5[illegible]96.20
手续费及佣金收入	49 587.75	52 845.24	49 587.75	5[illegible]45.24
手续费及佣金支出	495.07	1 349.03	495.07	1 [illegible]49.03
投资收益	56 603.67	41 122.25	56 603.67	5[illegible] 19.06
其中:对联营企业及合营企业的投资收益	—	—	—	—
公允价值变动损益	—	—	—	—
汇兑收益	—	—	—	—
资产处置收益(损失以"-"号填列)	—	—	—	—
其他收益	—	—	—	—
二、营业支出	51 636.22	60 515.85	51 636.22	6[illegible]15.85
税金及附加	313.75	281.32	313.75	[illegible]1.32

续表

项目	合并		母公司	
	本年发生额	上年发生额	本年发生额	上年发生额
业务及管理费	30 797. 82	25 920. 47	30 797. 82	25 920. 47
资产减值损失	20 524. 65	34 314. 07	20 524. 65	34 314. 07
其他业务成本	—	—	—	—
三、营业利润	52 044. 64	38 847. 09	52 044. 64	38 847. 09
加:营业外收入	4 857. 74	2 190. 68	4 857. 74	2 190. 68
减:营业外支出	53. 11	56. 37	53. 11	56. 37
四、利润总额	56 849. 27	40 981. 40	56 849. 27	40 981. 40
减:所得税费用	14 403. 87	10 363. 76	14 403. 87	10 363. 76
五、净利润	42 445. 40	30 617. 63	42 445. 40	30 617. 63
归属于母公司的净利润	42 445. 40	30 617. 63	—	—
少数股东损益	—	—	—	—
(一)持续经营净利润(净亏损以“-”号填列)	—	—	—	—
(二)终止经营净利润(净亏损以“-”号填列)	—	—	—	—
六、其他综合收益的税后净额	—	—	—	—
归属母公司所有者的其他综合收益的税后净额	—	—	—	—
七、综合收益总额	42 445. 40	30 617. 63	42 445. 40	30 617. 63
归属于母公司股东的综合收益总额	42 445. 40	30 617. 63	—	—

法定代表人:吴瑞忠　　主管会计工作的负责人:解媛媛　　会计机构负责人:钱　旭

5.1.4 所有者权益变动表

所有者权益变动表

编制单位:华澳国际信托有限公司　　2020 年度　　单位:万元

项目	本年(合并/母公司)					
	实收资本	盈余公积	一般风险准备	信托赔偿准备	未分配利润	所有者权益合计
一、上年年末余额	250 000. 00	17 913. 58	8 473. 14	8 956. 79	127 792. 30	413 135. 81
加:会计政策变更	—	—	—	—	—	—
前期差错更正	—	—	—	—	—	—
二、本年年初余额	250 000. 00	17 913. 58	8 473. 14	8 956. 79	127 792. 30	413 135. 81
三、本年增减变动金额(减少以“-”号填列)	—	4 244. 54	—	2 122. 27	36 078. 59	42 445. 40
(一)综合收益总额	—	—	—	—	42 445. 40	42 445. 40
1. 净利润	—	—	—	—	42 445. 40	42 445. 40
2. 其他综合收益	—	—	—	—	—	—
(二)所有者投入和减少资本	—	—	—	—	—	—
1. 股东投入资本	—	—	—	—	—	—
2. 股份支付计入所有者权益的金额	—	—	—	—	—	—
3. 其他	—	—	—	—	—	—
(三)利润分配	—	4 244. 54	—	2 122. 27	-6 366. 81	—
1. 提取盈余公积	—	4 244. 54	—	—	-4 244. 54	—
2. 提取一般风险准备	—	—	—	—	—	—
3. 提取信托赔偿准备	—	—	—	2 122. 27	-2 122. 27	—
4. 对股东的分配	—	—	—	—	—	—
5. 其他	—	—	—	—	—	—
四、本年年末余额	250 000. 00	22 158. 12	8 473. 14	11 079. 06	163 870. 89	455 581. 21

项目	上年(合并/母公司)					
	实收资本	盈余公积	一般风险准备	信托赔偿准备	未分配利润	所有者权益合计
一、上年年末余额	250 000. 00	14 851. 82	8 473. 14	7 425. 91	101 767. 31	341 476. 56
加:会计政策变更	—	—	—	—	—	—
前期差错更正	—	—	—	—	—	—
二、本年年初余额	250 000. 00	14 851. 82	8 473. 14	7 425. 91	101 767. 31	382 518. 18

续表

项　目	上年（合并/母公司）					
	实收资本	盈余公积	一般风险准备	信托赔偿准备	未分配利润	所有者权益合计
三、本年增减变动金额（减少以"－"号填列）	—	3 061.76	—	1 530.88	26 024.99	30 617.63
（一）综合收益总额	—	—	—	—	30 617.63	30 617.63
1. 净利润	—	—	—	—	30 617.63	30 617.63
2. 其他综合收益	—	—	—	—	—	—
（二）所有者投入和减少资本	—	—	—	—	—	—
1. 股东投入资本	—	—	—	—	—	—
2. 股份支付计入所有者权益的金额	—	—	—	—	—	—
3. 其他	—	—	—	—	—	—
（三）利润分配	—	3 061.76	—	1 530.88	－4 592.64	—
1. 提取盈余公积	—	3 061.76	—	—	－3 061.76	—
2. 提取一般风险准备	—	—	—	—	—	—
3. 提取信托赔偿准备	—	—	—	1 530.88	－1 530.88	—
4. 对股东的分配	—	—	—	—	—	—
5. 其他	—	—	—	—	—	—
四、本年年末余额	250 000.00	17 913.58	8 473.14	8 956.79	127 792.30	4[illegible]3 135.81

法定代表人：吴瑞忠　　　　主管会计工作的负责人：解媛媛　　　　会计机构负责人：钱　旭

5.2 信托资产

5.2.1 信托项目资产负债汇总表

信托项目资产负债汇总表

编制单位：华澳国际信托有限公司　　　　2020 年 12 月 31 日　　　　单位：万元

信托资产	年末数	年初数	信托负债和信托权益	年末数	年初数
信托资产：			信托负债：		
货币资金	171 909.48	88 257.49	应付受托人报酬	6.51	53.21
拆出资金	—	—	应付托管费	1.20	5[illegible]6
交易性金融资产	35 919.23	75 654.55	交易性金融负债	—	—
应收款项	2 305 425.08	2 754 102.21	应付受益人收益	22 037.55	21 [illegible]
买入返售资产	—	2 000.40	应付销售服务费	81.78	—
可供出售金融资产	1 272 851.46	2 588 289.03	其他应付款项	279 954.66	142 [illegible]
长期应收款	—	—	卖出回购资产款	—	—
长期股权投资	935 270.37	911 497.37	应交税费	287.78	2[illegible]8.[illegible]
客户贷款	3 701 436.40	6 800 538.42	其他负债	—	—
应收融资租赁款	—	—	信托负债合计	302 369.48	164 1[illegible]
固定资产	—	—	信托权益		
无形资产	—	—	实收信托	8 215 966.19	13 096 5[illegible]
长期待摊费用	—	—	资金公积	72.00	—
其他资产	—	—	未分配利润	－95 595.65	－40 381.5[illegible]
内部往来	—	—	信托权益合计	8 120 442.54	13 056 1[illegible]
信托资产总计	8 422 812.02	13 220 339.47	信托负债和信托权益总计	8 422 812.02	13 220 33[illegible]

5.2.2 信托项目利润及利润分配汇总表

信托项目利润及利润分配汇总表

编制单位：华澳国际信托有限公司　　　　2020 年 12 月 31 日　　　　单位：万元

项目	本年数	上年数
一、营业收入	710 371.06	910 303.54
1. 利息收入	511 922.71	634 425.30
2. 投资收益	192 062.96	202 726.47
3. 公允价值变动损益	18 588.83	57 548.98
4. 租赁收入	—	—
5. 其他收入	－12 203.44	15 602.80
二、营业费用	73 937.19	76 401.66

续表

项目	本年数	上年数
三、营业税金及附加	2 529.73	[illegible]54.54
四、扣除资产减值准备前的信托利润	633 904.14	3[illegible]47.34
减：资产减值准备	—	—
五、扣除资产减值准备后的信托利润	633 904.14	3[illegible]47.34
加：年初未分配信托利润	－40 381.57	－[illegible]12.42
六、可供分配的信托利润	593 522.57	2[illegible]34.92
减：本年已分配信托利润	689 140.46	[illegible]6.49
加：损益平准金	22.24	—
七、年末未分配信托利润	－95 595.65	－4[illegible]1.57

6. 会计报表附注

6.1 会计报表编制基准不符合会计核算基本前提的说明

本报告期会计报表编制基准不存在不符合会计核算基本前提的事项。

本公司编制的财务报表符合企业会计准则的要求，真实、完整地反映了本公司的财务状况、经营成果和现金流量等有关信息。

本公司的会计期间为公历 1 月 1 日至 12 月 31 日。

本公司以人民币为记账本位币。

本公司会计核算以权责发生制为记账基础。除某些金融工具以公允价值计量外，本财务报表以历史成本作为计量基础。资产如果发生减值，则按照相关规定计提相应的减值准备。

在历史成本计量下，资产按照购置时支付的现金或者现金等价物的金额或者所付出的对价的公允价值计量。负债按照因承担现时义务而实际收到的款项或者资产的金额，或者承担现时义务的合同金额，或者按照日常活动中为偿还负债预期需要支付的现金或者现金等价物的金额计量。

公允价值是市场参与者在计量日发生的有序交易中，出售资产所能收到或者转移一项负债所需支付的价格。无论公允价值是可观察到的还是采用估值技术估计的，在本财务报表中计量和披露的公允价值均在此基础上予以确定。

公允价值计量基于公允价值的输入值的可观察程度及该等输入值对公允价值计量整体的重要性，被划分为以下三个层次。

第一层次输入值是在计量日能够取得的相同资产或负债在活跃市场上未经调整的报价。

第二层次输入值是除第一层次输入值外相关资产或负债直接或间接可观察的输入值。

第三层次输入值是相关资产或负债的不可观察输入值。

合并财务报表的合并范围以控制为基础予以确定。控制是指投资方拥有对被投资方的权力，通过参与被投资方的相关活动而享有可变回报，并且有能力运用对被投资方的权力影响其回报金额。一旦相关事实和情况的变化导致上述控制定义涉及的相关要素发生了变化，本公司将进行重新评估。

合并起始于本公司获得对该结构化主体的控制权时，终止于本公司丧失对结构化主体的控制权时。

对于本公司处置的结构化主体，处置日（丧失控制权的日期）前的经营成果和现金流量已经适当地包括在合并利润表和合并现金流量表中。

结构化主体采用的主要会计政策和会计期间按照本公司统一规定的会计政策和会计期间厘定。

本公司与结构化主体相互之间发生的内部交易对合并财务报表的影响于合并时抵销。

结构化主体股东权益中不属于母公司的份额作为其他投资者的权益，在合并资产负债表中以“其他应付款”项目列示。结构化主体当期净损益中属于其他投资者的份额，在合并利润表中与“投资收益”抵销列示。

6.2 或有事项说明

报告期内，本公司未发生对外担保及其他或有事项。

6.3 重要资产转让及其出售的说明

报告期内，本公司未发生重要资产转让及出售情况。

6.4 会计报表中重要项目的明细资料

6.4.1 自营资产经营情况

6.4.1.1 信用风险资产五级分类情况

信用风险资产五级分类	正常类（万元）	关注类（万元）	次级类（万元）	可疑类（万元	损失类（万元）	信用风险资产合计（万元）	不良资产合计（万元）	不良资产率（%）
期初数	421 705. 18	45 882. 69	75 691. 23	19 548. 03	1 131. 40	563 958. 53	96 370. 66	10. 78
期末数	413 268. 45	63 500. 00	73 070. 00	19 040. 00	1 040. 00	569 918. 45	93 150. 00	7. 72

注：1. 不良资产合计 = 次级类 + 可疑类 + 损失类。

2. 不良资产率期初数、期末数按信托行业评级相关公式计算。

6.4.1.2 各项资产减值损失准备情况表

单位：万元

分类	年初数	本年计提	本年转回	本年核销	年末数
贷款损失准备	—	—	—	—	—
其中：一般准备	—	—	—	—	—
专项准备	—	—	—	—	—
其他资产减值准备	43 570. 83	20 625. 17	—	100. 53	64 095. 47
可供出售金融资产减值准备	43 470. 30	17 653. 20	—	—	61 123. 50
持有至到期投资减值准备	—	—	—	—	—
长期股权投资减值准备	—	—	—	—	—
坏账准备	100. 53	2 971. 97		100. 53	2 971. 97
投资性房地产减值准备	—	—	—	—	—

6.4.1.3 按照投资品种分类，固有业务股票投资、基金投资、债券投资、股权投资等投资业务的年初数、年末数

单位：万元

时间	自营股票	基金	债券	长期股权投资	其他投资	合计
年初数	—	3 360. 00	—	—	478 734. 20	482 094. 20
年末数	—	20 0000. 00	—	—	339 650. 00	359 650. 00

6.4.1.4 按投资入股金额排序，前五名的自营长期股权投资的企业名称、占被投资企业权益的比例、主要经营活动及投资收益情况等

报告期内，本公司无长期股权投资。

6.4.1.5 前五名的自营贷款的企业名称、占贷款总额的比例和还款情况等

报告期内，本公司无自营贷款。

6.4.1.6 表外业务的期初数、期末数，按照代理业务、担保业务和其他类型表外业务分别披露

单位：万元

表外业务	年初数	年末数
担保业务	—	—
代理业务（委托业务）	—	—
其他	—	—
合计	—	—

6.4.1.7 公司当年的收入结构

收入结构	公司合并		公司单体	
	金额(万元)	占比(%)	金额(万元)	占比(%)
手续费及佣金收入	49 587.75	44.56	49 587.75	44.56
其中：信托手续费收入	44 712.02	40.18	44 712.02	40.18
其他手续费收入	4 875.73	4.38	4 875.73	4.38
利息收入	241.91	0.22	241.91	0.22
其他业务收入	—	—	—	—
投资收益	56 603.67	50.86	56 603.67	50.86
公允价值变动收益	—	—	—	—
汇兑收益	—	—	—	—
营业外收入	4 857.74	4.36	4 857.74	4.36
收入合计	111 291.07	100.00	111 291.07	100.00

6.4.2 信托财产管理情况

6.4.2.1 信托资产的年初数、年末数

单位：万元

信托资产	年初数	年末数
集合	3 095 487.87	2 462 863.18
单一	8 493 669.58	5 055 579.63
财产权	1 631 182.02	904 369.21
合计	13 220 339.47	8 422 812.02

6.4.2.1.1 主动管理型信托业务的信托资产年初数、年末数

单位：万元

主动管理型信托资产	年初数	年末数
其他投资类	41 164.76	231 510.98
证券投资类	41 133.13	31 747.96
股权投资类	56 560.60	208 356.45
融资类	2 543 152.96	1 968 030.55
事务管理类	—	—
合计	2 682 011.45	2 439 645.94

6.4.2.1.2 被动管理型信托业务的信托资产年初数、年末数

单位：万元

被动管理型信托资产	年初数	年末数
其他投资类	—	200.58
证券投资类	—	—
股权投资类	—	—
融资类	106.76	106.76
事务管理类	10 538 221.26	5 982 858.73
合计	10 538 328.02	5 983 166.07

6.4.2.2 本年度整体已清算结束的信托项目个数、实收信托合计金额、加权平均实际年化收益率

6.4.2.2.1 本年度整体已清算结束的信托项目个数、实收信托合计金额、加权平均实际年化收益率

已清算结束的信托项目	项目个数(个)	实收信托合计金额(万元)	加权平均实际年化收益率(%)
集合类	60	285 616.05	5.98
单一类	72	162 552.85	3.59
财产管理类	21	77 548.14	6.25

注：$\text{加权平均实际年化收益率} = \dfrac{\sum_{i=1}^{n}\left(\text{信托项目}\,i\,\text{的实际年化收益率} \times \text{信托项目}\,i\,\text{的实收信托}\right)}{\sum_{i=1}^{n}\text{信托项目}\,i\,\text{的实收信托}} \times 100\%$。

6.4.2.2.2 本年度整体已清算结束的主动管理型信托项目个数、实收信托合计金额、加权平均实际年化收益率

已清算结束的信托项目	项目个数(个)	实收信托合计金额(万元)	加权平均实际年化信托报酬率(%)	加权平均实际年化收益率(%)
证券投资类	—	—	—	—
股权投资类	—	—	—	—
融资类	55	2 484 091.00	1.50	7.16
事务管理类	—	—	—	—
其他投资类	1	210 700.00	0.01	6.94

注：$\text{加权平均实际年化收益率} = \dfrac{\sum_{i=1}^{n}\left(\text{信托项目}\,i\,\text{的实际年化收益率} \times \text{信托项目}\,i\,\text{的实收信托}\right)}{\sum_{i=1}^{n}\text{信托项目}\,i\,\text{的实收信托}} \times 100\%$。

6.4.2.2.3 本年度整体已清算结束的被动管理型信托项目

已清算结束的信托项目	项目个数(个)	实收信托合计金额(万元)	加权平均实际年化信托报酬率(%)	加权平均实际年化收益率(%)
证券投资类	—	—	—	—
股权投资类	—	—	—	—
融资类	—	—	—	—
事务管理类	97	7 847 079.50	0.18	4.25

注：$\text{加权平均实际年化收益率} = \dfrac{\sum_{i=1}^{n}\left(\text{信托项目}\,i\,\text{的实际年化收益率} \times \text{信托项目}\,i\,\text{的实收信托}\right)}{\sum_{i=1}^{n}\text{信托项目}\,i\,\text{的实收信托}} \times 100\%$。

6.4.2.3 本年度整体新增信托项目个数、实收信托合计金额

新增信托项目	项目个数(个)	实收信托合计金额(万元)
集合类	49	1 6[illegible]5 540.00
单一类	12	3[illegible]5 037.76
财产管理类	1	3[illegible]5 000.00
新增合计	62	2 4[illegible]5 577.76
其中：主动管理型	48	1 6[illegible]5 340.00
被动管理型	14	7[illegible]0 237.76

6.4.2.4 信托业务创新成果和特色业务有关情况

公司各类业务创新成果和特色业务有关情况[illegible]于公司网

站不时披露。

6.4.2.5 本公司履行受托人义务情况及因本公司自身责任而导致的信托资产损失情况

本公司没有发生任何因受托人自身责任或处理信托事务不当而导致所管理信托财产发生损失并致信托受益人利益受损的情况。

6.5 关联方关系及其交易的披露

6.5.1 关联交易方的数量、关联交易的总金额及关联交易的定价政策等

项目	关联交易方数量(个)	关联交易金额(万元)	定价政策
合计	2	44 080	公平的市场价格

6.5.2 关联交易方与本公司的关系性质、关联交易方的名称、法定代表人、注册地址、注册资本及主营业务等

关系性质	关联方名称	法定代表人	注册地址	注册资本(万元)	主营业务
母公司	重庆渝信企业集团有限公司	卢生举	重庆市江北区江北城西大街3号14－1、15－1、16－1	111 600	利用自有资金对建设工程项目进行投资,农业及旅游业项目开发;销售建筑材料、装饰材料、金属材料、化工产品及原料;环境污染防治工程设计等。
关联自然人直接或间接控制、或担任董事、监事及高级管理人员的其他企业	重庆农村商业银行股份有限公司	刘建忠	重庆市江北区金沙门路36号	1 135 700	许可项目:吸收公众存款;发放短期、中期和长期贷款;办理国内结算;办理票据承兑与贴现;代理发行、代理兑付、承销政府债券;买卖政府债券、金融债券;从事同业拆借;从事银行卡业务;代理收付款项业务;提供保管箱服务;经中国银行业监督管理机构批准的其他业务(依法须经批准的项目,经相关部门批准后方可开展经营活动,具体经营项目以相关部门批准文件或许可证件为准)。

6.5.3 公司与关联方的重大交易事项

6.5.3.1 固有与关联方交易情况:贷款、投资、租赁、应收账款、担保、其他方式等期初汇总数、本年借方和贷方发生额汇总数、年末汇总数

单位:万元

固有与关联方关联交易				
项目	年初数	借方发生额	贷方发生额	年末数
贷款	—	—	—	—
投资	—	—	—	—
租赁	—	—	—	—
担保	—	—	—	—
其中:附抵押	—	—	—	—
应收账款	—	—	—	—
其他	—	145 800	28 000	117 800
合计	—	145 800	28 000	117 800

6.5.3.2 信托与关联方交易情况:贷款、投资、租赁、应收账款、担保、其他方式等期初汇总数、本年借方和贷方发生额汇总数、年末汇总数

单位:万元

信托与关联方关联交易				
项目	年初数	借方发生额	贷方发生额	年末数
贷款	—	—	—	—
投资	—	—	—	—
租赁	—	—	—	—
担保	—	—	—	—
应收账款	—	—	—	—
其他	5 800	16 080	5 800	16 080
合计	5 800	16 080	5 800	16 080

6.5.3.3 信托公司自有资金运用于自己管理的信托项目(固信交易)、信托公司管理的信托项目之间的相互(信信交易)交易金额,包括余额和本报告年度的发生额

6.5.3.3.1 信托公司自有资金运用于自己管理的信托项目年初汇总数、本年发生额汇总数、年末汇总数

单位:万元

自有资金运用于自己管理的信托项目			
项目	年初数	本年发生额	年末数
合计	7 000	-7 000	—

6.5.3.3.2 信托公司管理的信托项目之间关联交易

报告期内,公司作为受托人设立华澳·臻至1号、臻至2号、臻至3号及臻至5号家族信托,由委托人自主选择并指令配置公司发行及(或)管理的集合资金信托计划。报告期末,臻至1号家族信托发生1笔业务,金额为1 800万元;臻至2号家族信托发生3笔业务,金额分别为1 420万元、320万元及120万元;臻至3号家族信托发生1笔业务,金额为1 030万元;臻至5号家族信托发生1笔业务,金额为1 150万元;以上6笔合计金额为5 840万元。本关联交易为信托业务资金型关联交易,已履行内部审批流程及监管部门事前报告流程。

6.5.4 逐笔披露关联方逾期未偿还本公司资金的详细情况及本公司为关联方担保发生或即将发生垫款的详细情况

报告期内,无关联方逾期未偿还本公司资金的情况及本公司为关联方担保发生或即将发生垫款的情况。

6.6 会计制度的披露

公司执行财政部颁布的《企业会计准则》。

7. 财务情况说明书

7.1 利润实现和分配情况

报告期内本公司实现利润总额 56 849.27 万元，企业所得税费用为 14 403.87 万元，实现净利润 42 445.40 万元。

按有关法律、法规规定，对净利润作了如下处理：

（1）按当年度实现的净利润提取 10% 的法定盈余公积金 4 244.54万元；（2）按当年度实现的净利润提取 5% 的信托赔偿准备2 122.27万元；（3）按风险资产余额提取 1.5% 的一般风险准备，本年一般风险准备余额与上年持平；上述各项提取之后，剩余部分为 36 078.59 万元。2020 年末可供分配的利润 163 870.89 万元。

7.2 主要财务指标

指标名称	指标值
资本利润率（%）	9.77
加权年化信托报酬率（%）	0.44
人均净利润（万元）	191.20

注：1. 资本利润率 = 净利润/所有者权益平均余额 ×100%。

2. 加权年化信托报酬率 $= \dfrac{\sum_{i=1}^{n}\left(\text{信托项目}\,i\,\text{的实际年化信托报酬率} \times \text{信托项目}\,i\,\text{的实收信托}\right)}{\sum_{i=1}^{n}\text{信托项目}\,i\,\text{的实收信托}} \times 100\%$。

3. 人均净利润 = 净利润/年平均人数。

7.3 对本公司财务状况、经营成果有重大影响的其他事项

报告期内，本公司没有发生对财务状况、经营成果有重大影响的其他事项。

8. 特别事项揭示

8.1 前五名股东报告期内变动情况及原因

无。

8.2 董事、监事及高级管理人员变动情况及原因

董事变动情况：无。

监事变动情况：原监事、监事长张宏先生于 2020 年 6 月 8 日经股东会批准不再担任监事职务，于 2020 年 6 月 9 日经监事会批准不再担任监事长职务。根据股东提名，股东会同意选举周永才先生为公司第三届监事会监事；根据股东推荐，监事会同意选举周永才先生为公司第三届监事会监事长。

高级管理人员变动情况：2020 年 12 月 25 日，上海银保监局核准叶立副总裁的任职资格。

8.3 报告期内股东违反承诺质押信托公司股权或以股权及其受（收）益权设立信托等金融产品的情况

报告期内，公司股东无违反承诺质押信托公司股权或以股权及其受（收）益权设立信托等金融产品的情况。

8.4 报告期内已向中国银行保险监督管理委员会或其派出机构提交行政许可申请但尚未获得批准的事项

报告期内，公司无已向中国银行保险监督管理委员会或其派出机构提交公司股权管理相关的行政许可申请但尚未获得批准的事项。

8.5 可能影响股东资质条件或导致公司股权发生重大变化的事项

报告期内，公司实际控制人资质不足，主要股东股权质押率高，可能对公司股权稳定性造成不利影响。

8.6 变更注册资本、变更注册地或公司名称、公司分立合并事项

报告期内，公司无变更注册资本、无变更注册地或公司名称、公司分立合并事项。

8.7 公司的重大诉讼事项

8.7.1 重大未决诉讼事项

报告期内，公司无重大未决诉讼事项。

8.7.2 以前年度发生，于本报告年度内终结的诉讼事项

报告期内，公司固有业务及信托业务方面均无以前年度发生于本报告年度内终结的诉讼事项。

8.7.3 本报告年度发生，于本报告年度内终结的诉讼事项

报告期内，公司固有业务及信托业务方面均无本报告年度发生并于本报告年度内终结的诉讼事项。

8.8 公司及其董事、监事和高级管理人员受到处罚的情况

报告期内，公司董事、监事、高级管理人员、公司股东重庆财信企业集团有限公司及北京融达投资有限公司、实际控制人均未受稽查、行政处罚、通报批评及或公开谴责。

8.9 中国银行保险监督管理委员会及其派出机构对公司检查后提出整改意见的，应简单说明整改情况

报告期内，上海银保监局分别于 2020 年 1 月至 2020 年 6 月至 9 月对公司实施了两轮现场核查和检查工作。公司按照监管部门现场核查和检查发现和反馈的问题，对应制定了整改方案和整改措施，并相应开展整改提升工作。

8.10 公司全年履行社会责任的情况

报告期内，公司积极贯彻国家宏观调控政策，发挥金融杠杆作用，充分发挥信托制度优势，创新业务模式，引导金融资本引入实体经济，促进民生改善，助力经济发展。在开展业务的过程中，向国家政策支持的绿色产业、生态农业、中小企业等领域靠拢，以实际行动支持社会可持续发展。并落实监管要求，按照反洗钱风险防控、预警和处理程序，健全反洗钱工作体系，有

效履行反洗钱企业义务和社会责任，为维护金融稳定贡献力量。

公司实际缴纳企业所得税 19 448.67 万元、个人所得税 3 205.71万元、增值税 26 878.85 万元、城建税 1 881.52 万元、教育费附加 1 343.94 万元、印花税 4.85 万元、车船税 0.88 万元，共计 52 764.42 万元。

公司信托资产管理规模为 842.28 亿元，从行业集中度来看，主要投向基础产业和工商企业等实体经济领域。其中，投向基础产业类的信托管理规模为 304.4 亿元，占公司信托业务分布首位，占总规模的 36.14%；投向工商企业类的信托管理规模为 251.48 亿元，占比为 29.86%。

公司为受益人创造信托利润 63.39 亿元，实际分配信托收益 68.91 亿元。

新冠肺炎疫情暴发后，公司积极加入由中国信托业协会倡议、国通信托发起的“中国信托业抗击新型肺炎慈善信托”，投入慈善专项资金 50 万元；积极倡议捐款，助力疫情防控，公司党总支及 8 个支部的党员累计捐赠 14 529 元款项。此外，部分党员还积极向慈善基金会捐款，自发性捐款累计为 7 000 元；公司工会向企业所在地上海浦东新区捐赠了 2 160 瓶酒精消毒液等防疫物资，向奋战在抗击疫情一线的工作人员提供物资支持。

公司先后荣获《证券时报》“2020 年度优秀财富管理品牌奖”，《中国经营报》“2020 优秀信托公司”“2020 卓越竞争力财富管理品牌”，中国财经峰会“2020 杰出品牌形象奖”，上海市浦东新区人民政府“2019 年度浦东新区金融业突出贡献奖”等奖项。

8.11　本年度重大事项临时报告的简要内容、披露时间、所披露的媒体及其版面

本年度公司无重大事项临时报告等披露事项。

8.12　中国银行保险监督管理委员会及其省级派出机构认定的其他有必要让客户及相关利益人了解的重要信息

报告期内，公司不存在中国银行保险监督管理委员会及上海银保监局认定的有必要让客户及相关利益人了解的未进行披露的重要信息。

华宝信托有限责任公司

1. 重要提示

1.1 本公司董事会及董事保证本报告所载资料不存在任何虚假记载、误导性陈述或者重大遗漏,并对其内容的真实性、准确性和完整性承担个别及连带责任。

1.2 独立董事赵欣舸、廖海、张续超认为本报告内容是真实、准确、完整的。

1.3 公司负责人总经理孔祥清,主管会计工作负责人副总经理张晓喆及会计部门负责人财务部总经理蒋勋声明:保证年度报告中财务报告的真实、准确、完整。

2. 公司概况

2.1 公司简介

2.1.1 企业简介

华宝信托有限责任公司(简称华宝信托)成立于1998年,是中国宝武钢铁集团有限公司旗下的产业金融业板块成员公司,中国宝武钢铁集团有限公司持股98%,舟山市国有资产投资经营有限公司持股2%。华宝信托注册资本金为47.44亿元(含1 500万美元)。

华宝信托的大股东中国宝武信誉卓著、实力雄厚。秉承中国宝武一贯的严谨稳健、诚信规范作风,华宝信托始终以"受益人利益最大化"为经营理念,以专业化和差异化发展为基本战略,以资产管理与信托服务为两大主业,立足资本市场,不断强化能力建设、渠道建设和品牌建设。

多年来,华宝信托始终保持创新意识,业务资格全面,拥有企业年金"法人受托机构"和"账户管理人"、受托境外理财业务、私募基金管理人、大宗交易系统合格投资者、资产证券化业务、新股发行询价对象等业务资格。2020年,华宝信托全力打造"专业化聚焦发展,一体化综合管理,区域化业务拓展"的经营管控体系,构建"一总部、多区域业务中心"的战略布局,打造更具竞争力的钢铁生态圈金融服务能力与体系。

自成立以来,华宝信托为投资者创造了良好收益,1998年至2020年累计为客户实现收益2 288亿元。截至2020年末,华宝信托管理的信托资产规模为4 307亿元。华宝信托也为股东创造了良好收益,自1998年成立以来,公司连续23年都实现盈利。

目前,华宝信托产品利用多种结构和工具覆盖了资本市场、货币市场、实体经济等各大投资领域,并在现金管理、金融市场、境外投资、产业金融深度服务、薪酬福利、家族信托等业务领域不断探索创新。在风控方面,华宝信托形成了由董事会及管理层直接领导,以风险管理部门为依托,相关职能部门配合,与各个业务部门全面联系的三级风险管理组织体系,公司治理结构及风险控制水平行业领先。

近年来,华宝信托在各类外部评选中多次荣获各类奖项。其中2020年,公司荣获"浦东新区经济特别贡献奖"、《上海证券报》第十三届"'诚信托'创新领先奖及最佳证券投资信托产品奖"、《证券时报》第十三届中国优秀信托公司评选"2020年度优秀创新信托计划奖"、"2020年度优秀证券投资信托计划奖"、《21世纪经济报道》第十三届"'金贝奖'2020优秀信托公司奖"等重要奖项。

展望未来,华宝信托将继续立足钢铁生态圈专业化信托服务,为上下游机构和高端客户提供差异化财富管理和综合金融解决方案。公司将进一步丰富产品线及提升信托服务能力,为客户打造更好产品,提供更好服务,让更多的市场主体参与信托,享受信托制度的优势。

2.1.2 历史沿革

1998年,华宝信托投资有限责任公司经过增资、更名、迁址。

2001年,第一批获得中国人民银行核准重新登记,注册资本金为10亿元;获得中国证监会筹建经纪公司方案的批复;正式成立并开始营业。

2007年,通过重新登记,更名为华宝信托有限责任公司。

2011年,经股东增资,华宝信托注册资本由10亿元增加至20亿元。

2014年,完成工商变更及备案登记手续,注册资本由20亿元增加至37.44亿元。

2019年,完成工商变更及备案登记手续,原股东舟山市财政局不再持有公司股权,舟山市国有资产投资经营有限公司持有公司2%股权。

2020年,完成工商变更及备案登记手续,注册资本由37.44亿元增加至47.44亿元。

2.1.3 基本信息

2.1.3.1 公司的法定中文名称:华宝信托有限责任公司

中文名称缩写:华宝信托

公司的法定英文名称:Hwabao Trust Co., Ltd.

英文名称缩写:Hwabao Trust

2.1.3.2 法定代表人:孔祥清

2.1.3.3 注册地址:中国(上海)自由贸易试验区世纪大道100号59层

邮政编码:200120

国际互联网网址:www.hwabaotrust.com

电子信箱:hbservice@hwabaotrust.com

2.1.3.4 负责信息披露的高管人员:卢晓亮

联系人:宋宇敏

联系电话:021-38506666

传真:021-68403999

电子信箱:song_yumin@hwabaotrust.com

2.1.3.5 信息披露报纸:《中国证券报》《上海证券报》

《证券时报》

2.1.3.6 年度报告备置地点：中国(上海)自由贸易试验区世纪大道100号59层

2.1.3.7 聘请的会计师事务所：天健会计师事务所

住所：杭州市江干区钱江路1366号华润大厦B座

2.1.3.8 聘请的律师事务所：上海市锦天城律师事务所

住所：上海市浦东新区银城中路501号上海中心大厦9层、11层、12层

2.2 组织结构

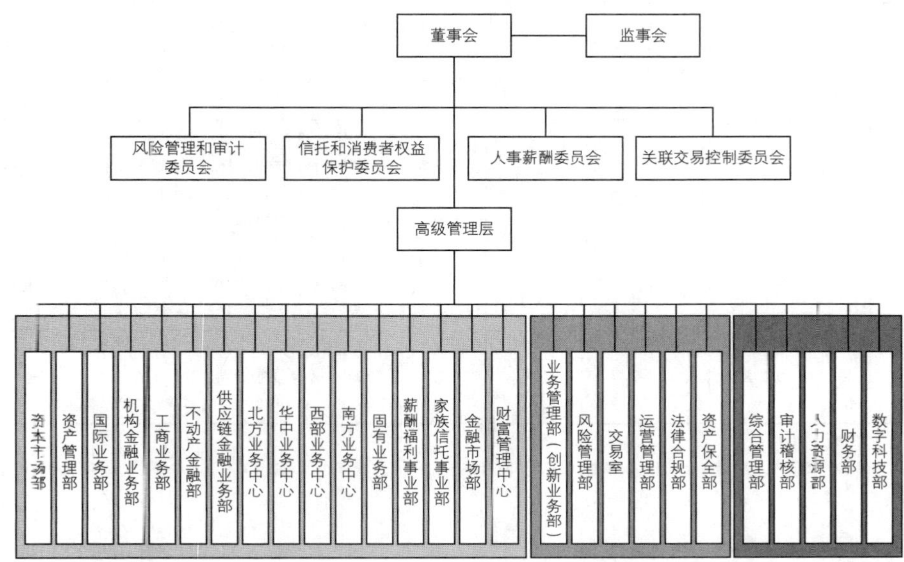

3. 公司治理

3.1 股东

股东总数：2家。

股东名称	持股比例(%)	法人代表	注册资本(万元)	注册地址	主要经营业务及主要财务情况
中国宝武钢铁集团有限公司★	98	陈德荣	5 279 110.10	上海市浦东新区世博大道1859号	经营国务院授权范围内的国有资产，开展有关国有资本投资、运营业务(企业经营涉及行政许可的，凭许可证经营)。
舟山市国有资产投资经营有限公司	2	董慧跃	55 000	浙江省舟山市定海区临城街道翁山路416号中浪国际大厦C座2103-1室(自贸试验区内)	授权范围内的国有资产经营，房地产开发、围垦、政府授权范围内的土地收储、土地整理开发、旅游项目开发，景区开发(以上涉及资质的凭证经营)；燃料油(不含危险化学品)、化工产品(不含危险化学品及易制毒品)、煤炭及制品、金属及矿产品批发，股权投资、投资管理、投资咨询(未经金融等监管部门批准，不得从事向公众融资存款、融资担保、代客理财等金融服务)(依法须经批准的项目，经相关部门批准后方可开展经营活动)。

注：★表示最终实际控制人。

3.2 董事、董事会及其下属委员会

董事长、董事

姓　名	职　务	性别	年龄(岁)	选任日期	所推举的股东名称	该股东持股比例(%)	简要履历
李琦强	董事长	男	49	2020年11月	中国宝武钢铁集团有限公司	98	曾在宝钢集团从事财务工作多年，历任宝钢集团浦钢公司财务部副部长、部长，宝钢股份中厚板分公司财务部部长，宝钢股份财务部部长助理、副部长、部长，八一钢铁总会计师，宝钢集团(中国宝武)财务部总经理，中国宝武产业金融业发展中心总经理、产业金融党工委书记、华宝投资总经理，中国宝武总经理助理等职务；现任华宝信托党委书记、董事长。

续表

姓名	职务	性别	年龄（岁）	选任日期	所推举的股东名称	该股东持股比例（%）	简要履历
朱永红	董事	男	51	2019年4月	中国宝武钢铁集团有限公司	98	曾在中国地质大学经济学院任教，历任武汉市蔡甸经济开发区管委会副主任兼蔡甸区招商局局长（副处级）、工委委员，武钢集团战略研究室主任、财务部部长、财务总监，武钢国贸党委书记、副总经理，武钢集团副总会计师、总会计师，华宝投资董事长等职务；现任中国宝武总会计师、党委常委兼董事会秘书，宝钢股份监事会主席，宝武集团财务公司董事长，华宝基金董事长，华宝信托董事。
孔祥清	董事	男	53	2020年6月	中国宝武钢铁集团有限公司	98	曾在宝钢集团从事财务工作多年，历任宝钢计财部资金处副处长（主持工作），宝钢集团财务公司总经理，华宝投资副总经理，法兴华宝汽车租赁董事长，华宝租赁董事长，中国宝武产业金融党工委副书记、纪工委书记兼工会主席，华宝基金党委书记、董事长等职务；现任华宝信托董事、总经理、党委副书记。
胡爱民	董事	男	47	2019年11月	中国宝武钢铁集团有限公司	98	曾在宝钢集团从事财务、投资并购工作多年，历任宝钢集团资本运营部副总经理、总经理，华宝投资资本运营部副总经理，宝钢集团投资管理部总经理，宝钢包装党委书记、高级副总裁，中国宝武产业金融业发展中心总经理、产业金融党工委书记，华宝投资董事、总经理，华宝证券董事长等职务；现任华宝投资党委书记、董事长，华宝证券董事长，华宝信托董事。
李　磊	董事	男	44	2017年8月	舟山市国有资产投资经营有限公司	2	曾在财政金融工作多年，历任舟山市财政局预算局副局长，舟山市财政局[illegible]金融处处长，舟山市财政局金融贸易处处长，舟山市国有资产投资经营有限公司董事长、总经理等职务。现任舟山市财金投资控股有限公司董事长、总经理，华宝信托董事。
卢晓亮	职工董事	男	40	2019年3月	—	—	曾在华宝信托稽核审查部、投资基金信托部、合规风险管理部、产品企划部工作，历任华宝信托产品创新与研发中心副总经理（主持工作）、总经理，华宝信托业务管理部总经理、职工董事等职务；现任华宝信托总经理助理（拟任）兼业务管理部（创新业务部）总经理、职工董事。

注：1. 上表信息截止时间为2020年12月31日。

2. 2021年2月25日，公司召开职工代表大会，经大会无记名投票选举，刘月华同志当选为公司职工董事，新的职工董事任职资格经中国银保监会上海监管局核准后生效，核准前原职工董事仍履职。

独立董事

姓名	所在单位及职务	性别	年龄（岁）	选任日期	所推举的股东名称	该股东持股比例（%）	简要履历
赵欣舸	中欧国际工商学院会计学教授	男	50	2010年2月	中国宝武钢铁集团有限公司	98	曾在哈尔滨市对外科技交流中心工作，历任美国威廉与玛丽学院[illegible]金融学助理教授，中欧国际工商学院金融学与会计学副教授；现任中欧国际工商学院金融学与会计学教授，华宝信托独立董事。
廖　海	源泰律师事务所主任合伙人	男	54	2011年4月	中国宝武钢铁集团有限公司	98	曾任北京市中伦律师事务所上海分所合伙人；现任上海源泰律师事务所主任合伙人，华宝信托独立董事。
张续超	中合中小企业融资担保股份有限公司独立董事	男	63	2019年3月	中国宝武钢铁集团有限公司	98	历任国家能源投资公司国际合作局副处长、副局长，国家开发银行国际金融局副局长，美国联亚集团公司执行副总裁，北京第一会达风险管理科技有限公司总裁；现任中合中小企业融资担保股份有限公司独立董事，中国企业联合会管理咨询委员会副主任，华宝信托独立董事。

注：上表信息截止时间为2020年12月31日。

3.3 监事、监事会

监事会成员

姓名	职务	性别	年龄（岁）	选任日期	所推举的股东名称	该股东持股比例（%）	简要履历
沈　雁	监事会主席	男	55	2019年2月	中国宝武钢铁集团有限公司	98	曾在宝钢教委职工大学、宝钢企管处、宝钢法务室工作，历任宝钢集团法务部合同处副处长，宝钢股份法律事务管理处副处长、处长，宝钢股份法律事务部副部长、部长，宝钢集团（中国宝武）法律事务部部长兼诉讼管理处长等职务；现任中国宝武副总法律顾问、法律事务部部长，华宝信托监事会主席。
黄洪永	监事	男	48	2019年9月	中国宝武钢铁集团有限公司	98	曾在宝钢集团企业管理处、规划部、管理创新部工作，历任宝钢工程人力资源部（党委组织部）部长，广东钢铁规划部副部长，广东宝钢置业副总经理，宝钢集团（中国宝武）人事效率总监、领导力发展总监，中国宝武产业金融党工委副书记、纪工委书记等职务；现任华宝投资党委副书记、纪委书记，华宝信托监事。

续表

姓 名	职 务	性别	年龄（岁）	选任日期	所推举的股东名称	该股东持股比例(%)	简要履历
刘文力	职工监事	男	44	2016年3月	—	—	曾在华宝信托计划财务部税务、预算、统计、会计总账等岗位工作，历任稽核监察部高级稽核经理、稽核主管等职务；现任华宝信托稽核专家、职工监事。

注：上表信息截止时间为2020年12月31日。

3.4 高级管理人员

姓 名	职 务	性别	年龄（岁）	选任日期	金融从业年限（年）	学历	专业
孔祥清	总经理	男	53	2020年6月	19	硕士	工商管理
张晓喆	副总经理	女	50	2009年10月	11	硕士	工商管理
刘雪莲	副总经理	女	39	2020年10月	16	硕士	金融学
丁 杰	总经理助理	男	39	2016年4月	13	硕士	工商管理
卢晓亮	总经理助理（拟任）	男	40	—	15	硕士	民商法学

注：1. 上表信息截止时间为2020年12月31日。

2. 2021年3月29日，经公司第七届董事会第二十二次会议审议通过，同意张晓喆女士辞任公司副总经理。

3. 2020年12月14日，经公司第七届董事会第二十次会议审议通过，同意聘请卢晓亮先生任公司总经理助理，并于2021年1月22日获中国银保监会上海监管局核准任职资格。

3.5 公司员工

最近两个年度职工人数、年龄分布、学历分布、岗位分布，所有层级加总整体为100%。具体情况如下：

项 目		报告期年度		上年度	
		人数（人）	比例（%）	人数（人）	比例（%）
年龄分布	25岁以下	—	—	6	2
	25~29岁	35	11	68	21
	30~39岁	197	62	192	59
	40岁以上	87	27	59	18
学历分布	博士	4	1	5	2
	硕士	163	51	162	49
	本科	149	47	155	47
	专科	3	1	1	1
岗位分布	董事、监事及其高级管理人员	6	2	7	2
	自营业务人员	13	4	3	1
	信托业务人员	157	49	172	53
	其他人员	143	45	143	44

注：1. 上表信息截止时间为2020年12月31日。

2. 自营业务人员是指按照岗位分工，专门或至少主要从事固有资金使用和固有资产管理有关业务的职工；信托业务人员是指按照岗位分工，专门或主要从事信托资金使用和信托资产管理等项业务的职工；对于人力资源部等类似无法明确区分的综合部门归为其他人员。

4. 经营管理

4.1 经营目标、经营方针、战略规划

公司作为集团金融板块的主要企业，承担着生态圈金融平台的基础构架和主要服务商角色，定位于立足钢铁生态圈专业化信托服务，为上下游机构和高端客户提供差异化财富管理和综合金融解决方案。

根据公司的战略定位和目标，华宝信托经营指导方针主要如下：聚焦钢铁生态圈，做精融资业务、做深投资业务、做优标品信托、做大服务信托。重点统筹好六个方面的关系：一是统筹发展和安全；二是经营与管理；三是统筹规模与效益；四是统筹标品与非标；五是统筹资产与资金；六是统筹表内与表外。

公司战略愿景是成为国内行业领先、资产/财富管理能力一流、富有品牌影响力的综合金融解决方案的提供商、多种金融功能的集成者和供应链金融服务的引领者。

4.2 所经营业务的主要内容

4.2.1 资本充足率、资产质量和盈利状况

按照合并报表口径，期末公司固有资产为130.22亿元，固有负债为12.90亿元，少数股东权益为11.25亿元，所有者权益（扣除少数股东权益）为106.07亿元。公司资本充足，所有者权益（扣除少数股东权益）比率为81.45%。

公司报告期末净资本为82.14亿元，各项业务风险资本之和为32.90亿元，净资本/各项业务风险资本之和的比率为249.71%，均符合监管指标要求。

公司对不良资产计提资产损失准备充足，整体资产质量较好。

按照合并口径，报告期内公司实现收入合计286 529.06万元，利润总额为160 004.09万元，净利润为119 103.01万元。公司2020年总资产利润率（税前利润/年均总资产）为12.22%，资本利润率（净利润/年均所有者权益）为10.33%，主营业务收益率（净利润/营业总收入）为41.57%。

4.2.2 经营的主要业务、品种

业务框架包括产业金融业务、资本市场业务、工商企业业务、机构金融业务、资金管理业务、创新业务。

公司从以下四个方面不断提升业务框架：将公司主要资源集中于核心产品和战略产品，利用自身专业化优势不断提升市场竞争力；积极提高公司主动管理信托产品的比重，实现从融资平台向自主管理的产品定位转型；提高信托产品的设计技术含量，提供个性化的产品设计服务，以高品质来服务高净值客户；充分利用信托制度广阔的投融资领域和灵活的信托财产隔离机制，提供丰富的理财产品和理财解决方案，帮助客户实现理财目标。

4.2.3 资产组合与分布

母公司固有资产中，货币资产占总资产比例为9.11%，交易性金融资产占0.08%，可供出售金融资产占63.92%，长期股权投资占8.25%，其他资产占18.64%。

固有资产运用与分布表（母公司）

资产运用	金额（万元）	占比（%）	资产分布	金额（万元）	占比（%）
货币资产	91 832.57	9.11	基础产业	—	—
贷款及应收款	—	—	房地产业	69.48	0.01
交易性金融资产	798.14	0.08	证券市场	58 188.78	5.77
可供出售金融资产	644 656.02	63.92	实业	—	—
持有至到期投资	—	—	金融机构	937 885.02	92.99
长期股权投资	83 248.37	8.25	其他	12 404.22	1.23
其他	188 012.40	18.64			
资产总计	1 008 547.50	100.00	资产总计	1 008 547.50	100.00

注：资产运用中的"其他"包含保障基金16.51亿元。

信托资产运用与分布表

资产运用	金额（万元）	占比（%）	资产分布	金额（万元）	占比（%）
货币资产	1 833 643.28	4.26	基础产业	7 255 411.22	16.85
贷款及应收款	10 744 269.75	24.95	房地产业	3 266 889.32	7.59
交易性金融资产	6 206 144.12	14.41	证券市场	8 424 823.52	19.56
可供出售金融资产	18 205 997.51	42.27	实业	3 804 741.42	8.83
持有至到期投资	—	—	金融机构	1 299 809.30	3.02
长期股权投资	4 693 840.28	10.90	其他	19 016 923.80	44.15
其他	1 384 703.64	3.21			
资产总计	43 068 598.58	100.00	资产总计	43 068 598.58	100.00

注：资产分布的"其他"中，1 641 896.84万元为财产信托，17 375 026.96万元为其他。

4.3 市场分析

宏观经济方面，面对严峻复杂的国内外环境特别是新冠肺炎疫情的严重冲击，2020年我国经济保持了稳定运行。初步核算，2020年国内生产总值为101.6万亿元，全年经济增长2.3%，成为全球主要经济体中唯一实现正增长的国家，彰显了中国经济强大的活力和韧性。2020年经济总体超出市场预期，主要有以下三个方面的原因：一是中国保供给，海外保需求，外需大幅超出预期。由于新冠肺炎疫情防控绩效不同，全球供给处于一种紧平衡状态。中国制造在某种意义上承担了为全球提供供给的角色，包括防疫用品、"宅经济"产品及全球复苏期的机械设备等，出口增速中枢几乎全年逐步抬高。二是在货币普遍宽松下，新冠肺炎疫情之后，中国和全球房地产市场呈现较高景气。2020年4个季度的国内房地产销售同比增速分别为-14.1%、3.2%、9.9%、12.7%，对产业链的带动较为明显。三是经济转型加快，新经济蓬勃发展，特别是高技术服务业发展快速。2020年1～11月规模以上高技术服务业、科技服务业、战略性新兴服务业营业收入增速分别达12%、11%、8.6%。新能源汽车产量全年同比增长17.3%。工业机器人全年产量累计同比增长19.1%。展望2021年，经济动能较强：一是在新冠疫苗接种、疫情可控背景下外需和全球贸易的进一步打开；二是海内外需求继续好转叠加产能利用率偏高，推动制造业补库存、补产能；三是需求侧改革拉动消费修复、新基建继续带动新经济、疫情防控常态化"软服务"发展。预计2021年第一季度GDP增速15%～16%，其后将回归至潜在GDP附近，全年增速在8%左右。

证券市场方面，2020年是宏观波动非常剧烈的一年，市场呈结构性牛市。上证指数涨13.87%，深证成指涨38.73%，沪深300涨27.21%，创业板涨64.96%。2020年股市呈现以下特征：一是结构性行情继续保持，板块分化更加明显。2020年，大盘指数除了2月、3月和7月出现过比较大的波动外，整体上以盘整为主。沪指大部分时间在3 000～3 400点波动，下半年更是在3300点上下的100点内震荡，继续上一年的结构性行情走势。2020年的板块分化更加严重，消费、医药、科技三大板块表现优异，银行、地产、保险表现低迷。二是股市制度建设加快。2020年，新股发行注册制改革持续推进，"三步走"完成了第二步创业板的注册制改革，正在向市场全覆盖迈进。2020年发行新股399只，募集资金4700多亿元，不仅与上年相比接近翻倍，更创了10年新高。与此同时全年16只老股黯然离场，创下了A股史上强制退市数量的年度新高。2020年最后一天，沪深证券交易所退市新规双双落地。三是居民储蓄加速向基金"搬家"，2020年，Wind统计显示，按照基金成立日计算，公募基金市场迎来1431只新基金加盟，发行总份额近3.16万亿份，创下历史新高。公募基金总数超过7360只，剔除FOF所持基金市值后资产净值合计约18.7万亿元，较上年末增长近27%。展望2021年股市，经济继续复苏，流动性收敛，预计难以出现指数型行情，盈利升、估值降是大概率事件。与此同时，市场本身估值极端分化的格局，市场大概率维持宽幅震荡局面，通过板块轮动格局来化解估值偏高的矛盾。在低估值行情下，港股的相对强势有望延续。

信托市场方面，2020年信托业经营平稳，有效抵御了新冠肺炎疫情和宏观经济增速下行等内外部冲击。(1)信托资产规模持续压降。中国信托业协会数据显示，截至2020年第三季度末，信托业受托管理的信托资产余额为20.86万亿元，较年初减少7432.79亿元，同比下降5.16%。行业管理规模的持续下降主要是顺应监管导向、主动控增速、调结构的结果，表明行业正从注重规模转向注重发展质量。(2)资金投向"脱虚向实"。中国信托业协会数据显示，截至2020年第三季度末，投向工商企业的信托资金占比仍居首位，投向基础产业、房地产、其他、金融机构和证券市场的资金占比分别位居第二至第六。(3)信托经营收入和信托业务收入的稳定增长，利润增速下降。中国信托业协会数据显示，2020年第一季度至第三季度，信托业实现经营收入841.6亿元，较上年同期增长5.73%，增速较上半年提高0.51个百分点，其中信托业务收入为615.78亿元，同比增长11.69%；实现利润总额485.89亿元，同比下降13.13%，降幅较上半年扩大4.08个百分点。(4)信托业资本实力持续提升，注册资本、净资产均实现增长。Wind数据显示，从注册资本来看，59家信托公司中共有9家年内完成增资，合计约272.43亿元，增资完成后59家信托公司平均注册资本为47.48亿元，较2019年行业平均值（指2019年63家信托公司母公司的平均数）增加5.68亿元。从净资产来看，截至2020年末，59家信托公司平均净资产达105.73亿元，较2019年行业平均值增长超过10%。(5)信托公司开始在"标品"领域发力。根据Wind统计，2020年1月至12月，信托行业新发行的证券投资信托规模和数量逆势上升，发行数量为4043只，同比增长超100%，占比也由2019年同期的24.77%上升至2020年的60.56%。展望2021年，信托业务仍处于结构调整的关键阶段，信托行业规模的反弹或尚需一段蛰伏期，规模压降或仍是2021年的主基调，并可能被公募基金和保险超越，退出资管领域前三位。存量风险处置的压力仍在，新增风险可能在房地产、工商企业领域有进一步体现，信托公司拨备计提压力仍不少，导致信托公司整体利润增速仍可能维持低位。

法律法规方面，(1)2020年1月，中国银保监会发布《关于推动银行业和保险业高质量发展的指导意见》，要求信托公司回归“受人之托，代人理财”的职能定位，发挥信托产品的直接融资功能。(2)2020年2月，中国银保监会发布《信托公司股权管理暂行办法》，强化了信托公司股权穿透，提升成为信托公司股东的门槛，并对与股东之间的关联交易进行了严格的规定。(3)2020年5月，中国银保监会发布《信托公司资金信托管理暂行办法(征求意见稿)》，明确了信托公司非标占比50%的限制、资金信托定位为私募、彻底禁绝非标资金池、严格限制客户集中度。(4)2020年6月，中国银保监会《关于开展银行业保险业市场乱象整治“回头看”工作的通知》下发，对于信托公司在宏观政策执行中，尤其强调在房地产信托贷款中涉及的违规操作。(5)2020年6月，中国银保监会下发《关于信托公司风险资产处置相关工作的通知》，明确要求信托公司压降违法违规严重、投向不合规的融资类信托业务。(6)2020年7月，中国人民银行、中国银保监会发布公告《优化资管新规过渡期安排引导资管业务平稳转型》，确认“资管新规”过渡期延长至2021年末。但也明确指出不涉及“资管新规”相关监管标准的变动和调整。(7)2020年7月，中国人民银行会同中国银保监会、中国证监会、国家外汇管理局发布《标准化债权类资产认定规则》，明确标准化债权类资产和非标准化债权类资产的界限、认定标准及监管安排，引导市场规范发展。(8)2020年8月，住建部和中国人民银行召开重点房地产企业座谈会，明确了重点房地产企业资金监测和融资管理规则，也就是资产负债率、净负债率、现金短债比“三道红线”，该监管政策将在2021年正式实施，地产信托业务再次被限制。(9)2020年11月，中国银保监会公布《信托公司行政许可事项实施办法》，未来信托公司股权管理，机构设立、变更、终止，业务资格申请，公司治理等都将更加规范。

4.3.1 有利条件

中国高净值人群理财需求处在高速增长期。中国银行业协会和清华大学五道口金融学院联合发布了一份白皮书。截至2019年末，中国的高净值人群总量已经达132万人，同比上一年增长近6.6%。报告中还显示，目前国内的资产管理规模已经超过了百万亿元，增速为全球之最。中国高净值人数激增，如何多样化资产配置以分散风险，成为迫切需要。高净值人群呈现年轻化及专业人士化的特征，他们没有机会能像私营企业主对持有企业进行再投资，更少的渠道获取投资机会和更少的时间管理个人财富。信托公司在帮助客户实现财产保值增值及传承上具有较大优势，这不仅是因为信托公司具备专业资产管理能力，同时还因为信托在财产独立性、风险隔离、灵活性及架构稳定性方面具有制度优势，兼具财产管理和财产转移的双重功能，可以满足客户多样化的财产管理需要。另外，随着我国财富存量规模不断积累，人口逐步老龄化及社会关系日益复杂，财产管理的需求更多样化，越来越多的人关注财产的安全保障、传承和特定目的运用。信托公司通过深入学习借鉴境外市场信托发展的经验，积极开展家族信托、家庭信托、遗嘱信托、教育信托、养老信托等服务信托产品的创新，并充分发挥信托的制度优势探索开展企业年金信托、个人养老金信托等业务，助力构建稳定、有效运转的养老保障“三大支柱”体系。

信托业紧密围绕“十四五”规划，服务实体经济实现高质量发展。服务实体经济发展是金融机构的核心使命，信托投资可以横跨货币市场、资本市场和实业部门，通过积极转型，迎来新的发展机遇：(1)直接服务实体经济。信托公司要利用自身的灵活性优势，围绕实体企业做大做强的投融资需求提供综合投行服务。通过证券化、供应链金融、PPP、产业基金等形式，引入民间资本助力基础设施建设和国家经济发展；同时，通过私募股权投资，为我国一大批创业者、企业家提供资金支持，成为新经济发展的重要推动力量。(2)把握资本市场发展机遇，大力开展标品业务，助力直接融资。积极加强证券市场的投研能力建设，提升主动投资管理能力和配置能力，开发设计出更多符合客户资产配置需求的证券投资信托产品，如资产配置型TOF、TOT、MOM产品，债券及“固收+”类投资信托，与阳光私募合作的证券投资信托产品等。通过开展这些具有直接融资特点的资金信托业务，更好地促进居民储蓄向投资的转化，为实体经济实现高质量发展提供更多助力。(3)拓展国际业务。加大金融领域开放力度和“一带一路”倡议的推进，高净值客户境外理财与全球资产配置需求日益强烈，国际业务将是信托业务重要方向。

政策支持。近几年来信托业曲折发展，如今在政府推动和“一法三规”的约束引导下，逐步认清信托定位，积极转型，正在回归“受人之托，代人理财”本源，在服务实体经济方面发挥巨大的作用。从发达国家经验看，信托业的良好发展都离不开较为完备的信托法律制度。在“资管新规”和一系列监管政策的共同作用下，信托业应该强化风险管控、持续推进转型升级、把握发展速度、提升发展质效，努力顺应新时代。

公司依托优良的资产、规范诚信的经营、良好的品牌形象与商誉、专业化的人才队伍及控股股东中国宝武集团的大力支持，为业务拓展和健康成长奠定了基础。

4.3.2 不利条件

监管趋严的风险。信托监管是对于信托公司经营发展最为直接的影响因素，甚至是决定因素。“资管新规”逐步落地，在去通道、治乱象、防风险的大背景下，监管部门排查与处罚的力度持续加大，信托业各类风险加速暴露，风险项目规模增加，不良资产率上升，信托公司的风险管控能力面临巨大考验。2021年，监管政策将继续保持严格水平，外部形势仍然存在较大的不确定性，风险管理压力仍较高。信托公司应继续强化风险防控能力、坚定走新的转型发展道路，按照监管引导的方向，积极培育投资信托、服务信托、财富管理信托等业务的发展，合理规划融资类业务的总体规模和配置结构，不断提高风险控制能力和资本实力，增强风险抵御能力，保障自身稳健发展。

资管领域竞争加剧。“资管新规”正式实施后，资管各细分行业的监管规则在一定程度上被拉平，大类产品同质化程度会越来越高，客户需求对于市场的决定性作用会越来越大，市场对于客户的争抢越来越激烈。信托企业未来不但需要继续面对信托同业间的激烈竞争，而且还需要与银行理财、基金、券商等其他资管细分行业展开更加激烈的跨界竞争。信托公司要充分利用比较优势，打造细分市场的核心竞争力，构建产品体系及综合服务体系，帮助自身在这个跨界竞争和同业竞争并存的时代，拓宽足够的发展空间。

业务风险。信托业风险的暴露是经济下行期、增长速度换挡、结构调整"阵痛"、前期刺激政策的综合叠加，再加之疫情的突然冲击，才出现集中暴露、暴发的行业现象。从资金投向看，当前不少信托企业的存量业务投向集中于房地产和基础设施行业，未来随着房地产监管的深化和地方政府债务水平的持续上升，信托企业在该类资产配置上应该作出必要的调整。未来信托公司需要摆脱信贷文化及刚兑思维，建立针对特定风险、特定产品特点的风控体系和风险管理工具。创新能力是信托所具有的特质，但是这种创新不是绕监管、规避监管，而是以服务客户需求为根本出发点，创设既合规又能满足客户需求的资管产品。

4.4 内部控制

4.4.1 内部控制环境和内部控制文化

公司根据国家有关法律法规和公司章程，建立了由股东会、董事会、监事会和高级管理层组成的分工明确、权责对应、合理制衡的公司治理结构。董事会下设风险管理和审计委员会、信托和消费者权益保护委员会、人事薪酬委员会和关联交易控制委员会四个专业委员会。

报告期内，公司"三会一层"各司其职、规范运作。

公司根据自身业务特点和内部控制要求设立了科学、规范的组织机构及岗位。综合管理部负责组织协调内部控制的建立实施及日常工作。审计稽核部作为内部审计机构对内部控制的有效性进行监督检查。内部审计机构对监督检查中发现的内部控制缺陷，按照内部审计工作程序进行报告，对监督检查中发现的内部控制重大缺陷，有权直接向董事会及其审计委员会、监事会报告。

公司始终秉承"合规经营、稳健发展"的理念，注重信托文化培育，持续完善内部控制体系建设，提倡业务部门是内部控制及风险管理"第一道防线"的内部控制文化。

4.4.2 内部控制措施

公司明确界定各部门、各岗位的目标、职责和权限，建立相应的授权、检查和逐级问责制度，确保不相容岗位的相互分离及其在授权范围内履行职能。公司通过内部控制制度体系，明确展业过程中各部门及岗位的职责权限、各业务流程的控制节点和控制要求，并定期根据业务发展的实际情况及时调整、更新制度管理文件，作为业务开展的执行依据和管理规范。

公司针对固有资产和信托资产设立了相互独立的运作部门，在信托业务和固有业务之间实行决策、人员、财务和管理的有效分离。在日常业务开展过程中，通过前台、中台、后台的分工协作，实现投资决策和交易分离、财产运营和监控保管分离，有效制衡，防范风险。

公司针对敏感岗位制定了《岗位风险控制十条禁令》，明确了敏感岗位需要明令禁止的高风险事项。

公司建立了重大风险预警机制和突发事件应急处理机制，明确风险预警标准，对可能发生的重大风险或突发事件，制定应急预案，明确责任人员，规范处理程序，确保突发事件得到及时妥善处理。

4.4.3 信息交流与反馈

公司建立了高效畅通的内外部信息交流与反馈机制。内部各层级之间报告路线明确，沟通渠道畅通，信息传递及时。公司各业务部门、财务会计部门、法律合规部门、风险管理部门及行政管理部门负责收集职责范围有关的内部信息和外部信息。通过财务会计资料、经营管理资料、调研报告、专项信息、内部刊物、办公网络等渠道获取内部信息，通过行业协会组织、社会中介机构、业务往来单位、市场调查、来信来访、网络媒体及有关监管部门等渠道获取外部信息，并对收集的信息进行合理筛选、核对、整合，提高信息的有用性。公司建立并不断完善信息系统，利用信息技术促进信息集成与共享，充分发挥信息技术在信息传递与沟通中的作用。

公司建立了举报投诉制度和举报人保护制度，设置举报专线，明确举报投诉处理程序、办理时限和办理要求，确保举报、投诉成为公司有效掌握信息的重要途径。举报投诉制度和举报人保护制度通过员工手册发布。

4.4.4 监督评价与纠正

公司审计稽核部门负责对公司内部控制进行监督评价与纠正。公司审计稽核部是公司独立的监督部门，直接向董事会汇报，是对公司经营活动全过程进行的一种内在经济监督，以防范风险、纠正违规、加强内控为工作目标，对公司内控制度、业务经营、财务活动等实施检查监督。公司内控管理部门负责牵头对公司规章制度和操作流程的健全性、有效性进行持续梳理整合，使公司的内部控制更加有效、趋于完善。

4.5 风险管理

4.5.1 风险管理概况

公司重视风险管理，通过制定和不断完善内部规章制度，建立职责分工合理的组织架构，设置专业的风险管理部门，将现代风险管理技术与传统风险管理方法相结合，对可能产生的风险及时采取措施，全面防范。对实际发生的风险积极处理，全力化解，有效进行事前、事中、事后的控制与管理，并根据实际需要随时对风险管理体系进行调整。

公司风险管理遵循全面性原则、独立性原则、有效性原则和及时性原则。

4.5.1.1 公司经营活动中可能遇到的风险

公司经营活动中可能遇到的风险主要有信用风险、市场风险、操作风险、流动性风险、政策风险等。

4.5.1.2 公司风险管理的基本原则与政策

风险管理贯彻全面性、独立性、有效性、及时性等原则，覆盖到公司所有业务、部门和人员，并渗透到公司各项业务和经营管理的各个环节；通过事前防范、事中控制、事后监督对风险进行全面综合的管理，促进公司持续、稳健、规范、健康运行。

4.5.1.3 公司风险管理组织架构与职责划分

公司建立以董事会及下设风险管理与审计委员会、经营管理层、风险管理职能部门为主的自上而下的多层次风险管理架构，构建以业务经营条线、风控条线、审计条线为主的风险管理"三道防线"。

公司董事会是公司风险管理的最高决策机构，根据外部监管和内部控制要求，结合稳健保守的风险偏好，制定公司总体的风险管理策略，引导公司不断健全全面风险管理体系，保障公司持续稳定经营。

风险管理和审计委员会是董事会设立的专门工作机构，主要负责公司合规和风险管理、监督和评估；公司内、外部审计的沟通、监督和核查工作的审核。

公司经营管理层承担全面风险管理的实施责任，执行董事会的决议，逐步建立适应全面风险管理的经营管理架构，明确公司业务部门、风险管理职能部门及其他部门在风险管理中的职责分工，组织制定风险管理制度，定期对公司的资产质量和风险管理状况进行评估，监控、管理、控制公司的各种风险，并定期向董事会报告。公司经营管理层通过投资决策委员会直接对信托项目进行风险评估和决策。

投资决策委员会（以下简称投决会）是对信托业务进行审议和表决的决策机构。

投资预审委员会（以下简称投审会）是投决会的前置程序，针对公司业务各个环节进行可行性评审，为投决会决策提供支持。

财务部通过会计核算和财务管理对公司财务状况及经营情况进行分析管理。

业务管理部负责行业研究与战略规划、制定公司业务标准、统筹管理公司产品及资金资产配置；负责公司流动性风险和战略风险管理。

综合管理部负责根据公司发展规划和业务发展进程，对组织机构持续优化调整，梳理部门职责，明确部门分工；负责董事会与公司治理相关事项；负责公司操作风险管理。

风险管理部负责建立和完善公司风险管理体系和风险管理相关制度；负责公司各类投融资业务的风险审查；对公司整体风险和具体业务风险状况进行检测、提示和报告；负责公司信用风险和市场风险管理。

法律合规部负责关注、跟踪有关金融法规的最新发展情况，及时组织研究对公司有重大影响的法律合规动态；负责建设公司合规管理体系及合规管理政策制度的拟定和修订；负责公司具体项目合法性、合规性的审查及反洗钱管理等工作；负责公司合规风险管理。

审计稽核部负责检查公司内部风险管理制度的日常执行情况，对公司内部风险控制制度的合理性、有效性进行分析，提出改进意见并直接向董事会报告。

各业务部门是风险管理的第一责任部门，承担与其业务相关的风险管理责任。各业务部门是公司风险管理的具体实施单位，在公司各项基本管理制度的基础上，根据具体情况制定本部门的业务管理规定、业务操作流程及风险控制规定。

4.5.2　风险状况

4.5.2.1　信用风险状况

信用风险主要是指交易对手违约造成损失的风险，主要表现为公司在开展固有业务和信托业务时，可能会因交易对手违约而给公司或信托财产带来风险。报告期内，公司发生的各类业务均履行了严格的内部评审程序，合法合规，担保措施充足，交易对手信用等级相对较高，信用风险可控。按母公司口径，2020 年不良信用风险资产期初数为 96 311.52 万元，期末数为 20 848.64 万元，下降较大，主要是本期对不良资产的核销。此外，基于谨慎角度，截至 2020 年末，公司已对于上述不良信用风险资产计提 14 350.34 万元减值准备。

4.5.2.2　市场风险状况

市场风险是指公司在运营过程中可能因股价、市场汇率、利率及其他价格因素等变动而产生的风险。其具体表现为经济运作周期变化、金融市场利率波动、通货膨胀、房地产交易、证券市场变化等造成的风险，这些风险可能影响信托财产的价值及信托收益水平，也可能影响公司固有资产价值或导致损失。

从市场表现来看，上证 50、沪深 300、中证 500 等主要指数 2020 年全年涨幅分别为 18.85%、27.21%、20.87%，核心资产受到市场追捧，市场整体呈现较强的结构性态势。2020 年，公司充分融合监管要求与管理操作实践，继续夯实公司权责明确、有效运转的市场风险管理体系，针对重点业务特征持续完善投前/后的管控机制，同时进一步提升市场突发事件的应急响应，以契合复杂环境下业务稳定有序的发展需求；在系统管控方面，公司采用资产管理信息系统进行事前风控，每日监控产品净值并进行事后分析。

4.5.2.3　操作风险状况

操作风险是指由不完善或有问题的内部程序、员工和信息科技系统，以及外部事件所造成损失的风险。公司通过不断完善制度、优化流程、加强系统控制来规范岗位操作，降低操作风险。

报告期内，公司未发生重大操作风险。

4.5.2.4　流动性风险状况

流动性风险在公司层面是指公司无法及时获得充足资金或无法以合理成本及时获得充足资金用于支付到期债务（如拆借）；在业务层面是指公司无法及时获得充足资金或无法以合理成本及时获得充足资金应对因业务安排导致的到期资产现金流不满足到期资金现金流、赎回资金大于申购资金等情形所导致的资金需求风险。

公司固有资金主要投资有价证券类，并支持信托业务的发展。公司设置专岗定期跟踪固有资金投向的资产类型，目前流动资产结构和变现能力良好，偿付能力较强。

4.5.2.5　其他风险状况

其他风险主要包括法律风险、声誉风险、战略风险等。法律风险指公司在业务经营过程中由于不当的法律文书、违约行为或怠于行使自身法律权利等所造成的风险。声誉风险指由于公司内部管理或服务出现问题而引起自身外部社会名声、信誉和公众信任度下降，从而对公司外部市场地位产生消极和不良影响的风险。战略风险是指公司战略制定过程中，无法对宏观经济环境、市场需求、行业竞争格局等变化情况进行准确把握，影响决策的风险。

报告期内公司未发生重大其他风险。

4.5.3　风险管理

4.5.3.1　信用风险管理

公司高度重视交易对手信用风险管理，通过事前评估、事中控制、事后监督的风险管理体系来防范和规避信用风险，具体措施包括：(1) 严格按照业务流程、制度规定和相应程序开展各项业务，确保决策者充分了解业务涉及的信用风险；(2) 对交易对手进行全面、深入的信用调查与分析；(3) 完善投决会议事规则，坚持横向、纵向相结合和集体决策的评审制度，多方面介入排查风险；(4) 制定相关业务展业指引和尽调指引，规范业务发展；(5)严格落实贷款担保等措施，注意对抵(质)押物权属有效性、合法性进行审查，客观、公正评估抵(质)押物；(6)强调事中管理和监控，严格落实项目风险缓释措施、提款前提条件、合同材料审核等项目投放过程中的事中控制；(7)定期或不定期地进行后期检查。对重点项目，业务部门会同风险管理部门定期进行现场实地走访，对项目运作、企业财务状况及当地市场变化跟踪分析，形成现场检查报告，发现问题及时上报并第一时间采取措施，有效防范和化解各类风险隐患；(8)根据项目风险预警信号建立了相应的报告路线和应对处置流程；规范了五级分类、风险准备金的计提比例和流程，以提高抗风险能力；(9)公司每年从税后利润中按10%(2009年及以前年度为5%)的比例提取信托赔偿准备金；公司按照《金融企业准备金计提管理办法》《银行信贷损失计提指引》规定，按照金融企业承担风险和损失的资产期末余额的1.5%扣除年初一般风险准备余额，提取一般风险准备，公司一般风险准备年初余额已足额提取，本年度不再计提。

4.5.3.2　市场风险管理

公司采取积极的市场风险管理策略和方法，对于证券投资信托都要求有相应的风险管理策略和风险控制措施，包括大类资产配置、投资交易分级授权、集中度控制、限额管理等，将市场风险控制在一定的范围内。

市场风险的监控对系统的依赖度较高，主观判断较少。随着公司内部管理的不断优化，市场风险相关制度不断细化，IT系统的不断完善，公司市场风险管理能力不断提高，公司整体面临的市场风险也将更为可控。

4.5.3.3　操作风险管理

公司持续完善、细化内控管理制度，坚持业务发展与内控管理并举，规范操作程序、防范操作风险。公司在业务尽职调查、产品规范化管理、风险监控、合同档案管理、信息披露等方面不断细化管理要求和规范操作流程，提升业务操作的规范化和精细化水平。从制度、流程、岗位、系统等角度持续强化执行力，提升对制度执行有效性的监督和检查，在日常工作中形成奖惩机制，持续促进规章制度的有效执行，消除操作风险隐患，防范各类操作风险。

2020年公司定期收集并分析操作风险监测指标，按季度发布操作风险管理报告，提示全体员工加强操作风险防范意识，规范操作，有效防范操作风险。公司内部审计稽核部门持续开展审计工作，对审计发现的流程、内控、操作问题及时予以整改完善，以切实提高内控管理水平，降低操作风险。

4.5.3.4　流动性风险管理

公司高度重视流动性风险，制定流动性风险管理办法，建立流动性风险应急管理机制。公司将通过对固有资金现金流测算等方式持续加强固有资金配置管理，包括要求较高变现能力的资产在固有资金持有资产中的规模比例来保持固有资金具有稳定的流动性，同时逐步完善整体流动性风险管理体系的建设。

4.5.3.5　其他风险管理

在法律风险管理方面，公司严格按照相关监管规章，对所有拟开展业务进行合规性审查，确保公司业务开展符合国家相关法律法规规定，并不断优化产品结构和法律文本设计，严格按公司法律文件审批程序进行审批后办理业务。

在声誉风险管理方面，公司把声誉构建与公司发展战略和企业文化进行有机结合，对可能影响公司声誉的业务坚决予以回避，尽职管理受托资产，并充分披露，塑造公司专业和诚信的社会形象。

在战略风险管理方面，公司管理层根据董事会制订的战略规划，对公司进行经营管理，定期向董事会报告战略执行情况。同时公司投资决策委员根据公司的战略规划，确定具体的投资规模、投资原则和投资方向，对公司的重大项目进行集体决策。公司配置了专业的研究人员，关注和跟踪宏观经济环境、行业环境和政策的变化，为公司的战略决策提供有力的支持。

5. 报告期末及上一年度末的比较式会计报表

5.1　固有资产

5.1.1　会计师事务所审计意见全文

审 计 报 告

天健审〔2021〕6－156号

华宝信托有限责任公司：

一、审计意见

我们审计了华宝信托有限责任公司(以下简称华宝信托公司)财务报表，包括2020年12月31日的合并及母公司资产负债表，2020年度的合并及母公司利润表、合并及母公司现金流量表、合并及母公司所有者权益变动表，以及相关财务报表附注。

我们认为，后附的财务报表在所有重大方面按照企业会计准则的规定编制，公允反映了华宝信托公司2020年12月31日的合并及母公司财务状况，以及2020年度的合并及母公司经营成果和现金流量。

二、形成审计意见的基础

我们按照中国注册会计师审计准则的规定执行了审计工作。审计报告的“注册会计师对财务报表审计的责任”部分进一步阐述了我们在这些准则下的责任。按照中国注册会计师职业道德守则，我们独立于华宝信托公司，并履行了职业道德方面的其他责任。我们相信，我们获取的审计证据是充分的、适当的，为发表审计意见提供了基础。

三、管理层和治理层对财务报表的责任

华宝信托公司管理层(以下简称管理层)负责按照企业会计准则的规定编制财务报表，使其实现公允反映，并设计、执行和维护必要的内部控制，以使财务报表不存在由于舞弊或错误导致的重大错报。

在编制财务报表时，管理层负责评估华宝信托公司的持续经营能力，披露与持续经营相关的事项(如适用)，并运用持续经营假设，除非计划进行清算、终止运营或别无其他现实的选择。

华宝信托公司治理层(以下简称治理层)负责监督华宝信托公司的财务报告过程。

四、注册会计师对财务报表审计的责任

我们的目标是对财务报表整体是否不存在由于舞弊或错

误导致的重大错报获取合理保证，并出具包含审计意见的审计报告。合理保证是高水平的保证，但并不能保证按照审计准则执行的审计在某一重大错报存在时总能发现。错报可能由于舞弊或错误导致，如果合理预期错报单独或汇总起来可能影响财务报表使用者依据财务报表作出的经济决策，则通常认为错报是重大的。

在按照审计准则执行审计工作的过程中，我们运用职业判断，并保持职业怀疑。同时，我们也执行以下工作：

（1）识别和评估由于舞弊或错误导致的财务报表重大错报风险，设计和实施审计程序以应对这些风险，并获取充分、适当的审计证据，作为发表审计意见的基础。由于舞弊可能涉及串通、伪造、故意遗漏、虚假陈述或凌驾于内部控制之上，未能发现由于舞弊导致的重大错报的风险高于未能发现由于错误导致的重大错报的风险。

（2）了解与审计相关的内部控制，以设计恰当的审计程序，但目的并非对内部控制的有效性发表意见。

（3）评价管理层选用会计政策的恰当性和作出会计估计及相关披露的合理性。

（4）对管理层使用持续经营假设的恰当性得出结论。同时，根据获取的审计证据，就可能导致对华宝信托公司持续经营能力产生重大疑虑的事项或情况是否存在重大不确定性得出结论。如果我们得出结论认为存在重大不确定性，审计准则要求我们在审计报告中提请报表使用者注意财务报表中的相关披露；如果披露不充分，我们应当发表非无保留意见。我们的结论基于截至审计报告日可获得的信息。然而，未来的事项或情况可能导致华宝信托公司不能持续经营。

（5）评价财务报表的总体列报、结构和内容，并评价财务报表是否公允反映相关交易和事项。

（6）就华宝信托公司中实体或业务活动的财务信息获取充分、适当的审计证据，以对财务报表发表审计意见。我们负责指导、监督和执行集团审计，并对审计意见承担全部责任。

我们与治理层就计划的审计范围、时间安排和重大审计发现等事项进行沟通，包括沟通我们在审计中识别出的值得关注的内部控制缺陷。

5.1.2 资产负债表

合并资产负债表

2020 年 12 月 31 日

编制单位：华宝信托有限责任公司　　　　单位：万元

资产	注释号	期末数	期初数	负债和所有者权益	注释号	期末数	期初数
流动资产：				流动负债：			
货币资金	1	274 712.27	288 139.08	短期借款	—	—	—
结算备付金	2	514.10	557.45	向中央银行借款	—	—	—
拆出资金	—	—	—	拆入资金	—	—	—
交易性金融资产	3	95 898.06	51 785.07	交易性金融负债	—	—	—
以公允价值计量且其变动计入当期损益的金融资产	4	28 095.95	34 822.71	以公允价值计量且其变动计入当期损益的金融负债	20	3 351.63	1 972.71
衍生金融资产	—	—	—	衍生金融负债	—	—	—
应收票据	—	—	—	应付票据	—	—	—
应收账款	5	15 008.54	9 955.05	应付账款	—	—	—
预付款项	6	404.10	123.41	预收款项	—	—	—
其他应收款	7	7 878.73	6 451.82	卖出回购金融资产款	—	—	—
买入返售金融资产	8	2 709.25	25 005.87	吸收存款及同业存放	—	—	—
存货	—	—	—	应付职工薪酬	21	39 308.73	31 207.64
持有待售资产	—	—	—	应交税费	22	20 861.46	21 782.28
一年内到期的非流动资产	—	—	—	其他应付款	23	34 593.99	34 513.84
其他流动资产	9	3 742.77	19.87	持有待售负债	—	—	—
流动资产合计	—	428 963.76	416 860.34	一年内到期的非流动负债	—	—	164.09
				其他流动负债	24	33.43	73 729.57
				流动负债合计	—	98 149.24	163 370.13
				非流动负债：	—	—	—
				长期借款	—	—	—
				应付债券	—	—	—
				其中：优先股	—	—	—
				永续债	—	—	—
				租赁负债	25	—	51.56
				长期应付款	—	—	—
				长期应付职工薪酬	26	980.36	1 409.64
				预计负债	—	16.83	—
				递延收益	—	—	—
非流动资产：				递延所得税负债	18	1 522.11	6 196.97
发放贷款和垫款	—	—	—	其他非流动负债	27	28 329.15	12 719.35
可供出售金融资产	10	600 005.93	541 252.90	非流动负债合计	—	30 848.45	20 377.53

续表

资产	注释号	期末数	期初数	负债和所有者权益	注释号	期末数	期初数
持有至到期投资	—	—	—	负债合计	—	128 997.68	183 747.66
长期应收款	—	—	—	所有者权益：			
长期股权投资	11	83 426.60	81 190.48	实收资本	28	474 400.00	474 400.00
投资性房地产	12	69.48	74.26	其他权益工具	—	—	—
固定资产	13	2 459.99	2 325.66	其中：优先股	—	—	—
在建工程	14	896.55	1 570.51	永续债	—	—	—
生产性生物资产	—	—	—	资本公积	29	8 000.27	3 726.17
油气资产	—	—	—	减：库存股	—	—	—
使用权资产	15	32.00	185.40	其他综合收益	30	-770.59	20 025.97
无形资产	16	6 159.94	4 738.36	专项储备	—	—	—
开发支出	—	—	—	盈余公积	31	99 040.39	91 279.69
商誉	—	—	—	一般风险准备	32	116 944.80	108 733.56
长期待摊费用	17	801.71	1 016.53	未分配利润	33	363 077.91	330 516.58
递延所得税资产	18	13 582.98	29 258.25	归属于母公司所有者权益合计	—	1 060 692.79	1 028 681.97
其他非流动资产	19	165 769.90	238 446.58	少数股东权益	—	112 478.38	104 489.64
非流动资产合计	—	873 205.09	900 058.93	所有者权益合计	—	1 173 171.17	1 133 171.61
资产总计	—	1 302 168.85	1 316 919.27	负债和所有者权益总计	—	1 302 168.85	1 316 919.27

法定代表人：孔祥清　　主管会计工作的负责人：张晓喆　　会计机构负责人：蒋　勋

母公司资产负债表

2020 年 12 月 31 日

编制单位：华宝信托有限责任公司　　单位：万元

资产	注释号	期末数	期初数	负债和所有者权益	注释号	期末数	期初数
资产：				负债：			
现金及存放中央银行款项		91 832.57	94 495.10	向中央银行借款	—	—	—
存放同业款项	—	—	—	同业及其他金融机构存放款项	—	—	—
贵金属	—	—	—	拆入资金	—	—	—
拆出资金	—	—	—	以公允价值计量且其变动计入当期损益的金融负债	—	—	—
衍生金融资产	—	—	—	衍生金融负债	—	—	—
买入返售金融资产	—	—	—	卖出回购金融资产款	—	—	—
持有待售资产	—	—	—	吸收存款	—	—	—
发放贷款和垫款	—	—	—	应付职工薪酬	—	18 236.49	7 363.78
以公允价值计量且其变动计入当期损益的金融资产	1	798.14	18 788.08	应交税费	—	3 301.91	1 141.07
可供出售金融资产	2	644 656.02	591 462.97	持有待售负债	—	—	—
持有至到期投资	—	—	—	预计负债	—	—	—
应收款项类投资	—	—	—	应付债券	—	—	—
长期股权投资	5	83 248.37	81 012.25	其中：优先股	—	—	—
投资性房地产	—	69.48	74.26	永续债	—	—	—
固定资产	—	1 127.88	1 024.58	递延所得税负债	—	5 531.36	[illegible]9 184.81
在建工程	—	896.55	1 570.51	其他负债	—	42 963.90	[illegible]6 709.75
无形资产	—	4 321.72	2 895.31	负债合计	—	70 033.66	144 399.41
商誉	—	—	—	所有者权益：	—	—	—
递延所得税资产	—	6 058.07	24 928.58	实收资本	—	474 400.00	474 400.00
其他资产	—	175 538.69	244 521.63	其他权益工具	—	—	—
				其中：优先股	—	—	—
				永续债	—	—	—
				资本公积	—	14 923.57	10 877.67
				减：库存股	—	—	—
				其他综合收益	—	15 470.08	[illegible]975.45
				盈余公积	—	99 767.32	92 006.62
				一般风险准备	—	117 308.27	109 097.03
				未分配利润	—	216 644.60	208 017.09
				所有者权益合计	—	938 513.83	916 373.85
资产总计	—	1 008 547.50	1 060 773.27	负债和所有者权益总计	—	1 008 547.50	1 060 773.27

法定代表人：孔祥清　　主管会计工作的负责人：张晓喆　　会计机构负责人：蒋　勋

5.1.3 利润表

合并利润表

编制单位:华宝信托有限责任公司　　2020 年度　　单位:万元

项目	注释号	本期数	上年同期数
一、营业总收入		225 377.77	216 938.26
其中:营业收入	1	178.83	98.21
利息收入	2	10 635.59	12 113.03
手续费及佣金收入	3	214 563.34	204 727.03
二、营业总成本		126 686.71	107 201.99
其中:营业成本	1	16.76	4.78
利息支出	2	2 901.09	5 683.00
手续费及佣金支出	3	1 890.55	2 449.36
税金及附加		1 256.91	1 199.69
业务及管理费	4	120 621.41	97 865.17
加:其他收益	5	12 794.34	10 578.38
投资收益(损失以"-"号填列)	6	47 649.65	35 306.79
其中:对联营企业和合营企业的投资收益		2 325.60	2 118.73
汇兑收益(损失以"-"号填列)		310.90	-62.91
公允价值变动收益(损失以"-"号填列)	7	348.77	5 277.67
资产减值损失(损失以"-"号填列)	8	760.04	-15 093.18
资产处置收益(损失以"-"号填列)	9	11.90	-59.52
三、营业利润(亏损以"-"号填列)		160 566.65	145 683.50
加:营业外收入	10	47.63	155.90
减:营业外支出	11	610.19	270.88
四、利润总额(亏损总额以"-"号填列)		160 004.09	145 568.53
减:所得税费用	12	40 901.08	32 546.63
五、净利润(净亏损以"-"号填列)		119 103.01	113 021.89
(一)按经营持续性分类:		—	—
1. 持续经营净利润(净亏损以"-"号填列)		119 103.01	113 021.89
2. 终止经营净利润(净亏损以"-"号填列)		—	—
(二)按所有权归属分类:		—	—
1. 归属于母公司所有者的净利润(净亏损以"-"号填列)		96 540.83	91 499.50
2. 少数股东损益(净亏损以"-"号填列)		22 562.18	21 522.40
六、其他综合收益的税后净额		-21 185.32	8 180.90
归属于母公司所有者的其他综合收益的税后净额	13	-21 092.63	8 148.83
(一)不能重分类进损益的其他综合收益		31.88	798.66
1. 重新计量设定受益计划变动额		—	—
2. 权益法下不能转损益的其他综合收益	13	31.88	798.66
3. 其他		—	—
(二)将重分类进损益的其他综合收益		-21 124.51	7 350.18
1. 权益法下可转损益的其他综合收益	13	-763.49	799.97
2. 可供出售金融资产公允价值变动损益	13	-20 264.55	6 516.83
3. 持有至到期投资重分类为可供出售金融资产损益		—	—
4. 现金流量套期储备(现金流量套期损益的有效部分)		—	—
5. 外币财务报表折算差额	13	-96.47	33.38
6. 其他		—	—
归属于少数股东的其他综合收益的税后净额		-92.69	32.07
七、综合收益总额		97 917.69	121 202.80
归属于母公司所有者的综合收益总额		75 448.20	99 648.33
归属于少数股东的综合收益总额		22 469.49	21 554.46

法定代表人:孔祥清　　主管会计工作的负责人:张晓喆　　会计机构负责人:蒋　勋

母公司利润表

编制单位:华宝信托有限责任公司　　　　2020 年度　　　　单位:万元

项目	注释号	本期数	上年同期数
一、营业总收入		144 716. 89	147 75[illegible]
利息净收入		1 549. 28	-1 09[illegible]
利息收入		4 098. 82	4 57[illegible]
利息支出		2 549. 54	5 66[illegible]
手续费及佣金净收入	1	86 475. 14	97 66[illegible]
手续费及佣金收入	1	88 361. 77	100 11[illegible]
手续费及佣金支出	1	1 886. 62	2 44[illegible]
投资收益(损失以"-"号填列)	2	46 194. 58	42 98[illegible]
其中:对联营企业和合营企业的投资收益		2 325. 60	2 11[illegible]
其他收益		10 334. 65	8 76[illegible]
公允价值变动收益(损失以"-"号填列)		145. 97	-55[illegible]
汇兑收益(损失以"-"号填列)		-16. 22	-4[illegible]
其他业务收入		33. 49	2[illegible]
资产处置收益(损失以"-"号填列)		—	—
二、营业总支出		41 602. 09	52 22[illegible]
税金及附加		506. 82	72[illegible]
业务及管理费	3	41 850. 52	36 40[illegible]
资产减值损失		-760. 04	15 09[illegible]
其他业务成本		4. 78	[illegible]
三、营业利润(亏损总额以"-"号填列)		103 114. 81	95 52[illegible]
加:营业外收入		9. 99	15[illegible]
减:营业外支出		300. 08	26[illegible]
四、利润总额(净亏损以"-"号填列)		102 824. 71	95 42[illegible]
减:所得税费用		25 217. 70	18 86[illegible]
五、净利润(净亏损以"-"号填列)		77 607. 01	76 55[illegible]
(一)持续经营净利润(净亏损以"-"号填列)		77 607. 01	76 55[illegible]
(二)终止经营净利润(净亏损以"-"号填列)		—	—
六、其他综合收益的税后净额		-11 801. 44	13 79[illegible]
(一)不能重分类进损益的其他综合收益		31. 88	79[illegible]
1. 重新计量设定受益计划变动额		—	—
2. 权益法下不能转损益的其他综合收益		31. 88	798[illegible]
3. 其他		—	—
(二)将重分类进损益的其他综合收益		-11 833. 32	12 994[illegible]
1. 权益法下可转损益的其他综合收益		-763. 49	799[illegible]
2. 可供出售金融资产公允价值变动损益		-11 069. 83	12 194[illegible]
3. 持有至到期投资重分类为可供出售金融资产损益		—	—
4. 现金流量套期储备(现金流量套期损益的有效部分)		—	—
5. 外币财务报表折算差额		—	—
6. 其他		—	—
七、综合收益总额		65 805. 57	90 351[illegible]

法定代表人:孔祥清　　　　主管会计工作的负责人:张晓喆　　　　会计机构负责人:蒋　勋

5.1.4 所有者权益变动

合并所有者权益变动表

编制单位:华宝信托有限责任公司　　2020 年度　　单位:万元

项目	本期数												
	归属于母公司所有者权益											少数股东权益	所有者权益合计
	实收资本	其他权益工具			资本公积	减:库存股	其他综合收益	专项储备	盈余公积	一般风险准备	未分配利润		
		优先股	永续债	其他									
一、上年年末余额	474 400.00	—	—	—	3 726.17	—	20 025.97	—	91 279.69	108 733.56	330 525.74	104 489.64	1 133 180.77
加:会计政策变更	—	—	—	—	—	—	—	—	—	—	—	—	—
前期差错更正	—	—	—	—	—	—	—	—	—	—	—	—	—
同一控制下企业合并	—	—	—	—	—	—	—	—	—	—	—	—	—
其他	—	—	—	—	—	—	—	—	—	—	-9.16	—	-9.16
二、本年年初余额	474 400.00	—	—	—	3 726.17	—	20 025.97	—	91 279.69	108 733.56	330 516.58	104 489.64	1 133 171.61
三、本期增减变动金额(减少以"-"号填列)	—	—	—	—	4 274.10	—	-20 796.56	—	7 760.70	8 211.24	32 561.33	7 988.74	39 999.56
(一)综合收益总额	—	—	—	—	—	—	-21 092.63	—	—	—	96 540.83	22 469.49	97 917.69
(二)所有者投入和减少资本	—	—	—	—	4 274.10	—	—	—	—	—	—	219.25	4 493.36
1. 所有者投入的普通股	—	—	—	—	—	—	—	—	—	—	—	—	—
2. 其他权益工具持有者投入资本	—	—	—	—	—	—	—	—	—	—	—	—	—
3. 股份支付计入所有者权益的金额	—	—	—	—	—	—	—	—	—	—	—	—	—
4. 其他	—	—	—	—	4 274.10	—	—	—	—	—	—	219.25	4 493.36
(三)利润分配	—	—	—	—	—	—	—	—	7 760.70	8 211.24	-63 683.43	-14 700.00	-62 411.49
1. 提取盈余公积	—	—	—	—	—	—	—	—	7 760.70	—	-7 760.70	—	—
2. 提取一般风险准备	—	—	—	—	—	—	—	—	—	8 211.24	-8 211.24	—	—
3. 对所有者的分配	—	—	—	—	—	—	—	—	—	—	-47 711.49	-14 700.00	-62 411.49
4. 其他	—	—	—	—	—	—	—	—	—	—	—	—	—
(四)所有者权益内部结转	—	—	—	—	—	—	296.07	—	—	—	-296.07	—	—
1. 资本公积转增资本	—	—	—	—	—	—	—	—	—	—	—	—	—
2. 盈余公积转增资本	—	—	—	—	—	—	—	—	—	—	—	—	—
3. 盈余公积弥补亏损	—	—	—	—	—	—	—	—	—	—	—	—	—
4. 设定受益计划变动额结转留存收益	—	—	—	—	—	—	—	—	—	—	—	—	—
5. 其他综合收益结转留存收益	—	—	—	—	—	—	296.07	—	—	—	-290.07		
6. 其他	—	—	—	—	—	—	—	—	—	—	—	—	—
(五)专项储备	—	—	—	—	—	—	—	—	—	—	—	—	—
1. 本期提取	—	—	—	—	—	—	—	—	—	—	—	—	—
2. 本期使用	—	—	—	—	—	—	—	—	—	—	—	—	—
(六)其他	—	—	—	—	—	—	—	—	—	—	—	—	—
四、本期期末余额	474 400.00	—	—	—	8 000.27	—	-770.59	—	99 040.39	116 944.80	363 077.91	112 478.38	1 173 171.17

法定代表人:孔祥清　　主管会计工作的负责人:张晓喆　　会计机构负责人:蒋　勋

合并所有者权益变动表(续)

编制单位:华宝信托有限责任公司　　2020 年度　　单位:万元

项目	上年同期数												
	归属于母公司所有者权益											少数股东权益	所有者权益合计
	实收资本	其他权益工具			资本公积	减:库存股	其他综合收益	专项储备	盈余公积	一般风险准备	未分配利润		
		优先股	永续债	其他									
一、上年年末余额	374 400.00	—	—	—	3 726.17	—	8 682.93	—	83 623.79	100 851.61	311 207.32	97 640.83	980 132.65
加:会计政策变更	—	—	—	—	—	—	—	—	—	—	-5.89	-5.66	-11.55
前期差错更正	—	—	—	—	—	—	—	—	—	—	—	—	—
同一控制下企业合并	—	—	—	—	—	—	—	—	—	—	—	—	—
其他	—	—	—	—	—	—	1 869.61	—	—	—	-2 175.53	—	-305.92
二、本年年初余额	374 400.00	—	—	—	3 726.17	—	10 552.55	—	83 623.79	100 851.61	309 025.91	97 635.17	979 815.19
三、本期增减变动金额(减少以"-"号填列)	100 000.00	—	—	—	—	—	9 473.43	—	7 655.90	7 881.96	21 499.83	6 854.46	153 365.59
(一)综合收益总额	—	—	—	—	—	—	8 148.83	—	—	—	91 499.50	21 554.46	121 202.80
(二)所有者投入和减少资本	100 000.00	—	—	—	—	—	—	—	—	—	—	—	100 000.00
1. 所有者投入的普通股	100 000.00	—	—	—	—	—	—	—	—	—	—	—	100 000.00
2. 其他权益工具持有者投入资本	—	—	—	—	—	—	—	—	—	—	—	—	—
3. 股份支付计入所有者权益的金额	—	—	—	—	—	—	—	—	—	—	—	—	—
4. 其他	—	—	—	—	—	—	—	—	—	—	—	—	—
(三)利润分配	—	—	—	—	—	—	—	—	7 655.90	7 881.96	-68 675.07	-14 700.00	-67 837.21
1. 提取盈余公积	—	—	—	—	—	—	—	—	7 655.90	—	-7 655.90	—	—
2. 提取一般风险准备	—	—	—	—	—	—	—	—	—	7 881.96	-7 881.96	—	—
3. 对所有者的分配	—	—	—	—	—	—	—	—	—	—	-53 137.21	-14 700.00	-67 837.21
4. 其他	—	—	—	—	—	—	—	—	—	—	—	—	—
(四)所有者权益内部结转	—	—	—	—	—	—	1 324.59	—	—	—	-1 324.59	—	—
1. 资本公积转增资本	—	—	—	—	—	—	—	—	—	—	—	—	—
2. 盈余公积转增资本	—	—	—	—	—	—	—	—	—	—	—	—	—
3. 盈余公积弥补亏损	—	—	—	—	—	—	—	—	—	—	—	—	—
4. 设定受益计划变动额结转留存收益	—	—	—	—	—	—	—	—	—	—	—	—	—
5. 其他综合收益结转留存收益	—	—	—	—	—	—	1 324.59	—	—	—	-1 324.59	—	—
6. 其他	—	—	—	—	—	—	—	—	—	—	—	—	—
(五)专项储备	—	—	—	—	—	—	—	—	—	—	—	—	—
1. 本期提取	—	—	—	—	—	—	—	—	—	—	—	—	—
2. 本期使用		—	—	—	—	—	—	—	—	—	—	—	—
(六)其他	—	—	—	—	—	—	—	—	—	—	—	—	—
四、本期期末余额	474 400.00	—	—	—	3 726.17	—	20 025.97	—	91 279.69	108 733.56	330 525.74	104 489.64	1 133 180.77

法定代表人:孔祥清　　主管会计工作的负责人:张晓喆　　会计机构负责人:蒋　勛

母公司所有者权益变动表

编制单位:华宝信托有限责任公司　　2020 年度　　单位:万元

项　　目	本年数										
	实收资本	其他权益工具			资本公积	减:库存股	其他综合收益	盈余公积	一般风险准备	未分配利润	所有者权益合计
		优先股	永续债	其他							
一、上年年末余额	474 400. 00	—	—	—	10 877. 67	—	26 975. 45	92 006. 62	109 097. 03	203 026. 25	916 383. 02
加:会计政策变更	—	—	—	—	—	—	—	—	—	—	—
前期差错更正	—	—	—	—	—	—	—	—	—	—	—
其他	—	—	—	—	—	—	—	—	—	-9. 16	-9. 16
二、本年年初余额	474 400. 00	—	—	—	10 877. 67	—	26 975. 45	92 006. 62	109 097. 03	203 017. 09	916 373. 85
三、本期增减变动金额(减少以"-"号填列)	—	—	—	—	4 045. 90	—	-11 505. 37	7 760. 70	8 211. 24	13 627. 51	22 139. 98
(一)综合收益总额	—	—	—	—	—	—	-11 801. 44	—	—	77 607. 01	65 805. 57
(二)所有者投入和减少资本	—	—	—	—	4 045. 90	—	—	—	—	—	4 045. 90
1. 所有者投入的普通股	—	—	—	—	—	—	—	—	—	—	—
2. 其他权益工具持有者投入资本	—	—	—	—	—	—	—	—	—	—	—
3. 股份支付计入所有者权益的金额	—	—	—	—	—	—	—	—	—	—	—
4. 其他	—	—	—	—	4 045. 90	—	—	—	—	—	4 045. 90
(三)利润分配	—	—	—	—	—	—	—	7 760. 70	8 211. 24	-63 683. 43	-47 711. 49
1. 提取盈余公积	—	—	—	—	—	—	—	7 760. 70	—	-7 760. 70	—
2. 提取一般风险准备	—	—	—	—	—	—	—	—	8 211. 24	-8 211. 24	—
3. 对所有者的分配	—	—	—	—	—	—	—	—	—	-47 711. 49	-47 711. 49
4. 其他	—	—	—	—	—	—	—	—	—	—	—
(四)所有者权益内部结转	—	—	—	—	—	—	296. 07	—	—	-296. 07	—
1. 资本公积转增资本	—	—	—	—	—	—	—	—	—	—	—
2. 盈余公积转增资本	—	—	—	—	—	—	—	—	—	—	—
3. 盈余公积弥补亏损	—	—	—	—	—	—	—	—	—	—	—
4. 设定受益计划变动额结转留存收益	—	—	—	—	—	—	—	—	—	—	—
5. 其他综合收益结转留存收益	—	—	—	—	—	—	296. 07	—	—	-296. 07	—
6. 其他	—	—	—	—	—	—	—	—	—	—	—
(五)其他	—	—	—	—	—	—	—	—	—	—	—
四、本期期末余额	474 400. 00	—	—	—	14 923. 57	—	15 470. 08	99 767. 32	117 308. 27	216 644. 60	938 513. 83

法定代表人:孔祥清　　主管会计工作的负责人:张晓喆　　会计机构负责人:蒋　勋

母公司所有者权益变动表（续）

编制单位：华宝信托有限责任公司　　2020 年度　　单位：万元

项目	上年同期数									
	实收资本	其他权益工具			资本公积	减：库存股	其他综合收益	盈余公积	一般风险准备	未分配利润	所有者权益合计
		优先股	永续债	其他							
一、上年年末余额	374 400. 00	—	—	—	10 877. 67	—	9 988. 43	84 350. 72	101 215. 07	198 642. 40	779 474. 29
加：会计政策变更	—	—	—	—	—	—	—	—	—	—	—
前期差错更正	—	—	—	—	—	—	—	—	—	—	—
其他	—	—	—	—	—	—	1 869. 61	—	—	-2 175. 53	-305. 92
二、本年年初余额	374 400. 00	—	—	—	10 877. 67	—	11 858. 04	84 350. 72	101 215. 07	196 466. 88	779 168. 37
三、本期增减变动金额（减少以"-"号填列）	100 000. 00	—	—	—	—	—	15 117. 41	7 655. 90	7 881. 96	6 559. 38	137 214. 64
（一）综合收益总额	—	—	—	—	—	—	13 792. 81	—	—	76 559. 04	90 351. 85
（二）所有者投入和减少资本	100 000. 00	—	—	—	—	—	—	—	—	—	100 000. 00
1. 所有者投入的普通股	100 000. 00	—	—	—	—	—	—	—	—	—	100 000. 00
2. 其他权益工具持有者投入资本	—	—	—	—	—	—	—	—	—	—	—
3. 股份支付计入所有者权益的金额	—	—	—	—	—	—	—	—	—	—	—
4. 其他	—	—	—	—	—	—	—	—	—	—	—
（三）利润分配	—	—	—	—	—	—	—	7 655. 90	7 881. 96	-68 675. 07	-53 137. 21
1. 提取盈余公积	—	—	—	—	—	—	—	7 655. 90	—	-7 655. 90	—
2. 提取一般风险准备	—	—	—	—	—	—	—	—	7 881. 96	-7 881. 96	—
3. 对所有者的分配	—	—	—	—	—	—	—	—	—	-53 137. 21	-53 137. 21
4. 其他	—	—	—	—	—	—	—	—	—	—	—
（四）所有者权益内部结转	—	—	—	—	—	—	1 324. 59	—	—	-1 324. 59	—
1. 资本公积转增资本	—	—	—	—	—	—	—	—	—	—	—
2. 盈余公积转增资本	—	—	—	—	—	—	—	—	—	—	—
3. 盈余公积弥补亏损	—	—	—	—	—	—	—	—	—	—	—
4. 设定受益计划变动额结转留存收益	—	—	—	—	—	—	—	—	—	—	—
5. 其他综合收益结转留存收益	—	—	—	—	—	—	1 324. 59	—	—	-1 324. 59	—
6. 其他	—	—	—	—	—	—	—				
（五）其他										—	—
四、本期期末余额	474 400. 00	—	—	—	10 877. 67	—	26 975. 45	92 006. 62	109 097. 03	203 026. 25	916 383. 02

法定代表人：孔祥清　　主管会计工作的负责人：张晓喆　　会计机构负责人：蒋　勋

5.2 信托资产

5.2.1 信托项目资产负债汇总表

信托项目资产负债汇总表

编制单位:华宝信托有限责任公司　　2020 年 12 月 31 日　　单位:万元

资产	期末数	期初数	负债	期末数	期初数
资产:			负债:		
现金及存放中央银行款项	—	—	向中央银行借款	—	—
存放同业款项	1 833 643. 28	2 114 421. 11	同业及其他金融机构存款款项	—	—
拆出资金	—	—	拆入资金	—	—
以公允价值计量且其变动计入当期损益的金融资产	6 206 144. 12	11 813 333. 10	以公允价值计量且其变动计入当期损益的金融负债	—	—
衍生金融资产	—	—	衍生金融负债	—	—
买入返售金融资产	1 384 703. 64	2 312 652. 81	应付受托人报酬	214. 13	—
应收票据	—	—	应付保管费	119. 80	—
应收账款	—	—	应付受益人收益	—	—
应收股利	—	—	应付销售服务费	—	—
应收利息	—	—	应交税费	11 094. 11	3 196. 23
其他应收款	1 747 201. 26	1 217 816. 39	其他应付款	1 053 930. 12	644 820. 28
发放贷款和垫款	8 977 005. 87	11 463 751. 24	其他负债	—	—
可供出售金融资产	18 205 997. 50	13 681 810. 66	负债合计	1 065 358. 17	648 016. 51
持有至到期投资	—	—			
长期股权投资	4 693 840. 28	6306 057. 29	信托权益:	—	—
投资性房地产	—	—	实收信托	38 574 922. 21	43 282 769. 39
固定资产	—	—	资本公积	33 610. 46	37317. 96
无形资产	—	—	其他综合收益	355 835. 11	66 754. 23
其他资产	20 062. 62	13 086. 04	未分配利润	3 038. 872. 63	4 88 070. 53
			信托权益合计	42 003 240. 41	48 274 912. 12
资产总计	43 068 598. 58	48 922 928. 63	负债和信托权益总计	43 068 598. 58	48 922 928. 63

法定代表人:孔祥清　　主管会计工作的负责人:张晓喆　　会计机构负责人:蒋　勋

5.2.2 信托项目利润及利润分配汇总表

信托项目利润及利润分配汇总表

编制单位:华宝信托有限责任公司　2020 年度　　单位:万元

项　目	本年累计数	上年累计数
一、信托营业收入	3 111 212. 21	3 024 188. 05
利息收入	933 100. 92	1 071 921. 52
投资收益(损失以"-"号填列)	2 262 856. 68	1 660 528. 81
其中:对联营企业和合营企业的投资收益	—	—
公允价值变动收益(损失以"-"号填列)	-98 784. 73	252 149. 95
租赁收入	—	—
汇兑收益(损失以"-"号填列)	-2 519. 46	1 915. 86
其他业务收入	16 467. 80	37 671. 91
二、信托营业支出	167 591. 27	142 663. 10
税金及附加	5 977. 95	6 309. 65
业务及管理费	161 613. 32	136 353. 45
资产减值损失	—	—
其他业务成本	—	—
三、利润总额(亏损总额以"-"号填列)	2 943 529. 94	2 881 524. 95
加:期初未分配信托利润	4 888 070. 53	4 333 219. 06
损益平准金影响额	424 368. 77	2 250 325. 83
四、可供分配的信托利润	8 255 969. 25	9 465 069. 84
减:本期已分配信托利润	5 217 096. 61	4 576 999. 30
五、期末未分配信托利润	3 038 872. 63	4 888 070. 53
六、其他综合收益	289 080. 88	59 121. 91
七、综合收益总额	3 656 979. 59	5 190 972. 69

续表

法定代表人:孔祥清　　主管会计工作的负责人:张晓喆　　会计机构负责人:蒋　勋

6. 会计报表附注

6.1 年度会计报表编制基准、会计政策、会计估计和核算方法发生的变化

本公司子公司华宝基金管理有限公司自 2020 年 1 月 1 日起执行财政部修订后的《企业会计准则第 14 号——收入》(以下简称新收入准则)。根据相关新旧准则衔接规定,对可比期间信息不予调整,新收入准则的采用未对华宝基金管理有限公司的财务报表产生重大影响。

本公司子公司华宝基金管理有限公司自 2020 年 1 月 1 日起执行财政部修订后的《企业会计准则第 22 号——金融工具

确认和计量》《企业会计准则第 23 号——金融资产转移》《企业会计准则第 24 号——套期保值》及《企业会计准则第 37 号——金融工具列报》(以下简称新金融工具准则)。根据相关新旧准则衔接规定,对可比期间信息不予调整,首次执行日执行新准则与原准则的差异追溯调整本报告期期初留存收益或其他综合收益。

本公司投资的联营企业华宝证券有限责任公司自 2020 年 1 月 1 日起执行新收入准则,根据新收入准则衔接规定,其对可比期间信息不予调整,首次执行日执行新收入准则与原准则的差异追溯调整本报告期期初留存收益及财务报表其他相关项目金额。

6.2 或有事项说明

截至 2020 年 12 月 31 日,本公司无需要披露的重大或有事项。

6.3 重要资产转让及其出售的说明

本公司 2020 年未发生重要资产的转让。

6.4 会计报表中重要项目的明细资料(以下为母公司口径)

6.4.1 固有资产经营情况

6.4.1.1 按信用风险五级分类结果披露信用风险资产的期初数、期末数

信用风险资产五级分类	正常类(万元)	关注类(万元)	次级类(万元)	可疑类(万元)	损失类(万元)	信用风险资产合计(万元)	不良信用风险资产合计(万元)	不良信用风险资产率(%)
期末数	829 443.04	—	20 831.44	—	17.20	850 291.68	20 848.64	2.45
期初数	793 259.21	—	21 591.48	74 702.84	17.20	889 570.73	96 311.52	10.83

注:不良资产合计 = 次级类 + 可疑类 + 损失类。

6.4.1.2 各项资产减值损失准备的期初数、本期计提、本期转回、本期核销、期末数

单位:万元

项目	期初数	本期计提	本期转回	本期核销	期末数
贷款损失准备	—	—	—	—	—
一般准备	—	—	—	—	—
专项准备	—	—	—	—	—
其他资产减值准备	96 879.45	—	760.04	74 702.84	21 416.57
可供出售金融资产减值准备	89 796.02	—	760.04	74 702.84	14 333.14
持有至到期投资减值准备	—	—	—	—	—
长期股权投资减值准备	7 066.23	—	—	—	7 066.23
坏账准备	17.20	—	—	—	17.20
投资性房地产减值准备	—	—	—	—	—

注:公司于以前年度对华宝证券的长期股权投资计提了 7 066.23 万元减值准备,根据目前华宝证券的经营情况,实际该项长期股权投资已不存在减值迹象。

6.4.1.3 固有业务股票投资、基金投资、债券投资、长期股权投资等投资业务的期初数、期末数

单位:万元

项目	股票	基金	债券	长期股权投资	其他投资	合计
期初数	1 403.84	19 839.04	122.57	81 021.41	588 885.60	691 272.46
期末数	1 491.54	33 706.47	—	83 248.37	610 256.15	728 702.53

6.4.1.4 固有长期股权投资的企业名称、占被投资企业权益比例、主要经营活动及投资收益情况等

企业名称	占被投资企业权益的比例(%)	主要经营活动	投资收益(万元)
1. 华宝基金管理有限公司	51	基金管理、发起设立基金及中国证监会批准的其他业务。	15 300.00
2. 华宝证券有限责任公司	16.9322	证券经纪、证券投资咨询、证券自营。	2 325.60

注:投资收益的口径为影响 2020 年损益的长期股权投资收益金额。

6.4.1.5 固有贷款的企业名称、占贷款总额的比例和还款情况等

无。

6.4.1.6 表外业务的期初数、期末数,按代理业务、担保业务和其他类型表外业务分别披露

无。

6.4.1.7 公司当年的收入结构

收入结构	合并口径		母公司口径	
	金额(万元)	占比(%)	金额(万元)	占比(%)
手续费及佣金收入	214 563.35	74.96	[illegible]	59.23
其中:信托手续费收入	88 361.77	30.87	[illegible]	59.23
投资银行业务收入	—	—	—	—
利息收入	10 635.59	3.72	[illegible]	2.75
其他业务收入	178.83	0.06	[illegible]	0.02
其中:计入信托业务收入部分	—	—	—	—
投资收益	47 998.42	16.77	[illegible]	31.07
其中:股权投资收益	5 075.60	1.77	[illegible]	13.66
公允价值变动收益	348.77	0.12	[illegible]	0.10
其他投资收益	42 574.05	14.86	[illegible]	17.31
营业外收入	12 841.97	4.49	[illegible]	6.93
收入合计	286 218.16	100.00	[illegible]	100.00

注:以上收入结构表为规定格式,故此处收入合计未含汇兑损益。

2020 年公司(母公司口径)实现信托业务收入总额为 88 361.77万元,其中以手续费及佣金确认的信托业务收入金额为 78 491.55 万元,以业绩报酬形式确认的信托业务收入(浮动报酬)金额为 9 870.22 万元,无以其他形式确认的信托业务收入。

6.4.2 披露信托资产管理情况

6.4.2.1 信托资产的期初数、期末数

单位:万元

信托资产	期初数	期末数
集合	12 804 325.03	15 177 926.63
单一	35 400 941.30	26 248 775.11
财产权	717 662.30	1 641 896.84
合计	48 922 928.63	43 068 598.58

6.4.2.1.1 主动管理型信托业务的信托资产期初数、期末数

单位:万元

主动管理型信托资产	期初数	期末数
证券投资类	952 424.59	2 175 863.45
股权投资类	368 555.30	228 271.30
融资类	4 339 261.05	2 780 298.80
事务管理类	—	399 423.22
组合投资类	4 525 777.08	8 416 134.06
合计	10 186 018.02	13 999 990.83

6.4.2.1.2 被动管理型信托业务的信托资产期初数、期末数

单位:万元

被动管理型信托资产	期初数	期末数
证券投资类	15 283 756.48	6 139 227.02
股权投资类	782 675.89	920 671.34
融资类	3 004 011.14	3 553 825.93
事务管理类	17 826 688.01	14 143 872.14
组合投资类	1 839 779.09	4 311 011.32
合计	38 736 910.61	29 068 607.75

6.4.2.2 本年度已清算结束的信托项目个数、实收信托合计金额、加权平均实际年化收益率

本公司2020年终止的信托项目个数为295个,本金合计为10 267 010.43万元,加权平均实际年化收益率为5.30%。

6.4.2.2.1 本年度已清算结束的集合类、单一类资金信托项目和财产管理类信托项目个数、实收信托合计金额、加权平均实际年化收益率

已清算结束的信托项目	项目个数(个)	实收信托合计金额(万元)	加权平均实际年化收益率(%)
集合类	68	3 641 424.52	4.93
单一类	212	5 930 242.57	5.72
财产管理类	15	695 343.34	3.66

6.4.2.2.2 本年度已清算结束的主动管理型信托项目个数、实收信托合计金额、加权平均实际年化收益率

已清算结束的信托项目	项目个数(个)	实收信托合计金额(万元)	加权平均实际年化收益率(%)
证券投资类	56	211 014.60	13.04
股权投资类	3	124 138.60	7.97
融资类	23	2 094 809.20	5.42
组合投资类	15	226 092.52	6.60
事务管理类	—	—	—

6.4.2.2.3 本年度已清算结束的被动管理型信托项目个数、实收信托合计金额、加权平均实际年化收益率

已清算结束的信托项目	项目个数(个)	实收信托合计金额(万元)	加权平均实际年化收益率(%)
证券投资类	13	146 537.63	2.45
股权投资类	6	800 360.70	6.54
融资类	25	974 691.17	5.96
组合投资类	6	67 754.44	8.55
事务管理类	148	5 621 611.57	4.60

6.4.2.3 本年度新增的集合类、单一类和财产管理类信托项目个数、实收信托合计金额

新增信托项目	项目个数(个)	实收信托合计金额(万元)
集合类	78	1 655 960.12
单一类	245	5 068 377.71
财产管理类	69	1 446 850.00
新增合计	392	8 171 187.83
其中:主动管理型	80	2 348 397.39
被动管理型	312	5 822 790.44

6.4.2.4 信托业务创新成果和特色业务有关情况

当前信托行业整体面临经济复苏、疫情影响、监管对规模及融资类业务持续升级、“资管新规”即将实施、资管行业竞争加剧等影响,信托公司需要进一步提升专业及创新能力,实现转型发展。

对华宝信托而言,公司需要将业务发展与宏观周期、信托特性、行业文化、公司自身背景相结合进行聚焦及转型,通过专业提升、新领域开拓、异地设点布局等手段,真正实现金融服务实体经济。公司主要特色业务情况具体如下。

一是供应链金融服务。构建价值链、提供差异化综合增值服务,助力产业转型。供应链金融服务定位于“围绕产业链供应链,构建产业金融服务产品线,服务创造价值”,服务区域以钢铁(产业)生产所在区域地区为中心,以点带面,逐步向周边区域辐射。通过大数据、区块链和云技术的加深运用,打通金融、物流和贸易信息,以信用体系构建为核心,建设高质量钢铁生态圈金融服务平台。

二是家族信托业务。家族信托业务作为公司的战略性业务,未来策略主要为“稳市占,稳排名”。在基础业务方面,公司将重点进行效能提升:聚焦标准化的资金和保险金家族信托;培养差异化竞争优势,加大创新业务模式投入,服务客户深层次全方位需求,打造市场品牌;扩大渠道,通过运营效率提升和信息科技将基础业务尽快做大,提升行业排位。在创新业务方面,公司将强调专业突破和基于资源整合的多元服务。

三是资产证券化。资产证券化是各类机构盘活存量资产的重要工具,也为中小企业拓展融资渠道,进行融资创新提供了崭新的思路。信贷资产证券化作为未来金融创新的重要方向,国家已先后出台若干支持政策,信托公司参与其中符合金融创新的需要和趋势。公司非常重视金融支持实体经济,支持中小企业开拓融资渠道,将在华宝—融汇1号成功模式的基础

上，不断在规模上进行开拓，在模式上进行创新，积极支持中小企业发展。

6.4.2.5　本公司履行受托人义务情况及因本公司自身责任而导致的信托资产损失情况

本公司遵守《中华人民共和国信托法》和信托文件对受托人义务的规定，为受益人的最大利益处理信托事务，管理信托财产时，恪尽职守，履行诚实、信用、谨慎、有效管理的义务，没有损害受益人利益的情况。本公司无因自身责任而导致的信托资产损失情况。

6.5　关联方关系及其交易的披露

6.5.1　关联交易方的数量、关联交易的总金额及关联交易的定价政策等

项目	关联交易方数量	关联交易金额（万元）	定价政策
合计	7	211 790.94	按市场公允价格定价

注："关联交易"定义应以《中华人民共和国公司法》和《企业会计准则第 36 号——关联方披露》有关规定为准。

6.5.2　关联交易方与本公司的关系性质、关联交易方的名称、法定代表人、注册地址、注册资本及主营业务等

关系性质	关联交易方名称	法定代表人	注册地址	注册资本（万元）	主营业务
子公司	华宝基金管理有限公司	XIAOYI HELEN HUANG	中国（上海）自由贸易试验区世纪大道 100 号环球金融中心 58 层	15 000	1. 在中国境内从事基金管理、发起设立基金；2. 中国证监会批准的其他业务（依法须经批准的项目，经相关部门批准后方可开展经营活动）。
同一控制人	宝山钢铁股份有限公司	邹继新	上海市宝山区富锦路 885 号	2 226 936.265	钢铁冶炼、加工，电力、煤炭、工业气体生产、码头、仓储、运输等与钢铁相关的业务，技术开发、技术转让、技术服务和技术管理咨询服务，汽车修理，商品和技术的进出口［有色金属冶炼及压延加工，工业炉窑，化工原料及产品的生产和销售，金属矿石、煤炭、钢铁、非金属矿石装卸、港区服务，水路货运代理，水路货物装卸联运，船舶代理，国外承包工程劳务合作，国际招标，工程招标代理，国内贸易，对销、转口贸易，废钢，煤炭，燃料油，化学危险品（限批发）］（限分支机构经营），机动车安检，化工原料及产品的生产和销售（依法须经批准的项目，经相关部门批准后方可开展经营活动）。
关联企业	湛江宝航置业有限公司	陶宝生	湛江市坡头区海湾大道 166 号美居中心市场 3 幢 2 层 B1－B2 号	800	房地产开发、经营、投资；物业管理；资产管理；房地产中介服务（依法须经批准的项目，经相关部门批准后方可开展经营活动）
子公司	武汉武钢新城市产业投资基金管理有限公司	戚星	武汉市青山区友谊大道 999 号武钢集团办公大楼 A 座 12 层 1211 室	180	管理或受托管理股权类投资并从事相关咨询服务业务（不含国家法律法规、国务院决定限制和禁止的项目，不得以任何形式公开募集和发行基金）（依法须经审批的项目，经相关部门审批后方可开展经营活动）。
子公司	上海宝蔚基元股权投资基金合伙企业（有限合伙）	华宝（上海）股权投资基金管理有限公司	上海市宝山区上大路 668 号 1 幢 1937 室	10 000	股权投资，投资管理，资产管理（依法须经批准的项目，经相关部门批准后方可开展经营活动）。
关联企业	华宝都鼎（上海）融资租赁有限公司	李琦强	中国（上海）自由贸易试验区世纪大道 100 号 59 层西区 02 室	160 000	融资租赁业务；租赁业务；向国内外购买租赁财产；租赁财产的残值处理及维修；租赁交易咨询和担保；从事与主营业务有关的商业保理业务（依法须经批准的项目，经相关部门批准后方可开展经营活动）。
关联企业	华宝（上海）股权投资基金管理有限公司	杨一鋆	上海市浦东新区世纪大道 100 号 53 室	10 000	股权投资管理，投资管理，资产管理（依法须经批准的项目，经相关部门批准后方可开展经营活动）。

6.5.3　逐笔披露本公司与关联方的重大交易事项

6.5.3.1　固有与关联方交易情况：贷款、投资、租赁、应收账款、担保、其他方式等期初汇总数、本期借方和贷方发生额汇总数、期末汇总数

单位：万元

固有与关联方关联交易				
项目	期初数	借方发生额	贷方发生额	期末数
贷款	—	—	—	—
投资	—	15 000.00	—	15 000.00
租赁	—	—	—	—
担保	—	—	—	—
应收账款	—	—	—	—
其他	—	—	—	—
合计	—	15 000.00	—	15 000.00

6.5.3.2　信托与关联方交易情况：贷款、投资、租赁、应收账款、担保、其他方式等期初汇总数、本期借方和贷方发生额汇总数、期末汇总数

单位：万元

信托与关联方关联交易				
项目	期初数	借方发生额	贷方发生额	期末数
贷款	—	111 300.00	31 800.00	79 500.00
投资	22 477.60	55 490.94	14 276.56	63 691.98
租赁	—	—	—	—
担保	—	—	—	—
应收账款	—	—	—	—
其他	—	30 000.00	—	30 000.00
合计	22 477.60	196 790.94	46 076.56	173 191.98

6.5.3.3 信托公司自有资金运用于自己管理的信托项目(固信交易)、信托公司管理的信托项目之间的相互(信信交易)交易金额,包括余额和本报告年度的发生额

6.5.3.3.1 固有财产与信托财产之间的交易金额期初汇总数、本期发生额汇总数、期末汇总数

单位:万元

固有财产与信托财产相互交易			
项目	期初数	本期发生额	期末数
合计	5[illegible]1 971	361 985	518 774

注:以固有资金投资公司自己管理的信托项目受益权,或购买自己管理的信托项目的信托资产均应纳入统计披露范围。

6.5.3.3.2 信托项目之间的交易金额期初汇总数、本期发生额汇总数、期末汇总数

单位:万元

信托资产与信托财产相互交易			
项目	期初数	本期发生额	期末数
合计	3 [illegible]43 518	7 285 795	7 608 455

注:以公司受托管理的一个信托项目的资金购买自己管理的另一个信托项目的受益权或信托项下资产均应纳入统计披露范围。

6.5.4 逐笔披露关联方逾期未偿还本公司资金的详细情况及本公司为关联方担保发生或即将发生垫款的详细情况

本报告期公司无上述情况。

6.6 会计制度的披露

本报告期公司固有业务(自营业务)及信托业务均执行《企业会计准则》。

7. 财务情况说明书

7.1 利润实现和分配情况

根据公司2020年的经营实绩,对2020年利润进行如下分配:

(1)当年利润总额为1 028 247 125.83元。

(2)所得税费用为252 177 037.88元(已考虑纳税调整和递延税款)。

(3)净利润为776 070 087.95元。

(4)提取法定盈余公积金为77 607 008.80元。

(5)按照《信托公司管理办法》规定,按照税后利润的10%提取信托赔偿准备金77 607 008.80元。

(6)按照《非银行金融机构外汇业务管理规定》规定,按照税后外汇利润的50%提取外汇资本准备金4 505 407.76元。

(7)按照《金融企业准备金计提管理办法》《银行信贷损失计提指引》规定,按照金融企业承担风险和损失的资产期末余额的1.5%扣除年初一般风险准备余额,提取一般风险准备,公司一般风险准备年初余额已足额提取,本年度不再计提。

(8)2020年公司可供分配利润为616 350 662.59元。

(9)根据集团公司最新《子公司利润分配管理办法》(BWZ03087)的规定,子公司应以经审计合并报表中当年实现的归属于母公司的净利润为基数,按不低于50%的比例进行年度利润分配。2020年经审计合并报表中当年归属于母公司所有者的净利润为965 408 339.70。子公司当年实现的归属于母公司的净利润中包含非现金因素的,可作为"调整项"进行调整。

2020年度调整项为:长期股权投资权益法核算时,因被投资单位实现净损益对当期利润的影响数可调减23 256 003.70元;金融资产公允价值变动对当期利润的影响数可调减3 487 677.57元;扣除递延所得税影响后的资产减值因素对当期利润的影响需调减5 700 277.70元。

考虑到公司发展规划及业务拓展的需求,按2020年度合并报表中当年实现的归属于母公司的净利润为基数并考虑调整因素,按50%的比例进行利润分配,即2020年分配利润为466 482 190.37元。

综上所述,2020年分配利润为466 482 190.37元,其中宝武集团为457 152 546.56元,舟山国投为9 329 643.81元

7.2 主要财务指标

指标名称	母公司	合并
资本利润率(%)	8.37	10.33
人均净利润(万元)	241.02	369.89

注:1. 资本利润率=净利润/所有者权益平均余额×100%。
2. 人均净利润=净利润/年平均人数。
3. 平均值采取年初、年末余额简单平均法,公式为 a(平均)=(年初数+年末数)/2。

7.3 对本公司财务状况、经营成果有重大影响的其他事项

无。

8. 特别事项揭示

8.1 公司股东报告期内变动情况及原因

无。

8.2 董事、监事及高级管理人员变动情况及原因

2020年4月9日,华宝信托第七届董事会第十一次会议以通讯方式召开。会议同意《关于解聘张轶公司总经理的议案》和《关于聘请孔祥清担任公司总经理的议案》,解聘张轶公司总经理职务并自新任总经理的任职资格经监管部门核准后不再履职,聘请孔祥清担任公司总经理并自监管部门核准后正式履职。

2020年4月9日,华宝信托2020年股东会第二次临时会议以通讯方式召开。会议批准《关于选举孔祥清为董事的议案》,选举孔祥清为华宝信托董事(第七届),任期自监管部门核准其任职资格之日起至本届董事会任期届满止,张轶自监管部门对孔祥清的董事任职资格核准通过之日起不再担任华宝信托董事。

2020年4月24日,华宝信托职代会联席会议以现场会议方式召开。会议选举刘文力同志为华宝信托有限责任公司第七届监事会职工监事。

2020年5月25日，华宝信托2020年股东会第三次临时会议以通讯方式召开。会议批准《关于监事会换届的议案》，选举沈雁、黄洪永为公司第七届监事会股东代表监事。职工代表监事由公司职代会联席会议选举产生。

2020年9月1日，华宝信托第七届董事会第十七次会议以通讯方式召开。会议同意《关于选举董事长的议案》，选举李琦强董事为公司董事长，任期自中国银保监会核准其任职资格之日起至本届董事会任期届满止。朱永红不再担任华宝信托有限责任公司董事长。同意《关于解聘董事会秘书的议案》。解聘高卫星的华宝信托有限责任公司董事会秘书职务。

2020年10月13日，华宝信托第七届董事会第十八次会议以通讯方式召开。会议同意《关于公司高管职务调整的议案》，聘请刘雪莲担任公司副总经理及解聘王锦凌的公司副总经理职务。

2020年12月14日，华宝信托第七届董事会第二十次会议以通讯方式召开。会议同意《关于提请聘任公司总经理助理的议案》，聘请卢晓亮任公司总经理助理，并自监管部门核准其任职资格且发文后正式履职。

8.3 变更注册资本、变更注册地或公司名称、公司分立合并事项

无。

8.4 公司的重大诉讼事项

本报告期内，公司个别项目发生了交易对手违约的情况，为积极维护权益，公司已提起了民事诉讼。

8.5 本报告期内公司及其董事、监事和高级管理人员受到处罚的情况

无。

8.6 中国银保监会及其派出机构对公司检查后提出整改意见的，应简单说明整改情况

报告期内，外部监管机构未对公司进行正式的现场检查。

8.7 本年度重大事项临时报告的简要内容、披露时间、所披露的媒体及其版面

2020年1月15日，《上海证券报》信息披露10版刊登了经过公司2019年股东会第三次临时会议审议通过的《关于公司注册资本变更及章程修订的公告》。

2020年7月1日，《上海证券报》信息披露10版刊登了公司第七届董事会第十一次会议审议通过的《关于总经理变更的公告》。

2020年8月13日，《上海证券报》信息披露3版刊登了公司2019年股东会第七次临时会议、2020年股东会第一次临时会议审议通过的《关于公司章程修改的公告》。

2020年11月18日，《上海证券报》信息披露9版刊登了公司第七届董事会第十七次会议审议通过的《关于董事长变更的公告》。

8.8 中国银保监会及其省级派出机构认定的其他有必要让客户及相关利益人了解的重要信息

无。

9. 公司监事会意见

公司监事会认为，本报告期内，公司决策程序合法，内部控制制度较为完善，没有发现公司董事、经理和其他高级管理人员在执行公司职务时有违法违纪和有损公司及股东利益的行为。公司财务报告真实地反映了公司的财务状况和经营成果。

华宸信托有限责任公司

1. 重要提示

1.1 本公司董事会及董事保证本报告所载资料不存在任何虚假记载、误导性陈述或者重大遗漏，并对其内容的真实性、准确性和完整性承担个别及连带责任。

1.2 本公司独立董事郭晓川、姜德广、任国兵对年度报告内容的真实性、准确性和完整性无异议。

1.3 本公司负责人田跃勇、主管财务工作负责人尹伟、财务部门负责人李晓燕声明：保证年度报告中财务报告的真实、完整。

2. 公司概况

2.1 公司简介

2.1.1 公司基本情况

公司名称(中文)	华宸信托有限责任公司（简称：华宸信托）
公司名称(英文)	Hua Chen Trust Limited Corporation （缩写：HCTRUST）
法定代表人	田跃勇
注册地址	内蒙古自治区呼和浩特市赛罕区如意西街 23 号
邮政编码	010011
公司国际互联网网址	http://www.hctrust.cn
电子信箱	hctrust@hctrust.cn
公司信息披露的报纸	《证券时报》
公司年度报告备置地点	内蒙古自治区呼和浩特市赛罕区如意西街 23 号

2.1.2 联系人和联系方式

项目	董事会秘书	公司信息披露联系人
姓名	孙琦	王秀娟
联系地址	内蒙古自治区呼和浩特市赛罕区如意西街 23 号	内蒙古自治区呼和浩特市赛罕区如意西街 23 号
电话	0471-4193857	0471-4193826
传真	0471-4193908	0471-4193908
电子信箱	sunqi@hctrust.cn	Wxj@hctrust.cn

2.1.3 公司聘请的会计师事务所

信永中和会计师事务所（特殊普通合伙）

办公地址：北京市东城区朝阳门北大街 8 号富华大厦 A 座 9 层

2.2 组织结构

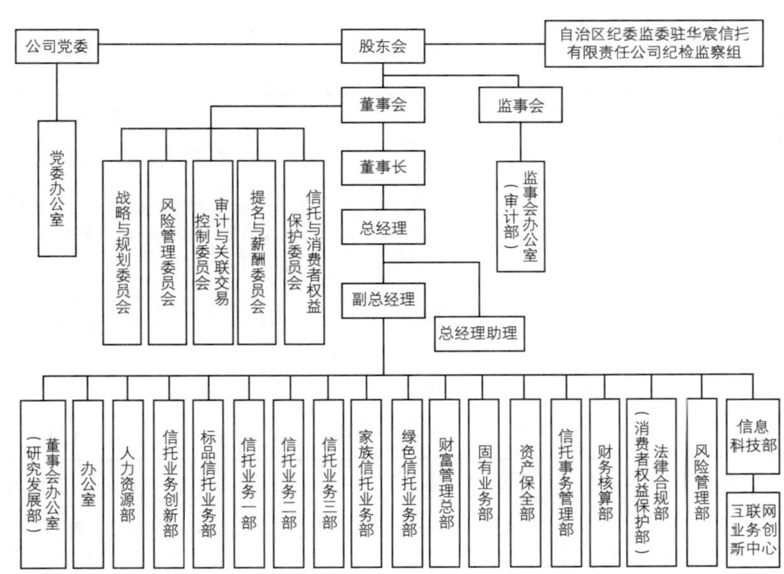

3. 公司治理

3.1 股东

公司前三位股东情况如下：

股东名称	持股比例(%)	法定代表人	主要经营业务及主要财务情况
内蒙古交通投资(集团)有限责任公司	36.5	郑 俊	投资与资产管理、经营正常
中国大唐集团资本控股有限公司	32.45	迟润东	投资管理、资产管理、投资咨询、经营正常
内蒙古自治区人民政府国有资产监督管理委员会	30.2	张金亮	行政单位

3.2 董事

董事会成员

姓 名	职 务	性别	年龄(岁)	选任日期	简要履历
田跃勇	董事长	男	53	2019年6月18日	历任内蒙古自治区物价局副主任科员，内蒙古自治区计委国民经济综合处调研员，内蒙古自治区金融办综合处处长，内蒙古自治区金融办党组成员、副主任，内蒙古银行党委委员、执行董事、副董事长，华宸信托有限责任公司党委书记、董事长。
晋 军	执行董事	男	48	2019年6月18日	历任内蒙古信托投资公司人事劳资部职员、副经理，人事资源部经理，华宸信托有限责任公司办公室主任、人力资源部经理、总经理助理、董事会秘书、党委副书记、总经理。
孙 乐	非执行董事	女	34	2019年9月2日	历任恒泰证券股份有限公司稽核审计部审计岗职员，内蒙古交通投资有限责任公司投融资部投资主管，内蒙古交通投资有限责任公司航空事业部副经理、经理，内蒙古航空旅游投资(集团)有限公司副总经理。
周海莹	非执行董事	女	44	2020年11月6日	历任招商银行沈阳分行兴顺支行柜员，沈阳和光集团审计监察部副经理，深圳和光商务股份有限公司北京分公司财务经理，昆仑保险经纪股份有限公司辽宁分公司财务经理，昆仑保险经纪股份有限公司预算总监，中国大唐集团资本控股有限公司风险管控部副主任。
赵澍堂	执行董事	男	60	2020年1月20日	历任乌盟商业职工中专教师，内蒙古银行学校教师，内蒙古信托投资公司计划财务部主管会计、办公室副主任，内蒙古信托投资有限责任公司董事、董事会秘书、办公室主任，内蒙古信托投资有限责任公司（后更名为华宸信托有限责任公司）董事会秘书、办公室主任，华宸信托有限责任公司董事会秘书，华宸信托有限责任公司党委委员、工会主席，华宸未来基金管理有限公司董事长。
甄学军	职工董事	男	55	2019年4月3日	历任内蒙古农业大学农经系教师、团总支书记，内蒙古信托有限责任公司业务二部副经理、信贷管理部副经理、经理、公司副总经理、总经理、董事。

独立董事

姓 名	所在单位及职务	性别	年龄(岁)	选任日期	简要履历
郭晓川	内蒙古大学经济管理学院教授，博士生导师	男	53	2019年9月2日	历任内蒙古大学助教、副教授，内蒙古大学经济管理学院副院长、院长、教授、博士生导师。
姜德广	北京六明律师事务所主任、管理合伙人	男	44	2020年11月6日	历任北京市三信律师事务所实习律师、律师，北京市尚荣信律师事务所律师，北京市浩光律师事务所律师、高级合伙人，北京市北斗鼎铭律师事务所律师、高级合伙人，北京六明律师事务所律师、主任。
任国兵	北京市竞天公诚律师事务所，合伙人	男	30	2019年9月2日	历任锦天城律师事务所金融信托部律师助理、初级律师、主办律师、资深律师，中国民生信托有限责任公司法律合规管理总部高级法规经理、法规专业总监，北京市竞天公诚律师事务所金融业务部资深律师、合伙人。

3.3 监事

姓 名	职 务	性别	年龄(岁)	选任日期	所推举的股东名称	该股东持股比例(%)	简要履历
张俊强	监事会主席	男	56	2019年4月3日	内蒙古自治区人民政府国有资产监督管理委员会	30.2	历任内蒙古党委办公厅行政处财务室科员、副主任科员、副主任、主任科员，内蒙古党委组织部办公室主任科员、会计，内蒙古党委组织部干部一处主任科员、副处级组织员、副调研员、副处长，内蒙古党委组织部人才工作处调研员，内蒙古党委组织部综合考评处调研员，华宸信托有限责任公司党委副书记、工会主席、纪委书记；现任华宸信托有限责任公司党委副书记、工会主席、监事会主席。
戴苏河	监事	男	56	2019年4月3日	呼和浩特市财政局	0.5	历任呼和浩特市财政局综合科科员，呼和浩特市财政局行财科副科长、企业科科长、国库科科长、教科文科科长、预算编审中心主任兼预算科科长(副处级)、预算编审中心主任、国库收付中心主任；现任呼和浩特市城乡建设投资有限责任公司董事长，华宸信托有限责任公司监事。

续表

姓　名	职　务	性别	年龄（岁）	选任日期	所推举的股东名称	该股东持股比例（%）	简要履历
杜东方	监事	男	58	2019 年 4 月 3 日	职工监事	—	历任内蒙古社会科学院经济研究所研究人员，内蒙古信托投资公司秘书，内蒙古信托投资公司经营管理部信贷员、信托二部副经理，华宸信托有限责任公司信托资产部副经理、信托业务一部副经理、党群工作部副主任、党群工作部主任、党委办公室主任、纪检监察室主任；现任内蒙古自治区纪委监委驻华宸信托有限责任公司纪检监察组副组长，华宸信托有限责任公司监事。

3.4　高级管理人员

高级管理人员

姓名	职务	性别	年龄（岁）	选任日期	金融从业年限（年）	学历	专业	简要履历
晋　军	总经理、董事	男	49	2019 年 6 月 18 日	25	大学本科、经济学硕士学位	经济信息管理	历任内蒙古信托投资公司人事劳资部副经理、人力资源部经理，华宸信托有限责任公司办公室主任、人力资源部经理、总经理助理兼办公室主任、人力资源部经理、总经理助理；现任华宸信托有限责任公司党委副书记、总经理、董事。
曹　志	风险总监	男	37	2020 年 12 月 16 日	6	硕士研究生、法律硕士学位	法律硕士	历任中国农业发展银行内蒙古自治区分行风险管理处执行业务经理、团委副书记、分行机关团委书记、法律合规处业务副经理，内蒙古金融资产管理有限公司法律合规部副部长、部长；现任华宸信托有限责任公司党委委员、风险总监。
孙　琦	总经理助理、董事会秘书	男	48	2019 年 10 月 16 日（总经理助理）、2020 年 6 月 22 日（董事会秘书）	26	大学本科，管理学学士学位	会计学	历任中国人民银行武川县支行会计股科员、办公室科员，内蒙古银监局武川办事处科员、人事处（借调）科员、合作处副主任科员、农非处主任科员，乌兰察布银监分局党委委员、局长助理，内蒙古银监局消保处副处长、中介处副处长，华宸信托有限责任办公室主任、办公室总经理助理兼公室主任；现任华宸信托有限责任公司总经理助理、董事会秘书兼董事会办公室（研究发展部）主任。
尹　伟	总经理助理	男	52	2020 年 11 月 6 日	31	硕士研究生，经济学硕士学位	国际金融	历任中国工商银行呼和浩特中心支行员工；中国人民银行内蒙古自治区分行科员、副科长，中国人民银行呼和浩特中心支行科长，内蒙古银监局科长、办公室副主任、分局副局长、统计信息处处长、办公室主任，内蒙古银保监局（筹）办公室负责人，平安银行呼和浩特分行党委委员、纪委书记、行长助理，华宸信托有限责任公司办公室主任；现任华宸信托有限责任公司总经理助理兼办公室主任。

3.5　公司员工

截至 2020 年末，公司共有在职员工 100 人，平均年龄为 40.83 岁。学历分布情况：博士 3 人，占在岗员工总数的 3%；硕士研究生 47 人，占在岗员工总数的 47%；大学本科 41 人，占在岗员工总数的 41%；大学专科 7 人，占在岗员工总数的 7%；中专及以下 2 人，占在岗职工人数的 2%。

4. 经营管理

4.1　经营目标、经营方针、战略规划

4.1.1　经营目标

公司以创造价值为目标，充分发挥信托功能，成为联结资本市场、货币市场和产业市场的综合性财富管理机构，立足受托人定位，履行受托人义务，实现受益人合法利益最大化，为股东和社会创造满意的回报。

4.1.2　经营方针

公司坚持专业化道路，不求“大”，也不求“全”，但求“强”“实”和“特色”。

4.1.3　战略规划

公司紧紧围绕生态优先、绿色发展战略导向，紧紧围绕内蒙古自治区“两个屏障”“两个基地”和“一个桥头堡”的战略定位，立足内蒙古，秉承 ESG 发展理念，服务实体经济，服务中小企业，服务中产客户，以财富管理为主体，以资金信托和服务信托为两翼，以供应链金融和互联网服务为抓手，以财富管理为核心业务，以资金信托为基础业务，以服务信托为专属业务，做专财富管理，做强资金信托，做精服务信托，全面提升风险管理能力、资产管理能力和财富管理能力，成为综合性财富管理机构，走市场化、专业化、精细化、特色化的高质量发展之路。

4.2 所经营业务的主要内容

自营资产运用与分布表

资产运用	金额（万元）	占比（%）	资产分布	金额（万元）	占比（%）
货币资产	28 457.45	28.05	基础产业	4 495.59	4.43
买入返售金融资产	—	—	房地产业	21 426.29	21.12
贷款及应收款	8 176.79	8.06	证券市场	4 808.27	4.74
可供出售金融资产	41 212.66	40.62	实业	3 620.91	3.57
交易性金融资产	4 808.27	4.74	金融机构	56 506.28	55.69
持有至到期投资	—	—	其他	10 602.30	10.45
长期股权投资	242.37	0.24			
其他资产	18 562.1	18.30			
资产总计	101 459.64	100.00	资产总计	101 459.64	100.00

注：资产分布中的"其他"项目包括固定资产、递延所得税资产、无形资产等。

信托资产运用与分布表

资产运用	金额（万元）	占比（%）	资产分布	金额（万元）	占比（%）
货币资产	345.51	0.43	基础产业	750.13	0.93
贷款	4 670.00	5.80	房地产	27 969.76	34.71
买入返售金融资产	32 732.63	40.62	金融机构	—	—
可供出售金融资产	—	—	工商企业	47 653.12	59.14
持有至到期投资	—	—	其他	4 204.38	5.22
长期股权投资	—	—			
其他	42 829.25	53.15			
资产总计	80 577.39	100.00	资产总计	80 577.39	100.00

注：资产分布中的"其他"4 204.38 万元，主要包括建筑业 4190.76 万元，水利、环境和公共设施管理业 11.34 万元，制造业 1.50 万元，金融业 0.63 万元，居民服务和其他服务业 0.08 万元，公共管理和社会组织 0.07 万元。

4.3 市场分析

4.3.1 影响公司发展的有利因素

信托独有的风险隔离优势及目前中国个人财富的不断积累，让信托公司在服务信托及财富管理领域有更多的机遇；同时公司的发展得到了内蒙古自治区的高度重视和大力支持，2020年1月1日，内蒙古自治区财政厅开始履行公司的出资人职责，这样有利于内蒙古自治区金融资源的整合和业务的拓展。

4.3.2 影响公司发展的不利因素

受新冠肺炎疫情影响，国内经济增长放缓；资管行业竞争态势持续加剧；信托业政策法律法规有待完善；公司净资本实力较弱，抵抗风险能力有待提升，业务创新能力和团队建设需要不断加强。

4.4 内部控制

4.4.1 内部控制环境和内部控制文化

公司高度重视内部控制建设，建立了符合监管要求且适应公司经营管理需要的内部控制体系。公司始终秉承"受人之托，代人理财"的宗旨和"诚实、信用、谨慎、有效"的经营理念，创造了健康、有序的内部环境。

在公司治理层面，公司已建立了由股东会、董事会、监事会和高级管理层组成的法人治理结构，董事会下设战略与规划委员会、风险管理委员会、提名与薪酬委员会、审计与关联交易控制委员会及信托与消费者权益保护委员会。监事会是公司的监督机构，对公司经营管理进行监督。公司的股东会、董事会、监事会均按照相关法律、法规及公司章程，以及和自身议事规则及议事程序的规定，规范有效地运作。公司已形成了以公司章程为总纲，以公司治理为内核，以业务指引、合规风险管理为主要内容的，较为健全的内部控制体系。内控控制体系严格贯彻了国家的政策法律法规，与监管机构新近出台的监管政策保持一致。内部体系的各个组成部分完整、合理、有效，能够适应公司的管理要求和发展需要，能够有效防范风险，最大限度地保护受益人、股东及其他利益相关者的合法权益，促进公司规范经营，为公司经营战略及经营目标的实现奠定了制度基础。

在组织机构设置中，业务部门、审计部、法律合规部、风险管理部、信托事务管理部及财务核算部等部门相互协调、互相制衡，形成了一套行之有效的内控机制。

公司通过培训、讲座、交流研讨等形式，学习掌握最新法律法规，修订和制定公司制度，强化员工职业操守，落实合规风险管理，形成了良好的内控合规文化。

4.4.2 内部控制措施

公司按照不相容职务分离控制、授权审批控制等内控体系管控要求，严格规范重要岗位和关键人员在授权、审批、执行、报告等方面的权责，实现可行性研究与决策审批、决策审批与执行、执行与监督检查等岗位职责的分离。为最大限度地控制和降低经营风险，公司构建了"业务部门→法律合规部/风险管理部→业务决策委员会→董事会"的业务决策内控机制，通过层层推进、层层把关，形成梯次式、立体型的内部控制管理体系。同时，公司形成了严格分离、制度保障、合规管理、风险评估与内部审计的全方位内部控制措施。为强化制度的刚性约束，公司建立了覆盖业务操作各环节的信息系统，按照业务审批层级为各层级管理人员设置相应的权限，促使各项决策和执行活动可控制、可追溯、可检查。通过信息系统的强制性来强化制度的刚性约束，来规范经营决策。

4.4.3 信息交流与反馈

信息交流与反馈是建立有效内部控制的重要条件，公司依据监管政策的要求，结合公司内部组织架构，按照业务类型建立了不同路径的信息交流与反馈机制，确保公司各类信息能够有效、准确、及时地在公司各个层级、各个部门传递和反馈，每一项信息均能够传递给相关的部门和员工。

4.4.4 监督评价与纠正

公司建立了多层的内控监督体系，充分发挥各职能机构的监督评价作用。公司监事会依法对公司董事、高级管理层履职情况进行监督评价；审计部、法律合规部依据职能在公司内部开展内控检查、合规检查等工作，提出整改意见和纠正措施。公司审计部同时为监事会办公室，强化了审计部的监督职能，提升了监督评价与纠正的有效性。

4.5 风险管理

2020年，信托业在监管机构的正确引导下，发展进入一个新的阶段，转型创新和回归本源成为重点。2020年信托业规模持续下降，信托资金投向持续变化，信托业务转型任重道远。面对转型发展的要求和挑战，公司始终把业务风险管控作为公司转型发展和经营管理的前提，兼顾稳健发展与风险防控间的平衡，积极贯彻落实监管机构对风险防控工作的各项要求，确保公司复业后的规范经营和稳健发展。

报告期内，公司继续坚持“依法合规、稳健经营”的管理理念，将风险管控作为各项工作的重中之重，坚守风险底线。公司风险管理工作实行分级管理，现已建立了包括董事会、监事会、经营层、风险管理部及各职能部门为主线的风险治理架构，并形成了事前、事中、事后三条风险管理的主线。同时，面对转型发展，公司坚持进一步完善风险管理制度体系的基础建设工作，对现有的风险管理制度进行了整合、废止和修订，修改与完善后的风险管理制度可操作性更强，现已基本可覆盖公司各部门和各岗位，同时也贯穿于公司决策、执行、监督等多个重要业务条线。此外，公司加大风险项目处置力度，积极提升公司资产质量；不断夯实基础、调整结构，提升全员的合规经营理念和风险管理意识，全面风险管理体系有效运转，为目前公司复业后的业务开展营造了安全的环境。

公司在经营活动中可能遇到的风险包括信用风险、市场风险、操作风险和其他风险等。

信用风险主要是指因交易对手不履行义务的可能性导致信托财产或公司财产遭受损失。主要表现在交易对手不愿、不能履行承诺，或未经许可擅自改变资金用途，经济状况恶化或受市场波动无法按期还本付益等情况对资产安全产生的影响。公司严格履行受托人尽职管理职责，对发生的各类业务依照各项制度严格进行审批和管理；公司按月、按季度对风险项目和存续项目进行全面的风险排查；同时，公司严格按照相关制度规定和监管机构的要求提足各项准备金。报告期内，公司信托业务无新增风险项目，且未发生因重大信用风险所造成的损失，整体信用风险可控。

市场风险主要是由市场因素变动使公司遭受潜在损失的可能性，主要表现在股价、房价、市场汇率、利率及其他价格因素变动，对公司固有资产或信托财产的价值或收益水平可能产生的影响。市场风险具有很强的传导性，某些信用风险的根源可能也来自交易对手的市场风险。报告期内，公司本着审慎原则，坚持稳健运营的策略，合理配置资产；密切关注宏观政策导向，通过投资组合分散投资风险，市场风险整体可控。

操作风险主要是由于公司内部业务流程的不完善、计算机系统的错误、工作人员在操作过程中的失误，而给公司造成的直接或间接损失的风险。操作风险广泛存在于公司所有业务活动中，除了客观因素的影响外，员工的主观意识更是防范操作风险的重点。因此，一方面，公司不断梳理和规范业务流程，加强内部控制，从制度上尽可能避免操作风险的产生；另一方面，公司也注重对员工素质的提高和责任心的培养，提升其业务水平和专业素质，尽量杜绝因为员工自身能力或责任心不足而导致的操作风险。同时，公司及时更新完善信息化系统，加强员工培训，注重提高员工技能，严格规范操作流程，严控操作风险。报告期内，公司未发生操作风险。

其他风险主要表现为流动性风险、政策风险和声誉风险等。流动性风险是指公司因无法及时获得充足资金或无法以合理成本及时获得充足资金，导致的影响资产增长或无法支付到期债务的风险。政策风险主要表现为宏观政策及行业政策的变动对公司经营环境和发展所造成的影响。声誉风险是指由于公司缺少应急处理能力，不能妥善处理公司经营、管理及其他行为或外部事件导致利益相关方对公司负面评价的风险。声誉风险存在于公司各项经营活动中，公司通过员工行为管理、各项业务活动中的声誉风险管理及经营管理等方面防范声誉风险。报告期内，公司未发生此类风险。

5. 报告期末及上一年度末的比较式会计报表

5.1 自营资产

5.1.1 会计师事务所审计意见全文

审 计 报 告

XYZH/2021BJAA180045

华宸信托有限责任公司：

一、审计意见

我们审计了华宸信托有限责任公司（以下简称华宸信托公司）财务报表，包括 2020 年 12 月 31 日的资产负债表，2020 年度的利润表、现金流量表、所有者权益变动表，以及相关财务报表附注。

我们认为，后附的财务报表在所有重大方面按照企业会计准则的规定编制，公允反映了华宸信托公司 2020 年 12 月 31 日的财务状况及 2020 年度的经营成果和现金流量。

二、形成审计意见的基础

我们按照中国注册会计师审计准则的规定执行了审计工作。审计报告的“注册会计师对财务报表审计的责任”部分进一步阐述了我们在这些准则下的责任。按照中国注册会计师职业道德守则，我们独立于华宸信托公司，并履行了职业道德方面的其他责任。我们相信，我们获取的审计证据是充分的、适当的，为发表审计意见提供了基础。

三、管理层和治理层对财务报表的责任

管理层负责按照企业会计准则的规定编制财务报表，使其实现公允反映，并设计、执行和维护必要的内部控制，以使财务报表不存在由于舞弊或错误导致的重大错报。

在编制财务报表时，管理层负责评估华宸信托公司的持续经营能力，披露与持续经营相关的事项（如适用），并运用持续经营假设，除非管理层计划清算华宸信托公司、终止运营或别无其他现实的选择。

治理层负责监督华宸信托公司的财务报告过程。

四、注册会计师对财务报表审计的责任

我们的目标是对财务报表整体是否不存在由于舞弊或错误导致的重大错报获取合理保证，并出具包含审计意见的审计报告。合理保证是高水平的保证，但并不能保证按照审计准则执行的审计在某一重大错报存在时总能发现。错报可能由于舞弊或错误导致，如果合理预期错报单独或汇总起来可能影响财务报表使用者依据财务报表作出的经济决策，则通常认为错报是重大的。

在按照审计准则执行审计工作的过程中，我们运用职业判断，并保持职业怀疑。同时，我们也执行以下工作：

（1）识别和评估由于舞弊或错误导致的财务报表重大错报风险，设计和实施审计程序以应对这些风险，并获取充分、适当的审计证据，作为发表审计意见的基础。由于舞弊可能涉及串通、伪造、故意遗漏、虚假陈述或凌驾于内部控制之上，未能发现由于舞弊导致的重大错报的风险高于未能发现由于错误导致的重大错报的风险。

（2）了解与审计相关的内部控制，以设计恰当的审计程序，但目的并非对内部控制的有效性发表意见。

（3）评价管理层选用会计政策的恰当性和作出会计估计及相关披露的合理性。

（4）对管理层使用持续经营假设的恰当性得出结论。同时，根据获取的审计证据，就可能导致对华宸信托公司持续经营能力产生重大疑虑的事项或情况是否存在重大不确定性得出结论。如果我们得出结论认为存在重大不确定性，审计准则要求我们在审计报告中提请报表使用者注意财务报表中的相关披露；如果披露不充分，我们应当发表非无保留意见。我们的结论基于截至审计报告日可获得的信息。然而，未来的事项或情况可能导致华宸信托公司不能持续经营。

（5）评价财务报表的总体列报、结构和内容，并评价财务报表是否公允反映相关交易和事项。

我们与华宸信托公司治理层就计划的审计范围、时间安排和重大审计发现等事项进行沟通，包括沟通我们在审计中识别出的值得关注的内部控制缺陷。

中国·北京　　　　二〇二一年三月三十日

5.1.2　资产负债表

资产负债表

编制单位：华宸信托有限责任公司　　　　2020 年 12 月 31 日　　　　单位：元

项　目	期末余额	年初余额	项　目	期末余额	年初余额
货币资金	284 574 457.77	256 725 502.88	负债：		
存放同业款项	—	—	向中央银行借款	—	—
贵金属	—	—	同业及其他金融机构存放款	—	—
拆出资金	—	—	拆入资金	—	—
以公允价值计量且其变动计入当期损益的金融资产	48 082 747.81	—	以公允价值计量且其变动计入当期损益的金融负债	—	—
衍生金融资产	—	—	衍生金融负债	—	—
买入返售金融资产	—	—	卖出回购金融资产款	—	—
应收利息	—	920 547.95	吸收存款	—	—
应收股利	—	—	应付职工薪酬	21 570 026.38	2[illegible]42 281.70
应收账款	2 418 059.71	4 169 591.16	应交税费	6 985 945.41	[illegible]90 389.76
预付账款	1 460 177.01	—	应付利息	—	—
其他应收款	57 889 624.42	42 256 588.98	应付股利	27 496 711.59	2[illegible]96 711.59
持有待售资产	—	—	其他应付款	16 778 819.23	1[illegible]0 251.07
发放贷款及垫款	20 000 000.00	35 000 000.00	持有待售负债	—	—
可供出售金融资产	412 126 601.51	796 538 693.57	预计负债	—	—
持有至到期投资	—	—	应付债券	—	—
长期股权投资	2 423 671.48	5 653 995.78	递延所得税负债	—	—
投资性房地产	—	—	其他负债	—	[illegible] 720.55
固定资产	17 417 197.69	18 660 650.77	负债合计	72 831 502.61	21[illegible] 354.67
在建工程	—	—	所有者权益（或股东权益）：		
无形资产	2 959 174.46	2 774 222.38	实收资本（股本）	800 000 000.00	80[illegible] 000.00
递延所得税资产	102 429 804.88	58 736 945.39	其他权益工具	—	—
其他资产	62 814 870.30	62 491 477.77	资本公积	1 242 831.40	2[illegible] 831.40
			减：库存股	—	—
			其他综合收益	54 995 216.99	205 2[illegible]5 843.89
			盈余公积	96 805 725.11	96 8[illegible]5 725.11
			专项储备	—	—
			一般风险准备	22 831 907.62	22 8[illegible] 907.62
			信托赔偿准备金	49 528 695.03	4[illegible]4[illegible] 862.56
			未分配利润	-83 639 491.72	-105 0[illegible] 308.62
			所有者权益合计	941 764 884.43	1 06[illegible]4[illegible] 861.96
资产总计	1 014 596 387.04	1 283 928 216.63	负债和所有者权益总计	1 014 596 387.04	1 28[illegible] 216.63

5.1.3 利润表

利润表

编制单位：华宸信托有限责任公司　　2020 年度　　单位：元

项　　目	本期金额	上期金额
一、营业总收入	144 108 747.13	4 197 943.08
营业收入	—	—
利息收入	9 302 887.59	14 370 019.53
手续费及佣金收入	4 594 009.68	4 312 069.14
其他业务收入	984 376.67	983 780.89
投资收益（损失以"－"号填列）	130 987 868.83	－15 512 817.05
其中：对联营企业和合营企业的投资收益	－3 202 291.30	－11 028 027.08
资产处置收益（损失以"－"号填列）	—	—
其他收益	143 216.62	44 890.57
公允价值变动收益（损失以"－"号填列）	－1 903 612.26	—
汇兑收益（损失以"－"号填列）	—	—
二、营业总成本	114 201 689.83	81 215 044.71
营业成本	—	—
利息支出	—	—
手续费及佣金支出	12 735.84	16 981.12
其他业务成本	316 171.44	316 171.44
税金及附加	1 935 358.20	579 519.45
业务及管理费	30 186 497.32	32 938 175.59
资产减值损失	81 750 927.03	47 364 197.11
三、营业利润（亏损以"－"号填列）	29 907 057.30	－77 017 101.63
加：营业外收入	274.86	39 419.42
减：营业外支出	1 000 000.00	200.00
四、利润总额（亏损总额以"－"号填列）	28 907 332.16	－76 977 882.21
减：所得税费用	6 390 682.79	－16 439 899.23
五、净利润（净亏损以"－"号填列）	22 516 649.37	－60 537 982.98
1. 持续经营净利润（净亏损以"－"号填列）	22 516 649.37	－60 537 982.98
2. 终止经营净利润（净亏损以"－"号填列）	—	—
六、其他综合收益的税后净额	－150 250 626.90	138 683 350.18
（一）以后不能重分类进损益的其他综合收益	—	—
其中：1. 重新计量设定受益计划净负债或净资产的变动	—	—
2. 权益法下在被投资单位不能重分类进损益的其他综合收益中享有的份额	—	—
3. 其他权益工具投资公允价值变动	—	—
（二）以后将重分类进损益的其他综合收益	－150 250 626.90	138 683 350.18
其中：1. 权益法下在被投资单位以后将重分类进损益的其他综合收益中享有的份额	—	－327 600.00
2. 可供出售金融资产公允价值变动损益	－150 250 626.90	139 010 950.18
3. 持有至到期投资重分类为可供出售金融资产损益	—	—
4. 现金流量套期损益的有效部分	—	—
5. 外币财务报表折算差额	—	—
七、综合收益总额	－127 733 977.53	78 145 367.20

5.1.4 所有者权益变动表

所有者权益变动表

编制单位：华宸信托有限责任公司　　2020 年度　　单位：元

项　　目	本年数										
	实收资本（或股本）	其他权益工具	资本公积	减：库存股	其他综合收益	盈余公积	专项储备	一般风险准备	信托赔偿准备金	未分配利润	所有者权益合计
一、上年年末余额	800 000 000.00	—	1 242 831.40	—	205 245 843.89	96 805 725.11	—	22 831 907.62	48 402 862.56	－105 030 308.62	1 069 498 861.96
加：会计政策变更	—	—	—	—	—	—	—	—	—	—	—
前期差错更正	—	—	—	—	—	—	—	—	—	—	—
其他	—	—	—	—	—	—	—	—	—	—	—

续表

项目	本年数										
	实收资本(或股本)	其他权益工具	资本公积	减:库存股	其他综合收益	盈余公积	专项储备	一般风险准备	信托赔偿准备金	未分配利润	所有者权益合计
二、本年年初余额	800 000 000.00	—	1 242 831.40	—	205 245 843.89	96 805 725.11	—	22 831 907.62	48 402 862.56	-105 030 [illegible] 6[illegible]	1 069 498 861.96
三、本年增减变动金额(减少以“-”号填列)	—	—	—	—	-150 250 626.90	—	—	—	1 125 832.47	21 390 816.9[illegible]	-127 733 977.53
(一)综合收益总额	—	—	—	—	-150 250 626.90	—	—	—	—	22 516 649.3[illegible]	-127 733 977.53
(二)所有者投入和减少资本	—	—	—	—	—	—	—	—	—	—	—
1. 所有者投入资本	—	—	—	—	—	—	—	—	—	—	—
2. 其他权益工具持有者投入资本	—	—	—	—	—	—	—	—	—	—	—
3. 股份支付计入所有者权益的金额	—	—	—	—	—	—	—	—	—	—	—
4. 其他	—	—	—	—	—	—	—	—	—	—	—
(三)专项储备提取和使用	—	—	—	—	—	—	—	—	—	—	—
1. 提取专项储备	—	—	—	—	—	—	—	—	—	—	—
2. 使用专项储备	—	—	—	—	—	—	—	—	—	—	—
(四)利润分配	—	—	—	—	—	—	—	—	1 125 832.47	-1 125 8[illegible]2.47	—
1. 提取盈余公积	—	—	—	—	—	—	—	—	—	—	—
2. 提取一般风险准备	—	—	—	—	—	—	—	—	—	—	—
3. 提取信托赔偿准备金	—	—	—	—	—	—	—	—	1 125 832.47	-1 125 8[illegible]2.47	—
4. 所有者(或股东)的分配	—	—	—	—	—	—	—	—	—	—	—
5. 其他	—	—	—	—	—	—	—	—	—	—	—
(五)所有者权益内部结转	—	—	—	—	—	—	—	—	—	—	—
1. 资本公积转增资本(或股本)	—	—	—	—	—	—	—	—	—	—	—
2. 盈余公积转增资本(或股本)	—	—	—	—	—	—	—	—	—	—	—
3. 盈余公积弥补亏损	—	—	—	—	—	—	—	—	—	—	—
4. 其他	—	—	—	—	—	—	—	—	—	—	—
四、本年年末余额	800 000 000.00	—	1 242 831.40	—	54 995 216.99	96 805 725.11	—	22 831 907.62	49 528 695.03	-83 639 4[illegible].[illegible]2	941 764 884.43

所有者权益变动表(续)

编制单位:华宸信托有限责任公司　　2020 年度　　单位:元

项目	上年数										
	实收资本(或股本)	其他权益工具	资本公积	减:库存股	其他综合收益	盈余公积	专项储备	一般风险准备	信托赔偿准备金	未分配利润	所有者权益合计
一、上年年末余额	800 000 000.00	—	1 242 831.40	—	66 562 493.71	96 805 725.11	—	22 831 907.62	48 402 862.56	-44 492 325.6[illegible]	991 353 494.76
加:会计政策变更	—	—	—	—	—	—	—	—	—	—	—
前期差错更正	—	—	—	—	—	—	—	—	—	—	—
其他	—	—	—	—	—	—	—	—	—	—	—
二、本年年初余额	800 000 000.00	—	1 242 831.40	—	66 562 493.71	96 805 725.11	—	22 831 907.62	48 402 862.56	-44 492 325.6[illegible]	991 353 494.76
三、本年增减变动金额(减少以“-”号填列)	—	—	—	—	138 683 350.18	—	—	—	—	-60 537 982.9[illegible]	78 145 367.20
(一)综合收益总额	—	—	—	—	138 683 350.18	—	—	—	—	-60 537 982.9[illegible]	78 145 367.20
(二)所有者投入和减少资本	—	—	—	—	—	—	—	—	—	—	—
1. 所有者投入资本	—	—	—	—	—	—	—	—	—	—	—
2. 其他权益工具持有者投入资本	—	—	—	—	—	—	—	—	—	—	—
3. 股份支付计入所有者权益的金额	—	—	—	—	—	—	—	—	—	—	—
4. 其他	—	—	—	—	—	—	—	—	—	—	—
(三)专项储备提取和使用	—	—	—	—	—	—	—	—	—	—	—
1. 提取专项储备	—	—	—	—	—	—	—	—	—	—	—
2. 使用专项储备	—	—	—	—	—	—	—	—	—	—	—
(四)利润分配	—	—	—	—	—	—	—	—	—	—	—
1. 提取盈余公积	—	—	—	—	—	—	—	—	—	—	—
2. 提取一般风险准备	—	—	—	—	—	—	—	—	—	—	—
3. 提取信托赔偿准备金	—	—	—	—	—	—	—	—	—	—	—
4. 所有者(或股东)的分配	—	—	—	—	—	—	—	—	—	—	—

续表

项　目	上年数										
	实收资本(或股本)	其他权益工具	资本公积	减:库存股	其他综合收益	盈余公积	专项储备	一般风险准备	信托赔偿准备金	未分配利润	所有者权益合计
5. 其他	—	—	—	—	—	—	—	—	—	—	—
(五)所有者权益内部结转	—	—	—	—	—	—	—	—	—	—	—
1. 资本公积转增资本(或股本)	—	—	—	—	—	—	—	—	—	—	—
2. 盈余公积转增资本(或股本)	—	—	—	—	—	—	—	—	—	—	—
3. 盈余公积弥补亏损	—	—	—	—	—	—	—	—	—	—	—
4. 其他	—	—	—	—	—	—	—	—	—	—	—
四、本年年末余额	800 000 000. 00	—	1 242 831. 40	—	205 245 843. 89	96 805 725. 11	—	22 831 907. 62	48 402 862. 56	-105 030 308. 62	1 069 498 861. 96

5. 2　信托资产

5. 2. 1　信托项目资产负债汇总表

资产负债汇总表

编制单位:华宸信托有限责任公司　　2020 年 12 月 31 日　　单位:元

信托资产	期末数	年初数	信托负债和信托权益	期末数	年初数
信托资产:			信托负债:		
货币资金	3 455 087. 33	3 907 309. 32	交易性金融负债	—	—
拆出资金	—	—	衍生金融负债	—	—
存出保证金	—	—	应付受托人报酬	7 766 509. 27	7 766 609. 27
交易性金融资产	—	—	应付托管费	—	—
衍生金融资产	—	—	应付受益人收益	—	—
买入返售金融资产	327 326 274. 74	1 607 326 274. 74	应交税费	—	—
应收款项	52 322 869. 84	175 969 850. 65	应付销售服务费	—	—
发放贷款	46 700 000. 00	151 200 000. 00	应付交易费用	—	—
可供出售金融资产	—	—	应付投资管理费	—	—
持有至到期投资	—	—	应付银行服务费	—	—
长期应收款	—	—	其他应付款项	84 091 319. 78	83 460 340. 14
长期股权投资	—	200 000 000. 00	预计负债	—	—
投资性房地产	—	—	其他负债	—	—
固定资产	—	—	信托负债合计	91 857 829. 05	91 226 949. 41
无形资产	—	—			
长期待摊费用	—	—	信托权益:		
其他资产	375 969 620. 69	—	实收信托	690 434 620. 69	1 898 965 000. 00
减:各项资产减值准备	—	—	资本公积	—	—
			外币报表折算差额	—	—
			未分配利润	23 481 402. 86	148 211 485. 30
			信托权益合计	713 916 023. 55	2 047 176 485. 30
信托资产总计	805 773 852. 60	2 138 403 434. 71	信托负债及信托权益总计	805 773 852. 60	2 138 403 434. 71

5. 2. 2　信托项目利润及利润分配汇总表

利润及利润分配汇总表

编制单位:华宸信托有限责任公司　　2020 年度　　单位:元

项　目	本年金额	上年金额
1. 营业收入	76 349 575. 04	194 380 331. 93
1. 1 利息收入	48 644 282. 85	192 380 331. 93
1. 2 投资收益	27 705 292. 19	2 000 000. 00
1. 3 公允价值变动损益	—	—
1. 4 租赁收入	—	—
1. 5 汇兑损益	—	—
1. 6 其他收入	—	—
2. 支出	3 775 033. 39	4 505 414. 74
2. 1 营业税金及附加	164 828. 92	419 434. 59

续表

项　目	本年金额	上年金额
2. 2 受托人报酬	3 494 629. 44	4 234 821. 80
2. 3 托管费	—	1 259. 71
2. 4 投资管理费	—	—
2. 5 销售服务费	—	—
2. 6 交易费用	—	—
2. 7 资产减值损失	—	—
2. 81 律师费	100 000. 00	—
2. 82 资料印刷费	—	—
2. 83 差旅费	6 754. 00	51 414. 00
2. 84 印花税	4 000. 00	2 000. 00
2. 85 银行结算费	4 821. 03	7 584. 64

续表

项　　目	本年金额	上年金额
2. 86 银行服务费	—	—
2. 87 招待费	—	—
2. 88 机动车费用	—	—
2. 89 其他费用	—	-211 100. 00
3. 信托净利润	72 574 541. 65	189 874 917. 19
4. 其他综合收益	—	—
5. 扣除资产减值准备前的信托利润	72 574 541. 65	189 874 917. 19
6. 减:资产减值损失	—	—
7. 扣除资产减值准备后的信托利润	72 574 541. 65	189 874 917. 19
8. 加:期初未分配信托利润	148 211 485. 30	48 607 638. 40
9. 可供分配的信托利润	220 786 026. 95	238 482 555. 59
10. 减:本期已分配信托利润	197 304 624. 09	90 271 070. 29
11. 期末未分配信托利润	23 481 402. 86	148 211 485. 30

6. 会计报表附注

6. 1　报告年度会计报表编制基准、会计政策、会计估值和核算方法发生的变化

报告期内,本公司会计报表编制基准、会计政策、会计估值和核算方法均未发生变化。

6. 2　或有事项说明

截至 2020 年 12 月 31 日,本公司无重大或有事项。

6. 3　重要资产转让及其出售的说明

2020 年度本公司无重要资产转让、出售业务发生。

6. 4　会计报表中重要项目的明细资料

6. 4. 1　披露自营资产经营情况

6. 4. 1. 1　按风险资产分类的结果披露资产的期初数、期末数

信用风险资产五级分类	正常类（万元）	关注类（万元）	次级类（万元）	可疑类（万元）	损失类（万元）	资产合计（万元）	不良资产合计（万元）	不良资产率（%）
期初数	99 226. 16	—	38 282. 70	5 921. 93	19 930. 16	163 360. 95	64 134. 79	39. 26
期末数	80 803. 13	391. 38	8 848. 62	35 207. 09	20 241. 85	145 492. 07	64 297. 56	44. 19

注:不良资产合计 = 次级类 + 可疑类 + 损失类。

6. 4. 1. 2　资产减值准备情况

单位:万元

项目	年初余额	本年增加额	本年减少额		年末余额
		本年计提额	因资产价值回升转回额	转销额	
坏账准备	20 811. 57	1 216. 35	—	—	22 027. 93
贷款损失准备	1 500. 00	1 500. 00	—	—	3 000. 00
可供出售金融资产减值准备	9 995. 43	6 358. 74	—	—	16 354. 17
抵债资产减值准备	2 661. 13	—	—	—	2 661. 13
合计	34 968. 13	9 075. 09	—	—	44 043. 23

6. 4. 1. 3　自营股票投资、基金投资、债券投资、长期股权投资等投资的期初数、期末数

单位:万元

项目	自营股票	基金	债券	长期股权投资	其他投资	合计
期初数	—	1 004. 41	3 992. 19	565. 40	5[illegible] 56	62 848. 56
期末数	—	4 816. 48	—	242. 37	2[illegible] 12	29 247. 97

6. 4. 1. 4　前五名的自营长期股权投资的企业名称、占被投资企业权益的比例、主要经营活动及投资收益情况等（按公司拥有权益比例从大到小顺序排列）

企业名称	占被投资企业权益的比例（%）	主要经营活动	投资收益（万元）
华宸未来基金管理有限公司	40	基金募集、基金销售、特定客户资产管理等	-323. 03

注:华宸未来基金管理有限公司注册资本为 20 000 万元,是本公司与西安长涛电子科技有限公司和未来资产基金管理公司共同出资设立,本公司出资[illegible]000 万元,占比为 40%,不能对该公司实施控制,按权益法核算,公司于 2012 年 6 月[illegible]日成立并取得营业执照。

6. 4. 1. 5　前五名的自营贷款的企业名称、占贷款总额的比例和还款情况等

企业名称	贷款金额（万元）	占贷款总额的比例（%）	还款情况
内蒙古万丰物资有限责任公司	5 000	100	2014 年发放贷款,已到期,未收回本息。

6. 4. 1. 6　表外业务的期初数、期末数

报告期内公司未开展表外业务。

6. 4. 1. 7　公司当年的收入结构

收入结构	金额（万元）	占比（%）
手续费及佣金收入	459. 40	3. 19
其中:信托手续费收入	459. 40	3. 19
利息收入	930. 29	6. 46
其他业务收入	98. 44	0. 68
其中:计入信托业务收入部分	—	—
投资收益	13 098. 79	90. 90
其中:股权投资收益	10 386. 49	72. 07
证券投资收益	749. 06	5. 20
其他投资收益	1 963. 24	13. 62
公允价值变动收益	-190. 36	-1. 32
营业外收入	0. 03	0. 0002
收入合计	14 410. 90	100. 00

6. 4. 2　披露信托资产管理情况

6. 4. 2. 1　信托资产的期初数、期末数

单位:万元

信托资产	期初数	期末数
集合	59 312. 82	3[illegible]34. 25
单一	154 527. 52	[illegible]46. 01
财产权	—	3[illegible]97. 13
合计	213 840. 34	8[illegible]77. 39

6.4.2.1.1 主动管理型信托业务期初数、期末数,分证券投资类、股权投资类、融资类、事务管理类分别披露

单位:万元

主动管理型信托资产	期初数	期末数
证券投资类	—	—
股权投资类	30 286.17	4 201.37
融资类	32 608.97	38 015.08
事务管理类	0.63	—
合计	62 895.77	42 216.45

6.4.2.1.2 被动管理型信托业务期初数、期末数

单位:万元

被动管理型信托资产	期初数	期末数
证券投资类	—	—
股权投资类	—	—
融资类	—	—
事务管理类	150 944.57	38 360.94
合计	150 944.57	38 360.94

6.4.2.2 本年度已清算结束信托项目个数,实收信托合计金额、加权平均实际年化收益率

本年度已清算结束信托项目7个,实收信托合计金额为167 000.00万元,加权平均实际年化收益率为7.51%。

6.4.2.2.1 本年度已清算结束的集合类、单一类资金信托项目和财产管理类信托项目个数、实收信托合计金额、加权平均实际年化收益率

已清算结束的信托项目	项目个数(个)	实收信托合计金额(万元)	加权平均实际年化收益率(%)
集合类	2	20 000.00	9.37
单一类	5	147 000.00	5.81
财产管理类	—	—	—

6.4.2.2.2 本年度已清算结束的主动管理型信托项目个数、实收信托合计金额、加权平均实际年化信托报酬率、加权平均实际年化收益率

已清算结束的信托项目	项目个数(个)	实收信托合计金额(万元)	加权平均实际年化信托报酬率(%)	加权平均实际年化收益率(%)
证券投资类	—	—	—	—
股权投资类	2	20 000.00	1.44	9.37
融资类	—	—	—	—
事务管理类	—	—	—	—

6.4.2.2.3 本年度已清算结束的被动管理型信托项目个数、实收信托合计金额、加权平均实际年化信托报酬率、加权平均实际年化收益率

已清算结束的信托项目	项目个数(个)	实收信托合计金额(万元)	加权平均实际年化信托报酬率(%)	加权平均实际年化收益率(%)
证券投资类	—	—	—	—
股权投资类	—	—	—	—
融资类	—	—	—	—
事务管理类	5	147 000.00	0.23	5.81

6.4.2.3 本年度新增的集合类、单一类、财产管理类信托项目个数、合计金额

新增信托项目	项目个数(个)	合计金额(万元)
集合类	2	100.00
单一类	3	8 780.00
财产管理类	2	37 596.96
新增合计	7	46 476.96
其中:主动管理型	—	—
被动管理型	7	46 476.96

6.4.2.4 本公司履行受托人义务情况及因本公司自身责任而导致的信托资产损失情况(合计金额、原因等)

本公司以诚实、信用、谨慎、有效管理为原则,在有效防范和着力控制风险的前提下,以受益人的利益最大化为宗旨,恪尽职守地处理各项信托事务,管理信托财产。公司加强信托项目的后期跟踪管理工作,及时向委托人、受益人披露有关信息,到期信托本金均如期或提前兑付,应分配的信托收益均如期支付受益人。截至2020年末,公司未发生因本公司自身责任而导致信托财产损失的情况。

6.4.2.5 信托赔偿准备金的提取、使用和管理情况

公司根据《信托公司管理办法》及公司章程的有关规定,按税后利润的5%计提信托赔偿金。本年计提信托赔偿准备金112.58万元,累计提取信托赔偿准备金4 952.87万元,占注册资本的6.19%。

6.5 关联方关系及其交易的披露

6.5.1 关联交易方的数量、关联交易的总金额及关联交易的定价政策等

单位名称	关联交易方数量	关联交易金额(万元)	定价政策
华宸未来基金管理有限公司	1	4 000.00	市场定价
内蒙古交通投资(集团)有限责任公司	1	4 000.00	市场定价
合计	2	8 000.00	—

6.5.2 关联交易方与本公司的关系性质、关联交易方的名称、法定代表人、注册地址、注册资本及主营业务等

关系性质	关联方名称	法定代表人	注册地址	注册资本(万元)	主营业务
参股公司	华宸未来基金管理有限公司	赵澍堂	上海市虹口区四川北路259号中信广场1608室	20 000	基金募集、基金销售、特定客户资产管理等
股东	内蒙古交通投资(集团)有限责任公司	郑俊	内蒙古自治区呼和浩特市新城区新华东街55号	1 090 000	投资与资产管理;经营正常

6.5.3 本公司与关联方的重大交易事项

6.5.3.1 固有与关联方交易情况

固有与关联交易方关联交易

单位：万元

项目	期初数	借方发生额	贷方发生额	期末余额
贷款	—	—	—	—
投资	—	—	—	—
租赁	—	—	—	—
担保	—	—	—	—
应收账款	18.00	—	—	18.00
其他	4 749.67	2 000.00	—	6 749.67
合计	4 767.67	2 000.00	—	6 767.67

6.5.3.2 信托与关联方交易情况

信托与关联交易方关联交易

单位：万元

项目	期初数	借方发生额	贷方发生额	期末余额
贷款	4 000.00	—	4 000.00	—
投资	—	—	—	—
租赁	—	—	—	—
担保	—	—	—	—
应收账款	—	—	—	—
其他	—	—	—	—
合计	4 000.00	—	4 000.00	—

6.5.3.3 本公司自有资金运用于自己管理的信托项目（固信交易），信托公司管理的信托项目之间的相互（信信交易）交易金额

6.5.3.3.1 固有财产与信托财产之间的交易金额期初汇总数、本期发生额汇总数、期末汇总数

单位：万元

项　　目	期初数	本年发生额	期末数
合计	30 801.96	-200.00	31 001.96

6.5.3.3.2 信托项目之间的交易金额期初汇总数、本期发生额汇总数、期末汇总数

无。

6.5.4 关联方逾期未偿还本公司资金的详细情况及本公司为关联方担保发生或即将发生垫款的情况

报告期内，关联方无逾期不偿还本公司资金情况，本公司无为关联方担保发生或即将发生垫款情况。

6.6 会计制度的披露

本公司固有业务和信托业务分别于2008年和2010年开始执行财政部2006年2月15日颁布的《企业会计准则》。

7. 财务情况说明书

7.1 利润实现和分配情况

本公司期初未分配利润为-10 503.03万元，本年实现净利润2 251.66万元，本年提取信托赔偿准备金112.58万元，由于未提取法定盈余公积及一般风险准备，期末未分配利润为-8 363.95万元。

7.2 主要财务指标

指标名称	指标值
资本利润率（%）	2.24
加权年化信托报酬率（%）	0.40
人均净利润（万元）	22.52

注：1. 资本利润率=净利润/所有者权益平均余额×100%。

2. 加权年化信托报酬率=（信托项目1的实际年化信托报率×信托项目1的实收信托+信托项目2的实际年化信托报率×信托项目2的实收信托+…+信托项目n的实际年化信托报率×信托项目n的实收信托）/（信托项目1的实收信托+信托项目2的实收信托+…+n的实收信托）×100%。

3. 人均净利润=净利润/平均人数。

4. 平均值采取年初、年末余额简单平均法，公式为a（平均）=（年初数+年末数）/2。

7.3 对本公司财务状况、经营成果有重大影响的其他事项

本公司2020年以所持恒泰证券46 485 600股股权抵顶债务视同销售107 067 237.50元。

8. 特别事项揭示

8.1 前五名股东报告期内变动情况及原因

报告期内，公司未有此类情况发生。

8.2 董事、监事及高级管理人员变动情况及原因

2020年4月27日，公司召开了2019年度股东会会议，审议通过了《关于调整第五届董事会人选的议案》。经股东中国大唐集团资本控股有限公司提名，周海莹为华宸信托第五届董事会董事，赵英吉不再担任华宸信托董事职务。

2020年8月27日，公司召开了2020年度第一次临时股东会会议，审议通过了《关于不再聘任赵廉慧担任公司独立董事的议案》和《关于聘任姜德广担任公司独立董事的议案》，不再聘任赵廉慧担任公司独立董事，聘任姜德广担任公司独立董事。

8.3 变更注册资本、变更注册地或公司名称、公司分离合并事项

报告期内，公司未发生此类情况。

8.4 公司重大诉讼事项

8.4.1 重大未决诉讼事项

公司以前年度重大未决诉讼事项6起（含仲裁案件），其中作为原告5起、被告1起。作为原告的案件主要是因信托融资引发的与债务人的纠纷，案件均已胜诉。作为被告的案件主要是因转让信托财产引发，目前案件已经处于执行阶段。

2020年，公司新增2起诉讼，其中1起已胜诉、1起正处于诉讼阶段。

8.4.2 以前年度发生，于本报告年度内终结的诉讼事项

无。

8.4.3 **本报告年度发生，于本报告年度内终结的诉讼事项**

无。

8.5 公司及其董事、监事和高级管理人员受到处罚的情况

报告期内，公司董事、监事和高级管理人员未受到监管处罚。

8.6 中国银保监会及其派出机构对公司检查后提出整改意见的，应简单说明整改情况

2020年，中国银保监会及其派出机构对公司进行了1次现场检查，为“公司治理及业务经营检查”；3次非现场检查，分别为：“巩固治乱象成果、促进合规建设工作‘回头看’”“关于开展股权治理和关联交易的自查”“‘内控合规管理年’专项行动”。公司积极配合检查，贯彻落实各项监管政策，对自查发现的制度、业务、管理中存在的问题积极进行了整改。通过检查整改，有力地推动了公司治理结构的完善及内控水平的提高，规范了业务操作的流程，提升了公司的内控合规经营水平。

8.7 本年度重大事项临时报告的简要内容、披露时间、所披露的媒体及其版面

报告期内，公司共进行重大事项临时报告披露1次，具体如下：

披露事项	披露时间	所披露的媒体及其版面
关于更换年报审计会计师事务所的公告	2020年3月20日	《证券时报》B1版

8.8 中国银保监会及其省级派出机构认定的其他有必要让客户及相关利益人了解的重要信息

无。

8.9 履行社会责任情况

报告期内，公司严格遵守国家法律法规，认真贯彻执行国家经济金融政策及各项监管要求，大力支持实体经济发展。坚持诚信经营，自觉履行纳税义务，严格按照税法规定及时、足额缴纳各项税款。公司主动落实金融机构反洗钱反恐怖融资、案防和消费者权益保护责任，不断完善工作制度体系，设置公共教育宣传区，并结合线上方式积极开展金融知识宣传，引导消费者树立正确的投资理念。2020年，公司开展了“3·15金融消费者权益日”“防范非法集资宣传月”“消费者权益保护案例比赛”等活动，取得了良好的效果。

2020年，国内突发新冠肺炎疫情，公司在做好自身疫情防控工作、保障正常运转的同时，积极履行社会责任，助力打好疫情防控阻击战。一方面，公司迅速响应中国信托业协会号召，捐款参与“中国信托业抗击新型肺炎慈善信托”，该慈善信托募集的资金已第一时间驰援湖北疫情防控工作；另一方面，积极响应号召，组织广大党员干部和职工群众成立志愿者服务队，按照地方网格化管理的统一安排，下沉社区协助做好疫情防控工作，建立了良好的联防联控机制，并广泛宣传疫情防控知识、防控措施，为打赢疫情防控阻击战营造了良好的舆论氛围，受到了社区和居民的好评。

同时，为了充分发挥党组织引领作用、助力脱贫攻坚，公司于2020年9月18日成功落地了国内首单聚焦于扶贫领域的服务信托产品——“华宸·绿洲金融消费扶贫预收款服务信托计划”，该业务依托服务对象“金融消费扶贫+产业扶贫+科技扶贫”的经营模式，充分利用信托制度优势，进行消费扶贫资金账户管理，成为公司首单服务信托项目。此外，2020年，公司通过慈善信托业务助力脱贫攻坚，共发起设立两单慈善信托，规模共计100万元，其中公司委托资金共40万元、中国信托业保障基金有限责任公司委托资金共50万元、中国民生信托有限公司委托资金共10万元，分别用于支持内蒙古察右中旗、察右后旗“市场型防贫保”保费缴纳和产业升级。公司作为地方国有金融企业，在履行社会职责、落实脱贫攻坚任务方面，一直努力作为，积极发挥作用，创新信托业务模式，为扶贫注入了新的元素。

9. 净资本管理情况

2020年末，本公司净资本为65 700.47万元，符合中国银监会要求的不得低于2亿元的监管指标。各项业务风险资本之和为9016.77万元，其中：固有业务风险资本为8 033.25万元、信托业务风险资本为983.52万元。本期末净资本管理监管指标变化情况为：本公司“净资本/各项业务风险资本之和”的比率为728.64%，符合中国银监会大于100%的监管要求；本公司“净资本/净资产”的比率为69.76%，中国符合银监会大于40%的监管要求。

10. 公司监事会意见

公司监事会认为，公司能够依法合规运作，公司董事及高级管理人员在履行公司职务时未有违反法律法规、公司章程或损害公司利益的行为。公司财务报告真实地反映了公司的财务状况和经营成果。

华能贵诚信托有限公司

1. 重要提示

1.1 公司董事会及董事保证本报告所载资料不存在任何虚假记载、误导性陈述或者重大遗漏，并对其内容的真实性、准确性和完整性承担个别及连带责任。

1.2 公司独立董事对年度报告内容的真实性、准确性、完整性无异议。

1.3 公司总经理孙磊、主管会计工作的副总经理鲍吉胜保证年度报告中财务报告的真实、完整。

2. 公司概况

2.1 公司简介

华能贵诚信托有限公司成立于2002年，2008年12月由华能资本服务有限公司增资扩股重组而成。2009年2月，经中国银监会批准，公司换发新的金融许可证。目前公司注册资本金为61.94557406亿元。

2.1.1 中文名称：华能贵诚信托有限公司
中文名称缩写：华能信托
英文名称：Huaneng Guicheng Trust Corporation Limited
英文名称缩写：HNGCTC

2.1.2 法定代表人：田军
注册地址：贵州省贵阳市观山湖区长岭北路55号贵州金融城1期商务区10号楼23层、24层
邮政编码：550081
网址：www.hngtrust.com
电子邮箱：public@hngtrust.com

2.1.3 公司负责信息披露事务的高级管理人员：赵刚
公司信息披露事务联系人：万灵
电　话：0851-88661688
传　真：0851-88661708
信息披露报纸：《金融时报》

2.1.4 年度报告备置地点：贵州省贵阳市观山湖区长岭北路55号贵州金融城1期商务区10号楼23层

2.1.5 公司聘请的会计师事务所：德勤华永会计师事务所（特殊普通合伙）
办公地点：上海市黄浦区延安东路222号30楼

2.1.6 公司聘请的律师事务所：北京市中盛律师事务所
办公地点：北京朝阳区建外大街8号国际财源中心22层

2.2 组织结构

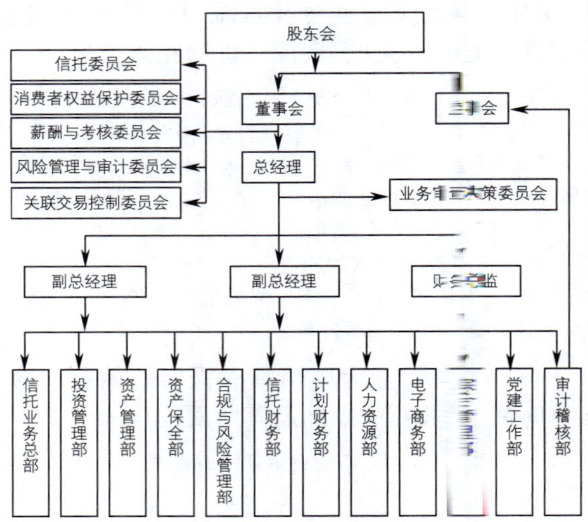

3. 公司治理

3.1 股东

报告期末，公司股东总数为8家，占公司15%以上（含15%）出资比例的股东为2家。

股东名称	持股比例(%)	法人代表
华能资本服务有限公司	67.92	叶　才
贵州乌江能源投资有限公司	31.48	何　瑛
人保投资控股有限公司	0.16	谢一群
贵州省技术改造投资有限责任公司	0.16	王通波
中国有色金属工业贵阳有限责任公司	0.09	游来理
中国华融资产管理股份有限公司	0.09	王占峰
首钢水城钢铁（集团）有限责任公司	0.07	王建伟
贵州开磷有限责任公司	0.03	姚金蕊

公司第一大股东

股东名称	出资比例(%)	法人代表
华能资本服务有限公司	67.92	叶　才

3.2 董事

董事会成员

姓　名	职　务	性别	年龄（岁）	选任日期	所推举的股东名称	该股东持股比例（%）	简要履历
田　军	董事长	男	57	2017 年 3 月	华能资本服务有限公司	67.92	中国社科院研究生部货币银行专业研究生学历，华能资本服务有限公司党委委员，本公司董事长。
李仪华	副董事长	男	63	2015 年 5 月	贵州乌江能源投资有限公司	31.48	中南财经大学硕士研究生，本公司副董事长。
段一萍	董事	女	45	2015 年 5 月	华能资本服务有限公司	67.92	中国人民大学硕士研究生，高级会计师，华能资本服务有限公司副总经理。
段心烨	董事	女	44	2019 年 3 月	华能资本服务有限公司	67.92	澳大利亚南昆士兰大学工商管理硕士，华能资本服务有限公司总经理助理兼股权管理部主任。
田　露	董事	女	32	2019 年 3 月	贵州乌江能源投资有限公司	31.48	江西财经大学管理学学士，中级会计师，贵州乌江能源集团有限责任公司计划财务部经理。
孙　磊	职工董事	男	47	2019 年 3 月	—	—	香港中文大学金融 MBA，注册会计师，本公司总经理。

独立董事

姓　名	所在单位及职务	性别	年龄（岁）	选任日期	所推举的股东名称	该股东持股比例（%）	简要履历
徐　英	已退休	女	67	2017 年 5 月	—	—	北京财贸学院金融系，经济学学士，历任北京财贸学院金融系助教、讲师，海南汇通国际信托投资公司副总经理、常务副总经理，长城证券有限公司总裁、董事长、党委书记，景顺长城基金管理有限公司全职董事长，中国证券业协会理事，新华资产管理股份有限公司全职副董事长，已退休。
矫丽燕	基点商品期货交易公司（北京）董事总经理	女	57	2015 年 5 月	—	—	北京第二外国语学院外语专业毕业，基点商品期货交易公司（北京）董事总经理。
王　涌	中国政法大学民商经济法学院法学教授	男	52	2015 年 5 月	—	—	中国政法大学博士研究生学历；现担任中国政法大学民商经济法学院法学教授，博士生导师。

3.3 监事

姓名	职务	性别	年龄（岁）	选任日期	所推举的股东名称	该股东持股比例（%）	简要履历
周英序	监事会主席	男	62	2015 年 5 月	贵州乌江能源投资有限公司	31.48	贵州师范大学本科学历，本公司监事会主席。
何　瑛	监事	女	47	2015 年 5 月	贵州乌江能源投资有限公司	31.48	贵州财经学院大学本科学历，贵州乌江能源集团有限责任公司总经理助理，贵州乌江能源投资有限公司法定代表人、董事长。
刘荣俊	职工监事	男	51	2019 年 3 月	—	—	山西财经大学本科学历，经济学学士，会计师，本公司审计稽核部经理。

3.4 高级管理人员

姓名	职务	性别	年龄（岁）	任职日期	金融从业年限（年）	学历	专业
孙　磊	总经理	男	47	2019 年 2 月	25	硕士研究生，MEA	金融
涂继国	副总经理	男	56	2015 年 5 月	28	大学本科	经济学
鲍吉胜	副总经理兼财务总监	男	56	2015 年 5 月	32	大学本科	经济管理
刘　芳	副总经理	女	49	2017 年 3 月	26	大学本科	经济学
雷妮亚	副总经理	女	41	2019 年 2 月	7	硕士研究生	民商法学
顾学新	副总经理	男	56	2019 年 2 月	28	大学本科	机械制造及设备
赵　刚	总经理助理兼董事会秘书	男	49	2017 年 3 月 2017 年 7 月	14	大学本科	经济信息管理
黄海峰	总经理助理	女	49	2017 年 3 月	24	研究生	金融学
郝　杰	总经理助理	男	43	2019 年 2 月	8	硕士研究生	法学
王　剑	总经理助理	男	43	2019 年 2 月	25	大学本科	法律

3.5 公司员工

报告期内，员工人数为 376 人，平均年龄为 34 岁，博士生占比为 1.6%，硕士生占比为 49.2%，本科生占比为 47.87%，专科生占比为 1.33%。

4. 经营管理

4.1 经营目标、经营方针、战略规划

公司立足信托本源，解放思想、开阔视野、创新思路、勇于突破，推进跨界融合，进一步增强核心竞争力，推动公司转型攻坚再上新台阶，探索出一条泛信托发展之路。

公司的经营方针是诚信、专业、创新、和谐。

4.2 所经营业务的主要内容

除另有注明外，本报告中所有披露内容均为母公司口径。

自营资产运用与分布表

资产运用	金额（万元）	占比（%）	资产运用	金额（万元）	占比（%）
货币资产	28 041.36	1.02	基础产业	—	—
贷款及应收款	—	—	房地产业	—	—
交易性金融资产投资	558 355.08	20.34	证券市场	558 355.08	20.34
可供出售金融资产投资	2 043 080.17	74.41	实业	—	—
持有至到期投资	—	—	金融机构	2 091 121.53	76.16
长期股权投资	20 000.00	0.73	其他	96 146.74	3.50
其他	96 146.74	3.50	—	—	—
资产合计	2 745 623.35	100.00	资产合计	2 745 623.35	100.00

信托资产运用与分布表

资产运用	金额（万元）	占比（%）	资产运用	金额（万元）	占比（%）
货币资产	1 775 794.03	2.09	基础产业	3 122 280.83	3.67
贷款及应收款	19 495 687.37	22.93	房地产业	5 092 280.00	5.99
交易性金融资产投资	807 388.63	0.95	证券市场	789 137.29	0.93
可供出售金融资产投资	18 705 301.71	22.00	实业	16 358 419.55	19.24
持有至到期投资	4 191.56	—	金融机构	7 745 360.79	9.11
长期股权投资	7 238 283.54	8.51	其他	51 932 541.84	61.07
其他	37 013 373.47	43.52			
资产合计	85 040 020.31	100.00	资产合计	85 040 020.31	100.00

4.3 市场分析

4.3.1 影响公司业务发展的有利因素

一是新一轮的科技革命和产业变革正在发生。新冠肺炎疫情的全球大流行加剧了世界百年未有之大变局的演变，先进制造业等前端产业势必成为高端要素聚集重点和政策支持重点，也必然对金融服务产生更高、更新的需求。信托公司作为连接投资和融资、金融和实业的桥梁，能够有效满足不同产业不同发展阶段的多样性需求，分享经济高质量发展红利。

二是我国正在形成世界上规模最大的中等收入群体。国民财富的不断积累带来了财富管理需求的日益增长，信托本源业务发展空间持续扩大。未来信托公司在解决金融供需主要矛盾、有效传递金融服务的过程中，具有先天优势和较大潜力。

三是公司的社会认可度进一步提升。公司行业评级为“A级”，公开市场主体信用评级中被评为“AAA级”，均保持行业最高等级；公司还获得“中国优秀信托公司奖”“优秀创新信托计划奖”等多项专业奖项，为公司创造了良好的外部经营环境。

4.3.2 影响公司业务发展的不利因素

一是国际、国内形势严峻。西方某些大国保护主义掀起高潮，国内生产体系内部循环不畅和供求脱节现象愈加明显，特别是在关系到国际民生的基础型、高端型领域，“卡脖子”问题亟待解决，国民经济的内部循环急需打通。

二是行业发展出现瓶颈。近两年来，整个信托行业都在努力探索转型，但仍然没有完全适应当前的经济高质量发展要求和产业周期性变革，尚未完全突破原有发展逻辑。

三是金融监管力度持续加大。随着经济下行压力显现，信托行业风险事件高频次集中暴发。在严峻形势下，金融监管力度持续加大，信托公司面临更大的转型压力。

4.4 内部控制

4.4.1 内部控制环境和内部控制文化

公司按照现代企业制度要求，以受益人利益为根本出发点，建立了以党委会、股东会、董事会、监事会、管理层等为主体的法人治理结构，党委会与“三会一层”作为整体，对公司的整个经营活动统一协调，各个管理层面制度健全、运作规范、分权制衡。董事会下设信托、风险管理与审计、薪酬与考核、消费者权益保护、关联交易控制五个专业委员会，制定了董事会各专业委员会议事规则及独立董事工作规则。报告期内，各管理层认真履行职责，党委会发挥政治核心作用。股东会有效发挥管控作用。董事会对战略定位、风险偏好、业务发展进行有效控制，董事会信托委员会、风险管理与审计委员会、监事会和独立董事充分发挥监督职能。监事会充分发挥对董事会和管理层的监督职能。基于董事会对内部控制机制和内控文化建设的高度重视，公司紧密围绕年度目标和战略转型，以能力建设为抓手，牢牢聚焦构建均衡协调的“一体两翼”资产新格局，持续优化业务结构，全面推进业务创新和转型，建立与之匹配的内部组织架构，强化和充实核心业务人才，加强人才队伍建设，着力完善绩效考评机制，为实现公司战略目标注入动能和活力。在经营层面，公司建立了权责明确、合理制衡、报告关系清晰的组织架构，建立了业务审查决策委员会集体决策机制，建立了合规与风险管理部、审计稽核部，定期分别向董事会提交风险管理及内部审计工作情况的报告。公司目前已经形成了“分级管理、灵活高效、有效监督”的内部运行机制并进行持续改善。

董事会、管理层大力倡导和培育“诚信为本、规范运作、稳健经营”的信托文化理念，严格按照监管规范要求展业，时刻将控制信托业务风险放在首位，各项经营正常稳健，未发生项目不能兑付，未因重大合规问题遭受重大财务损失或声誉损失，基本实现合规风险的有效管理。公司贯彻依法治企，严守合规

底线,围绕回归本源,创新转型主题,通过合规教育、学习、测试与检查,全面提升内控管理能力。

4.4.2 内部控制措施

党委会、董事会、监事会等制定了严格的议事规则和内部控制制度。管理层本着规范管理、防范风险的原则,制定和建立了公司员工行为准则和职业道德规范,建立了合理授权、有效问责、内部举报和奖惩制度。公司内部实行授权控制、资产隔离、岗位分离、规范操作。

4.4.3 信息交流与反馈

公司建立了信息交流与反馈制度,持续提高信息化建设水平。公司信息管理系统高效运转,董事会、监事会、管理层能及时了解公司的经营和风险状况,每一项信息均能够及时传递给相关的员工,各个部门和员工的有关信息均能够顺畅反馈。

4.4.4 监督评价与纠正

公司建立了业务部门(岗位)自查、业务部门(岗位)互相制约、员工内部举报、合规部门检查、内审部门审计相结合的机制。按照风险管理"事前全面调查""事中严格管理""事后跟踪审查"的要求,相应规范内部审批、操作和风险管理程序,细化和完善内部控制制度,实行"全过程、嵌入式"管理。审计稽核部对业务的各项运作和风险管理进行动态审计和检查,提出整改意见和纠正措施,督促各部门严格落实,并直接向董事会、管理层报告。

4.5 风险管理

4.5.1 风险管理概况

公司以诚信和尽职履责理念为引领,建立并不断完善了以发展战略为导向,以防范和控制风险为核心,以信息系统为支撑,覆盖公司决策、执行、监督、反馈等各环节,形成科学、完善、高效的风险管理体系,忠实履行受托人职责,切实实现受益人利益最大化。

2020年,针对新冠肺炎疫情对公司风险防控所带来的影响,公司在确保已有各项风险防控措施落实到位的基础上,迅速强化风险防控手段,进一步提升风险防控力度和应急管理手段。

4.5.2 风险状况

公司面临的主要风险包括信用风险、市场风险、操作风险等。

4.5.2.1 信用风险状况

报告期内,公司资产质量良好,项目运行正常,全年未发生重大经营风险,信用风险可控。公司无新增不良资产,并严格按照有关规定计提信托赔偿准备金及风险准备。信用风险防范手段的实施以到期清偿为目的,附加过程管理,在维护受益人利益的同时,也促进了合作对手的良性发展。

4.5.2.2 市场风险状况

报告期内,公司注重市场风险的提前预判与识别,在经营目标上合理设立盈利目标,避免过分追求盈利而承受较大风险。针对金融市场或环境的剧烈变化,动态评估在极端不利情况下的风险承受能力,以此为依据及时制定相应的应急处理预案。

4.5.2.3 操作风险状况

报告期内,公司严格执行各项规章制度,从产品设计、尽职调查、风险管控、产品营销、后续管理等环节入手,通过修订、完善各项业务指引,有效指导业务发展;通过强化法律文本的标准化制定,规范业务操作模式,防范操作风险。

4.5.2.4 其他风险状况

其他风险包括流动性风险、法律合规风险等。

4.5.2.4.1 流动性风险状况

报告期内,公司固有业务项下各项财务指标均在正常范围内,未发生流动性异常状况。在信托业务方面,新增项目严格执行"资管新规"要求,落实资金和资产期限匹配;"资管新规"实施前的期限错配信托产品,已于报告期内完成资金资产一一匹配。公司整体流动性风险控制良好。

4.5.2.4.2 法律合规风险状况

报告期内,公司通过不断强化责任意识,全面提升合规管理能力。公司严格执行各项监管要求,强化法律合规基础管理,确保依法合规经营,公司没有因法律合规问题而遭受重大行政处罚、重大财务损失或声誉损失。

4.5.3 风险管理情况

2020年,公司突出重点,精准施策,风险管理工作向纵深发展。

4.5.3.1 信用风险管理

报告期内,公司不断突破现有风险防控工作的经验依赖和路径依赖,强化信用风险管控。公司通过积极适应从非标到标品的风险审核思路,更加注重对客户发展前景和内在价值的判断和挖掘,在从信用主体依赖逐步转换为价值分析和评价方面取得一定的进展。

一是公司深入研究新冠肺炎疫情可能给宏观经济、微观主体带来的影响,摸清金融风险演变的新特点、新趋势,动态调整准入标准,严把项目准入关。二是坚持"一户一策",风险排查"常态化",确保存量风险管得住,同时将排查和监测过程中掌握的信息反向运用于前端准入,提高风险准入环节的精准度。三是不断完善信用风险转移机制,通过提高产品和投资者的适配性切实做到"卖者有责,买者自负"。

4.5.3.2 市场风险管理

报告期内,公司通过严格监测业务风险限额,健全风险监测预警和干预机制,对各种有市场风险敞口的资产进行组合化管理,严格遵守资产配置比例要求,秉持"价值投资"理念,确保总体风险控制在风险偏好和风险承受能力之内,有效控制市场风险。

一是公司持续密切关注重点投资标的的经营情况和新冠肺炎疫情发展态势,及时对投资判断进行必要的修正。二是秉持"价值投资"理念,以"好赛道、好对手、好生意"作为项目选择标准,引入专家库交叉核验相关信息,通过提前设置相关预警措施对未来市场风险进行监测、对冲乃至化解。三是高度重视受托履职,明确专人专责,确保投后管理高质高效、不出纰漏。

4.5.3.3 操作风险管理

报告期内,公司持续加强操作风险防范。进一步完善内控管理制度,做好审计监督,狠抓落实,加强审核监管规定及内控制度的落实、执行情况;强化尽职调查、抵(质)押办理、中后期管理等基础管理工作,坚决防范对操作风险的麻木和迟钝。

一是进一步建立健全内控管理制度,完善内控制度体系,明确操作风险责任人及责任制。二是针对业务部门基础管理中存在的典型问题进行梳理盘点、集中培训，对业务开展的重点环节重申工作要求，确保各项责任和工作要求落实到位。三是强化内部控制监督检查，保证内部控制制度得到有效执行。

4.5.3.4　其他风险的管理

4.5.3.4.1　流动性风险管理

报告期内，公司高度关注宏观经济政策、货币政策及资金市场供需的变化情况，公司遵循审慎、稳健的原则，针对固有业务和信托业务均制定了严格的流动性风险防范措施。

一是保持优质流动性资产持有比例，持续做好对资产负债流动性的预测和分析，充分评估潜在流动性影响因素。二是按照"穿透"原则监测底层资产流动性状况，确保新设非标信托项目项下资金资产期限匹配。三是切实履行受托人职责，做好标准化信托产品项下的盯市和估值预警工作，评估和研判标的资产的可变现能力变化情况。

4.5.3.4.2　法律合规风险管理

报告期内，公司始终坚持业务发展与风险防控并重，把"依法合规经营"作为公司业务发展的立足点，持续开展多种形式的合规培训教育，推行诚信与正直的职业操守，强化合规经营理念的传导机制。

一是以"一级抓一级、一级带一级、层层抓落实"的学习机制，确保将监管精神准确、及时地传达给业务一线，有效地将监管要求转化为公司内部要求。二是加强对全局性、系统性风险的预警和对监管合规动态的掌握，并重点关注同业行政处罚案件。三是持续动态完善内部考核体系，优化考核流程、严格问责，不断完善激励约束机制。

5. 报告期末及上一年度末的比较式会计报表

5.1　自营资产

5.1.1　会计师事务所审计结论

德勤华永会计师事务所认为，华能贵诚信托有限公司的财务报表在所有重大方面按照企业会计准则的规定编制，公允反映了2020年12月31日的财务状况及2020年度的经营成果和现金流量。

5.1.2　资产负债表

资产负债表

编制单位：华能贵诚信托有限公司　　2020年12月31日　　单位：万元

项　目	合并		母公司	
	年末数	年初数	年末数	年初数
资产：				
货币资金	28 293.34	28 993.33	28 041.36	28 616.12
贵金属	—	—	—	—
拆出资金	—	—	—	—
以公允价值计量且其变动计入当期损益的金融资产	484 354.96	240 322.68	484 354.96	240 322.68
衍生金融资产	—	—	—	—
买入返售金融资产	74 000.12	14 900.07	74 000.12	14 900.07

续表

项　目	合并		[illegible]公司	
	年末数	年初数	年末[illegible]	年初数
应收利息	—	—	—	—
发放贷款和垫款	—	—	—	—
可供出售金融资产	2 062 810.37	2 072 868.82	2 043 0[illegible]	2 049 218.87
持有至到期投资	—	—	—	—
长期股权投资	—	—	20 0[illegible]	20 000.00
投资性房地产	—	—	—	—
固定资产	1 936.65	1 956.98	1 93[illegible]	1 956.98
无形资产	2 026.47	1 207.80	2 02[illegible]	1 207.80
递延所得税资产	40 880.09	33 333.39	40 88[illegible]	33 333.39
其他资产	51 303.55	52 405.52	51 30[illegible]	52 405.52
资产总计	2 745 605.54	2 445 988.59	2 745 62[illegible]	2 441 961.43

资产负债表（续）

编制单位：华能贵诚信托有限公司　　2020年12月31日　　单位：万元

项　目	合并		[illegible]公司	
	年末数	年初数	年末[illegible]	年初数
负债：				
向中央银行借款	—	—	—	—
同业及其他金融机构存放款项	—	—	—	—
拆入资金	—	—	—	—
交易性金融负债	—	—	—	—
衍生金融负债	—	—	—	—
卖出回购金融资产款	—	—	—	—
吸收存款	—	—	—	—
应付职工薪酬	113 308.61	101 308.61	113 30[illegible]	101 308.61
应交税费	87 376.05	77 410.56	87 37[illegible]	77 096.22
应付股利	—	—	—	—
预计负债	—	—	—	—
应付债券	—	—	—	—
递延所得税负债	12 270.13	5 888.44	12 27[illegible]	5 873.79
其他负债	230 352.74	214 603.34	230 79[illegible]	214 603.34
负债合计	443 307.53	399 210.95	443 75[illegible]	398 881.96
所有者权益：	—	—	—	—
实收资本	619 455.74	619 455.74	619 45[illegible]	619 455.74
资本公积	606 313.90	606 313.90	606 31[illegible]	606 313.90
减：库存股	—	—	—	—
其他综合收益	1 004.24	1 941.79	1 004[illegible]	1 897.81
盈余公积	179 122.85	141 154.58	179 12[illegible]	141 154.58
一般风险准备	128 516.22	105 990.09	128 51[illegible]	105 990.09
未分配利润	767 885.07	571 921.54	767 455[illegible]	568 267.35
所有者权益合计	2 302 298.01	2 046 777.64	2 301 86[illegible]	2 043 079.47
负债和所有者权益总计	2 745 605.54	2 445 988.59	2 745 62[illegible]	2 441 961.43

5.1.3 利润和利润分配表

利润和利润分配表

编制单位:华能贵诚信托有限公司　　2020 年度　　单位:万元

项　目	合并		母公司	
	2020 年度	2019 年度	2020 年度	2019 年度
一、营业收入	600 087. 89	506 940. 96	602 980. 80	504 618. 04
利息净收入	−8 606. 90	−7 340. 66	−8 610. 38	−7 344. 99
利息收入	4 269. 44	4 322. 84	4 265. 96	4 318. 51
利息支出	12 876. 34	11 663. 50	12 876. 34	11 663. 50
手续费及佣金净收入	382 332. 01	317 505. 18	382 332. 01	317 505. 18
手续费及佣金收入	382 332. 01	317 543. 02	382 332. 01	317 543. 02
手续费及佣金支出	—	37. 84	—	37. 84
投资收益(损失以"－"号填列)	202 222. 36	170 285. 05	205 118. 75	167 966. 46
其中:对联营企业和合营企业的投资收益	—	—	—	—
公允价值变动收益(损失以"－"号填列)	17 333. 74	23 295. 56	17 333. 74	23 295. 56
汇兑收益(损失以"－"号填列)	−1. 27	0. 32	−1. 27	0. 32
其他业务收入	147. 13	134. 58	147. 13	134. 58
资产处置收益(损失以"－"号填列)	—	—	—	—
其他收益	6 660. 82	3 060. 93	6 660. 82	3 060. 93
二、营业支出	101 430. 93	98 321. 99	101 371. 42	98 308. 32
税金及附加	3 188. 76	2 343. 96	3 188. 76	2 343. 96
业务及管理费	89 462. 98	86 823. 70	89 403. 47	86 810. 03
资产减值损失	8 779. 19	9 154. 33	8 779. 19	9 154. 33
其他业务成本	—	—	—	—
三、营业利润(亏损以"－"号填列)	498 656. 96	408 618. 97	501 609. 38	406 309. 72
加:营业外收入	3 526. 80	12 530. 24	3 526. 80	12 530. 24
减:营业外支出	1 561. 96	55. 30	1 561. 96	55. 30
四、利润总额(亏损以"－"号填列)	500 621. 80	421 093. 91	503 574. 22	418 784. 66
减:所得税费用	124 163. 88	103 569. 41	123 891. 49	102 992. 04
五、净利润(净亏损以"－"号填列)	376 457. 92	317 524. 50	379 682. 73	315 792. 62
加:年初未分配利润	571 921. 54	427 451. 66	568 267. 35	425 529. 35
六、可供分配的利润	948 379. 46	744 976. 16	947 950. 08	741 321. 97
减:提取法定盈余公积	37 968. 27	31 579. 26	37 968. 27	31 579. 26
提取信托赔偿准备	18 984. 14	15 789. 63	18 984. 14	15 789. 63
提取一般风险准备	3 541. 99	5 685. 73	3 541. 99	5 685. 73
其他减少	—	—	—	—
七、可供股东分配的利润	887 885. 07	691 921. 54	887 455. 68	688 267. 35
减:分配股东股利	120 000. 00	120 000. 00	120 000. 00	120 000. 00
八、未分配利润	767 885. 07	571 921. 54	767 455. 68	568 267. 35

5.2 信托资产

5.2.1 信托项目资产负债汇总表

信托项目资产负债表

编制单位:华能贵诚信托有限公司　　2020 年 12 月 31 日　　单位:万元

信托资产	期末余额	年初余额	信托负债和信托权益	期末余额	年初余额
信托资产:			信托负债:		
货币资金	1 765 444. 66	1 107 081. 74	交易性金融负债	—	—
拆出资金	—	—	衍生金融负债	—	—
存出保证金	10 349. 37	24 550. 16	应付受托人报酬	9 977. 10	6 515. 27
交易性金融资产	807 388. 63	650 555. 23	应付托管费	139. 21	192. 12
衍生金融资产	—	—	应付受益人收益	758. 71	3 335. 32
买入返售金融资产	2 882 209. 38	4 153 490. 13	应交税费	5 043. 39	1 929. 03
应收款项	39 465. 62	22 480. 68	应付销售服务费	541. 77	541. 77

续表

信托资产	期末余额	年初余额	信托负债和信托权益	期末余额	年初余额
发放贷款	16 574 012. 37	15 514 631. 01	其他应付款项	64 471. 63	102 554. 65
可供出售金融资产	18 705 301. 71	12 871 294. 34	预计负债	—	—
持有至到期投资	4 191. 56	—	其他负债	—	—
长期应收款	—	—	信托负债合计	80 931. 81	115 068. 16
长期股权投资	7 238 283. 54	6 315 221. 29			
投资性房地产	—	—	信托权益:		
固定资产	—	—	实收信托	83 194 319. 90	71 380 102. 31
无形资产	—	—	资本公积	97 982. 62	20 295. 95
长期待摊费用	—	—	损益平准金	—	—
其他资产	37 013 373. 47	31 845 400. 59	未分配利润	1 666 785. 98	989 238. 75
减:各项资产减值准备	—	—	信托权益合计	84 959 088. 50	72 389 637. 01
信托资产总计	85 040 020. 31	72 504 705. 17	信托负债及信托权益合计	85 040 020. 31	72 504 705. 17

5. 2. 2　信托项目利润及利润分配汇总表

信托项目利润及利润分配汇总表

编制单位:华能贵诚信托有限公司　　2020 年度　　单位:万元

项　　目	2020 年度	2019 年度
1. 营业收入	5 667 123. 67	5 369 310. 74
1. 1 利息收入	1 349 888. 24	971 389. 17
1. 2 投资收益(损失以"－"号填列)	4 229 432. 58	4 319 355. 69
1. 2. 1 其中:对联营企业和合营企业的投资收益	—	—
1. 3 公允价值变动收益(损失以"－"号填列)	59 383. 79	78 386. 90
1. 4 租赁收入	—	—
1. 5 汇兑损益(损失以"－"号填列)	—	—
1. 6 其他收入	28 419. 06	178. 98
2. 支出	931 264. 21	793 864. 67
2. 1 营业税金及附加	16 202. 34	15 013. 77
2. 2 受托人报酬	355 630. 27	268 818. 25
2. 3 托管费	18 780. 95	21 597. 28
2. 4 投资管理费	173. 12	272. 69
2. 5 销售服务费	63 499. 08	69 639. 24
2. 6 交易费用	14 916. 03	1 016. 18
2. 7 资产减值损失	3 671. 78	491. 92
2. 8 其他费用	458 390. 64	417 015. 34
3. 信托净利润(净亏损以"－"号填列)	4 735 859. 46	4 575 446. 07
4. 其他综合收益	34 781. 29	4 298. 38
5. 综合收益	4 770 640. 75	4 579 744. 45
6. 加:期初未分配信托利润	989 238. 75	709 696. 93
7. 可供分配的信托利润	5 759 879. 50	5 289 441. 38
8. 减:本期已分配信托利润	4 093 093. 53	4 300 202. 63
9. 期末未分配信托利润	1 666 785. 98	989 238. 75

6. 会计报表附注

6. 1　会计报表编制基准、会计政策和会计估计变更、核算方法的说明

本公司财务报表以持续经营假设为基础,根据实际发生的交易和事项,按照财政部 2006 年 2 月 15 日颁布的《企业会计准则》及其应用指南的有关规定进行编制。

6. 2　或有事项说明

无。

6. 3　重要资产(不含股权转让)转让及其出售的说明

无。

6. 4　会计报表中重要项目的明细资料

6. 4. 1　披露自营资产经营情况

6. 4. 1. 1　信用风险资产

信用风险资产五级分类	正常类(万元)	关注类(万元)	次级类(万元)	可疑类(万元)	损失类(万元)	信用风险资产合计(万元)	不良资产合计(万元)	不良资产率(%)
期初数	2 419 258. 64	—	—	781. 32	1 453. 11	2 421 493. 07	2 234. 43	0. 09
期末数	2 723 631. 13	—	—	781. 32	1 453. 11	2 725 865. 56	2 234. 43	0. 08

注:不良资产合计 = 次级类 + 可疑类 + 损失类。

(1)盛安房地产开发有限公司应收款项为 781. 32 万元,为代垫盛安公司台湾大厦后续建设资金。公司将此款项划分为可疑类,全额计提损失准备。

(2)海南贵州大厦应收款项为 145 万元,为 2008 年公司履行担保责任代海南贵州大厦支付执行款。该公司产权未理顺,经营不善。公司将此款项划分为损失类,全额计提损失准备。

(3)2003 年,公司信托资金委托华夏证券理财。华夏证券于 2008 年 7 月 31 日经法院裁定受理破产,现已进入清算程序,应收华夏证券股份有限公司的余额为 1 053. 42 万元。公司将此款项划分为损失类,全额计提损失准备。

(4)海南发展银行清算组应收款项为 247. 44 万元,为本公司 1993 年发放贷款,所质押的海南发展银行定期存单,由于海南发展银行被人民银行关闭清算,该笔定期存单成为清算债权。经清算组确认领取了海南发展银行债务确认书,截至目前海南发展银行尚未清算完毕。公司将此款项划分为损失类,全额计提损失准备。

(5)李伟煤款应收款项为 7. 25 万元,为 2007 年子公司信达贸易公司注销转入,法院已判决,但无可执行财产。公司将此款项划分为损失类,全额计提损失准备。

前述(1)~(5)项不良资产全部为 2009 年公司重组前存

续的不良资产。

6.4.1.2 各项资产减值损失准备

单位:万元

项目	期初数	本期计提	本期转回	本期核销	期末数
贷款损失准备	—	—	—	—	—
一般准备	—	—	—	—	—
专项准备	—	—	—	—	—
其他资产减值准备	5 376.67	—	—	—	5 376.67
可供出售金融资产减值准备	18 159.14	8 779.19	—	—	26 938.33
持有至到期投资减值准备	—	—	—	—	—
长期股权投资减值准备	—	—	—	—	—
坏账准备	2 234.43	—	—	—	2 234.43
投资性房地产减值准备	—	—	—	—	—

6.4.1.3 自营股票投资、基金投资、债券投资、股权投资等投资业务

单位:万元

项目	自营股票	基金	债券	长期股权投资
期初数	199 451.60	55 159.36	1 030.66	20 000.00
期末数	429 340.17	21 182.76	24 111.81	20 000.00

6.4.1.4 前三名的自营长期股权投资的企业名称、占被投资企业权益的比例、主要经营活动及投资收益情况等

企业名称	占被投资企业权益的比例(%)	主要经营活动	投资收益(万元)
贵诚汇鑫股权投资有限公司	100	股权投资管理等	4 024.84

6.4.1.5 前三名的自营贷款的企业名称、占贷款总额的比例和还款情况等

无。

6.4.1.6 表外业务

无。

6.4.1.7 收入结构

收入结构	合并		母公司	
	金额(万元)	占比(%)	金额(万元)	占比(%)
手续费及佣金收入	382 332.01	62.02	382 332.01	61.73
其中:信托手续费收入	382 332.01	62.02	382 332.01	61.73
投资银行业务收入	—	—	—	—
利息收入	4 269.44	0.69	4 265.96	0.69
其他业务收入	6 806.68	1.10	6 806.68	1.10
其中:计入信托业务收入部分	—	—	—	—
投资收益	219 556.10	35.62	222 452.49	35.91
其中:股权投资收益	2 750.00	0.45	6 774.84	1.09
公允价值变动收益	17 333.74	2.81	17 333.74	2.80
其他投资收益	199 472.36	32.36	198 343.91	32.02
营业外收入	3 526.80	0.57	3 526.80	0.57
收入合计	616 491.03	100.00	619 383.94	100.00

6.4.2 **披露信托资产管理情况**

6.4.2.1 信托资产

单位:万元

信托资产	期初数	期末数
集合	20 591 349.90	26 432 143.88
单一	19 796 512.83	21 227 838.93
财产权	32 116 842.44	37 380 037.49
合计	72 504 705.17	85 040 020.31

6.4.2.1.1 主动管理型信托业务

单位:万元

主动管理型信托资产	期初数	期末数
证券投资类	552 051.54	743 498.08
股权投资类	2 682 900.00	2 973 418.45
其他投资类	6 964 124.11	23 220 243.69
融资类	14 589 105.51	12 052 694.70
事务管理类	40.13	—
合计	24 788 221.29	38 989 854.92

6.4.2.1.2 被动管理型信托业务

单位:万元

被动管理型信托资产	期初数	期末数
证券投资类	—	—
股权投资类	—	—
其他投资类	—	—
融资类	—	—
事务管理类	47 716 483.88	46 050 165.39
合计	47 716 483.88	46 050 165.39

6.4.2.2 本年度已清算结束的信托项目个数、实收信托合计金额、加权平均实际年化收益率

本年度有672个项目清算,实收信托合计金额为2 531.07亿元,加权平均实际年化收益率为6.44%。

6.4.2.2.1 本年度已清算结束的集合类、单一类资金信托项目和财产管理类信托项目

已清算结束的信托项目	项目个数(个)	实收信托合计金额(万元)	加权平均实际年化收益率(%)
集合类	238	8 756 337.52	7.75
单一类	338	6 334 001.21	5.99
财产管理类	96	10 170 317.33	5.61

6.4.2.2.2 本年度已清算结束的主动管理型信托项目

已清算结束的信托项目	项目个数(个)	实收信托合计金额(万元)	加权平均实际年化收益率(%)
证券投资类	16	518 566.00	15.68
股权投资类	7	602 478.69	6.96
其他投资类	317	6 467 936.42	6.72
融资类	104	4 763 751.93	7.22
事务管理类	—	—	—

6.4.2.2.3 本年度已清算结束的被动管理型信托项目

已清算结束的信托项目	项目个数(个)	实收信托合计金额(万元)	加权平均实际年化收益率(%)
证券投资类	—	—	—
股权投资类	—	—	—
其他投资类	—	—	—
融资类	—	—	—
事务管理类	227	12 957 923.02	5.85

6.4.2.3　本年度新增的集合类、单一类和财产管理类信托项目

新增信托项目	项目个数(个)	合计金额(万元)
集合类	579	18 749 421.82
单一类	225	9 199 625.18
财产管理类	147	27 338 329.53
新增合计	951	55 287 376.52
其中:主动管理型	795	30 726 304.64
被动管理型	156	24 561 071.88

注:本年新增信托项目指在本报告年度内新成立的信托项目。

6.4.2.4　信托业务创新成果和特色业务有关情况

公司坚持创新驱动,开展跨界融合,倡导突破传统思维边界,将目光投向代表未来的实体经济领域,坚持质量第一、效益优先、切实转变发展方式,推动企业质量变革、效率变革、动力变革。公司持续在优势领域深耕发力,捆绑运用资产证券化、非标投资、家族信托等多种金融工具,让实体经济客户真切感受信托独有的魅力。公司通过持续的突破和融合,进一步延展了具有华能特点的资产池内涵,业务布局更加合理。

6.4.2.5　本公司履行受托人义务情况及因本公司自身责任而导致的信托资产损失情况

公司严格遵照行业监管法规和信托合同规定,在信息披露、受托资产管理、信托财务核算、项目到期清算及信托财产分配等方面都能自觉履行受托人义务,全年不存在因公司自身责任导致信托资产发生损失的情况。

6.5　关联方关系及其交易披露

6.5.1　关联交易方的数量、关联交易的总金额及关联交易的定价政策等

	关联交易方数量	关联交易金额(万元)	定价政策
合计	7	8 229 898.58	以市场交易价格为定价依据

6.5.2　关联交易方与本公司的关系性质、关联交易方的名称、法定代表人、注册地址、注册资本及主营业务等

关系性质	关联方名称	法定代表人	注册地址	注册资本(万元)	主营业务
实际控制人	中国华能集团公司	舒印彪	北京市海淀区复兴路甲23号	3 490 000	组织电力(煤电、气电、水电、风电、太阳能发电、核电、生物质能发电等)、热、冷、汽的开发、投资、建设、生产、经营、输送和销售等。
母公司	华能资本服务有限公司	叶　才	北京市西城区复兴门南大街2号及丙4幢10~12层	980 000	投资及投资管理;资产管理;资产受托管理;投资及管理咨询服务。
主要股东	贵州乌江能源投资有限公司	何　瑛	贵州省贵安新区湖潮乡湖磊路	984 000	投资、融资、资本运营、资产经营及股权管理等
子公司	贵诚汇鑫股权投资有限公司	顾学新	珠海市横琴新区宝华路6号105室-13375(集中办公区)	20 000	股权投资,股权投资管理,资产管理,投资管理、投资咨询,财务顾问,受托管理投资基金。
同属一母公司控制	长城证券股份有限公司	张　巍	深圳市福田区福田街道金田路2026号能源大厦南塔楼10~19层	310 341	证券经纪;证券投资咨询;与证券交易、证券投资活动有关的财务顾问等。
同属一母公司控制	永诚财产保险股份有限公司	许　坚	中国(上海)自由贸易试验区世博馆路200号	217 800	财产损失保险、责任保险、信用保险和保证保险、短期健康保险和意外伤害保险;上述业务的再保险业务,国家法律、法规允许的保险资金运用业务;经保监会批准的其他业务。
股东的关联企业	贵阳银行股份有限公司	张正海	贵州省贵阳市观山湖区长岭北路中天·会展城B区金融商务区东区1~6栋	321 803	公司金融业务、个人金融业务、资金业务等。

6.5.3　本公司与关联方的重大交易事项

6.5.3.1　固有财产与关联方

单位:万元

固有财产与关联方关联交易			
项目	期初数	发生额	期末数
贷款	—	—	—
投资	—	—	—
租赁	—	—	—
担保	—	—	—
应收账款	—	—	—
其他应收款项	87.88	22.74	110.62
其他应付款项	—	—	—
其他	—	124 026.82	—
合计	87.88	124 049.56	110.62

6.5.3.2　信托资产与关联方

单位:万元

信托资产与关联方关联交易			
项目	期初数	发生额	期末数
贷款	999 645.00	499 880.00	1 499 525.00
投资	10.00	-10.00	—
租赁	—	—	—
担保	—	—	—
应收账款	—	—	—
其他	126 767.17	4 472 542.41	4 599 309.58
合计	1 126 422.17	4 972 412.41	6 098 834.58

信托资产与关联方交易:涉及重大关联交易与交易对家共3家,分别为中国华能集团有限公司、贵阳银行股份有限公司、华能资本服务有限公司。具体关联交易方与本公司的关系性质、关联交易方的名称、法定代表人、注册地址、注册资本及主

营业务等详见表6.5.2。

6.5.3.3 固有财产与信托财产之间的交易

单位:万元

固有财产与信托财产相互交易			
项目	期初数	本期发生额	期末数
合计	1 761 242.12	-475 132.89	1 286 109.23

6.5.3.4 信托资产与信托财产之间的交易

单位:万元

信托资产与信托财产相互交易			
项目	期初数	本期发生额	期末数
合计	5 031 947.41	403 706.32	5 435 653.73

6.5.4 关联方逾期未偿还本公司资金的详细情况及本公司为关联方担保发生或即将发生垫款的详细情况

无。

6.6 会计制度的披露

本公司固有业务和信托业务均执行财政部颁布的《企业会计准则》及相关规定。

7. 财务情况说明书

7.1 利润实现和分配情况

2020年,公司实现净利润379 682.73万元,按净利润10%的比例提取盈余公积37 968.27万元,按净利润5%的比例提取信托赔偿准备18 984.14万元,按潜在风险估计值与资产减值准备的差额,对风险资产计提一般准备3 541.99万元,当年分配股利120 000万元,年末未分配利润为767 455.68万元。

7.2 主要财务指标

指标名称	指标值(合并)	指标值(母公司)
资本利润率(%)	17.38	17.57
人均净利润(万元)	1 013.00	1 022.89

7.3 对本公司财务状况、经营成果有重大影响的其他事项

本年政府补贴收入为3 469.44万元。

7.4 净资本情况

指标名称	指标值
净资本(万元)	1 920 506.58
风险资本(万元)	975 153.50
净资本/各项业务风险资本之和(%)	196.94
净资本/净资产(%)	83.44

8. 特别事项揭示

8.1 前五名股东报告期内变动情况

无。

8.2 董事、监事及高级管理层变化情况

无。

8.3 变更注册资本、变更公司名称、地址

无。

8.4 公司重大诉讼事项

无。

8.5 公司及其董事、监事和高级管理人员受到处罚的情况

无。

8.6 中国银保监会及其派出机构对公司检查后的整改情况

无。

8.7 本年度重大事项临时报告的简要内容、披露时间、所披露的媒体及其版面

2020年12月17日,在《金融时报》第2版刊登了公司章程修改的公告。

8.8 中国银保监会及其省级派出机构认定的其他有必要让客户及相关利益人了解的重要信息

无。

9. 公司监事会意见

公司监事会严格按照《中华人民共和国公司法》、公司章程等规定,恪尽职守,认真履行监事会监督管理的职责,积极参加股东会,列席董事会会议及高级管理层经营会议,对公司依法依规运作进行监督。监事会认为,公司不断健全和完善内部控制制度;公司党委会发挥了政治核心作用;董事会运作规范、决策合理、程序合法,认真执行股东大会的各项决议,忠实履行了诚信义务;高级管理层勤勉尽责,依法依规高效履职;公司董事、高级管理人员执行公司职务时不存在违反法律、法规、公司章程或损害公司利益的行为;内控制度完善且执行有力,风险防控有效、财务运作规范、财务状况良好;董事会编制和审核公司2020年度报告的程序符合法律、行政法规的规定,报告内容真实、准确、完整地反映了公司的财务状况和经营成果,不存在任何虚假记载、误导性陈述或者重大遗漏。

华润深国投信托有限公司

1. 重要提示

1.1 本公司董事会及董事保证本报告所载资料不存在任何虚假记载、误导性陈述或者重大遗漏，并对其内容的真实性、准确性和完整性承担个别及连带责任。

1.2 公司独立董事杨鹤、牛秋芳、谢兰军对年度报告内容的真实性、准确性和完整性无异议。

1.3 大信会计师事务所（特殊普通合伙）出具了标准无保留意见的审计报告。

1.4 公司董事长、总经理、财务负责人声明：保证本年度报告中财务报告真实、准确、完整。

2. 公司概况

2.1 公司简介

公司的法定中文名称	华润深国投信托有限公司（简称：华润信托）
公司的法定英文名称	China Resources SZITIC Trust Co.，Ltd. （缩写：CR Trust）

续表

法定代表人	刘小腊
注册地址	深圳市福田区中心四路 1－1 号嘉里建设广场第三座第 10—12 层
邮政编码	518048
公司国际互联网网址	http://www.crctrust.com
电子信箱	crctrust@crctrust.com
信息披露事务负责人	郭庆卫
信息披露事务联系人	李志清
联系电话	0755-33355762
传真	0755-33380599
电子信箱	lizq1@crctrust.com
年度报告备置地点	深圳市福田区中心四路 1－1 号嘉里建设广场第三座第 10 层
信息披露报纸名称	《证券时报》《上海证券报》
聘请的会计师事务所	大信会计师事务所（特殊普通合伙）
住所	北京市海淀区知春路 1 号学院国际大厦 15 层
聘请的律师事务所	广东经天律师事务所
住所	深圳市滨河大道 5022 号联合广场 A 座三层

2.2 组织结构

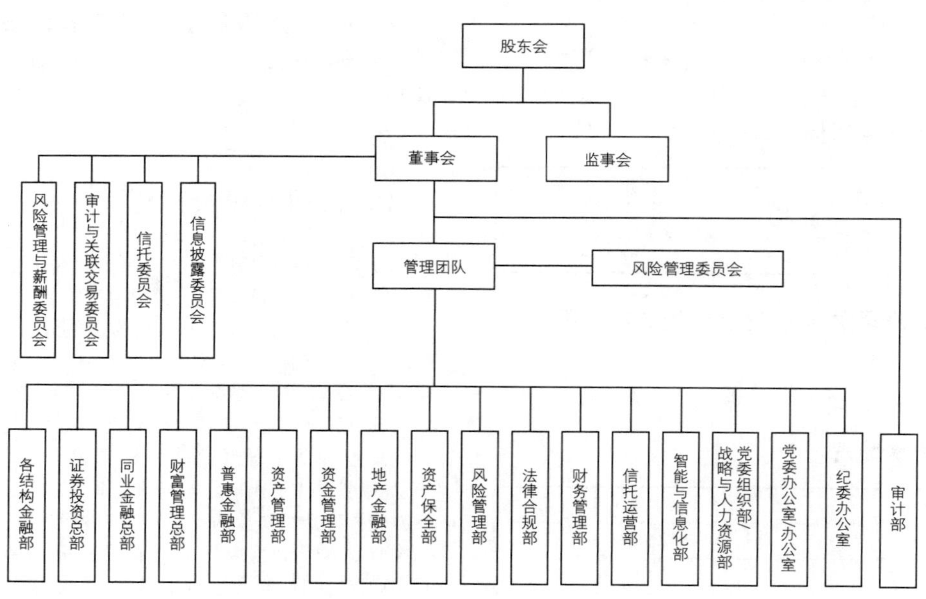

3. 公司治理

3.1 股东

报告期末，股东总数为 2 家。

股东

股东名称	持股比例（%）	法人代表	注册资本（万元）	注册地址	主要经营业务
★华润金控投资有限公司	51	任海川	870 000.00	深圳市前海深港合作区前湾一路 1 号 A 栋 201 室（入驻深圳市前海商务秘书有限公司）	金融企业投资；投资管理、资产管理（不得从事信托、金融资产管理、证券资产管理及其他限制项目）；投资顾问、财务顾问及商务信息咨询（以上均不含限制项目）（以上各项涉及法律、行政法规、国务院决定禁止的项目除外，限制的项目须取得许可后方可经营）。
深圳市投资控股有限公司	49	王勇健	2 800 900.00	深圳市福田区深南路投资大厦 18 楼	银行、证券、保险、基金、担保等金融和类金融股权的投资与并购；在合法取得土地使用权范围内从事房地产开发经营业务；开展战略性新兴产业领域投资与服务；通过重组整合、资本运作、资产处置等手段，对全资、控股和参股企业国有股权进行投资、运营和管理；市国资委授权开展的其他业务。

注：★表示实际控制人。

3.2 董事、董事会及其下属委员会

董事会成员

姓　名	职　务	性别	年龄（岁）	选任日期	所代表的股东名称	股东持股比例（%）	简要履历
李福利	董事长	男	55	2020 年 8 月	华润金控投资有限公司	51	曾任中国五金矿产进出口总公司五金制品公司财务部副科长、科长，五矿集团财务有限责任公司副总经理、总经理，五矿投资发展有限公司副总经理、总经理，中国五矿集团公司总裁助理、副总裁，中国五矿集团有限公司党组成员、副总经理兼中国五矿股份有限公司董事、副总经理，华润（集团）有限公司党委委员、副总经理兼华润金融控股有限公司董事长，华润微电子有限公司董事长、华润网络控股（香港）有限公司董事长；现任华润（集团）有限公司党委委员、副总经理、总会计师兼华润水泥控股有限公司董事局主席，华润金融控股有限公司董事长，华润深国投信托有限公司董事长，华润资本管理有限公司董事长。
姚　飞	董事	男	55	2020 年 7 月	深圳市投资控股有限公司	49	曾任大庆石油管理局经济研究所助工、经济师、国际贸易研究室副主任，大庆石油管理局企业管理处办公室副主任，大庆石油管理局经营管理处经济研究室负责人、股权管理科科长，大庆石油管理局财务资产部经理助理兼资本运营室主任，大庆石油管理局投资管理部筹备组副组长，大庆石油管理局资本运营部副经理，大庆石油管理局财务资产部副经理，中油资产管理有限公司综合管理部经理兼财务部经理，中油资产管理有限公司党委委员、副总经理兼昆仑信托有限责任公司副总裁；现任深圳市投资控股有限公司副总经理兼深圳市丝路发展基金投资管理有限公司董事长，深圳市天使投资引导基金管理有限公司董事长，深圳市投控资本有限公司执行董事、总经理，华润深国投信托有限公司董事。
任海川	董事	男	46	2020 年 6 月	华润金控投资有限公司	51	曾任华润超级市场有限公司财务部总经理，中国华润总公司财务部副总经理，华润（集团）有限公司财务部公司管理部副总经理，华润电力控股有限公司财务部经理，华润医药集团有限公司企业发展部副总经理，珠海华润银行股份有限公司董事、副行长、董事会秘书、纪委书记兼德庆华润村镇银行股份有限公司董事长，百色右江华润村镇银行股份有限公司董事长，华润金融控股党委委员、副总经理，华润资产管理有限公司党委书记、总经理；现任华润金融控股有限公司党委书记、董事、总经理，华润深国投信托有限公司董事。
谭　颖	董事	女	44	2019 年 12 月	华润金控投资有限公司	51	曾任深圳发展银行总行市场管理总部零售业务部副经理，联想信息产品（深圳）有限公司资金经理，平安银行股份有限公司资金部产品管理经理，华润集团财务部资金组、资本组高级经理，华润（集团）有限公司财务部助理总监；现任华润（集团）有限公司财务部副总经理，华润深国投信托有限公司董事。
杨　鹓	独立董事	女	65	2016 年 6 月	—	—	先后在中国银行国际金融研究所、香港中银集团经济研究部从事研究工作，曾任招商银行证券部总经理，深圳中大投资管理公司常务副总经理、总经理，长盛基金管理公司副总经理，中信基金管理有限公司总经理，博时基金管理有限公司董事长，招商证券股份有限公司董事、总裁，招商局金融集团有限公司高级顾问；现任华润深国投信托有限公司独立董事。
牛秋芳	独立董事	女	57	2017 年 12 月	—	—	曾任中国运载火箭技术研究院综合财务处会计，深圳万源实业有限公司总经理助理兼财务部经理，航天信托证券营业部总经理，东方证券红荔路营业部副总经理，深圳腾源投资有限公司投资部经理，深圳弘信方正投资管理有限公司副总经理，深圳龙浩南方投资管理有限公司投资部经理，深圳力和信达投资有限公司总经理；现任华润深国投信托有限公司独立董事。

续表

姓　名	职　务	性别	年龄（岁）	选任日期	所代表的股东名称	股东持股比例（%）	简要履历
谢兰军	独立董事	男	54	2018 年 12 月	—	—	曾任广东省河源市司法局执业律师、副科长，深圳市执业律师；现任北京市中伦（深圳）律师事务所党支部书记、高级合伙人、律师，华润深国投信托有限公司独立董事。
刘小腊	董事	男	50	2016 年 6 月	华润金控投资有限公司	51	曾任招商银行股份有限公司计划资金部经理，资金交易部总经理助理、副总经理、金融市场部总经理，同业金融总部常务副总经理兼资产管理部总经理，招商银行佛山分行党委书记，珠海华润银行股份有限公司党委副书记、常务副行长；现任华润深国投信托有限公司党委书记、董事、总经理。
洪　霄	董事	男	57	2016 年 6 月	深圳市投资控股有限公司	49	曾任浙江省经贸学院教师，浙江省工商银行信托投资股份有限公司信贷科长、柯桥证券部经理，天和证券经纪有限公司温岭证券营业部柯桥证券营业部总经理、温岭证券营业部总经理，国信证券有限责任公司义乌稠州北路证券营业部总经理、浙南第二分公司总经理，国信证券股份有限公司总裁助理兼资产管理总部总经理；现任华润深国投信托有限公司董事、副总经理。

董事会下属委员会

名称	职责
风险管理与薪酬委员会	负责对高级管理层在合规、业务、市场、操作等方面的风险控制情况和薪酬方案的实施情况进行监督；对公司的风险状况进行定期评估并提出完善风险管理、内部控制和薪酬方案的意见；审议公司薪酬管理制度和政策。
审计与关联交易委员会	负责检查公司财务报告；监督公司内部审计制度及其实施，批准授权范围内的关联交易事项；评估公司内控制度健全性及关联交易情况；审核公司财务信息及其披露，检查、监督公司关联交易管理情况；批准公司内部审计部门负责人的任免；提出外部审计机构的聘请或更换建议。
信息披露委员会	负责公司年度报告的披露；公司重大事项临时报告的披露。
信托委员会	负责督促公司依法履行受托职责；检查公司信托业务情况，保证公司为受益人的最大利益服务；审批公司拟定的投资者权益保护方案并监督实施情况。

3.3　监事会

监事会成员

姓　名	职　务	性别	年龄（岁）	选任日期	所代表的股东名称	股东持股比例（%）	简要履历
李富川	监事会主席	男	60	2018 年 10 月	深圳市投资控股有限公司	49	曾任深圳市振业股份有限公司投资决策研究室证券科科长、投资决策办主任兼资产管理部经理、董事会秘书，深圳市振业（集团）股份有限公司董事会办公室主任兼董事会秘书、总经理助理兼董事会秘书兼广东振业资产管理公司总经理，副总经理兼董事会秘书、党委副书记、董事、总经理，深圳市深福保（集团）有限公司党委书记、董事长；时任华润深国投信托有限公司监事会主席。
陈向军	监　事	男	49	2016 年 4 月	华润股份有限公司	51	曾任中国华润总公司人事部劳资科科员、副经理、经理，五丰行有限公司人事部主任、副经理、高级经理、助理总经理兼五丰食品（深圳）有限公司常务副总、总经理，华润金融控股有限公司战略及业务发展部联席董事、风险管理及审计部联席董事、副总监；现任华润金融控股有限公司助理总经理，华润深国投信托有限公司监事。
陈晓芬	职工监事	女	37	2018 年 10 月	—	—	曾任华润深国投信托有限公司信托二部信托经理助理，战略发展部经理兼三九集团股份有限公司监事；现任华润深国投信托有限公司监事、战略与人力资源部总监。

注：1. 本公司监事会未设立下属委员会。

2. 2020 年 11 月，经深圳市人民政府国有资产监督管理委员会研究决定，推荐朱军担任公司监事、监事会主席。2021 年 1 月，公司召开 2021 年第一次股东会议和第四届监事会第三次会议，选举朱军先生担任公司监事、监事会主席，李富川先生不再担任公司监事会主席、监事职务。

3.4　高级管理人员

高级管理人员

姓名	职务	性别	年龄（岁）	任职日期	金融从业年限（年）	最高学历	专业	简要履历
刘小腊	总经理	男	50	2016 年 6 月	21	博士研究生	财政学	曾任招商银行计划资金部经理，资金交易部总经理助理、副总经理、金融市场部总经理，同业金融总部常务副总经理兼资产管理部总经理，招商银行佛山分行党委书记，珠海华润银行股份有限公司党委副书记、常务副行长；现任华润深国投信托有限公司党委书记、董事、总经理。

续表

姓名	职务	性别	年龄（岁）	任职日期	金融从业年限（年）	最高学历	专业	简要履历
洪　霄	副总经理	男	57	2016年6月	25	硕士	工商管理	曾任浙江省经贸学院教师，浙江省工商银行信托投资股份有限公司信贷科长、柯桥证券部经理，天和证券经纪有限公司温岭证券营业部柯桥证券营业部总经理、温岭证券营业部总经理，国信证券有限责任公司义乌稠州北路证券营业部总经理、浙南第二分公司总经理，国信证券股份有限公司总裁助理兼资产管理总部总经理；现任华润深国投信托有限公司董事、副总经理。
程　红	副总经理	女	54	2016年6月	27	硕士研究生	经济法	曾任深圳广信生物工程公司职员，深圳市医药生产供应公司业务员，深圳市人民保险公司办公室科员，深圳国际信托投资公司办公室科员、秘书档案科副科长、办公室主任助理、信托业务部经理助理、副总经理，深国投商业投资有限公司副总经理，深国投商用置业有限公司副总经理，深圳国际信托投资有限公司信托二部总经理，华润深国投信托有限公司信托业务本部总经理、结构融资部总经理；现任华润深国投信托有限公司副总经理、工会主席。
郭庆卫	副总经理	男	50	2017年12月	27	硕士研究生	国际金融	曾任中国人民银行总行货币发行司副主任科员，中国光大银行总行稽核部业务经理、资产保全部副处长、总行办公室副处长、总行行长秘书、人力资源部副处长、党务工作部群工处处长、资产保全部系统管理处处长、总行资产保全部总经理助理，深圳分行党委委员、风险总监，总行资产保全部副总经理，总行法律合规部副总经理，中国民生信托有限公司副总裁，四川省国际信托投资公司重组工作组组长；现任华润深国投信托有限公司党委委员、董事会秘书、副总经理。
郭　强	副总经理	男	51	2020年1月	27	硕士	金融学	曾任深圳发展银行深圳上步支行信贷管理部信贷员，总行离岸业务部离岸业务员、离岸业务部信贷管理室副主任、资产保全部综合室副经理、办公室室经理、离岸业务部室经理，北京分行公司业务部总经理，总行离岸业务部总经理助理、副总经理，总行企业关系部总经理助理、副总经理、副总经理（主持工作），总行公司营销管理部副主管（主持工作）、主管，总行对公营销及销售管理部主管、贸易融资部主管、贸易金融事业部总裁，华润金融控股有限公司风险管理部总经理、风险审计部总经理；现任华润深国投信托有限公司党委委员、副总经理。
卢　伦	副总经理	女	45	2016年6月	8	硕士研究生	金融数学	曾任华为技术有限公司人力资源部经理，晨星（深圳）资讯有限公司股票研究部上市公司财务分析师、行业分析员，华润（集团）有限公司财务部经理、高级经理，华润深国投信托有限公司财务运营部总经理、财务管理部总经理、财务总监；现任华润深国投信托有限公司党委委员、副总经理。
张宏山	总经理助理	男	48	2018年12月	25	本科	会计学	曾任山东三鑫（集团）宝迪房地产公司会计，中国银行烟台分行财会部会计、会计系统专家组成员、主管，深圳发展银行总行会计出纳部制度主管，贵阳、苏州、昆明分行筹备组财会负责人，总行办公室文秘宣传主管，南京分行财会部副总经理（主持工作）、总经理，珠海分行计财总监、运营总监、财务执行官兼运营执行官，珠海华润银行总行战略规划与机构管理部总经理、人力资源部总经理，广州分行党支部书记、行长，华润资产管理有限公司法律风控党支部书记、风险管理部总经理兼法律合规部总经理；时任华润深国投信托党委委员、纪委书记、总经理助理。

注：2020年12月，经华润（集团）有限公司党委研究决定，张宏山同志不再担任公司党委委员、纪委书记职务，另有任用。2021年1月，公司召开第七届董事会第九次会议，审议决定张宏山先生不再担任公司总经理助理职务。

3.5　公司员工

		2020年末		2019年末	
		人数（人）	比例（%）	人数（人）	比例（%）
年龄分布	20岁以下	—	—	—	—
	21～30岁	120	30.85	135	35.90
	31～40岁	205	52.70	180	47.87
	41岁以上	64	16.45	61	16.23
学历分布	博士	12	3.08	11	2.93
	硕士	254	65.30	250	66.48

续表

		2020年末		2019年末	
		人数（人）	比例（%）	人数（人）	比例（%）
学历分布	本科	117	30.08	108	28.72
	专科	5	1.29	6	1.60
	其他	1	0.26	1	0.27
岗位分布	董事、监事及高级管理人员	8	2.06	8	2.13
	自营业务人员	5	1.29	3	0.80
	信托业务人员	250	64.27	229	60.90
	其他人员	126	32.39	136	36.17

4. 经营管理

4.1 经营目标、经营方针、战略规划

4.1.1 经营目标

公司致力于成为国内领先的资产管理服务供应商。

4.1.2 经营方针

公司以客户为导向，加强产融结合、融融协同，通过转型创新，建立专业专长，为客户持续提供定制化、差异化、有特色的综合金融服务方案。

4.1.3 战略规划

公司确立证券投资服务、标品资管、资产证券化、结构金融、财富管理、固有业务6大业务方向，打造专业服务、投资研究、风险管理、客户开拓、组织动员5种核心能力，实施流程再造、科技赋能、深化协同、风险管理、品牌建设、组织变革6项建设举措，即“656”战略。

4.2 所经营业务的主要内容

公司主要经营业务为信托业务和固有业务。

4.2.1 信托业务

信托业务品种主要包括单一资金信托、集合资金信托、财产信托等。信托财产的运用方式主要为证券投资、贷款等。

报告期内，公司信托资产运用与分布表如下：

信托资产运用与分布表

资产运用	金额(万元)	占比(%)	资产分布	金额(万元)	占比(%)
货币资产	2 830 954. 02	2. 76	基础产业	3 174 315. 64	3. 10
拆出资金	—	—	房地产业	3 827 261. 94	3. 74
贷款及应收款	36 556 178. 56	35. 71	证券市场	54 460 921. 48	53. 20
交易性金融资产	48 448 181. 49	47. 33	实业	19 757 043. 61	19. 30
买入返售金融资产	2 989 436. 60	2. 92	金融机构	1 661 935. 21	1. 62
可供出售金融资产	9 262 817. 75	9. 05	其他	19 488 885. 32	19. 04
持有至到期投资	2 034 679. 48	1. 99			
长期股权投资	248 115. 30	0. 24			
信托资产总计	102 370 363. 20	100. 00	信托资产总计	102 370 363. 20	100. 00

注：除另有注明外，本报告中所有披露内容均为母公司口径。

4.2.2 固有业务

固有业务是指使用公司固有资金进行的投资活动，包括但不限于公司信托产品投资、股权类投资、其他金融产品投资等，以及在符合公司固有资金运用原则下开展授信类业务，包括但不限于同业拆放、贷款(含过桥贷款)、提供增信、担保等。

自营资产运用与分布表

资产运用	金额(万元)	占比(%)	资产分布	金额(万元)	占比(%)
货币资产	42 554. 40	1. 61	基础产业	—	—
贷款及应收款	313 271. 12	11. 82	房地产业	230 166. 67	8. 68
以公允价值计量且其变动计入当期损益的金融资产	145 452. 89	5. 49	证券市场	142 827. 91	5. 39
可供出售金融资产	483 915. 71	18. 25	实业	10[illegible]. 22	3. 84
持有至到期投资	—	—	金融机构	1 65[illegible]. 01	62. 31
长期股权投资	1 612 996. 78	60. 84	其他	52[illegible]. 97	19. 78
其他	53 138. 88	1. 99			
资产总计	2 651 329. 78	100. 00	资产总计	2 651[illegible]. 78	100. 00

4.3 市场分析

4.3.1 经济形势分析与金融形势分析

2020年，在受到新冠肺炎疫情与全球贸易紧张局势的叠加影响后，宏观经济政策持续发力，推动经济持续恢复。信托行业监管层推出一系列政策法规，推动信托公司在提升服务实体经济能力的同时，向高品质的受托人定位转变。在2020年严监管环境下，信托业按照统筹疫情防控和经济社会发展的总体要求，坚定响应监管部门“去通道”“降融资”的要求，积极开展转型升级。截至2020年末，全国68家信托公司信托资产规模为20. 49万亿元，全行业通道类业务规模持续回落，融资类信托压缩接近1万亿元，业务结构不断优化，风险防控能力有所提升。

4.3.2 影响本公司业务发展的主要因素

2021年，信托业监管政策法规的逐步完善，将进一步夯实信托行业的受托人服务文化，规范行业发展乱象，服务实体经济与推动社会发展的功能将具有更加广阔的发展空间。与此同时，随着居民财富的不断积累，超高净值人群的财富传承需求日渐增加，公司的财富管理和家族信托业务发展正当其时。

4.4 风险管理

4.4.1 风险管理概况

2020年，面对突发的新冠肺炎疫情及复杂多变的宏观经济形势，公司坚决贯彻落实党中央关于打好防范化解重大风险攻坚战的决策部署，持续完善风险防范和管理，提升公司全面风险管理水平。

公司持续建设全面、有重点、引领创新的全面风险管理体系，成立全面风险管理体系建设工作小组，统筹开展全面风险管理体系建设工作，研究全面风险管理能力提升方案，细化风险评估标准，加大风险监测力度，持续做好全面风险管理工作。

公司全面梳理和改造风险管理政策体系，构建了符合全面风险管理要求和公司业务实际情况的制度架构，强化了风险管理委员会在公司风险管理工作中的领导作用，对业务风险审批事项进行精准分类，实现了业务风险审批管理的规范化、正规化。

公司进一步细化风险评估标准，为展业当中的风险评估提供有力支持。公司结合宏观经济环境、行业特征、未来趋势、客户特征、资产质量等风险关键要素，按专业化分工原则组织各业务类别的策略研讨，拟定和修订了房地产、股权基金、普惠金融和家族信托等业务相关的风险策略、操作指引等，持续提高风险评估和防范能力。

公司及时防范存量业务风险，加强存量资产风险监测，完

善了资产监控体系,加大业务风险排查力度与重点项目的跟踪力度。2020 年,公司开展多项专项检查、风险自查、压力测试等风险监测工作,动态监测存续风险项目化解进展及需关注的重点项目,确保项目风险早预防、早发现、早处置,风险识别与风险应对的及时性、有效性均得到提升。

4.4.2 风险状况

2020 年,公司无新增主动管理类风险项目。面对新冠肺炎疫情和房地产市场下行风险,公司进一步加强风险监测,根据风险变化动态调整应对措施。

4.4.2.1 信用风险状况

信用风险主要指交易对手因履约意愿或履约能力发生变化的违约而导致交易资产价值损失的风险。公司加强了房地产业务风险管控,完善房地产业务风险管理制度体系;持续推进政信业务、普惠金融业务、资管业务和家族信托风控能力建设,拟定和修订各类业务操作指引、调研报告及风险策略;加强存量资产风险监测,提升风险识别与风险应对能力。报告期内,存续项目信用风险整体可控,呈稳定态势。

4.4.2.2 市场风险状况

市场风险指公司因股价、市场汇率、利率及其他价格因素变动而产生的风险。报告期内,公司未发生重大市场风险事项。

4.4.2.3 操作风险状况

操作风险是由不完善或有问题的内部流程、员工、信息科技系统等造成损失的风险。报告期内,公司未发生重大操作风险事项。

4.4.3 风险管理

公司秉承受益人利益最大化的目标,建立了相互独立、相互制衡的内部控制体系和统一、规范、高效的内部流程,对经营活动实施全面、持续的风险监控,以专业手段有效管理各类风险。

4.4.3.1 信用风险管理

针对信用风险,公司对项目投前审查、投中出账、投后管理实施全流程风险管控。投前审查遵循专业化分类原则,根据不同类型业务的客户和项目特征、监管要求变化等适时修订更新业务指引,明确风险偏好与风险策略,有针对性地匹配风险管控措施;投中出账严格执行放款流程,确保资金合法依规使用;投后管理严格执行风险监测,确保管控措施落实到位,关注重点业务交易对手与项目运营情况,做到风险隐患早发现、早预警,早预案。

2020 年,在房地产市场持续调控、监管进一步加强及新冠肺炎疫情暴发的叠加影响下,公司进一步加强风险监测,防范房地产业务信用风险。未来一年内,公司正常存续项目出现兑付风险及项目实质风险的可能性较低,信用风险呈稳定态势。

4.4.3.2 市场风险管理

针对市场风险,公司主要采取了如下管理策略:一是及时调整投资策略和投资组合,注重低风险多元化对冲策略配置,密切关注经济运行状况。通过销售管理委员会,传递市场资金信息,通过提升项目融资成本,避免公司收益空间收窄,缓解资金募集压力;二是积极拓展机构和渠道募资渠道,提升资金募集能力。

2020 年,全球宏观经济与金融市场存在较大的不确定性。针对新冠肺炎疫情影响,我国施行宽货币宽信用政策,有效拉动了经济复苏。自 2020 年 11 月以来,信用债市场出现大幅波动,公司积极防范金融风险的传导,严格履行预警、平仓等义务,风险趋势保持稳定。

4.4.3.3 操作风险管理

公司从组织架构、人员配备、制度和信息化建设、内外部监督检查等方面完善操作风险的管控体系。

2020 年,公司按产品线全面梳理、检视各类产品后期管理中的缺陷与风险点,重点厘清了增速突出的两大类标品/服务类业务的操作风险管理工作;开展内部审计工作,充分揭示各业务环节存在的问题和风险;持续优化业务内控管理制度,提升制度时效性、灵活性;加强系统建设,优化系统审批流程和数据报送等功能,进一步提高操作风险管理能力和水平。

5. 报告期末及上一年度末的比较式会计报表

5.1 自营资产

5.1.1 会计师事务所审计意见全文

审 计 报 告

大信审字〔2021〕第 1－10166 号

华润深国投信托有限公司:

一、审计意见

我们审计了华润深国投信托有限公司(以下简称贵公司)的财务报表,包括 2020 年 12 月 31 日的合并及母公司资产负债表,2020 年度的合并及母公司利润表、合并及母公司现金流量表、合并及母公司所有者权益变动表,以及财务报表附注。

我们认为,后附的财务报表在所有重大方面按照企业会计准则的规定编制,公允反映了贵公司 2020 年 12 月 31 日的合并及母公司财务状况,以及 2020 年度合并及母公司经营成果和现金流量。

二、形成审计意见的基础

我们按照中国注册会计师审计准则的规定执行了审计工作。审计报告的“注册会计师对财务报表审计的责任”部分进一步阐述了我们在这些准则下的责任。按照中国注册会计师职业道德守则,我们独立于贵公司,并履行了职业道德方面的其他责任。我们相信,我们获取的审计证据是充分的、适当的,为发表审计意见提供了基础。

三、管理层和治理层对财务报表的责任

管理层负责按照企业会计准则的规定编制财务报表,使其实现公允反映,并设计、执行和维护必要的内部控制,以使财务报表不存在由于舞弊或错误导致的重大错报。

在编制财务报表时,管理层负责评估贵公司的持续经营能力,披露与持续经营相关的事项(如适用),并运用持续经营假设,除非管理层计划清算贵公司、终止运营或别无其他现实的选择。

治理层负责监督贵公司的财务报告过程。

四、注册会计师对财务报表审计的责任

我们的目标是对财务报表整体是否不存在由于舞弊或错误导致的重大错报获取合理保证，并出具包含审计意见的审计报告。合理保证是高水平的保证，但并不能保证按照审计准则执行的审计在某一重大错报存在时总能发现。错报可能由于舞弊或错误导致，如果合理预期错报单独或汇总起来可能影响财务报表使用者依据财务报表作出的经济决策，则通常认为错报是重大的。

在按照审计准则执行审计工作的过程中，我们运用职业判断，并保持职业怀疑。同时，我们也执行以下工作：

（1）识别和评估由于舞弊或错误导致的财务报表重大错报风险，设计和实施审计程序以应对这些风险，并获取充分、适当的审计证据，作为发表审计意见的基础。由于舞弊可能涉及串通、伪造、故意遗漏、虚假陈述或凌驾于内部控制之上，未能发现由于舞弊导致的重大错报的风险高于未能发现由于错误导致的重大错报的风险。

（2）了解与审计相关的内部控制，以设计恰当的审计程序，但目的并非对内部控制的有效性发表意见。

（3）评价管理层选用会计政策的恰当性和作出会计估计及相关披露的合理性。

（4）对管理层使用持续经营假设的恰当性得出结论。同时，根据获取的审计证据，就可能导致对贵公司持续经营能力产生重大疑虑的事项或情况是否存在重大不确定性得出结论。如果我们得出结论认为存在重大不确定性，审计准则要求我们在审计报告中提请报表使用者注意财务报表中的相关披露；如果披露不充分，我们应当发表非无保留意见。我们的结论基于截至审计报告日可获得的信息。然而，未来的事项或情况可能导致贵公司不能持续经营。

（5）评价财务报表的总体列报、结构和内容，并评价财务报表是否公允反映相关交易和事项。

（6）就贵公司中实体或业务活动的财务信息获取充分、恰当的审计证据，以对合并财务报表发表审计意见。我们负责指导、监督和执行集团审计，并对审计意见承担全部责任。

我们与治理层就计划的审计范围、时间安排和重大审计发现等事项进行沟通，包括沟通我们在审计中识别出的值得关注的内部控制缺陷。

大信会计师事务所（特殊普通合伙）

中国注册会计师：王　进

中国注册会计师：陈立彤

中国·北京　　二〇二一年四月二十一日

5.1.2　资产负债表

资产负债表

编制单位：华润深国投信托有限公司　　2020 年 12 月 31 日　　单位：万元

项　目	合并		母公司	
	期末数	期初数	期末数	期初数
资产				
货币资金	61 089.73	42 676.51	42 554.40	[illegible]918.24
贵金属	—	—	—	—
拆出资金	—	—	—	—
应收账款	32 114.05	45 531.24	30 263.22	[illegible]2.81
交易性金融资产	15 549.44	—	—	—
以公允价值计量且其变动计入当期损益的金融资产	161 170.96	11 184.64	145 452.89	—
衍生金融资产	—	—	—	—
买入返售金融资产	—	—	—	—
发放贷款及垫款	122 082.08	—	122 082.08	—
债权投资	—	—	—	—
可供出售金融资产	515 738.78	926 698.46	483 915.71	[illegible]6.47
持有至到期投资	—	—	—	—
长期股权投资	1 563 104.17	1 285 679.52	1 612 996.78	[illegible]464.62
投资性房地产	1 009.17	1 821.83	1 009.17	[illegible]21.83
固定资产	7 741.02	7 983.61	7 604.75	[illegible].97
无形资产	4 339.68	3 288.18	3 904.37	[illegible].32
递延所得税资产	43 509.72	37 035.23	40 436.52	[illegible].74
其他资产	198 136.42	263 621.94	161 109.89	[illegible]5.71
资产总计	2 725 585.22	2 625 521.16	2 651 329.78	[illegible]3.71

资产负债表(续)

编制单位:华润深国投信托有限公司　　2020 年 12 月 31 日　　单位:万元

项　目	合并		母公司	
	期末数	期初数	期末数	期初数
负债				
向中央银行借款	—	—	—	—
同业及其他金融机构存放款项	—	—	—	—
拆入资金	80 000.00	70 000.00	80 000.00	70 000.00
交易性金融负债	312.75	—	—	—
衍生金融负债	—	—	—	—
卖出回购金融资产款	—	—	—	—
吸收存款	—	—	—	—
合同负债	11.26	—	—	—
应付职工薪酬	27 295.53	25 322.52	24 778.56	24 102.92
应交税费	12 732.45	11 443.32	11 907.25	10 932.44
预计负债	21 219.81	19 853.76	21 219.81	19 853.76
应付债券	—	—	—	—
递延所得税负债	2 188.08	3 075.25	2 082.48	2 963.80
其他负债	28 895.40	213 506.19	27 197.43	212 542.38
负债合计	172 655.28	343 201.04	167 185.53	340 395.30
所有者权益				
实收资本	1 100 000.00	1 100 000.00	1 100 000.00	1 100 000.00
资本公积	184 460.37	87 890.88	184 460.37	87 890.88
其他综合收益	−45 644.83	−29 302.20	−45 645.28	−29 636.55
盈余公积	183 350.49	155 936.38	183 350.49	155 936.38
信托赔偿准备金	111 400.23	97 693.18	111 400.23	97 693.18
一般风险准备	34 275.38	37 635.18	34 275.38	37 635.18
未分配利润	969 763.73	817 194.32	916 303.06	764 639.34
归属于母公司所有者权益合计	2 537 605.37	2 267 047.74	—	—
少数股东权益	15 324.57	15 272.38	—	—
所有者权益合计	2 552 929.94	2 282 320.12	2 484 144.25	2 214 158.41
负债及所有者权益合计	2 725 585.22	2 625 521.16	2 651 329.78	2 554 553.71

5.1.3　利润表

利润表

编制单位:华润深国投信托有限公司　　2020 年度　　单位:万元

项　目	合并		母公司	
	当年数	上年数	当年数	上年数
一、营业收入	397 617.12	304 631.18	383 668.13	307 407.43
利息净收入	−1 863.52	−11 163.83	−2 334.05	−11 326.79
利息收入	2 188.74	1 154.41	1 713.21	824.60
利息支出	4 052.26	12 318.24	4 052.26	12 151.39
手续费及佣金净收入	174 695.69	137 906.02	164 954.09	132 026.54
手续费及佣金收入	176 447.77	141 079.64	166 706.17	135 227.67
手续费及佣金支出	1 752.08	3 173.62	1 752.08	3 201.13
投资收益	215 881.43	175 049.80	212 733.35	184 012.81
其中:对联营企业的投资收益	154 517.68	123 831.75	154 511.31	123 823.99
公允价值变动收益	2 825.75	40.59	2 307.44	—
汇兑收益	5.15	−2.80	5.06	−1.96
其他业务收入	1 494.12	1 507.97	1 448.84	1 462.69
资产处置收益	4.27	66.28	4.27	66.28
其他收益	4 574.23	1 227.15	4 549.13	1 167.86
二、营业支出	81 012.75	−29 041.29	68 269.67	−35 901.33
税金及附加	1 345.95	1 215.07	1 310.92	1 176.21
业务及管理费	54 776.89	49 813.49	45 029.70	42 992.32

续表

项　目	合并		母公司	
	当年数	上年数	当年数	上年数
信用减值损失	—	—	—	—
资产减值损失	24 507. 66	-80 545. 95	21 546. 80	-30 545. 95
其他业务成本	382. 25	476. 10	382. 25	476. 09
三、营业利润	316 604. 37	333 672. 47	315 398. 46	3[illegible]3 308. 76
加：营业外收入	33. 68	1 241. 54	27. 97	1 241. 54
减：营业外支出	1 419. 17	100. 70	1 418. 59	100. 70
四、利润总额	315 218. 88	334 813. 31	314 007. 84	3[illegible]4 449. 60
减：所得税费用	40 119. 93	54 355. 76	39 866. 76	[illegible]5 782. 91
五、净利润	275 098. 95	280 457. 55	274 141. 08	2[illegible]8 666. 69
归属于母公司所有者的净利润	275 046. 77	282 385. 36	274 141. 08	2[illegible]8 666. 69
＊少数股东损益	52. 18	-1 927. 81	—	—
六、其他综合收益的税后净额	-16 342. 63	-613. 74	-16 008. 73	-1 498. 96
归属于母公司所有者的其他综合收益的税后净额	-16 342. 63	-613. 74	—	—
（一）不能重分类进损益的其他综合收益	—	—	—	—
（二）将重分类进损益的其他综合收益	-16 342. 63	-613. 74	-16 008. 73	-1 498. 96
1. 权益法下可转损益的其他综合收益	-11 807. 26	-4 152. 52	-11 807. 26	-4 152. 52
2. 可供出售金融资产公允价值变动损益	-4 535. 38	3 538. 79	-4 201. 47	2 653. 56
归属于少数股东的其他综合收益的税后净额	—	—	—	—
七、综合收益总额	258 756. 32	279 843. 81	258 132. 35	[illegible]28[illegible] 167. 73
归属于母公司所有者的综合收益总额	258 704. 14	281 771. 62	258 132. 35	[illegible]28[illegible] 167. 73
归属于少数股东的综合收益总额	52. 18	-1 927. 81	—	—

注：亏损项目以"－"号填列。

5. 1. 4　所有者权益变动表

所有者权益变动表（合并）

编制单位：华润深国投信托有限公司　　2020 年度　　单位：万元

项　目	本年金额									
	归属于母公司所有者权益								少数股东权益	所有者权益合计
	实收资本（或股本）	资本公积	其他综合收益	盈余公积	信托赔偿准备金	一般风险准备	未分配利润	小计		
一、上年年末余额	1 100 000. 00	87 890. 88	-29 302. 20	155 936. 38	97 693. 18	37 635. 18	817 194. 32	2 267 047. 74	15 272. [illegible]8	2 282 320. 12
二、本年年初余额	1 100 000. 00	87 890. 88	-29 302. 20	155 936. 38	97 693. 18	37 635. 18	817 194. 32	2 267 047. 74	15 272. [illegible]	2 282 320. 12
三、本年增减变动金额（减少以"－"号填列）	—	96 569. 49	-16 342. 63	27 414. 11	13 707. 05	-3 359. 80	152 569. 41	270 557. 63	52. 18	270 609. 81
（一）综合收益总额	—	—	-16 342. 63	—	—	—	275 046. 77	258 704. 14	52. 18	258 756. 32
（二）所有者投入和减少资本	—	—	—	—	—	—	—	—	—	—
1. 所有者投入的普通股	—	—	—	—	—	—	—	—	—	—
2. 其他权益工具持有者投入资本	—	—	—	—	—	—	—	—	—	—
3. 股份支付计入股东权益的金额	—	—	—	—	—	—	—	—	—	—
4. 其他	—	—	—	—	—	—	—	—	—	—
（三）利润分配	—	—	—	27 414. 11	13 707. 05	-3 359. 80	-122 477. 36	-84 716. 00	—	-84 716. 00
1. 提取盈余公积	—	—	—	27 414. 11	—	—	-27 414. 11	—	—	—
2. 提取信托赔偿准备金	—	—	—	—	13 707. 05	—	-13 707. 05	—	—	—
3. 提取一般风险准备金	—	—	—	—	—	-3 359. 80	3 359. 80	—	—	—
4. 对所有者（或股东）的分配	—	—	—	—	—	—	-84 716. 00	-84 716. 00	—	-84 716. 00
5. 其他	—	—	—	—	—	—	—	—	—	—
（四）所有者权益内部结转	—	96 569. 49	—	—	—	—	—	96 569. 49	—	96 569. 49
1. 资本公积转增资本（或股本）	—	—	—	—	—	—	—	—	—	—

续表

项目	本年金额									
	归属于母公司所有者权益								少数股东权益	所有者权益合计
	实收资本（或股本）	资本公积	其他综合收益	盈余公积	信托赔偿准备金	一般风险准备	未分配利润	小计		
2. 盈余公积转增资本（或股本）	—	—	—	—	—	—	—	—	—	—
3. 盈余公积弥补亏损	—	—	—	—	—	—	—	—	—	—
4. 设定受益计划变动额结转留存收益	—	—	—	—	—	—	—	—	—	—
5. 其他	—	96 569. 49	—	—	—	—	—	96 569. 49	—	96 569. 49
四、本年年末余额	1 100 000. 00	184 460. 37	-45 644. 83	183 350. 49	111 400. 23	34 275. 38	969 763. 73	2 537 605. 37	15 324. 57	2 552 929. 94

所有者权益变动表（合并）（续）

编制单位：华润深国投信托有限公司　　2020 年度　　单位：万元

项目	上年金额									
	归属于母公司所有者权益								少数股东权益	所有者权益合计
	实收资本（或股本）	资本公积	其他综合收益	盈余公积	信托赔偿准备金	一般风险准备	未分配利润	小计		
一、上年年末余额	1 100 000. 00	87 807. 75	-28 688. 46	127 069. 71	83 259. 85	35 353. 74	627 270. 40	2 032 072. 99	2 500. 19	2 034 573. 18
二、本年年初余额	1 100 000. 00	87 807. 75	-28 688. 46	127 069. 71	83 259. 85	35 353. 74	627 270. 40	2 032 072. 99	2 500. 19	2 034 573. 18
三、本年增减变动金额（减少以"-"号填列）	—	83. 13	-613. 74	28 866. 67	14 433. 33	2 281. 44	189 923. 92	234 974. 75	12 772. 19	247 746. 94
（一）综合收益总额	—	—	-613. 74	—	—	—	282 385. 36	281 771. 62	-1 927. 81	279 843. 81
（二）所有者投入和减少资本	—	—	—	—	—	—	—	—	14 700. 00	14 700. 00
1. 所有者投入的普通股	—	—	—	—	—	—	—	—	14 700. 00	14 700. 00
2. 其他权益工具持有者投入资本	—	—	—	—	—	—	—	—	—	—
3. 股份支付计入股东权益的金额	—	—	—	—	—	—	—	—	—	—
4. 其他	—	—	—	—	—	—	—	—	—	—
（三）利润分配	—	—	—	28 866. 67	14 433. 33	2 281. 44	-92 461. 44	-46 880. 00	—	-46 880. 00
1. 提取盈余公积	—	—	—	28 866. 67	—	—	-28 866. 67	—	—	—
2. 提取信托赔偿准备金	—	—	—	—	14 433. 33	—	-14 433. 33	—	—	—
3. 提取一般风险准备金	—	—	—	—	—	2 281. 44	-2 281. 44	—	—	—
4. 对所有者（或股东）的分配	—	—	—	—	—	—	-46 880. 00	-46 880. 00	—	-46 880. 00
5. 其他	—	—	—	—	—	—	—	—	—	—
（四）所有者权益内部结转	—	83. 13	—	—	—	—	—	83. 13	—	—
1. 资本公积转增资本（或股本）	—	—	—	—	—	—	—	—	—	—
2. 盈余公积转增资本（或股本）	—	—	—	—	—	—	—	—	—	—
3. 盈余公积弥补亏损	—	—	—	—	—	—	—	—	—	—
4. 设定受益计划变动额结转留存收益	—	—	—	—	—	—	—	—	—	—
5. 其他	—	83. 13	—	—	—	—	—	83. 13	—	83. 13
四、本年年末余额	1 100 000. 00	87 890. 88	-29 302. 20	155 936. 38	97 693. 18	37 635. 18	817 194. 32	2 267 047. 74	15 272. 38	2 282 320. 12

所有者权益变动表（母公司）

编制单位：华润深国投信托有限公司　　2020 年度　　单位：万元

项目	本年金额							
	归属于母公司所有者权益							所有者权益合计
	实收资本（或股本）	资本公积	其他综合收益	盈余公积	信托赔偿准备金	一般风险准备	未分配利润	
一、上年年末余额	1 100 000. 00	87 890. 88	-29 636. 55	155 936. 38	97 693. 18	37 635. 18	764 639. 34	2 214 158. 41
二、本年年初余额	1 100 000. 00	87 890. 88	-29 636. 55	155 936. 38	97 693. 18	37 635. 18	764 639. 34	2 214 158. 41

续表

项　目	本年金额							
	归属于母公司所有者权益							所有者权益合计
	实收资本（或股本）	资本公积	其他综合收益	盈余公积	信托赔偿准备金	一般风险准备	未分配利润	
三、本年增减变动金额（减少以“－”号填列）	—	96 569. 49	−16 008. 73	27 414. 11	13 707. 05	−3 359. 80	151 663. 72	269 985. 84
（一）综合收益总额	—	—	−16 008. 73	—	—	—	274 141. 08	258 132. 35
（二）所有者投入和减少资本	—	—	—	—	—	—	—	—
1. 所有者投入的普通股	—	—	—	—	—	—	—	—
2. 其他权益工具持有者投入资本	—	—	—	—	—	—	—	—
3. 股份支付计入股东权益的金额	—	—	—	—	—	—	—	—
4. 其他	—	—	—	—	—	—	—	—
（三）利润分配	—	—	—	27 414. 11	13 707. 05	−3 359. 80	−122 477. 36	−84 716. 00
1. 提取盈余公积	—	—	—	27 414. 11	—	—	−27 414. 11	—
2. 提取信托赔偿准备金	—	—	—	—	13 707. 05	—	−13 707. 05	—
3. 提取一般风险准备金	—	—	—	—	—	−3 359. 80	3 359. 80	—
4. 对所有者（或股东）的分配	—	—	—	—	—	—	−84 716. 00	−84 716. 00
5. 其他	—	—	—	—	—	—	—	—
（四）所有者权益内部结转	—	96 569. 49	—	—	—	—	—	96 569. 49
1. 资本公积转增资本（或股本）	—	—	—	—	—	—	—	—
2. 盈余公积转增资本（或股本）	—	—	—	—	—	—	—	—
3. 盈余公积弥补亏损	—	—	—	—	—	—	—	—
4. 设定受益计划变动额结转留存收益	—	—	—	—	—	—	—	—
5. 其他	—	96 569. 49	—	—	—	—	—	96 569. 49
四、本年年末余额	1 100 000. 00	184 460. 37	−45 645. 28	183 350. 49	111 400. 23	34 275. 38	916 303. 06	2 484 144. 25

所有者权益变动表（母公司）（续）

编制单位：华润深国投信托有限公司　　2020 年度　　单位：万元

项　目	上年金额							
	归属于母公司所有者权益							所有者权益合计
	实收资本（或股本）	资本公积	其他综合收益	盈余公积	信托赔偿准备金	一般风险准备	未分配利润	
一、上年年末余额	1 100 000. 00	87 807. 75	−28 137. 59	127 069. 71	83 259. 85	35 353. 74	568 434. 09	1 973 787. 55
二、本年年初余额	1 100 000. 00	87 807. 75	−28 137. 59	127 069. 71	83 259. 85	35 353. 74	568 434. 09	1 973 787. 55
三、本年增减变动金额（减少以“－”号填列）	—	83. 13	−1 498. 96	28 866. 67	14 433. 33	2 281. 44	196 205. 25	240 370. 86
（一）综合收益总额	—	—	−1 498. 96	—	—	—	288 666. 69	287 167. 73
（二）所有者投入和减少资本	—	—	—	—	—	—	—	—
1. 所有者投入的普通股	—	—	—	—	—	—	—	—
2. 其他权益工具持有者投入资本	—	—	—	—	—	—	—	—
3. 股份支付计入股东权益的金额	—	—	—	—	—	—	—	—
4. 其他	—	—	—	—	—	—	—	—
（三）利润分配	—	—	—	28 866. 67	14 433. 33	2 281. 44	−92 461. 44	−46 880. 00
1. 提取盈余公积	—	—	—	28 866. 67	—	—	−28 866. 67	—
2. 提取信托赔偿准备金	—	—	—	—	14 433. 33	—	−14 433. 33	—
3. 提取一般风险准备金	—	—	—	—	—	2 281. 44	−2 281. 44	—
4. 对所有者（或股东）的分配	—	—	—	—	—	—	−46 880. 00	−46 880. 00

续表

项　目	上年金额							
	归属于母公司所有者权益							所有者权益合计
	实收资本（或股本）	资本公积	其他综合收益	盈余公积	信托赔偿准备金	一般风险准备	未分配利润	
5. 其他	—	—	—	—	—	—	—	—
（四）所有者权益内部结转	—	83. 13	—	—	—	—	—	83. 13
1. 资本公积转增资本（或股本）	—	—	—	—	—	—	—	—
2. 盈余公积转增资本（或股本）	—	—	—	—	—	—	—	—
3. 盈余公积弥补亏损	—	—	—	—	—	—	—	—
4. 设定受益计划变动额结转留存收益	—	—	—	—	—	—	—	—
5. 其他	—	83. 13	—	—	—	—	—	83. 13
四、本年年末余额	1 100 000. 00	87 890. 88	−29 636. 55	155 936. 38	97 693. 18	37 635. 18	764 639. 34	2 214 158. 41

5. 2 信托财产

5. 2. 1 信托项目资产负债汇总表

信托项目资产负债汇总表

编制单位：华润深国投信托有限公司　　2020 年 12 月 31 日　　单位：万元

信托资产	期末数	期初数	信托负债和权益	期末数	期初数
信托资产：			信托负债：		
货币资金	2 830 954. 02	3 366 285. 27	应付受托人报酬	34 204. 39	29 120. 04
拆出资金	—	—	应付托管费	8 216. 32	7 096. 45
应收款项	5 406 785. 24	6 790 023. 57	应付受益人收益	333 811. 94	138 202. 98
买入返售金融资产	2 989 436. 60	3 291 791. 08	其他应付款项	767 962. 46	375 895. 21
交易性金融资产	48 448 181. 49	35 130 462. 25	应交税费	67 552. 58	38 160. 75
可供出售金融资产	9 262 817. 75	11 311 613. 27	卖出回购资产款	1 389 641. 72	1 645 861. 52
持有至到期投资	2 034 679. 48	707 930. 88	交易性金融负债	—	—
长期股权投资	248 115. 30	437 115. 30	其他负债	—	—
贷款	31 149 393. 32	34 453 356. 78	信托负债合计	2 601 389. 41	2 234 336. 95
应收融资租赁款	—	—	信托权益：		
固定资产	—	—	实收信托	93 125 525. 51	89 891 221. 52
无形资产	—	—	资本公积	−1 497 445. 92	−547 662. 59
长期待摊费用	—	—	未分配利润	8 140 894. 20	3 910 682. 52
其他资产	—	—	信托权益合计	99 768 973. 79	93 254 241. 45
信托资产总计	102 370 363. 20	95 488 578. 40	信托负债及权益总计	102 370 363. 20	95 488 578. 40

5. 2. 2 信托项目利润及利润分配汇总表

信托项目利润及利润分配汇总表

编制单位：华润深国投信托有限公司　　2020 年度　　单位：万元

项　目	当年数	上年数
一、营业收入	10 102 450. 12	7 734 685. 26
利息收入	3 751 655. 53	3 586 761. 51
投资收益	4 287 663. 60	2 149 745. 81
公允价值变动损益	2 061 754. 89	1 998 389. 89
汇兑收益	—	—
其他业务收入	1 376. 10	−211. 95
二、营业支出	1 065 473. 98	836 562. 19
利息支出	—	—
营业税金及附加	21 521. 00	14 992. 43

续表

项　目	当年数	上年数
业务及管理费	938 947. 88	630 858. 29
资产减值损失	105 005. 10	190 711. 47
其他业务成本	—	—
三、信托营业利润	9 036 976. 14	6 898 123. 07
加：营业外收入	0. 91	—
减：营业外支出	116 944. 99	41 257. 27
四、信托利润	8 920 032. 06	6 856 865. 80
加：期初未分配信托利润	3 910 682. 52	391 387. 16
五、可供分配的信托利润	12 830 714. 58	7 248 252. 96
减：本期已分配信托利润	4 689 820. 38	3 337 570. 44
六、期末未分配信托利润	8 140 894. 20	3 910 682. 52

6. 会计报表附注

6.1 年度会计报表编制基础及合并报表的并表范围说明

6.1.1 本财务报表以公司持续经营假设为基础，根据实际发生的交易事项，按照财政部颁布的《企业会计准则——基本准则》和具体会计准则等规定，并基于重要会计政策、会计估计进行编制。

6.1.2 本年纳入合并报表范围的子企业基本情况

本年纳入合并报表范围的子企业基本情况

子企业名称	注册地	业务性质	注册资本（万元）	持股比例（%）	享有的表决权（%）
深圳红树林创业投资有限公司	深圳	创业投资	20 000.00	100.00	100.00
华润元大基金管理有限公司	深圳	基金管理	60 000.00	51.00	51.00
深圳华润元大资产管理有限公司	深圳	资产管理	11 800.00	51.00	51.00

6.1.3 本年纳入合并报表范围的结构化主体基本情况

本年纳入合并报表范围的结构化主体基本情况

单位：万元

结构化主体名称	净资产规模	净利润
华润元大欣享混合型发起式证券投资基金	1 322.05	12.16

6.2 重要会计政策和会计估计说明

6.2.1 计提资产减值准备的范围和方法

6.2.1.1 金融资产减值

除以公允价值计量且其变动计入当期损益的金融资产外，本公司在每个资产负债表日对其他金融资产的账面价值进行检查，有客观证据表明金融资产发生减值的，计提减值准备。

金融资产发生减值的客观证据，包括下列可观察到的各项事项：

（1）发行方或债务人发生严重财务困难；（2）债务人违反了合同条款，如偿付利息或本金发生违约或逾期等；（3）本公司出于经济或法律等方面因素的考虑，对发生财务困难的债务人作出让步；（4）债务人很可能倒闭或者进行其他财务重组；（5）因发行方发生重大财务困难，导致金融资产无法在活跃市场继续交易；（6）无法辨认一组金融资产中的某项资产的现金流量是否已经减少，但根据公开的数据对其进行总体评价后发现，该组金融资产自初始确认以来的预计未来现金流量确已减少且可计量，包括：该组金融资产的债务人支付能力逐步恶化；债务人或地区失业率提高、担保物在其所在地区的价格明显下降、所处行业不景气等；债务人经营所处的技术、市场、经济或法律环境发生重大不利变化，使权益工具投资人可能无法收回投资成本；权益工具投资的公允价值发生严重或非暂时性下跌；其他表明金融资产发生减值的客观证据。

6.2.1.1.1 持有至到期投资、贷款和应收款项减值

公司采用单独减值评估和组合减值评估两种方法评估此类金融资产减值损失：对单项金额重大的金融资产是否存在减值的客观证据进行单独评估，对单项金额不重大的金融资产是否存在发生减值的客观证据进行组合评估。如果没有客观证据表明单独评估的金融资产存在减值情况，无论该金融资产金额是否重大，公司将其包括在具有类似信用风险特征的金融资产组别中，再进行组合减值评估。单独进行评估减值并且已确认或继续确认减值损失的资产，不再纳入组合减值评估的范围。

以成本或摊余成本计量的金融资产将其账面价值减记至预计未来现金流量现值，减记金额确认为减值损失，计入当期损益。金融资产在确认减值损失后，如有客观证据表明该金融资产价值已恢复，且客观上与确认该损失后发生的事项有关（如债务人的信用评级已提高等），原确认的减值准备予以转回，计入当期损益。转回后的账面价值不超过假定不计提减值准备情况下该金融资产在转回日的摊余成本。

6.2.1.1.2 可供出售金融资产减值

可供出售金融资产的公允价值下跌至可供出售金融资产发生减值时，将原直接计入其他综合收益的因公允价值下降形成的累计损失予以转出并计入当期损益，该转出的累计损失为该资产初始取得成本扣除已收回本金和已摊销金额、当前公允价值和原已计入损益的减值损失后的余额。

在活跃市场中没有报价且其公允价值不能可靠计量的权益工具投资，发生减值时，将该权益工具投资的账面价值，与按照类似金融资产当时市场收益率对未来现金流量折现确定的现值之间的差额，确认减值损失，计入当期损益。

在确认减值损失后，期后如有客观证据表明该金融资产价值已恢复，且客观上与确认该损失后发生的事项有关，原确认的减值损失予以转回，可供出售权益工具投资的减值损失转回计入权益，可供出售债务工具的减值损失转回计入当期损益。在活跃市场中没有报价且其公允价值不能可靠计量的权益工具投资，或与该权益工具挂钩并须通过交付该权益工具结算的衍生金融资产的减值损失，不予转回。

6.2.1.2 其他资产减值

本公司在每一个资产负债表日检查长期股权投资、固定资产、在建工程、投资性房地产、使用寿命确定的无形资产等长期资产是否存在可能发生减值的迹象。

如果该等资产存在减值迹象，则估计其可收回金额。估计资产的可收回金额以单项资产为基础，如果难以对单项资产的可收回金额进行估计的，则以该资产所属的资产组为基础确定资产组的可收回金额。如果资产的可收回金额低于其账面价值，按其差额计提资产减值准备，并计入当期损益。

可收回金额为资产的公允价值减去处置费用后的净额与资产预计未来现金流量的现值两者之中的较高者。资产的公允价值根据公平交易中销售协议价格确定；不存在销售协议但存在资产活跃市场的，公允价值按照该资产的买方出价确定；不存在销售协议和资产活跃市场的，则以可获取的最佳信息为基础估计资产的公允价值。处置费用包括与资产处置有关的法律费用、相关税费、搬运费，以及为使资产达到可销售状态所发生的直接费用。

其他资产的减值损失一经确认，在以后会计期间不予转回。

6.2.1.2.1 计提资产减值准备的方法

对除金融资产外的资产减值，按以下方法确定。

资产负债表日判断资产是否存在可能发生减值的迹象，存在减值迹象的，公司将估计其可收回金额，进行减值测试。

可收回金额根据资产的公允价值减去处置费用后的净额与资产预计未来现金流量的现值两者之间较高者确定。公司以单项资产为基础估计其可收回金额；难以对单项资产的可收回金额进行估计的，以该资产所属的资产组为基础确定资产组的可收回金额。资产组的认定，以资产组产生的主要现金流入是否独立于其他资产或者资产组的现金流入为依据。

当资产或资产组的可收回金额低于其账面价值时，将其账面价值减记至可收回金额，减记的金额计入当期损益，同时计提相应的资产减值准备。

6.2.1.2.2 可能发生减值资产的认定

公司在资产负债表日判断资产是否存在可能发生减值的迹象。因企业合并所形成的商誉和使用寿命不确定的无形资产，无论是否存在减值迹象，每年都进行减值测试。存在下列迹象的，表明资产可能发生了减值。

(1)资产的市价当期大幅度下跌，其跌幅明显高于因时间的推移或者正常使用而预计的下跌。

(2)公司经营所处的经济、技术或者法律等环境，以及资产所处的市场在当期或者将在近期发生重大变化，从而对公司产生不利影响。

(3)市场利率或者其他市场投资报酬率在当期已经提高，从而影响公司计算资产预计未来现金流量现值的折现率，导致资产可收回金额大幅度降低。

(4)有证据表明资产已经陈旧过时或者其实体已经损坏。

(5)资产已经或者将被闲置、终止使用或者计划提前处置。

(6)公司内部报告的证据表明资产的经济绩效已经低于或者将低于预期，如资产所创造的净现金流量或者实现的营业利润(或者亏损)远远低于(或者高于)预计金额等。

(7)其他表明资产可能已经发生减值的迹象。

6.2.1.2.3 资产可收回金额的计量

资产存在减值迹象的，估计其可收回金额。可收回金额根据资产的公允价值减去处置费用后的净额与资产预计未来现金流量的现值两者之间的较高者确定。资产的公允价值根据公平交易中销售协议价格确定；不存在销售协议但存在资产活跃市场的，公允价值按照该资产的买方出价确定；不存在销售协议和资产活跃市场的，则以可获取的最佳信息为基础估计资产的公允价值。处置费用包括与资产处置有关的法律费用、相关税费、搬运费，以及为使资产达到可销售状态所发生的直接费用。

6.2.1.2.4 资产减值损失的确定

可收回金额的计量结果表明，资产的可收回金额低于其账面价值的，将资产的账面价值减记至可收回金额，减记的金额确认为资产减值损失，计入当期损益，同时计提相应的资产减值准备。资产减值损失确认后，减值资产的折旧或者摊销费用在未来期间作相应调整，以使该资产在剩余使用寿命内，系统地分摊调整后的资产账面价值(扣除预计净残值)。资产减值损失一经确认，在以后会计期间不能转回。

6.2.2 金融资产四分类的范围和标准

金融资产应当在初始确认时划分为下列四类：

(1)以公允价值计量且其变动计入当期损益的金融资产，包括交易性金融资产和指定为以公允价值计量且其变动计入当期损益的金融资产。取得该金融资产或承担该金融负债，主要是为了近期内出售或回购。属于进行集中管理的可辨认金融工具组合的一部分，且有客观证据表明企业近期采用短期获利方式对该组合进行管理。属于衍生工具，但是被指定且为有效套期工具的衍生工具、属于财务担保合同的衍生工具、与在活跃市场中没有报价且其公允价值不能可靠计量的权益工具投资挂钩并须通过交付该权益工具结算的衍生工具除外。

(2)持有至到期投资。持有至到期投资是指到期日固定、回收金额固定或可确定，且企业有明确意图和能力持有至到期的非衍生金融资产。

(3)贷款和应收款项。贷款和应收款项是指在活跃市场中没有报价、回收金额固定或可确定的非衍生金融资产。

(4)可供出售金融资产。可供出售金融资产通常是指企业没有划分为以公允价值计量且其变动计入当期损益金融资产、持有至到期投资、贷款和应收款项的金融资产。

6.2.3 交易性金融资产的核算方法

交易性金融资产取得时以公允价值作为初始确认金额，相关的交易费用在发生时计入当期损益。支付的价款中包含已宣告但尚未发放的现金股利或已到付息期但尚未领取的债券利息，应当单独确认为应收项目。持有期间将取得的利息或现金股利确认为投资收益，期末将公允价值变动计入当期损益。处置时，其公允价值与账面价值之间的差额确认为投资收益，同时调整公允价值变动损益。

6.2.4 可供出售金融资产的核算方法

可供出售金融资产应当按取得该金融资产的公允价值和相关交易费用之和作为初始确认金额。支付的价款中包含的已到付息期但尚未领取的债券利息或已宣告但尚未发放的现金股利，应单独确认为应收项目。可供出售金融资产持有期间取得的利息或现金股利，应当计入投资收益。资产负债表日，可供出售金融资产应当以公允价值计量，且将公允价值变动计入其他综合收益。处置时，将取得的价款与该金融资产账面价值之间的差额，计入投资损益；同时，将原直接计入所有者权益的公允价值变动累计额对应处置部分的金额转出，计入投资损益。

6.2.5 持有至到期投资的核算方法

持有至到期投资应当按取得时的公允价值和相关交易费用之和作为初始确认金额。支付的价款中包含的已到付息期但尚未领取的债券利息，应单独确认为应收项目。持有至到期投资在持有期间应当按照摊余成本和实际利率计算确认利息收入，计入投资收益。实际利率应当在取得持有至到期投资时确定，在该持有至到期投资预期存续期间或适用的更短期间内保持不变。实际利率与票面利率差别较小的，也可按票面利率计算利息收入，计入投资收益。处置持有至到期投资时，应将所取得价款与该投资账面价值之间的差额确认为投资收益。

企业将尚未到期的某项持有至到期投资在本会计年度内出售或重分类为可供出售金融资产的金额，相对于该类投资在出售或重分类前的总额较大时，则公司将该类投资的剩余部分重分类为可供出售金融资产，且在本会计期间或以后两个完整会计年度内不再将任何金融资产分类为持有至到期，但下列情况除外：出售日或重分类日距离该项投资到期日或赎回日较近(如到期前三个月内)，市场利率变化对该项投资的公允价值没有显著影响；根据合同约定的定期偿付或提前还款方式收回该投资几乎所有初始本金后，将剩余部分予以出售或重分类；出售或重分类是由于企业无法控制、预期不会重复发生且难以合理预计的独立事项引起的。

6.2.6 子公司金融工具会计政策

公司的子公司华润元大基金管理有限公司本期实施《企业会计准则第 22 号——金融工具确认和计量》（财会〔2017〕7 号）、《企业会计准则第 23 号——金融资产转移》（财会〔2017〕8 号）、《企业会计准则第 24 号——套期会计》（财会〔2017〕9 号）和《企业会计准则第 37 号——金融工具列报》（财会〔2017〕14 号）（以下简称新金融工具相关会计准则）。

金融工具是指形成一方的金融资产并形成其他方的金融负债或权益工具的合同。

金融资产应当在初始确认时划分为下列三类。

（1）公司将同时符合下列条件的金融资产分类为以摊余成本计量的金融资产：公司管理金融资产的业务模式是以收取合同现金流量为目标；该金融资产的合同条款规定，在特定日期产生的现金流量仅为对本金和以未偿付本金金额为基础的利息的支付。

（2）公司将同时符合下列条件的金融资产分类为以公允价值计量且其变动计入其他综合收益的金融资产：公司管理金融资产的业务模式既以收取合同现金流量又以出售该金融资产为目标；该金融资产的合同条款规定，在特定日期产生的现金流量，仅为对本金和以未偿付本金金额为基础的利息的支付。

对于非交易性权益工具投资，公司可在初始确认时将其不可撤销地指定为以公允价值计量且其变动计入其他综合收益的金融资产。该指定在单项投资的基础上作出，且相关投资从发行者的角度符合权益工具的定义。

（3）除分类为以摊余成本计量的金融资产和以公允价值计量且其变动计入其他综合收益的金融资产之外的金融资产，公司将其分类为以公允价值计量且其变动计入当期损益的金融资产。在初始确认时，如果能消除或减少会计错配，公司可以将金融资产不可撤销地指定为以公允价值计量且其变动计入当期损益的金融资产。

6.2.6.1 以摊余成本计量的金融资产的核算方法

初始确认按照公允价值计量。初始确认后，对于该类金融资产采用实际利率法以摊余成本计量。以摊余成本计量且不属于任何套期关系的金融资产所产生的利得或损失，在终止确认、重分类、按照实际利率法摊销或确认减值时，计入当期损益。

6.2.6.2 以公允价值计量且其变动计入其他综合收益的债务工具投资的核算方法

初始确认按照公允价值计量。初始确认后，对于该类金融资产以公允价值进行后续计量。采用实际利率法计算的利息、减值损失或利得及汇兑损益计入当期损益，其他利得或损失均计入其他综合收益。终止确认时，将之前计入其他综合收益的累计利得或损失从其他综合收益中转出，计入当期损益。

6.2.6.3 以公允价值计量且其变动计入当期损益的金融资产的核算方法

初始确认按照公允价值计量。初始确认后，对于该类金融资产（除属于套期关系的一部分金融资产外），以公允价值进行后续计量，产生的利得或损失（包括利息和股利收入）计入当期损益。

6.2.6.4 预期信用损失的确定方法及会计处理方法

公司以预期信用损失为基础，对以摊余成本计量的金融资产、分类为以公允价值计量且其变动计入其他综合收益的金融资产进行减值会计处理并确认损失准备。

对于不含重大融资成分的应收款项及合同资产，公司运用简化计量方法，按照相当于整个存续期内的预期信用损失金额计量损失准备。

除上述采用简化计量方法以外的金融资产，公司在每个资产负债表日评估其信用风险自初始确认后是否已显著增加，如果信用风险自初始确认后未显著增加，处于第一阶段，公司按照相当于未来 12 个月内预期信用损失的金额计量损失准备，并按照账面余额和实际利率计算利息收入；如果信用风险自初始确认后已显著增加但尚未发生信用减值的，处于第二阶段，公司按照相当于整个存续期内预期信用损失的金额计量损失准备，并按照账面余额和实际利率计算利息收入；如果初始确认后发生信用减值的，处于第三阶段，公司按照相当于整个存续期内预期信用损失的金额计量损失准备，并按照摊余成本和实际利率计算利息收入。

为反映金融工具的信用风险自初始确认后的变化，公司在每个资产负债表日重新计量预期信用损失，由此形成的损失准备的增加或转回金额，应当作为减值损失或利得计入当期损益，并根据金融工具的种类，抵减该金融资产在资产负债表中列示的账面价值或计入预计负债（贷款承诺或财务担保合同）或计入其他综合收益（以公允价值计量且其变动计入其他综合收益的债权投资）。

6.2.7 长期股权投资的核算方法

长期股权投资是指投资方对被投资单位实施控制、重大影响的权益性投资，以及对其合营企业的权益性投资。

6.2.7.1 初始计量

6.2.7.1.1 企业合并形成的长期股权投资

同一控制下的企业合并，合并方以支付现金、转让非现金资产或承担债务方式作为合并对价的，应当在合并日按照被合并方所有者权益在最终控制方合并财务报表中的账面价值的份额作为长期股权投资的初始投资成本。长期股权投资初始投资成本与支付的现金、转让的非现金资产及所承担债务账面价值之间的差额，应当调整资本公积；资本公积不足冲减的，调整留存收益。

合并方以发行权益性证券作为合并对价的，应当在合并日按照被合并方所有者权益在最终控制方合并财务报表中的账面价值的份额作为长期股权投资的初始投资成本。按照发行股份的面值总额作为股本，长期股权投资初始投资成本与所发行股份面值总额之间的差额，应当调整资本公积；资本公积不足冲减的，调整留存收益。

非同一控制下的企业合并，购买方在购买日应当按照《企业会计准则第 20 号——企业合并》的有关规定确定合并成本作为长期股权投资的初始投资成本。

为企业合并发生的审计、法律服务、评估咨询等中介费用及其他相关管理费用，应当于发生时计入当期损益。

6.2.7.1.2 其他方式取得的长期股权投资

以支付现金取得的长期股权投资，应当按照实际支付的购买价款作为初始投资成本。初始投资成本包括与取得长期股权投资直接相关的费用、税金及其他必要支出。

以发行权益性证券取得的长期股权投资，应当按照发行权益性证券的公允价值作为初始投资成本。与发行权益行证券直接相关的费用，应当按照《企业会计准则第37号——金融工具列报》的有关规定确定。

通过非货币性资产交换取得的长期股权投资，其初始投资成本应当按照《企业会计准则第7号——非货币性资产交换》的有关规定确定。

通过债务重组取得的长期股权投资，其初始投资成本应当按照《企业会计准则第12号——债务重组》的有关规定确定。

6.2.7.2 后续计量及收益确认

公司能够对被投资单位实施控制的长期股权投资应当采用成本法核算。采用成本法核算的长期股权投资应当按照初始投资成本计价。追加或收回投资应当调整长期股权投资的成本。被投资单位宣告分派的现金股利或利润，应当确认为当期投资收益。

公司对联营企业和合营企业的长期股权投资，采用权益法核算。

长期股权投资的初始投资成本大于投资时应享有被投资单位可辨认净资产公允价值份额的，不调整长期股权投资的初始投资成本；长期股权投资的初始投资成本小于投资时应享有被投资单位可辨认净资产公允价值份额的，其差额应当计入当期损益，同时调整长期股权投资的成本

公司取得长期股权投资后，按照应享有或应分担的被投资单位实现的净损益和其他综合收益的份额，分别确认投资收益和其他综合收益，同时调整长期股权投资的账面价值；公司按照被投资单位宣告分派的利润或现金股利计算应享有的部分，相应减少长期股权投资的账面价值；公司对于被投资单位除净损益、其他综合收益和利润分配以外所有者权益的其他变动，调整长期股权投资的账面价值并计入所有者权益。

公司在确认应享有被投资单位净损益的份额时，以取得投资时被投资单位可辨认净资产的公允价值为基础，对被投资单位的净利润进行调整后确认。

公司确认被投资单位发生的净亏损，以长期股权投资的账面价值及其他实质上构成对被投资单位净投资的长期权益减记至零为限，投资方负有承担额外损失义务的除外。

被投资单位以后实现净利润的，公司在其收益分享额弥补未确认的亏损分担额后，恢复确认收益分享额。

6.2.8 投资性房地产的核算方法

公司的投资性房地产是指为赚取租金或资本增值，或两者兼有而持有的房地产。主要包括：(1)已出租的土地使用权；(2)持有并准备增值后转让的土地使用权；(3)已出租的建筑物。

公司的投资性房地产采用成本模式计量。

公司对投资性房地产成本减累计减值及净残值后按直线法，按估计可使用年限计算折旧，计入当期损益。

对使用寿命不确定的已出租的划拨土地使用权不计算折旧。

6.2.9 固定资产计价和折旧方法

6.2.9.1 固定资产确认条件

固定资产指为生产商品、提供劳务、出租或经营管理而持有，并且使用年限超过一年的有形资产。固定资产在同时满足下列条件时予以确认：(1)与该固定资产有关的经济利益很可能流入企业；(2)该固定资产的成本能够可靠地计量。

6.2.9.2 固定资产的分类

固定资产包括房屋及建筑物、运输设备、电子设备、其他设备。

6.2.9.3 固定资产的初始计量

固定资产取得时按照实际成本进行初始计量。

外购固定资产的成本，以购买价款、相关税费、使固定资产达到预定可使用状态前所发生的可归属于该项资产的运输费、装卸费、安装费和专业人员服务费等确定。购买固定资产的价款超过正常信用条件延期支付，实质上具有融资性质的，固定资产的成本以购买价款的现值为基础确定。

自行建造固定资产的成本，由建造该项资产达到预定可使用状态前所发生的必要支出构成。

债务重组取得债务人用以抵债的固定资产，以该固定资产的公允价值为基础确定其入账价值，并将重组债权的账面价值与该用以抵债的固定资产公允价值之间的差额，计入当期损益。

在非货币性资产交换具备商业实质和换入资产或换出资产的公允价值能够可靠计量的前提下，换入的固定资产以换出资产的公允价值为基础确定其入账价值，除非有确凿证据表明换入资产的公允价值更加可靠；不满足上述前提的非货币性资产交换，以换出资产的账面价值和应支付的相关税费作为换入固定资产的成本，不确认损益。

以同一控制下的企业吸收合并方式取得的固定资产按被合并方的账面价值确定其入账价值；以非同一控制下的企业吸收合并方式取得的固定资产按公允价值确定其入账价值。

融资租入的固定资产，按租赁开始日租赁资产公允价值与最低租赁付款额现值两者中较低者作为入账价值。

6.2.9.4 固定资产折旧

固定资产以取得时的实际成本入账，并从其达到预定可使用状态的次月起，采用直线法提取折旧。各类固定资产的估计残值率、折旧年限和年折旧率如下：

各类固定资产的估计残值率、折旧年限和年折旧率

类别	估计残值率(%)	折旧年限(年)	年折旧率(%)
房屋建筑物	0~5	50	1.90~2.00
电子设备	—	3~5	20.00~33.33
运输工具	—	8	12.50
其他设备	—	3~5	20.00~33.30

6.2.10 无形资产计价及摊销政策

无形资产按照成本进行初始计量，使用寿命有限的无形资产，在其使用寿命内采用直线法摊销，于每年年度终了，对使用寿命有限的无形资产的使用寿命及摊销方法进行复核，必要时进行调整。对使用寿命不确定的无形资产，无论是否存在减值迹象，每年均进行减值测试。此类无形资产不予摊销，在每个会计期间对其使用寿命进行复核。如果有证据表明使用寿命是有限的，则按上述使用寿命有限的无形资产的政策进行会计处理。出售无形资产，应当将取得的价款与该无形资产账面价值的差额计入当期损益。无形资产预期不能为企业带来经济利益的，应当将无形资产的账面价值予以转销。

6.2.11 **长期待摊费用的摊销政策**

筹建期间发生的费用，除用于购建固定资产外，于公司开始生产经营当月起一次计入当期损益。

其他长期待摊费用在相关项目的受益期内平均摊销。

6.2.12 **合并会计报表的编制方法**

合并财务报表反映本公司及子公司形成的集团报表整体财务状况、经营成果和现金流量。

合并财务报表的合并范围以控制为基础予以确定。控制是指投资方拥有对被投资方的权力，通过参与被投资方的相关活动而享有可变回报，并且有能力运用对被投资方的权力影响其回报金额。

合并财务报表以本公司及子公司的财务报表为基础，由本公司编制。本公司及子公司的内部交易及余额在编制合并财务报表时予以抵销，归属于子公司的少数股东权益和损益分别在合并资产负债表和合并利润表中单独列示。

子公司少数股东分担的当期亏损超过了少数股东在该子公司期初股东权益中所享有的份额，除公司章程或股东协议规定少数股东有义务承担，并且少数股东有能力予以弥补的部分外，其余部分冲减本公司股东权益。该子公司以后期间实现的利润，在弥补了由本公司股东权益所承担的属于少数股东的损失之前，全部归属于本公司的股东权益。

通过同一控制下企业合并取得的子公司，在编制当期合并财务报表时，视同被合并子公司在最终控制方对其开始实施控制时纳入合并财务报表范围，并对合并财务报表的年初数及前期比较报表进行相应调整，且自最终控制方对被合并子公司开始实施控制时起将合并子公司的各项资产、负债以其账面价值纳入合并资产负债表，被合并子公司经营成果纳入合并利润表。

通过非同一控制下企业合并取得的子公司在编制当期合并财务报表时，以购买日确定的项可辨认资产、负债的公允价值为基础对子公司的财务报表进行调整，并自购买日起将被购买子公司资产、负债及经营成果纳入合并财务报表中。

6.2.13 **收入确认原则和方法**

在经济利益能够流入本公司，以及相关的收入和成本能够可靠地计量时，根据下列方法确认各项收入。

6.2.13.1 利息收入

利息收入应按让渡资金使用权的时间和适用利率计算确定，在与交易相关的经济利益能够流入、且有关收入可以可靠地计量时，按权责发生制确认。

发放贷款本金到期（含展期，下同）90天后尚未收回的，其应计利息停止计入当期利息收入，纳入表外核算；对已计提的贷款应收利息，如在贷款到期90天后仍未收回或在应收利息逾期90天后仍未收到，则冲减原已计入损益的利息收入，转作表外核算。

贷款自应计贷款转为非应计贷款后，在收到该笔贷款的还款时，首先冲减本金；待本金全部收回后，再收到的还款则确认为当期利息收入。

6.2.13.2 信托业务收入

详见6.2.15。

6.2.13.3 担保业务收入

担保业务收入在同时满足以下条件时予以确认：担保合同成立并承担相应担保责任；与担保合同相关的经济利益能够流入企业；与担保合同相关的收入能够可靠地计量。

6.2.14 **所得税的会计处理方法**

公司所得税核算采用资产负债表债务法。

公司确认递延所得税资产以很可能取得用来抵扣可抵扣暂时性差异的应纳税所得额为限，确认由可抵扣暂时性差异产生的递延所得税资产。但不包括同时具有下列特征的交易中因资产或负债的初始确认所产生的递延所得税资产：该项交易不是企业合并；交易发生时既不影响会计利润也不影响应纳税所得额（或可抵扣亏损）。

6.2.15 **信托报酬确认原则和方法**

信托报酬是指信托公司对信托财产进行管理而收取的管理费或佣金，信托报酬收取的标准一般是与委托人或受益人等有关当事人协商确定的。若信托报酬由信托财产承担，则按照信托合同的约定来计算、提取并按权责发生制确认信托报酬收入；若信托报酬由委托人等有关当事人直接承担，则按协议约定另行向有关当事人收取，并按权责发生制确认信托报酬收入。

6.3 或有事项说明

2020年，本公司因信托项目产生的诉讼案件被法院一审判决承担相关连带责任，需支付相关费用8 410 316.54元，并按15%的年利率支付从2016年11月4日起至款项付清之日止的资金占用利息。截至2020年末，公司账面计提该项目预计负债13 660 427.84元计入营业外支出。本公司就上述事项已提起上诉。

6.4 重要资产转让及其出售的说明

报告期内，公司无重要资产转让及其出售。

6.5 会计报表中重要项目的明细资料

6.5.1 **披露自营资产经营情况**

6.5.1.1 按信用风险五级分类的结果披露信用风险资产的期初数、期末数

信用风险资产五级分类	正常类（万元）	关注类（万元）	次级类（万元）	可疑类（万元）	损失类（万元）	信用风险资产合计（万元）	不良资产合计（万元）	不良资产率（%）
期初数	2 503 302.88	4 854.57	—	115 552.35	2 086.75	2 625 796.55	117 639.10	—
期末数	2 613 568.04	58 805.64	—	63 252.01	2 086.75	2 737 712.44	65 338.76	—

注：不良资产合计＝次级类＋可疑类＋损失类。

6.5.1.2 各项资产减值损失准备的期初数、本期计提、本期转回、本期核销、期末数

单位:万元

项目	期初数	本期计提	本期转回	本期核销	期末数
贷款损失准备	—	1 859.12	—	—	1 859.12
一般准备	—	1 859.12	—	—	1 859.12
专项准备	—	—	—	—	—
其他资产减值准备	1 099.12	—	—	—	1 099.12
可供出售金融资产减值准备	106 822.39	434.86	—	—	107 257.25
持有至到期投资减值准备	—	—	—	—	—
长期股权投资减值准备	—	—	—	—	—
坏账准备	11 895.08	18 512.54	—	—	30 407.62
投资性房地产减值准备	409.89	740.28	—	—	1 150.17

6.5.1.3 按投资品种分类,分别披露固有业务股票投资、基金投资、债券投资、股权投资等投资业务的期初数、期末数

单位:万元

项目	自营股票	基金	债券	长期股权投资	其他投资	合计
期初数	—	20 401.72	—	1 335 464.62	858 174.75	2 214 041.09
期末数	—	98 166.75	—	1 612 996.78	531 201.85	2 242 365.38

6.5.1.4 前五名的自营长期股权投资的企业名称、占被投资企业权益的比例、主要经营活动及投资收益情况

企业名称	占被投资企业权益的比例(%)	主要经营活动	投资损益(万元)
1. 国信证券股份有限公司	21.25	证券的代理、承销、咨询及自营买卖业务	154 511.31
2. 华润元大基金管理有限公司	51.00	基金管理	—
3. 深圳红树林创业投资有限公司	100.00	创业投资	—

6.5.1.5 前五名的自营贷款的企业名称、占贷款总额的比例和还款情况等

贷款企业	期初数(万元)	本期增加(万元)	本期减少(万元)	期末数(万元)	占比(%)
清远市盈瑞房地产开发有限公司	—	49 000.00	—	49 000.00	39.53
大连万达集团股份有限公司	—	48 941.20	—	48 941.20	39.49
嘉兴海尚房地产开发有限公司	—	26 000.00	—	26 000.00	20.98
合计	—	123 941.20	—	123 941.20	100.00

6.5.1.6 表外业务的期初数、期末数

单位:万元

表外业务	期初数	期末数
担保业务	—	—
代理业务(委托业务)	—	—
其他	—	—
合计	—	—

6.5.1.7 公司当年的收入结构

收入结构	金额(万元)	占比(%)
手续费及佣金收入	166 706.17	42.80
其中:信托手续费收入	166 371.42	42.71
投资银行业务收入	334.75	0.09
利息收入	1 718.21	0.44
其他收入	6 007.30	1.54
其中:计入信托业务收入部分	—	—
投资收益	212 733.35	54.62
其中:股权投资收益	154 511.31	39.67
证券投资收益	538.91	0.14
其他投资收益	57 683.13	14.81
公允价值变动收益	2 307.44	0.59
营业外收入	27.97	0.01
收入合计	389 500.44	100.00

6.5.2 披露信托资产管理情况

6.5.2.1 信托资产的期初数、期末数

单位:万元

信托资产	期初数	期末数
集合类	25 101 195.64	42 360 113.09
单一类	40 588 494.11	32 781 920.22
财产管理类	29 798 888.65	27 228 329.89
合计	95 488 578.40	102 370 363.20

注:期初数、期末数按报告年度信托资产总额填列,非信托规模总额,以下均同。

6.5.2.1.1 主动管理型信托业务的信托资产期初数、期末数,分证券投资类、股权投资类、融资类、事务管理类等分别披露

单位:万元

主动管理型信托资产	期初数	期末数
证券投资类	29 578 745.11	49 418 614.80
股权投资类	723.55	155.30
其他投资类	134 592.96	1 748 364.17
融资类	3 691 164.91	3 029 320.70
其他类	282 894.99	79 716.86
合计	33 688 121.52	54 276 171.83

注:其他类为融资类项目劣后财产等。

6.5.2.1.2 被动管理型信托业务的信托资产期初数、期末数，分证券投资类、股权投资类、融资类、事务管理类等分别披露

单位：万元

被动管理型信托资产	期初数	期末数
证券投资类	—	—
股权投资类	—	—
融资类	—	—
事务管理类	61 800 456.88	48 094 191.37
合计	61 800 456.88	48 094 191.37

6.5.2.2 本年度已清算结束的信托项目个数、实收信托合计金额、加权平均实际年化收益率

6.5.2.2.1 本年度已清算结束的集合类、单一类资金信托项目和财产管理类信托项目个数、实收信托合计金额、加权平均实际年化收益率

已清算结束的信托项目	项目个数（个）	实收信托合计金额（万元）	加权平均实际年化收益率（%）
集合类	390	9 454 933.54	5.28
其中：固定收益类	91	6 041 305.65	6.27
单一类	259	11 538 365.67	6.05
财产管理类	58	9 642 759.89	7.18

注：1. 收益率是指信托项目清算后，给受益人赚取的实际收益水平。

2. 加权平均实际年化收益率 =（信托项目 1 的实际年化收益率 × 信托项目 1 的实收信托 + 信托项目 2 的实际年化收益率 × 信托项目 2 的实收信托 + … + 信托项目 n 的实际年化收益率 × 信托项目 n 的实收信托）/（信托项目 1 的实收信托 + 信托项目 2 的实收信托 + … + 信托项目 n 的实收信托）×100%。

6.5.2.2.2 本年度已清算结束的主动管理型信托项目个数、实收信托合计金额、加权平均实际年化收益率，分证券投资类、股权投资类、融资类、其他类分别计算并披露

已清算结束的信托项目	项目个数（个）	实收信托合计金额（万元）	加权平均实际年化收益率（%）
证券投资类	362	5 904 484.98	—
股权投资类	—	—	—
融资类	66	2 448 528.57	7.34
其他类	—	—	—

注：证券投资类项目申赎按净值计算。

6.5.2.2.3 本年度已清算结束的被动管理型信托项目个数、实收信托合计金额、加权平均实际年化收益率，分证券投资类、股权投资类、融资类、事务管理类分别计算并披露

已清算结束的信托项目	项目个数（个）	实收信托合计金额（万元）	加权平均实际年化收益率（%）
证券投资类	—	—	—
股权投资类	—	—	—
融资类	—	—	—
事务管理类	279	22 283 045.55	5.89

6.5.2.3 本年度新增的集合类、单一类和财产管理类信托项目个数、实收信托合计金额

新增信托项目	项目个数（个）	实收信托合计金额（万元）
集合类	1 274	26 366 156.00
单一类	592	11 990 703.00
财产管理类	201	4 866 514.00
新增合计	2 067	43 223 373.00
其中：主动管理型	1 408	21 406 103.00
被动管理型	659	21 817 270.00

注：本年新增信托项目指在本报告年度内累计新增的信托项目个数和金额，包含本年度新增并于本年度内结束的项目和本年度新增至报告期末仍在持续管理的信托项目。

6.5.2.4 信托业务创新成果和特色业务有关情况

报告期内，公司积极响应"回归信托本源、服务实体经济"的号召，开拓新模式、创设新产品、探索新研究、辅以新机制，在家族信托、标品资管、供应链金融等领域取得突破性进展。在家族信托业务领域，2020 年业务规模增长超过 3 倍，突破 60 亿元，并在行业内率先上线"云信托"，进一步强化了核心战略客户服务能力。在标品资管业务领域，公司打造了'润远""润麟""宝石"等一系列拳头产品，在资本市场较为活跃的 2020 年乘势而上，成功地为标品资管业务打开局面，为高净值客户提供了更为稳健、值得信赖的产品。在供应链金融业务领域，公司以服务集团内部产业上下游供应链资源为首要宗旨，2020 年与华润医疗等股东兄弟单位携手落地了首单业务合作，形成了产融协同的示范效应。

6.5.2.5 本公司履行受托人义务情况及因公司自身责任而导致的信托资产损失情况

6.5.2.5.1 履行受托人义务情况

公司按照《中华人民共和国信托法》《信托公司管理办法》《信托公司集合资金信托计划管理办法》等法律法规的规定严格履行受托人的义务。

(1) 严格遵守信托文件的规定，恪尽职守，履行诚实、信用、谨慎、有效管理的义务，为受益人的利益处理信托事务。

(2) 每个信托计划设立后，按照信托合同的规定，定期将信托资金运用及收益情况告知信托文件规定的人。

(3) 将信托财产与公司固有财产分别管理、分别记账；并对不同的信托财产分别管理；根据不同的信托资金分别开设独立的银行账户。

(4) 信托合同到期、集合信托计划终止时，根据信托合同的规定，以信托财产为限向受益人支付信托利益。同时，在信托终止后及时作出处理信托事务的清算报告，按合同约定方式报告。

(5) 妥善保管处理信托事务的完整记录、原始凭证及资料，保存期自信托计划终止之日起 15 年。同时对委托人、受益人，以及处理信托事务的情况和资料依法保密。

(6) 根据信托合同及信托计划约定履行其他管理义务。

报告期内，公司为受益人累计分配信托收益 463.98 亿元。

6.5.2.5.2 2020 年因公司自身责任导致的信托资产损失；集合信托资产管理赔付等情况

2020 年未发生因公司自身责任导致的信托资产损失；集

合信托资产管理没有发生赔付等情况。

6.5.2.6 信托赔偿准备金的提取、使用和管理情况

公司根据《信托公司管理办法》的规定，按2020年净利润的5%提取信托赔偿准备金13 707.05万元，截至2020年已累计提取信托赔偿准备金111 400.23万元。截至2020年12月31日，公司尚未发生使用信托赔偿准备金的事项。

6.6 关联方关系及其交易的披露

6.6.1 关联交易方的数量、关联交易的总金额及关联交易的定价政策等

项目	关联交易方数量(个)	关联交易金额(万元)	定价政策
合计	24	7 933 893.54	见注

注:关联交易的定价政策:本公司董事会认为上述交易根据正常的商业交易条件进行，并以一般交易价格为定价基础。

6.6.2 关联交易方与本公司的关系性质、关联交易方的名称、法定代表人、注册地址、注册资本及主营业务等

关系性质	关联方名称	法定代表人	注册地址	注册资本(万元)	主营业务
股东的股东	华润股份有限公司	王祥明	深圳市南山区滨海大道3001号深圳湾体育中心体育场三楼	1 646 706.35	金融保险、能源交通、电力通讯、仓储运输、食品饮料生产企业的投资;商业零售企业(含连锁超市)的投资与管理;石油化工、轻工纺织、建筑材料产品的生产;电子及机电产品的加工、制造、批发零售;物业管理;酒店经营管理;民用建筑工程的施工、民用建筑工程的外装修和室内装修;技术交流。
股东	华润金控投资有限公司	任海川	深圳市前海深港合作区前湾一路1号A栋201室	870 000.00	金融企业投资;投资管理、资产管理(不得从事信托、金融资产管理、证券资产管理及其他限制项目);投资顾问、财务顾问及商务信息咨询(以上均不含限制项目)。
同一最终控制母公司	珠海华润银行股份有限公司	刘晓勇	广东省珠海市吉大九洲大道东1346号	604 268.72	经营中国银行业监督管理委员会批准的金融业务(具体按B0199H244040001号许可证经营)。
同一最终控制母公司	北京华润大厦有限公司	陈鹰	北京市东城区建国门北大街8号	1 200美元	在规划范围内进行房屋及附属配套设施开发、建设及物业管理，包括写字楼的出售、商业设施的租售。
同一最终控制母公司	华润置地(北京)物业管理有限责任公司杭州分公司	王江江	浙江省州市江干区万象城4幢101室	不适用	批发、零售:五金交电，化工产品(除化学危险品及易制毒化学品)，针、纺织品，百货，工艺美术品，机电设备，制冷空调设备，家具;服务:接受委托进行物业管理，经济信息咨询(除商品中介)，承办展览展示，组织文化艺术交流活动(演出及演出中介除外)。
同一最终控制母公司	华润新鸿基房地产(杭州)有限公司	方朋	杭州市江干区四季青街道富春路701号	99 000港元	投资开发建设位于杭州市钱江新城E06、E07、E08地块的购物中心、住宅、酒店、写字楼、综合性商业用房、配套公共设施及其物业管理、咨询服务、自有房产租赁;酒店管理;会务服务;礼仪服务，展览展示服务;国内广告设计、制作、发布、代理(除网络广告);鞋包修理、服装修改;验光及配镜(除角膜接触镜);溜冰、游泳、健身、保龄球、台球、沙弧球、壁球、棋牌;小型车停放服务;饮品店;从事日用百货、日用杂品、化妆品、针纺织品、服装鞋帽(含商品展示)、皮革制品、化工原料及产品(不含化学危险品及易制毒化学品)、工艺美术品、珠宝首饰、金银制品、通信设备、五金家电、家具、建筑装饰材料、文化体育用品、预包装食品、散装食品、乳制品(不含婴幼儿配方乳粉)、保健食品、药品、医疗器械、酒类的零售、批发及进出口业务;限分支机构经营:住宿、中西餐饮制售(含凉菜、生食海产品、糕点、裱花蛋糕)、洗浴桑拿、美容、理发、打字、复印、洗衣、皮具护理(涉及许可证的凭证经营)(涉及国家规定实施准入特别管理措施的除外)(依法须经批准的项目，经相关部门批准后方可开展经营活动)。
同一最终控制母公司	润联软件系统(深圳)有限公司	董坤磊	深圳市罗湖区深南东路5001号华润大厦2703—2704单元	58 403.18	一般经营项目是:计算机硬件、软件系统及配套零件、网络产品、多媒体产品、电子信息产品及通信产品、办公自动化设备、仪器仪表、电气设备的批发、进出口及相关配套业务(不涉及国营贸易管理商品，涉及配额、许可证管理及其他专项规定管理的商品，按国家有关规定办理申请);计算机软件开发及相关技术服务、技术转让、技术咨询;计算机系统的集成;以承接服务外包方式从事系统应用管理和维护、信息技术支持管理、软件开发、数据处理等信息技术和业务流程外包服务;信息咨询(不含限制项目);经济信息咨询(不含限制项目);贸易咨询;企业管理咨询(不含限制项目);商务信息咨询;商业信息咨询。许可经营项目是:智能建筑;建筑智能化工程的施工;增值电信业务。
同一最终控制母公司	华润深国投投资有限公司	秦锋	深圳市福田区农林路69号深国投广场1号楼12层1202C室	50 000.00	投资兴办实业，投资管理和咨询，在合法取得使用权的土地上从事房地产开发经营，物业管理。

续表

关系性质	关联方名称	法定代表人	注册地址	注册资本（万元）	主营业务
同一最终控制母公司	木棉花酒店（深圳）有限公司	佘晓常	深圳市罗湖区宝安南路 1001 号	500.00	经营木棉花酒店，包括客房、中餐、健身健美、配套商场、商务中心（不含限制项目）；物业管理；汽车租赁（不含融资租赁和金融租赁业务）；文化交流活动策划（不涉及外商投资准入特别管理措施）；会议服务（以上项目不涉及国家规定实施准入特别管理措施，涉及限制项目及前置性行政许可的，须取得前置性行政许可文件后方可经营）。
同一最终控制母公司	华润（深圳）有限公司	孔小凯	深圳市罗湖区宝安南路 1001 号华瑞大厦 7 楼	50 000.00	一般经营项目是：在宗地号为 H102－0033、0034、0037、0038 的地块上从事房地产开发及经营；经营管理酒店（仅限分支机构经营）、附设商务中心；物业管理；国际经济、科技信息咨询及技术交流；溜冰、健身、台球、棋牌（不含麻将），溜冰培训；从事广告业务；酒店管理咨询，文化艺术活动策划，展览展示策划及展销，艺术展览与画廊；出租部分商场、酒店设施、分租部分商场、酒店的场地予国内分租户从事合法经营；票务代理；服装、鞋帽（含商品展示）、金银制品、珠宝（含钻石）首饰、纸及纸制品（不含出版物）、文具玩具礼品、百货、精品工艺饰品、工艺美术品、美容化妆品、日用杂品、日用百货、电子产品、五金家电、文体用品、美术用品、针纺织品、皮革制品、家具、通信设备、汽车装饰用品、汽车配件、五金制品、服装鞋帽的批发、零售；鞋包修理、服装修改；验光及配镜（除角膜接触镜）；洗衣、皮具护理（涉及许可证持有证经营）；钟表的购销及上门维修；礼品包装；演出器材的租赁；为展览和会议提供商务配套服务；眼镜销售（不含隐形眼镜）；物业租赁；自营商品的仓储、搬运装卸、商品配送；进出口及相关配套业务（不涉及国营贸易管理商品，涉及配额、许可证管理及其他专项规定管理的商品，按国家有关规定办理申请）（企业经营涉及行政许可的，须取得行政许可文件后方可经营）。许可经营项目是：文件复印（不含图书、报纸、期刊、音像制品和电子出版物的批发、出版、制作业务），游泳池、美容美发、桑拿按摩经营（凭相关许可证经营）；机动车停放服务；体育康复；定型包装食品（燕窝、酒类、茶叶）、预包装食品、保健食品、药品、医疗器械、酒类、冰淇淋、散装食品（含散装直接入口食品）的批发、零售；中西餐饮服务；热食类食品、冷食类食品、糕点类食品（含裱花类糕点）、冷热饮品（不含自酿酒）、日本料理（含生食海产品、凉菜）、泰国菜、中西餐饮（含凉菜、生食海产品、糕点、裱花蛋糕）制售；出版物、报纸、电子出版物、图书、期刊、音像制品的零售；劳务外包（依法须经批准的项目，经相关部门批准后方可开展经营活动）。
同一最终控制母公司	华润网络（深圳）有限公司	张沈文	深圳市前海深港合作区前湾一路 1 号 A 栋 201 室（入驻深圳市前海商务秘书有限公司）经营场所：深圳市南山区粤海街道海斯路 8 号百度国际大厦 25－26 层	35 000.00	一般经营项目是：从事电子商务信息系统的技术开发、技术咨询、技术转让、技术服务；数据库服务；数据库管理；物流配送信息系统技术开发；在网上从事商贸活动（不含限制项目）；从事广告业务（法律法规、国务院规定需另行办理广告经营审批的，需取得许可后方可经营）；国内贸易（不含专营、专卖、专控商品）；经营进出口业务（法律、行政法规、国务院决定禁止的项目除外，限制的项目须取得许可后方可经营）；物流信息咨询；商务信息咨询；企业形象策划；投资兴办实业（具体项目另行申报）；酒店预订、票务代理；会务服务；提供摄影服务；磁卡、智能卡的开发与销售；礼品设计、珠宝首饰、金银首饰、钻石首饰的销售；一类医疗用品及器材的销售；国内、国际航线的航空运输客运销售代理业务（凭资格证书从事经营）（以上各项涉及法律、行政法规、国务院决定禁止的项目除外，限制的项目须取得许可后方可经营）。许可经营项目是：第二类增值电信业务中的信息服务业务；酒类销售；药品信息服务业务；经营性互联网信息服务业务；经营快递业务；电信业务经营；食品流通；保健食品流通；二类医疗用品及器材的销售。
子公司	深圳红树林创业投资有限公司	刘小腊	深圳市福田中心四路 1－1 号嘉里建设广场第三座 11 楼 1101 室	20 000.00	创业投资业务，代理其他创业投资企业等机构或个人的创业投资业务，创业投资咨询业务，为创业企业提供创业管理服务业务，参与设立创业投资企业与创业投资管理顾问机构。
子公司	华润元大基金管理有限公司	李巍巍	深圳市南山区粤兴二道 6 号武汉大学深圳产学研大楼 B815 房（入驻深圳市前海商务秘书有限公司）	60 000.00	基金募集、基金销售、特定客户资产管理、资产管理和中国证监会许可的其他业务。
孙公司	深圳华润元大资产管理有限公司	李仆	深圳市福田区中心四路嘉里建设广场 3 座	11 800.00	特定客户资产管理业务及中国证监会许可的其他业务。

续表

关系性质	关联方名称	法定代表人	注册地址	注册资本（万元）	主营业务
联营公司	国信证券股份有限公司	何如	深圳市红岭中路1012号国信证券大厦	961 242.94	证券经纪；证券投资咨询；与证券交易，证券投资活动有关的财务顾问；证券承销与保荐；证券自营；证券资产管理；融资融券；证券投资基金代销；金融产品代销；为期货公司提供中间介绍业务；证券投资基金托管业务。股票期权做市。
重大影响的其他公司	北京领秀睿华管理咨询中心（有限合伙）	—	北京市海淀区西二旗中路6号院二区15号楼三层306	90 200.00	经济贸易咨询。
重大影响的其他公司	深圳市润鑫四号投资合伙企业（有限合伙）	—	北京市东城区建国门北大街8号华润大厦11层	7 450.00	投资兴办实业（具体项目另行申报）。
重大影响的其他公司	汕头市华信汉威联接基金合伙企业（有限合伙）	—	汕头市龙湖区中山路198号柏嘉半岛花园12幢111号之02	250 000.00	股权投资，创业投资，投资管理。
重大影响的其他公司	南宁领秀润红管理咨询合伙企业（有限合伙）	—	南宁市洪胜路5号丽汇科技工业园标准厂房综合楼1515－14号房	169 831.00	从事企业管理咨询、商品信息咨询（除国家有专项规定外）。
重大影响的其他公司	北京领秀滨红管理咨询中心（有限合伙）	—	北京市海淀区西二旗中路6号院二区15号楼一层107	62 700.00	经济贸易咨询（企业依法自主选择经营项目，开展经营活动；依法须经批准的项目，经相关部门批准后依批准的内容开展经营活动；不得从事本市产业政策禁止和限制类项目的经营活动）。
重大影响的其他公司	横琴新丰乐壹号投资合伙企业（有限合伙）	—	珠海市横琴新区宝华路6号105室－10659（集中办公区）	2.00	协议记载的经营范围：资产管理；投资管理；投资咨询；以自有资金投资兴办实业（依法须经批准的项目，经相关部门批准后方可开展经营活动）。
重大影响的其他公司	珠海顺富股权投资基金合伙企业（有限合伙）	—	珠海市横琴新区宝华路6号105室－55950（集中办公区）	23 503.21	协议记载的经营范围：股权投资（私募基金应及时在中国证券投资基金业协会完成备案）（依法须经批准的项目，经相关部门批准后方可开展经营活动）。
重大影响的其他公司	深圳华润农业发展基金合伙企业（有限合伙）	—	深圳市前海深港合作区前湾一路1号A栋201室	不适用	投资兴办实业（具体项目另行申报）；投资管理（不含限制项目）；投资咨询（不含限制项目）；投资顾问（不含限制项目）；信息咨询（不含限制项目）
同一最终控制母公司	广东润电环保有限公司	刘随平	广东省东莞市松山湖园区科技四路16号1栋1409室	50 000	农林废弃物发电、供热、供汽的技术开发、技术应用；实业投资（依法须经批准的项目，经相关部门批准后方可开展经营活动）。

6.6.3 本公司与关联方的重大交易事项

6.6.3.1 固有与关联方：贷款、投资、租赁、应收账款、担保、其他方式等期初汇总数、本期借方和贷方发生额汇总数、期末汇总数

单位：万元

项目	期初数	借方发生额	贷方发生额	期末数
贷款	—	—	—	—
投资	130 540.56	91 502.52	99 156.82	122 886.26
租赁	—	—	—	—
担保	—	—	—	—
应收账款	19 243.22	655.95	813.94	19 085.23
其他资产	321.74	1 118.67	1 112.22	328.19
其他负债	96 570.21	152 480.12	58 945.59	3 035.68
合计	246 675.73	245 757.26	160 028.57	145 335.36

6.6.3.2 信托与关联方交易情况：贷款、投资、租赁、应收账款、担保、其他方式等期初汇总数、本期借方和贷方发生额汇总数、期末汇总数

单位：万元

项目	期初数	借方发生数	贷方发生数	期末数
贷款	—	—	—	—
投资	66 450.00	—	27 950.00	38 500.00
租赁	—	—	—	—
担保	—	—	—	—
应收账款	—	—	—	—
其他	2 780 312.34	951 844.75	2 520.00	3 729 637.09
合计	2 846 762.34	951 844.75	30 470.00	3 768 137.09

6.6.3.3 信托公司自有资金运用于自己管理的信托项目（固信交易），信托公司管理的信托项目之间的相互（信信交易）交易金额、包括余额和本报告年度的发生额

6.6.3.3.1 固有财产与信托财产之间的交易金额期初汇总数、本期发生额汇总数、期末汇总数

单位：万元

固有财产与信托财产相互交易			
项目	期初数	本期发生数	期末数
合计	780 375.38	-317 002.89	463 372.49

6.6.3.3.2 信托项目之间的交易金额期初汇总数、本期发生额汇总数、期末汇总数

单位：万元

信托资产与信托财产相互交易			
项目	期初数	本期发生数	期末数
合计	2 116 382.80	1 440 665.80	3 557 048.60

6.6.4 逐笔披露关联方逾期未偿还本公司资金的详细情况及本公司为关联方担保发生或即将发生垫款的详细情况

无。

6.7 会计制度的披露

本公司固有业务及信托业务均执行财政部颁布的《企业会计准则》及其补充规定。

7. 财务情况说明书

7.1 利润实现和分配情况

2020年母公司净利润为274 141.08万元；合并净利润为275 098.95万元，其中归属于母公司的净利润为275 046.77万元。

公司对本年实现的母公司净利润274 141.08万元进行分配，其中：提取法定盈余公积27 414.11万元，提取信托赔偿准备金13 707.05万元；冲回一般风险准备金3 359.80万元。

7.2 主要财务指标

指标名称	指标值合并	指标值母公司
资本利润率（%）	11.38	11.67
人均净利润（万元）	615.43	716.71

注：1. 资本利润率＝净利润/所有者权益平均余额×100%。
2. 人均净利润＝净利润/年平均人数。
3. 平均值采取期初、期末余额简单平均法，公式为：平均值 ＝（期初数＋期末数）/2。

7.3 对本公司财务状况、经营成果有重大影响的其他事项

无。

7.4 本公司净资本情况

风险管理指标监管表

2020年12月31日

项目	年末余额	监管标准
净资本（万元）	1 406 276.39	≥20 000
固有业务风险资本（万元）	239 301.88	—
信托业务风险资本（万元）	306 984.65	—
其他业务风险资本（万元）	—	—
各项业务风险资本之和（万元）	546 286.53	—
净资本/各项业务风险资本之和（%）	257.42	≥100
净资本/净资产（%）	56.61	≥40

8. 特别事项揭示

8.1 前五名股东报告期内变动情况及原因

2019年6月，公司2019年第二次股东会议审议通过《关于变更华润股份所持公司股权事项的议案》，华润股份有限公司将所持公司51%股权转让至华润金控投资有限公司。2020年7月，变更股权事项经中国银行保险监督管理委员会深圳监管局核准（深银保监复〔2020〕317号）。目前，华润金控持有公司51%股权，深投控持有公司49%股权。

8.2 董事、监事及高级管理人员变动情况及原因

8.2.1 董事变动情况及原因

2019年10月，公司2019年第三次股东会议审议通过《关于变更董事的议案》，由李福利、任海川担任公司董事，刘晓勇、郭庆卫不再担任公司董事。2020年5月，李福利董事任职资格经中国银行保险监督管理委员会深圳监管局核准。2020年6月，任海川董事任职资格经中国银行保险监督管理委员会深圳监管局核准。

2020年1月，公司2020年第一次股东会议审议通过《关于变更董事的议案》，由姚飞担任公司董事，桂自强不再担任公司董事。2020年7月，姚飞董事任职资格经中国银行保险监督管理委员会深圳监管局核准。

2020年5月，公司第七届董事会第七次会议审议通过《关于选举董事长的议案》，选举李福利担任公司董事长，刘晓勇不再担任公司董事长。2020年8月，李福利董事长任职资格经中国银行保险监督管理委员会深圳监管局核准。

8.2.2 监事变动情况及原因

报告期内，公司无监事变动情况。

8.2.3 高级管理人员变动情况及原因

2020年1月，公司第七届董事会第五次会议审议通过《关于聘任副总经理的议案》，聘任卢伦为公司副总经理，免去其财务总监职务，由公司副总经理郭庆卫分管财务工作。2020年8月，卢伦副总经理任职资格经中国银行保险监督管理委员会深圳监管局核准。

8.3 变更注册资本、变更注册地或公司名称、公司分立合并事项

报告期内，公司无变更注册资本、变更注册地或公司名称、公司分立合并事项。

8.4 公司的重大诉讼事项

报告期内，公司无重大诉讼事项。

8.5 公司及其董事、监事和高级管理人员受到处罚的情况

报告期内，公司及其董事、监事和高级管理人员未受到处罚。

8.6 中国银保监会及其派出机构对公司检查意见

2020年7月29日至2020年9月11日，深圳银保监局派出检查组对公司开展了监管标准化数据（EAST）数据质量现场检查。检查意见指出公司在数据质量管理机制、监管数据质量水平等方面有待进一步提升。

公司高度重视本次检查，认真查找问题来源，分析相关原因，并同步开展数据跟踪和数据治理，制定了详细的整改方案，明确整改措施，确保整改到位，持续提升公司数据治理能力和管理水平。

8.7 本年度重大事项临时报告的简要内容、披露时间、所披露的媒体及其版面

2020年8月4日，公司在《证券时报》B96版披露《关于变更股权获监管机构核准的公告》，内容摘要如下：根据本公司2019年第二次股东会决议，华润股份有限公司以增资方式转

让所持有的本公司51%的股权至华润金控投资有限公司。本公司就以上变更股权事项向深圳银保监局提出了申请。近日，本公司收到深圳银保监局批复文件（深银保监复〔2020〕317号），同意上述股权变更事项。本公司将对公司章程的相应条款进行修订，并及时办理相关工商变更（备案）手续。

2020年8月7日，公司在《证券时报》B1版披露《华润信托关于李福利董事长任职资格获监管核准的公告》，内容摘要如下：2020年8月5日，深圳银保监局核准了李福利担任本公司董事长的任职资格（深银保监复〔2020〕329号）其任期自核准日起生效。

8.8 履行社会责任情况

2020年，公司积极发扬中央企业红色使命，践行社会责任，以受益人的最大利益为先，恪尽职守，履行诚实、信用、谨慎、有效管理的义务。一是履行受托责任，保障消费者权益，做好投资者教育；二是落实国家战略，服务实体经济，支持基础设施建设和新兴产业发展；三是坚持以人为本，关爱员工发展和身心健康，展现以人为本的人文关怀；四是充分发挥党建引领作用，通过"润心慈善信托"的品牌载体和扶贫专项基金，累计捐赠270余万元支援防灾减灾、扶贫济困、教育支持和希望小镇建设，为公益慈善事业贡献力量。

8.9 中国银保监会及其省级派出机构认定的其他有必要让客户及相关利益人了解的重要信息

报告期内，公司无中国银保监会及其省级派出机构认定的其他有必要让客户及相关利益人了解的重要信息。

9. 中国监事会对相关事项的监督意见

2020年，监事会根据法律法规及公司章程，认真履行监督职责，通过积极参加股东会，列席董事会，对公司依法运作及规范治理情况、董事及管理层履职情况、财务工作情况进行监督，并作出了独立的监督意见。

9.1 对公司依法运作及规范治理情况的监督意见

公司严格遵守国家法律法规和行业监管政策，在股东的大力支持下，不断健全和完善内部控制体系，强化全面风险管理，守法经营、依法运作，各项决策程序合法有效。

9.2 对董事及管理层履职情况的监督意见

董事会运作规范、决策合理、程序合法，全体董事及管理层能够按照法律法规和公司章程规定勤勉尽职，未发现存在违反法律法规、公司章程或损害信托受益人、股东和公司利益的行为。

公司管理团队能够认真履行职责，严格执行股东会和董事会决议决定，较好地履行了对股东的各项责任，未发现高级管理人员在执行公司职务时违反法律法规和公司章程或损害信托受益人、股东和公司利益的行为。

9.3 对公司财务工作情况的监督意见

公司能够严格执行国家财务会计法律法规和监管要求，财务制度健全、操作流程规范、财务状况良好。财务报告客观、真实、准确地反映了公司财务状况和经营成果，未发现有违反相关法律法规和规章制度的行为。

华鑫国际信托有限公司

1. 重要提示

1.1 公司董事会及董事保证本报告所载资料不存在任何虚假记载、误导性陈述或者重大遗漏,并对其内容的真实性、准确性和完整性承担个别及连带责任。

1.2 公司全体董事出席了董事会。无董事声明异议。

1.3 公司独立董事王昊女士、孟向洁女士声明:保证本年度报告内容的真实性、准确性和完整性。

1.4 天职国际会计师事务所(特殊普通合伙)对本公司年度财务报告进行审计,出具了标准无保留意见的审计报告。

1.5 公司董事长褚玉先生、总经理朱勇先生、财务总监刘伟女士声明:保证年度报告中财务报告的真实、完整。

2. 公司概况

2.1 公司简介

华鑫国际信托有限公司是经中国银监会依法批准设立的非银行金融机构,前身为佛山国际信托投资有限公司,于2008年12月24日重新登记并更名,2009年9月完成验资工作,注册资本金为3.2亿元,其中,中国华电集团有限公司占比为51%,中国华电集团财务有限公司占比为49%;2010年2月9日,取得中国银监会颁发的金融许可证,2010年3月15日,经营地址迁至北京市西城区,并于2010年3月18日正式挂牌开业。经股东方同意并报监管部门批准,公司分别于2010年12月23日和2012年4月9日增资至12亿元和22亿元;2018年5月23日,中国华电集团有限公司将所持的51%股份转让给中国华电集团资本控股有限公司,同时中国华电集团资本控股有限公司增加资本金28亿元,增资后实收资本为35.75亿元,中国华电集团资本控股有限公司占比为69.84%,中国华电集团财务有限公司占比为30.16%;2020年12月24日,股东同比例增资22.5亿元,增资后实收资本为58.25亿元。

公司自重新挂牌营业以来,先后获得"年度金牌成长潜力信托公司""年度金牌风控力信托公司""年度金牌服务力信托公司""年度金牌品牌力信托公司""年度最佳稳健成长信托公司""全国企业文化建设百佳单位""全国企业文化十佳诚信单位"等称号;连续获得中国华电集团有限公司"文明单位""先进集体""信息化A级企业"荣誉称号;荣获北京市西城区人民政府"年度发展区域经济突出贡献奖",入选北京市首批重点总部企业名录;消费者权益保护监管评级为"二级A",年度纳税信用"A级"等;2020年荣获信托行业最高评级——"A级"信托公司。

2.1.1 公司法定中文名称:华鑫国际信托有限公司
中文名称缩写:华鑫信托
公司英文名称:China Fortune International Trust Co., Ltd.
公司英文名称缩写:China Fortune Trust

2.1.2 公司法定代表人:褚玉

2.1.3 公司注册地址:北京市西城区新华里16号院2号楼102号、202号、302号
邮政编码:100044
公司国际互联网网址:http://www.cfitc.com
公司电子信箱:hxxt@cfitc.com

2.1.4 公司信息披露联系人:赵凯
联系电话:400-680-1616/010-83568201转
传真:010-83568281
电子信箱:service@cfitc.com

2.1.5 公司信息披露报纸名称:《金融时报》
备置地点:北京市西城区新华里16号院2号楼102号、202号、302号

2.1.6 公司聘请的会计师事务所名称:天职国际会计师事务所(特殊普通合伙)
住所:北京市海淀区车公庄路乙19号208—210室

2.1.7 公司聘请的律师事务所名称:北京中盛律师事务所
住所:北京市朝阳区建国门外大街8号国际财源中心22层

2.2 组织结构

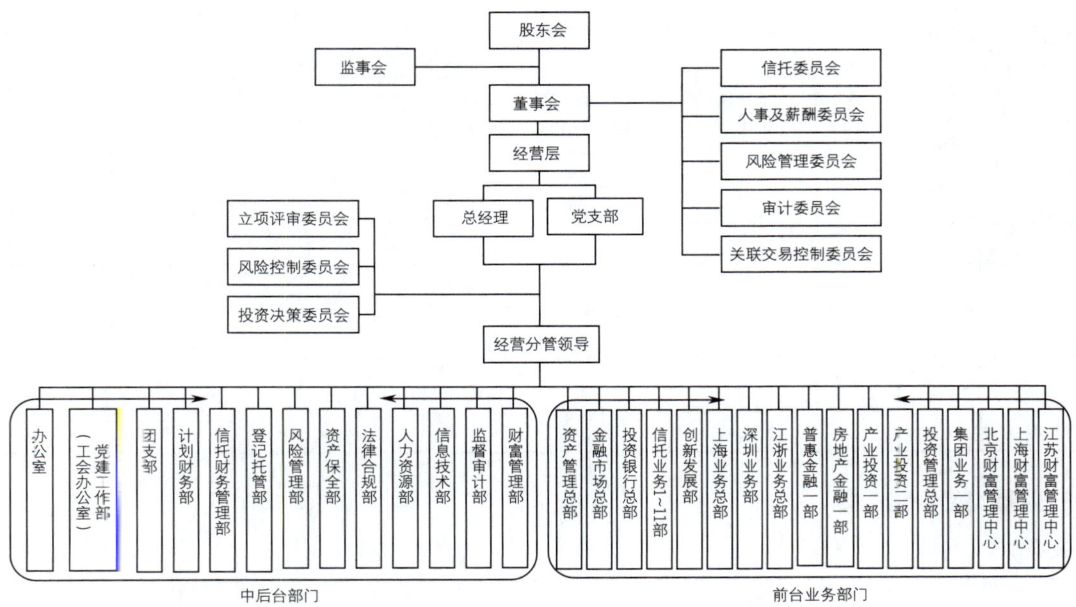

3. 公司治理

3.1 股东

股东总数:2 家。

股东名称	持股(%)	法人代表	注册地址	主营业务
中国华电集团资本控股有限公司★	69.84	褚　玉	北京市西城区宣武门内大街 2 号楼 -3 至 15 层西楼办公 10 层 1019—1028 室	投资及资产管理;资产受托管理;投资策划;咨询服务;产权经纪。
中国华电集团财务有限公司	30.16	郝　彬	北京市西城区宣武门内大街 2 号楼西楼 10 层	对成员单位办理财务和融资顾问、信用鉴证及相关的咨询、代理业务;协助成员单位实现交易款项的收付;经批准的保险代理业务;对成员单位提供担保;办理成员单位之间的委托贷款及委托投资等。

注:★中国华电集团资本控股有限公司为实际控制人。

3.2 董事会成员

董事长、董事

姓名	职务	性别	年龄(岁)	任职时间	简要履历
褚　玉	董事长	男	58	2018 年 7 月	现任中国华电集团资本控股有限公司董事长、党委书记。
赵远波	董事	男	45	2018 年 3 月	现任中国华电集团财务有限公司党委委员、副总经理、总法律顾问、工会主席。
江　涛	董事	男	47	2020 年 12 月	现任中国华电集团资本控股有限公司党委委员、副总经理、总会计师、工会主席。
羿锦峰	职工董事	男	50	2018 年 4 月	现任华鑫国际信托有限公司风险总监。

独立董事

姓名	职务	性别	年龄(岁)	任职时间	简要履历
王　昊	独立董事	女	46	2009 年 11 月	现任瑞银律师事务所高级合伙人。
孟向洁	独立董事	女	63	2012 年 10 月	现任北京中资北方投资顾问有限公司董事长。

董事会下属委员会

董事会下属委员会名称	职责	组成人员姓名	职务
信托委员会	负责督促公司依法履行受托职责，了解公司信托业务的发展情况，维护受益人的最大利益。	孟向洁	主任委员
		赵远波	委员
		江　涛	委员
人事及薪酬委员会	负责制定公司董事及高级人员的考核标准并进行考核；制定、审查公司董事及高级管理人员的薪酬政策与方案；制定公司长期激励机制和方案，为公司发展提供人才激励保障；制定公司人力资源发展规划。	褚　玉	主任委员
		赵远波	委员
		孟向洁	委员
风险管理委员会	负责公司风险的控制、管理、监督和评估。	褚　玉	主任委员
		王　昊	委员
		羿锦峰	委员
审计委员会	负责内、外部审计的沟通、监督和核查工作，以及重大关联交易的审核。	孟向洁	主任委员
		王　昊	委员
		羿锦峰	委员
关联交易控制委员会	负责对公司关联交易业务进行管理。	孟向洁	主任委员
		赵远波	委员
		江　涛	委员

3.3 监事、监事会成员

监事会成员

姓名	职务	性别	年龄（岁）	选任日期	简要履历
刘　晖	监事长	男	58	2018 年 4 月	现任中国华电集团资本控股有限公司副总经理、党委委员、总法律顾问。
卢　勇	监事	男	46	2018 年 4 月	现任中国华电集团财务有限公司资金运营部经理。
常法迪	职工监事	女	39	2018 年 4 月	现任华鑫国际信托有限公司投资银行总部副总经理（主持工作）。

3.4 高级管理人员

姓名	职务	性别	年龄（岁）	选任日期	简要履历
朱　勇	总经理、党支部书记	男	52	2011 年 1 月	现任华鑫国际信托有限公司党支部书记、总经理。
陶　钧	副总经理、党支部宣传委员、工会主席	男	51	2014 年 3 月	现任华鑫国际信托有限公司党支部宣传委员、副总经理、工会主席。
王晓波	副总经理、党支部组织委员兼纪检委员	男	47	2018 年 8 月	现任华鑫国际信托有限公司党支部组织委员兼纪检委员、副总经理。
刘　伟	财务总监、党支部青年委员	女	47	2018 年 8 月	现任华鑫国际信托有限公司党支部青年委员、财务总监。

3.5 公司员工

项目		本年度		上年度	
		人数（人）	比例（%）	人数（人）	比例（%）
年龄分布	25 岁以下	—	—	3	1.4
	25～29 岁	15	7.1	31	15.0
	30～39 岁	133	63.0	121	58.5
	40 岁以上	63	29.9	52	25.1
学历分布	博士	6	2.8	6	2.9
	硕士	136	64.5	134	64.7
	本科	65	30.8	64	30.9
	专科	4	1.9	3	1.4
岗位分布	董事、监事及其高级管理人员	11	5.2	12	5.8
	固有业务人员	7	3.3	7	3.4
	信托业务人员	123	58.3	114	55.1
	其他人员	70	33.2	74	35.7

3.6 公司治理信息

3.6.1 年度内召开股东会情况

2020 年，公司共召开股东会 4 次，审议并通过了《关于监事会 2019 年度工作报告的议案》等 9 项议案。

3.6.2 年度内召开董事会情况

2020 年，公司召开董事会 3 次，审议并通过了《关于董事会 2019 年度工作报告的议案》等 30 项议案。

3.6.3 监事会及履行职责情况

2020 年，公司召开监事会 1 次，审议并通过了《关于监事会 2019 年度工作报告的议案》。2020 年，监事会列席了董事会历次会议。

3.6.4 高级管理人员履行职责情况

2020 年，公司全体高级管理人员在公司董事会的正确领导下，以及公司监事会的大力指导下，积极应对新冠肺炎疫情带来的负面影响，不断探索创新业务模式、提升主营管理水平，严密防范金融风险、坚守风险管理底线，持续聚焦价值创造、加快转型升级脚步，实现了健康可持续发展。

4. 经营管理

4.1 经营目标、经营方针、战略规划

4.1.1 经营目标

本报告期，公司紧紧围绕“稳健发展、转型升级”主线，全力抓好“调结构、控风险、稳规模、提效益”四大中心任务，在经营业绩、风险管控、队伍建设、业务创新等各方面均取得了优异的成绩，实现了“十三五”圆满收官。

4.1.2 经营方针

本报告期公司经营方针是稳健经营、价值至上。

4.1.3 战略规划

公司以“受人之托，代人理财”为根本，秉承“稳健经营、价值至上”的理念，坚持合规、合法经营，以提供多元化、专业化、特色化金融服务为目标，以全面风险管理为手段，以高端人才和优秀团队为保障，确保投资者利益最大化，实现公司发展与股东发展相协调、员工利益与公司利益相统一的目标，把公司建设成为业绩优良、管理先进、科学发展、质形俱佳、值得信赖、同业领先的专业化、国际化信托公司。公司“十四五”时期的主要发展目标为：主要经营指标达到可比公司前列，核心竞争力水平显著提升。

4.2 所经营业务的主要内容

4.2.1 经营的主要业务及品种

公司经营的主要业务为信托业务和固有业务。

4.2.1.1 信托业务

公司以全面风险管理为保障，坚持稳健经营，以提供多元化、专业化、特色化金融服务为手段，坚持业务创新。公司主要经营的信托业务包括资金信托；动产信托；不动产信托；有价证券信托；其他财产或财产权信托；作为投资基金或者基金管理公司的发起人从事投资基金业务；经营企业资产的重组、购并及项目融资、公司理财、财务顾问等业务；受托经营国务院有关部门批准的证券承销业务；办理居间、咨询、资信调查等业务；代保管及保管箱业务等。

4.2.1.2 固有业务

公司主要自营业务包括存放同业；拆放同业；贷款业务；租赁业务；投资业务；以固有财产为他人提供担保；同业拆借；居间服务；法律法规规定或银保监会批准的其他业务。

4.2.2 资产组合与分布

4.2.2.1 固有资产运用与分布表

资产运用	期末余额（万元）	占比（%）	资产分布	期末余额（万元）	占比（%）
货币资金	1 349.01	0.12	房地产	—	—
发放贷款和垫款	—	—	基础产业	—	—
交易性金融资产	498 370.62	45.20	工商企业	—	—
可供出售金融资产	488 859.83	44.33	证券市场	270 904.54	24.57
持有至到期投资	—	—	金融机构	831 771.95	75.43
其他	114 097.03	10.35			
固有资产总计	1 102 676.49	100.0	固有资产总计	1 102 676.49	100.0

4.2.2.2 信托资产运用与分布表

资产运用	金额（万元）	占比（%）	资产分布	金额（万元）	占比（%）
货币资产	220 089.84	0.90	基础产业	7 225 617.89	29.40
贷款	8 232 473.06	33.49	房地产	2 867 351.58	11.67
交易性金融资产	2 609 071.16	10.62	证券市场	2 734 039.88	11.12
可供出售金融资产	772 472.09	3.14	工商企业	9 336 132.36	37.98
持有至到期投资	11 134 928.92	45.30	金融机构	1 152 882.59	4.69
长期股权投资	1 548 958.00	6.30	其他	1 262 563.56	5.14
其他	60 594.79	0.25			
信托资产总计	24 578 587.86	100.00	信托资产总计	24 578 587.86	100.00

4.3 市场分析

4.3.1 宏观经济形势分析

受新冠肺炎疫情影响，全球经济受到沉重打击。我国有效控制疫情，经济完成情况好于预期，经济社会发展的主要目标任务完成。2021 年是“十四五”开局之年，经济逐步向潜在增长水平回归可能性较大。

4.3.2 行业形势分析

2020 年，监管部门从不同维度、不同层面出台多项政策，规范信托行业，推动行业的可持续、健康稳定发展。明确压缩通道及融资类信托业务的目标要求，发布了房地产行业“三道红线”政策等，对业务发展方向进行引导，保障健康发展。

4.3.3 影响公司发展的主要因素

公司以风险控制为第一要务，强化全面风险管理，经营业绩稳健增长。同时，完成压降融资类、事务管理类金融同业规模等的监管要求，公司主动管理能力有较快提升，创新业务加快发展，转型升级效果显著。

4.4 内部控制

4.4.1 内部控制环境和内部控制文化

公司设立了权责明确、合理制衡、报告关系清晰的内部控制体系，实现了对公司决策层、管理层和操作层的全面监督和控制。公司组织架构设置及各部门的职责划分基本以公司发展战略为导向，符合公司自身发展的特点，公司内控组织体系的各级机构与部门在内控规范与建设方面发挥了积极作用。公司高度重视内部控制文化建设，大力培育合规理念、风险意识，强化员工职业操守、诚信观念和道德水准。

4.4.2 内部控制措施

公司形成了“全员参与、流程管理、立体监督”的内控体系。董事会负责内控的建立健全和有效实施。董事会下设的审计委员会负责审查企业内部控制，监督内部控制的有效实施和内部控制的自我评价情况，协调内部控制审计及其他相关事宜。监事会对董事会建立与实施内部控制进行监督。

4.4.3 信息交流与反馈

公司定期召开股东会、董事会、监事会，以定期报告的形式将公司经营管理信息向股东、董事和监事报告。建立了反舞弊机制，设立了投诉举报专线，建立了举报投诉制度和举报人保护制度。公司按监管要求按时报送各类财务及业务报表、报告

等，及时向投资者披露信托项目信息。

4.4.4　监督评价与纠正

公司监督审计部负责对公司内部控制的监督评价与纠正，通过常规审计与专项审计相结合的方式持续对各类经营管理活动进行监督评价。定期对内部控制工作中发现的缺陷，逐个督促制定相应的整改措施，并对缺陷整改情况进行核实，推进公司内部控制工作的健全和完善。

4.5　风险管理

4.5.1　风险管理概况

4.5.1.1　公司经营活动中可能遇到的风险

公司经营活动中可能遇到的风险主要包括信用风险、流动性风险、市场风险、操作风险、政策风险、道德风险、声誉风险等。

4.5.1.2　公司风险管理的基本原则与政策

风险管理贯彻全面性、审慎性、及时性、有效性等原则，覆盖到公司各项业务、各个部门和各级人员，并渗透到研究、决策、执行、监督、评价等各个环节；通过事前防范、事中控制、事后监督对风险进行全面综合管理，促进公司持续、稳健、规范、健康运行。

4.5.1.3　公司风险管理组织结构与职责划分

公司按照现代公司治理和全面风险管理的基本要求，相继制定了股东会、董事会、监事会、五个专业委员会的议事规则及总经理办公会工作规程等，逐步构建了以董事会为核心的覆盖公司整体的风险管理体系。

4.5.2　风险状况

4.5.2.1　信用风险状况

信用风险是指交易对手未能或不愿履行其承诺而造成损失的风险，公司的信用风险压力主要体现在融资类及准权益类信托业务和固有板块的贷款业务中。

报告期内，公司到期清算信托产品 228 个，当年累计清算信托本金 971.33 亿元，全部实现足额清算。

4.5.2.2　流动性风险状况

流动性风险主要是指非现金资产不能按现有市场价值及时变现而导致损失的可能性，以及现金流不能满足支出的需求而使资产提前进行清算，从而使账面潜在损失变为实际损失。

报告期内，公司未发生上述风险。

4.5.2.3　市场风险状况

市场风险是指由于市场波动导致资产遭到损失的的风险，包括利率、证券价格、商品价格、汇率等金融产品价格的波动，以及市场发展方向、供求关系的变化等。信托的市场风险主要有委托管理的资本市场投资组合的市场风险及信托各业务线的市场风险。

报告期内，公司未发生上述风险。

4.5.2.4　操作风险状况

操作风险是指公司内部业务流程、计算机系统、员工在操作中的不完善或失误，可能给公司造成损失的风险；公司外部因素如通信系统故障等可能给公司造成损失或影响公司正常运行的风险。

报告期内，公司未发生上述风险。

4.5.2.5　其他风险状况

其他风险主要包括法律风险、声誉风险、员工道德风险等。

报告期内，公司未发生上述风险。

4.5.3　风险管理

4.5.3.1　信用风险管理

公司通过事前评估、事中控制、事后监督的风险管理体系来防范和规避信用风险。

4.5.3.2　流动性风险管理

公司采取多种风险管理手段来防范流动性风险：加强对运作项目的现金流量管理，做好公司现金流量的预测和安排；保持足够的可变现资产、合理安排资产的期限组合；定期开展流动性压力测试，做好流动性风险防范及预警工作。

4.5.3.3　市场风险管理

公司制定并不断完善与总体业务发展战略、管理能力、资本实力和能够承担的总体风险水平相一致的市场风险管理原则和程序，对相关业务和产品中的市场风险因素进行分解和分析，及时准确地识别业务中市场风险的类别和性质，通过多种途径进行市场风险的管理。

4.5.3.4　操作风险管理

公司通过合理的组织架构和岗位设置，优化业务操作流程，加强规章制度建设，通过专业知识培训，不断提高员工素质和专业知识水平，积极推进系统化建设，将流程嵌入操作系统中，最大限度地减少人工干预，通过制定应急预案等措施有效地控制操作风险，主动防范并大大降低操作风险。

4.5.3.5　其他风险管理

对于政策风险，公司及时跟踪研究国家宏观政策和行业政策的调整与变化，动态分析宏观政策和监管政策的变动趋势，保持公司经营策略与国家政策的一致性。

对于法律合规风险，公司对要开展的业务按照相关监管规章，严格进行合规性审查，坚持遵纪守法的经营方针和经营宗旨。

4.6　社会责任

4.6.1　坚持合规自律，依法规范经营

报告期内，公司严格遵守各项法律法规，认真落实监管要求；履行信息披露义务；自觉履行纳税义务，依法及时足额纳税；恪守社会公德和商业道德，遵守信托行业自律有关规定；履行反洗钱义务，自觉维护国家金融秩序和金融安全；秉承“受人之托、代人理财”的契约精神，忠实履行受托责任。

4.6.2　积极响应国家宏观政策，服务实体经济

公司把服务实体经济作为转型发展的立身之本、发展之源，不断完善业务发展规划和市场策略，充分发挥信托善于整合多种金融工具、灵活设计交易结构等优势，着力满足新时期实体经济多样化、深层次的发展需求。

4.6.3　利用专业优势，积极支持公益事业

公司热心参与社会公益事业，积极开展捐款赈灾、捐资助学及扶危济困等公益活动，成立慈善信托，促进经济社会和谐发展。

4.6.4　推广私人财富专业理财知识，提升信托专业服务水平

公司组织开展了“金融知识进万家”系列消保活动，全力打造投资者信任品牌,采取了现场厅堂"微沙龙"宣传、举办讲座、制作知识折页、现场咨询服务、微信公众宣传及录制说唱等多种形式,向广大金融消费者、投资者、网民普及基础金融知识和风险防范技能,引导投资者了解信托、理性投资。

4.6.5 勤勉尽责,维护投资者和受托人的利益最大化

公司持续健全消费者权益保护制度,深化消保理念,严格筛选交易对手,加强营销过程管理,全面提升服务水平,切实保护消费者合法权益。2020 年,公司按期、足额清算信托项目,确保了投资安全及受益人利益最大化。

4.6.6 保护股东权益,促进国有资产保值增值

报告期内,公司母公司实现净利润 8.03 亿元,国有资产资保值增值率为 111.33%。

5. 报告期末及上一年度末的比较式会计报表

5.1 固有资产

5.1.1 会计师事务所审计意见全文

审 计 报 告

天职业字〔2021〕17033 号

华鑫国际信托有限公司全体股东:

一、审计意见

我们审计了后附的华鑫国际信托有限公司(以下简称华鑫信托公司)财务报表,包括 2020 年 12 月 31 日的合并及母公司资产负债表,2019 年度的合并及母公司利润表、合并及母公司现金流量表、合并及母公司所有者权益变动表,以及相关财务报表附注。

我们认为,后附的财务报表在所有重大方面按照企业会计准则的规定编制,公允反映了华鑫信托公司 2020 年 12 月 31 日的合并及母公司财务状况及 2020 年度的合并及母公司经营成果和现金流量。

二、形成审计意见的基础

我们按照中国注册会计师审计准则的规定执行了审计工作。审计报告的"注册会计师对财务报表审计的责任"部分进一步阐述了我们在这些准则下的责任。按照中国注册会计师职业道德守则,我们独立于华鑫信托公司,并履行了职业道德方面的其他责任。我们相信,我们获取的审计证据是充分的、适当的,为发表审计意见提供了基础。

三、管理层和治理层对财务报表的责任

管理层负责按照企业会计准则的规定编制财务报表,使其实现公允反映,并设计、执行和维护必要的内部控制,以使财务报表不存在由于舞弊或错误导致的重大错报。

在编制财务报表时,管理层负责评估华鑫信托公司的持续经营能力,披露与持续经营相关的事项(如适用),并运用持续经营假设,除非计划进行清算、终止营运或别无其他现实的选择。

治理层负责监督华鑫信托公司的财务报告过程。

四、注册会计师对财务报表审计的责任

我们的目标是对财务报表整体是否不存在由于舞弊或错误导致的重大错报获取合理保证,并出具包含审计意见的审计报告。合理保证是高水平的保证,但并不能保证按照审计准则执行的审计在某一重大错报存在时总能发现。错报可能由于舞弊或错误导致,如果合理预期错报单独或汇总起来可能影响财务报表使用者依据财务报表作出的经济决策,则通常认为错报是重大的。

在按照审计准则执行审计工作的过程中,我们运用职业判断,并保持职业怀疑。同时,我们也执行以下工作:

(1)识别和评估由于舞弊或错误导致的财务报表重大错报风险,设计和实施审计程序以应对这些风险,并获取充分、适当的审计证据,作为发表审计意见的基础。由于舞弊可能涉及串通、伪造、故意遗漏、虚假陈述或凌驾于内部控制之上,未能发现由于舞弊导致的重大错报的风险高于未能发现由于错误导致的重大错报的风险。

(2)了解与审计相关的内部控制,以设计恰当的审计程序,但目的并非对内部控制的有效性发表意见。

(3)评价管理层选用会计政策的恰当性和作出会计估计及相关披露的合理性。

(4)对管理层使用持续经营假设的恰当性得出结论。同时,根据获取的审计证据,就可能导致对华鑫信托公司持续经营能力产生重大疑虑的事项或情况是否存在重大不确定性得出结论。如果我们得出结论认为存在重大不确定性,审计准则要求我们在审计报告中提请报表使用者注意财务报表中的相关披露;如果披露不充分,我们应当发表非无保留意见。我们的结论基于截至审计报告日可获得的信息。然而,未来的事项或情况可能导致华鑫信托公司不能持续经营。

(5)评价财务报表的总体列报、结构和内容,并评价财务报表是否公允反映相关交易和事项。

(6)就华鑫信托公司中实体或业务活动的财务信息获取充分、适当的审计证据,以对财务报表发表审计意见。我们负责指导、监督和执行集团审计,并对审计意见承担全部责任。

我们与治理层就计划的审计范围、时间安排和重大审计发现等事项进行沟通,包括沟通我们在审计中识别出的值得关注的内部控制缺陷。

中国·北京　二〇二一年四月二十日

中国注册会计师:

中国注册会计师:

5.1.2 资产负债表

资产负债表（合并）

编制单位：华鑫国际信托有限公司　　2020 年 12 月 31 日　　单位：万元

资　　产	期末余额	年初余额	负债和所有者权益	期末余额	年初余额
资产：			负债：		
现金	—	—	应付账款	471.76	324.19
存放同业款项	4 229.85	16 562.92	应付职工薪酬	7 472.52	6 840.37
交易性金融资产	507 065.51	54 383.12	应交税费	21 381.57	16 286.65
预付账款	280.14	194.80	应付股利	49 784.58	49 784.58
应收账款	10 574.31	22 197.28	预计负债	14 300.00	11 484.50
应收利息	—	1 891.12	递延所得税负债	847.13	22.87
发放贷款和垫款	—	—	其他应付款	67 008.08	74 088.52
可供出售金融资产	579 155.58	557 995.72	其他流动负债	4 372.28	4 372.28
持有至到期投资	—	—	其他非流动负债	125 887.38	38 514.66
抵债资产	2 851.85	2 851.85	负债合计	291 525.32	201 718.62
长期股权投资	—	—	所有者权益		
固定资产原值	1 477.74	1 170.63	实收资本（或股本）	582 484.04	357 484.04
累计折旧	842.95	863.14	资本公积	142 515.96	142 515.96
固定资产净值	634.79	307.49	其他综合收益	505.84	-2 107.33
无形资产	730.28	780.36	盈余公积	51 206.28	43 171.46
递延所得税资产	22 963.67	16 953.34	一般风险准备	41 693.29	32 875.43
其他应收款	66 853.50	133 173.11	未分配利润	94 548.73	31 632.94
其他流动资产	9 140.00	—	归属于母公司所有者权益合计	912 954.15	605 572.50
			*少数股东权益	—	—
			所有者权益合计	912 954.15	605 572.50
资产总计	1 204 479.47	807 291.12	负债和所有者权益总计	1 204 479.47	807 291.12

资产负债表（母公司）

编制单位：华鑫国际信托有限公司　　2020 年 12 月 31 日　　单位：万元

资　　产	期末余额	年初余额	负债和所有者权益	期末余额	年初余额
资产：			负债：		
现金	—	—	交易性金融负债	—	—
存放同业款项	1 349.01	12 979.41	预收账款	—	—
交易性金融资产	498 370.62	40 649.47	应付职工薪酬	7 472.52	6 840.37
预付账款	280.14	194.80	应交税费	21 198.05	16 286.65
应收账款	10 642.80	22 197.28	应付股利	49 784.58	49 784.58
应收利息	—	1 891.12	预计负债	14 300.00	11 484.50
发放贷款和垫款	—	—	递延所得税负债	847.13	22.87
可供出售金融资产	488 859.83	572 895.72	其他应付款	67 008.08	74 088.52
持有至到期投资	—	—	其他非流动负债	30 000.00	30 000.00
抵债资产	2 851.85	2 851.85	负债合计	190 610.36	188 507.49
长期股权投资	—	—	所有者权益		
固定资产原值	1 477.74	1 170.63	实收资本（或股本）	582 484.04	357 484.04
累计折旧	842.95	863.14	资本公积	142 515.96	142 515.96
固定资产净值	634.79	307.49	其他综合收益	-11 755.91	-2 107.33
无形资产	730.28	780.36	盈余公积	51 206.28	43 171.46
递延所得税资产	22 963.67	16 953.34	一般风险准备	41 693.29	32 875.43
其他应收款	66 853.50	133 173.11	未分配利润	105 922.46	42 426.90
其他流动资产	9 140.00	—	所有者权益合计	912 066.13	616 366.46
资产总计	1 102 676.49	804 873.95	负债和所有者权益总计	1 102 676.49	804 873.95

5.1.3 利润表

利润表(合并)

编制单位:华鑫国际信托有限公司　　2020年度　　单位:万元

项目	本年数	上年数
一、营业收入	167 712. 17	126 593. 64
利息净收入	1 886. 15	2 186. 93
利息收入	1 979. 02	2 196. 04
利息支出	92. 87	9. 11
手续费及佣金净收入	118 373. 10	92 751. 25
手续费及佣金收入	120 600. 52	96 572. 24
手续费及佣金支出	2 227. 42	3 820. 99
投资收益(损失以"－"号填列)	44 866. 65	33 254. 03
公允价值变动收益(损益)(损失以"－"号填列)	1 583. 56	－1 598. 58
其他业务收入	—	—
其他收益	1 002. 71	—
二、营业支出	54 384. 37	42 764. 11
营业税金及附加	1 058. 46	758. 16
业务及管理费	39 336. 79	32 653. 48
资产减值损失	13 989. 13	9 352. 47
其他业务成本	—	—
三、营业利润(亏损以"－"号填列)	113 327. 80	83 829. 52
加:营业外收入	111. 50	494. 78
减:营业外支出	59. 10	50. 18
四、利润总额(亏损总额以"－"号填列)	113 380. 19	84 274. 13
减:所得税费用	33 611. 71	20 551. 26
五、净利润(净亏损以"－"号填列)	79 768. 48	63 722. 86
归属于母公司所有者的净利润	79 768. 48	63 722. 86
* 少数股东损益	—	—

利润表(母公司)

编制单位:华鑫国际信托有限公司　　2020年度　　单位:万元

项目	本年数	上年数
一、营业收入	166 826. 50	128 197. 28
利息净收入	1 868. 66	2 180. 58
利息收入	1 961. 53	2 189. 69
利息支出	92. 87	9. 11
手续费及佣金净收入	118 909. 92	92 751. 25
手续费及佣金收入	121 137. 34	96 572. 24
手续费及佣金支出	2 227. 42	3 820. 99
投资收益(损失以"－"号填列)	41 510. 14	33 175. 41
公允价值变动收益(损益)(损失以"－"号填列)	3 535. 06	90. 04
其他业务收入	—	—
其他收益	1 002. 71	—
二、营业支出	52 809. 31	42 531. 92
营业税金及附加	1 020. 30	758. 16
业务及管理费	37 799. 88	32 421. 29
资产减值损失	13 989. 13	9 352. 47
其他业务成本	—	—
三、营业利润(亏损以"－"号填列)	114 017. 19	85 665. 37
加:营业外收入	1. 87	362. 10
减:营业外支出	59. 10	50. 18
四、利润总额(亏损总额以"－"号填列)	113 959. 96	85 977. 28
减:所得税费用	33 611. 71	20 551. 26
五、净利润(净亏损以"－"号填列)	80 348. 25	65 426. 02

5.1.4　所有者权益变动表

所有者权益变动表(合并)

编制单位:华鑫国际信托有限公司　　2020 年度　　单位:万元

项　目	本年金额						
	归属于母公司所有者权益						所有者权益合计
	实收资本	资本公积	其他综合收益	盈余公积	一般风险准备	未分配利润	
栏次	1	2	3	4	5	6	7
一、上年年末余额	357 484. 04	142 515. 96	−2 107. 33	43 171. 46	32 875. 43	42 426. 90	616 366. 46
加:会计政策变更	—	—	—	—	—	—	—
前期差错更正	—	—	—	—	—	−10 793. 96	−10 793. 96
其他	—	—	—	—	—	—	—
二、本年年初余额	357 484. 04	142 515. 96	−2 107. 33	43 171. 46	32 875. 43	31 632. 94	605 572. 50
三、本年增减变动金额(减少以“−”号填列)	—	—	2 613. 17	8 034. 82	8 817. 86	62 915. 79	82 381. 65
(一)净利润	—	—	—	—	—	79 768. 48	79 768. 48
(二)其他综合收益	—	—	2 613. 17	—	—	—	2 613. 17
综合收益小计	—	—	2 613. 17	—	—	79 768. 48	82 381. 65
(三)所有者投入和减少资本	225 000. 00	—	—	—	—	—	225 000. 00
1. 所有者投入资本	225 000. 00	—	—	—	—	—	225 000. 00
2. 股份支付计入所有者权益的金额	—	—	—	—	—	—	—
3. 对所有者的分配	—	—	—	—	—	—	—
(四)专项储备提取和使用	—	—	—	—	—	—	—
(五)利润分配	—	—	—	8 034. 82	8 817. 86	−16 852. 69	—
1. 提取盈余公积	—	—	—	8 034. 82	—	−8 034. 82	—
其中:法定盈余公积	—	—	—	8 034. 82	—	−8 034. 82	—
任意盈余公积	—	—	—	—	—	—	—
2. 提取一般风险准备	—	—	—	—	8 817. 86	−8 817. 86	—
四、本年年末余额	582 484. 04	142 515. 96	505. 84	51 206. 28	41 693. 29	94 548. 73	912 954. 15

所有者权益变动表(合并)(续)

编制单位:华鑫国际信托有限公司　　2020 年度　　单位:万元

项　目	上年金额						
	归属于母公司所有者权益						所有者权益合计
	实收资本	资本公积	其他综合收益	盈余公积	一般风险准备	未分配利润	
栏次	1	2	3	4	5	6	7
一、上年年末余额	357 484. 04	142 515. 96	−9 989. 85	36 628. 86	29 484. 66	97 588. 03	653 711. 70
加:会计政策变更	—	—	—	—	—	—	—
前期差错更正	—	—	—	—	—	−9 090. 80	−9 090. 80
其他	—	—	—	—	—	—	—
二、本年年初余额	357 484. 04	142 515. 96	−9 989. 85	36 628. 86	29 484. 66	88 497. 23	644 620. 90
三、本年增减变动金额(减少以“−”号填列)	—	—	7 882. 52	6 542. 60	3 390. 77	−56 864. 29	−39 048. 39
(一)净利润	—	—	—	—	—	63 722. 86	63 722. 86
(二)其他综合收益	—	—	7 882. 52	—	—	—	7 882. 52
综合收益小计	—	—	7 882. 52	—	—	63 722. 86	71 605. 38
(三)所有者投入和减少资本	—	—	—	—	—	—	—
1. 所有者投入资本	—	—	—	—	—	—	—
2. 股份支付计入所有者权益的金额	—	—	—	—	—	—	—
3. 对所有者的分配	—	—	—	—	—	−110 653. 78	−110 653. 78
(四)专项储备提取和使用	—	—	—	—	—	—	—
(五)利润分配	—	—	—	6 542. 60	3 390. 77	−9 933. 37	—
1. 提取盈余公积	—	—	—	6 542. 60	—	−6 542. 60	—
其中:法定盈余公积	—	—	—	6 542. 60	—	−6 542. 60	—
任意盈余公积	—	—	—	—	—	—	—
2. 提取一般风险准备	—	—	—	—	3 390. 77	−3 390. 77	—
四、本年年末余额	357 484. 04	142 515. 96	−2 107. 33	43 171. 46	32 875. 43	31 632. 94	605 572. 50

所有者权益变动表(母公司)

编制单位:华鑫国际信托有限公司　　2020年度　　单位:万元

项目	本年金额						
	归属于母公司所有者权益						所有者权益合计
	实收资本	资本公积	其他综合收益	盈余公积	一般风险准备	未分配利润	
栏次	1	2	3	4	5	6	7
一、上年年末余额	357 484.04	142 515.96	−2 107.33	43 171.46	32 875.43	42 426.90	616 366.46
加:会计政策变更	—	—	—	—	—	—	—
前期差错更正	—	—	—	—	—	—	—
其他	—	—	—	—	—	—	—
二、本年年初余额	357 484.04	142 515.96	−2 107.33	43 171.46	32 875.43	42 426.90	616 366.46
三、本年增减变动金额(减少以"−"号填列)	—	—	−9 648.58	8 034.82	8 817.86	63 495.56	70 699.67
(一)净利润	—	—	—	—	—	80 348.25	80 348.25
(二)其他综合收益	—	—	−9 648.58	—	—	—	−9 648.58
综合收益小计	—	—	−9 648.58	—	—	80 348.25	70 699.67
(三)所有者投入和减少资本	225 000.00	—	—	—	—	—	225 000.00
1. 所有者投入资本	225 000.00	—	—	—	—	—	225 000.00
2. 股份支付计入所有者权益的金额	—	—	—	—	—	—	—
3. 对所有者的分配	—	—	—	—	—	—	—
(四)专项储备提取和使用	—	—	—	—	—	—	—
(五)利润分配	—	—	—	8 034.82	8 817.86	−16 852.69	—
1. 提取盈余公积	—	—	—	8 034.82	—	−8 034.82	—
其中:法定盈余公积	—	—	—	8 034.82	—	−8 034.82	—
任意盈余公积	—	—	—	—	—	—	—
2. 提取一般风险准备	—	—	—	—	8 817.86	−8 817.86	—
四、本年年末余额	582 484.04	142 515.96	−11 755.91	51 206.28	41 693.29	105 922.46	912 066.13

所有者权益变动表(母公司)(续)

编制单位:华鑫国际信托有限公司　　2020年度　　单位:万元

项目	上年金额						
	归属于母公司所有者权益						所有者权益合计
	实收资本	资本公积	其他综合收益	盈余公积	一般风险准备	未分配利润	
栏次	1	2	3	4	5	6	7
一、上年年末余额	357 484.04	142 515.96	−9 989.85	36 628.86	29 484.66	97 588.03	653 711.70
加:会计政策变更	—	—	—	—	—	—	—
前期差错更正	—	—	—	—	—	—	—
其他	—	—	—	—	—	—	—
二、本年年初余额	357 484.04	142 515.96	−9 989.85	36 628.86	29 484.66	97 588.03	653 711.70
三、本年增减变动金额(减少以"−"号填列)	—	—	7 882.52	6 542.60	3 390.77	−55 161.13	−37 345.24
(一)净利润	—	—	—	—	—	65 426.02	65 426.02
(二)其他综合收益	—	—	7 882.52	—	—	—	7 882.52
综合收益小计	—	—	7 882.52	—	—	65 426.02	73 308.54
(三)所有者投入和减少资本	—	—	—	—	—	—	—
1. 所有者投入资本	—	—	—	—	—	—	—
2. 股份支付计入所有者权益的金额	—	—	—	—	—	—	—
3. 对所有者的分配	—	—	—	—	—	−110 653.78	−110 653.78
(四)专项储备提取和使用	—	—	—	—	—	—	—
(五)利润分配	—	—	—	6 542.60	3 390.77	−9 933.37	—
1. 提取盈余公积	—	—	—	6 542.60	—	−6 542.60	—
其中:法定盈余公积	—	—	—	6 542.60	—	−6 542.60	—
任意盈余公积	—	—	—	—	—	—	—
2. 提取一般风险准备	—	—	—	—	3 390.77	−3 390.77	—
四、本年年末余额	357 484.04	142 515.96	−2 107.33	43 171.46	32 875.43	42 426.90	616 366.46

5.2 信托资产

5.2.1 信托项目资产负债汇总表

信托项目资产负债汇总表

编制单位：华鑫国际信托有限公司　　2020 年 12 月 31 日　　单位：万元

信托资产	期末余额	年初余额	信托负债和信托权益	期末余额	年初余额
信托资产			信托负债		
货币资金	220 089. 84	331 313. 14	交易性金融负债	—	—
拆出资金	—	—	衍生金融负债	—	—
存出保证金	—	—	应付受托人报酬	22 386. 87	20 595. 97
交易性金融资产	2 609 071. 16	2 373 860. 38	应付托管费	2 830. 71	4 220. 51
衍生金融资产	—	—	应付受益人收益	710. 14	24 047. 73
买入返售金融资产	40 910. 19	53 853. 47	应交税费	13 651. 36	14 258. 00
应收款项	19 684. 60	5 731. 22	应付销售服务费	465. 24	243. 42
发放贷款	8 232 473. 06	11 404 572. 38	其他应付款项	419 903. 00	3[illegible]5 212. 04
可供出售金融资产	772 472. 09	378 123. 32	预计负债	—	—
持有至到期投资	11 134 928. 92	10 217 104. 50	其他负债	—	—
长期应收款	—	—	信托负债合计	459 947. 32	[illegible]3 577. 67
长期股权投资	1 548 958. 00	1 443 051. 29			
投资性房地产	—	—	信托权益	—	—
固定资产	—	—	实收信托	24 365 954. 16	2[illegible]5 719. 19
无形资产	—	—	资本公积	64 940. 87	[illegible]2 901. 52
长期待摊费用	—	—	损益平准金	—	—
其他资产	—	—	未分配利润	-312 254. 49	-[illegible] 588. 68
减：各项资产减值准备	—	—	信托权益合计	24 118 640. 54	2[illegible] 032. 03
信托资产总计	24 578 587. 86	26 207 609. 70	信托负债和信托权益总计	24 578 587. 86	2[illegible] 609. 70

5.2.2 信托项目利润及利润分配汇总表

信托项目利润及利润分配汇总表

编制单位：华鑫国际信托有限公司　　2020 年度　　单位：万元

项　　目	本年金额	上年金额
1. 营业收入	2 468 798. 11	2 064 169. 92
1.1 利息收入	651 375. 53	831 224. 22
1.2 投资收益（损失以“-”号填列）	1 059 724. 05	694 290. 33
1.2.1 其中：对联营企业和合营企业的投资收益	—	—
1.3 公允价值变动收益（损失以“-”号填列）	640 690. 29	414 692. 54
1.4 租赁收入	—	—
1.5 汇兑损益（损失以“-”号填列）	—	—
1.6 其他收入	117 008. 24	123 962. 83
2. 支出	246 681. 55	215 869. 27
2.1 营业税金及附加	5 656. 73	5 948. 07
2.2 受托人报酬	116 219. 79	101 548. 66
2.3 托管费	9 219. 65	11 202. 52
2.4 投资管理费	800. 45	1 205. 43
2.5 销售服务费	68 650. 31	34 862. 73
2.6 交易费用	1 797. 91	1 335. 27
2.7 资产减值损失	—	—
2.8 其他费用	44 336. 71	59 766. 59

续表

项　　目	本年金额	上年金额
3. 信托净利润（净亏损以“-”号填列）	2 222 116. 5[illegible]	1 848 300. 65
4. 其他综合收益	—	—
5. 综合收益	2 222 116. 56	1 848 300. 65
6. 加：期初未分配信托利润	-1 280 588. 68	-1 622 012. 00
7. 可供分配的信托利润	941 527. 89	226 288. 66
8. 减：本期已分配信托利润	1 253 782. 38	506 877. 34
9. 期末未分配信托利润	-312 254. 49	-[illegible]280 588. 68

6. 会计报表附注

6.1 简要说明报告年度会计报表编制基准

公司根据实际发生的交易和事项，按照财政部颁布的《企业会计准则——基本准则》和陆续颁布的各项具体会计准则、企业会计准则应用指南、企业会计准则解释及其他相关规定进行确认和计量，在此基础上编制财务报表。

6.2 重要会计政策、会计估计和核算方法的说明

报告期内，公司无重要会计政策、会计估计和核算方法的变化。

6.3 或有事项说明

报告期内,公司无对外担保和其他或有事项。

6.4 重要资产转让及其出售的说明

报告期内,公司无重要资产转让及出售。

6.5 会计报表中重要项目的明细资料

6.5.1 披露固有资产经营情况

6.5.1.1 按信用风险五级分类结果披露信用风险资产的期初数、期末数

信用风险资产五级分类	正常类（万元）	关注类（万元）	次级类（万元）	可疑类（万元）	损失类（万元）	信用风险资产合计（万元）	不良资产合计（万元）	不良资产率（%）
期初数	804 873.95	—	—	—	—	804 873.95	—	—
期末数	1 102 676.49	—	—	—	—	1 102 676.49	—	—

注:不良资产合计 = 次级类 + 可疑类 + 损失类。

6.5.1.2 各项资产减值损失准备的期初数、本期计提、本期转回、本期核销、期末数

单位:万元

项目	期初数	本期计提	本期转回	本期核销	期末数
贷款损失准备	4 953.91	290.00	—	—	4 663.91
一般准备	—	—	—	—	—
专项准备	4 953.91	290.00	—	—	4 663.91
可供出售金融资产减值准备	58 977.19	11 579.26	115.64	—	70 440.81
持有至到期投资减值准备	—	—	—	—	—
应收款项坏账准备	1 122.04	—	—	—	1 122.04
抵债资产减值准备	—	—	—	—	—

6.5.1.3 按照投资品种分类,披露固有业务股票投资、基金投资、债券投资、股权投资等投资业务

单位:万元

项目	股票	基金	债券	长期股权投资	其他投资	合计
期初数	18 481.75	97 360.88	101 525.20	—	457 872.82	675 240.65
期末数	18 372.05	117 655.32	180 933.83	—	766 800.00	1 083 761.20

6.5.1.4 按照投资入股金额排序,披露前五名的固有长期股权投资情况

本报告期内,公司无长期股权投资业务。

6.5.1.5 固有贷款的企业名称、占贷款总额的比例和还款情况

企业名称	占贷款总额的比例（%）	还款情况（万元）
宁夏玉成置业有限公司	100.00	逾期

6.5.1.6 表外业务的期初数、期末数,按照代理业务、担保业务和其他类型分别披露表外业务

本报告期内,公司无表外业务。

6.5.1.7 公司当年的收入结构

收入结构	母公司报表		合并报表	
	金额（万元）	占比（%）	金额（万元）	占比（%）
手续费及佣金收入	121 137.34	71.62	120 600.52	70.93
其中:信托手续费收入	121 137.34	71.62	121 137.34	71.24
利息收入	1 961.53	1.16	1 979.02	1.16
投资收益	41 510.14	24.54	44 866.65	26.39
其中:证券投资收益	9 309.09	5.50	9 309.09	5.47
其他投资收益	32 201.05	19.04	35 557.56	20.91
公允价值变动收益	3 535.06	2.09	1 583.56	0.93
其他收益	1 002.71	0.59	1 002.71	0.59
收入合计	169 146.78	100.00	170 032.46	100.00

6.5.2 披露信托财产管理情况

6.5.2.1 信托资产的期初数、期末数

单位:万元

信托资产	期初数	期末数
集合	12 186 874.82	13 090 137.10
单一	13 493 482.56	10 171 855.90
财产权	527 252.32	1 316 594.86
合计	26 207 609.70	24 578 587.86

6.5.2.1.1 主动管理型信托业务期初数、期末数

单位:万元

主动管理型信托资产	期初数	期末数
证券投资类	1 599 992.52	2 075 727.24
股权投资类	323 048.14	862 498.39
融资类	7 774 294.36	8 812 778.37
事务管理类	—	—
合计	9 697 335.02	11 751 004.01

6.5.2.1.2 被动管理型信托业务期初数、期末数

单位:万元

被动管理型信托资产	期初数	期末数
证券投资类	1 093 545.69	441 148.69
股权投资类	2 440 493.24	2 163 582.53
融资类	5 422 035.34	1 981 938.45
事务管理类	7 554 200.41	8 240 914.19
合计	16 510 274.68	12 827 583.85

6.5.2.2 本年度已清算结束的信托项目个数、实收信托合计金额、加权平均实际年化收益率

6.5.2.2.1 本年度已清算结束的集合类、单一类资金信托项目和财产管理类信托项目个数、实收信托合计金额、加权平均实际年化收益率

已清算结束的信托项目	项目个数（个）	实收信托合计金额（万元）	加权平均实际年化收益率（%）
集合类	122	5 172 091.52	3.75
单一类	96	4 356 829.07	4.15
财产管理类	10	184 367.00	6.32

6.5.2.2.2　本年度已清算结束的主动管理型信托项目个数、实收信托合计金额、加权平均实际年化收益率

已清算结束的信托项目	项目个数（个）	实收信托合计金额（万元）	加权平均实际年化收益率（%）	加权平均年化报酬率（%）
证券投资类	7	856 351.38	5.41	0.24
股权投资类	8	135 539.87	5.66	0.18
融资类	66	3 482 623.88	6.27	0.71
事务管理类	—	—	—	—

注：加权平均实际年化收益率 =（信托项目 1 的实际年化收益率 × 信托项目 1 的实收信托 +…+ 信托项目 n 的实际年化收益率 × 信托项目 n 的实收信托）/（信托项目 1 的实收信托 +…+ 信托项目 n 的实收信托）×100%。

6.5.2.2.3　本年度已清算结束的被动管理型信托项目个数、实收信托合计金额、加权平均实际年化收益率、加权平均年化报酬率，分证券投资类、股权投资类、融资类、事务类分别披露

已清算结束的信托项目	项目个数（个）	实收信托合计金额（万元）	加权平均实际年化收益率（%）	加权平均年化报酬率（%）
证券投资类	32	856 992.71	−12.32	0.35
股权投资类	5	32 688.13	4.85	0.14
融资类	39	1 340 817.67	5.87	0.18
事务管理类	71	3 008 273.94	4.90	0.21

6.5.2.3　本年度新增的集合类、单一类、财产管理类信托项目个数、实收信托合计金额

新增信托项目	项目个数（个）	实收信托合计金额（万元）
集合类	188	8 571 011.26
单一类	85	2 774 856.21
财产管理类	8	1 058 446.00
新增合计	281	12 404 313.47
其中：主动管理型	202	8 218 115.34
被动管理型	79	4 186 198.13

6.5.2.4　信托业务创新成果和特色业务有关情况

报告期内，公司先后获批固有股权投资业务资格和受托境外理财业务（QDII）资格，并获得 QDII 投资额度 1 亿美元。先后落地了具有市场独创意义的资产支持专项计划；股权投资领域，完成了公司首笔 PE 投资；落地了公司第一单永续债；落地了公司第一单 ABN 项目，公司首次进入主流的银行间债券市场。

6.5.2.5　本公司履行受托人义务情况及因本公司自身责任而导致的信托资产损失情况

报告期内，公司未发生因自身责任而导致的信托资产损失情况。

6.5.2.6　信托赔偿准备金的提取、使用和管理情况

根据本公司章程及《资产风险分类管理办法》等规定，提取净利润的 5% 作为信托赔偿准备金，在累计总额达到公司注册资本的 20% 时，可不再提取；按期末风险资产的 1.5% 计提一般风险准备金。

6.6　关联方关系及其交易的披露

6.6.1　关联交易方的数量、关联交易的总金额及关联交易的定价政策

项目	关联交易方数量	关联交易金额（万元）	定价政策
合计	102	1 093 368.61	以市场交易价格为依据

6.6.2　关联交易方与本公司的关联关系、关联交易方的名称、法定代表人、注册地址、注册资本及主营业务等

关联关系	关联方名称	法定代表人	注册地址	注册资本（亿元）	主营业务
公司股东	中国华电集团财务有限公司	郝　彬	北京市西城区宣武门内大街 2 号 B 座 10 层	50	对成员单位办理财务和融资、担保、结算等；从事同业拆借；对金融机构的股权投资；中国银行业监督管理委员会批准的其他业务等。

6.6.3　本公司与关联方的重大交易事项

6.6.3.1　固有财产与关联方交易情况

无。

6.6.3.2　信托资产与关联方：贷款、投资、租赁、应收账款、担保、其他方式等期初汇总数、本期发生汇总额、期末汇总数

单位：万元

信托资产与关联方关联交易				
项目	期初数	借方发生额	贷方发生额	期末数
贷款	67 426.89	215 249.00	6 436.00	276 239.89
投资	—	—	—	—
租赁	—	—	—	—
担保	—	—	—	—
应收账款	—	—	—	—
其他	—	7 700.00	—	7 700.00
合计	67 426.89	222 949.00	6 436.00	283 939.89

6.6.3.3　信托公司自有资金运用于自己管理的信托项目（固信交易）、信托公司管理的信托项目之间的相互（信信交易）交易金额，包括余额和本报告年度的发生额

6.6.3.3.1　固有财产与信托财产之间的交易金额期初汇总数、本期发生额汇总数、期末汇总数

单位：万元

固有财产与信托财产相互交易			
项目	期初数	本期发生额	期末数
合计	326 983.14	275 058.45	[illegible]2 041.59

6.6.3.3.2　信托资产与信托财产之间的交易金额期初汇总数、本期发生额汇总数、期末汇总数

单位：万元

信托资产与信托财产相互交易			
项目	期初数	本期发生额	期末数
合计	68 795.45	138 591.68	20[illegible] 387.13

6.6.4　逐笔披露关联方逾期未偿还本公司资金的详细情况及本公司为关联方担保发生或即将发生垫款的详细情况

本报告期，公司无上述事项发生。

6.7 会计制度的披露

本公司固有业务和信托业务均执行财政部2006年颁布的《企业会计准则》和陆续颁布的各项具体会计准则、企业会计准则应用指南、企业会计准则解释及其他相关规定。

7. 财务情况说明书

7.1 利润实现和利润分配情况

本报告期,公司母公司报表实现利润总额113 960万元,净利润为80 348万元;合并报表实现利润总额113 380万元,归母净利润为79 768万元。

根据《中华人民共和国公司法》《信托公司管理办法》及《金融企业呆账准备提取管理办法》等规定,2020年度利润分配如下:按净利润的10%提取法定盈余公积金8 035万元;按净利润的5%,提取信托赔偿准备金4 017万元;按风险资产余额的1.5%,提取一般风险准备4 800万元。

7.2 主要财务指标

指标名称	指标值(母公司)	指标值(合并报表)
资本利润率(%)	12.29	12.22
加权年化信托报酬率(%)	0.46	0.46
人均净利润(万元)	397.76	394.89

注:1. 资本利润率=净利润/所有者权益期初期末平均金额×100%。
2. 加权年化信托报酬率=(信托项目1的年化信托报酬率×信托项目1的实收信托+…+信托项目n的年化信托报酬率×信托项目n的实收信托)/(信托项目1的实收信托+…+信托项目n的实收信托)×100%。
3. 人均净利润=净利润/期初期末平均人数。

7.3 净资本和风险资本情况

项目	期初数	期末数
净资本(万元)	487 608.65	746 636.29
风险资本(万元)	344 168.74	360 430.64
净资本/风险资本(%)	141.68	207.15
净资本/净资产(%)	79.11	81.86

报告期内,公司净资本及各项比例符合监督管理要求。

7.4 对本公司财务状况、经营成果有重大影响的其他事项

报告期内,公司未发生对财务状况、经营成果有重大影响的其他事项。

8. 特别事项揭示

8.1 前五名股东报告期内变动情况及原因

报告期内,公司无上述事项。

8.2 董事、监事及高级管理人员变动情况及原因

根据工作需要,按照股东方提名并经公司股东会选举、北京银保监局核准,江涛担任公司非独立董事。因工作原因,华淑蕊不再担任公司董事;吉学斌不再担任公司副总经理。

8.3 变更注册资本、注册地或公司名称及公司分立合并事项

经股东方同意并报北京银保监局批准,公司注册资本由357 484.042031万元增至582 484.042031万元;住所由北京市西城区宣武门内大街2号华电大厦B座11层变更为北京市西城区新华里16号院2号楼102号、202号、302号。

8.4 公司的重大诉讼事项

报告期内,公司无上述事项。

8.5 公司及其董事、监事和高级管理人员受到处罚的情况

报告期内,公司无上述事项。

8.6 对中国银保监会及其派出机构所提监管意见的整改情况

报告期内,公司无上述事项。

8.7 本年度重大事项常规及临时报告的简要内容、披露时间、所披露的媒体及其版面

2020年4月29日,在《金融时报》第22版披露《华鑫国际信托有限公司年度报告摘要》。

2020年12月15日,在《金融时报》第7版披露变更金融许可证信息的公告。

2020年12月31日,在《金融时报》第2版披露变更住所(同城迁址)和增加注册资本的公告。

8.8 中国银保监会及其省级派出机构认定的其他有必要让客户及相关利益人了解的重要信息

报告期内,公司无上述事项。

9. 公司监事会意见

报告期内,公司监事会认为,公司决策程序合法,内部控制制度完善,未发现董事、经理和其他高级管理人员在执行职务时有违法、违纪及有损公司和股东利益的行为。财务报告真实地反映了公司的财务状况和经营成果。

吉林省信托有限责任公司

1. 重要提示

1.1 公司董事会及董事保证本报告所载资料不存在任何虚假记载、误导性陈述或者重大遗漏，并对其内容的真实性、准确性和完整性承担个别及连带责任。

1.2 公司独立董事声明本年度报告内容真实、准确和完整。

1.3 公司主要负责人、主管会计工作负责人张洪东、会计机构负责人常青慧声明：保证年度报告中财务会计报告的真实、完整。

2. 公司概况

2.1 公司简介

2.1.1 公司概况

公司前身为吉林省经济开发公司，成立于1985年，2002年3月1日经中国人民银行总行《关于吉林省信托投资公司重新登记有关事项的批复》(银复〔2002〕47号)批准获得重新登记，更名为吉林省信托投资有限责任公司。2009年2月18日，经中国银监会《关于吉林省信托投资有限责任公司变更公司名称和业务范围的批复》(银监复〔2009〕53号)，更名为吉林省信托有限责任公司。金融许可证注册号为K0016H222010001企业法人营业执照注册号为营业执照220000000098284，组织机构代码证编号为12391664-1。截至报告期末，公司注册资本金为15.96亿元(含外汇1 815万美元)，吉林省财政厅代表吉林省政府持股97.496%，其余四名股东吉林省能源交通总公司、吉林炭素集团有限责任公司、吉林粮食集团有限公司、吉林化纤集团有限责任公司各持股0.626%。

2.1.2 公司法定名称

公司法定中文名称：吉林省信托有限责任公司

中文名称缩写：吉林信托

公司法定英文名称：Jilin Province Trust Co. ,Ltd.

英文名称缩写：JPTC

2.1.3 注册地址：吉林省长春市人民大街9889号

2.1.4 邮政编码：130022

2.1.5 国际互联网网址：www. jptic. com. cn

2.1.6 电子信箱：jptic@ jptic. com. cn

2.1.7 负责信息披露事务人：曹轩

联系电话：0431-88993572

传　　真：0431-88993573

电子信箱：1067997349@ qq. com

2.1.8 信息披露报纸：《证券时报》

2.1.9 年度报告备置地点：吉林省长春市人民大街9889号

2.1.10 聘请的会计师事务所：吉林建威会计师事务所(普通合伙)

住所：吉林省长春市汽车经济技术开发区杨柳大街48—22栋1802室

2.1.11 聘请的律师事务所：吉林开晟律师事务所

住所：长春市绿园区普阳街128号晨光国际大厦B座14楼

2.2 组织结构

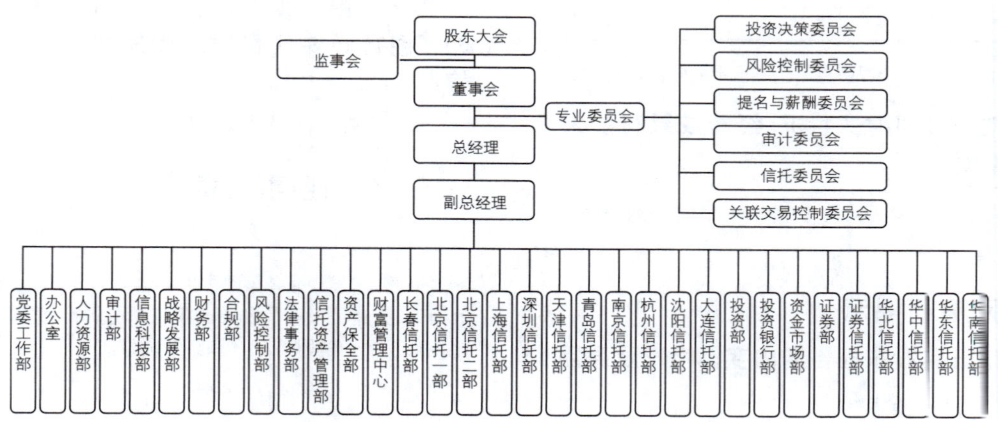

3. 公司治理

3.1 股东

报告期末,公司共有股东五家,最终控制人为吉林省财政厅,持股 10% 以上股份的股东情况如下:

股东名称	持股比例(%)	法定代表人
吉林省财政厅★	97.496	谢忠岩

公司前三位股东情况如下:

股东名称	持股比例(%)	法人代表	注册资本(亿元)	注册地址	主要经营业务及主要财务情况
吉林省财政厅	97.496	谢忠岩			
吉林碳素有限公司	0.626	何晓斌	10	吉林省吉林市和平街 9 号	炭素及石墨制品的研制、开发、加工生产、销售、技术服务、检测服务;计算机软件开发、维护;设备租赁;设计、制作、代理、发布国内各类广告;房屋租赁、场地租赁(经消防审批合格后,方可开展经营活动);期刊发行、批发(由下属分支机构经营,需单独办理营业执照)(依法须经批准的项目,经相关部门批准后方可开展经营活动)。
吉林化纤集团有限责任公司	0.626	宋德武	8.1	吉林省吉林市九站街 516-1 号	国有资产经营:承包境外化纤行业工程及境内国际招标工程;上述境外工程所需的设备、材料出口;对外派遣实施上述境外工程所需的劳务人员。

3.2 董事、董事会及其下属委员会

3.2.1 董事会成员

职务	姓名	性别	年龄(岁)	选任日期	代表股东	该股东持股比例(%)	简要履历
董事	王劲松	男	56	2007 年 12 月 27 日	吉林省财政厅	97.496	曾任吉林省社会科学院软科学所副所长、副研究员,吉林省政府办公厅综合处助理调研员,吉林省委组织部经济干部处助理调研员,吉林省企业工委组织部副部长、调研员,吉林省国资委企业领导人员管理处副处长、调研员,吉林森林工业集团公司董事,通化钢铁集团公司国有股股东代表,吉林省国资委董事会监事会工作处处长,吉林省监事会工作办公室主任;现任吉林省信托有限责任公司党委副书记、董事。
董事	王 平	女	56	2020 年 7 月 14 日	吉林省财政厅	97.496	曾任吉林省财政厅综合处副处长,吉林省财政厅粮食贸易处副处长、处长;现任吉林省信托有限责任公司董事。
董事	张 巍	男	42	2010 年 3 月 19 日	职工董事		曾任天富期货经纪有限公司办公室主任、海口营业部负责人,吉林省信托有限责任公司总经理秘书、办公室副主任,吉林省信托有限责任公司办公室主任;现任吉林省信托有限责任公司董事、董事会秘书、总经理助理。
董事	程松彬	男	63	2019 年 5 月 5 日	独立董事		曾任吉林省政府研究室财贸处处长,吉林国际合作公司投资部总经理,吉林国际信托投资公司常务副总经理,吉林吉信国际经贸(集团)股份有限公司副总裁,吉林省经济贸易委员会总经济师,长春市政府办公厅副主任,长春市商业银行党委书记、行长,吉林银行股份有限公司执行董事、副行长;现任长春市城市发展投资(集团)股份有限公司首席经济顾问、长春高新技术产业(集团)股份有限公司独立董事 吉林省信托有限责任公司董事。
董事	付亚辰	男	67	2019 年 5 月 5 日	独立董事		曾任吉林财贸学院金融系副主任,长春税务学院金融系副主任、主任,金融学院院长,吉林财经大学金融学院院长、教授、硕士研究生导师;现任吉林银行独立董事,吉林省信托有限责任公司董事。

3.2.2 董事会人员变动

报告期内,郜戈不再担任吉林省信托有限责任公司董事长;王平任吉林省信托有限责任公司董事。

3.2.3 董事会下属委员会

名称	职责	组成人员姓名	职务
投资决策委员会	对重大投资决策向董事会提出意见和建议。	王 平	委员
		付亚辰	
风险控制委员会	负责制定、审核风险控制制度,监督制度执行;对重大业务事项从风险管理角度向董事会提出意见和建议。	张 巍	委员
		程松彬	

续表

名称	职责	组成人员姓名	职务
提名与薪酬委员会	负责董事会任命人员提名及资格审核，负责薪酬制度及具体方案的评估、审定及落实情况的跟踪、监督。	王劲松	主任委员
		程松彬	委员
信托委员会	对信托计划设立、发行、信托计划运营、信托财产管理运用或处分、信托计划变更、终止与清算提出意见或建议；了解信托业务开展情况，督促公司依法履行受托职责；对信托利益计算和支付等提出意见或建议，保证公司为受益人的最大利益服务。	程松彬	主任委员
		王劲松	委员
		张　巍	
审计委员会	负责批准公司内部审计制度、中长期审计规划和年度工作计划，监督公司的内部审计基本制度及其实施，以及内部审计与外部审计之间的沟通。	王　平	主任委员
		王劲松	委员
		付亚辰	
关联交易控制委员会	负责关联交易的管理，及时审查和批准关联交易，控制关联交易风险。	付亚辰	主任委员
		王　平	委员
		张　巍	

3.3　监事、监事会及其下属委员会

3.3.1　监事会成员

职务	姓名	性别	年龄（岁）	选任日期	代表股东	该股东持股比例（%）	简要履历
监事	项前	男	57	2003 年 3 月 12 日	职工监事		曾任吉林省信托投资有限责任公司审计稽核研发部副经理、自营基金部经理助理、合规监控部副经理，吉林省信托有限责任公司职工监事、法律事务部总经理。
监事	刘继新	男	38	2020 年 12 月 30 日	吉林省财政厅	97.496	曾任长春宏成植物糖开发有限公司监事，吉林省信托有限责任公司长春信托二部信托经理，证券信托部总经理助理，信息研发部总经理助理；现任合规部副总经理（主持工作）。
监事	娄敬群	女	47	2020 年 12 月 30 日	职工监事		曾任吉林省信托有限责任公司财务部副经理，天富期货有限公司副总经理、天富基金管理有限公司财务总监，吉林省信托有限责任公司合规部总经理、信托资产管理部总经理、资产总监。

3.3.2　监事会下属委员会

监事会未设立下属委员会。

3.4　主要高级管理人员

姓　名	职　务	性别	年龄（岁）	选任日期	金融从业年限（年）	学历	专业	简要履历
张洪东	总经理	男	55	2019 年 10 月	32	大学本科	会计	曾任中国人民银行白山市中心支行外汇科工作人员、科员，中国人民银行浑江市分行办公室副科级巡视员，白山市农村信用联社副主任、党支部书记、纪委书记、党委副书记，吉林市农信社党委成员、副主任、党委副书记、党委书记、理事长，吉林省农村信用社联合社副主任、党委委员；现任吉林省信托有限责任公司总经理、党委副书记。
崔学斌	副总经理	男	51	2008 年 3 月	24	硕士	会计	曾任吉林省国际信托投资公司财务处会计，吉林省国际经济贸易开发公司财务处会计、科长、副处长，吉林省兴业国际有限公司财务部经理，东北证券有限责任公司计划财务部总经理、稽核审计部总经理，吉林省信托投资有限责任公司计划财务部经理；现任吉林省信托有限责任公司副总经理。
吕文龙	副总经理	男	56	2008 年 8 月	30	硕士	金融	曾任吉林省人民银行金融管理处办事员、科员、副处长，吉林省人民银行银行一处副处长，吉林省人民银行外汇管理处副处长，吉林省人民银行非银行处副处长，中国证监会长春特派办机构处处长、稽查处处长，中国证监会吉林监管局期货处处长，吉林省信托投资有限责任公司总经理助理；现任吉林省信托有限责任公司副总经理。
李建光	副总经理	男	55	2015 年 9 月 15 日	27	硕士	区域经济专业	曾任吉林省信托有限责任公司外经处职员，吉林省开源实业有限责任公司办公室主任，吉林省信托有限责任公司自营业务部副经理吉林省信托有限责任公司办公室主任，吉林省信托有限责任公司财政委托部经理，吉林省信托有限责任公司资金信托部经理，天富期货有限公司董事长党支部书记，吉林省信托有限责任公司信托部总经理党支部书记，长春信托一部总经理、第二党支部书记；现任吉林省信托有限责任公司副总经理。
张　巍	总经理助理	男	42	2015 年 6 月	18	硕士	工商管理专业	曾任天富期货经纪有限公司办公室主任、海口营业部负责人，吉林省信托有限责任公司总经理秘书、办公室副主任，吉林省信托有限责任公司办公室主任；现任吉林省信托有限责任公司董事、董事会秘书、总经理助理。
李　巍	总经理助理	男	46	2020 年 7 月	24	本科	工商管理专业	曾任吉林省信托有限责任公司信托业务部副总经理，吉林省信托有限责任公司北京信托一部总经理，吉林省信托有限责任公司市场总监兼北京信托一部总经理，兼任[illegible]台基金管理有限公司董事和天治北部资产管理有限公司董事长；现任吉林省信托有限责任公司总经理助理，兼任北京信托一部总经理。

3.5 公司员工

项目		2020 年度		2019 年度	
		人数(人)	比例(%)	人数(人)	比例(%)
年龄分布	20 岁以下	—	—	—	—
	20~29 岁	18	10.78	18	10.84
	30~39 岁	89	53.29	87	52.41
	40 岁以上	60	35.93	61	36.75
学历分布	博士	6	3.59	5	3.01
	硕士	48	28.74	48	28.92
	本科	99	59.28	97	50
	专科	11	6.59	12	7.23
	其他	3	1.80	4	2.41
岗位分布	董事、监事及高级管理人员	10	5.92	7	4.19
	自营业务人员	14	8.28	18	10.78
	信托业务人员	77	45.56	55	32.93
	其他人员	64	37.87	87	52.10

注:公司在册人员为 167 人,此表中董事、监事及高级管理人员一栏不含 2 名独立董事。

4. 经营概况

4.1 经营目标、经营方针、战略规划

4.1.1 经营目标、经营方针

公司以习近平新时代中国特色社会主义思想为指导,全面贯彻中央和省委、省政府决策部署和中国银保监会监管会议精神,坚持稳中求进主基调,坚持依法依规、转型发展,坚持回归本源、专注主业,以防范和化解重大风险为重点,以推动高质量发展为主线,以改革创新为动力,全面深化从严治党,不断完善公司治理,在新起点上推动吉林信托改革发展实现新突破,为新时代吉林全面振兴全方位振兴贡献力量。

4.1.2 战略规划

公司战略规划的基本原则:一是坚持和加强党的领导;二是服务吉林省全面振兴全方位振兴;三是切实服务实体经济;四是服务人民美好生活;五是国有资产保值增值。

4.1.2.1 信托主业发展规划

公司将依托吉林省的区位经济金融资源,以提升自主管理能力为着力点,以增强风险防控能力为保障,以受益人合法利益最优化为原则,通过持续推进业务和产品创新,不断完善信托产品线和客户服务体系,形成公司优势业务和主导产品,树立公司信托品牌,从以资产端为导向的业务模式向以资金端客户需求为导向的业务模式转变,在部分细分市场形成差异化的领先优势,在吉林省理财市场和高净值服务市场中形成较高影响力。

4.1.2.2 固有业务发展规划

公司固有业务将秉承谨慎稳健的原则,妥善化解存量风险,在保证安全性、流动性的前提下,通过长期战略布局和中短期资产配置,构建净资产持续增长条件下的固有资产配置体系。优化长期金融股权投资布局,适时盘活低效存量资产、发掘政策变化带来的新的市场机会,合理设定投资方向和规模结构,成为信托主业收入的稳定补充,实现国有资产保值增值。

4.2 所经营业务的主要内容

4.2.1 经营的业务和品种

按照中国银行业监督管理委员会规定的业务范围,公司开展的业务主要分为信托业务和固有资产管理业务两大类。信托业务主要包括资金信托、财产信托等业务。资金信托包括单一资金信托和集合资金信托。按资金运用方式划分,信托业务包括投资类信托、融资类信托等。固有业务主要包括金融企业股权投资、贷款、证券投资、资金市场业务、担保等。

4.2.2 资产组合与分布

自营资产运用与分布表

资产运用	金额(万元)	占比(%)	资产分布	金额(万元)	占比(%)
货币资产	4 873.60	0.67	基础产业	—	—
贷款及应收款	153 841.80	21.20	房地产业	—	—
以公允价值计量且其变动计入当期损益的金融资产	22 296.01	3.07	证券市场	383 766.12	52.88
可供出售金融资产	440 898.17	60.76	实业	—	—
持有至到期投资	98.50	0.01	金融机构	137 854.13	19.00
长期股权投资	19 552.25	2.70	其他	204 019.83	28.12
其他	84 079.75	11.59	—	—	—
资产总计	725 640.08	100.00	资产总计	725 640.08	100.00

信托资产运用与分布表

资产运用	金额(万元)	占比(%)	资产分布	金额(万元)	占比(%)
货币资产	17 251.48	0.38	基础产业	320 097.24	6.96
贷款	1 290 782.10	28.08	房地产业	434 700.25	9.46
交易性金融资产	6 108.37	0.13	证券市场	14 959.04	0.33
可供出售金融资产	—	—	实业	2 861 581.17	62.24
持有至到期投资	885 980.89	19.27	金融机构	582 614.16	12.67
长期股权投资	312 747.96	6.80	其他	383 474.76	8.34
其他(买入返售)	2 084 555.82	45.34			
资产总计	4 597 426.62	100.00	资产总计	4 597 426.62	100.00

4.3 市场分析

4.3.1 影响本公司业务发展的有利因素

国家"十四五"规划绘就的蓝图为信托业发展带来新机遇,信托监管政策的不断完善,护航信托业持续稳健发展,信托业面临着广阔发展空间。

4.3.2 影响本公司业务发展的不利因素

宏观经济由高速增长转为中高速增长,给信托业务开展带来挑战,监管趋严,传统业务被动压降,业务规模持续收缩,信托业的转型发展尚未成形,公司自身的体制机制仍然制约公司的快速发展。

4.4 内部控制

4.4.1 内部控制环境和内部控制文化

企业内控环境是有效实施内部控制的一项基本保障。报

告期内，公司继续加大风险控制力度，不断优化内部控制环境，完善法人治理结构，形成决策机构、监督机构和管理层之间的相互制衡机制。通过建立权责明确、关系清晰的组织结构和科学的决策系统，制定有效的激励与约束机制，完善制度体系建设，公司治理机制运行合理、执行有效。

培育良好的内部控制文化，在全体员工中树立合规经营和风险控制第一的经营理念，并将其作为公司一贯遵循的原则。针对新的法律法规、监管政策及公司创新业务的开展，公司及时梳理和完善相关规章制度，优化操作流程，保证规章制度能覆盖关键风险点，促进公司内控管理的规范化、流程化和标准化。公司加强员工法律法规培训，保证全体员工熟练掌握公司各项规章制度，及时了解国家法律法规和监管部门的各项规定，使各项风险防范措施嵌入到各个岗位和环节之中。良好的内部控制文化提高了公司员工防范风险和合规经营的意识，促进了公司各项业务的健康发展。

4.4.2 内部控制措施

公司内部控制的主要内容包括环境控制、业务控制、关联交易控制、财务管理控制、人力资源管理控制、印章管理控制、信息系统安全控制、信息披露控制等。为此公司建立了人力资源管理（含授权管理）、信托业务管理、固有业务管理、投资管理、融资管理、担保管理、关联交易管理、印章使用管理、财务管理、信息系统安全管理、信息披露管理等专项管理制度。涉及的内部控制措施主要包括授权审批控制、业务流程控制、会计系统控制、信息系统控制、绩效考评控制，以及重大事项预警、应急处置机制等。公司内部不同层次之间有明确的业务审批权限，每类业务都有相应的操作规程和风险管理措施，实现了信托业务系统和固有业务系统之间的部门分离、人员分离、财务分离，以防范风险传递。此外，公司建立了重大事项报告机制，设立风险化解领导小组，并建立应急处置机制。

4.4.3 信息交流与反馈

公司已基本实现管理信息化，建立了清晰完整的报告路径，建立了有效的信息共享、信息交流和信息反馈机制，不断完善信息识别、收集、处理、交流、沟通、反馈、披露的渠道和方式，确保董事会、监事会和高级管理层及时了解本公司的经营和风险状况，确保每一项信息均能传递给相关的员工，各部门和员工的有关信息均能够顺畅反馈。信息交流和反馈机制运行有效。

公司通过门户网站、电子信息、书面通知等多种形式，对客户和社会公众依法进行信息披露，与委托人、受益人和社会公众实现信息共享。公司通过非现场监管报告、关联方交易事前报告，集合资金信托计划推介后报告、临时事项报告等方式向监管部门报告相关信息。

4.4.4 监督评价与纠正

公司已建立起一个立体的、全方位的监督制约体系：纵向监督体现为董事会、监事会对管理层的监督制约，管理层对业务部门的监督制约；横向监督主要体现为六个专门委员会对管理层的监督制约，部门之间、岗位之间的相互监督制约。

4.5 风险管理

4.5.1 风险管理概况

4.5.1.1 公司经营活动中可能遇到的风险

公司经营活动中可能遇到的风险主要有信用风险、市场风险、操作风险、合规风险、法律风险、政策风险、其他风险。

4.5.1.2 公司风险管理的基本原则与政策

风险管理贯彻全面性、及时性、有效性、制约性、审慎性、独立性等原则，覆盖公司各项业务、所有机构、部门和岗位，渗透到决策、执行、监督、反馈各个环节，成为业务流程、管理架构和公司整体体系及员工责任的有机组成部分，对风险进行事前防范、事中控制、事后监督，促进公司规范经营、稳健发展。

公司致力于建设以“全面的风险管理范围、全面的风险管理体系、全程的风险管理过程、全员的风险管理文化和全额的风险计量”为核心的风险管理体系，实现业务增长、资本回报和风险暴露之间的平衡，追求运营高效率和资源优化配置，实现国有资产保值增值。

4.5.1.3 公司风险管理组织结构与职责划分

（1）公司董事会对风险管理负最终责任。

（2）董事会投资决策委员会对重大投资决策向董事会提出意见和建议。

（3）董事会风险控制委员会负责制定风险控制制度，监督制度执行；对重大业务事项从风险管理角度向董事会提出意见和建议。

（4）董事会审计委员会负责监督公司审计稽核制度的实施。

（5）管理层面的投资决策委员会负责对业务事项进行整体评价，是业务审批的综合评议机构。

（6）管理层面的风险控制委员会负责对拟开展项目进行风险分析和风险揭示，并提出防控风险措施建议。

（7）业务部指定专人负责识别和控制风险工作，负责人对本部门经营活动的风险负首要责任。

（8）合规部负责对信托业务及自营业务的合规性进行研判并出具合规意见；负责公司制度的管理工作，对公司修订及制定的制度进行审查；负责公司项目后续管理的现场检查工作；负责配合银保监局的检查工作；负责联络配合山东财政厅工作；负责合规文化建设培训和案防培训；牵头组织公司内部控制及内部控制评价工作。

（9）风险控制部负责对公司业务项目的风险咨询、风险审查，按公司部署开展集合项目的现场核实，负责过程中的风险监控及公司层面的舆情及声誉风险管理，负责组织定期或不定期的全面风险排查工作、组织制定风险项目处置计划及组织调度风险事项的处置进展，以及对风险管理相关制度流程的制定与完善等。

（10）法律事务部。公司聘请常年法律顾问，与法律事务部共同负责日常法律咨询及公司业务法律风险防范、控制工作，并负责业务相关合同的审查工作。

（11）资产管理部负责对风控、投决会议意见的落实情况进行监督；与业务部门共同对公司存量资产进行定期非现场跟踪、监督管理。

（12）审计部负责公司内部审计工作。

4.5.2 风险状况

4.5.2.1 信用风险状况

公司面临的信用风险主要是在业务开展中交易对手或贷款类资产其贷款对象违约的风险，以及因其他信用公司的信用危机而引发的信托行业的信用风险。

报告期内，公司实现了信托业务的预期目标，切实履行了受托人尽职管理职责 固有业务总体处于正常运行状态。

4.5.2.2 市场风险状况

市场风险主要指股价、汇率、利率变动所产生的风险。公司的市场风险主要是由于国家汇率政策变化及相应股票价格变动可能给公司带来的损失。

公司严格依据信托合同进行管理，确保各项风控措施有效落地执行，投资类信托产品及公司自有权益类投资业务运行平稳。

4.5.2.3 操作风险状况

操作风险主要是由于内部业务流程、系统不完善或工作人员操作失误可能给公司造成损失的风险；公司外部因素如网络安全问题、通信系统故障等原因也可能给公司造成损失或影响公司正常运营。

报告期内，公司不断优化业务操作流程，提高前台、中台、后台部门的业务操作规范性，进一步控制操作风险。

4.5.2.4 合规与法律风险状况

公司坚持"合规优先"的原则开展业务。报告期内，公司高度关注监管形势变化，及时跟进监管政策要求，扎实开展政策学习、内部自查、配合检查、整改落实等工作。公司未因法律风险管控不当导致交易无效或发生重大财务损失。

4.5.2.5 其他风险状况

其他风险主要包括政策风险、道德风险和声誉风险等。

政策风险表现为政策变动可能对公司经营和发展产生的影响。

道德风险主要由于公司内部人员主观原因不能诚信、合法、合规经营，而给公司带来的影响和损失，公司通过组织全员培训，提高全体员工的职业操守及道德水平。报告期内，公司未发生因员工道德问题使信托或固有财产遭到损失的情形。

声誉风险是指由于公司违反有关规定、不能按期终止清算和管理不善等原因，对公司外部市场地位和声誉产生的消极和不良影响。报告期内，未发生重大负面舆情、案件和群体事件，维护了良好的品牌声誉。

4.5.3 风险管理

4.5.3.1 信用风险管理

信用风险管理主要通过事前对交易对手信用状况详尽调查、设定担保、事前审查、资产风险分类、计提风险准备、聘请外部律师等措施防范信用风险。对贷款项目均要求设定担保，以抵押登记手续完备和可变现为抵押品确认原则，根据抵押品价值可能变动情况及可变现值分别确定抵押品与贷款本金的比例；对保证类贷款在《融资担保管理办法》中不仅规定了担保人的条件、范围，而且详细规定了对此类业务的审查标准。公司根据中国银行业监督管理委员会《关于非银行金融机构全面推行资产质量五级分类管理的通知》规定实行以风险为基础的资产五级分类管理。公司按照财政部《金融企业准备金计提管理办法》规定，计提各项准备，风险准备金余额原则上不低于风险资产期末余额的1.5%。

4.5.3.2 市场风险管理

公司通过科学选择、组合投资、分散投资规避股市风险；通过关注国家汇率政策变化并采取相应对策化解汇率风险；通过加强信息研发，关注金融运行状况，增强前瞻性、预见性，防范利率风险。公司密切关注经济发展的变化趋势，通过全面客观经济形势分析，科学选择组合投资、分散投资，跟踪分析汇率、利率变动走势等方式把股价和利率变动造成的影响控制在合理范围内，确保资产安全。公司强化风险揭示和风险教育，确保客户明确知晓和独立承担市场风险。

4.5.3.3 操作风险管理

公司建立信息化操作管理系统，减少手工操作可能导致的损失，同时采用加大技术手段投入、强化业务过程监控、提高业务技能等一系列措施控制操作风险。

报告期内，公司制定和修订了多项业务管理制度，进一步明确部门和岗位职责，优化业务流程。同时，通过审计部开展审计工作，对审计发现的流程、内控、操作等问题及时予以整改完善，降低操作风险。

4.5.3.4 合规与法律风险管理

公司高度重视合规理念塑造与合规文化培育，始终坚持合规优先原则。在严监管的常态化趋势下，公司进一步强化监管政策贯彻力度，审慎研判合规风险。公司持续加强法律风险管理，强调交易结构简洁适当、法律关系清晰明确，倡导内部法务与外聘律师的信息共享、智力叠加，防范法律风险。

4.5.3.5 其他风险管理

公司通过对宏观政策和行业政策的及时跟踪研究，把握和调整经营方向，规避政策风险。通过完善公司治理结构、内控制度、激励和约束机制、员工行为规范，加强思想教育，提高合法合规经营意识，控制道德风险。通过加强企业文化建设，坚持依法合规稳健经营，高度重视自身声誉，防范声誉风险。

4.6 消费者权益保护

公司高度重视金融机构消费者权益保护工作，建立了完善的消费者权益保护工作机制和内控制度，将消费者保护工作嵌入全公司产品和服务的售前、售中、售后各环节的业务流程之中。报告期内，公司认真贯彻监管要求，完善消费者权益保护工作相关内控制度，加强消费者投诉管理与突发事件应对能力，梳理内部分工及工作流程，强化事后评价和考核机制，积极响应监管部门专项消费者权益保护教育活动。报告期内，公司共受理消费者投诉4起，消费者投诉业务类别均为自营理财，消费投诉地区主要分布在山西省、天津市、浙江省。公司积极采取有效措施维护消费者权益，报告期内，公司未发生因侵害消费者权益而引起大规模投诉或被诉讼的情形，不存在虚报、瞒报等问题。

4.7 企业社会责任

2020年，面对异常严峻复杂的国际国内经济形势和新冠肺炎疫情冲击，公司上下认真贯彻落实中央和省委、省政府决策部署，全面践行新发展理念，积极推动高质量发展，在疫情防控、支持企业复工复产、防范化解重大风险、扶贫攻坚、企业党建等方面主动担当、积极作为，充分履行社会责任。

坚持立足本省、服务吉林导向。公司加大资源整合力度，提升服务地方经济的精准性、有效性，大力引进域外资金参与吉林省经济建设，疏通金融进入实体经济的渠道。加强政信合作，积极对接各地政府，加大对中小微企业的支持力度，着力破解民营企业融资难、融资贵问题。

积极做好“六稳、六保”工作。公司积极履行省属金融企业社会责任，把支持疫情防控、提供金融服务保障、帮扶企业复工复产作为头等大事，大力支持防疫物资供应企业，开辟绿色通道，主动下调利率，为企业减轻财务负担。对受新冠肺炎疫情影响较大的企业做到不抽贷、不断贷、不压贷，主动减费让利，支持企业复工复产。公司开展抗疫公益行动，投入“中国信托业抗击新型肺炎慈善信托”专项资金 50 万元，用于湖北地区疫情防控；向吉林省抗疫一线捐款 60 万元，购买防疫口罩 20 万片；公司全体党员积极响应号召，抗疫捐款 31 600 元，以实际行动助力疫情防控。

巩固脱贫攻坚成果，助力乡村振兴发展。2020 年，公司向包保的安图县龙山村和山泉村投入扶贫资金 39 万元，扶持养牛、庭院经济等产业项目发展，增加农民收入。同时，公司积极开展消费扶贫工作，发动工会、职工购买对口帮扶村生产的木耳、蜂蜜等产品。

5. 报告期末及上一年度末的比较式会计报表

5.1 自营资产

5.1.1 会计师事务所审计意见全文

审 计 报 告

吉建威审字〔2021〕2049 号

吉林省信托有限责任公司全体股东：

一、审计意见

我们审计了吉林省信托有限责任公司财务报表，包括2020年12月31日的合并及母公司资产负债表、2020年度的合并及母公司利润表、合并及母公司现金流量表、合并及母公司所有者权益变动表，以及相关财务报表附注。

我们认为，后附的财务报表在所有重大方面按照企业会计准则的规定编制，公允反映了吉林省信托有限责任公司 2020 年 12 月 31 日的合并及母公司财务状况及 2020 年度的合并及母公司经营成果和现金流量。

二、形成审计意见的基础

我们按照中国注册会计师审计准则的规定执行了审计工作。审计报告的“注册会计师对财务报表审计的责任”部分进一步阐述了我们在这些准则下的责任。按照中国注册会计师职业道德守则，我们独立于吉林省信托有限责任公司，并履行了职业道德方面的其他责任。我们相信，我们获取的审计证据是充分的、适当的，为发表审计意见提供了基础。

三、管理层和治理层对财务报表的责任

管理层负责按照企业会计准则的规定编制财务报表，使其实现公允反映，并设计、执行和维护必要的内部控制，以使财务报表不存在由于舞弊或错误导致的重大错报。

在编制财务报表时，管理层负责评估吉林省信托有限责任公司的持续经营能力，披露与持续经营相关的事项（如适用），并运用持续经营假设，除非管理层计划清算吉林省信托有限责任公司、终止运营或别无其他现实的选择。

治理层负责监督吉林省信托有限责任公司的财务报告过程。

四、注册会计师对财务报表审计的责任

我们的目标是对财务报表整体是否不存在由于舞弊或错误导致的重大错报获取合理保证，并出具包含审计意见的审计报告。合理保证是高水平的保证，但并不能保证按照审计准则执行的审计在某一重大错报存在时总能发现。错报可能由于舞弊或错误导致，如果合理预期错报单独或汇总起来可能影响财务报表使用者依据财务报表作出的经济决策，则通常认为错报是重大的。

在按照审计准则执行审计的过程中，我们运用了职业判断，保持了职业怀疑。同时，我们也执行以下工作：

（1）识别和评估由于舞弊或错误导致的财务报表重大错报风险，设计和实施审计程序以应对这些风险，并获取充分、适当的审计证据，作为发表审计意见的基础。由于舞弊可能涉及串通、伪造、故意遗漏、虚假陈述或凌驾于内部控制之上，未能发现由于舞弊导致的重大错报的风险高于未能发现由于错误导致的重大错报的风险。

（2）了解与审计相关的内部控制，以设计恰当的审计程序，但目的并非对内部控制的有效性发表意见。

（3）评价管理层选用会计政策的恰当性和作出会计估计及相关披露的合理性。

（4）对管理层使用持续经营假设的恰当性得出结论。同时，根据获取的审计证据，就可能导致对吉林省信托有限责任公司持续经营能力产生重大疑虑的事项或情况是否存在重大不确定性得出结论。如果我们得出结论认为存在重大不确定性，审计准则要求我们在审计报告中提请报表使用者注意财务报表中的相关披露；如果披露不充分，我们应当发表非无保留意见。我们的结论基于截至审计报告日可获得的信息。然而，未来的事项或情况可能导致吉林省信托有限责任公司不能持续经营。

（5）评价财务报表的总体列报、结构和内容（包括披露），并评价财务报表是否公允反映相关交易和事项。

（6）就吉林省信托有限责任公司中实体或业务活动的财务信息获取充分、适当的审计证据，以对合并财务报表发表审计意见。我们负责指导、监督和执行集团审计，并对审计意见承担全部责任。

我们与治理层就计划的审计范围、时间安排和重大审计发现等事项进行沟通，包括沟通我们在审计中识别出的值得关注的内部控制缺陷。

吉林建威会计师事务所（普通合伙）

中国·长春

中国注册会计师

中国注册会计师

2021 年 4 月 20 日

5.1.2 资产负债表

合并资产负债表

编制单位：吉林省信托有限责任公司　　2020 年 12 月 31 日　　单位：万元

项　目	年末数	年初数
资产：		
现金及银行存款	17 800. 28	18 236. 56
存放中央银行款项	4 384. 48	10 984. 81
贵金属	—	—
存放联行款项	—	—
存放同业款项	—	—
拆出资金	34 000. 00	29 100. 00
以公允价值计量且其变动计入当期损益的金融资产	31 506. 40	40 456. 24
衍生金融资产	—	—
买入返售金融资产	14 440. 02	—
持有待售资产	—	—
应收款项类金融资产	16 772. 52	14 169. 86
应收利息	84. 04	596. 29
其他应收款	73 984. 45	33 761. 37
发放贷款和垫款	80 577. 57	69 595. 17
*金融投资	—	—
*交易性金融资产	—	—
*债权投资	—	—
*其他债权投资	—	—
*其他权益工具投资	—	—
可供出售金融资产	443 498. 17	446 285. 90
持有至到期投资	5 409. 16	5 301. 81
长期股权投资	128. 00	133. 00
投资性房地产	401. 99	105. 88
固定资产	17 344. 28	18 328. 00
在建工程	—	—
使用权资产	—	—
无形资产	466. 04	298. 70
商誉	4. 05	4. 05
长期待摊费用	91. 03	141. 69
抵债资产	4 793. 18	4 793. 18
递延所得税资产	12 993. 20	9 370. 23
其他资产	2 143. 82	436. 20
资产总计	760 822. 70	702 098. 94

合并资产负债表(续)

编制单位：吉林省信托有限责任公司　　2020 年 12 月 31 日　　单位：万元

项　目	年末数	年初数
负债：		
向中央银行借款	—	—
联行存放款项	—	—
同业及其他金融机构存放款项	—	—
拆入资金	74 000. 00	66 000. 00
以公允价值计量且其变动计入当期损益的金融负债	—	—
衍生金融负债	—	—
*交易性金融负债	—	—
卖出回购金融资产款	—	—
吸收存款	—	—
应付职工薪酬	6 660. 66	7 771. 06
其中：工资、奖金、津贴和补贴	6 371. 13	7 201. 21
应交税费	1 160. 92	1 290. 02
应付利息	—	—
持有待售负债	—	—
其他应付款	61 634. 20	10 640. 57
租赁负债	—	—
预计负债	—	—
应付债券	—	—
递延所得税负债	11. 64	64. 82
其他负债	211 592. 09	204 399. 89
负债合计	355 059. 50	290 166. 36
所有者权益(或股东权益)：		
实收资本(或股本)	159 659. 75	159 659. 75
国家资本	155 659. 75	155 659. 75
集体资本	—	—
法人资本	4 000. 00	4 000. 00
其中：国有法人资本	4 000. 00	4 000. 00
个人资本	—	—
外商资本	—	—
其他权益工具	—	—
资本公积	8 334. 16	8 334. 16
减：库存股	—	—
其他综合收益	−12 922. 42	−6 688. 74
盈余公积	48 534. 74	47 886. 31
一般风险准备	44 619. 53	41 367. 93
未分配利润	143 039. 89	145 447. 11
归属于母公司所有者权益合计	391 265. 65	396 006. 52
少数股东权益	14 497. 55	15 926. 06
所有者权益(或股东权益)合计	405 763. 20	411 932. 58
负债和所有者权益(或股东权益)总计	760 822. 70	702 098. 94

公司负责人：张洪东　　主管会计工作负责人：张洪东　　会计机构负责人：常青慧

母公司资产负债表

编制单位：吉林省信托有限责任公司　　2020 年 12 月 31 日　　单位：万元

项　目	年末数	年初数
资产：		
现金及银行存款	489. 12	3 155. 39
存放中央银行款项	4 384. 48	10 984. 81
贵金属	—	—
存放联行款项	—	—
存放同业款项	—	—
拆出资金	34 000. 00	29 100. 00
以公允价值计量且其变动计入当期损益的金融资产	22 296. 01	31 266. 21
衍生金融资产	—	—
买入返售金融资产	14 440. 02	—
持有待售资产	—	—
应收款项类金融资产	—	—
应收利息	35. 95	510. 28
其他应收款	73 228. 28	32 560. 97
发放贷款和垫款	80 577. 57	69 595. 17
＊金融投资	—	—
＊交易性金融资产	—	—
＊债权投资	—	—
＊其他债权投资	—	—
＊其他权益工具投资	—	—
可供出售金融资产	440 898. 17	443 285. 90
持有至到期投资	98. 50	98. 50
长期股权投资	19 552. 25	19 552. 25
投资性房地产	1 449. 11	1 493. 44
固定资产	14 537. 09	15 168. 94
在建工程	—	—
使用权资产	—	—
无形资产	361. 47	169. 33
商誉	—	—
长期待摊费用	26. 86	81. 06
抵债资产	4 793. 18	4 793. 18
递延所得税资产	13 067. 64	9 444. 67
其他资产	1 404. 37	—
资产总计	725 640. 08	671 260. 10

母公司资产负债表（续）

编制单位：吉林省信托有限责任公司　　2020 年 12 月 31 日　　单位：万元

项　目	年末数	年初数
负债：		
向中央银行借款	—	—
联行存放款项	—	—
同业及其他金融机构存放款项	—	—
拆入资金	74 000. 00	66 000. 00

续表

项　目	年末数	年初数
以公允价值计量且其变动计入当期损益的金融负债	—	—
衍生金融负债	—	—
＊交易性金融负债	—	—
卖出回购金融资产款	—	—
吸收存款	—	—
应付职工薪酬	6 580. 22	7 396. 01
其中：工资、奖金、津贴和补贴	6 371. 13	6 904. 41
应交税费	850. 99	1 229. 07
应付利息	—	—
持有待售负债	—	—
其他应付款	60 662. 81	9 463. 70
租赁负债	—	—
预计负债	—	—
应付债券	—	—
递延所得税负债	11. 64	64. 82
其他负债	184 763. 10	185 343. 66
负债合计	326 868. 77	269 497. 26
所有者权益（或股东权益）：		
实收资本（或股本）	159 659. 75	159 659. 75
国家资本	155 659. 75	155 659. 75
集体资本	—	—
法人资本	4 000. 00	4 000. 00
其中：国有法人资本	4 000. 00	4 000. 00
个人资本	—	—
外商资本	—	—
其他权益工具	—	—
资本公积	6 500. 00	6 500. 00
减：库存股	—	—
其他综合收益	－12 922. 42	－3 688. 74
盈余公积	48 534. 74	47 886. 31
一般风险准备	42 266. 86	41 367. 93
未分配利润	154 732. 38	153 037. 59
归属于母公司所有者权益合计	398 771. 31	401 762. 84
少数股东权益	—	—
所有者权益（或股东权益）合计	398 771. 31	401 762. 84
负债和所有者权益（或股东权益）总计	725 640. 08	671 260. 10

公司负责人：张洪东　　主管会计工作负责人：张洪东　　会计机构负责人：常青慧

5. 1. 3　利润表

合并利润表

编制单位：吉林省信托有限责任公司　　2020 年度　　单位：万元

项　目	本年数	上年数
一、营业收入	29 822. 41	58 764. 97
（一）利息净收入	－9 370. 65	20 672. 05
利息收入	4 160. 28	23 871. 23
利息支出	13 530. 92	3 199. 18

续表

项　　目	本年数	上年数
（二）手续费及佣金净收入	24 141.84	24 517.01
手续费及佣金收入	24 141.84	24 517.01
手续费及佣金支出	—	—
（三）投资收益（损失以"－"号填列）	14 473.11	11 282.69
其中：对联营企业和合营企业的投资收益	—	—
＊以摊余成本计量的金融资产终止确认产生的收益（损失以"－"号填列）	—	—
（四）＊净敞口套期收益（损失以"－"号填列）	—	—
（五）公允价值变动收益（损失以"－"号填列）	153.83	1 896.60
（六）汇兑收益（损失以"－"号填列）		53.76
（七）其他业务收入	287.05	62.29
（八）资产处置收益（损失以"－"号填列）	13.27	17.10
（九）其他收益	123.97	263.47
二、营业支出	31 755.83	37 403.14
（一）税金及附加	522.76	631.13
（二）业务及管理费	24 564.74	26 579.41
（三）＊信用减值损失（转回金额以"－"号填列）	—	—
（四）＊其他资产减值损失（转回金额以"－"号填列）	—	—
（五）资产减值损失（转回金额以"－"号填列）	6 664.86	10 186.08
（六）其他业务成本	3.47	6.52
三、营业利润（亏损以"－"号填列）	－1 933.42	21 361.83
加：营业外收入	207.66	277.39
减：营业外支出	495.45	270.51
四、利润总额（亏损以"－"号填列）	－2 221.21	21 368.71
减：所得税费用	－2 285.50	3 305.82
五、净利润（亏损以"－"号填列）	64.29	18 062.89
归属于母公司所有者的净利润	1 492.80	19 095.98
少数股东损益	－1 428.51	－1 033.09
六、其他综合收益的税后净额	－6 233.68	24 183.22
（一）归属于母公司所有者的其他综合收益的税后净额	－6 233.68	24 183.22
1. 以后不能重分类进损益的其他综合收益	—	—
2. 以后将重分类进损益的其他综合收益	－6 233.68	24 183.22
（1）权益法下在被投资单位以后将重分类进损益的其他综合收益中享有的份额	—	—
（2）可供出售金融资产公允价值变动损益	－6 233.68	24 183.22
（3）持有至到期投资重分类为可供出售金融资产损益	—	—
（4）＊其他债权投资公允价值变动	—	—
（5）＊金融资产重分类计入其他综合收益的金额	—	—
（6）＊其他债权投资信用损失准备	—	—
（7）现金流量套期损益的有效部分	—	—
（8）外币财务报表折算差额	—	—
（9）其他	—	—
（二）归属于少数股东的其他综合收益的税后净额	—	—
七、综合收益总额	－6 169.38	42 246.11
归属于母公司所有者的综合收益总额	－4 740.87	43 279.20
归属于少数股东的综合收益总额	－1 428.51	－1 033.09
八、每股收益：	—	—
（一）基本每股收益	—	—
（二）稀释每股收益	—	—

公司负责人：张洪东　　主管会计工作负责人：张洪东　　会计机构负责人：常青慧

母公司利润表

编制单位：吉林省信托有限责任公司　　2020 年度　　单位：万元

项　　目	本年数	上年数
一、营业收入	24 852.87	52 872.52
（一）利息净收入	－9 725.51	20 104.84
利息收入	3 805.42	23 304.02
利息支出	13 530.92	3 199.18
（二）手续费及佣金净收入	20 249.04	20 096.38
手续费及佣金收入	20 249.04	20 096.38
手续费及佣金支出	—	—
（三）投资收益（损失以"－"号填列）	14 243.52	12 720.32
其中：对联营企业和合营企业的投资收益	—	—
＊以摊余成本计量的金融资产终止确认产生的收益（损失以"－"号填列）	—	—
（四）＊净敞口套期收益（损失以"－"号填列）	—	—
（五）公允价值变动收益（损失以"－"号填列）	－212.71	－365.56
（六）汇兑收益（损失以"－"号填列）		53.76
（七）其他业务收入	208.00	216.33
（八）资产处置收益（损失以"－"号填列）	13.27	23.08
（九）其他收益	77.25	23.37
二、营业支出	23 414.12	29 157.68
（一）税金及附加	474.16	596.20
（二）业务及管理费	16 578.41	18 333.81
（三）＊信用减值损失（转回金额以"－"号填列）	—	—
（四）＊其他资产减值损失（转回金额以"－"号填列）	—	—
（五）资产减值损失（转回金额以"－"号填列）	6 317.22	10 180.60
（六）其他业务成本	44.33	47.07
三、营业利润（亏损以"－"号填列）	1 438.75	23 714.84
加：营业外收入	6.50	251.68
减：营业外支出	488.61	125.74
四、利润总额（亏损以"－"号填列）	956.64	23 840.78
减：所得税费用	－2 285.50	3 305.76
五、净利润（亏损以"－"号填列）	3 242.14	20 535.02
归属于母公司所有者的净利润	3 242.14	20 535.02
少数股东损益	—	—
六、其他综合收益的税后净额	－6 233.68	24 183.22
（一）归属于母公司所有者的其他综合收益的税后净额	－6 233.68	24 183.22
1. 以后不能重分类进损益的其他综合收益	—	—
2. 以后将重分类进损益的其他综合收益	－6 233.68	24 183.22
（1）权益法下在被投资单位以后将重分类进损益的其他综合收益中享有的份额	—	—
（2）可供出售金融资产公允价值变动损益	－6 233.68	24 183.22
（3）持有至到期投资重分类为可供出售金融资产损益	—	—
（4）＊其他债权投资公允价值变动	—	—
（5）＊金融资产重分类计入其他综合收益的金额	—	—
（6）＊其他债权投资信用损失准备	—	—
（7）现金流量套期损益的有效部分	—	—
（8）外币财务报表折算差额	—	—
（9）其他	—	—
（二）归属于少数股东的其他综合收益的税后净额	—	—
七、综合收益总额	－2 991.53	44 718.24
归属于母公司所有者的综合收益总额	－2 991.53	44 718.24
归属于少数股东的综合收益总额	—	—
八、每股收益：	—	—
（一）基本每股收益	—	—
（二）稀释每股收益	—	—

公司负责人：张洪东　　主管会计工作负责人：张洪东　　会计机构负责人：常青慧

5.1.4　所有者权益变动表

合并所有者权益变动表

编制单位：吉林省信托有限责任公司　　2020 年 12 月 31 日　　单位：万元

项　目	本年金额									
	归属于母公司所有者权益								少数股东权益	所有者权益合计
	实收资本（或股本）	其他权益工具	资本公积	减：库存股	其他综合收益	盈余公积	一般风险准备	未分配利润		
一、上年年末余额	159 659.75	—	8 334.16	—	-6 688.74	47 886.31	41 367.93	145 447.11	15 926.06	411 932.58
加：会计政策变更	—	—	—	—	—	—	—	—	—	—
前期差错更正	—	—	—	—	—	—	—	—	—	—
二、本年年初余额	159 659.75	—	8 334.16	—	-6 688.74	47 886.31	41 367.93	145 447.11	15 926.06	411 932.58
三、本年增减变动金额（减少以“-”号填列）	—	—	—	—	-6 233.68	648.43	3 251.60	-2 407.23	-1 428.51	-6 169.38
（一）综合收益总额	—	—	—	—	-6 233.68	—	—	1 492.80	-1 428.51	-6 169.38
（二）所有者投入和减少资本	—	—	—	—	—	—	—	—	—	—
1. 所有者投入资本	—	—	—	—	—	—	—	—	—	—
2. 其他权益工具持有者投入资本	—	—	—	—	—	—	—	—	—	—
3. 股份支付计入所有者权益的金额	—	—	—	—	—	—	—	—	—	—
4. 其他	—	—	—	—	—	—	—	—	—	—
（三）利润分配	—	—	—	—	—	648.43	3 251.60	-3 900.03	—	—
1. 提取盈余公积	—	—	—	—	—	648.43	—	-648.43	—	—
2. 提取一般风险准备	—	—	—	—	—	—	3 251.60	-3 251.60	—	—
3. 对所有者（或股东）的分配	—	—	—	—	—	—	—	—	—	—
4. 对其他权益工具持有者的分配	—	—	—	—	—	—	—	—	—	—
5. 其他	—	—	—	—	—	—	—	—	—	—
（四）所有者权益内部结转	—	—	—	—	—	—	—	—	—	—
1. 资本公积转增资本（或股本）	—	—	—	—	—	—	—	—	—	—
2. 盈余公积转增资本（或股本）	—	—	—	—	—	—	—	—	—	—
3. 盈余公积弥补亏损	—	—	—	—	—	—	—	—	—	—
4. 一般风险准备弥补亏损	—	—	—	—	—	—	—	—	—	—
5. 设定受益计划变动额结转留存收益	—	—	—	—	—	—	—	—	—	—
6. *其他综合收益结转留存收益	—	—	—	—	—	—	—	—	—	—
7. 其他	—	—	—	—	—	—	—	—	—	—
四、本年年末余额	159 659.75	—	8 334.16	—	-12 922.42	48 534.74	44 619.53	143 039.89	14 497.55	405 763.20

合并所有者权益变动表（续）

编制单位：吉林省信托有限责任公司　　2020 年 12 月 31 日　　单位：万元

项　目	上年金额									
	归属于母公司所有者权益								少数股东权益	所有者权益合计
	实收资本（或股本）	其他权益工具	资本公积	减：库存股	其他综合收益	盈余公积	一般风险准备	未分配利润		
一、上年年末余额	159 659.75	—	8 334.16	—	-30 871.96	43 779.31	40 770.20	137 488.30	16 959.15	376 118.90
加：会计政策变更	—	—	—	—	—	—	—	—	—	—
前期差错更正	—	—	—	—	—	—	—	—	—	—
二、本年年初余额	159 659.75	—	8 334.16	—	-30 871.96	43 779.31	40 770.20	137 488.30	16 959.15	376 118.90
三、本年增减变动金额（减少以“-”号填列）	—	—	—	—	24 183.22	4 107.00	597.73	7 958.82	-1 033.09	35 813.68
（一）综合收益总额	—	—	—	—	24 183.22	—	—	19 095.98	-1 033.09	42 246.11
（二）所有者投入和减少资本	—	—	—	—	—	—	—	—	—	—
1. 所有者投入资本	—	—	—	—	—	—	—	—	—	—
2. 其他权益工具持有者投入资本	—	—	—	—	—	—	—	—	—	—
3. 股份支付计入所有者权益的金额	—	—	—	—	—	—	—	—	—	—
4. 其他	—	—	—	—	—	—	—	—	—	—
（三）利润分配	—	—	—	—	—	4 107.00	597.73	-11 137.16	—	-6 432.43
1. 提取盈余公积	—	—	—	—	—	4 107.00	—	-4 107.00	—	—
2. 提取一般风险准备	—	—	—	—	—	—	597.73	-597.73	—	—
3. 对所有者（或股东）的分配	—	—	—	—	—	—	—	-6 432.43	—	-6 432.43
4. 对其他权益工具持有者的分配	—	—	—	—	—	—	—	—	—	—

续表

项目	上年金额									
	归属于母公司所有者权益								少数股东权益	所有者权益合计
	实收资本（或股本）	其他权益工具	资本公积	减:库存股	其他综合收益	盈余公积	一般风险准备	未分配利润		
5. 其他	—	—	—	—	—	—	—	—	—	—
（四）所有者权益内部结转	—	—	—	—	—	—	—	—	—	—
1. 资本公积转增资本（或股本）	—	—	—	—	—	—	—	—	—	—
2. 盈余公积转增资本（或股本）	—	—	—	—	—	—	—	—	—	—
3. 盈余公积弥补亏损	—	—	—	—	—	—	—	—	—	—
4. 一般风险准备弥补亏损	—	—	—	—	—	—	—	—	—	—
5. 设定受益计划变动额结转留存收益	—	—	—	—	—	—	—	—	—	—
6. *其他综合收益结转留存收益	—	—	—	—	—	—	—	—	—	—
7. 其他	—	—	—	—	—	—	—	—	—	—
四、本年年末余额	159 659.75	—	8 334.16	—	-6 688.74	47 886.31	41 367.93	145 447.11	15 926.06	411 932.58

公司负责人:张洪东　　主管会计工作负责人:张洪东　　会计机构负责人:常青慧

母公司所有者权益变动表

编制单位:吉林省信托有限责任公司　　2020 年 12 月 31 日　　单位:万元

项目	本年金额									
	归属于母公司所有者权益								少数股东权益	所有者权益合计
	实收资本（或股本）	其他权益工具	资本公积	减:库存股	其他综合收益	盈余公积	一般风险准备	未分配利润		
一、上年年末余额	159 659.75	—	6 500.00	—	-6 688.74	47 886.31	41 367.93	153 037.59	—	401 762.84
加:会计政策变更	—	—	—	—	—	—	—	—	—	—
前期差错更正	—	—	—	—	—	—	—	—	—	—
二、本年年初余额	159 659.75	—	6 500.00	—	-6 688.74	47 886.31	41 367.93	153 037.59	—	401 762.84
三、本年增减变动金额（减少以"-"号填列）	—	—	—	—	-6 233.68	648.43	898.93	1 694.79	—	-2 991.53
（一）综合收益总额	—	—	—	—	-6 233.68	—	—	3 242.14	—	-2 991.53
（二）所有者投入和减少资本	—	—	—	—	—	—	—	—	—	—
1. 所有者投入资本	—	—	—	—	—	—	—	—	—	—
2. 其他权益工具持有者投入资本	—	—	—	—	—	—	—	—	—	—
3. 股份支付计入所有者权益的金额	—	—	—	—	—	—	—	—	—	—
4. 其他	—	—	—	—	—	—	—	—	—	—
（三）利润分配	—	—	—	—	—	648.43	898.93	-1 547.36	—	—
1. 提取盈余公积	—	—	—	—	—	648.43		-648.43	—	—
2. 提取一般风险准备	—	—	—	—	—	—	898.93	-898.93	—	—
3. 对所有者（或股东）的分配	—	—	—	—	—	—	—	—	—	—
4. 对其他权益工具持有者的分配	—	—	—	—	—	—	—	—	—	—
5. 其他	—	—	—	—	—	—	—	—	—	—
（四）所有者权益内部结转	—	—	—	—	—	—	—	—	—	—
1. 资本公积转增资本（或股本）	—	—	—	—	—	—	—	—	—	—
2. 盈余公积转增资本（或股本）	—	—	—	—	—	—	—	—	—	—
3. 盈余公积弥补亏损	—	—	—	—	—	—	—	—	—	—
4. 一般风险准备弥补亏损	—	—	—	—	—	—	—	—	—	—
5. 设定受益计划变动额结转留存收益	—	—	—	—	—	—	—	—	—	—
6. *其他综合收益结转留存收益	—	—	—	—	—	—	—	—	—	—
7. 其他	—	—	—	—	—	—	—	—	—	—
四、本年年末余额	159 659.75	—	6 500.00	—	-12 922.42	48 534.74	42 266.86	154 732.38	—	398 771.31

母公司所有者权益变动表（续）

编制单位:吉林省信托有限责任公司　　2020 年 12 月 31 日　　单位:万元

项目	上年金额									
	归属于母公司所有者权益								少数股东权益	所有者权益合计
	实收资本（或股本）	其他权益工具	资本公积	减:库存股	其他综合收益	盈余公积	一般风险准备	未分配利润		
一、上年年末余额	159 659.75	—	6 500.00	—	-30 871.96	43 779.31	40 770.20	143 639.74	—	363 477.03
加:会计政策变更	—	—	—	—	—	—	—	—	—	—
前期差错更正	—	—	—	—	—	—	—	—	—	—

续表

项目	上年金额									
	归属于母公司所有者权益								少数股东权益	所有者权益合计
	实收资本（或股本）	其他权益工具	资本公积	减：库存股	其他综合收益	盈余公积	一般风险准备	未分配利润		
二、本年年初余额	159 659.75	—	6 500.00	—	-30 871.96	43 779.31	40 770.20	143 639.74	—	363 477.03
三、本年增减变动金额（减少以“-”号填列）	—	—	—	—	24 183.22	4 107.00	597.73	9 397.85	—	38 285.81
（一）综合收益总额	—	—	—	—	24 183.22	—	—	20 535.02	—	44 718.24
（二）所有者投入和减少资本	—	—	—	—	—	—	—	—	—	—
1. 所有者投入资本	—	—	—	—	—	—	—	—	—	—
2. 其他权益工具持有者投入资本	—	—	—	—	—	—	—	—	—	—
3. 股份支付计入所有者权益的金额	—	—	—	—	—	—	—	—	—	—
4. 其他	—	—	—	—	—	—	—	—	—	—
（三）利润分配	—	—	—	—	—	4 107.00	597.73	-11 137.16	—	-6 432.43
1. 提取盈余公积	—	—	—	—	—	4 107.00	—	-4 107.00	—	—
2. 提取一般风险准备	—	—	—	—	—	—	597.73	-597.73	—	—
3. 对所有者（或股东）的分配	—	—	—	—	—	—	—	-6 432.43	—	-6 432.43
4. 对其他权益工具持有者的分配	—	—	—	—	—	—	—	—	—	—
5. 其他	—	—	—	—	—	—	—	—	—	—
（四）所有者权益内部结转	—	—	—	—	—	—	—	—	—	—
1. 资本公积转增资本（或股本）	—	—	—	—	—	—	—	—	—	—
2. 盈余公积转增资本（或股本）	—	—	—	—	—	—	—	—	—	—
3. 盈余公积弥补亏损	—	—	—	—	—	—	—	—	—	—
4. 一般风险准备弥补亏损	—	—	—	—	—	—	—	—	—	—
5. 设定受益计划变动额结转留存收益	—	—	—	—	—	—	—	—	—	—
6. *其他综合收益结转留存收益	—	—	—	—	—	—	—	—	—	—
7. 其他	—	—	—	—	—	—	—	—	—	—
四、本年年末余额	159 659.75	—	6 500.00	—	-6 688.74	47 886.31	41 367.93	153 037.59	—	401 762.84

公司负责人：张洪东　　　　主管会计工作负责人：张洪东　　　　会计机构负责人：常青慧

5.2 信托资产

5.2.1 信托项目资产负债汇总表

信托项目资产负债汇总表

编制单位：吉林省信托有限责任公司　　　　2020 年 12 月 31 日　　　　单位：万元

信托资产	期末数	年初数	信托负债和信托收益	期末数	年初数
信托资产：			信托负债：		
货币资金	17 251.48	11 806.37	应付受托人报酬	3 768.94	[illegible]970.56
拆出资金	—	—	应付托管费	83.00	58.25
应收款项	96 110.04	192 726.97	应付受益人收益	56 441.46	[illegible]048.02
买入返售资产	4 900.00	2 200.00	其他应付款项	63 740.16	[illegible]849.84
交易性金融资产	6 108.37	41 137.13	应交税金	198.34	266.18
持有至到期投资	885 980.89	1 972 820.80	卖出回购资产款	—	—
长期股权投资	312 747.96	221 984.00	其他负债	—	—
客户贷款	1 290 782.10	2 196 380.37	信托负债合计	124 231.90	[illegible]192.85
应收融资租赁款	—	—	信托权益：	—	—
固定资产	—	—	实收信托	4 464 076.81	6 [illegible]103.46
无形资产	—	—	资本公积	—	—
长期待摊费用	—	—	未分配利润	9 117.92	704.66
其他资产	1 983 545.78	1 850 945.33	信托权益合计	4 473 194.73	6 [illegible]808.12
信托资产总计	4 597 426.62	6 490 000.97	信托负债及信托权益总计	4 597 426.62	6 [illegible]000.97

公司负责人：张洪东　　　　主管会计工作负责人：崔学斌　　　　会计机构负责人：娄敬群

5.2.2 信托项目利润及利润分配汇总表

信托项目利润及利润分配汇总表

编制单位:吉林省信托有限责任公司　　2020 年 12 月 31 日　　单位:万元

项　目	本年累计数	上年累计数
一、营业收入	612 289.25	453 567.46
利息收入	438 520.31	223 242.61
投资收益	174 048.26	230 334.81
租赁收入	—	—
其他收入	63.52	0.03
二、营业费用	14 907.79	19 909.92
三、营业税金及附加	732.68	1 397.83
四、扣除资产损失前的信托利润	596 648.78	432 259.71
减:资产减值损失	—	—
五、扣除资产损失后的信托利润	596 648.78	432 259.71
加:期初未分配信托利润	704.66	4 360.12
减:调整期初未分配利润	—	—
六、可供分配的信托利润	597 347.87	436 719.83
减:本期已分配信托利润	588 229.95	436 015.17
七、期末未分配信托利润	9 117.92	704.66

公司负责人:张洪东　　主管会计工作负责人:崔学斌　　会计机构负责人:娄敬群

6. 会计报表附注

6.1 会计报表编制基础、会计政策、会计估计和核算方法发生变化的说明

6.1.1 会计报表编制基础

本公司财务报表以持续经营假设为基础,根据实际发生的交易和事项,按照财政部颁布的《企业会计准则——基本准则》和各项具体会计准则、企业会计准则应用指南、企业会计准则解释及其他相关规定(以下合称企业会计准则)的披露规定编制。

6.1.2 纳入合并范围的子公司

序号	企业名称	级次	企业类型	注册地	业务性质	注册资本(万元)	持股比例(%)	享有的表决权	投资额(万元)
1	天治基金管理有限公司	2	2	上海市	基金业	16 000.00	61.25	61.25	11 600.00
2	天富期货有限公司	2	2	长春市	期货业	15 000.00	55.00	55.00	8 250.00
3	天治北部资产管理有限公司	3	2	北京市	金融业	10 000.00	51.00	51.00	5 289.00
4	吉林省汇富投资管理有限公司	3	2	长春市	金融信息服务业	2 300.00	100.00	100.00	2 300.00
5	吉林省汇通典当有限责任公司	3	2	长春市	典当业	1 000.00	65.00	65.00	650.00

注:企业类型:(1)境内非金融子企业;(2)境内金融子企业;(3)境外子企业;(4)事业单位;(5)基建单位。

6.1.3 会计政策、会计估计和核算方法的变更

6.1.3.1 重要会计政策变更

2019 年 12 月 10 日,财政部制定了《企业会计准则解释第 13 号》(财会〔2019〕21 号),自 2020 年 1 月 1 日起施行,不要求追溯调整。执行该准则对公司无重大影响。

2020 年 6 月 19 日,财政部发布了《新冠肺炎疫情相关租金减让会计处理规定》,对于满足一定条件的与新冠肺炎疫情相关的租金减让,企业可以选择采用该规定专门引入的简化方法进行会计处理。报告期内,公司不涉及疫情相关的租金减让事项。

6.1.3.2 会计估计变更

本报告期主要会计估计未变更。

6.2 重要会计政策和会计估计

无。

6.3 或有事项

截至 2020 年 12 月 31 日,公司对外提供担保情况如下:

担保对象	担保方式	担保金额(万元)	担保期限(月)	担保合同签订日	反担保措施
吉林市城投大数据建设有限公司	保证担保	1 000	6	2020 年 12 月 28 日	盛稷股权投资基金(上海)有限公司及吉林市国有资本发展控股集团有限公司提供反担保保证;盛稷股权投资基金(上海)有限公司以其持有东方精工(002611)2 938 753 股流通股股票提供担保质押。
吉林市吉房置业发展有限公司	保证担保	3 000	6	2020 年 12 月 28 日	盛稷股权投资基金(上海)有限公司及吉林市国有资本发展控股集团有限公司提供反担保保证;盛稷股权投资基金(上海)有限公司以其持有广济药业(000952)5 066 816 股流通股股票提供担保质押。
吉林市城投建设实业有限公司	保证担保	4 000	6	2020 年 12 月 28 日	盛稷股权投资基金(上海)有限公司及吉林市国有资本发展控股集团有限公司提供反担保保证;盛稷股权投资基金(上海)有限公司以其持有东方精工(002611)11 755 013 股流通股股票提供担保质押。
吉林市吉城综合管廊建设经营有限公司	保证担保	4 000	6	2020 年 12 月 28 日	盛稷股权投资基金(上海)有限公司及吉林市国有资本发展控股集团有限公司提供反担保保证;盛稷股权投资基金(上海)有限公司以其持有东方精工(002611)4 914 077 股和广济药业(000952)3 931 572 股流通股股票提供担保质押。
吉林农业投资发展有限公司	保证担保	7 000	6	2020 年 12 月	吉林市国有资本发展控股集团有限公司及吉林市城市建设控股集团有限公司提供反担保保证。

续表

担保对象	担保方式	担保金额（万元）	担保期限（月）	担保合同签订日	反担保措施
吉林市隆鑫市政工程有限责任公司	保证担保	7 000	6	2020 年 12 月	吉林市国有资本发展控股集团有限公司及吉林市城市建设控股集团有限公司提供反担保保证。
合计		26 000			

6.4 重要资产转让及其出售

本公司本年度无重要资产转让及其出售情况。

6.5 会计报表中重要项目的明细资料

6.5.1 自营资产经营情况

6.5.1.1 公司信用风险资产五级分类结果如下

信用风险资产五级分类	正常类（万元）	关注类（万元）	次级类（万元）	可疑类（万元）	损失类（万元）	信用风险资产合计（万元）	不良信用风险资产合计（万元）	信用风险资产不良率（%）
期初数	196 292.34	92 054	21 368.64	9 881.44	6 613.04	326 209.46	37 863.12	11.61
期末数	619 985.73	20 000	64 168.64	9 881.44	6 535.34	720 571.15	80 585.42	11.18

6.5.1.2 资产损失准备的期初数、本期计提、本期转回、本期核销、期末数

单位：万元

项目	期初数	本期计提	本期转回	本期核销	其他变化	期末数
贷款损失准备	7 866.26	3 237.60	—	—	—	11 103.86

续表

项目	期初数	本期计提	本期转回	本期核销	其他变化	期末数
可供出售金融资产减值准备	6 750.55	—	5 540.98	—	—	1 209.57
持有至到期投资减值准备	1.50	—	—	—	—	1.50
长期股权投资减值准备	297.75	—	—	—	—	297.75
坏账准备	13 305.79	525.91	—	—	—	13 831.70
投资性房地产减值准备	—	—	—	—	—	—
抵债资产减值准备	505.99	—	—	—	—	505.99
拆出资金减值准备	900.00	8 100.00	—	—	—	9 000.00
合计	29 627.84	11 863.51	5 540.98	—	—	35 950.37

6.5.1.3 自营股票投资、基金投资、债券投资、股权投资等投资的期初数、期末数

单位：万元

项目	自营股票	基金	债券	股权投资	其他投资	合计
期初数	3 045.94	—	27 961.00	447 998.65	3 734.77	482 740.36
期末数	2 037.13	—	20 212.33	447 998.65	4 117.[illegible]3	474 365.74

6.5.1.4 公司前五名的自营股权投资的企业名称、占被投资企业权益的比例、主要经营活动及投资收益情况

企业名称	占被投资企业权益的比例（%）	主要经营活动	投资收益（万元）
东北证券股份有限公司	11.8	证券经纪；证券投资咨询；与证券交易、证券投资活动有关的财务顾问；证券承销与保荐；证券自营；融资融券；证券投资基金代销；代销金融产品业务。	本年度分红为2 760.74
九台农村商业银行	9.61	吸收人民币公众存款；发放人民币短期、中期和长期贷款；办理国内结算；办理票据承兑与贴现；代理发行、代理兑付、承销政府债券；买卖政府债券、金融债券，参与货币市场；从事同业拆借；代理收付款项及代理保险业务；提供保险箱服务；代理买卖基金、信托产品及其他理财产品；基金销售；从事银行卡业务；外汇借款、外汇票据的承兑和贴现、外汇担保、自营及代客外汇买卖、外汇存款、外汇贷款、外汇汇款、外币兑换、国际结算、同业外汇拆借和资信调查、咨询、见证，外汇借款、外汇票据的承兑和贴现、外汇担保、即期结售汇、自营及代客外汇买卖；经中国银行业监督管理委员会批准的其他业务；信息服务业务（不含固定网信息服务业务项目）（依法须经批准的项目，经相关部门批准后方可开展经营活动）。	本年度分红为1 237.37
中融人寿保险股份有限公司	6.15	人寿保险、健康保险、意外伤害保险等各类人身保险业务；上述业务的再保险业务；国家法律、法规允许的保险资金运用业务；经中国保监会批准的其他业务（企业依法自主选择经营项目，开展经营活动；依法须经批准的项目，经相关部门批准后依批准的内容开展经营活动；不得从事本市产业政策禁止和限制类项目的经营活动）。	本年度未分红
吉林银行股份有限公司	0.99	吸收公众存款；发放短期、中期和长期贷款；办理国内外结算；办理票据承兑与贴现；发行金融债券；代理发行、代理兑付、承销政府债券；买卖政府债券；从事同业拆借；提供担保；代理收付款项及代理保险业务；提供保管箱服务；办理委托存贷款业务；代理销售黄金业务；办理结汇、售汇业务；外汇借款；外币兑换；发行或代理发行股票以外的外币有价证券；买卖或代理买卖股票以外的外币有价证券；资信调查、咨询、见证业务；证券投资基金销售业务；经银行业监督管理机构批准的其他业务。	本年度未分红
吉林公主岭农村商业银行股份有限公司	10	吸收人民币公众存款；发放人民币短期、中期和长期贷款；办理国内结算；办理票据承兑与贴现；代理发行、代理兑付、承销政府债券；买卖政府债券、金融债券，参与货币市场；从事同业拆借；代理收付款项及代理保险业务；提供保管箱服务；从事银行卡（借记卡）业务；经中国银行业监督管理委员会批准的其他业务（依法须经批准的项目，经相关部门批准后方可开展经营活动）。	本年度分红为850

6.5.1.5 公司前五名的自营贷款的企业名称、占贷款总额的比例和还款情况

企业名称	占贷款总额的比例(%)	还款情况
吉林省乳业集团有限公司	21.81	未到期
吉林国金商贸有限责任公司	13.96	已到期
上海鸿内贸易发展有限公司	43.63	已到期
长春鸿达光电子与生物统计识别技术有限公司	4.36	已到期
吉林大药房药业股份有限公司	9.82	已于2021年1月还款

6.5.1.6 表外业务的期初数、期末数

单位:万元

表外业务	期初数	期末数
担保业务	40 900	26 000
代理业务(委托业务)	—	—
其他	—	—
合计	40 900	26 000

6.5.1.7 公司当年的收入结构

收入结构	合并		母公司	
	金额(万元)	占比(%)	金额(万元)	占比(%)
手续费及佣金收入	24 141.84	55.42	20 249.04	52.74
其中:信托业务手续费收入	20 129.46	46.21	20 129.46	52.43
担保业务手续费收入	119.58	0.27	119.58	0.31
基金管理手续费收入	2 525.60	5.80	—	—
期货业务手续费收入	1 367.20	3.14	—	—
典当业务手续费收入	—	—	—	—
其他手续费收入	—	—	—	—
利息类收入	4 160.28	9.55	3 805.42	9.91
其他业务收入	287.05	0.66	208.00	0.54
其中:计入信托业务收入部分	—	—	—	—
投资收益	14 473.11	33.22	14 243.52	37.11
其中:股权投资收益	11 635.94	26.71	11 635.94	30.31
证券投资收益	2 547.82	5.85	2 547.82	6.64
其他投资收益	289.35	0.66	59.76	0.16
公允价值变动收益	153.82	0.35	−212.71	−0.55
其他收益	123.96	0.28	77.25	0.20
资产处置收益	13.27	0.03	13.27	0.03
营业外收入	207.66	0.48	6.50	0.02
收入合计	43 560.99	100.00	38 390.29	100.00

6.5.2 信托资产管理情况

6.5.2.1 信托资产的期初数、期末数

单位:万元

信托资产	期初数	期末数
集合	521 590.14	529 411.95
单一	4 050 052.03	2 031 896.59
财产权	1 918 358.79	2 036 118.08
合计	6 490 000.97	4 597 426.62

6.5.2.1.1 主动管理型信托业务的信托资产期初数、期末数,分证券投资类、股权投资类、融资类、事务管理类分别披露

单位:万元

主动管理型信托资产	期初数	期末数
证券投资类	777.91	7 786.90
股权投资类	1 025 663.93	968 917.22
融资类	1 433 438.82	1 225 306.00
事务管理类	—	94 819.69
合计	2 459 880.66	2 296 829.81

6.5.2.1.2 被动管理型信托业务的信托资产期初数、期末数,分证券投资类、股权投资类、融资类、事务管理类分别披露

单位:万元

被动管理型信托资产	期初数	期末数
证券投资类	707 260.16	3 711.48
股权投资类	39 014.70	149 719.95
融资类	173 201.26	43 685.35
事务管理类	3 110 644.19	2 103 480.04
合计	4 030 120.31	2 300 596.81

6.5.2.2 本年度已清算结束的项目个数、实收信托合计金额、加权平均实际年化收益率

6.5.2.2.1 本年度已清算结束的集合类、单一类资金信托项目和财产管理类信托项目个数、实收信托合计金额、加权平均实际年化收益率

已清算结束的信托项目	项目个数(个)	实收信托合计金额(累计数)(万元)	加权平均实际年化收益率(%)
集合类	4	22 380.00	9.37
单一类	56	6 100 177.43	3.26
财产管理类	9	520 426.43	3.77

6.5.2.2.2 本年度已清算结束的主动管理型信托项目个数、实收信托合计金额、加权平均实际年化信托报酬率、加权平均实际年化收益率

已清算结束的信托项目	项目个数(个)	实收信托合计金额(万元)	加权平均实际年化信托报酬率(%)	加权平均实际年化收益率(%)
证券投资类	—	—	—	—
股权投资类	7	384 581.30	0.54	7.32
融资类	18	491 739.74	0.34	11.14
事务管理类	—	—	—	—

6.5.2.2.3 本年度已清算结束的被动管理型信托项目个数、实收信托合计金额、加权平均实际年化信托报酬率、加权平均实际年化收益率

已清算结束的信托项目	项目个数(个)	实收信托合计金额(万元)	加权平均实际年化信托报酬率(%)	加权平均实际年化收益率(%)
证券投资类	5	3 809 736.70	0.01	0.82
股权投资类	1	150 000.00	0.12	6.73
融资类	—	—	—	—
事务管理类	38	1 806 926.12	0.16	5.33

6.5.2.3　本年度新增的集合类、单一类资金信托项目和财产管理类信托项目数量、合计金额

新增信托项目	项目个数（个）	实收信托合计金额（万元）
集合类	4	110 460.00
单一类	18	1 059 411.16
财产管理类	9	669 819.69
新增合计	31	1 839 690.85
其中：主动管理型	21	791 776.95
被动管理型	10	1 047 913.90

6.5.2.4　信托业务创新成果和特色业务有关情况

6.5.2.4.1　创新业务

2020 年公司将慈善信托的运作管理方式进行了创新，采用“慈善信托＋防返贫保险”的模式实现了信托公司与保险公司首次合作，共同推进吉林省金融扶贫及防范返贫工作。

6.5.2.4.2　特色业务

“吉林振兴”系列信托产品。公司 2019 年 3 月推出“吉信·吉林振兴”品牌系列信托产品，2020 年共推出 10 笔“吉信·吉林振兴”系列信托计划，存续规模为 14.32 亿元，支持地方实体经济和基础设施建设，助推吉林新一轮振兴发展。

6.5.2.4.3　研究成果

公司针对监管变化，编制政策解读类报告，对监管形势进行分析，对未来业务拓展进行探讨；针对行业转型发展，对标品信托、慈善信托等课题进行研究；出版季度期刊《吉林信托》，对金融领域的理论与实践进行研究、探讨等。

6.5.2.5　信托赔偿准备金的提取、使用和管理情况

本公司根据《信托公司管理办法》及吉林省人民政府国有资产监督管理委员会《关于对吉林信托提高信托赔偿准备金提取比例的批复》（吉国资发预算〔2013〕155 号），按公司注册资本的 20% 提足准备。截至报告期末，信托赔偿准备金尚未使用。信托赔偿准备金期末余额为 31 932 万元。

6.6　关联方关系及其交易

6.6.1　关联交易方的数量、关联交易的总金额及关联交易的定价政策

项目	关联交易方数量（个）	关联交易金额（万元）	定价政策
合计	4	772.40	双方协议/市场价格确定

6.6.2　关联交易方与本公司的关系性质、关联交易方的名称、法人代表、注册地址、注册资本及主营业务

关系性质	关联方名称	法定代表人	注册地址	注册资本（万元）	主营业务
二级子公司	天富期货有限公司	鲍海松	长春市	15 000.00	商品期货经纪，金融期货经纪；期货投资咨询。
二级子公司	天治基金管理有限公司	单宇	上海市	16 000.00	基金管理业务，发起设立基金，中国证监会批准的其他业务。
三级子公司	天治北部资产管理有限公司	王醒	北京市	10 000.00	为特定客户资产管理业务及中国证监会许可的其他业务。
三级子公司	吉林省汇富投资管理有限公司	马成林	长春市	2 300.00	利用自有资金对外进行项目投资及投资管理；受投资人委托对投资人资金进行经营、管理；投资理财（需专项审批除外）；投资咨询；经济信息咨询；企业管理咨询等。

6.6.3　逐笔披露本公司与关联方的重大交易事项

6.6.3.1　固有财产与关联方重大交易事项

单位：万元

固有与关联方关联交易				
项目	期初数	借方发生额	贷方发生额	期末数
贷款	—	—	—	—
投资	19 850	—	—	19 850
租赁	36.67	372.40	372.40	36.67
担保	—	—	—	—
应收账款	—	—	—	—
其他	400.00	—	—	400.00
合计	20 286.67	372.40	372.40	20 286.67

6.6.3.2　信托资产与关联方

单位：万元

信托与关联方关联交易				
项目	期初数	借方发生额	贷方发生额	期末数
贷款	—	—	—	—
投资	—	—	—	—
租赁	—	—	—	—
担保	—	—	—	—
应收账款	—	—	—	—
其他	—	—	—	—

6.6.3.3　信托公司及其子公司自有资金运用于自己管理的信托项目（固信交易）、信托公司管理的信托项目之间的相互（信信交易）交易金额

6.6.3.3.1　固有财产与信托财产

单位：万元

固有财产与信托财产相互交易			
项目	期初数	本期发生额	期末数
合计	3 000.00	-400.00	2 600.00

6.6.3.3.2　信托资产与信托财产

单位：万元

信托资产与信托财产相互交易			
项目	期初数	本期发生额	期末数
合计	—	—	—

6.6.4　逐笔披露关联方逾期未偿还本公司资金详细情况及公司为关联方担保发生或即将发生垫款的详细情况

报告期内，公司无上述情况。

6.7　会计制度

本公司固有业务、信托业务均执行《企业会计准则》《企业会计准则——应用指南》及其修订准则等相关规定。

7. 财务情况说明书

7.1 利润实现和分配情况(母公司口径与合并口径)

单位:万元

指标名称	合并口径	母公司
利润总额	-2 221.21	956.64
所得税费用	-2 285.50	-2 285.50
少数股东损益	-1 428.51	—
归属于母公司所有者的净利润	1 492.80	3 242.14
提取盈余公积	648.43	648.43
提取信托赔偿准备金	—	—
提取一般准备	3 251.60	898.93
上缴国有资本收益	—	—

7.2 主要财务指标(母公司口径与合并口径)

指标名称	合并指标值	母公司指标值
资产收益率(%)	0.01	0.46
资本收益率(净资产收益率)(%)	0.02	0.81
加权年化信托报酬率(%)	—	0.11
人均利润(万元)	0.19	19.41

注:1. 资产收益率 = 净利润/平均资产总额 ×100%。
2. 资本收益率 = 净利润/平均净资产 ×100%。
3. 加权信托报酬率为 2018 年已清算结束项目的加权年化信托报酬率。
4. 人均利润 = 利润总额/本年在册职工人数。

7.3 公司净资本情况

2020 年末,公司净资本余额为 98 984.48 万元 ;各项业务风险资本之和为 95 355.30 万元,净资本/各项业务风险资本之和为 103.81% ;净资本/净资产为 24.82%。

7.4 对公司财务状况、经营成果有重大影响的其他事项

无。

8. 特别事项揭示

8.1 前五名股东报告期内变动情况及原因

公司股东无变化。

8.2 董事、监事及高级管理人员变动情况及原因

报告期内,根据吉林省人民政府《关于郜戈免职的通知》(吉政干任〔2020〕84 号),免去郜戈的吉林省信托有限责任公司董事长职务。

报告期内,根据中共吉林省财政厅党组《关于王平任职的通知》(吉财党〔2020〕45 号),经吉林银保监局批复,王平任吉林省信托有限责任公司股权董事。

报告期内,根据吉林银保监局《吉林银保监局关于核准李巍任职资格的批复》(吉银保监〔2020〕231 号),李巍任吉林省信托有限责任公司总经理助理。

报告期内,增补刘继新、娄敬群为公司监事。钟湘华、郭燕因退休不再担任公司监事。

8.3 变更注册资本、变更注册地或公司名称、公司分立合并事项

无。

8.4 公司的重大诉讼事项

吉林省高级人民法院(2018)吉民初字第 94 号金融借款合同纠纷案、吉林省高级人民法院(2018)吉民初字第 57 号金融借款合同纠纷案、石家庄市人民法院(2020)冀 01 民初 543 号金融借款合同纠纷案、长春市中级人民法院(2019)吉 01 民初 1035 号金融借款合同纠纷案、中国国际经济贸易仲裁委员会 DS20191089 号投资合作协议争议仲裁案、沈阳市中级人民法院(2019)辽 01 民初 980 号信托受益权转让合同纠纷案、长春市中级人民法院(2020)吉 01 民初 1552 号金融借款合同纠纷案、长春市中级人民法院(2020)吉 01 民初 3986 号金融借款合同纠纷案。

8.5 公司及其董事、监事和高级管理人员受到处罚的情况

中国银行保险监督管理委员会吉林监管局于 2020 年 8 月 3 日对公司作出了行政处罚,根据《中国银保监会吉林监管局行政处罚决定书》(吉银保监罚决字〔2020〕14 号),公司因“未严格审核信托目的的合法合规性,为银行规避监管提供通道”被罚款 40 万元。

中国银行保险监督管理委员会吉林监管局于 2020 年 8 月 3 日对公司作出了行政处罚,根据《中国银保监会吉林监管局行政处罚决定书》(吉银保监罚决字〔2020〕15 号),李巍因“对吉林省信托有限责任公司未严格审核信托目的的合法合规性,为银行规避监管提供通道的违法违规行为负领导责任和管理责任”被处以警告处分。

中国银行保险监督管理委员会吉林监管局于 2020 年 12 月 23 日对公司作出了行政处罚,根据《中国银保监会吉林监管局行政处罚决定书》(吉银保监罚决字〔2020〕49 号),公司因“违规提供隐性的第三方金融机构信用担保,向监管部门报送虚假业务报告”被罚款 140 万元。

中国人民银行长春中心支行于 2020 年 9 月 7 日对公司作出了行政处罚,根据《中国人民银行长春中心支行行政处罚决定书》(长银罚字〔2020〕33 号)公司因“(1)未按照规定履行客户身份识别义务;(2)未按照规定报送可疑交易报告”被罚款 90 万元。

8.6 中国银保监会派出机构对公司检查结论和公司整改情况

中国银行保险监督管理委员会吉林监管局于 2020 年 6 月 23 日至 7 月 31 日对公司开展了综合性现场检查并于检查后下发了《现场检查意见书》。按照该意见书的要求,公司组织各部、室、中心对检查中存在的问题进行梳理和分析,切实提高思想认识,落实工作责任,健全长效机制,认真落实各项监管意见和要求,推动公司依法合规经营。其具体整改措施如下。

（1）进一步完善公司治理机制，强化股东股权管理工作，开展履职评价工作，推动董事会及监事会有效履职，强化激励约束机制建设。

（2）完善内控措施，认真执行各项监管规定，不断完善内部控制体系及措施。

（3）持续强化合规经营理念，增强业务合规性。完善相关管理制度、相关审批内容及流程，提升业务合规性。

（4）夯实内部管理基础工作，提升内部审批流程的规范性、归档文件的完整性。

（5）持续加强尽职管理，提高自主管理信托财产能力。

（6）加大监管意见落实力度，加强责任追究。

9. 公司监事会意见

报告期内，公司坚持加强党的领导和完善公司治理相统一，依法经营，依法决策，不断完善内部控制制度。2020 年度财务报告公允反映了吉林省信托有限责任公司 2020 年 12 月 31 日合并及母公司财务状况，以及 2020 年度的合并及母公司经营成果和现金流量。

建信信托有限责任公司

1. 重要提示

1.1 本公司董事会保证本报告所载资料不存在任何虚假记载、误导性陈述或者重大遗漏，并对其内容的真实性、准确性和完整性承担个别及连带责任。

1.2 公司独立董事范从来、张峥、彭剑锋保证本报告内容真实、准确、完整。

1.3 安永华明会计师事务所对本公司年度财务报告进行审计，出具了审计报告。

1.4 公司董事长王宝魁、首席财务官（副总裁）王晓薇、财务部门负责人玄雅莉声明：保证本年度报告中财务报告真实、完整。

2. 公司概况

2.1 公司简介

建信信托有限责任公司（以下简称建信信托）是经中国银监会批准，由中国建设银行投资控股的非银行金融机构。

2.1.1 公司法定中文名称：建信信托有限责任公司

中文名称缩写：建信信托

公司法定英文名称：CCB Trust Co. ,Ltd.

英文名称缩写：CCBT

2.1.2 法定代表人：王宝魁

2.1.3 注册地址：安徽省合肥市九狮桥街 45 号

邮政编码：230001

网　　址：www. ccbtrust. com. cn

2.1.4 信息披露分管领导：王晓薇

信息披露联系人：高朝晖

联系电话：(010)67596155

传　　真：(010)67596590

电子邮箱：jxxt@ ccbtrust. com. cn

2.1.5 信息披露报纸名称：《证券时报》

年度报告备置地点：北京市西城区闹市口大街一号院 4 号楼长安兴融中心 10 层

2.1.6 会计师事务所：安永华明会计师事务所（特殊普通合伙）

住所：北京市东城区东长安街 1 号东方广场大楼

2.2 组织结构

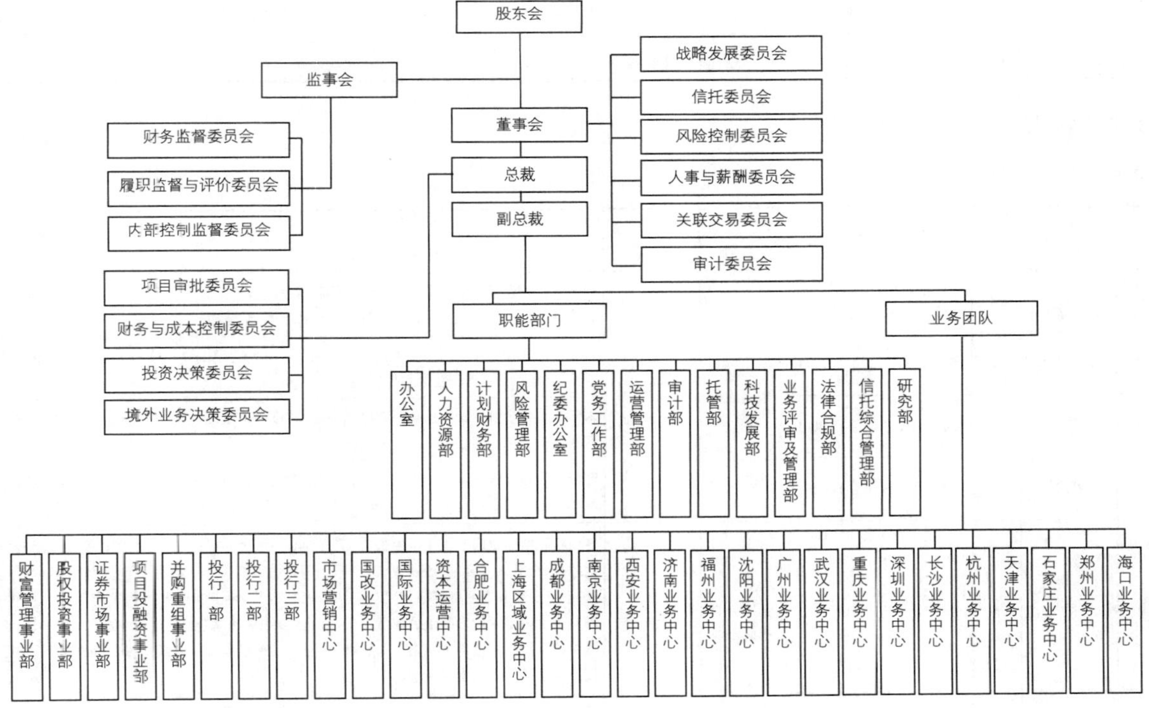

3. 公司治理

3.1 股东

报告期末，本公司股东总数2家，持股比例超过10%的股东有2家，情况如下。

股东名称	持股比例(%)	出资额(元)	法定代表人	注册资本(亿元)	注册地址	主要经营业务
中国建设银行股份有限公司	67	7 035 000 000.00	田国立	2 500.11	北京市西城区金融大街25号	公司银行业务、个人银行业务、资金业务、投资银行业务及海外业务。
合肥兴泰金融控股(集团)有限公司	33	3 465 000 000.00	程儒林	70.00	安徽省合肥市蜀山区祁门路1688号	对授权范围内的国有资产进行经营及从事企业策划、管理咨询、财务顾问、公司理财、产业投资，以及经批准的其他经营活动。

注：报告期内，本公司股东未质押公司股权，不存在以股权及其受(收)益权设立信托等金融产品的情况。

报告期末，主要股东及其控股股东、实际控制人、一致行动人、最终受益人、关联方情况如下：

股东名称	其控股股东	其实际控制人	其一致行动人	最终受益人	关联方
中国建设银行股份有限公司	中央汇金投资有限责任公司	—	—	—	(1)建设银行的控股股东中央汇金；(2)建设银行的子公司；(3)与建设银行受同一控股股东中央汇金控制的其他企业；(4)对建设银行实施共同控制的投资方；(5)对建设银行施加重大影响的投资方；(6)建设银行的联营企业；(7)建设银行的合营企业；(8)建设银行的主要投资者个人及与其关系密切的家庭成员(主要投资者个人是指能够控制、共同控制一个企业或者对一个企业施加重大影响的个人投资者)；(9)建设银行的关键管理人员及与其关系密切的家庭成员(关键管理人员是指有权力并负责计划、指挥和控制企业活动的人员，包括所有董事)；(10)中央汇金的关键管理人员及与其关系密切的家庭成员；(11)建设银行的主要投资者个人、关键管理人员或与其关系密切的家庭成员控制或共同控制的其他企业；(12)为建设银行或作为建设银行关联方任何实体雇员福利而设的离职后福利计划；(13)持有建设银行5%以上股份的企业或者一致行动人；(14)直接或者间接持有建设银行5%以上股份的个人及其关系密切的家庭成员；(15)在过去12个月内或者根据相关协议安排在未来12个月内，存在上述(1)、(3)和(13)情形之一的企业；(16)在过去12个月内或者根据相关协议安排在未来12个月内，存在(9)、(10)和(14)情形之一的个人，以及(17)由(9)、(10)、(14)和(16)直接或者间接控制的，或者担任董事、高级管理人员的，除建设银行及其控股子公司以外的企业。
合肥兴泰金融控股(集团)有限公司	合肥市人民政府国有资产监督管理委员会	—	—	合肥市人民政府国有资产监督管理委员会	(1)兴泰控股的子公司；(2)兴泰控股的联营企业；(3)兴泰控股的合营企业；(4)兴泰控股的关键管理人员及与其关系密切的家庭成员(关键管理人员是指有权力并负责计划、指挥和控制企业活动的人员，包括所有董事)；(5)兴泰控股关键管理人员或与其关系密切的家庭成员控制或共同控制的其他企业；(6)在过去12个月内或者根据相关协议安排在未来12个月内，存在(4)或一致行动人情形之一的个人，以及(7)由(4)、(5)直接或者间接控制的，或者担任董事、高级管理人员的，除兴泰控股及其控股子公司以外的企业。

3.2 董事

董事会成员(非独立董事)

姓名	职务	性别	年龄(岁)	选任日期	所推举的股东名称	该股东持股比例(%)	简要履历
王宝魁	董事长(执行董事)	男	57	2018年7月5日(2014年3月15日)	中国建设银行股份有限公司	67	曾任中国建设银行北京市分行多个部门副总经理、总经理，中国建设银行北京朝阳支行行长，历任建信信托副总裁、总裁；现任建信信托执行董事、董事长。
孙庆文	执行董事	男	54	2019年1月24日			曾任中国建设银行北京市分行多家支行副行长、行长，中国建设银行北京市分行公司业务部总经理、副行长；现任建信信托执行董事、总裁。
李钺	董事	女	56	2018年9月30日			曾任中国建设银行公司业务部高级副经理、高级经理、票据中心副主任；现任中国建设银行公司业务部副总经理。
蒋畅	董事	女	54	2018年9月30日			曾任中国建设银行国际业务部副处长，中国建设银行新加坡分行资金部副主管，中国建设银行国际业务部高级经理、资深经理；现任中国建设银行股权与投资管理部资深经理。
郑晓静	董事	女	41	2018年8月9日	合肥兴泰金融控股(集团)有限公司	33	曾任合肥市财政局预算处副处长，合肥市金融办多个部门处长，合肥兴泰控股集团有限公司副总裁，合肥兴泰金融控股(集团)有限公司副总经理，合肥市大数据资产运营有限公司董事长；现任合肥兴泰金融控股(集团)有限公司总经理，合肥兴泰资本管理有限公司董事长，合肥滨湖金融小镇管理有限公司董事长，合肥兴泰光电智能创业投资有限公司董事长，合肥市民营企业纾困发展基金有限公司董事长，合肥兴泰创业投资管理有限公司董事长，海通新创投资管理有限公司副总经理。
陈锐	董事	男	43	2019年8月5日			曾任合肥兴泰资产管理有限公司副总经理、总经理、董事长，合肥兴泰小额贷款有限公司总经理、董事长；现任合肥兴泰金融控股(集团)有限公司副总经理，合肥市兴泰融资担保集团有限公司董事长，合肥市兴泰担保行业保障金运营有限公司董事长。

独立董事

姓 名	所在单位及职务	性别	年龄(岁)	选任日期	简要履历
张 峥	北京大学光华管理学院副院长、金融学教授、博士生导师	男	48	2019 年 7 月 4 日	曾任北京大学光华管理学院金融系助理研究员、助理教授、副教授、博士生导师,金融系副主任;现任北京大学光华管理学院副院长、金融学教授、博士生导师,北大光华中国 REITs 研究中心执行主任。
范从来	南京大学商学院教授、南京大学长三角经济社会发展研究中心主任	男	58	2019 年 8 月 5 日	曾任南京大学商学院经济学系主任,商学院副院长,南京大学学科处处长,商学院常务副院长、校长助理;现任南京大学商学院教授,南京大学长江三角洲经济社会发展研究中心主任,中国经济发展研究会副会长。
彭剑锋	中国人民大学教授、博士生导师,华夏基石管理咨询集团董事长	男	59	2019 年 7 月 4 日	曾任中国人民大学劳动人事学院讲师、副教授;现任中国人民大学教授、博士生导师,华夏基石管理咨询集团董事长,中国企业联合会管理咨询业委员会副主任,北京企业家协会副会长。

3.3 监事

姓 名	职 务	性别	年龄(岁)	选任日期	所代表股东	股东持股比例(%)	简要履历
王金生	监事长	男	56	2010 年 4 月 9 日	合肥兴泰金融控股(集团)有限公司	33	曾任合肥市粮食局财务处长,合肥大米公司经理(法人代表),合肥市国有资产管理局综合处长、局长助理,合肥市产权交易管理办公室副主任,合肥市国有资产控股公司副总经理,丰乐种业股份有限公司外部董事,合肥市财政局(合肥市国有资产管理办公室)专职副主任,合肥市人民政府国有资产监督管理委员会副主任;现任建信信托监事长。
王彦青	职工监事	男	57	2010 年 9 月 20 日	—	—	曾任中国建设银行河北省分行计划财务部、资产保全部副总经理,中国建设银行河北省总审计室现场一处高级副经理(主持工作)、建信信托审计部总经理;现任建信财富(北京)股权投资基金管理公司监事长。
徐谦	职工监事	男	45	2019 年 4 月	—	—	曾任中国建设银行四川省分行办公室主任助理、副主任,中国建设银行成都第五支行副行长,历任建信信托成都业务部总经理、投行部总经理、业务评审及管理部总经理、业务评审总监兼任业务评审及管理部总经理。

注:1. 2021 年 2 月,建信信托 2021 年第一次临时股东会选举杨刚担任监事。
2. 2021 年 3 月,徐谦辞去建信信托职工监事职务。

3.4 高级管理人员

姓名	职务	性别	年龄(岁)	选任日期	金融从业年限(年)	学历	专业
孙庆文	总裁	男	54	2019 年 3 月 22 日	28	本科	机械设计及制造
王晓薇	首席财务官(副总裁)董事会秘书	女	47	2018 年 4 月 3 日	22	硕士研究生	国际金融
王业强	首席投资官(副总裁)	男	40	2017 年 8 月 15 日	18	硕士研究生	资产管理
周志赛	副总裁	男	49	2019 年 4 月 4 日	26	本科	金融学
吴宁	副总裁	男	47	2019 年 4 月 4 日	24	本科	应用电子技术
黎代福	副总裁	男	49	2019 年 4 月 4 日	26	博士研究生	会计学

3.5 公司员工

截至 2020 年 12 月 31 日,公司共有员工 406 人,平均年龄为 35 岁,其中,博士学历 22 人,占比为 5.4%;硕士学历 288 人,占比为 70.9%;本科学历 94 人,占比为 23.2%;专科学历 2 人,占比为 0.5%。

4. 经营管理

4.1 经营目标、经营方针、战略规划

4.1.1 经营目标

公司的经营目标是致力于打造一流全能型资管机构。

4.1.2 经营方针

公司的经营方针是践行支持实体经济发展、助力金融改革开放和服务人民美好生活的企业使命。坚持立足国家经济建设主战场,深耕投资银行、资产管理、财富管理三大业务方向,通过创新引领和全能配置,创造真实稳定的长期价值,真正守护好客户托付与利益,更助力社会繁荣与进步。

4.1.3 战略规划

公司的战略规划是全面拥抱资本市场,提高资本市场业务核心能力;成为新金融行动的积极践行者,将新金融的普惠性、共享性、科技性融入信托本源业务;建立丰富、立体、多元的资本市场产品体系,争取实现产品的全覆盖;形成专业、稳健的客户服务体系,为客户提供以资产配置为驱动的一站式服务;打

造业务、数据、技术三位一体的企业级数字化中台，全面推进数字化转型；建设守正、忠实、专业的受托人文化，建立符合市场发展规律的内部管理体系。

4.2 所经营业务的主要内容

公司经营业务主要包括信托业务和固有业务。

4.2.1 信托业务

信托业务是本公司的主营业务，主要包括投资银行、资产管理和财富管理等。2020 年末，本公司信托资产规模为 15 261.14亿元。其中，家族信托实收资产规模突破 650 亿元，持续保持行业领先，荣获《证券时报》“中国优秀财富管理机构君鼎奖”，蝉联《亚洲银行家》“中国年度家族信托奖”，联合胡润研究院发布《2020 中国家族财富可持续发展报告》。

资产证券化业务累计发行规模突破万亿元，2020 年发行规模、累计发行规模、存量规模三项指标均以明显优势蝉联市场第一，荣获 2020 年度中央国债登记结算有限责任公司“优秀发行机构—ABS 发行人”“优秀资产管理机构”等奖项。

信托资产运用与分布表

资产运用	金额（万元）	占比（%）	资产分布	金额（万元）	占比（%）
货币资产	1 906 344. 60	1. 25	基础产业	4 717 621. 01	3. 09
贷款	69 145 781. 80	45. 31	房地产	2 420 191. 50	1. 59
交易性金融资产	15 381 914. 70	10. 08	证券市场	28 176 368. 55	18. 46
可供出售金融资产	24 033 083. 03	15. 75	实业	7 902 960. 15	5. 18
持有至到期投资	29 824 237. 24	19. 54	金融机构	22 717 738. 92	14. 89
长期股权投资	6 082 937. 04	3. 99	其他	86 676 520. 98	56. 79
其他	6 237 102. 70	4. 08			
信托资产总计	152 611 401. 11	100. 00	信托资产总计	152 611 401. 11	100. 00

4.2.2 固有业务

固有业务指运用自有资产开展的业务，主要包括股权投资和金融产品投资。

固有资产运用与分布表

资产运用	金额（万元）	占比（%）	资产分布	金额（万元）	占比（%）
货币资产	64 082. 05	2. 51	基础产业	376 203. 12	14. 73
贷款及应收款	39 038. 48	1. 53	房地产业	155 321. 17	6. 08
交易性金融资产	1 476 285. 04	57. 79	证券市场	82 469. 14	3. 23
可供出售金融资产			实业	186 267. 10	7. 29
持有至到期投资			金融机构	692 006. 81	27. 09
长期股权投资	795 080. 11	31. 12	其他	1 062 423. 23	41. 59
其他	180 204. 89	7. 05			
资产总计	2 554 690. 57	100. 00	资产总计	2 554 690. 57	100. 00

注：1. 资产运用中各类资产均为扣除减值准备后的净额，资产运用中的“其他”主要是应收款项 9. 03 亿元、其他权益工具投资 3. 32 亿元、递延所得税资产 3. 5 亿元及固定资产、租赁使用权、无形资产等。

2. 资产分布中的“其他”主要是私募股权基金等非金融股权投资。

4.3 市场分析

4.3.1 影响信托业务发展的有利因素

一是宏观经济政策有效应对新冠肺炎疫情的冲击。受益于有力的疫情防控措施，结构宽松的货币政策、财政政策发力新基建，中国经济 2020 年在全球主要经济体中唯一实现正增长。

二是双循环新发展格局的构建释放经济发展潜能。中央提出加快构建以国内大循环为主体、国内国际双循环相互促进的新发展格局，发挥我国国内市场优势，通过高水平对外开放，推动我国供给侧结构性改革，促进国内消费升级和产业升级，激活内循环的发展潜能。

三是监管政策引导信托行业转型发展。监管部门要求并积极引导信托公司加快向服务信托、财富管理、证券投资信托、股权投资等创新业务转型。

4.3.2 影响业务发展的不利因素

一是在疫情冲击下外部环境更加复杂多变。新冠肺炎疫情的超级传播且快速变异，全球疫情形势严峻，外部经济环境不确定性上升，信托公司展业难度增大。

二是传统业务空间持续收窄。持续压降信托通道业务、融资类业务规模，加大对表内外风险资产的处置，信托公司的基础设施融资、房地产信托等传统业务迫切需要转型。

三是混业经营的资管市场竞争日趋激烈。随着证券、信托、基金、银行、保险等行业之间的竞争壁垒打破，在混业经营的大资管市场中，信托公司主动管理能力、核心竞争能力亟待提升，转型发展步伐须加快。

4.4 内部控制概况

公司建立了权责明确、制衡合理的治理结构和前台、中台、后台分离，报告路径清晰的组织架构。报告期内，公司在法律合规部下新设内控合规部，全面负责公司的内控合规管理。

董事会对公司内部控制有效性承担最终责任，高级管理层对内部控制的有效执行承担管理责任，监事会、独立董事对内部控制负有监督职责。公司高度重视内控文化建设，秉承“诚信为本、稳健经营”的理念，培养审慎、严谨的内控文化。

公司健全了各项内部控制制度和机制，使内部控制渗透到决策、执行、监督、反馈等各个环节，覆盖公司所有业务、部门和岗位。

报告期内，公司已建立完善的信息披露制度和程序，通过公司网站等平台及时向委托人和社会公众准确、及时披露公司有关信息。

报告期内，公司具备完备的内部控制评价、再评价和监督、纠正机制。公司组织开展了全面的内部控制自我评价工作，内部控制水平持续提升。

4.5 风险管理

本公司依托“三会一层”和内设部门，构建了全面覆盖、层次清晰、职责明确的风险管理架构，形成了“四个层级、三道防线”的风险管理体系，坚持依法合规的经营理念，培育健康的风险管理文化，积极防范和化解经营过程中面临的各种风险，促进公司持续健康发展。

4.5.1 信用风险状况及其管理

公司信托业务的信用风险主要来自融资类信托项目和主

动管理投资类信托中投资的信用债券。报告期内，公司融资类信托存续项目资产质量较好，到期清算项目履行了受托人尽职管理的责任；投资类项目中的信用债均符合公司风险政策和限额指标，信用风险可控。公司固有业务信用风险主要来自固定收益类资产，信用风险可控。

公司遵循集团整体风险偏好，加强对项目前期的风险评审工作，审慎选择交易对手；合理选择增信措施，强化抵（质）押品管理；持续关注交易对手的履约能力，加强项目资金监管，确保项目还款来源；强化项目的运营管理，加大对重点项目管理力度。

4.5.2 市场风险状况及其管理

公司市场风险主要来自证券投资业务，包含固定收益类产品、股票类产品和混合类产品。报告期内，公司证券投资业务运行平稳，风险敞口、价格波动在设定的限额内，市场风险可控。

公司通过建立有效的投资组合，设置合理的投资比例和风险限额，加强各类价格波动的监测，严格执行信托文件中对预警线及止损线的具体约定，及时发现并预防市场风险。

4.5.3 操作风险状况及其管理

公司持续规范各项业务的操作流程，明确操作权限和内容，在业务尽职调查、产品管理、风险监控、档案管理、信息披露等方面不断细化管理要求、规范操作流程，降低操作风险隐患。报告期内，公司未发生因操作风险所造成的重大损失。

4.5.4 其他风险状况及其管理

其他风险主要包括政策风险、法律风险、关联交易风险、声誉风险及信息科技风险等。报告年度，公司其他各类风险管理情况较好，风险可控。

公司深入分析国家宏观经济政策、行业发展政策、监管政策及国家法律法规，及时调整经营策略。报告年度，公司积极把握政策导向，有效控制政策风险。

公司加强法律性事务管理，对交易行为、法律性文件认真进行法律审查。报告年度，公司法律风险可控，管理扎实。

公司不断完善关联交易相关制度和操作流程，及时准确识别、审查、统计关联交易，按照要求及时向监管部门事前报告。报告年度，公司关联交易事项合法合规，风险可控。

公司强调在依法合规经营、持续稳健发展的基础上，主动、有效、灵活地管理声誉风险，制定了对声誉风险监控、处置和应对的工作制度。报告年度，公司声誉风险管理较好，维护了良好的品牌声誉。

公司建立有效的管理机制，持续完善相关制度，强化信息科技风险管理，实现对公司信息科技风险的识别、监控和控制，促进公司业务安全、持续、稳健运行。

5. 报告期末及上一年度末的比较式会计报表

5.1 固有资产

5.1.1 会计师事务所审计意见全文

审 计 报 告

安永华明（2021）审字第 61379741 _ A01 号

建信信托有限责任公司董事会：

一、审计意见

我们审计了建信信托有限责任公司的财务报表，包括 2020 年 12 月 31 日的合并及公司资产负债表，2020 年度的合并及公司利润表、所有者权益变动表和现金流量表，以及相关财务报表附注。

我们认为，后附的建信信托有限责任公司的财务报表在所有重大方面按照企业会计准则的规定编制，公允反映了建信信托有限责任公司 2020 年 12 月 31 日的合并及公司财务状况及 2020 年度的合并及公司经营成果和现金流量。

二、形成审计意见的基础

我们按照中国注册会计师审计准则的规定执行了审计工作。审计报告的“注册会计师对财务报表审计的责任”部分进一步阐述了我们在这些准则下的责任。按照中国注册会计师职业道德守则，我们独立于建信信托有限责任公司，并履行了职业道德方面的其他责任。我们相信，我们获取的审计证据是充分的、适当的，为发表审计意见提供了基础。

三、其他信息

建信信托有限责任公司管理层对其他信息负责。其他信息包括年度报告中涵盖的信息，但不包括财务报表和我们的审计报告。

我们对财务报表发表的审计意见不涵盖其他信息，我们也不对其他信息发表任何形式的鉴证结论。

结合我们对财务报表的审计，我们的责任是阅读其他信息，在此过程中，考虑其他信息是否与财务报表或我们在审计过程中了解到的情况存在重大不一致或者似乎存在重大错报。

基于我们已执行的工作，如果我们确定其他信息存在重大错报，我们应当报告该事实。在这方面，我们无任何事项需要报告。

四、管理层和治理层对财务报表的责任

管理层负责按照企业会计准则的规定编制财务报表，使其实现公允反映，并设计、执行和维护必要的内部控制，以使财务报表不存在由于舞弊或错误导致的重大错报。

在编制财务报表时，管理层负责评估建信信托有限责任公司的持续经营能力，披露与持续经营相关的事项（如适用），并运用持续经营假设，除非计划进行清算、终止运营或别无其他现实的选择。

治理层负责监督建信信托有限责任公司的财务报告过程。

五、注册会计师对财务报表审计的责任

我们的目标是对财务报表整体是否不存在由于舞弊或错误导致的重大错报获取合理保证，并出具包含审计意见的审计报告。合理保证是高水平的保证，但并不能保证按照审计准则执行的审计在某一重大错报存在时总能发现。错报可能由于舞弊或错误导致，如果合理预期错报单独或汇总起来可能影响财务报表使用者依据财务报表作出的经济决策，则通常认为错报是重大的。

在按照审计准则执行审计工作的过程中，我们运用职业判断，并保持职业怀疑。同时，我们也执行以下工作：

（1）识别和评估由于舞弊或错误导致的财务报表重大错报风险，设计和实施审计程序以应对这些风险，并获取充分、适当的审计证据，作为发表审计意见的基础。由于舞弊可能涉及串通、伪造、故意遗漏、虚假陈述或凌驾于内部控制之上，未能发现由于舞弊导致的重大错报的风险高于未能发现由于错误导致的重大错报的风险。

（2）了解与审计相关的内部控制，以设计恰当的审计程序，但目的并非对内部控制的有效性发表意见。

（3）评价管理层选用会计政策的恰当性和作出会计估计及相关披露的合理性。

（4）对管理层使用持续经营假设的恰当性得出结论。同时，根据获取的审计证据，就可能导致对建信信托有限责任公司持续经营能力产生重大疑虑的事项或情况是否存在重大不确定性得出结论。如果我们得出结论认为存在重大不确定性，审计准则要求我们在审计报告中提请报表使用者注意财务报表中的相关披露；如果披露不充分，我们应当发表非无保留意见。我们的结论基于截至审计报告日可获得的信息。然而，未来的事项或情况可能导致建信信托有限责任公司不能持续经营。

（5）评价财务报表的总体列报（包括披露）、结构和内容，并评价财务报表是否公允反映相关交易和事项。

（6）就对建信信托有限责任公司中实体或业务活动的财务信息获取充分、适当的审计证据，以对合并财务报表发表审计意见。我们负责指导、监督和执行集团审计，并对审计意见承担全部责任。

我们与治理层就计划的审计范围、时间安排和重大审计发现等事项进行沟通，包括沟通我们在审计中识别出的值得关注的内部控制缺陷。

安永华明会计师事务所（特殊普通合伙）

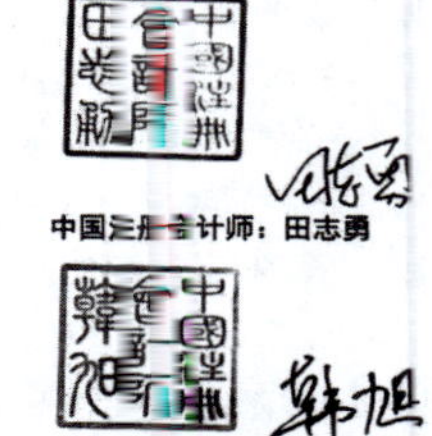
中国注册会计师：田志勇

中国注册会计师：韩旭

中国·北京　　　　2021 年 4 月 13 日

5.1.2　资产负债表

资产负债表（母公司）

编制单位：建信信托有限责任公司　　　　2020 年 12 月 31 日　　　　单位：万元

项目	2020 年 12 月 31 日	2019 年 12 月 31 日	项目	2020 年 12 月 31 日	2019 年 12 月 31 日
资产	—	—	负债和所有者权益	—	—
现金及存放同业款项	64 082.05	98 039.70	拆入资金	350 065.63	—
应收款项	85 331.03	56 611.34	应付职工薪酬	40 956.26	36 492.91
贷款	39 038.48	—	应交税费	70 208.18	[illegible] 802.95
金融投资	—	—	合同负债	16 931.26	10 249.11
交易性金融资产	1 476 285.04	1 159 735.59	租赁负债	2 485.90	6 653.71
债权投资	—	—	递延所得税负债	—	—
其他权益工具投资	33 176.20	24 973.78	其他负债	8 967.25	7 566.72
长期股权投资	795 080.11	646 008.10	负债合计	489 614.47	[illegible] 765.39
投资性房地产	722.42	812.54	实收资本	1 050 000.00	[illegible] 686.61
固定资产	9 737.24	10 482.30	资本公积	65 000.00	[illegible] 239.09
在建工程	175.93	129.44	其他综合收益	139.20	377.62
无形资产	5 649.55	4 964.12	盈余公积	100 541.44	1[illegible] 380.50
使用权资产	4 263.60	9 802.20	一般风险准备	13 580.81	[illegible]3 580.81
递延所得税资产	34 971.58	11 195.89	信托赔偿准备	52 478.88	[illegible] 197.45
其他资产	6 177.34	97 696.33	未分配利润	783 335.77	7[illegible] 223.87
			所有者权益合计	2 065 076.11	[illegible]9[illegible] 685.94
资产总计	2 554 690.57	2 120 451.33	负债和所有者权益总计	2 554 690.57	2 1[illegible]0 451.33

资产负债表（合并）

编制单位：建信信托有限责任公司　　　　2020 年 12 月 31 日　　　　单位：万元

项目	2020 年 12 月 31 日	2019 年 12 月 31 日	项目	2020 年 12 月 31 日	2019 年 12 月 31 日
资产	—	—	负债和所有者权益	—	—
现金及存放同业款项	646 422.86	445 760.80	短期借款	173 574.21	123 705.98
应收款项	95 363.16	68 106.61	衍生金融负债	3 448.40	[illegible] 154.53
应收票据	112 611.97	225.93	拆入资金	350 065.63	—
贷款	39 038.48	—	应付职工薪酬	48 156.89	[illegible]2 527.26
合同资产	441.05	353.75	应交税费	80 771.30	[illegible]6 478.81
金融投资	—	—	应付票据	284 130.60	1[illegible] 856.62
交易性金融资产	1 871 576.53	1 394 311.75	合同负债	17 603.32	[illegible]0 549.33
债权投资	27 994.81	17 902.33	长期借款	57 991.52	[illegible]6 305.04

续表

项目	2020 年 12 月 31 日	2019 年 12 月 31 日	项目	2020 年 12 月 31 日	2019 年 12 月 31 日
其他权益工具投资	33 316.20	25 113.78	租赁负债	4 17[illegible].27	8 870.74
长期股权投资	719 569.92	697 111.36	递延所得税负债	6 516.51	52.18
投资性房地产	722.42	812.54	其他负债	1 087 219.48	566 941.94
固定资产	10 457.30	11 166.28	负债合计	2 113 649.12	1 078 442.45
在建工程	224.32	184.30	实收资本	1 050 000.00	246 686.61
无形资产	5 868.51	5 092.09	资本公积	60 337.50	765 565.32
商誉	1 018.84	1 018.84	其他综合收益	(3 227.04)	2 748.34
使用权资产	5 958.10	12 057.30	盈余公积	100 541.44	107 380.50
递延所得税资产	35 585.08	11 592.61	一般风险准备	14 364.55	14 204.53
其他资产	764 060.29	467 752.67	信托赔偿准备	52 478.88	44 197.45
			未分配利润	960 349.75	885 567.47
			归属于母公司所有者权益合计	2 234 845.08	2 066 350.22
			少数股东权益	21 735.63	13 770.26
			所有者权益合计	2 256 580.71	2 080 120.48
资产总计	4 370 229.83	3 158 562.93	负债和所有者权益总计	4 370 229.83	3 158 562.93

5.1.3 利润表

利润表(母公司)

编制单位:建信信托有限责任公司　　2020 年度　　单位:万元

项　目	2020 年度	2019 年度
一、营业收入	283 564.15	319 605.89
利息净收入	1 156.59	1 443.99
其中:利息收入	1 454.44	1 621.14
利息支出	(297.85)	(177.15)
手续费及佣金净收入	281 553.80	237 506.45
其中:手续费及佣金收入	281 690.62	237 538.24
手续费及佣金支出	(136.82)	(31.79)
投资收益	9 682.78	73 791.87
其他收益	63.40	—
公允价值变动损益	(9 646.29)	5 765.16
其他业务收入	748.57	1 107.44
资产处置收益	5.30	(9.02)
汇兑损益	—	—
二、营业支出	(63 798.01)	(65 424.08)
税金及附加	(2 429.97)	(2 178.54)
业务及管理费	(59 478.98)	(59 378.70)
信用减值损失	(969.56)	(52.87)
其他业务成本	(90.12)	(90.21)
其他资产减值损失	(829.38)	(3 723.75)
三、营业利润	219 766.14	254 181.81
营业外收入	32.62	27.28
营业外支出	(76.07)	(263.99)
四、利润总额	219 722.70	253 945.10
所得税费用	(54 094.11)	(64 159.25)
五、净利润	165 628.58	189 785.85
六、其他综合收益的税后净额	(238.42)	249.09
(一)以后不能重分类进损益的其他综合收益	(91.47)	212.85
(二)以后将重分类进损益的其他综合收益	(146.95)	36.23
七、综合收益总额	165 390.16	190 034.94

利润表(合并)

编制单位:建信信托有限责任公司　　2020 年度　　单位:万元

项　目	2020 年度	2019 年度
一、营业收入	660 754.49	497 738.86
利息净收入	1 164.91	4 173.73
其中:利息收入	14 262.03	13 934.56
利息支出	(13 097.12)	(9 760.83)
手续费及佣金净收入	309 629.38	270 262.35
其中:手续费及佣金收入	314 884.48	274 118.65
手续费及佣金支出	(5 255.10)	(3 856.30)
投资收益	69 525.89	98 007.73
其中:对联营合营企业的投资收益	59 259.47	61 903.47
其他收益	584.04	547.33
公允价值变动损益	30 148.38	3 796.60
其他业务收入	249 303.98	120 982.62
资产处置收益	5.30	(9.02)
汇兑损益	392.62	(22.48)
二、营业支出	(333 116.18)	(202 783.92)
税金及附加	(2 774.27)	(2 424.04)
业务及管理费	(83 904.36)	(80 445.21)
信用减值损失	(1 086.46)	(193.99)
其他业务成本	(245 351.09)	(119 720.68)
三、营业利润	327 638.31	294 954.94
营业外收入	33.74	74.26
营业外支出	(136.01)	(369.55)
四、利润总额	327 536.04	294 659.65
所得税费用	(74 593.58)	(72 890.67)
五、净利润	252 942.47	221 768.98
其中:归属于母公司股东的净利润	252 458.98	221 611.16
少数股东收益	483.49	157.82
六、其他综合收益的税后净额	(5 975.38)	402.66
(一)以后不能重分类进损益的其他综合收益	(91.47)	212.85
(二)以后将重分类进损益的其他综合收益	(4 286.57)	(97.89)
(三)外币财务报表折算差额	(1 597.33)	287.70
七、综合收益总额	246 967.09	222 171.63
其中:归属于母公司股东的综合收益总额	246 483.60	222 013.81
归属于少数股东的综合收益总额	483.49	157.82

5.1.4 所有者权益变动表

所有者权益变动表（母公司）

编制单位：建信信托有限责任公司　　2020 年 12 月 31 日　　单位：万元

项　目	实收资本	资本公积	其他综合收益	盈余公积	一般风险准备	信托赔偿准备	未分配利润	所有者权益合计
2020 年 1 月 1 日余额	246 686.61	770 239.09	377.62	107 380.50	13 580.81	44 197.45	795 223.87	1 977 685.94
本年增减变动金额	—	—	—	—	—	—	—	—
（一）综合收益总额	—	—	（238.42）	—	—	—	165 628.58	165 390.16
（二）股东投入和减少资本	—	—	—	—	—	—	—	—
（三）利润分配	—	—	—	—	—	—	—	—
1. 提取盈余公积	—	—	—	16 562.86	—	—	（16 562.86）	—
2. 对股东的分配	—	—	—	—	—	—	（78 000.00）	（78 000.00）
3. 提取信托赔偿准备	—	—	—	—	—	8 281.43	（8 281.43）	—
（四）股东权益内部结转	—	—	—	—	—	—	—	—
1. 资本公积转增资本	705 239.09	（705 239.09）	—	—	—	—	—	—
2. 盈余公积转增资本	23 401.92	—	—	（23 401.92）	—	—	—	—
3. 未分配利润转增资本	74 672.39	—	—	—	—	—	（74 672.39）	—
2020 年 12 月 31 日余额	1 050 000.00	65 000.00	139.20	100 541.44	13 580.81	52 478.88	783 335.77	2 065 076.11
2019 年 1 月 1 日余额	152 727.00	264 198.70	128.53	88 401.92	13 580.81	34 708.16	733 905.89	1 287 651.00
本年增减变动金额	—	—	—	—	—	—	—	—
（一）综合收益总额	—	—	249.09	—	—	—	189 785.85	190 034.94
（二）股东投入和减少资本	93 959.61	506 040.39	—	—	—	—	—	600 000.00
（三）利润分配	—	—	—	—	—	—	—	—
1. 提取盈余公积	—	—	—	18 978.59	—	—	（18 978.59）	—
2. 对股东的分配	—	—	—	—	—	—	（100 000.00）	（100 000.00）
3. 提取一般风险准备	—	—	—	—	—	—	—	—
4. 提取信托赔偿准备	—	—	—	—	—	9 489.29	（9 489.29）	—
2019 年 12 月 31 日余额	246 686.61	770 239.09	377.62	107 380.50	13 580.81	44 197.45	795 223.87	1 977 685.94

所有者权益变动表（合并）

编制单位：建信信托有限责任公司　　2020 年 12 月 31 日　　单位：万元

项　目	归属于母公司所有者权益							少数股东权益	所有者权益合计
	实收资本	资本公积	其他综合收益	盈余公积	一般风险	信托赔偿准备	未分配利润		
2020 年 1 月 1 日余额	246 686.61	765 565.32	2 748.34	107 380.50	14 204.53	44 197.45	885 567.47	13 770.26	2 080 120.48
本年增减变动金额	—	—	—	—	—	—	—	—	—
（一）综合收益总额	—	—	（5 975.38）	—	—	—	252 458.98	483.49	246 967.09
（二）股东投入资本	—	—	—	—	—	—	—	7 500.00	7 500.00
（三）利润分配	—	—	—	—	—	—	—	—	—
1. 提取盈余公积	—	—	—	16 562.86	—	—	（16 562.86）	—	—
2. 提取一般风险准备	—	—	—	—	160.01	—	（160.01）	—	—
3. 提取信托赔偿准备	—	—	—	—	—	8 281.43	（8 281.43）	—	—
4. 对股东的分配	—	—	—	—	—	—	（78 000.00）	（18.12）	（78 018.12）
（四）股东权益内部结转	—	—	—	—	—	—	—	—	—
1. 资本公积转增资本	705 239.09	-705 239.099	—	—	—	—	—	—	—
2. 盈余公积转增资本	23 401.92	—	—	（23 401.92）	—	—	—	—	—
3. 未分配利润转增资本	74 672.39	—	—	—	—	—	（74 672.39）	—	—
（五）其他	—	11.27	—	—	—	—	—	—	11.27
2020 年 12 月 31 日余额	1 050 000.00	60 337.50	（3 227.04）	100 541.44	14 364.55	52 478.88	960 349.75	21 735.63	2 256 580.71

续表

项　目	归属于母公司所有者权益							少数股东权益	所有者权益合计
	实收资本	资本公积	其他综合收益	盈余公积	一般风险	信托赔偿准备	未分配利润		
2019 年 1 月 1 日余额	152 727.00	259 524.93	2 345.68	88 401.92	14 178.65	34 708.16	792 450.07	13 731.81	1 358 068.21
本年增减变动金额	—	—	—	—	—	—	—	—	—
(一)综合收益总额	—	—	402.66	—	—	—	221 611.16	157.82	222 171.63
(二)股东投入资本	93 959.61	506 040.39	—	—	—	—	—	—	600 000.00
(三)利润分配	—	—	—	—	—	—	—	—	—
1. 提取盈余公积	—	—	—	18 978.59	—	—	(18 978.59)	—	—
2. 提取一般风险准备	—	—	—	—	25.89	—	(25.89)	—	—
3. 提取信托赔偿准备	—	—	—	—	—	9 489.29	(9 489.29)	—	—
4. 对股东的分配	—	—	—	—	—	—	(100 000.00)	(119.37)	(100 119.37)
2019 年 12 月 31 日余额	246 686.61	765 565.32	2 748.34	107 380.50	14 204.53	44 197.45	885 567.47	13 770.26	2 080 120.48

5.2 信托资产

5.2.1 信托项目资产负债汇总表

信托项目资产负债汇总表

编制单位:建信信托有限责任公司　　2020 年 12 月 31 日　　单位:万元

信托资产	期末数	期初数	信托负债和信托权益	期末数	期初数
信托资产:			信托负债:		
货币资金	1 830 530.75	6 333 279.51	交易性金融负债	—	—
拆出资金	—	—	衍生金融负债	—	—
存出保证金	75 813.85	26 908.78	应付受托人报酬	64 439.93	44 114.06
交易性金融资产	15 381 914.70	13 987 041.13	应付保管费	60 316.43	52 608.14
衍生金融资产	—	—	应付受益人收益	262 502.76	36 508.19
买入返售金融资产	4 688 739.79	2 378 991.15	应交税费	27 301.23	26 588.03
应收款项	1 548 362.91	1 117 013.92	应付销售服务费	2 892.18	771.31
贷款	69 145 781.80	67 391 180.13	其他应付款项	1 218 060.11	2 188 721.76
可供出售金融资产	24 033 083.03	18 254 895.82	预计负债	—	—
持有至到期投资	29 824 237.24	24 997 576.42	其他负债	—	—
长期应收款	—	—	信托负债合计	1 635 512.64	2 349 311.49
长期股权投资	6 082 937.04	4 636 336.88			
投资性房地产	—	—	信托权益:		
固定资产	—	—	实收信托	142 699 393.83	129 458 619.70
无形资产	—	—	资本公积	113 675.74	91 121.93
长期待摊费用	—	—	损益平准金	—	—
其他资产	—	—	未分配利润	8 162 818.90	7 224 170.62
			信托权益合计	150 975 888.47	136 773 912.25
信托资产总计	152 611 401.11	139 123 223.74	信托负债和信托权益总计	152 611 401.11	139 123 223.74

5.2.2 信托项目利润及利润分配汇总表

信托项目利润及利润分配汇总表

编制单位:建信信托有限责任公司　　2020 年度　　单位:万元

项目	当年数	上年数
1. 营业收入	7 298 854.16	7 929 573.98
1.1 利息收入	3 762 999.45	4 190 824.52
1.2 投资收益	3 411 891.31	3 481 258.58
1.2.1 其中:对联营企业和合营企业的投资收益	—	—
1.3 公允价值变动收益	54 493.98	236 697.71
1.4 租赁收入	—	—

续表

项目	当年数	上年数
1.5 汇兑损益(损失以"－"号填列)	−2 769.10	11.00
1.6 其他收入	72 238.52	20 782.17
2. 支出	562 639.52	625 705.30
2.1 营业税金及附加	17 944.07	15 897.20
2.2 受托人报酬	247 673.73	172 291.55
2.3 托管费	41 748.78	36 430.05
2.4 投资管理费	—	—
2.5 销售服务费	7 772.06	3 199.05
2.6 交易费用	2 547.13	313.03

续表

项目	当年数	上年数
2.7 资产减值损失	-116 154.46	18 126.52
2.8 其他费用	361 108.21	379 447.90
3. 信托净利润（净亏损以“-”号填列）	6 736 214.64	7 303 868.68
4. 其他综合收益	—	—
5. 综合收益	6 736 214.64	7 303 868.68
加：期初未分配信托利润	7 224 170.62	5 338 344.67
加：损益平准金	-304 709.67	-34 830.21
6. 可供分配的信托利润	13 655 675.59	12 607 383.14
减：本期已分配信托利润	5 492 856.69	5 383 212.52
7. 期末未分配信托利润	8 162 818.90	7 224 170.62

6. 会计报表附注

6.1 会计报表编制基准不符合会计核算基本前提的说明

本公司会计报表编制基准不存在不符合会计核算基本前提的情况。

本公司执行财政部2006年2月15日颁布的《企业会计准则》（财会〔2006〕3号）及其后续规定。公司以持续经营为基础，根据实际发生的交易和事项，按照《企业会计准则——基本准则》和其他各项具体会计准则、应用指南及准则解释的规定进行确认和计量，在此基础上编制财务报表。

6.2 或有事项说明

报告年度，公司无对外担保及其他或有事项。

6.3 重要资产转让及其出售的说明

报告年度，公司无重要资产转让及出售事项。

6.4 会计报表中重要项目的明细资料

6.4.1 固有资产经营情况

6.4.1.1 风险五级分类情况

信用风险资产五级分类	正常类（万元）	关注类（万元）	次级类（万元）	可疑类（万元）	损失类（万元）	信用风险资产合计（万元）	不良资产合计（万元）	不良资产率（%）
期初数	2 119 638.79	8 800.00	—	—	—	2 176 112.26	—	—
期末数	2 402 421.41	101 110.16	—	—	—	2 503 531.57	—	—

6.4.1.2 各项资产减值损失准备情况

单位：万元

项目	期初数	本期计提	本期转回	本期核销	期末数
贷款损失准备	—	1 038.18	—	—	1 038.18
一般准备	—	1 038.18	—	—	1 038.18
专项准备	—	—	—	—	—
其他资产减值准备	3 882.80	760.75	—	—	4643.55
可供出售金融资产减值准备	—	—	—	—	—
持有至到期投资减值准备	—	—	—	—	—
长期股权投资减值准备	3 723.75	829.38	—	—	4553.13
坏账准备	159.05	-68.63	—	—	90.42
投资性房地产减值准备	—	—	—	—	—

6.4.1.3 股票投资、基金投资、债券投资、股权投资等投资业务情况

单位：万元

	自营股票	基金	债券	长期股权投资	其他投资	合计
期初数	616.78	—	—	646 008.10	1 184 092.59	1 830 717.47
期末数	660.58	—	—	795 080.11	1 508 800.66	2 304 541.35

6.4.1.4 长期股权投资情况

本公司前五名的自营长期股权投资的企业情况如下：

企业名称	本公司持股比例（%）	主要经营活动	投资收益（万元）
建信（北京）投资基金管理有限责任公司	100.00	非证券业务的投资管理和咨询	—
建信财富（北京）股权投资基金管理公司	100.00	非证券业务的投资管理和咨询	—
建信期货有限责任公司	80.00	商品期货经纪业务、金融期货经纪业务	72.48
海南建银建信专项基金一号合伙企业（有限合伙）	49.96	非证券业务的投资管理和咨询	2 044.40
陕西延长石油财务有限公司	8.00	结算、贷款及融资租赁	4 813.92

6.4.1.5 固有贷款情况

企业名称	占贷款总额的比例（%）	还款情况（万元）
聊城市财信投资有限公司	100	2020年新发生未到还款期限

6.4.1.6 表外业务情况

单位：万元

表外业务	期初数	期末数
担保业务	—	—
代理业务（委托业务）	—	—
其他	1 065 000.00	3 456 865.50
合计	1 065 000.00	3 456 865.50

6.4.1.7 公司当年收入结构

6.4.1.7.1 母公司收入结构

收入结构	金额（万元）	占比（%）
手续费及佣金收入	281 690.62	99.18
其中：信托手续费收入	280 983.35	98.93
投资银行业务收入	702.27	0.25
利息收入	1 454.44	0.51
其他业务收入	817.27	0.29
其中：计入信托业务收入部分	—	—
投资收益	9 682.78	3.41
其中：股权投资收益	31 066.26	10.94
证券投资收益	8.90	—
其他投资收益	-21 392.38	-7.53
公允价值变动收益	-9 646.29	-3.40
营业外收入	32.62	0.01
收入合计	284 031.44	100.00

6.4.1.7.2 合并收入结构

收入结构	金额(万元)	占比(%)
手续费及佣金收入	314 884.48	46.37
其中:信托手续费收入	280 988.35	41.37
投资银行业务收入	702.27	0.10
利息收入	14 262.03	2.10
其他业务收入	250 285.93	36.85
其中:计入信托业务收入部分	—	—
投资收益	69 525.89	10.24
其中:股权投资收益	77 012.96	11.34
证券投资收益	3 713.84	0.55
其他投资收益	-11 200.91	-1.65
公允价值变动收益	30 148.38	4.44
营业外收入	33.74	—
收入合计	679 140.45	100.00

6.4.2 披露信托财产管理情况

6.4.2.1 信托资产

单位:万元

信托资产	期初数	期末数
集合	41 576 960.34	35 340 496.97
单一	39 730 735.85	37 602 570.61
财产权	57 815 527.55	79 668 333.53
合计	139 123 223.74	152 611 401.11

6.4.2.1.1 主动管理型信托业务的信托资产

单位:万元

主动管理型信托资产	期初数	期末数
证券投资类	2 416 161.91	4 578 125.62
股权及其他投资类	18 967 006.09	19 493 642.91
融资类	11 062 870.69	8 808 784.08
事务管理类	—	—
合计	32 446 038.69	32 880 552.61

6.4.2.1.2 被动管理型信托业务的信托资产

单位:万元

被动管理型信托资产	期初数	期末数
证券投资类	24 430 408.33	23 585 386.59
股权及其他投资类	6 210 296.64	1 040 356.82
融资类	—	—
事务管理类	76 036 480.08	95 105 105.09
合计	106 677 185.05	119 730 848.50

6.4.2.2 本年度已清算结束的信托项目情况

本年度已清算结束的信托项目233个,实收信托合计金额为5 519 378.08万元,加权平均实际年化收益率为6.1474%。

6.4.2.2.1 本年度已清算结束的信托项目

已清算结束的信托项目	项目个数(个)	实收信托合计金额(万元)	加权平均实际年化收益率(%)
集合类	115	3 315 658.89	6.7365
单一类	93	1 621 299.86	5.4077
财产管理类	25	582 419.33	4.8530

6.4.2.2.2 本年度已清算结束的主动管理型信托项目

本年度已清算结束的主动管理型信托项目161个,实收信托合计金额为3 225 921.27万元,加权平均实际年化收益率为6.7637%。

已清算结束的信托项目	项目个数(个)	实收信托合计金额(万元)	加权平均实际年化信托报酬率(%)	加权平均实际年化收益率(%)
证券投资类	12	23 571.91	0.2106	6.2003
股权及其他投资类	83	1 048 364.76	0.8062	6.7532
融资类	66	2 153 984.60	1.1841	6.7750
事务管理类	—	—	—	—

6.4.2.2.3 本年度已清算结束的被动管理型信托项目

本年度已清算结束的被动管理型信托项目72个,实收信托合计金额为2 293 456.81万元,加权平均实际年化收益率为5.2806%。

已清算结束的信托项目	项目个数(个)	实收信托合计金额(万元)	加权平均实际年化信托报酬率(%)	加权平均实际年化收益率(%)
证券投资类	1	—	0.0483	5.0641
股权及其他投资类	1	—	0.0400	3.6764
融资类	—	—	—	—
事务管理类	70	2 293 456.81	0.1151	5.2806

6.4.2.3 本年度新增信托项目

报告年度新增的集合类、单一类、财产管理类信托项目977个,实收信托合计金额为45 423 787.69万元。

新增信托项目	项目个数(个)	实收信托合计金额(万元)
集合类	241	6 812 620.84
单一类	644	3 746 327.48
财产管理类	92	34 864 839.37
新增合计	977	45 423 787.69
其中:主动管理型	840	7 453 442.12
被动管理型	137	37 970 345.57

6.4.2.4 本公司履行受托人义务情况及本公司自身责任而导致的信托资产损失情况

本公司在信托财产的管理运用和处分过程中,严格按信托合同等信托文件的约定对信托财产进行管理,切实履行了受托人的诚实、信用、谨慎、有效管理的义务,维护受益人的最大利益;报告年度,公司没有发生因公司自身责任而导致的信托资产损失情况。

6.5 关联方关系及其交易的披露

6.5.1 关联交易方的数量、总金额及关联交易的定价政策等

	关联交易方数量	关联交易金额(万元)	定价政策
合计	14	6 530 418.84	市场公允价格

6.5.2 关联交易方情况

关系性质	关联方名称	法定代表人	注册地址	注册资本(亿元)	主营业务
股东	中国建设银行股份有限公司	田国立	北京市西城区金融大街25号	2 500.11	公司银行业务、个人银行业务、资金业务、投资银行业务及海外业务。
股东	合肥兴泰金融控股(集团)有限公司	程儒林	安徽省合肥市蜀山区祁门路1688号	70	对授权范围内的国有资产进行经营,以及从事企业策划、管理咨询、财务顾问、公司理财、产业投资及经批准的其他经营活动。
子公司	建信(北京)投资基金管理有限责任公司	王业强	北京市西城区闹市口大街1号院2号楼3层3B8	20.61	投资管理、投资咨询,实业投资,资产管理,财务咨询、企业管理咨询。
子公司	建信财富(北京)股权投资基金管理有限公司	黄建峰	北京市丰台区西站南路168号1114室	10.24	投资管理,投资咨询,实业投资,资产管理,财务咨询,企业管理咨询。
子公司	建信期货有限责任公司	葛文杰	中国(上海)自由贸易试验区银城路99号502室、503室	5.61	商品期货经纪、金融期货经纪,资产管理,期货投资咨询。
子公司	芜湖建信宸乾投资管理有限公司	黎代福	安徽省芜湖市镜湖区观澜路1号滨江商务楼17层1713	2	投资管理,投资咨询(证券、期货咨询除外),企业管理及咨询。
子公司	芜湖建信宸远投资管理有限公司	李昆跃	安徽省芜湖市镜湖区观澜路1号滨江商务楼17层1714	1 000万元	投资管理,投资咨询(证券、期货咨询除外)。
子公司	建信(重庆)股权投资基金管理有限责任公司	凌　凯	重庆市渝中区和平路5号3－1#	2 000万元	股权投资管理(不得从事吸收公众存款或变相吸收公众存款、发放贷款以及证券、期货等金融业务)。
被投资单位	北京建信股权投资基金(有限合伙)	王业强	北京市丰台区西站南路168号1幢1201室	—	非证券业务的投资、投资管理、咨询。
主要股东的关联方	建信资本管理有限责任公司	马　勇	上海市虹口区广纪路738号2幢232室	13.50	从事特定客户资产管理业务,以及法律、法规允许或相关监管部门批准的其他业务。
主要股东的关联方	建银国际(深圳)投资有限公司	张　强	深圳市前海深港合作区前湾一路鲤鱼门街一号前海深港合作区管理局综合办公楼A栋201室	6	一般经营项目:从事投资管理及咨询(不含专项管理及限制类项目)、市场营销策划及商务信息咨询。项目投资及企业收购、兼并、重组;从事投资管理及相关咨询服务。
主要股东的关联方	建信人寿保险股份有限公司	谢瑞平	中国(上海)自由贸易试验区银城路99号建行大厦29－33层	71.20	人寿保险、健康保险、意外伤害保险等各类人身保险业务;上述业务的再保险业务。
主要股东的关联方	建信养老金管理有限责任公司	石亭峰	北京市海淀区知春路7号致真大厦A座10－11层	23	全国社会保障基金投资管理业务;企业年金基金管理相关业务;受托管理委托人委托的以养老保障为目的的资金;与上述资产管理相关的养老咨询业务。
主要股东的关联方	中德住房储蓄银行有限责任公司	李　凡	天津市和平区贵州路19号	20	吸收住房储蓄存款及其他公众存款;发放住房储蓄类贷款及其他个人住房贷款;发放国家政策支持的保障性住房开发类贷款;受托办理公积金贷款;办理国内结算;与上述业务相关的借记卡业务和电子银行业务;从事同业拆借;发行金融债券、买卖政府债券和金融债券;经中国银监会批准的其他业务。

6.5.3 本公司与关联方的重大交易事项

6.5.3.1 固有与关联方交易情况

单位:万元

固有与关联方关联交易				
项目	期初数	借方发生额	贷方发生额	期末数
贷款	—	—	—	—
投资	—	—	—	—
租赁	—	—	—	—
担保	—	—	—	—
应收账款	76 835.96	322.16	76 963.24	194.88
其他	6 779.20	6 244 802.85	6 489 015.77	－237 433.72
合计	83 615.16	6 245 125.01	6 565 979.01	－237 238.84

6.5.3.2 信托与关联方交易情况

单位:万元

信托与关联方关联交易				
项目	期初数	借方发生额	贷方发生额	期末数
贷款	—	—	—	—
投资	—	—	—	—
租赁	—	—	—	—
担保	—	—	—	—
应收账款	—	—	—	—
其他	76 853 955.48	200 827 222.81	198 170 390.34	79 510 787.95
合计	76 853 955.48	200 827 222.81	198 170 390.34	79 510 787.95

6.5.3.3 固信交易、信信交易情况

6.5.3.3.1 固有财产与信托财产之间的交易

单位：万元

固有财产与信托财产相互交易			
项目	期初数	本期发生额	期末数
合计	895 673.56	285 293.83	1 180 967.39

6.5.3.3.2 信托项目之间的交易

单位：万元

信托资产与信托财产相互交易			
项目	期初数	本期发生额	期末数
合计	11 283 718.13	-2 227 278.50	9 056 439.63

6.5.4 关联方逾期未偿还本公司资金的详细情况及本公司为关联方担保发生或即将发生垫款的详细情况

报告年度，本公司无上述情况。

6.6 会计制度

本公司执行财政部于2006年2月15日颁布的《企业会计准则——基本准则》和38项具体会计准则、其后颁布的企业会计准则应用指南、企业会计准则解释及其他相关规定。

7. 财务情况说明书

7.1 利润实现和分配情况

7.1.1 母公司情况

2020年，公司分配股利78 000.00万元，实现净利润165 628.58万元。根据公司章程、《金融企业财务规则》的规定，提取盈余公积16 562.86万元，提取信托赔偿准备8 281.43万元，截至2020年末，未分配利润为783 335.77万元。

7.2.2 合并口径情况

2020年实现归属本公司净利润252 458.98万元，提取盈余公积16 562.86万元，提取信托赔偿准备8 281.43万元，提取一般风险准备160.01万元。

7.2 主要财务指标

指标名称	母公司指标值	合并指标值
资本利润率(%)	8.19	11.67
加权年化信托报酬率(%)	0.24	0.24
人均净利润(万元)	399.59	349.37

7.3 对本公司财务状况、经营成果有重大影响的其他事项

报告年度，本公司未发生对财务状况、经营成果有重大影响的其他事项。

8. 特别事项揭示

8.1 股东变动情况及原因

报告年度，本公司股东无变动。

8.2 董事、监事、高级管理人员变动情况及原因

8.2.1 董事变动情况及原因

经董事会提名，公司2019年度第四次临时股东会选举彭剑锋担任独立董事；2020年3月25日，北京银保监局核准其任职资格（京银保监复〔2020〕141号）。

2020年3月25日，王巍辞任本公司独立董事职务。

8.2.2 监事变动情况及原因

2020年6月6日，杨洲德辞任本公司监事职务。

8.2.3 高级管理人员变动情况及原因

报告年度，本公司高级管理人员无变动。

8.3 公司重大未决诉讼事项

报告年度，本公司无重大诉讼未决事项。

8.4 会计师事务对审计报告所出具保留意见、否定意见或无法表示意见的情况

无。

8.5 公司及其董事、监事和高级管理人员受到处罚的情况

报告年度，本公司及董事、监事和高级管理人员无受处罚情况。

8.6 中国银保监会及其派出机构对公司检查后提出整改意见及整改情况

报告年度，中国银保监会及其派出机构未对公司进行检查。

2020年4月，北京银保监局向本公司下发《2019年度监管意见书》，公司于2020年6月向北京银保监局报送了整改落实方案，并按照方案认真整改落实。

8.7 报告年度重大事项报告

（1）更换会计师事务所。根据公司股东会决议，改聘安永会计师事务所对公司2019年度财务报告进行审计。该事项于2020年4月15日在《证券时报》B3版公开披露。

（2）注册资本变更。经北京银保监局批准，公司注册资本由2 466 866 069元增至10 500 000 000元，股权结构未发生变化；对公司章程进行了相应修改。上述事项于2020年9月8日在《证券时报》第B13版公开披露。

8.8 中国银保监会及其省级派出机构认定的其他有必要让客户及相关利益人了解的重要信息

无。

8.9 净资本、风险资本及风险控制指标等情况

按照《中国银监会关于印发信托公司净资本计算标准有关事项的通知》（银监发〔2011〕11号），截至2020年12月31日，

本公司净资本为 1 563 806.27 万元，净资产为 2 065 076.11 万元，净资本与净资产之比为 75.73%，各项业务风险资本之和为 971 744.85 万元，净资本与各项风险资本之和的比例为 160.93%，以上指标均高于监管要求。

9. 社会责任履行情况

报告年度，公司认真贯彻落实党中央、中国建设银行总行党委的决策部署，以国有大行信托的使命担当，助推实体经济发展，支持新冠肺炎疫情防控及复工复产，全力服务“六稳”“六保”。

一是发挥信托优势，助推实体经济发展。公司携手行业龙头开展投资，持续为实体经济“输血”，累计投资科技创新型企业近百家；创新设立“彩蝶”系列破产重整服务信托，属行业首创，规模达570 亿元，助推大型企业重整进程；依托互联网供应链金融服务平台，累计为 5.83 万户民营和小微企业提供融资服务。

二是提供多元服务，支持疫情防控和复工复产。公司开辟绿色通道，对涉及新冠肺炎疫情防控的项目优先办理，主动帮助受疫情影响的企业解决困难。报告年度，本公司通过提供融资、认购专项债、增加股权投资和展期等方式，支持疫情相关企业、帮助小微企业复工复产等共 88 笔、规模合计 90.29 亿元。

三是参与和设立慈善信托，向社会奉献爱心。公司积极参与“中国信托业抗击新型肺炎慈善信托”，定向支持武汉新冠肺炎疫情防控；发起设立“关爱建筑工人慈善信托”，为建筑劳务工人群体捐赠防护物资等，惠及近 20 万人次；发起设立“遇‘建’未来集合资金信托”，支持儿童防疫助医。报告年度，通过慈善信托为各类群体提供救助支持、奉献爱心，存量规模超过 20 亿元，累计捐赠超过1 000万元。

四是开展精准扶贫，助力打赢脱贫攻坚战。公司设立“建信联合精准扶贫慈善信托”，3 年募集捐赠资金约 666 万元，专项用于陕西安康地区精准扶贫事业；发起设立“建信信托—安康产业扶贫 3 号集合资金信托计划”，帮助解决安康富硒产业园区建设工程的资金缺口；通过“建工无忧”公益项目，向结对帮扶的粮茶村外出务工村民赠送保险；捐赠 5 万元支持粮茶村修建卫生室，提高基层医疗卫生服务水平。由于扶贫工作方面的突出表现，本公司被中国网评为“精准扶贫先锋机构”称号。

10. 消费者权益保护情况

本公司持续优化消费者权益保护工作机制，加强消费者投诉管理，规范营销推介行为，创新开展金融知识宣传教育，被北京银保监局评为金融知识宣传月活动“优秀组织单位”称号，消费者权益保护工作取得明显成效。公司消费者投诉处理及管理工作平稳有序，报告年度，受理并处理有效客户投诉 1 笔。

11. 公司监事会意见

公司监事会认为，公司依法合规运作，认真贯彻国家经济金融政策和监管要求；董事会、高级管理层及其成员勤勉尽责、忠诚履职，没有违反法律、法规、公司章程或损害公司利益的行为；报告年度，公司克服不利因素，取得了良好的经营业绩，年度报告真实地反映了公司的财务状况和经营成果。

江苏省国际信托有限责任公司

1. 重要提示

1.1 本公司董事会及董事保证本报告所载资料不存在任何虚假记载、误导性陈述或者重大遗漏,并对其内容的真实性、准确性和完整性承担个别及连带责任。

1.2 公司独立董事对本报告内容真实性、完整性和准确性无异议。

1.3 公司编制的2020年度财务报告已经苏亚金诚会计师事务所(特殊普通合伙)审计,并出具了标准无保留意见的审计报告。

1.4 公司法定代表人胡军、主管会计工作负责人王会清和会计机构负责人陈飞声明并保证年度报告中财务报告的真实和完整。

2. 公司概况

2.1 公司简介

2.1.1 公司历史沿革

公司前身为江苏省国际信托投资公司,于1981年10月经国家外资管理委员会和江苏省人民政府批准正式成立。2001年8月,江苏省政府决定对江苏省国际信托投资公司和江苏省投资管理有限责任公司进行集团化重组改制,组建江苏省国信资产管理集团有限公司(现已更名为江苏省国信集团有限公司,以下简称国信集团)。2002年8月,经中国人民银行批准,江苏省国际信托投资公司予以重新登记,并更名为江苏省国际信托投资有限责任公司,注册资金为24.84亿元。2007年6月,根据"新两规"要求,经中国银监会(现已更名为中国银行保险监督管理委员会,以下简称中国银保监会)批准,江苏省国际信托投资有限责任公司更名为江苏省国际信托有限责任公司,同时变更业务范围。2013年12月,公司注册资本增至26.84亿元。2016年,江苏舜天船舶股份有限公司向国信集团发行股份以收购其所拥有的江苏省国际信托有限责任公司81.49%的股权,2017年,江苏舜天船舶股份有限公司更名为江苏国信股份有限公司。公司分别于2018年6月、2020年10月完成两次增资,注册资本增至87.60亿元。

公司坚持"发展、创新、高效、稳健"的经营理念,积极按照"新两规"要求,发挥"受人之托、代人理财"的特点,立足信托本业,完善治理结构,改善经营机制,探索业务创新,加强人才开发,经济效益稳步增长,切实维护了受益人的最大利益。公司已经发展成为我国信托业中资产质量优良、管理规范、经营合规、信息透明、风控能力较强的信托公司。

2.1.2 公司的法定名称

公司法定中文名称:江苏省国际信托有限责任公司

中文缩写:江苏信托

公司法定英文名称 Jiangsu International Trust Corporation Limited

英文缩写:JSITC

2.1.3 公司法定代表人:胡军

2.1.4 公司注册地址:江苏省南京市长江路2号22—26层

邮编:210005

公司国际互联网网址:http://www.jsitc.net

公司电子邮箱:jsitc@jsitc.net

2.1.5 公司负责信息披露事务的高级管理人员:王会清

公司信息披露事务联系人:贾宇

联系电话:025-89667777

传真:025-89667700

电子信箱:jiayu@jsitc.net

2.1.6 公司选定的信息披露报纸:《证券时报》

2.1.7 年报备置地点:江苏省南京市玄武区长江路2号26层

2.1.8 公司聘请的会计师事务所:苏亚金诚会计师事务所(特殊普通合伙)

办公地址:江苏省南京市中山北路105-6号中环国际广场21—23层

2.1.9 公司聘请的律师事务所:上海市锦天城(南京)律师事务所

办公地址:南京市中山路228号地铁大厦19—20层

2.2 组织结构

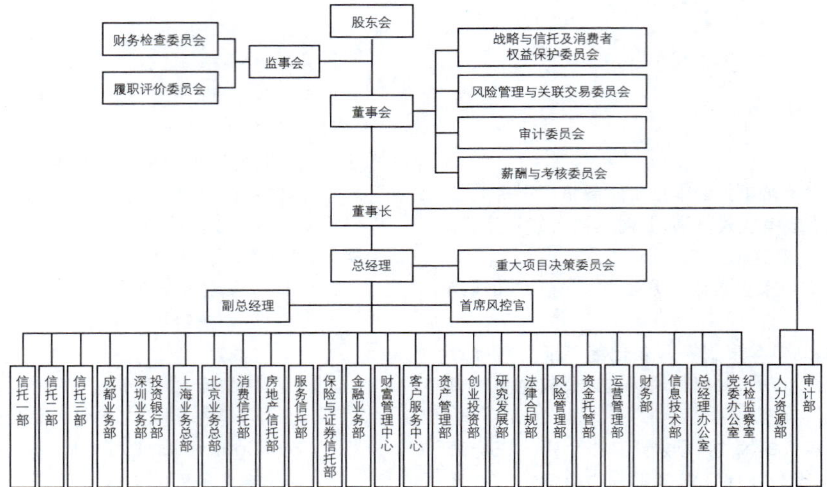

3. 公司治理

3.1 股东

报告期末，公司股东总数为 4 家，持有本公司股份的股东及持股情况如下：

股东名称	持股比例（%）	法人代表	注册资本（亿元）	注册地址	主要经营业务及主要财务情况
江苏国信股份有限公司（以下简称江苏国信）★	81.4904	浦宝英	37.78	江苏省南京市长江路 88 号	主要经营范围：实业投资、股权投资（包括金融、电力能源股权等）、投资管理与咨[illegible]；[illegible]力项目开发建设和运营管理，电力技术咨询、节能产品销售，进出口贸易。2020 年末，江苏国信[illegible]额为 745.69 亿元，净资产为 393.61 亿元，营业总收入为 216.91 亿元，利润总额为 37.5 亿元。
江苏省苏豪控股集团有限公司（以下简称苏豪控股）	10.9106	王正喜	20	江苏省南京市软件大道 48 号	主要经营范围：金融、实业投资，授权范围内国有资产的经营、管理；国贸贸易；房屋[illegible]茧丝绸、纺织服装的生产、研发和销售。2020 年末，苏豪控股总资产为 300.65 亿元，净资产为 2[illegible]96 亿元，营业收入为 180.83 亿元，利润总额为 18.75 亿元。
江苏省农垦集团有限公司（以下简称：江苏农垦）	4.2962	魏红军	33	江苏省南京市珠江路 4 号	主要经营范围：省政府授权范围内的国有资产经营。2020 年末，农垦集团总资产[illegible].96 亿元，净资产为 202.55 亿元，营业收入为 144.26 亿元，利润总额为 29.48 亿元。
江苏高科技投资集团有限公司（以下简称：江苏高投）	3.3028	董梁	30	江苏省南京市山西路 128 号	主要经营范围：金融投资、实业投资、创业投资、股权投资及投资管理业务；省政府[illegible]围内国有资产经营、管理、兼并重组及经批准的其他业务，投资咨询。2020 年末，江苏高投[illegible]径总资产为 192.84 亿元，净资产为 112.31 亿元，2020 年度营业收入为 9.64 亿元，利润总额[illegible]亿元。

3.2 董事

董事会成员

姓　名	职　务	性别	出生年份（年）	选任日期	所推举的股东名称	该股东持股比例（%）	简要履历
胡　军	董事长	男	1970	2018 年 7 月	江苏国信	81.49	硕士研究生，历任江苏信托总经理助理、副总经理、总经理、党委副书记、总经理[illegible]江苏信托党委书记、董事长。
王会清	董事	男	1970	2018 年 7 月	江苏国信	81.49	硕士研究生，注册会计师、律师，历任江苏信托审计部副总经理（主持工作）、财[illegible]总经理（主持工作），江苏省国信集团审计与法律事务部总经理，江苏国信副总经理、董事[illegible]；现任国信集团党委组织部部长、人力资源部总经理，江苏信托党委副书记、总经理。
唐　进	董事	男	1966	2018 年 11 月	苏豪控股	10.91	党校研究生学历，历任省政府研究室综合研究处副处长，省政府办公厅教科文二[illegible]处长，省政府办公厅秘书五处调研员，江苏省对口支援四川绵竹地震灾后恢复重建指挥部[illegible]（党群工作处）主任（处长），省政府办公厅信息处处长，省政府办公厅秘书七处处长；现任[illegible]省苏豪控股集团有限公司副总裁、党委委员。

续表

姓 名	职 务	性别	出生年份（年）	选任日期	所推举的股东名称	该股东持股比例（%）	简要履历
张晓红	董事	女	1967	2019 年 11 月	江苏高投	3.30	大学本科，国际商务师，历任江苏高投管理有限公司 TMT 投资部高级投资经理，江苏高科技投资集团资产管理部副总经理；现任江苏高科技投资集团副总经理。
章 明	董事	男	1974	2019 年 9 月	江苏国信	81.49	硕士研究生，高级会计师，深圳证券交易所董事会秘书资格，历任扬州第二发电有限责任公司财务部主任副总会计师，江苏省国信集团有限公司财务部副总经理，江苏国信股份有限公司副总经理、财务负责人、董秘；现任国信集团总会计师、财务部总经理。
裴硕秋	职工董事	男	1968	2018 年 11 月	职工大会	—	博士研究生，高级经济师，历任江苏省国际信托有限公司创业投资部副总经理、研究发展部总经理、创业投资部总经理；现任江苏信托党委办公室/纪检监察室主任，兼任创业投资部总经理。

独立董事

姓 名	所在单位及职务	性别	出生年份（年）	选任日期	简要履历
王长江	南京大学商学院教授	男	1964	2018 年 11 月	硕士研究生，南京大学商学院教授。
俞妙根	富越汇通金融服务（上海）有限公司董事长兼总经理	男	1961	2018 年 7 月	大学本科，高级经济师，历任上海国投副总经理，华安基金总经理、董事长；现任富越汇通金融服务（上海）有限公司董事长兼总经理。
吴 涛	深圳东方藏山资产管理有限公司总裁	男	1969	2018 年 7 月	硕士研究生，历任中国银行总行风险管理部处长，金地集团基金管理部总经理，稳盛投资总裁，北京藏山资本投资有限公司董事长；现任深圳东方藏山资产管理有限公司总裁。

3.3 监事

监事会成员

姓 名	职 务	性别	出生年份（年）	选任日期	所推举的股东名称	该股东持股比例（%）	简要履历
顾中林	监事长	男	1971	2019 年 9 月	江苏国信	81.49	硕士研究生，高级会计师，历任扬州第二发电有限公司财务部副部长、财务部主任、副总会计师兼财务部主任，江苏省国信资产管理集团有限公司财务部副总经理；现任江苏国信股份有限公司副总经理、董事会秘书、财务总监（集团中层正职级）。
李崇琦	监事	女	1977	2020 年 9 月	江苏国信	81.49	在职大学学历、学士学位，高级会计师，历任江苏国信淮安燃气发电有限公司副总经理，江苏国信淮安第二燃气发电有限公司副总经理，江苏国信淮安新能源投资有限公司副总经理；现任国信集团人力资源部副总经理（国信集团部门正职级）。
王 涛	监事	男	1976	2018 年 7 月	苏豪控股	10.91	硕士研究生，会计师，历任江苏省苏豪控股集团有限公司风险控制部副总经理，江苏苏豪国际集团股份有限公司党委委员、纪委书记；现任江苏省苏豪控股集团有限公司投资发展部总经理。
顾宏武	监事	男	1975	2020 年 9 月	江苏农垦	4.30	硕士研究生，高级会计师，历任江苏省农垦集团有限公司计划财务部科员、副主任科员、部长助理、副部长；现任江苏省农垦集团有限公司计划财务部部长。
陆振东	职工监事	男	1971	2018 年 3 月	职工代表大会	—	本科，江苏信托资金托管部总经理。
崇志兵	职工监事	女	1968	2018 年 3 月	职工代表大会	—	本科，江苏信托人力资源部高级经理。

3.4 高级管理人员

姓名	职务	性别	出生年份（年）	选任日期	金融从业年限（年）	学历	专业	简要履历
胡 军	董事长	男	1970	2017 年 8 月	25	硕士研究生	金融	历任江苏信托总经理助理、副总经理、总经理、党委副书记、总经理；现任江苏信托党委书记、董事长。
王会清	总经理	男	1970	2017 年 10 月	11	硕士研究生	会计、法律	历任江苏信托审计部副总经理（主持工作）、财务部副总经理（主持工作），江苏省国信集团审计与法律事务部总经理，江苏国信副总经理、董事会秘书；现任国信集团党委组织部部长、人力资源部总经理，江苏信托党委副书记、总经理。

续表

姓名	职务	性别	出生年份（年）	选任日期	金融从业年限（年）	学历	专业	简要履历
李起年	副总经理	男	1964	2016 年 12 月	27	硕士研究生	经济	历任江苏信托信托一部副总经理、市场发展部总经理、事业信托部总经理；现任江苏信托党委委员、副总经理。
严　珊	副总经理、首席风控官	女	1969	2017 年 4 月	23	硕士研究生	货币银行学	历任南京人民银行非银处副主任科员、主任科员，江苏银监局非银处主任科员、副处级、副处长；现任江苏信托副总经理、首席风控官。
肖冬雪	副总经理	男	1985	2019 年 9 月	8	大学本科	工业工程	历任春秋财富（北京）投资有限公司总经理，上海爱建信托有限责任公司北京信托业务总部总经理；现任江苏信托副总经理、北京业务总部总经理（兼）。

3.5　公司员工

项　目		报告期年度	
		人数（人）	比例（%）
年龄分布	25 岁以下	2	0.9
	25～29 岁	58	25.7
	30～39 岁	119	52.7
	40 岁以上	47	20.7
平均年龄		35 岁	
学历分布	博士	3	1.3
	硕士	143	63.3
	本科	75	33.2
	专科	4	1.8
	其他	1	0.4
岗位分布	董事、监事及高级管理人员	9	4.0
	自营业务人员	13	5.8
	信托业务人员	145	64.2
	其他人员	59	26.0
总人数		226	

4. 经营管理

4.1　经营目标、经营方针、战略规划

4.1.1 经营目标

公司的经营目标：大力发展金融股权投资，形成多元金融投资的格局，提升公司经营控制力和影响力；以客户需求为导向，以服务实体经济发展为根本，大力提升财富管理和资产管理能力，增强公司竞争活力和抗风险能力；大力推动市场化转型，提升公司治理水平和管理能力，形成与市场化发展相适应的组织结构、经营决策机制与人力资源体系。

4.1.2　经营方针

公司的经营方针：发展、创新、高效、稳健。

4.1.3　战略规划

公司的战略规划：以新发展理念为指引，以高质量发展为目标，顺应不断变化的内外部环境，抢抓发展方式转变和区域发展的战略机遇，以搭建"资产管理平台、财富管理平台、金融投资平台"三大业务平台为重点，深化公司体制机制市场化改革和经营管理创新，构建完善的法人治理结构，加大业务创新和转型力度，保持稳健良好的资产质量，全面履行社会责任，实现江苏信托向市场化一流金融企业的跨越。

4.2　所经营业务的主要内容

4.2.1　公司经营业务和品种

公司经营业务主要分为自营业务和信托业务。

自营业务主要包括股权投资、自营贷款、自营证券、金融产品投资等。信托业务是本公司的主营业务和重要收入来源，主要包括集合资金信托、单一资金信托、财产权信托等。

4.2.2　公司资产组合和分布

自营资产运用与分布表

资产运用	金额（万元）	占比（%）	资产分布	金额（万元）	占比（%）
货币资产	23 714.89	0.84	基础产业	—	—
贷款及应收款	275 022.50	9.80	房地产业	—	—
交易性金融资产	954 644.70	34.00	金融机构	2 66[illegible]45.94	94.92
其他权益工具投资	26 486.18	0.94	实 业	—	—
长期股权投资	1 508 692.45	53.74	证 券	25 [illegible]60.43	0.92
其他	18 865.02	0.67	其 他	[illegible]9.37	4.16
资产总计	2 807 425.74	100.00	资产总计	2 807 [illegible]25.74	100.00

信托资产运用与分布表

资产运用	金额（万元）	占比（%）	资产分布	金额（万元）	占比（%）
货币资产	623 935.69	1.68	基础产业	12 52[illegible]96.73	33.77
贷款	18 707 725.20	50.44	房地产业	2 8[illegible]7.44	7.63
交易性金融资产	6 847 387.14	18.46	金融机构	5 27[illegible]0.69	14.23
持有至到期投资	7 265 842.99	19.59	证券	9 7[illegible]34.95	26.20
长期股权投资	1 204 022.76	3.25	工商企业	6 [illegible]7.07	16.70
其他	2 442 987.34	6.59	其他	546[illegible]4.24	1.47
资产总计	37 091 901.12	100.00	资产总计	37 091 901.12	100.00

4.3　市场分析

4.3.1　影响公司发展的有利因素

一是良好的区域经济环境。江苏信托地处经济发达的长三角地区，经济活跃度高，市场需求旺盛，民间资本富裕，特别是区域经济的快速发展、长三角一体化战略的实施为江苏信托的业务发展提供了良好机遇。

二是良好的资产质量和股东背景。公司拥有较高的净资本，资产质量好，可开展业务空间宽裕。公司股东都是江苏省所属国有企业，实力雄厚，经营各具特色，有助于发挥资源协同效应。

三是良好的品牌信誉。公司经过40年的发展,秉承“发展、创新、高效、稳健”的经营理念,发挥信托独特的功能优势,为客户提供多样化的综合金融服务,赢得了良好信誉,综合实力居同类型信托公司前列,树立了良好的品牌形象。

四是日趋完善的公司管理。公司内部机构设置完备,责权清晰、管理规范、制度完善,有良好的企业文化,塑造和培养了一支高素质的员工队伍,为公司业务开拓奠定了坚实基础。

4.3.2　影响公司发展的制约因素

一是当前国际环境复杂严峻,增加了新的不确定性,国内经济恢复不平衡,部分行业领域风险积聚。

二是行业发展逻辑重塑,市场竞争日趋激烈,传统业务模式受限,公司转型发展面临挑战。

三是创新业务的品牌、人才、渠道、科技水平距离行业一流仍有差距,公司在此方面需要进一步完善。

4.4　内部控制

公司建立了“三会一层”各司其职、各负其责、相互制约的治理机制,并且营造合规经营的内部控制文化;通过采取不同的措施,公司的内部控制得到了进一步加强,风险也得到了有效的防范和控制;公司信息交流和反馈机制逐步完善;公司内审部门不断加强内部控制的监督和评价,内审工作频度和范围也逐步加大,年度内审内容基本覆盖全部集合信托项目和重大单一信托项目。

4.5　风险管理

公司针对经营活动中可能会遇到的信用风险、市场风险、操作风险、道德风险、政策风险、法律风险、声誉风险等,建立了以“事前预防为主、事中控制及事后补救为辅”的风险控制基本原则,切实开展各项工作,及时防范、化解风险,保障业务正常开展。

公司风险管理组织结构与职责划分为:董事会主要负责对风险管理政策的制定和审批;风险管理委员会主要负责设计或修正风险管理政策和程序,并对风险管理执行进行监督,有效加强董事会对公司的风险监控;首席风控官负责提出风险管理的政策和程序,从执行层面监督风险管理政策和程序的实施,建立风险管理评价标准,组织落实风险管理与内控体系建设相关措施;风险管理部主要负责草拟公司风险管理方面的规章制度,落实有关风险管理措施;法律合规部主要负责具体项目的合法合规性审查,以及包括合同(协议)在内的全部法律文件的审核,防范法律合规风险;审计部负责项目的稽核审查、项目后续管理跟踪与监督,以及定期的内部审计工作;运营管理部、资金托管部和财务部主要负责筹资、投资、资金回收及收益分配等的风险管理。

公司不断完善内部控制制度,对各部门、各岗位制定了明确的职责和权限,职责的制定体现岗位相互分离的原则,能够实现中台、后台对前台的监督;对各项业务制定了具体的操作流程,在信托项目中全面推行信托经理AB角制度,严格尽职调查工作标准,减少和消除人为因素而造成的风险,保障风险控制体系的有序规范运行,并通过事后评价和总结,防止相类似的风险发生。公司定期或不定期地对员工进行培训,对渎职、超越权限或违背操作规定的人员进行问责;公司定期对内部的计算机信息系统进行维护,保证其正常运行,加强系统数据的管理,消除风险隐患。公司运营管理部对所有存续信托项目进行统一、集中的后续管理,独立运作,有助于防范操作风险。

5. 报告期末及上一年末的比较式会计报表

5.1　自营资产

5.1.1　会计师事务所审计意见全文

审 计 报 告

苏亚审〔2021〕264号

江苏省国际信托有限责任公司全体股东:

一、审计意见

我们审计了江苏省国际信托有限责任公司(以下简称江苏信托)的财务报表,包括2020年12月31日的资产负债表,2020年度的利润表、现金流量表、股东权益变动表,以及财务报表附注。

我们认为,后附的财务报表在所有重大方面按照企业会计准则的规定编制,公允反映了江苏省国际信托有限责任公司2020年12月31日的财务状况及2020年度的经营成果和现金流量。

二、形成审计意见的基础

我们按照中国注册会计师审计准则的规定执行了审计工作。审计报告的“注册会计师对财务报表审计的责任”部分进一步阐述了我们在这些准则下的责任。按照中国注册会计师职业道德守则,我们独立于江苏信托,并履行了职业道德方面的其他责任。我们相信,我们获取的审计证据是充分的、适当的,为发表审计意见提供了基础。

三、管理层和治理层对财务报表的责任

管理层负责按照企业会计准则的规定编制财务报表,使其实现公允反映,并设计、执行和维护必要的内部控制,以使财务报表不存在由于舞弊或错误导致的重大错报。

在编制财务报表时,管理层负责评估江苏信托的持续经营能力,并运用持续经营假设,除非管理层计划清算公司、终止运营或别无其他现实的选择。

治理层负责监督江苏信托的财务报告过程。

四、注册会计师对财务报表审计的责任

我们的目标是对财务报表整体是否不存在由于舞弊或错误导致的重大错报获取合理保证,并出具包含审计意见的审计报告。合理保证是高水平的保证,但并不能保证按照审计准则执行的审计在某一重大错报存在时总能发现。错报可能由于舞弊或错误导致,如果合理预期错报单独或汇总起来可能影响财务报表使用者依据财务报表作出的经济决策,则通常认为错报是重大的。

在按照审计准则执行审计工作的过程中,我们运用职业判断,并保持职业怀疑。同时,我们也执行以下工作:

(1)识别和评估由于舞弊或错误导致的财务报表重大错报风险,设计和实施审计程序以应对这些风险,并获取充分、适当的审计证据,作为发表审计意见的基础。由于舞弊可能涉及串通、伪造、故意遗漏、虚假陈述或凌驾于内部控制之上,未能发现由于舞弊导致的重大错报的风险高于未能发现由于错误导致的重大错报的风险。

(2)了解与审计相关的内部控制,以设计恰当的审计程序,但目的并非对内部控制的有效性发表意见。

(3)评价管理层选用会计政策的恰当性和作出会计估计及相关披露的合理性。

(4)对管理层使用持续经营假设的恰当性得出结论。同时,根据获取的审计证据,就可能导致对江苏信托持续经营能力产生重大疑虑的事项或情况是否存在重大不确定性得出结论。如果我们得出结论认为存在重大不确定性,审计准则要求我们在审计报告中提请报表使用者注意财务报表中的相关披露;如果披露不充分,我们应当发表非无保留意见。我们的结论基于截至审计报告日可获得的信息。然而,未来的事项或情况可能导致江苏信托不能持续经营。

(5)评价财务报表的总体列报、结构和内容(包括披露),并评价财务报表是否公允反映相关交易和事项。

我们与治理层就计划的审计范围、时间安排和重大审计发现等事项进行沟通,包括沟通我们在审计中识别出的值得关注的内部控制缺陷。

苏亚金诚会计师事务所(特殊普通合伙)

中国注册会计师:戴庭忠

中国·南京

中国注册会计师:祁成兵

2021年3月31日

5.1.2 资产负债表

资产负债表

编制单位:江苏省国际信托有限责任公司　　2020年12月31日　　单位:万元

资　产	期末数	期初数	负债和所有者权益	期末数	期初数
资产:			负债:		
货币资金	23 714.89	5 080.43	短期借款	—	—
拆出资金	—	—	拆入资金	120 020.39	—
交易性金融资产	954 644.70	678 532.12	交易性金融负债	—	—
应收账款	—	—	衍生金融负债	—	—
其他应收款	23 253.69	76 137.77	应付票据	—	—
衍生金融资产	—	—	应付账款	—	—
买入返售金融资产	—	—	预收款项	—	—
合同资产	—	—	合同负债	110.94	982.20
持有待售资产	—	—	应付职工薪酬	25 373.21	15 917.13
一年内到期的非流动资产	—	—	应交税费	22 381.74	13 306.38
其他流动资产	74 700.65	92 196.60	其他应付款	378 528.49	[illegible] 737.75
发放贷款和垫款	—	—	应付手续费及佣金	—	—
债权投资	—	—	持有待售负债	—	—
其他债权投资	—	—	一年内到期的非流动负债	—	—
长期应收款	—	—	其他流动负债	4 620.89	5 564.13
长期股权投资	1 508 692.45	1 404 076.88	长期借款	—	—
其他权益工具投资	26 486.18	23 790.80	应付债券	—	—
其他非流动金融资产	47 771.64	42 401.69	长期应付款	—	—
投资性房地产	—	—	预计负债	—	—
固定资产	18 237.77	18 950.45	递延收益	—	—
在建工程	—	—	递延所得税负债	25 677.43	[illegible] 679.01
无形资产	627.26	459.21	其他非流动负债	—	—
长期待摊费用	—	—	所有者权益:		
递延所得税资产	—	—	实收资本(或股本)	876 033.66	3[illegible] 033.66
其他非流动资产	129 296.51	1 179.11	资本公积	567 737.92	56[illegible] 737.03
			其他综合收益	35 422.51	[illegible] 742.99
			盈余公积	371 457.81	3[illegible] 016.44
			一般风险准备	156 362.78	1[illegible] 933.57
			未分配利润	223 697.96	5[illegible] 154.78
			所有者权益合计	2 230 712.64	2 04[illegible] 618.46
资产总计	2 807 425.74	2 342 805.06	负债和所有者权益总计	2 807 425.74	2 34[illegible] 805.06

公司法定代表人:胡　军　　主管会计工作负责人:王会清　　会计机构负责人:陈　飞

5.1.3 利润表

利润表

编制单位:江苏省国际信托有限责任公司　　2020 年度　　单位:万元

项　　目	本年数	上年数
一、营业收入	256 268.30	323 543.00
利息净收入	-9 839.61	-3 678.48
其中:利息收入	2 116.88	2 285.66
利息支出	11 956.49	5 964.14
手续费及佣金净收入	105 349.21	115 297.54
其中:手续费及佣金收入	105 349.21	115 297.54
手续费及佣金支出	—	—
投资收益(损失以"-"号列示)	141 328.83	200 659.40
其中:对联营企业和合营企业的投资收益	122 738.00	176 460.62
公允价值变动收益(损失以"-"号列示)	19 384.15	11 250.08
汇兑收益(损失以"-"号列示)	-14.02	3.50
其他业务收入	—	—
资产处置收益(损失以"-"号填列)	10.29	—
其他收益	49.44	10.96
二、营业支出	35 219.59	28 434.58
税金及附加	1 087.11	692.62
业务及管理费	32 258.89	22 450.59
信用减值损失	1 873.59	5 291.37
资产减值损失	—	—
其他业务成本	—	—
三、营业利润(损失以"-"号列示)	221 048.71	295 108.42
加:营业外收入	—	—
减:营业外支出	50.50	105.50
四、利润总额(损失以"-"号列示)	220 998.21	295 002.92
减:所得税费用	26 584.44	53 150.99
五、净利润(净亏损以"-"列示)	194 413.77	241 851.93
(一)持续经营净利润(净亏损以"-"号填列)	194 413.77	241 851.93
(二)终止经营净利润(净亏损以"-"号填列)	—	—
六、其他综合收益的税后净额	7 679.52	27 742.99
(一)不能重分类进损益的其他综合收益	—	—
1. 重新计量设定受益计划变动额	—	—
2. 权益法下不能转损益的其他综合收益	—	—
3. 其他权益工具投资公允价值变动	—	—
4. 企业自身信用风险公允价值变动	—	—
5. 其他	—	—
(二)将重分类进损益的其他综合收益	7 679.52	27 742.99
1. 权益法下可转损益的其他综合收益	7 679.52	27 742.99
2. 其他债权投资公允价值变动	—	—
3. 可供出售金融资产公允价值变动损益	—	—
4. 金融资产重分类计入其他综合收益的金额	—	—
5. 持有至到期投资重分类为可供出售金融资产损益	—	—
6. 其他债权投资信用减值准备	—	—
7. 现金流量套期损益的有效部分	—	—
8. 外币财务报表折算差额	—	—
9. 其他	—	—
七、综合收益总额	202 093.29	269 594.92

公司法定代表人:胡　军　　主管会计工作负责人:王会清　　会计机构负责人:陈　飞

5.1.4 所有者权益变动表

所有者权益变动表

编制单位：江苏省国际信托有限责任公司　　2020 年度　　单位：万元

项　目	实收资本	资本公积	其他综合收益	盈余公积	一般风险准备	未分配利润	所有者权益合计
一、上年年末余额	376 033. 66	567 737. 02	27 742. 99	352 016. 44	139 933. 57	585 154. 78	2 048 618. 46
加：会计政策变更	—	—	—	—	—	—	—
前期差错更正	—	—	—	—	—	—	—
其他	—	—	—	—	—	—	—
二、本期年初余额	376 033. 66	567 737. 02	27 742. 99	352 016. 44	139 933. 57	585 154. 78	2 048 618. 46
三、本期增减变动金额	500 000. 00	0. 89	7 679. 52	19 441. 38	16 429. 21	-361 456. 82	182 094. 18
（一）综合收益总额	—	—	7 679. 52	—	—	194 413. 77	202 093. 29
（二）所有者投入和减少资本	500 000. 00	0. 89	—	—	—	—	500 000. 89
1. 所有者投入资本	500 000. 00	—	—	—	—	—	500 000. 00
2. 其他权益工具持有者投入资本	—	—	—	—	—	—	—
3. 股份支付计入所有者权益的金额	—	—	—	—	—	—	—
4. 其他	—	0. 89	—	—	—	—	0. 89
（三）利润分配	—	—	—	19 441. 38	16 429. 21	-555 870. 59	-520 000. 00
1. 提取盈余公积	—	—	—	19 441. 38	—	-19 441. 38	—
2. 提取一般风险准备	—	—	—	—	16 429. 21	-16 429. 21	—
3. 对所有者（或股东）的分配	—	—	—	—	—	-520 000. 00	-520 000. 00
4. 其他	—	—	—	—	—	—	—
（四）所有者权益内部结转	—	—	—	—	—	—	—
1. 资本公积转增资本（或股本）	—	—	—	—	—	—	—
2. 盈余公积转增资本（或股本）	—	—	—	—	—	—	—
3. 盈余公积弥补亏损	—	—	—	—	—	—	—
4. 设定受益计划变动额结转留存收益	—	—	—	—	—	—	—
5. 其他综合收益结转留存收益	—	—	—	—	—	—	—
6. 其他	—	—	—	—	—	—	—
（五）专项储备	—	—	—	—	—	—	—
1. 本期提取	—	—	—	—	—	—	—
2. 本期使用	—	—	—	—	—	—	—
四、本期期末余额	876 033. 66	567 737. 92	35 422. 51	371 457. 81	156 362. 78	223 697. 96	2 230 712. 64

公司法定代表人：胡　军　　主管会计工作负责人：王会清　　会计机构负责人：陈　飞

5.2 信托资产

5.2.1 信托项目资产负债汇总表

信托项目资产负债汇总表

编制单位：江苏省国际信托有限责任公司　　2020 年 12 月 31 日　　单位：万元

资产	行次	年初数	期末数
资产：	1		
货币资金	2	3 765 095. 44	623 935. 69
拆出资金	3	—	—
存出保证金	4	—	—
交易性金融资产	5	9 911 626. 03	6 847 387. 14
衍生金融资产	6	—	—
买入返售金融资产	7	266 728. 03	270 137. 75
应收款项	8	434 942. 49	801 358. 39
发放贷款	9	13 956 801. 55	18 707 725. 20
可供出售金融资产	10	—	—
持有至到期投资	11	6 218 513. 60	7 265 842. 99
长期应收款	12	—	38 976. 54
长期股权投资	13	2 218 617. 62	1 204 022. 76
投资性房地产	14	—	—

续表

资产	行次	年初数	期末数
固定资产	15	—	—
无形资产	16	—	—
长期待摊费用	17	—	—
其他资产	18	—	1 341 514. 66
减：各项资产减值准备	19	—	9 000. 00
	20		
	21		
	22		
	23		
资产合计	24	36 772 324. 76	37 [illegible]91 901. 12

公司法定代表人：胡　军　　主管会计工作负责人：王会清　　会计机构负责人：陈　飞

信托项目资产负债汇总表（续）

编制单位：江苏省国际信托有限责任公司　　2020 年 12 月 31 日　　单位：万元

负债及所有者权益	行次	年初数	期末数
负债：	25		
拆入资金	26	—	—
交易性金融负债	27	—	—
衍生金融负债	28	—	—

续表

负债及所有者权益	行次	年初数	期末数
卖出回购金融资产款	29	—	—
应付受托人报酬	30	646.53	646.58
应付托管费	31	1 362.05	357.32
应付受益人收益	32	-178.17	287.75
应交税费	33	94.78	124 381.86
应付利息	34	—	—
其他应付款	35	112 845.28	495 904.03
预计负债	36	—	—
其他负债	37	—	—
负债合计	38	114 770.47	621 577.54
所有者权益	39		
实收信托	40	34 998 160.34	35 147 432.67
资本公积	41	5 496.00	24.96
盈余公积	42	—	—
一般风险准备	43	—	—
信托赔偿准备	44	—	—
未分配利润	45	1 653 897.95	1 322 865.95
所有者权益合计	46	36 657 554.29	36 470 323.58
	47		
负债及所有者权益总计	48	36 772 324.76	37 091 901.12

公司法定代表人：胡　军　　主管会计工作负责人：王会清　　会计机构负责人：陈　飞

5.2.2　信托项目利润及利润分配汇总表

信托项目利润及利润分配汇总表

编制单位：江苏省国际信托有限责任公司　　2020 年度　　单位：万元

项　目	序号	上期金额	本期金额
一、收入	1	3 037 197.34	2 600 531.64
利息收入	2	1 213 140.61	1 961 981.95
投资收益	3	1 765 887.18	611 892.71
公允价值变动损益	4	26 499.98	-14 442.77
其他业务收入	5	31 669.57	41 099.75
二、支出	6	137 745.78	229 922.52
营业税金及附加	7	6 875.14	12 392.99
受托人报酬	8	102 678.09	122 647.20
托管费	9	7 407.43	8 815.74
投资管理费	10	288.51	8.20
销售服务费	11	192.77	2 493.98
交易费用	12	791.45	668.26
资产减值损失	13	—	25 004.05
其他费用	14	19 512.39	57 892.10
三、信托净利润	15	2 899 451.56	2 370 609.12
其他综合收益	16	—	—
四、综合收益	17	2 899 451.56	2 370 609.12
加：期初未分配利润	18	1 241 641.66	1 653 897.95
五、可供分配的信托利润	19	4 141 093.22	4 024 507.07
减：本期已分配信托利润	20	2 487 195.27	2 701 641.12
六、期末未分配信托利润	21	1 653 897.95	1 322 865.95

公司法定代表人：胡　军　　主管会计工作负责人：王会清　　会计机构负责人：陈　飞

6. 会计报表附注

6.1　简要说明报告年度会计报表编制基准、会计政策、会计估计和核算方法的变化

2017 年 7 月 5 日，财政部发布修订的《企业会计准则第 14 号——收入》（财会〔2017〕22 号）（以下简称新收入准则）。修订后的准则规定，首次执行该准则应当根据累积影响数调整当年年初留存收益及财务报表其他相关项目金额，对可比期间信息不予调整。公司自 2020 年 1 月 1 日起实施，并按照有关衔接规定进行了处理。

期末公司没有纳入合并会计报表范围的控股子公司。

6.2　或有事项说明

无。

6.3　重要资产转让及其出售的说明

报告期内，公司未发生重要资产转让及出售行为。

6.4　会计报表中重要项目的明细资料

6.4.1　自营资产经营情况

6.4.1.1　信用风险资产分类

信用风险资产五级分类	正常类（万元）	关注类（万元）	次级类（万元）	可疑类（万元）	损失类（万元）	信用风险资产合计（万元）	不良资产合计（万元）	不良资产率（%）
期初数	722 871.79	—	—	—	—	722 871.79	—	—
期末数	2 798 700.96	—	—	—	—	2 798 700.96	—	—

注：不良资产合计 = 次级类 + 可疑类 + 损失类。

6.4.1.2　各项资产减值准备的计提及转回

单位：万元

项目	期初数	本期计提	本期转回	本期核销	其他	期末数
贷款损失准备	—	—	—	—	—	—
一般准备	—	—	—	—	—	—
专项准备	—	—	—	—	—	—
其他资产减值准备	5 291.37	2 173.72	38.77	—	—	7 426.32
长期股权投资减值准备	—	—	—	—	—	—
坏账准备	5 291.37	2 173.72	38.77	—	—	7 426.32
投资性房地产减值准备	—	—	—	—	—	—

6.4.1.3　固有投资业务按投资品种分类

单位：万元

项目	自营股票	基金	债券	长期股权投资	其他投资	合计
期初数	1 768.89	17 790.80	—	1 404 076.88	725 164.92	2 148 801.49
期末数	25 760.43	20 486.18	—	1 508 692.45	982 655.91	2 537 594.97

6.4.1.4　前五名的自营长期股权投资企业情况

企业名称	占被投资单位权益的比例（%）	主要经营活动	投资收益（万元）
江苏银行股份有限公司	8.04	存贷款等银行业务	112 761.69
利安人寿保险股份有限公司	22.79	人身保险等业务	9976.30
江苏海门农村商业银行股份有限公司	6.67	存贷款等银行业务	243.10
江苏如皋农村商业银行股份有限公司	4.99	存贷款等银行业务	449.10
江苏民丰农村商业银行股份有限公司	6.00	存贷款等银行业务	388.80

注：投资收益是指按照企业会计准则规定，核算股权投资确认损益并计入披露年度利润表的金额。

6.4.1.5　公司前三名的自营贷款情况

报告期末，公司自营贷款余额为零。

6.4.1.6　表外业务

报告期内，公司自营资产无表外业务。

6.4.1.7　公司本年的收入结构情况

收入结构	金额（万元）	占比（%）
手续费及佣金收入	105 349.21	39.27
其中：信托业务收入	105 349.21	39.27
投资银行业务收入	—	—
利息收入	2 116.88	0.79
其他业务收入	—	—
其中：计入信托业务收入部分	—	—
投资收益	141 328.83	52.69
其中：股权投资收益	124 273.29	46.33
证券投资收益	275.64	0.10
其他投资收益	16 779.90	6.26
公允价值变动损益	19 384.15	7.23
资产处置收益（损失以“-”号填列）	10.29	—
其他收益	49.44	0.02
营业外收入	—	—
收入合计	268 238.80	100.00

注：手续费及佣金收入、利息收入、其他业务收入、投资收益、营业外收入均为损益表中的科目，其中手续费及佣金收入、利息收入、其他业务收入、投资收益、营业外收入为未抵减相应支出的全年累计实现收入数。

6.4.2　信托资产管理情况

6.4.2.1　信托资产的期初数、期末数

单位：万元

信托资产	期初数	期末数
集合	10 316 713.51	19 677 406.04
单一	25 630 993.33	15 934 947.75
财产权	824 617.92	1 479 547.33
合计	36 772 324.76	37 091 901.12

6.4.2.1.1　主动管理型信托资产

单位：万元

主动管理型信托资产	期初数	期末数
证券投资类	613 022.91	4 569 893.48
股权投资类	72 875.00	73 194.41
融资类	10 670 373.92	17 817 524.98
事务管理类	—	—
合计	11 356 271.83	22 460 612.87

注：“合计”行要求填主动管理型信托项目的总额，它包含所有运用方式的的主动型产品，“证券投资类”“股权投资类”“融资类”“事务管理类”是主动管理型信托中的几个重点类别，包含在“合计”中，但是与“合计”行没有钩稽关系，“合计”行应大于或等于这四类之和。

6.4.2.1.2　被动管理型信托资产

单位：万元

被动管理型信托资产	期初数	期末数
证券投资类	14 696 598.70	5 167 046.32
股权投资类	2 197 577.12	1 177 637.35
融资类	8 521 877.11	8 286 604.58
事务管理类	—	—
合计	25 416 052.93	14 631 288.25

注：“合计”数与主动管理类同理。

6.4.2.2　信托项目清算情况

6.4.2.2.1　本年度已清算信托项目

已清算结束的信托项目	项目个数（个）	实收信托合计金额（万元）	加权平均实际年化收益率（%）
集合	53	3 293 875.00	5.73
单一	75	3 722 956.35	4.82
财产权	8	1 612 750.00	1.35

6.4.2.2.2　已清算主动管理型信托项目

已清算结束的信托项目	项目个数（个）	实收信托合计金额（万元）	加权平均实际年化信托报酬率（%）	加权平均实际年化收益率（%）
证券投资类	2	75 000.00	0.33	3.57
股权投资类	—	—	—	—
融资类	48	2 629 000.00	1.4	6.24
事务管理类	—	—	—	—

6.4.2.2.3　已清算结束的被动管理型信托项目

已清算结束的信托项目	项目个数（个）	实收信托合计金额（万元）	加权平均实际年化信托报酬率（%）	加权平均实际年化收益率（%）
证券投资类	6	700 423.02	0.05	1.99
股权投资类	9	770 333.33	0.09	5.20
融资类	71	4 454 825.00	0.11	3.80
事务管理类	—	—	—	—

6.4.2.3　新增信托项目情况

新增信托项目	项目个数（个）	实收信托合计金额（万元）
集合	163	8 288 516.18
单一	199	3 236 557.33
财产权	17	1 008 398.03
新增合计	379	12 533 471.54
其中：主动管理型	292	9 555 136.18
被动管理型	87	2 977 335.36

6.4.2.4　信托业务创新成果和特色业务有关情况

公司创设的“安鑫添利”系列产品，依托公司江苏省政信类

业务，组合投资于各类债券和逆回购等标准化资产。截至2020年末，“安鑫添利”系列产品合计规模超100亿元，盈利模式稳定可持续，为后续公司标品业务转型打下了良好基础。

公司推出的首个主动管理类净值型标准化固定收益类产品——“江苏信托·现金添利1号集合资金信托计划”，定位为信托版的货币基金，用以满足各类客户日常闲置资金的现金管理需求，受到金融同业、工商企业和个人客户的广泛认可。

6.4.2.5 本公司履行受托人义务情况及因本公司自身责任而导致的信托资产损失情况

公司严格按照《中华人民共和国信托法》《信托公司管理办法》《信托公司集合资金信托管理办法》开展各项信托业务。公司作为受托人，严格遵守信托文件的规定，为受益人的最大利益处理信托事务，管理信托财产，恪尽职守，履行诚实、信用、谨慎、有效管理的义务。在信托业务的设立、运用、内控、终止等环节和全过程做到合法、合规。公司信托财产没有因公司自身责任而导致信托资产损失的情况。

6.4.2.6 信托赔偿准备金的提取、使用和管理情况

单位：万元

年初数	本年计提	年末数
105 112.39	9 720.69	114 833.08

报告期内，公司未发生信托财产损失的情况，信托赔偿准备金未使用。

6.5 关联方关系及其交易事项

6.5.1 关联交易方的数量、关联交易的总金额及关联交易的定价政策等

项目	关联交易方数量	关联交易金额（万元）	定价政策
合计	5	390 824.20	另见注

注：关联交易的定价政策：（1）本公司对关联方交易价格根据市场价或协议价确定，与对非关联方的交易价格基本一致，无重大高于或低于正常交易价格的情况。（2）固有财产、信托资产与关联方贷款按人民银行规定的利率执行，投资按市场公允价确定。

6.5.2 关联交易方与本公司的关系性质、关联交易方的名称、法人代表、注册地址、注册资本及主营业务等

关系性质	关联方名称	法定代表人	注册地址	注册资本（万元）	主营业务
母公司	江苏国信股份有限公司	浦宝英	江苏省南京市	377 807.97	实业投资、股权投资（包括金融、电力能源股权等）、投资管理与咨询；电力项目开发建设和运营管理，电力技术咨询、节能产品销售，进出口贸易。
实际控制人	江苏省国信集团有限公司	谢正义	江苏省南京市	3 000 000.00	国有资本投资、管理、经营、转让，企业托管、资产重组、管理咨询、房屋租赁及经批准的其他业务。
联营企业	江苏银行股份有限公司	夏平	江苏省南京市	1 154 445.00	存贷款等银行业务。
同一实际控制人	南京国信大酒店有限公司	严华	江苏省南京市	2 000.00	住宿、餐饮（制售中、西餐）等业务。
同一实际控制人	江苏省医药有限公司	高旭	江苏省南京市	26613.4398	药品批发、零售；医疗器械销售。

6.5.3 本公司与关联方的重大交易事项

6.5.3.1 固有财产与关联方交易

固有财产与关联方关联交易

单位：万元

项目	期初数	借方发生额	贷方发生额	期末数
贷款	—	—	—	—
投资	—	—	—	—
租赁	—	—	—	—
担保	—	—	—	—
应收账款	0.22	806.26	805.56	0.92
其他	—	300 018.64	390 018.64	-90 000.00
合计	0.22	300 824.90	390 824.20	-89 999.08

6.5.3.2 信托资产与关联方交易

信托资产与关联方关联交易

单位：万元

项目	期初数	借方发生数	贷方发生数	期末数
贷款	—	—	—	—
投资	29 090.03	—	—	29 090.03
租赁	—	—	—	—
担保	—	—	—	—
应收账款	—	—	—	—
其他	—	—	—	—
合计	29 090.03	—	—	29 090.03

6.5.3.3 信托公司自有资金运用于自己管理的信托项目及信托公司管理的信托项目之间的相互交易

6.5.3.3.1 固有财产与信托财产之间的交易情况

固有财产与信托财产相互交易

单位：万元

项目	期初数	本期发生额	期末数
合计	513 903.55	5 230 922.47	856 137.38

6.5.3.3.2 信托项目之间的交易情况

信托资产与信托财产相互交易

单位：万元

项目	期初数	本期发生额	期末数
合计	2 118 531.17	223 894.98	2 342 426.15

6.5.4 逐笔披露关联方逾期未偿还本公司资金的详细情况及本公司为关联方担保发生或即将发生垫款的详细情况

报告期内，公司未发生以上所述情况。

6.6 会计制度

固有业务和信托业务均执行《企业会计准则》。

7. 财务情况说明书

7.1 利润实现和分配情况

经会计师事务所审计，江苏省国际信托有限责任公司年初

未分配利润为 585 154.78 万元，2020 年实现净利润 194 413.77 万元。根据法律法规要求和公司股东会决议，计提法定盈余公积金 19 441.38 万元、计提信托赔偿准备金 9 720.69 万元、一般准备金 6 708.53 万元，分配现金红利 520 000.00 万元，年末未分配利润为 223 697.96 万元。

7.2 主要财务指标

指标名称	指标值
资本利润率（%）	9.09
加权年化信托报酬率（%）	0.49
人均净利润（万元）	943.76

注：1. 资本利润率 = 净利润/所有者权益平均余额 ×100% = 194 413.77/[（2 048 618.46 + 2 230 712.64）/2] ×100% = 9.09%。

2. 加权年化信托报酬率 =（信托项目 1 的实际年化信托报酬率 × 信托项目 1 的实收信托 + 信托项目 2 的实际年化信托报酬率 × 信托项目 2 的实收信托 + 实收信托项目 n 的实际年化信托报酬率 × 信托项目 n 的实收信托）/（信托项目 1 的实收信托 + 信托项目 2 的实收信托 + 实收信托项目 n 的实收信托）= 0.49%。

3. 人均净利润 = 净利润/年平均人数 = 194 413.77/[（186 + 226）/2] = 943.76（万元）。

4. 平均值采取年初及年末余额简单平均法，公式为 a（平均）=（年初数 + 年末数）/2。

7.3 报告期内对公司财务状况、经营成果产生重大影响的其他事项

无。

8. 特别事项揭示

8.1 股东报告期内变动情况及原因

无。

8.2 董事、监事及高级管理人员变动情况及原因

2020 年 1 月 9 日，江苏银保监局核准章明同志为公司董事（苏银保监复〔2020〕21 号），陈宁同志不再担任公司董事。

2020 年 9 月 18 日，经公司股东会审议通过，李崇琦、顾宏武同志担任公司监事，徐文进、张瑞琪同志不再担任公司监事。

2020 年 11 月 13 日，原副总经理黄河同志因个人原因辞去公司副总经理职务。

8.3 变更注册资本、注册地或公司名称、公司分立合并事项

根据苏银保监复〔2020〕468 号文件批复，公司注册资本由 376 033.661182 万元增至 876 033.661182 万元，已完成相应工商变更登记手续。

8.4 公司的重大诉讼事项

8.4.1 江苏保千里视像科技集团股份有限公司违约诉讼案

2017 年 12 月 14 日，江苏信托作为原告以江苏保千里视像科技集团股份有限公司（以下简称江苏保千里）作为被告一、深圳市保千里电子有限公司（以下简称深圳保千里）作为被告二向江苏省南京市中级人民法院提起诉讼，诉称根据被告一与原告于 2016 年 11 月 24 日签署的《江苏保千里视像科技集团股份有限公司信托贷款单一资金信托贷款合同》（以下简称《贷款合同》）、被告二与原告签署的《保证合同》约定：被告一应当按照《贷款合同》约定的期限按时偿还贷款本息，被告二为《贷款合同》项下的全部债务提供连带责任保证担保。截至 2017 年 12 月 5 日，被告一共欠贷款本息合计 157 441 077.78 元，已构成严重违约。因此，原告诉请江苏省南京市中级人民法院判令被告一偿还江苏信托借款本金 155 000 000 元及利息 2 441 077.78 元，并继续按照合同标准支付自 2017 年 12 月 6 日起至实际还款日的利息、罚息、复利；判令被告一支付江苏信托律师费 1 550 000 元并承担本案的全部诉讼费用；判令被告二对被告一的上述全部债务承担连带责任；判令被告一和被告二不能清偿上述全部债务和费用，江苏信托有权就被告一质押的深圳市小豆科技有限公司 100% 股权以折价、拍卖、变卖所得优先受偿。

2018 年 5 月 22 日，江苏省南京市中级人民法院作出《民事判决书》（〔2017〕苏 01 民初 2755 号），判决被告一于判决生效之日起 10 日内偿还江苏信托借款本金 155 000 000 元及相应利息（截至 2018 年 5 月 2 日的利息、罚息、复利共计 9 507 534.74 元；自 2018 年 5 月 3 日起至实际给付之日止，按照年利率 11.19% 计算罚息，并按照年利率 11.19% 计算复利），支付律师费 155 万元；被告二对上述给付义务承担连带责任，保证人承担保证责任后，有权向债务人追偿；江苏信托有权就被告一质押的深圳市小豆科技有限公司 100% 股权折价或以拍卖、变卖所得价款优先受偿。

江苏保千里和深圳保千里不服一审判决，向江苏省高级人民法院提起上诉，但因未在江苏省高级人民法院指定的交费期间内交纳诉讼费，因此江苏省高级人民法院出具《民事裁定书》裁定：本案按江苏保千里和深圳保千里自动撤回上诉处理，一审判决自《民事裁定书》送达之日起发生法律效力。

2019 年 10 月 9 日，江苏信托收到法院出具的（2018）苏 01 执 1848 号《通知》，法院将于 2019 年 10 月 31 日 10 时起至 2019 年 11 月 1 日 10 时止（延时的除外）在江苏省南京市中级人民法院淘宝网司法拍卖网络平台上公开拍卖被执行人江苏保千里持有深圳市小豆科技有限公司 100% 的股权。

2019 年 12 月，根据委托人函件，江苏信托进行本项目的债权申报工作。

2020 年 4 月，江苏信托收到南京市中级人民法院汇入的共计 1 024 319.58 元的执行款，该等款项为法院扣划的江苏保千里的银行存款，根据委托人指示，江苏信托将前述款项作为贷款本金偿还款向受益人进行了分配。

2020 年 9 月，江苏信托收到南京市中级人民法院出具的裁定书，因江苏保千里公司已移送广东省深圳市中级人民法院进行破产审查，且深圳金海峡商业保理有限公司对深圳保千里提出的重整申请，故两被执行人的财产暂不能处置，法院裁定终止本次执行程序，后期如发现江苏保千里和深圳保千里有可供执行财产或财产具备处置条件后，可以再次申请执行。

2020 年 10 月，江苏信托收到江苏保千里视像科技集团股份有限公司发来的《债权申报通知》，拟根据债权申报指引进行债权申报手续。

2020 年 10 月，江苏信托收到本案律师发来的《关于邀请

债权人参加保千里电子变卖镜头物料与不良品及各种待处理品物料的报告》,深圳市保千里电子有限公司拟变卖名下镜头物料等财产。

2020 年 11 月,江苏信托收到本案律师发来的《深圳保千里电子有限公司重整案第二次债权人会议通知》。

2020 年 12 月,江苏信托根据委托人指示提交了《江苏保千里视像科技集团股份有限公司重整预案表决票》,对重整方案进行表决。

8.4.2 贤丰控股集团有限公司违约诉讼案

2019 年 5 月,江苏信托因金融借款合同纠纷作为原告以贤丰控股集团有限公司(以下简称贤丰集团)、珠海贤丰粤富投资合伙企业(有限合伙)(以下简称贤丰粤富)、广东贤丰控股有限公司(以下简称广东贤丰)、谢松峰、谢海滔、陆珊珊作为被告向江苏省高院提起诉讼,诉称根据被告贤丰集团与原告于 2017 年 2 月 17 日签署的《贤丰控股集团有限公司信托贷款单一资金信托贷款合同》(以下简称《贷款合同》)约定:江苏信托向贤丰集团发放贷款,合同项下贷款本金总额不超过 20 亿元,合同项下贷款期限为 60 个月,自 2017 年 2 月 23 日至 2022 年 2 月 22 日止。第一期信托贷款时间为 2017 年 2 月 23 日,金额为 160 000 万元,贷款按日计息,按季度结息,结息日为每季度月末的第 20 日及还款日;江苏信托按照合同约定,在特定情况下有权宣布贷款提前到期,要求贤丰集团提前偿还贷款本息。同日,广东贤丰、谢松峰、谢海滔、陆珊珊分别与江苏信托签订《保证合同》,为本次信托贷款提供全额连带责任保证担保。

2017 年 2 月 23 日,贤丰粤富与江苏信托签订《股权质押合同》,其为本次信托贷款提供所持广东民营投资股份有限公司 15.625% 的股权(25 亿股)质押担保,并办理了股权质押登记。股权质押担保范围为贤丰集团在《贷款合同》项下发生的全部债务。当日,江苏信托向贤丰集团发放 160 000 万元贷款。

根据《贷款合同》约定,贤丰集团应于 2019 年 3 月 20 日支付季度利息,但其未能按期支付。此外,贤丰集团持有的贤丰控股股份有限公司股票 15 915.2 万股和贤丰粤富持有的广东民营投资股份有限公司的 15.625%(25 亿股)均被天津市高级人民法院司法冻结。根据《贷款合同》约定,江苏信托向贤丰集团发出《贷款提前到期通知》,宣布《贷款合同》项下贷款于 2019 年 4 月 4 日全部提前到期,并按《贷款合同》约定计收罚息、复利。因此,原告诉请江苏省高级人民法院判令贤丰集团归还江苏信托贷款本金 1 600 000 000 元及利息 2 706 666 667元、罚息 2 320 000 元、复利 117740 元(利息、罚息、复利暂计算至 2019 年 4 月 9 日,剩余罚息、复利应按照合同约定的利率计算至实际清偿之日止);判令贤丰集团支付江苏信托为实现本案债权支出的律师费 1 600 万元;判令江苏信托对贤丰粤富提供的质押物——广东民营投资股份有限公司 250 000 万股股权经折价、拍卖或变卖后所得价款享有优先受偿权;判令广东贤丰、谢松峰、谢海滔、陆珊珊对贤丰集团上述全部债务向江苏信托承担连带清偿责任;判令本案的全部诉讼费用(案件受理费、保全费等)由六名被告承担。

2020 年 1 月 3 日,江苏信托收到法院出具的编号为(2019)苏民初 28 号的《民事判决书》,判决贤丰集团于本判决生效之日起 10 日内向江苏信托支付借款本金 16 亿元、利息 27 066 666.67元、截至 2019 年 4 月 9 日的罚息 232 万元、复利 117 740 元,以及自 2019 年 4 月 10 日起至实际清偿之日止按案涉《贷款合同》约定以借款本金 16 亿元为基数计算的罚息、以利息27 066 666.67元为基数计算的复利(其中自 2019 年 4 月 10 日起至 2020 年 2 月 22 日止,罚息、复利利率标准按年利率 8.7% 计算;自 2020 年 2 月 23 日起及之后每满 12 个月的罚息、复利利率标准的确定方法为以届时全国银行业间同业拆借中心公布的贷款市场报价利率上浮 22.1% 且不低于年利率 5.8%、并在此基础上再上浮 50%)。判决广东贤丰、谢松锋、谢海滔、陆珊珊对贤丰集团前述第一项债务承担连带清偿责任;广东贤丰、谢松锋、谢海滔、陆珊珊承担担保责任后有权向贤丰集团追偿。判决江苏信托就前述第一项债权有权以贤丰粤富质押的广东民营投资股份有限公司 15.625% 的股权(25 亿股)折价或拍卖、变卖所得价款依法优先受偿。贤丰粤富承担担保责任后有权向贤丰集团追偿。案件受理费为 8 229 322.03元,财产保全费为 5 000 元,合计 8 234 322.03 元由贤丰集团、广东贤丰、谢松锋、谢海滔、陆珊珊、贤丰粤富共同负担。

2020 年 5 月,根据委托人指令,公司授权江苏三法律师事务所进行二审相关的应诉、举证工作。

2020 年 9 月,江苏信托收到最高人民法院的传票,本案已于 9 月 17 日于最高人民法院第三巡回法庭二审开庭审理。

2020 年 12 月 30 日,公司已根据委托人指令与中国信达资产管理股份有限公司深圳市分公司签署《资产转让协议》,16 亿元的信托贷款债权作价 14.4 亿元全额转让给中国信达资产管理股份有限公司深圳市分公司。

8.5 公司及其董事、监事和高级管理人员受到的处罚情况

2020 年 12 月 28 日,江苏银保监局作出了编号为苏银保监罚决字〔2020〕85 号的行政处罚。

8.6 中国银保监会现场检查情况及整改措施

2020 年 11 月 25 日,江苏银保监局非银处对公司房地产业务进行了专项排查,于 2020 年 12 月 11 日向公司下发了《监管意见单》(2020 年第 10 期,以下简称监管意见单),提出了"牢固树立大局意识,按'实质重于形式'原则强化房地产信托穿透审查,加强房地产信托风险防控"等监管意见。

收到监管意见单后,公司高度重视,对监管意见单提出的监管意见进行逐项梳理,认真研究整改方案,部署落实相关工作,于 2020 年 12 月 30 日出具了专项整改报告,制定了配套的整改计划表,整改措施涉及规模压降、调整业务模式、严格风险管控、加强项目后续管理,建立完善风险预警机制等。

8.7 公司重大事项临时报告

无。

8.8 中国银保监会及其省级派出机构认定的其他有必要让客户及相关利益人了解的重要信息

根据《信托公司净资本管理办法》规定,公司净资本监管风

险控制指标（根据审计后数据计算）执行情况如下：

（1）净资本/各项业务风险资本之和 =1 744 651.10/1 190 281.93×100% =146.57%≥100%（监管标准）。

（2）净资本/净资产 =1 744 651.10/2 230 712.64×100% =78.21%≥40%（监管标准）。

9. 公司监事会意见

报告期内，公司决策程序合法有效，内控制度进一步完善，公司董事及高级管理人员能够按照国家有关法律、法规和公司章程的规定履行职责，未发现有违法违纪和损害公司利益及股东利益的行为。公司财务报告内容完整、真实地反映了公司的财务状况和经营成果。

交银国际信托有限公司

1. 重要提示

1.1 本公司董事会及董事保证本年度报告所载资料不存在任何虚假记载、误导性陈述或者重大遗漏,并对其内容的真实性、准确性和完整性承担个别及连带责任。

1.2 公司独立董事戴国强先生、刘红忠先生、王华先生声明:保证本年度报告内容的真实、准确和完整。

1.3 普华永道中天会计师事务所(特殊普通合伙)根据中国注册会计师审计准则对本公司2020年度财务报告进行审计,出具了标准无保留意见的审计报告。

1.4 公司法定代表人、董事长童学卫,总裁李依贫(分管财务),预算财务部总经理张悦迎声明:保证本年度报告中财务报告的真实、完整。

2. 公司概况

2.1 公司简介

法定中文名称	交银国际信托有限公司
法定中文缩写名称	交银国际信托

续表

公司法定英文名称	Bank of Communications International Trust Co., Ltd.
法定英文缩写名称	BOCOMMTRUST
法定代表人	童学卫
注册地址	湖北省武汉市江汉区建设大道847号瑞通广场B座16-17层
邮政编码	430015
国际互联网网址	www.bocommtrust.com
电子信箱	jygx_nianbao@bankcomm.com
信息披露事务联系人	赵德刚
信息披露事务联系人联系方式	电话:021-32169666;传真:021-62706820
选定的信息披露报纸	《金融时报》《上海证券报》《证券时报》
公司年报备置地点	湖北省武汉市江汉区建设大道847号瑞通广场B座16层
聘请的会计师事务所	普华永道中天会计师事务所(特殊普通合伙)
聘请的会计师事务所住所	上海市黄浦区湖滨路202号企业天地2号楼普华永道中心11楼
聘请的律师事务所	上海市锦天城律师事务所
聘请的律师事务所住所	上海市浦东新区银城中路501号上海中心大厦

2.2 组织结构

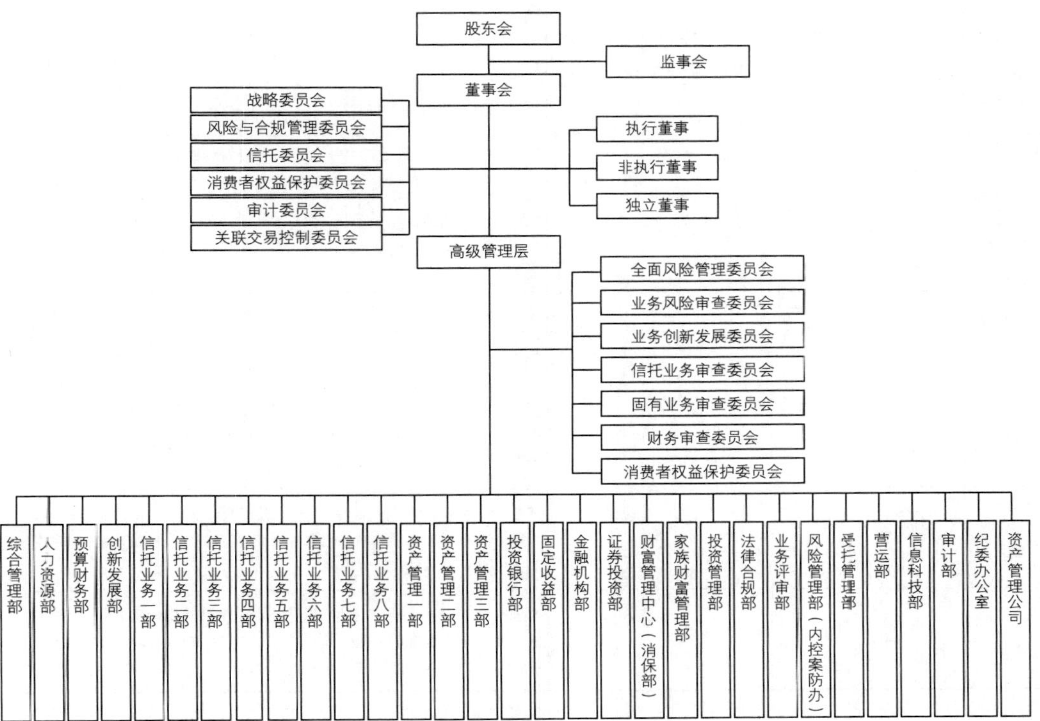

3. 公司治理

3.1 股东

报告期内，公司股东总数 2 家。出资比例及股东情况如下：

序号	股东名称	持股比例（%）	法定代表人（负责人）	注册资本（亿元）	注册地址	主要经营业务	主要财务状况
1	★交通银行股份有限公司	85	任德奇	742.63	上海市浦东新区银城中路188 号	银行业务	2020 年末，资产总额为 106 976.16 亿元，每股净资产为 9.87 元，资本充足率为 15.25%，全年实现净利润（归属于母公司股东）782.74 亿元。
2	湖北省交通投资集团有限公司	15	龙传华	100	武汉市汉阳区龙阳大道 36 号顶琇广场 A 栋 25 楼	交通基础项目建设等	2020 年末，资产总额为 4 948 亿元，负债总额为3 538亿元，全年实现净利润 12.11 亿元。

注：★表示实际控制人。

报告期内，公司主要股东总数为 2 家。主要股东及其控股股东、实际控制人、一致行动人、最终受益人情况如下

主要股东名称	股东的控股股东	股东的实际控制人	股东的一致行动人	最终受益人
交通银行	无	无	无	不适用
湖北省交通投资集团有限公司	湖北省人民政府国有资产监督管理委员会	湖北省人民政府国有资产监督管理委员会	无	不适用

3.2 董事

姓 名	职 务	性别	年龄（岁）	选任日期	所推举的股东名称	该股东持股比例（%）	简要履历
童学卫	董事长	男	56	2018 年 9 月 10 日	交通银行股份有限公司	85	硕士，高级经济师，历任交通银行南京分行综合计划处副处长，交通银行白下支行行长，交通银行南京分行国际业务部经理，交通银行宁波分行副行长、高级信贷执行官，交通银行总行公司业务部/公司机构业务部副总经理（总行部门正职级）、金融机构部总经理；现任交银国际信托有限公司董事长（省分行正职级）。
龙传华	董事	男	58	2014 年 12 月 31 日	湖北省交通投资集团有限公司	15	博士，高级经济师，历任黄石市委政研室副主任、主任，黄石市经济开发区管委会副主任，湖北省交通厅副厅长，湖北省交通投资集团有限公司总经理；现任湖北省交通投资集团有限公司董事长。
李依贫	执行董事	男	56	2018 年 12 月 29 日	交通银行股份有限公司	85	硕士，高级经济师，历任交通银行武汉分行太平洋支行行长助理、交通银行江岸支行副行长及行长，交通银行青山支行行长，交通银行武汉分行公司业务部高级经理，交银国际信托有限公司副总裁；现任交银国际信托有限公司执行董事、总裁。
汤晓东	董事	男	45	2019 年 12 月 3 日	交通银行股份有限公司	85	硕士，中级经济师，历任交通银行总行法律合规部合规管理二级部高级经理、境外合规管理二级部高级经理，交通银行淄博分行党委委员、副行长；现任交通银行总行法律合规部副总经理。
陈 洪	候任董事	男	53	2020 年 10 月 23 日	交通银行股份有限公司	85	大专，助理经济师，历任交通银行合肥分行杏花支行行长，交通银行合肥分行王陈岗支行行长，交通银行安徽省分行党委委员、副行长、高级信贷执行官；现任交通银行总行授信管理部副总经理。
仇高擎	候任董事	男	45	2020 年 10 月 23 日	交通银行股份有限公司	85	硕士，高级经济师，历任交通银行总行发展研究部副总经理、金融市场业务中心党委委员、副总裁；现任交通银行总行金融机构部（资产管理业务中心）副总经理（副总裁）
戴国强	独立董事	男	68	2015 年 5 月 27 日	—	—	博士，历任上海财经大学讲师、副教授、教授，财务金融学院副院长，金融学院常务副院长、院长，MBA 学院院长，商学院副院长；现任上海财经大学商学院教授、博士研究生导师，享受国务院政府特殊津贴专家，中国金融学会常务理事，中国国际金融学会常务理事，上海市金融学会副会长等。
刘红忠	独立董事	男	56	2018 年 12 月 29 日	—	—	博士，历任复旦大学讲师、副教授、教授，国际金融系主任、金融研究院副院长等；现任复旦大学金融学教授、博士生导师，中国金融史研究中心副主任，金融研究中心副主任，中国金融学会理事，中国国际金融学会理事等。
王 华	独立董事	男	44	2018 年 12 月 29 日	—	—	博士，中国注册会计师，历任中南财经政法大学讲师、副教授、教授，会计学院成本管理教研室副主任、财务管理系副主任、国际会计教育中心主任；现任中南财经政法大学会计学院副院长、教授、博士研究生导师，管理会计与绩效研究所所长等，财政部管理会计咨询委员会委员等。

注：2020 年 10 月 23 日，本公司股东会第三次会议（临时会议）选举陈洪、仇高擎担任本公司非执行董事，颇颖、周黎勤不再担任本公司非执行董事职务。陈洪、仇高擎的非执行董事任职资格尚在报监管核准过程中。

3.3 监事

姓 名	职 务	性别	年龄（岁）	选任日期	所推举的股东名称	该股东持股比例（%）	简要履历
颇 颖	监事长	女	49	2020 年 11 月 4 日	交通银行股份有限公司	85	硕士，会计师，历任交通银行南宁分行计划处处长助理、副处长，交通银行苏州分行党委委员、副行长，交通银行总行预算财务部（数据与信息管理中心）副总经理；现任交通银行总行股权与投资管理部总经理，兼任交银国际信托有限公司监事长。
李 琳	监事	男	46	2019 年 3 月 29 日	湖北省交通投资集团有限公司	15	硕士，会计师，历任湖北省交通投资集团有限公司融资财务部副部长、证券部部长、资本运营部部长、董事会办公室主任；现任湖北省交通投资集团有限公司审计部部长。
韩泽民	职工监事	男	58	2010 年 11 月 5 日	—	—	本科，经济师，历任湖北省国际信托投资公司金融部经理、国际金融部经理、办公室副主任，交银国际信托有限公司综合管理部副总经理、监察室副主任、人力资源部副总经理（主持工作）；现任交银国际信托有限公司人力资源部二级专家。

3.4 高级管理人员

姓 名	职务	性别	年龄（岁）	选任日期	金融从业年限（年）	学历/学位	专业
李依贫	总裁	男	56	2019 年 2 月 26 日	24	硕士	财务金融
陈 维	副总裁	男	45	2020 年 10 月 14 日	13	硕士	国际发展
蔡 平	副总裁	男	58	2013 年 9 月 3 日	8	硕士	管理工程
唐云岳	副总裁	男	44	2019 年 2 月 26 日	18	硕士	国际贸易
李 艳	副总裁	男	46	2021 年 3 月 16 日	24	硕士	工商管理
朱明君	副总裁	男	45	2021 年 4 月 12 日	23	博士	企业管理

3.5 公司员工

报告期末，公司员工总数为 240 人，平均年龄为 36 岁，学历分布比率：博士为零；硕士为 62.5%；本科为 36.3%；专科为 0.4%；其他为 0.8%。

4. 经营管理

4.1 经营目标、经营方针、战略规划

公司认真贯彻落实国家宏观政策和金融监管要求，立足内外部形势变化，发挥信托制度和集团资源两个优势，聚焦"专业资产管理、高端财富管理、优质受托服务"三大核心业务，积极服务实体经济，积极服务人民美好生活需要，持续打造"最值得信赖的信托资产管理机构"。

4.2 所经营业务的主要内容

4.2.1 信托业务

资产管理类业务包括信托贷款、应收账款融资、并购融资、现金管理、期次定开、TOF、受托境外理财（QDII）等标品投资和股权投资、并购定增、产业基金等非标投资。财富管理类业务包括高端信托理财产品、专户信托理财、家族财富管理信托、保险金信托等。受托管理类业务包括信贷资产证券化、企业资产证券化、公益慈善信托等。

4.2.2 自营业务

公司按照"流动性、安全性、盈利性"合理协调原则管理运用自有资金，适量投资理财产品，合理有序发放贷款和投资债券，适度进行股票投资和股权投资，发展创新业务，兼顾权益类和固定收益类，充分考虑资产流动性、期限和收益之间的合理平衡，确保上述各类资产配置比例都在合理范围内。

信托资产运用与分布表

资产运用	金额（万元）	占比（%）	资产分布	金额（万元）	占比（%）
货币资产	653 448.86	1.04	基础产业	15 507 788.04	24.59
贷款	12 639 217.55	20.04	房地产	5 420 529.60	8.60
交易性金融资产	7 621 424.97	12.09	证券市场	8 094 778.68	12.84
可供出售金融资产	338 141.38	0.54	实业	9 771 891.44	15.50
持有至到期投资	3 110 528.79	4.93	金融机构	16 507 683.46	26.18
长期股权投资	1 291 002.35	2.05	其他	7 759 715.67	12.29
其他	37 408 622.99	59.31			
信托资产总计	63 062 386.89	100.00	信托资产总计	63 062 386.89	100.00

自营资产运用与分布表

资产运用	金额（万元）	占比（%）	资产分布	金额（万元）	占比（%）
货币资产	142 662.65	7.79	基础产业	252 205.00	13.78
交易性金融资产	498 113.88	27.22	房地产业	720 453.00	39.37
债权投资	715 726.84	39.12	证券市场	310 869.20	16.99
发放贷款和垫款	383 829.20	20.97	实业	—	—
长期股权投资	604.52	0.03	金融机构	32 000.00	1.75
其他	89 248.78	4.87	其他	514 658.67	28.12
资产总计	1 830 185.87	100.00	资产总计	1 830 185.87	100.00

4.3 市场分析

4.3.1 有利因素

一是国家重点战略带来发展新机遇。长三角一体化、粤港澳大湾区、长江经济带、成渝双城经济圈等重点区域发展战略为信托公司进一步融入区域经济发展提供更多业务机会。以国内大循环为主体、国内国际双循环相互促进的新产业发展格局，为信托公司支持创新企业发展和传统企业升级改造、逐步优化客户和资产结构提供新的发展思路。

二是扩大内需、改善民生带来发展新机遇。"十四五"规划明确将强化消费、教育、就业、医疗、养老等领域政策扶持。随

着新中产群体扩大、人民对高品质美好生活需求的提升，财富创造、保值增值、财富传承等金融需求必将持续快速增长，为信托开展资产配置、风险隔离、税务筹划、养老医疗、慈善公益等高阶财富管理提供广阔业务空间。

4.3.2 不利因素

一是传统业务空间持续收窄。信托行业严监管态势保持不变，“资管新规”过渡期将于2021年末结束，《信托公司资金信托管理办法》预计于2021年出台，对传统融资类信托业务发展提出了较高的要求，信托公司亟须加快转型发展，构建可持续发展新模式。

二是风险防控依然面临较大压力。受新冠肺炎疫情影响，全球经济复苏进程仍不稳定，国内经济结构调整进一步深化，金融行业风险继续释放，信用违约事件或将不断出现，信托公司面临的风险形势依然严峻。

4.4 内部控制

4.4.1 内部控制环境和内部控制文化

公司按照“纵到底、横到边、全覆盖”的要求，着力营造依法合规、运转高效的内部控制环境。第一，持续改进公司治理，不断完善公司治理架构。第二，强化内部审计监督作用，促进内部控制稳健运行。第三，强化制度建设与执行，确保业务运行的各环节均有章可循。第四，按照权责分明、相互制约的原则设置部门和岗位。

公司积极弘扬全员合规与内控优先的内部控制文化。第一，公司“三会一层”均牢固树立合法合规经营的理念，弘扬合规文化，加强合规教育，促进“专业、勤勉、尽职”良好合规经营文化环境；同时，公司积极学习监管政策，将监管政策内化为日常业务的行动指南。第二，公司上下树立起内控优先的意识，建立公司员工合规行为准则、职业道德规范，并持续开展合规管理、合规宣传和合规培训，积极提升合规文化整体氛围和全员的合规经营意识，进一步夯实内控制度的落实与执行。

4.4.2 内部控制措施

公司坚持“内控优先、制度先行”的管理理念，持续加强内控制度体系建设和完善细化工作，制定出台多项业务管理和基础管理制度。公司建立健全“防火墙”制度，实现“四个分离”：信托业务与自营业务相分离；不同的信托财产之间相分离；同一信托财产运用与保管相分离；业务操作与风险监控相分离。

对于信托业务，在设立环节上，公司严格按照制度规定开展信托项目审批，制定规范的信托文件和项目尽职调查标准；在资金运用环节上，公司严格履行受托人职责，依法运用信托财产，实现审批、运用和保管分离；在管理环节上，公司不断完善风险识别、评估、监控、报告体系，前台、中台、后台紧密配合，形成职责明晰、相互制约的管理机制；在清算终止环节上，公司严格依据法律法规、信托文件制作清算报告，并向受益人进行信息披露，持续完善信托业务档案管理。

对于固有业务，公司建立健全固有业务决策机制，2020年初制定科学合理的年度自有资金配置计划与风险容忍度，并严格按照相关程序进行审批，实现固有业务协调发展；通过动态的监控机制、严密的账户管理、严格的资金审批调度、规范的交易操作及完善的业务档案管理，公司严格控制固有资金的投资风险，重要投资均有详细的风险分析支持。

4.4.3 监督评价与纠正

公司建立了内部控制检查、报告和纠正机制，保障公司内控体系完备、内控制度执行到位，检查发现的问题及时整改。内审部门对公司内控体系建设和内控制度的执行情况进行持续的检查和监督，对被审计事项作出客观评价，提出意见或建议，并对内审报告作出的结论和行动方案的执行及整改情况进行后期跟踪检查，督促整改落实。董事会定期评价内部控制的有效性，定期召开审计委员会会议，听取公司内部控制管理工作和审计项目实施情况的汇报与建议，并根据情况变化适时调整和完善。

4.5 风险管理

4.5.1 风险管理概况

公司经营活动中面临信用风险、市场风险、操作风险及其他风险等。公司形成了“事前防范、事中控制、事后评价”的风险管理机制。

4.5.1.1 信用风险状况

4.5.1.1.1 信托业务信用风险状况

截至2020年末，存续信托项目897个，存续受托规模为5 994.42亿元，公司按照相关要求计提准备。

4.5.1.1.2 固有业务信用风险状况

截至2020年末，公司自有资金贷款余额为40.104亿元，固有贷款不良资产的期初数与期末数均为零，按照相关要求计提准备。截至2020年末，固有业务信用风险处于较低水平。

4.5.1.2 市场风险状况

截至2020年末，信托资产投资、固有资产投资市场风险情况正常；自有资金证券投资未突破公司确定的风险容忍度限额。

4.5.1.3 操作风险状况

公司建立了严格的部门职责、员工岗位职责、业务流程和操作规程，形成了职责分明、相互监督制约的机制和严格的审核、复核程序。截至2020年末，公司未发现重大操作风险事件。

4.5.1.4 其他风险状况

其他风险主要有合规风险、政策风险等。截至2020年末，公司未发生因上述风险造成的损失。

4.5.2 风险管理情况

4.5.2.1 信用风险管理

公司高度重视交易对手的信用情况，加强项目运行前端的风险管控，以尽职调查为重要风控抓手，科学评估交易对手的履约能力与意愿，筛选现金流充裕且第二还款来源稳固的项目，辅以有效的信用增级措施，如聘请专业的评估机构对抵押品进行评估，对担保物的充足性进行严格把关，审慎评估保证人的履约能力等，切实提高信用风险的保障系数。公司已根据监管要求按照注册资本的20%足额提取信托赔偿准备金。

在项目运行过程中，公司深入研究影响交易对手履约能力的各种风险因素，持续跟踪抵（质）押物价值对融资本息的保障系数，加强监测有关还款来源的变化情况，持续加强业务日常监测、换手查访、风险排查、风险预警、风险提示和督导落实的力度，有效落实项目到期兑付资金安排监测机制，持续高效开展项目后续管理，并根据具体问题研究采取相关应对措施，确保项目信用风险的可控、可测、可承受。

4.5.2.2　市场风险管理

第一，公司高度重视市场价格风险因素的管理，不断强化对自有资金投资项目的科学决策与管理，密切关注经济运行状况，严控因宏观政策调整带来不利影响的风险。第二，在业务评审环节上，公司详细评估项目的市场风险；在资金运用环节上，公司密切关注有关风险因子、情景的变化情况，采取有针对性的举措。第三，公司配备了与市场风险管理需求相适应的专业团队，对市场风险的研究较为充分、投资行为较为审慎。第四，公司加强对宏观经济及金融形势的分析预测，制定年度自有资金配置计划与风险容忍度，并严格执行该配置计划及风险容忍度指标。

4.5.2.3　操作风险管理

第一，公司建立了严格的部门职责、员工岗位职责、业务流程和操作规程，形成了职责分明、相互监督制约的管理机制，通过建立健全内控考核机制，有效提升了操作风险管理实效；第二，公司持续推进综合业务系统开发上线，不断开发、完善业务管理信息系统，并建立了贴合业务实际、满足业务需求的信息系统管理流程；第三，公司不断完善各项规章制度，持续完善操作风险管理机制，切实提高业务管理的精细化水平。截至2020年12月31日，公司未发现重大操作风险事件。

4.5.2.4　其他风险管理

公司严格按照国家法律法规和监管部门的有关要求开展业务；公司不断完善突发事件应急处理机制，以应对可能发生的突发事件。

4.5.3　净资本管理

2020年末，公司净资本风险控制指标：净资本为113.85亿元，各项风险资本为61.12亿元，净资本与各项业务风险资本之和之比为186.3%，符合监管要求的不低于100%标准；净资本与净资产之比为86.2%，符合监管要求的不低于40%标准。2020年末，净资本监管各项指标全面达标。

4.6　消费者权益保护

2020年，公司积极贯彻落实监管机构关于消费者权益保护工作的各项要求，认真履行消费者权益保护职责，持续优化消保体制机制建设，完善消保工作制度体系，在业务流程不断优化中融入消保理念。同时，公司加强金融知识宣传教育工作，通过公司微信公众号持续转发中国信托业协会发布的"信托知识百问百答"，积极开展"3·15金融消费者权益日"等一系列主题宣教活动，引导消费者合理选择金融产品和服务，提高消费者对信托行业及信托产品的认识和了解，有效维护金融消费者受教育权，践行金融宣教的社会责任。

报告期内，公司无投诉、重大突发事件或诉讼等问题发生，客户满意度较好。

4.7　企业社会责任

报告期内，本公司重视发挥企业社会价值，积极履行社会责任。一是全力支持抗击新冠肺炎疫情。公司第一时间向武汉市江汉区慈善会捐赠500万元，向"中国信托业抗击新型肺炎慈善信托"捐赠50万元，发动党员、员工捐款24.65万元，联系推动中国信托业协会慈善信托项目落地590万余元，驰援武汉、黄冈、孝感、英山等疫区紧缺医疗物资。同时，公司通过积极认购疫情防控债、受托发行湖北省首单消费金融ABS及东风财务公司资产证券化项目、采购湖北滞销农产品等多种方式，全力支持企业复工复产，助力消费市场复苏。二是积极助力脱贫攻坚。公司通过直接购买、引荐客户和电商平台等方式帮助天祝县销售农产品32.94万元；引进社会帮扶资金10万元，援建天祝县松山镇9号移民点"3+2"幼小一体化学校；累计投入党费扶贫资金126.8万元，援建天祝、理塘、色达、鹤峰四县7处扶贫项目。三是主动服务人民美好生活需要。围绕客户多样化的理财需求，公司不断创新产品、提升能力、优化服务，落地首单证券投资信托、首单定期型报价式主动管理投资产品——"蓝色宝鼎1号"、首单"臻承"系列保险金信托、首单定制化家族信托、首单房地产股权投资业务等，努力为客户创造更多可靠财富，不断满足人们美好生活需要，全年为投资者分配投资收益320.77亿元。

5. 报告期末及上一年末的比较式会计报表

5.1　自营资产

5.1.1　会计师事务所审计意见全文

审计报告

普华永道中天审字(2021)第20970号

交银国际信托有限公司董事会：

一、审计意见

(一)我们审计的内容

我们审计了交银国际信托有限公司(以下简称贵公司)的财务报表，包括2020年12月31日的合并及公司资产负债表，2020年度的合并及公司利润表、合并及公司现金流量表、合并及公司所有者权益变动表，以及财务报表附注。

(二)我们的意见

我们认为，后附的财务报表在所有重大方面按照企业会计准则的规定编制，公允反映了贵公司2020年12月31日的合并及公司财务状况及2020年度的合并及公司经营成果和现金流量。

二、形成审计意见的基础

我们按照中国注册会计师审计准则的规定执行了审计工作。审计报告的"注册会计师对财务报表审计的责任"部分进一步阐述了我们在这些准则下的责任。我们相信，我们获取的审计证据是充分的、适当的，为发表审计意见提供了基础。

按照中国注册会计师职业道德守则，我们独立于贵公司，并履行了职业道德方面的其他责任。

三、其他信息

贵公司管理层对其他信息负责。其他信息包括贵公司2020年度报告中涵盖的信息，但不包括财务报表和我们的审计报告。

我们对财务报表发表的审计意见不涵盖其他信息，我们也不对其他信息发表任何形式的鉴证结论。

结合我们对财务报表的审计，我们的责任是阅读其他信息，在此过程中，考虑其他信息是否与财务报表或我们在审计过程中了解到的情况存在重大不一致或者似乎存在重大错报。基于我们已经执行的工作，如果我们确定其他信息存在重大错报，我们应当报告该事实。在这方面，我们无任何事项需要报告。

四、管理层和治理层对财务报表的责任

贵公司管理层负责按照企业会计准则的规定编制财务报表，使其实现公允反映，并设计、执行和维护必要的内部控制，以使财务报表不存在由于舞弊或错误导致的重大错报。

在编制财务报表时，管理层负责评估贵公司的持续经营能力，披露与持续经营相关的事项（如适用），并运用持续经营假设，除非管理层计划清算贵公司、终止运营或别无其他现实的选择。

治理层负责监督贵公司的财务报告过程。

五、注册会计师对财务报表审计的责任

我们的目标是对财务报表整体是否不存在由于舞弊或错误导致的重大错报获取合理保证，并出具包含审计意见的审计报告。合理保证是高水平的保证，但并不能保证按照审计准则执行的审计在某一重大错报存在时总能发现。错报可能由于舞弊或错误导致，如果合理预期错报单独或汇总起来可能影响财务报表使用者依据财务报表作出的经济决策，则通常认为错报是重大的。

在按照审计准则执行审计工作的过程中，我们运用职业判断，并保持职业怀疑。同时，我们也执行以下工作：

（1）识别和评估由于舞弊或错误导致的财务报表重大错报风险；设计和实施审计程序以应对这些风险，并获取充分、适当的审计证据，作为发表审计意见的基础。由于舞弊可能涉及串通、伪造、故意遗漏、虚假陈述或凌驾于内部控制之上，未能发现由于舞弊导致的重大错报的风险高于未能发现由于错误导致的重大错报的风险。

（2）了解与审计相关的内部控制，以设计恰当的审计程序，但目的并非对内部控制的有效性发表意见。

（3）评价管理层选用会计政策的恰当性和作出会计估计及相关披露的合理性。

（4）对管理层使用持续经营假设的恰当性得出结论。同时，根据获取的审计证据，就可能导致对贵公司持续经营能力产生重大疑虑的事项或情况是否存在重大不确定性得出结论。如果我们得出结论认为存在重大不确定性，审计准则要求我们在审计报告中提请报表使用者注意财务报表中的相关披露；如果披露不充分，我们应当发表非无保留意见。我们的结论基于截至审计报告日可获得的信息。然而，未来的事项或情况可能导致贵公司不能持续经营。

（5）评价财务报表的总体列报（包括披露）、结构和内容，并评价财务报表是否公允反映相关交易和事项。

（6）就贵公司中实体或业务活动的财务信息获取充分、适当的审计证据，以对合并财务报表发表审计意见。我们负责指导、监督和执行集团审计，并对审计意见承担全部责任。

我们与治理层就计划的审计范围、时间安排和重大审计发现等事项进行沟通，包括沟通我们在审计中识别出的值得关注的内部控制缺陷。

普华永道中天
会计师事务所（特殊普通合伙）　　注册会计师：胡　亮
中国·上海市　　注册会计师：武甫蓉
2021 年 4 月 28 日

5.1.2　合并及公司资产负债表

合并资产负债表

编制单位：交银国际信托有限公司　　2020 年 12 月 31 日　　单位：元

项目	附注	2020 年 12 月 31 日	2019 年 12 月 31 日
		合并	合并
资产			
货币资金		1 426 626 520. 00	258 804 699. 86
发放贷款及垫款		3 838 291 982. 44	424 009 068. 51
金融投资：			
交易性金融资产		4 981 138 778. 70	6 713 766 896. 02
债权投资		7 157 268 449. 82	4 184 359 325. 42
长期股权投资		6 045 169. 44	6 434 158. 75
固定资产		22 095 702. 45	23 338 412. 67
使用权资产		143 008 657. 04	44 425 819. 68
无形资产		11 837 432. 22	12 216 108. 08
递延所得税资产		20 204 863. 17	10 817 383. 75
其他资产		695 341 153. 06	721 303 558. 72
资产总计		18 301 858 703. 34	12 399 475 431. 46
负债			
合同负债		66 234 616. 27	39 174 982. 95
应付职工薪酬		136 933 384. 84	114 110 568. 35
应交税费		793 158 562. 00	49 536 200. 91
租赁负债		143 652 251. 88	46 448 978. 19
递延所得税负债		10 799 179. 89	21 983. 23
其他负债		3 846 732 558. 06	4 961 160. 55
负债合计		4 997 510 552. 94	254 253 874. 18
所有者权益			
实收资本		5 764 705 882. 35	5 764 705 882. 35
盈余公积		762 082 869. 41	645 453 972. 12
一般风险准备		216 237 218. 84	191 923 372. 12
信托赔偿准备		1 152 941 176. 47	1 152 941 176. 47
未分配利润		5 408 381 008. 33	4 390 197 154. 22
所有者权益合计		13 304 348 155. 40	12 145 221 557. 28
负债和所有者权益总计		18 301 858 708. 34	12 399 475 431. 46

企业负责人：童学卫　　主管会计工作的负责人：李依贫　　会计机构负责人：张悦迎

公司资产负债表(续)

编制单位:交银国际信托有限公司　　2020 年 12 月 31 日　　单位:元

项目	附注	2020 年 12 月 31 日	2019 年 12 月 31 日
		公司	公司
资产			
货币资金		1 161 514 897. 06	662 098 896. 42
发放贷款及垫款		1 952 891 275. 68	424 009 068. 51
金融投资:			
交易性金融资产		3 593 076 459. 24	5 235 153 188. 55
债权投资		4 878 770 539. 84	3 918 056 936. 97
长期股权投资		2 100 000 000. 00	2 000 000 000. 00
固定资产		22 025 568. 29	23 268 278. 51
使用权资产		143 008 657. 04	44 425 819. 68
无形资产		11 837 432. 22	12 216 108. 08
递延所得税资产		19 906 632. 15	9 384 020. 31
其他资产		498 169 549. 42	519 105 710. 17
资产总计		14 381 201 010. 94	12 847 718 027. 20
负债			
合同负债		66 234 616. 27	39 174 982. 95
应付职工薪酬		136 617 764. 49	143 846 807. 43
应交税费		790 082 597. 69	106 823 125. 56
租赁负债		143 652 251. 88	46 448 978. 19
其他负债		37 547 210. 11	411 392 486. 75
负债合计		1 174 134 440. 44	747 686 380. 88
所有者权益			
实收资本		5 764 705 882. 35	5 764 705 882. 35
盈余公积		762 082 869. 41	645 453 972. 12
一般风险准备		216 237 218. 84	191 923 372. 12
信托赔偿准备		1 152 941 176. 47	1 152 941 176. 47
未分配利润		5 311 099 423. 43	4 345 007 243. 26
所有者权益合计		13 207 066 570. 50	12 100 031 646. 32
负债和所有者权益总计		14 381 201 010. 94	12 847 718 027. 20

企业负责人:童学卫　　主管会计工作的负责人:李依贫　　会计机构负责人:张悦迎

5. 1. 3　合并及公司利润表

合并利润表

编制单位:交银国际信托有限公司　　2020 年度　　单位:元

项目	附注	2020 年度	2019 年度
		合并	合并
一、营业收入		2 265 936 074. 81	1 877 087 481. 20
利息净收入		456 292 695. 89	295 758 798. 62
手续费及佣金收入		1 318 672 334. 72	1 320 413 260. 20
投资收益		162 746 059. 66	152 427 293. 89
其中:对联营企业和合营企业的投资收益		115 171. 18	99 010. 17
其他收益		74 221 038. 27	16 966 666. 67
公允价值变动收益		224 711 635. 02	37 025 837. 50
汇兑(损失)/收益		(8 258 592. 30)	1 972 030. 09
其他业务收入		37 550 903. 55	52 523 594. 23
二、营业支出		(642 769 407. 17)	(362 635 300. 87)

续表

项目	附注	2020 年度	2019 年度
		合并	合并
税金及附加		(11 230 718. 59)	(9 556 378. 09)
业务及管理费		(348 539 043. 92)	(352 089 744. 30)
信用减值损失		(282 999 644. 66)	(989 178. 48)
三、营业利润		1 623 166 667. 64	1 514 452 180. 33
加:营业外收入		—	6 956. 94
减:营业外支出		(5 500 160. 19)	(891 131. 06)
四、利润总额		1 617 666 507. 45	1 513 568 006. 21
减:所得税费用		(399 285 860. 66)	(375 629 074. 66)
五、净利润		1 218 380 646. 79	1 137 938 931. 55
按经营持续性分类			
持续经营净利润		1 218 380 646. 79	1 137 938 931. 55
终止经营净利润		—	—
按所有权归属分类			
归属于母公司股东的净利润		1 218 380 646. 79	1 137 938 931. 55
少数股东损益		—	—
六、其他综合收益税后净额		—	—
七、综合收益总额		1 218 380 646. 79	1 137 938 931. 55

企业负责人:童学卫　　主管会计工作的负责人:李依贫　　会计机构负责人:张悦迎

公司利润表(续)

编制单位:交银国际信托有限公司　　2020 年度　　单位:元

项目	附注	2020 年度	2019 年度
		公司	公司
一、营业收入		2 085 928 576. 50	1 845 934 319. 21
利息净收入		322 776 973. 04	287 248 480. 72
手续费及佣金收入		1 366 623 290. 21	1 308 522 739. 01
投资收益		146 527 842. 00	144 832 957. 83
其他收益		74 203 411. 16	16 666 666. 67
公允价值变动收益		146 504 748. 84	34 167 850. 66
汇兑(损失)/收益		(8 258 592. 30)	1 972 030. 09
其他业务收入		37 550 903. 55	52 523 594. 23
二、营业支出		(532 579 071. 94)	(346 340 527. 46)
税金及附加		(9 967 291. 50)	(9 338 679. 72)
业务及管理费		(321 013 770. 85)	(345 987 551. 60)
信用减值损失		(201 598 009. 59)	8 985 703. 86
三、营业利润		1 553 349 504. 56	1 499 593 791. 75
减:营业外支出		(5 500 156. 46)	(881 102. 88)
四、利润总额		1 547 849 348. 10	1 498 712 688. 87
减:所得税费用		(381 560 375. 25)	(372 358 985. 40)
五、净利润		1 166 288 972. 85	1 126 353 703. 47
按经营持续性分类			
持续经营净利润		1 166 288 972. 85	1 126 353 703. 47
终止经营净利润		—	—
六、其他综合收益税后净额		—	—
七、综合收益总额		1 166 288 972. 85	1 126 353 703. 47

企业负责人:童学卫　　主管会计工作的负责人:李依贫　　会计机构负责人:张悦迎

5.1.4 合并及公司所有者权益变动表

合并所有者权益变动表

编制单位：交银国际信托有限公司　　2020 年度　　单位：元

项目	附注	实收资本	盈余公积	一般风险准备	信托赔偿准备	未分配利润	所有者权益合计
2018 年 12 月 31 日年末余额		5 764 705 882. 35	532 818 601. 77	165 772 516. 91	1 152 941 176. 47	3 450 179 571. 24	11 066 417 748. 74
会计政策变更		—	—	—	—	(6 155 954. 66)	(6 155 954. 66)
2019 年 1 月 1 日年初余额		5 764 705 882. 35	532 818 601. 77	165 772 516. 91	1 152 941 176. 47	3 444 023 616. 58	11 060 261 794. 08
2019 年度增减变动额		—	—	—	—	—	—
综合收益总额		—	—	—	—	—	—
净利润		—	—	—	—	1 137 938 931. 55	1 137 938 931. 55
利润分配		—	—	—	—	—	—
对所有者的分配		—	—	—	—	(52 979 168. 35)	(52 979 168. 35)
提取盈余公积		—	112 635 370. 35	—	—	(112 635 370. 35)	—
提取一般风险准备		—	—	26 150 855. 21	—	(26 150 855. 21)	—
2019 年 12 月 31 日年末余额		5 764 705 882. 35	645 453 972. 12	191 923 372. 12	1 152 941 176. 47	4 390 197 154. 22	12 145 221 557. 28
2020 年 1 月 1 日年初余额		5 764 705 882. 35	645 453 972. 12	191 923 372. 12	1 152 941 176. 47	4 390 197 154. 22	12 145 221 557. 28
2020 年度增减变动额		—	—	—	—	—	—
综合收益总额		—	—	—	—	—	—
净利润		—	—	—	—	1 218 380 646. 79	1 218 380 646. 79
利润分配		—	—	—	—	—	—
对所有者的分配		—	—	—	—	(59 254 048. 67)	(59 254 048. 67)
提取盈余公积		—	116 628 897. 29	—	—	(116 628 897. 29)	—
提取一般风险准备		—	—	24 313 846. 72	—	(24 313 846. 72)	—
2020 年 12 月 31 日年末余额		5 764 705 882. 35	762 082 869. 41	216 237 218. 84	1 152 941 176. 47	5 408 381 008. 33	13 304 348 155. 40

企业负责人：童学卫　　主管会计工作的负责人：李依贫　　会计机构负责人：张悦迎

公司所有者权益变动表（续）

编制单位：交银国际信托有限公司　　2020 年度　　单位：元

项目	附注	实收资本	盈余公积	一般风险准备	信托赔偿准备	未分配利润	所有者权益合计
2018 年 12 月 31 日年末余额		5 764 705 882. 35	532 818 601. 77	165 772 516. 91	1 152 941 176. 47	3 416 574 888. 36	11 032 813 065. 86
会计政策变更		—	—	—	—	(6 155 954. 66)	(6 155 954. 66)
2019 年 1 月 1 日年初余额		5 764 705 882. 35	532 818 601. 77	165 772 516. 91	1 152 941 176. 47	3 410 418 933. 70	11 026 657 111. 20
2019 年度增减变动额		—	—	—	—	—	—
综合收益总额		—	—	—	—	—	—
净利润		—	—	—	—	1 126 353 703. 47	1 126 353 703. 47
利润分配		—	—	—	—	—	—
对所有者的分配		—	—	—	—	(52 979 168. 35)	(52 979 168. 35)
提取盈余公积		—	112 635 370. 35	—	—	(112 635 370. 35)	—
提取一般风险准备		—	—	26 150 855. 21	—	(26 150 855. 21)	—
2019 年 12 月 31 日年末余额		5 764 705 882. 35	645 453 972. 12	191 923 372. 12	1 152 941 176. 47	4 345 007 243. 26	12 100 031 646. 32
2020 年 1 月 1 日年初余额		5 764 705 882. 35	645 453 972. 12	191 923 372. 12	1 152 941 176. 47	4 345 007 243. 26	12 100 031 646. 32
2020 年度增减变动额		—	—	—	—	—	—
综合收益总额		—	—	—	—	—	—
净利润		—	—	—	—	1 166 288 972. 85	1 166 288 972. 85
利润分配		—	—	—	—	—	—
对所有者的分配		—	—	—	—	(59 254 048. 67)	(59 254 048. 67)
提取盈余公积		—	116 628 897. 29	—	—	(116 628 897. 29)	—
提取一般风险准备		—	—	24 313 846. 72	—	(24 313 846. 72)	—
2020 年 12 月 31 日年末余额		5 764 705 882. 35	762 082 869. 41	216 237 218. 84	1 152 941 176. 47	5 311 099 423. 43	13 207 066 570. 50

企业负责人：童学卫　　主管会计工作的负责人：李依贫　　会计机构负责人：张悦迎

5.2 信托资产

5.2.1 信托项目资产负债汇总表

信托项目资产负债汇总表（未经审计）

编制单位：交银国际信托有限公司　　2020 年 12 月 31 日　　单位：万元

序号	项目	期末余额	年初余额
1	信托资产：		
2	1. 货币资金	653 448.86	579 668.15
3	2. 拆出资金	—	—
4	3. 存出保证金	—	—
5	4. 交易性金融资产	7 621 424.97	7 739 449.75
6	5. 衍生金融资产	—	—
7	6. 买入返售金融资产	19069858.89	22 175 369.73
8	7. 应收款项	275449.84	316 668.75
9	8. 发放贷款	12639217.55	21 420 232.86
10	9. 可供出售金融资产	338141.38	1 123 226.03
11	10. 持有至到期投资	3110528.79	3 844 440.73
12	11. 长期应收款	—	—
13	12. 长期股权投资	1291002.35	1 245 055.39
14	13. 投资性房地产	—	—
15	14. 固定资产	—	—
16	15. 无形资产	—	—
17	16. 长期待摊费用	—	—
18	17. 其他资产	18063314.26	17 740 905.19
19	18. 信托资产总计	63 062 386.89	76 185 016.58
20	19. 各项资产减值准备	60 055.32	56 609.68
21	信托负债		
22	20. 交易性金融负债	—	—
23	21. 衍生金融负债	—	—
24	22. 应付受托人报酬	6 720.42	9 286.60
25	23. 应付托管费	1 050.54	2 384.50
26	24. 应付受益人收益	14 802.22	45 851.81
27	25. 应交税费	6 615.53	6 142.19
28	26. 应付销售服务费	1.35	—
29	27. 其他应付款项	209 351.94	388 956.82
30	28. 其他负债	—	—
31	29. 信托负债合计	238 542.00	452 621.92
32	信托权益：		
33	30. 实收信托	59 944 164.15	74 136 117.47
34	31. 资本公积	2 344 752.07	809 388.73
35	32. 外币报表折算差额	4 211.36	11 876.87
36	33. 未分配利润	530 717.31	775 011.59
37	34. 信托权益合计	62 823 844.89	75 732 394.66
38	35. 信托负债和信托权益总计	63 062 386.89	76 185 016.58

公司负责人：童学卫　主管信托会计工作负责人：李依贫　信托会计机构负责人：张悦迎

5.2.2 信托项目利润及利润分配汇总表

信托项目利润及利润分配汇总表

编制单位：交银国际信托有限公司　　2020 年度　　单位：万元

序号	项目	本期数	上期数
1	1. 营业收入	3 498 558.01	4 992 774.93
2	1.1 利息收入	2 370 341.07	3 327 763.75
3	1.2 投资收益（损失以“－”号填列）	1 218 872.19	1 553 531.36
4	1.2.1 其中：对联营企业和合营企业的投资收益	—	—
5	1.3 公允价值变动收益（损失以“－”号填列）	-61 518.31	101 605.53
6	1.4 租赁收入	—	—
7	1.5 汇兑损益（损失以“－”号填列）	-856.69	192.72
8	1.6 其他收入	-28 280.25	9 681.57
9	2. 支出	535 124.40	616 479.11
10	2.1 营业税金及附加	11 394.35	14 879.64
11	2.2 受托人报酬	161 523.71	149 963.03
12	2.3 托管费	21 840.12	31 542.67
13	2.4 投资管理费	271.53	-617.08
14	2.5 销售服务费	27 892.84	21 009.63
15	2.6 交易费用	4 951.62	2 848.02
16	2.7 资产减值损失	3445.64	484.53
17	2.8 其他费用	303 804.59	396 368.67
18	3. 信托净利润（净亏损以“－”号填列）	2 963 433.61	4 376 295.82
19	4. 其他综合收益	-67 120.35	49 311.12
20	5. 综合收益	2 896 313.26	4 425 606.94
21	6. 加：期初未分配信托利润	775 011.59	358 720.25
22	7. 可供分配的信托利润	3 738 445.20	4 735 016.06
23	8. 减：本期已分配信托利润	3 207 727.89	3 960 004.47
24	9. 期末未分配信托利润	530 717.31	775 011.59

公司负责人：童学卫　主管信托会计工作负责人　李依贫　信托会计机构负责人：张悦迎

6. 会计报表附注

6.1 会计报表编制基准不符合会计核算基本前提的说明

会计报表编制无不符合会计核算基本前提事项。

6.2 或有事项说明

报告期内，公司未发生对外担保及其他或有事项。

6.3 重要资产转让及其出售的说明

报告期内，公司无重要资产转让或出售。

6.4 会计报表中重要项目的明细资料

6.4.1 披露自营资产经营情况

6.4.1.1　按信用风险五级分类结果披露信用风险资产的期初数、期末数

信用风险资产五级分类	正常类（万元）	关注类（万元）	次级类（万元）	可疑类（万元）	损失类（万元）	信用风险资产合计（万元）	不良资产合计（万元）	不良资产率（%）
期初数	1 180 543.95	95 564.32	—	3 300.00	—	1 279 408.27	3 300.00	0.26
期末数	1 624 538.24	180 508.94	29.15	3 300.00	—	1 808 376.33	3 329.15	0.18

6.4.1.2 各项资产减值损失准备的期初数、本期计提、本期转回、本期核销、期末数

单位：万元

项目	期初数	本期计提	本期转回	本期核销	期末数
贷款损失准备	1 085.00	17 272.57	—	—	18 357.57
一般准备	1 085.00	17 272.57	—	—	18 357.57
专项准备	—	—	—	—	—
其他资产减值准备	—	—	—	—	—
债权投资减值准备	4 552.12	10 018.08	—	—	14 570.20
其他减值准备	—	—	—	—	—
可供出售金融资产减值准备	—	—	—	—	—
持有至到期投资减值准备	—	—	—	—	—
长期股权投资减值准备	—	—	—	—	—
坏账准备	498.43	1 009.31	—	—	1 507.74
投资性房地产减值准备	—	—	—	—	—

6.4.1.3 自营股票投资、基金投资、债券投资、长期股权投资等投资的期初数、期末数

单位：万元

项目	自营股票	基金	债券	长期股权投资	其他投资	合计
期初数	—	—	35 657.82	643.42	1 054 154.80	1 090 456.04
期末数	—	14 761.70	29 594.74	604.52	1 169 484.28	1 214 445.24

6.4.1.4 按照投资入股金额排序，前五名的自营长期股权投资的企业名称、占被投资企业权益的比例、主要经营活动及投资收益情况等

企业名称	占被投资企业权益的比例(%)	主要经营活动	投资收益（万元）
上海锦项投资管理有限公司	49	投资管理、资产管理、实业投资、投资咨询、企业资产重组并购策划	11.59
上海中交达资产管理有限公司	40	资产管理，投资管理	(0.07)

6.4.1.5 前五名的自营贷款的企业名称、占贷款总额的比例及还款情况

企业名称	占贷款总额的比例(%)	还款情况(万元)
上海城投置地(集团)有限公司	25	正常
天津博雅置业有限公司	19	逾期
西安高新控股有限公司	12	正常
延安城市建设投资(集团)有限责任公司	12	正常
山东远祥置业有限公司	12	正常

6.4.1.6 表外业务的期初数、期末数，按照代理业务、担保业务和其他类型表外业务分别披露

报告期内，本公司无代理业务、担保业务和其他类型表外业务。

6.4.1.7 公司当年的收入结构

收入结构	金额(万元)	占比(%)
手续费及佣金收入	131 867.23	58.20
其中：信托手续费收入	130 966.78	—
基金和资管计划管理费收入	900.45	—
利息收入	45 629.27	20.12
其他业务收入	3 755.09	1.66
其中：计入信托业务收入部分	3 755.09	—
投资收益	16 274.61	7.18
其中：股权投资收益	3 433.13	—
证券投资收益	—	—
其他投资收益	12 841.48	—
公允价值变动收益	22 471.16	9.92
汇兑损失	(825.86)	-0.36
其他收益	7 422.10	3.28
资产处置收益	—	—
收入合计	226 593.61	100.00

其他业务收入主要指公司为融资企业提供财务顾问、咨询及融资方案设计等服务，获得的咨询顾问费收入。

本报告年度，公司共实现信托业务收入总额为 140 417.42 万元，其中手续费及佣金收入为 136 662.33 万元（由于本年度合并结构化主体的影响，合并利润表中信托手续费收入与业务管理费抵销 5 695.55 万元）、咨询顾问费收入为 3 755.09 万元。

6.4.2 披露信托财产管理情况

6.4.2.1 信托资产的期初数、期末数

单位：万元

信托资产	期初数	期末数
集合	48 902 323.37	44 390 395.13
单一	27 093 881.20	17 999 895.48
财产权	188 812.01	672 096.28
合计	76 185 016.58	63 062 386.89

6.4.2.1.1 主动管理类信托业务的信托资产期初数、期末数，分证券投资类、股权投资类、融资类、事务管理类分别披露

单位：万元

主动管理类信托资产	期初数	期末数
投资类	842 905.23	5 536 794.19
融资类	19 075 390.29	15 933 136.36
合计	19 918 295.52	21 469 930.55

6.4.2.1.2 事务管理类信托业务的信托资产期初数、期末数

单位：万元

事务管理类信托资产	期初数	期末数
事务管理类	56 266 721.06	41 592 456.34
合计	56 266 721.06	41 592 456.34

6.4.2.2 本年度已清算结束的信托项目个数、实收信托合计金额、加权平均实际年化收益率。

6.4.2.2.1 本年度已清算结束的集合类、单一类资金信托项目和财产管理类信托项目个数、实收信托合计金额、加权平均实际年化收益率

已清算结束的信托项目	项目个数(个)	实收信托合计金额(万元)	加权平均实际年化收益率(%)
集合类	88	3 974 101.90	6.79
单一类	300	3 624 742.97	5.49
财产管理类	1	113 999.00	5.86

6.4.2.2.2 本年度已清算结束的主动管理类信托项目个数、实收信托合计金额、加权平均实际年化信托报酬率、加权平均实际年化收益率，分投资类、融资类分别计算并披露

已清算结束的信托项目	项目个数（个）	实收信托合计金额（万元）	加权平均实际年化信托报酬率（%）	加权平均实际年化收益率（%）
投资类	—	—	—	—
融资类	67	3 288 851.16	0.71	6.25

6.4.2.2.3 本年度已清算结束的事务管理类信托项目个数、实收信托合计金额、加权平均实际年化信托报酬率、加权平均实际年化收益率

已清算结束的信托项目	项目个数（个）	实收信托合计金额（万元）	加权平均实际年化信托报酬率（%）	加权平均实际年化收益率（%）
事务管理类	322	4 423 992.71	0.17	6.27

6.4.2.3 本年度新增的集合类、单一类和财产管理类信托项目个数、实收信托合计金额

新增信托项目	项目个数（个）	实收信托合计金额（万元）
集合类	105	8 823 299.38
单一类	84	584 373.47
财产管理类	4	743 121.56
新增合计	193	10 150 794.41
其中：主动管理类	84	5 033 370.00
事务管理类	109	5 117 424.41

注：本年新增信托项目指在本报告年度内累计新增的信托项目个数和金额，包含本年度新增并于本年度内结束的项目和本年度新增至报告期末仍在持续管理的信托项目。

6.4.2.4 信托业务创新成果和特色业务有关情况

2020年，公司进一步回归信托业务本源，加快转型发展步伐，持续推动资产证券化、股权投资信托、证券投资信托、家族财富管理等创新业务落地。当年公司主要推出如下创新产品。

一是资产证券化。报告期内，公司先后落地了“邮元家和2020年第一期个人住房抵押贷款资产证券化信托”“前海结算商业保理（深圳）有限公司2020年度大同煤矿供应链资产支持商业票据信托（ABCP）”“楚赢2020年第一期个人消费贷款资产支持证券”等多个资产证券化项目。2020年，公司发行信贷和企业资产证券化规模为431亿元，位居行业前8位，连续7年被中央国债登记结算有限责任公司评为“优秀发行机构——ABS发行人”称号。

二是股权投资信托。公司加快推动传统融资业务向投资类业务转型，通过优选交易对手、精选合作标的、强化股东联动等措施，成功落地首单股权投资业务——“嘉廷25号集合资金信托计划”，进一步丰富了与客户的合作产品线，为公司股权投资类业务开展打下坚实基础。

三是证券投资信托。公司积极探索资本市场业务机遇，在证券服务领域实现多点突破。2020年，公司成功落地公司首单结构化证券投资信托产品——“风云9号分级集合资金信托计划”、首单TOF集合资金信托产品——“风云16号敦和TOF集合资金信托计划”、首单定期型报价式投资类项目——“蓝色宝鼎1号”。

四是家族财富管理。公司把握家族财富管理市场需求，以客户为中心，不断挖掘家族财富管理业务的新模式和新内涵，持续深化“标准化＋定制化”业务模式。2020年，公司创新推出“臻承”系列保险金信托业务、保护人模式定制化家族信托等多单创新产品，新增家族财富管理信托业务规模达14.1亿元。

6.4.2.5 本公司履行受托人义务情况及因本公司自身责任而导致的信托资产损失情况

报告期内，本公司无因本公司自身责任而导致的信托资产损失情况。

6.5 关联方关系及其交易的披露

6.5.1 固有业务关联交易方情况

项目	关联交易方数量（家）	关联交易金额（万元）	定价政策
合计	3家	151 496 94	按市场价格交易；若无市场价格，则按公允原则，以不优于对非关联方同类交易的条件定价交易。

6.5.2 信托业务关联交易方情况

项目	关联交易方数量（家）	关联交易金额（万元）	定价政策
合计	2家	2 663 785.76	按市场价格交易；若无市场价格，则按公允原则，以不优于对非关联方同类交易的条件定价交易。

注：关联交易方明细情况详见本公司官网披露的2020年度报告全文版。

6.5.3 公司与关联方的重大交易事项

6.5.3.1 固有财产与关联方交易情况：贷款、投资、租赁、应收账款、担保、其他方式等期初汇总数、本期借方和贷方发生额汇总数、期末汇总数

单位：万元

固有与关联方关联交易				
项目	期初数	借方发生额	贷方发生额	期末数
贷款	—	—	—	—
投资	7 050.00	2 950.00	—	10 000.00
租赁	4 437.66	5 335.06	—	9 772.72
担保	—	—	—	—
应收账款	—	—	—	—
其他	77 082.39	2 317 373.78	2 262 731.96	131 724.22
合计	88 570.05	2 325 658.85	2 262 731.96	151 496.94

注：固有财产与关联方重大交易逐笔披露情况详见本公司官网披露的2020年度报告全文版。

6.5.3.2 信托与关联方交易情况：贷款、投资、租赁、应收账款、担保、其他方式等期初汇总数、本期借方和贷方发生额汇总数、期末汇总数

单位：万元

信托与关联方关联交易				
项目	期初数	借方发生额	贷方发生额	期末数
贷款	304 000.00	—	304 000.00	—
投资	—	—	—	—
租赁	—	—	—	—
担保	—	—	—	—
应收账款	—	—	—	—
其他	3 199 821.54	281 000.00	817 035.78	2 663 785.76
合计	3 503 821.54	281 000.00	1 121 035.78	2 663 785.76

注：信托与关联方重大交易逐笔披露情况详见本公司官网披露的2020年度报告全文版。

6.5.3.3　信托公司自有资金运用于自己管理的信托项目（固信交易）、信托公司管理的信托项目之间的相互（信信交易）金额，包括余额和本报告年度的发生额

6.5.3.3.1　固有财产与信托财产之间的交易

单位：万元

固有财产与信托财产相互交易				
项目	年初数	本年借方发生额	本年贷方发生额	年末数
合计	673 278.38	640 560.00	624 577.33	689 261.05

注：固有财产与信托财产重大交易逐笔披露情况详见本公司官网披露的 2020 年度报告全文版。

6.5.3.3.2　信托项目之间的交易金额期初汇总数、本期发生额汇总数、期末汇总数

单位：万元

信托资产与信托财产相互交易			
项目	期初数	本期发生额	期末数
合计	2 627 465.21	-498 690.10	2 128 775.11

注：以公司受托管理的一个信托项目的资金购买自己管理的另一个信托项目的受益权或信托项下资产均应纳入统计披露范围。

6.5.4　关联方逾期未偿还公司资金的情况

无。

6.6　会计制度的披露

公司固有业务和信托业务的会计核算执行中华人民共和国财政部 2006 年颁布的《企业会计准则》及其相关规定。

7. 财务情况说明书

7.1　利润实现和分配情况

本报告期母公司实现净利润 1 166 288 972.85 元，有关利润分配方案如下：

（1）根据《中华人民共和国公司法》和公司章程规定，按照净利润的 10% 计提法定公积金 116 628 897.29 元；

（2）根据财政部《金融企业准备金计提管理办法》规定，按照公司 2020 年末风险资产账面余额的 1.5% 差额计提一般准备 24 313 846.72 元；

（3）根据《信托公司管理办法》规定及中国银保监会监管要求，信托公司信托赔偿准备金计提比例达到公司注册资本的 20% 时可以不再计提。2020 年末，公司注册资本为 5 764 705 882.35 元，应计提信托赔偿准备金为 1 152 941 176.47 元，公司已计提的信托赔偿准备金为 1 152 941 176.47 元，已达注册资本的 20%，本年度未计提信托赔偿准备金。

（4）扣除上述 1～3 项利润分配项目后，公司 2020 年度母公司剩余可供分配利润 1 025 346 228.84 元，拟按照剩余可供分配利润的 6% 向股东分配利润 61 520 773.73 元。

7.2　主要财务指标

指标名称	指标值
资本利润率（%）	9.57
加权年化信托报酬率（%）	0.2891
人均净利润（万元）	518.46

7.3　对公司财务状况、经营成果有重大影响的其他事项

2020 年无其他对公司财务状况、经营成果有重大影响的其他事项。

8. 特别事项揭示

8.1　前五名股东报告期内变动情况及原因

无。

8.2　董事、监事及高级管理人员变动情况及原因

（1）2020 年 10 月，公司召开董事会，由于工作变动原因，解聘谢洁、孟宪宇交银国际信托有限公司副总裁职务。

（2）2020 年 10 月，湖北银保监局核准陈佳担任本公司副总裁任职资格。

（3）2020 年 10 月，公司召开股东会，选举陈洪、仇高擎担任公司非执行董事，颇颖、周黎勤不再担任公司非执行董事职务。

（4）2020 年 10 月、11 月，公司召开股东会及监事会，选举颇颖为公司监事长，郑智勇因工作变动原因不再担任公司监事长。

（5）2020 年 12 月，湖北银保监局核准汤曙东担任本公司董事任职资格。

（6）2020 年 12 月，公司召开董事会，聘任李艳为公司副总裁。

8.3　变更注册资本、变更注册地或公司名称、公司分立合并事项

无。

8.4　公司的重大未决诉讼事项

报告期内，公司信托项目——“交银国信—中宏投资贷款集合资金信托计划”由于出现融资方违约情况已涉及司法程序；济宁农村商业银行与公司之间因营业信托纠纷，涉及民事诉讼事项，截至 2020 年末，本案仍在审理过程中。同时，个别事务管理类项目存在代为诉讼或涉诉情形，相关风险均由委托人承担。

8.5　公司及其高级管理人员受到处罚的情况

报告期内，无公司及其董事、监事和高级管理人员受处罚情况。

8.6　中国银保监会及其派出机构对公司检查后提出的整改意见

报告期内，中国银保监会及其派出机构未对公司开展现场检查工作。

8.7　本年度重大事项临时报告的简要内容、披露时间、所披露的媒体及其版面

无。

8.8 中国银保监会及其省级派出机构认定的其他有必要让客户及相关利益人了解的重要信息

无。

9. 公司监事会意见

公司监事会认为，报告期内，公司的决策程序符合国家法律、法规、公司章程及相关制度，建立健全了比较有效的内控制度，建立了相对完善的独立董事和董事会下属专业委员会，董事会全体成员及高级管理层认真履行职责，未发现有违法、违规、违章行为，也没有损害公司利益、股东利益和委托人利益的行为。报告期内，公司财务报告真实、客观地反映了公司的财务状况和经营成果。

昆仑信托有限责任公司

1. 重要提示

1.1　本公司董事会及董事保证本报告所载资料不存在任何虚假记载、误导性陈述或者重大遗漏，并对其内容的真实性、准确性和完整性承担个别及连带责任。

1.2　独立董事邢成先生、寇日明先生、崔树霖先生认为本报告内容真实、准确、完整。

1.3　本公司法定代表人董事长肖华先生、总裁吴妍女士、主管会计工作负责人张建慧女士、会计机构负责人康剑桥先生、托管部负责人武义双先生声明：保证年度报告中财务报告的真实、完整。

2. 公司概况

2.1　公司简介

昆仑信托有限责任公司前身是中国工商银行宁波市信托投资公司，成立于1986年11月，1994年改组为有限责任公司。1997年6月，公司与工商银行脱钩，更名为宁波市金港信托投资有限责任公司。2002年5月，公司增资扩股，获准重新登记。2005年5月，天津经济技术开发区国有资产经营公司收购部分原股东股权后成为控股股东。2008年10月，公司换发金融许可证，变更经营范围，公司名称变更为金港信托有限责任公司。2009年5月，公司增资扩股，中油资产管理有限公司成为控股股东，公司名称变更为昆仑信托有限责任公司，注册资本为30亿元。2016年9月，公司再次增资扩股，获准重新登记，注册资本为102亿元。2020年1月，宁波银保监局批复同意昆仑信托有限责任公司股权变更，广博控股集团有限公司将其持有的昆仑信托有限责任公司5%的股权转让给中油资产管理有限公司。股权变更后中油资产管理有限公司，出资额为8 915 857 083.41元，出资比例为87.18%；天津经济技术开发区国有资产经营有限公司，出资额为1 311 20[illegible]27.00元，出资比例为12.82%。

公司法定中文名称	昆仑信托有限责任公司
中文缩写	昆仑信托
公司法定英文名称	Kunlun Trust Co. ,Ltd.
英文缩写	Kunlun Trust
法定代表人	肖华
注册地址	浙江省宁波市鄞州区和济街18[illegible]号[illegible]幢24—27层
邮政编码	315042
国际互联网网址	www. kunluntrust. com
电子信箱	klinfo@ cnpc. com. cn
信息披露负责人员	矫德峰
信息披露联系人员	刘爽
联系电话	010 -63597802
传真	010 -63597604
电子信箱	ls216317@ cnpc. com. cn
公司信息披露的报纸名称	《金融时报》《证券时报》《上海证券报》
公司年度报告备置地	公司本部
公司聘请的会计师事务所及其住所	立信会计师事务所(特殊普通合伙) 上海市黄浦区南京东路61号四楼
公司聘请的律师事务所及其住所	上海市锦天城律师事务所 上海市浦东新区银城中路501号 上海中心大厦9楼、11楼、12楼

2.2　组织结构

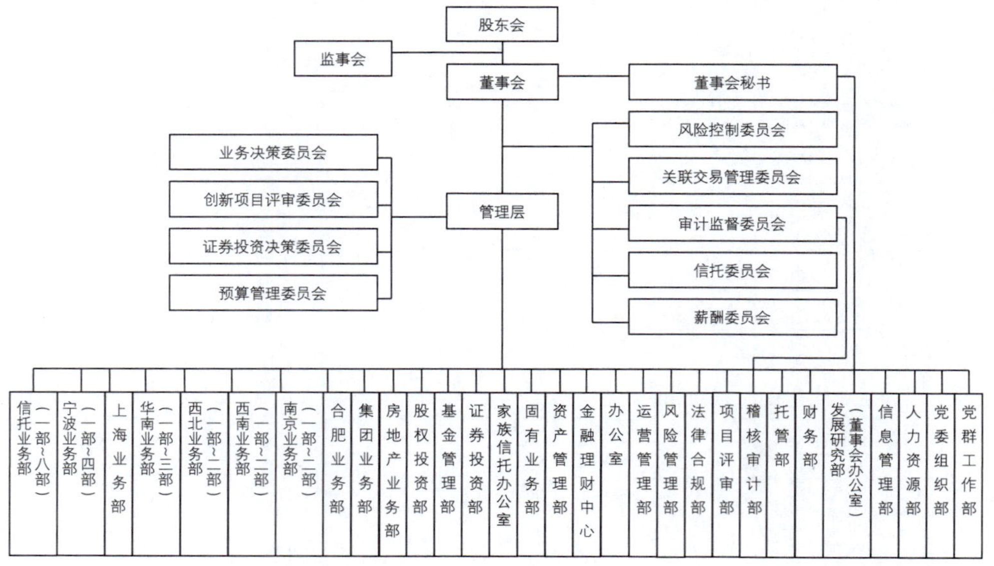

3. 公司治理

3.1 股东

本报告期末，公司共有 2 家法人股东，其中持有本公司 10% 以上出资比例的股东有 2 家。

股东名称	持股比例(%)	法人代表	注册资本(万元)	注册地址	主要经营业务
★中油资产管理有限公司	87.18	肖 华	1 372 518	北京市东城区东直门北大街 9 号	资产经营管理、投资、资本运营策划与咨询。
天津经济技术开发区国有资产经营有限公司	12.82	傅 鑫	1 580 000	天津开发区宏达街 19 号	投资、参股及国有资产的股权管理，国有资产评估、验资，房地产开发、服务及咨询。

注：★表示控股股东。股东之间无关联关系。

3.2 董事

3.2.1 董事会成员

姓名	职务	性别	年龄(岁)	选任日期	所推举的股东名称	该股东持股比例(%)	简要履历
肖 华	董事长	男	55	2018 年 4 月 25 日	中油资产管理有限公司	87.18	教授级高级经济师，曾任华东化工销售分公司副总经理兼总会计师、党委书记、纪委书记、工会主席、总经理(兼任上海中油石油交易中心有限公司执行董事)；现任中油财务有限责任公司党委副书记，昆仑信托有限责任公司董事长。
吴 妍	董事	女	57	2018 年 4 月 25 日	中油资产管理有限公司	87.18	曾任庄胜集团北京代表处首席代表，JUNEFIELD (L. A.) LIMITED 总经理，美国恒康互惠保险公司保险经纪和财务顾问，美国保德信金融集团北京代表处首席代表，中国出口信用保险公司海外投资保险部与总公司第二营业部副总经理，中国石油海外勘探开发公司(中国石油天然气勘探开发公司)副总经理；现任中油资产管理有限公司党委副书记昆仑信托有限责任公司总裁。
赵雪松	董事	男	53	2019 年 5 月 7 日	中油资产管理有限公司	87.18	高级会计师，曾任中国石油天然气集团公司储备油办公室副主任(副总经理)、财务资产部资金处处长、财务资产部副总会计师，中国石油天然气集团公司资金部副总会计师；现任中国石油集团资本股份有限公司副总经理。
陈 雄	董事	男	32	2020 年 8 月 28 日	天津经济技术开发区国有资产经营有限公司	12.82	曾任重庆市渝北区兴农融资担保有限公司客户经理，重庆临空开发投资集团有限公司投融资部部门负责人兼任重庆市渝北区政府产业基金执行事务合伙人代表，重庆渝康股权投资基金管理有限公司投资二部总经理；现任津经济技术开发区国有资产经营管理有限公司投资部副部长兼任重庆工商大学 MPACC 事业导师。

3.2.2 独立董事

姓名	职务	性别	年龄(岁)	选任日期	所推举的股东名称	该股东持股比例(%)	简要履历
邢 成	独立董事	男	58	2018 年 4 月 25 日	中油资产管理有限公司	87.18	经济学博士、教授，曾任天津市财政局干部，天津财经大学教授，北方信托股份有限责任公司战略发展研究所所长兼业务发展部总经理；现任中国人民大学信托与基金研究所执行所长。
寇日明	独立董事	男	62	2018 年 4 月 25 日	中油资产管理有限公司	87.18	高级会计师、工程师、理学博士，曾任国家开发银行国际金融局副局长，中国长江电力股份公司党委委员，瑞银集团投资银行(香港分行)固定收益部董事总经理，中国再保险集团公司党委委员、副总裁；现为中美绿色基金合伙人、高级董事总经理兼 CFO。
崔树霖	独立董事	男	50	2018 年 4 月 25 日	中油资产管理有限公司	87.18	高级经济师、经济学博士后，曾任中国新兴(集团)总公司资产保全处负责人，北京青云航空仪表有限公司总经理助理，北京中汇银货币与债券市场投资顾问中心总经理，日信证券有限责任公司助理总裁；现任泛融金资产管理有限公司董事长兼总经理。

3.2.3 董事会秘书

姓名	职务	性别	年龄(岁)	选任日期	金融从业年限(年)	学历	专业	简要履历
矫德峰	董事会秘书	男	46	2019 年 6 月 6 日	12	硕士	金融管理	高级会计师，曾任大连石化公司资金代办处副主任、资本运营中心主任、石化服务公司总会计师，中国石油集团企业年金处副处长、处长，国联产业投资基金公司首席投资官、总经理，昆仑信托有限责任公司基金管理部总经理、办公室主任；现任昆仑信托有限责任新闻发言人、董事会秘书。

3.3 监事

姓名	职务	性别	年龄（岁）	选任日期	所推举的股东名称	该股东持股比例（%）	简要履历
朱德操	监事会主席	男	44	2018年4月25日	中油资产管理有限公司	87.18	中国政法大学工商管理硕士专业研究生，曾先后在大港油田钻井工程公司、中国石油天然气股份有限公司财务部、中国石油天然气集团公司（股份公司）内控与风险管理部工作，曾任中国石油天然气集团公司（股份公司）内控与风险管理部法务风险控制处副处长，中国石油天然气集团公司（股份公司）改革与企业管理部风险管理处副处长；现任中国石油集团资本股份有限公司风险合规部总经理。
陈六亿	监事	男	49	2018年4月25日	中油资产管理有限公司	87.18	高级经济师，曾先后在兰州化学工业公司、兰州石油化工公司、中国石油天然气集团公司发展研究部、政策研究室工作，曾任昆仑银行股份有限公司办公室副主任；现任中国石油集团资本股份有限公司办公室主任、党群工作部主任。
于丽娜	监事	女	40	2020年11月17日	天津经济技术开发区国有资产经营有限公司	12.82	中国注册会计师，英国特许公认会计师，国际注册内部审计师，曾任天津五洲会计师事务所项目经理，安永华明会计师事务所审计经理；现任天津经济技术开发区国有资产经营有限公司财务部副部长。
马荣伟	职工监事	男	47	2018年4月25日	职工推选		高级经济师，曾任中国石油天然气集团公司、中国石油天然气股份有限公司法律事务部高级主管；现任昆仑信托有限责任公司信托业务三部总经理。
邹艳飞	职工监事	男	54	2018年4月25日	职工推选		高级政工师，曾任辽河油田旅游服务公司经理办秘书、副主任，辽河石油勘探局（后为辽河油田公司）党委办公室科长、副主任；现任昆仑信托有限责任公司工会常务副主席、党群工作部部长。

3.4 高级管理人员

姓名	职务	性别	年龄（岁）	选任日期	金融从业年限（年）	学历	专业	简要履历
吴　妍	总裁	女	57	2018年4月25日	22	本科	国际经济信息	曾任庄胜集团北京代表处首席代表，JUNEFIELD（L. A. ）LIMITED总经理，美国恒康互惠保险公司保险经纪和财务顾问，美国保德信金融集团北京代表处首席代表，中国出口信用保险公司海外投资保险部与总公司第二营业部副总经理，中国石泊海外勘探开发公司（中国石油天然气勘探开发公司）副总经理；现任中油资产管理有限公司党委副书记昆仑信托有限责任公司总裁。
朱佳平	副总裁 首席风控官	男	57	2018年4月25日	40	硕士研究生	工商管理	高级经济师，曾任中国工商银行宁波市信托投资公司上海证券交易营业部经理、公司副总经理，金港信托有限责任公司总经理、副董事长、副总裁；现任昆仑信托有限责任公司副总裁兼首席风控官。
刘　刚	副总裁	男	49	2018年4月25日	10	硕士研究生	工商管理	高级会计师，曾任中国石油天然气股份有限公司华东销售分公司财务处高级主管，中国石油天然气股份有限公司江西销售分公司总会计师，中国石油天然气股份有限公司浙江销售分公司总会计师兼财务资产处处长；现任昆仑信托有限责任公司副总裁。
黄志斌	副总裁	男	54	2018年4月25日	38	硕士研究生	工商管理	高级经济师，曾任中国工商银行宁波市信托投资公司信托业务部经理、总经理助理、副总经理，宁波市信托投资公司信托业务部经理、总经理助理、副总经理，金港信托有限责任公司副总经理、副总裁、常务副总裁；现任昆仑信托有限责任公司副总裁。
张建慧	财务总监	女	47	2018年4月25日	12	硕士研究生	管理学	高级会计师，曾任中国华油集团公司财务资产处高级主管，中国石油天然气集团公司财务资产部会计处高级主管、财务稽查处副处长、综合授信处负责人，中油财务有限责任公司综合授信处负责人，昆仑信托有限责任公司财务部总经理；现任昆仑信托有限责任公司财务总监。
周江天	总裁助理	男	54	2018年4月25日	16	本科	文学	曾任驻意大利使馆商务处二等秘书、一等秘书，商务部科技司综合处副处长，中国出口信用保险公司总公司第二营业部综合处处长，中合中小企业融资担保股份有限公司风险管理部兼公司业务评审委员会办公室负责人，职工监事；现任昆仑信托有限责任公司总裁助理。

3.5 公司员工

项目		2020 年度		2019 年度	
		人数(人)	比例(%)	人数(人)	比例(%)
年龄分布	20 岁以下	—	—	—	—
	20～29 岁	46	17	52	19
	30～39 岁	141	52	141	51
	40 岁以上	85	31	82	30
学历分布	博士	9	3	9	3
	硕士	146	54	143	52
	本科	112	41	118	43
	专科	5	2	5	2
	其他	—	—	—	—
岗位分布	董事、监事及其高级管理人员	11	4	11	4
	固有业务人员	5	2	6	2
	信托业务人员	190	70	191	70
	其他人员	66	24	67	24

4. 经营管理

4.1 经营目标、经营方针、战略规划

4.1.1 经营目标

公司的经营目标是建设具有石油特色的、行业一流、有知名度、有影响力、有竞争力的信托公司。

4.1.2 经营方针

公司以习近平新时代中国特色社会主义思想为指导，全面贯彻全面贯彻中国石油天然气集团有限公司工作会议精神和中油资本工作部署，严格落实监管要求，以高质量发展为目标，坚持产业金融导向，把握稳中求进，预防稳中有变，做到变中有策，持续推进公司“12345”总体战略，深度实施四大发展战略，妥善应对挑战，有效防控风险，真抓实干，务求实效，顺应新时代，激发新动能，稳健推进公司高质量发展。

4.1.3 战略规划

“十三五”以来，公司坚持产业金融发展方向和稳中求进总基调，服从服务于集团公司总体战略，探索可持续发展道路，逐步形成了“12345”战略，“1”为建设具有石油特色的、行业一流、有知名度、有影响力、有竞争力的信托公司；“2”为坚持从严治党、坚持稳中求进；“3”为突出特色化、突出市场化、突出专业化；“4”为人才强企、创新驱动、区域发展、质量效益；“5”为坚定不移走石油特色发展道路，坚定不移贯彻“低风险偏好”风控理念，坚定不移坚持市场化导向，坚定不移提高创新能力，坚定不移树立服务意识。

4.2 所经营业务的主要内容

公司业务分为信托业务和固有业务两个大类。信托业务主要品种包括单一资金信托、集合资金信托、财产权信托等，固有业务主要开展金融股权投资、金融产品投资及贷款等业务。

4.2.1 自营资产运用与分布表

资产运用	金额(万元)	占比(%)	资产分布	金额(万元)	占比(%)
货币资产	45 442.58	3.13	基础产业	22 956.00	1.58
贷款及应收款	129 217.63	8.89	房地产业	311 786.00	21.46
交易性金融资产投资	343 143.83	23.62	证券市场	202 662.25	13.95
债权投资	605 822.68	41.71	实业	229 356.00	15.79
其他权益工具投资	141 297.93	9.73	金融机构	112 971.21	7.78
长期股权投资	2 377.88	0.16	其他	572 883.09	39.44
其他	185 312.02	12.76			
资产总计	1 452 614.55	100	资产总计	1 452 614.55	100

4.2.2 信托资产运用与分布表

资产运用	金额(万元)	占比(%)	资产分布	金额(万元)	占比(%)
货币资产	182 188.03	0.83	基础产业	3 134 880.23	14.25
贷款	8 865 338.73	40.29	房地产业	1 632 403.95	7.42
交易性金融资产投资	525 899.75	2.39	证券市场	436 727.18	1.98
可供出售金融资产投资	—	—	实业	7 892 697.72	35.87
持有至到期投资	9 990 533.05	45.41	金融机构	5 059 928.96	23.00
长期股权投资	2 419 955.73	11.00	其他	3 846 035.39	17.48
其他	18 758.14	0.09			
信托资产总计	22 002 673.43	100	信托资产总计	22 002 673.43	100

4.3 市场分析

4.3.1 有利因素

4.3.1.1 行业转型初见成效

2020 年，全行业在监管政策的引导下，转型成为信托公司的主旋律。同时，进一步加强风险防范化解，发展新业务，形成新的效益增长点，促进行业进一步健康发展。

4.3.1.2 昆仑信托的自身优势

4.3.1.2.1 公司的区位优势

长三角地区金融生态环境较为成熟，信用基础好。公司注册地为宁波市，金融环境位居国内前列，各类金融机构齐全，金融生态非常成熟，企业和居民的投资理财理念十分超前，信用基础很好。以宁波为注册地，业务辐射长三角地区，能够享受长三角地区经济快速增长带来的业务机会，充分利用该地区的金融资源，撬动高净值客户的理财需求，实现公司业务的持续快速发展。

公司实际运营总部设在北京。这种布局既不放弃注册地经济发达、民间经济富庶的优势，又充分享受公司股东所在地政治、文化、经济以及与股东资源方便对接的区位优势。

4.3.1.2.2 公司的发展优势

一是品牌优势。昆仑信托属于央企控股型信托公司，是由中国石油控股的金融企业。在理财产品市场上，昆仑信托发行的产品无形中带有中石油集团的品牌，更容易被投资者所接受。在项目开拓方面，融资方往往也倾向于选择大型央企控股

的信托公司作为交易对手，减少交易中存在的信用风险。借助集团公司的品牌，公司在开展业务时具有一定优势，融资方认可度较高。

二是具有专业的人才资源、项目资源、销售资源、技术资源等油气能源资源领域的潜在优势，为设计开发能源特色类信托产品提供有利条件。

4.3.2 不利因素

4.3.2.1 经济发展不确定性增加

新冠肺炎疫情的冲击导致世界经济形势严峻复杂，各类衍生风险不容忽视。公司必须坚持底线思维，提高风险预见预判能力，严密防范各种风险挑战。

4.3.2.2 严监管成为新常态

“资管新规”过渡期即将结束，严监管已然成为新常态。坚定转型发展信心，坚守受托人职责，锲而不舍地开展信托文化建设，通过文化力量重塑行业新形象，注入发展新动能；提高风险管理能力，坚守合规底线；回归本源，积极发展服务信托、财富管理信托、慈善信托等业务。

4.3.2.3 受托管理能力要求更高

在“资管新规”和一系列监管政策的共同作用下，信托公司过去“重量而轻质”的发展路径难以为继，面临从高速度发展向高质量发展模式的转变，对信托公司主动管理能力的要求进一步强化。同时，刚性兑付的打破，使信托公司未来在客户关系的处理上，承受着比以往更大的压力，信托公司需要不断提升公司财富管理品牌影响力和知名度，改善客户服务水平，提升客户认可度，满足高净值客户投资需求。

4.4 内部控制

4.4.1 内部控制环境和内部控制文化

报告期内，公司召开了5次股东会、5次董事会、2次监事会和8次董事会专门委员会会议，先后通过了利润分配预案、修订公司章程、财务预算决算等63项议案，公司治理结构合规有序运转。

“三会一层”（股东会、董事会、监事会、管理层）的职能、权力和责任明确，在公司章程中明确党组织在公司法人治理结构中的法定地位，规定重大决策、重要人事任免、重大项目安排和大额度资金运作事项须经公司党委讨论和决定，全面贯彻执行董事会、经理层决策重大问题党委前置程序，确保了治理的合理性和有效性；建立科学的经营管理授权制度，董事会制定的年度经营计划能有效通过经营管理层付诸实行；建立并已实施绩效考核制度和问责制度，有效实现全方位的激励考核。

依法合规经营，认真贯彻信托法律法规和各项监管要求，坚持“低风险偏好”风控理念，坚守合规底线，全方位、全过程严控风险，稳健经营、稳健发展，妥善应对各种挑战，有序推进各项工作，创新业务初见成效，经营业绩稳步增长，党群工作扎实开展，综合实力不断增强。

4.4.2 内部控制措施

公司制度手册涵盖了公司治理、业务发展、内部控制和风险管理等多个方面的内容，并能适时根据政策的变化和业务发展的需要进行修订和完善，制度建设比较全面，执行有效。

4.4.3 信息交流与反馈

公司按规定披露关联交易、公司重大事项、年度报告及集合信托计划信息，将相关信息及时告知委托人和股东；以信托综合业务管理系统为平台，收集、处理、存储、利用和反馈信托业务信息、财务信息、管理信息和客户信息，分级授权使用；实时视频会议系统，确保了多地信息传递和督办落实；风控可视化系统，进一步提升了办公效率；网上客户平台使内外沟通更加顺畅，营造了和谐的公共关系。

4.4.4 监督评价与纠正

公司建立了内部控制评价、监督、纠正机制。公司稽核审计部受董事会审计监督委员会领导，承担公司内部控制的监督、评价工作，有效发挥内控“第三道防线”的作用。

报告期内，公司内审部门坚持以风险为导向、以控制为主线、以治理为手段、以增值为目标开展内部审计工作，实施固有股权投资业务等10个专项审计、4项离任审计，开展关键岗位人员强制休假检查及轮岗审计，及时发现管理薄弱环节，提出改进建议，督促问题整改，为公司可持续发展营造良好环境。

4.5 风险管理

4.5.1 风险管理概况

公司坚持“低风险偏好”的理念，秉承合规、稳健的经营思路，追求风险可控的经济效益；对各业务类型，分别确定相应的风险容忍度，并确保总体风险敞口在公司风险容忍度的范围内；对不同业务领域的风险性质、风险类型和风险评估结果，恰当选择风险承担、风险规避、风险转移、风险转换、风险补偿、风险控制等风险对策。

4.5.2 风险状况

4.5.2.1 信用风险状况

公司充分利用行业和企业信息，进行信用风险评估，审批项目，监测风险资产，进行风险预警和风险处置，形成信用风险分析报告。

4.5.2.2 市场风险状况

市场风险主要体现在投资于证券市场、货币市场的固有业务和信托产品。

4.5.2.3 操作风险状况

公司操作风险运行情况整体正常，未发生可能影响公司运营或损失的操作风险事件。根据公司操作风险自我检查及内控测试结果反映，当前公司各项规章制度能够得到有效执行，业务流程运行顺畅，能够满足公司的要求。

4.5.2.4 合规风险状况

合规风险是指金融企业因没有遵循法律、规则和准则或者员工因不合规的经营管理行为可能遭受法律制裁、监管处罚、重大财务损失和声誉损失的风险。合规风险包括反洗钱及资本（充足率）管理的风险。

4.5.2.5 其他风险状况

2020年，新冠肺炎疫情使全球经济环境错综复杂，外需不旺、内需不稳，国内经济下行压力增大，“风险、监管、改革”成为2020年金融领域工作的主旋律，“整顿、转型、创新”成为信托行业主基调。

4.5.3 风险管理

4.5.3.1 信用风险管理

公司制定严格的项目立项及集体决策制度，择优筛选项目，实现控制信用风险关口前移。

4.5.3.2　市场风险管理

针对证券市场风险,公司以稳健、谨慎的投资理念投资证券产品。

4.5.3.3　操作风险管理

公司制定了操作风险管理制度,操作风险管理覆盖公司各个部门,并由稽核审计部对操作风险管理体系的运作情况进行定期检查评估。

4.5.3.4　合规风险管理

公司设置法律合规部,全面负责公司合规工作。同时根据政策规定和监管部门指导意见,在公司层面通过完善制度,确保有关政策得以顺利执行。

4.5.3.5　其他风险管理

公司通过对宏观政策、行业政策、法律法规的跟踪和研究,提高经营预见性,控制政策风险。通过对关键行业和企业进行总量控制的方式,严格控制集中度风险。

5. 报告期末及上一年度末的比较式会计报表

5.1　固有资产

5.1.1　会计师事务所审计意见全文

审 计 报 告

信会师报字〔2021〕第 ZK20770 号

昆仑信托有限责任公司全体股东:

一、审计意见

我们审计了昆仑信托有限责任公司(以下简称昆仑信托)财务报表,包括 2020 年 12 月 31 日的资产负债表,2020 年度的利润表、现金流量表、所有者权益变动表,以及相关财务报表附注。

我们认为,后附的财务报表在所有重大方面按照企业会计准则的规定编制,公允反映了昆仑信托 2020 年 12 月 31 日的财务状况及 2020 年度的经营成果和现金流量。

二、形成审计意见的基础

我们按照中国注册会计师审计准则的规定执行了审计工作。审计报告的“注册会计师对财务报表审计的责任”部分进一步阐述了我们在这些准则下的责任。按照中国注册会计师职业道德守则,我们独立于昆仑信托,并履行了职业道德方面的其他责任。我们相信,我们获取的审计证据是充分、适当的,为发表审计意见提供了基础。

三、管理层和治理层对财务报表的责任

昆仑信托管理层(以下简称管理层)负责按照企业会计准则的规定编制财务报表,使其实现公允反映,并设计、执行和维护必要的内部控制,以使财务报表不存在由于舞弊或错误导致的重大错报。

在编制财务报表时,管理层负责评估昆仑信托的持续经营能力,披露与持续经营相关的事项(如适用),并运用持续经营假设,除非计划进行清算、终止运营或别无其他现实的选择。

治理层负责监督昆仑信托的财务报告过程。

四、注册会计师对财务报表审计的责任

我们的目标是对财务报表整体是否不存在由于舞弊或错误导致的重大错报获取合理保证,并出具包含审计意见的审计报告。合理保证是高水平的保证,但并不能保证按照审计准则执行的审计在某一重大错报存在时总能发现。错报可能由于舞弊或错误导致,如果合理预期错报单独或汇总起来可能影响财务报表使用者依据财务报表作出的经济决策,则通常认为错报是重大的。

在按照审计准则执行审计工作的过程中,我们运用职业判断,并保持职业怀疑。同时,我们也执行以下工作:

(1)识别和评估由于舞弊或错误导致的财务报表重大错报风险,设计和实施审计程序以应对这些风险,并获取充分、适当的审计证据,作为发表审计意见的基础。由于舞弊可能涉及串通、伪造、故意遗漏、虚假陈述或凌驾于内部控制之上,未能发现由于舞弊导致的重大错报的风险高于未能发现由于错误导致的重大错报的风险。

(2)了解与审计相关的内部控制,以设计恰当的审计程序。

(3)评价管理层选用会计政策的恰当性和作出会计估计及相关披露的合理性。

(4)对管理层使用持续经营假设的恰当性得出结论。同时,根据获取的审计证据,就可能导致对昆仑信托持续经营能力产生重大疑虑的事项或情况是否存在重大不确定性得出结论。如果我们得出结论认为存在重大不确定性,审计准则要求我们在审计报告中提请报表使用者注意财务报表中的相关披露;如果披露不充分,我们应当发表非无保留意见。我们的结论基于截至审计报告日可获得的信息。然而,未来的事项或情况可能导致昆仑信托不能持续经营。

(5)评价财务报表的总体列报、结构和内容,并评价财务报表是否公允反映相关交易和事项。

(6)就昆仑信托中实体或业务活动的财务信息获取充分、适当的审计证据,以对财务报表发表审计意见。我们负责指导、监督和执行集团审计,并对审计意见承担全部责任。

我们与治理层就计划的审计范围、时间安排和重大审计发现等事项进行沟通,包括沟通我们在审计中识别出的值得关注的内部控制缺陷。

立信会计师事务所　　中国注册会计师:韩子荣
(特殊普通合伙)

中国注册会计师:程英

中国·上海　　2021 年 4 月 27 日

5.1.2　资产负债表

资产负债表

编制单位:昆仑信托有限责任公司　　2020 年 12 月 31 日　　单位:万元

资　产	期末余额	上年年末余额
资产:		
现金及存放中央银行款项	—	—
存放同业款项	45 443.66	93 054.19
贵金属	—	—
拆出资金	—	—
衍生金融资产	—	—
存出保证金	—	—
应收款项	—	—
合同资产	—	—

续表

资　产	期末余额	上年年末余额
买入返售金融资产	135 036. 89	—
持有待售资产	—	—
发放贷款和垫款	11 913. 98	—
金融投资：		
交易性金融资产	343 143. 83	358 483. 23
债权投资	605 822. 68	609 258. 29
其他债权投资	—	—
其他权益工具投资	141 297. 93	125 662. 12
长期股权投资	2 377. 88	3 113. 51
投资性房地产	—	—
固定资产	11 189. 57	11 766. 05
在建工程	994. 04	337. 64
无形资产	1 807. 86	2 050. 68
商誉	—	—
递延所得税资产	36 258. 57	34 846. 26
其他资产	117 327. 66	135 473. 83
资产总计	1 452 614. 55	1 374 045. 80
负债和所有者权益（或股东权益）	期末余额	上年年末余额
负债：	—	—
向中央银行借款	—	—
同业及其他金融机构存放款项	—	—
拆入资金	—	—
交易性金融负债	—	—
衍生金融负债	—	—
卖出回购金融资产款	—	—
应付职工薪酬	1 322. 09	1 373. 15
应交税费	9 160. 99	16 039. 70
应付款项	—	—
合同负债	—	—
持有待售负债	—	—
预计负债	—	—
长期借款	—	—
应付债券	—	—
其中：优先股	—	—
永续债	—	—
长期应付职工薪酬	—	—
递延收益	—	—
递延所得税负债	7 307. 97	8 226. 59
其他负债	36 224. 48	28 173. 91
负债合计	54 015. 53	53 813. 35
所有者权益（或股东权益）：	—	—
实收资本（或股本）	1 022 705. 89	1 022 705. 89
其他权益工具	—	—
其中：优先股	—	—
永续债	—	—
资本公积	62 663. 74	62 663. 74
减：库存股	—	—
其他综合收益	5 930. 23	13. 25
盈余公积	95 946. 05	83 320. 99
一般风险准备	62 753. 23	56 440. 71
未分配利润	148 599. 88	95 087. 87
所有者权益（或股东权益）合计	1 398 599. 02	1 320 232. 45
负债和所有者权益（或股东权益）总计	1 452 614. 55	1 374 045. 80

法定代表人：肖华　　财务总监：张建慧　　会计机构负责人：康剑桥

5. 1. 3　利润表

利润表

编制单位：昆仑信托有限责任公司　　2020 年度　　单位：万元

项目	本期金额	上期金额
一、营业总收入	205 987. 26	193 887. 33
利息净收入	2 620. 00	1 629. 72
其中：利息收入	2 620. 00	1 657. 92
利息支出	—	28. 19
手续费及佣金净收入	97 551. 24	102 293. 48
其中：手续费及佣金收入	97 570. 39	102 308. 56
手续费及佣金支出	19. 35	15. 08
投资收益（损失以“－”号列示）	117 225. 35	46 278. 32
其中：对联营企业和合营企业的投资收益	89. [illegible]7	－64. 93
以摊余成本计量的金融资产终止确认产生的收益（损失以“－”号填列）	—	—
净敞口套期收益（损失以“－”号填列）	—	—
其他收益	59. [illegible]3	—
公允价值变动收益（损失以“－”号列示）	－11 563. [illegible]1	43 541. 05
汇兑收益（损失以“－”号列示）	—	—
其他业务收入	94. [illegible]4	144. 75
资产处置收益（损失以“－”号填列）	—	—
二、营业总支出	37 209. [illegible]9	68 478. 86
税金及附加	836. [illegible]3	632. 42
业务及管理费	31 190. [illegible]5	31 312. 33
信用减值损失	5 118. [illegible]5	36 534. 11
其他资产减值损失	—	—
其他业务成本	62. [illegible]6	—
三、营业利润（亏损以“－”号列示）	168 778. [illegible]7	125 408. 46
加：营业外收入	－2 959. [illegible]0	7 354. 39
减：营业外支出	3. [illegible]9	31. 65
四、利润总额（亏损总额以“－”号列示）	165 815. [illegible]3	132 731. 20
减：所得税费用	39 564. [illegible]1	33 595. 46
五、净利润（净亏损以“－”号列示）	126 250. [illegible]7	99 135. 74
（一）持续经营净利润（净亏损以“－”号填列）	126 250. [illegible]7	99 135. 74
（二）终止经营净利润（净亏损以“－”号填列）	—	—
六、其他综合收益的税后净额	5 916. [illegible]	1. 47
（一）不能重分类进损益的其他综合收益	5 916. [illegible]	—
1. 重新计量设定受益计划变动额	—	—
2. 权益法下不能转损益的其他综合收益	—	—
3. 其他权益工具投资公允价值变动	5 916. [illegible]	—
4. 企业自身信用风险公允价值变动	—	—
（二）将重分类进损益的其他综合收益	0. 4[illegible]	1. 47
1. 权益法下可转损益的其他综合收益	0. 4[illegible]	1. 47
2. 其他债权投资公允价值变动	—	—
3. 金融资产重分类计入其他综合收益的金额	—	—
4. 其他债权投资信用损失准备	—	—
5. 现金流量套期储备（现金流量套期损益的有效部分）	—	—
6. 外币财务报表折算差额	—	—
7. 其他	—	—
七、综合收益总额	132 167. 5[illegible]	99 137. 21
八、每股收益	—	—
（一）基本每股收益（元/股）	—	—
（二）稀释每股收益（元/股）	—	—

法定代表人：肖华　　财务总监：张建慧　　会计机构负责人：康剑桥

5.1.4 所有者权益变动表

所有者权益变动表

编制单位:昆仑信托有限责任公司　　2020 年度　　单位:万元

项目	本期金额										
	实收资本(或股本)	其他权益工具			资本公积	减:库存股	其他综合收益	盈余公积	一般风险准备	未分配利润	所有者权益合计
		优先股	永续债	其他							
一、上年年末余额	1 022 705.89	—	—	—	62 663.74	—	13.25	83 320.99	56 440.71	95 087.87	1 320 232.45
加:会计政策变更	—	—	—	—	—	—	—	—	—	—	—
前期差错更正	—	—	—	—	—	—	—	—	—	—	—
其他	—	—	—	—	—	—	—	—	—	—	—
二、本年年初余额	1 022 705.89	—	—	—	62 663.74	—	13.25	83 320.99	56 440.71	95 087.87	1 320 232.45
三、本年增减变动金额(减少以"-"号填列)	—	—	—	—	—	—	5 916.98	12 625.06	6 312.53	53 512.01	78 366.58
(一)综合收益总额	—	—	—	—	—	—	5 916.98	—	—	126 250.57	132 167.55
(二)所有者投入和减少资本	—	—	—	—	—	—	—	—	—	—	—
1. 所有者投入的普通股	—	—	—	—	—	—	—	—	—	—	—
2. 其他权益工具持有者投入资本	—	—	—	—	—	—	—	—	—	—	—
3. 股份支付计入所有者权益的金额	—	—	—	—	—	—	—	—	—	—	—
4. 其他	—	—	—	—	—	—	—	—	—	—	—
(三)利润分配	—	—	—	—	—	—	—	12 625.06	6 312.53	-72 738.56	-53 800.97
1. 提取盈余公积	—	—	—	—	—	—	—	12 625.06	—	-12 625.06	—
2. 提取一般风险准备	—	—	—	—	—	—	—	—	6 312.53	-6 312.53	—
3. 对所有者(或股东)的分配	—	—	—	—	—	—	—	—	—	-53 800.97	-53 800.97
4. 其他	—	—	—	—	—	—	—	—	—	—	—
(四)所有者权益内部结转	—	—	—	—	—	—	—	—	—	—	—
1. 资本公积转增资本(或股本)	—	—	—	—	—	—	—	—	—	—	—
2. 盈余公积转增资本(或股本)	—	—	—	—	—	—	—	—	—	—	—
3. 盈余公积弥补亏损	—	—	—	—	—	—	—	—	—	—	—
4. 设定受益计划变动额结转留存收益	—	—	—	—	—	—	—	—	—	—	—
5. 其他综合收益结转留存收益	—	—	—	—	—	—	—	—	—	—	—
6. 其他	—	—	—	—	—	—	—	—	—	—	—
四、本期期末余额	1 022 705.89	—	—	—	62 663.74	—	5 930.23	95 946.05	62 753.23	148 599.88	1 398 599.03

法定代表人:肖华　　财务总监:张建慧　　会计机构负责人:康剑桥

5.2 信托资产

5.2.1 信托项目资产负债汇总表

信托项目资产负债汇总表

编制单位:昆仑信托有限责任公司　　2020 年 12 月 31 日　　单位:万元

项目	期末余额	年初余额
信托资产:		
1. 货币资金	182 188.03	309 985.62
2. 拆出资金	—	—
3. 存出保证金	—	—
4. 交易性金融资产	525 899.75	231 861.87
5. 衍生金融资产	—	—
6. 买入返售金融资产	—	—
其中:6.1 买入返售证券	—	—
6.2 买入返售信贷资产	—	—
7. 应收款项	18 758.14	21 728.03
8. 发放贷款	8 865 338.73	10 621 055.60
其中:8.1 基础产业	1 952 280.23	2 196 150.00
8.2 房地产	925 800.00	1 081 730.00
9. 可供出售金融资产	—	—

续表

项目	期末余额	年初余额
10. 持有至到期投资	9 990 533.05	13 001 117.81
11. 长期应收款	—	—
12. 长期股权投资	2 419 955.73	2 997 423.01
其中:12.1 基础产业	9 100.00	9 100.00
12.2 房地产	—	200.00
13. 投资性房地产	—	—
14. 固定资产	—	—
15. 无形资产	—	—
16. 长期待摊费用	—	—
17. 其他资产	—	—
18. 信托资产总计	22 002 673.43	27 183 171.94
19. 各项资产减值准备	—	—
信托负债:		
20. 交易性金融负债	—	—
21. 衍生金融负债	—	—
22. 应付受托人报酬	1 171.68	287.12
23. 应付托管费	234.36	852.20
24. 应付受益人收益	1 972.77	2 824.65

续表

项目	期末余额	年初余额
25. 应交税费	1 223. 41	579. 88
26. 应付销售服务费	—	—
27. 其他应付款项	110 841. 30	63 917. 40
28. 其他负债	—	—
29. 信托负债合计	115 443. 52	68 461. 25
信托权益:		
30. 实收信托	21 584 672. 32	26 781 849. 12
30. 1 资金信托	19 280 643. 38	22 471 456. 60
30. 1. 1 集合	10 862 046. 68	13 003 527. 89
30. 1. 2 单一	8 418 596. 7	9 467 928. 71
30. 2 财产信托	2 304 028. 94	4 310 392. 52
30. 2. 1 信贷资产证券化	—	—
30. 2. 2 其他资产(准)证券化	440 709. 48	2 158 386. 98
31. 资本公积	50 010. 75	50 010. 75
32. 外币报表折算差额	—	—
33. 未分配利润	252 546. 84	282 850. 82
34. 信托权益合计	21 887 229. 91	27 114 710. 69
35. 信托负债和信托权益总计	22 002 673. 43	27 183 171. 94

法定代表人:肖华　财务总监:张建慧　托管部负责人:武义双　填表人:邵国忠

5. 2. 2 信托项目利润及利润分配汇总表

信托项目利润及利润分配汇总表

编制单位:昆仑信托有限责任公司　2020 年度　单位:万元

项目	本年度累计	上年度累计
1. 营业收入	1 472 175. 81	1 821 947. 10
1. 1 利息收入	551 545. 3	609 683. 97
1. 2 投资收益(损失以"-"号填列)	905 323. 1	1 180 593. 74
1. 2. 1 其中:对联营企业和合营企业的投资收益	—	—
1. 3 公允价值变动收益(损失以"-"号填列)	15 134. 79	30 539. 53
1. 4 租赁收入	—	—
1. 5 汇兑损益(损失以"-"号填列)	—	—
1. 6 其他收入	172. 62	1 129. 86
2. 支出	136 527. 45	207 206. 46
2. 1 营业税金及附加	3 636. 83	4 683. 12
2. 2 受托人报酬	103 398. 84	85 147. 32
2. 3 托管费	5 048. 26	6 619. 36
2. 4 投资管理费	—	—
2. 5 销售服务费	474. 79	1 357. 39
2. 6 交易费用	276. 22	159. 99
2. 7 资产减值损失	—	—
2. 8 其他费用	23 692. 51	109 239. 28
3. 信托净利润(净亏损以"-"号填列)	1 335 648. 36	1 614 740. 64
4. 其他综合收益	—	-300. 00
5. 综合收益	1 335 648. 36	1 614 440. 64
6. 加:期初未分配信托利润	282 850. 82	358 086. 45
7. 可供分配的信托利润	1 618 499. 17	1 972 827. 09
8. 减:本期已分配信托利润	1 365 952. 33	1 689 976. 27
9. 期末未分配信托利润	252 546. 84	282 850. 82

法定代表人:肖华　财务总监:张建慧　托管部负责人:武义双　填表人:邵国忠

6. 会计报表附注

6. 1 会计报表编制基准不符合会计核算基本前提的说明

6. 1. 1 会计报表编制基准不符合会计核算基本前提说明

无。

6. 1. 2 本公司编制合并会计报表

无。

6. 2 或有事项说明

截至 2020 年 12 月 31 日,公司无须披露的重大或有事项。

6. 3 重要资产转让及其出售的说明

报告期内,本公司无重要资产转让及出售。

6. 4 会计报表中重要项目的明细资料

6. 4. 1 固有资产经营情况

6. 4. 1. 1 信用风险资产的期初数、期末数

信用风险资产五级分类	正常类(万元)	关注类(万元)	次级类(万元)	可疑类(万元)	损失类(万元)	信用风险资产合计(万元)	不良资产合计(万元)	不良资产率(%)
期初数	559 685. 52	170 386. 46	45 295. 46	65 786. 86	47 994. 10	889 148. 40	159 076. 42	10. 50
期末数	625 116. 92	102 546. 08	45 295. 46	65 786. 86	43 627. 44	882 372. 76	154 709. 76	9. 68

注:不良资产合计 = 次级类 + 可疑类 + 损失类。

6. 4. 1. 2 各项资产减值损失准备的期初数、本期计提、本期转回、本期核销、期末数

单位:万元

项　目	期初数	本期计提	本期转回	本期核销	期末数
贷款损失准备	—	116. 01	—	—	116. 01
一般准备	—	116. 01	—	—	116. 01
专项准备	—	—	—	—	—
其他资产减值准备	—	—	—	—	—
债权投资减值准备	54 595. 97	3 189. 49	—	—	57 785. 46
长期股权投资减值准备	79. 16	—	—	41. 56	37. 60
坏账准备	86 695. 42	1 813. 25	—	1 425. 87	87 082. 80
投资性房地产减值准备	—	—	—	—	—

6.4.1.3 固有股票投资、基金投资、债券投资、股权投资等投资业务的期初数、期末数

单位:万元

项目	固有股票	基金	债券	长期股权投资
期初数	35 190.13	46 109.88	—	3 113.51
期末数	26 383.43	70 784.49	—	2 377.88

6.4.1.4 前五名的固有长期股权投资的企业名称、占被投资企业权益的比例及投资收益情况

企业名称	占被投资企业权益的比例(%)	投资收益(万元)
国联产业投资基金管理(北京)有限公司	20.83	89.81

6.4.1.5 前五名的固有贷款的企业名称、占贷款总额的比例和还款情况

企业名称	占贷款总额的比例(%)	还款情况
江油鸿飞投资(集团)有限公司	100	未到期

6.4.1.6 表外业务的期初数、期末数

报告期内,无表外业务。

6.4.1.7 公司当年收入结构

收入结构	金额(万元)	占比(%)
手续费及佣金收入	97 570.89	48.05
其中:信托手续费收入	97 570.89	48.05
投资银行业务收入	—	—
利息收入	2 620.00	1.29
其他业务收入	153.87	0.08
其中:计入信托业务收入部分	—	—
投资收益	117 225.35	57.73
其中:股权投资收益	3 475.65	1.71
其他投资收益	113 749.70	56.02
公允价值变动收益	-11 563.21	-5.69
营业外收入	-2 959.00	-1.46
收入合计	203 047.90	100

注:手续费及佣金收入、利息收入、其他业务收入、投资收益、营业外收入均应为损益表中的一级科目,其中手续费及佣金收入、利息收入、营业外收入为未抵减掉相应支出的全年累计实现收入数。

6.4.2 信托资产管理情况

6.4.2.1 信托资产的期初数、期末数

单位:万元

信托资产	期初数	期末数
集合	13 148 870.48	11 055 448.66
单一	9 591 693.51	8 546 423.81
财产权	4 442 607.95	2 400 800.96
合计	27 183 171.94	22 002 673.43

6.4.2.1.1 主动管理型信托业务期初数、期末数

单位:万元

主动管理型信托资产	期初数	期末数
证券投资类	785 470.5	702 707.25
股权投资类	2 540 823.45	2 102 162.28
融资类	15 653 782.8	13 990 351.43
事务管理类		2 601.09
合计	18 980 076.75	16 797 822.05

6.4.2.1.2 被动管理型信托业务期初数、期末数

单位:万元

被动管理型信托资产	期初数	期末数
证券投资类	—	—
股权投资类	465 576.47	326 347.03
融资类	—	—
事务管理类	7 737 518.72	4 878 504.35
合计	8 203 095.19	5 204 851.38

6.4.2.2 本年度已清算结束的信托项目个数、实收信托合计金额、加权平均实际年化收益率

6.4.2.2.1 本年度已清算结束的集合类、单一类资金信托项目和财产管理类信托项目个数、实收信托合计金额、加权平均实际年化收益率

已清算结束的信托项目	项目个数(个)	实收信托合计金额(万元)	加权平均实际年化收益率(%)
集合类	45	3 634 089.00	5.89
单一类	31	1 875 345.98	5.90
财产管理类	18	4 234 338.26	5.48

注:加权平均实际年化收益率=(信托项目1的实际年化收益率×信托项目1的资产总计+信托项目2的实际年化收益率×信托项目2的资产总计+…+信托项目n的实际年化收益率×信托项目n的资产总计)/(信托项目1的资产总计+信托项目2的资产总计+…+信托项目n的资产总计)×100%。

6.4.2.2.2 本年度已清算结束的主动管理型信托项目个数、实收信托合计金额、加权平均实际年化信托报酬率、加权平均实际年化收益率

已清算结束的信托项目	项目个数(个)	实收信托合计金额(万元)	加权平均实际年化信托报酬率(%)	加权平均实际年化收益率(%)
证券投资类	3	217 000	0.24	5.57
股权投资类	4	379 754	0.97	6.39
融资类	44	3 359 419	0.48	5.84
事务管理类	—	—	—	—

6.4.2.2.3 本年度已清算结束的被动管理型信托项目个数、实收信托合计金额、加权平均实际年化信托报酬率、加权平均实际年化收益率

已清算结束的信托项目	项目个数(个)	实收信托合计金额(万元)	加权平均实际年化信托报酬率(%)	加权平均实际年化收益率(%)
证券投资类	1	30 000	0.59	-1.12
股权投资类	—	—	—	—
融资类	—	—	—	—
事务管理类	42	5 757 600.24	0.05	5.63

6.4.2.3 本年度新增的集合类、单一类和财产管理类信托项目个数、实收信托合计金额

新增信托项目	项目个数(个)	实收信托合计金额(万元)
集合类	37	1 150 202
单一类	14	687 402
财产管理类	3	55 000
新增合计	54	1 892 603.94
其中:主动管理型	45	1 360 703.94
被动管理型	9	531 900

6.4.2.4 本公司履行受托人义务情况及因本公司自身责任而导致的信托资产损失情况

截至2020年12月31日,本公司未发生因自身责任导致

信托资产损失的情况。

6.4.2.5 信托赔偿准备金的提取、使用和管理情况

公司按信托法律法规规定，每年按当年净利润的5%计提信托赔偿准备金，当该信托赔偿准备金累计总额达公司注册资本的20%时，不再提取。

6.5 关联方关系及其交易的披露

6.5.1 关联交易方的数量、关联交易的总金额及关联交易的定价政策

项目	关联交易数量（个）	关联交易金额（万元）	定价政策
合计	4	1 092 584.18	坚持价格公允原则，由当事人依据市场价格通过合同约定

注：关联交易以《中华人民共和国公司法》和《企业会计准则第36号——关联方披露》有关规定为准。

6.5.2 关联交易方与本公司的关系性质、关联交易方基本信息

关系性质	关联方名称	法定代表人	注册地址	注册资本	主营业务
受同一大股东控股	中国石油天然气集团公司商业储备油分公司	黄阜生	北京市西城区六铺炕街6号1号楼523房间	500 000万元	石油和天然气开采辅助活动。
	北京国联能源产业投资基金	执行事务合伙人委派代表肖华	北京市昌平区科技园区创新路7号2号楼2027号	505亿元	投资、投资管理、投资咨询服务。
	内蒙古基兴泰铁路运输有限责任公司	赵守忠	内蒙古自治区呼和浩特市赛罕区金桥开发区金桥路中油呼炼小区平招10栋	500万元	铁路货运服务、普通道路货物运输等。

6.5.3 本公司与关联方的重大交易事项

6.5.3.1 固有财产与关联方交易情况

单位：万元

分类	期初数	借方发生额	贷方发生额	期末数
贷款	—	—	—	—
投资	—	—	—	—
租赁	—	3 897.95	82.02	—
其他	—	2 292.99	241.62	—
合计	—	6 190.94	323.64	—

6.5.3.2 信托与关联方交易情况

单位：万元

信托与关联方关联交易				
分类	期初数	借方发生额	贷方发生额	期末数
贷款	492 800.00	—	215.82	492 584.18
投资	600 000.00	—	—	600 000.00
租赁	—	—	—	—
担保	—	—	—	—
应收账款	—	—	—	—
其他	40 000.00	—	40 000	—
合计	1 132 800.00	—	40 215.82	1 092 584.18

6.5.3.3 固信交易与信信交易情况

6.5.3.3.1 固信交易情况

单位：万元

固有财产与信托财产相互交易			
项目	期初数	本期发生额	期末数
合计	692 572.48	52 168.83	744 741.31

6.5.3.3.2 信信交易情况

单位：万元

信托资产与信托财产相互交易			
项目	期初数	本期发生额	期末数
合计	2 834 284.45	182 318.86	3 016 603.31

6.5.4 关联方逾期未偿还本公司资金情况及本公司为关联方担保垫款情况

报告期内，公司无关联方逾期未偿还情况发生，无为关联方担保垫款情况。

6.6 会计制度的披露

固有业务（自营业务）：本公司执行《企业会计准则》和《金融企业会计制度》及相关规定。

信托业务：本公司执行《企业会计准则》和《金融企业会计制度》及相关规定。

7. 财务情况说明书

7.1 利润实现和分配情况

2020年公司利润总额为165 815.48万元，同比增加33 084.28万元，增长24.93%；净利润为126 25[illegible].57万元，同比增加27 114.83万元，增长27.35%。

报告期未分配利润变动情况如下：

单位：万元

项目	金额
本年年初余额	95 087.37
本年增加额	126 25[illegible].57
其中：本年净利润转入	126 25[illegible].57
其他调整因素	—
本年减少额	72 73[illegible].[illegible]
其中：本年提取盈余公积	12 6[illegible]5.[illegible]
本年提取一般风险准备	6 31[illegible].[illegible]
本年分配现金股利数	53 80[illegible].97
转增资本	—
其他减少	—
本年年末余额	148 59[illegible].88

7.2 主要财务指标

指标名称	指标值
资本利润率（%）	9.[illegible]9
加权年化信托报酬率（%）	0.[illegible]2

续表

指标名称	指标值
人均净利润(万元)	459.09

注:1. 资本利润率=净利润/所有者权益平均余额×100%。
2. 加权年化信托报酬率=(信托项目1的实际年化信托报酬率×信托项目1的实收信托+信托项目2的实际年化信托报酬率×信托项目2的实收信托+…+信托项目n的实际年化信托报酬率×信托项目n的实收信托)/(信托项目1的实收信托+信托项目2的实收信托+…+信托项目n的实收信托)×100%。
3. 人均净利润=净利润/年平均人数。
4. 平均值采取年初、年末余额简单平均法。

7.3 对本公司财务状况、经营成果有重大影响的其他事项

无。

8. 特别事项揭示

8.1 前五名股东报告期内变动情况及原因

2020年1月,宁波银保监局批复同意昆仑信托有限责任公司股权变更,广博控股集团有限公司将其持有的昆仑信托有限责任公司5%的股权转让给中油资产管理有限公司。股权变更后的中油资产管理有限公司,出资额为8 915 857 083.41元,出资比例为87.18%;天津经济技术开发区国有资产经营有限公司,出资额为1 311 201 827.00元,出资比例为12.82%。

8.2 董事、监事及高级管理人员变动情况及原因

职务	前任	现任	变动原因
董事	肖华、吴妍、赵雪松、叶旺、王利平、李效熙、邢成、寇日明、崔树霖	肖华、吴妍、赵雪松、陈雄、邢成、寇日明、崔树霖	股东变更,重新选聘
监事	朱德操、陈六亿、杨远、马荣伟、邹艳飞	朱德操、陈六亿、于丽娜、马荣伟、邹艳飞	股东变更,重新选聘
高级管理人员	吴妍、李效熙、朱佳平、刘刚、黄志斌、张建慧、周江天	吴妍、朱佳平、刘刚、黄志斌、张建慧、周江天	解聘一人

8.3 公司的重大诉讼事项

8.3.1 重大诉讼事项

序号	被告/被执行人	诉讼基本情况	诉讼(仲裁)进展
1	北京北大高科技产业投资有限公司、北京太平洋城务地产开发有限公司	因与北京北大高科技产业投资有限公司的合同纠纷,公司向法院申请追究被告人责任。	2020年3月3日,公司向北京市第二中级人民法院对北大高科及抵押人提起诉讼,3月6日立案,随后法院查封抵押人全部抵押房产。2020年10月10日,北京市第二中级人民法院作出一审判决,法院支持公司全部诉讼请求。
2	武汉金凰珠宝股份有限公司、贾志宏	因与武汉金凰珠宝股份有限公司合同纠纷,公司向法院申请追究被执行人责任。	2020年9月9日,武汉市中级人民法院对本强制执行案件立案,随后冻结被执行人相关资产。随后公司向保险公司提起诉讼,2020年12月23日立案。
3	今典投资集团有限公司、北京今典鸿运房地产开发有限公司	因与今典投资集团有限公司合同纠纷,公司向法院申请追究被执行人责任。	2020年8月10日,北京市第三中级人民法院对本强制执行案件立案。2020年8月25日查封抵押物。2020年11月,本案中止执行。
4	沈阳金杯车辆有限公司、华晨汽车集团控股有限公司	因与沈阳金杯车辆有限公司合同纠纷,公司向法院申请追究被执行人责任。	2020年9月14日,沈阳市中级人民法院对本强制执行案件立案。随后法院对被执行人相关财产进行查封、冻结。

8.4 公司及其董事、监事和高级管理人员受到处罚的情况

无。

8.5 本年度重大事项临时报告情况

(1)《昆仑信托有限责任公司关于修改公司章程的公告》,披露于2020年1月16日证券时报》B2版。

(2)《2019年昆仑信托有限责任公司年度报告摘要》披露于2020年4月22日《金融时报》08版、《上海证券报》信息披露/11版、《证券时报》B8版。

8.6 其他重要信息

8.6.1 净资本管理情况

截至2020年末,公司各项净资本管理指标均符合银监会监管要求。2020年末,公司净资本余额为1 150 081.39万元;各项业务风险资本之和为478 917.97万元,其中:固有业务风险资本为234 958.43万元,信托业务风险资本为243 959.55万元。净资本监管指标如下:

序号	指标名称	指标值	监管要求
1	净资本余额(亿元)	115.01	≥2亿元
2	固有业务风险资本(亿元)	23.49	—
3	信托业务风险资本(亿元)	24.40	—
4	各项业务风险资本之和(亿元)	47.89	—
5	净资本/各项业务风险资本之和(%)	240.14	≥100
6	净资本/净资产(亿元)	82.23	≥40

8.6.2 社会责任履行情况

昆仑信托着力塑造"诚信稳健、分享共赢、服务社会、造福民生"的企业品格,以实际行动履行国有企业社会责任。

公司依托中国石油良好的品牌资源和雄厚的资金优势,为宁波市提供全方位金融服务,全力支持宁波市经济发展。继续发挥"昆仑爱心一号"助学慈善信托、"昆仑爱心二号"助困慈善信托、"昆仑爱心三号"助医慈善信托等3个慈善信托作用,

助力贵州、宁波等地的教育教学、养老助残等事业，让慈善之光温暖更多心灵。

2020 年，面对突发的新冠肺炎疫情，公司响应上级号召，积极组织党员、干部、员工参与抗疫捐款、无偿献血等活动。公司积极参与脱贫攻坚战，通过消费扶贫、金融企业扶贫帮困暖冬行等方式帮助贫困地区脱困。公司各级党组织、群团组织还通过“主题党日”“主题团日”“志愿服务”等积极参与社会公益环保事业。

公司多次荣获“浙江省优秀金融企业”、宁波市“纳税50强企业”、鄞州区“突出贡献企业”和“五星级骨干企业”称号。2019 年荣获“宁波市鄞州区慈善之光”荣誉称号。2020 年荣获“2020CSR 竞争力——中国企业社会责任评选”年度社会责任贡献奖。

9. 公司监事会意见

9.1　关于公司依法运作情况的意见

2020 年，公司坚持依法合规经营，不断完善内部控制制度，决策程序符合法律、法规及公司章程的有关规定。董事会、高级管理层成员认真履行职责。

9.2　关于公司财务报告的意见

公司 2020 年度财务报告按照中国企业会计准则编制。经立信会计师事务所审计过的公司财务报表，真实、公允地反映了公司的财务状况和经营成果，会计师事务所出具的无保留意见书是客观公正的。

9.3　关于关联交易的意见

公司 2020 年关联交易业务，符合商业原则和银监会监管要求，未发现有损害股东利益、公司利益和信托受益人利益的情形。

陆家嘴国际信托有限公司

1. 重要提示

1.1 公司董事会及董事保证本报告所载资料不存在任何虚假记载、误导性陈述或者重大遗漏，并对其内容的真实性、准确性和完整性承担个别及连带责任。

1.2 公司独立董事李颖琦、毕玥声明：保证年度报告内容的真实、准确、完整。

1.3 普华永道中天会计师事务所（特殊普通合伙）根据中国注册会计师审计准则对公司年度财务报告进行审计，出具了标准无保留意见的审计报告。

1.4 公司董事长黎作强、总经理崔斌声明：保证年度报告中财务报告的真实、完整。

2. 公司概况

2.1 公司简介

2.1.1 公司历史沿革

陆家嘴国际信托有限公司（以下简称陆家嘴信托或公司）是上海陆家嘴金融发展有限公司（以下简称陆金发）控股的信托机构，注册资本为48亿元。公司注册地为青岛，在部分城市设立业务团队。公司前身为2003年10月15日经中国银监会批准成立的青岛海协信托投资有限公司（以下简称海协信托）。公司经过重组，2011年1月26日，中国银监会批复同意新疆威仕达实业（集团）股份有限公司、新疆棉花产业（集团）有限责任公司、中铁十八局集团有限公司、安徽丰原集团有限公司四家股东合计持有的海协信托71.606%的股权转让给陆金发；2011年5月5日，经工商变更登记，陆金发成为海协信托股东。2011年9月16日，中国银监会批复同意山东海川集团控股公司和青岛联宇时装有限公司两家股东合计持有海协信托28.394%的股权转让给青岛国信发展（集团）有限责任公司（以下简称青岛国信）；2011年10月27日，经工商变更登记，青岛国信成为海协信托股东。2012年2月27日，中国银监会批复同意公司名称变更为陆家嘴国际信托有限公司，同意公司根据《信托公司管理办法》的有关规定开展中国银监会批准的业务。至此，海协信托重组工作取得重大突破，为公司稳健成长揭开崭新的一页。2012年11月5日，中国银监会青岛监管局批复同意公司注册资本金由31 500万元变更为106 834.62万元。2014年12月15日，中国银监会批复同意公司注册资本金增至30亿元，增资后陆金发持股比例为71.606%，青岛国信持股比例为10.112%，青岛国信金融控股有限公司（以下简称国信金控）持股比例为18.282%。2018年6月25日，中国银监会批复同意公司注册资本金增至40亿元，公司股东出资比例保持不变，2018年7月27日公司完成工商变更登记手续。2020年11月19日，中国银保监会批复同意公司注册资本金增至48亿元，公司股东出资比例保持不变，2020年12月7日公司完成工商变更登记手续。该次增资有效地增强了公司资本实力。

2.1.2 基本信息

2.1.2.1 公司法定中文名称 陆家嘴国际信托有限公司
中文名称缩写：陆家嘴信托
公司法定英文名称：Lujiazui International Trust Corporation Limited
英文缩写：Lujiazui Trust

2.1.2.2 法定代表人：黎作强

2.1.2.3 注册地址：青岛市崂山区香港东路195号3号楼青岛上实中心12层
邮政编码：266071
公司国际互联网网址：http://www.ljzitc.com.cn
电子信箱：ljzxt@ljzitc.com.cn

2.1.2.4 公司负责信息披露事务的高级管理人员：马家顺
公司信息披露联系人：李炜
联系电话：021-50587809
传　　真：021-50588225
电子信箱：ljzxt@ljzitc.com.cn

2.1.2.5 公司选定的信息披露报纸：《上海证券报》
公司年度报告备置地点：青岛市崂山区香港东路195号3号楼青岛上实中心12层
上海市浦东新区世纪大道1600号29楼

2.1.2.6 公司聘请的会计师事务所（年报审计机构）：普华永道中天会计师事务所（特殊普通合伙）
住所：中国（上海）自由贸易试验区陆家嘴环路1318号星展银行大厦507单元01室

2.1.2.7 公司聘请的律师事务所（常年法律顾问）：上海市锦天城律师事务所
住所：上海市浦东新区银城中路501号上海中心大厦11楼

2.2 组织结构

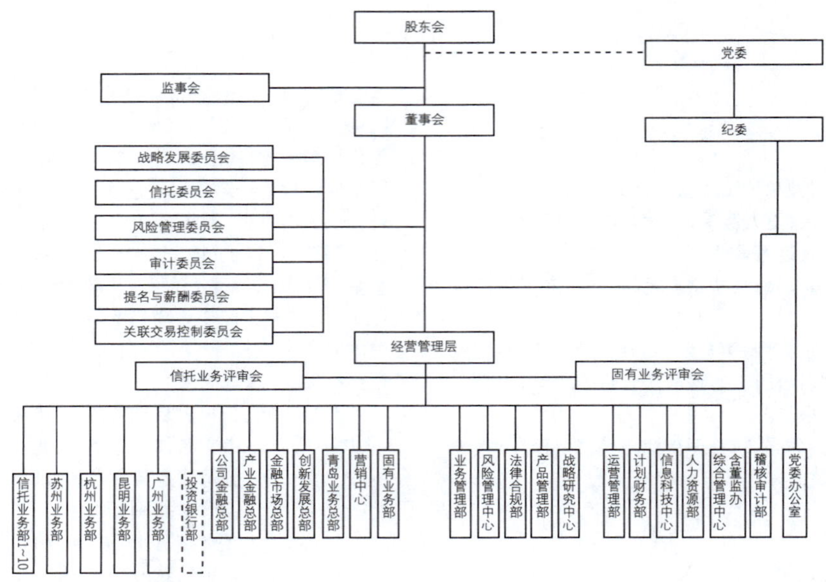

3. 公司治理

3.1 股东

报告期末股东总数为三家。其中，青岛国信金融控股有限公司为青岛国信发展（集团）有限责任公司直接和间接100%持股的子公司。

股东名称	持股比例（%）	法人代表	注册资本（万元）	注册地址	主要经营业务及主要财务情况
上海陆家嘴金融发展有限公司★	71.606	黎作强	800 000	中国（上海）自由贸易试验区世纪大道1600号2901室	金融产业、工业、商业、城市基础设施等项目的投资、管理，投资咨询，企业收购、兼并（依法须经批准的项目，经相关部门批准后方可开展经营活动）。截至2020年末，公司资产总额约为227.9[illegible]亿元。
青岛国信金融控股有限公司	18.282	刘冰冰	370 000	青岛市崂山区苗岭路9号	金融及金融服务性机构的投资与运营、资产管理与基金管理、股权投资及资本运营、证券与基金投资、投资策划与咨询服务；经政府及有关监管机构批准的其他资产投资与运营（依法须经批准的项目，经相关部门批准后方可开展经营活动）。截至2020年末，公司资产总额约为450.71亿元（未经审计）。
青岛国信发展（集团）有限责任公司	10.112	王建辉	300 000	青岛市市南区东海西路15号	城乡重大基础设施项目投资建设与运营；政府重大公益项目的投资建设与运营；经营房产、旅游、土地开发等服务业及经批准的非银行金融服务业；经政府批准的国家法律、法规禁止以外的其他资产投资与运营（依法须经批准的项目，经相关部门批准后方可开展经营活动）。截至2020年末，公司资产总额约为1 016.68亿元。

注：股东名称一栏中★为公司最终实际控制人。

3.2 董事、董事会及其下属委员会

董事长、副董事长、董事

姓名	职务	性别	年龄（岁）	选任日期	所推举的股东名称	该股东持股比例（%）	简要履历
黎作强	董事长	男	54	2018年4月	上海陆家嘴金融发展有限公司	71.606	曾任国泰君安湖北分公司人事管理部办公室副主任、监事会办公室（纪检监察室）副经理、上海分公司党委书记、总裁办主任；现任上海陆家嘴（集团）有限公司党委委员、副总经理，上海陆家嘴金融贸易区开发股份有限公司董事，上海陆家嘴金融发展有限公司党委书记、董事长、法定代表人，爱建证券有限责任公司党委书记、董事长，陆家嘴国泰人寿保险有限责任公司董事长、法定代表人，陆家嘴国际信托有限公司党委书记、董事长、法定代表人。

续表

姓名	职务	性别	年龄（岁）	选任日期	所推举的股东名称	该股东持股比例（%）	简要履历
崔　斌	董事	男	47	2018年4月	上海陆家嘴金融发展有限公司	71.606	曾任苏州产权交易所交易部部门负责人，苏州国有资产管理局产权处科员，北京证券投行华东部项目经理、苏州营业部投行部副经理，苏州信托有限公司部门经理、总助、副总经理、总裁，合景泰富地产有限公司苏州公司副总经理，苏州柯利达集团副总裁，陆家嘴国际信托有限公司副总经理，紫金信托有限责任公司总裁、党总支书记，上海陆家嘴金融发展有限公司党委委员、副总经理；现任陆家嘴国际信托有限公司党委副书记、董事、总经理，兼任爱建证券有限责任公司董事。
奚　峰	董事	男	42	2018年4月	上海陆家嘴金融发展有限公司	71.606	曾任上海氯碱化工股份有限公司法律顾问，上海良友集团・粮油仓储公司法务主管，长江经济联合发展集团法务经理，上海三盛宏业投资集团法律事务部总经理，复星集团・星泓控股高级法务总监；现任上海陆家嘴金融发展有限公司风险控制部总经理。
邓友成	董事	男	49	2018年4月	青岛国信金融控股有限公司、青岛国信发展（集团）有限责任公司	合计持有28.394	曾任山东大信会计师事务所所长，青岛国信胶州湾交通有限公司副总经理，青岛国信金融控股有限公司总经理、董事长；现任青岛国信发展（集团）有限责任公司总经理、董事、党委副书记，中路财产保险股份有限公司董事，国投聚力投资管理有限公司董事，青岛银行股份有限公司董事，青岛国信实业有限公司董事，青岛国信发展投资有限公司董事，青岛国信投资控股股份有限公司董事兼总经理，百洋产业投资集团股份有限公司董事，中国海洋大学兼职教授。

独立董事

姓名	所在单位及职务	性别	年龄（岁）	选任日期	所推举的股东名称	该股东持股比例（%）	简要履历
李颖琦	上海国家会计学院教授、博士生导师	女	44	2018年4月	—	—	曾任上海立信会计学院会计学助教，澳大利亚 Charles Sturt University 访问学者，上海立信会计学院会计学讲师、副教授、教授，上海立信会计金融学院会计学教授；现任上海国家会计学院会计学教授、博导，兼上海财经大学博导。
毕　玥	上海日盈律师事务所 合伙人	女	37	2018年4月	—	—	曾任上海秋实律师事务所律师、合伙人；现任上海日盈律师事务所合伙人、主任，兼任爱建证券有限责任公司独立董事。

董事会下属委员会

董事会下属委员会名称	职责	组成人员姓名	职务
战略发展委员会	对公司中长期发展战略规划和发展方针进行研究并提出建议；对公司章程规定的须经董事会批准的重大事项进行研究并提出建议；对其他影响公司发展的重大事项进行研究并提出建议；对以上事项的实施进行跟踪检查；董事会授权的其他事宜。	黎作强	主任委员
		邓友成	委员
		崔　斌	委员
信托委员会	组织制订公司信托业务发展规划；对公司信托业务运行情况进行定期评价；就中国银保监会及其派出机构对公司信托业务的检查决定或意见，提出具体整改措施；指导公司开展信托业务创新；当公司或股东利益与受益人利益发生冲突时，提出维护受益人权益的具体措施；审查公司是否存在侵占受益人利益，获取不当信托报酬的行为；监督信托业务的信息披露情况；董事会授予的其他职责。	毕　玥	主任委员
		崔　斌	委员
		邓友成	委员
审计委员会	监督公司内部审计制度及其实施；负责内部审计与外部审计之间的沟通；审核公司的财务信息及其披露；提议聘请或更换外部审计机构；董事会授予的其他职责。	李颖琦	主任委员
		毕　玥	委员
风险管理委员会	向董事会提交公司全面风险管理年度报告；确定公司风险管理的总体目标、风险偏好、风险承受度、风险管理策略和重大风险管理解决方案；提出完善公司风险管理和内部控制的建议；对公司信托业务和固有业务的风险控制及管理情况进行监督；对公司固有财产和信托财产的风险管理状况进行定期评价；对公司关联交易业务风险进行评估，对重大关联交易事项进行审查并提交董事会审议；董事会授予的其他职责。	崔　斌	委员
		李颖琦	委员
提名与薪酬委员会	根据公司经营发展战略、资产规模和业务结构等，对董事会的规模和结构向董事会提出建议；拟定公司董事和高级管理人员的选任程序和标准，对董事和高级管理人员的任职资格和条件进行初步审核，并向董事会提出建议；拟定公司董事和高级管理人员的考核标准，据此进行考核并提出建议；拟定公司董事和高级管理人员的具体薪酬和激励方案，向董事会提出薪酬方案的建议，并监督实施；董事会授权的其他事宜。	黎作强	主任委员
		李颖琦	委员
		毕　玥	委员
关联交易控制委员会	向董事会提交公司关联交易管理审计报告；提出完善公司关联交易管理和关联交易风险控制的建议；对公司关联交易业务风险进行评估，对重大关联交易事项进行审查和批准；董事会授予的其他职责。	毕　玥	主任委员
		李颖琦	委员

注：原独立董事张广鸿先生于2020年11月19日辞职，张广鸿先生原为风险管理委员会主任委员、审计委员会与关联交易控制委员会委员。

3.3 监事、监事会及其下属委员会

监事会成员

姓名	职务	性别	年龄（岁）	选任日期	所推举的股东名称	该股东持股比例（%）	简要履历
郭　嵘	监事会主席	男	50	2020年4月	上海陆家嘴金融发展有限公司	71.606	历任浦东新区人才交流中心办公室干部、办公室主任助理、办公室副主任、办公室主任、交流中心主任助理、副主任，浦东新区区委组织部（人事局）人事综合处副处长、处长，浦东新区社会事业工作党委委员，社会发展局局长助理，浦东新区教育局局长助理、党工委委员，陆家嘴金融贸易区管委会（筹）副主任、党组成员兼党组组长，浦东新区航头镇党委副书记、镇长；现任上海陆家嘴（集团）有限公司党委副书记。
肖　霄	监事	男	38	2018年4月	上海陆家嘴金融发展有限公司	71.606	曾任上海市现代管理研究中心　世界经济研究所项目组组员，海航大新华物流控股（集团）有限公司企划投资部业务主管等职务；现任上海陆家嘴金融发展有限公司投资管理部副总经理。
李岩梅	监事	女	33	2020年10月	青岛国信金融控股有限公司、青岛国信发展（集团）有限责任公司	合计持有28.394	曾任青岛国信发展（集团）有限责任公司财务资金部员工；现任青岛国信发展（集团）有限责任公司财务资金部副部长。
汪　晖	监事	男	44	2018年1月	职工代表	—	曾任中国银行上海市分行风险管理处金融分析师，华鑫证券财务部会计师，加拿大安省交通部财务部高级金融分析师，陆家嘴国际信托有限公司运营管理部总经理、固有资产管理部总经理等职务；现任陆家嘴国际信托有限公司计划财务部总经理。
章　惠	监事	女	41	2018年1月	职工代表	—	曾任安徽省黄山市工商银行柜面会计、科员，上海子能高科股份有限公司法务、董事长秘书，中泰信托有限责任公司运营中心高级经理、稽核审计部总经理；现任陆家嘴国际信托有限公司稽核审计部总经理、工会经审主任。

注：本报告期内，公司监事会未设下属委员会。

3.4 高级管理人员

姓名	职务	性别	年龄（岁）	选任日期	金融从业年限（年）	学历（位）	专业	简要履历
崔　斌	总经理	男	47	2018年1月	18	硕士	工商管理	曾任苏州产权交易所交易部部门负责人，苏州国有资产管理局产权处科员，北京证券投行华东部项目经理、苏州营业部投行部副经理，苏州信托有限公司部门经理、总助、副总经理、总裁，合景泰富地产有限公司苏州公司副总经理，苏州柯利达集团副总裁，华融国际信托有限公司副总经理，紫金信托有限责任公司总裁、党总支书记，上海陆家嘴金融发展有限公司党委委员、副总经理；现任陆家嘴国际信托有限公司党委副书记、董事、总经理，兼任爱建证券有限责任公司董事。
叶晓军	副总经理	男	51	2011年11月	19	硕士	经济学	曾任海南民生燃气（集团）股份有限公司总裁办主任、部门经理，中泰信托有限责任公司部门总经理、总裁助理；现任陆家嘴国际信托有限公司副总经理。
马家顺	副总经理	男	52	2018年7月	12	博士研究生	经济学	曾任郑州华达软件科技公司软件开发部程序员、副经理，郑州证券（后更名为黄河证券）信息技术中心副总经理、资产管理部总经理、总工程师，黄河证券（后更名为中原证券）总裁助理（兼研究所所长）、副总裁，上海浦东发展（集团）有限公司投资部副总经理、房产部副总经理，上海浦东发展置业有限公司党委委员、副总经理，上海南汇建设投资有限公司执行董事、总经理，上海浦东路桥建设股份有限公司党委委员、副总经理、董事会秘书；现任陆家嘴国际信托有限公司党委委员、纪委书记、副总经理、董事会秘书。
邱　翔	副总经理	女	54	2014年9月	6	硕士研究生	会计学	曾任青岛市财政局外经科员，山东汇德会计师事务所业务一部部长，青岛国信发展（集团）有限公司规划发展部部长；现任陆家嘴国际信托有限公司副总经理。
浦凤丹	副总经理	女	45	2016年1月	23	本科学士	经济学	曾任中国人寿保险公司武汉分公司职员，中保康联人寿保险有限公司财务部副经理兼投资经理，交银康联人寿保险有限公司财务部高级经理，陆家嘴国际信托有限公司计划财务部负责人、财务总监；现任陆家嘴国际信托有限公司副总经理。
许丹健	副总经理	男	43	2017年4月	19	硕士研究生	工商管理	曾任中国银行上海市分行浦东开发区支行客户经理、业务部主任，中国银行上海市分行张江支行行长，陆家嘴国际信托有限公司信托业务九部总经理、公司总经理助理；现任陆家嘴国际信托有限公司党委委员、副总经理。
傅　艳	总经理助理	女	41	2017年4月	19	硕士研究生	工商管理	曾任南方证券股份有限公司上海分公B股分析员，华一银行风险管理部副主任，华宝信托有限责任公司合规和风险管理部高级风控经理，陆家嘴国际信托有限公司风控总监兼风控部、合规部总经理；现任陆家嘴国际信托有限公司党委委员、总经理助理。

3.5 公司员工

项目		报告期年度		上年度	
		人数(人)	比例(%)	人数(人)	比例(%)
年龄分布	25岁以下	3	0.79	2	0.57
	25~29岁	43	11.31	48	13.79
	30~39岁	259	68.16	233	66.95
	40岁以上	75	19.74	65	18.68
学历分布	博士	6	1.58	6	1.72
	硕士	187	49.21	169	48.56
	本科	176	46.32	159	45.69
	专科	7	1.84	11	3.16
	其他	4	1.05	3	0.86
岗位分布	董事、监事及高级管理人员	9	2.37	9	2.59
	自营业务人员	3	0.79	3	0.86
	信托业务人员	115	30.26	120	34.48
	其他人员	253	66.58	216	62.07

4. 经营管理

4.1 经营目标、经营方针、战略规划

4.1.1 经营目标

公司贯彻"专业化发展、差异化竞争、精细化管理、品牌化经营"的发展理念,实现合规经营与业务发展并重、市场拓展与战略创新并驱、资产管理与财富管理并行,力争到2021年综合实力达到同类公司领先水平。

4.1.2 经营方针

战略定位:公司作为上海陆家嘴金融发展有限公司的旗舰企业,将围绕陆家嘴集团"地产+金融"战略布局,建立专业化、差异化的核心竞争力,立足上海、青岛,面向长三角、环渤海、粤港澳,全面提升品牌影响力和美誉度。

战略愿景:公司致力于成为聚焦城市高质量发展与高品质生活的国内一流综合金融服务机构。

4.1.3 战略规划

公司以服务城市发展和城市生活为中心,坚持"两大主场、三层协同、四端优化、五项经营"的发展思路,围绕"3+3"业务布局,巩固升级房地产业务、基础设施类业务、同业业务"三个核心",重点推进资产证券化、股权投资、资本市场"三个突破",打造资产管理、财富管理、信托服务"三项核心能力",实现长期、稳健、可持续发展。

一个中心:致力于满足对传统地产改造升级、完善城市配套功能、优化服务业态等级、提供全方位服务的金融需求,促进城市高质量发展;以自身专业化能力服务城市成长,改善民生,针对多样化、专业化的居民理财需求,提供高质量的金融服务,实现公司内涵价值的增长与提升。

两大主场:深耕上海、青岛两大主场,构筑北京战略高地;经营好长三角战略重地,拓展山东战略要地;重点布局长三角区域一体化、环渤海都市经济圈及粤港澳大湾区;辐射沿海城市群和沿长江经济带,强化特色定位,实现差异化发展。

三层协同:加强公司与股东实业板块、股东金融板块及区域发展的协同。一是加强信托与地产板块、基建板块的协同,借助陆家嘴集团在房地产领域的优势,深度介入房地产全产业链,借助青岛国信在基础设施及城市功能开发领域的优势,提升平台项目主动管理能力;二是加强与陆家嘴集团、青岛国信集团下辖金融机构之间的协同,发挥各板块金融牌照优势,形成机制协同、业务协同、客户协同;三是加强公司与浦东"二次创业"、上海国际金融中心建设、青岛财富管理金融综合改革试验区之间的战略协同,积极发挥信托功能,助力双主场经济发展。

四端优化:资金、资产两端发力 产品、管理两端加强。资产端,重点围绕"3+3"业务布局,推动团队专业化建设,按照基础资产条线组建专业团队,提升细分领域行业竞争力,增强资产获取和专业投资能力。资金端,加强"五项能力"建设,强化精准营销,实现资金与资产的高效匹配,在客户分层、体系深耕及立体营销等方面取得突破性进展。产品端,贯彻"四化"发展理念,构建类别、收益、期限等方面梯度配比合理的产品体系,覆盖各类用户投资需求,打造系列品牌产品,提升市场影响力。管理端,加强精细化管理,优化组织架构,树立合规底线,加强主动风险管理,推进全面预算管理,提升公司发展质量和经营效益。

五项经营:一是经营区域,资产端重点布局长三角、环渤海及粤港澳,辐射沿海城市群和沿长江经济带,深耕战略客户;资金端扩大财富管理区域布局,提升精准营销能力。二是经营客户,从资金端和资产端对客户进行分级分类管理,深度挖掘客户需求,通过产品设计提供最合适的解决方案。三是经营风险,风险评估与经营策略和整体战略相匹配,针对成熟型业务制定标准化流程,针对创新类业务加强深度研究。四是经营人才,优化激励约束机制,为人才创造良好展业环境。五是经营品牌,塑造公司品牌,建立财富管理品牌,推进产品系列化、标准化,提升品牌价值。

4.2 所经营业务的主要内容

公司主要业务分为信托业务和自营业务。

4.2.1 信托业务

信托业务从委托人数量看,包括单一信托和集合信托;从委托人交付信托财产的性质看,包括资金信托和财产权信托;从信托财产运用方式看,包括融资类信托、证券投资类信托、股权投资类信托、其他投资类信托和事务管理类信托等。

信托资产运用与分布表

资产运用	金额(万元)	占比(%)	资产分布	金额(万元)	占比(%)
货币资产	485 360.60	2.22	基础产业	7 178 728.90	32.90
贷款	4 503 708.14	20.64	房地产	5 914 767.66	27.11
交易性金融资产	7 694.22	0.04	证券市场	280 016.33	1.28
可供出售金融资产	11 712 223.71	53.68	实业	4 049 383.60	18.56
持有至到期投资	146 394.54	0.67	金融机构	537 158.75	2.46
长期股权投资	3 045 296.72	13.96	其他	3 858 717.03	17.69
其他	1 918 094.34	8.79			

续表

资产运用	金额（万元）	占比（%）	资产分布	金额（万元）	占比（%）
信托资产总计	21 818 772.27	100.00	信托资产总计	21 818 772.27	100.00

注：1. 资产运用中的“其他”主要包括买入返售金融资产、财产权投资、应收款项和长期待摊费用。

2. 资产分布中的“其他”主要包括投向信托计划、证券理财、银行理财等金融产品。

4.2.2 固有业务

本报告期内公司固有业务主要开展金融产品投资业务。

自营资产运用与分布表

资产运用	金额（万元）	占比（%）	资产分布	金额（万元）	占比（%）
货币资产	26 466	2.80	基础产业	99 888	10.57
贷款及应收款	167 853	17.77	房地产业	36 443	3.86
交易性金融资产	720 317	76.24	证券市场	16 000	1.69
可供出售金融资产	—	—	实业	—	—
持有至到期投资	—	—	金融机构	26 465	2.80
长期股权投资	—	—	其他	765 994	81.08
其他	30 154	3.19			
资产总计	944 790	100.00	资产总计	944 790	100.00

4.3 市场分析

2020 年，突如其来的新冠肺炎疫情对中国乃至全球经济带来前所未有的冲击，世界经济增长低迷，国际经贸摩擦加剧，产业链安全遭受严峻考验。在党中央的坚强领导下，我国疫情防控取得重大胜利，经济发展总体保持较大韧性。

当前，我国正处于转变发展方式、优化经济结构、转换增长动力的攻关期。为应对疫情的冲击，全球各国都开启超宽松的货币政策和积极的财政政策进行逆周期调节，货币大幅宽松，融资成本持续下行，叠加信用风险暴露，信托行业的展业环境面临较大的挑战。在此背景下，信托行业表现出以下四个方面的重要特征。

一是金融监管正本清源。监管在激发市场活力的同时，始终注重防范化解风险。除对房地产信托实施余额管控、通道业务继续规模压降外，还对融资类信托实行窗口指导，明确全年压降目标，引导信托行业稳健可持续发展。

二是信托业务迎接挑战。经济增速放缓导致优质资产减少，理财产品收益率下滑，资金资产匹配难度加大。信托公司面临由非标债权向标准化金融资产转变、由债性融资向权益投资转变的挑战，对信托风险管控、项目管理等提出更高要求。

三是行业风险总体可控。受新冠肺炎疫情冲击的影响，信用风险加速暴露，债券违约金额增加，甚至部分企业存在“逃废债”的违法违规行为。信托行业风险总体可控，部分信托公司因风险集中爆发影响稳健经营，信托公司更加注重风险风范、控制与化解。

四是信托文化大力倡导。在 2020 年中国信托业年会上，中国银保监会副主席黄洪强调，要建设良好的受托人文化，实现高质量发展。伴随《信托公司股权管理暂行办法》《信托公司资金信托管理暂行办法（征求意见稿）》等监管新规出台，信托公司处于转型发展的关键时期，坚持以信托文化为引领，夯实受托人基础，发挥信托功能优势。

4.4 内部控制

4.4.1 内部控制环境和内部控制文化

公司构建由股东会、董事会、监事会和高级管理层构成的现代公司治理机制，三会分设，形成有效制约、协调发展。公司各治理主体职责明确，严格按照法律法规、公司章程及相关制度的规定，相对独立地开展工作，充分发挥有效制衡作用。

公司以建立良好的公司治理为目标，以树立合法合规经营的理念和风险控制优先的意识为前提，形成业务不断发展和风险有效控制的运行机制。公司高度重视内部控制文化建设，大力培育全面风险管理理念，通过各类培训、内部刊载、研讨活动等形式，提升员工的法治观念、诚信观念和道德水准，提高风险管理的自觉性。

4.4.2 内部控制措施

公司按照现代企业制度的要求，遵循全覆盖、制衡性、审慎性、相匹配的原则和决策、执行、交流、监督、反馈的内控制度程序，采取五个方面的措施来加强公司的内控制度建设。

4.4.2.1 组织结构内部控制

公司依据业务系统、决策系统、执行系统、监督系统相互制衡的原则，建立科学的、相互制约的前台、中台、后台组织机构设置。公司各职能部门按照职责分工履行各自的管理职责并实现经营目标。公司采取自营业务和信托业务分离的机构安排，构建权责清晰、目标明确、相互制衡、协调统一的组织机构设置。

股东层面：股东会审议批准董事会制定的经营政策与经营计划。董事会负责审议公司的整体经营战略和重大政策；批准公司基本管理制度；任命高级管理层；董事会对管理层、审计机构、监管机构的内部控制评估报告进行审查，并监督管理层落实整改措施。

经营层面：高级管理层负责实施经董事会批准的内部控制的总体政策及策略，并通过制定相应的内部管理制度和业务管理制度来具体执行；采取固有财产与信托财产隔离，前台、中台、后台职责分离的管理理念，通过部门设置的不断完善，公司形成了相互制衡的控制体系，有效降低了经营风险。

监督层面：监事会负责检查公司整体运营情况和风险管理情况，对董事、高级管理人员执行公司职务的行为进行监督，对违反法律、行政法规、中国银保监会的相关规定、公司章程或者股东会决议的董事、高级管理人员提出罢免的建议，当董事、高级管理人员的行为损害公司的利益时，要求其予以纠正，检查公司财务等。董事会下设信托委员会、风险管理委员会、审计委员会、提名与薪酬委员会、战略发展委员会、关联交易控制委员会并分别履行职能。信托委员会负责监督公司依法履行的受托职责；风险管理委员会负责公司的风险控制、管理、监督和评估；审计委员会负责公司内部及外部审计的沟通，监督公司内部审计制度及其实施；提名与薪酬委员会负责提名公司高级管理人员，拟定董事及高级管理人员的考核标准并进行考核，审查董事和高级管理人员的薪酬政策和方案；战略发展委员会根据金融市场的发展及政策变化，研究金融行业在各个时段的特征，对公司业务发展方向提出指导性的意见；关联交易控制委员会负责关联交易的管理，及时审查和批准重大关联交易，控制关联交易风险，为董事会决策提供支持。稽核部门负责对各部门、各岗位、各项业务的开展情况实施全面的监督检查和评价。

4.4.2.2 授权内部控制

公司建立统一、完善的授权体系，形成层级分明、权限清晰的授权理念。同时，公司建立以基本授权和特别授权为内容的授权管理制度，明确各部门、各岗位的管理及业务操作、审批权限，并将权限管理与业务系统、审批程序相结合，保证各级管理人员和操作人员在各自授权范围内行使职权并承担责任。公司各项投资决策按规定程序办理，并保留相应记录，严控各种违反授权行为的发生。

4.4.2.3 业务内部控制

公司在业务管理上，除了制定较为完善的业务管理制度、业务操作流程、岗位操作手册，还注重资产的合理配置，以防范资产过度集中于高风险领域，保障资产安全性。同时，公司着力做好固有业务和信托业务的内部"防火墙"工作，具体包括公司的自营业务和信托业务相互分离，分别由不同的业务部门管理；公司固有财产和信托财产分开管理、分别核算，并由不同的会计人员负责；自营业务和信托业务做到信息隔离，各业务信息相互独立，业务人员做到对工作中知悉的未公开的业务信息保密。公司组建了流程优化小组，系统地对流程管理工作进行规划，并分阶段对信托业务、固有业务和管理流程进行优化。

4.4.2.4 关联交易内部控制

公司为加强关联交易决策和监督的控制，防范关联交易所导致的风险，公司设立关联交易控制委员会，制定关联交易管理制度，包括但不限于关联交易的范围、关联方的范围、公允价格的确定、关联交易控制委员会或者经营决策机构对关联交易的监督管理、重大关联交易识别等。公司做好日常对关联方的信息收集与管理工作、回避制度、内部审计监督、信息披露等内容。关联交易按照国家法律法规的规定和中国银保监会的要求，做到比例控制和充分信息披露。

4.4.2.5 突发事件处理机制

公司为了防范突发事件给公司正常经营造成困难，制定了《项目异常处理办法》《项目异常处置预案规范及操作指引》。当信托项目异常性质触发项目异常处置小组成立条件，则项目异常处置预案启动。启动后，由风控分管领导和业务分管领导牵头，落实项目处置方案与程序，寻找项目对接资金，并积极同资管公司、金融同业、交易对手共同商议处置办法，以降低项目异常造成的损失。

4.4.2.6 制度内部控制

公司本着规范管理、防范风险的原则，不断加强内控制度的建设和完善。公司通过制定基本管理制度、具体规章制度、部门规章制度，建立层次分明、权责清晰、管控合理的规章制度体系。随着公司的发展，公司不断建立、健全各级规章制度，以加强内部控制，降低各类风险事件的发生；内部规章制度所涉及的范围包括但不限于：战略管理、业务管理、营销管理、产品管理、风险管理、法律合规、信息管理、财务管理、人力资源、综合管理、内部控制、稽核审计等。

4.4.3 信息交流与反馈

公司的相关业务流程中设有信息反馈环节，确保公司各项管理信息在部门之间、部门内部能进行及时的传递和正确的处理。公司建立信息科技中心，配备专职信息技术人员，按照要求加强公司信息系统的建设。

公司建立了有效的信息交流和反馈机制，确保股东会、董事会、监事会、高级管理层及时了解本行业的经营和风险状况，确保信息能够传递给相关的人员，各个部门和人员的有关信息能够顺畅反馈。

公司建立了完善的内部管理信息系统，为内部控制的设计、执行和反馈提供信息保障，建立与各部门定期沟通机制，及时、真实、完整地传导和交流信息，并做到及时反馈信息。

公司及时、准确地向监管部门报送监管所需要的各种数据和资料，并将监管部门的意见及时、准确地传达给公司相关人员。

公司通过公司网站、报纸等平台，向社会公众准确、及时地披露公司有关信息，充分发挥社会公众对公司内控制度的监督作用。

4.4.4 监督评价与纠正

公司建立内部控制监督的报告和信息反馈制度，内部审计部门、内控管理职能部门、业务部门人员应将发现的内部控制缺陷，按照规定报告路线及时报告董事会、监事会、高级管理层或相关部门。公司根据监管机构检查结果和所提的改进意见，明确整改措施，并督促相关部门落实。

公司设立稽核审计部门，负责内部控制的监督评价，发现内部控制的隐患和缺陷时，及时报告与纠正；对内部控制的制度建设和执行情况定期进行检查评价，并根据检查结果提出内部控制缺陷及改进建议。公司定期聘请第三方机构对内部控制进行评价与审计，并根据审计结果进行持续改进和完善。

公司设立监事会，负责监督公司整体运营情况和风险管理情况，并进行评价。

4.5 风险管理

4.5.1 风险管理概况

公司重视风险管理，通过建立健全各项规章制度，制定清晰的岗位职责，设置专职的风险管理部门，将现代风险管理技术与传统风险管理方法相结合，对可能产生的风险及时作出反应。公司建立以事前防范为主、事中控制及事后监督并举的全面风险管理体系，切实开展各项工作，及时防范、化解风险，保障公司持续、稳健、规范、健康地运行。

4.5.1.1 公司经营活动中可能遇到的风险

公司经营活动中可能遇到的风险主要包括信用风险、市场风险、操作风险、法律风险、政策风险、声誉风险。

4.5.1.2 公司风险管理的基本原则与政策

公司风险管理遵循全面性、重要性、制衡性、适应性、审慎性、独立性、成本效益及"防火墙"原则，风险管理贯穿于整个公司，是全员参与的全过程管理，覆盖到公司各个部门、各级人员及各项业务，并渗透到分析、决策、执行、监督、评价等各个环节。

4.5.1.3 公司风险管理组织结构与职责划分

公司构建以董事会为核心的覆盖全公司的矩阵式风险管理组织结构，主要包括以下几项核心要素。

董事会：负责审批公司风险管理战略，审定公司总体风险水平，监控和评价风险管理的有效性和公司管理层在风险管理方面的履职情况；董事会及董事会各委员会通过各项管理政策的逐级下达，实现对公司经营风险的前端控制和纵向风险信息的传递。

高级管理层：公司设立总经理办公会、固有业务评审会、信托业务评审会，分别负责高级管理层权限内的公司日常管理事务、固有业务、信托业务的审议和决策。

风险管理中心：负责建立健全公司风险管理体系；负责制定风险管理相关制度；负责公司各类业务风险的日常管理，对公司业务开展中的各类风险实施事前评估、项目的存续期间管理，化解和降低公司运营风险。

法律合规部：负责公司经营的合规性审查；负责公司业务的合规性审查；承担公司的法律事务，审核相关法律文书及合同，防范法律风险；代表公司对外处理相关法律事务，维护公司的合法权益；负责公司内控机制建设。

产品管理部：负责资产和资金之间的拟合，做好产销匹配和产品适销度的管理，提高项目落地效率；负责收集资金市场需求，以优化信托产品资金端的设计；推动公司主动管理信托产品评级工作；根据公司战略规划、政策导向，整合公司资源，牵头推进产品创新。

战略研究中心：负责制定公司战略，负责行业研究、业务研究和市场研究。

营销中心：负责对信托产品销售环节的风险控制；负责投资者适当性管理，负责合格投资人审查；负责审查资金来源合法合规；负责日常维护公司现金管理类产品。

运营管理部：负责建立健全信托产品的运营管理体系，包括信托产品的资金运用、收息、费用支付、收益分配、税务管理、信息披露及清算工作及信托产品的账户管理、估值核算、净值披露、监管报表等信托财务工作，确保信托运营和信托财务的准确性、高效性。

计划财务部：负责固有项目收付款；通过会计核算和财务管理对公司财务状况及经营情况进行分析管理。

稽核审计部：检查公司内部风险管理制度和流程的日常执行情况，对公司内部风险控制制度的合理性、有效性进行分析，提出改进意见并直接向董事会和审计委员会报告。

业务部门：各业务部门是风险管理的第一责任部门，承担与其业务相关的风险管理责任。各业务部门是公司业务风险管理的具体实施单位，在公司各项基本管理制度的基础上，根据具体情况确定本部门的业务开拓方向。

4.5.2 风险状况

公司经营活动中可能遇到的主要风险包括信用风险、市场风险、操作风险等。

4.5.2.1 信用风险状况

信用风险主要是指交易对手不能或不愿按期偿还债务而使委托人或公司遭受损失的可能性。报告期内，公司发生的各类业务均经过严格的内部评审程序，合法合规，保障措施充分，交易对手信用度较好，信用风险可控。报告期内，公司未因该类风险造成受益人信托利益兑付损失。

4.5.2.2 市场风险状况

市场风险主要是指由于金融市场的波动或行情的变化给公司或其他信托当事人带来损失的可能性，主要表现为因经济运作周期变化、金融市场利率波动、通货膨胀、房地产交易、证券市场变化等造成的风险，这些风险可能影响信托财产的价值及信托收益水平，也可能影响公司固有资产价值或导致损失。2020 年公司密切关注各类市场风险，勤勉、尽责履行职责，市场风险整体可控。

4.5.2.3 操作风险状况

操作风险主要指由于内部程序、人员、系统的不完善或失误，或外部事情造成直接或间接损失的风险，即由公司内部操作流程、人为因素、体制及外部事件引起的风险。报告期内，公司未发生此类风险致使公司及受益人造成损失。

4.5.2.4 其他风险状况

其他风险主要包括法律风险、政策风险、声誉风险等。法律风险指公司在业务经营过程中由于不当的法律文书、违约行为或怠于行使自身法律权利等所造成的风险。政策风险是因国家宏观政策或监管政策发生变化，而导致经营风险、项目风险上升。声誉风险指由于公司内部管理或服务出现问题而引起自身外部社会名声、信誉和公众信任度下降，从而对公司外部市场地位产生消极和不良影响的风险。报告期内，公司未发生此类风险。

4.5.3 风险管理

4.5.3.1 信用风险管理

公司通过事前评估、事中控制、事后监督的风险管理体系来防范和规避信用风险，具体措施包括：(1)严格按照业务流程、制度规定和相应程序开展各项业务，确保决策者充分了解业务涉及的信用风险；(2)对交易对手进行全面、深入的信用调查与分析，形成客观、翔实的尽职调查报告；(3)完善评审规则和流程，坚持集体决策的评审制度，全方面排查风险；(4)严格落实项目的保障措施，注意对抵押物权属有效性、合法性进行审查，客观、公正评估抵押物；(5)业务部门、投资管理部进行项目期间管理，跟踪交易对手情况、监控担保品价值及项目进度，若发现问题及时采取措施有效防范和化解各类风险；(6)严格按要求，足额计提相关资产减值准备，并按规定比例提取信托赔偿准备金，以提高公司抵御风险的能力。

4.5.3.2 市场风险管理

公司制定并不断完善市场风险管理原则和程序，对每项业务和产品中的市场风险因素进行分解和分析，及时准确识别业务中市场风险的类别和性质，具体措施包括：(1)对宏观经济走势、政策变化、投资策略演变及其他影响市场变化的因素进行持续分析，为投资决策提供参考；(2)关注国家宏观政策变化，规避限制类行业和相关项目；(3)进行资产组合管理，并动态调整资产配置方案，以规避或降低市场风险；(4)控制行业集中度，控制总体证券投资规模、设定证券投资限制指标和止损点；(5)加强对投资品种的研究和科学论证，按严格的流程进行控制；(6)密切监控已开展业务的运行情况，根据市场风险情况及时作出投资调整，避免或降低市场风险引起的损失。同时，公司通过做好实时监控、风险敞口限额控制、止损设置、压力测试等措施，最大限度地降低风险。

4.5.3.3 操作风险管理

公司通过不断完善规章制度，对部门、岗位制定了明确的职责和权限，职责的制定体现岗位相互分离的原则，能够实现中台、后台对前台的监督；对公司的各项业务制定了具体的业务操作流程，消除人为因素而造成的风险，保障风险控制体系的有序规范运行，并通过事后评价和总结，防止相类似的风险发生。公司定期或不定期地对员工进行培训，并对渎职、越权或违背操作规定的人员进行问责；公司定期对内部的计算机信息系统进行维护和保养，加强技术系统的管理，保证其正常运行，消除风险隐患。

4.5.3.4　其他风险管理

对于法律风险，公司设置法律合规部，配备法律专业人员，同时聘请外部法律顾问，处理公司的各项法律、合规事务，帮助公司把好守法合规经营关；同时，公司通过员工教育和培训，强化合法合规意识，培育内部法律合规环境。

对于政策风险，公司严格依法合规经营，与监管部门保持紧密联系，及时获得和了解政策动向；公司定期或不定期地组织员工学习相关政策文件，加强对宏观形势的分析研究。

良好的声誉是一家金融机构健康发展的重要资源。公司对可能影响公司声誉的业务坚决予以回避，尽职管理受托资产，履行承诺事项，并充分披露相关信息，塑造公司专业和诚信的社会形象。

4.6　履行社会责任情况

信托公司肩负着服务实体经济、为民创造财富的责任和使命。陆家嘴信托致力于推动慈善公益活动的开展，2020 年公司继续向上海欣州六里劳动服务公司的征地困难职工提供经济及生活上的资助。2020 年 11 月，陆家嘴信托成立“弘远 5 号青岛平度扶贫慈善信托”，用于向青岛市平度市崔家集镇陶家屯村村委建设西红柿大棚，建成后部分收益向该村贫困户进行扶贫捐助。2020 年 12 月，公司成立“弘远 6 号”艺术文化慈善信托，为上海家庭经济困难的青少年学生赠送“市民音乐会”演出门票，为他们提供近距离接触高雅艺术的机会。

5. 报告期末及上一年度末的比较式会计报表

5.1　自营资产（经审计）

5.1.1　会计师事务所审计意见

审计报告

普华永道中天审字(2021)第 24378 号

陆家嘴国际信托有限公司董事会：

一、审计意见

（一）我们审计的内容

我们审计了陆家嘴国际信托有限公司（以下简称贵公司）的财务报表，包括 2020 年 12 月 31 日的合并及公司资产负债表，2020 年度的合并及公司利润表、合并及公司现金流量表、合并及公司所有者权益变动表及财务报表附注。

（二）我们的意见

我们认为，后附的财务报表在所有重大方面按照企业会计准则的规定编制，公允反映了贵公司 2020 年 12 月 31 日的合并及公司财务状况及 2020 年度的合并及公司经营成果和现金流量。

二、形成审计意见的基础

我们按照中国注册会计师审计准则的规定执行了审计工作。审计报告的“注册会计师对财务报表审计的责任”部分进一步阐述了我们在这些准则下的责任。我们相信，我们获取的审计证据是充分、适当的，为发表审计意见提供了基础。

按照中国注册会计师职业道德守则，我们独立于贵公司，并履行了职业道德方面的其他责任。

三、其他信息

贵公司管理层对其他信息负责。其他信息包括贵公司 2020 年年度报告中涵盖的信息，但不包括财务报表和我们的审计报告。

我们对财务报表发表的审计意见不涵盖其他信息，我们也不对其他信息发表任何形式的鉴证结论。

结合我们对财务报表的审计，我们的责任是阅读其他信息，在此过程中，考虑其他信息是否与财务报表或我们在审计过程中了解到的情况存在重大不一致或者似乎存在重大错报。基于我们已经执行的工作，如果我们确定其他信息存在重大错报，我们应当报告该事实。在这方面，我们无任何事项需要报告。

四、管理层和治理层对财务报表的责任

贵公司管理层负责按照企业会计准则的规定编制财务报表，使其实现公允反映，并设计、执行和维护必要的内部控制，以使财务报表不存在由于舞弊或错误导致的重大错报。

在编制财务报表时，管理层负责评估贵公司的持续经营能力，披露与持续经营相关的事项（如适用），并运用持续经营假设，除非管理层计划清算贵公司、终止运营或别无其他现实的选择。

治理层负责监督贵公司的财务报告过程。

五、注册会计师对财务报表审计的责任

我们的目标是对财务报表整体是否不存在由于舞弊或错误导致的重大错报获取合理保证，并出具包含审计意见的审计报告。合理保证是高水平的保证，但并不能保证按照审计准则执行的审计在某一重大错报存在时总能发现。错报可能由于舞弊或错误导致，如果合理预期错报单独或汇总起来可能影响财务报表使用者依据财务报表作出的经济决策，则通常认为错报是重大的。

在按照审计准则执行审计工作的过程中，我们运用职业判断，并保持职业怀疑。同时，我们也执行以下工作：

（1）识别和评估由于舞弊或错误导致的财务报表重大错报风险；设计和实施审计程序以应对这些风险，并获取充分、适当的审计证据，作为发表审计意见的基础。由于舞弊可能涉及串通、伪造、故意遗漏、虚假陈述或凌驾于内部控制之上，未能发现由于舞弊导致的重大错报的风险高于未能发现由于错误导致的重大错报的风险。

（2）了解与审计相关的内部控制，以设计恰当的审计程序，但目的并非对内部控制的有效性发表意见。

（3）评价管理层选用会计政策的恰当性和作出会计估计及相关披露的合理性。

（4）对管理层使用持续经营假设的恰当性得出结论。同时，根据获取的审计证据，就可能导致对贵公司持续经营能力产生重大疑虑的事项或情况是否存在重大不确定性得出结论。如果我们得出结论认为存在重大不确定性，审计准则要求我们在审计报告中提请报表使用者注意财务报表中的相关披露；如果披露不充分，我们应当发表非无保留意见。我们的结论基于截至审计报告日可获得的信息。然而，未来的事项或情况可能导致贵公司不能持续经营。

(5) 评价财务报表的总体列报（包括披露）、结构和内容，并评价财务报表是否公允反映相关交易和事项。

(6) 就贵公司中实体或业务活动的财务信息获取充分、适当的审计证据，以对合并财务报表发表审计意见。我们负责指导、监督和执行集团审计，并对审计意见承担全部责任。

我们与治理层就计划的审计范围、时间安排和重大审计发现等事项进行沟通，包括沟通我们在审计中识别出的值得关注的内部控制缺陷。

普华永道中天会计师事务所（特殊普通合伙）　　注册会计师 卢

中国·上海　　注册会计师 钟

2021年3月26日

5.1.2 资产负债表

5.1.2.1 资产负债表（单体）

资产负债表（单体）

编制单位：陆家嘴国际信托有限公司　　2020 年 12 月 31 日　　单位：元

项目	行次	年初数	年末数	项目	行次	年初数	年末数
资产：				负债：			
现金	1	5 192.16	5 192.16	向中央银行借款	25	—	—
存放中央银行款项	2	—	—	联行存放款项	26	—	—
贵金属	3	—	—	同业及其他金融机构存放款项	27	—	—
存放联行款项	4	—	—	拆入资金	28	—	—
存放同业款项	5	77 565 424.13	264 653 742.39	以公允价值计量且其变动计入当期损益的金融负债	29	—	—
拆出资金	6	—	—	衍生金融负债	30	—	—
衍生金融资产	7	—	—	卖出回购金融资产款	31	—	—
应收款项	8	—	85 548 667.80	合同负债	32	不适用	2[illegible] 172 663.86
合同资产	9	—	—	应付职工薪酬	33	608 169 093.77	46[illegible] 690 527.21
金融投资：				应交税费	34	101 527 813.28	151 852 397.46
交易性金融资产	10	5 795 845 130.11	7 203 172 060.89	其他应付款	35	32 284 087.58	1 053 762 585.24
债权投资	11	—	—	预计负债	36	—	—
买入返售金融资产	12	—	—	应付债券	37	—	—
发放贷款和垫款	13	—	1 363 312 945.82	递延所得税负债	38	—	—
可供出售金融资产	14	—	—	其他负债	39	310 634 377.71	853 457 564.90
长期股权投资	15	—	—	负债合计	40	1 052 615 372.34	2 769 935 738.67
投资性房地产	16	—	—	所有者权益（或股东权益）：			
固定资产	17	9 219 518.44	11 575 271.63	实收资本（或股本）	41	4 000 000 000.00	4 300 000 000.00
在建工程	18	—	—	国家资本	42	—	—
固定资产清理	19	—	—	集体资本	43	—	—
无形资产	20	16 104 701.28	20 667 036.39	法人资本	44	4 000 000 000.00	4 300 000 000.00
商誉	21	—	—	其中：国有法人资本	45	4 000 000 000.00	4 300 000 000.00
递延所得税资产	22	224 660 261.35	219 172 047.31	个人资本	46	—	—
其他资产	23	454 708 593.63	279 788 436.08	外商资本	47	—	—
				其他权益工具	48	—	—
				资本公积	49	—	—
				减：库存股	50	—	—
				其他综合收益	51	—	—
				盈余公积	52	334 036 018.71	49[illegible] [illegible]32 640.01
				一般风险准备	53	371 196 352.14	[illegible]28 [illegible]19 662.79
				未分配利润	54	820 261 077.91	99[illegible] [illegible]57 359.00
				归属于母公司所有者权益合计	55	5 525 493 448.76	6 677 959 661.80
				少数股东权益	56	—	—
				所有者权益（或股东权益）合计	57	5 525 493 448.76	6 677 959 661.80
资产总计	24	6 578 108 821.10	9 447 895 400.47	负债和所有者权益（或股东权益）总计	58	6 578 108 821.10	9 447 895 400.47

总经理：崔斌　　财务分管负责人：马家顺　　会计机构负责人：汪晖　　制表：黄静

5.1.2.2 资产负债表(合并)

资产负债表(合并)

编制单位:陆家嘴国际信托有限公司　　2020 年 12 月 31 日　　单位:元

项目	行次	年初数	年末数
资产:			
现金	1	5 192.16	5 192.16
存放中央银行款项	2	—	—
贵金属	3	—	—
存放联行款项	4	—	—
存放同业款项	5	167 150 667.40	322 519 619.60
拆出资金	6	—	—
衍生金融资产	7	—	—
应收款项	8	—	80 735 106.13
合同资产	9	—	—
金融投资:			
交易性金融资产	10	2 299 859 068.53	2 308 598 714.83
债权投资	11	3 886 276 391.13	5 331 482 624.67
买入返售金融资产	12	1 706 743 562.86	—
发放贷款和垫款	13	1 030 813 284.30	2 674 160 104.40
可供出售金融资产	14	—	—
长期股权投资	15	—	—
投资性房地产	16	—	—
固定资产	17	9 434 173.02	11 575 271.63
在建工程	18	—	—
固定资产清理	19	—	—
无形资产	20	16 700 842.14	20 667 036.39
商誉	21	—	—
递延所得税资产	22	225 578 408.72	219 172 047.31
其他资产	23	455 317 227.89	279 788 436.08
资产总计	24	9 797 878 818.15	11 248 704 153.20

项目	行次	年初数	年末数
负债:			
向中央银行借款	25	—	—
联行存放款项	26	—	—
同业及其他金融机构存放款项	27	—	—
拆入资金	28	—	—
以公允价值计量且其变动计入当期损益的金融负债	29	—	—
衍生金融负债	30	—	—
卖出回购金融资产款	31	—	—
合同负债	32	不适用	210 172 663.86
应付职工薪酬	33	612 039 066.34	465 690 527.21
应交税费	34	109 342 236.45	156 320 917.99
其他应付款	35	92 081 540.04	145 486 228.68
预计负债	36	—	—
应付债券	37	—	—
递延所得税负债	38	—	—
其他负债	39	3 454 155 202.06	3 596 138 737.97
负债合计	40	4 267 618 044.89	4 573 809 075.71
所有者权益(或股东权益):			
实收资本(或股本)	41	4 000 000 000.00	4 800 000 000.00
国家资本	42	—	—
集体资本	43	—	—
法人资本	44	4 000 000 000.00	4 800 000 000.00
其中:国有法人资本	45	4 000 000 000.00	4 800 000 000.00
个人资本	46	—	—
外商资本	47	—	—
其他权益工具	48	—	—
资本公积	49	—	—
减:库存股	50	—	—
其他综合收益	51	—	—
盈余公积	52	334 036 018.71	449 282 640.01
一般风险准备	53	371 196 352.14	428 819 662.79
未分配利润	54	825 028 402.41	996 792 774.69
归属于母公司所有者权益合计	55	5 530 260 773.26	6 674 895 077.49
少数股东权益	56	—	—
所有者权益(或股东权益)合计	57	5 530 260 773.26	6 674 895 077.49
负债和所有者权益(或股东权益)总计	58	9 797 878 818.15	11 248 704 153.20

总经理:崔斌　　财务分管负责人:马家顺　　会计机构负责人:汪晖　　制表:黄静

注:合并会计报表的编制方法详见会计报表附注6.2.8。

5.1.3 利润表

5.1.3.1 利润表(单体)

利润表(单体)

编制单位:陆家嘴国际信托有限公司　　2020 年度　　单位:元

项目	行次	上年数	本年数	项目	行次	上年数	本年数
一、营业收入	1	1 441 444 973.12	1 936 163 708.47	四、利润总额	24	861 415 281.45	1 538 774 167.63
(一)利息净收入	2	-36 175 796.70	32 600 448.04	减:所得税费用	25	217 634 380.28	386 307 954.59
利息收入	3	9 764 044.06	68 009 503.18	五、净利润(亏损以"-"号填列)	26	643 780 901.17	1 152 466 213.04

续表

项目	行次	上年数	本年数	项目	行次	上年数	本年数
利息支出	4	45 939 840. 76	35 409 055. 14	归属于母公司所有者的净利润	27	643 780 901. 17	1 152 466 213. 04
（二）手续费及佣金净收入	5	1 096 867 129. 63	1 375 994 395. 41	少数股东损益	28	—	—
手续费及佣金收入	6	1 096 867 129. 63	1 375 994 395. 41	持续经营损益	29	643 780 901. 17	1 152 466 213. 04
手续费及佣金支出	7	—	—	终止经营损益	30	—	—
（三）投资收益（损失以“－”号填列）	8	427 667 407. 90	443 446 109. 64	六、其他综合收益的税后净额	31	—	—
其中：对联营企业和合营企业的投资收益	9	—	—	（一）归属于母公司所有者的其他综合收益的税后净额	32	—	—
（四）公允价值变动收益（损失以“－”号填列）	10	－98 190 443. 65	33 891 365. 62	1. 以后不能重分类进损益的其他综合收益	33	—	—
（五）汇兑收益（损失以“－”号填列）	11	—	—	2. 以后将重分类进损益的其他综合收益	34	—	—
（六）其他业务收入	12	—	3 275. 17	（1）权益法下在被投资单位以后将重分类进损益的其他综合收益中享有的份额	35	—	—
（七）资产处置收益	13	－9 402. 79	－28 697. 35	（2）可供出售金融资产公允价值变动损益	36	—	—
（八）其他收益	14	51 286 078. 73	50 256 811. 94	（3）持有至到期投资重分类为可供出售金融资产损益	37	—	—
二、营业支出	15	579 649 691. 67	397 289 364. 07	（4）现金流量套期损益的有效部分	38	—	—
（一）税金及附加	16	7 367 949. 38	11 257 161. 65	（5）外币财务报表折算差额	39	—	—
（二）业务及管理费	17	517 950 742. 29	383 587 520. 17	（6）其他	40	—	—
（三）信用减值损失	18	—	1 075 682. 25	（二）归属于少数股东的其他综合收益的税后净额	41	—	—
（四）资产减值损失（转回金额以“－”号填列）	19	54 331 000. 00	1 369 000. 00	七、综合收益总额	42	643 780 901. 17	1 152 466 213. 04
（五）其他资产减值损失	20	—	—	归属于母公司所有者的综合收益总额	43	643 780 901. 17	1 152 466 213. 04
三、营业利润（亏损以“－”号填列）	21	861 795 281. 45	1 538 874 344. 40	归属于少数股东的综合收益总额	44	—	—
加：营业外收入	22	—	—	八、每股收益	45	—	—
减：营业外支出	23	380 000. 00	100 176. 77				

总经理：崔　斌　　财务分管负责人：马家顺　　会计机构负责人：汪晖　　制表：黄静

5. 1. 3. 2　利润表（合并）

利润表（合并）

编制单位：陆家嘴国际信托有限公司　　2020 年度　　单位：元

项目	行次	上年数	本年数	项目	行次	上年数	本年数
一、营业收入	1	1 444 749 840. 98	1 942 059 536. 59	四、利润总额	24	844 669 909. 37	1 530 942 258. 82
（一）利息净收入	2	352 920 366. 49	426 760 172. 31	减：所得税费用	25	219 229 110. 28	386 307 954. 59
利息收入	3	645 436 776. 29	623 503 261. 34	五、净利润（亏损以“－”号填列）	26	625 440 799. 09	1 144 634 304. 23
利息支出	4	292 516 409. 80	196 743 089. 03	归属于母公司所有者的净利润	27	625 440 799. 09	1 144 634 304. 23
（二）手续费及佣金净收入	5	1 002 085 255. 80	1 276 193 266. 80	少数股东损益	28	—	—
手续费及佣金收入	6	1 002 085 255. 80	1 276 193 266. 80	持续经营损益	29	625 440 799. 09	1 152 249 954. 87
手续费及佣金支出	7	—	—	终止经营损益	30	—	－7 615 650. 64
（三）投资收益（损失以“－”号填列）	8	136 905 199. 63	160 194 131. 28	六、其他综合收益的税后净额	31	—	—
其中：对联营企业和合营企业的投资收益	9	—	—	（一）归属于母公司所有者的其他综合收益的税后净额	32	—	—
（四）公允价值变动收益（损失以“－”号填列）	10	－99 340 674. 90	28 680 576. 44	1. 以后不能重分类进损益的其他综合收益	33	—	—
（五）汇兑收益（损失以“－”号填列）	11	—	—	2. 以后将重分类进损益的其他综合收益	34	—	—

续表

项目	行次	上年数	本年数
(六)其他业务收入	12	—	3 275.17
(七)资产处置收益	13	-9 402.79	-28 697.35
(八)其他收益	14	52 189 096.75	50 256 811.94
二、营业支出	15	599 699 931.61	411 017 101.00
(一)税金及附加	16	9 996 578.50	13 412 954.78
(二)业务及管理费	17	539 025 196.23	396 492 564.03
(三)信用减值损失	18	-3 652 843.12	-257 417.81
(四)资产减值损失(转回金额以"-"号填列)	19	54 331 000.00	1 369 000.00
(五)其他资产减值损失	20	—	—
三、营业利润(亏损以"-"号填列)	21	845 049 909.37	1 531 042 435.59
加:营业外收入	22	—	—
减:营业外支出	23	380 000.00	100 176.77

项目	行次	上年数	本年数
(1)权益法下在被投资单位以后将重分类进损益的其他综合收益中享有的份额	35	—	—
(2)可供出售金融资产公允价值变动损益	36	—	—
(3)持有至到期投资重分类为可供出售金融资产损益	37	—	—
(4)现金流量套期损益的有效部分	38	—	—
(5)外币财务报表折算差额	39	—	—
(6)其他	40	—	—
(二)归属于少数股东的其他综合收益的税后净额	41	—	—
七、综合收益总额	42	625 440 799.09	1 144 634 304.23
归属于母公司所有者的综合收益总额	43	625 440 799.09	1 144 634 304.23
归属于少数股东的综合收益总额	44	—	—
八、每股收益	45	—	—

总经理:崔　斌　　财务分管负责人:马家顺　　会计机构负责人:汪　晖　　制表:黄　静

注:合并会计报表的编制方法详见会计报表附注6.2.8。

5.1.4 所有者权益变动表

5.1.4.1 所有者权益变动表(单体)

所有者权益变动表(单体)

编制单位:陆家嘴国际信托有限公司　　2020年度　　单位:元

项　目	行次	2019年度										
		归属于母公司所有者权益									少数股东权益	所有者权益合计
		实收资本(或股本)	其他权益工具	资本公积	减:库存股	其他综合收益	盈余公积	一般风险准备	信托赔偿准备	未分配利润		
栏　次		1	2	3	4	5	6	7	8	9	10	11
一、上年年末余额	1	4 000 000 000.00	—	—	—	—	269 657 928.59	202 000 281.95	137 007 025.13	246 971 879.21	—	4 855 637 114.88
加:会计政策变更	2	—	—	—	—	—	—	—	—	26 075 432.71	—	26 075 432.71
前期差错更正	3	—	—	—	—	—	—	—	—	—	—	—
二、本年年初余额	4	4 000 000 000.00	—	—	—	—	269 657 928.59	202 000 281.95	137 007 025.13	273 047 311.92	—	4 881 712 547.59
三、本年增减变动金额(减少以"-"号填列)	5	—	—	—	—	—	64 378 090.12	—	32 189 045.06	547 213 765.99	—	643 780 901.17
(一)综合收益总额	6	—	—	—	—	—	—	—	—	643 780 901.17	—	643 780 901.17
(二)所有者投入和减少资本	7	—	—	—	—	—	—	—	—	—	—	—
1. 所有者投入资本	8	—	—	—	—	—	—	—	—	—	—	—
2. 其他权益工具持有者投入资本	9	—	—	—	—	—	—	—	—	—	—	—
3. 股份支付计入所有者权益的金额	10	—	—	—	—	—	—	—	—	—	—	—
4. 其他	11	—	—	—	—	—	—	—	—	—	—	—
(三)利润分配	12	—	—	—	—	—	64 378 090.12	—	32 189 045.06	-96 567 135.18	—	—
1. 提取盈余公积	13	—	—	—	—	—	64 378 090.12	—	—	-64 378 090.12	—	—
2. 提取一般风险准备	14	—	—	—	—	—	—	—	—	—	—	—
3. 提取信托赔偿准备	15	—	—	—	—	—	—	—	32 189 045.06	-32 189 045.06	—	—
4. 对所有者(或股东)的分配	16	—	—	—	—	—	—	—	—	—	—	—
(四)所有者权益内部结转	17	—	—	—	—	—	—	—	—	—	—	—

续表

项　目	行次	2019年度 归属于母公司所有者权益 实收资本（或股本）	其他权益工具	资本公积	减：库存股	其他综合收益	盈余公积	一般风险准备	信托赔偿准备	未分配利润	少数股东权益	所有者权益合计
栏　次		1	2	3	4	5	6	7	8	9	10	11
1. 资本公积转增资本（或股本）	18	—	—	—	—	—	—	—	—	—	—	—
2. 盈余公积转增资本（或股本）	19	—	—	—	—	—	—	—	—	—	—	—
3. 盈余公积弥补亏损	20	—	—	—	—	—	—	—	—	—	—	—
4. 一般风险准备弥补亏损	21	—	—	—	—	—	—	—	—	—	—	—
5. 未分配利润转增资本	22	—	—	—	—	—	—	—	—	—	—	—
四、本年年末余额	23	4 000 000 000. 00	—	—	—	—	334 036 018. 71	202 000 281. 95	169 196 070. 19	820 261 077. 91	—	5 525 493 448. 76

总经理：崔　斌　　财务分管负责人：马家顺　　会计机构负责人：汪　晖　　制表：黄　静

所有者权益变动表（单体）（续）

编制单位：陆家嘴国际信托有限公司　　2020年度　　单位：元

项　目	行次	2020年度 归属于母公司所有者权益 实收资本（或股本）	其他权益工具	资本公积	减：库存股	其他综合收益	盈余公积	一般风险准备	信托赔偿准备	未分配利润	少数股东权益	所有者权益合计
栏　次		12	13	14	15	16	17	18	19	20	21	22
一、上年年末余额	1	4 000 000 000. 00	—	—	—	—	334 036 018. 71	202 000 281. 95	169 196 070. 19	820 261 077. 91	—	5 525 493 448. 76
加：会计政策变更	2	—	—	—	—	—	—	—	—	—	—	—
前期差错更正	3	—	—	—	—	—	—	—	—	—	—	—
二、本年年初余额	4	4 000 000 000. 00	—	—	—	—	334 036 018. 71	202 000 281. 95	169 196 070. 19	820 261 077. 91	—	5 525 493 448. 76
三、本年增减变动金额（减少以"－"号填列）	5	800 000 000. 00	—	—	—	—	115 246 621. 30	—	57 623 310. 65	179 596 281. 09	—	1 152 466 213. 04
（一）综合收益总额	6	—	—	—	—	—	—	—	—	1 152 466 213. 04	—	1 152 466 213. 04
（二）所有者投入和减少资本	7	—	—	—	—	—	—	—	—	—	—	—
1. 所有者投入资本	8	—	—	—	—	—	—	—	—	—	—	—
2. 其他权益工具持有者投入资本	9	—	—	—	—	—	—	—	—	—	—	—
3. 股份支付计入所有者权益金额	10	—	—	—	—	—	—	—	—	—	—	—
4. 其他	11	—	—	—	—	—	—	—	—	—	—	—
（三）利润分配	12	—	—	—	—	—	115 246 621. 30	—	57 623 310. 65	－172 869 931. 95	—	—
1. 提取盈余公积	13	—	—	—	—	—	115 246 621. 30	—	—	－115 246 621. 30	—	—
2. 提取一般风险准备	14	—	—	—	—	—	—	—	—	—	—	—
3. 提取信托赔偿准备	15	—	—	—	—	—	—	—	57 623 310. 65	－57 623 310. 65	—	—
4. 对所有者（或股东）的分配	16	—	—	—	—	—	—	—	—	—	—	—
（四）所有者权益内部结转	17	800 000 000. 00	—	—	—	—	—	—	—	－800 000 000. 00	—	—
1. 资本公积转增资本（或股本）	18	—	—	—	—	—	—	—	—	—	—	—
2. 盈余公积转增资本（或股本）	19	—	—	—	—	—	—	—	—	—	—	—
3. 盈余公积弥补亏损	20	—	—	—	—	—	—	—	—	—	—	—
4. 一般风险准备弥补亏损	21	—	—	—	—	—	—	—	—	—	—	—
5. 未分配利润转增资本	22	800 000 000. 00	—	—	—	—	—	—	—	－800 000 000. 00	—	—
四、本年年末余额	23	4 800 000 000. 00	—	—	—	—	449 282 640. 01	202 000 281. 95	226 819 380. 84	999 857 359. 00	—	6 6[illegible] 959 661. 80

总经理：崔　斌　　财务分管负责人：马家顺　　会计机构负责人：汪　晖　　制表：黄　静

5.1.4.2 所有者权益变动表(合并)

所有者权益变动表(合并)

编制单位:陆家嘴国际信托有限公司　　2020年度　　单位:元

项目	行次	2019年度										
		归属于母公司所有者权益									少数股东权益	所有者权益合计
		实收资本(或股本)	其他权益工具	资本公积	减:库存股	其他综合收益	盈余公积	一般风险准备	信托赔偿准备	未分配利润		
栏次		1	2	3	4	5	6	7	8	9	10	11
一、上年年末余额	1	4 000 000 000.00	—	—	—	—	269 657 928.59	202 000 281.95	137 007 025.13	269 259 452.73	—	4 877 924 688.40
加:会计政策变更	2	—	—	—	—	—	—	—	—	26 895 285.77	—	26 895 285.77
前期差错更正	3	—	—	—	—	—	—	—	—	—	—	—
二、本年年初余额	4	4 000 000 000.00	—	—	—	—	269 657 928.59	202 000 281.95	137 007 025.13	296 154 738.50	—	4 904 819 974.17
三、本年增减变动金额(减少以"-"号填列)	5	—	—	—	—	—	64 378 090.12	—	32 189 045.06	528 873 663.91	—	625 440 799.09
(一)综合收益总额	6	—	—	—	—	—	—	—	—	625 440 799.09	—	625 440 799.09
(二)所有者投入和减少资本	7	—	—	—	—	—	—	—	—	—	—	—
1. 所有者投入资本	8	—	—	—	—	—	—	—	—	—	—	—
2. 其他权益工具持有者投入资本	9	—	—	—	—	—	—	—	—	—	—	—
3. 股份支付计入所有者权益的金额	10	—	—	—	—	—	—	—	—	—	—	—
4. 其他	11	—	—	—	—	—	—	—	—	—	—	—
(三)利润分配	12	—	—	—	—	—	64 378 090.12	—	32 189 045.06	-96 567 135.18	—	—
1. 提取盈余公积	13	—	—	—	—	—	64 378 090.12	—	—	-64 378 090.12	—	—
2. 提取一般风险准备	14	—	—	—	—	—	—	—	—	—	—	—
3. 提取信托赔偿准备	15	—	—	—	—	—	—	—	32 189 045.06	-32 189 045.06	—	—
4. 对所有者(或股东)的分配	16	—	—	—	—	—	—	—	—	—	—	—
(四)所有者权益内部结转	17	—	—	—	—	—	—	—	—	—	—	—
1. 资本公积转增资本(或股本)	18	—	—	—	—	—	—	—	—	—	—	—
2. 盈余公积转增资本(或股本)	19	—	—	—	—	—	—	—	—	—	—	—
3. 盈余公积弥补亏损	20	—	—	—	—	—	—	—	—	—	—	—
4. 一般风险准备弥补亏损	21	—	—	—	—	—	—	—	—	—	—	—
5. 未分配利润转增资本	22	—	—	—	—	—	—	—	—	—	—	—
四、本年年末余额	23	4 000 000 000.00	—	—	—	—	334 036 018.71	202 000 281.95	169 196 070.19	825 028 402.41	—	5 530 260 773.26

总经理:崔　斌　　财务分管负责人:马家顺　　会计机构负责人:汪　晖　　制表:黄　静

所有者权益变动表(合并)(续)

编制单位:陆家嘴国际信托有限公司　　2020年度　　单位:元

项目	行次	2020年度										
		归属于母公司所有者权益									少数股东权益	所有者权益合计
		实收资本(或股本)	其他权益工具	资本公积	减:库存股	其他综合收益	盈余公积	一般风险准备	信托赔偿准备	未分配利润		
栏次		12	13	14	15	16	17	18	19	20	21	22
一、上年年末余额	1	4 000 000 000.00	—	—	—	—	334 036 018.71	202 000 281.95	169 196 070.19	825 028 402.41	—	5 530 260 773.26
加:会计政策变更	2	—	—	—	—	—	—	—	—	—	—	—
前期差错更正	3	—	—	—	—	—	—	—	—	—	—	—
二、本年年初余额	4	4 000 000 000.00	—	—	—	—	334 036 018.71	202 000 281.95	169 196 070.19	825 028 402.41	—	5 530 260 773.26
三、本年增减变动金额(减少以"-"号填列)	5	800 000 000.00	—	—	—	—	115 246 621.30	—	57 623 310.65	171 764 372.28	—	1 144 634 304.23
(一)综合收益总额	6	—	—	—	—	—	—	—	—	1 144 634 304.23	—	1 144 634 304.23
(二)所有者投入和减少资本	7	—	—	—	—	—	—	—	—	—	—	—
1. 所有者投入资本	8	—	—	—	—	—	—	—	—	—	—	—

续表

项　目	行次	2020 年度										
		归属于母公司所有者权益									少数股东权益	所有者权益合计
		实收资本（或股本）	其他权益工具	资本公积	减：库存股	其他综合收益	盈余公积	一般风险准备	信托赔偿准备	未分配利润		
栏　次		12	13	14	15	16	17	18	19	20	21	22
2. 其他权益工具持有者投入资本	9	—	—	—	—	—	—	—	—	—	—	—
3. 股份支付计入所有者权益的金额	10	—	—	—	—	—	—	—	—	—	—	—
4. 其他	11	—	—	—	—	—	—	—	—	—	—	—
（三）利润分配	12	—	—	—	—	—	115 246 621. 30	—	57 623 310. 65	−172 869 931. 95	—	—
1. 提取盈余公积	13	—	—	—	—	—	115 246 621. 30	—	—	−115 246 621. 30	—	—
2. 提取一般风险准备	14	—	—	—	—	—	—	—	—	—	—	—
3. 提取信托赔偿准备	15	—	—	—	—	—	—	—	57 623 310. 65	−57 623 310. 65	—	—
4. 对所有者（或股东）的分配	16	—	—	—	—	—	—	—	—	—	—	—
（四）所有者权益内部结转	17	800 000 000. 00	—	—	—	—	—	—	—	−800 000 000. 00	—	—
1. 资本公积转增资本（或股本）	18	—	—	—	—	—	—	—	—	—	—	—
2. 盈余公积转增资本（或股本）	19	—	—	—	—	—	—	—	—	—	—	—
3. 盈余公积弥补亏损	20	—	—	—	—	—	—	—	—	—	—	—
4. 一般风险准备弥补亏损	21	—	—	—	—	—	—	—	—	—	—	—
5. 未分配利润转增资本	22	800 000 000. 00	—	—	—	—	—	—	—	−800 000 000. 00	—	—
四、本年年末余额	23	4 800 000 000. 00	—	—	—	—	449 282 640. 01	202 000 281. 95	226 819 380. 84	996 792 774. 69	—	[illegible] 674 895 077. 49

总经理：崔　斌　　财务分管负责人：马家顺　　会计机构负责人：汪　晖　　制表：黄　静

注：合并会计报表的编制方法详见会计报表附注 6. 2. 8。

5. 2　信托资产

5. 2. 1　信托项目资产负债汇总表

信托项目资产负债汇总表

编制单位：陆家嘴国际信托有限公司　　2020 年 12 月 31 日　　单位：万元

信托资产	期末数	期初数	信托负债和信托权益	期末数	期初数
信托资产：			信托负债：		
货币资金	485 360. 60	188 405. 65	交易性金融负债	—	—
拆出资金	—	—	衍生金融负债	—	—
存出保证金	—	—	应付受托人报酬	2 461. 47	4 [illegible]50. 58
交易性金融资产	7 694. 22	12 324. 39	应付托管费	9. 28	[illegible]50. 06
衍生金融资产	—	—	应付受益人收益	1 237. 03	12 [illegible]9. 65
买入返售金融资产	957 260. 32	1 596 271. 89	应交税费	11 200. 10	14 [illegible]3. 95
应收款项	86 948. 54	37 134. 73	应付销售服务费	866. 75	[illegible]92. 13
发放贷款	4 503 708. 14	7 142 774. 85	其他应付款项	17 137. 36	18 [illegible]52. 71
可供出售金融资产	11 712 223. 71	10 894 054. 27	预计负债	—	—
持有至到期投资	146 394. 54	—	其他负债	—	—
长期应收款	—	—	信托负债合计	32 911. 99	50 [illegible]9. 08
长期股权投资	3 045 296. 72	2 899 779. 18	信托权益：	—	—
投资性房地产	—	—	实收信托	21 593 506. 49	23 113 [illegible] 1. 77
固定资产	—	—	资本公积	—	—
无形资产	—	—	外币报表折算差额	—	—
长期待摊费用	280. 55	—	未分配利润	192 353. 79	184 [illegible]0. 24
其他资产	873 604. 93	576 836. 13	信托权益合计	21 785 860. 28	23 297 [illegible]2. 01
信托资产总计	21 818 772. 27	23 347 581. 09	信托负债及信托权益总计	21 818 772. 27	23 347 [illegible]1. 09

公司负责人：崔斌　　复　核：娄佩琍　　制　表：冯　伟

5.2.2 信托项目利润和利润分配汇总表

信托项目利润及利润分配汇总表

编制单位:陆家嘴国际信托有限公司　　2020 年度　　单位:万元

项目	本年金额	上年金额
1. 营业收入	1 737 307.43	1 718 632.73
1.1 利息收入	505 425.68	768 181.11
1.2 投资收益	1 218 023.30	940 921.30
1.2.1 对联营企业和合营企业的投资收益	—	—
1.3 公允价值变动损益	10 581.38	9 530.32
1.4 租赁收入	—	—
1.5 汇兑损益	—	—
1.6 其他收入	3 277.07	—
2. 支出	271 196.34	243 384.41
2.1 营业税金及附加	5 626.75	5 823.33
2.2 受托人报酬	150 997.55	112 645.61
2.3 托管费	13 599.02	17 084.08
2.4 投资管理费	—	—
2.5 销售服务费	83 955.57	76 018.73
2.6 交易费用	23.84	187.95
2.7 资产减值损失	—	—
2.8 其他费用	16 993.61	31 624.71
3. 信托净利润	1 466 111.09	1 475 248.32
4. 其他综合收益	—	—
5. 综合收益	1 466 111.09	1 475 248.32
6. 加:期初未分配信托利润	184 270.24	71 171.85
7. 可供分配的信托利润	1 654 409.51	1 548 463.09
8. 减:本期已分配信托利润	1 462 055.72	1 364 192.85
9. 期末未分配信托利润	192 353.79	184 270.24

公司负责人:崔　斌　　复　核:娄佩琍　　制　表:冯　伟

6. 会计报表附注

本会计报表附注中陆家嘴国际信托有限公司简称本公司,陆家嘴国际信托有限公司及其子公司和纳入合并范围的结构化主体简称本集团。

6.1 会计报表编制基准不符合会计核算基本前提的说明

6.1.1 会计报表不符合会计核算基本前提的事项

本财务报表以持续经营为基础,根据实际发生的交易和事项,按照《企业会计准则——基本准则》和其他各项会计准则的规定进行确认和计量,在此基础上编制财务报表,无不符合会计核算基本前提的事项。

6.1.2 处置子公司相关信息

2020 年 3 月,本公司将持有的上海陆投资产管理有限公司 100% 的股权转让给上海陆家嘴金融发展有限公司。

6.1.3 纳入合并财务报表范围结构化主体相关信息

2020 年本公司管理或投资的结构化主体中有 26 个纳入合并财务报表范围,主要包括报告期末持有本公司作为受托人发行的信托计划等。

6.2 重要会计政策和会计估计说明

6.2.1 金融工具

金融工具,是指形成一方的金融资产并形成其他方的金融负债或权益工具的合同。当本集团成为金融工具合同的一方时,确认相关的金融资产或金融负债。

6.2.1.1　金融资产分类和计量

本集团根据管理金融资产的业务模式和金融资产的合同现金流量特征,将金融资产划分为:以摊余成本计量的金融资产;以公允价值计量且其变动计入其他综合收益的金融资产;以公允价值计量且其变动计入当期损益的金融资产。

于初始确认时,本集团按公允价值计量金融资产,对于不是以公允价值计量且其变动计入损益的金融资产,则还应该加上或减去可直接归属于获得或发行该金融资产的交易费用,如手续费和佣金。以公允价值计量且其变动计入损益的金融资产的交易费用作为费用计入损益。初始确认后,对于以摊余成本计量的金融资产及以公允价值计量且其变动计入其他综合收益的债务工具投资,立即确认预期信用损失准备并计入损益。

本集团持有的债务工具是指从发行方角度分析符合金融负债定义的工具,分别采用以下三种方式进行计量。

一是以摊余成本计量:本集团管理此类金融资产的业务模式为以收取合同现金流量为目标,且此类金融资产的合同现金流量特征与基本借贷安排相一致,即在特定日期产生的现金流量,仅为对本金和以未偿付本金金额为基础的利息的支付。本集团对于此类金融资产按照实际利率法确认利息收入。此类金融资产主要包括货币资金、债权投资和发放贷款和垫款等。

二是以公允价值计量且其变动计入其他综合收益:本集团管理此类金融资产的业务模式为既以收取合同现金流量为目标又以出售为目标,且此类金融资产的合同现金流量特征与基本借贷安排相一致。此类金融资产按照公允价值计量且其变动计入其他综合收益,但减值损失或利得、汇兑损益和按照实际利率法计算的利息收入计入当期损益。此类金融资产列示为其他债权投资。本集团暂无以公允价值计量且其变动计入其他综合收益的金融资产。

三是以公允价值计量且其变动计入当期损益:本集团将持有的未划分为以摊余成本计量和以公允价值计量且其变动计入其他综合收益的债务工具,以公允价值计量且其变动计入当期损益,列示为交易性金融资产。本集团将对其没有控制、共同控制和重大影响的权益工具投资按照公允价值计量且其变动计入当期损益,列示为交易性金融资产。

6.2.1.2　金融资产减值

本集团对于以摊余成本计量的金融资产等，以预期信用损失为基础确认损失准备。

本集团考虑有关过去事项、当前状况及对未来经济状况的预测等合理且有依据的信息，以发生违约的风险为权重，计算合同应收的现金流量与预期能收到的现金流量之间差额的现值的概率加权金额，确认预期信用损失。

于每个资产负债表日，本集团对于处于不同阶段的金融工具的预期信用损失分别进行计量。金融工具自初始确认后信用风险未显著增加的，处于第一阶段，本集团按照未来 12 个月内的预期信用损失计量损失准备；金融工具自初始确认后信用风险已显著增加但尚未发生信用减值的，处于第二阶段，本集团按照该工具整个存续期的预期信用损失计量损失准备；金融工具自初始确认后已经发生信用减值的，处于第三阶段，本集团按照该工具整个存续期的预期信用损失计量损失准备。

对于在资产负债表日具有较低信用风险的金融工具，本集团假设其信用风险自初始确认后并未显著增加，按照未来 12 个月内的预期信用损失计量损失准备。

本集团对于处于第一阶段和第二阶段，以及较低信用风险的金融工具，按照其未扣除减值准备的账面余额和实际利率计算利息收入。对于处于第三阶段的金融工具，按照其账面余额减已计提减值准备后的摊余成本和实际利率计算利息收入。

对于应收账款，无论是否存在重大融资成分，本集团均按照整个存续期的预期信用损失计量损失准备。本集团将计提或转回的损失准备计入当期损益。

本集团依据信用风险特征将应收款项划分为若干组合，在组合基础上计算预期信用损失，对于划分为组合的应收账款，本集团参考历史信用损失经验，结合当前状况以及对未来经济状况的预测，通过违约风险敞口和整个存续期预期信用损失率，计算预期信用损失。

6.2.1.3　金融资产终止确认

金融资产满足下列条件之一的，予以终止确认：(1)收取该金融资产现金流量的合同权利终止；(2)该金融资产已转移，且本集团将金融资产所有权上几乎所有的风险和报酬转移给转入方；(3)该金融资产已转移，虽然本集团既没有转移也没有保留金融资产所有权上几乎所有的风险和报酬，但是放弃了对该金融资产控制。

金融资产终止确认时，其账面价值与收到的对价的差额，计入当期损益。

6.2.1.4　金融负债

金融负债于初始确认时分类为以摊余成本计量的金融负债和以公允价值计量且其变动计入当期损益的金融负债。

本集团的金融负债主要为以摊余成本计量的金融负债。该类金融负债按其公允价值扣除交易费用后的金额进行初始计量，并采用实际利率法进行后续计量。

当金融负债的现时义务全部或部分已经解除时，本集团终止确认该金融负债或义务已解除的部分。终止确认部分的账面价值与支付的对价之间的差额，计入当期损益。

6.2.1.5　金融工具的公允价值确定

存在活跃市场的金融工具，以活跃市场中的报价确定其公允价值。不存在活跃市场的金融工具，采用估值技术确定其公允价值。在估值时，本集团采用在当前情况下适用并且有足够可利用数据和其他信息支持的估值技术，选择与市场参与者在相关资产或负债的交易中所考虑的资产或负债特征相一致的输入值，并尽可能优先使用相关可观察输入值。在相关可观察输入值无法取得或取得不切实可行的情况下，使用不可观察输入值。

6.2.2　长期股权投资核算方法

截至报告期末，本集团无长期股权投资。

6.2.3　投资性房地产核算方法

截至报告期末，本集团无投资性房地产。

6.2.4　固定资产计价和折旧方法

6.2.4.1　固定资产确认

固定资产包括电子设备、运输工具、办公设备及其他设备等。

6.2.4.2　固定资产初始计量和后续计量

购置或新建的固定资产按取得时的成本进行初始计量。与固定资产有关的后续支出，在相关的经济利益很可能流入本集团且其成本能够可靠地计量时，计入固定资产成本；对于被替换的部分，终止确认其账面价值；所有其他后续支出于发生时计入当期损益。

6.2.4.3　各类固定资产的折旧方法

固定资产折旧采用年限平均法并按其入账价值减去预计净残值后在预计使用寿命内计提。对计提了减值准备的固定资产，则在未来期间按扣除减值准备后的账面价值及依据尚可使用年限确定折旧额。

固定资产的预计使用寿命、净残值率及年折旧率列示如下：

固定资产类别	预计使用寿命（年）	预计净残值率（%）	年折旧率（%）
电子设备	3	5	31.67
运输工具	4	5	23.75
办公设备	5	5	19
其他设备	5	5	19

对固定资产的预计使用寿命、预计净残值和折旧方法于每年年度终了进行复核并作适当调整。

当固定资产被处置、或者预期通过使用或处置不能产生经济利益时，终止确认该固定资产。固定资产出售、转让、报废或毁损的处置收入扣除其账面价值和相关税费后的金额计入当期损益。

6.2.5　无形资产计价及摊销政策

无形资产是指本集团拥有或者控制的没有实物形态的可辨认非货币性资产。

无形资产按成本进行初始计量。使用寿命有限的无形资产自可供使用时起，对其原值在其预计使用寿命内采用直线法分期平均摊销。使用寿命不确定的无形资产不予摊销。本集团至少于年度终了，对使用寿命有限的无形资产的使用寿命和摊销方法进行复核，必要时进行调整。

6.2.6　长期应收款的核算方法

截至报告期末，本集团无长期应收款。

6.2.7　长期待摊费用的摊销政策

长期待摊费用包括经营租入固定资产改良及其他已经发

生但应由本期和以后各期负担的、分摊期限在1年以上的各项费用,按预计受益期间分期平均摊销,并以实际支出减去累计摊销后的净额列示。

6.2.8 合并会计报表的编制方法

编制合并财务报表时,合并范围包括本公司及全部子公司(包括结构化主体)。

子公司是指被本集团控制的主体。控制是指本集团拥有对被投资方的权利,通过参与被投资方的相关活动而享有的可变动报酬。

结构化主体,是指在确定其控制方时没有将表决权或类似权利作为决定因素而设计的主体,比如表决权仅与行政工作相关,而相关运营活动通过合同约定来安排。本公司根据合约条款就本公司对实体的参与面临可变回报的风险或取得可变回报的权利,及利用对实体的权力影响该等回报金额的能力评估是否合并。由本公司控制的信托计划等结构化主体,纳入财务报表合并范围。

集团内所有重大往来余额、交易及未实现利润在合并财务报表编制时予以抵销。子公司的所有者权益、当期净损益及综合收益总额中不属于本公司所拥有的部分分别作为少数股东权益、少数股东损益及归属于少数股东的综合收益总额在合并财务报表中所有者权益、净利润及综合收益总额项下单独列示。本公司向子公司出售资产所发生的未实现内部交易损益,全额抵销归属于母公司股东的净利润;子公司向本公司出售资产所发生的未实现内部交易损益,按本公司对该子公司的分配比例在归属于母公司股东的净利润和少数股东损益之间分配抵销。子公司之间出售资产所发生的未实现内部交易损益,按照母公司对出售方子公司的分配比例在归属于母公司股东的净利润和少数股东损益之间分配抵销。

如果以本集团为会计主体与以本公司或子公司为会计主体对同一交易的认定不同时,从本集团的角度对该交易予以调整。

6.2.9 收入确认原则和方法

收入的金额按照本集团在日常经营活动中销售商品和提供劳务时,已收或应收合同或协议价款的公允价值确定。

与交易相关的经济利益很可能流入本集团,相关的收入能够可靠计量且满足下列各项经营活动的特定收入确认标准时,确认相关的收入。

6.2.9.1 利息净收入

利息净收入包含贷款利息收入、债权投资利息收入、买入返售金融资产利息收入及货币资金利息收入减去借款利息支出。利息收入是用实际利率乘以金融资产账面余额计算得出,以下情况除外:对于源生或购入已发生信用减值的金融资产,其利息收入用经信用调整的原实际利率乘以该金融资产摊余成本计算得出;不属于源生或购入已发生信用减值的金融资产,但后续已发生信用减值的金融资产(或第三阶段),其利息收入用实际利率乘以摊余成本(扣除损失准备后的净额)计算得出。

实际利率是指将金融资产或金融负债的预计存续期间将其预计未来现金流入或流出折现至该金融资产账面余额(扣除损失准备之前的摊余成本)或该金融负债摊余成本的利率。实际利率的计算需要考虑金融工具的合同条款并且包括所有归属于实际利率组成部分的费用和所有交易成本。

利息支出按借入货币资金的时间和实际利率计算确认。

6.2.9.2 手续费及佣金收入

管理费收入包括本集团管理旗下各信托计划而取得的固定费率管理费收入和浮动报酬。在满足收入确认条件的前提下,固定费率管理费收入根据合同约定的基数和固定费率累计计算并确认当期收入,浮动报酬按照合同约定的方法按照最可能发生的金额计算并确认当期收入。

6.2.9.3 咨询服务费收入

本集团提供咨询服务取得的咨询服务费收入,根据咨询服务合同或协议约定的收费标准,在履约义务得以满足的时点(或期间)确认收入。

本集团已收或应收的合同价款超过已完成的劳务,则将超过部分确认为合同负债。

6.2.10 所得税的会计处理方法

本集团在多个地区缴纳企业所得税。在正常的经营活动中,部分交易和事项的最终的税务处理存在不确定性。在计提各个地区的所得税费用时,本集团需要作出重大判断。如果这些税务事项的最终认定结果与最初入账的金额存在差异,该差异将对作出上述最终认定期间的所得税费用和递延所得税的金额产生影响。

6.2.11 信托报酬确认原则和方法

信托报酬是指信托公司对信托财产进行管理而收取的管理费或佣金,信托报酬收取的标准一般是与委托人或受益人等有关当事人协商确定的,按照合同或者协议的约定进行确认。若信托报酬由信托财产承担,则按照信托合同的约定来计算、提取并确认信托报酬收入;若信托报酬由委托人等有关当事人直接承担,则按协议约定另行向有关当事人收取。信托报酬确认原则和方法见本报告6.2.9收入确认原则和方法中手续费及佣金收入的确认。

6.2.12 其他会计政策、会计估计变更

本公司于2020年1月1日起执行新收入会计准则。截至报告期末,本集团和本公司合同负债均增加21 017.27万元。

6.2.13 前期差错更正

6.2.13.1 合并报表期初差错更正

截至报告期末,本集团无合并报表期初差错更正。

6.2.13.2 单体报表期初差错更正

截至报告期末,本公司无单体报表期初差错更正。

6.2.14 买入返售金融资产

买入返售金融资产是指按规定进行证券回购业务而融出的资金,按买入证券实际支付的成本入账,并在证券持有期内按实际利率计提买入返售证券收入,计入当期损益。

6.2.15 研究与开发

根据内部研究开发项目支出的性质及研发活动最终形成无形资产是否具有较大不确定性,分为研究阶段支出和开发阶段支出。

研究阶段的支出,于发生时计入当期损益;开发阶段的支出,同时满足下列条件的,予以资本化:完成该无形资产以使其能够使用或出售在技术上具有可行性;管理层具有完成该无形资产并使用或出售的意图;能够证明该无形资产将如何产生经济利益;有足够的技术、财务资源和其他资源支持,以完成该无形资产的开发,并有能力使用或出售该无形资产;以及归属于该无形资产开发阶段的支出能够可靠地计量。

不满足上述条件的开发阶段的支出，于发生时计入当期损益。前期已计入损益的开发支出不在以后期间重新确认为资产。已资本化的开发阶段的支出在资产负债表上列示为开发支出，自该项目达到预定可使用状态之日起转为无形资产。

创新性研究与应用的科技投入情况：2020 年公司用于创新性研究与应用的科技投入合计 565.21 万元；2020 年公司科技人员数量 14 人，占比为 3.68%（截至 2020 年末的全公司员工数为 380 人）。

6.2.16　抵债资产

抵债资产按公允价值进行初始计量。本集团对于法院判决获得的抵债资产按外部评估机构出具的评估报告中注明的评估价值作为公允价值进行初始计量。资产负债表日，抵债资产按照账面价值与可变现净值孰低计量，当可变现净值低于账面价值时，对抵债资产计提减值准备。

抵债资产处置时，取得的处置收入与抵债资产账面价值的差额计入营业外收入或支出。

6.2.17　长期待摊费用

长期待摊费用包括经营租入固定资产改良及其他已经发生但应由本期和以后各期负担的、分摊期限在 1 年以上的各项费用，按预计受益期间分期平均摊销，并以实际支出减去累计摊销后的净额列示。

6.2.18　长期资产减值

固定资产、使用寿命有限的无形资产及对子公司的长期股权投资等，于资产负债表日存在减值迹象的，进行减值测试；尚未达到可使用状态的无形资产，无论是否存在减值迹象，至少每年进行减值测试。减值测试结果表明资产的可收回金额低于其账面价值的，按其差额计提减值准备并计入减值损失。可收回金额为资产的公允价值减去处置费用后的净额与资产预计未来现金流量的现值两者之间的较高者。资产减值准备按单项资产为基础计算并确认，如果难以对单项资产的可收回金额进行估计的，以该资产所属的资产组确定资产组的可收回金额。资产组是能够独立产生现金流入的最小资产组合。

上述资产减值损失一经确认，以后期间不予转回价值得以恢复的部分。

6.2.19　借款

借款按其公允价值扣除交易费用后的金额进行初始计量，并采用实际利率法按摊余成本进行后续计量。借款期限在 1 年以下（含 1 年）的借款为短期借款，其余借款为长期借款。

6.2.20　职工薪酬

职工薪酬是本集团为获得职工提供的服务或解除劳动关系而给予的各种形式的报酬或补偿，包括短期薪酬、离职后福利和其他长期职工福利等。

6.2.20.1　短期薪酬

短期薪酬包括工资、奖金、津贴和补贴、职工福利费、医疗保险费、工伤保险费、生育保险费、住房公积金、工会和教育经费、短期带薪缺勤等。本集团在职工提供服务的会计期间，将实际发生的短期薪酬确认为负债，并计入当期损益或相关资产成本。其中，非货币性福利按照公允价值计量。

6.2.20.2　离职后福利

本集团将离职后福利计划分类为设定提存计划和设定受益计划。设定提存计划是本集团向独立的基金缴存固定费用后，不再承担进一步支付义务的离职后福利计划；设定受益计划是除设定提存计划以外的离职后福利计划。于报告期内，本集团的离职后福利主要是为员工缴纳的基本养老保险、补充养老保险和失业保险，均属于设定提存计划。

6.2.20.3　辞退福利

本集团在职工劳动合同到期之前解除与职工的劳动关系、或者为鼓励职工自愿接受裁减而提出给予补偿，在本集团不能单方面撤回解除劳动关系计划或裁减建议时和确认与涉及支付辞退福利的重组相关的成本费用时两者孰早日，确认因解除与职工的劳动关系给予补偿而产生的负债，同时计入当期损益。

6.2.21　递延所得税资产和递延所得税负债

递延所得税资产和递延所得税负债根据资产和负债的计税基础与其账面价值的差额（暂时性差异）计算确认。对于按照税法规定能够于以后年度抵减应纳税所得额的可抵扣亏损，确认相应的递延所得税资产。对于商誉的初始确认产生的暂时性差异，不确认相应的递延所得税负债。对于既不影响会计利润也不影响应纳税所得额（或可抵扣亏损）的非企业合并的交易中产生的资产或负债的初始确认形成的暂时性差异，不确认相应的递延所得税资产和递延所得税负债。于资产负债表日，递延所得税资产和递延所得税负债，按照预期收回该资产或清偿该负债期间的适用税率计量。

递延所得税资产的确认以很可能取得用来抵扣可抵扣暂时性差异、可抵扣亏损和税款抵减的应纳税所得额为限。

对与子公司（包括控制的结构化主体）投资相关的应纳税暂时性差异，确认递延所得税负债，除非本集团能够控制该暂时性差异转回的时间且该暂时性差异在可预见的未来很可能不会转回。对与子公司（包括控制的结构化主体）投资相关的可抵扣暂时性差异，当该暂时性差异在可预见的未来很可能转回且未来很可能获得用来抵扣可抵扣暂时性差异的应纳税所得额时，确认递延所得税资产。

同时满足下列条件的递延所得税资产和递延所得税负债以抵销后的净额列示：递延所得税资产和递延所得税负债与同一税收征管部门对本集团内同一纳税主体征收的所得税相关；本集团内该纳税主体拥有以净额结算当期所得税资产及当期所得税负债的法定权利。

6.2.22　风险准备

风险准备包括一般准备及信托赔偿准备。

6.2.22.1　一般风险准备

根据财政部《关于印发〈金融企业准备金计提管理办法〉的通知》（财金〔2012〕20 号），本公司按风险资产期末余额一定比例提取一般风险准备，原则上一般风险准备余额不低于风险资产期末余额的 1.5%。一般风险准备从年度税后净利润中提取，用于弥补尚未识别的可能性损失的准备，并作为所有者权益的组成部分。

6.2.22.2　信托赔偿准备

根据《信托公司管理办法》（中国银行业监督管理委员会令 2007 年第 2 号）的规定，本公司每年应当从税后利润中提取 5% 作为信托赔偿准备金，该赔偿准备金累计总额达到公司注册资本的 20% 时，可不再提取。

6.2.23　租赁

实质上未转移与资产所有权有关的全部风险和报酬的租

赁为经营租赁。经营租赁的租金支出在租赁期内按照直线法计入相关资产成本或当期损益。

6.2.24　利润分配

拟发放的利润于股东会批准的当期,确认为负债。

6.2.25　企业合并

6.2.25.1　同一控制下的企业合并

本集团支付的合并对价及取得的净资产均按账面价值计量。本集团取得的净资产账面价值与支付的合并对价账面价值的差额,调整资本公积(资本溢价);资本公积(资本溢价)不足以冲减的,调整留存收益。为进行企业合并发生的直接相关费用于发生时计入当期损益。为企业合并而发行权益性证券或债务性证券的交易费用,计入权益性证券或债务性证券的初始确认金额。

6.2.25.2　非同一控制下的企业合并

本集团发生的合并成本及在合并中取得的可辨认净资产按购买日的公允价值计量。合并成本大于合并中取得的被购买方于购买日可辨认净资产公允价值份额的差额,确认为商誉;合并成本小于合并中取得的被购买方可辨认净资产公允价值份额的差额,计入当期损益。为进行企业合并发生的直接相关费用于发生时计入当期损益。为企业合并而发行权益性证券或债务性证券的交易费用,计入权益性证券或债务性证券的初始确认金额。

6.3　或有事项说明

本报告期内,本集团未发生影响本财务报表阅读和理解的重大或有事项。

6.4　重要资产转让及其出售的说明

本报告期内,本集团无重要资产转让或出售。

6.5　会计报表中重要项目的明细资料

6.5.1　披露自营资产经营情况

6.5.1.1　按信用风险五级分类结果披露信用风险资产的期初数、期末数

信用风险资产五级分类	正常类(万元)	关注类(万元)	次级类(万元)	可疑类(万元)	损失类(万元)	信用风险资产合计(万元)	不良资产合计(万元)	不良资产率(%)
期初数	627 401	—	—	—	31 679	659 080	31 679	4.81
期末数	914 743	—	—	—	31 679	946 422	31 679	3.35

注:不良资产合计=次级类+可疑类+损失类。

6.5.1.2　各项资产减值损失准备的期初数、本期计提、本期转回、本期核销、期末数

单位:万元

项目	期初数	本期计提	本期转回	本期核销	期末数
贷款损失准备	29 913	108	—	—	30 021
一般准备	—	—	—	—	—
专项准备	—	—	—	—	—
其他资产减值准备	7 199	137	—	—	7 336
以摊余成本计量金融资产的减值准备	—	—	—	—	—
以公允价值计量且其变动计入其他综合收益金融资产的减值准备	—	—	—	—	—
坏账准备	1 766	—	—	—	1 766
其他资产减值准备	5 433	137	—	—	5 570

6.5.1.3　按照投资品种分类,分别披露固有业务股票投资、基金投资、债券投资、股权投资等投资业务的期初数、期末数

单位:万元

项目	自营股票	基金	债券	长期股权投资	其他投资	合计
期初数	—	—	—	—	579 585	579 585
期末数	—	—	—	—	720 317	720 317

6.5.1.4　按投资入股金额排序,前五名的自营长期股权投资的企业名称、占被投资企业权益的比例、主要经营活动及投资收益情况等

本报告期内,本公司无长期股权投资。

6.5.1.5　前五名的自营贷款的企业名称、占贷款总额的比例和还款情况等

企业名称	占贷款总额的比例(%)
1. 檀源木业有限公司	15.82
2. 河北昌泰纸业有限公司	2.16
3. 福建五环实业有限公司	21.88
4. 东台市交通投资建设集团有限公司	30.07
5. 青岛国际院士港开发投资有限公司	30.07

6.5.1.6　表外业务的期初数、期末数;按照代理业务、担保业务和其他类型表外业务分别披露

本报告期内,本公司无表外业务。

6.5.1.7　公司当年的收入结构

收入结构(单体)

收入结构	金额(万元)	占比(%)
手续费及佣金收入	137 599	69.79
其中:信托手续费收入	137 599	69.79
投资银行业务收入	—	—
利息收入	6 801	3.45
其他业务收入	—	—
其中:计入信托业务收入部分	—	—
投资收益	44 345	22.49
其中:股权投资收益	—	—
证券投资收益	1 031	0.52
其他投资收益	43 314	21.97
公允价值变动收益	3 389	1.72
资产处置收益	−3	—
其他收益	5 026	2.55
营业外收入	—	—
收入合计	197 157	100

注:手续费及佣金收入、利息收入、其他业务收入、投资收益、营业外收入均为损益表中的科目,其中手续费及佣金收入、利息收入、营业外收入为未抵减掉相应支出的全年累计实现收入数。

收入结构（合并）

收入结构	金额（万元）	占比（%）
手续费及佣金收入	127 619	59. 67
其中：信托手续费收入	127 619	59. 67
投资银行业务收入	—	—
利息收入	62 350	29. 15
其他业务收入	—	—
其中：计入信托业务收入部分	—	—
投资收益	16 019	7. 49
其中：股权投资收益	—	—
证券投资收益	1 031	0. 48
其他投资收益	14 988	7. 01
公允价值变动收益	2 868	1. 34
资产处置收益	−3	—
其他收益	5 026	2. 35
营业外收入	—	—
收入合计	213 879	100. 00

注：手续费及佣金收入、利息收入、其他业务收入、投资收益、营业外收入均为损益表中的科目，其中手续费及佣金收入、利息收入、营业外收入为未抵减掉相应支出的全年累计实现收入数。

6. 5. 2　披露信托财产管理情况

6. 5. 2. 1　信托资产的期初数、期末数

单位：万元

信托资产	期初数	期末数
集合	14 862 543. 27	14 728 108. 58
单一	8 027 945. 17	6 408 480. 38
财产权	457 092. 65	682 183. 31
合计	23 347 581. 09	21 818 772. 27

6. 5. 2. 1. 1　主动管理型信托业务的信托资产期初数、期末数

单位：万元

主动管理型信托资产	期初数	期末数
证券投资类	18 774. 24	1 650. 08
股权及其他投资类	3 160 424. 09	5 825 877. 28
融资类	8 439 655. 95	6 866 570. 24
事务管理类	—	—
合计	11 618 854. 28	12 694 097. 60

6. 5. 2. 1. 2　被动管理型信托业务的信托资产期初数、期末数

单位：万元

被动管理型信托资产	期初数	期末数
证券投资类	180 284. 61	115 967. 11
股权及其他投资类	2 933 540. 23	2 681 262. 25
融资类	8 157 809. 32	5 645 262. 00
事务管理类	457 092. 65	682 183. 31
合计	11 728 726. 81	9 124 674. 67

6. 5. 2. 2　本年度已清算结束的信托项目表

6. 5. 2. 2. 1　本年度已清算结束的信托项目

已清算结束的信托项目	项目个数（个）	实收信托合计金额（万元）	加权平均实际年化收益率（%）
单一	51	2 368 254. 90	7. 72
集合	117	9 561 238. 28	6. 40
财产权	6	655 957. 70	7. 29

注：1. 收益率是指信托项目清算后，给受益人赚取的实际收益水平。

2. 加权平均实际年化收益率 =（信托项目 1 的实际年化收益率 × 信托项目 1 的实收信托 + 信托项目 2 的实际年化收益率 × 信托项目 2 的实收信托 + … + 信托项目 *n* 的实际年化收益率 × 信托项目 *n* 的实收信托）/（信托项目 1 的实收信托 + 信托项目 2 的实收信托 + … + 信托项目 *n* 的实收信托）×100%。

6. 5. 2. 2. 2　本年度已清算结束的主动管理型信托项目

已清算结束的信托项目	项目个数（个）	实收信托合计金额（万元）	加权平均实际年化信托报酬率（%）	加权平均实际年化收益率（%）
证券投资类	1	—	2. 46	7. 48
股权及其他投资类	9	2 174 292. 00	0. 51	6. 28
融资类	93	6 016 070. 00	1. 10	7. 13
事务管理类	—	—	—	—

注：加权平均实际年化信托报酬率 =（信托项目 1 的实际年化信托报酬率 × 信托项目 1 的实收信托 + 信托项目 2 的实际年化信托报酬率 × 信托项目 2 的实收信托 + … + 信托项目 *n* 的实际年化信托报酬率 × 信托项目 *n* 的实收信托）/（信托项目 1 的实收信托 + 信托项目 2 的实收信托 + … + 信托项目 *n* 的实收信托）×100%。

6. 5. 2. 2. 3　本年度已清算结束的被动管理型信托项目

已清算结束的信托项目	项目个数（个）	实收信托合计金额（万元）	加权平均实际年化信托报酬率（%）	加权平均实际年化收益率（%）
证券投资类	8	199 200. 00	0. 12	−3. 67
股权及其他投资类	3	600. 00	2. 22	9. 64
融资类	54	3 539 331. 18	0. 23	7. 40
事务管理类	6	655 957. 70	0. 06	7. 29

6. 5. 2. 3　本年度新增的信托项目

新增信托项目	项目个数（个）	实收信托合计金额（万元）
集合类	129	10 4[illegible]308. 11
单一类	38	1 85[illegible]385. 71
财产管理类	3	55[illegible]967. 22
新增合计	170	12 82[illegible]961. 04
其中：主动管理型	145	10 55[illegible]335. 84
被动管理型	25	2 264[illegible]25. 20

注：本年新增信托项目指在本报告年度内累计新增的信托项目个数和金额（包括以前年度成立本年度新增的分期信托项目），包含本年度新增并于本年度结束的项目和本年度新增至报告期末仍在持续管理的信托项目。

6. 5. 2. 4　信托业务创新成果和特色业务有关情况

2020 年，公司根据战略发展规划，积极发挥资源禀赋优势，大力推动战略驱动业务，积极探索公司业务转型，取得了显著成效。一是成功发行三单资产证券化产品，规模合计 65. 7 亿元，其中与青岛银行合作成立的首单信贷资产证券化项目规模 41. 7 亿元。二是成立家族信托“世颂弘远 16 号”，并设立家族信托办公室，进行业务体系搭建。三是落地首单艺术文化类慈善信托业务，成功发行青岛平度扶贫慈善信托，积极践行社会责任。四是设立标准化业务团队，完成弘裕产品标准化、净值化改造。

6.5.2.5　本公司履行受托人义务情况及因本公司自身责任而导致的信托资产损失情况

本公司遵守信托法和信托文件对受托人义务的规定，为受益人的最大利益处理信托事务，管理信托财产时，恪守职守，履行诚实、信用、谨慎、有效管理的义务，没有损害受益人利益的情况。本公司无因自身责任而导致的信托资产损失情况。

6.5.2.6　信托赔偿准备金的提取、使用和管理情况

按照《信托公司管理办法》的规定，按税后利润的5%计提信托赔偿准备金，截至2020年12月31日，本公司已计提信托赔偿准备金22 681.94万元；当信托赔偿准备金累计总额达到注册资本的20%时，可不再提取。

截至本报告期末，本公司未发生对信托产品赔偿的事项。

6.6　关联方关系及其交易的披露

6.6.1　关联交易方的数量、关联交易的总金额及关联交易的定价政策等

项目	关联交易方数量（个）	关联交易金额（万元）	定价政策
合计	10	207 722.35	关联交易遵循公平、公开、公允的原则进行定价。存在市场价格的，按照市场价格定价；不存在市场价格的，以不优于非关联方同期同类型交易的条件进行定价。

注："关联交易"定义以《公司法》和《企业会计准则第36号——关联方披露》有关规定为准。

6.6.2　关联交易方与本公司的关系性质、关联交易方的名称、法定代表人、注册地址、注册资本及主营业务等

关系性质	关联方名称	法定代表人	注册地址	注册资本（万元）	主营业务
最终控股公司	上海陆家嘴（集团）有限公司	李晋昭	中国（上海）自由贸易试验区浦东大道981号	174 300.00	房地产开发经营，市政基础设施，建设投资，投资咨询，实体投资，国内贸易（除专项规定），资产管理经营、信息（依法须经批准的项目，经相关部门批准后方可开展经营活动）。
受同一控股股东控制的企业	陆家嘴国泰人寿保险有限责任公司	黎作强	中国（上海）自由贸易试验区世纪大道1168号东方金融广场B座19楼及A座11层1104室	300 000.00	在上海市行政辖区内及已设立分公司的省、自治区、直辖市内经营下列业务（法定保险业务除外）：（1）人寿保险、健康保险和意外伤害保险等保险业务；（2）上述业务的再保险业务；（3）保险兼业代理业务（依法须经批准的项目，经相关部门批准后方可开展经营活动）。
受同一控股股东控制的企业	上海陆家嘴商务广场有限公司	姚佩玉	中国（上海）自由贸易试验区世纪大道1600号	51 806.10	房地产综合开发、经营、物业管理、出租出售内外销商品房、房地产中介咨询，建设、经营公用停车场设施（依法须经批准的项目，经相关部门批准后方可开展经营活动）。
受同一控股股东控制的企业	上海陆家嘴物业管理有限公司	蔡宏图	浦东新区锦安东路583—585号	5 000.00	本公司自有、自建各类房产的经营、综合管理、物业管理、咨询，餐饮企业管理（不含食品生产经营），酒店管理，会展服务，各类物业的维修、设备保养及配套综合服务，停车库（场）经营，文化用品、五金、装潢材料的销售，建筑装修装饰建设工程专业施工，家电维修，房屋建设工程施工，机电安装建设工程施工，机电设备安装建设工程专业施工，钢结构建设工程专业施工，电信业务（依法须经批准的项目，经相关部门批准后方可开展经营活动）。
股东	青岛国信金融控股有限公司	刘冰冰	青岛市崂山区苗岭路9号	370 000.00	金融及金融服务性机构的投资与运营、资产管理与基金管理、股权投资及资本运营、证券与基金投资、投资策划与咨询服务；经政府及有关监管机构批准的其他资产投资与运营（依法须经批准的项目，经相关部门批准后方可开展经营活动）。
受同一控股股东控制的公司	上海陆投资产管理有限公司	叶晓军	中国（上海）自由贸易试验区罗山路1502弄14号403-14室	10 000.00	资产管理，投资管理，实业投资（依法须经批准的项目，经相关部门批准后方可开展经营活动）。
受同一控股股东控制的公司	爱建证券有限责任公司	祝健	中国（上海）自由贸易试验区世纪大道1600号1幢32楼	110 000.00	证券经纪；证券投资咨询；与证券交易、证券投资活动有关的财务顾问；证券承销与保荐；证券自营；证券资产管理；证券投资基金代销；融资融券；代销金融产品业务（依法须经批准的项目，经相关部门批准后方可开展经营活动）。

6.6.3　逐笔披露本公司与关联方的重大交易事项

6.6.3.1　固有与关联方交易情况：贷款、投资、租赁、应收账款、担保、其他方式等期初汇总数、本期借方和贷方发生额汇总数、期末汇总数

单位：万元

固有与关联方关联交易				
项目	期初数	借方发生额	贷方发生额	期末数
贷款	—	—	—	—
投资	—	—	—	—
租赁	—	—	—	—
担保	—	—	—	—
应收账款	—	—	—	—
其他	8 126.44	10 941.89	—	19 068.33
合计	8 126.44	10 941.89	—	19 068.33

6.6.3.2　信托与关联方交易情况：贷款、投资、租赁、应收账款、担保、其他方式等期初汇总数、本期借方和贷方发生额汇总数、期末汇总数

单位：万元

信托与关联方关联交易				
项目	期初数	借方发生额	贷方发生额	期末数
贷款	50 000.00	—	50 000.00	—
投资	483 574.56	196 770	67 910.00	612 434.56
租赁	—	—	—	—
担保	—	—	—	—
应收账款	—	—	—	—
其他	20 431.34	10.46	—	20 441.80
合计	554 005.90	196 780.46	117 910.00	632 876.36

6.6.3.3　信托公司自有资金运用于自己管理的信托项目（固信交易）、信托公司管理的信托项目之间的相互（信信交易）交易金额，包括余额和本报告年度的发生额

6.6.3.3.1　固有财产与信托财产之间的交易金额期初汇总数、本期发生额汇总数、期末汇总数

单位：万元

固有财产与信托财产相互交易			
项目	期初数	本期发生额	期末数
合计	526 322.91	1 690 829.00	552 680.00

注：以固有资金投资公司自己管理的信托项目受益权，或购买自己管理的信托项目的信托资产均纳入统计披露范围。

6.6.3.3.2　信托项目之间的交易金额期初汇总数、本期发生额汇总数、期末汇总数

单位：万元

信托资产与信托财产相互交易			
项目	期初数	本期发生额	期末数
合计	729 872.25	617 655.15	720 368.65

注：以公司受托管理的一个信托项目的资金购买自己管理的另一个信托项目的受益权或信托项下资产均纳入统计披露范围。

6.6.4　逐笔披露关联方逾期未偿还本公司资金的详细情况及本公司为关联方担保发生或即将发生垫款的详细情况

本报告期内，公司未发生关联方逾期未偿还本公司资金及本公司为关联方担保发生或即将发生垫款的情况。

6.7　会计制度的披露

本公司固有业务和信托业务，同时执行财政部颁布的《企业会计准则——基本准则》和各项具体会计准则、其后颁布的企业会计准则应用指南、企业会计准则解释及其他相关规定。

7. 财务情况说明书

7.1　利润实现和分配情况

2020年本公司实现净利润115 246.62万元，扣除当年未分配利润转增资本80 000万元、提取10%法定公积金11 524.66万元、提取5%信托赔偿准备金5 762.33万元后，加上上年累计未分配利润82 026.11万元，2020年末可供分配利润99 985.74万元。

2020年本集团实现合并净利润114 463.43万元，扣除当年未分配利润转增资本80 000万元、提取10%法定公积金11 524.66万元、提取5%信托赔偿准备金5 762.33万元后，加上上年累计未分配利润82 502.84万元，2020年末可供分配利润99 679.28万元。

7.2　主要财务指标

财务指标（单体）

指标名称	指标值
资本利润率（%）	18.89
加权年化信托报酬率（%）	0.54
人均净利润（万元）	316.61

财务指标（合并）

指标名称	指标值
资本利润率（%）	18.[illegible]6
加权年化信托报酬率（%）	0.5[illegible]
人均净利润（万元）	314.[illegible]6

注：1. 资本利润率＝净利润/所有者权益平均余额×100%。

2. 所有者权益平均余额＝（年初净资产＋0.5×净利润＋因增资、新发行股票、债转股等引起的净资产增加额×（新增净资产下一月份起至年末的月份数÷12）－因现金分红等引起的净资产减少额×（减少净资产下一月份起至年末的月份数÷12）。

3. 加权年化信托报酬率＝（信托项目1的实际年化信托报酬率×信托项目1的实收信托＋信托项目2的实际年化信托报酬率×信托项目2的实收信托＋…＋信托项目n的实际年化信托报酬率×信托项目n的实收信托）/（信托项目1的实收信托＋信托项目2的实收信托＋…＋信托项目n的实收信托）×100%。

4. 加权年化信托报酬率指标反映的是报告年度清算结束项目的信托报酬率。

5. 人均净利润＝净利润/年平均人数，年平均人数＝$\sum$每月末人数/12。

7.3　净资本和风险资本情况

指标名称	期末数	监管指标
净资本（万元）	502 583.65	大于监管要求的2亿元
风险资本（万元）	375 226.51	—
净资本/风险资本（%）	133.94	大于监管要求的100%
净资本/净资产（%）	75.26	大于监管要求的40%

7.4　对本公司财务状况、经营成果有重大影响的其他事项

本报告期内，未发生对本公司财务状况、经营成果有重大影响的其他事项。

8. 特别事项揭示

8.1　前五名股东报告期内变动情况及原因

本报告期内，公司未发生前五名股东变动的情况。

8.2　董事、监事及高级管理人员变动情况及原因

8.2.1　董事变动情况

本报告期内，公司独立董事张广鸿辞任，公司拟在2021年选任新的独立董事并报请监管部门进行任职资格核准。

8.2.2　监事变动情况

本报告期内，公司监事（监事会主席）蔡嵘、[illegible]辞任，公司已选任郭嵘、李岩梅任公司第四届监事会监事，其中郭嵘当选为公司第四届监事会主席。

8.2.3　高级管理人员变动情况

本报告期内，高级管理人员未发生变动情况。

8.3　变更注册资本、变更注册地或公司名称、公司分立合并事项

本报告期内，公司注册资本由40亿元增加至48亿元，未发生变更注册地或公司名称、公司分立合并事项。

8.4 公司重大诉讼事项

8.4.1 重大未决诉讼事项

本报告期内,公司未发生重大未决诉讼事项。

8.4.2 以前年度发生,于本报告年度内终结的诉讼事项

本报告期内,公司未发生以前年度发生并于本报告年度内终结的诉讼事项。

8.4.3 本报告年度发生,于本报告年度内终结的诉讼事项

本报告期内,公司未发生本报告年度发生并于本报告年度内终结的诉讼事项。

8.5 公司及其董事、监事和高级管理人员受到处罚的情况

本报告期限内,公司及董事、监事和高级管理人员未发生受到处罚的情况。

8.6 中国银保监会及其派出机构检查意见的整改情况

本报告期内,公司未发生中国银保监会及其派出机构的现场检查,青岛银保监局通过金融监管通报等方式对公司加强监管,要求公司进一步完善各项管理机制,包括夯实公司治理、强化风险合规管控、加强内控管理、持续推进市场乱象整治、提升服务实体质效、推进信托文化建设等。根据相关意见精神,公司认真总结公司日常经营活动中存在的不足,并通过完善机制、修订制度、优化流程、明确责任、加强培训、优化系统等多种手段积极开展相关整改工作,进一步推进了公司全面的管理机制完善。

8.7 本年度公司重大事项临时事项披露内容

本报告期内,公司章程变更、增加注册资本金事项均在指定报纸进行了临时披露。

8.8 中国银保监会及其省级派出机构认定的其他有必要让客户及相关利益人了解的重要信息

本报告期内,公司未发生中国银保监会及其派出机构认定的其他有必要让客户及相关利益人了解的重大信息。

9. 公司监事会意见

公司第四届监事会根据公司章程、监事会议事规则及相关法律法规,监督检查了公司重大决策、重大经营活动情况及财务状况,认为公司能依法规范运作。公司董事、高级管理人员在履行公司职务时未发生违反法律、法规、公司章程或损害公司利益的行为,公司年度报告真实反映了公司的财务状况和经营成果。

平安信托有限责任公司

1. 重要提示

1.1 公司董事会及董事保证本报告所载资料不存在任何虚假记载、误导性陈述或者重大遗漏，并对其内容的真实性、准确性和完整性承担个别及连带责任。

1.2 独立董事曲毅民、李祥军、陈勇认为，本报告真实、准确、完整地披露了公司2020年度的经营管理情况。

1.3 普华永道中天会计师事务所(特殊普通合伙)为本公司出具了标准无保留意见的年度审计报告。

1.4 公司董事长姚贵平、主管会计工作负责人章永怀、财务部门负责人邹兴国保证年度报告中财务报告的真实、完整。

2. 公司概况

2.1 公司简介

2.1.1 公司法定中文名称：平安信托有限责任公司
公司法定英文名称：PingAnTrustCo.，Ltd.（缩写为PATC）

2.1.2 公司法定代表人：姚贵平

2.1.3 公司注册地址：深圳市福田区益田路5033号平安金融中心29层（西南、西北）、31层（3120室、3122室）、32层、33层
邮政编码：518048
公司国际互联网网址：https://trust.pingan.com/
电子邮箱：Pub_PATMB@pingan.com.cn

2.1.4 信息披露事务负责人：戴巍
信息披露事务联系人：胡朦
电话：4008866338
传真：(0755)82415828
电子邮箱：Pub_PATMB@pingan.com.cn

2.1.5 公司选定的信息披露报纸：《证券时报》《中国证券报》《上海证券报》《证券日报》《金融时报》
公司年度报告备置地点：公司董事会秘书处

2.1.6 公司聘请的会计师事务所名称：普华永道中天会计师事务所(特殊普通合伙)
会计师事务所办公地址：上海市湖滨路202号普华永道中心11楼

2.2 组织结构

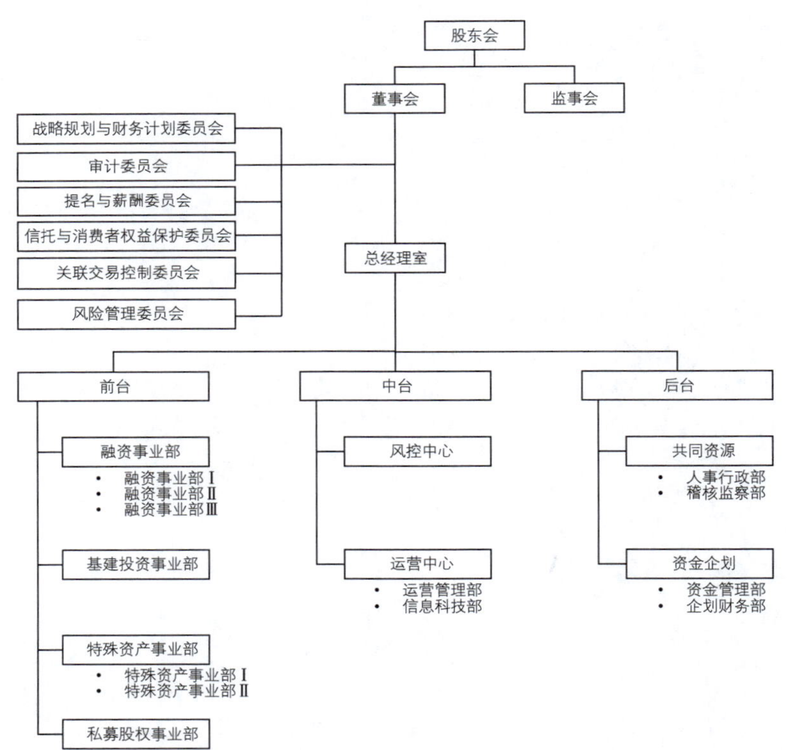

3. 业绩概览

3.1 信托资产规模变动情况

3.1.1 公司报告期的信托资产规模变动情况

名称	2020 年 12 月 31 日 信托资产规模(万元)	2019 年 12 月 31 日 信托资产规模(万元)	本年比上年 增减额(万元)	本年比上年 增减比例(%)
信托资产规模	39 105 195.33	44 260 816.75	-5 155 621.42	-11.65
其中:主动管理型	26 081 977.33	25 747 680.95	334 296.39	1.30
被动管理型	13 023 218.00	18 513 135.80	-5 489 917.81	-29.65
主动管理型占比(%)	66.70	58.17	上升 8.53 个百分点	—

3.1.2 公司报告期新增信托项目情况

名称	2020 年度新增信托项目规模(万元)	2019 年度新增信托项目规模(万元)	本年比上年增减额(万元)	本年比上年增减比例(%)
实收信托金额	15 105 504.92	12 629 948.37	2 475 556.55	19.60
其中:主动管理型	13 791 052.11	9 033 024.45	4 758 027.66	52.67
被动管理型	1 314 452.81	3 596 923.92	-2 282 471.11	-63.46
主动管理型占比(%)	91.30	71.52	上升 19.78 百分点	—

3.2 母公司主要会计数据和财务指标

项目	2020 年 12 月 31 日(万元)	2019 年 12 月 31 日(万元)	本年比上年增减额(万元)	本年比上年增减比例(%)
总资产	3 442 460.17	2 940 108.90	502 351.27	17.09
总负债	808 760.53	609 673.06	199 087.47	32.65
净资产	2 633 699.64	2 330 435.84	303 263.80	13.01
实收资本	1 300 000.00	1 300 000.00	—	—
营业收入	546 091.25	467 860.03	78 231.22	16.72
净利润	308 477.16	265 154.55	43 322.61	16.34
资产负债率(%)	23.49	20.74	上升 2.75 个百分点	—
净资产收益率(%)	12.43	12.05	上升 0.38 个百分点	—

3.3 信托大事记

3.3.1 平安信托战略转型成效初显,全年经营业绩逆势提升

2020 年,平安信托加速主动转型步伐,升级打造以特殊机会为特色的领先多元投资平台,构建了从非标向标、从融资到投资、从规模优先到质量优先的全新增长模式。同时,公司持续推动精细化管理,加强成本管控,通过不良资产清收、资金价格压降等方式实现开源节流提质增效,全年经营业绩实现逆势提升,为公司持续稳健发展奠定坚实基础,年内成功摘得“中国优秀信托公司”“最佳风控金融机构”等 20 余项权威荣誉。

3.3.2 平安信托深耕 ESG 责任投资,支持实体经济近 3 000亿元

2020 年,平安信托积极践行 ESG 责任投资理念,聚焦中西部民生项目、健康、环保及现代制造等重点行业,全年累计投入实体经济规模近 3 000 亿元,助力实体经济高质量发展。同时,公司发挥专业优势,以股权投资、慈善信托等方式参与平安集团“三村工程”建设,新增产业扶贫金额超 5 亿元,助力西藏、内蒙古、陕西等省份贫困区域经济发展,为贫困地区引入金融“活水”。

3.3.3 助力疫情防控,开创“TOC”企业责任实践模式,平安信托打造“社会影响力金融”信托样本

2020 年,平安信托通过创设“疫情专项慈善信托”、抗疫专项 ABN 等举措,为实体企业提供超过 476 亿元资金,助力疫情防控和复产复工。同时开创 TOC“信托 + 慈善”企业责任实践模式,设立扶贫、绿色等主题的慈善信托和慈善共同基金信托,成功举办深伦双城创新实践展示论坛,打造“社会影响力金融”的信托样本,向全球展示以金融“软实力”破解社会“硬难题”的平安实践。

3.3.4 练好风险管理硬功夫,打造智能风控标杆,平安信托实现全年风险资产零新增

2020 年,平安信托通过夯实全面风险管理机制,建立风险偏好与限额体系,强化风险的主动识别与防范,通过引入智能技术,打造智能风控标杆,2020 年实现全年风险资产零新增。同时,通过制定“一户一策”的风险化解方案,不断调整、完善清收处置计划,有效化解超过 40% 的存量风险资产,维护受托人利益的同时,为转型升级、赢得市场与客户信任保驾护航。

3.3.5 特殊资产投资模式升级,平安信托全面助力金融风险化解

2020 年,平安信托全面升级特殊资产投资业务战略,通过绑定式承揽、一站式承做、流水线作业、平安式赋能、生态圈打造五大模式,构筑投行、投资、投管三大核心能力,推动特资业务从特资到“特资 +”、从债权到股权、从单一投融资到“投行 + 投资 + 投管”的模式升级。全年累计投资规模突破 200 亿元,全面助力不良资产去化,破解市场“堰塞湖”,为国家金融风险

化解提供有力支持。

3.3.6 前瞻布局净值化转型，平安信托创建行业首个标准化产品中心

2020年，平安信托建立国内信托行业首个标准化产品中心，前瞻布局标品类信托及服务类信托，聚焦特色化、专业化发展，通过产品集成、客户集成、系统集成、客户经理集成，以实现抢占市场先机，赢得客户的目的。2020年，公司推出固定收益、证券投资、家族信托、资产证券化等拳头产品，全年向市场供应标准化产品超过800亿元，全面推动公司向标准化、净值化转型。

3.3.7 平安信托股权投资进入收获期，赋能被投企业价值提升

2020年，平安信托股权投资业务进入收获期，年内地产股权投资成功退出上海祥生、上海虹桥协信等重点项目，私募股权投资成功退出药明康德，万国数据二期等项目，为投资人创造可观回报，同时，公司在发挥自身产业投资经验的同时，联动平安集团各行业生态板块，依托"投资＋投后""股权＋综金"的优势赋能，积极输出长期积累的PE投资与管理经验，助力被投企业实现价值提升。

3.3.8 特色经营培育增长新引擎，平安信托打造行业转型范本

2020年，平安信托创新与特色化经营取得显著成效，通过聚焦专业细分领域，先后落地"保险年金募资团队""高速公路股权投资团队""债券委外团队"等17支特色化团队，实现收入22.57亿元，同比增长98%，完成创新项目30个，为公司自身战略转型与差异化发展赢得广阔市场机遇，成功打造信托公司转型范本。

3.3.9 平安信托积极开展信托文化建设，以文化"软实力"驱动公司转型升级

2020年，平安信托响应监管部门"坚持服务实体经济、积极弘扬信托文化"的号召，把文化建设作为公司转型工作重点。通过第三方文化诊断等形式，精准剖析文化建设痛点及组织发展瓶颈，并开展诊断自省、有效整改和巩固提升。将受托文化、合规文化、领先文化在内的信托文化培育作为公司转型发展的动力，以文化凝聚转型正能量，助力公司共识达成。

3.3.10 科技赋能业务，平安信托率先开启信托数字化经营时代

2020年，平安信托率先开启信托业数字化经营时代。推出信托一体化业务操作平台，搭建资金生态圈，实现资产、资金和产品的线上化和移动化，资金匹配达成率提高13%；迭代智慧风控，实现一站式、智能化资产管理和风险管理；升级运营中台全流程，首创账户直通车，实现产品从设立、开户、报备，到封账、成立全流程一键式自动化；打造智慧经分，推进数据体系搭建和能力建设。

4. 荣誉奖项

2020年，平安信托敏锐把握宏观经济趋势，持续引领行业转型升级，综合实力进一步增强、品牌美誉度不断提升。凭借卓越的创新能力、优秀的客户口碑和在践行企业社会责任方面的突出表现，连续获得多方好评，相继斩获《证券时报》"中国优秀信托公司奖"、《上海证券报》"年度卓越公司奖"、《21世纪经济报道》"最佳信托公司奖"等20余项权威荣誉，涵盖公司整体、风险管控、产品创新、投资能力、公益慈善、品牌建设等多个领域。

4.1 企业实力

平安信托荣获《证券时报》评定的"中国优秀信托公司奖"、《21世纪经济报道》评定的"最佳信托公司奖"、《上海证券报》评定的"年度卓越公司奖"、《中国经营报》评定的"卓越竞争力信托公司奖"、《每日经济新闻》评定的"年度卓越信托公司奖"、中国基金业协会与金司南金融研究院评定的"年度最佳信托公司奖"、《金融时报》评定的"年度最佳品牌建设信托公司奖"、《21世纪经济报道》评定的"年度优秀信托文化建设公司奖"。

4.2 风控、产品与投资能力

平安信托荣获《当代金融家》评定的"年度数字化转型卓越奖"、《时代周报》评定的"年度最佳风控金融机构奖"、《上海证券报》评定的"年度最佳家族信托产品奖"、《证券时报》评定的"年度优秀资产证券化信托计划奖"、《金融界》评定的"年度杰出慈善信托产品奖"、《中国证券报》评定的"年度金牛集合信托公司奖"、《财富管理》评定的"年度优秀家族信托服务案例奖"。

4.3 社会责任

平安信托荣获《金融界》评定的"年度杰出慈善信托产品奖"、《金融界》评定的"年度杰出社会责任奖"、深圳市银行业协会评定的"年度抗击疫情企业社会责任优秀案例奖"、深圳市银行业协会评定的"年度绿色金融企业社会责任优秀案例奖"。

5. 愿景使命、经营目标、业务规划

5.1 愿景使命

平安信托紧跟国家发展战略，围绕"稳增长、调结构、化风险、惠民生"的发展理念，以服务实体经济高质量发展、服务现代金融体系建设和满足人民群众美好生活需求为使命，秉承守正、忠实、专业的受托人精神，回归业务本源，守正创新，行稳致远，做客户信任、员工支持、股东满意、社会尊重的中国信托业第一品牌。

5.2 经营目标

平安信托依托平安集团"金融＋科技""金融＋生态"领先战略，以"特殊资产＋"为引领，将特殊资产投资能力与产业投资能力叠加融合，通过构建投行、投资、投管三大核心能力，打造以特殊机会为特色的多元投资平台，做金融支持实体经济发展的典范，保持主要经营业绩行业领先。

5.3 业务规划

平安信托持续聚焦"特殊资产投资、基建投资、服务信托、私募股权投资"四大核心业务，加大转型力度，深化科技赋能，

强化风险管控，同时积极践行社会责任和推动可持续发展，持续助力实体经济高质量发展。

5.3.1 聚焦四大核心业务

在特殊资产投资方面，公司以“特殊资产 +”为引领，打造以特殊机会为特色的多元投资平台，帮助实体企业纾困，服务经济高质量发展。

在基建投资方面，公司紧跟国家战略方向，聚焦新基建、基础设施、交通、能源等领域，为保险资金和机构投资者提供现金流稳定、风险回报合理的金融产品，支持国家基础设施建设升级。

在服务信托方面，充分发挥受托人角色优势，持续提升差异化服务水平和专业投资能力，打通资金、资产、资本三个市场。

在私募股权方面，公司通过积极输出长期积累的专业投资与管理经验，重点支持节能环保、高端制造、医疗健康等新兴产业领域内的优质企业，帮助企业提升经营能效和价值，助力国家产业结构升级。

5.3.2 深化科技赋能、强化风险管控

平安信托深化推动科技赋能，借助资金资产撮合模型、项目远程尽调、移动审批，产品创设成立自动化，产品报告、监管报送自动化等智能应用，保障疫情期间业务平稳、高效运转。同时，平安信托不断强化风险管控，一方面，持续优化全面风险管理体系，明确整体风险偏好，规范风险管理范畴，推动风险管理文化建设；另一方面，持续推动风险管理信息系统建设，提高精细化管理水平，实现智慧风控一站式管理。

5.3.3 践行社会责任、打造社会影响力金融范本

自 2020 年新冠肺炎疫情暴发以来，平安信托主动探索“智能化服务对接、线上化运营作业”新模式，在行业内率先推出信托项目远程尽职调查、远程面签、资金资产在线撮合等创新举措，快速高效为实体经济提供超过 476 亿元资金，全力保障实体企业的金融服务需求。此外，平安信托开创了 TOC“信托 + 慈善”(Trust of Charity)企业责任实践模式，先后成立两只“疫情专项慈善信托”，助力疫情防控；设立国内首只“消费扶贫 + 精准扶弱”慈善信托，在帮助贫困农户扩大销售的同时关爱弱势困难群体，助力国家脱贫攻坚；公司积极响应习近平总书记对食物浪费作出的重要指示，率先设立国内首只以“减少食物损耗与浪费、倡导健康饮食”为公益目的慈善信托，倡导绿色生活方式，践行科学健康消费，推动中国社会可持续发展；在深圳经济特区成立 40 周年之际，平安信托受托设立国内首只慈善共同基金信托，年内成立 3 只基金累计规模 3.07 亿元，被誉为“社会影响力金融”的深圳样本。

6. 市场分析

2020 年，新冠肺炎疫情对世界经济造成巨大的冲击，经济全球化进程受阻，中美摩擦加剧，但国内经济率先恢复，“六稳”“六保”各项工作成效逐步显现。信托业市场环境、监管政策发生深刻变化，加上行业风险加速暴露，信托行业发展面临新的挑战和机遇。

6.1 行业发展面临的挑战

信托业正处新一轮整顿期，业务发展压力，叠加市场竞争加剧、风险管控压力，推动行业加速转型。

政策驱动业务转型：近年来信托行业监管政策趋严，“压非标、降通道、控地产”导向明确，深入推动信托公司回归资产管理、财富管理、服务信托等本源业务，引导信托公司围绕受托人的中心地位建设良好的受托人文化，充分发挥信托制度优势，引导信托行业发展，行稳致远。

市场行业竞争加剧：在统一的大资管框架背景下，各类资管机构和产品之间的竞争日趋激烈。就竞争对手而言，作为资管行业新增持牌金融机构的银行理财子公司与信托公司在资产拓展、资金募集、人才队伍、投研能力等多方面展开竞争，目前筹建的银行理财子公司已有 24 家，开业 20 家。就竞争产品而言，在标准化、净值化转型背景下，传统以非标业务为主的信托公司与具备丰富标品投研能力和投资经验的公募基金、券商等机构正面竞争，加之打破刚性兑付使信托产品吸引力下降，信托销售难度进一步加大。

风险管控全面承压：国内经济周期叠加债务周期，加上疫情冲击，实体经济陷入困境，信用违约、市场风险不断累积，抬升了信托体系的脆弱性，具有较强的顺周期性，故面临较大的信用风险。在融资类业务规模受限的背景下，信托公司正在加速向资本市场业务转型，同时也在加强固有资产投资中资本市场的配置能力，所以信托公司在资本市场风险管理中面临较大挑战。

6.2 行业发展面临的机遇

国家战略政策带来新机会。在以国内大循环为主体、国内国际双循环促进的新发展格局下，一方面，信托公司可以通过股权投资、投贷联动等方式为高科技行业和战略新兴产业提供支持，同时可以发挥信托制度灵活的优势，探索知识产权抵押和资产证券化等多元化融资模式，推动科技创新；另一方面，可以采取多样化的手段，积极把握优质企业的业务机会，加强对优质企业兼并重组、业务转型及技术升级等的金融支持，同时向消费者提供多样化的个人消费金融产品，支持居民消费升级。

大力发展信托本源业务。信托在财产独立性、风险隔离、灵活性及架构稳定性方面具有制度优势，兼具财产管理和财产转移的双重功能，可以满足客户多样化的财产管理需要。信托公司应积极提升资产管理和配置能力，丰富财富管理信托的产品类型，帮助人民群众创造更多的财产性收入，为实现美好生活提供有力的物质保障。同时，监管多次强调信托行业应明确受托人定位，对委托人勤勉尽责，加强主动管理能力，回归本源业务。根据中国信托登记有限责任公司信托登记系统数据，服务信托作为信托行业的新发展方向，初始募集规模已超 4 万亿元，其中，资产证券化信托、家族信托、保险金信托和企业年金信托年内依次领跑，充分体现了信托行业依托信托制度优势的创新潜力和蓬勃的生命力。

牢抓风险中的特殊投资机会。国内经济周期叠加债务周期，加上疫情冲击，市场风险加速释放，企业破产、银行不良处置、债券违约等，特殊资产供给端资产快速增长，需求端成交下降，买方市场机会显现；调控政策下，房地产企业优化债务结构、中央国有企业降杠杆、剥离低效资产出表的需求大量增加，以并购重组、破产重整为代表的股权投资业务发展迎来窗口

期；特殊资产投资向“价值修复”升级，迎来黄金发展期。

积极把握资本市场发展机遇。在监管政策导向下，信托公司可以利用自身的灵活性优势，围绕上市公司做大做强的投融资需求提供综合投行服务；大力构建资本市场投研力量，提升主动投资管理能力和配置能力，开发设计出更多符合客户资产配置需求的证券投资信托产品，如 TOF、TOT、MOM 产品，债券及“固收 +”类投资信托，与阳光私募合作的证券投资信托产品等。通过开展这些具有直接融资特点的资金信托业务，更好地促进居民储蓄向投资的转化，助力实体经济高质量发展。

7. 业务经营分析

在经济复苏基础仍需巩固及持续推动经济结构转型升级的背景下，平安信托与中国信托业一起，紧紧围绕“十四五”规划，在“双循环”新格局中加大服务实体经济的力度，有效满足实体经济高质量发展的需求，切实提高服务实体经济的质效，打造信托业第一品牌。

2020 年，平安信托积极应对新冠肺炎疫情冲击以及市场环境变化，充分发挥综合金融和专业优势，用好资产证券化、资本市场、债券市场等标准化工具，提供承揽、承做、承销一条龙服务，加大实体经济直接融资力度，降低企业融资成本，提高融资效率。在监管“三去一降一补”的政策方向引导下，平安信托持续加强主动管理能力，加快推动资管产品向净值型转型，充分发挥债权与股权、境内与境外、标与非标联动优势，更好地满足客户在久期、收益、风险上的要求，为客户提供多品种全方面的金融服务。

同时，平安信托发挥信托制度和受托人身份优势，大力发展抗疫、扶贫、慈善事业，创新设立深圳市慈善共同基金，不断加大践行社会责任。2020 年，平安信托积极践行 ESG 责任投资理念，聚焦中西部民生项目、健康、环保及现代制造等重点行业，全年累计投入实体经济规模近 3 000 亿元，助力实体经济高质量发展。同时，公司发挥专业优势，以股权投资、慈善信托等方式参与平安集团“三村工程”建设，新增产业扶贫金额超 5 亿元，助力西藏、内蒙古、陕西等省份贫困区域经济发展，为贫困地区引入金融“活水”。过去 5 年，平安信托累计投入实体经济规模超过 1.5 万亿元，累计纳税超过 80 亿元。

在特殊资产方面，公司进一步升级展业策略，从特资到“特资 +”，从债权到股权，从单一投融资到“投行 + 投资 + 投管”。以“特资 +”战略为引领，将特资业务能力与不动产、基建、PE、标品等投资能力叠加，构建投行、投资、投管三大核心能力，打通直接融资市场、间接融资市场和实体产业三大市场，成功落地债务重组、项目纾困、破产重整等模式场景，积极落实金融风险化解政策导向，协助困境企业脱困盘活，化解经营风险。

在基建投资方面，公司紧跟国家战略方向，顺应“一带一路”建设、粤港澳大湾区、长江经济带发展等重大发展需要，聚焦城市基础设施、交通、能源等领域，支持各地重点基础设施项目建设，支持国家基础设施建设升级，并为保险资金和机构投资者提供现金流稳定、风险回报合理的金融产品；同时，积极向基础设施资产管理人角色转型，与行业龙头合作，深入挖掘高速公路、风电等领域基础设施股权类资产，积极为客户盘活存量资产、降低总体负债。

在服务信托方面，公司以回归信托本源、支持实体经济为指引，充分发挥受托人角色优势，持续提升差异化服务水平和专业投资能力，打通资金、资产、资本三个市场。通过前瞻布局标品类信托及服务类信托，打造信托行业首个标准化产品中心，推出固定收益、证券投资、家族信托、资产证券化等“拳头”产品，年内向市场供应标准化产品超过 800 亿元。其中，固定收益类业务整体收入同比增长超过 100%，多只产品收益在市场同类产品中排名前 10%；保险金信托规模同比增长近 200%，成功落地国内最大额保险金信托，保单金额达 2.6 亿元。此外，作为国内家族信托和慈善信托发展的开拓践行者，年内家族信托规模同比增长超 100%，成功落地 4 个慈善信托项目，并设立国内首只“消费扶贫 + 精准扶弱”慈善信托。

在私募股权投资方面，公司依托集团战略资源，专注抗周期和高增长的行业，聚焦消费升级、医疗健康、现代服务、高端制造、环保五大领域，完善私募股权投资和管理链条，提供全生命周期、一站式金融服务，为被投企业赋能；依托行业专家团队，积极输出长期积累的专业投资与管理经验，为被投企业提供融资服务、资产管理、财务顾问、并购重组等服务，助力被投企业价值成长；通过投资与平安有协同效应的企业，助力集团全力打造涵盖金融、地产、汽车、医疗和智慧城市的五大生态圈。

本公司（本报告中所称的本公司或公司，均指[illegible]公司；本报告中所称的本集团或集团，则为本公司及其子公司）的主要经营业务。

自营资产运用与分布表

资产运用	金额（万元）	占比（%）	资产分布	金额（万元）	占比（%）
货币资产	353 018.37	10.25	基础产业	—	—
交易性金融资产	1 484 682.46	43.13	房地产业	592 96[illegible]6	17.22
债权投资	592 960.06	17.22	证券市场	—	—
其他权益工具投资	564.91	0.02	实业	456 42[illegible]31	13.26
长期股权投资	765 399.79	22.23	金融机构	2 332 98[illegible]0	67.77
应收股利	35 000.00	1.02	其他	60 09[illegible]0	1.75
其他应收款	158 658.23	4.61			
其他	52 176.35	1.52			
资产总计	3 442 460.17	100.00	资产总计	3 442 46[illegible]7	100.00

注：1. 除特别说明外，本报告中数据均以人民币计量。

2. 资产运用中“其他”项主要包括固定资产、无形资产、递延所得税资产、使用权资产等。

信托资产运用与分布表

资产运用	金额（万元）	占比（%）	资产分布	金额（万元）	占比（%）
货币资产	748 870.30	1.92	基础产业	1 871 8[illegible]62	4.79
贷款	18 678 744.54	47.77	房地产	10 112 4[illegible].77	25.86
交易性金融资产	8 737 840.67	22.34	证券市场	9 805 6[illegible].11	25.08
可供出售金融资产	4 736 084.64	12.11	实业	11 190 7[illegible].66	28.60
持有至到期投资	1 079 304.45	2.76	金融机构	5 664 6[illegible].66	14.49
长期股权投资	274 645.73	0.70	其他	459 8[illegible]51	1.18
买入返售资产	339 399.12	0.87			
其他	4 510 305.88	11.53			
资产总计	39 105 195.33	100.00	资产总计	39 105 1[illegible]33	100.00

8. 内部控制、风险管理、净资本管理

8.1 内部控制

8.1.1 内部控制环境和内部控制文化

公司一贯致力于构建符合国际标准和监管要求的内部控制体系，根据风险状况和控制环境的变化，持续优化内部控制机制。根据国家法律法规及各监管机构的要求，公司以现代国际一流金融企业为标杆，秉承综合金融发展战略，结合经营管理需要，践行“法规 +1”的合规理念，贯彻“目标明确、覆盖全面、运作规范、执行到位、监督有力”的方针，完善内部控制运行机制，着力提高抵御风险的能力，确保公司经营管理合法合规、符合监管要求，促进业务可持续健康发展。公司遵循“以制度为基础、以风险为导向、以流程为纽带”思路，强化内部控制日常化运作机制，持续提升内控工作的水平和效果，为公司持续稳健发展提供保障。

公司根据《中华人民共和国公司法》《中华人民共和国信托法》《信托公司管理办法》《信托公司治理指引》及《企业内部控制基本规范》等国家相关法律法规和公司章程的要求，建立了由股东会、董事会、监事会和高级管理层组成的法人治理结构，形成了权力机构、决策机构、监督机构和管理层之间分工配合、相互协调、相互制衡的运行机制。公司股东会、董事会、监事会均按照相关法律、法规、规范性文件及公司章程的规定，规范有效地运作。公司完善的法人治理结构为公司内部控制目标的实现提供了合理保证。

公司积极开展合规文化建设，为合规管理工作的开展和内部控制建设营造优越的内部环境及合规文化氛围。公司通过员工行为准则，对违纪类型、违纪处理流程等作出明确规定，倡导员工诚信守法、廉洁自律，遵守公司内部规章制度，维护公司形象及社会公共秩序；通过“红、黄、蓝”牌处罚制度体系，对员工违规行为严格惩处，营造良好的内控环境；通过合规手册，明确公司合规管理职责，完善内部控制和风险管理体系；推动员工签署《合规履职承诺函》，从遵法守规、商业秘密、利益冲突等方面规范员工行为，提升员工知法守规意识。此外，公司通过全员大会、宣导专刊、面授培训、知鸟课程等多种形式高频次地开展内控文化宣导，在全公司范围内营造高层垂范、人人合规的良好氛围，增强全员合规内控意识。

8.1.2 内部控制措施

按照相关法律法规、监管规定和内部制度的要求，公司建立了组织架构完善、权责清晰、分工明确、人员配备精良的内部控制组织体系。公司董事会负责内部控制的建立健全和有效实施，董事会下设审计委员会，负责监督、审查、评价公司内部控制的实施情况，协调内部控制审计及其他相关事宜；监事会负责对董事会建立与实施的内部控制进行监督，对公司管理层履职情况进行检查监督。2020 年，公司持续加强业务及职能部门直接承担管理、法律合规部门统筹推动支持、稽核监察部门监督检查审计“三道防线”的分工与协作，强化工作衔接与信息共享机制，有效地实施内部控制，实现内部控制“促管理、促发展、促效益”的目标。公司持续优化内控治理结构，完善操作风险与内控管理、关联交易管理、反洗钱管理、授权管理、绩效考核管理、消费者权益保护管理、员工行为管理等机制，持续优化公司内部控制政策、框架、流程、系统及工具标准，提升管理水平，并加强高风险事件管控，防范系统性风险及风险传递，落实合规内控考核，进一步促进内部控制有效实施。2020 年，公司继续贯彻落实《企业内部控制基本规范》及配套指引的相关要求，积极开展内控评价工作，如期完成公司层面控制、信托管理、财务管理与信息技术控制等流程的内控自评工作；同时，公司持续关注业务的合规发展和内部控制，通过有效识别、评估以防范和化解内控风险，为公司的稳健经营提供保障。

8.1.3 信息交流与反馈

公司不断建立完善信息交流与反馈制度，包括内部信息交流及报告与披露。

公司建立了顺畅、双向的内部信息交流制度。公司开通各种信息交流渠道，通过公司公文、公告、制度库等传递和获取信息；充分利用信息技术，通过网络、移动互联、视频会议、电话会议、邮件等方式在公司内部传递信息，确保能够将决策层的战略、政策、制度及相关规定等信息及时传达给员工；加强对信息系统开发与维护、访问与变更、数据输入与输出、文件储存与保管、网络安全等方面的控制，保证信息系统安全稳定运行；通过重大事项报告制度，以及内部信息反馈机制让员工将业务经营、内部控制、风险管理中存在的问题及时向各级管理层报告，促进部门间、部门内部协调高效运作。同时，公司强调信息沟通在反舞弊工作中的作用，通过教育预防、制度保障、检查监督的方法预防、发现、惩戒舞弊行为。

报告与披露侧重于公司与外部的信息交流与反馈，公司先后制定了关联交易管理制度、声誉风险管理制度、信息管理制度、新闻管理制度、互联网管理制度等信息披露和报告管理制度。公司设置专门部门负责对内对外的信息整合与发布、媒体关系管理及危机管理，确保了及时、真实、完整地向监管部门和外界披露相关信息，确保公司与外部投资者、客户、中介机构等有关方面之间进行有效交流，也确保了信息交流过程中发现的问题及时得到解决。

8.1.4 监督评价与纠正

公司已形成事前、事中与事后“三位一体”的风险管理和监督评价体系，对业务环节和经营管理进行持续性的全方位、全过程的监督、评价与纠正。2020 年，公司全面完成内部控制检查评价计划，符合《企业内部控制基本规范》等监管规定和公司完善治理结构、强化内部控制体系建设的总体要求。

事前监督主要从制度建设、制度与流程检视与完善、风险信息收集、识别与监测整合等方面展开，对公司的内部控制进行事前管理；事中监控包括风控部评审团队和法律合规团队的业务评审、风险管理团队和资产监控团队的业务监控、业务部门及投后管理团队的持续监控；事后监督通过常规稽核、专项稽核、离任稽核、信访调查等模式发现、评估公司经营中存在的制度和流程执行缺陷，并建立规范的后续整改跟踪程序确保改进措施得到落实，有效提升公司的内控水平。

8.2 风险管理

8.2.1 风险管理概况

自 2020 年以来，在调控周期叠加经济周期的背景下，加上新冠肺炎疫情的冲击，信托行业发展面临新的挑战。在此背景下，公司紧密围绕整体转型布局，秉持风险引领业务的理念，深

入优化风险管理体系，持续完善风险治理架构，实现对各风险类型的全归口管理和全面覆盖；严格落实监管要求，强化主动管理能力，严控资产质量，严守风险合规底线，助力业务转型发展。

2020 年，公司全面风险管理体系保持稳定运作，依托清晰的风险管理职责分工和报告路径，各项风险管理工作有序开展。公司风险治理架构涵盖董事会及其下设的董事会风险管理委员会、管理层及全面风险管理委员会、风险管理职能部门、各业务部门四个层级。各业务部门、风险管理职能部门、稽核监察部门构成公司风险管理的“三道防线”，形成多层次、相互衔接、有效制衡的运行机制，持续、有效地监控和管理公司面临的各类风险。

公司风险管理职能部门按照具体工作职责划分评审、资产监控、法律合规及风险管理等，其中评审负责业务投前评估审核，充分研究及分析业务风险，前端管控；资产监控负责业务投中及投后的监控及处置，严格落实业务投后管理；法律合规负责对业务的合规性，以及相关的法律事项进行把控，保障公司各项业务在符合监管要求的前提下合规展业；风险管理负责对交易对手信用评级、风险政策的制定以及风险管理相关系统的维护等。

报告期内，公司结合整体战略导向，建立了以资本风险、信用风险、市场风险、流动性风险、合规操作风险（含运营风险、信息科技风险、关联交易风险、其他操作风险）、声誉风险六大核心维度为框架的风险偏好体系，持续做到保持充足的净资本，维持合理的资产质量水平，确保市场风险可承受，保持充裕的流动性，遵守监管各项管理规定，维护公司良好的声誉，提升运营风险识别及防范能力，保障公司信息系统安全稳定等。为推动风险偏好体系在公司决策管理中的应用，体现差异化动态管控措施，强化风险的主动识别与防范，提升风险管理水平，公司制定了风险限额管理方案，涵盖区域限额、行业限额及交易对手限额等维度，通过限额管控，有效管理各类业务风险敞口，确保业务风险可控、可承受。

此外，公司持续优化定期汇报机制，强化风险信息的传递与沟通，保障管理层深入、全面了解各项业务开展情况及面临的风险状况，提前采取有效措施应对，严守风险。同时，进一步提高业务与资产信息透明度，加强内部宣导，“横向到边、纵向到底”，推动覆盖“投前、投中、投后”的全员参与及全流程管控。

8.2.2 风险状况

8.2.2.1 信用风险状况

信用风险是指交易对手未能履行合同所带来的经济损失。公司主要表现为：在信托贷款、资产回购、后续资金安排、担保、履约承诺等交易过程中，借款人、担保人、保管人（托管人）等交易对手不履行承诺，不能或不愿履行合约承诺而使信托资产或自有资产遭受潜在损失的可能性。

信托业务的信用风险主要来自融资类信托业务。报告期内，公司顺利完成 147 个融资类信托项目的终止清算，分配信托本金 788.62 亿元，实现了信托业务的预期目标，履行了受托人的尽职管理职责。

固有业务信用风险主要来自固定收益类资产。公司结合各项固有资产性质、日常监测情况和风险项目专项排查结果，对所有资产是否存在减值迹象及其可回收金额进行逐一检视。报告期末，公司固有业务信用风险资产按照资产五级分类结果为：正常类资产为 324.29 亿元；关注类资产为 12.67 亿元；次级类资产为 0；可疑类资产为 1.84 亿元；损失类资产为 0.18 亿元。公司不良资产期初余额为 2.18 亿元，期末余额为 2.02 亿元。

此外，公司依据《信托公司管理办法》，信托赔偿准备金按照净利润 5% 提取，报告期公司提取信托赔偿准备金 1.54 亿元，期末余额为 15.07 亿元；公司依据财政部《金融企业准备金计提管理办法》，报告期计提一般风险准备金 0.88 亿元，期末余额为 4.69 亿元；公司按照会计准则要求计提各项资产的减值损失准备，报告期计提资产减值准备 1.86 亿元，核销减值准备 0.22 亿元，期末余额为 4.11 亿元。

对于保证贷款管理原则主要是通过建立健全保证担保管理制度，恰当选择保证担保方式，完善保证担保手续，规范保证担保合同内容，强化贷后管理，实现保证担保债权，提高贷款的安全及流动性。

对于抵押品的确认遵循合法性、有效性、审慎性、从属性等主要原则，包括押品管理应符合法律法规规定，确保抵押品合法；抵（质）押担保手续完备，押品估值合理并易于处置变现，具有较好的债权保障作用，确保抵押品有效；充分考虑押品本身可能存在的风险因素，动态评估押品价值及风险缓释作用，审慎管理抵押品；抵押品缓释信用风险以全面评估债务人的偿债能力为前提。

同时，根据每笔信托业务的情况，内部合理设定抵押品及贷款本金之比，确保贷款本息与抵押品评估价值在一定的合理范围，充分缓释业务的信用风险。

8.2.2.2 市场风险状况

市场风险是指由于市场价格或利率波动而导致的对金融工具的资产价值产生负面波动的风险。公司所面临的市场风险主要是指由于市场价格，如利率、股票价格、债券价格等波动而造成的信托资产损失的风险。报告期内，公司严格依据信托合同进行投资运营，确保各项风险控制措施有效执行，有价证券投资类信托产品整体运行平稳。

此外，公司固有业务未投资二级市场证券，报告期末，因股价、市场汇率、利率及其他价格因素变动而产生的风险极小，对公司的盈利能力及财务状况无重大影响。

8.2.2.3 流动性风险状况

流动性风险是指公司短期内金融资产的流动性不确定变动，或资金周转困难无力偿付到期负债而造成损失或破产的风险。公司对流动性风险持续保持高度重视，坚持全面、前瞻、效益、合规、审慎五大原则，从风险识别、风险计量、风险监测、风险控制四个维度入手，落实流动性风险预警机制，强化流动性应急能力，推动落实各项管控措施，确保公司稳健经营。报告期内，公司流动性波动平稳，风险可控，无重大流动性风险事件发生。

8.2.2.4 操作风险状况

操作风险是指由不完善或有问题的内部程序、人工和信息科技系统，以及外部事件所造成损失的风险。报告期内，公司不断完善制度管理、加强流程规范，并强化监督问责机制，操作风险得到有效防控和控制。

8.2.2.5 其他风险状况

公司面临的其他风险包括运营风险、声誉风险、信息科技风险、关联交易风险等。报告期内,公司通过差异化管控措施,严控其他各类风险,未出现重大风险事件。

运营风险是指在覆盖整个价值流程中任何由于在操作流程、人员及跨部门协作的不足或失误而引致的风险损失。

声誉风险是指由公司经营、管理及其他行为或外部事件导致利益相关方对公司负面评价的风险。

信息科技风险是指信息科技在公司运用过程中,由于自然因素、人为因素、技术漏洞和管理缺陷产生信息安全事件和信息系统故障的风险。报告期内,公司信息科技风险监测指标均达标,未发生重大信息安全和信息系统故障事件。

关联交易风险是指公司在关联交易控制过程中,由于关联方界定不准确、关联交易定价不合理及关联交易活动中断等原因导致的各种风险。

8.3 风险管理

8.3.1 信用风险管理

公司持续完善信用风险的管理架构,规范投融资业务管理流程,及时出台配套的管理制度,完善制度体系;根据外部环境变化适时调整风险策略,明确风险策略重点支持领域,加强风险管理的前瞻性和引领性;加强量化管理工具应用,提高精细化管理水平,树立风险与收益匹配意识;梳理投后管理各项操作流程、完善修订投后管理规章制度办法;搭建统一的投后管理平台,做到"统一台账管理、统一账户监管、统一系统管理和统一信息披露";对全产品线实行分类管理和全流程监控,遵循实质重于形式原则制定标准化管控流程和风险监控方案;推行统一的投后闭环信息管理平台,实现从风险资产识别、上报、预案到风险处置和履职排查的标准化流程管理,具体如下。

在信用风险防控方面,平安信托对于项目的甄选有着严格的准入标准,明确了投融资业务在行业选择、客户选择、信用评级、项目选择、投融资商业逻辑及合理规模、区域选择、担保方式、具体风控措施等各方面要求。在信用风险跟踪及监控方面,平安信托通过定期及日常跟踪分析宏观及微观经济情况、各行业动态、国家及监管政策、交易对手情况、区域市场情况,动态梳理主要行业项下的交易对手合作名单、区域市场展业要求。在抵押品方面,平安信托主要选择流动性较高且不存在产权瑕疵的不动产作为抵押品;在抵押率方面,为审慎控制信用风险、保护信托投资人权益,平安信托以抵押物评估净值作为抵押率分母,并根据区域市场体量及市场活跃度、抵押品业态及流动性,核定可接受的不同抵押率。

在投前审查方面,平安信托不断优化审批流程及机制,持续优化尽调、评审报告模板;决策阶段建立项目集中审议制及分级授权制;项目投中实行双人核实,集中审查,即合同面签、抵(质)押登记与权证领取等流程均双人完成,并实行放款审查集中管理。建立与完善健全科学、有效的风险信息监测及预警机制;项目投后公司进一步完善健全科学、有效的风险信息监测及预警机制,加强信用风险防范意识,强化技术手段运用,提升项目投后日常监控的质量,进一步增强风险抵御能力,加强及时性和前瞻性,尽职履责。对存在潜在风险项目,尤其是受疫情冲击严重行业潜在风险项目,进行动态跟踪和过程管理,及时进行风险预警与信息上报,并推动风险在可控范围内提前化解,如通过第三方融资置换、引入大交易对手收购标的资产、设立投资基金、追加增信措施等多手段缓释或化解风险,保障公司稳定运营。

在风险与收益匹配方面,公司继续完善量化管理体系,有效运用量化管理工具,逐步推进信用评级在风险准入、投后管理、风险计量等方面的应用,采用科学定量方法,为保证业务决策工作的准确度和一致性提供有力的支持。

在风险处置方面,持续借鉴同业、银行、金融资产管理公司、律师事务所等机构在不良资产管理和处置方面的优秀做法和经验,结合自身不良资产的特点,根据具体情况,设立风险专项处置小组,综合采取直接催收、诉讼清收、债权转让、引入第三方接盘、公证强制执行、债务和解、债务重组、处置担保物及查封物等综合措施化解项目风险;同时尝试收购标的资产、委托中介机构清收、设立不良资产投资基金等创新手段处置不良资产。

8.3.2 市场风险管理

本年度公司持续完善与风险管理战略相适应的市场风险管理体系,优化制度、限额管理、业务流程、监控报告及日常管控流程,提高市场风险管理的针对性和有效性。公司制定了市场风险相关管理制度作为我司市场风险管理的纲领性文件,并结合业务发展需求及管理层风险偏好,建立健全投资集中度、组合久期、投资规模等限额管理体系。在日常管理中,加强对宏观经济及市场走势的预判,并根据市场形势变化适时调整投资节奏、产品久期,及时跟踪市场舆情及风险事件,监控市场利率变动及限额执行情况,积极应对市场波动风险。同时,建立定期汇报机制,及时向公司管理层汇报公司整体及各业务部门的市场风险状况及变化情况。

公司从管理层和投资者能够承担的风险出发,通过对市场行情的跟踪研究,对于可能出现的风险事件,也建立了相应的内外部风险处置流程。设定合理的情景,对资产组合进行利率压力测试,以把握不同市场行情下资产风险敞口大小,并据此向投资者充分披露。

8.3.3 流动性风险管理

本年度公司进一步完善流动性风险管理体系,坚持全面性、审慎性、前瞻性、合规性等原则,从风险的有效识别、计量、监测及控制方面细化管理程序,采取合理的流动性风险管控手段。

公司根据业务发展需要,以流动性稳定为目标,合理优化流动性风险偏好,完善监测指标及限额监控,持续做好动态资产负债业务规划及日常现金流管理。同时,公司持续强化流动性风险预警和信息传递机制,对流动性风险实施分级预警,成立应急小组制定应急预案,定期开展流动性应急演练,确保应对紧急情况下的流动性需求。

公司持续完善公司和产品层面的流动性压力测试体系,综合考量信用、市场、操作等风险因子,检视流动性风险隐患,并对模型假设、参数、比例等进行了优化,以合理地检测公司固有和产品的流动性承压能力,并根据压力测试结构制订相应应急计划,强化流动性的应急管理。此外,继续完善流动性风险报告体系,保障信息传递的准确性、有效性、及时性,灵活针对市场变动储备有效的应急措施。

面对疫情蔓延带来的流动性压力，公司以防范意识为先导，主动通过一系列对流动性风险预警、管控及应急措施上的改进和加强，确保了全年流动性的平稳运营。同时，有效提升了资金运营效率，实现公司流动性风险管理转型升级。

8.3.4 操作风险管理

公司持续落实监管规定及公司操作风险管理策略，以现行合规管理及内部控制体系为基础，整合监管及行业关于操作风险管理的先进标准、方法和工具，优化操作风险管理架构，完善操作风险管理制度，加强各部门配合与协作，确立日常监测与报告机制，定期向管理层汇报操作风险整体情况；运用操作风险三大工具，从事前、事中、事后三个维度进行风险监控与数据分析；推动开展年度操作风险与控制自我评估，全面检视及优化重要业务流程；针对高风险事件开展专项检视，防范、化解业务风险；同时建立了常态化与专题化相结合的宣导机制，持续提升操作风险管理的有效性及水平。

公司主要通过以下机制和措施管理操作风险：

一是建立健全公司操作风险识别、评估、监测、控制、缓释、报告的全面管理体系。

二是持续优化公司操作风险管理政策、框架、流程、系统及工具标准，提升操作风险管理水平。

三是优化并推动各业务职能部门运用实施操作风险管理工具，如风险与控制自我评估、关键风险指标、操作风险损失事件收集。

四是关键风险领域开展专项排查检视。

五是通过开展操作风险管理方面的培训倡导，推动操作风险管理文化建设。

8.3.5 其他风险管理

运营风险方面，持续提升运营线上化、智能化水平，优化系统平台，切实控风险、提效率、延服务，不断完善公司运营风险管理体系，提升运营风险管理能力。基础运营风险管理上，统筹运营范畴内各流程风险点及管控措施梳理，更新指标体系，完善制度平台，优化系统预警功能，提升运营风险事前识别、事中管控能力。持续推进系统化建设，通过开展产品创设流程升级、监管报送平台优化、信批管理平台优化、合同要素智能化等项目控制操作风险，全面提升运营服务品质。同步积极参与运营风险管理规则制定，协助明确运营风险管控依据；在消保客诉管理上，管理逐步体系化、深入化，通过健全消保体系、完善考核机制、消保审核环节嵌入业务流程、消保风险预警预案及投诉智能化管理等系列举措实现消保管理模式升级。制作“平信科普绘”特色系列漫画并通过官方网站、微信公众号等多渠道宣传，同时开展“3·15”金融消费者权益宣传周活动、防范非法集资系列宣传等，强化公司消费者保护及客户投诉管理工作。同时，全面统筹协调相关风险项目客诉应对工作，有效支持业务团队缓解客诉压力。

声誉风险方面，公司重视声誉风险管理，将其纳入公司全面风险管理体系，提升声誉风险主动管理能力。报告期内，公司严格规范声誉风险管理处理流程，形成覆盖事前、事中、事后全流程的工作响应机制，包括风险排查、分析研判、制作预案、风险整改、舆情应对、声誉修复等环节。公司在声誉风险管控上不断强化，整体风险可控，实现平稳过渡；同时，公司组织多次声誉风险排查，拟定预警应对方案，有效防范负面舆情，年内未出现重大声誉风险事件。

信息科技风险方面，公司持续完善信息安全和 IT 运营管理，保障信息系统安全、持续、稳健运行。为进一步加强信息安全管理，公司完善了信息及数据安全管理制度和管理委员会章程，并强化监督审计和培训宣导工作，在日常工作中营造“信息安全，人人有责”的氛围。报告期内，公司圆满完成了广东省攻防演习和深圳经济特区成立 40 周年网络安全保障任务，顺利通过了 ISO 27701 隐私信息管理体系认证和信息系统等级保护测评。同时，公司牵头的《信托公司信息安全管理建设研究》课题报告获评深圳经济特区金融学会优秀论文三等奖。为进一步加强 IT 运营管理，公司优化了运维管理制度，规范了信息系统运营流程，针对系统情况进行实时监测预警、快速响应、及时处理、追踪通报、优化改进，保障稳定运行。公司采用异地远程灾备模式，以保证关键信息系统能够在重大灾难发生后，在一定的时间内恢复必要的处理能力，保障业务连续性。

关联交易风险方面，2020 年，公司按照监管要求持续完善关联交易管理体系，健全关联交易运作机制。按照监管规定，公司定期开展关联方清单更新工作，为关联交易管理提供基础信息，并及时报送监管机构。在系统优化方面，进一步优化关联交易管理平台功能。在报告机制方面，梳理公司 2020 年关联交易情况和关联交易管理制度执行情况。2020 年公司未出现关联交易风险状况。

9. 信托业务创新成果和特色业务情况

公司在传统业务稳健发展的基础上，积极开展创新与特色业务。

9.1 创新转型卓有成效

2020 年，公司加强创新体系化建设，多举措鼓励支持创新，产品创新、项目创新不断涌现，全员创新氛围浓厚，创新成为公司转型的新动能。公司通过设立创新产品委员会、产品创新敏捷小组、公司创新研究平台、创新工作坊及举办创新评奖赛事等体系化推动创新业务。

同时，作为公司创新另一亮点的数字化运营在行业中已具备领先优势。资金平台上线，打造信托一站式平台，产品流程全面升级；智慧风控实现入口统一、集中审批、全流程覆盖，审批效率明显提升。

截至 2020 年末，公司累计认定创新产品和项目 30 个，12 个团队获得了公司授予的创新评奖，家族信托、回收投资、风控、运营等多个团队的创新项目获得了以《中国证券报》为代表的多个媒体平台的创新奖项。

9.2 特色转型成绩斐然

2020 年，公司深化特色化建设，特色化团队培养成果显著。通过孵化、培育、扶持、认定等一系列体系化工作流程，推动各业务团队差异化定位、特色化发展、专业化赋能，打造公司创新转型的排头兵，利润增长的基柱石。截至 2020 年末，公司已认定云计算、商业地产、高速公路投资、跨境投行等 17 个专业团队，同比增长翻番。

未来，平安信托将在平安集团“金融 + 科技”“金融 + 生态”领先战略和“特殊资产+”指引下，继续在信托业务领域锐意进取，开拓创新，为客户提供更加专业化、多元化的金融服务，切实助力实体经济高质量发展、服务现代金融体系建设和满足人民群众美好生活需求。

10. 消费者权益保护工作

2020年，是平安信托深入贯彻落实《中国银保监会关于银行保险机构加强消费者权益保护工作体制机制建设的指导意见》(银保监发〔2019〕38号)文件精神的一年，也是平安信托积极围绕消费者权益保护理念有序推动各项工作的一年。在这一年，平安信托全力构筑金融消费者权益保护管理体系，搭建完成了权责清晰、顺畅高效的消保工作机制，通过健全制度流程体系、建立消保全流程审查、加大金融宣教、提倡科技赋能消保、提高投诉处理水平，以履行社会义务的责任感和使命感。

10.1 完善消费者权益保护工作制度体系

根据监管要求和市场变化，平安信托对消费者权益保护制度进行全面检视和梳理，修订制度1个，即《客户投诉管理办法》；新增制度2个，包括消保审查管理制度、信息安全管理制度。同时，为明确信托消费者保护委员会在消费者权益保护工作中的职责，确保各项工作有效实施，实现消费者权益保护工作目标，修订并审议通过了《董事会信托与消费者权益保护委员会议事规则》。

10.2 消保全流程审查

严格按照《消保审查管理办法》中各部门消保审查的要求，对面向消费者提供的产品和服务开展消保审查工作，审查范围覆盖了产品售前、售中、售后的全流程生命周期。确保从产品开发的前端审核、到产品运营过程中的风险预警，再到后续投诉处理的全流程管理机制得以有效实施。

10.3 加强金融消费者权益保护宣传教育

平安信托坚持将金融消费者教育与金融消费者权益保护目标相结合，建立宣传活动常态化、系统化机制。“3·15”消保宣传周期间，通过“一次消保线上直播课堂+一系列金融消费者保护主题漫画+一次微信线上活动(漫画答题+H5互动)”提升信托投资者的消保意识；2020年6月，开展“保护好钱袋子”的宣传月活动，揭示非法集资的特征和危害，切实做好银行业保险业防范非法集资宣传教育工作。2020年9月，积极响应监管号召，举办“金融知识普及月 金融知识进万家”系列宣传活动，有效结合线上传播和线下宣导，提升金融消费者的金融知识水平和金融技能，引导广大金融消费者弘扬金融正能量。

为提升员工消费者权益保护意识，引导员工发挥好“前哨”作用，邀请消促会、公安局维稳处、律所律师、应诉专家就投诉应对、纠纷处理、法律法规等内容做专项面授培训。同时，为了避免进入消费者权益保护认知误区，于12月组织全员学习“你是韦小宝嘛？(伪消保)”的线上课程，并完成了相关考试，通过率达100%。

10.4 发挥“科技+金融”优势，赋能消费者权益保护工作

为加强金融消费者权益保护监督管理，进一步规范消费者投诉管理，提前预测可能出现的投诉风险，做好相应的处置和应对预案，平安信托依托开发了预警看板和投诉看板。通过预警看板，便于公司在源头上加强项目管理、跟踪和监测，也为后续管理者处理投诉客户时的决策提供了依据；投诉看板则直观展示了公司客户投诉数量、来源、原因、投诉产品类型占比等内容。两大看板的落地实现了“投诉指标一应俱全、投诉情况一网打尽、消保风险一目了然”，标志着公司消保工作向智能化管理迈进了一大步。

10.5 投诉处理情况

2020年，平安信托通过400客服热线、监管机构、书面投诉函等方式接收到投诉23笔，较2019年下降了47%，投诉客户多分布在上海、青岛、杭州等地，主要是因产品收益不达预期或者亏损，以及产品延期支付引发的投诉。收到投资人投诉后，平安信托相关团队积极与投资人联系、了解诉求、安抚客户情况，确保消费者投诉的问题能够在第一时间内得到有效控制和处理，件件有落实，事事有回声。

平安信托十分重视投诉数据分析，密切跟踪消费者投诉情况，针对集中投诉事项、快速增长投诉事项、重复投诉事项等指标进行持续监测，深入分析成因，准确查找产品缺陷及服务短板，严格督促各责任部门进行落实整改。

11. 社会责任履行情况

11.1 发挥党委政治引领作用

报告期内，公司高度重视党建工作，充分发挥党委政治引领与政治核心作用：在架构设置中，完成平安信托基层党支部的重组、设立纪检监察室，保证党委、纪委各项工作顺利进行，始终沿着党委工作路线；在日常管理中，第三届党委委员与公司经营班子实现“双向进入、交叉任职”的要求，全年召开十八次党委委员会议，通过党委会审议公司“三重一大”重要事项，确保将党的理论路线、方针政策和上级党组织要求贯彻到公司经营管理过程中，促进公司持续、健康、稳定发展；在党员支持防疫工作中，由信托党委发起党员员工进行捐款，共计向湖北地区捐款433 614.66元，充分发挥党员的模范带头作用。

11.2 践行ESG责任投资服务实体经济

2020年，平安信托积极践行ESG责任投资理念，聚焦中西部民生项目、健康、环保及现代制造等重点行业，全年累计投入实体经济规模近3 000亿元，助力实体经济高质量发展。同时，公司发挥专业优势，以股权投资、慈善信托等方式参与平安集团“三村工程”建设，新增产业扶贫金额超5亿元，助力西藏、内蒙古、陕西等省份贫困区域经济发展，为贫困地区引入金融“活水”。过去5年，平安信托累计投入实体经济规模超过1.5万亿元。

11.3 助力国家精准扶贫

面对新冠肺炎疫情，平安信托主动探索“智能化服务对接、线上化运营作业”新模式，在行业内率先推出信托项目远程尽职调查、远程面签、资金资产在线撮合等创新举措，快速高效为实体经济提供超过476亿元资金，全力保障实体企业的金融服务需求；同时，平安信托积极响应“三村扶贫工程”号召，报告期内通过购买扶贫农产品等方式，助力全国24个扶贫点产业发展，涉及扶贫金额240余万元，为全国决战决胜脱贫攻坚贡献力量。此外，平安信托开创了TOC“信托＋慈善”（Trust of Charity）企业责任实践模式，先后成立两只“疫情专项慈善信托”，助力疫情防控；设立国内首只“消费扶贫＋精准扶弱”慈善信托，在帮助贫困农户扩大销售的同时关爱弱势困难群体；公司积极响应习近平总书记对食物浪费做出的重要指示，率先设立国内首只以“减少食物损耗与浪费、倡导健康饮食”为公益目的慈善信托，倡导绿色生活方式，践行科学健康消费，推动中国社会可持续发展；在深圳经济特区成立40周年之际，平安信托受托设立国内首只慈善共同基金信托，年内成立3只基金累计规模达3.07亿元；成功举办深伦双城社会影响力金融创新实践展示论坛，打造“社会影响力金融”的平安样本，向全球展示以金融软实力破解社会硬难题的平安实践。

11.4 重视文化驱动培育信托文化

2020年是全行业信托文化建设工程开局之年，也是“信托文化教育年”。秉承守正、忠实、专业的受托人内在要求，平安信托坚持以受益人合法利益最大化为目标，以更好地服务实体经济高质量发展和满足人民群众对美好生活的向往为使命，建立信托文化建设领导执行小组，从公司治理、风险防控、客户服务、理念文化等多方面发力，将信托文化建设贯穿到业务发展的各个环节，做好了信托文化建设的“顶层设计”。

在风险管理方面，公司构筑合规经营文化、优化风险管理体系、建立全面风险管理，从事前、事中、事后三个阶段加强风险管控，同时依托平安集团科技优势，搭建资产全流程风控一站式平台，实现闭环风险管理，有效防范和化解客户投资风险，保护投资者利益。在消费者权益保护方面，通过“3·15”消保普及日、“金融知识进万家”消保宣传月及公司“员工户外拓展活动”等契机，积极开展投资者教育及金融知识普及宣传活动，其中“3·15”联合平安银行、中国经济网举办的“信托消保大讲堂”，超过110万人在线观看，有效帮助投资者树立正确的投资理念。在理念文化塑造方面，公司通过自我痛点排查、文化诊断、理念及流程塑造等形式，规范员工日常行为，引导员工树立正确的人生观、价值观和利益观，其中，公司全年推出共识系列、融合系列、关爱系列三大主题活动，增进员工信任交流及共识达成；邀请第三方开展文化诊断，全员参与查找公司文化痛点，并针对性开展改进提升；推出“无止之境、阅见平安”系列读书会活动，树立员工懂文化、重自省、强实践工作作风。

11.5 倾听员工心声、解决员工诉求

报告期内，面对新冠肺炎疫情非常时期，公司以保障员工健康安全及倾听员工心声为方向，重点解决员工诉求，提升员工凝聚力、归属感与安全感。基层员工层面，公司组织各部门代表“倾听心声”沟通会，从需求痛点、难点、热点出发，更好地倾听各部门员工需求心声，加强与各部门的连接与沟通；疫情防控层面，全年为员工申请疫情防控物资210万元，共计15.6万份、22款防疫产品，为公司全员提供了安全保障，帮助员工解除忧虑，顺利复工；工会平台层面，以“健康生活 快乐工作”为宗旨，围绕员工身心健康开展了12场主题活动，并通过创新、轻松有趣、多元化的主题活动，让员工感受到2020年工会的不一样，深受员工喜爱和好评；组织召开了“平安信托第八届工会委员会和经费审查委员会换届选举”大会，保证工会工作的顺利开展。

12. 公司治理

12.1 股东

报告期末公司股东总数为2个。

股东名称	持股比例（%）	法定代表人	注册资本（亿元）	注册地址	主要经营业务及主要财务情况
★平安集团公司	99.88	马明哲	182.80	深圳市	投资金融、保险企业；监督管理控股投资企业的各种国内、国际业务；开展资金运用业务；2020年末其资产总额为95 278.70亿元。
上海市糖业烟酒（集团）有限公司	0.12	黄黎明	5.54	上海市	食品贸易，产业投资与管理，现代服务业等；2020年末其资产总额为127.42亿元。

注：★为公司最终实际控制人。

报告期内，公司股东及持股比例未发生变化。

报告期末，公司股东及其控股股东、实际控制人、一致行动人、最终受益人情况如下。

股东名称	该股东的控股股东	该股东的实际控制人	该股东的一致行动人	最终受益人
平安集团公司	无	无	无	平安集团公司
上海市糖业烟酒（集团）有限公司	光明食品（集团）有限公司	光明食品（集团）有限公司	无	上海市糖业烟酒（集团）有限公司

报告期末，平安集团公司的关联方情况详见公开挂网的《中国平安保险（集团）股份有限公司2020年年度报告》。

报告期内，公司股东无出质公司股权情况。

12.2 董事

董事长、副董事长、董事

姓名	职务	性别	年龄（岁）	选任日期	所推举的股东名称	该股东持股比例（%）	简要履历
姚贵平	董事长	男	59	2019年8月	平安集团公司	99.88	2007年加入平安集团，现任平安信托董事长；高级会计师，获得湖北教育学院经济管理专业学士学位。
宋成立	副董事长	男	59	2016年11月	—	—	1992年12月加入中国平安，2003年7月加入平安信托；现任本公司副董事长、总经理，获青岛海洋大学经济学硕士学位。
姚　波	董事	男	49	2007年12月	平安集团公司	99.88	2001年5月加入中国平安；现任平安集团公司执行董事、联席首席执行官、常务副总经理、首席财务官、总精算师，曾任职德勤会计师事务所精算咨询高级经理，获美国纽约大学工商管理硕士学位。
李　锐	董事	男	49	2018年12月	平安集团公司	99.88	2017年10月加入平安集团；现任平安集团财务总监兼财务部总经理，获美国明尼苏达州立大学工商管理硕士学位。
高　鹏	董事	男	43	2015年2月	平安集团公司	99.88	现任平安集团公司人力资源中心薪酬规划部总经理，获浙江大学金融学学士学位。
沈建厅注	董事	男	57	2018年12月	上海市糖业烟酒（集团）有限公司	0.12	2017年11月起任上海市糖业烟酒（集团）有限公司财务总监，获中国人民解放军空军政治学院经济管理专业本科学历。
孟庆崴注	董事	男	46	2020年11月	上海市糖业烟酒（集团）有限公司	0.12	2020年4月起任上海市糖业烟酒（集团）有限公司财务部副总经理，获上海财经大学会计专业本科学历。

注：2020年9月7日，公司2020年第一次临时股东会选举孟庆崴为公司董事；2020年11月20日，孟庆崴任职申请获得监管批复同意，沈建厅不再担任公司董事。

独立董事

姓名	所在单位及职务	性别	年龄（岁）	选任日期	所推举的股东名称	该股东持股比例（%）	简要履历
曲毅民	退休	男	65	2014年12月	—	—	曾供职于中远集团、远洋地产，并曾担任平安集团、招商银行、华泰保险等多家公司董事，高级会计师，大专学历。
李祥军	中勤万信会计师事务所执行合伙人	男	58	2017年3月	—	—	现任中勤万信会计师事务所执行合伙人，并担任中国并购公会（全联并购公会）副会长、深圳市企业战略理财研究会会长等社会职务。
陈　勇	上海海高咨询有限公司董事总经理	男	57	2015年3月	—	—	现任上海海高咨询有限公司董事总经理；曾供职于伯林翰律师事务所、美国Navios公司，获纽约州立大学海运学院理学硕士学位。

12.3 监事

监事会成员

姓名	职务	性别	年龄（岁）	选任日期	所推举的股东名称	该股东持股比例（%）	简要履历
胡剑锋	监事会主席	男	43	2017年4月	平安集团公司	99.88	现任平安集团稽核监察部总经理。
方渭清	监事	男	43	2010年12月	职工代表	—	现任本公司稽核监察部总经理。
孔祥云	外部监事	男	66	2019年11月	—	—	曾供职于江西财经大学、江西华财大厦实业投资公司、中国投资银行深圳分行、平安银行深圳分行，并担任振业集团、长盈精密、海能达等多家公司董事。

12.4 高级管理人员

报告期末，公司在职高级管理人员情况如下：

姓名	职务	性别	年龄（岁）	选任日期	金融从业年限（年）	学历	专业	简要履历
宋成立	副董事长兼总经理	男	59	2016年11月至2017年5月	28	硕士	企业管理	2003年7月加入平安信托，1992年12月加入中国平安；现任本公司副董事长、总经理。
戴　巍	副总经理	男	54	2019年11月	37	硕士	经济学	2019年7月加入平安信托，2015年7月加入平安银行；现任本公司副总经理。
李宇航	副总经理	男	50	2017年9月	24	硕士	工商管理	2010年1月加入平安信托，1996年9月加入中国平安；现任本公司副总经理。
张中朝	总经理助理	男	42	2019年11月	17	硕士	金融学	2019年8月加入平安信托，2017年1月加入平安银行；现任本公司总经理助理。

12.5 公司员工

报告期末，公司职工人数为682人，平均年龄达35岁，其中博士学历占1%、硕士学历占47%、本科学历占49%、其他学历占3%。

13. 会计报表

13.1 自营资产

13.1.1 会计师事务所审计结论

审计报告

普华永道中天审字〔2021〕第20244号

平安信托有限责任公司董事会：

一、审计意见

（一）我们审计的内容

我们审计了平安信托有限责任公司（以下简称平安信托公司）的财务报表，包括2020年12月31日的合并及公司资产负债表，2020年度的合并及公司利润表、合并及公司现金流量表、合并及公司所有者权益变动表，以及财务报表附注。

（二）我们的意见

我们认为，后附的财务报表在所有重大方面按照企业会计准则的规定编制，公允反映了平安信托公司2020年12月31日的合并及公司财务状况及2020年度的合并及公司经营成果和现金流量。

二、形成审计意见的基础

我们按照中国注册会计师审计准则的规定执行了审计工作。审计报告的“注册会计师对财务报表审计的责任”部分进一步阐述了我们在这些准则下的责任。我们相信，我们获取的审计证据是充分、适当的，为发表审计意见提供了基础。

按照中国注册会计师职业道德守则，我们独立于平安信托公司，并履行了职业道德方面的其他责任。

三、其他信息

平安信托公司管理层对其他信息负责。其他信息包括平安信托公司2020年年度报告中涵盖的信息，但不包括财务报表和我们的审计报告。

我们对财务报表发表的审计意见不涵盖其他信息，我们也不对其他信息发表任何形式的鉴证结论。

结合我们对财务报表的审计，我们的责任是阅读其他信息，在此过程中，考虑其他信息是否与财务报表或我们在审计过程中了解到的情况存在重大不一致或者似乎存在重大错报。基于我们已经执行的工作，如果我们确定其他信息存在重大错报，我们应当报告该事实。在这方面，我们无任何事项需要报告。

四、管理层和治理层对财务报表的责任

平安信托公司管理层负责按照企业会计准则的规定编制财务报表，使其实现公允反映，并设计、执行和维护必要的内部控制，以使财务报表不存在由于舞弊或错误导致的重大错报。

在编制财务报表时，管理层负责评估平安信托公司的持续经营能力，披露与持续经营相关的事项（如适用），并运用持续经营假设，除非管理层计划清算平安信托公司、终止运营或别无其他现实的选择。

治理层负责监督平安信托公司的财务报告过程。

五、注册会计师对财务报表审计的责任

我们的目标是对财务报表整体是否不存在由于舞弊或错误导致的重大错报获取合理保证，并出具包含审计意见的审计报告。合理保证是高水平的保证，但并不能保证按照审计准则执行的审计在某一重大错报存在时总能发现。错报可能由于舞弊或错误导致，如果合理预期错报单独或汇总起来可能影响财务报表使用者依据财务报表作出的经济决策，则通常认为错报是重大的。

在按照审计准则执行审计工作的过程中，我们运用职业判断，并保持职业怀疑。同时，我们也执行以下工作：

（1）识别和评估由于舞弊或错误导致的财务报表重大错报风险；设计和实施审计程序以应对这些风险，并获取充分、适当的审计证据，作为发表审计意见的基础。由于舞弊可能涉及串通、伪造、故意遗漏、虚假陈述或凌驾于内部控制之上，未能发现由于舞弊导致的重大错报的风险高于未能发现由于错误导致的重大错报的风险。

（2）了解与审计相关的内部控制，以设计恰当的审计程序，但目的并非对内部控制的有效性发表意见。

（3）评价管理层选用会计政策的恰当性和作出会计估计及相关披露的合理性。

（4）对管理层使用持续经营假设的恰当性得出结论。同时，根据获取的审计证据，就可能导致对平安信托公司持续经营能力产生重大疑虑的事项或情况是否存在重大不确定性得出结论。如果我们得出结论认为存在重大不确定性，审计准则要求我们在审计报告中提请报表使用者注意财务报表中的相关披露；如果披露不充分，我们应当发表非无保留意见。我们的结论基于截至审计报告日可获得的信息。然而，未来的事项或情况可能导致平安信托公司不能持续经营。

（5）评价财务报表的总体列报（包括披露）、结构和内容，并评价财务报表是否公允反映相关交易和事项。

（6）就平安信托公司中实体或业务活动的财务信息获取充分、适当的审计证据，以对合并财务报表发表审计意见。我们负责指导、监督和执行集团审计，并对审计意见承担全部责任。

我们与治理层就计划的审计范围、时间安排和重大审计发现等事项进行沟通，包括沟通我们在审计中识别出的值得关注的内部控制缺陷。

普华永道中天会计师事务所(特殊普通合伙)

中国·上海市

2021年3月5日

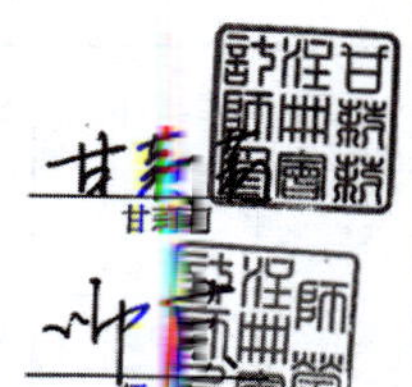

注册会计师 甘莉莉

注册会计师

13.1.2 资产负责表

资产负债表

编制单位：平安信托有限责任公司　　2020 年 12 月 31 日　　单位：万元

资产	本集团		本公司	
	2020 年 12 月 31 日	2019 年 12 月 31 日	2020 年 12 月 31 日	2019 年 12 月 31 日
货币资金	6 694 248. 43	4 870 369. 14	353 018. 37	242 802. 17
结算备付金	1 095 851. 53	620 250. 59	—	—
拆出资金	—	20 000. 00	—	20 000. 00
融出资金	4 507 946. 26	2 444 650. 63	—	—
衍生金融资产	15 094. 73	9 921. 89	—	—
存出保证金	549 025. 10	273 246. 93	—	—
买入返售金融资产	1 123 595. 94	1 359 002. 69	—	—
预付款项	362. 95	935. 46	—	—
存货	41 985. 97	114 625. 32	—	—
金融投资：				
交易性金融资产	5 438 762. 05	4 255 528. 24	1 484 682. 46	1 400 560. 98
债权投资	1 222 191. 49	269 049. 54	592 960. 06	84 886. 33
其他债权投资	2 810 078. 52	2 303 288. 09	—	—
其他权益工具投资	2 515. 90	1 927. 92	564. 91	498. 91
长期股权投资	93 476. 50	90 202. 56	765 399. 79	943 569. 79
商誉	28 965. 42	28 965. 42	—	—
投资性房地产	815. 81	855. 30	—	—
固定资产	29 487. 59	28 458. 29	539. 25	622. 70
无形资产	31 112. 47	34 240. 69	861. 87	853. 22
使用权资产	38 431. 88	47 562. 60	4 221. 61	8 157. 97
递延所得税资产	125 428. 90	67 111. 89	41 140. 91	18 784. 38
其他资产	527 909. 33	441 162. 10	199 070. 94	219 372. 45
资产总计	24 377 286. 77	17 281 355. 29	3 442 460. 17	2 940 108. 90

资产负债表（续）

编制单位：平安信托有限责任公司　　2020 年 12 月 31 日　　单位：万元

负债及所有者权益	本集团		本公司	
	2020 年 12 月 31 日	2019 年 12 月 31 日	2020 年 12 月 31 日	2019 年 12 月 31 日
短期借款	30 443. 73	24 507. 90	—	—
拆入资金	—	20 010. 31	—	—
交易性金融负债	414 563. 13	888 030. 43	—	—
衍生金融负债	4 828. 81	16 606. 36	—	—
卖出回购金融资产款	3 940 516. 43	2 357 659. 73	—	—
代理买卖证券款	5 947 157. 61	3 864 544. 92	—	—
代理承销证券款	238 130. 50	—	—	—
应付票据	8 235. 41	35 950. 76	—	—
应付职工薪酬	406 410. 92	303 063. 86	73 795. 57	50 505. 23
应交税费	137 403. 36	95 140. 40	44 611. 45	28 396. 11
合同负债	22 816. 36	21 020. 99	4 411. 05	—
应付债券	3 667 126. 23	2 650 637. 76	—	—
租赁负债	40 289. 88	49 029. 30	4 521. 99	8 617. 69
递延所得税负债	581. 78	498. 12	—	—
其他负债	3 229 469. 91	1 222 866. 99	681 420. 47	522 154. 03
负债合计	18 087 974. 06	11 549 567. 83	808 760. 53	609 673. 06
实收资本	1 300 000. 00	1 300 000. 00	1 300 000. 00	1 300 000. 00
资本公积	184 775. 47	199 053. 36	5 598. 32	10 811. 68
其他综合收益	11 357. 97	20 930. 82	—	—
盈余公积	301 425. 46	270 577. 74	301 425. 46	270 577. 74
一般风险准备	805 107. 42	581 249. 11	197 577. 92	173 416. 46
未分配利润	2 031 257. 81	1 811 610. 76	829 097. 94	575 629. 96

续表

负债及所有者权益	本集团		本公司	
	2020 年 12 月 31 日	2019 年 12 月 31 日	2020 年 12 月 31 日	2019 年 12 月 31 日
归属于母公司所有者权益合计	4 633 924.13	4 183 421.79	2 633 699.64	2 33[illegible] 435.84
少数股东权益	1 655 388.58	1 548 365.67	—	—
所有者权益合计	6 289 312.71	5 731 787.46	2 633 699.64	2 3[illegible] 435.84
负债和所有者权益总计	24 377 286.77	17 281 355.29	3 442 460.17	2 9[illegible] 108.90

13.1.3 利润表

利润表

编制单位：平安信托有限责任公司　　2020 年度　　单位：万元

项目	本集团		本公司	
	2020 年度	2019 年度	2020 年度	2019 年度
一、营业总收入	2 143 087.75	1 870 505.32	546 091.25	467 860.03
手续费及佣金净收入	1 245 943.35	980 207.10	388 382.92	35[illegible]54.90
其中：手续费及佣金收入	1 493 239.26	1 117 493.55	433 467.76	37[illegible]82.38
手续费及佣金支出	−247 295.91	−137 286.45	−45 084.84	−19[illegible]27.48
利息净收入	222 909.83	143 723.34	−1 130.36	11[illegible]16.50
其中：利息收入	561 895.50	448 840.46	23 615.03	26 121.06
利息支出	−338 985.67	−305 117.12	−24 745.39	−14 504.56
投资收益	200 229.02	234 052.72	129 791.43	41 086.93
公允价值变动收益/（损失）	−27 394.18	−1 188.98	−42 689.96	10 2[illegible]5.22
汇兑收益	−1 166.43	112.87	−116.21	[illegible]9.08
其他业务收入	496 067.67	504 967.48	70 110.95	50[illegible]3.61
资产处置收益	251.21	3 167.59	−0.88	—
其他收益	6 247.28	5 463.20	1 743.36	[illegible]63.79
二、营业总支出	−1 317 536.04	−1 134 004.64	−163 624.39	−122 [illegible]3.96
税金及附加	−12 285.24	−9 152.59	−3 400.90	−2 [illegible].07
业务及管理费	−783 956.64	−616 937.96	−141 319.19	−96 [illegible].43
其他业务成本	−418 419.54	−440 888.97	−183.09	−1[illegible].12
信用减值损失	−102 874.62	−67 025.12	−15 551.21	−22 [illegible].34
其他资产减值损失	—	—	−3 170.00	—
三、营业利润	825 551.71	736 500.68	382 466.86	345 1[illegible]6.07
加：营业外收入	107.71	606.65	10.14	[illegible].68
减：营业外支出	−5 362.03	−1 877.86	−89.92	−[illegible].74
四、利润总额	820 297.39	735 229.47	382 387.08	345 [illegible].01
减：所得税费用	−179 573.65	−162 246.24	−73 909.92	−79 [illegible].46
五、净利润	640 723.74	572 983.23	308 477.16	265 [illegible].55
归属于母公司所有者的净利润	474 353.08	447 230.47	308 477.16	265 [illegible].55
少数股东损益	166 370.66	125 752.76	—	—
六、其他综合收益税后净额	−17 225.64	9 603.69	—	—
归属于母公司所有者的其他综合收益	−9 572.85	5 345.31	—	—
归属于少数股东的其他综合收益	−7 652.79	4 258.38	—	—
七、综合收益总额	623 498.10	582 586.92	308 477.16	265 15[illegible].55
归属母公司所有者的综合收益总额	464 780.23	452 575.78	308 477.16	265 15[illegible].55
归属少数股东的综合收益总额	158 717.87	130 011.14	—	—

13.1.4 所有者权益变动表

所有者权益变动表

编制单位：平安信托有限责任公司　　2020 年度　　单位：万元

项目	本集团								本公司						
	归属于母公司所有者权益						少数股东权益	所有者权益合计	股本	资本公积	其他综合收益	盈余公积	一般风险准备	未分配利润	所有者权益合计
	股本	资本公积	其他综合收益	盈余公积	一般风险准备	未分配利润									
一、2019 年 12 月 31 日余额	1 300 000.00	199 053.36	20 930.82	270 577.74	581 249.11	1 811 610.76	1 548 365.67	5 731 787.46	1 300 000.00	10 811.68	—	270 577.74	173 416.46	575 629.96	2 330 435.84
二、本年增减变动金额	—	—	—	—	—	—	—	—	—	—	—	—	—	—	—
(一)净利润	—	—	—	—	—	474 353.08	166 370.66	640 723.74	—	—	—	—	—	308 477.16	308 477.16
(二)其他综合收益	—	—	-9 572.85	—	—	—	-7 652.79	-17 225.64	—	—	—	—	—	—	—
综合收益总额	—	—	-9 572.85	—	—	474 353.08	158 717.87	623 498.10	—	—	—	—	—	308 477.16	308 477.16
(三)利润分配	—	—	—	—	—	—	—	—	—	—	—	—	—	—	—
1. 提取盈余公积	—	—	—	30 847.72	—	-30 847.72	—	—	—	—	—	30 847.72	—	-30 847.72	—
2. 提取一般风险准备	—	—	—	—	223 858.31	-223 858.31	—	—	—	—	—	—	24 161.46	-24 161.46	—
(四)向少数股东分红	—	—	—	—	—	—	-44 968.80	-44 968.80	—	—	—	—	—	—	—
(五)股份支付	—	-14 277.89	—	—	—	—	-6 726.16	-21 004.05	—	-5 213.36	—	—	—	—	-5 213.36
三、2020 年 12 月 31 日余额	1 300 000.00	184 775.47	11 357.97	301 425.46	805 107.42	2 031 257.81	1 655 388.58	6 289 312.71	1 300 000.00	5 598.32	—	301 425.46	197 577.92	829 097.94	2 633 699.64

所有者权益变动表(续)

编制单位：平安信托有限责任公司　　2019 年度　　单位：万元

项目	本集团								本公司						
	归属于母公司所有者权益						少数股东权益	所有者权益合计	股本	资本公积	其他综合收益	盈余公积	一般风险准备	未分配利润	所有者权益合计
	股本	资本公积	其他综合收益	盈余公积	一般风险准备	未分配利润									
一、2019 年 1 月 1 日余额	1 300 000.00	215 038.78	15 585.51	244 062.29	467 994.10	1 504 150.75	1 436 682.90	5 183 514.33	1 300 000.00	16 861.05	—	244 062.29	153 557.65	356 849.67	2 071 330.66
二、本年增减变动金额	—	—	—	—	—	—	—	—	—	—	—	—	—	—	—
(一)净利润	—	—	—	—	—	447 230.47	125 752.76	572 983.23	—	—	—	—	—	265 154.55	265 154.55
(二)其他综合收益	—	—	5 345.31	—	—	—	4 258.38	9 603.09		—	—	—	—	—	—
综合收益总额	—	—	5 345.31	—	—	447 230.47	130 011.14	582 586.92	—	—	—	—	—	265 154.55	265 154.55
(三)利润分配	—	—	—	—	—	—	—	—	—	—	—	—	—	—	—
1. 提取盈余公积	—	—	—	26 515.45	—	-26 515.45	—	—	—	—	—	26 515.45	—	-26 515.45	—
2. 提取一般风险准备	—	—	—	—	113 255.01	-113 255.01	—	—	—	—	—	—	19 858.81	-19 858.81	—
(四)向少数股东分红	—	—	—	—	—	—	-11 345.06	-11 345.06	—	—	—	—	—	—	—
(五)股份支付	—	-15 985.42	—	—	—	—	-6 983.31	-22 968.73	—	-6 049.37	—	—	—	—	-6 049.37
三、2019 年 12 月 31 日余额	1 300 000.00	199 053.36	20 930.82	270 577.74	581 249.11	1 811 610.76	1 548 365.67	5 731 787.46	1 300 000.00	10 811.68	—	270 577.74	173 416.46	575 629.96	2 330 435.84

13.2 信托资产

13.2.1 信托项目资产负债汇总表

信托项目资产负债汇总表

编制单位:平安信托有限责任公司　　2020 年 12 月 31 日　　单位:万元

信托资产	2020 年 12 月 31 日	2019 年 12 月 31 日	信托负债	2020 年 12 月 31 日	2019 年 12 月 31 日
货币资金	579 962.54	844 171.79	应付受托人报酬	74 341.75	65 193.05
拆出资金	—	—	应付托管费	5 275.08	5 638.79
存出保证金	168 907.76	63 035.70	应付受益人收益	100 530.69	137 415.57
交易性金融资产	8 737 840.67	6 091 730.93	应交税费	54 365.48	52 124.29
衍生金融资产	133 249.77	10 647.44	应付销售服务费	6 560.53	3 240.24
买入返售金融资产	339 399.12	121 535.59	其他应付款项	236 114.34	257 570.96
应收款项	3 547 979.38	4 872 439.32	其他负债	—	—
发放贷款	18 678 744.54	24 910 085.77	信托负债合计	477 187.87	521 182.90
可供出售金融资产	4 736 084.64	5 699 593.75	信托权益	—	—
持有至到期投资	1 079 304.45	99 491.78	实收信托	37 142 905.71	41 689 130.25
长期股权投资	274 645.73	1 035 758.98	资本公积	130 723.75	112 191.30
投资性房地产	2 146.97	2 146.97	外币报表折算差额	-630.74	—
固定资产	—	—	未分配利润	1 355 008.74	1 938 312.30
其他资产	826 929.76	510 178.73	权益合计	38 628 007.46	43 739 633.85
信托资产总计	39 105 195.33	44 260 816.75	负债和权益合计	39 105 195.33	44 260 816.75

13.2.2 信托项目利润及利润分配汇总表

信托项目利润及利润分配汇总表

编制单位:平安信托有限责任公司　　2020 年度　　单位:万元

项　　目	2020 年度	2019 年度
一、营业收入	3 391 785.55	4 059 816.11
利息收入	1 685 907.53	2 095 940.04
投资收入	1 596 153.39	1 282 542.66
租赁收入	—	—
公允价值变动损益	109 486.59	679 226.62
汇兑损益	-632.00	1 452.10
其他收入	870.04	654.69
二、营业费用	-601 969.21	-430 501.64
三、税金及附加	-12 021.38	-10 165.83
加:营业外收入	—	—
减:营业外支出	—	-481.37
四、扣除资产减值损失前的信托利润	2 777 794.96	3 618 667.27
减:资产减值损失	—	151 361.49
五、净利润	2 777 794.96	3 467 305.78
加:期初未分配信托利润	1 938 312.31	1 337 046.22
六、可供分配的信托利润	4 716 107.27	4 804 352.00
减:本期已分配信托利润	3 361 098.53	2 866 039.69
七、期末未分配信托利润	1 355 008.74	1 938 312.31

14. 会计报表附注

14.1 会计报表编制基准不符合会计核算基本前提的说明

公司会计报表编制基准不存在不符合会计核算基本前提的情况。

公司财务报表按照财政部于 2006 年 2 月 15 日及以后期间颁布的《企业会计准则——基本准则》、各项具体会计准则及相关规定(以下合称企业会计准则)编制。

本年度重大会计政策变更

2020 年公司无重大会计政策的变更。

14.2 或有事项说明

报告期末,公司无对外担保及其他或有事项。

14.3 重要资产转让及其出售的说明

报告期内,公司无须披露的重要资产转让及其出售。

14.4 会计报表中重要项目的明细资料

14.4.1 自营资产经营情况

14.4.1.1 信用资产风险分类情况

本公司报告期的信用风险资产分类情况如下

信用风险资产五级分类	正常类(万元)	关注类(万元)	次级类(万元)	可疑类(万元)	损失类(万元)	信用风险资产合计(万元)	不良资产合计(万元)	不良资产率(%)
期初数	2 784 214.00	87 900.00	—	19 996.33	1 829.34	2 893 939.67	21 825.67	0.75
期末数	3 249 536.00	126 685.00	—	18 383.00	1 829.34	3 396 433.34	20 212.34	0.60

14.4.1.2 资产损失准备情况

本公司报告期的资产减值损失准备情况如下:

单位:万元

项目	期初数	本期增加	本期核销	本期收回已核销贷款	期末数
贷款损失准备	—	893.76	—	—	893.76
其中:一般准备	—	893.76	—	—	893.76
专项准备	—	—	—	—	—
其他资产减值准备	—	—	—	—	—
债权投资减值准备	3 013.67	2 356.56	—	—	5 370.23
长期股权投资减值准备	1 829.34	3 170.00	—	—	4 999.34
坏账准备	19 809.67	12 300.89	-2 249.77	—	29 860.79

14.4.1.3 投资情况

本公司报告期自营股票投资、基金投资、债券投资、长期股权投资等投资的上年末数、本年末数如下：

单位：万元

项目	自营股票	基金	债券	长期股权投资	其他投资	合计
期初数	—	161 796. 48	—	943 569. 79	1 324 149. 74	2 429 516. 01
期末数	—	70 234. 01	—	765 399. 79	2 007 973. 42	2 843 607. 22

14. 4. 1. 4　前五名自营长期股权投资的企业情况

本公司报告期的前四名长期股权投资的企业情况如下（总共四名）。

名称	占被投资企业权益的比例（%）	主要经营活动	2020 年投资损益（万元）
深圳市平安创新资本投资有限公司	100. 00	投资控股	—
平安证券有限责任公司	55. 66	证券投资与经纪	33 395. 34
平安基金管理有限公司	68. 19	基金募集及销售	25 230. 30
平安利顺国际货币经纪有限责任公司	67. 00	货币经纪	5 695. 00

14. 4. 1. 5　前五名自营贷款情况

本公司报告期的前五名自营贷款情况如下：

企业名称	占贷款总额的比例（%）	还款情况
上海泰伯置业有限公司	21. 76	正常还本付息
廊坊开发区荣盛房地产开发有限公司	19. 99	正常还本付息
成都友星园林有限公司	12. 90	正常还本付息
南京星河博源房地产开发有限公司	10. 04	正常还本付息
云南中豪置业有限责任公司	8. 47	正常还本付息

14. 4. 1. 6　表外业务情况

本公司报告期的表外业务情况如下：

单位：万元

表外业务	期初数	期末数
担保业务	—	—
代理业务（委托业务）	—	—
其他	—	—
合计	—	—

14. 4. 1. 7　公司当年的收入结构

收入结构	本集团		本公司	
	金额（万元）	占比（%）	金额（万元）	占比（%）
手续费及佣金收入	1 493 239. 26	54. 70	433 467. 76	70. 39
其中：信托手续费收入	410 944. 37	15. 06	429 800. 84	69. 78
投资银行业务收入	154 481. 27	5. 66	—	—
利息收入	561 895. 50	20. 59	23 615. 03	3. 83
其他业务收入	496 067. 67	18. 17	70 110. 95	11. 38
其中：计入信托业务收入部分	—	—	—	—
资产处置损益	251. 21	0. 01	−0. 88	—
其他收益	6 247. 28	0. 23	1 743. 36	0. 28
投资收益	200 229. 02	7. 34	129 791. 43	21. 07
其中：股权投资收益	3 528. 13	0. 13	84 305. 83	13. 69
证券投资收益	56 274. 09	2. 06	45 485. 60	7. 38
公允价值变动收益/（损失）	−27 394. 18	−1. 00	−42 689. 96	−6. 93
汇兑损益	−1 166. 43	−0. 04	−116. 21	−0. 02
营业外收入	107. 71	—	10. 14	—
收入合计	2 729 477. 04	100. 00	615 931. 62	100. 00

14. 4. 2　信托财产管理情况

14. 4. 2. 1　信托资产的期初数、期末数

单位：万元

信托资产	期初数	期末数
集合	26 878 033. 78	24 853 048. 05
单一	14 324 901. 06	11 408 901. 00
财产权	3 057 881. 91	2 843 246. 28
合计	44 260 816. 75	39 105 195. 33

14. 4. 2. 1. 1　主动管理型信托业务的信托资产期初数、期末数

单位：万元

主动管理型信托资产	期初数	期末数
证券投资类	5 873 778. 04	10 177 005. 11
股权投资类	319 866. 35	291 580. 86
其他投资类	2 106 439. 57	1 322 506. 38
融资类	17 447 596. 99	14 290 884. 98
事务管理类	—	—
合计	25 747 680. 95	26 081 977. 33

14. 4. 2. 1. 2　被动管理型信托业务的信托资产期初数、期末数

单位：万元

被动管理型信托资产	期初数	期末数
证券投资类	—	—
股权投资类	73. 88	—
其他投资类	—	—
融资类	—	—
事务管理类	18 513 061. 92	13 023 218. 00
合计	18 513 135. 80	13 023 218. 00

14. 4. 2. 2　本年度信托项目清算情况

14. 4. 2. 2. 1　本年度已清算结束的信托项目

已清算结束的信托项目	项目个数（个）	实收信托合计金额（万元）	加权平均实际年化信托报酬率（%）	加权平均实际年化收益率（%）
集合	207	40 814 226. 93	0. 71	6. 08
单一	74	5 158 599. 37	0. 18	5. 63
财产管理类	181	2 168 567. 05	0. 05	5. 05

14.4.2.2.2　本年度已清算结束的主动管理型信托项目

已清算结束的信托项目	项目个数（个）	实收信托合计金额（万元）	加权平均实际年化信托报酬率（%）	加权平均实际年化收益率（%）
证券投资类	18	15 024 518.74	0.78	5.92
股权投资类	2	3 080.00	5.28	18.74
其他投资类	201	874 249.50	0.60	3.61
融资类	149	18 443 781.95	0.91	7.19
事务管理类	—	—	—	—

14.4.2.2.3　本年度已清算结束的被动管理型信托项目

已清算结束的信托项目	项目个数（个）	实收信托合计金额（万元）	加权平均实际年化信托报酬率（%）	加权平均实际年化收益率（%）
证券投资类	—	—	—	—
股权投资类	—	—	—	—
其他投资类	—	—	—	—
融资类	—	—	—	—
事务管理类	92	13 795 763.16	0.09	4.64

14.4.2.3　本年度新增信托项目情况

新增信托项目	项目个数（个）	实收信托合计金额（万元）
集合类	369	12 070 566.41
单一类	245	2 205 685.77
财产管理类	3 139	829 252.74
新增合计	3 753	15 105 504.92
其中：主动管理型	3 529	13 791 052.11
被动管理型	224	1 314 452.81

14.4.2.4　履行受托人义务情况

本公司作为信托项目的受托人，严格按照《中华人民共和国信托法》《信托公司管理办法》《信托公司集合资金信托计划管理办法》及《关于规范金融机构资产管理业务的指导意见》等法律法规的规定和信托合同等文件的约定，恪尽职守，诚实、信用、谨慎、有效地管理信托财产，严格履行受托人的义务，为受益人的最大利益处理信托事务，公平、公正地处置信托财产。

14.5　关联方关系及其交易

14.5.1　关联方交易

本公司报告期关联交易方的数量、关联交易的总金额及关联交易的定价政策等如下：

	关联交易方的数量（个）	关联交易总金额（万元）	定价政策
合计	35	2 737 416.90	本公司2020年发生的关联方交易均根据一般正常的交易条件进行，并以非关联方之间进行的与关联交易相同或类似业务活动所确定的价格作为关联交易的公平成交价格。

14.5.2　关联交易方

报告期涉及关联交易的关联方情况如下：

关系性质	关联方名称	法定代表人	注册地址	注册资本（万元）	主营业务
母公司	中国平安保险（集团）股份有限公司	马明哲	深圳	1 828 024	投资金融、保险企业，监督管理控股投资企业的各种国内、国际业务，开展资金运用业务
母公司控制的公司	平安付科技服务有限公司	钟毅	深圳	68 000	互联网服务
母公司控制的公司	中国平安人寿保险股份有限公司	丁新民	深圳	3 380 000	人身保险
母公司控制的公司	中国平安财产保险股份有限公司	孙建平	深圳	2 100 000	财产保险
母公司控制的公司	深圳万里通网络信息技术有限公司	王延斌	深圳	20 000	客户忠诚度服务
母公司控制的公司	深圳平信安畅基础设施投资有限责任公司	黄秦文	深圳	300	投资高速公路、轨道交通等基础设施项目
母公司控制的公司	深圳平安综合金融服务有限公司	卢跃	深圳	59 858	信息技术和业务流程外包服务
母公司控制的公司	深圳平安通信科技有限公司	庞晶	深圳	21 000	数据及计算机网络服务
母公司控制的公司	深圳平安金融中心建设发展有限公司	邹炅	深圳	668 887	物业租赁和物业管理
母公司控制的公司	上海揽海乡村俱乐部有限公司	张启辉	上海	28 000	酒店管理、文化体育艺术活动
母公司控制的公司	上海沪平投资管理有限公司	张启辉	上海	100	物业管理
母公司控制的公司	上海安壹通电子商务有限公司	程炜文	上海	1 000	电子商务（不得从事金融业务）、商务信息咨询、企业管理咨询等
母公司控制的公司	三亚家化旅业有限公司	孟甡	三亚	24 000	旅馆业、住宿
母公司控制的公司	平安直通咨询有限公司	卢跃	深圳	10 000	企业管理咨询、股权投资等
母公司控制的公司	平安银行股份有限公司	谢永林	深圳	1 940 592	银行
母公司控制的公司	平安养老保险股份有限公司	甘为民	上海	486 000	养老保险
母公司控制的公司	平安科技（深圳）有限公司	Tan Sin Yin	深圳	292 476	信息技术服务

续表

关系性质	关联方名称	法定代表人	注册地址	注册资本(万元)	主营业务
母公司控制的公司	平安健康保险股份有限公司	杨铮	上海	181 658	健康保险
母公司控制的公司	捷银国际旅行社(上海)有限公司	刘威	上海	200	旅行社业务
母公司控制的公司	广州市信平置业有限公司	王丹	广州	5 000	物业出租
母公司控制的公司	成都平安蓉城置业有限公司	王玉涛	成都	60 000	物业管理、自有房屋租赁及销售等
母公司控制的公司	北京信丽泽投资有限公司	李文强	北京	116 000	投资管理
母公司控制的公司	北京平尚地投资有限公司	李文强	北京	4 500	物业出租
母公司控制的公司	北京平尚北投资有限公司	李文强	北京	4 200	投资、资产管理
母公司施加重大影响的法人或其他组织	平安健康互联网股份有限公司	方蔚豪	深圳	35 000	健康管理咨询、健康医疗器械销售等
母公司施加重大影响的法人或其他组织	深圳壹账通智能科技有限公司	叶望春	深圳	120 000	从事互联网科技、软件科技领域内的技术开发等
母公司施加重大影响的法人或其他组织	陆金(深圳)科技服务有限公司	Gregory Dean Gibb	深圳	30 000	投资咨询、经济信息咨询、商务管理咨询等
母公司施加重大影响的法人或其他组织	深圳安安诊所	吴德军	深圳	200	医疗服务
母公司施加重大影响的法人或其他组织	平安普惠企业管理有限公司	Yongsuk Cho	深圳	849 480	企业管理咨询
合并子公司	平安证券股份有限公司	何之江	深圳	1 380 000	证券投资与经纪
合并子公司	深圳市平安创新资本投资有限公司	冯倩	深圳	400 000	投资控股
合并子公司	平安利顺国际货币经纪有限责任公司	黄绍宇	深圳	5 000	货币经纪
合并子公司	平安基金管理有限公司	罗春风	深圳	130 000	基金募集及销售

14.5.3 本公司与关联方的交易情况

14.5.3.1 固有与关联方交易情况

单位:万元

固有与关联方关联交易				
项目	期初	借方发生额	贷方发生额	期末数
贷款	—	—	—	—
投资	641 287.91	66.00	—	641 353.91
租赁	—	—	—	—
担保	—	—	—	—
应收账款	—	—	—	—
其他	26 440.45	72 974.79	76 076.08	23 339.16
合计	667 728.36	73 040.79	76 076.08	664 693.07

14.5.3.2 信托与关联方交易情况

单位:万元

信托与关联方关联交易				
项目	期初数	借方发生额	贷方发生额	期末数
贷款	—	—	—	—
投资	—	—	—	—
租赁	—	—	—	—
担保	—	—	—	—
应收账款	—	—	—	—
其他	940 428.50	—	189 024.22	751 404.28
合计	940 428.50	—	189 024.22	751 404.28

14.5.3.3 固有财产与信托财产之间交易情况

单位:万元

固有财产与信托财产相互交易			
项目	期初数	本期发生额	期末数
合计	521 416.99	19 480.50	540 897.49

14.5.3.4 信托项目之间交易情况

单位:万元

信托资产与信托财产相互交易			
项目	期初数	本期发生额	期末数
合计	598 592.29	181 829.77	780 422.06

14.5.4 报告期,无关联方逾期未偿还本公司资金的事项及无本公司为关联方担保发生或即将发生垫款的事项

无。

14.6 会计制度的披露

公司固有业务自2007年起执行财政部于2006年2月15日及以后期间颁布的《企业会计准则——基本准则》、各项具体会计准则及相关规定。

公司信托业务自2009年起执行新《企业会计准则》(财政部2006年颁布)。

15. 财务情况说明书

15.1 利润实现和分配情况

报告期本公司实现净利润308 477.16万元,期初未分配利润为 575 629. 96 万元，提取盈余公积 30 847. 72 万元，提取一般风险准备 24 161. 46 万元，本期末累计未分配利润为 829 097. 94万元。

报告期本集团实现归属于母公司所有者的净利润 474 353. 08万元，期末累计未分配利润为 2 031 257. 81 万元。

15. 2 主要财务指标

本公司报告期的主要财务指标如下：

指标名称	指标值		计算公式
	本公司	本集团	
资本利润率（%）	12. 43	10. 66	净利润/所有者权益平均余额 ×100%。
加权年化信托报酬率（%）	0. 63	0. 63	（信托项目 1 的年化信托报酬率 × 信托项目 1 的实收信托 + 信托项目 2 的年化信托报酬率 × 信托项目 2 的实收信托 + … + 信托项目 *n* 的年化信托报酬率 × 信托项目 *n* 的实收信托）/（信托项目 1 的实收信托 + 信托项目 2 的实收信托 + … + 信托项目 *n* 的实收信托）
人均净利润（万元）	538. 82	1 119. 17	净利润/年平均人数。

15. 3 对本公司财务状况、经营成果有重大影响的其他事项

报告期内，没有对本公司财务状况、经营成果有重大影响的其他事项。

16. 特别事项揭示

16. 1 前五名股东报告期内变动情况及原因

报告期内，本公司股东没有发生变动。

股东名称	期初持股比例（%）	期末持股比例（%）
中国平安保险（集团）股份有限公司	99. 88	99. 88
上海市糖业烟酒（集团）有限公司	0. 12	0. 12
合计	100. 00	100. 00

16. 2 董事、监事及高级管理人员变动情况及原因

报告期内，因工作调整，沈建厅先生不再担任公司董事职务。经监管批复同意，11 月 20 日，孟庆崴先生就任公司非执行董事职务。

报告期内，因工作调整，张承刚不再担任公司风险总监。

16. 3 变更注册资本、变更注册地或公司名称、公司分立合并事项

报告期内，公司未发生变更注册资本、变更注册地或公司名称、公司分立合并事项。

16. 4 公司的重大诉讼事项

报告期内，公司没有重大诉讼事项发生。

16. 5 公司及其董事、监事和高级管理人员受到处罚的情况

报告期内，公司及其董事、监事和高级管理人员没有受到监管部门处罚的情况发生。

16. 6 中国银保监会及其派出机构对公司检查的情况

报告期内，中国银保监会深圳监管局派出检查组对公司开展了现场检查，并就公司数据治理方面提出了宝贵意见及建议。公司高度重视，诚恳接受检查组检查意见，积极认真研究、快速统一部署，严格根据监管检查意见规范公司各类数据治理活动，确保数据的真实性、准确性、连续性、完整性和及时性，充分保障监管意见的深入贯彻和落实。

16. 7 本年度重大事项临时报告的简要内容、披露时间、所披露的媒体及其版面

报告期内，2020 年 4 月，公司在指定的信息披露媒体上披露了《公司 2019 年度报告》。

16. 8 中国银保监会及其省级派出机构认定的其他有必要让客户及相关利益人了解的重要信息

报告期内，没有发生中国银保监会及其省级派出机构认定的其他有必要让客户及相关利益人了解的重要事项。

17. 公司监事会意见

公司监事会认为，报告期内，公司依法运作，决策程序合法有效，没有发现公司董事、高级管理层履行职务时有违法违规、违反公司章程或损害公司及股东利益的行为。公司 2020 年度财务报告中披露的财务信息，真实反映了公司的财务状况和经营成果。

山东省国际信托股份有限公司

1. 重要提示

1.1　本年度报告摘要摘自年度报告全文,为全面了解本公司的经营成果、财务状况及未来发展规划,投资者应当仔细阅读年度报告全文。

1.2　本公司董事会、监事会及董事、监事、高级管理人员保证本报告内容的真实、准确、完整,不存在虚假记载、误导性陈述或重大遗漏,并承担个别和连带的责任。

1.3　本公司独立非执行董事颜怀江先生、丁慧平先生、孟茹静女士对年度报告内容的真实性、准确性、完整性无异议。

1.4　本公司 2020 年年度报告(2020 年年度业绩公告)于 2021 年 3 月 31 日经本公司第二届董事会第二十七次会议审议通过。会议应出席董事 8 名,实际亲自出席董事 7 名。

1.5　本公司按中国会计准则和国际财务报告准则编制的 2020 年年度财务报告已经普华永道中天会计师事务所(特殊普通合伙)和罗兵咸永道会计师事务所分别根据中国和国际审计准则审计,并出具标准无保留意见的审计报告。

1.6　本公司法定代表人万众先生、主管财务工作负责人首席财务官王平先生及财务部门负责人孙加宝先生保证年度报告中财务报告的真实、准确、完整。

2. 公司概况

2.1　公司简介

2.1.1　公司基本情况

山东省国际信托股份有限公司(以下简称山东国信或公司、本公司)成立于 1987 年 3 月,是经中国人民银行和山东省人民政府批准设立的非银行金融机构,现为中国信托业协会理事单位。2017 年 12 月,公司在香港联交所挂牌上市,股份代号为 1697,成为国内信托公司登陆国际资本市场第一股。2019 年 1 月,本公司注册资本增至 4 658 850 000 元,资本实力持续增强。

本公司始终坚持稳中求进、进中提质,综合运用多种金融工具服务经济社会发展,有效嫁接货币市场、资本市场和实体经济,构建了"根植山东,辐射全国,走向国际"的发展格局,多次获得中国信托行业评级最高级 A 级和山东省地方金融企业绩效评价最高 AAA 级,已发展成为综合实力领先、品牌美誉度高的综合金融和财富管理服务提供商。

本公司善于把握机遇,敢于迎接挑战,为国家和地方经济发展提供了多类型、全方位、全产业链的优质投融资服务,为机构和个人投资者提供了专业化、差异化、个性化的综合金融理财服务。本公司将立足"产品专业化、服务综合化、经营规范化",创新产融结合,嫁接全球资源,助力美好生活,为国际与国内的广大投资者创造更大的价值。

2.1.2　公司的法定中文名称:山东省国际信托股份有限公司
中文名称缩写:山东国信
公司的法定英文名称:Shandong International Trust Co., Ltd.
英文名称缩写:SITC

2.1.3　法定代表人:万众

2.1.4　注册地址:中国山东省济南市历下区解放路 166 号

2.1.5　邮政编码:250013

2.1.6　国际互联网网址:http://www.sitic.com.cn

2.1.7　电子信箱:ir1697@luxin.cn

2.1.8　负责信息披露事务的高级管理人员:贺创业
信息披露事务联系人:袁方
联系电话:0531-86566593
传真:0531-86566593
电子信箱:ir1697@luxin.cn

2.1.9　公司选定的信息披露报纸:《上海证券报》

2.1.10　年度报告备置地点:中国山东省济南市历下区解放路 166 号

2.1.11　聘请的会计师事务所:
普华永道中天会计师事务所(特殊普通合伙)
住所:上海市黄浦区湖滨路 202 号企业天地 2 号楼普华永道中心
罗兵咸永道会计师事务所
住所:香港中环太子大厦 22 楼

2.1.12　聘请的律师事务所:
上海市方达律师事务所
住所:中国上海市石门一路 288 号兴业太古汇香港兴业中心二座 24 楼
方达律师事务所
住所:香港中环康乐广场 8 号交易广场 1 期 26 楼

2.2 组织结构

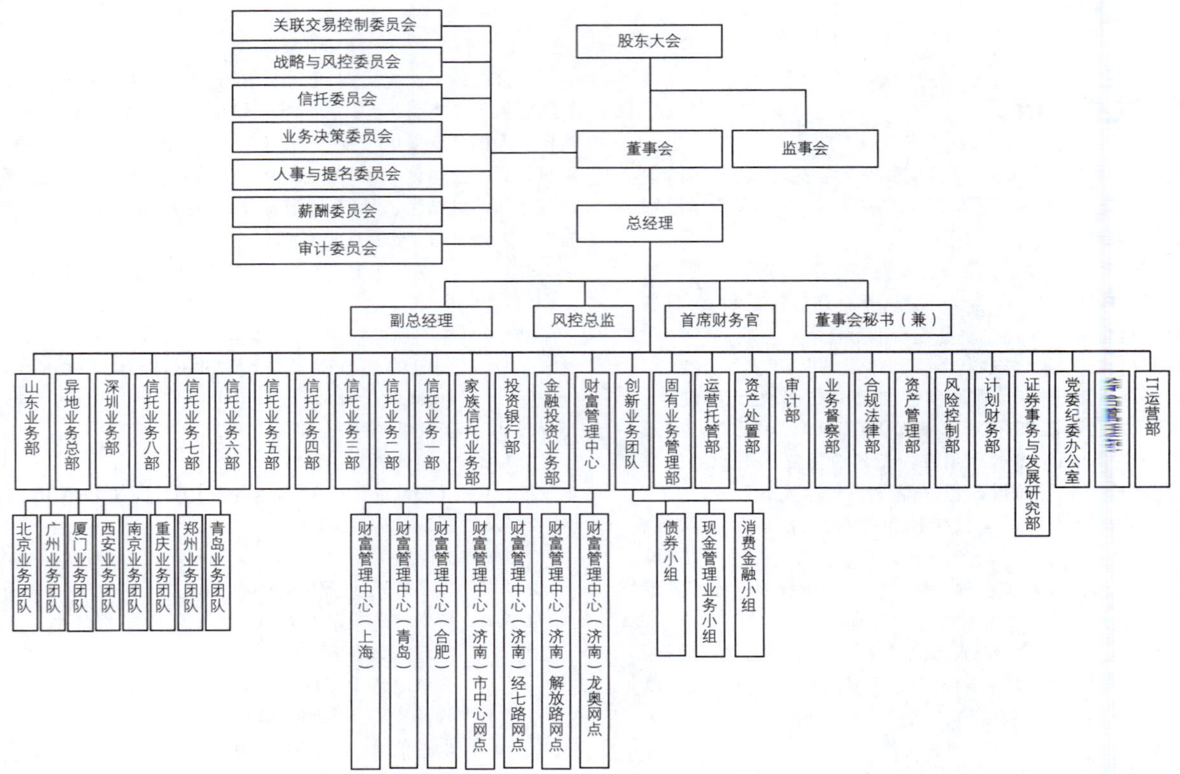

3. 公司治理

3.1 股东情况

截至 2020 年 12 月 31 日，根据公司股东名册，公司共有 62 名 H 股股东（由 H 股过户登记处提供）以及 6 名内资股股东。

截至 2020 年 12 月 31 日，持有公司 10% 以上股份的股东情况如下：

股东名称	持股比例（%）	法定代表人	注册资本（万元）	注册地址	主要经营业务	股份种类
山东省鲁信投资控股集团有限公司	48.13	李玮	1 150 000	济南市解放路 166 号	金融和实业投资、资产管理服务、资本运营和物业管理	内资股
中油资产管理有限公司	18.75	王增业	1 372 518.049626	北京市东城区东直门北大街 9 号	投资和资产管理	内资股
香港中央结算（代理人）有限公司	19.57	—	—	—	—	H 股

注：香港中央结算（代理人）有限公司所持股份数量不含济南金融控股集团有限公司所持股份数量。

公司前十大股东中，除山东省高新技术创业投资有限公司为山东省鲁信投资控股集团有限公司（以下简称鲁信集团）的间接非全资子公司，公司未知前十大股东之间存在关联关系或一致行动关系。

截至 2020 年 12 月 31 日，鲁信集团由山东省财政厅和山东省社会保障基金理事会分别持有 97.39% 及 2.61% 的股权。

3.2 董事、董事会及其下属委员会

董事

姓名	年龄（岁）	性别	职务	本届选任日期	任期	所推举的股东名称	所推举的股东持股比例（%）	简要履历
万　众	47	男	董事长兼执行董事	2018年7月10日	至本届董事会届满	鲁信集团	48.13	山东经济学院毕业，天津财经学院管理学硕士，高级经济师，曾任公司不同部门经理、公司副总经理及山东鲁信实业集团有限公司副总经理、总经理、董事长；现任鲁信集团副总经理，公司党委书记、董事长、执行董事。
肖　华	55	男	副董事长兼非执行董事	2018年7月10日	至本届董事会届满	中油资产管理有限公司	18.75	复旦大学工商管理硕士，曾在中国石油天然气集团公司华东化工销售分公司等多家单位工作并担任总经理、党委书记等职务，曾任中油资产管理有限公司党委书记、执行董事、工会主席，昆仑信托有限责任公司党委书记、董事长、执行董事、工会主席；现任中油财务有限责任公司党委副书记、董事。
岳增光	47	男	执行董事	2018年8月28日	至新任执行董事任职资格获山东银保监局核准	不适用	不适用	山东经济学院会计专业，天津大学工商管理硕士，曾在山东鲁信实业集团公司及鲁信集团等从事会计工作，先后担任公司计划财务部总经理、总经理助理、风险控制部总经理、风控总监、总经理及鲁信集团纪委办公室（监察审计部）主任（部长）；现任鲁信集团党委组织部（人力资源部）部长，公司执行董事。
金同水	56	男	非执行董事	2018年7月10日	至本届董事会届满	鲁信集团	48.13	北京工商大学会计学毕业，曾任公司计划财务部、风险控制部经理，鲁信集团产权管理部部长；现任山东省金融资产管理股份有限公司党委书记兼董事长，济南农村商业银行股份有限公司董事，恒丰银行股份有限公司董事。
王百灵	42	女	非执行董事	2020年3月25日	至本届董事会届满	济南金融控股集团有限公司	5.43	烟台大学法律硕士，曾任济南金控典当有限公司董事及总经理、山东赛得拍卖有限公司担任拍卖师及总经理助理等职务；现任济南金控资产管理部副部长（主持工作），江海汇鑫期货有限公司董事长，全程国际金融控股有限公司董事及总经理，济南文化产业投资有限公司董事及总经理等。

注：所推举的股东持股比例为截至2020年12月31日数据。

独立非执行董事

姓名	年龄（岁）	性别	职务	本届选任日期	任期	简要履历
颜怀江	48	男	独立非执行董事	2018年7月10日	至本届董事会届满	美国金门大学金融学理学硕士，中国暨南大学金融学博士，曾任职瑞士银行副董事，瑞银证券副董事；现为磐合家族办公室创办人。
丁慧平	64	男	独立非执行董事	2018年7月10日	至本届董事会届满	企业经济学博士，北京交通大学会计学教授、博士生导师，中国企业竞争力研究中心主任；现任京投发展独立非执行董事，中国海诚独立非执行董事，招商银行外部监事。
孟茹静	43	女	独立非执行董事	2018年7月10日	至本届董事会届满	北京大学管理学学士，美国杜克大学富卡商学院金融学博士；现任香港大学经济及工商管理学院副教授（教学），香港大学金融学硕士项目课程总监。

董事会下属委员会及职责

董事会下属委员会	职责
审计委员会	（1）就外聘审计师的委任、重新委任及罢免撤换向董事会提供建议，批准外聘审计师的薪酬及聘用条款，以及处理任何有关该审计师辞职或辞退该审计师的问题。 （2）按适用的标准检讨及监察外聘审计师是否独立客观及审计程序是否有效；审计委员会应于审计工作开始前先与审计师讨论审计性质及范畴及有关申报责任。 （3）就外聘审计师提供非审计服务制定政策，并予以执行。就此规定而言，外聘审计师包括与负责审计的公司处于同一控制权、所有权或管理权之下的任何机构，或一个合理知悉所有有关资料的第三方，在合理情况下会断定该机构属于该负责审计的公司的本土或国际业务的一部分的任何机构。审计委员会应就其认为必须采取的行动或改善的事项向董事会报告，并提出建议。 （4）监察公司的财务报表及公司年度报告及账目、半年度报告及（若拟刊发）季度报告的完整性、准确性及公正性，并审阅报表及报告所载有关财务申报的重大意见。审计委员会在向董事会提交财务报表及公司年度报告及账目、半年度报告及（若拟刊发）季度报告前对有关报表及报告作出审阅时，应特别针对下列事项： ① 会计政策及实务的任何更改； ② 涉及重要判断的事项； ③ 因审计而出现的重大调整； ④ 企业持续经营的假设及任何保留意见； ⑤ 是否遵守会计准则； ⑥ 是否遵守有关财务申报的《香港上市规则》及其他法律规定。

续表

董事会下属委员会	职责
审计委员会	(5)就上述(4)项而言： ① 审计委员会委员须与公司的董事会及高级管理人员联络。审计委员会须至少每年与公司的外聘审计师召开两次会议； ② 审计委员会应考虑于该等报告及账目中所反映或需反映的任何重大或不寻常事项，并须适当考虑任何由公司的属下会计及财务汇报职员、监察主任或审计师提出的事项。 (6)检讨公司的财务监控，以及(除非有另设的董事会辖下风险控制审计委员会又或董事会本身会明确处理)检讨公司的风险管理及内部监控系统。 (7)与管理层讨论风险管理及内部监控系统，确保管理层已履行职责建立及维持有效的系统。讨论内容应包括考虑公司在会计及财务汇报职能方面的资源、员工资历及经验是否足够及员工所接受的培训课程和有关预算是否充足。 (8)主动或应董事会的委派，就有关风险管理及内部监控事宜的重要调查结果及管理层对调查结果的响应进行研究。 (9)须确保内部和外聘审计师的工作得到协调；也须确保内部审核功能在公司内部有足够资源运作并且有适当的地位，以及审查及监察内部审核功能是否有效。 (10)检讨集团的财务及会计政策及实务。 (11)检查外聘审计师给予管理层的审核情况说明函件、审计师就会计纪录、财务账目或监控制度向管理层提出的任何重大疑问及管理层作出的回应。 (12)确保董事会及时响应于外聘审计师给予管理层的审核情况说明函件中提出的事宜。 (13)就上市规则的附录14中标题为审核审计委员会内所载的事宜向董事会汇报。 (14)审计委员会应处理以下事项： ① 检讨公司有设定如下安排：公司雇员可暗中就财务汇报、内部监控或其他方面可能发生的不正当行为提出关注。审计委员会应确保有适当安排让公司对此等事宜作出公平独立的调查及采取适当行动； ② 审计委员会应制定举报政策及系统，让雇员及其他与公司有往来的人士可暗中向审计委员会提出其对任何可能关于公司的不正当行为的关注。 (15)担任公司与外聘审计师之间的主要代表，负责监察二者之间的关系。 (16)公司董事会授权的其他事宜。
人事与提名委员会	(1)至少每年检讨董事会的架构、人数及组成(包括技能、知识及经验方面)，并就任何为配合公司的策略拟对董事会作出的变动提出建议。 (2)物色具备合适资格可担任董事、总经理及董事会秘书外的其他高级管理人员的人士，并挑选、提名有关人士出任董事或总经理及董事会秘书外的高级管理人员或就此向董事会提供意见。 (3)评核独立董事的独立性。 (4)就董事委任或重新委任及董事(尤其是董事长及总经理)继任计划的有关事宜向董事会提出建议。 (5)董事会授权的其他事宜。
薪酬委员会	(1)就董事及高级管理层的整体薪酬政策及架构，以及就设立正规而具透明度的程序制订薪酬政策，向董事会提出建议。 (2)评审公司董事和高级管理人员的履职情况并对其进行绩效考核评价。 (3)对公司薪酬制度执行情况进行监督。 (4)因应董事会所定企业方针及目标而检讨及批准管理层的薪酬建议。 (5)就厘定个别执行董事及高级管理层的薪酬待遇，包括非金钱利益、退休金权利及赔偿金额(包括丧失或终止职务或委任的赔偿)向董事会提出建议。 (6)就非执行董事的薪酬向董事会提出建议。 (7)考虑同类公司支付的薪酬，须付出的时间及职责及集团内其他职位的雇用条件。 (8)检讨及批准向执行董事及高级管理层就其丧失或终止职务或委任而须支付的赔偿，以确保该等赔偿与合约条款一致；若未能与合约条款一致，赔偿也须公平合理，不致过多。 (9)检讨及批准因董事行为失当而解雇或罢免有关董事所涉及的赔偿安排，以确保该等安排与合约条款一致；若未能与合约条款一致，有关赔偿也须合理适当。 (10)确保任何董事或其任何联系人(根据上市规则的定义)不得参与厘定他自己的薪酬。 (11)就其他执行董事的薪酬建议咨询董事长及(或)总经理。 (12)董事会授权的其他事宜。
业务决策委员会	(1)审查批准总经理办公会提交的集合资金信托业务。 (2)审查批准总经理办公会认为有必要的重大单一资金信托业务。 (3)审查批准公司自有资金贷款项目。 (4)审查批准公司集合信托风险项目或总经理办公会认为有必要的单一信托项目的处置方案。 (5)向董事会提交年度工作报告。 (6)董事会授权的其他职责。
战略与风控委员会	(1)根据宏观经济环境、行业发展趋势和本公司经营状况，对本公司中长期发展战略进行研究并提出建议。 (2)检查、监督和评估本公司发展战略的执行情况。 (3)组织制定本公司信托业务、自营业务发展等专项规划。 (4)了解和掌握本公司面临的各项重大风险及其风险管理现状。 (5)审议本公司年度或专项风险管理报告。 (6)审查本公司风险管理的体制机制是否健全、政策措施是否有效、风险控制流程是否合理。 (7)审议风险策略、重大风险管理解决方案及重大决策、重大风险、重大事件和重要业务流程的判断标准或判断机制。 (8)审查、监督本公司遵守、执行法律法规的情况。 (9)为本公司信托业务的风险防控提供意见和建议。 (10)董事会规定的其他职责。

续表

董事会 下属委员会	职责
信托委员会	(1)审查本公司信托业务到期兑付及受益人利益实现情况。 (2)监督集合信托财产的管理运用情况。 (3)对本公司信托业务运行情况进行定期评估,为本公司信托业务开展提供意见和建议。 (4)当本公司或股东利益与受益人利益发生冲突时,审议维护受益人权益的具体措施,督促本公司依法履行受托职责。 (5)审查公司消费者权益保护工作情况。 (6)董事会规定的其他职责。
关联交易 控制 委员会	(1)依据法律、法规和政策要求,研究关联交易监管要求和管理制度,制定和完善公司关联交易制度、操作规程和管理办法。 (2)对关联方进行认定,对关联交易行为进行界定,对关联交易合法性、合规性和公允性进行审核,并向董事会提出建议。 (3)对应由董事会或股东大会批准的涉及关联交易的各类业务进行初审,就其合法性、合规性、公允性及是否会损害公司或信托当事人利益向董事会发表书面意见,提交董事会批准,并报告监事会。 (4)在法律法规规定和股东大会、董事会授权范围内,审批关联交易及与关联交易有关的其他事项,接受关联交易备案。 (5)就公司关联交易管理制度的执行情况及关联交易情况向董事会做专项报告。 (6)法律、法规、公司股票上市地证券监管机构相关规定及董事会授权的其他职责。

3.3 监事、监事会及其下属委员会

公司监事会由8名成员组成,监事会未下设委员会。

监事会成员

姓名	年龄(岁)	性别	职务	本届选任日期	任期	所推举的股东名称	所推举的股东持股比例(%)
郭守贵	56	男	监事长	2018年7月10日	至本届监事会届满	山东省高新技术创业投资有限公司	4.83
侯振凯	39	男	监事	2018年7月10日	至本届监事会届满	鲁信集团	48.13
陈　勇	47	男	监事	2018年7月10日	至本届监事会届满	中油资产管理有限公司	18.75
吴　晨	46	男	监事	2018年7月10日	至本届监事会届满	山东黄金集团有限公司	1.72
王志梅	41	女	监事	2018年7月10日	至本届监事会届满	潍坊市投资集团有限公司	1.29
田志国	48	男	监事	2018年5月25日	至本届监事会届满	不适用	不适用
左　辉	50	男	监事	2018年5月25日	至本届监事会届满	不适用	不适用
张文彬	35	男	监事	2018年10月25日	至本届监事会届满	不适用	不适用

注:1. 所推举的股东持股比例为截至2020年12月31日数据。

2. 田志国、左辉、张文彬为公司职工代表监事。

3.4 高级管理人员

姓名	年龄(岁)	性别	职务	任职日期	金融从业年限(年)	学位	专业
方　灏	46	男	总经理	2021年3月31日	20	博士	经济学
周建蕖	48	女	副总经理	2011年10月26日	22	硕士	工商管理
贺创业	45	男	副总经理、董事会秘书兼联席公司秘书	2016年4月7日	21	硕士	金融学
王　平	53	男	首席财务官	2019年9月16日	31	硕士	工商管理
付吉广	52	男	风控总监	2016年7月27日	28	硕士	企业管理
牛序成	45	男	副总经理	2018年4月13日	18	硕士	财政学

3.5 公司员工

截至2019年12月31日及2020年12月31日,公司共有229名及235名雇员。在不同部门工作的雇员人数及比例如下:

岗位分布	2020年12月31日		2019年12月31日	
	雇员人数(人)	占比(%)	雇员人数(人)	占比(%)
管理层	8	3.41	8	3.49
信托业务雇员	91	38.72	93	40.63

续表

岗位分布	2020年12月31日		2019年12月31日	
	雇员人数(人)	占比(%)	雇员人数(人)	占比(%)
固有业务雇员	11	4.68	12	5.24
财富管理雇员	25	10.64	26	11.35
风险控制和审计雇员	27	11.49	27	11.79
财务会计雇员	16	6.81	14	6.11
运营管理雇员	31	13.19	32	13.97
其他员工	26	11.06	17	7.42
合计	235	100	229	100

注:表中"其他员工"包括在人力资源部、研发部及其他后台部门的雇员。

截至2019年12月31日及2020年12月31日,按年龄分类的雇员详情如下:

年龄	2020年12月31日		2019年12月31日	
	雇员人数(人)	占比(%)	雇员人数(人)	占比(%)
25岁及以下	10	4.25	2	0.87
25～29岁	35	14.89	47	20.52
30～39岁	138	58.73	126	55.03
40岁及以上	52	22.13	54	23.58
合计	235	100	229	100

截至2019年12月31日及2020年12月31日，按教育程度分类的雇员详情如下：

教育程度	2020年12月31日		2019年12月31日	
	雇员人数（人）	占比（%）	雇员人数（人）	占比（%）
博士学位及以上	6	2.55	6	2.62
硕士学位	177	75.32	161	70.31
学士学位	43	18.30	51	22.27
大专及以下	9	3.83	11	4.80
合计	235	100	229	100

4. 经营管理

4.1 经营目标、经营方针、战略规划

本公司将继续坚持稳中求进总基调，主动顺应监管导向和市场变化，深入开展信托文化建设，牢记支持实体经济高质量发展、满足人民群众对美好生活向往的使命，通过体制机制改革进一步激发内生发展动力，全面提升信息科技支撑能力、全面风险管理能力、专业化资产管理能力和综合化管理服务能力，加速构建公司高质量发展新格局。

第一，聚焦主业强基提质，加快业务转型，提升协同效能。公司坚持固有业务和信托业务“双轮驱动、协同提升”发展战略。一是加快信托业务转型步伐，稳步提升专业投资能力和资产配置水平，积极构建融资与投资并重、非标与标品并举的高质量发展新格局。二是优化组织架构，整合内部优势资源搭建以“大类资产配置”为核心的投研体系、风控体系，全面提升标准化产品研发能力和资产配置能力。三是加快基于账户管理的家族信托、财富管理、慈善信托等服务类信托业务发展，积极回归信托本源，深化财富管理转型。四是持续提升固有业务运作质效。进一步提升固有与信托业务协同效能，加大创投项目拓展力度，持续优化金融股权投资布局。五是深入践行金融国企使命，全力服务区域经济社会发展。深入挖潜区域业务资源，有效扩大金融供给，持续提升公司在区域发展的首位度和市占率。

第二，进一步完善网点布局和团队组建，着力构建更有活力的营销体系。公司继续增设营销网点，择机扩展市场化营销团队，加强机构理财团队建设和机构业务拓展力度，尽快完善差异化的销售考核激励制度，积极构建以客户为中心、以市场为导向、更有活力的营销体系。通过“在线+线下”双轮驱动，大力发展自主营销，在线打造客户自助一站式服务平台，线下打造客户体验优的“有温度”的物理网点，积极引导客户投资净值型产品，有序推进产品系列化和财富管理品牌化建设。

第三，强化科技赋能，提升信息科技支撑引领能力。公司坚持业务导向和需求导向，以智能信托为引领，加强信息科技建设。加快推进智能风控系统建设，搭建高效、可靠的风险管理数据平台，全面提升公司风险预判、风险管理和风险处置能力。完成山东国信APP 2.0版本升级，推出人机双录、在线路演等新功能，提升用户体验。推动业务管理系统优化升级，加快标品业务管理系统开发，依托金融科技提高服务效率，降低运营成本，有效提升产品和服务的竞争力，为公司转型发展提供强大支撑。

第四，扎实推进三项制度改革，激发企业内生动力。我们将持续推动组织架构与人力资源优化，健全人力资源管理体系，积极探索职业经理人制度改革；遵循“本部专业化，异地综合化”思路对组织架构进行优化调整，有效激发企业发展内生动力；顺应监管导向和公司转型需要，完善薪酬考核体系，切实增强行业竞争力；打造科学化、专业化的人才招聘、培训、考核机制，全面落实三项制度改革工作要求。

第五，持续完善风险管控体系，建设良好受托人文化。按照风险“可测、可控、可承受”原则，持续完善与业务特点相匹配的、多维度、多层次的全面风险管理体系，从产品设计、产品营销、尽职调查、信息披露、风险揭示、投后管理等全流程不断增强受托管理能力。严把项目准入关口，做好项目投后/贷后管理，强化项目临期管理，做到风险早发现、早预警、早处置。做好各类业务额度管控和集中度管控工作，严格做好流动性管理，全面落实风险项目处置责任，推动风险项目尽早化解。按照《信托公司受托人文化建设指引》有关要求，持续加强信托文化建设，提升受托人专业价值。

4.2 所经营业务的主要内容

本公司的业务可划分为信托业务和固有业务。信托业务是本公司的核心业务。作为受托人，本公司接纳委托客户的资金和（或）财产委托，并管理此类委托资金和（或）财产，以满足委托客户的投资和财富管理需要，以及交易对手客户的融资需要。本公司的固有业务通过将固有资产配置到各个资产类别，以及投资于对信托业务有战略价值的各种业务，从而维持并增加固有资产的价值。

下表载列本公司在所示期间的分部收入及其主要部分。

项目	截至2020年12月31日		截至2019年12月31日	
	金额（千元）	占比（%）	金额（千元）	占比（%）
信托业务				
经营收入	1 155 078	43.19	1 039 816	51.72
分部收入	1 155 078	43.19	1 039 816	51.72
固有业务				
经营收入	1 150 552	43.02	846 850	42.12
分占以权益法计量的投资的利润	368 874	13.79	123 705	6.16
分部收入	1 519 426	56.81	970 555	48.28
合计	2 674 504	100.00	2 010 371	100.00

2020年，本公司的信托业务及固有业务的收入分别占本公司收入总额的43.2%和56.8%。

4.2.1 信托业务

2020年，本公司积极应对疫情冲击、国内经济形势及监管政策环境变化，面对强监管背景下信托规模收缩压力，持续优化信托业务结构，坚定回归信托本源，加快布局标品业务，大力发展创新业务，积极培育新的业务增长点。一是坚持固本拓新，业务转型创新成效明显。公司顺应监管要求，做优做强传统业务，积极布局标品业务，加快推动业务转型发展。继续深耕传统优势业务，股债结合类主动管理业务质升量增；债

券、家族信托、消费金融、现金管理和ABS等创新业务规模大幅增加，收入贡献稳步提升。二是深化同业机构战略合作，"朋友圈"范围不断扩大。加强与证券公司、私募基金管理公司等优质机构对接，集聚标品业务展业资源；深化金融同业渠道战略合作，不断提升服务质效，债券业务规模取得突破式增长；家族信托业务开辟多家商业银行渠道资源，进一步稳固长期可持续稳健发展的坚实基础。三是多元化募资渠道有序拓展，财富管理转型扎实推进。新设一个机构理财团队和两个营销网点，初步构建形成"521"销售体系。公司研发推出的首笔"安心"系列个人财富管理业务顺利落地，财富管理转型迈出实质性步伐。山东国信APP客户端正式上线，电子签约率达100%。新增多家商业银行代销机构，多元化募资渠道不断扩展。四是深入实施智慧信托战略，以信息科技助推公司转型发展。加快新系统、新模块上线，支撑业务转型创新。逐步完善山东国信财富管理平台功能，实现销售移动化支持；建设家族信托电子签约模块，完成资产管理系统重构升级，启动智能风控系统建设，推进标品业务的自动化估值，进一步提升信息系统支撑能力。

2020年，本公司的信托资产规模同比有所下降，信托业务收入同比有所上升，主动管理型信托的收入占全部信托业务收入中的手续费及佣金收入的比重保持增长。本公司管理的信托资产规模由截至2019年12月31日的257 664百万元减少至截至2020年12月31日的248 697百万元，而截至相应日期，信托总数分别为1 202个和1 137个。2020年，本公司实现信托业务收入1 155.1百万元，同比上升11.1个百分点；报告期内，本公司管理的主动管理型信托产生的收入为898百万元，占全部信托业务收入中的手续费及佣金收入的78.0%，同比上升1.2个百分点。

4.2.2 固有业务

2020年，为合理优化自有资金配置，加快境外业务战略布局，提高自有资金运作质效，本公司坚持长中短期结合的策略，积极运用自有资金进行投资。一是充分发挥固有业务与信托业务的协同效应，积极实施投贷联动，大力支持信托业务"股+债"等转型创新。二是持续加强创投基金投资力度，积极支持山东区域经济发展和新旧动能转换，推动固有业务转型发展，打造新的效益增长点。三是审时度势，积极推动泰信基金管理有限公司转型发展，完成中国重汽财务有限公司股权转让，金融股权投资布局得到优化。四是在保证流动性的前提下，积极开展多元化投资，高效运用流动性资金进行国债逆回购、投资货币基金及现金管理类信托计划等短期运作，着力提高境内外资金使用效益。五是进一步加强与驻港金融企业交流沟通，为境外展业打下坚实基础。2020年实现固有业务分部收入1 519.4百万元，同比增长56.6%。

4.3 市场分析

4.3.1 经济形势分析

2020年，受新冠肺炎疫情的冲击，全球经济经历了第二次世界大战以来最严重的衰退，发达经济体实施极度宽松货币政策和大规模财政刺激计划，下半年以来经济有所恢复。与此同时，疫情冲击引发财政可持续风险和金融风险隐患上升，对全球经济结构、国际贸易和投资也产生了深远的影响。面对疫情冲击下异常复杂严峻的内外部局面，全国上下齐心协力，统筹疫情防控和经济社会发展工作取得重大战略成果，"十三五"规划圆满收官，全面建成小康社会胜利在望。我国经济运行稳定恢复，工业生产持续发展，消费和投资稳步回升，出口动能强劲，就业形势总体稳定，成为2020年全球唯一实现经济正增长的主要经济体。

疫情仍是影响2021年全球经济走势的最大不确定因素，发达经济体宏观政策可持续性面临挑战，我国经济向常态回归，内生发展动能逐步增强。随着中国中等收入群体不断扩大，居民财富快速累积，高净值人群的财富管理需求日益增长，信托公司发展空间十分广阔。

4.3.2 金融形势分析

中国金融业贯彻落实党中央、国务院决策部署，迎难而上，主动作为，坚决做好疫情防控金融服务，做好"六稳"工作，全面落实"六保"任务，有力支持国民经济稳步复苏，进一步提高金融供给对实体经济的适应性和灵活性，推动降低社会融资成本，为确保完成决胜全面建成小康社会营造了适宜的金融环境。

信托业在监管机构的引导下，按照统筹疫情防控和经济社会发展的总体要求，以供给侧结构性改革为主线，围绕支持国家重大发展战略落实、支持先进制造业发展、支持经济社会发展薄弱环节、支持扩大内需等方面拓展业务，服务实体经济高质量发展，助力构建以国内大循环为主体、国内国际双循环相互促进的新发展格局。截至2020年末，中国信托业管理信托资产余额为20.49万亿元，信托资产规模继续保持稳步下降，但信托公司的业务结构进一步改善，主动管理能力不断提升。

当前，信托业正处于转型变革的关键时期，公司将坚定响应监管部门号召，牢记受托人定位，持续加强信托文化建设，加快提升主动管理能力，提升受托人专业价值，把握经济转型期的重大发展机遇，积极探索新的业务模式和业务领域，更好服务实体经济和人民美好生活需要，以高质量发展为"十四五"开好局。

4.3.3 影响公司业务发展的主要因素

本公司的业务运营在中国进行，且本公司大部分收入于中国境内产生。作为一家中国金融机构，本公司的业务、财务状况、经营业绩及前景受中国整体经济及金融市场状况的重大影响。

中国经济经历40年的快速增长后，目前已转向高质量发展阶段，其特征为经济结构优化和产业转型升级。中国经济的结构转型、宏观经济政策及金融市场的波动给本公司的业务带来挑战。例如，对中国房地产行业的调控及控制地方政府负债可能会对本公司的信托业务产生负面影响。在经济减速、结构调整的大背景下，宏观形势对信托行业的资金端和资产端均形成了一定的压力和约束。本公司的客户可能会在经济放缓时减少投资活动或融资需求，这或会减少对本公司多种信托产品的需求。在经济放缓时，个别金融风险事件的爆发机率可能更高，这可能会增加本公司交易对手的违约风险。2020年，突如其来的新冠肺炎疫情对中国和世界经济产生巨大冲击，很多市场主体面临前所未有的压力。虽然中国经济已开始恢复，但疫情或会减少本公司业务的市场需求。另外，本公司可能会在经济转型期识别新的业务机会并利用金融市场状况的变化，而且本公司可能会在能够抵销经济下行周期影响的领域增加业务。然而，对于本公司能否有效应对整体经济及金融市场状况的变化仍存在不确定因素，而且本公司创新业务的增加可能不能够抵销传统业务的下滑，因此本公司的信托业务将持续受到中国整体经济及金融市场状况的重大影响。

本公司已经对多个金融机构进行固有投资，并且本公司大部分的固有资产以不同类型金融产品的形式持有。该等投资的价值受宏观经济状况、资本市场的表现和投资者情绪的影响。因此，中国整体经济及金融市场状况的变化也将影响本公司固有投资的价值及投资收益。

此外，本公司的经营业绩、财务状况及发展前景皆受中国监管环境的影响。中国信托业的主要监管机构中国银保监会持续关注行业的发展状态，发布了多项规定和政策以不时鼓励或不提倡甚至是禁止某些种类的信托业务开展。本公司需要持续调整本公司的信托业务结构和经营模式以遵循该等规定和政策，这可能会对本公司信托业务的规模、信托业务收入、盈利能力产生正面或负面的影响。2018 年 4 月，中国人民银行、中国银保监会、中国证监会、国家外汇管理局联合下发《关于规范金融机构资产管理业务的指导意见》（银发〔2018〕106 号），对资产管理业务按照产品类型统一监管标准，要求包括信托公司在内的金融机构在开展资产管理业务时“去通道”“去嵌套”。2020 年中国银保监会对信托公司同业通道业务和融资类业务压降提出了明确的要求，坚持“去通道”目标不变，继续规范业务发展，引导信托公司加快业务模式变革。这些政策短期内可能会对信托公司经营产生一定的紧缩效应，但长期来看有利于信托公司提升主动管理能力，回归信托本源。然而，监管部门也可能不时限制信托公司某些业务的发展，从而可能会对本公司的业务产生不利影响。

此外，中国其他金融行业的监管环境也可能会间接影响本公司的信托业务。例如，2018 年 9 月，中国银保监会发布《商业银行理财业务监督管理办法》，并于同年 12 月发布《商业银行理财子公司管理办法》，对商业银行开展理财业务进行了明确规定，允许商业银行通过设立理财子公司开展资产管理业务。本公司传统上受益于信托牌照下广泛的业务范围，然而，由于其他金融机构例如商业银行、商业银行理财子公司将能够提供越来越多与本公司类似的产品及服务，而本公司可能会因此面对更激烈的竞争而丧失部分优势。

4.4 风险管理

4.4.1 风险管理概况

本公司一直致力于建立健全的风险管理和内部控制体系，其中包括本公司认为适合本公司业务经营的目标、原则、组织框架、流程和应对主要风险的方法，而且本公司已建立一套涵盖本公司业务经营各个方面的全面风险管理体系。本公司精细的风险管理文化、以目标为导向及完善的风险管理体系与机制，确保本公司的业务持续稳定发展，为本公司识别和管理业务运营所涉及的风险奠定坚实基础。

4.4.2 风险管理

4.4.2.1 信用风险管理

信用风险指本公司客户及交易对手未能履行合约责任的风险。本公司的信用风险由本公司的信托业务及固有业务引起。

报告期内，本公司严格遵守中国银保监会有关信用风险管理指引等监管要求，在董事会战略与风控委员会和高级管理层的领导下，以配合实现战略目标为中心，完善信用风险管理的制度和系统建设，加强重点领域的风险管控，全面控制和化解信用风险。

4.4.2.2 市场风险管理

市场风险主要指金融工具的公允价值或未来现金流将因市场价格变化而导致波动，主要由于价格风险、利率风险及汇兑风险导致波动风险。报告期内，本公司主要透过多样化及谨慎挑选的投资组合和本公司严格的投资决策机制管理此类风险。

4.4.2.3 流动性风险管理

流动性风险指由于债权到期本公司或不能获取足够的现金以全面结算本公司的债务，或本公司仅可在重大不利的条款下获取足够的现金以全面结算本公司的债务的风险。

4.4.2.4 合规风险管理

合规风险指因本公司的业务活动或雇员的活动违反有关法律、法规或规则而遭受法律制裁、被采取监管措施、纪律处分、蒙受财产损失或声誉损失的风险。本公司已制定若干合规制度和政策，由合规法律部专门监察本公司日常运营各方面的整体合规状况。

报告期内，本公司的合规法律部也持续追踪相关法律法规和政策的最新发展，并向相关部门提交制定和修订相关内部制度和政策的方案。此外，本公司根据不同部门的相关业务活动的性质组织若干雇员培训项目，持续更新有关现行法律和法规要求及内部政策。

4.4.2.5 操作风险管理

操作风险指因交易过程或管理系统操作不当而引致财务损失的风险。报告期内，为了将操作风险减至最低，本公司已实施严格的风险控制机制，以降低技术违规或人为失误的风险，并提高操作风险管理的有效性。此外，本公司的审计部负责内部审计及评估操作风险管理的有效性。

4.4.2.6 声誉风险管理

本公司非常珍惜多年来经营的良好市场形象，积极采取有效措施规避和防范声誉风险，防止本公司声誉受到不良损害。本公司制定了《声誉风险管理办法》。报告期内，本公司通过优秀的财富管理能力提高客户忠诚度的同时，加强对外宣传力度，积极履行社会责任，开辟多种渠道与监管机构、媒体、公众等利益相关者进行沟通，强化“专业、诚信、勤勉、成就”的企业核心价值观。

4.4.2.7 其他风险管理

本公司通过对国家宏观经济政策和行业政策的分析、研究，提高预见性和应变能力，控制政策风险。通过建立健全法人治理结构、内部控制制度、业务操作流程，保证工作流程的完整性和科学性。不断加强员工思想教育，树立恪尽职守的观念和先进的风险管理理念，避免道德风险。同时，公司加强法制意识教育，深入开展全体员工廉洁从业教育活动；设置专门的法律岗位，聘请常年法律顾问等，有效控制法律风险。

5. 报告期末及上一年度末的比较式会计报表

5.1 自营资产

5.1.1 会计师事务所审计意见全文

致山东省国际信托股份有限公司股东：

一、我们已审计的内容

山东省国际信托股份有限公司（贵公司）及其子公司（贵集团）列载于第161至262页的合并财务报表，包括于2020年12月31日的合并财务状况表；截至该日止年度的合并全面收益表；截至该日止年度的合并权益变动表；截至该日止年度的合并现金流量表；合并财务报表附注，包括主要会计政策概要。

二、我们的意见

我们认为，该等合并财务报表已根据《国际财务报告准则》真实而中肯地反映了贵集团于2020年12月31日的合并财务状况及其截至该日止年度的合并财务表现及合并现金流量，并已遵照香港公司条例的披露规定妥为拟备。

三、意见的基础

我们已根据《国际审计准则》进行审计。我们在该等准则下承担的责任已在本报告“审计师就审计合并财务报表承担的责任”部分中做进一步阐述。

我们相信，我们所获得的审计凭证能充足及适当地为我们的审计意见提供基础。

四、独立性

根据国际会计师专业操守理事会颁布的专业会计师道德守则（包括国际独立性守则）（IESBA守则），我们独立于贵集团，并已履行IESBA守则中的其他专业道德责任。

五、关键审计事项

关键审计事项是根据我们的专业判断，认为对本期合并财务报表的审计最为重要的事项。这些事项是在我们审计整体合并财务报表及出具意见时进行处理的。我们不会对这些事项提供单独意见。

我们在审计中识别的关键审计事项概述如下：信托计划的合并评估；客户贷款的预期信用损失（ECL）；营运资本充足性评估。

六、关键审计事项

（一）信托计划的合并评估

贵集团管理或投资多项信托计划。于2020年12月31日，于所有该等信托计划中，贵集团已合并总额约为16 927百万元，未合并总额约为231 770百万元。

管理层根据国际财务报告准则第10号——合并财务报表（国际财务报告准则第10号）对控制权的三个要素（对信托计划相关活动的权力、承担可变回报披露及贵集团利用其权力影响来自信托计划的可变回报的能力）作出评估，以厘定由贵集团管理或投资的信托计划是否应进行合并。于进行评估时，当中涉及重大判断，以厘定贵集团于安排中的角色为主要责任人还是代理人。倘贵集团作为主要责任人，贵集团控制信托计划，而信托计划须进行合并。

我们关注于此领域，乃因为贵集团所参与的信托计划十分重要，且该等信托计划的合并评估涉及重大判断。

（二）我们的审计如何处理关键审计事项

我们了解管理层对信托计划合并评估的控制。

此外，我们对贵集团投资或管理的信托计划进行抽样测试，并就管理层对信托计划合并的评估作出下列程序：

一是了解交易结构的目的和设计，检查相关合同条款，并评估贵集团是否有权指导该等信托计划的相关活动。

二是检查来自该等选定信托计划的合约条款（包括管理费、直接投资及流动资金支持），将该等数据与应用于管理层对可变回报的评估中的参数相核对；评估集团为该等信托计划提供流动资金支持的承诺（如有）。

三是根据合约条款重新计算贵集团来自该等信托计划的可变回报。

四是通过分析贵集团运用其权力影响信托计划可变回报的能力，评估贵集团在信托计划中的角色为委托人或代理人，以可变回报水平为基准来衡量贵集团作为委托人是否符合国际财务报告准则第10号中的指引。

根据上述工作，我们认为管理层对信托计划作出的合并评估可接受。

（三）客户贷款的预期信用损失（ECL）

于2020年12月31日，贵集团录得客户贷款总额14 304百万元，于贵集团合并财务状况表中确认减值准备1 557百万元。于贵集团截至2020年12月31日止年度的合并利润表中确认客户贷款减值损失1 075百万元。

客户贷款减值准备余额指管理层依据国际财务报告准则第9号：金融工具（预期信用损失模型）于资产负债表日以模型要求对预期信用损失作出的最佳估计。

贵集团就客户贷款及垫款的信用风险自其初始确认后是否已显著增加进行评估，并采用“三阶段”减值模型以计算其预期信用损失。对于第一阶段及第二阶段的客户贷款管理层对纳入了违约概率、违约损失率、违约风险敞口及折现率等关键参数的减值准备进行评估。对于第三阶段的客户贷款，管理层透过估计贷款所产生的现金流量对减值准备进行评估。

预期信用损失计量模型涉及管理层的重大判断及假设，主要内容以下所述：为预期信用损失的计量选择合适的模型和假设；决定信用风险是否显著增加或已发生违约或减值损失的标准；前瞻性计量的经济指标以及应用经济情景及权重；第三阶段客户贷款的预计未来现金流量。

预期信用损失的估计受高度估计不明朗因素影响。有关贷款减值评估的固有风险被认为是重大的，这是由于模型的复杂性，该等模型运用诸多参数及数据，并应用管理层的重大判断及假设。此外，客户贷款及已于当期确认的减值损失重大。鉴于此等原因，我们因而确定此乃一项关键审计事项。

我们了解管理层用于计算预期信用损失的方法，并评估管理层有关客户贷款及垫款的预期信用损失计量的关键控制程序。我们通过考虑估计不确定性的程度和其他固有风险因素的水平，如复杂性、主观性及易受管理层偏向或舞弊影响的程度，来评估重大错报的固有风险。

我们评估客户贷款的以前期间预期信用损失结果，以评估管理层估计过程的有效性。

我们对客户贷款的预期信用损失计量的主要控制进行了评估及测试。

此外，我们履行以下程序：

一是我们评估了基于行业实践的预期信用损失计量的建模方法，并就组合分项、模型选择、关键参数估计、有关模型的重大判断及假设的合理性作出评估。

二是我们评估管理层有关厘定信用风险是否显著增加或是否存在违约或信用减值贷款的标准。此外，我们在考虑借款人的财务及非财务资料、有关外部证据及其他因素的基础上选择样本，以评估管理层对在识别信用风险显著增加、违约及信用减值贷款方面的恰当性。

三是就前瞻性计量而言，我们审核管理层对其经济指标选择的模型分析；所运用的经济情景及权重，评估经济指标预测的合理性，并进行敏感度分析。

四是我们基于所选样本审核预期信用损失模型的主要参数，包括历史数据及计量日期的数据，以验证其准确性及完整性。

五是我们基于样本审查由贵集团依据借款人及担保人的财务资料、抵押品最近估值及其他可用数据连同支持第三阶段客户贷款减值准备计算的折现率而编制的预测未来现金流量。

基于我们所展开的程序，在与预期信用损失计量相关的固有不确定性的背景下，有关ECL模型、关键参数、管理层采用的重大判断及假设，以及预期信用损失的计量结果均被认为可予接纳。

（四）运营资本充足性评估

于2020年12月31日，贵集团的流动负债超过流动资产2 804百万元。于2020年12月31日，贵集团的现金及银行存款余额合共为970百万元，贵集团的流动负债包括归属于合并结构实体其他受益人的净资产8 042百万元，其中，应付信托计划的"新受益人"合共5 208百万元的款项将于2021年5月及6月到期。贵集团需要向该信托计划提供财务支持，以偿还应付新受益人的款项。然而，倘并无额外财务支持，贵集团或没有足够的财务资源提供有关支持。此外，于2021年2月及3月，贵集团从另一个管理的信托计划中受让违约贷款的收益权。

鉴于上述条件，为支持按持续经营基准编制贵集团之合并财务报表，管理层对营运资本充足性进行了评估，并编制从2020年12月31日起不少于12个月的现金流量预测，涉及重大判断及关键假设。特别是贵集团已考虑母公司鲁信集团的承诺，在其出现流动资金困难时提供财务支持。

根据评估结果，管理层认为，贵集团于年末起计未来12个月将有足够资源继续经营，以及履行其到期而需支付的财务责任，因此采用持续经营基准编制合并财务报表属恰当。

鉴于管理层按持续经营基准编制合并财务报表的评估涉及关键判断及假设，该事项被确定为关键审计事项。

为评估管理层评估的合理性，我们执行以下程序以评估有关评估的重要判断及关键假设：

一是获得管理层的现金流量预测，与高级管理层讨论以了解其未来的运营计划，并评估编制该预测时的相关假设。

二是审查及评估管理层对关键假设的敏感性分析，包括手续费及佣金收入水平、投资收益、客户贷款的可收回性、管理费用及管理层为缓解流动资金压力而采取的各种措施的潜在结果。

三是抽样检查与贵集团设立及管理的信托计划有关的合约，以评估贵集团对该等信托计划提供流动资金支持的任何承诺及其对现金流量预测的影响。

四是有关鲁信集团提供的财务支持，我们检查提供支持的手段的详情，以及相关的批准及管治程序；访问鲁信集团的高级管理人员，经参考鲁信集团的财务资料，评估彼等履行有关承诺的意愿及财务实力；审查贵集团外部律师对财务支持合法性及可执行性的法律意见；向鲁信集团指定银行账户发送独立银行询证函，并将余额与承诺水平进行比较。

根据已执行的程序，我们认为，管理层对营运资本充足性的评估有合理依据支持。

七、其他资料

贵公司董事须对其他资料负责。其他资料包括年度报告内的所有资料（合并财务报表及我们的审计师报告除外）。

我们对合并财务报表的意见并不涵盖其他数据，我们不对该等其他数据发表任何形式的鉴证结论。

结合我们对合并财务报表的审计，我们的责任是阅读有关资料，在此过程中，考虑其他资料是否与合并财务报表或我们在审计过程中所了解的情况存在重大抵触或者似乎存在重大错误陈述的情况。

基于我们已履行的工作，倘我们认为其他数据存在重大错误陈述，我们需要报告该事实。就此而言，我们并无事项报告。

八、董事及负责管治者就合并财务报表须承担的责任

贵公司董事须负责根据《国际财务报告准则》及香港公司条例的披露规定编制真实而中肯的合并财务报表，并对其认为为使合并财务报表的编制不存在由于欺诈或错误而导致的重大错误陈述所需的内部控制负责。

在编制合并财务报表时，董事负责评估贵集团持续经营的能力，并在适用情况下披露与持续经营有关的事项，以及使用持续经营为会计基础，除非董事有意将贵集团清盘或停止经营，或别无其他实际的替代方案。

负责管治者须负责监督贵集团的财务报告过程。

九、审计师就审计合并财务报表承担的责任

我们的目标是对合并财务报表整体是否不存在由于欺诈或错误而导致的重大错误陈述取得合理保证，并出具包括我们意见的审计师报告。我们向阁下（作为整体）报告，除此之外，本报告别无其他目的。我们不会就本报告的内容向任何其他人士负上或承担任何责任。合理保证是高水准的保证，但不能保证按照《国际审计准则》进行的审计，在某一重大错误陈述存在时总能被发现。错误陈述可以由欺诈或错误引起，如果合理预期它们单独或汇总起来可能影响合并财务报表使用者依赖合并财务报表所作出的经济决定，则有关的错误陈述可被视作重大。

在根据《国际审计准则》进行审计的过程中,我们运用了专业判断,保持了专业怀疑态度。

一是识别和评估由于欺诈或错误而导致合并财务报表存在重大错误陈述的风险,设计及执行审计程序以应对这些风险,以及获取充足和适当的审计凭证,作为我们意见的基础。由于欺诈可能涉及串谋、伪造、蓄意遗漏、虚假陈述,或凌驾于内部控制之上,因此未能发现因欺诈而导致的重大错误陈述的风险高于未能发现因错误而导致的重大错误陈述的风险。

二是了解与审计相关的内部控制,以设计适当的审计程序,但目的并非对贵集团内部控制的有效性发表意见。

三是评价董事所采用会计政策的恰当性及作出会计估计和相关披露的合理性。

四是对董事采用持续经营会计基础的恰当性作出结论。根据所获取的审计凭证,确定是否存在与事项或情况有关的重大不确定性,从而可能导致对贵集团的持续经营能力产生重大疑虑。如果我们认为存在重大不确定性,则有必要在审计师报告中提请使用者注意合并财务报表中的相关披露。假若有关的披露不足,则我们应当发表非无保留意见。我们的结论是基于审计师报告日止所取得的审计凭证。然而,未来事项或情况可能导致贵集团不能持续经营。

五是评价合并财务报表的整体列报方式、结构和内容,包括披露,以及合并财务报表是否中肯反映交易和事项。

六是就贵集团内实体或业务活动的财务信息获取充足、适当的审计凭证,以便对合并财务报表发表意见。我们负责集团审计的方向、监督和执行。我们为审计意见承担全部责任。

除其他事项外,我们与负责管治者沟通了计划的审计范围、时间安排、重大审计发现等,包括我们在审计中识别出内部控制的任何重大缺陷。

我们还向负责管治者提交声明,说明我们已符合有关独立性的相关专业道德要求,并与他们沟通有可能合理地被认为会影响我们独立性的所有关系和其他事项,以及在适用的情况下,采取行动消除所应用的威胁或防范措施。

从与负责管治者沟通的事项中,我们确定哪些事项对本期合并财务报表的审计最为重要,因而构成关键审计事项。我们在审计师报告中描述这些事项,除非法律法规不允许公开披露这些事项,或在极端罕见的情况下,如果合理预期在我们报告中沟通某事项造成的负面后果超过产生的公众利益,我们决定不应在报告中沟通该事项。

出具本独立审计师报告的审计项目合伙人是李松波先生。

罗兵咸永道会计师事务所

执业会计师

香港,2021 年 3 月 31 日

5.1.2 资产负债表

资产负债表(合并)

编制单位:山东省国际信托股份有限公司　　2020 年 12 月 31 日　　单位:千元

续表

项目	2020 年 12 月 31 日	2019 年 12 月 31 日
资产		
非流动资产		
物业、厂房及设备	122 135	126 522
投资性房地产	145 139	148 825
使用权资产	680	1 043
无形资产	13 672	5 829
联营企业的投资	3 242 780	2 776 345
以公允价值计量且其变动计入当期损益的金融资产	679 519	912 970
客户贷款	9 641 926	5 659 408
金融投资——摊余成本	50 288	18 541
预付款项	20 097	25 326
递延所得税资产	315 759	230 110
其他非流动资产	188 932	359 503
非流动资产总额	14 420 927	10 264 422
流动资产		
现金及银行存款余额	969 535	964 424
以公允价值计量且其变动计入当期损益的金融资产	1 556 937	611 455
买入返售金融资产	107 147	11 026
客户贷款	3 105 648	2 143 563
金融投资——摊余成本	—	60 828
应收信托报酬	165 875	214 056
其他流动资产	357 752	302 516
流动资产总额	6 262 894	4 307 868
总资产	20 683 821	14 572 290
权益及负债		
股本	4 658 850	4 658 850
资本储备	143 285	143 285
法定盈余储备	903 941	845 282
法定一般储备	892 695	834 036
其他储备	−7 735	−865
保留盈利	3 584 088	3 329 825
总权益	10 175 124	9 810 413
负债		
非流动负债		
应付薪酬和福利	24 157	48 899
租赁负债	122	346
归属于合并结构性实体其他受益人的净资产	1 417 461	2 647 623
非流动负债总额	1 441 740	2 696 868
流动负债		
短期借款	700 000	320 000
租赁负债	573	708
应付薪酬和福利	85 876	61 961

续表

项目	2020 年 12 月 31 日	2019 年 12 月 31 日
归属于合并结构性实体其他受益人的净资产	8 042 296	757 118
应付所得税	31	186 357
应付股息	—	4 374
其他流动负债	838 181	734 491
流动负债总额	9 066 957	2 065 009
负债总额	10 508 697	4 761 877
总权益及负债	20 683 821	14 572 290

5.1.3 利润表

利润表（合并）

编制单位：山东省国际信托股份有限公司　　2020 年度　　单位：千元

项目	2020 年度	2019 年度
手续费及佣金收入	1 152 419	1 037 771
利息收入	716 614	529 807
以公允价值计量且其变动计入当期损益的金融资产公允价值变动净额	126 561	299 999
投资收益	146 181	14 231
处置联营企业的净收益	109 920	3 062

续表

项目	2020 年度	2019 年度
其他经营收入	53 935	1 796
总经营收入	2 305 630	1 886 666
利息支出	−620 516	−137 873
员工成本（包括董事及监事薪酬）	−139 254	−189 401
折旧及摊销	−13 588	−10 406
归属于合并结构性实体其他受益人的净资产变动	−16 575	−475
税金及附加	−11 317	−18 917
管理费用	−78 998	−71 883
核数师酬金	−1 972	−1 792
金融资产减值损失	−1 058 799	−688 059
其他资产减值损失	−514	−13 730
总经营开支	−1 941 533	−1 132 536
经营利润	364 097	754 130
分占以权益法计量的投资的利润	368 874	123 705
除所得税前经营利润	732 971	877 835
所得税费用	−105 153	−213 929
归属于本公司股东的净利润	627 818	663 906

5.1.4 所有者权益变动表

所有者权益变动表（合并）

编制单位：山东省国际信托股份有限公司　　2020 年度　　单位：千元

项目	股本	资本储备	法定盈余储备	法定一般储备	其他储备	保留盈利	合计
于 2020 年 1 月 1 日的余额	4 658 850	143 285	845 282	834 036	−865	3 329 825	9 810 413
年内净利润	—	—	—	—	—	627 818	627 818
年内其他综合收益	—	—	—	—	−6 870	—	−6 870
综合收益总额	—	—	—	—	−6 870	627 818	620 948
拨至法定盈余储备	—	—	58 659	—	—	−58 659	—
拨至法定一般储备	—	—	—	58 659	—	−58 659	—
已付股息	—	—	—	—	—	−256 237	−256 237
于 2020 年 12 月 31 日的余额	4 658 850	143 285	903 941	892 695	−7 735	3 584 088	10 175 124
于 2019 年 1 月 1 日的余额	2 588 250	2 231 139	767 319	756 073	−1 301	3 199 212	9 540 692
年内净利润	—	—	—	—	—	663 906	663 906
年内其他综合收益	—	—	—	—	436	—	436
综合收益总额	—	—	—	—	436	663 906	664 342
拨至法定盈余储备	—	—	77 963	—	—	−77 963	—
拨至法定一般储备	—	—	—	77 963	—	−77 963	—
资本公积转增股本	2 070 600	−2 070 600	—	—	—	—	—
已付股息	—	—	—	—	—	−377 367	−377 367
其他	—	−17 254	—	—	—	—	−17 254
于 2019 年 12 月 31 日的余额	4 658 850	143 285	845 282	834 036	−865	3 329 825	9 810 413

5.2 信托资产

5.2.1 信托项目资产负债汇总表

信托项目资产负债汇总表

编制单位：山东省国际信托股份有限公司　　2020 年 12 月 31 日　　单位：万元

资产	期末余额	年初余额	负债和权益	期末余额	年初余额
资产：			负债：		
货币资金	347 262.53	369 541.32	交易性金融负债	—	—

续表

资产	期末余额	年初余额	负债和权益	期末余额	年初余额
拆出资金	—	—	衍生金融负债	—	—
结算备付金	23 474. 04	36 250. 96	卖出回购金融资产款	376 021. 34	4 999. 98
交易性金融资产	2 479 757. 76	1 912 911. 69	应付账款	0. 04	0. 04
衍生金融资产	—	—	应付赎回款	29 803. 62	211 619. 85
买入返售金融资产	18 379. 70	69 802. 31	应付受托人报酬	16 512. 62	21 495. 11
应收账款	—	—	应付受益人收益	27 708. 59	27 141. 51
应收利息	137 626. 55	45 968. 23	应付托管费	1 159. 59	740. 76
应收股利	8 985. 00	16 112. 97	应付销售服务费	1. 56	1. 56
应收票据	—	—	应交税费	8 497. 45	8 198. 58
应收申购款	—	—	应付利息	211. 51	1. 57
其他应收款	262 674. 33	229 772. 49	其他应付款	115 192. 58	19 578. 40
存出保证金	—	—	其他负债	3 561. 82	1 642. 39
发放贷款	6 196 849. 70	10 509 347. 27	负债合计	580 670. 72	295 419. 75
长期应收款	510 949. 09	88 527. 15			
可供出售金融资产	6 090. 72	4 201. 40			
持有至到期投资	10 952 212. 75	9 959 996. 96			
长期股权投资	1 233 297. 86	1 458 016. 10	权益:		
投资性房地产	—	—	实收信托	24 869 730. 03	25 766 445. 72
融资租赁资产	—	—	资本公积	117 256. 38	68 620. 46
固定资产	—	—	损益平准	—	—
固定资产清理	—	—	未分配利润	443 134. 37	327 577. 60
无形资产	—	—	权益合计	25 430 120. 78	26 162 643. 78
长期待摊费用	—	—			
其他资产	3 835 231. 47	1 757 614. 68			
信托资产总计	26 012 791. 50	26 458 063. 53			
减:各项资产减值准备	—	—			
资产总计	26 012 791. 50	26 458 063. 53	负债和权益总计	26 012 791. 50	26 458 063. 53

5. 2. 2 信托项目利润及利润分配汇总表

信托业务利润及利润分配汇总表

编制单位:山东省国际信托股份有限公司 2020 年度 单位:万元

项目	本年累计数	上年累计数
一、收入	1 701 300. 75	1 861 916. 30
利息收入	689 829. 64	879 286. 46
投资收益(损失以"-"号填列)	972 268. 72	878 551. 04
其中:对联营企业和合营企业的投资收益	—	—
公允价值变动收益(损失以"-"号填列)	39 177. 00	102 761. 82
租赁收入	—	—
汇兑损益(损失以"-"号填列)	—	—
其他收入	25. 39	1 316. 98
二、支出	273 288. 29	240 256. 04
营业税金及附加	5 450. 48	5 708. 54
受托人报酬	126 578. 96	128 810. 11
托管费	8 850. 94	9 736. 31
销售服务费	—	5 141. 25
交易费用	3 536. 82	4 450. 69
利息支出	—	—
资产减值损失	—	—
其他费用	128 871. 09	86 409. 14
三、净利润(净亏损以"-"号填列)	1 428 012. 46	1 621 660. 26
四、其他综合收益	36 486. 57	4 808. 80
五、综合收益	1 464 499. 03	1 626 469. 06
六、期初未分配利润	327 577. 60	246 867. 72
七、本期已分配信托利润	1 348 942. 26	1 545 759. 18
八、期末未分配利润	443 134. 37	327 577. 60

6. 会计报表附注

6. 1 会计报表编制基准不符合会计核算基本前提的说明

本公司无上述情况。

6. 2 重要会计政策和会计估计说明

6. 2. 1 计提资产减值准备的范围和方法

6. 2. 1. 1 金融资产的减值

本集团在前瞻性的基础上评估与其持有的以摊余成本和以公允价值计量且其变动计入其他综合收益计量的债务工具资产相关的预期信用损失,以及与贷款承诺和金融担保合同相关的风险敞口。本集团在各报告日期对该等损失确认减值准备。预期信用损失的计量反映如下:通过评估一系列可能的结果而确定的无偏颇概率加权金额;货币的时间价值;于本报告期，无须付出不必要的额外成本或努力即可获得有关过去事件、当前状况和对预测未来经济状况的合理及有理据的资料。

计量以摊余成本计量和以公允价值计量且其变动计入其他综合收益的金融资产的预期信用损失准备，需要运用复杂模型和对未来经济状态及信用行为的重要假设（如客户违约的可能性以及造成的损失）。

应用于计量预期信用损失的会计要求也需要作出一些重大判断，例如，为计量预期信用损失选择合适的模型及假设；厘定信用风险是否显著增加或是否产生违约或减值损失的标准；前瞻性计量的经济指标以及经济场景及权重的应用；第三阶段客户贷款的估计未来现金流量。

6.2.1.2　非金融资产减值损失拨备

于各报告期末，本集团复核其有形及无形资产账面价值以确定是否存在任何迹象显示该等资产出现减值损失。如果存在任何此类迹象，则会对资产的可收回金额作出估计，以确定减值损失的程度（如有）。可收回金额是指一项资产的公允价值减去处置费用后的净额与该资产使用价值两者间的较高者。

如果资产的可收回金额估计低于其账面价值，则将该资产的账面价值减至其可收回金额，减值损失计入当期损益。

6.2.2　长期股权投资核算方法

长期股权投资包括本公司对受本公司控制的结构化主体（以下合称本集团）的长期股权投资，以及本集团对联营企业的长期股权投资。

6.2.2.1　子公司

子公司指本集团对其具有控制权的所有实体（包括结构性实体）。当本集团因为参与该被投资单位而承担可变回报的风险或享有可变回报的权益，并有能力透过其对该被投资单位的权力影响此等回报时，本集团即控制该被投资单位。

于本公司财务状况表中，子公司的投资由成本减减值计量。子公司的业绩由本公司按已收及应收股息计量。如股息超过宣派股息期内子公司的综合收益总额，或如在独立财务报表的投资账面值超过合并财务报表中被投资单位净资产的账面值，则必须对子公司投资作减值测试。

6.2.2.2　联营企业

联营企业指所有本集团对其有重大影响力而无控制权的实体，通常附带有20%～50%投票权的股权。于联营企业的投资以权益法计量。根据权益法，投资初始以成本确认，而账面值被增加或减少以确认投资者享有被投资者在收购日期后的损益份额。本集团于联营企业的投资包括收购时已辨认的商誉。在收购联营企业的所有者权益时，购买成本与本集团享有的对联营企业可辨认资产和负债的公允价值净额的差额确认为商誉。

本集团应占联营企业收购后利润或亏损于损益内确认，而应占其收购后的其他综合收益变动则于其他综合收益内确认，并相应调整投资账面值。如本集团应占一家联营企业的亏损等于或超过其在该联营企业的权益，包括任何其他无抵押应收款，本集团不会确认进一步亏损，除非本集团对联营企业已产生法律或推定义务或已代联营企业作出付款。本公司通过风险资本组织或共同基金、信托公司及类似实体（包括投资相关保险资金）间接持有其对联营公司的所有投资，其可按照国际财务报告准则第9号选择以公允价值计量且其变动计入损益计量。未通过风险资本组织或共同基金、信托公司及类似实体（包括投资相关保险资金）持有的联营公司的投资以权益法计量。

本集团在每个报告日期厘定是否有客观证据证明对联营企业投资已减值。如投资已减值，本集团计算减值，数额为联营企业可收回数额与其账面值的差额，并在损益中确认于应占按权益法计量的投资的利润份额内。

6.2.3　固定资产计价和折旧方法

固定资产包括房屋及建筑物、运输工具、计算机及电子设备，以及办公设备等。购置或新建的固定资产按取得时的成本进行初始计量。

与固定资产有关的后续支出，在相关的经济利益很可能流入本集团且其成本能够可靠地计量时，计入固定资产成本；对于被替换的部分，终止确认其账面价值；所有其他后续支出于发生时计入当期损益。

固定资产折旧采用年限平均法并按其入账价值减去预计净残值后在预计使用寿命内计提。对计提了减值准备的固定资产，则在未来期间按扣除减值准备后的账面价值及依据尚可使用年限确定折旧额。

固定资产的预计使用寿命、净残值率及年折旧率列示如下：

名称	预计使用寿命（年）	预计净残值率（%）	年折旧率（%）
房屋及建筑物	20～40	3	2.43～4.85
运输工具	8	3	12.13
计算机及电子设备	3～5	3	19.40～32.33
办公设备	5～10	3	9.70～19.40

对固定资产的预计使用寿命、预计净残值和折旧方法于每年年度终了进行复核并作适当调整。

当固定资产被处置、或者预期通过使用或处置不能产生经济利益时，终止确认该固定资产。固定资产出售、转让、报废或毁损的处置收入扣除其账面价值和相关税费后的金额计入当期损益。

6.2.4　合并会计报表的编制方法

编制合并财务报表时，合并范围包括本公司及全部子公司。

子公司是指可以被本集团控制的主体（包括受本公司控制的结构化主体）。控制是指本集团拥有对被投资方的权力，通过参与被投资方的相关活动而享有可变动报酬，并且有能力利用对被投资方的权力影响其报酬。本集团在获得子公司控制权当日合并子公司，并在丧失控制权当日将其终止合并入账。

结构化主体是指在判断主体的控制方时，表决权或类似权力没有被作为设计主体架构时的决定性因素（如表决权仅与行政管理事务相关），而主导该主体相关活动的依据是合同或相应安排。

当本集团在结构化主体中担任管理人（如作为信托计划的受托人）时，本集团将评估就该结构化主体而言，本集团是代理人还是主要责任人。如果资产管理人仅仅是代理人，则其主要代表其他方（结构化主体的其他投资者）行事，因此并不控制该结构化主体。但若资产管理人被判断为主要代表其自身行事，则是主要责任人，因而控制该结构化主体。

本集团经营活动中涉及的结构化主体包括信托计划、基金投资和资产管理计划投资等。本公司设立信托计划,通过向信托计划的委托人(投资者)提供受托及管理服务赚取信托报酬。信托计划主要包括融资类信托计划和投资类信托计划等,本公司也可能在本公司设立及管理的信托计划中进行投资。

本集团在决定是否合并结构化主体时,根据合同约定评估本集团是否拥有对结构化主体的权力,通过参与结构化主体的相关活动而享有可变动报酬,并且有能力利用对结构化主体的权力影响其报酬。固定期限和可卖回工具中的归属于第三方受益人的权益在合并资产负债表中列示为其他负债。合并融资类信托计划中归属于第三方受益人的损益变动在合并利润表中列示为利息支出,合并投资类信托计划中归属于第三方受益人的损益变动在合并利润表中列示为合并结构化主体中归属于第三方投资者的净资产份额变动。

6.2.5 收入确认原则和方法

收入的金额按照本集团在日常经营活动中提供劳务时,已收或应收合同或协议价款的公允价值确定。

与交易相关的经济利益很可能流入本集团,相关的收入能够可靠计量且满足下列各项经营活动的特定收入确认标准时,确认相关的收入。

6.2.5.1 手续费及佣金收入

本公司作为信托业务受托人取得的信托报酬,根据信托合同或协议约定的费率及期限按期确认为收入。

6.2.5.2 利息收入和支出

利息收入和支出按照相关金融资产和金融负债的摊余成本采用实际利率法计算,计入当期损益。

已发生信用减值金融资产的利息收入,按确定减值损失时对未来现金流量进行折现采用的折现率作为利率进行计算。

6.2.5.3 股利收入

股利于收取股利的权利被确立时确认为收入。

6.2.6 所得税的会计处理方法

当期所得税包括根据当期应纳税所得额及报告期末适用税率计算的预期应交所得税和对以前年度应交所得税的调整。本集团就资产或负债的账面价值与其计税基础之间的暂时性差异确认为递延所得税资产和递延所得税负债。对于能够结转以后年度的可抵扣亏损和税款抵减也会产生递延所得税。递延所得税资产的确认以很可能取得用来抵扣可抵扣暂时性差异的应纳税所得额为限。

本集团除了将与直接计入其他综合收益或股东权益的交易或者事项有关的所得税影响计入其他综合收益或股东权益外,当期所得税费用和递延所得税变动计入当期损益。报告期末,本集团根据递延所得税资产和负债的预期实现或结算方式,依据税法规定,按预期收回该资产或清偿该负债期间的适用税率计量该递延所得税资产和递延所得税负债的账面价值。

当本集团有法定权利以当期所得税负债抵销当期所得税资产,并且递延所得税资产和递延所得税负债归属于同一纳税实体和同一税务机关时,本集团将抵销递延所得税资产和递延所得税负债。否则,递延所得税资产和负债及其变动额分别列示,不相互抵销。

6.3 或有事项说明

公司对外担保的年初数为零,期末数为零。

6.4 重要资产转让及其出售的说明

本年度未发生重要资产转让及其出售事项。

6.5 会计报表中重要项目的明细资料

6.5.1 自营资产经营情况

6.5.1.1 信用风险资产的期初数、期末数

单位:千元

项目	2020年12月31日	2019年12月31日
资产		
现金及银行存款余额	969 535	964 424
买入返售金融资产	107 147	11 026
客户贷款(包括应收利息)	12 747 574	7 802 971
金融投资——摊余成本(包括应收利息)	50 288	79 369
其他金融资产——摊余成本	555 689	817 195
合计	14 430 233	9 674 985

6.5.1.2 前五名的自营长期股权投资的企业名称、占被投资企业权益的比例、主要经营活动及投资收益情况等

被投资企业名称	截至2020年12月31日占被投资企业权益的比例(%)	主要经营活动	投资收益(万元)
泰信基金管理有限公司	45.00	证券投资基金管理	494.06
山东豪沃汽车金融有限公司	10.00	汽车金融	902.04
富国基金管理有限公司	16.68	证券投资基金管理	27 343.76
泰山财产保险股份有限公司	9.85	保险产品和服务	338.11
德州银行股份有限公司	2.37	商业银行服务	319.82

注:于2020年12月14日,本公司与鲁信集团订立股权转让协议以出售泰信基金管理有限公司45%的股权。于年度报告日期,该股权转让尚未完成。

6.5.2 信托资产管理情况

6.5.2.1 信托资产的期初数、期末数

单位:万元

信托资产	期初数	期末数
集合	11 160 882.69	8 559 205.24
单一	13 383 368.10	13 467 499.39
财产权	1 913 812.74	3 986 086.87
合 计	26 458 063.53	26 012 791.50

6.5.2.2 本年度已清算结束的信托项目个数、实收信托合计金额、加权平均实际年化收益率

6.5.2.2.1 本年度已清算结束的集合、单一资金信托项目和财产权信托项目

已清算结束的信托项目	项目个数(个)	实收信托合计金额(万元)	加权平均实际年化收益率(%)
集合	267	5 206 997.66	6.81
单一	162	3 687 526.56	5.62
财产权	6	31 985.60	14.49

注:加权平均实际年化收益率=(信托项目1的实际年化收益率×信托项目1的资产总计+信托项目2的实际年化收益率×信托项目2的资产总计+…+信托项目n的实际年化收益率×信托项目n的资产总计)/(信托项目1的资产总计+信托项目2的资产总计+…+信托项目n的资产总计)×100%。

6. 5. 2. 2. 2　本年度已清算结束的融资类、投资类、事务管理型信托项目

已清算结束的信托项目	项目个数（个）	实收信托合计金额（万元）	加权平均实际年化信托报酬率（%）	加权平均实际年化收益率（%）
融资类	77	2 029 794. 27	1. 40	7. 27
投资类	199	3 265 011. 93	1. 01	6. 62
事务管理型	159	3 631 703. 62	0. 24	5. 65

6. 5. 2. 3　本年度新增的集合、单一和财产权信托项目个数、实收信托合计金额

新增信托项目类型	项目个数（个）	实收信托合计金额（万元）
集合	113	3 368 058. 76
单一	254	842 061. 71
财产权	3	2 935 131. 97
新增合计	370	7 145 252. 44
其中：主动管理型	293	3 824 543. 19
事务管理型	77	3 320 709. 25

6. 5. 2. 4　本公司履行受托人义务情况及因本公司自身责任而导致的信托资产损失情况

本公司遵守信托法和信托文件对受托人义务的规定，为受益人的最大利益处理信托事务。管理信托财产时，恪尽职守，履行诚实、信用、谨慎、有效管理的义务，没有因本公司自身责任而导致的信托资产损失情况。

6. 6　关联方关系及其交易

6. 6. 1　定价政策

公司在正常业务过程中发生的关联交易遵守一般商业条款。关联交易的价格主要参考市场价格经双方协商后确定。

6. 6. 2　关联方作为信托计划的委托人

截至 2020 年及 2019 年 12 月 31 日，鲁信集团及其子公司、合营企业及联营企业存在作为本集团设立及管理的部分信托计划的委托人的情况。

6. 6. 2. 1　关联方作为并表信托计划的委托人

关联方于该等并表信托计划的权益已于本集团合并财务状况表中以其他负债列报。

单位：千元

项目	2020 年 12 月 31 日	2019 年 12 月 31 日
关联方作为委托人的并表信托计划数目	7	7
关联方于该等并表信托计划的权益	-917	92 217

6. 6. 2. 2　关联方作为本集团未经并表信托计划的委托人

单位：千元

项目	2020 年 12 月 31 日	2019 年 12 月 31 日
关联方作为委托人的未经并表信托计划数目	45	20
关联方的受托资产	5 829 933	2 966 262
该等未经并表信托计划的受托资产总额	10 437 566	4 181 270

6. 6. 2. 3　由信托计划提供资金的关联方

单位：千元

项目	2020 年 12 月 31 日	2019 年 12 月 31 日
向关联方提供资金的未经并表信托计划数目	5	10
所提供的资金总额	813 800	2 197 153
该等未经并表信托计划的受托资产总额	813 800	2 197 153

6. 6. 3　本公司与关联方的重大交易事项

6. 6. 3. 1　信托资产与关联方：贷款、投资、租赁、应收账款、担保、其他方式等期初汇总数、本期发生额汇总数、期末汇总数

单位：万元

项目	信托财产与关联方关联交易			
	期初数	借方发生额	贷方发生额	期末数
贷款	196 129. 18	2 900. 00	155 019. 69	44 009. 49
投资	61 050. 00	—	—	61 050. 00
租赁	—	—	—	—
担保	—	—	—	—
应收账款	—	—	—	—
其他	74 549. 25	13 640. 00	20 146. 50	68 042. 75
合计	331 728. 43	16 540. 00	175 166. 19	173 102. 24

6. 6. 3. 2　本公司自有资金运用于自己管理的信托项目（固信交易）、本公司管理的信托项目之间的相互交易（信信交易）交易金额，包括余额和本报告年度的发生额

6. 6. 3. 2. 1　固有财产与信托财产之间的交易金额期初汇总数、本期发生额汇总数、期末汇总数

单位：万元

固有财产与信托财产相互交易			
项目	期初数	本期发生额	期末数
合计	563 708. 76	84 019. 33	347 728. 09

6. 6. 3. 2. 2　信托资产与信托财产之间的交易金额期初汇总数、本期发生额汇总数、期末汇总数

单位：万元

信托资产与信托财产相互交易			
项目	期初数	本期发生额	期末数
合计	297 444. 64	269 471. 58	566 916. 22

6. 6. 4　关联方逾期未偿还本公司资金的详细情况及本公司为关联方担保发生或即将发生垫款的详细情况

本公司本年不存在上述情况。

7. 财务情况说明书

7. 1　利润实现和分配情况

合并利润实现和分配情况：利润总额为 73 [illegible]7. 10 万元；所得税费用为 10 515. 30 万元；归属于母公司的净利润为 62 781. 80万元；加年初未分配利润余额 332 982. 50 万元；可供分配利润为 395 764. 30 万元；提取法定公积金 5 865. 90 万元；按照本年实现净利润的 10% 提取信托赔偿准备金，当信托赔偿准备金余额达到实收资本的 20% 时不再计提，本年计提

5 865.90万元;向公司股东分配股利25 623.70万元;期末未分配利润为358 408.80万元。

7.2 主要财务指标

指标名称	指标值
加权净资产收益率(%)	5.90
每股收益(元)	0.13

注:1. 加权净资产收益率=扣除非经常性损益后归属于公司普通股股东的净利润/(归属于公司普通股股东的期初净资产 + 归属于公司普通股股东的净利润÷2 + 报告期发行新股或债转股等新增的、归属于公司普通股股东的净资产×新增净资产次月起至报告期期末的累计月数÷报告期月份数 − 报告期回购或现金分红等减少的、归属于公司普通股股东的净资产×减少净资产次月起至报告期期末的累计月数÷报告期月份数)×100%。

2. 每股收益=归属于母公司普通股股东的合并净利润/本公司发行在外普通股的加权平均数。

7.3 对本公司财务状况、经营成果有重大影响的其他事项

无。

8. 特别事项揭示

8.1 前五名股东报告期内变动情况及原因

截至2020年12月31日,本公司前五名股东持股情况如下:

序号	股东名称	报告期内增减(+,−)	期末持股数量(股)	期末持股比例(%)	股份种类
1	鲁信集团	+46 800 000	2 242 202 580	48.13	内资股
2	中油资产管理有限公司	—	873 528 750	18.75	内资股
3	香港中央结算(代理人)有限公司	+3 600	911 699 250	19.57	H股
4	济南金融控股集团有限公司	—	252 765 000	5.43	H股
5	山东省高新技术创业投资有限公司	—	225 000 000	4.83	内资股

注:香港中央结算(代理人)有限公司是以代理人身份持有H股合计数(表中所列济南金融控股集团有限公司所持有的H股除外)。

8.2 董事、监事及高级管理人员变动情况及原因

于报告期内直至年度报告日期,本公司董事、监事、高级管理层变动情况如下:

8.2.1 董事变动情况

王百灵女士已经于本公司于2019年11月28日举行的2019年第一次临时股东大会获选举为本公司非执行董事。王女士作为非执行董事的任职资格已于2020年3月25日获得山东银保监局核准。

岳增光先生因工作调整,辞任本公司执行董事职务。董事会已于2021年2月3日批准岳先生的辞任,而其辞任将于本公司新任执行董事之任职资格获山东银保监局核准时生效。在此之前,岳先生继续履行执行董事职责。

经董事会审议,方灏先生已经于本公司于2021年3月30日举行的2021年第一次临时股东大会被选举为本公司新任执行董事。方先生作为执行董事的任职资格尚待山东银保监局核准。

8.2.2 监事变动情况

本公司股东代表监事官伟先生因工作调整,自2020年12月29日起不再担任本公司股东代表监事职务。

8.2.3 高级管理层变动情况

经董事会于2021年2月3日审议通过,本公司总经理岳增光先生因工作调整,不再担任本公司总经理一职。董事会已于同日聘任方灏先生担任本公司总经理。于方灏先生的任职资格生效前,岳增光先生继续承担总经理职责。方灏先生的任职资格已于2021年3月31日经山东银保监局批准生效。

8.3 变更注册资本、变更注册地或公司名称、公司分立合并事项

2020年,本公司未发生变更注册资本、变更注册地或公司名称、公司分立合并事项。

8.4 公司的重大诉讼事项

截至2020年12月31日,本公司作为原告及申请人牵涉5宗诉讼或仲裁金额超过10百万元的且尚在审理程序中的未决重大诉讼或仲裁案,涉及诉讼或仲裁金额总计约为944.61百万元。该等案件主要为本公司向相关交易对手客户就未能偿还本公司信托授予的贷款而提起的诉讼或仲裁。

截至2020年12月31日,本公司作为被告牵涉4宗重大诉讼或仲裁金额超过10百万元的且尚在审理程序中的未决重大诉讼或仲裁案,涉及诉讼或仲裁金额总计约为138.75百万元。该等案件主要为合同纠纷。

8.5 公司及其董事、监事和高级管理人员受到处罚的情况

2020年8月3日,山东银保监局向本公司下发《行政处罚决定书》(鲁银保监罚决字〔2020〕24号),对2016年本公司个别项目不合规、及于2012年至2016年对个别员工行为管理不到位罚款70万元。截至年度报告日期,本公司已支付了上述罚款。

除以上披露外,报告期内,本公司及本公司董事、监事、高级管理层未受到任何处罚。

8.6 公司对中国银保监会及其派出机构对公司检查的整改情况

2020年10月27日,山东银保监局按照中国银保监会统一部署,对本公司下达了《山东银保监局办公室关于开展新一轮房地产信托业务专项自查的通知》,公司按照通知要求开展了相关自查工作并将自查结果向山东银保监局进行报送。2020年11月9日至11月20日,山东银保监局对本公司自查的房地产信托业务进行现场排查,并于2020年12月24日向本公司发出《非现场监管意见书》。本公司按照监管要求进行了整改落实,并按要求向山东银保监局报送相关报告。

除年度报告中所披露的以外，本公司于报告期后并无发生任何重大事项。

8.7 本年度重大事项临时报告

报告期内，本公司未作出针对重大事项的临时报告。

8.8 中国银保监会及其省级派出机构认定的其他有必要让客户及相关利益人了解的重要信息

除年度报告所披露的以外，截至 2020 年 12 月 31 日，本公司不存在中国银保监会及其省级派出机构认定的其他有必要让客户及相关利益人了解的重要信息。

9. 公司监事会意见

2020 年，监事会根据公司章程等有关规定，履行了对本公司董事会、高级管理层履职情况的监督职责。就相关问题出具意见如下：

董事会人员组成符合境内外监管要求对信托公司治理的规定，董事具备多元化专业背景，具有较强的互补性，具有独立的专业判断能力，符合所聘任岗位的履职要求。报告期内，董事会及各专门委员会能够严格按照公司章程、董事会及各专门委员会议事规则、上市规则等有关规定，依法合规运作，持续完善公司治理结构，有效落实股东大会的决议。报告期内，未发现董事存在违反相关法律法规及损害公司股东利益的行为。

报告期内，本公司高级管理层努力开展工作，认真履行职责，切实贯彻落实本公司股东大会和董事会各项决议，没有违反法律、法规和公司章程或损害本公司利益的行为。

本公司 2020 年度的财务报告客观、真实、完整地反映了本公司的财务状况和经营成果。

2021 年，本公司监事会及各位监事要按照《中华人民共和国公司法》《信托公司治理指引》、公司章程等有关规定，继续提高工作能力和履职监督水平，积极开拓工作思路，认真履行监督职能，督促本公司进一步完善公司治理结构，提升风险管控水平，坚持依法合规稳健经营，切实维护本公司及本公司股东的合法权益，实现公司持续健康发展。

除以上披露事项外，监事会对报告期内其他监督事项无异议。

山西信托股份有限公司

1. 重要提示

1.1 本公司董事会及董事保证本报告所载资料不存在任何虚假记载、误导性陈述或者重大遗漏,并对其内容的真实性、准确性和完整性承担个别及连带责任。

1.2 无有公司董事声明对本年度报告内容的真实性、准确性、完整性存在异议。

1.3 公司独立董事陈凯保证本年度报告内容真实、准确、完整。

1.4 毕马威华振会计师事务所(特殊普通合伙)对本公司年度财务报告进行审计,出具了标准无保留意见的审计报告。

1.5 公司主管会计工作负责人雷淑俊、会计部门负责人刘峻声明:保证年度报告中财务报告的真实、完整。

2. 公司概况

2.1 公司简介

公司前身为经中国人民银行批准成立于1985年4月1日的山西省经济开发投资公司,1991年更名为山西省信托投资公司;2002年4月,经中国人民银行总行核准(银复〔2002〕85号),山西省信托投资公司吸收合并太原市信托投资公司,增加了新的股东,重新登记改制为山西信托投资有限责任公司;2007年8月,经中国银行业监督管理委员会核准(银监复〔2007〕338号),公司更名为山西信托有限责任公司;2013年4月,经中国银行业监督管理委员会《中国银监会关于山西信托有限责任公司变更组织形式及公司名称等有关事项的批复》(银监复〔2013〕183号)批准,公司更名为山西信托股份有限公司;截至本报告期末,公司注册资本为13.57亿元,其中山西金融投资控股集团有限公司持股90.7%,太原市海信资产管理有限公司持股8.3%,山西国际电力集团有限公司持股1%。

1	法定中文名称	山西信托股份有限公司(中文缩写:山西信托)
2	法定英文名称	Shanxi Trust Co.,Ltd.(英文缩写:STC)
3	法定代表人	刘叔肄
4	注册地址	山西省太原市府西街69号
5	邮政编码	030002
6	国际互联网网址	http://www.sxxt.net
7	公司电子信箱	websxxt@sxxt.net
8	信息披露事务负责人	陈 强
9	信息披露事务联系人	吴 晶
10	联系电话	0351-8686278
11	传　　真	0351-8686111
12	电子信箱	websxxt@sxxt.net
13	本次信息披露报纸	《金融时报》
14	年度报告备置地点	山西省太原市府西街69号山西国际贸易中心A座37层
15	公司聘请的会计师事务所及其住所	毕马威华振会计师事务所(特殊普通合伙) 地址:北京市东城区东长安街1号东方广场2座3层
16	公司聘请的律师事务所及其住所	北京大成(太原)律师事务所 地址:太原市晋源区集阜路1号鸿升时代金融广场19层

2.2 组织结构

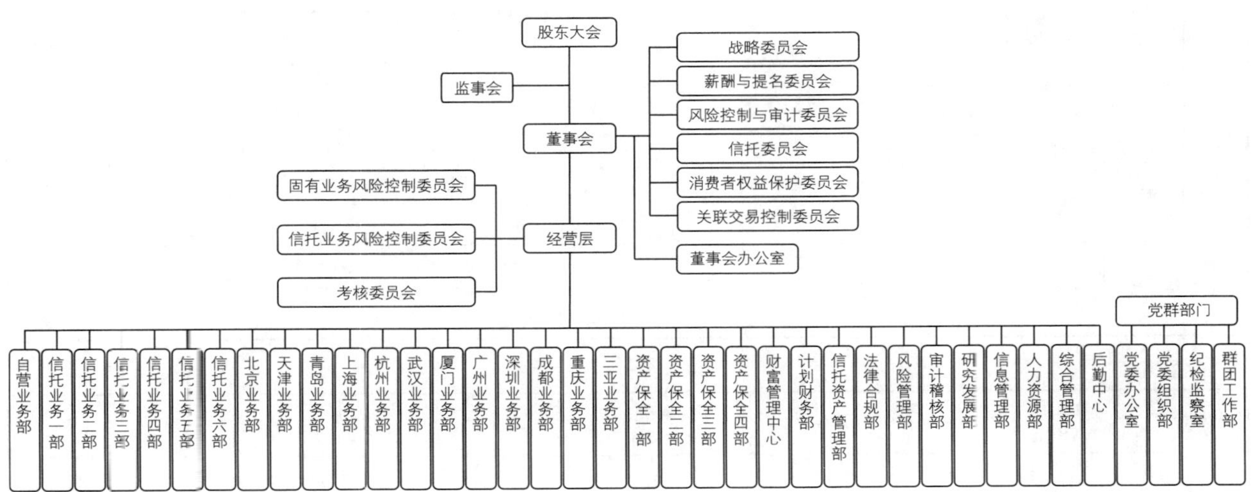

3. 公司治理

3.1 股东

股东总数为 3 个。

股东名称	出资比例(%)	法人代表	注册资本(亿元)	注册地址	主要经营业务
山西金融投资控股集团有限公司★	90.7	张炯威	106.467	太原市杏花岭区府西街 69 号	投资和管理金融业包括银行、证券、保险、基金、信托、期货、租赁；资产管理；投资和管理非金融业。报告期内，公司财务状况良好
太原市海信资产管理有限公司	8.3	李晔军	78.936	太原市新建路 152 号	投资及资产委托管理，投资咨询及企业财务法律咨询，实业投资业务服务；城市建设投资等。
山西国际电力集团有限公司	1	李国彪	60	太原市东缉虎营 37 号	电、热的生产和销售，发电、输变电工程的技术咨询，电力调度、生产管理及电力营销服务等。

注：1. 本公司三个股东之间不存在关联关系。
2. 股东财务状况数字截至 2020 年 12 月 31 日。
3. ★号表示公司最终实际控制人。

公司名称	股份总数(万股)	控股股东	实际控制人	一致行动人	最终受益人
山西信托股份有限公司	135 700.00	山西金融投资控股集团有限公司	山西省财政厅	无	山西省财政厅

注：1. 报告期内，公司股东及持股比例未发生变化。
2. 公司关联方名单详见公司 2020 年年度报告。

3.2 董事

董事长、董事

姓名	职务	性别	年龄(岁)	选任日期	所推举的股东名称	该股东持股比例(%)	简要履历
刘叔肆	董事长	男	55	2016 年 6 月	山西金融投资控股集团有限公司	90.7	曾任山西省信托投资公司运城证券营业部经理、运城办事处副主任，山西信托投资有限责任公司地市信托部经理，太原资产管理公司经理，汇丰晋信基金公司副督察长，山西信托有限责任公司总经理，山西信托股份有限公司党委书记、董事长、总经理；现任山西信托股份有限公司党委书记、董事长。
雷淑俊	董事	女	51	2019 年 12 月	山西金融投资控股集团有限公司	90.7	曾任山西信托投资有限责任公司营业部监理、信托资金管理部(营业部)经理，山西信托有限责任公司信托资金管理部经理、创新业务部经理、资本运营部经理，山西信托有限责任公司副总经理、财务总监，山西信托股份有限公司党委委员、副总经理、财务总监，山西信托股份有限公司党委委员、副总经理(代行总经理职责)、财务总监；现任山西信托股份有限公司党委副书记、董事、总经理。
武旭	董事	男	42	2017 年 11 月	山西金融投资控股集团有限公司	90.7	曾任山西信托有限责任公司合规风控部副总经理，山西信托股份有限公司董事会办公室(党委办公室)主任，山西金融投资控股集团有限公司董事会办公室(党委办公室)副主任(主持工作)；现任山西金融投资控股集团有限公司综合管理部总经理。
赵雅明	董事	男	50	2015 年 6 月	太原市海信资产管理有限公司	8.3	曾任太原市海信资产管理有限公司业务部主任，太原市海信资产管理有限公司工会主席、投资部主任、风控部主任；现任太原市新海信扶贫开发投资有限公司总经理。
王建军	董事	男	48	2013 年 5 月	山西国际电力集团有限公司	1	曾任山西国际电力集团工程管理公司工程部经理、产业部经理，通宝能源有限公司党委书记、总经理，山西国际电力集团有限公司产业管理部经理；现任晋能集团吕梁公司党委书记、执行董事。
杨鹏霄	职工董事	男	40	2017 年 8 月	—	—	曾任山西信托股份有限公司广州业务部副经理，山西信托股份有限公司中小企业三部总经理，山西信托股份有限公司同业信托部总经理；现任山西信托股份有限公司信托业务四部总经理。

独立董事

姓名	所在单位及职务	性别	年龄(岁)	选任日期	所推举的股东名称	该股东持股比例(%)	简要履历
陈　凯	万商天勤(上海)律师事务所律师、合伙人。	男	44	2016 年 11 月	山西金融投资控股集团有限公司	90.7	曾任上海震旦律师事务所律师，上海傅玄杰律师事务所律师；现任万商天勤(上海)律师事务所合伙人、律师，兼任山西信托股份有限公司、无锡德林海环保科技股份有限公司、上海雅仕投资发展股份有限公司、上海紫燕食品股份有限公司独立董事。

3.3 监事

监事会成员

姓名	职务	性别	年龄（岁）	选任日期	所推举的股东名称	该股东持股比例（%）	简要履历
牛海芳	监事	女	50	2013 年 5 月	太原市海信资产管理有限公司	8.3	曾任太原市信托投资公司会计，太原市海信资产管理有限公司财务科科长；现任太原市海信资产管理有限公司副总经理。
宋晓伟	监事	女	56	2013 年 5 月	山西国际电力集团有限公司	1	曾任太原理工天成科技股份有限公司副总经理，通宝能源有限公司总会计师，山西国际电力集团有限公司法律审计部经理，晋能集团有限公司资本运作中心部长。
逄　晶	职工监事	女	43	2017 年 4 月	—	—	曾任山西卓融投资有限公司副总经理；现任山西信托股份有限公司纪委副书记、纪检监察室主任。
王　浩	职工监事	男	43	2017 年 4 月	—	—	曾任山西省投资促进局干部，山西信托股份有限公司股权信托部总经理；现任山西信托股份有限公司信托业务二部总经理。

3.4 高级管理人员

姓名	职务	性别	年龄（岁）	选任日期	金融从业年限（年）	学历	专业	简要履历
雷淑俊	党委副书记、总经理	女	51	2019 年 12 月	28	本科	金融	曾任山西信托投资有限责任公司营业部监理、信托资金管理部（营业部）监理，山西信托有限责任公司信托资金管理部经理、创新业务部经理、资本运营部经理，山西信托有限责任公司副总经理、财务总监，山西信托股份有限公司党委委员、副总经理、财务总监，山西信托股份有限公司党委委员、副总经理（代行总经理职责）、财务总监；现任山西信托股份有限公司党委副书记、董事、总经理。
崔　强	党委副书记	男	48	2019 年 12 月	4	本科	法学	曾任山西省财政厅派驻省属地方金融类企业监事会副调研员，山西金融投资控股集团有限公司审计部（风控合规部）副总经理，山西金融投资控股集团有限公司首席法律顾问兼风控合规部总经理，山西金融租赁有限公司董事等职；现任山西信托股份有限公司党委副书记、山西金融租赁有限公司董事。
乔彦林	专职党委副书记	男	57	2016 年 12 月	35	本科	经济	曾任山西省信托投资公司委托处副处长、信托部经理，山西信托投资有限责任公司机构信托部经理、信托一部经理，山西信托有限责任公司党委委员、监事会召集人、监事长，山西信托股份有限公司党委委员；现任山西信托股份有限公司专职党委副书记。
邢秉华	党委委员、纪委书记	男	52	2016 年 12 月	13	本科	法律	曾任晋城市煤炭资产经营有限责任公司执行董事、总经理、支部书记，山西省煤炭资产经营有限公司总经理助理，中煤财产保险股份有限公司党委委员、监事会主席；现任山西信托股份有限公司党委委员、纪委书记。
陈　强	党委委员、副总经理、董事会秘书	男	52	2013 年 5 月	27	研究生	经济	曾任山西省信托投资公司人事部副主任，山西信托投资有限责任公司综合管理部副经理、经理，山西信托有限责任公司副总经理、董事会秘书；现任山西信托股份有限公司党委委员、副总经理、董事会秘书。
刘凌鹏	总经理助理	男	47	2017 年 6 月	18	研究生	政治经济学	曾任山西信托股份有限公司投资业务事业部业务部总经理，山西信托股份有限公司金融市场事业部业务一部总经理；现任山西信托股份有限公司总经理助理。
温国志	总经理助理	男	51	2017 年 6 月	27	本科	工业与民用建筑工程	曾任山西信托股份有限公司信托北京总部总经理，山西信托股份有限公司城镇化建设事业部业务二部总经理；现任山西信托股份有限公司总经理助理。
吴　岗	投资总监	男	49	2017 年 6 月	27	本科	投资经济管理	曾任山西信托股份有限公司金融市场事业部资本市场部总经理，山西信托股份有限公司自营业务部总经理；现任山西信托股份有限公司投资总监。

3.5 公司员工

职工人数（人）		246
平均年龄（岁）		38.02
学历分布比例（%）	博士	1
	硕士	83
	本科	145
	专科	12
	其他	5

注：此数据包括子公司及外派人员。

4. 经营管理

4.1 经营目标、经营方针、战略规划

经营目标:服务客户,奉献社会,回报股东,成就员工。

经营方针:诚信,专业,勤勉。

战略规划:诚信经营,稳健发展,实现公司信托文化建设的基本目标,促使全员恪守“受人之托,忠人之事”的经营宗旨、价值观念和道德行为准则,构筑具有公司特色的信托文化体系,贯穿于经营管理各个环节。服从于山西转型综改战略全局,服务于全社会实体经济投融资要求,通过深挖信托制度优势,充分发挥信托功能,构建科学、合理、稳定的盈利模式,以成为“客户不可或缺的卓越理财顾问和专业资产管理机构”为目标,努力将公司建设成为资产质量优、区域影响力大、综合服务能力强、充满活力和创新精神的金融服务商。

4.2 所经营业务的主要内容

自营资产运用与分布表

资产运用	金额(万元)	占比(%)	资产分布	金额(万元)	占比(%)
货币资产	431.39	0.17	基础产业	—	—
买入返售金融资产	10 858.40	4.38	房地产业	—	—
以公允价值计量且其变动计入当期损益的金融资产	13 864.77	5.59	证券市场	—	—
可供出售金融资产	125 346.05	50.57	实业	800	0.32
持有至到期投资	—	—	金融机构	52 355.25	21.12
长期股权投资	61 762.95	24.92	其他	194 719.66	78.56
其他	35 611.35	14.37			
资产总计	247 874.91	100.00	资产总计	247 874.91	100.00

注:资产分布中,“其他类”资产主要包括固定资产、无形资产、可供出售金融资产等。

信托资产运用与分布表

资产运用	金额(万元)	占比(%)	资产分布	金额(万元)	占比(%)
货币资产	98 963.52	2.46	基础产业	47 734.28	1.19
贷款	2 678 577.99	66.70	房地产	140 437.04	3.50
交易性金融资产投资	19 416.80	0.48	证券市场	24 144.88	0.60
买入返售金融资产	23 772.10	0.59	实业	3 539 925.19	88.15
可供出售金融资产投资	221 979.54	5.53	金融机构	70 477.77	1.75
持有至到期投资	446 448.32	11.12	其他	193 331.72	4.81
长期股权投资	235 910.69	5.87			
其他	290 981.92	7.25			
信托资产总计	4 016 050.88	100.00	信托资产总计	4 016 050.88	100.00

注:资产分布中,“其他类”资产主要包括财产权类资产、收益权类资产等。

4.3 市场分析

4.3.1 影响本公司业务发展的有利因素

面对新冠肺炎疫情的严重冲击,以及严峻复杂的国内外环境,2020 年我国经济仍然保持了稳定运行,成为全球唯一实现经济正增长的主要经济体,人均 GDP 连续两年超过一万美元,经济总量首次突破 100 万亿元,高质量发展扎实推进。消费水平虽受疫情影响但占 GDP 比重仍达 54.3%,依然是经济稳定运行的压舱石。投资增速稳步回升。宏观经济中长期向好趋势为公司发展信托业务提供了良好的环境和多元化的行业支持。

2020 年我国金融市场在疫情冲击影响下依然运行平稳。货币市场利率下行,债券市场发行规模增长,现券交易量上升。股票市场主要股指大幅上涨,两市成交额显著增长。债券市场、资本市场、保险市场制度建设稳步发展,金融基础设施体系建设逐步完善,为公司开展业务创造了良好的条件。

我国信托行业处于转型发展的关键时期。2020 年监管形势深刻变革,在《信托公司股权管理暂行办法》和《信托公司资金信托管理暂行办法(征求意见稿)》及“资管新规”的引导下,各信托公司坚持立足本源、坚守受托人的根本定位、做精做细信托主业,寻求差异化优势和特色化经营模式,更好地服务实体经济;行业整体大力弘扬信托文化,加强良好受托人文化建设,这些为公司转型创新发展营造了良好的行业氛围。

4.3.2 影响本公司业务发展的不利因素

中国经济当前所处的内外部环境面临深刻变化,形势复杂严峻。中美摩擦已经从经济贸易层面向其他各个层面升级蔓延,国际政经环境趋于紧张。新冠肺炎疫情冲击引发的国内经济下滑仍然还处于修复过程中,虽然反弹和恢复势头较为强劲,但仍面临诸多不确定性,企业投资增长仍显乏力,部分中小金融机构风险偏好下降。以上因素对公司开展业务带来了挑战。

国际金融市场受前所未有的疫情影响,剧烈震荡超乎寻常,市场需求下降、避险需求上升、各国中央银行货币超发等因素增加了金融市场的波动风险。世界经济形势更为复杂严峻,复苏不稳定不平衡,新冠肺炎疫情冲击导致的各类衍生风险不容忽视,这些因素都可能会影响到公司业务的开展。

2020 年国内货币流动性较为宽裕,整体利率下降,国内融资成本有所降低,但行业面临更为严格的监管形势与环境,融资类业务规模持续缩减,信托产品收益下行趋势或将持续。经济环境的不确定性使部分客户风险意识明显加强,投资心态和习惯发生变化。这些因素无疑对公司展业能力提出了新的挑战。如何在转型发展中确立自身优势特色和业务重点成为公司亟待解决的问题。

4.4 内部控制

公司按照现代企业制度的要求,建立了产权清晰、责任明确、管理科学的企业制度;根据法人治理机制的要求,建立了权责分明、有效制衡、协调运作的治理结构;党委会先议是公司董事会、经营层决策重大问题的前置程序。公司依据金融企业运行的需要,加强信托文化建设、内控文化建设,制定了相对完善的内控制度;公司牢固树立内控优先的理念,不断增强全体员工合规展业与依法经营的意识;公司建立了责任追究制度,把信托文化和内控文化的建设和执行落到实处,营造良好的内控环境。此外,公司根据业务特点和内部控制的需要,科学划分内部控制管理职能、合理配置资源,为内部控制的实施提供了

有效保障。

4.5 风险管理

风险管理是公司的一项基础性工作,公司坚守受托人定位,在风险管理过程中强化受托文化建设,始终遵循"事前预防、事中控制、事后监督"的原则,建立了多层次、全覆盖的风险控制体系,明确每个项目对应的直接责任人、直接领导责任人和主要领导责任人。公司以"立体防控、安全发展"为抓手,以"控制增量、化解存量"为手段,以全方位做好金融风险防范为目的,严格准入,严控增量风险;部门、人员、任务三到位,化解存量风险。

4.5.1 流动性风险

流动性风险分为固有业务流动性风险和信托业务流动性风险。固有业务流动性风险指公司无法以合理成本及时获得充足资金,以偿付到期债务、履行其他支付义务和满足正常业务开展资金需求的风险。信托业务流动性风险指项目本身无法正常回款,造成不能按时兑付的风险。公司注重流动性日常监测与防控,强化信托业务与固有业务分别核算、分别监测、分别管理,防止两大业务交叉感染。

4.5.2 市场风险

市场风险主要是由市场变化引发的价格变化使公司遭受潜在损失的可能性。公司关注国家宏观政策,加强行业风险研究,规避行业周期产生的市场风险;遵循组合投资、分散风险的原则,制定投资比例和投资策略,确立风险止损点,防范证券市场波动带来的风险;控制投资于同一行业、同一区域的项目规模和数量,避免风险过于集中,积极拓展多元化投资领域和项目。

4.5.3 操作风险

操作风险主要是由公司内部业务流程的不完善、计算机系统的错误、工作人员在操作过程中的失误,可能给公司造成的风险。公司坚持前台、中台、后台职责分离和部门、岗位之间相互制衡原则,通过明确工作职责,严格执行操作规程和权限设置,注重全流程监控,关键节点操作留痕,定期对业务规章和操作流程进行修订和完善,加大信息化建设投入,加强员工技能培训,完备相应管理记录,建立人员能进能出、干部能上能下的激励和约束机制,建立分工明确的操作风险管理架构,防范操作风险。

4.5.4 信用风险

信用风险主要是由于交易对手不履行合同义务,未经许可擅自改变资金用途,经济状况恶化导致不能到期还本付息等对资产安全产生的影响。公司高度重视尽职调查,重视对项目进行严格、全方位的审查和评估,并根据实际情况采用抵押、质押、保证等增信措施控制风险。项目运作过程中持续关注项目运作情况,实施动态管理、动态监督,严格防范信用风险。

4.5.5 声誉风险

声誉风险主要指由公司经营、管理及其他行为或外部事件导致的利益相关方对公司负面评价的风险。公司将发展战略和企业文化与声誉构建进行有机结合,通过尽职管理和充分信息披露塑造公司专业和诚信形象,加强业务评审和风险管理,有效规避声誉风险。

4.5.6 其他风险

其他风险包括政策风险、道德风险等。公司根据国家法律、宏观政策和行业政策的导向,积极调整经营策略和业务拓展方向,确保经营发展与国家政策保持一致;通过加强员工的风险管理教育、合规教育,强化内控机制建设,完善业务制度和流程,加大检查监督的力度等措施,防范道德风险的发生。

5. 报告期末及上一年度末的比较式会计报表

5.1 自营资产

5.1.1 会计师事务所审计意见全文

毕马威华振会计师事务所对本公司年度财务报告进行审计,并出具了标准无保留意见的审计报告。

审 计 报 告

毕马威华振审字第 2103637 号

山西信托股份有限公司董事会:

一、审计意见

我们审计了后附的山西信托股份有限公司(以下简称山西信托)财务报表,包括 2020 年 12 月 31 日的合并及母公司资产负债表,2020 年度的合并及母公司利润表、合并及母公司现金流量表、合并及母公司股东权益变动表,以及相关财务报表附注。

我们认为,后附的财务报表在所有重大方面按照中华人民共和国财政部颁布的企业会计准则(以下简称企业会计准则)的规定编制,公允反映了山西信托 2020 年 12 月 31 日的合并及母公司财务状况,以及 2020 年度的合并及母公司经营成果和现金流量。

二、形成审计意见的基础

我们按照中国注册会计师审计准则(以下简称审计准则)的规定执行了审计工作。审计报告的"注册会计师对财务报表审计的责任"部分进一步阐述了我们在这些准则下的责任。按照中国注册会计师职业道德守则,我们独立于山西信托,并履行了职业道德方面的其他责任。我们相信,我们获取的审计证据是充分、适当的,为发表审计意见提供了基础。

三、其他信息

山西信托管理层对其他信息负责。其他信息包括山西信托 2018 年年度报告中涵盖的信息,但不包括财务报表和我们的审计报告。

我们对财务报表发表的审计意见不涵盖其他信息,我们也不对其他信息发表任何形式的鉴证结论。

结合我们对财务报表的审计,我们的责任是阅读其他信息,在此过程中,考虑其他信息是否与财务报表或我们在审计过程中了解到的情况存在重大不一致或者似乎存在重大错报。

基于我们已执行的工作,如果我们确定其他信息存在重大错报,我们应当报告该事实。在这方面,我们无任何事项需要报告。

四、管理层和治理层对财务报表的责任

管理层负责按照企业会计准则的规定编制财务报表,使其实现公允反映,并设计、执行和维护必要的内部控制,以使财务报表不存在由于舞弊或错误导致的重大错报。

在编制财务报表时，管理层负责评估山西信托的持续经营能力，披露与持续经营相关的事项(如适用)，并运用持续经营假设，除非山西信托计划进行清算、终止运营或别无其他现实的选择。

治理层负责监督山西信托的财务报告过程。

五、注册会计师对财务报表审计的责任

我们的目标是对财务报表整体是否不存在由于舞弊或错误导致的重大错报获取合理保证，并出具包含审计意见的审计报告。合理保证是高水平的保证，但并不能保证按照审计准则执行的审计在某一重大错报存在时总能发现。错报可能由于舞弊或错误导致，如果合理预期错报单独或汇总起来可能影响财务报表使用者依据财务报表作出的经济决策，则通常认为错报是重大的。

在按照审计准则执行审计工作的过程中，我们运用职业判断，并保持职业怀疑。同时，我们也执行以下工作:

(1)识别和评估由于舞弊或错误导致的财务报表重大错报风险，设计和实施审计程序以应对这些风险，并获取充分、适当的审计证据，作为发表审计意见的基础。由于舞弊可能涉及串通、伪造、故意遗漏、虚假陈述或凌驾于内部控制之上，未能发现由于舞弊导致的重大错报的风险高于未能发现由于错误导致的重大错报的风险。

(2)了解与审计相关的内部控制，以设计恰当的审计程序，但目的并非对内部控制的有效性发表意见。

(3)评价管理层选用会计政策的恰当性和作出会计估计及相关披露的合理性。

(4)对管理层使用持续经营假设的恰当性得出结论。同时，根据获取的审计证据，就可能导致对山西信托持续经营能力产生重大疑虑的事项或情况是否存在重大不确定性得出结论。如果我们得出结论认为存在重大不确定性，审计准则要求我们在审计报告中提请报表使用者注意财务报表中的相关披露；如果披露不充分，我们应当发表非无保留意见。我们的结论基于截至审计报告日可获得的信息。然而，未来的事项或情况可能导致山西信托不能持续经营。

(5)评价财务报表的总体列报、结构和内容(包括披露)，并评价财务报表是否公允反映相关交易和事项。

(6)就山西信托中实体或业务活动的财务信息获取充分、适当的审计证据，以对财务报表发表审计意见。我们负责指导、监督和执行集团审计，并对审计意见承担全部责任。

我们与治理层就计划的审计范围、时间安排和重大审计发现等事项进行沟通，包括沟通我们在审计中识别出的值得关注的内部控制缺陷。

毕马威华振会计师事务所(特殊普通合伙)　　中国注册会计师

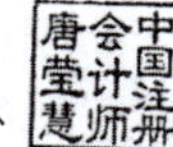

唐莹慧

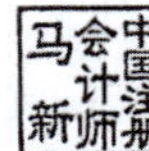

马新

中国·北京　　2020年4月23日

5.1.2 资产负债表

资产负债表

编制单位:山西信托股份有限公司　　2020年12月31日　　单位:万元

资产	合并		母公司		负债及所有者权益	合并		母公司	
	期末数	期初数	期末数	期初数		期末数	期初数	期末数	期初数
存放同业款项	2 074.96	14 467.29	431.39	7 502.36	拆入资金	—	15 000.00	—	15 000.00
交易性金融资产	18 135.75	17 034.02	13 864.77	14 673.72	应付职工薪酬	5 861.81	4 557.92	5 407.72	4 345.69
买入返售金融资产	13 598.40	750.00	10 858.40	—	交易性金融负债	—	—	—	—
应收利息	14 708.83	3 990.15	5 086.17	2 141.36	应交/(预缴)税费	7 326.80	971.70	6 374.60	981.78
贷款和应收款项	98 719.16	198 839.40	3 434.55	7 667.88	预计负债	880.51	3 581.79	6 932.12	20 606.48
可供出售金融资产	4 107.41	126 800.37	125 346.05	116 168.07	其他负债	150 721.40	216 183.61	41 383.36	5 989.78
长期股权投资	38 059.09	44 298.68	61 762.95	68 002.54	递延所得税负债	—	2 089.87	—	—
投资性房地产	2 709.28	8 810.52	2 709.28	2 810.52	负债合计	164 790.52	242 384.89	60 097.80	46 923.73
固定资产	5 199.80	2 764.63	5 185.03	2 757.83	股本	135 700.00	135 700.00	135 700.00	135 700.00
在建工程	—	2 587.66	—	2 587.66	资本公积	5 127.44	5 127.44	6 627.35	6 627.35
无形资产	339.95	290.22	339.57	290.22	其他综合收益	313.25	10 018.40	-34.98	1 963.21
递延所得税资产	12 589.75	10 228.32	12 800.45	11 009.98	盈余公积	7 104.04	6 923.61	7 104.04	6 923.61
其他资产	134 699.75	4 357.84	6 056.30	4 349.16	风险准备	24 491.38	24 220.74	24 491.38	24 220.74

续表

资产	合并		母公司		负债及所有者权益	合并		母公司	
	期末数	期初数	期末数	期初数		期末数	期初数	期末数	期初数
					未分配利润	7 313.28	10 522.03	13 889.32	17 602.66
					归属于母公司股东的权益合计	180 049.39	192 512.22	187 777.11	193 037.57
					少数股东权益	102.22	321.99	—	—
					股东权益合计	180 151.61	192 834.21	187 777.11	193 037.57
资产总计	344 942.13	435 219.10	247 874.91	239 961.30	负债和股东权益总计	344 942.13	435 219.10	247 874.91	239 961.30

总经理：雷淑俊　　计划财务部总经理：刘峻　　制表：杨晶茹

注：合并财务报表范围包括本公司、本公司子公司及纳入合并范围的结构化主体。

5.1.3 利润表

利润表

编制单位：山西信托股份有限公司　　2020 年度　　单位：万元

项目	合并		母公司	
	2020 年度	2019 年度	2020 年度	2019 年度
一、营业收入	33 710.78	19 216.46	20 991.43	24 978.78
利息净收入	-3 334.72	-7 797.16	-2 414.63	-420.52
利息收入	7 854.85	7 358.66	163.13	567.44
利息支出	11 189.57	15 155.82	2 577.76	987.96
手续费及佣金净收入	16 060.94	16 477.31	16 470.28	18 233.27
手续费及佣金收入	16 062.78	16 502.91	16 472.13	18 237.01
手续费及佣金支出	1.84	25.60	1.85	3.74
投资收益（损失以“-”号填列）	20 783.05	9 080.97	6 456.02	6 523.54
公允价值变动损益（损失以“-”号填列）	-278.25	1 187.87	—	375.02
汇兑收益（损失以“-”号填列）	-22.53	120.95	-22.53	120.95
其他业务收入	468.55	113.08	468.55	113.08
其他收益	33.74	52.80	33.74	52.80
资产处置收益/（损失）	—	-19.36	—	-19.36
二、营业支出	30 676.46	17 281.21	29 783.77	18 834.13
税金及附加	351.42	322.29	307.84	308.91
业务及管理费	19 866.20	20 668.36	18 403.17	18 991.10
资产减值损失（转回以“-”号填列）	10 357.61	-3 810.67	10 971.53	-567.11
其他业务支出	101.23	101.23	101.23	101.23
三、营业利润（损失以“-”号填列）	3 034.32	1 935.25	-8 792.34	6 144.65
加：营业外收入	2 704.29	1.19	13 676.88	1.17
减：营业外支出	266.69	197.41	266.68	3 230.38
四、利润总额（损失以“-”号填列）	5 471.92	1 739.03	4 617.86	2 915.44
减：所得税费用	3 382.03	82.00	2 813.57	-131.23
五、净利润（损失以“-”号填列）	2 089.89	1 657.03	1 804.29	3 046.67
其他综合收益	-9 705.94	6 745.08	-1 998.19	2 958.27
综合收益总额	-7 616.05	8 402.11	-193.90	6 004.94

总经理：雷淑俊　　计划财务部总经理：刘峻　　制表：杨晶茹

注：合并财务报表范围包括本公司、本公司子公司及纳入合并范围的结构化主体。

5.1.4 所有者权益变动表

所有者权益变动表(母公司)

编制单位:山西信托股份有限公司　　2020 年度　　单位:万元

项目	2020 年							2019 年						
	实收资本(股本)	资本公积	其他综合收益	盈余公积	风险准备	未分配利润	所有者权益合计	实收资本(股 本)	资本公积	其他综合收益	盈余公积	风险准备	未分配利润	所有者权益合计
1. 上年年末余额	135 700.00	6 627.35	1 963.21	6 923.61	24 220.74	17 602.66	193 037.57	135 700.00	10 483.91	−995.06	6 618.94	23 763.74	15 317.66	190 889.19
2. 会计政策变更及差错更正	—	—	—	—	—	—	—	—	—	—	—	—	—	—
3. 本年年初余额	135 700.00	6 627.35	1 963.21	6 923.61	24 220.74	17 602.66	193 037.57	135 700.00	10 483.91	−995.06	6 618.94	23 763.74	15 317.66	190 889.19
4. 本年增减变动金额合计(减少以“－”号填列)	—	—	−1 998.19	180.43	270.64	−3 713.34	−5 260.46	—	−3 856.56	2 958.27	304.67	457.00	2 285.00	2 148.38
4.1 净利润	—	—	—	—	—	1 804.29	1 804.29	—	—	—	—	—	3 046.67	3 046.67
4.2 直接计入所有者权益的利得和损失	—	−5 066.56	−1 998.19	—	—	−5 066.56	−12 131.31	—	−3 856.56	2 958.27	—	—	—	−898.29
4.2.1 可供出售金融资产公允价值变动净额	—	−5 066.56	−210.00	—	—	—	−5 276.56	—	—	3 294.85	—	—	—	3 294.85
4.2.2 权益法下被投资单位其他所有者权益变动的影响	—	—	−92.24	—	—	—	−92.24	—	—	487.13	—	—	—	487.13
4.2.3 与计入所有者权益项目相关的所得税影响	—	—	635.31	—	—	—	635.31	—	—	−823.71	—	—	—	−823.71
4.2.4 其他	—	—	−2 331.26	—	—	−5 066.56	−7 397.82	—	−3 856.56	—	—	—	—	−3 856.56
4.3 所有者投入和减少资本	—	—	—	—	—	—	—	—	—	—	—	—	—	—
4.3.1 所有者投入资本	—	—	—	—	—	—	—	—	—	—	—	—	—	—
4.3.2 股份支付计入所有者权益的金额	—	—	—	—	—	—	—	—	—	—	—	—	—	—
4.3.3 其他	—	—	—	—	—	—	—	—	—	—	—	—	—	—
4.4 利润分配	—	—	—	180.43	270.64	−451.07	—	—	—	—	304.67	457.00	−761.67	—
4.4.1 提取盈余公积	—	—	—	180.43	—	−180.43	—	—	—	—	304.67	—	−304.67	—
4.4.2 提取风险准备	—	—	—	—	270.64	−270.64	—	—	—	—	—	457.00	−457.00	—
4.4.3 对股东的分配	—	—	—	—	—	—	—	—	—	—	—	—	—	—
4.4.4 其他	—	—	—	—	—	—	—	—	—	—	—	—	—	—
4.5 所有者权益内部结转	—	5 066.56	—	—	—	—	5 066.56	—	—	—	—	—	—	—
4.5.1 资本公积转增资本(或股本)	—	—	—	—	—	—	—	—	—	—	—	—	—	—
4.5.2 盈余公积转增资本(或股本)	—	—	—	—	—	—	—	—	—	—	—	—	—	—
4.5.3 盈余公积弥补亏损	—	—	—	—	—	—	—	—	—	—	—	—	—	—
4.5.4 一般风险准备弥补亏损	—	—	—	—	—	—	—	—	—	—	—	—	—	—
4.5.5 其他	—	5 066.56	—	—	—	—	5 066.56	—	—	—	—	—	—	—
[illegible]	[illegible]	[illegible]	[illegible]	—	—	—	—	—	—	—	—	—	—	—
5. 本年年末余额	135 700.00	6 627.35	−34.98	7 104.04	24 491.38	13 889.32	187 777.11	135 700.00	6 627.35	1 963.21	6 923.61	24 220.74	17 602.66	193 037.57

总经理:雷淑俊　　计划财务部总经理:刘峻　　制表:杨晶茹

5.2 信托资产

5.2.1 信托项目资产负债汇总表

信托项目资产负债汇总表

编制单位:山西信托股份有限公司　　2020 年 12 月 31 日　　单位:万元

资产	2020 年 12 月 31 日	2019 年 12 月 31 日	负债	2020 年 12 月 31 日	2019 年 12 月 31 日
货币资金	98 963. 52	52 500. 40	交易性金融负债	—	—
拆出资金	—	—	衍生金融负债	—	—
存出保证金	—	—	应付受托人报酬	284. 70	6 543. 09
应收款项	34 346. 75	24 247. 13	应付受益人款项	3 373. 30	2 488. 96
交易性金融资产	19 416. 80	21 479. 92	应付管理人报酬	—	—
衍生金融资产	—	—	应付托管费	88. 83	127. 21
买入返售金融资产	23 772. 10	15 479. 41	应付利息	—	—
贷款	2 678 577. 99	2 950 701. 25	应交税金	1 199. 03	846. 46
可供出售金融资产	221 979. 54	124 559. 80	其他应付款	80 062. 27	67 008. 85
持有至到期投资	446 448. 32	220 387. 41	递延所得税负债	—	—
长期股权投资	235 910. 69	178 550. 41	其他负债	—	—
投资性房地产	—	—	负债合计	85 008. 13	77 014. 57
固定资产	—	—	所有者权益:	—	—
应收账款	—	—	实收信托	3 894 374. 95	3 730 091. 24
减:坏账准备	—	—	资本公积	25. 51	—
无形资产	—	—	盈余公积	—	—
递延所得税资产	—	—	未分配利润	36 642. 29	25 664. 48
其他资产	256 635. 17	244 864. 56	所有者权益合计	3 931 042. 75	3 755 755. 72
资产总计	4 016 050. 88	3 832 770. 29	负债和所有者权益总计	4 016 050. 88	3 832 770. 29

总经理:雷淑俊　　信托资产管理部总经理:赵景丽　　制表:力静

5.2.2 信托项目利润及利润分配汇总表

信托项目利润及利润分配汇总表

编制单位:山西信托股份有限公司　　2020 年度　　单位:万元

项目	2020 年度	2019 年度
一、营业收入	243 003. 79	262 537. 72
利息收入	188 878. 50	167 258. 02
投资收益(损失以"-"号填列)	52 383. 54	85 877. 72
租赁收入	—	—
公允价值变动收益(损失以"-"号填列)	-347. 68	7 778. 87
汇兑收益(损失以"-"号填列)	—	—
其他业务收入	2 089. 43	1 623. 11
二、营业支出	21 096. 48	22 758. 36
业务及管理费	20 372. 84	22 148. 05
税金及附加	723. 64	610. 31
资产减值损失	—	—
其他业务支出	—	—
三、营业利润(亏损以"-"号填列)	221 907. 31	239 779. 36
加:营业外收入	—	—
减:营业外支出	—	—
四、本期利润总额(亏损总额以"-"号填列)	221 907. 31	239 779. 36
加:期初未分配利润	25 664. 48	51 894. 81
减:本期已分配利润	210 929. 50	266 009. 69
五、期末未分配信托利润	36 642. 29	25 664. 48

总经理:雷淑俊　　信托资产管理部总经理:赵景丽　　制表:力静

6. 会计报表附注

6.1 与上一期年度报告相比,会计政策、会计估计和核算方法发生变化的情况说明

与本公司相关的于 2020 年生效的企业会计准则相关规定如下:《企业会计准则解释第 13 号》(财会〔2019〕21 号)(以下简称解释第 13 号)、《新冠肺炎疫情相关租金减让会计处理规定》(财会〔2020〕10 号)。

6.1.1 解释第 13 号

解释第 13 号修订了业务构成的三个要素,细化了业务的判断条件,对非同一控制下企业合并的购买方在判断取得的经营活动或资产的组合是否构成一项业务时,引入了"集中度测试"的选择。

此外,解释第 13 号进一步明确了企业的关联方还包括企业所属企业集团的其他成员单位(包括母公司和子公司)的合营企业或联营企业,以及对企业实施共同控制的投资方的其他合营企业或联营企业等。

解释第 13 号自 2020 年 1 月 1 日起施行,本公司采用未来适用法对上述会计政策变更进行会计处理。采用该解释未对本公司的财务状况、经营成果和关联方披露产生重大影响。

6.1.2 财会〔2020〕10 号

财会〔2020〕10 号对于满足一定条件的,由新冠肺炎疫情直接引发的租金减让提供了简化方法。如果企业选择采用简

化方法，则不需要评估是否发生租赁变更，也不需要重新评估租赁分类。

财会〔2020〕10 号自 2020 年 6 月 24 日起施行，可以对 2020 年 1 月 1 日至该规定施行日之间发生的相关租金减让根据该规定进行调整，采用上述规定未对本公司的财务状况和经营成果产生重大影响。

6.2　或有事项说明

截至 2020 年 12 月 31 日，本公司主要涉及以下诉讼案件：根据开平富琳裕邦房地产开发有限公司诉讼申请，广东省开平市人民法院判决本公司及子公司山西卓融投资有限公司对开平富琳裕邦房地产开发有限公司累计应付资金 22 801.72 万元及自 2019 年 11 月 7 日起至实际款项结清之日止按照同期银行贷款利率计算的利息。本公司于 2020 年 7 月 31 日提起上诉，请求广东省江门市中级人民法院改判驳回开平富琳裕邦房地产开发有限公司的诉讼请求或发回重审，截至本财务报表批准日止法院尚未判决。本公司已就该事项咨询常年法律顾问，法律顾问对该事项判断其败诉可能性较小。经考虑律师专业意见后，本公司管理层认为上述未决诉讼未来不是很可能导致经济利益的流出，未就此计提预计负债。

6.3　重要资产转让及其出售的说明

本公司在报告期内，通过深圳证券交易所系统以大宗交易方式，将持有的山西证券股份有限公司无限售条件流通股份 15 465 450股转让给山西金控集团。

6.4　会计报表中重要项目的明细资料

6.4.1　披露自营资产经营情况

6.4.1.1　按信用风险五级分类结果披露的信用风险资产

信用风险资产五级分类	正常类（万元）	关注类（万元）	次级类（万元）	可疑类（万元）	损失类（万元）	信用风险资产合计（万元）	不良资产合计（万元）	不良资产率(%)
期初数	210 066.31	3 300.00	—	—	36 533.90	249 900.21	36 533.90	14.62
期末数	157 400.66	87 586.45	16 473.69	—	4 972.60	266 433.40	21 446.29	8.05

注：不良资产合计 = 次级类 + 可疑类 + 损失类。

6.4.1.2　各项资产减值损失准备情况

单位：万元

项目	期初数	本期计提	本期转回	本期转出	本期核销	期末数
贷款损失准备	—	—	—	—	—	—
一般准备	—	—	—	—	—	—
专项准备	—	—	—	—	—	—
其他资产减值准备	31 223.75	15 800.95	4 829.42	—	—	42 195.28
可供出售金融资产减值准备	21 316.87	10 648.12	4 829.42	—	—	27 135.57
持有至到期投资减值准备	—	—	—	—	—	—
长期股权投资减值准备	3 300.00	—	—	—	—	3 300.00
坏账准备	242.43	180.85	—	—	—	423.28
固定资产减值准备	203.77	—	—	—	—	203.77
投资性房地产减值准备	—	—	—	—	—	—
应收利息减值准备	6 160.68	4 971.98	—	—	—	11 132.66

6.4.1.3　自营股票投资、基金投资、债券投资、股权投资等投资业务的情况

单位：万元

	自营股票	基金	债券	长期股权投资	其他投资	合计
期初数	9 862.20	—	—	68 002.54	16 1[illegible]	94 024.74
期末数	—	—	—	61 762.95	15 8[illegible]	77 632.38

6.4.1.4　前五名的自营长期股权投资的企业名称、占被投资企业权益的比例、主要经营活动及投资收益情况（从大到小顺序排列）

企业名称	占被投资企业权益的比例(%)	主要经营活动	投资收益（万元）
1. 汇丰晋信基金管理有限公司	51	证券投资基金管理	1 983.21
2. 山西卓融投资有限公司	98	投资业务	—
3. 长治银行股份有限公司	5.04	商业银行业务	-6 813.72

6.4.1.5　前三名的自营贷款的企业名称、占贷款总额的比例和还款情况（从大到小顺序排列）

2018 年 10 月本公司以自有资金向山西[illegible]元电力工程有限公司发放贷款 3 000 万元，2018 年 11 月归还 1 000 万元，2019 年 2 月归还 1 000 万元，2020 年 10 月归还 200 万元，截至报告期末，自营贷款余额为 800 万元。

6.4.1.6　表外业务的情况

本公司报告期内无表外业务。

6.4.1.7　公司当年的收入结构

收入结构	金额（万元）	占比(%)
手续费及佣金收入	16 472.13	44.22
其中：信托手续费收入	16 472.13	—
投资银行业务收入	—	—
利息收入	163.13	0.44
其他业务收入	468.55	1.26
其中：计入信托业务收入部分	—	—
投资收益	6 456.02	17.33
其中：股权投资收益	-4 221.78	—
证券投资收益	8 447.24	—
汇兑损益	-22.53	-0.06
公允价值变动收益	—	—
资产处置收益	—	—
营业外收入	13 676.88	36.72
其他收益	33.74	0.09
收入合计	37 247.92	100.00

注：手续费及佣金收入、利息收入、其他业务收入、投资收益、营业外收入、其他收益均应为损益表中的一级科目，其中手续费及佣金收入、利息收入、营业外收入为未抵减掉相应支出的全年累计实现收入数。

6.4.2 信托资产管理情况

6.4.2.1 信托资产的情况

单位：万元

信托资产	期初数	期末数
集合	972 301.00	1 434 828.56
单一	2 616 486.52	2 450 443.02
财产权	243 982.77	130 779.30
合计	3 832 770.29	4 016 050.88

6.4.2.1.1 主动管理型信托业务的情况

单位：万元

主动管理型信托资产	期初数	期末数
证券投资类	27 785.02	21 459.39
股权投资类	105 528.40	169 466.42
融资类	911 259.99	1 129 505.47
事务管理类	2 901.45	2 693.12
其他类	134 474.99	393 155.20
合计	1 181 949.85	1 716 279.60

6.4.2.1.2 被动管理型信托业务的情况

单位：万元

被动管理型信托资产	期初数	期末数
证券投资类	3.79	3.77
股权投资类	82 286.45	83 285.41
融资类	2 071 006.00	1 178 266.89
事务管理类	486 825.92	1 000 603.45
其他类	10 698.28	37 611.76
合计	2 650 820.44	2 299 771.28

6.4.2.2 本年度已清算结束的信托项目的情况

6.4.2.2.1 本年度已清算结束的集合类、单一类资金信托项目和财产管理类信托项目的情况

已清算结束的信托项目	项目个数(个)	实收信托合计金额(万元)	加权平均实际年化收益率(%)
集合类	25	229 810.78	7.93
单一类	59	1 259 950.42	7.17
财产管理类	9	253 778.73	4.57

注：1. 收益率是指信托项目清算后，给受益人赚取的实际收益水平。

2. 加权平均实际年化收益率 =(信托项目 1 的实际年化收益率 × 信托项目 1 的实收信托 + 信托项目 2 的实际年化收益率 × 信托项目 2 的实收信托 +… + 信托项目 n 的实际年化收益率 × 信托项目 n 的实收信托)/(信托项目 1 的实收信托 + 信托项目 2 的实收信托 +… + 信托项目 n 的实收信托) ×100%。

6.4.2.2.2 本年度已清算结束的主动管理型信托项目的情况

已清算结束的信托项目	项目个数(个)	实收信托合计金额(万元)	加权平均实际年化收益率(%)
证券投资类	3	3 495.82	3.00
股权投资类	—	—	—
融资类	12	367 017.90	6.42
事务管理类	1	301.13	5.12
其他类	5	70 700.52	6.61

6.4.2.2.3 本年度已清算结束的被动管理型信托项目的情况

已清算结束的信托项目	项目个数(个)	实收信托合计金额(万元)	加权平均实际年化收益率(%)
证券投资类	—	—	—
股权投资类	—	—	—
融资类	52	396 472.81	7.86
事务管理类	19	403 431.75	5.28
其他类	1	2 120.00	9.26

6.4.2.3 本年度新增的集合类、单一类和财产管理类信托项目的情况

新增信托项目	项目个数(个)	合计金额(万元)
集合类	95	680 322.93
单一类	34	1 089 670.63
财产管理类	9	137 830.07
新增合计	138	1 907 823.63
其中：主动管理型	80	957 833.57
被动管理型	58	949 990.06

注：本年新增信托项目指在本报告年度累计新增的信托项目个数和金额，包含本年度新增并于本年度内结束的项目和本年度新增至报告期末仍在持续管理的信托项目。

6.4.2.4 信托业务创新成果和特色业务有关情况

2020 年，公司继续开展绿色金融循环经济系列财产权信托业务，累计发行 12 个项目，总规模为 5.81 亿元，为企业补充了流动资金，涉及的项目遍及山西、河北、重庆、山东、贵州、广西六省(自治区、直辖市)。

公司在现有基础上大力创新发展消费金融业务，助力人民美好生活。后疫情时代的企业复工复产离不开居民消费的支持，服务于消费潜力的释放和升级是公司当前工作重点之一。公司目前已有成功发行服务于医美、教育的消费金融类信托产品累计规模约为 4.78 亿元的良好基础。下一步，公司将继续深挖潜力，充分利用 APP 直销、官微官网等互联网先进技术手段推动服务于 3C 产品、5G 手机消费等多样化消费需求的信托项目落地。

公司积极转型开展标品投资业务，成立信托计划，在 FOF 业务模式下继续整合、使用累积资源，以“多类资产 + 多种对冲工具”精选优质基金、资管、信托产品，以大类资产配置为原则，为投资者提供无惧市场波动、安心穿越牛熊、熨平收益差异的优质财富管理服务，打造一站式财富配置平台，实现产品整体稳健增值的目标。

公司在过去数年中开展了社会反响良好的公益(慈善)信托项目。例如，“晋善慈善信托”的资金用于石楼县中小学校基建工程；向临县三交镇贫困户捐赠炊具，用于改善当地老百姓的生活条件。“汇丰晋信 · 晋信爱心信托”项目将项下剩余财产全部捐赠给岢岚县中学。公司设立的慈善信托项目专注于推动扶贫济困、救灾防害、生态保护等公益事业的发展，吸纳、引导社会各界力量参与慈善事业。

6.4.2.5 本公司履行受托人义务情况及因本公司自身责任而导致的信托资产损失情况

本公司作为受托人，已经建立了完整的信托事务管理制

度，严格遵守相关法律、行政法规及信托合同的约定，恪尽职守，履行诚实、信用、谨慎、有效管理的义务。本着忠实于委托人、争取受益人最大利益的原则处理信托事务。

截至本报告期末，本公司未发生因自身责任导致信托财产损失情况。

6.5 关联方关系及其交易的披露

6.5.1 关联交易方的数量、关联交易的总金额及关联交易的定价政策

项目	关联交易方数量（个）	关联交易金额（万元）	定价政策
合计	3	12 500	本公司在正常业务过程中发生的关联交易遵守一般商业条款。关联交易的价格主要参考市场价格经双方协商后确定。

6.5.2 关联交易方与本公司的关系性质、关联交易方的名称、法定代表人、注册地址、注册资本及主营业务

关系性质	关联交易方的名称	法定代表人	注册地址	注册资本（万元）	主营业务
控股公司	山西金融投资控股集团有限公司	张炯威	山西省太原市府西街69号	1 064 670	投资及管理金融业
子公司	山西卓融投资有限公司	雷淑俊	山西省太原市府西街69号	20 000	以自有资金对工业、商业等项目投资
与本公司同受山西金控集团控制	山西国贸物业管理有限公司	任晓东	山西省太原市府西街69号	300	物业管理等

6.5.3 本公司与关联方的重大交易事项

6.5.3.1 固有财产与关联方关联交易情况

报告期内，公司以自有资金交纳山西国贸物业管理有限公司租赁及物业管理费等费用770.81万元。

报告期内，公司向山西金控支付借款利息2 212.80万元，向山西金控出售股票取得投资收益8 298.61万元。

报告期内，公司向山西卓融转让信托产品受益权取得投资收益1 217.78万元。

6.5.3.2 信托资产与关联方关联交易情况

报告期信托资产与关联方无重大关联交易发生。

6.5.3.3 信托公司自有资金运用于自己管理的信托项目（固信交易）、信托公司管理的信托项目之间的相互（信信交易）交易情况

6.5.3.3.1 固有财产与信托财产之间的交易情况

单位：万元

项目	期初数	本期变动	期末数
合计	109 568.69	22 745.46	132 314.15

6.5.3.3.2 信托资产与信托财产之间的交易情况

单位：万元

项目	期初数	本期变动	期末数
合计	103 488.52	-5 786.43	97 702.09

6.5.4 关联方逾期未偿还本公司资金的详细情况及本公司为关联方担保发生或即将发生垫款的详细情况

报告期内本公司无上述情况发生。

6.6 会计制度的披露

公司固有业务和信托业务，同时执行财政部2006年2月15日颁布的《企业会计准则——基本准则》和各项具体会计准则、其后颁布的企业会计准则应用指南、企业会计准则解释，以及其他相关规定。

7. 财务情况说明书

7.1 利润实现和分配情况

2020年，公司实现净利润1 804.29万元。提取法定盈余公积180.43万元，提取一般风险准备180.43万元，提取信托赔偿准备90.21万元。2020年末，可供分配的利润为13 889.32万元。

7.2 主要财务指标

指标名称	指标值
资本利润率（%）	0.95
加权平均实际年化信托报酬率（%）	0.49
人均净利润（万元）	7.39

注：1. 资本利润率 = 净利润/所有者权益平均余额 ×100%。

2. 加权平均实际年化信托报酬率 =（信托项目1的实际年化信托报酬率 × 信托项目1的实收信托 + 信托项目2的实际年化信托报酬率 × 信托项目2的实收信托 + … + 信托项目 n 的实际年化信托报酬率 × 信托项目 n 的实收信托）/（信托项目1的实收信托 + 信托项目2的实收信托 + … + 信托项目 n 的实收信托）×100%。

3. 人均净利润 = 净利润/年平均人数。

4. 平均值采取年初、年末余额简单平均法，公式为 a（平均）=（年初数 + 年末数）/2。

7.3 公司净资本监管指标

指标名称	指标值	监管标准
净资本（亿元）	13.42	≥2
各项业务风险资本之和（亿元）	8.39	—
净资本/各项业务风险资本之和（%）	159.95	≥100
净资本/净资产（%）	71.46	≥40

7.4 对本公司财务状况、经营成果有重大影响的其他事项

报告期内，本公司无对财务状况、经营成果有重大影响的其他事项。

8. 企业社会责任

8.1 服务实体经济，支持“六稳”“六保”工作

公司坚持回归信托本源，将服务实体经济作为一项重点工作常抓不懈。截至2020年末，公司共为各类工商企业提供信托资金规模351.07亿元。其中，为山西省转型综改建设相关40多家企业提供资金支持161.22亿元，为山西省重点工程建

设提供信托资金0.5亿元。

面对新冠肺炎疫情带来的复杂影响，公司重点做好两项金融支持工作。一是金融支持中小微及民营企业发展，响应国家激发市场主体活力、发展普惠金融号召。截至2020年末，共为中小微企业提供信托资金192.59亿元，为民营企业提供信托资金112.65亿元，有力地支持了相关企业复工复产及经营发展。二是做好对受困企业的金融帮扶。公司为受新冠肺炎疫情影响较大、有发展前景但暂时受困的企业，根据实际情况制定纾困帮扶方案，做到不抽贷、断贷、压贷，及时办理展期或无还本续贷。2020年，公司为武汉某企业减免部分贷款利息，与企业共渡难关；开展商铺租金减免工作，主动减免了公司名下湖北、太原市部分商铺租金，为企业纾困解难。

8.2 发展普惠金融，服务人民美好生活

公司消费金融类信托业务已逐渐形成稳定模式，持续服务于我国扩大内需战略，为引导消费、支持消费贡献金融力量。2020年，公司发行服务于医美、教育的消费金融类信托产品规模约为7.3亿元。下一步，公司将继续推动服务于3C产品、5G手机消费等多样化消费需求的信托项目落地。公司积极探索用于个人经营用途的房屋抵押贷款融资模式等普惠金融产品，服务于更广泛的市场主体，丰富其融资渠道、模式，提升金融服务的可得性、满意度，为大众创业、万众创新贡献金融力量。

8.3 发展绿色信托，服务环保生态需要

公司以实际行动支持绿色发展，通过做大做强绿色信托业务，为绿色行业、生态工程提供金融助力。其中，循环经济系列财产权信托计划积极响应国家关于供给侧结构性改革的决策部署，专门服务于资源循环再利用行业、企业，为淘汰落后及化解过剩产能工作提供金融支持，与时俱进地为新兴行业、中小型企业破解融资难题，全年累计发行规模约为1.32亿元。“信德44号”集合资金信托计划，全年新增规模1775万元，支持企业生物有机肥生产基地建设，帮助企业“变废为宝”，为当地生态工程助力。

8.4 坚持以人为本，助力员工发展

公司秉承“以人为本”理念，关注员工合法权益的保障。根据国家各项劳动法律法规政策，公司实行全员劳动合同制管理，严格按照国家规定为员工缴纳“五险一金”，定期组织员工进行健康体检，员工按规定享有带薪年休假、产假、婚假、丧假等假期。

公司坚持党管干部原则与市场化原则，把握正确的选人用人导向，建立“能上能下”的市场化考核机制，强化监督管理，注重合规意识与风险管理能力的培养，全面提升员工队伍的品德素养与专业技能，建立起良性用人机制，为公司可持续发展提供人力支持。

公司通过多元化的培训体系，不断加强员工队伍建设，通过积极构建多渠道职业发展通道，鼓励员工积极进取，增强员工的自信心和创造力；通过多种形式、内容的培训活动与交流研讨会议，拓宽员工视野；通过开展丰富多彩的文体活动，构建和谐的职场氛围。

9. 特别事项揭示

9.1 报告期内股东变动情况及原因

报告期内，公司无股东变动相关事项。

9.2 报告期内，公司不存在股权被质押或以股权及其受（收）益权设立信托等金融产品的情况

无。

9.3 董事、监事及高级管理人员变动情况及原因

报告期内，公司总经理助理赵小军、风控总监刘拓旺因年龄原因退任。

9.4 报告期内，公司变更注册资本、变更注册地或公司名称、公司分立合并事项

无。

9.5 公司重大诉讼事项

9.5.1 重大未决诉讼事项

9.5.1.1 固有业务

报告期内未发生重大诉讼事项。

9.5.1.2 信托业务

2020年7月21日，公司收到广东省开平市人民法院关于开平富琳裕邦房地产开发有限公司破产管理人诉山西信托股份有限公司、山西卓融投资有限公司、开平卓开投资合伙企业民事判决书，累计应诉金额为22 801.72万元，公司目前向广东省江门市人民法院提起上诉，案件尚在审理之中。

9.6 报告期内，公司及其董事、监事和高级管理人员受到处罚的情况

因未按规定履行客户身份识别义务和未按规定报送可疑交易报告，2020年4月，中国人民银行太原中心支行下达《行政处罚决定书》（并银罚字〔2020〕第1号），对公司处以罚款75.48万元，并对相关人员共处以罚款19万元。公司高度重视，严格按要求对内控制度、培训工作、客户身份识别、可疑交易报告及信息系统方面进行了全面整改，目前已整改完毕。

9.7 报告期内，公司已向中国银保监会及其派出机构提交行政许可申请但尚未获得批准的事项

无。

9.8 中国银保监会及其派出机构对公司检查后提出整改意见的，应简单说明整改情况

山西银保监局于2020年8月开展年度网络安全检查工作，公司按要求逐项自查，并根据自查过程中暴露短板制订了下一步工作计划，采购并上线了日志审计和数据库审计系统，

不断提高网络安全和风险防范的管理水平。

9.9 公司重大事项临时报告情况说明

根据《信托公司股权管理暂行办法》的相关要求，经本公司2020年股东大会第二次临时会议审议通过，并经山西银保监局核准（晋银保监复〔2020〕266号），对《山西信托股份有限公司章程》进行了修改，该事项已在《金融时报》进行了披露。

9.10 报告期内中国银保监会及其省级派出机构认定的其他有必要让客户及相关利益人了解的重要信息

无。

10. 公司监事会意见

10.1 监事会对公司依法运作情况的独立意见

监事会认为，公司董事会、经营层能够按照国家有关法律、法规和公司章程的规定履行职责，决策程序合规有效；本报告期内未发现董事、高级管理人员履行职务时有违反公司章程或损害公司及投资人利益的行为。

10.2 监事会对公司财务状况的独立意见

监事会认为，公司能够认真贯彻执行国家有关政策和法律法规，公司财务报告内容完整，客观、真实地反映了公司的财务状况和经营成果。

陕西省国际信托股份有限公司

1. 重要提示

1.1 本公司董事会及董事保证本报告所载资料不存在任何虚假记载、误导性陈述或者重大遗漏,并对其内容的真实性、准确性和完整性承担个别及连带责任。

1.2 本公司独立董事管清友、张俊瑞、赵廉慧对年度报告内容的真实性、准确性、完整性无异议。

1.3 本公司董事长薛季民、总裁姚卫东、总会计师贾少龙及全体高级管理人员保证年度报告中财务报告的真实和完整。

2. 公司概况

2.1 公司简介

2.1.1 公司历史沿革

陕西省国际信托股份有限公司(以下简称本公司)成立于1984年,原为陕西省金融联合投资公司。1992年经陕西省经济体制改革委员会(1992)30号文件和中国人民银行陕西省分行(1992)31号文件批准重组为陕西省国际信托投资股份有限公司,在陕西省工商行政管理局领取企业法人营业执照,注册号为22053027。2008年8月25日,经中国银行业监督管理委员会(银监复〔2008〕326号)批复,同意公司名称变更为陕西省国际信托股份有限公司,并变更业务范围,公司据此批复,换领了新的金融许可证,号码为K0068H261010001,并于2008年9月23日换领了新的企业法人营业执照,注册号为610000100141713。公司于2018年9月3日换领了新的营业执照,统一社会信用代码为91610000220530273T。注册资本为3 964 012 846.00元,注册地址为西安市高新区科技路50号金桥国际广场C座,法定代表人为薛季民。

1994年1月3日经中国证券监督管理委员会(证监发审字〔1994〕1号文)审查通过,1994年1月5日由深圳证券交易所(深证字〔1994〕第1号文)批准,公司股票于1994年1月10日在深圳证券交易所挂牌交易,股票简称陕国投A,股票代码为000563。

本公司上市至今,其间经历了股权分置改革、高送转、资本公积转增股本、非公开发行、配股等多轮资本运作,注册资本增至目前的39.64亿元。

2.1.2 公司法定名称

中文:陕西省国际信托股份有限公司(缩写:陕国投)

英文:Shaanxi International Trust Co.,Ltd.

2.1.3 公司法定代表人:薛季民

2.1.4 公司注册地址:西安市高新区科技路50号金桥国际广场C座

邮政编码:710075

公司互联网网址:http://www.siti.com.cn

公司电子信箱:sgtdm@siti.com.cn

2.1.5 公司负责信息披露事务的高级管理人员:王维华

公司信息披露事务联系人:孙一娟

办公电话:029-81870262

办公传真:029-88851989

电子信箱:sgtdm@siti.com.cn

2.1.6 公司选定的信息披露报纸:《中国证券报》《证券时报》

2.1.7 年报备置地点:公司董事会办公室

2.1.8 公司聘请的会计师事务所:信永中和会计师事务所(特殊普通合伙)

地址:北京市东城区朝阳门北大街8号富华大厦A座9层

2.1.9 公司聘请的律师事务所:北京观韬(西安)律师事务所

地址:西安市高新路51号尚中心713室

2.2 组织结构

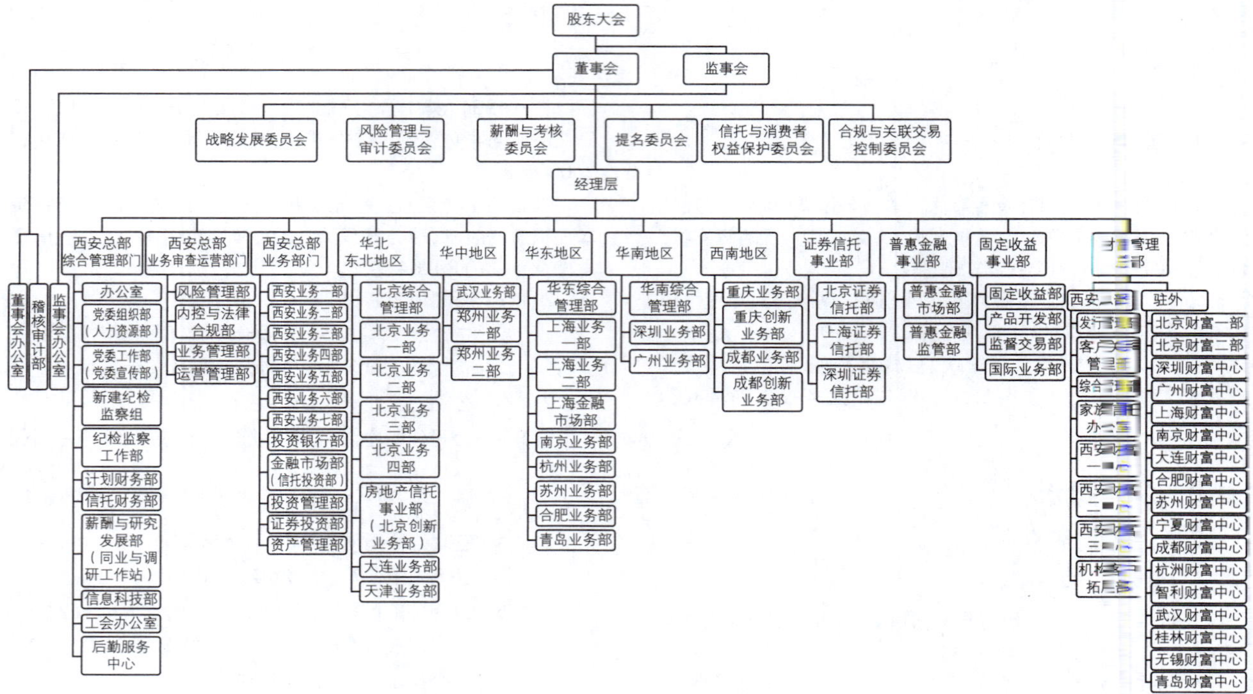

3. 公司治理

3.1 治理结构

3.1.1 股东

股东总数为 105 935 名。公司前十大股东持股情况如下：

股东名称	股东性质	持股比例（%）	报告期末持股数量（股）	报告期内增减变动情况	持有有限售条件的股份数量	持有无限售条件的股份数量（股）
陕西煤业化工集团有限责任公司	国有法人	34.58	1 370 585 727	—	—	1 370 585 727
陕西省高速公路建设集团公司	国有法人	21.62	857 135 697	—	—	857 135 697
中央汇金资产管理有限责任公司	国有法人	1.31	52 069 680	—	—	52 069 680
杨捷	境内自然人	0.92	36 514 300	36 514 300	—	36 514 300
人保投资控股有限公司	国有法人	0.70	27 677 000	—	—	27 677 000
香港中央结算有限公司	境外法人	0.54	21 357 446	6 314 889	—	21 357 446
中国农业银行股份有限公司——中证 500 交易型开放式指数证券投资基金	基金、理财产品等	0.23	9 101 786	-10 402 000	—	9 101 786
华宝信托有限责任公司	国有法人	0.22	8 784 000	-45 861 737	—	8 784 000
项英良	境内自然人	0.20	7 998 890	3 579 260	—	7 998 890
中国农业银行股份有限公司——富国中证 500 指数增强型证券投资基金（LOF）	基金、理财产品等	0.19	7 562 500	4 154 500	—	7 562 500

注：公司实际控制人为陕西省国资委。

3.1.2 董事、董事会及其下属委员会

董事长、董事

姓名	职务	性别	年龄（岁）	选任日期	任命机构或推举的股东名称	该股东持股比例（%）	简要履历
薛季民	董事长	男	59	2006 年 5 月 29 日	陕西省省委组织部	—	中共党员，高级管理人员工商管理硕士，高级会计师、高级审计师，陕西省政协委员，历任陕西省审计厅副处长、处长，陕西省高速公路建设集团公司党委委员、副总经理兼总会计师，陕国投党委书记、总经理、董事长；现任陕国投党委书记、第九届董事会董事长。
姚卫东	董事	男	49	2014 年 4 月 21 日	陕西省省委组织部	—	中共党员，哲学硕士（博士在读），高级经济师，中国高级注册职业经理人，西安市政协委员，历任陕国投办公室副主任、党委工作部部长、人力资源部总经理、党委委员、董事会秘书、副总裁；现任陕国投党委副书记、总裁、第九届董事会董事。
桂泉海	董事	男	57	2013 年 1 月 31 日	陕西煤业化工集团有限公司	—	中共党员，研究生学历，高级经济师，历任韩城矿务局总医院办公室秘书、主任，韩城矿务局企管处副处长、处长，陕西煤业化工集团副总经济师，陕西煤业股份有限公司总经济师；现任陕西煤业化工集团总法律顾问，资本运营部总经理，西安开源国际投资公司执行董事、总经理，陕西开源融资租赁公司执行董事，陕国投第九届董事会董事。
卓国全	董事	男	57	2016 年 4 月 22 日	陕西省高速公路建设集团公司	—	中共党员，工商管理硕士，注册会计师，历任总参测绘信息技术总站工程师，陕国投财务部综合科科长，陕西省高速公路建设集团公司财务处副处长、财务部副部长；现任陕西省高速公路建设集团公司财务部部长，陕国投第九届董事会董事。
赵忠琦	董事	男	38	2019 年 7 月 10 日	陕西煤业化工集团有限公司	—	中共党员，本科，高级经济师，历任西安华纺贸易有限公司南非分公司总经理助理，西安华海医疗信息技术股份有限公司证券部主管，陕西煤业股份有限公司证券部业务主管；现任陕西煤业化工集团有限责任公司资本运营部业务主管，陕国投第九届董事会董事。
叶　瑛	职工董事	女	55	2019 年 12 月 19 日	陕国投职工代表大学选举产生	—	中共党员，工程硕士，高级经济师，历任中国人民银行陕西省分行科员、副主任科员、西安分行主任科员、副处长，陕西银监局副处长（主持工作）、处长，长安银行党委委员、副行长；现任陕国投党委副书记、第九届董事会职工董事。

独立董事

姓　名	职务	性别	年龄（岁）	选任日期	所推举的股东名称	该股东持股比例（%）	简要履历
管清友	独立董事	男	43	2019 年 7 月 10 日	陕国投董事会提名委员会提名，股东大会选举产生	—	中国社会科学院经济学博士，清华大学博士后，曾任清华大学国情研究院项目主任，中国海洋石油总公司处长，民生证券股份有限公司副总裁、研究院院长；现任如是金融研究院院长，美的集团股份有限公司、南华期货股份有限公司、北京影谱科技股份有限公司、杭州海康威视数字技术股份有限公司、山东高速路桥集团股份有限公司独立董事，海南大学高聘教授，财政部财政发展智库专家委员，国家发改委城市与小城镇中心学术委员，工信部工业经济运行专家咨询委员会委员，陕国投第九届董事会独立董事。
张俊瑞	独立董事	男	59	2016 年 4 月 22 日	陕国投董事会提名委员会提名，股东大会选举产生	—	中共党员，博士，历任陕西财经学院教研室主任、会计系讲师、副教授、教授，财会学院副院长，西安交通大学会计学院教授、副院长；现任西安交通大学管理学院教授、博士生导师、陕国投第九届董事会独立董事，烽火电子、西部超导、西安旅游独立董事，中国通用集团新材料集团有限公司外部董事。
赵廉慧	独立董事	男	46	2020 年 7 月 23 日	陕国投董事会提名委员会提名，股东大会选举产生	—	中共党员，民商法学博士，历任中国政法大学讲师、副教授、教授；现任中国政法大学民商经济法学院商法研究所教授、中国政法大学信托法研究中心主任，兼任中国慈善联合会慈善信托委员会顾问，曾任中国信托业协会《信托法务》培训专家组组长、《信托法务》修订组组长、法律专家，2020 年 07 月 23 日被选举为陕国投第九届董事会独立董事。
赵锡军（已辞任）	独立董事	男	57	2019 年 7 月 10 日	陕国投董事会提名委员会提名，股东大会选举产生	—	中共党员，博士，历任中国人民大学金融系主任、国际交流处处长，中国证监会国际部研究人员；现任中国人民大学财政金融学院副院长，教授，博士生导师，2019 年 7 月 10 日被选举为陕国投第九届董事会独立董事，后因个人原因辞任。

注：独立董事赵锡军教授因个人原因于 2020 年 7 月 23 日辞任公司独立董事职务。

董事会下属专门委员会

董事会下属委员会名称	职责	组成人员姓名	职务
战略发展委员会	（1）对公司中、长期发展战略规划进行研究并提出建议。 （2）对公司章程规定须经董事会批准的战略性重大投融资方案进行研究并提出建议。 （3）对公司章程规定须经董事会批准的重大资本运作、资产经营项目进行研究并提出建议。 （4）对其他影响公司发展战略的重大事项进行研究并提出建议。 （5）负责金融市场及金融专项工具的研究工作，并提出建议。 （6）为公司业务创新提出投资策略或为新业务开展提出建议。 （7）对以上事项的实施进行检查。 （8）创新与研究发展部每季度应制订下一季度履职计划，经董事会办公室报董事长审定。 （9）董事会安排的事宜及相关法律法规中涉及的其他事项。	薛季民	召集人
		姚卫东	委　员
		桂泉海	委　员
		卓国全	委　员
		管清友	委　员
提名委员会	（1）根据公司经营活动情况、资产规模和股权结构对董事会的规模和构成向董事会提出建议。 （2）研究董事、高级管理人员的选择标准和程序，并向董事会提出建议。 （3）广泛搜寻合格的董事和高级管理人员的人选。 （4）对董事候选人和高级管理人员人选进行审查并提出建议。 （5）人力资源部（党委组织部）每季度应制订下一季度履职计划，经董事会办公室报董事长审定。 （6）董事会安排的事宜及相关法律法规中涉及的其他事项。	赵廉慧	召集人
		薛季民	委　员
		张俊瑞	委　员
薪酬与考核委员会	（1）根据董事及高级管理人员管理岗位的主要范围、职责、重要性以及其他相关企业相关岗位的薪酬水平制定薪酬计划或方案。 （2）薪酬计划或方案主要包括但不限于绩效评价标准、程序及主要评价体系，奖励和惩罚的主要方案和制度等。 （3）审查公司董事（非独立董事）及高级管理人员的履行职责情况并对其进行年度绩效考评。 （4）负责对薪酬制度执行情况进行监督。 （5）人力资源部（党委组织部）每季度应制订下一季度履职计划，经董事会办公室报公司董事长审定。 （6）董事会安排的事宜及相关法律法规中涉及的其他事项。	管清友	召集人
		薛季民	委　员
		桂泉海	委　员
		张俊瑞	委　员
		赵廉慧	委　员
风险管理与审计委员会	风险管理与审计委员会的主要职责： （1）向董事会提交公司全面风险管理年度报告。 （2）确定公司风险管理的总体目标、风险偏好、风险承受度、风险管理策略和重大风险管理解决方案。 （3）为董事会督导公司风险管理文化建设提供建议。 （4）审批重大风险管理政策和程序。 （5）审议公司风险管理组织机构设置及其职责。 （6）提出完善公司风险管理和内部控制的建议。 （7）对公司自有财产和信托财产的风险状况进行定期评估。 （8）对公司信托业务和固有业务的风险控制及管理情况进行监督。 （9）对公司信息披露的真实、准确、完整和合规性等进行监督；审批全面风险和各类重要风险的信息披露。 （10）监督公司内部审计制度及其实施。 （11）负责内部审计与外部审计之间的沟通。 （12）审核公司的财务信息及其披露。 （13）监督及评估外部审计工作，提议聘请或者更换外部审计机构。 （14）审议批准案防工作总体政策，推动案防管理体系建设；明确高级管理层有关案防职责及权限，确保高级管理层采取必要措施有效监测、预警和处置案件风险；提出案防工作整体要求，审议案防工作报告；考核评估本机构案防工作有效性；确保内审稽核对案防工作进行有效审查和监督。 （15）风险管理部和稽核审计部每季度应制订下一季度履职计划，经董事会办公室报董事长审定。 （16）董事会安排的事宜及相关法律法规中涉及的其他事项。 风险管理与审计委员会在年度报告工作中的特别职责： （1）应当与会计师事务所协商确定年度财务报告审计工作的时间安排。 （2）督促会计师事务所在约定时限内提交审计报告，并以书面意见形式记录督促的方式、次数和结果，以及相关负责人的确认签字。 （3）应在年审注册会计师进场前审阅公司编制的财务会计报表，形成书面意见。 （4）在年审注册会计师进场后加强与年审注册会计师的沟通，在年审注册会计师出具初步审计意见后再一次审阅公司财务会计报表，形成书面意见。 （5）应对年度财务会计报表进行表决，形成决议后提交董事会审核。 （6）应当向董事会提交会计师事务所从事本年度公司审计工作的总结报告。 （7）应当向董事会提交下年度续聘或改聘会计师事务所的决议。	张俊瑞	召集人
		薛季民	委　员
		管清友	委　员
		赵廉慧	委　员
		赵忠琦	委　员
合规与关联交易控制委员会	（1）研究和制定公司合规及内控管理政策及实施方案；对合规及内控管理的总体目标、基本政策进行审议并提出意见；对合规及内控管理的基本制度、机构设置及其职责进行审议并提出意见；监督、评价公司合规及内控管理工作，审查公司在遵守法律及监管规定方面的执行情况。 （2）审议批准案防工作总体政策，提出案防工作整体要求，明确高级管理层有关案防职责及权限，确保高级管理层采取必要措施有效监测、预警和处置案件风险；审议案防工作报告；考核评估本机构案防工作有效性；确保内审稽核对案防工作进行有效审查和监督。 （3）确立洗钱风险管理文化建设目标；审定洗钱风险管理策略；审批洗钱风险管理的政策和程序；定期审阅反洗钱工作报告，及时了解重大洗钱风险事件及处理情况。 （4）确认公司关联方，及时向公司相关工作人员公布其所确认的关联方，并向董事会和监事会报告；审核需董事会审议的关联交易并提交董事会审议；对公司关联交易情况进行检查评判，评估关联交易业务风险；审查公司年度关联交易专项报告，并提交董事会审议。 （5）内控与法律合规部每季度应制订下一季度履职计划，经董事会办公室报董事长审定。 （6）董事会安排的事宜及相关法律法规中涉及的其他事项。	张俊瑞	召集人
		姚卫东	委　员
		桂泉海	委　员
		卓国全	委　员
		叶　瑛	委　员

续表

董事会下属委员会名称	职责	组成人员姓名	职务
信托与消费者权益保护委员会	(1)评估公司相关部门提交的信托业务发展专项规划。 (2)初审总裁办公会或总裁拟提请董事会审议的信托项目。 (3)按年评估公司信托业务运行情况。 (4)针对中国银保监会及其派出机构检查公司信托业务后要求组织整改的问题,研究相关部门提交的整改措施。 (5)指导信托业务部门开展信托业务创新,审议公司金融创新政策,定期对公司相关部门提交的创新产品方案及各类新产品风险限额等进行评估。 (6)研究初审公司信托业务部门设置方案。 (7)审核公司创新类信托计划。 (8)监督、检查、评价信托计划的实施情况,并向董事会提出建议。 (9)业务管理部和财富管理总部每季度应制订下一季度履职计划。 (10)定期召开会议,审议高级管理层及消费者权益保护部门工作报告。研究年度消费者权益保护工作相关审计报告、监管通报、内部考核结果等,督促高级管理层及相关部门及时落实整改发现的各项问题。 (11)根据监管要求及消费者权益保护战略、政策、目标执行情况和工作开展落实情况,对高级管理层和消费者权益保护部门工作的全面性、及时性、有效性进行监督。 (12)指导和督促消费者权益保护工作管理制度体系的建立和完善,确保相关制度规定与公司治理、企业文化建设和经营发展战略相适应。 (13)对董事会负责,向董事会提交消费者权益保护工作报告及年度报告,根据董事会授权开展相关工作,讨论决定相关事项,研究消费者权益保护重大问题和重要政策。 (14)负责对消费者权益保护工作重大信息披露进行指导。 (15)公司董事会安排的事宜及相关法律法规中涉及的其他事项。	赵廉慧	召集人
		姚卫东	委　员
		卓国全	委　员
		赵忠琦	委　员
		叶　瑛	委　员

3.1.3　监事、监事会

姓名	职务	性别	年龄(岁)	选任日期	所推举的股东名称	该股东持股比例(%)	简要履历
黎惠民	监事长	男	48	2018年6月15日	陕西省省委组织部	—	中共党员,高级管理人员工商管理硕士,中国注册特级职业经理人,历任陕西省委办公厅秘书处助理调研员、调研员,陕国投董事会办公室主任、办公室主任,汉中管理部经理,汉中证券公司总经理、人力资源部经理、总经理助理、党委副书记、董事,长安银行筹备组副组长、长安银行党委委员、副行长、执行董事,陕国投党委副书记、监事长;现任陕国投党委副书记、第九届监事会监事长。
	职工监事			2019年7月10日	陕国投职工代表大会选举产生		
王晓芳	监事	女	62	2019年7月10日	陕国投股东大会选举产生	—	中共党员,博士研究生,教授、博士生导师,历任西安市人民银行干部,陕西财经学院金融系讲师、副教授、教授,金融发展研究所副所长,所长、金融系副主任,金融财政学院副院长,西安交通大学经济与金融学院副院长,陕国投第八届董事会独立董事;现任西安交通大学经济与金融学院金融系教授、博士生导师,兼任中国金融学会常务理事,陕西金融学会常务理事,中国金融学年会理事,陕国投第九届监事会监事。
田哲军	监事	男	52	2019年7月10日	陕国投股东大会选举产生	—	中共党员,大学学历,历任青海省财政厅办公室副调研员,陕西省财政厅综合处副处长、调研员;现任陕西财金投资管理有限责任公司监事会主席,陕国投第九届监事会监事。
祁锁锋	职工监事	男	51	2019年12月19日	陕国投职工代表大会选举产生	—	中共党员,MBA工商管理硕士研究生,公共管理硕士,先后在陕西省煤田地质队、铜川日报社、陕西省铜川市交通局、陕西省发改委、陕西省人民政府办公厅工作;现任陕国投党委委员、工会主席、行政副总监、第九届监事会职工监事。
殷醒民(已离任)	监事	男	67	2020年5月18日	陕国投股东大会选举产生	—	中共党员,博士,历任中共宁波市委干事,浙江大学经济学系讲师;现任复旦大学经济学院教授、博士生导师,复旦大学中国经济研究中心副主任,复旦大学信托研究中心主任。

注:1. 本届监事会未设立下属委员会。

2. 2020年7月31日公司监事殷醒民因个人原因申请辞去公司监事职务。

3.1.4　高级管理人员

姓名	职务	性别	年龄(岁)	选任日期	金融从业年限(年)	学历	专业	简要履历
姚卫东	总裁	男	49	2014年1月27日	25年	博士研究生在读	金融学	中共党员,哲学硕士(博士在读),高级经济师,中国高级注册职业经理人,西安市政协委员,历任陕国投办公室副主任、党委工作部部长、人力资源部总经理、党委委员、董事会秘书、副总裁;现任陕国投党委副书记、总裁、第九届董事会董事。
贾少龙	总会计师	男	44	2021年2月9日	20年	博士	管理学	中共党员,管理学博士,高级经济师,历任陕西省西咸新区沣西新城财政局局长,沣西新城开发建设有限公司副总经理,沣西新城投资发展有限公司董事长、总经理,西咸新区秦汉新城党委委员、管委会副主任,西咸新区泾河新城党委委员、管委会副主任;现任陕国投党委委员、总会计师。
王晓雁	副总裁	男	53	2016年4月22日	31年	学士	经济学	中共党员,经济学学士,会计师,历任中国工商银行陕西省洛南县支行科员,陕国投稽核审计部负责人、合规与风险管理部(法律事务部)总经理、陕国投副总法律顾问,总裁助理,曾兼任陕国投风险管理部总经理;现任陕国投副总裁。

续表

姓名	职务	性别	年龄（岁）	选任日期	金融从业年限（年）	学历	专业	简要履历
孙若鹏	副总裁	男	55	2016年4月22日	33年	学士	工学	中共党员，工学学士，高级工程师，历任陕西应用物理化学研究所工程师，陕国投投资银行二部经理、投资银行部总经理、陕国投副总经济师、总裁助理，曾兼任陕国投创新与研究发展部总经理、业务管理部总经理；现任陕国投副总裁。
李 玲（已退休）	副总裁	女	55	2016年4月22日	33年	硕士	工商管理	中共党员，工商管理硕士，高级审计师，历任铜川市审计局科员、副主任科员、铜川市财政局副科长、科长，陕西高速集团审计处副处长，陕国投党委委员、总会计师、总经济师、董事会秘书；现任陕国投副总裁。
	董事会秘书	女	55	2015年10月29日	33年	硕士	工商管理	
王琼	市场总监	女	50	2017年4月26日	22年	博士	管理学	中共党员，管理学博士，经济学博士后，历任法士特汽车传动集团技术员，光大银行深圳分行公司部总经理助理，西安分行零售部总经理助理，中信银行西安分行财富中心总经理，中信信托西安部总经理，深圳中顺易金融服务有限公司副总经理；现任陕国投市场总监。
孙西燕	业务总监	女	42	2019年7月10日	17年	硕士	工商管理	（香港理工大学）工商管理硕士，历任工商银行深圳分行公司业务部项目经理，东亚银行西安分行房地产贷款部主任、公司贷款部总经理，高新区支行行长，西安分行行长助理、西安分行副行长，陕国投总裁助理；现任陕国投业务总监。
张仲和	业务总监	男	49	2018年10月29日	27年	学士	法学	法学学士，历任北京市隆安律师事务所助理律师，北京市泽普律师事务所律师，北京市天达律师事务所律师、合伙人，国投泰康信托有限公司首席风控官、总经理助理（副总级）、总法律顾问，北京国际信托有限公司董事总经理（副总级），北京天达共和律师事务所合伙人、律师；现任陕国投业务总监。
冯栋	投资总监	男	48	2018年10月29日	23年	博士	复旦大学	中共党员，复旦大学经济学博士、武汉大学法学博士后，历任海通证券股份有限公司高级业务经理、部门副总经理，山东大学讲师，民生投资管理股份有限公司董事、副总经理、董事会秘书，中粮信托有限责任公司投资管理总部总经理，民丰资本投资管理有限公司总裁；现任陕国投投资总监。
王维华	董事会秘书	男	46	2020年11月27日	18年	硕士	工商管理	中共党员，全日制研究生学历，经济学博士，历任百瑞信托有限责任公司职员，陕西省国际信托股份有限公司信托高级研究员、综合办公室（董事会办公室）副主任，兼创新与研究发展部副总经理，创新与研究发展部总经理兼创新业务二部总经理；现任陕国投董事会秘书。
李 琳	高级风控官	女	51	2019年7月10日	29年	硕士	会计	中共党员，会计硕士，高级会计师，历任核工业部国营二六二厂财务部会计，西安信托有限公司财务部主管，陕西产业投资管理有限公司资金财务部经理，陕国投合规与风险管理部高级经理，风险管理部副总经理、总经理，陕国投风控副总监；现任陕国投高级风控官。

注：1. 公司董事会于2020年5月11日收到公司董事会秘书李玲提交的书面辞职报告，由于工作原因，李玲申请辞去公司董事会秘书职务，辞职后仍担任公司副总裁职务。

2. 公司副总裁李玲已于2021年5月退休。

3.1.5 公司员工

报告期末，公司职工人数为671人。

母公司在职员工的数量（人）	671
主要子公司在职员工的数量（人）	—
在职员工的数量合计（人）	671
当期领取薪酬员工总人数（人）	671
母公司及主要子公司需承担费用的离退休职工人数（人）	64
专业构成	
专业构成类别	专业构成人数（人）
生产人员	293
销售人员	169
技术人员	14
财务人员	26
行政人员	169
合计	671

续表

教育程度	
教育程度类别	数量（人）
博士	22
硕士	373
本科及其他	276
合计	671

4. 经营管理

4.1 经营目标、经营方针、战略规划

4.1.1 经营目标

公司的经营目标是：坚持稳中求进工作总基调，以高质量发展为主线，以推动转型创新为抓手，以改革为动力，积极建设资源协同、综合服务、聚才发展三大平台为目标，把公司打造成资本实力雄厚、业务布局合理、多牌照联动、稳健可持续经营的国内精品

化信托公司。

4.1.2　经营方针

公司坚持党的全面领导，坚持新发展理念，把握金融支持实体经济的主线，回归信托本源，以稳中求进抓经营、高质发展推转型、补齐短板强弱项、担当作为促超越为主线，稳字当先，稳健运营求长远，稳推创新求质量，稳控风险求安全，稳促改革求活力，稳抓管理求效益，坚持稳中求进、稳中求变、稳中求快、稳中求好，落实新发展理念。

4.1.3　战略规划

公司发挥上市信托公司的优势，积极把握宏观经济走势与行业转型创新的趋势，充分防范新冠疫情引发的全球危机对国内经济和金融发展带来的冲击和影响，按照“三六九”发展战略，坚持稳中求进工作总基调，从中高速发展向高质量发展转变；摒弃短期机会主义，关注长期能力建设。在业务发展方面，传统业务和创新业务并重，立足当前着眼长远；夯实资本实力，固有业务和信托业务协同发展；构建多元资金体系，从财富直销向财富管理转型；积极探索服务信托，践行“信托服务+”战略；适应非标转标净值化趋势，做大标品固收规模。在组织发展方面，优化薪酬绩效机制，配合驱动业务转型；优化区域布局整合精简传统业务部门，面向创新业务设置专业化部门；构建标与非标结合的全面风险管理体系，提升风险处置能力；强化党建引领和公司治理体系建设，护航公司行稳致远。最终，将公司打造成为资本实力雄厚、业务布局合理、多牌照联动、稳健经营的国内一流信托公司。

4.2　所经营业务的主要内容

公司经营业务：信托业务、固有业务和投资顾问等中介业务。

4.2.1　信托业务

信托业务是指公司作为受托人，按照委托人意愿以公司名义对受托的货币资金或其他财产进行管理或处分，并从中收取手续费的业务，由公司内设的各信托业务部门和财富管理总部共同负责开展经营活动。报告期内，公司积极转型创新，开展的信托业务主要包括债权信托、股权信托、标品信托、同业信托、财产信托、资产证券化信托、消费信托与慈善信托、事务信托等。

报告期末，公司信托资产运用与分布表如下：

信托资产运用与分布表

资产运用	金额（万元）	占比（%）	资产分布	金额（万元）	占比（%）
货币资金	374 691.42	1.46	基础产业	8 199 222.17	31.90
交易性金融资产	4 076 901.53	15.86	房地产业	2 169 758.06	8.44
买入返售金融资产	54 590.81	0.21	证券市场	4 303 036.60	16.74
贷款	7 565 940.67	29.44	实业	5 484 269.88	21.34
可供出售金融资产	74 814.96	0.29	金融机构	1 191 132.16	4.63
持有至到期投资	10 778 011.97	41.93	其他	4 355 794.43	16.95
长期股权投资	2 596 908.58	10.10			
其他资产	55 100.00	0.22			
应收款项	126 253.36	0.49			
合计	25 703 213.30	100.00	合计	25 703 213.30	100.00

4.2.2　固有业务

公司的固有业务主要包括自有资金贷款及投资业务（金融产品投资、金融股权投资等），该类业务由公司内设的投资管理总部负责。其中，公司的利息收入主要来源于运用自有资金向客户发放贷款产生的利息收入，公司的投资收益主要来源于金融产品投资、股权投资等。

固有资产运用与分布表

资产运用	金额（万元）	占比（%）	资产分布	金额（万元）	占比（%）
货币资金	37 165.64	2.60	基础产业	145 931.18	10.22
交易性金融资产	318 199.34	22.29	房地产业	202 668.42	14.19
买入返售金融资产	91 639.70	6.42	证券市场	286 210.49	20.05
贷款	425 364.02	29.79	实业	9 722.83	0.68
债权投资	177 349.64	12.42	金融机构	334 718.71	23.44
其他权益工具投资	189 180.76	13.25	其他	448 586.23	31.42
其他资产	188 938.76	13.23			
合计	1 427 837.86	100.00	合计	1 427 837.86	100.00

4.2.3　投资顾问等中介业务

中介业务包括为企业提供投融资、重组并购等顾问服务；针对客户的资产配置需求，为高净值客户提供动态的资产管理服务等。

4.3　市场分析

4.3.1　影响业务发展的不利因素

经济增速全面放缓。随着中国步入中等偏上收入国家行列，中美关系面临更大的不确定性，而国内人口红利逐步消失、城市化进程趋缓，我国经济增速将从改革开放前四十年的高增长切换到平稳增长阶段，未来收益可观且风险可控的产业投资机会将更为稀缺。

金融风险频发，风险管控压力增大。在新冠肺炎疫情后资金面宽松的背景下，非金融企业杠杆率过高、地方债务风险、民营企业债务风险及居民杠杆率增长过快等问题将再次显现。在经济整体下行的态势下，防范金融市场异常波动和共振，风险管控能力有待考验。

资管行业竞争进一步加剧。“资管新规”实施统一监管标准，拉平各资管机构门槛，资管机构之间的竞争更加激烈。各类资管机构不断挤压和蚕食信托公司的业务空间，特别是银行理财子公司的设立对非银机构的挤压较为严重，信托的业务牌照竞争优势和制度优势进一步弱化。

在严监管环境下，信托转型进入攻坚期。自2017年以来，监管部门对信托行业强监管持续加码，明确信托公司发展需彻底抛弃依靠传统融资方式快速增长的路径，回归本源定位。2020年末，信托行业资产规模从最高峰时的26.25万亿元下降至20.49万亿元，通道类业务规模持续回落，融资类信托压缩接近1万亿元。信托传统展业模式受到挑战，创新业务盈利模式还在探索，对信托公司各方面的能力建设等方面均提出了更高要求。

4.3.2　影响业务发展的有利因素

2021年是“十四五”开局之年，中国经济将依靠科技创新推动实体经济高质量发展，经济增长新动能将不断涌现，实体经济结构持续优化，为信托公司未来支持国家重大战略与经济结构调整提供了更多的投资机遇，高质量持续发展奠定了稳定基础。

随着国民财富的不断累积，高净值人士数量和可投资资产规模持续增长，对信托工具的需求不断提升。近年来的市场波动与风险使高净值人士对全品类、跨周期、跨区域的资产配置需求不断提升，信托的资产配置功能逐渐凸显；随着创富一代步入老年，高净值人士对财富传承的需求不断提升，信托工具在风险隔离、代际传承方面的独特优势，也使其成为财富传承的首选。

信托行业的顶层架构与监管政策进一步明晰完善。监管层对行业提出新的监管理念，作出相应的政策调整与安排，有力引导信托业积极回归本源、精准定位、转型创新服务实体经济，业务结构优化明显，高质量发展呈现良好势头。

公司不断通过优化业务条线，提升管理效率，强化风险识别能力，通过管理与创新提升经营效益。一是优化业务结构，加大科技投入，优化运营系统，提升标品信托、消费金融和供应链金融等业务管理运营效率。二是重视财富端建设，完成了全国化布局，强化品牌提升和塑造，提升发行能力，通过加强投资者教育，引导客户适应投资类产品和多元资产配置理念。三是强化风险管理能力，构建全面风险管理体系，增强行业风险爆发期的风险抵御能力。四是持续实施人才强企战略，不断优化激励约束机制，依靠高素质专业化人才引领和推动创新转型，持续打造核心竞争力。

4.4 内部控制

4.4.1 内部控制环境和内部控制文化

报告期内，在监管部门的正确领导下，公司以“信托文化建设”“乱象治理”活动为契机，坚持合规经营、稳健运营，通过强化公司治理，加强制度执行力，推进全面风险管理体系建设等措施，提升合规风险管理能力，推动公司完善全面内控管理机制，为公司稳健发展提供坚实保障。

4.4.2 内部控制措施

完善体系，提升管控。报告期内，为建立健全公司全面风险管理体系，提高公司经营管理水平和风险防范能力，确保安全稳健运行，公司按照全面风险管理体系建设实施方案，不断优化梳理流程，加强内控制度建设，完善操作风险检查流程，建立健全全面内控管理体系，进一步提升风险管理水平。

查漏补缺，完善制度。公司以建立全面风险管理体系为目的，健全自我约束机制，加快内控制度建设。结合资管新规的相关要求和检查发现的问题，查找制度漏项，不断完善内控制度。报告期内，公司编制修订了《业务设立审核管理办法》《自有资金管理办法》《非金融资产减值准备计提管理办法》《固有现金管理业务管理办法》等多项制度，加强公司合规管理水平，促进各项业务稳健、持续、快速发展。

积极宣传，营造氛围。公司按照《信托文化建设总体规划》的相关要求积极开展内控合规文化的宣传引导工作，通过标语宣传、现场宣讲、安放展板、发放宣传材料、在微信公众号上推送相关知识、开展线上答题等形式，积极开展案件警示教育、消费者权益保护等活动，并于 2020 年下半年分别开展了反洗钱主题宣传月活动、“扫黑除恶专项斗争”“防范非法集资”“国家宪法宣传”等专项宣传活动。

合规运作，强化执行。按照上市公司内控规范建设要求，公司从组织机构设置、业务流程、事权管理、授权管理、责任追究等方面进一步优化了内控管理体系，有效地保证了公司经营管理水平的不断提升和战略规划的实施。董事会风险管理与审计委员会、合规与关联交易控制委员会、监事会、经营层、职能部门分别按照各自职责开展内控工作，形成了有效且相互制衡的决策、执行和监督机制，取得了良好的效果。公司内设的稽核审计部加强了效能监察，强化了对公司决策执行情况的检查、督导，执行效率得到有效提升。详细情况见公司已经披露的《2020 年内部控制自我评价报告》。

4.4.3 信息交流与反馈

公司不断完善信息交流与反馈机制。结合机构改革及内控制度完善等工作，进一步明确了股东大会、董事会、监事会、高级管理层、各部门及员工的职责和报告路径，做到了内部信息传输顺畅、有效；根据监管要求，采取多种形式向监管部门、受益人报告公司重大事项和项目管理情况，并充分运用公司网站及时发布和更新相关信息，树立公司良好的管理人形象。报告期内，公司信息传递路径通畅，各项信息上通下达，交流反馈快捷，确保了公司安全运行，持续发展。

4.4.4 监督评价与纠正

公司建立了内部控制监督评价与纠正机制，能够按照各项业务不同阶段的管理特征规范相应的内部审批、操作和风险管理程序，通过制度化、流程化来监控和管理各项业务，并按照风险管理原则对拟开展业务进行严格的事前审查，对已开展业务进行事中持续跟踪管理和监控；公司监事会对股东大会负责，对公司财务、公司董事及高级管理人员履行职责的合法性进行监督，维护公司及股东的合法权益；公司稽核审计部对内部控制制度的健全性、有效性进行动态检查评价，对各项业务开展进行合规性检查及风险识别，对相关人员的行为规范进行监督和检查，对被审计项目或信托经理作出客观评价，提出意见或建议，并对审计结论和处理意见的执行及整改情况进行后期追踪检查，督促整改落实。

4.5 风险管理

2020 年，在公司党委和董事会坚强领导下，在监事会有效监督下，公司坚持“拓市场、控风险、降规模、调结构、促转型、强管理、提质效”总方针，努力克服新冠肺炎疫情冲击，在国内外经济增速下滑、金融监管持续趋严的形势下，强化全面风险管理体系建设，紧盯高质量发展目标，切实提升公司风险管理水平和抵御化解能力，保证了公司稳健发展，风险管理工作取得了良好的效果。

公司在经营活动中可能遇到的风险主要包括信用风险、市场风险、操作风险、法律风险、声誉风险、道德风险等。报告期内，公司顺应监管政策导向，积极应对经济下滑压力，进一步加大对部分行业和领域的风险排查，持续提高风险防控意识，完善风险管理体系，优化评审决策程序，采取更加高效、审慎的评审决策方法。根据最新经济形势、监管政策、信托行业变化及业务发展要求，适时制定或修订了《2020 年信托业务指引》《证券投资业务管理办法》《信托项目评审决策管理办法》《信托及固有业务风险监测和预警细则》《信托及固有业务风险排查细则》《关于依法防控疫情切实防范法律合规风险实施方案》等多项制度及指引，同时加强对存续项目的风险排查，强化了事中管理。

4.5.1 信用风险

信用风险主要是指交易对手违约造成损失的风险，主要表现为公司在开展自有资金运作和信托投融资等业务时，可能会因交易对手违约而给公司或信托财产带来风险。报告期内，面对经济下滑压力，公司强化了交易对手信用等级的要求，对发生的各类业务均履行了严格的内部评审程序和事中控制、事后监督等，担保措施充足，整体信用风险可控。结合金融风险高发态势，持续加大对重点领域、重点项目的风险排查力度，动态监控项目运行，强化存续项目风险隐患预警和应急能力，确保公司平稳发展。

4.5.2 市场风险

市场风险是指公司在运营过程中可能因股价、市场汇率、利率及其他商品价格因素等变动而产生的风险。具体表现为经济周期变化、利率波动、房地产交易、证券市场变化等造成的风险，这些风险可能影响信托财产的价值及信托收益水平，也可能影响公司固有资产价值或导致损失。报告期内，公司密切关注金融业持续强监管态势及传统业务受政策调整带来的影响，加强宏观经济金融形势研判，密切监控已开展业务的运行情况，根据市场风险情况动态调整资产配置方案，避免或降低市场风险引起的损失。

4.5.3 操作风险

公司面临的操作风险主要是制度和操作流程，以及现有制度和流程不能得到有效执行而可能引起的经营风险。报告期内，公司深入贯彻全面风险管理理念及合规文化建设，以开展“市场乱象整治回头看”工作、“信托文化教育年”及案件警示教育活动为契机，进一步加强了员工合规运营及风险防范意识和风险防范责任教育，强化了风险识别技巧培训，员工的操作风险防范意识和能力得到提升。

4.5.4 其他风险

其他风险主要包括法律风险、声誉风险、道德风险等。随着信托行业竞争的进一步加剧，声誉风险已成为需要防范的重点风险之一。报告期内，公司从理财产品销售、兑付等环节入手，同时加强舆情监测，进一步强化了声誉风险管理。报告期内公司未发生此类风险。

4.6 净资本管理概况

公司高度重视净资本管理，保证资本扩充与业务发展的匹配和平衡。2020 年末，公司净资本达 86.42 亿元，同比增长 6.89%，净资本覆盖率为 171.49%，高于 100% 的监管标准。充裕的资本实力构筑了公司可持续发展的坚实基础。报告期末，净资本各项指标均处于符合监管要求的较好水平。

项 目	2020 年末	2019 年末	监管标准
净资本(万元)	864 289.03	808 595.03	≥2 亿元
固有业务风险资本(万元)	162 171.27	144 518.57	—
信托业务风险资本(万元)	341 820.45	32 364.33	—
其他业务风险资本(万元)	—	—	—
各项业务风险资本之和(万元)	503 991.72	468 166.90	—
净资本/各项业务风险资本之和(%)	171.49	172.72	≥100
净资本/净资产(%)	73.28	73.66	≥40

5. 报告期末及比较式会计报表

5.1 固有资产

5.1.1 会计师事务所审计意见

信永中和会计师事务所认为，公司财务报表在所有重大方面按照企业会计准则的规定编制，公允反映了公司 2020 年 12 月 31 日的合并及母公司财务状况，以及 2020 年度的合并及母公司经营成果和现金流量。

5.1.2 资产负债表

资产负债表(合并)

编制单位：陕西省国际信托股份有限公司　　2020 年 12 月 31 日　　单位：元

项目	2020 年 12 月 31 日	2019 年 12 月 31 日
资产：		
货币资金	433 396 111.56	827 053 835.34
买入返售金融资产	916 397 000.00	262 487 000.00
持有待售资产	72 981 697.87	
发放贷款和垫款	4 729 341 190.06	4 202 641 095.66
金融投资：	8 598 533 639.84	7 871 976 046.15
交易性金融资产	3 176 993 417.26	3 208 868 062.80
债权投资	3 529 732 586.09	3 268 215 695.73
其他权益工具投资	1 891 807 636.49	1 394 892 287.62
长期股权投资	3 308 179.79	3 537 379.37
固定资产	66 162 324.17	68 489 522.43
无形资产	8 824 460.45	6 679 929.77
递延所得税资产	273 066 969.50	329 714 177.32
其他资产	1 415 044 702.80	1 094 157 416.34
资产总计	16 517 056 276.04	14 666 736 402.38
负债：		
应付职工薪酬	492 654 066.98	387 239 626.05
应交税费	32 275 289.82	116 628 165.46
合同负债	72 398 500.83	
递延所得税负债	39 684 964.02	15 150 271.11
其他负债	4 084 995 004.31	3 170 354 627.80
负 债 合 计	4 722 007 825.96	3 689 372 690.42
股东权益：		
股本	3 964 012 846.00	3 964 012 846.00
资本公积	4 111 493 528.32	4 111 493 528.32
减：库存股		
其他综合收益	356 000 200.99	105 085 852.12
盈余公积	441 922 743.88	373 353 666.42
一般风险准备	140 350 533.88	140 350 583.88
信托赔偿准备金	214 972 325.74	180 687 787.01
未分配利润	2 566 296 221.27	2 102 379 448.21
归属于母公司股东权益合计	11 795 048 450.08	10 977 363 711.96
股东权益合计	11 795 048 450.08	10 977 363 711.96
负债和股东权益总计	16 517 056 276.04	14 666 736 402.38

法定代表人：薛季民　　主管会计工作负责人：贾少龙　　会计机构负责人：陈建岐

资产负债表（母公司）

编制单位：陕西省国际信托股份有限公司　　2020 年 12 月 31 日　　单位：元

项目	2020 年 12 月 31 日	2019 年 12 月 31 日
资产：		
货币资金	371 656 359.54	803 505 648.42
买入返售金融资产	916 397 000.00	262 487 000.00
持有待售资产	72 981 697.87	
发放贷款和垫款	4 253 640 242.86	4 172 901 885.66
金融投资：	6 847 297 461.07	6 525 458 069.71
交易性金融资产	3 181 993 417.26	3 199 325 362.80
债权投资	1 773 496 407.32	1 931 240 419.29
其他权益工具投资	1 891 807 636.49	1 394 892 287.62
长期股权投资	3 308 179.79	3 537 379.37
固定资产	66 162 324.17	68 489 522.43
在建工程		
无形资产	8 824 460.45	6 679 929.77
递延所得税资产	261 638 055.66	326 782 996.43
其他资产	1 476 472 834.44	1 094 157 416.34
资产总计	14 278 378 615.85	13 263 999 848.13

续表

项目	2020 年 12 月 31 日	2019 年 12 月 31 日
负债：		
应付职工薪酬	492 654 066.98	38[illegible] 239 626.05
应交税费	32 275 289.82	110 588 624.03
合同负债	57 400 744.50	
递延所得税负债	39 684 964.02	1[illegible] 191 346.11
其他负债	1 861 315 100.45	1 7[illegible] 316 539.98
负 债 合 计	2 483 330 165.77	2 28[illegible] 336 136.17
股东权益：		
股本	3 964 012 846.00	3 96[illegible] 012 846.00
资本公积	4 111 493 528.32	4 111 493 528.32
其他综合收益	356 000 200.99	10[illegible] 085 852.12
盈余公积	441 922 743.88	37[illegible] 353 666.42
一般风险准备	140 350 583.88	14[illegible] 350 583.88
信托赔偿准备金	214 972 325.74	18[illegible] 587 787.01
未分配利润	2 566 296 221.27	2 10[illegible] 379 448.21
股东权益合计	11 795 048 450.08	10 97[illegible] 363 711.96
负债和股东权益总计	14 278 378 615.85	13 263 999 848.13

法定代表人：薛季民　　主管会计工作负责人：贾少龙　　会计机构负责人：陈建岐

5.1.3 利润表

利润表（合并）

编制单位：陕西省国际信托股份有限公司　　2020 年度　　单位：元

项目	2020 年度	2019 年度
一、营业总收入	2 125 822 543.78	1 755 654 [illegible]0.76
利息净收入	179 383 857.85	240 326 [illegible]5.33
其中：利息收入	459 982 027.77	355 172 [illegible]0.03
利息支出	280 598 169.92	114 845 [illegible]4.70
手续费及佣金净收入	1 212 519 415.08	926 917 [illegible]4.18
其中：手续费及佣金收入	1 214 089 072.47	927 603 [illegible]9.93
手续费及佣金支出	1 569 657.39	685 [illegible]5.75
投资收益（损失以“－”号填列）	462 766 105.23	411 641 [illegible]4.85
其中：对联营企业和合营企业的投资收益	−229 199.58	−986 [illegible]1.46
其他收益	773 483.02	2 400 [illegible]0.00
公允价值变动收益（损失以“－”号填列）	268 131 562.75	172 358 [illegible]0.39
其他业务收入	2 247 854.62	2 024 [illegible]3.26
资产处置收益（损失以“－”号填列）	265.23	−13 [illegible]7.25
二、营业总支出	1 204 121 007.36	993 297 [illegible]3.32
税金及附加	18 688 604.59	13 554 [illegible]1.69
业务及管理费	646 383 641.80	529 900 [illegible].49
信用减值损失	533 824 835.93	444 938 [illegible]4.54
其他业务成本	5 223 925.04	4 904 [illegible].60
三、营业利润（亏损以“－”号填列）	921 701 536.42	762 357 [illegible].44
加：营业外收入	1 931 439.18	874 [illegible]3.04
减：营业外支出	5 559 469.00	2 980 [illegible].39
四、利润总额（亏损总额以“－”号填列）	918 073 506.60	760 251 [illegible].09
减：所得税费用	232 382 731.97	178 723 [illegible].24
五、净利润（净亏损以“－”号填列）	685 690 774.63	581 527 [illegible].85
（一）按经营持续性分类	685 690 774.63	581 527 [illegible].85
持续经营净利润（净亏损以“－”号填列）	685 690 774.63	581 527 [illegible].85

续表

项目	2020 年度	2019 年度
(二)按所有权归属分类	685 690 774. 63	581 527 983. 85
归属于母公司股东的净利润(净亏损以"-"号填列)	685 690 774. 63	581 527 983. 85
六、其他综合收益的税后净额	250 914 348. 87	142 422 932. 45
(一)归属于母公司股东的其他综合收益的税后净额	250 914 348. 87	142 422 932. 45
不能重分类进损益的其他综合收益	250 914 348. 87	142 422 932. 45
其他权益工具投资公允价值变动	250 914 348. 87	142 422 932. 45
七、综合收益总额	936 605 123. 50	723 950 916. 30
归属于母公司股东的综合收益总额	936 605 123. 50	723 950 916. 30
八、每股收益:		
(一)基本每股收益	0. 1730	0. 1467
(二)稀释每股收益	0. 1730	0. 1467

法定代表人:薛季民　　主管会计工作负责人:贾少龙　　会计机构负责人:陈建岐

利润表(母公司)

编制单位:陕西省国际信托股份有限公司　　2020 年度　　单位:元

项目	2020 年度	2019 年度
一、营业总收入	2 081 200 973. 85	1 742 124 365. 70
利息净收入	332 597 408. 28	276 043 948. 57
其中:利息收入	423 570 068. 93	354 856 724. 42
利息支出	90 972 660. 65	78 812 775. 85
手续费及佣金净收入	1 266 625 540. 79	944 523 685. 95
其中:手续费及佣金收入	1 268 195 198. 18	945 209 681. 70
手续费及佣金支出	1 569 657. 39	685 995. 75
投资收益(损失以"-"号填列)	210 824 859. 16	332 623 844. 78
其中:对联营企业和合营企业的投资收益	-229 199. 58	-986 071. 46
其他收益	773 483. 02	2 400 000. 00
公允价值变动收益(损失以"-"号填列)	268 131 562. 75	184 522 560. 39
其他业务收入	2 247 854. 62	2 024 093. 26
资产处置收益(损失以"-"号填列)	265. 23	-13 767. 25
二、营业总支出	1 159 499 437. 40	979 766 958. 26
税金及附加	17 067 949. 50	12 972 000. 78
业务及管理费	641 411 921. 38	528 937 329. 90
信用减值损失	495 795 641. 48	432 952 710. 98
其他业务成本	5 223 925. 04	4 904 916. 60
三、营业利润(亏损以"-"号填列)	921 701 536. 45	762 357 407. 44
加:营业外收入	1 931 439. 18	874 723. 04
减:营业外支出	5 559 469. 00	2 980 249. 39
四、利润总额(亏损总额以"-"号填列)	918 073 506. 63	760 251 881. 09
减:所得税费用	232 382 732. 00	178 723 897. 24
五、净利润(净亏损以"-"号填列)	685 690 774. 63	581 527 983. 85
(一)持续经营净利润(净亏损以"-"号填列)	685 690 774. 63	581 527 983. 85
六、其他综合收益的税后净额	250 914 348. 87	142 422 932. 45
(一)不能重分类进损益的其他综合收益	250 914 348. 87	142 422 932. 45
其他权益工具投资公允价值变动	250 914 348. 87	142 422 932. 45
七、综合收益总额	936 605 123. 50	723 950 916. 30

5.1.4 所有者权益变动表

所有者权益变动表（合并）

编制单位：陕西省国际信托股份有限公司　　2020 年度　　单位：元

项目	2020 年度														
	归属于母公司股东权益													少数股东权益	股东权益合计
	股本	其他权益工具			资本公积	减：库存股	其他综合收益	信托赔偿准备	盈余公积	一般风险准备	未分配利润	其他	小计		
		优先股	永续债	其他											
一、上年期末余额	3 964 012 846.00	—	—	—	4 111 493 528.32	—	105 085 852.12	180 687 787.01	373 353 666.42	140 350 583.88	2 102 379 448.21	—	10 977 363 711.96	—	10 977 363 711.96
二、本年期初余额	3 964 012 846.00	—	—	—	4 111 493 528.32	—	105 085 852.12	180 687 787.01	373 353 666.42	140 350 583.88	2 102 379 448.21	—	10 977 363 711.96	—	10 977 363 711.96
三、本期增减变动金额（减少以"－"号填列）	—	—	—	—	—	—	250 914 348.87	34 284 538.73	68 569 077.46	—	463 916 773.06	—	817 684 738.12	—	817 684 738.12
（一）综合收益总额	—	—	—	—	—	—	250 914 348.87	—	—	—	685 690 774.63	—	936 605 123.50	—	936 605 123.50
（三）利润分配	—	—	—	—	—	—	—	34 284 538.73	68 569 077.46	—	-221 774 001.57	—	-118 920 385.38	—	-118 920 385.38
1. 提取盈余公积	—	—	—	—	—	—	—	—	68 569 077.46	—	-68 569 077.46	—	—	—	—
3. 对股东的分配	—	—	—	—	—	—	—	—	—	—	-118 920 385.38	—	-118 920 385.38	—	-118 920 385.38
4. 提取信托赔偿准备	—	—	—	—	—	—	—	34 284 538.73	—	—	-34 284 538.73	—	—	—	—
四、本年年末余额	3 964 012 846.00	—	—	—	4 111 493 528.32	—	356 000 200.99	214 972 325.74	441 922 743.88	140 350 583.88	2 566 296 221.27	—	11 795 048 450.08	—	11 795 048 450.08

所有者权益变动表（母公司）

编制单位：陕西省国际信托股份有限公司　　2020 年度　　单位：元

项目	2020 年度											
	股本	其他权益工具			资本公积	减：库存股	其他综合收益	信托赔偿准备	盈余公积	未分配利润	一般风险准备	股东权益合计
		优先股	永续债	其他								
一、上年期末余额	3 964 012 846.00	—	—	—	4 111 493 528.32	—	105 085 852.12	180 687 787.01	373 353 666.42	2 102 379 448.21	140 350 583.88	10 977 363 711.96
二、本年期初余额	3 964 012 846.00	—	—	—	4 111 493 528.32	—	105 085 852.12	180 687 787.01	373 353 666.42	2 102 379 448.21	140 350 583.88	10 977 363 711.96
三、本期增减变动金额（减少以"－"号填列）	—	—	—	—	—	—	250 914 348.87	34 284 538.73	68 569 077.46	463 916 773.06	—	817 684 738.12
（一）综合收益总额	—	—	—	—	—	—	250 914 348.87	—	—	685 690 774.63	—	936 605 123.50
（三）利润分配	—	—	—	—	—	—	—	34 284 538.73	68 569 077.46	-221 774 001.57	—	-118 920 385.38
1. 提取盈余公积	—	—	—	—	—	—	—	—	68 569 077.46	-68 569 077.46	—	—
2. 对股东的分配	—	—	—	—	—	—	—	—	—	-118 920 385.38	—	-118 920 385.38
3. 提取信托赔偿准备							—	34 284 538.73	—	-34 284 538.73		
四、本期期末余额	3 964 012 846.00	—	—	—	4 111 493 528.32	—	356 000 200.99	214 972 325.74	441 922 743.88	2 566 296 221.27	140 350 583.88	11 795 048 450.08

公司法定代表人：薛季民　　主管会计工作的公司负责人：贾少龙　　公司会计机构负责人：陈建岐

5.2 信托资产

5.2.1 信托项目资产负债汇总表

信托项目资产负债汇总表

编制单位：陕西省国际信托股份有限公司　　2020 年度　　单位：元

信托资产	2020 年末	2019 年末	信托负债和信托权益	2020 年末	2019 年末
信托资产：			信托负债：		
货币资金	3 746 914 200.94	3 614 361 415.83	交易性金融负债	—	—
拆出资金	—	—	衍生金融负债	—	—
交易性金融资产	40 769 015 300.20	47 839 308 200.79	卖出回购金融资产款	—	—
衍生金融资产	—	—	应付利息	—	—
买入返售金融资产	545 908 093.35	1 049 041 029.26	应付受托人报酬	—	—
应收票据	—	—	应付受益人收益	—	—
应收账款	—	—	应付保管费	—	—
应收利息	166 912 699.02	111 549 472.39	其他应付款	3 845 653 848.71	2 441 934 983.49
应收股利	3 068 009.00	2 947 526.50	应交税费	158 631 098.48	90 624 462.93
其他应收款	1 092 552 938.74	1 918 095 415.04	其他负债	—	—
贷款	75 659 406 687.96	120 926 015 137.66			
可供出售金融资产	748 149 571.61	709 791 653.94			
持有至到期投资	107 780 119 698.51	82 977 248 908.87			
长期股权投资	25 969 085 808.37	27 844 013 808.37	信托负债合计	4 004 284 947.19	2 532 559 446.42
长期应收款	—	—	信托权益：		
投资性房地产	—	—	实收信托	259 438 554 983.32	293 246 080 796.36
固定资产	—	—	资本公积	7 808 138 770.99	7 606 092 206.16
无形资产	—	—	未分配利润	−14 218 845 693.80	−14 672 159 311.86
长期待摊费用	—	—			
其他资产	551 000 000.00	1 720 200 568.43	信托权益合计	253 027 848 060.51	286 180 013 690.66
信托资产总计	257 032 133 007.70	288 712 573 137.08	信托负债和信托权益总计	257 032 133 007.70	288 712 573 137.08

公司负责人：薛季民　　主管会计工作的公司负责人：贾少龙　　会计机构负责人：王小兵

5.2.2 信托项目利润及利润分配汇总表

信托项目利润及利润分配汇总表

编制单位：陕西省国际信托股份有限公司　　2020 年度　　单位：元

项　目	2020 年	2019 年
一、营业收入	21 020 798 990.93	24 815 261 165.48
利息收入	6 412 081 459.72	9 912 353 400.66
投资收益（损失以"－"填列）	12 635 181 390.58	5 883 104 912.18
公允价值变动收益（损失以"－"填列）	1 841 573 815.88	9 007 872 032.99
汇兑收益（损失以"－"填列）	—	—
其他业务收入	131 962 324.75	11 930 819.65
二、营业支出	3 100 612 108.47	1 994 682 620.31
利息支出	—	—
手续费及佣金支出	—	—
税金及附加	76 685 888.81	69 632 209.85

续表

编制单位：陕西省国际信托股份有限公司　　2020 年度　　单位：元

项　目	2020 年	2019 年
业务及管理费	3 009 861 181.81	1 925 050 410.46
资产减值损失	—	—
其他业务成本	14 065 037.85	—
三、信托营业利润（损失以"－"填列）	17 920 186 882.46	22 820 578 545.17
加：营业外收入	—	—
减：营业外支出	—	—
四、信托利润（损失以"－"填列）	17 920 186 882.46	22 820 578 545.17
加：期初未分配信托利润	−14 672 159 311.86	−30 057 824 158.27
五、可供分配的信托利润	3 248 027 570.60	−7 237 245 613.10
减：本期已分配信托利润	17 466 873 264.40	7 434 913 698.76
六、期末未分配信托利润	−14 218 845 693.80	−14 672 159 311.86

公司负责人：薛季民　主管会计工作的公司负责人：贾少龙　会计机构负责人：王小兵

6. 会计报表附注

6.1 会计报表编制基准不符合会计核算基本前提的说明

6.1.1 会计报表不符合会计核算基本前提的事项

本公司无上述情况。

6.1.2 纳入公司合并会计报表范围的子公司情况

本公司没有子公司，纳入合并范围的重要的结构化主体如下表所示：

按照《企业会计准则第33号——合并财务报表》的规定，本公司将以自有资金参与、并满足准则规定的“控制”定义的结构化主体纳入合并报表范围。

项目	期末数量/余额	期初数量/余额
纳入合并的产品数量（个）	17	11
纳入合并的结构化主体的总资产（元）	3 872 623 995.33	3 070 363 087.06
本公司在上述结构化主体的权益体现在资产负债表中债权投资和交易性金融资产的总金额（元）	3 274 513 488.13	3 005 906 812.83

本公司作为结构化主体的管理人，对结构化主体拥有权力且其他投资者没有实质性的权利，同时本公司承担并有权获取可变回报，且该回报的比重及变动性均较为重大，本公司认为，本公司在结构化主体中享有较大的实质性权力，为主要责任人，对结构化主体构成控制。合并上述结构化主体对本公司2020年12月31日的财务状况，以及2020年的经营成果及现金流量影响并不重大，因此，未对这些被合并主体的财务信息进行单独披露。

6.2 重要会计政策和会计估计说明

本公司根据实际经营特点制定的具体会计政策和会计估计包括营业周期、金融资产和金融负债的确认和计量、固定资产分类及折旧方法、无形资产摊销、收入确认和计量、政府补助、递延所得税资产和递延所得税负债等。

6.3 或有事项说明

报告期末，公司没有对外担保。

6.4 重要资产转让及其出售的说明

报告期内，公司没有重要资产转让及其出售。

6.5 会计报表中重要项目的明细资料

6.5.1 固有资产经营情况

6.5.1.1 信用风险资产五级分类情况

按照《中国银行业监督管理委员会关于非银行金融机构全面推行资产质量五级分类管理的通知》的分类标准，本年度公司固有资产质量情况如下：

信用风险资产五级分类——按原值计算

信用风险资产五级分类	正常类（万元）	关注类（万元）	次级类（万元）	可疑类（万元）	损失类（万元）	信用风险资产合计（万元）	不良资产合计（万元）	不良资产率（%）
2019年	1 202 414.35	71 246.83	10 931.29	68 365.80	24 069.37	1 377 027.63	103 366.46	7.51
2020年	1 229 729.27	157 048.54	31.83	21 834.26	30 850.17	1 439 494.07	52 716.26	3.66

信用风险资产五级分类——按净值计算

信用风险资产五级分类	正常类（万元）	关注类（万元）	次级类（万元）	可疑类（万元）	损失类（万元）	信用风险资产合计（万元）	不良资产合计（万元）	不良资产率（%）
2019年	1 194 912.64	61 698.26	3 821.99	16 054.64	133.38	1 276 620.91	20 010.02	1.57
2020年	1 224 368.91	144 319.35	26.15	6 630.74	300.76	1 375 645.90	6 957.65	0.51

注：1. 上表反映的是公司固有业务投融资情况。

2. 出于谨慎性考虑，将1年以内的应收款划分为关注类；1年至2年的划分为次级类，2年至3年的划分为可疑类，3年以上的划分为损失类，后三类归入不良资产。

3. 2020年末，公司不良资产余额（含次级、可疑和损失三类资产）主要为正在清收处置抵（质）押资产的中科建设、湖金1号、大连星海等项目，原值为5.17亿元，按照要求，计提减值准备后净值为0.63亿元。此外，包含账龄在6个月以上的应收款原值为0.10亿元，净值为0.06亿元。

4. 不良资产合计=次级类+可疑类+损失类。

6.5.1.2 资产减值准备情况

单位：万元

名称	期初数	本期计提	本期转回	本期核销	期末数
应收账款坏账准备	—	—	—	—	—
其他应收款坏账准备	95 054.04	34 078.37	—	86 176.61	42 955.80
应收利息减值准备	—	—	—	—	—
发放贷款和垫款减值准备	3 685.27	588.78	—	—	4 274.05
金融资产投资减值准备	2 865.96	18 753.84	—	—	21 619.80
其中：债权投资减值准备	2 865.96	18 753.84	—	—	21619.80
长期股权投资减值准备	—	—	—	—	—
合计	101 605.27	53 420.99	—	86 176.61	68 849.65

6.5.1.3 固有股票投资、基金投资、债券投资、长期股权投资等投资情况

单位：万元

名称	固有股票	基金	债券	长期股权投资	其他投资	合计
期初数	61 386.62	5 446.73	1 574.09	295 853.44	1 073 380.9[illegible]	1 382 376.80
期末数	93 573.02	56 558.59	27 937.47	307 864.84	1 294 225.8[illegible]	1 689 152.66

6.5.1.4 固有长期股权投资的前五名

企业名称	占被投资企业权益的比例（%）	主要经营活动	投资收益（万元）
长安银行股份有限公司	1.21	货币银行服务	—
永安财产保险股份有限公司	5.56	保险业务	501.72
陕西金融资产管理股份有限公司	6.65	资产管理	1 499.08

续表

企业名称	占被投资企业权益的比例(%)	主要经营活动	投资收益(万元)
宁波梅山保税港区鼎实灏源股权投资基金合伙企业(有限合伙)	97	私募股权投资	—
西安沣东硬科技创业投资合伙企业(有限合伙)	26.55	创业投资	—

6.5.1.5 固有贷款前五名

企业名称	占贷款总额的比例(%)	还款情况
西安高新金融控股有限公司	24.06	正常
西安高新城房地产开发有限公司	11.68	正常

续表

企业名称	占贷款总额的比例(%)	还款情况
陕西省西咸新区空港新城开发建设集团	11.68	正常
西安紫薇地产开发有限公司	10.51	正常
西安高科国际社区建设开发有限公司	9.35	正常

6.5.1.6 表外业务的期初数、期末数

表外业务	期末数	期初数
担保业务(元)	—	—
代理业务(委托业务)(元)	118 855 274.06	118 855 274.06
信托业务(万元)	25 703 213.30	28 871 257.31

6.5.1.7 公司当年的收入结构

单位:元

项目	合并口径		母公司	
	金额(元)	占比(%)	金额(元)	占比(%)
一、营业总收入	2 125 822 543.78	100	1 755 654 630.76	100
利息净收入	179 383 857.85	8.44	240 326 605.33	13.69
其中:利息收入	459 982 027.77	21.64	355 172 490.03	20.23
利息支出	280 598 169.92	13.20	114 845 884.70	6.54
手续费及佣金净收入	1 212 519 415.08	57.04	926 917 464.18	52.80
其中:手续费及佣金收入	1 214 089 072.47	57.11	927 603 459.93	52.84
手续费及佣金支出	1 569 657.39	0.07	685 995.75	0.04
投资收益(损失以"-"号填列)	462 766 105.23	21.77	411 641 974.85	23.45
其中:对联营企业和合营企业的投资收益	-229 199.58	-0.01	-986 071.46	-0.06
净敞口套期收益(损失以"-"号填列)	—	—	—	—
其他收益	773 483.02	0.04	2 400 000.00	0.14
公允价值变动收益(损失以"-"号填列)	268 131 562.75	12.61	172 358 260.39	9.82
汇兑收益(损失以"-"号填列)		—		—
其他业务收入	2 247 854.62	0.11	2 024 093.26	0.12
资产处置收益(损失以"-"号填列)	265.23	—	-13 767.25	—

6.5.2 披露信托资产管理情况

6.5.2.1 信托资产的期初数、期末数

单位:万元

类别	年初数	期末数
集合	15 447 618.38	16 804 876.16
单一	12 984 790.59	8 324 866.77
财产权	438 848.34	573 470.37
合计	28 871 257.31	25 703 213.30

6.5.2.1.1 主动管理型信托业务期初数、期末数,分证券投资类、股权及其他投资类、融资类、事务管理类分别披露

单位:万元

类别	年初数	期末数
证券投资类	5 189 240.36	4 301 269.01
股权及其他投资类	305 604.63	3 854 799.02
融资类	10 190 180.55	10 426 881.36
事务管理类	71 036.92	20 598.19
合计	15 756 062.46	18 603 547.58

6.5.2.1.2 被动管理型信托业务期初数、期末数,分证券投资类、股权及其他投资类、融资类、事务管理类分别披露

单位:万元

类别	年初数	期末数
证券投资类	—	—
股权及其他投资类	2 479 497.87	2 343 584.12
融资类	3 196 600.27	600 659.20
事务管理类	7 439 096.71	4 155 422.40
合计	13 115 194.85	7 099 665.72

6.5.2.2 本年度已清算结束的信托项目个数、实收信托合计金额、加权平均实际年化收益率

6.5.2.2.1 本年度已清算结束的集合类、单一类资金信托项目和财产管理类信托项目个数、实收信托合计金额、加权平均实际年化收益率

类别	项目个数(个)	实收信托合计金额(万元)	加权平均实际年化收益率(%)
集合类	178	8 177 448.14	5.54
单一类	142	5 625 506.56	6.72

续表

类　别	项目个数(个)	实收信托合计金额(万元)	加权平均实际年化收益率(%)
财产管理类	10	619 235.00	4.98
合　计	330	14 422 189.70	5.99

6.5.2.2.2　本年度已清算结束的主动管理型信托项目个数、实收信托合计金额、加权平均实际年化收益率，分证券投资类、股权及其他投资类、融资类、事务管理类分别披露

类　别	项目个数(个)	实收信托合计金额(万元)	加权平均实际年化信托报酬率(%)	加权平均实际年化收益率(%)
证券投资类	72	3 600 648.57	0.56	4.84
股权及其他投资类	4	232 620.00	0.33	6.31
融　资　类	89	3 352 083.00	1.27	7.60
事务管理类	3	200 944.62	0.28	5.79

6.5.2.2.3　本年度已清算结束的被动管理型信托项目个数、实收信托合计金额、加权平均实际年化收益率，分证券投资类、股权及其他投资类、融资类、事务管理类分别披露

类　别	项目个数(个)	实收信托合计金额(万元)	加权平均实际年化信托报酬率(%)	加权平均实际年化收益率(%)
证券投资类				
股权及其他投资类	5	67 725.00	0.08	6.98
融　资　类	34	2 921 200.57	0.11	6.14
事务管理类	123	4 046 967.94	0.19	5.66

6.5.2.3　本年度新增的集合类、单一类和财产管理类信托项目个数、合计金额

类　别	项目个数(个)	实收信托合计金额(万元)
集合类	161	[illegible]2 084.33
单一类	42	[illegible]2 566.18
财产管理类	10	[illegible]3 950.00
合　计	213	[illegible]3 600.51
其中:主动管理型	177	[illegible]5 770.33
被动管理型	36	617 830.18

6.5.2.4　信托创新研究成果

公司积极推进业务创新，在资产证券化、TOF、FOF、家族信托与保险金信托、公益慈善、绿色信托等领域已有了多个模式突破，探索业务创新。

6.5.2.5　本公司履行受托人义务情况

公司以受益人利益最大化为原则，严格按照《信托法》《信托公司管理办法》《信托公司集合资金信托计划管理办法》等法律法规的规定及信托合同等文件的约定，恪尽职守，诚实、信用、谨慎、有效地管理信托财产，严格履行受托人的义务，为受益人的最大利益处理信托事务，公平、公正地处置信托财产，建立金融消费者权益保护机制和管理体系，为投资者提供了回报稳定且风险可控的投资产品。

6.5.2.6　信托赔偿准备的提取、使用和管理情况

公司从2020年的税后利润提取5%的信托赔偿准备金，即34 284 538.73元，余额达214 972 325.74元。公司2020年未发生需要使用信托赔偿准备金的事件，也未使用信托赔偿准备金。

6.6　关联方关系及其交易的披露

6.6.1　关联交易方的数量、关联交易的总金额及关联交易的定价原则等

项目	关联交易方数量(个)	关联交易金额(万元)	定价政策
合计	—	—	1. 遵循市场价格的原则，有客观的市场价格作为参照的一律以市场价格为准。 2. 如果没有市场价格，按照成本加成定价。 3. 如果既没有市场价格，也不适合采用成本加成价的，按照协议价定价。

6.6.2　关联交易方与本公司的关系性质、关联交易方的名称、法定代表人、注册地址、注册资本及主营业务等

关系性质	关联方名称	注册地	法定代表人	注册资本(亿元)	主营业务	母公司对本企业的持股比例(%)	母公司对本企业的表决权比例(%)
母公司	陕西煤业化工集团有限责任公司	西安市	杨照乾	100	煤炭开采、销售、加工和综合利用等	34.58	34.58
母公司	陕西省高速公路建设集团公司	西安市	靳宏利	100	高速公路项目的建设、养护管理、收费、资本运营和配套开发服务等	21.62	21.62

6.6.3　公司与关联方的重大交易事项

6.6.3.1　固有财产与关联方：贷款、投资、租赁、应收账款、担保、其他方式等期初汇总数、本期发生额汇总数、期末汇总数

报告期内，公司固有财产与两大股东及关联方之间没有发生贷款、投资、租赁等关联交易。

6.6.3.2　信托资产与关联方：贷款、投资、租赁、应收账款、担保、其他方式等期初汇总数、本期发生额汇总数、期末汇总数

信托资产与关联方交易情况

单位：万元

项目	年初数	本期增加额	本期减少额	期末数
贷款	255 500.00	—	255 500.00	—

续表

项目	年初数	本期增加额	本期减少额	期末数
投资	1 158 300.00	—	—	1 158 300.00
租赁	—	—	—	—
担保	—	—	—	—
应收账款	—	—	—	—
其他	—	—	—	—
合计	1 413 800.00	—	255 500.00	1 158 300.00

6.6.3.3 固有财产和信托财产之间的交易金额期初汇总数、本期发生额汇总数、期末汇总数

固有财产和信托财产交易情况

单位：万元

期初数	本期发生额	期末数
252 817.53	43 142.95	295 960.48

6.6.3.4 信托资产与信托财产之间的交易金额期初汇总数、本期发生额汇总数、期末汇总数

信托资产与信托财产交易情况

单位：万元

期初数	本期发生额	期末数
119 109.73	2 040.27	121 150.00

6.6.4 关联方逾期未偿还本公司资金的详细情况及本公司为关联方担保发生或即将发生垫款的情况

关联方无逾期不偿还本公司资金情况；本公司无为关联方担保发生或即将发生垫款情况。

6.7 会计制度的披露

本公司固有业务和信托业务均执行财政部颁布的企业会计准则及相关规定。

7. 财务情况说明书

7.1 利润实现和分配情况

2020年母公司净利润为685 690 774.63元，合并净利润为685 690 774.63元。

依据《公司法》《信托公司管理办法》和本公司章程，公司对本年实现的母公司净利润685 690 774.63元进行分配，其中，提取10%法定盈余公积金68 569 077.46元，提取5%信托赔偿准备34 284 538.73元。

7.2 主要财务指标

指标名称	指标值	
	合并	母公司
资本利润率(%)	6.02	6.02
人均净利润(万元)	102.19	102.19

注：1. 资本利润率 = 净利润/所有者权益平均余额 ×100% 。
2. 人均净利润 = 净利润/年平均人数。
3. 平均值采取期初、期末余额简单平均法，公式为 a（平均）=（期初数 + 期末数）/2。

7.3 对本公司财务状况、经营成果有重大影响的其他事项

2020年7月，公司拟以非公开发行股票的方式，向包括陕西金融控股集团有限公司（以下简称陕金控集团）、陕西财金投资管理有限责任公司（以下简称陕财投）和中泰长安（西安）股权投资合伙企业（有限合伙）（以下简称中泰长安）在内的三家特定投资者，合计发行不超过1 189 203 853股人民币普通股（A股），并与陕金控集团、陕财投和中泰长安分别签署了《股份认购协议》（以下简称本次非公开发行股票事项）。

2021年1月22日，经公司第九届董事会第十五次会议审议通过，同意终止前次非公开发行股票事项的方案及相关议案。同时，审议通过了新的非公开发行股票方案等议案，决定向不超过35名的特定对象非公开发行不超过1 189 203 853股人民币普通股（A股）。该事项已经公司2021年第一次临时股东大会审议通过，并已获得陕西省财政厅批复同意，尚需获得陕西银保监局批准、中国证监会核准后方可实施。

8. 特别事项揭示

8.1 股东报告期内变动情况及原因

报告期内，本公司持股5%以上的主要股东没有发生变动。

8.2 董事、监事及高级管理人员变动情况及原因

董事变动：2020年7月，公司第九届董事会独立董事赵锡军教授因个人原因辞去独立董事职务，经公司2020年第一次临时股东大会选举赵廉慧当选公司第九届董事会独立董事。

监事变动：2020年7月31日收到监事殷醒民的书面辞职报告，殷醒民因个人原因申请辞去公司监事职务。

高级管理人员变动：2020年1月12日，经公司第九届董事会第十三次会议审议，决定聘任贾少龙为公司总会计师。2020年5月，公司董事会秘书李玲因工作原因辞去董秘职务，2020年7月13日，经公司第九届董事会第十次会议审议通过，同意聘任王维华为公司董事会秘书。

赵廉慧、贾少龙、王维华的任职资格均已获得陕西银保监局核准。

8.3 变更注册资本、注册地或公司名称、公司分立合并事项

报告期内，公司变更注册资本、注册地或公司名称、公司分立合并事项未发生。

8.4 公司的重大诉讼事项

河南裕丰项目：因河南省裕丰复合肥有限公司（以下简称裕丰公司）信托贷款逾期，为有效维护信托受益人权益和广大股东的利益，公司受让了信托受益权并向西安市中级人民法院申请强制执行。2016年3月21日，西安市中级人民法院将被执行人无锡湖玺实业有限公司名下在江苏省无锡市滨湖区山水东路32号拥有的土地使用权及4处房产共作价8 997.5万元，交付公司抵偿借款。截至目前，公司收回上述资产公开挂牌转让款10 207.3万元。截至2020年12月31日，该事项账面已核销。

南方林业项目：因福建泰宁南方林业发展有限公司（以下简称南方林业公司）信托贷款逾期，为有效维护信托受益人权

益和广大股东的利益，公司以申请法院申请强制执行和受让信托受益权等方式以求妥善解决相关问题。2016 年 12 月 5 日，三明市中级人民法院裁定福建泰宁南方林业发展有限公司破产清算；2017 年 5 月 11 日，福建省泰宁县人民法院裁定将被执行人华阳林业（三明）开发有限公司 12.68 万亩林权及 13 198亩林地使用权进行司法拍卖，以 7 060 万元成交。截至目前，公司收回 7 032.5 万元拍卖款（扣除执行费用后）及 197.94 万元违约金。截至 2020 年 12 月 31 日，该事项账面已核销。

8.5 公司及其董事、监事和高级管理人员受到处罚情况

无。

8.6 中国银保监会及其派出机构对公司进行检查及提出整改意见的情况

报告期内，公司严格按照陕西银保监局各项要求，一是坚决落实“两压一降”的监管要求，进一步加大融资类信托新增规模管控力度，印发各种文件并将压降任务完成情况纳入部门年度绩效考核。2020 年，公司“两压一降”压降规模超额完成目标任务。二是根据“五看”切实做好市场乱象整治“回头看”工作，按要求组织开展市场乱象整治“回头看”自查、资管新规整改检查、交叉金融和影子银行自查，员工异常行为排查，建立了合规长效机制。三是对 2020 年陕西银保监局下发的监管提示书提出的在公司日常经营管理中存在的问题，按照整改方案已全面完成整改。

8.7 重大事项临时报告情况

无。

8.8 其他有必要让客户及相关利益人了解的重要信息

无。

9. 公司监事会意见

监事会根据有关法律、法规，监督检查了公司依法运作、重大决策、重大经营活动情况及财务状况，认为公司能够合规运作，公司董事、高级管理人员等在履行公司职务时未有违反法律、法规、公司章程或损害公司利益的行为，公司年度报告真实地反映了公司的财务状况和经营成果。

上海爱建信托有限责任公司

1. 重要提示

1.1 本公司董事会及董事保证本报告内容的真实、准确和完整，不存在重大错报及虚假记载、误导性陈述或重大遗漏，并对其承担个别及连带责任。

1.2 独立董事潘飞、吴斌、黄辉认为本报告：公司年报所记载的资料不存在重大错报及虚假记载，也没有误导性陈述和重大遗漏，本报告的内容真实、准确、完整。

1.3 本公司年度财务报告已经立信会计师事务所（特殊普通合伙）根据中国注册会计师审计准则审计，并出具了标准无保留意见的审计报告。

1.4 公司董事长徐众华，总经理吴文新，分管自营财务负责人、信托财务负责人朱建高，自营财务部门负责人黄晓，信托财务部门负责人黄晓声明：保证年度报告中财务报告的真实、完整。

2. 公司概况

2.1 公司简介

2.1.1 公司法定中文名称：上海爱建信托有限责任公司

缩写爱建信托

公司法定英文名称：Shanghai Aj Trust Co. ,Ltd.

缩写 AJT

2.1.2 法定代表人：徐众华

2.1.3 注册地址：上海市徐汇区肇嘉浜路 746 号 3-8 层

邮政编码：200030

办公地址：上海市徐汇区肇嘉浜路 746 号 3-8 层

邮政编码：200030

国际互联网网址：http://www. ajxt. com. cn

电子信箱：ajmail-1@ ajfc. com. cn

2.1.4 信息披露事务负责人：李洋洋

联系电话：021-64386833

传　　真：021-64392072

电子信箱：lyy@ ajfc. com. cn

2.1.5 信息披露报纸名称：《上海证券报》

年度报告备置地点：公司各营销部门

2.1.6 聘请的会计师事务所：立信会计师事务所（特殊普通合伙）

住所：上海市黄浦区南京东路 61 号 4 楼

2.2 组织结构

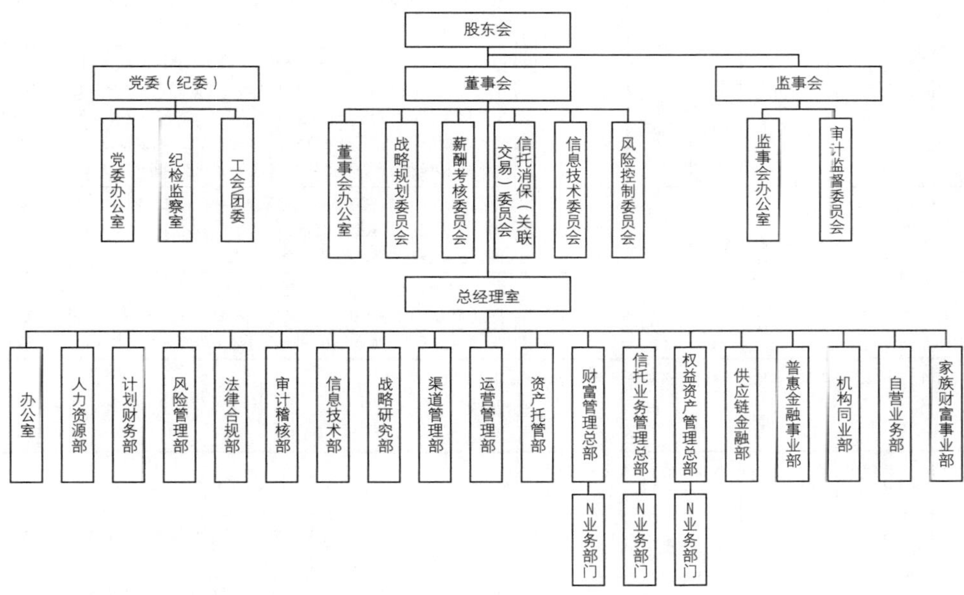

3. 公司治理

3.1 股东

股东名称	持股比例（%）	法定代表人	注册资本（万元）	注册地址	主要经营业务及主要财务情况
★上海爱建集团股份有限公司	99.33	王均金	162 192.2452	上海浦东新区泰谷路168号	实业投资，投资管理，外经贸部批准的进出口业务（按批文），商务咨询。2020年营业总收入为437 691.57万元，归属于母公司股东的净利润为135 197.11万元。
上海爱建纺织品有限公司	0.33	徐闰生	1 800	上海香港路59号	针纺织品、建筑装饰材料、纺织原料（除棉花）、服装（含加工）、服饰及辅料、百货、从事货物及技术进出口业务、附设分支。2020年营业收入为60.45万元，净利润为79.45万元。
上海爱建进出口有限公司	0.33	吴宪华	3 400	上海浦东新区成山路220号1806室	经营和代理除国家组织统一经营的进出口商品外的商品及技术的进出口业务，经营进料加工和"三来一补"业务，经营对销贸易和转口贸易业务，从事对外经济贸易咨询服务，从事出口基地实业投资业务，金属材料、钢材、焦炭、冶金产品、矿产品、化工原料及产品（危险化学品凭许可证经营）、润滑油、燃料油、沥青、建筑材料、汽车、机电设备、通信设备、环保设备、食用农产品、电子产品、日用百货、仪器仪表的销售，煤炭经营，食品销售。2020年营业收入为56 729.86万元，净利润为300.74万元。

注：★股东之间存在关联关系，上海爱建集团股份有限公司为上海爱建纺织品有限公司和上海爱建进出口有限公司的唯一股东。

3.2 董事

董事长、副董事长、董事

姓名	职务	性别	年龄（岁）	选任日期	所推举的股东名称	该股东持股比例（%）	简要履历
徐众华	董事长	男	60	2020年1月22日	上海爱建集团股份有限公司	99.33	曾任建行浙江省分行副行长、上海市分行风险总监、党委副书记、副行长（正厅级），兼任上海国际航运中心建设专家委员会委员、上海国际航运研究中心航运金融研究所所长、上海市浙江商会副会长等社会职务；现任爱建信托董事长。
侯学东	董事	男	59	2016年12月9日	上海爱建集团股份有限公司	99.33	曾任解放军军事院校教研室教官、副主任、代主任，空军某飞行团代副政委，上海爱建股份有限公司党委办公室干部、总经理室干部、董事会办公室副主任（主持工作）、主任，爱建证券公司董事、副董事长；现任爱建集团副总裁、董事会秘书，上海方达投资发展有限公司董事长，爱建信托董事。
赵德源	董事	男	56	2018 1月5日	上海爱建集团股份有限公司	99.33	曾任中国工商银行上海市浦东分行计划财务部经理助理、副经理、浦东分行行长助理，中国工商银行上海市外滩支行副 行长，中国工商银行上海市分行公司金融部副总经理、第二营业部副总经理（主持工作）、外高桥支行行长，上海农村商业银行办公室主任、董事会秘书；现任爱建集团财务总监（财务负责人），爱建信托董事，爱建租赁公司监事会主席，爱建资本公司董事长，爱建资产公司董事长、总经理，爱建产业公司董事长。
吴文新	董事	男	54	2016年12月9日	上海爱建集团股份有限公司	99.33	曾任上海市松江区农业局员工，中国建设银行松江支行副行长、奉贤支行行长、宝钢宝山支行行长、上海市分行公司部总经理，上海华瑞银行副行长；现任上海华瑞银行董事，爱建集团党委委员，爱建信托董事、党委副书记、总经理。
吴 淳	董事	男	48	2016年12月9日	上海爱建集团股份有限公司	99.33	曾任上海爱建信托有限责任公司信贷部信贷员、信贷部本币一科副科长、信托业务科副科长、资金信托部客户经理、资金信托总部副总经理、资金信托总部总经理、金融机构总部总经理，爱建信托总经理助理、副总经理；现任爱建信托董事、党委副书记、常务副总经理。

注：公司董事会于2020年1月22日换届，周伟忠先生不再担任公司董事长，蒋明康先生不再担任公司董事。

独立董事

姓名	职务	性别	年龄（岁）	选任日期	所推举的股东名称	该股东持股比例（%）	简要履历
潘 飞	独立董事	男	64	2014年9月14日	独立董事	—	曾任上海财经大学会计学院助教\讲师、副教授、教授、院长；现任上海财经大学会计学院教授，爱建信托独立董事。
吴 斌	独立董事	男	47	2016年12月9日	独立董事	—	曾任海通证券股份有限公司投资银行部项目经理、国际业务部总经理助理、办公室副主任、主任、合规总监、战略规划及IT治理委员会主任、公司党委委员、副总经理，上海文化广播影视集团、上海电视台党委委员、副总裁；现任上海中平国瑀资产管理公司总经理，爱建信托独立董事。
黄 辉	独立董事	男	58	2016年12月9日	独立董事	—	曾在德国赫斯特公司法兰克福任职，任毕马威管理咨询、董事总经理、董事会代表，毕马威管理咨询全球高级副总裁，大中华区CEO，全球执行副总裁，上海均瑶（集团）有限公司CEO，矢光投资总裁，德国电信大中华区总裁；现任德太投资集团执行合伙人，爱建信托独立董事。

3.3 监事

监事会成员

姓名	职务	性别	年龄（岁）	选任日期	所推举的股东名称	该股东持股比例(%)	简要履历
胡爱军	监事长	男	50	2018年12月26日	上海爱建集团股份有限公司	99.33	曾任共青团上海市委组织部副部长、管理信息部部长，上海市信息化委员会征信行业监管处处长，上海市经济和信息化委员会信用管理处处长，上海爱建集团股份有限公司总经理助理等；现任爱建集团监事会副主席（代行监事会主席职权）、纪委书记、党委委员，兼爱建信托党委书记、监事长。
邓　玺	监事	男	45	2020年1月22日	上海爱建集团股份有限公司	99.33	曾任卢湾区国有资产管理办公室科员、科长助理，卢湾区科学技术委员会副科长（主持工作），上海市金融服务办公室金融机构处副主任科员、主任科员，长江养老保险公司办公室总经理助理，上海国际信托有限公司北京代表处副主任（主持工作），上海爱建集团股份有限公司董事会办公室主任助理、董事会办公室副主任、董事会办公室副主任（主持工作）、监事会办公室副主任（主持工作）；现任上海爱建集团股份有限公司董监事会办公室主任，爱建信托监事。
武　彪	监事	男	49	2020年1月22日	上海爱建集团股份有限公司	99.33	曾任农业银行平凉分行计划财务部科员，中泰信托有限责任公司创新业务总部副总经理，中泰信托有限责任公司总裁业务助理、业务总监，中国长城资产管理股份公司投资投行事业部总经理助理、上海自贸区分公司副总经理，长城新盛信托有限责任公司董事、副总经理，爱建信托总经理助理；现任上海爱建集团股份有限公司战略投资管理总部副总经理，爱建信托监事。
朱学明	职工监事	男	55	2013年11月4日	职工代表	—	曾任上海爱建信托有限责任公司自营业务总部法律事务主管、资产保全首席代表，资产管理部副经理（主持工作），上海爱建信托有限责任公司资产管理部总经理；现任爱建信托法律合规部总经理，爱建信托监事。
陈抗非	职工监事	女	46	2016年12月9日	职工代表	—	曾任浙江工人日报社职员嘉利生化集团有限公司人力资源总监，上海上药第一生化药业有限公司人力资源部经理，上海爱建信托有限责任公司党委委员、人力资源部总经理、党委办公室主任、纪检监察室主任、监事会办公室主任；现任爱建信托财富管理总监，爱建信托监事。

注：公司监事会于2020年1月22日换届，张凤翔先生不再担任公司监事。

3.4 高级管理人员

姓名	职务	性别	年龄（岁）	任职日期	金融从业年限（年）	学历/学位	专业	简要履历
吴文新	总经理	男	54	2018年1月5日	32	本科/硕士	EMBA	曾任上海市松江区农业局员工，中国建设银行松江支行副行长、奉贤支行行长、宝钢宝山支行行长、上海市分行公司部总经理，上海华瑞银行副行长；现任上海华瑞银行董事，爱建集团党委委员，爱建信托董事、党委副书记、总经理。
吴　淳	常务副总经理	男	48	2015年5月12日	28	研究生/硕士	MBA	曾任上海爱建信托有限责任公司信贷部信贷员、信贷部本市一科副科长、信托业务科副科长、资金信托部客户经理、资金信托总部副总经理、资金信托总部总经理、金融机构总部总经理，上海爱建信托有限责任公司总经理助理、副总经理；现任爱建信托董事、党委副书记、常务副总经理。
杨　毅	副总经理	男	39	2019年12月18日	9	研究生/硕士	工商管理	曾任雅马哈乐器音响中国投资有限公司市场企划担当，润欣通信技术上海有限公司市场企划主管，新华保险上海分公司企划机构部高级经理，湖南财信投资控股有限责任公司战略及资本规划部总经理，吉祥人寿公司监事，上海爱建集团股份有限公司战略投资管理总部总经理，上海爱建资产公司董事、总经理，爱建产业公司董事、法人代表、董事长、总经理，爱建信托监事；现任爱建信托副总经理，君信（上海）股权投资基金管理有限公司董事，爱建证券公司监事。
朱建高	首席财务官	男	54	2016年3月3日	7.5	研究生/硕士	工商管理	曾任上海爱建普陀实业公司副总经理，上海爱建杨浦实业公司总经理，爱建（香港）有限公司副总经理，爱建集团资金部经理、财务管理总部总经理，爱建集团审计总部总经理、职工监事；现任爱建信托首席财务官，上海市政协委员，民建上海市委委员，爱建委员会主任委员。

续表

姓名	职务	性别	年龄（岁）	任职日期	金融从业年限（年）	学历/学位	专业	简要履历
李洋洋	副总经理/董事会秘书/合规总监	男	52	2013 年 11 月 4 日	19	研究生/博士	经济及金融	曾任海通证券股份有限公司研究所高级研究员，湘财证券有限责任公司并购部高级经理，上海利成投资咨询公司并购部副总经理，上海爱建信托有限责任公司兼并收购总部、资金信托总部及自营业务部高级经理、企业策划部副经理、风控合规总部副总经理、总经理兼研究发展部经理，爱建信托总经理助理；现任爱建信托董事会秘书、副总经理、合规总监。
朱亚天	总经理助理	男	40	2019 年 11 月 18 日	17	研究生/硕士	金融统计学专业	曾任建设银行上海分行会计部一级科员，建设银行总行信用卡中心数据分析、业务经理，北京银行上海分行零售部高级业务经理，上海银行总行零售业务部高级经理，尚诚消费金融股份有限公司风险部风险总监；现任爱建信托总经理助理。

注：公司于 2020 年 1 月 22 日召开六届一次董事会，张保华先生不再担任公司副总经理；望秋女士、武彪先生不再担任公司总经理助理。

3.5　公司员工

报告期内在编、在岗职工人数 554 人，平均年龄达 35.78 岁，学历分布比率为博士达 1.26%，硕士达 39.53%，本科达 54.33%，专科达 4.69%，其他达 0.18%。

4. 经营管理

4.1　经营目标、经营方针、战略规划

在认真研判公司现状及市场环境基础上，根据国家和集团发展各项战略部署，深入践行金言方法论，紧紧围绕“托爱未来信建百年”转型发展之要求，制定爱建信托 2020—2022 年业务发展纲要。计划再用三年时间，努力开启顺应时代发展、引领同业发展方向的公司经营新局面。

转型发展规划以“四二四”为重点，即经营管理四个再造、业务转型第二曲线、经营生态四个专项。四个再造包括组织架构再造、生产系统再造、风控体系再造和精兵队伍再造。经营生态包括品牌建设、共生经济和数字信托等。

4.2　所经营业务的主要内容

自营资产运用与分布表

资产运用	金额（万元）	占比（%）	资产分布	金额（万元）	占比（%）
货币资产	141 288.53	13.24	基础产业	159 010.60	14.90
金融投资	447 751.97	41.95	房地产业	209 335.55	19.61
贷款	435 301.18	40.79	证券市场	95 918.35	8.99
应收款项类投资	—	—	实业	195 562.54	18.32
长期股权投资	3 968.54	0.37	金融机构	185 690.95	17.40
其他	38 975.58	3.65	其他	221 767.81	20.78
资产总计	1 067 285.80	100.00	资产总计	1 067 285.80	100.00

注：该表与资产负债表资产总额的差额（8 888.14 万元）是计提的资产减值准备。

信托资产运用与分布表

资产运用	金额（万元）	占比（%）	资产分布	金额（万元）	占比（%）
货币资产	225 896.67	1.75	基础产业	2 200 024.24	17.02
贷款	5 308 184.70	41.07	房地产	5 626 335.02	43.53
交易性金融资产	817 231.51	6.32	证券市场	676 205.59	5.23
可供出售金融资产	—	—	工商企业	2 325 339.33	17.99

续表

资产运用	金额（万元）	占比（%）	资产分布	金额（万元）	占比（%）
持有至到期投资	317 278.69	2.45	金融机构	58[illegible] 217.65	4.56
买入返售	800.00	0.01	其他	1 50[illegible] 951.57	11.67
长期股权投资	2 217 369.75	17.16			
长期应收款	3 840 015.11	29.71			
投资性房地产	30 000.00	0.23			
应收账款	167 296.97	1.30			
信托资产总计	12 924 073.40	100.00	信托资产总计	12 924 073.40	100

4.3　市场分析

综合经营环境更趋复杂严峻。中央经济工作会议凸显二大政策：一是短期政策“不急转弯”；二是产业链自主可控。在短期政策方面，中央对政策的定调要好于市场预期，支持抗疫的财政、货币政策是稳步地退出，给市场一个定心丸。同时，明确了 2021 年八大重点任务，其中，坚持扩大内需、反垄断和防止资本无序扩张及解决大城市住房突出问题三个方面值得关注。

近年来，信托行业持续向回归信托本源、服务实体经济、强化主动管理能力的方向转变，监管对行业转型的要求已经明确。2020 年 8 月，中央银行宣布“资管新规”过渡期延长至 2021 年末，信托公司资金信托业务对照资管新规进行整改的时限也相应延长。此外，《信托公司资金信托管理暂行办法》和《信托公司资本管理办法》预计也将在 2021 年正式出台。新的监管政策对信托公司集合融资类信托、交易对手集中度、固有资金投资信托计划比例及关联交易等方面均提出了严格的指标要求，一旦正式发布实施，信托公司将面临刚性的转型压力。

展望未来，信托公司所面临的来自监管方面的“压力”并不会有所减弱，反而可能更加严厉。信托行业步入规范化和精细化发展，未来更强监管下，将加速信托公司的转型。信托公司将进一步提高主动管理能力回归信托本源业务，助力实体经济的发展，未来，在新的监管环境下，信托公司或将及早从财富管理业务、资产证券化业务及权益投资业务等新兴业务方面为抓

手，促使信托行业的持续性发展。

4.4 内部控制

4.4.1 内部控制环境和内部控制文化

公司按照现代企业制度的要求，建立了以股东会、董事会、监事会及经营管理层为核心的内部法人治理结构。不断完善和深化管理体制，规范股东会、董事会、监事会和经营管理班子的权责关系，明确了四者的议事规则和决策程序。设置权责明确、分工合理的决策系统、执行系统和监督系统，建立了以岗位职责、授权体系、风险管理、监督检查与评价为基础的内控体系，形成了科学有效的职责分工和制衡机制。不断强化风险管理意识，完善风险管控体系，持续提高风险控制能力，防范操作风险是公司重点工作，并贯穿于全年。一是公司经营层大力倡导合规管理风险控制严防操作风险为先的经营理念，公司内部通过逐步调整合规政策、加强合规宣导和执行，不断强化贯彻、落实监管要求。二是不断推进与强化公司稳健发展的制衡机制，2020 年在多重审批机制的业务决策模式上，关注业务评审各环节所揭示的风险控制薄弱环节预防措施的制定和落实及信息反馈，强化风控前置与运营事中的风险管控及检查监督职责，以期达到对重要风险识别充分，防控措施适当，执行有效，剩余风险控制在公司可接受的范围中。三是继续加强制度建设，完善制度体系，构建覆盖全过程、全岗位的风险管理与控制的制度体系。2020 年，公司增修订了《爱建信托电子印章管理办法(试行)》《爱建信托固有资产风险分类管理办法》《爱建信托固有资产减值测试实施细则》《爱建信托关于规范公司费用报销和付款管理的规定》《爱建信托消费者权益保护管理办法》《爱建信托房地产项目期间管理操作规程》《爱建信托房地产(住宅)项目股权投资类业务评审细则》《爱建信托自营贷款期间管理操作规程(试行)》《爱建信托证券投资业务人员自律规范》《爱建信托履职回避管理办法》《爱建信托信托项目监管账户印章 U 盾管理使用操作指引》《爱建信托信托项目期间运营管理办法》《爱建信托规章制度管理办法》《爱建信托抵(质)押品权证保管实施细则》《爱建信托中介机构管理细则》《爱建信托放款管理办法》《爱建信托业务法律文件审核及用印细则》《爱建信托员工培训管理办法》《爱建信托核心人才管理办法》《爱建信托飞行检查管理办法》《爱建信托信托资产分类管理办法》《爱建信托业务条线管理办法》《爱建信托立项管理办法》《爱建信托财富条线管理办法(试行)》《爱建信托资产端业务营销行为规范手册》《爱建信托资产端业务营销行为规范手册》《爱建信托声誉风险管理办法》《爱建信托关于额度管控和资产投放的工作细则》《爱建信托 2020 年半年度业务风险政策调整》《爱建信托信托业务评审及审批管理办法》《爱建信托员工违规行为管理制度》《爱建信托风险业务与事件责任追究试行办法》《爱建信托集团客户授信管理办法》《爱建信托集团客户管理指引》《爱建信托公司品牌形象管理办法》《爱建信托行政行为规范系统手册》《爱建信托信托业务评审委员会项目评审工作规则》《爱建信托信托项目尽职调查管理办法(试行)》《爱建信托服务点视觉形象规范指引》《爱建信托服务点管理指引》《爱建信托职位说明书管理办法》《爱建信托员工职业发展管理操作细则》《爱建信托员工职业发展管理办法》《爱建信托抵(质)押品管理办法》《爱建信托主动管理类单一信托及事务管理类信托业务管理规范办法》《爱建信托信政合作业务管理办法》《爱建信托房地产信托业务管理办法》《爱建信托信托业务管理办法》《爱建信托非房地产项目期间管理指引》《爱建信托员工离职管理规定》等制度。通过不断完善和优化合规风险管理体系与控制制度和流程，有效减少了经营活动全过程的合规风险控制薄弱环节，补全了短板，合规风险管理举措更趋有效。四是树立全员合规风险意识，将提高员工的职业操守和诚信意识作为公司的一项长期工作，营造全体员工充分了解并履行职责的合规文化氛围。通过建立有效的激励约束机制，不断强化风险防范和合规经营理念，培育良好的内部控制文化，提高了全员参与的风险控制意识和效果，使风险管控贯穿于经营活动的全过程，营造了合规经营、风险控制为先的企业文化。

4.4.2 内部控制措施

自营业务部门和信托业务部门相互独立，各部门目标明确，职责和权限清晰，有效保障了自营业务和信托业务各部门及员工在授权范围内行使相应的职责。

设置专门的资产托管部门进行信托财产的记录、核算与估值，并与固有资产分离，对每项信托业务设立独立的信托财产账户，分别进行会计核算和会计控制。进一步强化信托资产管理能力，完善信托项目管理流程，提升控制效果。设置专门的运营管理部门进行信托项目自成立至清算期间的存续管理，通过项目资料及相关合同的归口管理，严格对信托项目成立、存续及清算过程中各环节可能存在的操作风险进行控制和监督，保障项目运行中相关合同条款能够切实有效地执行。

公司以业务流程为主线，致力于建立健全前台、中台、后台并重的内控体系，致力于控制措施覆盖业务流程重要环节。

报告期间，通过明确的业务、销售、风控、合规、研发、运营、内部审计在风险管理工作中的职能定位，各司其职开展经营活动各领域的风险识别、评估、管理和监督管理控制，以及对管理控制效果进行的再监督和评价，合理保证公司对风险事项、风险环节进行事前识别和防范、事中控制和化解、事后检查和纠正，形成了有效的风险控制和反馈机制。强化业务决策机制，自营、信托业务评审委员会按照《项目评审工作规则》进行业务评审，给决策层提供决策依据，为业务拓展树立起坚实的防范风险的屏障。

在整体合规管理方面，公司已建立了较为全面、有效的合规风险管理体系，整体合规风险水平良好。公司各部门在开展自身业务活动和履行管理职责时识别各自职责范围内的合规风险；中后台管理部门对自身管理职责范围内事项和环节进行合规监控和及时纠正。法律合规部对公司各项制度、政策、指引等文件进行合规审核，确保各项政策、程序和操作指南符合法律、规则和准则的要求，且法律合规部对其他部门履行合规职责的情况进行评价、检查和监督。在具体项目层面，公司风险管理部的合规人员嵌入审批流程中，对立项报告和材料进行审查、评估，出具项目评审报告。评审委员会结合项目报告、评审报告，对项目进行针对性提问、评审和投票表决。评审通过的项目方可实施。项目存续期间风险管理部对信息披露和推介文件进行合规审核，识别管控合规风险。项目成立后，由运营管理部跟踪项目成立、实施及管理节点的合规性，分析、评价和报告项目期间运营质量情况，梳理信托资金运用和期间管理操作的相关环节，结合评审要求和期间管理方案查找管理流程存在的缺陷和操作风险点，为公司完善信托业务流程管理操作提出意见和建议。资产托管部负责信托财产账户管理和收付款流程的完整性、及时性和准确性。财富管理总部和机构同业部负责项目成立发行阶段的销售推介管理、合格投资者管理、代销机构管理等产品发行端和消费者权益保护工作中的合规管理。

风险管理部、运营管理部、财富管理总部及渠道管理部等各职能部门识别、评估本部门的合规风险，若发现存在重大合规风险的，向法律合规部门以书面形式报告，必要时向合规总监报告，经评估后，可视具体情况自行处理或由公司管理层决定实施处理措施；必要时公司组建专项小组进行研究和处理。合规总监依据合规风险事项影响程度，可向公司董事会、监事会或总经理报告。

4.4.3 监督评价与纠正

公司建立了自控、互控与监控三结合的监督机制，对内部控制活动进行检查、监督和纠正。通过对业务项目的尽职调查、风控合规事前评估和业务及运营的事中检查以及监督，实现对业务活动事前、事中管理和控制的检测，揭示风险，制定风险防范和控制措施。通过相关部门之间相互制衡、监督，发现问题，要求限时纠正。通过内部审计的再监督，对公司业务实施监督、评价，督促审计意见整改落实。

报告期内，主要审计事项为公司经营管理中内部风险控制执行情况，以及内部控制制度适当性和有效性方面的审计、监管部门明确要求开展的内部审计事项。通过内部审计的再监督提出审计意见和建议，揭示了公司现行制度有待完善、执行力有待进一步提高、信息安全管理、业务合规及操作管理、消费者权益保护工作、数据质量管理有待加强等方面的不足。针对审计中发现的问题，督促改进落实并跟踪检查。通过对审计揭示问题的整改落实，促进了公司经营活动中风险管理与控制能力的不断提高，制度的不断完善，执行力的不断加强。

4.5 风险管理

公司的业务风险管理架构由公司董事会、监事会、管理层、业务评审委员会、前中后台风险管理相关部门组成，各层级协同管理公司风险。公司董事会或者管理层根据董事会授权负责公司所有投资项目及重大事项的决策，从公司整体层面考虑是否符合公司利益；业务评审委员会负责信托和自营项目的风险和可行性进行评估，并作出决议；前台业务部门根据风险政策开展业务，对各类业务进行尽调和可行性分析；中台风险管理部门负责根据管理层授权制定各类业务的风险政策，对项目风险进行评估，识别、量化、监控公司整体及各产品的风险指标，形成风险缓释建议，向业务评审委员会和公司决策层汇报；内审部门负责对公司内部控制、特定事项进行审计监督。

公司已建立风险管理基本制度框架及覆盖业务主要流程的管理文件。2020 年，公司进一步完善各项风险管理制度和风控流程，更新了信息化系统，并强化了执行力和项目期间管理，从业务全流程的尽职调查、项目实施、事中管理等各个环节着手，稳步提高公司风险管理水平。

公司通过适时调整发展规划和经营策略，拓宽业务类型，进一步推动业务、合规、风险、运营专业化管理，稳步推进实施全面风险管理。

根据公司 2020—2022 年新三年发展纲要，为优化管理，提高效率，经公司六届二次董事会审议通过，对整体组织架构进行重新规划设置：

一是依法设立股东会、董事会和监事会。董事会下设董事会办公室、战略规划委员会、薪酬考核委员会、信托消保（关联交易）委员会、信息技术委员会、风险控制委员会。监事会下设监事会办公室、审计监督委员会。

二是根据党章及上级党委的要求设立党委、纪委、工会、团委；党委下设党委办公室；纪委下设纪检监察室。

三是公司总经理室下设支持保障部门 11 个、经营管理部门 8 个。

支持保障部门包括办公室、人力资源部、计划财务部、风险管理部、法律合规部、审计稽核部、信息技术部、战略研究部、渠道管理部、运营管理部、资产托管部。

经营管理部门包括财富管理总部、信托业务管理总部、权益资产管理总部、供应链金融部、普惠金融事业部、机构同业部、自营业务部、家族财富事业部。

财富管理总部下设 N 个财富中心；信托业务管理总部下设 N 个业务部门；权益资产管理总部下设 N 个业务部门。

根据宏观环境，以及国家政策和监管精神的变化，以及应对新冠肺炎疫情影响，公司适时调整风控政策和业务布局。对房地产业务，进一步优选区域和交易对手，推动完善集团授信管理机制，同时运营积极配合公司风控体系再造计划，完善公司制度建设，配合业务深耕和转型，积极推进强化投资类项目的期间管理，继续深化对房地产业务的运营管理，落实对现场管理机构的考核机制，有力地保障了房地产业务的健康快速发展；对于信政合作业务，继续执行风险政策导向，收紧准入、严控规模，继续鼓励与经济发达区域、高层级地方政府核心融资平台进行合作，并积极布局信政业务的标准化转型。存续业务期间管理跟踪从严，保持了信政类业务的平稳发展。对于证券类业务，现阶段主要侧重于二级市场投资业务，TOF 因其灵活性高、净值型、标准化的特点快速成为了信托公司转型突围的新赛道，2020 下半年以来公司成立的主动管理证券业务大部分为此类业务。项目均实行净值化管理，根据监管要求设置预警线，严格按照公司审批方案进行期间监控；对于创新类业务，公司年内启动并有序推进第二曲线业务转型，自主研发升级普惠金融业务系统，提升了业务承载力和信息化风控水平；完善家族信托、权益信托、标品信托等业务相关操作流程及工作机制；通过养老信托介入核心城市存量资产改造领域，并带动服务信托领域转型发展；对于事务管理类项目，结合前期的监管政策，在满足合规的要求下审慎开展，总体压缩规模，严守监管底线。

在资产端方面，2020 年面对金融去杠杆的不断深化、房地产及融资政策的加剧收紧等复杂严峻的外部形势，公司信托业务的开展面临巨大的挑战。管理层继续以“防风险、强管理、谋创新、促发展”为抓手，全面提升资产管理、财富管理能力，坚定发展战略，从容应对挑战与考验，及时调整业务方向和策略。其一，坚持去通道目标不变，通道业务规模从年初的近 1 000 亿元压降到年末的近 500 亿元，压降幅度接近 50%，远优于行业压降的力度。严禁为委托方监管套利、隐匿风险提供便利的信托通道业务，加大存量信托通道业务压缩力度，原则上到期必须清算，不得展期。其二，严格控制地产类信托存续规模，有序压降主动融资类信托存续规模，持续加强合规管理。其三，积极顺应政策导向，不断优化资产结构，大幅度提升了主动管理投资类业务的占比，进一步增强了主动管理的能力，主动管理类业务占信托总体业务比重进一步提高。其四，公司坚持推动优化业务结构，调整固有业务结构，确保固有资产保持充分流动性和安全性。

在资金端方面，公司采取机构资金端多元化策略，重视与主流商业银行的代销合作，聚焦城商行直投业务，扩展保险公司的合作。直销管理中台整合，初步实现一手抓销售业绩推进，一手抓合规销售管理。在制度建设方面，公司出台《消费者权益保护管理办法》《客户投诉管理办法》《销售双录管理办法》等管理制度及客户管户管理、运营、日常操作等通知。直销前端明确销售合规要求，初步搭建了理财中心自查、销售管理部门核查和稽核合规部门抽查的检查体系。依据制度的规定，对销售前端的执行情况进行检查督促，及时整改，防范风险。月度例会增加"合规教育"专门板块，学习合规案例，宣讲合规材料。顺应公司转型发展，积极进行系统改造、更新，通过CRM、新版APP、移动CRM等系统的研发，提高电子渠道利用率，配合推出各类客户营销活动，推动线上线下客户服务无缝衔接，助力合同无纸化跨步升级。紧紧围绕提升宣教活动效果和提高信息披露工作质量这两个重点，切实保护消费者权益。在代销管理方面，公司进一步搭建代销业务管理体系，出台《上海爱建信托有限责任公司代销业务管理办法》《代销业务操作流程指引》全面完善公司代销制度及业务流程，严格规范代销业务。

在风险管理方面，公司于年内完成了风险体系再造主要制度体系的修订和完善，明确了风险管理、合规管理、风险排查、风险处置等的归口管理部门及相关工作机制，定期修订风险政策，完善审批流程制度建设，加强评审管控，提高评审工作规范化程度，逐步推行平行作业机制和专职审批人工作机制，优化项目期间管理和风险排查方案和工作机制，进一步促进了风险管理的体系化、专业化、标准化。

2020年，公司进一步加强信息系统的建设，自研开发建设了"数字化资管系统""营销管理系统""线上化渠道APP"和"普惠金融业务系统2.0"，使之不断满足公司传统业务和创新业务的操作管理要求，满足公司业务的风险管理要求。

公司近年来审慎经营，风控管理架构、制度、管控流程不断完善和充实。公司全面风险管理能力逐年提高，在尽职调查、期间管理方面的风险管控能力稳步提升，基本实现各类业务在不同环节的风险能够有效、及时地识别、评估和监测。首先，公司十分重视业务准入环节风险管控，针对不同类型业务制定了尽职调查管理办法及主要业务类型的尽职调查要点指引，相关业务需满足制度要求并通过集体决策后方可执行；其次，公司持续加强集团授信管理制度与机制的建立完善，逐步加强交易对手信用风险管理水平；再次，中台风险管理部门在项目成立后通过监测区域风险、交易对手负面信息、比对项目运行情况与期间管理方案之间的差异等手段，及时识别、评估、报告风险；最后，公司按照监管部门要求开展定期的全面风险排查和压力测试工作，以及房地产信用风险、信托公司流动性风险等专项压力测试工作。随着公司风险体系再造工作的持续推进、深入，公司将持续根据展业专业化进阶的需要和创新转型的导向，不断完善风险管理体系建设，推进制度执行的有效性，加强公司风险管理的主动性和内外部协同效应，充分发挥风险管理三道防线的作用。

截至2020年末，公司净资本为62.95亿元，各项风险资本之和为29.00亿元，净资本/各项业务风险资本之和为217.10%，净资本/净资产为75.77%。

4.5.1 风险状况

4.5.1.1 信用风险状况

2020年，新冠肺炎疫情影响持续，国外内经济增长承压，政策持续加码以对冲经济周期影响，但国家对于房地产行业调控力度未见减弱，地方政府融资行为规范度提高；企业部门因盈利能力减弱，资产质量下滑，再融资能力不足等因素导致的违约事件频发，交易对手整体信用风险升高。特别是房地产企业融资环境恶化，债务负担重，流动性风险上升，财务风险整体偏高。公司信托业务规模整体有所下降，主动管理类业务规模占比进一步上升，其中融资类业务余额有所压降，投资类业务余额显著上升。从投向行业观察，房地产业务规模基本稳定，信政类业务规模有所下降。

4.5.1.1.1 内在风险水平描述

(1)自营信贷组合

公司自营贷款类型有抵押贷款、质押贷款，贷款余额为425 912.03万元，2020年新增贷款416 260万元，不良贷款余额为0。不良信用资产余额为2 606.60万元，比上年末下降28.24%。

公司严格按照中国银监会的要求进行资产五级分类，并按照相关规定计提了减值准备，截至2020年末，公司计提各项资产减值准备8 888.14万元。

(2)信托业务

公司2020年末信托贷款余额为5 308 184.70万元，占信托业务总规模的比重为41.07%。其中，1年内到期贷款占贷款总额的41.70%；1~2年内到期贷款占贷款总额的34.10%；

2020年末，信托贷款无贷款减值准备，较上年末无变化。

(3)委托业务

公司2020年末委托贷款余额为57 225.97万元，比上期同期减少2万元。公司无尚未放贷的委托存款。

4.5.1.1.2 信用风险管理政策

公司决策层根据国家宏观经济、政策导向及市场情况，充分考虑公司资源禀赋，确定当年资产配置策略，并设置与资产配置策略相匹配的风险政策，引导业务在合法合规、风险可控的框架下开展。风险政策中包含信用风险、市场风险、操作风险等多种风险的管控要求。公司对信用风险的管理能力逐年增强，形成了较为完善的信用风险管理和业务审批制度。通过业务评审委员会、总经理、董事会的逐级决策机制，强化了交易对手信用风险的评估与控制。在风险政策落实方面，公司通过各种形式向前台业务部门进行宣导，中后台部门对业务部门展业是否符合风险政策进行审核、检查。公司对于信用风险管控执行层面主要集中在项目尽调与审批、项目期间管理、资产信用风险识别、评估及报告，不良资产处置等环节。

4.5.1.2 市场风险状况

公司的市场风险主要表现在房地产市场价格波动、利率波动、汇率波动、证券市场价格波动的风险。

2020年，国内、国际宏观经济形势复杂多变，国内监管机构延续了上年的一系列"去杠杆"政策，在"房住不炒"的基调下，房地产市场区域分化明显。行业宏观调控政策总体先松后紧，上半年为了减弱新冠肺炎疫情的影响，多地房地产调控政策有所放松。下半年以来，部分热点城市房价涨幅较高，楼市调控不断收紧，各地灵活因城施策保障房地产市场平稳运行，这些因素很大程度上主导了房地产的市场价格波动、流动性。与此同时，利率市场化进程加快，资本市场日趋理性化，投资者专业化、去散户化，证券市场波动幅度增加，市场风险有所上升。

公司信托业务中，房地产投资类业务的风险主要反映在土地和房地产的价格波动，价格的波动对投资标的的价值产生直接影响；证券类业务风险主要反映在信托资金投资于本市场的证券及其他金融资产的价格波动，继而影响到信托份额的净值和风险敞口。

4.5.1.2.1　自营业务分析

公司自有资金投资余额为451 720.51万元。其中，信托计划及资管计划投资余额为322 741.36万元。

4.5.1.2.2　信托业务分析

信托业务中长期股权投资2 217 369.75万元，其中非事务管理型股权投资1 715 100.01万元。

4.5.1.3　操作风险状况

随着公司业务规模持续发展，业务品类增加，新员工数量大幅增加，对公司操作风险管理提出更高的要求。公司高度重视操作风险管理，年内通过业务流程梳理、内控检查、制度建设、风险管理文化建设等多个维度提升操作风险管理水平。

2020年，公司对业务管理信息系统做了大量的优化、改进工作，开展了数据治理、流程再造工作，建立了征信系统、电子签章平台、视频双录平台和RPA财智机器人，使公司各类业务在信息系统中的处理更加规范、便捷、安全。同时，对于公司拓展的一些创新业务，例如，家族信托业务、权益信托业务等，也及时开发相应的业务管理功能，并制定相应的操作流程和制度，使此类业务的操作、管理、风控实现信息化，减少业务的操作风险。

目前，公司的运营流程，包括开户、成立、划款、信息披露等已梳理得更为清晰顺畅，运营与风控的职责划分也更为清楚，对于不同业务归口部门也更为明确。年内，公司进一步强化信托业务的期间管理，提高了项目期间检查的频率和深度，以对信托项目风险信号尽早发现，尽早预警。

此外，公司于年内加强信托总部对产品设立、发行销售、合规监督的全流程执行和管理，进一步加强销售合规管理，对服务联络点实行严格的监控管理要求，对理财经理的销售推介行为进行全流程管控及异常行为监控。

4.5.2　风险管理

4.5.2.1　信用风险管理

信用风险是指交易对手不履行到期债务的风险。信托公司的信用风险主要表现为融资类信托业务和自营业务借款人、担保人、承诺人等交易对手不履行还款义务，而使信托财产或自有资产遭受潜在损失的可能性。由于公司信托业务和自营业务中涉及融资行为较多，信用风险为公司面临的重要风险之一。

2020年信托公司面临的外部环境总体趋紧，交易对手信用风险持续上升。在中央一系列防控金融风险的政策调控影响下，"去杠杆、去通道"趋势明显，金融乱象得到有效遏制；受到新冠肺炎疫情持续影响，全球经济疲软拖累，我国出口贡献率持续下滑，国内经济增长乏力，企业盈利能力持续下滑。虽然中央银行启动了多次定向降准，但是货币乘数效应不及预期，中小型企业仍面临"融资难、融资贵"的问题，政策刺激效果并不显著。2020年，国家坚持房地产市场"因城施策"调控政策，调控力度未见显著放松，各种"限购、限贷、限价"政策持续，一二线城市房价保持稳定，三四线及以下城市去化明显收缩，三四线布局较多的房地产开发企业及中小型房地产开发商面临较大的资金压力。地方政府及平台公司融资行为受到进一步规范，并强化金融机构责任，导致地方政府融资平台公司再融资难度加大，特别是部分经济不发达的非核心平台，主体信用水平下降。2020年，债券市场、上市公司股权质押融资违约情况持续发生。总体而言，公司面临的交易对手信用风险较上年明显增加。

4.5.2.2　市场风险管理

为加强风险管控，对于投资类房地产项目，公司在展业区域选择上，进一步发挥房地产区域评价体系的指导作用，优选区域进行展业；鼓励与控盘能力较强的高等级交易对手合作，对项目报酬率，现金覆盖率等作更高的要求，并在管控方案上，加强公司的主动权，从严把控期间管理方案，以降低因房地产价格波动造成的市场风险。证券类业务方面，公司通过加强投资管控，设置适当的风险缓释措施，控制因利率、证券及金融产品价格波动造成的市场风险。

4.5.2.3　操作风险管理

操作风险是指由于不完善或有问题的内部操作过程、人员、系统或外部事件而导致的直接或间接损失的风险，但不包含策略性风险和声誉风险。

内部控制与审计：主要审计事项为公司经营管理中内部风险控制执行情况及内部控制制度适当性和有效性方面的审计、监管部门明确要求开展的内部审计事项。通过内部审计的再监督提出审计意见和建议，揭示了公司现行制度有待完善、执行力有待进一步提高、信息安全管理、业务合规及操作管理、消费者权益保护工作、数据质量管理有待加强等方面的不足。针对审计中发现的问题，督促改进落实并跟踪检查。通过对审计揭示问题的整改落实，促进了公司经营活动中风险管理与控制能力的不断提高，制度的不断完善，执行力的不断加强。

制度建设：公司通过不断完善风险管理与控制流程和制度，有效减少了经营活动全过程的风险控制薄弱环节。

风险管理文化建设：为推动公司2020—2022年新三年发展纲要的落地执行，推进"第二曲线"工作，结合风险管理文化建设要求，公司出台了《员工违规行为管理制度》和《风险业务与事件责任追究试行办法》，从制度层面进一步完善了风险管理文化建设体系。同时，公司修订了《员工培训管理办法》，其中系统搭建了公司精兵队伍打造学习课程体系，将风险管理作为单独板块、重点强调，配置了从初级到高级的全系列风险管理系列课程，通过内外部培训相结合的方式落地，实现对全体员工风险意识强化和对合规知识的普及。

针对全体员工，按照监管要求，定期开展全员反洗钱、消费者权益保护、信息安全知识培训，并将培训的参与率、考核通过率等作为评估员工个人及部门绩效的主要指标之一；同时，通过内部培训师传授公司年度风险管控政策与逻辑矩阵等，在员工群体中持续贯彻公司风险管理理念，在企业内部形成持续的风险管理理念。

根据公司战略规划，结合公司新三年业务发展纲要及“精兵队伍”再造，公司制订了“募兵、强兵、励兵、爱兵”四大体系工作。其中，“强兵计划”针对全天员工知识与专业技能提升，修订公司《培训工作管理办法》，进一步明确公司整体培训工作方向、原则、标准和标准课程库等，其中也明确了涉及风险管理工作的培训内容。年初，为克服受新冠肺炎疫情影响，员工居家办公造成的学习中断，公司人力资源部、党办联合全体内训师共同推出“爱·学堂”线上系列微课，共计23门，内容涵盖金融专业知识、行业发展分析、风险管控等内容，累计授课近50小时，参与人次近9 000人，帮助全体员工合理利用居家办公时间，积极参与学习提升。针对公司中高级管理人员、业务骨干、关键岗位人员，组织参加专业资管研究院所举办的专题公开课、沙龙、论坛等活动，以及信托业高管研修班、中层骨干培训和全员从业资格培训，创造与同业交流学习的机会，借鉴同业公司在风险管理工作方面的经验做法，提升自身的专业能力水平；针对财富条线员工，开展“爱·学堂——强兵计划”财富管理专题线上培训，共计23门课程，结合财富管理人员专业知识学习与财富营销风险管理等多方面内容，累计参与4 500人次，参与率达90%以上，培训测试合格率及复训合格率达100%。同时，在公司党委指导下，公司纪委组织开展了全员反腐倡廉案例征集评选活动，倡导全体员工主动增强反腐倡廉和廉洁从业意识，营造全员共同拒腐防变的良好氛围，敲响预防职务犯罪的警钟，共评选出优秀案例及入选案例15则，通过公司OA平台党建门户纪检专栏进行宣传普及，将廉洁教育真正落到实处。

上述培训工作贯穿2020年全年，且根据公司实际情况实时动态调整培训内容与培训时间，以确保风险管理培训工作取得应有的效果。

公司按照风险管理流程进行业务管理和监控，对操作风险的监控覆盖了业务经营和公司管理的各个层面，具有充分性和适当性。

2020年，开展公司同城灾备中心建设，继续完善公司信息系统灾备体系和信息系统突发事件的预警、处理能力，提高公司信息系统抗风险能力。同时，开展网站系统（含网上信托）网络安全等级保护复测工作，持续提升网络安全风险的防范能力。

在信托项目期间管理方面，公司进一步强化信托业务的期间管理，提高了项目期间检查的频率和深度，同时对现场管理机构的履职情况进行现场检查，完善了风险信号的跟踪处理机制，以对信托项目风险信号尽早发现，尽早预警，尽早处理。

在销售管理方面，公司完善了销售推介合规体系，编制了多项直销制度，优化了双录话术、自然人风险测评问卷和适配性规则；财富直销条线设合规专岗对应监测点设置，营销部门设风险监测岗来形成合规风险层级管理，加强全员合规思想教育，重点对引发操作风险的人员行为、系统操作、制度流程的日常风险监测；在服务联络点开展不定期合规检查和每月双录抽检；财富直销条线搭建销售品质管理积分体系，将各类合规检查结果挂钩营销人员绩效考核，实现对营销人员的全流程的推介行为进行动态监控管理。

此外，2020年，公司推动各职能部门制定业务管理操作手册，以规范和明确各业务环节的具体操作规范和要求。目前，各职能部门的业务操作手册基本已制定完成，未来将根据业务发展的需要及时维护，以规范业务操作程序，降低人员交接的操作风险。

4.6 企业社会责任

报告期内，公司坚定战略，以“守正创新、合规经营、提质增效、转型发展”为经营指导思想，努力提升经营管理水平，将社会责任理念融入发展战略、经营管理与日常工作中，在支持实体经济、改善民生、客户服务等领域积极践行信托行业的社会责任。一年来，爱建信托不断推出预期收益率较高，风控措施到位的集合信托产品，受到市场欢迎，使新老客户获取较好的理财收益，持续提升客户满意度。2020年，爱建信托蝉联“上海市级文明单位”称号，并连续获评《证券时报》《上海证券报》《21世纪经济报道》《金融时报》等多家权威机构颁发的“年度突破成长信托公司”“管理团队奖”“年度优秀信托公司”“年度最佳财富管理信托公司”等资管界荣誉。爱建信托在做好防控疫情、保障金融服务的同时，通过多方渠道联系筹集医疗物资，采购10万套防护服紧急驰援武汉，缓解一线医疗物资急需的压力。爱建信托还积极响应中国信托业协会倡议，捐资50万元加入“中国信托业抗击新型肺炎慈善信托”，信托资金已第一时间投入对湖北防疫新冠肺炎的帮扶救助工作。

5. 报告期末及上一年度末的比较式会计报表

5.1 自营资产

5.1.1 立信会计师事务所（特殊普通合伙）审计意见

上海爱建信托有限责任公司财务报表在所有重大方面按照企业会计准则的规定编制，公允反映了爱建信托2020年12月31日的财务状况，以及2020年度的经营成果和现金流量。

5.1.2 资产负债表

资产负债表

编制单位：上海爱建信托有限责任公司　　2020年12月31日　　单位：万元

资产类	期末余额	上年年末余额	负债及所有者权益类	期末余额	上年年末余额
资产：			负债：		
现金及存放中央银行款项	8.60	9.26	向中央银行借款	—	—
存放同业款项	141 279.93	49 969.73	同业及其他金融机构存放款项	—	—

续表

资产类	期末余额	上年年末余额	负债及所有者权益类	期末余额	上年年末余额
贵金属	—	—	拆入资金	—	—
拆出资金	—	—	交易性金融负债	—	—
衍生金融资产	—	—	衍生金融负债	—	—
应收款项	—	—	卖出回购金融资产款	—	—
合同资产	18 663. 10	—	吸收存款	—	—
买入返售金融资产	—	—	应付职工薪酬	32 809. 74	35 474. 29
持有待售资产	—	—	应交税费	59 896. 08	39 633. 72
发放贷款和垫款	427 952. 44	143 784. 15	应付利息	—	—
金融投资:	—	—	合同负债	16 603. 98	—
交易性金融资产	403 956. 50	773 632. 04	持有待售负债	—	—
债权投资	23 516. 39	23 656. 54	预计负债	—	—
其他债权投资	—	—	应付债券	—	—
其他权益工具投资	—	1 604. 54	其中:优先股	—	—
长期股权投资	3 968. 54	4 128. 64	永续债	—	—
投资性房地产	—	—	递延所得税负债	154. 13	63. 48
固定资产	1 106. 85	947. 13	其他负债	118 130. 34	193 155. 14
在建工程	—	—	负债合计	227 594. 27	268 326. 63
无形资产	4 416. 85	2 291. 08	所有者权益(或股东权益):	—	—
商誉	—	—	实收资本(或股本)	460 268. 46	460 268. 46
递延所得税资产	5 764. 72	4 237. 30	其他权益工具	—	—
其他资产	27 763. 74	8 108. 00	其中:优先股	—	—
			永续债	—	—
			资本公积	9 096. 93	9 096. 93
			减:库存股	—	—
			其他综合收益	—	-1 604. 54
			盈余公积	66 779. 83	54 671. 92
			一般风险准备	15 839. 83	15 142. 30
			信托赔偿准备金	62 085. 60	49 977. 68
			未分配利润	216 732. 74	156 489. 03
			所有者权益合计	830 803. 39	744 041. 78
资产总计	1 058 397. 66	1 012 368. 41	负债和所有者权益总计	1 058 397. 66	1 012 368. 41

法定代表人:徐众华　　　　主管会计工作负责人:朱建高　　　　会计机构负责人:黄　晓

5. 1. 3　利润表

利润表

编制单位:上海爱建信托有限责任公司　　　　2020 年度　　　　单位:万元

项目	本期金额	上期金额
一、营业总收入	238 182. 31	255 832. 05
利息净收入	24 151. 06	-3 156. 57
利息收入	33 196. 30	11 116. 92
利息支出	9 045. 24	14 273. 49
手续费及佣金净收入	173 143. 19	206 191. 94
手续费及佣金收入	173 577. 36	207 398. 43
手续费及佣金支出	434. 17	1 206. 53

续表

项目	本期金额	上期金额
投资收益(损失以"-"号填列)	47 255.75	53 026.80
其中:对联营企业和合营企业的投资收益	-160.10	-156.78
以摊余成本计量的金融资产终止确认产生的投资收益(损失以"-"号填列)	—	—
净敞口套期收益(损失以"-"号填列)	—	—
其他收益	369.14	28.75
公允价值变动收益(损失以"-"号填列)	-6 735.88	-384.60
汇兑收益(损失以"-"号填列)	-0.93	125.73
其他业务收入	—	—
资产处置收益(损失以"-"号填列)	—	—
二、营业总支出	75 965.34	75 676.86
税金及附加	1 427.49	1 432.30
业务及管理费	69 284.54	73 188.73
信用减值损失	5 253.31	1 055.83
其他资产减值损失	—	—
其他业务成本	—	—
三、营业利润(亏损以"-"号填列)	162 216.97	180 155.19
加:营业外收入	—	11.90
减:营业外支出	737.34	14 639.36
四、利润总额(亏损总额以"-"号填列)	161 479.63	165 527.73
减:所得税费用	40 400.45	41 741.30
五、净利润(净亏损以"-"号填列)	121 079.18	123 786.43
(一)持续经营净利润(净亏损以"-"号填列)	121 079.18	123 786.43
(二)终止经营净利润(净亏损以"-"号填列)	—	—
六、其他综合收益的税后净额	215.46	—
(一)不能重分类进损益的其他综合收益	215.46	—
1. 重新计量设定受益计划变动额	—	—
2. 权益法下不能转损益的其他综合收益	—	—
3. 其他权益工具投资公允价值变动	215.46	—
4. 企业自身信用风险公允价值变动	—	—
(二)将重分类进损益的其他综合收益	—	—
1. 权益法下可转损益的其他综合收益	—	—
2. 其他债权投资公允价值变动	—	—
3. 金融资产重分类计入其他综合收益的金额	—	—
4. 其他债权投资信用损失准备	—	—
5. 现金流量套期储备(现金流量套期损益的有效部分)	—	—
6. 外币财务报表折算差额	—	—
7. 其他	—	—
七、综合收益总额	121 294.64	123 786.43
八、每股收益	—	—
(一)基本每股收益(元/股)	—	—
(二)稀释每股收益(元/股)	—	—

法定代表人:余众华　　主管会计工作负责人:朱建高　　会计机构负责人:黄　晓

5.1.4 所有者权益变动表

所有者权益变动表

编制单位：上海爱建信托有限责任公司　　2020 年 12 月 31 日　　单位：万元

项目	本期金额									上年同期金额								
	归属于母公司所有者权益								所有者权益合计	归属于母公司所有者权益								所有者权益合计
	实收资本(或股本)	资本公积	减:库存股	其他综合收益	盈余公积	一般风险准备	信托赔偿准备金	未分配利润		实收资本(或股本)	资本公积	减:库存股	其他综合收益	盈余公积	一般风险准备	信托赔偿准备金	未分配利润	
一、上年年末余额	460 268. 46	9 096. 93		-1 604. 54	54 671. 92	15 142. 30	49 977. 68	156 489. 03	744 041. 78	460 268. 46	9 096. 93	—	337. 42	41 980. 38	14 778. 98	37 286. 14	85 107. 73	648 856. 04
加:会计政策变更	—	—	—	—	—	—	—	—	—	—	—	—	-1 941. 96	312. 90	—	312. 90	2 503. 19	1 187. 03
前期差错更正	—	—	—	—	—	—	—	—	—	—	—	—	—	—	—	—	—	—
其他	—	—	—	—	—	—	—	—	—	—	—	—	—	—	—	—	—	—
二、本年年初余额	460 268. 46	9 096. 93		-1 604. 54	54 671. 92	15 142. 30	49 977. 68	156 489. 03	744 041. 78	460 268. 46	9 096. 93		-1 604. 54	42 293. 28	14 778. 98	37 599. 04	87 610. 92	650 043. 07
三、本年增减变动金额(减少以"-"号填列)	—	—	—	1 604. 54	12 107. 91	697. 53	12 107. 92	60 243. 71	86 761. 61	—	—	—	—	12 378. 64	363. 32	12 378. 64	68 878. 11	93 998. 71
(一)综合收益总额	—	—	—	215. 46	—	—	—	121 079. 18	121 294. 64	—	—	—	—	—	—	—	123 786. 43	123 786. 43
(二)所有者投入和减少资本	—	—	—	—	—	—	—	—	—	—	—	—	—	—	—	—	—	—
1. 所有者投入资本	—	—	—	—	—	—	—	—	—	—	—	—	—	—	—	—	—	—
2. 其他权益工具持有者投入资本	—	—	—	—	—	—	—	—	—	—	—	—	—	—	—	—	—	—
3. 股份支付计入所有者权益的金额	—	—	—	—	—	—	—	—	—	—	—	—	—	—	—	—	—	—
4. 其他	—	—	—	—	—	—	—	—	—	—	—	—	—	—	—	—	—	—
(三)利润分配	—	—	—	—	12 107. 91	697. 53	12 107. 92	-59 446. 39	-34 533. 03	—	—	—	—	12 378. 64	363. 32	12 378. 64	-54 908. 32	-29 787. 72
1. 提取盈余公积	—	—	—	—	12 107. 91	—	—	-12 107. 91	—	—	—	—	—	12 378. 64	—	—	-12 378. 64	—
2. 提取一般风险准备	—	—	—	—	—	697. 53	12 107. 92	-12 805. 45	—	—	—	—	—	—	363. 32	12 378. 64	-12 741. 96	—
3. 对所有者(或股东)的分配	—	—	—	—	—	—	—	-34 533. 03	-34 533. 03	—	—	—	—	—	—	—	-29 787. 72	-29 787. 72
4. 其他	—	—	—	—	—	—	—	—	—	—	—	—	—	—	—	—	—	—
(四)所有者权益内部结转	—	—	—	1 389. 08	—	—	—	-1 389. 08	—	—	—	—	—	—	—	—	—	—
1. 资本公积转增资本(或股本)	—	—	—	—	—	—	—	—	—	—	—	—	—	—	—	—	—	—
2. 盈余公积转增资本(或股本)	—	—	—	—	—	—	—	—	—	—	—	—	—	—	—	—	—	—
3. 盈余公积弥补亏损	—	—	—	—	—	—	—	—	—	—	—	—	—	—	—	—	—	—
4. 设定受益计划变动额结转留存收益	—	—	—	—	—	—	—	—	—	—	—	—	—	—	—	—	—	—
5. 其他综合收益结转留存收益	—	—	—	1 389. 08	—	—	—	-1 389. 08	—	—	—	—	—	—	—	—	—	—
6. 其他														—	—	—	—	—
四、本期期末余额	460 268. 46	9 096. 93	—	—	66 779. 83	15 839. 83	62 085. 60	216 732. 74	830 803. 39	460 268. 46	9 096. 93	—	-1 604. 54	54 671. 92	15 142. 30	49 977. 68	156 489. 03	744 041. 78

法定代表人：徐众华　　主管会计工作负责人：朱建高　　会计机构负责人：黄　晓

5.2 信托资产

5.2.1 信托项目资产负债汇总表

信托项目资产负债汇总表

编制单位:上海爱建信托有限责任公司　　2020 年 12 月 31 日　　单位:万元

资产类	期末余额	期初余额	负债及所有者权益类	期末余额	期初余额
资产:			负债:		
现金及存放中央银行款项	—	—	向中央银行借款	—	—
存放同业款项	225 896. 67	171 429. 98	同业及其他金融机构存放款项	—	—
贵金属	—	—	拆入资金	—	—
拆出资金	—	—	交易性金融负债	—	—
交易性金融资产	817 231. 51	1 319 983. 54	衍生金融负债	—	—
衍生金融资产	—	—	卖出回购金融资产款	—	—
买入返售金融资产	800. 00	23 020. 01	吸收存款	—	—
应收利息	—	—	应付职工薪酬	—	—
发放贷款和垫款	5 308 184. 70	7 759 264. 86	应交税费	5 503. 52	4 837. 40
可供出售金融资产	—	162 629. 64	应付利息	—	—
持有至到期投资	317 278. 69	219 613. 80	预计负债	—	—
长期股权投资	2 217 369. 75	3 153 504. 65	应付债券	—	—
投资性房地产	30 000. 00	30 000. 00	递延所得税负债	—	—
固定资产	—	—	其他负债	129 996. 71	166 624. 99
无形资产	—	—			
递延所得税资产	—	—	负债合计	135 500. 23	171 462. 39
其他资产	4 007 312. 08	5 469 946. 78			
			所有者权益:		
			实收信托	12 510 264. 00	17 873 653. 63
			资本公积	25 475. 55	28 157. 87
			减:库存股	—	—
			盈余公积	—	—
			一般风险准备	—	—
			未分配利润	252 833. 62	236 119. 37
			所有者权益合计	12 788 573. 17	18 137 930. 87
资产总计	12 924 073. 40	18 309 393. 26	负债及所有者权益总计:	12 924 073. 40	18 309 393. 26

法定代表人:徐众华　　主管会计工作负责人:朱建高　　会计机构负责人:黄　晓

5.2.2 信托项目利润及利润分配汇总表

信托项目利润及利润分配汇总表

编制单位:上海爱建信托有限责任公司　　2020 年度　　单位:万元

项　目	行号	本期金额	上期金额
一、营业收入	1	1 148 049. 15	699 015. 16
利息净收入	2	521 165. 40	814 092. 42
利息收入	3	521 165. 40	814 092. 42
利息支出	4	—	—
手续费及佣金净收入	5	—	—
手续费及佣金收入	6	—	—
手续费及佣金支出	7	—	—
投资收益(损失以"-"号填列)	8	631 226. 87	-181 740. 09
其中:对联营企业和合营企业的投资收益	9	—	—
公允价值变动收益(损失以"-"号填列)	10	-5 669. 04	66 363. 20
汇兑收益(损失以"-"号填列)	11	—	—
其他业务收入	12	1 325. 92	299. 63
二、营业支出	13	222 029. 73	302 531. 30

续表

项　目	行号	本期金额	上期金额
营业税金及附加	14	3 373. 58	4 203. 57
信托管理费用	15	218 656. 15	298 327. 73
资产减值损失	16	—	—
其他业务成本	17	—	—
三、营业利润(亏损以"-"号填列)	18	926 019. 42	396 483. 86
加:营业外收入	19	—	—
减:营业外支出	20	—	—
四、利润总额	21	926 019. 42	396 483. 86
减:所得税费用	22	—	—
五、净利润(净亏损以"-"号填列)	23	926 019. 42	396 483. 86
六、每股收益:	24	—	—
(一)基本每股收益	25	—	—
(二)稀释每股收益	26	—	—
七、期初未分配信托利润	27	236 119. 37	136 999. 02
八、可供分配信托利润	—	1 603 778. 21	903 761. 38
减:本期已分配信托利润	28	1 350 944. 59	667 642. 01
九、期末未分配信托利润	29	252 833. 62	236 119. 37

法定代表人:徐众华　　主管会计工作负责人:朱建高　　会计机构负责人:黄　晓

6. 会计报表附注

6.1 会计报表编制基础

6.1.1 编制基础

本公司以持续经营为基础，根据实际发生的交易和事项，按照财政部颁布的《企业会计准则——基本准则》和各项具体会计准则、企业会计准则应用指南、企业会计准则解释及其他相关规定（以下合称企业会计准则），以及中国证券监督管理委员会《公开发行证券的公司信息披露编报规则第 15 号——财务报告的一般规定》的披露规定编制财务报表。

6.1.2 持续经营

本公司自报告期末起 12 个月不存在对本公司持续经营能力产生重大疑虑的事项或情况。

6.2 重要会计政策和会计估计说明

6.2.1 遵循企业会计准则的声明

本财务报表符合财政部颁布的企业会计准则的要求，真实、完整地反映了本公司 2020 年 12 月 31 日的财务状况，以及 2020 年度的经营成果和现金流量。

6.2.2 会计期间

自公历 1 月 1 日至 12 月 31 日止为一个会计年度。本报告期为 2020 年 1 月 1 日至 2020 年 12 月 31 日止。

6.2.3 营业周期

本公司营业周期为 12 个月。

6.2.4 记账本位币

人民币与外币业务采用分账制。

6.2.5 现金等价物的确定标准

现金是指本公司的库存现金及可以随时用于支付的存款。现金等价物是指本公司持有的期限短、流动性强、易于转换为已知金额的现金、价值变动风险很小的投资。

6.2.6 外币财务报表的折算方法

外币核算采用分账制，资产负债表日，按照下列规定对相应的外币账户余额分货币性项目和非货币性项目进行调整。

外币货币性项目，采用资产负债表日即期汇率折算。因资产负债表日即期汇率与初始确认时或者前一资产负债表日即期汇率不同而产生的汇兑差额，计入当期损益。

以历史成本计量的外币非货币性项目，仍采用交易发生日的即期汇率折算，不改变其记账本位币金额。

货币性项目是指企业持有的货币资金和将以固定或可确定的金额收取的资产或者偿付的负债。非货币性项目是指货币性项目以外的项目。采用分账制记账方法，其产生的汇兑差额的处理结果与统账制一致。

6.2.7 金融工具

金融工具包括金融资产、金融负债和权益工具。

6.2.7.1 金融工具的分类

根据本公司管理金融资产的业务模式和金融资产的合同现金流量特征，金融资产于初始确认时分类为：以摊余成本计量的金融资产、以公允价值计量且其变动计入其他综合收益的金融资产（债务工具）和以公允价值计量且其变动计入当期损益的金融资产。

业务模式是以收取合同现金流量为目标且合同现金流量仅为对本金和以未偿付本金金额为基础的利息的支付的，分类为以摊余成本计量的金融资产；业务模式既以收取合同现金流量又以出售该金融资产为目标且合同现金流量仅为对本金和以未偿付本金金额为基础的利息的支付的，分类为以公允价值计量且其变动计入其他综合收益的金融资产（债务工具）；除此之外的其他金融资产，分类为以公允价值计量且其变动计入当期损益的金融资产。

对于非交易性权益工具投资，本公司在初始确认时确定是否将其指定为以公允价值计量且其变动计入其他综合收益的金融资产（权益工具）。

金融负债于初始确认时分类为：以公允价值计量且其变动计入当期损益的金融负债和以摊余成本计量的金融负债。

6.2.7.2 金融工具的确认依据和计量方法

自 2019 年 1 月 1 日起适用的会计政策如下：

6.2.7.2.1 以摊余成本计量的金融资产

以摊余成本计量的金融资产包括货币资金、应收票据、应收账款、其他应收款、买入返售金融资产、发放贷款和贷款、长期应收款、债权投资等，按公允价值进行初始计量，相关交易费用计入初始确认金额；不包含重大融资成分的应收账款及本公司决定不考虑不超过一年的融资成分的应收账款，以合同交易价格进行初始计量。

持有期间采用实际利率法计算的利息计入当期损益。

收回或处置时，将取得的价款与该金融资产账面价值之间的差额计入当期损益。

6.2.7.2.2 以公允价值计量且其变动计入其他综合收益的金融资产（债务工具）

以公允价值计量且其变动计入其他综合收益的金融资产（债务工具）包括应收款项融资、其他债权投资等，按公允价值进行初始计量，相关交易费用计入初始确认金额。该金融资产按公允价值进行后续计量，公允价值变动除采用实际利率法计算的利息、减值损失或利得和汇兑损益之外，均计入其他综合收益。

终止确认时，之前计入其他综合收益的累计利得或损失从其他综合收益中转出，计入当期损益。

6.2.7.2.3 以公允价值计量且其变动计入其他综合收益的金融资产（权益工具）

以公允价值计量且其变动计入其他综合收益的金融资产（权益工具）包括其他权益工具投资等，按公允价值进行初始计量，相关交易费用计入初始确认金额。该金融资产按公允价值进行后续计量，公允价值变动计入其他综合收益。取得的股利计入当期损益。

终止确认时，之前计入其他综合收益的累计利得或损失从其他综合收益中转出，计入留存收益。

6.2.7.2.4 以公允价值计量且其变动计入当期损益的金融资产

以公允价值计量且其变动计入当期损益的金融资产包括交易性金融资产、衍生金融资产、其他非流动金融资产等，按公允价值进行初始计量，相关交易费用计入当期损益。该金融资产按公允价值进行后续计量，公允价值变动计入当期损益。

终止确认时，其公允价值与初始入账金额之间的差额确认为投资收益，同时调整公允价值变动损益。

6.2.7.2.5　以公允价值计量且其变动计入当期损益的金融负债

以公允价值计量且其变动计入当期损益的金融负债包括交易性金融负债、衍生金融负债等，按公允价值进行初始计量，相关交易费用计入当期损益。该金融负债按公允价值进行后续计量，公允价值变动计入当期损益。

终止确认时，其公允价值与初始入账金额之间的差额确认为投资收益，同时调整公允价值变动损益。

6.2.7.2.6　以摊余成本计量的金融负债

以摊余成本计量的金融负债包括短期借款、应付票据、应付账款、其他应付款、长期借款、应付债券、长期应付款，按公允价值进行初始计量，相关交易费用计入初始确认金额。

持有期间采用实际利率法计算的利息计入当期损益。

终止确认时，将支付的对价与该金融负债账面价值之间的差额计入当期损益。

6.2.7.3　金融资产转移的确认依据和计量方法

公司发生金融资产转移时，如已将金融资产所有权上几乎所有的风险和报酬转移给转入方，则终止确认该金融资产；如保留了金融资产所有权上几乎所有的风险和报酬的，则不终止确认该金融资产。

在判断金融资产转移是否满足上述金融资产终止确认条件时，采用实质重于形式的原则。公司将金融资产转移区分为金融资产整体转移和部分转移。金融资产整体转移满足终止确认条件的，将下列两项金额的差额计入当期损益：所转移金融资产的账面价值；因转移而收到的对价，与原直接计入所有者权益的公允价值变动累计额（涉及转移的金融资产为可供出售金融资产的情形）之和。

金融资产部分转移满足终止确认条件的，将所转移金融资产整体的账面价值，在终止确认部分和未终止确认部分之间，按照各自的相对公允价值进行分摊，并将下列两项金额的差额计入当期损益：终止确认部分的账面价值；终止确认部分的对价，与原直接计入所有者权益的公允价值变动累计额中对应终止确认部分的金额（涉及转移的金融资产为可供出售金融资产的情形）之和。

金融资产转移不满足终止确认条件的，继续确认该金融资产，所收到的对价确认为一项金融负债。

6.2.7.4　金融负债终止确认条件

金融负债的现时义务全部或部分已经解除的，则终止确认该金融负债或其一部分；本公司若与债权人签订协议，以承担新金融负债方式替换现存金融负债，且新金融负债与现存金融负债的合同条款实质上不同的，则终止确认现存金融负债，并同时确认新金融负债。

对现存金融负债全部或部分合同条款作出实质性修改的，则终止确认现存金融负债或其一部分，同时将修改条款后的金融负债确认为一项新金融负债。

金融负债全部或部分终止确认时，终止确认的金融负债账面价值与支付对价（包括转出的非现金资产或承担的新金融负债）之间的差额，计入当期损益。

本公司若回购部分金融负债的，在回购日按照继续确认部分与终止确认部分的相对公允价值，将该金融负债整体的账面价值进行分配。分配给终止确认部分的账面价值与支付的对价（包括转出的非现金资产或承担的新金融负债）之间的差额，计入当期损益。

6.2.7.5　金融资产和金融负债的公允价值的确定方法

存在活跃市场的金融工具，以活跃市场中的报价确定其公允价值。不存在活跃市场的金融工具，采用估值技术确定其公允价值。在估值时，本公司采用在当前情况下适用并且有足够可利用数据和其他信息支持的估值技术，选择与市场参与者在相关资产或负债的交易中所考虑的资产或负债特征相一致的输入值，并优先使用相关可观察输入值。只有在相关可观察输入值无法取得或取得不切实可行的情况下，才使用不可观察输入值。

6.2.7.6　金融资产减值（不含贷款和应收款项）的测试方法及会计处理方法

本公司考虑所有合理且有依据的信息，包括前瞻性信息，以单项或组合的方式对以摊余成本计量的金融资产和以公允价值计量且其变动计入其他综合收益的金融资产（债务工具）的预期信用损失进行估计。预期信用损失的计量取决于金融资产自初始确认后是否发生信用风险显著增加。

如果该金融工具的信用风险自初始确认后已显著增加，本公司按照相当于该金融工具整个存续期内预期信用损失的金额计量其损失准备；如果该金融工具的信用风险自初始确认后并未显著增加，本公司按照相当于该金融工具未来 12 个月内预期信用损失的金额计量其损失准备。由此形成的损失准备的增加或转回金额，作为减值损失或利得计入当期损益。

通常逾期超过 90 日，本公司即认为该金融工具的信用风险已显著增加，除非有确凿证据证明该金融工具的信用风险自初始确认后并未显著增加。

如果金融工具于资产负债表日的信用风险较低，本公司即认为该金融工具的信用风险自初始确认后并未显著增加。

6.2.8　贷款和应收款

6.2.8.1　贷款

对于贷款，公司按照相当于整个存续期内预期信用损失的金额计量其损失准备，由此形成的损失准备的增加或转回金额，作为减值损失或利得计入当期损益。

本公司对每一单项贷款按其资产质量分为正常、关注、次级、可疑和损失五类，其主要分类的标准和计提损失准备的比例如下。

正常类：交易对手能够履行合同或协议，没有足够理由怀疑债务本金和收益不能按时足额偿还，计提损失准备 1%。

关注类：尽管交易对手目前有能力偿还，但存在一些可能对偿还产生不利影响因素的债权类资产；交易对手的现金偿还能力出现明显问题，但交易对手抵押或质押的可变现资产大于等于其债务的本金及收益。计提损失准备 2%。

次级类：交易对手的偿还能力出现明显问题，完全依靠其正常经营收入无法足额偿还债务本金及收益，即使执行担保，也可能会造成一定损失，计提损失准备 25%。

可疑类：交易对手无法足额偿还债务本金及收益，即使执行担保，也肯定要造成较大损失，计提损失准备 50%。

损失类：在采取所有可能的措施或一切必要的法律程序后，资产及收益仍然无法收回，或只能收回极少部分，计提损失准备100%。

如果有客观证据表明某项贷款已经发生信用减值，则本公司对该贷款单项计提坏账准备并确认预期信用损失。

6.2.8.2 应收账款（不含应收保理款）

对于应收账款，无论是否包含重大融资成分，本公司始终按照相当于整个存续期内预期信用损失的金额计量其损失准备，由此形成的损失准备的增加或转回金额，作为减值损失或利得计入当期损益。

本公司将该应收账款按类似信用风险特征（账龄）进行组合，并基于所有合理且有依据的信息，包括前瞻性信息，对该应收账款坏账准备的计提比例进行估计如下：

账龄	应收账款计提比例（%）
1～180天	6
181～360天	25
361～720天	50
720天以上	100

如果有客观证据表明某项应收账款已经发生信用减值，则本公司对该应收账款单项计提坏账准备并确认预期信用损失。

6.2.8.3 其他应收款

对于划分为组合的其他应收款，本公司参考历史信用损失经验，结合当前状况等预测未来6个月及12个月内或整个存续期预期信用损失率，计算预期信用损失。其中以账龄划分的其他应收款组合所计提预期信用损失率如下：

账龄	预期信用损失类型	计提比例（%）
1～180天	未来6个月预期信用损失	6
181～360天	未来12个月预期信用损失	25
361～720天	整个存续期预期信用损失	50
720天以上	整个存续期预期信用损失	100

如果有客观证据表明某项其他应收款已经发生信用减值，则本公司对该其他应收款单项计提坏账准备并确认预期信用损失。

本公司关联企业间的往来款在整个存续期内预期信用损失为零，关联企业间应收款项不计提坏账准备。

6.2.9 买入返售金融资产和卖出回购金融资产款

购买时根据协议约定于未来某确定日返售的资产将不在资产负债表内予以确认。为买入该等资产所支付的成本，包括应计利息，在资产负债表中列示为买入返售款项。购入与返售价格之差额在协议期间内按实际利率法确认，计入利息收入。

根据协议约定于未来某确定日期回购的已售出资产不在资产负债表内予以终止确认。出售该等资产所得款项，包括应计利息，在资产负债表中列示为卖出回购款项，以反映其作为向本公司贷款的经济实质。售价与回购价之差额在协议期间内按实际利率法确认，计入利息支出。

证券借入和借出交易一般均附有抵押，以证券或现金作为抵押品。只有当与证券所有权相关的风险和收益同时转移时，与交易对手之间的证券转移才于资产负债表中反映。所支付的现金或收取的现金抵押品分别确认为资产或负债。

借入的证券不在资产负债表内确认。如该类证券出售给第三方，偿还债券的责任确认为为交易而持有的金融负债，并按公允价值计量。

6.2.10 持有待售

本公司将同时满足下列条件的非流动资产或处置组划分为持有待售类别：

根据类似交易中出售此类资产或处置组的惯例，在当前状况下即可立即出售。

出售极可能发生，即本公司已经就一项出售计划作出决议且获得确定的购买承诺，预计出售将在一年内完成。有关规定要求本公司相关权力机构或者监管部门批准后方可出售的，已经获得批准。

6.2.11 长期股权投资核算方法

6.2.11.1 共同控制、重大影响的判断标准

共同控制是指按照相关约定对某项安排所共有的控制，并且该安排的相关活动必须经过分享控制权的参与方一致同意后才能决策。本公司与其他合营方一同对被投资单位实施共同控制且对被投资单位净资产享有权利的，被投资单位为本公司的合营企业。

重大影响是指对一个企业的财务和经营决策有参与决策的权力，但并不能够控制或者与其他方一起共同控制这些政策的制定。本公司能够对被投资单位施加重大影响的，被投资单位为本公司联营企业。

6.2.11.2 初始投资成本的确定

6.2.11.2.1 企业合并形成的长期股权投资

同一控制下的企业合并：公司以支付现金、转让非现金资产或承担债务方式，以及以发行权益性证券作为合并对价的，在合并日按照取得被合并方所有者权益在最终控制方合并财务报表中的账面价值的份额作为长期股权投资的初始投资成本。因追加投资等原因能够对同一控制下的被投资单位实施控制的，在合并日根据合并后应享有被合并方净资产在最终控制方合并财务报表中的账面价值的份额，确定长期股权投资的初始投资成本。合并日长期股权投资的初始投资成本，与达到合并前的长期股权投资账面价值加上合并日进一步取得股份新支付对价的账面价值之和的差额，调整股本溢价，股本溢价不足冲减的，冲减留存收益。

非同一控制下的企业合并：公司按照购买日确定的合并成本作为长期股权投资的初始投资成本。因追加投资等原因能够对非同一控制下的被投资单位实施控制的，按照原持有的股权投资账面价值加上新增投资成本之和，作为改按成本法核算的初始投资成本。

6.2.11.2.2 其他方式取得的长期股权投资

以支付现金方式取得的长期股权投资，按照实际支付的购买价款作为初始投资成本。

以发行权益性证券取得的长期股权投资，按照发行权益性证券的公允价值作为初始投资成本。

在非货币性资产交换具有商业实质，且换入资产或换出资产的公允价值能够可靠计量时，以公允价值为基础计量。如换入资产和换出资产的公允价值均能可靠计量的，对于换入的长期股权投资，以换出资产的公允价值和应支付的相关税费作为换入的长期股权投资的初始投资成本，除非有确凿证据表明换入资产的公允价值更加可靠。非货币性资产交换不具有商业实质，或换入资产和换出资产的公允价值均不能可靠计量的，

对于换入的长期股权投资,以换出资产的账面价值和应支付的相关税费作为换入长期股权投资的初始投资成本。

通过债务重组取得的长期股权投资,以所放弃债权的公允价值和可直接归属于该资产的税金等其他成本确定其入账价值,并将所放弃债权的公允价值与账面价值之间的差额,计入当期损益。

6.2.11.3 后续计量及损益确认方法

6.2.11.3.1 成本法核算的长期股权投资

公司对子公司的长期股权投资,采用成本法核算。除取得投资时实际支付的价款或对价中包含的已宣告但尚未发放的现金股利或利润外,公司按照享有被投资单位宣告发放的现金股利或利润确认当期投资收益。

6.2.11.3.2 权益法核算的长期股权投资

对联营企业和合营企业的长期股权投资,采用权益法核算。初始投资成本大于投资时应享有被投资单位可辨认净资产公允价值份额的差额,不调整长期股权投资的初始投资成本;初始投资成本小于投资时应享有被投资单位可辨认净资产公允价值份额的差额,计入当期损益。

公司按照应享有或应分担的被投资单位实现的净损益和其他综合收益的份额,分别确认投资收益和其他综合收益,同时调整长期股权投资的账面价值;按照被投资单位宣告分派的利润或现金股利计算应享有的部分,相应减少长期股权投资的账面价值;对于被投资单位除净损益、其他综合收益和利润分配以外所有者权益的其他变动,调整长期股权投资的账面价值并计入所有者权益。

在确认应享有被投资单位净损益的份额时,以取得投资时被投资单位可辨认净资产的公允价值为基础,并按照公司的会计政策及会计期间,对被投资单位的净利润进行调整后确认。在持有投资期间,被投资单位编制合并财务报表的,以合并财务报表中的净利润、其他综合收益和其他所有者权益变动中归属于被投资单位的金额为基础进行核算。

公司与联营企业、合营企业之间发生的未实现内部交易损益按照应享有的比例计算归属于公司的部分予以抵销,在此基础上确认投资收益。与被投资单位发生的未实现内部交易损失,属于资产减值损失的,全额确认。

在公司确认应分担被投资单位发生的亏损时,按照以下顺序进行处理:首先,冲减长期股权投资的账面价值。其次,长期股权投资的账面价值不足以冲减的,以其他实质上构成对被投资单位净投资的长期权益账面价值为限继续确认投资损失,冲减长期应收项目等的账面价值。最后,经过上述处理,按照投资合同或协议约定企业仍承担额外义务的,按预计承担的义务确认预计负债,计入当期投资损失。

6.2.11.3.3 长期股权投资的处置

处置长期股权投资,其账面价值与实际取得价款的差额,计入当期损益。

采用权益法核算的长期股权投资,在处置该项投资时,采用与被投资单位直接处置相关资产或负债相同的基础,按相应比例对原计入其他综合收益的部分进行会计处理。因被投资单位除净损益、其他综合收益和利润分配以外的其他所有者权益变动而确认的所有者权益,按比例结转入当期损益,由于被投资方重新计量设定受益计划净负债或净资产变动而产生的其他综合收益除外。

因处置部分股权投资等原因丧失了对被投资单位的共同控制或重大影响的,处置后的剩余股权改按金融工具确认和计量准则核算,其在丧失共同控制或重大影响之日的公允价值与账面价值之间的差额计入当期损益。原股权投资因采用权益法核算而确认的其他综合收益,在终止采用权益法核算时采用与被投资单位直接处置相关资产或负债相同的基础进行会计处理。因被投资方除净损益、其他综合收益和利润分配以外的其他所有者权益变动而确认的所有者权益,在终止采用权益法核算时全部转入当期损益。

因处置部分股权投资、因其他投资方对子公司增资而导致本公司持股比例下降等原因丧失了对被投资单位控制权的,在编制个别财务报表时,剩余股权能够对被投资单位实施共同控制或重大影响的,改按权益法核算,并对该剩余股权视同自取得时即采用权益法核算进行调整;剩余股权不能对被投资单位实施共同控制或施加重大影响的,改按金融工具确认和计量准则的有关规定进行会计处理,其在丧失控制之日的公允价值与账面价值间的差额计入当期损益。

处置的股权是因追加投资等原因通过企业合并取得的,在编制个别财务报表时,处置后的剩余股权采用成本法或权益法核算的,购买日之前持有的股权投资因采用权益法核算而确认的其他综合收益和其他所有者权益按比例结转;处置后的剩余股权改按金融工具确认和计量准则进行会计处理的,其他综合收益和其他所有者权益全部结转。

6.2.12 固定资产

6.2.12.1 固定资产确认条件

固定资产是指为生产商品、提供劳务、出租或经营管理而持有,并且使用寿命超过一个会计年度的有形资产。固定资产在同时满足下列条件时予以确认:与该固定资产有关的经济利益很可能流入企业;该固定资产的成本能够可靠地计量。

6.2.12.2 折旧方法

固定资产折旧采用年限平均法分类计提,根据固定资产类别、预计使用寿命和预计净残值率确定折旧率。如固定资产各组成部分的使用寿命不同或者以不同方式为企业提供经济利益,则选择不同折旧率或折旧方法,分别计提折旧。

各类固定资产折旧方法、折旧年限、残值率和年折旧率如下:

类别	折旧方法	折旧年限(年)	净残值率(%)	年折旧率(%)
电子设备	平均年限法	3、5	5	19、31.67
运输工具	平均年限法	4、5	5	19、23.75
机具设备	平均年限法	5	5	19
业务设备	平均年限法	5	5	19
家具设备	平均年限法	5	5	19
其　他	平均年限法	5	5	19

6.2.13 无形资产

6.2.13.1 无形资产的计价方法

6.2.13.1.1 本公司取得无形资产时按成本进行初始计量

外购无形资产的成本,包括购买价款、相关税费及直接归属于使该项资产达到预定用途所发生的其他支出。购买无形资产的价款超过正常信用条件延期支付，实质上具有融资性质的，无形资产的成本以购买价款的现值为基础确定。

债务重组取得债务人用以抵债的无形资产，以该无形资产的公允价值为基础确定其入账价值，并将重组债务的账面价值与该用以抵债的无形资产公允价值之间的差额，计入当期损益。

在非货币性资产交换具备商业实质且换入资产或换出资产的公允价值能够可靠计量的前提下，非货币性资产交换换入的无形资产以换出资产的公允价值为基础确定其入账价值，除非有确凿证据表明换入资产的公允价值更加可靠；不满足上述前提的非货币性资产交换，以换出资产的账面价值和应支付的相关税费作为换入无形资产的成本，不确认损益。

6.2.13.1.2　后续计量

在取得无形资产时分析判断其使用寿命。

对于使用寿命有限的无形资产，在为企业带来经济利益的期限内按直线法摊销；无法预见无形资产为企业带来经济利益期限的，视为使用寿命不确定的无形资产，不予摊销。

6.2.13.2　使用寿命有限的无形资产的使用寿命估计情况

项目	预计使用寿命(年)	依据
电脑软件	5	预计使用年限
车辆牌照	10	按税法规定

每期末，对使用寿命有限的无形资产的使用寿命及摊销方法进行复核。

经复核，本年期末无形资产的使用寿命及摊销方法与以前估计未有不同。

6.2.14　长期资产减值

长期股权投资、采用成本模式计量的投资性房地产、固定资产、在建工程、使用寿命有限的无形资产等长期资产，于资产负债表日存在减值迹象的，进行减值测试。减值测试结果表明资产的可收回金额低于其账面价值的，按其差额计提减值准备并计入减值损失。可收回金额为资产的公允价值减去处置费用后的净额与资产预计未来现金流量的现值两者之间的较高者。资产减值准备按单项资产为基础计算并确认，如果难以对单项资产的可收回金额进行估计的，以该资产所属的资产组确定资产组的可收回金额。资产组是能够独立产生现金流入的最小资产组合。

商誉、使用寿命不确定的无形资产、尚未达到可使用状态的无形资产至少在每年年度终了进行减值测试。

本公司进行商誉减值测试，对于因企业合并形成的商誉的账面价值，自购买日起按照合理的方法分摊至相关的资产组；难以分摊至相关的资产组的，将其分摊至相关的资产组组合。本公司在分摊商誉的账面价值时，根据相关资产组或资产组组合能够从企业合并的协同效应中获得的相对受益情况进行分摊，在此基础上进行商誉减值测试。在对包含商誉的相关资产组或者资产组组合进行减值测试时，如与商誉相关的资产组或者资产组组合存在减值迹象的，先对不包含商誉的资产组或者资产组组合进行减值测试，计算可收回金额，并与相关账面价值相比较，确认相应的减值损失。再对包含商誉的资产组或者资产组组合进行减值测试，比较这些相关资产组或者资产组组合的账面价值（包括所分摊的商誉的账面价值部分）与其可收回金额，如相关资产组或者资产组组合的可收回金额低于其账面价值的，确认商誉的减值损失。

上述资产减值损失一经确认，在以后会计期间不予转回。

6.2.15　职工薪酬

6.2.15.1　短期薪酬的会计处理方法

本公司在职工为本公司提供服务的会计期间，将实际发生的短期薪酬确认为负债，并计入当期损益或相关资产成本。

本公司为职工缴纳的社会保险费和住房公积金，以及按规定提取的工会经费和职工教育经费，在职工为本公司提供服务的会计期间，根据规定的计提基础和计提比例计算确定相应的职工薪酬金额。

职工福利费为非货币性福利的，如能够可靠计量的，按照公允价值计量。

6.2.15.2　离职后福利的会计处理方法

设定提存计划

本公司按当地政府的相关规定为职工缴纳基本养老保险和失业保险，在职工为本公司提供服务的会计期间，按以当地规定的缴纳基数和比例计算应缴纳金额，确认为负债，并计入当期损益或相关资产成本。

除基本养老保险外，本公司还依据国家企业年金制度的相关政策建立了企业年金缴费制度（补充养老保险）/企业年金计划。本公司按职工工资总额的一定比例向当地社会保险机构缴费/年金计划缴费，相应支出计入当期损益或相关资产成本。

6.2.15.3　辞退福利的会计处理方法

本公司在不能单方面撤回因解除劳动关系计划或裁减建议所提供的辞退福利时，或确认与涉及支付辞退福利的重组相关的成本或费用时（两者孰早），确认辞退福利产生的职工薪酬负债，并计入当期损益。

6.2.16　收入确认原则和方法

自2020年1月1日起的会计政策如下。

6.2.16.1　利息收入和支出

本公司利润表中的“利息收入”和“利息支出”，为按实际利率法确认的以摊余成本计量的金融资产和以摊余成本计量的金融负债等产生的利息收入与支出。

实际利率法是指计算金融资产或金融负债的摊余成本，以及将各期利息收入或利息支出分摊计入各会计期间的方法。实际利率是指将金融资产或金融负债在预计存续期间的估计未来现金流量，折现为该金融资产账面余额或该金融负债摊余成本所使用的利率。在确定实际利率时，本公司在考虑金融资产或金融负债所有合同条款的基础上估计预期现金流量，但不考虑预期信用损失。本公司支付或收取的、属于实际利率组成部分的各项收费、交易费用及溢价或折价等，在确定实际利率时予以考虑。

对于购入或源生的已发生信用减值的金融资产，本公司自初始确认起，按照该金融资产的摊余成本和经信用调整的实际利率计算确定其利息收入。经信用调整的实际利率是指将购入或源生的已发生信用减值的金融资产在预计存续期的估计未来现金流量，折现为该金融资产摊余成本的利率。

对于购入或源生的未发生信用减值、但在后续期间成为已发生信用减值的金融资产，本公司在后续期间，按照该金融资产的摊余成本和实际利率计算确定其利息收入。

6.2.16.2 手续费及佣金收入

本公司通过向客户提供各类服务收取手续费及佣金。其中，通过在一定期间内提供服务收取的手续费及佣金在相应期间内按照履约进度确认，其他手续费及佣金于相关交易完成时确认。

本公司根据履行履约义务与客户付款之间的关系在资产负债表中列示合同资产或合同负债。本公司已向客户转让商品或提供服务而有权收取对价的权利（且该权利取决于时间流逝之外的其他因素）列示为合同资产。合同资产的减值适用新金融工具准则。本公司拥有的、无条件（仅取决于时间流逝）向客户收取对价的权利作为应收款项单独列示。

本公司已收或应收客户对价而应向客户转让商品或提供服务的义务列示为合同负债。

同一合同下的合同资产和合同负债以净额列示。

2020 年 1 月 1 日前的会计政策如下。

6.2.16.3 利息收入

发放贷款及垫款利息收入。按照客户使用本企业货币资金的时间和实际利率计算确定。实际利率与合同约定利率差别较小的，按合同约定利率确认为当期收入。

买入返售证券收入。按返售价格与买入成本价格的差额，确认为当期收入。实际利率与合同约定利率差别较小的，按合同约定利率确认为当期收入。

存放同业利息收入。在相关的收入金额能够可靠地计量，相关的经济利益可以收到时，按资金使用时间和实际利率确认利息收入。

6.2.16.4 手续费及佣金收入

信托管理费收入。于信托合同到期，与委托人结算时，按信托合同规定的比例计算应由公司享有的管理费收益，确认为当期收益；或合同中规定公司按约定比例收取管理费和业绩报酬，则在合同期内分期确认管理费和业绩报酬收益。

顾问及咨询费收入。按照有关合同或协议约定，在向客户提供相关服务并收到款项时确认收入。

6.2.17 政府补助

6.2.17.1 类型

政府补助，是本公司从政府无偿取得的货币性资产与非货币性资产。分为与资产相关的政府补助和与收益相关的政府补助。

与资产相关的政府补助，是指本公司取得的、用于购建或以其他方式形成长期资产的政府补助。与收益相关的政府补助，是指除与资产相关的政府补助之外的政府补助。

本公司将政府补助划分为与资产相关的具体标准为政府文件明确规定补助对象为企业取得、购建或以其他方式形成的长期资产。

本公司将政府补助划分为与收益相关的具体标准为政府文件明确规定补助对象为费用支出或损失。

对于政府文件未明确规定补助对象，难以区分的，本公司将政府补助整体归类为与收益相关的政府补助，视情况不同计入当期损益，或者在项目期内分期确认为当期收益。

公司本期收到的政府补助主要为税费返还，公司认为该补助属于对过去发生费用的补偿，是与资产相关的补助之外的补助，因此将其作为与收益相关的政府补助。

6.2.17.2 确认时点

公司于实际收到款项时确认为政府补助。

6.2.17.3 会计处理

与资产相关的政府补助，冲减相关资产账面价值或确认为递延收益。确认为递延收益的，在相关资产使用寿命内按照合理、系统的方法分期计入当期损益（与本公司日常活动相关的，计入其他收益；与本公司日常活动无关的，计入营业外收入）。

与收益相关的政府补助，用于补偿本公司以后期间的相关成本费用或损失的，确认为递延收益，并在确认相关成本费用或损失的期间，计入当期损益（与本公司日常活动相关的，计入其他收益；与本公司日常活动无关的，计入营业外收入）或冲减相关成本费用或损失；用于补偿本公司已发生的相关成本费用或损失的，直接计入当期损益（与本公司日常活动相关的，计入其他收益；与本公司日常活动无关的，计入营业外收入）或冲减相关成本费用或损失。

6.2.18 递延所得税资产和递延所得税负债

对于可抵扣暂时性差异确认递延所得税资产，以未来期间很可能取得的用来抵扣可抵扣暂时性差异的应纳税所得额为限。对于能够结转以后年度的可抵扣亏损和税款抵减，以很可能获得用来抵扣可抵扣亏损和税款抵减的未来应纳税所得额为限，确认相应的递延所得税资产。

对于应纳税暂时性差异，除特殊情况外，确认递延所得税负债。

不确认递延所得税资产或递延所得税负债的特殊情况包括商誉的初始确认；除企业合并以外的发生时既不影响会计利润也不影响应纳税所得额（或可抵扣亏损）的其他交易或事项。

对与子公司、联营企业及合营企业投资相关的应纳税暂时性差异，确认递延所得税负债，除非本公司能够控制该暂时性差异转回的时间且该暂时性差异在可预见的未来很可能不会转回。对与子公司、联营企业及合营企业投资相关的可抵扣暂时性差异，当该暂时性差异在可预见的未来很可能转回且未来很可能获得用来抵扣可抵扣暂时性差异的应纳税所得额时，确认递延所得税资产。

当拥有以净额结算的法定权利，且意图以净额结算或取得资产、清偿负债同时进行时，当期所得税资产及当期所得税负债以抵销后的净额列报。

当拥有以净额结算当期所得税资产及当期所得税负债的法定权利，且递延所得税资产及递延所得税负债是与同一税收征管部门对同一纳税主体征收的所得税相关或者是对不同的纳税主体相关，但在未来每一具有重要性的递延所得税资产及负债转回的期间内，涉及的纳税主体意图以净额结算当期所得税资产和负债或是同时取得资产、清偿负债时，递延所得税资产及递延所得税负债以抵销后的净额列报。

6.2.19 信托赔偿准备金

根据中国银行业监督管理委员会颁布的《信托公司管理办法》有关规定，公司按当年税后净利润的 10% 计提信托赔偿准备金。

6.2.20 一般风险准备

财政部《金融企业准备金计提管理办法》（财金〔2012〕20 号），为了防范经营风险，增强金融企业抵御风险能力，金融企业应提取一般风险准备作为利润分配处理，并作为股东权益的组成部分。一般风险准备的计提比例由金融企业综合考虑所面临的风险状况等因素确定，原则上一般风险准备余额不低于风险资产期末余额的 1.5%。

6.2.21 信托业保障基金

根据中国银行业监督管理委员会、财政部于 2014 年 12 月 10 日颁布的《信托业保障基金管理办法》（银监发〔2014〕50 号）及中国银监会办公厅于 2015 年 2 月 26 日颁发的《中国银监会办公厅关于做好信托业保障基金筹集和管理等有关具体事项的通知》（银监办发〔2015〕32 号）的相关规定，信托业保障基金认购执行下列统一标准：(1)2015 年 4 月 1 日前信托公司按上年度末经审计的母公司净资产余额的 1% 认购保障基金，以后年度以上年度末未经审计的母公司净资产余额为基数动态调整；(2)2015 年 4 月 1 日起新发行的资金信托按新发行金额的 1% 计算并认购保障基金；(3)2015 年 4 月 1 日起新设立的财产信托按信托公司收取报酬的 5% 计算并认购保障基金。

6.2.22 重要会计政策和会计估计的变更

6.2.22.1 重要会计政策变更

(1)执行《企业会计准则第 14 号——收入》(2017 年修订)(以下简称“新收入准则”)

财政部于 2017 年修订了《企业会计准则第 14 号——收入》。修订后的准则规定，首次执行该准则应当根据累积影响数调整当年年初留存收益及财务报表其他相关项目金额，对可比期间信息不予调整。

本公司自 2020 年 1 月 1 日起执行新收入准则。根据准则的规定，本公司仅对在首次执行日尚未完成的合同的累积影响数调整 2020 年年初留存收益以及财务报表其他相关项目金额，比较财务报表不做调整。执行该准则的主要影响如下：

单位：万元

受影响的资产负债表项目	对 2020 年 1 月 1 日余额的影响金额
预收账款	-10 903.72
合同负债	10 636.14
应交税费	267.58

与原收入准则相比，执行新收入准则对 2020 年度财务报表相关项目的影响如下（增加/（减少））：

单位：万元

受影响的资产负债表项目	对 2020 年 12 月 31 日余额的影响金额
应收账款	-18 663.10
合同资产	18 663.10
预收账款	-16 603.98
合同负债	16 603.98

(2)执行《企业会计准则解释第 13 号》

财政部于 2019 年 12 月 10 日发布了《企业会计准则解释第 13 号》（财会〔2019〕21 号，以下简称解释第 13 号），自 2020 年 1 月 1 日起施行，不要求追溯调整。

关联方的认定。解释第 13 号明确了以下情形构成关联方：企业与其所属企业集团的其他成员单位（包括母公司和子公司）的合营企业或联营企业；企业的合营企业与企业的其他合营企业或联营企业。此外，解释第 13 号也明确了仅仅同受一方重大影响的两方或两方以上的企业不构成关联方，并补充说明了联营企业包括联营企业及其子公司，合营企业包括合营企业及其子公司。

业务的定义。解释第 13 号完善了业务构成的三个要素，细化了构成业务的判断条件，同时引入“集中度测试”选择，以在一定程度上简化非同一控制下取得组合是否构成业务的判断等问题。

本公司自 2020 年 1 月 1 日起执行解释第 13 号，比较财务报表不做调整，执行解释第 13 号未对本公司财务状况和经营成果产生重大影响。

(3)执行《新冠肺炎疫情相关租金减让会计处理规定》

财政部于 2020 年 6 月 19 日发布了《新冠肺炎疫情相关租金减让会计处理规定》（财会〔2020〕10 号），自 2020 年 6 月 19 日起施行，允许企业对 2020 年 1 月 1 日至该规定施行日之间发生的相关租金减让进行调整。按照该规定，对于满足条件的由新冠肺炎疫情直接引发的租金减免、延期支付租金等租金减让，企业可以选择采用简化方法进行会计处理。

本公司对于属于该规定适用范围的租金减让全部选择采用简化方法进行会计处理，并对 2020 年 1 月 1 日至该规定施行日之间发生的相关租金减让根据该规定进行相应调整。

本公司作为承租人采用简化方法处理相关租金减让冲减本期业务及管理费合计 85 682.00 元（含税价）。

6.2.22.2 重要会计估计变更

报告期本公司主要会计估计未发生变更。

6.2.22.3 首次执行新收入准则调整首次执行当年年初财务报表相关项目情况

资产负债表

单位：万元

项目	上年年末余额	年初余额	调整数		
			重分类	重新计量	合计
预收账款	11 130.46	226.74	-10 903.72	—	-10 903.72
合同负债	—	10 636.14	10 636.14	—	10 636.14
应交税费	—	267.58	267.58	—	267.58

6.3 或有事项说明

无。

6.4 重要资产转让及出售说明

本公司无上述情况。

6.5 会计报表中重要项目的明细资料

6.5.1 自营资产经营情况

6.5.1.1 信用风险资产情况

信用风险资产五级分类	正常类（万元）	关注类（万元）	次级类（万元）	可疑类（万元）	损失类（万元）	信用风险资产合计（万元）	不良资产合计（万元）	不良资产率（%）
上年年末数	926 053.18	75 753.79	132.63	2 500.00	1 000.00	1 005 439.6[illegible]	3 632.63	0.36
期末数	738 318.09	310 985.22	—	2 606.60	—	1 051 909.91	2 606.60	0.25

注：不良资产合计 = 次级类 + 可疑类 + 损失类。

6.5.1.2　各项资产减值损失准备情况

单位:万元

	上年年末数	本期计提	本期转回	本期核销	期末数
贷款损失准备	2 202.57	6 527.88	1 381.71	—	7 348.74
一般准备	—	—	—	—	—
专项准备	—	—	—	—	—
其他资产减值准备	2 432.25	107.15	—	1 000	1 539.40
债权投资减值准备	—	—	—	—	—
其他债权投资减值准备	1 250.00	—	—	—	1 250.00
长期股权投资减值准备	—	—	—	—	—
坏账准备	1 141.46	107.15	—	1 000	248.61
抵债资产减值准备	40.79	—	—	—	40.79

6.5.1.3　固有业务股票投资、基金投资、债券投资、股权投资等投资业务情况

单位:万元

	自营股票	基金	债券	股权投资	其他投资	合计
上年年末数	3 128.00	23 656.54	100.60	11 223.55	767 513.67	805 622.36
期末数	15 836.46	23 516.39	20 096.73	3 968.54	388 302.39	451 720.51

6.5.1.4　前五名的自营长期股权投资情况

企业名称	占被投资企业权益的比例(%)	主要经营活动	投资损益(万元)
1. 柏瑞爱建资产管理(上海)有限公司	35.67	资产经营管理	-160.10
2. 天安保险股份有限公司	0.12	保险	—

注:投资损益是指按照企业会计准则规定,核算股权投资确认损益并计入披露年度利润表的金额。

6.5.1.5　前五名的自营贷款情况

企业名称	占贷款总额的比例(%)	还款情况
1. 辽宁司飞矿业有限公司	16.44	贷款尚未到期
2. 辽宁力德矿业有限公司	10.80	贷款尚未到期
3. 南京金沙旅游发展有限公司	10.68	贷款尚未到期
4. 如皋锐进贸易有限公司	9.66	贷款尚未到期
5. 上海仲宇信息科技有限公司	6.20	贷款尚未到期

6.5.1.6　表外业务情况

单位:万元

表外业务	期初数	期末数
担保业务	—	—
代理业务(委托业务)	57 227.97	57 225.97
其他	68 712.11	65 712.11
合计	125 940.08	122 938.08

注:"其他"主要反映信托代保管项目。

6.5.1.7　公司当年的收入结构

续表

收入结构	金额(万元)	占比(%)
手续费及佣金收入	173 577.36	70.09
其中:信托业务收入	173 492.92	70.05
投资银行业务及咨询顾问中间业务收入	83.60	0.03
利息收入	33 196.30	13.40
其他业务收入	—	—
其中:计入信托业务收入部分	—	—
投资收益	47 255.75	19.08
其中:股权投资收益	-160.10	-0.06
证券投资收益	681.40	0.28
其他投资收益	46 734.45	18.87
公允价值变动收益	-6 735.88	-2.72
其他收益	369.14	0.15
汇兑收益	-0.93	—
营业外收入	—	—
收入合计	247 661.72	100.00

注:手续费及佣金收入、利息收入、其他业务收入、投资收益、营业外收入均应为损益表中的科目,其中手续费及佣金收入、利息收入、营业外收入为未抵减掉相应支出的全年累计实现收入数。

6.5.2　信托财产管理情况

6.5.2.1　信托资产情况

单位:万元

信托资产	期初数	期末数
集合	11 328 755.69	8 471 493.91
单一	5 266 459.82	3 608 069.87
财产权	1 714 177.75	844 509.62
合计	18 309 393.26	12 924 073.40

6.5.2.1.1　非事务管理型信托业务的信托资产情况

单位:万元

非事务管理型信托资产	期初数	期末数
证券投资类	378 210.93	527 816.99
股权投资类	1 221 370.45	1 819 416.36
融资类	6 173 376.38	5 062 100.25
其他类	706 407.73	472 805.05
合计	8 479 365.49	7 882 138.65

6.5.2.1.2　事务管理型信托业务的信托资产情况

单位:万元

事务管理型信托资产	期初数	期末数
证券投资类	305 755.35	148 388.60
股权投资类	2 094 968.32	530 077.56
融资类	4 968 339.95	3 252 347.56
其他类	2 460 964.14	1 111 121.03
合计	9 830 027.76	5 041 934.75

6.5.2.2　本年度已清算的信托项目情况

6.5.2.2.1　本年度已清算的信托项目情况

已清算结束的信托项目	项目个数(个)	实收信托合计金额(万元)	加权平均实际年化收益率(%)
集合类	256	9 708 393.53	4.22
单一类	107	2 710 739.96	6.87
财产管理类	5	1 355 350.00	4.60

6. 5. 2. 2. 2 本年度已清算结束的非事务管理型信托项目情况

已清算结束的信托项目	项目个数（个）	实收信托合计金额（万元）	加权平均实际年化信托报酬率（%）	加权平均实际年化收益率（%）
证券投资类	—	—	—	—
股权投资类	14	682 412. 60	3. 06	9. 65
融资类	190	3 439 905. 00	3. 49	8. 01
其他类	25	257 690. 00	5. 64	8. 53

6. 5. 2. 2. 3 本年度已清算结束的事务管理型信托项目情况

已清算结束的信托项目	项目个数（个）	实收信托合计金额（万元）	加权平均实际年化信托报酬率（%）	加权平均实际年化收益率（%）
证券投资类	6	185 300. 00	0. 20	4. 75
股权投资类	14	4 016 817. 46	0. 35	-0. 09
融资类	86	2 459 080. 84	0. 19	6. 41
其他类	33	2 733 277. 59	0. 14	4. 84

6. 5. 2. 3 本年度新增的信托项目情况

新增信托项目	项目个数（个）	实收信托合计金额（万元）
集合类	300	6 847 436. 31
单一类	41	1 160 031. 38
财产管理类	18	45 618. 00
新增合计	359	8 053 085. 69
其中：非事务管理型	301	6 847 536. 31
事务管理型	58	1 205 549. 38

6. 5. 2. 4 信托业务创新成果和特色业务有关情况

2020 年，公司于 4 月启动第二曲线业务转型，并在公司层面成立领导小组和推进协调办公室，以加快推进相关工作。第二曲线转型业务明确了四大类、十四个重点研究业务方向。目前已评审通过三个批次共 15 个项目，包括城市更新、养老信托、权益投资、资产证券化、普惠金融和家族信托等。从项目方案通过后的落地情况来看，标品业务项目落地情况良好，包括可转债、FOF、TOF 等不同策略的产品均上架发行，并取得了良好的业绩表现，投研能力提升显著，为全面推进标品业务的开展和标准化净值化转型奠定了良好的基础；养老信托、普惠金融、非标转标 ABS 等也已有落地或正在落地过程中的项目，对公司业务转型起到积极作用。

6. 5. 2. 5 公司履行受托人义务情况及因本公司自身责任而导致的信托资产损失情况

无。

6. 5. 2. 6 信托赔偿准备金的提取、使用和管理情况

根据中国银行业监督管理委员会颁布的《信托公司管理办法》有关规定，公司按当年税后净利润的 10% 计提信托赔偿准备金。本年度公司提取信托赔偿准备金 12 378. 65 万元。

截至报告期末，本公司未发生对信托产品赔偿的事项。

6. 6 关联方关系及其交易

6. 6. 1 关联交易

	关联交易方数量（个）	关联交易金额（万元）	定价政策
合计	17	110 563. 01	按市场公允价值确定

6. 6. 2 关联方关系

关系性质	关联方名称	法定代表人	注册地址	注册资本（万元）	主营业务
母公司	上海爱建集团股份有限公司	王均金	上海浦东新区泰谷路 168 号	162 192. 2452	实业投资，投资管理，外经贸部批准的进出口业务（按批文），商务咨询。
重大影响	柏瑞爱建资产管理（上海）有限公司	房伟力	中国（上海）自由贸易试验区业盛路 188 号	15 000	资产经营管理。

6. 6. 3 本公司与关联方的重大交易事项

6. 6. 3. 1 固有与关联方之间交易情况

单位：万元

固有与关联方关联交易				
名称	期初数	借方发生额	贷方发生额	期末数
贷款	—	—	—	—
投资	—	1 000. 00	1 000. 00	—
租赁及物业管理	—	2 305. 45	2 305. 45	—
担保	—	—	—	—
应收账款	—	—	—	—
其他	—	719. 52	719. 52	—
合计	—	4 024. 97	4 024. 97	—

6. 6. 3. 2 信托与关联方交易情况

单位：万元

信托与关联方关联交易				
名称	期初数	借方发生额	贷方发生额	期末数
贷款	—	—	—	—
投资	—	—	—	—
租赁	—	—	—	—
担保	—	—	—	—
应收账款	—	—	—	—
其他（提供服务）	—	8 828. 04	8 828. 04	—
其他（认购/受让/转让）	119 048. 95	97 710. 00	73 808. 83	95 147. 78
合计	119 048. 95	106 538. 04	82 636. 87	95 147. 78

6. 6. 3. 3 信托公司自有资金运用于自己管理的信托项目（固信交易）、信托公司管理的信托项目之间的相互（信信交易）交易情况

6. 6. 3. 3. 1 固有财产与信托财产之间的交易情况

单位：万元

固有财产与信托财产相互交易			
	期初数	本期发生净额	期末数
合计	745 829. 58	-465 632. 37	[illegible] 197. 20

6. 6. 3. 3. 2 信托项目之间的交易情况

单位：万元

信托资产与信托财产相互交易			
	期初数	本期发生净额	期末数
合计	372 844. 75	59 278. 59	[illegible] 123. 34

注：期数/期末数已与计财部 1104 报表核对一致。

6.6.4 关联方逾期未偿还本公司资金的详细情况及本公司为关联方担保发生或即将发生垫款的详细情况

无。

6.7 会计制度的披露

本公司固有业务自2007年起执行财政部2006年颁布的《企业会计准则》进行会计核算，并根据《企业会计准则第30号——财务报表列表》有关规定及应用指南中商业银行会计报表格式进行编制。

本公司已执行财政部于2014年颁布的下列新的及修订的企业会计准则：

《企业会计准则——基本准则》（修订）《企业会计准则第2号——长期股权投资》（修订）《企业会计准则第9号——职工薪酬》（修订）《企业会计准则第14号——收入》（修订）《企业会计准则第30号——财务报表列报》（修订）《企业会计准则第33号——合并财务报表》（修订）《企业会计准则第37号——金融工具列报》（修订）《企业会计准则第39号——公允价值计量》《企业会计准则第40号——合营安排》《企业会计准则第41号——在其他主体中权益的披露》《企业会计准则第22号——金融工具确认和计量》（修订）《企业会计准则第23号——金融资产转移》（修订）《企业会计准则第24号——套期会计》（修订）《企业会计准则第37号——金融工具列报》（修订）。

本公司信托业务自2010年起执行财政部2006年颁布的《企业会计准则》进行会计核算；并参照《企业会计准则第30号——财务报表列表》有关规定及应用指南中商业银行会计报表格式进行编制。

7. 财务情况说明书

7.1 利润实现和分配情况

2020年，公司实现净利润121 079.18万元，计提盈余公积12 107.92万元、信托赔偿准备金12 107.92万元及一般风险准备金697.53万元后，未分配利润为216 732.74万元。

7.2 主要财务指标

指标名称	指标值
资本利润率（%）	15.38
加权年化信托报酬率（%）	1.29
人均净利润（万元）	224.22

注：1. 资本利润率＝净利润/所有者权益平均余额×100%。

2. 加权年化信托报酬率＝（已清算信托项目1的实际年化信托报酬率×已清算信托项目1的实收信托＋已清算信托项目2的实际年化信托报酬率×已清算信托项目2的实收信托＋…＋已清算信托项目n的实际年化信托报酬率×已清算信托项目n的实收信托）/（已清算信托项目1的实收信托＋已清算信托项目2的实收信托＋…＋已清算信托项目n的实收信托）×100%。

3. 人均净利润＝净利润/年平均人数。

4. 平均值采取年初、年末余额简单平均法，公式为a（平均）＝（年初数＋年末数）/2。

7.3 对本公司财务状况、经营成果有重大影响的其他事项

无。

8. 特别事项揭示

8.1 前五名股东报告期内变动情况及原因

无。

8.2 董事、监事及高级管理人员变动情况及原因

2020年5月12日，上海银保监局核准徐众华上海爱建信托有限责任公司董事长任职资格。

2020年6月2日，上海银保监局核准杨毅上海爱建信托有限责任公司副总经理任职资格。

8.3 公司的重大未决诉讼事项

公司于2014年12月收到上海市第一中级人民法院签发的应诉通知书及民事起诉状，原告方大炭素新材料科技股份有限公司（以下简称方大炭素）诉公司等承担股东出资款不到位所导致的损失赔偿责任，其中公司承担股东出资的8 690万元及利息。该诉讼是公司作为信托代持股东所引发的法律纠纷，所涉股东出资问题，经初步核查，已按法定程序完成，依法不应承担其他责任，公司已积极应诉。之后原告方大炭素以证据尚不完善为由，向上海市第一中级人民法院申请撤回对公司的起诉。后该案移送至北京市第四中级人民法院审理。2016年3月，方大炭素向北京市第四中级人民法院书面申请追加公司为共同被告。2017年7月13日，公司收到北京市第四中级人民法院送达的一审民事判决书（〔2015〕四中民（商）初字第00124号），判决公司在未出资资本金及利息范围内向原告承担补充赔偿责任，随后公司积极提起上诉。

2019年7月9日，公司收到北京市高级人民法院民事判决书（〔2017〕京民终601号），判决驳回上诉、维持原判。上述判决为二审终审判决，判决的执行对公司正常经营活动无重大影响，对公司当期损益有负面影响。公司将积极应对，向有管辖权的人民法院申请再审（以上事项详见2014年12月17日公司临2014－047号公告、2015年2月3日公司临2015－008号公告、2017年7月15日公司临2017－069号公告、2019年7月10日公司临2019－042号公告）。

2019年8月22日，北京市第四中级人民法院对公司开户银行原冻结的5 600万元及660万美元进行了扣划。预计后续还将有针对相应利息不足部分的执行措施。本判决的执行对公司正常经营活动无重大影响，公司经审慎、合理预估，涉案本金8 690万元和相应利息约7 000万元（具体数字以法院最终认定为准）的赔偿执行会对公司当期利润总额产生负面影响。公司已向有管辖权的人民法院申请再审（以上事项详见2019年8月23日公司临2019－051号公告）。

2020年1月10日公司作为再审申请人，已向最高人民法院就方大碳素诉公司等股东损害公司债权人利益责任纠纷一案申请再审。公司于1月10日收到最高人民法院再审裁定书，最高人民法院同意对上述案件进行提审，再审期间，中止原判决的执行（以上事项详见2020年1月11日公司临2020－004号公告）。

2020年5月27日，公司与中昌海运控股有限公司（以下

简称中昌海运，所涉案件为案件一，涉及金额为1.37亿元信托贷款本金及相应利息）、上海隆维畅经贸有限公司（以下简称隆维畅，所涉案件为案件二，涉及金额为1.5亿元信托贷款本金及相应利息）因信托贷款合同产生债务纠纷，公司作为债权人和申请执行人，于前期向上海金融法院提起申请，要求两名债务人分别履行相应归还信托贷款本金及利息的义务，其余八名被告/被执行人分别履行对应的担保义务。公司于2020年5月27日收到上海金融法院出具的相关受理文件，上海金融法院决定对上述两案件分别进行立案起诉和立案执行。公司将持续关注案件进展情况，及时履行相应信息披露义务（以上事项详见2020年5月28日公司临2020－034号公告）。

此后，案件一已由上海金融法院出具一审判决书，判决相关被告在限期内归还公司相关贷款本金和利息，如不履行相关付款义务，则相关保证人需承担连带清偿责任；案件二经公司与法院沟通，得知目前部分质押股票的处置权已经移送到上海金融法院。公司已向上海金融法院提出申请，请求法院以司法拍卖或大宗交易方式处置已取得处置权的股票（以上事项详见2020年9月3日公司临2020－055号公告）。

目前，一审判决已生效，案件进入执行阶段。

8.4 对会计师事务所出具的有保留意见、否定意见或无法表示意见的审计报告的说明

无。

8.5 公司及其董事、监事和高级管理人员受到处罚的情况

无。

8.6 监管意见及整改情况

公司收到上海银保监局下发的《上海银保监局关于上海爱建信托有限责任公司2019年度的监管意见》（沪银保监发〔2020〕6号）。收到监管意见后，公司领导高度重视、组织研究，逐条对照监管意见及关注重点进行梳理，制订相应的落实方案和计划。公司整改计划落实情况如下：通过修订公司章程、针对风控体系再造推行三年发展规划，同时持续建立符合转型发展的薪酬和激励机制，推行合规为前导的风险防控体系，启动风险体系再造及信息系统重建计划，推进审批人团队和风管条线人员团队建设，建立中台联席会议机制，基本落实公司治理各项监管要求、培育科学发展的战略理念、坚持回归本源的转型发展导向、夯实内部风险管理能力；固有资金投资信托受益权余额已压降，货币资金余额已增加，股东及实际控制人流动性支持及时有效，且股东恢复与处置计划中已明确流动性支持相关条款，持续保障股东流动性支持意愿和能力，已落实加强固有业务流动性管理；公司严格控制存续房地产业务规模，已落实指标要求，同时已调整风险政策，细化项目测算，推动交易对手评级分析等，结合监管检查部分问题项目，公司已拟定整改方案并推动尽早落实，多数已落实严控房地产业务风险；公司已制定2020年信政业务风险政策，项目准入收紧并鼓励开展包括规范化PPP基金、城市发展基金等业务，已落实关注政信类业务风险；为加强推进销售推介管理体系，已通过完善多项制度建设、流程、应用移动设备等方式深化落实，同步加强应用APP、CRM等移动工具，推进全流程无纸化，基本落实重视合格投资者甄别，提升销售管理能力和水平，个别管理问题正在进一步明确、细化销售管理职责和流程。

8.7 本年度重大事项临时报告

无。

8.8 中国银保监会及其省级派出机构认定的其他有必要让客户及相关利益人了解的重要信息

无。

9. 公司监事会意见

公司2020年报告的编制和审议程序符合法律、法规、公司章程和公司内部制度的各项规定。

公司2020年报告的内容与格式符合监管部门的要求和规定，所包含的信息能真实地反映公司2020年的经营管理和财务状况等事项。

在提出本意见前，没有发现参与年度报告编制和审议的人员有违反保密规定的行为。

上海国际信托有限公司

1. 重要提示

1.1 本公司董事会及董事保证本报告所载资料不存在任何虚假记载、误导性陈述或者重大遗漏，并对其内容的真实性、准确性和完整性承担个别及连带责任。年报中所列数据，除标示合并口径之外均为母公司口径。

1.2 本公司9名董事出席董事会会议。3名监事列席了本次会议。

1.3 本公司独立董事陈学彬、李宪明、谢荣声明：保证年度报告内容的真实、准确、完整。

1.4 毕马威华振会计师事务所（特殊普通合伙）根据中国注册会计师审计准则对本公司年度财务报告进行审计，出具了标准无保留意见的审计报告。

1.5 本公司董事长潘卫东、总经理陈兵、分管财务副总经理严军、会计部门负责人朱红声明：保证年度报告中财务报告的真实、完整。

2. 公司概况

2.1 公司简介

上海国际信托有限公司（以下简称公司、上海信托）成立于1981年，注册资本为50亿元。公司长期致力于产品创新，获得资产证券化、代客境外理财（QDII）业务受托人、股指期货交易业务资格、非金融企业债务融资工具承销商资格。公司曾被国务院指定为全国对外融资十大窗口之一；获地方金融机构最高信用评级（穆迪Baa2、标普BBB－）；被指定为非银行金融机构首家合规试点单位；发起设立中国第一家信托登记机构——上海信托登记中心，并被推选为理事长单位；连续担任中国信托业协会副会长单位。近年来，公司持续引领行业高质量发展，在历次监管和行业评级中均获最高评级。公司紧紧围绕服务发展、服务员工、服务社会开展精神文明建设，获评全国文明单位、全国金融系统思想文化建设先进单位，六度荣获上海市金融创新奖，五度荣获上海市文明单位，精神文明建设推动高质量发展成效显著，公司稳健经营、走高质量发展的模式得到监管、同业、投资者及社会各界的高度认可。

2.1.1 公司法定中文名称：上海国际信托有限公司
中文名称缩写：上海信托
公司法定英文名称：Shanghai International Trust Co.，Ltd.
英文缩写：Shanghai Trust

2.1.2 法定代表人：潘卫东

2.1.3 注册地址：中国上海市九江路111号
邮政编码：200002
公司国际互联网网址：www.shanghaitrust.com
电子信箱：info@shanghaitrust.com

2.1.4 公司信息披露联系人：杨胜利
联系电话：021－23131111转
传真：021－63235348
电子信箱：info@shanghaitrust.com

2.1.5 公司选定的信息披露报纸：《上海证券报》《中国证券报》
公司年度报告备置地点：上海市九江路111号上投大厦3楼

2.1.6 公司聘请的会计师事务所：毕马威华振会计师事务所（特殊普通合伙）
住所：北京市东长安街1号东方广场东2座8层
联系电话：010－85085000

2.1.7 公司聘请的律师事务所：锦天城律师事务所
住所：上海市浦东新区银城中路501号上海中心大厦12层
联系电话：021－20511000

2.2 组织结构

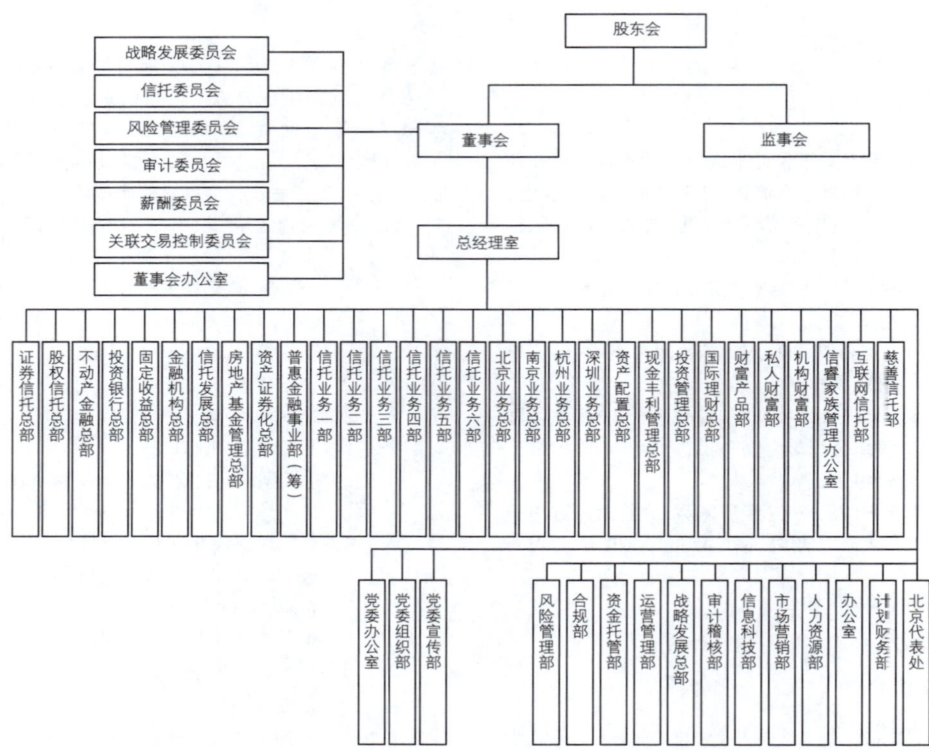

3. 公司治理

3.1 股东

公司前三位股东的主要情况如下：

股东名称	出资比例（%）	法人代表	注册资本（万元）	注册地址	主要经营业务	主要财务情况（万元）	
上海浦东发展银行股份有限公司★	97.3333	郑　杨	2 935 214.0893	上海市中山东一路12号	吸收公众存款、发放短期、中期和长期贷款、办理结算、办理票据贴现、发行金融债券、代理发行、代理兑付、承销政府债券、买卖政府债券、同业拆借、提供信用证服务及担保等	资产总额	795 925 100
						负债总额	731 343 600
						利润总额	6 668 200
						净利润	5 899 300
						股东权益合计	64 581 500
上海汽车集团股权投资有限公司	2.0000	王晓秋	453 817	上海市静安区威海路489号上汽大厦803室	股权投资、创业投资、资产管理	资产总额	652 116.34
						负债总额	131 056.65
						利润总额	67 345.86
						净利润	58 460.12
						所有者权益	521 059.70
上海新黄浦实业集团股份有限公司	0.6667	赵峥嵘	67 339.6786	上海市北京东路668号东楼32层	房地产经营、旧危房改造、室内外建筑装潢、物业管理、房产咨询等	资产总额	2 009 291.35
						负债总额	1 558 531.00
						利润总额	38 371.33
						净利润	31 509.25
						所有者权益	450 760.35

3.2 董事

董事长、副董事长、董事

姓名	职务	性别	年龄（岁）	选任日期	所推举的股东名称	该股东持股比例（%）	简要履历
潘卫东	董事长	男	54	2016年4月	上海浦东发展银行股份有限公司	97.3333	经济学硕士，中共党员，高级经济师，在中国人民银行杭州市分行计划资金处参加工作，曾任上海浦东发展银行宁波分行副行长，昆明分行行长、党组书记，上海市金融服务办公室机构处处长（挂职）、上海国际集团有限公司总经理助理、副总裁，上海浦东发展银行党委委员、副行长，上海国际信托有限公司党委书记、董事长；现任上海浦东发展银行党委副书记、副董事长、行长，上海国际信托有限公司董事长、法人代表。
陈　兵	董事	男	52	2016年4月	上海浦东发展银行股份有限公司	97.3333	管理学博士，中共党员，高级经济师，金融工程师，曾任上海浦东发展银行总行综合计划科副科长，大连分行资金财务部总经理（兼任会计部总经理），总行资金财务部总经理助理，总行个人银行管理会计部总经理，总行个人银行财富管理部总经理，上海国际信托有限公司党委委员、副总经理、董事会秘书，公司党委副书记、副董事长、总经理；现任上海国际信托有限公司党委书记、董事、总经理，兼任上投摩根基金管理有限公司董事长。
陈海宁	董事	男	49	2016年4月	上海浦东发展银行股份有限公司	97.3333	工学硕士，中共党员，经济师，曾任中国工商银行陕西省分行工商信贷处科长、信贷处副处长，工商东亚金融控股公司上海代表处代表，上海浦东发展银行总行公司金融部总经理助理、公司及投资银行总部贸易融资部总经理，武汉分行党委委员、副行长、党委书记、行长，上海浦东发展银行资产负债管理部、战略发展部总经理；现任上海浦东发展银行信息科技部总经理，上海国际信托有限公司董事。
林仪桥	董事	男	47	2019年8月	上海浦东发展银行股份有限公司	97.3333	工商管理硕士，中共党员，会计师、经济师，曾就职于上海浦东发展银行存汇部、会计部、清算中心、产品开发部、资材部财务部，曾任上海浦东发展银行风险管理总部副科长、见习总经理，资金总部总经理助理，金融市场部总经理助理，总行金融机构部总经理助理、副总经理；现任上海浦东发展银行总行公司业务板块合规官，上海国际信托有限公司、上投摩根基金管理有限公司董事。
冯金安	董事	男	53	2019年3月	上海汽车集团股权投资有限公司	2	工商管理硕士，民建会员，研究员级高级工程师，曾就职于中航工业总公司第六一五研究所、杨浦城投集团、杨浦科技创新集团、上海汽车资产经营有限公司，曾任上海汽车集团股权投资有限公司副总经理、上海汽车资产经营有限公司担任总经理；现任上海汽车集团股权投资有限公司总经理，上海国际信托有限公司董事。
朱　红	职工董事	女	52	2017年4月	—	—	管理学硕士，群众，高级会计师，中国注册会计师，中国注册资产评估师，曾任上海浦东轮船公司财务部会计、主管会计、财务部经理，丹碧蔻国际贸易（上海）有限公司财务总监，上海国际信托有限公司计划财务部经理助理、副总经理；现任上海国际信托有限公司工会主席，计划财务部、资金托管部总经理，职工董事。

独立董事

姓名	所在单位及职务	性别	年龄（岁）	选任日期	所推举的股东名称	该股东持股比例（%）	简要履历
陈学彬	复旦大学金融研究院荣休教授	男	67	2016年4月	—	—	经济学博士，中共党员，教授，曾任四川省自贡市经济研究所、计划委员会、体改委、信息中心研究员，上海财经大学金融学院教授，复旦大学金融研究院教授；现任四川大学经济学院讲席教授，上海国际信托有限公司独立董事。
李宪明	上海市锦天城律师事务所合伙人	男	51	2016年4月	—	—	法学博士，中共党员，执业律师，曾在吉林大学法学院工作；现任上海市锦天城律师事务所合伙人，上海国际信托有限公司独立董事。
谢　荣	上海国家会计学院荣休教授	男	68	2016年4月	—	—	会计学博士，中共党员，教授，曾任上海财经大学会计学系助教、讲师、副教授、教授、博士生导师、系副主任，毕马威华振会计师事务所合伙人，上海国家会计学院教授兼副院长，已退休；现任申万宏源独立董事，上海国际信托有限公司独立董事。

3.3 监事

监事会成员

姓名	职务	性别	年龄（岁）	选任日期	所推举的股东名称	该股东持股比例（%）	简要履历
顾　炯	监事	男	46	2020 年6 月	上海浦东发展银行股份有限公司	97.3333	法学硕士，中共党员，经济师、高级政工师，曾任上海浦东发展银行公司金融科主办科员，银行市场部经理（科长）、卢湾支行行长助理，南汇支行副行长，上海分行卢湾支行行长，上海分行外高桥支行行长，上海分行陆家嘴支行行长，上海分行党委组织部（人力资源部）部长、总经理；现任上海浦东发展银行总行人力资源部总经理助理，上海国际信托有限公司监事。
姚建东	监事	男	50	2016 年4 月	上海新黄浦实业集团股份有限公司	0.6667	高级会计师，曾任上海市第一建筑工程有限公司成本主管，长发集团上海房地产公司财务主管，现任上海新黄浦实业集团股份有限公司监事、总经理助理、审计合规部总经理，上海国际信托有限公司监事。
张懿弘	职工监事	男	54	2019 年4 月	—	—	大学毕业，中共党员，经济师，曾就职于上海市缝纫机研究所、上海上投浦东经济发展公司、上国投浦分公司，上海国际信托有限公司资金信托总部、运营管理部，曾任上海国际信托有限公司运营管理部总经理助理（主持工作）、副总经理（主持工作）、总经理；现任上海国际信托有限公司审计稽核部总经理、职工监事。

本报告期公司监事会未设下属委员会。

3.4 高级管理人员

姓名	职务	性别	年龄（岁）	选任日期	金融从业年限（年）	学历（位）	专业	简要履历
陈　兵	总经理	男	52	2016 年4 月	25	研究生管理学博士	企业管理	管理学博士，中共党员，高级经济师，金融工程师，曾任上海浦东发展银行总行综合计划科副科长，大连分行资金财务部总经理（兼任会计部总经理），总行资金财务部总经理助理，总行个人银行管理会计部总经理，总行个人银行财富管理部总经理，上海国际信托有限公司党委委员、副总经理、董事会秘书，公司党委副书记、副董事长、总经理；现任上海国际信托有限公司党委书记、董事、总经理，兼任上投摩根基金管理有限公司董事长。
张晓军	副总经理	女	52	2020 年8 月	6	研究生法学学士	货币银行	法学学士，研究生学历，中共党员，高级经济师，曾就职于安徽马鞍山钢铁股份有限公司、北京通商律师事务所上海分所、北京中伦金通律师事务所上海分所、上海国际集团有限公司，曾任上海爱建股份有限公司合规及风险管理部副总经理（主持工作），上海国际集团有限公司风险合规总部副总经理（主持工作），上海国际信托有限公司党委委员；现任上海国际信托有限公司党委委员、副总经理。
叶力俭	副总经理	男	48	2017 年12 月	22	本科管理学硕士	企业管理	管理学硕士，中共党员，经济师，曾就职于黄浦区国有资产总公司、海通证券公司投资银行部，曾任上海国际信托有限公司资金信托总部科长、总经理助理，资产管理总部总经理助理、副总经理、总经理，投资管理总部总经理、信托发展总部总经理，公司党委委员、总经理助理；现任上海国际信托有限公司党委委员、副总经理。
吴海波	副总经理	男	46	2017 年12 月	11	研究生经济学博士	金融学	经济学博士，中共党员，高级经济师，曾任上海国际集团有限公司发展研究部副科长，上海国际信托有限公司董事会办公室副主任、行政管理部副总经理、总经理，公司党委委员、总经理助理；现任上海国际信托有限公司党委委员、董事会秘书、副总经理，兼董事会办公室主任。
严　军	副总经理	男	52	2018 年10 月	22	研究生法学硕士	思想政治	法学硕士，中共党员，曾就职于合肥晶体管厂、安徽省机械设备成套局、上海浦东发展银行人事部，曾任上海浦东发展银行人事部副科长、科长、人力资源部干部一处副处长（主持工作）、南京分行镇江支行副行长、总行纪检监察室监察一处处长，上海国际信托有限公司党委委员、纪委书记，上海国际信托有限公司党委委员、纪委委员、副总经理；现任上海国际信托有限公司党委委员、副总经理。
邹　俪①	副总经理、合规总监	女	44	2020 年12 月	22	研究生经济学硕士	区域经济	经济学硕士，中共党员，经济师，曾任金华信托上海证券总部基金部项目经理，上海国际信托有限公司资金信托总部业务员、项目经理，运营管理部总经理助理，金融机构总部总经理助理、副总经理、总经理兼固定收益总部总经理，公司党委委员、总经理助理、合规总监，公司党委委员、纪委书记、总经理助理、合规总监；现任上海国际信托有限公司党委委员、纪委书记、副总经理、合规总监。

注：①2020 年 12 月 30 日经公司第六届董事会第四十一次会议审议通过，拟聘任邹俪同志担任公司副总经理，任期期限与本届经营班子一致，并经中国银保监会上海监管局核准任职资格后于 2021 年 2 月 8 日正式任职。

3.5 公司员工

本报告期公司在岗员工 421 人，上年度公司在岗员工 398 人。

项目		报告期年度		上年度	
		人数(人)	比例(%)	人数(人)	比例(%)
年龄分布	25 岁以下	14	3.33	8	2.01
	25～29 岁	87	20.67	100	25.13
	30～39 岁	245	58.19	217	54.52
	40 岁以上	75	17.81	73	18.34
学历分布	博士	11	2.61	10	2.51
	硕士	292	69.36	268	67.34
	本科	110	26.13	112	28.14
	专科	7	1.66	7	1.76
	其他	1	0.24	1	0.25
岗位分布	董事、监事及其高级管理人员	9	2.14	9	2.26
	自营业务人员	10	2.37	10	2.51
	信托业务人员	265	62.95	244	61.31
	其他人员	137	32.54	135	33.92

注:1. 自营业务人员是指按照岗位分工，专门或至少主要从事固有资金使用和固有资产管理有关业务的职工。

2. 信托业务人员是指按照岗位分工，专门或主要从事信托资金使用和信托资产管理各项业务的职工。

3. 对于人力资源部等类似无法明确区分的综合部门归为其他人员。

4. 经营管理

4.1 经营目标、经营方针、战略规划

4.1.1 经营目标

本报告期内公司的经营目标:积极适应当前经济社会环境发展新变化，把握加入浦发银行带来的巨大机遇，加强集团业务协同，推进公司信托业务和自营业务稳定、健康增长，以改革促转型，以风控保发展，做到风险可控、合法合规、积极创新，不断增强核心竞争力，全力开创上海信托高质量发展新局面。

4.1.2 经营方针

本报告期公司的经营方针:诚信、专业、稳健、合规、创新。

4.1.3 战略规划

公司的战略规划:在加入浦发银行集团的战略机遇下，紧紧抓住信托行业转型契机，持续大力发展资产管理和财富管理业务，构建平衡的业务组合和紧密的业务协同架构，全面提升公司前台、中台、后台管理效能，打造可持续的发展模式，为客户持续创造财富和价值，为社会发展持续贡献力量。公司积极适应经济结构转型升级的趋势，加强与浦发银行集团协同发展，顺势而为，深度挖掘有潜力的业务领域，与合作伙伴开展深度长期合作，创新出差异化、可持续的业务模式，努力形成新的盈利增长点;继续深化机制创新，以管理升级和专业化团队建设有效推动公司财富管理、家族信托和慈善信托业务的发展;牢固树立风险底线思维，持续优化风险管理架构，完善运营管理机制，构建坚实有效的风险防线;以强化内部管理为基础，加强精细化管理运作，在提升保障能力上出实效，逐步把公司打造成为全球资产和财富管理服务提供商，预期成为新时代信托行业高质量发展的排头兵和先行者。

4.2 所经营业务的主要内容

4.2.1 经营的主要业务及品种

公司经营的主要业务为信托业务和自营业务。

4.2.1.1 信托业务

信托业务主要品种包括:(1)金融产品配置组合类信托。以高端客户的财富管理需求为出发点，凭借强大的投资管理能力和专业的资产配置能力，将投资者的资金在多种金融工具间进行组合投资，为投资者获取稳定安全的投资收益。(2)不动产金融类信托。选择房地产行业的优秀企业和优质项目，采用灵活多样的业务手段设计“风险适度、期限灵活、回报丰厚”的信托产品，让投资者分享房地产行业的成长收益。(3)证券投资类信托。汇聚全新产品设计理念和技术，投资于股票、基金及债券等金融产品，综合采用结构化设计、聘请投资顾问、应用 CPPI 投资策略与数量投资工具等多种方式，开创投资者在风险市场上获取稳定收益的业务新模式。(4)股权投资信托。对于优质的成长性企业，通过股权受益权融资、股权投资、并购融资、受托股权管理、财务顾问等形式提供全面金融服务。(5)债权投资类信托。公司将募集的信托资金运用于购买各种债权，主要包括银行信贷资产、各类依法合规的受益权以及优秀工商企业的应收账款等，通过回收本息或转让等方式兑现信托财产，实现信托收益。(6)公司及项目金融类信托。通过信托贷款、债权融资及股权投资等方式，协助优秀企业获取融资，推动基础设施类项目顺利开展。(7)国际理财类信托。以大类资产配置为基础理念，与境外金融机构开展深度合作，捕捉海外市场投资机遇，采用结构性票据、指数投资、各类现货和期货投资、外币贷款等灵活运用方式，实现投资者财富增值。(8)另类投资信托。运用结构化设计，有效结合金融资本与实业经济，将公司专业化投资优势和外部投资顾问专业能力相结合，投资于包括酒类、艺术品、茶类、古董及贵金属在内的非传统投资领域，满足高净值财富群体的投资期望和艺术文化消费。(9)养老保障、福利计划等信托服务。利用公司在信托服务领域积累的宝贵经验，根据企业员工在养老保障、福利提升、激励促进等方面的具体要求，为企业员工量身定制持续优质的资产管理服务，实现企业改革发展及员工福利改善的有机结合。(10)资产证券化信托服务。充分利用信托公司资源配置、破产隔离的制度优势，充当各类资产证券化项目的资产受托机构，搭建协同平台，探索国内资产证券化的新路径和模式，为各类优质资产提供流动性。(11)非金融企业债券承销业务。利用非金融企业债务融资工具资格，在银行间市场开展承销业务，主要包括短期融资券(短融，CP)、中期票据(中票，MTN)、中小企业集合票据(SMECN)、超短期融资券(超短融，SCP)、非公开定向发行债务融资工具(PPN)、资产支持票据(ABN)等。(12)财产权信托服务。公司接受委托人的委托，将其合法拥有并且交付给公司的财产权设立财产权信托，依据信托文件的约定忠实受托人职责，为受益人利益或特定目的，管理或处分该财产权。(13)家族信托。公司接受委托，按照委托人的意愿，对家族资

产进行管理和处分，提供包括现金流规划、投资规划、风险管理、税务安排、利益协同、传承安排等一系列定制化的服务。(14)公益(慈善)信托。由委托人提供一定的财产设立，公司作为受托人管理信托财产，并将信托财产用于信托文件制定的公益(慈善)目的。

4.2.1.2　自营业务

自营业务主要包括：(1)固定收益业务。以确保资金的安全性和资产的流动性为原则，通过对固定收益市场和相关投资品种的深入研究，根据市场环境的变化动态调整和优化资产配置结构，构建稳健的投资组合，获取固定收益。目前，固定收益业务主要包括货币市场投资和债券市场投资。(2)股权投资业务。通过对股权投资结构、期限、规模的动态调整和优化，把握各类行业领域孕育的投资机会，开展具有战略意义的金融股权投资或与信托主业联动的直接股权投资，从客户资源、渠道资源、项目资源等方面为信托主业提供有力支持，同时获得长期稳定的投资收益。(3)证券投资业务。追求适度风险条件下的绝对收益最大化，坚持稳健投资的原则，注重对宏观经济动向、监管政策变化、重点行业发展趋势和相关个股的深入分析。公司已建立了专业化的证券投资管理团队，锤炼了与公司经营风格相适应的投资理念，形成了科学严谨的投资决策体系，提升了证券投资的主动管理能力和投资收益水平。

4.2.2　资产组合与分布

4.2.2.1　自营资产运用与分布表

资产运用	金额(万元)	占比(%)	资产分布	金额(万元)	占比(%)
货币资产	109 232.41	5.59	基础产业	—	—
贷款及应收款	—	—	房地产业	—	—
以公允价值计量且变动计入当期损益的金融资产	618 425.13	31.65	证券市场	346 399.45	17.73
可供出售金融资产	718 608.60	36.77	实业	—	—
持有至到期投资	—	—	金融机构	1 503 035.26	76.92
长期股权投资	150 330.11	7.69	其他	104 665.55	5.35
其他	357 504.01	18.30			
资产总计	1 954 100.26	100.00	资产总计	1 954 100.26	100.00

注：其他资产中主要项目包括其他应收款、递延所得税资产、固定资产等。

4.2.2.2　信托资产运用与分布表

资产运用	金额(万元)	占比(%)	资产分布	金额(万元)	占比(%)
货币资产	1 546 650.75	2.54	基础产业	18 935 257.74	31.14
贷款	21 811 653.71	35.87	工商企业	10 448 992.81	17.18
以公允价值计量且变动计入当期损益的金融资产	7 628 742.39	12.54	房地产	4 467 264.60	7.34
可供出售金融资产	9 019 042.65	14.83	证券	4 899 200.19	8.06
持有至到期投资	—	—	金融机构	19 084 907.50	31.38
长期股权投资	1 918 055.26	3.15	其他	2 977 388.03	4.90
买入返售	247 229.77	0.41			

续表

资产运用	金额(万元)	占比(%)	资产分布	金额(万元)	占比(%)
其他	18 641 636.34	30.66			
信托资产总计	60 813 010.87	100.00	信托资产总计	60 813 010.87	100.00

4.3　市场分析

2020年，在新冠肺炎疫情的严重冲击下，面对复杂的国际形势和艰巨的国内改革发展稳定任务，通过果断的疫情防控举措和及时有效的财政与货币等政策，我国成功控制疫情，维护了经济社会稳定，三大攻坚战取得决定性成就；供给侧改革继续深化，金融行业坚决守住不发生系统性金融风险的底线，有效应对内外部环境深刻变化，实现良好的经济增长目标。

2020年中国GDP规模首次突破100万亿元，达101.6万亿元，GDP增速达2.3%，成为全球唯一实现经济正增长的主要经济体。我国全社会固定资产投资(不含农户)51.9万亿元，同比增长2.9%，分项来看，房地产开发投资同比增长7.0%，基建投资同比增长0.9%，制造业投资同比下降2.2%。工业生产整体呈现稳步恢复，2020年我国工业增加值31.3万亿元，同比增长2.4%，规模以上工业增加值同比增长2.8%。2020年我国社会消费品零售总额39.2万亿元，同比下降3.9%。2020年全年出口总额17.9万亿元，同比增长4.0%；进口总额14.2万亿元，同比下降0.7%，全年实现贸易顺差3.7万亿元。2020年，CPI上涨2.5%，涨幅同比回落0.4个百分点；2020年，PPI下降1.8%，降幅同比扩大1.5个百分点。2020年为了对冲新冠肺炎疫情的冲击，我国实施稳健的货币政策，全年社会融资累计增量为34.9万亿元，同比增加9.2万亿元，2020年累计新增贷款21.59万亿元，同比增加4.7万亿元。2020年末，M_2余额为218.7万亿元，同比增长10.1%；年末，M_1余额为62.56万亿元，同比增长8.6%。2020年末，CFETS人民币汇率指数为94.84，人民币汇率在合理均衡水平上保持基本稳定。

2020年，信托行业管理资产规模有所下降，但结构持续优化，主动管理能力不断提升，行业高质量发展效果逐步显现。信托业响应监管部门号召，坚决服务实体经济，大力弘扬信托文化，在提升服务实体经济方面持续做出贡献。截至2020年末，全行业信托资产规模为20.49万亿元，同比下降5.17%。其中，集合信托规模为10.17万亿元，占比为49.65%，同比上升3.72%；管理财产信托为4.18万亿元，占比为20.41%，同比上升3.44%。2020年，信托行业实现营业收入累计1 228.05亿元，同比增长2.33%；信托业务收入为864.48亿元，同比增长3.68%，在经营收入中的占比为70.3[illegible]%；信托行业利润累计为583.18亿元，同比下降19.79%。2020年，信托行业在高质量发展的目标和要求下，加快回归本源，大力推动转型创新，提升主动管理能力，努力实现高质量发展。

4.4　内部控制

4.4.1　内部控制环境和内部控制文化

根据《中华人民共和国公司法》《信托公司治理指引》《企业内部控制基本规范》等法律法规规定及公司章程的要求，以受益人利益为根本出发点，公司建立了由股东会、董事会、监事会和高级管理层组成的分工明确、权责对应、合理制衡的公司治理结构。董事会下设战略、薪酬、信托、风险管理、审计和关联交易控制等六个专门委员会。

报告期内，公司"三会一层"认真履行职责，股东会有效发挥管控作用，董事会对战略定位、风险偏好、业务发展速度和规模进行有效控制，监事会充分发挥对董事会与高管层的监督职能。基于董事会对内部控制机制和内控文化建设的重视，公司紧密围绕战略转型和年度目标，牢牢聚焦资产管理和财富管理，持续优化业务结构，全面推进业务创新与转型，并建立与之匹配的内部组织架构，强化和充实核心业务干部力量，加快人才队伍建设，着力完善绩效评价体系，为实施战略目标进一步注入动能和活力。

公司始终秉持"合规经营、稳健发展"的宗旨，立足受托人职责，不断增强主动管理能力、创新业务模式，全力推动各类业务转型发展。同时，以《中华人民共和国民法典》的发布为契机，多条线组织开展民法典专题学习和培训，引导员工知法、懂法、守法、用法，树立良好的法律合规意识和职业操守。2020年，公司各项经营正常稳健，未受监管处罚、未因重大合规问题遭受重大财务损失或声誉损失，实现了合规风险的有效管理，进一步推进了合规管理长效机制建设。

4.4.2　内部控制措施

公司内部控制管理职能部门为合规部和风险管理部。公司审计稽核部、风险管理部、合规部及其他业务管理部门和每一位员工组成公司内部控制自控、互控和监控"三道防线"，构建了覆盖全公司各部门、各产品、各业务流程的内部控制监督与评价体系。

公司内部控制遵循全面性、制衡性、审慎性、匹配性、重要性和成本效益原则。

公司不断优化内部制度的管理，致力于构建系统、有效的内控管理制度体系。2020年新增或修订规章制度59项、废止37项，其中，在销售适当性、消费者权益保护、自营业务等方面制定、修订业务管理制度18项，在印章管理、财务管理、员工行为管理等方面制定、修订综合管理制度41项，从业务管理和综合管理两方面不断优化内控管理制度体系，有效加强内控体系建设，切实保障公司依法、合规、稳健经营。

公司业务流程严格按照前台、中台、后台划分：前台负责业务受理、初审及具体操作，完成项目审批前的尽职调查、信托方案设计和提交、项目审批后的合同签署、产品发售、投资交易、运作管理和客户服务等工作；中台贯穿业务决策程序和管理环节，负责项目合法合规性审核、议事决策、业务综合管理和过程控制，和前台部门共同完成事前防范和事中控制；后台负责对业务的财务管理及会计核算、信息化支持、行政保障、人力资源管理和审计监督。

公司建立资产隔离制度，依法建账，将公司信托财产与固有财产分别管理、分别记账，并将不同委托人的信托财产分别管理、分别记账。

公司综合运用信托业务和自营业务的设计、营销、运营、财务等方面的信息，定期开展运营情况分析，发现存在的问题，及时查明原因并加以改进。

公司建立危机事件预警机制和突发事件应急处理机制，明确风险预警标准，规范处置程序，完善信息科技突发事件应急处置流程，确保突发事件得到及时妥善处理。

公司对各项业务实行净资本管理，使公司业务协调、高效、有重点地运行，并符合监管及公司战略发展要求。

4.4.3　监督评价与纠正

公司设立独立的审计稽核部，审查评价并督促改善公司经营活动、风险管理、内控合规和公司治理效果。内部审计活动遵循独立性、客观性原则，独立于业务经营、风险管理和内控合规。内部审计工作覆盖公司全部业务。审计稽核部每半年向公司董事会提交内部审计报告。

2020年内部控制评价结果表明，公司各关键领域均已建立了内部控制且执行有效，未发现重大、重要缺陷，内部控制风险总体可控，内部控制整体水平持续提高，为公司内部控制目标的实现提供了合理保证。

4.5　风险管理

4.5.1　信用风险状况及其管理

信用风险是指因债务人或交易对手的直接违约或履约能力下降而造成损失的风险。公司固有业务信用风险资产按五级分为正常类、关注类、次级类、可疑类和损失类。公司根据《金融企业准备金计提管理办法》(财金〔2012〕20号)和公司《准备金计提管理办法》计提一般准备和资产减值准备。其中，一般风险准备从当年净利润中提取，作为利润分配处理，用于弥补尚未识别的可能性损失的准备。

在信用风险管理上，一是通过专家判断和定量计算相结合的手段，对客户信用风险进行区分，审慎度量公司面临的交易对手信用风险形式和规模；二是建立项目评审会制度，涉及信用风险的信托融资项目和固有投资、贷款项目等，均应纳入公司项目评审会进行评审；三是实施大额交易信用风险集中度管理，对重点地区和大额交易对手的业务集中度进行控制和管理，防范集中度风险；四是建立风险预警机制，加强项目贷后风险管理，充分了解交易对手财务情况、人事变更、经营情况及银企关系等重要变化信息，建立灵敏有效的风险预警机制；五是加强抵(质)押物管理，明确抵(质)押物的类型、条件和日常管理机制，管控抵(质)押物工具的合法性、有效性、稳定性及充足性，充分发挥风险缓释工具在信用风险管理中的保障作用；六是建立完整有效的资产保全和风险化解制度，加大不良资产现金清收和风险化解力度，提升风险处置质效。

4.5.2　市场风险状况及其管理

市场风险是指由于金融市场的波动或行情的变化(利率、汇率、股票价格和商品价格)而带来损失的可能性，包括利率风险、汇率风险、证券价格波动风险等。报告期内，公司密切关注各类市场风险，及时调整投资策略，市场风险可控。

在市场风险管理上，一是加强固有业务市场风险管理，对交易性资产和可供出售类资产完善估值管理，及时反映资产公允价值变化对当期损益和资本的影响；二是加强信托业务市场风险管理，健全信托业务市场风险管理和内控，做好风险揭示、尽职管理和信息披露，加强股票市值盯市管理；三是坚持稳健原则，在投资组合中配置足够的固定收益类等低风险投资品种，对证券投资组合的净值、仓位和投资集中度等指标事先设定预警点或止损点，通过投资分散化(组合对冲)降低非系统性风险。

4.5.3 操作风险状况及其管理

操作风险是指由不完善或有问题的内部程序、员工和信息科技系统，以及外部事件所造成损失的风险。报告期内，公司及时发现操作风险点，制定纠正措施，避免发生因操作风险造成的损失。

在操作风险管理上，公司根据重要性原则，逐步梳理固有业务和信托业务操作风险点，将每个业务种类中潜在的风险进行分离和分类管理。采用定性、定量分析相结合的方法，明确产生操作风险的关键点，实施控制。公司在业务尽职调查、运营规范化管理、外部中介机构管理、合同档案管理、信息披露等方面，不断细化管理和规范操作流程，提升业务操作的规范化和标准化水平。

4.5.4 其他风险状况及其管理

其他风险主要是指公司业务开展中的合规风险、流动性风险、法律风险、战略风险、信息科技风险、洗钱风险、声誉风险、案件风险等。报告期内，公司未发生因其他风险所造成的损失。

在其他风险管理上，一是加强员工合规培训，要求员工认真学习并执行有关的法律法规，增强合规意识和风险管理意识，提高风险管理能力；二是加强对运作项目的现金流量管理，做好公司现金流量的预测和安排，同时，组合运用多种工具，有效保证公司流动性；三是加强声誉风险管理，制定《舆情危机管理办法》《新闻发布管理办法》，通过微信公众号、公司网站、内刊等形式，积极开展投资者教育工作；四是强化公司战略规划，持续考量公司战略的发展情况，积极控制战略风险；五是严格执行人民银行反洗钱法律法规要求，落实反洗钱管理，严控洗钱风险；六是积极推进公司的科技信息化建设，配合业务发展开发相应的信息科技系统，重点强化数据治理，进一步应用先进的金融科技手段提升管理水平，夯实信息科技风险管理；七是加强职业道德教育，规范职业行为，把职业道德、职业操守作为员工教育的一个重要内容，不断增强员工的工作责任心，严格控制道德风险。

4.6 净资本管理概况

公司严格遵照监管要求，积极推进净资本管理。报告期末，公司净资本各项指标均处于符合监管要求的较好水平。

指标	期末数	监管标准
净资本（万元）	1 393 499.86	≥2 亿元
各项业务风险资本之和（万元）	575 059.09	—
净资本/各项业务风险资本之和（%）	242.32	≥100
净资本/净资产（%）	84.44	≥40

4.7 消费者权益保护

公司高度重视消费者权益保护工作，将消费者权益保护纳入公司经营发展战略和企业文化建设中，不断完善消费者权益保护组织架构体系和制度体系，持续健全消费者权益保护工作体制机制。公司董事会承担消费者权益保护工作的最终责任，已在董事会战略委员会下设消费者权益保护工作委员会，听取高管层关于消费者权益保护工作开展情况专题报告，督促其有效执行和落实相关工作。公司监事会对董事会、高级管理层开展消费者权益保护工作履职情况进行监督。高级管理层有效协调工作开展，为消费者权益保护工作开展提供必要的资源支持，确保落实各项监管要求，保障消费者的合法权益。

报告期内，公司严格按照相关制度规定落实消费者权益保护措施，在产品设计开发环节开展消费者权益保护审查，合理确定产品风险等级；在产品营销推介环节落实投资者适当性原则，真实、全面地披露产品信息，合理揭示风险，做好录音录像工作；在产品存续运作期间做好项目贷后管理以及运维工作，及时披露与消费者权益保护相关的事项，切实保护消费者合法权益。

为有效维护金融消费者合法权益，提升金融消费者信心，公司响应监管要求，积极组织开展了“3·15 消费者维权宣传教育活动”“防范非法集资”集中宣传月活动和“金融知识进万家”宣传服务月活动，并在客户接待过程中对消费者进行日常性、持续性的金融知识宣传教育，不定期开展消费者权益保护相关培训和消保测试，提升消费者的金融素养和员工的消费者权益保护工作能力。此外，本年度公司积极运用线上云直播方式开展投资者教育讲座，并与新浪财经合作开设金融公开课，向消费者讲解介绍金融理财知识，分享投资理财经验，帮助消费者树立理性的投资观念，践行普惠金融理念。公司消费者权益保护工作机制和内控制度得到进一步完善，促进公司健康、全面、稳健地发展。

4.8 企业社会责任

报告期内，公司在严守风险合规底线、提升经营管理水平的同时，将社会责任理念融入发展战略、经营管理与日常工作中，在支持实体经济、支持小微企业和民营企业发展、改善民生、环境保护、客户服务、社会共建等领域积极践行社会责任。公司不断强化信托服务实体经济的力度，投向实体经济的资金约为 3 000 亿元，占比约为五成；将民营企业和小微企业作为重要拓展方向，投向民营企业存续规模超过 1 000 亿元，支持数十万家小微企业发展。公司主动响应国家重大战略，助力“长三角一体化发展”国家战略，通过信托贷款、债券投资、股权投资、资产证券化等多种形式满足长三角一体化建设中复杂多样的资金需求，累计投入资金近 2 000 亿元。为进一步拓宽信托服务半径、丰富服务群体，公司 2020 年进一步加大普惠金融领域的投入力度，构建专业的团队，搭建普惠金融信息系统，实现了业务的破局。公司还深度参与扶贫攻坚战，积极利用法定制度优势，大力发展慈善信托，将信托工具应用到抗击新冠肺炎疫情、扶贫、慈善等领域，持续打造“上善公益”慈善信托品牌。自新冠肺炎疫情发生以来，公司全体上下积极行动，成立抗疫慈善信托，员工捐赠及社会合计募资 626 万元，为上海 25 家医院近 1 300 名赴鄂医护人员直接提供补贴。自 2013 年以来，公司创设业内首批公益慈善信托，创造了金融扶贫的“上海信托模式”。公司秉持“扶贫先扶智”理念，募资超 5 000 万元支持云南、贵州、甘肃、西藏等 11 个中西部省市近 1 000 名校长赴上海师大、华东师大学习先进教学理念，同时走进上海 20 多所重点中小学跟岗实践，并通过网络共享上海优质教育资源，实现教育资源“东接西输”，提升贫困地区教学理念和水平。2020 年，公司通过“上信上善”慈善信托推动开展“长三角助飞学子梦”教育扶贫项目和甘肃临洮县定点扶贫项目，深度助力扶贫攻坚取得历史性胜利。同时，公司聚焦医疗救护，常态化组织中西部医护人员进入上海各大医院重点科室跟岗学习，为当地培养“带不走的医疗团队”。2020 年受新冠肺炎疫情的影响，公司开展青海地区远程会诊及培训项目，捐赠贵州义海医疗救助基金，致力于提升贫困地区医疗水平、补足公共医疗短板。公司保持军企共建互学传统，与“南京路上好八连”军企共建合作关系已持续 15 年。公司深入贯彻习近平生态文明思想，坚持自身节能减排，倡导节约资源、降低能耗，推行无纸化办公，开展垃圾减量分类、低碳生活等环保主题活动，积极支持绿色环保项目，履行环境保护职责。2020 年，公司因切实践行企业社会责任，获得“全国文明单位”“上海市平安示范单位”“中华慈善奖上海提名奖”等多项荣誉。

5. 报告期末及上一年度末的比较式会计报表

5.1 自营资产

5.1.1 会计师事务所审计意见

毕马威华振会计师事务所(特殊普通合伙)对公司所作的审计意见如下:

上海国际信托有限公司财务报表在所有重大方面按照审计报告的财务报表附注所述编制基础编制，公允反映了上海信托公司 2020 年 12 月 31 日的合并及公司财务状况及 2020 年的合并及公司经营成果和现金流量。

5.1.2 资产负债表

资产负债表

编制单位:上海国际信托有限公司　　2020 年 12 月 31 日　　单位:万元

资产	年末数		年初数		负债及所有者权益	年末数		年初数	
	合并	母公司	合并	母公司		合并	母公司	合并	母公司
资产:					负债:				
现金及存放中央银行款项	0.82	0.27	3.32	0.11	向中央银行借款	—	—	—	—
存放同业款项	418 129.82	109 232.14	383 401.65	94 356.44	同业及其他金融机构存放款	—	—	—	—
贵金属	—	—	—	—	拆入资金	—	—	—	—
拆出资金	—	—	—	—	以公允价值计量且其变动计入当期损益的负债	102 748.17	—	189 991.58	—
以公允价值计量且变动计入当期损益的金融资产	767 860.14	618 425.13	636 032.09	526 819.26	衍生金融负债	—	—	—	—
衍生金融资产	—	—	—	—	卖出回购金融资产款	—	—	—	—
买入返售金融资产	—	—	—	—	吸收存款	—	—	—	—
应收款项	35 745.81	13 035.46	48 501.66	21 629.20	应付职工薪酬	139 034.64	70 812.55	111 421.59	63 136.12
发放贷款和垫款	143 174.74	—	228 934.72	—	应交税费	114 569.98	103 464.88	131 949.58	120 883.96
可供出售金融资产	655 739.25	718 608.60	681 236.62	688 745.40	预计负债	—	—	—	—
持有至到期投资	—	—	—	—	应付债券	—	—	—	—
长期股权投资	27 313.74	150 330.11	20 775.04	150 583.10	递延所得税负债	7.69	—	20.52	—
投资性房地产	—	—	—	—	划分为持有待售负债	—	—	—	—
固定资产	16 691.76	14 435.16	17 491.05	15 799.97	递延收益	22 420.00	22 420.00	25 108.39	24 808.39
在建工程	23 899.35	23 899.35	585.02	585.02	其他负债	120 004.11	99 069.84	145 178.43	104 687.98
无形资产	3 185.03	1 233.84	2 124.91	569.63	负债合计	498 784.59	295 767.27	603 670.09	313 516.45
递延所得税资产	31 067.79	16 594.98	25 660.39	15 225.61	所有者权益:	—	—	—	—
划分为持有待售的资产	—	—	—	—	实收资本	500 000.00	500 000.00	500 000.00	500 000.00
其他资产	291 846.37	288 305.22	342 903.18	321 960.33	其他权益工具	—	—	—	—
商誉	1 065.17	—	1 065.17	—	资本公积	—	—	—	—
					其他综合收益	9 404.95	8 369.08	7 823.57	14 396.92
					盈余公积	349 370.12	349 370.12	303 589.50	303 589.50
					风险准备	182 225.97	106 558.80	169 073.60	98 692.59
					未分配利润	756 139.45	694 034.99	694 027.94	606 078.61
					归属于母公司所有者权益合计	1 797 140.49	1 658 332.99	1 674 514.61	1 522 757.62
					少数股东权益	119 794.71	—	110 530.12	—
					所有者权益合计	1 916 935.20	1 658 332.99	1 785 044.73	1 522 757.62
资产总计	2 415 719.79	1 954 100.26	2 388 714.82	1 836 274.07	负债和所有者权益总计	2 415 719.79	1 954 100.26	2 388 714.82	1 836 274.07

法定代表人:潘卫东　　主管会计工作负责人:严　军　　会计机构负责人:朱　红

5.1.3 利润表

利润表

编制单位：上海国际信托有限公司　　2020 年度　　单位：万元

项目	本年数		上年数	
	合并	母公司	合并	母公司
一、营业收入	525 389. 38	311 686. 85	458 682. 56	267 114. 54
利息净收入	3 648. 51	-3 373. 69	14 621. 75	-88. 41
利息收入	21 744. 15	1 513. 43	24 218. 95	2 688. 52
利息支出	18 095. 64	4 887. 12	9 597. 20	2 776. 93
手续费及佣金净收入	373 151. 65	170 018. 20	356 578. 19	185 139. 20
手续费及佣金收入	373 465. 45	170 022. 69	357 379. 37	185 143. 68
手续费及佣金支出	313. 80	4. 49	801. 18	4. 48
投资收益（损失以"－"号填列）	86 255. 11	118 168. 94	59 520. 25	73 697. 66
其中：对联营企业和合营企业的投资收益	1 622. 61	-252. 99	1 227. 09	-110. 13
公允价值变动损益（损失以"－"号填列）	21 094. 71	1 303. 91	8 833. 49	3 685. 14
汇兑收益（损失以"－"号填列）	453. 10	358. 91	-249. 52	-148. 91
资产处置收益	-30. 58	8. 76	24. 45	2. 06
其他收益	27 068. 53	25 132. 71	7 438. 66	4 763. 21
其他业务收入	13 748. 35	69. 11	11 915. 29	64. 59
二、营业支出	290 843. 65	106 073. 86	192 300. 05	72 068. 18
营业税金及附加	2 436. 00	1 207. 51	2 485. 51	1 408. 51
业务及管理费	213 950. 90	72 716. 09	190 060. 64	70 236. 63
资产减值损失	53 904. 63	11 598. 14	-271. 02	398. 12
其他业务成本	20 552. 12	20 552. 12	24. 92	24. 92
三、营业利润（亏损以"－"号填列）	234 545. 73	205 612. 99	266 382. 51	195 046. 36
加：营业外收入	585. 55	249. 63	45. 69	22. 98
减：营业外支出	3 974. 15	2 776. 26	2 358. 15	2 357. 37
四、利润总额（亏损总额以"－"号填列）	231 157. 13	203 086. 36	264 070. 05	192 711. 97
减：所得税费用	69 125. 96	46 483. 15	64 092. 43	42 110. 50
五、净利润（净亏损以"－"号填列）	162 031. 17	156 603. 21	199 977. 62	150 601. 47
归属于母公司所有者的净利润	136 920. 18	156 603. 21	176 972. 50	150 601. 47
少数股东损益	25 110. 99	—	23 005. 12	—
六、其他综合收益	1 503. 92	-6 027. 84	4 219. 67	11 707. 20
归属于母公司股东的其他综合收益的税后净额	1 581. 38	-6 027. 84	4 183. 19	11 707. 20
以后将重分类进损益的其他综合收益	1 581. 38	-6 027. 84	4 183. 19	11 707. 20
1. 可供出售金融资产公允价值变动	4 678. 17	-4 232. 92	3 661. 88	11 185. 39
2. 外币报表折算差额	-3 096. 79	-1 794. 92	521. 31	521. 81
归属于少数股东的其他综合收益的税后净额	-77. 46	—	36. 48	—
七、综合收益总额	163 535. 09	150 575. 37	204 197. 29	162 308. 67
归属于母公司所有者的综合收益总额	138 501. 56	150 575. 37	181 155. 69	162 308. 67
归属于少数股东的综合收益总额	25 033. 53	—	23 041. 60	—

法定代表人：潘卫东　　主管会计工作负责人：严　军　　会计机构负责人：朱　红

5.1.4 所有者权益变动表

所有者权益变动表(合并)

编制单位:上海国际信托有限公司　　　　2020 年度　　　　单位:万元

项目	本年金额											上年金额										
	归属于母公司所有者权益								小计	少数股东权益	所有者权益合计	归属于母公司所有者权益								小计	少数股东权益	所有者权益合计
	实收资本	其他权益工具	资本公积	减:库存股	其他综合收益	盈余公积	风险准备	未分配利润				实收资本	其他权益工具	资本公积	减:库存股	其他综合收益	盈余公积	一般风险准备	未分配利润			
一、上年年末余额	500 000.00	—	—	—	7 823.57	303 589.50	169 073.60	694 027.94	1 674 514.61	110 530.12	1 785 044.73	500 000.00	—	—	—	3 640.38	261 827.80	153 885.69	574 618.05	1 493 971.92	100 387.98	1 594 359.90
加:会计政策变更	—	—	—	—	—	—	—	—	—	—	—	—	—	—	—	—	—	—	—	—	—	—
前期差错更正	—	—	—	—	—	—	—	—	—	—	—	—	—	—	—	—	—	—	—	—	—	—
其他	—	—	—	—	—	—	—	—	—	—	—	—	—	—	—	—	—	—	—	—	—	—
二、本年年初余额	500 000.00				7 823.57	303 589.50	169 073.60	694 027.94	1 674 514.61	110 530.12	1 785 044.73	500 000.00				3 640.38	261 827.80	153 885.69	574 618.05	1 493 971.92	100 387.98	1 594 359.90
三、本年增减变动金额(减少以"-"号填列)	—	—	—	—	—	—	—	—	—	—	—	—	—	—	—	—	—	—	—	—	—	—
(一)综合收益总额	—	—	—	—	1 581.38	—	—	136 920.18	138 501.56	25 033.53	163 535.09	—	—	—	—	4 183.19	—	—	176 972.50	181 155.69	23 041.60	204 197.29
(二)所有者投入和减少资本	—	—	—	—	—	—	—	—	—	—	—	—	—	—	—	—	—	—	—	—	—	—
1. 所有者投入资本	—	—	—	—	—	—	—	—	—	—	—	—	—	—	—	—	—	—	—	—	—	—
2. 其他权益工具持有者投入资本	—	—	—	—	—	—	—	—	—	—	—	—	—	—	—	—	—	—	—	—	—	—
3. 股份支付计入所有者权益的金额	—	—	—	—	—	—	—	—	—	—	—	—	—	—	—	—	—	—	—	—	—	—
4. 其他	—	—	—	—	—	—	—	—	—	—	—	—	—	—	—	—	—	—	—	—	—	—
(三)利润分配	—	—	—	—	—	—	—	—	—	—	—	—	—	—	—	—	—	—	—	—	—	—
1. 提取盈余公积	—	—	—	—	—	45 780.62	—	-45 780.62	—	—	—	—	—	—	—	—	41 761.70	—	-41 761.70	—	—	—
2. 提取风险准备	—	—	—	—	—	—	13 152.37	-13 152.37	—	—	—	—	—	—	—	—	—	15 187.91	-15 187.91	—	—	—
3. 对所有者的分配	—	—	—	—	—	—	—	-15 000.00	-15 000.00	-15 337.64	-30 337.64	—	—	—	—	—	—	—	—	—	-15 072.53	-15 072.53
4. 其他	—	—	—	—	—	—	—	-875.68	-875.68	-431.30	-1 306.98	—	—	—	—	—	—	—	-613.00	-613.00	-301.93	-914.93
(四)所有者权益内部结转	—	—	—	—	—	—	—	—	—	—	—	—	—	—	—	—	—	—	—	—	—	—
1. 资本公积转增资本	—	—	—	—	—	—	—	—	—	—	—	—	—	—	—	—	—	—	—	—	—	—
2. 盈余公积转增资本	—	—	—	—	—	—	—	—	—	—	—	—	—	—	—	—	—	—	—	—	—	—
3. 盈余公积弥补亏损	—	—	—	—	—	—	—	—	—	—	—	—	—	—	—	—	—	—	—	—	—	—
4. 一般风险准备弥补亏损	—	—	—	—	—	—	—	—	—	—	—	—	—	—	—	—	—	—	—	—	—	—
5. 结转重新计量设定受益计划净负债或净资产所产生的变动	—	—	—	—	—	—	—	—	—	—	—	—	—	—	—	—	—	—	—	—	—	—
6. 其他	—	—	—	—	—	—	—	—	—	—	—	—	—	—	—	—	—	—	—	—	—	—
四、本年年末余额	500 000.00	—	—	—	9 404.95	349 370.12	182 225.97	756 139.45	1 797 140.49	119 794.71	1 916 935.20	500 000.00	—	—	—	7 823.57	303 589.50	169 073.60	694 027.94	1 674 514.61	110 530.12	1 785 044.73

法定代表人:潘卫东　　　　主管会计工作负责人:严　军　　　　会计机构负责人:朱　红

所有者权益变动表

编制单位：上海国际信托有限公司　　2020 年度　　单位：万元

项目	本年金额									上年金额								
	实收资本	其他权益工具	资本公积	减：库存股	其他综合收益	盈余公积	风险准备	未分配利润	所有者权益合计	实收资本	其他权益工具	资本公积	减：库存股	其他综合收益	盈余公积	一般风险准备	未分配利润	所有者权益合计
一、上年年末余额	500 000.00	—	—	—	14 396.92	303 589.50	98 692.59	606 078.61	1 522 757.62	500 000.00	—	—	—	2 689.72	261 827.80	90 183.24	505 748.19	1 360 448.95
加：会计政策变更	—	—	—	—	—	—	—	—	—	—	—	—	—	—	—	—	—	—
前期差错更正	—	—	—	—	—	—	—	—	—	—	—	—	—	—	—	—	—	—
其他	—	—	—	—	—	—	—	—	—	—	—	—	—	—	—	—	—	—
二、本年年初余额	500 000.00	—	—	—	14 396.92	303 589.50	98 692.59	606 078.61	1 522 757.62	500 000.00	—	—	—	2 689.72	261 827.80	90 183.24	505 748.19	1 360 448.95
三、本年增减变动金额（减少以"－"号填列）	—	—	—	—	—	—	—	—	—	—	—	—	—	—	—	—	—	—
（一）综合收益总额	—	—	—	—	-6 027.84	—	—	156 603.21	150 575.37	—	—	—	—	11 707.20	—	—	150 601.47	162 308.67
（二）所有者投入和减少资本	—	—	—	—	—	—	—	—	—	—	—	—	—	—	—	—	—	—
1. 所有者投入资本	—	—	—	—	—	—	—	—	—	—	—	—	—	—	—	—	—	—
2. 其他权益工具持有者投入资本	—	—	—	—	—	—	—	—	—	—	—	—	—	—	—	—	—	—
3. 股份支付计入所有者权益的金额	—	—	—	—	—	—	—	—	—	—	—	—	—	—	—	—	—	—
4. 其他	—	—	—	—	—	—	—	—	—	—	—	—	—	—	—	—	—	—
（三）利润分配	—	—	—	—	—	—	—	—	—	—	—	—	—	—	—	—	—	—
1. 提取盈余公积	—	—	—	—	—	45 780.62	—	-45 780.62	—	—	—	—	—	—	41 761.70	—	-41 761.70	—
2. 提取风险准备	—	—	—	—	—	—	7 866.21	-7 866.21	—	—	—	—	—	—	—	8 509.35	-8 509.35	—
3. 对所有者的分配	—	—	—	—	—	—	—	-15 000.00	-15 000.00	—	—	—	—	—	—	—	—	—
4. 其他	—	—	—	—	—	—	—	—	—	—	—	—	—	—	—	—	—	—
（四）所有者权益内部结转	—	—	—	—	—	—	—	—	—	—	—	—	—	—	—	—	—	—
1. 资本公积转增资本	—	—	—	—	—	—	—	—	—	—	—	—	—	—	—	—	—	—
2. 盈余公积转增资本	—	—	—	—	—	—	—	—	—	—	—	—	—	—	—	—	—	—
3. 盈余公积弥补亏损	—	—	—	—	—	—	—	—	—	—	—	—	—	—	—	—	—	—
4. 一般风险准备弥补亏损	—	—	—	—	—	—	—	—	—	—	—	—	—	—	—	—	—	—
5. 结转重新计量设定受益计划净负债或净资产所产生的变动	—	—	—	—	—	—	—	—	—	—	—	—	—	—	—	—	—	—
6. 其他	—	—	—	—	—	—	—	—	—	—	—	—	—	—	—	—	—	—
四、本年年末余额	500 000.00	—	—	—	8 369.08	349 370.12	106 558.80	694 034.99	1 658 332.99	500 000.00	—	—	—	14 396.92	303 589.50	98 692.59	606 078.61	1 522 757.62

法定代表人：潘卫东　　主管会计工作负责人：严　军　　会计机构负责人：朱　红

5.2 信托资产

5.2.1 信托项目资产负债汇总表

信托项目资产负债汇总表

编制单位:上海国际信托有限公司　　2020 年 12 月 31 日　　单位:万元

信托资产	期末余额	年初余额	信托负债和信托权益	期末余额	年初余额
信托资产:			信托负债:		
货币资金	1 546 650.75	1 395 039.22	以公允价值计量且变动计入当期损益的金融负债	—	—
拆出资金	—	—	衍生金融负债	—	—
存出保证金	—	—	应付受托人报酬	28 125.98	28 295.73
以公允价值计量且变动计入当期损益的金融资产	7 628 742.39	7 484 302.59	应付托管费	3 740.91	3 171.82
衍生金融资产	—	—	应付受益人收益	8 147.00	7 435.06
买入返售金融资产	247 229.77	171 887.58	应交税费	9 208.83	6 121.84
应收款项	16 586 837.71	17 509 102.61	应付销售服务费	1 467.49	2 609.56
发放贷款	21 811 653.71	27 864 507.67	其他应付款	1 292 866.25	944 018.79
可供出售金融资产	9 019 042.65	9 792 773.34	预计负债	—	—
持有至到期投资	—	—	其他负债	—	—
长期应收款	—	—	信托负债合计	1 343 556.46	991 652.80
长期股权投资	1 918 055.26	2 346 003.11	信托权益:	—	
投资性房地产	—	—	实收信托	58 323 536.70	67 566 700.08
固定资产	—	—	资本公积	6 694.35	9 028.17
无形资产	—	—	其他综合收益	−2 771.60	−123 139.10
长期待摊费用	—	—	未分配利润	1 141 994.46	820 972.34
其他资产	2 054 798.63	2 701 598.17	信托权益合计	59 469 454.41	68 273 561.49
信托资产总计	60 813 010.87	69 265 214.29	信托负债及信托权益总计	60 813 010.87	69 265 214.29

企业负责人:潘卫东　　复核:施　未　　制表:伍晓燕

5.2.2 信托项目利润和利润分配汇总表

信托项目利润和利润分配汇总表

编制单位:上海国际信托有限公司　　2020 年度　　单位:万元

项目	本年金额	上年金额
1. 营业收入	3 347 444.90	4 146 898.49
1.1 利息收入	2 618 089.68	3 215 954.73
1.2 投资收益	673 297.77	806 613.53
1.2.1 其中:对联营企业和合营企业的投资收益	—	—
1.3 公允价值变动收益	50 734.51	122 860.26
1.4 租赁收入	—	—
1.5 汇兑损益	540.16	−745.86
1.6 其他收入	4 782.78	2 215.83
2. 支出	450 734.31	484 672.92
2.1 营业税金及附加	10 215.58	11 944.41
2.2 受托人报酬	181 531.90	246 236.56
2.3 托管费	22 320.51	28 405.63
2.4 投资管理费	−7 022.64	13 224.82
2.5 销售服务费	7 387.32	9 751.62
2.6 交易费用	1 886.33	1 234.70
2.7 资产减值损失	13 357.31	12 556.02
2.8 其他费用	221 058.00	161 319.16
3. 信托净利润	2 896 710.59	3 662 225.57
4. 其他综合收益	120 367.51	13 282.40
(一)以后不能重分类进损益的其他综合收益	—	—
其中:1. 重新计量设定收益计划净负债或净资产的变动	—	—
2. 权益法下在被投资单位不能重分类进损益的其他综合收益中享有的份额	—	—
(二)以后将重分类进损益的其他综合收益	120 367.51	13 282.40
其中:1. 权益法下在被投资单位以后将重分类进损益的其他综合收益中享有的份额	—	—
2. 可供出售金融资产公允价值变动损益	128 264.29	12 719.29
3. 持有至到期投资重分类为可供出售金融资产损益	—	—
4. 现金流量套期损益的有效部分	—	—
5. 外币财务报表折算差额	−7 896.78	563.11
6. 综合收益	3 017 078.10	3 675 507.97
7. 加:期初未分配信托利润	820 972.34	471 026.61
8. 可供分配的信托利润	4 084 137.91	4 418 705.29
9. 减:本期已分配信托利润	2 942 143.45	3 597 732.95
10. 期末未分配信托利润	1 141 994.46	820 972.34

企业负责人:潘卫东　　复核:施　未　　制表:伍晓燕

6. 会计报表附注

6.1 报告年度会计报表编制基准、会计政策、会计估计和核算方法发生的变化

公司财务报表以持续经营假设为基础,根据实际发生的交易和事项,按照财政部于 2006 年 2 月 15 日及以后期间颁布的

《企业会计准则——基本准则》、各项具体会计准则及相关规定（以下合称企业会计准则）编制。

6.2 或有事项说明

报告期内，本公司未发生对外担保及其他或有事项。

6.3 重要资产转让及其出售的说明

报告期内，上投摩根基金管理有限公司（以下简称上投摩根）由本公司持股51%，摩根资产管理（英国）有限公司（以下简称摩根资产管理）持股49%。本公司持有的2%和49%股权目前正处于转让过程中，买方为摩根资产管理。

根据国务院金融稳定发展委员会《关于进一步扩大金融业对外开放的有关举措》及中国证券监督管理委员会之安排，自2020年4月1日起，在全国范围内取消基金管理公司外资股比限制。在此背景下，公司收到摩根资产管理的通知，摩根资产管理拟收购公司持有的上投摩根剩余的股份。为落实国家金融业对外开放政策并优化集团发展战略，公司根据监管规定、国有资产管理的要求及公司章程的规定，基于互惠互利的商业原则，启动上述股权转让的相关事宜。遵照国有资产监管规定，上投摩根49%股权于2020年8月25日至2020年9月21日，在上海联合产权交易所进行了公开挂牌转让。根据监管规定、国有资产管理要求及上海联合产权交易所交易规则，最终由摩根资产管理成功摘牌。此后，交易双方签署了相关股权转让协议。目前，本次上投摩根49%的股权转让交易和此前上投摩根2%股权转让交易尚待中国证监会等监管部门审批。

6.4 会计报表中重要项目的明细资料

6.4.1 披露自营资产经营情况

6.4.1.1 按信用风险五级分类结果披露信用风险资产的期初数、期末数

信用风险资产五级分类	正常类（万元）	关注类（万元）	次级类（万元）	可疑类（万元）	损失类（万元）	信用风险资产合计（万元）	不良资产合计（万元）	不良资产率（%）
期初数	1 798 818.98	19 906.00	—	7 818.78	—	1 826 543.76	7 818.78	0.43
期末数	1 812 213.55	61 913.00	35 860.00	—	—	1 909 986.55	35 860.00	1.88

注：1. 不良资产合计＝次级类＋可疑类＋损失类。
2. 信用风险资产按照中国银保监会非现场监管G11报表口径统计。

6.4.1.2 各项资产减值损失准备的期初数、本期计提、本期转回、本期核销、期末数

单位：万元

	期初数	本期计提	本期转回	本期核销	本期转出	期末数
贷款损失准备	—	—	—	—	—	—
一般准备	—	—	—	—	—	—
专项准备	—	—	—	—	—	—
其他减值准备	22 616.50	11 598.14	—	—	22 164.78	[illegible]049.86
持有至到期投资减值准备	—	—	—	—	—	—
长期股权投资减值准备	53.60	—	—	—	—	53.60
坏账准备	—	—	—	—	—	—
投资性房地产减值准备	—	—	—	—	—	—
可供出售金融资产减值准备	22 562.90	11 598.14	—	—	22 164.78	[illegible]996.26

6.4.1.3 按照投资品种分类，分别披露固有业务股票投资、基金投资、债券投资、股权投资等投资业务的期初数、期末数

单位：万元

	自营股票	基金	债券	长期股权投资	其他投资	合计
期初数	16 246.31	186 753.89	3 735.39	150 583.10	1 008 829.07	1 3[illegible] 147.76
期末数	19 644.10	381 443.79	3 171.05	150 330.11	932 774.79	1 4[illegible] 363.84

6.4.1.4 按投资入股金额排序，前五名的自营长期股权投资的企业名称、占被投资企业权益的比例、主要经营活动及投资收益情况等

	企业名称	占被投资企业权益的比例（%）	主要经营活动	投资损益（万元）
1	上信资产管理有限公司	100.00	资产管理，股权投资及管理等	—
2	上投摩根基金管理有限公司[1]	51.00	基金管理等	8 394.9[illegible]
3	中国信托登记有限责任公司[2]	3.33	信托产品信息、受益权信息及其变动情况的登记等	-252.9[illegible]
4	上海国利货币经纪有限公司	67.00	证券经纪；证券投资咨询；证券自营等	13 400.0[illegible]

注：1. 对上投摩根基金管理有限公司股权投资的说明详见6.4。
2. 公司对中国信托登记有限责任公司的表决权比例为11.11%，故将其作为联营企业核算。

6.4.1.5 前三名的自营贷款的企业名称、占贷款总额的比例和还款情况等

报告期末,本公司无自营贷款。

6.4.1.6 表外业务的期初数、期末数,按照代理业务、担保业务和其他类型表外业务分别披露

单位:万元

表外业务	期初数	期末数
担保业务	—	—
代理业务(委托业务)	2 864.42	2 864.42
其他	1 330.00	1 330.00
合计	4 194.42	4 194.42

6.4.1.7 公司当年的收入结构

合并口径:

收入结构	金额(万元)	占比(%)
手续费及佣金收入	373 465.45	68.66
其中:信托手续费收入	136 680.84	25.13
投资银行业务收入	30 184.70	5.55
利息收入	21 744.15	3.99
其他业务收入	13 748.35	2.53
其中:计入信托业务收入部分	—	—
投资收益	86 255.11	15.86
其中:股权投资收益	4 372.61	0.80
证券投资收益	25 068.59	4.61
其他投资收益	56 813.91	10.45
公允价值变动收益	21 094.71	3.88
资产处置收益	-30.58	-0.01
其他收益	27 068.53	4.98
营业外收入	585.55	0.11
收入合计	543 931.27	100.00

母公司口径:

收入结构	金额(万元)	占比(%)
手续费及佣金收入	170 022.69	53.72
其中:信托手续费收入	139 783.86	44.17
投资银行业务收入	30 184.70	9.54
利息收入	1 513.43	0.48
其他业务收入	69.11	0.02
其中:计入信托业务收入部分	—	—
投资收益	118 168.94	37.34
其中:股权投资收益	24 292.00	7.68
证券投资收益	23 901.60	7.55
其他投资收益	69 975.34	22.11
公允价值变动收益	1 303.91	0.41
资产处置收益	8.76	0.01
其他收益	25 132.71	7.94
营业外收入	249.63	0.08
收入合计	316 469.18	100.00

2020年以手续费及佣金确认的信托业务收入金额为117 579.61万元,以业绩报酬形式确认的信托业务收入金额为21 823.53万元,以其他形式确认的信托业务收入金额为380.72万元。

6.4.2 披露信托财产管理情况

6.4.2.1 信托资产的期初数、期末数

单位:万元

信托资产	期初数	期末数
集合	23 140 237.70	21 465 217.83
单一	27 822 705.33	21 729 858.81
财产权	18 302 271.26	17 617 934.23
合计	69 265 214.29	60 813 010.87

6.4.2.1.1 主动管理型信托业务的信托资产期初数、期末数

单位:万元

主动管理型信托资产	期初数	期末数
证券投资类	10 040 338.92	10 690 583.21
股权投资类	523 172.15	422 927.35
融资类	8 696 434.44	7 517 437.16
合计	19 811 994.76	19 690 502.08

6.4.2.1.2 事务管理型信托业务的信托资产期初数、期末数

单位:万元

事务管理型信托资产	期初数	期末数
证券投资类	703 041.38	866 853.07
股权投资类	3 067 802.04	2 693 692.54
融资类	38 821 256.04	31 237 806.44
合计	49 453 219.53	41 122 508.79

6.4.2.2 本年度已清算结束的信托项目表

6.4.2.2.1 本年度已清算结束的信托项目

已清算结束的信托项目	项目个数(个)	实收信托合计金额(万元)	加权平均实际年化收益率(%)
集合资金类	118	5 554 541.67	6.57
单一资金类	125	5 030 353.90	4.62
财产管理类	50	5 218 238.74	6.63

注:加权平均实际年化收益率=(信托项目1的实际年化收益率×信托项目1的实收信托+…+信托项目n的实际年化收益率×信托项目n的实收信托)/(信托项目1的实收信托+…+信托项目n的实收信托)×100%。

6.4.2.2.2 本年度已清算结束的主动管理型信托项目

已清算结束的信托项目	项目个数(个)	实收信托合计金额(万元)	加权平均实际年化信托报酬率(%)	加权平均实际年化收益率(%)
证券投资类	22	145 347.16	0.27	2.93
股权投资类	2	100 966.88	0.24	6.84
融资类	86	4 583 481.74	0.62	—

注:加权平均实际年化收益率=(信托项目1的实际年化收益率×信托项目1的实收信托+…+信托项目n的实际年化收益率×信托项目n的实收信托)/(信托项目1的实收信托+…+信托项目n的实收信托)×100%。

6.4.2.2.3　本年度已清算结束的事务管理型信托项目

已清算结束的信托项目	项目个数（个）	实收信托合计金额（万元）	加权平均实际年化信托报酬率（%）	加权平均实际年化收益率（%）
证券投资类	7	76 033.90	1.04	9.07
股权投资类	4	180 756.15	0.11	7.27
融资类	140	10 345 031.45	0.13	5.27

注：加权平均实际年化收益率 =（信托项目 1 的实际年化收益率 × 信托项目 1 的实收信托 + … + 信托项目 n 的实际年化收益率 × 信托项目 n 的实收信托）/（信托项目 1 的实收信托 + … + 信托项目 n 的实收信托）×100%。

6.4.2.3　本年度新增的信托项目

新增信托项目	项目个数（个）	实收信托合计金额（万元）
集合类	176	6 306 798.20
单一类	228	1 302 266.64
财产管理类	147	11 254 802.62
新增合计	551	18 863 867.46
其中：主动管理型	492	6 933 734.99
事务管理型	59	11 930 132.47

注：本年新增信托项目指在本报告年度内累计新增的信托项目个数和金额，包含本年度新增并于本年度内结束的项目和本年度新增至报告期末仍在持续管理的信托项目。

6.4.2.4　信托业务创新成果和特色业务有关情况

上海信托一直以来十分重视业务创新，作为公司战略工作持续推进，大力发展现金管理、债券投资、基金组合投资、股权投资、消费金融、家族信托、资产证券化等创新业务。2020 年，公司现金管理和债券投资产品部门不断丰富各类投资策略，优化团队结构，管理规模目前约为 1 000 亿元；基金组合投资业务实现从“0～1”到“1～N”的转变，年内规模增长实现大幅增长，形成了系列化产品线布局；家族信托管理规模突破百亿元大关，成为公司转型升级的重要领域；股权投资业务部门深化与专业机构合作，专业化程度持续提升，布局领域不断拓展；资产证券化业务不断提高资源整合竞争力，积极探索业务联动；普惠金融实现破局，系统建设成效显著。公司努力打造立体化、多层次的产品图谱，覆盖不同资产种类、风险等级和流动性要求的资管产品体系，提升投研能力，构建以客户为中心的资产管理和财富管理的正向循环体系。

6.4.2.5　本公司履行受托人义务情况

公司严格按照《中华人民共和国信托法》《信托公司管理办法》《信托公司集合资金信托计划管理办法》及信托文件等规定，履行诚实、信用、谨慎、有效管理的义务，为受益人的最大利益处理信托事务。

根据中国银保监会的要求，每个信托产品发行前均有一整套的产品相关信息备忘录等资料置于受托人营业场所，以备委托人（受益人）查阅。

委托人在认购信托计划前，提示投资者认真阅读信托计划说明书和其他信托文件。同时，严格审核委托人为合格投资者，并以自己合法所有的资金认购信托单位。

公司将信托财产与其固有财产分别管理、分别记账。同时，对不同的信托资金建立单独的会计账户分别核算，并在银行分别开设单独的银行账户，在证券交易机构分别开设独立的证券账户与资金账户。

根据信托文件的规定，及时履行定期信托计划的信息披露义务。每个信托计划设立后 5 个工作日内，就信托合同数与信托资金总额向委托人（受益人）进行披露。并按照信托合同的规定，定期将信托资金运用及收益情况以书面信函告知信托文件规定的人。

信托合同终止时，根据信托合同的规定，以信托财产为限向受益人支付信托利益。同时，公司严格根据银保监会的要求，在信托终止后 10 个工作日内作出处理信托事务的清算报告，经审计后送达信托财产归属人。

根据《中华人民共和国信托法》的要求，妥善保管处理信托事务的完整记录、原始凭证及资料，保存期自信托计划终止之日起 15 年。同时对委托人、受益人及处理信托事务的情况和资料依法保密。

报告期内，公司管理的信托项目运作正常，到期信托产品合同金额为 1 580.31 亿元，全部安全交付受益人，未出现因本公司自身责任而导致的信托资产损失情况。

6.5　关联方关系及其交易的披露

6.5.1　关联交易方的数量、关联交易的总金额及关联交易的定价政策等

项目	关联交易方数量	关联交易金额（万元）	定价政策
合计	5	−294 975.57	按市场价格交易；若无市场价格，则按公允原则；不优于对非关联方同类交易的同等条件定价交易。

6.5.2　关联交易方与本公司的关系性质、关联交易方的名称、法定代表人、注册地址、注册资本及主营业务等

关系性质	关联方名称	法定代表人	注册地址	注册资本（万元）	主营业务
控股股东	上海浦东发展银行股份有限公司	郑杨	上海市中山东一路 12 号	2 935 214.0893	银行及金融服务。
受同一最终控制方控制	浦银安盛基金管理有限公司	谢伟	中国（上海）自由贸易试验区浦东大道 981 号 3 幢 316 室	191 000.00	基金募集、销售和资产管理。
受同一方控制、共同控制	浦发硅谷银行有限公司	郑杨	上海市杨浦区大连路 588 号宝地广场 B 座 21 层及 22 层 01、06 室	150 000.00	银行及金融服务。
控股子公司	上信资产管理有限公司	陈兵	武昌路 559 号 B 楼 151 室	120 000.00	股权投资和资产管理。
控股子公司	上投摩根基金管理有限公司	陈兵	中国（上海）自由贸易试验区富城路 99 号震旦国际大楼 20 楼	25 000.00	基金募集、基金销售、资产管理。

6.5.3 逐笔披露本公司与关联方的重大交易事项

6.5.3.1 固有与关联方交易情况:贷款、投资、租赁、应收账款、担保、其他方式等期初汇总数、本期借方和贷方发生额汇总数、期末汇总数

单位:万元

固有与关联方关联交易				
项目	期初数	借方发生额	贷方发生额	期末数
贷款	—	—	—	—
投资	27 262.47	13 283.23	8 125.70	32 420.00
租赁	—	—	—	—
担保	—	—	—	—
应收账款	147.14	26 000.00	147.14	26 000.00
其他	—	10 000.00	10 000.00	—
合计	27 409.61	49 283.23	18 272.84	58 420.00

6.5.3.2 信托与关联方交易情况:贷款、投资、租赁、应收账款、担保、其他方式等期初汇总数、本期借方和贷方发生额汇总数、期末汇总数

单位:万元

信托与关联方关联交易				
项目	期初数	借方发生额	贷方发生额	期末数
贷款	—	—	—	—
投资	101 299.99	—	1 300.00	99 999.99
租赁	—	—	—	—
担保	—	—	—	—
应收账款	—	—	—	—
其他	—	—	—	—
合计	101 299.99	—	1 300.00	99 999.99

6.5.3.3 本公司自有资金运用于自已管理的信托项目(固信交易)、本公司管理的信托项目之间的相互(信信交易)交易金额,包括余额和本报告年度的发生额

6.5.3.3.1 固有财产与信托财产之间的交易金额期初汇总数、本期发生额汇总数、期末汇总数

单位:万元

固有财产与信托财产相互交易			
项目	期初数	本期发生额	期末数
合计	904 443.27	-135 641.76	768 801.51

6.5.3.3.2 信托项目之间的交易金额期初汇总数、本期发生额汇总数、期末汇总数

单位:万元

信托资产与信托财产相互交易			
项目	期初数	本期发生额	期末数
合计	1 422 361.46	-189 044.20	1 233 317.26

6.5.4 逐笔披露关联方逾期未偿还本公司资金的详细情况及本公司为关联方担保发生或即将发生垫款的详细情况

本公司无关联方逾期未偿还本公司资金的情况及为关联方担保发生或即将发生垫款的情况。

6.6 会计制度的披露

公司固有业务自2008年1月1日起执行财政部2006年2月15日及以后期间颁布的《企业会计准则——基本准则》、各项具体会计准则及相关规定。

公司信托业务自2010年1月1日起执行财政部2006年2月15日及以后期间颁布的《企业会计准则——基本准则》、各项具体会计准则及相关规定。

7. 财务情况说明书

7.1 利润实现和分配情况

7.1.1 母公司利润实现和分配情况

本报告期母公司实现利润总额203 086.36万元,发生企业所得税费用46 483.15万元,实现净利润156 603.21万元。

依据《中华人民共和国公司法》《信托公司管理办法》和《金融企业准备金计提管理办法》(财金〔2012〕20号)的规定,2020年利润分配如下:提取10%的法定盈余公积金15 660.32万元;提取20%的任意盈余公积金31 320.64万元;按照《金融企业准备金计提管理办法》的规定,以标准法计算以及年末一般准备余额不低于风险资产期末余额的1.5%的原则,计提一般风险准备36.05万元;根据本公司《信托赔偿准备金的提取、使用和管理办法》规定,按税后利润的5%计提信托赔偿准备金7 830.16万元。

上述各项提取之后,剩余部分为101 756.04万元,加上年初未分配利润560 958.31万元,2020年末剩余未分配利润为662 714.35万元。

2021年4月22日经本公司股东会审议通过2020年度利润分配方案。

7.1.2 合并报表利润实现和分配情况

本报告期合并报表实现利润总额231 157.13万元,发生企业所得税费用69 125.96万元,实现净利润162 031.17万元,其中归属于母公司所有者的净利润136 920.18万元,少数股东损益25 110.99万元。

依据《中华人民共和国公司法》《信托公司管理办法》和《金融企业准备金计提管理办法》的规定,母公司、上信资产管理有限公司、上投摩根基金管理有限公司及上海国利货币经纪有限公司的2020年度合并报表利润分配如下:根据母公司净利润提取10%的法定盈余公积15 660.32万元;根据母公司净利润提取20%的任意盈余公积31 320.64万元;根据母公司提取的一般风险准备,以及子公司上投摩根基金管理有限公司和上海国利货币经纪有限公司提取一般风险准备按母公司投资比例确认的部分,合计计提5 322.20万元;根据母公司净利润提取5%的信托赔偿准备金7 830.16万元;根据上海国利货币经纪有限公司提取的职工奖励及福利基金按母公司投资比例确认875.68万元;根据上海国利货币经纪有限公司提取的职工奖励及福利基金按母公司投资比例确认875.68万元。

上述各项提取之后,剩余部分为75 911.18万元,加上年初合并未分配利润648 907.64万元,2020年末剩余未分配利润为724 818.82万元。

7.2 主要财务指标

合并口径：

指标名称	指标值
资本利润率(%)	7.89
加权年化信托报酬率(%)	0.2773
人均净利润(万元)	334.36

母公司口径：

指标名称	指标值
资本利润率(%)	9.85
加权年化信托报酬率(%)	0.2773
人均净利润(万元)	382.43

注：1. 资本利润率 = 净利润/所有者权益加权平均余额 ×100%。

2. 加权年化信托报酬率 =(信托项目 1 的实际年化信托报酬率 × 信托项目 1 的实收信托 + 信托项目 2 的实际年化信托报酬率 × 信托项目 2 的实收信托 + … + 信托项目 n 的实际年化信托报酬率 × 信托项目 n 的实收信托)/(信托项目 1 的实收信托 + 信托项目 2 的实收信托 + … + 信托项目 n 的实收信托) ×100%。

3. 人均净利润 = 净利润/年平均人数。

4. 平均值采取年初、年末余额简单平均法，公式为 a（平均）=（年初数 + 年末数）/2。

7.3 对本公司财务状况、经营成果有重大影响的其他事项

报告期内，本公司未发生对财务状况、经营成果有重大影响的其他事项。

8. 特别事项揭示

8.1 前五名股东报告期内变动情况及原因

报告期内，公司三名股东未发生变动。

8.2 董事、监事及高级管理人员变动情况及原因

赵峥嵘同志因个人原因辞去上海国际信托有限公司第六届监事会监事长、监事职务。根据上海浦东发展银行《关于变更上海国际信托有限公司高管人选的函》，经 2020 年 5 月 14 日公司 2020 年股东会第一次通讯会议表决通过，赵峥嵘同志不再担任上海国际信托有限公司第六届监事会监事长、监事职务。

根据上海浦东发展银行《关于提名上海国际信托有限公司监事人选的函》，经 2020 年 6 月 10 日公司 2020 年股东会第二次通讯会议表决通过，增补顾炯同志为公司第六届监事会监事。

公司于 2020 年 8 月 10 日以通讯方式召开第六届董事会第三十八次会议，同意聘任张晓军同志为公司副总经理，并经中国银保监会上海监管局核准任职资格后于 2020 年 12 月 28 日正式任职。

公司于 2020 年 12 月 30 日以通讯方式召开第六届董事会第四十一次会议，同意聘任邹俪同志为公司副总经理，并经中国银保监会上海监管局核准任职资格后于 2021 年 2 月 8 日正式任职。

8.3 变更注册资本、变更注册地或公司名称、公司分立合并事项

报告期内，公司注册地和公司名称未发生变更，未发生分立合并事项。

8.4 公司重大诉讼事项

无。

8.5 公司及其董事、监事和高级管理人员受到处罚的情况

无。

8.6 中国银保监会检查意见的整改情况

报告期内，外部监管机构未对公司进行正式在现场检查。

8.7 公司重大事项临时报告披露内容

报告期内，为进一步加强公司股权管理，促进公司持续健康发展，公司依据《信托公司股权管理暂行办法》等法律法规及监管规定，于 2020 年 8 月 11 日召开 2020 年股东会第三次通讯会议，一致同意对公司章程部分条款进行修订，将股东管理相关监管要求及股东权利义务纳入章程。修订后的章程已报经上海银保监局核准后完成工商变更备案，并于 2020 年 11 月 11 日在《上海证券报》公布了《上海国际信托有限公司关于修订公司章程部分条款的公告》。

9. 公司监事会意见

关于公司依法运作情况的意见。报告期内，公司的决策程序符合国家法律、法规和公司的章程及相关制度，建立健全了比较有效的内控制度，董事会全体成员及董事会聘任的高级管理人员认真履行了职责，未发现有重大违法、违规、违章的行为，也没有损害公司利益、股东利益和委托人利益的行为。

关于公司财务报告真实性的意见。报告期内，公司财务报告真实反映了公司财务状况和经营成果。

本年度报告的编制和审议程序符合国家法律、法规和公司章程，报告的内容和格式符合中国银保监会的规定。

苏州信托有限公司

1. 重要提示

1.1 本公司保证本报告所载资料不存在任何虚假记载、误导性陈述或者重大遗漏，并对本报告所载资料内容的真实性、准确性和完整性承担个别及连带责任。本年度报告摘要摘自年度报告全文，客户及相关利益人欲了解详细内容，应阅读年度报告全文。

1.2 公司独立董事顾迎斌先生、庄毓敏女士、王则斌先生声明：本年度报告内容真实、准确、完整。

1.3 公司董事长沈光俊先生、主管会计工作的负责人周也勤先生、会计机构负责人赵晓萍女士声明：本报告中财务会计报告内容真实、完整。

2. 公司概况

2.1 公司简介

苏州信托有限公司（以下简称苏州信托）原名苏州信托投资有限公司，于1991年3月18日经中国人民银行批准设立；2002年9月18日获准重新工商登记；2007年7月12日经中国银监会（银监复〔2007〕282号文）批准同意，公司变更为现名称，并调整业务范围，同年9月4日换领新的金融许可证；2008年5月20日，公司获中国银行业监督管理委员会（银监复〔2008〕182号）文件的批复，同意引进新股东，实行增资扩股，注册资本增至5.9亿元人民币。2012年9月，公司获江苏监管局（苏银监复〔2012〕447号文）批准同意，完成二次增资，注册资本金增至12亿元。

公司中文名称	苏州信托有限公司
中文简称	苏州信托
公司英文名称	Suzhou Trust Co.，Ltd.
英文缩写	Suzhou Trust
法定代表人	沈光俊
注册地址	苏州市工业园区苏雅路308号信投大厦18层
邮政编码	215021
国际互联网网址	www. trustsz. com
电子信箱	sztic@ trustsz. com
公司负责信息披露事务的高级管理人员	汪瑜
公司负责信息披露事务的联系人	联系人：韩冰
	联系电话：0512 －65726980
	传真：0512 －65291886
	电子信箱：hanb@ trustsz. com.
公司选定信息披露的报纸	《上海证券报》
登载公司年度报告的国际互联网网址	www. trustsz. com
公司年度报告备置地点	苏州市工业园区苏雅路308号信投大厦18层
公司聘请的会计师事务所	天衡会计师事务所（特殊普通合伙）
会计师事务所办公住所	南京市建邺区江东中路106号1907室
公司聘请的律师事务所	江苏新天伦律师事务所
律师事务所办公场所	苏州工业园区苏桐路37号（星海街口）四号楼3—4楼

2.2 组织结构

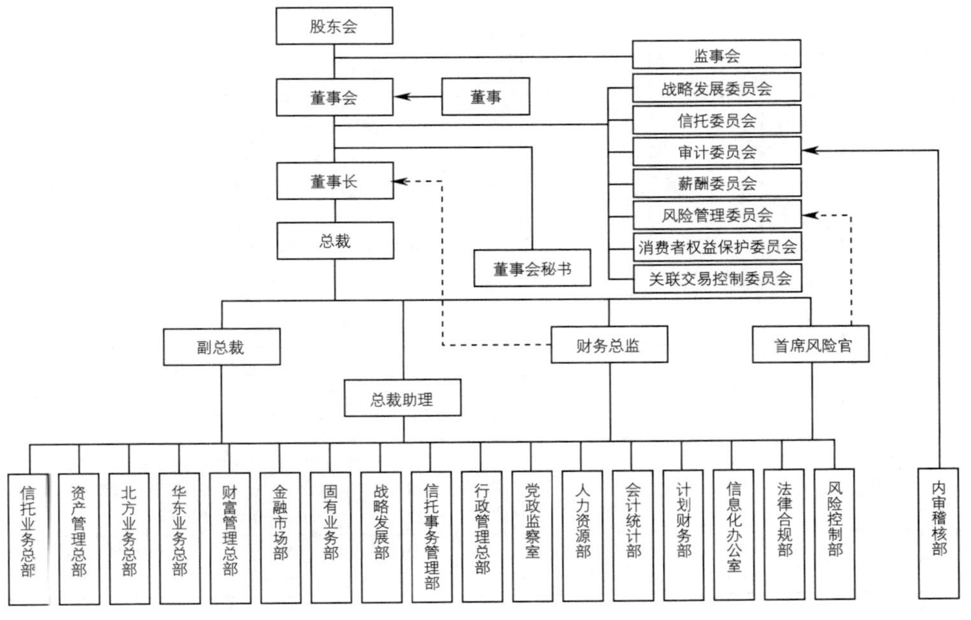

3. 公司治理

3.1 公司股东

截至报告期末公司股东有三名。

股东名称	持股比例(%)	法定代表人	注册资本(亿元)	注册地址	主要经营业务及主要财务情况
苏州国际发展集团有限公司	70.01	黄建林	25	苏州市人民路3118号	授权范围内的国有资产经营管理,国内商业、物资供销业(国家规定的专营、专项审批商品除外),及各类咨询服务。2019年末公司总资产为1 420.9亿元,净资产为382.0亿元,净利润为13.6亿元。
苏州文化旅游发展集团有限公司	19.99	王金兴	11	苏州市人民路1430号	受出资人委托全面管理和经营授权范围内的国有资产;对各类文化旅游及相关产业投资、建设、开发和管理;房地产及酒店投资;资产租赁;自营和代理各类商品及技术的进出口业务。2019年末公司总资产为54.8亿元,净资产为27.4亿元,净利润为1.42亿元。
联想控股股份有限公司	10	宁　旻	23.56	北京市海淀区科学院南路2号院1号楼17层1701	业务涉及IT、风险投资、并购投资等非相关多元化领域。2019年末公司总资产为6 241亿元,净资产为918亿元,净利润为86.3亿元。

公司股东出资额与出资比例相关情况如下:

股东简称	出资额(元)	出资方式	出资时间	最终受益人
苏州国际	840 120 000	现金	2012年8月31日	苏州国际
苏州文旅	239 880 000	现金	2017年7月26日	苏州文旅
联想控股	120 000 000	现金	2012年8月31日	联想控股

公司控股股东为苏州国际,实际控制人为苏州市国有资产监督管理委员会。公司三方股东不存在关联关系,也不属于一致行动人。

3.2 公司第一大股东的主要股东情况

股东名称	出资比例	负责人
苏州市国有资产监督管理委员会	100	盛红明(主任)

3.3 董事、董事会

董事会成员

姓　名	职　务	性别	年龄(岁)	任期(年)	选任日期	所推举的股东名称	该股东持股比例(%)	简要履历
沈光俊	董事长	男	49	3年	2018年7月	苏州国际发展集团有限公司	70.01	曾先后任职于苏州资产评估事务所项目助理、项目经理、部门经理、合伙人,苏州仁合资产评估有限公司董事及南京分公司总经理,苏州信托有限公司理财服务中心副主任、主任、总经理助理、副总裁、总裁、董事长。
郑　刚	董事	男	46	3年	2017年9月	苏州国际发展集团有限公司	70.01	曾先后任职于苏州互感器厂、苏州电器发展实业有限公司,苏州市住房置业担保有限公司、副总经理、总经理、董事长,苏州国际发展集团有限公司资本运营部经理。
金伟华	董事	男	49	1年	2020年6月	苏州国际发展集团有限公司	70.01	曾先后任职于苏州国资局、吴江市财政局、吴江市国资局副局长、吴江市东方国资公司副总经理,吴江市外经局副局长,吴江市城市投资发展有限公司董事长,吴江区太湖新城党工委副书记、管委会主任、松陵镇党委副书记、镇长;现任苏州信托有限公司党支部副书记。
马伟华	董事	男	50	3年	2017年9月	苏州文化旅游发展集团有限公司	19.99	曾先后任职于苏州市物资局,苏州物资控股(集团)有限责任公司综合经营管理处副处长、投资发展处副处长、处长,苏州文化旅游发展集团有限公司投资发展部经理、苏州国际贸易中心董事长。
舒　悦	董事	女	39	1年	2020年9月	联想控股股份有限公司	10	曾任职于中国光大银行信息科技部业务经理、电子银行部处长,后担任联想控股股有限公司金融服务投资部高级投资经理、投资总监、执行董事;现任联想控股股份有限公司金融服务投资部董事总经理。
刘文忠	职工董事	男	42	3年	2017年9月	—	—	曾任职于山东网通集团泰安分公司,苏州信托有限公司法律事务部,苏州信托有限公司法律合规部总经理。

独立董事

姓名	职务	性别	年龄（岁）	任期（年）	选任日期	所推举的股东名称	该股东持股比例（%）	简要履历
顾迎斌	独立董事	男	57	3	2017年9月	苏州国际发展集团有限公司	70.01	曾任南通市对外经济律师事务所律师，江苏金信达律师事务所律师、主任，北京市建元律师事务所南通分所律师、主任；现任北京大成（南通）律师事务所律师、主任。
庄毓敏	独立董事	女	58	3	2017年9月	苏州文化旅游发展集团有限公司	19.99	曾历任中国人民大学财政金融系副主任、财政金融学院副院长，挂职苏州市人民政府市长助理，福建省闽江学院副院长（主持工作），中国人民大学研究生院副院长；现任中国人民大学财政金融学院院长、教授、博士生导师，第十三届全国人大代表。
王则斌	独立董事	男	60	3	2017年9月	联想控股股份有限公司	10	曾历任苏州大学财经学院教师、会计系党支部书记、商学院会计系系主任、东吴商学院副院长、院长；现任苏州大学东吴商学院教授。

3.4 公司监事、监事会及其下属委员会

公司监事

姓名	职务	性别	年龄（岁）	任期（年）	选任日期	所推举的股东名称	该股东持股比例（%）	简要履历
陈　磊	监事长	男	57	1	2020年3月	苏州国际发展集团有限公司	70.01	曾任省国资局副主任科员、主任科员，江苏省产权交易所副所长，资产评估中心副主任，江苏省财政厅工贸发展处调研员兼产权交易所所长、股权登记中心主任，苏州信托下属苏信创业投资有限公司董事长。
胡　斌	监事	男	52	1	2020年3月	苏州国际发展集团有限公司	70.01	曾任中国包装进出口总公司江苏苏州支公司干部，苏州市外经局科员，苏州市政府办公室处长，苏州国际发展集团有限公司总经理助理。
周　洵	监事	男	33	1年	2020年3月	苏州文化旅游发展集团有限公司	19.99	曾任职于张家港市审计局办事员、副股级科员，苏州市审计局固定资产投资审计处科员，后担任苏州文化旅游发展集团有限公司内审部副经理；现任苏州文化旅游发展集团有限公司内审部经理。
张生明	监事	男	37	1	2020年3月	联想控股股份有限公司	10	曾先后任职于普华永道咨询（深圳）有限公司审计员，中国国际金融有限公司分析员，后担任联想控股股份有限公司投资分析师、投资经理、高级投资经理；现任联想控股股份有限公司投资总监。
徐李梅	职工监事	女	42	3	2013年11月	—	—	曾任职于苏州市投资公司投资部，后担任苏州信托有限公司固有业务部业务主管、信托业务总部副经理、苏州信托有限公司人力资源部总经理。

公司监事会未设立下属委员会。

3.5 高级管理人员

姓名	职务	性别	年龄（岁）	选任日期	金融从业年限（年）	学历	专业	简要履历
沈光俊	董事长	男	49	2018年7月	16	本科	财政	曾任职于苏州资产评估事务所评估部项目经理，工程造价审计部经理，苏州仁合资产评估有限公司董事及南京分公司总经理，先后担任苏州信托有限公司理财服务中心副主任、主任、总经理助理、副总裁、总裁、董事长。
张　清	总裁	男	45	2020年5月	15	本科	经济管理	曾任职于苏州市拍卖行，先后担任苏州信托有限公司理财服务中心、市场发展部、研究发展部、财富管理中心主要负责人，助理总裁兼信托业务总部总经理，上海办事处主任、总裁助理、副总裁、总裁。
周也勤	副总裁 财务总监	男	57	2010年12月	30	中专	会计	曾任职于苏州前进化工厂财务科，后担任苏州信托有限公司财务部经理、总经理助理、副总裁兼财务总监。
汪　瑜	副总裁兼 董事会秘书	女	42	2014年10月	19	研究生	行政管理	曾任职于恒远证券，先后担任苏州信托有限公司综合管理部副经理、经理、总裁助理、副总裁兼董事会秘书。
姚文德	副总裁	男	52	2016年5月	17	本科	财政	曾任职于苏州市财政局国有资产评估中心，苏州资产评估事务所评估部副经理，江苏仁合资产评估有限公司资产评估部经理，先后担任苏州信托有限公司信托业务部副经理、经理、总裁助理、副总裁。
袁敏文	首席风险官	男	51	2016年3月	28	本科	会计	曾任职苏州市庆丰仪表厂财务科任总账会计，先后担任苏州信托有限公司计划财务部、内审稽核部、项目管理部、理财服务中心、风险控制部、合规管理部、法律事务部、战略发展部等部门主要负责人、助理总裁、首席风险官。
顾向明	总裁助理	男	46	2016年9月	21	本科	国际金融	曾任职交通银行苏州分行国际业务部，先后担任苏州信托有限公司信托业务部副经理、经理，信托业务总部副总经理，助理总裁兼信托业务总部总经理、助理总裁兼资产管理总部总经理、总裁助理。

3.6 公司员工

在岗职工人数(人)		165	
平均年龄(岁)		36	
		人数(人)	比例(%)
年龄分布	30 岁以下	44	26.67
	31～40 岁	80	48.48
	41～50 岁	30	18.18
	51 岁以上	11	6.67
	小计	165	100.00
学历分布	博士研究生	2	1.21
	硕士研究生	97	58.79
	本科	59	35.76
	专科	5	3.03
	其他	2	1.21
	小计	165	100.00
岗位分布	高级管理人员	9	5.46
	自营业务人员	4	2.42
	信托业务人员	69	41.82
	中台人员	45	27.27
	后台人员	38	23.03
	小计	165	100.00

4. 经营管理

4.1 经营目标、经营方针、战略规划

4.1.1 经营目标

公司经营目标是继续理顺治理机制；完善以规划为导向、以人才为基础、以制度为标准的科学发展模式；积极探索利用股东资源和开发战略联盟资源进行合作的方式，拓宽和加深核心业务的开发培育；逐步建立更加有效的绩效考核和激励机制，吸引更多更优秀的人才为公司发展服务；进一步提升市场营销与项目拓展能力，加大客户开发、产品供给的力度，为客户提供更丰富的产品和更优质的服务；努力实现由地方性中小机构向全国性信托公司转变，最终成为独具特色的信托理财专业机构。

4.1.2 经营方针

公司经营方针是坚持依法合规和稳健经营，坚持以健康可持续发展为导向、以“诚信、创新、协作、敬业、自律”为核心理念的发展路径，通过规范的公司治理和不断完善的经营管理机制，以及依靠外部引进的高层次人才，推进信托主业的转型和全面发展。

4.1.3 战略规划

公司战略规划是以“独具特色的财富受托人”为愿景，打造特色化的信托产品、综合的理财服务，以及全国性的影响力，成为地方信托公司中的标杆型企业。

4.2 所经营业务的主要内容

自营资产运用与分布表

资产运用	金额(万元)	占比(%)	资产分布	金额(万元)	占比(%)
货币资产	104 633	17.05	基础产业	—	—
贷款及应收款	22 124	3.61	房地产业	55 626	9.07
交易性金融资产	148	0.02	证券市场	89 106	14.52

续表

资产运用	金额(万元)	占比(%)	资产分布	金额(万元)	占比(%)
可供出售金融资产	386 050	62.92	实业	30 [illegible]62	5.00
持有至到期投资	—	—	金融机构	387 [illegible]65	63.16
长期股权投资	12 921	2.11	其他	50 [illegible]37	8.25
其他	87 720	14.30			
资产总计	613 596	100.00	资产总计	613 596	100.00

信托资产运用与分布表

资产运用	金额(万元)	占比(%)	资产分布	金额(万元)	占比(%)
货币资金	96 420.49	1.18	基础产业	873 [illegible]20.86	10.64
贷款	2 584 823.28	31.50	房地产	202 [illegible]0.82	2.47
交易性金融资产	842 919.22	10.27	证券	836 [illegible]59.47	10.20
持有至到期投资	3 470 277.79	42.30	金融机构	277 [illegible]6.72	3.38
长期股权投资	970 123.96	11.82	工商企业	4 119 [illegible]7.81	50.20
长期应收款	—	—	其他	1 895 [illegible]64.23	23.11
买入返售金融资产	3 000.00	0.04			
应收款项	13 218.45	0.16			
其他资产	223 976.72	2.73			
信托资产总计	8 204 759.91	100.00	信托资产总计	8 204 [illegible].91	100.00

4.3 市场分析

4.3.1 宏观经济分析

2020 年，面对全球新冠肺炎疫情风波和严峻的内外部发展环境，党中央国务院统筹部署疫情防控和经济社会发展，深化供给侧结构性改革，加强宏观政策应对力度，扎实做好“六稳”工作，全面落实“六保”任务，加速构建双循环发展新格局，全面建设小康社会和“十三五”规划圆满收官，经济形势呈现了稳中向好态势。

4.3.2 金融形势分析

2020 年，中国实施稳健的货币政策，保持积极的财政政策，“六稳”“六保”各项政策落实成效逐步显现。信托行业在监管机构的正确引导下，按照统筹疫情防控和经济社会发展总要求，在依法合规、风险可控的基础上有序发展。

4.3.3 影响本公司业务发展的主要因素

报告期内，本公司业务发展的有利因素：国内经济发展稳中向好，供给侧改革不断向纵深推进；业态发展逐步丰富，慈善信托、家族信托、消费信托、资产证券化等创新业务快速发展；在国家政策引导下，基于金融业务发展的实际需要，服务实体经济已经成为信托公司共同的战略选择；信托业各企业开始寻求特色化、差异化发展，展现了更加蓬勃的发展生机；股东单位的大力支持，为公司健康发展奠定了基础。

报告期内，本公司业务面临的不利影响：受疫情影响，经济下行压力加大，信托业务模式面临调整；资管行业竞争愈加激烈，信托公司牌照优势不断弱化；信托行业进一步回归信托本源，提升主动管理能力，强化风险管控手段，迫切需要加快转型发展；此外，市场风险，个别信托公司兑付危机带来的声誉风险都对信托公司发展不利。

4.4 公司内部控制概况

4.4.1 内部控制环境和内部控制文化

公司以构建良好的内部控制管理体系为目标，以树立合法合规经营的理念为前提，形成业务不断发展和风险有效控制的运行机制。

公司按照《中华人民共和国公司法》《中华人民共和国信托法》《信托公司治理指引》《企业内部控制基本规范》等法律法规及公司章程的相关要求，建立了由股东会、董事会、监事会以及高级管理层组成的分工明确、权责对应、合理制衡的公司治理结构。公司董事会和各位董事始终按照《中华人民共和国公司法》、公司章程等相关法律法规及内部章程的规定，认真履行公司股东会赋予的职责，规范运作、科学决策，积极推进公司各项工作的开展，实现公司健康稳定的发展。董事会下设信托委员会、审计委员会、薪酬委员会、风险管理委员会、战略发展委员会、消费者权益保护委员会、关联交易控制委员会，各委员会分工明确，协助董事会开展公司的各项工作。公司董事会建立了独立董事制度，聘请业内专家担任独立董事，公司独立董事具有丰富的经济、金融和法律实践经验，对经济形势和金融局势具有敏锐观察力，能认真履行职责，指导公司防范信托行业中存在的风险，把握业务发展的方向。监事会对公司的各项经营活动进行监督，报告期内监事会依法履行职责，督促公司合法、合规经营和加强风险防范，为公司健康、稳步发展发挥了重要作用。

公司重视内部控制文化建设，坚持以合规经营和维护受益人利益为出发点，坚持“业务发展、内控先行”的管理理念，建立了涵盖企业价值观、经营理念、运行原则、操守规范的文化体系；坚持可持续发展的人力资源政策，建立了激励与约束并重的人力资本管理体系；从环境文化、制度文化、组织文化、行为文化等多层次切入，通过制度建设、员工培训、激励安排等方式倡导和实践内部控制核心理念，营造良好的合规经营和风险防范的内部控制文化氛围。

4.4.2 内部控制措施

公司内控体系涵盖公司治理、内部控制、信托业务、固有业务、人力资源、内部审计等，明确了各部门及岗位的职责权限、各业务流程的控制节点及控制要求。公司根据业务发展及监管要求定期进行制度和流程修订工作，建立了相对完备的内部控制制度体系，2020 年公司新制定、修订多个制度及相关流程，涵盖信托业务、固有业务、消费者权益保护、销售管理、反洗钱等多个方面。

公司建立了明确的授权制度，执行严格的审批程序与审批权限。根据业务需要，建立了有效的业务决策系统：各业务部门对项目进行初步筛选，风险控制部、法律合规部对项目进行审查，客观出具报告。公司针对信托业务和固有业务的业务特性，分别成立了信托业务决策委员会和固有业务决策委员会，对公司各项业务进行集体审议，科学决策。

公司不断完善在业务管理、风险管理、后续管理等方面的内部控制制度和流程，业务运作中遵循不相容岗位分离的原则，各部门之间高效衔接、密切合作。此外，公司实现信托业务与固有业务相互独立运作，各部门实行有效的岗位分工，进一步保证公司内部控制制度的有效执行。

报告期内，公司组织开展了市场乱象整治“回头看”、全面风险排查、股权和关联交易专项整治、员工异常行为排查、扫黑除恶、非法金融等风险排查工作，并根据排查结果出具相关报告。

公司建立业务风险预警机制和突发事件应急处理机制，明确风险预警标准，规范处置程序，制定了《业务风险预警及应急处置管理暂行办法》，完善突发事件应急处置流程，确保突发事件得到及时妥善处理。

4.4.3 信息交流与反馈

公司建立了良好的信息沟通机制，确保信息在公司内部、公司内部与外部之间的有效沟通和反馈。公司通过业务系统、电话、公司官方网站、微信公众号、信托登记系统，收集、处理、存储、利用和反馈管理信息和业务信息，保证高级管理层、公司员工等相关人员能够及时了解掌握各类信息，监管部门和客户能及时获得真实、准确、完整的信息。

报告期内，公司积极推进信息科技系统建设，加强技术支持和系统运行优化与维护，制定和执行应急演练预案，保障公司对内及对外信息沟通交流的及时性、有效性和规范性。

4.4.4 监督评价与纠正

公司设有内审稽核部门，负责内部控制的监督评价，对内部控制体系的建立和执行情况定期进行监督检查，确保内部控制有效运行。根据检查结果提出内部控制缺陷以及改进建议，内审稽核部的工作具有充分的独立性。

2020 年，针对内审稽核部内部检查及监管部门提出的监管意见，公司制定整改方案，落实整改措施，并在今后工作中加以防范，目前整改落实情况良好。

4.5 公司风险管理

4.5.1 风险管理概况

公司始终认为积极、高效的风险管理工作是公司内部控制环节中重要的组成部分，是公司持续经营、业务稳健发展的基础之一。公司风险管理的主要目的是通过积极、主动的风险管理活动，提升风险管理能力，实现风险和收益的平衡，构建全面风险管理体系，保证各项业务可持续发展。

公司在风险管理和内部控制方面已建立起符合监管要求的框架体系。公司董事会下设风险管理委员会，负责审核风险管理政策和内部控制制度，并对其实施情况及效果进行监督和评价，风险管理工作具有独立性。董事会履行公司章程中规定的风险管理职责，并授权风险管理委员会负责通过设定具体限制、授权资格及其他财务或非财务指标准确定公司各类风险的总体风险承受度。风险控制部作为公司风险管理的职能部门，按照公司风险管理政策和制度的要求开展工作，有效识别和管理风险，做到事前防范、事中监督和控制、事后总结和分析。

4.5.2 风险状况

4.5.2.1 信用风险状况

信用风险是指由于交易对手不履行与公司的合约而给公司带来潜在损失的可能性，信用风险的主要表现为在贷款、资产回购、担保、履约承诺等交易过程中，借款人、回购人、担保人等交易对手不能或者不愿履行合约而使信托财产或者固有财产遭受潜在损失的可能性。

公司信用风险主要存在于非事务管理的融资类信托业务

和固有贷款业务。公司目前存续上述业务运行基本正常，融资项目均在贷前落实各项抵（质）押、担保等保障措施，风险可控。

4.5.2.2　市场风险状况

市场风险是指公司在对信托财产和固有财产的经营管理中，因市场利率、汇率、股价等市场参数的波动而产生的风险，包括利率风险、汇率风险、股市风险等。报告期内，公司固有业务和信托业务中，主动管理型证券投资业务保持比较低的比例，市场利率和汇率等波动对公司所管理的资产影响较小。

在报告期内，各项业务未出现风险损失，市场风险管理状况良好。

4.5.2.3　操作风险状况

操作风险是指由于员工出现失误等个人因素导致操作不当所引发的风险；因公司治理机制、内部控制失效或制度不完善引发的风险；由于信息系统出现故障等导致业务无法正常运行而引发的风险等。

在报告期内，公司各项业务都严格执行内部控制程序及业务操作流程，公司未发生因操作风险所造成的损失。

4.5.2.4　其他风险状况

公司所面临的风险还包括政策风险、合规风险、流动性风险、声誉风险及道德风险等其他风险。报告期内，公司未发生因其他风险所造成的损失。

4.5.3　风险管理

4.5.3.1　信用风险管理

对于信用风险的管理，公司严格落实监管政策和指导要求，不断完善制度建设，构建完善的信用风险管理体系。公司通过修订现有制度、组织开展员工培训，及考核等方式进一步强调尽职调查工作的规范性、完备性要求。在展业过程中，根据业务需要利用第三方机构出具的专业意见，提高尽职调查信息的可靠性和专业性。公司主要通过对交易对手的资信状况等方面的尽职调查进行事前风险防范。同时，通过风控前置、组织论证会等形式多渠道识别并防范信用风险。此外，公司强调项目保障措施的充分有效性，选取担保实力强、资质较好的企业或个人作为担保人，选取由专业评估机构评估的、易于变现的、具有一定公允价值的核心资产作为抵（质）押物，并控制抵、质押率，为项目提供进一步的综合保障。

公司在项目实施过程中，通过对项目运行的有效管理，跟踪交易对手的信用情况、定期进行事中风险检查、开展资产分类评级工作，以及开展信用风险专项检查等，对信用风险进行动态管理。2019年，公司组织开展了全面风险大排查，并已建立常态化风险排查、监测、报告制度，按季度开展全面风险排查工作，对信用风险等风险进行动态监控。除此之外，按照公司风险预警及应急处置机制，风险控制部动态评估项目风险情况，及时针对所发现的问题发出风险提示及风险预警，并对预警项目进行追踪报告。对即将到期项目实行偿付预案备案机制，做到风险早发现、早处理。公司通过对项目结束后的内部稽核和评价进行业务的事后控制和综合评价。

4.5.3.2　市场风险管理

公司通过加强对宏观经济和市场的研究，及时跟踪市场价格波动情况，对各项业务的市场风险因素进行分析，以及时准确识别所有业务中市场风险的类别和性质。通过定期或不定期对房地产和证券投资业务进行市场风险压力测试、专项检查，分析业务对外部市场变化的敏感程度和可能的影响，以制定策略应对市场变化。公司不仅关注市场风险的控制，更注重通过组合策略来合理规避市场风险。此外，针对证券市场风险，依据投资组合的净值、仓位和投资集中度等指标事先设定预警点或止损点，逐日盯市，及时预警；针对房地产行业市场风险，引入外部合作机构参与项目尽职调查和可行性分析，为公司对房地产信托项目的市场判断提供有效的决策依据。

4.5.3.3　操作风险管理

为防范操作风险，公司制定了一系列覆盖公司治理、财务管理、业务操作等各方面的制度及操作程序，并有效地识别、报告、管理和控制操作风险。此外，公司还根据市场环境、监管规则及业务发展变化，不断调整和完善操作流程和制度，并将多项制度和流程系统化，以降低操作风险。公司明确各部门、各岗位的职责和权限，保证不相容岗位的有效分离与制衡，并实行严格的授权制度与过程监控。公司对于重点流程和业务通过定期或不定期开展操作风险专项检查，做到操作风险早发现、早处理。此外，公司通过投诉举报、案件防控、员工培训等方式，加强员工行为的管理和监督，切实防范和降低操作风险。

4.5.3.4　其他风险管理

公司加强对国家政策的分析和研究，及时与监管部门沟通，并根据要求及时更新和完善各类制度，并通过组织员工培训、线上考试等方式，提高员工对政策的理解能力和执行力度，确保公司按照法律法规及监管要求开展各项工作，从而有效防范政策风险、合规风险。

公司高度重视流动性风险的管控，尤其针对现金类和配置类产品，公司持续进行流动性监控，定期开展压力测试，严控现金缺口，防范流动性风险。

对声誉风险的防范，公司建立了舆情管理机制，明确了"严控源头、持续监控、强化沟通、密切配合、高效处置、杜绝声誉风险"的舆情管理原则，设专人负责舆情管理日常工作，同时通过充分的信息披露，提高信息透明度，以及与投资者、利益相关方等的良好沟通，切实防范声誉风险。

对于道德风险的防范，公司重视员工职业道德教育，通过积极组织员工培训、考试、同业交流等形式提升员工的专业知识和能力，同时公司党政监察室、人力资源部也会对员工行为进行监督、考核，以防范道德风险。

4.6　净资本管理概况

公司依据《信托公司净资本管理办法》积极推进净资本管理。报告期末，净资本各项指标均处于符合监管要求的较好水平。

指标（母公司口径）	期末数	监管标准
净资本（万元）	452 910	≥2 亿元
各项风险资本之和（万元）	132 633	—
净资本/各项风险资本之和（%）	341.48	≥100
净资本/净资产（%）	83.65	≥40

4.7　履行社会责任

报告期内，本公司贯彻落实"三重一大"决策制度，进一步完善法人治理结构、内控体系及风险管理，有效控制各类风险；

积极发展主动管理类信托业务，完善客户服务体系，优化产品结构；紧跟政策指引，顾全大局，充分发挥国有金融机构功能，积极支持实体经济发展；支持苏州地方经济转型发展，提供优质的信托金融服务；加强党风廉政建设；保障员工基本权益，提供各类专项培训、健全的保险保障和丰富的活动；推行绿色金融，支持低碳环保经济；积极投身金融知识宣传和消费者权益保护工作，构建立体化投教体系，切实保障投资者各项合法权益。开展金融知识普及月、"3·15"消费者权益保护、扫黑除恶、防范非法集资和反洗钱等主题宣传；积极投身疫情防控工作，设立抗疫专项慈善信托，用于黄石市和苏州市的疫情防控工作；积极发展公益信托，致力精准扶贫和教育事业；积极有效开展案件防控和反洗钱工作。

5. 报告期末及上一年度末的比较式会计报表

5.1 自营资产

5.1.1 会计师事务所审计结论

审计报告

天衡审字(2021)00148 号

苏州信托有限公司全体股东：

一、审计意见

我们审计了苏州信托有限公司(以下简称苏州信托公司)财务报表，包括 2020 年 12 月 31 日的合并及母公司资产负债表，2020 年度的合并及母公司利润表、合并及母公司现金流量表、合并及母公司所有者权益变动表，以及财务报表附注。

我们认为，后附的财务报表在所有重大方面按照企业会计准则的规定编制，公允反映了苏州信托公司 2020 年 12 月 31 日的合并及母公司财务状况及 2020 年度的合并及母公司经营成果和现金流量。

二、形成审计意见的基础

我们按照中国注册会计师审计准则的规定执行了审计工作。审计报告的"注册会计师对财务报表审计的责任"部分进一步阐述了我们在这些准则下的责任。按照中国注册会计师职业道德守则，我们独立于苏州信托公司，并履行了职业道德方面的其他责任。我们相信，我们获取的审计证据是充分的、适当的，为发表审计意见提供了基础。

三、管理层和治理层对财务报表的责任

苏州信托公司管理层负责按照企业会计准则的规定编制财务报表，使其实现公允反映，并设计、执行和维护必要的内部控制，以使财务报表不存在由于舞弊或错误导致的重大错报。

在编制财务报表时，管理层负责评估苏州信托公司的持续经营能力，披露与持续经营相关的事项(如适用)，并运用持续经营假设，除非管理层计划清算苏州信托公司、终止运营或别无其他现实的选择。

治理层负责监督苏州信托公司的财务报告过程。

四、注册会计师对财务报表审计的责任

我们的目标是对财务报表整体是否不存在由于舞弊或错误导致的重大错报获取合理保证，并出具包含审计意见的审计报告。合理保证是高水平的保证，但并不能保证按照审计准则执行的审计在某一重大错报存在时总能发现。错报可能由于舞弊或错误导致，如果合理预期错报单独或汇总起来可能影响财务报表使用者依据财务报表作出的经济决策，则通常认为错报是重大的。

在按照审计准则执行审计工作的过程中，我们运用职业判断，并保持职业怀疑。同时，我们也执行以下工作：

(1)识别和评估由于舞弊或错误导致的财务报表重大错报风险，设计和实施审计程序以应对这些风险，并获取充分、适当的审计证据，作为发表审计意见的基础。由于舞弊可能涉及串通、伪造、故意遗漏、虚假陈述或凌驾于内部控制之上，未能发现由于舞弊导致的重大错报的风险高于未能发现由于错误导致的重大错报的风险。

(2)了解与审计相关的内部控制，以设计恰当的审计程序，但目的并非对内部控制的有效性发表意见。

(3)评价管理层选用会计政策的恰当性和作出会计估计及相关披露的合理性。

(4)对管理层使用持续经营假设的恰当性得出结论。同时，根据获取的审计证据，就可能导致对苏州信托公司持续经营能力产生重大疑虑的事项或情况是否存在重大不确定性得出结论。如果我们得出结论认为存在重大不确定性，审计准则要求我们在审计报告中提请报表使用者注意财务报表中的相关披露；如果披露不充分，我们应当发表非无保留意见。我们的结论基于截至审计报告日可获得的信息。然而，未来的事项或情况可能导致苏州信托公司不能持续经营。

(5)评价财务报表的总体列报(包括披露)、结构和内容，并评价财务报表是否公允反映相关交易和事项。

(6)就苏州信托公司中实体或业务活动的财务信息获取充分、适当的审计证据，以对合并财务报表发表审计意见。我们负责指导、监督和执行集团审计，并对审计意见承担全部责任。

我们与治理层就计划的审计范围、时间安排和重大审计发现等事项进行沟通，包括沟通我们在审计中识别出的值得关注的内部控制缺陷。

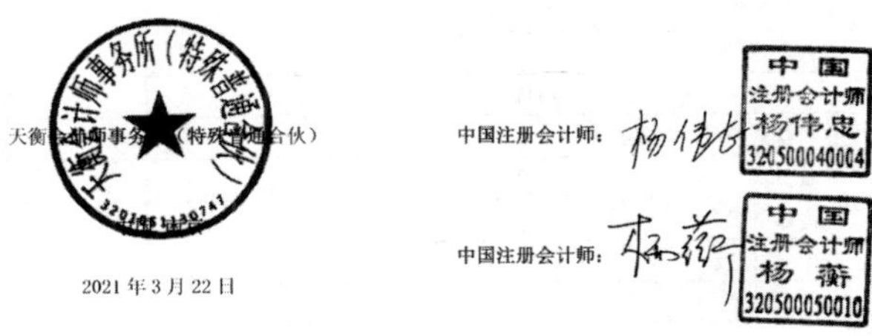

5.1.2　资产负债表

合并资产负债表

编制单位：苏州信托有限公司　　2020 年 12 月 31 日　　单位：元

资产	注释	2020 年 12 月 31 日	2019 年 12 月 31 日
资产：			
货币资金		1 046 329 855. 58	1 533 634 [illegible]39. 77
结算备付金		—	—
拆出资金		—	—
以公允价值计量且其变动计入当期损益的金融资产		1 474 877. 70	9 6[illegible]08. 61
衍生金融资产		—	—
应收账款		—	—
应收股利		—	—
买入返售金融资产		—	—
存货		556 260 654. 05	—
发放贷款及垫款		35 814 600. 00	49 250 [illegible][illegible]0. 00
可供出售金融资产		3 860 503 087. 20	3 542 710 [illegible]25. 09
持有至到期投资		—	—
长期股权投资		129 210 784. 02	130 866 [illegible][illegible]2. 18
投资性房地产		9 870 811. 55	10 470 [illegible][illegible]7. 79
固定资产		180 713 616. 80	188 705 3[illegible]8. 81
无形资产		3 598 010. 70	747 [illegible][illegible]2. 08
商誉		47 844 058. 32	1 854 [illegible]25. 67
递延所得税资产		77 633 115. 10	41 523 2[illegible]6. 72
其他资产		186 710 073. 44	159 416 [illegible][illegible]7. 98
资产总计		6 135 963 544. 46	5 659 187 [illegible][illegible]4. 70

法定代表人：沈光俊　　主管会计工作负责人：周也勤　　会计机构负责人：赵晓萍

合并资产负债表（续）

编制单位：苏州信托有限公司　　2020 年 12 月 31 日　　单位：元

负债和所有者权益（或股东权益）	注释	2020 年 12 月 31 日	2019 年 12 月 31 日
负债：			
短期借款		—	—
向中央银行借款		—	—
吸收存款及同业存放		—	—
拆入资金		—	—
以公允价值计量且其变动计入当期损益的金融负债		—	—
衍生金融负债		—	—
卖出回购金融资产款		—	—
应付职工薪酬		246 833 442. 92	232 043 0[illegible]. 40
应交税费		94 523 155. 67	118 570 62[illegible]. 00
应付利息		—	—
应付股利		—	—
应付债券		—	—
预计负债		—	—
递延所得税负债		162 946 945. 22	164 866 53[illegible]. 98
其他负债		58 337 106. 36	65 687 56[illegible]. 47
负债合计		562 640 650. 17	581 167 72[illegible]. 85
所有者权益（或股东权益）：			
实收资本		1 200 000 000. 00	1 200 000 00[illegible]. 00
其他权益工具		—	—
其中：优先股		—	—
永续债		—	—
资本公积		249 100. 00	249 10[illegible]. 00
减：库存股		—	—
其他综合收益		484 276 255. 85	494 483 903. [illegible]3
盈余公积		487 100 779. 24	434 493 401. [illegible]0
一般风险准备		297 276 948. 14	252 626 54[illegible]. [illegible]9

续表

负债和所有者权益(或股东权益)	注释	2020 年 12 月 31 日	2019 年 12 月 31 日
未分配利润		3 089 445 835.60	2 677 271 126.70
归属于母公司所有者权益合计		5 558 348 918.83	5 059 124 079.72
少数股东权益		14 973 975.46	18 895 728.13
所有者权益合计		5 573 322 894.29	5 078 019 807.85
负债和所有者权益总计		6 135 963 544.46	5 659 187 534.70

法定代表人:沈光俊　　主管会计工作负责人:周也勤　　会计机构负责人:赵晓萍

资产负债表

编制单位:苏州信托有限公司　　2020 年 12 月 31 日　　单位:元

资　产	注释	2020 年 12 月 31 日	2019 年 12 月 31 日
资产:			
货币资金		845 204 256.08	1 514 492 909.49
结算备付金		—	—
拆出资金		—	—
以公允价值计量且其变动计入当期损益的金融资产		8 191.90	9 608.61
衍生金融资产		—	—
应收账款		—	—
应收股利		—	—
买入返售金融资产		—	—
发放贷款及垫款		35 814 600.00	49 250 000.00
可供出售金融资产		4 377 456 540.09	3 442 048 623.67
持有至到期投资		—	—
长期股权投资		259 842 338.89	100 000 000.00
固定资产		180 298 974.29	188 640 320.44
无形资产		3 598 010.70	747 612.08
商誉		—	—
递延所得税资产		77 633 115.10	41 523 226.72
其他资产		164 859 675.08	127 266 947.98
资产总计		5 944 715 702.13	5 463 979 248.99

法定代表人:沈光俊　　主管会计工作负责人:周也勤　　会计机构负责人:赵晓萍

资产负债表(续)

编制单位:苏州信托有限公司　　2020 年 12 月 31 日　　单位:元

负债和所有者权益(或股东权益)	注释	2020 年 12 月 31 日	2019 年 12 月 31 日
负债:			
短期借款		—	—
向中央银行借款		—	—
吸收存款及同业存放		—	—
拆入资金		—	—
以公允价值计量且其变动计入当期损益的金融负债		—	—
衍生金融负债		—	—
卖出回购金融资产款		—	—
应付职工薪酬		244 280 635.92	232 039 948.13
应交税费		92 788 319.97	117 888 734.41
应付利息		—	—
应付股利		—	—
应付债券		—	—
预计负债		—	—
递延所得税负债		161 454 043.00	164 866 535.98
其他负债		31 093 202.66	49 950 662.00
负债合计		529 616 201.55	564 745 880.52
所有者权益(或股东权益):			
实收资本		1 200 000 000.00	1 200 000 000.00
其他权益工具		—	—
其中:优先股		—	—
永续债		—	—

续表

负债和所有者权益(或股东权益)	注释	2020 年 12 月 31 日	2019 年 12 月 31 日
资本公积		249 100.00	249 1[illegible].00
减:库存股		—	—
其他综合收益		484 276 255.85	494 483 9[illegible]3.13
盈余公积		483 905 467.72	431 298 0[illegible]9.78
一般风险准备		297 276 948.14	252 626 5[illegible]8.59
未分配利润		2 949 391 728.87	2 520 575 7[illegible]5.97
所有者权益合计		5 415 099 500.58	4 899 233 3[illegible]3.47
负债和所有者权益总计		5 944 715 702.13	5 463 979 2[illegible]8.99

法定代表人:沈光俊　　主管会计工作负责人:周也勤　　会计机构负责人:赵晓萍

5.1.3 利润表

合并利润表

编制单位:苏州信托有限公司　　2020 年度　　单位:元

项目		2020 年度	2019 年度
一、营业总收入		1 054 307 434.99	818 877 [illegible]71.62
其中:利息净收入		39 537 080.84	42 36[illegible] [illegible]90.78
手续费及佣金净收入		778 733 657.83	549 098 [illegible]26.96
投资收益		230 473 341.35	223 970 [illegible]21.13
公允价值变动损益		460.87	-11 [illegible]32.87
其他业务收入		5 562 894.10	3 462 [illegible]65.62
二、营业总成本		371 778 974.85	188 443 [illegible]78.62
税金及附加		7 750 788.04	7 203 [illegible]11.68
其他业务支出		599 346.24	634 [illegible]59.52
业务及管理费		183 980 614.90	180 262 [illegible]57.42
资产减值损失		179 448 225.67	343 [illegible]50.00
加:资产处置收益(损失以“-”号填列)		6 474.38	2 [illegible]65.04
汇兑收益(损失以“-”号填列)		—	—
其他收益		565 567.27	298 [illegible]67.17
三、营业利润(亏损以“-”号填列)		683 100 501.79	630 735 [illegible]25.21
加:营业外收入		47 172.64	125 [illegible]32.68
减:营业外支出		508 854.97	258 [illegible]58.39
四、利润总额(亏损总额以“-”号填列)		682 638 819.46	630 602 [illegible]49.50
减:所得税费用		172 734 449.64	151 038 [illegible]41.31
五、净利润(净亏损以“-”号填列)		509 904 369.82	479 564 [illegible]8.19
(一)按经营持续性分类		—	—
1. 持续经营净利润(净亏损以“-”号填列)		509 904 369.82	479 564 [illegible]8.19
2. 终止经营净利润(净亏损以“-”号填列)		—	—
(二)按所有权属分类		—	—
1. 少数股东损益		-324 616.14	-223 [illegible]86.70
2. 归属于母公司股东的净利润		510 228 985.96	479 787 [illegible]94.89
六、其他综合收益的税后净额		-10 207 647.28	148 919 [illegible]6.26
归属于母公司所有者的其他综合收益税后净额		-10 207 647.28	148 919 [illegible]6.26
(一)以后不能重分类进损益的其他综合收益		—	—
1. 重新计量设定受益计划净负债或净资产的变动		—	—
2. 权益法下在被投资单位不能重分类进损益的其他综合收益中享有的份额		—	—
(二)以后将重分类进损益的其他综合收益		-10 207 647.28	148 919 [illegible]6.26
1. 权益法下在被投资单位以后将重分类进损益的其他综合收益中享有的份额		—	—
2. 可供出售金融资产公允价值变动损益		-10 207 647.28	148 919 [illegible]6.26
3. 持有至到期投资重分类为可供出售金融资产损益		—	—
4. 现金流量套期损益的有效部分		—	—
5. 外币财务报表折算差额		—	—
6. 其他		—	—
归属于少数股东的其他综合收益的税后净额		—	—
七、综合收益总额		499 696 722.54	628 483 [illegible]4.45

续表

项目		2020 年度	2019 年度
归属于母公司所有者的综合收益总额		500 021 338. 68	628 707 001. 15
归属于少数股东的综合收益总额		-324 616. 14	-223 386. 70
八、每股收益:		—	—
(一)基本每股收益(元/股)		—	—
(二)稀释每股收益(元/股)		—	—

法定代表人:沈光俊　　主管会计工作负责人:周也勤　　会计机构负责人:赵晓萍

利润表

编制单位:苏州信托有限公司　　2020 年度　　单位:元

项目	注释	2020 年度	2019 年度
一、营业收入		1 014 250 364. 00	795 312 193. 31
其中:利息净收入	十五、3	36 402 263. 62	42 306 805. 70
手续费及佣金净收入	十五、4	778 733 657. 83	549 093 726. 96
投资收益	十五、5	199 113 981. 68	203 922 693. 52
公允价值变动损益		460. 87	-11 032. 87
其他业务收入		—	—
二、营业总成本		320 407 801. 60	183 600 502. 57
税金及附加		7 686 138. 16	7 134 230. 33
业务及管理费		175 127 463. 44	176 122 822. 24
资产减值损失		137 594 200. 00	343 450. 00
加:资产处置收益(损失以"-"号填列)		6 474. 38	2 065. 04
汇兑收益(损失以"-"号填列)		—	—
其他收益		524 209. 68	190 498. 56
三、营业利润(亏损以"-"号填列)		694 373 246. 46	611 904 254. 34
加:营业外收入		1 470. 00	—
减:营业外支出		508 851. 95	257 440. 00
四、利润总额(亏损总额以"-"号填列)		693 865 864. 51	611 646 814. 34
减:所得税费用		167 792 085. 12	145 970 967. 19
五、净利润(净亏损以"-"号填列)		526 073 779. 39	465 675 847. 15
(一)持续经营净利润(净亏损以"-"号填列)		526 073 779. 39	465 675 847. 15
(二)终止经营净利润(净亏损以"-"号填列)		—	—
六、其他综合收益的税后净额		-10 207 647. 28	148 919 106. 26
(一)以后不能重分类进损益的其他综合收益		—	—
1. 重新计量设定受益计划净负债或净资产的变动		—	—
2. 权益法下在被投资单位不能重分类进损益的其他综合收益中享有的份额		—	—
(二)以后将重分类进损益的其他综合收益		-10 207 647. 28	148 919 106. 26
1. 权益法下在被投资单位以后将重分类进损益的其他综合收益中享有的份额		—	—
2. 可供出售金融资产公允价值变动损益		-10 207 647. 28	148 919 106. 26
3. 持有至到期投资重分类为可供出售金融资产损益		—	—
4. 现金流量套期损益的有效部分		—	—
5. 外币财务报表折算差额		—	—
6. 其他		—	—
七、综合收益总额		515 866 132. 11	614 594 953. 41
八、每股收益:		—	—
(一)基本每股收益(元/股)		—	—
(二)稀释每股收益(元/股)		—	—

法定代表人:沈光俊　　主管会计工作负责人:周也勤　　会计机构负责人:赵晓萍

5.1.4 现金流量表

合并现金流量表

编制单位：苏州信托有限公司　　　　2020 年度　　　　单位：元

项目	注释	2020 年度	2019 年度
一、经营活动产生的现金流量：			
销售商品、提供劳务收到的现金		—	—
客户存款和同业存放款项净增加额		—	—
向中央银行借款净增加额		—	—
向其他金融机构拆入资金净增加额		—	—
收到原保险合同保费取得的现金		—	—
收到再保险业务现金净额		—	—
保户储金及投资款净增加额		—	—
处置以公允价值计量且其变动计入当期损益的金融资产净增加额		—	—
收取利息、手续费及佣金的现金		861 020 917.91	626 497 47[illegible].54
客户贷款及垫款净减少额		13 640 000.00	82 710 0[illegible].00
拆入资金净增加额		—	—
回购业务资金净增加额		—	918 102 05[illegible].00
收到的税费返还		41.25	—
收到其他与经营活动有关的现金		582 756 383.23	184 572 24[illegible].10
经营活动现金流入小计		1 457 417 342.39	1 811 881 76[illegible].64
购买商品、接受劳务支付的现金		—	—
客户贷款及垫款净增加额		—	—
回购业务资金净减少额		—	—
存放中央银行和同业款项净增加额		—	—
支付原保险合同赔付款项的现金		—	—
支付利息、手续费及佣金的现金		—	—
支付保单红利的现金		—	—
支付给职工及为职工支付的现金		127 949 915.28	110 283 00[illegible].75
支付的各项税费		480 671 141.71	362 761 55[illegible].90
支付其他与经营活动有关的现金		575 226 104.52	106 900 15[illegible].98
经营活动现金流出小计		1 183 847 161.51	579 944 71[illegible].63
经营活动产生的现金流量净额		273 570 180.88	1 231 937 05[illegible].01
二、投资活动产生的现金流量：		—	—
收回投资收到的现金		915 145 062.95	1 021 344 296.93
取得投资收益收到的现金		226 143 649.42	234 919 443.92
处置固定资产、无形资产和其他长期资产收回的现金净额		22 091.74	10 172.50
处置子公司及其他营业单位收到的现金净额		—	—
取得子公司及其他营业单位收到的现金净额		3 778 180.99	—
收到其他与投资活动有关的现金		50 000 000.00	—
投资活动现金流入小计		1 195 088 985.10	1 256 273 91[illegible].35
购建固定资产、无形资产和其他长期资产支付的现金		4 983 802.02	2 450 82[illegible].13
投资支付的现金		1 950 980 098.15	1 193 292 60[illegible].26
质押贷款净增加额		—	—
取得子公司及其他营业单位支付的现金净额		—	—
支付其他与投资活动有关的现金		—	—
投资活动现金流出小计		1 955 963 900.17	1 195 743 431.[illegible]9
投资活动产生的现金流量净额		-760 874 915.07	60 530 481.96
三、筹资活动产生的现金流量：　吸收投资收到的现金		—	—
其中：子公司吸收少数股东投资收到的现金		—	—
取得借款收到的现金		—	—
发行债券收到的现金		—	—
收到其他与筹资活动有关的现金		—	—
筹资活动现金流入小计		—	—
偿还债务支付的现金		—	—
分配股利、利润或偿付利息支付的现金		—	—
其中：子公司支付给少数股东的股利、利润		—	—
支付其他与筹资活动有关的现金		—	25 650 000.00

续表

项目	注释	2020 年度	2019 年度
筹资活动现金流出小计		—	25 650 000. 00
筹资活动产生的现金流量净额		—	-25 650 000. 00
四、汇率变动对现金及现金等价物的影响		—	—
六、现金及现金等价物净增加额		-487 304 734. 19	1 266 817 531. 97
加:期初现金及现金等价物余额		1 533 634 589. 77	266 817 057. 80
七、期末现金及现金等价物余额		1 046 329 855. 58	1 533 634 589. 77

法定代表人:沈光俊　　主管会计工作负责人:周也勤　　会计机构负责人:赵晓萍

现金流量表

编制单位:苏州信托有限公司　　2020 年度　　单位:元

项目	注释	2020 年度	2019 年度
一、经营活动产生的现金流量:			
收取利息、手续费及佣金的现金		856 462 621. 04	622 682 001. 84
客户贷款及垫款净减少额		13 640 000. 00	82 710 000. 00
回购业务资金净增加额		—	918 102 055. 00
收到其他与经营活动有关的现金		579 434 505. 78	181 011 593. 71
经营活动现金流入小计		1 449 537 126. 82	1 804 505 650. 55
购买商品、接受劳务支付的现金		—	—
回购业务资金净减少额		—	—
支付给职工及为职工支付的现金		123 840 163. 68	106 859 938. 67
支付的各项税费		475 650 119. 56	354 465 208. 92
支付其他与经营活动有关的现金		561 461 017. 77	56 336 495. 46
经营活动现金流出小计		1 160 951 301. 01	517 661 643. 05
经营活动产生的现金流量净额		288 585 825. 81	1 286 844 007. 50
二、投资活动产生的现金流量:		—	—
收回投资收到的现金		760 692 603. 93	876 044 296. 93
取得投资收益收到的现金		200 853 955. 21	212 079 048. 13
处置固定资产、无形资产和其他长期资产收回的现金净额		22 091. 74	10 172. 50
处置子公司及其他营业单位收到的现金净额		—	—
收到其他与投资活动有关的现金		—	—
投资活动现金流入小计		961 568 650. 88	1 088 133 517. 56
购建固定资产、无形资产和其他长期资产支付的现金		4 615 490. 97	2 433 037. 98
投资支付的现金		1 914 827 639. 13	1 103 392 602. 26
取得子公司及其他营业单位支付的现金净额		—	—
支付其他与投资活动有关的现金		—	—
投资活动现金流出小计		1 919 443 130. 10	1 105 825 640. 24
投资活动产生的现金流量净额		-957 874 479. 22	-17 692 122. 68
三、筹资活动产生的现金流量:		—	—
吸收投资收到的现金		—	—
取得借款收到的现金		—	—
发行债券收到的现金		—	—
收到其他与筹资活动有关的现金		—	—
筹资活动现金流入小计		—	—
偿还债务支付的现金		—	—
分配股利、利润或偿付利息支付的现金		—	—
支付其他与筹资活动有关的现金		—	—
筹资活动现金流出小计		—	—
筹资活动产生的现金流量净额		—	—
四、汇率变动对现金及现金等价物的影响		—	—
五、现金及现金等价物净增加额		-669 288 653. 41	1 269 151 884. 82
加:期初现金及现金等价物余额		1 514 492 909. 49	245 341 024. 67
六、期末现金及现金等价物余额	十五、6(2)	845 204 256. 08	1 514 492 909. 49

法定代表人:沈光俊　　主管会计工作负责人:周也勤　　会计机构负责人:赵晓萍

5.1.5 所有者权益变动表

合并所有者权益变动表

编制单位:苏州信托有限公司　　2020 年度　　单位:元

项目	2020 年度												
	归属于母公司所有者权益											少数股东权益	所有者权益合计
	实收资本	其他权益工具			资本公积	减:库存股	其他综合收益	信托赔偿准备	盈余公积	一般风险准备	未分配利润		
		优先股	永续债	其他									
一、上年期末余额	1 200 000 000. 00	—	—	—	249 100. 00	—	494 483 903. 13	210 475 377. 50	434 493 401. 30	42 151 171. 09	2 677 271 126. 70	18 895 728. 13	5 078 019 807. 85
加:会计政策变更	—	—	—	—	—	—	—	—	—	—	—	—	—
前期差错更正	—	—	—	—	—	—	—	—	—	—	—	—	—
同一控制下企业合并	—	—	—	—	—	—	—	—	—	—	—	—	—
其他	—	—	—	—	—	—	—	—	—	—	—	—	—
二、本年期初余额	1 200 000 000. 00	—	—	—	249 100. 00	—	494 483 903. 13	210 475 377. 50	434 493 401. 30	42 151 171. 09	2 677 271 126. 70	18 895 728. 13	5 078 019 807. 85
三、本期增减变动金额(减少以"－"号填列)	—	—	—	—	—	—	－10 207 647. 28	26 303 688. 97	52 607 377. 94	18 346 710. 58	412 174 708. 90	－3 921 752. 67	495 303 086. 44
(一)综合收益总额	—	—	—	—	—	—	－10 207 647. 28	—	—	—	510 228 985. 96	－324 616. 14	499 696 722. 54
(二)所有者投入和减少资本	—	—	—	—	—	—	—	—	—	—	－796 499. 57	－3 597 136. 53	－4 393 636. 10
1. 股东投入的普通股	—	—	—	—	—	—	—	—	—	—	—	—	—
2. 其他权益工具持有者投入资本	—	—	—	—	—	—	—	—	—	—	—	—	—
3. 股份支付计入所有者权益的金额	—	—	—	—	—	—	—	—	—	—	—	—	—
4. 其他	—	—	—	—	—	—	—	—	—	—	－796 499. 57	－3 597 136. 53	－4 393 636. 10
(三)利润分配	—	—	—	—	—	—	—	26 303 688. 97	52 607 377. 94	18 346 710. 58	－97 257 777. 49	—	—
1. 提取盈余公积	—	—	—	—	—	—	—	—	52 607 377. 94	—	－52 607 377. 94	—	—
2. 提取一般风险准备	—	—	—	—	—	—	—	—	—	18 346 710. 58	－18 346 710. 58	—	—
3. 对所有者(或股东)的分配	—	—	—	—	—	—	—	—	—	—	—	—	—
4. 信托赔偿准备	—	—	—	—	—	—	—	26 303 688. 97	—	—	－26 303 688. 97	—	—
(四)所有者权益内部结转	—	—	—	—	—	—	—	—	—	—	—	—	—
1. 资本公积转增资本(或股本)	—	—	—	—	—	—	—	—	—	—	—	—	—
2. 盈余公积转增资本(或股本)	—	—	—	—	—	—	—	—	—	—	—	—	—
3. 盈余公积弥补亏损	—	—	—	—	—	—	—	—	—	—	—	—	—
4. 其他	—	—	—	—	—	—	—	—	—	—	—	—	—
(五)专项储备	—	—	—	—	—	—	—	—	—	—	—	—	—
1. 本期提取	—	—	—	—	—	—	—	—	—	—	—	—	—
2. 本期使用	—	—	—	—	—	—	—	—	—	—	[illegible]	[illegible]	[illegible]
(六)其他	—	—	—	—	—	—	—	—	—	—	—	—	—
四、本期期末余额	1 200 000 000. 00	—	—	—	249 100. 00	—	484 276 255. 85	236 779 066. 47	487 100 779. 24	60 497 881. 67	3 089 445 835. 60	14 973 975. 46	5 573 322 894. 29

法定代表人:沈光俊　　主管会计工作负责人:周也勤　　会计机构负责人:赵晓萍

合并所有者权益变动表(续)

编制单位:苏州信托有限公司　　　　2020 年度　　　　单位:元

项目	2019 年度												
	归属于母公司所有者权益											少数股东权益	所有者权益合计
	实收资本	其他权益工具			资本公积	减:库存股	其他综合收益	信托赔偿准备	盈余公积	一般风险准备	未分配利润		
		优先股	永续债	其他									
一、上年期末余额	1 200 000 000.00				249 100.00		345 564 796.87	187 191 585.14	387 925 816.58	38 398 413.03	2 271 087 366.95	44 769 114.83	4 475 186 193.40
加:会计政策变更	—	—	—	—	—	—	—	—	—	—	—	—	—
前期差错更正	—	—	—	—	—	—	—	—	—	—	—	—	—
同一控制下企业合并	—	—	—	—	—	—	—	—	—	—	—	—	—
其他	—	—	—	—	—	—	—	—	—	—	—	—	—
二、本年期初余额	1 200 000 000.00	—	—	—	249 100.00	—	345 564 796.87	187 191 585.14	387 925 816.58	38 398 413.03	2 271 087 366.95	44 769 114.83	4 475 186 193.40
三、本期增减变动金额(减少以"－"号填列)	—	—	—	—	—	—	148 919 106.26	23 283 792.36	46 567 584.72	3 752 758.06	406 183 759.75	-25 873 386.70	602 833 614.45
(一)综合收益总额	—	—	—	—	—	—	148 919 106.26	—	—	—	479 787 894.89	-223 386.70	628 483 614.45
(二)所有者投入和减少资本	—	—	—	—	—	—	—	—	—	—	—	-25 650 000.00	-25 650 000.00
1. 股东投入的普通股	—	—	—	—	—	—	—	—	—	—	—	—	—
2. 其他权益工具持有者投入资本	—	—	—	—	—	—	—	—	—	—	—	—	—
3. 股份支付计入所有者权益的金额	—	—	—	—	—	—	—	—	—	—	—	—	—
4. 其他	—	—	—	—	—	—	—	—	—	—	—	-25 650 000.00	-25 650 000.00
(三)利润分配	—	—	—	—	—	—	—	23 283 792.36	46 567 584.72	3 752 758.06	-73 604 135.14	—	—
1. 提取盈余公积	—	—	—	—	—	—	—	—	46 567 584.72	—	-46 567 584.72	—	—
2. 提取一般风险准备	—	—	—	—	—	—	—	—	—	3 752 758.06	-3 752 758.06	—	—
3. 对所有者(或股东)的分配	—	—	—	—	—	—	—	—	—	—	—	—	—
4. 信托赔偿准备	—	—	—	—	—	—	—	23 283 792.36	—	—	-23 283 792.36	—	—
(四)所有者权益内部结转	—	—	—	—	—	—	—	—	—	—	—	—	—
1. 资本公积转增资本(或股本)	—	—	—	—	—	—	—	—	—	—	—	—	—
2. 盈余公积转增资本(或股本)	—	—	—	—	—	—	—	—	—	—	—	—	—
3. 盈余公积弥补亏损	—	—	—	—	—	—	—	—	—	—	—	—	—
4. 其他	—	—	—	—	—	—	—	—	—	—	—	—	—
(五)专项储备	—	—	—	—	—	—	—	—	—	—	—	—	—
1. 本期提取	—	—	—	—	—	—	—	—	—	—	—	—	—
2. 本期使用	—	—	—	—	—	—	—	—	—	—	—	—	—
(六)其他	—	—	—	—	—	—	—	—	—	—	—	—	—
四、本期期末余额	1 200 000 000.00	—	—	—	249 100.00	—	494 483 903.13	210 475 377.50	434 493 401.30	42 151 171.09	2 677 271 126.70	18 895 728.13	5 078 019 807.85

法定代表人:沈光俊　　　　主管会计工作负责人:周也勤　　　　会计机构负责人:赵晓萍

所有者权益变动表

编制单位：苏州信托有限公司　　　　2020 年度　　　　单位：元

项目	2020 年度											
	实收资本	其他权益工具			资本公积	减：库存股	其他综合收益	信托赔偿准备	盈余公积	一般风险准备	未分配利润	所有者权益合计
		优先股	永续债	其他								
一、上年期末余额	1 200 000 000. 00	—	—	—	249 100. 00	—	494 483 903. 13	210 475 377. 50	431 298 089. 78	42 151 171. 09	2 520 575 726. 97	4 899 233 368. 47
加：会计政策变更	—	—	—	—	—	—	—	—	—	—	—	—
前期差错更正	—	—	—	—	—	—	—	—	—	—	—	—
其他	—	—	—	—	—	—	—	—	—	—	—	—
二、本年期初余额	1 200 000 000. 00	—	—	—	249 100. 00	—	494 483 903. 13	210 475 377. 50	431 298 089. 78	42 151 171. 09	2 520 575 726. 97	4 899 233 368. 47
三、本期增减变动金额（减少以"－"号填列）	—	—	—	—	—	—	-10 207 647. 28	26 303 688. 97	52 607 377. 94	18 346 710. 58	428 816 001. 90	515 866 132. 11
（一）综合收益总额	—	—	—	—	—	—	-10 207 647. 28	—	—	—	526 073 779. 39	515 866 132. 11
（二）所有者投入和减少资本	—	—	—	—	—	—	—	—	—	—	—	—
1. 股东投入的普通股	—	—	—	—	—	—	—	—	—	—	—	—
2. 其他权益工具持有者投入资本	—	—	—	—	—	—	—	—	—	—	—	—
3. 股份支付计入所有者权益的金额	—	—	—	—	—	—	—	—	—	—	—	—
4. 其他	—	—	—	—	—	—	—	—	—	—	—	—
（三）利润分配	—	—	—	—	—	—	—	26 303 688. 97	52 607 377. 94	18 346 710. 58	-97 257 777. 49	—
1. 提取盈余公积	—	—	—	—	—	—	—	—	52 607 377. 94	—	-52 607 377. 94	—
2. 对所有者（或股东）的分配	—	—	—	—	—	—	—	—	—	—	—	—
3. 提取一般风险准备	—	—	—	—	—	—	—	—	—	18 346 710. 58	-18 346 710. 58	—
4. 信托赔偿准备	—	—	—	—	—	—	—	26 303 688. 97	—	—	-26 303 688. 97	—
（四）所有者权益内部结转	—	—	—	—	—	—	—	—	—	—	—	—
1. 资本公积转增资本（或股本）	—	—	—	—	—	—	—	—	—	—	—	—
2. 盈余公积转增资本（或股本）	—	—	—	—	—	—	—	—	—	—	—	—
3. 盈余公积弥补亏损	—	—	—	—	—	—	—	—	—	—	—	—
4. 其他	—	—	—	—	—	—	—	—	—	—	—	—
（五）专项储备	—	—	—	—	—	—	—	—	—	—	—	—
1. 本期提取	—	—	—	—	—	—	—	—	—	—	—	—
2. 本期使用	—	—	—	—	—	—	—	—	—	—	—	—
（六）其他	—	—	—	—	—	—	—	—	—	—	—	—
四、本期期末余额	1 200 000 000. 00	—	—	—	249 100. 00	—	484 276 255. 85	236 779 066. 47	483 905 467. 72	60 497 881. 67	2 949 391 728. 87	5 415 099 500. 58

法定代表人：沈光俊　　　　主管会计工作负责人：周也勤　　　　会计机构负责人：赵晓萍

所有者权益变动表(续)

编制单位:苏州信托有限公司　　2020 年度　　单位:元

项目	2019 年度											
	实收资本	其他权益工具			资本公积	减:库存股	其他综合收益	信托赔偿准备	盈余公积	一般风险准备	未分配利润	所有者权益合计
		优先股	永续债	其他								
一、上年期末余额	1 200 000 000. 00	—	—	—	249 100. 00	—	345 564 796. 87	187 191 585. 14	384 730 505. 06	38 398 413. 03	2 128 504 014. 96	4 284 638 415. 06
加:会计政策变更	—	—	—	—	—	—	—	—	—	—	—	—
前期差错更正	—	—	—	—	—	—	—	—	—	—	—	—
其他	—	—	—	—	—	—	—	—	—	—	—	—
二、本年期初余额	1 200 000 000. 00	—	—	—	249 100. 00	—	345 564 796. 87	187 191 585. 14	384 730 505. 06	38 398 413. 03	2 128 504 014. 96	4 284 638 415. 06
三、本期增减变动金额(减少以"-"号填列)	—	—	—	—	—	—	148 919 106. 26	23 283 792. 36	46 567 584. 72	3 752 758. 06	392 071 712. 01	614 594 953. 41
(一)综合收益总额	—	—	—	—	—	—	148 919 106. 26	—	—	—	465 675 847. 15	614 594 953. 41
(二)所有者投入和减少资本	—	—	—	—	—	—	—	—	—	—	—	—
1. 股东投入的普通股	—	—	—	—	—	—	—	—	—	—	—	—
2. 其他权益工具持有者投入资本	—	—	—	—	—	—	—	—	—	—	—	—
3. 股份支付计入所有者权益的金额	—	—	—	—	—	—	—	—	—	—	—	—
4. 其他	—	—	—	—	—	—	—	—	—	—	—	—
(三)利润分配	—	—	—	—	—	—	—	23 283 792. 36	46 567 584. 72	3 752 758. 06	-73 604 135. 14	—
1. 提取盈余公积	—	—	—	—	—	—	—	—	46 567 584. 72	—	-46 567 584. 72	—
2. 对所有者(或股东)的分配	—	—	—	—	—	—	—	—	—	—	—	—
3. 提取一般风险准备	—	—	—	—	—	—	—	—	—	3 752 758. 06	-3 752 758. 06	—
4. 信托赔偿准备	—	—	—	—	—	—	—	23 283 792. 36	—	—	-23 283 792. 36	—
(四)所有者权益内部结转	—	—	—	—	—	—	—	—	—	—	—	—
1. 资本公积转增资本(或股本)	—	—	—	—	—	—	—	—	—	—	—	—
2. 盈余公积转增资本(或股本)	—	—	—	—	—	—	—	—	—	—	—	—
3. 盈余公积弥补亏损	—	—	—	—	—	—	—	—	—	—	—	—
4. 其他	—	—	—	—	—	—	—	—	—	—	—	—
(五)专项储备	—	—	—	—	—	—	—	—	—	—	—	—
1. 本期提取	—	—	—	—	—	—	—	—	—	—	—	—
2. 本期使用	—	—	—	—	—	—	—	—	—	—	—	—
(六)其他	—	—	—	—	—	—	—	—	—	—	—	—
四、本期期末余额	1 200 000 000. 00	—	—	—	249 100. 00	—	494 483 903. 13	210 475 377. 50	431 298 089. 78	42 151 171. 09	2 520 575 726. 97	4 899 233 368. 47

法定代表人:沈光俊　　主管会计工作负责人:周也勤　　会计机构负责人:赵晓萍

5.2 信托资产（未经审计）

5.2.1 信托项目资产负债汇总表

信托项目资产负债汇总表

编制单位：苏州信托有限公司　　2020 年 12 月 31 日　　单位：万元

信托资产	期末余额	年初余额	信托负债和信托权益	期末余额	年初余额
信托资产			信托负债		
货币资金	96 420. 49	109 679. 65	交易性金融负债	—	—
拆出资金	—	—	衍生金融负债	—	—
存出保证金	—	—	应付受托人报酬	1 712. 62	1 105. 27
交易性金融资产	842 919. 22	398 663. 21	应付托管费	298. 52	257. 99
衍生金融资产	—	—	应付受益人收益	2 556. 83	645. 33
买入返售金融资产	3 000. 00	0. 00	应交税费	4 524. 97	5 404. 72
应收款项	13 218. 45	9 130. 09	应付销售服务费	—	—
发放贷款	2 584 823. 28	2 809 712. 95	其他应付款项	55 308. 72	68 334. 33
可供出售金融资产	—	—	预计负债	0. 00	792. 85
持有至到期投资	3 470 277. 79	4 114 242. 99	其他负债	—	—
长期应收款	—	—	信托负债合计	64 401. 66	76 540. 49
长期股权投资	970 123. 96	1 070 686. 89	信托权益		
投资性房地产	—	—	实收信托	8 030 600. 89	9 299 854. 73
固定资产	—	—	资本公积	—	—
无形资产	—	—	损益平准金	—	0. 00
长期待摊费用	—	—	未分配利润	109 757. 36	125 964. 63
其他资产	223 976. 72	990 244. 07	信托权益合计	8 140 358. 25	9 425 819. 36
信托资产总计	8 204 759. 91	9 502 359. 85	信托负债和信托权益总计	8 204 759. 91	9 502 359. 85

公司负责人：沈光俊　　主管会计工作的公司负责人：周也勤　　信托会计机构负责人：钱悦

5.2.2 信托项目利润及利润分配汇总表

信托项目利润及利润分配汇总表

编制单位：苏州信托有限公司　　2020 年度　　单位：万元

项目	本年金额	上年金额
1. 营业收入	645 248. 09	607 654. 23
1. 1 利息收入	222 415. 77	189 532. 47
1. 2 投资收益（损失以“ - ”号填列）	437 742. 49	417 010. 39
1. 2. 1 其中：对联营企业和合营企业的投资收益	—	—
1. 3 公允价值变动收益（损失以“ - ”号填列）	-16 516. 90	373. 82
1. 4 租赁收入	—	—
1. 5 汇兑损益（损失以“ - ”号填列）	—	—
1. 6 其他收入	1 606. 73	737. 55
2. 支出	102 597. 71	76 158. 31
2. 1 营业税金及附加	2 083. 05	1 936. 72
2. 2 受托人报酬	82 403. 80	58 068. 49
2. 3 托管费	3 739. 31	3 488. 07
2. 4 投资管理费	—	—
2. 5 销售服务费	53. 11	—
2. 6 交易费用	35. 26	5. 46
2. 7 资产减值损失	—	—
2. 8 其他费用	14 283. 18	12 659. 57
3. 信托净利润（净亏损以“ - ”号填列）	542 650. 38	531 495. 92
4. 其他综合收益	—	—
5. 综合收益	542 650. 38	531 495. 92

续表

项目	本年金额	上年金额
6. 加：期初未分配信托利润	125 964. 63	103 769. 82
7. 可供分配的信托利润	668 615. 01	635 265. 74
8. 减：本期已分配信托利润	558 857. 65	509 301. 11
9. 期末未分配信托利润	109 757. 36	125 964. 63

公司负责人：沈光俊　主管会计工作的公司负责人：周也勤　信托会计机构负责人：钱悦

6. 会计报表附注

6.1 会计报表不符合会计核算基本前提的说明

无。

6.1.1 会计报表不符合会计核算基本前提的事项

无。

6.1.2 对编制合并会计报表的公司应说明纳入合并范围的子公司情况、母公司所持有的权益性资本的比例

合并财务报表的合并范围以控制为基础确定，包括本公司及本公司的子公司（指被本公司控制的主体，包括企业、被投资单位中可分割部分及企业所控制的结构化主体等）。子公司的经营成果和财务状况由控制开始日起至控制结束日止包含于合并财务报表中。

本公司 2020 年纳入合并范围的子公司共 11 户，结构化主体 2 只。子公司所采用的会计期间或会计政策与本公司不一致时，在编制合并财务报表时按本公司的会计期间或会计政策对子公司的财务报表进行必要的调整。

本公司通过设立或投资等方式取得的子公司：

子公司名称	主要经营地	注册地	业务性质	持股比例		取得方式
				直接	间接	
苏州市苏信创业投资有限公司	苏州	苏州	创业投资	100	—	设立
苏州苏信宜和投资管理有限公司	苏州	苏州	投资管理、创业投资咨询	—	100	设立
苏州苏信百汇资产管理有限公司	苏州	苏州	投资管理、实业投资	—	100	设立
苏州苏信创新资产管理有限公司	苏州	苏州	资产管理	—	100	设立
苏州苏信创新资本管理企业（有限合伙）	苏州	苏州	资产管理、创业投资咨询	—	100	设立
苏州苏信嘉会创业投资企业（有限合伙）	苏州	苏州	资产管理、创业投资咨询	—	100	设立
苏州苏信资产管理中心（有限合伙）	苏州	苏州	资产管理、创业投资咨询	—	100	设立
苏州工业园区苏信其祥创业投资合伙企业（有限合伙）	苏州	苏州	创业投资咨询、创业管理服务	—	100	设立
苏州苏信禾才创业投资企业（有限合伙）	苏州	苏州	资产管理、创业投资咨询	—	50.12	设立
苏州苏信元丰股权投资企业（有限合伙）	苏州	苏州	股权投资	—	100	非同一控制下企业合并
苏州翔信房地产开发有限公司	苏州	苏州	房地产开发	—	90	非同一控制下企业合并

本公司经营范围为资金信托；动产信托；不动产信托；有价证券信托；其他财产或财产权信托；作为投资基金或者基金管理公司的发起人从事投资基金业务；经营企业资产的重组、并购及项目融资、公司理财、财务顾问业务；受托经营国务院有关部门批准的证券承销业务；办理居间、咨询、资信调查等业务；代保管及保管箱业务；以存放同业、拆放同业、贷款、租赁、投资方式运用固有财产；以固有财产为他人提供担保；从事同业拆借；法律法规规定或中国银行业监督管理委员会批准的其他业务。

本公司编制的财务报表符合企业会计准则的要求，真实、完整地反映了本公司2020年12月31日的合并及母公司财务状况及2020年的合并及母公司经营成果和现金流量等有关信息。

6.2 重要会计政策和会计估计说明

6.2.1 计提金融资产减值的范围和方法

本公司在期末对以公允价值计量且其变动计入当期损益的金融资产以外的金融资产的账面价值进行检查，有客观证据表明该金融资产发生减值的，确认减值损失，计提减值准备。

（1）以摊余成本计量的金融资产的减值准备，按该金融资产预计未来现金流量现值低于其账面价值的差额计提，计入当期损益。

本公司对单项金额重大的金融资产单独进行减值测试，对单项金额不重大的金融资产，单独或包括在具有类似信用风险特征的金融资产组合中进行减值测试。单独测试未发生减值的金融资产，无论单项金额重大与否，仍将包括在具有类似信用风险特征的金融资产组合中再进行减值测试。已单独确认减值损失的金融资产，不包括在具有类似信用风险特征的金融资产组合中进行减值测试。

对以摊余成本计量的金融资产确认资产减值损失后，如有客观证据表明该金融资产价值已经恢复，且客观上与确认该损失后发生的事项有关，原确认的减值损失予以转回，计入当期损益。

（2）可供出售金融资产减值：当综合相关因素判断可供出售权益工具投资公允价值下跌是严重或非暂时性下跌时，表明该可供出售权益工具投资发生减值。其中，“严重下跌”是指公允价值下跌幅度累计超过50%；“非暂时性下跌”是指公允价值连续下跌时间超过12个月。

可供出售金融资产的公允价值发生非暂时性下跌时，即使该金融资产没有终止确认，原直接计入其他综合收益的因公允价值下降形成的累计损失，予以转出，计入当期损益。

对可供出售债务工具投资确认资产减值损失后，如有客观证据表明该金融资产价值已经恢复，且客观上与确认该损失后发生的事项有关，原确认的减值损失予以转回，计入当期损益。

可供出售权益工具投资发生的减值损失，不通过损益转回。

6.2.2 金融资产的确认及后续计量

金融资产于初始确认时分类为以公允价值计量且其变动计入当期损益的金融资产、贷款及应收款项、持有至到期投资和可供出售金融资产。金融资产的分类取决于本公司对金融资产的持有意图和持有能力。

金融资产于本公司成为金融工具合同的一方时，按公允价值确认。对于以公允价值计量且其变动计入当期损益的金融资产，相关交易费用直接计入当期损益；对于其他类别的金融资产，相关交易费用计入初始确认金额。

以公允价值计量且其变动计入当期损益的金融资产，采用公允价值进行后续计量，公允价值变动形成的利得或损失，计入当期损益。

贷款及应收款项和持有至到期投资，采用实际利率法，按摊余成本进行后续计量，终止确认、减值及摊销形成的利得或损失，计入当期损益。

可供出售金融资产，采用公允价值进行后续计量，公允价值变动计入其他综合收益，在该可供出售金融资产发生减值或终止确认时转出，计入当期损益。可供出售债务工具投资在持有期间按实际利率法计算的利息，计入当期损益。可供出售权益工具投资的现金股利，在被投资单位宣告发放股利时计入当期损益。

对于在活跃市场中没有报价且其公允价值不能可靠计量的权益工具投资以成本法计量。

6.2.3 长期股权投资的核算方法

6.2.3.1 重大影响、共同控制的判断标准

本公司结合以下情形综合考虑是否对被投资单位具有重大影响:是否在被投资单位董事会或类似权利机构中派有代表;是否参与被投资单位财务和经营政策制定过程;是否与被投资单位之间发生重要交易;是否向被投资单位派出管理人员;是否向被投资单位提供关键技术资料。

若本公司与其他参与方均受某合营安排的约束,任何一个参与方不能单独控制该安排,任何一个参与方均能够阻止其他参与方或参与方组合单独控制该安排,本公司判断对该项合营安排具有共同控制。

6.2.3.2 投资成本确定

企业合并形成的长期股权投资,按以下方法确定投资成本:

(1)对于同一控制下企业合并形成的对子公司投资,以在合并日取得被合并方所有者权益在最终控制方合并财务报表中账面价值的份额作为长期股权投资的投资成本。

分步实现的同一控制下企业合并,在合并日根据合并后应享有被合并方净资产在最终控制方合并财务报表中的账面价值的份额,确定长期股权投资的初始投资成本;初始投资成本与达到合并前长期股权投资账面价值加上合并日进一步取得股份新支付对价的账面价值之和的差额,调整资本公积(资/股本溢价),资本公积不足冲减的,冲减留存收益。合并日之前持有的股权投资,因采用权益法核算或金融工具确认和计量准则核算而确认的其他综合收益暂不进行会计处理,直至处置该项投资时采用与被投资单位直接处置相关资产或负债相同的基础进行会计处理;因采用权益法核算而确认的被投资单位净资产中除净损益、其他综合收益和利润分配以外的所有者权益其他变动,暂不进行会计处理,直至处置该项投资时转入当期损益。其中,处置后的剩余股权根据本准则采用成本法或权益法核算的,其他综合收益和其他所有者权益应按比例结转,处置后的剩余股权改按金融工具确认和计量准则进行会计处理的,其他综合收益和其他所有者权益应全部结转。

(2)对于非同一控制下企业合并形成的对子公司投资,以企业合并成本作为投资成本。

追加投资能够对非同一控制下的被投资单位实施控制的,以购买日之前所持被购买方的股权投资的账面价值与购买日新增投资成本之和,作为改按成本法核算的初始投资成本;购买日之前持有的被购买方的股权投资因采用权益法核算而确认的其他综合收益,在处置该项投资时采用与被投资单位直接处置相关资产或负债相同的基础进行会计处理。购买日之前持有的股权投资按照《企业会计准则第22号——金融工具确认和计量》有关规定进行会计处理的,原计入其他综合收益的累计公允价值变动应当在改按成本法核算时转入当期损益。

除企业合并形成的长期股权投资以外,其他方式取得的长期股权投资,按以下方法确定投资成本。

(1)以支付现金取得的长期股权投资,按实际支付的购买价款作为投资成本。

(2)以发行权益性证券取得的长期股权投资,按发行权益性证券的公允价值作为投资成本。

(3)因追加投资等原因,能够对被投资单位单位施加重大影响或实施共同控制但不构成控制的,应当按照《企业会计准则第22号——金融工具确认和计量》确定的原持有股权的公允价值加上新增投资成本之和,作为改按权益法核算的初始投资成本。原持有的股权投资分类为可供出售金融资产的,其公允价值与账面价值之间的差额,以及原计入其他综合收益的累计公允价值变动应当转入改按权益法核算的当期损益。

6.2.3.3 后续计量及损益确认方法

6.2.3.3.1 对子公司投资

在合并财务报表中,对子公司投资按6.2.8合并会计报表的编制方法进行处理。

在母公司财务报表中,对子公司投资采用成本法核算,在被投资单位宣告分派的现金股利或利润时,确认投资收益。

6.2.3.3.2 对合营企业投资和对联营企业投资

对合营企业投资和对联营企业投资采用权益法核算,具体会计处理如下。

对于初始投资成本大于投资时应享有被投资单位可辨认净资产公允价值份额的,其差额包含在长期股权投资成本中;对于初始投资成本小于投资时应享有被投资单位可辨认净资产公允价值份额的,其差额计入当期损益,同时调整长期股权投资成本。

取得对合营企业投资和对联营企业投资后,按照应享有或应分担的被投资单位实现的净损益和其他综合收益的份额,分别确认投资损益和其他综合收益并调整长期股权投资的账面价值;按照被投资单位宣告分派的现金股利或利润应分得的部分,相应减少长期股权投资的账面价值。

在计算应享有或应分担的被投资单位实现的净损益的份额时,以取得投资时被投资单位可辨认净资产的公允价值为基础确定,对于被投资单位的会计政策或会计期间与本公司不同的,权益法核算时按照本公司的会计政策或会计期间对被投资单位的财务报表进行必要调整。与合营企业和联营企业之间内部交易产生的未实现损益按照持股比例计算归属于本公司的部分,在权益法核算时予以抵销。内部交易产生的未实现损失,有证据表明该损失是相关资产减值损失的,则全额确认该损失。

对合营企业或联营企业发生的净亏损,除本公司负有承担额外损失义务外,以长期股权投资的账面价值及其他实质上构成对被投资单位净投资的长期权益减记至零为限。被投资企业以后实现净利润的,在收益分享额弥补未确认的亏损分担额后,恢复确认收益分享额。

对于被投资单位除净损益、其他综合收益和利润分配以外所有者权益的其他变动,调整长期股权投资的账面价值并计入资本公积。处置该项投资时,将原计入资本公积的部分按相应比例转入当期损益。

6.2.3.4 长期股权投资的确认方法

处置长期股权投资,其账面价值与实际取得价款的差额计

入当期损益，采用权益法核算的长期股权投资，处置时，采用与被投资单位直接处置相关资产或负债相同的基础，按相应比例对原计入其他综合收益的部分进行会计处理。

因处置部分权益性投资等原因丧失了对被投资单位共同控制或重大影响的，处置后的剩余股权按《企业会计准则第22号——金融工具确认和计量》核算，其在丧失共同控制或重大影响之日的公允价值与账面价值间的差额计入当期损益。原股权投资因采用权益法核算而确认的其他综合收益，应当在终止采用权益法核算时采用与被投资单位直接处置相关资产或负债相同的基础进行会计处理。

因处置部分权益性投资等原因丧失了对被投资单位控制的，在编制个别财务报表时，处置后的剩余股权能够对被投资单位实施共同控制或重大影响的，改按权益法核算，并对剩余股权视同自取得时即采用权益法核算进行调整。处置后剩余股权不能对被投资单位实施共同控制或重大影响的，按《企业会计准则第22号——金融工具确认和计量》的有关规定进行会计处理，其在丧失控制权之日的公允价值与账面价值间的差额计入当期损益。

6.2.4 固定资产计价和折旧办法

固定资产是指为生产商品、提供劳务、出租或经营管理而持有的，使用寿命超过一个会计年度的有形资产。

本公司采用直线法计提固定资产折旧，各类固定资产使用寿命、预计净残值率和年折旧率如下：

类别	折旧年限(年)	预计净残值率(%)	年折旧率(%)
房屋建筑物	30	5	3.17
运输设备	4~5	5	19~23.75
办公设备	3	5	31.67
其他设备	5	5	19.00

本公司至少在每年年度终了对固定资产的使用寿命、预计净残值和折旧方法进行复核。

6.2.5 无形资产计价及摊销政策

无形资产按照取得时的成本进行初始计量。

无形资产的摊销方法如下：对于使用寿命有限的无形资产，在使用寿命期限内，采用直线法摊销。本公司至少于每年年度终了对无形资产的使用寿命及摊销方法进行复核。

对于使用寿命不确定的无形资产，不摊销。本公司于每年年度终了，对使用寿命不确定的无形资产的使用寿命进行复核，如果有证据表明其使用寿命是有限的，则估计其使用寿命，并按其使用寿命进行摊销。

6.2.6 贷款和应收款项的核算方法

6.2.6.1 发放贷款及垫款

6.2.6.1.1 单项金额重大的发放贷款及垫款坏账准备的计提方法

单独进行减值测试，当存在客观证据表明将无法按原有条款收回款项时，根据其预计未来现金流量现值低于其账面价值的差额计提贷款损失准备。

6.2.6.1.2 按组合计提坏账准备的发放贷款及垫款

按风险特征组合计提贷款损失准备的比例如下：

风险特征	本期计提比例(%)	上期计提比例(%)
正常类	1.5	1.5
关注类	3	3
次级类	30	30
可疑类	60	60
损失类	100	100

6.2.6.1.3 单项金额虽不重大但单项计提坏账准备的发放贷款及垫款

单独进行减值测试，根据其未来现金流量现值低于其账面价值的差额计提贷款损失准备。

6.2.6.2 应收款项

一是坏账损失的核算采用备抵法。

二是坏账确认标准：债务人破产或死亡，以其破产财产或者遗产清偿后仍无法收回；债务人逾期未履行其偿债义务，并且具有明显特征表明无法收回。

三是坏账准备的计提：本集团的应收款项主要包括应收利息、其他应收款。本集团对上述应收款项采用单独认定的方法单独进行减值测试，根据其预计未来现金流量现值低于其账面价值的差额，确认减值损失，计提坏账准备；经单独测试未发生减值的，则不计提坏账准备。

6.2.7 长期待摊费用的摊销政策

本公司已发生但应由本期和以后各期负担的分摊期限在1年以上的各项费用，按受益期限内平均摊销。

6.2.8 合并会计报表的编制方法

本公司通过同一控制下企业合并取得的子公司，在编制合并当期财务报表时，视同被合并子公司在本公司最终控制方对其实施控制时纳入合并范围，并对合并财务报表的期初数及前期比较报表进行相应调整。

本公司通过非同一控制下企业合并取得的子公司，在编制合并当期财务报表时，以购买日确定的各项可辨认资产、负债的公允价值为基础对子公司的财务报表进行调整，并自购买日起将被合并子公司纳入合并范围。

子公司所采用的会计期间或会计政策与本公司不一致时，在编制合并财务报表时按本公司的会计期间或会计政策对子公司的财务报表进行必要的调整。合并范围内企业之间所有重大交易、余额及未实现损益在编制合并财务报表时予以抵销。内部交易发生的未实现损失，有证据表明该损失是相关资产减值损失的，则不予抵销。

子公司少数股东应占的权益和损益分别在合并资产负债表中股东权益项目下和合并利润表中净利润项目下单独列示。

子公司少数股东分担的当期亏损超过了少数股东在该子公司期初所有者权益中所享有的份额的，其余额应当冲减少数股东权益。

因处置部分股权投资或其他原因丧失了对原有子公司控制权的，对于剩余股权，按照其在丧失控制权日的公允价值进行重新计量。处置股权取得的对价与剩余股权公允价值之和，减去按原持股比例计算应享有原有子公司自购买日开始持续计算的净资产的份额之间的差额，计入丧失控制权当期的投资收益，同时冲减商誉。与原有子公司股权投资相关的其他综合收益、其他所有者权益变动，在丧失控制权时转为当期投资收益，由于被投资方重新计量设定受益计划净负债或净资产变动而产生的其他综合收益除外。

通过多次交易分步处置对子公司股权投资直至丧失控制权的，需考虑各项交易是否构成一揽子交易，处置对子公司股权投资的各项交易的条款、条件及经济影响符合以下一种或多种情况，表明应将多次交易事项作为一揽子交易进行会计处理：(1)这些交易是同时或者在考虑了彼此影响的情况下订立的；(2)这些交易整体才能达成一项完整的商业结果；(3)一项交易的发生取决于其他至少一项交易的发生；(4)一项交易单独看是不经济的，但是和其他交易一并考虑时是经济的。

不属于一揽子交易的，对其中每一项交易分别按照前述进行会计处理；若各项交易属于一揽子交易的，将各项交易作为一项处置子公司并丧失控制权的交易进行会计处理；但是，在丧失控制权之前每一次处置价款与处置投资对应的享有该子公司净资产份额的差额，在合并财务报表中确认为其他综合收益，在丧失控制权时一并转入丧失控制权当期的损益。

6.2.9 收入确定原则和方法

6.2.9.1 手续费及佣金收入

6.2.9.1.1 顾问及咨询费收入

于服务已经提供且收取的金额能够可靠计量时，按权责发生制确认收入。

6.2.9.1.2 信托管理费收入

于信托合同到期，与委托人结算时，按信托合同规定的比例计算应由公司享有的管理费收益，确认为当期收益；或合同中规定公司按约定比例收取管理费和业绩报酬，则在合同期内分期确认管理费和业绩报酬收益。

6.2.9.2 利息收入

6.2.9.2.1 存放同业利息收入

在相关的收入金额能够可靠地计量，相关的经济利益可以收到时，按资金使用时间和实际利率确认利息收入。

6.2.9.2.2 买入返售证券收入

买入返售证券收入按返售价格与买入成本价格的差额，确认为当期收入。实际利率与合同约定利率差别较小的，按合同约定利率确认为当期收入。

6.2.9.2.3 发放贷款及垫款利息收入

按照客户使用本企业货币资金的时间和实际利率计算确定。实际利率与合同约定利率差别较小的，按合同约定利率确认为当期收入。

6.2.10 所得税的会计处理方法

本公司采用资产负债表债务法进行所得税会计处理。

除与直接计入股东权益的交易或事项有关的所得税影响计入股东权益外，当期所得税费用和递延所得税费用(或收益)计入当期损益。

当期所得税费用是按本年度应纳税所得额和税法规定的税率计算的预期应交所得税，加上对以前年度应交所得税的调整。

资产负债表日，如果纳税主体拥有以净额结算的法定权利并且意图以净额结算或取得资产、清偿负债同时进行时，那么当期所得税资产及当期所得税负债以抵销后的净额列示。

递延所得税资产和递延所得税负债分别根据可抵扣暂时性差异和应纳税暂时性差异确定，按照预期收回资产或清偿债务期间的适用税率计量。暂时性差异是指资产或负债的账面价值与其计税基础之间的差额，包括能够结转以后年度抵扣的亏损和税款递减。递延所得税资产的确认以很可能取得用来抵扣暂时性差异的应纳税所得额为限。

对于既不影响会计利润也不影响应纳税所得额(或可抵扣亏损)的非企业合并交易中产生的资产或负债初始确认形成的暂时性差异，不确认递延所得税。商誉的初始确认导致的暂时性差异也不产生递延所得税。

资产负债表日，根据递延所得税资产和负债的预期收回或结算方式，依据已颁布的税法规定，按照预期收回该资产或清偿该负债期间的适用税率计量该递延所得税资产和负债的账面金额。

资产负债表日，递延所得税资产及递延所得税负债在同时满足以下条件时以抵销后的净额列示：

(1)纳税主体拥有以净额结算当期所得税资产及当期所得税负债的法定权利。

(2)递延所得税资产及递延所得税负债是与同一税收征管部门对同一纳税主体征收的所得税相关或者是对不同的纳税主体相关，但在未来每一具有重要性的递延所得税资产及负债转回的期间内，涉及的纳税主体意图以净额结算当期所得税资产和负债或是同时取得资产、清偿负债。

6.2.11 信托报酬确认原则和方法

信托报酬收入于服务已经提供且收取的金额能够可靠计量时，按权责发生制确认收入。

6.2.12 一般风险准备、信托赔偿准备和信托业保障基金

计提一般风险准备的方法：财政部《金融企业准备金计提管理办法》(财金〔2012〕20 号)，为了防范经营风险，增强金融企业抵御风险能力，金融企业应提取一般准备作为利润分配处理，并作为股东权益的组成部分。一般准备的计提比例由金融企业综合考虑所面临的风险状况等因素确定，原则上一般准备余额不低于风险资产期末余额的 1.5%。

计提信托赔偿准备的方法：根据中国银行业监督管理委员会颁布的《信托公司管理办法》有关规定，公司按当年税后净利润的 5%计提信托赔偿准备金，累计达到注册资本 20%时，可不再提取。

信托业保障基金：根据中国银行业监督管理委员会、财政部于 2014 年 12 月 10 月颁布的《信托业保障基金管理办法》(银监发〔2014〕50 号)的相关规定，信托业保障基金认购执行下列统一标准：(1)信托公司按净资产余额的 1%认购，每年 4 月末前以上年度末的净资产余额为基数动态调整；(2)资金信托按新发行金额的 1%认购，其中：属于购买标准化产品的投资性资金信托的，由信托公司认购；属于融资性资金信托的，由融资者认购。在每个资金信托产品发行结束时，缴入信托公司基金专户，由信托公司按季向保障基金公司集中划缴；(3)新设立的财产信托按信托公司收取报酬的 5%计算，由信托公司认购。

6.3 或有事项说明

公司对外提供借款担保的期初、期末无余额。

6.4 重要资产转让及其出售的说明

无。

6.5 会计报表中重要项目的明细资料

6.5.1 披露自营资产经营情况

6.5.1.1 按信用风险五级分类结果披露信用风险资产的期初数、期末数

风险分类	正常类（万元）	关注类（万元）	次级类（万元）	可疑类（万元）	损失类（万元）	信用风险资产合计（万元）	不良资产合计（万元）	不良资产率（%）
期初数	545 134	—	—	—	—	545 184	—	—
期末数	519 910	8 002	19 457	—	—	547 369	19 457	3.55

注：不良资产合计 = 次级类 + 可疑类 + 损失类。

6.5.1.2 资产减值损失准备的期初数、本期计提、本期转回、本期核销、期末数

单位：万元

项目	期初数	本期计提	本期转回	本期核销	期末数
贷款损失	75	-20	—	—	55
一般准备	75	-20	—	—	55
专项准备	—	—	—	—	—
其他资产减值准备	—	185	—	—	185
可供出售金融资产减值准备	3 658	10 512	—	—	14 170
持有至到期投资减值准备	—	—	—	—	—
长期股权投资减值准备	—	—	—	—	—
坏账准备	—	7 268	—	—	7 268
投资性房地产减值准备	—	—	—	—	—

6.5.1.3 按照投资品种分类，分别披露固有业务股票投资、基金投资、债券投资、股权投资等投资业务的期初数、期末数

单位：万元

项目	自营股票	基金	债券	长期股权投资	其他投资	合计
期初数	74 427	—	—	13 087	283 503	371 017
期末数	89 106	—	—	12 921	311 262	413 289

6.5.1.4 本公司按照企业会计准则对长期股权投资进行重分类后，披露长期股权投资的企业名称、占被投资企业权益的比例、主要经营活动及投资收益情况等

企业名称	占被投资企业权益的比例（%）	主要经营活动	权益法下确认的投资损益（万元）
苏州苏信元和股权投资有限公司	42.86	股权投资	128
苏州保信商业保理有限公司	45.00	提供贸易融资	995

6.5.1.5 前五名的自营贷款的企业名称、占贷款总额的比例和还款情况等（从贷款金额大到小顺序排列）

企业名称	占贷款总额的比例（%）	还款情况
仁泰体育产业发展有限公司	100	正常

6.5.1.6 表外业务的期初数、期末数，按照代理业务、担保业务和其他类型表外业务分别披露

单位：万元

表外业务	期初数	期末数
担保业务	—	—
代理业务（委托业务）	—	—
其他	—	—
合计	—	—

报告期内，公司未发生代理业务（委托业务）。

6.5.1.7 本公司当年的收入结构

收入结构	金额（万元）	占比（%）
手续费及佣金收入	77 873	73.82
其中：信托手续费收入	77 873	73.82
投资银行业务收入	—	—
利息收入	3 954	3.75
其他业务收入	556	0.53
其中：计入信托业务收入部分	—	—
投资收益	23 047	21.85
其中：股权投资收益	722	0.68
证券投资收益	2 043	1.94
其他投资收益	20 282	19.23
公允价值变动收益	—	—
资产处置收益	1	—
其他收益	57	0.05
营业外收入	5	—
全年总收入	105 493	100.00

报告年度母公司实现信托业务收入总额为 77 873 万元，全部以手续费及佣金收入形式确定。

6.5.2 披露信托财产管理情况

6.5.2.1 信托资产的期初数、期末数

单位：万元

信托资产	期初数	期末数
集合	4 890 400.64	4 930 330.57
单一	3 547 635.84	2 980 298.25
财产权	1 064 323.37	294 131.09
合计	9 502 359.85	8 204 759.91

6.5.2.1.1 主动管理型信托业务的信托资产期初数、期末数，分证券投资类、非证券投资类、融资类、事务管理类分别披露

单位：万元

主动管理型信托资产	期初数	期末数
证券投资类	—	60 196.49
非证券投资类	1 189 120.86	1 767 951.28
融资类	3 650 098.75	3 157 599.80
事务管理类	—	—
合计	4 839 219.61	4 985 747.57

6.5.2.1.2　被动管理型信托业务的信托资产期初数、期末数，分证券投资类、非证券投资类、融资类、事务管理类分别披露

单位：万元

被动管理型信托资产	期初数	期末数
证券投资类	—	—
非证券投资类	—	—
融资类	10 530.51	5 535.32
事务管理类	4 652 609.73	3 213 477.02
合计	4 663 140.24	3 219 012.34

6.5.2.2　本年度已清算结束的信托项目个数、实收信托合计金额、加权平均实际年化收益率

本年度已清算结束的信托项目 119 个、实收信托合计金额 361.49 亿元、加权平均实际年化收益率 6.34%。

6.5.2.2.1　本年度已清算结束的集合类、单一类资金信托项目和财产管理类信托项目个数、实收信托合计金额、加权平均实际年化收益率

已清算结束的信托项目	项目个数（个）	实收信托合计金额（万元）	加权平均实际年化收益率（%）
集合类	95	1 984 069.75	7.55
单一类	21	871 248.58	5.54
财产管理类	3	759 608.16	4.09

注：1. 收益率是指信托项目清算后、给受益人赚取的实际收益水平。

2. 加权平均实际年化收益率 =（信托项目 1 的实际年化收益率 × 信托项目 1 的实收信托 + 信托项目 2 的实际年化收益率 × 信托项目 2 的实收信托 + … + 信托项目 n 的实际年化收益率 × 信托项目 n 的实收信托）/（信托项目 1 的实收信托 + 信托项目 2 的实收信托 + … + 信托项目 n 的实收信托）×100%。

6.5.2.2.2　本年度已清算结束的主动管理型信托项目个数、实收信托合计金额、加权平均实际年华收益率，分证券投资类、非证券投资类、融资类、事务管理类分别计算并披露

已清算结束的信托项目	项目个数（个）	实收信托合计金额（万元）	加权平均实际年化信托报酬率（%）	加权平均实际年化收益率（%）
证券投资类	—	—	—	—
非证券投资类	2	74 200.00	0.49	7.70
融资类	90	1 787 149.00	1.88	7.52
事务管理类	—	—	—	—

注：加权平均实际年化信托报酬率 =（信托项目 1 的实际年化信托报酬率 × 信托项目 1 的实收信托 + 信托项目 2 的实际年化信托报酬率 × 信托项目 2 的实收信托 + … + 信托项目 n 的实际年化信托报酬率 × 信托项目 n 的实收信托）/（信托项目 1 的实收信托 + 信托项目 2 的实收信托 + … + 信托项目 n 的实收信托）×100%。

6.5.2.2.3　本年度已清算结束的被动管理型信托项目个数、实收信托合计金额、加权平均实际化收益率，分证券投资类、非证券投资类、融资类、事务管理类分别计算并披露

已清算结束的信托项目	项目个数（个）	实收信托合计金额（万元）	加权平均实际年化信托报酬率（%）	加权平均实际年化收益率（%）
证券投资类	—	—	—	—
非证券投资类	—	—	—	—
融资类	—	—	—	—
事务管理类	27	1 753 577.49	0.13	5.08

6.5.2.3　本年度新增的集合类、单一类和财产管理类信托项目个数、实收信托合计金额

新增信托项目	项目个数（个）	实收信托合计金额（万元）
集合类	108	3 38[illegible] 505.90
单一类	7	4[illegible] 692.46
财产管理类	1	50.00
新增合计	116	3 82[illegible] 248.36
其中：主动管理型	105	3 52[illegible] 000.36
被动管理型	11	29[illegible] 248.00

注：本年新增信托项目指在本报告年度内累计新增的信托项目个数和金额，包括含本年度新增并于本年度内结束的项目和本年度新增至报告期末仍在持续管理的信托项目。

6.5.2.4　信托业务创新成果和特色业务有关情况

6.5.2.4.1　创新业务资格

公司已经获得特定目的的信托受托机构资格。

6.5.2.4.2　创新业务品种

2020 年，公司设立首单供应链财产权信托项目。一级供应商以对“核心企业”形成的应收账款作为信托财产委托给苏州信托，作为信托受益人享有该信托的信托受益权；苏州信托按照委托人指令进行信托财产的管理、分配，信托财产于信托计划结束时原状分配。

在“资管新规”“资金信托新规”等行业监管政策的背景之下，非标债权业务在投资规模、期限错配上面临严格限制；对信托公司而言，提高在资本市场的参与度，加大拓展投资于债券、股票等标品的资管业务是大势所趋。2020 年公司内部群策群力，积极响应，成功设立 3 单认购标准化债券的集合资金信托计划，包括“富乾 C2035X 集合资金信托计划”“恒信 J2057X 集合资金信托计划”“恒信 J2069X 集合资金信托计划”，加速了业务转型探索之路。

公司财富管理产品线不断丰富，初步建立起以平衡配置、稳健配置、积极配置、增强配置为投资策略的华荣系列信托产品，满足不同客户对财富管理信托产品的投资需求。2020 年，公司分别设立了“苏信财富 · 华荣 H1901（稳健配置）集合资金信托计划”，投资范围包括银行存款、货币市场基金、债券、债券回购等；“苏信财富 · 华荣 H1902（积极配置）集合资金信托计划”，投资于有限合伙基金的 LP 份额。

2020 年公司新设立 3 单慈善信托，截至目前共已成功设立 10 单慈善信托。2020 年公司设立了苏信 · 抗击新冠病毒慈善信托（善举 9 号），用于支持全国范围内的防疫抗议工作；苏信 · 韩天衡文化艺术慈善信托，是公司首单用于支持传统文化艺术事业的慈善信托；苏信 · 苏州中设慈善信托（善举 8 号）用于支持教育、扶贫等领域。2020 年，公司相继荣获“上海证券报诚信托——优秀慈善信托奖”、《证券时报》“2020 年度中国优秀信托公司——优秀慈善信托”“江苏慈善奖——最具影响力慈善项目”等奖项。

6.5.2.4.3　创新业务规模

公司根据战略目标，加大创新力度，深化业务模式的创新，分别在标品投资类信托领域、财富管理、慈善信托等领域取得进步。

积极开展标品投资类信托，共计发行 4 单相关信托项目，规模总计为 90 020 万元。

积极探索和推动财富管理业务的发展。截至 2020 年末，

存续管理的财富管理类信托产品 32 个，存续管理信托规模共计 136.27 亿元，其中华荣系列项目存续规模 13.96 亿元。

积极开展慈善信托，2020 年新设立 3 单慈善信托，累计已设立 10 单，总共募集金额为 9 512.5 万元，捐助金额为 419.7 万元。

6.5.2.5　本公司履行受托人义务情况及因本公司自身责任而导致的信托资产损失情况（合计金额、原因等）

无。

6.5.2.6　信托赔偿准备金的提取、使用及管理情况

母公司按净利润的 5% 计提信托赔偿准备金，本报告期内计提信托赔偿准备金 2 631 万元，截至 2020 年 12 月 31 日累计已计提信托赔偿准备金 23 678 万元，报告期内未使用信托赔偿准备金。

6.6　关联方关系及其交易的披露

6.6.1　关联交易方的数量、关联交易的总金额及关联交易的定价政策等

项目	关联交易方数量（个）	关联交易金额（万元）	定价政策
合计	106	3 867 405 058.15	市场定价原则

注："关联交易"定义应以《中华人民共和国公司法》和《企业会计准则 36 号——关联方披露》有关规定为准。上述"关联交易方数量"及"关联交易金额"是本报告期的期末余额。

6.6.2　关联交易方与本公司的关系性质、关联交易方的名称、法定代表人、注册地址、注册资本及主营业务等

关系性质	关联方名称	法定代表人	注册地址	注册资本	主营业务
本公司信托产品	苏信・福鑫悦享家族信托	无	无	实收信托规模：1 536 万元	无
本公司信托产品	苏信财富・华彩 H1501 单一资金信托	无	无	实收信托规模:37 600 万元	无
本公司信托产品	苏信财富・华彩 H1603 单一资金信托	无	无	实收信托规模:136 200 万元	无
本公司信托产品	苏信财富・华彩 H1701 单一资金信托	无	无	实收信托规模:4 120 万元	无
本公司信托产品	苏信财富・华彩 H1802 单一资金信托	无	无	实收信托规模：104 500 万元	无
本公司信托产品	苏信财富・华彩 H1804 单一资金信托	无	无	实收信托规模:35 910 万元	无
本公司信托产品	苏信财富・华彩 H1901 单一资金信托	无	无	实收信托规模：3 100 万元	无
本公司信托产品	苏信财富・华彩 H2003 单一资金信托	无	无	实收信托规模:25 000 万元	无
本公司信托产品	苏信财富・华彩 H2004 单一资金信托	无	无	实收信托规模:26 000 万元	无
本公司信托产品	苏信财富・华丰 1206 单一资金信托	无	无	实收信托规模：100 万元	无
本公司信托产品	苏信财富・华冠 H1401（稳健配置 A）集合资金信托计划	无	无	实收信托规模：517 844.65 万元	无
本公司信托产品	苏信财富・华丽 H1801 单一资金信托	无	无	实收信托规模:5 575 万元	无
本公司信托产品	苏信财富・华荣 H1402（平衡配置）爱心公益集合资金信托计划	无	无	实收信托规模:132 146 万元	无
本公司信托产品	苏信财富・华荣 H1502（积极配置）集合资金信托计划	无	无	实收信托规模:34 000 万元	无
本公司信托产品	苏信财富・华荣 H1504（平衡配置）集合资金信托计划	无	无	实收信托规模:63 050 万元	无
本公司信托产品	苏信财富・华荣 H1601（积极配置）集合资金信托计划	无	无	实收信托规模:3 550 万元	无
本公司信托产品	苏信财富・华荣 H1901（稳健配置）集合资金信托计划	无	无	实收信托规模:30 020.34 万元	无
本公司信托产品	苏信理财・恒信 C1902X 集合资金信托计划	无	无	实收信托规模:15 000 万元	无
本公司信托产品	苏信理财・富诚 J1901X 集合资金信托计划	无	无	实收信托规模:10 000 万元	无
本公司信托产品	苏信理财・富坤 A2002X 集合资金信托计划	无	无	实收信托规模:19 917 万元	无
本公司信托产品	苏信理财・恒信 A1808 集合资金信托计划	无	无	实收信托规模:19 651 万元	无
本公司信托产品	苏信理财・恒信 A1812 集合资金信托计划	无	无	实收信托规模:9 328 万元	无
本公司信托产品	苏信理财・恒信 A1818 集合资金信托计划	无	无	实收信托规模:9 693 万元	无
本公司信托产品	苏信理财・恒信 A1825 集合资金信托计划	无	无	实收信托规模:20 000 万元	无
本公司信托产品	苏信理财・恒信 A1833X 集合资金信托计划	无	无	实收信托规模:23 239 万元	无
本公司信托产品	苏信理财・恒信 A1836X 集合资金信托计划	无	无	实收信托规模:19 000 万元	无
本公司信托产品	苏信理财・恒信 A1901X 集合资金信托计划	无	无	实收信托规模:20 000 万元	无
本公司信托产品	苏信理财・恒信 A1903X 集合资金信托计划	无	无	实收信托规模:41 000 万元	无
本公司信托产品	苏信理财・恒信 A1906X 集合资金信托计划	无	无	实收信托规模:14 700 万元	无
本公司信托产品	苏信理财・恒信 A1921X 集合资金信托计划	无	无	实收信托规模:43 900 万元	无
本公司信托产品	苏信理财・恒信 A1922X 集合资金信托计划	无	无	实收信托规模:14 950 万元	无
本公司信托产品	苏信理财・恒信 A1929X 集合资金信托计划	无	无	实收信托规模:10 000 万元	无
本公司信托产品	苏信理财・恒信 A1930X 集合资金信托计划	无	无	实收信托规模:20 000 万元	无
本公司信托产品	苏信理财・恒信 A1933X 集合资金信托计划	无	无	实收信托规模:20 000 万元	无
本公司信托产品	苏信理财・恒信 A1935X 集合资金信托计划	无	无	实收信托规模:20 000 万元	无
本公司信托产品	苏信理财・恒信 A1944X 集合资金信托计划	无	无	实收信托规模:18 940 万元	无
本公司信托产品	苏信理财・恒信 A2012X 集合资金信托计划	无	无	实收信托规模:9 894 万元	无
本公司信托产品	苏信理财・恒信 B1613 集合资金信托计划	无	无	实收信托规模:99 900 万元	无

续表

关系性质	关联方名称	法定代表人	注册地址	注册资本	主营业务
本公司信托产品	苏信理财・恒信 B1713 集合资金信托计划	无	无	实收信托规模:25 423 万元	无
本公司信托产品	苏信理财・恒信 B1714 集合资金信托计划	无	无	实收信托规模:50 000 万元	无
本公司信托产品	苏信理财・恒信 B1717 集合资金信托计划	无	无	实收信托规模:26 939 万元	无
本公司信托产品	苏信理财・恒信 B1811 集合资金信托计划	无	无	实收信托规模:10 100 万元	无
本公司信托产品	苏信理财・恒信 B1812 集合资金信托计划	无	无	实收信托规模:19 288 万元	无
本公司信托产品	苏信理财・恒信 B1904X 集合资金信托计划	无	无	实收信托规模:19 239 万元	无
本公司信托产品	苏信理财・恒信 B1908X 集合资金信托计划	无	无	实收信托规模:19 867 万元	无
本公司信托产品	苏信理财・恒信 B1911X 集合资金信托计划	无	无	实收信托规模:19 985 万元	无
本公司信托产品	苏信理财・恒信 B1913X 集合资金信托计划	无	无	实收信托规模:12 000 万元	无
本公司信托产品	苏信理财・恒信 C1607 事务管理集合资金信托计划	无	无	实收信托规模:15 000 万元	无
本公司信托产品	苏信理财・恒信 C1608 单一资金信托计划	无	无	实收信托规模:15 000 万元	无
本公司信托产品	苏信理财・恒信 C1715 集合资金信托计划	无	无	实收信托规模:30 000 万元	无
本公司信托产品	苏信理财・恒信 C1802 集合资金信托计划	无	无	实收信托规模:14 910 万元	无
本公司信托产品	苏信理财・恒信 C1804 集合资金信托计划	无	无	实收信托规模:17 715 万元	无
本公司信托产品	苏信理财・恒信 C1808 集合资金信托计划	无	无	实收信托规模:14 991 万元	无
本公司信托产品	苏信理财・恒信 C1901X 集合资金信托计划	无	无	实收信托规模:45 635 万元	无
本公司信托产品	苏信理财・恒信 C1903X 集合资金信托计划	无	无	实收信托规模:20 000 万元	无
本公司信托产品	苏信理财・恒信 C1937X 集合资金信托计划	无	无	实收信托规模:19 976 万元	无
本公司信托产品	苏信理财・恒信 C1941X 集合资金信托计划	无	无	实收信托规模:12 930 万元	无
本公司信托产品	苏信理财・恒信 C2004X 集合资金信托计划	无	无	实收信托规模:17 944 万元	无
本公司信托产品	苏信理财・恒信 E1805 集合资金信托计划	无	无	实收信托规模:13 990 万元	无
本公司信托产品	苏信理财・恒信 E1806 集合资金信托计划	无	无	实收信托规模:9 915 万	无
本公司信托产品	苏信理财・恒信 E1809X 集合资金信托计划	无	无	实收信托规模:39 257 万元	无
本公司信托产品	苏信理财・恒信 E1901X 集合资金信托计划	无	无	实收信托规模:20 000 万元	无
本公司信托产品	苏信理财・恒信 E1902X 集合资金信托计划	无	无	实收信托规模:11 900 万元	无
本公司信托产品	苏信理财・恒信 E1914X 集合资金信托计划	无	无	实收信托规模:20 000 万元	无
本公司信托产品	苏信理财・恒信 F1706 集合资金信托计划	无	无	实收信托规模:98 938 万元	无
本公司信托产品	苏信理财・恒信 F1710 集合资金信托计划	无	无	实收信托规模:9 520 万元	无
本公司信托产品	苏信理财・恒信 F1820X 集合资金信托计划	无	无	实收信托规模:17 591 万元	无
本公司信托产品	苏信理财・恒信 F1821 集合资金信托计划	无	无	实收信托规模:20 000 万元	无
本公司信托产品	苏信理财・恒信 F1823 集合资金信托计划	无	无	实收信托规模:10 000 万元	无
本公司信托产品	苏信理财・恒信 F1828X 集合资金信托计划	无	无	实收信托规模:13 513 万元	无
本公司信托产品	苏信理财・恒信 F1902X 集合资金信托计划	无	无	实收信托规模:19 950 万元	无
本公司信托产品	苏信理财・恒信 F1916X 集合资金信托计划	无	无	实收信托规模:9 880 万元	无
本公司信托产品	苏信理财・恒信 F1920X 集合资金信托计划	无	无	实收信托规模:19 946 万元	无
本公司信托产品	苏信理财・恒信 F1923X 集合资金信托计划	无	无	实收信托规模:10 000 万元	无
本公司信托产品	苏信理财・恒信 F1924X 集合资金信托计划	无	无	实收信托规模:20 000 万元	无
本公司信托产品	苏信理财・恒信 F1930X 集合资金信托计划	无	无	实收信托规模:19 862 万元	无
本公司信托产品	苏信理财・恒信 F1933X 集合资金信托计划	无	无	实收信托规模:19 679 万元	无
本公司信托产品	苏信理财・恒信 J1714 集合资金信托计划	无	无	实收信托规模:14 940 万元	无
本公司信托产品	苏信理财・恒信 J1734 集合资金信托计划	无	无	实收信托规模:32 665 万元	无
本公司信托产品	苏信理财・恒信 J1804 集合资金信托计划	无	无	实收信托规模:15 000 万元	无
本公司信托产品	苏信理财・恒信 J1817 集合资金信托计划	无	无	实收信托规模:10 000 万元	无
本公司信托产品	苏信理财・恒信 J1844 集合资金信托计划	无	无	实收信托规模:20 000 万元	无
本公司信托产品	苏信理财・恒信 J1850X 集合资金信托计划	无	无	实收信托规模:8 010 万元	无
本公司信托产品	苏信理财・恒信 J1861X 集合资金信托计划	无	无	实收信托规模:4 932 万元	无
本公司信托产品	苏信理财・恒信 J1865X 集合资金信托计划	无	无	实收信托规模:18 000 万元	无
本公司信托产品	苏信理财・恒信 J1869X 集合资金信托计划	无	无	实收信托规模:40 000 万元	无
本公司信托产品	苏信理财・恒信 J1904X 集合资金信托计划	无	无	实收信托规模:19 599 万元	无

续表

关系性质	关联方名称	法定代表人	注册地址	注册资本	主营业务
本公司信托产品	苏信理财·恒信 J1905X 集合资金信托计划	无	无	实收信托规模:9 893 万元	无
本公司信托产品	苏信理财·恒信 J1908X 集合资金信托计划	无	无	实收信托规模:13 635 万元	无
本公司信托产品	苏信理财·恒信 J19111X 集合资金信托计划	无	无	实收信托规模:29 980 万元	无
本公司信托产品	苏信理财·恒信 J19113X 集合资金信托计划	无	无	实收信托规模:10 000 万元	无
本公司信托产品	苏信理财·恒信 J19119X 集合资金信托计划	无	无	实收信托规模:10 960 万元	无
本公司信托产品	苏信理财·恒信 J19124X 集合资金信托计划	无	无	实收信托规模:15 000 万元	无
本公司信托产品	苏信理财·恒信 J1914X 集合资金信托计划	无	无	实收信托规模:20 000 万元	无
本公司信托产品	苏信理财·恒信 J19150X 集合资金信托计划	无	无	实收信托规模:14 828 万元	无
本公司信托产品	苏信理财·恒信 J19151X 集合资金信托计划	无	无	实收信托规模:19 930 万元	无
本公司信托产品	苏信理财·恒信 J1922X 集合资金信托计划	无	无	实收信托规模:19 949 万元	无
本公司信托产品	苏信理财·恒信 J1924X 集合资金信托计划	无	无	实收信托规模:14 930 万元	无
本公司信托产品	苏信理财·恒信 J1926X 集合资金信托计划	无	无	实收信托规模:19 990 万元	无
本公司信托产品	苏信理财·恒信 J1929X 集合资金信托计划	无	无	实收信托规模:19 623 万元	无
本公司信托产品	苏信理财·恒信 J1946X 集合资金信托计划	无	无	实收信托规模:19 928 万元	无
本公司信托产品	苏信理财·恒信 J1947X 集合资金信托计划	无	无	实收信托规模:19 800 万元	无
本公司信托产品	苏信理财·恒信 J1950X 集合资金信托计划	无	无	实收信托规模:5 877.58 万元	无
本公司信托产品	苏信理财·恒信 J1956X 集合资金信托计划	无	无	实收信托规模:17 961 万元	无
本公司信托产品	苏信理财·恒信 J1962X 集合资金信托计划	无	无	实收信托规模:10 651 万元	无
本公司信托产品	苏信理财·恒信 J1963X 集合资金信托计划	无	无	实收信托规模:19 980 万元	无
本公司信托产品	苏信理财·恒信 J1969X 集合资金信托计划	无	无	实收信托规模:14 932 万元	无
本公司信托产品	苏信理财·恒信 J1977X 集合资金信托计划	无	无	实收信托规模:19 741 万元	无
本公司信托产品	苏信理财·恒信 J1987X 集合资金信托计划	无	无	实收信托规模:15 957 万元	无
本公司信托产品	苏信理财·恒信 J1997X 集合资金信托计划	无	无	实收信托规模:14 640 万元	无
本公司信托产品	苏信理财·恒信 J1998X 集合资金信托计划	无	无	实收信托规模:19 940 万元	无
本公司信托产品	苏信理财·恒信 M1902X 集合资金信托计划	无	无	实收信托规模:19 995 万元	无
本公司信托产品	苏信理财·恒信 M1909X 集合资金信托计划	无	无	实收信托规模:19 651 万元	无
本公司信托产品	苏信理财·恒信 M1921X 集合资金信托计划	无	无	实收信托规模:14 884 万元	无
本公司信托产品	苏信理财·恒信 N1903X 集合资金信托计划	无	无	实收信托规模:20 000 万元	无
本公司信托产品	苏信理财·恒信 N1911X 集合资金信托计划	无	无	实收信托规模:14 612 万元	无
本公司信托产品	苏信理财·恒信 N1939X 集合资金信托计划	无	无	实收信托规模:14 924 万元	无
本公司信托产品	苏信理财·恒信 N1948X 集合资金信托计划	无	无	实收信托规模:7 415 万元	无
本公司信托产品	苏信理财·恒信 N1955X 集合资金信托计划	无	无	实收信托规模:14 910 万元	无
本公司信托产品	苏信理财·恒信 N1961X 集合资金信托计划	无	无	实收信托规模:17 980 万元	无
本公司信托产品	苏信理财·恒信 N1962X 集合资金信托计划	无	无	实收信托规模:9 000 万元	无
本公司信托产品	苏信理财·恒源 L1701 集合资金信托计划	无	无	实收信托规模:31 000 万元	无
本公司信托产品	苏信理财·信诚 N1903X 单一资金信托计划	无	无	实收信托规模:800 万元	无
本公司信托产品	苏信理财瑞城 0801 集合资金信托计划	无	无	实收信托规模:68 150 万元	无

6.6.3 本公司与关联方的重大交易事项

6.6.3.1 固有与关联方交易情况:贷款、投资、租赁、应收账款、担保、其他方式等期初汇总数、本期借方和贷方发生额汇总数、期末汇总数

本期固有与关联方无交易情况发生。

6.6.3.2 信托与关联方交易情况:贷款、投资、租赁、应收账款、担保、其他方式等期初汇总数、本期借方和贷方发生额汇总数、期末汇总数

本期信托与关联方无交易情况发生。

6.6.3.3 信托公司自有资金运用于自己管理的信托项目(固信交易)、信托公司管理的信托项目之间的相互(信信交易)交易金额,包括余额和本报告年度的发生额

6.6.3.3.1 固有财产与信托财产之间的交易金额期初汇总数、本期发生额汇总数、期末汇总数

自有资金运用于自己管理的信托项目

单位:万元

期初汇总数	本期发生额汇总数		期末汇总数
	本年增加	本年减少	
165 127	166 150	63 650	267 627

注:应监管部门要求,公司于2014年起对自有资金运用于本公司管理的信托项目情况进行上报。

6.6.3.3.2　信托财产与信托财产之间的交易情况

单位：元

信托财产与信托财产关联交易																				
贷款			投资			租赁			担保			应收账款			其他			合计		
期初	发生额	期末	期初	发生额	期末	期初	发生额	期末	期初	发生额	期末	期初	发生额	期末	期初	发生额	期末	期初	发生额	期末
			4 395 227 878.48	−527 822 820.33	3 867 405 058.15													4 395 227 878.48	−527 822 820.33	3 867 405 058.15

6.7　会计制度的披露

6.7.1　固有业务（自营业务）执行会计制度的名称、颁布年份

本公司以持续经营为基础，根据实际发生的交易和事项，按照财政部2006年颁布的《企业会计准则——基本准则》及具体会计准则、应用指南、解释及其他相关规定进行确认和计量，包括于2017年新颁布和经修订的企业会计准则，在此基础上编制财务报表。

6.7.2　信托业务执行会计制度的名称、颁布年份

信托业务核算执行财政部于2006年2月15日正式颁发的企业会计准则。

7. 财务情况说明书

7.1　利润实现和分配情况

2020年本公司实现利润总额为68 264万元，比上年增长8.25%；实现净利润为50 990万元，比上年增长6.33%。

2020年初本公司未分配利润为267 727万元，2020年实现综合收益总额为51 023万元，所有者投入资本为−79万元，年末提取法定盈余公积金5 261万元、信托赔偿准备金2 631万元、一般风险准备1 834万元，2020年末未分配利润余额为308 945万元。

7.2　主要财务指标

指标名称	指标值
资本利润率（%）	9.57①
加权年化信托报酬率（%）	1.00
人均净利润（万元）	275.62

注：1. 资本利润率＝净利润/所有者权益平均余额×100%。

2. 加权年化信托报酬率＝（信托项目1的实际年化信托报酬率×信托项目1的实收信托＋信托项目2的实际年化信托报酬率×信托项目2的实收信托＋…＋信托项目 *n* 的实际年化信托报酬率×信托项目 *n* 的实收信托）/（信托项目1的实收信托＋信托项目2的实收信托＋…＋信托项目 *n* 的实收信托）×100%。

3. 人均净利润＝净利润/年平均人数。

4. 平均值采取年初、年末余额简单平均法＝（年初数＋年末数）/2。

7.3　对公司财务状况、经营成果有重大影响的其他事项

无。

8. 特别事项揭示

8.1　前五名股东报告期内变动情况及原因

报告期内公司股东及持股比例无变动。

8.2　公司董事、监事及高级管理人员变动情况及原因

根据股东方提名，经股东会表决，并经中国银保监会江苏监管局资格核准（苏银保监复〔2020〕207号），任命金伟华为公司第五届董事会董事。根据股东方提名经股东会表决，并经中国银保监会江苏监管局资格核准（苏银保监复〔2020〕404号），任命舒悦为公司第五届董事会董事。2020年4月，第五届监事会第二次临时会议选举陈磊担任第五届监事会监事长。经公司第五届董事会第二十一次临时会议审议同意，并经中国银保监会江苏监管局核准（苏银保监复〔2020〕208号），张清担任公司总裁，董事长沈光俊不再代为履行总裁职责。公司原副总裁、董事会秘书张言于2020年3月到龄退休，经公司第五届董事会第二十一次临时会议审议同意，副总裁汪瑜兼任董事会秘书。

8.3　变更注册资本、变更注册地或公司名称、公司分立合并事项

报告期内未发生变更注册资本、变更注册地、公司名称、公司分立合并事项。

8.4　公司的重大诉讼事项

公司与债务人苏州兴力达房地产开发有限公司的信托债务纠纷，涉案主债权金额为150 000 000.00元，公司累计收回债权32 845 595.00元。

因建设工程施工合同产生争议，公司（被申请人）、上海市政工程设计研究总院（集团）有限公司（被申请人）与中海外建设集团有限公司（申请人）的信托债务纠纷已由苏州仲裁委作出裁决，两被申请人应共同向申请人支付安全生产经费、质保金等合计15 943 612.52元。在报告期内被申请人已履行完毕支付义务。

① 此利润率与监管评级时提供一致，平均所有者权益＝（A0/2＋a1＋a2＋a3＋a4/2）/4。

8.5 公司及其董事、监事和高级管理人员受到处罚情况

报告期内，公司因信贷资产转让严重违反审慎经营原则被中国银保监会苏州监管分局进行处罚，罚款30万元(苏州银保监罚决字〔2020〕50号)。

8.6 对中国银保监会及其派出机构提出的检查整改意见处理情况

2020年，中国银保监会苏州监管分局向公司下发了《关于加强苏州信托经营管理的监管意见书》，公司积极从公司治理、发展转型、风险防控、专项行动自查和整改、合规经营等方面进行整改，并取得了相应成效。

8.7 本年度重大事项临时报告的简要内容、披露时间、所披露的媒体及其版面

公司股东会2020年第一次临时会议审议通过了《关于修订公司章程的议案》，经中国银保监会苏州监管分局核准(苏州银保监复〔2020〕126号)，同意公司根据法律法规及监管政策，对党支部、股东和股东会，以及董事会等内容进行修订。后续，公司将按照相关规定办理工商登记变更手续(5月11日《证券时报》信息披露11)。

公司第五届董事会第二十一次临时会议审议同意拟聘张清同志为公司总裁。张清同志的总裁任职资格已经中国银保监会江苏监管局核准(苏银保监复〔2020〕208号)(5月30日《证券时报》信息披露03)。

8.8 中国银保监会及省级派出机构认定的其他有必要让客户及相关利益人了解的重要信息

无。

9. 公司监事会意见

9.1 关于内部控制

监事会认为，公司依法经营、规范管理，合规管理工作坚持业务发展与合规管理并重，自觉践行依法合规理念，公司业务稳步发展，合规管理工作有序开展；公司内部管理制度和流程得到进一步完善，经营活动稳健规范，全员合规意识显著增强，内部控制机制运行有效；公司经营决策程序符合法律、法规和公司章程的规定，符合“三重一大”有关规定的要求，未发现任何违反国家法律法规、公司章程或损害信托受益人、股东和公司利益的行为。

公司严守风险底线，全面风险管理体系建设成效显著，风险识别能力、分析能力、评估能力和管理水平提升明显，风控体系为公司经营发展提供了有力支持；风险管理文化建设水平得到提高，并积极探索新的市场环境下业务发展和风险管理的良性互动、有机结合；公司各项业务决策机制和决策程序科学，运行有效，公司信托业务及固有业务运转正常，均能按照相关文件约定执行，未发生案件或外部处罚情况。

公司内审工作覆盖了公司运营的各个方面以及全部流程，日常审计与专项审计结合、全面审计和重点项目审计结合，较好地形成了对公司日常经营的支持；内审部门在内部审计工作开展过程中，依据有关法律法规和内部工作规范，按照客观、公正的原则进行审查监督，认真履行了内审职责，较好地起到了规范经营行为、加强风险防范的作用。

9.2 关于财务报告

监事会认为，公司财务会计管理制度健全、内控扎实有效，公司2020年度的财务预算执行报告的编制和审核程序符合法律、行政法规和监管规定，真实、公允地反映了公司财务收支状况和经营成果。

9.3 关于高级管理人员履职

监事会认为，报告期内公司高级管理人员在行使各自职权时遵纪守法，履行诚信、勤勉之义务，自觉维护公司利益和股东权益，未发现上述人员违反法律法规、公司章程或损害公司利益的行为。

10. 期后事项

公司原股东联想控股股份有限公司将所持公司10%股权转让给苏州市农业发展集团有限公司，该事项经中国银行保险监督管理委员会江苏监管局批复同意(苏银保监复〔2020〕612号)，并于2021年3月完成工商变更。

天津信托有限责任公司

1. 重要提示

1.1 本公司董事会及董事保证本报告所载资料不存在任何虚假记载、误导性陈述或者重大遗漏，并对其内容的真实性、准确性和完整性承担个别及连带责任。本年度报告摘要摘自年度报告全文，客户及相关利益人欲了解详细内容，应阅读年度报告全文。

1.2 公司独立董事蒋明康因公务未能出席董事会会议，但委托独立董事王威出席董事会会议并行使表决权。

1.3 公司独立董事对本年度报告所披露的内容进行了认真审查，认为本年度报告的内容是真实、准确、完整的。

1.4 中审华会计师事务所(特殊普通合伙)为本公司出具了标准无保留意见的审计报告。

1.5 公司代为履职董事长周雄、代为履职总经理王辉、自营财务部负责人李瑞聪声明：保证本年度报告中财务报告真实、完整。

2. 公司概况

2.1 公司简介

2.1.1 公司的法定中文名称：天津信托有限责任公司

2.1.2 公司的法定英文名称：Tianjin Trust Co. ,Ltd.

2.1.3 法定代表人：赵　毅

2.1.4 注册地址：天津市河西区围堤道125—127号天信大厦
邮政编码：300074

2.1.5 国际互联网网址：www. tjtrust. com
电子信箱：office@ tjtrust. com

2.1.6 信息披露事务负责人：王辉
信息披露事务联系人：冉启文
联系电话：022-28408259
传　　真：022-28408279
电子信箱：office@ tjtrust. com

2.1.7 公司指定信息披露报纸：《证券时报》

2.1.8 公司年度报告备置地点：天津信托有限责任公司董事会(天信大厦)

2.1.9 公司聘请的会计师事务所：中审华会计师事务所(特殊普通合伙)
地址：天津市和平区解放北路188号信达广场52层

2.1.10 公司聘请的律师事务所：无

2.2 组织结构

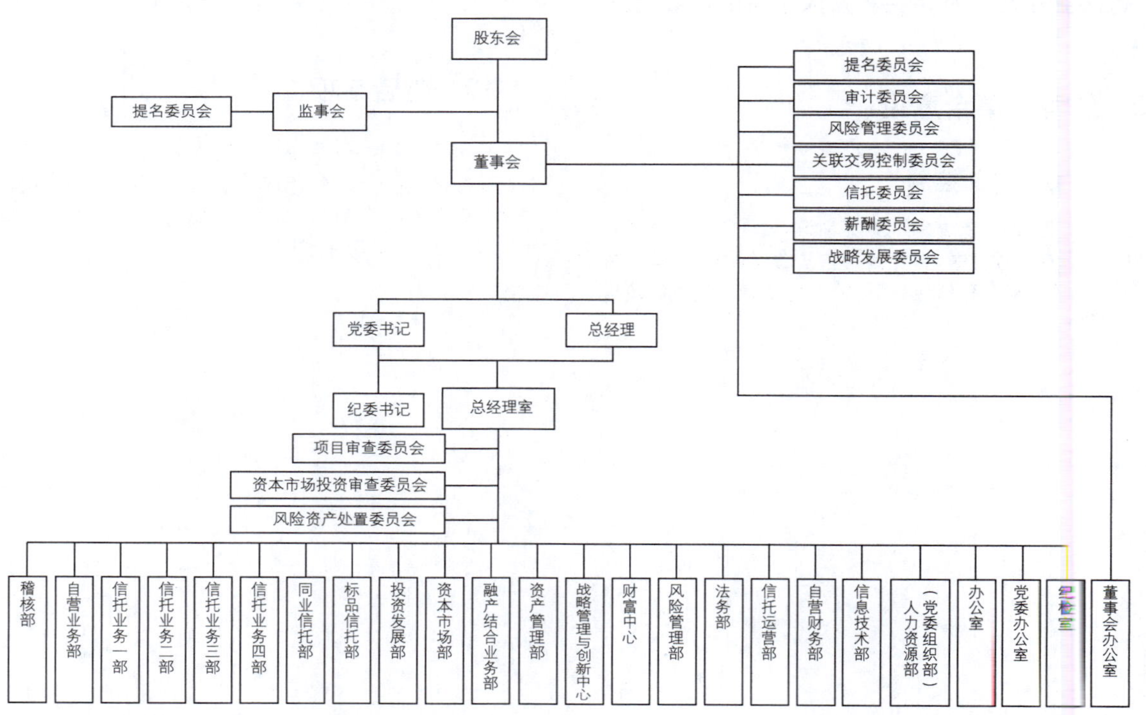

3. 公司治理

3.1 股东

截至2020年末，公司股东有5家，前三位股东如下：

股东名称	持股比例(%)	法定代表人	注册资本(亿元)	注册地址	主要经营业务及主要财务情况
上海上实(集团)有限公司★	77.58	沈晓初	18.59	上海市淮海中路98号金钟广场21楼	主营业务包括实业投资、国内贸易(除专项规定)、授权范围内的国有资产经营与管理(依法须经批准的项目，经相关部门批准后方可开展经营活动)。2020年末集团总资产为2 018.84亿元，总负债为1 220.35亿元，所有者权益为798.49亿元。
天津市泰达国际控股(集团)有限公司	16.11	刘　轶	103.7	天津经济技术开发区盛达街9号泰达金融广场11层	主营业务包括重点对金融业及国民经济其他行业进行投资控股；监督、管理控股投资企业的各种国内、国际业务；投资管理及相关咨询服务；进行金融综合产品的设计，促进机构间协同，推动金融综合经营；对金融机构的中介服务；金融及相关行业计算机管理、网络系统的设计、建设、管理、维护、咨询服务、技术服务；资产受托管理。2020年末公司总资产为763.85亿元，总负债为457.73亿元，所有者权益为306.12亿元(均为未经审计数据)。
大家人寿保险股份有限公司	3.9	何肖锋	307.9	北京市朝阳区建国门外大街6号10层1002	主营业务包括人寿保险、健康保险、意外伤害保险等各类人身保险业务；上述业务的再保险业务；国家法律、法规允许的保险资金运用业务；经中国保监会批准的其他业务。

注：本公司股东之间不存在关联关系。

3.2 董事

截至2020年末，公司董事会人员构成如下：

董事长、副董事长、董事

姓名	职务	性别	年龄(岁)	选任日期	所推举的股东名称	该股东持股比例(%)	简要履历
赵　毅	董事长	男	47	2015年9月	天津海泰控股集团有限公司	51.58	1996年7月至1998年12月在中国投资银行天津分行国际业务部工作；1998年12月至2005年10月在国家开发银行天津分行信贷处工作，任正科级行员(其间，1999年9月至2002年7月在南开大学工商管理专业学习，并获得硕士学位；2002年9月至2005年7月在南开大学金融学专业学习，并获得博士学位)；2005年10月至2007年1月在天津松江集团任财务总监；2007年1月至2008年3月在天津海泰控股集团有限公司任财务管理部部长；2008年3月至2009年9月在天津新技术产业园区管委会财政局(物价局)任局长兼财务管理中心主任；2009年9月至2011年5月在天津滨海高新技术产业开发区管委会财政局(物价局)任局长兼财务管理中心主任；2011年5月至2014年9月在天津海泰控股集团有限公司任副总经理。2014年9月至2015年9月在天津市和平区委常委、委员(挂职)职务、副区长；2015年9月至今，在天津信托有限责任公司任董事长。其中，2019年6月至12月，董事长赵毅代为履职天津信托有限责任公司总经理职责，代为履职期限为6个月。
李　林	董　事	男	57	2009年8月	天津海泰控股集团有限公司	51.58	1985年7月至1994年3月在天津师范大学教育系任教师；1994年3月至1996年6月在天津新技术产业园区开发总公司工作；1996年6月至1997年5月任园区总公司工业投资分公司助理经理；1997年5月至1997年12月任园区报关行副经理；1997年12月至2003年5月任园区报关行经理；2003年5月至2006年6月任天津海泰控股集团有限公司资产部部长；2006年6月至2006年12月任天津海泰控股集团有限公司投资发展部副部长；2006年12月至今，任天津海泰控股集团有限公司企业运营部副部长、部长，投资发展部部长，办公室主任。
王雪利	董　事	女	48	2013年10月	天津海泰控股集团有限公司	51.58	1991年9月至1995年7月为内蒙古医学院药学系药学专业学生；1995年7月至1996年8月为天津市药材公司成药分公司业务部职员；1996年8月至1998年4月为天津市药材公司成药分公司市场开发部部长助理；1998年4月至1999年9月为青岛海信(天津)经销中心经理助理；1999年9月至2002年7月为南开大学国际商学院工商管理专业学生；2002年7月至2003年6月为天津海泰科技管理咨询有限公司部长；2003年6月至2004年10月为天津海泰生物科技发展有限公司部长；2004年10月至2010年6月为天津海泰控股集团有限公司企业运营部干部(2003年9月至2007年3月为天津大学管理学院技术经济及管理专业学生，获博士学位)；2010年6月至今为天津海泰控股集团有限公司企业运营部副部长、部长。
苏　欣	董　事	女	51	2016年12月	天津海泰控股集团有限公司	51.58	1987年7月至1991年7月为天津财经大学审计学专业学生；1991年7月至1998年11月为天津市农业生产资料总公司财务部出纳、会计；1998年11月至2002年2月为天津市农业生产资料有限责任公司审计部干部；2002年2月至2003年4月为天津市农业生产资料有限责任公司审计部副部长；2003年4月至2004年5月为天津市中嘉农业生产资料有限公司财务部部长；2004年5月至2016年2月为天津海泰控股集团有限公司财务管理部财务、资金主管；2016年2月至今为天津海泰控股集团有限公司资金运营部副部长(主持工作)。

续表

姓名	职务	性别	年龄（岁）	选任日期	所推举的股东名称	该股东持股比例（%）	简要履历
弓劲梅	董　事	女	48	2010 年 4 月	天津市泰达国际控股（集团）有限公司	42.11	2002 年 1 月至 2006 年 10 月为天弘基金管理有限公司筹备组成员、高级研究员、职工监事；2006 年 11 月至 2008 年 7 月为天津泰达投资控股有限公司资产管理部高级项目经理；2008 年 8 月至 2009 年 4 月为天津市泰达国际控股（集团）有限公司融资与风险管理部部长助理；2009 年 5 月至 2009 年 12 月为天津市泰达国际控股（集团）有限公司融资与风险管理部副部长；2010 年 1 月至 2019 年 10 月为天津市泰达国际控股（集团）有限公司资产管理部副部长、部长；2019 年 10 月至今为任恒安标准人寿保险有限公司副总经理。
刁　锋	董　事	男	46	2015 年 8 月	天津市泰达国际控股（集团）有限公司	42.11	1999 年 7 月至 2006 年 7 月任北方国际信托股份有限公司证券交易部、信托业务部、财务中心等交易员、信托经理、信托部经理等；2006 年 8 月至 2009 年 7 月任渤海财险股份有限公司资金运用部总经理助理；2009 年 8 月至 2010 年 10 月任天津泰达投资控股有限公司资产管理部高级项目经理；2010 年 11 月至 2019 年 10 月任天津市泰达国际控股（集团）有限公司财务部副部长、部长；2019 年 10 月至今任天津房地产集团有限公司总会计师。
王　威	独立董事	男	43	2016 年 12 月	天津海泰控股集团有限公司	51.58	1996 年 9 月至 2000 年 6 月在吉林大学金融学本科专业学习；2002 年 9 月至 2003 年 12 月在英国 Heriot－Watt 大学学习；2000 年 7 月至 2002 年 7 月任中国建设银行吉林省分行国际业务部信贷经理；2004 年 1 月至 2004 年 9 月任华龙证券股份有限公司投资银行部项目经理；2004 年 10 月至 2012 年 2 月任中信证券股份有限公司投资银行部高级副总裁；2013 年 10 月至 2015 年 6 月在长江商学院 EMBA 学习；2012 年 3 月至今任北京正唐嘉业投资管理有限公司董事长。

注：以上董事任期期限为三年，即 2016 年 12 月至 2019 年 12 月。

独立董事

姓名	所在单位及职务	性别	年龄（岁）	选任日期	所推举的股东名称	该股东持股比例（%）	简要履历
王　威	独立董事	男	43	2016 年 12 月	天津海泰控股集团有限公司	51.58	1996 年 9 月至 2000 年 6 月在吉林大学金融学本科专业学习；2002 年 9 月至 2003 年 12 月在英国 Heriot－Watt 大学学习；2000 年 7 月至 2002 年 7 月任中国建设银行吉林省分行国际业务部信贷经理；2004 年 1 月至 2004 年 9 月任华龙证券股份有限公司投资银行部项目经理；2004 年 10 月至 2012 年 2 月任中信证券股份有限公司投资银行部高级副总裁；2013 年 10 月至 2015 年 6 月在长江商学院 EMBA 学习；2012 年 3 月至今任北京正唐嘉业投资管理有限公司董事长。

3.3　监事会

截至 2020 年末，公司监事会人员构成如下：

监事会成员

姓名	职务	性别	年龄（岁）	选任日期	所推举的股东名称	该股东持股比例（%）	简要履历
于　洺	监　事	女	40	2016 年 12 月	天津海泰控股集团有限公司	51.58	2007 年 12 月至 2009 年 12 月任天津海泰建设开发有限公司财务部部长助理（主持工作）；2010 年 1 月至 2011 年 8 月任天津海泰建设开发有限公司财务部代部长；2011 年 9 月至 2014 年 2 月任天津海泰建设开发有限公司财务部部长；2014 年 3 月至今任天津海泰控股集团有限公司资金运营部副部长、投资发展部部长。
杨雪屏	监　事	女	49	2016 年 12 月	天津市泰达国际控股（集团）有限公司	42.11	1990 年 9 月至 1995 年 7 月在天津大学电气与自动化系电气工程专业学习；1995 年 7 月至 2002 年 2 月为天津青年报社记者、编辑；2002 年 2 月至 2003 年 12 月为滨海时报社记者、编辑（2000 年 9 月至 2003 年 7 月在中国人民大学新闻学院新闻传播专业学习）；2003 年 12 月至 2007 年 6 月为天津泰达投资控股有限公司办公室文秘科科员；2007 年 12 月至 2012 年 5 月任天津泰达投资控股有限公司办公室文秘科科长；2012 年 5 月至 2014 年 12 月任天津市泰达国际控股（集团）有限公司资产管理部高级项目经理；2014 年 12 月至 2015 年 5 月任天津市泰达国际控股（集团）有限公司综合办公室副主任；2015 年 5 月至 2019 年 4 月任天津市泰达国际控股（集团）有限公司党委办公室副主任、办公室副主任；2019 年 4 月至 2019 年 12 月任天津市泰达国际控股（集团）有限公司投资管理部副部长；2019 年 12 月至今任天津市泰达国际控股（集团）有限公司战略发展部副部长（主持工作）。
丁粤军	监　事	男	49	2010 年 4 年	职工监事	—	1988 年 9 月至 1990 年 6 月为西安交通大学审计专业专科学生；1990 年 12 月至 2000 年 12 月为天津市审计局直属分局干部；2000 年 12 月至 2004 年 3 月为天津市审计局主任科员；2004 年 3 月至 2010 年 2 月为天津信托投资有限责任公司稽核部干部；2010 年 2 月至 2010 年 7 月任天津信托投资有限责任公司稽核部副总经理；2010 年 7 月至今任天津信托有限责任公司稽核部副经理、经理，纪检监察室主任（兼）。

注：以上监事任期期限为三年，即 2016 年 12 月至 2019 年 12 月。

本公司监事会下设提名委员会。

3.4 高级管理人员

截至2020年末,公司高级管理人员构成如下:

姓名	职务	性别	年龄(岁)	选任日期	金融从业年限(年)	学历	专业	简要履历
赵 毅	董事长	男	47	2015年9月	13	博士研究生	金融学	1996年7月至1998年12月在中国投资银行天津分行国际业务部工作;1998年12月至2005年10月历任国家开发银行天津分行客户处科员、副科级行员、正科级行员(其间,1999年9月至2002年7月在南开大学工商管理专业学习,并获得硕士学位;2002年9月至2005年7月在南开大学金融学专业学习,并获得博士学位);2005年10月至2007年1月任天津松江集团财务总监;2007年1月至2008年3月任天津海泰控股集团有限公司财务管理部部长;2008年3月至2009年9月任天津新技术产业园区管委会财政局(物价局)局长兼财务管理中心主任;2009年9月至2011年5月任天津滨海高新技术产业开发区管委会财政局(物价局)局长兼财务管理中心主任;2011年5月至2014年9月任天津海泰控股集团有限公司副总经理;2014年9月至2015年7月任天津市和平区委常委、委员(挂职)职务、副区长;2015年7月至今任天津信托有限责任公司董事长。其间,2019年6月至12月,董事长赵毅代为履职天津信托有限责任公司总经理职责,代为履职期限6个月。
杨 湧	副总经理	男	51	2007年11月	25	研究生	管理	1991年7月至1994年12月在天津油墨股份公司工作,任秘书;1994年12月至2007年11月历任天津信托投资公司证券业务部干部、投资银行二部副总经理、证券投资部副经理、经理、总经理助理兼证券投资部经理;2007年11月至2010年7月,任天津信托投资有限责任公司副总经理(其间,2007年7月至2009年7月在南开大学商学院高级管理人员工商管理硕士专业学习,获高级管理人员工商管理硕士学位);2010年7月至今任天津信托有限责任公司副总经理。
王 辉	副总经理	女	48	2015年12月	25	研究生	工商管理	1994年7月至2021年7月历任天津信托投资有限责任公司干部、部门副总经理、部门总经理(其间,2003年9月至2005年12月在南开大学工商管理专业学习,获工商管理硕士学位);2010年7月至2010年9月任天津信托有限责任公司业务经营管理部总经理;2010年9月至2013年1月任天津信托有限责任公司总经理助理兼业务经营管理部总经理;2013年7月至2015年11月任天津信托有限责任公司总经理助理;2015年11月至今任天津信托有限责任公司副总经理。
李文涛	总经理助理	男	49	2012年5月	27	研究生	工商管理	1992年10月至2010年7月历任天津信托投资有限责任公司干部、部门副总经理、部门总经理(其间,2006年9月至2008年12月在南开大学商学院工商管理专业硕士研究生学习,获硕士学位);2010年7月至2011年12月任天津信托有限责任公司信托业务二部总经理;2011年12月至2014年1月任天津信托有限责任公司总经理助理兼信托业务二部总经理;2014年1月至今任天津信托有限责任公司总经理助理。
潘庄晨	总经理助理	男	36	2018年9月	9	博士研究生	国际贸易学	2011年7月至2012年1月任深圳发展银行天津分行职员;2012年1月至2012年2月任浙商银行股份有限公司天津分行职员;2012年2月至2012年6月任浙商银行股份有限公司天津分行市场拓展四部总经理;2012年7月至2012年9月任渤海银行股份有限公司天津分行职员;2012年9月至2014年10月任渤海银行股份有限公司天津分行投资银行部总经理;2014年10月至2016年1月任渤海银行股份有限公司天津分行市场营销总监兼投资银行部总经理;2016年1月至2016年9月任浙商银行股份有限公司天津分行党委委员;2016年9月至2016年10月任浙商银行股份有限公司天津分行党委委员、副行长;2016年10月至2018年5月任浙商银行股份有限公司天津分行党委委员、副行长兼天津自由贸易试验区分行行长(2014年1月至2016年12月从南开大学商学院工商管理学博士后出站);2018年5月至2019年10月任天津信托有限责任公司总经理助理(试用期一年,拟任)兼同业信托部总经理;2019年10月至今任天津信托有限责任公司总经理助理兼同业信托部总经理。
付 岩	总经理助理	男	45	2018年9月	22	大学本科	管理工程	1998年8月至1999年9月任北洋(天津)物产有限公司期货部职员;1999年9月至2002年11月为中国经济开发信托投资公司任天津证券部干部;2002年11月至2004年9月任天津顺驰地产有限公司资管部高级经理;2004年9月至2011年12月为天津信托有限责任公司投资银行部干部;2011年12月至2013年4月任天津信托有限责任公司自营业务部副总经理;2013年4月至2014年7月任天津信托有限责任公司自营业务部副总经理兼基金发展部副总经理;2014年7月至2016年3月任天津信托有限责任公司自营业务部总经理兼基金发展部副总经理;2016年3月至2017年2月任天津信托有限责任公司自营业务部总经理;2017年2月至2018年9月任天津信托有限责任公司自营业务部总经理兼同业信托部总经理;2018年9月至2019年2月任天津信托有限责任公司总经理助理(拟任)兼自营业务部、投资发展部总经理;2019年2月至今任天津信托有限责任公司总经理助理兼自营业务部、投资发展部总经理。

续表

姓名	职务	性别	年龄（岁）	选任日期	金融从业年限（年）	学历	专业	简要履历
冉启文	董事会秘书	男	55	2016 年 12 月	31	研究生	工商管理	1988 年 7 月至 2002 年 2 月历任天津信托投资公司信托业务三部业务员、外汇部副经理、国际业务部副总经理、金融开发中心、资金部和证券研究部研究员；2002 年 2 月至 2006 年 6 月历任天津信托投资有限责任公司市场开发部副总经理、总经理；2006 年 6 月至 2007 年 3 月历任天津信托投资有限责任公司董事会秘书兼风险管理部经理；2007 年 3 月至 2010 年 2 月历任天津信托有限责任公司董事会秘书；2010 年 2 月至 2013 年 1 月历任天津信托有限责任公司董事会秘书（2012 年 6 月开始，总经理助理职级）兼办公室主任；2013 年 1 月至今任天津信托有限责任公司董事会秘书（总经理助理职级）。
康　雁	运营总监	男	56	2018 年 9 月	30	大学本科	金融学	1984 年 9 月至 1990 年 12 月为天津公交二厂干部；1990 年 12 月至 2004 年 5 月为天津信托投资公司业务三部干部；2004 年 5 月至 2008 年 5 月任天津信托投资有限责任公司集合信托部副经理；2008 年 5 月至 2009 年 2 月任天津信托投资有限责任公司集合信托部副经理（主持工作）；2009 年 2 月至 2009 年 5 月任天津信托投资有限责任公司市场营销部经理；2009 年 5 月至 2015 年 12 月任天津信托有限责任公司信托业务一部总经理；2015 年 12 月至 2017 年 1 月为天津信托有限责任公司中层正职管理人员，协助总经理先后分管信托业务一部、信托三部至十部、创新业务部；2017 年 1 月至 2020 年 2 月为天津信托有限责任公司中层正职管理人员，协助总经理分管信托业务一部、信托业务四部；2020 年 2 月至今任天津信托有限责任公司运营总监，协助总经理分管信托业务一部、信托业务四部。
杨　锦	营销总监	女	50	2018 年 9 月	27	大学本科	会计学	1993 年 7 月至 2004 年 1 月为天津信托投资公司干部；2004 年 1 月至 2009 年 2 月任天津信托投资有限责任公司财会部副经理；2009 年 2 月至 2009 年 5 月任天津信托投资有限责任公司财会部经理；2009 年 5 月至 2014 年 2 月任天津信托有限责任公司市场营销部总经理；2014 年 2 月至 2015 年 12 月任天津信托有限责任公司财富中心总经理；2015 年 12 月至 2019 年 5 月任天津信托有限责任公司营销总监（拟任）兼财富中心总经理；2019 年 5 月至今任天津信托有限责任公司营销总监兼财富中心总经理。

3.5　公司党委委员

截至 2020 年末，公司党委委员如下：

姓名	职务	性别	年龄（岁）	选任日期	简要履历
周　雄	党委书记	男	54	2020 年 9 月	1987 年 8 月至 1993 年 7 月为厦门大学经济学院财经系教师；1993 年 7 月至 1997 年 7 月任华夏证券有限公司厦门业务部发行部经理；1997 年 7 月至 1999 年 4 月为人民日报社事业发展局企业管理处企业管理处干部；1999 年 4 月至 2002 年 2 月任人民日报社事业发展局企业管理处副处长，厦门联合信托投资有限责任公司副总经理；2002 年 2 月至 2007 年 4 月任中泰信托投资有限责任公司副总裁；2007 年 4 月至 2009 年 4 月任中泰信托投资有限责任公司董事、总裁；2009 年 4 月至 2018 年 2 月任中泰信托有限责任公司董事、总裁；2018 年 4 月至今任上海实业（集团）有限公司助理总裁；2018 年 5 月至今任上海实业城市开发集团有限公司董事局副主席、执行董事、总裁；2020 年 9 月至今任天津信托有限责任公司党委书记。
杨　湧	党委委员	男	51	2016 年 11 月	1991 年 7 月至 1994 年 12 月，在天津油墨股份公司工作，任秘书；1994 年 12 月至 2007 年 11 月，历任天津信托投资公司证券业务部干部、投资银行二部副总经理、证券投资部副经理、经理、总经理助理兼证券投资部经理，2007 年 11 月至 2010 年 7 月，任天津信托投资有限责任公司副总经理（其间，2007 年 7 月至 2009 年 7 月在南开大学商学院高级管理人员工商管理硕士专业学习，获高级管理人员工商管理硕士学位）；2010 年 7 月至今任天津信托有限责任公司副总经理
刘建军	党委委员 纪委书记	男	50	2016 年 11 月	1993 年 7 月至 1995 年 3 月任天津市红光农场干部；1995 年 3 月至 2001 年 3 月任南开区委研究室科员、副科长；2001 年 3 月至 2004 年 6 月任天津市纪委办公厅副主任科员、主任科员；2004 年 6 月至 2007 年 9 月任天津市委巡视工作办公室主任科员；2007 年 9 月至 2010 年 6 月任天津市纪委政策法规室副主任；2010 年 6 月至 2016 年 4 月历任天津市纪委领导干部廉洁自律室副主任（正处级）、党风廉政建设室、执法和效能监督室、市委巡视工作办公室副主任（正处级巡视专员）；2016 年 4 月至今任天津信托有限责任公司党委委员、纪委书记。
王　辉	党委委员	女	48	2016 年 11 月	1994 年 7 月至 2010 年 7 月历任天津信托投资有限责任公司干部、部门副总经理、部门总经理（其间，2003 年 9 月至 2005 年 12 月在南开大学工商管理专业学习，获工商管理硕士学位）；2010 年 7 月至 2010 年 9 月任天津信托有限责任公司业务经营管理部总经理；2010 年 9 月至 2013 年 1 月任天津信托有限责任公司总经理助理兼业务经营管理部总经理；2013 年 7 月至 2015 年 11 月任天津信托有限责任公司总经理助理；2015 年 11 月至今任天津信托有限责任公司副总经理。

3.6 公司员工

项目		报告期年度		上年度	
		人数(人)	比例(%)	人数(人)	比例(%)
年龄分布	25岁以下	—	—	—	—
	25~29岁	25	14.7	24	15.0
	30~39岁	68	40.0	62	38.8
	40岁以上	77	45.3	74	46.2
学历分布	博士	2	1.2	3	1.9
	硕士	83	45.6	73	45.6
	本科	74	43.5	73	45.6
	专科	11	6.5	11	6.9
	其他	—	—	—	—
岗位分布	董事、监事及其他高管人员	9	5.3	10	6.3
	自营业务人员	21	12.4	21	13.1
	信托业务人员	91	53.5	87	54.4
	其他人员	49	28.8	42	26.2

4. 经营管理

4.1 经营目标、经营方针、战略规划

4.1.1 经营目标

公司经营目标是本着"诚信、稳健、高效"的经营理念,坚持"对社会负责,对客户负责,对股东负责,对员工负责"的服务宗旨,立足金融信托本业,抓住京津冀协同发展带来的机遇,进一步适应经济发展新常态,坚持稳中求进、回归本源的工作基调,努力认清形势,客观分析自己,促进业务创新升级,做好传承和创新两篇文章,做优做强信托业务,做好做精固有业务,在重点领域进行创新发展,依法合规经营,防范化解风险,强化管理,优化流程,相得益彰,共同发展,形成公司可具持续发展的盈利模式和核心竞争力,将公司塑造成为中国信托业的优秀品牌。

4.1.2 经营方针

公司经营方针是以遵循国家和监管部门法规为依托,以诚信合规、稳健发展高效运营为理念,进一步健全和强化法人治理、内控严密、管理合规的内部控制体系;以业务开拓创新为动力,以风险防控为前提,进一步提升和增强公司的核心竞争力;以受益人利益最大化和股东稳定回报为原则,努力创建公司、股东、客户共赢平台。注重加强人才队伍、企业文化和长效机制建设,不断提高公司的盈利能力、风险控制能力、创新能力、营销能力,正确把握宏观经济形势和政策环境,推进公司又好又快地发展。

4.1.3 战略规划

公司2019—2021年总体战略规划是以习近平新时代中国特色社会主义思想为引领,加强党对金融工作的统一领导,紧紧围绕服务实体经济、防控金融风险、深化金融改革三项任务,坚持稳中求进、回归本源的基本原则,注重受益人利益最大化和股东稳定回报;坚持诚信合规经营理念,注重风险防控,体制机制和产品创新,不断提升公司核心竞争力,努力创建公司、股东、客户共赢平台,同时实现员工价值。

4.2 所经营业务的主要内容

4.2.1 经营范围

经中国银监会批准,公司的经营范围:资金信托;动产信托;不动产信托;有价证券信托;其他财产或财产权信托;作为投资基金或者基金管理公司的发起人从事投资基金业务;经营企业资产的重组、购并及项目融资、公司理财、财务顾问等业务;受托经营国务院有关部门批准的证券承销业务;办理居间、咨询、资信调查等业务;代保管及保管箱业务;以存放同业、拆放同业、贷款、租赁、投资方式运用固有财产;以固有财产为他人提供担保;从事同业拆借;法律法规规定或中国银行业监督管理委员会批准的其他业务(以上业务范围包括本外币业务、国家有专营专项规定的按规定办理)。

4.2.2 公司经营的业务品种

4.2.2.1 固有资产业务

公司运用固有资产经营的主要业务品种包括自营贷款、融资租赁、自营证券投资、自营金融股权投资、金融产品投资、财务顾问业务等。

4.2.2.2 信托业务

公司信托业务主要品种包括集合资金信托、单一资金信托、财产权信托及家族信托、慈善信托等。

4.2.3 资产分布

2020年末,公司管理的资产总规模为2 380.85亿元,其中固有资产为89.7亿元,占资产总规模的3.77%;信托资产为2 291.15亿元,占管理资产总规模的96.23%。

自营资产运用与分布表

资产运用	金额(万元)	占比(%)	资产分布	金额(万元)	占比(%)
货币资产	87 732	9.78	基础产业	41 690	4.65
贷款及应收款	101 045	11.26	房地产业	7 002	0.78
交易性金融资产	—	—	证券市场	65 305	7.28
可供出售金融资产	341 673	38.09	实业	15 000	1.67
持有至到期投资	—		金融机构	614 404	68.50
长期股权投资	214 932	23.96	其他	153 583	17.12
其他	151 602	16.91			
资产总计	896 984	100.00	资产总计	896 984	100.00

注:1. 资产运用中的"其他"包括买入返售金融资产68 235万元、递延所得税资产61 863万元、投资性房地产及固定资产15 456万元、无形资产3 721万元等。
2. 资产分布中的"其他"包括递延所得税资产61 863万元、投资房地产及固定资产15 456万元、无形资产3 721万元、其他应收款57 083万元等。

信托资产运用与分布表

资产运用	金额(万元)	占比(%)	资产分布	金额(万元)	占比(%)
货币资产	653 346	2.85	基础产业	375 225	1.64
贷款	2 169 255	9.47	房地产业	780 171	3.41
交易性金融资产	310 849	1.36	证券市场	172 121	0.75
可供出售金融资产	55 744	0.24	实业	17 621 140	76.91
持有至到期投资	17 395 660	75.93	金融机构	649 559	2.84
长期股权投资	196 929	0.86	其他	3 313 241	14.45
其他	2 129 674	9.29			
信托资产总计	22 911 457	100.00	信托资产总计	22 911 457	100.00

注:资产运用中的"其他"包括应收账款914 833万元、买入返售资产878 762万元、拆出资金336 080万元。

4.3 市场分析

4.3.1 影响业务发展的有利因素

影响业务发展的有利因素：一是我国近年着力深化改革扩大开放，持续打好三大攻坚战，统筹稳增长、促改革、调结构、惠民生、防风险、保稳定；并扎实做好稳就业、稳金融、稳外贸、稳外资、稳投资、稳预期等工作，经济运行总体平稳，发展水平迈上新台阶，发展质量稳步提升；共享经济、绿色低碳、现代信息技术、生物技术等产业的快速发展，旅游、文化、体育、健康等服务消费的持续活跃，成为推动在更高层次、更高水平上形成供需良性循环，为经济发展提供了强大的内在动能。二是信托业进一步强化了支持实体经济发展规律的认识，并以多种方式推动资金流入实体经济部门，信托投向结构不断改善；并促使了信托行业的持续性发展，更好地回归了信托本源，为信托行业带来了稳定的利润增长点。三是公司已顺利完成混合所有制改革，上海上实（集团）有限公司已成功受让公司 77.58% 的股权，成为第一大股东；公司于年内完成了工商登记变更及公司章程的修订。2020 年末，公司召开了股东会、董事会、监事会临时会议，完成了董事会监事会换届。混改的完成标志着公司在 40 余年的发展中迈出了全新的一步，公司将结合上实集团在生物健康、医药环保、城市基础设施建设等领域的专业优势，以“融产结合”为指导思想，充分借助本轮混改给公司带来的发展新机遇，融入上实集团整体发展战略；公司将进行全国化业务布局和团队布局，强化组织能力建设和业务能力建设，力争打造“全国化、市场化、专业化、协同化”的信托公司。

4.3.2 影响业务发展的不利因素

影响业务发展的不利因素：一是突如其来的新冠肺炎疫情对中国经济社会发展带来前所未有的冲击，国际疫情持续蔓延，世界经济严重衰退，产业链供应链循环受阻，国际贸易投资萎缩，中国经济面临的不稳定不确定因素显著增多；而资本市场则由于宏观因素影响，在低迷的同时受到了阶段性冲击。二是经济形势仍处于滚石上山阶段，经济下行压力较大，实体经济困难较多，重点领域风险仍存，经济面临外部不确定性因素增多，稳增长的基础还尚未牢固。三是在 2020 年的风险事件对于整体信托行业形成了一定掣肘；监管依旧延续强调严控行业风险，继续以拆解影子银行、“住房不炒”、整治违规搭建金融集团、强化互联网金融规范、强化结构调整等问题为主基调；在此大背景下，信托业从风险排查到监管趋严，实质实施一致性、穿透式、全覆盖风险管理等方面的监管要求，将重塑信托公司在金融市场中的地位。

4.4 内部控制

4.4.1 内部控制环境和内部控制文化

公司遵循全面性原则、审慎性原则、权威性原则、制衡性原则、适应性原则、成本效益性原则建立与实施内部控制。公司内部控制目标为确保国家法律规定和公司内部规章制度的贯彻执行；确保公司发展战略和经营目标的全面实施和充分实现；确保风险管理体系的有效性和资产安全；确保业务记录、财务信息和其他管理信息的及时、真实、准确和完整。

为防范风险，保障公司稳健运行，公司多年来一直秉承“诚信、稳健、高效”的经营理念，把对委托人负责作为内控文化建设的重要内容，全体员工均树立了内控优先的风险防范理念；公司形成了较为完善的内部控制组织架构和岗位职责，部门设置科学、分工合理、职责明确；公司建立了较为完备的内控管理体系，对风险进行事前防范、事中控制、事后监督和纠正，形成事前出台制度—事中风险排查—事后稽核—业务整改—后续稽核—修订制度这一封闭环路，充分发挥了各环节的管理控制作用。同时，公司还通过后续教育培训，不断提高内控人员的职业操守和专业能力。

4.4.2 内部控制措施

公司始终坚持稳健经营的理念，坚持以信托评级指标为指导加强内控管理及合规管理工作，从完善业务管理制度、加强项目审查、强化合规管理、提升信息系统、推进人力资源改革等各个方面强化内控管理工作。公司完善了分级授权审批体系，明确各部门和岗位的工作职责，实施了业务前台、中台、后台操作的隔离制度，对项目实施事前准入、事中检查、事后评价的全程管理。在新业务开发上采取制度先行的管理策略，通过发挥一系列监督管理职能保证内部运营体系的健康有效，建立应急机制以应对突发事件造成的经营风险。公司董事会下设战略发展委员会、提名委员会、风险管理委员会、薪酬委员会、信托委员会、审计委员会、关联交易控制委员会，主要负责审定公司中长期发展战略规划，拟定董事和高级管理层成员的选任程序和标准，审核和监督公司风险管理的政策、目标和程序，制订和考评公司薪酬计划或方案，监督公司依法合规管理信托财产，对公司内外部审计进行监督和审查，关联交易的管理、审查、批准和控制。

公司设立项目审查委员会、资本市场投资审查委员会，负责审议公司的投融资项目、资本市场投资等业务，严格控制业务经营决策风险。公司项目审查委员会充分发挥业务审查、关口把控作用。一是持续完善审查委员会“合议制”，将业务、预审与项审会有机结合起来，形成既对立又统一的审查方式，最大限度地实现集体决策，尽可能避免个人意见左右业务；二是进一步调整补充项审委员，采取多种形式进一步加强培训学习，提高项目审查能力水平。风险管理部根据公司风险独立调查工作程序，针对报会审查的重点项目，派员组织开展业务风险独立调查，全方位、多角度进行业务前置风险的审查与研判。公司在本报告年度内进一步加强了前置风险审查力度，在明确尽职调查底线要求的基础上，一方面，严格要求从业人员深入企业，实地进行真实有效的财务核查；另一方面，加强对数据真实性的核查，并就有可能涉及的风险事项提出可控且可操作的防范措施及后续预案安排；此外，对于新增的客户和项目，风控人员提前介入进行调查。同时，进一步严把项目尽职调查的底线，重点审查报审业务中交易主体、资金用途、还款来源、风控措施等方面有无瑕疵或风险隐患，提出独立性审查意见及防范措施建议。同时加强预审岗的业务审查及相应考核，风险管理部预审岗与业务部项目经理相互促进、相互提升，使尽职调查水平得到有效提升。对于传统业务，继续做好业务交易对手、交易结构、交易环节、资金运作等方面合法合规性审查，同时加强对基金化业务等创新业务类型审查要点的研究，引导项目经理从项目遴选、尽职调查阶段提升业务质量，确保以上会项目恪守法律和监管政策底线，经营风险有效控制。

为规范公司风险资产处置工作，加强风险资产处置方案审查，确保风险资产处置工作合法依规开展，公司成立了风险资产处置委员会，建立起风险资产处置专业评审机制，负责对风险暴露项目的处置方案进行审议、决策，对于配合风险资产司法处置进程，加快清收不良资产起到了推动作用。

公司风险管理部牵头负责公司业务制度、程序的拟定、审视和调整，按照公司整体战略发展要求，围绕监管动态，传达监管意图，促进管理工作的主动性和及时性，支持公司业务发展，促进业务管理、监督业务风险，提升精细化管理水平；负责执行公司制度、办法、流程，实行专业化的合规管理；负责拟定和完善公司风险管理制度，通过对内外部风险的识别、评估、分析，提出应对措施和化解建议，防范公司经营活动中可能出现的风险。

信托运营部承担着从信托项目设立、估值核算、存续期管理直到清算结束全流程的所有内部管理工作，负责信托计划运行全程专业托管，实现了业务管理流程的全覆盖。

信托运营部代表信托产品投资者履行对信托产品运作管理的监督职能，以履行受托管理事务为职责，通过参与运作资金的监管、他项权证管理、配合业务人员进行事中管理管理控制等实现对信托项目"双人双线"管理，切实降低和防范操作风险，提升信托运营管理的效率和规范程度，真正实现对信托业务管理一"部"到位的"流水线"管理。

信息化建设方面，公司全面推进企业数字化转型进程。一是在营销业务方面，通过网上信托系统、微信平台为委托人提供线上服务，包括份额和信息披露查询、产品申购赎回等功能，在年初疫情期间有效避免了投资者聚集；二是在小微业务方面，通过线上风控和小微信贷管理系统，为客户与合作机构提供了7×24小时纯线上授信和贷款支用服务，特别是为在疫情期间持续经营、服务民生的小微店主提供了便利可靠的金融支持，缓解了资金压力；三是在内控和风险管理方面，公司风控系统支持业务审批、押品管理、后期管理的线上化、流程化，同时对接企业信息外部数据，实现数据自动导入。

同时，在信息化加快建设的过程中，公司始终保持科技风险防范水平的同步提升。一是在网络安全方面，公司加强人力配置并全面升级网络架构和安全策略。二是在业务连续性方面，公司全面分析信息系统运行风险，先后应用多项容灾技术，不断规避基础软硬件、数据库、网络等环节故障导致的系统宕机风险，确保系统稳定连续运行。三是在数据安全方面，公司制定了数据分类分级管理和责任追究办法，明确敏感数据范围和处罚机制；同时采取多种技术措施加强外包管理，严防外包过程中的数据泄露风险。

4.4.3 信息交流与反馈

公司多项措施保障了与监管部门、董事会、高管层和员工之间的信息传递和交流。

公司定期或不定期地召开股东会、董事会，通报公司经营成果、存在的风险问题、拟采取的管理手段等，股东会、董事会成员评议并通过各项内控政策和重大事项决策。

公司高管层在各层级会议上传达公司经营政策和风险管理理念，通过内部网络及时向员工发布各项监管政策、内控制度和行业信息，并将改版后的政策、制度汇编装订成册下发给各部门。公司员工可以通过直接交流、书面报告或通过内部网络及总经理信箱反馈经营过程中发现的问题，使高级管理层、董事会能够及时了解内部控制环节中的隐患和缺陷。

公司与监管部门做到充分沟通，每个信托项目在运作前提交中信登进行预登记，就新业务拓展、存续业务规范等工作进行经常性交流，除主动管理类集合信托项目和创新型信托项目还需向监管部门进行事前书面报告。

4.4.4 监督评价与纠正

公司设立稽核部，依据国家有关法律法规、内部审计准则和公司内部管理规定开展工作。稽核工作向董事会负责，接受监事会、董事会审计委员会的指导和监督。完成年度稽核工作计划，独立、客观地履行监督、评价和建议职能。公司遵守和执行相关法律法规、监管规定，内部控制和风险管理适当、有效，经营活动规范。2020年，公司实施了专项稽核、离任审计、离岗稽核、投资者权益保护专项检查等现场稽核，进行了两次后续稽核。稽核发现问题及时整改，稽核结果定期向公司主要领导、审计委员会、董事会和监管机关报告。

公司建立了制度定期审视机制，坚持制度先行的管理理念，对制度进行认真梳理，及时发现公司现行制度中存在的问题，取消多余、合并重叠，以最大限度地提高公司的办事效率和办事效能为原则，增强制度体系对公司工作流程变化的敏感性及灵活性，使公司管理水平、风险防控和化解能力得到持续的提升，保证公司管理的及时性、有效性，随着国家宏观经济形势变化及监管要求不断充实、完善业务管理制度，坚持制度先行的管理理念，从改进工作流程、加强合规管理等各个方面完善内控制度，以提高公司风险控制能力，促进公司可持续发展。

4.5 风险管理

4.5.1 风险管理概况

公司在经营活动中可能面临诸多风险。其中，主要包括信用风险、市场风险、操作风险和其他风险。

为加强风险管理，提高竞争能力，公司把风险的识别、风险测量和评估、风险处理和控制、风险管理的评估和调整，以及风险准备等方面作为风险管理的核心内容，通过制定健全的内部规章制度，建立职责分工合理的组织机构，对可能产生的风险及时做出反应，采取有效措施进行事前、事中、事后的有效控制，根据实际需要，保持对风险管理体系运行情况的持续调整。

公司风险管理坚持全面性、持续性、审慎性、独立性和有效性的原则。风险管理涵盖公司的各项业务、各个部门和各级人员，渗透到决策、执行、监督、反馈各环节；风险管理是一项长期持续性的工作，贯穿于公司经营过程始终。风险管理的核心是有效防范风险；公司各专业管理委员会、风险管理部门具有相对独立性，对各部门业务风险评估、风险检查不受非正常因素干扰；公司风险管理制度是按照国家有关法律、法规要求，结合公司实际制定的，具有权威性、有效性，是所有员工严格遵守的行动指南，执行风险控制制度不存在例外情况，任何人不得拥有超越制度或违反规章的权力。

公司建立了较为健全的风险管理组织体系，以确保各项风险管理政策切实得以落实，确保各种风险信息可以有效传递和反馈。公司股东会、董事会、监事会、高管层及各职能部门分工协作，且互相监督制约，确保各项经营活动都在规范制度体系内得以有序进行，最大限度地确保各种风险都能被有效识别、计量、监测和控制，进而实现公司总体发展战略和经营目标。

公司通过科学的机构设置，建立起以风险管理为中心的“三道防线”：各业务部门是风险管理的“第一道防线”，在业务前端识别、评估、应对、监控与报告风险；风险管理部、信托运营部、自营财会部和信息技术部等职能部门是风险管理的“第二道防线”，综合协调制定各类风险制度、标准和限额，实施风险管理措施，提出应对建议；稽核部是风险管理的“第三道防线”，针对公司已经建立的风险管理流程和各项风险的控制程序和活动进行监督和评价。对于公司面临的每一项风险，均由以上三个层次的管理框架进行控制，确保将各种风险控制在公司可承受的范围内。

报告期内，公司坚持党对金融企业的集中统一领导，坚持围绕服务实体经济、防控金融风险、深化金融改革三项核心任务，在公司董事会及风险管理委员会的指导下，以“稳中求进”为工作总基调，以“混改与经营并重、合规与发展并重”为经营方针，不断提升经营效率和水平。顺应于监管导向，公司全面深化合规经营理念，遵照股东会认可的风险偏好，以高质量、可持续为发展目标，持续加强专业化合规管理，严把项目准入关口，深化期间双线全流程管控，严防新的业务风险；切实做好存量业务资产质量的转化与提升工作，促进公司持续、健康、稳健发展。

4.5.2　风险状况及风险管理

4.5.2.1　信用风险状况及信用风险管理

信用风险是指交易对手未能按照合同的约定履行义务或信用质量发生变化，影响公司债权的实现或其他金融产品的价值，使公司遭受经济损失的风险。

公司对信用风险采取如下防范控制措施：一是实行客户名单式管理，定期对客户资信情况进行级次界定，采取差异化的准入审查及期间管理标准。二是采用资产风险分类、信贷资产评级等信用度量指标进行信用风险评级并不断改进信用分析方法和技术。三是严格按照规定对固有财产进行减值测试，并按测试结果计提专项准备和一般准备。四是对所有信托资产和自营资产进行全面压力测试，对发现的问题制定风险处置预案。五是风控措施综合考量原则，对于不同地区、不同性质、不同信誉度的企业遵循不同的风控标准。六是严格控制集团客户的融资规模，依据集团客户整体情况核定总体融资额度，实施总量控制。七是密切关注融资企业的信贷征信系统变化情况，对有风险迹象的客户及时采取控制措施。

报告期内，受经济转型、产业调整叠加新冠肺炎疫情阶段性冲击等因素影响，面临存续自主管理业务信用下沉的压力，公司积极应对，切实提升存续资产质量，审慎寻求管理资产体量和质量的动态平衡，稳定存量资产质量成为公司的核心要务之一。

遵循宏观经济形势及总体经营导向，公司持续改善业务结构，顺应信托行业转型提质的监管导向，在投融资业务领域，不断强化前置风险审查力度，在坚持真实有效的财务核查、双人审查的基础上，借助各类信用体系数据综合分析判断，进一步提升尽职调查质量与水平，细化放款前置条件和期间管控要点，做实预期还款来源现金流分析，强化风险防控预案的真实性和可操作性。对于存量业务，公司坚持双线、全覆盖的业务期间管理。强化项目经理作为第一责任人，对项目的全程运营负责，并按照公司后期管理要求，及时、规范、有效地开展项目常规检查，不断提升检查质量；信托运营部、风险管理部各司其职，对业务全周期所涉及的资金用途检查、季度定期检查和到期风险预警检查等一系列后期管理工作进行全面的监督管理。继续由风险管理部主导，筛选易受宏观政策波动影响的敏感行业、重要企业集团或涉及异地融资项目列为现场检查重点，组织开展现场检查和资金用途真实性核查，切实防范业务风险。针对重点客户，由公司相关业务部门组织实施高频风险管控，实时反馈资产风险现状，持续做好存量业务资产质量的转化与提升工作。依托于全流程风控体系的有效运行，公司在规模与利润、风险与收益的多重平衡中稳中求进，公司整体资产质量维持在合理区间。

4.5.2.2　市场风险状况及市场风险管理

市场风险是指公司固有财产和信托财产的价值或收入由于市场价格（如利率、汇率、股票或商品价格）或指数的变动而减少的风险。公司主要业务领域包括证券市场、货币市场等，在股价、汇率、利率等因素发生变动时，造成这些市场价格产生较大波动，可能给公司经营和财务状况带来重大影响。

在加强市场风险管理方面，公司采取以下控制措施。建立与公司的业务性质、规模和复杂程度相适应的、完善的、可靠的市场风险管理体系。加强对国家宏观经济政策、货币信贷政策、财政政策的研究，及时掌握市场变化，为调整投资决策提供依据；积极引进人才，开展市场调研，购置权威部门的研究成果，作为决策参考；提高资产配置的有效性，根据公司整体安排，适时调整各领域的投资规模，合理安排期限结构；建立有效的市场风险预警机制等。

2020年债市经历“牛”熊转换，无风险利率先下后上。上半年，受新冠肺炎疫情影响，国内经济增长大幅受挫，债市收益率总体下行，下半年随着疫情逐渐受控，宏观环境发生了切换，经济增速由下滑到上升，货币环境由宽松至中性，随之债券利率由下行转为上行，短端债券利率上行幅度更大，期限利差压缩，收益率曲线从“牛陡”演绎成“熊平”，投资组合久期也从拉长切换至压缩。针对上述形势，公司始终遵循大类资产轮动配置原则，适时进行持仓债券获利了结，增加权益资产的配置比例，重点关注流动性管理。整体上，公司所持债券风险较低。

4.5.2.3　操作风险状况及操作风险管理

操作风险是指由不完善或有问题的内部程序、员工和信息科技系统，以及外部事件所造成损失的风险。

目前公司的各项控制制度和操作规程涵盖了所有业务领域，基本实现了对公司各项业务操作过程的有效控制。公司在操作风险管理方面，采取一系列措施加以控制。

制度层面：建立了适当的职责分工和监控制度；建立和完善了授权制度和业务操作规程；坚持每年修订完善风险点和对风险点进行风险排查制度；坚持实行重要岗位轮换和强制休假制度。

控制层面：加强风险管理“三道防线”的作用，采取对各类资产的风险评估、对内控制度执行情况和经办人员尽职情况检查等方法，约束从业人员的职业行为。

为进一步适应监管政策的变化、提高项目管理效率、加强风险节点控制、支持创新业务开展，针对机构调整情况、在日常经营中反映的问题及监管政策调整，公司继续本着“制度优先”原则，不断强化定期审视机制、调整业务管理制度、完善制度管理方式，加强内控合规管理。报告期内，在对公司业务管理制度及流程定期审视的基础上，重点对集合信托业务全周期操作流程进行了详细梳理，厘清业务各阶段环节的工作内容、审批流转；持续监测公司各项内部制度与监管法律、法规、规章和指导性文件等监管规定的对接情况，评估内部制度的全面性、完善性、合规性，以及对于业务和风险的新变化、新现象、新特征的覆盖和适应程度。通过对现行业务制度规章的精简、合并与完善，最终形成涵盖信托业务、自营业务、内部控制、风险管理、法务管理、自营财务、信息技术七大类的最新业务管理制度体系，以不断提升业务流程的运作效率、运行效果和公司操作风险管控水平。

4.5.2.4　其他风险状况及其管理

其他风险主要是流动性风险、法律合规风险、政策与战略风险和声誉风险。

流动性风险是指公司虽有清偿或兑付能力，但无法及时获得充足资金或无法以合理成本及时获得充足资金以支付到期债务，或无法兑付到期信托计划的风险。报告期内，公司流动性风险管理遵循分散性的资产负债管理原则，在保持公司自营资金流动性、安全性的前提下，以公司风险承受能力为基础，设定现金流期限错配限额，并设专岗逐日监测现金流量及资产配置。通过不断加强固有资产流动性和负债资金来源稳定性两个方向着手，持续提升公司应对市场波动的能力。总体看来，公司负债规模整体较为稳定，结构较为合理。

法律合规风险是指公司因没有遵循法律、法规和监管政策可能遭受法律制裁的风险。法律合规风险管理遵循合规创造价值的管理理念，公司经营管理与法律、规则、监管规定与自律性行业准则相一致，公司建立健全了合规管理体系，并通过多种形式的宣传形成了全员合规的良好氛围；不断加强法律风险防控，并根据外部相关法律、法规的变化，适时调整内控制度和业务模式，确保公司各项经营活动合法合规。

2020年，金融监管形势保持高压态势，延续金融市场乱象整治主基调，各类专项治理、排查、清理、整顿任务频发，压力逐级传导。基于资管行业顶层设计逐步完善的行业背景，以及行业监管更加深入、处罚力度持续升级的监管环境，公司明确持续深化合规经营理念，以回归本源为立足点，深入挖掘信托服务实体经济的潜力，谋求业务转型，寻求稳健可持续的发展路径。

政策与战略风险是指由于国家宏观经济政策或监管政策的调整和变化，给公司经营活动带来不确定影响，以及公司各项中长期经营计划、策略与外部宏观形势和经济政策不适应导致公司经营出现偏差而产生的风险。政策与战略风险管理主要遵循国家法律法规的要求及资管行业的发展趋势，根据宏观形势、监管政策和业务模式等新变化，积极调整公司发展规划和业务方向。报告期内，公司着重关注国家宏观战略走向，增加对先进制造业与现代服务业的支持力度，积极开拓新的客户资源，着眼于上市公司、消费金融、重点区域城市、互联网科技等行业和领域，支持实体经济。公司以积极的心态适应监管政策的变化，加强与监管部门的沟通与反馈，遵循监管导向，"坚决遏制信托规模无序扩张"，向符合服务实体经济、标准化运作业务倾斜，有保有降、分类施策，主动优化存量业务结构。此外，公司把开拓创新为重要的工作目标，积极探索新的业务模式与盈利模式，以普惠金融为突破口，积极拓展主动管理模式，在多个市场拓展资产流转业务模式，增强多元化经营水平，为长远发展储备后劲。

声誉风险状况及其风险管理。声誉风险是指在商业活动中或者在业务办理中，公司因违法或未能达到利益相关者需要或期望的标准而被社会公众、监管方或股东方等产生的不利评价的风险。声誉风险管理强调在合规经营和健康发展的基础上，主动、有效、灵活地管理声誉风险，应对声誉事件；公司不进行任何能够实质性地影响公司声誉的交易；对于经营活动中不可避免的声誉风险及时进行识别、评估，以依法合规、透明公开的原则处理各种突发风险事件；通过充分信息披露等方式实现与投资者的良性沟通；通过履行社会责任等方式不断提升公司品牌价值和社会形象。

公司以"诚信"作为生存发展的根基，切实做好消费者保护各项工作，持续开展投资者教育活动，不断提高对公司客户的服务水平。公司注重于自身声誉的维护，公司注重于自身声誉的维护，一方面，公司持续做好与新闻主管部门及相关主流财经媒体的常规化沟通，坚持正向宣传；另一方面，持续加强舆情的监测与管理，以期快速、恰当回应。尤其在2020年混改关键时期，公司主动作为，持续做好全天候舆情监测，对于可能引发舆情的情况提前做好应对预案，确保了混改期间舆情平稳。

5. 报告期末及上一年度末的比较式会计报表

5.1　自营资产

5.1.1　会计师事务所审计意见全文

审 计 报 告

CAC津审字〔2021〕0342号

天津信托有限责任公司全体股东：

一、审计意见

我们审计了天津信托有限责任公司（以下简称贵公司）自营业务财务报表，包括2020年12月31日的资产负债表，2020年度的利润表、现金流量表、所有者权益变动表，以及相关财务报表附注。

我们认为，后附的财务报表在所有重大方面按照企业会计准则的规定编制，公允反映了贵公司2020年12月31日的财务状况及2020年度的经营成果和现金流量。

二、形成审计意见的基础

我们按照中国注册会计师审计准则的规定执行了审计工作。审计报告的"注册会计师对财务报表审计的责任"部分进一步阐述了我们在这些准则下的责任。按照中国注册会计师职业道德守则，我们独立于贵公司，并履行了职业道德方面的其他责任。我们相信，我们获取的审计证据是充分的、适当的，为发表审计意见提供了基础。

三、管理层和治理层对财务报表的责任

管理层负责按照企业会计准则的规定编制财务报表，使其实现公允反映，并设计、执行和维护必要的内部控制，以使财务报表不存在由于舞弊或错误导致的重大错报。

在编制财务报表时，管理层负责评估贵公司的持续经营能力，并运用持续经营假设，除非管理层计划清算贵公司、终止运营或别无其他现实的选择。

治理层负责监督贵公司的财务报告过程。

四、注册会计师对财务报表审计的责任

我们的目标是对财务报表整体是否不存在由于舞弊或错误导致的重大错报获取合理保证，并出具包含审计意见的审计报告。合理保证是高水平的保证，但并不能保证按照审计准则执行的审计在某一重大错报存在时总能发现。错报可能由于舞弊或错误导致，如果合理预期错报单独或汇总起来可能影响财务报表使用者依据财务报表作出的经济决策，则通常认为错报是重大的。

在按照审计准则执行审计工作的过程中，我们运用职业判断，并保持职业怀疑。同时，我们也执行以下工作：

（1）识别和评估由于舞弊或错误导致的财务报表重大错报风险，设计和实施审计程序以应对这些风险，并获取充分、适当的审计证据，作为发表审计意见的基础。由于舞弊可能涉及串通、伪造、故意遗漏、虚假陈述或凌驾于内部控制之上，未能发现由于舞弊导致的重大错报的风险高于未能发现由于错误导致的重大错报的风险。

（2）了解与审计相关的内部控制，以设计恰当的审计程序，但目的并非对内部控制的有效性发表意见。

（3）评价管理层选用会计政策的恰当性和作出会计估计及相关披露的合理性。

（4）对管理层使用持续经营假设的恰当性得出结论。同时，根据获取的审计证据，就可能导致对贵公司持续经营能力产生重大疑虑的事项或情况是否存在重大不确定性得出结论。如果我们得出结论认为存在重大不确定性，审计准则要求我们在审计报告中提请报表使用者注意财务报表中的相关披露；如果披露不充分，我们应当发表非无保留意见。我们的结论基于截至审计报告日可获得的信息。然而，未来的事项或情况可能导致贵公司不能持续经营。

（5）评价财务报表的总体列报（包括披露）、结构和内容，并评价财务报表是否公允反映相关交易和事项。

我们与治理层就计划的审计范围、时间安排和重大审计发现等事项进行沟通，包括沟通我们在审计中识别出的值得关注的内部控制缺陷。

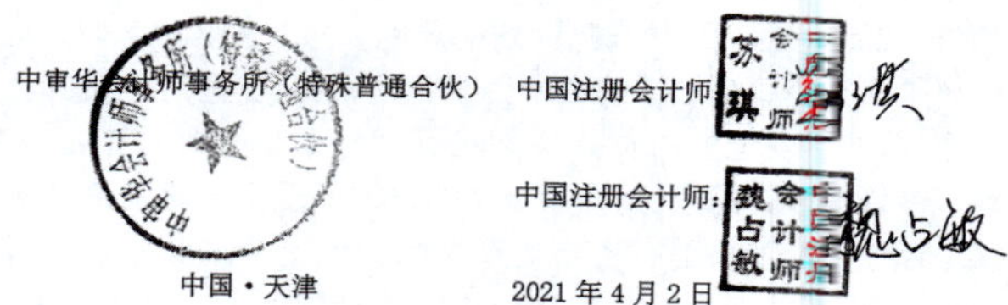

5.1.2　资产负债表

资产负债表

编制单位：天津信托有限责任公司　　2020年12月31日　　单位：万元

资　产	期末数	期初数	负债和股东权益	期末数	期初数
资产：			负债：		
现金及存放中央银行款项	—	—	向中央银行借款	—	—
存放同业款项	87 732.20	39 004.76	同业及其他金融机构存放款项	—	—
贵金属	—	—	拆入资金	30 000.00	30 000.00
拆出资金	—	20 000.00	交易性金融负债	—	—
交易性金融资产	—	—	衍生金融负债	—	—
衍生金融资产	—	—	卖出回购金融资产款	—	—
买入返售金融资产	68 235.16	95 523.00	吸收存款	—	—
应收利息	13 133.91	9 610.34	应付职工薪酬	24 894.39	23 042.50
发放贷款和垫款	30 827.88	112 185.16	应交税费	5 869.68	3 597.70
可供出售金融资产	341 673.38	245 298.90	应付利息	2.67	2.75
持有至到期投资	—	—	预计负债	89 518.00	8[illegible] 850.00
长期股权投资	214 932.01	182 464.10	应付债券	—	—
投资性房地产	8 493.46	8 833.14	递延所得税负债	31.13	267.71
固定资产	6 962.78	6 869.30	其他负债	124 396.30	96 171.10
无形资产	3 720.71	2 850.80	负债合计	274 712.17	233 931.76
递延所得税资产	61 862.79	56 518.27	所有者权益：		
其他资产	59 409.79	27 779.49	实收资本（或股本）	170 000.00	170 000.00
			资本公积	18 559.73	18 559.73
			减：库存股	—	—
			其他综合收益	−370.15	348.94
			盈余公积	56 475.88	51 427.33
			一般风险准备	4 759.00	4 759.00

续表

资　产	期末数	期初数	负债和股东权益	期末数	期初数
			信托赔偿准备	32 140.02	29 615.75
			未分配利润	340 707.42	297 794.75
			所有者权益合计	622 271.90	573 005.50
资产总计	896 984.07	806 937.26	负债及所有者权益总计	896 984.07	806 937.26

企业法定代表人:赵毅　　主管会计工作负责人:王辉　　会计部门负责人:李瑞聪

5.1.3　利润表

利润表

编制单位:天津信托有限责任公司　　2020 年度　　单位:万元

项　目	本期数	上期数
一、营业收入	97 806.11	84 264.51
利息净收入	−5 394.49	1 287.43
利息收入	5 488.58	14 666.93
利息支出	10 883.07	13 379.49
手续费及佣金净收入	44 223.76	33 476.95
手续费及佣金收入	44 223.76	33 476.95
手续费及佣金支出	—	—
投资收益(损失以“ − ”号填列)	58 084.49	47 952.70
其中:对联营企业和合营企业的投资收益	44 415.65	37 193.09
公允价值变动收益(损失以“ − ”号填列)	—	—
资产处置收益	—	—
其他收益	16.00	414.56
其他业务收入	876.35	1 132.87
二、营业支出	36 467.21	27 503.38
税金及附加	621.71	648.20
业务及管理费	15 884.18	15 882.35
资产减值损失	19 552.58	10 500.04
其他业务成本	408.74	472.79
三、营业利润(亏损以“ − ”号填列)	61 338.90	56 761.13
加:营业外收入	46.28	13.47
减:营业外支出	8 915.74	−7 176.38
四、利润总额(亏损总额以“ − ”号填列)	52 469.44	63 950.98
减:所得税费用	1 983.95	6 135.88
其中:当期所得税	7 256.49	7 579.43
递延所得税	−5 272.54	−1 443.55
五、净利润(净亏损以“ − ”号填列)	50 485.49	57 815.10
持续经营净利润	50 485.49	57 815.10
六、其他综合收益的税后净额	−1 219.09	1 414.94
(一)以后不能重分类进损益的其他综合收益	—	—
1. 重新计量设定受益计划净负债或净资产的变动	—	—
2. 权益法下在被投资单位不能重分类进损益的其他综合收益变动中享有的份额	—	—
(二)以后将重分类进损益的其他综合收益	−1 219.09	1 414.94
1. 权益法下在被投资单位以后将重分类进损益的其他综合收益中享有的份额	−293.43	50.46
2. 可供出售金融资产公允价值变动损益	−925.66	1 364.48
3. 持有至到期投资重分类为可供出售金融资产损益	—	—
4. 外币财务报表折算差额	—	—
七、综合收益总额	49 266.40	59 230.04

企业法定代表人:赵毅　　主管会计工作负责人:王辉　　会计部门负责人:李瑞聪

5.1.4 所有者权益变动表

股东权益变动表

编制单位：天津信托有限责任公司　　2020 年度　　单位：万元

项目	本年数							
	实收资本	资本公积	其他综合收益	盈余公积	一般风险准备	信托赔偿准备	未分配利润	所有者权益合计
一、上期期末数	170 000.00	18 559.73	848.94	51 427.33	4 759.00	29 615.75	297 794.75	573 005.50
加：会计政策变更	—	—	—	—	—	—	—	—
前期差错更正	—	—	—	—	—	—	—	—
其他	—	—	—	—	—	—	—	—
二、本期期初数	170 000.00	18 559.73	848.94	51 427.33	4 759.00	29 615.75	297 794.75	573 005.50
三、本期增减变动金额（减少以“－”填列）	—	—	-1 219.09	5 048.55	—	2 524.27	42 912.67	49 266.40
（一）综合收益总额	—	—	-1 219.09	—	—	—	50 485.49	49 266.40
（二）所有者投入和减少资本	—	—	—	—	—	—	—	—
1. 所有者投入的普通股	—	—	—	—	—	—	—	—
2. 其他权益工具持有者投入资本	—	—	—	—	—	—	—	—
3. 股份支付计入所有者权益的金额	—	—	—	—	—	—	—	—
4. 其他	—	—	—	—	—	—	—	—
（三）利润分配	—	—	—	5 048.55	—	2 524.27	-7 572.82	—
1. 提取盈余公积	—	—	—	5 048.55	—	—	-5 048.55	—
2. 提取一般风险准备	—	—	—	—	—	—	—	—
3. 提取信托赔偿准备	—	—	—	—	—	2 524.27	-2 524.27	—
4. 对所有者（股东）的分配	—	—	—	—	—	—	—	—
5. 其他	—	—	—	—	—	—	—	—
（四）所有者权益内部结转	—	—	—	—	—	—	—	—
1. 资本公积转增资本（或股本）	—	—	—	—	—	—	—	—
2. 盈余公积转增资本（或股本）	—	—	—	—	—	—	—	—
3. 盈余公积弥补亏损	—	—	—	—	—	—	—	—
4. 结转重新计量设定受益计划净负债或净资产所产生的变动	—	—	—	—	—	—	—	—
5. 其他	—	—	—	—	—	—	—	—
（五）其他	—	—	—	—	—	—	—	—
四、本期期末数	170 000.00	18 559.73	-370.15	56 475.88	4 759.00	32 140.02	340 707.42	622 271.90

企业法定代表人：赵毅　　主管会计工作负责人：王辉　　会计部门负责人：李瑞聪

股东权益变动表（续）

编制单位：天津信托有限责任公司　　2020 年度　　单位：万元

项目	上年数							
	实收资本	资本公积	其他综合收益	盈余公积	一般风险准备	信托赔偿准备	未分配利润	所有者权益合计
一、上期期末数	170 000.00	18 559.73	-329.62	45 623.50	4 759.00	26 713.83	248 462.18	513 788.62
加：会计政策变更	—	—	-236.38	—	—	—	223.22	-13.16
前期差错更正	—	—	—	—	—	—	—	—
其他	—	—	—	—	—	—	—	—
二、本期期初数	170 000.00	18 559.73	-566.00	45 623.50	4 759.00	26 713.83	248 685.40	513 775.46
三、本期增减变动金额（减少以“－”填列）	—	—	1 414.94	5 803.83	—	2 901.92	49 109.35	59 230.04
（一）综合收益总额	—	—	1 414.94	—	—	—	57 815.10	59 230.04
（二）所有者投入和减少资本	—	—	—	—	—	—	—	—
1. 所有者投入的普通股	—	—	—	—	—	—	—	—
2. 其他权益工具持有者投入资本	—	—	—	—	—	—	—	—
3. 股份支付计入所有者权益的金额	—	—	—	—	—	—	—	—
4. 其他	—	—	—	—	—	—	—	—
（三）利润分配	—	—	—	5 803.83	—	2 901.92	-8 705.75	—
1. 提取盈余公积	—	—	—	5 803.83	—	—	-5 803.83	—
2. 提取一般风险准备	—	—	—	—	—	—	—	—
3. 提取信托赔偿准备	—	—	—	—	—	2 901.92	-2 901.92	—
4. 对所有者（股东）的分配	—	—	—	—	—	—	—	—
5. 其他	—	—	—	—	—	—	—	—

续表

项目	上年数							
	实收资本	资本公积	其他综合收益	盈余公积	一般风险准备	信托赔偿准备	未分配利润	所有者权益合计
(四)所有者权益内部结转	—	—	—	—	—	—	—	—
1. 资本公积转增资本(或股本)	—	—	—	—	—	—	—	—
2. 盈余公积转增资本(或股本)	—	—	—	—	—	—	—	—
3. 盈余公积弥补亏损	—	—	—	—	—	—	—	—
4. 结转重新计量设定受益计划净负债或净资产所产生的变动	—	—	—	—	—	—	—	—
5. 其他	—	—	—	—	—	—	—	—
(五)其他	—	—	—	—	—	—	—	—
四、本期期末数	170 000. 00	18 559. 73	848. 94	51 427. 33	4 759. 00	29 615. 75	297 794. 75	573 005. 50

企业法定代表人:赵毅　　主管会计工作负责人:王辉　　会计部门负责人:李瑞聪

5.2 信托资产

5.2.1 信托项目资产负债汇总表

信托项目资产负债汇总表

编制单位:天津信托有限责任公司　　2020 年 12 月 31 日　　单位:万元

信托资产	期末余额	年初余额	信托负债和信托权益	期末余额	年初余额
信托资产:	—		信托负债:	—	
货币资金	653 345. 50	541 490. 75	交易性金融负债	—	—
拆出资金	336 080. 00	304 070. 00	衍生金融负债	—	—
存出保证金	—	—	应付受托人报酬	3 517. 64	2 273. 00
交易性金融资产	310 848. 70	241 609. 04	应付托管费	74. 77	169. 02
衍生金融资产	—	—	应付受益人收益	2 522. 31	10 101. 62
买入返售金融资产	878 762. 00	930 870. 00	应付销售服务费	—	—
应收款项	914 833. 17	794 123. 17	应付投资管理费	9. 87	381. 11
发放贷款	2 169 254. 97	2 457 100. 03	应交税费	3 436. 83	5 381. 54
可供出售金融资产	55 743. 50	116 765. 07	其他应付款项	140 225. 33	240 649. 73
持有至到期投资	17 395 659. 72	15 745 453. 37	其他负债	—	—
长期应收款	—	—	信托负债合计	149 786. 74	258 956. 01
长期股权投资	196 929. 42	539 111. 85	信托权益:		—
投资性房地产	—	—	实收信托	21 920 168. 75	20 737 960. 94
固定资产	—	—	资本公积	2 108. 53	18 110. 84
无形资产	—	—	外币报表折算差额	—	—
长期待摊费用	—	—	未分配利润	839 392. 96	655 565. 48
其他资产	—	—	信托权益合计	22 761 670. 24	21 411 637. 26
信托资产总计	22 911 456. 99	21 670 593. 27	信托负债和信托权益总计	22 911 456. 99	21 670 593. 27

企业法定代表人:赵毅　　主管会计工作负责人:王辉　　会计部门负责人:孙红全

5.2.2 信托项目利润及利润分配汇总表

信托项目利润及利润分配汇总表

编制单位:天津信托有限责任公司　　2020 年度　　单位:万元

项目	本期累计金额	上期累计金额
一、营业收入	1 398 903. 14	1 138 641. 24
利息收入	164 337. 47	220 685. 91
投资收益(损失以"-"号填列)	777 520. 39	485 014. 71
其中:对联营企业和合营企业的投资收益	—	—
公允价值变动收益(损失以"-"号填列)	40 966. 98	28 165. 27
租赁收入	—	—
汇兑损益(损失以"-"号填列)	—	—
其他收入	416 078. 30	404 775. 35
二、营业支出	410 556. 68	153 591. 58
营业税金及附加	8 425. 75	4 197. 05
受托人报酬	46 376. 33	35 617. 41

续表

项目	本期累计金额	上期累计金额
托管费	2 125. 27	1 845. 84
投资管理费	10 438. 83	46 352. 88
销售服务费	6 452. 74	3 144. 97
交易费用	72. 54	114. 08
资产减值损失	3 183. 07	—
其他费用	333 482. 15	62 319. 36
三、信托净利润(净亏损以"-"号填列)	988 346. 46	985 049. 65
四、其他综合收益	19 321. 77	16 591. 94
五、综合收益	1 007 668. 23	1 001 641. 60
加:期初未分配信托利润	655 565. 48	107 278. 04
六、可供分配的信托利润	1 643 911. 95	1 092 327. 70
减:本期已分配信托利润	804 518. 98	436 762. 21
七、期末未分配信托利润	839 392. 96	655 565. 48

企业法定代表人:赵毅　　主管会计工作负责人:王辉　　会计部门负责人:孙红全

6. 会计报表附注

6.1 会计报表编制基准的说明

公司以持续经营为基础，根据实际发生的交易和事项，按照财政部颁布的企业会计准则的要求进行编制。

6.2 重要会计政策和会计估计说明

6.2.1 计提资产减值准备的主要范围和方法

计提资产减值准备的时间：每季度末或半年末计提，但有证据证明月度资产有减值迹象的应当按月计提。

计提资产减值准备的标准：各类资产计提减值准备的标准，参考公司《天津信托有限责任公司信贷资产、应收款项和长期投资风险分类管理办法》（津信管字〔2018〕9 号）进行资产风险分类的结果进行。

计提资产减值准备的方法：

一是贷款、应收账款、买入返售金融资产减值准备核算方法。资产负债表日对贷款、应收账款、买入返售金融资产分别进行减值测试。如有客观证据表明其发生了减值的，依据《天津信托有限责任公司准备金计提管理办法》（津信财会〔2020〕3 号）及《天津信托有限责任公司准备金计提管理办法的补充规定（试行）》（津信会字（2013）2 号）计提减值准备。

二是长期股权投资、抵债资产减值准备核算方法。资产负债表日，本公司对长期股权投资、抵债资产进行减值测试，发现有减值迹象的，依据《天津信托有限责任公司准备金计提管理办法》（津信财会〔2020〕3 号）及《天津信托有限责任公司准备金计提管理办法的补充规定（试行）》（津信会字（2013）2 号）计提减值准备。长期股权投资、抵债资产减值准备一经确认，不再转回。

三是可供出售金融资产减值准备核算方法。当可供出售金融资产公允价值低于成本的 50%，且有证据判断未来公允价值继续下跌的。可供出售金融资产公允价值持续性下跌 1 年以上（含 1 年），且下跌幅度超过 20% 的、并有证据判断未来公允价值继续下跌的。

符合上述两个条件之一的，业务部门可以认定该可供出售金融资产已经发生减值，应按照公允价值损失部分全额计提减值准备。

可供出售金融资产减值的计算，依据《天津信托有限责任公司准备金计提管理办法》（津信财会〔2020〕3 号）及《天津信托有限责任公司准备金计提管理办法的补充规定（试行）》（津信会字（2013）2 号）进行。

6.2.2 金融资产分类的范围和标准

以公允价值计量且其变动计入当期损益的金融资产是指本公司为了近期内出售而持有的股票、债券、基金，包括交易性金融资产和指定以公允价值计量且其变动计入当期损益的金融资产。

持有至到期投资是指本公司购入的到期日固定、回收金额固定或可确定且本公司明确意图和能力持有至到期的固定利率国债、浮动利率公司债券等。

应收款项和贷款：应收款项（本公司指应收利息、其他应收款和长期应收款）按合同或协议价款作为初始入账金额。贷款的后续计量以摊余成本计量。

可供出售金融资产是指本公司没有划分为以公允价值计量且其变动计入当期损益的金融资产、持有至到期投资、贷款和应收款项的其他金融资产。

6.2.3 交易性金融资产核算方法

取得时以公允价值（扣除已宣告但尚未发放的现金股利或已到付息期但尚未领取的债券利息）作为初始确认金额。

持有期间将取得的利息或现金股利确认为投资收益，资产负债表日将公允价值变动计入当期损益。

处置时，公允价值与初始入账金额之间的差额确认为投资收益，同时调整公允价值变动损益。

6.2.4 可供出售金融资产核算方法

取得时按公允价值（扣除已宣告但尚未发放的现金股利或已到付息期但尚未领取的债券利息）和相关交易费用之和作为初始确认金额。

持有期间将取得的利息或现金股利确认为投资收益。资产负债表日将公允价值变动计入其他综合收益。

处置时，将取得的价款与该金融资产账面价值之间的差额，计入投资损益；同时，将原直接计入所有者权益的公允价值变动累计额对应处置部分的金额转出，计入投资损益。

6.2.5 持有至到期投资核算方法

取得时按公允价值（扣除已到付息期但尚未领取的债券利息）和相关交易费用之和作为初始确认金额。

持有期间按照摊余成本和实际利率（如实际利率与票面利率差别较小的，按票面利率）计算确认利息收入，计入投资收益。实际利率在取得时确定，在该预期存续期间或适用的更短期间内保持不变。

处置时，将所取得价款与该投资账面价值之间的差额计入投资收益。

6.2.6 长期股权投资核算方法

权益法：本公司对联营企业和合营企业的长期股权投资，采用权益法核算。

成本法：公司能够对被投资企业实施控制，即本公司拥有对被投资方的权力，通过参与被投资方的相关活动而享有可变回报，并且有能力运用对被投资方的权力影响其回报金额的，应采用成本法核算。

6.2.7 投资性房地产核算方法

投资性房地产是指为赚取租金或资本增值，或两者兼有而持有的房地产。本公司的投资性房地产为公司办公大楼出租部分的房产。

本公司的投资性房产采用成本模式计量。对按照成本模式计量的投资性房地产采用与本公司固定资产、无形资产相同的折旧或摊销政策。在资产负债表日按投资性房产的成本与可收回金额孰低计价，可收回金额低于成本的，按两者的差额计提减值准备。

6.2.8 固定资产计价和折旧方法

6.2.8.1 固定资产的标准

同时具备以下三个条件的，确认为固定资产：本公司实际拥有所有权的实物资产；预计使用期限在 1 年以上（不含 1 年）；单项实物资产的购置或建造价值在 2 000 元以上。

6.2.8.2　固定资产的计价

固定资产发生的修理费用,符合规定的固定资产确认条件的计入固定资产成本;不符合规定的固定资产确认条件的在发生时直接计入当期成本、费用。

6.2.8.3　固定资产折旧计提方法

固定资产从其投入使用的次月起采用直线法计提折旧,预计净残值为原价的3%,估计经济使用年限和年折旧率如下:

资产类别	预计使用年限(年)	年折旧率(%)
房屋建筑物	30~43	3.23~2.26
机器设备	5~20	19.40~4.85
运输设备	6	16.17
电子设备	3~5	32.33~19.40
其　他	5	19.40

6.2.9　无形资产计价及摊销政策

6.2.9.1　无形资产的计价

无形资产在取得时,按实际成本计价。取得时的实际成本按以下方法确定:购入的无形资产,按实际支付的价款作为实际成本;自行开发并按法律程序申请取得的无形资产按依法取得时发生的注册费、聘请律师费等入账,开发过程中发生的费用直接计入当期损益。

6.2.9.2　无形资产的摊销

无形资产自取得当月起在预计使用年限内分期平均摊销,预计使用年限按受益年限和法律规定的有效年限两者孰短的原则确定,对无受益年限和法律规定的有效年限的则按不超过10年的摊销年限内分期平均摊销,计入当期损益。

6.2.10　长期应收款的核算方法

本公司长期应收款核算应收融资租赁本金和应收融资租赁收益,融资租赁资产出租时,将该项融资租赁资产的初始账面价值由记入"长期应收款——应收融资租赁本金",将应向承租人收取的各期租金与终止转让价款之和,扣除购入租赁物时实际支付价款及相关税费后的差额,记入"长期应收款——应收融资租赁收益"。

收到融资租赁租金时,根据该项融资租赁业务的"租金表"或"未确认融资收益分配表",按实际收到金额中的本金部分,冲减"长期应收款——应收融资租赁本金";按实际收到金额中的收益部分,冲减"长期应收款——应收融资租赁收益"。同时,按实际收到金额中的收益部分,计入"未实现融资收益"和"租赁收入"。

6.2.11　长期待摊费用的摊销政策

本公司长期待摊费用在费用项目的受益期限内分期平均摊销。

6.2.12　预计负债的核算方法

本公司当与或有事项相关的义务同时符合以下条件,确认为预计负债:该义务是本司承担的现时义务;履行该义务很可能导致经济利益流出;该义务的金额能够可靠地计量。

在资产负债表日,考虑与或有事项有关的风险、不确定性和货币时间价值等因素,按照履行相关现时义务所需支出的最佳估计数对预计负债进行计量。

最佳估计数分别以下情况处理:

所需支出存在一个连续范围(或区间),且该范围内各种结果发生的可能性相同的,则最佳估计数按照该范围的中间值即上下限金额的平均数确定。

所需支出不存在一个连续范围(或区间),或虽然存在一个连续范围但该范围内各种结果发生的可能性不相同的,如或有事项涉及单个项目的,则最佳估计数按照最可能发生金额确定;如或有事项涉及多个项目的,则最佳估计数按各种可能结果及相关概率计算确定。

如果清偿预计负债所需支出全部或部分预期由第三方补偿的,补偿金额在基本确定能够收到时,作为资产单独确认,且确认的补偿金额不超过预计负债的账面价值。

6.2.13　合并会计报表的编制方法

对本公司拥有实际控制权的被投资企业合并财务报表,公司能够控制的特殊目的主体(如非法人单位的合作项目)也列入合并报表范围。按照《企业会计准则》第33号"合并财务报表"准则的相关规定,编制合并财务报表。

6.2.14　收入确认原则和方法

6.2.14.1　利息收入

本公司的利息收入是指本公司存放于银行和其他金融机构的款项、对外放款、拆出资金、买入返售金融资产等业务所形成的利息收入。

(1)贷款利息收入。按贷款合同在贷款结息日,按照贷款合同(借据)金额和合同利率计算确定的应收未收利息,记入"应收利息"科目;按贷款的摊余成本和实际利率计算确定的利息收入。

(2)拆出资金和买入返售金融资产的利息收入比照贷款利息收入的规定确认。

(3)存放银行和其他金融机构款项的利息收入:按结息日实际收到的金额计入利息收入。

6.2.14.2　融资租赁收益

本公司采用实际利率法计算当期应确认的融资租赁收入,并将未实现融资租赁收益在租赁期内的各个期间进行分配。

6.2.14.3　手续费及佣金净收入

本公司的手续费收入是指本公司自营业务的手续费收入,以及从本公司所管理的信托业务中按信托合同规定从信托收益中提取或向委托人及第三方收取的受托人报酬。自营业务手续费收入:按合同收取时确认收入;信托业务手续费参见"6.2.16信托报酬确认原则和方法"。

6.2.14.4　其他营业收入

本公司以合同已签订并执行,款项已收到或取得收取款项凭据时确认为收入实现。

6.2.15　所得税的会计处理方法

本公司所得税费用采用资产负债表债务法核算。资产、负债的账面价值与其计税基础存在差异的,按照规定确认所产生的递延所得税资产或递延所得税负债。

本公司在计算确定当期所得税(当期应交所得税)及递延税项(递延所得税费用或收益)的基础上,将两者之和确认为利润表中的所得税费用(或收益),但不包括直接计入所有者权益的交易或事项的所得税影响。

资产负债表日,本公司按照暂时性差异与适用所得税税率计算的结果,确认递延所得税负债、递延所得税资产及相应的递延所得税费用(或收益)。一般情况下,所有应税暂时性差异产生的递延所得税负债均予确认,而递延所得税资产则只能在未来应纳税利润足以用作抵销暂时性差异的限度内，才予以确认。

6.2.16 信托报酬确认原则和方法

信托业务手续费收入（受托人报酬）：依据信托合同的约定，按季度、合同中期分配、合同到期分配收取时，计算及确认收入。

6.2.17 会计政策变更的披露

因执行新企业会计准则导致的会计政策变更：本公司于2020年执行了财政部颁布的《企业会计准则解释第13号》（财会〔2019〕21号）（以下简称解释第13号）和《新冠肺炎疫情相关租金减让会计处理规定》（财会〔2020〕10号）。

解释第13号修订了业务构成的三个要素，细化了业务的判断条件，对非同一控制下企业合并的购买方在判断取得的经营活动或资产的组合是否构成一项业务时，引入了“集中度测试”的选择。此外，解释第13号进一步明确了关联方的定义。

解释第13号自2020年1月1日起施行，本集团采用未来适用法对上述会计政策变更进行会计处理。

财会〔2020〕10号自2020年6月19日起施行，对满足规定条件的由新冠肺炎疫情直接引发的租金减让提供了简化的会计处理方法，对新冠肺炎相关租金减让的会计处理进行了规范。按照该规定采用简化方法的，对2020年1月1日至准则施行日之间发生的相关租金减让根据该规定进行调整。

财会〔2020〕10号规定，对于由新冠肺炎疫情直接引发的、承租人与出租人就现有租赁合同达成的租金减免、延期支付等租金减让行为，在同时满足一定条件的情况下，可采用简化方法进行会计处理。选择采用简化方法的，不需要评估是否发生租赁变更，也不需要重新评估租赁分类。

本公司采用简化处理方法，上述会计政策变更对本公司经营成果未产生重大影响。

6.3 或有事项说明

公司未发生影响财务报表阅读的重大或有事项。

6.4 重要资产转让及其出售的说明

公司未发生重要资产转让及其出售事项。

6.5 会计报表中重要项目的明细资料

6.5.1 自营资产经营情况

6.5.1.1 信用风险资产的期初数、期末数（按信用风险五级分类）

信用风险资产五级分类	正常类（万元）	关注类（万元）	次级类（万元）	可疑类（万元）	损失类（万元）	信用风险资产合计（万元）	不良资产合计（万元）	不良资产率（%）
期初数	601 247.02	169 266.63	16 050.00	20 000.00	48 143.66	854 707.31	84 193.66	9.85
期末数	694 298.26	173 395.76	—	—	76 089.44	943 783.46	76 089.44	8.06

6.5.1.2 各项资产减值损失准备的期初数、本期计提、本期转回、本期核销、期末数

单位：万元

项目	期初数	本期计提	本期转回	本期核销	期末数
贷款损失准备	79 154.84	22 197.53	31 576.59	—	69 775.78
其中：一般准备	—	—	—	—	—
专项准备	79 154.84	22 197.53	31 576.59	—	69 775.78
其他资产减值准备	45 246.36	32 238.00	5 303.59	12 465.00	59 715.77
其中：可供出售金融资产减值准备	26 375.00	31 153.00	5 300.00	12 465.00	39 763.00
持有至到期投资减值准备	—	—	—	—	—
长期股权投资减值准备	—	—	—	—	—
坏账准备	3 546.29	1 085.00	—	—	4 631.29
投资性房地产减值准备	—	—	—	—	—
抵债资产减值准备	400.00	—	—	—	400.00
买入返售金融资产减值准备	14 925.07	—	3.59	—	14 921.48

6.5.1.3 固有业务股票投资、基金投资、债券投资、股权投资等投资业务的期初数、期末数（按照投资品种分类）

单位：万元

项目	自营股票	基金	债券	长期股权投资	其他投资	合计
期初数	7 865.04	22 371.26	6 984.54	182 464.10	208 078.06	427 763.00
期末数	3 298.55	12 012.39	6 284.60	214 932.01	320 077.84	556 605.39

6.5.1.4 按投资入股金额排序，前五名的自营长期股权投资的企业名称、占被投资企业权益的比例、主要经营活动及投资收益情况等

企业名称	占被投资企业权益的比例（%）	主要经营活动	投资收益（万元）
天弘基金管理有限公司	16.80	基金募集、基金销售、资产管理和中国证监会许可的其他业务	44 415.65

6.5.1.5 前五名的自营贷款的企业名称、占贷款总额的比例和还款情况等

企业名称	占贷款总额的比例（%）	还款情况
天士力控股集团有限公司	14.91	合同未到期
国台酒业集团有限公司	14.91	合同未到期
山西普大煤业集团有限公司	14.88	部分归还
天津瑞源集团有限公司	13.96	部分归还
天津海丰畅远科技有限公司	9.94	部分归还

6.5.1.6 担保业务、代理业务(委托业务)

单位:万元

表外业务	期初数	期末数
担保业务	—	60 000
代理业务(委托业务)	—	—
其他	—	—
合计	—	60 000

6.5.1.7 公司当年的收入结构

收入结构	金额(万元)	占比(%)
手续费及佣金收入	44 223.76	45.19
其中:信托手续费收入	44 223.76	45.19
投资银行业务收入	—	—
利息净收入	-5 394.49	-5.51
其他业务收入	876.35	0.90
其中:计入信托业务收入部分	—	—
投资收益	58 084.49	59.36
其中:股权投资收益	45 589.76	46.59
证券投资收益	6 379.18	6.52
其他投资收益	6 115.55	6.25
其他收益	16.00	0.02
营业外收入	46.28	0.04
收入合计	97 852.39	100.00

6.5.2 披露信托财产管理情况

6.5.2.1 信托资产的期初数、期末数

单位:万元

信托财产	期初数	期末数
集合	6 334 306.93	10 687 690.26
单一	4 582 177.99	2 809 102.92
财产权	10 754 108.35	9 414 663.81
其中:集合财产权	143 422.47	137 789.47
单一财产权	10 610 685.88	9 276 874.34
合计	21 670 593.27	22 911 456.99

6.5.2.1.1 主动管理型信托业务的信托资产期初数、期末数,分证券投资类、股权投资类、融资类、事务管理类分别披露

单位:万元

主动管理型信托资产	期初数	期末数
证券投资类	121 198.30	113 363.24
股权投资类	17 005.25	21 003.36
其他投资类	1 620 025.83	6 403 093.62
融资类	9 886 644.70	7 610 162.38
事务管理类	440.04	270.35
合计	11 645 314.12	14 147 892.95

6.5.2.1.2 被动管理型信托业务的信托资产期初数、期末数,分证券投资类、股权投资类、融资类、事务管理类分别披露

单位:万元

被动管理型信托资产	期初数	期末数
证券投资类	—	—
股权投资类	—	—
其他投资类	—	—
融资类	—	—
事务管理类	10 025 279.15	8 763 564.04
合计	10 025 279.15	8 763 564.04

6.5.2.2 本年度已清算结束的信托项目个数、实收信托合计金额、加权平均实际年化收益率

6.5.2.2.1 本年度已清算结束的集合类、单一类资金信托项目和财产管理类信托项目个数、实收信托合计金额、加权平均实际年化收益率

已清算结束的信托项目	项目个数(个)	实收信托合计金额(万元)	加权平均实际年化收益率(%)
集合类	120	3 307 879.37	6.33
单一类	57	3 581 577.25	3.26
财产管理类	47	8 726 915.76	3.88

注:1. 收益率是指信托项目清算后,给受益人赚取的实际收益水平。

2. 加权平均实际年化收益率=(信托项目1的实际年化收益率×信托项目1的实收信托+信托项目2的实际年化收益率×信托项目2的实收信托+…+信托项目n的实际年化收益率×信托项目n的实收信托)/(信托项目1的实收信托+信托项目2的实收信托+…+信托项目n的实收信托)×100%。

6.5.2.2.2 本年度已清算结束的主动管理型信托项目个数、实收信托合计金额、加权平均实际年化信托报酬率、加权平均实际年化收益率,分证券投资类、股权投资类、融资类、事务管理类分别计算并披露

已清算结束的信托项目	项目个数(个)	实收信托合计金额(万元)	加权平均实际年化信托报酬率(%)	加权平均实际年化收益率(%)
证券投资类	3	141 869.37	0.80	6.94
股权投资类	1	17 000.00	2.81	8.23
其他投资类	44	1 929 680.00	0.19	5.86
融资类	80	6 191 780.00	0.31	4.53
事务管理类	8	415.00	—	—

注:加权平均实际年化信托报酬率=(信托项目1的实际年化信托报酬率×信托项目1的实收信托+信托项目2的实际年化信托报酬率×信托项目2的实收信托+…+信托项目n的实际年化信托报酬率×信托项目n的实收信托)/(信托项目1的实收信托+信托项目2的实收信托+…+信托项目n的实收信托)×100%。

6.5.2.2.3 本年度已清算结束的被动管理型信托项目个数、实收信托合计金额、加权平均实际年化信托报酬率、加权平均实际年化收益率,分证券投资类、股权投资类、融资类、事务管理类分别计算并披露

已清算结束的信托项目	项目个数(个)	实收信托合计金额(万元)	加权平均实际年化信托报酬率(%)	加权平均实际年化收益率(%)
证券投资类	—	—	—	—
股权投资类	—	—	—	—

续表

已清算结束的信托项目	项目个数（个）	实收信托合计金额（万元）	加权平均实际年化信托报酬率（%）	加权平均实际年化收益率（%）
其他投资类	—	—	—	—
融资类	—	—	—	—
事务管理类	88	7 335 628.01	0.10	3.54

6.5.2.3　本年度新增的集合类、单一类和财产管理类信托项目个数、实收信托合计金额

新增信托项目	项目个数（个）	实收信托合计金额（万元）
集合类	114	10 239 821.00
单一类	43	1 453 857.79
财产管理类	64	6 840 991.76
新增合计	221	18 534 670.55
其中：主动管理型	142	13 022 433.70
被动管理型	79	5 512 236.85

注：本年新增信托项目指在本报告年度内累计新增的信托项目个数和金额，包含本年度新增并于本年度内结束的项目和本年度新增至报告期末仍在持续管理的信托项目。

6.5.2.4　信托业务创新成果和特色业务有关情况

2020 年，公司认真贯彻落实国家宏观政策和金融监管要求，以推动公司转型与结构调整为契机，不断推进业务创新，主要体现在：

6.5.2.4.1　开展慈善信托，应对新冠肺炎疫情

面对来势汹汹的新冠肺炎疫情，在公司党委的领导下，始终坚定不移贯彻落实党中央、国务院和天津市市委、市政府关于疫情防控各项决策部署，在做好自身防控工作的同时，切实履行金融国企的社会责任。

2020 年 2 月 13 日，公司完成了“天信世嘉·信德众志成城抗击新型肺炎慈善信托”首笔 50 万元资金的拨付，正式设立了第 1 期慈善信托。该慈善信托目的为向从事新型冠状病毒感染的肺炎疫情防控工作的医疗机构、其他组织及个人，包括以资助上述群体为主要目的的慈善组织、慈善信托或慈善项目以及因新型冠状病毒感染的肺炎疫情造成损害的组织或个人提供援助资金。

天津市福老基金会与天津信托共同作为受托人，负责慈善资金的管理、捐助项目的筛选及执行，中国工商银行天津分行为该慈善信托项目提供资金保管服务。天津市民政局和天津市银保监局开辟了绿色通道，第一时间完成了慈善信托的备案工作。后续公司将继续汇聚社会各界爱心力量，积极筹集善款设立系列抗击新冠肺炎慈善信托，为全民众志成城抗击新冠病毒疫情提供高效路径，为抗击新冠病毒疫情贡献力量。

6.5.2.4.2　资产证券化业务不断突破，提高资产流转效率

公司作为资产支持票据受托人，与主承销商、发起机构合作设立多个系列资产支持票据信托业务，在中国银行间市场交易商协会接受注册，探索非标转标准化融资渠道。以委托人所持有的个人消费贷款债权作为基础资产，由公司设立财产权信托作为发行载体，在银行间市场交易商协会面向专项机构投资人和经遴选的特定机构投资人定向发行。2020 年，公司在银行间债券市场累计发行 40 期 ABN 信托计划，规模共计 470 亿元。

6.5.2.4.3　助力精准脱贫，帮扶民生服务

党的十八大以来，以习近平同志为核心的党中央将精准脱贫定位为治国理政的一项重要内容。党的十九大从战略和全局的高度，把脱贫攻坚作为全面建成小康社会决胜期必须坚决打好的三大攻坚战之一。公司秉承“普惠金融、服务社会”的经营理念，以有效践行企业社会责任作为重要经营目标之一，积极践行企业社会责任，助力精准扶贫事业发展。同时，为探索合理运用信托这一金融工具推动扶贫事业持续健康发展的新路径，公司将扶贫工作与慈善信托创新业务发展紧密结合起来，致力于在实践中推动以慈善信托促进精准扶贫这一创新路径走向制度化、规模化。

为更好地支持公司帮扶村建设，加大对帮扶村资金扶持力度，推进帮扶项目顺利开展，公司成立天信世嘉·信德精准帮扶 07 期、08 期、09 期、10 期、11 期、12 期慈善信托计划、天信世嘉·信德美丽乡村建设 01 期慈善信托计划，共计 170 万元，向公司对口帮扶的天津市静海区中旺镇东小屯村、西小屯村及天津市静海区唐官屯镇亚家庄捐赠帮扶资金，投资捐助对口帮扶村基础设施建设、教学设施建设、环保事业、农业科学技术、困难群体帮扶、有利于村民福祉提高的集体经济发展等，通过助学、助困、救急以及改善帮扶村农民生产生活条件，壮大村集体经济，建设美丽乡村、平安村庄。

6.5.2.5　本公司履行受托人义务情况

本公司作为受托人，严格遵守信托法规的规定和信托协议（合同）的约定，尽职尽责履行受托人职责和义务，为委托人管理好各项信托财产，精心组织信托财产的运作；依照信托法规和信托协议（合同）约定，定期出具信托财产的管理报告；信托协议（合同）终止时，及时办理信托事务清算事宜，按信托协议（合同）的约定，按期及时向受益人支付信托受益并在信托协议（合同）终止时及时按约定向委托人（受益人）支付信托财产（本金）；按信托法规和信托协议（合同）的约定收取受托人报酬（手续费），本年度没有发生违反受托人职责和义务的情况，没有出现信托协议（合同）到期由于受托人的责任不支付信托财产和受益人收益的情况。受托人按信托法规和信托协议（合同）管理、运用信托财产，管理和分配信托收益，以及收取手续费（受托人报酬）时，没有出现侵占委托人和受益人合法权益的情况。

6.5.2.6　信托赔偿准备金的提取、使用和管理情况

信托赔偿准备金的提取情况表

单位：万元

项目	期初数	本年增加	本年减少	期末数
信托赔偿准备金	29 615.75	2 524.27	—	32 140.02

6.6　关联方关系及其交易的披露

6.6.1　关联交易方的数量、关联交易的总金额及管理交易的定价政策等

单位：万元

项目	关联交易数量	关联交易金额	定价政策
合计	—	—	—

6.6.2 关联方交易与本公司的关系性质、关联交易方名称、法定代表人、注册地址、注册资本及主营业务等

关系性质	关联方名称	法定代表人	注册地址	注册资本（万元）	主营业务
—	—	—	—	—	—

6.6.3 逐笔披露本公司与关联方的重大交易事项

6.6.3.1 固有财产与关联方：贷款、投资、租赁、应收账款、担保、其他方式等期初汇总数、本期发生额汇总数、期末汇总数

单位：万元

固有财产与关联方关联交易				
项目	期初数	借方发生额	贷方发生额	期末数
贷款	—	—	—	—
投资	—	—	—	—
租赁	—	—	—	—
担保	—	—	—	—
应收账款	—	—	—	—
其他	—	—	—	—
合计	—	—	—	—

6.6.3.2 信托资产与关联方：贷款、投资、租赁、应收账款、担保、其他方式等期初汇总数、本期发生额汇总数、期末汇总数

单位：万元

信托资产与关联方关联交易				
项目	期初数	借方发生额	贷方发生额	期末数
贷款	—	—	—	—
投资	—	—	—	—
租赁	—	—	—	—
担保	—	—	—	—
应收账款	—	—	—	—
其他	—	—	—	—
合计	—	—	—	—

6.6.3.3 信托公司自有资金运用于自己管理的信托项目（固信交易）、信托公司管理的信托项目之间的相互（信信交易）交易金额，包括余额和本报告年度的发生额

6.6.3.3.1 固有财产与信托财产之间的交易金额期初汇总数、本期发生额汇总数、期末汇总数

单位：万元

固有财产与信托财产相互交易			
项目	期初数	本期发生额	期末数
合计	—	232.85	232.85

6.6.3.3.2 信托项目之间的交易金额期初汇总数、本期发生额汇总数、期末汇总数

单位：万元

信托财产与信托财产相互交易			
项目	期初数	本期发生额	期末数
合计	—	5080	5080

6.6.4 逐笔披露关联方逾期未偿还本公司资金的详细情况及本公司为关联方担保发生或即将发生垫款的详细情况

公司本年度未出现关联方逾期未偿还本公司资金的情况，未出现本公司为关联方担保的情况。

6.7 会计制度的披露

本公司固有业务从2008年1月1日起、信托业务从2010年1月1日起按照财政部颁布的《企业会计准则——基本准则》和其他各项会计准则的规定对固有业务及信托业务进行确认和计量，在此基础上编制财务报表。

6.8 净资本管理情况

根据《信托公司净资本管理办法》和2011年2月下发的净资本具体计算标准，2020年末公司的净资产为62.23亿元，净资本为43.95亿元（监管标准≥2亿元），各项风险资本之和为29.34亿元，净资本／各项业务风险资本为149.79%（监管标准≥100%），净资本／净资产为70.63%（监管标准为≥40%），净资本各项指标达到规定标准。

7. 财务情况说明书

7.1 利润实现和分配情况

2020年，公司实现各项收入97 852.39万元，比上年增加13 574.41万元，增长16.11%；税前利润为52 469.44万元，比上年减少11 481.54万元，下降17.95%；净利润为50 485.49万元，比上年减少7 329.61万元，下降12.68%。按照相关法规、公司章程，本年净提取法定盈余公积金5 048.55万元和信托赔偿准备金2 524.27万元。

7.2 主要财务指标

2020年主要财务指标情况表

指标名称	指标值
资本利润率（%）	8.45
加权年化信托报酬率（%）	0.20
人均净利润（万元）	305.97

注：全年在岗职工平均人数为165人。

7.3 对本公司财务状况、经营成果有重大影响的其他事项

无。

8. 特别事项揭示

8.1 公司股东股权变动情况

2020年8月19日，根据中国银保监会关于天津信托有限责任公司变更股权的批复（银保监复〔2020〕526号）。批准上海上实（集团）有限公司受让天津海泰控股集团有限公司所持有的公司51.58%股权和天津市泰达国际控股（集团）有限公司所持有的公司26%股权。本次股权变更后，天津海泰控股集团有限公司不再持有公司股权。上海上实（集团）有限公司持有公司股权比例为77.58%（对应注册资本为1 318 792 184.07元），成为公司控股股

东。天津市泰达国际控股(集团)有限公司持有公司股权比例由原42.11%下降到16.11%(对应注册资本为273 839 215.92元)。

截至2020年8月21日,公司已按有关法律法规完成了公司章程变更和工商登记变更等事项。

8.2 董事、监事及高级管理人员变动情况及原因

天津信托有限责任公司股东会2020年第九次临时会议(2020年11月24日召开现场会议)审议了《关于审议天津信托有限责任公司第九届董事会提名董事人选及第八届董事会董事退出的议案》,经审议决定,同意天津信托有限责任公司第八届董事会成员王威继续留任。赵毅、李林、王雪利、苏欣、弓劲梅、刁锋不再担任公司董事,其董事履职待公司第九届董事会正式履职后自动解除。截至2021年3月30日,周雄、周予鼎、姜杰、钟涛、蒋明康、陈伟明、凌亮等7人已经先后取得监管部门董事任职资格核准,正式开始履职。

天津信托有限责任公司股东会2020年第九次临时会议(2020年11月24日召开现场会议)审议了《关于审议天津信托有限责任公司第九届监事会提名监事人选及第八届监事会监事退出的议案》。陈杰、于沧、丁粤军不再担任公司监事。同意舒东、刘响东、杨雪屏等3人为第九届监事会成员。

天津信托有限责任公司股东会2021年第一次临时会议通讯方式审议了《关于审议调整天津信托有限责任公司第九届监事会监事人选的议案》,同意杨雪屏不再担任公司监事,胡俊强担任公司监事。

天津信托有限责任公司第九届董事会第一次会议(2021年3月31日召开现场会议)审议通过了《关于同意选举周雄董事任天津信托有限责任公司第九届董事会董事长(法定代表人)的决议》,周雄董事长的任职资格正待监管部门核准过程中。

天津信托有限责任公司第九届董事会第一次会议(2021年3月31日召开现场会议)审议通过了《关于同意周雄董事代为履职天津信托有限责任公司董事长的决议》和《关于同意副总经理王辉代为履职天津信托有限责任公司总经理的决议》,代为履职期限最长均不超过6个月。

天津信托有限责任公司第九届董事会第二次会议(2021年3月31日召开现场会议)审议通过了《关于同意聘任天津信托有限责任公司副总经理及其他高级管理人员的决议》。

除此之外,公司董事、监事及高级管理人员未有变动。

8.3 本年度,公司注册资本、注册地、公司名称、公司分立合并事项

公司注册资本、注册地、公司分立合并事项无变更。

8.4 公司的重大诉讼事项

截至报告期末,公司未发生对经营活动产生重大影响的诉讼、仲裁事项。

8.5 本年度,公司及其董事、监事和高级管理人员受到处罚情况

2020年末,天津银保监局对公司一名高级管理人员未经核准提前履职事项作出行政处罚,罚款金额为20万元,该高级管理人员的任职资格已于2019年获批,公司已整改完毕,该起事件对公司经营没有造成影响。

8.6 中国银保监会派出机构风险检查情况

2020年4月,天津银保监局组织召开了公司2019年度监管会议,对公司2019年经营管理成效进行了评价,认为公司自营资产稳步增长、信托业务结构有所调整、转型创新成效初显、混改工作持续推进等,同时对公司提出了进一步完善法人治理、内控制度等监管意见和要求。

8.7 重大事项临时报告

2020年8月24日,公司通过《证券时报》发布了天津信托有限责任公司关于股权变更的公告,公告具体内容如下:

根据中国银保监会关于天津信托有限责任公司变更股权的批复(银保监复〔2020〕526号)。批准上海上实(集团)有限公司受让天津海泰控股集团有限公司所持有的公司51.58%股权和天津市泰达国际控股(集团)有限公司所持有的公司26%股权。本次股权变更后,天津海泰控股集团有限公司不再持有公司股权。上海上实(集团)有限公司持有公司股权比例为77.58%(对应注册资本为1 318 792 184.07元),成为公司控股股东。天津市泰达国际控股(集团)有限公司持有公司股权比例由原42.11%下降到16.11%(对应注册资本为273 839 215.92元)。

截至2020年8月21日,公司已按有关法律法规完成了公司章程变更和工商登记变更等事项。

9. 公司监事会意见

9.1 公司依法运作情况

通过检查监督,监事会认为,公司建立了较为完善的公司法人治理结构,进一步加强了内部控制制度建设和风险管理,强化了内部管理和审计制度。公司决策事项程序合法,公司董事、经理和其他高级管理人员,能够按照《中华人民共和国公司法》、"信托一法三规"、公司章程等有关法律、法规及监管部门的要求,认真履行相关职责,勤勉工作,积极维护股东利益、公司利益和客户利益。

9.2 关于公司财务报告

依据中审华会计师事务所(特殊普通合伙)出具的审计报告和公司的财务报表,监事会认真检查和审核了公司财务状况和经营成果,认为公司本年度财务报告是客观、公允的。

万向信托股份公司

1. 重要提示

1.1 本公司董事会及董事保证本报告所载资料不存在任何虚假记载、误导性陈述或者重大遗漏，并对其内容的真实性、准确性和完整性承担个别及连带责任。本年度报告摘要摘自年度报告全文，客户及相关利益人欲了解详细内容，应阅读年度报告全文。

1.2 本公司独立董事成保良、刁维仁、汪炜、姚铮、钟鸿钧认为：公司年报所记载的资料没有存在任何的虚假记载，也没有任何误导性陈述和重大遗漏，本报告的内容真实、准确、完整。

1.3 本公司董事长肖风先生、公司总裁王永刚先生、财务负责人黄鹏先生声明：保证年度报告中财务报告的真实、完整。

2. 公司概况

2.1 公司简介

2.1.1 法定中文名称：万向信托股份公司（缩写：万向信托）

法定英文名称：Wanxiang Trust Co. ,Ltd.

2.1.2 法定代表人：肖风

2.1.3 注册地址：浙江省杭州市下城区体育场路 429 号天和大厦 4—6 层及 9—17 层

邮政编码：310006

2.1.4 国际互联网网址：www. wxtrust. com

电子信箱：wxtrust@ wxtrust. com

2.1.5 信息披露事务联系人姓名：陆炯

信息披露事务联系人电子信箱：jlu@ wxtrust. com

信息披露事务联系人办公电话：0571-85807978

信息披露事务联系人办公传真：0571-85179809

2.1.6 选定的信息披露报纸名称：《证券时报》

2.1.7 年度报告备置地点：杭州市体育场路 429 号天和大厦 16 层

2.1.8 聘请的会计师事务所名称：大华会计师事务所（特殊普通合伙）

聘请的会计师事务所住所：杭州市江干区钱潮路 636 号万邦大楼二幢

2.2 组织结构

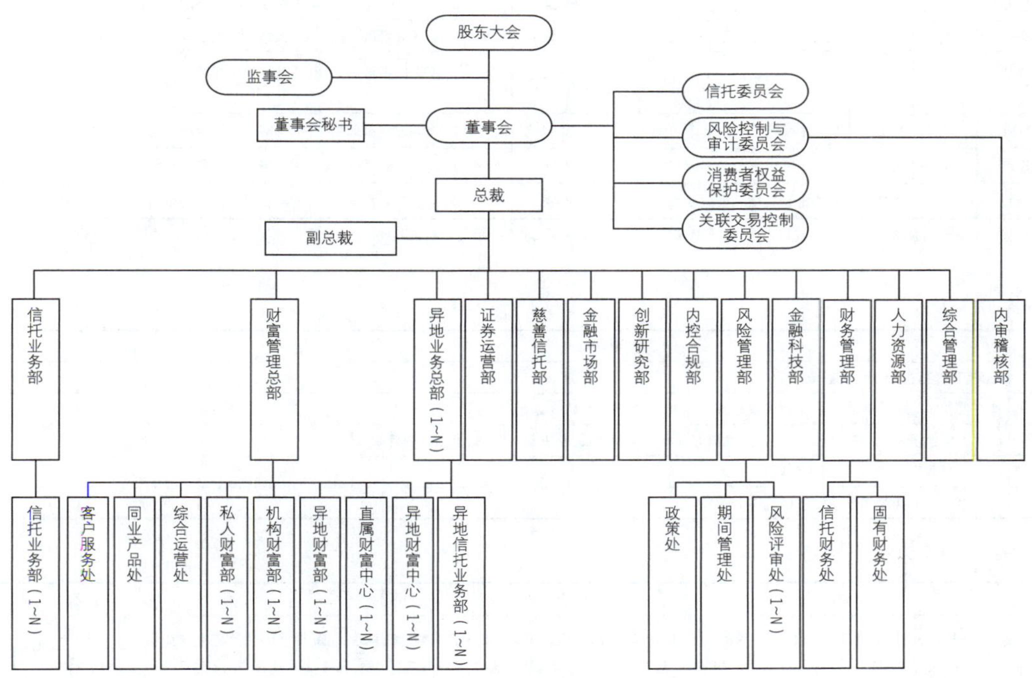

3. 公司治理

3.1 股东

股东名称	持股比例（%）	法定代表人	注册资本（万元）	注册地址	主要经营业务
中国万向控股有限公司★	76.50	鲁伟鼎	120 000.00	中国（上海）自由贸易试验区陆家嘴西路99号万向大厦	实业投资，投资管理，物业管理，金融专业技术领域内的技术咨询、技术开发等。
浙江烟草投资管理有限责任公司	14.49	潘昵琥	440 714.68	杭州市上城区解放路108号杭州中维香溢大酒店619室	投资管理、实业投资、酒店管理、经营进出口业务。
北京中邮资产管理有限公司	3.97	龚启华	504 188.05	北京市西城区金融大街3号，甲3号13层甲3－1301	投资管理、资产管理、销售五金交电等。
巨化集团有限公司	2.86	胡仲明	470 670.00	杭州市江干区泛海国际中心2幢2001室	化肥、化工原料及产品、化学纤维、医药原料等。
浙江省金融控股有限公司	2.18	章启诚	1 200 000.00	杭州市下城区环城北路165号汇金国际大厦东1幢16层1601室	金融类股权投资、政府性股权投资基金管理与资产管理业务。

注：1. ★代表本公司实际控制人；本公司股东之间不存在关联关系。股东不存在转让、质押公司股权的行为。
2. 中国万向控股有限公司于2021年1月注册资本由12亿元变更为30亿元。
3. 浙江烟草投资管理有限责任公司于2021年2月法定代表人由潘昵琥变更为邵作民。
4. 巨化集团有限公司于2021年2月法定代表人由胡仲明变更为周黎旸。

3.2 董事、董事会及其下属委员会

董事

姓名	职务	性别	年龄（岁）	所推举的股东名称	该股东持股比例（%）	简要履历
肖 风	董事长	男	60	中国万向控股有限公司	76.50	南开大学世界经济学博士，中国万向控股有限公司副董事长兼执行董事。
傅志芳	董事	男	56	中国万向控股有限公司	76.50	中欧国际工商学院硕士，万向财务有限公司执行董事，万向集团公司财务部总经理，万向三农集团有限公司财务和资源部总经理。
徐初斌	董事	男	44	中国万向控股有限公司	76.50	同济大学应用数学硕士，民生人寿保险股份有限公司执行委员、董事会秘书、总精算师。
葛 旋	董事	男	49	中国万向控股有限公司	76.50	长江商学院高级管理人员工商管理硕士，民生通惠资产管理有限公司总经理、董事。
潘昵琥	董事	男	59	浙江烟草投资管理有限责任公司	14.49	河南师范大学化学系学士，浙江烟草投资管理有限责任公司、浙江香溢控股有限公司调研员。
杨嘉树	董事	男	53	北京中邮资产管理有限公司	3.97	上海财经大学工商管理硕士，中国邮政集团有限公司浙江省分公司党组成员、副总经理。
唐顺良	董事	男	44	巨化集团有限公司	2.86	上海财经大学金融学硕士，巨化控股有限公司副总经理。
王 建	董事	男	40	浙江省金融控股有限公司	2.18	南京邮电大学企业管理硕士，浙江省金融控股有限公司金融管理部总经理。

注：经万向信托股份公司第一届董事会第七次会议审议通过，选举朱杭为董事候选人，王建不再担任公司董事，公司将依照《中华人民共和国公司法》和公司章程的规定履行董事变更程序。

独立董事

姓 名	简要履历	性别	年龄（岁）
成保良	万置资本管理有限公司董事长	男	60
刁维仁	曾任群益国际控股有限公司上海代表处首席代表，上海市台商协会副秘书长	男	67
汪 炜	浙江大学经济学院教授，浙江省金融业发展促进会常务副会长、秘书长，浙江省金融研究院院长	男	54
姚 铮	浙江大学管理学院教授、博士生导师	男	64
钟鸿钧	上海财经大学商学院数字经济研究中心主任	男	49

董事会下属专门委员会

名称	职责	成员	职务
风险控制与审计委员会	确定公司风险管理的总体目标、风险偏好、风险承受度、风险管理策略和重大风险管理解决方案；评估公司关联交易业务风险；监督公司信托业务和自营业务的风险控制及管理；监督公司信息披露的真实、准确、完整和合规性；提出完善公司风险管理和内部控制及内部审计实施的建议等。	刁维仁	主任委员
		杨嘉树	委员
		徐初斌	委员

续表

名称	职责	成员	职务
信托委员会	组织制订公司信托业务发展规划;定期评估公司信托业务运行情况;研究并提出具体措施落实监管部门提出的整改要求 当公司或股东利益与受益人利益发生冲突时,研究并提出维护受益人权益的具体措施等。	成保良	主任委员
		潘昵琥	委员
		葛　旋	委员
消费者权益保护委员会	负责将消费者权益保护纳入企业文化、公司治理和经营发展战略中,监督高级管理层落实消费者权益保护工作发展战略规划;监督、评估公司消费者权益保护工作及高级管理层相关履职情况;研究并提出维护受益人权益的具体措施等。	徐初斌	主任委员
		王　建	委员
		成保良	委员
关联交易控制委员会	统筹管理关联交易决策权限和程序,建立关联交易内控机制;指导落实关联交易穿透识别审查要求,建立有效的关联交易风险控制机制;统筹管理关联交易信息披露工作;就关联交易的合规性、公允性及是否损害公司、公司股东和受益人的利益发表书面意见等。	钟鸿钧	主任委员
		傅志芳	委员
		唐顺良	委员

3.3　监事、监事会及其下属委员会

监事

姓名	职务	性别	年龄(岁)	选任日期	所推举的股东名称	该股东持股比例(%)	简要履历
鲁伟鼎	监事长	男	50	2018 年 5 月	中国万向控股有限公司	76.50	万向集团公司党委书记、董事长、CEO,中国万向控股有限公司董事长
方泽亮	监事	男	53	2020 年 5 月	浙江烟草投资管理有限责任公司	14.49	浙江省烟草专卖局(公司)审计处副处长(主持工作)
李元龙	职工监事	男	41	2020 年 4 月	—	—	万向信托股份公司创新研究部总经理兼慈善信托部总经理

注:公司监事会没有下属委员。

3.4　高级管理人员

姓名	职务	性别	年龄(岁)	学历	任职日期	专业	金融从业年限(年)
王永刚	总裁	男	56	硕士	2017 年 10 月 23 日	工商管理	33
余勇文	副总裁 董事会秘书	男	49	硕士	2017 年 6 月 7 日 2018 年 8 月 31 日	工商管理	27
王　波	副总裁	男	48	硕士	2018 年 7 月 12 日	投资经济、工商管理	22
斯伟波	副总裁	男	48	本科	2017 年 6 月 13 日	银行货币学	27

3.5　公司员工

项　目		报告期年度		上年度	
		人数(人)	比例(%)	人数(人)	比例(%)
年龄分布	30 岁以下	66	17.70	114	28.01
	30~39 岁	256	68.63	242	59.46
	40 岁以上	51	13.67	51	12.53
性别分布	男	186	49.87	205	50.37
	女	187	50.13	202	49.63
学历分布	博士	4	1.07	4	0.98
	硕士	175	46.92	192	47.17
	本科	182	48.79	196	48.16
	专科	12	3.22	15	3.69
岗位分布	董事、监事及其他高级管理人员	5	1.34	5	1.23
	信托业务人员	222	59.52	248	60.93
	其他人员	146	39.14	154	37.84
合计		373	100	407	100

注:"董事、监事及其他高级管理人员"不含未在公司就职的董事和监事。

4.　经营概况

4.1　经营目标、经营方针、战略规划

4.1.1　经营目标

以"信托即责任"为理念,以"受益人利益最大化"为宗旨,成为中国最受信任的财富管理机构。

4.1.2　经营方针

以客户需求为导向,进一步丰富产品结构,完善管理架构,加强风险管理,提升运营效率,为受益人提供最优质的服务。

4.1.3　战略规划

公司主要经营指标达到行业前位水平,成长为中国优秀信托公司。

加强党的领导和党的建设,把党的领导融入公司治理各环节,推进党建与公司治理有机融合。

秉承万向"讲真话、干实事"的企业精神,贯彻落实"守正、忠实、专业"的信托业文化建设要求,建立风清气正的企业文化,围绕"守正创新、特色优先、服务至上、人才为本"的十六字方针,将文化建设与发展战略、经营管理、品牌塑造相结合。

巩固财富在业务转型中的引领作用,构建客户分群及产品分层体系,发挥金融科技能力,提升客户服务水准。

优化业务结构,建设投资能力,加强金融机构间合作。压缩通道业务,探索服务信托。发展慈善信托,成为国内领先的慈善信托机构。

建立健全新形势下的风险防控措施,通过量化管理提升风险控制能力。培养战略转型所需人才,建立与转型相适应的员工激励机制。

4.2 所经营业务的主要内容

4.2.1 信托业务

报告期末，公司信托资产运用与分布如下：

信托资产运用与分布表

资产运用	金额（万元）	占比（%）	资产分布	金额（万元）	占比（%）
货币资产	179 886.60	1.67	基础产业	1 173 051.83	10.92
贷款及应收款	7 329 181.57	68.24	房地产业	6 239 995.48	58.10
交易性金融资产	—	—	证券市场	167 430.82	1.56
买入返售金融资产	165 100.22	1.54	工商企业	1 607 210.02	14.96
可供出售金融资产	320 963.50	2.99	金融机构	1 152 520.69	10.73
持有至到期投资	1 391 393.15	12.95	其他	400 362.28	3.73
长期股权投资	1 147 340.27	10.68			
其他	206 705.81	1.93			
资产总计	10 740 571.12	100.00	资产总计	10 740 571.12	100.00

4.2.2 自营业务

报告期末，公司自营资产运用与分布如下：

自营资产运用与分布表

资产运用	金额（万元）	占比（%）	资产分布	金额（万元）	占比（%）
货币资产	36 206.36	9.36	基础产业	42 460.74	10.98
贷款及应收款	16 007.25	4.14	房地产业	112 542.34	29.09
交易性金融资产	21 736.34	5.62	证券市场	41 391.64	10.70
可供出售金融资产	270 436.67	69.90	工商企业	78 643.49	20.33
其他	42 494.46	10.98	金融机构	75 455.24	19.50
			其他	36 387.62	9.41
资产总计	386 881.08	100.00	资产总计	386 881.08	100.00

4.3 市场分析

随着全球各国复工复产稳步推进，世界经济有望迎来逐步复苏。面对新冠肺炎疫情冲击带来的巨大挑战，中国疫情防控工作取得重大成果，经济实现较快的恢复性增长。2021 年是“十四五”开局之年，也是开启全面建设社会主义现代化国家新征程的起步之年，在加快构建以国内大循环为主体、国内国际双循环相互促进的新发展格局背景下，中国经济将延续稳健复苏态势，由结构性复苏向全面复苏转换，经济增长的内生动力逐步增强。

4.3.1 有利因素

金融风险攻坚战取得重要阶段性成果，强监管的良好氛围基本形成，为金融机构构建了良好健康的发展环境。在金融改革取得新进展的背景下，金融开放水平得到进一步提升，要素循环得以畅通，市场活力得到激发。随着金融市场产品服务创新，国民经济转型升级，人民财富不断积累，人民对美好生活的需求进一步加强，家族信托、慈善信托、服务信托业务前景广阔。

4.3.2 不利因素

中美竞合博弈更趋激烈，地缘政治博弈不止，外围环境受到频繁扰动。国内宏观杠杆率有所上升，资产易受到货币环境影响，未来将具有较大不稳定性。

4.4 内部控制

内部控制目标是保证公司经营管理合法合规、资产安全、财务报告及相关信息真实完整，提升经营水平，提高经营质效。

公司依据监管法规和公司发展战略的要求，以加强合规管理、风险管理和提高工作效率为目标，于报告期内对公司层面的制度进行梳理、改造和优化，进一步完善公司制度库，为公司规范运营和管理工作提供保障。公司坚持“受益人合法利益最大化”的宗旨和“信托即责任”的使命，遵循全覆盖、制衡性、审慎性及相匹配原则，积极创造良好的内部环境。在公司法人治理、组织机构设置、内部审计监督、人力资源政策、内部控制文化等方面不断完善，以保证内部控制的有效实施。

公司已建立由股东大会、董事会、监事会和高级管理层组成的公司治理结构，完善分层授权体系，形成了权力机构、决策机构、监督机构基础上管理层之间分工配合、各司其职、协调运作、相互制衡的内控运行机制，从而确保对各类风险的事前防范、事中控制、事后监督得到有效执行，为公司发展提供良好的内部控制环境。

公司董事会下设风险控制与审计委员会，主要负责确定公司风险管理的总体目标、风险偏好、风险承受度、风险管理策略和重大风险管理解决方案；评估公司关联交易业务风险；监督公司信托业务和固有业务的风险控制及管理；监督公司信息披露的真实、准确、完整和合规性；提出完善公司风险管理和内部控制及内部审计实施的建议等。

公司组织架构及前台、中台、后台的设置科学合理，岗位职责清晰，分工明确，相互制衡。严格按照信托业务与固有业务隔离要求，把业务体系、财务体系进行了有效分离。公司设置一级部门内控合规部作为内控管理职能部门，牵头内部控制体系的统筹规划、组织落实和检查评估。报告期内，为进一步促进公司建立和健全内部控制，制定了《内部控制制度（试行）》，为公司内部控制工作提供了基本规范；开辟了“内控合规园地”板块，集中展示内控合规相关基本制度、风险案例、法律法规汇编及解读等内控宣贯材料。

公司继续落实可持续发展的人力资源政策，定期进行岗位调研评估，并根据相关法律法规，进行合理的架构和岗位设定。公司结合战略目标制定与之配套的激励约束机制，主要体现在薪酬管理、绩效管理、高级管理人员内部问责制度、员工责任承担办法、关键岗位离任审计、内部流动机制、定期轮岗与强制休假、履职回避、奖惩管理、培训管理等多方面。在员工考核管理方面，依据内部制度，结合任职要求实施考核，同时通过严格的目标责任书年度考核，明确公司各部门及高级管理人员权、责、利，促成公司战略目标的实现。

公司高度重视合规文化建设，倡导诚信为本、稳健经营的价值观念，对员工行为进行全面规范，将诚实守信的经营理念融入日常经营过程。公司通过合规教育培训、资格认证考试、建立绩效约束机制等方式加强合规尽责文化建设，落实各部门和关键岗位职责分工和合规管理责任，健全和完善高管审核、管理层持续监督、内部控制日常监督、内部审计事后监督的多层次监控体系，明确各岗位应尽职责，全面落实公司的核心价值观，建立、培养良好的合规文化氛围。为加强合规风险教育，增强全员合规意识，报告期内还新制定了《合规指南（试行）》。

4.5 风险管理

公司注重对各类风险管理机制的完善，建立全面风险管理体系覆盖各类风险，包括信用风险、市场风险、操作风险、流动性风险、法律风险、声誉风险、信息科技风险、业务连续性等各类风险。

报告期内，公司牢固确立风险管理的战略核心地位，在公司各项经营管理和业务活动中贯彻和坚持风控优先的战略思想。在经营管理上，始终将"严控风险"作为稳健发展的重要保障，制定出台一系列标准化的风险管理制度与审批标准，定期开展系统性风险制度与业务指引修订更新，积极对员工进行风险文化教育和职业技能培训，将风险管理涵盖到公司经营管理的各个环节和岗位。在业务活动中，公司在项目准入、尽职调查、风险审查、决策会审议、法律合规审核、核保核签、放款审核、期间管理等节点严格把控，将风险管理落实到每一具体业务环节。公司不断加强风控信息化建设，开发完善各项风险管理系统，强化信息采集、分析能力，同时充分发挥信息科技委员会的作用，进一步提升信息科技管理水平，提高管理效率，为公司业务稳健发展提供了坚实有力的保障。

5. 报告期末及上一年度末的比较式会计报表

5.1 自营资产

5.1.1 会计师事务所审计结论

审计报告

大华审字〔2021〕050278 号

万向信托股份公司：

一、审计意见

我们审计了后附的万向信托股份公司(以下简称万向信托公司)财务报表，包括 2020 年 12 月 31 日的资产负债表，2020 年度的利润表、现金流量表、所有者权益变动表，以及相关财务报表附注。

我们认为，后附的财务报表在所有重大方面按照企业会计准则的规定编制，公允反映了万向信托公司 2020 年 12 月 31 日的财务状况及 2020 年度的经营成果和现金流量。

二、形成审计意见的基础

我们按照中国注册会计师审计准则的规定执行了审计工作。审计报告的"注册会计师对财务报表审计的责任"部分进一步阐述了我们在这些准则下的责任。按照中国注册会计师职业道德守则，我们独立于万向信托公司，并履行了职业道德方面的其他责任。我们相信，我们获取的审计证据是充分的、适当的，为发表审计意见提供了基础。

三、管理层和治理层对财务报表的责任

万向信托公司管理层(以下简称管理层)负责按照企业会计准则的规定编制财务报表，使其实现公允反映，并设计、执行和维护必要的内部控制，以使财务报表不存在由于舞弊或错误导致的重大错报。

在编制财务报表时，管理层负责评估贵公司的持续经营能力，披露与持续经营相关的事项(如适用)，并运用持续经营假设，除非管理层计划清算贵公司、终止运营或别无其他现实的选择。

治理层负责监督万向信托公司的财务报告过程。

四、注册会计师对财务报表审计的责任

我们的目标是对财务报表整体是否不存在由于舞弊或错误导致的重大错报获取合理保证，并出具包含审计意见的审计报告。合理保证是高水平的保证，但并不能保证按照审计准则执行的审计在某一重大错报存在时总能发现。错报可能由于舞弊或错误导致，如果合理预期错报单独或汇总起来可能影响财务报表使用者依据财务报表作出的经济决策，则通常认为错报是重大的。

在按照审计准则执行审计工作的过程中，我们运用职业判断，并保持职业怀疑。同时，我们也执行以下工作：

(1)识别和评估由于舞弊或错误导致的财务报表重大错报风险，设计和实施审计程序以应对这些风险，并获取充分、适当的审计证据，作为发表审计意见的基础。由于舞弊可能涉及串通、伪造、故意遗漏、虚假陈述或凌驾于内部控制之上，未能发现由于舞弊导致的重大错报的风险高于未能发现由于错误导致的重大错报的风险。

(2)了解与审计相关的内部控制，以设计恰当的审计程序，但目的并非对内部控制的有效性发表意见。

(3)评价管理层选用会计政策的恰当性和作出会计估计及相关披露的合理性。

(4)对管理层使用持续经营假设的恰当性得出结论。同时，根据获取的审计证据，就可能导致对贵公司持续经营能力产生重大疑虑的事项或情况是否存在重大不确定性得出结论。如果我们得出结论认为存在重大不确定性，审计准则要求我们在审计报告中提请报表使用者注意财务报表中的相关披露；如果披露不充分，我们应当发表非无保留意见。我们的结论基于截至审计报告日可获得的信息。然而，未来的事项或情况可能导致万向信托公司不能持续经营。

(5)评价财务报表的总体列报、结构和内容，并评价财务报表是否公允反映相关交易和事项。

我们与治理层就计划的审计范围、时间安排和重大审计发现等事项进行沟通，包括沟通我们在审计中识别出的值得关注的内部控制缺陷。

大华会计师事务所(特殊普通合伙)

中国·杭州

中国注册会计师：胡超

中国注册会计师：吴美芬

二〇二一年三月三十日

5.1.2 资产负债表

资产负债表

编制单位：万向信托股份公司　　2020 年 12 月 31 日　　单位：元

资产	期末余额	年初余额	负债和所有者权益(或股东权益)	期末余额	年初余额
资产：			负债：		
现金及存放中央银行款项	—	—	向中央银行借款	—	—

续表

资产	期末余额	年初余额	负债和所有者权益（或股东权益）	期末余额	年初余额
贵金属	—	—	联行存放款项	—	—
存放联行款项	—	—	同业及其他金融机构存放款项	—	—
存放同业款项	362 063 555. 55	690 041 704. 66	拆入资金	—	150 000 000. 00
拆出资金	—	—	以公允价值计量且其变动计入当期损益的金融负债	—	—
以公允价值计量且其变动计入当期损益的金融资产	217 363 381. 47	—	衍生金融负债	—	—
衍生金融资产	—	—	卖出回购金融资产款	—	—
买入返售金融资产	—	—	吸收存款	—	—
持有待售资产	—	—	应付职工薪酬	285 356 009. 12	255 387 872. 09
应收款项类金融资产	—	—	应交税费	457 608 335. 07	320 882 250. 98
应收利息	—	—	应付利息	—	1 258 750. 00
其他应收款	160 072 548. 11	441 821 803. 31	持有待售负债	—	—
发放贷款和垫款	—	—	其他应付款	8 409 551. 46	2 524 440. 89
可供出售金融资产	2 704 366 658. 45	3 000 699 929. 37	预计负债	—	—
持有至到期投资	—	—	应付债券	—	—
长期股权投资	—	—	递延收益	—	—
投资性房地产	—	—	递延所得税负债	4 279 582. 34	—
固定资产	9 976 847. 28	9 614 044. 35	其他负债	—	2 793 986. 63
在建工程	—	—	负债合计	755 653 477. 99	732 847 300. 59
无形资产	7 145 243. 37	3 333 047. 52	所有者权益（或股东权益）:	—	—
商誉	—	—	实收资本（或股本）	1 339 000 000. 00	1 339 000 000. 00
长期待摊费用	15 093 648. 32	18 383 834. 05	其他权益工具	—	—
抵债资产	—	—	其中:优先股	—	—
递延所得税资产	164 691 384. 84	34 317 742. 21	永续债	—	—
其他资产	228 037 507. 06	171 790 949. 67	资本公积	691 334 772. 77	691 334 772. 77
			减:库存股	—	—
			其他综合收益	—	—
			盈余公积	241 288 954. 27	175 687 046. 12
			一般风险准备	190 355 372. 91	157 554 418. 83
			未分配利润	651 178 196. 51	1 273 579 516. 83
			所有者权益（或股东权益）合计	3 113 157 296. 46	3 637 155 754. 55
资产总计	3 868 810 774. 45	4 370 003 055. 14	负债和所有者权益（或股东权益）总计	3 868 810 774. 45	4 370 003 055. 14

5.1.3 利润表

利润表

编制单位:万向信托股份公司　　2020 年度　　单位:元

项　目	本期金额	上期金额	项　目	本期金额	上期金额
一、营业收入	1 567 123 739. 54	1 414 510 331. 20	减:营业外支出	496 240. 57	37 216. 60
（一）利息净收入	10 661 324. 47	3 405 520. 06	四、利润总额（亏损总额以“-”号填列）	838 322 516. 35	950 542 372. 50
利息收入	11 635 074. 47	23 910 992. 28	减:所得税费用	182 303 434. 81	252 234 164. 03
利息支出	973 750. 00	20 505 472. 22	五、净利润（净亏损以“-”号填列）	656 019 081. 54	698 308 208. 47
（二）手续费及佣金净收入	1 386 759 299. 28	1 279 419 034. 71	（一）持续经营净利润（净亏损以“-”号填列）	656 019 081. 54	698 308 208. 47
手续费及佣金收入	1 387 188 333. 60	1 279 836 823. 81	（二）终止经营净利润（净亏损以“-”号填列）	—	—
手续费及佣金支出	429 034. 32	417 789. 10	六、其他综合收益的税后净额	—	—
（三）投资收益（损失以“-”号填列）	147 072 832. 24	128 411 101. 27	（一）不能重分类进损益的其他综合收益	—	—
其中:对联营企业和合营企业的投资收益	—	—	1. 重新计量设定受益计划变动额	—	—
（四）公允价值变动收益（损失以“-”号填列）	17 118 329. 35	—	2. 权益法下不能转损益的其他综合收益	—	—
（五）汇兑收益（损失以“-”号填列）	—	—	（二）将重分类进损益的其他综合收益	—	—
（六）其他业务收入	3 672 079. 28	3 274 675. 16	1. 权益法下可转损益的其他综合收益	—	—
（七）资产处置收益（损失以“-”号填列）	—	—	2. 可供出售金融资产公允价值变动损益	—	—
（八）其他收益	1 839 874. 92	—	3. 持有至到期投资重分类为可供出售金融资产损益	—	—
二、营业支出	748 107 082. 62	464 099 942. 10	4. 现金流量套期损益的有效部分	—	—
（一）税金及附加	9 194 665. 93	8 292 460. 58	5. 外币财务报表折算差额	—	—
（二）业务及管理费	433 513 767. 69	398 296 600. 27	6. 其他	—	—
（三）资产减值损失（转回金额以“-”号填列）	305 398 649. 00	57 510 881. 25	七、综合收益总额	656 019 081. 54	698 308 208. 47
（四）其他业务成本	—	—	八、每股收益:	—	—
三、营业利润（亏损以“-”号填列）	819 016 656. 92	950 410 389. 10	（一）基本每股收益	—	—
加:营业外收入	19 802 100. 00	169 200. 00	（二）稀释每股收益	—	—

5.1.4 所有者权益变动表

所有者权益变动表

编制单位：万向信托股份公司　　2020 年度　　单位：元

项目	本年金额								
	实收资本（或股本）	其他权益工具	资本公积	减：库存股	其他综合收益	盈余公积	一般风险准备	未分配利润	所有者权益合计
栏次	1	2	3	4	5	6	7	8	9
一、上年年末余额	1 339 000 000. 00	—	691 334 772. 77	—	—	175 687 046. 12	157 554 418. 83	1 273 579 516. 83	3 637 155 754. 55
加：会计政策变更	—	—	—		—	—	—	—	—
前期差错更正	—	—	—	—	—	—	—	—	—
二、本年年初余额	1 339 000 000. 00	—	691 334 772. 77	—	—	175 687 046. 12	157 554 418. 83	1 273 579 516. 83	3 637 155 754. 55
三、本年增减变动金额（减少以“－”号填列）	—	—	—	—	—	65 601 908. 15	32 800 954. 08	−622 401 320. 32	−523 998 458. 09
（一）综合收益总额	—	—	—	—	—	—	—	656 019 081. 54	656 019 081. 54
（二）所有者投入和减少资本	—	—	—	—	—	—	—	—	—
1. 所有者投入的普通股	—	—	—	—	—	—	—	—	—
2. 其他权益工具持有者投入资本	—	—	—	—	—	—	—	—	—
3. 股份支付计入所有者权益的金额	—	—	—	—	—	—	—	—	—
4. 其他	—	—	—	—	—	—	—	—	—
（三）利润分配	—	—	—	—	—	65 601 908. 15	32 800 954. 08	−1 278 420 401. 86	−1 180 017 539. 63
1. 提取盈余公积	—	—	—	—	—	65 601 908. 15	—	−65 601 908. 15	—
2. 提取一般风险准备	—	—	—	—	—	—	32 800 954. 08	−32 800 954. 08	—
3. 对所有者（或股东）的分配	—	—	—	—	—	—	—	−1 180 017 539. 63	−1 180 017 539. 63
4. 其他	—	—	—	—	—	—	—	—	—
（四）所有者权益内部结转	—	—	—	—	—	—	—	—	—
1. 资本公积转增资本（或股本）	—	—	—	—	—	—	—	—	—
2. 盈余公积转增资本（或股本）	—	—	—	—	—	—	—	—	—
3. 盈余公积弥补亏损	—	—	—	—	—	—	—	—	—
4. 一般风险准备弥补亏损	—	—	—	—	—	—	—	—	—
5. 设定受益计划变动额结转留存收益	—	—	—	—	—	—	—	—	—
6. 其他	—	—	—	—	—	—	—	—	—
四、本年年末余额	1 339 000 000. 00	—	691 334 772. 77	—	—	241 288 954. 27	190 355 372. 91	651 178 196. 51	3 113 157 296. 46

所有者权益变动表（续）

编制单位：万向信托股份公司　　2020 年度　　单位：元

项目	上年金额								
	实收资本（或股本）	其他权益工具	资本公积	减：库存股	其他综合收益	盈余公积	一般风险准备	未分配利润	所有者权益合计
栏次	10	11	12	13	14	15	16	17	18
一、上年年末余额	1 339 000 000. 00	—	691 334 772. 77	—	—	105 856 225. 27	122 639 008. 41	680 017 539. 63	2 938 847 546. 08
加：会计政策变更	—	—	—	—	—	—	—	—	—
前期差错更正	—	—	—	—	—	—	—	—	—
二、本年年初余额	1 339 000 000. 00	—	691 334 772. 77	—	—	105 856 225. 27	122 639 008. 41	680 017 539. 63	2 938 847 546. 08
三、本年增减变动金额（减少以"－"号填列）	—	—	—	—	—	69 830 820. 85	34 915 410. 42	593 561 977. 20	698 308 208. 47
（一）综合收益总额	—	—	—	—	—	—	—	698 308 208. 47	698 308 208. 47
（二）所有者投入和减少资本	—	—	—	—	—	—	—	—	—
1. 所有者投入的普通股	—	—	—	—	—	—	—	—	—
2. 其他权益工具持有者投入资本	—	—	—	—	—	—	—	—	—
3. 股份支付计入所有者权益的金额	—	—	—	—	—	—	—	—	—
4. 其他	—	—	—	—	—	—	—	—	—
（三）利润分配	—	—	—	—	—	69 830 820. 85	34 915 410. 42	－104 746 231. 27	—
1. 提取盈余公积	—	—	—	—	—	69 830 820. 85	—	－69 830 820. 85	—
2. 提取一般风险准备	—	—	—	—	—	—	34 915 410. 42	－34 915 410. 42	—
3. 对所有者（或股东）的分配	—	—	—	—	—	—	—	—	—
4. 其他	—	—	—	—	—	—	—	—	—
（四）所有者权益内部结转	—	—	—	—	—	—	—	—	—
1. 资本公积转增资本（或股本）	—	—	—	—	—	—	—	—	—
2. 盈余公积转增资本（或股本）	—	—	—	—	—	—	—	—	—
3. 盈余公积弥补亏损	—	—	—	—	—	—	—	—	—
4. 一般风险准备弥补亏损	—	—	—	—	—	—	—	—	—
5. 设定受益计划变动额结转留存收益	—	—	—	—	—	—	—	—	—
6. 其他	—	—	—	—	—	—	—	—	—
四、本年年末余额	1 339 000 000. 00	—	691 334 772. 77	—	—	175 687 046. 12	157 554 418. 83	1 273 579 516. 83	3 637 155 754. 55

5.2 信托资产

5.2.1 信托项目资产负债汇总表

信托项目资产负债汇总表

编制单位:万向信托股份公司　　2020 年 12 月 31 日　　单位:万元

信托资产	年初数	期末数	信托负债和信托权益	年初数	期末数
信托资产:			信托负债:		
货币资金	93 199.74	179 886.60	交易性金融负债	—	—
拆出资金	—	—	衍生金融负债	—	—
存出保证金	—	—	应付受托人报酬	539.21	1 159.00
交易性金融资产	—	—	应付托管费	167.83	221.89
衍生金融资产	—	—	应付受益人收益	7 104.47	8 981.97
买入返售金融资产	383 510.22	165 100.22	应交税费	—	—
应收款项	1 081.38	763.37	应付销售服务费	8.52	8.39
发放贷款	9 395 251.49	7 328 418.20	其他应付款项	26 006.12	51 188.78
可供出售金融资产	389 789.03	320 963.50	预计负债	—	—
持有至到期投资	2 130 919.52	1 391 393.15	其他负债	—	—
长期应收款	—	—	信托负债合计	33 826.15	61 560.03
长期股权投资	556 821.86	1 147 340.27	信托权益:	—	—
投资性房地产	—	—	实收信托	13 241 984.14	10 489 503.76
固定资产	—	—	资本公积	34 636.56	38 643.59
无形资产	—	—	外币报表折算差额	—	—
长期待摊费用	—	—	未分配利润	69 448.12	150 863.74
其他资产	429 321.73	206 705.81	信托权益合计	13 346 068.82	10 679 011.09
信托资产总计	13 379 894.97	10 740 571.12	信托负债及权益总计	13 379 894.97	10 740 571.12

5.2.2 信托项目利润及利润分配汇总表

信托项目利润及利润分配汇总表

编制单位:万向信托股份公司　　2020 年度　　单位:万元

项目	2020 年度	2019 年度
一、营业收入	1 205 421.78	1 293 583.69
利息收入	860 584.68	970 640.77
投资收益	298 181.58	321 402.27
租赁收入	—	—
公允价值变动损益	8 860.65	83.72
汇兑损益	—	—
其他收入	37 794.87	1 456.93
二、营业费用	158 419.02	168 262.06
受托人报酬	138 469.23	133 763.01
托管费	4 751.62	4 540.29
投资管理费	—	—
销售服务费	24.06	—
交易费用	94.01	—
资产减值损失	—	—
其他费用	15 080.10	29 958.76
三、营业税金及附加	3 241.73	3 890.39
四、扣除资产损失前的信托利润	1 043 761.03	1 121 431.24
减:资产减值损失	—	—
五、扣除资产损失后的信托利润	1 043 761.03	1 121 431.24
加:期初未分配信托利润	69 448.12	69 427.95
六、可供分配的信托利润	1 136 505.06	1 190 859.19
减:本期已分配信托利润	985 641.32	1 121 411.07
七、期末未分配信托利润	150 863.74	69 448.12

6. 会计报表附注

6.1 会计报表编制基准不符合会计核算基本前提的说明

公司以持续经营为基础,根据实际发生的交易和事项,按照财政部 2006 年 2 月颁布的《企业会计准则——基本准则》和其他各项具体会计准则及其他相关规定(以下合称企业会计准则)进行确认和计量,在此基础上编制财务报表。本报告期会计报表编制基准不存在不符合会计核算基本前提的事项。

6.2 重要会计政策和会计估计说明

6.2.1 计提资产减值准备的范围和方法

资产负债表日对以公允价值计量且其变动计入当期损益的金融资产以外的金融资产的账面价值进行检查,如有客观证据表明该金融资产发生减值的,计提减值准备。

金融资产发生减值的客观证据,包括但不限于:发行方或债务人发生严重财务困难;债务人违反了合同条款,如偿付利息或本金发生违约或逾期等;债权人出于经济或法律等方面因素的考虑,对发生财务困难的债务人作出让步;债务人很可能倒闭或进行其他财务重组;因发行方发生重大财务困难,该金融资产无法在活跃市场继续交易;无法辨认一组金融资产中的某项资产的现金流量是否已经减少,但根据公开的数据对其进行总体评价后发现,该组金融资产自初始确认以来的预计未来现金流量确已减少且可计量,如该组金融资产的债务人支付能力逐步恶化,或债务人所在国家或地区失业率提高、担保物在其所在地区的价格明显下降、所处行业不景气等；权益工具发行方经营所处的技术、市场、经济或法律环境等发生重大不利变化，使权益工具投资人可能无法收回投资成本；权益工具投资的公允价值发生严重或非暂时性下跌。

各项金融资产减值损失的计量为个别方式和组合方式相结合。

运用个别方式评估时，当各项金融资产的预计未来现金流量现值低于其账面价值时，本公司将该金融资产的账面价值减记至该现值，减记的金额确认为资产减值损失，计入当期损益；组合方式评估减值损失参照五级分类确认减值损失。

按照《中国银行业监督管理委员会关于非银行金融机构全面推进资产质量五级分类管理的通知》（银监发〔2004〕4 号）和财政部《金融企业准备金计提管理办法》（财金〔2012〕20 号）有关规定，对发放贷款和垫款、同业债权、抵债资产等金融资产进行五级分类，并计提各项减值准备。

风险类别	正常类	关注类	次级类	可疑类	损失类
计提比例（%）	—	3	30	60	100

正常类：能够按账面价值随时变现；有足够理由证明现值大于或等于账面价值（以成本与市价孰低原则衡量）；交易对手能够履行合同或协议，没有足够理由怀疑债务本金和收益不能按时足额偿还。

关注类：尽管交易对手目前有能力偿还，但存在一些可能对偿还产生不利影响的因素的债权类资产；或交易对手的现金偿还能力出现明显问题，但交易对手抵押或质押的可变现资产大于等于其债务的本金及收益。

次级类：交易对手的偿还能力出现明显问题，完全依靠其正常经营收入无法足额偿还债务本金及收益，即使执行担保，也可能会造成一定损失。

可疑类：交易对手无法足额偿还债务本金及收益，即使执行担保，也肯定要造成较大损失。

损失类：在采取所有可能的措施或一切必要的法律程序后，资产及收益仍然无法收回，或只能收回极少部分。

6.2.2 金融资产确认依据

6.2.2.1 贷款和应收款项

贷款和应收款项是指在活跃市场中没有报价、回收金额固定或可确定的非衍生金融资产。

贷款是指以合法方式筹集的资金自主发放的贷款，其风险自担，并收取本金和利息。

公司对外提供劳务或让渡资产使用权等经营活动中形成的应收债权，以及公司持有的其他企业的不包括在活跃市场上有报价的债务工具的债权，包括应收利息、其他应收款等，以向客户应收的合同或协议价款作为初始确认金额；具有融资性质的，按其现值进行初始确认。

6.2.2.2 可供出售金融资产

可供出售金融资产是指初始确认时即指定为可供出售的非衍生金融资产，以及除其他金融资产类别以外的金融资产。

6.2.2.3 以公允价值计量且其变动计入当期损益的金融资产

以公允价值计量且其变动计入当期损益的金融资产，包括交易性金融资产和指定为以公允价值计量且其变动计入当期损益的金融资产；金融资产满足下列条件之一的，划分为交易性金融资产：取得该金融资产的目的，主要是为了近期内出售或回购；属于进行集中管理的可辨认金融工具组合的一部分，且有客观证据表明企业近期采用短期获利方式对该组合进行管理；属于衍生工具，但是被指定且为有效套期工具的衍生工具、属于财务担保合同的衍生工具、与在活跃市场中没有报价且其公允价值不能可靠计量的权益工具投资挂钩并须通过交付该权益工具结算的衍生工具除外。

6.2.3 以公允价值计量且其变动计入当期损益的金融资产核算方法

企业划分为以公允价值计量且其变动计入当期损益的金融资产的股票、债券、基金，以及不作为有效套期工具的衍生工具，按照取得时的公允价值（扣除已宣告但尚未发放的现金股利或已到付息期但尚未领取的债券利息）作为初始确认金额，相关的交易费用在发生时计入当期损益。

企业在持有以公允价值计量且其变动计入当期损益的金融资产期间取得的利息或现金股利，应当确认为投资收益。资产负债表日，企业应将以公允价值计量且其变动计入当期损益的金融资产或金融负债的公允价值变动计入当期损益。

处置该金融资产或金融负债时，其公允价值与初始入账金额之间的差额应确认为投资收益，同时调整公允价值变动损益。

6.2.4 可供出售金融资产核算方法

本公司对可供出售金融资产，在取得时按公允价值（扣除已宣告但尚未发放的现金股利或已到付息期但尚未领取的债券利息）和相关交易费用之和作为初始确认金额。持有期间将取得的利息或现金股利确认为投资收益。可供出售金融资产的公允价值变动形成的利得或损失，除减值损失和外币货币性金融资产形成的汇兑差额外，直接计入其他综合收益。处置可供出售金融资产时，将取得的价款与该金融资产账面价值之间的差额，计入投资损益；同时，将原直接计入其他综合收益的公允价值变动累计额对应处置部分的金额转出，计入投资损益。

本公司对在活跃市场中没有报价且其公允价值不能可靠计量的权益工具投资，以及与该权益工具挂钩并须通过交付该权益工具结算的衍生金融资产，按照成本计量。

6.2.5 持有至到期投资核算方法

本公司无持有至到期投资。

6.2.6 长期股权投资核算方法

本公司无长期股权投资。

6.2.7 投资性房地产核算方法

本公司无投资性房地产。

6.2.8 长期应收款的核算方法

本公司无长期应收款。

6.2.9 短期投资核算方法

本公司无短期投资。

6.2.10 固定资产计价和折旧方法

6.2.10.1 固定资产确认条件

固定资产指为提供金融商品服务、出租或经营管理而持有的，使用期限超过一个会计年度且不属于低值易耗品范围的有形资产。固定资产在同时满足下列条件时予以确认：与该固定资产有关的经济利益很可能流入企业；该固定资产的成本能够可靠地计量。

6.2.10.2 固定资产的计价方法

本公司固定资产按成本进行初始计量。其中，外购的固定资产的成本包括买价、进口关税等相关税费，以及为使固定资产达到预定可使用状态前所发生的可直接归属于该资产的其他支出。自行建造固定资产的成本，由建造该项资产达到预定可使用状态前所发生的必要支出构成。投资者投入的固定资产，按投资合同或协议约定的价值作为入账价值，但合同或协议约定价值不公允的按公允价值入账。购买固定资产的价款超过正常信用条件延期支付，实质上具有融资性质的，固定资产的成本以购买价款的现值为基础确定。实际支付的价款与购买价款的现值之间的差额，除应予资本化的以外，在信用期间内计入当期损益。

6.2.10.3 各类固定资产的折旧方法

固定资产折旧按其入账价值减去预计净残值后在预计使用寿命内计提。对计提了减值准备的固定资产，则在未来期间按扣除减值准备后的账面价值及依据尚可使用年限确定折旧额。

本公司根据固定资产的性质和使用情况，确定固定资产的使用寿命和预计净残值。并在年度终了，对固定资产的使用寿命、预计净残值和折旧方法进行复核，如与原先估计数存在差异的，进行相应的调整。

各类固定资产的折旧方法、折旧年限和年折旧率如下：

类别	折旧方法	折旧年限(年)	残值率(%)	年折旧率(%)
电子设备	年限平均法	3	5	31.67
运输设备	年限平均法	4	5	23.75
办公设备	年限平均法	5	5	19

6.2.10.4 固定资产后续支出的会计处理

与固定资产有关的后续支出，符合固定资产确认条件的，计入固定资产成本；不符合固定资产确认条件的，在发生时计入当期损益。

6.2.10.5 固定资产的减值测试方法、减值准备计提方法

公司在每期末判断固定资产是否存在可能发生减值的迹象。

固定资产存在减值迹象的，估计其可收回金额。可收回金额根据固定资产的公允价值减去处置费用后的净额与固定资产预计未来现金流量的现值两者之间较高者确定。

当固定资产的可收回金额低于其账面价值的，将固定资产的账面价值减记至可收回金额，减记的金额确认为固定资产减值损失，计入当期损益，同时计提相应的固定资产减值准备。

固定资产减值损失确认后，减值固定资产的折旧在未来期间作相应调整，以使该固定资产在剩余使用寿命内，系统地分摊调整后的固定资产账面价值(扣除预计净残值)。

固定资产的减值损失一经确认，在以后会计期间不再转回。

6.2.11 无形资产计价及摊销政策

无形资产是指本公司拥有或者控制的没有实物形态的可辨认非货币性资产，包括软件等。

6.2.11.1 无形资产的计价方法

6.2.11.1.1 公司取得无形资产时按成本进行初始计量

外购无形资产的成本，包括购买价款、相关税费及直接归属于使该项资产达到预定用途所发生的其他支出。购买无形资产的价款超过正常信用条件延期支付，实质上具有融资性质的，无形资产的成本以购买价款的现值为基础确定。

6.2.11.1.2 无形资产的后续计量

本公司在取得无形资产时分析判断其使用寿命，划分为使用寿命有限和使用寿命不确定的无形资产。

使用寿命有限的无形资产：对于使用寿命有限的无形资产，在为企业带来经济利益的期限内按直线法摊销。使用寿命有限的无形资产预计寿命如下。

项目	预计使用寿命(年)
软件	5

每期末，对使用寿命有限的无形资产的使用寿命及摊销方法进行复核，如与原先估计数存在差异的，进行相应的调整。

经复核，本期期末无形资产的使用寿命及摊销方法与以前估计未有不同。

使用寿命不确定的无形资产：无法预见无形资产为企业带来经济利益期限的，视为使用寿命不确定的无形资产。

6.2.11.2 无形资产减值准备的计提

对于使用寿命确定的无形资产，如有明显减值迹象的，期末进行减值测试。

对于使用寿命不确定的无形资产，每期末进行减值测试。

对无形资产进行减值测试，估计其可收回金额。可收回金额根据无形资产的公允价值减去处置费用后的净额与无形资产预计未来现金流量的现值两者之间较高者确定。

当无形资产的可收回金额低于其账面价值的，将无形资产的账面价值减记至可收回金额，减记的金额确认为无形资产减值损失，计入当期损益，同时计提相应的无形资产减值准备。

无形资产减值损失确认后，减值无形资产的折耗或者摊销费用在未来期间作相应调整，以使该无形资产在剩余使用寿命内，系统地分摊调整后的无形资产账面价值(扣除预计净残值)。

无形资产的减值损失一经确认，在以后会计期间不再转回。

对由于被新技术所替代，已无使用价值和转让价值；或超过法律保护期限，已不能为企业带来经济利益的无形资产，表明可收回金额为零，全额计提减值准备。

6.2.12 长期待摊费用的摊销政策

长期待摊费用是指本公司已经发生但应由本期和以后各期负担的分摊期限在1年以上的各项费用。

长期待摊费用在受益期内按直线法分期摊销，摊销年限如下：

类别	摊销年限(年)
租赁费	5
装修费	5

6.2.13 合并会计报表的编制方法

本公司无合并会计报表。

6.2.14 收入确认原则和方法

6.2.14.1 确认让渡资产使用权收入的依据

与交易相关的经济利益很可能流入企业，收入的金额能够可靠地计量时，分别按下列情况确定让渡资产使用权收入金额：

利息收入金额，按照他人使用本企业货币资金的时间和实际利率计算确定；使用费收入金额，按照有关合同或协议约定的收费时间和方法计算确定。

6. 2. 14. 2　手续费及佣金收入

手续费及佣金收入可分为信托报酬和中间业务收入。其中，信托报酬在整个信托存续期间平均分摊确认收入；中间业务收入在满足下列条件时确认收入：合同规定的服务已经提供；按合同收款权利已经产生；收入的金额能够可靠地计量；相关的经济利益很可能流入企业。

6. 2. 15　所得税的会计处理方法

采用资产负债表债务法计提递延所得税，所得税税率为 25%。

6. 2. 16　信托报酬的确认原则和方法

信托报酬依据信托合同的相关约定确认，具体方法见 6. 2. 14. 2“手续费及佣金收入”。

6. 2. 17　政府补助

6. 2. 17. 1　政府补助的类型

政府补助是本公司从政府无偿取得的货币性资产与非货币性资产，但不包括政府作为企业所有者投入的资本。根据相关政府文件规定的补助对象，将政府补助划分为与资产相关的政府补助和与收益相关的政府补助。

与资产相关的政府补助是指本公司取得的、用于购建或以其他方式形成长期资产的政府补助。与收益相关的政府补助是指除与资产相关的政府补助之外的政府补助。

6. 2. 17. 2　政府补助的确认

对期末有证据表明本公司能够符合财政扶持政策规定的相关条件且预计能够收到财政扶持资金的，按应收金额确认政府补助。除此之外，政府补助均在实际收到时确认。

政府补助为货币性资产的，按照收到或应收的金额计量。政府补助为非货币性资产的，按照公允价值计量；公允价值不能够可靠取得的，按照名义金额（人民币 1 元）计量。按照名义金额计量的政府补助，直接计入当期损益。

6. 2. 17. 3　政府补助的会计处理方法

本公司根据经济业务的实质，确定某一类政府补助业务应当采用总额法还是净额法进行会计处理。通常情况下，本公司对于同类或类似政府补助业务只选用一种方法，且对该业务一贯地运用该方法。

目前本公司对收取的政策扶持资金、企业补贴等采用总额法进行会计处理。

与资产相关的政府补助，确认为递延收益，在所建造或购买的资产使用年限内按照合理、系统的方法分期计入损益或冲减相关资产账面价值。

与收益相关的政府补助，用于补偿企业以后期间的相关费用或损失的，确认为递延收益，在确认相关费用或损失的期间计入当期损益或冲减相关成本；用于补偿企业已发生的相关费用或损失的，取得时直接计入当期损益或冲减相关成本。

与企业日常活动相关的政府补助计入其他收益或冲减相关成本费用；与企业日常活动无关的政府补助计入营业外收支。

收到与政策性优惠贷款贴息相关的政府补助时冲减相关借款费用；取得贷款银行提供的政策性优惠利率贷款的，以实际收到的借款金额作为借款的入账价值，按照借款本金和该政策性优惠利率计算相关借款费用。

已确认的政府补助需要返还时，初始确认时冲减相关资产账面价值的，调整资产账面价值；存在相关递延收益余额的，冲减相关递延收益账面余额，超出部分计入当期损益；不存在相关递延收益的，直接计入当期损益。

6. 3　或有事项

截至 2020 年 12 月 31 日，本公司不存在应披露未披露的或有事项。

6. 4　重要资产转让及其出售的说明

报告期内无重要资产转让及其出售。

6. 5　会计报表中重要项目的明细资料

6. 5. 1　自营资产经营情况

6. 5. 1. 1　信用资产五级分类情况

自营资产质量情况

单位：万元

信用风险资产五级分类	正常类	关注类	次级类	可疑类	损失类	信用风险资产合计
期初数	299 039. 39	33 950. 00	33 395. 87	—	—	366 385. 26
期末数	297 249. 44	15 575. 26	4 217. 41	37 295. 24	12 33[illegible]. 57	366 675. 92

6. 5. 1. 2　资产损失准备情况

本年度计提资产减值准备 30 539. 86 万元。

6. 5. 1. 3　自营股票投资、基金投资、债券投资、长期股权投资等投资情况

各类投资情况

单位：万元

项目	自营股票	基金	债券	长期股权投资	其他投资	合计
期初数	—	750. 00	—	—	305 974. 90	306 724. 90
期末数	—	750. 00	—	—	328 740. 37	329 490. 37

截至 2020 年 12 月 31 日，上述基金对应份额的单位净值为 1. 253。

6. 5. 1. 4　自营长期股权投资的前五名

公司未发生固有资产长期股权投资。

6. 5. 1. 5　自营贷款前五名

公司未发生自营贷款。

6. 5. 1. 6　原有负债（重新登记前）清理情况

公司不存在原有负债（重新登记前）。

6. 5. 1. 7　表外业务的期初数、期末数

公司无表外业务。

6. 5. 1. 8　公司当年的收入结构

收入结构

收入结构	金额（万元）	占比（%）
手续费及佣金收入	138 718. 83	[illegible]7. 34
其中：信托手续费收入	138 718. 83	[illegible]7. 34

续表

收入结构	金额(万元)	占比(%)
投资银行业务收入	—	—
利息收入	1 163.51	0.73
其他收益	183.99	0.12
其他业务收入	367.21	0.23
其中:计入信托业务收入部分	—	—
投资收益	14 707.28	9.26
其中:股权投资收益	—	—
证券投资收益	—	—
其他投资收益	14 707.28	9.26
公允价值变动收益	1 711.83	1.08
营业外收入	1 980.21	1.25
收入合计	158 832.86	100.00

6.5.2　信托资产管理情况

信托资产管理情况

单位:万元

信托资产	期初数	期末数
集合	6 779 902.51	6 790 151.12
单一	6 049 103.28	3 642 403.12
财产权	550 889.18	308 016.88
合计	13 379 894.97	10 740 571.12

主动管理型信托业务情况

单位:万元

主动管理型信托资产	期初数	期末数
证券投资类	44 669.28	274 793.62
股权投资类	76 061.41	163 620.51
融资类	4 953 876.98	4 057 979.27
事务管理类	—	—
合计	5 074 607.67	4 496 393.40

被动管理型信托业务情况

单位:万元

被动管理型信托资产	期初数	期末数
证券投资类	—	—
股权投资类	—	—
融资类	—	—
事务管理类	8 305 287.30	6 244 177.72
合计	8 305 287.30	6 244 177.72

6.5.2.1　本年度已清算结束的信托项目个数、实收信托合计金额、加权平均实际年化收益率

6.5.2.1.1　本年度已清算结束的集合类、单一类资金信托项目和财产管理类信托项目个数、金额、加权平均实际年化收益率

已清算的各类信托项目情况

已清算结束信托项目	项目个数(个)	实收信托合计金额(万元)	加权平均实际年化收益率(%)
集合类	182	5 022 512.17	6.93
单一类	150	3 287 934.00	6.46
财产类	16	661 789.32	6.07

6.5.2.1.2　本年度已清算结束的主动管理型信托项目个数、合计金额、加权平均实际年化收益率

已清算的主动管理型信托项目情况

已清算结束信托项目	项目个数(个)	实收信托合计金额(万元)	加权平均实际年化收益率(%)
证券投资类	1	3 763.16	0.28
股权投资类	—	—	—
融资类	149	4 065 580.00	7.90
事务管理类	—	—	—

6.5.2.1.3　本年度已清算结束的被动管理型信托项目个数、合计金额、加权平均实际年化收益率

已清算的被动管理型信托项目情况

已清算结束信托项目	项目个数(个)	实收信托合计金额(万元)	加权平均实际年化收益率(%)
证券投资类	—	—	—
股权投资类	—	—	—
融资类	—	—	—
事务管理类	198	4 902 892.33	5.70

6.5.2.2　本年度新增的集合类、单一类和财产管理类信托项目个数、合计金额

年度新增的信托项目情况

新增信托项目	项目个数(个)	合计金额(万元)
集合类	152	5 091 984.17
单一类	168	1 610 106.61
财产管理类	12	163 728.81
新增合计	332	6 865 819.59
其中:主动管理型	130	3 999 134.11
被动管理型	202	2 866 685.48

6.5.2.3　履行受托人义务情况及信托资产损失情况

公司严格遵守信托业"一法三规"及其他相关规定,按照信托文件处理相关事务,诚实、信用、谨慎、有效管理,维护受益人的最大利益。

6.5.2.4　信托赔偿准备金的提取、使用和管理情况

根据《信托公司管理办法》,按净利润的5%提取信托赔偿准备金3 280.10万元。

6.6　关联方关系及其交易的披露

6.6.1　关联交易方的数量、关联交易的总金额及关联交易的定价政策

关联交易情况

项目	关联交易方数量	关联交易金额(万元)	定价政策
合计	10	1 355.27	本公司2020年度发生的关联方交易均根据一般正常的交易条件进行,并以市场价格作为定价依据

6.6.2 关联交易方与本公司的关系性质、关联交易方的名称、法定代表人、注册地址、注册资本及主营业务

关联交易方情况

关系性质	关联方名称	法定代表人	注册地址	注册资本（万元）	主营业务
其他关联	浙江工信投资股份有限公司	孙 坚	浙江省杭州市下城区体育场路429号	14 598.26	实业投资、投资管理、自有房屋租赁、物业管理。
其他关联	浙江大菱海洋食品有限公司	曾岳祥	浙江省舟山市定海区干览镇商会路3号1号楼1楼B5	1 470.59万美元	收购本公司销售所需的水产品，预包装食品、水产品、初级食用农产品的批发兼零售、进出口业务，餐饮服务，企业管理咨询，商务信息咨询。
受同一母公司控制的其他企业	万向共享服务有限公司	赵 琦	浙江省嘉兴市嘉善县罗星街道阳光西路742号瑞悦商业广场2号楼8-9层	5 000.00	商务服务，以承接服务外包的方式从事财务核算、结算、代理记账，计算机系统应用管理、维护，软件开发、技术咨询、技术服务，数据处理和存储服务，财务咨询，档案管理，人力资源管理，成年人的非证书团务培训。
受同一母公司控制的其他企业	湘湖逍遥有限公司	黄兴	浙江省杭州市萧山区城厢街道越王路256号1至31（连续编号）幢	30 000.00	房地产开发经营、各类工程建设活动、住宿服务、餐饮服务、食品经营、理发服务、美容服务、足浴服务、烟草制品零售、高危险性体育运动（游泳）、酒吧服务（不含演艺娱乐活动）、歌舞娱乐活动、出版物零售、洗浴服务。一般项目：物业管理、农业园艺服务、园林绿化工程施工、非居住房地产租赁、住房租赁、单用途商业预付卡代理销售、外卖递送服务、健身休闲活动、棋牌室服务、会议及展览服务、信息咨询服务等。
其他关联	杭州品向位食品有限公司	刘建	浙江省杭州市临安区清凉峰镇白果村	1 420.00	食品生产、食品经营、初级食用农产品销售、农作物的种植、水产品销售。
关联自然人直接或间接控制、或担任董事、监事及高级管理人员的其他企业	浙江大洋世家股份有限公司	鲁伟鼎	浙江省舟山市定海区干览镇商会路1号-6（舟山国家远洋渔业基地商务中心603）	27 000.00	食品经营，餐饮服务，向境外派遣各类劳务人员，远洋捕捞，自营和代理货物及技术进出口，水产养殖，水产品收购，农业开发，船用机械设备、仪器、初级食用农产品的销售。
受同一母公司控制的其他企业	纳德酒店股份有限公司	宋长鹰	浙江省杭州市拱墅区湖墅南路2号	19 000.00	住宿，餐饮服务，预包装食品、乳制品零售，烟及其他食品，美容美发，健身服务，足浴，第二类医疗器械零售，会务会展服务，旅游配套服务及旅游用品生产经营，实业投资，物业管理，信息咨询服务，宾馆大型设备租赁，百货、五金交电、针纺织品、保健食品、工艺美术品、日用杂货、家具、装饰材料、棉纱、化学纤维、钢材的销售，彩扩服务，旅游服务。
其他关联	康养旅千岛湖有限公司	章文华	浙江省杭州市淳安县千岛湖镇羡山半岛洲际酒店一楼	40 000.00	旅客运输，千岛湖羡山半岛旅游休闲、度假项目的开发建设，物业管理，房地产开发与经营、室内外装璜，水果、蔬菜、茶叶、中药材种植，初级食用农产品销售。
关联自然人直接或间接控制、或担任董事、监事及高级管理人员的其他企业	民生人寿保险股份有限公司	鲁伟鼎	北京市朝阳区东三环北路38号院2号楼	600 000.00	个人意外伤害保险、个人定期死亡保险、个人两全寿险、个人终身寿险、个人年金保险、个人短期健康保险、个人长期健康保险、团体意外伤害保险、团体定期寿险、团体终身保险、团体年金保险、团体短期健康保险、团体长期健康保险、经中国保监会批准的其他人身保险业务、上述保险业务的再保险业务、经中国保监会批准的资金运用业务。
受同一实际控制人控制	上海冠鼎泽有限公司	鲁伟鼎	中国（上海）自由贸易试验区陆家嘴西路99号万向大厦1—5层	30 000.00	实业投资，投资管理，自有房屋的融物租赁，物业管理，商务咨询，计算机网页设计、开发，国内贸易。

6.6.3 公司与关联方的重大交易事项

6.6.3.1 固有财产与关联方交易情况

固有财产与关联方的交易情况

单位：万元

项目	期初数	借方发生额	贷方发生额	期末数
贷款	—	—	—	—
投资	—	—	—	—
租赁	—	1 170.12	1 170.12	—
担保	—	—	—	—
采购货物及劳务	—	185.15	185.15	—
应收账款	—	—	—	—
应付账款	—	—	—	—
合计	—	1 355.27	1 355.27	—

6.6.3.2　信托资产与关联方交易情况

信托资产与关联方交易情况

单位：万元

项目	期初数	借方发生额	贷方发生额	期末数
贷款	—	—	—	—
投资	43 400.35	—	9 638.35	33 762.00
租赁	—	—	—	—
担保	—	—	—	—
应收账款	—	—	—	—
其他	—	—	—	—
合计	43 400.35	—	9 638.35	33 762.00

6.6.3.3　固有财产和信托财产之间的交易情况

固有财产和信托财产之间的交易情况

单位：万元

项目	期初数	本期发生额	期末数
合计	305 974.90	21 053.63	327 028.53

6.6.3.4　信托项目之间的交易情况

信托项目之间的交易情况

单位：万元

项目	期初数	本期发生额	期末数
合计	887 274.21	-97 080.30	790 193.91

6.6.4　关联方逾期未偿还本公司资金的详细情况以及本公司为关联方担保发生或即将发生垫款的情况

无。

6.7　会计制度的披露

本公司以持续经营为基础，根据实际发生的交易和事项，按照财政部2006年2月颁布的《企业会计准则——基本准则》和其他各项具体企业会计准则及其他相关规定进行确认和计量，在此基础上编制财务报表。

7. 财务情况说明书

7.1　利润实现和分配情况

本年度实现净利润65 601.91万元，根据《信托公司管理办法》、公司章程、《金融企业财务规则》及其实施指南，以及其他相关规定实施了以下利润分配事项：

根据公司章程、按本年度实现净利润的10%提取法定盈余公积6 560.19万元。

根据《信托公司管理办法》，按净利润的5%提取信托赔偿准备金3 280.10万元。

根据公司股东大会决议分配2018年度及2019年度股利合计118 001.75万元。

期末未分配利润为65 117.82万元。

7.2　主要财务指标

主要财务指标

指标名称	指标值
资本利润率(%)	19.44
人均净利润(万元)	168.21

注：1. 资本利润率=净利润/所有者权益平均余额×100%。
2. 人均净利润=净利润/年平均人数。
3. 年平均人数采取累计平均法计算，年平均人数=(年初人数+年末人数)/2。

7.3　净资本管理概况

报告期内，公司依据《信托公司净资本管理办法》积极推进净资本管理，在优化存量风险资产结构的同时，进一步强化增量业务的资本约束机制，确立了以净资本管理为核心的业务发展模式和管理体系。

本公司报告期末的净资本风险控制指标情况如下：

净资本风险控制指标

指标名称	期末数	监管标准
净资产(万元)	311 315.73	
净资本(万元)	257 702.36	≥2亿元
各项业务风险资本之和(万元)	187 982.44	
净资本/各项业务风险资本之和(%)	137.09	≥100
净资本/净资产(%)	82.78	≥40

7.4　对本公司财务状况、经营成果有重大影响的其他事项

报告期内，公司不存在对公司财务状况、经营成果有重大影响的其他事项。

8. 特别事项揭示

8.1　前五名股东报告期内变动情况及原因

报告期内，公司前五名股东未发生变动。

8.2　董事、监事及高级管理人员变动情况及原因

8.2.1　监事变动情况及原因

姓名	现任职位	任职时间	任职情况
方泽亮	监事	2020年5月	股东大会审议
李元龙	职工监事	2020年4月	公司职工代表大会选举

8.2.2　高级管理人员变动情况及原因

姓名	前任职位	离职时间	离职原因
张学峰	总裁助理	2020年12月	个人原因

8.3 变更注册资本、变更注册地或公司名称、公司分立合并事项

报告期内，公司未发生变更注册资本、变更注册地或公司名称、公司分立合并事项。

8.4 公司的重大诉讼事项

报告期内，新增3件公司作为原告的诉讼案件，公司均取得胜诉。

8.5 公司及其高级管理人员受到处罚情况

报告期内，未发生公司及其高级管理人员受到处罚的情况。

8.6 银保监会及其派出机构对公司检查后提出的整改意见及公司整改情况

2020年4月26日，浙江银保监局向我司下发《2019年度监管的意见》（浙银保监发〔2020〕46号），对公司坚持发展定位，主动落实监管要求，提升主动管理能力、大力拓展家族信托和慈善信托等创新业务，设立遗嘱信托和全国首个监护支援信托，推进业务转型，加强信息系统建设取得的成绩给以肯定，并对公司治理，风险防控、经营管理中存在的主要问题提出监管意见。公司高度重视，全面审视，认真组织落实，于2020年5月制定整改措施并于11月前报送整改落实情况。

2020年7月8日，中国人民银行杭州中心支行正式向公司下发《关于万向信托股份公司稳健性现场评估的意见》（杭银发〔2020〕107号），对公司治理架构、内部控制体系、合规管理机制等建设给予认可，并对公司治理、内部控制、业务开展等存在的薄弱环节提出评估建议，公司于2020年8月完成整改落实情况的报告。

2020年11月30日，浙江银保监局正式向公司下发《现场检查意见书》（浙银保监检〔2020〕13号），对公司大额房地产信托业务提出监管意见，公司于12月予以推进落实。

8.7 本年度重大事项临时报告的简要内容、披露时间、所披露的媒体及其版面

报告期内，公司不存在需临时报告的重大事项。

8.8 中国银保监会及其省级派出机构认定的其他有必要让客户及相关利益人了解的重要信息

报告期内，公司无中国银保监会及其省级派出机构认定的其他有必要让客户及相关利益人了解的重要信息。

9. 公司监事会意见

报告期内，公司的运作符合国家法律、法规和公司的章程及相关制度。公司董事会决策引领作用得到有效发挥，促进公司各项业务健康发展。公司高级管理人员认真履行工作职责，努力开拓市场，严格控制风险。公司董事会全体成员和高级管理人员认真履行了职责，未发生损害公司利益、股东利益和受益人利益的行为。公司财务报告真实地反映了公司财务状况和经营成果。

五矿国际信托有限公司

1. 重要提示

1.1 本公司董事会及董事保证本报告所载资料不存在任何虚假记载、误导性陈述或者重大遗漏,并对其内容的真实性、准确性、完整性承担个别及连带责任。

1.2 本公司独立董事对年度报告内容的真实性、准确性、完整性无异议。

1.3 本公司董事长刘国威先生、总经理王卓先生、主管会计工作的财务总监刘雁女士声明 保证本年度报告中财务报告的真实、准确、完整。

2. 公司概况

2.1 公司简介

五矿国际信托有限公司于2010年10月8日,经中国银行业监督管理委员会批准,在原庆泰信托投资有限责任公司完成司法重整的基础上变更设立,注册地在青海省西宁市,注册资本为12亿元。2017年12月,经中国银行业监督管理委员会批准(银监复〔2017〕38号),公司注册资本增加至60亿元。2020年12月,经中国银行保险监督管理委员会青海监管局批准(青银保监复〔2020〕186号),公司注册资本增加至130.51亿元。

2.1.1 基本信息

法定中文名称	五矿国际信托有限公司
中文名称缩写	五矿信托
法定英文名称	Minmetals International Trust Co., Ltd.
法定代表人	王卓
注册地址	青海省西宁市城中区创业路108号 南川工业园区投资服务中心1号楼4层
邮政编码	810003
互联网地址	http://www.mintrust.com
电子邮箱	Mintrust-fortune@mintrust.com
聘请的会计师事务所	致同会计师事务所(特殊普通合伙)
办公地址	青海省西宁市城中区创业路108号 南川工业园区投资服务中心1号楼4层; 北京市东城区朝阳门北大街3号五矿广场

2.1.2 信息披露事务

选定的信息披露报纸	《金融时报》《证券时报》
信息披露负责人	刘雁
信息披露联系人	位志宇
办公电话	010-59363582
办公传真	010-59837987
电子邮箱	weizhy@mintrust.com
年报备置地点	青海省西宁市城中区创业路108号 南川工业园区投资服务中心1号楼4层

2.2 组织结构

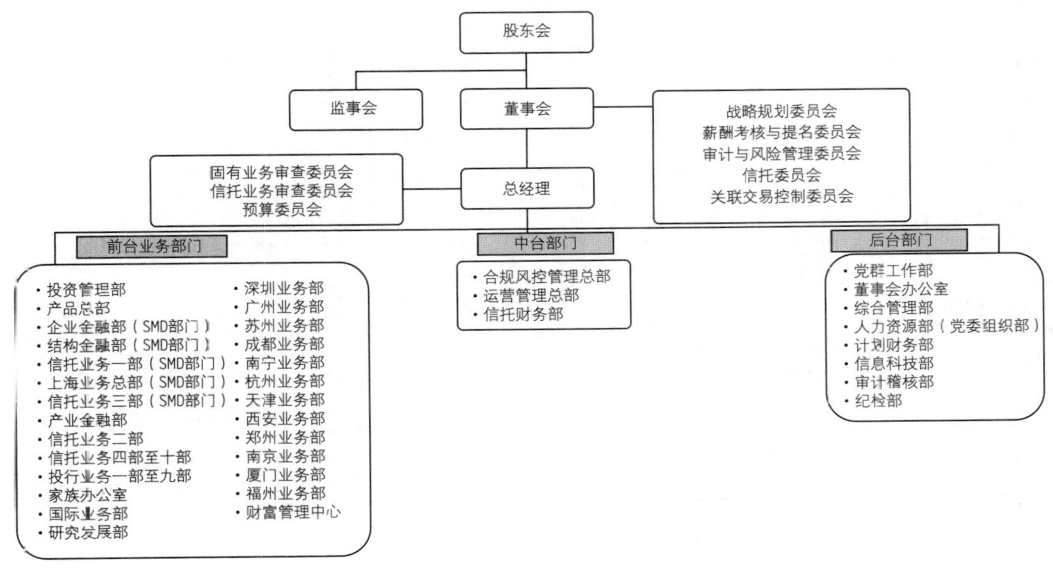

3. 公司治理

3.1 公司治理结构

3.1.1 股东

截至报告期末，公司股东总数为 3 家。股权结构为五矿资本控股有限公司持有公司 78.002% 的股权，青海省国有资产投资管理有限公司持有公司 21.204% 的股权，西宁城市投资管理有限公司持有公司 0.794% 的股权。

截至 2020 年 12 月 31 日股东及出资情况如下：

股东名称	持股比例(%)	法定代表人	注册资本(万元)	注册地址	主要经营业务及主要财务情况
五矿资本控股有限公司	78.002	赵立功	3 371 020	北京市海淀区三里河路 5 号	实业、高新技术产业、房地产项目的投资；资产受托管理；高新技术开发；投资策划；企业经营管理咨询；投资及投资管理；投资咨询、顾问服务。（市场主体依法自主选择经营项目，开展经营活动；依法须经批准的项目，经相关部门批准后依批准的内容开展经营活动；不得从事国家及本市产业政策禁止和限制类项目的经营活动）。2020 年末其资产总额为 13 247 490.69 万元。
青海省国有资产投资管理有限公司	21.204	李学军	587 000	西宁市城北区生物园区纬二路 18 号	煤炭批发经营；对服务省级战略的产业和优势产业、金融业进行投资；受托管理和经营国有资产；构建企业融资平台和信用担保体系；发起和设立基金，提供相关管理和投资咨询理财服务；经营矿产品、金属及金属材料、建筑材料、电子材料、有色材料、工业用盐、化肥、化工产品（不含危险化学品）、石油制品（不含成品油）、铝及铝合金、铁合金炉料经销；房屋土地租赁，经济咨询服务，对外担保，实业投资及开发；矿产品开发（不含勘探开采）销售；普通货物运输；煤炭洗选与加工，燃料油（不含危险化学品）、页岩油、乙烯焦油、沥青销售（以上经营范围依法须经批准的项目，经相关部门批准后方可开展经营活动）。2020 年末其资产总额为 8 317 394.33 万元。
西宁城市投资管理有限公司	0.794	王海洪	100 000	西宁经济技术开发区金桥路 36 号	授权资产经营管理；项目经营开发管理与投融资；提供担保；开发高新技术项目；土地储备及综合开发；房地产开发经营；租赁；经批准的其他业务。2020 年末其资产总额为 7 638 641.52 万元。

3.1.2 董事、董事会及其下属委员会

3.1.2.1 董事会成员

姓名	职务	性别	年龄(岁)	选任日期	所推举的股东名称	该股东持股比例(%)	简要履历
刘国威	董事长	男	50	2019 年 11 月	五矿资本控股有限公司	78.002	法国高等商业学校工商管理专业硕士研究生，五矿资本控股有限公司副总经理。
王晓东	董事	男	58	2010 年 7 月	五矿资本控股有限公司	78.002	中国人民大学基本建设经济专业硕士研究生，五矿资本控股有限公司副总经理。
樊玉雯	董事	女	53	2019 年 11 月	五矿资本控股有限公司	78.002	中央财经大学货币银行学专业硕士研究生，五矿资本控股有限公司副总经理。
姜弘	董事	男	47	2019 年 11 月	青海省国有资产投资管理有限公司	21.204	黑龙江商学院商经系会计专业本科，青海省国有资产投资管理有限公司副总经理。
陈闽玉	董事	女	46	2017 年 7 月	青海省国有资产投资管理有限公司	21.204	青海大学会计专业本科，青海省国有资产投资管理有限公司融资部部长。
黄　震	独立董事	男	50	2016 年 9 月	—	—	北京大学法学专业博士研究生，中央财经大学教授。
张成思	独立董事	男	46	2016 年 9 月	—	—	英国曼彻斯特大学经济学专业博士研究生，中国人民大学教授。
安秀梅	独立董事	女	58	2017 年 9 月	—	—	中央财经大学财政学专业博士研究生 中央财经大学教授。
王　卓	职工董事	男	50	2017 年 7 月	—	—	陕西财经学院货币银行学专业硕士研究生，五矿国际信托有限公司总经理。

3.1.2.2 董事会下属委员会

名称	职责	组成人员	
战略规划委员会	主要负责对公司长期发展战略和重大投资决策进行研究并提出建议。	主任委员	刘国威
		委员	王卓
		委员	黄震
薪酬考核与提名委员会	主要负责拟定公司的薪酬及绩效考核办法，对公司高级管理人员进行考核，研究公司董事、总经理人选的选择标准和程序并提出建议。	主任委员	刘国威
		委员	姜弘
		委员	张成思
审计与风险管理委员会	主要负责拟定公司风险管理政策和重大风险管理解决方案，督促公司各项业务的合规、合法运作，以防范和控制业务风险。	主任委员	樊玉雯
		委员	陈闽玉
		委员	张成思
信托委员会	主要负责督促公司依法履行受托职责，保证公司为受益人的最大利益服务。	主任委员	安秀梅
		委员	王晓东
		委员	陈闽玉
关联交易控制委员会	主要负责审核公司关联交易管理工作。	主任委员	黄震
		委员	王晓东
		委员	姜弘

3.1.3 监事、监事会

姓名	职务	性别	年龄（岁）	选任日期	所推举的股东名称	该股东持股比例（%）	简要履历
王明海	监事会主席	男	54	2019年11月	青海省国有资产投资管理有限公司	21.204	云南大学数学系数学专业本科，五矿国际信托有限公司党委副书记。
蔡　琦	监事	女	48	2020年9月	五矿资本控股有限公司	78.002	中央财政金融学院会计学专业本科，五矿资本控股有限公司财务部总经理。
哈敬海	监事	男	33	2021年3月	西宁城市投资管理有限公司	0.794	山西财经大学电子商务、金融学专业本科，西宁城市投资管理有限公司综合办公室主任。
王智瑞	监事	男	35	2016年9月	职工监事	—	北京大学人力资源管理专业本科，本公司人力资源部（党委组织部）总经理。
位志宇	监事	男	42	2020年4月	职工监事	—	上海交通大学金融经济专业博士研究生，本公司综合管理部、党群工作部总经理。

3.1.4 高级管理人员

姓名	职务	性别	年龄（岁）	选任日期	金融从业年限（年）	学历	专业	简要履历
王　卓	总经理	男	49	2017年9月	16年	硕士	货币银行学	1993年7月参加工作，2017年9月加入本公司，曾任珠海华能技术开发公司总经理，华能资本服务有限公司投资管理部副经理，华能贵诚信托有限公司副总经理。
何其联	副总经理	男	48	2010年10月	26年	本科	金融学	1993年7月参加工作，2010年10月加入本公司，曾任海航集团财务有限公司总经理。
刘雁	财务总监、董事会秘书	女	47	2020年9月	26年	本科	会计学	1995年8月参加工作，2020年9月加入本公司，曾任五矿资本控股有限公司财务部总经理。
孟　元	副总经理	男	42	2012年4月	18年	硕士	经济学	2000年7月参加工作，2010年10月加入本公司，曾任中信信托有限责任公司部门负责人。
孙卓立	副总经理	女	45	2014年3月	18年	硕士	会计学	2000年8月参加工作，2014年3月加入本公司，曾任中国对外经济贸易信托有限公司部门总经理，中国民生信托有限公司风险管理总部总裁。
佟京晶	总经理助理	男	47	2019年7月	27年	本科	金融学	1993年7月参加工作，2018年1月加入本公司，曾任中国农业银行运营管理部，历任业务管理处处长、查询查复处处长。
王　涛	总经理助理	男	48	2020年7月	25年	本科	统计学	1995年7月参加工作，2018年8月加入本公司，曾任中国建行车公庄支行行长，建信信托市场总监兼市场营销中心总经理、本公司公司总监。
刘家鸿	总经理助理	男	44	2020年7月	10年	硕士	企业管理	2004年7月参加工作，2011年4月加入本公司，曾任普华永道会计师事务所审计经理，公司信托业务部门总经理。

3.1.5 公司员工

截至 2020 年 12 月 31 日，公司共有在册职工 648 人。

项目		报告期年度	
		人数（人）	比例（%）
年龄分布	25 岁以下	12	1.85
	25～29 岁	135	20.83
	30～39 岁	421	64.97
	40 岁以上	80	12.35
学历分布	博士	6	0.93
	硕士	413	63.73
	本科	218	33.64
	专科及其他	11	1.70
岗位分布	董事、监事及高级管理人员	10	1.54
	业务人员	422	65.12
	其他人员	216	33.33

4. 经营管理

4.1 经营目标、经营方针、战略规划

4.1.1 经营目标

公司的经营目标是实现业务能力综合领先、客户关系稳定互信、风险管控全面完善、人才队伍成熟专业、组织体系科学合理、经营业绩持续增长，努力将公司建设成为国际一流综合金融服务商。

4.1.2 经营方针

公司的经营方针是稳健经营、创新发展、责任担当、共生共荣。

4.1.3 战略规划

公司依托中国五矿集团有限公司产业背景，立足服务实体经济，遵循信托发展规律，牢记"受托人"定位，以"核心客户、核心渠道"为抓手，以大运营、人才发展两大平台为依托，着力推进风险防范，着力强化资源协调，着力深化业务转型，着力推进管理服务升级，在大资管时代中实现高质量发展。

4.2 所经营业务的主要内容

4.2.1 信托业务

信托资产运用与分布表

资产运用	金额（万元）	占比（%）	资产分布	金额（万元）	占比（%）
货币资金	2 399 701.52	3.41	基础产业	8 164 516.33	11.62
贷款	21 395 826.88	30.44	房地产	10 549 942.37	15.01
交易性金融资产投资	7 456 279.52	10.61	证券市场	7 042 888.74	10.02
可供出售金融资产投资	37 388 241.12	53.20	工商企业	14 558 103.45	20.71
持有至到期投资	—	—	金融机构	5 059 434.90	7.20
长期股权投资	1 259 122.21	1.79	其他	24 910 363.44	35.44
其他	386 077.98	0.55			
信托资产总计	70 285 249.23	100.00	信托资产总计	70 285 249.23	100.00

4.2.2 固有业务

固有资产运用与分布表

资产运用	金额（万元）	占比（%）	资产分布	金额（万元）	占比（%）
货币资产	187 741.14	7.50	基础产业		
其他应收款	45 708.65	1.83	房地产		
交易性金融资产	2 199 693.08	87.91	证券市场	111 275.58	4.45
债权投资	16 355.18	0.65	金融机构	2 292 513.81	91.62
其他	52 756.93	2.11	其他	98 465.59	3.93
资产总计	2 502 254.98	100.00	资产总计	2 502 254.98	100.00

4.3 市场分析

4.3.1 有利因素

一是公司综合实力持续提升，经营业绩实现稳健增长。

二是公司发展坚持业务和管理创新驱动，合规风控体系、运营管理体系、人才培养体系和信息科技体系持续完善，为未来高质量发展提供有力支撑。

三是信托顶层架构和监管举措持续完善。信托业积极顺应回归本源、服务实体经济的转型发展导向，业务结构优化明显，整体经营稳健，高质量发展呈现良好势头。

四是中国经济的基本面长期向好趋势不变。随着整体杠杆率稳中趋降，金融风险有所缓释，具备加大金融对实体经济的支持、保持良好金融环境的条件。

4.3.2 不利因素

一是宏观经济内外部压力交织，经济下行压力加大，动荡源和风险点显著增加。尤其是在全球范围内暴发的新冠肺炎疫情，不仅给我国经济造成了不小的冲击，也给全球经济复苏前景蒙上了一定的阴影。

二是资管竞争格局在深刻变革，资管市场将迎来更加激烈的竞争。

三是信托业的转型发展进入攻坚期，传统展业模式受到挑战，对信托公司在风险控制能力、创新能力、科技能力、运营能力建设等方面均提出了更高要求。

四是行业风险防控形势依然严峻，金融机构的合规经营、风险防控面临更高的要求。

4.4 风险管理

4.4.1 风险管理概况

公司遵循全面、有效、合理、制衡、独立及可操作性的原则，建立了以股东会、董事会、监事会、经营层"三会一层"为主体的公司治理架构，形成了科学高效的决策、激励与约束机制，全链条增强风控把控能力，坚持严控风险、稳健发展。

公司立足于"稳健金融"核心目标，打造"一体八面"风险管理体系，按照"统一体系、纵深管控、精细管理、联防联控"总体风险管控模式，构建纵横交织、网状覆盖的全面风险管理体系，保证全面风险管理体系的科学性、适应性与完整性。

4.4.2 风险状况

4.4.2.1 信用风险状况

报告期内，公司严格履行受托人尽职管理职责，信托业务和固有业务整体运行情况良好，全年未发生重大经营风险，公司总体信用风险基本可控。

4.4.2.2 市场风险状况

报告期内，公司坚持稳健运营的策略，密切关注宏观政策导向，充分深入调研，对有价证券投资管理状况进行实时监测，建立各类分析模型测算资产风险控制指标的变化，控制总体证券投资规模和比例，设置限制性指标和止损限额，通过投资组合分散投资风险。

4.4.2.3 操作风险状况

报告期内，公司未发生由于操作风险而导致损失的情况。

4.4.2.4 流动性风险状况

报告期内，公司未发生由于流动性问题而导致重大经营风险的情况。

4.4.2.5 声誉风险状况

报告期内，公司未发生重大负面舆情的情况。

4.4.3 风险管理

4.4.3.1 信用风险管理

公司根据国家宏观经济形势、产业发展政策以及地区和行业发展现状，积极调整和优化信托业务结构，加强信用风险防范的前瞻性、有效性和及时性，强化过程管理和风险预警处置，及时转移、释放和化解信用风险。

4.4.3.2 市场风险管理

公司坚持稳健运营的策略，重视市场风险的管理。密切关注国家宏观政策变化，加强对宏观经济金融形势、调控政策及行业周期性的研究，为决策提供支持；对市场风险实施限额管理，根据业务性质、资本规模和风险承受能力制定对各类业务和各级限额的内部审批程序和操作规程；建立逐日盯市制度，建立风险预警台账，动态监测项目安全边际，做实保证金追加机制，严格控制股价变动风险；在全面风险监控的基础上建立定期风险报告机制，以便于公司管理层及时了解公司市场风险状况，并对市场风险事项形成风险处置和化解方案。

4.4.3.3 操作风险管理

公司不断修订和完善内部各项规章制度，在业务尽职调查、审批决策、风险监控、信息披露等方面不断细化管理要求；进行合理的岗位设置和有效的职责分离，各利益相关方在授权范围内独立运作的同时，加强彼此之间的协同配合；加强对公司员工行为的规范管理和宣导；加快信息系统建设步伐，搭建便于操作的业务系统，切实降低操作风险；建立操作风险事故监测、报告机制，保证及时发现操作风险事故。

4.4.3.4 法律风险管理

公司持续关注法律、法规、监管规定及行业准则的最新发展动态。持续检查、评估业务的合规性，引导各项业务严格遵守国家各项法律法规。加强法律和合规研究，加大合规培训力度和监管文件、政策宣传力度。重要合同协议的制定、涉诉案件的处理均应征求具备相关条件资质和从业经验的律师事务所的专业意见。强化第三方中介机构管理，充分运用中介工作成果，对项目决策提供合理依据。

4.4.3.5 流动性风险管理

公司坚持稳健运营的基本原则，合理制定固有资产投资策略，审慎进行固有资产投资和管理。

4.4.3.6 声誉风险管理

公司高度重视声誉风险管理，遵循声誉风险管理"前瞻性、匹配性、全覆盖、有效性"的四项重要原则，将公司声誉构建与公司发展战略、企业文化进行有机结合，形成融合统一的声誉风险监管制度，指导行业机构加强声誉风险管理、优化完善体制机制、有效防范应对声誉风险。

4.5 净资本管理

指标名称	期末数	监管标准
净资本（亿元）	197.66	≥2
各项业务风险资本之和（亿元）	127.20	—
净资本/各项业务风险资本之和（%）	155.39	≥100
净资本/净资产（%）	87.97	≥40

5. 会计报表

5.1 固有资产

5.1.1 会计师事务所审计意见全文

天职业字〔2021〕第1440号审计报告审计意见：五矿国际信托有限公司财务报表在所有重大方面按照企业会计准则的规定编制，公允反映了五矿信托2020年12月31日的财务状况及2020年度的经营成果和现金流量。

5.1.2 资产负债表

资产负债表

编制单位：五矿国际信托有限公司　　2020年12月31日　　单位：万元

项　目	2020年12月31日	2019年12月31日
资产：		
货币资金	187 741.14	111 716.76
结算备付金	—	—
拆出资金	—	—
衍生金融资产	—	—
应收款项	—	—
应收款项融资	—	—
合同资产	—	—
买入返售金融资产	—	—
持有待售资产	—	—
发放贷款及垫款	—	—
金融投资：	—	—
交易性金融资产	2 199 693.08	1 605 931.25
债权投资	16 355.18	13 718.34
其他债权投资	—	—
其他权益工具投资	—	—
长期股权投资	—	—
投资性房地产	—	—
固定资产	2 792.19	2 105.74
在建工程	—	—
无形资产	7 443.80	3 552.27
递延所得税资产	34 962.21	43 172.75
其他资产	53 267.38	42 433.71
资产总计	2 502 254.98	1 822 630.82
负债：		
短期借款	—	—

续表

项　　目	2020年12月31日	2019年12月31日
拆入资金	—	—
交易性金融负债	23 166.76	—
衍生金融负债	—	—
卖出回购金融资产款	—	—
应付职工薪酬	70 592.04	53 486.36
应交税费	94 947.99	40 607.47
应付款项	—	—
合同负债	—	—
持有待售负债	—	—
预计负债	63 932.05	46 016.77
长期借款	—	—
应付债券	—	—
其中：优先股	—	—
永续债	—	—
递延所得税负债	—	—
其他负债	2 829.50	297 148.20
负债合计	255 468.34	437 258.80
所有者权益：		
实收资本	1 305 106.91	600 000.00
资本公积	150 000.00	150 000.00
减：库存股	—	—
其他综合收益	—	—
盈余公积	124 705.64	96 868.07
一般风险准备	116 285.71	92 436.01
未分配利润	550 688.38	446 067.94
所有者权益合计	2 246 786.64	1 385 372.02
负债及所有者权益总计	2 502 254.98	1 822 630.82

法定代表人：王卓　　主管会计工作负责人：刘雁　　会计机构负责人：罗曼

5.1.3 利润表

利润表

编制单位：五矿国际信托有限公司　　2020年度　　单位：万元

项　　目	2020年度	2019年度
一、营业收入	516 351.98	415 665.12
手续费及佣金净收入	375 430.35	352 709.94
其中：手续费及佣金收入	375 430.35	352 709.94
手续费及佣金支出	—	—
利息净收入	4 631.56	-14 742.97
其中：利息收入	9 966.75	5 506.18
利息支出	5 335.19	20 249.15
投资收益（损失以"-"号填列）	48 729.25	84 846.55
其中：对联营企业和合营企业的投资收益	—	—
以摊余成本计量的金融资产终止确认产生的收益（损失已"-"填列）	—	—
净敞口套期收益（损失以"-"号填列）	—	—
其他收益	55 604.06	[illegible]9 855.82
公允价值变动收益（损失以"-"号填列）	31 956.76	[illegible]7 004.22
汇兑收益/（损失）	—	—
其他业务收入	—	—
资产处置收益（损失以"-"号填列）	—	—
二、营业支出	145 735.60	135 386.54
税金及附加	2 701.15	2 374.30
业务及管理费	143 107.53	131 270.87
资产减值损失	—	—
信用减值损失	-78.36	1 733.86
其他资产减值损失	—	—
其他业务成本	5.78	7.51
三、营业利润（损失以"-"号填列）	370 616.38	2[illegible] 278.58
加：营业外收入	66.[illegible]3	78.61
减：营业外支出	375.36	253.62
四、利润总额（损失以"-"号填列）	370 307.15	2[illegible] 103.57
减：所得税费用	91 931.38	[illegible]641.41
五、净利润（损失以"-"号填列）	278 375.77	210 462.16
（一）持续经营净利润（净亏损以"-"号填列）	278 375.77	210 462.16
（二）终止经营净利润（净亏损以"-"号填列）	—	—
六、其他综合收益的税后净额	—	—
（一）不能重分类进损益的其他综合收益	—	—
1. 重新计量设定受益计划变动额	—	—
2. 权益法下不能转损益的其他综合收益	—	—
3. 其他权益工具投资公允价值变动	—	—
4. 企业自身信用风险公允价值变动	—	—
（二）将重分类进损益的其他综合收益	—	—
1. 权益法下可转损益的其他综合收益	—	—
2. 其他债权投资公允价值变动	—	—
3. 金融资产重分类计入其他综合收益的金额	—	—
4. 其他债权投资信用减值准备	—	—
5. 现金流量套期储备（现金流量套期损益的有效部分）	—	—
6. 外币财务报表折算差额	—	—
7. 其他	—	—
七、综合收益总额	278 375.77	210 462.16

法定代表人：王卓　　主管会计工作负责人：刘雁　　会计机构负责人：罗曼

5.2 信托资产

5.2.1 信托项目资产负债汇总表

信托项目资产负债汇总表

编制单位：五矿国际信托有限公司　　2020 年 12 月 31 日　　单位：万元

信托资产	期末数	期初数	信托负债和信托权益	期末数	期初数
信托资产			信托负债		
货币资金	2 399 701.52	782 051.92	应交税费	38 612.11	793.19
存放同业款项	—	—	其他应付款	1 059 207.82	864 390.96
交易性金融资产	7 456 279.52	497 790.62	应付账款	12 205.72	4 667.33
买入返售金融资产	207 572.66	—	长期应付款	—	—
应收票据	0.73	—	其他负债	—	—
应收账款	—	—	信托负债合计	1 110 025.65	869 851.48
应收利息	51 746.24	10 025.55			
其他应收款	125 616.89	610 557.36			
贷款	21 395 826.88	24 970 269.04	信托权益：		
可供出售金融资产	37 388 241.12	59 290 705.80	实收信托	69 116 759.81	87 506 181.17
长期应收款	—	—	资本公积	102 023.28	99 098.13
长期股权投资	1 259 122.21	2 336 237.04	未分配利润	−43 559.51	22 516.20
应收股利	1 141.46	9.64	信托权益合计	69 175 223.58	87 627 795.50
其他资产	—	—			
信托资产总计	70 285 249.23	88 497 646.98	信托负债和权益总计	70 285 249.23	88 497 646.98

5.2.2 信托项目利润及利润分配汇总表

信托项目利润及利润分配汇总表

编制单位：五矿国际信托有限公司　　2020 年度　　单位：万元

项目	2020 年度
一、营业收入	6 627 628.97
利息收入	2 181 000.60
投资收益	4 460 759.46
租赁收入	—
公允价值变动损益	−15 977.48
汇兑损益	—
其他收入	1 846.39
二、营业费用	1 293 357.61
三、营业税金及附加	21 728.74
四、营业外支出	54.00
五、扣除资产损失前的信托利润	5 312 488.62
减：资产减值损失	—
六、扣除资产损失后的信托利润	5 312 488.62
加：期初未分配信托利润	22 516.20
七、可供分配的信托利润	5 335 004.82
减：本期已分配信托利润	5 378 564.31
八、期末未分配信托利润	−43 559.51

6. 会计报表附注

6.1 会计报表编制基础

本公司会计报表按照财政部颁布的企业会计准则及其应用指南、解释及其他有关规定（统称企业会计准则）编制。

6.2 报告年度重要会计政策、会计估计的变更

6.2.1 重要会计政策变更

本公司自 2020 年 1 月 1 日采用《企业会计准则第 14 号——收入》（财会〔2017〕22 号）相关规定，根据累积影响数，调整年初留存收益及财务报表其他相关项目金额，对可比期间信息不予调整。本次会计政策变更对本公司财务报表项目无影响。

6.2.2 重要会计估计变更

无。

6.3 或有事项说明

无。

6.4 重要资产转让及其出售的说明

无。

6.5 会计报表中重要项目的明细资料

6.5.1 固有资产经营情况

6.5.1.1 按照信用风险资产五级分类结果披露资产的期初数、期末数

信用风险资产五级分类	正常类（万元）	关注类（万元）	次级类（万元）	可疑类（万元）	损失类（万元）	信用风险资产合计（万元）	不良资产合计（万元）	不良资产率（%）
期初数	1 746 534. 39	—	—	40 944. 97	31 734. 97	1 819 214. 33	72 679. 94	3. 88
期末数	2 449 588. 37	—	—	582. 71	31 104. 43	2 481 275. 51	31 687. 14	1. 25

6.5.1.2 资产减值准备情况

单位：万元

	期初数	本期计提	本期转回	本期核销	期末数
贷款损失准备	—	—	—	—	—
一般准备	—	—	—	—	—
专项准备	—	—	—	—	—
其他资产减值准备	—	—	—	—	—
持有至到期投资减值准备	—	—	—	—	—
长期股权投资减值准备	—	—	—	—	—
坏账准备	52 559. 09	551. 68	630. 54	20 702. 77	31 777. 46
投资性房地产减值准备	—	—	—	—	—

6.5.1.3 固有股票投资、基金投资、债券投资、金融股权投资等投资情况

单位：万元

项目	股票	基金	债券	金融股权投资	其他投资	合计
期初数	17 145. 43	614 288. 93	41 682. 59	59 539. 98	886 992. 66	1 619 649. 59
期末数	15 595. 23	79 463. 22	62 981. 34	60 652. 17	997 356. 30	2 216 048. 26

6.5.1.4 金融股权投资明细表

被投资企业名称	被投资企业所属行业	投资成本（万元）	年末股权比例（%）
中国信托业保障基金有限责任公司	基金管理服务	50 000. 00	4. 35

6.5.1.5 固有贷款明细表

无。

6.5.1.6 表外业务的期初数、期末数

无。

6.5.1.7 公司当年收入结构

收入结构	金额（万元）	占比（%）
手续费及佣金收入	375 430. 35	71. 96
其中：信托手续费收入	375 430. 35	71. 96
利息收入	9 966. 75	1. 91
投资收益	48 729. 25	9. 33
其中：证券投资收益	8 206. 49	1. 57
其他收益	55 604. 06	10. 67
公允价值变动收益	31 956. 76	6. 12
其他业务收入	—	—
营业外收入	66. 13	0. 01
收入合计	521 753. 30	100. 00

6.5.2 披露信托资产管理情况

6.5.2.1 信托资产的期初数、期末数

单位：万元

信托资产	期初数	期末数
集合	68 775 457. 84	55 604 041. 76
单一	11 829 736. 34	9 461 796. 54
财产权	7 892 452. 80	5 219 410. 93
合计	88 497 646. 98	70 285 249. 23

6.5.2.2 主动管理型信托资产的期初数、期末数

单位：万元

主动管理型信托资产	期初数	期末数
证券投资类	1 128 580. 12	6 936 250. 30
股权投资类	2 333 537. 04	3 598 478. 30
其他投资类	11 448 848. 27	8 930 388. 08
融资类	50 091 265. 52	40 305 369. 69
事务管理类	—	—
合计	65 002 230. 95	59 770 486. 37

6.5.2.3 被动管理型信托资产的期初数、期末数

单位：万元

被动管理型信托资产	期初数	期末数
证券投资类	—	—
股权投资类	—	—
融资类	—	—
事务管理类	23 495 416. 03	10 514 762. 86
合计	23 495 416. 03	10 514 762. 86

6.5.2.4 本年度已清算结束的信托项目个数、实收信托合计金额、加权平均实际年化收益率

按集合、单一和财产管理类进行分类

已清算结束的信托项目	项目个数（个）	实收信托合计金额（万元）	加权平均实际年化收益率（%）
集合类	548	22 262 581. 92	5. 54
单一类	93	3 815 514. 44	6. 10

续表

已清算结束的信托项目	项目个数（个）	实收信托合计金额（万元）	加权平均实际年化收益率（%）
财产管理类	44	5 211 429.65	4.57

本年度已清算结束的主动管理型信托项目

已清算结束的信托项目	项目个数（个）	实收信托合计金额（万元）	加权平均实际年化信托报酬率（%）	加权平均实际年化收益率（%）
证券投资类	4	38 483.92	0.29	13.54
股权投资类	29	2 091 527.52	1.30	6.15
其他投资类	84	6 949 900.65	0.15	4.91
融资类	509	16 349 325.12	0.76	6.00

本年度已清算结束的被动管理型信托项目

已清算结束的信托项目	项目个数（个）	实收信托合计金额（万元）	加权平均实际年化信托报酬率（%）	加权平均实际年化收益率（%）
证券投资类	—	—	—	—
股权投资类	—	—	—	—
融资类	—	—	—	—
事务管理类	59	5 860 288.80	0.13	4.3

6.5.2.5 本年度新增的集合类、单一类和财产管理类信托项目个数及合计金额

新增信托项目	项目个数（个）	合计金额（万元）
集合类	687	27 175 765.60
单一类	370	3 252 275.32
财产管理类	43	3 111 283.97
新增合计	1100	33 539 324.89
其中：主动管理型	1069	30 888 772.75
被动管理型	31	2 650 552.14

6.6 关联方及其交易的披露

6.6.1 关联交易方的数量、关联交易的总金额及关联交易的定价原则等

项目	关联交易方数量（个）	关联交易金额（万元）	定价政策
合计	15	687 117.06	本公司2020年发生的关联方交易均根据一般正常的交易条件进行，并以市场价格作为定价依据

6.6.2 关联交易方与本公司的关系性质、关联交易方的名称、法定代表人、注册地址、注册资本及主营业务等

关系性质	关联方名称	法定代表人	注册地址	注册资本（亿元）	主营业务
母公司	五矿资本控股有限公司	赵立功	北京市海淀区三里河路5号	337.10	实业、高新技术产业、房地产项目投资，企业经营管理咨询等。
同一母公司	中国外贸金融租赁有限公司	高红飞	北京市海淀区三里河路1号北京市西苑饭店11号楼	51.66	融资租赁、固定收益类证券投资业务、同业拆借等。
同一母公司	五矿证券有限公司	黄海洲	深圳市福田区金田路4028号荣超经贸中心办公楼47层01单元	97.98	证券经纪、证券投资咨询、证券承销业务和证券资产管理业务、融资融券业务等。
同一母公司	五矿经易期货有限公司	张必珍	深圳市福田区益田路西福中路北新世界商务中心48层	27.15	许可经营项目是商品期货经纪、金融期货经纪、资产管理、期货投资咨询等。
本公司母公司的联营企业	绵阳市商业银行股份有限公司	何苗	四川省绵阳市涪城区临园路西段文竹街3号	12.44	吸收公众存款、发放贷款、办理国内结算等。
同一最终控制方	中国五矿股份有限公司	国文清	北京市海淀区三里河路5号	290.69	黑色金属、有色金属投资、销售，实业投资、资产管理等。
同一最终控制方的合营企业	五矿创新投资有限公司	熊小兵	北京市东城区朝阳门北大街5号201层01单元	10	项目投资、资产管理、投资管理、投资咨询等。
同一最终控制方	北京第五广场置业有限公司	郝刚	北京市东城区朝阳门北大街7号三层305单元、306单元	4.9	开发、建设、出售、出租用地范围内的房屋等。
同一最终控制方的联营企业	五矿财富投资管理有限公司	王涛	北京市东城区朝阳门北大街7号10层北侧	1	非证券业务的投资管理、投资咨询，财务咨询，经济信息咨询，私募股权投资等。
同一最终控制方	五矿保险经纪（北京）有限责任公司	肖健	北京市海淀区三里河路5号五矿大厦B座410室	0.1	商品期货经纪、金融期货经纪、资产管理、期货投资咨询等。
同一最终控制方的合营企业	鑫湖股权投资基金管理（湖北）有限公司	贾峭羽	武汉市江汉区经济开发区江兴路29号圈外创智中心B栋4层1号	0.1	管理或受托管理股权类投资并从事相关咨询服务业务。
同一最终控制方	天津中冶名泰置业有限公司	刘国宁	天津市河西区黑牛城道与内江北路交口西北侧七贤南里11-1-2801	1	房地产开发、物业管理、商品房销售、房屋租赁、企业管理服务、企业管理咨询等。
同一最终控制方	上海宝欣润置业有限公司	唐文革	上海市宝山区沪太路6397号1-2层A4298室	3.3	房地产开发、物业管理、市政公用建设工程施工、地基及基础建设工程施工、建筑装饰装修建设工程施工等。
同一最终控制方	上海中冶顾村大居置业有限公司	唐文革	上海市宝山区顾北东路365号A区959	0.15	房地产开发，地基与基础建设工程专业施工，室内装饰工程，园林绿化工程，装饰材料、建筑材料销售。

6.6.3 公司与关联方的重大交易事项

6.6.3.1 固有与关联方交易情况

单位：万元

项目	期初数	借方发生额	贷方发生额	期末数
贷款	—	—	—	—
投资	—	—	—	—
租赁	-55.61	17.35	5.78	-44.04
应收账款	—	—	—	—
担保	—	—	—	—
其他	104 433.41	9 111 508.27	9 094 480.58	121 461.10
合计	104 377.80	9 111 525.62	9 094 486.36	121 417.06

注：负数为应付款项。

6.6.3.2 信托与关联方交易情况

单位：万元

项目	期初数	借方发生额	贷方发生额	期末数
贷款	248 000.00	317 700.00	—	565 700.00
投资	—	—	—	—
租赁	—	—	—	—
应收账款	—	—	—	—
担保	—	—	—	—
其他	—	—	—	—
合计	248 000.00	317 700.00	—	565 700.00

6.6.3.3 固有与信托间的交易情况

单位：万元

项目	期初数	本期发生额	期末数
合计	850 479.32	1 147 821.12	1 998 300.44

6.6.3.4 信托项目间的交易情况

单位：万元

项目	期初数	本期发生额	期末数
合计	1 208 250.00	-61 076.62	1 147 173.38

6.6.4 报告期关联方逾期未偿还本公司资金及本公司为关联方担保发生或即将发生垫款的情况

无。

6.7 会计制度的披露

公司固有业务和信托业务均执行财政部颁布的企业会计准则及相关规定。

7. 财务情况说明书

7.1 利润实现和分配情况

2020 年初公司未分配利润为 446 067.94 万元，2020 年实现净利润 278 375.77 万元。2020 年利润分配如下：

分配 2019 年股东股利 122 068.05 万元；按照净利润的 10%提取法定盈余公积 27 837.57 万元；按照净利润的 5%提取信托赔偿准备金 13 918.79 万元，提至 79 066.58 万元；按照年末风险资产 1.5%提取一般风险准备金9 930.32万元，提至 37 219.13 万元。

2020 年期末未分配利润余额为 550 688.38 万元。

7.2 主要财务指标

指标名称	指标值
净资产收益率（%）	17.47
信托报酬率（%）	0.67
人均利润（万元）	602.13

7.3 对本公司财务状况、经营成果有重大影响的其他事项

无。

8. 特别事项揭示

8.1 股东报告期内变动情况及原因

无。

8.2 董事、监事及高级管理人员变动情况及原因

8.2.1 董事变动情况

无。

8.2.2 监事变动情况

公司 2020 年第四届监事会第二次会议通过调整公司第四届监事会组成人员的议案，推荐王茜、位志宇同志为公司监事人选。

公司 2020 年第四届监事会第四次会议通过监事会成员调整方案的议案，推荐蔡琦同志为公司监事人选。公司原监事刘雁同志不再担任公司监事。

8.2.3 高级管理人员变动情况

公司 2020 年第四届董事会第三次会议同意聘任王涛、刘家鸿先生为公司总经理助理，任职资格已获监管机构核准。

公司 2020 年第四届董事会第九次会议同意聘任刘雁同志为公司财务总监，兼任公司董事会秘书。蔡琦同志不再担任公司财务总监、不再兼任董事会秘书职务。

8.3 变更注册资本、注册地或公司名称、公司分立合并事项

经公司 2020 年第二次股东会审议通过，经中国银行保险监督管理委员会青海监管局批准（青银保监复〔2020〕63 号），公司住所由青海生物科技产业园纬二路 18 号变更为青海省西宁市城中区创业路 108 号南川工业园区投资服务中心 1 号楼 4 层，公司章程相应条款已进行修改。

经公司 2020 年第三次股东会审议通过，经中国银行保险监督管理委员会青海监管局批准（青银保监复〔2020〕186 号），公司股东单位实施同比例增资，注册资本金增至 130.51 亿元。

8.4 公司的重大诉讼事项

序号	原告	被告	标的金额(元)	案由	进展情况
1	五矿信托	上海荣腾置业有限公司、马建军	395 440 000.00	借款合同纠纷	2020 年 8 月上海高院做出维持变更本案申请执行人的裁定。涉案债权已转让,本案申请执行人已变更。
2	五矿信托	武汉金正茂商务有限公司、武汉徐东房地产开发有限公司等	600 000 000.00	营业信托纠纷	本案涉案债权已对外转让,处置完毕。因受让人委托,五矿信托继续受托处置汉正街项目资产。
3	五矿信托	成都森宇实业集团有限公司	518 698 630.14	借款合同纠纷	2016 年 3 月 22 日出具调解书,对方未履行,五矿信托已于 2016 年 5 月 17 日向青海省高级人民法院申请强制执行。目前该案正在执行中。
4	五矿信托	内蒙古中西矿业有限公司、甘肃建新实业集团有限公司、甘肃万星实业股份有限公司、刘建民、王爱琴	1 153 413 641.87	借款合同纠纷	2019 年 5 月,内蒙古卓资县人民法院裁定批准中西矿业重整计划草案并终止其重整程序,已收到部分回款,目前该案仍在执行中。
5	五矿信托	佛山振兴共济文化投资有限公司、云南振戎润德集团有限公司、广东振戎能源有限公司	591 140 110.00	营业信托纠纷	涉案债权已转让,青海高院已裁定终结本次执行。
6	五矿信托	云南振戎润德文化传播有限公司、云南振戎润德集团有限公司、杨瑞	44 833 941.67	借款合同纠纷	涉案债权已转让,青海高院已裁定终结本次执行。
7	五矿信托	重庆柏椿实业有限公司,重庆申基实业(集团)有限公司,申勇,申柯	99 970 000.00	借款合同纠纷	2020 年 11 月青海高院出具变更本案申请执行人的民事裁定。债权已转让,本案申请执行人已变更。
8	五矿信托	山西楼俊矿业集团有限公司	100 000 000.00	借款合同纠纷	重整计划执行完毕,五矿信托收到清偿款项,本案已结案。

8.5 公司及其董事、监事和高级管理人员受到处罚情况

报告期内,中国银保监会青海监管局向公司出具《行政处罚决定书》(青银保监罚决字〔2020〕26 号),认定公司违规接受保险资金投资事务管理类信托计划,对公司予以行政处罚,罚款 30 万元。公司的董事、监事和高级管理人员未发生受到处罚的情况。公司的董事、监事和高级管理人员未发生受到处罚的情况。

8.6 对中国银保监会提出的整改意见简要说明整改情况

2020 年,中国银保监会青海监管局先后对公司下发了《2019 年度监管意见书》《监管提示书》等监管文件,监管局在"夯实公司转型发展基础、强化风险防控责任担当、有力有效处置化解信托风险项目、加强重点领域风险管控、切实做好流动性风险监测"等方面向公司提出了监管意见、提示了风险。公司高度重视,对照监管意见逐一制定整改落实措施,明确工作目标、具体责任主体和整改要求,持续落实、动态跟踪监管意见的执行整改情况,确保贯彻落实到位。通过整改落实各项监管意见,公司的内控管理、公司治理、经营管理等各项能力水平进一步提高,公司内部控制体系更加完善,为公司高质量发展、稳健转型打下了坚实基础。

8.7 重大事项临时报告情况

2020 年 8 月 18 日,经中国银保监会青海监管局《关于同意公司修改章程的批复》(青银保监复〔2020〕99 号)同意,根据《信托公司股权管理暂行办法》,完成对公司章程的修改。

2020 年 9 月 4 日,经第四届董事会第九次会议审议,本公司会计报表审计机构由致同会计师事务所(特殊普通合伙)变更为天职会计师事务所(特殊普通合伙)。

8.8 中国银保监会及其省级派出机构认定的其他有必要让客户及相关利益人员了解的重要信息

无。

9. 公司监事会意见

报告期内,公司能够按照合法决策程序对重大事项进行决策,业务经营活动符合《中华人民共和国公司法》《中华人民共和国信托法》《信托公司管理办法》及《信托公司治理指引》等有关法律规定;董事、高级管理人员能够合法合规履行公司职务;天职国际会计师事务所(特殊普通合伙)出具的 2020 年度"标准无保留意见"审计报告,真实、客观地反映了公司的财务状况和经营结果。

西部信托有限公司

1. 重要提示

1.1 本公司董事会及董事保证本报告所载资料不存在任何虚假记载、误导性陈述或重大遗漏，并对其内容的真实性、准确性和完整性承担个别及连带责任。

1.2 公司独立董事声明本年度报告内容真实、准确和完整。

1.3 天职国际会计师事务所为本公司出具了无保留意见的年度审计报告。

1.4 公司董事长徐谦、主管会计工作的副总经理刘洁及计划财务部经理甄明声明：保证本年度报告中财务报告的真实、完整。

2. 公司概况

2.1 公司简介

2.1.1 中文名称：西部信托有限公司
中文名称简写：西部信托
英文名称：Western Trust Co.,Ltd.
英文名称缩写：WT

2.1.2 法定代表人：徐谦

2.1.3 注册地址：陕西省西安市东新街232号
邮政编码：710004

2.1.4 公司国际互联网网址：www.wti-xa.com
电子信箱：wti-xa@wti-xa.com

2.1.5 公司信息披露负责人：刘洁
联系电话：029-87396585
传真电话：029-87406300
电子信箱：wti-xa@wti-xa.com

2.1.6 选定的信息披露报纸：《上海证券报》《证券时报》《中国证券报》

2.1.7 年度报告备置地点：陕西省西安市东新街232号信托大厦15楼

2.1.8 聘请的会计师事务所：天职国际会计师事务所西安分所
地址：西安市雁塔区唐延路13号禾盛京广D座25层

2.1.9 聘请的律师事务所：北京金诚同达律师事务所西安分所
地址：西安市沣惠南路华晶广场B座15层

2.2 组织结构

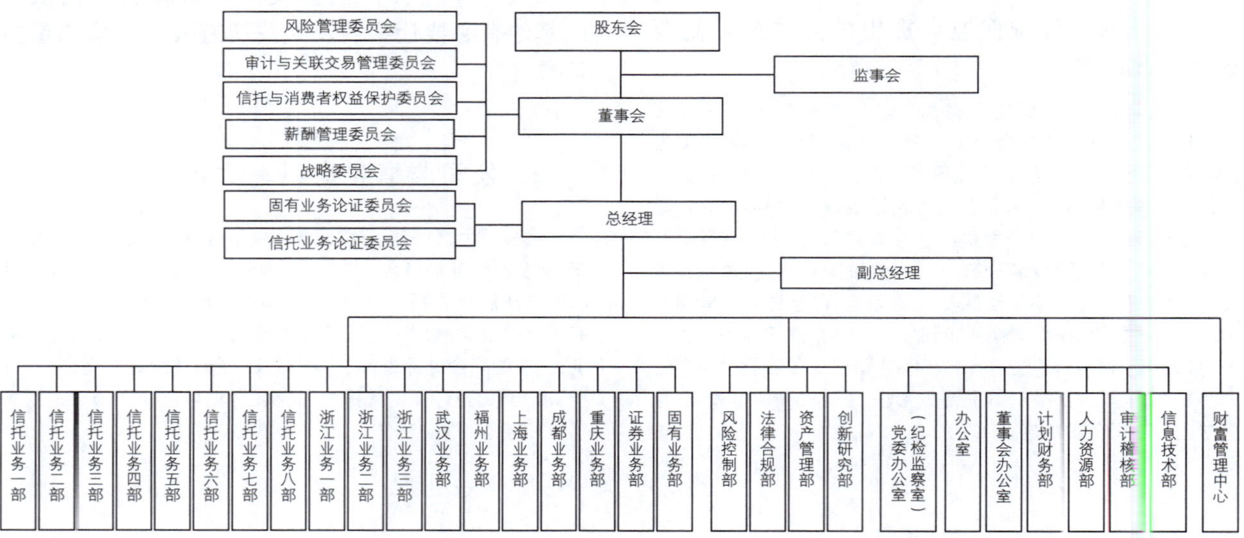

3. 公司治理

3.1 股东

截至2020年末，公司股东总数24个。

股东名称	持股比例(%)	法人代表	注册资本(万元)	注册地址	主要经营业务及主要财务情况
陕西投资集团有限公司	57.78	袁小宁	1 000 000.00	陕西省西安市新城区东新街232号陕西信托大厦11—13楼	煤田地质、水文地质、矿产勘察的筹建，地质技术服务、地质灾害处理；测绘工程、工程勘察、地基与基础工程的施工等。
陕西省产业投资有限公司	8.66	霍　熠	80 000.00	陕西省西安市莲湖区青年路92号	装备制造、能源交通、电子信息、原材料、矿产资源、房地产、农林及产业项目的投资建设和运营等。
陕西延长石油(集团)有限责任公司	5.15	兰建文	1 000 000.00	陕西省延安市宝塔区枣园路延长石油办公基地	石油和天然气、油气共生或钻遇矿藏的勘探、开采、生产建设、加工、运输、销售和综合利用等。

3.2 董事

董事长、董事

姓名	职务	性别	年龄(岁)	选任日期	所推举的股东名称	该股东持股比例(%)	简要履历
徐　谦	董事长	男	49	2019年3月	陕西投资集团有限公司	57.78	1993年7月参加工作，博士研究生学历，经济学博士学位，中共党员，曾任西部信托有限公司总经理。
王毛安	董　事	男	53	2015年11月	陕西投资集团有限公司	57.78	1991年7月参加工作，硕士研究生学历，经济学硕士学位，高级会计师职称，注册会计师资格，中共党员，现任陕西投资集团有限公司金融管理部主任。
栾　兰	董　事	男	37	2019年3月	陕西投资集团有限公司	57.78	2007年7月参加工作，大学学历，工业工程和管理学学位，经济师职称，中共党员，现任陕西投资集团总经理助理、陕投资本管理有限公司党总支书记、董事长。
刘　千	董　事	女	51	2019年3月	陕西投资集团有限公司	57.78	1992年7月参加工作，大学学历，高级会计师职称，中共党员，现任陕西能源投资股份有限公司财务总监。
刘平安	董　事	男	36	2019年3月	陕西省产业投资有限公司	8.66	2010年5月参加工作，硕士研究生学历，金融学硕士学位，中级经济师，中共党员，现任陕西省产业投资有限公司副总经理。
杨　驰	职工董事	男	37	2020年6月	西部信托有限公司	—	2011年12月参加工作，硕士研究生学历，中共党员，现任西部信托有限公司风险控制部总经理。

独立董事

姓　名	所在单位及职务	性别	年龄(岁)	选任日期	所推举的股东名称	该股东持股比例(%)	简要履历
文富胜	青岛星耀领航投资管理有限公司创始合伙人	男	52	2015年11月	—	—	大学本科学历，经济学学士。曾取得注册会计师、律师、注册资产评估师、经济师(金融)、保荐代表人等资格。
马旭飞	清华大学经济管理学院创新创业与战略系和清华大学深圳国际研究生院创新管理学科教授、博士生导师	男	48	2015年11月	—	—	研究生学历，博士学位，先后毕业于西安交通大学、加拿大萨省大学商学院、新加坡国立大学商学院，战略管理和国际企业管理领域的知名学者。
田高良	西安交通大学管理学院教授	男	56	2019年3月	—	—	管理学博士，中国人民大学工商管理博士后，全国会计学术类领军人才。

3.3 监事

监事会成员

姓名	职务	性别	年龄(岁)	选任日期	所推举的股东名称	该股东持股比例(%)	简要履历
教忠东	监事会主席	男	47	2019年11月	彩虹集团有限公司	5.01	历任中国电子信息产业集团有限公司审计部项目主管、监察审计部审计处副处长、审计部审计处副处长，中国电子器材总公司总会计师，中国中电国际信息服务有限公司总经理助理兼北京分部总经理等职务；现任彩虹集团有限公司纪委书记、党委委员、监事会主席。
孙　飚	监事	男	53	2012年8月	重庆中侨置业有限公司	3.90	2000年至2020年7月担任重庆中侨置业有限公司董事长。
兰　馨	职工监事	女	37	2019年11月	西部信托有限公司	—	曾在西部信托有限公司风控合规部、财富管理中心工作，曾任西部信托有限公司法律合规部法务总监；现任西部信托有限公司法律合规部副总经理，主持工作。

本公司监事会未设立下属委员会。

3.4 高级管理人员

姓名	职务	性别	年龄（岁）	选任日期	金融从业年限（年）	学历	专业	简要履历
贾　旭	总经理	男	51	2019 年 3 月	28	研究生	工商 管理	中共党员，经济师，硕士学位，研究生学历，曾任西部信托有限公司市场营销部经理、信托二部经理、总经理助理、副总经理。
刘　洁	副总经理 董事会秘书	女	51	2019 年 3 月	20	研究生	工商管理	硕士学位，研究生学历，高级经济师、注册会计师，曾任西部证券投资银行部高级经理，长安信托审计部总经理、风险控制部总经理、合规风险总监、公司监事。
雷　秦	副总经理	女	49	2020 年 12 月	5	研究生	工业工程	中共党员，硕士学位，正高级经济师，曾任西部信托有限公司办公室主任、董事会办公室主任、公司纪委副书记、工会副主席。
蔡梦诗	副总经理	女	38	2019 年 3 月	14	研究生	政治经济学	中共党员，硕士学位，研究生学历，经济师，曾任浙江省工商信托公司管理部总经理助理，万向信托有限公司管理部执行总经理、财富管理总部总经理、运营总监，西部信托有限公司浙江业务总部总经理，公司总经理助理。
韩宗望	副总经理	男	48	2019 年 3 月	25	研究生	工商管理	硕士学位，研究生学历，经济师，曾任西部信托有限公司信托业务六部部门总经理、广东业务总部总经理、公司总经理助理。

注：截至报告期雷秦任公司副总经理的任职资格仍在批复中。

3.5 公司员工

项目		报告期年度		上年度	
		人数（人）	比例（%）	人数（人）	比例（%）
年龄分布	25 岁以下	2	0.58	8	2.17
	25～29 岁	75	21.61	91	24.80
	30～39 岁	199	57.35	197	53.68
	40 岁以上	71	20.46	71	19.35
学历分布	博士	4	1.15	3	0.82
	硕士	155	44.67	161	43.87
	本科	156	44.96	170	46.32
	专科	30	8.65	30	8.17
	其他	2	0.57	3	0.82
岗位分布	董事、监事及其高级管理人员	7	2.02	6	1.63
	自营业务人员	4	1.15	4	1.09
	信托业务人员	143	41.21	157	42.78
	其他人员	193	55.62	200	54.50

4. 经营管理

4.1 经营目标、经营方针、战略规划

围绕着建立一流、优秀的信托公司为发展目标，公司综合发掘各类资源，在公司内部逐步建立健全现代企业制度，建造科学合理的经营管理体制、激励机制和风险内控系统，为客户提供专业化的综合金融服务，为信托受益人谋求利益最大化，为股东创造价值最大化，为员工提供良好的成长机会，使公司成为专业理财金融机构。

以“防风险、补短板、促转型、保增长”为总体基调，采取有效的风险防控措施，确保存续信托项目平稳运行，稳步适度开展传统业务，积极推进符合发展趋势的创新业务，夯实业务发展基础，加快业务转型，提升发展质量。

公司坚持“受人之托，代人理财”的服务宗旨，以“跟随主流市场同时打造自身特色，进行业务综合布局”为战略方向，以“在锁定基石业务基础上，积极培养战略创新业务和传统业务创新思路”为战略定位，以立足陕西、拓展全国性业务为路径，通过若干年的努力，形成公司新的可持续发展的基础、提升发展质量，将公司打造成为行业内具有特色、具有一定竞争力的资产管理和财富管理公司。

4.2 所经营业务的主要内容

公司所经营业务包括固有资产管理业务和信托业务。信托业务主要是资金信托、股权信托和财务顾问等业务；固有资产管理业务主要是股权投资、贷款和证券投资。

自营资产运用与分布表

资产运用	金额（万元）	占比（%）	资产分布	金额（万元）	占比（%）
货币资产	2 178.08	0.32	基础产业	—	—
贷款及应收款	1 755.93	0.26	房地产业	—	—
交易性金融资产	0.91	—	证券市场	347 575.72	51.01
可供出售金融资产	447 857.69	65.73	实业	—	—
持有至到期投资	41 072.71	6.03	金融机构	231 115.78	33.92
其他	188 517.91	27.66	其他	102 69[illegible].73	15.07
资产总计	681 383.23	100.00	资产总计	681 38[illegible].23	100.00

信托资产运用与分布表

资产运用	金额（万元）	占比（%）	资产分布	金额（万元）	占比（%）
货币资产	338 095.05	1.14	基础产业	2 007 [illegible]58.21	6.75
贷款	10 955 521.83	36.83	房地产	3 350 [illegible]65.76	11.26
交易性金融资产	748 717.65	2.52	证券市场	827 [illegible]86.60	2.78
持有至到期投资	5 921 175.80	19.90	实业	22 043 [illegible]36.45	74.10
长期股权投资	1 617 449.53	5.44	金融机构	1 469 [illegible]73.12	4.94
其他	10 168 158.06	34.17	其他	50 [illegible]97.78	0.17
信托资产总计	29 749 117.92	100.00	信托资产总计	29 749 [illegible]17.92	100.00

4.3 市场分析

2020年,信托行业在"防风险、去通道、降融资、谋转型"的主基调下,继续回归本源,个别信托公司风险暴露有所增加,严监管态势不断加码,防范化解金融风险压力前所未有。展望2021年,《信托公司资金信托管理暂行办法》和《信托公司资本金管理办法》即将颁布,在此背景下,传统的房地产、同业通道、融资类业务还将进一步被压缩,信托行业已步入回归本源、转型发展的"新常态"。

4.4 内部控制

公司重视内控建设,公司股东会、董事会、监事会、经营管理层各自的职能分工明确,建立了决策层、执行层、监督层构成的内部控制架构,在公司的经营发展中发挥着各自的职能与作用,形成了各层既相互独立,又相互制衡、相互协调的内部控制机制。

公司一直秉承"稳健经营、持续发展"的经营理念,始终把风险控制放在经营管理的首要位置,多层次、全方位推动积极有效的内控文化建设。通过培训学习、印发制度汇编等多种途径使全体员工熟悉公司的各项规章制度及业务操作流程;通过审计检查、考核激励与问责不断强化员工的合规经营和风险控制意识。

公司董事会下设风险管理委员会、信托与消费者权益保护委员会、薪酬管理委员会、战略委员会、审计与关联交易管理委员会。各委员会职责清晰、分工明确,协助董事会开展公司各项工作。公司引入独立董事制度,并由独立董事出任信托与消费者权益保护委员会、薪酬管理委员会和审计与关联交易管理委员会主任委员,以控制公司重大业务的经营风险,实现公司的稳健持续发展。

公司层面设置了信托业务论证委员会和固有业务论证委员会,建立了有效的业务咨询系统。业务部门在开办业务时首先要经过详细的可行性分析,经风险控制部进行项目预审,法律合规部合规审查,再提交专业论证委员会进行审议表决。公司审计稽核部负责内审工作,遵循内部审计准则和稽核工作规范,独立、客观地履行职能。公司《授权管理办法》对股东会、董事会、经营班子各层级业务权限做出了明确规定,实行分级授权审批控制。

公司设立了业务风险控制委员会,人员由公司总经理、副总经理等组成,通过定期对业务项目风险跟踪、分析,对项目运行过程中的风险情况进行认真评估,排查业务项目风险隐患,建立了风险预警机制。

公司固有财产和信托财产设立独立的部门分别管理,各部门和岗位,职权分明,职能独立。公司不断地完善制度体系,将内部综合管理、业务管理、财务管理三大类制度进行梳理与汇总,力求公司经营管理环节都做到有章可循,照章办事。

公司建立了良好的信息交流与沟通制度,通过公司网站、每周例会、办公自动化系统、管理月报、中层以上管理人员不定期工作会议等形式达到各层级顺畅的信息共享与互动。

公司依照规定的程序,及时、完整、准确地向监管部门报备有关材料,向社会公众披露相关信息,并积极整合反馈信息,将其有效地运用于公司的经营管理中。公司还邀请监管机构代表列席董事会、股东会会议,接受监管部门监督。公司能够严格执行向委托人(受益人)披露信托事务处理信息的有关制度,依据有关文件约定能及时召开委托人(受益人)会议,确保相关当事人的知情权。对于监管机构和委托人(受益人)提出的问题或建议,公司均能给予及时、详细的信息反馈。

公司建立了内部控制评价、监督、纠正机制。公司审计稽核部作为公司独立的专职监督部门,以防范风险、纠正违规、加强内控为工作目标,对公司的内部控制、操作风险及合规管理进行独立监督和评价,及时发现内部控制缺陷或项目操作风险,提出改进建议并敦促改进,促进公司的稳健发展。法律合规部负责对公司的法规工作进行统一的规划、指导、监督、检查及评价,确保公司及项目合法合规。

本报告期内,公司审计稽核部按照《企业内部控制基本规范》的有关规定,在公司治理、内部控制管理、业务流程与执行等多个方面开展了审计工作,并提出了审计管理建议。报告期内审计稽核部两次对审计工作中发现的问题进行整改检查,使有关问题及时得到解决。

4.5 风险管理

公司经营活动中可能遇到的风险主要有战略规划风险、信用风险、市场风险、操作风险、流动性风险、创新业务管理风险、合规风险、反洗钱风险、关联交易风险、财务风险、信息技术风险、其他风险等。

风险管理贯彻全面性、审慎性、及时性、有效性、独立性的原则,覆盖公司各项业务、各个部门和各级人员,并渗透到决策、执行、监督、反馈等各个环节,对风险进行事前防范、事中控制、事后监督,促进公司持续、稳健、规范、健康运行。

公司风险管理体系按照公司法、公司章程和授权管理办法进行构建,实行风险分层分级管理,明确各级风险责任单位的风险管理职责和责任。

4.5.1 战略规划风险管理

公司加强宏观经济研究,注重公司内外部各类信息的搜集整理,包括历史数据和未来预测,为公司制订规划、作出决策提供依据;聘请专业第三方机构,根据行业发展、监管导向及公司经营目标、风险策略、业务资源禀赋等,协助制订切实可行的战略规划。

4.5.2 信用风险管理

公司为有效防控和管理信用风险,一是通过建立并适时调整业务指引,明确主要业务的准入标准及风控要求,引入并优化量化风险评估指标及信用评级机制,对交易对手进行全面、深入的信用风险评估与分析,形成客观、翔实的尽职调查报告,严格执行业务审批流程,在对尽职调查报告进行严密分析的基础上,结合现场调查及公开信息形成审查报告,并向决策机构充分揭示业务涉及的信用风险;二是坚持从严的风险控制措施,对于保证担保,按照公司相关尽职调查要求,对保证人进行充分调查,以判断其是否具备担保能力,对于抵(质)押担保,严格审查抵(质)押物的权属有效性、合法性,客观、公正评估抵(质)押物,控制合理的抵(质)押率;三是加强项目运行期间动态管理和监控,通过定期资产五级分类和定期或不定期的检查、抽查跟踪业务等进行风险事中控制,发现问题及时采取措施有效防范和化解信用风险;四是通过提取信托赔偿准备金和计提资产损失准备金来提高公司抵御信用风险的能力。公司采用“备抵法”计提一般准备，据实计提专项准备。贷款资产减值准备计提标准：正常类计提比例为0；关注类计提比例为2%；次级类计提比例为25%；可疑类计提比例为50%；损失类计提比例为100%。2020年，不良资产期初数为21 450.26万元，期末数为18 213.00万元，期末已计提资产减值准备15 485.39万元。

4.5.3 市场风险管理

公司为加强市场风险管理，一是加强了对经济及金融形势的分析预测，关注行业状况，按年度制订业务发展规划；二是在项目开展前期，对金融市场有可能产生的市场风险的各个因素进行分析研究，提早做好防范措施，采取分散投资、分散风险的方法，通过业务种类、产品结构的多元化提升公司抵御金融市场风险的整体能力；通过时机和标的资产选择来寻找投资机会，妥善管理和控制市场波动带来的风险；三是通过密切跟踪宏观经济变化，增强预见性，防范利率风险，控制行业集中度，关注政策导向研究，回避限制行业，以规避市场风险；四是在项目运行过程中，严格执行公司期间管理要求，并根据市场变化及时补充制定必要的期间管控措施，以防范市场风险。

4.5.4 操作风险管理

公司为防止操作风险的发生，公司一是制定了科学合理的业务表决和决策机制，设定合理的决策权限、审批流程，建立了严格的决策信息采集、传递程序，使决策人能够充分掌握基础决策信息，同时通过各种方式不断提高相关决策人自身决策素质和决策能力，以控制业务决策过程中的操作风险；二是公司不断加强业务内控制度建设，定期梳理和完善业务制度、操作流程，加强精细化管理，设置相互制衡的岗位，强化复核机制，加强员工培训，提高员工业务技能，通过技术手段对操作权限和内容进行程序设定、实行操作违规处罚、制定应急预案等措施控制操作风险；三是强化信息系统建设，形成标准化的线上业务流程，并加强信息技术风险管理，有效控制操作风险。

4.5.5 流动性风险管理

公司为加强流动性风险的管理，一是在项目前期评审阶段从多个方面评判债务人到期的偿付能力，明确还款来源，设置合理的流动性监测管理方案；二是严格按照监管部门及公司要求，对项目进行持续跟踪，并根据项目的具体情况进行充分的压力测试，严格后续管理，持续关注公司的后续经营状况，了解其经营风险，重要时点的流动性风险，在债务人出现或有流动性风险时，及时采取有效措施进行化解，严防流动性风险的出现；三是公司在自有资金使用方面，制定了严格的使用投向，只能将自有资金投向流动性较强的固定收益类产品或公司主动管理的信托计划，严控流动性风险。

4.5.6 创新业务风险管理

公司一方面，设立了创新研究部和产品部（家族信托办公室）并引进专业人才，不断推进与公司资源禀赋、风险管控能力相匹配创新业务的研究和推广工作；另一方面，风险管理人员加强专业能力提升，深度挖掘创新业务的审查审批模式，充分识别创新项目特有的风险，并在风险管理制度上对创新业务的风险管理进行持续完善，充分识别创新项目特有的期间决策及管理风险、金融科技风险、操作风险等，与知名金融科技企业联合开发创新业务管理系统，加强对创新项目的运营管理，并制定针对性的期间管理方案，持续提升风险管理水平的专业化程度，积极识别、评估和应对创新业务管理风险。

4.5.7 合规风险管理

公司加强合规风险管理制度和体系的建设，进一步完善制度建设工作，不断夯实公司管理基础，规范业务开展，保障公司依法合规经营；加强员工行为合规管理，注重制度的执行、落实，从员工培训、教育，监督纪律处罚等方面，对公司人员及其行为规范进行约束和管理；重视合规文化建设，提倡全员合规、合规从高层做起的管理理念，树立“合规管理是公司经营的立足之本”这一风险管理的核心价值观念。

4.5.8 反洗钱风险管理

为防范反洗钱风险的发生，公司通过指定特定部门专门负责反洗钱工作，制定反洗钱的内部制度、操作规程、控制措施并建设完善相关系统，定期或不定期地对公司全员进行反洗钱培训，增强反洗钱工作能力。持续加强反洗钱内部控制制度建设，确保反洗钱内部控制制度流程具备完整性和可操作性，公司相关负责人对反洗钱内部控制制度和流程的有效实施负责。

4.5.9 关联交易风险管理

为防范关联交易风险的发生，公司建立完善了关联交易管理的相关制度及监督运行机制，根据《企业会计准则》及相关法律法规要求，充分明确关联方及关联交易的认定标准，在经营管理和业务开展的过程中，加强对于关联方和关联交易的判断识别及公司内部管理控制，建立关联方名单管理制度；严格按照相关法律法规及监管要求以市场公允价格开展关联交易，并严格按照监管要求对关联交易进行事前报告。

4.5.10 财务风险管理

为防范财务风险，公司财务工作通过开展精细化管理、全面风险管理和全面预算管理工作，不断提升财务管理能力和财务风险控制水平。一是继续完善财务管理制度，健全财务管理制度体系，为防范财务风险提供制度保障；二是继续充实财务岗位职责，优化财务岗位职责分工，建立清晰的财务岗位职责界限；三是开展财务工作清单化管理，进一步明确财务工作内容和工作目标；四是继续优化财务业务流程，建立高效并且风险可控的财务流程体系；五是积极实施财务信息化管理应用，通过信息化手段提升财务风险控制能力；六是加强财务人员职业道德和专业能力教育，进一步提升财务管理道德风险控制水平。

4.5.11 信息技术风险管理

公司在成立信息技术部并引进专业人才的基础上，详细制订了未来三年的信息建设规划，科学指导信息科技建设。在协同办公平台运行的基础上，充分配合业务转型的需要，开发与创新业务匹配的业务管理系统。公司还将建立信息安全管理制度，实行关键设备、系统、数据备份；选择成熟应用软件和可信的应用软件开发商合作，保证信息系统的安全性，有效管控各类信息技术风险。

4.5.12 其他风险管理

公司为防范其他风险，一是通过加强对宏观政策和行业政策的跟踪、研究，提高预见性和前瞻性，有效控制和管理政策风险；二是通过建立完善的公司治理结构、严格的内控制度、标准化的业务流程以规避或降低职业道德风险，加强公司内部人员的思想道德教育，加强对内部人员职业道德风险的识别，有效控制道德风险；三是加强项目风险排查，及时发现风险隐患，并予以及时纠正；四是在开展业务尤其是创新业务时，选择资信状况良好、整体实力较强的交易对手合作，加强舆情监测，积极履行社会责任，有效控制声誉风险。

4.6 净资本管理

2020年末，公司净资本风险控制指标：净资本为48.07亿元，各项业务风险资本之和为28.08亿元，净资本/各项业务风险资本之和为171.19%，净资本/净资产为85.08%，净资本各项监管指标均达到监管要求。

4.7 社会责任履行情况

2020年，公司认真贯彻落实"三重一大"决策制度，加强党风廉政建设，能始终坚持依法合规、诚信经营，不断改善和完善法人治理结构、内控及风险管理体系，全面提升风险管理能力；在积极支持地方经济建设、提供优质金融服务的同时，注重保障员工的基本权益，并积极投身金融知识宣传和消费者权益保护工作，不断提升和完善企业的价值观，促进股东、公司及员工共同发展。

在精准扶贫方面，公司帮扶的杨武村目前虽已整体脱贫，但公司仍坚持人员不撤离、帮扶力度不削弱。2020年，一是积极推动产业发展，提升造血能力。帮助杨武村申请中央财政资金50万元、申请产业扶持资金5万元，为杨武村经济发展和贫困户收入增加提供动力，同时，积极联系苹果管理专家开展果园技术培训活动2场120人次；公司出资8万余元，协助杨武村安装太阳能路灯，提升杨武村群众生活水平；二是开展消费扶贫，采购贫困地区农副产品20余万元、爱心超市捐款1万元，积极参与杨武村公共事业建设；三是协助完成了杨武村传统村落国家级传统村落的申报工作。

在疫情防控方面，公司将新冠肺炎疫情防控工作纳入重要日程，能充分认识防控工作的重要性和紧迫性，及时研究、及时落实。作为国有控股金融企业，公司积极响应中国信托业协会倡议，向"中国信托业抗击新型肺炎慈善信托"项目捐赠50万元。全体员工在公司党委的号召下，累计捐款4万余元支持疫情防控工作，践行'两个维护"，以实际行动践行社会责任和使命。

在公益事业方面，长期以来，公司鼓励员工积极参与志愿服务，通过志愿服务来提升员工的社会责任感。2020年，公司先后开展了公益捐赠活动、"绽放战疫青春 坚定制度自信"等系列活动，以实际行动践行社会主义核心价值观，取得了良好的社会效果；组织了客户、员工参与的"劳动体验""爱心体验"等扶贫活动，公司开展了"金融知识进万家""金融知识进农村、进校园"及"守住钱袋子 护好幸福家"系列活动，宣传金融知识、提高风险防范意识，确保金融安全。

在消费者权益保护工作方面，2020年，公司积极践行国有企业社会责任，持续加大消费者权益保护工作的推进力度，依次完成消费者权益保护工作组织架构重组、消费者权益保护工作机制健全、客户投诉管理机制优化、个人自媒体营销宣传行为管理体系建设、产品服务价格披露完善等多方位、多模块工作的全面检视和梳理。按照监管机构的统一部署，于3月、6月、9月依次开展了集中教育宣传活动，10月自主开展了"金融知识进农村、进校园"教育宣传活动，旨在主动预防和化解潜在矛盾，引导社会公众正确运用金融知识，增强风险意识。同时，公司秉承"依法合规、便捷高效、标本兼治、多元化解"的原则，虚心接受内外部监督评价，公司本年度收到的客户投诉均得到了妥善解决，未发生负面舆情及重大突发事件情况，未产生侵害消费者合法权益的情形。

5. 报告期末及上一年度末的比较式会计报表

5.1 自营资产

5.1.1 会计师事务所审计结论

审计报告

天职业字[2021]16101号

西部信托有限公司：

一、审计意见

我们审计了西部信托有限公司(以下简称贵公司)财务报表，包括2020年12月31日的资产负债表，2020年度的利润表、现金流量表、所有者权益变动表，以及相关财务报表附注。

我们认为，后附的财务报表在所有重大方面按照企业会计准则的规定编制，公允反映了贵公司2020年12月31日的财务状况及2020年度的经营成果和现金流量。

二、形成审计意见的基础

我们按照中国注册会计师审计准则的规定执行了审计工作。审计报告的"注册会计师对财务报表审计的责任"部分进一步阐述了我们在这些准则下的责任。按照中国注册会计师职业道德守则，我们独立于贵公司，并履行了职业道德方面的其他责任。我们相信，我们获取的审计证据是充分的、适当的，为发表审计意见提供了基础。

三、管理层和治理层对财务报表的责任

贵公司管理层(以下简称管理层)负责按照企业会计准则的规定编制财务报表，使其实现公允反映，并设计、执行和维护必要的内部控制，以使财务报表不存在由于舞弊或错误导致的重大错报。

在编制财务报表时，管理层负责评估贵公司的持续经营能力，披露与持续经营相关的事项(如适用)，并运用持续经营假设，除非管理层计划清算贵公司、终止运营或别无其他现实的选择。

治理层负责监督贵公司的财务报告过程。

四、注册会计师对财务报表审计的责任

我们的目标是对财务报表整体是否不存在由于舞弊或错误导致的重大错报获取合理保证，并出具包含审计意见的审计报告。合理保证是高水平的保证，但并不能保证按照审计准则执行的审计在某一重大错报存在时总能发现。错报可能由于舞弊或错误导致，如果合理预期错报单独或汇总起来可能影响财务报表使用者依据财务报表作出的经济决策，则通常认为错报是重大的。

在按照审计准则执行审计工作的过程中，我们运用了职业判断，并保持职业怀疑。同时，我们也执行以下工作：

（1）识别和评估由于舞弊或错误导致的财务报表重大错报风险，设计和实施审计程序以应对这些风险，并获取充分、适当的审计证据，作为发表审计意见的基础。由于舞弊可能涉及串通、伪造、故意遗漏、虚假陈述或凌驾于内部控制之上，未能发现由于舞弊导致的重大错报的风险高于未能发现由于错误导致的重大错报的风险。

（2）了解与审计相关的内部控制，以设计恰当的审计程序，但目的并非对内部控制的有效性发表意见。

（3）评价管理层选用会计政策的恰当性和作出会计估计及相关披露的合理性。

（4）对管理层使用持续经营假设的恰当性得出结论。同时，根据获取的审计证据，就可能导致对贵公司可持续经营能力产生重大疑虑的事项或情况是否存在重大不确定性得出结论。如果我们得出结论认为存在重大不确定性，审计准则要求我们在审计报告中提请报表使用者注意财务报表中的相关披露；如果披露不充分，我们应当发表非无保留意见。我们的结论基于截至审计报告日可获得的信息。然而，未来的事项或情况可能导致贵公司不能持续经营。

（5）评价财务报表的总体列报、结构和内容，并评价财务报表是否公允反映相关交易和事项。

我们与治理层就计划的审计范围、时间安排和重大审计发现等事项进行沟通，包括沟通我们在审计中识别出的值得关注的内部控制缺陷。

中国注册会计师：

中国注册会计师：

5.1.2 资产负债表

资产负债表

编制单位：西部信托有限公司　　2020 年 12 月 31 日　　单位：元

项目	行次	期末金额	期初金额	附注编号
流动资产：	1			
货币资金	2	21 780 784.35	60 251 266.38	七、(一)
△结算备付金	3	1 770 288.61	1 721 340.64	七、(二)
△拆出资金	4	—	—	
☆交易性金融资产	5	—	—	
以公允价值计量且其变动计入当期损益的金融资产	6	9 129.30	—	七、(三)
衍生金融资产	7	—	—	
应收票据	8	800 000.00	2 449 000.00	七、(四)
应收账款	9	—	—	
☆应收款项融资	10	—	—	
预付款项	11	—	—	
△应收保费	12	—	—	
△应收分保账款	13	—	—	
△应收分保合同准备金	14	—	—	
其他应收款	15	17 559 290.24	15 453 009.44	七、(五)
△买入返售金融资产	16	—	—	
存货	17	—	—	
其中：原材料	18	—	—	
库存商品(产成品)	19	—	—	
☆合同资产	20	—	—	
持有待售资产	21	—	—	
一年内到期的非流动资产	22	770 000 000.00	243 490 000.00	七、(六)
其他流动资产	23	999 000 000.00	1 174 400 000.00	七、(七)
流动资产合计	24	1 810 919 492.50	1 497 764 616.46	
非流动资产：	25	—	—	
△发放贷款及垫款	26	—	—	七、(八)
☆债权投资	27	—	—	
可供出售金融资产	28	4 478 576 859.24	3 980 422 337.65	七、(九)

续表

项目	行次	期末金额	期初金额	附注编号
☆其他债权投资	29	—	—	
持有至到期投资	30	410 727 113.89	794 674 200.00	七、(十)
长期应收款	31	—	—	
长期股权投资	32	—	—	
☆其他权益工具投资	33	—	—	
☆其他非流动金融资产	34	—	—	
投资性房地产	35	—	—	
固定资产	36	18 909 434.46	19 040 282.20	七、(十一)
在建工程	37	—	—	
生产性生物资产	38	—	—	
油气资产	39	—	—	
☆使用权资产	40	—	—	
无形资产	41	4 269 954.02	4 955 381.38	七、(十二)
开发支出	42	909 823.57	—	七、(十三)
商誉	43	—	—	
长期待摊费用	44	—	—	
递延所得税资产	45	84 637 266.46	81 787 725.14	七、(十四)
其他非流动资产	46	4 882 352.41	739 173.71	七、(十五)
其中:特准储备物资	47	—	—	
非流动资产合计	48	5 002 912 804.05	4 881 619 100.08	
	49			
	50			
	51			
	52			
	53			
	54			
	55			
	56			
	57			
	58			
	59			
	60			
	62			
	63			
	64			
	65			
	66			
	67			
	68			
	69			
	70			
	71			
	72			
资产总计	73	6 813 832 296.55	6 379 383 716.54	

法定代表人:徐谦　　主管会计工作负责人:刘洁　　会计机构负责人:甄明

资产负债表(续)

编制单位:西部信托有限公司　　2020 年 12 月 31 日　　单位:元

项目	行次	期末金额	期初金额	附注编号
流动负债:	74			
短期借款	75	—	—	
△向中央银行借款	76	—	—	
△拆入资金	77	—	—	
☆交易性金融负债	78	—	—	
以公允价值计量且其变动计入当期损益的金融负债	79	—	—	
衍生金融负债	80	—	—	
应付票据	81	—	—	
应付账款	82	—	—	
预收款项	83	41 983 070. 56	57 879 865. 33	七、(十六)
☆合同负债	84	—	—	
△卖出回购金融资产款	85	—	—	
△吸收存款及同业存放	86	—	—	
△代理买卖证券款	87	—	—	
△代理承销证券款	88	—	—	
应付职工薪酬	89	191 952 629. 47	214 192 049. 53	七、(十七)
其中:应付工资	90	171 311 867. 76	196 828 358. 61	
应付福利费	91	—	—	
#其中:职工奖励及福利基金	92	—	—	
应交税费	93	59 851 679. 31	75 088 164. 12	七、(十八)
其中:应交税金	94	58 700 643. 21	74 047 192. 32	
其他应付款	95	102 159 779. 15	35 657 815. 65	七、(十九)
△应付手续费及佣金	96	—	—	
△应付分保账款	97	—	—	
持有待售负债	98	—	—	
一年内到期的非流动负债	99	—	—	
其他流动负债	100	—	—	
流动负债合计	101	395 947 158. 49	382 817 894. 63	
非流动负债:	102	—	—	
△保险合同准备金	103	—	—	
长期借款	104	—	—	
应付债券	105	—	—	
其中:优先股	106	—	—	
永续债	107	—	—	
☆租赁负债	108	—	—	
长期应付款	109	—	—	
长期应付职工薪酬	110	—	—	
预计负债	111	42 857 291. 67	—	七、(二十)
递延收益	112	—	—	
递延所得税负债	113	725 320 983. 88	695 454 182. 88	七、(十四)
其他非流动负债	114	—	—	
其中:特准储备基金	115	—	—	
非流动负债合计	116	768 178 275. 55	695 454 182. 88	
负债合计	117	1 164 125 434. 04	1 078 272 077. 51	
所有者权益:	118	—	—	
实收资本	119	2 000 000 000. 00	1 500 000 000. 00	七、(二十一)
国家资本	120	—	—	
国有法人资本	121	1 726 220 853. 00	1 294 665 640. 00	
集体资本	122	—	—	—

续表

项目	行次	期末金额	期初金额	附注编号
民营资本	123	273 779 147.00	205 334 360.00	
外商资本	124	—	—	
#减:已归还投资	125	—	—	
实收资本净额	126	2 000 000 000.00	1 500 000 000.00	
其他权益工具	127	—	—	
其中:优先股	128	—	—	
永续债	129	—	—	
资本公积	130	—	—	
减:库存股	131	—	—	
其他综合收益	132	2 173 658 750.70	2 084 881 670.24	七、(二十二)
其中:外币报表折算差额	133	—	—	
盈余公积	135	411 122 555.35	368 649 776.27	七、(二十三)
其中:法定公积金	136	—	—	
任意公积金	137	—	—	
#储备基金	138	—	—	
#企业发展基金	139	—	—	
#利润归还投资	140	—	—	
△一般风险准备	141	185 642 502.11	185 642 502.11	七、(二十四)
信托赔偿准备	—	205 561 277.68	184 324 888.14	七、(二十五)
未分配利润	142	673 721 776.67	977 612 802.27	七、(二十六)
归属于母公司所有者权益合计	143	5 649 706 862.51	5 301 111 639.03	
*少数股东权益	144	—	—	
所有者权益合计	145	5 649 706 862.51	5 301 111 639.03	
负债和所有者权益总计	146	6 813 832 296.55	6 379 383 716.54	

法定代表人:徐谦　　主管会计工作负责人:刘洁　　会计机构负责人:甄明

5.1.3 利润表

利润表

编制单位:西部信托有限公司　　2020 年度　　单位:元

项目	行次	本期金额	上期金额	附注编号
一、营业总收入	1	803 626 929.21	697 390 291.46	
其中:△手续费及佣金收入	2	723 121 441.99	650 972 287.12	七、(二十七)
△利息收入	3	1 743 606.24	456 035.09	七、(二十八)
△已赚保费	4	—	—	
其他业务收入	5	78 761 880.98	45 961 969.25	七、(二十九)
二、营业总成本	6	297 231 696.17	305 475 274.11	
其中:营业成本	7	—	—	
△利息支出	8	—	—	
△手续费及佣金支出	9	66 914.92	73 287.64	七、(二十七)
△退保金	10	—	—	
△赔付支出净额	11	—	—	
△提取保险责任准备金净额	12	—	—	
△保单红利支出	13	—	—	
△分保费用	14	—	—	
税金及附加	15	5 883 273.09	5 054 017.27	
销售费用	16	—	—	
管理费用	17	291 281 508.16	300 347 969.20	七、(三十)
研发费用	18	—	—	
财务费用	19	—	—	
其中:利息费用	20	—	—	
利息收入	21	—	—	

续表

项目	行次	本期金额	上期金额	附注编号
汇兑净损失(净收益以"－"号填列)	22	—	—	
其他	23	—	—	
加:其他收益	24	718 412. 72	—	七、(三十一)
投资收益(损失以"－"号填列)	25	198 401 812. 80	82 657 425. 15	七、(三十二)
其中:对联营企业和合营企业的投资收益	26	—	—	
☆以摊余成本计量的金融资产终止确认收益	27	—	—	
△汇兑收益(损失以"－"号填列)	28	—	—	
☆净敞口套期收益(损失以"－"号填列)	29	—	—	
公允价值变动收益(损失以"－"号填列)	30	4 785. 51	—	七、(三十三)
☆信用减值损失(损失以"－"号填列)	31	—	—	
资产减值损失(损失以"－"号填列)	32	9 812 635. 52	−27 803 691. 95	七、(三十四)
资产处置收益(损失以"－"号填列)	33	—	468 597. 16	
三、营业利润(亏损以"－"号填列)	34	715 332 879. 59	447 237 347. 71	
加:营业外收入	35	5 976 376. 08	—	七、(三十五)
其中:政府补助	36	—	—	
减:营业外支出	37	151 877 141. 67	46 737. 07	七、(三十六)
四、利润总额(亏损总额以"－"号填列)	38	569 432 114. 00	447 190 610. 64	
减:所得税费用	39	144 704 323. 24	104 949 121. 99	七、(三十七)
五、净利润(净亏损以"－"号填列)	40	424 727 790. 76	342 241 488. 65	
(一)按所有权归属分类:	41	—	—	
归属于母公司所有者的净利润	42	424 727 790. 76	342 241 488. 65	
*少数股东损益	43	—	—	
(二)按经营持续性分类:	44	—	—	
持续经营净利润	45	424 727 790. 76	342 241 488. 65	
终止经营净利润	46	—	—	
六、其他综合收益的税后净额	47	—	—	
归属于母公司所有者的其他综合收益的税后净额	48	88 777 080. 46	600 149 554. 62	
(一)不能重分类进损益的其他综合收益	49	—	—	
1. 重新计量设定受益计划变动额	50	—	—	
2. 权益法下不能转损益的其他综合收益	51	—	—	
☆3. 其他权益工具投资公允价值变动	52	—	—	
☆4. 企业自身信用风险公允价值变动	53	—	—	
5. 其他	54	—	—	
(二)将重分类进损益的其他综合收益	55	88 777 080. 46	600 149 554. 62	
1. 权益法下可转损益的其他综合收益	56	—	—	
☆2. 其他债权投资公允价值变动	57	—	—	
3. 可供出售金融资产公允价值变动损益	58	88 777 080. 46	600 149 554. 62	
☆4. 金融资产重分类计入其他综合收益的金额	59	—	—	
5. 持有至到期投资重分类为可供出售金融资产损益	60	—	—	
☆6 其他债权投资信用减值准备	61	—	—	
7. 现金流量套期储备(现金流量套期损益的有效部分)	62	—	—	
8. 外币财务报表折算差额	63	—	—	
9. 其他	64	—	—	
*归属于少数股东的其他综合收益的税后净额	65	—	—	
七、综合收益总额	66	513 504 871. 22	942 391 043. 27	
归属于母公司所有者的综合收益总额	67	513 504 871. 22	942 391 043. 27	
*归属于少数股东的综合收益总额	68	—	—	
八、每股收益:	69			
基本每股收益	70	—	—	
稀释每股收益	71	—	—	

法定代表人:徐谦　　主管会计工作负责人:刘洁　　会计机构负责人:甄明

5.1.4 所有者权益变动表

所有者权益变动表

编制单位:西部信托有限公司　　　　2020 年度　　　　单位:元

项目	行次	本年金额													
		归属于母公司所有者权益												少数股东权益	所有者权益合计
		实收资本	其他权益工具			资本公积	减:库存股	其他综合收益	盈余公积	△一般风险准备	△信托赔偿准备	未分配利润	小计		
			优先股	永续债	其他										
栏次	—	1	2	3	4	5	6	7	8	9	10	11	12	13	14
一、上年年末余额	1	1 500 000 000.00	—	—	—	—	—	2 084 881 670.24	368 649 776.27	185 642 502.11	184 324 888.14	977 612 802.27	5 301 111 639.03	—	5 301 111 639.03
加:会计政策变更	2	—	—	—	—	—	—	—	—	—	—	—	—	—	—
前期差错更正	3	—	—	—	—	—	—	—	—	—	—	—	—	—	—
其他	4	—	—	—	—	—	—	—	—	—	—	—	—	—	—
二、本年年初余额	5	1 500 000 000.00	—	—	—	—	—	2 084 881 670.24	368 649 776.27	185 642 502.11	184 324 888.14	977 612 802.27	5 301 111 639.03	—	5 301 111 639.03
三、本年增减变动金额(减少以"－"号填列)	6	500 000 000.00	—	—	—	—	—	88 777 080.46	42 472 779.08	—	21 236 389.54	-303 891 025.60	348 595 223.48	—	348 595 223.48
(一)综合收益总额	7	—	—	—	—	—	—	88 777 080.46	—	—	—	424 727 790.76	513 504 871.22	—	513 504 871.22
(二)所有者投入和减少资本	8	—	—	—	—	—	—	—	—	—	—	90 352.26	90 352.26	—	90 352.26
1. 所有者投入资本	9	—	—	—	—	—	—	—	—	—	—	—	—	—	—
2. 其他权益工具持有者投入资本	10	—	—	—	—	—	—	—	—	—	—	—	—	—	—
3. 股份支付计入所有者权益的金额	11	—	—	—	—	—	—	—	—	—	—	—	—	—	—
4. 其他	12	—	—	—	—	—	—	—	—	—	—	90 352.26	90 352.26	—	90 352.26
(三)专项储备提取和使用	13	—	—	—	—	—	—	—	—	—	—	—	—	—	—
1. 提取专项储备	14	—	—	—	—	—	—	—	—	—	—	—	—	—	—
2. 使用专项储备	15	—	—	—	—	—	—	—	—	—	—	—	—	—	—
(四)利润分配	16	—	—	—	—	—	—	—	42 472 779.08	—	21 236 389.54	-228 709 168.62	-165 000 000.00	—	-165 000 000.00
1. 提取盈余公积	17	—	—	—	—	—	—	—	42 472 779.08	—	—	-42 472 779.08	—	—	—
其中:法定公积金	18	—	—	—	—	—	—	—	42 472 779.08	—	—	-42 472 779.08	—	—	—
任意公积金	19	—	—	—	—	—	—	—	—	—	—	—	—	—	—
#储备基金	20	—	—	—	—	—	—	—	—	—	—	—	—	—	—
#企业发展基金	21	—	—	—	—	—	—	—	—	—	—	—	—	—	—
#利润归还投资	22	—	—	—	—	—	—	—	—	—	—	—	—	—	—
2. 提取一般风险准备	23	—	—	—	—	—	—	—	—	—	—	—	—	—	—
3. 对所有者的分配	24	—	—	—	—	—	—	—	—	—	—	-165 000 000.00	-165 000 000.00	—	-165 000 000.00
4. 提取信托赔偿准备	25	—	—	—	—	—	—	—	—	—	21 236 389.54	-21 236 389.54	—	—	—
(五)所有者权益内部结转	26	500 000 000.00	—	—	—	—	—	—	—	—	—	-500 000 000.00	—	—	—
1. 资本公积转增资本	27	—	—	—	—	—	—	—	—	—	—	—	—	—	—
2. 盈余公积转增资本	28	—	—	—	—	—	—	—	—	—	—	—	—	—	—
3. 盈余公积弥补亏损	29	—	—	—	—	—	—	—	—	—	—	—	—	—	—
4. 设定受益计划变动额结转留存收益	30	—	—	—	—	—	—	—	—	—	—	—	—	—	—
☆5. 其他综合收益结转留存收益	31	—	—	—	—	—	—	—	—	—	—	—	—	—	—
6. 其他	32	500 000 000.00	—	—	—	—	—	—	—	—	—	-500 000 000.00	—	—	—
四、本年年末余额	33	2 000 000 000.00	—	—	—	—	—	2 173 658 750.70	411 122 555.35	185 642 502.11	205 561 277.68	673 721 776.67	5 649 706 862.51	—	5 649 706 862.51

法定代表人:徐谦　　　　主管会计工作负责人:刘洁　　　　会计机构负责人:甄　明

注:加△楷体项目为金融类企业专用,加#为外商投资企业专用,加☆为执行新金融工具准则企业适用。

所有者权益变动表（续）

编制单位：西部信托有限公司　　2020 年度　　单位：元

项目	行次	上年金额													
		归属于母公司所有者权益												少数股东权益	所有者权益合计
		实收资本	其他权益工具			资本公积	减：库存股	其他综合收益	盈余公积	△一般风险准备	△信托赔偿准备	未分配利润	小计		
			优先股	永续债	其他										
栏次	—	15	16	17	18	19	20	21	22	23	24	25	26	27	28
一、上年年末余额	1	1 500 000 000. 00	—	—	—	—	—	1 484 732 115. 62	334 425 627. 40	185 642 502. 11	167 212 813. 71	881 707 536. 92	4 553 720 595. 76	—	4 553 720 595. 76
加：会计政策变更	2	—	—	—	—	—	—	—	—	—	—	—	—	—	—
前期差错更正	3	—	—	—	—	—	—	—	—	—	—	—	—	—	—
其他	4	—	—	—	—	—	—	—	—	—	—	—	—	—	—
二、本年年初余额	5	1 500 000 000. 00	—	—	—	—	—	1 484 732 115. 62	334 425 627. 40	185 642 502. 11	167 212 813. 71	881 707 536. 92	4 553 720 595. 76	—	4 553 720 595. 76
三、本年增减变动金额（减少以"－"号填列）	6	—	—	—	—	—	—	600 149 554. 62	34 224 148. 87	—	17 112 074. 43	95 905 265. 35	747 391 043. 27	—	747 391 043. 27
（一）综合收益总额	7	—	—	—	—	—	—	600 149 554. 62	—	—	—	342 241 488. 65	942 391 043. 27	—	942 391 043. 27
（二）所有者投入和减少资本	8	—	—	—	—	—	—	—	—	—	—	—	—	—	—
1. 所有者投入资本	9	—	—	—	—	—	—	—	—	—	—	—	—	—	—
2. 其他权益工具持有者投入资本	10	—	—	—	—	—	—	—	—	—	—	—	—	—	—
3. 股份支付计入所有者权益的金额	11	—	—	—	—	—	—	—	—	—	—	—	—	—	—
4. 其他	12	—	—	—	—	—	—	—	—	—	—	—	—	—	—
（三）专项储备提取和使用	13	—	—	—	—	—	—	—	—	—	—	—	—	—	—
1. 提取专项储备	14	—	—	—	—	—	—	—	—	—	—	—	—	—	—
2. 使用专项储备	15	—	—	—	—	—	—	—	—	—	—	—	—	—	—
（四）利润分配	16	—	—	—	—	—	—	—	34 224 148. 87	—	17 112 074. 43	-246 336 223. 30	-195 000 000. 00	—	-195 000 000. 00
1. 提取盈余公积	17	—	—	—	—	—	—	—	34 224 148. 87	—	—	-34 224 148. 87	—	—	—
其中：法定公积金	18	—	—	—	—	—	—	—	34 224 148. 87	—	—	-34 224 148. 87	—	—	—
任意公积金	19	—	—	—	—	—	—	—	—	—	—	—	—	—	—
#储备基金	20	—	—	—	—	—	—	—	—	—	—	—	—	—	—
#企业发展基金	21	—	—	—	—	—	—	—	—	—	—	—	—	—	—
#利润归还投资	22	—	—	—	—	—	—	—	—	—	—	—	—	—	—
2. 提取一般风险准备	23	—	—	—	—	—	—	—	—	—	—	—	—	—	—
3. 对所有者的分配	24	—	—	—	—	—	—	—	—	—	—	-195 000 000. 00	-195 000 000. 00	—	-195 000 000. 00
4. 提取信托赔偿准备	25	—	—	—	—	—	—	—	—	—	17 112 074. 43	-17 112 074. 43	—	—	—
（五）所有者权益内部结转	26	—	—	—	—	—	—	—	—	—	—	—	—	—	—
1. 资本公积转增资本	27	—	—	—	—	—	—	—	—	—	—	—	—	—	—
2. 盈余公积转增资本	28	—	—	—	—	—	—	—	—	—	—	—	—	—	—
3. 盈余公积弥补亏损	29	—	—	—	—	—	—	—	—	—	—	—	—	—	—
4. 设定受益计划变动额结转留存收益	30	—	—	—	—	—	—	—	—	—	—	—	—	—	—
☆5. 其他综合收益结转留存收益	31	—	—	—	—	—	—	—	—	—	—	—	—	—	—
6. 其他	32	—	—	—	—	—	—	—	—	—	—	—	—	—	—
四、本年年末余额	33	1 500 000 000. 00	—	—	—	—	—	2 084 881 670. 24	368 649 776. 27	185 642 502. 11	184 324 888. 14	977 612 802. 27	5 301 111 639. 03	—	5 301 111 639. 03

法定代表人：徐　谦　　主管会计工作负责人：刘　洁　　会计机构负责人：甄　明

注：加△楷体项目为金融类企业专用，加#为外商投资企业专用，加☆为执行新金融工具准则企业适用。

5.2 信托资产

5.2.1 信托项目资产负债汇总表

信托项目资产负债汇总表

编制单位:西部信托有限公司　　2019 年 12 月 31 日　　单位:元

资产	期末余额	期初余额	负债和权益	期末余额	期初余额
资产:			负债:		
货币资金	3 380 950 493. 21	1 316 689 452. 51	交易性金融负债	—	—
拆出资金	—	—	衍生金融负债	—	—
结算备付金	53 923 576. 55	75 974 462. 23	应付账款	3 972 396 120. 56	594 312 378. 11
交易性金融资产	7 487 176 476. 27	5 277 317 056. 06	卖出回购金融资产	—	—
衍生金融资产	—	—	应付赎回款	—	—
买入返售金融资产	33 100 331. 00	487 413 046. 00	应付受托人报酬	5 009 604. 87	1 577 863. 64
应收账款	168 978 483. 08	14 834 704. 37	应付受益人收益	25 791 065. 18	25 243 144. 35
应收利息	—	—	应付托管费	—	—
应收股利	—	—	应付销售服务费	—	—
应收票据	—	—	应交税费	120 651 360. 16	173 958 918. 82
应收申购款	—	—	应付利息	—	—
其他应收款	1 074 807 852. 49	179 110 920. 44	其他应付款	—	—
存出保证金	—	—	其他负债	—	—
发放贷款	109 555 218 260. 90	123 454 219 093. 92	负债合计	4 123 848 150. 77	795 092 304. 92
长期应收款	—	—			
可供出售金融资产	—	—			
持有至到期投资	59 211 758 010. 55	78 702 541 251. 60			
长期股权投资	16 174 495 303. 33	17 243 246 603. 33	权益:		
投资性房地产	—	—	实收信托	290 286 695 791. 67	315 718 259 342. 21
融资租赁资产	—	—	资本公积	—	—
固定资产	—	—	其他综合收益	169 779 999. 64	169 779 999. 64
固定资产清理	—	—	未分配利润	2 910 855 260. 42	1 983 570 963. 77
无形资产	—	—	权益合计	293 367 331 051. 73	317 871 610 305. 62
长期待摊费用	—	—			
其他资产	100 350 770 415. 12	91 915 356 020. 08			
资产总计	297 491 179 202. 50	318 666 702 610. 54	负债和权益总计	297 491 179 202. 50	318 666 702 610. 54

5.2.2 信托项目利润表

信托项目利润表

编制单位:西部信托有限公司　　2020 年 12 月　　单位:元

项目	本期数	本年累计数	上年同期数	上年累计数
一、收入	4 261 236 232. 93	24 623 675 129. 55	4 675 901 092. 85	22 907 229 070. 55
利息收入	1 270 475 544. 59	6 314 347 429. 89	1 799 844 539. 75	10 131 499 554. 19
投资收益(损失以"－"号填列)	1 928 745 110. 50	17 385 188 822. 20	2 007 129 589. 72	10 520 784 981. 63
其中:对联营企业和合营企业的投资收益	—	—	—	—
公允价值变动收益(损失以"－"号填列)	1 061 689 942. 83	880 283 567. 71	868 983 288. 82	2 289 819 612. 62
租赁收入	—	—	—	—
汇兑损益(损失以"－"号填列)	—	—	—	—
其他收入	325 635. 01	43 855 309. 75	-56 325. 44	-34 875 077. 89
二、支出	381 426 724. 65	2 562 448 331. 65	348 665 148. 45	1 587 378 518. 00
税金及附加	10 555 841. 56	75 045 117. 63	16 461 468. 25	81 278 851. 39
受托人报酬	242 157 761. 85	732 327 339. 35	214 347 112. 51	640 554 125. 74
托管费	23 221 145. 58	112 067 825. 24	34 838 278. 31	169 241 427. 99
投资顾问费	22 976 627. 07	1 212 495 101. 65	28 314 947. 18	410 184 549. 27
销售服务费	33 559 492. 11	153 293 775. 73	12 557 198. 14	52 665 762. 39
交易费用	144 361. 22	13 732 609. 95	1 417 864. 05	4 184 470. 80
利息支出	—	—	—	—
资产减值损失	174 700. 19	14 814 994. 97	—	—
其他费用	48 636 795. 07	248 671 567. 13	40 728 280. 01	229 269 330. 42
三、信托净利润(净亏损以"－"号填列)	3 879 809 508. 28	22 061 226 797. 90	4 327 235 944. 40	21 319 850 552. 55

续表

项目	本期数	本年累计数	上年同期数	上年累计数
四、其他综合收益	—	—	—	164[illegible]9 268.01
五、综合收益	3 879 809 508.28	22 061 226 797.90	4 327 235 944.40	21 484 [illegible]9 820.56
加:期初未分配信托利润	—	1 983 570 963.77	—	-51[illegible]1 785.47
六、可供分配的信托利润	3 879 809 508.28	24 044 797 761.67	4 327 235 944.40	21 258 [illegible]8 767.08
减:本期已分配信托利润	3 123 293 858.00	21 133 942 501.25	3 753 889 170.88	19 235 [illegible]7 803.31
七、期末未分配信托利润	756 515 650.28	2 910 855 260.42	573 346 773.52	1 983 [illegible]0 963.77

6. 会计报表附注

6.1 简要说明报告年度会计报表编制基准、会计政策、会计估计和核算方法发生的变化

本年度主要会计报表编制基准、会计政策、会计估计和核算方法未发生变化。

6.2 或有事项说明

本公司无对外担保事项。截至 2020 年 12 月 31 日,未发生其他影响本年度会计报表阅读和理解的重大或有事项。

6.3 重要资产转让及其出售的说明

无。

6.4 会计报表中重要项目的明细资料

6.4.1 披露自营资产经营情况

6.4.1.1 按信用风险五级分类结果披露信用风险资产的期初数、期末数

信用风险资产五级分类	正常类(万元)	关注类(万元)	次级类(万元)	可疑类(万元)	损失类(万元)	信用风险资产合计(万元)	不良资产合计(万元)	不良资产率(%)
期初数	599 801.99	22 574.16	—	17 847.98	3 602.28	643 826.41	21 450.26	3.33
期末数	645 299.69	22 574.16	—	13 185.98	5 027.02	686 086.85	18 213.00	2.65

注:不良资产合计 = 次级类 + 可疑类 + 损失类。

6.4.1.2 各项资产减值损失准备的期初数、本期计提、本期转回、本期冲销、期末数

单位:万元

项目	期初数	本期计提	本期转回	其他变化	期末数
贷款损失准备	3 112.20	—	387.00	—	2 725.20
一般准备	—	—	—	—	—
专项准备	3 112.20	—	387.00	—	2 725.20
其他资产减值准备	13 354.45	-325.00	269.26	—	12 760.19
可供出售金融资产减值准备	9 270.57	-325.00	—	1 979.62	10 925.19
持有至到期投资减值准备	3 916.00	—	101.38	-1 979.62	1 835.00
长期股权投资减值准备	—	—	—	—	—
坏账准备	167.88	—	167.88	—	—
投资性房地产减值准备	—	—	—	—	—

6.4.1.3 自营股票投资、基金投资、债券投资、股权投资等投资业务的期初数、期末数

单位:万元

名称	自营股票	基金	债券	长期股权投资	其他投资	合计
期初数	335 920.43	10 000.00	—	—	273 378.22	619 298.65
期末数	347 575.72	—	—	—	318 255.59	665 831.31

6.4.1.4 按投资入股金额排序,前三名的自营长期股权投资的企业名称、占被投资企业权益的比例及投资收益情况等

无。

6.4.1.5 前三名的自营贷款的企业名称、占贷款总额的比例和还款情况等(依大小顺序排列)

企业名称	占贷款总额的比例(%)	还款情况
1. 广州天龙大酒店	55.95	逾期
2. 陕西恒丰乳品厂	19.40	逾期
3. 西安华大电子技术有限公司	8.95	逾期

注:2020 年末,公司存续贷款都为继承的合并前两家公司的债权,经过多年的清收,存续贷款的借款企业有的面临破产或实际上已经破产,公司已对存续贷款全额计提了减值准备。

6.4.1.6 表外业务的期初数、期末数,按照代理业务、担保业务和其他类型表外业务分别披露

无。

6.4.1.7 公司当年的收入结构(母公司口径和并表口径同时披露)

收入结构	金额(万元)	占比(%)
手续费及佣金收入	72 312.14	71.69
其中:信托手续费收入	72 312.14	71.69
投资银行业务收入	—	—
利息收入	174.36	0.17
其他业务收入	7 876.19	7.81
其中:计入信托业务收入部分	—	—
投资收益	19 840.18	19.67
其中:股权投资收益	2 159.49	2.14
证券投资收益	1.35	—
其他投资收益	17 679.34	17.53
公允价值变动收益	0.48	—
其他收益	71.84	0.07
营业外收入	597.64	0.59
资产处置收益	—	—
收入合计	100 872.83	100.00

注:手续费及佣金收入、利息收入、其他业务收入、投资收益、营业外收入均应为损益表中的科目,其中手续费及佣金收入、利息收入、营业外收入为未抵减扣除应支出的全年累计实现收入数。

6.4.2 披露信托财产管理情况

6.4.2.1 信托资产的期初数、期末数

单位:万元

信托资产	期初数	期末数
集 合	9 525 533.03	9 119 [illegible]3.42
单 一	13 785 879.64	11 033 [illegible]0.89
财产权	8 555 257.58	9 595 [illegible]3.61
合 计	31 866 670.26	29 749 [illegible]7.92

6.4.2.1.1 主动管理型信托业务的信托资产期初数、期末数，分证券投资类、股权投资类、融资类、事务管理类分别披露

单位：万元

主动管理型信托资产	期初数	期末数
证券投资类	64 754.89	110 619.52
股权投资类	4 461 528.88	2 997 890.68
融资类	7 431 710.10	6 753 048.07
事务管理类	19 856.20	1 636 416.24
合计	11 977 850.06	11 497 974.51

6.4.2.1.2 被动管理型信托业务的信托资产期初数、期末数，分证券投资类、股权投资类、融资类、事务管理类分别披露

单位：万元

被动管理型信托资产	期初数	期末数
证券投资类	509 668.52	6 580.24
股权投资类	164 746.84	23 442.22
融资类	871 615.26	60 972.65
事务管理类	18 342 789.57	18 160 148.30
合计	19 888 820.20	18 251 143.41

6.4.2.2 本年度已清算结束的信托项目个数、实收信托合计金额、加权平均实际年化收益率

6.4.2.2.1 本年度已清算结束的集合类、单一类资金信托项目和财产管理类信托项目个数、实收信托合计金额、加权平均实际年化收益率

已清算结束的信托项目	项目个数（个）	实收信托合计金额（万元）	加权平均实际年化收益率（%）
集合类	79	4 763 688.81	6.88
单一类	152	8 207 132.96	6.83
财产管理类	18	2 903 520.88	4.26

注：1. 收益率是指信托项目清算后，给受益人赚取的实际收益水平。

2. 加权平均实际年化收益率 =（信托项目 1 的实际年化收益率 × 信托项目 1 的实收信托 + 信托项目 2 的实际年化收益率 × 信托项目 2 的实收信托 + … + 信托项目 n 的实际年化收益率 × 信托项目 n 的实收信托）/（信托项目 1 的实收信托 + 信托项目 2 的实收信托 + … + 信托项目 n 的实收信托）×100%。

3. 集合项目兑付收益率较高主要是因为已清算证券类项目收益率为 28.16%，导致整体集合项目收益率偏高。

6.4.2.2.2 本年度已清算结束的主动管理型信托项目个数、实收信托合计金额、加权平均实际年化信托报酬率、加权平均实际年化收益率，分证券投资类、股权投资类、融资类、事务管理类分别计算并披露

已清算结束的信托项目	项目个数（个）	实收信托合计金额（万元）	加权平均实际年化信托报酬率（%）	加权平均实际年化收益率（%）
证券投资类	4	132 971.83	0.30	2.98
股权投资类	15	1 473 337.07	0.36	5.49
融资类	90	3 909 744.00	0.64	6.07
事务管理类	5	92 473.52	0.04	2.45

注：加权平均实际年化信托报酬率 =（信托项目 1 的实际年化信托报酬率 × 信托项目 1 的实收信托 + 信托项目 2 的实际年化信托报酬率 × 信托项目 2 的实收信托 + … + 信托项目 n 的实际年化信托报酬率 × 信托项目 n 的实收信托）/（信托项目 1 的实收信托 + 信托项目 2 的实收信托 + … + 信托项目 n 的实收信托）×100%。

6.4.2.2.3 本年度已清算结束的被动管理型信托项目个数、实收信托合计金额、加权平均实际年化信托报酬率、加权平均实际年化收益率，分证券投资类、股权投资类、融资类、事务管理类分别计算并披露

已清算结束的信托项目	项目个数（个）	实收信托合计金额（万元）	加权平均实际年化信托报酬率（%）	加权平均实际年化收益率（%）
证券投资类	1	320 000.00	0.09	50.59
股权投资类	3	368 640.21	0.10	3.31
融资类	5	545 000.00	0.09	4.16
事务管理类	126	9 032 176.02	0.11	4.27

6.4.2.3 本年度新增集合类、单一类、财产管理类信托项目个数、实收信托合计金额

新增信托项目	项目个数（个）	实收信托合计金额（万元）
集合类	76	3 722 146.41
单一类	19	4 180 806.30
财产管理类	32	2 837 796.90
新增合计	127	10 740 749.61
其中：主动管理型	90	5 736 565.72
被动管理型	37	5 004 183.89

注：本年新增信托项目指在本报告年度内累计新增的信托项目个数和金额，包含本年度新增并于本年度内结束的项目和本年度新增至报告期末仍在持续管理的信托项目。

6.4.2.4 信托业务创新成果和特色业务有关情况

无。

6.4.2.5 本公司履行受托人义务情况及因公司自身责任而导致的信托资产损失情况（合计金额、原因等）

本年度，公司尽职履行受托人职责，没有发生因公司自身责任而导致的信托资产损失的情况。

6.5 关联方关系及其交易的披露

6.5.1 关联交易方的数量、关联交易的总金额及关联交易的定价政策等

项目	关联交易方数量（个）	关联交易金额（万元）	定价政策
合计	3	448.51	按市场公允价格定价

注："关联交易"定义应以《中华人民共和国公司法》和《企业会计准则第 36 号——关联方披露》有关规定为准。

6.5.2 关联交易方与本公司的关系性质、关联交易方的名称、法人代表、注册地址、注册资本及主营业务等

关系性质	关联方名称	法定代表人	注册地址	注册资本（万元）	主营业务
同受最终控制方控制	陕西省华秦投资集团有限公司	袁小宁	陕西省西安市东新街 232 号陕西信托大厦 11—13 楼	300 000	对全省性重点产业领域和重大发展项目进行投资开发和经营。
受同一控股股东及最终控制方控制	西部证券股份有限公司	徐朝晖	陕西省西安市新城区东新街 319 号 8 幢 10000 室	350 184	证券经纪，证券投资咨询，与证券交易、证券投资活动有关的财务顾问，证券承销与保荐，证券自营，证券资产管理，融资融券，证券投资基金代销，为期货公司提供中间介绍业务，代销金融产品业务。

续表

关系性质	关联方名称	法定代表人	注册地址	注册资本（万元）	主营业务
最终控制方	陕西投资集团有限公司	袁小宁	陕西省西安市新城区东新街232号陕西信托大厦11－13楼	1 000 000	煤田地质、矿产勘查，电力、化工、矿业的开发，项目投资，房地产开发与经营等。
同受最终控制方控制	陕西金泰恒业房地产有限公司	俞向前	陕西省西安市高科技七路32号	360 000	房地产开发、销售、租赁，物业管理。

6.5.3 本公司与关联方的重大交易事项

6.5.3.1 固有与关联方交易情况：贷款、投资、租赁、应收账款、担保、其他方式等期初汇总数、本期借方和贷方发生额汇总数、期末汇总数

单位：万元

固有与关联方关联交易				
项目	期初数	借方发生额	贷方发生额	期末数
贷款	—	—	—	—
投资	—	—	—	—
租赁	—	380.87	380.87	—
担保	—	—	—	—
应收账款	—	—	—	—
其他	—	67.64	67.64	—
合计	—	448.51	448.51	—

注：1. 公司租赁陕西省华秦投资集团有限公司（同受最终控制方控制）的办公楼，2020年支付租金260.59万元。

2. 公司租赁西部证券股份有限公司（同受最终控制方控制）的办公楼，2020年支付租金120.28万元。

3、公司2020年接受陕西金泰恒业物业管理有限公司（同受最终控制方控制）的委托管理服务，支付委托管理服务费67.64万元。

6.5.3.2 信托与关联方交易情况：贷款、投资、租赁、应收账款、担保、其他方式等期初汇总数、本期借方和贷方发生额汇总数、期末汇总数

单位：万元

信托与关联方关联交易				
项目	期初数	借方发生额	贷方发生额	期末数
贷款	306 536.75	1 000.00	240 800.00	66 736.75
投资	439 936.00	135 000.00	45 036.00	529 900.00
租赁	—	—	—	—
担保	—	—	—	—
应收账款	—	—	—	—
其他	200 000.00	—	200 000.00	—
合计	946 472.75	136 000.00	485 836.00	596 636.75

6.5.3.3 信托公司自有资金运用于自己管理的信托项目（固信交易）、信托公司管理的信托项目之间的相互（信信交易）交易金额，包括余额和本报告年度的发生额

6.5.3.3.1 固有财产与信托财产之间的交易金额期初汇总数、本期发生额汇总数、期末汇总数

单位：万元

固有财产与信托财产相互交易			
项目	期初数	本期发生额	期末数
合计	100 718.00	24 732.00	125 450.00

注：1. 以固有资金投资公司自己管理的信托项目受益权，或购买自己管理的信托项目的信托资产均应纳入统计披露范围。

2. 公司本年新增固有财产与信托财产相互交易80 000万元，当期结束78 741万元，当期净增加1 529万元，期末余额为100 718万元。

6.5.3.3.2 信托项目之间的交易金额期初汇总数、本期发生额汇总数、期末汇总数

单位：万元

信托资产与信托财产相互交易			
项目	期初数	本期发生额	期末数
合计	—	10 553.00	10 553.00

注：1. 以公司受托管理的一个信托项目的资金购买自己管理的另一个信托项目的受益权或信托项下资产均应纳入统计披露范围。

2. 公司本年新增信托资产与信托财产相互交易10 553万元，期末余额为10 553万元。

6.5.4 逐笔披露关联方逾期未偿还本公司资金的详细情况及本公司为关联方担保发生或即将发生垫款的详细情况

无。

6.6 会计制度的披露

固有业务自2008年1月1日起执行财政部2006年2月15日颁布的《企业会计准则》及其后续规定。

信托业务自2010年1月1日起执行《企业会计准则》及其后续规定。

7. 财务情况说明书

7.1 利润实现和分配情况

本年净利润在提取法定公积金及各项准备金后，留存金额为36 101.86万元。以前年度留存的未分配利润为31 270.32万元，可供分配利润合计为67 372.18万元。

根据公司年末可供分配利润情况，公司拟实施以下股利分配方案：公司按照2020年实现净利润的50%分配现金股利21 236.39万元。

7.2 主要财务指标

指标名称	指标值
资本利润率（%）	7.76
加权年化信托报酬率%）	0.24
人均净利润（万元）	118.37

注：1. 资本利润率＝净利润/所有者权益平均余额×100%。

2. 加权年化信托报酬率＝（信托项目1的实际年化信托报酬率×信托项目1的实收信托＋信托项目2的实际年化信托报酬率×信托项目2的实收信托＋…＋信托项目n的实际年化信托报酬率×信托项目n的实收信托）/（信托项目1的实收信托＋信托项目2的实收信托＋…＋信托项目n的实收信托）×100%。

3. 人均净利润＝净利润/平均人数。

4. 平均值采取年初、年末余额简单平均法，公式为a（平均）＝（年初数＋年末数）/2。

7.3 对本公司财务状况、经营成果有重大影响的其他事项

无。

8. 特别事项揭示

8.1 本年度内前五名股东单位变动情况及原因

根据监管部门的批复，公司股东单位由陕西省电力建设投资开发公司变更为陕西投资集团有限公司。

8.2 本年度内董事、监事及高级管理人员提名、变动情况及原因

因公司原职工董事张烨个人岗位调整不再适宜担任公司职工董事一职，经公司职代会选举，公司职工董事由张烨变更为杨驰。公司根据工作实际情况，经总经理提名，董事会审议通过，同意聘任雷秦为公司副总经理。

8.3 变更注册资本、变更注册地或公司名称、公司分立合并事项

经公司2020年6月30日召开的2020年第五次临时股东会审议通过，公司的注册资本由15亿元变更为20亿元；公司已于2020年11月4日完成了注册资本金的工商变更事宜。

8.4 公司的重大诉讼事项

8.4.1 重大未决诉讼事项

陕西五羊集团于2008年9月以房屋租赁纠纷为由，起诉陕西智圣科技贸易有限公司、刘治安、刘治军、陕西瑞德实业发展有限公司、西部信托有限公司、陕西康华有限责任会计师事务所，金额为297余万元。该案目前尚未结案。

公司分别于2013年2月5日和2013年3月5日向新疆天基水泥有限公司发放7 000万元和6 000万元贷款，到期日为2015年3月5日。天基水泥公司因政策、市场及自身经营等原因到期无力偿还贷款本息。公司于2016年1月13日向陕西省西安市汉唐公证处申请出具了执行证书[编号(2016)陕证执字第012号]，并于2016年2月2日在阿克苏地区中级人民法院登记立案。该案目前在执行阶段。

8.4.2 以前年度发生，于本报告年度内终结的诉讼事项

无。

8.4.3 本报告年度发生，于本报告年度内终结的诉讼事项

无。

8.5 公司及其董事、监事和高级管理人员受到处罚的情况

无。

8.6 中国银保监会及其派出机构对公司检查后提出的整改意见及整改情况

无。

8.7 本年度重大事项临时报告的简要内容、披露时间、所披露媒体及其版面

2020年1月4日，《中国证券报》A10版、《上海证券报》信息披露59版披露了公司年度决算审计会计师事务所由瑞华会计师事务所变更为信永中和会计师事务所；公司原监事会主席樊来盈变更为教忠东；原职工监事张伟变更为兰馨。

2020年4月30日，在《中国证券报》A18版，《上海证券报》信息披露91版、92版，《证券时报》B47版对公司2019年度报告进行了披露。

2020年6月11日，在《中国证券报》A07版、《上海证券报》信息披露119版披露了公司章程，作出如下修改：第十七条"公司股东单位的名称、出资额及出资比例如下："中"陕西省电力建设投资开发公司"变更为"陕西投资集团有限公司"。第十九条增加"公司股东转让所持公司股权的，应当事前告知公司董事会"的内容。第二十九条新增了股东权利及义务相应内容。第六十七条调整为"董事会可下设风险管理委员会、信托与消费者权益保护委员会、薪酬管理委员会、战略委员会、审计与关联交易管理委员会等"。

2020年11月6日，在《中国证券报》A10版、《上海证券报》信息披露10版披露了公司注册资本由15亿元变更为20亿元；董事张烨变更为杨驰。

8.8 中国银保监会及其省级派出机构认定的其他有必要让客户及相关利益人了解的重要信息

无。

8.9 本年度内股东违反承诺质押信托公司股权或以股权及其受(收)益权设立信托等金融产品的情况

无。

8.10 本年度内已向银保监会或其派出机构提交行政许可申请但尚未获得批准的事项

无。

9. 公司监事会意见

公司监事会认为，报告期内，公司运作规范，决策程序合法，内部控制制度较为完善。公司董事、高级管理人员在履行公司职务时未有违反法律、法规、公司章程和损害公司及股东利益的行为。公司2020年度财务报告真实地反映了公司的财务状况和经营成果。

西藏信托有限公司

1. 重要提示

1.1 本公司董事会及董事保证本报告所载资料不存在任何虚假记载、误导性陈述或者重大遗漏，并对其内容的真实性、准确性和完整性承担个别及连带责任。本年度报告摘要摘自年度报告全文，客户及相关利益人欲了解详细内容，请阅读年度报告全文。

1.2 公司独立董事对本报告内容真实性、完整性和准确性无异议。

1.3 公司编制的2020年年度财务报告已经天职国际会计师事务所(特殊普通合伙)审计，并出具了标准无保留意见的审计报告。

1.4 公司负责人董事长周贵庆(代为履行总经理职责)、财务总监吴嘉怡声明：保证年度报告中财务报告的真实、完整。

2. 公司概况

2.1 公司简介

2.1.1 公司简介

西藏信托有限公司(以下简称本公司)成立于1991年10月，原名为西藏自治区信托投资公司，是经西藏自治区人民政府和中国人民银行批复成立，由西藏自治区财政厅控股的非银行金融机构。2002年3月，根据中国人民银行成都分行批复(银复〔2002〕63号)，公司进行了重新登记。2007年起，公司根据《中华人民共和国信托法》《信托公司管理办法》的规定，进行了业务调整。公司根据西藏自治区财政厅下发的《关于西藏自治区信托投资公司资产剥离方案的批复》(藏财企字〔2009〕9号)及公司与西藏自治区投资有限公司签订的资产负债划转协议，进行了资产剥离。至2010年9月完成了资产剥离、重新登记、换发金融许可证工作。根据《中国银监会关于西藏自治区信托投资公司变更公司名称和业务范围的批复》(银监复〔2010〕436号)，于2010年12月公司更名为西藏信托有限公司。

2.1.2 公司的法定中文名称：西藏信托有限公司
公司的法定英文名称：Tibet Trust Corporation Limited

2.1.3 法定代表人：周贵庆

2.1.4 注册地址：西藏拉萨市经济开发区博达路1号阳光新城别墅区A7栋

2.1.5 邮政编码：850000

2.1.6 公司网址：www.ttco.cn

2.1.7 电子信箱：ttco－service@ttco.cn

2.1.8 信息披露事务负责人：荀诗敏
联系人：荀诗敏
联系电话：010－85353577
传　　真：010－85906796
电子信箱：xunsm@ttco.cn

2.1.9 公司选定的信息披露报纸名称：《上海证券报》

2.1.10 公司年度报告备置地点：北京市朝阳区金桐西路10号远洋光华国际C座17层

2.1.11 公司聘请的审计事务所：天职国际会计师事务所(特殊普通合伙)
地址：北京市海淀区车公庄西路19号外文文化创意园12号楼
邮政编码：100048

2.1.12 公司聘请的律师事务所：北京市嘉源律师事务所
地址：北京市西城区复兴门内大街158号远洋大厦F408
邮政编码：100031

2.2 组织结构

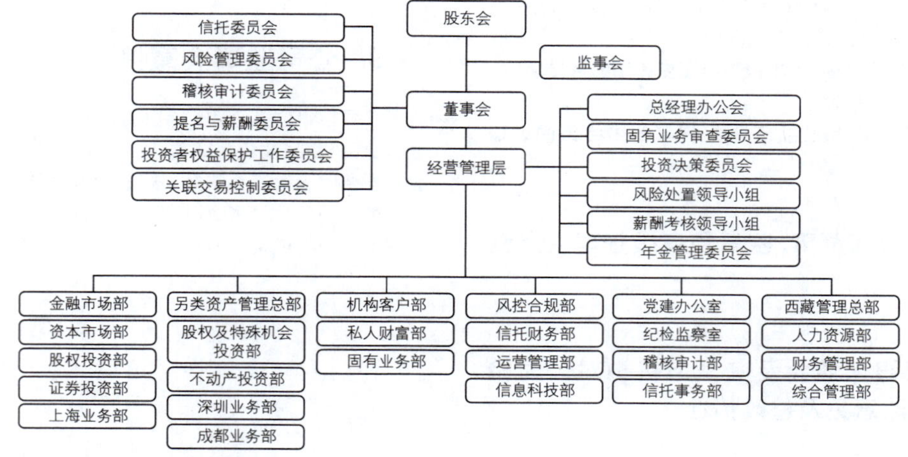

注：管理层包括总经理、副总经理等高级管理人员。

3. 公司治理

3.1 股东情况

股东名称	持股比例(%)	法定代表人	注册地址	主要职能及营业范围
西藏自治区财政厅★	89.43	云 丹	拉萨市北京西路23号	贯彻执行国家财政税收有关方针政策和法律法规等;承担自治区各项财政收支管理相关工作、并指导全区级财政做好相关工作;负责政府非税收入管理,负责政府性基金管理,按规定管理行政事业性收费。
西藏自治区投资有限公司	10.57	王天昊	拉萨市经济技术开发区博达路1号(阳光新城别墅区A5.A7号)	对金融企业股权投资,对能源、交通、旅游、酒店、矿业、藏医药、食品、房地产、高新技术产业、农牧业、民族手工业投资开发,对基础设施投资和城市公用项目投资。

注:1. 西藏自治区财政厅持有西藏自治区投资有限公司100%股权。
2. ★为公司实际控制人。

3.2 董事、董事会及其下属委员会

3.2.1 董事

姓名	职务	性别	年龄(岁)	选任日期	所推举的股东名称	该股东持股比例(%)	简要履历
周贵庆	董事长	男	45	2017年7月	西藏自治区财政厅	89.43	曾任职于聂拉木县中学、聂拉木县教育局,曾任聂拉木县宣传部副部长,组织部副部长,财政局局长,江孜县县委常委、组织部长,日喀则市财政局副局长、局长,珠峰城投公司党委书记;现任西藏信托有限公司董事长。
涂艺山	董事	男	37	2020年12月	西藏自治区财政厅	89.43	曾任职于原林芝县、林芝地区财政局,曾任原西藏自治区工业和信息化厅副主任科员,西藏自治区财政厅副主任科员、主任科员、一级主任科员、四级调研员。
桑 珠	董事	男	34	2020年12月	西藏自治区投资有限公司	10.57	曾任职于建设银行西藏那曲分行,曾任西藏自治区投资有限公司产业投资部业务员、业务副经理、业务经理;现任西藏自治区投资有限公司公司管理部副经理(主持工作)。
李占通	独立董事	男	56	2017年7月	西藏自治区财政厅	89.43	曾任天津大学机械学院团委书记,天津大学党委学生工作部;现任天津大通投资集团有限公司董事长。
聂兴凯	独立董事	男	46	2020年12月	西藏自治区财政厅	89.43	曾任职于建设银行阳谷县支行;现任北京国家会计学院会计系主任。
杨 巍	独立董事	男	39	2020年12月	西藏自治区财政厅	89.43	曾任财政部监督检查局副主任科员、主任科员、副处长;现任网易公司政策研究总监和公共事务总监。
王 汀	职工董事	男	41	2020年12月	—	—	曾任北京市冠成律师事务所诉讼律师助理,国浩律师集团(北京)事务所律师助理,北京市金杜律师事务所律师,西藏信托有限公司风控合规部副总经理;现任西藏信托有限公司风控合规部总经理。

3.2.2 独立董事

姓名	职务	性别	年龄(岁)	选任日期	所推举的股东名称	该股东持股比例(%)	简要履历
李占通	独立董事	男	56	2017年7月	西藏自治区财政厅	89.43	曾任天津大学机械学院团委书记,天津大学党委学生工作部;现任天津大通投资集团有限公司董事长。
聂兴凯	独立董事	男	46	2020年12月	西藏自治区财政厅	89.43	曾任职于建设银行阳谷县支行;现任北京国家会计学院会计系主任。
杨 巍	独立董事	男	39	2020年12月	西藏自治区财政厅	89.43	曾任财政部监督检查局副主任科员、主任科员、副处长;现任网易公司政策研究总监和公共事务总监。

3.2.3 专门委员会

委员会名称	职责	组成人员名单	职务
信托委员会	审议、关注公司信托业务发展规划、重大信托项目审核与批准、信托业务运营情况、部门设置、业务培训、信托项目信息披露等,审查公司是否侵占受益人利益获取不当信托报酬等。	聂兴凯	主任委员
		周贵庆	委员
		王汀	委员

续表

委员会名称	职责	组成人员名单	职务
稽核审计委员会	监督、审核公司内部审计制度及其实施、信息披露、财务信息；负责内部审计与外部审计之间的沟通；提议聘请或更换外部审计机构等。	杨巍	主任委员
		桑珠	委员
		涂艺山	委员
提名与薪酬委员会	提名董事、经理层人员董事、经理层人员；审议关于公司薪酬考核的规划、制度、规则、报告等，为董事会决策提供依据和建议；监督公司薪酬考核政策实施。	杨巍	主任委员
		周贵庆	委员
		王汀	委员
投资者权益保护工作委员会	指导、监督公司投资者权益保护工作、投资者权益培训工作、投资者教育相关工作的开展；组织制定公司投资者权益保护工作方案。	涂艺山	主任委员
		杨巍	委员
		聂兴凯	委员
风险管理委员会	确定公司风险管理的总体目标、风险偏好、风险承受度、风险管理策略和重大风险管理解决方案。	周贵庆	主任委员
		李占通	委员
		王汀	委员
关联交易控制委员会	确定公司关联交易管理的总体目标、负责对公司关联方名单管理、关联交易审批情况进行监督、审议需公司董事会审议的关联交易事项、提出完善公司关联交易管理的建议。	李占通	主任委员
		桑珠	委员
		王汀	委员

3.3 监事

姓名	职务	性别	年龄（岁）	选任时间	所推举的股东名称	该股东持股比例（%）	简要履历
付兴简	监事会主席	男	53	2020 年 12 月	西藏自治区投资有限公司	10.57	曾任职于西藏自治区那曲地区嘉黎县财政局、那曲地委组织部、西藏自治区矿业开发总公司，曾任拉萨狮子楼酒店总经理，西藏宇拓健康品有限公司总经理助理、副总经理、常务副总经理，西藏自治区信托投资公司研发部经理，西藏大夏股份有限公司上海分公司副总经理，陕西博安投资有限公司董事、总经理；现任陕西博安投资有限公司执行董事兼总经理。
姚　远	监事	男	32	2020 年 12 月	西藏自治区财政厅	89.43	曾任职于北京市柯杰律师事务所、北京市嘉源律师事务所、北京市中鉴律师事务所；现任北京东进航空科技股份有限公司担任董事会秘书、财务总监。
蔺楷毅	职工监事	男	36	2020 年 12 月	—	—	曾任职于北京市金杜律师事务所；现任西藏信托有限公司风控合规部总监。

3.4 公司高级管理人员

姓名	职务	性别	年龄（岁）	选任日期	金融从业年限（年）	学历	专业	简要履历
查　松	总经理	男	48	2010 年 5 月	21	博士	法学	曾任职于中国银行总行风险管理部，曾任国泰君安证券股份有限公司董事会办公室副主任、收购兼并部副总经理、投资银行部董事总经理，西藏证券有限责任公司总经理；现任西藏信托有限公司总经理。
余志平	副总经理	男	49	2010 年 5 月	17	本科	企业管理	曾任职于东风药业股份有限公司，曾任西藏证券有限责任公司北京营业部办公室主任、副总经理；现任西藏信托有限公司副总经理。
王　晶	副总经理	女	40	2017 年 8 月	13	硕士	国际金融	曾任职于卡内基训练、CMC Markets 英国公共有限公司、西藏同信证券有限责任公司，曾任西藏信托有限公司信托业务部总监、投资银行部总经理；现任西藏信托有限公司副总经理。
王　满	副总经理	男	39	2019 年 5 月	15	本科	金融学	曾任职于北京银行总行营业部、东亚银行北京分行、中信银行总行私人银行中心，曾任西藏信托有限公司渠道总监，民生信托金融市场部总经理，西藏信托有限公司金融市场部总经理、总经理助理；现任西藏信托有限公司副总经理。
吴嘉怡	财务总监	女	37	2016 年 5 月	7	硕士	会计学	曾任职于毕马威华振会计师事务所，曾任西藏信托有限公司财务部总经理；现任西藏信托有限公司财务总监。
荀诗敏	风险总监	女	37	2017 年 8 月	7	硕士	国际法	曾任北京市嘉源律师事务所律师，西藏信托有限公司风控合规部总监、副总经理、总经理；现任西藏信托有限公司风险总监。
国鑫	运营总监	男	37	2019 年 5 月	10	本科	计算机科学与技术专业	曾任中国联合网络通信集团有限公司北京分公司通信服务工程师，西藏信托有限公司信息技术部总经理、信息总监；现任西藏信托有限公司运营总监。

3.5 公司员工

项目		2020年度	
		人数(人)	比例(%)
年龄分布	25岁以下	2	1.82
	25~29岁	16	14.54
	30~39岁	77	70.00
	40岁以上	15	13.64
学历分布	博士	1	0.91
	硕士	56	50.91
	本科	46	41.82
	专科	7	6.36
	其他	—	—
岗位分布	高级管理人员	7	6.36
	自营业务人员	7	6.36
	信托业务人员	46	41.82
	其他	50	45.46

4. 经营管理

4.1 经营目标、经营方针、战略规划

4.1.1 经营目标

公司经营目标是公司利益相关者利益最大化。客户、股东、员工是公司最重要的利益相关者。公司认为，为客户提供安全高效的资产管理服务，为股东提供合理稳定的收益，为员工提供有尊严的工作环境(不仅仅是收入)和有预期的成长空间，是企业的使命和促进社会进步的重要组成部分。"财务保障通达自由心境"是公司不懈努力所追求的最终目标。

4.1.2 经营方针

公司经营方针是在控制风险的前提下，以卓越的专业能力把握市场机会。公司致力于广泛、多市场的资产管理业务，将受托资产合理配置于货币市场、银行间市场、资本市场、衍生品市场及直接投资(PE)市场，并积极参与消费金融、供应链金融、资产支持证券、并购融资、房地产、资源、能源、艺术收藏品等另类投资，产品线完整、丰富；公司同时关注国内及国际市场，不断探索资产的全球配置方案。

4.1.3 战略规划

公司战略规划是成为在资本市场和以房地产投资、并购投资、证券化投资为主的另类投资领域有市场影响力的优秀管理人。

4.2 所经营业务的主要内容

公司依法经营资金信托、动产信托、不动产信托等信托业务，以信托贷款、信托投资等方式将客户的委托资金用于工商业、房地产业、金融机构、证券市场等领域。

自营资产运用与分布表

资产运用	金额(万元)	占比(%)	资产分布	金额(万元)	占比(%)
货币资产	33 581.45	6.27	基础产业	—	—
贷款及应收款	56 403.25	10.54	房地产业	—	—
交易性金融资产	60 173.61	11.24	证券市场	60 173.61	11.24

续表

资产运用	金额(万元)	占比(%)	资产分布	金额(万元)	占比(%)
可供出售金融资产	199 029.55	37.19	实业	44 349.84	8.29
持有至到期金融资产	135 278.39	25.27	金融机构	367 889.39	68.73
长期股权投资	—	—	其他	62 815.50	11.74
固定资产	14 717.70	2.75			
其他	36 044.39	6.74			
资产总计	535 228.34	100.00	资产总计	535 228.34	100.00

信托资产运用与分布表

项目	金额(万元)	占比(%)	资产分布	金额(万元)	占比(%)
货币资产	120 148.58	0.82	基础产业	705 655.54	4.81
贷款及应收款	4 134 375.03	28.19	房地产业	1 762 135.03	12.02
交易性金融资产	2 395 300.34	16.33	证券市场	837 766.52	5.71
可供出售金融资产	1 063 901.80	7.26	工商企业	5 371 161.98	36.63
持有至到期金融资产	2 001 360.58	13.65	金融机构	3 856 329.32	26.30
长期股权投资	136 833.81	0.93	其他	2 130 617.32	14.53
财产权	4 768 947.62	32.52			
其他	42 797.95	0.30			
资产总计	14 663 665.71	100.00	资产总计	14 663 665.71	100.00

4.3 市场分析

4.3.1 有利因素

一是监管政策的持续影响。受"资管新规"及配套规定的持续管理，信托行业与其他资产管理行业平等发展、公平竞争。新规强调"买者自负"，整治市场乱象，有利于行业健康稳定发展。同时"资管新规"过渡期的延长有利于缓解各机构整改压力，实现资管业务稳步转型升级，并助推行业更好服务实体经济。

二是信托认同度提高。随着国民经济的增长，民众理财需求、理财意识与理财能力均有所提升，对信托这种资产管理途径逐渐熟悉，认可程度及投资意愿日益增强。

4.3.2 不利因素

一是疫情变化和外部环境存在诸多不确定性。2020年新冠肺炎疫情对经济的冲击较为严重，虽经过全党全国各族人民的艰苦奋战，我国成为全球唯一实现经济正增长的主要经济体，但疫情变化和外部环境存在诸多不确定性，我国经济恢复基础尚不牢固。2021年世界经济形势仍然复杂严峻，复苏不稳定不平衡，疫情冲击导致的各类衍生风险不容忽视。

二是业务竞争较为激烈。在行业回归信托本源的监管要求及趋势下，信托公司通道业务大幅减少，公司转型压力较大。虽然公司制订了以消费金融、供应链金融、创投债、股权投资业务为重要发展方向的业务规划，但一方面新业务对弥补原有业务的萎缩仍有一定难度；另一方面业务创新也面临较大挑战，稍有不慎也可能造成新的风险点。

4.4 内部控制

4.4.1 内部控制环境和内部控制文化

4.4.1.1 股东会、董事会、监事会及高级管理层权责分明

公司严格遵守《中华人民共和国公司法》《中华人民共和国

信托法》《信托公司管理办法》《信托公司治理指引》等法律法规，认真落实监管部门关于公司治理的有关规定，建立了包括股东会、董事会、高级管理层及监事会的科学、规范、权责分明的经营决策机制。同时，公司制定《西藏信托有限公司“三重一大”决策制度实施办法》，细化公司授权体系，进一步完善公司治理结构，增强公司治理机制的有效性，提高公司决策的科学性。

4.4.1.2　企业文化的建设

作为国有金融企业，加强和完善党对企业的领导，加强和改进企业党的建设，使企业成为党和国家最可信赖的依靠力量，成为坚决贯彻执行党中央决策部署的重要力量，成为贯彻新发展理念、全面深化改革的重要力量。

作为国有金融企业，公司的经营将为股东创造价值，坚持有利于国有资产保值增值、有利于提高国有经济竞争力、有利于放大国有资本功能的方针相结合，坚定不移把国有企业做强做优做大。

公司为客户提供全面资产管理方案，促进客户资产增值，以客户利益的最大化为业务目标。公司以诚信经营为根本，守法合规为底线，风险控制为依靠，以财务保障通达自由心境为我们的核心价值观。

公司为员工提供有尊严的收入、友善的工作环境和有预期的成长空间。坚持以人为本的管理原则，通过充分调动员工的积极性和创造性，实现员工自身价值与企业价值相互促进，共同提升。

4.4.1.3　风控制度的修订、实施情况

公司履行诚实、信用、谨慎、有效管理的义务，全方位监控业务的风险状况，在业务的发展中，引入科学的风险管理程序，从制度上控制与防范风险。按照独立性、全面性和系统性的原则，形成了以公司各项业务执行人员为起点至公司投资决策委员会的自下而上的多层次纵向的风险管理系统，也构建了公司风控合规部门、财务管理部门、信托事务部门、稽核审计部门等共同参与的横向风险管理系统，最终在公司内部形成完整的风险管理体系，并推动了公司的风险管理文化的建设。

4.4.2　内部控制措施

4.4.2.1　组织结构的内部控制

公司建立股东会、董事会、监事会、高级管理层的“三会一层”组织结构，明确其职能和责任，制定了相应的议事规则并完善了相应的授权体系。

公司董事会下设信托委员会、稽核审计委员会、提名与薪酬委员会、投资者权益保护工作委员会、风险管理委员会及关联交易控制委员会；管理层下设投资决策委员会及固有业务审查委员会。

公司各部门职责分明、目标明确，相互分离、相互制约。

公司财务管理部、风控合规部和稽核审计部，独立开展工作，履行其职责。

公司的岗位设置职责分明，相互制约。各部门的工作人员各司其职。

4.4.2.2　业务的内部控制

公司的自营业务和信托业务相互分离，分别由不同的业务部门管理。

公司制定较为完善的业务管理制度，包括规范有效的业务操作流程。

公司固有财产和信托财产分开管理、分别核算，并由不同的部门及会计人员负责。

公司自营业务注重防范风险，对不同资产类别及投资期限进行合理配置，尽可能确保自营资产的收益性、安全性和流动性，实现最佳平衡。

自营业务和信托业务做到信息隔离，各业务信息相互独立，业务人员做到对未公开的业务信息保密。

4.4.2.3　关联交易的内部控制

公司董事会下设关联交易控制委员会，负责关联交易的管理，及时审查和批准关联交易，控制关联交易风险。

公司加强关联交易决策和监督的控制，重点防范不正当关联交易所导致的风险。

关联交易按照国家法律法规的规定和中国银保监会的要求，做到比例控制、信息披露。

4.4.2.4　会计的内部控制

公司制定了较完整的财务管理制度和会计业务规范，会计业务规范覆盖了会计业务的各个环节。

公司会计岗位实行责任分离、相互制约的原则，严禁一人兼任非相容的岗位或独自完成会计全过程的业务操作。

公司制定较完善的会计档案管理和财务交接制度，财务部门妥善保管业务用章、空白支票等重要凭据和会计档案。

4.4.3　信息交流与反馈

4.4.3.1　报告制度

按照监管部门的要求，公司按照《信托登记管理办法》对公司信托产品及受益权信息进行登记。项目经理对信托资金拟投向的项目进行尽职调查，据此形成项目尽职调查报告，重大项目经公司投资决策委员会审核批准后实施。

4.4.3.2　业务处理的授权制度

公司董事会严格执行分级授权制度。公司经营班子严格执行董事会及股东会的各项决议，根据年度股东会会议批准的经营计划和经营目标，努力提升公司的业务能力、管理能力、创新能力，进一步提高核心竞争力，明显增强公司的综合实力。

4.4.3.3　业务活动资料存档

公司信托项目由项目责任人妥善保管项目的各类原始资料，并按规定及时归档。信托项目在信托计划成立后按照公司有关合同、档案管理规定移交客户服务部收存，并由信托事务部依照档案管理规定对归档资料进行复核。信托项目存档材料主要有：项目前期尽职调查的有关资料，立项审批表，提交投资决策委员会审查的材料、决议，有关合同及其他法律文本，项目后期管理记录，信息披露文件等。

4.4.3.4　对业务审核、监督结果进行反馈的机制

信托项目存续期间，公司风控合规部定期对信托项目的审核结果及项目运作情况进行跟踪、了解，信托业务部门根据项目周期、项目性质和信托文件的有关内容，定期与项目方进行书面、口头或会议沟通，及时监控信托项目运营中的风险。在项目跟踪调查的过程中，对项目进度、信托资金使用情况、总体财务状况、管理团队人员变动、股权结构变动等情况进行详细、客观考察。

4.4.4　监督评价与纠正

公司建立、健全内部监督评价体系，持续对经营管理及业

务运行过程进行全面的监督和评价。公司监事会依法履行监督职能,对公司董事、高级管理层履职情况进行监督;公司稽核审计部制作《西藏信托有限公司内部审计报告》及专项审计报告,充分发挥稽核审计部门的监督检查职能。

4.5 风险管理

4.5.1 风险管理概况

公司风险管理贯彻全面性、审慎性、及时性、有效性等原则,覆盖公司各项业务、各个部门、各个环节和各级人员,对风险进行事前防范、事中控制、事后监督,促进公司持续、稳健、规范、健康运行。

公司风险管理的组织架构和分工如下:董事会是公司风险管理的最高决策机构,负责确定公司的风险管理政策、程序和人员,行使重大经营决策权。董事会下设的各专业委员会根据各自的职责对公司整体进行风险管理。风险管理委员会具体落实公司董事会风险控制、管理、监督和评估相关工作职责。信托委员会负责信托业务的风险管理,关注公司信托业务发展规划、负责重大信托项目审核与批准等。稽核审计委员会监督、审核公司内部审计制度及其实施情况。关联交易控制委员会负责关联交易的管理,控制关联交易风险。公司的风控合规部、各业务部门以及各管理部门在日常业务处理中均负有对应的部门风控职责。同时公司还聘请了外部法律顾问,在业务处理的一定范围内给出专业的法律意见。

报告期内,公司进一步推进组织架构、内控制度及相关业务流程的优化工作,不断完善组织健全、权责明确、合理制衡、报告路径清晰的公司治理结构,为全面风险管理提供了有效的治理结构保障。公司高度重视流动性风险的防范和管理,着力加强流动性风险防范的前瞻性、针对性和有效性,提前落实信托还款资金安排,确保流动性风险的及时转移、释放和化解,进一步巩固公司业务整体稳健运行的态势。

4.5.2 风险状况

4.5.2.1 信用风险状况

信用风险主要指交易对手不履行义务的可能性,主要表现为在贷款、资产回购、后续资金安排、担保、履约承诺等交易过程中,借款人、担保人、保管人(托管人)等交易对手不履行承诺,不能或不愿履行合约承诺而使信托财产和固有财产遭受潜在损失的可能性。同时,当信用风险发生时,如受托人没有尽职管理、安排预算不恰当时,或信托项目违法违规未能如期执行时,会导致发生的流动性风险。

报告期内,公司总体信用风险基本可控。对于可能出现交易对手违约事件,公司将积极采取多项措施化解风险,最大限度地保护相关者合法利益,必要时将采取法律手段予以解决;同时,公司还以资产质量为依据谨慎计提足额风险及信托赔偿准备金,进一步提高了公司的风险抵补能力。

4.5.2.2 市场风险状况

市场风险主要指在开展资产管理业务过程中,投资于有公开市场价值的金融产品或者其他产品时,金融产品或者其他产品的价格发生波动导致资产遭受损失的可能性。同时,市场风险还具有很强的传导效应,某些信用风险的根源可能也来自交易对手的市场风险(如销售下降、成本上升等)。报告期内,在公司加强对经济、金融和产业形势的预判管理、完善市场风险预警机制和市场风险管理体系的举措下,公司市场风险总体可控。

4.5.2.3 操作风险状况

操作风险表现为由于公司治理机制、内部控制失效或者有关责任人出现失误、欺诈等问题,公司没有充分及时地做好尽职调查、持续监控、信息披露等工作,未能及时作出应有的反应,或作出的反应明显有失专业和常理,甚至违规违约;公司没有履行勤勉尽职管理的义务,或者无法出具充分有效的证据和记录,证明自己已履行勤勉尽职管理的义务。报告期内,公司进一步加强内控体系建设,对公司各项管理制度、业务流程、内控组织等进行了梳理,并有效地处理和解决了公司业务流程中存在的不足及问题。报告期内,公司未发生内部控制失效或者员工欺诈问题,未发生误操作、违规操作导致的财务损失,未发生系统、账户、流程引发的风险事件,未发生尽职管理不到位导致的经济损失等,公司操作风险基本可控。

4.5.2.4 其他风险状况

其他风险主要是指公司业务开展中的政策风险、声誉风险、人员道德风险等。报告期内,公司高度重视自身声誉,坚持依法合规稳健经营,风险基本可控,未发生此类风险损失。

4.5.3 风险管理

4.5.3.1 信用风险管理

公司的信用风险管理主要是通过强化贷前和贷后管理来进行风险防范。

公司加强项目事前审核,审慎选择合作机构,落实交易对手名单制管理,杜绝与负面清单里的交易对手合作。同时,在贷前审核过程中,充分评估贷款人的履约能力和履约意愿,严格按照申请立项、尽职调查、信用评估、内部审批、签约放款等步骤操作。在业务审批环节,重点审核贷款质押担保措施,公正地评估质押品,总体控制抵(质)押率,并根据贷款人的具体情况和市场情况在一定程度上适度调整担保标准。

公司严格落实项目贷后管理,按照合同约定,保持对贷款人的动态风险管理。公司对贷款人的资信状况和偿债能力及保证合同的履行情况定期进行监控,并采取风险预警报告及主动管理进行贷后风险应对。同时,公司注重信用风险管理的前瞻性、针对性和适时性,严格执行授权审批制度及决策流程,确保公司信用风险的可测、可控、可承受。

4.5.3.2 市场风险管理

公司在运营过程中面临的市场风险主要为股价、汇率、利率及其他价格对公司经营和盈利能力的影响。针对上述投资标的的市场风险,公司固有业务和证券类信托业务都制定了严格的风控流程,根据市场目前的具体状况,动态调整风控指标。一方面,通过信息系统实现各项投资限制;另一方面,通过信托运营部人员逐日盯市,研究人员对市场各类政策的研究,动态调整可投资标的范围、额度及止损标准来控制此类风险。

4.5.3.3 操作风险管理

公司主要通过不断完善各部门和各岗位的职责、清晰化各业务操作流程,实行严格的复核、审核程序,加强内部员工专业知识和流程培训,制定严格的信息管理制度,从而保证业务运行安全而富有效率,降低操作风险。公司在业务尽职调查、产品规范化管理、合同档案管理、信息披露等方面不断细化管理要点和规范操作流程,提升业务操作的规范化和标准化水平,消除操作风险隐患，有效管理各类操作风险。

4.5.3.4　其他风险管理

4.5.3.4.1　政策风险管理

公司及时跟踪研究国家宏观政策和行业政策的调整与变化，动态分析宏观政策和监管政策的变动趋势；及时调整发展思路和经营理念，保持公司经营策略与国家政策的一致性；同时，持续关注有关法律、法规的最新变化，正确理解和准确把握其内涵，强化全员的合法合规经营意识，并及时对业务程序和操作指引进行梳理和修订，保证公司的各项业务在合法合规的前提下进行。

4.5.3.4.2　声誉风险管理

声誉是金融机构赖以生存的基础，是立身之本、展业之本。一直以来，公司对声誉风险的容忍度为零，并将声誉风险管理纳入公司治理和全面风险管理体系。

4.5.3.4.3　道德风险管理

公司注重道德文化教育，要求员工遵纪守法，不断提高员工廉洁自律和勤勉尽职的意识；以员工为本，强调和谐共赢，不断加强公司的凝聚力和员工的归属感，使员工认识到与公司共同成长的重要性。

4.6　企业社会责任

公司坚持服务实体经济，积极回馈股东，诚信纳税，维护投资者权益，积极践行企业社会责任。

4.6.1　规范运作，廉洁从业

公司在日常经营中坚持规范运作，2020 年以来，公司进一步加强法人治理建设，加强内部合规文化的培育，增加中后台人员和资源配置。与此同时，公司通过开展警示教育、进行专题讲座、做好廉政宣传等多种途径加强员工廉洁教育，强化党员的廉洁意识，以保证公司员工及管理层的廉洁廉政。

4.6.2　服务实体经济及民营企业

2020 年，公司坚持习近平总书记新时代中国特色社会主义思想，牢固树立“四个意识”，坚定“四个自信”，坚决做到“两个维护”，根据党的十九大会议精神、第五次全国金融工作会议要求及监管机构的规定，对公司发展战略、业务规划进行梳理，将服务实体经济作为公司重点工作之一，增强主动管理能力，把更多资源配置到经济社会发展的重点领域和薄弱环节，更好地满足实体经济多样化的需求。2020 年，公司进一步投入较大人力物力开拓中小企业综合金融服务业务，为中小企业及时提供价格合理、便捷安全的金融服务。

4.6.3　“三农”及扶贫金融服务情况

2020 年公司积极响应国家“普惠金融”的战略方针，落实党的十九大关于“深化金融体制改革，增强金融服务实体经济能力”的会议精神，坚持金融产品创新，把握“互联网 + 金融”机会，在消费金融领域有了进一步成长。

开展教育扶贫工作。为帮助班戈县尼玛乡推动教育脱贫事业，公司对部分贫困大学生捐赠电脑。

开展精准扶贫工作。公司助力“德吉康萨社区爱心帮扶专项基金”，帮助帮扶易地扶贫搬迁群众摆脱贫困、巩固脱贫、防止返贫，捐助经费 12 万元。

4.6.4　积极回馈股东

公司将“为股东提供合理稳定的收益”作为公司经营目标之一，通过完善公司治理、强化经营管理、提高企业竞争力，确保公司稳健发展，为股东提供稳定投资回报，实现国有资产保值增值。

4.6.5　诚信纳税

公司坚持依法纳税、诚信经营，2020 年全年公司上缴税费共计 3.36 亿元，以实际行动支持西藏自治区经济发展。

4.6.6　维护投资者权益

公司注重对投资者权益的保护，在日常工作中致力于为投资者提供方便、快捷、优质、高效的金融服务。2020 年公司共计清算信托项目 241 个，加上期间分配收益的信托项目，共向受益人分配信托收益 946 376.15 万元。

公司将公平对待金融消费者的观念融入公司治理和企业文化建设当中，努力建立、健全金融消费者保护机制，把关注和维护金融消费者的合法权益作为公司的重要职责使命之一。

公司在日常工作中，注重投资者教育工作的开展，在官网设置了“信托讲堂”专栏及“金融知识进万家”专栏，并在公司公众号中设置了“合规宣传”的专栏，定期更新针对投资者的教育手册，向投资者进行金融知识宣传。

4.6.7　加强反洗钱工作

公司重视反洗钱相关工作的开展，完善反洗钱内控制度，加强系统建设，在反洗钱领导小组的领导下，由专人负责落实反洗钱相关工作，按规定履行客户身份识别、可疑交易报告、客户身份资料和交易记录保存、开展反洗钱宣传、组织反洗钱培训等义务，并积极参与辖区内组织的反洗钱培训及交流，以适应新形式下反洗钱工作，及时掌握反洗钱工作的新动向、新要求。

4.6.8　践行企业社会责任，关注民生工程

公司在日常经营中，时时关注西藏地区发展、人民生活情况，积极帮助西藏当地有需要的居民解决实际困难。同时，公司对涉及民生的项目一贯采取大力支持的政策。未来，公司将持续关注医疗、教育、环保行业发展情况，以期可以更深入地为民生工程贡献公司力量。

4.6.9　关爱员工

公司坚持“以人为本”的理念，关爱员工，与员工共同分享公司的发展成果。公司制定明确的薪酬激励机制及晋升制度，以帮助员工制订职业规划；为公司员工缴纳企业三金，补充商业保险；为员工提供丰富的内外部培训课程，鼓励员工进行进修，以加强员工业务能力，提高员工综合素质。

5. 报告期末及上一年度末的比较式会计报表

5.1　自营资产

5.1.1　会计师事务所审计意见全文

审计报告

天职业字〔2021〕26279 号

西藏信托有限公司全体股东：

一、审计意见

我们审计了西藏信托有限公司（以下简称西藏信托）财务报表，包括 2020 年 12 月 31 日的资产负债表，2020 年度的利润表、现金流量表、所有者权益变动表、资产减值准备情况表，以及相关财务报表附注。

我们认为，后附的财务报表在所有重大方面按照企业会计准则的规定编制，公允反映了西藏信托2020年12月31日的财务状况及2020年度的经营成果和现金流量。

二、形成审计意见的基础

我们按照中国注册会计师审计准则的规定执行了审计工作。审计报告的“注册会计师对财务报表审计的责任”部分进一步阐述了我们在这些准则下的责任。按照中国注册会计师职业道德守则，我们独立于西藏信托，并履行了职业道德方面的其他责任。我们相信，我们获取的审计证据是充分的、适当的，为发表审计意见提供了基础。

三、管理层和治理层对财务报表的责任

管理层负责按照企业会计准则的规定编制财务报表，使其实现公允反映，并设计、执行和维护必要的内部控制，以使财务报表不存在由于舞弊或错误导致的重大错报。

在编制财务报表时，管理层负责评估西藏信托的持续经营能力，披露与持续经营相关的事项（如适用），并运用持续经营假设，除非管理层计划清算西藏信托、终止运营或别无其他现实的选择。

治理层负责监督西藏信托的财务报告过程。

四、注册会计师对财务报表审计的责任

我们的目标是对财务报表整体是否不存在由于舞弊或错误导致的重大错报获取合理保证，并出具包含审计意见的审计报告。合理保证是高水平的保证，但并不能保证按照审计准则执行的审计在某一重大错报存在时总能发现。错报可能由于舞弊或错误导致，如果合理预期错报单独或汇总起来可能影响财务报表使用者依据财务报表作出的经济决策，则通常认为错报是重大的。

在按照审计准则执行审计工作的过程中，我们运用了职业判断，并保持职业怀疑。同时，我们也执行以下工作：

（1）识别和评估由于舞弊或错误导致的财务报表重大错报风险，设计和实施审计程序以应对这些风险，并获取充分、适当的审计证据，作为发表审计意见的基础。由于舞弊可能涉及串通、伪造、故意遗漏、虚假陈述或凌驾于内部控制之上，未能发现由于舞弊导致的重大错报的风险高于未能发现由于错误导致的重大错报的风险。

（2）了解与审计相关的内部控制，以设计恰当的审计程序，但目的并非对内部控制的有效性发表意见。

（3）评价管理层选用会计政策的恰当性和作出会计估计及相关披露的合理性。

（4）对管理层使用持续经营假设的恰当性得出结论。同时，根据获取的审计证据，就可能导致对西藏信托持续经营能力产生重大疑虑的事项或情况是否存在重大不确定性得出结论。如果我们得出结论认为存在重大不确定性，审计准则要求我们在审计报告中提请报表使用者注意财务报表中的相关披露；如果披露不充分，我们应当发表非无保留意见。我们的结论基于截至审计报告日可获得的信息。然而，未来的事项或情况可能导致西藏信托不能持续经营。

（5）评价财务报表的总体列报、结构和内容（包括披露），并评价财务报表是否公允反映相关交易和事项。

我们与治理层就计划的审计范围、时间安排和重大审计发现等事项进行沟通，包括沟通我们在审计中识别出的值得关注的内部控制缺陷。

中国注册会计师：丁启新

中国注册会计师：孙　莉

中国·北京　　中国注册会计师：梁晓敏

二〇二一年四月二十六日

5.1.2　资产负债表

资产负债表

编制单位：西藏信托有限公司　　2020年12月31日　　单位：万元

项目	期末余额	年初余额
资产：		
货币资金	33 581.45	84 138.87
结算备付金	—	—
拆出资金	—	—
以公允价值计量且其变动计入当期损益的金融资产	60 173.61	81 389.37
应收票据	—	—
应收账款	—	—
预付款项	33.13	31.91
应收保费	—	—
应收分保账款	—	—
应收分保合同备用金	—	—
应收利息	67.07	1 195.72
应收股利	—	—
买入返售金融资产	31 000.63	—
存货	—	—
划分为持有待售的资产	—	—
发放委托贷款及垫款	44 349.84	25 166.67
可供出售金融资产	199 029.55	178 533.57
持有至到期投资	135 278.39	92 171.87
长期应收款	—	—
长期股权投资	—	—
投资性房地产	—	—
固定资产	14 717.70	15 309.57
在建工程	—	—
工程物资	—	—
固定资产清理	—	—
生产性生物资产	—	—
油气资产	—	—
无形资产	181.06	106.71
开发支出	—	—
商誉	—	—
递延所得税资产	4 829.57	6 173.41
其他资产	11 986.34	17 120.09
其中：其他应收款	11 986.34	17 120.09

续表

项目	期末余额	年初余额
长期待摊费用	—	—
其他流动资产	—	—
资产总计	535 228.34	501 337.76

法定代表人：周贵庆　　主管会计工作负责人：吴嘉怡　　会计机构负责人：许锡澄

资产负债表（续）

编制单位：西藏信托有限公司　　2020 年 12 月 31 日　　单位：万元

项目	期末余额	年初余额
负债及所有者权益：		
短期借款	—	—
向中央银行借款	—	—
吸收存款及同业存款	—	—
拆入资金	—	—
以公允价值计量且其变动计入当期损益的金融负债	—	—
应付票据	—	—
应付账款	—	—
预收账款	52.59	71.38
卖出回购金融资产款	—	—
应付手续费及佣金	—	—
应付职工薪酬	14 988.47	14 885.95
应交税费	2 852.59	4 558.16
应付利息	—	—
应付股利	2 199.39	2 199.39
应付分保账款	—	—
保险合同准备金	—	—
代理买卖证券款	—	—
代理承销证券款	—	—
划分为持有待售的负债	—	—
长期借款	—	—
应付债券	—	—
长期应付职工薪酬	—	—
专项应付款	—	—
预计负债	—	—
递延所得税负债	1 772.49	—
其他负债	17 756.36	15 260.56
其中：其他应付款	17 756.36	15 260.56
递延收益	—	—
负债总计	39 621.89	36 975.44
实收资本	300 000.00	300 000.00
其他权益工具	—	—
资本公积	5 000.00	5 000.00
减：库存股	—	—
其他综合收益	—	—
专项储备	—	—
盈余公积	37 092.83	32 812.81
一般风险准备	12 472.33	12 472.33
信托赔偿准备	20 216.05	18 076.04

续表

项目	期末余额	年初余额
未分配利润	120 825.24	56 001.14
归属于母公司所有者权益合计	495 606.45	4[illegible] 362.32
少数股东权益	—	—
所有者权益总计	495 606.45	4[illegible] 362.32
负债和所有者权益总计	535 228.34	501 337.76

法定代表人：周贵庆　　主管会计工作负责人：吴嘉怡　　会计机构负责人：许锡澄

5.1.3　利润表

利润表

编制单位：西藏信托有限公司　　2020 年 12 月 31 日　　单位：万元

项目	本期金额	上期金额
一、营业总收入	82 526.78	79 624.35
利息净收入	2 012.73	472.35
利息收入	2 012.73	895.47
利息支出	—	423.12
手续费及佣金净收入	42 715.64	51 157.78
手续费及佣金收入	42 795.28	51 231.97
手续费及佣金支出	79.64	74.19
投资收益（损失以"-"号填列）	-6 628.33	5 265.86
公允价值变动损益（损失以"-"号填列）	32 774.91	6 286.90
汇兑损益（损失以"-"号填列）	—	—
其他收益	11 301.59	6 183.19
其他业务收入	350.24	258.27
二、营业总支出	33 904.22	24 141.17
税金及附加	493.82	593.57
业务及管理费	20 144.04	20 313.56
资产减值损失	12 948.22	3 034.12
其他业务成本	318.14	199.92
三、营业利润	48 622.56	[illegible]5 483.18
加：营业外收入	7.97	40.80
减：营业外支出	—	—
四、利润总额	48 630.53	[illegible]5 523.98
减：所得税费用	5 830.36	3 362.86
五、净利润	42 800.17	[illegible] 161.12
归属于母公司所有者的净利润	42 800.17	[illegible] 161.12
少数股东损益	—	—
六、其他综合收益的税后净额	—	—
（一）以后不能重分类进损益的其他综合收益	—	—
（二）以后将重分类进损益的其他综合收益	—	—
其中：可供出售金融资产公允价值变动损益	—	—
七、综合收益总额	42 800.17	[illegible] 161.12
归属公司所有者的综合收益/（亏损）总额	42 800.17	[illegible] 161.12
归属少数股东的综合收益/（亏损）总额	—	—

法定代表人：周贵庆　　主管会计工作负责人：吴嘉怡　　会计机构负责人：许锡澄

5.1.4 所有者权益变动表

所有者权益变动表

编制单位：西藏信托有限公司　　　　2020 年度　　　　单位：万元

项目	行次	本期金额									上期金额								
		实收资本	资本公积	减：库存股	其他综合收益	盈余公积	一般风险准备	信托赔偿准备	未分配利润	所有者权益合计	实收资本（或股本）	资本公积	减：库存股	其他综合收益	盈余公积	一般风险准备	信托赔偿准备	未分配利润	所有者权益合计
一、上年年末余额	1	300 000.00	5 000.00	—	—	32 812.81	12 472.33	18 076.04	96 001.14	464 362.32	100 000.00	5 000.00	—	—	27 896.70	12 472.33	15 617.99	63 505.64	224 492.66
加：会计政策变更	2	—	—	—	—	—	—	—	—	—	—	—	—	—	—	—	—	—	—
前期差错更正	3	—	—	—	—	—	—	—	—	—	—	—	—	—	—	—			—
其他	4	—	—	—	—	—	—	—	—	—	—	—	—	—	—	—	—	—	—
二、本年年初余额	5	300 000.00	5 000.00	—	—	32 812.81	12 472.33	18 076.04	96 001.14	464 362.32	100 000.00	5 000.00	—	—	27 896.70	12 472.33	15 617.99	63 505.64	224 492.66
三、本年增减变动金额（减少以“－”号填列）	6	—	—	—	—	4 280.02	—	2 140.01	24 824.10	31 244.13	200 000.00	—	—	—	4 916.11	—	2 458.05	32 495.50	239 869.66
（一）净利润	7	—	—	—	—	—	—	—	42 800.17	42 800.17	—	—	—	—	—	—	—	49 161.12	49 161.12
（二）其他综合收益	8	—	—	—	—	—	—	—	—	—	—	—	—	—	—	—	—	—	—
上述（一）和（二）小计	9	—	—	—	—	—	—	—	42 800.17	42 800.17	—	—	—	—	—	—	—	49 161.12	49 161.12
（三）所有者投入和减少资本	10	—	—	—	—	—	—	—	—	—	89 285.71	110 714.29	—	—	—	—	—	—	200 000.00
1. 所有者投入资本	11	—	—	—	—	—	—	—	—	—	89 285.71	110 714.29	—	—	—	—	—	—	200 000.00
2. 股份支付计入所有者权益的金额	12	—	—	—	—	—	—	—	—	—	—	—	—	—	—	—	—	—	—
3. 其他	13	—	—	—	—	—	—	—	—	—	—	—	—	—	—	—	—	—	—
（四）利润分配	14	—	—	—	—	4 280.02	—	2 140.01	-17 976.07	-11 556.04	—	—	—	—	4 916.11	—	2 458.05	-16 665.62	-9 291.46
1. 提取盈余公积	15	—	—	—	—	4 280.02	—	—	-4 280.02	—	—	—	—	—	4 916.11	—	—	-4 916.11	—
2. 提取一般风险准备	16	—	—	—	—	—	—	—	—	—	—	—	—	—	—	—	—	—	—
3. 提取信托赔偿准备	17	—	—	—	—	—	—	2 140.01	-2 140.01	—	—	—	—	—	—	—	2 458.05	-2 458.05	—
对所有者（或股东）的分配	18	—	—	—	—	—	—	—	-11 556.04	-11 556.04	—	—	—	—	—	—	—	-9 291.46	-9 291.46
5. 其他	19	—	—	—	—	—	—	—	—	—	—	—	—	—	—	—	—	—	—
（五）所有者权益内部结转	20	—	—	—	—	—	—	—	—	—	110 714.29	-110 714.29	—	—	—	—	—	—	—
1. 资本公积转增资本（或股本）	21	—	—	—	—	—	—	—	—	—	110 714.29	-110 714.29	—	—	—	—	—	—	—
2. 盈余公积转增资本（或股本）	22	—	—	—	—	—	—	—	—	—	—	—	—	—	—	—	—	—	—
3. 盈余公积弥补亏损	23	—	—	—	—	—	—	—	—	—	—	—	—	—	—	—	—	—	—
4. 其他	24	—	—	—	—	—	—	—	—	—	—	—	—	—	—	—	—	—	—
（六）专项储备	25	—	—	—	—	—	—	—	—	—	—	—	—	—	—	—	—	—	—
1. 本期提取	26	—	—	—	—	—	—	—	—	—	—	—	—	—	—	—	—	—	—
2. 本期使用	27	—	—	—	—	—	—	—	—	—	—	—	—	—	—	—	—	—	—
（七）其他	28	—	—	—	—	—	—	—	—	—	—	—	—	—	—	—	—	—	—
四、本年年末余额	29	300 000.00	5 000.00	—	—	37 092.83	12 472.33	20 216.05	120 825.24	495 606.45	300 000.00	5 000.00	—	—	32 812.81	12 472.33	18 076.04	96 001.14	464 362.32

法定代表人：周贵庆　　　　主管会计工作负责人：吴嘉怡　　　　会计机构负责人：许锡澄

5.2 信托资产

5.2.1 信托项目资产负债汇总表

信托项目资产负债汇总表

编制单位：西藏信托有限公司　　2020 年 12 月 31 日　　单位：万元

信托资产	期末数	期初数	信托负债和信托权益	期末数	期初数
一、资产	14 663 665. 71	19 736 982. 55	一、信托负债	116 392. 99	37 115. 54
货币资金	120 148. 58	145 363. 06	应付账款	—	—
拆出资金	—	—	其他应付款	98 540. 12	20 140. 98
交易性金融资产	2 395 300. 34	2 579 013. 93	应交税费	—	—
应收账款	61 806. 16	131 871. 98	预计负债	—	—
应收票据	—	—	其他负债	17 852. 87	16 974. 56
其他应收款	—	—	二、信托权益	14 547 272. 72	19 699 867. 01
发放贷款及垫款	4 072 568. 87	5 904 927. 90	实收信托	14 433 652. 51	19 836 084. 82
长期股权投资	136 833. 81	168 242. 38	资本公积	143 634. 39	108 075. 73
持有至到期投资	2 001 360. 58	1 126 864. 59			
长期应收款	4 768 947. 62	7 595 422. 52			
其他资产	1 106 699. 75	2 085 276. 19	未分配利润	−30 014. 18	−244 293. 54
信托资产总计	14 663 665. 71	19 736 982. 55	信托负债及信托权益总计	14 663 665. 71	19 736 982. 55

5.2.2 信托项目利润及利润分配汇总表

信托项目利润及利润分配汇总表

编制单位：西藏信托有限公司　　2020 年度　　单位：万元

项目	本年数	上年数
一、营业收入	1 235 086. 29	1 750 195. 32
利息收入	311 392. 96	460 502. 42
投资收入	739 983. 44	1 095 438. 42
租赁收入	—	—
公允价值变动损益	120 488. 68	193 903. 28
其他收入	63 221. 21	351. 20
二、营业费用	72 154. 90	109 542. 62
三、营业税金及附加	2 304. 15	3 237. 40
四、扣除资产减值准备前的信托利润	1 160 627. 24	1 637 415. 30
减：资产减值损失	−28. 27	16 768. 11
五、扣除资产减值准备后的信托利润	1 160 655. 51	1 620 647. 19
加：期初未分配信托利润	−244 293. 54	−411 080. 10
六、可供分配的信托利润	916 361. 97	1 209 567. 09
减：本期已分配信托利润	946 376. 15	1 453 860. 63
七、期末未分配信托利润	−30 014. 18	−244 293. 54

6. 会计报表附注

6.1 简要说明会计报表年度会计报表编制基准、会计政策、会计估计和核算方法发生的变化

本财务报表以企业持续经营假设为基础，根据实际发生的交易事项，按照财政部最新颁布的《企业会计准则》及其应用指南的有关规定，并基于以下所述重要会计政策、会计估计进行编制。

6.2 重要会计政策和会计估计说明

6.2.1 金融工具

6.2.1.1 金融资产和金融负债的分类

金融资产在初始确认时划分为以下四类：以公允价值计量且其变动计入当期损益的金融资产（包括交易性金融资产和指定为以公允价值计量且其变动计入当期损益的金融资产）、持有至到期投资、贷款和应收款项、可供出售金融资产。

金融负债在初始确认时划分为以下两类：以公允价值计量且其变动计入当期损益的金融负债（包括交易性金融负债和指定为以公允价值计量且其变动计入当期损益的金融负债）、其他金融负债。

6.2.1.2 金融资产和金融负债的确认依据、计量方法和终止确认条件

公司成为金融工具合同的一方时，确认一项金融资产或金融负债。初始确认金融资产或金融负债时，按照公允价值计量；对于以公允价值计量且其变动计入当期损益的金融资产和金融负债，相关交易费用直接计入当期损益；对于其他类别的金融资产或金融负债，相关交易费用计入初始确认金额。

公司按照公允价值对金融资产进行后续计量，且不扣除将来处置该金融资产时可能发生的交易费用，但下列情况除外：（1）持有至到期投资以及贷款和应收款项采用实际利率法，按摊余成本计量；（2）在活跃市场中没有报价且其公允价值不能可靠计量的权益工具投资，以及与该权益工具挂钩并须通过交付该权益工具结算的衍生金融资产，按照成本计量。

公司采用实际利率法，按摊余成本对金融负债进行后续计量，但下列情况除外：（1）以公允价值计量且其变动计入当期损益的金融负债，按照公允价值计量，且不扣除将来结清金融负债时可能发生的交易费用；（2）与在活跃市场中没有报价、公允价值不能可靠计量的权益工具挂钩并须通过交付该权益工具结算的衍生金融负债，按照成本计量；（3）不属于指定为

以公允价值计量且其变动计入当期损益的金融负债的财务担保合同,或没有指定为以公允价值计量且其变动计入当期损益并将以低于市场利率贷款的贷款承诺,在初始确认后按照下列两项金额之中的较高者进行后续计量:按照《企业会计准则第13号——或有事项》确定的金额;初始确认金额扣除按照《企业会计准则第14号——收入》的原则确定的累积摊销额后的余额。

金融资产或金融负债公允价值变动形成的利得或损失,除与套期保值有关外,按照如下方法处理:(1) 以公允价值计量且其变动计入当期损益的金融资产或金融负债公允价值变动形成的利得或损失,计入公允价值变动损益;在资产持有期间所取得的利息或现金股利,确认为投资收益;处置时,将实际收到的金额与初始入账金额之间的差额确认为投资收益,同时调整公允价值变动损益。(2) 可供出售金融资产的公允价值变动计入资本公积;持有期间按实际利率法计算的利息,计入投资收益;可供出售权益工具投资的现金股利,于被投资单位宣告发放股利时计入投资收益;处置时,将实际收到的金额与账面价值扣除原直接计入资本公积的公允价值变动累计额之后的差额确认为投资收益。

当收取某项金融资产现金流量的合同权利已终止或该金融资产所有权上几乎所有的风险和报酬已转移时,终止确认该金融资产;当金融负债的现时义务全部或部分解除时,相应终止确认该金融负债或其一部分。

6.2.1.3 金融资产转移的确认依据和计量方法

公司已将金融资产所有权上几乎所有的风险和报酬转移给了转入方的,终止确认该金融资产;保留了金融资产所有权上几乎所有的风险和报酬的,继续确认所转移的金融资产,并将收到的对价确认为一项金融负债。公司既没有转移也没有保留金融资产所有权上几乎所有的风险和报酬的,分别下列情况处理:(1) 放弃了对该金融资产控制的,终止确认该金融资产;(2) 未放弃对该金融资产控制的,按照继续涉入所转移金融资产的程度确认有关金融资产,并相应确认有关负债。

金融资产整体转移满足终止确认条件的,将下列两项金额的差额计入当期损益:(1) 所转移金融资产的账面价值;(2) 因转移而收到的对价,与原直接计入所有者权益的公允价值变动累计额之和。金融资产部分转移满足终止确认条件的,将所转移金融资产整体的账面价值,在终止确认部分和未终止确认部分之间,按照各自的相对公允价值进行分摊,并将下列两项金额的差额计入当期损益:(1) 终止确认部分的账面价值;(2) 终止确认部分的对价,与原直接计入所有者权益的公允价值变动累计额中对应终止确认部分的金额之和。

6.2.1.4 主要金融资产和金融负债的公允价值确定方法

存在活跃市场的金融资产或金融负债,以活跃市场的报价确定其公允价值;不存在活跃市场的金融资产或金融负债,采用估值技术(包括参考熟悉情况并自愿交易的各方最近进行的市场交易中使用的价格、参照实质上相同的其他金融工具的当前公允价值、现金流量折现法和期权定价模型等)确定其公允价值;初始取得或源生的金融资产或承担的金融负债,以市场交易价格作为确定其公允价值的基础。

6.2.1.5 金融资产的减值测试和减值准备计提方法

资产负债表日对以公允价值计量且其变动计入当期损益的金融资产以外的金融资产的账面价值进行检查,如有客观证据表明该金融资产发生减值的,计提减值准备。

对单项金额重大的金融资产单独进行减值测试;对单项金额不重大的金融资产,可以单独进行减值测试,或包括在具有类似信用风险特征的金融资产组合中进行减值测试;单独测试未发生减值的金融资产(包括单项金额重大和不重大的金融资产),包括在具有类似信用风险特征的金融资产组合中再进行减值测试。

按摊余成本计量的金融资产,期末有客观证据表明其发生了减值的,根据其账面价值与预计未来现金流量现值之间的差额确认减值损失。在活跃市场中没有报价且其公允价值不能可靠计量的权益工具投资,或与该权益工具挂钩并须通过交付该权益工具结算的衍生金融资产发生减值时,将该权益工具投资或衍生金融资产的账面价值,与按照类似金融资产当时市场收益率对未来现金流量折现确定的现值之间的差额,确认为减值损失。可供出售金融资产的公允价值发生较大幅度下降,或在综合考虑各种相关因素后,预期这种下降趋势属于非暂时性的,确认其减值损失,并将原直接计入所有者权益的公允价值累计损失一并转出计入减值损失。

6.2.2 应收款项

6.2.2.1 单项金额重大并单项计提坏账准备的应收款项

单项金额重大的判断依据或金额标准	金额为2 000万元以上(含)
单项金额重大并单项计提坏账准备的计提方法	单独进行减值测试,根据其未来现金流量现值低于其账面价值的差额计提坏账准备

6.2.2.2 按组合计提坏账准备的应收款项

6.2.2.2.1 确定组合的依据

确定组合的依据	风险资产分类法组合
按组合计提坏账准备的计提方法	风险资产分类法

6.2.2.2.2 风险资产分类法及坏账准备的计提方法

应收款项五级分类	应收款项计提比例(%)
正常类	—
关注类	2
次级类	25
可疑类	50
损失类	100
关联方应收款项	—

6.2.2.3 单项金额虽不重大但单项计提坏账准备的应收款项

单项计提坏账准备的理由	无法满足组合计提的要求,并且单项金额为2 000万元以下。
坏账准备的计提方法	根据其未来现金流量现值低于其账面价值的差额计提坏账准备。

对应收票据、预付款项、应收利息、长期应收款等其他应收款项,根据其未来现金流量现值低于其账面价值的差额计提坏账准备。

对确定不能收回的款项另行按法规程序报批后单项确认坏账损失。

6.2.3　长期股权投资

6.2.3.1　投资成本的确定

同一控制下的企业合并形成的，合并方以支付现金、转让非现金资产、承担债务或发行权益性证券作为合并对价的，在合并日按照被合并方所有者权益在最终控制方合并财务报表中的账面价值的份额作为其初始投资成本。长期股权投资初始投资成本与支付的合并对价的账面价值或发行股份的面值总额之间的差额调整资本公积（资本溢价或股本溢价）；资本公积不足冲减的，调整留存收益。

分步实现同一控制下企业合并的，应当以持股比例计算的合并日应享有被合并方账面所有者权益份额作为该项投资的初始投资成本。初始投资成本与其原长期股权投资账面价值加上合并日取得进一步股份新支付对价的公允价值之和的差额，调整资本公积（资本溢价或股本溢价），资本公积不足冲减的，冲减留存收益。

非同一控制下的企业合并形成的，在购买日按照支付的合并对价的公允价值作为其初始投资成本。

除企业合并形成以外的：以支付现金取得的，按照实际支付的购买价款作为其初始投资成本；以发行权益性证券取得的，按照发行权益性证券的公允价值作为其初始投资成本；投资者投入的，按照投资合同或协议约定的价值作为其初始投资成本（合同或协议约定价值不公允的除外）。

6.2.3.2　后续计量及损益确认方法

本公司能够对被投资单位实施控制的长期股权投资，在本公司个别财务报表中采用成本法核算；对具有共同控制或重大影响的长期股权投资，采用权益法核算。

采用成本法时，长期股权投资按初始投资成本计价，除取得投资时实际支付的价款或对价中包含的已宣告但尚未发放的现金股利或利润外，按享有被投资单位宣告分派的现金股利或利润，确认为当期投资收益，并同时根据有关资产减值政策考虑长期投资是否减值。

采用权益法时，长期股权投资的初始投资成本大于投资时应享有被投资单位可辨认净资产公允价值份额的，归入长期股权投资的初始投资成本；长期股权投资的初始投资成本小于投资时应享有被投资单位可辨认净资产公允价值份额的，其差额计入当期损益，同时调整长期股权投资的成本。

采用权益法时，取得长期股权投资后，按照应享有或应分担的被投资单位实现的净损益的份额，确认投资损益并调整长期股权投资的账面价值。在确认应享有被投资单位净损益的份额时，以取得投资时被投资单位各项可辨认资产等的公允价值为基础，按照本公司的会计政策及会计期间，并抵销与联营企业及合营企业之间发生的内部交易损益按照持股比例计算归属于投资企业的部分（但内部交易损失属于资产减值损失的，应全额确认），对被投资单位的净利润进行调整后确认。按照被投资单位宣告分派的利润或现金股利计算应分得的部分，相应减少长期股权投资的账面价值。本公司确认被投资单位发生的净亏损，以长期股权投资的账面价值以及其他实质上构成对被投资单位净投资的长期权益减记至零为限，本公司负有承担额外损失义务的除外。对于被投资单位除净损益以外所有者权益的其他变动，调整长期股权投资的账面价值并计入所有者权益。

6.2.3.3　确定对被投资单位具有控制、重大影响的依据

控制是指拥有对被投资方的权力，通过参与被投资方的相关活动而享有可变回报，并且有能力运用对被投资方的权力影响回报金额；重大影响是指投资方对被投资单位的财务和经营政策有参与决策的权力，但并不能够控制或者与其他方一起共同控制这些政策的制定。

6.2.3.4　长期股权投资的处置

6.2.3.4.1　部分处置对子公司的长期股权投资，但不丧失控制权的情形

部分处置对子公司的长期股权投资，但不丧失控制权时，应当将处置价款与处置投资对应的账面价值的差额确认为当期投资收益。

6.2.3.4.2　部分处置股权投资或其他原因丧失了对子公司控制权的情形

部分处置股权投资或其他原因丧失了对子公司控制权的，对于处置的股权，应结转与所售股权相对应的长期股权投资的账面价值，出售所得价款与处置长期股权投资账面价值之间差额，确认为投资收益（损失）；同时，对于剩余股权，应当按其账面价值确认为长期股权投资或其他相关金融资产。处置后的剩余股权能够对子公司实施共同控制或重大影响的，应按有关成本法转为权益法的相关规定进行会计处理。

6.2.3.5　减值测试方法及减值准备计提方法

对子公司、联营企业及合营企业的投资，在资产负债表日有客观证据表明其发生减值的，按照账面价值与可收回金额的差额计提相应的减值准备。

6.2.4　固定资产

6.2.4.1　固定资产确认条件、计价和折旧方法

固定资产是指为生产商品、提供劳务、出租或经营管理而持有的，使用年限超过一个会计年度的有形资产。

固定资产以取得时的实际成本入账，并从其达到预定可使用状态的次月起采用年限平均法计提折旧。

6.2.4.2　各类固定资产的折旧方法

项　目	折旧年限（年）	预计净残值率（%）	年折旧率（%）
房屋建筑物	30	—	3.33
办公设备	3	5.00	31.67
运输工具	10	5.00	9.50

6.2.4.3　固定资产的减值测试方法、减值准备计提方法

资产负债表日，有迹象表明固定资产发生减值的，按照账面价值与可收回金额的差额计提相应的减值准备。

6.2.5　在建工程

在建工程达到预定可使用状态时，按工程实际成本转入固定资产。已达到预定可使用状态但尚未办理竣工决算的，先按估计价值转入固定资产，待办理竣工决算后再按实际成本调整原暂估价值，但不再调整原已计提的折旧。

资产负债表日，有迹象表明在建工程发生减值的，按照账面价值与可收回金额的差额计提相应的减值准备。

6.2.6　无形资产

无形资产是指本公司拥有或控制的没有实物形态的可辨认非货币性资产。无形资产通常包括专利权、非专利权、商标权、著作权、特许权、土地使用权等，按成本进行初始计量。

使用寿命有限的无形资产，在使用寿命内按照与该项无形资产有关的经济利益的预期实现方式系统合理地摊销，无法可靠确定预期实现方式的，采用直线法摊销。具体年限如下：

项目	摊销年限(年)
WIND资讯金融终端服务	2.00
软件	10.00

使用寿命确定的无形资产，在资产负债表日有迹象表明发生减值的，按照账面价值与可收回金额的差额计提相应的减值准备；使用寿命不确定的无形资产和尚未达到可使用状态的无形资产，无论是否存在减值迹象，每年均进行减值测试。

内部研究开发项目研究阶段的支出，于发生时计入当期损益。内部研究开发项目开发阶段的支出，同时满足下列条件的，确认为无形资产：(1)完成该无形资产以使其能够使用或出售在技术上具有可行性；(2)具有完成该无形资产并使用或出售的意图；(3)无形资产产生经济利益的方式，包括能够证明运用该无形资产生产的产品存在市场或无形资产自身存在市场，无形资产将在内部使用的，能证明其有用性；(4)有足够的技术、财务资源和其他资源支持，以完成该无形资产的开发，并有能力使用或出售该无形资产；(5)归属于该无形资产开发阶段的支出能够可靠地计量。

6.2.7 长期待摊费用

长期待摊费用按实际发生额入账，在受益期或规定的期限内分期平均摊销。如果长期待摊的费用项目不能使以后会计期间受益则将尚未摊销的该项目的摊余价值全部转入当期损益。

6.2.8 预计负债

因对外提供担保、诉讼事项、产品质量保证、亏损合同等或有事项形成的义务成为公司承担的现时义务，履行该义务很可能导致经济利益流出公司，且该义务的金额能够可靠地计量时，公司将该项义务确认为预计负债。

公司按照履行相关现时义务所需支出的最佳估计数对预计负债进行初始计量，并在资产负债表日对预计负债的账面价值进行复核。

6.2.9 职工薪酬

本公司的职工薪酬是指本公司为获得职工提供的服务或解除劳动关系而给予的各种形式的报酬或补偿，包括短期薪酬、离职后福利、辞退福利和其他长期职工福利。本公司提供给职工配偶、子女、受赡养人、已故员工遗属及其他受益人等的福利，也属于职工薪酬。

短期薪酬是指本公司在职工提供相关服务的年度报告期间结束后12个月内需要全部予以支付的职工薪酬，因解除与职工的劳动关系给予的补偿除外。本公司的短期薪酬具体包括职工工资、奖金、津贴和补贴，职工福利费，医疗保险费、工伤保险费和生育保险费等社会保险费，住房公积金，工会经费和职工教育经费。

本公司在职工提供服务的会计期间，将实际发生的的短期薪酬确认为负债，并根据职工提供服务的受益对象计入当期损益或相关资产成本。

离职后福利是指本公司为获得职工提供的服务而在职工退休或与本公司解除劳动关系后，提供的各种形式的报酬和福利，属于短期薪酬和辞退福利的除外。

本公司的设定提存计划是指按当地政府的相关规定为职工缴纳基本养老保险和失业保险，在职工为本公司提供服务的会计期间，按以当地规定的缴纳基数和比例计算应缴纳金额，确认为负债，并计入当期损益或相关资产成本。

6.2.10 收入

6.2.10.1 手续费及佣金收入

提供劳务交易的结果在资产负债表日能够可靠估计的(同时满足收入的金额能够可靠地计量、相关经济利益很可能流入、交易的完工情况能够可靠地确定、交易中已发生和将发生的成本能够可靠地计量)。

手续费及佣金收入主要包括信托手续费收入和顾问费收入。信托手续费收入是根据信托合同规定的计提方法、计提标准确认应由信托项目承担的受托人报酬；顾问费收入，于所提供的服务完成时予以确认。

6.2.10.2 利息净收入

利息收入和利息支出都按存出资金或让渡资金的使用权的时间及实际利率计算确定。

6.2.11 政府补助

政府补助包括与资产相关的政府补助和与收益相关的政府补助。

政府补助为货币性资产的，按照收到或应收的金额计量；政府补助为非货币性资产的，按照公允价值计量，公允价值不能可靠取得的，按照名义金额计量。

与资产相关的政府补助，确认为递延收益，在相关资产使用寿命内平均分配，计入当期损益。与收益相关的政府补助，用于补偿以后期间的相关费用或损失的，确认为递延收益，在确认相关费用的期间，计入当期损益；用于补偿已发生的相关费用或损失的，直接计入当期损益。

6.2.12 递延所得税资产和递延所得税负债

根据资产、负债的账面价值与其计税基础之间的差额(未作为资产和负债确认的项目按照税法规定可以确定其计税基础的，该计税基础与其账面数之间的差额)，按照预期收回该资产或清偿该负债期间的适用税率计算确认递延所得税资产或递延所得税负债。

确认递延所得税资产以很可能取得用来抵扣可抵扣暂时性差异的应纳税所得额为限。资产负债表日，有确凿证据表明未来期间很可能获得足够的应纳税所得额用来抵扣可抵扣暂时性差异的，确认以前会计期间未确认的递延所得税资产。

资产负债表日，对递延所得税资产的账面价值进行复核，如果未来期间很可能无法获得足够的应纳税所得额用以抵扣递延所得税资产的利益，则减记递延所得税资产的账面价值。在很可能获得足够的应纳税所得额时，转回减记的金额。

公司当期所得税和递延所得税作为所得税费用或收益计入当期损益，但不包括下列情况产生的所得税：企业合并；直接在所有者权益中确认的交易或者事项。

6.2.13 信托赔偿准备金

根据中国人民银行颁布的《信托投资公司管理办法》有关规定，公司应当按税后利润的5%计提信托赔偿准备金，公司信托赔偿准备金累计额为公司注册资本20%以上时，不再提取。提取的信托赔偿准备金主要用于弥补因管理操作不善而对信托财产造成的损失。

6.2.14　**一般风险准备**

根据《金融企业准备金计提管理办法》（财金〔2012〕20号）的有关规定，金融企业应当根据自身实际情况，选择内部模型法或标准法对风险资产所面临的风险状况定量分析，确定潜在风险估计值。对于潜在风险估计值高于资产减值准备的差额，计提一般准备。当潜在风险估计值低于资产减值准备时，可不计提一般准备。一般准备余额原则上不得低于风险资产期末余额的1.5%。金融企业一般准备余额占风险资产期末余额的比例，难以一次性达到1.5%的，可以分年到位，原则上不得超过5年。

公司承担风险和损失的资产应计提准备金，具体包括发放贷款和垫款、可供出售类金融资产、持有至到期投资、长期股权投资、存放同业、拆出资金、抵债资产、其他应收款项等。

6.2.15　**信托业务核算办法**

根据《中华人民共和国信托法》《信托公司管理办法》及相关法规的规定，信托公司的固有财产与信托财产应分别管理、分别核算。公司管理的信托项目是指受托人根据信托文件的约定，单独或者集合管理、运用、处分信托财产的基本单位，信托项目作为独立的会计核算主体，独立核算信托财产的管理、运用和处分情况。

6.2.16　**持有待售**

本公司将同时满足下列条件的企业组成部分（或非流动资产）划分为持有待售：（1）根据类似交易中出售此类资产或处置组的惯例，在当前状况下即可立即出售；（2）出售极可能发生，已经就一项出售计划作出决议且获得确定的购买承诺，预计出售将在一年内完成。已经获得按照有关规定需得到相关权力机构或者监管部门的批准。

本公司将持有待售的预计净残值调整为反映其公允价值减去出售费用后的净额（但不得超过该项持有待售的原账面价值），原账面价值高于调整后预计净残值的差额，作为资产减值损失计入当期损益，同时计提持有待售资产减值准备。对于持有待售的处置组确认的资产减值损失金额，应当先抵减处置组中商誉的账面价值，再根据处置组中适用本准则计量规定的各项非流动资产账面价值所占比重，按比例抵减其账面价值。

后续资产负债表日持有待售的非流动资产公允价值减去出售费用后的净额增加的，以前减记的金额应当予以恢复，并在划分为持有待售类别后确认的资产减值损失金额内转回，转回金额计入当期损益。划分为持有待售类别前确认的资产减值损失不得转回。后续资产负债表日持有待售的处置组公允价值减去出售费用后的净额增加的，以前减记的金额应当予以恢复，并在划分为持有待售类别后适用本准则计量规定的非流动资产确认的资产减值损失金额内转回，转回金额计入当期损益。已抵减的商誉账面价值，以及适用本准则计量规定的非流动资产在划分为持有待售类别前确认的资产减值损失不得转回。持有待售的处置组确认的资产减值损失后续转回金额，应当根据处置组中除商誉外适用本准则计量规定的各项非流动资产账面价值所占比重，按比例增加其账面价值。

企业因出售对子公司的投资等原因导致其丧失对子公司控制权的，无论出售后企业是否保留部分权益性投资，应当在拟出售的对子公司投资满足持有待售类别划分条件时，在母公司个别财务报表中将对子公司投资整体划分为持有待售类别，在合并财务报表中将子公司所有资产和负债划分为持有待售类别。

6.2.17　**终止经营**

终止经营是指企业满足下列条件之一的、能够单独区分的组成部分，且该组成部分已经处置或划分为持有待售类别：该组成部分代表一项独立的主要业务或一个单独的主要经营地区；该组成部分是拟对一项独立的主要业务或一个单独的主要经营地区进行处置的一项相关联计划的一部分；该组成部分是专为转售而取得的子公司。

企业应当在利润表中分别列示持续经营损益和终止经营损益。不符合终止经营定义的持有待售的非流动资产或处置组，其减值损失和转回金额及处置损益应当作为持续经营损益列报。终止经营的减值损失和转回金额等经营损益及处置损益应当作为终止经营损益列报。

6.3　或有事项说明

截至2020年12月31日，本公司无或有事项。

6.4　会计报表中重要项目的明细资料

6.4.1　自营资产经营情况

6.4.1.1　资产风险分类的结果披露资产的期初数、期末数

风险分类	正常类（万元）	关注类（万元）	次级类（万元）	可疑类（万元）	损失类（万元）	信用风险资产合计（万元）	不良资产合计（万元）	不良资产率（%）
期初数	501 337.76	—	—	—	25 838.56	527 176.32	25 838.56	4.90
期末数	523 816.74	—	—	22 823.19	21 705.72	568 345.65	44 528.91	7.83

注：正常类＝正常类＋关注类，不良类＝次级类＋可疑类＋损失类。

6.4.1.2　资产损失准备的期初数、本期计提、本期转回、本期核销、期末数

单位：万元

项目	期初数	本期计提	本期转回	本期核销	期末数
持有至到期投资减值准备	15 520.00	1 411.59	2.94	1 500.00	15 428.65
其他减值准备	10 318.56	13 743.66	2 204.10	4 169.4[illegible]	17 688.66

6.4.1.3　自营股票投资、基金投资、债券投资、长期股权投资等投资的期初数、期末数

单位：万元

名称	自营股票	基金	债券	长期股权投资	其他投资	合计
期初数	30 489.33	377.38	5 000.00	—	398 905.48	434 772.19
期末数	43 414.88	1 441.94	—	—	381 667.54	426 524.36

6.4.1.4　前五名的自营贷款

序号	企业名称	占自营贷款的比例（%）	还款情况
1	昆山龙旗投资管理中心（有限合伙）	53.84	正常
2	西藏福地天然饮品包装有限责任公司	35.89	不良
3	上海西舍咖啡有限公司	2.49	正常
4	北京思家餐饮管理有限公司	2.46	不良
5	深圳市洪堡智慧餐饮科技有限公司	2.09	正常

6.4.1.5 公司当年的收入结构

收入结构	金额(万元)	占比(%)
手续费及佣金收入	42 795.28	51.81
其中:信托手续费收入	42 795.28	51.81
投资银行业务收入	—	—
利息收入	2 012.73	2.44
其他业务收入	350.24	0.42
其中:计入信托业务收入的部分	—	—
投资收益	-6 628.33	-8.02
其中:股权投资收益	—	—
证券投资收益	-27 745.13	-33.58
其他投资收益	21 116.80	25.56
公允价值变动收益	32 774.91	39.68
其他收益	11 301.59	13.67
收入合计	82 606.42	100.00

6.4.2 信托资产管理情况

6.4.2.1 信托资产的期初数、期末数

单位:万元

信托资产	期初数	期末数
集合	3 247 669.49	3 841 172.96
单一	8 874 271.39	6 015 059.32
财产管理类	7 615 041.67	4 807 433.43
合计	19 736 982.55	14 663 665.71

6.4.2.1.1 主动管理型信托业务情况

单位:万元

主动管理型信托资产	期初数	期末数
证券投资类	230 891.76	452 701.24
股权及其他投资类	1 483 703.35	2 206 120.40
融资类	1 481 089.60	1 186 123.73
合计	3 195 684.71	3 844 945.37

6.4.2.1.2 被动管理型信托业务情况

单位:万元

被动管理型信托资产	期初数	期末数
证券投资类	763 546.43	385 065.28
股权及其他投资类	1 073 561.18	652 620.61
融资类	5 786 976.98	3 749 112.75
事务管理类	8 917 213.25	6 031 921.70
合计	16 541 297.84	10 818 720.34

6.4.2.2 本年度已清算结束的信托项目情况

6.4.2.2.1 本年度已经清算结束的集合类、单一类资金信托项目和财产管理类信托项目数量、实收信托合计金额

信托资产	项目个数(个)	实收信托合计金额(万元)	加权平均年化收益率(%)
集合	59	898 322.00	14.36
单一	117	4 295 107.00	7.41
财产管理类	65	2 841 055.00	5.64

6.4.2.2.2 本年度已经清算结束的主动管理型信托项目数量、实收信托合计金额

已清算结束的信托项目(主动管理型)	项目个数(个)	实收信托合计金额(万元)	加权平均年化收益率(%)
证券投资类	8	43 683.87	5.63
股权及其他投资类	27	978 806.50	35.35
融资类	37	1 368 832.02	9.15

6.4.2.2.3 本年度已经清算结束的被动管理型信托项目数量、实收信托合计金额

已清算结束的信托项目(被动管理型)	项目个数(个)	实收信托合计金额(万元)	加权平均年化收益率(%)
证券投资类	14	182 817.26	-0.25
股权及其他投资类	26	334 048.55	4.83
融资类	51	1 926 813.86	5.84
事务管理类	78	3 199 481.94	5.62

6.4.2.3 本年度新增的集合类、单一类资金信托项目和财产管理类信托项目数量、实收信托合计金额

信托资产	项目个数(个)	实收信托合计金额(万元)
集合	79	1 597 500.24
单一	55	1 449 057.48
财产管理类	13	939 866.41
合计	147	3 986 424.13
其中:主动管理	112	2 656 363.36
被动管理	35	1 330 060.77

6.4.2.4 本公司已履行受托人义务,并未发生因本公司自身责任导致信托资产损失的情况

无。

6.4.2.5 信托赔偿准备金的提取、使用和管理情况

2020年公司计提信托赔偿准备金2 140.01万元,截至2020年12月31日,公司信托项目运行良好,未发生使用信托赔偿准备金情况,信托赔偿准备金余额为20 216.05万元。

6.5 关联方关系及其交易的披露

6.5.1 关联交易方的数量、关联交易的总额及关联交易的定价政策

6.5.1.1 关联交易方的数量

截至2020年12月31日,本公司关联方共1个,为本公司股东西藏自治区投资有限公司。

6.5.1.2 关联交易金额

西藏自治区投资有限公司截至2020年12月31日余额为8 497.4万元。

6.5.1.3 关联交易的定价政策

上述关联交易的定价政策为市场公允价格。

6.5.2 关联交易方与本公司的关系性质、关联交易方的名称、法人代表、注册地址、注册资本及主营业务

本公司股东的有关信息

母公司名称	注册地	业务性质	注册资本(万元)	法人代表
西藏自治区财政厅	西藏拉萨	公共服务	—	云丹
西藏自治区投资有限公司	西藏拉萨	投资	300 000	王天昊

6.5.3 公司与关联方的重大交易事项

6.5.3.1 固有财产与关联方

本公司无上述事项。

6.5.3.2 信托财产与关联方交易情况：贷款、投资、租赁、应收账款、担保、其他方式等期初汇总数、本期借方和贷方发生额汇总数、期末汇总数

单位：万元

信托财产与关联方相互交易			
项目	期初数	本期发生额	期末数
贷款	—	—	—
投资	7 996.75	500.65	8 497.40
租赁	—	—	—
担保	—	—	—
应收账款	—	—	—
其他	—	—	—
合计	7 996.75	500.65	8 497.40

6.5.3.3 信托公司自有资金运用于自己管理的信托项目、信托公司管理的信托项目之间的相互（信信交易）交易金额，包括余额和本报告年度的发生额

单位：万元

固有财产与信托财产相互交易			
项目	期初数	本期发生额	期末数
合计	322 498.69	37 983.47	360 482.16

单位：万元

信托资产与信托财产相互交易			
项目	期初数	本期发生额	期末数
合计	577 421.39	-51 562.33	525 859.06

6.5.3.4 逐笔披露关联方逾期未偿还本公司资金的详细情况及本公司为关联方担保发生或即将发生垫款的详细情况

本公司无上述事项。

7. 财务情况说明

7.1 实现利润和分配情况

（1）利润总额为 48 630.53 万元。

（2）所得税费用为 5 830.36 万元。

（3）净利润为 42 800.17 万元。

（4）年初未分配利润为 96 001.14 万元。

（5）可供分配利润为 138 801.31 万元。

（6）计提国有资本经营收益为 11 556.04 万元。

（7）提取盈余公积为 4 280.02 万元。

（8）提取信托赔偿准备金为 2 140.01 万元。

（9）年末未分配利润为 120 825.24 万元。

7.2 主要财务指标

指标名称	指标值
资本利润率（%）	8.92
信托报酬率（%）	0.2[illegible]
人均净利润（万元）	396.[illegible]

注：1. 资本利润率 = 净利润/所有者权益平均余额 ×100%。

2. 信托报酬率 = 当年税前信托报酬收入/实收信托平均余额 ×100%。

3. 人均净利润 = 净利润/公司年平均人数。

4. 平均值采取年初及各季度末余额移动算术平均法，公式为 a（平均）= $(a_0/2 + a_1 + a_2 + a_3 + a_4/2)/4$。

7.3 对本公司财务状况、经营成果有重大影响的其他事项

无。

8. 特别事项揭示

8.1 前五名股东报告期内变动情况及原因

报告期内，公司前五名股东未发生变动。

8.2 董事、监事及高级管理人员变动情况

8.2.1 董事变动情况

公司于 2020 年 4 月 15 日召开工会职工代表大会 2020 年第一次会议，审议通过《关于〈选举第六届董事会职工董事〉的议案》，选举王汀担任第六届董事会职工董事。

因第五届董事会任职期限届满，公司于 2020 年 9 月 7 日召开 2020 年第一次临时股东会议审议通过《关于选举第六届董事会董事的议案》，选举周贵庆、涂艺山、桑珠、李占通、聂兴凯、杨巍为公司第六届董事会董事。公司于 2020 年 12 月 11 日召开第六届董事会第一次会议，审议通过《关于选举公司董事长的议案》，选举周贵庆同志为公司董事长。

8.2.2 监事变动情况

公司于 2020 年 4 月 15 日召开工会职工代表大会 2020 年第一次会议，审议通过《关于〈选举第六届监事会职工监事〉的议案》，选举蔺楷毅为职工监事。

因第五届监事会任职期限届满，公司于 2020 年 9 月 7 日召开 2020 年第一次临时股东会议审议通过《关于选举第六届监事会监事的议案》，选举付兴简、姚远为公司第六届监事会监事。公司于 2020 年 12 月 11 日召开第六届监事会第一次会议，审议通过《关于选举公司监事会主席的议案》，选举付兴简为公司监事会主席。

8.2.3 高级管理人员变动情况

报告期内，公司高级管理人员未发生变动。

8.3 变更注册资本、变更注册地或公司名称、公司分立合并事项

报告期内，公司注册资本、注册地址、公司名称未发生变化，未发生分立合并事宜。

8.4 公司的重大诉讼事项

报告期内，公司无重大诉讼事项。

8.5 对会计师事务所出具的有保留意见、否定意见或无法表示意见的审计报告的，公司董事会应就所涉及事项作出说明

本公司无上述情况。

8.6 公司及其董事、监事和高级管理人员受到处罚的情况

报告期内，公司及其董事、监事和高级管理人员均未受到处罚。

8.7 中国银保监会及其派出机构对公司检查后提出的整改意见及整改情况

2020 年 1 月 21 日，中国银行保险监督管理委员会西藏监管局办公室下发《西藏银保监局办公室关于西藏信托有限公司"影子银行和交叉金融专项检查"专项现场检查意见书》（藏银保监办发〔2020〕22 号），对公司提出监管意见如下：

（1）完善银信合作业务管理机制。

（2）进一步强化银信通道业务合规经营意识。

（3）严格按照"穿透"原则，有效识别合格投资者。

（4）进一步规范业务合同管理。

2020 年 4 月 17 日中国银行保险监督管理委员会西藏监管局下发《西藏银保监局关于西藏信托有限公司 2019 年度监管意见书》（藏银保监发〔2020〕61 号），对公司提出监管意见如下：

（1）进一步完善公司治理及内控机制。

（2）回归本源，加快业务转型发展。

（3）持续推进信托业务"乱象"整治。

（4）要进一步加强风险资产处置、提升风险抵补能力。

（5）建立健全风险排查和压力测试两个"常态化"机制，做到风险交底。

（6）扎实推进信托文化建设。

就西藏银保监局提出的上述整改意见，公司组织员工认真学习，明确了整改落实目标，落实整改的责任部门和责任人，目前各项整改措施均按照公司的既定目标有序进行。

8.8 本年度重大事项临时报告的简要内容、披露时间、披露的媒体及其版面

2020 年 4 月 29 日，公司在《上海证券报》第 26－27 版披露了《西藏信托有限公司 2019 年年度报告摘要》。

2020 年 6 月 8 日，公司在《上海证券报》第 9 版披露了《西藏信托有限公司关于修改〈公司章程〉的公告》，主要内容为西藏信托有限公司 2019 年第三次临时股东会会议审议通过《关于修改〈西藏信托有限公司章程〉的议案》，公司全体股东同意修改《西藏信托有限公司章程》（以下简称《公司章程》），同意依据《中华人民共和国企业国有资产法》《中华人民共和国信托法》《信托公司管理办法》等相关法律、法规及规范性文件和监管机构要求，在公司章程中进一步完善公司治理结构，加强风险控制，促进公司规范经营和健康发展。上述章程变更事项已经西藏银保监局批准（藏银保监复〔2020〕42 号），相关事项已办理工商变更备案手续。

8.9 中国银保监会及其省级派出机构认定的其他有必要让客户及相关利益人了解的重要信息

根据《信托公司净资本管理办法》规定，公司净资本监管风险控制指标执行情况如下：

净资本/各项业务风险资本之和 ＝ 430 270.01 万元/146 941.16万元 ×100% ＝292.82% ≥100%（监管标准）。

净资本/净资产 ＝ 430 270.01 万元 / 495 606.45 万元 × 100% ＝ 86.82% ≥40%（监管标准）。

9. 公司监事会意见

监事会认为，报告期内，公司经营活动依法运作，操作规范，财务报告真实地反映了公司的财务状况和经营成果。

厦门国际信托有限公司

1. 重要提示

1.1 本公司董事会及董事保证本报告所载资料不存在任何虚假记载、误导性陈述或者重大遗漏，并对其内容的真实性、准确性和完整性承担个别及连带责任。

1.2 没有董事声明对年度报告内容的真实性、准确性、完整性无法保证或存在异议。

1.3 独立董事保证本报告所载资料不存在任何虚假记载、误导性陈述或者重大遗漏，并对其内容的真实性、准确性和完整性承担个别及连带责任。

1.4 中审众环会计师事务所（特殊普通合伙）厦门分所为本公司出具了标准无保留意见的审计报告。

1.5 公司董事长洪文瑾、总经理胡荣炜和会计机构负责人财务部经理陈明雅保证年度报告中财务报告的真实、完整。

2. 公司概况

2.1 公司简介

2.1.1 公司历史沿革

厦门国际信托有限公司是经原中国银行业监督管理委员会批准设立的具有法人资格的非银行金融机构。公司前身厦门国际信托投资公司是由厦门市财政局下属的厦门经济特区财务公司组建而成，成立于1985年1月，已稳健成长了36年。2007年8月，经原中国银行业监督管理委员会核准换发新的金融许可证。目前，公司注册资本为37.5亿元（其中，外汇资本金为1 500万美元），净资产为55.09亿元。股东为厦门金圆金控股份有限公司（占股80%）、厦门建发集团有限公司（占股10%）和厦门港务控股集团有限公司（占股10%），三家股东均是国有全资企业。

2.1.2 公司的法定中文名称：厦门国际信托有限公司
公司的法定英文名称：Xiamen International Trust Co., Ltd.

2.1.3 法定代表人：洪文瑾

2.1.4 注册地址：厦门市思明区展鸿路82号厦门国际金融中心39—42层

2.1.5 邮政编码：361008

2.1.6 国际互联网网址：www.xmitic.com

2.1.7 电子信箱：master@xmitic.com

2.1.8 信息披露事务负责人：胡荣炜
联系人：张菲斐
联系电话：0592-5311981
传真：0592-5311906
电子信箱：dshbgs@xmitic.com

2.1.9 公司本次信息披露报纸名称：《证券日报》

2.1.10 公司年度报告备置地点：厦门市思明区展鸿路82号厦门国际金融中心39—42层

2.1.11 公司聘请的会计师事务所：中审众环会计师事务所（特殊普通合伙）厦门分所
地址：厦门市思明区湖滨东路319号C幢四层A区

2.1.12 公司信托事务聘请的律师事务所：
上海锦天城（厦门）律师事务所
地址：厦门市思明区环岛东路1801号中航紫金广场A栋18楼
福建远大联盟律师事务所
地址：厦门市思明区七星西路178号七星大厦22楼远大律所
北京中伦文德（厦门）律师事务所
地址：厦门市思明区展鸿路82号厦门国际金融中心27层
北京（大成）厦门律师事务所
地址：厦门市思明区展鸿路82号厦门国际金融中心9层
福建英合律师事务所
地址：福建省厦门市思明区湖滨南路55号禹洲广场5层
北京盈科（成都）律师事务所
地址：成都市锦江区锦华路三段88号汇融国际A座20—21楼
福建力衡律师事务所
地址：厦门市七星西路七星一号大厦10楼福建力衡律师事务所
福建闽翔律师事务所
地址：厦门市湖里区安岭路988号三楼B302

2.2 组织结构

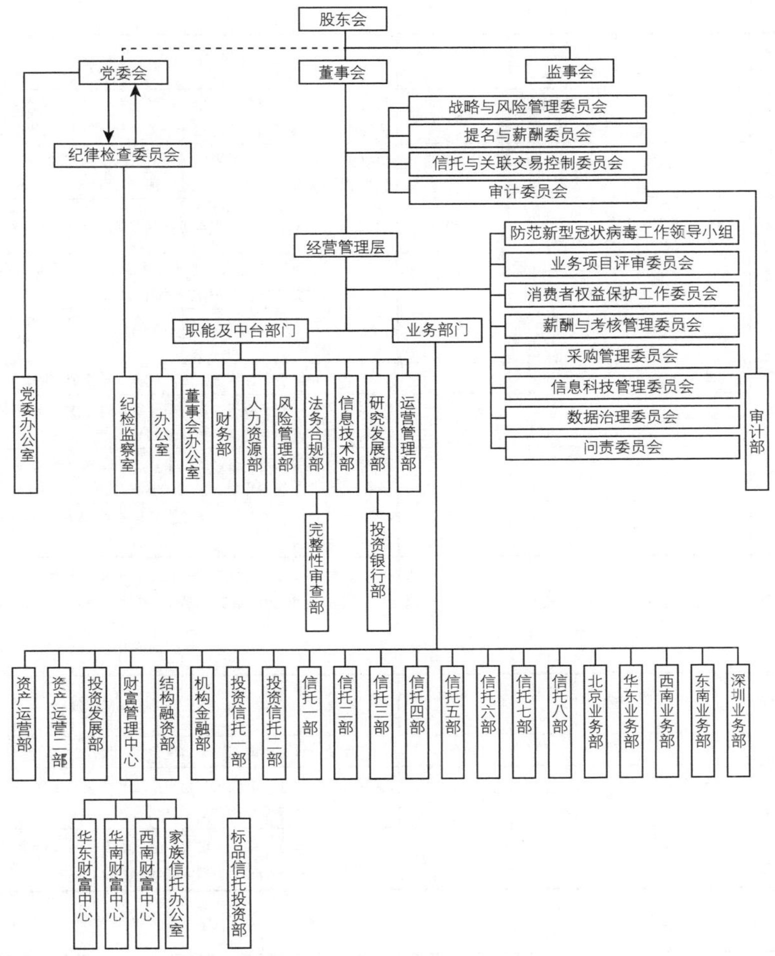

3. 公司治理

3.1 股东情况

公司现有三家股东。

股东名称	持股比例（%）	法人代表	注册资本（亿元）	注册地址	主要经营业务及主要财务情况
★厦门金圆金控股份有限公司	80	檀庄龙	45.757	厦门市思明区展鸿路82号厦门国际金融中心46层4605—4609	对金融产业的投资，创业投资，产业投资，股权投资管理与运营。2020年末总资产超过190亿元。
厦门建发集团有限公司	10	黄文洲	67.5	厦门市思明区环岛东路1699号建发国际大厦43楼	主营涉及供应链运营、房地产开发、旅游酒店、会展业及投资等。2020年末总资产超过4 000亿元。
厦门港务控股集团有限公司	10	陈志平	31	厦门市湖里区东港北路31号港务大厦25楼	以控股、参股方式从事资产投资、监管、经营；港口工程开发与建设；与港口建设经营有关的业务。2020年末总资产为448亿元。

注：2021年2月25日，厦门港务控股集团有限公司100%股权无偿划转至福建省港口集团有限责任公司的工商登记变更手续办理完毕，厦门港务控股集团有限公司变为福建省属的国有全资公司。

三家股东均为国有全资公司。

3.2 董事、董事会及其下属委员会

董事长、副董事长、董事

姓名	职务	性别	年龄（岁）	选任日期	所推举的股东名称	该股东持股比例（%）	简要履历
洪文瑾	董事长	女	57	2020 年 5 月	厦门金圆金控股份有限公司	80	2007 年 7 月毕业于厦门大学工商管理专业；现任厦门金圆投资集团有限公司党委副书记、总经理，厦门国际信托有限公司党委书记、董事长，圆信永丰基金管理有限公司董事长。
檀庄龙	董事	男	53	2020 年 5 月	厦门金圆金控股份有限公司	80	1987 年 7 月毕业于北京商学院储运管理专业，学士学位；现任厦门金圆投资集团有限公司党委书记、董事长兼厦门金圆金控股份有限公司董事长。
李云祥	董事	男	43	2020 年 5 月	厦门金圆金控股份有限公司	80	2008 年 6 月毕业于厦门大学工商管理专业；现任厦门金圆投资集团有限公司副总经理。
王文怀	董事	男	48	2020 年 5 月	厦门建发集团有限公司	10	经济师，1998 年毕业于厦门大学企业管理专业，获硕士学位；现任厦门建发集团有限公司副总经理，君龙人寿保险有限公司董事长。
余明凤	董事	男	57	2020 年 5 月	厦门港务控股集团有限公司	10	1985 年毕业于广州暨南大学会计系会计专业；现任厦门国有资本运营有限责任公司财务总监。
吴尚志	独立董事	男	70	2020 年 5 月	独立董事	—	1985 年 2 月毕业于麻省理工学院机械工程专业，获博士学位；现任鼎晖投资董事长。
袁　东	独立董事	男	52	2020 年 5 月	独立董事	—	2000 年 7 月毕业于厦门大学财政金融系财政学专业，获博士学位；现任中央财经大学特聘教授，经济竞争与合作实验室筹建负责人。
王　遥	独立董事	女	45	2020 年 5 月	独立董事	—	2006 年 6 月毕业于中央财经大学经济学专业，获博士学位；现任中央财经大学财经研究院研究员，绿色金融国际研究院院长等职务。
胡荣炜	职工董事	男	46	2020 年 5 月	职工董事	—	2005 年 7 月毕业于厦门大学工商管理专业，获硕士学位；现任厦门国际信托有限公司党委副书记、总经理。

注：自 2021 年 2 月起，厦门港务控股集团有限公司推举的董事由余明凤先生变更为陈震先生。陈震，男，46 岁，2007 年 6 月毕业于厦门大学会计学专业，获会计硕士学位；现任厦门国际港务股份有限公司副总经理、财务总监、执行董事、党委委员，兼任厦门集装箱码头集团有限公司董事、厦门港务发展股份有限公司监事、厦门港务金融控股有限公司董事。

独立董事

姓名	所在单位职务	性别	年龄（岁）	选任日期	简要履历
吴尚志	鼎晖投资董事长	男	70	2020 年 5 月	1985 年 2 月毕业于麻省理工学院机械工程专业，获博士学位；现任鼎晖投资董事长。
袁　东	中央财经大学特聘教授，经济竞争与合作实验室筹建负责人	男	52	2020 年 5 月	2000 年 7 月毕业于厦门大学财政金融系财政学专业，获博士学位；现任中央财经大学特聘教授，经济竞争与合作实验室筹建负责人。
王　遥	中央财经大学财经研究院研究员、绿色金融国际研究院院长等职务	女	45	2020 年 5 月	2006 年 6 月毕业于中央财经大学经济学专业，获博士学位；现任中央财经大学财经研究院研究员，绿色金融国际研究院院长等职务。

董事会下属委员会

董事会下属委员会名称	职责
战略与风险管理委员会	初步拟订公司发展战略，并报董事会确定；根据经营环境等情况的变化，提出发展战略的调整建议、方案，并报董事会确定；负责战略规划组织落实的督导评价工作；负责公司战略性研究工作的组织领导，包括课题研究、同业研讨交流及形成可行性意见并促进同业领先实践在公司内转化等；建立公司风险文化；制定公司风险管理策略；设定公司风险偏好和确保风险限额的设立；审批公司重大风险管理政策和程序；监督高级管理层开展全面风险管理；审议公司全面风险管理报告；审批公司依法对反映自身经营状况的全面风险和各类重要风险的信息披露；其他董事会授权的职责。
提名与薪酬委员会	研究并提出董事和高级管理人员选任程序和标准；对拟任董事和高级管理人员的任职资格进行初步审核，向董事会提出建议；审查公司董事、高级管理人员的年度薪酬、年度效益工资提取办法，公司董事、高级管理人员、员工薪酬管理制度；委员会提出的公司董事的薪酬计划或方案，须报经董事会、股东会审议通过后方可实施，公司高级管理人员的薪酬分配方案和薪酬管理制度须报董事会批准；对公司薪酬制度执行情况进行监督；董事会授权的其他职责。
审计委员会	提议聘请和更换外部审计机构；审批审计部提交的年度审计工作计划；听取并审阅审计部的季度工作报告；审批审计部提交的年度审计工作报告；审议批准公司案防工作总体政策，推动案防管理体系建设；明确高级管理层有关案防职责及权限，确保高级管理层采取必要措施有效监测、预警和处置案件风险；提出案防工作整体要求，审议案防工作报告；考核评估公司案防工作有效性；确保内审稽核对案防工作进行有效审查和监督；定期审阅反洗钱工作报告，并及时了解重大洗钱风险事件及处理情况；向董事会提交反洗钱工作有关报告与洗钱风险管理有关意见。
信托与关联交易控制委员会	负责督促公司依法、依约履行受托职责，保证公司为受益人的最大利益服务；当公司或股东利益与受益人利益发生冲突时，研究制定维护受益人权益的具体措施；初步审议需报公司董事会审批的受益人利益保护、消费者权益保护相关制度；督促公司拟定消费者权益保护工作的战略、政策和目标，并报董事会审定；督促公司对消费者保护工作定期自查并形成报告，审查该自查报告；定期听取高级管理层关于消费者权益保护工作开展情况及工作计划的报告；对本公司消费者权益保护工作的全面性、及时性、有效性及高级管理层相关履职情况进行监督、评价，形成报告定期上报公司董事会；审查公司关联交易管理办法，并提交董事会审定；审批关联交易事项，但董事会或本委员会已授权公司高级管理层的事项除外（包括代垫信托费用等）；监督公司的关联交易活动，审批审计部提交的关联交易专项审计报告；董事会授予的其他职责。

3.3 监事会成员

姓名	职务	性别	年龄（岁）	选任日期	所推举的股东名称	该股东持股比例（%）	简要履历
方 瑄	监事会主席	女	38	2020年5月	厦门金圆金控股份有限公司	80	2010年6月毕业于厦门大学会计学硕士；现任厦门金圆投资集团有限公司财务管理部总经理等职务。
吴 钢	外部监事	男	51	2020年5月	厦门金圆金控股份有限公司	80	1991年7月毕业于厦门大学企业管理专业；现任厦门金圆投资集团有限公司总经理助理等职务。
兰文伟	职工监事	男	51	2020年5月	—	—	1993年6月毕业于中南民族学院法学专业，历任厦门国际信托投资公司法律顾问，厦门国际信托有限公司合规管理部副总经理、法务合规部总经理、风险总监、党委委员、纪委书记等职；现任圆信永丰基金管理有限公司督察长。

注：2021年1月8日，经公司第六届职工代表大会第二次会议决议，公司第六届监事会职工监事由兰文伟先生变更为林漳龙先生。林漳龙，现任厦门国际信托有限公司纪委书记，年龄55岁。

3.4 高级管理人员

姓名	职务	性别	年龄（岁）	选任日期	金融从业年限（年）	学历	专业	简要履历
洪文瑾	董事长	女	57	2008年11月	26	硕士研究生	工商管理	1985年起历任厦门建发集团有限公司财务部业务主办、副经理、厦门建发信托投资公司副总经理、总经理、厦门国际信托有限公司总经理、董事长等职；现任厦门金圆投资集团有限公司党委副书记、总经理，厦门国际信托有限公司党委书记、董事长，圆信永丰基金管理有限公司董事长。
胡荣炜	总经理	男	46	2019年11月	14	硕士研究生	工商管理	1997年起历任厦门中行副科长、科长，柯达中国区制造财务内控总监，磐基国际集团副总经理，厦门金圆集团投资经理，厦门市创业投资有限公司副总经理，厦门国际信托有限公司副总经理等职；现任厦门国际信托有限公司党委副书记、总经理。
林漳龙	纪委书记	男	55	2020年8月	21	硕士研究生	工商管理	1988年起历任厦门国际信托投资公司计划财务部主办会计，厦门市人寿保险公司计划财务部经理助理，厦门国际信托投资公司部门经理助理、财务部副经理、财务部经理，厦门市担保投资有限公司副总经理，厦门金圆投资集团有限公司财务管理部总经理、风控合规部总经理，厦门国际信托有限公司副总经理等职；现任厦门国际信托有限公司党委委员、纪委书记。
郭韶红	副总经理	女	52	2013年8月	31	硕士研究生	金融	1989年起历任厦门国际信托投资公司部门经理助理、部门经理，厦门国际信托有限公司信托二部经理、融资信托总部总经理、北京业务部总经理、公司总经理助理等职；现任厦门国际信托有限公司副总经理。
苏荣坚	副总经理	男	58	2019年11月	26	本科	经济管理	1982年起历任福建三明地区财政局科长，厦门信息信达总公司证券部经理助理、计划财务部副经理（主持工作），厦门国际信托有限公司财务部经理、自营业务部经理、公司财务总监、公司总经理助理等职；现任厦门国际信托有限公司党委委员、副总经理。
郑 华	副总经理	女	46	2019年11月	26	本科	行政管理	1994年起在厦门建发信托投资公司从事证券有关业务，2002年起历任厦门国际信托有限公司办公室副主任、人力资源部总经理、办公室主任、财富管理中心总经理、公司总经理助理等职；现任厦门国际信托有限公司副总经理。
张文伟	风险总监	男	44	2019年9月	25	本科	法学	1995年起历任中国银行厦门市分行杏林支行人秘科综合文秘、公司业务处客户经理、湖里支行机场分理处副主任、机场支行副行长、公司业务部助理客户经理、公司业务部客户经理、中小企业业务中心授信审批主管、中小企业业务中心风险官兼授信管理团队主管，厦门国际信托有限公司风险管理部副总经理（主持工作）、风险管理部总经理等职；现任厦门国际信托有限公司风险总监。
何 金	总经理助理	男	38	2019年11月	9	硕士研究生	财政学	2006年起历任旭日大地科技发展（北京）有限公司销售部经理，中国民族证券有限责任公司投资银行部门项目执行，贵阳银行股份有限公司北京代表处投资银行部副总经理，潍坊银行股份有限公司金融市场业务部业务一部总经理，厦门国际信托有限公司北京业务部总经理等职；现任厦门国际信托有限公司总经理助理。
林俊民	总经理助理	男	36	2020年7月	10	硕士研究生	金融	2007年起历任天津市体育彩票管理中心技术部科员，中国保险监督管理委员会厦门监管局统计研究处干部、副主任科员、主任科员，中国银行保险监督管理委员会厦门监管局正科级干部、统计信息与风险监测处主任科员等职；现任厦门国际信托有限公司总经理助理。

3.5 公司员工

项目		2020 年报告期年度		上年度	
		人数(人)	比例(%)	人数(人)	比例(%)
年龄分布	20 岁以下	—	—	—	—
	21～30 岁	62	26.84	63	27.88
	31～40 岁	102	44.16	96	42.48
	41 岁以上	67	29.00	67	29.65
学历分布	博士	1	0.43	1	0.44
	硕士	97	41.99	92	40.71
	本科	118	51.08	118	52.21
	专科	11	4.76	11	4.87
	其他	4	1.73	4	1.77
岗位分布	董事、监事及高级管理人员	9	3.88	9	3.96
	自营业务人员	12	5.17	11	4.85
	信托业务人员	134	57.76	135	59.47
	其他人员	77	33.19	72	31.72

4. 经营管理

4.1 经营目标、经营方针、战略规划

4.1.1 经营目标

公司经营目标：在健全内部法人治理结构、完善和规范内控管理制度和业务流程基础上，建立并形成一批高素质、专业化的投融资服务与财富管理团队，实现公司自主管理能力的持续提升与盈利水平的稳健增长，为信托受益人和公司股东谋求最大利益。

4.1.2 经营方针

公司经营方针：稳健经营、诚实守信、开拓创新、有效回报，即以稳健经营为前提，以诚实信用为根本，以开拓创新为动力，以有效回报为目标。

4.1.3 战略规划

公司战略规划：在金圆集团战略指引下，公司充分发挥党建引领与信托文化建设的机制保障作用，从资产管理与投资银行、财富管理、服务信托三个领域，围绕产业金融和科技金融双轮驱动战略，着力打造高质量可持续的信托业务发展格局，发挥作为金圆集团业务对接平台及枢纽的角色定位与赋能作用，为合作伙伴与客户提供优质的综合金融服务。固有业务以长期股权投资构建公司发展的护城河，以中短期资产配置服务于公司各阶段重点信托业务。在净资产管理的整体框架下打造全面风险管理体系，构建全覆盖的业务风险管理策略，落实职责体系、业务决策体系、风险预警、问责及保全机制的建设。推行人力资源参与型战略，完善员工职业成长体系。加速科技金融转化为生产力，聚焦大运营能力提升，建设高效、智能的财务管理体系，为业务转型发展提供强大支撑和引领。坚持守正创新，服务新发展格局，致力于成为国内一流的专业化信托机构。

4.2 所经营业务的主要内容

目前公司经营的业务均围绕“一法两规”及中国银保监会的有关规定开展，在固有资产方面，开展贷款（流动资金贷款和固定资产贷款）、融资租赁、投资（金融股权投资和证券投资）等业务。在信托业务方面，按服务内容分类，有资金信托、服务信托、财产（权）信托等；按信托目的分类，有贷款信托、证券投资信托、股权投资信托、组合投资信托、家族信托、慈善信托、资产证券化信托等，信托资金投向涵盖了工商企业、基础产业、房地产、证券市场、金融机构等方面。

4.2.1 自营资产运用与分布表

资产运用	金额（万元）	占比（%）	资产分布	金额（万元）	占比（%）
货币资产	34 171	4.49	基础产业	—	—
发放贷款和垫款	177 832	23.36	房地产业	15 210	2.00
以公允价值计量且其变动计入当期损益的金融资产	116 699	15.33	证券市场	135 175	17.75
可供出售金融资产	228 443	30.00	金融机构	113 768	14.94
持有至到期投资	54 854	7.20	实业	—	—
长期股权投资	113 768	14.94	其他	497 256	65.31
其他	35 642	4.68			
资产总计	761 409	100.00	资产总计	761 409	100.00

4.2.2 信托资产运用与分布表

资产运用	金额（万元）	占比（%）	资产分布	金额（万元）	占比（%）
货币资产	605 713	2.74	基础产业	2 975 535	13.46
贷款	10 256 607	46.39	房地产	2 142 382	9.69
交易性金融资产	305 183	1.38	证券市场	356 133	1.61
可供出售金融资产	6 843 806	30.96	实业	9 010 959	40.76
持有至到期投资	113675	0.51	金融机构	2 310 158	10.45
长期股权投资	677 757	3.07	其他	5 312 494	24.03
其他	3 304 920	14.95			
信托资产总计	22 107 661	100.00	信托资产总计	22 107 661	100.00

4.3 市场分析

4.3.1 有利因素

宏观层面。面对严峻复杂的国内外环境，特别是新冠肺炎疫情的严重冲击，在以习近平同志为核心的党中央坚强领导下，各地区各部门坚持稳中求进的工作总基调，统筹疫情防控和经济社会发展工作，经济运行稳定恢复。“十四五”时期，在国内大循环为主体、国际国内双循环相互促进的新格局下，金融机构在加速构建新发展格局，促进我国经济的高质量发展的过程中大有可为。

行业层面。信托行业紧密围绕“十四五”规划目标，在“资管新规”的监管框架下，重新审视行业定位，重塑信托文化，提升金融服务实体经济能力，加快培育可持续业务模式。在长期内，支撑信托制度的法律体系和社会信用环境在逐步完善，中信登信托流转机制的确立为服务信托提供了关键基础设施，有利于信托行业更好地服务经济社会发展大局。

公司层面。公司作为地方性国有金融机构，成立 36 年来稳健经营，建立起“担当、守正、创新”的企业文化。公司打造产业金融与科技金融双轮驱动战略，已形成全国展业的初步架构，具有北京、东部、粤港澳大湾区、西南四大异地展业群。公司在中小型信托公司中具备相对领先的信息技术能力，以数据中台为支撑全面打造大运营体系，加速科技金融转化为生产力。公司围绕薪酬改革进一步优化人力资源配置，建立起市场前台体系，持续完善激励约束机制。

4.3.2 不利因素

宏观层面。当前全球经济仍处在国际金融危机后的深度调整期，经济问题和政治问题相互关联，境外新冠肺炎疫情形势依然严峻，部分国家保护主义和单边主义盛行。我国处于转变发展方式、优化经济结构、转换增长动力的攻关期，结构性、体制性、周期性问题相互交织，实现高质量发展还有一些短板弱项，加之受到疫情的冲击，部分企业债务违约风险加大，可能传导至金融体系。

行业层面。从"资管新规"到"资金信托新规"（征求意见稿），均体现了国家从降低系统性金融风险的高度，对信托行业在宏观经济运行中功能的再定位。长期金融政策鼓励信托业重塑受托文化，降低风险承担，信托公司面临紧迫的业务结构转型升级压力。随着前期积累的风险逐渐显现，行业内发生局部风险，防范行业风险任务重大。

公司层面。经济形势变化日趋复杂，对公司经营形成较大考验，一是面对错综复杂的市场环境，需要进一步增强风险抵御能力；二是服务信托、标准化投资信托业务等业态对公司风险管理、信息科技、产品研发、运营管理等方面形成更大考验，需要妥善推动机制建设和人才团队建设；三是自主营销竞争日趋激烈，需要加快建成提供一站式、全市场配置的综合财富管理服务的能力。

4.4 内部控制

4.4.1 内部控制环境和内部控制文化

公司的内部控制制度，是为实现经营目标和防范各种风险而采取的一系列方法、措施、程序的总和。公司内部控制的总体目标是要建立一个决策科学、运营规范、管理高效、监督到位、反馈及时和持续、稳定、健康发展的信托业经营机构。具体包括四项内部控制目标：一是确保国家法律法规、外部监管机构的监管要求和公司内部规章制度得到有效的贯彻执行；二是确保公司发展战略和经营目标的全面实施和充分实现；三是确保公司风险管理体系的有效性 四是确保业务记录、财务信息和其他管理信息的及时性、真实性、完整性。

公司建立了较为完善的法人治理结构，包括股东会、董事会、监事会和经营班子，各自职责明确并得到切实履行。董事会对公司建立内部控制系统和维持其有效性承担最终责任，经营班子对内部控制制度的有效执行承担责任，监事会对内部控制行使监督职责。公司董事会、监事会和经营管理层能充分认识自身对内部控制所承担的责任，并培育公司良好的内部控制文化和风险管理理念。董事会对经营层制定了明确的授权权限，总经理办公会具有明确的议事规则和决策程序。公司按照信托资产与固有资产隔离原则，分别设置不同的部门，由不同的高级管理人员负责管理，各个信托项目均建立独立账户和账套分别管理、分别记账。公司按照职责明确、相互制约的原则设置组织结构，各部门有明确的授权分工，严格遵守公司部门工作职责的规定，在各自职权范围内从事活动。这些设置为公司提供了一个良好的内控环境和氛围。

4.4.2 内部控制措施

公司根据全面性、审慎性、及时性、有效性等原则，主要以业务处理流程为基础，运用目标控制、组织控制、授权控制、程序控制、检查控制等多种控制方法，致力于形成一套包括前台、中台、后台"三道防线"的内部监督控制体系。

公司持续不断地完善制度建设，包括信贷业务、投资业务、资金业务、会计内部控制、信息系统内部控制等各个方面在内的规章制度，排除内控盲点，建立分类科学、内容全面的制度和流程体系，并编制了《内部流程控制规范手册》和《内控管理手册》。公司根据业务发展情况持续不断地制定和修订管理制度，2020 年制定和修订管理制度 69 项。一系列规章制度保证了公司各项业务规范、有序开展。各项制度得到良好的执行。

公司内部控制职能主要通过法务合规部、风险管理部和审计部来履行。法务合规部、风险管理部主要履行事前、事中的控制职能；审计部主要履行事后检查监督职能。

4.4.3 信息交流与反馈

公司经营层与董事会保持良好的信息沟通，及时将经营管理中问题、国家法律法规、政策和监管意见向董事会传达；所有经营活动均严格按照董事会对经营层的授权进行，授权是明确而有效的；根据有关监管要求，对于集合资金信托业务、关联交易等重大事项，公司均履行了报备或报批手续。针对监管意见和稽核审计中发现的问题，向公司各部门发出整改通知，把有关监管意见落实到相关部门；公司通过内部网办公系统，保证全体员工及时了解国家法律法规和公司规章制度，使风险意识和内控措施贯穿到公司各个部门、各个岗位和各个环节；业务部门、内部审计部门和其他人员发现的内部控制的问题，均能有畅通的报告渠道并采取有效纠正措施；公司严格执行向委托人、受益人信息披露的有关制度，确保相关当事人的知情权。

4.4.4 监督评价与纠正

公司设立审计部门负责内部审计工作，审计工作按照审计署关于内部审计的规定和中国银保监会的有关规定进行，包括采取定期或不定期方式，范围涉及财务和业务的各个方面，对公司内部控制制度的执行情况进行持续的监督，评价内部控制的有效性，发现审计问题，适时提出相关审计建议。2020 年，审计部共完成 19 项常规和专项审计，出具 39 份内部审计报告，发现审计问题 19 项。内部审计工作始终得到公司董事会、监事会和高级管理层的重视，内部审计结果向审计委员会、董事会、监事会和经营层报告。对于内部审计中发现的问题，能得到及时有效的整改，并将整改落实情况向监管部门报告。

4.5 风险管理

4.5.1 风险管理概况

根据自有资金和信托资金在运作过程中自身的特点，通过对风险类型的分析，公司在经营过程中可能遇到的风险主要包括信用风险、市场风险、操作风险、道德风险、法律风险、政策风险、流动性风险、其他风险如不可抗力事件等，其中最主要的是信用风险、市场风险和操作风险。

公司总体风险管理战略是全力推进全面风险管理体系建设，深化风险管理组织架构改革，强化风险管理技术支持，推进风险管理专业团队建设，确保公司能够合理控制风险水平，安全、稳健地开展各项经营活动。

公司十分注重风险控制管理，坚持积极稳健的经营原则，规范运作，审慎经营；公司按照全面风险管理、集中风险管理、独立性、有效性、及时性、持续性的原则，通过自下而上的风险识别、自上而下的风险控制和上下结合的风险化解，将本公司业务运作和经营管理的所有内容都涵盖于风险管理制度之下；公司进一步运用现代风险管理控制手段和技术，不断改进和提高风险控制管理质量和水平。

公司建立了有效的风险管理组织结构，包括董事会、总办会、业务项目评审委员会、法务合规部、风险管理部、审计部。董事会对风险负最终责任，负责确立适当的风险管理原则和战略；总办会具体组织领导公司全面风险管理与内部控制工作的开展；业务项目评审委员会提供专业评审意见，发挥其应有民主决策的积极作用；法务合规部实施业务法律合规风险审查；风险管理部实施信用风险、市场风险、操作风险等风险要素，以及委托人类型与项目风险匹配度审查、投后跟踪管理督查；审计部负责内部审计稽核等。

4.5.2 风险状况

4.5.2.1 信用风险状况

信用风险主要表现为公司交易对手不能履行合约义务带来的风险，其中包括业务合作伙伴、贷款对象的信用风险，资金往来银行的信用风险，从而导致公司资产价值发生变动遭受损失的风险。2020 年公司自营信用风险资产期末数为 785 472.48万元，其中不良信用资产为 730.78 万元。不良信用资产的期初数为 733.71 万元，期末数为 730.78 万元。公司固有资金所投资的固定收益类产品无一出现兑付问题。

4.5.2.2 市场风险状况

市场风险是指因市场波动而使得投资者不能获得预期收益的风险，包括股价、市场汇率、利率及其他价格因素产生的不利波动。

在证券市场方面，2020 年受新冠肺炎疫情影响，资本市场跌宕起伏，变化幅度远超寻常，全球股市、债市及商品市场均大幅波动，中国股票市场更是一波三折，投资难度不断加大。公司的自有资金证券投资规模适度，有效防范了证券投资市场风险。截至 2020 年末，公司固有资产方面的证券投资组合合计金额为 9.01 亿元，公允价值变动损益为 0.21 亿元，已实现的投资收益为 2.21 亿元。在信托资产方面，公司证券投资类信托业务占比较低。

由于公司无外汇业务，因此市场汇率的变动对公司暂时还没有影响。

4.5.2.3 操作风险状况

操作风险是指公司由于内部程序、人员、系统的不完善或失误，或外部事件造成的潜在损失。

公司目前已逐步建立和完善了一系列基本制度、管理规定和业务操作流程，公司高级管理人员和员工风险意识和责任心较强。自重新登记以来，公司未发生过较大的因员工不尽职或违规而给公司和信托财产造成损失的事件。公司基本能有效地防范各个环节的操作风险。

4.5.2.4 其他风险状况

其他风险如政策风险，宏观政策及监管政策的变动对公司经营环境和发展会造成的一定的影响。

4.5.3 风险管理

4.5.3.1 信用风险管理

公司根据《企业会计准则》关于资产减值准备确认、计量的规定，除发放贷款外参考财政部关于印发《金融企业准备金计提管理办法》的通知（财金〔2012〕20 号文）对本公司资产提取资产减值准备及一般风险准备。

截至报告期末，公司应计提一般准备 9 829.08 万元，已计提一般准备 9 829.08 万元。公司计提各项资产减值损失准备合计 33 049.42 万元。其中公司发放贷款执行《商业银行贷款损失准备管理办法》（中国银行业监督管理委员会令 2011 年第 4 号）中第六条和第七条规定提取贷款损失准备。贷款拨备率为贷款损失准备与各项贷款余额之比，拨备覆盖率为贷款损失准备与不良贷款余额之比，贷款拨备率基本标准为 2.5%，拨备覆盖率基本标准为 150%，以两项标准中较高者为贷款损失准备的提取标准。其中划分为次级类、可疑类、损失类的贷款属于不良贷款。公司对所管理的信托资产计提预计负债，用于弥补因可能的违规、违反资产管理产品协议、操作错误或者技术故障等产品财产或者投资者造成的损失。截至 2020 年末，预计负债余额为 6 437.38 万元。总体上公司足额计提各项资产减值准备和确认预计负债，不存在资产减值准备缺口和预计负债缺口。

针对融资对象企业的信用风险，公司主要通过严格贷款“三查”制度、审贷分离制度和逐级审批制度来加以防范，制定了统一的企业信用标准和详细的操作规程。

办理抵押贷款，公司注重对抵押物的权属、有效性和变现能力及所设定抵押的合法性进行审查，完善登记手续；对抵押物确认的主要原则为根据抵押物评估值的不同情况合理确定贷款抵押比例。

办理保证贷款，公司主要对保证人的保证资格、资信状况及其还款记录进行审查，并签订保证合同；原则上提供保证的企业应属于经营良好的企业，有足够的偿债能力，在贷款期间没有可预见的经营风险存在，没有不良记录，历史上信用良好等。

4.5.3.2 市场风险管理

针对证券市场风险，公司注重对证券投资的策略研究，遵循组合投资、分散风险的原则，建立对各种市场风险暴露进行实时计量和评估机制，并根据所确认和计量的风险暴露，分别制定风险限额，设立止损措施等以有效防范证券市场风险。公司根据市场需求开发信托产品，一方面满足一般受益人的风险收益偏好，另一方面有效降低优先受益人的风险。公司严格选择投资顾问，确定合理的证券投资资产配置比例和止损线。公司运用投资管理信息系统实时控制投资比例限制和产品净值变动，严格执行有关止损点措施。

对贷款产品定价时，主要考虑客户信用、期限、额度、担保等因素，结合信托资金成本和市场竞争情况，确定适宜的价格。

4.5.3.3 操作风险管理

操作风险可以通过正确的管理程序得到控制。公司主要通过严格的授权制度与过程监控来防范操作风险。在制定和完善具体的风险管理制度时，以“一法两规”为依据，落实信托业务和自营业务分账管理、防止挪用或私自改变资金用途、规范关联交易、加强信息披露等业务操作守则和制度要求。特别是对信托经理人的道德水准和职业操守有明确的职责要求，要求其定期完成对信托业务执行风险控制点的监控报告，恪尽职守，履行诚实、信用、谨慎、有效管理的义务。

4.5.3.4 其他风险管理

其他风险如政策风险，公司通过严格依法经营，根据法规和监管政策要求及时制定完善公司规章、内控制度和业务规程，加强业务合规性审查以规范和控制公司业务的政策风险。同时，公司保持与监管当局紧密沟通，了解政策动向，把握业务方向。

5. 报告期末及上一年度末的比较式会计报表

5.1 自营资产

5.1.1 会计师事务所审计结论

审 计 报 告

众环鹭审字(2021)00235 号

厦门国际信托有限公司董事会：

一、审计意见

我们审计了厦门国际信托有限公司(以下简称厦门国际信托)财务报表，包括 2020 年 12 月 31 日的合并及公司资产负债表，2020 年度的合并及公司利润表、合并及公司现金流量表、合并及公司所有者权益变动表，以及财务报表附注。

我们认为，后附的财务报表在所有重大方面按照企业会计准则的规定编制公允反映了厦门国际信托 2020 年 12 月 31 日的合并及公司财务状况及 2020 年度的合并及公司经营成果和现金流量。

二、形成审计意见的基础

我们按照中国注册会计师审计准则的规定执行了审计工作。审计报告的“注册会计师对账务报表审计的责任”部分进一步阐述了我们在这些准则下的责任。按照中国注册会计师职业道德守则，我们独立于厦门国际信托，并履行了职业道德方面的其他责任。我们相信，我们获取的审计证据是充分的、适当的，为发表审计意见提供了基础。

三、其他信息

厦门国际信托管理层对其他信息负责。其他信息包括厦门国际信托 2020 年年度报告中涵盖的信息，但不包括财务报表和我们的审计报告。

我们对财务报表发表的审计意见不涵盖其他信息，我们也不对其他信息发表任何形式的鉴证结论。

结合我们对财务报表的审计，我们的责任是阅读其他信息，在此过程中，考虑其他信息是否与财务报表或我们在审计过程中了解到的情况存在重大不一致或者似乎存在重大错报。

基于我们已执行的工作，如果我们确定其他信息存在重大错报，我们应当报告该事实。在这方面，我们无任何事项需要报告。

四、管理层和治理层对账务报表的责任

厦门国际信托管理层负责按照企业会计准则的规定编制财务报表，使其实现公允反映，并设计、执行和维护必要的内部控制，以使财务报表不存在由于舞弊或错误导致的重大错报。

在编制财务报表时，管理层负责评估厦门国际信托的持续经营能力，披露与持续经营相关的事项(如适用)，并运用持续经营假设，除非管理层计划清算厦门国际信托、终止运营或别无其他现实的选择。

治理层负责监督厦门国际信托的账务报告过程。

五、注册会计师对财务报表审计的责任

我们的目标是对财务报表整体是否不存在由于舞弊或错误导致的重大错报获取合理保证，并出具包含审计意见的审计报告。合理保证是高水平的保证，但并不能保证按照审计准则执行的审计在某一重大错报存在时总能发现。错报可能由于舞弊或错误导致，如果合理预期错报单独或汇总起来可能影响财务报表使用者依据账务报表作出的经济决策，则通常认为错报是重大的。

在按照审计准则执行审计工作的过程中，我们运用职业判断，并保持职业怀疑。同时，我们也执行以下工作：

(1)识别和评估由于舞弊或错误导致的财务报表重大错报风险，设计和实施审计程序以应对这些风险，并获取充分、适当的审计证据，作为发表审计意见的基础。由于舞弊可能涉及串通、伪造、故意遗漏、虚假陈述或凌驾于内部控制之上，未能发现由于舞弊导致的重大错报的风险高于未能发现由于错误导致的重大错报的风险。

(2)了解与审计相关的内部控制，以设计恰当的审计程序，但目的并非对内部控制的有效性发表意见。

(3)评价管理层选用会计政策的恰当性和作出会计估计及相关披露的合理性。

(4)对管理层使用持续经营假设的恰当性得出结论。同时，根据获取的审计证据，就可能导致对厦门国际信托持续经营能力产生重大疑虑的事项或情况是否存在重大不确定性得出结论。如果我们得出结论认为存在重大不确定性，审计准则要求我们在审计报告中提请报表使用者注意财务报表中的相关披露；如果披露不充分，我们应当发表非无保留意见。我们的结论基于截至审计报告日可获得的信息。然而，未来的事项或情况可能导致厦门国际信托不能持续经营。

(5)评价财务报表的总体列报、结构和内容，并评价财务报表是否公允反映相关交易和事项。

(6)就厦门国际信托中实体或业务活动的财务信息获取充分、适当的审计证据，以对财务报表发表审计意见。我们负责指导、监督和执行集团审计，并对审计意见承担全部责任。

我们与治理层就计划的审计范围、时间安排和重大审计发现等事项进行沟通，包括沟通我们在审计中识别出的值得关注的内部控制缺陷。

中国·厦门　　　　2021 年 3 月 18 日

5.1.2 合并及公司资产负债表

合并及公司资产负债表（自营资产）

编制单位：厦门国际信托有限公司　　2020 年 12 月 31 日　　单位：万元

资产	年末数		年初数	
	合并	公司	合并	公司
货币资金	44 183	34 171	56 308	47 452
存放同业款项	—	—	—	—
贵金属	—	—	—	—
拆出资金	—	—	—	—
以公允价值计量且其变动计入当期损益的金融资产	116 778	116 699	44 423	44 333
衍生金融资产	—	—	—	—
买入返售金融资产	7 000	7 000	—	—
发放贷款和垫款	177 832	177 832	135 166	135 166
可供出售金融资产	242 673	228 443	290 800	279 751
持有至到期投资	54 854	54 854	83 881	83 881
应收款项类投资	—	—	—	—
长期股权投资	103 568	113 768	94 075	104 275
投资性房地产	3 434	3 434	—	—
固定资产	1 188	906	4 454	4 150
无形资产	2 535	1 828	2 154	1 397
商誉	—	—	—	—
递延所得税资产	4 399	4 272	3 798	3 641
其他资产	22 348	18 202	12 738	9 846
资产总计	780 792	761 409	727 798	713 892

合并及公司资产负债表（自营资产）（续）

编制单位：厦门国际信托有限公司　　2020 年 12 月 31 日　　单位：万元

负债	年末数		年初数	
	合并	公司	合并	公司
向中央银行借款	—	—	—	—
同业及其他金融机构存放款项	—	—	—	—
拆入资金	—	—	—	—
以公允价值计量且其变动计入当期损益的金融负债	25	—	18	—
衍生金融负债	—	—	—	—
卖出回购金融资产款	—	—	—	—
吸收存款	—	—	—	—
应付职工薪酬	18 228	13 922	13 474	10 959
应交税费	38 273	38 044	18 210	17 969
预计负债	6 437	6 437	1 005	1 005
应付债券	—	—	—	—
其中：优先股	—	—	—	—
永续债	—	—	—	—
递延所得税负债	891	634	217	110
其他负债	153 551	151 433	155 117	153 280
负债合计	217 405	210 470	188 042	183 322
所有者权益：				
实收资本	375 000	375 000	375 000	375 000
其他权益工具	—	—	—	—
其中：优先股	—	—	—	—
永续债	—	—	—	—
资本公积	4 685	4 685	5 378	5 378
减：库存股	—	—	—	—
其他综合收益	3 327	3 023	4 938	4 864
盈余公积	69 770	69 770	63 812	63 812
一般风险准备	13 946	9 829	13 211	9 957
信托赔偿准备	30 676	30 676	27 697	27 697
未分配利润	54 884	57 955	40 222	43 862
归属于母公司所有者权益合计	552 289	550 939	530 257	530 570

续表

负债	年末数		年初数	
	合并	公司	合并	公司
少数股东权益	11 097	—	9 499	—
所有者权益合计	563 387	550 939	539 757	530 570
负债及所有者权益总计	780 792	761 409	727 798	713 892

法定代表人：洪文瑾　　主管会计工作的负责人：苏荣坚　　会计机构负责人：陈明雅

5.1.3 合并及公司利润表

合并及公司利润表（自营资产）

编制单位：厦门国际信托有限公司　　2020 年度　　单位：万元

项目	本年金额		上年金额	
	合并	公司	合并	公司
一、营业收入	157 418	139 380	114 13[illegible]	97 713
利息净收入	-4 225	-4 481	2 274	1 995
利息收入	5 339	5 083	2 997	2 718
利息支出	9 564	9 564	723	723
手续费及佣金净收入	102 098	85 727	73 140	58 113
手续费及佣金收入	102 098	85 727	73 140	58 113
手续费及佣金支出	—	—	—	—
投资收益/（损失）	55 705	54 778	35 147	35 077
其中：对联营企业和合营企业的投资收益/（损失）	19 001	19 001	12 155	12 155
公允价值变动收益/（损失）	2 092	2 098	702	702
汇兑收益/（损失）	—	—	—	—
资产处置收益（损失以"－"号填列）	-11	-11	-0	-0
其他收益	555	64	-53	32
其他业务收入	1 204	1 204	1 [illegible]	1 796
二、营业支出	65 030	50 727	41 701	26 953
税金及附加	778	720	518	483
业务及管理费	34 269	20 033	32 [illegible]41	17 738
资产减值损失	25 224	25 216	7 416	7 407
其他业务成本	4 758	4 758	1 326	1 326
三、营业利润	92 388	88 653	72 437	70 760
加：营业外收入	3	2	145	145
减：营业外支出	5 485	5 482	30	30
四、利润总额	86 906	83 173	72 551	70 874
减：所得税费用	24 513	23 588	16 818	16 623
五、净利润	62 393	59 584	55 734	54 251
（一）按经营持续性分类	—	—	—	—
持续经营净利润（净亏损以"－"号填列）	62 393	59 584	55 734	54 251
终止经营净利润（净亏损以"－"号填列）	—	—	—	—
（二）按所有权归属分类	—	—	—	—
归属于母公司所有者的净利润	61 017	—	55 007	—
少数股东损益	1 376	—	726	—
六、其他综合收益的税后净额	-1 389	-1 841	6 984	6 784
归属于母公司所有者的其他综合收益的税后净额	-1 610	-1 841	6 861	6 784
归属于少数股东的其他综合收益的税后净额	222	—	[illegible]4	—
七、综合收益总额	61 004	57 743	62 668	61 035
归属于母公司所有者的综合收益总额	59 406	—	61 868	—
归属于少数股东的综合收益总额	1 598	—	8[illegible]0	—

法定代表人：洪文瑾　　主管会计工作的负责人：苏荣坚　　会计机构负责人：陈明雅

5.1.4 所有者权益变动表

合并所有者权益变动表

2020 年度

编制单位：厦门国际信托有限公司　　单位：万元

项目	本年金额												
	归属于母公司所有者权益											少数股东权益	所有者权益合计
	实收资本	其他权益工具			资本公积	减：库存股	其他综合收益	盈余公积	一般风险准备	信托赔偿准备	未分配利润		
		优先股	永续债	其他									
一、上年年末余额	375 000	—	—	—	5 378	—	4 938	63 812	13 211	27 697	40 222	9 499	539 757
加：会计政策变更	—	—	—	—	—	—	—	—	—	—	—	—	—
前期差错更正	—	—	—	—	—	—	—	—	—	—	—	—	—
同一控制下企业合并	—	—	—	—	—	—	—	—	—	—	—	—	—
其他	—	—	—	—	—	—	—	—	—	—	—	—	—
二、本年年初余额	375 000	—	—	—	5 378	—	4 938	63 812	13 211	27 697	40 222	9 499	539 757
三、本年增减变动金额（减少以“－”号填列）	—	—	—	—	-693	—	-1 610	5 958	735	2 979	14 663	1 598	23 630
（一）综合收益总额	—	—	—	—	—	—	-1 610	—	—	—	61 017	1 598	61 004
（二）所有者投入和减少资本	—	—	—	—	—	—	—	—	—	—	—	—	—
1. 所有者投入的普通股	—	—	—	—	—	—	—	—	—	—	—	—	—
2. 其他权益工具持有者投入资本	—	—	—	—	—	—	—	—	—	—	—	—	—
3. 股份支付计入所有者权益的金额	—	—	—	—	—	—	—	—	—	—	—	—	—
4. 其他	—	—	—	—	—	—	—	—	—	—	—	—	—
（三）利润分配	—	—	—	—	—	—	—	5 958	735	2 979	-46 354	—	-36 682
1. 提取盈余公积	—	—	—	—	—	—	—	5 958	—	—	-5 958	—	—
2. 提取一般风险准备	—	—	—	—	—	—	—	—	735	—	-735	—	—
3. 提取信托赔偿准备	—	—	—	—	—	—	—	—	—	2 979	-2 979	—	—
4. 对所有者的分配	—	—	—	—	—	—	—	—	—	—	-36 682	—	-36 682
5. 其他	—	—	—	—	—	—	—	—	—	—	—	—	—
（四）所有者权益内部结转	—	—	—	—	—	—	—	—	—	—	—	—	—
1. 资本公积转增资本	—	—	—	—	—	—	—	—	—	—	—	—	—
2. 盈余公积转增资本	—	—	—	—	—	—	—	—	—	—	—	—	—
3. 盈余公积弥补亏损	—	—	—	—	—	—	—	—	—	—	—	—	—
4. 一般风险准备弥补亏损	—	—	—	—	—	—	—	—	—	—	—	—	—
5. 结转重新计量设定受益计划净负债或净资产所产生的变动	—	—	—	—	—	—	—	—	—	—	—	—	—
6. 其他	—	—	—	—	—	—	—	—	—	—	—	—	—
（五）其他	—	—	—	—	-693	—	—	—	—	—	—	—	-693
四、本年年末余额	375 000	—	—	—	4 685	—	3 327	69 770	13 946	30 676	54 884	11 097	563 387

法定代表人：洪文瑾　　主管会计工作的负责人：苏荣坚　　会计机构负责人：陈明雅

合并所有者权益变动表（续）

编制单位：厦门国际信托有限公司　　2020 年度　　单位：万元

项目	上年金额												
	归属于母公司所有者权益											少数股东权益	所有者权益合计
	实收资本	其他权益工具			资本公积	减：库存股	其他综合收益	盈余公积	一般风险准备	信托赔偿准备	未分配利润		
		优先股	永续债	其他									
一、上年年末余额	350 000	—	—	—	1 450	—	−1 923	54 644	10 148	24 985	37 026	8 700	510 029
加：会计政策变更	—	—	—	—	—	—	—	—	—	—	—	—	—
前期差错更正	—	—	—	—	—	—	—	—	—	—	—	—	—
同一控制下企业合并	—	—	—	—	—	—	—	—	—	—	—	—	—
其他	—	—	—	—	—	—	—	—	—	—	—	—	—
二、本年年初余额	350 000	—	—	—	1 450	—	−1 923	54 644	10 148	24 985	37 026	8 700	510 029
三、本年增减变动金额（减少以"−"号填列）	—	—	—	—	3 928	—	6 861	9 168	3 064	2 713	3 195	800	29 728
（一）综合收益总额	—	—	—	—	3 928	—	6 861	—	—	—	55 007	800	66 596
（二）所有者投入和减少资本	—	—	—	—	—	—	—	—	—	—	—	—	—
1. 所有者投入的普通股	—	—	—	—	—	—	—	—	—	—	—	—	—
2. 其他权益工具持有者投入资本	—	—	—	—	—	—	—	—	—	—	—	—	—
3. 股份支付计入所有者权益的金额	—	—	—	—	—	—	—	—	—	—	—	—	—
4. 其他	—	—	—	—	—	—	—	—	—	—	—	—	—
（三）利润分配	—	—	—	—	—	—	—	9 168	3 064	2 713	−51 812	—	−36 868
1. 提取盈余公积	—	—	—	—	—	—	—	9 168	—	—	−9 168	—	—
2. 提取一般风险准备	—	—	—	—	—	—	—	—	3 064	—	−3 064	—	—
3. 提取信托赔偿准备	—	—	—	—	—	—	—	—	—	2 713	−2 713	—	—
4. 对所有者的分配	—	—	—	—	—	—	—	—	—	—	−36 868	—	−36 868
5. 其他	—	—	—	—	—	—	—	—	—	—	—	—	—
（四）所有者权益内部结转	—	—	—	—	—	—	—	—	—	—	—	—	—
1. 资本公积转增资本	—	—	—	—	—	—	—	—	—	—	—	—	—
2. 盈余公积转增资本	—	—	—	—	—	—	—	—	—	—	—	—	—
3. 盈余公积弥补亏损	—	—	—	—	—	—	—	—	—	—	—	—	—
4. 一般风险准备弥补亏损	—	—	—	—	—	—	—	—	—	—	—	—	—
5. 结转重新计量设定受益计划净负债或净资产所产生的变动	—	—	—	—	—	—	—	—	—	—	—	—	—
6. 其他			[illegible]	[illegible]	—	—	—	—	—	—	[illegible]	[illegible]	[illegible]
（五）其他		[illegible]	[illegible]	—	—	—	—	—	—	—	—	—	—
四、本年年末余额	375 000	—	—	—	5 378	—	4 938	63 812	13 211	27 697	40 222	9 499	539 757

法定代表人：洪文瑾　　主管会计工作的负责人：苏荣坚　　会计机构负责人：陈明雅

公司所有者权益变动表

编制单位：厦门国际信托有限公司　　2020 年度　　单位：万元

项目	本年金额											
	实收资本	其他权益工具			资本公积	减：库存股	其他综合收益	盈余公积	一般风险准备	信托赔偿准备	未分配利润	所有者权益合计
		优先股	永续债	其他								
一、上年年末余额	375 000			—	5 378		4 864	63 812	9 957	27 697	43 862	530 570
加：会计政策变更	—	—	—	—	—	—		—	—	—	—	—
前期差错更正	—	—	—	—	—	—	—	—	—	—	—	—
其他	—	—	—	—	—	—	—	—	—	—	—	—
二、本年年初余额	375 000	—	—	—	5 378	—	4 864	63 812	9 957	27 697	43 862	530 570
三、本年增减变动金额（减少以“－”号填列）	—	—	—	—	−693	—	−1 841	5 958	−128	2 979	14 093	20 369
（一）综合收益总额	—	—	—	—	—	—	−1 841	—	—	—	59 584	57 743
（二）所有者投入和减少资本	—	—	—	—	—	—	—	—	—	—	—	—
1. 所有者投入的普通股	—	—	—	—	—	—	—	—	—	—	—	—
2. 其他权益工具持有者投入资本	—	—	—	—	—	—	—	—	—	—	—	—
3. 股份支付计入所有者权益的金额	—	—	—	—	—	—	—	—	—	—	—	—
4. 其他	—	—	—	—	—	—	—	—	—	—	—	—
（三）利润分配	—	—	—	—	—	—	—	5 958	−128	2 979	−45 491	−36 682
1. 提取盈余公积	—	—	—	—	—	—	—	5 958	—	—	−5 958	—
2. 提取一般风险准备	—	—	—	—	—	—	—	—	−128	—	128	—
3. 提取信托赔偿准备	—	—	—	—	—	—	—	—	—	2 979	−2 979	—
4. 对所有者的分配	—	—	—	—	—	—	—	—	—	—	−36 682	−36 682
5. 其他	—	—	—	—	—	—	—	—	—	—	—	—
（四）所有者权益内部结转	—	—	—	—	—	—	—	—	—	—	—	—
1. 资本公积转增资本	—	—	—	—	—	—	—	—	—	—	—	—
2. 盈余公积转增资本	—	—	—	—	—	—	—	—	—	—	—	—
3. 盈余公积弥补亏损	—	—	—	—	—	—	—	—	—	—	—	—
4. 一般风险准备弥补亏损	—	—	—	—	—	—	—	—	—	—	—	—
5. 结转重新计量设定受益计划净负债或净资产所产生的变动	—	—	—	—	—	—	—	—	—	—	—	—
6. 其他	—	—	—	—	—	—	—	—	—	—	—	—
（五）其他	—	—	—	—	−693	—	—	—	—	—	—	−693
四、本年年末余额	375 000	—	—	—	4 685	—	3 023	69 770	9 829	30 676	57 955	550 939

法定代表人：洪文瑾　　主管会计工作的负责人：苏荣坚　　会计机构负责人：陈明雅

公司所有者权益变动表（续）

编制单位：厦门国际信托有限公司　　2020 年度　　单位：万元

项目	上年金额										
	实收资本	其他权益工具			资本公积	减：库存股	其他综合收益	盈余公积	一般风险准备	信托赔偿准备	未分配利润	所有者权益合计
		优先股	永续债	其他								
一、上年年末余额	375 000	—	—	—	1 450	—	-1 920	54 644	7 706	24 985	40 611	502 475
加：会计政策变更	—	—	—	—	—	—	—	—	—	—	—	—
前期差错更正	—	—	—	—	—	—	—	—	—	—	—	—
其他	—	—	—	—	—	—	—	—	—	—	—	—
二、本年年初余额	375 000	—	—	—	1 450	—	-1 920	54 644	7 706	24 985	40 611	502 475
三、本年增减变动金额（减少以“-”号填列）	—	—	—	—	3 928	—	6 784	9 168	2 251	2 713	3 251	28 096
（一）综合收益总额	—	—	—	—	3 928	—	6 784	—	—	—	54 251	64 964
（二）所有者投入和减少资本	—	—	—	—	—	—	—	—	—	—	—	—
1. 所有者投入的普通股	—	—	—	—	—	—	—	—	—	—	—	—
2. 其他权益工具持有者投入资本	—	—	—	—	—	—	—	—	—	—	—	—
3. 股份支付计入所有者权益的金额	—	—	—	—	—	—	—	—	—	—	—	—
4. 其他	—	—	—	—	—	—	—	—	—	—	—	—
（三）利润分配	—	—	—	—	—	—	—	9 168	2 251	2 713	-51 000	-36 868
1. 提取盈余公积	—	—	—	—	—	—	—	9 168	—	—	-9 168	—
2. 提取一般风险准备	—	—	—	—	—	—	—	—	2 251	—	-2 251	—
3. 提取信托赔偿准备	—	—	—	—	—	—	—	—	—	2 713	-2 713	—
4. 对所有者的分配	—	—	—	—	—	—	—	—	—	—	-36 868	-36 868
5. 其他	—	—	—	—	—	—	—	—	—	—	—	—
（四）所有者权益内部结转	—	—	—	—	—	—	—	—	—	—	—	—
1. 资本公积转增资本	—	—	—	—	—	—	—	—	—	—	—	—
2. 盈余公积转增资本	—	—	—	—	—	—	—	—	—	—	—	—
3. 盈余公积弥补亏损	—	—	—	—	—	—	—	—	—	—	—	—
4. 一般风险准备弥补亏损	—	—	—	—	—	—	—	—	—	—	—	—
5. 结转重新计量设定受益计划净负债或净资产所产生的变动	—	—	—	—	—	—	—	—	—	—	—	—
0. 其他	—	—	—	—	—	—						
（五）其他	—	—	—	—	—	—	—	—	—	—	—	—
四、本年年末余额	375 000	—	—	—	5 378	—	4 864	63 812	9 957	27 697	43 862	530 570

法定代表人：洪文瑾　　主管会计工作的负责人：苏荣坚　　会计机构负责人：陈明雅

5.2 信托资产

5.2.1 信托项目资产负债汇总表

信托项目资产负债汇总表

编制单位:厦门国际信托有限公司　　2020 年 12 月 31 日　　单位:万元

资产	期末数	期初数	负债与所有者权益	期末数	期初数
资 产:			负 债:		
货币资金	605 713	251 802	应付受托人报酬	4 989	4 759
拆出资金	—	—	应付受益人收益	5 272	8 803
交易性金融资产	305 183	216 253	应交税金	3 595	1 741
衍生金融资产	—	—	衍生金融负债	—	—
买入返售金融资产	1 583 540	2 255 285	其他负债	62 862	54 909
发放贷款	10 256 607	10 232 166	负债合计	76 718	70 212
可供出售金融资产	6 843 806	4 950 375	所有者权益:		
持有至到期投资	113 675	—	实收信托	21 925 404	20 181 784
应收款项	752 062	882 612	其中:集合资金信托	6 628 195	6 860 354
长期股权投资	677 757	740 133	单一资金信托	12 473 488	12 042 132
其他资产	969 318	574 176	财产信托	2 823 720	1 279 299
			资本公积	−104 043	−96 317
			未分配利润	209 582	−52 878
			所有者权益合计	22 030 943	20 032 589
资产总计	22 107 661	20 102 802	负债和所有者权益总计	22 107 661	20 102 802

法定代表人:洪文瑾　　主管会计工作的负责人:苏荣坚　　会计机构负责人:陈明雅

5.2.2 信托项目利润及利润分配汇总表

信托项目利润及利润分配汇总表

编制单位:厦门国际信托有限公司　　2020 年度　　单位:万元

项目	当年数	上年数
一、营业收入	1 516 360	1 105 730
利息净收入	1 188 706	848 170
利息收入	1 188 706	848 170
利息支出	—	—
投资收益(损失以“-”号填列)	313 239	204 617
公允价值变动收益	13 882	50 747
其他业务收入	533	2 196
二、营业支出	167 536	121 112
营业税金及附加	5 072	3 611
信托费用	162 464	117 501
资产减值损失	—	—
三、利润总额(损失以“-”号填列)	1 348 823	984 617
加:期初未分配信托利润	−52 878	−198 256
损益平准金	5344	355
四、可供分配的信托利润	1 301 289	786 717
减:本期已分配信托利润	1 091 707	839 595
五、期末未分配信托利润	209 582	−52 878

编制单位:厦门国际信托有限公司　　2020 年度　　单位:万元

项目	当年数	上年数
一、营业收入	1 516 360	1 105 730
利息净收入	1 188 706	848 170
利息收入	1 188 706	848 170

续表

项目	当年数	上年数
利息支出	—	—
投资收益(损失以“-”号填列)	313 239	204 617
公允价值变动收益	13 882	50 747
其他业务收入	533	2 196
二、营业支出	167 536	121 112
营业税金及附加	5 072	3 611
信托费用	162 464	117 501
资产减值损失	—	—
三、利润总额(损失以“-”号填列)	1 348 823	984 617
加:期初未分配信托利润	−52 878	−198 256
损益平准金	5344	355
四、可供分配的信托利润	1 301 289	786 717
减:本期已分配信托利润	1 091 707	839 595
五、期末未分配信托利润	209 582	−52 878

法定代表人:洪文瑾　　主管会计工作的负责人:苏荣坚　　会计机构负责人:陈明雅

6. 会计报表附注(母公司)

6.1 会计报表编制基准不符合会计核算基本前提的说明

6.1.1 会计报表不符合会计核算基本前提的事项

公司会计报表没有不符合会计核算基本前提的事项。

6.1.2 纳入合并报表范围子公司的说明

本年度公司纳入合并报表范围的子公司为本公司子公司圆信永丰基金管理有限公司。

6.2 重要会计政策和会计估计说明

6.2.1 计提一般准备、资产减值准备的范围和方法

6.2.1.1 一般准备

一般准备金期末余额按照期末风险资产的1.5%计提，作利润分配处理。

6.2.1.2 资产减值准备

资产减值准备包括可供出售金融资产减值准备、持有至到期投资减值准备、贷款损失准备、坏账准备和长期投资减值准备、固定资产减值准备等。资产减值准备采用备抵法核算。

6.2.1.2.1 可供出售金融资产的减值准备

年末如果可供出售金融资产的公允价值发生较大幅度下降，或在综合考虑各种相关因素后，预期这种下降趋势属于非暂时性的，就认定其已发生减值，将原直接计入所有者权益的公允价值下降形成的累计损失一并转出，确认减值损失。

6.2.1.2.2 持有至到期投资的减值准备

持有至到期投资减值损失的计量比照应收款项减值损失计量方法处理。

6.2.1.2.3 贷款损失准备

参照《商业银行贷款损失储备管理办法》(中国银行业监督管理委员会令2011年第4号)中第六条和第七条规定提取贷款损失准备。贷款拨备率为贷款损失准备与各项贷款余额之比，拨备覆盖率为贷款损失准备与不良贷款余额之比，贷款拨备率基本标准为2.5%，拨备覆盖率基本标准为150%，以两项标准中较高者为贷款损失准备的提取标准。其中划分为次级类、可疑类、损失类的贷款属于不良贷款。

6.2.1.2.4 应收款项坏账准备的确认标准和计提方法

年末如果有客观证据表明应收款项发生减值，则将其账面价值减记至可收回金额，减记的金额确认为资产减值损失，计入当期损益。可收回金额是通过对其的未来现金流量(不包括尚未发生的信用损失)按原实际利率折现确定，并考虑相关担保物的价值(扣除预计处置费用等)。原实际利率是初始确认该应收款项时计算确定的实际利率。短期应收款项的预计未来现金流量与其现值相差很小，在确定相关减值损失时，不对其预计未来现金流量进行折现。

年末对于单项金额重大的应收款项(包括应收账款、应收票据、预付账款、其他应收款、长期应收款等)单独进行减值测试。如有客观证据表明其发生了减值的，根据其未来现金流量现值低于其账面价值的差额，确认减值损失，计提坏账准备。

6.2.1.2.5 除上述金融资产外的其他主要资产的减值

对联营企业的长期股权投资、固定资产、在建工程等长期非金融资产，公司在每年末判断相关资产是否存在可能发生减值的迹象。

资产存在减值迹象的，估计其可收回金额。可收回金额根据资产的公允价值减去处置费用后的净额与资产预计未来现金流量的现值两者之间较高者确定。

当资产的可收回金额低于其账面价值的，将资产的账面价值减记至可收回金额，减记的金额确认为资产减值损失，计入当期损益，同时计提相应的资产减值准备。

资产减值损失确认后，减值资产的折旧或者摊销费用在未来期间作相应调整，以使该资产在剩余使用寿命内，系统地分摊调整后的资产账面价值(扣除预计净残值)。

长期非金融资产的减值损失一经确认，在以后会计期间不再转回。

有迹象表明一项资产可能发生减值的，企业以单项资产为基础估计其可收回金额。难以对单项资产的可收回金额进行估计的，以该资产所属的资产组为基础确定资产组的可收回金额。资产组的认定，以资产组产生的主要现金流入是否独立于其他资产或者资产组的现金流入为依据。同时，在认定资产组时，考虑公司管理层管理经营活动的方式和对资产的持续使用或者处置的决策方式等。资产组一经确定，各个会计期间保持一致。

公司按照6.2.1.2.1—6.2.1.2.5所述原则，并参考财政部关于印发《金融企业准备金计提管理办法》的通知(财金〔2012〕20号文)提取资产减值准备。《金融企业准备金计提管理办法》建议的提取比例如下：

资产情况	提取比例(%)
正常类	—
关注类	3
次级类	30
可疑类	60
损失类	100

6.2.2 金融资产四分类的范围和标准

公司结合自身业务特点和风险管理要求，根据公司对金融资产的持有意图和持有能力，将取得的金融资产于初始确认时分为以下四类：以公允价值计量且其变动计入当期损益的金融资产，包括交易性金融资产和直接指定为以公允价值计量且其变动计入当期损益的金融资产；持有至到期投资；贷款和应收款项；可供出售金融资产。

6.2.2.1 交易性金融资产和直接指定为以公允价值计量且其变动计入当期损益的金融资产

满足以下条件之一的金融资产，划分为交易性金融资产：

(1)取得金融资产的目的，主要是近期内出售、回购或赎回。

(2)属于进行集中管理的可辨认金融工具组合的一部分，且有客观证据表明公司近期采用短期获利方式对该组合进行管理。

(3)属于衍生工具。

满足以下条件之一的金融资产，直接指定为以公允价值计量且其变动计入当期损益的金融资产：

(1)该指定可以消除或明显减少由于该金融资产或金融负债的计量基础不同所导致的相关利得或损失在确认或计量方面不一致的情况。

(2)企业风险管理或投资策略的正式书面文件已载明，该金融资产组合以公允价值为基础进行管理、评价并向关键管理人员报告。

6.2.2.2 持有至到期投资

同时满足以下条件的非衍生金融资产，划分为持有至到期投资：

(1)到期日固定、回收金额固定或可确定。

(2)有明确意图持有至到期。

(3)有能力持有至到期。

6.2.2.3 贷款和应收款项

公司将在活跃市场中没有报价、回收金额固定或可确定的非衍生金融资产划分为贷款和应收款项，主要是公司发放的贷款和其他债权。

6.2.2.4 可供出售金融资产

公司将初始确认时即被指定为可供出售的非衍生金融资产，以及除以公允价值计量且其变动计入当期损益的金融资产、持有至到期投资、贷款和应收款项三类外的金融资产划分为可供出售金融资产。

6.2.3 交易性金融资产核算办法

取得时，以公允价值（扣除已宣告但尚未发放的现金股利或已到付息期但尚未领取的债券利息）作为初始确认金额，相关的交易费用计入当期损益。支付的价款中包含已宣告但尚未发放的现金股利或已到付息期但尚未领取的债券利息产，单独确认为应收项目。

持有期间，将取得的利息或现金股利确认为投资收益，资产负债表日，将该金融资产的公允价值变动计入当期损益。

处置时，其公允价值与初始入账金额之间的差额确认为投资收益，同时调整公允价值变动损益。

6.2.4 可供出售金融资产核算办法

取得时，按公允价值（扣除已宣告但尚未发放的现金股利或已到付息期但尚未领取的债券利息）和相关交易费用之和作为初始确认金额。支付的价款中包含已宣告但尚未发放的现金股利或已到付息期但尚未领取的债券利息，单独确认为应收项目。

持有期间将取得的利息或现金股利确认为投资收益。资产负债表日，可供出售金融资产以公允价值计量，其公允价值变动确认为其他综合收益并计入资本公积。

处置时，将取得的价款与该金融资产账面价值之间的差额，计入投资损益；同时，将原直接计入所有者权益的公允价值变动累计额对应处置部分的金额转出，计入投资损益。

6.2.5 持有至到期投资核算办法

取得时，按公允价值（扣除已到付息期但尚未领取的债券利息）和相关交易费用之和作为初始确认金额。支付的价款中包含已到付息期但尚未领取的债券利息产，单独确认为应收项目。

持有期间，按照摊余成本和实际利率（如实际利率与票面利率差别较小的，按票面利率）计算确认利息收入，计入投资收益。实际利率在取得时确定，在该预期存续期间或适用的更短期间内保持不变。

处置时，将所取得价款与该投资账面价值之间的差额计入投资收益。

6.2.6 长期股权投资核算方法

6.2.6.1 初始计量

6.2.6.1.1 企业合并形成的长期股权投资

同一控制下的企业合并：公司以支付现金、转让非现金资产或承担债务方式，以及以发行权益性证券作为合并对价的，在合并日按照取得被合并方所有者权益账面价值的份额作为长期股权投资的初始投资成本。长期股权投资初始投资成本与支付合并对价之间的差额，调整资本公积；资本公积不足冲减的，调整留存收益。合并发生的各项直接相关费用，包括为进行合并而支付的审计费用、评估费用、法律服务费用等，于发生时计入当期损益。

非同一控制下的企业合并：合并成本为购买日购买方为取得对被购买方的控制权而付出的资产、发生或承担的负债及发行的权益性证券的公允价值，以及为企业合并而发生的各项直接相关费用。通过多次交换交易分步实现的企业合并，合并成本为每一单项交易成本之和。在合并合同中对可能影响合并成本的未来事项做出约定的，购买日如果估计未来事项很可能发生并且对合并成本的影响金额能够可靠计量的，也计入合并成本。

6.2.6.1.2 其他方式取得的长期股权投资

以支付现金方式取得的长期股权投资，按照实际支付的购买价款作为初始投资成本。

以发行权益性证券取得的长期股权投资，按照发行权益性证券的公允价值作为初始投资成本。初始投资成本包括与取得长期股权投资直接相关的费用、税金及其他必要支出。

在非货币性资产交换具备商业实质和换入资产或换出资产的公允价值能够可靠计量的前提下，非货币性资产交换换入的长期股权投资以换出资产的公允价值为基础确定其初始投资成本，除非有确凿证据表明换入资产的公允价值更加可靠；不满足上述前提的非货币性资产交换，以换出资产的账面价值和应支付的相关税费作为换入长期股权投资的初始投资成本。

通过债务重组取得的长期股权投资，其初始投资成本按照公允价值为基础确定。

6.2.6.2 被投资单位具有共同控制、重大影响的依据

按照合同约定对某项经济活动所共有的控制，仅在与该项经济活动相关的重要财务和经营决策需要分享控制权的投资方一致同意时存在，则视为与其他方对被投资单位实施共同控制；对一个企业的财务和经营决策有参与决策的权力，但并不能够控制或者与其他方一起共同控制这些政策的制定，则视为投资企业能够对被投资单位施加重大影响。

6.2.6.3 后续计量及收益确认

公司能够对被投资单位施加重大影响或共同控制的，初始投资成本大于投资时应享有被投资单位可辨认净资产公允价值份额的差额，不调整长期股权投资的初始投资成本；初始投资成本小于投资时应享有被投资单位可辨认净资产公允价值份额的差额，计入当期损益，同时调整长期股权投资的成本。

公司对子公司的长期股权投资，采用成本法核算，编制合并财务报表时按照权益法进行调整。

对被投资单位具有共同控制或重大影响的长期股权投资，采用权益法核算。

成本法下被投资单位宣告分派的现金股利或利润，确认为当期投资收益。

权益法下本公司确认被投资单位发生的净亏损，以长期股权投资的账面价值，以及其他实质上构成对被投资单位净投资的长期权益减记至零为限，本公司负有承担额外损失义务的除外。

被投资单位以后实现净利润的，本公司在其收益分享额弥补未确认的亏损分担额后，恢复确认收益分享额。

被投资单位除净损益、其他综合收益和利润分配以外所有

者权益的其他变动，调整长期股权投资的账面价值并计入所有者权益。

6.2.7 **投资性房地产核算方法**

投资性房地产是指为赚取租金或资本增值，或两者兼有而持有的房地产。包括已出租的土地使用权、持有并准备增值后转让的土地使用权、已出租的建筑物等。

本公司对投资性房地产采用成本模式进行后续计量。

投资性房地产按成本进行初始计量。与投资性房地产有关的后续支出，如果与该资产有关的经济利益很可能流入且其成本能可靠地计量，则计入投资性房地产成本。其他后续支出，在发生时计入当期损益。

本公司采用成本模式对投资性房地产进行后续计量，并按照与房屋建筑物或土地使用权一致的政策进行折旧或摊销。

投资性房地产预计使用寿命和年折旧率如下：

资产类别	预计使用寿命（年）	预计净残值率（%）	年折旧率（%）
办公用楼	30	5	3.17

自用房地产或存货转换为投资性房地产或投资性房地产转换为自用房地产时，按转换前的账面价值作为转换后的入账价值。

6.2.8 **固定资产计价及折旧方法**

6.2.8.1 固定资产确认条件

固定资产是指为生产商品、提供劳务、出租或经营管理而持有，并且使用寿命超过一个会计年度的有形资产。固定资产在同时满足下列条件时予以确认：与该固定资产有关的经济利益很可能流入企业；该固定资产的成本能够可靠地计量。

6.2.8.2 固定资产的分类

固定资产分类为办公用楼、职工宿舍、电子计算机及外设、其他办公设备、交通运输设备。

6.2.8.3 固定资产的初始计量

固定资产取得时按照实际成本进行初始计量。

外购固定资产的成本，以购买价款、相关税费、使固定资产达到预定可使用状态前所发生的可归属于该项资产的运输费、装卸费、安装费和专业人员服务费等确定。

购买固定资产的价款超过正常信用条件延期支付，实质上具有融资性质的，固定资产的成本以购买价款的现值为基础确定。

自行建造固定资产的成本，由建造该项资产达到预定可使用状态前所发生的必要支出构成。

债务重组取得债务人用以抵债的固定资产，以该固定资产的公允价值为基础确定其入账价值，并将重组债务的账面价值与该用以抵债的固定资产公允价值之间的差额，计入当期损益。

在非货币性资产交换具备商业实质且换入资产或换出资产的公允价值能够可靠计量的前提下，换入的固定资产以换出资产的公允价值为基础确定其入账价值，除非有确凿证据表明换入资产的公允价值更加可靠；不满足上述前提的非货币性资产交换，以换出资产的账面价值和应支付的相关税费作为换入固定资产的成本，不确认损益。

以同一控制下的企业吸收合并方式取得的固定资产按被合并方的账面价值确定其入账价值；以非同一控制下的企业吸收合并方式取得的固定资产按公允价值确定其入账价值。

融资租入的固定资产，按租赁开始日租赁资产公允价值与最低租赁付款额现值两者中较低者作为入账价值。

6.2.8.4 固定资产折旧计提方法

固定资产折旧采用年限平均法分类计提，根据固定资产类别、预计使用寿命和预计净残值率确定折旧率。

各类固定资产预计使用寿命和年折旧率如下：

固定资产类别	预计使用寿命（年）	预计净残值率（%）	年折旧率（%）
职工宿舍	20~35	3~5	2.77~4.75
电子设备	5	3~5	19~32.33
办公设备	5	3~5	19~19.4
运输设备	8	3~5	12.125~11.875

6.2.9 **长期应收款的核算方法**

“长期应收款”用来核算包括融资租赁产生的应收款项、采用递延方式具有融资性质的销售商品和提供劳务等产生的应收款项等，实质上构成对被投资单位净投资的长期权益，也通过本科目核算。

本公司“长期应收款”主要是用来核算融资租赁产生的应收款项。融资租赁中，在租赁期开始日，本公司按最低租赁收款额与初始直接费用之和作为“长期应收款”（应收融资租赁款）的入账价值，同时记录未担保余值；将最低租赁收款额、初始直接费用及未担保余值之和与其现值之和的差额确认为未实现融资收益。未实现融资收益在租赁期内各个期间采用实际利率法计算确认当期的融资收入。

6.2.10 **长期待摊费用的摊销政策**

本公司长期待摊费用是指已经支出，但受益期限在1年以上（不含1年）的办公室装修费。摊销方法采用直线法，在受益期内平均摊销。

6.2.11 **合并会计报表的编制方法**

公司将拥有实际控制权的子公司和特殊目的主体纳入合并财务报表范围。

公司合并财务报表按照《企业会计准则第33号——合并财务报表》及相关规定的要求编制。具体编制时，以本公司和子公司的财务报表为基础，若子公司与本公司采用的会计政策或会计期间不一致的，则按照本公司的会计政策或会计期间对子公司财务报表进行必要的调整，同时按照权益法调整对子公司的长期股权投资，并抵销合并范围内的所有重大内部交易和往来后进行合并。子公司的股东权益中不属于母公司所拥有的部分作为少数股东权益在合并财务报表中股东权益项下单独列示。

对于非同一控制下企业合并取得的子公司，在编制合并财务报表时，以购买日可辨认净资产公允价值为基础对其个别财务报表进行调整；对于同一控制下企业合并取得的子公司，视同该企业合并于合并当期的年初已经发生，从合并当期的年初起将其资产、负债、经营成果和现金流量纳入合并财务报表。

6.2.12 **收入确认原则和方法**

6.2.12.1 利息收入

在相关的收入金额能够可靠计量，相关的经济利益很可能流入时，按资金使用时间和实际利率确认利息收入。

6.2.12.2 手续费收入

在相关的收入金额能够可靠计量，相关的经济利益很可能流入时确认收入。

6.2.12.3　投资收益

公司持有交易性金融资产和可供出售金融资产期间取得的利息或现金股利确认为当期收益;处置交易性金融资产时其公允价值与初始入账金额之间的差额,确认为投资收益,同时调整公允价值变动收益。处置可供出售金融资产时,取得的价款与原直接计入所有者权益的公允价值变动累计额的和与该金融资产账面价值的差额,计入投资收益。

采用成本法核算的长期股权投资,被投资单位宣告分派的现金股利或利润,确认为当期投资收益;采用权益法核算的长期股权投资,根据被投资单位实现的净利润或经调整的净利润计算应享有的份额确认投资收益。

6.2.12.4　其他业务收入

其他业务收入主要是除主营业务活动以外的其他经营活动实现的收入。在收入的金额能够可靠计量,且相关经济利益很可能流入企业时确认收入。

6.2.13　所得税的会计处理方法

本公司的所得税采用资产负债表债务法核算。资产、负债的账面价值与其计税基础存在差异的,按照规定确认所产生的递延所得税资产和递延所得税负债。

在资产负债表日,对于当期和以前期间形成的当期所得税负债(或资产),按照税法规定计算的预期应交纳(或返还)的所得税金额计量;对于递延所得税资产和递延所得税负债,根据税法规定,按照预期收回该资产或清偿该负债期间的适用税率计量。

递延所得税资产的确认以本公司很可能取得用来抵扣可抵扣暂时性差异、可抵扣亏损和税款抵减的应纳税所得额为限。在无法明确估计可抵扣暂时性差异预期转回期间可能取得的应纳税所得额时,不确认与可抵扣暂时性差异相关的递延所得税资产。对联营企业及合营企业投资相关的应纳税暂时性差异产生的递延所得税负债,予以确认,但同时满足能够控制应纳税暂时性差异转回的时间且该暂时性差异在可预见的未来很可能不会转回的,不予确认;对联营企业及合营企业投资相关的可抵扣暂时性差异产生的递延所得税资产,该可抵扣暂时性差异同时满足在可预见的未来很可能转回即在可预见的将来有处置该项投资的明确计划,且预计在处置该项投资时,除了有足够的应纳税所得以外,还有足够的投资收益用以抵扣可抵扣暂时性差异时,予以确认。

资产负债表日,对递延所得税资产的账面价值进行复核。除企业合并、直接在所有者权益中确认的交易或者事项产生的所得税外,本公司将当期所得税和递延所得税作为所得税费用或收益计入当期损益。

6.2.14　信托报酬确认原则和方法

按照信托合同约定,在相关的收入金额能够可靠计量,相关的经济利益很可能流入时确认收入。

6.3　或有事项的说明

公司的对外担保均为在重新登记前为厦门市一些市政项目提供的担保,2020 年期初数为 2 289 万元、期末数为 2 169 万元。由于以上担保均由厦门市财政局提供反担保,因此,上述或有事项对公司不构成重大影响。

6.4　重要会计政策、会计估计的变更

6.4.1　重要会计政策变更

本年无重要会计政策变更。

6.4.2　重要会计估计变更

根据厦门金圆投资集团有限公司 2019 年 12 月 3 日发布的《厦门金圆投资集团有限公司关于 2019 年度年终结账的通知》,自 2020 年 1 月 1 日起,本公司运输工具折旧年限从 4 年调整为 8 年,电子设备折旧从 3 年调整为 5 年。本公司固定资产摊销年限调整后本年摊销额为 3 818 804.90 元;若固定资产仍按照原摊销年限进行摊销,则本年原摊销额为 5 005 163.05 元。上述会计估计变更采用未来适用法。

根据厦门金圆投资集团有限公司 2019 年 12 月 3 日发布的《厦门金圆投资集团有限公司关于 2019 年度年终结账的通知》,自 2020 年 1 月 1 日起,本公司所有无形资产摊销年限由 10 年变更为 8 年。本公司无形资产摊销年限缩短后本年摊销额为 5 430 214.87 元;若无形资产仍按照原摊销年限进行摊销,则本年原摊销额为 3 579 109.90 元。上述会计估计变更采用未来适用法。

6.5　会计报表中重要项目的明细资料(母公司)

6.5.1　自营资产经营情况

6.5.1.1　信用风险资产分类情况表

信用风险资产五级分类	正常类(万元)	关注类(万元)	次级类(万元)	可疑类(万元)	损失类(万元)	信用风险资产合计(万元)	不良资产合计(万元)	不良资产率(%)
期初数	561 782	151 435	723	—	10	713 950	733	0.10
期末数	619 175	165 567	720	—	10	785 472	730	0.09

注:1. 资产数按照计提减值准备前的数字反映。

2. 不良资产合计=次级类+可疑类+损失类。

3. 信用风险资产=各项贷款+政府债券(国债)+地方政府债券+央行票据+非金融企业债券+金融债券+非金融企业股权(含股票)+金融机构股权(含股票)+存放同业+拆放同业+金融机构间买入返售资产+购买同业存单+购买银行非保本理财产品+购买信托产品+购买资产管理计划+其他具有特定目的的载体属性的产品投资+应收利息和其他应收款+其他表内信用风险资产+不可撤销的承诺及或有负债(与监管局统计口径一致)。

6.5.1.2　资产减值损失准备

单位:万元

项目	期初数	本期计提	本期转回	本期核销	期末数
贷款损失准备	125	1 265	—	—	1 390
其中:一般准备	—	—	—	—	—
专项准备	125	1 265	—	—	1 390
其他资产减值准备	7 709	23 951	—	—	31 659
其中:可供出售金融资产减值准备	216	—	—	—	216
持有至到期投资减值准备	374	-71	—	—	303
长期股权投资减值准备	—	—	—	—	—
坏账准备	60	-28	—	—	32
投资性房地产减值准备	—	—	—	—	—
其他减值准备	7 059	24 049	—	—	31 108
合计	7 834	25 216	—	—	33 049

6.5.1.3 自营投资情况

单价：万元

项目	自营股票	基金	债券	长期股权投资	其他投资	合计
期初数	30 078	37 408	5 943	104 275	334 537	512 241
期末数	26 226	95 696	300	113 768	284 775	520 764

6.5.1.4 前五名长期股权投资企业情况

企业名称	占被投资企业权益的比例（%）	主要经营活动	投资损益（万元）
1. 南方基金管理股份有限公司	13.72	基金募集、基金销售等。	19 001
2. 圆信永丰基金管理有限公司	51	基金募集、基金销售、资产管理和中国证监会许可的其他业务。	—

注：投资损益是指按照企业会计准则规定，核算股权投资确认损益并计入披露年度利润表的金额。

6.5.1.5 前五名自营贷款企业情况

企业名称	占贷款总额的比例（%）	还款情况
天伦控股有限公司	35.97	贷款未到期
中如建工集团有限公司	35.97	贷款未到期
漳州唐峰房地产开发有限公司	28.06	贷款未到期

6.5.1.6 表外业务

单位：万元

表外业务	期初数	期末数
担保业务	2 289	2 169
代理业务（委托业务）	3 308	3 308
其他	—	—
合计	5 597	5 477

注：代理业务主要反映因客观原因应规范而尚未完成规范的历史遗留委托业务，包括委托贷款和委托投资。

6.5.1.7 公司当年的收入结构

收入结构	金额（万元）	占比（%）
手续费及佣金收入	85 727	57.56
其中：信托手续费收入	85 727	57.56
投资银行业务收入	—	—
利息收入	5 083	3.41
其他业务收入	1 204	0.81
投资收益	54 778	36.78
其中：股权投资收益	19 001	12.76
证券投资收益	10 854	7.29
其他投资收益	24 924	16.73
公允价值变动收益	2 098	1.41
资产处置收益	−11	−0.01
其他收益	64	0.04
营业外收入	2	—
收入合计	148 946	100

注：手续费及佣金收入、利息收入、其他业务收入、投资收益、营业外收入均为损益表中的一级科目，其中手续费及佣金收入、利息收入、营业外收入为未抵减掉相应支出的全年累计实现收入数。

6.5.2 信托资产管理情况

6.5.2.1 信托资产的期初数、期末数

单位：万元

信托资产	期初数	期末数
集合	6 833 384	6 606 111
单一	11 976 787	11 630 334
财产权	1 292 631	2 871 216
合计	20 102 802	21 107 661

6.5.2.1.1 主动管理型信托业务情况

单位：万元

主动管理型信托资产	期初数	期末数
证券投资类	245 915	630 584
其他投资类	962 750	3 418 907
融资类	5 182 163	5 857 067
事务管理类	5 612	6 818
合计	6 396 440	9 913 376

6.5.2.1.2 被动管理型信托业务情况

单位：万元

被动管理型信托资产	期初数	期末数
证券投资类	174 047	213 738
其他投资类	467 438	259 667
融资类	2 480 559	454 934
事务管理类	10 584 318	11 165 947
合计	13 706 362	12 094 286

6.5.2.2 本年度已清算结束的信托项目情况

6.5.2.2.1 本年度已清算结束的集合类、单一类、财产管理类信托项目情况

已清算结束的信托项目	项目个数（个）	实收信托合计金额（万元）	加权平均实际年化收益率（%）
集合类（非证券投资类）	99	5 027 105	5.76
集合类（证券投资类）	15	413 038	6.11
单一类	141	6 106 989	5.73
财产管理类	17	643 126	5.23

注：1. 收益率是指信托项目清算后，给受益人赚取的实际收益水平。

2. 加权平均实际年化收益率 =（信托项目 1 的实际年化收益率 × 信托项目 1 的实收信托 + 信托项目 2 的实际年化收益率 × 信托项目 2 的实收信托 + … + 信托项目 n 的实际年化收益率 × 信托项目 n 的实收信托）/（信托项目 1 的实收信托 + 信托项目 2 的实收信托 + … + 信托项目 n 的实收信托）× 100%。

6.5.2.2.2 本年度已清算结束的主动管理型信托项目情况

已清算结束的信托项目	项目个数（个）	实收信托合计金额（万元）	加权平均实际年化信托报酬率（%）	加权平均实际年化收益率（%）
投资类（非证券类）	12	651 515	0.36	4.46
投资类（证券类）	9	82 723	0.68	11.64
融资类	115	3 894 149	0.74	6.45

续表

已清算结束的信托项目	项目个数（个）	实收信托合计金额（万元）	加权平均实际年化信托报酬率（%）	加权平均实际年化收益率（%）
事务管理类	—	—	—	—

注：加权平均实际年化信托报酬率 =（信托项目 1 的实际年化信托报酬率 × 信托项目 1 的实收信托 + 信托项目 2 的实际年化信托报酬率 × 信托项目 2 的实收信托 +… + 信托项目 n 的实际年化信托报酬率 × 信托项目 n 的实收信托）/（信托项目 1 的实收信托 + 信托项目 2 的实收信托 +… + 信托项目 n 的实收信托）×100%。

6. 5. 2. 2. 3　本年度已清算结束的被动管理型信托项目情况

已清算结束的信托项目	项目个数（个）	实收信托合计金额（万元）	加权平均实际年化信托报酬率（%）	加权平均实际年化收益率（%）
投资类（非证券类）	4	468 395	0. 09	5. 43
投资类（证券类）	2	160 482	0. 24	-2. 54
融资类	14	1 378 966	0. 12	5. 26
事务管理类	116	5 554 027	0. 22	4. 76

6. 5. 2. 3　本年度新增的信托项目情况

新增信托项目	项目个数（个）	实收信托合计金额（万元）
集合类	151	5 560 565
单一类	170	7 173 621
财产管理类	31	2 619 371
新增合计	352	15 353 557
其中：主动管理型	253	9 296 064

续表

新增信托项目	项目个数（个）	实收信托合计金额（万元）
被动管理型	99	6 057 493

6. 5. 2. 4　信托业务创新成果和特色业务情况

技改基金服务信托。公司配合厦门市政府机构，通过服务信托改财政拨款为贷款或股权投资，实现财政资金对社会资金的大杠杆比例撬动，支持厦门市制造业企业进行技术改造和增资扩产，引导金融机构信贷资金向具有产业升级能力的重点工业企业精准投放，创造性解决企业融资难、融资贵的难题。

文旅消费服务信托。公司首创以服务信托模式，管理运作厦门市文旅专项补贴资金，支持受疫情影响的文旅产业复工复产，对在具有影响力的互联网平台销售的旅游、餐饮、交通等产品提供补贴资金，充分激发市场消费潜力。同时，公司依托整合的交易数据，帮助文旅企业获得金融信贷服务。

城市更新基金。公司创新运用投资银行业务工具，助力厦门市最大规模的城市更新基金项目成功落地。通过引入域外资金，为厦门市城市更新改造和跨越式发展开拓重要的中长期低成本资金渠道。

6. 5. 2. 5　本公司履行受托人义务情况及因本公司自身责任而导致的信托资产损失

公司严格按照信托法规要求，忠实履行信托合同的义务，至本年度止，没有因本公司自身责任而导致的信托资产损失。

6. 5. 2. 6　信托赔偿准备金的提取、使用和管理情况

公司每年按照净利润的 5% 计提信托赔偿准备金。截至 2020 年 12 月 31 日，信托赔偿准备金期末余额为 30 676 万元。本公司提取的信托赔偿准备金尚未使用过。

6. 6　关联方关系及其交易

6. 6. 1　股东及其控股股东、实际控制人、一致行动人、最终受益人情况

公司股东	控股股东	实际控制人	一致行动人	最终受益人
★厦门金圆金控股份有限公司	厦门金融控股有限公司持股 99%	厦门金圆投资集团有限公司（持有厦门金融控股有限公司 100% 股权）	—	厦门市财政局，100% 持股厦门金圆投资集团有限公司
厦门建发集团有限公司	厦门市人民政府国有资产监督管理委员会持股 100%	—	—	厦门市人民政府国有资产监督管理委员会
厦门港务控股集团有限公司	厦门市人民政府国有资产监督管理委员会持股 100%	—	—	厦门市人民政府国有资产监督管理委员会

6. 6. 2　关联交易的数量、交易总金额及交易的定价政策

项目	关联交易方数量（个）	关联交易金额（万元）	定价政策
合计	26	753 582	市场公允价格。对关联方的贷款利率定价依据参照其他商业银行对其同类贷款利率水平，以及与公司发放给其他具有同等资信条件非关联方的贷款利率；其他交易方式均按公允交易价格执行。

6. 6. 3　关联交易方的基本情况

关系性质	关联方名称	法定代表人	注册地址	注册资本（亿元）	主营业务
实际控制人	厦门金圆投资集团有限公司	檀庄龙	厦门市思明区展鸿路 82 号厦门国际金融中心 46 层 4610—4620 单元	200. 995	对金融、工业、文化、服务、信息等行业的投资与运营；产业投资、股权投资的管理与运营；土地综合开发与运营、房地产开发经营。

续表

关系性质	关联方名称	法定代表人	注册地址	注册资本（亿元）	主营业务
母公司	厦门金圆金控股份有限公司	檀庄龙	厦门市思明区展鸿路82号厦门国际金融中心46层4605—4609单元	45.757	对金融产业的投资、创业投资、创业投资咨询、为创业企业提供创业管理服务、产业投资、股权投资管理与运营等。
持有本公司10%股权的股东	厦门建发集团有限公司	黄文洲	厦门市思明区环岛东路1699号建发国际大厦43楼	67.5	主营涉及供应链运营、房地产开发、旅游酒店、会展业及投资等。
直接受本公司其他股东控制	厦门港务金融控股有限公司	傅承景	中国（福建）自由贸易试验区厦门片区沧江路98号综合楼202单元	10	接受金融机构委托从事金融信息技术外包、金融业务流程外包及金融知识流程外包；对第一产业、第二产业、第三产业的投资等。
受同一母公司控制的其他企业	金圆资本管理（厦门）有限公司	李云祥	厦门市思明区展鸿路82号厦门国际金融中心45层4501—4503单元	3.58	投资管理、资产管理其他企业管理服务等。
受同一母公司控制的其他企业	厦门市创业投资有限公司	谢洁平	厦门市思明区展鸿路82号厦门国际金融中心45层4508—4512单元	4.92	创业投资业务、创业投资咨询业务、为创业企业提供创业管理服务业务等。
关联自然人直接或间接控制或担任董事、监事及高级管理人员的其他企业	厦门银行股份有限公司	吴世群	厦门市思明区湖滨北路101号商业银行大厦	26.39	吸收公众存款，发放短期、中期和长期贷款，办理国内结算等。
受同一集团控制的其他企业	厦门市两岸金融中心建设开发有限公司	黄瑞荣	厦门市湖里区泗水道619号130室	8.9	土地储备、土地综合开发与运营、房地产开发经营、项目投资、酒店管理。
受同一集团控制的其他企业	厦门金圆置业有限公司	黄瑞荣	厦门市思明区展鸿路82号厦门金融中心大厦4层04单元、05单元、07单元	0.05	物业管理、房地产开发运营。
本公司子公司	圆信永丰基金管理有限公司	洪文瑾	中国（福建）自由贸易试验区厦门片区（保税港区）海景南二路45号4楼02单元175	2	基金募集、基金销售、资产管理和中国证监会许可的其他业务。
本公司有重大影响的联营公司	南方基金管理股份有限公司	张海波	深圳市福田区莲花街道益田路5999号基金大厦32—42楼	3.62	从事证券基金投资管理业务和发起设立证券投资基金。
受同一母公司控制的其他企业	厦门资产管理有限公司	林晟	中国（福建）自由贸易试验区厦门片区海沧新大街27号473室	16	金融资产管理（开展金融企业不良资产的批量收购、处置业务），资产管理（法律、法规另有规定除外）；兼营与主营业务有关的商业保理业务，从事企业购并、投资、资产管理、产权转让的中介服务。
受同一集团控制的其他公司	厦门市融资担保有限公司	陈君彧	厦门市思明区展鸿路82号厦门国际金融中心22层	9	主营贷款担保、票据承兑担保、贸易融资担保、项目融资担保、信用证担保等担保业务和其他法律、法规许可的融资性担保业务。兼营范围为诉讼保全担保、履约担保以及与担保业务有关的融资咨询、财务顾问等中介服务和以自有资金进行的投资。
受同一集团控制的其他公司	厦门景合资产管理有限公司	郭韶红	中国（福建）自由贸易试验区厦门片区象屿路97号厦门国际航运中心D栋8层05单元X	0.1	资产管理；受托管理股权投资，提供相关咨询服务；在法律法规许可的范围内，运用本基金资产对未上市企业或股权投资企业进行投资；受托管理股权投资基金 提供相关咨询服务；对第一产业、第二产业、第三产业的投资；依法从事对非公开交易的企业股权进行投资以及相关咨询服务；投资管理；其他未列明企业管理服务；企业管理咨询；投资管理咨询 投资咨询。
间接受本公司其他股东控制	龙岩利瑞房地产开发有限公司	阮学军	福建省龙岩市新罗区曹溪街道下寮新村51号13层1308室	0.5	房地产开发经营、物业管理。
主要股东的关联方	厦门辉煌装修工程有限公司	陈水	厦门市湖里区湖里大道14号第二、第三层	1.21	建筑装饰业；房屋建筑业；架线及设备工程建筑；管道工程建筑；园林景观和绿化工程施工；土石方工程（不含爆破）；其他未列明土木工程建筑（不含须经许可审批的事项）；电气安装；管道和设备安装；钢结构工程施工；太阳能光伏系统施工；其他未列明建筑安装业；建筑物拆除活动（不含爆破）；其他工程准备活动（不含爆破）；未列明的其他建筑业；建设工程勘察设计；专业化设计服务；园林景观和绿化工程设计；企业总部管理；工程管理服务；文化、艺术活动策划；其他未列明文化艺术业（以上经营项目不含外商投资准入特别管理措施范围内的项目）。

续表

关系性质	关联方名称	法定代表人	注册地址	注册资本（亿元）	主营业务
关联自然人直接或间接控制、或担任董事、监事及高级管理人员的其他企业	中国投融资担保股份有限公司	段文务	北京市海淀区西三环北路100号北京金玉大厦写字楼9层	45	融资性担保业务：贷款担保、票据承兑担保、贸易融资担保、项目融资担保、信用证担保及其他融资性担保业务等。
主要股东的关联方	厦门建益达有限公司	陈东旭	厦门市思明区环岛东路1699号建发国际大厦19楼A单元	1	经营各类商品和技术的进出口和相关商品批发（不另附进出口商品目录）。
主要股东的关联方	厦门国际银行股份有限公司	王晓健	厦门市思明区鹭江道8—10号国际银行大厦1—6层	92.47	吸收公众存款；发放短期、中期和长期贷款；办理国内外结算；办理票据承兑与贴现；发行金融债券；代理发行、代理兑付、承销政府债券；买卖政府债券、金融债券；从事同业拆借；买卖、代理买卖外汇；提供信用证服务及担保；代理收付款项及代理保险业务；提供保管箱服务；基金销售；经国务院银行业监督管理机构等批准的其他业务。
主要股东的关联方	厦门恒驰汇通融资租赁有限公司	陈东旭	中国（福建）自由贸易试验区厦门片区（保税区）象屿路97号厦门国际航运中心D栋8层03单元H	1.85	融资租赁业务；租赁业务；向国内外购买租赁财产；租赁财产的残值处理及维修；租赁交易咨询和担保（不含融资担保）；投资咨询（法律、法规另有规定除外）等。
受同一集团控制的其他公司	厦门金圆融资租赁有限公司	金宁	中国福建自由贸易试验区厦门片区象屿路97号国际航运中心D栋11层09C单元	5.67	融资租赁业务；租赁业务；向国内外购买租赁资产；租赁资产的残值处理及维修；租赁交易咨询和担保、经审批部门批准的其他融资租赁业务等。
本公司董事、监事及高级管理人员及其关系密切的家庭成员	张云丹				
本公司董事、监事及高级管理人员及其关系密切的家庭成员	张钧尧				
本公司董事、监事及高级管理人员及其关系密切的家庭成员	于建榕				
本公司董事、监事及高级管理人员及其关系密切的家庭成员	叶春黎				
母公司的董事、监事及高级管理人员	林晟				

6.6.4 与关联方的重大交易事项

6.6.4.1 固有与关联方交易情况

单位：万元

固有与关联方关联交易				
项目	期初数	本期增加额	本期减少额	期末数
贷款	—	—	—	—
投资	42 636	70 216	35 701	77 152
租赁	—	1 113	856	257
担保	29	693	722	—
应收账款	—	—	—	—
其他	143	3 404	3 546	1
合计	42 808	75 427	40 825	77 410

6.6.4.2 信托与关联方交易

单位：万元

信托与关联方关联交易				
项目	期初数	本期增加额	本期减少额	期末数
贷款	5 180	—	—	5 180
投资	106 671	—	69 886	36 785
租赁	—	—	—	—
担保	—	—	—	—
应收账款	—	—	—	—
其他	442 568	663 638	472 099	634 207
合计	554 419	663 638	541 985	676 172

6.6.4.3 固信交易、信信交易

6.6.4.3.1 固有财产与信托财产交易情况

单位：万元

固有财产与信托财产相互交易			
期初数	本期增加额	本期减少额	期末数
196 132	171 089	223 021	144 200

6.6.4.3.2 信托项目之间交易情况

单位：万元

信托资产与信托财产相互交易		
期初数	本期净减少额	期末数
544 943	63 173	481 770

6.6.5 关联方逾期未偿还本公司资金的情况及本公司为关联方担保发生或即将发生垫款的情况

报告期内，公司无此情况。

6.7 会计制度的披露

本公司固有业务及信托业务均执行国家财政部颁布的《企业会计准则——基本准则》及42项具体会计准则及其相关规定。

7. 财务情况说明书

7.1 利润实现和分配情况

2020年公司实现净利润59 584万元，合并净利润为62 393万元。根据《中华人民共和国公司法》《信托公司管理办法》及本公司章程，公司对本年实现的母公司净利润59 584万元进行分配，其中，提取10%的法定盈余公积5 958万元，提取5%的信托赔偿准备2 979万元。

7.2 主要财务指标

指标名称	指标值
资本利润率(%)	11.08
加权年化信托报酬率(%)	0.38
人均净利润(万元)	260.19

注:1. 资本利润率=净利润/所有者权益平均余额×100%。

2. 所有者权益平均余额是指评级年度内年初及各季末所有者权益余额的移动算术平均数，公式为 a(平均) = $(a_0/2 + a_1 + a_2 + a_3 + a_4/2)/4$。

3. 加权年化信托报酬率=(信托项目1的实际年化信托报酬率×信托项目1的实收信托+信托项目2的实际年化信托报酬率×信托项目2的实收信托+…+信托项目n的实际年化信托报酬率×信托项目n的实收信托)/(信托项目1的实收信托+信托项目2的实收信托+…+信托项目n的实收信托)×100%。

4. 人均净利润=净利润/年平均人数。

5. 年平均人数=∑每月末人数/12。

7.3 公司净资本管理情况

截至2020年12月31日，公司净资本各项监管指标符合监管要求，各监管指标具体情况如下：

(1)净资本=40.26亿元≥2亿元。

(2)净资本/各项业务风险资本之和=402 621.99/331 040.15=121.62%≥100%。

(3)净资本/净资产=402 621.99/550 939.00=73.08%≥40%。

7.4 对本公司财务状况、经营成果有重大影响的其他事项

本报告期内无其他重大影响事项。

8. 特别事项揭示

8.1 前五名股东报告期内变动情况及原因

无。

8.2 董事、监事及高级管理人员变动情况及原因

公司第五届董事会成员任期届满，2020年5月28日，公司按照《中华人民共和国公司法》《信托公司治理指引》、公司章程及相关议事规则的规定，顺利完成董事会换届工作。薛荷女士、刘持金先生、孙立坚先生和陈工先生任期届满不再担任公司董事，吴尚志先生、袁东先生、王遥女士和胡荣炜先生为新任董事，其余组成人员不变。上述四位新任董事任职时均经监管任职资格核准，符合相关监管规定。

因公司管理调整，经党委会、董事会等有权机构决议，公司总经理助理何金先生、林俊民先生为公司经营班子成员，协助总经理分管具体经营事务；兰文伟先生不再担任公司纪委书记职务(受公司委派前往子公司任职)，林漳龙先生职务相应调整为公司纪委书记。公司高级管理人员首次任职时均经监管任职资格核准，符合相关监管规定。

8.3 变更营业场所事项

无。

8.4 公司的重大诉讼事项

8.4.1 重大未决诉讼事项

客户于某诉厦门国际信托有限公司等信托纠纷一案。

8.4.2 以前年度发生，于本报告年度终结的诉讼事项

无。

8.4.3 本报告年度发生，于本报告年度终结的诉讼事项

厦门国际信托有限公司与被执行人大连星海湾金融商务区投资管理股份有限公司、大连市星海实业发展有限公司仲裁执行一案(2020年3月23日立案执行，2020年9月8日终结执行)。

8.5 公司董事会对审计报告提及事项的说明

无。

8.6 公司及其董事、监事和高级管理人员受到处罚的情况

公司及其董事、监事和高级管理人员于2020年度不存在受到处罚的情况。

8.7 中国银保监会及其派出机构对公司检查后提出整改意见及其整改情况

2020年，厦门银保监局对公司开展了房地产专项现场检查及监管数据质量治理现场检查。房地产专项现场检查未提出具体整改意见，监管数据质量治理现场检查中，厦门银保监局对公司监管数据的管理制度、系统保障和数据标准、数据报送、存储和共享应用、数据质量控制、数据质量等方面提出了整改意见，公司对厦门银保监局提出的问题逐一提出了整改方案，部分问题在自查中已经整改完毕，其余问题拟于2021年内整改完毕。

8.8 本年度重大事项临时报告简要内容、披露时间、所披露的媒体及版面

年度内无重大事项临时报告。

8.9 本年度消费者权益保护工作开展情况

公司根据人民银行《金融消费者权益保护实施办法》、中国

银保监会《银行业消费者权益保护工作指引》等有关规定及公司章程，深化消费者权益保护相关制度的修订完善工作，加强消费者权益保护工作的体制机制建设。依照中国银保监会关于2020年消费者权益保护工作的文件要求，公司经营管理层下设的消费者权益保护工作委员会于2020年1月组织召开2020年消费者权益保护工作委员会第一次会议，总结2019年消费者权益保护工作情况，并对2020年消费者权益保护工作进行部署。

公司财富管理中心作为消费者权益保护的专门职能部门，牵头组织、协调、督促相关部门开展消费者权益保护工作。公司消费者权益保护工作主要分为专题类与常规类两块，专题类围绕2020年“3·15”消费者权益保护教育宣传周、“2020年度厦门市银行业普及金融知识万里行”“创新驱动 融合未来——2020年厦门金融服务节”、2020年“金融普及宣传月 金融知识进万家 争做理性投资者 争做金融好网民”、9月联合教育宣教、银行业金融知识宣传服务月等活动，切实开展消费者权益保护宣传工作，通过接洽各社区、街道办、商户、商业写字楼和开放式公园，针对不同人群开展了各种类型的金融知识普及宣传活动。常规类通过日常柜面服务及宣传、现场宣讲、产品路演等活动推进，同时深化微信公众平台、厦信财富APP应用程序、传统媒体及网络媒体宣传。同时，2020年公司还举行了8场消保相关员工培训、1场关于消保的员工考试，进一步提升员工的消费者权益保护意识。

公司设置了外部和公司内部的举报投诉邮箱、400客服电话、消费者意见本，用于收集受理投诉；并在营业网点醒目位置公示受理金融消费者投诉的投诉电话，建立了金融消费者投诉处理工作台账，时刻跟踪处理结果并接受金融消费者的监督。2020年公司共收到5起厦门银保监局转办的投诉案件，经过与投诉人、投诉件所涉部门认真沟通、求证，所有案件已妥善解决，并及时报告厦门银保监局。

8.10　中国银保监会及其省级派出机构认定的其他有必要让客户及相关利益人了解的重要信息

无。

9. 公司监事会意见

公司监事会认为，报告期内公司依法运作，没有发现公司董事及高级管理人员在执行公司职务时有违法、违纪或损害公司利益的行为。

兴业国际信托有限公司

1. 重要提示

1.1 本公司董事会及董事保证本报告所载资料不存在任何虚假记载、误导性陈述或者重大遗漏，并对其内容的真实性、准确性和完整性承担个别及连带责任。

1.2 没有个别董事的异议声明。

1.3 本公司独立董事保证本报告所载资料不存在任何虚假记载、误导性陈述或者重大遗漏，并对其内容的真实性、准确性和完整性承担个别及连带责任，没有异议声明。

1.4 本公司2020年度财务报表已经毕马威华振会计师事务所（特殊普通合伙）根据中国注册会计师审计准则审计，并出具了标准无保留意见的审计报告。

1.5 本公司董事长沈卫群、总裁薛瑞锋及财务部门负责人张荻声明：保证2020年年度报告中财务报告的真实、完整。

2. 公司概况

2.1 本公司基本情况

2.1.1 法定中文名称：兴业国际信托有限公司

中文名称简称：兴业信托

英文名称全称：China Industrial International Trust Limited

英文名称简称：Industrial Trust

英文名称缩写：CIIT

2.1.2 法定代表人：沈卫群

2.1.3 注册地址：福州市鼓楼区五四路137号信和广场25—26层

邮政编码：350003

国际互联网网址：www.ciit.com.cn

联系信箱：contact@ciit.com.cn

2.1.4 信息披露负责人：杨刚强

联系地址：福州市鼓楼区五四路137号信和广场25—26层

电话：(86)591-88263888

传真：(86)591-87877625

邮箱：yanggq@ciit.com.cn

2.1.5 选定的信息披露报纸：《上海证券报》《证券时报》

年度报告备置地点：福州市鼓楼区五四路137号信和广场26层

2.1.6 本公司聘请的国内会计师事务所：毕马威华振会计师事务所（特殊普通合伙）

办公地址：中国上海市南京西路1266号恒隆广场2号楼25楼

邮编：200040

电话：(86)21-22122888

2.2 组织结构

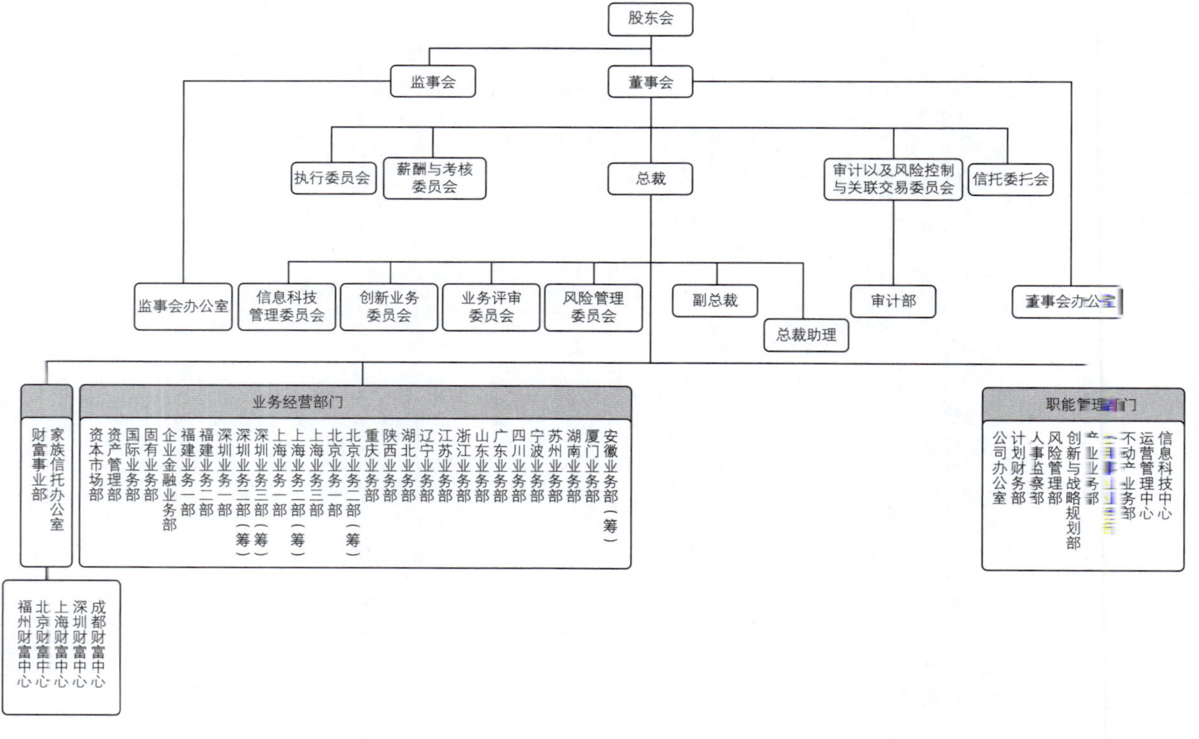

3. 公司治理

3.1 股东

3.1.1 股东

截至报告期末，本公司股东总数为6家，具体如下：

股东名称	持股比例（%）	法人代表	注册资本（亿元）	注册地址	主要经营业务及主要财务情况
兴业银行股份有限公司★	73.0000	陶以平（代为履行法定代表人职权）	207.74	福建省福州市湖东路154号	主要经营业务：商业银行业务。 主要财务情况：截至2020年末，资产总额为78 940亿元，负债总额为72 784.14亿元，所有者权益为6 155.86亿元。
福建省能源集团有限责任公司	8.4167	林金本	100	福州市省府路1号	主要经营业务：对能源、矿产品、金属矿、非金属矿、建筑、房地产、港口、民爆化工、酒店、旅游、金融（不含证券、期货投资咨询）、药品、贸易、环境保护、建筑材料、装修材料、金属材料、普通机械、电器机械及器材、水泥包装的投资、技术服务、咨询服务；矿产品、化工产品（不含危险品）、建筑材料、装修材料、金属材料、普通机械、电器机械及器材的销售；房地产开发；对外贸易。 主要财务情况（未经审计）：截至2020年末，资产总额为1 362.74亿元，负债总额为856.06亿元，所有者权益为506.68亿元。
厦门国贸集团股份有限公司	8.4167	高少镛（2021年3月变更）	19.46	厦门市湖里区仙岳路4688号国贸中心2801单元	主要经营业务：金属及金属矿批发（不含危险化学品和监控化学品）；经营各类商品和技术的进出口（不另附进出口商品目录），但国家限定公司经营或禁止进出口的商品及技术除外；其他未列明批发业（不含需经许可审批的经营项目）；工艺美术品及收藏品零售（不含文物、象牙及其制品）；其他未列明零售业（不含需经许可审批的项目）；珠宝首饰零售；房地产开发经营；国际货运代理；国内货运代理；其他未列明运输代理业务（不含须经许可审批的事项）；机械设备仓储服务；其他仓储业（不含需经许可审批的项目）；黄金现货销售；白银现货销售；对第一产业、第二产业、第三产业的投资（法律、法规另有规定除外）；投资管理（法律、法规另有规定除外）；第二类医疗器械零售；第三类医疗器械零售。 主要财务情况：截至2020年末，资产总额为1 134.16亿元，负债总额为785.53亿元，所有者权益为348.63亿元。
福建华投投资有限公司	4.8085	苏文生	2.10	福建省福州市湖东路152号华信大厦1—6层	主要经营业务：对金融、基础设施、高新技术产业、服务业的投资。 主要财务情况（未经审计）：截至2020年末，资产总额为20.38亿元，负债总额为1.31亿元，所有者权益总额为19.07亿元。
福建省华兴集团有限责任公司	4.5248	陈国林	27.30	福建省福州市鼓楼区华林路69号	主要经营业务：从事政府委托的国有资产的产、股权的管理和营运。对高新技术、酒店服务、融资担保、融资租赁、典当、小额贷款行业的投资。物业管理、咨询服务、实物租赁；办理政府委托的采购招标业务；工业生产资料、农业生产资料、电子计算机及配件、建筑材料、工艺美术品（象牙及其制品除外）、百货、五金、交电。 主要财务情况：截至2020年末，资产总额为58.65亿元，负债为12.69亿元，所有者权益为45.96亿元。
南平市投资担保中心	0.8333	冯开猛	0.73	福建省南平市解放路93号	主要经营业务：为南平市的重点项目和城市建设筹措资金、授权经营与管理政府或财政委托资产、委托、证券、实业投资；房地产开发，担保、见证、租赁、典当、拍卖等，经主管部门批准的其他业务。 主要财务情况（未经审计）：截至2020年末，资产总额为1.2668亿元，负债总额为0.0299亿元，所有者权益为1.2369亿元。

注：1. ★为本公司控股股东。

2. 南平市投资担保中心作为事业单位，经主管单位同意，按照《事业单位国有资产管理暂行办法》有关规定拟整体划入福建省中华会计函授学校南平分校（南平市会计考试管理中心）（事业单位），相关事项正在办理中。

3.1.2 主要股东

截至报告期末，本公司主要股东总数为6家，其中，福建省华兴集团有限责任公司与福建华投投资有限公司为关联方，合并持有本公司股权比例为9.3333%。本公司主要股东之间不存在一致行动关系。报告期内，本公司股东没有质押本公司股权或以股权及其受（收）益权设立信托等金融产品的情况。本公司主要股东及其控股股东、实际控制人、最终受益人、关联方等情况具体如下：

主要股东名称	股东的控股股东	股东的实际控制人	最终受益人	主要关联方
兴业银行股份有限公司	无	无	兴业银行股份有限公司	兴业银行股份有限公司（以下简称兴业银行）控制、共同控制或可施加重大影响的企业；控制、共同控制兴业银行或对兴业银行施加重大影响的企业；兴业银行关键管理人员（董事、监事、总行高级管理人员）或与其关系密切的家庭成员控制、共同控制或施加重大影响的其他企业，及其他关联方等。
福建省能源集团有限责任公司	福建省人民政府国有资产监督管理委员会	福建省能源集团有限责任公司	福建省能源集团有限责任公司	福建省能源集团有限责任公司（以下简称福能集团）股东；福能集团的子公司；福能集团的合营企业；福能集团的联营企业；福能集团的其他关联方。

续表

主要股东名称	股东的控股股东	股东的实际控制人	最终受益人	主要关联方
厦门国贸集团股份有限公司	厦门国贸控股集团有限公司	厦门国贸控股集团有限公司	厦门国贸集团股份有限公司	厦门国贸集团股份有限公司（以下简称国贸股份）的母公司；国贸股份的子公司；国贸股份的合营企业；国贸股份的联营企业；国贸股份控股股东的联营单位；与国贸股份同一控股股东的企业；国贸股份重要子公司的少数股东；国贸股份控股股东的联营单位等。
福建华投投资有限公司	福建省投资开发集团有限责任公司	福建省投资开发集团有限责任公司	福建华投投资有限公司	福建华投投资有限公司（以下简称华投公司）的股东；与华投投资同受一方控制的企业等。
福建省华兴集团有限责任公司	福建省投资开发集团有限责任公司	福建省投资开发集团有限责任公司	福建省华兴集团有限责任公司	福建省华兴集团有限责任公司（以下简称华兴集团）的股东；华兴集团的子公司；与华兴集团同受一方控制的企业等。
南平市投资担保中心	南平市财政局	南平市投资担保中心	南平市投资担保中心	南平市投资担保中心的子公司。

注：实际控制人穿透识别至最终的国有控股主体或自然人为止。

3.2 董事

截至报告期末，本公司董事会共有 9 名董事，其中非独立董事 6 名，独立董事 3 名。

董事长、非独立董事

姓名	职务	性别	年龄（岁）	选任日期	所推举的股东名称	该股东持股比例（%）	简要履历
沈卫群	董事长	男	53	2019 年 2 月	兴业银行股份有限公司	73	现任兴业国际信托有限公司党委书记、董事长、法定代表人，曾任兴业银行上海分行副行长、兴业银行南宁分行行长、兴业银行杭州分行行长等职务。
林榕辉	董事	男	51	2019 年 2 月	兴业银行股份有限公司	73	现任兴业银行总行同业金融部总经理，曾任兴业银行总行计划资金部副总经理、信用审查部总经理、漳州分行行长、同业业务部总经理、风险管理部总经理、研究规划部总经理、企业金融总部副总裁、金融市场总部副总裁等职务。
薛瑞锋	董事	男	58	2019 年 2 月	兴业银行股份有限公司	73	现任兴业国际信托有限公司董事，报告期内任兴业国际信托有限公司党委委员、董事、总裁，曾任兴业银行计划财务部副总经理、资金营运中心副总经理、资产托管部总经理，华福证券公司董事，兴业基金管理有限公司董事、总经理，兴业银行私人银行部总经理等职务。
林　中	董事	男	45	2019 年 4 月	福建省能源集团有限责任公司	8.4167	现任福建省能源集团有限责任公司总经理助理、金融管理办公室主任，曾任福建省能源集团有限责任公司财务与资产管理部副经理、资本运营部副经理等职务。
郭文彤	董事	女	51	2020 年 10 月	厦门国贸集团股份有限公司	8.4167	现任厦门国贸集团股份有限公司总裁助理，兼任国贸启润（上海）有限公司总经理。曾任厦门金海峡投资有限公司总经理、福建金海峡典当有限公司董事长、深圳金海峡融资租赁有限公司董事长、福建金海峡融资担保有限公司董事长、深圳金海峡商业保理有限公司董事长、厦门金海峡小额贷款有限公司董事长等职务。
苏文生	董事	男	55	2019 年 2 月	福建华投投资有限公司	4.8085	现任福建华投投资有限公司总经理，福建省闽投资产管理有限公司董事长；曾任中闽重贸发展公司业务三部副经理，福建投资开发总公司投资管理部科长，福建省国有资产管理有限公司董事、副总经理，福建华投投资有限责任公司副总经理等职务。

注：1. 2020 年 6 月，本公司 2020 年第一次临时股东会审议同意吴军先生辞去本公司董事职务，选举郭文彤女士担任本公司第六届董事会董事。郭文彤女士董事任职资格已经福建银保监局以闽银保监复〔2020〕284 号文件核准。

2. 2021 年 4 月 26 日，经本公司第六届董事会第六次会议审议通过，同意薛瑞锋先生因工作调整原因辞去本公司总裁职务，由沈卫群董事长代履行总裁职务。

独立董事

姓名	所在单位及职务	性别	年龄（岁）	选任日期	提名方	简要履历
卢东斌	—	男	73	2019 年 2 月	本公司	已退休，兼任兴证全球基金管理有限公司独立董事；历任中国人民大学商学院教研室主任、系主任、副院长等职务。
吴世农	厦门大学教授、博士生导师	男	65	2019 年 2 月	本公司	现任厦门大学管理学院教授、博士生导师，兼任福耀玻璃工业集团股份有限公司非执行董事、兴业证券股份有限公司及重庆市迪马实业股份有限公司独立非执行董事；历任厦门大学中加 MBA 教育中心主任、厦门大学工商管理学院院长、厦门大学管理学院常务副院长和院长、厦门大学副校长等职务。
田　力	纽金国际控股集团执行董事兼行政总裁	男	53	2019 年 2 月	本公司	现任纽金国际控股集团执行董事兼行政总裁，纽约金融学院执行董事，纽约温莎学校董事，香港国际金融资源服务有限公司董事长兼 CEO，兼任兴证国际金融集团（香港）独立董事、中国银行业协会教育培训顾问、亚洲金融合作协会战略发展 CEO 及中银协东方高管研修院投资银行资深专家等职务；曾任荷兰银行集团（香港）执行董事兼中国区金融机构业务主管，中银国际（香港）执行董事兼投资银行金融机构部主管，美国摩根大通银行（纽约）投资银行部金融机构部高级经理等职务。

3.3 监事

截至报告期末，本公司监事会共有3名监事，其中包括1名职工监事。

监事会成员

姓名	职务	性别	年龄（岁）	选任日期	所推举的股东名称	该股东持股比例（%）	简要履历
吕　伟	监事长	男	51	2020年9月	本公司职工代表大会	—	现任兴业国际信托有限公司党委委员、纪委书记、监事长、工会主席；曾任兴业银行人事部副总经理，北京分行纪委副书记、综合部总经理，审计部副总经理，研究规划部副总经理，计划财务部副总经理，投资银行部副总经理，石家庄分行行长，重庆分行行长，济南分行行长等职务。
冯开猛	监事	男	52	2019年2月	南平市投资担保中心	0.8333	现任南平市金融控股有限公司（南平资产投资运营管理有限公司）党委书记、董事长、总经理，南平市投资担保中心法定代表人；曾任南平市财政局会计集中核算中心副主任科员、南平市财政局会计集中管理办公室副主任、南平市财政局驻南平市交通局财务专员、政和县外屯乡党委书记、南平市审计局纪检组长、南平市国资委副主任、南平绿发集团有限公司党委书记、董事长等职务。
谢炳华	职工监事	男	48	2019年2月	本公司职工代表大会	—	现任兴业国际信托有限公司审计部总经理；曾任兴业国际信托有限公司直属业务总部总经理等职务。

注：经本公司第四届第三次职工代表大会和第六届监事会第三次临时会议选举，吕伟先生当选为本公司第六届监事会职工监事并担任监事长。

3.4 高级管理人员

截至报告期末，本公司共有6名高级管理人员。

高级管理人员

姓名	职务	性别	年龄（岁）	选任日期	金融从业年限（年）	学历/学位	专业	简要履历
薛瑞锋	总裁	男	58	2019年2月	24	博士研究生/经济学博士学位	企业管理	现任兴业国际信托有限公司董事，报告期内任兴业国际信托有限公司党委委员、董事、总裁，曾任兴业银行计划财务部副总经理、资金营运中心副总经理、资产托管部总经理，华福证券公司董事，兴业基金管理有限公司董事、总经理，兴业银行私人银行部总经理等职务。
司　斌	副总裁	男	48	2019年2月	26	大学本科/经济学学士	金融	现任兴业国际信托有限公司党委委员、副总裁，曾任兴业银行公司业务部总经理助理、郑州分行副行长等职务。
徐　静	副总裁	女	51	2019年2月	29	大学本科/经济学学士	金融	现任兴业国际信托有限公司党委委员、副总裁，曾任兴业银行福州分行福兴支行副行长、行长，福州分行华林支行行长，福州分行总行营业部总经理，福州分行副行长等职务。
张小坚	总裁助理	男	51	2019年4月	19	大学本科/工商管理硕士	工商管理	现任兴业国际信托有限公司党委委员、总裁助理，兴业国信资产管理有限公司董事长，曾任兴业证券有限公司投资银行总部副总经理、国盛证券有限公司北京管理总部总经理、国海证券有限公司副总裁、国海富兰克林基金公司代理董事长、广西有色金属集团有限公司总经理助理、兴业国信资产管理有限公司总经理等职务。
杨刚强	总裁助理兼董事会秘书	男	42	2019年2月	20	大学本科/经济学学士	国际金融	现任兴业国际信托有限公司党委委员、总裁助理兼董事会秘书，曾任兴业银行总行办公室综合处高级副理，兴业国际信托有限公司办公室总经理、人力资源部总经理、董监事会办公室总经理等职务。
郑桦舒	总裁助理	男	38	2019年2月	15	大学本科/经济学学士	国际会计	现任兴业国际信托有限公司党委委员、总裁助理，曾任职于澳门国际银行风险管理部、兴业银行总行风险管理部，曾任兴业国际信托有限公司直属业务总部副总经理、厦门业务部总经理、直属业务总部总经理等职务。

注：2021年4月26日，经本公司第六届董事会第六次会议审议通过，同意薛瑞锋先生辞去本公司总裁职务，由沈卫群董事长代履行总裁职务。

3.5 员工情况

截至报告期末，本公司在职正式员工有531人，平均年龄为36岁。其中，博士学历9人，占1.7%；硕士学历267人，占50.3%；本科学历252人，占47.4%；专科学历3人，占0.6%。

4. 经营管理

4.1 经营目标、经营方针、战略规划

4.1.1 经营目标

公司的经营目标是深入学习贯彻党的十九大、十九届四中

全会、一九届五中全会，以及中央经济工作会议和金融监管政策精神，继续坚持稳中求进工作总基调，强化风险底线思维，紧紧围绕“效益优先、严防风险、聚力创新、深化转型”的工作主线，立足服务实体经济，大力实施信托文化建设，加快提升主动管理能力，持续优化信托业务结构，继续夯实客户基础、业务基础和管理基础，在有效防范风险的前提下，全面提升公司经营发展的质量和效益，开创公司高质量发展新局面。

4.1.2 **经营方针**

公司的经营方针是以市场为导向、以客户为中心、以人才为根本、以创新为动力，综合化经营，专业化服务。

4.1.3 **战略规划**

本公司的发展战略规划是围绕建设成为“综合性、多元化、有特色的全国一流信托公司”的战略目标，充分发挥兴业银行等主要股东资源优势，战略聚焦主动管理类业务和股权投资类业务，加快推动业务转型创新，持续提升盈利能力；以客户为中心，战略聚焦高净值客户群体，构建综合金融服务能力；充分利用互联网技术，探索有特色的信托公司轻型发展创新之路；积极发挥对外股权投资制度优势，持续打造综合化经营平台，致力于发展成为具有行业领先的投资管理能力、资源整合能力、业务创新能力、风险管理能力和综合经营能力的一流信托公司。

4.2 所经营业务的主要内容

自营资产运用与分布表

2020 年 12 月 31 日

资产分布	金额（万元）	占比（%）	资产分布	金额（万元）	占比（%）
货币资产	23 964.90	1.13	基础产业	32 466.13	1.53
应收账款	27 495.26	1.29	房地产业	362 708.86	17.04
交易性金融资产	898 768.64	42.23	证券市场	384 724.12	18.08
债权投资	562 111.64	26.41	实业	—	—
其他债权投资	143 846.26	6.76	金融机构	113 394.67	5.33
长期股权投资	404 516.48	19.01	其他	1 234 769.33	58.02
其他	67 359.93	3.17			
资产总计	2 128 063.11	100.00	资产总计	2 128 063.11	100.00

注：资产分布中的“其他”主要为资管产品及信保基金。

信托资产运用与分布表

2020 年 12 月 31 日

资产运用	金额（万元）	占比（%）	资产分布	金额（万元）	占比（%）
货币资产	257 105.38	0.68	基础产业	2 564 705.03	6.78
贷款	8 093 706.51	21.39	房地产	8 775 617.32	23.19
交易性金融资产投资	5 540 902.53	14.64	证券市场	6 804 092.18	17.98
可供出售金融资产投资	15 286 621.99	40.39	实业	11 278 089.24	29.80
持有至到期投资	—	—	金融机构	8 241 422.05	21.78
长期股权投资	5 278 976.92	13.95	其他	182 213.03	0.47
其他	3 388 825.52	8.95			
信托资产总计	37 846 138.85	100.00	信托资产总计	37 846 138.85	100.00

4.3 市场分析

4.3.1 **有利因素**

一是经济延续稳中向好的发展态势，并向高质量发展迈进。2020 年我国全面建成小康社会取得伟大历史性成就，经济规模突破了 100 万亿元，标志着我国经济实力、科技实力和综合国力迈上了一个新台阶，推动经济高质量发展的物质基础更加雄厚，应对风险的韧性更强。“十四五”大幕拉开，2035 年远景目标逐步明确，全面深化改革纵深推进，对外开放新格局加速形成，从长期来看，中国经济长期稳定增长的确定性将显著增强。

二是国家经济恢复稳定，新冠肺炎疫情防控效果显著。在新冠肺炎疫情的冲击下，国家及时果断、科学精准地出台了一揽子对冲政策，统筹疫情防控和经济社会发展工作，强化宏观政策统筹协调，及时果断、科学精准地出台了一揽子对冲政策，推动了经济的稳定恢复，并积累了丰富的调控经验。

三是经济结构进一步优化，市场活力得到激发。牢牢把住高质量发展方向不动摇，在新冠肺炎疫情冲击下顺势推动新产业新业态新模式逆势发展，引导鼓励传统产业转型升级，加速推动高技术制造业、装备制造业快速增长，居家办公、远程问诊、在线教育等行业实现快速扩张。通过大力纾困受疫情影响企业、地区，向实体经济让利，优化企业经营环境，纾困解难，激发实体企业经营活力。

4.3.2 **不利因素**

一是从宏观经济来看，经济稳定恢复还面临一些挑战，中小微企业和个体工商户生产经营还面临很多困难，市场需求恢复还受到一些制约，新冠肺炎疫情的全球传播给全球经济增长都蒙上一层阴影，因此全球经济形势还存在较大不确定性。信托风险资产快速增长，多家信托公司被接管，对信托公司风险防范、管控与化解能力提出更高要求。

二是从业务结构来看，信托公司传统通道业务、房地产融资业务受到压制，虽在大力推动资本市场投融资、服务信托、养老信托、家族信托及慈善信托等本源业务，但总体转型调整压力仍然巨大。

三是从市场环境来看，银行理财子公司逐步展业，资管市场竞争进入白热化阶段，在 2020 年宽松货币政策下，优质企业直接融资渠道通畅，信托公司难以获取优质资产，且资端收益率不断降低，加上股市与海外市场投资机会显现，募集资金难度不断加大。此外，信托财富客户对于信托公司主动管理型净值化产品接受度较低，仍需要一定时间来加大品牌宣传力度，搭建销售并积累历史业绩。

4.4 内部控制

4.4.1 **内部控制环境和内部控制文化**

根据国家有关法律和本公司章程，本公司已建立了较为完善的法人治理结构，“三会一层”合理分工、有效制衡的运行机制持续健全，公司治理、业务治理、风险治理机制不断完善。事前防范、事中控制和事后监督形成防范风险有效机制，为本公司营造良好的内部控制环境。

本公司高度重视内部控制文化建设，通过完善内部控制制度、组织业务培训及从业资格认证、开展各类检查和内控自评、遴选宣导业务案例等方式，传导贯彻内部控制理念，培养员工合规理念与风险防范意识，内部控制文化深入人心。

4.4.2 **内部控制措施**

本公司董事会负责建立并实施充分而有效的内部控制体

系。董事会下设审计及风险控制与关联交易委员会,负责监督公司内部控制的有效实施和内部控制自我评价情况。报告期内,本公司内部控制工作机制持续完善,经营部门及业务管理职能部门、风险管理部门、内部审计部门三道风险防御体系持续加强,分级授权机制明确有效,风险管理报告体系完整规范,在内部控制环境、程序和措施上遏制各类潜在风险。

本公司严格执行前台、中台、后台分立运行的业务流程:前台负责对业务进行前期立项、初步论证、尽职调查、方案设计和材料收集;中台贯穿业务的决策程序和管理环节,负责业务的合法合规性审核、项目评估和业务审批,负责对业务的运营维护;后台负责对信托业务和自营业务的支持保障,包括财务管理和会计核算、科技支持、审计监督等,对前中台提供支持服务和监督评价等。前台、中台、后台形成高效配合和有效制衡运行机制。

报告期内,本公司规章制度体系持续完善,累计新制定或修订规章制度69项,形成现行有效规章制度445项;组织开展市场乱象整治"回头看",开展影子银行和交叉金融业务专项整治工作,组织开展内控检查工作,开展"兴航程"制度与治理年活动,建立全流程风险管控机制,加强风险应急预案及处置研究;每年度定期开展内控自评工作,根据评估结果,优化风险控制措施,确保风险可控;积极发挥内部审计监督作用,提高审计工作质量,充分发挥内部审计在防范风险、完善管理和提高前中后台运营效率等方面的作用;进一步加强内部控制管理,定期发布法律法规汇编、有效制度清单,不定期组织开展法律法规、内部控制制度和内部控制流程、风险管理等方面培训,全面强化内部控制制度及操作流程的有效贯彻和执行。

4.4.3 监督评价与纠正

本公司对内部控制建立和执行情况进行定期和不定期的监督检查,评价内部控制有效性,发现内部控制缺陷并及时加以改进,确保内部控制有效运行。

本公司各业务部门对各项业务的经营状况和风险管理情况进行经常性自我评估,及时发现内部控制缺陷并切实整改落实到位。风险管理部作为内控管理职能部门,负责内控评价工作的牵头组织实施,结合内外部监督检查情况,对业务部门的内控自评结果进行抽查、复评,验证内控评价结果的有效性,促进内控评价的客观性、全面性。审计部依照内部审计工作程序开展独立的审计监督活动,出具内部审计报告,督促各部门对审计发现问题进行及时整改并跟踪落实。

4.5 风险管理

4.5.1 风险管理概况

本公司在经营活动中可能遇到的风险主要包括信用风险、市场风险、操作风险、合规风险、声誉风险、外包风险、信息科技风险、战略风险、洗钱风险等。

本公司风险管理遵循合规性、全面性、独立性、制衡性、程序性等基本原则。合规性,即本公司经营活动应遵守所涉及的法律、法规、监管规定及公司规章制度;全面性,即本公司风险管理涵盖各项业务管理各环节,并渗透到各项业务过程中;独立性,即本公司风险管理部门与各业务部门及支持保障部门保持相互独立,可直接向董事会和高级管理层报告,保证风险管理得到切实有效的执行;制衡性,即明确划分相关部门、岗位之间的职责,建立职责分离、横向与纵向相互监督制约的机制;程序性,即本公司风险管理组织系统的安排遵循事前授权审批、事中控制和事后监督三道程序。

在风险管理组织架构建设方面,本公司分别在董事会、经营管理层面设立了相应的风险管理机构,风险防范制度贯穿于业务全过程。

(1)在董事会层面设立了审计及风险控制与关联交易委员会,负责指导本公司的风险控制、管理、监督和评估工作。

(2)在经营管理层面设立了业务评审委员会,作为本公司经营管理层决定自营业务与信托业务项目的决策机构;设立了风险管理委员会,作为本公司经营管理层决定各类风险管理政策及重大风险事项的决策机构。

(3)本公司设立专业管理部门,负责所属板块业务的项目立项管理工作;设立风险管理部,负责对所有拟开展的业务项目进行初审,向业务评审委员会提交审查意见,负责履行业务风险管理和合规管理职责;设立运营管理中心,负责履行业务项目存续期事务的集中运营管理职责。

(4)本公司设立审计部,负责对公司内部控制和业务风险管理状况进行监督评价,并直接向董事会报告。

4.5.2 风险状况

4.5.2.1 信用风险状况

信用风险是指交易对手未能履行合同所带来的经济损失风险。本公司高度关注交易对手的履约能力,针对各类业务特点制定了相应的业务评审指引和操作规程,将信用风险管理运用于贷前调查、贷中审查和贷后管理阶段。

信用风险资产分类情况:在信托业务方面,截至报告期末,本公司信托资产为3 784.61亿元。在固有业务方面,截至报告期末,本公司信用风险资产总计214.53亿元,其中不良资产金额合计1.85亿元。

本公司一般准备、资产减值准备的计提和信托赔偿准备金提取方法如下。一般准备:根据国家财政部《关于印发〈金融企业准备金计提管理办法〉的通知》(财金〔2012〕20号)规定,本公司从当年净利润中提取一般风险准备作为利润分配处理,用于弥补尚未识别的可能性损失的准备。一般风险准备按风险资产期末余额的1.5%提取。资产减值准备:计提资产减值准备的范围和方法见会计报表附注。信托赔偿准备金:根据《信托公司管理办法》第四十九条规定,从税后利润中提取5%作为信托赔偿准备金。

对于抵押品确认原则:抵押品必须是抵押人合法所有的或依法有处分权的财产,且须经过有资质的中介机构评估,抵押贷款应签订抵押合同,并按规定到有关部门登记。本公司在参考中介机构评估价值的基础上,结合业务实际情况,综合评判抵押物价值。

4.5.2.2 市场风险状况

市场风险是指因为股价、房价、市场汇率、利率或其他价格因素变动而产生的或可能产生的风险。市场风险具有很强的传导性,某些信用风险的根源可能也来自交易对手的市场风险。

在信托资产方面,截至报告期末,本公司房地产资金信托资产规模为438.36亿元,占本公司信托资产总规模的11.58%,该类项目受国家宏观政策影响相对较大,房地产市场价格与销售状况将影响信托项目的资金回笼。本公司集合类房地产信托融资担保较为充足，抵押率均控制在较低水平，融资人违约成本高，各项风险控制措施设置得当。截至报告期末，本公司证券投资信托资产（含股票、债券、基金）规模为680.41亿元，主要运用为债券、二级市场股票和基金投资等。

在固有资产方面，本公司固有资产市场风险主要来自权益市场投资，主要为投向二级市场的基金、信托等资管产品及其他权益类投资。截至报告期末，该类资产投资余额为33.47亿元。

4.5.2.3 操作风险状况

操作风险主要是指因内部控制系统不完善、管理失误、控制缺失或其他一些人为错误而导致的风险。本公司内控制度和操作规程涵盖了所有的业务领域，合理调整组织架构设置，建立岗位相互制衡机制。本公司制定《兴业国际信托有限公司操作风险管理办法》，不断完善操作规程，持续优化业务流程，开展业务连续性管理工作，加强案件风险管控，严格按照本公司问责制度的有关规定对违规操作的人员进行问责，操作风险控制良好。

4.5.2.4 其他风险状况

本公司可能面临的其他风险主要有合规风险、声誉风险、外包风险、信息科技风险、战略风险、洗钱风险等。报告期内本公司未发生此类风险。

4.5.3 风险管理

4.5.3.1 信用风险管理

本公司信用风险管理策略：一是针对各类业务特点制定了相应的评审指引、准入标准和操作规程等管理办法，加强对行业及区域的信用风险状况研判；二是加强事前对交易对手的尽职调查，进行事前控制，通过投前尽调充分掌握交易对手及具体项目的风险状况；三是严格落实担保措施，客观、公正地评估抵（质）押物，并通过关注交易对手抵（质）押物情况和资信状况，持续跟踪进行事中和事后控制，持续加强存续期管理措施，通过多种手段加强信用风险识别以及化解能力；四是对所购入的债券进行信用级别限制；五是风险管理部门对业务项目信用风险情况进行全面风险排查，及时发现问题并采取相应措施；六是遵照监管机构及风险管控的要求，进行资产风险分类，实施动态管理；七是严格按财政部和中国银保监会的要求，足额提取包括资产减值准备、一般准备和信托赔偿准备金在内的各项准备金。

4.5.3.2 市场风险管理

本公司市场风险管理策略：一是加强宏观经济形势和重大经济政策的分析预测，评估宏观因素变化可能给投资带来的系统性风险，提出业务主要发展方向和调整方案；二是根据市场行情，加强对交易对手在其所处行业的市场竞争能力分析，准确把握资金进入时机，密切跟踪市场变化，及时调整投资策略，通过资产或投资的合理组合实现风险的有效对冲和补偿，以规避市场风险；三是在业务决策和业务流程管理过程中，通过压力测试和动态监控，对项目进行严格管理；四是积极贯彻落实监管部门有关法律法规精神，及时对相关业务做出风险提示，密切关注市场变化，加强风险防范，确保风险可控。

4.5.3.3 操作风险管理

本公司操作风险管理策略：一是不断健全完善各项规章制度和业务操作流程，构建了职责分离、相互监督制约的组织架构，制定了科学的业务审批程序，并切实加强执行力度；二是实行严格的业务流程审核、复核程序，采用全流程管理系统，严格防范操作风险；三是加强员工教育培训，全面推行内部从业资格考试上岗制度，提升员工的专业知识和专业技能；严格执行问责制度，提高业务合规管理和风险管理质量；四是对内控执行情况和项目合规情况进行定期和不定期检查，并督促及时整改。

4.5.3.4 其他风险管理

针对可能面临的其他风险如合规风险、声誉风险、外包风险、信息科技风险、战略风险、洗钱风险等，本公司通过制定并执行相应的风险控制制度加以防范和化解。

5. 报告期末及上一年度末的比较式会计报表

5.1 自营资产

5.1.1 会计师事务所审计意见全文

审计报告

毕马威华振沪审字第2101241号

兴业国际信托有限公司董事会：

一、审计意见

我们审计了后附的兴业国际信托有限公司（以下简称兴业信托）财务报表，包括2020年12月31日的合并及母公司资产负债表，2020年度的合并及母公司利润表、合并及母公司所有者权益变动表，以及相关财务报表附注。

我们认为，后附的财务报表在所有重大方面按照中华人民共和国财政部颁布的企业会计准则（以下简称企业会计准则）的规定编制，公允反映了兴业信托2020年12月31日的合并及母公司财务状况及2020年度的合并及母公司经营成果和现金流量。

二、形成审计意见的基础

我们按照中国注册会计师审计准则（以下简称审计准则）的规定执行了审计工作。审计报告的"注册会计师对财务报表审计的责任"部分进一步阐述了我们在这些准则下的责任。按照中国注册会计师职业道德守则，我们独立于兴业信托，并履行了职业道德方面的其他责任。我们相信，我们获取的审计证据是充分的、适当的，为发表审计意见提供了基础。

三、管理层和治理层对财务报表的责任

兴业国际信托有限公司管理层负责按照企业会计准则的规定编制财务报表，使其实现公允反映，并设计、执行和维护必要的内部控制，以使财务报表不存在由于舞弊或错误导致的重大错报。

在编制财务报表时，管理层负责评估兴业信托的持续经营能力，披露与持续经营相关的事项（如适用），并运用持续经营假设，除非兴业信托计划进行清算、终止运营或别无其他现实的选择。

治理层负责监督兴业信托的财务报告过程。

四、注册会计师对财务报表审计的责任

我们的目标是对财务报表整体是否不存在由于舞弊或错

误导致的重大错报获取合理保证，并出具包含审计意见的审计报告。合理保证是高水平的保证，但并不能保证按照审计准则执行的审计在某一重大错报存在时总能发现。错报可能由于舞弊或错误导致，如果合理预期错报单独或汇总起来可能影响财务报表使用者依据财务报表作出的经济决策，则通常认为错报是重大的。

在按照审计准则执行审计工作的过程中，我们运用职业判断，并保持职业怀疑。同时，我们也执行以下工作：

1. 识别和评估由于舞弊或错误导致的财务报表重大错报风险，设计和实施审计程序以应对这些风险，并获取充分、适当的审计证据，作为发表审计意见的基础。由于舞弊可能涉及串通、伪造、故意遗漏、虚假陈述或凌驾于内部控制之上，未能发现由于舞弊导致的重大错报的风险高于未能发现由于错误导致的重大错报的风险。

2. 了解与审计相关的内部控制，以设计恰当的审计程序，但目的并非对内部控制的有效性发表意见。

3. 评价管理层选用会计政策的恰当性和作出会计估计及相关披露的合理性。

4. 对管理层使用持续经营假设的恰当性得出结论。同时，根据获取的审计证据，就可能导致对兴业信托持续经营能力产生重大疑虑的事项或情况是否存在重大不确定性得出结论。如果我们得出结论认为存在重大不确定性，审计准则要求我们在审计报告中提请报表使用者注意财务报表中的相关披露；如果披露不充分，我们应当发表非无保留意见。我们的结论基于截至审计报告日可获得的信息。然而，未来的事项或情况可能导致兴业信托不能持续经营。

5. 评价财务报表的总体列报、结构和内容（包括披露），并评价财务报表是否公允反映相关交易和事项。

6. 就兴业信托中实体或业务活动的财务信息获取充分、适当的审计证据，以对财务报表发表审计意见。我们负责指导、监督和执行集团审计，并对审计意见承担全部责任。

我们与治理层就计划的审计范围、时间安排和重大审计发现等事项进行沟通，包括沟通我们在审计中识别出的值得关注的内部控制缺陷。

毕马威华振会计师事务所（特殊普通合伙）上海分所

中国注册会计师

中国·上海　　陈思杰

水　青

2021 年 4 月 26 日

5.1.2 资产负债表

合并资产负债表

编制单位：兴业国际信托有限公司　　2020 年 12 月 31 日　　单位：万元

项目	2020 年 12 月 31 日	2019 年 12 月 31 日
资产		
货币资金	655 999.03	613 924.26
衍生金融资产	839.66	259.39
买入返售金融资产	15 479.66	141 464.67
应收账款	38 132.71	47 229.23
应收期货保证金	325 056.54	153 762.80
金融投资：		
交易性金融资产	3 724 345.36	1 837 041.79
债权投资	934 514.00	967 359.48
其他债权投资	199 554.24	223 169.47
其他权益工具投资	8 000.00	8 000.00
长期股权投资	32 279.75	36 168.41
存货	32 384.32	20 531.60
固定资产	13 588.90	12 505.25
在建工程	309.87	2 172.17
无形资产	3 791.20	3 465.71
商誉	8 602.27	8 602.27
递延所得税资产	62 620.65	51 353.99
其他资产	219 570.23	87 507.43
资产总计	6 275 168.39	4 214 517.92

合并资产负债表（续）

编制单位：兴业国际信托有限公司　　2020 年 12 月 31 日　　单位：万元

项目	2020 年 12 月 31 日	2019 年 12 月 31 日
负债		
金融机构借款	1 378 596.19	962 820.08
拆入资金	250 000.00	50 000.00
衍生金融负债	839.82	544.31
交易性金融负债	30 716.78	504.83
应付职工薪酬	78 976.95	57 567.70
应交税费	52 663.89	73 347.14
应付债券	1 166 576.11	439 715.00
应付期货保证金	799 669.10	448 140.01
期货风险准备金	1 626.62	1 521.18
递延收益	1 524.76	664.45
递延所得税负债	6 703.96	157.82
其他负债	392 722.22	227 543.58
负债合计	4 160 616.40	2 262 526.10
所有者权益		
实收资本	1 000 000.00	1 000 000.00
资本公积	271 715.14	272 070.47
其他综合收益	158.54	2 320.27
盈余公积	114 231.74	102 594.66
信托赔偿准备	57 004.61	51 186.07
一般风险准备	15 531.21	13 211.86
未分配利润	451 676.88	305 324.08
归属于母公司股东权益合计	1 910 318.12	1 746 707.41
少数股东权益	204 233.87	205 284.41
所有者权益合计	2 114 551.99	1 951 991.82
负债和所有者权益总计	6 275 168.39	4 214 517.92

母公司资产负债表

编制单位：兴业国际信托有限公司　　2020 年 12 月 31 日　　单位：万元

项目	2020 年 12 月 31 日	2019 年 12 月 31 日
资产		
货币资金	23 964.90	24 118.41
应收账款	27 495.26	36 967.63
金融投资：		
交易性金融资产	898 768.64	594 244.93
债权投资	562 111.64	497 738.76
其他债权投资	143 846.26	193 894.35
长期股权投资	404 516.48	404 516.48

续表

项目	2020 年 12 月 31 日	2019 年 12 月 31 日
固定资产	2 217. 10	2 408. 05
无形资产	2 412. 59	2 179. 11
递延所得税资产	35 663. 84	33 027. 58
其他资产	27 066. 40	32 870. 61
资产总计	2 128 063. 11	1 821 965. 91
负债		
拆入资金	250 000. 00	50 000. 00
应付职工薪酬	41 183. 66	44 064. 81
应交税费	33 290. 90	56 680. 37
其他负债	20 607. 56	2 404. 11
负债合计	345 082. 12	153 149. 29
所有者权益		
实收资本	1 000 000. 00	1 000 000. 00
资本公积	289 428. 00	289 428. 00
其他综合收益	158. 89	2 365. 29
盈余公积	114 231. 74	102 594. 66
信托赔偿准备	57 004. 61	51 186. 07
一般风险准备	14 983. 52	12 928. 02
未分配利润	307 174. 23	210 314. 58
所有者权益合计	1 782 980. 99	1 668 816. 62
负债和所有者权益总计	2 128 063. 11	1 821 965. 91

5. 1. 3 利润表

合并利润表

编制单位：兴业国际信托有限公司　　2020 年度　　单位：万元

项目	2020 年度	2019 年度
一、营业收入		
利息收入	74 333. 14	79 347. 68
利息支出	(84 980. 48)	(54 129. 40)
利息净收入	(10 647. 34)	25 218. 28
手续费及佣金收入	234 453. 95	301 189. 75
手续费及佣金支出	(2 578. 40)	(10 331. 27)
手续费及佣金净收入	231 875. 55	290 858. 48
公允价值变动损益	75 288. 57	17 004. 47
投资收益	118 539. 81	62 112. 01
其中：对联营企业的投资收益	604. 09	2 003. 32
汇兑损益	0. 95	0. 30
其他业务收入	114 735. 75	45 688. 08
资产处置收益/(损失)	33. 98	(5. 84)
其他收益	4 400. 02	5 221. 63
营业收入合计	534 227. 29	446 097. 41
二、营业支出		
税金及附加	(2 535. 66)	(2 794. 57)
业务及管理费	(110 874. 11)	(109 160. 02)
研发费用	(50 739. 62)	(5 286. 38)
信用减值损失	(87 639. 55)	(80 245. 67)
其他资产减值损失转回	—	14. 93
其他业务成本	(49 126. 21)	(29 797. 93)
营业支出合计	(300 915. 15)	(227 269. 64)
三、营业利润	233 312. 14	218 827. 77
加：营业外收入	403. 84	467. 72
减：营业外支出	(209. 14)	(476. 35)
四、利润总额	233 506. 84	218 819. 14
减：所得税费用	(57 188. 94)	(52 416. 27)
五、净利润	176 317. 90	166 402. 87
按经营持续性分类：		

续表

项目	2020 年度	2019 年度
1. 持续经营净利润	176 317. 90	166 402. 87
2. 终止经营净利润	—	—
按所有权归属分类：		
1. 归属于母公司所有者的净利润	166 127. 77	166 589. 46
2. 少数股东损益	10 190. 13	(186. 59)
六、其他综合收益	(2 161. 73)	1 881. 59
将重分类进损益的其他综合收益		
其他债权投资公允价值变动的收益	(6 269. 25)	(608. 39)
其他债权投资信用减值准备	4 156. 49	2 538. 95
现金流量套期储备	(48. 97)	(48. 97)
七、综合收益总额	174 156. 17	168 284. 46
归属于母公司股东综合收益总额	163 966. 04	168 471. 05
归属于少数股东的综合收益总额	10 190. 13	(186. 59)

母公司利润表

编制单位：兴业国际信托有限公司　　2020 年度　　单位：万元

项目	2020 年度	2019 年度
一、营业收入		
利息收入	12 667. 88	24 281. 92
利息支出	(532. 94)	(443. 63)
利息净收入	12 134. 94	23 838. 29
手续费及佣金收入	195 472. 01	213 744. 22
手续费及佣金支出	(96. 43)	(127. 51)
手续费及佣金净收入	195 375. 58	213 616. 71
公允价值变动损益	55 254. 83	[illegible] 372. 41
投资(损失)/收益	11 396. 62	([illegible]6 362. 39)
其中：对联营企业的投资收益	—	—
其他业务收入	72. 90	145. 81
资产处置收益	30. 62	—
其他收益	605. 03	688. 03
营业收入合计	274 870. 52	[illegible] 298. 86
二、营业支出		
税金及附加	(1 416. 59)	([illegible] 187. 03)
业务及管理费	(53 793. 01)	([illegible] 432. 00)
信用减值损失	(65 774. 16)	([illegible] 671. 32)
营业支出合计	(120 983. 76)	(136 290. 35)
三、营业利润	153 886. 76	[illegible] 008. 51
加：营业外收入	101. 82	—
减：营业外支出	(76. 94)	(4. 05)
四、利润总额	153 911. 64	[illegible] 004. 46
减：所得税费用	(37 540. 87)	([illegible] 306. 09)
五、净利润	116 370. 77	121 698. 37
按经营持续性分类：		
持续经营净利润	116 370. 77	121 698. 37
六、其他综合收益	(2 206. 40)	1 932. 01
将重分类进损益的其他综合(损失)/收益	—	—
其他债权投资公允价值变动的收益	(6 362. 89)	606. 95)
其他债权投资信用减值准备	4 156. 49	2 538. 96
七、综合收益总额	114 164. 37	123 630. 38

5.1.4 所有者权益变动表

所有者权益变动表(合并)

编制单位:兴业国际信托有限公司　　2020年度　　单位:万元

	归属于母公司所有者权益							少数股东权益	所有者权益合计
	实收资本	资本公积	其他综合收益	盈余公积	信托赔偿准备	一般风险准备	未分配利润		
一、2020年1月1日余额	1 000 000.00	272 070.47	2 320.27	102 594.66	51 186.07	13 211.86	305 324.08	205 284.41	1 951 991.82
二、本年增减变动金额	—	—	—	—	—	—	—	—	—
(一)综合收益总额	—	—	(2 161.73)	—	—	—	166 127.77	10 190.13	174 156.17
(二)股东投入资本	—	(355.33)	—	—	—	—	—	(840.67)	(1 196.00)
1. 对控股子公司股权比例变化	—	(355.33)	—	—	—	—	—	(840.67)	(1 196.00)
(三)利润分配	—	—	—	11 637.08	5 818.54	2 319.35	(19 774.97)	(10 400.00)	(10 400.00)
1. 提取盈余公积	—	—	—	11 637.08	—	—	(11 637.08)	—	—
2. 提取信托赔偿准备	—	—	—	—	5 818.54	—	(5 818.54)	—	—
3. 提取一般风险准备	—	—	—	—	—	2 319.35	(2 319.35)	—	—
4. 永续债利息分配	—	—	—	—	—	—	—	(10 400.00)	(10 400.00)
三、2020年12月31日余额	1 000 000.00	271 715.14	158.54	114 231.74	57 004.61	15 531.21	451 676.88	204 233.87	2 114 551.99

所有者权益变动表(母公司)

编制单位:兴业国际信托有限公司　　2020年度　　单位:万元

	实收资本	资本公积	其他综合收益	盈余公积	信托赔偿准备	一般风险准备	未分配利润	所有者权益合计
一、2020年1月1日余额	1 000 000.00	289 428.00	2 365.29	102 594.66	51 186.07	12 928.02	210 314.58	1 668 816.62
二、本年增减变动金额	—	—	—	—	—	—	—	—
(一)综合收益总额	—	—	(2 206.40)	—	—	—	116 370.77	114 164.37
(二)利润分配	—	—	—	11 637.08	5 818.54	2 055.50	(19 511.12)	—
1. 未分配利润转增股本	—	—	—	—	—	—	—	—
2. 提取盈余公积	—	—	—	11 637.08	—	—	(11 637.08)	—
3. 提取信托赔偿准备	—	—	—	—	5 818.54	—	(5 818.54)	—
4. 提取一般风险准备	—	—	—	—	—	2 055.50	(2 055.50)	—
5. 对股东的分配	—	—	—	—	—	—	—	—
三、2020年12月31日余额	1 000 000.00	289 428.00	158.89	114 231.74	57 004.61	14 983.52	307 174.23	1 782 980.99

5.2 信托资产

5.2.1 信托项目资产负债汇总表

信托项目资产负债汇总表

编制单位:兴业国际信托有限公司　　2020年12月31日　　单位:万元

信托资产	期初数	期末数	信托负债和信托权益	期初数	期末数
信托资产			信托负债		
货币资金	522 770.78	257 105.38	交易性金融负债	—	—
拆出资金	—	—	衍生金融负债	—	—
交易性金融资产	6 167 149.45	5 540 902.53	应付受益人收益	51 770.70	76 844.29
衍生金融资产	—	—	应交税费	13 286.68	13 512.56
买入返售金融资产	6 061 856.67	2 955 200.52	其他应付款项	492 937.20	341 818.94
应收款项	461 387.32	433 625.00	其他负债	—	—
发放贷款	15 618 549.90	8 093 706.51	信托负债合计	557 994.58	432 175.79
可供出售金融资产	21 168 869.72	15 286 621.99			
持有至到期投资	1 210.82	—			
长期应收款	—	—	信托权益		
长期股权投资	6 327 332.45	5 278 976.92	实收信托	54 995 912.48	36 494 095.48
投资性房地产	—	—	资本公积	—	—
固定资产	—	—	未分配利润	775 220.05	919 867.58
无形资产	—	—	信托权益合计	55 771 132.53	37 413 963.06
其他资产	—	—			
信托资产总计	56 329 127.11	37 846 138.85	信托负债及权益总计	56 329 127.11	37 846 138.85

5.2.2 信托项目利润及利润分配汇总表

信托项目利润及利润分配表

编制单位：兴业国际信托有限公司　　2020 年度　　单位：万元

项目	2020 年度	2019 年度
一、营业收入	3 489 279.02	4 192 126.39
利息收入	1 755 845.35	2 419 999.76
投资收益	1 520 110.16	1 165 481.97
公允价值变动损益	211 450.58	606 787.31
租赁收入	—	—
汇兑损益	(55.11)	(142.65)
其他收入	1 928.04	—
二、营业支出	447 084.99	402 257.11
三、信托净利润	3 042 194.03	3 789 869.28
四、其他综合收益	—	—
五、综合收益	3 042 194.03	3 789 869.28
加：期初未分配信托利润	775 220.05	136 123.74
六、可供分配的信托利润	3 817 414.08	3 925 993.02
减：本期已分配信托利润	2 897 546.50	3 150 772.97
七、期末未分配信托利润	919 867.58	775 220.05

6. 会计报表附注

6.1 会计报表编制基准说明

6.1.1 本公司及子公司（以下简称本集团）以持续经营为基础编制财务报表。本公司编制的财务报表符合中华人民共和国财政部（以下简称财政部）颁布的企业会计准则的要求，真实、完整地反映了本公司 2020 年 12 月 31 日的合并财务状况和财务状况、2020 年度的合并经营成果和经营成果及合并现金流量和现金流量。本公司编制的会计报表不存在不符合会计核算基本前提的事项。

6.1.2 纳入本公司合并报表范围的子公司情况

子公司名称	业务性质	注册地	注册资本（万元）	实际出资额（万元）	持股比例（%）	合并期间
兴业国信资产管理有限公司	资产管理业务	上海	340 000	340 000	100.00	2020 年度
兴业期货有限公司	期货业务	宁波	50 000	64 516	100.00	2020 年度

6.2 或有事项说明

截至资产负债表日，本公司作为信托计划的管理人向信保基金转让有关信托计划债权，并向信保基金提供合同项下差额补足义务合计 3 679 431 652 元（2019 年无）。无其他需要披露的重大或有事项。

6.3 报告期内重要资产转让及其出售的说明

报告期内，本公司无重要资产转让及出售。

6.4 会计报表中重要项目的明细资料

6.4.1 自营资产经营情况

6.4.1.1 信用风险资产情况

信用风险资产五级分类	正常类（万元）	关注类（万元）	次级类（万元）	可疑类（万元）	损失类（万元）	信用风险资产合计（万元）	不良资产合计（万元）	不良资产率（%）
期初数	1 539 666	191 642	—	91 740	30 325	1 353 373	122 065	6.59
期末数	1 548 905	577 858	18 500	—	—	2 145 263	18 500	0.86

6.4.1.2 各项资产减值损失准备情况

单位：万元

	期初数	本期计提	本期转回	本期核销	期末数
贷款损失准备	—	—	—	—	—
一般准备	—	—	—	—	—
专项准备	—	—	—	—	—
其他资产减值准备	103 384	65 878	104	100 956	68 202
债权投资减值准备	98 491	60 336	—	100 956	57 871
其他债权投资减值准备	4 375	5 542	—	—	9 917
长期股权投资减值准备	—	—	—	—	—
坏账准备	518	—	104	—	414
投资性房地产减值准备	—	—	—	—	—

6.4.1.3 固有业务股票投资、基金投资、债券投资、股权投资等投资业务情况

单位：万元

	自营股票	基金	债券	长期股权投资	其他投资	合计
期初数	—	208 497	8 570	404 516	1 092 930	1 714 513
期末数	—	197 542	406	404 516	1 464 650	2 067 114

6.4.1.4 自营长期股权投资情况

企业名称	占被投资企业权益的比例（%）	主要经营活动	投资收益（万元）
兴业期货有限公司	100	期货的代理买卖	—
兴业国信资产管理有限公司	100	资产管理	—

6.4.1.5 自营贷款情况

无。

6.4.1.6 表外业务情况

单位：万元

表外业务	期初数	期末数
担保业务	—	—
代理业务（委托业务）	—	—
其他	—	—
合计	—	—

6.4.1.7 2020 年度收入结构

收入结构	合并		母公司	
	金额（万元）	占比（%）	金额（万元）	占比（%）
手续费及佣金收入	234 454	37.68	195 472	70.93
其中：信托业务手续费及佣金收入	191 357	30.76	192 800	69.96

续表

收入结构	合并		母公司	
	金额(万元)	占比(%)	金额(万元)	占比(%)
顾问和咨询收入	16 186	2.60	93	0.03
资产管理业务管理费收入	15 952	2.56	—	—
期货业务手续费收入	5 939	0.95	—	—
其他	5 018	0.81	2 579	0.94
利息收入	74 333	11.95	12 668	4.60
其他业务收入	114 736	18.44	73	0.03
其中:计入信托业务收入部分	—	—	—	—
其他收益	4 400	0.71	605	0.22
资产处置收益	34	0.01	31	0.01
汇兑损益	1	—	—	—
投资收益	118 540	19.05	11 397	4.14
其中:股权投资收益	604	0.10	608	0.22
证券投资收益	14 536	2.34	8 657	3.14
其他投资收益	103 399	16.62	2 132	0.77
公允价值变动收益	75 289	12.10	55 255	20.05
营业外收入	404	0.06	102	0.04
收入合计	622 191	100.00	275 603	100

注:本公司合并口径"其他业务收入"主要为信息科技业务服务收入。

6.4.2 信托财产管理情况

6.4.2.1 信托资产情况

单位:万元

信托资产	期初数	期末数
集合	17 035 862	12 707 549
单一	27 111 839	15 677 821
财产权	12 181 426	9 460 769
合计	56 329 127	37 846 139

6.4.2.1.1 主动管理型信托业务情况

单位:万元

主动管理型信托资产	期初数	期末数
证券投资类	2 324 238	2 323 724
股权及其他投资类	420 469	1 276 614
融资类	10 412 678	5 332 473
事务管理类	—	—
合计	13 157 385	8 932 811

6.4.2.1.2 被动管理型信托业务情况

单位:万元

被动管理型信托资产	期初数	期末数
证券投资类	4 959 296	4 380 133
股权及其他投资类	7 661 413	4 733 586
融资类	12 389 380	6 622 771
事务管理类	18 161 653	13 176 838
合计	43 171 742	28 913 328

6.4.2.2 报告期内已清算结束的信托项目情况

报告期内,本公司已清算结束的信托项目 451 个,实收信托合计金额为 33 071 489 万元,加权平均实际年化收益率为 5.71%。

6.4.2.2.1 报告期内已清算结束的集合类、单一类资金信托项目和财产管理类信托项目情况

已清算结束的信托项目	项目个数(个)	实收信托合计金额(万元)	加权平均实际年化收益率(%)
集合类	224	12 237 470	6.66
单一类	183	14 897 319	5.16
财产管理类	44	5 936 700	5.13

6.4.2.2.2 报告期内已清算结束的主动管理型信托项目情况

已清算结束的信托项目(主动管理型)	项目个数(个)	实收信托合计金额(万元)	加权平均实际年化信托报酬率(%)	加权平均实际年化收益率(%)
证券投资类	14	224 632	0.45	3.39
股权及其他投资类	24	587 600	1.27	6.90
融资类	200	9 735 494	2.05	6.46
事务管理类	—	—	—	—

6.4.2.2.3 报告期内已清算结束的被动管理型信托项目情况

已清算结束的信托项目(被动管理型)	项目个数(个)	实收信托合计金额(万元)	加权平均实际年化信托报酬率(%)	加权平均实际年化收益率(%)
证券投资类	32	4 332 980	0.13	6.31
股权及其他投资类	7	2 352 223	0.05	7.32
融资类	53	6 666 875	0.16	4.89
事务管理类	121	9 171 685	0.13	4.79

6.4.2.3 报告期内新增集合类、单一类和财产管理类信托项目情况

新增信托项目	项目个数(个)	实收信托合计金额(万元)
集合类	264	5 974 984
单一类	293	438 199
财产管理类	36	4 073 315
新增合计	593	10 486 498
其中:主动管理型	410	4 759 674
被动管理型	183	5 726 824

6.4.2.4 信托业务创新成果和特色业务有关情况

报告期内,本公司认真贯彻落实国家宏观政策和金融监管要求,以推动业务转型与结构调整为契机,特色转型业务快速发展。

绿色信托业务继续保持行业领先。成功落地全市场首单绿色疫情防控债券和绿色防疫 ABS 产品——"华电国际电力股份有限公司 2020 年度第一期绿色定向资产支持票据(疫情防控债)";设立业内首单开放净值型标准化绿色资产投资信托产品——"兴业信托 · 绿金优选集合资金信托计划",填补行业在标准化绿色金融资产直接投资产品方面的空白;启动国内首支生物多样性绿色慈善信托;在"两山理论"的发源地——浙江安吉开展县域绿色新基建业务探索,荣获证券时报评选的"年度优秀基础设施信托产品奖"。

标品信托产品体系逐步完善,服务信托本源业务快速发展。现金管理类产品日均规模为 232.27 亿元,同比增长 28.59%,"元丰现金管理 1 号"产品收益率继续位居市场同类

产品前列；权益类证券投资产品矩阵得到丰富，QDII额度增至2.8亿美元；薪酬递延信托及保险金信托业务模式快速推广，落地公司首单保险金信托项目，家族信托服务体系逐步完善。

股权投资业务发展势头良好。报告期内，旗下兴业国信资产管理有限公司新增落地十余项PE基金及并购基金类项目；参投企业孚能科技通过科创板IPO审核，成为江西省首家科创板过会企业；福光股份、三安光电、蔚来汽车等股权投资项目顺利实现退出。

6.4.2.5　本公司履行受托人义务情况及因本公司自身责任而导致的信托资产损失情况（合计金额、原因等）

本公司在信托财产的管理运用和处分过程中，严格按法律法规、监管规定和信托合同等信托文件的约定对信托财产进行管理，切实履行诚实、信用、谨慎、有效管理的义务，维护受益人的最大利益；报告期内，没有发生因公司自身责任而导致的信托资产损失情况。

6.5　关联方关系及其交易的披露

6.5.1　关联交易方的数量、关联交易总金额及定价政策等

固有业务关联方情况

项目	关联交易方数量（个）	关联交易金额（万元）	定价政策
合计	3	-226 109.00	依照法律法规、监管要求，以及本公司关于关联交易的内部规定进行定价。

信托业务关联方情况

项目	关联交易方数量（个）	关联交易金额（万元）	定价政策
合计	22	15 547 847.17	依照法律法规、监管要求，以及本公司关于关联交易的内部规定进行定价。

6.5.2　关联交易方情况

关联性质	关联方名称	法定代表人	注册地址	注册资本（亿元）	主营业务
股东	兴业银行股份有限公司	陶以平（代为履行法定代表人职权）	福建省福州市湖东路154号	207.74	商业银行业务。
股东	厦门国贸集团股份有限公司	高少镛	厦门市湖里区仙岳路4688号国贸中心2801单元	19.46	金属及金属矿批发（不含危险化学品和监控化学品）；经营各类商品和技术的进出口（不另附进出口商品目录），但国家限定公司经营或禁止进出口的商品及技术除外；其他未列明批发业（不含需经许可审批的经营项目）；工艺美术品及收藏品零售（不含文物、象牙及其制品）；其他未列明零售业（不含需经许可审批的项目）；珠宝首饰零售；房地产开发经营；国际货运代理；国内货运代理；其他未列明运输代理业务（不含须经许可审批的事项）；机械设备仓储服务；其他仓储业（不含需经许可审批的项目）；黄金现货销售；白银现货销售；对第一产业、第二产业、第三产业的投资（法律、法规另有规定除外）；投资管理（法律、法规另有规定除外）；第二类医疗器械零售；第三类医疗器械零售。
子公司	兴业期货有限公司	吴若曼	浙江省宁波市中山东路796号11层1至8室	5	商品期货经纪、金融期货经纪、期货投资咨询、资产管理。
子公司	兴业国信资产管理有限公司	张小坚	上海市虹口区广纪路738号2幢430室	34	资产管理，股权投资（项目符合国家宏观经济政策和产业政策要求），实业投资，投资管理，投资顾问。
子公司	宁波梅山保税港区远晟投资管理有限公司	李刚	宁波市北仑区梅山大道商务中心2号办公楼1303室	0.05	投资管理、实业投资、投资咨询。
子公司	福建交易市场登记结算中心股份有限公司	杨刚强	平潭综合实验区金井湾片区台湾创业园	1	为地方各类交易场所提供投资者信息、交易信息登记注册、交易资金清算结算、客户资金存管、交易数据监控服务；为各类合法合规的金融活动提供登记结算、资金存管与清算结算、金融信息服务；开展与上述业务相关的咨询、研究、技术开发研究；计算机系统服务、基础软件服务、应用软件服务、数据处理。
子公司	兴业资产管理有限公司	郑常美	福建省福州市马尾区快安路8号6A号（自贸试验区内）	19.5	投资与资产管理；参与省内金融机构不良资产的批量收购、转让和处置业务；收购、转让和处置非金融机构不良资产；债务重组及企业重组；债权转股权，对股权资产进行管理、投资和处置；破产管理；资产证券化业务；企业托管和清算业务；买卖有价证券；同业往来及向金融机构进行商业融资；受托管理各类基金；金融通道业务；财务、投资、风险管理、资产及项目评估咨询和顾问；省政府授权和批准的其他业务。
子公司	兴业数字金融服务（上海）股份有限公司	陈翀	中国（上海）自由贸易试验区杨高南路729号第41层	3.5	金融数据处理，经济信息咨询服务，应用软件开发和运营服务，系统集成服务，创业投资，资产管理，投资管理，投资咨询，计算机软硬件开发及销售，从事计算机技术、网络技术、信息技术、机电科技领域内的技术开发、技术咨询、技术转让、技术服务。
子公司	北京兴投鼎沣资产管理有限公司	陈晓岚	北京市房山区长沟镇金元大街1号北京基金小镇大厦B座105	0.1	投资管理；资产管理；项目投资；投资咨询（中介除外）；未经有关部门批准，不得以公开方式募集资金；不得公开开展证券类产品和金融衍生品交易活动；不得发放贷款；不得对所投资企业以外的其他企业提供担保；不得向投资者承诺投资本金不受损失或者承诺最低收益。企业依法自主选择经营项目，开展经营活动；依法须经批准的项目，经相关部门批准后依批准的内容开展经营活动；不得从事本市产业政策禁止和限制类项目的经营活动。

续表

关联性质	关联方名称	法定代表人	注册地址	注册资本(亿元)	主营业务
受控股股东控制的公司	兴业消费金融股份公司	郑海清	福建省泉州市丰泽区丰泽街213号兴业银行大厦第17层	19	发放个人消费贷款;接受股东境内子公司及境内股东的存款;向境内金融机构借款;经批准发行金融债券;境内同业拆借;与消费金融相关的咨询、代理业务;固定收益类证券投资业务;经银保监会批准的其他业务。
受控股股东控制的公司	兴业金融租赁有限责任公司	陈信健	天津经济技术开发区南港工业区创业路综合服务区办公楼D座一层110—111	90	金融租赁业务;转让和受让融资租赁资产;固定收益类证券投资业务;接受承租人的租赁保证金;吸收非银行股东3个月(含)以上定期存款;同业拆借;向金融机构借款;境外借款;租赁物变卖及处理业务;经济咨询;在境内保税地区设立项目公司开展融资租赁业务;为控股子公司、项目公司对外融资提供担保;中国银保监会批准的其他业务;公司经营业务中涉及外汇管理事项的,应当遵守国家外汇管理的有关规定;自营和代理货物进出口、技术进出口。
主要股东(兴业银行股份有限公司)关联方	东海航运保险股份有限公司	王和	浙江省宁波市鄞州区宁东路269号	10	船舶保险、船舶建造保险、航运货物保险、航运责任保险。
主要股东(兴业银行股份有限公司)关联方	郑州欣宇原房地产开发有限公司	迟大志	郑州经济技术开发区第一大街与经南三路阳光城檀悦6号楼1层	0.11	房地产开发经营及销售,建筑设备、建筑装饰材料的销售。
主要股东(兴业银行股份有限公司)关联方	福建华鑫通国际旅游业有限公司	徐家宁	厦门市同安区西柯一里六号楼301室	15.36	许可项目为旅游业务;房地产开发经营;货物进出口;餐饮服务;住宿服务;食品经营(销售预包装食品);食品经营(销售散装食品);高危险性体育运动(游泳);理发服务;美容服务;洗浴服务;酒吧服务(不含演艺娱乐活动)(依法须经批准的项目,经相关部门批准后方可开展经营活动,具体经营项目以相关部门批准文件或许可证件为准)一般项目:酒店管理;健身休闲活动;美甲服务;养生保健服务(非医疗);洗染服务;洗烫服务;办公服务;会议及展览服务;企业管理;信息咨询服务(不含许可类信息咨询服务);住房租赁;非居住房地产租赁;工艺美术品及礼仪用品制造(象牙及其制品除外);服装服饰零售;日用品销售;停车场服务;票务代理服务;体育用品及器材零售;旅行社服务网点旅游招徕、咨询服务。
主要股东(兴业银行股份有限公司)关联方	福州融锦欣泰房地产开发有限公司	吴洛峰	福建省福州市仓山区闽江大道167号融侨水乡酒店12层	1	许可项目为房地产开发经营;进出口代理;技术进出口;货物进出口(依法须经批准的项目,经相关部门批准后方可开展经营活动,具体经营项目以相关部门批准文件或许可证件为准)。一般项目为房地产经纪;以自有资金从事投资活动(除依法须经批准的项目外,凭营业执照依法自主开展经营活动)。
主要股东(福建省能源集团有限责任公司)关联方	福建海峡银行股份有限公司	俞敏	福建省福州市台江区江滨中大道358号海峡银行大厦	56.34	办理人民币存款、贷款、结算业务;办理票据承兑与贴现;发行金融债券;代理发行、代理兑付、承销政府债券;买卖政府债券、金融债券;基金销售业务;同业人民币拆借;银行卡业务;提供信用证服务及担保;代理收付款项及代理保险业务(代理险种:中国保监会批准和允许销售的人身保险和财产保险);外汇存款、贷款、汇款;外币兑换;国际结算;同业外汇拆借;外汇票据的承兑和贴现;外汇担保;资信调查、咨询、见证业务;经营结汇、售汇业务;提供保管箱服务;经中国银行保险监督管理委员会等监管部门批准的其他业务。
主要股东(福建省能源集团有限责任公司)关联方	福建省能源集团财务有限公司	罗振文	福建省福州市鼓楼区五四路75号海西商务大厦28层西侧	10	对成员单位办理财务和融资顾问、信用鉴证及相关的咨询、代理服务;协助成员单位实现交易款项的收付;经批准的保险代理业务;对成员单位提供担保;办理成员单位之间的委托贷款及委托投资;对成员单位办理票据承兑与贴现;办理成员单位之间的内部转账结算及相应的结算、清算方案设计;吸收成员单位的存款;对成员单位办理贷款及融资租赁;从事同业拆借;承销成员单位的企业债券;有价证券投资;对金融机构的股权投资;中国银保监会批准的其他业务。
主要股东(福建省能源集团有限责任公司)关联方	华福证券有限责任公司	黄金琳	福建省福州市鼓楼区鼓屏路27号1#楼3层、4层、5层	33	许可项目为证券业务;证券投资基金销售服务;证券投资基金托管(依法须经批准的项目,经相关部门批准后方可开展经营活动,具体经营项目以相关部门批准文件或许可证件为准)。一般项目为证券公司为期货公司提供中间介绍业务(除依法须经批准的项目外,凭营业执照依法自主开展经营活动)。
主要股东(福建省能源集团有限责任公司)关联方	福建省福能兴业股权投资管理有限公司	陈名晖	平潭综合实验区金井湾商务营运中心4号楼17层08间06室37单元	2	受托对非证券类股权投资管理及与股权投资有关的咨询服务。
主要股东(厦门国贸集团股份有限公司)关联方	厦门国贸控股集团有限公司	许晓曦	厦门市湖里区仙岳路4688号国贸中心A栋2901单元	16.599	经营、管理授权范围内的国有资产;其他法律、法规规定未禁止或规定需经审批的项目,自主选择经营项目,开展经营活动。

续表

关联性质	关联方名称	法定代表人	注册地址	注册资本（亿元）	主营业务
主要股东（厦门国贸集团股份有限公司）关联方	厦门国贸资产管理有限公司	朱大昕	中国（福建）自由贸易试验区厦门片区翔云一路40号盛通中心之二A区132单元	1	资产管理（法律、法规另有规定除外）；投资管理（法律、法规另有规定除外）；商务信息咨询。
主要股东（厦门国贸集团股份有限公司）关联方	国贸期货有限公司	朱大昕	福建省厦门市湖里区仙岳路4688号国贸中心A栋16层、15层1单元	5.3	商品期货经纪、金融期货经纪、期货投资咨询、资产管理。
子公司（兴业期货有限公司）关联方	兴业银期商品贸易有限公司	陈云杉	上海市黄浦区北京东路666号H区（东座）6楼H629室	1	投资管理，企业管理咨询，商务信息咨询，市场信息咨询与调查（不得从事社会调查、社会调研、民意调查、民意测验），贵金属制品、棉花、金属材料及制品、建材、五金交电、日用百货、机械设备、化工产品及原料（除危险化学品）、橡胶及制品、石油制品、燃料油（不含成品油及危化品）、冶金材料、焦炭、煤炭、沥青、矿产品、食用农产品、饲料、针纺织品、玻璃、木材、木制品、纸制品的销售，从事货物及技术的进出口业务，国际货物运输代理，仓储服务（除危险品），供应链管理。

注：本公司按照穿透原则，将主要股东及其控股股东、实际控制人、关联方、一致行动人、最终受益人作为本公司关联方管理。

6.5.3 本公司与关联方的重大交易事项

6.5.3.1 固有财产与关联方交易情况

单位：万元

固有财产与关联方关联交易				
项目	期初数	借方发生额	贷方发生额	期末数
贷款	—	—	—	—
投资	—	—	—	—
租赁	—	441.93	—	441.93
担保	—	—	—	—
应收账款	—	—	—	—
其他	-26 028.19	4 513 679.15	-4 714 201.91	-226 550.94
合计	-26 028.19	4 514 121.09	-4 714 201.91	-226 109.00

6.5.3.2 信托资产与关联方交易情况

单位：万元

信托资产与关联方关联交易				
项目	期初数	借方发生额	贷方发生额	期末数
贷款	584 698.99	505 152.97	—	79 546.02
投资	—	—	—	—
租赁	—	—	—	—
担保	—	—	—	—
应收账款	—	—	—	—
其他	22 343 645.78	10 427 576.34	3 552 231.71	15 468 301.16
合计	22 928 344.77	10 932 729.31	3 552 231.71	15 547 847.17

6.5.3.3 固有财产与信托财产、信托资产与信托财产之间交易情况

6.5.3.3.1 固有财产与信托财产之间的交易情况

单位：万元

固有财产与信托财产相互交易			
项目	期初数	本期发生额	期末数
合计	681 765.55	346 363.72	1 028 129.27

6.5.3.3.2 信托资产与信托财产之间的交易情况

单位：万元

信托资产与信托财产相互交易			
项目	期初数	本期发生额	期末数
合计	819 534.18	-232 456.34	587 077.84

6.5.4 报告期内，本公司发生关联方逾期未偿还本公司资金的情况及本公司为关联方担保发生或即将发生垫款的情况

无。

6.6 会计制度的披露

本公司固有业务自2008年1月1日起执行国家财政部2006年2月发布的《企业会计准则》；信托业务从2010年1月1日起执行《企业会计准则》。

7. 财务情况说明书

7.1 利润实现和分配情况

本集团2020年度实现净利润176 317.90万元，其中母公司实现净利润116 370.77万元。按照《中华人民共和国公司法》《信托公司管理办法》、财政部相关法规及公司章程的规定，母公司利润分配方案如下：

提取法定盈余公积。按照当年税后利润10%的比例提取法定盈余公积11 637.08万元。

提取信托赔偿准备。按照当年税后利润5%的比例提取信托赔偿准备5 818.54万元。

提取一般准备。根据财政部《金融企业准备金计提管理办法》（财金〔2012〕20号）的规定，金融企业应当于每年年度终了对承担风险和损失的资产计提一般准备。一般准备余额原则上不得低于风险资产期末余额的1.5%，2020年计提一般风险准备2 055.50万元。

2020年暂不向全体股东派发现金股利，剩余未分配利润为307 174.23万元留存以后年度进行分配。

7.2 主要财务指标

指标名称	合并(2020年度)	母公司(2020年度)
资本利润率(%)	8.67	6.74
加权年化信托报酬率(%)	—	0.42
人均净利润(万元)	98.89	208.18

注:1. 资本利润率=净利润/所有者权益平均余额×100%。
2. 信托报酬率=信托业务收入/实收信托平均余额×100%。
3. 人均净利润=净利润/年平均人数。
4. 平均值采取年初、年末余额简单平均法。

7.3 对本公司财务状况、经营成果有重大影响的其他事项

报告期内,未发生对本公司财务状况、经营成果有重大影响的其他事项。

8. 特别事项揭示

8.1 报告期内股东变动情况及原因

报告期内,本公司股东未发生变动。

8.2 董事、监事及高级管理人员变动情况及原因

8.2.1 董事变动情况及原因

报告期内,吴军先生因工作调整辞去本公司董事职务。2020年6月12日,本公司2020年第一次临时股东会选举郭文彤女士担任本公司第六届董事会董事,郭文彤女士董事任职资格已经福建银保监局以闽银保监复〔2020〕284号文件核准。

8.2.2 监事变动情况及原因

根据本公司修订后的公司章程,2020年9月,经本公司第四届第三次职工代表大会和第六届监事会第三次临时会议选举,吕伟先生当选为本公司第六届监事会职工监事并担任监事长,不再担任本公司股权监事职务。

8.2.3 高级管理人员变动情况及原因

报告期内,本公司高级管理人员未发生变动。

8.3 报告期内本公司重大未决诉讼事项

报告期内,本公司无新增重大未决诉讼事项(包括固有及信托)。

8.4 报告期内,所出具的审计报告

报告期内,毕马威华振会计师事务所(特殊普通合伙)出具了标准无保留意见的审计报告。

8.5 报告期内,本公司及董事、监事和高级管理人员受到处罚的情况

报告期内,本公司及董事、监事和高级管理人员无受处罚情况。

2018年6月5日,福建银保监局对本公司作出行政处罚(闽银监罚决字〔2018〕7号),处罚方式为罚款。该事项于2020年9月28日信息公开。

8.6 中国银保监会及其派出机构对本公司的检查意见及本公司整改情况

报告期内,中国银保监会福建监管局通过对本公司的非现场监管及现场检查,对本公司进一步加强信托业务合规管理、加强风险防控、深化整治市场乱象等提出了监管意见。本公司认真按照监管要求,稳步推进业务转型,逐步回归信托本源,强化风险合规管控,规范公司治理和经营管理运行机制,提高服务实体经济质效,加强内控建设及强化问题整改,确保合规稳健经营。

8.7 报告期内重大事项临时报告

2020年9月8日,本公司在《证券时报》第B47版、《上海证券报》第98版发布《兴业国际信托有限公司关于公司章程变更的公告》,主要内容为:经兴业国际信托有限公司2019年第四次临时股东会、2020年第二次临时股东会审议通过,并经《福建银保监局关于兴业国际信托有限公司修订公司章程的批复》(闽银保监复〔2020〕238号)核准,本公司就调整监事提名和监事会组成及加强公司股权管理等事项对公司章程进行了相应修订。

8.8 中国银保监会及其省级派出机构认定的其他有必要让客户及相关利益人了解的重要信息

无。

9. 消费者权益保护情况

本公司始终将"努力做好消费者权益保护工作,切实维护消费者合法权益"作为公司业务健康发展的基础,认真开展金融消费者权益保护工作,有效保障金融消费者八项基本权益。

健全完善消费者权益保护的体制机制保障。将消费者权益保护融入公司治理各环节,通过自上而下、层层递进的方式不断完善消费者权益保护工作管理架构,强化董事会和高级管理层的金融消费者权益保护理念。公司董事会作为消费者权益保护工作的最高决策机构,承担消费者权益保护工作的最终责任,授权信托委员会负责督促高级管理层有效执行和落实消费者权益保护工作的战略、政策。高级管理层负责制定、定期审查和监督落实消费者权益保护工作的措施、程序及具体的操作规程,持续健全完善各类金融消费者权益保护内控制度,推动消费者权益保护工作积极、有序地开展。

建立健全金融消费者权益保护工作全流程管控机制。在产品与服务管理方面,强化事前消保审查,将消保管理逐步深入到公司业务准入、前端审核、合同授权文本制定、个人金融信息保护等工作。在营销宣传方面,严控金融营销宣传规范性,不断强化营销队伍管理,通过源头把控、事中检查、事后追责对营销推介行为进行全效管控,确保营销推介过程做到全面、准确地描述金融产品和服务的真实状况,不误导、不夸大、不虚假、不隐瞒。在个人金融信息保护方面,对信息收集、使用、保存采取更严谨的管控模式,包括明确信息收集使用规范,避免个人信息在业务流转中出现泄露风险;强化系统保障工作,梳理系统权限,消除个人信息安全隐患;从系统功能、业务处理、

数据提取、外包合作等维度，对个人金融信息保护情况进行全面排查，查缺补漏。公司还通过开展金融消费者权益保护工作培训、考核、审计等方式，有效提升全员消保意识和专业知识，推动消保工作持续规范和完善。

持续加强投资者教育，践行信托文化理念。2020 年公司以“线上 + 线下”模式推进公益性金融知识宣传普及活动的开展。线上，积极探索金融普及宣传新形式，携手新闻广播电台、直播培训平台等主流媒体平台组织开展系列金融知识普及直播活动；自主创作主题公益短视频，以生动的形象与案例，给金融消费者带来不一样的教育体验；创作各类消保宣传推文，充分利用微信、微博、官网等公司媒体平台以及知名新闻媒体同步发布，使金融宣传有质量、有温度、有实效。线下，以公司财富中心网点为主阵地，通过丰富宣传物料种类、优化网点宣传环境、收集客户意见、营销同步配合金融知识宣传及创新制作金融题材公益手偶剧等形式，面向不同人群进行广泛公益普及宣传，激发调动广大消费者参与金融知识学习与教育的兴趣。在产品运营管理、信息披露等方面有效落实金融消费者权益保护工作要求，2020 年公司顺利完成存续信托项目的集中收息付费及利益分配工作，妥善管理运用或处分信托财产，确保信托资金安全运营，切实承担好主体责任；有序做好信托产品的各项信息披露工作，定期向委托人、受益人报告信托财产管理、运用、处分及收支情况，切实保障受益人的利益。

加强投诉管理，持续提升金融消费者服务水平。本公司建立了电话、来访、电子与信件、上级单位与监管、各类媒体舆情等多和客户投诉渠道，并保障投诉渠道的畅通。对在职财富人员进行公示，并在公示墙上公示投诉方式。本着以客户为中心的服务理念，坚持客户至上、实事求是、及时高效、力求满意、落实整改的投诉处理原则，做好客户投诉处理工作。在投诉处理中明确责任分工，细化投诉流程，提升投诉处理效率。在收到客户投诉后，必须第一时间处理并回复客户，做到“件件有回音，事事有着落”。报告期内，本公司共受理客户投诉 2 起，主要为历史结构化证券投资类项目引发的投诉，未发生负面舆情或重大突发事件。

10. 本公司监事会独立意见

报告期内，本公司监事会按照本公司章程、监事会议事规则有关规定，通过列席公司股东会、董事会会议及高级管理层相关会议、组织开展调研和审计调查、调阅文件资料等方式，依法对公司依法经营、财务情况、内部控制等事项进行了监督，对下列事项发表独立意见：

10.1 依法经营情况

2020 年，本公司依照《中华人民共和国公司法》及有关信托业法律法规、公司章程等相关规定规范管理运作，董事会能够严格按照有关法律法规和公司治理规则履行职责，董事会决策程序合法有效，股东会、董事会决议能够得到有效贯彻落实，经营业绩客观真实。本公司各董事、高级管理人员认真、勤勉履职，未发现董事、高级管理人员在履职时违反国家有关法律法规、公司章程或其他损害公司利益、股东利益和委托人、受益人利益的行为。

10.2 财务情况

2020 年，本公司财务会计内控制度健全，管理规范；财务收支真实、合法，自营资产质量总体保持良好水平，风险可控，拨备覆盖率得到大幅提升，风险抵御能力显著增强；公司依法履行受托人职责，信托财产管理状况良好。毕马威华振会计师事务所（特殊普通合伙）对本公司 2020 年度财务报告进行了审计，并出具了标准无保留意见的审计报告，该报告能真实、公允、完整地反映公司报告期内财务状况和经营成果，不存在虚假记载、误导性陈述或者重大遗漏。

10.3 内部控制情况

2020 年，本公司持续加强全面风险管理，健全完善内部控制体制机制，切实夯实三道风险防线，内部控制情况总体良好。报告期内，本公司《关联交易管理办法》执行情况良好，各项关联交易依法合规，诚实公允。本公司现有内部控制制度符合我国有关法律法规和监管要求，符合公司当前经营管理实际，在公司重大投资、业务开展、风险控制、内部管理等方面发挥了积极的作用。本公司“三会一层”的职责和运行机制规范有效，决策程序和议事规则民主、科学，内部监督和反馈体系进一步健全。本公司法人治理结构符合法律和监管要求，组织控制、信息披露、财务管理、业务开展、风险管理、内部审计等制定了健全的规章制度并得到了有效而良好的执行，保障了公司内部控制体系完整、有效和公司规范、安全、顺畅运营。

11. 净资本管理情况

报告期内，本公司按照中国银保监会《信托公司净资本管理办法》，积极贯彻落实监管要求，优化净资本相关绩效考核指标，引导经营部门加强净资本和风险资本管理意识，加强业务转型和结构调整，提高资本使用效率，各项净资本指标均符合监管要求：截至报告期末，本公司净资产为 178.30 亿元，净资本为 140.51 亿元（监管要求为 ≥2 亿元），各项风险资本之和为 63.61 亿元，净资本/各项风险资本之和为 221%（监管要求为 ≥100%），净资本/净资产为 79%（监管要求为 ≥40%）。

12. 社会责任履行情况

报告期内，本公司围绕建设“综合性、多元化、有特色的全国一流信托公司”的发展战略目标，大力倡导以“可持续发展为导向，实施社会责任管理，提升核心竞争力”的发展理念，积极履行社会责任，打造责任文化。公司注重发挥信托制度功能优势，加强金融创新与履行社会责任相结合，积极承担信托公司的经济功能和社会责任，将社会责任工作融入企业价值观、企业文化、战略规划和经营管理当中，推动公司积极服务国家战略导向、服务实体经济，并在推动开展社会保障事业、社会公益事业发展等方面积极发挥作用。

运用多元化金融服务手段，支持疫情防控和实体经济复工复产。2020 年，公司累计向湖北地区疫情防控主体提供信托融资 3.02 亿元，向疫情防控物资生产重点企业提供信托贷款 1.3 亿元。积极参与信托业协会发起设立的专项慈善信托计划——“中国信托业抗击新型肺炎慈善信托”，放大行业正能量，助力打赢“湖北保卫战”；发起设立公司“同泽”系列抗疫慈善信托，用于助力福建省疫情防控工作。

综合运用股权投资、债权融资、慈善信托、服务信托等多种服务手段支持绿色发展。其中，与中华环境保护基金会正式签署绿色慈善信托合作协议，实现“绿色 + 慈善 + 信托”的有机结合，是发挥信托制度作用、促进我国环保公益事业发展的一次有益探索。2020 年，公司绿色金融业务稳步增长，主动管理业务占比显著提升，截至 2020 年末，兴业信托（含子公司）绿色业务存续规模余额为 545.48 亿元。

积极开展公益捐赠。2020 年，本公司继续助力对口捐助的希望小学开展年度“优秀教师”和“三好学生”评选活动，对 66 名优秀师生发放奖励金 4.1 万元；积极依托兴业银行“兴公益”品牌，与非营利性组织开展合作冠名，开展“三进”（进学校、进社区、进企业）活动，将公司业务发展与企业文化相结合，同时将开展对新疆、四川边缘地区的乡村振兴工作。

雪松国际信托股份有限公司

1. 重要提示

1.1 公司董事会及其他董事保证本报告所载资料不存在任何虚假记载、误导性陈述或者重大遗漏,并对其内容的真实性、准确性和完整性承担个别及连带责任。本年度报告摘要摘自年度报告全文,客户及相关利益人欲了解详细内容,应阅读年度报告全文。

1.2 公司独立董事声明:保证本年度报告的内容真实、完整、准确。

1.3 公司负责人、主管会计工作负责人及会计主管人员声明:保证年度报告中财务报告的真实、完整。

2. 公司概况

2.1 公司简介

法定中文名称	雪松国际信托股份有限公司
法定英文名称	Cedar International Trust Co., Ltd.
法定代表人	祁绍斌
注册地址	江西省南昌市红谷滩区金融大街 777 号博能金融中心 27-28 层
邮政编码	330038
公司网址	https://www.cedartrust.com/
公司电子信箱	
公司负责信息披露事务人	
公司信息披露事务联系人、电话	
年度报告备置地点	江西省南昌市红谷滩区金融大街 777 号博能金融中心 27-28 层
信息披露报纸名称	《上海证券报》
聘请的会计师事务所	中喜会计师事务所(特殊普通合伙)

2.2 组织结构

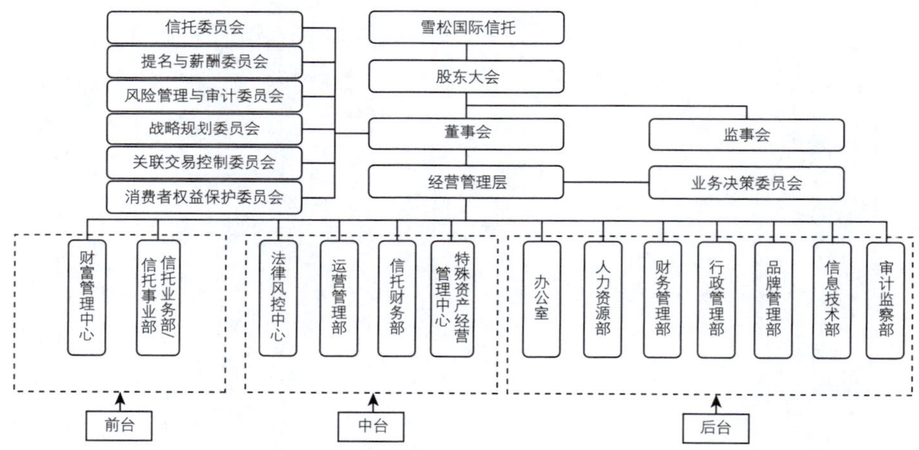

3. 公司治理

3.1 股东

报告期末,公司共有 10 家股东。持有公司 10%以上(含 10%)股份、前两位的股东相关情况如下:

股东

股东名称	持股比例(%)	法定代表人
雪松控股集团有限公司	71.3005	范佳昱
江西省金融控股集团有限公司	20.7559	齐　伟

江西省江信国际大厦有限公司及公司其他股东江西省金象投资有限公司和江西金麒麟信用担保有限公司为同一控制下的公司,该三名股东为一致行动人。

3.2 董事会、董事

截至本报告期末，公司董事会、董事相关情况如下：

董事长、董事

姓 名	职 务	性别	年龄（岁）	选任日期	所推举的股东名称	该股东持股比例（%）	简要履历
祁绍斌	董事长	男	54	2020年9月	雪松控股集团	71.3005	西北农林科技大学农业经济管理专业博士，高级经济师，1985年7月参加工作，先后在人民银行、山西运城银监分局、山西银监局、天津银行北京分行、重庆国际信托股份有限公司就职，2020年7月入职雪松国际信托股份有限公司，至本报告期末任职公司董事长。
赵 斌	董事	男	42	2020年8月	雪松控股集团	71.3005	香港中文大学工商管理硕士（EMBA），2002年7月参加工作，先后在中国平安保险、平安证券、华林证券、深圳前海厚生资产管理有限公司就职，2017年6月入职雪松控股集团，历任深圳前海雪松金融服务有限公司首席运营官、董事局主席办公室总经理、副总裁等职务，截至本报告期末任职公司董事。
李尚荣	董事	男	51	2020年10月	雪松控股集团	71.3005	财政部财政科学研究所管理学博士，1997年7月参加工作，先后在中国建设银行、京东集团、鑫苑集团就职，2020年6月入职雪松控股集团，历任雪松控股集团有限公司副总裁，截至本报告期末任职公司董事。
黄旭斌	董事	男	56	2019年6月	雪松控股集团	71.3005	中国财政部研究生部经济学硕士研究生，1990年8月参加工作，先后在中国建设银行、国泰证券、中国信达资产管理公司、TCL集团、上海银行就职，2019年入职雪松控股集团，历任集团副总裁兼财经委主任、董事、轮值董事长，截至本报告期末任公司董事。
李婵娟	董事	女	42	2019年6月	雪松控股集团	71.3005	沈阳工业大学会计学本科，2003年10月入职雪松控股集团，历任广州市君华物业服务有限公司财务经理助理、财务经理，广州君华汽车销售服务有限公司财务副经理、财务经理，雪松实业集团有限公司财务经理、财务总监，君华集团（香港）有限公司董事，截至本报告期末任公司董事。
蔡建城	董事	男	57	2019年6月	江西省金融控股集团有限公司	20.7559	江西财经大学财政专业本科，1987年参加工作后进入江西省财政厅，先后任副主任科员、主任科员、副处级调研员、副处长、采购办副主任，2017年7月入职江西省金融控股集团有限公司，任纪委副书记兼监察室主任以及审计部负责人，截至本报告期末任公司董事。

独立董事

姓 名	职务	性别	年龄（岁）	选任日期	所推举的股东	该股东持股比例（%）	简要履历
朱大旗	独立董事	男	52	2019年6月	江西省江信国际大厦有限公司	5.2951	中国人民大学法制史博士研究生，中国人民大学法学院教授、博士生导师。
王 华	独立董事	男	63	2019年6月	江西省江信国际大厦有限公司	5.2951	厦门大学会计学博士研究生，曾任江西财经大学农业经济系副主任，暨南大学博士生导师、副校长、校党委书记兼纪委书记，广东金融学院教授、院长、党委副书记，广东财经大学教授、校长、党委副书记，2016年11月退休。
徐 枫	独立董事	男	46	2019年6月	江西省江信国际大厦有限公司	5.2951	暨南大学金融学博士研究生，华南理工大学经济与贸易学院副院长、金融工程研究中心主任、金融学系教授。

3.3 监事会、监事

截至本报告期末，公司监事会、监事相关情况如下：

监事

姓 名	职 务	性别	年龄（岁）	选任日期	所推举的股东名称	该股东持股比例（%）	简要履历
韩伟明	监事	男	56	2020年6月	江西省金象投资有限公司	0.8971	厦门大学软件工程专业硕士，1985年7月参加工作，先后在中国人民银行江西省分行、武汉分行、中国银行业监督管理委员会江西监管局、江西银监局上饶银监分局、江西银保监局就职，2020年4月入职雪松国际信托股份有限公司，历任雪松国际信托股份有限公司监事长。
张轶骞	监事	男	41	2019年6月	雪松控股集团	71.3005	兰州财经大学法学本科，2002年7月参加工作，先后在经济观察报、南方周末名牌杂志、北京乐颐智选网络科技有限公司就职，2016年入职雪松控股集团，历任董事局主席助理，兼任雪松公益基金会秘书长，品牌管理中心总经理、副总裁等职务。
王 雁	监事	女	47	2019年5月	职工代表	—	北京理工大学工商管理本科，1992年7月参加工作，进入中国银行，先后任中国银行佛山市分行办公室主任、人力资源部主任，中国银行南沙分行纪委书记、中国银行广州珠江支行纪委书记、公司人力行政部总经理。

3.4 高级管理人员

截至报告期末，公司高级管理人员相关情况如下：

姓　名	职　务	性别	年龄（岁）	选任时期	金融从业年限（年）	学　历	专　业
黄昊	副总裁	男	44	2019 年 10 月	26	本科	工商管理
曾海	副总裁	男	58	2019 年 10 月	26	硕士	产业经济学
陈华玲	首席风险控制官	男	56	2019 年 10 月	28	硕士	自然辩证法
李楠	副总裁	男	45	2020 年 2 月	22	本科	美术教育

3.5 公司员工

截至报告期末，公司共有在册员工 1076 人。

项　目		2020 年度		2019 年度	
		人数（人）	比例（%）	人数（人）	比例（%）
年龄分布	25 岁以下	38	3.53	34	4.39
	25～29 岁	222	20.63	102	13.16
	30～39 岁	636	59.11	459	59.23
	40 岁以上	180	16.73	180	23.23
性别分布	男	546	50.74	466	60.13
	女	530	49.26	309	39.87
学历分布	博士	4	0.37	4	0.52
	硕士	162	15.06	148	19.10
	本科	665	61.80	471	60.77
	专科	245	22.77	152	19.61
岗位分布	董事、监事及高级管理人员	14	1.30	18	2.32
	固有业务人员	—	—	10	1.29
	信托业务人员	117	10.87	192	24.77
	其他人员	945	87.83	555	71.61
合计			1076		775

4. 经营管理

4.1 经营目标、经营方针及战略规划

4.1.1 经营目标

公司坚持“守正创新、诚信尽责、稳健合规”的经营理念，积极发挥信托功能，致力于成长为特色鲜明、管理精细、风控优良、值得信赖的优质综合金融服务提供者。

立足信托本源实现转型发展。公司重点发展具有直接投资特点的资金信托支持实体经济，在服务信托、资产证券化、慈善信托、家族信托等本源业务中形成独特的竞争优势。

坚持审慎合规提升风控水平。公司专责部门多措并举全力处置化解历史遗留的风险项目，建立完善全面风险管理体系，大力压降存量风险，有效防控增量风险。

践行受托责任重塑品牌形象。公司忠诚践行“受人之托，忠人之事”的信托文化，为实体经济发展和居民财富增长提供优质服务，成为受人尊敬、值得信赖的信托品牌。

4.1.2 经营方针

回归本源。公司推动专业化资产管理和投资研发团队建设，着力强化主动管理能力，以实体经济需求痛点为发展着力点。

诚信尽责。公司秉承受益人利益最大化的原则，坚持至诚至信的服务宗旨，为客户创造可持续价值，赢得客户长期信任和托付。

审慎合规。公司将始终秉承审慎精细、勤勉尽责的理念处理信托事务，将防范风险和控制风险作为开展各项业务的前提。

守正创新。公司在遵循监管规定的基础上，探索特色化、差异化、个性化信托业务领域，提升金融科技的研发、建设和应用水平。

4.1.3 战略规划

公司围绕综合金融服务提供者的目标，坚持党的领导的政治方向，坚持走好特色化、差异化、专业化的轻型发展道路，实现稳中求进、质效并举。

坚持正确转型方向，创造社会价值。公司积极响应国家号召，忠实顺应监管要求，深耕实体经济痛点，嵌入民生领域需求，提升投向实体企业结构占比，稳步升级资产管理水平。

探索科学展业策略，实现稳健发展。公司持续提升投研、服务和创新实力，加快推动传统业务升级，创新拓展服务信托规模，发力壮大标品业务规模；提高专业化运作能力，为客户提供丰富、稳定、合理的产品，满足多元化需求。

秉持审慎经营原则，重振市场信心。公司集中优势力量加快化解处置历史遗留的风险项目，保障投资者的权益；建立与战略发展方向相适应的风险偏好体系和与监管合规要求相匹配的风险控制体系。

构建专业人才梯队，壮大核心实力。公司围绕专业化运营要求，持续完善人才体系建设，培养精于创新、善于管理、勤于开拓、忠于文化的专家型、领军型人才队伍。

4.2 所经营业务的主要内容

固有资产运用与分布表

资产运用	金额（万元）	占比（%）	资产分布	金额（万元）	占比（%）
货币资产	76 604.91	15.52	基础产业	10 [illegible].00	2.08
应收账款	4 545.89	0.92	房地产	5 [illegible].36	1.05
其他应收款	123.19	0.02	证券市场	29 5[illegible].36	5.99
发放贷款和垫款	61 256.89	12.41	工商企业	244 8[illegible].04	49.62
可供出售金融资产	350 003.70	70.93	金融机构	19[illegible] [illegible].30	40.12
其他	942.81	0.19	其他	5 [illegible].33	1.15
自营资产总计	493 477.39	100.00	自营资产总计	493 4[illegible].39	100.00

信托资产运用与分布表

资产运用	金额(万元)	占比(%)	资产分布	金额(万元)	占比(%)
货币资产	154 050.23	1.89	基础产业	1 617 923.64	19.90
交易性金融资产	70 342.83	0.87	房地产	701 566.13	8.63
贷款	2 800 420.42	34.44	证券	4 782.74	0.06
应收账款	892 130.74	10.97	金融机构	191.71	—
可供出售金融资产	4 500.00	0.06	工商企业	4 171 511.80	51.30
长期股权投资	2 328 683.76	28.64	供应链	675 341.14	8.31
其他	1 880 985.48	23.13	其他	959 796.30	11.80
信托资产合计	8 131 113.46	100.00	信托资产合计	8 131 113.46	100.00

4.3 市场分析

当前，受新冠肺炎疫情等因素影响，全球经济总体增长缓慢，国内宏观经济整体继续承压，但我国经济保持较强韧性，整体呈现稳中有进、稳中向好的态势。信托业市场环境、监管政策发生深刻变化，信托行业发展机遇与挑战并存。

4.3.1 有利因素

新发展格局下的经济回升将催生更多发展良机。2021年，中国将进入“十四五”规划阶段，国家在“双循环”的新格局下，政府将持续推动扩大内需，全面扩大开放，着力支持创新，新投资、新消费和新经济仍将较快发展：交通能源等重点领域的基建项目将持续作为拉动力，制造业投资需求回升，盈利持续改善；消费持续恢复叠加基数效应，基于新技术的新消费场景将催生新的经济贡献；需求改善和低基数推动供给端进一步加快增长，产业转型升级持续推进，工业和服务业加快增长，“放管服”等改革实策激活实体经济红利，供给端将进一步加快增长。总体而言，经济增速的回温、供给侧结构性改革及需求侧的升级将奠定更加利好的宏观环境。

日益完善的监管政策将会为行业转型指明方向。中央银行将持续推行灵活精准的、稳健的货币政策，加强宏观审慎管理，压实金融机构和股东主体责任，持续防范化解风险，实施房地产金融审慎管理制度，健全多渠道债券违约处置机制。银保监会进一步明确“受托人”根本定位，要求信托公司要构建全流程受托管理能力，消除履职瑕疵，让渡风险和收益给投资者；要求强化权力制衡监督，完善内控监督机制，防范道德风险；要求去通道、降规模，压缩融资类业务；要求加强信托文化建设，深化受托人内涵。在此背景下，监管层坚守不发生系统性金融风险的底线将会利好行业基本面。

行业整体转型步伐加速将会迎来业务创新新高。转型已经成为行业共识，多家信托公司已经积极构建起新的投研体系，搭建自身标准化产品平台。从产品看，企业年金信托、家族信托、慈善信托等服务信托将会成为重要方向，证券投资类信托、股权投资类信托也将会稳步崛起，同时信托公司也将会巩固其在资产证券化信托的优势地位，提升主动管理能力，主动挖掘证券化业务价值，实现非标业务向标准化业务的升级。

4.3.2 不利因素

经济复苏过程承压增加了未来发展的不确定性。世界经济短期内仍将承压，尽管全球新冠疫苗接种渐行渐近，但全球性的GDP恢复速度仍将低于预设未发生疫情的标准。从国内形势来看，目前各种经济活动逐渐回归正常，但当前国际贸易环境和供应链仍不稳定，经济恢复基础仍不牢固：在宏观经济稳步恢复、地方债务率逼近警戒线、地方债资金闲置等情况下，基建投资将大体稳定，微弱反弹。从内需端来看，居民收入下降压制消费支出，内需提振仍需时间：新冠肺炎疫情造成居民收入增速放缓，预防性储蓄增高，边际消费倾向下降。

监管政策趋严趋紧态势不变倒逼行业整体转型。中国银保监会已经释放出保持高强度行业监管的信号，“资管新规”要求信托公司着力于构建与信托业特点相匹配的全面风险管理体系，同时继续“去通道”“降融资”，调整业务取向。这会对信托公司在业务结构、盈利模式及内部支撑体系方面提出新的要求，也将进一步破除过往影子银行业务和通道类业务盈利的路径依赖，压缩传统的盈利空间。但整体转型是一个复杂的整体性过程，新盈利点的探索也必然是一个长期性工作，转型必然伴随“阵痛”，也终将洗牌信托行业。

竞争趋于白热化的信托市场环境已是发展红海。信托公司所涉及的金融领域面临与专业金融机构的竞争压力，银行理财子公司、券商资管公司、私募基金管理人等金融机构纷纷利用制度优势和资源禀赋，抢占资管市场份额，稀释信托制度红利。同时，信托行业内业务同质化现象严重，行业竞争日趋白热化，两级分化严重，“高增长、高利润”的商业模式早已难以为继。

4.4 风险管理

4.4.1 风险管理概况

公司深刻吸取过往历史遗留风险项目的教训，坚持以持续完善的全面风险管理体系适应不断变化的经济形势和监管要求，以全局性、主动性、前瞻性的战略眼光实施风险管理，主动驾驭各类风险。公司坚持“以合规谋发展、向管理要效益、以风控保长远”的可持续发展理念，根据长期性、周期性和阶段性不同的风险特征和变动趋势，及时更新经营管理方略、产品展业指引和风险管理策略，从制度体系入手，配合业务转型需要，建立了产品把关、内控合规、风险管理和审计监察为组织基础的四道防线，开展覆盖公司战略决策、经营管理、资源运作、产品创新和声誉风险等多个方面的全面风险管理体系。

报告期内，公司一手抓历史遗留的风险项目处置工作，积极化解、处置风险；一手抓新增项目风险防控工作，提升发展的质量，推动业务稳健发展。

报告期内，公司经营活动中可能遇到的风险主要包括信用风险、市场风险、操作风险、法律与合规风险、道德风险、声誉风险。

4.4.2 风险状况

4.4.2.1 信用风险状况

信用风险是指交易对方不履行约定义务而形成的风险。受宏观经济结构调整、“两高一剩”行业信用风险的逐步释放、“去杠杆”政策的深化执行等多重因素的影响，会导致公司固有及信托业务产生交易对手的信用风险问题。公司积极采取各项信用风险防控措施，严格按照法律法规、监管政策及公司业务制度要求操作，按信托文件及交易文件的约定履行受托人管理职责，恪尽职守，保障受益人的权益。

4.4.2.2 市场风险状况

市场风险是指在固有及信托业务经营中所面临的因市场参数的波动而产生的风险。报告期内，受新冠肺炎疫情影响，国际国内宏观形势不景气，企业经营市场风险增加。公司坚持稳健经营的原则，合理配置资产，以保障投资者资金安全为前提，有效防范市场波动影响。

4.4.2.3 操作风险状况

操作风险是指因不完善或有问题的内部程序、人员及系统或外部事件所造成损失的风险。公司操作风险主要来自内部管理风险、决策风险及信息技术系统风险。本报告期内，公司继续强化操作风险管理，规范决策程序，明确操作规程与管理职责，保障了公司平稳运营及信托财产的安全。

4.4.2.4 法律与合规风险状况

法律与合规风险是指国家有关政策和法律法规发生重大变化或新出台有关政策和法律法规可能导致公司未完全达到监管要求所带来的风险。报告期内，公司根据“资管新规”及监管要求，开展了多项合规检查工作，加强合规管理，不断督促合规整改工作。同时，公司强化业务合规意识，做好中后期项目管控，履行信息披露职责，进一步规范业务，防范合规隐患。

4.4.2.5 道德风险状况

道德风险是指市场交易方内部人员违反行业行为准则、道德规范的要求，从而引起或故意导致公司业务处于风险状态的可能性。报告期内，公司继续加强企业文化、员工思想及职业道德教育，加强案防工作，定期开展制度执行检查，防范内部道德风险的发生。

4.4.2.6 声誉风险状况

声誉风险是指由公司经营、管理及其他行为或外部事件导致利益相关方对公司负面评价的风险。报告期内，公司不断完善声誉风险管理制度，提升声誉风险主动管理能力，形成了覆盖事前、事中、事后全流程的声誉风险管理工作响应机制。

4.4.3 风险管理情况

4.4.3.1 信用风险管理

一是加强前期尽职管理工作。公司继续完善信托项目尽职调查和独立调查的管理工作，规范调查范围、调查方式和调查报告书写等内容；加强项目预审查的审查范围和审查管理，强调信用风险审查和防控；建立和完善交易对手负面清单管理制度，加强对交易对手的舆情收集与分析。

二是强化项目后期管理检查及风险项目处置工作。报告期内，公司加强对存续集合信托项目的后期管理自查与现场检查，并加强了主动管理类风险项目及风险隐患项目的排查及处置。通过实地排查的方式，加强了对重点行业和高风险领域项目的风险预警和防范，对暴露问题的项目及时采取措施，严防项目违约风险。对于已发生的风险信托项目，采取现场催收、司法保全及诉讼、申请强制执行、参与企业重组、债权转让、协商等多种手段努力化解风险。

三是公司按相关规定计提了一般及专项准备金，以应对固有及信托项目信用风险。

4.4.3.2 市场风险管理

公司加强市场风险识别、计量与分析，及时、准确地识别交易和非交易业务中市场风险的类别和性质，全面了解股价、利率、汇率等市场要素，业务开展中注重投资组合，分散风险，并采取加强对重点行业和高风险领域的市场风险控制等措施，进一步加强了市场风险的管理。

4.4.3.3 操作风险管理

公司在财务管理、内部稽核、资金运作、账户管控、项目设立、客户档案管理等方面设定相应的管理岗位，明确管理职责、操作规程及审批权限。报告期内，公司继续完善了操作风险管理制度，先后制定下发了多项业务操作指引、项目后期管理、公司档案、印章、合同管理等多项规定，进一步规范了相关决策、审批及操作程序，减少操作风险的发生。

4.4.3.4 合规与法律风险管理

根据合规经营的需要，公司顺应监管导向，加快转型发展。公司充分发挥信托公司服务实体经济的作用，推动公司新业务合法合规的开展。公司重视企业文化和合规文化的培训教育，增强员工合法合规意识，合规展业。

4.4.3.5 道德风险管理

公司进一步完善内控制度，建立健全各项规章制度，避免因制度缺失引发的道德风险。一是规范从业人员行为管理的治理架构，建立覆盖全面、授权明晰、分权制衡的从业人员行为管理体系。二是加强信托从业人员的后续教育和培训，不断提高职业道德和专业技能。三是继续开展常态化员工行为排查，加强防范员工道德风险，加强对违法违规、道德风险人员的问责管理。四是加强日常管理与监督检查的长效机制，使干部员工做到警钟长鸣，筑牢思想防线，合法合规执业。

4.4.3.6 声誉风险管理

公司重视声誉风险管理，将其作为公司治理和全面风险管理体系的重要组成部分。报告期内，公司组织多次声誉风险排查，对声誉风险事件进行主动防范，并通过全面监测、及时响应、有效处理、声誉修复等方式，维护公司品牌形象。

5. 报告期末及上一年度的比较式会计报表

5.1 固有资产

5.1.1 会计师事务所审计意见

审 计 报 告

一、审计意见

我们审计了雪松国际信托股份有限公司（以下简称雪松信托）财务报表，包括2020年12月31日的合并及母公司资产负债表，2020年度的合并及母公司利润表、合并及母公司现金流量表、合并及母公司所有者权益变动表及相关财务报表附注。

我们认为，后附的财务报表在所有重大方面按照企业会计准则的规定编制，公允反映了雪松信托2020年12月31日的合并及母公司财务状况及2020年度的合并及母公司经营成果和现金流量。

二、形成审计意见的基础

我们按照中国注册会计师审计准则的规定执行了审计工作。审计报告的“注册会计师对财务报表审计的责任”部分进一步阐述了我们在这些准则下的责任。按照中国注册会计师职业道德守则，我们独立于雪松信托，并履行了职业道德方面的其他责任。我们相信，我们获取的审计证据是充分的、适当的，为发表审计意见提供了基础。

三、其他信息

雪松信托管理层（以下简称管理层）对其他信息负责。其他信息包括2020年度报告中涵盖的信息，但不包括财务报表和我们的审计报告。

我们对财务报表发表的审计意见不涵盖其他信息，我们也不对其他信息发表任何形式的鉴证结论。

结合我们对财务报表的审计，我们的责任是阅读其他信息，在此过程中，考虑其他信息是否与财务报表或我们在审计过程中了解到的情况存在重大不一致或者似乎存在重大错报。

基于我们已执行的工作，如果我们确定其他信息存在重大错报，我们应当报告该事实。在这方面，我们无任何事项需要报告。

四、管理层和治理层对财务报表的责任

管理层负责按照企业会计准则的规定编制财务报表，使其实现公允反映，并设计、执行和维护必要的内部控制，以使财务报表不存在由于舞弊或错误导致的重大错报。

在编制财务报表时，管理层负责评估雪松信托的持续经营能力，披露与持续经营相关的事项（如适用），并运用持续经营假设，除非管理层计划清算、终止运营或别无其他现实的选择。

雪松信托治理层（以下简称治理层）负责监督雪松信托的财务报告过程。

五、注册会计师对财务报表审计的责任

我们的目标是对财务报表整体是否不存在由于舞弊或错误导致的重大错报获取合理保证，并出具包含审计意见的审计报告。合理保证是高水平的保证，但并不能保证按照审计准则执行的审计在某一重大错报存在时总能发现。错报可能由于舞弊或错误导致，如果合理预期错报单独或汇总起来可能影响财务报表使用者依据合并财务报表作出的经济决策，则通常认为错报是重大的。

在按照审计准则执行审计工作的过程中，我们运用职业判断，并保持职业怀疑。同时，我们也执行以下工作：

（1）识别和评估由于舞弊或错误导致的财务报表重大错报风险，设计和实施审计程序以应对这些风险，并获取充分、适当的审计证据，作为发表审计意见的基础。由于舞弊可能涉及串通、伪造、故意遗漏、虚假陈述或凌驾于内部控制之上，未能发现由于舞弊导致的重大错报的风险高于未能发现由于错误导致的重大错报的风险。

（2）了解与审计相关的内部控制，以设计恰当的审计程序，但目的并非对内部控制的有效性发表意见。

（3）评价管理层选用会计政策的恰当性和作出会计估计及相关披露的合理性。

（4）对管理层使用持续经营假设的恰当性得出结论。同时，根据获取的审计证据，就可能导致对雪松信托持续经营能力产生重大疑虑的事项或情况是否存在重大不确定性得出结论。如果我们得出结论认为存在重大不确定性，审计准则要求我们在审计报告中提请报表使用者注意财务报表中的相关披露；如果披露不充分，我们应当发表非无保留意见。我们的结论基于截至审计报告日可获得的信息。然而，未来的事项或情况可能导致雪松信托不能持续经营。

（5）评价财务报表的总体列报、结构和内容（包括披露），并评价财务报表是否公允反映相关交易和事项。

（6）就雪松信托中实体或业务活动的财务信息获取充分、适当的审计证据，以对财务报表发表审计意见。我们负责指导、监督和执行集团审计，并对审计意见承担全部责任。

我们与治理层就计划的审计范围、时间安排和重大审计发现等事项进行沟通，包括沟通我们在审计中识别出的值得关注的内部控制缺陷。

中喜会计师事务所（特殊普通合伙）

中国注册会计师：蒋建友

中国·北京　　中国注册会计师：宋剑波

二〇二一年五月三十一日

5.1.2 资产负债表

资产负债表

编制单位：雪松国际信托股份有限公司　　2020年12月31日　　单位：万元

项　目	2020年12月31日		2019年12月31日	
	合并	母公司	合并	母公司
资产：				
货币资金	85 997.74	76 604.91	41 426.03	38 416.80
应收款项	4 545.89	4 545.89	3 934.51	3 934.51
预付账款	123.19	123.19	—	—
其他应收款	58 797.31	61 256.89	34 040.23	48 365.47
其他流动资产	—	—	521.81	521.81
发放贷款和垫款	85 768.40	—	44 198.48	—
可供出售金融资产	261 408.77	350 003.70	218 250.24	253 028.32
固定资产	248.95	248.95	265.24	265.24
无形资产	152.89	152.89	144.87	144.87
长期待摊费用	540.97	540.97	126.91	126.91
其他资产	27 788.35	—	18 040.24	—

续表

项　目	2020 年 12 月 31 日		2019 年 12 月 31 日	
	合并	母公司	合并	母公司
资产总计	525 372. 46	493 477. 39	360 948. 56	344 803. 93
负债:				
短期借款	—	—	27 300. 00	27 300. 00
预收款项	25 373. 08	25 373. 08	13 068. 22	13 0[illegible]. 22
应付职工薪酬	11 331. 82	11 331. 82	8 464. 81	8 464. 81
应交税费	3 573. 13	3 560. 57	1 024. 27	1 024. 27
其他应付款	274 593. 22	274 593. 17	4 883. 79	8[illegible]. 40
预计负债	13 788. 95	13 788. 95	11 825. 17	11 825. 17
其他非流动负债	38 407. 46		89 481. 72	
负债合计	367 067. 66	328 647. 59	156 047. 98	62 55[illegible]. 87
所有者权益:				
实收资本(或股本)	300 505. 17	300 505. 17	300 505. 17	300 505. 17
资本公积	62 428. 86	62 428. 86	62 428. 86	62 428. 86
其他综合收益	40 072. 65	40 072. 65	13 819. 73	13 819. 73
盈余公积	45 985. 82	45 985. 82	45 985. 82	45 985. 82
一般风险准备	6 506. 44	6 168. 91	4 717. 94	4 717. 94
信托赔偿准备金	14 829. 28	14 829. 28	14 829. 28	14 829. 28
未分配利润	-312 023. 42	-305 160. 89	-237 386. 22	-160 0[illegible]. 74
所有者权益合计	158 304. 80	164 829. 80	204 900. 58	282 245. 06
负债和所有者权益总计	525 372. 46	493 477. 39	360 948. 56	344 803. 93

法定代表人:祁绍斌　　　　主管会计工作负责人:祁绍斌　　　　会计机构负责人:王鹏

5. 1. 3　利润表

利润表

编制单位:雪松国际信托股份有限公司　　　　2020 年度　　　　单位:万元

项　目	2020 年度		2019 年度	
	合并	母公司	合并	母公司
一、营业总收入	61 376. 94	60 670. 66	40 169. 72	39 516. 41
利息收入	2 624. 54	2 292. 59	2 444. 15	1 790. 87
手续费及佣金收入	58 752. 38	58 378. 05	37 722. 50	37 722. 5[illegible]
其他业务收入	0. 02	0. 02	3. 07	3. 07
二、营业总成本	75 481. 72	75 551. 13	36 030. 01	36 023. 13
利息支出	13 699. 56	13 699. 56	4 559. 41	4 559. 41
手续费及佣金支出	—	—	—	—
其他业务成本	3 961. 51	3 961. 51	192. 11	192. 11
税金及附加	420. 42	416. 69	208. 69	204. 33
业务及管理费	57 400. 23	57 473. 37	31 069. 80	31 067. 29
加:其他收益	80. 34	80. 34	142. 68	142. 68
投资收益(损失以"-"号填列)	-17 263. 61	-46 764. 16	-29 339. 74	-31 718. 13
汇兑收益(损失以"-"号填列)	—	—	—	—
净敞口套期收益(损失以"-"号填列)	—	—	—	—
公允价值变动收益(损失以"-"号填列)	—	—	19 970. 23	19 970. 23
资产减值损失	-37 528. 90	-78 072. 14	-142 602. 65	-99 882. 0[illegible]
资产处置收益(损失以"-"号填列)	0. 15	0. 15	—	—
三、营业利润	-68 816. 80	-139 636. 28	-147 689. 77	-107 994. 04
加:营业外收入	16. 82	16. 82	62. 43	62. 4[illegible]
减:营业外支出	4 048. 72	4 048. 72	5 789. 49	5 789. 4[illegible]
四、利润总额	-72 848. 70	-143 668. 18	-153 416. 83	-113 721. 1[illegible]
减:所得税费用	—	—	—	—
五、净利润	-72 848. 70	-143 668. 18	-153 416. 83	-113 721. 1[illegible]

法定代表人:祁绍斌　　　　主管会计工作负责人:祁绍斌　　　　会计机构负责人:王鹏

5.1.4 所有者权益变动表

所有者权益变动表（合并）

编制单位：雪松国际信托股份有限公司　　2020 年度　　单位：万元

项　目	2020 年度							
	股本	资本公积	其他综合收益	盈余公积	一般风险准备	信托赔偿准备金	未分配利润	股东权益合计
一、上年年末余额	300 505.17	62 428.86	13 819.73	45 985.82	4 717.94	14 829.28	-237 386.22	204 900.58
加：会计政策变更	—	—	—	—	—	—	—	—
前期差错更正	—	—	—	—	—	—	—	—
二、本年年初余额	300 505.17	62 428.86	13 819.73	45 985.82	4 717.94	14 829.28	-237 386.22	204 900.58
三、本年增减变动金额	—	—	26 252.92	—	1 788.50	—	-74 637.20	-46 595.78
（一）综合收益总额	—	—	26 252.92	—	—	—	-72 848.70	-46 595.78
（二）股东投入和减少资本	—	—	—	—	—	—	—	—
（三）利润分配	—	—	—	—	1 788.50	—	-1 788.50	—
1. 提取盈余公积	—	—	—	—	—	—	—	—
2. 提取风险准备	—	—	—	—	1 788.50	—	-1 788.50	—
3. 对股东的分配	—	—	—	—	—	—	—	—
4. 其他	—	—	—	—	—	—	—	—
（四）股东权益内部结转	—	—	—	—	—	—	—	—
（五）专项储备	—	—	—	—	—	—	—	—
（六）其他	—	—	—	—	—	—	—	—
四、本年年末余额	300 505.17	62 428.86	40 072.65	45 985.82	6 506.44	14 829.28	-312 023.42	158 304.80

法定代表人：祁绍斌　　主管会计工作负责人：祁绍斌　　会计机构负责人：王鹏

所有者权益变动表（合并）（续）

编制单位：雪松国际信托股份有限公司　　2020 年度　　单位：万元

项　目	2019 年度							
	股本	资本公积	其他综合收益	盈余公积	一般风险准备	信托赔偿准备金	未分配利润	股东权益合计
一、上年年末余额	300 505.17	62 428.86	36 123.48	48 487.72	15 243.49	16 103.44	265 796.71	744 688.87
加：会计政策变更	—	—	—	—	—	—	—	—
前期差错更正	—	—	-55 073.13	-2 501.90	-8 365.66	-1 274.16	-351 926.00	-419 140.85
二、本年年初余额	300 505.17	62 428.86	-18 949.65	45 985.82	6 877.83	14 829.28	-86 129.29	325 548.02
三、本年增减变动金额	—	—	32 769.39	—	-2 159.90	—	-151 256.93	-120 647.44
（一）综合收益总额	—	—	32 769.39	—	—	—	-153 416.83	-120 647.44
（二）股东投入和减少资本	—	—	—	—	—	—	—	—
（三）利润分配	—	—	—	—	-2 159.90	—	2 159.90	—
1. 提取盈余公积	—	—	—	—	—	—	—	—
2. 提取风险准备	—	—	—	—	-2 159.90	—	2 159.90	—
3. 对股东的分配	—	—	—	—	—	—	—	—
4. 其他	—	—	—	—	—	—	—	—
（四）股东权益内部结转	—	—	—	—	—	—	—	—
（五）专项储备	—	—	—	—	—	—	—	—
（六）其他	—	—	—	—	—	—	—	—
四、本年年末余额	300 505.17	62 428.86	13 819.73	45 985.82	4 717.94	14 829.28	-237 386.22	204 900.58

法定代表人：祁绍斌　　主管会计工作负责人：祁绍斌　　会计机构负责人：王鹏

所有者权益变动表（母公司）

编制单位：雪松国际信托股份有限公司　　2020 年度　　单位：万元

项　目	2020 年度							
	股本	资本公积	其他综合收益	盈余公积	一般风险准备	信托赔偿准备金	未分配利润	股东权益合计
一、上年年末余额	300 505.17	62 428.86	13 819.73	45 985.82	4 717.94	14 829.28	-160 041.74	282 245.06
加：会计政策变更	—	—	—	—	—	—	—	—
前期差错更正	—	—	—	—	—	—	—	—

续表

项　目	2020 年度							
	股本	资本公积	其他综合收益	盈余公积	一般风险准备	信托赔偿准备金	未分配利润	股东权益合计
二、本年年初余额	300 505. 17	62 428. 86	13 819. 73	45 985. 82	4 717. 94	14 829. 28	-160 041. 74	282 245. 06
三、本年增减变动金额	—	—	26 252. 92	—	1 450. 97	—	-145 119. 15	-117 415. 26
（一）综合收益总额	—	—	26 252. 92	—	—	—	-143 668. 18	-117 415. 26
（二）股东投入和减少资本	—	—	—	—	—	—	—	—
（三）利润分配	—	—	—	—	1 450. 97	—	-1 450. 97	—
1. 提取盈余公积	—	—	—	—	—	—	—	—
2. 提取风险准备	—	—	—	—	1 450. 97	—	-1 450. 97	—
3. 对股东的分配	—	—	—	—	—	—	—	—
4. 其他	—	—	—	—	—	—	—	—
（四）股东权益内部结转	—	—	—	—	—	—	—	—
（五）专项储备	—	—	—	—	—	—	—	—
（六）其他	—	—	—	—	—	—	—	—
四、本年年末余额	300 505. 17	62 428. 86	40 072. 65	45 985. 82	6 168. 91	14 829. 28	-305 160. 89	164 829. 80

法定代表人：祁绍斌　　主管会计工作负责人：祁绍斌　　会计机构负责人：王鹏

所有者权益变动表（母公司）（续）

编制单位：雪松国际信托股份有限公司　　2020 年度　　单位：万元

项　目	2019 年度							
	股本	资本公积	其他综合收益	盈余公积	一般风险准备	信托赔偿准备金	未分配利润	股东权益合计
一、上年年末余额	300 505. 17	62 428. 86	36 123. 48	48 487. 72	15 243. 49	16 103. 44	265 796. 71	744 688. 87
加：会计政策变更	—	—	—	—	—	—	—	—
前期差错更正	—	—	-55 073. 13	-2 501. 90	-8 365. 66	-1 274. 16	-314 277. 25	-381 492. 10
二、本年年初余额	300 505. 17	62 428. 86	-18 949. 65	45 985. 82	6 877. 83	14 829. 28	-48 480. 54	363 196. 77
三、本年增减变动金额	—	—	32 769. 39	—	-2 159. 90	—	-111 561. 20	-80 951. 71
（一）综合收益总额	—	—	32 769. 39	—	—	—	-113 721. 10	-80 951. 71
（二）股东投入和减少资本	—	—	—	—	—	—	—	—
（三）利润分配	—	—	—	—	-2 159. 90	—	2 159. 90	—
1. 提取盈余公积	—	—	—	—	—	—	—	—
2. 提取风险准备	—	—	—	—	-2 159. 90	—	2 159. 90	—
3. 对股东的分配	—	—	—	—	—	—	—	—
4. 其他	—	—	—	—	—	—	—	—
（四）股东权益内部结转	—	—	—	—	—	—	—	—
（五）专项储备	—	—	—	—	—	—	—	—
（六）其他	—	—	—	—	—	—	—	—
四、本年年末余额	300 505. 17	62 428. 86	13 819. 73	45 985. 82	4 717. 94	14 829. 28	-160 041. 74	282 245. 06

法定代表人：祁绍斌　　主管会计工作负责人：祁绍斌　　会计机构负责人：王鹏

5.2　信托资产

5.2.1　信托项目资产负债汇总表

信托项目资产负债汇总表

编制单位：雪松国际信托股份有限公司　　2020 年 12 月 31 日　　单位：万元

项目	2020 年 12 月 31 日	2019 年 12 月 31 日
信托资产：		
货币资金	154 050. 23	67 822. 60
交易性金融资产	70 342. 83	159 106. 46
应收款项	892 130. 74	486 703. 90
买入返售资产	270 509. 88	40 000. 00
长期股权投资	232 8683. 76	2 289 819. 10
客户贷款	2 800 420. 42	4 575 855. 15
可供出售金融资产	4 500. 00	73 849. 06
其他资产	1 610 475. 60	1 749 586. 28

续表

项目	2020 年 12 月 31 日	2019 年 12 月 31 日
信托资产总计	8 131 113. 46	9 442 742. 55
信托负债和信托权益：		
应付受益人收益	26. 52	108. 04
其他应付款	100 275. 56	271 364. 09
应交税金	4 615. 94	5 408. 30
应付账款	240. 92	99. 10
信托负债合计	105 158. 94	276 979. 53
信托权益：		
实收信托	8 020 338. 46	9 035 933. 63
资本公积	—	46. 29
未分配利润	5 616. 06	129 783. 10
信托权益合计	8 025 954. 52	9 165 763. 02
信托负债和信托权益总计	8 131 113. 46	9 442 742. 55

5.2.2 信托项目利润及利润分配汇总表

信托项目利润及利润分配汇总表

编制单位:雪松国际信托股份有限公司　　2020 年度　　单位:万元

项　目	2020 年 12 月 31 日	2019 年 12 月 31 日
一、营业收入	525 800.30	537 600.83
利息收入	191 733.05	363 434.92
投资收益	345 534.34	158 213.53
公允价值变动损益	−12 216.84	15 803.03
其他收入	749.75	149.36
二、营业费用	69 946.47	42 095.66
三、营业税金及附加	1 830.11	1 896.22
四、扣除资产损失前的信托利润	454 023.72	493 608.96
减:资产减值损失	—	—
五、扣除资产损失后的信托利润	454 023.72	493 608.96
加:其他综合收益	6 598.82	—
六、综合收益	460 622.54	493 608.96
加:期初未分配信托利润	129 783.10	281 927.60
七、可供分配的信托利润	590 405.64	775 536.55
减:本期已分配信托利润	584 789.57	645 753.45
八、期末未分配信托利润	5 616.07	129 783.10

6. 会计报表附注

6.1 会计报表编制基准不符合会计核算基本前提的说明

公司报告期内会计报表无不符合会计核算基本前提的事项。

6.2 重要会计政策和会计估计说明

6.2.1 合并财务报表的编制方法

6.2.1.1 合并财务报表范围

合并财务报表的合并范围以控制为基础予以确定,包括公司、公司控制的子公司及受公司控制的结构化主体。控制是指公司拥有对被投资单位的权力,通过参与被投资单位的相关活动而享有可变回报,并且有能力运用对被投资单位的权力影响其回报金额。

6.2.1.2 合并财务报表的编制方法

合并财务报表以公司和子公司的财务报表为基础,根据其他有关资料,由公司编制。在编制合并财务报表时,公司和子公司的会计政策和会计期间要求保持一致,公司间的重大交易和往来余额予以抵销。所有纳入合并财务报表合并范围的子公司、结构化主体所采用的会计政策、会计期间与公司一致,如子公司、结构化主体采用的会计政策、会计期间与公司不一致的,在编制合并财务报表时,按公司的会计政策、会计期间进行必要的调整。

在报告期内因同一控制下企业合并增加的子公司及业务,视同该子公司及业务自同受最终控制方控制之日起纳入公司的合并范围,将其自同受最终控制方控制之日起的经营成果、现金流量分别纳入合并利润表、合并现金流量表中。

在报告期内因非同一控制下企业合并增加的子公司及业务,将该子公司及业务自购买日至报告期末的收入、费用、利润纳入合并利润表,将其现金流量纳入合并现金流量表。

子公司、结构化主体少数股东分担的当期亏损超过了少数股东在该子公司、结构化主体期初所有者权益中所享有份额而形成的余额,冲减少数股东权益。

6.2.1.3 购买子公司少数股东股权

因购买少数股权新取得的长期股权投资成本与按照新增持股比例计算应享有子公司自购买日或合并日开始持续计算的净资产份额之间的差额,以及在不丧失控制权的情况下因部分处置对子公司的股权投资而取得的处置价款与处置长期股权投资相对应享有子公司自购买日或合并日开始持续计算的净资产份额之间的差额,均调整合并资产负债表中的资本公积(股本溢价),资本公积不足冲减的,调整留存收益。

6.2.1.4 丧失子公司控制权的处理

因处置部分股权投资或其他原因丧失了对原有子公司控制权的,剩余股权按照其在丧失控制权日的公允价值进行重新计量;处置股权取得的对价与剩余股权公允价值之和,减去按原持股比例计算应享有原有子公司自购买日开始持续计算的净资产账面价值的份额与商誉之和,形成的差额计入丧失控制权当期的投资收益。

与原有子公司的股权投资相关的其他综合收益等,在丧失控制权时转入当期损益,由于被投资方重新计量设定收益计划净负债或净资产变动而产生的其他综合收益除外。

6.2.2 金融工具

金融工具包括金融资产、金融负债和权益工具。

6.2.2.1 金融资产分类和计量方法

公司基于风险管理和投资策略等原因,将持有的金融资产分为四类:以公允价值计量且其变动计入当期损益的金融资产、持有至到期投资、贷款和应收款项、可供出售金融资产。

所有金融资产在初始确认时都以公允价值计量。对于以公允价值计量且其变动计入当期损益的金融资产,相关交易费用直接计入当期损益;对于其他类别的金融资产,相关交易费用计入初始确认金额。支付的价款中包含已宣告但尚未发放的现金股利或已到付息期但尚未领取的债券利息,单独确认为应收项目。

在初始确认时将某金融资产或某金融负债划分为以公允价值计量且其变动计入当期损益的金融资产或金融负债后,不能重分类为其他类金融资产或金融负债;其他类金融资产或金融负债也不能重分类为以公允价值计量且其变动计入当期损益的金融资产或金融负债。

卖出同一品种金融资产时,按移动加权平均法计算结转资产成本。

金融资产满足下列条件之一时,终止确认:(1)收取该金融资产现金流量的合同权利已终止;(2)该金融资产已转移,且符合《企业会计准则第 23 号——金融资产转移》规定的金融资产终止确认条件。

金融资产持有期间取得的利息或现金股利,确认为投资收益。

6.2.2.1.1 以公允价值计量且其变动计入当期损益的金融资产

该类金融工具的后续计量采用公允价值计量,所有已实现和未实现的损益均计入当期损益。交易性金融资产主要是指为了近期内出售而持有的金融资产,例如自营证券等以赚取差价为目的从二级市场购入的股票、债券、基金等。直接指定为以公允价值计量且其变动计入当期损益的金融资产，主要是指公司基于风险管理、投资策略等需要所指定的金融资产。

该类金融资产发生的公允价值变动计入公允价值变动损益。处置该类金融资产，其公允价值与初始入账金额之间的差额确认为投资收益，同时调整公允价值变动损益。

6.2.2.1.2　持有至到期投资

持有至到期投资指到期日固定、回收金额固定或可确定，且企业有明确意图和能力持有至到期的非衍生金融资产。

该类投资的账面价值以实际利率法计算的摊余成本减去减值准备计量，在持有期间按照摊余成本和实际利率计算确认的利息收入、处置收益，均计入投资收益。因持有意图或能力发生改变，使某项投资不再适合划分为持有至到期投资的，将其重分类为可供出售金融资产，并以公允价值进行后续计量。重分类日，该投资的账面价值与公允价值之间的差额计入所有者权益，在该可供出售金融资产发生减值或终止确认时转出，计入当期损益。

6.2.2.1.3　贷款和应收款项

公司将在活跃市场中没有报价、回收金额固定或可确定的非衍生金融资产作为贷款和应收款项，公司持有的该类资产主要是日常经营过程中形成的应收款项等债权。

6.2.2.1.4　可供出售金融资产

可供出售金融资产是初始确认时即被指定为可供出售的非衍生金融资产，以及没有划分为以公允价值计量且其变动计入当期损益的金融资产、持有至到期投资、贷款和应收款项的金融资产。

该类资产持有期间取得的利息或现金股利，计入投资收益。该类资产公允价值变动计入其他综合收益，在终止确认或发生减值时，以前在其他综合收益中列示的累计公允价值变动转出，计入当期投资收益。

6.2.2.1.5　金融资产减值

对于持有至到期投资、贷款，有客观证据表明其发生了减值的，根据其账面价值与预计未来现金流量现值之间的差额计算确认减值损失。

如果有客观证据表明可供出售金融资产发生减值，原直接计入所有者权益的因公允价值下降形成的累计损失，从所有者权益予以转出，计入当期损益。该转出的累计损失，为可供出售金融资产的初始取得成本扣除已收回本金和已摊销金额、当前公允价值和原已计入损益的减值损失后的余额。

对于已确认减值损失的可供出售债务工具，在随后的会计期间公允价值已上升且客观上与原减值损失确认后发生的事项有关的，原确认的减值损失予已转回，计入当期损益。可供出售权益工具投资发生的减值损失，不得通过损益转回。

对于权益工具投资，公司判断其公允价值发生“严重”或“非暂时性”下跌的具体量化标准、成本的计算方法、期末公允价值的确定方法，以及持续下跌期间的确定依据为：公允价值发生“严重”下跌的具体量化标准单项可供出售金融资产公允价值跌幅超过成本的50%以上；公允价值发生“非暂时性”下跌的具体量化标准持续下跌时间1年以上；成本的计算方法以购入时的成交价；期末公允价值的确定方法按详见“6.2.2.3 公允价值的确定方法”。

持续下跌期间的确定依据自权益工具投资公允价值跌幅超过成本当月开始计算，持续下跌12个月，如果期间公允价值回升且超过成本则终止计算持续下跌期间。

融出证券减值计提比照上述办法执行。

6.2.2.2　金融负债的分类及计量方法

公司的金融负债划分为以公允价值计量且其变动计入当期损益的金融负债和其他金融负债。

所有金融负债在初始确认时都以公允价值计量。对于以公允价值计量且其变动计入当期损益的金融负债，相关交易费用直接计入当期损益；对于其他金融负债，相关交易费用计入初始确认金额。

金融负债的现时义务全部或部分已解除时，才能终止确认该金融负债或其一部分。金融负债全部或部分终止确认的，企业应当将终止确认部分的账面价值与支付的对价（包括转出的非现金资产或承担的新金融负债）之间的差额，计入当期损益。

以公允价值计量且其变动计入当期损益的金融负债主要是指为了近期内回购而持有的创设权证等金融工具。直接指定为以公允价值计量且其变动计入当期损益的金融负债，主要是指公司基于风险管理、投资策略等需要所作的指定。

其他金融负债指除以公允价值计量且其变动计入当期损益的金融负债以外的金融负债，例如公司发行的债券、因购买商品产生的应付账款、长期应付款等，一般采用摊余成本进行后续计量。

6.2.2.3　公允价值的确定方法

公允价值是指在公平交易中，熟悉情况的交易双方自愿进行资产交换或者债务清偿的金额。在公平交易中，交易双方应当是持续经营企业，不打算或不需要进行清算、重大缩减经营规模，或在不利条件下仍进行交易。

6.2.2.3.1　金融工具公允价值的初始确认

初始取得或源生的金融资产或承担的金融负债，以市场交易价格作为确定其公允价值的基础。债务工具的公允价值，根据取得日或发行日的市场情况和当前市场情况，或其他类似债务工具（有类似的剩余期限、现金流量模式、标价币种、信用风险、担保和利率基础等）的当前市场利率确定。债务人的信用风险和适用的信用风险贴水在债务工具发行后没有改变的，使用基准利率估计当前市场利率确定债务工具的公允价值。债务人的信用风险和相应的信用风险贴水在债务工具发行后发生改变的，参考类似债务工具的当前价格或利率，并考虑金融工具之间的差异调整，确定债务工具的公允价值。

采用未来现金流量折现法确定金融工具公允价值的，使用合同条款和特征在实质上相同的其他金融工具的市场收益率作为折现率。金融工具的条款和特征，包括金融工具本身的信用质量、合同规定采用固定利率计息的剩余期间、支付本金的剩余期间以及支付时采用的货币等。没有标明利率的短期应收款项和应付款项的现值与实际交易价格相差很小的，可以按照实际交易价格计量。

6.2.2.3.2　金融工具公允价值后续确认

存在活跃市场的金融资产或金融负债，活跃市场中的报价应当用于确定其公允价值。活跃市场中的报价是指易于定期从交易所、经纪商、行业协会、定价服务机构等获得的价格，且代表在公平交易中实际发生的市场交易的价格。

金融工具不存在活跃市场的，采用适当的估值技术，审慎确认其公允价值。采用估值技术得出的结果，应当反映估值日在公平交易中可能采用的交易价格。估值技术包括参考熟悉情况并自愿交易的各方最近进行的市场交易中使用的价格、参照实质上相同的其他金融工具的当前公允价值、现金流量折现法和期权定价模型等。

对于没有报价且其公允价值不能可靠计量的金融资产投资，按成本计量。

6.2.2.4　金融资产转移确认依据和计量及会计处理方法

6.2.2.4.1　公司在已将金融资产所有权上几乎所有的风险和报酬转移给转入方时终止对该项金融资产的确认

公司在金融资产整体转移满足终止确认条件的，将下列两项的差额计入当期损益：

（1）所转移金融资产的账面价值。

（2）因转移而收到的对价与原直接计入所有者权益的公允价值变动累计额之和。公司的金融资产部分转移满足终止确认条件的，将所转移金融资产整体的账面价值，在终止确认部分和未终止确认部分之间，按照各自的相对公允价值进行分摊，并将下列两项金额的差额计入当期损益：终止确认部分的账面价值；终止确认部分的对价与原直接计入所有者权益的公允价值变动累计额中对应终止确认部分的金额之和。

6.2.2.4.2　金融资产转移不满足终止确认条件的，继续确认该金融资产，将所收到的对价确认为一项金融负债

对于采用继续涉入方式的金融资产转移，公司应当按照继续涉入所转移金融资产的程度确认一项金融资产，同时确认一项金融负债。

6.2.3　固定资产

6.2.3.1　固定资产确认条件

固定资产指为生产商品、提供劳务、出租或经营管理而持有的，使用寿命超过一个会计年度的有形资产。同时，满足以下条件时予以确认：与该固定资产有关的经济利益很可能流入企业；该固定资产的成本能够可靠地计量。

6.2.3.2　固定资产的初始计量

公司固定资产按成本进行初始计量。其中，外购的固定资产的成本包括买价、进口关税等相关税费，以及为使固定资产达到预定可使用状态前所发生的可直接归属于该资产的其他支出。自行建造固定资产的成本，由建造该项资产达到预定可使用状态前所发生的必要支出构成。投资者投入的固定资产，按投资合同或协议约定的价值作为入账价值，但合同或协议约定价值不公允的按公允价值入账。购买固定资产的价款超过正常信用条件延期支付，实质上具有融资性质的，固定资产的成本以购买价款的现值为基础确定。实际支付的价款与购买价款的现值之间的差额，除应予资本化的以外，在信用期间内计入当期损益。

6.2.3.3　固定资产的分类和折旧方法

公司固定资产主要分为房屋建筑物、机械设备、电子设备、运输设备等。折旧方法采用年限平均法。根据各类固定资产的性质和使用情况，确定固定资产的使用寿命和预计净残值，并在年度终了，对固定资产的使用寿命、预计净残值和折旧方法进行复核，如与原先估计数存在差异的，进行相应的调整。除已提足折旧仍继续使用的固定资产和单独计价入账的土地之外，公司对所有固定资产计提折旧。

资产类别	预计使用寿命（年）	预计净残值率（%）	年折旧率（%）
房屋及建筑物	20～40	3	2.425～4.85
运输设备	5～8	3	12.125～19.4
电子设备	3～10	3	9.7～32.33
其他设备	3～10	3	9.7～32.33

6.2.3.4　固定资产的后续支出

与固定资产有关的后续支出，符合固定资产确认条件的，计入固定资产成本；对于被替换的部分，终止确认其账面价值；不符合固定资产确认条件的，如固定资产日常修理和大修理，在发生时计入当期损益。

6.2.3.5　固定资产处置

当固定资产被处置、或者预期通过使用或处置不能产生经济利益时，终止确认该固定资产。固定资产出售、转让、报废或毁损的处置收入扣除其账面价值和相关税费后的金额计入当期损益。

6.2.4　无形资产

6.2.4.1　无形资产的计价方法

公司无形资产按照成本进行初始计量。购入的无形资产，按实际支付的价款和相关支出作为实际成本。投资者投入的无形资产，按投资合同或协议约定的价值确定实际成本，但合同或协议约定价值不公允的，按公允价值确定实际成本。自行开发的无形资产，其成本为达到预定用途前所发生的支出总额。

公司无形资产后续计量方法分别为：使用寿命有限无形资产采用直线法摊销，并在年度终了，对无形资产的使用寿命和摊销方法进行复核，如与原先估计数存在差异的，进行相应的调整；使用寿命不确定的无形资产不摊销，但在年度终了，对使用寿命进行复核，当有确凿证据表明其使用寿命是有限的，则估计其使用寿命，按直线法进行摊销。

6.2.4.2　使用寿命不确定的判断依据

公司将无法预见该资产为公司带来经济利益的期限，或使用期限不确定等无形资产确定为使用寿命不确定的无形资产。使用寿命不确定的判断依据为：来源于合同性权利或其他法定权利，但合同规定或法律规定无明确使用年限；综合同行业情况或相关专家论证等，仍无法判断无形资产为公司带来经济利益的期限。

每年年末，对使用寿命不确定无形资产使用寿命进行复核，主要采取自下而上的方式，由无形资产使用相关部门进行基础复核，评价使用寿命不确定判断依据是否存在变化等。

6.2.5　长期待摊费用

公司长期待摊费用是指已经支出，但受益期限在1年以上（不含1年）的各项费用。长期待摊费用按费用项目的受益期限分期摊销。若长期待摊的费用项目不能使以后会计期间受益，则将尚未摊销的该项目的摊余价值全部转入当期损益。

6.2.6　长期资产减值

长期股权投资、固定资产、在建工程、无形资产、商誉等长期资产于资产负债表日存在减值迹象的，进行减值测试。减值测试结果表明资产的可收回金额低于其账面价值的，按其差额计提减值准备并计入减值损失。

可收回金额为资产的公允价值减去处置费用后的净额与

资产预计未来现金流量的现值两者之间的较高者。资产减值准备按单项资产为基础计算并确认，如果难以对单项资产的可收回金额进行估计的，以该资产所属的资产组确定资产组的可收回金额。资产组是能够独立产生现金流入的最小资产组合。

在财务报表中单独列示的商誉，无论是否存在减值迹象，至少每年进行减值测试。减值测试时，商誉的账面价值分摊至预期从企业合并的协同效应中受益的资产组或资产组组合。测试结果表明包含分摊的商誉的资产组或资产组组合的可收回金额低于其账面价值的，确认相应的减值损失。减值损失金额先抵减分摊至该资产组或资产组组合的商誉的账面价值，再根据资产组或资产组组合中除商誉以外的其他各项资产的账面价值所占比重，按比例抵减其他各项资产的账面价值。

上述资产减值损失一经确认，以后期间不予转回价值得以恢复的部分。

6.2.7 收入

收入在经济利益很可能流入公司、且金额能够可靠计量，并同时满足各项经营活动的特定收入确认标准时予以确认。公司收入确认原则如下：

6.2.7.1 手续费及佣金收入

公司作为信托业务受托人取得的信托报酬，包括固定管理费收入和浮动管理费收入。其中，固定管理费收入按合同或协议约定的受托人报酬率及提供服务的会计期间确认手续费及佣金收入。浮动管理费收入，公司会进行重大转回可能性评估，对于收取金额的计算要素均已明确时，确认收入。

6.2.7.2 利息收入

利息收入金额，按照他人使用本企业货币资金的时间和实际利率计算确定。实际利率是指按金融工具的预计存续期间或更短期间将其预计未来现金流入折现至其金融资产账面净值的利率。利息收入的计算需要考虑金融工具的合同条款并且包括所有归属于实际利率组成部分的费用和所有交易成本，但不包括未来贷款损失。当单项金融资产或一组类似的金融资产发生减值，利息收入将按原实际利率和减值后的账面价值计算。

6.2.7.3 投资收益

投资收益包含各项投资产生的利息收入、股息收入、分红收入以及除以公允价值计量且其变动计入当期损益的金融资产等由于公允价值变动形成的应计入公允价值变动损益之外的已实现利得或损失。

6.2.7.4 公允价值变动损益

公允价值变动损益是指以公允价值计量且其变动计入当期损益的金融资产的公允价值变动形成的应计入当期损益的利得或损失。

6.2.7.5 其他业务收入

其他业务收入包括房屋租赁收入在内的除上述收入外的其他经营活动实现的收入。

6.2.8 所得税

公司所得税的会计核算采用资产负债表债务法。根据资产、负债的账面价值与其计税基础之间的差额（未作为资产和负债确认的项目按照税法规定可以确定其计税基础的，确定该计税基础为其差额），按照预期收回该资产或清偿该负债期间的适用税率计算确认递延所得税资产或递延所得税负债。

递延所得税资产的确认以很可能取得用来抵扣可抵扣暂时性差异的应纳税所得额为限。资产负债表日，有确凿证据表明未来期间很可能获得足够的应纳税所得额用来抵扣可抵扣暂时性差异的，确认以前会计期间未确认的递延所得税资产。如未来期间很可能无法获得足够的应纳税所得额用以抵扣递延所得税资产的，则减记递延所得税资产的账面价值。

6.2.9 会计政策变更及前期差错更正

6.2.9.1 会计政策变更

公司本期无重要的会计政策变更。

6.2.9.2 前期差错更正

公司本期无重要的会计差错更正。

6.3 或有事项说明

截至财务报告报出日，公司代表达到控制的结构化主体作为原告涉及的未决诉讼3宗，涉诉本金金额为9.21亿元。

6.4 重要资产转让及其出售的说明

报告期内，公司无重大资产转让及出售事项。

6.5 会计报表中重要项目的明细资料

6.5.1 固有资产经营情况

6.5.1.1 信用风险资产五级分类情况

按照《中国银行业监督管理委员会关于非银行金融机构全面推行资产质量五级分类管理的通知》的分类标准，本年度公司固有资产质量情况如下：

信用风险资产五级分类	正常类（万元）	关注类（万元）	次级类（万元）	可疑类（万元）	损失类（万元）	信用风险资产合计（万元）	不良资产合计（万元）	不良资产率（%）
期初数	226 415.06	—	27 999.65	22 804.36	28 109.23	305 328.30	78 913.24	25.85
期末数	191 227.48	59 630.33	31 487.79	117 577.86	15 883.01	415 806.47	164 948.66	39.67

注：按净值计算，不良资产合计＝次级类＋可疑类＋损失类。

6.5.1.2 资产减值准备情况

单位：万元

项目	期初数	本期计提	本期转回	本期核销	期末数
坏账准备	129 174.54	3.19	5 278.28	15 364.32	108 535.13

续表

项目	期初数	本期计提	本期转回	本期核销	期末数
可供出售金融资产减值准备	384 077.83	83 347.23	—	62 536.12	404 888.94

6.5.1.3　固有股票投资、基金投资、债券投资、长期投资等投资情况

单位:万元

	固有股票	基金	债券	长期投资	其他投资	合计
期初数	51 116.86	7 463.44	—	112 974.82	81 473.20	253 028.32
期末数	29 548.36	2 834.69	—	112 974.82	204 645.83	350 003.70

6.5.1.4　表外业务的期初数、期末数

单位:万元

表外业务	期初数	期末数
担保业务	—	—
代理业务(委托业务)	—	—
其他	—	22 565.45
合计	—	22 565.45

注:其他为用于融资质押的股票,质押到期日为办理解除质押登记之日。

6.5.1.5　公司当年的收入结构

收入结构	合并		母公司	
	金额(万元)	占比(%)	金额(万元)	占比(%)
手续费及佣金收入	58 752.38	132.94	58 378.05	417.37
其中:信托手续费收入	58 752.38	132.94	58 378.05	417.37
投资银行业务收入	—	—	—	—
利息收入	2 624.54	5.94	2 292.59	16.39
其他业务收入	0.02	—	0.02	—
其中:计入信托业务收入部分	—	—	—	—
投资收益	-17 263.61	-39.06	-46 764.16	-334.34
其中:股权投资收益		—		—
证券投资收益	-3 912.39	-8.85	-3 912.39	-27.97
其他投资收益	-13 351.22	-30.21	-42 851.77	-306.37
其他收益	80.34	0.18	80.34	0.57
公允价值变动收益	—	—	—	—
汇兑损益	—	—	—	—
资产处置收益(损失以"-"号填列)	0.15	—	0.15	—
收入合计	44 193.82	100.00	13 986.99	100.00

6.5.2　披露信托资产管理情况

6.5.2.1　信托资产的期初数、期末数

单位:万元

信托资产	期初数	期末数
集合	3 275 578.55	3 888 136.47
单一	5 342 946.86	3 703 476.52
财产权	824 217.14	539 500.47
合计	9 442 742.55	8 131 113.46

6.5.2.2　主动管理型信托业务期初数、期末数

单位:万元

主动管理型信托资产	期初数	期末数
投资类	650 050.53	1 815 997.15
融资类	2 641 704.31	2 168 417.97
合计	3 291 754.84	3 984 415.12

6.5.2.3　被动管理型信托业务期初数、期末数

单位:万元

被动管理型信托资产	期初数	期末数
投资类	2 560 135.27	2 065 407.44
融资类	3 590 852.44	2 081 290.90
合计	6 150 987.71	4 146 698.34

6.5.2.4　本年度已清算结束的信托项目个数、实收信托合计金额、加权平均实际年化收益率

6.5.2.4.1　本年度已清算结束的集合类、单一类信托项目和财产管理类信托项目个数、实收信托合计金额、加权平均实际年化收益率

已清算结束的信托项目	项目个数(个)	实收信托合计金额(万元)	加权平均实际年化收益率(%)
集合类	35	745 344.92	7.89
单一类	46	1 816 684.62	5.91
财产管理类	6	440 123.94	—
合计	87	3 002 153.48	5.53

6.5.2.4.2　本年度已清算结束的主动管理型信托项目个数、实收信托合计金额、加权平均实际年化收益率

已清算结束的主动管理型信托项目	项目个数(个)	实收信托合计金额(万元)	加权平均实际年化收益率(%)
证券投资类	1	25 900.00	19.81
其他投资类	5	91 560.00	8.75
融资类	31	582 184.92	7.68
合计	37	699 644.92	8.27

6.5.2.4.3　本年度已清算结束的被动管理型信托项目个数、实收信托合计金额、加权平均实际年化收益率

已清算结束的被动管理型信托项目	项目个数(个)	实收信托合计金额(万元)	加权平均实际年化收益率(%)
证券投资类	—	—	—
其他投资类	6	440 123.94	—
融资类	44	1 862 384.62	5.81
合计	50	2 302 508.56	4.70

6.5.2.4.4　本年度新增的集合类、单一类和财产管理类信托项目个数、实收信托合计金额

新增信托项目	项目个数(个)	实收信托合计金额(万元)
集合类	63	3 041 088.07
单一类	4	316 520.00
财产管理类	1	155 400.00
新增合计	68	3 513 008.07
其中:主动管理型	66	3 235 008.07
被动管理型	2	278 000.00

6.5.2.5　信托创新研究成果

为适应资金信托新规和行业转型发展要求,公司广泛引进标品业务投资人才,研究探索标品类产品创新模式,并在此基础上规划建设信息化系统,支持标品业务的管理、交易和运营。

目前，公司已研究创设服务信托、资产支持证券专项计划等，并搭建了包括纯债系列、固收+系列、量化FOF系列、权益组合投资基金系列等产品线，满足不同风险偏好投资者的需求。

6.5.2.6 公司履行受托人义务情况

公司按照《中华人民共和国信托法》《信托公司管理办法》和《信托公司集合资金信托计划管理办法》的规定，严格履行受托人的义务，严格遵守信托文件的规定，恪尽职守，履行诚实、信用、谨慎、有效管理的义务，为受益人的最大权益处理信托事务。

6.5.2.7 信托赔偿准备的提取、使用和管理情况

公司信托赔偿准备金报告期期末余额为14 829.28万元。本报告期内，公司正常管理信托赔偿准备金，由于亏损无须计提信托赔偿准备金，未使用该准备金。

6.6 关联方关系及其交易的披露

6.6.1 关联交易方的数量、关联交易的总金额及关联交易的定价

项目	关联方交易数量（个）	关联交易金额（万元）	定价政策
合计	3	395 125.58	市场交易价格

6.6.2 关联交易方与公司的关系性质、关联交易方的名称、法定代表人、注册地址、注册资本及主营业务

关系性质	关联方名称	法定代表人	注册地址	注册资本（万元）	主营业务
控股股东	雪松控股集团有限公司	范佳昱	广州市黄埔区中新广州知识城亿创街1号406房之27	600 000	投资管理服务；资产管理（不含许可审批项目）；企业管理服务（涉及许可经营项目的除外）；企业总部管理。
参股股东	江西省江信国际大厦有限公司	解西祥	江西省南昌市西湖区北京西路88号江信国际大厦25楼	21 000	对各类行业的投资及管理；建筑工程；装饰工程；物业管理；房屋租赁；商务服务；科技交流和推广服务；环境管理；城建设施管理；计算机服务；国内贸易，进出口贸易；货物销售（依法须经批准的项目，经相关部门批准后方可开展经营活动）。
控股股东之子公司	广州雪松文化旅游投资有限公司	陈晖	广州市黄埔区中新知识城亿创街1号406房之29	100 000	企业总部管理；酒店管理；物业管理；柜台、摊位出租；停车场服务；房地产咨询；以自有资金从事投资活动。

6.6.3 公司与关联方的重大交易事项

6.6.3.1 固有财产与关联方

单位：万元

固有与关联方关联交易				
交易方式	期初数	本期增加	本期减少	期末数
贷款	—	357 121.28	84 618.90	272 502.38
投资	—	—	—	—
租赁	146.92	904.30	1 022.91	28.31
担保	—	—	—	—
应收账款	—	—	—	—
其他	—	—	—	—
合计	146.92	358 025.58	85 641.81	272 530.69

注：贷款事项为关联方向公司提供流动性支持款。

6.6.3.2 信托资产与关联方交易

单位：万元

信托与关联方关联交易				
交易方式	期初数	本期增加	本期减少	期末数
贷款	—	—	—	—
投资	—	4 000.00	—	4 000.00
租赁	—	—	—	—
担保	—	—	—	—
应收账款	—	—	—	—
其他	—	33 100.00	—	33 100.00
合计	—	37 100.00	—	37 100.00

6.6.3.3 固有财产和信托财产之间的交易

单位：万元

固有财产与信托财产相互交易			
项目	期初数	本期发生额	期末数
合计	148 677.41	110 781.45	259 458.86

6.6.3.4 信托财产与信托财产之间的交易

单位：万元

信托财产与信托财产相互交易			
项目	期初数	本期发生额	期末数
合计	293 459.65	−293 459.65	—

6.6.4 关联方逾期未偿还公司资金的详细情况以及公司为关联方担保发生或即将发生垫款的情况

报告期内，关联方无逾期不偿还公司资金的情况，公司无为关联方担保发生或即将发生垫款情况。

7. 财务情况说明书

7.1 利润实现和分配情况

公司报告期期初未分配利润为−23.74亿元，报告期净亏损为7.28亿元，冲回一般风险准备为1 788.50万元。截至2020年12月31日，公司未分配利润为−31.20亿元。报告期亏损主要是公司处置不良资产及对历史逾期风险项目计提减值准备所致。

7.2 主要财务指标

指标名称	指标值	
	合并	母公司
资本利润率（%）	−45.09	−64.27
人均利润率（万元）	−78.71	−155.23

注：1. 资本利润率=净利润/所有者权益平均余额×100%。

2. 人均净利润=净利润/年平均人数。

3. 平均值采取期初、期末余额简单平均法。

7.3 对公司财务状况、经营成果有重大影响的其他事项

报告期内,无对公司财务状况、经营成果有重大影响的其他事项。

8. 特别事项揭示

8.1 前五名股东报告期内变动情况及原因

报告期内,公司前五名股东未发生变动。

8.2 董事、监事及高级管理人员变动情况及原因

2020年,原董事长林伟龙、原董事刘湖源和陈晖辞任。公司先后于2020年7月4日、7月8日召开了2020年第二次、第三次股东大会,选举产生非独立董事赵斌、李尚荣及非独立董事、董事长祁绍斌。上述人员已取得江西银保监局董事任职资格批复。

2020年,原监事会主席赵斌辞任,公司于2020年7月4日召开了2020年第二次股东大会,选举韩伟明为第三届监事会非职工监事,与非职工监事张轶骞、职工监事王雁共同组成公司第三届监事会。

8.3 变更注册资本、变更注册地或公司名称、公司分立合并事项

2020年9月22日,公司2020年第四次股东大会审议通过:拟将公司住所变更为江西省南昌市红谷滩区金融大街777号博能金融中心27—28层;经中国银行保险监督管理委员会江西监管局《江西银保监局关于雪松国际信托股份有限公司变更住所的批复》(赣银保监复[2020]269号)对公司住所变更进行核准。公司于2020年10月22日完成了住所变更的工商登记手续,并已取得江西省市场监督管理局换发的营业执照,公司住所由江西省南昌市西湖区北京西路83号变更为江西省南昌市红谷滩区金融大街777号博能金融中心27—28层。

8.4 公司的重大诉讼事项

公司与国盛金融控股集团股份有限公司就国盛证券有限责任公司业绩承诺事项发生的相关诉讼,被最高人民法院于2020年4月27日下发的《民事裁定书》[(2020)最高法民终358号]驳回。公司在上年年度报告中详细披露了相关过程。截至报告期末,相关争议尚未进入实质审理阶段。

此外,截至报告期末,公司共计25个主动管理类信托项目正通过司法途径进行清收,其中诉讼未决项目4个。公司代表相关信托计划积极依法主张债权,并聘请了专业法律服务机构代理诉讼事务。

8.5 公司及其高级管理人员受到处罚的情况

报告期内,公司及其高级管理人员不存在受到处罚的情况。

8.6 中国银保监会及其派出机构对公司检查后提出整改意见的,应简单说明整改情况

公司严格遵循监管的工作指令,高度重视监管部门给出的监管意见,严格按照有关要求力行整改,责任到人。报告期内,公司先后向监管部门报告了公司在落实资管新规开展存量信托业务整改、通道类业务压缩、房地产信托业务规模管控以及风险处置等方面的整改方案、工作举措及具体实效。

8.7 本年度重大事项临时报告的简要内容、披露时间、所披露的媒体及其版面

雪松国际信托股份有限公司关于公司董事长及法定代表人变更的公告,2020年10月10日披露于《上海证券报》信息披露9版。

雪松国际信托股份有限公司关于公司住所变更的公告,2020年10月24日披露于《上海证券报》信息披露9版。

雪松国际信托股份有限公司关于修改公司章程的公告,2020年12月3日披露于《上海证券报》信息披露91版。

8.8 其他有必要让客户及相关利益人了解的重要信息

报告期内,无其他有必要让客户及相关利益人了解的重要信息。

9. 公司监事会意见

公司监事会根据相关法律法规的规定,对公司依法运作情况及财务状况进行了监督检查,认为公司依法运作,董事、监事和高级管理人员按照相关法律法规、公司章程及公司各项管理制度的要求,以公司和全体股东的利益为重,诚信、忠实、谨慎、勤勉地履行职责,在报告期内未发现有损害公司利益和股东利益的行为或给公司造成经济损失和恶劣影响的渎职失职行为。公司审计报告中披露的财务信息,真实地反映了公司的财务状况和经营成果。

英大国际信托有限责任公司

1. 重要提示

1.1 本公司董事会及董事保证本报告所载资料不存在任何虚假记载、误导性陈述或者重大遗漏,并对其内容的真实性、准确性和完整性承担个别及连带责任。

1.2 本公司董事长王剑波、总经理俞华军、财务负责人李芳声明:保证年度报告中财务报告的真实、准确、完整。

1.3 本公司独立董事金李、徐卫晖、江迎春对年度报告内容的真实性、准确性、完整性无异议。

2. 公司概况

2.1 公司简介

英大国际信托有限责任公司的前身为济南市国际信托投资公司,成立于1987年3月。2001年12月31日,经中国人民银行银复〔2001〕264号文批复,获得中华人民共和国信托机构法人许可证,注册资本增至5亿元,名称变更为英大国际信托投资有限责任公司。2003年11月26日,经中国银监会山东监管局核准,获得中华人民共和国金融许可证。2006年,公司实施增资扩股,国家电网有限公司成为第一大股东,注册资本增至15亿元。2007年9月,经中国银监会审批,公司换发金融许可证,名称变更为英大国际信托有限责任公司。2009年9月,国家电网有限公司将持有的公司股权划转至国网资产管理有限公司(现已更名为国网英大国际控股集团有限公司),国网资产管理有限公司成为控股股东。2010年7月,经监管及政府部门批准,公司注册地迁至北京。2012年12月,公司注册资本由15亿元增加至18.22亿元。2015年8月,公司注册资本变更为30.22亿元。2018年2月,公司引入战略投资者,中国南方电网有限责任公司成功入股,公司股权和治理结构进一步优化,注册资本增加至40.29亿元。2020年2月,国网英大国际控股集团有限公司等4家股东单位将持有的公司73.49%股权转让给上海置信电气股份有限公司(现已更名为国网英大股份有限公司),国网英大股份有限公司成为控股股东。

2.1.1 公司中文名称:英大国际信托有限责任公司

英文:Yingda International Trust Co. Ltd.

缩写:英大信托

2.1.2 法定代表人:王剑波

2.1.3 注册地址:北京市东城区建国门内大街乙18号院1号楼英大国际大厦4层

邮编:100005

2.1.4 互联网网址:www.yditc.sgcc.com.cn

电子信箱:yditc@yditc.sgcc.com.cn

2.1.5 信息披露负责人:翟红卫

信息披露联系人:张航

联系电话:010-51960201

传　　真:010-51960222

电子信箱:xinxipilu@yditc.sgcc.com.cn

2.1.6 信息披露媒体:《上海证券报》《金融时报》

2.1.7 公司年报备置地点:北京市东城区建国门内大街乙18号院1号楼英大国际大厦4层

2.1.8 聘请的会计师事务所:信永中和会计师事务所(特殊普通合伙)

住所:北京市东城区朝阳门北大街8号富华大厦A座8层

2.1.9 聘请的律师事务所:兰台律师事务所

住所:北京市朝阳区曙光西里甲一号B座29层

2.2 组织结构

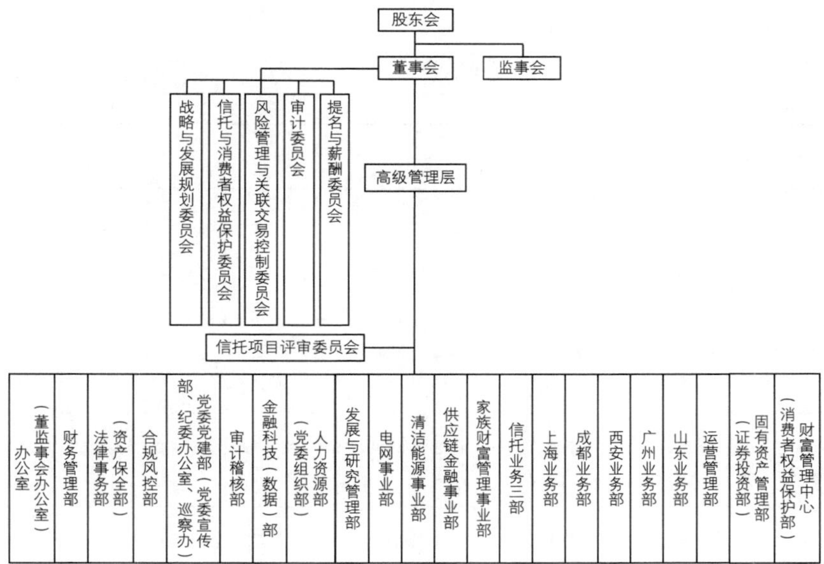

3. 公司治理

3.1 公司治理结构

3.1.1 股东

报告期末股东总数为4家，实收资本为40.29亿元，持股比例超过10%的两家股东情况如下：

股东名称	持股比例（%）	法人代表	注册资本（万元）	注册地址	主要经营业务
国网英大股份有限公司	73.49	谭真勇	571 843.5744	中国（上海）自由贸易试验区国耀路211号C座9层	投资管理、资产管理、企业管理、商务信息咨询服务、投资咨询服务、投资顾问；电气（母线槽、高低压柜、开关箱、变压器、箱式变电站、电缆、输配电工具及材料）领域、节能环保领域、电子信息科技领域的技术咨询、技术开发、技术转让、技术服务；电力设备及系统、输配电设备及配件、节能环保设备、仪器仪表的销售；电力设施承装、承修、承试；各类工程建设活动；货物进出口、技术进出口。
中国南方电网有限责任公司	25.00	孟振平	6 000 000	广东省广州市萝岗区科学城科翔路11号	投资、建设和经营管理南方区域电网，经营相关的输配电业务；参与投资、建设和经营相关的跨区域输变电和联网工程；从事电力购销业务，负责电力交易和调度，管理南方区域电网电力调度交易中心；根据国家有关规定，经有关部门批准，从事国内外投融资业务；经国家批准，自主开展外贸流通经营、国际合作、对外工程承包和对外劳务合作等业务；从事与电网经营和电力供应有关的科学研究、技术开发、电力生产调度信息通信、咨询服务和培训业务；经营国家批准或允许的其他业务。

3.1.2 董事、董事会及其下属委员会

董事长及董事名单

姓名	职务	性别	年龄（岁）	选任日期	所推举的股东名称	该股东持股比例（%）	简要履历
王剑波	董事长	男	56	2015年3月	国网英大股份有限公司	73.49	中南财经大学财务会计专业本科，现任英大国际信托有限责任公司董事长。
俞华军	董事	男	45	2020年10月	国网英大股份有限公司	73.49	阿肯色大学工商管理硕士研究生，现任英大国际信托有限公司董事、总经理。
赵现军	董事	男	45	2019年12月	国网英大股份有限公司	73.49	北京大学金融学专业硕士，现任国网英大国际控股集团有限公司副总经理。
张彤宇	董事	男	51	2008年12月	国网英大股份有限公司	73.49	厦门大学审计学专业本科，现任国网英大股份有限公司资产管理业务部主任。
周鹏举	董事	男	54	2018年7月	中国南方电网有限责任公司	25.00	西南财经大学会计学专业硕士研究生，现任南方电网资本控股有限公司董事长。
马亚军	职工董事	男	47	2019年4月	—	—	西安交通大学应用经济学专业博士研究生，现任英大国际信托有限责任公司副总经理。

独立董事

姓名	性别	年龄（岁）	选任日期	所推举的股东名称	该股东持股比例（%）	简要履历
金　李	男	50	2018 年 7 月	—	—	美国麻省理工大学斯隆工商管理学院博士研究生，现任北京大学光华管理学院金融系讲席教授，北京大学国家金融研究中心主任。
徐卫晖	男	50	2018 年 7 月	—	—	中国人民大学商学院工商管理专业硕士研究生，现任联想集团副总裁。
江迎春	女	51	2018 年 7 月	—	—	华东政法学院法学专业本科，现任北京市隆安律师事务所高级合伙人。

董事会下属委员会组成情况

董事会下属委员会名称	职责	组成人员	
战略与发展规划委员会	负责公司长期发展战略规划，对公司重大投资、重大资本运作和资产运营等事项进行研究，提出建议。	主任委员	王剑波
		委员	俞华军
		委员	金　李
信托与消费者权益保护委员会	督促公司依法履行受托职责，当公司或股东利益与受益人利益发生冲突时，保证公司为受益人的最大利益服务；监督公司金融消费者权益保护工作，确保消费者权益保护战略目标和政策得到有效执行。	主任委员	徐卫晖
		委员	赵现军
		委员	周鹏举
风险管理与关联交易控制委员会	监督、评估公司的风险管理状况，提出完善风险管理和内部控制的意见；负责关联交易管理及政策制定，审批关联交易事项，控制关联交易风险。	主任委员	金　李
		委员	江迎春
		委员	马亚军
审计委员会	负责检查风险及合规状况、会计政策、财务状况，审核内部审计管理制度、财务信息及披露，监督公司内、外部审计工作，提出审计工作改进意见。	主任委员	江迎春
		委员	张彤宇
		委员	马亚军
提名与薪酬委员会	负责审核公司的人事与薪酬管理制度，监督公司人力资源管理工作，对人力资源管理及绩效考核等工作提出建议和意见。	主任委员	赵现军
		委员	周鹏举
		委员	徐卫晖

3.1.3　监事、监事会及其下属委员会

监事会成员概况

姓名	职务	性别	年龄（岁）	选任日期	所推举的股东名称	该股东持股比例（%）	简要履历
史厚云	监事会主席	男	49	2015 年 3 月	国网英大股份有限公司	73.49	中国社科院研究生院工商管理专业硕士研究生，现任国家电网有限公司审计部副主任。
苗　苗	监事	女	40	2020 年 8 月	济钢集团有限公司	0.82	中央财经大学财政学专业硕士，现任济钢集团有限公司财务部副经理。
冯　书	职工监事	女	49	2019 年 1 月	—	—	西北大学政治经济学系硕士研究生，现任英大国际信托有限责任公司运营管理部主任。

3.1.4　高级管理人员

姓名	职务	性别	年龄（岁）	选任日期	金融从业年限（年）	学历	专业	简要履历
俞华军	总经理	男	45	2020 年 10 月	16	硕士研究生	工商管理	1996 年 7 月参加工作，2020 年 10 月加入公司，曾任英大泰和财产保险股份有限公司副总经理、总会计师；现任英大国际信托有限责任公司董事、总经理。
刘卫东	副总经理	男	58	2015 年 3 月	8	硕士研究生	工商管理	1984 年 9 月参加工作，2010 年 12 月加入公司，曾任英大国际信托有限责任公司总会计师；现任英大国际信托有限责任公司副总经理。
王迎新	副总经理	男	52	2013 年 12 月	20	硕士研究生	工商管理	1992 年 7 月参加工作，1999 年 12 月加入公司，曾任英大国际信托有限责任公司总经理助理；现任英大国际信托有限责任公司副总经理。
马亚军	副总经理	男	47	2020 年 10 月	13	博士研究生	应用经济学	1990 年 7 月参加工作，2018 年 8 月加入公司，曾任英大泰和人寿保险股份有限公司总经理助理兼发展策划部总经理；现任英大国际信托有限责任公司副总经理。
李　芳	总会计师	女	46	2020 年 10 月	—	硕士研究生	会计专业	2000 年 8 月参加工作，2020 年 10 月加入公司，曾任南瑞集团有限公司（国网电力研究院有限公司）副总会计师；现任英大国际信托有限责任公司总会计师。

续表

姓名	职务	性别	年龄（岁）	选任日期	金融从业年限（年）	学历	专业	简要履历
李翔宇	总经理助理	男	39	2016 年 3 月	12	硕士研究生	工商管理	2007 年 7 月参加工作，2015 年 10 月加入公司，曾任中融信托有限公司基础设施及能源产业部总经理；现任英大国际信托有限责任公司总经理助理兼金融科技（数据）部主任。
左士民	总经理助理	男	47	2020 年 4 月	8	硕士研究生	工商管理	1993 年 8 月参加工作，2012 年 10 月加入公司，曾任英大国际信托有限责任公司电网事业部总经理；现任英大国际信托有限责任公司总经理助理。
翟红卫	董事会秘书	女	53	2018 年 6 月	32	硕士研究生	工商管理	1987 年 7 月参加工作，1992 年 9 月加入公司，曾任英大国际信托有限责任公司办公室（董监办）主任；现任英大国际信托有限责任公司董事会秘书、总法律顾问兼法律事务部（资产保全部）主任。

3.1.5 公司员工

最近两个年度职工人数、年龄分布、学历分布、岗位分布，所有层级加总整体为 100%。

项目		报告期年度		上年度	
		人数（人）	比例（%）	人数（人）	比例（%）
年龄分布	20 岁及以下	—	—	—	—
	20 ~29 岁	39	19.80	38	21.11
	30 ~39 岁	83	42.13	72	40.00
	40 岁及以上	75	38.07	70	38.89
学历分布	博士	5	2.54	6	3.33
	硕士	144	73.10	126	70.00
	本科	36	18.27	36	20.00
	专科	7	3.55	7	3.89
	其他	5	2.54	5	2.78
岗位分布	董事、监事及其他高级管理人员	10	3.55	7	3.89
	自营业务人员	10	5.08	8	4.44
	信托业务人员	93	47.21	84	46.67
	其他人员	84	44.16	81	45.00
合计		197	100	180	100

3.1.6 根据《信托公司股权管理暂行办法》需要披露的相关信息

3.1.6.1 报告期末公司股东出资额情况

序号	股东名称	出资情况	
		出资额（万元）	持股比例（%）
1	国网英大股份有限公司	296 089.66	73.49
2	中国南方电网有限责任公司	100 725.15	25.00
3	济钢集团有限公司	3 317.41	0.82
4	山东网瑞物产有限公司	2 768.38	0.69
合计		402 900.59	100

3.1.6.2 报告期末主要股东及其控股股东、实际控制人、关联方、一致行动人、最终受益人情况

根据《信托公司股权管理暂行办法》相关规定，公司主要股东包括国网英大股份有限公司、中国南方电网有限责任公司、济钢集团有限公司。

国网英大股份有限公司出资比例为 73.49%，对公司经营管理存在重大影响。认定依据是持有公司 73.49% 的股权。

中国南方电网有限责任公司出资比例为 25.00%，对公司经营管理存在重大影响。认定依据是持有公司 25.00% 的股权。

济钢集团有限公司出资比例为 0.82%，对公司经营管理存在重大影响。认定依据是向公司派驻监事。

3.1.6.2.1 国网英大股份有限公司

控股股东：国网英大国际控股集团有限公司。

实际控制人：国家电网有限公司。

关联方：同受国家电网有限公司控制的国网北京市电力公司、国网天津市电力公司等 67 家企业；国网英大股份有限公司成员单位英大证券有限责任公司、英大汇通商业保理有限公司等 4 家企业。

一致行动人：无。

最终受益人：国家电网有限公司。

3.1.6.2.2 中国南方电网有限责任公司

控股股东：广东省人民政府。

实际控制人：国务院国资委。

关联方：子公司广东电网有限责任公司等 27 家企业；拥有表决权不足 50% 但能对其形成控制的云南文山电力股份有限公司等 8 家企业。

一致行动人：无。

最终受益人：国务院国资委。

3.1.6.2.3 济钢集团有限公司

控股股东：山东钢铁集团有限公司。

实际控制人：山东省国资委。

关联方：子公司山东钢铁集团济钢板材有限公司、山东济钢环保新材料有限公司等 7 家企业。

一致行动人：无。

最终受益人：山东省国资委。

3.1.6.3 报告期内公司发生的关联交易情况

内容详见本报告 6.6 部分。

3.1.6.4 报告期内股东违反承诺质押公司股权或以股权及其受（收）益权设立信托等金融产品的情况

无。

3.1.6.5 报告期内股东提名董事监事情况

董事提名情况：控股股东国网英大股份有限公司提名俞华军担任第十一届董事会董事。

监事提名情况：少数股东济钢集团有限公司提名苗苗担任第十一届监事会监事。

3.1.6.6 已向国务院银行业监督管理机构或其派出机构提交行政许可申请但尚未获得批准的事项

无。

3.1.6.7 国务院银行业监督管理机构规定的其他信息

无。

3.2 公司治理

3.2.1 年度内召开股东会情况

本年度公司共召开了 6 次股东会会议，其中股东年会 1 次，临时股东会会议 5 次。

3.2.2 年度内召开董事会情况

本年度公司共召开了 7 次董事会会议。

独立董事履职情况：报告期内，公司独立董事金李、徐卫晖、江迎春严格行使独立董事职责，按时参加董事会及专业委员会会议，认真履行相关职责，对公司战略规划、制度设计、利润安排、投资计划、风险管控等重大决策、重要机制提出客观、公正、专业的意见与建议，促进公司快速适应上市后的监管形势和市场环境变化，有力地指导和支持了公司业务的创新发展和经营管理水平的规范提升。

3.2.3 监事会履行职责情况

3.2.3.1 监事会召开会议情况

本年度公司共召开了 2 次监事会会议。

3.2.3.2 监事会独立意见

报告期内，公司认真贯彻执行国家经济金融政策，业务经营活动符合法律法规规定，按照监管要求持续加强法人治理和内部控制建设。董事会、高级管理层严格履职，有效保障了公司依法合规经营、规范管理，切实维护了公司、公司股东和信托受益人的合法权益。信永中和会计师事务所（特殊普通合伙）出具的 2020 年度“标准无保留意见”审计报告，真实、客观地反映了公司的财务管理状况和经营成果。

3.2.4 高级管理人员履行职责情况

报告期内，公司管理层认真贯彻执行股东会、董事会工作部署，立足“根植主业、服务实业、以融促产、创造价值”定位，以提高“支撑度、贡献度、协同度、活跃度、安全度”为目标，构建“1235”战略体系，启动“三个中心”建设，深化“三项制度”改革，创新产融协同模式，发力资产证券化业务，举办“后疫情时代下的信托服务实体经济探索”创新发展主题论坛，牵头助力实体经济复苏，全面提升公司管理运营效率，不断推进业务升级做优。报告期末，公司主要业绩指标均创历史新高，行业评级继续保持最高等级 A 级，荣获《金融时报》“年度最佳服务实体经济信托公司”、《证券时报》“2020 年度突破成长信托公司”、《上海证券报》“诚信托——成长优势奖”、介甫奖“不良资产重组 ABS 市场认可产品奖”、电 e 金服“最受欢迎产品奖”等业内奖项，在中国信托业首届知识竞赛中获团体第三名，品牌影响力和专业形象持续提升，公司“十三五”圆满收官。

4. 经营管理

4.1 经营目标、经营方针、战略规划

4.1.1 经营目标

公司全面建立战略定位清晰、业务结构优化、治理结构完善的现代企业制度，持续强化风险防控和合规建设，不断优化市场化体制机制，激活内生发展动力，全面提升发展水平。坚定产业金融功能定位，进一步提升市场竞争力，围绕以电力能源为中心的产业链、价值链，加大特色金融服务和产品供给，建设具有能源特色行业领先的现代信托公司。

4.1.2 经营方针

公司坚持“依法合规、稳健经营”的理念，建立健全以风险控制为核心的业务管理制度，完善全方位、多层次的全面风险管理体系。构建联动的协同机制，以全面提升价值为目标，加大对管理要素和业务资源整合，进一步提升配置效率。优化高效的运营机制，通过制度建设优化，严格规范公司各项经营管理活动，使公司业务发展和基础管理各项活动流畅运转。完善严格的监督约束机制，建立健全以事前防范与事后查处相结合的审计内控监察制度。强化合规理念宣导，坚持推进合规管理建设。

4.1.3 战略规划

2021 年是我国全面建设社会主义现代化国家新征程的开启之年，经济发展进入重要战略机遇期。面对“十四五”新发展格局，公司坚持“根植主业、服务实业、以融促产、创造价值”战略定位，坚持稳中求进工作总基调，推动高质量发展，深化供给侧改革，以公司“1235”发展战略为统领，以改革创新为动力，以安全稳定为基础，聚焦主责主业，注重提质增效，加强价值创造，平衡创新驱动与风险防范，确保到 2025 年基本建成“具有能源特色行业领先的现代信托公司”。

4.2 所经营业务的主要内容

自营资产运用与分布表

2019 年 12 月 31 日

资产运用	金额（万元）	占比（%）	资产分布	金额（万元）	占比（%）
货币资产	27 968. 00	2. 52	基础产业	[illegible] 85	0. 17
贷款及应收款	4 130. 74	0. 37	房地产业	—	—
交易性金融资产	950 253. 84	85. 71	证券市场	410 [illegible] 93	37. 00
债权投资	17 049. 84	1. 54	实业	—	—
其他债权投资	90 949. 54	8. 20	金融机构	688 1[illegible] 36	62. 07
长期股权投资	—	—	其他	8 3[illegible] 71	0. 76
其他	18 354. 88	1. 66			—
资产总计	1 108 706. 85	100. 00	资产总计	1 108 7[illegible] 85	100. 00

注：资产分布中的“其他”栏目主要为货币资产。

信托资产运用与分布表

2019 年 12 月 31 日

资产运用	金额（万元）	占比（%）	资产分布	金额（万元）	占比（%）
货币资产	23 877. 11	0. 04	基础产业	44 024 30[illegible] 91	76. 66
贷款	7 011 109. 42	12. 21	房地产	326 06[illegible] 50	0. 57
交易性金融资产	300 000. 00	0. 52	证券市场	—	—
可供出售金融资产	1 271. 00	0. 01	实业	5 051 04[illegible] 39	8. 80
持有至到期投资	1 099 716. 20	1. 92	金融机构	175 01[illegible] 99	0. 30
长期股权投资	706 862. 30	1. 23	其他	7 848 94[illegible] 38	13. 67
其他	48 282 549. 64	84. 07			
信托资产总计	57 425 385. 67	100. 00	信托资产总计	57 425 38[illegible] 67	100. 00

注：资产分布中的“其他”栏目主要为公司受托管理的财产权信托和货币资产。

4.3 市场分析

4.3.1 有利因素

2020 年是信托业转型发展的关键期，随着“资管新规”及

实施细则的发布，以及金融供给侧结构性改革的持续推进，信托行业进入发展新阶段，转型创新和回归本源成为重点。结合当前宏观经济形势与金融监管政策的变化，信托业转型发展进入结构性调整的深化阶段。信托公司不再片面追求规模与速度，更加注重发展质量和效益，更加注重提升主动管理能力、加强风控体系建设、打造核心竞争力，实现可持续发展，更好地服务实体经济。

4.3.2 不利因素

2020 年，信托监管政策兼顾稳健发展与风险防控间的平衡，促进信托行业真正实现转型升级。信托业务规模持续下降、信托资金主要投向有所调整、信托业务转型任重道远。在宏观经济下行压力和疫情冲击下，信托公司经营业绩继续承压，行业积极探索、求存求进，也对信托公司发展提出了更高要求。

4.4 内部控制

4.4.1 内部控制环境和内部控制文化

根据国家有关法律法规和公司章程，公司构建了以股东会、董事会、监事会、高级管理层“三会一层”为主体的权责清晰、合理制衡的公司治理结构。“三会一层”分工协作、各司其职，形成科学高效的管理决策、激励和约束机制，为公司内控目标的实现打下坚实的基础。公司提前谋划应对监管环境、市场关注、股东要求的变化，逐步建立组织架构完善、权责清晰、分工明确、人员配备精良的内部控制组织体系。

公司坚持“风险为导向、流程为主线、监管为依据”的内控理念，努力营造“全员参与、内控优先”的内控文化氛围，积极开展风险内控文化建设与宣贯，建立健全内控教育培训长效机制，持续提升全体员工风险意识，全面提高公司风险识别能力和风险防范能力。

4.4.2 内部控制措施

公司不断健全内控管理组织架构，“三会一层”分工协作、各司其职、合理制衡，形成了科学高效的决策、激励与约束机制，建立起风险管理“三道防线”。持续优化业务管理、经法等信息系统功能，将关键内控节点充分嵌入信息系统中，有效提升了审批决策质量。通过“制定合规管理专项制度，完善合规配套制度，推动业务合规标准化，制定业务合规指引”四项措施，逐步形成以合规管理办法为核心、相关配套制度为补充的制度体系。持续优化合规与内控管理、风险管理、人员管理、授权管理、内部监督等内控机制，细化“三道防线”主体责任，持续优化公司内控政策、框架、流程、系统及工具标准，提升管理水平，加强高风险事件管控，防范系统性风险及风险传递。

4.4.3 信息交流与反馈

公司建立了良好的信息交流与反馈的机制和平台。通过各项制度确立了清晰完整的报告流程，持续完善业务管理、办公自动化及公司门户等信息化平台，推动经营绩效监控中心、数据集成共享中心、项目运营监控中心“三个中心”建设，确保各个部门和员工相关工作信息能够顺畅反馈。公司严格按照监管部门要求，规范报送相关数据和信息；在官方网站等媒体上及时发布公司年报、披露重大事项，并根据文件约定向投资者披露项目信息，加强与客户的交流。

4.4.4 监督评价与纠正

报告期内，公司不断夯实内控监督评价体系，在实施内部审计、风险检查等日常监督和专项监督的基础上，聚焦公司治理、财务管理、信托业务、固有业务等重点业务、重点领域和关键环节，对内控实施有效性深入开展监督评价，及时发现内部控制中存在的隐患并落实整改。报告期间，公司各项业务健康发展，内控制度执行良好，部门履行职责充分，监督及反馈机制运行有效，未出现违法违规事件。

4.5 风险管理

4.5.1 风险管理概况

基于金融行业运营环境和信托业特征，公司在经营过程中可能面临的风险主要有：信用风险、市场风险、操作风险、合规风险、流动性风险、其他风险等。

公司紧跟市场和政策变化，围绕总体经营和发展战略目标持续推进全面风险管理体系建设，按照架构健全、职责清晰、纵向延伸、横向覆盖的原则，逐步建立了以董事会为核心的全方位、多层次的风险管理组织体系。

公司董事会是公司风险管理架构的最高决策机构，负责管理和监控公司的整体风险，承担全面风险管理的最终责任，对股东会负责。董事会下设风险管理与关联交易控制委员会，作为风险管理与关联交易方面的专门工作机构，对公司风险状况和风险管理能力及水平进行评价，提出完善公司风险管理和内部控制的意见和建议。

监事会承担全面风险管理的监督责任，负责监督检查董事会、经营层在风险管理方面的履职尽责情况并督促整改。

经营层负责公司全面风险管理的日常运行，承担全面风险管理的实施责任，负责执行公司风险管理政策，定期审查监督风险管理的程序及具体的操作规程；定期向董事会、监事会报告风险管理情况。

公司建立并不断完善覆盖前台、中台、后台的风险管理组织架构，具体执行风险管理策略和制度，落实风险管理责任，形成前台业务管理、中台风险审查、后台审计监督“三道防线”。

在公司风险管理中，各层级、各部门相互衔接、有效制衡，在职责范围内严格履行风险管理职责，将风险管理工作贯穿到公司经营管理的各个环节中，对业务经营的全过程进行风险识别、评估、监测和控制，确保公司稳健经营。

4.5.2 风险状况

4.5.2.1 信用风险状况

信用风险是公司业务面临的主要风险，主要是指借款人因各种原因未能及时、足额履行约定契约中的义务而造成经济损失的风险。

4.5.2.2 市场风险状况

市场风险是指在投资经营中因股市价格、利率、汇率等变动而导致价值未预料到的潜在损失的风险。市场风险可能导致价格波动，从而影响收益，甚至造成公司财产损失。

4.5.2.3 操作风险状况

操作风险是指由于内控程序不完善、信息系统障碍、人员操作环节的过错疏忽等造成影响或损失的风险。

4.5.2.4 合规风险状况

合规风险是指因没有遵循法律、规则和准则可能遭受法律制裁、监管处罚、重大财务损失和声誉损失的风险。

4.5.2.5 流动性风险状况

流动性风险是指公司的流动性支付能力存在不确定性，无法以合理成本及时获得充足资金，用于偿付到期债务、履行其他支付义务和满足正常业务开展的其他资金需求的风险。

4.5.2.6 其他风险状况

公司面临的其他风险还有声誉风险、关联交易风险等。声誉风险是指公司经营管理行为导致外部负面评价的风险。关联交易风险是指在关联交易控制过程中，由于关联方界定不准确、关联交易定价不合理及关联交易活动中断等原因导致的风险。

4.5.3 风险管理

风险管理的目标是在风险和收益间取得适当平衡，将风险对公司经营业绩的负面影响降到最低水平，使股东及其他权益投资者利益最大化。基于该风险管理目标，公司风险管理工作紧密围绕战略及业务特点，持续优化风险管理体系，建立适当的风险承受底线，并及时可靠地对各种风险进行监督；把握业务风险特征，采取差异化管控措施；加强资产准入管理，严守风险底线。

4.5.3.1 信用风险管理

公司不断健全制度体系和操作流程，在尽职调查、合规审核、审批决策、贷后管理、风险监测等关键环节加强管控。一是提高准入标准，严格准入要求，把好入口端的源头防范；二是完善风险识别机制和风险量化评价机制，建立信用评级、集中度管理、关键风险指标监测体系；三是夯实项目投后管理，开展信用风险压力测试，采取有针对性的应对措施；四是定期监测信用风险偏好指标，对超限额指标及时作出预警，有效防范信用风险。

4.5.3.2 市场风险管理

公司加大对影响市场变化各项因素的持续性分析与研究，严格投资决策流程，有效管理市场风险。一是对宏观经济走势、政策变化、投资策略演变等因素进行分析研究，为投资决策提供参考；二是对市场动态进行研判和把握，适时调整业务策略，审慎选择展业区域、交易主体等开展业务；三是进行资产组合管理，动态调整资产配置方案；四是密切监控已开展业务的运行情况，根据市场风险情况及时作出投资调整、提前结束等风险管理措施，避免或降低市场风险引起的损失。

4.5.3.3 操作风险管理

公司通过规范业务流程、强化内控基础、优化内控措施，持续提升风险管理体系的运行效率和效果。一是公司定期对内部控制规章制度及业务流程进行梳理和完善，以业务流程为主线，有效防范操作风险；二是注重操作风险偏好指标落地，加强对操作流程的监督、检查，定期监测操作风险。

4.5.3.4 合规风险管理

公司积极稳妥地推进合规管理体系建设，建立健全全员管理制度、合规绩效考核制度及合规问责制度，把治理金融乱象与培育稳健风险文化深度融合，体现倡导合规和惩处违规的价值观念，对违规行为的责任进行认定与追究，并采取有效的纠正措施，及时改进经营管理流程，有效提升依法合规经营和风险管理水平。

4.5.3.5 流动性风险管理

公司制定流动性风险评估识别标准，建立信托项目流动性管理常态化工作机制；定期开展流动性风险压力测试，认真做好不同压力条件下流动性缺口管理；制定固有资产配置方案，将高流动性作为资产配置的前提条件，从源头上确保宽裕的流动性。

4.5.3.6 其他风险管理

声誉风险管理方面。公司将声誉风险纳入公司治理及全面风险管理体系，实现对声誉风险的识别、监测、控制和化解，严格落实信息披露要求，及时向投资者和监管层进行信息披露，塑造公司专业和诚信的社会形象。

关联交易风险管理方面。公司严格执行中国银保监会对于关联交易的监管报备要求，逐笔报告；持续加强信息披露管理，做好日常关联交易规模监控。

4.6 2020年净资本、风险资本及风险控制指标状况

公司按照《信托公司净资本管理办法》有关要求，对净资本及风险资本进行有效管理。报告期内，公司净资本风险控制指标持续符合监管要求。截至2020年12月31日，公司净资本及各项相关风控指标情况如下：

指标	2020年末数	监管指标要求
净资本（亿元）	86.15	≥2
风险资本（亿元）	20.40	—
净资本/各项业务风险资本之和（%）	422.38	≥100
净资本/净资产（%）	87.45	≥40

4.7 社会责任履行情况

公司积极响应国家号召，主动承担社会责任，统筹推进新冠肺炎疫情防控和经济社会发展各项部署，打好打赢疫情防控阻击战。坚持服务实体经济和产融结合，积极服务电力能源发展，致力于为电力产业链中小微企业提供精准金融服务；认真践行绿色发展理念，大力拓展清洁能源项目；坚守合规底线，严格执行监管要求，积极防范化解风险，切实保障投资者合法权益；不断提升和创新财富管理水平，为投资者实现保值增值，为社会提供更高质量、更有效率的金融服务。

同时，报告期内，公司提高政治站位，积极助力脱贫攻坚。一是参与慈善信托，助力打赢新冠肺炎疫情防控阻击战。出资50万元作为慈善资金，参与发起设立"中国信托业抗击新型肺炎慈善信托"，保障广大人民群众生命安全和身体健康。二是推广消费扶贫，打通线上扶贫增收新通道。通过"慧农帮"线上平台，多种形式采购扶贫产品，2020年完成消费扶贫共计12.06万元。三是创新金融扶贫，运用资本市场扩大扶贫企业效益。公司成立"英大信托—东城阳光精准扶贫慈善信托"项目，以"筑梦崇礼，助力冬奥"为宗旨，精准聚焦帮扶张家口市崇礼地区的贫困残障人员，惠及崇礼区"一户多残"残疾人家庭及困难家庭196户共400多人，以信托平台优势和捐赠资金带动北京市东城区相关单位和企业出资，共同投入当地扶贫事业，助力崇礼区实现更高质量的脱贫和发展。

5. 报告期末及上一年度末的比较式会计报表

5.1 自营资产

5.1.1 会计师事务所审计意见全文

审计报告

XYZH/2021JNAA30018

英大国际信托有限责任公司全体股东：

一、审计意见

我们审计了英大国际信托有限责任公司(以下简称英大信托公司)财务报表，包括2020年12月31日的合并及母公司资产负债表、2020年度的合并及母公司利润表、合并及母公司现金流量表、合并及母公司股东权益变动表，以及相关财务报表附注。

我们认为，后附的财务报表在所有重大方面按照企业会计准则的规定编制，公允反映了英大信托公司2020年12月31日的合并及母公司财务状况及2020年度的合并及母公司经营成果和现金流量。

二、形成审计意见的基础

我们按照中国注册会计师审计准则的规定执行了审计工作。审计报告的“注册会计师对财务报表审计的责任”部分进一步阐述了我们在这些准则下的责任。按照中国注册会计师职业道德守则，我们独立于英大信托公司，并履行了职业道德方面的其他责任。我们相信，我们获取的审计证据是充分的、适当的，为发表审计意见提供了基础。

三、管理层和治理层对财务报表的责任

英大信托公司管理层(以下简称管理层)负责按照企业会计准则的规定编制财务报表，使其实现公允反映，并设计、执行和维护必要的内部控制，以使财务报表不存在由于舞弊或错误导致的重大错报。

在编制财务报表时，管理层负责评估英大信托公司的持续经营能力，披露与持续经营相关的事项(如适用)，并运用持续经营假设，除非管理层计划清算英大信托公司、终止运营或别无其他现实的选择。

治理层负责监督英大信托公司的财务报告过程。

四、注册会计师对财务报表审计的责任

我们的目标是对财务报表整体是否不存在由于舞弊或错误导致的重大错报获取合理保证，并出具包含审计意见的审计报告。合理保证是高水平的保证，但并不能保证按照审计准则执行的审计在某一重大错报存在时总能发现。错报可能由于舞弊或错误导致，如果合理预期错报单独或汇总起来可能影响财务报表使用者依据财务报表作出的经济决策，则通常认为错报是重大的。

在按照审计准则执行审计工作的过程中，我们运用职业判断，并保持职业怀疑。同时，我们也执行以下工作：

(1) 识别和评估由于舞弊或错误导致的财务报表重大错报风险，设计和实施审计程序以应对这些风险，并获取充分、适当的审计证据，作为发表审计意见的基础。由于舞弊可能涉及串通、伪造、故意遗漏、虚假陈述或凌驾于内部控制之上，未能发现由于舞弊导致的重大错报的风险高于未能发现由于错误导致的重大错报的风险。

(2) 了解与审计相关的内部控制，以设计恰当的审计程序，但目的并非对内部控制的有效性发表意见。

(3) 评价管理层选用会计政策的恰当性和作出会计估计及相关披露的合理性。

(4) 对管理层使用持续经营假设的恰当性得出结论。同时，根据获取的审计证据，就可能导致对英大信托公司持续经营能力产生重大疑虑的事项或情况是否存在重大不确定性得出结论。如果我们得出结论认为存在重大不确定性，审计准则要求我们在审计报告中提请报表使用者注意财务报表中的相关披露；如果披露不充分，我们应当发表非无保留意见。我们的结论基于截至审计报告日可获得的信息。然而，未来的事项或情况可能导致英大信托公司不能持续经营。

(5) 评价财务报表的总体列报、结构和内容，并评价财务报表是否公允反映相关交易和事项。

(6) 就英大信托公司中实体或业务活动的财务信息获取充分、适当的审计证据，以对财务报表发表审计意见。我们负责指导、监督和执行集团审计，并对审计意见承担全部责任。

我们与治理层就计划的审计范围、时间安排和重大审计发现等事项进行沟通，包括沟通我们在审计中识别出的值得关注的内部控制缺陷。

信永中和会计师事务所(特殊普通合伙)

中国注册会计师：

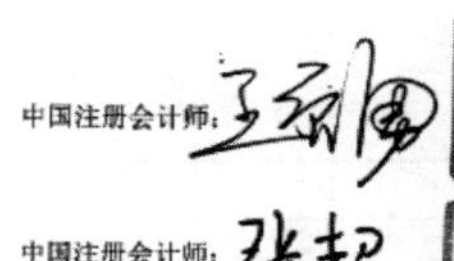

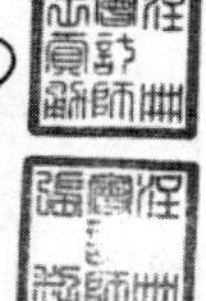

中国注册会计师：张超

中国·北京　　　　二〇二一年四月十五日

5.1.2 资产负债表

合并资产负债表

编制单位：英大国际信托有限责任公司　　　　2020年12月31日　　　　单位：万元

资产	期末余额	年初余额	负债和所有者权益(或股东权益)	期末余额	年初余额
资产：			负债：		
货币资金	28 547.81	18 642.59	短期借款	—	—
结算备付金	—	—	拆入资金	—	—
贵金属	—	—	交易性金融负债	—	—

续表

资产	期末余额	年初余额	负债和所有者权益（或股东权益）	期末余额	年初余额
拆出资金	—	—	衍生金融负债	—	—
衍生金融资产	—	—	卖出回购金融资产款	—	—
应收账款	—	—	应付职工薪酬	2 240. 81	1 740. 34
预付款项	111. 60	139. 65	应交税费	29 056. 17	21 290. 90
其他应收款	2 262. 90	2 145. 48	其他应付款	98 607. 34	[illegible] 925. 63
其中：应收利息	—	216. 10	其中：应付利息	—	—
应收股利	—	—	应付股利	73 919. 14	[illegible] 438. 28
合同资产	—	—	应付账款	—	—
买入返售金融资产	9 970. 18	10 050. 30	合同负债	—	—
持有待售资产	—	—	持有待售负债	—	—
发放贷款和垫款	1 867. 85	32 301. 80	长期借款	—	—
金融投资：	1 136 948. 55	999 052. 44	应付债券	—	—
交易性金融资产	935 753. 84	811 424. 75	其中：优先股	—	—
债权投资	110 245. 16	91 644. 67	永续债	—	—
其他债权投资	90 949. 54	95 983. 01	预计负债	—	—
其他权益工具投资	—	—	递延所得税负债	444. 52	310. 68
长期股权投资	—	—	其他非流动负债	77 067. 00	72 567. 00
投资性房地产	—	—	负债合计	207 415. 84	125 834. 54
固定资产	1 000. 94	1 090. 31	股东权益：		
在建工程	—	—	实收资本	402 900. 60	40[illegible] 900. 60
无形资产	299. 44	425. 67	其他权益工具	—	—
长期待摊费用	18. 90	36. 29	其中：优先股	—	—
递延所得税资产	6 953. 83	6 800. 74	永续债	—	—
			资本公积	146 161. 25	14[illegible] 161. 25
			减：库存股	—	—
			其他综合收益	1 396. 77	[illegible]64. 65
			盈余公积	76 055. 13	6[illegible] 525. 42
			一般风险准备	54 065. 29	4[illegible] 751. 18
			未分配利润	299 987. 11	28[illegible] 147. 63
			归属于母公司股东权益合计	980 566. 15	94[illegible] 350. 73
			少数股东权益	—	—
			股东权益合计	980 566. 15	94[illegible] 350. 73
资产总计	1 187 981. 98	1 070 685. 28	负债和股东权益总计	1 187 981. 98	1 07[illegible] 685. 28

法定代表人：王剑波　　　　主管会计工作负责人：李芳　　　　会计机构负责人：张华军

资产负债表

编制单位：英大国际信托有限责任公司　　　　2020 年 12 月 31 日　　　　单位：万元

资产	期末余额	年初余额	负债和所有者权益（或股东权益）	期末余额	年初余额
资产：			负债：		
货币资金	27 968. 00	18 638. 45	短期借款	—	—
结算备付金	—	—	拆入资金	—	—
贵金属	—	—	交易性金融负债	—	—
拆出资金	—	—	衍生金融负债	—	—
衍生金融资产	—	—	卖出回购金融资产款	—	—
应收账款	—	—	应付职工薪酬	2 240. 81	1 740. 34
预付款项	111. 60	139. 65	应交税费	29 056. 17	21 [illegible]90. 90
其他应收款	2 262. 90	2 145. 48	其他应付款	96 557. 99	25 [illegible]33. 44
其中：应收利息	—	216. 10	其中：应付利息	—	—
应收股利	—	—	应付股利	73 919. 14	25 [illegible]38. 28
合同资产	—	—	应付账款	—	—
买入返售金融资产	9 970. 18	10 050. 30	合同负债	—	—
持有待售资产	—	—	持有待售负债	—	—
发放贷款和垫款	1 867. 85	32 301. 80	长期借款	—	—

续表

资产	期末余额	年初余额	负债和所有者权益(或股东权益)	期末余额	年初余额
金融投资:	1 058 253. 22	922 049. 08	应付债券	—	—
交易性金融资产	950 253. 84	826 066. 06	其中:优先股	—	—
债权投资	17 049. 84	—	永续债	—	—
其他债权投资	90 949. 54	95 983. 01	预计负债	—	—
其他权益工具投资	—	—	递延所得税负债	444. 52	310. 68
长期股权投资	—	—	其他非流动负债	—	—
投资性房地产	—	—	负债合计	128 299. 49	49 275. 36
固定资产	1 000. 94	1 090. 31	股东权益:		
在建工程	—	—	实收资本	402 900. 60	402 900. 60
无形资产	299. 44	425. 67	其他权益工具	—	—
长期待摊费用	18. 90	36. 29	其中:优先股	—	—
递延所得税资产	6 953. 83	6 557. 34	永续债	—	—
			资本公积	146 161. 25	146 161. 25
			减:库存股	—	—
			其他综合收益	1 396. 77	964. 65
			盈余公积	76 055. 13	63 625. 42
			一般风险准备	54 065. 29	45 751. 18
			未分配利润	299 828. 32	284 755. 92
			股东权益合计	980 407. 36	944 159. 02
资产总计	1 108 706. 85	993 434. 37	负债和股东权益总计	1 108 706. 85	993 434. 37

法定代表人:王剑波　　主管会计工作负责人:李芳　　会计机构负责人:张华军

5. 1. 3 利润表

合并利润表

编制单位:英大国际信托有限责任公司　　2020 年度　　单位:万元

项目	本期金额	上期金额
一、营业总收入	211 300. 05	159 528. 79
利息净收入	5 616. 88	3 410. 62
其中:利息收入	11 042. 03	19 784. 69
利息支出	5 425. 15	16 374. 07
手续费及佣金净收入	169 203. 19	112 177. 77
其中:手续费及佣金收入	169 203. 19	112 178. 24
手续费及佣金支出	—	0. 47
投资收益(损失以"-"号填列)	36 185. 47	34 221. 36
其中:对联营企业和合营企业的投资收益	—	—
以摊余成本计量的金融资产终止确认收益	—	—
净敞口套期收益(损失以"-"号填列)	—	—
其他收益	589. 55	498. 29
公允价值变动收益(损失以"-"号填列)	-277. 27	8 842. 07
汇兑收益(损失以"-"号填列)	-42. 85	10. 24
其他业务收入	13. 28	64. 65
资产处置收益(损失以"-"号填列)	11. 80	303. 78
二、营业总成本	25 779. 23	22 183. 01
税金及附加	1 884. 29	989. 39
业务及管理费用	22 510. 81	22 103. 38
信用减值损失	1 384. 13	-909. 75
其他资产减值损失	—	—
其他业务成本	—	—
三、营业利润(亏损以"-"号填列)	185 520. 83	137 345. 78
加:营业外收入	—	24. 11
减:营业外支出	22 224. 77	50. 80
四、利润总额(亏损总额以"-"号填列)	163 296. 06	137 319. 09
减:所得税费用	39 531. 91	33 422. 61
五、净利润(净亏损以"-"号填列)	123 764. 16	103 896. 48
(一)按经营持续性分类	123 764. 16	103 896. 48

续表

项目	本期金额	上期金额
1. 持续经营净利润(净亏损以"-"号填列)	123 764. 16	103 896. 48
2. 终止经营净利润(净亏损以"-"号填列)	—	—
(二)按所有权归属分类	123 764. 16	103 896. 48
1. 归属于母公司所有者的净利润(净亏损以"-"号填列)	123 764. 16	103 896. 48
2. 少数股东损益(净亏损以"-"号填列)	—	—
六、其他综合收益的税后净额	432. 12	307. 54
归属母公司所有者的其他综合收益的税后净额	432. 12	307. 54
(一)不能重分类进损益的其他综合收益	—	—
1. 重新计量设定受益计划变动额	—	—
2. 权益法下不能转损益的其他综合收益	—	—
3. 其他权益工具投资公允价值变动	—	—
4. 企业自身信用风险公允价值变动	—	—
5. 其他	—	—
(二)将重分类进损益的其他综合收益	432. 12	307. 54
1. 权益法下可转损益的其他综合收益	—	—
2. 其他债权投资公允价值变动	401. 53	296. 23
3. 金融资产重分类计入其他综合收益的金额	—	—
4. 其他债权投资信用减值准备	30. 59	11. 31
5. 现金流量套期储备(现金流量套期损益的有效部分)	—	—
6. 外币财务报表折算差额	—	—
7. 其他	—	—
归属于少数股东的其他综合收益的税后净额	—	—
七、综合收益总额	124 196. 27	104 204. 02
归属于母公司股东的综合收益总额	124 196. 27	104 204. 02
归属于少数股东的综合收益总额	—	—
八、每股收益:	—	—
(一)基本每股收益(元/股)	—	—
(二)稀释每股收益(元/股)	—	—

法定代表人:王剑波　　主管会计工作负责人:李芳　　会计机构负责人:张华军

利润表

编制单位:英大国际信托有限责任公司　　2020 年度　　单位:万元

项目	本期金额	上期金额
一、营业总收入	211 748. 64	160 627. 64
利息净收入	3 487. 01	2 695. 10
其中:利息收入	3 487. 01	2 695. 10
利息支出	—	—
手续费及佣金净收入	169 851. 62	112 267. 97
其中:手续费及佣金收入	169 851. 62	112 268. 43
手续费及佣金支出	—	0. 47
投资收益(损失以"-"号填列)	38 115. 49	36 690. 41
其中:对联营企业和合营企业的投资收益	—	—
以摊余成本计量的金融资产终止确认收益	—	—
净敞口套期收益(损失以"-"号填列)	—	—
其他收益	589. 55	498. 29
公允价值变动收益(损失以"-"号填列)	-277. 27	8 097. 19
汇兑收益(损失以"-"号填列)	-42. 85	10. 24
其他业务收入	13. 28	64. 65
资产处置收益(损失以"-"号填列)	11. 80	303. 78
二、营业总成本	25 694. 88	23 563. 48
税金及附加	1 846. 09	930. 76
业务及管理费用	22 464. 67	22 096. 94
信用减值损失	1 384. 13	535. 78
其他资产减值损失	—	—
其他业务成本	—	—
三、营业利润(亏损以"-"号填列)	186 053. 76	137 064. 16
加:营业外收入	—	24. 11
减:营业外支出	22 224. 77	50. 80

续表

项目	本期金额	上期金额
四、利润总额(亏损总额以"-"号填列)	163 828. 9[illegible]	137 037. 47
减:所得税费用	39 531. 91	32 875. 01
五、净利润(净亏损以"-"号填列)	124 297. 0[illegible]	104 162. 46
(一)持续经营净利润(净亏损以"-"号填列)	124 297. 0[illegible]	104 162. 46
(二)终止经营净利润(净亏损以"-"号填列)	—	—
六、其他综合收益的税后净额	432. 12	307. 54
(一)不能重分类进损益的其他综合收益	—	—
1. 重新计量设定受益计划变动额	—	—
2. 权益法下不能转损益的其他综合收益	—	—
3. 其他权益工具投资公允价值变动	—	—
4. 企业自身信用风险公允价值变动	—	—
5. 其他	—	—
(二)将重分类进损益的其他综合收益	432. 12	307. 54
1. 权益法下可转损益的其他综合收益	—	—
2. 其他债权投资公允价值变动	401. 53	296. 23
3. 金融资产重分类计入其他综合收益的金额	—	—
4. 其他债权投资信用减值准备	30. 59	11. 31
5. 现金流量套期储备(现金流量套期损益的有效部分)	—	—
6. 外币财务报表折算差额	—	—
7. 其他	—	—
七、综合收益总额	124 729. 20	104 470. 00
八、每股收益:	—	—
(一)基本每股收益(元/股)	—	—
(二)稀释每股收益(元/股)	—	—

法定代表人:王剑波　　主管会计工作负责人:李芳　　会计机构负责人:张华军

5. 1. 4　所有者权益变动表

合并所有者权益变动表

编制单位:英大国际信托有限责任公司　　2020 年度　　单位:万元

项目	本期金额											
	股本	其他权益工具			资本公积	减:库存股	其他综合收益	专项储备	盈余公积	一般风险准备	未分配利润	股东权益合计
		优先股	永续债	其他								
一、上年年末余额	402 900. 60	—	—	—	146 161. 25	—	964. 65	—	63 625. 42	45 751. 18	285 447. 63	944 850. 73
会计政策变更	—	—	—	—	—	—	—	—	—	—	—	—
前期差错更正	—	—	—	—	—	—	—	—	—	—	—	—
同一控制下企业合并	—	—	—	—	—	—	—	—	—	—	—	—
其他	—	—	—	—	—	—	—	—	—	—	—	—
二、本年年初余额	402 900. 60	—	—	—	146 161. 25	—	964. 65	—	63 625. 42	45 751. 18	285 447. 63	944 850. 73
三、本年增减变动金额(减少以"-"号填列)	—	—	—	—	—	—	432. 12	—	12 429. 71	8 314. 11	14 539. 4[illegible]	35 715. 41
(一)综合收益总额	—	—	—	—	—	—	432. 12	—	—	—	123 764. 1[illegible]	124 196. 27
(二)股东投入和减少资本	—	—	—	—	—	—	—	—	—	—	—	—
1. 股东投入的普通股	—	—	—	—	—	—	—	—	—	—	—	—
2. 其他权益工具持有者投入资本	—	—	—	—	—	—	—	—	—	—	—	—
3. 股份支付计入股东权益的金额	—	—	—	—	—	—	—	—	—	—	—	—
4. 其他	—	—	—	—	—	—	—	—	—	—	—	—
(三)利润分配	—	—	—	—	—	—	—	—	12 429. 71	8 314. 11	-109 224. 68	-88 480. 86
1. 提取盈余公积	—	—	—	—	—	—	—	—	12 429. 71	—	-12 429. 71	—
2. 提取一般风险准备	—	—	—	—	—	—	—	—	—	8 314. 11	-8 314. 11	—
3. 对股东的分配	—	—	—	—	—	—	—	—	—	—	-88 480. 86	-88 480. 86
4. 其他	—	—	—	—	—	—	—	—	—	—	—	—

续表

项目	本期金额											
	股本	其他权益工具			资本公积	减:库存股	其他综合收益	专项储备	盈余公积	一般风险准备	未分配利润	股东权益合计
		优先股	永续债	其他								
(四)股东权益内部结转	—	—	—	—	—	—	—	—	—	—	—	—
1. 资本公积转增股本	—	—	—	—	—	—	—	—	—	—	—	—
2. 盈余公积转增股本	—	—	—	—	—	—	—	—	—	—	—	—
3. 盈余公积弥补亏损	—	—	—	—	—	—	—	—	—	—	—	—
4. 设定受益计划变动额结转留存收益	—	—	—	—	—	—	—	—	—	—	—	—
5. 其他综合收益结转留存收益	—	—	—	—	—	—	—	—	—	—	—	—
6. 其他	—	—	—	—	—	—	—	—	—	—	—	—
(五)专项储备	—	—	—	—	—	—	—	—	—	—	—	—
1. 本年提取	—	—	—	—	—	—	—	—	—	—	—	—
2. 本年使用	—	—	—	—	—	—	—	—	—	—	—	—
(六)其他	—	—	—	—	—	—	—	—	—	—	—	—
四、本年年末余额	402 900.60	—	—	—	146 161.25	—	1 396.77	—	76 055.13	54 065.29	299 987.11	980 566.15

法定代表人:王剑波　　　　主管会计工作负责人:李芳　　　　会计机构负责人:张华军

合并所有者权益变动表(续)

编制单位:英大国际信托有限责任公司　　　　2020 年度　　　　单位:万元

项目	上期金额											
	股本	其他权益工具			资本公积	减:库存股	其他综合收益	专项储备	盈余公积	一般风险准备	未分配利润	股东权益合计
		优先股	永续债	其他								
一、上年年末余额	402 900.60	—	—	—	146 161.25	—	657.11	—	53 742.91	39 287.91	197 896.94	840 646.72
会计政策变更	—	—	—	—	—	—	—	—	—	—	—	—
前期差错更正	—	—	—	—	—	—	—	—	—	—	—	—
同一控制下企业合并	—	—	—	—	—	—	—	—	—	—	—	—
其他	—	—	—	—	—	—	—	—	—	—	—	—
二、本年年初余额	402 900.60	—	—	—	146 161.25	—	657.11	—	53 742.91	39 287.91	197 896.94	840 646.72
三、本年增减变动金额(减少以"-"号填列)	—	—	—	—	—	—	307.54	—	9 882.52	6 463.26	87 550.70	104 204.02
(一)综合收益总额	—	—	—	—	—	—	307.54	—	—	—	103 896.48	104 204.02
(二)股东投入和减少资本	—	—	—	—	—	—	—	—	—	—	—	—
1. 股东投入的普通股	—	—	—	—	—	—	—	—	—	—	—	—
2. 其他权益工具持有者投入资本	—	—	—	—	—	—	—	—	—	—	—	—
3. 股份支付计入股东权益的金额	—	—	—	—	—	—	—	—	—	—	—	—
4. 其他	—	—	—	—	—	—	—	—	—	—	—	—
(三)利润分配	—	—	—	—	—	—	—	—	9 882.52	6 463.26	-16 345.78	—
1. 提取盈余公积	—	—	—	—	—	—	—	—	9 882.52	—	-9 882.52	—
2. 提取一般风险准备	—	—	—	—	—	—	—	—	—	6 463.26	-6 463.26	—
3. 对股东的分配	—	—	—	—	—	—	—	—	—	—	—	—
4. 其他	—	—	—	—	—	—	—	—	—	—	—	—
(四)股东权益内部结转	—	—	—	—	—	—	—	—	—	—	—	—
1. 资本公积转增股本	—	—	—	—	—	—	—	—	—	—	—	—
2. 盈余公积转增股本	—	—	—	—	—	—	—	—	—	—	—	—
3. 盈余公积弥补亏损	—	—	—	—	—	—	—	—	—	—	—	—
4. 设定受益计划变动额结转留存收益	—	—	—	—	—	—	—	—	—	—	—	—
5. 其他综合收益结转留存收益	—	—	—	—	—	—	—	—	—	—	—	—
6. 其他	—	—	—	—	—	—	—	—	—	—	—	—
(五)专项储备	—	—	—	—	—	—	—	—	—	—	—	—
1. 本年提取	—	—	—	—	—	—	—	—	—	—	—	—
2. 本年使用	—	—	—	—	—	—	—	—	—	—	—	—
(六)其他	—	—	—	—	—	—	—	—	—	—	—	—
四、本年年末余额	402 900.60	—	—	—	146 161.25	—	964.65	—	63 625.42	45 751.18	285 447.63	944 850.73

法定代表人:王剑波　　　　主管会计工作负责人:李芳　　　　会计机构负责人:张华军

所有者权益变动表

编制单位:英大国际信托有限责任公司 2020 年度 单位:万元

项目	本期金额											
	股本	其他权益工具			资本公积	减:库存股	其他综合收益	专项储备	盈余公积	一般风险准备	未分配利润	股东权益合计
		优先股	永续债	其他								
一、上年年末余额	402 900. 60	—	—	—	146 161. 25	—	964. 65	—	63 625. 42	45 751. 18	284 755. 92	944 159. 02
会计政策变更	—	—	—	—	—	—	—	—	—	—	—	—
前期差错更正	—	—	—	—	—	—	—	—	—	—	—	—
其他	—	—	—	—	—	—	—	—	—	—	—	—
二、本年年初余额	402 900. 60	—	—	—	146 161. 25	—	964. 65	—	63 625. 42	45 751. 18	284 755. 92	944 159. 02
三、本年增减变动金额(减少以“-”号填列)	—	—	—	—	—	—	432. 12	—	12 429. 71	8 314. 11	15 072. 40	36 248. 34
(一)综合收益总额	—	—	—	—	—	—	432. 12	—	—	—	124 297. 08	124 729. 20
(二)股东投入和减少资本	—	—	—	—	—	—	—	—	—	—	—	—
1. 股东投入的普通股	—	—	—	—	—	—	—	—	—	—	—	—
2. 其他权益工具持有者投入资本	—	—	—	—	—	—	—	—	—	—	—	—
3. 股份支付计入股东权益的金额	—	—	—	—	—	—	—	—	—	—	—	—
4. 其他	—	—	—	—	—	—	—	—	—	—	—	—
(三)利润分配	—	—	—	—	—	—	—	—	12 429. 71	8 314. 11	-109 224. 68	-88 480. 86
1. 提取盈余公积	—	—	—	—	—	—	—	—	12 429. 71	—	-12 429. 71	—
2. 提取一般风险准备	—	—	—	—	—	—	—	—	—	8 314. 11	-8 314. 11	—
3. 对股东的分配	—	—	—	—	—	—	—	—	—	—	-88 480. 86	-88 480. 86
4. 其他	—	—	—	—	—	—	—	—	—	—	—	—
(四)股东权益内部结转	—	—	—	—	—	—	—	—	—	—	—	—
1. 资本公积转增股本	—	—	—	—	—	—	—	—	—	—	—	—
2. 盈余公积转增股本	—	—	—	—	—	—	—	—	—	—	—	—
3. 盈余公积弥补亏损	—	—	—	—	—	—	—	—	—	—	—	—
4. 设定受益计划变动额结转留存收益	—	—	—	—	—	—	—	—	—	—	—	—
5. 其他综合收益结转留存收益	—	—	—	—	—	—	—	—	—	—	—	—
6. 其他	—	—	—	—	—	—	—	—	—	—	—	—
(五)专项储备	—	—	—	—	—	—	—	—	—	—	—	—
1. 本年提取	—	—	—	—	—	—	—	—	—	—	—	—
2. 本年使用	—	—	—	—	—	—	—	—	—	—	—	—
(六)其他	—	—	—	—	—	—	—	—	—	—	—	—
四、本年年末余额	402 900. 60	—	—	—	146 161. 25	—	1 396. 77	—	76 055. 13	54 065. 29	299 828. 32	980 407. 36

法定代表人:王剑波 主管会计工作负责人:李芳 会计机构负责人:张华军

所有者权益变动表(续)

编制单位 英大国际信托有限责任公司 2020 年度 单位:万元

项目	上期金额											
	股本	其他权益工具			资本公积	减:库存股	其他综合收益	专项储备	盈余公积	一般风险准备	未分配利润	股东权益合计
		优先股	永续债	其他								
一、上年年末余额	402 900. 60	—	—	—	146 161. 25	—	657. 11	—	53 742. 91	39 287. 91	196 939. 23	839 689. 01
会计政策变更	—	—	—	—	—	—	—	—	—	—	—	—
前期差错更正	—	—	—	—	—	—	—	—	—	—	—	—
其他	—	—	—	—	—	—	—	—	—	—	—	—
二、本年年初余额	402 900. 60	—	—	—	146 161. 25	—	657. 11	—	53 742. 91	39 287. 91	196 939. 23	839 689. 01
三、本年增减变动金额(减少以“-”号填列)	—	—	—	—	—	—	307. 54	—	9 882. 52	6 463. 26	87 816. 68	104 470. 00
(一)综合收益总额	—	—	—	—	—	—	307. 54	—	—	—	104 162. 46	104 470. 00
(二)股东投入和减少资本	—	—	—	—	—	—	—	—	—	—	—	—
1. 股东投入的普通股	—	—	—	—	—	—	—	—	—	—	—	—
2. 其他权益工具持有者投入资本	—	—	—	—	—	—	—	—	—	—	—	—
3. 股份支付计入股东权益的金额	—	—	—	—	—	—	—	—	—	—	—	—
4. 其他	—	—	—	—	—	—	—	—	—	—	—	—

续表

项目	上期金额											
	股本	其他权益工具			资本公积	减：库存股	其他综合收益	专项储备	盈余公积	一般风险准备	未分配利润	股东权益合计
		优先股	永续债	其他								
（三）利润分配	—	—	—	—	—	—	—	—	9 882. 52	6 463. 26	-16 345. 78	—
1. 提取盈余公积	—	—	—	—	—	—	—	—	9 882. 52	—	-9 882. 52	—
2. 提取一般风险准备	—	—	—	—	—	—	—	—	—	6 463. 26	-6 463. 26	—
3. 对股东的分配	—	—	—	—	—	—	—	—	—	—	—	—
4. 其他	—	—	—	—	—	—	—	—	—	—	—	—
（四）股东权益内部结转	—	—	—	—	—	—	—	—	—	—	—	—
1. 资本公积转增股本	—	—	—	—	—	—	—	—	—	—	—	—
2. 盈余公积转增股本	—	—	—	—	—	—	—	—	—	—	—	—
3. 盈余公积弥补亏损	—	—	—	—	—	—	—	—	—	—	—	—
4. 设定受益计划变动额结转留存收益	—	—	—	—	—	—	—	—	—	—	—	—
5. 其他综合收益结转留存收益	—	—	—	—	—	—	—	—	—	—	—	—
6. 其他	—	—	—	—	—	—	—	—	—	—	—	—
（五）专项储备	—	—	—	—	—	—	—	—	—	—	—	—
1. 本年提取	—	—	—	—	—	—	—	—	—	—	—	—
2. 本年使用	—	—	—	—	—	—	—	—	—	—	—	—
（六）其他	—	—	—	—	—	—	—	—	—	—	—	—
四、本年年末余额	402 900. 60	—	—	—	146 161. 25	—	964. 65	—	63 625. 42	45 751. 18	284 755. 92	944 159. 02

法定代表人：王剑波　　主管会计工作负责人：李芳　　会计机构负责人：张华军

5. 2　信托资产

5. 2. 1　信托项目资产负债汇总表

信托项目资产负债汇总表

编制单位：英大国际信托有限责任公司　　2020 年 12 月 31 日　　单位：万元

信托资产	年初数	期末数	信托负债和信托权益	年初数	期末数
信托资产：			信托负债：		
货币资金	39 407. 64	23 877. 11	交易性金融负债	—	—
拆出资金	—	—	衍生金融负债	—	—
存出保证金	—	—	应付受托人报酬	76. 15	123. 68
交易性金融资产	—	300 000. 00	应付托管费	—	—
衍生金融资产	—	—	应付受益人收益	2. 70	2. 44
买入返售金融资产	—	—	应交税费	—	54. 90
应收款项	27 502 499. 12	588. 56	应付销售服务费	—	—
发放贷款	5 176 549. 56	7 011 109. 43	其他应付款项	37 750. 69	17 124. 38
可供出售金融资产	4 200. 00	1 271. 00	预计负债	—	—
持有至到期投资	1 915 133. 49	1 099 716. 20	其他负债	—	—
长期应收款	4 174 577. 00	47 367 783. 72	信托负债合计	37 829. 53	17 305. 40
长期股权投资	1 000 067. 00	706 862. 30			
投资性房地产	—	—	信托权益：	—	—
固定资产	—	—	实收信托	39 768 181. 83	57 376 746. 83
无形资产	—	—	资本公积	—	—
长期待摊费用	—	—	外币报表折算差额	—	—
其他资产	—	914 177. 36	未分配利润	6 422. 44	31 333. 44
减：各项资产减值准备	—	—	信托权益合计	39 774 604. 27	57 408 080. 27
信托资产总计	39 812 433. 81	57 425 385. 67	信托负债及信托权益总计	39 812 433. 81	57 425 385. 67

5.2.2 信托项目利润及利润分配汇总表

信托项目利润及利润分配汇总表

编制单位：英大国际信托有限责任公司　　2020 年度　　单位：万元

项目	2019 年	2020 年
1. 营业收入	1 445 422.84	2 058 081.66
1.1 利息收入	1 251 230.51	1 863 700.37
1.2 投资收益	193 861.64	194 381.21
1.3 公允价值变动损益	—	—
1.4 租赁收入	—	—
1.5 汇兑损益	—	—
1.6 其他收入	330.69	0.08
2. 支出	170 613.28	206 424.12
2.1 营业税金及附加	5 239.78	7 045.87
2.2 受托人报酬	113 974.09	174 251.82
2.3 托管费	—	554.93
2.4 投资管理费	—	—
2.5 销售服务费	—	—
2.6 交易费用	—	—
2.7 资产减值损失	—	—
2.8 其他费用	51 399.41	24 571.49
3. 信托净利润	1 274 809.56	1 851 657.54
4. 其他综合收益	—	—
5. 综合收益	1 274 809.56	1 851 657.54
6. 加：期初未分配信托利润	16 008.73	6 422.44
7. 可供分配的信托利润	1 290 818.29	1 858 079.98
8. 减：本期已分配信托利润	1 284 395.85	1 826 746.54
9. 期末未分配信托利润	6 422.44	31 333.44

6. 会计报表附注

6.1 会计报表编制基准不符合会计核算基本前提的说明

公司无会计报表编制基准不符合会计核算基本前提的情况。

公司无拥有表决权超过半数但未纳入合并范围的被投资单位；本期公司将 1 个结构化主体纳入合并报表范围。

6.2 重要会计政策和会计估计说明

本公司编制的财务报表符合企业会计准则的要求，真实、完整地反映了本公司及本公司的财务状况、经营成果和现金流量等有关信息。

6.2.1 重要会计政策和会计估计变更

6.2.1.1 重要会计政策变更

根据（财会〔2017〕22 号）的规定，本公司自 2020 年 1 月 1 日起执行财政部 2017 年 7 月 5 日修订印发的《企业会计准则第 14 号——收入》（以下以下简称新收入准则），执行新收入准则对本公司财务报表无重大影响。

6.2.1.2 重要会计估计变更

本公司本年无重要会计估计变更。

6.2.2 新收入准则对公司财务报表的影响

2020 年首次执行新收入准则，对本公司财务报表重大影响。

6.3 或有事项

无。

6.4 重要资产转让及其出售的说明

无。

6.5 会计报表中重要项目的明细资料

6.5.1 自营资产经营情况

6.5.1.1 资产风险分类

信用风险资产五级分类	正常类（万元）	关注类（万元）	次级类（万元）	可疑类（万元）	损失类（万元）	信用风险资产合计（万元）	不良资产合计（万元）	不良资产率（%）
期初数	933 670.71	59 294.54	—	20 403.97	1 352.70	1 014 721.92	21 756.67	0.54
期末数	1 083 633.64	—	3 735.69	65 962.82	1 345.19	1 154 677.35	71 043.71	1.52

6.5.1.2 资产损失准备

单位：万元

项目	期初数	本期计提	本期转回	本期转销	期末数
贷款损失准备	673.39	1 494.28	292.32	7.50	1 867.85
其他资产减值准备	52.10	206.18	—	—	258.28
债权投资减值准备	—	172.22	—	—	172.22
其他债权投资减值准备	32.62	30.59	—	—	63.21
长期股权投资减值准备	—	—	—	—	—
坏账准备	19.49	3.37	—	—	22.86

6.5.1.3 投资

单位：万元

项目	自营股票	基金	债券	其他投资	合计
期初数	55 677.39	274 718.75	145 062.65	483 942.40	964 401.18
期末数	113 309.44	504 076.34	209 451.02	243 254.44	1 070 091.24

6.5.1.4 前五名自营长期股权投资情况

无。

6.5.1.5 前五名自营贷款情况

企业名称	占贷款总额的比例（%）	还款情况
中天电气技术有限公司	100.00	未到期

6.5.1.6 表外业务的期初数、期末数，按照代理业务、担保业务和其他类型表外业务分别披露

无。

6.5.1.7 公司当年的收入结构

项目	母公司		并表口径	
收入结构	金额（万元）	占比（%）	金额（万元）	占比（%）
手续费及佣金收入	169 851.62	80.08	169 203.19	77.95
其中：托管及其他受托业务佣金	169 851.62	80.08	169 203.19	77.95
利息收入	3 487.01	1.64	11 042.03	5.09
其他业务收入	13.28	0.01	13.28	0.01
投资收益	38 115.49	17.97	36 185.47	16.67
持有金融资产期间取得的投资收益	17 194.45	8.11	15 264.42	7.03
处置金融资产取得的投资收益	20 921.04	9.86	20 921.04	9.64
资产处置收益	11.80	0.01	11.80	0.01
其中：未划分为持有待售的非流动资产处置收益	11.80	0.01	11.80	0.01
其中：固定资产处置收益	11.80	0.01	11.80	0.01
其他收益	589.55	0.28	589.55	0.27
营业外收入	24.11	0.01	24.11	0.01
合计	212 092.86	100.00	217 069.43	100.00

6.5.2 信托资产管理情况

6.5.2.1 信托资产的期初数、期末数

单位：万元

信托资产	期初数	期末数
集合	1 472 890.45	1 347 734.02
单一	6 745 255.66	7 635 481.74
财产权	31 594 287.70	48 442 169.91
合计	39 812 433.81	57 425 385.67

6.5.2.1.1 主动管理型信托业务的信托资产期初数、期末数

单位：万元

主动管理型信托资产	期初数	期末数
证券投资类	—	—
股权投资类	201 257.00	189 781.99
融资类	885 224.21	627 799.25
事务管理类	84 635.00	114 148.57
合计	1 355 147.39	1 458 831.26

6.5.2.1.2 被动管理型信托业务期初数、期末数

单位：万元

被动管理型信托资产	期初数	期末数
证券投资类	—	—
股权投资类	798 810.00	517 080.31
融资类	189 399.40	135 000.12
事务管理类	36 329 067.23	55 314 468.20
合计	38 457 286.42	55 966 554.41

6.5.2.2 本年度已清算结束的信托项目个数、实收信托合计金额、加权平均实际年化收益率。

6.5.2.2.1 本年度已清算结束的集合类、单一类资金信托项目和财产管理类信托项目个数、实收信托合计金额、加权平均实际年化收益率

已清算结束的信托项目	项目个数（个）	实收信托合计金额（万元）	加权平均年化收益率（%）
集合类	13	428 604.00	9.09
单一类	30	1 503 720.70	5.61
财产管理类	10	232 443.31	4.64

6.5.2.2.2 本年度已清算结束的主动管理型信托项目个数、实收信托合计金额、加权平均实际年化信托报酬率、加权平均实际年化收益率

已清算结束的信托项目	项目个数（个）	实收信托合计金额（万元）	加权平均实际年化信托报酬率（%）	加权平均实际年化收益率（%）
证券投资类	—	—	—	—
股权投资类	1	400.00	0.11	4.00
融资类	18	224 677.63	1.31	7.80
事务管理类	1	500.00	0.30	4.00

6.5.2.2.3 本年度已清算结束的被动管理型信托项目个数、实收信托合计金额、加权平均实际年化信托报酬率、加权平均实际年化收益率

已清算结束的信托项目	项目个数（个）	实收信托合计金额（万元）	加权平均实际年化信托报酬率（%）	加权平均实际年化收益率（%）
证券投资类	—	—	—	—
股权投资类	1	243 310.00	0.16	10.00
融资类	2	52 599.40	0.30	7.13
事务管理类	30	1 643 280.98	0.25	5.40

6.5.2.3 本年度新增的集合类、单一类和财产管理类信托项目个数、实收信托合计金额

新增信托项目	项目个数（个）	实收信托合计金额（万元）
集合类	—	—
单一类	11	1 145 350.00
财产管理类	28	1 871 830.01
新增合计	39	3 017 180.01
其中：主动管理型	2	39 432.01
被动管理型	37	2 977 748.00

6.5.2.4 信托业务创新成果和特色业务有关情况

一是落实“根植主业、服务实业、以融促产、创造价值”，做专、做精、做优、做强股东金融服务业务，服务电网业务规模创历史最高水平，较年初增长49%。二是提升产融协同业务的拓展维护能力和价值创造能力，加强业务研发创新，创新非并表资金业务模式，提升企业资金使用效率，加快推进金融产品供给，落地公司首单永续信托业务创新业务模式。三是精耕细作一般市场业务，提升专业品牌形象，资产证券化业务实现创新突破，成功发行市场上首单以应收可再生能源补助附加资金收益权为基础资产的资产支持商业票据项目，以及国内首单以“经营性租赁债权”为基础资产的商业票据产品，首创效应显

著。四是积极挖掘绿色金融领域优势，发挥私募基金股权投资平台的作用，以“基金＋信托”的具体做法，促进以投带融，投融结合。

6.5.2.5 本公司履行受托人义务情况及因本公司自身责任而导致的信托资产损失情况（合计金额、原因等）

公司严格落实监管要求，深化制度建设，加强合规管理，完善风险控制闭环管理。一是在项目成立之初，多方面探寻业务模式创新性，多角度论证项目合规性、安全性、可行性等问题，提前辨别项目实质风险点。二是在运营管理中，引入专业服务机构提供投资咨询服务，协助受托人对信托计划进行投后管理；借助企业监测工具密切跟踪企业信息、舆情状况，力争识别潜在风险，做到风险预警，提升主动管理能力。三是优化人才队伍和激励约束机制，不断提升专业管理能力。

公司按照“诚实、信用、谨慎、有效”原则，以受益人利益最大化为目标，对受托管理的全部信托财产履行了尽职管理义务，对信托财产与固有财产实行了分账管理，对每个信托项目实现了专户核算，并对信托项目的经营状况及存续期间发生的重大事项及时进行信息披露，不存在受托人侵占信托财产或利用信托财产谋取利益的情况。

6.6 关联方关系及其交易

6.6.1 关联交易的数量、关联交易的总金额及关联交易的定价政策

项目	关联交易数量（个）	关联交易金额（万元）	定价政策
合计	750	34 760 700.00	市场公允

6.6.2 关联交易方与本公司的关系性质、关联交易方的名称、法定代表人、注册地址、注册资本及主营业务

关联性质	关联方名称	法人代表	注册地址	注册资本（亿元）	主营业务
股东单位及受同一单位控制	国家电网公司及下属企业	辛保安	北京市	8 295	电力
股东单位及受同一单位控制	中国南方电网公司及下属企业	孟振平	广东省广州市	600	电力

6.6.3 逐笔披露本公司与关联方的重大交易事项

6.6.3.1 固有财产与关联方：贷款、投资、租赁、应收账款、担保、其他方式等期初汇总数、本期借方和贷方发生额汇总数、期末汇总数

单位：万元

固有财产与关联方关联交易				
项目	期初数	借方发生额	贷方发生额	期末数
贷款	—	—	—	—
投资	293 703.50	123 823.00	77 932.20	339 594.30
租赁	—	—	—	—
担保	—	—	—	—
应收账款	—	—	—	—
其他	—	—	—	—
合计	293 703.50	123 823.00	77 932.20	339 594.30

6.6.3.2 信托与关联方：贷款、投资、租赁、应收账款、担保、其他方式等期初汇总数、本期发生额汇总数、期末汇总数

单位：万元

信托与关联方关联交易				
项目	期初数	借方发生额（清算）	贷方发生额（新增）	期末数
贷款	4 588 547.00	3 305 170.00	5 397 731.00	6 681 108.00
投资	131 400.00	—	400 000.00	531 400.00
租赁	—	—	—	—
担保	—	—	—	—
应收账款	52 150.00	25 800.00	402 000.00	428 350.00
其他	31 331 857.34	12 200 497.00	28 017 626.00	47 148 986.34
合计	36 103 954.34	15 531 467.00	34 217 357.00	54 789 844.34

6.6.3.3 信托公司自有资金运用于自己管理的信托项目（固信交易）、信托公司管理的信托项目之间的相互（信信交易）交易金额，包括余额和本报告年度的发生额

6.6.3.3.1 固有财产与信托财产之间的交易金额期初汇总数、本期发生额汇总数、期末汇总数

单位：万元

固有财产与信托财产相互交易			
项目	期初数	本期发生额	期末数
合计	61 390.85	—	61 390.85

6.6.3.3.2 信托资产与信托财产之间的交易金额期初汇总数、本期发生额汇总数、期末汇总数

单位：万元

信托资产与信托财产相互交易			
项目	期初数	本期发生额	期末数
合计	131 000.00	419 520.00	550 520.00

6.6.4 逐笔披露关联方逾期未偿还本公司资金的详细情况及本公司为关联方担保发生或即将发生垫款的详细情况

报告期内公司无关联方逾期未偿还本公司资金的情况及本公司为关联方担保发生或即将发生垫款的情况。

6.7 会计制度的披露

公司固有业务和信托业务均执行财政部颁布的《企业会计准则》及相关规定。

7. 财务情况说明书

7.1 利润实现和分配情况

2020年公司合并口径实现的利润总额为163 296.06万元，净利润为123 764.16万元，利润分配明细如下：提取法定盈余公积12 429.71万元；提取一般风险准备2 099.26万元；提取信托赔偿准备6 214.85万元；合并口径未分配利润余额为299 937.11万元。

2020年公司母公司口径实现的利润总额为163 828.99万元，净利润为124 297.09万元，利润分配明细如下：提取法定盈余公积12 429.71万元；提取一般风险准备2 099.26万元；提取信托赔偿准备6 214.85万元；母公司口径未分配利润

余额为 299 828. 32 万元。

7. 2 主要财务指标

指标名称	母公司指标值	并表指标值
资本利润率(%)	12. 92	12. 86
加权年化信托报酬率(%)	0. 34	0. 34
人均净利润(万元)	657. 66	654. 84

7. 3 本报告期内发生对本公司财务状况、经营成果有重大影响的其他事项

无。

8. 特别事项揭示

8. 1 前五名股东变动情况及原因

根据《北京银保监局关于英大国际信托有限责任公司变更股权的批复》(京银保监复〔2019〕1006 号),批复同意国网英大国际控股集团有限公司、中国电力财务有限公司、济南市能源投资有限责任公司和国网上海市电力公司将其持有的公司 73. 49%股权转让给上海置信电气股份有限公司。2020 年 2 月 14 日,公司完成工商变更登记手续,变更后股东及其持股比例为上海置信电气股份有限公司(国网英大股份有限公司)占 73. 49%,中国南方电网有限责任公司占 25%,济钢集团有限公司占 0. 82%,山东网瑞物产有限公司占 0. 69%。

8. 2 董事、监事及高级管理人员变动情况及原因

8. 2. 1 董事变动情况及原因

2019 年 12 月 20 日,经股东会审议,同意选举赵现军担任公司董事。2020 年 8 月 17 日赵现军经北京银保监局核准任职资格后正式履职,原董事马晓燕不再继续履职。

2020 年 10 月 30 日,经股东会审议,同意选举俞华军担任公司董事。2021 年 1 月 26 日俞华军经北京银保监局核准任职资格后正式履职,原董事吴骏不再继续履职。

8. 2. 2 监事变动情况及原因

2020 年 8 月 10 日,经股东会审议,同意选举苗苗担任公司监事,张翼鲁不再担任公司监事。

8. 2. 3 高级管理人员变动情况及原因

2020 年 4 月 28 日,经董事会审议,同意聘任左土民担任公司总经理助理,2021 年 1 月 26 日左土民经北京银保监局核准任职资格后正式履职。

2020 年 10 月 9 日,经董事会审议,同意聘任马亚军担任公司副总经理,2020 年 12 月 25 日马亚军经北京银保监局核准任职资格后正式履职。

2020 年 10 月 9 日,经董事会审议,同意聘任李芳担任公司总会计师,2021 年 1 月 26 日李芳经北京银保监局核准任职资格后正式履职。

2020 年 10 月 30 日,经董事会审议,同意聘任俞华军担任公司总经理,2021 年 1 月 26 日俞华军经北京银保监局核准任职资格后正式履职。

8. 3 变更注册资本、变更注册地或公司名称、公司分立合并事项

无。

8. 4 公司的重大诉讼事项

2016 年 10 月 14 日,公司发起设立"联赢 LY004 号—塑力集团应收账款收益权集合资金信托计划",北京京奥卓元资产管理有限公司投资 18 000 万元,信托资金用于受让天津塑力线缆集团有限公司合法持有的应收账款(应收北京轨道交通账款)收益权,由塑力集团到期溢价回购,塑力集团股东提供连带保证责任担保。2017 年 6 月,塑力集团由于短期偿债压力较大,流动性不足,出现了逾期支付利息的风险情况。发现风险情况后,公司提前 1 年 2 个月宣布项目到期。

2020 年 7 月 9 日,公司收到北京仲裁委员会关于塑力项目的答辩通知。北京京奥卓元资产管理有限公司向北京仲裁委员会申请仲裁,认为公司在信托财富管理过程中未尽勤勉义务,管理不当造成财产损失,要求公司承担其信托本金损失、信托计划期限内损失以及资金占用损失(约 2. 17 亿元)。2020 年 10 月 12 日,本案开庭审理。2021 年 3 月 17 日,公司收到北京仲裁委员会裁决作出的(2021)京仲裁字第 0120 号裁决书,支持申请人仲裁请求。

8. 5 公司及其董事、监事和高级管理人员受到处罚的情况

无。

8. 6 中国银保监会及其派出机构对公司检查后提出整改意见的,应简单说明整改情况

报告期内,公司高度重视并认真落实各项监管政策及监管要求。根据北京银保监局下发的《英大国际信托有限责任公司 2019 年度监管意见书》,逐项落实整改方案,明确期限,责任到人,建账管理,确保实效。开展股权和关联交易专项整治、市场乱象整治两项"回头看"工作,落实信用风险管控专项工作方案,开展新一轮房地产业务排查,按季度实施全面风险排查,加速推进资管新规存量业务整改等各项工作,切实取得了成效,提升了业务发展质量,增强了重点领域风险防控能力。

8. 7 本年度重大事项临时报告的简要内容、披露时间、所披露的媒体及其版面

无。

8. 8 中国银保监会及其省级派出机构认定的其他有必要让客户及相关利益人了解的重要信息

无。

云南国际信托有限公司

1. 重要提示

1.1 本公司董事会及董事保证本报告所载资料不存在任何虚假记载、误导性陈述或者重大遗漏，并对其内容的真实性、准确性和完整性承担个人及连带责任。

1.2 独立董事意见：本公司独立董事梁旻松、沈思、龙超对本报告内容的真实性、准确性和完整性表示认可。

1.3 本公司负责人董事长甘煜、总裁及主管会计工作负责人舒广、主管信托会计工作负责人李峥及会计机构负责人杨春和、雷瑗保证：本年度报告中的财务报告真实、完整。

2. 公司概况

2.1 公司简介

2.1.1 公司历史沿革

云南国际信托有限公司（下称云南信托或公司）是2003年经中国人民银行（银复〔2003〕33号）批准，由原云南省国际信托投资公司增资改制后重新登记的非银行金融机构。公司注册资本为4亿元。2007年，根据《信托公司管理办法》的有关规定，公司经中国银行业监督管理委员会（银监复〔2007〕315号）批准同意，换领《中华人民共和国金融许可证》。2013年，经原中国银行业监督管理委员会云南监管局以"云银监复〔2013〕293号"文批准同意，公司变更注册资本为10亿元。2017年，经原中国银行业监督管理委员会云南监管局以"云银监复〔2017〕249号"文批准同意变更注册资本为12亿元。

2.1.2 公司法定名称

中文名称：云南国际信托有限公司

中文缩写：云南信托

英文名称：Yunnan International Trust Co.，Ltd.

英文缩写：YNTRUST

2.1.3 公司法定代表人：甘煜

2.1.4 公司注册地址：云南省昆明市南屏街（云南国托大厦）

2.1.5 邮政编码：650021

公司国际互联网网址：http://www.yntrust.com

电子信箱：ynxt@yntrust.com

2.1.6 公司信息披露事务负责人：舒广

联系人：秦少敏

联系电话：0871-63173981

传真：0871-63152142

电子信箱：ynxt@yntrust.com

2.1.7 公司选定的信息披露报纸名称：《金融时报》

2.1.8 公司年度报告备置地点：云南省昆明市南屏街4号A座33层

2.1.9 公司聘请的会计师事务所：信永中和会计师事务所（特殊普通合伙）昆明分所

住所：昆明市西山区人民西路315号云投财富商业广场B2幢19层

2.1.10 公司聘请的律师事务所：云南八谦律师事务所

住所：云南省昆明市滇池路914号摩根道5栋

2.2 组织结构

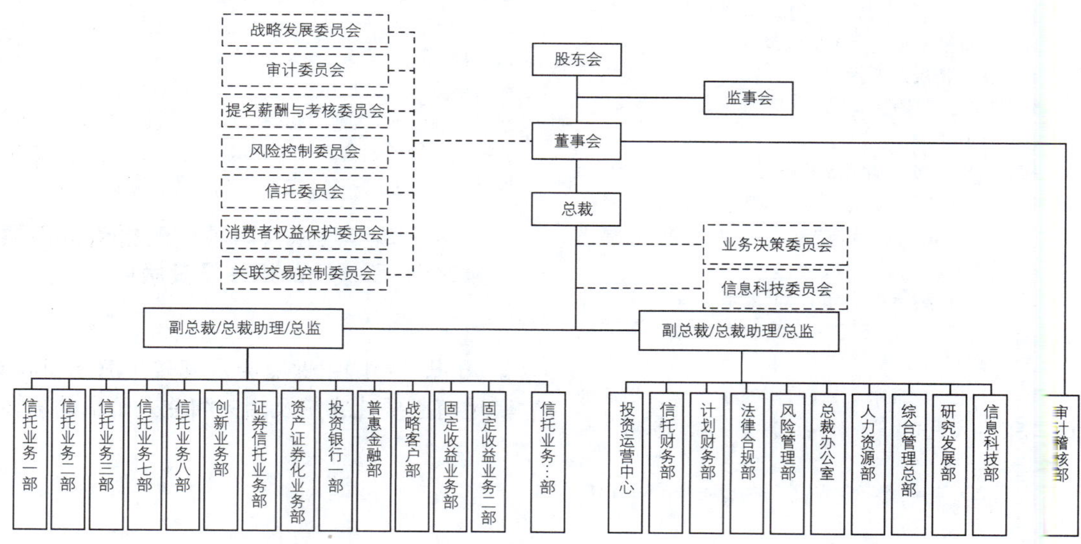

3. 公司治理

3.1 股东

本报告期末，公司共有六家股东，情况如下：

股东名称	持股比例(%)	出资额（万元）	法人代表	注册资本（亿元）	控股股东	注册地址	主要经营业务及主要财务情况
云南省财政厅	25	30 000	张岩松			云南省昆明市五华区五华山	
★涌金实业(集团)有限公司	24.5	29 400	杨利华	20 000	陈金霞	中国（上海）自由贸易试验区陆家嘴环路958号1711室	主营业务：旅游资源开发，国内贸易（除国家明令禁止经营的商品），实业投资咨询，商务信息咨询，食用农产品的销售（除专项审批外），图文制作设计，展览展示服务（依法须经批准的项目，经相关部门批准后方可开展经营活动）。 主要财务情况：截至2020年末，总资产为57.88亿元，所有者权益为46.28亿元。
上海纳米创业投资有限公司	23	27 600	刘　明	30 000	陈金霞	中国（上海）自由贸易试验区陆家嘴环路958号1701室	主营业务：实业投资、资产管理（非金融业务）、科技项目开发及以上相关业务的咨询服务，国内贸易（专项、专控商品除外）（依法须经批准的项目，经相关部门批准后方可开展经营活动）。 主要财务情况：截至2020年末，总资产为7.71亿元，所有者权益为7.70亿元。
北京知金科技投资有限公司	17.5	21 000	杨利华	15 000	涌金实业（集团）有限公司	北京市怀柔区雁栖工业开发区三区16号	主营业务：投资管理；投资咨询（企业依法自主选择经营项目，开展经营活动；依法须经批准的项目，经相关部门批准后依批准的内容开展经营活动；不得从事本市产业政策禁止和限制类项目的经营活动）。 主要财务情况：截至2020年末，总资产为5.84亿元，所有者权益为5.83亿元。
深圳中民电商控股有限公司	7.50	9 000	苗　健	10 000	北京市利宇投资有限公司	深圳市南山区南头街道大汪山社区南光路286号水木一方大厦1栋1903	主营业务：一般经营项目包括计算机软件及互联网领域的技术开发；投资兴办信息技术企业；投资咨询（不含限制项目）；财务管理咨询（以上法律、行政法规、国务院决定禁止的项目除外，限制的项目须取得许可后方可经营）。 主要财务情况：截至2020年末，总资产为4.08亿元，所有者权益为0.97亿元。
云南合和（集团）股份有限公司	2.50	3 000	景　峰	600 000	红塔烟草（集团）有限责任公司	云南省玉溪市红塔区凤凰路116号	主营业务：实业投资、项目投资及对所投资项目进行管理（依法须经批准的项目，经相关部门批准后方可开展经营活动）。 主要财务情况：截至2020年末，总资产为2 548.42亿元，所有者权益为1 011.71亿元。

注：1. ★为控股股东。
2. 以上财务数据未经审计。

本公司股东之中，涌金实业（集团）有限公司、上海纳米创业投资有限公司及北京知金科技投资有限公司之间存在关联关系，互为一致行动人。本公司实际控制人为陈金霞女士。公司股东最终受益人即实际享有公司股权收益的人为股东自身。

公司前三位股东的主要情况：

（1）云南省财政厅（政府部门）。

（2）涌金实业（集团）有限公司主要股东：陈金霞50%。

（3）上海纳米创业投资有限公司主要股东：陈金霞75%。

报告期内未发现公司股东违反承诺质押信托公司股权或以股权及其受（收）益权设立信托等金融产品的情况，报告期内公司无向国务院银行业监督管理机构或其派出机构提交行政许可申请但尚未获得批准的事项。

按照《信托公司股权管理暂行办法》，公司关联方为：

（1）公司实际控制人：陈金霞。

（2）公司主要股东：云南省财政厅、涌金实业（集团）有限公司、上海纳米创业投资有限公司、北京知金科技投资有限公司、深圳中民电商控股有限公司、云南合和（集团）股份有限公司。

（3）公司主要股东的控股股东：陈金霞、北京市利宇投资有限公司、红塔烟草（集团）有限责任公司。

（4）实际控制人控制的其他企业：长沙涌金（集团）有限公司、涌金投资控股有限公司、上海涌铧投资管理有限公司、山南泓泰企业管理咨询有限公司、国金证券股份有限公司、国金基金管理有限公司、上海行列秩智能科技有限公司等陈金霞控制的其他企业。

（5）其他关联自然人：公司实际控制人近亲属、公司关键管理人员及其近亲属。

3.2 董事、董事会及其下属委员会

本报告期末，公司共有九名董事，情况如下：

董事长、副董事长、董事

姓名	职务	性别	年龄(岁)	选任日期	所推举的股东名称	该股东持股比例(%)	简要履历
甘　煜	董事长	男	44	2019 年 4 月	涌金实业(集团)有限公司	24.5	博士研究生,曾就职于中国人民银行银行管理司准入一处,原中国银监会银行二部,历任非现场监管处主任科员、现场检查处副处长、市场准入处副处长,原中国银监会国际部国际研究处处长,原中国银监会办公厅秘书处正处级秘书,平安银行监事、党委委员、法律合规部总经理;现任云南国际信托有限公司董事长。
田泽望	副董事长	男	49	2018 年 5 月			研究生学历,高级经济师,历任云南国际信托有限公司总裁助理、总裁,现任云南国际信托有限公司副董事长。
甘 泽	董事	男	31	2020 年 8 月			研究生学历,曾任职于涌金实业(集团)有限公司;现任上海涌铧投资管理有限公司法务总监,云南国际信托有限公司董事。
赵志清	董事	男	37	2018 年 5 月	云南省财政厅	25	研究生学历,高级会计师,云南省高级会计管理人才,曾就职于云南省财政学校、云南省注册会计师管理与资产评估中心;现任云南省国有金融资本控股集团有限公司计划财务部副总经理,云南国际信托有限公司董事。
舒　广	董事	男	42	2018 年 5 月	上海纳米创业投资有限公司	23	研究生学历,历任云南国际信托有限公司总裁办公室主任、合规工作部总经理、公司副总裁;现任云南国际信托有限公司总裁、董事会秘书、董事。
刘　峥	董事	女	49	2018 年 5 月	北京知金科技投资有限公司	17.5	研究生学历,历任云南国际信托有限公司副总裁;现任涌金实业(集团)有限公司投资部总经理,云南国际信托有限公司董事。

独立董事

姓名	所在单位及职务	性别	年龄(岁)	选任日期	所推举的股东名称	该股东持股比例(%)	简要履历
龙　超	云南财经大学金融研究院教授,博士生导师	男	56	2018 年 5 月	云南省财政厅	25	经济学博士,历任云南财经大学图书馆副馆长(主持工作),金融发展研究所副所长,金融学院院长;现任云南财经大学金融研究院教授,博士生导师,兼任云南旅游、昆明川金诺等上市公司独立董事,云南国际信托有限公司独立董事。
沈　思	无	男	67	2018 年 5 月	涌金实业(集团)有限公司	24.5	经济学硕士,历任浙江省人民银行金融研究所副所长、办公室副主任、监管处副处长、调统处处长,人民银行总行调统司副司长,浦发银行杭州分行副行长,浦发银行董秘、董事会办公室主任、战略发展部总经理,浦发银行董秘、董事、执行董事、董事会战略委员会、资本经营委员会委员;现任云南国际信托有限公司独立董事。
梁旻松	北京弘松投资咨询有限责任公司合伙人	男	52	2018 年 5 月	上海纳米创业投资有限公司	23	经济学、法学博士,历任美国纽约 Kelly Drye & Warren LIP 公司/项目融资部律师,美国贝克・麦肯斯国际律师事务所香港办公室中国业务部律师,北京博[illegible]新港资本投资咨询有限公司首席执行官;现任北京弘松投资咨询有限责任公司合伙人;云南国际信托有限公司独立董事。

董事会下属委员会

委员会名称	职责	组成人员姓名及职务
董事会战略发展委员会	对公司的发展战略规划进行研究并提出建议。	主任委员:甘煜 委员:田泽望、赵志清
董事会审计委员会	监督公司的内部审计制度及其实施。	主任委员:龙超 委员:刘峥、甘泽
董事会风险控制委员会	研究、考核公司的风险控制制度,并提出建议。	主任委员:沈思 委员:舒广、甘泽
董事会提名、薪酬与考核委员会	研究董事、高级管理人员、董事会秘书及由总裁提请董事会认定的其他管理人员的选择标准和程序及考核标准,并提出建议。	主任委员:沈思 委员:刘峥、甘煜
董事会信托委员会	督促公司依法履行受托人职责,当公司或股东利益与受益人利益发生冲突时保证公司为受益人的最大利益服务。	主任委员:梁旻松 委员:刘峥、田泽望
董事会消费者权益保护委员会	制定消费者权益保护工作战略、指导督促高管有效执行和落实消费者权益保护相关工作。	主任委员:梁旻松 委员:舒广、甘泽
董事会关联交易控制委员会	负责公司关联交易的管理,控制关联交易风险。	主任委员:龙超 委员:沈思、梁旻松

3.3 监事、监事会及其下属委员会

监事会成员

姓名	职务	性别	年龄（岁）	选任时间	所推举的股东名称	该股东持股比例（%）	简要履历
李国青	监事长	男	48	2018年5月	云南省财政厅	25	在职研究生，历任云南省财政厅预算局联络处处长（副处级）、云南省财政厅债务管理处副处长；现任云南国际信托有限公司监事长。
穆　越	监事	女	30	2018年5月	涌金实业（集团）有限公司	24.5	研究生学历；现任涌金实业（集团）有限公司投资经理，云南国际信托有限公司监事。
许　悦	监事	女	30	2018年5月	上海纳米创业投资有限公司	23	研究生学历，现任涌金实业（集团）有限公司法律部经理，云南国际信托有限公司监事。
文　俊	监事	男	34	2018年5月	云南合和（集团）股份有限公司	2.5	经济学硕士，历任红云红河集团昆明卷烟厂生产三部生产运行室科员，红云红河集团市场营销中心黑龙江市场部营销员，云南中烟营销中心黑龙江市场部市场经理，云南合和（集团）股份有限公司金融资产部挂职科员；现任云南合和（集团）股份有限公司金融资产部项目管理专员，红塔证券股份有限公司投资管理总部副总经理，云南国际信托有限公司监事。
苏　颖	职工监事	女	42	2018年5月	—	—	大专学历；现任云南国际信托有限公司北京联络处高级行政经理、职工监事。
杨永忠	职工监事	男	52	2018年5月	—	—	大专学历；现任云南国际信托有限公司综合管理总部高级行政经理、工会主席、职工监事。
朱炜明	职工监事	男	39	2018年5月	—	—	本科学历；现任云南国际信托有限公司信息科技部负责人、职工监事。

3.4 高级管理人员

姓名	职务	性别	年龄（岁）	选任日期	金融从业年限（年）	学历	专业	简要履历
舒　广	总裁	男	42	2018年5月	13	硕士研究生	法律	研究生学历，历任云南国际信托有限公司总裁办公室主任、合规工作部总经理、公司副总裁；现任云南国际信托有限公司总裁、董事会秘书、董事。
许荣华	副总裁	男	55	2018年5月	30	硕士研究生	经济系统工程	研究生学历，历任兴业银行厦门分行海沧支行行长、文滨支行行长、温州分行行长、南平分行行长、兴业银行总行同业部副总经理；现任云南国际信托有限公司副总裁。
贾　岩	总裁助理	男	43	2018年5月	13	硕士研究生	管理学	研究生学历，历任云南国际信托有限公司信托业务总部信托经理，云晨期货有限公司信息部主管，国金证券昆明营业部大客户部经理，昆明玖言理财咨询有限公司副总经理，云南国际信托有限公司信托业务二部总经理；现任云南国际信托有限公司总裁助理。
李　峥	总裁助理	女	47	2018年5月	23	硕士研究生	工商管理	研究生学历，历任云南国际信托有限公司信托财务部及投资运营中心部门负责人；现任云南国际信托有限公司总裁助理。
毛剑辉	总裁助理	男	38	2019年6月	13	硕士研究生	电机与电器	研究生学历，历任中国民生银行总行金融市场部交易员、私人银行部产品经理，浦发银行总行资金总部资深产品经理，国泰君安证券固定收益部董事总经理兼首席结构金融师；现任云南国际信托有限公司总裁助理。

3.5 公司员工

本报告期内，公司实有员工283人，平均年龄为33岁。其中，具有大专以上学历的员工有278人（其中，博士1人、硕士164人、本科99人、大专14人），占总人数的98.23%；其他学历的员工有5人，占总人数的1.77%。

4. 经营管理

4.1 经营目标、经营方针、战略规划

4.1.1 经营目标

公司秉承“客户第一、拥抱变化、团结协助、敬业进取、信诚重诺、平等尊重”的价值理念，提供优质、高效、特色的资产管理服务，致力于实现客户价值、员工价值、股东价值和社会价值的最大化。公司的使命是用科技让金融更简单，愿景是成为卓越的科技金融服务平台，实现细分市场领先、特色业务突出、专业能力精深，在国内独树一帜。

4.1.2 经营方针

公司遵循“紧跟市场步伐、深耕可持续业务、坚持风险与收益对等、聚焦重点领域”的基本原则，以新技术与新产业为核心，不断创新进取，坚持服务实体经济，回归金融机构本源，追求风险可控下的最大投资回报。充分整合运用多种金融工具，选择银行、地产、消费贷款、多元金融、建筑业、交通物流、互联网及金融科技、汽车及零部件制造、民生消费九大产业深耕。

4.1.3 战略规划

围绕战略目标，公司在充分研判内外部环境的基础上，制定"一本两翼四轮"的战略规划，其中"一体"是指聚焦泛金融机构，成为同业及金融市场领先服务商；"两翼"是指以人才支撑、科技赋能为主线；"四轮"是指标品资管与服务、另类资产管理与服务、财富管理、服务信托四大业务板块。未来，公司将在转型过程中处理好战略基石型业务、战略培育型业务和市场机遇型业务的关系，实现公司长期发展的目标。

4.2 所经营业务的主要内容

报告期内，公司经营的业务主要包括自营业务和信托业务。

4.2.1 自营业务

自营业务包括证券一级市场投资、股权投资、债券投资、信托受益权投资、经营性租赁业务等方面。

4.2.2 信托业务

信托业务包括证券投资类信托业务、贷款融资类信托业务、财产权类信托业务、消费金融类信托业务、股权投资类信托业务、信贷资产转让类信托业务、房地产及基础设施类信托业务等。

4.2.3 自营资产及信托资产运用与分布情况

自营资产运用与分布表

资产运用	金额（万元）	占比（%）	资产分布	金额（万元）	占比（%）
货币资产	32 383.58	7.73	基础产业	—	—
贷款	—	—	房地产业	—	—
短期投资	80 950.00	19.31	证券	25 000.00	5.97
长期投资	—	—	实业	—	—
其他	305 777.33	72.96	其他	394 110.91	94.03
资产总计	419 110.91	100.00	资产总计	419 110.91	100.00

信托资产运用与分布表

资产运用	金额（万元）	占比（%）	资产分布	金额（万元）	占比（%）
货币资产	274 017.19	1.09	基础产业	2 266 818.11	8.98
贷款	11 658 016.06	46.16	房地产业	1 228 441.43	4.86
交易性金融资产	1 811 935.41	7.17	证券	1 997 464.67	7.91
长期投资	593 588.45	2.35	金融机构	30 000.00	0.12
买入返售资产	572 023.73	2.27	工商企业	13 082 526.34	51.80
其他	10 344 707.45	40.96	其他	6 649 037.74	26.33
资产总计	25 254 288.29	100.00	资产总计	25 254 288.29	100.00

4.3 市场分析

4.3.1 影响本公司业务发展的有利因素

经济恢复良好，新经济发展迅速。2020 年 GDP 同比增长 2.3%，经济总量首次突破 100 万亿元，实体经济转型仍有较大需求，信托仍有较大的市场机会。符合服务实体经济和供给侧结构性改革、符合"十三五"规划及"中国制造 2025"行动纲领等国家战略性新兴产业如新一代信息技术、高端制造、新能源等行业成长性较好，为信托公司发展提供了新的机会。

高净值人群及资产持续增长，促进财富管理业务发展。中国高净值人群数量及高净值人群持有资产量不断增长，其中高净值人群总数达 220 万人，可投资资产规模超 200 万亿元。此外，预计到 2023 年末，中国家族信托意向人群数量将突破 60 万人，这为信托公司财富管理业务带来新的发展机遇。

老龄化加速到来，促进养老金融产业发展。根据国家统计局数据，截至 2019 年末，我国 60 岁及以上的老年人口数达 2.54 亿人，占总人口比例的 18.1%。老龄化社会已加速到来，使以储蓄、私人养老保险、信托、养老基金等形式为老年人提供金融规划咨询和服务的金融机构，将面临前所未有的机遇。

金融科技发展迅猛，促进资产管理能力提升。金融科技是基于数据分析、信息系统乃至各类互联网新兴技术驱动的创新金融业务，具体到公司层面是指基于数据和科技运营，发掘不可交易金融资产并使之可交易化的创新信托业务。公司紧跟科技浪潮，投入资金、人力支持金融科技体系建设，自主开发了普惠金融服务系统、在线网签系统、标品管理系统、舆情监测系统及合规信息披露平台。

信托行业转型窗口与方向已相对明确。《信托公司资金信托管理暂行办法》和《信托公司资本管理办法》即将正式出台，而从监管导向和行业实践来看，信托业务的转型方向也逐步清晰，主要集中在证券投资信托、资产证券化、家族信托、股权投资信托等领域。

4.3.2 影响本公司业务发展的不利因素

宏观经济增长中速。我国宏观经济自"十二五"规划开始放缓增长速度，GDP 增速目标也由 7% 降至"十三五"期间的 6.5%。在经济下行背景下，企业经营效益不佳，导致金融市场风险逐渐加大，出现了一系列的风险事件，如债务违约等。

监管重回"防风险、去杠杆"主线，且力度不同以往。2020 年以来，监管部门针对信托行业相继发布多项监管文件，涉及融资类信托压降、资金信托管理、风险资产处置等。从目前房地产融资政策的收紧、企业债违约形势、信托公司被接管等事件及实际表现出来的监管态度来看，信托业监管环境仍在收紧。

传统主流业务受限，转型业务面临考验。2020 年，信托业在进一步去通道、压房产的基础上，对于融资类信托业务也制定了严格的压降计划；同时，资金信托管理办法使得以非标产品为主的传统信托业务模式面临巨大的转型压力。在此情况下，信托公司积极探索标品投资、资产证券化、家族信托等业务，但转型效果仍未显现。

4.4 内部控制

4.4.1 内部控制环境和内部控制文化

公司根据国家有关法律法规和公司章程，建立了规范的公司治理结构和议事规则，明确了决策、执行、监督等方面的职责权限，形成科学有效的职责分工和制衡机制。公司结合业务特点和内部控制要求设置内部机构，明确职责权限，将权利与责任落实到各部门，通过编制岗位职责说明和内部规章制度，使全体员工掌握内部机构设置、岗位职责、业务流程等情况，明确权责分配，正确行使职权。

公司遵循"诚信、谨慎、勤勉、高效"的原则，依法经营、科学管理，以维护信托财产及股东权益为经营宗旨；秉承"诚信引领未来、专业创造价值"的企业经营理念，以"标品资管与服务、另类资产管理与服务、财富管理、服务信托"为核心竞争力，致力于最大化地实现客户价值、社会价值、员工价值和股东价值，创造良好的公司治理文化和股东信用文化。

4.4.2 内部控制措施

4.4.2.1 健全有效议事决策机制

公司建立了以总裁为主任委员的公司业务决策委员会并制定具体的《业务决策委员会工作细则》。对于公司拟实施的每个项目，都必须按照《业务决策委员会工作细则》规定的程序审批通过后才能组织实施。超出业务决策委员会审议权限的业务项目，业务决策委员会通过后，还需提请董事会风险控制委员会行使对该项目的最终风险审查权，从而加强对公司项目的事前风险控制。

4.4.2.2 建立内部分工明确、相互监督制衡的职责构架

公司设立相对独立的内部审计稽核部门，直接对董事会负责，由其负责对公司自营业务至少每半年进行一次稽核，对终止或结束的信托项目逐月进行审计稽核，随时对业务开展过程中发现的问题进行稽核，并将稽核情况及时向董事会报告。

公司的法律合规部及风险管理部独立行使职能，对公司业务开展事前、事中、事后的合规及风险审查、控制和监督并出具独立意见。

4.4.2.3 强化行业政策贯彻与业务同步

公司严格按照中国银行保险监督管理委员会规定，执行信托业务与自营业务分岗、分账独立运行，分别对自营业务和信托业务制定业务流程、操作规程和风险控制制度，保证各项业务的前台、中台、后台相对独立，建立健全内外部"防火墙"。

2020年，公司继续深化内控体系建设，通过对业务制度、流程、岗位职责、操作规程等各项制度的梳理与完善，确保各项制度的规范性、实用性和有效性，并着力抓好各项制度的监督执行与落实，从整体上提高了工作效率。制度约束力覆盖所有部门、所有业务，并贯彻落实到每个具体岗位，有效提升了公司内控能力。

4.4.3 信息交流与反馈

公司进一步优化了内部信息交流和反馈机制的平台，公司股东会、董事会、监事会、经营层可及时了解公司的经营状况和风险情况。员工的工作情况信息能顺畅到达经营层，经营层的相关反馈信息也能够及时传递给相关的员工和部门。公司建立了有效的内部控制报告机制，业务部门、职能部门发现的内部控制的问题，均有畅通的报告渠道。

4.4.4 监督评价与纠正

公司设立独立的审计稽核部，履行对内部控制的监督检查职能，根据监督检查结果提出内部控制缺陷及改进建议提交董事会、经营管理层，并负责对有关部门和岗位就改进建议的落实情况进行监督检查。公司股东会、董事会、经营管理层按照《中华人民共和国审计法》等法律法规的要求，积极支持审计稽核部开展内部控制的检查监督和评价工作。公司按照《中国银行业监督管理法》等法律法规的要求，积极配合监管机构及外部审计机构对公司内部控制情况的检查和评价。公司建立健全内部控制缺陷的纠正机制，使公司能根据内部控制过程和结果的评价，提出整改意见和纠正措施并逐步落实。

4.5 风险管理

4.5.1 风险管理概况

风险管理是指围绕公司战略目标，由公司各职能部门和业务部门共同实施，在管理环节和经营活动中通过识别、评估、管理各类风险、执行风险管理基本流程、培育良好风险管理文化、建立健全风险管理体系，把风险控制在公司可承受范围内的系统管理过程。

4.5.1.1 公司经营活动中可能遇到的风险

根据信托行业的风险特性以及公司自身情况，公司在经营活动中可能遇到的风险包括法律与合规风险、声誉风险、信用风险、操作风险、道德风险、市场风险以及其他风险等。

4.5.1.2 公司风险管理的基本原则与政策

公司的风险管理遵循以下原则：(1)全面性原则，即风险管理涵盖公司的所有部门和岗位，渗透到各项业务和环节中，贯穿于每项业务全过程。通过不断提高员工对风险的识别和防范能力，树立全员风险意识。(2)有效性原则，即在全面风险管理的理念下，建设全面反映公司风险状况的风险控制体系，确保该体系能有效指导业务，并能有效防范和化解风险。(3)防范和控制原则，即风险控制关口前移，努力在前期做好风险管理工作，加强风险的事前预防和统筹管理，并能在风险发生时及时识别和处理。(4)独立性原则，即承担风险管理监督检查职能的部门独立于公司其他部门，确保监督检查工作的独立性。(5)审慎性原则，即风险管理策略及方法根据公司经营战略、经营方针等内部环境的变化和国家法律法规等外部环境的改变及时进行完善，对各项创新业务及产品方案审慎出具风险评估意见。(6)成本效益原则，即风险管理充分考虑成本与效益的关系，公司保持足够的风险管理投入以降低风险损失。同时，在保证风险可控的前提下，尽量减少冗余步骤，提高处理效率。

4.5.1.3 公司风险管理组织结构及职责划分

公司根据各内部机构在全面风险管理中的作用和功能不同，建立健全一个职责明确、功能健全、信息沟通顺畅的四道全面风险管理体系。

公司的风险管理工作实行分级管理，风险管理组织体系如下：

第一层级：董事会风险控制委员会。公司在董事会层面设立风险控制委员会，负责进行公司风险控制制度的建设、审查公司重大业务的风险、在公司内部长期进行风险教育等。

第二层级：业务决策委员会。公司的业务决策委员会是董事会领导授权下的负责日常业务决策的最高机构，由总裁召集，负责讨论并通过公司的各项业务管理制度、业务流程、审核决定公司拟推出的各项信托产品。

第三层级：风险管理部门。公司承担风险管理职能的部门主要是风险管理部、法律合规部、审计稽核部、信托财务部。风险管理部是公司全面风险管理工作的归口管理部门，负责建立健全公司风险防范制度体系，负责公司风险管理制度执行情况的监督，对公司拟开展的各项信托产品进行风险审查，对公司经营管理活动中的各类风险实施有效的事前评估和过程监控，有效防范、化解和降低公司运营风险。法律合规部负责有效识别和管理公司所面临的合规风险，监督落实监管政策执行情况，通过进行法律文件审核、案件防控管理、法律培训、诉讼处理等工作不断提升公司合规管理水平与专业能力。审计稽核部负责对公司内部控制和各项业务风险管理状况进行监督评价，并按照公司规定向董事会报告。信托财务部负责信托项目

的资金划拨、清算、收益计算、到期兑付及公司规定的其他职责。

第四层级：各业务部门及投资运营中心。公司各信托业务部门以及投资运营中心承担一线风险管理职责，负责按照公司风险管理制度与业务操作流程开展信托业务、固有业务，在尽职调查、产品设计、资金募集、贷后投后管理、信息披露、终止清算等整个业务过程中对主要业务风险进行识别和管理。

4.5.2 风险分类

4.5.2.1 法律与合规风险

法律与合规风险是指公司因没有遵循法律、规则、准则和法律文件约定，可能遭受法律制裁、监管处罚、重大财务损失和声誉损失的风险。

4.5.2.2 声誉风险

声誉风险是指由于公司内部管理、信托产品出现问题等而引起公司的外部社会名声、信誉和公众信任度下降，从而对公司的外部市场地位产生消极和不良影响的风险。

4.5.2.3 信用风险

信用风险是指由于交易对手违约造成损失的风险。主要表现为公司在开展固有业务和信托业务时，可能会因交易对手违约而给公司或信托财产带来风险。

4.5.2.4 操作风险

操作风险是指因公司的内部控制系统不完善、管理失误、控制缺失、或其他一些人为错误而导致的风险。具体可以细分为执行风险、流程风险、信息风险、人员风险、系统事件风险等。

4.5.2.5 道德风险

道德风险是指公司员工在执行业务过程中，由于法律意识淡薄、自律性差、责任心不强等因素的影响，可能存在的违法违规、操作失误等行为而给公司造成损失损害的风险。

4.5.2.6 市场风险

市场风险是指公司在运营过程中可能因市场的利率、汇率或所投资的产品价格的波动而引起投资亏损的风险。这些风险可能影响信托财产的价值及信托收益水平，也可能影响公司固有资产价值或导致损失。

4.5.2.7 其他风险

其他风险主要包括流动性风险等。

流动性风险是指信托财产、信托受益权或以信托财产为基础开发的具体信托产品的流动性不足导致的风险。

4.5.3 风险管理

4.5.3.1 法律与合规风险管理

公司坚持"合规人人有责，风控创造价值"的基本理念，通过事前调查、事中控制、事后检查实现对每笔业务时间、空间上的全程管理，按照国家法律法规和监管部门的有关要求开展业务，在识别和管理法律与合规风险过程中，注重将原则性和灵活性相结合。2020 年，公司加强了对业务可行性分析、交易结构设计、法律文件审查等环节的法律与合规风险的审查和管理，确保公司在依法合规的前提下审慎展业。

4.5.3.2 声誉风险管理

公司重视声誉风险管理，将其纳入公司治理和全面风险管理体系，强调在依法合规经营和健康有序发展的基础上，主动、有效、灵活地防范和管理声誉风险。报告期内，公司采取了一系列具体措施加强声誉风险及舆情管理。针对媒体因误解、信息不对称而导致的误报、错报等新闻舆情，公司主动对接媒体进行了沟通，减少后续蔓延态势。公司强化媒体关系管理，加大了对媒体记者、中高层的拜访和沟通力度，定期举办高管参与的媒体见面会，同时强化媒体信息互通的机制，增进互信。目前，部分主流财经媒体已经增强了对公司业务合规情况的了解，且主动、正面地对公司服务实体经济的亮点业务进行了报道，在一定程度上提升了公司的品牌声誉。

4.5.3.3 信用风险管理

公司高度重视交易对手的信用情况，通过多种措施加强信用风险管理：一是结合公司业务开展的实际情况，针对特定业务类型制定了相应的业务审批指引、准入标准和操作规程等风控制度；二是结合项目具体情况，加强对交易对手的事前尽职调查和项目可行性分析，审慎选择交易对手，进行事前控制；三是严格落实项目审批条件和担保措施，客观、公正地评估抵（质）押物，并通过关注交易对手担保物情况和资信状况，持续跟踪进行事中和事后控制；四是风险管理归口部门对公司开展项目的信用风险情况进行不定期的风险排查，及时发现问题并采取相应措施；五是遵照外部监管机关及公司内部风险管控的要求，建立压力测试常态化机制，进行资产风险分类，实施动态管理；六是严格按财政部和中国银保监会的要求，足额提取包括呆账准备金、信托赔偿准备金在内的各项准备金，足额计提资产减值准备。

4.5.3.4 操作风险管理

公司通过完善规章制度、细化业务操作流程、加强员工专业培训及奖惩激励、设定计算机业务系统操作权限、制定应急预案等措施控制操作风险。

公司通过多种措施加强操作风险管理：一是不断完善各项规章制度和业务操作流程，持续完善操作风险管理机制，切实提高业务管理的精细化水平；二是实行严格的发起、复核、审核程序，严格防范操作风险；三是加强对员工的培训、教育，增强员工责任感和道德水平，执行问责制度，提高操作风险管理质量。

4.5.3.5 道德风险管理

公司通过完善公司治理结构、健全内控制度、规范合理分工及有效制衡的操作流程、加强员工职业道德的培养、提高员工对公司的热爱和对岗位的热情来控制道德风险，并强化审计监督，完善风险预警机制。

4.5.3.6 市场风险管理

公司的市场风险管理策略：一是注重研究和防范宏观经济、金融形势等系统性风险，制定公司的主要业务发展方向；二是根据市场行情，密切跟踪市场变化，及时调整业务开展策略，通过资产或投资的合理组合实现风险的有效对冲和补偿，以规避市场风险；三是在业务审批决策和业务存续期管理过程中，通过压力测试和动态监控，对项目进行严格管理；四是积极贯彻落实监管部门下发的有关法律法规和监管政策，及时对特定业务作出风险提示，加强风险防范，确保风险可控。

4.5.3.7 其他风险管理

其他风险主要是流动性风险。公司在流动性风险的管理工作中，采取多种有效手段检测流动性风险，如通过定期开展压力测试工作检测公司及其产品的承压能力，识别判断公司的流动性风险。

4.5.4 主要风险管理事项概述

公司作为受托人设立的云涌系列集合资金信托计划项下融

资人的实际控制人及担保人罗静涉嫌合同诈骗(目前处于刑事诉讼过程中),可能导致信托财产遭受重大损失。在极端情况下,“云涌”系列项目可能无法收回信托本金,存在不能向投资者分配信托利益的风险。因融资人未按照合同约定还款,目前“云涌”系列项目根据信托合同约定自动延期,公司已将“云涌”系列项目信托资产认定为次级类资产。“云涌”系列项目共计11个信托产品,实收信托规模合计15.83亿元,信托资金用于受让广东中诚实业控股有限公司、广东康安贸易有限公司持有的以苏宁易购集团股份有限公司苏宁易购采购中心作为付款人的应收账款。

进展情况:(1)2019年7月5日,公司注意到,江苏博信投资控股股份有限公司(以下简称江苏博信,证券代码:600083)于2019年7月5日在上交所网站发布了《关于江苏博信投资控股股份有限公司关于公司实际控制人兼董事长、财务总监被刑事拘留的公告》(公告编号:2019—057),相关内容如下:江苏博信于2019年7月5日收到《上海市公安局杨浦分局拘留证》,获悉其实际控制人兼董事长罗静于2019年6月20日被上海市公安局杨浦分局刑事拘留,相关事项尚待公安机关进一步调查。公司在获悉江苏博信的公告后,即向云南省公安机关报案。(2)2019年8月5日,公司接到昆明市公安局直属分局的《立案告知书》,告知公司控告罗静等人涉嫌犯罪一案符合立案条件,并立为合同诈骗案进行侦查。(3)2020年8月20日,上海二中院通过官方微信公众号发布公告,受理了被告人罗静合同诈骗、对非国家工作人员行贿一案,并将择期公开开庭审理此案。截至2020年12月底,公司未获悉该案的开庭信息。

风险管理情况:公司成立了云涌系列项目风险处置小组,积极采取包括向公安部门报案、向法院提起民事诉讼等各项救济措施。具体举措如下:

(1)向公安机关报案。公司在获悉江苏博信的公告后,即向云南省公安机关报案,并积极配合相关的刑事侦查工作。

(2)向人民法院提起民事诉讼。为维护投资者合法权益,公司就11个项目向云南省昆明市中级人民法院提起民事诉讼,均已被受理。同时,公司还向法院提交了诉讼保全申请。有关云涌系列项目的民事诉讼安排,公司仍需等待人民法院的进一步通知。

(3)其他措施。公司还采取了积极向有关部门汇报云涌系列项目进展情况、制定投资者接待方案、对云涌系列项目按照信托合同约定进行延期、聘请专业律师协助处理民事、刑事事务等措施,尽最大努力维护信托财产安全。

5. 财务会计报表

5.1 自营资产

5.1.1 会计师事务所审计意见全文

审计报告

XYZH/2021KMAA40033

云南国际信托有限公司:

一、审计意见

我们审计了云南国际信托有限公司(以下简称云南信托)财务报表,包括2020年12月31日的资产负债表,2020年度的利润表、现金流量表、所有者权益变动表,以及相关财务报表附注。

我们认为,后附的财务报表在所有重大方面按照企业会计准则的规定编制,公允反映了云南信托2020年12月31日的财务状况及2020年度的经营成果和现金流量。

二、形成审计意见的基础

我们按照中国注册会计师审计准则的规定执行了审计工作。审计报告的“注册会计师对财务报表审计的责任”部分进一步阐述了我们在这些准则下的责任。按照中国注册会计师职业道德守则,我们独立于云南信托,并履行了职业道德方面的其他责任。我们相信,我们获取的审计证据是充分的、适当的,为发表审计意见提供了基础。

三、管理层和治理层对财务报表的责任

云南信托管理层(以下简称管理层)负责按照企业会计准则的规定编制财务报表,使其实现公允反映,并设计、执行和维护必要的内部控制,以使财务报表不存在由于舞弊或错误导致的重大错报。

在编制财务报表时,管理层负责评估云南信托的持续经营能力,披露与持续经营相关的事项(如适用),并运用持续经营假设,除非管理层计划清算云南信托、终止运营或别无其他现实的选择。

治理层负责监督云南信托的财务报告过程。

四、注册会计师对财务报表审计的责任

我们的目标是对财务报表整体是否不存在由于舞弊或错误导致的重大错报获取合理保证,并出具包含审计意见的审计报告。合理保证是高水平的保证,但并不能保证按照审计准则执行的审计在某一重大错报存在时总能发现。错报可能由于舞弊或错误导致,如果合理预期错报单独或汇总起来可能影响财务报表使用者依据财务报表作出的经济决策,则通常认为错报是重大的。

在按照审计准则执行审计工作的过程中,我们运用职业判断,并保持职业怀疑。同时,我们也执行以下工作:

(1)识别和评估由于舞弊或错误导致的财务报表重大错报风险,设计和实施审计程序以应对这些风险,并获取充分、适当的审计证据,作为发表审计意见的基础。由于舞弊可能涉及串通、伪造、故意遗漏、虚假陈述或凌驾于内部控制之上,未能发现由于舞弊导致的重大错报的风险高于未能发现由于错误导致的重大错报的风险。

(2)了解与审计相关的内部控制,以设计恰当的审计程序,但目的并非对内部控制的有效性发表意见(如果接受委托,结合财务报表审计对内部控制有效性发表意见,应取消此句表述)。

(3)评价管理层选用会计政策的恰当性和作出会计估计及相关披露的合理性。

(4)对管理层使用持续经营假设的恰当性得出结论。同时,根据获取的审计证据,就可能导致对云南信托持续经营能力产生重大疑虑的事项或情况是否存在重大不确定性得出结论。如果我们得出结论认为存在重大不确定性,审计准则要求我们在审计报告中提请报表使用者注意财务报表中的相关披露;如果披露不充分,我们应当发表非无保留意见。我们的结论基于截至审计报告日可获得的信息。然而,未来的事项或情况可能导致云南信托不能持续经营。

(5)评价财务报表的总体列报、结构和内容,并评价财务报表是否公允反映相关交易和事项。

我们与治理层就计划的审计范围、时间安排和重大审计发现等事项进行沟通,包括沟通我们在审计中识别出的值得关注的内部控制缺陷。

信永中和会计师事务所(特殊普通合伙)昆明分所

中国注册会计师:

中国注册会计师:

中国·昆明

二〇二一年三月三十一日

5.1.2 资产负债表

资产负债表

编制单位:云南国际信托有限公司 2020 年 12 月 31 日 单位:元

资产	注释号	行次	期末数	期初数	负债和所有者权益	注释号	行次	期末数	期初数
货币资金	七.1	1	323 835 765.50	116 802 924.80	短期借款		25	—	—
拆出资金		2	—	—	拆入资金		26	—	—
交易性金融资产	七.2	3	250 000 000.00	400 000 000.00	交易性金融负债		27	—	—
衍生金融资产		4	—	—	衍生金融负债		28	—	—
买入返售金融资产		5	—	—	代理承销证券款		29	—	—
应收账款	七.3	6	67 706 182.23	65 889 229.46	应付账款	七.15	30	600 000.00	900 000.00
其他应收款	七.4	7	83 799 526.89	20 872 599.95	其他应付款	七.16	31	224 122 103.81	[illegible]8 936 245.74
预付款项	七.5	8	6 374 738.34	5 404 074.64	预收账款	七.17	32	91 220 454.07	[illegible]0 093 517.94
应收股利		9	—	—	应付职工薪酬	七.18	33	353 532 336.96	[illegible]7 510 765.41
应收利息	七.6	10	1 612 082.04	3 847 740.60	应交税费	七.19	34	159 259 405.17	[illegible]0 151 171.88
长期应收款		11	—	—	应付股利	七.20	35	—	—
贷款		12	—	—	持有待售负债		36	—	—
持有待售资产		13	—	—	预计负债		37	—	—
可供出售金融资产	七.7	14	719 500 000.00	122 000 000.00	长期应付款		38	—	—
持有至到期投资		15	—	—	递延所得税负债	七.12	39	20 297 352.46	[illegible]8 288 837.83
长期股权投资		16	—	—	其他负债		40	—	—
投资性房地产	七.8	17	26 188 834.46	28 908 035.66	负债合计		41	849 031 652.47	[illegible]5 880 538.80
固定资产	七.9	18	16 954 110.80	18 197 162.29	所有者权益		42		
无形资产	七.10	19	10 987 384.72	13 130 398.87	实收资本	七.21	43	1 200 000 000.00	1 [illegible]0 000 000.00
信托受益权	七.11	20	2 000 393 770.83	2 158 603 114.60	资本公积	七.22	44	174 345.00	174 345.00
递延所得税资产	七.12	21	87 696 130.00	82 709 244.88	盈余公积	七.23	45	321 190 306.64	[illegible]9 239 661.55
长期待摊费用	七.13	22	2 130 489.56	3 218 233.12	信托赔偿准备	七.24	46	175 297 285.82	[illegible]6 126 898.76
其他资产	七.14	23	593 930 048.63	548 868 740.54	一般风险准备	七.25	47	62 866 635.96	[illegible]3 826 772.49
					未分配利润	七.26	48	1 582 548 838.11	1 [illegible]3 203 282.81
					其中:本年利润		49	319 506 450.92	[illegible]03 250 11.39
					所有者权益合计		50	3 342 077 411.53	3 [illegible] 570 960.61
资产总计		24	4 191 109 064.00	3 588 451 499.41	负债及所有者权益总计		51	4 191 109 064.00	3 [illegible] 451 499.41

法定代表人:甘煜 主管会计工作负责人:舒广 会计机构负责人:杨春和

5 1.3 利润表

利润表

编制单位:云南国际信托有限公司 2020 年度 单位:元

项目	注释号	行次	本年数	上年数
营业收入		1	745 888 866.24	884 120 4[illegible].79
利息净收入		2	11 996 887.68	-3 413 1[illegible].02
利息收入	七.26	3	11 996 887.68	15 087 7[illegible].63
利息支出	七.27	4	—	18 500 8[illegible].65
手续费及佣金净收入		5	596 473 035.91	617 356 2[illegible].85
手续费及佣金收入		6	620 879 326.52	629 435 5[illegible].78
其中:信托项目手续费及佣金收入	七.28	7	610 588 527.58	621 976 0[illegible].77

续表

项目	注释号	行次	本年数	上年数
手续费及佣金支出		8	24 406 290. 61	12 079 323. 93
其中:信托项目手续费及佣金支出	七.29	9	4 350 619. 11	12 079 323. 93
投资收益	七.30	10	124 907 475. 10	192 534 513. 67
汇兑损益		11	—	—
公允价值变动损益	七.31	12	8 034 058. 53	73 155 351. 32
资产处置收益		13	—	—
其他收益		14	—	—
其他业务净收入		15	4 477 409. 02	4 487 548. 97
其他业务收入	七.32	16	4 969 689. 59	4 980 944. 39
其他业务支出	七.33	17	492 280. 57	493 395. 42
营业支出		18	324 549 674. 92	350 330 393. 83
税金及附加	七.34	19	5 536 323. 06	4 928 193. 82
业务及管理费	七.35	20	315 320 870. 00	345 138 451. 30
资产减值损失	七.36	21	3 692 481. 86	263 748. 71
营业利润		22	421 339 191. 32	533 790 100. 96
加:营业外收入	七.37	23	1 000 000. 65	427. 98
减:营业外支出	七.38	24	1 123 055. 18	184 526. 96
利润总额		25	421 216 136. 79	533 606 001. 98
减:所得税费用	七.39	26	101 709 685. 87	130 355 890. 59
净利润		27	319 506 450. 92	403 250 111. 39
持续经营净利润		28	319 506 450. 92	403 250 11. 39
终止经营净利润		29	—	—
其他综合收益		30	—	—
综合收益总额		31	319 506 450. 92	403 250 11. 39
每股收益		32	—	—
基本每股收益		33	—	—
稀释每股收益		34	—	—

法定代表人:甘煜　　　　主管会计工作负责人:舒广　　　　会计机构负责人:杨春和

5.1.4 所有者权益变动表

所有者权益变动表

编制单位:云南国际信托有限公司　　　　2020 年度　　　　单位:元

项目	行次	本年金额								
		归属于母公司所有者权益								所有者权益合计
		实收资本(或股本)	资本公积	减:库存股	其他综合收益	盈余公积	信托赔偿准备	一般风险准备	未分配利润	
一、上年年末余额	1	1 200 000 000. 00	174 345. 00	—	—	289 239 661. 55	156 126 898. 76	53 826 772. 49	1 323 203 282. 81	3 022 570 960. 61
加:会计政策变更	2	—	—	—	—	—	—	—	—	—
前期差错更正	3	—	—	—	—	—	—	—	—	—
二、本年年初余额	4	1 200 000 000. 00	174 345. 00	—	—	289 239 661. 55	156 126 898. 76	53 826 772. 49	1 323 203 282. 81	3 022 570 960. 61
三、本年增减变动金额(减少以"-"号填列)	5	—	—	—	—	31 950 645. 09	19 170 387. 06	9 039 863. 47	259 345 555. 30	319 506 450. 92
(一)综合收益总额	6	—	—	—	—	—	—	—	319 608 450. 92	319 608 450. 92
(二)所有者投入和减少资本	7	—	—	—	—	—	—	—	—	—
1. 所有者投入资本	8	—	—	—	—	—	—	—	—	—
2. 其他权益工具持有者投入资本	9	—	—	—	—	—	—	—	—	—
3. 股份支付计入所有者权益的金额	10	—	—	—	—	—	—	—	—	—
4. 其他	11	—	—	—	—	—	—	—	—	—
(三)利润分配	12	—	—	—	—	31 950 645. 09	19 170 387. 06	9 039 863. 47	-60 160 895. 62	—
1. 提取盈余公积	13	—	—	—	—	31 950 645. 09	—	—	-31 950 645. 09	—

续表

项　目	行次	本年金额								
		归属于母公司所有者权益								所有者权益合计
		实收资本（或股本）	资本公积	减：库存股	其他综合收益	盈余公积	信托赔偿准备	一般风险准备	未分配利润	
2. 提取信托赔偿准备	14	—	—	—	—	—	19 170 387. 06	—	-19 170 387. 06	—
3. 提取一般风险准备	15	—	—	—	—	—	—	9 039 863. 47	-9 039 863. 47	—
4. 对所有者（或股东）的分配	16	—	—	—	—	—	—	—	—	—
5. 其他	17	—	—	—	—	—	—	—	—	—
（四）所有者权益内部结转	18	—	—	—	—	—	—	—	—	—
1. 资本公积转增资本（或股本）	19	—	—	—	—	—	—	—	—	—
2. 盈余公积转增资本（或股本）	20	—	—	—	—	—	—	—	—	—
3. 盈余公积弥补亏损	21	—	—	—	—	—		—	—	—
4. 一般风险准备弥补亏损	22	—	—	—	—	—	—	—	—	—
5. 设定受益计划变动额结转留存收益	23	—	—	—	—	—	—	—	—	—
6. ＊其他综合收益结转留存收益	24	—	—	—	—	—	—	—	—	—
7. 其他	25	—	—	—	—	—	—	—	—	—
四、本年年末余额	26	1 200 000 000. 00	174 345. 00	—	—	321 190 306. 64	175 297 285. 82	62 866 635. 98	1 582 548 838. 11	3[illegible]2 077 411. 53

法定代表人：甘煜　　　　主管会计工作负责人：舒广　　　　会计机构负责人：杨春和

所有者权益变动表（续）

编制单位　云南国际信托有限公司　　　　2020 年度　　　　单位：元

项　目	行次	上年金额								
		归属于母公司所有者权益								所有者权益合计
		实收资本（或股本）	资本公积	减：库存股	其他综合收益	盈余公积	信托赔偿准备	一般风险准备	未分配利润	
一、上年年末余额	1	1 200 000 000. 00	174 345. 00	—	—	248 914 650. 41	131 931 892. 08	46 149 356. 39	992 150 605. 34	2[illegible]9 320 849. 22
加：会计政策变更	2	—	—	—	—	—	—	—	—	—
前期差错更正	3	—	—	—	—	—	—	—	—	—
二、本年年初余额	4	1 200 000 000. 00	174 345. 00	—	—	248 914 650. 41	131 931 892. 08	46 149 356. 39	992 150 605. 34	2[illegible]9 320 849. 22
三、本年增减变动金额（减少以"－"号填列）	5	—	—	—	—	40 325 011. 14	24 195 006. 68	7 677 416. 10	331 052 677. 47	[illegible]3 250 111. 39
（一）综合收益总额	6	—	—	—	—	—	—	—	403 250 111. 39	[illegible]3 250 111. 39
（二）所有者投入和减少资本	7	—	—	—	—	—	—	—	—	—
1. 所有者投入资本	8	—	—	—	—	—	—	—	—	—
2. 其他权益工具持有者投入资本	9	—	—	—	—	—	—	—	—	—
3. 股份支付计入所有者权益的金额	10	—	—	—	—	—	—	—	—	—
4. 其他	11	—	—	—	—	—	—	—	—	—
（三）利润分配	12	—	—	—	—	40 325 011. 14	24 195 006. 68	7 677 416. 10	-72 197 433. 92	—
1. 提取盈余公积	13	—	—	—	—	40 325 011. 14	—	—	-40 325 011. 14	—
2. 提取信托赔偿准备	14	—	—	—	—	—	24 195 006. 68	—	-24 195 006. 68	—
3. 提取一般风险准备	15	—	—	—	—	—	—	7 677 416. 10	-7 677 416. 10	—
4. 对所有者（或股东）的分配	16	—	—	—	—	—	—	—	—	—
5. 其他	17	—	—	—	—	—	—	—	—	—
（四）所有者权益内部结转	18	—	—	—	—	—	—	—	—	—
1. 资本公积转增资本（或股本）	19	—	—	—	—	—	—	—	—	—
2. 盈余公积转增资本（或股本）	20	—	—	—	—	—	—	—	—	—
3. 盈余公积弥补亏损	21	—	—	—	—	—	—	—	—	—
4. 一般风险准备弥补亏损	22	—	—	—	—	—	—	—	—	—
5. 设定受益计划变动额结转留存收益	23	—	—	—	—	—	—	—	—	—
6. ＊其他综合收益结转留存收益	24	—	—	—	—	—	—	—	—	—
7. 其他	25	—	—	—	—	—	—	—	—	—
四、本年年末余额	26	1 200 000 000. 00	174 345. 00	—	—	289 239 661. 55	156 126 898. 76	53 826 772. 49	1 323 203 282. 81	3 [illegible] 570 960. 61

法定代表人：甘煜　　　　主管会计工作负责人：舒广　　　　会计机构负责人：杨春和

5.1.5 现金流量表

现金流量表

编制单位:云南国际信托有限公司 2020 年度 单位:元

项目	行次	上年金额	本年金额	项目	行次	上年金额	本年金额
一、经营活动产生的现金流量:	1	—	—	购建固定资产、无形资产和其他长期资产支付的现金	22	10 277 361.43	6 098 222.87
客户存款和同业存放款项净增加额	2	—	—	支付其他与投资活动有关的现金	23	—	—
向中央银行借款净增加额	3	—	—	投资活动现金流出小计	24	6 255 711 516.43	6 174 950 322.87
向其他金融机构拆入资金净增加额	4	—	—	投资活动产生的现金流量净额	25	-240 683 907.50	-179 744 153.38
收取利息、手续费及佣金的现金	5	703 646 431.55	732 636 250.80	三、筹资活动产生的现金流量:	26	—	—
收到其他与经营活动有关的现金	6	42 716 713.33	1 917 018 693.52	吸收投资收到的现金	27	—	—
经营活动现金流入小计	7	746 363 144.88	2 649 654 944.32	其中:子公司吸收少数股东投资收到的现金	28	—	—
客户贷款及垫款净增加额	8	—	—	发行债券收到的现金	29	—	—
存放中央银行和同业款项净增加额	9	—	—	收到其他与筹资活动有关的现金	30	—	—
支付利息、手续费及佣金的现金	10	31 073 586.00	24 406 290.61	筹资活动现金流入小计	31	—	—
支付给职工以及为职工支付的现金	11	217 739 853.15	226 917 959.09	偿还债务支付的现金	32	—	—
支付的各项税费	12	119 645 526.97	141 457 626.65	分配股利、利润或偿付利息支付的现金	33	12 500 000.00	—
支付其他与经营活动有关的现金	13	69 371 891.26	1 870 096 073.89	其中:子公司支付给少数股东的股利、利润	34	—	—
经营活动现金流出小计	14	437 830 857.38	2 262 877 950.24	支付其他与筹资活动有关的现金	35	—	—
经营活动产生的现金流量净额	15	308 532 287.50	386 776 994.08	筹资活动现金流出小计	36	12 500 000.00	—
二、投资活动产生的现金流量:	16	—	—	筹资活动产生的现金流量净额	37	-12 500 000.00	—
收回投资收到的现金	17	5 825 732 742.25	5 821 297 523.22	四、汇率变动对现金及现金等价物的影响	38	—	—
取得投资收益收到的现金	18	189 294 866.68	173 897 835.38	五、现金及现金等价物净增加额	39	55 348 380.00	207 032 840.70
收到其他与投资活动有关的现金	19	—	10 810.89	加:期初现金及现金等价物余额	40	61 454 544.80	116 802 924.80
投资活动现金流入小计	20	6 015 027 608.93	5 995 206 169.49	六、期末现金及现金等价物余额	41	116 802 924.80	323 835 765.50
投资支付的现金	21	6 245 434 155.00	6 168 852 100.00				

法定代表人:甘煜 主管会计工作负责人:舒广 会计机构负责人:杨春和

5.2 信托业务

5.2.1 信托项目资产负债汇总表

信托项目资产负债汇总表

编制单位:云南国际信托有限公司 2020 年 12 月 31 日 单位:万元

项目	2020 年末数	2020 年初数
信托资产:		
货币资金	274 017.19	487 861.26
拆出资金	—	—
存出保证金	22 316.44	36 030.88
交易性金融资产	1 811 935.41	2 041 853.16
衍生金融资产	—	—
买入返售金融资产	572 023.73	1 135 864.58
其中:买入返售证券	93 136.21	83 199.29
买入返售信贷资产	—	—
应收款项	164 551.60	73 211.73
贷款	11 658 016.06	9 344 516.02
可供出售金融资产	4 505 368.50	2 360 523.35
持有至到期投资	1 948 876.05	414 787.86
长期应收款	—	—
长期股权投资	593 588.45	679 965.79
投资性房地产	—	—
固定资产	—	—
无形资产	—	—
长期待摊费用	—	—
其他资产	3 703 594.86	3 510 309.92

续表

项目	2020 年末数	2020 年初数
信托资产总计	25 254 288.29	20 084 924.55
信托负债:		
交易性金融负债	—	—
衍生金融负债	—	—
应付受托人报酬	3 033.38	4 535.79
应付托管费	481.01	903.38
应付受益人收益	54 881.74	63 891.42
应交税费	9 944.98	6 015.99
应付销售服务费	18.32	106.50
其他应付款项	139 763.37	78 424.41
其他负债	—	—
信托负债合计	208 122.80	153 877.49
信托权益:		
实收信托	24 895 090.72	20 044 367.17
其中:资金信托	21 197 373.22	16 473 711.92
财产信托	3 697 717.50	3 570 655.25
资本公积	-129 407.69	-212 596.13
外币报表折算差额	—	—
未分配利润	280 482.46	99 276.02
信托权益合计	25 046 165.49	19 931 047.06
信托负债及信托权益总计	25 254 288.29	20 084 924.55

法定代表人:甘煜 主管会计工作负责人:李峥 财务经理:雷瑗 制表:李欢欢

5.2.2 信托项目利润及利润分配汇总表

信托项目利润及利润分配汇总表

编制单位：云南国际信托有限公司　　单位：万元

项目	2020 年度	2019 年度
一、营业收入	1 588 840.04	1 796 573.53
利息收入	912 423.28	1 020 356.30
投资收益	494 647.27	340 144.81
公允价值变动损益	181 591.37	436 328.89
租赁收入	—	—
汇兑损益	—	—
其他收入	178.12	-256.47
二、营业支出	181 361.82	210 294.15
税金及附加	5 952.49	5531.68
受托人报酬	52 945.13	64 679.36
托管费	13 046.14	11 824.08
投资管理费	8 932.29	9 990.09
销售服务费	609.03	3456.69
交易费用	3 387.79	5 590.28
资产减值损失	47 483.46	4205.17
其他费用	49 005.49	105 016.80
三、信托净利润	1 407 478.22	1 586 279.38
四、其他综合收益	83 346.14	324503.75
五、综合收益	1 490 824.36	1 910 783.13
加 期初未分配信托利润	99 276.02	-347 433.63
加 未分配信托利润平准金	-5 130.32	179 947.40
六、可供分配的信托利润	1 501 623.92	1 418 793.15
减 本期已分配信托利润	1 221 141.45	1 319 517.13
七、期末未分配信托利润	280 482.47	99 276.02

法定代表人：甘煜　主管会计工作负责人：李峥　财务经理：雷瑗　制表：李欢欢

6. 财务报表附注

6.1 财务报表编制基础

本公司的财务报表编制以持续经营假设作为基础，根据实际发生的交易和事项，按照财政部颁布的《企业会计准则》及其他相关法规的有关规定，并基于"主要会计政策和会计估计"进行编制。本财务报告编制不存在不符合会计核算基本前提的事项。

6.2 或有事项说明

本公司本期无对外担保及其他重大的或有事项。

6.3 重要资产转让及其出售的说明

本公司本期无重要资产转让及出售事项。

6.4 会计报表中重要项目的说明

6.4.1 自营资产经营情况

6.4.1.1 按信用风险五级分类结果披露信用风险资产的期初数、期末数

以下注释中期末余额是指 2020 年 12 月 31 日的余额，期初余额是指 2019 年 12 月 31 日的余额；本期数是指 2020 年 1 月 1 日至 2020 年 12 月 31 日的发生额，上期数是指 2019 年 1 月 1 日至 2019 年 12 月 31 日的发生额。

信用风险资产五级分类	正常类（万元）	关注类（万元）	次级类（万元）	可疑类（万元）	损失类（万元）	信用风险资产合计（万元）	不良资产合计（万元）	不良资产率（%）
期初数	342 929.47	1 318.74	—	—	—	344 248.21	—	—
期末数	403 785.19	—	1 318.74	—	—	405 103.93	1 318.74	0.33

注：本公司信用风险资产的范围包括报表项目货币资金、应收账款、预付账款、其他应收款、应收利息、其他资产（垫缴信保基金款项）、交易性金融资产、可供出售金融资产、信托受益权。次级类资产为应收云涌系列项目管理费、应收自营投资云涌项目投资收益以及自营投资云涌项目本金。

6.4.1.2 各项风险减值损失准备

单位：万元

	期初余额	本期计提	本期转回	本期核销	期末余额
贷款损失准备	—	—	—	—	—
一般准备	—	—	—	—	—
专项准备	—	—	—	—	—
其他资产减值准备	24.80	347.20	—	—	372.00
可供出售金融资产减值准备	—	—	—	—	—
持有至到期投资减值准备	—	—	—	—	—
长期股权投资减值准备	—	—	—	—	—
坏账准备	1.57	22.05	—	—	23.62
投资性房地产减值准备	—	—	—	—	—
合　计	26.37	369.25	—	—	395.62

注："其他资产减值准备"为自营投资云涌系列项目计提的减值准备，"坏账准备"为应收云涌系列项目管理费及应收自营投资云涌项目投资收益计提的减值准备。

6.4.1.3 自营股票投资、基金投资、债券投资、股权投资、信托产品投资等投资业务的期初数、期末数

单位：万元

名称	股票	基金	债券	可供出售金融资产	信托受益权	合计
期初数	—	—	40 000.00	12 200.00	215 860.31	268 060.31
期末数	—	—	25 000.00	71 950.00	200 039.38	296 989.38

6.4.1.4 本公司 2020 年度自营长期股权投资

无。

6.4.1.5 本公司 2020 年度自营贷款业务

无。

6.4.1.6 本公司 2020 年度表外业务

无。

6.4.1.7 本公司当年的收入结构

项目	本期发生额（万元）	占比（%）
手续费及佣金净收入	59 647.30	79.97
其中：信托业务净收入	60 623.79	81.28
利息净收入	1 199.69	1.61
其他业务净收入	447.74	0.60
投资收益	12 490.75	16.75
其中：股权投资收益	—	—
证券投资收益	165.41	0.22
其他投资收益	12 325.34	16.53
公允价值变动收益	803.41	1.07
合计	74 588.89	100.00

6.4.2 披露信托资产管理情况

6.4.2.1 信托资产的期初数、期末数

单位：万元

信托资产	期初数	期末数
集合	4 198 305.50	5 277 602.01
单一	12 202 782.50	16 196 828.65
财产权	3 683 836.55	3 779 857.63
合计	20 084 924.55	25 254 288.29

6.4.2.1.1 主动管理型信托业务的信托资产期初数、期末数，分证券投资类、股权投资类、其他投资类、融资类、事务管理类分别披露

单位：万元

主动管理型信托资产	期初数	期末数
证券投资类	2 402 699.34	2 278 339.19
股权投资类	900.06	62 437.91
其他投资类	1 638 588.75	6 362 114.03
融资类	3 798 555.22	3 632 086.58
事务管理类	—	—
合计	7 840 743.37	12 334 977.71

6.4.2.1.2 被动管理型信托业务的信托资产期初数、期末数，分证券投资类、股权投资类、其他投资类、融资类、事务管理类分别披露

单位：万元

被动管理型信托资产	期初数	期末数
证券投资类	—	—
股权投资类	—	—
其他投资类	—	—
融资类	—	—
事务管理类	12 244 181.18	12 919 310.58
合计	12 244 181.18	12 919 310.58

6.4.2.2 本年度已清算结束的信托项目个数、实收信托合计金额、加权平均实际年化收益率

6.4.2.2.1 本年度已清算结束的集合类、单一类资金信托项目和财产管理类信托项目个数、实收信托合计金额、加权平均实际年化收益率

已清算结束的信托项目	项目个数（个）	实收信托合计金额（万元）	加权平均实际年化收益率（%）
集合类	196	3 586 497.63	10.91
单一类	229	14 540 382.49	5.33
财产管理类	48	3 603 030.71	5.85

注：1. 收益率是指信托项目清算后，给受益人赚取的实际收益水平。

2. 加权平均实际年化收益率 =（信托项目 1 的实际年化收益率 × 信托项目 1 的实收信托 + 信托项目 2 的实际年化收益率 × 信托项目 2 的实收信托 + … + 信托项目 *n* 的实际年化收益率 × 信托项目 *n* 的实收信托）/（信托项目 1 的实收信托 + 信托项目 2 的实收信托 + … + 信托项目 *n* 的实收信托）×100%。

6.4.2.2.2 本年度已清算结束的主动管理型信托项目个数、实收信托合计金额、加权平均实际年化信托报酬率、加权平均实际年化收益率，分证券投资类、股权投资类、其他投资类、融资类、事务管理类分别计算并披露

已清算结束的信托项目	项目个数（个）	实收信托合计金额（万元）	加权平均实际年化信托报酬率（%）	加权平均实际年化收益率（%）
证券投资类	50	9 703 768.42	0.2	4.89
股权投资类	1	100.00	—	2.00
其他投资类	54	1 519 694.64	0.22	5.19
融资类	214	2 556 636.77	0.88	11.58
事务管理类	—	—	—	—

注：加权平均实际年化信托报酬率 =（信托项目 1 的实际年化信托报酬率 × 信托项目 1 的实收信托 + 信托项目 2 的实际年化信托报酬率 × 信托项目 2 的实收信托 + … + 信托项目 *n* 的实际年化信托报酬率 × 信托项目 *n* 的实收信托）/（信托项目 1 的实收信托 + 信托项目 2 的实收信托 + … + 信托项目 *n* 的实收信托）×100%。

6.4.2.2.3 本年度已清算结束的被动管理型信托项目个数、实收信托合计金额、加权平均实际年化信托报酬率、加权平均实际年化收益率，分证券投资类、股权投资类、其他投资类、融资类、事务管理类分别计算并披露

已清算结束信托项目	项目个数（个）	实收信托合计金额（万元）	加权平均实际年化信托报酬率（%）	加权平均实际年化收益率（%）
证券投资类	—	—	—	—
股权投资类	—	—	—	—
其他投资类	—	—	—	—
融资类	—	—	—	—
事务管理类	154	7 949 711.00	0.16	5.63

6.4.2.3 本年度新增的集合类、单一类和财产管理类信托项目个数、实收信托合计金额

新增信托项目	项目个数（个）	实收信托合计金额（万元）
集合类	85	3 560 713.63
单一类	349	10 502 121.69
财产管理类	41	2 361 663.08
新增合计	475	16 424 498.40
其中：主动管理型	314	9 410 265.21
被动管理型	161	7 014 233.19

注：本年新增信托项目指在本报告年度内累计新增的信托项目个数和金额，包含本年度新增并于本年度内结束的项目和本年度新增至报告期末仍在持续管理的信托项目。

6.4.2.4 信托业务创新成果和特色业务有关情况

2020 年，公司结合监管导向、中长期战略规划及公司实际情况，将主动管理债券、被动证券、财富管理、消费金融、资产证券化等业务作为公司的战略业务进行推进。

（1）推动普惠金融业务核心竞争力持续提高。2020 年公司进一步完善了普惠金融业务制度建设，梳理并发布了相应展业标准与指引，修订完善资产服务顾问评级、准入及评分标准。同时，公司结合内外部环境，围绕强场景与弱场景积极探索普惠金融业务新方向，进一步提升普惠金融业务的核心竞争力。

（2）资源整合构建，进一步提升债券主动管理能力。2020 年公司进行了资产管理板块的整合与构建，建立了主动管理债券业务的投资交易管理制度体系，完善了信用风险管控制度、内部债券信用评级方法、工具。在产品端公司建立了现金管理、纯债定开、“固定收益 +”、可转债和类 FOF 等全面的资管产品矩阵，其中“云信铉武 1 号”可转债项目获得 2020（第十三届）中国优秀信托公司评选“优秀创新信托计划奖”。

（3）资产证券化业务挖掘客户新需求，ABN 发行规模重回行业前列。2020 年公司继续拓展资产证券化业务的多元服务内容，除承担 SPV 角色外，还将资产证券化业务向前延伸至

Pre—ABS/ABN 业务。2020 年，公司 ABN 发行规模为 150.45 亿元，全行业排名第六。

（4）财富管理领域推进特色业务。2020 年公司落地家族信托业务，并积极开展智能资产配置业务，通过研发基金业绩回测工具、改造内部工作流程以实现该业务的高效化、自动化。同时，公司围绕上市公司及其股东需求，积极开展股权激励、员工持股、税务筹划等业务，在财富管理领域构建差异化优势。

6.4.2.5　本公司履行受托人义务情况及因公司自身责任而导致的信托资产损失情况

本公司根据《中华人民共和国信托法》《信托公司管理办法》《信托公司集合资金信托计划管理办法》等相关法律法规的规定，在管理或处置信托财产时，恪尽职守，履行了诚实、信用、谨慎、有效管理的义务。具体如下：

（1）遵守信托文件的规定，为受益人的最大利益处理信托事务的义务。

（2）将受托人的固有财产与信托财产进行分别管理、分别记账，并将不同委托人的信托财产分别管理、分别记账的义务。

6.4.2.6　信托赔偿准备金的提取、使用和管理情况

单位：万元

项 目	期初余额	本期增加	本期减少	期末余额
信托赔偿准备金	15 612.69	1 917.04	—	17 529.73

注：本公司按税后利润的 6% 计提信托赔偿准备金，本公司 2020 年税后利润为 31 950.65万元，按6%计提信托赔偿准备金 1 917.04 万元。

6.5　关联方关系及交易

6.5.1　关联交易方的数量、关联交易的总金额及定价政策

项目	关联交易方数量（个）	关联交易金额（万元）	定价政策
合计	3	25 600.00	市价

注：本表内关联交易是指信托公司以自有资产、信托资产为关联方提供的融资等服务，或以担保等方式为关联方融资提供便利的业务。

6.5.2　关联交易方与本公司的关系性质、关联交易方的名称、法人代表、注册地址、注册资本及主营业务等

关系性质	关联方名称	法定代表人/执行事务合伙人	注册地址	注册资本（万元）	主营业务
股东关联企业	宁波梅山保税港区涌云锋信创业投资合伙企业（有限合伙）	上海涌新投资合伙企业（有限合伙）	浙江省宁波市北仑区梅山七星路 88 号 1 幢 401 室 B 区 J0313	14 100	创业投资及相关咨询服务（未经金融等监管部门批准不得从事吸收存款、融资担保、代客理财、向社会公众集（融）资等金融业务）（依法须经批准的项目，经相关部门批准后方可开展经营活动）。
股东关联企业	上海行列秩智能科技有限公司	赵杨	上海市静安区江场三路 238 号 1601 室（集中登记地）	556	从事智能、计算机科技领域内的技术开发、技术咨询、技术转让、技术服务，数据处理服务，网络工程，企业管理咨询，商务信息咨询，动漫设计，广告设计、制作、代理、发布，市场信息咨询与调查，会展服务，电子商务，计算机软硬件及辅助设备的销售。
股东关联企业	红塔红土基金管理有限公司	李凌	深圳市前海深港合作区前湾一路 1 号 A 栋 201 室（入驻深圳市前海商务秘书有限公司）	49 600	一般经营项目：基金募集、基金销售、特定客户资产管理、资产管理和中国证监会许可的其他业务。

注：本表内关联方是指信托公司以自有资产、信托资产为其提供投融资等服务，或以担保等方式为其融资提供便利的关联企业。

6.5.3　本年度公司与关联方重大交易事项

6.5.3.1　固有财产与关联方交易情况：贷款、投资、租赁、担保、应收账款、其他方式等期初汇总数、本期借方和贷方发生额汇总数、期末汇总数

固有财产与关联方关联交易

单位：万元

项目	期初数	借方发生额	贷方发生额	期末数
贷款	—	—	—	—
投资	—	—	—	—
租赁	—	—	—	—
担保	—	—	—	—
应收账款	—	—	—	—
其他	5 000.00	—	—	5 000.00
合计	5 000.00	—	—	5 000.00

注："其他"项为公司投资宁波梅山保税港区涌云锋信创业投资合伙企业（有限合伙）（FinTech 股权投资（PE）—LP），累计投资余额 5 000 万元，该企业的 GP 为上海涌新投资合伙企业（有限合伙），上海涌新投资合伙企业（有限合伙）的 GP 为上海涌铧投资管理有限公司，上海涌铧投资管理有限公司的控股股东为涌金实业（集团）有限公司。公司非投融资的其他关联交易情况如下：（1）公司在国金证券开立的自营证券投资交易资金账户买卖变动数据：期初余额为 4 万元、借方发生额为 212 402 万元、贷方发生额为212 380万元、期末余额为 26 万元；（2）公司向关联方支付第三方服务费 154 万元，委托关联方代缴部分异地员工社保公积金等 253 万元，收取关联方咨询费 14 万元。

6.5.3.2　信托与关联方交易情况：贷款、投资、租赁、应收账款、担保、其他方式等期初汇总数、本期借方和贷方发生额汇总数、期末汇总数

单位：万元

信托与关联方关联交易				
项目	期初数	借方发生额	贷方发生额	期末数
贷款	—	—	—	—
投资	51 440.00	20 000.00	50 840.00	20 600.00
租赁	—	—	—	—
担保	—	—	—	—
应收账款	—	—	—	—
其他	—	—	—	—
合计	51 440.00	20 000.00	50 840.00	20 600.00

注：表中信托与关联方关联交易的情况为：公司发行之一个信托计划的信托资金投资红塔红土基金管理有限公司资产管理计划，合计金额为 20 000.00 万元。公司发行之一个信托计划的信托资金投资上海行列秩智能科技有限公司的股权，合计金额为 600.00 万元。非投融资的其他关联交易情况如下：关联方以其合法资金加入公司管理的信托产品，年初余额为 182 057.22 万元，年内申购实收信托 80 462.29 万元，年内赎回实收信托 106 357.74 万元，年末余额为 156 161.77 万元，年内分配信托收益共计 8 671.01 万元；公司信托产品向关联方支付咨询服务费 147.41 万元，支付交易佣金 60.75 万元，支付技术服务费 18.8 万元，支付保管费 15.03 万元，支付销售服务费 11.15 万元，支付证券研究和验证费等其他费用 3.38 万元。

6.5.3.3 信托公司自有资金运用于自己管理的信托项目(固信交易)、信托公司管理的信托项目之间的相互(信信交易)交易金额,包括余额和本报告年度的发生额

6.5.3.3.1 固有财产与信托财产之间的交易金额期初汇总数、本期发生额汇总数、期末汇总数

固有财产与信托财产相互交易

单位:万元

期初余额	借方发生额	贷方发生额	期末余额
208 569.58	218 079.62	234 356.76	192 292.44

注:以上交易均为固有资金投资公司自己管理的信托项目受益权。

6.5.3.3.2 信托项目之间的交易金额期初汇总数、本期发生额汇总数、期末汇总数

信托资产与信托财产相互交易

单位:万元

信托资产与信托财产相互交易			
期初数	借方发生额	贷方发生额	期末数
429 121.30	484 829.44	604 033.00	309 917.74

注:以公司受托管理的一个信托项目的资金购买自己管理的另一个信托项目的受益权或信托项下资产均应纳入统计披露范围。

6.5.4 关联方逾期未偿还本公司资金的详细情况及本公司为关联方担保发生或即将发生垫款的详细情况

本公司无上述情况。

6.6 会计制度的披露

公司固有业务及信托业务均执行2006年财政部颁布的《企业会计准则》。

7. 财务情况说明书

7.1 利润的实现和分配情况

单位:万元

项目	期末余额
本年净利润	31 950.64
加:年初未分配利润	132 320.33
减:提取法定盈余公积	3 195.06
减:提取任意盈余公积金	—
减:信托赔偿准备金	1 917.04
减:一般风险准备	903.99
减:应付普通股股利	—
减:未分配利润转增实收资本	—
年末未分配利润	158 254.88

7.2 主要财务指标

指标名称	指标值
资本利润率(%)	10.04
加权年化信托报酬率(%)	0.32

续表

指标名称	指标值
人均净利润(万元)	106

注:1. 资本利润率=净利润/所有者权益平均余额×100%。

2. 加权年化信托报酬率=(信托项目1的实际年化信托报酬率×信托项目1的实收信托+信托项目2的实际年化信托报酬率×信托项目2的实收信托+…+信托项目n的实际年化信托报酬率×信托项目n的实收信托)/(信托项目1的实收信托+信托项目2的实收信托+…+信托项目n的实收信托)×100%。

3. 人均净利润=净利润/年平均人数。

4. 平均值采取年初、年末余额简单平均法,公式为a(平均)=(年初数+年末数)/2。

7.3 对本公司财务状况、经营成果有重大影响的其他事项

无。

8. 特别事项揭示

8.1 前五名股东报告期内变动情况及原因

无。

8.2 董事、监事及高级管理人员变动情况及原因

8.2.1 本报告期内,董事变动情况

2020年8月27日经《云南银保监局关于甘泽任职资格的批复》(云银保监复〔2020〕387号)批准,并于2020年9月21日办理完毕工商变更登记,甘泽先生正式履行公司董事职责。

8.2.2 本报告期内,监事变动情况

无。

8.2.3 本报告期,高管变动情况

无。

8.3 变更注册资本、变更注册地或公司名称、公司分立合并事项

无。

8.4 公司重大诉讼事项

8.4.1 “云涌”系列集合资金信托计划民事诉讼情况

公司作为受托人设立的云涌系列集合资金信托计划项下融资人的实际控制人及担保人罗静涉嫌合同诈骗(目前处于刑事诉讼过程中),可能导致信托财产遭受重大损失。在极端情况下,“云涌”系列项目可能无法收回信托本金,存在不能向投资者分配信托利益的风险。为维护前述云涌系列产品受益人权益,公司代表信托计划对相关方提起民事诉讼,具体如下:

序号	信托名称	原告	被告人	案由	诉讼标的(元)	进展情况
1	云涌1号	云南信托	广东中诚实业控股有限公司、罗静、苏宁易购集团股份有限公司苏宁采购中心	合同纠纷	58 814 521.53	立案 财产保全

续表

序号	信托名称	原告	被告人	案由	诉讼标的(元)	进展情况
2	云涌7号	云南信托	广东中诚实业控股有限公司、罗静、苏宁易购集团股份有限公司苏宁采购中心	合同纠纷	65 232 502. 09	立案 财产保全
3	云涌8号	云南信托	广东中诚实业控股有限公司、罗静、苏宁易购集团股份有限公司苏宁采购中心	合同纠纷	387 632 395. 45	立案 财产保全
4	云涌10号	云南信托	广东中诚实业控股有限公司、罗静、苏宁易购集团股份有限公司苏宁采购中心	合同纠纷	386 151 496. 82	立案
5	云涌11号	云南信托	广东中诚实业控股有限公司、罗静、苏宁易购集团股份有限公司苏宁采购中心	合同纠纷	153 882 242. 94	立案
6	云涌12号	云南信托	广东中诚实业控股有限公司、苏宁易购集团股份有限公司苏宁采购中心	合同纠纷	261 225 353. 62	立案
7	云涌13号	云南信托	广东中诚实业控股有限公司、苏宁易购集团股份有限公司苏宁采购中心	合同纠纷	196 562 351. 70	立案
8	云涌15号	云南信托	广东康安贸易有限公司、广东中诚实业控股有限公司、苏宁易购集团股份有限公司苏宁采购中心	合同纠纷	64 623 274. 18	立案
9	云涌16号	云南信托	广东康安贸易有限公司、广东中诚实业控股有限公司、苏宁易购集团股份有限公司苏宁采购中心	合同纠纷	155 143 295. 33	立案
10	云涌17号	云南信托	广东康安贸易有限公司、广东中诚实业控股有限公司、苏宁易购集团股份有限公司苏宁采购中心	合同纠纷	154 600 890. 51	立案
11	云涌18号	云南信托	广东康安贸易有限公司、广东中诚实业控股有限公司、苏宁易购集团股份有限公司苏宁采购中心	合同纠纷	191 526 800. 66	立案
			广东康安贸易有限公司、广东中诚实业控股有限公司、罗静	合同纠纷	153 781 052. 00	二审

8.4.2 关于“云涌18号”项目民事诉讼情况的特别说明

2019年8月5日，公司就“云涌18号”项目诉广东康安贸易有限公司、广东中诚实业控股有限公司、罗静合同纠纷一案被云南省昆明市中级人民法院受理。

2020年3月16日，公司收到法院作出的一审《民事裁定书》，法院认为昆明市公安局已于2019年8月5日对罗静等人以涉嫌合同诈骗进行立案侦查，侦查范围涵盖了本案事实，故认定本案不属于经济纠纷案件而有经济犯罪嫌疑，而裁定驳回公司的起诉。公司已于2020年3月24日就该裁定向云南省高级人民法院提起上诉。

同时，为切实保护投资者信托利益，公司已按照相关法律规定，变更诉讼请求后另行对广东中诚实业控股有限公司、广东康安贸易有限公司及苏宁易购集团股份有限公司、苏宁采购中心提起诉讼，该案已于2020年4月7日正式立案。

8.5 公司及其董事、监事和高级管理人员受到处罚的情况

无。

8.6 中国银保监会及其派出机构对公司检查后的整改情况

根据《中国银保监会云南监管局检查通知书》(编号:〔2020〕10号)，云南银保监局于2020年8月4日至9月25日对公司个人贷款和应收账款信托业务、股权和关联交易专项整治“回头看”工作进行现场检查，并于2020年9月25日向公司下发了《中国银行保险监督管理委员会云南监管局对云南国际信托有限公司现场检查的检查事实与评价》。公司对照该文件制定了整改方案并落实整改措施。

根据《云南银保监局办公室关于开展新一轮房地产信托业务专项排查工作通知》(云银保监办便函〔2020〕238号)，云南银保监局于2020年11月9日至11月30日对公司开展了房地产信托业务现场排查工作，后续公司将按照监管指导开展房地产信托业务。

8.7 本年度净资本管理情况

2020年，公司按照中国银保监会《信托公司净资本管理办法》的规定，积极推进净资本管理，进一步确立了以净资本管理为核心的业务发展模式和管理体系，各项净资本指标均符合监管要求。

截至2020年末，本公司净资产为33.42亿元，净资本为27.52亿元(监管要求为≥2亿元)，各项风险资本之和为17.32亿元，净资本/各项风险资本之和为159%(监管要求为≥100%)，净资本/净资产为82%(监管要求为≥40%)。

8.8 本年度重大事项临时报告的简要内容、披露时间、所披露的媒体及其版面

2020年1月16日《金融时报》第7版刊登《云南国际信托有限公司关于更换会计师事务所的公告》。

2020年4月17日《金融时报》第6、第7版刊登《云南国际信托有限公司2019年年度报告摘要》。

8.9 中国银保监会及其省级派出机构认定的其他有必要让客户及相关利益人了解的重要信息

社会责任履行情况

云南信托以履行社会责任为重要导向，不仅利用信托制度优势向实体企业提供金融服务，还在信托法律文件的签署过程中履行社会责任告知义务。同时，将履行社会责任纳入内部控制体系，从制度层面、业务开展层面确立其重要地位。报告期内，公司在多方面践行企业的社会责任。

公司严格遵守国家法律法规、监管部门规章、规范性文件以及公司章程，并主动接受监管部门和社会公众的监督。积极按照国家货币政策、财政政策、产业政策及其他政策适时调整

经营战略,关注社会整体利益,维护国家金融秩序和金融安全。

公司坚决履行反洗钱义务,报告年度公司建立组织健全、结构完整、职责明确的反洗钱和反恐怖融资管理架构。持续优化反洗钱系统,加强识别、评估洗钱和恐怖融资风险。进一步加强对社会公众的反洗钱宣传,增强社会公众的反洗钱意识。

公司诚信经营,自觉履行纳税义务,依法及时足额纳税,为国家及地方财政收入和经济发展作出贡献。

公司作为专业化财富管理机构,充分发挥信托制度优势,积极开发符合社会和市场需求的信托业务及信托理财产品,不断创新服务方式,积极探索盈利模式,以信托功能满足社会理财需求,秉承"受人之托,忠人之事"的原则开展信托业务,恪尽职守,履行诚实、信用、谨慎、有效管理的义务,维护受益人的合法权益。2020年,云南信托向受益人兑付的信托本金及收益共计2 416.95亿元,其中信托收益133.88亿元,涉及信托项目1 263个。

公司积极强化资本金管理与运用,努力创造利润,提高投资回报,为股东创造合理投资价值。2020年公司实现营业收入7.46亿元,实现净利润3.20亿元,净资产收益率为10.04%。

公司始终把消费者权益保护工作作为公司经营发展的重要战略,已建立了较为完善的消费者权益保护体系。董事会消费者权益保护委员会带领公司高级管理层组织协调,不断夯实公司消费者权益保护的主体责任。消保职能部门牵头落实各项消保要求,开展具体工作。报告年度完善了消保制度建设,妥善处理消费投诉,积极开展了多项内容丰富、形式多样的金融知识宣传与教育活动,取得了较好的社会反响。

公司坚持以员工为本,构建企业文化。培育了一支高素质、高学历、年轻化、专业化的人才队伍。公司积极开展员工培训,提高员工职业素质和从业技能,为员工提供充分的职业发展机会。

公司认真践行生态文明建设和绿色发展理念,公司党委联合工会连续三年开展"大爱星火"植树造林公益活动。三年来,公司党委联合工会组织发起公司员工及家属共180余人参加植树造林活动,在昆明市五华区西翥街道办事处桃园社区长虫山和龙池山开辟了'云信林",共植树造林12亩,栽种树木800余株,在推动人与自然和谐发展、保护生态环境、履行企业社会责任等方面取得了一定成绩。按照党中央国务院"十三五"脱贫攻坚工作的战略规划和省委省政府对全省脱贫攻坚工作的总体部署,公司五年多来,公司在扶贫点水利、道路、医疗等基础设施建设,建档立卡贫困户关爱,贫困村支部共建,教育扶贫,就业扶贫,消费扶贫等方面开展精准帮扶工作,祥云县、普淜镇及云里厂村于2019年均提前脱贫摘帽。2020年,公司获得国新办领导的中央级党政媒体中国网颁发的"精准扶贫先锋机构奖"和人民日报社旗下国际金融报颁发的"2020年度最佳创新扶贫企业奖"两个重要奖项。

2019年9月,公司和云南省青少年基金会担任共同受托人,成功设立了"扬梦助学慈善信托",成为自《中华人民共和国慈善法》正式实施以来,首只在云南省落地的慈善信托,该信托项目第一期款项用于购买成都七中网络课程,用于支持云南省丽江市的玉龙田家炳民族中学的教学工作。2020年9月,扬梦助学慈善信托又发起了第二次募集,继续购买二期课程,支持玉龙田家炳民族中学。2020年新冠疫情暴发后,云南信托携手云南省青少年发展基金会第一时间协调各方资源,成立了云南信托—云慈济善慈善信托,资金到位后,第一时间采购价值39万余元的医用防护口罩,支援云南省赴湖北抗疫的医疗队。

2020年公司继续推进系统化办公,创建节约型社会。在全社会树立节约意识、节约观念,倡导节约文化、节约文明的大背景下,云南信托积极创建节约型企业,推进无纸化办公,节约成本,降低能耗,提高效率。

9. 监事会对公司运作及财务报告的独立意见

9.1 公司依法运作情况

报告期内,监事会严格按照《中华人民共和国公司法》、公司章程和有关法律,从切实维护受益人权益、公司利益和股东权益出发,认真履行了监督职责,列席了所有股东会和董事会会议,认为董事会能够忠实勤勉地执行股东会的有关决议,未出现损害公司、股东及受益人利益的行为;董事会的各项决议符合《中华人民共和国公司法》等法律法规和公司章程的要求。经审查,对公司董事会提交股东会审议的各项报告和提案无异议。

报告期内,未出现董事及高级管理人员在履行职务过程中违反法律法规或公司章程的行为,未出现滥用职权损害公司、股东、受益人或职工利益的情况。

9.2 财务报告的真实性

报告期内,监事会对公司的财务制度和财务状况进行了认真、细致的检查,公司年度财务报告客观公允,真实地反映了公司报告期内的财务状况和经营成果。年度财务报告的编制和审议程序符合国家法律、法规和公司章程,报告的内容和格式符合中国银保监会的规定。年度财务报告经信永中和会计师事务所(特殊普通合伙)昆明分所出具了"标准无保留审计意见"的审计报告所得结论,符合公司的客观实际情况。

9.3 高级管理人员履职情况

报告期内,经营班子围绕公司经营计划积极落实股东及董事会的工作要求,带领全体员工共同努力,总资产及净资产均做到了稳中有升,顺利完成了年初制定的各项经营指标,公司稳健发展的基础正逐步夯实。自有资产保持了合理的流动性,信托项目运行总体正常,公司正积极做好化解"云涌"系列产品风险的相关工作,并及时进行信息披露。报告期内,公司经营班子认真执行董事会的各项决议,严格执行各项监管规定,内部控制制度不断完善,建立了较完善的经营、决策、合规、风控、内审之间的内控制约机制。

浙商金汇信托股份有限公司

1. 重要提示

1.1 本公司董事会及董事保证本报告所载资料不存在任何虚假记载、误导性陈述或者重大遗漏，并对其内容的真实性、准确性和完整性承担个别及连带责任。

1.2 本公司独立董事认为，本报告的内容真实、准确、完整。

1.3 大华会计师事务所（特殊普通合伙）为本公司出具了标准无保留意见的审计报告。

1.4 董事长余艳梅女士、总经理戴俊先生、财务总监朱晓平先生、计划财务部负责人王凤毅先生声明：保证年度报告中财务报告的真实、完整。

2. 公司概况

2.1 公司简介

浙商金汇信托股份有限公司在原金信信托投资股份有限公司重整的基础上于2011年6月经中国银保监会核准开业经营。公司注册资本为17亿元，注册地在浙江省杭州市，公司各股东及持股比例为浙江东方金融控股集团股份有限公司持股78%、中国国际金融股份有限公司持股17.5%、传化集团有限公司持股4.5%。

中文名称	浙商金汇信托股份有限公司（简称浙金信托）
英文名称	Zheshangjinhui Trust Co.,Ltd.（简称ZheJin Trust）
法定代表人	余艳梅
注册地址	浙江省杭州市江干区香樟街39号26—2[illegible]层
邮政编码	310006
国际互联网网址	http://www.zhejintrust.com
电子邮箱	zjtrust@zjtrust.com
负责信息披露事务的负责人	戴俊
负责信息披露联系人	汪友鹏
联系电话	0571-86030807
传真	0571-87386123
电子邮箱	wangyp@zjtrust.com
选定的信息披露报纸名称	《证券时报》
年度报告备置地点	公司办公室
聘请的会计师事务所名称及住所	大华会计师事务所（特殊普通合伙） 北京市海淀区西四环中路16号院7号楼[illegible]101
聘请的律师事务所名称及住所	上海市锦天城律师事务所 上海市浦东新区银城中路501号上海中心大厦11层、12层

2.2 组织结构

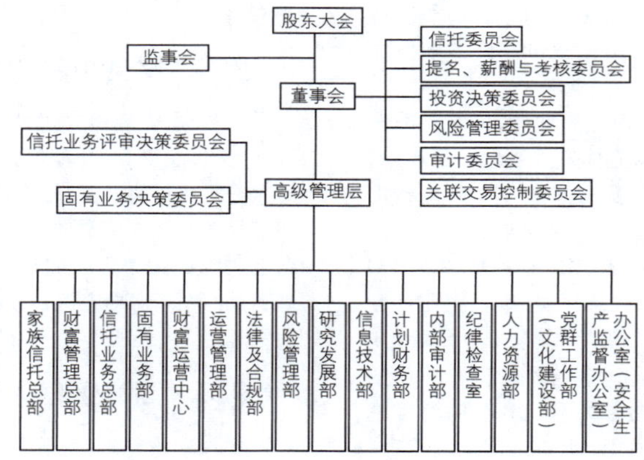

3. 公司治理

3.1 股东

股东名称	持股比例（%）	法人代表	注册资本（万元）	注册地址	主要经营业务情况
浙江东方金融控股集团股份有限公司	78	金朝萍	222 794.086200	杭州市西湖大道12号	主营业务：资产管理，实业投资，私募股权投资，投资管理，企业管理咨询服务，投资咨询，供应链管理，电子商务技术服务，进出口贸易（按商务部核定目录经营），进口商品的国内销售，纺织原辅材料、百货、五金交电、工艺美术品、化工产品（不含危险品及易制毒品）、机电设备、农副产品、金属材料、建筑材料、贵金属、矿产品（除专控）、医疗器械的销售，承包境外工程和境内国际招标工程，上述境外工程所需的设备、材料出口，对外派遣工程、生产及服务行业的劳动人员（不含海员），房地产开发经营，房屋租赁，设备租赁，经济技术咨询（未经金融等监管部门批准，不得从事向公众融资存款、融资担保、代客理财等金融服务）（依法须经批准的项目，经相关部门批准后方可开展经营活动）。

续表

股东名称	持股比例（%）	法人代表	注册资本（万元）	注册地址	主要经营业务情况
中国国际金融股份有限公司	17.5	沈如军	482 725.686800	北京市朝阳区建国门外大街1号国贸大厦2座27层及28层	主营业务：人民币特种股票、人民币普通股票、境外发行股票，境内外政府债券、公司债券和企业债券的经纪业务；人民币普通股票、人民币特种股票、境外发行股票，境内外政府债券、公司债券和企业债券的自营业务；人民币普通股票、人民币特种股票、境外发行股票，境内外政府债券、公司债券和企业债券的承销业务；基金的发起和管理；企业重组、收购与合并顾问；项目融资顾问；投资顾问及其他顾问业务；外汇买卖；境外企业、境内外商投资企业的外汇资产管理；同业拆借；客户资产管理。网上证券委托业务；融资融券业务；代销金融产品；证券投资基金代销；为期货公司提供中间介绍业务；证券投资基金托管业务；经金融监管机构批准的其他业务（依法须经批准的项目，经相关部门批准后依批准的内容开展经营活动）。
传化集团有限公司	4.5	徐冠巨	80 000.000000	浙江省杭州萧山宁围街道	主营业务：批发、零售：化肥、农药（除危险化学品及易制毒化学品）、农机具、日用化工产品及精细化工产品（除化学危险品及易制毒化学品），农副产品，以及其他无须报经审批的一切合法项目；销售有色金属；出口本企业自产的化工产品，化工原料，化纤原料；进口本企业生产、科研所需的原辅材料，机械设备，仪器仪表及零配件；实业投资；软件开发；现代物流服务（国家专项审批的除外）；企业咨询服务（依法须经批准的项目，经相关部门批准后方可开展经营活动）。

3.2 董事

董事长、董事

姓名	职务	性别	年龄（岁）	选任日期	所推举的股东名称	该股东持股比例（%）	简要履历
余艳梅	董事长	女	50	2020年8月	浙江东方金融控股集团股份有限公司	78	现任浙江东方金融控股集团股份有限公司董事，浙商金汇信托股份有限公司党委书记、董事长。
戴　俊	董事	男	44	2020年8月	浙江东方金融控股集团股份有限公司	78	现任浙商金汇信托股份有限公司党委副书记、董事、总经理、董事会秘书。
谢蔚然	董事	男	56	2020年8月	浙江东方金融控股集团股份有限公司	78	现任浙江省国际贸易集团有限公司财务管理部（资金运营中心）总经理。
辛　洁	董事	男	46	2020年8月	中国国际金融股份有限公司	17.5	现任中国国际金融股份有限公司董事总经理，中金佳成投资管理有限公司总经理。
杨柏樟	董事	男	63	2020年8月	传化集团有限公司	4.5	现任传化集团财务有限公司董事长，浙江传化江南大地发展有限公司副总裁。
费荣富	董事	男	36	2021年3月	浙江东方金融控股集团股份有限公司	78	现任浙江省国际贸易集团有限公司投资管理部副总经理。

注：1. 辛洁先生已于2021年1月15日向公司董事会提交辞职报告。

2. 2021年3月11日，公司收到中国银保监会浙江监管局《关于费荣富任职资格的批复》（浙银保监复〔2021〕152号），核准了费荣富先生的公司董事任职资格。

独立董事

姓名	职务	性别	年龄（岁）	选任日期	所推举的股东名称	该股东持股比例（%）	简要履历
王维安	独立董事	男	55	2020年8月	浙江东方金融控股集团股份有限公司	78	现任浙江大学经济学院教授、博士生导师，浙江大学金融研究所所长。
童　杰	独立董事	男	42	2020年8月	中国国际金融股份有限公司	17.5	现任北京达辉律师事务所合伙人律师。
程卫东	独立董事	男	52	2021年4月	浙江东方金融控股集团股份有限公司	78	现任中国社会科学院欧洲研究所研究员，中国社会科学院研究生院教授、博士研究生导师，中国欧洲学会欧洲法律研究分会会长，新财道财富管理股份有限公司高级顾问，新财道家族学院特约研究员。

注：2021年4月2日，公司收到中国银保监会浙江监管局《关于程卫东任职资格的批复》（浙银保监复〔2021〕211号），核准了程卫东先生的公司独立董事任职资格。

3.3 监事

监事会成员

姓名	职务	性别	年龄（岁）	选任日期	所推举的股东名称	该股东持股比例（%）	简要履历
李庆玲	监事会主席	女	46	2020年8月	浙江东方金融控股集团股份有限公司	78	现任浙商金汇信托股份有限公司党委委员、纪委书记、监事会主席。
张逢伟	监事	男	53	2020年8月	中国国际金融有限公司	17.5	现任中国国际金融股份有限公司首席风险官。

续表

姓名	职务	性别	年龄（岁）	选任日期	所推举的股东名称	该股东持股比例（%）	简要履历
蔡晓利	监事	男	44	2020 年 8 月	传化集团有限公司	4.5	现任传化集团资本投资事业部总经理。
赵丹明	职工监事	男	59	2020 年 8 月	公司职工代表大会	—	现任浙商金汇信托股份有限公司党委委员、工会副主席。
文 丹	职工监事	女	40	2020 年 8 月	公司职工代表大会	—	现任浙商金汇信托股份有限公司内部审计部副总经理。

3.4 高级管理人员

姓名	职务	性别	年龄（岁）	选任日期	金融从业年限（年）	学历	专业
戴 俊	总经理	男	44	2019 年 8 月	23	硕士研究生	工商管理
李 杰	副总经理	男	41	2017 年 8 月	17	硕士研究生	金融学
朱晓平	财务总监	男	52	2011 年 6 月	26	本科	金融学
张颖锋	总经理助理	男	41	2018 年 8 月	13	硕士研究生	经济与金融管理
许向华	风险总监	男	44	2020 年 4 月	21	硕士研究生	管理科学与工程

3.5 公司员工

报告期内，公司职工总数为 248 人，平均年龄为 36 周岁。

公司员工学历分布比率

项目		报告期年度		上年度	
		人数（人）	比例（%）	人数（人）	比例（%）
学历分布	博士	2	0.81	2	0.72
	硕士	107	43.14	118	42.45
	本科	139	56.05	156	56.12
	专科	—	—	2	0.72
	其他	—	—	—	—

4. 经营管理

4.1 经营目标、经营方针、战略规划

4.1.1 经营目标

公司的经营目标是将公司发展成为独具特色的财富管理旗舰机构。公司致力于围绕客户和市场需求，灵活运用信托功能，充分发挥自身优势，培育满足各类财富管理需求的综合能力，打造特色鲜明的总体业务架构和核心竞争优势，构建持续高质量发展的管理运作体系，使公司成为一家深受客户信赖、社会尊敬、政府信任、股东认可、员工认同，有能力引领中国财富管理事业伴随中华民族伟大复兴不断发展的财富管理旗舰机构。

4.1.2 经营方针

公司将秉持信托国企属性，忠实履行受托职责，服务实体经济，勇担社会责任，为信托功能效率发挥、为社会财富积累传承、为地方经济社会发展、为人民美好生活需要持续创造浙金价值。

诚信：公司将固守信托之本，时刻遵循受益人利益最大化原则，诚实守信，勤勉尽责，以信用自律、信用管理、信用交易和信用服务，取信于市场、立足于市场。

创新：公司将以客户需求为中心，时刻保持高度市场嗅觉，在依法合规、严控风险的前提下积极创新、大胆实践，不断推进产品、管理和服务创新，形成可持续发展的核心能力。

共赢：公司将与客户、社会、股东、员工结成利益和命运共同体，在平稳推进公司持续高质量发展的过程中实现客户、社会、股东、员工"四位一体"的互利共赢。

4.1.3 战略规划

公司立足客户需求，坚持创新发展，深耕浙江，面向全国，坚持"服务 + 产品"的双向路径驱动。一方面，以家族信托为核心，构建全流程、高效能的财富管理服务平台；另一方面，培育发展特殊资产投资信托、证券配置投资信托、基石产业投资信托等自身特色业务产品，提高为客户配置产品的能力。重构与业务运作相匹配的三化一体、协同发展的运营体系，通过业务转型和资源整合，为客户提供优质高效的财富管理综合服务。

公司将通过财富管理服务提升和特色业务专业运作，引导、汇聚高净值客户的财富资金，有效配置到不良资产化解、资本市场发展、企业并购重组等重点领域，服务于实体经济和国家、地方重大战略。

4.2 所经营业务的主要内容

自营资产运用与分布表（母公司口径）

资产运用	金额（万元）	占比（%）	资产分布	金额（万元）	占比（%）
货币资产	4 372.68	1.62	基础产业	—	—
贷款及应收款	—	—	房地产业	—	—
交易性金融资产	109 995.11	40.84	证券市场	63 6[illegible].20	23.64
可供出售金融资产	—	—	实业	—	—
持有至到期投资	—	—	金融机构	154 8[illegible].75	57.49
长期股权投资	—	—	其他	50 8[illegible].58	18.87
其他	154 947.74	57.54			
资产总计	269 315.53	100.00	资产总计	269 3[illegible].53	100.00

信托资产运用与分布表

资产运月	金额（万元）	占比（%）	资产分布	金额（万元）	占比（%）
货币资产	24 159.89	0.31	基础产业	1 372 480.00	17.60
贷款	3 252 857.49	41.72	房地产	1 978 479.62	25.38
以公允价值计量且其变动计入当期损益的金融资产投资	24 522.59	0.31	证券市场	106 159.15	1.36
可供出售金融资产投资	72 824.60	0.94	实业	1 090 802.49	13.99
持有至到期投资	3 654 708.71	46.88	金融机构	3 198 433.21	41.03
长期股权投资	529 569.83	6.79	其他	49 639.14	0.64
其他	237 350.50	3.05			
信托资产总计	7 795 993.61	100.00	信托资产总计	7 795 993.61	100.00

4.3 市场分析

4.3.1 有利因素

目前，中国发展仍处于重要战略机遇期，有完整的产业体系和雄厚的物质技术基础，有超大规模的市场优势和内需潜力，有庞大的人力资本和人才资源，有持续释放的改革开放红利，有丰富的宏观调控经验和工具，经济稳中向好、长期向好的发展趋势也不会改变。我国信托业也正处于产业周期中的成长期向成熟期的过渡阶段，信托业发展仍然处于重要的机遇期。另外，我国社会和私人财富持续增长，信托业的需求基础继续增强；与宏观经济转型调整相适应，中国金融改革将进一步深化，信托制度的独特功能和优势将使其在改革发展中发挥越来越重要的作用；同时，经过多年发展，信托公司的生态环境日益改善，已培育和积累了良好基础。

4.3.2 不利因素

尽管信托业在过去几年得到了长足发展，但经济发展环境面临深刻复杂变化，中美经贸摩擦不断，世界经贸环境不稳定、不确定性增大，新冠肺炎疫情前景未卜，国内消费增速减慢，有效投资增长乏力，经济循环面临多重堵点，重大风险隐患不容忽视，经济金融环境更为复杂多变。同时，信托业在发展中也遇到了市场竞争激烈、行业品牌效应偏弱、配套法律法规需进一步完善、信托市场意识不够成熟、信托理念有待培育等困难。

4.4 内部控制

4.4.1 内部控制环境和内部控制文化

公司建立了较为完善的法人治理结构，形成了各治理主体之间分工合作、相互协调、互为制衡的运行机制。公司的股东大会、董事会、监事会均按照相关法律、法规、规范性文件及公司章程的规定，规范有效地运作。

公司高度重视内控文化建设，全力打造以信任文化为前提，以人本思想为核心，以制度规范为原则，以诚信尽责为准则，以激情创新为源泉的文化体系，创造内部效率、激情、和谐的氛围，树立外部信誉、品牌形象，为实现公司宗旨和发展目标构筑良好发展环境。

4.4.2 内部控制措施

公司董事会负责内控机制的建立健全和有效实施。董事会下设风险管理委员会，作为董事会风险管理工作的专门议事机构。公司设有独立的风险管理部、法律及合规部和内部审计部，对公司内部控制的执行情况进行监督和检查。风险管理部协助公司高级管理层有效预防、识别、评估和管理各类风险。法律及合规部负责识别公司经营活动中的合规风险，计量、检测和评估公司合规政策和程序的适当性。内部审计部负责涉及经营目标、内部控制及财务管理等各方面的审计与稽核工作。公司基本形成了事前、事中、事后"三位一体"的风险管理和监督检查体系。

公司制定了《业务分级授权管理办法》《风险管理办法》《合规风险管理办法》《内部审计管理办法》《信息披露管理办法》《关联交易管理办法》《反洗钱工作办法》《信息安全管理办法》《信息科技管理办法》《固有业务管理办法》《固有业务财务管理办法》《信托业务管理办法》《信托业务财务管理办法》《统计管理办法》《案件处置工作办法》《资产风险分类管理办法》《突发事件应对处置管理办法》《舆情管理办法》等规范性文件，公司内控制度已渗透各项业务过程和各个操作环节，并覆盖所有部门和岗位。公司业务运作基本实现了前台、中台、后台严格分离及各部门之间高效衔接与密切合作。

4.4.3 监督评价与纠正

报告期内，公司内部审计部按计划开展各类专项审计和检查工作，及时发现问题并督促整改。相关审计报告及时送达董事会、监事会和监管机构。

此外，在案件防控工作方面，公司通过建立案件防控制度，加强员工的案防意识。报告期内未发生任何案件风险事件。

4.5 风险管理概况

4.5.1 风险状况

公司在经营中可能遇到的风险主要包括信用风险、市场风险、操作风险、法律及合规风险、流动性风险、声誉风险等。

4.5.1.1 信用风险状况

信用风险是指交易对手不能或不愿按时履约从而造成损失的风险。公司严格落实监管政策和要求，严格执行公司各项业务流程标准，强化信后管理和风险监测。

4.5.1.2 市场风险状况

市场风险是公开市场金融产品或其他产品价格波动导致损失的风险。公司通过严格的业务操作管理、良好的结构化安排和选择合适的投资顾问，能够基本保障资金安全。

4.5.1.3 操作风险状况

操作风险主要是由于失效的或有缺陷的内部程序、系统和人员而导致损失的风险。公司通过规范各项业务流程、加强内控等手段，高度警惕、严格管理操作风险。

4.5.1.4 法律及合规风险状况

法律风险是指因公司违反法律规定、监管规则或者因交易对手产生的合同纠纷，致使公司遭受处罚或者诉讼的风险。

合规风险是指因没有遵循法律、规则和准则可能遭受法律制裁、监管处罚、重大财务损失和声誉损失的风险。

4.5.1.5 流动性风险状况

流动性风险是指无法以市场正常价格成交（市场流动性风

险）或者不能履行到期负债支付义务的风险（融资流动性风险）。

4.5.1.6　声誉风险状况

声誉风险主要表现为缺少声誉应急处理能力、不能妥善处理媒体关系及未建立声誉风险管理机制等造成的风险。

4.5.2　风险管理

4.5.2.1　信用风险管理

公司通过以下措施加强信用风险管理。

（1）从源头管控风险，实施准入关口把控，完善各类信托业务的准入要求、展业模式和风控措施，严格依照相关指引和标准筛选合适的项目。强化对重点涉足行业的研究与分析，适时动态调整相关业务指引。

（2）规范尽职调查的目的、内容、方法，通过全面、翔实、客观的尽职调查获取充足可靠的信息，识别、评估各项风险，分析判断项目的合理性、可行性。

（3）加强对实质性风险的审查，重视还款来源的管控，科学设定增信措施和风险处置预案。

（4）充分发挥集体决策的有效机制，全面审议项目风险、收益、运营管理等各个方面。

（5）规范和加强存续项目管理，根据差别化、专业化、联动化、动态化管理原则，针对不同的项目类型、不同的风险分类对项目实施不同的风险监控措施及监管频率，一旦发现风险预警信号，及时采取有效措施防范和化解信用风险。

4.5.2.2　市场风险管理

公司努力建立与其业务发展相匹配的市场风险管理系统、模型和工具，根据市场风险情况动态调整投资策略，有效管理市场风险。对影响市场变化的各项因素进行持续分析和研究，按严格的流程进行投资决策，设定投资规模、投资范围、集中度、止损点等风险控制指标并密切监控。

4.5.2.3　操作风险管理

公司加强内控制度建设，不断细化相互制衡的岗位职责和操作规程，强化流程管控，重点防范尽职调查、项目签约、产品推介、划款支付、抵（质）押办理和抵（质）押物管理等案件防控重点领域和关键环节的操作风险。

4.5.2.4　法律及合规风险管理

公司对所有拟开展业务进行合规性审查，与律师事务所等外部机构密切合作，并严格按照公司规定程序进行法律文件的审核、签约等手续，与监管部门保持密切沟通，确保公司业务开展符合国家相关法律法规和监管政策的规定。

4.5.2.5　流动性风险管理

公司努力保持合理的资产负债结构和较为充足的长期资本，做好流动性储备和应急资金融资安排，并将逐步建立与公司发展相匹配的流动性风险管理监测体系，主动管理流动性风险。

4.5.2.6　声誉风险管理

公司坚决回避可能影响公司声誉的业务，尽职履行受托人责任，充分披露信息，塑造良好的社会形象。

5. 报告期末及上一年度末的比较式会计报表

5.1　自营资产

5.1.1　会计师事务所审计意见

大华会计师事务所（特殊普通合伙）审计了浙金信托2020年度的财务报表，包括2020年12月31日的合并及母公司资产负债表、2020年度的合并及母公司利润表、合并及母公司现金流量和合并及母公司所有者权益变动表，以及相关财务报表附注，并出具了大华审字〔2021〕007034号审计报告。

审计意见：浙金信托公司的财务报表在所有重大方面按照企业会计准则的规定编制，公允反映了浙金信托公司2020年12月31日的合并及母公司财务状况及2020年度的合并及母公司经营成果和现金流量。

5.1.2　资产负债表

资产负债表

编制单位：浙商金汇信托股份有限公司　　2020年12月31日　　单位：万元

项目	合并		母公司	
	期末余额	年初余额	期末余额	年初余额
资产：				
现金及银行存款	—	—	—	—
存放中央银行款项	—	—	—	—
贵金属	—	—	—	—
存放联行款项	—	—	—	—
存放同业款项	4 909.69	3 392.07	4 372.68	2 652.[illegible]
拆出资金	—	—	—	—
以公允价值计量且其变动计入当期损益的金融资产	—	—	—	—
衍生金融资产	—	—	—	—
买入返售金融资产	63 672.20	28 368.52	63 672.20	28 368.52
持有待售资产	—	—	—	—
应收款项类金融资产	—	—	—	—
应收利息	—	—	—	—
其他应收款	8 933.54	7 618.92	8 933.54	7 618.92
发放贷款和垫款	—	—	—	—
＊金融投资	—	—	—	—
＊交易性金融资产	109 817.37	139 920.85	109 995.11	145 879.[illegible]

续表

项目	合并		母公司	
	期末余额	年初余额	期末余额	年初余额
*债权投资	40 464.96	28 023.59	40 464.96	28 023.59
*其他债权投资	—	—	—	—
*其他权益工具投资	—	—	—	—
可供出售金融资产	—	—	—	—
持有至到期投资	—	—	—	—
长期股权投资	—	—	—	—
投资性房地产	—	—	—	—
固定资产	9 369.02	543.67	9 369.02	543.67
在建工程	172.45	6 969.27	172.45	6 969.27
使用权资产	—	—	—	—
无形资产	6 744.07	7 132.91	6 744.07	7 132.91
商誉	—	—	—	—
长期待摊费用	19.90	253.64	19.90	253.64
抵债资产	—	—	—	—
递延所得税资产	20 743.38	14 647.49	20 743.38	14 647.49
其他资产	4 828.22	13 645.37	4 828.22	8 018.23
资产总计	269 674.80	250 516.30	269 315.53	250 108.89

资产负债表(续)

编制单位:浙商金汇信托股份有限公司　　2020 年 12 月 31 日　　单位:万元

项目	合并		母公司	
	期末余额	年初余额	期末余额	年初余额
负债:				
向中央银行借款	—	—	—	—
拆入资金	—	—	—	—
以公允价值计量且其变动计入当期损益的金融负债	—	—	—	—
*交易性金融负债	—	—	—	—
应付职工薪酬	11 455.39	13 269.73	11 455.39	13 269.73
应交税费	9 859.71	6 479.79	9 644.90	6 226.36
应付利息	—	—	—	—
其他应付款	10 280.92	9 432.60	10 233.70	9 391.09
预计负债	—	—	—	—
应付债券	—	—	—	—
递延所得税负债	3.15	0.97	3.15	0.97
其他负债	9 777.29	3 667.82	9 777.29	3 667.82
负债合计	41 376.46	32 850.91	41 114.43	32 555.97
所有者权益:				
实收资本(或股本)	170 000.00	170 000.00	170 000.00	170 000.00
其他权益工具	—	—	—	—
资本公积	—	—	—	—
减:库存股	—	—	—	—
其他综合收益	—	—	—	—
盈余公积	8 241.91	7 177.09	8 241.91	7 177.09
一般风险准备	8 649.82	7 674.50	8 649.82	7 674.50
未分配利润	41 406.61	32 813.80	41 309.37	32 701.33
所有者权益合计	228 298.34	217 665.39	228 201.10	217 552.92
负债和所有者权益总计	269 674.80	250 516.30	269 315.53	250 108.89

企业负责人:余艳梅　　财务负责人:朱晓平　　会计机构负责人:王凤毅　　制表人:连鹏

5.1.3 利润表

利润表

编制单位:浙商金汇信托股份有限公司　　2020 年度　　单位:万元

项目	合并		母公司	
	本期金额	上期金额	本期金额	上期金额
一、营业收入	56 753.17	55 460.75	50 962.68	55 458.40
(一)利息净收入	1 291.27	-719.40	1 287.81	-1 232.86
利息收入	1 291.27	3 058.70	1 287.81	2 021.72
利息支出	—	3 778.10	—	3 304.58
(二)手续费及佣金净收入	68 569.71	72 839.19	68 569.71	73 003.08
手续费及佣金收入	68 959.30	72 852.67	68 959.30	73 016.56
手续费及佣金支出	389.59	13.48	389.59	13.48
(三)投资收益(损失以"-"号填列)	3 890.91	2 871.67	3 885.15	3 278.89
其中:对联营企业和合营企业的投资收益	—	—	—	—
(四)公允价值变动收益(损失以"-"号填列)	-17 152.78	-19 537.88	-22 934.05	-19 537.88
(五)资产处置收益(损失以"-"号填列)	4.41	—	4.41	—
(六)汇兑收益(损失以"-"号填列)	—	—	—	—
(七)其他收益	149.65	7.17	149.65	7.17
(八)其他业务收入	—	—	—	—
二、营业支出	42 510.72	41 294.43	36 705.00	41 255.87
(一)税金及附加	480.11	473.77	480.11	470.06
(二)业务及管理费	34 225.58	37 582.26	34 201.13	37 547.41
(三)*信用减值损失(转回金额以"-"号填列)	7 805.03	3 238.40	2 023.76	3 238.40
(四)*其他资产减值损失(转回金额以"-"号填列)	—	—	—	—
(五)资产减值损失(转回金额以"-"号填列)	—	—	—	—
(六)其他业务成本	—	—	—	—
三、营业利润(亏损以"-"号填列)	14 242.45	14 166.32	14 257.68	14 212.53
加:营业外收入	3.00	1.61	3.00	1.61
减:营业外支出	0.45	120.13	0.45	120.13
四、利润总额(亏损总额以"-"号填列)	14 245.00	14 047.80	14 260.23	14 094.01
减:所得税费用	3 612.05	3 618.48	3 612.05	3 618.49
五、净利润(净亏损以"-"号填列)	10 632.95	10 429.32	10 648.18	10 475.52
六、其他综合收益的税后净额	—	—	—	—
七、综合收益总额	10 632.95	10 429.32	10 648.18	10 475.52

企业负责人:余艳梅　　财务负责人:朱晓平　　会计机构负责人:王凤毅　　制表人:连鹏

5.1.4 所有者权益变动表

合并所有者权益变动表

编制单位 浙商金汇信托股份有限公司　　2020 年度　　单位:万元

项目	行次	本年金额								
		实收资本(或股本)	其他权益工具	资本公积	减:库存股	其他综合收益	盈余公积	一般风险准备	未分配利润	所有者权益合计
栏次		1	2	3	4	5	6	7	8	9
一、上年年末余额	1	170 000.00	—	—	—	—	7 177.09	7 674.50	32 813.80	217 665.39
加:会计政策变更	2	—	—	—	—	—	—	—	—	—
前期差错更正	3	—	—	—	—	—	—	—	—	—
其他	4	—	—	—	—	—	—	—	—	—
二、本年年初余额	5	170 000.00	—	—	—	—	7 177.09	7 674.50	32 813.80	217 665.39
三、本年增减变动金额(减少以"-"号填列)	6	—	—	—	—	—	1 064.82	975.32	8 592.81	10 632.95
(一)综合收益总额	7	—	—	—	—	—	—	—	10 632.95	10 632.95
(二)所有者投入和减少资本	8	—	—	—	—	—	—	—	—	—
1. 所有者投入的普通股	9	—	—	—	—	—	—	—	—	—
2. 其他	12	—	—	—	—	—	—	—	—	—

续表

项目	行次	本年金额								
		实收资本（或股本）	其他权益工具	资本公积	减：库存股	其他综合收益	盈余公积	一般风险准备	未分配利润	所有者权益合计
栏次		1	2	3	4	5	6	7	8	9
（三）利润分配	13	—	—	—	—	—	1 064.82	975.32	-2 040.14	—
1. 提取盈余公积	14	—	—	—	—	—	1 064.82	—	-1 064.82	—
2. 提取一般风险准备	15	—	—	—	—	—	—	975.32	-975.32	—
3. 对所有者（或股东）的分配	16	—	—	—	—	—	—	—	—	—
4. 其他	17	—	—	—	—	—	—	—	—	—
（四）所有者权益内部结转	18	—	—	—	—	—	—	—	—	—
1. 资本公积转增资本（或股本）	19	—	—	—	—	—	—	—	—	—
2. 盈余公积转增资本（或股本）	20	—	—	—	—	—	—	—	—	—
3. 其他	24	—	—	—	—	—	—	—	—	—
四、本年年末余额	25	170 000.00	—	—	—	—	8 241.91	8 649.82	41 406.61	228 298.34

项目	行次	上年金额								
		实收资本（或股本）	其他权益工具	资本公积	减：库存股	其他综合收益	盈余公积	一般风险准备	未分配利润	所有者权益合计
栏次		10	11	12	13	14	15	16	17	18
一、上年年末余额	1	170 000.00	—	—	—	—	6 129.54	7 150.73	23 845.80	207 126.07
加：会计政策变更	2	—	—	—	—	—	—	—	110.00	110.00
前期差错更正	3	—	—	—	—	—	—	—	—	—
其他	4	—	—	—	—	—	—	—	—	—
二、本年年初余额	5	170 000.00	—	—	—	—	6 129.54	7 150.73	23 955.80	207 236.07
三、本年增减变动金额（减少以“－”号填列）	6	—	—	—	—	—	1 047.55	523.77	8 858.00	10 429.32
（一）综合收益总额	7	—	—	—	—	—	—	—	10 429.32	10 429.32
（二）所有者投入和减少资本	8	—	—	—	—	—	—	—	—	—
1. 所有者投入的普通股	9	—	—	—	—	—	—	—	—	—
2. 其他	12	—	—	—	—	—	—	—	—	—
（三）利润分配	13	—	—	—	—	—	1 047.55	523.77	-1 571.32	—
1. 提取盈余公积	14	—	—	—	—	—	1 047.55	—	-1 047.55	—
2. 提取一般风险准备	15	—	—	—	—	—	—	523.77	-523.77	—
3. 对所有者（或股东）的分配	16	—	—	—	—	—	—	—	—	—
4. 其他	17	—	—	—	—	—	—	—	—	—
（四）所有者权益内部结转	18	—	—	—	—	—	—	—	—	—
1. 资本公积转增资本（或股本）	19	—	—	—	—	—	—	—	—	—
2. 盈余公积转增资本（或股本）	20	—	—	—	—	—	—	—	—	—
3. 其他	24	—	—	—	—	—	—	—	—	—
四、本年年末余额	25	170 000.00	—	—	—	—	7 177.09	7 674.50	32 813.80	217 665.39

企业负责人：余艳梅　　财务负责人：朱晓平　　会计机构负责人：王凤毅　　制表人：连鹏

母公司所有者权益变动表

编制单位：浙商金汇信托股份有限公司　　2020 年度　　单位：万元

项目	行次	本年金额								
		实收资本（或股本）	其他权益工具	资本公积	减：库存股	其他综合收益	盈余公积	一般风险准备	未分配利润	所有者权益合计
栏次		1	2	3	4	5	6	7	8	9
一、上年年末余额	1	170 000.00	—	—	—	—	7 177.09	7 674.50	32 701.33	217 552.92
加：会计政策变更	2	—	—	—	—	—	—	—	—	—
前期差错更正	3	—	—	—	—	—	—	—	—	—
其他	4	—	—	—	—	—	—	—	—	—
二、本年年初余额	5	170 000.00	—	—	—	—	7 177.09	7 674.50	32 701.33	217 552.92
三、本年增减变动金额（减少以“－”号填列）	6	—	—	—	—	—	1 064.82	975.32	8 608.04	10 648.18
（一）综合收益总额	7	—	—	—	—	—	—	—	10 648.18	10 648.18

续表

项目	行次	本年金额								
		实收资本（或股本）	其他权益工具	资本公积	减:库存股	其他综合收益	盈余公积	一般风险准备	未分配利润	所有者权益合计
栏次		1	2	3	4	5	6	7	8	9
（二）所有者投入和减少资本	8	—	—	—	—	—	—	—	—	—
1. 所有者投入的普通股	9	—	—	—	—	—	—	—	—	—
2. 其他	12	—	—	—	—	—	—	—	—	—
（三）利润分配	13	—	—	—	—	—	1 064. 82	975. 32	-2 040. 14	—
1. 提取盈余公积	14	—	—	—	—	—	1 064. 82	—	-1 064. 82	—
2. 提取一般风险准备	15	—	—	—	—	—	—	975. 32	-975. 32	—
3. 对所有者（或股东）的分配	16	—	—	—	—	—	—	—	—	—
4. 其他	17	—	—	—	—	—	—	—	—	—
（四）所有者权益内部结转	18	—	—	—	—	—	—	—	—	—
1. 资本公积转增资本（或股本）	19	—	—	—	—	—	—	—	—	—
2. 盈余公积转增资本（或股本）	20	—	—	—	—	—	—	—	—	—
3. 其他	24	—	—	—	—	—	—	—	—	—
四、本年年末余额	25	170 000. 00	—	—	—	—	8 241. 91	8 649. 82	41 309. 37	228 201. 10

项目	行次	上年金额								
		实收资本（或股本）	其他权益工具	资本公积	减:库存股	其他综合收益	盈余公积	一般风险准备	未分配利润	所有者权益合计
栏次		10	11	12	13	14	15	16	17	18
一、上年年末余额	1	170 000. 00	—	—	—	—	6 129. 54	7 150. 73	23 687. 13	206 967. 40
加:会计政策变更	2	—	—	—	—	—	—	—	110. 00	110. 00
前期差错更正	3	—	—	—	—	—	—	—	—	—
其他	4	—	—	—	—	—	—	—	—	—
二、本年年初余额	5	170 000. 00	—	—	—	—	6 129. 54	7 150. 73	23 797. 13	207 077. 40
三、本年增减变动金额（减少以“-”号填列）	6	—	—	—	—	—	1 047. 55	523. 77	8 904. 20	10 475. 52
（一）综合收益总额	7	—	—	—	—	—	—	—	10 475. 52	10 475. 52
（二）所有者投入和减少资本	8	—	—	—	—	—	—	—	—	—
1. 所有者投入的普通股	9	—	—	—	—	—	—	—	—	—
2. 其他	12	—	—	—	—	—	—	—	—	—
（三）利润分配	13	—	—	—	—	—	1 047. 55	523. 77	-1 571. 32	—
1. 提取盈余公积	14	—	—	—	—	—	1 047. 55	—	-1 047. 55	—
2. 提取一般风险准备	15	—	—	—	—	—	—	523. 77	-523. 77	—
3. 对所有者（或股东）的分配	16	—	—	—	—	—	—	—	—	—
4. 其他	17	—	—	—	—	—	—	—	—	—
（四）所有者权益内部结转	18	—	—	—	—	—	—	—	—	—
1. 资本公积转增资本（或股本）	19	—	—	—	—	—	—	—	—	—
2. 盈余公积转增资本（或股本）	20	—	—	—	—	—	—	—	—	—
3. 其他	24	—	—	—	—	—	—	—	—	—
四、本年年末余额	25	170 000. 00	—	—	—	—	7 177. 09	7 674. 50	32 701. 33	217 552. 92

企业负责人:余艳梅　　财务负责人:朱晓平　　会计机构负责人:王凤毅　　制表人:连鹏

5. 2　信托资产

5. 2. 1　信托项目资产负债汇总表

信托项目资产负债汇总表

编制单位:浙商金汇信托股份有限公司　　2020 年 12 月 31 日　　单位:万元

信托资产	年初数	年末数	信托负债和信托权益	年初数	年末数
信托资产:			信托负债:		
货币资金	284 847. 55	24 159. 89	交易性金融负债	—	—
拆出资金	—	—	衍生金融负债	—	—

续表

信托资产	年初数	年末数	信托负债和信托权益	年初数	年末数
存出保证金	—	—	应付受托人报酬	5 368. 17	4 631. 10
以公允价值计量且其变动计入当期损益的金融资产	101 962. 81	24 522. 59	应付托管费	15. 59	22. 24
衍生金融资产	—	—	应付受益人收益	1 222. 26	3. 06
买入返售金融资产	568 051. 00	116 631. 00	应交税费	4 130. 59	3 915. 82
应收款项	28 441. 67	39 756. 56	应付销售服务费	—	—
发放贷款	4 089 629. 17	3 252 857. 49	其他应付款项	206 592. 83	47 267. 41
可供出售金融资产	199 313. 17	72 824. 60	预计负债	—	—
持有至到期投资	2 833 470. 88	3 654 708. 71	其他负债	—	—
长期应收款	80 962. 94	80 962. 94	信托负债合计	217 329. 44	55 839. 63
长期股权投资	713 196. 86	529 569. 83		—	—
投资性房地产	—	—	信托权益:	—	—
固定资产	—	—	实收信托	8 759 219. 12	7 680 919. 00
无形资产	—	—	资本公积	38 185. 83	1 715. 37
长期待摊费用	—	—	损益平准金	—	—
其他资产	—	—	未分配利润	−114 858. 34	57 519. 61
减:各项资产减值准备	—	—	信托权益合计	8 682 546. 61	7 740 153. 98
信托资产总计	8 899 876. 05	7 795 993. 61	信托负债及信托权益总计	8 899 876. 05	7 795 993. 61

企业负责人:余艳梅　　财务负责人:朱晓平　　会计机构负责人:王凤毅　　制表人:倪春晖

注:暂未采用新金融工具准则与新金融企业财务报表格式。

5. 2. 2　信托项目利润及利润分配汇总表

信托项目利润及利润分配汇总表

编制单位:浙商金汇信托股份有限公司　　2020 年度　　单位:万元

项目	本年金额	上年金额
1. 营业收入	715 379. 37	720 549. 26
1. 1 利息收入	379 488. 79	441 270. 11
1. 2 投资收益(损失以"−"号填列)	217 651. 22	251 030. 63
1. 2. 1 其中:对联营企业和合营企业的投资收益	—	—
1. 3 公允价值变动收益(损失以"−"号填列)	66 783. 57	19 460. 92
1. 4 租赁收入	—	—
1. 5 汇兑损益(损失以"−"号填列)	—	—
1. 6 其他收入	51 455. 79	8 787. 60
2. 支出	78 824. 93	103 858. 86
2. 1 税金及附加	1 746. 99	1 720. 00
2. 2 受托人报酬	67 958. 43	73 823. 14
2. 3 托管费	1 658. 02	2 158. 13
2. 4 投资管理费	—	—
2. 5 销售服务费	4 651. 37	12 487. 09
2. 6 交易费用	192. 47	33. 20
2. 7 资产减值损失	—	—
2. 8 其他费用	2 617. 65	13 637. 30
3. 信托净利润(净亏损以"−"号填列)	636 554. 44	616 690. 40
4. 其他综合收益	4 415. 39	−539. 68
5. 综合收益	640 969. 83	616 150. 72
6. 加:期初未分配信托利润	−114 858. 34	−101 080. 45
7. 可供分配的信托利润	521 696. 10	515 609. 95
8. 减:本期已分配信托利润	464 176. 49	630 468. 29
9. 期末未分配信托利润	57 519. 61	−114 858. 34

企业负责人:余艳梅　财务负责人:朱晓平　会计机构负责人:王凤毅　制表人:倪春晖

注:暂未采用新金融工具准则与新金融企业财务报表格式。

6. 会计报表附注

6. 1　会计报表编制基准不符合会计核算基本前提的说明

无。

6. 1. 1　会计报表不符合会计核算基本前提的事项

无。

6. 1. 2　合并会计报表范围

公司对结构化主体是否应纳入合并范围进行判断,包括本公司作为受托人的结构化主体和本公司投资的由其他机构发行的结构化主体。本期公司认购或受让的信托计划,综合考虑本公司对该等结构化主体拥有的权利及参与该等结构化主体的相关活动而享有可变回报等控制因素,认定将本公司控制的 2 个结构化主体纳入合并范围。

6. 1. 3　重要会计政策和会计估计说明

公司自 2020 年 1 月 1 日起执行财政部 2017 年修订的《企业会计准则第 14 号——收入》,公司执行上述准则对本报告期内财务报表无重大影响。

本报告期重要会计估计未变更。

6. 2　重要资产转让及其出售的说明

报告期内,公司无重大资产转让及出售事项。

6.3 会计报表中重要项目的明细资料

6.3.1 披露自营资产经营情况

6.3.1.1 按信用风险五级分类结果披露信用风险资产的期初数、期末数

单位：万元

信用风险资产五级分类	期初数	期末数
正常类	106 669.47	152 262.38
关注类	90 346.74	74 772.80
次级类	35 641.02	8 098.15
可疑类	32 441.81	533.62
损失类	—	7 984.17
信用风险资产合计	265 099.04	243 651.12

6.3.1.2 各项资产减值损失准备情况

单位：万元

	期初数	本期计提	本期转回	本期核销	其他变化	期末数
贷款损失准备	—	—	—	—	—	—
一般准备	—	—	—	—	—	—
专项准备	—	—	—	—	—	—
其他资产减值准备	—	—	—	—	—	—
可供出售金融资产减值准备	—	—	—	—	—	—
持有至到期投资减值准备	—	—	—	—	—	—
应收款项类金融资产	—	—	—	—	—	—
长期股权投资减值准备	—	—	—	—	—	—
坏账准备	9 360.66	2 023.76	—	—	—	11 384.42
投资性房地产减值准备	—	—	—	—	—	—

6.3.1.3 按照投资品种分类的自有资金投资情况

单位：万元

	自营股票	基金	债券	长期股权投资	其他投资	合计
期初数	—	—	—	—	202 271.96	202 271.96
期末数	—	—	—	—	214 132.27	214 132.27

6.3.1.4 前三名的自营长期股权投资的企业名称、占被投资企业权益的比例及投资收益情况等

无。

6.3.1.5 前三名的自营贷款的企业名称、占贷款总额的比例和还款情况等

无。

6.3.1.6 表外业务的期初数、期末数，按照代理业务、担保业务和其他类型表外业务分别披露

无。

6.3.1.7 公司当年的收入结构

收入结构	合并		母公司	
	金额（万元）	占比（%）	金额（万元）	占比（%）
手续费及佣金收入	68 959.30	92.81	68 959.30	92.83
其中：信托手续费收入	65 202.07	87.76	65 202.[illegible]7	87.77
投资银行业务收入	—	—	—	—
利息收入	1 291.27	1.74	1 287.[illegible]1	1.73
投资收益	3 890.91	5.24	3 885.[illegible]5	5.23
其中：股权投资收益	—	—	—	—
证券投资收益	—	—	—	—
其他投资收益	3 890.91	5.24	3 885.[illegible]5	5.23
资产处置收益	4.41	0.01	4.[illegible]1	0.01
其他收益	149.65	0.20	149.[illegible]5	0.20
其中：计入信托业务收入部分	—	—	—	—
营业外收入	3.00	—	3.[illegible]	—
收入合计	74 298.54	100.00	74 289.[illegible]2	100.00

报告期公司实现的信托业务收入全部是以手续费及佣金确认的信托业务收入。

6.3.2 披露信托资产管理情况

6.3.2.1 信托资产的期初数、期末数

单位：万元

信托资产	期初数	期末数
集合	3 707 607.08	2 94[illegible]21.32
单一	2 946 153.85	2 19[illegible]46.29
财产权	2 246 115.12	2 65[illegible]26.00
合计	8 899 876.05	7 79[illegible]93.61

6.3.2.1.1 主动管理型信托业务的信托资产期初数、期末数

单位：万元

主动管理型信托资产	期初数	期末数
证券投资类	95 827.13	114 [illegible]6.14
股权投资类	334 093.77	2 140 [illegible]5.61
融资类	2 754 798.06	2 250 [illegible]5.61
事务管理类	—	—
合计	3 184 718.96	4 505 [illegible]7.36

6.3.2.1.2 被动管理型信托业务的信托资产期初数、期末数

单位：万元

被动管理型信托资产	期初数	期末数
证券投资类	—	—
股权投资类	—	—
融资类	—	—
事务管理类	5 715 157.09	3 290 [illegible]6.25
合计	5 715 157.09	3 290 [illegible]6.25

6.3.2.2 本年度已清算结束的信托项目个数、实收信托合计金额、加权平均实际年化收益率

6.3.2.2.1 本年度已清算结束的集合类、单一类资金信托项目和财产管理类信托项目个数、实收信托合计金额、加权平均实际年化收益率

已清算结束的信托项目	项目个数（个）	实收信托合计金额（万元）	加权平均实际年化收益率（%）
集合类	58	2 395 167.00	7.07
单一类	51	1 962 690.85	6.89
财产管理类	9	1 661 020.80	6.67

注：1. 收益率是指信托项目清算后，给受益人赚取的实际收益水平。

2. 加权平均实际年化收益率 =（信托项目 1 的实际年化收益率 × 信托项目 1 的资产总计 + 信托项目 2 的实际年化收益率 × 信托项目 2 的资产总计 + … + 信托项目 n 的实际年化收益率 × 信托项目 n 的资产总计）/（信托项目 1 的资产总计 + 信托项目 2 的资产总计 + … + 信托项目 n 的资产总计）×100%。

6.3.2.2.2 本年度已清算结束的主动管理型信托项目个数、实收信托合计金额、加权平均实际年化收益率

已清算结束的信托项目	项目个数（个）	实收信托合计金额（万元）	加权平均实际年化信托报酬率（%）	加权平均实际年化收益率（%）
证券投资类	4	190 000.00	2.21	6.80
股权投资类	7	375 260.00	1.74	7.15
融资类	39	1 438 370.00	2.49	7.72
事务管理类	—	—	—	—

注：加权平均实际年化信托报酬率 =（信托项目 1 的实际年化信托报酬 × 信托项目 1 的实收信托 + 信托项目 2 的实际年化报酬率 × 信托项目 2 的实收信托 + … + 信托项目 n 的实际年化信托报酬率 × 信托项目 n 的实收信托）/（信托项目 1 的实收信托 + 信托项目 2 的实收信托 + … + 信托项目 n 的实收信托）×100%。

6.3.2.2.3 本年度已清算结束的被动管理型信托项目个数、实收信托合计金额、加权平均实际年化收益

已清算结束的信托项目	项目个数（个）	实收信托合计金额（万元）	加权平均实际年化信托报酬率（%）	加权平均实际年化收益率（%）
证券投资类	—	—	—	—
股权投资类	—	—	—	—
融资类	—	—	—	—
事务管理类	68	4 015 248.65	0.24	6.59

6.3.2.3 本年度新增的集合类、单一类、财产管理类信托项目个数、实收信托合计金额

新增信托项目	项目个数（个）	实收信托合计金额（万元）
集合类	65	1 727 182.59
单一类	29	911 799.40
财产管理类	23	1 588 502.27
新增合计	117	4 227 484.26
其中：主动管理型	82	3 416 282.27
被动管理型	35	811 201.99

注：本年新增信托项目指在本报告年度内累计新增的信托项目个数和金额，包含本年度新增并于本年度内结束的项目和本年度新增至报告期末仍在持续管理的信托项目。

6.4 关联方关系及其交易的披露

6.4.1 关联交易方的数量、关联交易的总金额及关联交易的定价政策等

项目	关联交易方数量	关联交易金额（万元）	定价政策
合计	10	8 024.25	市场交易价格

6.4.2 关联交易方与本公司的关系性质、关联交易方的名称、法定代表人、注册地址、注册资本及主营业务等

关系性质	关联方名称	法定代表人	注册地址	注册资本（亿元）	主营业务
母公司	浙江东方金融控股集团股份有限公司	金朝萍	杭州市西湖大道 12 号	22.3	进出口贸易、经济技术咨询等。
实际控制人	浙江省国际贸易集团有限公司	楼晶	杭州市庆春路 199 号	9.8	进出口业务、国内贸易、实业投资、咨询服务等。
受同一母公司控制	浙江国贸东方房地产有限公司	陈新忠	杭州市西湖区文三路 453 号	2.55	房地产开发经营。
受同一母公司控制	杭州友安物业管理有限公司	孙波	浙江省杭州市下城区杭州市下城区中大广场 3 号 13 层 1302 室	0.03	物业管理、机电设备的维护、家政服务、园林绿化工程、保洁服务、停车场管理、酒店管理等。
受同一实际控制人控制	浙江省五金矿产进出口有限公司	陈峰	杭州市中山北路 310 号	0.5	经营进出口业务、矿产品、金属材料、机电设备、五金、汽车、摩托车配件等。
本公司母公司的合营企业	中韩人寿保险有限公司	金朝萍	浙江省杭州市江干区四季青街道香樟街 39 号国贸金融大厦 21—23 层	15	人寿保险、健康保险和意外伤害保险等保险业务。
受同一实际控制人控制	浙江惠灵对外贸易有限责任公司	任国奎	杭州市中山北路 308 号	0.30881	经营进出口业务、批发兼零售等。
受同一实际控制人控制	浙江省浙商资产管理有限公司	孙建华	杭州市西湖大道 193 号 301 室	70.97	参与省内金融企业不良资产的批量转让业务（凭浙江省人民政府文件经营）资产管理，资产投资及资产管理相关的重组、兼并、投资管理咨询服务，企业管理、财务咨询及服务。
受同一实际控制人控制	浙江中大技术进出口集团有限公司	陈伟保	杭州市西湖大道 58 号华顺大厦 13—22 层	0.5	自营和代理除国家组织统一联合经营的 16 种出口商品和国家实行核定公司经营的 14 种进口商品以外的商品及技术的进出口业务；开展"三来一补"、进料加工业务；经营对销贸易和转口贸易；出口商品的外转内和进口商品的国内销售业务。
受同一实际控制人控制	浙江省中医药健康产业集团有限公司	姜巨舫	浙江省庆春路 199 号 408 室	20	中药材种植、中药饮片、中成药、中医药流通、中医诊疗服务等领域。

6.4.3 逐笔披露本公司与关联方的重大交易事项

6.4.3.1 固有财产与关联方：贷款、投资、租赁、应收账款、担保、其他方式等期初汇总数、本期发生额汇总数、期末汇总数

单位：万元

固有财产与关联方关联交易				
项目	期初数	借方发生额	贷方发生额	期末数
贷款	—	—	—	—
投资	—	—	—	—
租赁	—	482.12	482.12	—
担保	—	—	—	—
应收账款	—	—	—	—
其他	8 437.00	1 638.19	9 707.93	367.27
合计	8 437.00	2 120.31	10 190.05	367.27

6.4.3.2 信托资产与关联方：贷款、投资、租赁、应收账款、担保、其他方式等期初汇总数、本期发生额汇总数、期末汇总数

单位：万元

信托资产与关联方关联交易				
项目	期初数	借方发生额	贷方发生额	期末数
贷款	3 700.00	—	2 000.00	1 700.00
投资	—	7 200.00	—	7 200.00
租赁	—	—	—	—
担保	—	—	—	—
应收账款	—	—	—	—
其他	5 300.00	—	—	5 300.00
合计	9 000.00	7 200.00	2 000.00	14 200.00

6.4.3.3 固有财产与信托财产之间的交易金额期初汇总数、本期发生额汇总数、期末汇总数

单位：万元

固有财产与信托财产相互交易			
项目	期初数	本期发生额	期末数
合计	190 127.50	9 483.84	199 611.34

注：以固有资金投资公司自己管理的信托项目受益权，或购买自己管理的信托项目的信托资产均应纳入统计披露范围。

6.4.3.4 信托资产与信托财产之间的交易金额期初汇总数、本期发生额汇总数、期末汇总数

单位：万元

信托资产与信托财产相互交易			
项目	期初数	本期发生额	期末数
合计	282 689.68	-10 779.90	271 909.78

注：以公司受托管理的一个信托项目的资金购买自己管理的另一个信托项目的受益权或信托项下资产均应纳入统计披露范围。

6.5 会计制度的披露

公司执行中华人民共和国财政部颁布的《企业会计准则——基本准则》和对应的具体会计准则、应用指南、解释、修订及其他相关规定。

7. 财务情况说明书

7.1 利润实现和分配情况

2020 年公司母公司报表层面实现利润总额为 14 260.23 万元，所得税费用为 3 612.05 万元，实现净利润 10 648.18 万元，合并层面实现利润总额为 14 245.00 万元，所得税费用为 3 612.05 万元，实现净利润 10 632.95 万元。本年提取信托赔偿准备金 532.41 万元，提取法定公积金 1 064.82 万元，提取一般风险准备 442.91 万元，剩余可供分配利润未向公司股东分配。

7.2 主要财务指标

指标名称	指标值	
	合并口径	母公司口径
资本利润率（%）	4.77	4.78
信托报酬率（%）	0.78	0.78
人均营业总收入（万元）	287.98	287.94

注：1. 资本利润率 = 净利润/所有者权益平均余额 ×100%。

2. 信托报酬率 = 信托业务收入/实收信托平均余额 ×100%。

3. 人均营业收入 = 营业收入/年平均人数。

4. 平均余额采取年初及各季末余额移动算术平均法，公式为 a（平均）$=(a_0/2+a_1+a_2+a_3+a_4/2)/4$。

7.3 对本公司财务状况、经营成果有重大影响的其他事项

报告期内未发生对本公司财务状况、经营成果有重大影响的其他事项。

7.4 公司净资本情况

信托公司风险控制指标监管报表

2020 年 12 月 31 日

项目	期末余额	监管标准
净资本（万元）	166 713.10	≥2 亿元
固有业务风险资本（万元）	39 791.45	—
信托业务风险资本（万元）	58 476.14	—
其他业务风险资本（万元）	—	—
各项业务风险资本之和（万元）	98 267.59	—
净资本/各项业务风险资本之和（%）	169.65	≥100
净资本/净资产（%）	73.06	≥40

8. 特别事项揭示

8.1 前五名股东报告期内变动情况及原因

报告期内，本公司股东未发生变动。

8.2 董事、监事及高级管理人员变动情况及原因

8.2.1 董事变动情况及原因

因洪峰先生辞去公司董事职务，2020 年 4 月 10 日，公司股

东大会选举谢蔚然先生为公司董事，谢蔚然先生的董事任职资格已获浙江银保监局核准。

因董事会换届，2020 年 8 月 31 日，公司股东大会选举余艳梅女士、戴俊先生、谢蔚然先生、费荣富[①]先生、辛洁[②]先生、杨柏樟先生、王维安先生（独立董事）、程卫东[③]先生（独立董事）、童杰先生（独立董事）为公司第五届董事会董事，董事的任职资格均已获浙江银保监局核准。

8.2.2 监事变动情况及原因

因监事会换届，2020 年 8 月 31 日，公司股东大会选举李庆玲女士、张逢伟先生、蔡晓利先生为第五届监事会监事，赵丹明先生、文舟女士为职工代表大会选举产生的职工监事。

8.2.3 高级管理人员变动情况及原因

经公司董事会[④]审议通过，同意聘任许向华先生为公司风险总监，2020 年 4 月 8 日，公司收到中国银保监会浙江监管局《关于许向华任职资格的批复》（浙银保监复〔2020〕176 号），核准了许向华先生的公司风险总监任职资格。

经公司董事会审议通过，同意聘任黄永庆先生为公司总经理助理，黄永庆先生的总经理助理任职资格须经浙江银保监局核准后方能生效。

8.3 变更注册资本、变更注册地或公司名称、公司分立合并事项

2020 年 7 月 14 日，公司注册地由浙江省杭州市上城区庆春路 199 号 6—8 层、1—2 层西面商铺变更为浙江省杭州市江干区香樟街 39 号 26—28 层。

8.4 公司及其董事、监事和高级管理人员受到处罚的情况

无。

8.5 本年度重大事项临时报告的简要内容、披露时间、所披露的媒体及其版面

《浙商金汇信托股份有限公司 2019 年度报告摘要》在《证券时报》2020 年 4 月 30 日第 B45 版刊登。

《浙商金汇信托股份有限公司关于住所、金融许可证变更和修改公司〈章程〉的公告》在《证券时报》2020 年 7 月 18 日第 B1 版刊登。

8.6 中国银保监会及其省级派出机构认定的其他有必要让客户及相关利益人了解的重要信息

无。

9. 公司监事会意见

公司监事会认为，报告期内公司依法合规经营，本报告的财务报告真实、客观地反映了公司的财务状况和经营结果。

---

① 2021 年 3 月 1[illegible] 日，公司收到中国银保监会浙江监管局《关于费荣富任职资格的批复》（浙银保监复〔2021〕152 号），核准了费荣富先生的公司董事任职资格。

② 辛洁先生已于 2021 年 1 月 15 日向董事会递交辞职报告。

③ 2021 年 4 月 2 日，公司收到中国银保监会浙江监管局《关于程卫东任职资格的批复》（浙银保监复〔2021〕211 号），核准了程卫东先生的公司独立董事任职资格。

④ 2019 年 11 月召开的第四届董事会第六十五次临时会议。

中诚信托有限责任公司

1. 重要提示

1.1 本公司董事会及董事保证本报告所载资料不存在任何虚假记载、误导性陈述或者重大遗漏，并对其内容的真实性、准确性和完整性承担个别及连带责任。

1.2 未出席董事会董事情况：董事张树忠、于英杰、刘瑞生未出席第六届董事会第三次会议，授权其他董事行使表决权。

1.3 本公司独立董事对年度报告的真实性、准确性、完整性无异议。

1.4 公司董事长牛成立、财务负责人沈树忠声明：保证年度报告中财务报告的真实、完整。

2. 公司概况

2.1 公司简介

中诚信托有限责任公司（以下简称公司）初创于1995年11月，原名称为中煤信托投资有限责任公司，注册资本金为4亿元（含1 500万美元）；2001年9月，公司成为首家获准重新登记的信托公司；2004年2月，完成增资扩股后，公司注册资本金增加到12亿元，名称变更为中诚信托投资有限责任公司；2007年7月，根据新颁布实施的《信托公司管理办法》，公司完成了重新登记，首批获准直接换发金融许可证，名称变更为中诚信托有限责任公司；2010年10月，公司完成增资扩股后，注册资本金增加到24.57亿元。

法定中文名称	中诚信托有限责任公司
法定中文缩写名称	中诚信托
公司法定英文名称	China Credit Trust Co.,Ltd
法定英文缩写名称	CCT
法定代表人	牛成立
注册地址	北京市东城区安外大街2号
邮政编码	100013
国际互联网网址	http://www.cctic.com.cn/
电子信箱	contactus@cctic.com.cn
信息披露事务负责人	魏青，电话：010-84267098；传真：010-84267118 电子信箱：weiqing@cctic.com.cn
选定的信息披露报纸	《金融时报》
公司年报备置地点	北京市东城区安外大街2号
聘请的会计师事务所	天职国际会计师事务所（特殊普通合伙）
聘请的会计师事务所住所	北京市海淀区车公庄西路19号68号楼A-1和A-5区域

2.2 组织结构

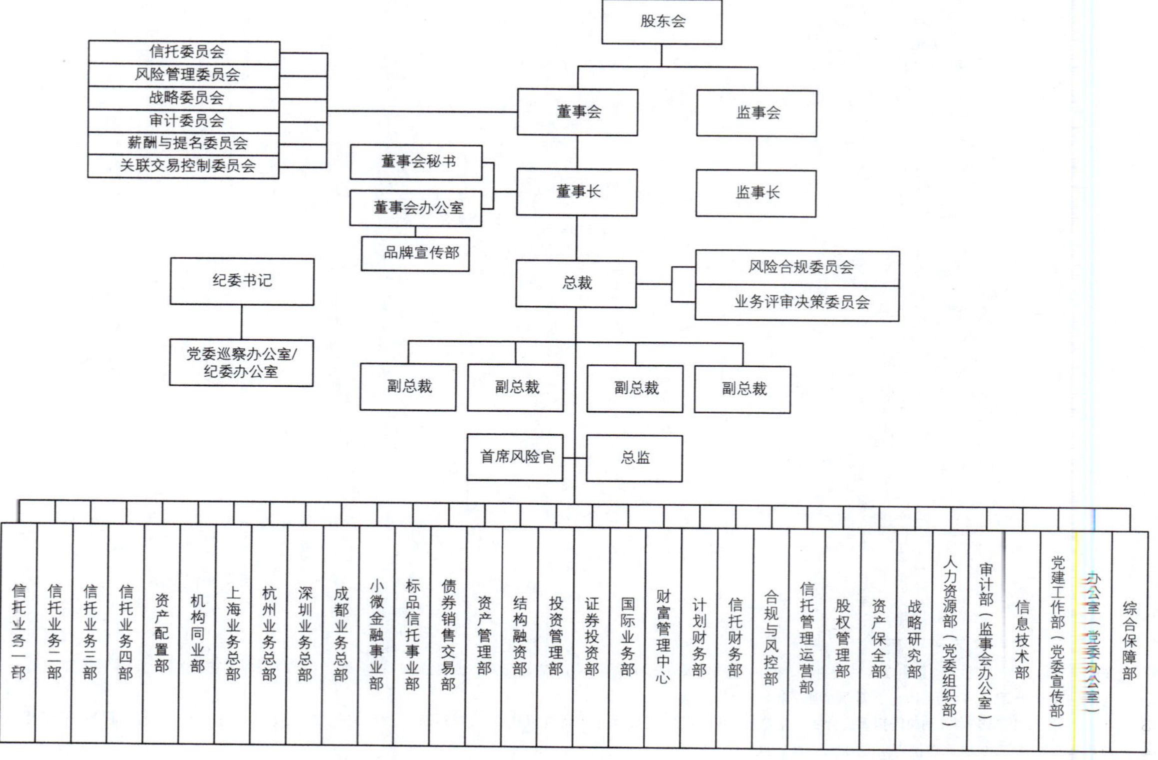

3. 公司治理

3.1 股东

股东总数为 15 家。

股东名称	出资额（万元）	持股比例（%）	法人代表	注册资本（万元）	注册地址	主要经营业务及主要财务情况
中国人民保险集团股份有限公司★	80 875	32.9206	罗　熹	4 422 399.0583	北京市西城区西长安街 88 号 1 至 13 层	投资并持有上市公司、保险机构和其他金融机构的股份；监督管理控股投资企业的各种国内、国际业务；国家授权或委托的政策性保险业务；经中国保监会和国家有关部门批准的其他业务（依法须经批准的项目，经相关部门批准后方可开展经营活动；不得从事本市产业政策禁止和限制类项目的经营活动）。
国华能源投资有限公司	50 000	20.3528	刘小奇	561 972.579067	北京市东城区东直门南大街 3 号楼	管理和经营煤代油资金形成的所有资产；对能源、交通项目投资；对金融、医疗卫生行业投资；对信息、生物、电子、环保、新材料高新技术产业投资；对房地产业投资；自有房屋的租赁和物业管理；对燃油的电站锅炉、工业锅炉、工业窑炉设备的改造进行投资；新能源技术的开发、生产；洁净煤技术及相关产品的开发、生产、销售；信息咨询服务（以上项目国家有专项专营规定的除外）（企业依法自主选择经营项目，开展经营活动；依法须经批准的项目，经相关部门批准后依批准的内容开展经营活动；不得从事本市产业政策禁止和限制类项目的经营活动）。
兖矿集团有限公司	25 000	10.1764	李希勇	776 920.00	山东省济南市高新区工业南路 57－1 号高新万达 J3 写字楼 19 层	以自有资金对外投资、管理及运营；投资咨询；期刊出版，有线广播及电视的安装、开通、维护和器材销售；许可证批准范围内的增值电信业务；对外承包工程资质证书批准范围内的承包与实力、规模、业绩相适应的国外工程项目及对外派遣实施上述境外工程所需的劳务人员；煤炭开采、洗选、销售；热电、供热及发电余热综合利用；公路运输；木材加工；水、暖管道安装、维修；餐饮、旅馆；水的开采及销售；黄金、贵金属、有色金属的地质探矿、开采、选冶、加工、销售及技术服务；广告业务；机电产品、服装、纺织及橡胶制品的销售；备案范围内的进出口业务；园林绿化；房屋、土地、设备的租赁；煤炭、煤化工及煤电铝技术开发服务；建筑材料、硫酸铵（白色结晶粉末）生产、销售；矿用设备、机电设备、成套设备及零配件的制造、安装、维修、销售；装饰装修；电器设备安装、维修、销售；通用零部件、机械配件、加工及销售；污水处理及中水的销售；房地产开发、物业管理；日用百货、工艺品、金属材料、燃气设备销售；铁路货物（区内自备）运输（依法须经批准的项目，经相关部门批准后方可开展经营活动）。

3.2 董事

董事长、副董事长、董事

姓名	职务	性别	年龄（岁）	选任日期	所推举的股东名称	该股东持股比例（%）	简要履历
牛成立	董事长	男	55	2015 年 12 月	中国人民保险集团股份有限公司	32.9206	曾任中国人民银行非银行金融机构监管司副处长、处长，中国银行厦门分行党委委员、副行长（挂职），中国银监会非银行金融机构监管部处长，中国银监会新疆监管局党委委员、副局长，中国银监会银行监管四部副主任，中国银监会黑龙江监管局党委书记、局长，中国银监会融资性担保业务工作部主任，中诚信托有限责任公司党委委员、总裁，中诚信托有限责任公司党委书记、董事长兼总裁；现任中诚信托有限责任公司党委书记、董事长，嘉实基金管理有限公司联席董事长，中国信托业保障基金有限责任公司董事。
张树忠	副董事长	男	60	2015 年 3 月	—	—	曾任华夏证券公司投资银行部总经理，研究发展部总经理，光大证券公司总裁助理、北方总部总经理、资产管理总监，光大保德信基金管理公司董事、副总经理，大通证券股份有限公司总经理，中国人保资产管理公司副总裁，大成基金管理有限公司董事长，中诚信托有限责任公司党委副书记、副董事长、总裁。
于英杰	董事	女	50	2020 年 6 月	中国人民保险集团股份有限公司	32.9206	曾任中国工商银行国际业务部外事处科员、外汇清算处科员、副主任科员、国际融资处副主任科员、主任科员，德意志银行北京分行经理、助理副总裁，加拿大皇家银行有限公司北京分行全球金融机构部总监、副行长、董事总经理/副行长（兼任加中贸易理事会北京董事会成员、RBC 投资顾问（北京）有限公司监事一），中国人民保险集团股份有限公司信用评估中心总经理、风险管理部总经理、投资管理部总经理，中诚信托有限责任公司董事。
罗学东	董事	男	54	2020 年 6 月	中国人民保险集团股份有限公司	32.9206	曾在中国人民银行江苏省南通市分行、中国人民银行稽核局工作，曾任中国人民银行监管一司、营业管理部副处长，中国银监会银行监管三部、四部处长，中国银监会山西监管局党委委员、副局长；现任中诚信托有限责任公司党委委员、副总裁。

续表

姓名	职务	性别	年龄（岁）	选任日期	所推举的股东名称	该股东持股比例（%）	简要履历
刘瑞生	董事	男	53	2017年12月	国华能源投资有限公司	20.3528	曾任国家审计署固定资产投资审计司科员、副主任科员、主任科员，国华能源投资有限公司审计部副总经理、总经理，国华能源投资有限公司副总工程师，中诚信托有限责任公司董事、监事；现任国华能源投资有限公司副总经理、投资管理部总经理，中诚信托有限责任公司董事。
李　青	董事	女	41	2020年6月	国华能源投资有限公司	20.3528	曾任江门海关缉私局办公室文秘，国华能源投资有限公司企业管理部金融投资业务员、战略投资专员助理、战略投资专员、副总经理，投资管理部副总经理（主持工作），清洁能源产业基金运营中心总经理；现任国华能源投资有限公司清洁能源产业基金运营中心总经理，国华投资开发资产管理（北京）有限公司总经理，中诚信托有限责任公司董事。
吕海鹏	董事	男	51	2017年4月	兖矿集团有限公司	10.1764	曾任兖矿集团职工大学讲师，兖矿集团财务处副科长，山东新联谊会计师事务所邹城分所副所长，兖矿集团资本部科长，兖矿集团改制办公室主任经济师，兖矿集团投资部副部长，兖矿集团财务管理部副部长，兖矿集团资本管理中心副主任、部委委员；现任上海中期期货经纪有限公司董事长，上海金谷裕丰投资有限公司总经理，日照港股份有限公司董事，中垠融资租赁有限公司董事长，中诚信托有限责任公司董事。
许跃东	董事	男	50	2020年9月	河南农投金控股份有限公司	5.0882	曾任郑州电器装备总厂工程师，中国银河证券股份有限公司投资经理，中国东方信托投资公司郑州文化路营业部投资经理，中国银河证券公司经三路营业部投资经理、分析师，河南省中小企业投资担保股份有限公司项目经理、风险控制部经理、总经理助理，河南农投发展有限公司总经理，河南联创融久供应链管理有限公司执行董事，河南农投金控股份有限公司副总经理、董事，农投商业保理（深圳）有限公司执行董事；现任河南农投发展有限公司董事长、总经理，河南农开供应链有限公司董事长，中诚信托有限责任公司董事。
王效钉	董事	男	52	2015年3月	招商局中国基金有限公司	3.3297	曾任香港海域金融集团投资银行部分析员，Wellkent International Corp.（Vancouver）财务部经理，SmartSources Technologies（Vancouver）软件工程师，Thrive Media Corporation（Vancouver）高级软件工程师，广西丰林集团股份有限公司首席财务官，广西百合化工股份有限公司副总经理、总裁，招商局中国投资管理有限公司首席投资官；现任招商局中国投资管理有限公司董事及总经理，招商局中国基金有限公司执行董事，中诚信托有限责任公司董事。

注：1. 董事的"选任日期"以中国银行业监督管理委员会批复为准。

2. 2020年11月27日，经中诚信托2020年第二次临时股东会审议通过，张树忠、于英杰不再担任中诚信托董事。

独立董事

姓名	职务	性别	年龄（岁）	选任日期	所推举的股东名称	该股东持股比例（%）	简要履历
李秉祥	独立董事	男	62	2015年3月	—	—	长期从事金融学领域的教学科研工作，有过两年学习考察和研究欧洲与美国金融市场的经历，曾任数家银行、信托与证券等金融机构的独立董事或顾问；现任百年资管股份有限公司独立董事，葫芦岛银行股份有限公司外部监事，中诚信托有限责任公司独立董事。
刘宗义	独立董事	男	62	2015年3月	—	—	曾任贵州省毕节地区劳动人事局干部科科员，贵州财经学院讲师，贵阳新华会计师事务所所长，亚太中汇会计师事务所有限公司贵州分所所长；现任中审亚太会计师事务所（特殊普通合伙）执行合伙人、贵州分所所长，中诚信托有限责任公司独立董事。
叶　林	独立董事	男	57	2020年6月	—	—	曾任中国人民大学法律系助教讲师、副教授，法学院民商法教研室副主任，汇丰晋信基金管理有限公司独立董事；现任中国人民大学博士研究生导师、法学院民商法教研室主任、营商环境法治研究中心主任、国际商事争端预防与解决机制研究院常务副院长，中国法学会商法学研究会副会长，北京市法学会民商法学研究会副会长，中国国际经济贸易仲裁委员会仲裁员、专家咨询委员会委员，方正证券股份有限公司独立董事，中国消费者协会专家委员会委员，中国银行间市场交易商协会第二届法律专业委员会委员，北京市消费者权益保护法学会会长，北京首钢股份有限公司独立董事，北京胜昂律师事务所律师（兼），中国人寿资产管理有限公司独立董事，中诚信托有限责任公司独立董事。

注：独立董事的"选任日期"以监管部门批复为准。

3.3 监事

监事会成员

姓名	职务	性别	年龄（岁）	选任日期	所推举的股东名称	该股东持股比例（%）	简要履历
刘耀民	监事	男	59	2017年2月	中国人民保险集团股份有限公司	32.9206	曾任审计署审计科研所科研二室副主任，审计署办公厅副处级秘书、值班室副主任兼正处级秘书，审计署金融审计司二处处长、一处处长，中央金融工委监事会工作部银行处处长、副部长，中国银行业监督管理委员会监事会工作部副主任（2007年3月起负责部门工作），国有重点金融机构监事会正局级专职监事，驻中国进出口银行监事会正局级专职监事兼办公室主任；现任中诚信托有限责任公司党委副书记、监事长、工会主席。
袁管华	副监事长	男	56	2016年11月	—	—	曾任中国人民银行外资金融机构管理司副处长，中国人民银行银行监管一司处长、中国银保监会财务会计部处长，中国银监会江西监管局副局长、党委委员，中国银监会财务会计部正局级巡视员，中诚信托有限责任公司第四届监事会副监事长；现任中诚信托有限责任公司副监事长。
潘红霞	监事	女	46	2017年8月	国华能源投资有限公司	20.3528	曾任中日友好医院财务部科员，国华实业有限公司财务部会计，国华能源投资有限公司财务部财务分析专员，国华能源投资有限公司河北分公司财务总监；现任国华能源投资有限公司财务部副总经理，中诚信托有限责任公司监事。
刘俊光	监事	男	39	2019年12月	中国中煤能源集团有限公司	3.3921	曾任中国农业银行总行信贷管理部干部，中国农业银行山西大同新世纪支行行长助理，中国农业银行山西大同分行信贷管理部经理助理，中国农业银行总行信贷管理部高级专员，中煤财务有限责任公司总经理助理；现任中煤财务有限责任公司副总经理，中诚信托有限责任公司监事。
张纪军	监事	男	52	2019年4月	冀中能源邢台矿业集团有限责任公司	3.3921	曾任冀中能源股份有限公司邢台矿财务科主管会计师、副科长、科长，寿阳县天泰煤业有限责任公司总会计师，冀中股份天泰煤业工作处副处长，冀中能源邢矿集团审计部部长；现任冀中能源邢台矿业集团有限责任公司财务部部长、副总会计师、冀中股份审计部长、段王集团总会计师，中诚信托有限责任公司监事。
袁云鹏	监事	男	44	2020年11月	贵州盘江投资控股（集团）有限公司	3.3921	曾任贵州盘江投资控股（集团）有限公司财务管理部副、主任科员、科长，贵州盘江国有资本运营有限公司财务劳资部主管会计、副部（处）长，贵州盘江煤电集团有限责任公司财务管理部（财务结算中心）副部长；现任贵州盘江煤电集团有限责任公司财务管理部（财务结算中心）副总经理，贵州盘江投资控股（集团）有限公司财务管理部（财务结算中心）副总经理，中诚信托有限责任公司监事。
赵海龙	监事	男	56	2019年12月	中国平煤神马能源化工集团有限责任公司	3.3921	曾任平顶山矿务局六矿财务科副科长、科长、副总会计师、总会计师，平煤集团内部银行行长、内部结算中心主任、财务处处长、集团副总会计师、总会计师；现任中国平煤神马集团总会计师、董事，中诚信托有限责任公司监事。
李家正	监事	男	52	2017年4月	山西焦煤集团有限责任公司	2.5441	曾任西山煤电马兰矿财务科科员、副科长、科长，西山煤电计划处副处长，西山煤电五麟煤焦开发公司计划发展部部长，西山煤电审计处处长；现任西山煤电副总会计师，中诚信托有限责任公司监事。
吴明清	监事	男	45	2019年12月	山西潞安矿业（集团）有限责任公司	2.5441	曾任潞安矿务局石圪节煤矿矿办科员，潞安环能股份公司董事会秘书处科员、法律事务科副科长、科长，潞安环能股份公司董事会秘书处处长，潞安瑞泰投资公司执行董事、总经理；现任潞安瑞泰投资公司董事长、总经理，中诚信托有限责任公司监事。
郑建新	监事	男	54	2016年11月	福建省能源集团有限责任公司	2.5441	曾任福建建材学校教师，福建省建材工业总公司基建处科员、投资部副主任，福建省建材（控股）有限公司资产财资部主任科员、副经理，福建省能源集团有限责任公司改革与综合产业部副经理、经理；现任福建省能源集团有限责任公司资本运营部经理，中诚信托有限责任公司监事。
吕少泉	监事	男	52	2019年12月	淮北皖淮投资有限公司	1.6961	曾任淮北矿业（集团）有限责任公司朱仙庄矿经营矿长，淮北矿业（集团）有限责任公司青东煤业公司经营副总经理，淮北矿业集团财务有限公司副总经理兼上海淮鑫融资租赁公司董事长；现任淮北皖淮投资有限公司总经理，中诚信托有限责任公司监事。
吉　祥	监事	男	35	2016年11月	内蒙古兴业矿业股份有限公司	1.6283	曾任内蒙古兴业集团股份有限公司总裁助理、副总裁、副董事长；现任内蒙古兴业集团股份有限公司董事、常务副总经理，中诚信托有限责任公司监事。
黄克孟	监事	男	54	2020年11月	—	—	曾任北京岳成律师事务所律师、合伙人，北京市京元律师事务所律师、高级合伙人、执行合伙人，北京市时代九和律师事务所执行主任、执行合伙人，北京土地学会法律委员会委员，北京房地产学会政策法规专业委员会委员，北京市律师协会建设工程与房地产开发专业委员会委员，北京市律师协会兼并与重组专业委员会委员；现任北京市时代九和律师事务所律师、高级合伙人，中诚信托有限责任公司外部监事。
段学平	监事	男	44	2019年12月	—	—	曾任中国人民银行营业管理部银行管理处干部、副主任科员，北京银监局国有银行监管一处干部、副主任科员、主任科员，包商银行总行风险管理部总经理助理、副总经理、包商银行总行合规部副总经理兼消费者权益保护总经理，中诚信托有限责任公司合规与风控部总经理；现任中诚信托有限责任公司监事。

续表

姓名	职务	性别	年龄（岁）	选任日期	所推举的股东名称	该股东持股比例（%）	简要履历
王玉国	监事	男	42	2016 年 11 月	—	—	曾任中诚信托有限责任公司战略研究部中级、高级研究员、副经理、总经理，中诚信托有限责任公司总裁办公室负责人；现任中诚信托有限责任公司办公室（党委办公室）主任，中诚信托有限责任公司监事。
赵　明	监事	女	43	2016 年 11 月	—	—	曾任中建装饰工程公司项目经理，北京太合嘉园房地产开发有限责任公司业务主管、设计主管、工程部主管，中诚信托有限责任公司投资管理部项目高级经理，中诚信托有限责任公司董事会办公室副主任、主任；现任中诚信托有限责任公司党建工作部总经理（党委宣传部部长），中诚信托有限责任公司监事。
陈学军	监事	男	46	2019 年 12 月	—	—	曾任中诚信托投资有限责任公司计划财务部经理、副总经理；现任中诚信托有限责任公司信托财务部总经理，中诚信托有限责任公司监事。
倪彦若	监事	女	42	2020 年 1 月	—	—	曾任美国友邦保险北京分公司业务副总裁秘书，中诚信托投资有限责任公司信托管理运营部中级、高级经理、总经理助理；现任中诚信托有限责任公司信托管理运营部副总经理，中诚信托有限责任公司监事。

3.4　高级管理人员

姓名	职务	性别	年龄（岁）	选任日期	金融从业年限（年）	学历	专业	简要履历
牛成立	董事长	男	55	2015 年 12 月	35	硕士研究生	货币银行学	曾任中国人民银行非银行金融机构监管司副处长、处长，中国银行厦门分行党委委员、副行长（挂职），中国银监会非银行金融机构监管部处长，中国银监会新疆监管局党委委员、副局长，中国银监会银行监管四部副主任，中国银监会黑龙江监管局党委书记、局长，中国银监会融资性担保业务工作部主任，中诚信托有限责任公司党委委员、总裁，中诚信托有限责任公司党委书记、董事长兼总裁；现任中诚信托有限责任公司党委书记、董事长，嘉实基金管理有限公司联席董事长，中国信托业保障基金有限责任公司董事。
张树忠	副董事长、总裁	男	60	2015 年 3 月	28	博士研究生	世界经济	曾任华夏证券公司投资银行部总经理、研究发展部总经理，光大证券公司总裁助理、北方总部总经理、资产管理总监，光大保德信基金管理公司董事、副总经理，大通证券股份有限公司总经理，中国人保资产管理公司副总裁，大成基金管理有限公司董事长，中诚信托有限责任公司党委副书记、副董事长、总裁。
赵建平	纪委书记	男	57	2006 年 3 月	20	硕士研究生	经济	曾任内蒙古自治区党委组织部研究室主任，中央金融工委组织处副处长（正处级），中国银监会组织处处长；现任中诚信托有限责任公司党委委员、纪委书记。
罗学东	副总裁	男	54	2011 年 10 月	32	本科	金融	曾在中国人民银行江苏省南通市分行、中国人民银行稽核局工作，曾任中国人民银行监管一司、营业管理部副处长，中国银监会银行监管三部、四部处长，中国银监会山西监管局党委委员、副局长；现任中诚信托有限责任公司党委委员、副总裁。
汤淑梅	副总裁	女	55	2011 年 10 月	25	博士研究生	法学	曾在中国人民大学任教，中煤信托投资有限责任公司工作，曾任中诚信托有限责任公司风险控制部副经理、总经理、首席风险控制官；现任中诚信托有限责任公司党委委员、副总裁。
刘孟革	副总裁	男	54	2016 年 5 月	29	本科	金融	曾任江苏商业管理干部学院财经系教师，南京国际信托投资公司基金经理，中诚信托有限责任公司研究发展部副总经理、投资银行部总经理；现任中诚信托有限责任公司党委委员、副总裁。
秦　岭	副总裁	男	46	2016 年 5 月	18	硕士研究生	工商管理	曾任中诚信托有限责任公司信托部业务组负责人，综合管理部总经理、信托部总经理，中诚资本管理有限公司总经理，中诚信托有限责任公司党委委员、副总裁。
魏　青	董事会秘书	男	54	2016 年 5 月	29	本科	经济信息	曾任中国新技术创业投资公司金融部项目经理，南方证券公司海南分公司部门经理，华夏证券公司基金投资部副总经理，富国基金管理公司副总经理，深圳中欧瑞博投资管理公司总经理；现任中诚信托有限责任公司董事会秘书。
敖　磊	首席风险官	女	48	2017 年 3 月	24	硕士研究生	法律	曾任中诚信托有限责任公司证券总部项目经理，国都证券有限责任公司法律事务部业务经理、副总经理，风险管理部副总经理，合规审计与风险管理部总经理，中诚信托有限责任公司合规与风险管理部总经理；现任中诚信托有限责任公司首席风险官。

续表

姓名	职务	性别	年龄(岁)	选任日期	金融从业年限(年)	学历	专业	简要履历
沈树忠	财务总监	男	52	2018年7月	3	硕士研究生	金融	曾任中国糖业酒类集团公司财务部科员、财务部副经理、审计部经理、财务部经理、财务总监、副总经理、常务副总经理(主持工作)、法定代表人,兼任北京华堂商场有限公司董事,中日合资成都伊藤洋华堂商场有限公司副董事长,酒鬼酒股份有限公司董事;现任中诚信托有限责任公司财务总监兼计划财务部总经理。

注:1. 高级管理人员的"选任日期"以监管部门批复为准。

2. 2020年11月27日,经中诚信托第六届董事会第三次会议批准,张树忠不再担任中诚信托副董事长、总裁。

3. 2020年12月29日,因工作调动,秦岭不再担任中诚信托副总裁。

3.5 公司员工

项目		报告期年度		上年度	
		人数(人)	比例(%)	人数(人)	比例(%)
年龄分布	25岁以下	—	—	—	—
	25~29岁	36	10.53	45	13.16
	30~39岁	199	58.19	199	58.19
	40岁以上	107	31.28	98	28.65
学历分布	博士	14	4.09	16	4.68
	硕士	240	70.18	231	67.54
	本科	77	22.51	84	24.56
	专科	11	3.22	10	2.93
	其他	—	—	1	0.29
岗位分布	董事、监事及高级管理人员	15	4.39	16	4.68
	自营业务人员	16	4.68	14	4.09
	信托业务人员	154	45.03	168	49.12
	其他人员	157	45.90	144	42.11

4. 经营管理

4.1 经营目标、经营方针、战略规划

4.1.1 经营目标

公司坚持市场化、专业化导向,强化创新意识和创新思维,以深化改革为动力,持续加快商业模式变革,坚持目标导向、问题导向、结果导向,围绕"稳增长、调结构、促转型、防风险",回归信托本源,提升主动管理能力,服务实体经济,积极推进业务转型创新,完善相关配套体制、机制,着力构建和完善组织运营体系,实现客户价值、社会价值、股东价值和员工价值"四位一体"共赢,扎实推动公司向高质量发展转型。

4.1.2 经营方针

公司的经营方针是创新、规范、效率、精细化。

4.1.3 战略规划

公司坚定"受人之托,代人理财"的职能定位,准确把握新发展阶段,深入贯彻新发展理念,加快构建新发展格局,坚持以服务实体经济为方向,积极发展具有直接融资特点的资金信托、以受托管理为特点的服务信托、体现社会责任的公益信托,打造综合信托服务能力和差异化投资管理能力,为客户创造价值,为人保集团战略服务,努力做强、做优、做大,致力于成为综合实力一流、具有核心竞争力、高质量发展的优秀信托公司。

4.2 所经营业务的主要内容

自营资产运用与分布表

资产运用	金额(万元)	占比(%)	资产分布	金额(万元)	占比(%)
货币资产	15 188.94	0.71	基础产业	45 291.35	2.12
贷款及应收款	115 352.85	5.40	房地产业	887 878.66	41.52
交易性金融资产	9 774.62	0.46	证券市场	19 629.63	0.92
可供出售金融资产	1 474 174.18	68.94	实业	66 180.59	3.09
持有至到期投资	—	—	金融机构	945 461.02	44.22
长期股权投资	477 506.82	22.33	其他	173 805.48	8.13
其他	46 249.32	2.16			
资产总计	2 138 246.73	100.00	资产总计	2 138 246.73	100.00

信托资产运用与分布表

资产运用	金额(万元)	占比(%)	资产分布	金额(万元)	占比(%)
货币资产	332 903.92	1.60	基础产业	632 988.41	3.05
贷款	5 193 658.71	25.00	房地产	8 187 873.44	39.42
交易性金融资产	2 151 422.76	10.36	证券市场	1 170 655.72	5.64
可供出售金融资产	—	—	实业	6 829 969.06	32.88
持有至到期投资	—	—	金融机构	1 772 943.95	8.53
长期股权投资	3 223 267.18	15.52	其他	2 178 449.03	10.48
买入返售金融资产	25 520.26	0.12			
应收账款	9 736 590.33	46.87			
其他	109 516.45	0.53			
信托资产总计	20 772 879.61	100	信托资产总计	20 772 879.61	100

4.3 市场分析

4.3.1 有利因素

面对国内外风险挑战明显上升及新冠肺炎疫情冲击的复杂局面,我国经济社会总体保持稳步发展,复产复工取得积极成效。以国内大循环为主体、国内国际双循环相互促进的新发展格局为信托行业发展提供了新的机遇,信托行业发展依然具备稳健的宏观经济基础,股权投资、标品信托、资产证券化等业务在服务国家战略、产业转型、区域发展、消费升级等方面均有一定潜力和机遇。

一是标品信托业务在未来发展前景广阔。在金融改革的大形势下，国家积极推动科创板、创业板的注册制试点，推进资本要素市场化配置，围绕资本市场开展标品信托业务成为信托行业转型的共识。华润信托、建信信托、外贸信托等头部信托公司积极布局标品信托业务。信托公司凭借在细分领域的长期展业历史和投顾资源积累，"受托人模式"标品业务具有很强的制度优势和模式优势，其中，TOF 业务成为重点方向，TOF 发行数量及参与信托公司数量逐年增加。

二是股权投资业务符合战略性新兴产业及科技创新发展需要。在新一轮科技革命和产业变革的大背景下，以 5G、大数据、人工智能等为核心的新兴基础设施建设将成为投资重点。信托公司可通过股权投资为高新技术企业或者创新模式提供支持，通过自有资金或者直投子公司等方式投资潜在上市公司股权，以"信托 + 基金"模式逐步开展科创板证券投资业务。此外，信托制度可应用于知识产权的多元保护与价值实现，通过知识产权质押、资产证券化等融资模式，推动自主创新和技术攻关，充分释放知识产权的商业和市场价值。

三是资产证券化市场延续快速发展势头。近年来，我国资产证券化业务得到了监管政策的大力支持，也获得了融资方和投资者的青睐，创新品种层出不穷，参与主体更加多元。其中，信贷资产支持证券市场进入了常规化、稳定化发展阶段，大类基础资产已经形成，未来需求相对稳定；企业资产证券化的基础资产类型不断丰富，"非标转标"需求不断释放，企业 ABS 市场有望持续稳定增长；非金融企业 ABN 市场逐渐升温。信托公司作为 CLO、ABN 的主要发行机构，市场份额不断扩大，超过券商及基金子公司，居于首位。鉴于资产证券化业务符合"资管新规"要求的净值化管理导向，将成为信托公司谋变创新的重要选择。

四是基建投资、功能性房地产市场、消费金融等领域的需求值得关注。围绕城市化的交通设施、水利建设、城市公共基础设施建设、老旧小区改造、区域协调发展等领域存在刚性投资潜力；人口迁徙与城市化的发展为房地产转型发展提供空间，消费升级和住房改善需求将成为居民住房需求核心，功能性房地产市场具备一定发展基础；随着消费观念改变与主力人群的换代，贷款消费、场景与商业模式创新成为居民消费核心增长驱动力，小额消费贷款业务、消费预付款受托管理业务等发展空间巨大。

五是财富管理业务存在广阔发展空间。伴随居民收入增长及高净值人群数量扩张，相关财富规划、定制服务、财富传承、融资和投行需求将为信托开展资产管理、财富管理业务提供了发展空间。2019 年国内人均 GDP 突破 1 万美元，中国内地共有 14 座城市人均 GDP 超过了 2 万美元，以家族信托为核心财富管理业务增速明显，家族信托作为信托公司的本源业务得到了业界和社会的广泛认知和逐步认可。

六是特定领域的受托服务可更好发挥信托的社会功能。受托服务信托由于具有核心类本源功能，包括资产隔离、破产保护和事务管理，通过与各类场景结合存在很大的市场机会。慈善信托以其规范、透明的优势，赢得越来越多的自然人和企业、尤其是大型企业的青睐。

4.3.2 不利因素

一是宏观经济结构调整可能影响传统信托业务。随着我国经济由高速增长阶段转向高质量发展阶段，以私募融资为主的传统业务面临着多重挑战。自 2018 年起，监管部门相继要求压降通道业务、房地产信托及融资类信托规模，并给予明确的压降指标要求，信托资产规模、盈利水平总体呈现持续下降的趋势。

二是低利率环境对金融机构专业能力及风险防控提出了挑战。近年来，集合信托产品的收益率不断下行，信托产品收益率目前已经接近 6.5%，从收益走势来看，短期内集合信托产品预期收益率没有反弹的迹象。一方面，国内融资成本下行的预期仍在；另一方面，优质的底层资产依旧稀缺。在收益下降的同时，由于宏观经济承压，企业资金周转速度下降、短期流动性紧张等因素影响，信托行业风险防控压力有所提升。

三是行业内部分化与竞争态势加剧。信托资产规模、利润等经营指标行业均值与中位数间的差距显著，行业分化格局进一步加大。同时，资管行业混业竞争加剧，中国人民银行、中国银保监会、中国证监会等部门陆续出台多份配套细则和监管制度文件，涉及银行理财、信托、保险资管、券商资管等各个领域，信托与其他资管行业之间的竞争也更加激烈。

4.4 内部控制

4.4.1 内部控制环境和内部控制文化

完善的公司治理结构是内部控制环境建设的基础。公司已经按照法律规定和公司章程要求建立了以股东会、董事会、监事会及经营管理层为核心的治理结构，"三会一层"之间分工明确，职责清晰，治理机制规范有效。内部审计部门独立运作，审计部依照国家有关法律法规和公司内部规定，围绕公司整体战略转型目标，以防范违规经营风险为重点，以提升审计工作价值为主线，切实履行内审职责，着力强化质量管控，努力克服新冠肺炎带来的不利影响，加大了非现场工作力度，积极履行审计监督与服务职责，独立行使内部审计监督权。

内控文化建设不断深化。公司倡导务实高效的风险管理文化，把诚信经营、合规经营作为内控文化的主旋律，并通过合规宣传、制度建设、员工培训、激励安排、责任追究等方式将其融入日常工作和企业行为中，使恪守信用原则成为员工基本的职业道德和行为准则。

4.4.2 内部控制措施

4.4.2.1 严格实施授权审批控制

为进一步规范公司授权管理，加强内部控制和风险管控，提高经营管理效率，保障公司平稳有序运营，公司制定授权管理办法等制度，根据业务授权开展相关业务，董事会、管理层及公司业务人员都在业务权限范围内开展工作，对于重大决策、重要人事任免、重大项目安排和大额度资金运作等"三重一大"事项，坚持集体决策原则；对大额采购工作制定了专门制度，并结合公司大额采购实际运行情况及时进行完善，集体决策，分级管理，确保大额采购符合法律规定和公司相关制度要求。

4.4.2.2 建立岗位分离和资产隔离制度

岗位分离制度主要表现在：一是自营业务部门和信托业务部门单独设立，在管理上隶属于不同的公司主管领导，内部人员不相互兼岗；二是财务部门中会计、出纳岗位相互独立，且出纳不得兼顾稽核、会计档案保管等工作；三是业务开展与风险管理相互分离，各职能部门和流程设置明晰，前台、中台、后台既相互分离，又相互制约。资产隔离制度主要表现在：公司对自营业务和信托业务单独建账、独立核算，对公司信托业务的管理遵循“分类管理、专户核算”原则，每项信托业务都要单独设立账户和编制管理报告。

4.4.2.3 加强运营分析控制

公司管理层定期或不定期地根据业务部门、合规与风控部、计划财务部提交的有关报告，对公司运营情况及风险状况进行分析，制定相应解决方案并实施。为了应对经营中可能出现的突发事件和引起公众广泛关注的重大事件，公司还专门制定了突发事件应急预案制度和舆情管理制度。

4.4.2.4 实施绩效考评控制

公司建立了科学的绩效考评制度，合理设定岗位系列，按照岗位职责、任职资格等进行职位价值评估，制定并完善了适合不同专业技术工作特点和岗位特点的考核指标体系。

4.4.3 信息交流与反馈

根据监管要求和规章制度规定，公司制定并实施了信息披露制度，建立了顺畅有效的信息交流与反馈机制。公司根据内部组织之间的关系和各自的职责权限，建立了从上到下的授权流程和从下到上的汇报路径。根据国家有关法规和公司有关文件要求，公司建立了反舞弊机制，对于员工举报的潜在舞弊或违规行为，审计部、纪检部门及时跟进和调查，并在公司范围内建立并实施了投诉举报机制。公司按监管要求按时报送各类财务及业务报表、报告等，及时向投资者披露信托项目信息，规范投诉受理和处理流程，积极履行受托人职责。

4.4.4 监督评价与纠正

公司建立了多层次的内控监督体系：监事会依法履行监督职能，对公司董事、高级管理层履职情况进行监督；审计部独立行使内部审计监督权；合规与风控部等部门在对内部控制的实施情况进行持续监督的基础上，开展有针对性的专项检查，对于发现的问题提出整改意见和建议。

4.5 风险管理

4.5.1 风险管理概况

公司建立了以董事会、监事会、经营管理层及下设的风险合规委员会、业务部门、风险管理职能部门和其他承担风险管理职责的部门、内审部门为主线的风险管理组织体系，制定了以《全面风险管理办法》为核心的风险管理规章制度，遵循匹配性、全覆盖、独立性、有效性等全面风险管理原则，风险管理覆盖各个业务条线，覆盖所有部门、岗位和人员，涵盖合规风险、洗钱和恐怖融资风险、信用风险、市场风险、流动性风险、法律风险、操作风险、战略风险、声誉风险、信息科技风险等主要风险，完善公司各方面风险管理制度和内部控制机制的衔接，加强公司风险管理的系统性和有效性，保障公司健康发展和稳健经营。

4.5.2 风险状况

公司经营活动中面临的风险主要有合规风险、信用风险、市场风险、操作风险及其他风险等。

4.5.2.1 合规风险状况

合规风险是指公司因没有遵守法律、法规和准则而可能遭受法律制裁、监管处罚，从而给公司发展带来重大损失的风险。监管部门不仅持续关注信托公司在房地产、信政等领域的业务风险，提出规范性要求，还通过净资本管理加强对信托公司的资本约束。

4.5.2.2 信用风险状况

信用风险是公司面临的主要风险之一。如果经济增速下降或交易对手所处行业受政府调控等原因，导致交易对手流动性困难，履约能力下降，从而使公司业务开展面临一定风险。或因交易对手经营不善、资金周转不灵甚至恶意欺诈等原因不按期履行合约义务，而给信托财产或公司财产造成损失的风险。

4.5.2.3 市场风险状况

市场风险是指由于市场价格的波动而给信托财产或公司财产带来损失的可能性，常见的风险表现形式包括利率风险、证券价格波动风险、商品价格波动风险和汇率风险等。如果利率变化与公司预期相反，将对公司的贷款及收益产生不利影响；证券价格、商品价格下跌会对公司相关项目担保物价值带来不利影响；汇率变化也可能使公司外汇资本金和QDII信托资产发生损失的风险。

4.5.2.4 操作风险状况

操作风险是指在经营管理过程中，由于内控机制不健全、内部业务操作程序不完善或操作系统发生故障，从而给公司经营带来隐患的风险。同时，在业务开展过程中，业务人员未能充分获得准确的市场信息，不熟悉市场交易涉及的法律法规，或者工作失误和效率低下都可能会产生操作风险。

4.5.2.5 其他风险状况

其他风险主要还包括法律风险、声誉风险、洗钱及恐怖融资风险等。法律风险是指由于公司在经营过程中，因为无法满足或违反法律要求，导致不能履行合同而发生争议、诉讼或其他法律纠纷，可能给公司或投资人造成经济损失的风险。声誉风险主要是指由于公司经营、管理及其他行为或外部事件导致利益相关方对公司负面评价的风险。洗钱及恐怖融资风险是指因客户从事或意图从事洗钱及恐怖融资活动而导致的违反国家反洗钱、反恐怖融资法规，而对公司经营管理带来的风险。

4.5.3 风险管理情况

4.5.3.1 合规风险管理

公司重视合规文化宣导，通过宣传并解读监管政策、合规培训等方式，来营造良好的合规文化氛围，提高全体员工防范风险、合规展业的意识；结合监管部门要求和实际情况，搭建了董事会—经营管理层—合规与风控部—合规岗四个层次的合规管理组织体系；重视内部制度制定过程中的合规审查，确保制度体系的合规有效；根据监管规定，制定了净资本管理的相关制度，成立了净资本管理委员会，对公司净资本管理指标进行动态监督；继续加强业务的合规管理和项目的合规性审查，及时制定和更新公司审查指引和法律文本，贯彻落实法律法规、行业和监管政策的最新要求；不断完善反洗钱相关制度，加强反洗钱系统建设，提升反洗钱工作水平。报告期内，银保监局组织开展了“整治乱象回头看”专项治理工作，公司及时跟进监管政策要求，扎实开展学制度，自评估、自查自纠相关工作，积极贯彻“回归本源”的监管要求。

4.5.3.2 信用风险管理

公司不断加强对员工业务能力的培训，提高项目甄别和筛选能力；根据业务发展情况，逐步制定各类业务的准入及尽职调查要求，规范重点项目提交审查的报告内容及格式，建立了不同类型项目的审查决策机制，完善了差异化、相对独立的项目准入、审查决策机制；严格审查项目资金使用，逐步推行按风险等级分类对项目运行进行差异化管理；公司注重加强业务风险动态监测，加大对重点项目进行监督检查力度，并逐步建立风险预警制度，有效防范信用风险；在新冠肺炎疫情暴发后，公司重视针对疫情可能产生影响的排查、评估并及时应对，防范新发风险。

4.5.3.3 市场风险管理

公司通过设置合理的交易结构，实现对风险的有效对冲和补偿，以规避市场风险；通过加强对证券投资产品单位净值、抵（质）押物价格变化的日常监控，以防范市场价格波动带来的风险；定期对房地产业务进行压力测试，并持续优化压力测试方法体系，分析在不同风险程度下房地产项目的抗风险能力，从而及时发现并预防市场风险；合理配置外汇资产，防范汇率波动给公司外汇资本金和QDII业务带来的市场风险。

4.5.3.4 操作风险管理

公司定期对业务操作流程进行修订和完善，以业务流程为主线，不断完善前台、中台、后台的内部控制体系，对重要的业务环节，实行双人双岗复核、审批；建立集中统一的数据备份与验证系统，并及时对业务管理系统和证券交易系统进行升级和测验，更新相关数据；同时，加强对新员工在制定合同文本、熟悉业务流程等方面的培训，有效防范操作风险；重视项目的抵（质）押担保及股权变更手续办理工作，对承担主动管理职责项目由风险管理部门或律师事务所、公证机构参与办理相关手续。

4.5.3.5 其他风险管理

法律风险管理方面，公司高度重视法律风险的防范，定期对合同文本进行更新；不断加强对合同的审查力度，制定合同文本的审核指引，规范事务类等重要项目审核要求；出台担保办理相关制度，提高担保措施办理的质量和效率，有效防范相关风险；修订协助执行制度，使协助执行工作更加规范化、程序化；公司聘请外部律师对重大项目出具法律意见，从业务源头和操作环节防范和化解法律风险。

声誉风险管理方面，公司加强舆情管理，制定了舆情管理制度，规范对引发公众广泛关注的重大事件的管理；及时向投资者和监管层进行信息披露，持续关注新闻舆情，通过集团一体化舆情监测平台和公司自主监测，做好舆情预警工作，就重点事件积极采取应对措施，防范和化解声誉风险。

洗钱及恐怖融资风险管理方面，公司根据监管最新要求，不断修订完善公司反洗钱及反恐怖融资的相关制度，通过修订信托合同文本，优化业务系统等方式，持续规范客户尽职调查相关工作的开展。

5. 报告期末及上一年度末的比较式会计报表

5.1 自营资产

5.1.1 会计师事务所审计意见全文

审 计 报 告

天职业字〔2021〕13465 号

中诚信托有限责任公司全体股东：

一、审计意见

我们审计了后附的中诚信托有限责任公司（以下简称中诚信托）财务报表，包括2020年12月31日的合并及母公司资产负债表，2020年度的合并及母公司利润表、合并及母公司现金流量表、合并及母公司所有者权益变动表，以及财务报表附注。

我们认为，后附的财务报表在所有重大方面按照企业会计准则的规定编制，公允反映了中诚信托2020年12月31日的合并及母公司财务状况及2020年度的合并及母公司经营成果和现金流量。

二、形成审计意见的基础

我们按照中国注册会计师审计准则的规定执行了审计工作。审计报告的“注册会计师对财务报表审计的责任”部分进一步阐述了我们在这些准则下的责任。按照中国注册会计师职业道德守则，我们独立于中诚信托，并履行了职业道德方面的其他责任。我们相信，我们获取的审计证据是充分的、适当的，为发表审计意见提供了基础。

三、管理层和治理层对财务报表的责任

管理层负责按照企业会计准则的规定编制财务报表，使其实现公允反映，并设计、执行和维护必要的内部控制，以使财务报表不存在由于舞弊或错误导致的重大错报。

在编制财务报表时，管理层负责评估中诚信托的持续经营能力，披露与持续经营相关的事项（如适用），并运用持续经营假设，除非计划进行清算中诚信托、终止运营或别无其他现实的选择。

治理层负责监督中诚信托的财务报告过程。

四、注册会计师对财务报表审计的责任

我们的目标是对财务报表整体是否不存在由于舞弊或错误导致的重大错报获取合理保证，并出具包含审计意见的审计报告。合理保证是高水平的保证，但并不能保证按照审计准则执行的审计在某一重大错报存在时总能发现。错报可能由于舞弊或错误导致，如果合理预期错报单独或汇总起来可能影响财务报表使用者依据财务报表作出的经济决策，则通常认为错报是重大的。

在按照审计准则执行审计工作的过程中，我们运用职业判断，并保持职业怀疑。同时，我们也执行以下工作：

（1）识别和评估由于舞弊或错误导致的财务报表重大错报风险，设计和实施审计程序以应对这些风险，并获取充分、适当的审计证据，作为发表审计意见的基础。由于舞弊可能涉及串通、伪造、故意遗漏、虚假陈述或凌驾于内部控制之上，未能发现由于舞弊导致的重大错报的风险高于未能发现由于错误导致的重大错报的风险。

（2）了解与审计相关的内部控制，以设计恰当的审计程序，但目的并非对内部控制的有效性发表意见。

（3）评价管理层选用会计政策的恰当性和作出会计估计及相关披露的合理性。

（4）对管理层使用持续经营假设的恰当性得出结论。同时，根据获取的审计证据，就可能导致对中诚信托持续经营能力产生重大疑虑的事项或情况是否存在重大不确定性得出结论。如果我们得出结论认为存在重大不确定性，审计准则要求我们在审计报告中提请报表使用者注意财务报表中的相关披露;如果披露不充分,我们应当发表非无保留意见。我们的结论基于截至审计报告日可获得的信息。然而,未来的事项或情况可能导致中诚信托不能持续经营。

(5)评价财务报表的总体列报、结构和内容,并评价财务报表是否公允反映相关交易和事项。

(6)就中诚信托中实体或业务活动的财务信息获取充分、适当的审计证据,以对财务报表发表审计意见。我们负责指导、监督和执行集团审计,并对审计意见承担全部责任。

我们与治理层就计划的审计范围、时间安排和重大审计发现等事项进行沟通,包括沟通我们在审计中识别出的值得关注的内部控制缺陷。

中国·北京　　中国注册会计师:迟文洲

二〇二一年四月二十九日　　中国注册会计师:张利影

5.1.2　资产负债表

合并及公司资产负债表

编制单位:中诚信托有限责任公司　　2020 年 12 月 31 日　　单位:万元

项目	合并		公司	
	2020 年 12 月 31 日	2019 年 12 月 31 日	2020 年 12 月 31 日	2019 年 12 月 31 日
资产				
货币资金	63 074.77	110 125.68	15 188.94	66 300.49
以公允价值计量且其变动计入当期损益的金融资产	9 774.62	38 012.98	9 774.63	38 012.98
买入返售金融资产	19 130.16	13 450.07	19 130.16	13 450.07
应收账款	12 721.02	25 633.06	2 758.92	6 395.86
预付款项	1 534.80	1 165.33	1 170.44	797.36
其他应收款	58 206.42	101 544.25	57 583.77	100 855.22
存货	62.49	58.08	—	—
发放贷款和垫款	48 080.00	49 480.00	35 880.00	35 880.00
可供出售金融资产	1 476 104.34	1 475 658.42	1 474 174.18	1 484 107.30
长期股权投资	435 316.67	437 268.51	477 506.82	480 300.27
投资性房地产	23 722.22	25 099.08	—	—
固定资产	7 549.77	8 041.01	1 143.95	1 192.45
无形资产	1 409.69	1 239.46	656.51	666.15
商誉	—	—	—	—
长期待摊费用	1 083.40	936.45	464.04	98.24
递延所得税资产	45 319.80	24 740.55	42 814.37	27 116.33
其他资产	—	—	—	—
资产总计	2 203 090.17	2 312 452.93	2 138 246.73	2 255 172.72
负债				
短期借款	165 000.00	300 000.00	165 000.00	300 000.00
拆入资金	—	—	—	—
以公允价值计量且其变动计入当期损益的金融负债	—	7 686.54	—	—
应付账款	28.38	23.33	—	—
预收款项	3 804.93	244.32	3 583.25	—
应付职工薪酬	86 768.82	77 722.61	69 879.78	65 252.06
应交税费	27 746.10	36 499.46	25 482.81	34 397.08
应付利息	439.17	2 022.04	439.17	2 022.04
应付股利	1 883.77	1 392.97	1 883.77	1 392.97
其他应付款	28 529.99	27 011.33	26 541.25	24 330.28
长期借款	—	63 300.00	—	63 300.00
长期应付款	750.00	1 250.00	—	—
递延所得税负债	846.81	535.44	662.19	365.35
负债合计	315 797.97	517 688.04	293 472.22	491 059.78
所有者权益				
实收资本	245 666.67	245 666.67	245 666.67	245 666.67
资本公积	270 134.41	270 518.60	270 134.41	270 518.60
其他综合收益	3 575.22	5 120.34	3 548.85	5 099.73
盈余公积	127 833.34	127 833.34	127 833.34	127 833.34
一般风险准备	62 198.49	62 198.49	62 198.49	62 198.49
未分配利润	1 168 908.72	1 076 364.20	1 135 392.75	1 052 796.11
归属于母公司所有者权益合计	1 878 316.85	1 787 701.64	1 844 774.51	1 764 112.94
少数股东权益	8 975.35	7 063.25	—	—
所有者权益合计	1 887 292.20	1 794 764.89	1 844 774.51	1 764 112.94
负债及所有者权益合计	2 203 090.17	2 312 452.93	2 138 246.73	2 255 172.72

法定代表人:牛成立　　主管会计工作负责人:沈树忠　　制表人:吴静玲

5.1.3 利润表

合并及公司利润表

编制单位：中诚信托有限责任公司　　2020年度　　单位：万元

项目	合并		公司	
	2020年度	2019年度	2020年度	2019年度
一、营业总收入	282 314.35	270 861.22	239 986.63	235 493.17
（一）利息收入	3 508.33	4 734.47	2 617.02	3 967.03
（二）手续费及佣金收入	158 658.15	168 511.99	117 425.48	136 383.24
（三）投资收益	112 540.59	87 095.41	119 485.74	93 578.52
其中：对联营企业和合营企业的投资收益	85 286.34	59 324.24	85 444.73	59 324.24
（四）其他收益	117.88	17.00	—	—
（五）公允价值变动收益（损失以"－"号填列）	631.65	1 118.86	631.65	1 118.86
（六）资产处置收益（损失以"－"号填列）	—	—	—	—
（七）汇兑收益	−338.44	93.11	−345.88	386.65
（八）其他业务收入	7 196.19	9 290.38	172.62	58.87
二、营业总支出	166 271.83	151 643.88	137 888.19	125 646.98
（一）利息支出	23 734.28	28 565.77	23 734.28	28 565.77
（二）手续费及佣金支出	118.86	94.77	125.13	137.08
（三）税金及附加	1 833.77	2 070.57	844.63	1 070.52
（四）业务及管理费	77 875.57	77 102.25	50 415.92	53 735.37
（五）资产减值损失或呆账损失	60 821.81	41 795.58	62 768.23	42 138.24
（六）其他业务成本	1 887.54	2 014.94	—	—
三、营业利润	116 042.53	119 217.34	102 098.44	109 846.19
加：营业外收入	1 777.00	362.29	1 223.35	36.91
减：营业外支出	214.28	240.29	184.05	204.88
四、利润总额（亏损以"－"号填列）	117 605.25	119 339.34	103 137.74	109 678.22
减：所得税费用	6 486.44	18 756.28	5 801.10	12 946.57
五、净利润（亏损以"－"号填列）	111 118.81	100 583.06	97 336.64	96 731.65
归属于母公司所有者的净利润	107 284.52	97 567.88	97 336.64	96 731.65
少数股东损益	3 834.29	3 015.18	—	—
持续经营净利润（净亏损以"－"号填列）	111 118.81	100 583.06	97 336.64	96 731.65
终止经营净利润（净亏损以"－"号填列）	—	—	—	—
六、其他综合收益的税后净额	−1 545.12	5 950.83	−1 550.89	5 943.51
（一）以后将重分类进损益的其他综合收益	−1 545.12	5 950.83	−1 550.89	5 943.51
1. 权益法下可转损益的其他综合收益	−1 967.67	3 372.20	−1 967.68	3 372.20
2. 可供出售金融资产公允价值变动损益	422.55	2 578.63	416.79	2 571.31
3. 外币财务报表折算差额	—	—	—	—
归属于母公司股东的其他综合收益的税后净额	−1 545.12	5 950.83	−1 550.89	5 943.51
归属于少数股东的其他综合收益的税后净额	—	—	—	—
七、综合收益总额	109 573.69	106 533.89	95 785.75	102 675.16
归属于母公司所有者的综合收益总额	105 739.40	103 518.71	95 785.75	102 675.16
归属于少数股东的综合收益总额	3 834.29	3 015.18	—	—

法定代表人：牛成立　　主管会计工作负责人：沈树忠　　制表人：吴静玲

5.1.4 合并所有者权益变动表

合并所有者权益变动表

编制单位：中诚信托有限责任公司　　2020年度　　单位：万元

项目	归属于母公司所有者权益合计						少数股东权益	所有者权益合计
	实收资本	资本公积	其他综合收益	盈余公积	一般风险准备	未分配利润		
2019年1月1日年初余额	245 666.67	270 518.60	−2 729.70	127 833.34	62 198.49	1 001 637.33	6 228.18	1 711 352.91
会计政策变更	—	—	1 899.21	—	—	−1 959.35	—	−60.14
会计差错更正	—	—	—	—	—	—	—	—
其他	—	—	—	—	—	—	—	—
一、2019年1月1日调整后年初余额	245 666.67	270 518.60	−830.49	127 833.34	62 198.49	999 677.98	6 228.18	1 711 292.77

续表

项目	归属于母公司所有者权益合计						少数股东权益	所有者权益合计
	实收资本	资本公积	其他综合收益	盈余公积	一般风险准备	未分配利润		
二、2019 年度增减变动金额	—	—	5 950.83	—	—	76 686.22	835.07	83 472.12
(一)综合收益总额	—	—	5 950.83	—	—	97 567.89	3 015.18	106 533.90
1. 净利润	—	—	—	—	—	97 567.89	3 015.18	100 583.07
2. 其他综合收益	—	—	5 950.83	—	—	—	—	5 950.83
(二)所有者投入和减少资本	—	—	—	—	—	—	-197.52	-197.52
(三)利润分配	—	—	—	—	—	-20 881.67	-1 982.59	-22 864.26
1. 提取盈余公积	—	—	—	—	—	—	—	—
2. 提取一般风险准备	—	—	—	—	—	—	—	—
3. 对所有者的分配	—	—	—	—	—	-20 881.67	-1 982.59	-22 864.26
(四)权益法核算被投资单位其他权益变动	—	—	—	—	—	—	—	—
三、2019 年 12 月 31 日年末余额	245 666.67	270 518.60	5 120.34	127 833.34	62 198.49	1 076 364.20	7 063.25	1 794 764.89
四、2020 年 1 月 1 日年初会计政策变更金额	—	—	—	—	—	—	—	—
五、2020 年 1 月 1 日年初余额	245 666.67	270 518.60	5 120.34	127 833.34	62 198.49	1 076 364.20	7 063.25	1 794 764.89
六、2020 年度增减变动金额	—	-384.19	-1 545.12	—	—	92 544.52	1 912.10	92 527.31
(一)综合收益总额	—	—	-1 545.12	—	—	107 284.52	3 834.29	109 573.69
1. 净利润	—	—	—	—	—	107 284.52	3 834.29	111 118.81
2. 其他综合收益	—	—	-1 545.12	—	—	—	—	-1 545.12
(二)所有者投入和减少资本	—	—	—	—	—	—	—	—
(三)利润分配	—	—	—	—	—	-14 740.00	-1 922.19	-16 662.19
1. 提取盈余公积	—	—	—	—	—	—	—	—
2. 提取一般风险准备	—	—	—	—	—	—	—	—
3. 对所有者的分配	—	—	—	—	—	-14 740.00	-1 922.19	-16 662.19
(四)权益法核算被投资单位其他权益变动	—	-384.19	—	—	—	—	—	-384.19
七、2020 年 12 月 31 日年末余额	245 666.67	270 134.41	3 575.22	127 833.34	62 198.49	1 168 908.72	8 975.35	1 887 292.20

法定代表人:牛成立　　主管会计工作负责人:沈树忠　　制表人:吴静玲

5.1.5 母公司所有者权益变动表

母公司所有者权益变动表

编制单位:中诚信托有限责任公司　　2020 年度　　单位:万元

项目	实收资本	资本公积	其他综合收益	盈余公积	一般风险准备	未分配利润	所有者权益合计
2019 年 1 月 1 日年初余额	245 666.67	270 518.60	-2 742.99	127 833.34	62 198.49	978 905.47	1 682 379.58
会计政策变更	—	—	1 899.21	—	—	-1 959.35	-60.14
会计差错更正	—	—	—	—	—	—	—
一、2019 年 1 月 1 日调整后年初余额	245 666.67	270 518.60	-843.78	127 833.34	62 198.49	976 946.12	1 682 319.44
二、2019 年度增减变动金额	—	—	5 943.51	—	—	75 849.99	81 793.50
(一)综合收益总额	—	—	5 943.51	—	—	96 731.66	102 675.17
1. 净利润	—	—	—	—	—	96 731.66	96 731.66
2. 其他综合收益	—	—	5 943.51	—	—	—	5 943.51
(二)所有者投入和减少资本	—	—	—	—	—	—	—
(三)利润分配	—	—	—	—	—	-20 881.67	-20 881.67
1. 提取盈余公积	—	—	—	—	—	—	—
2. 提取一般风险准备	—	—	—	—	—	—	—
3. 对所有者的分配	—	—	—	—	—	-20 881.67	-20 881.67
(四)权益法核算被投资单位其他权益变动	—	—	—	—	—	—	—
三、2019 年 12 月 31 日年末余额	245 666.67	270 518.60	5 099.73	127 833.34	62 198.49	1 052 796.11	1 764 112.94
四、2020 年 1 月 1 日年初会计政策变更金额	—	—	—	—	—	—	—
五、2020 年 1 月 1 日年初余额	245 666.67	270 518.60	5 099.73	127 833.34	62 198.49	1 052 796.11	1 764 112.94
六、2020 年度增减变动金额	—	-384.19	-1 550.88	—	—	82 596.63	80 661.56
(一)综合收益总额	—	—	-1 550.88	—	—	97 336.63	95 785.75
1. 净利润	—	—	—	—	—	97 336.63	97 336.63
2. 其他综合收益	—	—	-1 550.88	—	—	—	-1 550.88
(二)所有者投入和减少资本	—	—	—	—	—	—	—

续表

项目	实收资本	资本公积	其他综合收益	盈余公积	一般风险准备	未分配利润	所有者权益合计
（三）利润分配	—	—	—	—	—	-14 740.00	-14 740.00
1. 提取盈余公积	—	—	—	—	—	—	—
2. 提取一般风险准备	—	—	—	—	—	—	—
3. 对所有者的分配	—	—	—	—	—	-14 740.00	-14 740.00
（四）权益法核算被投资单位其他权益变动	—	-384.19	—	—	—	—	-384.19
七、2020 年 12 月 31 日年末余额	245 666.67	270 134.41	3 548.85	127 833.34	62 198.49	1 135 392.74	1 844 774.50

法定代表人：牛成立　　主管会计工作负责人：沈树忠　　制表人：吴静玲

5.2 信托资产

5.2.1 信托项目资产负债汇总表

信托项目资产负债汇总表

编制单位：中诚信托有限责任公司　　2020 年 12 月 31 日　　单位：万元

资产	行次	期末余额	期初余额	负债和所有者权益	行次	期末余额	期初余额
信托资产：				信托负债：			
银行存款	1	332 903.92	330 407.97	应付受托人报酬	18	2 858.06	6 407.04
交易性金融资产	2	2 151 422.76	2 309 247.02	应付受益人收益	19	22.86	30.52
买入返售金融资产	3	25 520.26	—	应付托管费	20	61.41	8.46
应收账款	4	9 736 590.33	9 991 067.90	应交税费	21	702.92	1 239.06
应收利息	5	—	—	其他应付款	22	180 340.57	151 606.53
拆出资金	6	—	—				
其他应收款	7	109 516.45	86 166.00	信托负债合计	23	183 985.82	159 291.61
贷款	8	5 193 658.71	8 635 755.38				
持有至到期投资	9	—	—				
可供出售金融资产	10	—	—	信托权益：			
长期股权投资	11	3 223 267.18	3 582 807.06	实收信托	24	20 564 626.74	24 725 447.83
固定资产	12	—	—	资本公积	25	50 057.53	7 855.97
在建工程	13	—	—	未分配利润	26	-25 790.48	42 855.92
无形资产	14	—	—	信托权益合计	27	20 588 893.79	24 776 159.72
长期待摊费用	15	—	—				
其他资产	16	—	—				
资产总计	17	20 772 879.61	24 935 451.33	负债和所有者权益合计	28	20 772 879.61	24 935 451.33

5.2.2 信托项目利润及利润分配汇总表

信托项目利润及利润分配汇总表

编制单位：中诚信托有限责任公司　　2020 年度　　单位：万元

项目	行次	本年金额	上年金额
一、营业收入	1	1 369 654.53	1 602 451.20
利息收入	2	494 611.37	607 040.20
投资收益	3	53 354.63	27 102.42
公允价值变动损益	4	50 319.46	-151 766.70
租赁收入	5	—	—
其他业务收入	6	774 714.93	1 119 242.91
汇兑损益	7	-3 345.86	832.37
二、手续费及佣金支出		—	—
三、业务及管理费	8	248 790.31	321 009.41
四、营业税金及附加	9	4 937.93	6 113.27
五、扣除财产损失前的信托利润	10	1 115 926.29	1 275 328.52
加：以前年度损益调整		—	—
六、扣除资产损失后的信托利润	11	1 115 926.29	1 275 328.52
加：期初未分配信托利润	12	42 855.92	486 592.77

续表

项目	行次	本年金额	上年金额
七、可供分配的信托利润	13	1 158 782.21	761 921.29
减：本期已分配的信托利润	14	1 184 572.69	719 065.37
八、期末未分配利润	15	-25 790.48	42 855.92

6. 会计报表附注

6.1 会计报表编制基准不符合会计核算基本前提的说明

6.1.1 会计核算基本前提的说明

公司以持续经营为基础，根据实际发生的交易和事项，按照《企业会计准则——基本准则》和其他各项具体会计准则、应用指南及准则解释的规定进行确认和计量，在此基础上编制财务报表。

公司所编制的会计报表符合企业会计准则的要求，真实、完整地反映了公司的财务状况、经营成果、股东权益变动和现金流量等有关信息。

6.1.2 编制合并会计报表的说明

本报告期内，公司将所有控股公司和结构化主体纳入合并会计报表范围。本公司纳入合并报表范围的控股公司如下：

公司名称	业务性质	注册地	注册资本（万元）	我单位持有的权益性资本的比例（%）	关联方关系
北京三侨物业管理有限责任公司	物业管理	中国北京	25 000	100.00	全资子公司
北京安贞大厦物业管理有限责任公司	物业管理	中国北京	1 000	100.00	三侨物业全资子公司
中诚宝捷思货币经纪有限公司	境内外货币经纪业务	中国北京	5 000	67.00	控股子公司
中诚资本管理（北京）有限公司	项目投资、资本管理	中国北京	2 000	100.00	全资子公司
深圳市中诚云领厚润德投资企业（有限合伙）	企业管理咨询	中国深圳	5 230	99.04	控股子公司
北京鼎泰裕华投资管理有限公司	资产管理	中国北京	1 000	100.00	中诚资本全资子公司

续表

公司名称	业务性质	注册地	注册资本（万元）	我单位持有的权益性资本的比例（%）	关联方关系
2013年中诚信托无锡锦绣商业广场集合信托	信托计划	中国北京	—	100.00	本公司发行的信托计划
2013年中诚信托重庆典雅西区贷款项目集合资金信托计划	信托计划	中国北京	—	100.00	本公司发行的信托计划

拥有被投资单位持股比率超过半数但未纳入合并范围的原因：无。

6.2 或有事项说明

无。

6.3 重要资产转让及其出售的说明

本年公司无重要资产转让及出售事项。

6.4 会计报表中重要事项的明细资料

6.4.1 披露自营资产经营情况

6.4.1.1 按信用风险五级分类的结果披露资产的期初数、期末数

按照《中国银行业监督管理委员会关于非银行金融机构全面推行资产质量五级分类管理的通知》的分类标准，本年度公司固有五级分类资产质量情况如下：

信用风险资产五级分类	正常类（万元）	关注类（万元）	次级类（万元）	可疑类（万元）	损失类（万元）	信用风险资产合计（万元）	不良资产合计（万元）	不良资产率（%）
期初数	1 532 969.85	627 797.81	52 928.28	121 763.87	—	2 335 459.81	174 692.15	2.80
期末数	1 349 563.03	673 556.58	14 328.28	227 869.55	—	2 265 317.44	242 197.83	3.09

注：1. 不良资产率按净值计算，与报送有关部门的统计口径一致。
2. 不良资产合计＝次级类＋可疑类＋损失类。

6.4.1.2 各项资产减值损失准备的期初数、本期计提、本期转回、本期核销、期末数

单位：万元

项目	期初数	本期计提	本期转回	本期核销	期末数
贷款损失准备	53 820.00	—	—	—	53 820.00
一般准备	—	—	—	—	—
专项准备	53 820.00	—	—	—	53 820.00
其他资产减值准备	—	—	—	—	—
可供出售金融资产减值准备	49 788.79	23 101.38	—	—	72 890.17
持有至到期投资减值准备	—	—	—	—	—
长期股权投资减值准备	1 591.60	—	—	—	1 591.60
坏账准备	4 161.95	39 714.67	23.91	—	43 852.71
投资性房地产减值准备	—	—	—	—	—

6.4.1.3 按照投资品种分类，分别披露固有业务股票投资、基金投资、债券投资、股权投资等投资业务的期初数、期末数

单位：万元

项目	自营股票	基金	债券	股权投资	其他投资	合计
期初数	4 524.69	145 220.47	—	1 249 524.87	603 150.53	2 002 420.55
期末数	503.54	84 654.21	—	1 173 983.40	702 314.47	1 961 455.62

6.4.1.4 按投资入股金额排序，前五名的自营长期股权投资的企业名称，占被投资企业权益的比例，主要经营活动及投资收益情况

企业名称	占被投资企业权益的比例（%）	主要经营活动	投资收益（万元）
嘉实基金管理有限公司	40.00	基金管理	73 307.95
国都证券股份有限公司	13.3264	证券服务	9 659.18

续表

企业名称	占被投资企业权益的比例（%）	主要经营活动	投资收益（万元）
北京三侨物业管理有限责任公司	100. 00	物业管理	3 000. 00
中诚资本管理（北京）有限公司	100. 00	项目投资、资本管理	—
中诚国际资本有限公司	49. 00	项目投资、资本管理	1 129. 07

注：投资损益是指按照企业会计准则规定，核算股权投资确认损益并计入披露年度利润表的金额。

6.4.1.5　前五名的自营贷款的企业名称，占贷款总额的比例和还款情况

企业名称	占贷款总额的比例（%）	还款情况
1. 福建顺华置业发展有限公司	60. 09	逾期
2. 重庆金阳房地产开发有限公司	39. 91	逾期

6.4.1.6　表外业务的期初数、期末数，按照代理业务担保业务和其他类型表外业务分别披露

单位：万元

表外业务	期初数	期末数
担保业务	—	—
代理业务（委托业务）	—	—
其他	—	—
合计	—	—

注：本公司无因客观原因应规范而尚未完成规范的历史遗留委托业务。

6.4.1.7　公司当年的收入结构

收入结构	母公司		合并	
	金额（万元）	占比（%）	金额（万元）	占比（%）
手续费及佣金收入	117 425. 48	48. 68	158 658. 15	55. 84
其中：信托手续费收入	113 415. 57	47. 02	113 415. 57	39. 92
投资银行业务收入	236. 69	0. 10	236. 69	0. 08
利息收入	2 617. 02	1. 09	3 508. 33	1. 23
其他业务收入	−173. 26	−0. 07	6 975. 63	2. 46
其中：计入信托业务收入部分	—	—	—	—
投资收益	119 485. 74	49. 53	112 540. 59	39. 62
其中：股权投资收益	100 629. 76	41. 72	93 327. 57	32. 85
证券投资收益	2 970. 33	1. 23	2 974. 45	1. 05
其他投资收益	15 885. 65	6. 58	16 238. 57	5. 72
公允价值变动收益	631. 65	0. 26	631. 65	0. 22
营业外收入	1 223. 35	0. 51	1 777. 00	0. 63
收入合计	241 209. 98	100. 00	284 091. 35	100. 00

6.4.2　披露信托资产管理情况

6.4.2.1　信托资产的期初数、期末数

单位：万元

信托资产	期初数	期末数
集合	11 553 071. 27	10 532 594. 19
单一	11 675 296. 92	8 196 885. 20
财产权	1 707 083. 14	2 043 400. 22
合　计	24 935 451. 33	20 772 879. 61

6.4.2.1.1　主动管理型信托业务的信托资产期初数、期末数

单位：万元

主动管理型信托资产	期初数	期末数
证券投资类	37 253. 21	25 [illegible]95. 53
股权投资类	435 820. 99	180 [illegible]34. 28
其他投资类	5 579 104. 80	3 974 [illegible]29. 06
融资类	4 698 999. 20	6 896 [illegible]1. 83
事务管理类	393. 80	480 [illegible]1. 62
合　计	10 751 572. 00	11 557 [illegible]2. 32

6.4.2.1.2　被动管理型信托业务的信托资产期初数、期末数

单位：万元

被动管理型信托资产	期初数	期末数
证券投资类	1 598 320. 21	715 [illegible]65. 77
股权投资类	793 323. 67	451 [illegible]51. 45
其他投资类	4 475 980. 08	3 049 [illegible]93. 88
融资类	5 621 373. 73	1 551 [illegible]3. 38
事务管理类	1 694 881. 64	3 447 [illegible]2. 81
合　计	14 183 879. 33	9 214 [illegible]7. 29

6.4.2.2　本年度已清算结束的信托项目个数、实收信托合计金额、加权平均实际年化收益率

6.4.2.2.1　本年度已清算结束的集合类，单一类资金信托项目和财产管理类信托项目个数、实收信托合计金额、加权平均实际年化收益率

已清算结束的信托项目	项目个数（个）	实收信托合计金额（万元）	加权平均实际年化收益率（%）
集合类	82	8 112 688. 60	6[illegible]
单一类	99	5 574 685. 10	4[illegible]
财产管理类	6	562 790. 00	5[illegible]

6.4.2.2.2　本年度已清算结束的主动管理型信托项目个数、实收信托合计金额、加权平均实际年化收益率

已清算结束的信托项目	项目个数（个）	实收信托合计金额（万元）	加权平均实际年化收益率（%）
证券投资类	—	—	—
股权投资类	4	557 310. 00	6.[illegible]
其他投资类	29	4 440 440. 00	7.[illegible]
融资类	47	3 091 847. 00	5.[illegible]
事务管理类	3	245. 00	—

6.4.2.2.3　本年度已清算结束的被动管理型信托项目个数、实收信托合计金额、加权平均实际年化收益率

已清算结束的信托项目	项目个数（个）	实收信托合计金额（万元）	加权平均实际年化收益率（%）
证券投资类	4	336 600. 00	2.[illegible]
股权投资类	4	137 800. 00	6.[illegible]
其他投资类	16	1 131 897. 20	0.[illegible]
融资类	69	3 960 011. 50	5.[illegible]
事务管理类	11	594 013. 00	5.[illegible]

6.4.2.3 本年度新增的集合类、单一类资金信托项目和财产管理类信托项目个数、实收信托合计金额

新增信托项目	项目个数(个)	实收信托合计金额(万元)
单一类	69	1 855 950.02
集合类	64	6 117 665.57
财产管理类	6	927 601.50
新增合计	139	8 901 217.09
其中:主动管理型	85	7 342 108.15
被动管理型	54	1 559 108.94

6.4.2.4 信托业务创新成果和特色业务有关情况

2020年,公司结合市场环境和监管环境变化,密切跟踪资本市场业务、资产证券化、慈善信托、家族信托等市场动态,坚持"受人之托,代人理财"的职能定位,回归信托本源,积极推进家族信托、机构和个人委托的专户理财业务、保险金信托、工商企业供应链融资、房地产真实股权基金等项目落地,扎实推进转型创业务拓展。

一是积极开展资本市场业务产品创新,落地现金管理产品、定期开放式债券投资集合资金信托产品等,丰富公司产品线。二是扩大小微金融业务合作伙伴,与领先的消费金融公司开展业务合作。三是积极开展资产证券化及债券承销业务,相关业务取得明显进展。四是搭建完成"诚殷、诚泽、诚安、诚善"四大家族信托系列品牌,强化渠道建设,统筹各方资源,项目数量及规模有明显提升。五是积极发展公益慈善信托,积极协调各方资金,寻找社会关切的重要慈善领域,创新设计慈善信托项目,新设立"中诚信托2020信托保障基金·京慈疫情防控慈善信托""中诚信托2020年度善爱·临洮扶贫乡村振兴慈善信托",积极助力抗击新冠肺炎疫情、脱贫攻坚、乡村振兴事业。

6.4.2.5 本公司发生履行受托人义务情况及因本公司自身责任而导致的信托财产损失情况

无。

6.5 关联方关系及其交易的披露

6.5.1 关联交易方的数量、关联交易的总金额及关联交易的定价政策等

项目	关联交易方数量(个)	关联交易金额(万元)	定价政策
自营与关联	10	27 073.08	双方协议确定
信托与关联	21	250 072.72	双方协议确定
信托与固有	10	149 347.00	双方协议确定
信托与信托	13	2 977.98	—
合 计	54	429 470.78	—

定价政策:关联交易定价政策以不损伤第三方利益为首要原则,主要定价政策如下:(1)根据中国人民银行颁布的指导利率及上下浮动范围确定贷款利率;(2)双方协议确定交易价格;(3)双方参照证券市场成交价格,协商确定交易价格;(4)根据资产账面价值进行交易;(5)根据信托委托人指定价格进行交易;(6)根据原始投资额及持有期间的应获取的收益确定交易价格;(7)依据中介机构评估报告,确定交易价格。

6.5.2 关联交易方与本公司的关系性质、关联交易方的名称、法定代表人、注册地址、注册资本及主营业务等

6.5.2.1 存在控制关系的关联方及联营企业

关系性质	关联方名称	法定代表人/委派代表	注册地址	实收资本(万元)	主营业务
全资子公司	北京三侨物业管理有限责任公司	刘耀民	中国北京	25 000	物业管理
控股子公司	中诚宝捷思货币经纪有限公司	朱蕾	中国北京	5 000	境内外货币经纪业务
全资子公司	中诚资本管理(北京)有限公司	张树忠	中国北京	10 000	资产管理
三侨物业全资子公司	北京安贞大厦物业管理有限责任公司	张伟	中国北京	1 000	物业管理
中诚资本子公司	北京鼎泰裕华投资管理有限公司	刘向军	中国北京	1 000	资产管理
控股子公司	深圳市中诚云领厚润德投资企业(有限合伙)	王其聪	中国深圳	5 230	项目投资、投资咨询、投资管理、企业管理咨询
联营企业	珠海鼎宇股权投资基金合伙企业(有限合伙)	王其聪	广东珠海	17	项目投资
联营企业	中诚国际资本有限公司	—	中国香港	16 814.83万港元	项目投资、资本管理
联营企业	国都证券股份有限公司	翁振杰	中国北京	583 000	证券服务
联营企业	嘉实基金管理有限公司	经雷	中国上海	15 000	基金管理
联营企业	国都期货有限公司	叶晓	中国北京	20 000	期货服务
联营企业	中关村兴业(北京)投资管理有限公司	王其聪	中国北京	16 182	资产管理、项目投资
联营企业	旭诚(上海)股权投资基金管理有限公司	张子牛	中国上海	10 000	股权投资管理、资产管理、财务咨询
联营企业	北京银汉兴业创业投资中心(有限合伙)	王其聪	中国北京	23 500	创业投资业务

6.5.2.2 本公司的其他关联方

其他关联方的名称	关联方关系的性质
中国人民人寿保险股份有限公司	股东人保集团之子公司

6.5.3 逐笔披露本公司与关联方的重大交易事项

6.5.3.1 固有财产与关联方：贷款、投资、租赁、应收账款、担保、其他方式等期初汇总数、本期发生额汇总数、期末汇总数

单位：万元

固有财产与关联方关联交易				
项目	期初数	借方发生额	贷方发生额	期末数
贷款	—	—	—	—
投资	263 353.97	261.23	—	263 615.20
租赁	—	2 187.08	2 187.08	—
担保	—	—	—	—
应收账款	—	—	—	—
其他	—	1 880.42	1 880.42	—
合计	263 353.97	4 328.73	4 067.50	263 615.20

6.5.3.2 信托与关联方交易情况：贷款、投资、租赁、应收账款、担保、其他方式等期初汇总数、本期借方和贷方发生额汇总数、期末汇总数

单位：万元

信托与关联方关联交易				
项目	期初数	借方发生额	贷方发生额	期末数
贷款	52 536.02	102 000.00	7 002.18	147 533.84
投资	210 010.00	202 748.09	47 673.19	365 084.90
租赁	—	—	—	—
担保	—	—	—	—
应收账款	16 000.00	—	—	16 000.00
其他	—	—	—	—
合计	278 546.02	304 748.09	54 675.37	528 618.74

6.5.3.3 信托公司自有资金运用于自己管理的信托项目（固信交易）、信托公司管理的信托项目之间的相互（信信交易）交易金额，包括余额和本报告年度的发生额

固有财产与信托财产之间的交易金额期初汇总数、本期发生额汇总数、期末汇总数如下：

单位：万元

固有财产与信托财产相互交易			
项目	期初数	本期发生额	期末数
合计	101 779.91	149 347.00	251 126.91

6.5.4 本年度发生关联方逾期未偿还本公司资金的情况及本公司为关联方担保发生或即将发生垫款的情况

无。

6.6 会计制度的披露

公司固有业务自2008年1月1日起执行财政部2006年2月15日颁布的《企业会计准则》（财会〔2006〕3号）及其后续规定。以持续经营为基础，根据实际发生的交易和事项，按照《企业会计准则——基本准则》和其他各项具体会计准则、应用指南及准则解释的规定进行确认和计量，在此基础上编制财务报表。

7. 财务情况说明书

7.1 利润实现和分配情况

单位：万元

项目	母公司	合并
税前利润	103 137.74	117 605.25
减：所得税	5 801.10	6 486.44
净利润	97 336.64	111 118.81
其中：归属于母公司所有者的净利润	97 336.64	107 284.52
少数股东损益	—	3 834.29
加：年初未分配利润	1 052 796.11	1 076 364.20
其中：归属于母公司所有者的未分配利润	1 052 796.11	1 076 364.20
少数股东损益	—	—
减：提取法定盈余公积	—	—
减：提取一般准备	—	—
减：股利分配	14 740.00	14 740.00
年末未分配利润	1 135 392.75	1 172 743.01
其中：归属于母公司所有者的未分配利润	1 135 392.75	1 168 908.72
少数股东损益	—	3 834.29

7.2 主要财务指标

指标名称	母公司	合并
资本利润率（%）	5.39	6.06
人均净利润（万元）	286.28	325.82

7.3 本年度对本公司财务状况、经营成果有重大影响的其他事项

无。

8. 特别事项揭示

8.1 报告期内股东变动情况

无。

8.2 董事、监事及高级管理人员变动情况及原因

8.2.1 董事变动情况

2020年6月18日，取得《北京银保监局关于中诚信托有限责任公司李青任职资格的批复》（京银保监复〔2020〕332号）、《北京银保监局关于中诚信托有限责任公司于英杰任职资格的批复》（京银保监复〔2020〕333号），核准李青、于英杰为中诚信托有限责任公司董事。

2020年6月23日，取得《北京银保监局关于中诚信托有限责任公司罗学东任职资格的批复》（京银保监复〔2020〕343号），核准罗学东为中诚信托有限责任公司董事。

2020年6月24日，取得《北京银保监局关于中诚信托有限责任公司叶林任职资格的批复》（京银保监复〔2020〕347号），核准叶林为中诚信托有限责任公司独立董事。

2020年9月10日，取得《北京银保监局关于中诚信托有限责任公司许跃东任职资格的批复》（京银保监复〔2020〕578号），核准许跃东为中诚信托有限责任公司董事。

2020年11月27日，经中诚信托2020年第二次临时股东会审议通过，张树忠、于英杰不再担任中诚信托董事。

8.2.2 监事变动情况

公司于2020年1月15日召开职工代表大会选举倪彦若为公司第六届职工监事。

公司于2020年11月27日召开2020年第二次临时股东会会议，选举黄克孟为公司外部监事，选举袁云鹏先生为公司监事，原监事龙治安不再担任公司监事，进一步优化监事会结构。

8.2.3 高级管理人员变动情况

2020年11月27日，经中诚信托第六届董事会第三次会议批准，张树忠不再担任中诚信托副董事长、总裁。

2020年12月29日，因工作调动，秦岭不再担任中诚信托副总裁。

8.3 报告期内公司发生变更注册资本、变更注册地或公司名称、公司分立合并事项情况

无。

8.4 报告期内公司股东违反承诺质押信托公司股权或以股权及其受（收）益权设立信托等金融产品的情况

无。

8.5 报告期内已向国务院银行业监督管理机构或其派出机构提交行政许可申请但尚未获得批准的事项

无。

8.6 报告期内公司发生重大诉讼事项

无。

8.7 报告期内公司及其董事、监事和高级管理人员受到处罚情况

无。

8.8 报告期内公司收到监管部门关于检查的整改通知情况

无。

8.9 报告期内公司重大事项临时报告披露

2020年6月18日，公司在《金融时报》公开披露了《中诚信托有限责任公司关于修改〈公司章程〉的公告》。

2020年10月26日，公司在《金融时报》公开披露了《中诚信托有限责任公司关于修改〈公司章程〉的公告》。

8.10 公司净资本管理情况

截至2020年12月31日，公司净资本余额为128.35亿元（≥2亿元），净资本/各项业务风险资本之和为229.60%（≥100%），净资本/净资产的比例为69.67%（≥40%），各项指标均符合监管要求。

8.11 履行社会责任情况

2020年，公司切实履行社会责任，努力实现经济、社会和环境的全面协调可持续发展。一是公司充分发挥信托功能，努力服务实体经济；二是公司积极响应国家号召，通过设立扶贫慈善信托，支持贫困地区脱贫与乡村振兴，助力国家脱贫攻坚战顺利收官；三是加大慈善信托创新力度，出资参与设立疫情防控慈善信托，为湖北及北京地区疫情防控贡献力量；四是开展特色公益活动，打造“中诚公益跑”品牌，支持教育事业发展；五是推动绿色发展，设立中诚公益林，积极开展节能降耗绿色办公活动，努力打造资源节约型和环境友好型企业。

8.12 消费者权益保护工作情况

2020年公司搭建了全面的与消保工作相关的工作机制，认真履行了消保工作义务。在组织架构和制度建设方面，一是向董事会报告了年度消费者权益保护工作，并通过董事会、经营管理层的两级组织架构对公司的消保工作展开指导。公司消费者权益保护工作委员会组织召开了3次季度专项会议，推进年度消保各项工作的开展。二是公司制定及修订了多项消保管理制度，持续完善消保制度体系，搭建了符合工作实际的消保工作制度架构，涵盖产品营销、宣传教育、投诉管理等方面。

在信托产品销售及投资者教育方面，公司依法落实投资者适当性管理要求，一是提供详尽信息披露材料，充分揭示风险及风险承担原则；二是定期举办“投资者教育月”及“理财讲堂”活动，向信托投资者和社会公众宣讲信托文化等与消保相关的内容，在企业文化建设层面也体现了消费者权益保护。

在消费者投诉方面，公司不断推进相关规章制度及机制建设，一是建立了明确的客户联络和投诉受理机制，在多个客户接触点公示客户投诉举报渠道（投诉专线、投诉邮箱、公司地址），方便投资者查看、监督及举报；二是在公司网站显著位置公布财富热线，收集客户意见和建议，不断改进服务，提升客户满意度。按照有关工作要求，公司对消费者投诉建立台账，并进行了相应的统计分析。2020年，公司未发生侵害消费者权益的诉讼或者仲裁案件。

9. 公司监事会意见

公司监事会认为，本报告期内，公司决策程序合法，内部控制制度较为完善，没有发现公司董事、经理和其他高级管理人员在执行公司职务时有违法违纪和有损公司及股东利益的行为。公司财务报告真实地反映了公司的财务状况和经营成果。

中国对外经济贸易信托有限公司

1. 重要提示

1.1 中国对外经济贸易信托有限公司(以下简称公司、中国外贸信托或外贸信托)董事会及董事保证本报告所载资料不存在任何虚假记载、误导性陈述或者重大遗漏,并对其内容的真实性、准确性和完整性承担个别及连带责任。本年度报告摘要摘自年度报告全文,客户及相关利益人欲了解详细内容,应阅读年度报告全文。

1.2 个别董事声明

无。

1.3 本公司独立董事张向东、成长青、卢力平声明:保证本报告内容的真实性、准确性、完整性。

1.4 毕马威华振会计师事务所对本公司年度财务报告进行审计,出具了标准无保留意见的审计报告。

1.5 本公司董事长杨林、总经济师帅立新声明:保证年度报告中财务报告的真实、完整。

2. 公司概况

2.1 公司简介

2.1.1 公司法定名称

中文:中国对外经济贸易信托有限公司(缩写:中国外贸信托/外贸信托)

英文:China Foreign Economy and Trade Trust Co., Ltd.(缩写:FOTIC)

2.1.2 法定代表人:杨林

2.1.3 注册地址:北京市西城区复兴门内大街28号凯晨世贸中心中座6层

邮政编码:100031

2.1.4 国际互联网网址:www.fotic.com.cn

电子信箱:fotic@sinochem.com

2.1.5 信息披露事务负责人:屈鹏

电话:010-59567790

传真:010-59569888

电子信箱 xtzjb@sinochem.com

2.1.6 信息披露报纸:《上海证券报》《证券时报》

2.1.7 年度报告备置地点:北京市西城区复兴门内大街28号凯晨世贸中心中座6层

2.1.8 聘请会计师事务所:毕马威华振会计师事务所(特殊普通合伙)

办公地址:中国北京市东长安街1号东方广场毕马威大楼8层

2.2 组织结构

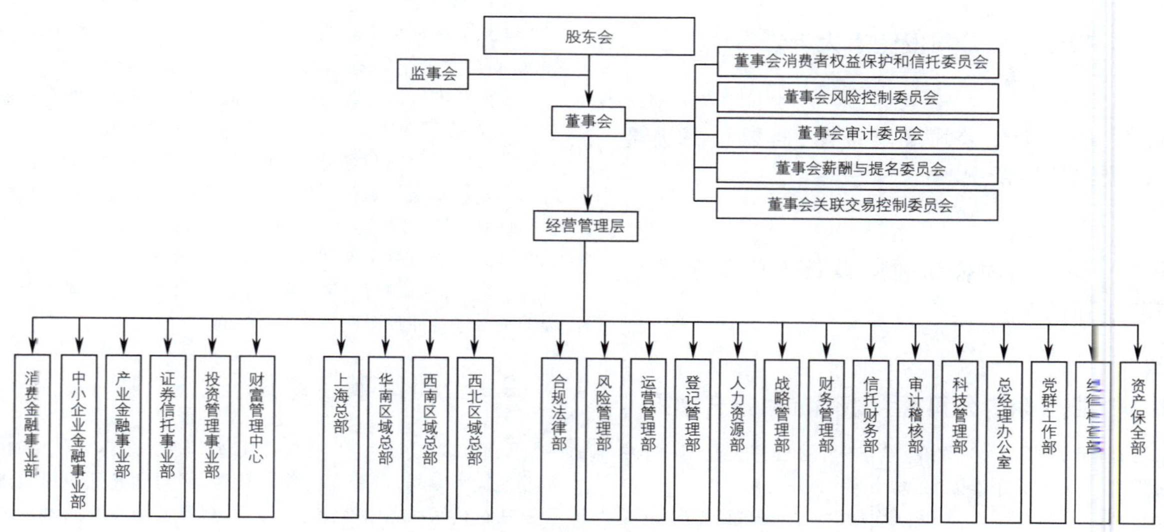

3. 公司治理

3.1 股东

报告期末，本公司股东总数 2 家，持股比例 10% 以上的股东有 1 家，股东结构如下。

股东名称	持股比例及出资额	法定代表人	注册资本（元）	注册地址	主要经营业务及主要财务情况
中化资本有限公司	97. 26% 7 781 053 953. 26 元 （其中包含 34 000 728. 61 美元）	李强	6 017 081 113	中国（上海）自由贸易试验区华申路 218 号 B3 楼东南部位	投资管理、资产管理、实业投资、企业管理咨询、投资咨询、从事信息科技专业领域内的技术开发、技术转让、技术咨询、技术服务。截至 2020 年 12 月 31 日，公司资产总额（合并）为 248. 59 亿元。2020 年，公司实现营业收入（合并）34. 81 亿元，利润总额（合并）为 21. 11 亿元。
中化集团财务有限责任公司	2. 74%； 218 946 046. 74 元	杨林	600 000. 00 万元①	北京市西城区复兴门内大街 28 号凯晨世贸中心中座 F3 层	对成员单位办理财务和融资顾问、信用鉴证及相关的咨询、代理业务；协助成员单位实现交易款项的收付；对成员单位提供担保；办理成员单位之间的委托贷款及委托投资；对成员单位办理票据承兑与贴现；办理成员单位之间的内部转账结算及相应的结算、清算方案设计；吸收成员单位的存款；对成员单位办理贷款及融资租赁；从事同业拆借；承销成员单位的企业债券；经批准发行财务公司债券；对金融机构的股权投资；有价证券投资；成员单位产品的买方信贷。截至 2020 年 12 月 31 日，公司资产总额为 383. 41 亿元。2020 年，公司实现营业收入 16. 83 亿元，利润总额为 9. 25 亿元。

注：1. 外贸信托主要股东为中化资本有限公司，实际控制人为中国中化集团有限公司。

2. 中化资本有限公司的控股股东为中国中化股份有限公司，实际控制人、最终受益人为中国中化集团有限公司，且无一致行动人；报告期内，中化资本有限公司主要关联方共计 19 家，除实际控制人、控股股东、中化集团财务有限责任公司外，其余均为控股股东以及其他股东控制或者参股的企业；中化资本有限公司未出质我司股权，亦未以股权及其受（收）益权设立信托等金融产品。

3. 中化资本有限公司与中化集团财务有限责任公司均为中国中化股份有限公司的控股子公司，实际控制人均为中国中化集团有限公司。

3.2 董事

3.2.1 董事会成员

姓名	职务	性别	年龄（岁）	选任日期	所推举的股东名称	该股东持股比例（%）	简要履历
杨　林	董事长	男	56	2014 年 8 月	中化资本有限公司	97. 26	先后在中国化工进出口总公司、中国中化集团有限公司任职；现任中国中化集团有限公司总会计师兼中国中化股份有限公司财务总监。
李　强	董事	男	49	2019 年 4 月	中化资本有限公司	97. 26	先后在中国中化集团有限公司企业发展部、战略规划部、中化管理学院、中化办公厅任职，曾任外贸信托总经理助理、董事；现任中国中化集团有限公司金融事业部总裁、党委书记、首席科技官，中化资本有限公司执行董事、总经理、党委书记。
刘　剑	董事	男	54	—	中化资本有限公司	97. 26	先后在中国中化集团有限公司、中化集团财务有限责任公司任职；现任中国中化集团有限公司金融事业部副总裁、党委委员，外贸信托党委书记、总经理。
程　永	董事	男	47	2019 年 4 月	中化资本有限公司	97. 26	先后在中国中化集团有限公司、中化现代农业有限公司、中化集团农业事业部任职，并曾任外贸信托董事；现任中国中化股份有限公司人力资源部副总监（主持工作，部门正职待遇）。

注：1. 刘剑于 2020 年 11 月 27 日被外贸信托股东会选举为公司董事，其任职资格于 2021 年 1 月 25 日正式获得北京银保监局核准。

2. 刘剑于 2020 年 11 月 27 日被外贸信托董事会选举为公司总经理，其任职资格于 2021 年 1 月 25 日正式获得北京银保监局核准。

3.2.2 独立董事

姓名	所在单位及职务	性别	年龄（岁）	选任日期	所推举的股东名称	该股东持股比例（%）	简要履历
张向东	退休	男	63	2019 年 6 月	中化资本有限公司	97. 26	曾任国家外汇管理局综合司副司长（负责国家外汇管理局外汇管理的法规建设工作）、局级巡视员。
成长青	拜腾公司首席资本与投资官	男	58	2016 年 1 月	中化资本有限公司	97. 26	先后在美国第一银行、英国渣打银行、高盛高华证券、驰卓投资有限公司任职，报告期内任拜腾公司首席资本与投资官。

① 报告期内，中化集团财务有限责任公司注册资本金增加至 6 000 000 000 元，于 2020 年 11 月获北京银保监局核准，于 2021 年 4 月 23 日完成北京市市场监督管理局变更登记。

续表

姓名	所在单位及职务	性别	年龄（岁）	选任日期	所推举的股东名称	该股东持股比例（%）	简要履历
卢力平	北京国家会计学院教授	男	65	2015 年 12 月	中化资本有限公司	97.26	北京大学经济学院经济学博士、中国社会科学院金融研究所金融学博士后；现任北京国家会计学院教授。

3.3 监事

监事会成员

姓名	职务	性别	年龄（岁）	选任日期	所推举的股东名称	该股东持股比例（%）	简要履历
王鹤飞	监事会主席	男	53	2020 年 12 月	中化资本有限公司	97.26	先后在中国国际航空公司、中国化工进出口总公司、中化国际化肥公司、中化集团化肥中心、中远房地产开发有限公司、中国种子集团有限公司、北京先农投资管理有限公司、中化商务有限公司任职；现任中化集团金融事业部财务总监、党委委员兼金融事业部财务管理部总经理，中化资本有限公司财务总监、党委委员，中化资本投资管理有限责任公司财务总监，中国对外经济贸易信托有限公司监事会主席。
付强强	监事	男	43	2019 年 1 月	中化资本有限公司	97.26	先后在招商银行、中华财务会计咨询有限公司、中化国际、中化集团、中化集团化工事业部任职；现任中化集团金融事业部人力资源部总经理，中国对外经济贸易信托有限公司监事。
刘郁飞	监事	男	47	2019 年 1 月	职工代表	—	先后在中国林业科学研究院、中林绿源科技有限责任公司、同新会计师事务所有限公司、中国德仁集团有限公司、毕马威华振会计师事务所任职，曾任中国对外经济贸易信托有限公司稽核法律部总经理助理、内控稽核部副总经理、运营稽核部总经理、审计稽核部总经理；现任中国对外经济贸易信托有限公司中小企业金融事业部副总经理、公司监事。

3.4 高级管理人员

姓名	职务	性别	年龄（岁）	选任日期	金融从业年限（年）	学历	专业
刘剑	总经理	男	54	2020 年 11 月	13	硕士研究生	工商管理
黄文波	纪委书记	男	58	2015 年 8 月	5	大专	会计学
帅立新	总经济师	女	54	2009 年 7 月	12	硕士研究生	工商管理
张一水	副总经理	女	53	2018 年 11 月	30	硕士研究生	金融学
赵熙	副总经理	男	47	2017 年 12 月	26	博士研究生	金融学
卫濛濛	副总经理	女	39	2017 年 11 月	15	硕士研究生	金融学
王晓丽	总经理助理	女	39	2017 年 11 月	18	硕士研究生	工商管理
秦江卫	总法律顾问、首席风控官	男	48	2018 年 11 月	17	硕士研究生	法学
王大为	董事会秘书、总经理助理	男	41	2018 年 11 月	10	硕士研究生	市场营销
马绍晶	总经理助理	男	37	2020 年 5 月	12	硕士研究生	统计学

3.5 公司员工

截至 2020 年 12 月 31 日，公司共有员工 602 人，平均年龄达 33 岁。其中，博士学位 8 人，占比为 1.33%；硕士学历 367 人，占比为 60.96%；本科 216 人，占比为 35.88%；专科学历 11 人，占比为 1.83%。

4. 经营管理

4.1 经营目标、经营方针、战略规划

4.1.1 经营目标

公司以实现“金融好社会”为宗旨，致力于打造“创新引领、服务实本、以人为本的现代金融公司”。

4.1.2 经营方针

公司秉承“因诺致远”的服务理念，“稳健思变、诚客礼才”的核心价值观，坚持打造以客户为中心的产品力、组织力和体系力，践行“合规先行、稳中求进”的风控文化，为客户提供专业金融服务。

4.1.3 战略规划

公司聚焦“转型、增长、超越”为核心的发展战略，聚焦于产业金融、小微金融、资本市场、财富管理四大领域。公司以优质有效资产为核心，构建更加均衡的资产布局，全面提升主动管理能力，推进价值导向的竞争机制，积极服务实体经济发展和人民美好生活需要，实现公司高质量发展。

4.2 所经营业务的主要内容

公司聚焦产业金融、小微金融、资本市场、财富管理四大

领域。

一是产业金融领域，探索在贯通“双循环”各环节发挥更加积极的作用，丰富产业金融内涵，为实体经济注入金融活力。公司依托中化集团产业背景与资源，增强产业研究能力，提升产业金融综合服务能力。同时，围绕新型城镇化、都市圈建设、传统基础设施补短板、新型基础设施建设等领域，创新探索股权、基金、永债、ABS 等模式，探索具直接融资特点资金信托，进一步服务实体经济发展。

二是小微金融领域，服务于“双循环”格局下扩大内需的战略基点，深耕消费金融全价值链各环节，以“链”扩“圈”，构筑共建共生的消费金融生态圈。公司围绕中小微企业在生产经营、销售流通等供应链环节的融资需求，打造中小微企业新型融资模式。立足于“乡村振兴”战略，依托两化背景，在农业金融场景持续深耕，不断创新模式与产品，将普惠金融发展到田间地头。

三是资本市场领域，围绕国家大力发展多层次资本市场的战略方向，扎根服务，科技驱动，推动向投资类业务跃迁发展。公司证券服务类业务开展以渠道和私募管理人客户为根基，受托人服务、基金行政服务、托管人业务、大数据服务等多元化综合服务体系，植入科技基因，提升响应速度，打造独立、专业、高效、领先的基金行政服务商。投资类业务持续丰富产品线，布局 FOF、“固收 +”等产品体系，夯实投研能力，提升市场影响力，打造特色化的资管业务。资产证券化领域，提升全链条服务能力，丰富受托客群，创新业务模式，成为跨市场资产证券化业务解决方案提供商。

四是财富管理领域，公司坚持“线上 + 线下”战略，持续以客户为中心，通过提升组织力、营销力、产品力，加强科技赋能，夯实客户基础，强化科技驱动，拓展线上营销，打造成为团队专业、能力全面的财富管理平台。在家族信托领域，积极服务委托人多维需求，提供丰富多层次产品线，以科技提高运营质效，增强主动管理能力，打造独特品牌，成为规模领先的家族信托行业标杆。

自营资产运用与分布表

资产运用	金额(万元)	占比(%)	资产分布	金额(万元)	占比(%)
货币资产	25 569. 08	1. 32	基础产业	94 002. 92	4. 84
贷款及应收款	62 705. 13	3. 23	房地产	255 719. 41	13. 18
交易性金融资产	30 747. 24	1. 58	证券市场	612 127. 44	31. 55
可供出售金融资产	1 675 398. 72	86. 35	实业	—	—
持有至到期投资	—	—	金融机构	106 044. 06	5. 46
长期股权投资	103 236. 07	5. 32	其他	872 509. 01	44. 97
其他	42 746. 60	2. 20			
资产总计	1 940 402. 84	100. 00	资产总计	1 940 402. 84	100. 00

信托资产运用与分布表

资产运用	金额(万元)	占比(%)	资产分布	金额(万元)	占比(%)
货币资产	2 597 153. 30	3. 85	基础产业	701 619. 54	1. 04
贷款	16 279 936. 74	24. 11	房地产	2 562 438. 53	3. 80
交易性金融资产	31 530 016. 82	46. 71	证券市场	30 547 065. 03	45. 24
可供出售金融资产	222 627. 50	0. 33	实业	1 524 440. 57	2. 26
持有至到期投资	15 183 548. 79	22. 49	金融机构	11 809 692. 84	17. 49

续表

资产运用	金额(万元)	占比(%)	资产分布	金额(万元)	占比(%)
长期股权投资	360 386. 80	0. 53	其他	20 367 612. 68	30. 17
买入返售金融资产	575 179. 59	0. 85			
其他	764 019. 65	1. 13			
信托资产总计	67 512 869. 19	100. 00	信托资产总计	67 512 869. 19	100. 00

4.3 市场分析

4.3.1 影响公司发展的有利因素

2021 年是中国共产党成立 100 周年，也是“十四五”规划开局之年，“双循环”发展新格局为信托展业带来更多发展机遇。当前资本市场建设被提升到新的高度，各类政策持续出台，信托公司在培养标准化产品投资能力、提升资本市场服务水平与质效，拓展股权投资类业务，不断提高直接融资占比、权益融资占比等方面前景广阔。同时，随着我国高净值、超高净值客群的持续增长，人均可投资资产规模不断攀升，人民日益增长的财富保值增值、传承等需求为财富管理、家族信托、养老信托等业务发展提供了良好市场基础。在金融科技时代背景下，人工智能、大数据、云计算、物联网等技术与金融业务深度融合，在信托业从高速增长向高质量发展的转型阶段，金融科技在风险管理和运营管理等领域的深化应用，将对信托行业的转型创新起到积极作用。

4.3.2 影响公司发展的不利因素

信托业面临着宏观环境、信用环境、市场环境的深刻变化，信托公司的经营管理面临着多重挑战。当前国际形势复杂多变，市场面临的不确定性和波动性也随之增加。虽然中国的新冠肺炎疫情得到了初步的有效控制，但全球新冠肺炎疫情还在蔓延，短期内仍将对社会经济发展造成一定影响。同时，打好防范化解重大金融风险攻坚战，牢牢守住不发生系统性金融风险的底线仍然是重中之重，信托业全面提升风险管理能力，深化全面风险管理体系建设仍是重中之重。信托业发展面临着“转型阵痛期、增长瓶颈期、风险集聚消化期”三期叠加的挑战，对信托的转型创新提出更加紧迫的要求。随着未来金融开放持续深化，资产管理行业的竞争也将日趋激烈，对信托公司在投研、产品、科技等多方面的核心能力培养也提出更高要求。

4.4 内部控制

公司已建立比较完善的公司治理机制，股东会、董事会、独立董事、监事会及高级管理层之间权责分明、各司其职。

股东会是公司的最高权力机构，代表股东对公司行使最终的控制权和决策权。

董事会是经营决策的最高权力机构，对股东会负责。

董事会下设专业委员会，包括风险控制委员会、消费者权益保护和信托委员会、审计委员会、薪酬与提名委员会、关联交易控制委员会。其中，风险控制委员会负责制定公司业务决策授权范围，审批超出公司管理层权限的业务事项，审议公司主要风险管理制度，并监督和检查公司风险管理制度、业务流程规范的执行情况；消费者权益保护和信托委员会负责消费者权益保护工作并监督、评价消费者权益工作的全面性、及时性和有效性，督促公司依法履行受托职责，对公司信托业务运行情况进行定期评估，当股东利益、公司利益与受益人利益发生冲突时，应保证公司为受益人利益服务，研究提出维护受益人利益的具体措施；审计委员会负责内部及外部审计工作，对公司内部控制管理工作进行监督，核查财务信息披露等；薪酬与提名委员会负责研究、制定高级管理人员人选提名、考核及薪酬管理等管理标准，并对已提名的高级管理人员进行考察；关联交易控制委员会负责审议公司关联交易管理制度并提交意见、评价关联交易管理制度执行有效性，监督、检查关联交易的执行情况，审批重大关联交易。

监事会是公司的监督机构。公司监事会向股东会负责，对公司财务及公司董事、经理和其他高级管理人员履行职责的合法性进行监督，维护公司及股东的合法权益。监事会依法享有法律法规赋予的知情权、建议权和报告权。公司采取有效措施保障监事的知情权，及时向监事提供必要的信息和资料，以便监事会对公司财务状况和经营管理情况进行有效的监督、检查和评价。

公司高级管理层是公司的决策执行机构，对董事会负责，在公司章程和董事会授权范围内行使职权，牢固树立了内控优先的风验管理理念，使风险防范意识贯穿到公司各个部门、各个岗位和工作的各个环节。

公司所构建的股东会、董事会、监事会和高级管理层之间的权力制衡结构，能切实发挥科学激励和约束监督的治理机制，有效抑制道德风险的发生，为公司内部控制建设提供良好的环境。

公司始终强化合规经营和尽职管理，重视全面风险管理、内部控制及相关文化的建设，建立充分的信息交流和共享机制，强化内控制度约束。2020 年，公司持续完善内部控制体系，包括根据业务实际不断滚动修订和完善相关体系文件，大力提升公司风险管理能力，以及提升员工经营管理的质量意识和程序意识，对巩固和提高公司经营质量发挥积极作用。

公司通过培训和学习等多种途径，不断提升员工的风控合规意识和职业道德，使全体员工熟悉监管法律法规和公司规章制度及业务操作流程。通过建立实施风险管理问责制，公司对风险管理过程中的违规、不尽职及过失等行为进行责任追究。公司将风险管理的执行情况与绩效评价相结合，强化“合规先行”的内控导向。

4.5 风险管理

2020 年，公司继续秉承“合规先行、稳中求进”的风控文化，坚持“绝不能出现对公司经营发展造成颠覆性影响的重大风险”原则，聚焦风险防控，助力业务发展，持续夯实基础，确保公司高质量发展，整体风险可知、可控、可承受。

4.5.1 信用风险状况及管理

公司面临的信用风险主要是指债务人或交易对手未能履行合同所规定的义务或信用质量发生变化，影响金融产品价值，从而给公司造成损失的风险。

固有业务层面，2020 年公司保持较低的不良资产水平，并严格按照有关规定计提信托赔偿准备金及风险准备。信托业务层面，公司认真履行受托人责任，有效管理信托项目，定期监测融资类信托规模占比、客户集中度等指标，信用风险可控。

2020 年，公司持续完善信用风险管理相关制度，在客户准入、舆情监测、资产管理等方面出台风控政策，并根据实际业务情况，制定《2020 年风险偏好陈述书》，持续发挥风险偏好“定基调”“划边界”和“促共识”的作用，更新大类业务风控政策，完善以客户管理为框架的信用管理体系，强化管理办法的适用性与引导性。

4.5.2 市场风险状况及管理

公司面临的市场风险主要体现在开展信贷业务中由于利率水平的不利变动及证券投资业务中由于投资标的市场价格的不利变动给公司经营业绩带来的风险。

公司开展的信托类信贷业务，主要为中短期信贷，公司严格执行中国人民银行的利率政策，能较好地消化利率波动可能产生的风险。在证券投资业务领域，公司严格区分自营证券投资和证券投资类信托业务，并根据资金属性和风险偏好，针对利率、汇率和股价波动风险设置差异化管理策略。

4.5.3 操作风险状况及管理

公司面临的操作风险主要是指由不完善或有问题的内部程序、员工和信息科技系统，以及外部事件所造成直接或间接损失的风险。

目前，公司已对各项业务活动和管理活动制定系统、规范的业务管理制度和实施细则。在各类信托业务的项目筛选、可行性分析、项目审批、合同签署和账户设立、信托发行、信托资金发放、执行管理等环节，均已建立内部控制制度，总体上执行良好，操作风险可知可控。

4.5.4 流动性风险状况及管理

公司流动性风险包括固有业务的流动性风险和信托项目的流动性风险。

固有业务的流动性风险是指公司虽然有清偿能力，但无法及时获得充足资金或无法以合理成本获得充足资金以应对资本增长或支付到期债务的风险。对此，公司通过合理的进行资产配置及负债管理，加强资金预测和筹划，保持充分而持续的融资能力，对流动性风险进行控制。2020 年公司整体经营相对稳定，流动性状况保持平稳，流动性备付充裕，未发生流动性风险事件。

信托项目的流动性风险是指公司无法以合理的市场价格变现信托资产，或者无法以合理的成本及时募集充足的资金或转让信托份额，从而导致信托项目无法按合同约定支付投资者赎回或到期款项的风险。针对该风险，公司通过动态平衡发行节奏、审慎选择交易对手、合理设计交易结构、持续优化资产配置，对信托项目未来现金流进行安排，保证信托业务发展的资金需要和兑付需求，并防止表外流动性风险向表内转化。2020 年，公司信托项目运行平稳，未发生流动性风险事件。

4.5.5 法律合规风险状况及管理

法律合规风险主要包括合规风险和法律风险。在合规风险方面，公司根据监管政策变化，强化合规统筹管理，持续完善合规管理制度、管理流程、合规培训和宣贯工作，加强项目合规性审查，增强全员合规意识。同时，加大合规检查力度，加强项目审核及过程管理，避免执行中出现偏差，确保合规底线。在法律风险方面，公司严格执行公司相关诉讼仲裁管理制度，在项目诉讼及处置过程中，及时采取财产保全、证据保全等措施，提前做好诉讼准备，及时提起诉讼，保证实体及程序权利；对于被动涉诉,公司积极主动采取应对措施,积极化解诉讼风险。

4.5.6 其他风险状况及管理

公司面临的其他风险主要包括洗钱风险、信息科技风险和声誉风险。

针对洗钱风险,公司根据监管法规要求完成反洗钱内控基本制度的修订,建立业务洗钱和恐怖融资风险评估机制。公司建立了指标化、体系化的业务洗钱风险评估模型,并使用该模型对公司各条线业务洗钱风险进行评估,形成业务洗钱风险等级清单。此外,公司大力拓展反洗钱宣传渠道,举办各类反洗钱专题培训,全员反洗钱意识得到强化。

信息科技风险是指信息技术在公司运行过程中,由于自然因素、人为因素、技术漏洞和管理缺陷产生的操作、法律和声誉等风险。为加强信息科技风险管理,公司编制《外贸信托信息科技风险管理办法》,明确了信息科技各类风险领域的管理要求及应对策略,定期开展信息科技风险偏好指标监测,为信息科技风险管理提供有效抓手与保障。2020 年信息科技风险整体可控,指标数据均保持在设立阈值以内。

声誉风险是指由于公司经营、管理及其他行为或外部事件导致利益相关方对公司负面评价的风险。外贸信托将声誉风险管理纳入公司治理及全面风险管理体系,2020 年,公司进一步完善已有的声誉风险管理机制,落实舆情监测与报送,强化舆情前置识别和部门协同处置,将主动防范风险和应急处置相结合,有效避免了严重声誉风险事件的发生。

5. 报告期末及上一年度的比较式会计报表

5.1 自营资产

5.1.1 会计师事务所审计结论

审 计 报 告

毕马威华振审字第 2103438 号

我们审计了后附的第 1 页至第 56 页的中国对外经济贸易信托有限公司(以下简称外贸信托)财务报表,包括 2020 年 12 月 31 日的资产负债表,2020 年度的利润表、现金流量表和所有者权益变动表,以及相关财务报表附注。

我们认为,后附的财务报表在所有重大方面按照中华人民共和国财政部颁布的《企业会计准则》的规定编制,公允反映了外贸信托 2020 年 12 月 31 日的财务状况及 2020 年度的经营成果和现金流量。

5.1.2 资产负债表

资产负债表

编制单位:中国对外经济贸易信托有限公司　　2020 年 12 月 31 日　　单位:万元

项目	年末数	年初数
流动资产:	—	—
货币资金	25 569.08	28 037.25
拆出资金	—	—
以公允价值计量且其变动计入当期损益的金融资产	30 747.24	11 412.61
衍生金融产品	—	—
买入返售金融资产	—	—
应收票据	—	—
应收账款	45 004.69	47 241.24
预付款项	2 321.66	2 993.05
应收利息	—	—
其他应收款	15 378.78	13 229.02
持有待售资产	—	—
一年内到期的非流动资产	—	—
其他流动资产	—	1 003.56
流动资产合计	119 021.45	103 916.73
非流动资产:		
发放贷款及垫款	—	—
可供出售金融资产	1 675 398.72	1 607 047.32
持有至到期投资	—	—
长期应收款	—	—
长期股权投资	103 236.06	92 714.63
投资性房地产	—	—
固定资产	2 551.13	3 558.11
在建工程	—	—
生产性生物资产	—	—
油气资产	—	—
无形资产	18 704.70	15 223.96
开发支出	—	—
商誉	—	—
长期待摊费用	660.77	1 155.83
递延所得税资产	20 830.01	17 726.67
其他非流动资产	—	—
非流动资产合计	1 821 381.39	1 737 426.52
资产总计	1 940 402.84	1 841 343.25
流动负债:		
短期借款	—	15 000.00
以公允价值计量且其变动计入当期损益的金融负债	—	—
衍生金融负债	—	—
卖出回购金融资产款	—	—
应付票据	—	—
应付账款	—	—
预收款项	1 425.87	1 270.89
应付职工薪酬	5 379.46	4 433.83
应交税费	6 497.05	2 263.82
其他应付款	28 078.65	46 709.85
一年内到期的非流动负债	—	—
其他流动负债	—	—
流动负债合计	41 381.03	69 678.39
非流动负债:		
长期借款	—	—
应付债券	—	—
长期应付款	—	—
预计负债	—	—
递延收益	679.02	—
递延所得税负债	—	—

续表

项目	年末数	年初数
其他非流动负债	—	—
非流动负债合计	679. 02	—
负债合计	42 060. 05	69 678. 39
所有者权益（或股东权益）：		
实收资本（或股本）	800 000. 00	800 000. 00
资本公积	286 591. 71	286 591. 71
减：库存股	—	—
其他综合收益	23 929. 76	-16 787. 77
盈余公积	156 499. 48	142 293. 30
一般风险准备	106 155. 48	96 745. 99
未分配利润	525 166. 36	462 821. 63
所有者权益合计	1 898 342. 79	1 771 664. 86
负债和所有者权益总计	1 940 402. 84	1 841 343. 25

5. 1. 3　利润表

利润表

编制单位：中国对外经济贸易信托有限公司　　2020 年度　　单位：万元

项目	本年数	上年数
一、营业收入	308 938. 28	278 872. 85
利息净收入	-171. 76	-1 056. 23
利息收入	654. 07	996. 63
利息支出	825. 83	2 052. 86
手续费及佣金净收入	181 653. 35	160 328. 23
手续费及佣金收入	181 653. 35	160 328. 23
手续费及佣金支出	—	—
租赁收益	—	—
投资收益	127 431. 62	119 796. 99
公允价值变动收益（损失以“-”号填列）	19. 79	-210. 31
汇兑收益（损失以“-”号填列）	-59. 66	14. 93
其他业务收入	—	—
其他收益	66. 87	0. 35
资产处置收益（损失以“-”号填列）	-1. 93	-1. 11
二、营业支出	124 861. 42	44 207. 33
税金及附加	1 218. 54	1 153. 59
业务及管理费	54 580. 65	57 780. 80
其中：研发费用	1 247. 15	—
资产减值损失（损失以“-”号填列）	-66 073. 72	16 682. 42
其他业务成本	2 988. 51	1 955. 36
三、营业利润（亏损以“-”号填列）	184 076. 86	234 665. 52
加：营业外收入	713. 27	917. 64
减：营业外支出	50. 00	387. 88
四、利润总额（亏损总额以“-”号填列）	184 740. 13	235 195. 28
减：所得税费用	42 678. 27	56 090. 62
五、净利润（净亏损以“-”号填列）	142 061. 86	179 104. 66
（一）按所有权归属分类：		
归属于母公司所有者的净利润	142 061. 86	179 104. 66
*少数股东损益	—	—
（二）按经营持续性分类：		
持续经营净利润	142 061. 86	179 104. 66
终止经营净利润	—	—
六、其他综合收益的税后净额	40 717. 53	9 941. 60
（一）以后不能重分类进损益的其他综合收益	—	—
其中：1. 重新计量设定受益计划净负债或净资产导致的变动	—	—
2. 权益法下在被投资单位不能重分类进损益的其他综合收益中所享有的份额	—	—
（二）以后将重分类进损益的其他综合收益	40 717. 53	9 941. 60
其中：1. 权益法下在被投资单位以后将重分类进损益的其他综合收益中所享有的份额	-27. 69	511. 85
2. 可供出售金融资产公允价值变动损益	40 745. 22	9 429. 75
3. 持有至到期投资重分类为可供出售金融资产损益	—	—
4. 现金流量套期损益的有效部分	—	—
5. 外币财务报表折算差额	—	—
七、综合收益总额	182 779. 39	189 046. 26
归属于母公司所有者的综合收益总额	182 779. 39	189 046. 26
*归属于少数股东的综合收益总额	—	—
八、每股收益：		
（一）基本每股收益	—	—
（二）稀释每股收益	—	—

5. 1. 4　所有者权益变动表

所有者权益变动表

编制单位：中国对外经济贸易信托有限公司　　2020 年度　　单位：万元

项目	本年金额								
	实收资本	资本公积	减：库存股	其他综合收益	专项储备	盈余公积	一般风险准备	未分配利润	所有者权益合计
一、上年年末余额	800 000. 00	286 591. 71	—	-16 787. 77	—	142 293. 30	96 745. 99	462 821. 63	1 771 664. 86
加：1. 会计政策变更	—	—	—	—	—	—	—	—	—
2. 前期差错更正	—	—	—	—	—	—	—	—	—
3. 其他	—	—	—	—	—	—	—	—	—
二、本年年初余额	800 000. 00	286 591. 71	—	-16 787. 77	—	142 293. 30	96 745. 99	462 821. 63	1 771 664. 86

续表

项目	本年金额								
	实收资本	资本公积	减:库存股	其他综合收益	专项储备	盈余公积	一般风险准备	未分配利润	所有者权益合计
三、本年增减变动金额(减少以"-"号填列)	—	—	—	40 717.53	—	14 206.18	9 409.49	62 344.73	126 677.93
(一)综合收益总额	—	—	—	40 717.53	—	—	—	142 061.86	182 779.39
(二)所有者投入和减少资本	—	—	—	—	—	—	—	—	—
1. 所有者投入资本	—	—	—	—	—	—	—	—	—
2. 其他权益工具持有者投入资本	—	—	—	—	—	—	—	—	—
3. 股份支付计入所有者权益的金额	—	—	—	—	—	—	—	—	—
4. 其他	—	—	—	—	—	—	—	—	—
(三)利润分配	—	—	—	—	—	14 206.18	9 409.49	-79 717.13	-56 101.46
1. 提取盈余公积	—	—	—	—	—	14 206.18	—	-14 206.18	—
2. 提取一般风险准备	—	—	—	—	—	—	9 409.49	-9 409.49	—
3. 对所有者(或股东)的分配	—	—	—	—	—	—	—	-56 101.46	-56 101.46
4. 其他	—	—	—	—	—	—	—	—	—
(四)所有者权益内部结转	—	—	—	—	—	—	—	—	—
1. 资本公积转增资本(或股本)	—	—	—	—	—	—	—	—	—
2. 盈余公积转增资本(或股本)	—	—	—	—	—	—	—	—	—
3. 盈余公积弥补亏损	—	—	—	—	—	—	—	—	—
4. 其他	—	—	—	—	—	—	—	—	—
(五)专项储备提取和使用	—	—	—	—	—	—	—	—	—
1. 提取专项储备	—	—	—	—	—	—	—	—	—
2. 使用专项储备	—	—	—	—	—	—	—	—	—
四、本年年末余额	800 000.00	286 591.71	—	23 929.76	—	156 499.48	106 155.48	525 166.36	1 898 342.79

5.2 信托资产

5.2.1 信托项目资产负债汇总表

信托项目资产负债汇总表

编制单位:中国对外经济贸易信托有限公司　　2020 年 12 月 31 日　　单位:万元

信托资产	年末数	年初数	信托负债和信托权益	年末数	年初数
信托资产:			信托负债:		
现金及存放中央银行款项	—	—	拆入资金	—	—
存放同业款项	2 597 153.30	1 503 734.15	交易性金融负债	—	—
拆出资金	—	—	衍生金融负债	—	—
交易性金融资产	31 530 016.82	23 445 330.38	卖出回购金融资产款	—	—
衍生金融资产	—	—	应付职工薪酬	—	—
买入返售金融资产	575 179.59	903 875.82	应交税金	65 556.97	36 818.45
应收票据	—	—	应付利息	—	—
应收账款	—	673.02	应付股利	272 449.09	77 645.00
预付账款	—	—	应付账款	140 821.80	78 042.07
应收利息	71 616.65	87 865.01	其他应付款	482 990.21	387 117.12
应收股利	19 118.82	17 562.23	代理业务负债	—	—
其他应收款	230 307.56	53 587.69	长期应付款	—	—
发放贷款及垫款	16 279 936.74	13 133 092.39	预计负债	—	—
代理业务资产	—	—	递延所得税负债	—	—
可供出售金融资产	222 627.50	546 379.11	信托负债合计	961 818.07	579 622.64

续表

信托资产	年末数	年初数	信托负债和信托权益	年末数	年初数
长期应收款	—	—			
持有至到期投资	15 183 548. 79	4 131 510. 18			
长期股权投资	360 386. 80	374 163. 80	信托权益：		
固定资产	—	—	实收信托	60 360 333. 85	40 714 422. 69
固定资产清理	—	—	资本公积	54 556. 39	67 354. 61
无形资产	—	—	其他综合收益	—	—
商誉	—	—	盈余公积	—	—
长期待摊费用	—	—	信托赔偿准备金	—	—
递延所得税资产	—	—	未分配利润	6 136 160. 88	3 215 102. 23
其他资产	442 976. 62	378 728. 39	信托权益合计	66 551 051. 12	43 996 879. 53
信托资产合计	67 512 869. 19	44 576 502. 17	信托负债和信托权益合计	67 512 869. 19	44 576 502. 17

5. 2. 2 信托项目利润及利润分配表

信托项目利润及利润分配表

编制单位：中国对外经济贸易信托有限公司　　2020 年度　　单位：万元

项目	本年实际数	上年实际数
一、营业收入	7 785 088. 05	4 931 726. 95
利息收入	1 741 030. 80	1 753 458. 69
租赁收益	—	—
投资收益（损失以“－”号填列）	3 938 957. 12	1 226 406. 46
其中：对联营企业合营企业的投资收益	2 820. 97	14 452. 15
公允价值变动损益（损失以“－”号填列）	2 059 512. 29	1 942 898. 08
汇兑损益（损失以“－”填列）	-4 805. 73	558. 60
其他业务收入	50 393. 57	8 405. 12
二、营业支出	931 236. 67	641 709. 26
税金及附加	14 797. 55	8 697. 68
业务及管理费	892 444. 37	631 294. 96
资产减值损失	23 994. 75	1 716. 62
其他业务成本	—	—
三、营业利润（亏损以“－”号填列）	6 853 851. 38	4 290 017. 69
加：营业外收入	19 509. 25	28 133. 35
减：营业外支出	1 296. 95	—
四、利润总额（亏损总额以“－”号填列）	6 872 063. 68	4 318 151. 04
减：所得税费用	—	—
五、净利润（净亏损以“－”号填列）	6 872 063. 68	4 318 151. 04
六、其他综合收益	—	—
七、综合收益总额	6 872 063. 68	4 318 151. 04
加：期初未分配信托利润	3 215 102. 23	976 843. 94
八、可供分配的信托利润	10 087 165. 91	5 294 994. 98
减：本期已分配的信托利润	3 951 005. 03	2 079 892. 75
九、期末未分配信托利润	6 136 160. 88	3 215 102. 23

6. 会计报表附注

6. 1 会计报表编制基准说明

本报表符合中华人民共和国财政部颁布的《企业会计准则》的要求，真实、完整地反映了本公司 2020 年 12 月 31 日的财务状况、2020 年度的经营成果及现金流量。本公司无合并会计报表。

6. 2 或有事项说明

本公司报告期内无或有事项。

6. 3 重要资产转让及其出售的说明

本公司报告期内无重要资产转让及其出售的事项。

6. 4 会计报表中重要项目的明细资料

6. 4. 1 自营资产经营情况

6. 4. 1. 1 资产风险分类结果（以净值列示）

信用风险资产五级分类	正常类（万元）	关注类（万元）	次级类（万元）	可疑类（万元）	损失类（万元）	信用风险资产合计（万元）	不良资产合计（万元）	不良资产率（%）
期初数	1 764 420. 75	38 207. 08	2 447. 68	36. 13	—	1 805 111. 64	2 483. 81	0. 14
期末数	1 883 297. 61	10 918. 36	5 337. 10	8 094. 95	—	1 907 648. 02	13 432. 05	0. 70

6. 4. 1. 2 资产损失准备计提转回情况

单位：万元

项目	期初数	本期计提	本期转回	本期转销	期末数
贷款损失准备	—	—	—	—	—
一般准备	—	—	—	—	—
专项准备	—	—	—	—	—
其他资产减值准备	—	—	—	—	—
可供出售金融资产减值准备	45 642. 01	63 422. 42	—	—	109 064. 43
持有至到期投资减值准备	—	—	—	—	—
长期股权投资减值准备	401. 79	—	—	—	401. 79
坏账准备	2 101. 57	2 651. 30	—	—	4 752. 87
投资性房地产减值准备	—	—	—	—	—

6. 4. 1. 3 金融资产和长期股权投资

单位：万元

项目	自营股票	基金	债券	持有至到期投资	长期股权投资
期初数	144 999. 03	52 651. 19	—	—	92 714. 63
期末数	99 289. 12	69 961. 82	—	—	103 236. 06

注：净值列示。

6.4.1.4 前三名的自营长期股权投资的企业名称、占被投资企业权益的比例、主要经营活动及投资收益情况（按持股比例排列）

企业名称	占被投资企业权益的比例（%）	主要经营活动	投资收益（万元）
1. 冠通期货股份有限公司	48.72	期货	158.25
2. 诺安基金管理有限公司	40.00	基金管理	10 953.40
3. 宝盈基金管理有限公司	25.00	基金管理	3 072.01

6.4.1.5 前五名的自营贷款的企业名称、占贷款总额的比例和还款情况

企业名称	占贷款总额的比例（%）	还款情况
—	—	—

6.4.1.6 代理业务的期初数、期末数

单位：万元

项目	期初数	期末数
代理业务（委托业务）	—	—
其他	—	—
合计	—	—

6.4.1.7 公司当年的收入结构

单位：万元

收入结构	金额
手续费及佣金收入	181 653.35
其中：信托手续费收入	181 653.35
投资银行业务收入	—
利息收入	654.07
其他业务收入	—
其中：计入信托业务收入部分	—
投资收益	127 431.62
其中：股权投资收益	14 183.66
证券投资收益	6 716.92
其他投资收益	106 531.04
公允价值变动收益	19.79
汇兑收益	-59.66
其他收益	66.87
资产处置收益	-1.93
营业外收入	713.27
收入合计	310 477.38

6.4.2 信托资产管理情况

6.4.2.1 信托资产情况

单位：万元

信托资产	期初数	期末数
集合	31 384 926.24	47 181 969.13
单一	6 687 253.95	7 751 348.20
财产权	6 504 321.98	12 579 551.86
合计	44 576 502.17	67 512 869.19

6.4.2.1.1 主动管理型信托业务情况

单位：万元

主动管理型信托资产	期初数	期末数
证券投资类	16 490 610.30	26 632 057.50
其他投资类	2 608 525.92	13 663 758.85
融资类	9 884 545.68	8 556 592.15
事务管理类	1 618 443.34	2 718 729.51
合计	30 602 125.24	51 571 138.01

6.4.2.1.2 被动管理型信托业务情况

单位：万元

被动管理型信托资产	期初数	期末数
证券投资类	6 585 561.97	3 915 007.53
其他投资类	136 384.56	233 298.24
融资类	—	—
事务管理类	7 252 430.40	11 793 425.41
合计	13 974 376.93	15 941 731.18

6.4.2.2 本年度已清算结束的信托项目情况

6.4.2.2.1 本年度已经清算结束信托项目情况

已清算结束的信托项目	项目个数（个）	实收信托合计金额（万元）	加权平均实际年化收益率（%）
集合类	514	15 241 818.32	4.56
单一类	52	1 269 046.23	5.47
财产管理类	49	2 602 347.80	4.57

6.4.2.2.2 本年度已经清算结束的主动管理型信托项目情况

已清算结束的信托项目	项目个数（个）	实收信托合计金额（万元）	加权平均实际年化信托报酬率（%）	加权平均实际年化收益率（%）
证券投资类	167	2 493 209.06	0.16	4.37
其他投资类	55	5 722 047.72	0.34	4.65
融资类	67	4 550 788.24	0.89	6.78
事务管理类	30	33 674.82	0.39	4.66

6.4.2.2.3 本年度已经清算结束的被动管理型信托项目情况

已清算结束的信托项目	项目个数（个）	实收信托合计金额（万元）	加权平均实际年化信托报酬率（%）	加权平均实际年化收益率（%）
证券投资类	240	2 255 489.74	0.13	-4.31
其他投资类	—	—	—	—
融资类	—	—	—	—
事务管理类	56	4 058 002.77	0.12	5.16

6.4.2.3 本年度新增信托项目情况

新增信托项目	项目个数（个）	实收信托合计金额（万元）
集合类	1547	24 199 329.41
单一类	118	5 095 835.04
财产管理类	654	9 740 613.22
新增合计	2319	39 035 777.67
其中：主动管理型	2271	29 973 507.39
被动管理型	48	9 062 270.28

6.4.2.4 本公司履行受托人义务情况及因本公司自身责任而导致的信托资产损失情况

公司管理信托财产恪尽职守，履行诚实、信用、谨慎、有效管理的义务。没有因公司自身责任而导致信托资产损失的情况。

6.4.2.5 信托赔偿准备金的提取、使用和管理情况

本公司按照税后利润的5%计提信托赔偿准备金。截至2020年12月31日，信托赔偿准备金余额为76 127.54万元。本年度公司未发生信托赔偿准备金使用情况。

6.5 关联方关系及其交易的披露

6.5.1 关联交易方的数量、关联交易的总金额及关联交易的定价政策

固有业务关联方情况

项目	关联交易数量（个）	关联交易金额（万元）	定价政策
合计	9	6 737.33	公允价值定价

6.5.2 关联交易方与本公司的关系性质、关联交易方的名称、法定代表人、注册地址、注册资本及主营业务

固有业务关联方情况

关系性质	关联方名称	法定代表人	注册地	注册资本（万元）	主营业务
实际控制人	中国中化股份有限公司	宁高宁	北京	4 322 517.80	石油、化肥、化工、金融等行业投资。
股东	中化资本有限公司	李强	上海	601 708.11	投资管理、资产管理、实业投资、企业管理咨询、投资咨询。
股东	中化集团财务有限责任公司	杨林	北京	300 000.00	财务和融资顾问。
同受母公司控制	北京凯晨置业有限公司	李从瑞	北京	10 240.00美元	房地产开发、建设，物业管理。
同受母公司控制	中化金茂物业管理（北京）有限公司	谢炜	北京	500.00	餐饮服务、物业管理顾问咨询、房地产信息咨询。
同受母公司控制	中化国际物业酒店管理有限公司	宋镠毅	北京	38 760.00	餐饮业，经营或出租中化大厦房地产设施，写字间、餐饮、车库等配套服务。
同受母公司控制	中化聚缘企业管理（北京）有限公司	杨宏	北京	1 000.00	企业管理、餐饮管理、物业管理、企业策划。
同受母公司控制	中化信息技术有限公司	赵洋	北京	5 000.00	技术开发、技术转让、技术咨询、技术服务；计算机系统服务；基础软件服务。

信托业务关联方情况

关系性质	关联方名称	法定代表人	注册地	注册资本（万元）	主营业务
—	—	—	—	—	—

6.5.3 本公司与关联方的重大交易事项

6.5.3.1 固有财产与关联方：贷款、投资、租赁、应收账款、担保、其他方式等期初汇总数、本期发生额汇总数、期末汇总数

固有财产与关联方关联交易

单位：万元

项目	期初数	借方发生额	贷方发生额	期末数
贷款	—	—	—	—
投资	—	—	—	—
租赁	—	—	—	—
担保	—	—	—	—
应收账款	—	—	—	—
其他	1 821.84	51.60	—	1 873.44
合计	1 821.84	51.60	—	1 873.44

注：固有财产与关联方关联交易主要是房屋租赁费、物业管理用等。

6.5.3.2 信托资产与关联方：贷款、投资、租赁、应收账款、担保、其他方式等期初汇总数、本期发生额汇总数、期末汇总数

信托资产与关联方关联交易

单位：万元

项目	期初数	借方发生额	贷方发生额	期末数
贷款	—	—	—	—
投资	—	—	—	—
租赁	—	—	—	—
担保	—	—	—	—
应收账款	—	—	—	—
其他	—	—	—	—
合计	—	—	—	—

6.5.3.3 信托公司自有资金运用于自己管理的信托项目（固信交易）、信托公司管理的信托项目之间的相互交易金额

6.5.3.3.1 固有财产与信托财产之间的交易金额期初汇总数、本期发生额汇总数、期末汇总数

固有财产与信托财产相互交易

单位：万元

项目	期初数	本期发生额	期末数
合计	1 269 188.16	-16 250.81	1 252 937.35

6.5.3.3.2 信托资产与信托财产之间的交易金额期初汇总数、本期发生额汇总数、期末汇总数

信托资产与信托财产相互交易

单位：万元

项目	期初数	本期发生额	期末数
合计	2 975 378.98	1 910 654.74	4 886 033.72

6.5.4 关联方逾期未偿还本公司资金的详细情况及本公司为关联方担保发生或即将发生垫款的详细情况

固有财产没有关联方逾期未偿还本公司资金及本公司为

关联方担保发生或即将发生垫款的事项。

6.6 会计制度的披露

本公司固有业务和信托业务自2008年1月1日起均执行中华人民共和国财政部于2006年2月15日颁布的《企业会计准则》。

7. 财务情况说明书

7.1 利润实现和分配情况

2020年本公司实现净利润142 061.86万元,分配方案如下:

(1)按当年净利润的10%提取法定公积金14 206.18万元。

(2)按当年净利润的5%提取信托赔偿准备金7 103.09万元。

(3)提取一般准备2 306.40万元。

可供股东分配的利润为118 446.19万元。

7.2 主要财务指标

指标名称	指标值
资本利润率(%)	7.74
加权年化信托报酬率(%)	0.40
人均利润(万元)	309.97

7.3 对本公司财务状况、经营成果有重大影响的其他事项

本公司没有对财务状况、经营成果有重大影响的其他事项。

8. 特别事项揭示

8.1 前五名股东报告期内变动情况及原因

无。

8.2 董事、监事及高级管理人员变动情况及原因

2020年第二次股东会议通过决议,伊力扎提不再担任外贸信托董事职务。2020年第六次股东会议通过决议,同意选举刘剑担任外贸信托董事。

2020年第六次股东会议通过决议,同意选举王鹤飞担任外贸信托监事,刘剑不再担任外贸信托监事会主席、监事职务。

2020年第七届董事会第十二次会议通过决议,同意伊力扎提不再担任外贸信托总经理职务。2020年第七届董事会第十五次会议通过决议,同意刘剑拟任外贸信托总经理职务。

2021年1月25日,北京银保监局核准刘剑总经理、董事的任职资格(京银保监复〔2021〕54号)。

8.3 公司重大诉讼事项

无。

8.4 会计师事务对审计报告所出具保留意见、否定意见或无法表现意见的情况

无。

8.5 公司及其董事、监事和高级管理人员受到处罚的情况

无。

8.6 中国银保监会及其派出机构对公司检查情况

中国银行保险监督管理委员会派出检查组,于2020年对公司进行现场检查,并于2021年向公司下发《中国银行保险监督管理委员会现场检查意见书》,公司将对照监管意见,严格落实监管要求。

8.7 本报告期内公司重大事项临时报告

2020年11月24日公司在《上海证券报》第136版和公司官网刊登《中国对外经济贸易信托有限公司关于修改公司章程的公告》。

8.8 中国银保监会及其省级派出机构认定的其他有必要让客户及相关利益人了解的重要信息

无。

9. 公司监事会意见

9.1 公司依法运作情况

报告期内,公司的决策程序符合国家法律、法规和公司章程及相关制度,不断建立健全有效的内控制度,董事会全体成员及董事会聘任的高级管理人员认真履行了职责,未发现有违法、违规、违章的行为,也没有损害公司利益、股东利益和委托人利益的行为。

9.2 财务报告的真实性

报告期内,公司财务报告真实地反映了公司财务状况和经营成果。

中国金谷国际信托有限责任公司

1. 重要提示

1.1 本公司董事会及董事保证本报告所载资料不存在任何虚假记载、误导性陈述或者重大遗漏,并对其内容的真实性、准确性和完整性承担个别及连带责任。

1.2 本公司独立董事对本报告的真实性、准确性和完整性无异议。

1.3 安永华明会计师事务所(特殊普通合伙)为本公司出具了标准无保留意见的审计报告。

1.4 本公司董事长李洪江、总经理徐兵(分管公司财务工作)声明:保证年度报告中财务会计报告的真实、完整。

2. 公司概况

2.1 公司简介

中国金谷国际信托有限责任公司(以下简称公司或金谷信托,原名为中国金谷国际信托投资有限责任公司)是1993年4月经中国人民银行批准成立的非银行金融机构。2008年7月30日,经国务院及财政部同意,中国银监会批准了中国信达资产管理公司(后改名为中国信达资产管理股份有限公司,以下简称中国信达)对金谷信托实施重组并增资。2009年9月1日,金谷信托经中国银监会批准重新登记,更名为中国金谷国际信托有限责任公司。2009年9月15日,公司在国家工商行政管理总局完成变更登记手续,并换领新的营业执照,注册资本为12亿元。2013年12月20日,金谷信托完成增资,公司注册资本增至22亿元。2013年12月23日,公司在国家工商行政管理总局完成注册资本变更登记手续,股东持股比例为中国信达持有92.29%的股权,中国妇女活动中心持有6.25%的股权,中国海外工程有限责任公司(以下简称中国海外)持有1.46%的股权。

2.1.1 公司名称

法定中文名称:中国金谷国际信托有限责任公司

中文名称缩写:金谷信托

英文名称:China Jingu International Trust Co.,Ltd.

英文名称缩写:Jingu Trust

2.1.2 公司法定代表人:徐兵

2.1.3 公司注册资本:22亿元

2.1.4 公司注册地址:北京市西城区金融大街33号通泰大厦C座10层

邮政编码:100033

2.1.5 公司官方网站网址:www.jingutrust.com

2.1.6 公司信息披露事务负责人:王崇

电话:010-88086819

传真:010-88086546

电子信箱:wangchong@cinda.com.cn

2.1.7 公司选定的信息披露报纸名称:《金融时报》

2.1.8 公司年度报告备置地点:北京市西城区金融大街33号通泰大厦C座10层

2.1.9 公司聘请的会计师事务所:安永华明会计师事务所(特殊普通合伙)

住所:北京市东城区东长安街1号东方广场安永大楼16层

2.1.10 公司聘请的律师事务所

北京市中伦律师事务所

住所:北京市朝阳区金和东路20号院正大中心3号楼南塔23—31层

北京市环球律师事务所

住所:北京市朝阳区建国路81号华贸中心1号写字楼15层、20层

北京市兰台律师事务所

住所:北京市朝阳区曙光西里甲一号(第三置业大厦)B座29层

北京植德律师事务所

住所:北京市东城区东直门南大街1号来福士中心办公楼5层

北京市中盛律师事务所

住所:北京市朝阳区建国门外大街8号楼国际财源中心22层

上海市方达(北京)律师事务所

住所:北京市朝阳区光华路1号北京嘉里中心北楼27层

2.1.11 其他有关资料

公司统一社会信用代码:911100001[illegible]013642K

公司金融许可证:K0075H111000001

2.2 股权信息情况

2.2.1 2020年末股东出资额

中国信达资产管理股份有限公司,持股203040万元,占比为92.29%;中国妇女活动中心,持股13750万元,占比为6.25%;中国海外工程有限责任公司,持股3210万元,占比为1.46%。

2.2.2 公司主要股东及其控股股东、实际控制人、关联方、一致行动人、最终受益人情况

中国信达资产管理股份有限公司持有公司92.29%的股份,根据《信托公司股权管理暂行办法》第七条的规定,为公司主要股东。其控股股东、实际控制人和最终受益人均为财政部,主要关联方包括中国信达(香港)控股有限公司、中润经济发展有限责任公司、信达证券股份有限公司、信达投资有限公司、幸福人寿保险股份有限公司、信达金融租赁有限公司、南洋商业银行有限公司、中国信达(香港)资产管理有限公司、中国信达基金管理有限公司、中国信达(香港)投资管理有限公司、信达(中国)投资有限公司、中国信达(澳门)资产管理有限公司、华建国际集团有限公司、信达金融控股

有限公司、信达期货有限公司、信风投资管理有限公司、信达创新投资有限公司、信达澳银基金管理有限公司、海南建信投资管理股份有限公司、三亚天域实业有限公司、上海同达创业投资股份有限公司、深圳市建信投资发展有限公司、河北信达金建投资有限公司、河南省金博大投资有限公司、信达资本管理有限公司、武汉东方建国大酒店有限公司、信达地产股份有限公司、长淮信达地产有限公司、信达建润地产有限公司、大连信达中连投资有限公司、信达国际控股有限公司、北京始于信投资管理有限公司、信达股权投资(天津)有限公司、合肥亚太科技发展有限公司、宁波梅山保税港区润浙投资管理有限责任公司、北京信达房地产开发有限公司、合肥中环融城置业有限公司、合肥中环亿城置业有限公司、翡翠航空有限责任公司等[其中,幸福人寿保险股份有限公司为中国信达资产管理股份有限公司2019年处置的子公司。2020年7月13日,经《中国银保监会关于幸福人寿保险股份有限公司变更股东的批复》(银保监复〔2020〕442号)批准,中国信达资产管理股份有限公司将所持有的幸福人寿50.995%的股权进行转让,并按照有关规定办理变更手续。自银保监会对交易相关事宜予以批准之日起,中国信达资产管理股份有限公司不再拥有幸福人寿任何股权]。

中国妇女活动中心持有公司6.25%的股份,根据《信托公司股权管理暂行办法》第七条的规定,为公司主要股东;根据中国妇女活动中心的意见,为公司股东。其控股股东、实际控制人和最终受益人均为中华全国妇女联合会;关联方包括中华全国妇女联合会、金汇投资管理有限公司、北京好苑建国酒店管理有限公司、北京好苑亿润物业管理有限公司。

2.2.3 2020年内股东违反承诺质押信托公司股权或以股权及其受(收)益权设立信托等金融产品的情况

无。

2.2.4 已向国务院银行业监督管理机构或其派出机构提交行政许可申请但尚未获得批准的事项

无。

2.2.5 国务院银行业监督管理机构规定的其他信息

无。

2.3 组织结构

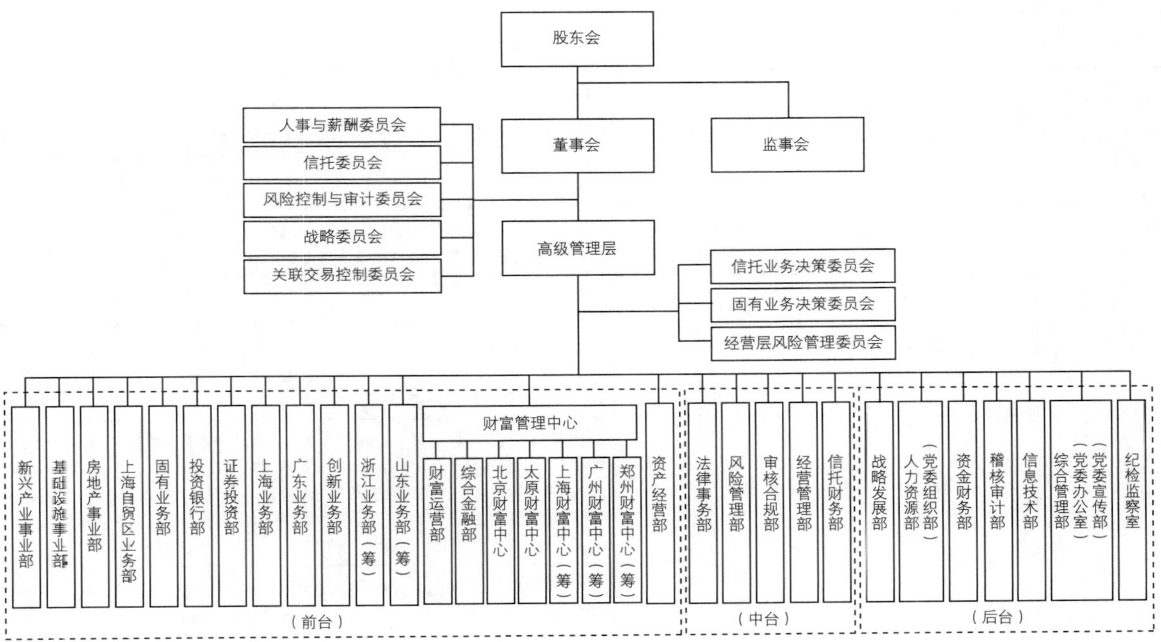

3. 公司治理

3.1 股东

股东名称	持股比例(%)	法人代表	注册资本(亿元)	注册地址	主要经营业务
中国信达资产管理股份有限公司	92.29	张子艾	381.6454	北京市西城区闹市口大街9号院1号楼	收购、受托经营金融机构和非金融机构不良资产,对不良资产进行管理、投资和处置;债权转股权,对股权资产进行管理、投资和处置;破产管理;对外投资;买卖有价证券;发行金融债券、同业拆借和向其他金融机构进行商业融资;经批准的资产证券化业务、金融机构托管和关闭清算业务;财务、投资、法律及风险管理咨询和顾问;资产及项目评估;国务院银行业监督管理机构批准的其他业务(市场主体依法自主选择经营项目,开展经营活动;依法须经批准的项目,经相关部门批准后依批准的内容开展经营活动;不得从事国家和本市产业政策禁止和限制类项目的经营活动)。

续表

股东名称	持股比例（%）	法人代表	注册资本（亿元）	注册地址	主要经营业务
中国妇女活动中心	6.25	宋胜菊	0.3	北京市东城区建国门内大街19号	餐饮服务[热食类食品制售、冷食类食品制售、糕点类食品制售(含裱花蛋糕)、预包装食品销售(含冷藏冷冻食品)](限分支经营);住宿、美容(非医疗美容)、理发、游泳池、浴场;本店内零售卷烟,雪茄烟(有效期至2018年07月30日);房屋出租;洗衣服务;收费停车场;健身健美;服装、日用百货、针纺织品、鞋帽、字画、工艺美术品、机电产品的销售;饭店投资管理;承接国际、国内会议;文化艺术、科技交流活动;物业管理(企业依法自主选择经营项目,开展经营活动;餐饮服务及依法须经批准的项目,经相关部门批准后依批准的内容开展经营活动;不得从事本市产业政策禁止和限制类项目的经营活动)。
中国海外工程有限责任公司	1.46	甘百先	16.0806	北京市海淀区紫竹院路1号7号楼	向境外派遣各类劳务人员(不含港澳台地区,有效期至2023年08月03日);承包各类国外工程和境内外资工程;外派劳务人员培训;承担各类海外工业、民用建筑工程的勘查、设计和咨询;利用外方资源、资金和技术在境内开展劳务合作;进出口业务;工业与民用建筑工程的总承包;市政工程、装饰工程、水力电力工程、港口建设、道路桥梁工程施工;设备安装;建筑材料、工程机械的销售;自有房屋出租;房地产的开发经营及物业管理(市场主体依法自主选择经营项目,开展经营活动;依法须经批准的项目,经相关部门批准后依批准的内容开展经营活动;不得从事国家和本市产业政策禁止和限制类项目的经营活动)。

3.2 董事、董事会及其下属委员会

3.2.1 董事长及董事

3.2.1.1 公司董事长及董事

姓名	职务	性别	年龄（岁）	选任日期	所推举的股东名称	该股东持股比例（%）	简要履历
彭新	董事长	男	58	2014年6月	中国信达	92.29	1983年参加工作至今,先后担任淮阴市金湖县黎城镇副镇长,建设银行江苏省信托投资公司科长,江苏省建设租赁有限公司副总经理,中国信达南京办事处副主任、党委委员、纪委书记,中国信达南昌办事处主任、党委书记,中国信达江西分公司总经理、党委书记,中国信达山东分公司总经理、党委书记,中国信达江苏分公司总经理、党委书记,中国信达纪委委员,中国金谷国际信托有限责任公司党委书记、董事长等职务。
徐兵	董事	男	47	2020年7月	中国信达	92.29	2001年参加工作至今,先后担任广州中科信集团有限公司研究发展部经理、总裁助理、副总裁,中钨高新材料股份有限公司副总经理、董事长,湖南有色金属股份有限公司董事长助理兼财经证券部部长,五矿资本控股有限公司副总经理,五矿国际信托有限公司总经理,浙江浙商产融控股有限公司副总裁,浙江浙商产融资产管理有限公司总裁;现任中国金谷国际信托有限责任公司党委副书记、总经理、董事。
陈义斌	董事	男	47	2017年6月	中国信达	92.29	1993年至今,先后担任轻工业部规划设计院工程师,中国信达股权管理部副经理、经理,资产管理部经理,总裁办公室经理、高级副经理、高级经理,股权管理部高级经理,中国信达河南省分公司党委委员、总经理助理、副总经理,中国信达资产管理业务部副总经理、投资与资管部副总经理、战略客户三部副总经理,中国信达青海分公司党委书记、总经理,中国金谷国际信托有限责任公司董事。
沈洪溥	董事	男	48	2017年2月	中国信达	92.29	1998年参加工作至今,先后担任河北经贸大学经济学系教师,中国信达金融风险研究中心发展组主管、经理、高级副经理、高级经理,战略发展部(金融风险研究中心、博士后管理办公室)研究处处长、高级经理,综合计划部总经理助理、资金市场部总经理助理、副总经理,中国信达(香港)控股有限公司董事、中国金谷国际信托有限责任公司董事。

3.2.1.2 董事长及董事

姓名	职务	性别	年龄（岁）	选任日期	所推举的股东名称	该股东持股比例（%）	简要履历
李洪江	董事长	男	51	2020年11月	中国信达	92.29	1992年至1998年任职于中国建设银行,2001年至今先后担任中国信达广东分公司副总经理、吉林分公司总经理,中国信达资产经营部总经理等多项职务;现任中国信达党委委员、总裁助理,中国金谷国际信托有限责任公司党委书记、董事长。
徐兵	董事	男	47	2020年7月	中国信达	92.29	2001年参加工作至今,先后担任广州中科信集团有限公司研究发展部经理、总裁助理、副总裁,中钨高新材料股份有限公司副总经理、董事长,湖南有色金属股份有限公司董事长助理兼财经证券部部长,五矿资本控股有限公司副总经理,五矿国际信托有限公司总经理,浙江浙商产融控股有限公司副总裁,浙江浙商产融资产管理有限公司总裁;现任中国金谷国际信托有限责任公司党委副书记、总经理、董事。

续表

姓名	职务	性别	年龄(岁)	选任日期	所推举的股东名称	该股东持股比例(%)	简要履历
陈振军	董事	男	55	2020 年 11 月	中国信达	92.29	1988 年参加工作至今,先后担任中国建设银行天津红桥支行营业部副主任,中国信达天津办事处投资银行部副经理、股权管理部经理、债权四部经理、综合管理部高级副经理,中国信达天津分公司法律事务部高级副经理、业务审核部高级经理,中国信达专职审批人;现任中国信达业务管理部副总经理,中国金谷国际信托有限责任公司董事。
叶郁文	董事	男	39	2020 年 11 月	中国信达	92.29	2004 年参加工作至今,先后担任普华永道中天会计师事务所重庆分所审计部高级审计员,重庆鑫根股权投资基金管理有限公司投资部副总监,中国信达重庆分公司业务二部经理、业务四处高级经理、处长;现任中国信达战略客户四部总经理助理,中国金谷国际信托有限责任公司董事。

注:根据监管批复,公司 2021 年 2 月 3 日正式聘任李洪江担任董事长职务,彭新不再担任董事长职务;2021 年 3 月 5 日聘任陈振军和叶郁文担任董事职务,陈义斌和沈洪溥不再担任董事职务。

3.2.2 独立董事

姓名	职务	性别	年龄(岁)	选任日期	简要履历
夏执东	独立董事	男	66	2014 年 12 月	1984 年至今,先后担任财政部科学研究所会计研究室副主任,中国建设银行总行国际业务部资金处副处长,安永华明会计师事务所副总经理,天华会计师事务所合伙人、董事长,京都天华(后更名为致同)会计师事务所副董事长等职务;现任致同(北京)工程造价咨询有限公司董事长,中国金谷国际信托有限责任公司独立董事。
郭　光	独立董事	男	63	2015 年 4 月	1986 年至今,先后担任中国政法大学助教、讲师,德国慕尼黑克伙尔律师事务所职员,德国克虏伯公司法律部职员,德国年利达律师事务所雇员,北京建元律师事务所合伙人,北京市天睿律师事务所主任合伙人;现任北京光汉律师事务所主任合伙人,中国金谷国际信托有限责任公司独立董事。
陆益龙	独立董事	男	55	2020 年 7 月	1987 年 7 月到今,先后在安徽省安庆师范大学政教系任教,在中国人民大学社会学系进行博士后研究;现任中国人民大学社会学系教授、博士生导师,中国金谷国际信托有限责任公司独立董事。

3.2.3 董事会下属委员会

3.2.3.1 截至 2020 年 12 月 31 日,公司董事会下属委员会

委员会名称	职责	组成人员
人事与薪酬委员会	负责制定、审查公司高级管理人员(以下简称高管人员)的薪酬政策与方案,拟定公司高管人员的考核标准并进行考核,接受董事会授权的其他事项。	夏执东(主任) 彭新 郭光
战略委员会	主要负责对公司总体发展战略、重大投资方案及其他影响公司发展的重大事项进行研究并提出建议。	彭新(主任) 陈义斌 夏执东
信托委员会	督促公司依法履行受托职责。当公司或股东利益与受益人利益发生冲突时,信托委员会应保证公司为受益人的最大利益服务。	沈洪溥(主任) 郭光 徐兵
风险控制与审计委员会	负责公司的风险控制、管理、监督和评估以及公司内外部审计的沟通、监督和核查等工作。	夏执东(主任) 陈义斌 徐兵
关联交易控制委员会	负责对关联方进行确认、在董事会授权范围内及时审查和批准关联交易、控制关联交易风险。	郭光(主任) 陆益龙 沈洪溥

3.2.3.2 截至 2021 年 3 月 31 日,公司董事会下属委员会

委员会名称	职责	组成人员
人事与薪酬委员会	负责制定、审查公司高级管理人员(以下简称高管人员)的薪酬政策与方案,拟定公司高管人员的考核标准并进行考核,接受董事会授权的其他事项。	夏执东(主任) 李洪江 郭光
战略委员会	主要负责对公司总体发展战略、重大投资方案及其他影响公司发展的重大事项进行研究并提出建议。	李洪江(主任) 陈振军 徐兵

续表

委员会名称	职责	组成人员
信托委员会	督促公司依法履行受托职责。当公司或股东利益与受益人利益发生冲突时，信托委员会应保证公司为受益人的最大利益服务。	夏执东（主任） 陈振军 叶郁文
风险控制与审计委员会	负责公司的风险控制、管理、监督和评估以及公司内外部审计的沟通、监督和核查等工作。	夏执东（主任） 叶郁文 徐兵
关联交易控制委员会	负责对关联方进行确认、在董事会授权范围内及时审查和批准关联交易、控制关联交易风险。	郭光（主任） 陆益龙 夏执东

3.3 监事、监事会

姓名	职务	性别	年龄（岁）	选任日期	所推举的股东名称	该股东持股比例（%）	简要履历
张小琦	监事会主席	女	50	2019年7月	中国信达	92.29	1995年至今，先后担任中国建设银行总行信托公司职员，中国信达信托投资公司总裁办公室职员、副经理、党委秘书（经理级）、清算组综合小组组长，信达投资有限公司总经理办公室副主任、主任、党委办公室主任、宣传群工部部长、董事会秘书，信达地产股份有限公司副总经理、党委委员、董事会秘书、工会主席，中国信达董事会办公室副主任、监事会办公室副主任、监事会办公室主任、监事会办公室党支部书记；现任中国金谷国际信托有限责任公司党委副书记、监事会主席。
杨　莉	监事	女	53	2019年7月	中国信达	92.29	1986年至今，先后担任北京市财政局党委办公室职员，中国投资银行总行财会部职员，中国信达信托投资公司证券业务部职员，中国信达审计部及合规管理部副经理、经理、高级副经理、高级经理，信达财产保险股份有限公司审计部总经理、职工监事、公司审计责任人；现任中国信达审计部副总经理，金谷信托监事。
张林山	监事	男	38	2019年7月	中国信达	92.29	2005年至今，先后担任英特尔产品有限公司工程师，信达财产保险股份有限公司重要客户部经理；现任中国信达集团管理部高级副经理，金谷信托监事。
张红雨	监事	女	49	2019年7月	中国妇女活动中心	6.25	1994年至今，先后担任首钢机电公司设计研究院工程师，金汇投资管理有限公司主管会计；现任中国妇女活动中心财务主管，金谷信托监事。
王　娜	职工监事	女	47	2011年6月	—	—	1991年至今，先后担任北京赛特集团管理有限责任公司主管，中国信达业务经理、经理、团委委员，中国金谷国际信托有限责任公司人力资源部高级副经理、工会副主席（部门总经理级）；现任中国金谷国际信托有限责任公司综合管理总部副总经理、工会副主席（部门总经理级）、职工监事。

3.4 高级管理人员

姓名	职务	性别	年龄（岁）	选任日期	金融从业年限（年）	学历/学位	专业
徐　兵	总经理	男	47	2020年9月	8	研究生/博士（后）	管理科学与工程
吴　杰	副总经理	男	50	2017年3月	27	研究生/硕士	世界经济
李　鹏	总经理助理	男	48	2020年9月	29	学士/硕士	建筑工程 工商管理
赵朝晖	总经理助理	男	51	2020年9月	16	学士/本科	贸易经济
王　崇	董事会秘书	男	53	2015年12月	25	研究生/硕士	国民经济

3.5 公司员工

项目		2019 年度		2020 年度	
		人数(人)	比例(%)	人数(人)	比例(%)
年龄分布	25 岁以下	4	3	3	2
	25～29 岁	28	18	25	14
	30～39 岁	73	47	94	53
	40 岁以上	50	32	55	31
学历分布	博士	8	5	10	5
	硕士	98	63	113	65
	本科	44	29	49	27
	专科及其他	5	3	5	3
岗位分布	董事、监事及高级管理人员	7	5	8	5
	自营业务人员	5	3	2	1
	信托业务人员	79	51	104	59
	其他	64	41	63	35
	合计	155	100	177	100

4. 经营管理

4.1 经营目标、经营方针、战略规划

4.1.1 经营目标

公司经营目标是推进市场化改革进程，打造战略性协同平台，成为一家资产质量优良、盈利能力优异、人才梯队健康、企业文化良好，实现高质量发展并具有竞争优势和鲜明特色的信托公司。

4.1.2 经营方针

公司秉承“稳健经营、稳步发展”的经营基调，坚持“高质量、专业化”的发展方向，以加强党建为引领，以深化协同为根本，以提高主动管理能力为目的，以探索风险处置新模式为突破，以强化财富管理建设为抓手，以完善体制机制为保障，以受益人的利益最大化为宗旨，坚持专业为基，坚守忠信为本，坚定创造价值。

4.1.3 战略规划

4.1.3.1 指导思想

公司以习近平新时代中国特色社会主义思想为指导，全面贯彻党的十九大和党的十九届二中、三中、四中、五中全会精神，落实中国信达党委关于公司市场化改革的重要战略举措，坚持党对经营工作的领导，以服务实体经济为己任，坚定谋发展、防风险、促改革，坚持投行化、基金化和股权化发展，回归信托本源，培育信托文化，全面推进与中国信达之间的战略协同，打造具有金谷特色的信托业务体系，成为一家具有鲜明特色和市场竞争优势的信托公司。

4.1.3.2 发展目标

近期目标：公司将全面落实市场化各项举措，积极推进引战增资工作，进一步夯实公司发展基础，将自身打造成对中国信达具有较大协同价值、具有市场化经营理念和专业化人才团队的信托公司。

远期目标：进一步推动公司稳健快速发展，力争实现在中国信达内部分子公司排名靠前、信托行业综合排名中上游，成为对中国信达具有较大利润贡献度、具有较强盈利能力和鲜明业务特色的信托公司。

4.1.3.3 战略重点

公司将紧紧把握宏观经济和行业发展趋势，不断创新业务模式，高度注重业务协同，积极布局重点产业和重点区域，拓宽自身发展空间，坚持服务优质客户，提升服务实体经济质效，推动自身转型发展。一是明确业务方向，推进战略协同；二是服务实体经济，深化产融结合；三是聚焦国家战略，完善区域布局；四是提升客户质量，夯实发展基础；五是创新产品体系，提升服务价值；六是强化财富建设，形成战略支点。

4.2 所经营业务的主要内容

4.2.1 自营资产运用与分布表

资产运用	金额(万元)	占比(%)	资产分布	金额(万元)	占比(%)
货币资产	60 663.50	12.74	基础产业	—	—
贷款及应收款	36 669.25	7.70	房地产业	874.04	0.18
交易性金融资产	39 273.54	8.25	证券市场	—	—
债权投资	309 928.87	65.09	实业	199.08	0.04
长期股权投资	—	—	金融机构	409 865.91	86.08
其他	29 641.66	6.22	其他	65 237.79	13.70
资产总计	476 176.82	100	资产总计	476 176.82	100

4.2.2 信托资产运用与分布表

资产运用	金额(万元)	占比(%)	资产分布	金额(万元)	占比(%)
货币资产	80 236.49	0.56	基础产业	927 180.80	6.48
贷款	3 356 436.05	23.47	房地产	966 187.51	6.76
交易性金融资产	—	—	证券市场	80 026.32	0.56
可供出售金融资产	4 768 514.54	33.35	实业	3 292 426.58	23.02
持有至到期投资	2 270 578.14	15.88	金融机构	376 031.90	2.63
长期股权投资	1 505 886.89	10.53	其他	8 657 888.02	60.55
其他	2 318 089.02	16.21			
信托资产总计	14 299 741.13	100.00	信托资产总计	14 299 741.13	100.00

4.3 市场分析

4.3.1 经济形势分析

面对严峻复杂的国内外环境，特别是新冠肺炎疫情的严重冲击，我国统筹疫情防控和经济社会发展取得重大成果，2020 年国内生产总值突破 100 万亿元大关，经济社会发展取得新的历史性成就，经济实力、科技实力、综合国力又跃上一个新的台阶。另外，疫情变化和外部环境存在诸多不确定性，我国经济恢复基础尚不牢固，当前世界经济形势仍然复杂严峻，经济复苏存在不稳定性和不平衡性，疫情冲击导致的各类衍生风险不容忽视。

4.3.2 金融形势分析

从金融环境看，2020 年三大攻坚战取得实质性进展，高风险金融机构和重点领域风险得到有序处置，金融业服务经济社会发展能力稳步提升，金融领域改革持续深化，各类金融机构的体制机制改革深入推进，公司治理不断健全。展望“十四五”时期，我国的金融安全形势仍然十分复杂，国内外经济金融运行环境正在发生深刻变化，金融供给与需求之间不平衡、不适应的矛盾依然突出，金融业高质量发展面临多重挑战。

4.3.3 影响公司业务发展的有利因素

当前我国经济已经进入高质量发展阶段，供给侧结构性改革深入推进，以国内大循环为主体、国内国际双循环相互促进的新发展格局正在加快推进，国内经济继续保持稳中向好的态势，为公司业务发展提供了有利的宏观环境。

金融领域平稳运行，稳健的货币政策更加突出前瞻性、主动性、精准性和有效性，金融领域风险不断化解，各项金融调控措施有效对冲了经济运行中的不确定性，为公司发展提供了稳定的金融环境。

金融领域法律法规体系不断完善，监管要求趋于统一，信托行业在原有“一法两规”的基础上，资金信托管理办法等制度的出台将进一步推动行业发展有法可依、有章可循。

信托业转型发展持续推进，信托市场作为我国金融市场重要组成部分的作用不断加强，信托业服务实体经济能力不断提升，为公司探索转型发展道路提供了良好的行业环境。

随着我国经济不断发展，居民收入不断增长，高净值客户群体数量持续增加，财富管理市场已进入蓬勃发展期，有助于公司财富管理及家族信托等业务长期、稳健、可持续发展。

4.3.4 影响公司业务发展的不利因素

信托市场下行压力较大，行业风险持续攀升。全球范围内疫情仍未得到有效控制，加剧了宏观经济的不确定性和不稳定性，实体企业仍面临较大经营压力，优质资产获取难度加大，行业风险持续累积，信托市场仍将面临更为严峻的风险管控压力。

行业内良好的受托人文化需要进一步建设。信托全行业仍然存在受托人文化不成熟、受托人职责不清晰、受托人定位有偏离等问题，制约行业高质量发展目标的实现。

市场竞争日趋激烈。当前信托公司转型提速，加快推进标品信托、股权投资、家族信托等业务布局，更加注重弥补发展短板，加大资本补充力度，加强科技投入，积极吸引专业化人才，市场竞争日趋加剧。

4.4 内部控制

4.4.1 内部控制环境和内部控制文化

按照现代企业制度的要求，公司建立了由股东会、董事会、监事会及经营管理层组成的法人治理结构，努力构建分工明确、权责明晰、合理制衡的内控运行机制。董事会下设有信托委员会、人事与薪酬委员会、风险控制与审计委员会、关联交易控制委员会、战略委员会等专门机构。同时，还建立了独立董事制度。公司经营管理层下设有前台事业部和专业业务部，以及中台、后台等相关职能部门，努力构建权责明确，合理制衡的内部控制体系。信托业务与固有业务在人员配置、经营决策、会计核算和账务处理上相互独立。

公司建立并培育符合公司发展特点的内控文化。通过业务研讨、讲座、交流和培训等多种形式，不断将最新的政策法规、公司制度、经验和理念传递给公司员工，并将内控工作切实落实到各业务岗位和操作环节，以强化员工的合规和风险防范意识。同时，公司制定的员工行为规范，鼓励并要求大家爱岗敬业、诚实守信、遵纪守法。

4.4.2 内部控制措施

为确保实现公司经营目标，防范风险，公司制定了一套比较完整的内部控制制度与操作流程。

公司的基本制度对治理结构、机构设置、权责分配、内部审计等作出了规定，基本满足了内部控制各方面的要求；公司制定并实施了基本涵盖前台、中台、后台的内部控制制度和操作流程，如业务经营、业务授权、合规管理、法律管理、风险管理、业务决策、期间管理、稽核审计、财务管理、人力资源、信息技术及综合管理等，并随着业务的开展持续补充、修订和完善。公司实施了全方位的业务流程内控管理，对于尽职调查、立项审批、合规审查、风险审查、法律审查、项目中后期管理、清算等关键环节实行多人或多部门的交叉审核制，基本保障了公司业务内部控制的有效性。2020 年，公司结合监管部门下发的各类监管政策和业务发展需要，调整优化了相关业务流程，对项目期间管理、产品发行等关键流程及环节在制度层面进行了优化完善，使业务开展能够符合最新监管要求，提高了项目管理和发行效率。

4.4.3 监督评价与纠正

报告期内，公司继续按照财政部等发布的《企业内部控制基本规范》和上级要求，组织开展了年度内控评价工作，对 31 个管理流程进行测试评价，发现一处内部控制一般缺陷，已立行立改，公司不存在财务报告和非财务报告内部控制重大缺陷。

4.5 风险管理

4.5.1 风险管理概况

公司以全面、审慎和有效为原则，积极构建和营造全面风险管理文化，主动完善全面风险管理体制机制和业务指标体系建设。同时，进一步加大风险管理绩效考核机制的落实，保证公司各项业务的稳健开展。公司建立了包括董事会、经营层、职能管理部门和各业务部门组成的四级风险管理体系，并形成了事前、事中、事后三条风险管理的主线，针对战略风险、政策风险、合规风险、集中度风险、流动性风险、信用风险、市场风险、操作风险及声誉风险等多个方面进行了有效的管理和防控。

4.5.2 风险状况

4.5.2.1 信用风险状况

信用风险主要指由于债务人或交易对手未能或者不愿意按时履行偿债义务，或者其信用状况的不利变动而使公司业务发生损失的风险。信用风险是公司经营过程中面临的主要风险，表现为交易对手、担保人等义务主体在贷款偿还、资产（权益）回购、担保等交易环节中不履行或不全面履行合同义务，从而造成信托、固有财产遭受损失的可能性。

公司在报告期内累计清算信托规模 503.24 亿元，未发生信用风险事件，合计支付投资者收益 55.96 亿元，持续为投资者创造稳定价值。

4.5.2.2 市场风险状况

市场风险是公司经营过程中面临的风险之一。市场风险是指公司在资产管理业务中，投资具有公开市场价值的金融产品或者其他产品时，由于价格波动导致资产遭受损失的可能性。

公司在报告期内未开展涉及二级市场及衍生品交易等业务，暂不存在市场风险。

4.5.2.3 操作风险状况

操作风险是公司经营过程中面临的风险因素。主要表现在公司内部人员在相关业务办理中，因错误、疏忽或操作失误而出现的风险，以及由于内部控制制度不完善引发的缺乏监控、监督的风险。

公司在报告期内严控操作风险，在业务开展的全过程中实行多人、多部门的交叉管理，完善相关内部控制制度，使执行风险、流程风险、人员风险等操作风险得到有效控制。

4.5.2.4 其他风险状况

其他风险主要是指政策风险和声誉风险。政策风险主要是国家政策变化对公司业务发展可能产生的不利影响。声誉风险是指由于经营、管理及其他行为或外部事件导致利益相关方对公司作出负面评价的风险，从而影响公司正常运营和发展。

公司密切关注宏观经济政策及行业监管政策变化，及时研判政策变化可能对公司业务造成的影响，研究采取有效措施，减少政策风险对公司经营的影响。报告期内，公司整体声誉情况良好。

4.5.3 风险管理情况

4.5.3.1 信用风险管理

对于可能发生的信用风险，公司主要采取以下方式进行控制和防范：一是以公司的产品准入标准及信用评级体系作为重要参考依据，注重项目的前期尽职调查，从定性及定量两方面审慎选择交易对手；同时，通过强化期间管理等方式持续关注交易对手的履约能力变化，防范项目信用风险。二是注重通过合理设置交易结构等方式分散信用风险。三是通过在交易结构中设定抵（质）押担保等方式控制信用风险。

2020年，按规定和监管要求，公司开展了多轮次风险排查工作，重点排查了公司存续业务的信用风险，并根据项目风险排查情况，对未到期项目进行了风险识别和研判，制定了相应的应急处置预案，强化了项目期间管理措施等。公司根据市场变化，及时更新了产品准入标准及风险控制措施，优化完善了风险管理体系。同时，公司在交易对手及业务开展区域的选择上更加审慎，并强化了业务抵（质）押等担保措施，动态监测抵押率，将抵押率控制在合理的范围之内。

另外，公司按照监管要求和《固有资产风险分类管理暂行办法》，将固有资产划分为正常、关注、次级、可疑和损失五类。公司按照财政部《金融企业准备金计提管理办法》（财金〔2012〕20号）的规定计提了相关准备金等，包括一般准备和资产减值准备。其中，一般准备余额不低于风险资产期末余额的1.5%。公司按照净利润的5%提取信托赔偿准备。

4.5.3.2 市场风险管理

为了规避可能出现的市场风险，公司着重从以下几个方面采取措施进行防范和控制：第一，注重定期对国家宏观经济形势的研判，把握国家重点调控政策，防范可能发生的市场风险；第二，加强对不同行业和区域的市场风险分析，注意建立与公司规模和管理能力相适应的风险管理制度；第三，开展与公司发展阶段相适应的业务，积极探索组合投资方案，分散市场风险；第四，尽量在贷款合同及相关文件中对利率变动进行事前约定，规避利率风险。

4.5.3.3 操作风险管理

公司采取了不同的管理策略和解决方案，应对和完善操作风险的管理。通过构建内部控制制度和体系加强尽职风险管理，以严谨的制度流程和清晰的授权体系，明确责任，形成了不同部门、不同岗位之间相互监督制约的关系，从而做到职责明确，各尽其责。在具体项目运作时，公司要求各业务部门严格按照公司内部业务流程操作，以实现委托人的意愿及受益人利益。2020年，公司对核心业务系统及办公平台系统均进行了改造升级，为公司业务流程的标准化和规范化提供技术保障，减少了操作风险发生的可能性。公司还根据各信托产品的具体情况，要求信托专户开户行协助对资金进行监管，以防范和控制操作风险的出现。

4.5.3.4 其他风险管理

公司通过密切关注和研究国家经济形势和政策变化，及时调整经营思路、业务方向和业务策略等，减少政策风险的影响；通过审慎选择交易对手，尽职尽责履行受托人义务，加强和规范全员从业技能与职业道德培训等，维护委托人和受益人的利益，并以此防控道德风险。公司由声誉风险处置工作领导小组对舆情管理工作进行统一领导，设舆情管理专岗对舆情进行实时监控，做好声誉风险分析及处置，有效降低舆情负面影响。

4.6 社会责任

2020年，面对新冠肺炎疫情的冲击，公司切实提高政治站位，主动调整业务策略，携手中国信达相关单位先后对钢铁、建筑、商贸、煤炭、物流、文旅、航空等受疫情影响严重行业的困难企业提供危机救助及债务风险化解，以实际行动助力“六稳”“六保”。同时，公司积极响应号召，向湖北省慈善总会捐款30万元，用于湖北省新冠肺炎疫情防控工作；全体党员自愿捐款16 600元，用于慰问战斗在疫情防控斗争一线的医务人员、基层干部群众等。

公司坚决贯彻党中央、国务院关于打赢脱贫攻坚战的决策部署，积极履行国有金融企业的使命担当，创设“信达大爱”慈善信托品牌，将扶贫责任与信托功能有机结合，践行国家精准扶贫方针，以产业扶贫方式为全面脱贫注入“源头活水”。截至2020年末，“信达大爱”系列共设立7单慈善信托，累计支出慈善款金额超过2 600万元，覆盖新疆、青海、云南、贵州等17个省（自治区、直辖市）。同时，2020年，公司开创性设立全国首单群众性互助慈善信托，引领农村公益慈善事业良性发展。

公司不断完善员工关爱体系，推动员工与企业共同成长。通过不断完善培训体系、保障员工职业健康、开展员工文体活动及员工帮扶等，切实增强员工福利，保障员工权益。

公司积极践行低碳环保理念，设立绿色信托产品支持绿色产业发展；利用科技手段，完善信息系统建设，拓展线上金融服务，推广电视电话会议；倡导绿色办公，在办公场所设置回收废旧电池纸箱，在打印室、卫生间张贴标识，引导员工树立节能环保理念；积极开展环保公益活动，组织“垃圾分类宣传活动”，引导员工逐步养成垃圾分类意识，形成珍惜资源、节约能源的生活习惯。

4.7 消费者权益保护

2020年，公司在整体规划、制度建设、开展宣教活动、信息化建设等方面继续坚定落实消费者权益保护各项工作。公司于年初制定《金谷信托2020年消费者权益保护工作计划》，整体规划本年度重点工作；完善内控制度，组织学习中国银保监会和中国人民银行本年度新发布的《银行业保险业消费投诉处理管理办法》《中国人民银行金融消费权益保护实施办法》，领会办法精神，制定《客户信息管理办法》、修订《客户管理办法》中投诉处理相关板块内容，本年度客户投诉数量为零；公司加大消费者宣传教育力度，组织开展"3·15 消费者权益保护教育宣传周"活动、"金融知识普及月"活动，本年度共实施集中宣教4 次，参与员工 109 人次，总受众客户量 1 000 余人，同时，公司积极开展线上宣教活动，自制或转发北京银保监局等发布的宣教资料，线上阅读量近 2 000 人，较上年增长 58%；公司本年度上线财富官网、基本开发完成客户端 APP，随着各项应用平台的上线运营，将进一步提高客户服务效率、改善客户体验。

5. 报告期末及上一年度末的比较式会计报表

5.1 自营资产

5.1.1 会计师事务所审计意见全文

审 计 报 告

安永华明（2021）审字第 61236512 _ A01 号

中国金谷国际信托有限责任公司

中国金谷国际信托有限责任公司：

一、审计意见

我们审计了中国金谷国际信托有限责任公司的财务报表，包括 2020 年 12 月 31 日的资产负债表，2020 年度的利润表、所有者权益变动表和现金流量表，以及相关财务报表附注。

我们认为，后附的中国金谷国际信托有限责任公司的财务报表在所有重大方面按照企业会计准则的规定编制，公允反映了中国金谷国际信托有限责任公司 2020 年 12 月 31 日的财务状况及 2020 年度的经营成果和现金流量。

二、形成审计意见的基础

我们按照中国注册会计师审计准则的规定执行了审计工作。审计报告的"注册会计师对财务报表审计的责任"部分进一步阐述了我们在这些准则下的责任。按照中国注册会计师职业道德守则，我们独立于中国金谷国际信托有限责任公司，并履行了职业道德方面的其他责任。我们相信，我们获取的审计证据是充分的、适当的，为发表审计意见提供了基础。

三、管理层和治理层对财务报表的责任

中国金谷国际信托有限责任公司管理层负责按照企业会计准则的规定编制财务报表，使其实现公允反映，并设计、执行和维护必要的内部控制，以使财务报表不存在由于舞弊或错误导致的重大错报。

在编制财务报表时，管理层负责评估中国金谷国际信托有限责任公司的持续经营能力，披露与持续经营相关的事项（如适用），并运用持续经营假设，除非计划进行清算、终止运营或别无其他现实的选择。

治理层负责监督中国金谷国际信托有限责任公司的财务报告过程。

四、注册会计师对财务报表审计的责任

我们的目标是对财务报表整体是否不存在由于舞弊或错误导致的重大错报获取合理保证，并出具包含审计意见的审计报告。合理保证是高水平的保证，但并不能保证按照审计准则执行的审计在某一重大错报存在时总能发现。错报可能由于舞弊或错误导致，如果合理预期错报单独或汇总起来可能影响财务报表使用者依据财务报表作出的经济决策，则通常认为错报是重大的。

在按照审计准则执行审计工作的过程中，我们运用职业判断，并保持职业怀疑。同时，我们也执行以下工作：

（1）识别和评估由于舞弊或错误导致的财务报表重大错报风险，设计和实施审计程序以应对这些风险，并获取充分、适当的审计证据，作为发表审计意见的基础。由于舞弊可能涉及串通、伪造、故意遗漏、虚假陈述或凌驾于内部控制之上，未能发现由于舞弊导致的重大错报的风险高于未能发现由于错误导致的重大错报的风险。

（2）了解与审计相关的内部控制，以设计恰当的审计程序。

（3）评价管理层选用会计政策的恰当性和作出会计估计及相关披露的合理性。

（4）对管理层使用持续经营假设的恰当性得出结论。同时，根据获取的审计证据，就可能导致对中国金谷国际信托有限责任公司持续经营能力产生重大疑虑的事项或情况是否存在重大不确定性得出结论。如果我们得出结论认为存在重大不确定性，审计准则要求我们在审计报告中提请报表使用者注意财务报表中的相关披露；如果披露不充分，我们应当发表非无保留意见。我们的结论基于截至审计报告日可获得的信息。然而，未来的事项或情况可能导致中国金谷国际信托有限责任公司不能持续经营。

（5）评价财务报表的总体列报（包括披露）、结构和内容，并评价财务报表是否公允反映相关交易和事项。

我们与治理层就计划的审计范围、时间安排和重大审计发现等事项进行沟通，包括沟通我们在审计中识别出的值得关注的内部控制缺陷。

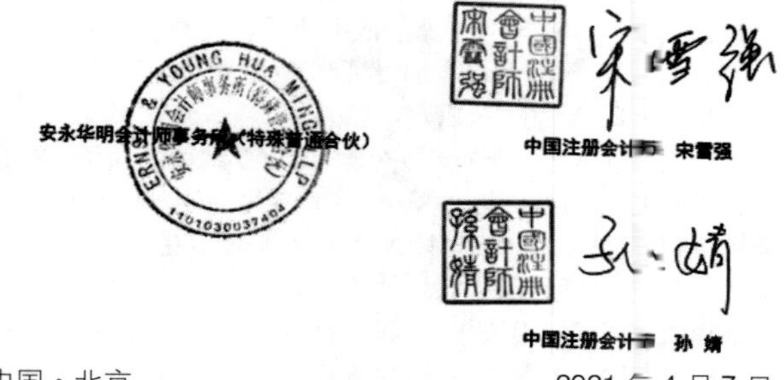

中国·北京　　　　2021 年 4 月 7 日

5.1.2 资产负债表

资产负债表

编制单位：中国金谷国际信托有限责任公司　　2020 年 12 月 31 日　　单位：万元

项目	年末数	年初数	项目	年末数	年初数
资产			负债		
货币资金	60 663.50	65 754.25	应付职工薪酬	13 848.34	13 728.17
发放贷款和垫款	15 839.75	41 421.64	应交税费	5 619.79	1 350.59
金融投资	—	—	其他负债	41 224.35	110 094.49
交易性金融资产	39 273.54	55 308.05	负债合计	60 692.48	125 173.25
债权投资	309 928.87	312 995.88	所有者权益		
固定资产	237.75	214.83	实收资本	220 000.00	220 000.00
无形资产	337.79	221.64	资本公积	23 064.78	23 064.78
递延所得税资产	23 481.26	27 418.39	盈余公积	18 661.97	17 510.84
其他资产	26 414.36	26 196.33	风险准备金	19 162.99	18 587.42
			未分配利润	134 594.60	125 194.72
			所有者权益合计	415 484.34	404 357.76
资产总计	476 176.82	529 531.01	负债及所有者权益总计	476 176.82	529 531.01

5.1.3 利润表

利润表

编制单位：中国金谷国际信托有限责任公司　　2020 年度　　单位：万元

项目	2020 年度	2019 年度
营业收入	45 402.38	51 747.24
利息净收入	840.44	2 802.69
其中：利息收入	4 406.60	7 391.55
利息支出	3 566.16	4 588.86
手续费及佣金净收入	38 874.55	26 334.95
其中：手续费及佣金收入	38 876.21	26 337.16
手续费及佣金支出	1.66	2.21
投资收益	1 721.45	6 900.94
公允价值变动损益	3 774.54	15 462.08
资产处置收益	2.12	—
其他收益	182.05	238.58
其他业务收入	7.23	8
营业支出	29 923.29	44 546.09
税金及附加	334.86	260.86
业务及管理费	15 203.51	14 768.08
信用减值损失	14 384.92	29 517.15
营业利润	15 479.09	7 201.15
加：营业外收入	0.04	0.03
减：营业外支出	30.69	—
利润总额	15 448.44	7 201.18
减：所得税费用	3 937.13	1 950.05
净利润	11 511.31	5 251.13

5.1.4 所有者权益变动表

所有者权益变动表

编制单位：中国金谷国际信托有限责任公司　　2020 年度　　单位：万元

项目	本年金额						上年金额					
	实收资本	资本公积	盈余公积	风险准备金	未分配利润	所有者权益合计	实收资本	资本公积	盈余公积	风险准备金	未分配利润	所有者权益合计
一、上年年末余额	220 000. 00	23 064. 78	17 510. 84	18 587. 42	125 194. 72	404 357. 76	220 000. 00	23 064. 78	16 985. 72	16 426. 24	124 820. 94	401 297. 68
加：会计政策变更	—	—	—	—	—	—	—	—	—	—	—	—
前期差错变更	—	—	—	—	—	—	—	—	—	—	—	—
二、本年年初余额	220 000. 00	23 064. 78	17 510. 84	18 587. 42	125 194. 72	404 357. 76	220 000. 00	23 064. 78	16 985. 72	16 426. 24	124 820. 94	401 297. 68
三、本年增减变动金额（减少以"－"号填列）	—	—	1 151. 13	575. 57	9 399. 88	11 126. 58	—	—	525. 12	2 161. 18	373. 78	3 060. 08
（一）综合收益总额	—	—	—	—	11 511. 31	11 511. 31	—	—	—	—	5 251. 13	5 251. 13
（二）利润分配	—	—	1 151. 13	575. 57	−2 111. 43	−384. 73	—	—	525. 12	2 161. 18	−4 877. 34	−2191. 05
1. 提取盈余公积	—	—	1 151. 13	—	−1 151. 13	—	—	—	525. 12	—	−525. [illegible]	—
2. 提取风险准备金	—	—	—	575. 57	−575. 57	—	—	—	—	2 161. 18	−2 161. 18	—
3. 对所有者的分配	—	—	—	—	−384. 73	−384. 73	—	—	—	—	−2 191. 05	−2 191. 05
四、本年年末余额	220 000. 00	23 064. 78	18 661. 97	19 162. 99	134 594. 60	415 484. 34	220 000. 00	23 064. 78	17 510. 84	18 587. 42	125 194. 72	404 357. 76

5.2 信托资产

5.2.1 信托项目资产负债汇总表

信托项目资产负债汇总表

编制单位 中国金谷国际信托有限责任公司　　2020 年 12 月 31 日　　单位：万元

资产	期末余额	期初余额	负债和所有者权益	期末余额	期初余额
信托资产：			信托负债：		
银行存款	80 236. 49	133 815. 79	应付受托人报酬	—	[illegible]7. 06
交易性金融资产	—	43 976. 65	应付托管费	—	3. 94
买入返售金融资产	—	68 766. 64	应付受益人收益	821. 97	17 154. 07
应收账款	1 992 420. 40	2 552 605. 60	应交税费	—	1[illegible]2. 24
应收利息	—	—	其他应付款	60 504. 90	90 1[illegible]1. 47
拆出资金	—	—			
其他应收款	—	—	信托负债合计	61 326. 87	107 473. 78
贷款	3 356 436. 05	2 525 026. 20			
持有至到期投资	2 270 578. 14	1 503 305. 81			
可供出售金融资产	4 768 514. 54	1 518 038. 79	信托权益：	—	—
长期股权投资	1 505 886. 89	1 653 328. 66	实收信托	14 146 494. 95	9 784 7[illegible]. 38
固定资产	—	—	资本公积	—	—
在建工程	—	—	未分配利润	91 919. 31	136 82[illegible]. 64
无形资产	—	—	信托权益合计	14 238 414. 26	9 921 612. 02
长期待摊费用	—	—			
其他资产	325 668. 62	30 221. 66			
资产总计	14 299 741. 13	10 029 085. 80	负债和所有者权益合计	14 299 741. 13	10 029 085. 80

5.2.2 信托项目利润及利润分配汇总表

信托项目利润及利润分配汇总表

编制单位:中国金谷国际信托有限责任公司　　2020年度　　单位:万元

项目	本年金额	上年金额
一、营业收入	636 197.27	824 426.38
利息收入	257 171.02	629 035.66
投资收益	308 378.41	196 703.60
公允价值变动损益	64 635.59	-1 312.88
租赁收入	—	—
其他业务收入	6 012.25	—
二、支出	121 511.50	110 260.95
(一)税金及附加	2 157.69	2 841.92
(二)受托人报酬	33 791.82	24 693.09
(三)保管费	2 656.81	6 348.77
(四)资产减值损失	—	—
(五)其他费用	82 905.18	76 377.17
三、信托净利润(净亏损以"-"号填列)	514 685.77	714 165.43
四、其他综合收益	—	—
五、综合收益	514 685.77	714 165.43
六、加:期初未分配信托利润	136 821.64	77 518.20
七、可供分配的信托利润	651 507.41	791 683.63
八、减:本期已分配信托利润	559 588.10	654 861.99
九、期末未分配信托利润	91 919.31	136 821.64

6. 会计报表附注

6.1 会计报表编制基准不符合会计核算基本前提的说明

本公司无上述情况。

6.2 重要会计政策和会计估计说明

6.2.1 计提资产减值准备的范围和方法

计提资产减值准备的范围包括金融资产、长期股权投资、固定资产、无形资产。

计提资产减值准备的方法:金融资产,公司在资产负债表日对除了以公允价值计量且其变动计入当期损益的金融资产外的其他金融资产,以预期信用损失为基础进行减值处理并确认损失准备。非金融资产,公司在资产负债表日检查长期股权投资、固定资产、使用寿命确定的无形资产是否存在可能发生减值的迹象。如果该等资产存在减值迹象,则估计其可收回金额。估计资产的可收回金额以单项资产为基础,如果难以对单项资产的可收回金额进行估计的,则以该资产所属的资产组为基础确定资产组的可收回金额。可收回金额为资产或者资产组的公允价值减去处置费用后的净额与其预计未来现金流量的现值两者之中的较高者。如果资产的可收回金额低于其账面价值,按其差额计提资产减值准备,并计入当期损益。非金融资产减值损失一经确认,在以后会计期间不予转回。

6.2.2 金融资产分类的范围和标准

金融资产于初始确认时根据本公司管理金融资产的业务模式和金融资产的合同现金流量特征分类为以公允价值计量且其变动计入当期损益的金融资产、以摊余成本计量的金融资产、以公允价值计量且其变动计入其他综合收益的金融资产。金融资产在初始确认时以公允价值计量。对于以公允价值计量且其变动计入当期损益的金融资产,相关交易费用直接计入当期损益,其他类别的金融资产相关交易费用计入其初始确认金额。

6.2.2.1 公允价值的确定方法

公允价值是市场参与者在计量日发生的有序交易中,出售资产所能收到或者转移一项负债所需支付的价格。无论公允价值是可观察到的还是采用估值技术估计的,在财务报表中计量和/或披露的公允价值均在此基础上予以确定。

6.2.2.2 金融资产的转移

本公司已将金融资产所有权上几乎所有的风险和报酬转移给转入方的,终止确认该金融资产;保留了金融资产所有权上几乎所有的风险和报酬的,不终止确认该金融资产。

本公司既没有转移也没有保留金融资产所有权上几乎所有的风险和报酬的,分别下列情况处理:放弃了对该金融资产控制的,终止确认该金融资产并确认产生的资产和负债;未放弃对该金融资产控制的,按照其继续涉入所转移金融资产的程度确认有关金融资产,并相应确认有关负债。

通过对所转移金融资产提供财务担保方式继续涉入的,按照金融资产的账面价值和财务担保金额两者之中的较低者,确认继续涉入形成的资产。财务担保金额,是指所收到的对价中,将被要求偿还的最高金额。

6.2.3 以摊余成本计量的金融资产核算方法

公司管理该金融资产的业务模式是以收取合同现金流量为目标;该金融资产的合同条款规定,在特定日期产生的现金流量仅为对本金和以未偿付本金金额为基础的利息的支付。此类金融资产以摊余成本进行后续计量,采用实际利率法确认利息收入,其终止确认、修改或减值产生的利得或损失,均计入当期损益。

6.2.4 以公允价值计量且其变动计入其他综合收益的金融资产核算方法

分类为以公允价值计量且其变动计入其他综合收益的金融资产为本公司管理该金融资产的业务模式是既以收取合同现金流量为目标又以出售金融资产为目标;该金融资产的合同条款规定,在特定日期产生的现金流量仅为对本金和以未偿付本金金额为基础的利息的支付。此类金融资产后续以公允价值计量,采用实际利率法确认利息收入。除利息收入、减值损失及汇兑差额确认为当期损益外,其余公允价值变动计入其他综合收益。当金融资产终止确认时,之前计入其他综合收益的累计利得或损失从其他综合收益转出,计入当期损益。

6.2.5 以公允价值计量且其变动计入当期损益的金融资产核算方法

上述以摊余成本计量的金融资产及以公允价值计量且其变动计入其他综合收益的金融资产之外的金融资产,分类为以公允价值计量且其变动计入当期损益的金融资产。对于此类金融资产,采用公允价值进行后续计量,所有公允价值变动计入当期损益。

6.2.6 长期股权投资核算方法

6.2.6.1 长期股权投资的初始计量

长期股权投资在取得时按初始投资成本计量。初始投资成本一般为取得该项投资而付出的资产、发生或承担的负债以及发行的权益性证券的公允价值，并包括直接相关费用。但同一控制下的企业合并形成的长期股权投资，其初始投资成本为合并日取得的被合并方所有者权益在最终控制方合并财务报表中的账面价值的份额。

6.2.6.2　长期股权投资的后续计量

对被投资单位实施控制的长期股权投资采用成本法核算；对联营企业和合营企业的长期股权投资采用权益法核算。长期股权投资采用权益法核算时，对长期股权投资初始投资成本大于投资时应享有被投资单位可辨认净资产公允价值份额的，不调整长期股权投资的初始投资成本；对长期股权投资初始投资成本小于投资时应享有被投资单位可辨认净资产公允价值份额的，其差额计入当期损益，同时调整长期股权投资的成本。投资方在确认应享有被投资单位净损益的份额时，应当以取得投资时被投资单位可辨认净资产的公允价值为基础，对被投资单位的净利润进行调整后确认。

6.2.7　固定资产计价和折旧方法

固定资产是指为生产商品、提供劳务、出租或经营管理而持有的，使用寿命超过一个会计年度的有形资产。固定资产仅在与其有关的经济利益很可能流入本公司，且其成本能够可靠地计量时才予以确认。固定资产按成本进行初始计量。固定资产从达到预定可使用状态的次月起，采用年限平均法在使用寿命内计提折旧。各类固定资产的使用寿命、预计净残值和年折旧率如下：

资产类别	使用年限（年）	残值率（%）	年折旧率（%）
房屋建筑物	20	—	5
运输设备	6	3	16.17
电子设备	3	3	32.33
其他设备	5	3	19.40

预计净残值是指假定固定资产预计使用寿命已满并处于使用寿命终了时的预期状态，本公司目前从该项资产处置中获得的扣除预计处置费用后的金额。

当固定资产处于处置状态或预期通过使用或处置不能产生经济利益时，终止确认该固定资产。固定资产出售、转让、报废或毁损的处置收入扣除其账面价值和相关税费后的差额计入当期损益。

本公司至少于年度终了对固定资产的使用寿命、预计净残值和折旧方法进行复核，如发生改变则作为会计估计变更处理。

6.2.8　无形资产计价及摊销政策

无形资产按成本进行初始计量。使用寿命有限的无形资产自可供使用时起，对其原值减去预计净残值和已计提的减值准备累计金额在其预计使用寿命内采用直线法分期平均摊销。使用寿命不确定的无形资产不予摊销。

期末，对使用寿命有限的无形资产的使用寿命和摊销方法进行复核，必要时进行调整。

6.2.9　收入确认原则和方法

本公司在履行了合同中的履约义务，即在客户取得相关商品或服务控制权时确认收入。取得相关商品或服务的控制权是指能够主导该商品的使用或该服务的提供并从中获得几乎全部的经济利益。

本公司与客户之间的提供服务合同通常包含受托管理信托的履约义务，由于本公司履约过程中所提供的服务具有不可替代用途，且本公司在整个合同期间内有权就累计至今已完成的履约部分收入款项，本公司将其作为在某一时段内履行的履约义务，按照履约进度确认收入，履约进度不能合理确定的除外。本公司按照直线法确定提供服务的履约进度。对于履约进度不能合理确定时，本公司已经发生的成本预计能够得到补偿的，按照已经发生的成本金额确认收入，直到履约进度能够合理确定为止。

6.2.10　所得税的会计处理方法

6.2.10.1　当期所得税

资产负债表日，对于当期和以前期间形成的当期所得税负债（或资产），以按照税法规定计算的预期应交纳（或返还）的所得税金额计量。本公司适用的所得税税率为25%。

6.2.10.2　递延所得税资产及递延所得税负债

本公司根据资产与负债于资产负债表日的账面价值与其计税基础之间的差额，以及未作为资产和负债确认但按照税法规定可以确定其计税基础的项目的账面价值与计税基础之间的差额产生的暂时性差异，采用资产负债表债务法确认递延所得税资产及递延所得税负债。

资产负债表日，对于递延所得税资产和递延所得税负债，依据税法规定，按照预期收回该资产或清偿该负债期间的适用税率计量，并反映资产负债表日预期收回资产或清偿负债方式的所得税影响。

6.2.11　信托报酬的确认原则和方法

在收入确认原则基础上，信托业务手续费收入按照信托合同约定的方法确认。

6.2.12　长期待摊费用的摊销政策

长期待摊费用为已经发生但应由本期和以后各期负担的分摊期限在1年以上的各项费用。长期待摊费用在预计受益期间分期平均摊销。

6.3　或有事项说明

截至2020年12月31日，本公司共有6起作为被告方的未决诉讼。诉讼主要为本公司发行的信托产品发生本金或利息违约的诉讼案件。经向专业法律顾问咨询后，本公司管理层认为目前该等法律诉讼不会对本公司的财务状况或经营成果产生重大影响。

6.4　重要资产转让及其出售的说明

无。

6.5　会计报表中重要事项的明细资料

6.5.1　自营资产经营情况

6.5.1.1　信用风险资产五级分类情况

信用风险资产五级分类	正常类（万元）	关注类（万元）	次级类（万元）	可疑类（万元）	损失类（万元）	风险资产合计（万元）	不良资产合计（万元）	不良资产率（%）
期初数	112 896.06	13 800.00	1 966.76		376.21	129 039.03	2 342.97	1.82
期末数	84 056.47	13 800.00	1 047.76	919.00	376.21	100 199.44	2 342.97	2.34

6.5.1.2 资产减值准备情况

单位：万元

项目	期初数	本期计提	本期转回	本期核销	期末数
一、贷款损失准备	729.46	1 915.39	178.30	—	2 466.55
二、其他资产减值准备	66 890.13	12 647.83	—	—	79 537.96
1. 债权投资减值准备	66 513.92	12 647.83	—	—	79 161.75
2. 其他减值准备	376.21	—	—	—	376.21

6.5.1.3 固有业务股票投资、基金投资、债券投资、长期股权投资等投资业务情况

单位：万元

项目	自营股票	基金	债券	长期股权投资	其他投资	合计
期初数	—	—	—	—	368 303.93	368 303.93
期末数	—	—	—	—	349 202.41	349 202.41

6.5.1.4 长期股权投资情况

无。

6.5.1.5 自营贷款业务情况

企业名称	占贷款总额的比例(%)	还款情况
湖北合能燃气有限公司	87.53	正常
安顺山城房地产开发有限公司	6.64	逾期
大连大嶂生态渔业有限公司	5.83	逾期

6.5.1.6 表外业务情况

无。

6.5.1.7 公司当年的收入结构

收入结构	金额(万元)	占比(%)
手续费及佣金收入	38 876.21	79.39
其中:信托手续费收入	37 491.67	76.56
投资银行业务收入	—	—
利息收入	4 406.60	9.00
其他业务收入	191.41	0.39
其中:计入信托业务收入部分	—	—
投资收益	1 721.45	3.51
其中:股权投资收益	—	—
证券投资收益	—	—
其他投资收益	1 721.45	3.51
公允价值变动收益	3 774.54	7.71
营业外收入	0.04	—
收入合计	48 970.25	100.00

6.5.2 信托资产管理情况

6.5.2.1 信托资产的期初数、期末数

单位：万元

信托资产	期初数	期末数
集合	2 914 626.30	3 762 673.82
单一	2 186 681.45	3 182 331.91
财产权	4 927 778.05	7 354 735.40
合计	10 029 085.80	14 299 741.13

6.5.2.1.1 主动管理型信托业务的信托资产期初数、期末数

单位：万元

主动管理型信托资产	期初数	期末数
证券投资类	159 891.33	80 026.18
股权投资类	1 344 218.21	1 275 001.89
融资类	1 230 198.22	2 880 021.03
事务管理类	1 704 640.38	—
合计	4 438 948.14	4 235 049.10

6.5.2.1.2 被动管理型信托业务的信托资产期初数、期末数

单位：万元

被动管理型信托资产	期初数	期末数
证券投资类	127 871.68	0.14
股权投资类	90 265.03	380 341.14
融资类	765 920.35	830 748.30
事务管理类	4 606 080.60	8 853 602.45
合计	5 590 137.66	10 064 692.03

6.5.2.2 本年度已清算结束的信托项目个数、实收信托合计金额、加权平均实际年化收益率

6.5.2.2.1 本年度已清算结束的集合类、单一类资金信托项目和财产管理类信托项目

已清算结束的信托项目	项目个数(个)	实收信托合计金额(万元)	加权平均实际年化收益率(%)
集合类	35	2 160 380.00	4.94
单一类	13	656 724.65	5.98
财产管理类	7	7 314 966.49	3.12

6.5.2.2.2 本年度已清算结束的主动管理型信托项目

已清算结束的信托项目	项目个数(个)	实收信托合计金额(万元)	加权平均实际年化收益率(%)
证券投资类	—	—	—
股权投资类	14	907 750.00	5.55
融资类	9	1 058 990.00	6.56
事务管理类	4	1 706 865.84	2.23

6.5.2.2.3 本年度已清算结束的被动管理型信托项目

已清算结束的信托项目	项目个数(个)	实收信托合计金额(万元)	加权平均实际年化收益率(%)
证券投资类	9	315 000.00	—
股权投资类	3	105 100.00	7.72
融资类	—	—	—
事务管理类	16	6 038 365.30	3.45

6.5.2.3 本年度新增的集合类、单一类资金信托项目和财产管理类信托项目

新增信托项目	项目个数(个)		实收信托合计金额(万元)
	新增	追加发行	
集合类	28	11	3 028 951.27
单一类	19	1	1 635 112.92
财产管理类	30	—	4 727 895.69
新增合计	77	12	9 391 959.88
其中:主动管理型	31	11	3 989 056.19
被动管理型	46	1	5 402 903.69

6.5.2.4 信托业务创新成果和特色业务有关情况

2020年，公司积极响应监管机构要求，顺应市场化改革发展方向，持续培育以受托管理为特点的服务信托及体现社会责任的公益信托，加速资产证券化、慈善信托等本源业务发展动能。公司资产证券化业务继续强化自身专业服务优势，深挖上下游业务机会，截至2020年末，该业务累计设立规模逾2400亿元，当年新增规模439亿元，合作机构为招商银行、中金公司、中信证券等头部银行和券商，服务客户包括中海集团、金茂投资、苏宁易购等大型企业，在CMBS、REITS领域积累了一定的受托机构经验。公司年内成功设立疫情防控专项仓储物流资产支持专项计划、市场首单且为唯一一单用于武汉本地疫情防控的商业房地产抵押贷款支持证券项目等，实现了REITs产品作为投资工具而非原始权益人融资工具的价值，履行了公司作为金融机构的责任担当。公司以标的物业经营收入作为基础资产的两单CMBS项目双双荣获了2020中国不动产证券化“年度杰出CMBS/CMBN前沿奖”。公司慈善信托业务2020年新增设立3单，规模为1 458万元。一方面，延续“信达大爱”系列慈善信托品牌，以产业扶贫方式为全面脱贫注入“源头活水”，扩大帮扶地区至17个省(自治区、直辖市)，累计惠及群众超万人；另一方面，开创性设立全国首单群众性互助慈善信托，利用群众性互济互助，实现为不特定人群提供医疗保障，利用信托制度、金融工具造福社会和人群，在“大慈善”领域进行了有益的探索和实践。

除积极实践上述创新业务品种外，公司也不断围绕控股股东中国信达“大不良”主业开展业务协同，并以此作为公司特色化转型发展的重要抓手，提升品牌价值。新冠肺炎疫情暴发后，公司及时抓住在大型企业集团危机救助、金融风险化解、上市公司纾困等领域业务机会，紧密围绕客户需求和协同项目特点定制金融解决方案，通过“不良资产＋后续投资”、纾困信托(基金)、股权他益权信托、特定资产收益权信托等方式，为航空、煤炭、钢铁、建筑、化工、商贸、文旅等受疫情影响严重行业的困难企业实施危机救助及金融风险化解，服务实体经济。2020年，公司新增协同业务规模及收入分别同比增长46%和89%。

6.5.2.5 披露信托财产的损失情况

无。

6.5.2.6 本公司履行受托人义务情况及因公司自身责任而导致的信托资产损失情况

本公司勤勉尽责履行受托人义务，未发生因公司自身责任而导致的信托资产损失情况。

6.5.2.7 信托赔偿准备金的提取、使用和管理情况

公司按2020年净利润的5%提取信托赔偿准备金575.57万元。2020年公司未使用信托赔偿准备金。

6.6 关联方关系及其交易的披露

6.6.1 关联交易方的数量、关联交易的总金额及关联交易的定价政策等

项目	关联交易方数量	关联交易金额(万元)	定价政策
合计	8	2 560 480.33	按照市场公允价格定价

6.6.2 关联交易方与本公司的关系性质、关联交易方的名称、法定代表人、注册地址、注册资本及主营业务等

序号	关系性质	关联方名称	法定代表人	注册地址	注册资本(亿元)	主营业务
1	母公司	中国信达资产管理股份有限公司	张子艾	北京市西城区闹市口大街9号院1号楼	381.6454	收购、受托经营金融机构和非金融机构不良资产，对不良资产进行管理、投资和处置；债权转股权，对股权资产进行管理、投资和处置；破产管理；对外投资；买卖有价证券；发行金融债券、同业拆借和向其他金融机构进行商业融资；经批准的资产证券化业务、金融机构托管和关闭清算业务；财务、投资、法律及风险管理咨询和顾问；资产及项目评估；国务院银行业监督管理机构批准的其他业务(依法须经批准的项目，经相关部门批准后方可开展经营活动)。
2	联营企业	国任财产保险股份有限公司	房永斌	深圳市罗湖区笋岗街道梨园路8号笋岗3号仓库整栋(HALO广场)7层708—709单元	30	财产损失保险；责任保险；信用保险和保证保险；短期健康保险和意外伤害保险；上述业务的再保险业务；国家法律、法规允许的保险资金运用业务；经中国银保监会批准的其他业务。
3	同一母公司	南洋商业银行(中国)有限公司	陈孝周	中国(上海)自由贸易试验区世纪大道800号三层、六层至九层	95	经营对各类客户的外汇业务和人民币业务：吸收公众存款；发放贷款；办理票据承兑与贴现；买卖政府债券、金融债券；买卖股票以外的其他外币有价证券；提供信用证服务及担保；办理国内外结算；买卖、代理买卖外汇；代理保险；从事同业拆借；从事银行卡业务；提供保险箱业务；提供资信调查和咨询服务。
4	同一母公司	新疆信达银通置业有限公司	王建国	新疆乌鲁木齐高新技术产业开发区(新市区)北京南路370号银通大厦五楼至7楼	1.52	房地产开发；出售已开发建设的房屋、场地；房屋出租；建筑材料、机械设备的租赁；商品房的售后服务(依法须经批准的项目，经相关部门批准后方可开展经营活动)。
5	同一母公司	海南信达置业有限公司	李明	海南省海口市龙华区金贸街道滨海大道117号海南滨海国际金融中心A座20—21层	2.3	房地产开发经营，酒店开发，建筑材料、商品房的销售，室内外装饰装修工程。
6	同一母公司	广东信达地产有限公司	刘瑜	广州市南沙区珠江管理区发展路一巷3号1层、2层222房(仅限办公用途)	3	场地租赁(不含仓储)；企业自有资金投资；自有房地产经营活动；房屋租赁；房地产咨询服务；房地产中介服务；物业管理；房地产开发经营。
7	同一母公司	上海信达银泰置业有限公司	李斌星	中国(上海)自由贸易试验区金新路58号	4.18	房地产开发、经营，房地产咨询业务，建筑材料(含钢材、木材、装潢装饰材料)，建筑五金(依法须经批准的项目，经相关部门批准后方可开展经营活动)。

续表

序号	关系性质	关联方名称	法定代表人	注册地址	注册资本（亿元）	主营业务
8	联营企业	当代节能置业股份有限公司	张鹏	北京市东城区香河园街1号10号楼当代节能置业中心3层、4层	30	房地产开发，销售自行开发的商品房；建筑节能技术服务；节能楼宇控制技术服务、技术培训；技术开发、技术推广、技术转让、技术中介服务；建设工程项目管理；货物进出口、技术进出口、代理进出口；经济信息咨询；会议服务；承办展览展示活动；酒店管理；汽车租赁；设计、制作、发布、代理广告；销售服装鞋帽、体育用品、文化用品、家用电器、珠宝首饰、工艺美术品、针纺织品、日用品；打字、复印、传真；花卉租摆；出租商业用房；以下内容限分支机构经营：住宿（卫生许可证有效期至2024年3月31日）；游泳（高危险性体育项目经营许可证有效期至2021年10月19日）；航空客运销售代理；（大型餐馆）热食类食品制售；冷食类食品制售；自制饮品制售，限普通饮品；预包装食品销售，含冷藏冷冻食品；散装食品销售，含冷藏冷冻食品、不含熟食（食品经营许可证有效期至2023年1月1日）；（中型餐馆）糕点类食品制售，含裱花蛋糕；自制饮品制售，限普通饮品；预包装食品销售，含冷藏冷冻食品；散装食品销售，含冷藏冷冻食品、不含熟食（食品经营许可证有效期至2022年9月11日）（市场主体依法自主选择经营项目，开展经营活动；依法须经批准的项目，经相关部门批准后依批准的内容开展经营活动；不得从事国家和本市产业政策禁止和限制类项目的经营活动）。

6.6.3 公司与关联方的重大交易事项

6.6.3.1 固有财产与关联方交易情况

单位：万元

项目	期初数	借方发生额	贷方发生额	期末数
贷款	—	—	—	—
投资	—	—	—	—
租赁	—	—	—	—
担保	—	—	—	—
应收账款	—	—	—	—
其他	20 029.78	1 151.61	16 864.02	4 317.37
合计	20 029.78	1 151.61	16 864.02	4 317.37

6.6.3.2 信托资产与关联方交易情况

单位：万元

项目	期初数	借方发生额	贷方发生额	期末数
贷款	—	—	—	—
投资	—	—	—	—
租赁	—	—	—	—
担保	—	—	—	—
应收账款	—	—	—	—
其他	813 440.94	2 000 262.96	257 540.94	2 556 162.96
合计	813 440.94	2 000 262.96	257 540.94	2 556 162.96

6.6.3.3 信托公司自有资金运用于自己管理的信托项目（固信交易）、信托公司管理的信托项目之间的相互交易（信信交易）金额，包括余额和本报告年度的发生额

6.6.3.3.1 固有财产与信托财产之间的交易金额

无。

6.6.3.3.2 信托财产与信托财产之间的交易金额

无。

6.6.4 关联方逾期未偿还本公司资金的详细情况及本公司为关联方担保发生或即将发生垫款的情况

无。

7. 财务情况说明书

7.1 利润实现和分配情况

2020年公司实现净利润11 511.31万元，根据公司章程、《信托公司管理办法》和《金融企业准备金计提管理办法》的规定，公司对本年实现的净利润的11 511.31万元进行分配，其中按照净利润的10%提取法定盈余公积金1 151.13万元，按照净利润的5%提取信托赔偿准备金575.57万元。

2020年4月28日，经本公司股东会审议通过2019年利润分配方案，决定按持股比例向股东进行分红384.73万元。截至2020年末，已向中国信达资产管理股份有限公司分红355.06万元，向中国妇女活动中心分红24.05万元，应向中国海外工程有限责任公司分红5.62万元（根据其要求暂未支付）。

7.2 主要财务指标

指标名称	指标值
资本利润率（%）	2.81
信托报酬率（%）	0.32
人均净利润（万元）	69.35

注：1. 资本利润率 = 净利润/所有者权益平均余额 ×100%。

2. 信托报酬率 = 信托业务收入/实收信托平均余额 ×100%。

3. 实收信托平均余额是指年初及各季末实收信托余额的移动算数平均数，公式为 $a(\text{平均}) = (a_0/2 + a_1 + a_2 + a_3 + a_4/2)/4$。

4. 人均利润 = 净利润/平均职工人数。

7.3 公司净资本监管指标

公司制定了《净资本管理实施细则》，明确了净资本管理的职责分工，强调了净资本管理的基本原则，规范了数据报送和披露路径。截至2020年末，公司净资本为33.47亿元，净资本与各项业务风险资本之和比例为210.94%，净资本与净资产比例为80.54%，净资本各项指标均符合监管要求。公司净资本逐年增加，风险承受能力不断提高。

指标名称	指标值	监管标准
净资本(亿元)	33.47	≥2
各项业务风险资本之和(亿元)	15.86	—
净资本/各项业务风险资本之和(%)	210.94	≥100
净资本/净资产(%)	80.54	≥40

7.4 本年度对本公司财务状况、经营成果有重大影响的其他事项

无。

8. 特别事项揭示

8.1 前五名股东发生变动情况及原因

报告期内,本公司未发生股东变动的情况。

8.2 董事、监事及高级管理人员变动情况及原因

8.2.1 董事变动情况及原因

根据工作需要,经监管部门批复,2020 年 4 月 2 日聘任武泽平担任董事职务;2020 年 11 月 4 日,聘任徐兵担任董事职务;2020 年 12 月 25 日,聘任陆益龙担任独立董事职务;2021 年 2 月 3 日,聘任李洪江担任董事、董事长职务;2021 年 3 月 5 日,聘任陈振军、叶郁文担任董事职务。

根据工作需要,彭新不再担任董事长、董事职务;刘学敬、武泽平、李玉萍、陈义斌、沈洪溥不再担任董事职务。

8.2.2 监事变动情况及原因

报告期内,本公司未发生监事变动的情况。

8.2.3 高级管理人员变动情况及原因

根据工作需要,经北京银保监局核准,2020 年 9 月 8 日,聘任徐兵担任总经理职务;2020 年 9 月 29 日,聘任李鹏、赵朝晖担任总经理助理职务。

根据工作需要,武泽平不再担任副总经理职务。

8.3 变更注册资本、变更注册地或公司名称、公司分立合并事项

报告期内,本公司未发生变更注册资本、变更注册地、公司名称、公司分立合并的事项。

8.4 公司的重大诉讼事项

8.4.1 新增重大未决诉讼事项

2020 年,公司新增重大诉讼事项 4 起。

公司股东之一的中国妇女活动中心,向北京市西城区人民法院起诉,请求确认公司另一股东中国海外工程有限责任公司在北京产权交易所转让公司 1.46% 股权的交易行为无效并主张优先购买权,法院于 2021 年 1 月判决驳回了中国妇女活动中心的全部诉讼请求。目前,中国妇女活动中心已经提起上诉,二审程序尚未开庭审理。

公司股东之一的中国妇女活动中心,向北京市西城区人民法院起诉,请求公司提供 2017 年 1 月至 2019 年 11 月的会计账簿和会计凭证,2020 年 9 月本案开庭时,中国妇女活动中心要求增加提供 2017 年 1 月至 2019 年 12 月的财务会计报告和报表。目前该案正在审理过程中,尚未作出一审判决。

委托人北京世宸房地产开发有限公司将其持有的惠州海宸置业有限公司 99% 的股权作为信托财产委托公司设立了某财产权信托。2020 年 1 月,北京世宸房地产开发有限公司、惠州海宸置业有限公司、北京汇宸投资管理有限公司、北京金宸星合资产管理有限公司等主体(以下简称原告)向法院起诉,请求确认信托受益人宁波春鸿二期投资管理合伙企业(有限合伙)将信托受益权转让给广东胜坚集团有限公司的行为无效,并将公司、中国信达广东分公司列为共同被告;请求确认宁波春鸿二期投资管理合伙企业(有限合伙)向广东胜坚集团有限公司转让其对原告债权的行为无效等。目前该案尚未开庭审理。

公司一名离职员工因劳动合同争议不服北京市西城区人民法院 2019 年 12 月作出的一审判决,向北京市第二中级人民法院提起上诉,2020 年 10 月北京市第二中级人民法院作出判决,支持了其部分诉讼请求。

8.4.2 以前年度发生,于本报告年度内终结的诉讼事项

晋城银行股份有限公司作为“金谷·山路能源单一指定用途资金信托”的委托人起诉公司,要求履行信托合同并返还信托资金本金和支付信托收益;山西高院对本案作出判决后,最高人民法院于 2019 年 1 月裁定撤销了该判决,并发回山西省最高人民法院重审。山西省最高人民法院于 2019 年 9 月作出重审判决后,公司已于 2019 年 10 月向最高人民法院提起上诉,2020 年 10 月 30 日公司与晋城银行达成和解,最高人民法院作出民事调解书并结案。

因中信国安投资有限公司未按约偿还贷款本金及利息等款项,公司于 2019 年 4 月 10 日在北京市高级人民法院立案起诉,2020 年 1 月一审判决公司胜诉。2020 年 4 月,中信国安投资有限公司仅就利息和罚息部分提起上诉,2020 年 9 月 27 日,最高人民法院驳回上诉,维持原判。

8.4.3 本报告年度发生,于本报告年度内终结的诉讼事项

无。

8.5 公司及高级管理人员受到处罚的情况

8.5.1 公司受到处罚的情况

因公司涉嫌存在未将直接涉及劳动者切身利益的规章制度和重大事项决定公示,或者告知劳动者的行为,本年度北京市西城区人力资源和社会保障局于 2020 年 5 月 14 日对公司处以警告的行政处罚。

8.5.2 公司高级管理人员受到处罚的情况

无。

8.6 中国银保监会及其派出机构现场检查情况

无。

8.7 本年度重大事项临时报告的简要内容、披露时间、所披露的媒体及其版面

8.7.1 “关于总经理变动的公告”披露简要内容

经公司第八届董事会第二十一次会议审议通过,并经《北

京银保监局关于中国金谷国际信托有限责任公司徐兵任职资格的批复》(京银保监复〔2020〕557号)核准,聘任徐兵为公司总经理。此变动不会对公司正常经营造成影响。

披露时间:2020年9月10日。

披露媒体及版面:《金融时报》第3版。

8.7.2 “关于公司章程及法定代表人变更的公告”披露简要内容

2020年11月4日经中国银行保险监督管理委员会北京监管局核准公司章程变更,2020年11月19日公司完成公司章程(2020年修改版)备案登记,取得新营业执照。公司法定代表人变更为总经理徐兵。上述变动不会对公司正常经营造成影响。

披露时间:2020年11月25日。

披露媒体及版面:《金融时报》第3版。

8.8 中国银保监会及其省级派出机构认定的其他有必要让客户及相关利益人了解的重要信息

无。

9. 公司监事会意见

按照中国银保监会《信托投资公司信息披露管理暂行办法》的规定,监事会应对本公司依法运作情况、财务报告是否真实反映公司的财务状况和经营成果等发表独立意见,并在年度报告摘要中予以披露。根据公司监事会了解的情况,现出具如下意见:报告期内,公司高级管理层能认真执行股东会、董事会决议,内部管理得到进一步加强,日常经营过程中,能坚持依法合规经营,符合公司章程的有关规定,未发现公司董事、高级管理人员在履行职务时有违反法律、法规和损害公司利益的行为。2020年公司财务报告已经安永华明会计师事务所审计并出具无保留意见,并真实地反映了公司财务状况和经营成果。

中国民生信托有限公司

1. 重要提示

1.1 本公司董事会及董事保证本报告所载资料不存在任何虚假记载、误导性陈述或者重大遗漏，并对其内容的真实性、准确性和完整性承担个别及连带责任。

1.2 公司独立董事贺强先生、严法善先生、张金清先生、王建新先生声明：保证本年度报告内容的真实性、准确性和完整性。

1.3 公司董事长张喜芳先生、总裁林德琼先生、首席财务总监赵东先生声明：保证本年度报告中财务报告的真实、完整。

2. 公司概况

2.1 公司简介

2.1.1 公司的法定名称

中文：中国民生信托有限公司（简称中国民生信托）

英文：China MinSheng Trust Co., Ltd.（缩写：CMT）

2.1.2 公司法定代表人：张喜芳

2.1.3 公司注册地址：北京市东城区建国门内大街28号民生金融中心C座19层

邮政编码：100005

公司网址：www.msxt.com

公司电子信箱：minshengtrust@msxt.com

2.1.4 公司负责信息披露事务的高级管理人员：裘骆红

公司信息披露事务联系人：吴斌

办公电话：8610-85259066

办公传真：8610-85259080

电子信箱：dshbgs@msxt.com

2.1.5 公司选定的信息披露报纸：《证券时报》《上海证券报》

2.1.6 公司年度报告备置地点：公司董事会办公室

2.1.7 公司聘请的会计师事务所：中兴华会计师事务所（特殊普通合伙）

住所：北京市西城区阜外大街1号东塔楼15层

2.2 组织结构

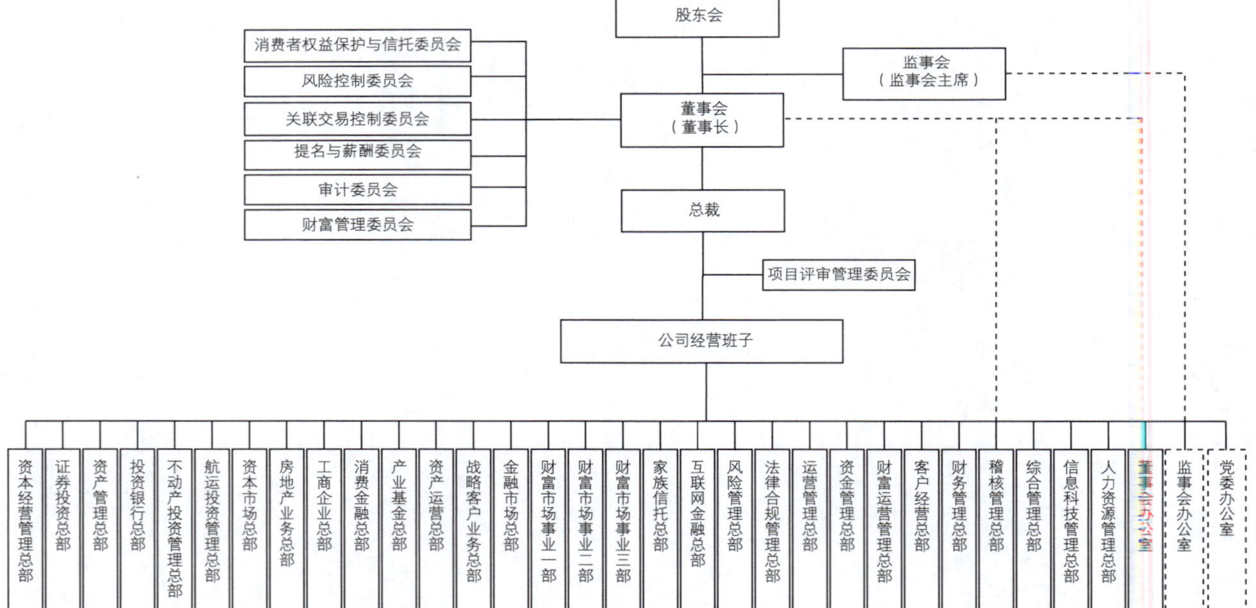

3. 公司治理

3.1 公司股东

3.1.1 股东持股比例情况

截至2020年12月31日，公司共有5家股东。以下是持有本公司10%以上（含10%）出资比例的股东情况：

股东名称	持股比例（%）	法定代表人	注册资本（万元）	注册地址	主要经营业务
武汉中央商务区股份有限公司★	82.7071	韩晓生	3 877 889.539886	武汉市江汉区云彩路198号泛海城市广场12层	房地产开发、商品房销售；对科技、文化、教育、金融等产业项目投资；装饰工程、装修工程；建筑及装饰材料销售；基础设施建设；设计、制作、代理、发布国内各类广告；货物进出口、技术进出口、代理进出口业务（国家限制或禁止进出口的货物和技术除外）；商业房屋租赁；停车场服务（依法须经审批的项目，经相关部门审批后方可开展经营活动）。 财务状况：截至2020年12月31日，总资产为11 703 500万元，净资产为5 317 500万元，净利润为-6 000万元（未经审计）。
浙江泛海建设投资有限公司	10.7143	徐　阅	180 000	杭州市江干区五星路185号泛海国际中心6幢1单元101室	房地产及基础设施投资、开发、经营，新技术、新产品的投资，酒店管理，物业管理，通信设备、办公自动化设备、建筑装饰材料的销售，经济信息咨询服务。 财务状况：截至2020年12月31日，总资产为514 400万元，净资产为210 100万元，净利润为5 000万元（未经审计）。

注：1. ★为本公司控股股东。

2. 上述股东之间，武汉中央商务区股份有限公司与浙江泛海建设投资有限公司存在关联关系。

3.1.2 公司前三位股东的主要股东情况

3.1.2.1 武汉中央商务区股份有限公司主要股东情况

股东名称	出资比例（%）	法定代表人	注册地址	主要经营业务
泛海控股股份有限公司	92.30	宋宏谋	北京市东城区建国门内大街28号民生金融中心C座22层	投资及投资管理；资产管理；经营房地产业务及物业管理；自有物业租赁；企业管理咨询；销售建筑材料、装饰材料、机械设备（未经有关部门批准，不得以公开方式募集资金；不得公开开展证券类产品和金融衍生品交易活动；不得发放贷款；不得对所投资企业以外的其他企业提供担保；不得向投资者承诺投资本金不受损失或者承诺最低收益；市场主体依法自主选择经营项目，开展经营活动；依法须经批准的项目，经相关部门批准后依批准的内容开展经营活动；不得从事国家和本市产业政策禁止和限制类项目的经营活动）。 财务状况：截至2020年12月31日，总资产为18 099 083.22万元，净资产为1 660 643.24万元，净利润为-462 175.83万元（未经审计）。

3.1.2.2 浙江泛海建设投资有限公司主要股东情况

股东名称	出资比例（%）	法定代表人	注册地址	主要经营业务
武汉中央商务区股份有限公司	100	韩晓生	武汉市江汉区云彩路198号泛海城市广场12层	房地产开发、商品房销售；对科技、文化、教育、金融等产业项目投资；装饰工程、装修工程；建筑及装饰材料销售；基础设施建设；设计、制作、代理、发布国内各类广告；货物进出口、技术进出口、代理进出口业务（国家限制或禁止进出口的货物和技术除外）；商业房屋租赁；停车场服务（依法须经审批的项目，经相关部门审批后方可开展经营活动）。 财务状况：截至2020年12月31日，总资产为11 703 500万元，净资产为5 317 500万元，净利润为-6 000万元（未经审计）。

3.1.2.3 北京首都旅游集团有限责任公司主要股东情况

股东名称	出资比例（%）	法定代表人	注册地址	主要经营业务
北京市人民政府	100	—	—	—

注：统计截止日期为2020年12月31日。

3.2 公司董事

姓名	职务	性别	年龄（岁）	选任日期	所推举的股东名称	该股东持股比例（%）	简要履历
张喜芳	董事长	男	48	2020年5月29日	武汉中央商务区股份有限公司	82.7071	工商管理硕士，高级经济师；现任中国泛海控股集团有限公司执行董事，泛海控股股份有限公司副董事长、总裁，泛海投资集团有限公司董事长，武汉中央商务区股份有限公司副董事长，民生证券有限公司董事，亚太财产保险有限公司董事，渤海银行股份有限公司董事，中国民生信托有限公司董事长。

续表

姓名	职务	性别	年龄（岁）	选任日期	所推举的股东名称	该股东持股比例（%）	简要履历
赵英伟	副董事长	男	49	2019 年 10 月 18 日	武汉中央商务区股份有限公司	82.7071	工程硕士，高级会计师；现任中国泛海控股集团有限公司执行董事、执行副总裁、财务总监，泛海控股股份有限公司监事会副主席，武汉中央商务区股份有限公司监事会主席，民生控股股份有限公司监事会主席，中国民生信托有限公司副董事长。
马　骅	董事	男	51	2019 年 8 月 26 日	武汉中央商务区股份有限公司	82.7071	金融学专业研究生；现任中国民生信托有限公司董事。
张　博	董事	男	47	2019 年 8 月 26 日	武汉中央商务区股份有限公司	82.7071	经济学博士；现任中国民生信托有限公司董事。
舒高勇	董事	男	46	2019 年 8 月 26 日	武汉中央商务区股份有限公司	82.7071	经济学博士，注册会计师，报告期内，担任中国民生信托有限公司董事。
田吉申	董事	男	41	2019 年 8 月 26 日	武汉中央商务区股份有限公司	82.7071	理学硕士（金融学专业）；现任中国民生信托有限公司董事。
陈基建	董事	男	58	2019 年 8 月 26 日	武汉中央商务区股份有限公司	82.7071	工商管理（金融）硕士；报告期内，担任中国民生信托有限公司董事。
李源光	董事	男	51	2019 年 8 月 26 日	北京首都旅游集团有限责任公司	6.4500	经济学硕士；现任北京首都旅游集团有限责任公司运营总监，中国民生信托有限公司董事。
贺　强	独立董事	男	68	2020 年 9 月 10 日	武汉中央商务区股份有限公司	82.7071	经济学硕士、高级研究员、高级经济师、注册会计师；现任中央财经大学金融学院教授，博士生导师，证券期货研究所所长，天弘基金管理有限公司独立董事，国元期货有限公司独立董事，中国民生信托有限公司独立董事等。
严法善	独立董事	男	69	2019 年 8 月 26 日	武汉中央商务区股份有限公司	82.7071	经济学博士；现任复旦大学经济学院教授、博士生导师，中国资本论研究会副秘书长，全国综合大学资本论研究会副会长兼秘书长，上海经济学会副秘书长、上海资本论研究专业委员会主任，中泛控股有限公司独立非执行董事，中国民生信托有限公司独立董事等。
张金清	独立董事	男	55	2019 年 8 月 26 日	武汉中央商务区股份有限公司	82.7071	理学博士、国家社科基金重大项目首席专家；现任复旦大学经济学院副院长、教授、博士生导师，金融研究院执行院长，教育部金融创新研究生开放实验室主任，复旦大学应用经济学博士后流动站站长、经济学院学位委员会副主席、经济学院教学指导委员会主席，全国金融专业学位研究生教育指导委员会委员，上海市金融专业学位研究生教育指导委员会常务副主任委员，中国民生信托有限公司独立董事等。
王建新	独立董事	男	47	2019 年 8 月 26 日	武汉中央商务区股份有限公司	82.7071	管理学博士，首批全国会计领军人才和学科带头人，“百千万人才工程”国家级人选；现任中国财政科学研究院研究员、博士生导师，中国民生信托有限公司独立董事等。

注：统计截止日期为 2020 年 12 月 31 日。

3.3　董事会下属专门委员会

董事会下属专门委员会名称	职责	组成人员姓名	职务
消费者权益保护与信托委员会	1. 组织制订公司信托业务发展及消费者权益保护专项规划，指导、督促高级管理层加强消费者权益保护工作，将消费者权益保护纳入公司治理和经营发展战略中。 2. 对公司信托业务运行情况及消费者权益保护情况进行定期评估。 3. 针对中国银保监会及其派出机构检查公司信托业务及消费者权益保护工作后要求董事会组织整改的问题，研究提出具体措施。 4. 指导信托业务部门开展信托业务创新。 5. 当公司或股东利益与受益人利益发生冲突时，研究提出维护受益人权益的具体措施。 6. 研究公司信托业务部门设置方案。 7. 指导对信托从业人员的培训等。 8. 审查公司是否侵占受益人利益，获取不当信托报酬行为。 9. 关注信托业务的信息披露情况。 10. 董事会授予的其他职责。	张金清	主任委员
		严法善	副主任委员
		舒高勇	委员
		田吉申	委员
		李源光	委员
风险控制委员会	1. 向董事会提交公司全面风险管理年度报告。 2. 确定公司风险管理的总体目标、风险偏好、风险承受度、风险管理策略和重大风险管理解决方案。 3. 对公司信托业务和自营业务的风险控制及管理情况进行监督。 4. 对公司自有财产和信托财产的风险状况进行定期评估。 5. 提出完善公司风险管理和内部控制的建议。 6. 审议公司风险管理组织机构设置及其职责。 7. 为董事会督导公司风险管理文化建设提供建议。 8. 董事会授予的其他职责权限。	贺　强	主任委员
		赵英伟	副主任委员
		张喜芳	委员
		陈基建	委员
		王建新	委员

续表

董事会下属专门委员会名称	职责	组成人员姓名	职务
关联交易控制委员会	1. 设计和审议公司整体关联交易控制的组织架构，规划关联交易管理职能。 2. 制定完善公司关联交易管理制度；指导和监督关联交易控制委员会职责范围内的关联交易。 3. 审查公司年度关联交易专项报告，并报告董事会及监事会审阅。 4. 进行关联交易的审核及授权。 5. 董事会授予的其他职权。	张金清	主任委员
		张喜芳	委员
		赵英伟	委员
		张　博	委员
		田吉申	委员
提名与薪酬委员会	1. 研究董事、监事、总裁和其他高级管理人员的薪酬标准，根据董事、监事、总裁和其他高级管理人员的职责与重要性，参考同业相关岗位的薪酬水平，制定薪酬计划或方案并监督薪酬计划或方案的实施。 2. 拟定考核标准，审查董事、总裁和其他高级管理人员履行职责情况并对其进行年度绩效考评，提交考核评价意见。 3. 负责对公司薪酬制度执行情况进行监督。 4. 研究董事、经理层人员的选择标准和程序，并向董事会提出建议。 5. 广泛搜寻合格的董事和经理层人员的人选。 6. 对董事、经理层人员人选进行审查并提出建议。 7. 董事会授权的其他职权。	严法善	主任委员
		张喜芳	副主任委员
		张　博	委员
		舒高勇	委员
		李源光	委员
审计委员会	1. 对公司信息披露的真实性、准确性、完整性和合规性等进行监督。 2. 监督公司内部审计制度及其实施。 3. 负责内部审计与外部审计之间的沟通。 4. 审核公司的财务信息及其披露。 5. 提议聘请或更换外部审计机构。 6. 董事会授予的其他职责。	王建新	主任委员
		赵英伟	副主任委员
		马　骅	委员
		贺　强	委员
		李源光	委员
财富管理委员会	1. 组织制订公司财富业务发展战略及中长期发展规划，并提交董事会审批。 2. 就建立和完善公司财富业务管理制度流程提出建议，在授权范围内对相关制度进行审批。 3. 定期对财富管理业务运行情况进行评估，提出调整建议并提交董事会审批。 4. 针对外部监管机构和内外部审计机构对财富业务条线提出的需董事会层面组织整改的问题研究提出具体措施。 5. 研究制定公司财富业务部门的设置方案及发展规划，并提交董事会审批。 6. 指导财富业务部门开展业务创新。 7. 就建立与完善财富业务条线考核激励机制提出建议。 8. 董事会授予的其他职权。	马　骅	主任委员
		田吉申	副主任委员
		张喜芳	委员
		赵英伟	委员
		张　博	委员

注：统计截止日期为 2020 年 12 月 31 日。

3.4　监事

姓名	职务	性别	年龄（岁）	选任日期	所推举的股东名称	该股东持股比例（%）	简要履历
方　舟	监事会主席	男	50	2020 年 8 月 12 日	武汉中央商务区股份有限公司	82.7071	经济学博士，经济师；现任中国泛海控股集团有限公司董事，泛海控股股份有限公司董事、常务副总裁，中国通海国际金融董事会副主席、执行委员会主席，中国民生信托有限公司监事会主席。
程果琦	监事会副主席	男	45	2019 年 8 月 26 日	武汉中央商务区股份有限公司	82.7071	经济学硕士（金融学专业），高级经济师职称；现任泛海控股股份有限公司风险控制总监，中国民生信托有限公司监事会副主席。
刘国升	监事	男	51	2019 年 8 月 26 日	武汉中央商务区股份有限公司	82.7071	经济学硕士，高级会计师；现任泛海控股股份有限公司董事、财务总监，武汉中央商务区股份有限公司董事，中国民生信托有限公司监事。
冯壮勇	监事	男	52	2019 年 8 月 26 日	武汉中央商务区股份有限公司	82.7071	法学硕士；现任中国泛海控股集团有限公司风控法务总监，泛海控股股份有限公司监事，中国民生信托有限公司监事。
张冬梅	监事	女	50	2019 年 8 月 26 日	北京首都旅游集团有限责任公司	6.4500	经济学学士，高级会计师职称；现任北京首都旅游集团有限责任公司财务总监兼预算与财务管理中心总经理，中国民生信托有限公司监事。
欧阳燕红	职工监事	女	47	2019 年 7 月 19 日	—	—	理学硕士，报告期内，担任中国民生信托有限公司风险管理总部总裁、职工监事。
马世崧	职工监事	男	45	2019 年 7 月 19 日	—	—	工商管理硕士，注册会计师、注册税务师、注册资产评估师；现任中国民生信托有限公司资产运营总部副总裁、职工监事。
李世朝	职工监事	男	37	2019 年 7 月 19 日	—	—	工商管理硕士；现任中国民生信托有限公司法律合规管理总部总裁、职工监事。

注：统计截止日期为 2020 年 12 月 31 日。

3.5 高级管理人员

姓名	职务	性别	年龄(岁)	选任日期	金融从业年限(年)	学历	专业
林德琼	总裁	男	57	2020 年 11 月 6 日	16	博士研究生学历,博士学位	金融工程专业
赵　东	首席财务总监	男	50	2019 年 10 月 18 日	22	本科学历,硕士学位	会计硕士专业
裘骆红	首席法律合规总监	女	52	2019 年 10 月 18 日	29	本科学历,学士学位	金融学专业
黄明芳	首席风险控制总监	女	48	2020 年 9 月 2 日	22	本科学历,硕士学位	会计硕士专业
董　军	副总裁	女	51	2019 年 10 月 18 日	18	本科学历,硕士学位	经济学专业
石俊鹏	副总裁	男	44	2019 年 10 月 18 日	18	研究生学历,硕士学位	金融与投资专业
罗苓宁	副总裁	女	40	2019 年 10 月 18 日	16	研究生学历,硕士学位	国际经济法专业
鲁　乐	助理总裁	男	36	2020 年 2 月 19 日	14	本科学历,硕士学位	工程专业
肖燕明	助理总裁	男	46	2019 年 10 月 18 日	15	本科学历,硕士学位	高级管理人员工商管理专业

注:1. 统计截止日期为 2020 年 12 月 31 日。
2. 2021 年 1 月 27 日,林德琼总裁职务的任职资格经北京银保监局核准批复(京银保监复〔2021〕71 号)。

3.6 公司员工

项目		报告期年度		上年度	
		人数(人)	比例(%)	人数(人)	比例(%)
年龄分布	20 岁以下	—	—	—	—
	20~29 岁	94	16.1	123	22
	30~39 岁	416	71.2	368	67
	40 岁以上	74	12.7	59	11
学历分布	博士	7	1.2	9	2
	硕士	286	49.0	272	49
	本科	275	47.0	253	46
	专科	15	2.6	14	2
	其他	1	0.2	2	1
岗位分布	高级管理人员	9	1.5	8	1
	固有业务人员	2	0.4	3	1
	信托业务人员	150	25.7	155	28
	其他人员	423	72.4	384	70
合计		584	—	550	—

注:统计截止日期为 2020 年 12 月 31 日。

4. 经营管理

4.1 经营目标、经营方针和战略规划

公司以保障委托人的合法权益为最高准则,秉承合规、稳健的经营思路,着力开发优质项目,追求风险可控的经济利益;公司以服务实体经济为目标,为优质企业和客户提供多样化的金融服务。

公司继续坚持“财富、投资、投行、资管、融资”五大市场定位,重点打造好“自主投资能力、资产管理能力、财富管理能力”三台公司发展的“发动机”,将公司打造成为具有差异化、专业化、盈利化特征的“投资银行管理型金融机构”。

在双循环经济发展新格局中,公司致力于回归信托本源,构建基于专业能力提升的主动管理能力体系,践行守正、忠实、专业的受托人文化。在稳步发展优势传统业务的同时,公司将进一步着力发展证券投资、股权投资、资产证券化、家族信托(慈善信托)等信托业务,助力国家实现经济高质量发展。

4.2 所经营业务的主要内容

公司目前经营的业务品种主要包括信托业务和固有业务。

信托业务品种主要包括单一资金信托、集合资金信托、财产信托等。信托财产的运用方式主要有贷款和投资。

固有业务主要是自有资金的同业存款、发放贷款和投资信托产品、资管计划等。

截至 2020 年末,公司实际管理信托资产为 2 059.39 亿元,管理契约型私募基金资产为 81.76 亿元,公司固有资产总额达 133.25 亿元(母公司口径)。

报告期内,公司累计向信托受益人支付的投资收益总额达 156.48 亿元(含私募基金)。公司严格履行了受托人的尽职管理职责,实现了信托业务的主要预期目标,最大化地维护受益人利益。

4.2.1 信托业务

报告期内,公司上年存续信托项目 279 个,存续信托本金余额为 1 928.69 亿元;报告期末,存续信托项目 [illegible]54 个,存续信托本金余额为 2 048.83 亿元,信托资产总额为 2 059.39 亿元。

公司信托资产运用与分布表如下:

信托资产运用与分布表

资产运用	金额(万元)	占比(%)	资产分布	金额(万元)	占比(%)
货币资产	343 567.68	1.67	基础产业	1 12[illegible]4[illegible]71	5.45
贷款	4 231 520.07	20.55	房地产	2 16[illegible]4[illegible]33	10.52
交易性金融资产	1 042 685.02	5.06	证券市场	3 48[illegible]6[illegible]33	16.92
可供出售金融资产	6 405 480.02	31.10	工商企业	8 35[illegible]46[illegible]31	40.59
长期股权投资	1 964 707.06	9.54	金融机构	4 38[illegible]9[illegible]30	21.30
其他	6 605 966.72	32.08	其他	1 07[illegible]9[illegible]49	5.22
信托资产总计	20 593 926.57	100.00	信托资产总计	20 59[illegible]92[illegible]57	100.00

4.2.2 私募基金业务

截至 2020 年末,公司存续基金项目 18 个,存续基金本金余额为 84.56 亿元。

4.2.3 固有业务

公司固有业务主要包括自有资金的同业存款、发放贷款和投资信托产品、资管计划等。报告期内,公司继续秉承谨慎稳健原则,在提高资金运用效率的同时,进一步强化业务风险防范与风险监控,确保公司资产的稳健增长。报告期末,公司固有资产运用与分布表如下:

固有资产运用与分布表

资产运用	金额(万元)	占比(%)	资产分布	金额(万元)	占比(%)
货币资产	47 410.58	3.56	基础产业	22 892.47	1.72
交易性金融资产	554 828.04	41.64	房地产业	—	—
贷款	116 114.35	8.71	工商企业	903 091.24	67.77
其他投资类资产	539 958.25	40.52	金融机构	92 588.71	6.95
其他资产	74 175.42	5.57	其他	313 914.21	23.56
资产总计	1 332 486.64	100.00	资产总计	1 332 486.64	100.00

注:以上数据口径为母公司。

4.3 市场分析

2020 年伊始,新冠肺炎疫情的冲击,严重影响了世界范围内主要经济体的正常运行,叠加国际不同政治形态的对抗向经济领域延伸,中国经济面临着前所未有的挑战。现实中,中国实体经济的方方面面也的确受到了不同程度的影响。依靠着党中央的领导,中国政府以迅捷、务实、高效的措施,有效控制疫情,创造并把握住了阶段性、非对称历史性发展机遇,在2020年保持了经济平稳发展,为减缓世界经济下滑速度作出贡献。

从长期趋势看,对外政治、经济领域的“对抗”难以完全回避,对内经济结构调整带来的“阵痛”长期存在,不确定性与营商环境变迁相伴而行。时代潮头机遇与挑战并存,在双循环经济发展新格局中,以高端智造国产替代、科技成果转换、新基建(数字、信息基础设施)、大消费等为代表的结构性机会将为中国经济注入新的活力,2021 年中国经济有望实现较高增长水平。

在金融领域方面,从中央政府及监管层面,通过宏观货币工具运用、金融政策组合拳调节资本市场投放水平,通过微观监管政策调整引导金融供给侧改革持续推进,倡导金融业回归服务实体经济的初心。在信托行业,面对日益纷繁复杂的金融市场环境,监管政策调整引领信托公司回归本源,以信托文化建设入手,强调守正、忠实、专业的信托受托人文化;同时带动信托理念宣传调整,倡导卖者尽责,买者自负的务实态度。整体看信托行业服务实体经济质效能得到不断提升,全行业的风险意识及风险管理体系建设进一步加强,稳健经营能力进一步提升。

4.3.1 影响行业发展的不利因素

宏观经济受外部因素影响较大。2020 年,受国际政治摩擦向经济领域延伸,叠加国内新冠肺炎疫情影响,中国经济承压。中期看中国经济结构仍有相当的对外部因素敏感度,实体经济,特别是民营企业经营出现波动可能性较大。

全球性债务风险上升,金融风险事件发生影响行业稳定。根据国际金融协会(IIF)公布数据,2020 年全球债务余额约为 275 万亿美元,较 2019 年末增长 6.5%,相当于全球 GDP 总量的 365%,全球范围内债务风险上升。2020 年,中国政府强调防范化解金融风险攻坚并取得关键进展,部分金融机构风险暴露及政府对其的治理处置举措,在一定程度上纾解了行业风险隐患,但是风险形势依然复杂,存在着诸多不确定性和不稳定性。

疫情冲击持续,间接影响金融市场稳定。自 2019 年末以来,新冠肺炎疫情加剧导致了世界范围内结构性“粮荒”、能源价格波动,冲击了国际大宗商品市场,风险存在进一步传导至我国金融体系的可能。全球中产阶级增长趋势在疫情持续中由升转降,特别是拉美地区尤为明显,此种变化或动摇全球金融体系稳定性,加剧中国金融市场波动。

金融行业竞争加剧。“资管新规”对信托公司业务影响较大,部分信托业务面临模式重构挑战。此外,随着商业银行理财子公司业务的逐渐拓展,凭借其股东优势、客户优势及销售优势,势必对信托公司业务带来诸多竞争压力。

4.3.2 影响行业发展的有利因素

中国最早且较好的控制住新冠肺炎疫情,是 2020 年世界主要经济体当中唯一实现正增长的经济体。中国政府以迅捷、务实、高效的措施,有效控制疫情,创造并把握住了阶段性、非对称历史性发展机遇,在 2020 年保持了经济平稳发展。

外部影响因素或趋于缓和,有利于短期提振经济,金融机构可顺势而为。世界贸易组织重构、美国选举尘埃落地,外部影响因素对中国经济的冲击或趋于缓和,利于短期促进国际合作提振中国经济,为深化改革赢得宝贵时间。中央积极引导金融支持实体经济发展,金融机构在业务结构上可顺势而为,信托行业通过专注技术变革驱动领域(如数字经济、数字治理、人工智能等),开拓新的业务增长点。

国内资本市场深化改革,促信托公司转型,金融风险的适度释放,有益于行业稳健发展。国内资本市场深化改革,股市稳步推进股票发行注册制,建立常态化退市机制,债市加强监管及制度建设,资产证券化领域摸索公募 REITs 试点,对信托公司而言应把握上述结构性业务机会积极转型。同时,2020年金融机构风险事件释放出清,整体金融行业对风险管理的把控提升到较高水平,信托行业在化解和处置金融风险过程中,提升了自身风险识别及应对能力,有利于行业可持续健康发展。

巨大的财富管理市场。中国已经成为全球最具活力的财富管理市场,市场规模增速领先全球,高净值客户数量也居世界前列,其相应的财富管理需求必将催生出一批具有全球视野、高财富管理能力的金融公司。

4.4 内部控制

4.4.1 内部控制环境和内部控制文化

根据《信托公司治理指引》,公司已建立起包括股东会、董事会、监事会、经营层在内的“三会一层”治理结构。股东会下设董事会和监事会,董事会下设消费者权益保护及信托委员会、审计委员会、风险控制委员会、投资决策委员会、提名与薪酬委员会、关联交易控制委员会、财富管理委员会。各个层级和机构按照公司章程及授权体系在各自职权范围内开展工作,履行职能。

公司建立了以公司章程、股东会议事规则、董事会议事规则、监事会议事规则为基础的公司治理制度体系;明确了股东会、董事会、监事会和经营层在决策、执行、监督等方面的职责权限、程序及应履行的义务,建立了权力机构、决策机构、监督机构和经营机构完备的治理结构。

公司在董事会及专门委员会授权指导下建立了较为完整的制度及流程管理体系,覆盖法人治理结构、信托和固有业务管理、风险管理、法律合规管理、项目运营管理、发行和销售等财富管理、信息化管理、人力资源及考核管理、合同档案等综合管理、稽核审计管理等前台、中台、后台各个环节。各项规章制度的建立确保了内部控制有章可循。公司高度重视内部控制环境的改善和内部控制文化的建设，根据经济环境、金融环境、公司市场定位、公司内部管理潜力挖掘等需要，建立动态调整机制。

公司强调内部控制环境全覆盖，认真培育内部控制环境中的全程管理、全员管理、全面管理的内部控制文化，确保公司内部控制全覆盖。

4.4.2　内部控制措施

4.4.2.1　履行内部控制职能的部门

公司已构建起较为完备的内部控制职能体系，实现内部控制职能的分层控制：公司已建立首席风险控制总监和首席法律合规总监管理下的风险控制组织体系，并具体由风险管理总部、法律合规管理总部、运营管理总部根据部门职能分工合作；同时，公司也建立了稽核管理体系，并负责对公司经营、管理的各项活动实施稽核管理，由稽核管理总部具体负责。

4.4.2.2　内部控制的主要政策、制度、程序及执行情况

4.4.2.2.1　内部控制的主要政策

按照各项政策内容，其分别由股东会审批、董事会审批、公司审批、各管理总部审批，其中公司治理层面的相关制度及议事规则由股东会审批；公司经营方面的制度，根据具体内容，分别由董事会或公司内部审批；在上述审批制度规定的范围内，各管理总部（风险管理总部、财务管理总部等）可制定相关操作规则、指引，明确具体要求。

4.4.2.2.2　业务控制制度

在项目和合同文本审核、资金拨付和执行过程管理方面，公司制定固有和信托两大体系的管理制度。在业务前期审核、资金拨付和执行过程管理等环节，依据《固有业务管理办法》《私募股权投资类业务操作指引》《二级市场证券投资类业务操作指引》《不动产投资业务操作指引》《固定收益类投资业务操作指引》《合同管理办法》《项目发行及放款管理办法》《投后管理办法》《档案管理制度》等制度，规范相关工作流程和标准，并能根据信托行业发展及时予以修订和完善。

4.4.2.2.3　对外担保制度

为规范公司对外担保行为，防范公司对外担保风险，公司在公司章程及业务审批授权体系中对对外担保的权限和信息披露做出明确规定。

4.4.2.2.4　内部监督与问责制度

公司依据《稽核审计管理制度》《内部审计管理办法》和《全员问责制度》，定期开展内部审计工作，并及时将内部审计报告报送公司经营层及董事会。

公司根据宏观经济环境的变化和监管政策的调整及业务和管理的实际需要，对上述制度进行修订。

4.4.3　信息交流与反馈

在公司内部信息交流与反馈方面，公司通过建立各项规章制度，涵盖了相应制度规范报告责任主体、报告形式、报告流程、报告频率等事项，明确了公司自上而下的授权机制和自下而上的报告机制。报告期内，根据监管要求，公司对于信托业务、基金业务、高级管理人员更替等重大事项，均履行了报备或报批手续，对于监管部门提出的问题、意见和建议，均给予及时、详细的信息反馈。通过公开信息披露机制，增进了公司与监管部门、委托人及受益人之间的信息交流和沟通，增强了公司管理运行的透明度。

4.4.4　监督评价与纠正

根据公司的治理结构，公司监督评价与纠正体系体现在多个层次：监事会作为独立的监督机构对公司股东会负责，对公司经营管理层和公司运营情况进行监督；公司首席法律合规总监负责监督检查公司运作的合法合规情况及公司内部风险控制情况，并对董事会和董事会审计委员会负责；稽核管理总部独立行使内部审计监督权；风险管理总部、法律合规管理总部和运营管理总部主要通过现场调查、法律文本审核、资金拨付审核、过程管理等措施对业务全过程进行监督，并及时提出存在的问题和改进措施。

4.5　风险管理

4.5.1　风险管理概况

4.5.1.1　公司经营活动中可能遇到的风险

基于金融行业运营环境和信托业特征，公司在经营活动中可能遇到的主要风险包括信用风险、市场风险和操作风险，同时还可能承担合规风险、流动性风险、法律风险和声誉风险及战略风险等其他风险。

4.5.1.2　公司风险管理的基本原则和控制政策

公司围绕总体经营和发展战略目标持续推进全面风险管理体系建设，将风险管理工作贯穿到公司经营管理的各个环节中，对业务经营的全过程进行风险识别、评估、监测和控制，确保稳健经营。在董事会的领导下，公司确立了如下风险管理基本原则和政策：

匹配性原则。风险管理策略与业务发展战略有机结合，与公司长期发展目标相一致。公司的全面风险管理体系须与风险状况和系统重要性等相适应，并根据环境变化适时调整。

全覆盖原则。风险管理工作覆盖各项业务条线和各种业务类型，覆盖所有分支机构、附属机构、部门、岗位和人员，覆盖所面临的所有风险种类和不同风险之间的相互影响，贯穿到各项业务的决策、执行和监督等全部管理环节。

独立性原则。风险管理部门独立于业务部门，负责对各项业务独立开展风险管理，各部门和岗位设置权责分明、相互牵制，各项业务操作环节交叉控制或监督，防止操作失误或舞弊发生。

有效性原则。各项风险管理规章制度应根据公司经营战略、经营方针、经营理念等内部环境和国家法律法规、市场变化等外部环境的变化进行及时的修改和完善。

定性与定量相结合原则。公司逐步建立完备的风险控制指标体系，设定定性与定量相结合的评估标准，使风险管理工作更具科学性和可操作性。

4.5.1.3　公司风险管理的组织结构和职责划分

公司的风险管理组织架构是在公司目前的组织结构上，根据不同职能构建而成，形成了在股东会、董事会、监事会和高级管理层"三会一层"管理架构下，业务线、风险合规运营管理线、稽核审计线"三道主要防线"组成的风险管理体系。

公司以"三会一层"为基本管理架构，充分发挥股东会、董事会、监事会及公司管理层各方职能，建立了良好有效的沟通

机制和高度统一的战略共识，为公司的合规经营和风险管理创造良好前提。公司董事会对股东会负责并承担风险管理最终责任和最高决策职能，负责制定公司风险管理总体战略、风险偏好、风险容忍度、发展规划和重大政策，保障风险管理所需资源，掌握公司总体风险状况，制定重大风险的解决方案，对公司高级管理层的风险管理履职情况进行监督。公司监事会承担全面风险管理的监督责任，负责监督检查董事会和高级管理层在风险管理方面的履职尽责情况。公司高级管理层承担全面风险管理的实施责任，根据董事会确定的风险管理战略，设立首席风险控制总监、首席法律合规总监。首席风险控制总监负责制定并执行具体的风险管理政策、管理程序和控制制度，指导、协调和监督各管理部门和各业务机构开展风险管理工作，并定期向董事会或其下设的风险控制委员会提交风险管理报告；同时负责监督公司固有、信托和基金项目评审及通过后实施过程的管理和审查，组织制定包括项目持续检查、评价、预警和处置的风险监控制度，指导、协调和监督项目风险排查、紧急预案、风险化解工作，并定期向董事会或公司管理层报送风险排查报告。首席法律合规总监负责组织建立公司法律事务管理和合法合规审核体系及相关制度、政策，指导、协调和监督各管理部门和各业务机构开展法律合规管理工作；同时负责监督检查公司内部风险控制情况，对公司贯彻执行国家法律法规、行业监管规定和公司本级各项规章制度的情况、对公司主要经营管理活动、对各级主要管理人员在日常经营管理过程中的履职情况等进行审计监督，并定期向董事会或其下设的审计委员会报告工作。

公司风险管理中，业务条线承担风险管理的直接责任；风险管理条线承担制定政策和流程，日常监测和管理风险的责任；稽核管理部门承担业务部门和风险管理部门履责情况的稽核管理和审计责任。在业务管理方面，公司实施专业化评审和审批执行相分离制度，提高风险识别及把控能力，规范业务审批及决策管理。公司设立项目评审管理委员会，负责对董事会授权范围内的信托业务和固有业务等进行独立评审，并根据审批权限规定最终报有权审批人审批。公司设立独立的风险管理总部、法律合规管理总部、运营管理总部负责全面风险管理，对公司经营和业务活动具体开展风险识别、评估、监控和报告等风险管理日常工作。公司设立稽核管理总部对公司的风险管理工作进行独立的监督和检查，并将全面风险管理纳入内部稽核审计范畴，定期审查和评价全面风险管理的充分性和有效性，从而改善公司经营管理和风险控制的效果，促进公司稳健发展。

4.5.2 风险状况

4.5.2.1 信用风险状况

信用风险是公司业务面临的主要风险，主要是指因交易对手违约而造成财产损失的风险，又称违约风险，主要表现为客户交易违约或借款人信用等级下降等原因，造成交易对手不能或不愿履行合约承诺而使信托财产、基金财产和固有财产遭受潜在损失的可能性。信用风险的产生主要来自经济运行周期以及企业自身经营特殊事件的影响。当信用风险发生时，如受托人没有尽职管理、安排预算不恰当时，或信托项目违法违规未能如期执行时，会导致发生流动性风险。信用风险压力主要表现在融资类业务中，对于此类风险，公司严格要求前期详细尽调、中期独立审查与评估、后期及时跟踪管理，同时针对交易对手信用资质情况，要求提供相应的抵押、质押、保证及其他增信措施，防范信用风险；投资业务相关的信用风险，主要体现在交易对手的履约意愿和履约能力，公司严格按照内部决策流程对投资类业务进行信用评估，选取具有较高信用资质的交易对手，同时从多个维度对投资业务设定风险额度来控制信用风险。

4.5.2.2 市场风险状况

市场风险是指因市场价格（利率、汇率、股票价格和商品价格）的不利变动而使公司所开展业务发生损失的风险。公司市场风险主要涉及证券投资和股权投资自营业务、信托业务，以及上市公司股权质押融资、不动产投资信托业务等。对于此类业务，公司本着审慎原则，合理配置资产，通过合理的交易安排和严密的管理措施，勤勉、尽职履行受托人职责，最大限度地保障受益人的资金安全。同时，市场风险还具有很强的传导效应，如销售下降、成本上升等因素导致交易对手的信用风险，因此对于此类业务同样采取严格的流程要求及尽可能取得有效增信措施来防范风险。

4.5.2.3 操作风险状况

操作风险是指由于不完善或有问题的内部程序、员工、信息科技系统或外部事件所造成损失的风险，主要表现为由于公司治理机制、内部控制失效或者有关责任人出现失误、欺诈等问题，公司没有充分及时地做好尽职调查、持续监控、信息披露等工作，未能及时作出应有的反应，或作出的反应明显有失专业和常理，甚至违规违约；公司没有履行勤勉尽职管理的义务，或者无法出具充分有效的证据和记录，证明自己已履行勤勉尽职管理的义务。对于此类风险，公司建立了有效的风险内控体系，明确并不断优化各项业务的操作规程，同时，由稽核管理总部按期对公司业务开展情况进行稽核，对各职能部门进行管理审计，通过规范各项业务流程、加强内控等手段有效防控操作风险，报告期内未发生重大操作风险事件。

4.5.2.4 其他风险状况

公司面临的其他风险主要还有法律风险、合规风险、流动性风险、声誉风险、战略风险等。法律风险是指公司因没有遵守法律、法规或监管规定而可能遭受法律制裁、监管处罚，从而给公司或投资人带来经济损失的风险。合规风险是指因没有遵循法律、规则和准则可能遭受法律制裁、监管处罚、重大财务损失和声誉损失的风险。流动性风险是指公司短期内资金周转困难无力偿付到期负债而造成损失的风险。声誉风险是指公司经营管理行为导致外部负面评价的风险。战略风险是指因公司作出不利的经营决策、未妥当地执行决策、或未能对宏观经济及行业变化作出准确反应而可能造成损失的风险。

4.5.3 风险管理

公司风险管理工作紧密围绕公司战略及业务特点，持续优化风险管理体系，强化风险策略的适应性；把握业务风险特征，采取差异化管控措施；加强资产准入管理，严守风险底线。

4.5.3.1 信用风险管理

公司严格按照业务流程、制度规定和相应程序开展各项业务，确保决策者充分了解业务涉及的信用风险。公司强调全流程风险管理、强调风险管理关口前置、强调完善信用风险管理的制度体系、强调业务政策的及时调整、强调对交易对手履约情况的持续跟踪，依托严谨的风险管理体系，以各类业务准入政策、业务报审及审批流程等为抓手，持续完善和优化信用风险的事前防范、事中控制和事后检查制度，严控资产质量水平。由业务部门对交易对手进行全面、深入的信用调查与分析，形成客观、翔实的尽职调查报告；法律合规管理总部、风险管理总部和运营管理总部根据业务部门的尽职调查情况，独立开展有关调查，对项目信用风险进行充分的评估和审核，对于融资类业务严格落实贷款担保等措施，对抵（质）押物权属有效性、合法性进行审查，并借助外部专业机构力量客观、公允地评估抵押物价值；对于投资类业务严格按照内部决策流程进行信用评估，选取具有较高资质的交易对手，从多个维度对投资业务设定风险限额，通过分散投资、设置合理投资节点、设置对赌条款等多项措施对信用风险进行防范；业务部门和运营管理总部在项目实施过程中共同负责对项目进行日常跟踪管理，同时密切关注交易对手的信用状况、抵（质）押物价值和保证人担保能力的变化、投资标的经营情况变化和价值变动，并根据具体情况采取有效的应对措施，在项目发生风险预警时，业务部门和运营管理总部及时制定应对措施以防范风险的发生或扩大；项目结束后稽核管理总部进行稽核审计和项目评价，以进一步提高对项目的信用风险管理水平。

本公司已对风险资产进行五级分类。

4.5.3.2 市场风险管理

公司建立健全市场风险的识别、计量、监测和控制程序，以确保市场风险管理能够与业务的性质、规模、复杂程度和风险特征相适应，与能够承担的总体市场风险水平相一致；同时，加强对宏观经济和市场的研究，及时跟踪市场价格波动情况，对每项业务和产品中的市场风险因素进行分解和分析，以及时准确识别所有业务中市场风险的类别和性质。公司市场风险管理目标是通过将市场风险控制在公司可承受的合理范围内，实现经风险调整后的收益最大化，主要通过设置合理的收益率对风险进行定价，实现对风险的有效补偿。公司通过严密设计风控条款，取得有效增信措施，以缓释和对冲可能发生的市场风险；加强对证券投资产品单位净值、抵（质）押物价格变化、投资标的价值变化的日常监控，以防范市场价格波动带来的风险；定期对房地产业务进行压力测试，分析在不同风险程度下房地产项目的抗风险能力，从而及时发现并预防市场风险。

4.5.3.3 操作风险管理

公司通过规范业务流程、强化内控基础、优化内控措施，持续提升风险管理体系的运行效率和效果。公司定期对公司内部控制规章制度及业务流程进行梳理和完善，以业务流程为主线，不断完善前台、中台、后台的协作与制约体系，对重要的业务环节实行双人双岗复核，及时对业务管理系统进行升级，并加强对操作流程的监督、检查，及时排除操作风险隐患，有效防范操作风险。

4.5.3.4 其他风险管理

在法律风险管理方面，公司高度重视法律风险的防范，定期对合同范本进行修订，不断加强对合同的审查力度。对于创新及重大项目，公司要求聘请外部律师出具法律意见，从业务源头和操作环节防范和化解法律风险。

在合规风险管理方面，公司积极稳妥地推进合规管理体系建设，充分借鉴银行业、证券业和保险业良好的合规管理经验，按照监管机构政策，结合自身合规工作积累，持续完善合规管理的组织框架、管理范围、运行机制和工作流程。

在流动性风险管理方面，公司严格遵守相关监管规定，持续完善流动性风险管理体系，设立资金管理委员会，统筹协调各职能部门全面加强公司资金管理、流动性管理工作。公司通过定期压力测试、及时调整流动性风险偏好等手段，实现对公司整体和产品承压能力的监测，并根据监测结果进行综合平衡、动态管理。

在声誉风险管理方面，公司不断完善声誉风险管理机制，将舆情管理纳入全面风险管理体系。公司及时向投资者和监管层进行相关信息披露，保持有效的信息交流和反馈；通过内外部相结合的监测机制，持续关注行业和公司新闻舆情。公司借助信托业协会的《信托资讯》《每日舆情》、新闻媒体及内部舆情监测报告，全面做好舆情监测，就重点事件积极采取应对措施、及时进行跟踪反馈，防范和化解声誉风险。

在战略风险管理方面，公司强调以当前宏观环境、自身实际经营情况及未来发展潜力为基础，建立以风险为导向的战略规划和实施方案，并定期进行修订。同时，通过完善治理架构、明确战略导向和风险偏好、设定授权体系、制定调整并充分落实各项内部议事和内控程序等，确保各项政策依程序制定和调整，并得到充分有效执行，确保公司长期战略、短期目标、风险管理措施和相关资源紧密结合。

受新冠肺炎疫情及中美贸易摩擦的影响，2020 年国内经济增速快速回落，经济下行压力明显加大，部分行业和公司盈利水平大幅下滑，困难程度加剧。面对上述情况，公司主动扩大了项目专项风险排查的覆盖面和力度，全面评估项目信用风险和市场风险，防控操作风险。对于个别出险项目，公司通过采取追加抵（质）押物、法律诉讼、债务重组等手段，积极推动风险资产的处置化解，全力维护投资者的合法权益。2021 年，公司将继续严格落实各项风险管理及操作要求，从严把控项目风险审核，严密跟踪项目后续运营管理及风险监控，在确保合规经营、风险可控的前提下，稳步展业。

5. 2020 年度及上年度比较式会计报表

5.1 固有资产

5.1.1 会计师事务所审计意见全文

审 计 报 告

中兴华审字（2021）第 011927 号

中国民生信托有限公司全体股东：

一、审计意见

我们审计了中国民生信托有限公司（以下简称贵公司）财务报表，包括 2020 年 12 月 31 日的合并及母公司资产负债表（固有），2020 年度的合并及母公司利润表（固有）、合并及母公司现金流量表（固有）、合并及母公司所有者权益变动表（固有）及相关财务报表附注（固有）。

我们认为，后附的财务报表在所有重大方面按照企业会计准则的规定编制，公允反映了贵公司 2020 年 12 月 31 日合并及母公司的财务状况及 2020 年度合并及母公司的经营成果和现金流量。

二、形成审计意见的基础

我们按照中国注册会计师审计准则的规定执行了审计工作。审计报告的"注册会计师对财务报表审计的责任"部分进一步阐述了我们在这些准则下的责任。按照中国注册会计师职业道德守则,我们独立于贵公司,并履行了职业道德方面的其他责任。我们相信,我们获取的审计证据是充分的、适当的,为发表审计意见提供了基础。

三、关键审计事项

关键审计事项是我们根据职业判断,认为对本期财务报表审计最为重要的事项。这些事项的应对以对财务报表整体进行审计并形成审计意见为背景,我们不对这些事项单独发表意见。

(一)以公允价值计量的金融工具的估值

1. 事项描述

截至2020年12月31日,贵公司持有以公允价值计量的金融资产的账面价值为58.70亿元。

贵公司于资产负债表日对持有的以公允价值计量的金融资产进行公允价值评估。对于第三层级金融工具采用重要不可观察输入值作为关键假设计量公允价值,此类参数包括流动性折扣、波动率、信用价差等,需要管理层进行判断。

由于以公允价值计量的金融资产金额重大,其公允价值评估时对不可观察输入值作为关键假设需要管理层做出重大判断,因此我们将上述金融资产公允价值评估认定为关键审计事项。

相关披露请参见财务报表附注十。

2. 审计应对

我们评估和测试了贵公司以公允价值计量的金融资产公允价值评估流程的内部控制设计、运行的有效性。

我们对贵公司金融资产公允价值评估时采用的模型的合理性进行了评估。

我们通过选取样本,针对贵公司金融资产评估执行了以下审计程序

(1)查阅贵公司持有的金融资产的相关合同,了解相关投资条款,并识别与金融资产估值相关的条款。

(2)对管理层在计量金融资产公允价值时采用的不可观察输入值及可观察输入值的合理性进行复核。

另外,我们还评价了财务报表中针对以公允价值计量的金融资产的相关披露是否满足企业会计准则的要求。

(二)以摊余成本计量的金融资产减值

1. 事项描述

截至2020年12月31日,贵公司持有债权投资的账面价值为67.20亿元,其中账面原值为88.25亿元、减值准备余额为21.05亿元。

债权投资信用损失准备余额反映了管理层在资产负债表日采用《企业会计准则第22号——金融工具确认和计量》预期信用损失模型,对相关金融资产预期信用损失的最佳估计。

管理层通过评估债权投资的信用风险自初始确认后是否显著增加,运用三阶段减值模型计量预期信用损失。预期信用损失计量模型包含重大管理层判断和假设,贵公司就预期信用损失计量建立了相关流程和控制。

考虑到债权投资金融资产的识别和损失准备评估过程均涉及重大的管理层判断,该事项被确定为关键审计事项。

2. 审计应对

我们对债权投资的减值评估和减值计算相关内部控制设计和运行的有效性进行了评估和测试。

我们抽取样本,就借款人财务状况、非财务信息及其他因素方面复核管理层作出的评估结果是否合理。我们复核了管理层对前瞻性计量的方法和结果。

基于上述审计程序结果,考虑到债权投资的预期信用损失评估的固有不确定性,管理层在减值评估中所使用的重大假设和判断及计量结果是可接受的。

四、管理层和治理层对财务报表的责任

管理层负责按照企业会计准则的规定编制财务报表,使其实现公允反映,并设计、执行和维护必要的内部控制,以使财务报表不存在由于舞弊或错误导致的重大错报。

在编制财务报表时,管理层负责评估贵公司的持续经营能力,披露与持续经营相关的事项(如适用),并运用持续经营假设,除非管理层计划清算贵公司、终止运营或别无其他现实的选择。

治理层负责监督贵公司的财务报告过程。

五、注册会计师对财务报表审计的责任

我们的目标是对财务报表整体是否不存在由于舞弊或错误导致的重大错报获取合理保证,并出具包含审计意见的审计报告。合理保证是高水平的保证,但并不能保证按照审计准则执行的审计在某一重大错报存在时总能发现。错报可能由舞弊或错误导致,如果合理预期错报单独或汇总起来可能影响财务报表使用者依据财务报表作出的经济决策,则通常认为错报是重大的。

在按照审计准则执行审计的过程中,我们运用了职业判断,保持了职业怀疑。同时,我们也执行以下工作:

(1)识别和评估由于舞弊或错误导致的财务报表重大错报风险,设计和实施审计程序以应对这些风险,并获取充分、适当的审计证据,作为发表审计意见的基础。由于舞弊可能涉及串通、伪造、故意遗漏、虚假陈述或凌驾于内部控制之上,未能发现由于舞弊导致的重大错报的风险高于未能发现由于错误导致的重大错报的风险。

(2)了解与审计相关的内部控制,以设计恰当的审计程序。

(3)评价管理层选用会计政策的恰当性和作出会计估计及相关披露的合理性。

(4)对管理层使用持续经营假设的恰当性得出结论。同时,根据获取的审计证据,就可能导致对贵公司持续经营能力产生重大疑虑的事项或情况是否存在重大不确定性得出结论。如果我们得出结论认为存在重大不确定性,审计准则要求我们在审计报告中提请报表使用者注意财务报表中的相关披露;如果披露不充分,我们应当发表非无保留意见。我们的结论基于截至审计报告日可获得的信息。然而,未来的事项或情况可能导致贵公司不能持续经营。

（5）评价财务报表的总体列报、结构和内容，并评价财务报表是否公允反映相关交易和事项。

（6）就贵公司实体或业务活动的财务信息获取充分、适当的审计证据，以对财务报表发表意见。我们负责指导、监督和执行集团审计。我们对审计意见承担全部责任。

我们与治理层就计划的审计范围、时间安排和重大审计发现等事项进行沟通，包括沟通我们在审计中识别出的值得关注的内部控制缺陷。

中兴华会计师事务所（特殊普通合伙）　中国注册会计师：

中国·北京　中国注册会计师：

2021年4月27日

5.1.2 资产负债表

资产负债表（母公司）

编制单位：中国民生信托有限公司　2020年12月31日　单位：万元

项　目	期末余额	上年年末余额	项　目	期末余额	上年年末余额
资产：			负债：		
货币资金	47 410. 58	164 796. 35	拆入资金	10 005. 44	2[illegible]107. 39
应收款项	13 106. 23	10 813. 33	预收款项	—	—
其他流动资产	—	—	应付职工薪酬	56 190. 86	7[illegible]841. 60
金融投资：	—	—	应交税费	34 019. 09	2[illegible]33. 32
交易性金融资产	554 828. 04	1 192 241. 76	预计负债	60 600. 21	—
债权投资	116 114. 35	10 577. 07	递延所得税负债	8 524. 65	—
其他权益工具投资	10 000. 00	10 000. 00	其他负债	169 071. 62	13[illegible]66. 23
长期股权投资	2 018. 90	—	负债合计	338 411. 86	32[illegible]48. 55
其他非流动金融资产	—	—	所有者权益：		
固定资产	1 381. 65	1 582. 95	实收资本	700 000. 00	70[illegible]00. 00
在建工程	749. 65	805. 74	资本公积	168 720. 00	16[illegible]20. 00
无形资产	1 430. 11	1 542. 52	盈余公积	54 141. 80	5[illegible]41. 80
长期待摊费用	—	—	一般风险准备	20 855. 35	1[illegible]552. 50
递延所得税资产	70 614. 01	12 795. 52	信托赔偿准备	27 070. 90	2[illegible]70. 90
其他非流动资产	—	—	未分配利润	23 286. 72	12[illegible]12. 78
其他资产	514 833. 12	14 991. 28	所有者权益合计	994 074. 77	1 [illegible]97. 98
资产总计	1 332 486. 64	1 420 146. 52	负债和所有者权益总计	1 332 486. 64	1 42[illegible]46. 52

资产负债表（合并）

编制单位：中国民生信托有限公司　2020年12月31日　单位：万元

项　目	期末余额	上年年末余额	项　目	期末余额	上年年末余额
资产：			负债：		
货币资金	52 799. 51	165 198. 02	拆入资金	10 005. 44	2[illegible] 107. 39
应收款项	13 040. 93	10 813. 33	应付职工薪酬	56 190. 86	[illegible] 841. 60
金融投资：	—	—	应交税费	34 023. 50	[illegible] 733. 32
交易性金融资产	587 028. 69	1 201 398. 04	递延所得税负债	8 466. 17	—
债权投资	671 958. 64	10 577. 07	预计负债	4 040. 21	—
其他权益工具投资	10 000. 00	10 000. 00	其他负债	420 607. 31	[illegible] 619. 25
长期应收款	—	—	负债合计	533 333. 49	[illegible] 301. 57
长期股权投资	2 018. 90	—	所有者权益：		
固定资产	1 381. 65	1 582. 95	实收资本	700 000. 00	7[illegible] 000. 00
在建工程	749. 65	805. 74	资本公积	168 720. 00	1[illegible] 720. 00
无形资产	1 430. 11	1 542. 52	盈余公积	54 141. 80	[illegible] 141. 80
递延所得税资产	74 310. 73	12 795. 52	一般风险准备	20 855. 35	[illegible]552. 50
其他资产	102 649. 04	5 669. 17	信托赔偿准备	27 070. 90	[illegible]070. 90

续表

项　目	期末余额	上年年末余额	项　目	期末余额	上年年末余额
长期待摊费月	—	—	未分配利润	13 246. 32	127 595. 59
			归属于母公司所有者权益合计	984 034. 37	1 096 080. 79
			少数股东权益		
			所有者权益合计	984 034. 37	1 096 080. 79
资产总计	1 517 367. 85	1 420 382. 35	负债和所有者权益总计	1 517 367. 85	1 420 382. 35

5. 1. 3　利润表

利润表（母公司）

编制单位：中国民生信托有限公司　　2020 年度　　单位：万元

项目	本期金额	上期金额
一、营业收入	198 097. 06	231 097. 19
减：营业成本	—	—
利息净收入	7 282. 43	－10 968. 33
利息收入	10 105. 43	7 928. 24
利息支出	2 823. 00	18 896. 57
手续费及佣金净收入	136 319. 52	138 325. 82
手续费及佣金收入	136 931. 78	138 355. 19
手续费及佣金支出	612. 26	29. 37
投资收益（损失以“－”号填列）	－17 824. 97	77 943. 09
其他收益	474. 07	—
公允价值变动收益（损失以“－”号填列）	41 616. 59	－7 517. 98
资产处置收益（损失以“－”号填列）	－1. 87	—
汇兑收益（损失以“－”号填列）	—	—
其他业务收入	30 231. 30	33 314. 58
二、营业成本	246 446. 27	109 497. 21
税金及附加	1 071. 76	1 309. 07
销售费用	—	—
业务及管理费用	64 911. 20	105 196. 10
信用减值损失（损失以“－”号填列）	180 463. 31	2 992. 04
资产减值损失（损失以“－”号填列）	—	—
资产处置收益（损失以“－”号填列）	—	—
三、营业利润（亏损以“－”号填列）	－48 349. 21	121 599. 98
加：营业外收入	810. 34	500. 02
减：营业外支出	3 156. 81	115. 39
四、利润总额（亏损总额以“－”号填列）	－50 695. 67	121 984. 61
减：所得税费用	－11 772. 47	31 537. 79
五、净利润（净亏损以“－”号填列）	－38 923. 20	90 446. 82
（一）持续经营净利润（净亏损以“－”号填列）	－38 923. 20	90 446. 82
（二）终止经营净利润（净亏损以“－”号填列）	—	—
六、其他综合收益的税后净额	—	—
七、综合收益总额	－38 923. 20	90 446. 82

利润表（合并）

编制单位：中国民生信托有限公司　　2020 年度　　单位：万元

项目	本期金额	上期金额
一、营业总收入	224 738. 84	234 351. 89
利息净收入	－19 075. 42	－10 964. 46
利息收入	25 397. 54	7 932. 10
利息支出	44 472. 96	18 896. 57
手续费及佣金净收入	135 396. 75	138 325. 82
手续费及佣金收入	136 009. 01	138 355. 19
手续费及佣金支出	612. 26	29. 37
投资收益（损失以“－”号填列）	36 564. 62	77 933. 22
其他收益	474. 07	—
公允价值变动收益（损失以“－”号填列）	41 382. 67	－4 130. 85
资产处置收益（损失以“－”号填列）	－1. 87	—
汇兑收益（损失以“－”号填列）	－233. 27	－126. 42
其他业务收入	30 231. 30	33 314. 58
二、营业总成本	282 826. 58	109 854. 35
税金及附加	1 157. 20	1 309. 07
业务及管理费用	70 230. 61	105 553. 24
信用减值损失（损失以“－”号填列）	211 438. 78	2 992. 04
资产减值损失（损失以“－”号填列）	—	—
其他业务成本	—	—
三、营业利润（亏损以“－”号填列）	－58 087. 74	124 497. 53
加：营业外收入	810. 34	500. 02
减：营业外支出	3 156. 81	115. 39
四、利润总额（亏损总额以“－”号填列）	－60 434. 20	124 882. 16
减：所得税费用	－15 527. 67	31 537. 79
五、净利润（净亏损以“－”号填列）	－44 906. 53	93 344. 37
（一）按经营持续性分类：	—	—
1. 持续经营净利润（净亏损以“－”号填列）	－44 906. 53	93 344. 37
2. 终止经营净利润（净亏损以“－”号填列）	—	—
（二）按所有权归属分类：	—	—
1. 归属于母公司股东的净利润（净亏损以“－”号填列）	－44 906. 53	93 344. 37
2. 少数股东损益（净亏损以“－”号填列）	—	—
六、其他综合收益的税后净额	—	—
（一）归属于母公司所有者的其他综合收益的税后净额	—	—
（二）归属于少数股东的其他综合收益的税后净额	—	—
七、综合收益总额	－44 906. 53	93 344. 37
（一）归属于母公司所有者的综合收益总额	－44 906. 53	93 344. 37
（二）归属于少数股东的综合收益总额	—	—

5.1.4 所有者权益变动表

所有者权益变动表（母公司）

编制单位：中国民生信托有限公司　　2020 年度　　单位：万元

项目	实收资本	资本公积	一般风险准备	信托赔偿准备	盈余公积	未分配利润	所有者权益合计
2019 年年初余额	700 000. 00	168 720. 00	20 985. 48	22 548. 56	45 097. 12	118 200. 00	1 075 551. 15
2019 年增减变动金额（减少以“－”号填列）	—	—	-2 432. 98	4 522. 34	9 044. 68	9 312. 78	20 446. 82
（一）综合收益总额	—	—	—	—	—	90 446. 82	90 446. 82
（二）所有者投入和减少资本	—	—	—	—	—	—	—
（三）利润分配	—	—	-2 432. 98	4 522. 34	9 044. 68	-81 134. 04	-70 000. 00
1. 提取盈余公积	—	—	—	—	9 044. 68	-9 044. 68	—
2. 提取一般风险准备	—	—	-2 432. 98	—	—	2 432. 98	—
3. 提取信托赔偿准备	—	—	—	4 522. 34	—	-4 522. 34	—
4. 对所有者的分配	—	—	—	—	—	-70 000. 00	-70 000. 00
5. 其他	—	—	—	—	—	—	—
2019 年年末余额	700 000. 00	168 720. 00	18 552. 50	27 070. 90	54 141. 80	127 512. 78	1 095 997. 98
2020 年年初余额	700 000. 00	168 720. 00	18 552. 50	27 070. 90	54 141. 80	127 512. 78	1 095 997. 98
2020 增减变动金额（减少以“－”号填列）	—	—	2 302. 85	—	—	-104 226. 06	-101 923. 20
（一）综合收益总额	—	—	—	—	—	-38 923. 20	-38 923. 20
（二）所有者投入和减少资本	—	—	—	—	—	—	—
（三）利润分配	—	—	2 302. 85	—	—	-65 302. 85	-63 000. 00
1. 提取盈余公积	—	—	—	—	—	—	—
2. 提取一般风险准备	—	—	2 302. 85	—	—	-2 302. 85	—
3. 提取信托赔偿准备	—	—	—	—	—	—	—
4. 对所有者的分配	—	—	—	—	—	-63 000. 00	-63 000. 00
5. 其他	—	—	—	—	—	—	—
2020 年年末余额	700 000. 00	168 720. 00	20 855. 35	27 070. 90	54 141. 80	23 286. 72	994 074. 77

所有者权益变动表（合并）

编制单位：中国民生信托有限公司　　2020 年度　　单位：万元

项目	实收资本	资本公积	一般风险准备	信托赔偿准备	盈余公积	未分配利润	所有者权益合计
2019 年年初余额	700 000. 00	168 720. 00	20 985. 48	22 548. 56	45 097. 12	115 396. 30	1 072 747. 46
2019 年增减变动金额（减少以“－”号填列）	—	—	-2 432. 98	4 522. 34	9 044. 68	12 199. 29	23 333. 33
（一）综合收益总额	—	—	—	—	—	93 344. 37	93 344. 37
（二）所有者投入和减少资本	—	—	—	—	—	—	—
（三）利润分配	—	—	-2 432. 98	4 522. 34	9 044. 68	-81 145. 08	-70 011. 05
1. 提取盈余公积	—	—	—	—	9 044. 68	-9 044. 68	—
2. 提取一般风险准备	—	—	-2 432. 98	—	—	2 432. 98	—
3. 提取信托赔偿准备	—	—	—	4 522. 34	—	-4 522. 34	—
4. 对所有者的分配	—	—	—	—	—	-70 011. 05	-70 011. 05
5. 其他	—	—	—	—	—	—	—
2019 年年末余额	700 000. 00	168 720. 00	18 552. 50	27 070. 90	54 141. 80	127 595. 59	1 096 080. 79
2020 年年初余额	700 000. 00	168 720. 00	18 552. 50	27 070. 90	54 141. 80	127 595. 59	1 096 080. 79
2020 年增减变动金额（减少以“－”号填列）	—	—	2 302. 85	—	—	-114 349. 28	-112 046. 42
（一）综合收益总额	—	—	—	—	—	-44 906. 53	-44 906. 53
（二）所有者投入和减少资本	—	—	—	—	—	—	—
（三）利润分配	—	—	2 302. 85	—	—	-65 302. 85	-63 000. 00
1. 提取盈余公积	—	—	—	—	—	—	—
2. 提取一般风险准备	—	—	2 302. 85	—	—	-2 302. 85	—
3. 提取信托赔偿准备	—	—	—	—	—	—	—
4. 对所有者的分配	—	—	—	—	—	-63 000. 00	-63 000. 00
5. 其他	—	—	—	—	—	—	—
2020 年年末余额	700 000. 00	168 720. 00	20 855. 35	27 070. 90	54 141. 80	13 246. 32	984 034. 37

5.2 信托资产

5.2.1 信托项目资产负债汇总表

信托项目资产负债汇总表

编制单位:中国民生信托有限公司　　2020 年 12 月 31 日　　单位:万元

信托资产	2020 年 12 月 31 日	2019 年 12 月 31 日
信托资产:		
货币资金	343 567.68	251 992.10
拆出资金	—	—
存出保证金	—	—
交易性金融资产	1 042 685.02	664 912.21
衍生金融资产	—	—
买入返售金融资产	436 947.79	369 717.14
应收款项	645 119.43	298 839.68
发放贷款	4 231 520.07	5 923 233.34
可供出售金融资产	6 405 480.02	6 822 938.02
持有至到期投资	—	—
长期应收款	1 353 459.00	815 104.00
长期股权投资	1 964 707.06	2 510 196.69
投资性房地产	—	—
固定资产	—	—
无形资产	—	—
长期待摊费用	1 606.45	32.51
其他资产	4 168 834.05	1 983 665.11
减:各项资产减值准备	—	—
信托资产总计	20 593 926.57	19 640 630.80
信托负债和信托权益	2020 年 12 月 31 日	2019 年 12 月 31 日
信托负债:		
交易性金融负债	—	—
衍生金融负债	—	—
应付受托人报酬	14 488.41	10 037.57
应付托管费	437.07	340.52
应付受益人收益	25 104.84	85 980.31
应交税费	9 525.26	14 835.40
应付销售服务费	1 176.37	155.60
其他应付款项	264 329.88	297 539.29
预计负债	—	—
其他负债	—	—
信托负债合计	315 061.83	408 888.69
信托权益:		
实收信托	20 488 335.03	19 286 941.92
资本公积	22 847.00	32 699.60
外币报表折算差额	—	—
未分配利润	-232 317.29	-87 899.41
信托权益合计	20 278 864.74	19 231 742.11
信托负债及信托权益总计	20 593 926.57	19 640 630.80

5.2.2 信托项目利润及利润分配汇总表

信托项目利润及利润分配汇总表

编制单位:中国民生信托有限公司　　2020 年度　　单位:万元

项目	2020 年度	2019 年度
1. 营业收入	1 355 110.75	1 422 523.57
1.1 利息收入	545 470.34	458 155.11
1.2 投资收益	898 370.50	818 477.95
1.2.1 对联营企业和合营企业的投资收益	—	—
1.3 公允价值变动损益	-177 765.54	137 316.68
1.4 租赁收入	—	—
1.5 汇兑损益	—	—
1.6 其他收入	89 035.45	8 573.83
2. 支出	246 149.05	218 268.49
2.1 税金及附加	3 132.00	3 137.45
2.2 受托人报酬	110 649.19	89 453.85
2.3 托管费	3 159.88	3 847.48
2.4 投资管理费	—	—
2.5 销售服务费	81 803.94	34 090.01
2.6 交易费用	938.45	489.02
2.7 资产减值损失	—	—
2.8 其他费用	46 465.59	87 250.68
3. 信托净利润	1 108 961.71	1 204 255.08
4. 其他综合收益	—	-5 464.31
5. 综合收益	1 108 961.71	1 198 790.77
6. 加:期初未分配信托利润	-87 899.41	-102 649.77
7. 可供分配的信托利润	1 220 621.70	1 313 852.72
8. 减:本期已分配信托利润	1 452 938.99	1 401 752.13
9. 期末未分配信托利润	-232 317.29	-87 899.41

6. 会计报表附注

6.1 会计报表编制基本前提的说明

本公司会计报表编制基准不存在不符合会计核算基本前提的情况。

6.1.1 会计报表的编制基础

本会计报表按照财政部颁布的《企业会计准则》(财会〔2006〕3 号)及其后续应用指南、解释及其他有关规定(统称企业会计准则)编制。

本会计报表以持续经营为基础列报。

本公司会计核算以权责发生制为基础。除某些金融工具外,本财务报表均以历史成本为计量基础。

6.1.2 遵循企业会计准则的声明

本会计报表符合企业会计准则的要求,真实、完整地反映了本公司 2020 年 12 月 31 日的财务状况及 2020 年的经营成果和现金流量等有关信息。

6.1.3 会计期间

本公司会计期间采用公历年度,即每年自 1 月 1 日起至 12

月31日止。

6.1.4　**记账本位币**

本公司以人民币为记账本位币。本公司编制本会计报表时所采用的货币为人民币。

6.2　重要会计政策和会计估计说明

6.2.1　重要会计政策、会计估计的变更

6.2.1.1　重要会计政策变更

财政部于2017年7月5日发布了《企业会计准则第14号——收入(2017年修订)》(财会〔2017〕22号)(以下简称新收入准则),本公司于2020年1月1日起开始执行前述新收入准则。

新收入准则为规范与客户之间的合同产生的收入建立了新的收入确认模型。为执行新收入准则,本公司重新评估主要合同收入的确认和计量、核算和列报等方面。根据新收入准则的规定,选择仅对在2020年1月1日尚未完成的合同的累积影响数进行调整。首次执行的累积影响金额调整首次执行当期期初(2020年1月1日)的留存收益及财务报表其他相关项目金额,对可比期间信息不予调整。

6.2.1.2　重要会计估计变更

本公司本期不存在应披露的重要会计估计变更。

6.2.2　同一控制下和非同一控制下企业合并的会计处理方法

企业合并是指将两个或两个以上单独的企业合并形成一个报告主体的交易或事项。企业合并分为同一控制下企业合并和非同一控制下企业合并。

6.2.2.1　同一控制下企业合并

参与合并的企业在合并前后均受同一方或相同的多方最终控制,且该控制并非暂时性的,为同一控制下的企业合并。同一控制下的企业合并,在合并日取得对其他参与合并企业控制权的一方为合并方,参与合并的其他企业为被合并方。合并日,是指合并方实际取得对被合并方控制权的日期。

公司在企业合并中取得的资产和负债,按照合并日被合并方资产、负债(包括最终控制方收购被合并方形成的商誉)在最终控制方合并财务报表中的账面价值计量;取得的净资产账面价值与支付的合并对价账面价值(或发行股份面值总额)的差额,调整资本公积中的股本溢价,资本公积中股本溢价不足冲减的,调整留存收益。

合并方为进行企业合并发生的各项直接费用,于发生时计入当期损益。

6.2.2.2　非同一控制下企业合并

参与合并的企业在合并前后不受同一方或相同的多方最终控制的,为非同一控制下的企业合并。非同一控制下的企业合并,在购买日取得对其他参与合并企业控制权的一方为购买方,参与合并的其他企业为被购买方。购买日是指为购买方实际取得对被购买方控制权的日期。

对于非同一控制下的企业合并,合并成本包含购买日购买方为取得对被购买方的控制权而付出的资产、发生或承担的负债,以及发行的权益性证券的公允价值,为企业合并发生的审计、法律服务、评估咨询等中介费用及其他管理费用于发生时计入当期损益。购买方作为合并对价发行的权益性证券或债务性证券的交易费用,计入权益性证券或债务性证券的初始确认金额。所涉及的或有对价按其在购买日的公允价值计入合并成本,购买日后12个月内出现对购买日已存在情况的新的或进一步证据而需要调整或有对价的,相应调整合并商誉。购买方发生的合并成本及在合并中取得的可辨认净资产按购买日的公允价值计量。合并成本大于合并中取得的被购买方于购买日可辨认净资产公允价值份额的差额,确认为商誉。合并成本小于合并中取得的被购买方可辨认净资产公允价值份额的,首先对取得的被购买方各项可辨认资产、负债及或有负债的公允价值及合并成本的计量进行复核,复核后合并成本仍小于合并中取得的被购买方可辨认净资产公允价值份额的,其差额计入当期损益。

购买方取得被购买方的可抵扣暂时性差异,在购买日因不符合递延所得税资产确认条件而未予确认的,在购买日后12个月内,如取得新的或进一步的信息表明购买日的相关情况已经存在,预期被购买方在购买日可抵扣暂时性差异带来的经济利益能够实现的,则确认相关的递延所得税资产,同时减少商誉,商誉不足冲减的,差额部分确认为当期损益;除上述情况以外,确认与企业合并相关的递延所得税资产的,计入当期损益。

通过多次交易分步实现的非同一控制下企业合并,根据《财政部关于印发企业会计准则解释第5号的通知》(财会〔2012〕19号)和《企业会计准则第33号——合并财务报表》第五十一条关于"一揽子交易"的判断标准,判断该多次交易是否属于"一揽子交易"。属于"一揽子交易"的,参考本部分前面各段描述及6.2.9"长期股权投资的确认和计量"进行会计处理;不属于"一揽子交易"的,区分个别财务报表和合并财务报表进行相关会计处理:

在个别财务报表中,以购买日之前所持被购买方的股权投资的账面价值与购买日新增投资成本之和,作为该项投资的初始投资成本;购买日之前持有的被购买方的股权涉及其他综合收益的,在处置该项投资时将与其相关的其他综合收益采用与被购买方直接处置相关资产或负债相同的基础进行会计处理(除了按照权益法核算的在被购买方重新计量设定受益计划净负债或净资产导致的变动中的相应份额以外,其余转入当期投资收益)。

在合并财务报表中,对于购买日之前持有的被购买方的股权,按照该股权在购买日的公允价值进行重新计量,公允价值与其账面价值的差额计入当期投资收益;购买日之前持有的被购买方的股权涉及其他综合收益的,与其相关的其他综合收益应当采用与被购买方直接处置相关资产或负债相同的基础进行会计处理(除了按照权益法核算的在被购买方重新计量设定受益计划净负债或净资产导致的变动中的相应份额以外,其余转为购买日所属当期投资收益)。

6.2.3　合并财务报表的编制方法

6.2.3.1　合并财务报表范围的确定原则

合并财务报表的合并范围以控制为基础予以确定。控制是指本公司拥有对被投资方的权力,通过参与被投资方的相关活动而享有可变回报,并且有能力运用对被投资方的权力影响该回报金额。合并范围包括本公司、本公司控制的子公司及受本公司控制的结构化主体。

一旦相关事实和情况的变化导致上述控制定义涉及的相

关要素发生了变化,本公司将进行重新评估。

6.2.3.2 合并财务报表编制的方法

从取得子公司的净资产和生产经营决策的实际控制权之日起,本公司开始将其纳入合并范围;从丧失实际控制权之日起停止纳入合并范围。对于处置的子公司,处置日前的经营成果和现金流量已经适当地包括在合并利润表和合并现金流量表中;当期处置的子公司,不调整合并资产负债表的期初数。非同一控制下企业合并增加的子公司,其购买日后的经营成果及现金流量已经适当地包括在合并利润表和合并现金流量表中,且不调整合并财务报表的期初数和对比数。同一控制下企业合并增加的子公司及吸收合并下的被合并方,其自合并当期期初至合并日的经营成果和现金流量已经适当地包括在合并利润表和合并现金流量表中,并且同时调整合并财务报表的对比数。

在编制合并财务报表时,子公司与本公司采用的会计政策或会计期间不一致的,按照本公司的会计政策和会计期间对子公司财务报表进行必要的调整。对于非同一控制下企业合并取得的子公司,以购买日可辨认净资产公允价值为基础对其财务报表进行调整。

公司内所有重大往来余额、交易及未实现利润在合并财务报表编制时予以抵销。

子公司的股东权益及当期净损益中不属于本公司所拥有的部分分别作为少数股东权益及少数股东损益在合并财务报表中股东权益及净利润项下单独列示。子公司当期净损益中属于少数股东权益的份额,在合并利润表中净利润项目下以"少数股东损益"项目列示。少数股东分担的子公司的亏损超过了少数股东在该子公司期初股东权益中所享有的份额,仍冲减少数股东权益。

当因处置部分股权投资或其他原因丧失了对原有子公司的控制权时,对于剩余股权,按照其在丧失控制权日的公允价值进行重新计量。处置股权取得的对价与剩余股权公允价值之和,减去按原持股比例计算应享有原有子公司自购买日开始持续计算的净资产的份额之间的差额,计入丧失控制权当期的投资收益。与原有子公司股权投资相关的其他综合收益,在丧失控制权时采用与被购买方直接处置相关资产或负债相同的基础进行会计处理(除了在该原有子公司重新计量设定受益计划净负债或净资产导致的变动以外,其余一并转为当期投资收益)。其后,对该部分剩余股权按照《企业会计准则第2号——长期股权投资》或《企业会计准则第22号——金融工具确认和计量》等相关规定进行后续计量,详见6.2.8"长期股权投资的确认和计量"或6.2.5"金融工具的分类和确认方法"。

本公司通过多次交易分步处置对子公司股权投资直至丧失控制权的,需区分处置对子公司股权投资直至丧失控制权的各项交易是否属于一揽子交易。处置对子公司股权投资的各项交易的条款、条件及经济影响符合以下一种或多种情况,通常表明应将多次交易事项作为一揽子交易进行会计处理:这些交易是同时或者在考虑了彼此影响的情况下订立的;这些交易整体才能达成一项完整的商业结果;一项交易的发生取决于其他至少一项交易的发生;一项交易单独看是不经济的,但是和其他交易一并考虑时是经济的。不属于一揽子交易的,对其中的每一项交易视情况分别按照"不丧失控制权的情况下部分处置对子公司的长期股权投资"和"因处置部分股权投资或其他原因丧失了对原有子公司的控制权"(详见前段)适用的原则进行会计处理。处置对子公司股权投资直至丧失控制权的各项交易属于一揽子交易的,将各项交易作为一项处置子公司并丧失控制权的交易进行会计处理;但是,在丧失控制权之前每一次处置价款与处置投资对应的享有该子公司净资产份额的差额,在合并财务报表中确认为其他综合收益,在丧失控制权时一并转入丧失控制权当期的损益。

6.2.4 计提资产减值准备的范围和方法

6.2.4.1 本公司计提减值准备范围

以公允价值计量且其变动计入当期损益的金融资产以外的金融资产、长期股权投资、投资性房地产、固定资产、无形资产等。

6.2.4.2 计提减值准备的方法

6.2.4.2.1 金融资产的减值

本公司需确认减值损失的金融资产系以摊余成本计量的金融资产、以公允价值计量且其变动计入其他综合收益的债务工具投资,主要包括应收账款、其他应收款、债权投资等。此外,对部分财务担保合同,也按照本部分所述会计政策计提减值准备和确认信用减值损失。

(1)减值准备的确认方法。本公司以预期信用损失为基础,对上述各项目按照其适用的预期信用损失计量方法(一般方法或简化方法)计提减值准备并确认信用减值损失。

信用损失是指本公司按照原实际利率折现的、根据合同应收的所有合同现金流量与预期收取的所有现金流量之间的差额,即全部现金短缺的现值。其中,对于购买或源生的已发生信用减值的金融资产,本公司按照该金融资产经信用调整的实际利率折现。

(2)信用风险自初始确认后是否显著增加的判断标准。如果某项金融资产在资产负债表日确定的预计存续期内的违约概率显著高于在初始确认时确定的预计存续期内的违约概率,则表明该项金融资产的信用风险显著增加。除特殊情况外,本公司采用未来12个月内发生的违约风险的变化作为整个存续期内发生违约风险变化的合理估计,来确定自初始确认后信用风险是否显著增加。

(3)已发生信用减值的金融资产的判断标准。当对金融资产预期未来现金流量具有不利影响的一项或多项事件发生时,该金融资产成为已发生信用减值的金融资产。

(4)以组合为基础评估预期信用风险的组合方法本公司基于共同风险特征将金融资产划分为不同的组别,在组合的基础上评估信用风险。本公司采用资产风险分类法,将金融资产分为正常、关注、次级、可疑和损失五类,后三类合称为不良资产,其中,正常类计提比例为1%,关注类计提比例为2%,次级类计提比例为25%,可疑类计提比例为50%,损失类计提比例为100%。

(5)金融资产减值的会计处理方法。期末,本公司计算各类金融资产的预计信用损失,如果该预计信用损失大于其当前减值准备的账面金额,将其差额确认为减值损失;如果小于当前减值准备的账面金额,则将差额确认为减值利得。

6.2.4.2.2　长期股权投资的减值

长期股权投资运用个别方法评估减值损失。长期股权投资发生减值时，本公司将此长期股权投资的账面价值，与按照类似金融资产当时市场收益率对未来现金流量折现确定的现值之间的差额，确认为减值损失，计入当期损益。

6.2.4.2.3　其他非金融长期资产的减值

本公司在资产负债表日根据内部及外部信息以确定下列资产是否存在减值的迹象，包括固定资产、无形资产、采用成本模式计量的投资性房地产。

本公司对存在减值迹象的资产进行减值测试，估计资产的可收回金额。可收回金额的估计结果表明，资产的可收回金额低于其账面价值的，资产的账面价值会减记至可收回金额，减记的金额确认为资产减值损失，计入当期损益，同时计提相应的资产减值准备。

6.2.5　金融工具的分类和确认方法

在本公司成为金融工具合同的一方时确认一项金融资产或金融负债。本公司遵循本报告中6.2.1所述“新金融工具准则”对金融工具进行初始和后续计量。

6.2.5.1　金融资产的分类、确认和计量

本公司根据管理金融资产的业务模式和金融资产的合同现金流量特征，将金融资产划分为：以摊余成本计量的金融资产、以公允价值计量且其变动计入其他综合收益的金融资产、以公允价值计量且其变动计入当期损益的金融资产。

金融资产在初始确认时以公允价值计量。对于以公允价值计量且其变动计入当期损益的金融资产，相关交易费用直接计入当期损益；对于其他类别的金融资产，相关交易费用计入初始确认金额。因销售产品或提供劳务而产生的、未包含或不考虑重大融资成分的应收账款或应收票据，本公司按照预期有权收取的对价金额作为初始确认金额。

6.2.5.2　金融负债的分类、确认和计量

金融负债于初始确认时分类为以公允价值计量且其变动计入当期损益的金融负债和其他金融负债。对于以公允价值计量且其变动计入当期损益的金融负债，相关交易费用直接计入当期损益，其他金融负债的相关交易费用计入其初始确认金额。

6.2.5.3　金融资产和金融负债的公允价值确定方法

公允价值是指市场参与者在计量日发生的有序交易中，出售一项资产所能收到或者转移一项负债所需支付的价格。金融工具存在活跃市场的，本公司采用活跃市场中的报价确定其公允价值。活跃市场中的报价是指易于定期从交易所、经纪商、行业协会、定价服务机构等获得的价格，且代表了在公平交易中实际发生的市场交易的价格。金融工具不存在活跃市场的，本公司采用估值技术确定其公允价值。估值技术包括参考熟悉情况并自愿交易的各方最近进行的市场交易中使用的价格、参照实质上相同的其他金融工具当前的公允价值、现金流量折现法和期权定价模型等。在估值时，公司采用在当前情况下适用并且有足够可利用数据和其他信息支持的估值技术，选择与市场参与者在相关资产或负债的交易中所考虑的资产或负债特征相一致的输入值，并尽可能优先使用相关可观察输入值。在相关可观察输入值无法取得或取得不切实可行的情况下，使用不可输入值。

6.2.6　金融资产的确认和计量

6.2.6.1　以摊余成本计量的金融资产

本公司管理以摊余成本计量的金融资产的业务模式为以收取合同现金流量为目标，且此类金融资产的合同现金流量特征与基本借贷安排相一致，即在特定日期产生的现金流量，仅为对本金和以未偿付本金金额为基础的利息的支付。本公司对于此类金融资产，采用实际利率法，按照摊余成本进行后续计量，其摊销或减值产生的利得或损失，计入当期损益。

6.2.6.2　以公允价值计量且其变动计入其他综合收益的金融资产

本公司管理此类金融资产的业务模式为既以收取合同现金流量为目标又以出售为目标，且此类金融资产的合同现金流量特征与基本借贷安排相一致。本公司对此类金融资产按照公允价值计量且其变动计入其他综合收益，但减值损失或利得、汇兑损益和按照实际利率法计算的利息收入计入当期损益。

此外，本公司将部分非交易性权益工具投资指定为以公允价值计量且其变动计入其他综合收益的金融资产。本公司将该类金融资产的相关股利收入计入当期损益，公允价值变动计入其他综合收益。当该金融资产终止确认时，之前计入其他综合收益的累计利得或损失将从其他综合收益转入留存收益，不计入当期损益。

6.2.6.3　以公允价值计量且其变动计入当期损益的金融资产

本公司将上述以摊余成本计量的金融资产和以公允价值计量且其变动计入其他综合收益的金融资产之外的金融资产，分类为以公允价值计量且其变动计入当期损益的金融资产。此外，在初始确认时，本公司为了消除或显著减少会计错配，将部分金融资产指定为以公允价值计量且其变动计入当期损益的金融资产。对于此类金融资产，本公司采用公允价值进行后续计量，公允价值变动计入当期损益。

6.2.6.4　金融资产转移的确认依据和计量方法

满足下列条件之一的金融资产，予以终止确认：收取该金融资产现金流量的合同权利终止；该金融资产已转移，且将金融资产所有权上几乎所有的风险和报酬转移给转入方；该金融资产已转移，虽然企业既没有转移也没有保留金融资产所有权上几乎所有的风险和报酬，但是放弃了对该金融资产的控制。

6.2.7　金融负债的确认和计量

6.2.7.1　以公允价值计量且其变动计入当期损益的金融负债

以公允价值计量且其变动计入当期损益的金融负债，包括交易性金融负债（含属于金融负债的衍生工具）和初始确认时指定为以公允价值计量且其变动计入当期损益的金融负债。

交易性金融负债（含属于金融负债的衍生工具），按照公允价值进行后续计量，除与套期会计有关外，公允价值变动计入当期损益。

被指定为以公允价值计量且其变动计入当期损益的金融负债，该负债由本公司自身信用风险变动引起的公允价值变动计入其他综合收益，且终止确认该负债时，计入其他综合收益的自身信用风险变动引起的其公允价值累计变动额转入留存收益。其余公允价值变动计入当期损益。若按上述方式对该

等金融负债的自身信用风险变动的影响进行处理会造成或扩大损益中的会计错配的，本公司将该金融负债的全部利得或损失（包括企业自身信用风险变动的影响金额）计入当期损益。

6.2.7.2 其他金融负债

除金融资产转移不符合终止确认条件或继续涉入被转移金融资产所形成的金融负债、财务担保合同外的其他金融负债分类为以摊余成本计量的金融负债，按摊余成本进行后续计量，终止确认或摊销产生的利得或损失计入当期损益。

6.2.7.3 金融负债的终止确认

金融负债（或其一部分）的现时义务已经解除的，本公司终止确认该金融负债（或该部分金融负债）。本公司（借入方）与借出方签订协议，以承担新金融负债的方式替换原金融负债，且新金融负债与原金融负债的合同条款实质上不同的，终止确认原金融负债，同时确认一项新金融负债。本公司对原金融负债（或其一部分）的合同条款作出实质性修改的，终止确认原金融负债，同时按照修改后的条款确认一项新金融负债。

金融负债（或其一部分）终止确认的，本公司将其账面价值与支付的对价（包括转出的非现金资产或承担的负债）之间的差额，计入当期损益。

6.2.8 长期股权投资的确认和计量

长期股权投资按取得时的初始投资成本入账，初始投资成本的确定遵循《企业会计准则第2号——长期股权投资》的有关规定。

根据《企业会计准则第2号——长期股权投资》的规定，本公司对于纳入合并范围的子公司采用成本法核算，编制合并报表时按照权益法进行调整；对于具有共同控制和重大影响的长期股权投资，采用权益法核算。

长期股权投资的后续计量，遵循《企业会计准则第2号——长期股权投资》的有关规定。

6.2.9 投资性房地产的确认和计量

公司为赚取租金或资本增值，或两者兼有而持有的房地产，包括已出租的土地使用权、持有并准备增值后转让的土地使用权和已出租的建筑物。

投资性房地产按其取得时的成本进行初始计量，与投资性房地产有关的后续支出，如果与该资产有关的经济利益很可能流入且其成本能够可靠地计量的，则计入投资性房地产成本。其他后续支出，在发生时计入当期损益。

公司采用成本模式对投资性房地产进行后续计量，采用成本模式计量的建筑物，采用直线法平均计算折旧；采用成本模式计量的土地使用权，采用直线法，按土地使用权的使用年限进行摊销。

6.2.10 固定资产的确认和计量

本公司固定资产是指为生产商品、提供劳务、出租或经营管理而持有的使用寿命超过一个会计年度的有形资产。

6.2.10.1 固定资产的计量

固定资产在同时满足下列条件时，按照成本进行初始计量。

（1）与该固定资产有关的经济利益很可能流入企业。

（2）固定资产的成本能够可靠地计量。

6.2.10.2 固定资产折旧

与固定资产有关的后续支出，符合规定的固定资产确认条件的计入固定资产成本；不符合规定的固定资产确认条件的在发生时直接计入当期损益。

本公司的固定资产折旧方法为年限平均法。

各类固定资产的使用年限、残值率、年折旧率列示如下：

类别	预计使用年限（年）	残值率（%）	年折旧率（%）
办公电子设备	3	5	31.67
办公用具	3	5	31.67
器具工具家具	5	5	19.00

本公司在每个会计年度终了，对固定资产的使用寿命、预计净残值和折旧方法进行复核。使用寿命与原先估计数有差异的，调整固定资产使用寿命；预计净残值预计数与原先估计数有差异的，调整预计净残值；与固定资产有关的经济利益预期实现方式有重大改变的，改变固定资产折旧方法。固定资产使用寿命、预计净残值和折旧方法的改变作为会计估计变更。

6.2.11 无形资产的确认和计量

6.2.11.1 无形资产的确认

公司将企业拥有或者控制的没有实物形态，并且与该资产相关的预计未来经济利益很可能流入企业、该资产的成本能够可靠计量的可辨认非货币性资产确认为无形资产。

6.2.11.2 初始计量

外购无形资产的成本，包括购买价款、进口关税和其他税费及直接归属于使该项资产达到预定用途所发生的其他支出。

投资者投入的无形资产，按照投资合同或协议约定的价值作为成本，但合同或协议预定价值不公允的除外。

6.2.11.3 无形资产的摊销

土地使用权按土地使用权证所列的使用年限平均摊销；外购的专业软件在估计的其能够带来经济利益的期限内平均摊销。

资产负债表日公司将对使用寿命有限的无形资产的使用寿命及摊销方法进行复核。无形资产的使用寿命及摊销方法与以前估计不同的，可改变其摊销期限和摊销方法。

6.2.12 长期待摊费用的确认和计量

长期待摊费用是指已经支出且金额大于3万元，且受益期限在1年以上（不含1年）的各项费用，长期待摊费用在受益期限内平均摊销，受益期限不能预测的，按3年摊销。如果长期待摊费用项目不能使以后会计期间受益的，则将其尚未摊销的摊余价值全部转入当期损益。

6.2.13 收入的确认和计量

本公司收入是在与交易相关的经济利益很可能流入本企业，且有关收入的金额可以可靠地计量时，按以下原则确认：

6.2.13.1 利息收入

6.2.13.1.1 发放贷款和垫款利息收入

按照客户使用本公司货币资金的时间和实际利率计算确定。实际利率与合同约定利率差别较小的，按合同约定利率确认为当期收入。

6.2.13.1.2 存放同业利息收入

活期存款按结息日实际收到的金额计入利息收入；定期存

款按存款利率和存款时间计算确认利息收入。

6.2.13.2　手续费及佣金收入

6.2.13.2.1　信托报酬收入

被动管理型信托业务的报酬收入按有关合同、协议规定的时间和方法确认信托报酬收入的实现。主动管理型信托业务的报酬收入按信托存续期间平均分摊确认收入。

6.2.13.2.2　基金管理费收入

按基金业务存续期间平均分摊确认收入。

6.2.13.2.3　直销费收入

按照有关合同或协议约定，在项目发行完毕并收到相关款项时确认收入。

6.2.13.3　其他业务收入

其他业务收入包括财务顾问及咨询费收入，按照有关合同或协议约定，在向客户提供相关服务并收到款项时确认收入。

6.2.13.4　投资收益

公司持有交易性金融资产期间取得的利息或现金股利确认为当期收益；处置交易性金融资产时其公允价值与初始入账金额之间的差额，确认为投资收益，同时调整公允价值变动收益。

采用成本法核算的长期股权投资，被投资单位宣告分派的现金股利或利润，确认为当期投资收益；采用权益法核算的长期股权投资，根据被投资单位实现的净利润或经调整的净利润计算应享有的份额确认投资收益。

6.2.14　所得税的会计处理方法

公司的所得税采用资产负债表债务法核算。当公司的可抵扣暂时性差异在可预见的未来很可能转回且未来很可能获得用来抵扣可抵扣暂时性差异的应纳税所得额时，确认递延所得税资产；当公司存在应纳税暂时性差异时，确认为递延所得税负债。

在资产负债表日，对于当期和以前期间形成的当期所得税负债（或资产），按照税法规定计算的预期应交纳（或返还）的所得税金额计量；对于递延所得税资产和递延所得税负债，根据税法规定，按照预期收回该资产或清偿该负债期间的适用税率计量。

资产负债表日，公司对递延所得税资产的账面价值进行复核。除企业合并、直接在所有者权益中确认的交易或者事项产生的所得税外，公司当期所得税和递延所得税作为所得税费用或收益计入当期损益。

6.2.15　信托业务核算方法

根据《中华人民共和国信托法》《信托公司管理办法》等规定，公司将固有财产与信托财产分别管理、分别核算，并将不同委托人的信托财产分别管理，以每个信托项目作为独立的会计核算主体，单独核算，分别记账，其资产、负债及损益不列入本财务报表。

6.2.16　信托赔偿准备金和一般风险准备金的计提

根据中国银监会颁布的《信托公司管理办法》有关规定，公司按当年税后净利润的5%计提信托赔偿准备金，该赔偿准备金累计总额达到公司注册资本的20%时，可不再提取。

根据财政部《金融企业准备金计提管理办法》（财金〔2012〕20号）规定，为了防范经营风险，增强金融企业抵御风险能力，金融企业应提取一般风险准备金作为利润分配处理，并作为股东权益的组成部分。一般风险准备金的计提比例由金融企业综合考虑所面临的风险状况等因素确定，原则上一般风险准备金余额不低于风险资产期末余额的1.5%。

6.2.17　信托业保障基金

根据中国银行业监督管理委员会、财政部于2014年12月10日颁布的《信托业保障基金管理办法》（银监发〔2014〕50号）的相关规定，信托业保障基金认购执行下列统一标准：（1）信托公司按照净资产余额的1%认购，每年4月末前以上年度末的净资产余额为基数动态调整；（2）资金信托按新发行金额的1%认购，其中：属于购买标准化产品的投资性资金信托的，由信托公司认购；属于融资性资金信托的，由融资者认购。在每个资金信托产品发行结束时，缴入信托公司信保基金专户，由信托公司按季向保障基金公司集中上缴；（3）新设立的财产信托按信托公司收取报酬的5%计算，由信托公司认购。

6.3　或有事项说明

报告期内本公司无对外担保及其他或有事项。

6.4　重要资产转让及其出售的说明

报告期内本公司无重要资产转让及出售事项。

6.5　会计报表中重要项目的明细资料

6.5.1　固有资产经营情况

6.5.1.1　信用风险资产五级分类情况

信用风险资产五级分类	正常类（万元）	关注类（万元）	次级类（万元）	可疑类（万元）	损失类（万元）	风险资产合计（万元）	不良资产合计（万元）	不良资产率（%）
期初数	688 705.50	—	—	—	—	688 705.50	—	—
期末数	403 810.21	—	301 813.03	192 905.00	—	898 528.24	494 718.03	55

6.5.1.2　资产损失准备情况

单位：万元

项目	期初数	本期计提	本期转回	本期注销	期末数
贷款损失准备	106.40	1 060.30	—	—	1 166.69
一般准备	106.40	1 060.30	—	—	1 166.69
专项准备	—	—	—	—	—
其他资产减值准备	146.29	179 403.01	—	—	179 549.30
其他非流动资产减值准备	—	178 386.61	—	—	178 386.61
坏账准备	146.29	1 016.40	—	—	1 162.69
投资性房地产减值准备	—	—	—	—	—

6.5.1.3　股票投资、基金投资、债券投资、股权投资等投资业务情况

单位：万元

项目	自营股票	基金	债券	长期股权投资	其他投资	合计
期初数	—	—	—	—	533 961.70	533 961.70
期末数	—	—	—	—	333 426.31	333 426.31

6.5.1.4 公司当年的收入结构

6.5.1.4.1 母公司收入结构

收入结构	金额(万元)	占比(%)
手续费及佣金收入	136 319.52	68.81
其中:信托手续费收入	136 319.52	68.81
投资银行业务收入	—	—
利息净收入	7 282.43	3.68
其他业务收入	30 231.30	15.26
其中:计入信托业务收入部分	30 231.30	15.26
投资收益	-17 824.97	-9.00
其中:股权投资收益	18.9	0.01
证券投资收益	—	—
其他投资收益	-17 843.87	-9.01
公允价值变动收益	41 616.59	21.01
汇兑收益	—	—
其他收益	472.20	0.24
营业收入合计	198 097.06	100.00
营业外收支净额	-2 346.46	—
收入合计	195 750.60	—

6.5.1.4.2 合并收入结构

收入结构	金额(万元)	占比(%)
手续费及佣金收入	135 396.75	60.25
其中:信托手续费收入	135 396.75	60.25
投资银行业务收入	—	—
利息净收入	-19 075.42	-8.49
其他业务收入	30 231.30	13.45
其中:计入信托业务收入部分	30 231.30	13.45
投资收益	37 016.27	16.47
其中:股权投资收益	4027.13	1.79
证券投资收益	4957.89	2.21
其他投资收益	28 031.25	12.47
公允价值变动收益	40 931.02	18.21
汇兑收益	-233.27	-0.10
其他收益	472.20	0.21
营业收入合计	224 738.84	100.00
营业外收支净额	-2 346.46	—
收入合计	222 392.38	—

6.5.2 信托资产管理情况

6.5.2.1 信托资产的期初数、期末数

单位:万元

信托资产	期初数	期末数
集合类	16 343 807.50	18 735 517.89
单一类	3 283 136.52	1 741 336.69
财产权类	13 686.78	117 071.99
合计	19 640 630.80	20 593 926.57

6.5.2.1.1 主动管理型信托业务的信托资产期初数、期末数

单位:万元

主动管理型信托资产	期初数	期末数
证券投资类	668 711.49	2 636 901.80
股权投资类	2 477 845.84	2 636 400.23
融资类	6 390 356.55	4 943 829.80
事务管理类	—	—
其他投资	7 346 383.46	9 152 827.68
合计	16 883 297.34	19 369 959.51

6.5.2.1.2 被动管理型信托业务的信托资产期初数、期末数

单位:万元

被动管理型信托资产	期初数	期末数
证券投资类	—	—
股权投资类	—	—
融资类	—	—
事务管理类	2 757 333.46	1 223 967.06
其他投资	—	—
合计	2 757 333.46	1 223 967.06

6.5.2.2 本年度已清算结束的信托项目个数、实收信托合计金额、加权平均实际年化收益率

6.5.2.2.1 本年度已清算结束的集合类、单一类资金信托项目和财产管理类信托项目个数、实收信托合计金额、加权平均实际年化收益率

已清算结束的信托项目	项目个数(个)	实收信托合计金额(万元)	加权平均实际年化收益率(%)
集合类	90	5 192 405.49	7.2880
单一类	14	645 403.00	4.4951
财产管理类	1	13 000.00	—

注:1. 收益率是指信托项目清算后,给受益人赚取的实际收益水平。

2. 加权平均实际年化收益率=(信托项目1的实际年化收益率×信托项目1的实收信托+信托项目2的实际年化收益率×信托项目2的实收信托+…+信托项目n的实际年化收益率×信托项目n的实收信托)/(信托项目1的实收信托+信托项目2的实收信托+…+信托项目n的实收信托)×100%。

6.5.2.2.2 本年度已清算结束的主动管理型信托项目个数、实收信托合计金额、加权平均实际年化收益率

已清算结束的信托项目	项目个数(个)	实收信托合计金额(万元)	加权平均实际年化收益率(%)
证券投资类	5	208 230.00	1.0783
股权投资类	12	1 167 840.00	8.5435
融资类	53	2 379 087.00	7.9529
其他投资	17	1 136 648.49	6.6504
事务管理类	—	—	—

6.5.2.2.3 本年度已清算结束的被动管理型信托项目个数、实收信托合计金额、加权平均实际年化收益率

已清算结束的信托项目	项目个数(个)	实收信托合计金额(万元)	加权平均实际年化收益率(%)
证券投资类	—	—	—
股权投资类	—	—	—
融资类	—	—	—
事务管理类	18	909 003.00	4.1027

6.5.2.3 本年度新增的集合类、单一类和财产管理类信托项目个数、实收信托合计金额

新增信托项目	项目个数(个)	实收信托合计金额(万元)
集合类	209	8 985 390.16
单一类	2	100 001.00
财产管理类	69	126 976.34
新增合计	280	9 212 367.50
其中:主动管理型	277	9 211 214.85
被动管理型	3	1 152.65

注:上述统计未包括尚未清算的开放式信托项目本年度内发生的申购和赎回金额,故期初余额－本期清算＋本期新增≠期末余额。

6.6 关联方关系及其交易的披露

6.6.1 关联交易方的数量、关联交易的总金额及关联交易的定价原则等

项目	关联交易方数量(个)	关联交易金额(万元)	定价政策
合 计	12	−789 533.77	市场公允价格

6.6.2 关联交易方情况

关系	关联方名称	法定代表人	注册地	注册资本(万元)	主营业务
同一控股股东	浙江泛海建设投资有限公司	李强	杭州市江干区	180 000.00	房地产开发
间接控股股东	中国泛海控股集团有限公司	卢志强	北京市东城区	2 000 000.00	资本经营、资产管理
同一控股股东	亚太财产保险有限公司	臧炜	深圳市福田区	400 138.30	财产损失保险等
同一实际控制人	泛海物业管理有限公司	潘瑞平	北京市朝阳区	5 000.00	物业管理
同一实际控制人	泛海物业管理武汉有限公司	郑翼龙	武汉市江汉区	1 000.00	物业管理
同一实际控制人	泛海能源控股股份有限公司	李明海	北京市东城区	200 000.00	能源、资源投资及管理
同一实际控制人	北京经观文化传媒有限公司	刘坚	北京市房山区	5 000.00	广告服务
同一实际控制人	泛海酒店投资管理有限公司	刘金燕	北京市东城区	10 000	投资管理、酒店管理、企业管理、经济信息咨询
同一实际控制人	泛海实业股份有限公司	卢志壮	潍坊市高新区	2 400 000	自有资产投资、参股、控股;房地产及基础设施项目的投资、开发经营
同一实际控制人	武汉中央商务区运营发展有限公司	张喜芳	武汉市江汉区	100 000	办公用房、商业用房租赁、物业管理、酒店管理
公司董事任职	中国民生银行股份有限公司天津分行	李稳狮	天津市和平区	—	吸收公众存款;发放短期、中期和长期贷款等
公司董事任职	中国民生银行股份有限公司	洪崎	北京市西城区	2 836 558.52	吸收公众存款;发放短期、中期和长期贷款等

注:仅列示本年度有关联交易发生额的主体。

6.6.3 本公司与关联方的重大交易事项

6.6.3.1 固有与关联方交易情况

单位:万元

项目	期初数	借方发生数	贷方发生数	期末数
贷款	—	—	—	—
投资	—	—	—	—
租赁	1 624.80	8 007.29	7 697.61	1 934.48
担保	—	—	—	—
应收账款	—	—	—	—
其他	40.43	861.08	876.67	24.83
合 计	1 665.22	8 868.37	8 574.28	1 959.31

6.6.3.2 信托与关联方交易情况

单位:万元

项目	期初数	本期发生额	期末数
关联方投入信托本金	1 657 753.40	−838 128.82	819 624.58
向关联方分配信托收益	—	39 560.81	—
向关联方支付费用	—	165.87	—

6.6.3.3 公司固有资金运用于本公司管理的信托项目和基金(固信交易)交易金额,本公司管理的信托、基金项目之间的相互(信信交易)交易金额,包括余额和本报告年度的发生额

6.6.3.3.1 固有资金与本公司管理的信托财产之间的交易

单位:万元

项目	期初数	本期发生额	期末数
投资本金	815 104.31	−104 382.66	710 721.66
投资收益	—	30 071.23	—

6.6.3.3.2 固有资金与本公司管理的基金财产之间的交易

单位:万元

项目	期初数	本期发生额	期末数
投资本金	339 849.00	−102 325.47	237 523.53
投资收益	—	4 386.59	—

6.6.3.3.3 本公司管理的信托、基金项目之间的交易

单位:万元

项目	期初数	本期发生额	期末数
合计	1 825 780.73	534 107.67	2 359 888.40

7. 财务情况说明书

7.1 利润实现和分配情况

7.1.1 母公司情况

2020年公司实现净利润 -38 923.20万元,根据公司章程、《金融企业准备金计提管理办法》《信托公司管理办法》的规定,由于净利润为负数,无须提取盈余公积和信托偿付准备,提取风险资产一般准备金 -2 302.85万元;2020年末可供股东分配利润累计为23 286.72万元。

7.1.2 合并情况

2020年公司实现合并报表口径净利润 -48 661.73万元。

7.2 主要财务指标

指标名称	指标值(母公司)	指标值(合并)
资本利润率(ROE)(%)	-3.65	-4.56
信托年化报酬率(%)	0.80	0.80
人均净利润(万元)	-68.02	-85.04

注:1. 资本利润率 = 净利润/所有者权益平均余额 ×100%。
2. 信托报酬率 = 信托业务收入/实收信托平均余额 ×100%。
3. 人均净利润 = 净利润/年平均人数。
4. 平均值采取年初、年末余额简单平均法,公式为 a(平均) = $(a_0/2 + a_1 + a_2 + a_3 + a_4/2)/4$。

7.3 对本公司财务状况、经营成果有重大影响的其他事项

报告期内无上述事项。

8. 特别事项揭示

8.1 前五名股东报告期内变动情况及原因

报告期内无上述事项。

8.2 董事、监事及高级管理人员变动情况及原因

2020年2月19日,经公司第三届董事会第三次会议审议通过,聘任鲁乐为公司助理总裁职务。

2020年5月29日,经公司第三届董事会第五次会议审议通过,选举张喜芳担任第三届董事会董事长,不再担任副董事长职务。根据公司章程的规定,公司法人变更为张喜芳。

2020年7月28日,经公司2020年第一次临时股东会审议通过,选举方舟担任第三届监事会监事。宋宏谋不再担任监事会主席、监事职务。

2020年9月2日,经公司第三届董事会第七次会议审议通过,选举贺强担任第三届董事会独立董事。刘纪鹏不再担任独立董事职务。

2020年9月2日,经公司第三届董事会第七次会议审议通过,公司高级管理职务序列不再设置首席稽核总监、首席运营总监职务;聘任林德琼担任执行副总裁,不再担任首席稽核总监职务;聘任黄明芳担任首席风险控制总监,不再担任首席运营总监职务。

2020年9月10日,经公司2020年第二次临时股东会审议通过,选举贺强担任第三届董事会独立董事。刘纪鹏不再担任独立董事职务。

2020年9月29日,经公司第三届董事会第八次会议审议通过,田吉申不再担任总裁职务,由张喜芳董事长代为履行总裁职务,执行副总裁林德琼协助张喜芳董事长主持公司的日常经营管理工作。

2020年11月6日,经公司第三届董事会第九次会议审议通过,聘任林德琼担任总裁职务。张喜芳不再代行总裁职务。

2020年12月9日,因工作调整需要,赵岩辞去公司第三届监事会监事职务。

除上述事项外,报告期内无其他应揭示事项。

8.3 变更注册资本、注册地或公司名称及公司分立合并事项

报告期内无上述事项。

8.4 公司的重大诉讼事项

报告期内无上述事项。

8.5 公司及其董事、监事和高级管理人员受到处罚的情况

报告期内无上述事项。

8.6 对中国银保监会及其省级派出机构所提监管意见的整改情况

2020年4月14日,北京银保监局下发了《中国民生信托有限公司2019年度监管意见书》。公司对照监管意见制定了整改落实方案,并按照方案认真落实整改。

8.7 重大事项临时报告情况

2020年1月21日,公司在《证券时报》B1版发布《中国民生信托有限公司重大事项临时公告》。

2020年8月7日,公司在《证券日报》A4版发布《中国民生信托有限公司董事长、法定代表人变更的公告》。

2020年9月30日,公司在《证券日报》A4版发布《关于张喜芳代行中国民生信托有限公司总裁职务的公告》。

8.8 消费者权益保护工作

2020年,公司高度重视消费者权益保护工作,董事会从总体规划上指导消费者权益保护工作委员会认真开展消费者权益保护工作,实现消费者权益保护和公司经营的协调发展,切实提升社会公众金融素养,有效防范化解金融风险,营造清朗金融网络环境。

2020年公司经营层不断优化消费者权益保护组织架构,升级和完善公司消费者保护体系。与此同时公司贯彻监管部门要求,切实落实保护消费者权益,及时有效地解决客户投诉,完善客户投诉机制,提高投诉处理效率。公司持续加大消费者权益保护的舆情监督,就重点事件积极采取应对措施,防范和化解声誉风险。并积极开展了“疫情防控阻击战”“消费者权益保护教育宣传周活动”“金融知识普及月金融知识进万家”等宣传活动,通过线上线下相结合的方式,向投资者普及法律法规、

揭示市场风险、提高消费者对金融产品和服务的认知能力，强化金融消费者权责意识和风险意识，引导消费者依法、理性维权，让投资者的合法权益得到有效的保障。

8.9 社会责任履行情况

公司始终秉持“得益于社会，奉献于社会”的核心价值观。2020 年，在严防风险底线的前提下，民生信托坚持回归本源、服务实体经济的发展思路，致力于为优质企业和客户提供多样化金融服务，同时积极拥抱新兴产业，响应国家扶贫号召。2020 年，公司在各类评奖中屡获殊荣，得到了社会各界的认可。

2020 年，公司继续以服务实体经济为己任，深化航运领域布局，集中利用国际航运市场成熟的投融资模式，以多元化金融业务为依托，在非标准化资产管理（船舶资产）领域进行投融资服务。公司经历了 3 年多的运营，共计投资 25 艘干散货船舶，并实现了部分船舶的退出，持有船舶吨位超 200 万载重吨，已形成了从资产购置到出售的交易闭环。公司拥有专业的家族信托团队，为高净值客户提供更优质的金融服务，积极推进公司家族信托业务发展。2020 年，公司首单以家庭为单位交付资产规模过亿元的项目成功设立，刷新了公司在家族信托业务交付规模上的新纪录。

2020 年，公司在展业过程中始终践行普惠金融的理念，重视发挥作为金融机构的社会责任，积极尝试以开展慈善信托的方式助力脱贫攻坚工作。“中国民生信托·甘肃临洮民生精准扶贫慈善信托”将 50 万元专项资金用于临洮县龙门镇廿铺初级中学操场建设项目和临洮县康家集乡赵家咀学校操场建设项目；公司设立的“中国民生信托—民生有爱救助疫灾公益信托”将部分资金捐赠给武汉协和医院，并以 50 万元资金参与了中国信托业协会倡议发起设立的“中国信托业抗击新型肺炎慈善信托”；公司设立“中国民生信托·2020 年度交大高金语言筑桥慈善信托”，慈善资金最终用于资助在云南丽江和四川大凉山地区“特殊教育学校”支教的优秀青年教师及优秀聋人大学生教育帮扶等；公司在中国银保监会指导、中国信托业协会组织协调下，在察右后旗第一中学设立了“中国民生信托定点扶贫教育基地”，捐资 45.8 万元，帮助内蒙古察右后旗第一中学建设高标准录播教室，并在 2020 年顺利完工；公司设立“中国民生信托 -2020 立德树人慈善信托”，资金主要用于合作高校的奖学金、助学金项目；公司通过天津自贸试验区智恩公益组织发展中心对精准扶贫对象——青海省尖扎县当顺乡古什当村进行了第二次扶贫捐款。

在职工权益保护方面，2020 年，公司共组织员工培训 6 场，参训 1046 人次，培训主题覆盖企业文化、政策制度、业务技能、合规管理等；2020 年，受新冠肺炎疫情影响，公司采购了外部线上学习平台，帮助员工及时学习金融专业知识、了解信托行业前沿发展、实时解读监管政策，截至 2020 年末，全员累计学习课程 4185 节，累计学时 383 个小时。员工通过参与各项专业培训，增强了能力，提升了认同感与归属感。公司通过为员工提供节日慰问、生日祝福、疾病慰问、婚育礼金，组织丰富多彩的员工活动等，提升员工福利水平，同时还为员工投保了补充医疗保险、意外伤害险两种商业保险，每年组织员工进行健康体检，每月为员工提供午餐补贴和通讯补贴等，疫情期间还为员工购买了口罩、酒精、消毒液等防疫用品。

在客户和消费者权益保护方面，民生信托始终坚持“以客户为中心”的服务理念，忠实履行受托责任要求，不断深化客户服务体制改革，提升客户服务品质。公司不断完善消费者权益保护机制建设，修订了《中国民生信托有限公司消费者权益保护工作制度》《中国民生信托有限公司客户投诉处理流程》等制度，公司进一步优化投诉解决机制，通畅客户问题受理渠道，积极解决消费者提出的各类问题。公司高度重视金融知识普及活动，认真履行金融机构义务，围绕 2020 年的“3·15”消费者权益保护教育宣传周与“金融知识普及月 金融知识进万家 争做理性投资者 争做金融好网民”主题活动，认真筹备宣传物料，充分利用线上、线下多种宣传形式，力求内容实用、形式新颖。活动期间，公司通过官网、公司 APP、微信公众号、短信等渠道积极向金融消费者宣传宣教，不断提升消费者风险防范意识和自我保护能力。

8.10 中国银保监会及其省级派出机构认定的其他有必要让客户及相关利益人了解的重要信息

报告期内无上述事项。

9. 公司监事会意见

公司建立了较为完善的公司法人治理结构，进一步加强了内部控制和风险管理的体系建设，优化了内部管理制度、业务流程和审计稽核制度。公司决策事项程序合法，公司董事及高级管理人员能够按照有关法律、法规、公司章程及主管部门的要求，认真履行相关职责，勤勉工作，积极维护股东利益、公司利益和客户利益。

公司财务管理制度及会计制度运行规范，会计处理严格遵循《企业会计准则》和国家有关法规的规定。公司审计稽核制度运行有效，能够及时预防、发现及纠正公司经营过程中可能出现的重大问题。

中海信托股份有限公司

1. 重要提示

1.1 本公司董事会及董事保证本报告所载资料不存在任何虚假记载、误导性陈述或者重大遗漏，并对其内容的真实性、准确性和完整性承担个别及连带责任。

1.2 公司独立董事声明：保证本报告内容的真实、准确、完整。

1.3 立信会计师事务所对本公司出具了无保留意见的审计报告。

1.4 公司董事长汤全荣先生、总裁张德荣先生、财务总监刘显忠先生、会计机构负责人张海玲女士声明：保证年度报告中财务报告的真实、完整。

2. 公司概况

2.1 公司简介

中海信托股份有限公司（以下简称中海信托或公司）是由中国海洋石油集团有限公司（以下简称中国海油）和中国中信有限公司（以下简称中信有限）共同投资设立的国有非银行金融机构。

1988年7月，中国国际信托投资公司独家发起设立公司前身中信上海公司。

1993年2月，公司更名为中信上海信托投资公司。

1997年9月，中国海油增资入股1.5亿元，公司改制并更名为中海信托投资有限责任公司。公司注册资本为2.5亿元，其中，中国海油出资60%，中信集团（中信有限前身）出资40%。

1999年11月，中国海油与中信集团按原出资比例增加资本金2.5亿元，增资后公司注册资本为5亿元。

2002年2月，经中国人民银行批准重新登记，公司成为国内首批获准重新登记的信托投资公司之一。

2004年7月，公司成功实施中信集团以退股冲减不良资产、中国海油增资扩股方案，注册资本增加至8亿元，中国海油与中信集团分别持有95%和5%的股权。

2007年7月，中国海油与中信集团按原出资比例增加资本金4亿元，公司注册资本增加至12亿元。

2007年9月，公司更名为中海信托有限责任公司，成为信托业"新两规"出台后较早换取新牌照的信托公司之一。

2007年12月，公司整体改制为股份有限公司，名称变更为中海信托股份有限公司。

2011年11月，公司注册资本增至25亿元，资本实力进一步增强。公司股权结构保持不变，中国海油和中信集团各持95%和5%的股份。

2012年12月，公司股东中信集团变更为中国中信股份有限公司。本次股权变更后，公司注册资本与股权结构保持不变。

2013年11月，公司办公场所由上海市黄浦区中山东二路15号7楼迁至上海市黄浦区蒙自路763号36楼。

2014年10月，因中信集团整体上市，公司股东中国中信股份有限公司更名为中国中信有限公司。

2017年11月，公司股东中国海洋石油总公司改制为国有独资公司，并正式更名为中国海洋石油集团有限公司。

中海信托秉承"诚信稳健、忠人所托"的经营理念，坚持"风控优先"的业务发展路径，经过多年的探索和实践，资产管理能力持续提升。截至2020年末，公司管理信托资产余额为3 440.79亿元，全年累计管理信托资产规模5 743.03亿元。2020年实现营业收入6.76亿元，利润总额为5.17亿元，人均净利润为140.85万元。

2.1.1 公司情况

公司名称（简称）	中海信托股份有限公司（中海信托）
公司英文名称（缩写）	Zhonghai Trust Co., Ltd.（ZHTRUST）
公司法定代表人	张德荣
主要注册地址	上海市黄浦区蒙自路763号36楼
公司网站	http://www.zhtrust.com

2.1.2 主要联系人及联系方式

信息披露负责人	刘显忠
联系电话	021-23191688
传真	021-63086070
电子信箱	zhtrust@cnooc.com.cn
联系地址	上海市黄浦区蒙自路763号36楼
邮政编码	200023

2.1.3 其他事项

2.1.3.1 公司选定《中国证券报》《上海证券报》《证券时报》作为本次信息披露的报纸。公司年报全文将备置在公司营业场所及网站供查询。

2.1.3.2 公司年报审计会计师事务所：立信会计师事务所（特殊普通合伙）

联系地址：北京市朝阳区安定路5号院7号楼中海国际中心A座17—20层

邮政编码：100029

2.1.3.3 公司常年法律顾问：上海市锦天城律师事务所

联系地址：上海市浦东新区银城中路501号上海中心大厦9楼、11楼、12楼

邮政编码：200120

2.2 组织结构

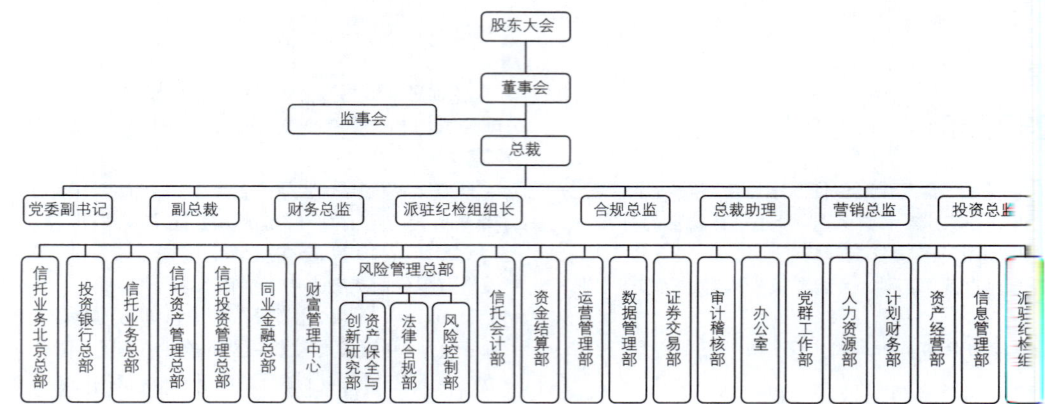

注：更新至2021年4月28日。

3. 公司治理

3.1 股东

股东总数：两家。

报告期末股份总数为2 500 000 000股。

股东名称	持股比例（%）	法人代表	注册资本（亿元）	注册地址	主要经营业务
中国海洋石油集团有限公司★	95	汪东进	1 138	北京市东城区朝阳门北大街25号	组织石油、天然气、煤层气、页岩油、页岩气勘探、开发、生产及销售，石油炼制，石油化工、天然气的加工利用及产品的销售和仓储，液化天然气项目开发、利用，石油、天然气管道管网输送，化肥、化工产品的开发、生产和销售及相关业务，为石油、天然气及其他地矿产品的勘探、开采提供服务，工程总承包，与石油天然气的勘探、开发和生产相关的科技研究、技术咨询、技术服务和技术转让，原油、成品油进口，补偿贸易、转口贸易；汽油、煤油、柴油的批发（限销售分公司经营，有效期至2022年2月20日）；承办中外合资经营；合作生产；机电产品国际招标；风能、生物质能、水合物、煤化工和太阳能等新能源生产、销售及相关服务（企业依法自主选择经营项目，开展经营活动；依法须经批准的项目，经相关部门批准后依批准的内容开展经营活动；不得从事本市产业政策禁止和限制类项目的经营活动）。
中国中信有限公司	5	朱鹤新	1 390	北京市朝阳区新源南路6号	1. 投资和管理金融业，包括投资和管理境内外银行、证券、保险、信托、资产管理、期货、租赁、基金、信用卡等金融类企业及相关产业。 2. 投资和管理非金融业，包括（1）能源、交通等基础设施；（2）矿产、林木等资源开发和原材料工业；（3）机械制造；（4）房地产开发；（5）信息产业：信息基础设施、基础电信和增值电信业务；（6）商贸服务及其他产业：环境保护；医药、生物工程和新材料；航空、运输、仓储、酒店、旅游业；国际贸易和国内贸易、进出口业务、商业；教育、出版、传媒、文化和体育；咨询服务。 3. 向境内外子公司发放股东贷款；资本运营；资产管理；境内外工程设计、建设、承包及分包和劳务输出，及经批准的其他业务（该企业于2014年7月22日由内资企业转为外商投资企业；依法须经批准的项目，经相关部门批准后依批准的内容开展经营活动）。

注：公司控股股东中国海油直属于国务院国有资产监督管理委员会，中信有限为中国中信股份有限公司（SEHK：00267）全资子公司，后者最终控股股东为中国中信集团有限公司，由财政部代表国务院履行出资人职责。

3.2 董事、董事会及其下属委员会

董事长、副董事长、董事

姓名	职务	性别	年龄（岁）	选任日期	所推举的股东名称	该股东持股比例（%）	简要履历
黄晓峰	董事长	男	55	2018年9月	中国海油	95	2003年4月起任中海石油有限公司资金融资部副总监；2004年10月起任中国海洋石油有限公司资金融资部代理总监；2005年4月起任中国海洋石油有限公司资金融资部总经理；2011年12月起任中海石油财务有限责任公司总经理；2015年7月起任公司党委书记；2016年3月起任公司总裁；2018年12月至2020年4月任公司董事长；2020年12月起任四川信托有限公司董事长。

续表

姓名	职务	性别	年龄（岁）	选任日期	所推举的股东名称	该股东持股比例（%）	简要履历
王　华	董事	女	45	2017年9月	中信有限	5	2001年7月起任中信公司财务部财务管理处副主管；2004年5月起任中国中信集团公司财务部财务计划处高级财务分析师；2011年12月起任中国中信股份有限公司财务部财务计划处高级财务分析师；2012年8月起任中国中信集团有限公司财务部税务处处长；2016年8月至2020年11月，任中国中信集团有限公司财务部总经理助理兼税务处处长（2016年12月至2017年12月挂职任中信云网有限公司财务总监）、2020年11月至2020年12月任中国中信集团有限公司财务部副总经理兼税务处处长；2020年12月至今任中国中信集团有限公司财务部副总经理。
张芙雅	董事	女	53	2019年6月	中国海油	95	2008年12月起任中海石油（中国）有限公司资金融资部结算中心主任；2010年12月起任中海石油（中国）有限公司资金融资部资金结算中心主任，兼现金管理处处长（经理）；2012年1月起任中国海洋石油总公司（有限公司）资金部集团现金管理处处长；2013年8月起任中国海洋石油总公司（有限公司）资金部副总经理；2016年6月至2018年6月任中海石油化工进出口有限公司财务总监；2018年6月至今任中国海洋石油集团有限公司（有限公司）资金部总经理。
张德荣	董事	男	56	2018年10月	中国海油	95	2007年12月起任中海信托股份有限公司独立董事（2011年2月离任）；2010年8月起任大业信托有限责任公司副总经理兼首席风控官；2013年7月起任公司副总裁；2016年8月起兼任公司合规总监（2019年3月起不再兼任）；2017年起任公司党委委员；2018年12月起任公司总裁。
杨　楠	董事	男	46	2019年6月	中国海油	95	1997起先后担任解放军空军航材设备研究所助理工程师，北京万发企业发展公司办公室副主任，中海石油财务有限责任公司综合协调主管、综合管理部经理、总经理助理、总信息师、工会主席；2017年9月起任公司党委副书记；2018年2月起任公司副总裁、总信息师；2020年6月起任中海石油财务有限责任公司副总经理。

注：1. “选任日期”以公司内部有权机关选任董事、监事、高级管理人员时间为口径进行统计，以下同。

2. 经公司股东大会2021年第一次临时会议、第四届董事会第三十三次会议审议通过，选举汤全荣先生担任公司董事、董事长职务。2021年4月19日，汤全荣董事长的任职资格获得上海银保监局核准。黄晓峰先生不再担任公司董事、董事长职务。

独立董事

姓名	所在单位及职务	性别	年龄（岁）	选任日期	所推举的股东名称	该股东持股比例（%）	简要履历
徐　丹	退休	女	67	2017年9月	—	—	1993年12月起任中国石化上海金山实业公司财务处副处长；1997年10月起任上海金山实业投资发展有限公司总会计师；1999年12月起任上海市金山区财政局党组成员、副局长；2000年4月起任中国石化上海浦东开发办财务处长；2003年10月起任上海工业投资（集团）有限公司副总会计师；2006年1月起任上海工业投资（集团）有限公司总会计师；2010年7月正式退休。
刘凯湘	北京大学法学院教授、博士生导师	男	57	2018年4月	—	—	1984年毕业于西南政法大学，获法学学士学位；1987年毕业于北京大学，获法学硕士学位；2001年毕业于北京大学，获法学博士学位；1987年起在北京工商大学法学院任教；1999年5月起至今在北京大学法学院任教；现为北京大学法学院教授、博士生导师。
殷醒民	复旦大学信托研究中心主任，经济学院荣休教授	男	68	2020年8月	—	—	1994年7月毕业于英国萨塞克斯大学，获博士学位；1982年8月起担任中共宁波市委干事；1987年8月起在浙江大学经济学系任讲师；1994年8月至2018年11月任复旦大学经济学院二级教授，博士生导师；2013年11月至今担任复旦大学信托研究中心主任；2018年12月至今任复旦大学经济学院荣休教授。

3.3　监事、监事会及其下属委员会

监事会成员

姓名	职务	性别	年龄（岁）	选任日期	所推举的股东名称	该股东持股比例（%）	简要履历
金伟根	监事会主席	男	54	2020年4月	中国海油	95	2010年1月起任中海石油（中国）有限公司审计监察部联合作业审计处处长（经理）；2011年8月起任中海石油乌干达有限公司副总裁；2019年12月至今任中国海洋石油集团有限公司专职监事。
陈素婷	监事	女	51	2017年9月	中信有限	5	2011年5月起任中国中信集团有限公司稽核审计部主任助理兼审计管理处处长；2015年7月至今任中国中信集团有限公司稽核审计部海外分部总经理。

续表

姓名	职务	性别	年龄（岁）	选任日期	所推举的股东名称	该股东持股比例（%）	简要履历
石枫	职工监事	女	39	2017 年 7 月	职工监事	—	2007 年加入中海信托股份有限公司，曾任稽核审计部副经理兼党委秘书。2015 年 5 月起任公司审计监察部总经理；2019 年 10 月起任公司审计稽核部总经理；2021 年 1 月起任中海基金管理有限公司总经理助理、党总支副书记。

3.4 高级管理人员

姓名	职务	性别	年龄（岁）	选任日期	金融从业年限（年）	学历	专业
张德荣	党委副书记、总裁	男	56	2018 年 9 月	32	硕士研究生	北京大学法学理论专业
朱闻达	党委副书记	男	51	2020 年 10 月	1	硕士研究生	中国人民大学商学院工商管理专业
刘显忠	党委委员、财务总监	男	56	2016 年 12 月	5	硕士研究生	中央财经大学财政学专业
卓新桥	党委委员、副总裁	男	51	2017 年 4 月	22	硕士研究生	暨南大学产业经济学专业
张　悦	党委委员、合规总监	女	51	2019 年 3 月	16	硕士研究生	中国石油大学管理工程专业
余庆军	总裁助理	男	49	2013 年 2 月	26	硕士研究生	南开大学工商管理专业
李　健	营销总监	男	47	2013 年 6 月	19	硕士研究生	中国人民大学投资银行专业
王一曼	投资总监	女	43	2013 年 6 月	16	硕士研究生	英国邓迪大学石油财税专业

3.5 公司员工

项目		报告期年度		上年度	
		人数（人）	比例（%）	人数（人）	比例（%）
年龄分布	20 岁以下	—	—	—	—
	20～29 岁	46	21.60	58	27.24
	30～39 岁	119	55.87	116	54.46
	40 岁以上	48	22.53	39	18.30
学历分布	博士	4	1.88	4	1.88
	硕士	132	61.97	134	62.91
	本科	75	35.21	74	34.74
	专科	2	0.94	1	0.47
	其他	—	—	—	—

4. 经营管理

4.1 经营目标、经营方针、战略规划

4.1.1 经营目标

中海信托将以风险防控和稳健运营为前提，坚持服务实体经济，持续提升综合金融服务能力和价值创造能力，努力把公司打造成为风格稳健、受人尊敬、具有鲜明业务特色和发展活力的国内一流信托公司。

4.1.2 经营方针

公司以保障委托人、受益人合法利益为最高准则，秉承"诚信稳健、忠人所托"的经营理念，建立和完善全面风险管理体系，完善金融服务功能，走创新型金融发展道路，追求风险可控的经济效益。

4.1.3 战略规划

公司坚持党的全面领导，以中国海油"1534"发展思路和"五个战略"为指引，结合行业特点和自身优势，制定了风控优先、守正创新、服务主业、人才兴企、IT 引领的战略，稳妥推进战略目标的实现。

4.2 所经营业务的主要内容

公司经营原中国银行业监督管理委员会核准的信托业务及自有业务。信托业务主要包括信托贷款、信贷资产证券化、结构化证券投资、私募股权基金、股权信托、财务顾问等业务。自有业务包括金融股权投资、证券投资、特定金融产品投资、存放同业、自用固定资产投资、贷款等业务。

4.2.1 自营资产运用与分布表

资产运用	金额（万元）	占比（%）	资产分布	金额（万元）	占比（%）
货币资金	103 031.04	14.65	基础产业	58 600.00	8.33
发放贷款	93 600.00	13.31	房地产业	—	—
交易性金融资产	115 347.04	16.40	证券市场	134 703.03	19.15
可供出售金融资产	115 216.68	16.38	实业	—	—
长期股权投资	265 579.56	37.76	金融机构	431 964.95	61.41
其他资产	10 605.65	1.51	其他	78 1[illegible]	11.11
资产总计	703 379.97	100.00	资产总计	703 379.97	100.00

4.2.2 信托资产运用与分布表

资产运用	金额（万元）	占比（%）	资产分布	金额（万元）	占比（%）
货币资产	696 406.98	2.02	基础产业	4 136 3[illegible].00	12.02
贷款	2 848 874.86	8.28	房地产	427 6[illegible].00	1.24
交易性金融资产投资	6 850 110.98	19.91	其他实业	2 630 9[illegible].00	7.65
可供出售金融资产投资	21 322 181.84	61.97	证券市场	10 107 2[illegible].00	29.37
持有至到期投资	—	—	金融机构	16 814 7[illegible].00	48.87
长期股权投资	1 767 936.99	5.14	其他	290 365.17	0.85
其他	922 352.52	2.68	—	—	—
信托资产总计	34 407 864.17	100.00	信托资产总计	34 407 864.17	100.00

4.3 市场分析

4.3.1 有利因素

坚持服务实体经济、回归信托本源的基本定位及信托文化的培育建设为信托业务市场发展壮大提供了强大自主动力。

随着金融市场改革的有序推进、金融监管政策的日益完善、金融供给侧改革的不断深化及信托行业创新转型升级的持续探索，为公司提供了更广阔的业务拓展空间。

公司秉承"诚信稳健、忠人所托"的经营理念，风险控制体系日趋完善，专业化的资产管理团队成为公司可持续发展的基础。

公司以稳健经营和专业理财能力树立了良好的品牌形象，积累了一批优质的机构客户和高净值个人客户资源，客户忠诚度较高。

4.3.2 不利因素

经济结构调整、金融市场波动、监管政策变化及信托行业转型发展等外部环境的变化，将对公司原有业务模式形成较大挑战。

随着资产管理业务监管规则和标准的统一，金融同业、行业内部的竞争日益激烈，公司发展将面临深度转型的压力。

长期股权投资企业的风险处置，将对公司经营发展带来一定负面影响。

4.4 内部控制

4.4.1 内部控制环境和内部控制文化

内部控制是指由公司董事会、监事会、管理层和全体员工实施的，通过制定和实施系统化的制度、流程和方法，实现控制目标的动态过程和机制。公司依据《中华人民共和国公司法》《中华人民共和国信托法》《信托公司管理办法》等有关法律法规、部门规章，及公司章程的有关规定，制定内部控制大纲，作为公司内部控制的纲领性文件，为公司建立运行高效、控制严密的内部控制机制、制定合理、切实有效的各项内部控制制度提供指引。

公司按照现代企业制度和信托业务特点，建立健全治理结构，公司法人治理结构完善，建立了科学、清晰且符合公司特点的组织架构，前台、中台、后台形成有效的制衡机制，确保股东大会、董事会、监事会、管理层、公司内部各职能部门和机构职责明晰、各司其职，营造了健康的内部控制环境。

公司坚持以人为本，重视内控文化建设，积极倡导并培育员工的合规意识，强化合规理念、意识和行为准则，强化执行力文化建设。通过打造内控管理平台，实时发布公司最新内控制度，滚动发布内控宣贯简报、内控要点，集中开展内控宣贯等形式，加强内控宣贯，形成了良好的内部控制文化。

4.4.2 内部控制措施

公司将内控体系建设和全面风险管理体系构建与实施规划相融合，结合金融企业的特点，建立了一套由"制度—办法—细则"构成的相对成熟的内控制度体系（操作流程直接嵌入其中），由11大类、151项制度组成，具体包括党（团）建制度、公司治理制度、基本管理制度、固有资金运用管理制度、信托业务管理制度、财务会计管理制度、行政及综合管理制度、人力资源管理制度、信息化管理制度、审计监督制度、相关业务指引等11个子系统，全面覆盖公司主要业务领域和日常管理领域。

公司根据业务发展、外部环境变化以及监管要求实时滚动修订内控制度，逐步形成内控制度持续改进机制。同时，公司还建立了内部控制优化机制，在日常经营中不断改进风险管理手段与方法，完善风险识别、评估和控制措施。公司的内部控制措施不断完善，建立了多层次的分级有限授权制度；在开展具体业务时遵循前台、中台、后台分离的原则；在开办新业务前，均在公司内外部进行充分论证、沟通和调研，并遵循制度和流程先行的原则，确保了对潜在风险的有效防范和控制；通过明晰各部门职责，保证了内部运营体系的健康有效；以信息化建设为依托，逐步建立起覆盖各个业务领域的数据库和业务支持系统，有力地支持了公司业务的健康发展。

4.4.3 信息交流与反馈

公司建立起信息交流与反馈机制，搭建起畅通的信息交流渠道。

公司作为首批进行年报披露的信托公司，已连年在指定权威媒体公开公司年度经营信息和经营业绩，并通过公司官网及时、准确地披露公司经营的重大事项。

根据有关监管要求，对于集合资金信托业务、关联交易、董事高管更替等重大事项，公司均履行了完备的报备或报批手续。对于监管机构提出的问题或建议，公司均给予及时、详细的信息反馈或认真加以整改。

公司能够严格执行向委托人、受益人披露信托事务处理信息的有关制度，确保相关当事人的知情权。

4.4.4 监督评价与纠正

公司建立了有效的内部监督评价与纠正机制，对公司内控制度的建设及执行情况进行持续的监督，保证内控制度的有效贯彻和执行。公司风险管理和内部控制能够贯穿、覆盖到每一个部门、每一类业务和每一个员工，同时保持随时跟踪和监控。公司针对信托和自有业务制定了风险识别、计量、监测和控制的具体制度、程序和方法，全程监控业务运作的各个阶段。公司设立独立的审计稽核部，通过开展内部审计，对公司的经营活动和风险状况进行独立、客观的监督和评价，通过监督和检查发挥督导作用。同时，公司高度重视各项外部检查及审计工作，对内外部审计和各项检查中发现的问题能够及时整改，不断提升管理水平，切实改善公司经营管理。

4.5 风险管理

4.5.1 风险管理概况

风险控制体系和风险管理能力是金融企业最核心、最重要的能力之一，公司的理念是"只有风险可控的发展才是真正的可持续发展"。公司建立了较健全的风险控制组织结构和机制，形成了前台、中台、后台相分离、信托资金运作与自有资金运作相分离的风险管理框架。

风险管理组织结构图如下：

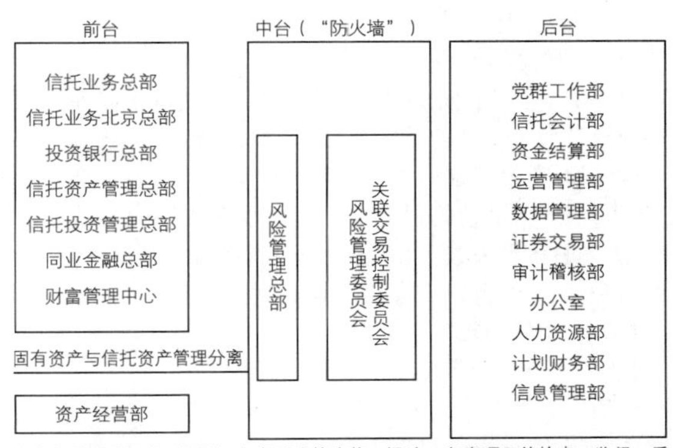

注：更新至2021年4月20日。

公司的前台由信托业务总部、信托业务北京总部、信托资产管理总部、信托投资管理总部、投资银行总部、同业金融总部、资产经营部和财富管理中心构成，分别负责信托业务开拓、固有资产管理和财富销售管理。

公司的中台由风险管理总部和两个非常设的委员会组成，主要作用是集体决策和事中控制。风险管理总部的职责是建立健全内部风险管理体系，业务风险防控，风险环境评估等。两个委员会的主要职责是对公司业务和关联交易事项进行审议，并在相关授权范围内进行决策。公司制定了上述两个委员会的议事规则，明确了职责和议事程序。

公司的后台由党群工作部、信托会计部、资金结算部、运营管理部、数据管理部、证券交易部、审计稽核部、办公室、人力资源部、计划财务部和信息管理部构成，其职责是完成信托资金托管清算、财务核算、项目管理、数据管理、证券交易、审计监督、行政人事等后台支持。

截至 2020 年末，公司净资本为 54.19 亿元，各项业务风险资本为 19.82 亿元，净资本/各项业务风险资本之和为 273.43%，净资本/净资产为 86.09%。

4.5.2 风险状况

4.5.2.1 信用风险状况

信用风险是指交易对手未能履行约定契约中的义务而造成经济损失的风险。公司面临的信用风险具体表现为在开展信托业务或固有业务时，交易对手或融资方违约造成的风险。2020 年，信托行业风险频发，各家信托公司面临的信用风险主要是国内外经济形势极其错综复杂，交易对手的违约风险上升；公司选择项目、甄别客户、识别信用风险的工作量及压力大增，公司信用风险管理能力在复杂的经济形势中面临考验；交易对手经营活动出现较大变化，公司进行贷投后管理难度加大。

4.5.2.2 市场风险状况

市场风险是指由于证券价格波动、商品价格波动、利率变化、汇率变动等金融市场波动而导致公司自营或信托资产损失的风险。2020 年，公司密切关注各类市场风险，及时调整投资策略。

4.5.2.3 操作风险状况

操作风险是指公司由于内部程序、人员、系统的不完善或失误，以及外部事件而导致公司自营或信托资产损失的风险。公司及时发现操作风险点，加强日常内控管理，2020 年，公司未发生因操作风险造成的直接或间接损失。

4.5.2.4 其他风险状况

公司面临的其他风险主要表现为法律风险与合规风险。法律风险是由于违反有关法律法规、监管规定及合同等原因可能造成经济损失或企业信誉损失的风险。合规风险是指因未能遵循法律、监管规定、规则、自律性组织制定的有关准则以及适用于自身业务活动的行为准则而可能遭受法律制裁或监管处罚、重大财务损失或声誉损失的风险。2020 年，公司合法合规经营，未因此导致任何财务损失或声誉损失。

4.5.3 风险管理

4.5.3.1 信用风险管理

公司按工作职能划分设立信托业务部门、资产经营部、风险管理总部、审计稽核部等部门，通过机构分离强化制衡机制；通过流程再造，标准化程序设计，完善了事前评估、事中控制、事后检查的风险控制流程；通过建立客户关系管理系统，持续关注交易对手的资信状况、履约能力及其变化，防范信用风险；通过实行重点客户、区域倾斜、保持一定程度的客户集中度，在依托各种信用增级手段的基础上，切实降低了信用风险；通过法律条款的设定，借助外部律师的专业意见，提高抵御信用风险的能力。

4.5.3.2 市场风险管理

对市场风险的控制主要通过定期对宏观经济运行和政策趋势、证券市场发展等方面进行跟踪研究，及时作出相关的研究报告，为投资决策提供依据等方式实现。公司对证券投资业务采用限额管理，确保市场风险控制在可以承受的合理范围内。市场风险限额包括交易限额、止损限额等，风险限额设定后不得随意突破。公司通过压力测试评估市场风险亏损承受能力。证券交易部门在制定主动管理的投资方案时明确各证券品种止损线、警示线、止盈线等量化指标 当证券类项目出现异常交易、跌破预警线或止损线时，由信托会计部发起通知流程，由各相关部门及时采取处置措施。

4.5.3.3 操作风险管理

公司已经建立了以恒生估值系统、SAP 系统等为核心的业务管理平台，业务开展及后台支持均通过上述平台完成，减少了手工操作失误可能导致的损失；公司部署了指令自动生成机器人、ABS 业务报表项目、网银流水机器人等，提升自动化应用水平，切实提高工作效率；逐步完善公司的内控制度，制定了各种业务管理办法和岗位职责制度，对公司每一项业务内容，均制定了操作细则和操作流程，明确流程中每一环节的责任及权限；对各个环节规定了严格的岗位标准，在强化目标管理的同时坚持过程控制，防范人为因素带来的经营风险。同时，公司依据行业监管要求从每年的税后利润中充分计提信托赔偿准备金，用以弥补由于公司的可能过失而导致的信托业务损失，充分保证受益人利益。

4.5.3.4 其他风险管理

公司所有重大合同均通过法律合规部审核同意，并出具独立的法律意见；重大、创新和复杂项目均聘请专业外部律师事务所进行审查，并出具无保留意见的法律意见书后方予实施。公司设有合规总监和总法律顾问，合规总监负责全面协调信托公司合规风险的识别和管理、监督合规管理部门履行职责，总法律顾问负责公司的法律事务管理工作、参与公司重大经营决策、并对相关法律风险提出意见等。目前，由合规总监代为履行总法律顾问的相应职责。

5. 报告期末及上一年度末的比较式会计报表

5.1 自营资产

5.1.1 会计师事务所审计意见全文

审 计 报 告

信会师报字〔2021〕第 ZG20247 号

中海信托股份有限公司全体股东：

一、审计意见

我们审计了中海信托股份有限公司（以下简称中海信托）财务报表，包括 2020 年 12 月 31 日的资产负债表、2020 年度的利润表、现金流量表、所有者权益变动表、资产减值准备情况表，以及相关财务报表附注。

我们认为，后附的财务报表在所有重大方面按照企业会计准则的规定编制，公允反映了中海信托 2020 年 12 月 31 日的财务状况及 2020 年度的经营成果和现金流量。

二、形成审计意见的基础

我们按照中国注册会计师审计准则的规定执行了审计工作。审计报告的“注册会计师对财务报表审计的责任”部分进一步阐述了我们在这些准则下的责任。按照中国注册会计师职业道德守则，我们独立于中海信托，并履行了职业道德方面的其他责任。我们相信，我们获取的审计证据是充分的、适当的，为发表审计意见提供了基础。

三、强调事项

我们提醒财务报表使用者关注，如财务报表附注十三所述，中海信托联营单位四川信托有限公司（以下简称四川信托）本期发生违法违规事项，四川银保监局联合地方政府派出工作组，加强对四川信托的管控。该事项可能导致四川信托后续经营能力产生不确定性。本段内容不影响已发表的审计意见。

四、管理层和治理层对财务报表的责任

中海信托管理层（以下简称管理层）负责按照企业会计准则的规定编制财务报表，使其实现公允反映，并设计、执行和维护必要的内部控制，以使财务报表不存在由于舞弊或错误导致的重大错报。

在编制财务报表时，管理层负责评估中海信托的持续经营能力，披露与持续经营相关的事项（如适用），并运用持续经营假设，除非计划进行清算、终止运营或别无其他现实的选择。

治理层负责监督中海信托的财务报告过程。

五、注册会计师对财务报表审计的责任

我们的目标是对财务报表整体是否不存在由于舞弊或错误导致的重大错报获取合理保证，并出具包含审计意见的审计报告。合理保证是高水平的保证，但并不能保证按照审计准则执行的审计在某一重大错报存在时总能发现。错报可能由于舞弊或错误导致，如果合理预期错报单独或汇总起来可能影响财务报表使用者依据财务报表作出的经济决策，则通常认为错报是重大的。

在按照审计准则执行审计工作的过程中，我们运用职业判断，并保持职业怀疑。同时，我们也执行以下工作：

（1）识别和评估由于舞弊或错误导致的财务报表重大错报风险，设计和实施审计程序以应对这些风险，并获取充分、适当的审计证据，作为发表审计意见的基础。由于舞弊可能涉及串通、伪造、故意遗漏、虚假陈述或凌驾于内部控制之上，未能发现由于舞弊导致的重大错报的风险高于未能发现由于错误导致的重大错报的风险。

（2）了解与审计相关的内部控制，以设计恰当的审计程序，但目的并非对内部控制的有效性发表意见。

（3）评价管理层选用会计政策的恰当性和作出会计估计及相关披露的合理性。

（4）对管理层使用持续经营假设的恰当性得出结论。同时，根据获取的审计证据，就可能导致对中海信托持续经营能力产生重大疑虑的事项或情况是否存在重大不确定性得出结论。如果我们得出结论认为存在重大不确定性，审计准则要求我们在审计报告中提请报表使用者注意财务报表中的相关披露；如果披露不充分，我们应当发表非无保留意见。我们的结论基于截至审计报告日可获得的信息。然而，未来的事项或情况可能导致中海信托不能持续经营。

（5）评价财务报表的总体列报（包括披露）、结构和内容，并评价财务报表是否公允反映相关交易和事项。

我们与治理层就计划的审计范围、时间安排和重大审计发现等事项进行沟通，包括沟通我们在审计中识别出的值得关注的内部控制缺陷。

立信会计师事务所（特殊普通合伙）　　中国注册会计师：

中国注册会计师：

2021 年 3 月 31 日

5.1.2　资产负债表

资产负债表

编制单位：中海信托股份有限公司　　2020 年 12 月 31 日　　单位：万元

项目	行次	2020 年 12 月 31 日	2019 年 12 月 31 日	项目	行次	2020 年 12 月 31 日	2019 年 12 月 31 日
流动资产：	1			流动负债：	32		
现金及存放中央银行存款	2	0.50	0.53	向中央银行借款	33	—	—
存放同业存款	3	103 030.54	26 856.38	同业及其他金融机构存放款项	33	—	—
贵金属	4	—	—	拆入资金	34	—	—
拆出资金	5	—	—	以公允价值计量且其变动计入当期损益的金融负债	34	—	—
以公允价值计量且其变动计入当期损益的金融资产	6	115 347.04	55 878.29	衍生金融负债	35	—	—
应收账款	7	—	—	卖出回购金融资产款	35	—	—
应收利息	8	409.83	495.56	应付职工薪酬	36	16 616.49	22 816.16
其他应收款	9	2 654.45	749.47	应交税费	36	56 497.84	50 995.59
衍生金融资产	10	—	—	应付利息	37	—	—
买入返售金融资产	11	—	40 000.00	应付股利	37	—	—
一年内到期的非流动资产	12	—	—	其他应付款	38	417.18	1 278.09

续表

项目	行次	2020 年 12 月 31 日	2019 年 12 月 31 日	项目	行次	2020 年 12 月 31 日	2019 年 12 月 31 日
流动资产合计	13	221 442. 35	123 980. 23	流动负债合计	38	73 531. 50	75 089. 85
非流动资产:	14	—	—	非流动负债:	39	—	—
发放贷款和垫款	15	93 600. 00	70 000. 00	预计负债	39	—	—
可供出售金融资产	16	115 216. 68	203 128. 37	应付债券	40	—	—
持有至到期投资	17	—	—	递延所得税负债	40	437. 36	1 273. 42
长期股权投资	18	265 579. 56	304 877. 77	非流动负债合计	41	437. 36	1 273. 42
固定资产	19	668. 96	650. 38	负债合计	41	73 968. 87	76 363. 27
在建工程	20	—	293. 81	所有者权益:	42	—	—
无形资产	21	2 098. 80	806. 01	股本	42	250 000. 00	250 000. 00
长期待摊费用	22	92. 27	200. 02	其他权益工具	43	—	—
递延所得税资产	23	4 681. 34	6 405. 54	资本公积	43	—	—
非流动资产合计	24	481 937. 62	586 361. 90	△减:库存股	44	—	—
	25			其他综合收益	44	-2 002. 35	1 368. 99
	26			专项储备	45	—	—
	27			盈余公积	45	105 929. 03	102 929. 03
	28			△一般风险准备	46	67 756. 90	63 127. 04
	29			未分配利润	46	207 727. 52	216 553. 80
	30			所有者权益合计	47	629 411. 10	633 978. 86
资产总计	31	703 379. 97	710 342. 13	负债和所有者权益总计	48	703 379. 97	710 342. 13

5. 1. 3 利润表

利润表

编制单位:中海信托股份有限公司　　2020 年度　　单位:万元

项目	行次	2020 年度	2019 年度	项目	行次	2020 年度	2019 年度
一、营业总收入	1	67 557. 47	112 372. 14	四、利润总额(亏损总额以"-"号填列)	25	51 656. 16	91 680. 12
利息净收入	2	7 414. 13	5 664. 23	减:所得税费用	26	21 656. 18	17 762. 32
利息收入	3	7 414. 13	5 664. 23	五、净利润(净亏损以"-"号填列)	27	29 999. 98	73 917. 80
利息支出	4	—	—	归属于母公司所有者的净利润	28	29 999. 98	73 917. 80
手续费及佣金净收入	5	68 623. 69	67 142. 84	少数股东损益	29	—	—
手续费及佣金收入	6	68 623. 69	67 142. 84	持续经营损益	30	29 999. 98	73 917. 80
手续费及佣金支出	7	—	—	终止经营损益	31	—	—
其他收益	8	10 670. 76	5 607. 60	六、其他综合收益的税后净额	32	-3 371. 34	1 348. 64
投资收益(损失以"-"号填列)	9	-17 878. 58	33 747. 35	(一)以后不能重分类进损益的其他综合收益	33	—	—
其中:对联营企业和合营企业的投资收益	10	-39 043. 58	17 321. 28	其中:1. 重新计量设定受益计划净负债或净资产的变动	34	—	—
公允价值变动收益(损失以"-"号填列)	11	-261. 33	-34. 06	2. 权益法下在被投资单位不能重分类进损益的其他综合收益中享有的份额	35	—	—
资产处置收益(损失以"-"号填列)	12	—	—	(二)以后能重分类进损益的其他综合收益	36	-3 371. 34	1 348. 64
汇兑收益(损失以"-"号填列)	13	-1 011. 20	244. 18	其中:1. 权益法下在被投资单位以后将重分类进损益的其他综合收益中享有的份额	37	11. 70	-1 440. 77
其他业务收入	14	—	—	2. 可供出售金融资产公允价值变动损益	38	-3 383. 04	2 789. 41
二、营业成本	15	15 853. 35	20 646. 15	3. 持有至到期投资重分类为可供出售金融资产损益	39	—	—
税金及附加	16	656. 44	480. 07	4. 现金流量套期损益的有效部分	40	—	—
业务及管理费	17	15 233. 67	20 116. 76	5. 外币财务报表折算差额	41	—	—
资产减值损失	18	-93. 90	—	6. 一揽子交易处置对子公司股权投资在丧失控制权之前产生的投资收益	42	—	—
其他业务成本	19	57. 13	49. 32	七、综合收益总额	43	25 628. 65	75 266. 44
三、营业利润(亏损以"-"号填列)	20	51 704. 12	91 726. 00	八、每股收益:	44	—	—
加:营业外收入	21	11. 44	3. 93	基本每股收益	45	—	—
其中:非流动资产处置损失	22	—	—	稀释每股收益	46	—	—
减:营业外支出	23	59. 40	49. 81		47		
其中:非流动资产处置损失	24				48		

5.1.4 所有者权益变动表

所有者权益变动表

编制单位：中海信托股份有限公司　　2020 年度　　单位：万元

项目	行次	2020 年度										
		股本	其他权益工具	资本公积	减：库存股	其他综合收益	专项储备	盈余公积	一般风险准备	未分配利润	其他	所有者权益合计
栏次		1	2	3	4	5	6	7	8	9	10	11
一、上年年末余额	1	250 000.00	—	—	—	1 368.99	—	102 929.03	63 127.04	216 553.80	—	633 978.86
加：会计政策变更	2	—	—	—	—	—	—	—	—	—	—	—
前期差错更正	3	—	—	—	—	—	—	—	—	—	—	—
其他	4	—	—	—	—	—	—	—	—	—	—	—
二、本年年初余额	5	250 000.00	—	—	—	1 368.99	—	102 929.03	63 127.04	216 553.80	—	633 978.86
三、本年增减变动金额（减少以“-”号填列）	6	—	—	—	—	-3 371.34	—	3 000.00	4 629.86	-8 826.28	—	-4 567.76
（一）综合收益总额	7	—	—	—	—	-3 371.34	—	—	—	29 999.98	—	26 628.65
（二）所有者投入和减少资本	8	—	—	—	—	—	—	—	—	—	—	—
1. 所有者投入资本	9	—	—	—	—	—	—	—	—	—	—	—
2. 其他权益工具持有者投入资本	10	—	—	—	—	—	—	—	—	—	—	—
3. 股份支付计入所有者权益的金额	11	—	—	—	—	—	—	—	—	—	—	—
4. 其他	12	—	—	—	—	—	—	—	—	—	—	—
（三）专项储备提取和使用	13	—	—	—	—	—	—	—	—	—	—	—
1. 提取专项储备	14	—	—	—	—	—	—	—	—	—	—	—
2. 使用专项储备	15	—	—	—	—	—	—	—	—	—	—	—
（四）利润分配	16	—	—	—	—	—	—	3 000.00	4 629.86	-38 826.26	—	-31 196.41
1. 提取盈余公积	17	—	—	—	—	—	—	3 000.00	—	-3 000.00	—	—
其中：法定公积金	18	—	—	—	—	—	—	3 000.00	—	-3 000.00	—	—
任意公积金	19	—	—	—	—	—	—	—	—	—	—	—
#储备基金	20	—	—	—	—	—	—	—	—	—	—	—
#企业发展基金	21	—	—	—	—	—	—	—	—	—	—	—
#利润归还投资	22	—	—	—	—	—	—	—	—	—	—	—
2. 提取一般风险准备	23	—	—	—	—	—	—	—	4 629.86	-4 629.86	—	—
3. 对所有者（或股东）的分配	24	—	—	—	—	—	—	—	—	-31 196.41	—	-31 196.41
4. 其他	25	—	—	—	—	—	—	—	—	—	—	—
（五）所有者权益内部结转	26	—	—	—	—	—	—	—	—	—	—	—
1. 资本公积转增资本（或股本）	27	—	—	—	—	—	—	—	—	—	—	—
2. 盈余公积转增资本（或股本）	28	—	—	—	—	—	—	—	—	—	—	—
3. 盈余公积弥补亏损	29	—	—	—	—	—	—	—	—	—	—	—
4. 结转重新计量设定受益计划净负债或净资产所产生的变动	30	—	—	—	—	—	—	—	—	—	—	—
5 其他	31	—	—	—	—	—	—	—	—	—	—	—
四、本年年末余额	32	250 000.00	—	—	—	-2 002.35	—	105 929.03	67 756.90	207 727.52	—	629 411.10

所有者权益变动表（续）

编制单位：中海信托股份有限公司　　2020 年度　　单位：万元

项目	行次	2019 年度										
		股本	其他权益工具	资本公积	减：库存股	其他综合收益	专项储备	盈余公积	一般风险准备	未分配利润	其他	所有者权益合计
栏次		1	2	3	4	5	6	7	8	9	10	11
一、上年年末余额	1	250 000.00	—	—	—	20.35	—	95 537.25	58 993.83	223 096.31	—	627 647.74
加：会计政策变更	2	—	—	—	—	—	—	—	—	—	—	—
前期差错更正	3	—	—	—	—	—	—	—	—	—	—	—
其他	4	—	—	—	—	—	—	—	—	—	—	—
二、本年年初余额	5	250 000.00	—	—	—	20.35	—	95 537.25	58 993.83	223 096.31	—	627 647.74
三、本年增减变动金额（减少以“-”号填列）	6	—	—	—	—	1 348.64	—	7 391.78	4 133.21	-6 542.51	—	6 331.12
（一）综合收益总额	7	—	—	—	—	1 348.64	—	—	—	73 917.80	—	75 266.44

续表

项目	行次	2019 年度										
		股本	其他权益工具	资本公积	减:库存股	其他综合收益	专项储备	盈余公积	一般风险准备	未分配利润	其他	所有者权益合计
栏次		1	2	3	4	5	6	7	8	9	10	11
(二)所有者投入和减少资本	8	—	—	—	—	—	—	—	—	—	—	—
1. 所有者投入资本	9	—	—	—	—	—	—	—	—	—	—	—
2. 其他权益工具持有者投入资本	10	—	—	—	—	—	—	—	—	—	—	—
3. 股份支付计入所有者权益的金额	11	—	—	—	—	—	—	—	—	—	—	—
4. 其他	12	—	—	—	—	—	—	—	—	—	—	—
(三)专项储备提取和使用	13	—	—	—	—	—	—	—	—	—	—	—
1. 提取专项储备	14	—	—	—	—	—	—	—	—	—	—	—
2. 使用专项储备	15	—	—	—	—	—	—	—	—	—	—	—
(四)利润分配	16	—	—	—	—	—	—	7 391.78	4 133.21	-80 460.31	—	-68 935.33
1. 提取盈余公积	17	—	—	—	—	—	—	7 391.78	—	-7 391.78	—	—
其中:法定公积金	18	—	—	—	—	—	—	7 391.78	—	-7 391.78	—	—
任意公积金	19	—	—	—	—	—	—	—	—	—	—	—
#储备基金	20	—	—	—	—	—	—	—	—	—	—	—
#企业发展基金	21	—	—	—	—	—	—	—	—	—	—	—
#利润归还投资	22	—	—	—	—	—	—	—	—	—	—	—
2. 提取一般风险准备	23	—	—	—	—	—	—	—	4 133.21	-4 133.21	—	—
3. 对所有者(或股东)的分配	24	—	—	—	—	—	—	—	—	-68 935.33	—	-68 935.33
4. 其他	25	—	—	—	—	—	—	—	—	—	—	—
(五)所有者权益内部结转	26	—	—	—	—	—	—	—	—	—	—	—
1. 资本公积转增资本(或股本)	27	—	—	—	—	—	—	—	—	—	—	—
2. 盈余公积转增资本(或股本)	28	—	—	—	—	—	—	—	—	—	—	—
3. 盈余公积弥补亏损	29	—	—	—	—	—	—	—	—	—	—	—
4. 结转重新计量设定受益计划净负债或净资产所产生的变动	30	—	—	—	—	—	—	—	—	—	—	—
5. 其他	31	—	—	—	—	—	—	—	—	—	—	—
四、本年年末余额	32	250 000.00	—	—	—	1 368.99	—	102 929.03	63 127.04	216 553.80	—	633 978.86

5.2 信托资产

5.2.1 信托项目资产负债汇总表

信托项目资产负债表

编制单位:中海信托股份有限公司

2020 年 12 月 31 日

单位:万元

信托资产	期末数	期初数	一、信托负债	期末数	期初数
货币资金	696 406.98	792 772.43	交易性金融负债	—	—
拆出资金	—	—	应付利息	—	—
交易性金融资产	6 850 110.99	7 419 381.56	应付受托人报酬	55 926.81	8[illegible]30.08
买入返售金融资产	633 658.55	892 383.11	应付托管费	3 413.36	[illegible]35.07
应收款项	288 399.34	471 916.03	应付受益人收益	22 435.37	2[illegible]53.23
发放贷款和垫款	2 848 874.86	5 219 863.67	其他应付款	129 334.10	6[illegible]53.46
可供出售金融资产	21 322 181.85	14 184 940.97	应交税费	10 694.70	12[illegible]5.46
持有至到期投资	—	—	卖出回购金融资产款	—	—
长期股权投资	1 767 936.99	1 645 198.98	信托负债合计	221 804.34	1[illegible]7.30
固定资产	—	—	二、信托权益		
无形资产	—	—	实收信托	33 840 037.32	30 [illegible]6.93
长期应收款	—	—	资本公积	116 689.70	128 567.24
其他资产	294.61	7 820.50	未分配利润	229 332.81	252 385.78
			信托权益合计	34 186 059.83	30 453 [illegible]9.95
信托资产总计	34 407 864.17	30 634 277.25	信托负债及信托权益总计	34 407 864.17	30 634 277.25

5.2.2 信托项目利润及利润分配汇总表

信托项目利润及利润分配表

编制单位:中海信托股份有限公司　　2020 年度　　单位:万元

项目	本年数	上年数
一、营业收入	1 905 509.84	2 063 506.76
利息收入	1 431 303.43	1 535 867.01
投资收益	494 387.14	325 271.41
公允价值变动损益	-19 522.09	197 402.23
租赁收入	—	—
其他收入	-658.64	4 966.10
二、营业费用	251 853.08	279 723.23
三、营业税金及附加	9 216.76	3 812.18
四、扣除资产损失前的信托利润	1 644 440.00	1 779 971.35
减:资产减值损失	—	—
五、扣除资产损失后的信托利润	1 644 440.00	1 779 971.35
加:期初未分配信托利润	252 385.78	-76 241.55
六、可供分配的信托利润	1 896 825.78	1 703 729.81
减:本期已分配信托利润	1 667 492.98	1 451 344.03
七、期末未分配信托利润	229 332.81	252 385.78

6. 会计报表附注

6.1 会计报表编制基准不符合会计核算基本前提的说明

6.1.1 会计报表不符合会计核算基本前提的事项

本公司会计报表不存在不符合会计核算基本前提的情况。

6.1.2 本年度未纳入合并报表范围的公司

本公司 2020 年度无未纳入合并报表范围的公司。

6.2 或有事项说明

截至 2020 年 12 月 31 日,本公司不存在应披露的或有事项。

6.3 重要资产转让及其出售的说明

本公司 2020 年无此事项。

6.4 会计报表中重要项目的明细资料

以下项目除特别注明外,年初指 2020 年 1 月 1 日,年末指 2020 年 12 月 31 日,上年指 2019 年度,本年指 2020 年度。以下金额单位若未特别注明者均为人民币万元。

6.4.1 披露自营资产经营情况

6.4.1.1 按信用风险五级分类结果披露信用风险资产的期初数、期末数

信用风险资产五级分类	正常类(万元)	关注类(万元)	次级类(万元)	可疑类(万元)	损失类(万元)	信用风险资产合计(万元)	不良信用风险资产合计(万元)	不良信用风险资产率(%)
期初数	695 724.46	6 187.12	—	—	—	701 911.58	—	—
期末数	455 932.10	239 905.99	—	—	—	695 838.09	—	—

注:不良信用风险资产合计 = 次级类 + 可疑类 + 损失类。

6.4.1.2 各项资产减值损失准备的期初数、本期计提、本期转回、本期核销、期末数,为贷款的一般准备、专项准备和其他资产减值准备应分别披露

单位:万元

项目	期初数	本期增加	本期转回	本期核销	期末数
贷款损失准备	—	—	—	—	—
一般准备	—	—	—	—	—
专项准备	—	—	—	—	—
其他资产减值准备	2 096.60	-93.90	—	1 332.00	670.71
可供出售金融资产减值准备	2 002.70	—	—	1 332.00	670.71
持有至到期投资减值准备	—	—	—	—	—
长期股权投资减值准备	—	—	—	—	—
坏账准备	93.90	-93.90	—	—	—
投资性房地产减值准备	—	—	—	—	—

6.4.1.3 自营股票投资、基金投资、债券投资、股权投资等投资业务的期初数、期末数

单位:万元

项目	自营股票	基金	债券	长期股权投资	其他投资	合计
期初数	6 093.22	55 877.29	—	304 877.77	343 493.85	710 342.13
期末数	4 779.03	76 346.25	39 000.00	265 579.56	317 675.13	703 379.97

6.4.1.4 前五名的自营长期股权投资的企业名称、占被投资企业权益的比例、主要经营活动及投资收益情况等(从大到小顺序排列)

企业名称	占被投资企业权益的比例(%)	主要经营活动	投资收益(万元)
中海基金管理有限公司	41.591	基金募集、基金销售、资产管理、中国证监会许可的其他业务(涉及行政许可的凭许可证经营)	-90.13
国联期货股份有限公司	39.00	商品期货经纪、金融期货经纪、期货投资咨询、期货资产管理及中国证监会批准的其他业务	1 210.79
四川信托有限公司	30.2534	信托、投资基金业务	-40 164.23

6.4.1.5 前五名的自营贷款的企业名称、占贷款总额的比例和还款情况等。(从大到小顺序排列)

截至期末,公司共发放 9.36 亿元贷款。

企业名称	占贷款总额的比例(%)	还款情况
石家庄市地产集团有限公司	21.37	正常
福建漳龙集团有限公司	21.37	正常
淮安市中盛投资发展有限公司	18.80	正常
珠海铧国商贸有限公司	16.03	正常
湖北省联合发展投资集团有限公司	16.03	正常

6.4.1.6 表外业务的期初数、期末数，按照代理业务、担保业务和其他类型表外业务分别披露

单位：万元

表外业务	期初数	期末数
担保业务	—	—
代理业务（委托业务）	—	—
其他	—	—
合计	—	—

注：代理业务主要反映因客观原因应规范而尚未完成规范的历史遗留委托业务，包括委托贷款和委托投资。

6.4.1.7 公司当年的收入结构

收入结构	金额（万元）	占比（%）
手续费及佣金收入	68 623.69	100.06
利息收入	7 414.13	10.81
其他业务收入	—	—
其他收益	10 670.76	15.56
投资收益	−17 878.58	−26.07
其中：股权投资收益	−39 043.58	−56.93
证券投资收益	1 824.29	2.66
其他投资收益	19 340.71	28.20
公允价值变动收益	−261.33	−0.38
资产处置收益	—	—
营业外收入	11.44	0.02
收入合计	68 580.11	100.00

注：手续费及佣金收入、利息收入、其他业务收入、投资收益、营业外收入均应为损益表中的科目，其中手续费及佣金收入、利息收入、营业外收入为未抵减掉相应支出的全年累计实现收入数。

6.4.2 披露信托资产管理情况

6.4.2.1 信托资产的期初数、期末数

单位：万元

信托资产	期初数	期末数
集合	13 496 216.00	13 083 456.00
单一	6 046 845.00	4 265 427.00
财产权	11 091 216.00	17 058 981.00
合计	30 634 277.00	34 407 864.00

6.4.2.1.1 主动管理型信托业务期初数、期末数，分证券投资类、股权投资类、融资类、事务管理类分别披露

单位：万元

主动管理型信托资产	期初数	期末数
证券投资类	5 920 639.00	6 809 870.00
股权投资类	—	273 077.00
融资类	6 278 996.00	5 089 603.00
事务管理类	—	—
合计	12 199 635.00	12 172 550.00

6.4.2.1.2 被动管理型信托业务期初数、期末数，分证券投资类、股权投资类、融资类、事务管理类分别披露

单位：万元

被动管理型信托资产	期初数	期末数
证券投资类	—	—
股权投资类	—	—
融资类	—	—
事务管理类	18 434 642.00	22 235 314.00
合计	18 434 642.00	22 235 314.00

6.4.2.2 本年度已清算结束的信托项目个数、实收信托合计金额

6.4.2.2.1 本年度已清算结束的集合类、单一类资金信托项目和财产管理类信托项目个数、实收信托合计金额

已清算结束的信托项目	项目个数（个）	实收信托合计金额（万元）	加权平均年化收益率（%）
集合类	87	6 755 826.86	6.8840
单一类	35	2 544 753.16	6.7865
财产管理类	17	2 026 565.69	5.3098

6.4.2.2.2 本年度已清算结束的主动管理型信托项目个数、合计金额，分证券投资类、股权投资类、融资类、事务管理类分别披露

已清算结束的信托项目	项目个数（个）	实收信托合计金额（万元）
证券投资类	6	615 [illegible]3[illegible].10
股权投资类	—	—
融资类	66	4 085 [illegible]8[illegible].40
事务管理类	—	—

6.4.2.2.3 本年度已清算结束的被动管理型信托项目个数、实收信托合计金额，分证券投资类、股权投资类、融资类、事务管理类分别披露

已清算结束的信托项目	项目个数（个）	实收信托合计金额（万元）
证券投资类	—	—
股权投资类	—	—
融资类	—	—
事务管理类	67	6 62[illegible] [illegible]21.21

6.4.2.3 本年度新增的集合类、单一类和财产管理类信托项目个数、实收信托合计金额

新增信托项目	项目个数（个）	实收信托合计金额（万元）
集合类	74	1 82[illegible] [illegible]8.00
单一类	15	57[illegible] [illegible]0.00
财产管理类	23	9 04[illegible] [illegible]9.00
新增合计	112	11 44[illegible] [illegible].00
其中：主动管理型	95	2 34[illegible] [illegible].00
被动管理型	17	9 09[illegible] [illegible].00

注：本年新增信托项目指在报告年度内累计新增的信托项目个数和金额，包含本年度新增并于本年度内结束的项目和本年度新增至报告期末仍在持续管理的信托项目。

6.4.2.4 信托业务创新成果和特色业务有关情况

报告期内，公司充分发挥信托专业优势，立足金融板块战略定位，积极探索稳健灵活高效的金融服务模式，推进产融结合，助力主业发展。2020 年公司加大供应链金融拓展力度，通过多种渠道拓展供应商数量，落地的供应链金融项目数量、金额均明显高于 2019 年，有效助力了中国海油供应链生态圈建设。

报告期内，为“统筹完善社会救助、社会福利、慈善事业、优抚安置等制度”尽自己的一份力量，公司“伴你成长”慈善信托项目完成首批捐助，帮助重病儿童支付医疗费用并鼓励他们勇敢面对病魔。

6.4.2.5 本公司履行受托人义务情况及因本公司自身责任而导致的信托资产损失情况

本公司无因自身责任而导致信托资产损失的情况。

6.4.2.6 信托赔偿准备金的提取、使用和管理情况

根据《信托公司管理办法》规定，公司每年从税后利润中提取5%作为信托赔偿准备金。截至报告期末，信托赔偿准备金累计总额为55 542.86万元。同时，根据财政部印发的《金融企业准备金计提管理办法》规定，本公司对发放贷款和垫款、可供出售类金融资产、长期股权投资、存放同业和其他应收款项等风险资产计提一般风险准备金，期末将一般风险准备金计提至风险资产期末余额的1.5%，报告期末，一般风险准备金为12 214.04万元。两项合计金额为67 756.90万元。截至报告期末，公司无动用信托赔偿准备金。

6.5 关联方关系及其交易的披露

以下明细表格除特别注明外，金额单位为人民币万元，期初指2020年1月1日，期末指2020年12月31日。

6.5.1 关联交易方数量、关联交易的总金额及关联交易的定价政策等

项目	关联交易方数量（个）	关联交易金额（万元）	定价政策
合计	19个	11 930 893.94	本公司的关联交易以公平的市场价格定价

注："关联交易"定义应以《中华人民共和国公司法》和《企业会计准则第36号——关联方披露》有关规定为准。上述关联交易金额系本年度固有、信托与关联方的发生额。

6.5.2 关联交易方与本公司的关系性质、关联交易方的名称、法定代表人、注册地址、注册资本及主营业务等

关系性质	关联方名称	法定代表人	注册地址	注册资本（万元）	主营业务
母公司	中国海洋石油集团有限公司	汪东进	中国北京	11 380 000	组织石油、天然气、煤层气、页岩油、页岩气勘探、开发、生产及销售，石油炼制，石油化工和天然气的加工利用及产品的销售和仓储，液化天然气项目开发、利用，石油、天然气管道管网输送，化肥、化工产品的开发、生产和销售及相关业务，为石油、天然气及其他地矿产品的勘探、开采提供服务，工程总承包，与石油天然气的勘探、开发和生产相关的科技研究、技术咨询、技术服务和技术转让，原油、成品油进口，补偿贸易、转口贸易；汽油、煤油、柴油的批发（限销售分公司经营，有效期至2022年2月20日）；承办中外合资经营；合作生产；机电产品国际招标；风能、生物质能、水合物、煤化工和太阳能等新能源生产、销售及相关服务（企业依法自主选择经营项目，开展经营活动；依法须经批准的项目，经相关部门批准后依批准的内容开展经营活动；不得从事本市产业政策禁止和限制类项目的经营活动）。
同受一方控制	中海油信息科技有限公司上海分公司	刘玮	中国上海	—	通信信息网络系统的技术开发和维护，通信工程勘察、设计、监理及技术咨询。
同受一方控制	中海油能源物流有限公司上海分公司	黄道禹	中国上海	—	从事货物进出口及技术进出口业务，仓储服务（除危险品），货物装卸搬运，货物运输代理，自有设备租赁（除金融租赁），会务服务，建筑材料、装潢材料、日用百货的销售。
同受一方控制	中海油能源发展股份有限公司上海安全环保分公司	张利军	中国上海	—	石油行业安全、环保领域内的服务及相关产品、设备、系统的研发、设计、安装、销售、检验、检测、维修（安装、维修上门服务），石油行业安全、环保领域内的技术开发、技术咨询、技术转让，机械设备、电气设备及仪表仪器技术检测（除认证），劳防用品、安全技术防范设备的销售，计算机图文设计、制作及安装，企业管理咨询，会务服务，翻译服务。
同受一方控制	中海油信息科技有限公司信息技术分公司	许刚强	中国天津	—	通信信息网络系统的技术开发和维护，通信工程勘察、设计、监理及技术咨询。
同受一方控制	中海油安全技术服务有限公司上海分公司	张利军	中国上海	—	石油行业安全技术咨询、服务，安全环保技术咨询；安全环保技术产品研发。
同受一方控制	天津市海洋石油物业管理有限公司	孙万岭	中国天津	6 000	许可项目：餐饮服务；食品经营；道路货物运输（不含危险货物）；施工专业作业；住宿服务；烟草制品零售；文件、资料等其他印刷品印刷；食品生产（依法须经批准的项目，经相关部门批准后方可开展经营活动，具体经营项目以相关部门批准文件或许可证件为准）。一般项目：物业管理；人力资源服务（不含职业中介活动、劳务派遣服务）；居民日常生活服务；未经加工的坚果、干果销售；水产品批发；水产品零售；日用百货销售；五金产品批发；五金产品零售；办公用品销售；家用电器销售；图文设计制作；办公服务；打字复印；礼仪服务；会议及展览服务；酒店管理；停车场服务；专业保洁、清洗、消毒服务；家政服务；建筑物清洁服务；园林绿化工程施工；城市绿化管理；档案整理服务；信息技术咨询服务；社会经济咨询服务；非居住房地产租赁；住房租赁；摄影扩印服务；住宅室内装饰装修；通用设备修理；电气设备修理；专用设备修理；露营地服务；汽车租赁；办公设备租赁服务；机械设备租赁；广告设计、代理；广告制作；票务代理服务；健康咨询服务（不含诊疗服务）；技术服务、技术开发、技术咨询、技术交流、技术转让、技术推广；养老服务（除依法须经批准的项目外，凭营业执照依法自主开展经营活动）。
同受一方控制	中海油能源发展股份有限公司北京人力资源服务分公司	孙鹏	中国北京	—	人才中介服务、技术推广服务、计算机技术培训。

续表

关系性质	关联方名称	法定代表人	注册地址	注册资本（万元）	主营业务
同受一方控制	中国海洋石油东海有限公司	柯吕雄	中国上海	7 475	物资器材供应，石油化工材料，自营和代理各类商品和技术的进出口（但国家限定公司经营或禁止进出口的商品和技术除外），天然气，液化石油气，国内沿海及长江中下游各港间液化气的运输，自有房屋租赁（含办公楼），物业管理，房地产经纪，停车场（库）经营，从事建筑科技、环保科技领域内的技术咨询、技术服务，商务信息咨询，日用百货的销售，会务会展服务，汽车租赁。
同受一方控制	中海油安全技术服务有限公司	刘怀增	中国天津	5 555.5556	石油行业安全技术咨询、评估、评价、审核、审查、服务，安全环保技术咨询。
同受一方控制	中海油企业年金理事会	—	中国北京	—	企业年金管理。
同受一方控制	中海石油气电集团有限责任公司	石成刚	中国北京	3 565 913.337769	投资及投资管理；组织和管理以下经营项目：石油天然气［含液化天然气（LNG）］、油气化工有关的技术开发、技术服务和咨询；石油天然气［含液化天然气（LNG）］工程设计、开发、管理、维护和运营有关的承包服务；石油天然气及其副产品的加工、储运、利用和销售；石油天然气管网建设、管理和运营；煤层气、煤化工项目的开发、利用及经营管理；电力开发、生产、供应及相关承包服务、技术开发、技术服务和咨询；自营和代理液化天然气（LNG）及油气相关产品、相关设备和技术及劳务的进出口（国家限定公司经营或禁止进出口的商品和技术除外）；新能源和可再生能源的研究、开发、利用及相关业务；船舶租赁。以下项目限分公司经营：批发（无存储、租赁仓储及物流行为）工业生产二类1项易燃气体（剧毒、监控、一类易制毒化学品除外）；技术转让；机械设备租赁（企业依法自主选择经营项目，开展经营活动；依法须经批准的项目，经相关部门批准后依批准的内容开展经营活动；不得从事本市产业政策禁止和限制类项目的经营活动）。
同受一方控制	中海石油化工进出口有限公司	刘松	中国北京	113 243.043124	成品油（柴油、汽油、航空煤油、蜡油、石脑油、燃料油等）国营贸易进口经营业务；成品油及其他化学品共计73种（有效期至2021年12月5日）；自营和代理各类商品及技术的进出口业务（国家限定公司经营或禁止进出口的商品及技术除外）；经营进料加工和“三来一补”业务；经营对销贸易和转口贸易；经济贸易咨询（企业依法自主选择经营项目，开展经营活动；依法须经批准的项目，经相关部门批准后依批准的内容开展经营活动；不得从事本市产业政策禁止和限制类项目的经营活动）。
同受一方控制	中海油（北京）贸易有限责任公司	刘大平	中国北京	10 000	销售化工产品（不含危险化学品）；货物进出口；技术进出口；代理进出口；仓储服务；货运代理；经济贸易咨询；投资咨询；不带有储存设施经营成品油：汽油，煤油；其他危险化学品：石脑油、石油原油，苯（危险化学品经营许可证有效期至2020年5月22日）；原油销售（原油销售经营批准证书有效期至2023年12月28日）（企业依法自主选择经营项目，开展经营活动；依法须经批准的项目，经相关部门批准后依批准的内容开展经营活动；不得从事本市产业政策禁止和限制类项目的经营活动）。
同受一方控制	中海油中石化联合国际贸易有限责任公司	刘松	中国北京	20 000	经营原油进口业务；经营成品油出口业务；货物进出口；技术进出口；代理进出口（企业依法自主选择经营项目，开展经营活动；依法须经批准的项目，经相关部门批准后依批准的内容开展经营活动；不得从事本市产业政策禁止和限制类项目的经营活动）。
同受一方控制	中海油大榭贸易有限公司	杨勇	中国浙江	13 612	许可项目：危险化学品经营；原油批发；货物进出口；技术进出口；进出口代理（依法须经批准的项目，经相关部门批准后方可开展经营活动，具体经营项目以审批结果为准）。一般项目：化工产品销售（不含许可类化工产品）；石油制品销售（不含危险化学品）；国际货物运输代理；国内货物运输代理；信息咨询服务（不含许可类信息咨询服务）；信息技术咨询服务（除依法须经批准的项目外，凭营业执照依法自主开展经营活动）。
同受一方控制	中海油（山东）贸易有限责任公司	周振华	中国山东	500	柴油、汽油、石油气、易燃液体（1，2－二甲苯、1，3－二甲苯、1，4－二甲苯、二甲苯异构体混合物、甲醇汽油、甲基叔丁基醚、石脑油、石油原油、乙醇汽油批发）（禁止储存）（有效期限以许可证为准），国内一般贸易，自营和代理各类商品及技术的进出口业务，经营对销贸易和转口贸易，贸易咨询服务（依法须经批准的项目，经相关部门批准后方可开展经营活动）。
同受一方控制	中海石油财务有限责任公司	陈浩鸣	中国北京	40 000	对成员单位办理财务和融资顾问、信用鉴证及相关的咨询、代理业务；协助成员单位实现交易款项的收付；对成员单位提供担保；办理成员单位之间的委托贷款及委托投资；对成员单位办理票据承兑与贴现；办理成员单位之间的内部转账结算及相应的结算、清算方案设计；吸收成员单位的存款；对成员单位办理贷款及融资租赁；从事同业拆借；经批准发行财务公司债券；承销成员单位的企业债券；对金融机构的股权投资；有价证券投资；成员单位产品的买方信贷及融资租赁（企业依法自主选择经营项目，开展经营活动；依法须经批准的项目，经相关部门批准后依批准的内容开展经营活动；不得从事本市产业政策禁止和限制类项目的经营活动）。
同受一方控制	中海油国际融资租赁有限公司	侯晓	中国天津	270 000	融资租赁业务；租赁业务；向国内外购买租赁财产；租赁财产的残值处理及维修；租赁交易咨询；兼营与主营业务相关的保理业务。

6.5.3 逐笔披露本公司与关联方的重大交易事项

6.5.3.1 固有与关联方交易情况

单位:万元

固有与关联方关联交易				
项目	期初数	借方发生额	贷方发生额	期末数
贷款	—	—	—	—
投资	—	—	—	—
租赁	—	—	—	—
担保	—	—	—	—
应收账款	—	—	—	—
其他	—	—	—	—
合计	—	—	—	—

注:本年度固有从关联方购买570.95万元。

6.5.3.2 信托与关联方交易情况:贷款、投资、租赁、应收账款、担保、其他方式等期初汇总数、本期借方和贷方发生额汇总数、期末汇总数

单位:万元

信托与关联方关联交易				
项目	期初数	借方发生额	贷方发生额	期末数
贷款	—	—	—	—
投资	—	—	—	—
租赁	—	—	—	—
担保	—	—	—	—
应收账款	—	—	—	—
其他	4 866 984.59	11 930 322.99	12 118 884.07	4 678 423.51
合计	4 866 984.59	11 930 322.99	12 118 884.07	4 678 423.51

6.5.3.3 信托公司自有资金运用于自己管理的信托项目(固信交易)、信托公司管理的信托项目之间的相互(信信交易)交易金额,包括余额和本报告年度的发生额

6.5.3.3.1 固有财产与信托财产之间的交易金额期初汇总数、本期发生额汇总数、期末汇总数

单位:万元

固有财产与信托财产相互交易			
项目	期初数	本期发生额	期末数
合计	115 900.00	-39 800.00	76 100.00

注:以固有资金投资公司自己管理的信托项目受益权,或购买自己管理的信托项目的信托资产均应纳入统计披露范围。本期购买54 600.00万元,清算结束94 400.00万元。

6.5.3.3.2 信托项目之间的交易金额期初汇总数、本期发生额汇总数、期末汇总数

单位:万元

信托财产与信托财产相互交易			
项目	期初数	本期发生额	期末数
合计	453 559.84	298 192.88	751 752.72

注:以公司受托管理的一个信托项目的资金购买自己管理的另一个信托项目的受益权或信托项下资产均应纳入统计披露范围。本期购买437 381.16万元,清算结束139 188.28万元。

6.5.4 逐笔披露关联方逾期未偿还本公司资金的详细情况及本公司为关联方担保发生或即将发生垫款的详细情况

报告期内,公司关联方无逾期未偿还本公司资金的情况,无本公司为关联方担保发生或即将发生垫款的情况。

6.6 会计制度的披露

本公司财务报表以持续经营为基础列报。本公司财务报表按照财政部颁布的企业会计准则及其应用指南、解释及其他有关规定(统称《企业会计准则》)编制。

7. 财务情况说明书

7.1 利润实现和分配情况

本公司2020年共实现利润总额51 656.16万元,税后净利润为29 999.98万元。公司年末按净利润的10%计提盈余公积3 000.00万元。2020年,公司根据相关股东会决议,按照股东持股比例向股东分配利润31 196.41万元。

7.2 主要财务指标

指标名称	指标值
信托资产规模(亿元)	3 440.79
人均信托资产规模(亿元)	16.15
资本利润率(%)	4.75
人均净利润(万元)	140.85
不良资产率(%)	—

注:1. 资本利润率=净利润/所有者权益平均余额×100%。

2. 人均净利润=净利润/年平均人数。

3. 平均值采取年初、年末简单平均法,公式为a(平均)=(年初数+年末数)/2。

7.3 对本公司财务状况、经营成果有重大影响的其他事项

本公司联营单位四川信托有限公司因存在13项违规,2021年2月7日收到四川银保监局开具的3 490.00万元罚单(川银保监罚决字〔2021〕9号)。为进一步推进四川信托有限公司风险处置,四川银保监局联合地方政府派出工作组,加强对四川信托的管控;同时,四川政府和有关部门在四川省内外持续寻找具有较强实力的合格战略投资者,以积极推进重组工作。

8. 特别事项揭示

8.1 前五名股东报告期内变动情况及原因

报告期内,公司股东人数无变动,持股比例无变动,无质押公司股权或以股权及其受(收)益权设立信托等金融产品的情况。

8.2 董事、监事及高级管理人员变动情况及原因

8.2.1 董事变更

2020年8月,经公司股东大会2020年第二次临时会议决议,选举殷醒民担任公司第四届董事会独立董事职务。张秉训由于任期届满,不再担任公司独立董事职务。殷醒民任职资格已获上海银保监局核准。

8.2.2　监事变更

2020年4月，经股东中国海油提名，公司股东大会2020年第一次临时会议和第四届监事会第十次会议审议通过，选举金伟根担任公司监事、监事会主席职务，任敏不再担任公司监事、监事会主席职务。

8.2.3　高级管理人员变更

2020年8月，经公司第四届董事会第二十七次会议审议通过，同意免去杨楠副总裁、总信息师职务。

2020年11月，经公司股东中国海油党组任命朱闻达为公司党委副书记。

2020年11月，由于公司原证券投资总监舒小辛到龄退休，经公司第四届董事会第二十九次会议审议通过，同意免去舒小辛证券投资总监职务。

8.3　公司的重大未决诉讼事项

报告期内，公司无重大未决诉讼事项。

8.4　对会计师事务所出具的有保留意见、否定意见或无法表示意见的审计报告的，公司董事会应就所涉及事项作出说明

立信会计师事务所对本公司出具了无保留意见的审计报告。

8.5　公司及其董事、监事和高级管理人员受到处罚的情况

2019年12月27日，经江苏省高级人民法院终审裁定，公司原副总裁魏志刚因犯受贿罪（受贿行为发生于2009年、2013年），被判处有期徒刑10年6个月，并处罚金50万元。2020年2月，公司党委根据有关规定，批准给予魏志刚开除党籍、行政开除处分。

8.6　中国银保监会及其派出机构对公司检查后提出整改意见的，应简单说明整改情况

报告期内，上海银保监局未对公司进行现场检查。

8.7　本年度重大事项临时报告的简要内容、披露时间、所披露的媒体及其版面

2020年11月13日，公司在上海证券报发布《中海信托关于修改公司章程的公告》，披露公司根据股权管理相关监管要求等修改公司章程，并获得上海银保监局核准。

8.8　中国银保监会及其省级派出机构认定的其他有必要让客户及相关利益人了解的重要信息

2020年7月，公司荣获《上海证券报》“诚信托——管理团队奖”；公司信托产品“现金稳盈四号”荣获“最佳证券投资信托”产品奖。

2020年8月，公司荣获《证券时报》颁发的“优秀风控信托公司”称号；“中海汇誉2019-54水发集团债权投资项目荣获“优秀基础设施信托计划”奖。

8.9　社会责任履行情况报告

公司始终坚持把维护受益人的合法权益放在首位，切实履行诚实、信用、谨慎、有效管理的义务，把好风险关，承担起了国有金融企业维护金融稳定的社会责任。自2004年以来，公司累计管理信托资产规模达6.79万亿元，未发生一笔因公司违反信托目的处分信托财产或者因违背管理职责、处理信托事务不当而损害委托人、受益人利益的情况。同时，公司发挥信托制度优势，成立了一批规模大、期限长的信托项目，有效支持了实体经济发展。

2020年初，新冠肺炎疫情肆虐之际，公司积极响应中国信托业协会发起设立“中国信托业抗击新型肺炎慈善信托”的倡议，第一时间向“中国信托业抗击新型肺炎慈善信托”捐赠50万元，与信托行业一道奉献爱心，切实履行社会责任。

公司深入贯彻落实全国金融工作会议、中央经济工作会议及习近平总书记关于大力支持民营企业发展壮大的讲话精神，致力于缓解小微企业金融服务供给不充分问题。自2017年落地首单服务于小微金融的项目“小微之星1号”起，持续耕耘小微金融业务。截至2020年末，公司累计发放小微企业主经营贷69.56亿元，支持小微企业主10 016户，涉及国内近120个主要城市的餐饮制造、批发零售、科教文卫等行业，平均贷款金额为69万元，以优质金融服务履行信托公司社会责任，有效促进了地方经济可持续发展。

公司积极回归信托本源，发力慈善信托。2019年末，公司设立“中海信托—伴你成长慈善信托”，所有资金募集至“中华少年儿童慈善救助基金会”，用于需要帮扶的重病儿童以及贫困失学儿童。2020年，公司该慈善信托完成首批捐助，帮助受困家庭减轻经济压力。

公司深入践行中央企业使命和担当，积极参加上海市“结对百镇千村，助推乡村振兴”行动，与崇明区建设镇富安村党支部开展党组织结对帮扶，助力富安村实现乡村振兴，为崇明区建成世界级生态岛作出应有贡献。公司积极开展消费扶贫，多次采购扶贫产品，助力脱贫攻坚。同时，积极组织“衣暖人心，旧衣捐赠”公益捐赠活动，开展“蔚蓝力量”青年志愿服务活动，组织员工义务献血，切实承担起中央企业社会责任。

9. 公司监事会意见

公司监事会认为，公司建立了较为完善的内部控制制度，决策程序符合法律、法规和公司章程的规定。公司董事、管理层认真履行职责，未发现其在执行职务时有违反法律、法规、公司章程或损害公司利益的行为。公司财务报告经立信会计师事务所审计，监事会认可其出具的无保留意见的2020年度审计报告。

中航信托股份有限公司

1. 重要提示

1.1 本公司董事会及董事保证本报告所载资料不存在任何虚假记载、误导性陈述或者重大遗漏，并对其内容的真实性、准确性和完整性承担个别及连带责任。本年度报告摘要摘自年度报告全文，客户及相关利益人欲了解详细内容，应阅读年度报告全文。

1.2 本公司独立董事对年度报告内容的真实性、准确性、完整性无异议。

1.3 本公司董事长姚江涛、总经理兼总会计师周祺保证年度报告中财务会计内容的真实和完整。

2. 公司概况

2.1 公司简介

2.1.1 公司法定名称
中文：中航信托股份有限公司
英文：AVIC Trust Co. ,Ltd.

2.1.2 公司法定代表人：姚江涛

2.1.3 公司注册地址：江西省南昌市红谷滩新区会展路1009号航信大厦
邮编：330038
互联网网址：www. avictc. com
电子邮箱：zhxt@ avictc. com

2.1.4 公司负责信息披露事务的高级管理人员：罗国华
办公电话：0791-86667992
办公传真：0791-86772268
电子邮箱：zhxt@ avictc. com

2.1.5 公司选定的信息披露报纸：《金融时报》《证券时报》《上海证券报》

2.1.6 年报备置地点：江西省南昌市红谷滩新区会展路1009号航信大厦

2.1.7 公司聘请的会计师事务所：中审众环会计师事务所（特殊普通合伙）
办公地址：北京朝阳区工体北路甲2号盈科中心A座25层

2.1.8 公司聘请的律师事务所：北京市君泽君律师事务所
办公地址：北京市西城区金融大街9号金融街中心南楼六层

2.2 组织结构

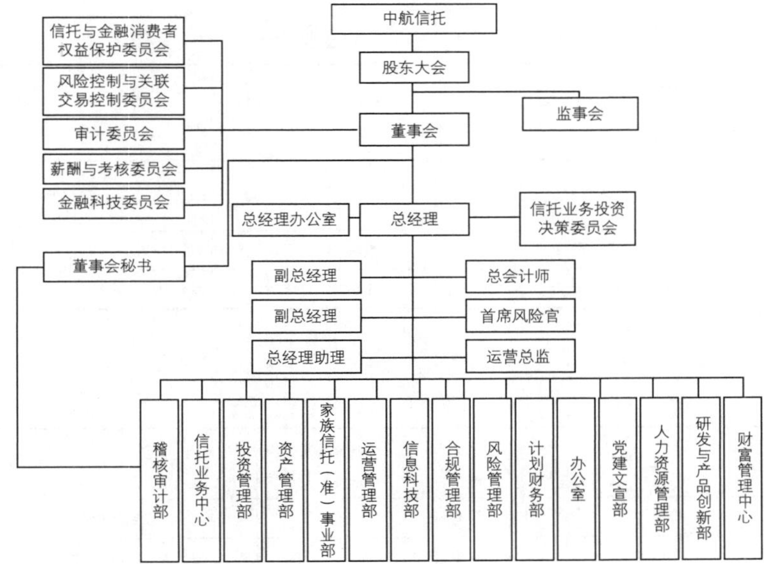

3. 公司治理

3.1 股东

股东名称	持股数(万股)	比例(%)	法人代表	注册资本(亿元)	注册地址	主要经营业务及主要财务情况
中航投资控股有限公司	385 286.05	82.73	姚江涛	120.21	北京市朝阳区望京东园四区 2 号中航资本大厦 42 层	实业投资;股权投资;投资咨询。财务状况良好,2020 年保持盈利。
华侨银行有限公司	80 440.66	17.27	黄三光	137.5 亿新加坡元	65 Chulia Street #09 - 00 OCBC Centre Singapore 049513	向客户提供全方位商业银行及金融和财富管理服务。财务状况良好,2020 年保持盈利。
合计	465 726.71	100				

注:中国航空工业集团有限公司是本公司的实际控制人。中航投资控股有限公司为中航资本控股股份有限公司(600705)的控股子公司,中航资本控股股份有限公司为中国航空工业集团有限公司控股子公司。

3.2 董事

董事会成员

姓名	职务	性别	年龄(岁)	选任日期	所推举的股东名称	该股东持股比例(%)	简要履历
姚江涛	董事长	男	58	2016 年 4 月	中航投资控股有限公司	82.73	东北财经大学国民经济专业硕士研究生;现任中航资本党委书记、董事长、总经理,中航信托董事长、党委书记。
张　戈	董事	男	46	2013 年 10 月	中航投资控股有限公司	82.73	北京大学经济学院金融学专业硕士研究生,高级经济师;现任中航资本纪检审计部部长。
贾鸿鹏	董事	男	41	2018 年 5 月	中航投资控股有限公司	82.73	对外经贸大学工商管理学专业硕士研究生,高级工程师;现任中航资本人力资源部副部长。
于庆伟	董事	男	44	2019 年 4 月	中航投资控股有限公司	82.73	南京航空航天大学飞机设计专业学士;现任中航证券首席战略官。
林文坚	董事	男	57	2013 年 10 月	华侨银行有限公司	17.27	新加坡国立大学会计学士,特许金融分析师(CFA),此前任华侨银行高级执行副总裁;现已离任。

注:林文坚先生于 2021 年 2 月辞去中航信托董事职务。

独立董事

姓名	职务	性别	年龄(岁)	选任时间	工作单位	简要履历
朱武祥	独立董事	男	54	2014 年 8 月	清华大学	数量经济专业博士研究生,清华大学经济管理学院金融系教授、博士生导师。
胡援成	独立董事	男	68	2018 年 4 月	江西财经大学	江西财经大学金融学资深教授、博士生导师

注:杨涛先生于 2020 年 12 月辞去中航信托独立董事职务。

3.3 监事

姓名	职务	性别	年龄(岁)	选任时间	所推举的股东名称	该股东持股比例(%)	简要履历
刘明志	监事会主席	男	58	2020 年 4 月	中航投资控股有限公司	82.73	中国人民大学工商管理专业硕士;现任中航信托监事会主席。
廖晓春	监事	男	58	2018 年 1 月	职工监事	—	旅游管理大专毕业;现任中航信托稽核审计部总经理。
杨志芳	监事	男	40	2018 年 1 月	职工监事	—	法学专业硕士;现任中航信托风险管理部总经理。
陈君枫	监事	女	37	2020 年 11 月	职工监事	—	法学专业硕士;现任中航信托合规管理部副总经理。
邓剑锋	监事	男	65	2020 年 11 月	外部监事	—	经济学在职硕士,地方党政机关退休干部。

注:邓剑锋先生于 2021 年 2 月辞去中航信托外部监事职务。

3.4 高级管理人员

姓名	性别	年龄(岁)	职务	选任时间	金融从业年限(年)	学位	专业
周祺	男	55	总经理、总会计师	2019年11月	23	硕士	工商管理
罗国华	男	57	董事会秘书	2009年12月	33	硕士	工商管理
魏颖晖	男	49	副总经理	2013年10月	25	硕士	工商管理
范华	女	55	副总经理	2017年10月	33	硕士	货币银行学
李鹏	男	44	副总经理	2019年7月	24	硕士	MBA
张瑰	女	44	副总经理	2020年6月	16	硕士	会计学
郭若强	男	56	首席风险官	2010年9月	29	硕士	应用金融
严固	女	53	总经理助理	2018年6月	33	学士	农业财务
刘文庆	男	52	总经理助理	2015年8月	32	本科	经济学
叶海涛	女	50	运营总监	2017年4月	25	本科	经济管理
姜燕	女	46	总经理助理	2019年4月	22	硕士	国际金融

3.5 公司员工

报告期末,公司信托业务从业人员478人,具体分布如下:

项目		报告期年度	
		人数(人)	比例(%)
年龄分布	20~30岁	138	28.87
	30~40岁	262	54.81
	40~50岁	53	11.09
	50岁以上	25	5.23
学历分布	博士	8	1.67
	硕士	322	67.36
	本科	134	28.03
	专科	12	2.51
	其他	2	0.42
岗位分布	董事、监事及高级管理人员	16	3.35
	固有业务人员	4	0.84
	信托业务人员	313	65.48
	其他人员	145	30.33

4. 经营管理

4.1 经营目标、经营方针、战略规划

4.1.1 经营目标

公司的经营目标是成为“备受信赖 专业领先 广获尊重的金融整合服务商”。

4.1.2 经营方针

公司的经营方针是持续转型、优化组织、防化风险、稳健发展。

4.1.3 战略规划

公司的战略规划是积极践行ESG理念,塑造另类投资、资产管理和财富管理三大战略业务的核心能力与专业品牌,及与之相匹配的组织运营体系,通过智慧与资源的整合,为客户提供专业化、全方位的金融解决方案,实现公司可持续增长和高质量发展。

4.2 所经营业务的主要内容

报告期内,公司主要开展业务分为信托业务和固有业务。

4.2.1 固有资产运用与分布表

资产运用	金额(万元)	占比(%)	资产分布	金额(万元)	占比(%)
货币资产	235 058.03	14.16	基础产业	38 122.04	2.30
交易性金融资产	1 203 421.46	72.51	房地产业	110 231.65	6.64
贷款及应收款项等	93 137.13	5.61	证券市场	226 786.14	13.66
其他权益工具投资	111 200.00	6.70	工商企业	506 305.68	30.51
固定资产	6 987.39	0.42	金融机构	332 112.89	20.01
其他	9 904.98	0.60	其他	446 150.60	26.88
资产合计	1 659 708.99	100.00	资产合计	1 659 709.00	100.00

4.2.2 信托资产运用与分布表

资产运用	金额(万元)	占比(%)	资产分布	金额(万元)	占比(%)
货币资产	1 282 628.27	1.92	基础产业	5 842 049.45	8.76
贷款	20 649 983.89	30.98	房地产	11 636 271.10	17.46
交易性金融资产	2 247 184.09	3.37	证券市场	9 622 135.63	14.44
可供出售金融资产	19 171 478.90	28.76	实业	14 980 866.14	22.48
持有至到期投资	2 081 642.61	3.12	金融机构	4 821 966.60	7.23
长期股权投资	10 825 168.72	16.24	其他	19 749 727.65	29.63
其他	10 394 930.09	15.60	—	—	—
信托总资产	66 653 016.57	100.00	信托总资产	66 653 016.57	100.00

4.3 市场分析

2020年,信托业监管继续补齐制度短板,引导信托回归本源,坚守受托人行业定位,推动信托业持续深化转型发展,业务结构持续优化调整,行业高质量发展可期。

展望2021年,国内外经济金融形势仍旧复杂多变,金融供给侧改革将持续深化,新技术、新业态、新模式、新生态都将持续涌现,主动融入新发展格局,必将给持续转型发展中的信托业增添新动力。

4.4 内部控制

根据国家有关法律法规和公司章程,公司构建了完备的法人治理结构,设立了股东大会、董事会、监事会。“三会”分工明确并相互制衡、各司其职、规范运作,分别行使决策权、执行权和监督权。根据自身业务特点和内部控制要求,公司设立了科

学、规范的机构及岗位，明确界定了各部门、各岗位的职责和权限；设立了完善的内部控制架构，并制定各层级之间的控制程序，保证董事会及高级管理人员下达的指令能够被严格执行。

4.5 风险管理

4.5.1 风险管理概况

公司注重风险控制管理，坚持积极稳健的经营原则，规范运作，逐步形成"事前防范、事中控制、事后监督"的风险管理规程，制定了系统的风险控制制度，持续深化应用现代科技手段赋能全面风险管理，不断提升风险管理水平。

4.5.2 风险状况

公司在经营过程中可能遇到的风险主要有信用风险、市场风险、操作风险、合规风险、流动性风险、声誉风险、其他风险等。其中，信用风险是公司存续项目面临的主要风险。在加强信用风险管理方面，公司坚持严格落实监管政策和指导要求，及时调整和持续推动制度建设，严把业务流程标准，强化存续期管理和风险监测、分析。报告期内，公司未发生因信用风险、市场风险、操作风险、合规风险、声誉风险等风险造成的损失。

4.5.3 净资本管理状况

2020 年末公司净资产为 139.34 亿元，净资本为 121.15 亿元，各项业务风险资本为 89.30 亿元，净资本与各项业务风险资本之和之比为 135.67%，净资本与净资产之比为 86.94%。报告期内，公司各项净资本风险控制指标均符合监管政策要求。

4.6 绿色信托

2020 年，公司坚决贯彻落实绿色发展理念，积极助力我国碳达峰与碳中和目标。公司治理层面，在制定公司"十四五"规划过程中，将 ESG 评价体系纳入战略制定与管理全流程。在专题研究层面，2020 年在广州成功举办"绿色金融发展论坛暨 ESG 前沿研究"活动，成功发布中航信托 ESG 研究与实践系列丛书《碳金融：国际发展与中国创新》《2019 中航信托碳金融产品创新研究报告》。在经营发展层面，截至 2020 年，公司管理的信托资产投向绿色产业的领域累计资产规模逾 369.23 亿元。在企业行动层面，公司总部办公大楼——航信大厦于 2020 年 1 月启用，获得了绿建三星、LEED－CS 铂金、世界银行 EDGE 三证合一的绿色建筑认证，以及中国建筑工程鲁班奖的"三优"奖项。

4.7 企业社会责任

公司秉承航空报国、航空强国的股东文化，积极履行社会责任，以实际行动持续为社会、为客户、为股东创造价值。一是积极驰援武汉抗疫，并持续为广大客户提供高效专业的金融服务。在疫情初期，公司采购核酸检测试剂 1 000 份送达武汉抗疫一线；出资参与设立了"中国信托业抗击新型肺炎慈善信托"；主动向航空工业成员单位各捐赠防疫口罩；通过降低借款利率、降低或减免罚息及违约金、延长借款期限等方式，帮助合作企业渡过难关。二是以慈善信托助力中国公益慈善事业，先后成功设立了 10 单慈善信托，广泛开展扶贫济困、敬老助学、慈善公益、绿色信托等系列活动。三是高质量完成省派定点帮扶任务。公司通过扶贫公益基金援建公路、水渠护坡、便民公厕、爱心路灯、黄桃直播等近十个帮扶项目，支持内蒙古察右后旗、婺源县、吉安县、进贤县等乡村发展致富产业。四是主动投身社会公益实践，持续开展爱心捐赠、航空科普、夏日送清凉、无偿献血等各类扶贫助困献爱心活动；连续三年百名善行者活动，连续四年组织员工和客户参加，累计筹集善款近 120 万元。五是深入推进金融消费者权益保护工作，报告期内，公司定点向 16.4 万人次普及金融知识。六是坚持以人为本，深化企业文化建设，创新开展"信托文化教育年"系列行动，持续增强组织的使命感和责任感。

5. 报告期末及上一年度末的比较式会计报表

5.1 固有资产

5.1.1 中审众环会计师事务所（特殊普通合伙）审计意见

中航信托股份有限公司财务报表在所有重大方面按照企业会计准则的规定编制，公允反映了中航信托股份有限公司 2020 年 12 月 31 日的财务状况及 2020 年度的经营成果和现金流量。

5.1.2 资产负债表

资产负债表

编制单位：中航信托股份有限公司　　2020 年 12 月 31 日　　单位：万元

项目	2020 年 12 月 31 日		2019 年 12 月 31 日	
	合并	母公司	合并	母公司
货币资金	235 058.03	233 354.30	112 289.35	111 086.02
拆出资金	—	—	—	—
应收款项	2 788.79	2 788.79	11 338.69	11 338.69
预付款项	239.44	239.44	289.45	289.45
其他应收款	49 216.33	48 956.27	56 420.36	56 418.42
发放贷款和垫款	40 892.57	40 892.57	46 529.76	46 529.76
交易性金融资产	1 203 421.47	1 023 544.12	1 280 744.33	1 098 146.47
其他权益工具投资	111 200.00	111 200.00	123 598.16	123 598.16
可供出售金融资产	—	—	—	—
固定资产	2 932.27	2 932.27	4 551.59	4 551.59
无形资产	1 085.59	1 085.59	835.39	835.39
长期待摊费用	1 207.08	1 207.08	1 002.49	1 002.49
递延所得税资产	7 763.52	7 763.52	27 086.24	27 086.24
其他资产	3 903.90	172 116.19	2 355.31	169 835.47
资产总计	1 659 708.99	1 646 080.14	1 667 041.32	1 650 718.15

公司法定代表人：姚江涛　主管会计工作公司负责人：周祺　会计机构负责人：刘燕

资产负债表（续）

编制单位：中航信托股份有限公司　　2020 年 12 月 31 日　　单位：万元

项目	2020 年 12 月 31 日		2019 年 12 月 31 日	
	合并	母公司	合并	母公司
拆入资金	—	—	—	—
交易性金融负债	—	—	—	—
应付职工薪酬	11 303.06	11 303.06	15 474.40	15 474.40
应交税费	45 849.35	45 842.84	47 328.50	47 305.50
预收款项	3 811.11	3 811.11	11 119.36	11 119.36
应付股利	105 323.08	105 323.08	29 073.15	29 073.15
其他应付款	71 221.33	70 834.96	221 389.33	221 297.79

续表

项目	2020 年 12 月 31 日		2019 年 12 月 31 日	
	合并	母公司	合并	母公司
预计负债	—	—	8 898. 02	8 898. 02
递延所得税负债	16 800. 00	16 800. 00	36 574. 46	36 574. 46
其他负债	13 235. 97	—	16 209. 39	—
负债合计	267 543. 90	253 915. 05	386 066. 46	369 742. 69
实收资本	465 726. 71	465 726. 71	465 726. 71	465 726. 71
资本公积	117 474. 98	117 474. 98	117 474. 98	117 474. 98
其他综合收益	50 400. 00	50 400. 00	59 698. 62	59 698. 62
盈余公积	124 426. 44	124 426. 44	104 618. 61	104 618. 61
一般风险准备	94 333. 27	94 333. 27	84 089. 27	84 089. 27
未分配利润	539 803. 69	539 803. 69	449 367. 27	449 367. 27
所有者权益合计	1 392 165. 09	1 392 165. 09	1 280 975. 46	1 280 975. 46
负债和所有者权益总计	1 659 708. 99	1 646 080. 14	1 667 041. 92	1 650 718. 15

公司法定代表人：姚江涛　主管会计工作公司负责人：周祺　会计机构负责人：刘燕

5. 1. 3　利润表

利润表

编制单位：中航信托股份有限公司　2020 年度　单位：万元

项目	2020 年度		2019 年度	
	合并	母公司	合并	母公司
一、营业总收入	376 851. 91	376 462. 14	358 357. 75	357 158. 17
利息净收入	−1 862. 95	−1 869. 58	−9 843. 85	−9 855. 36
利息收入	2 327. 94	2 321. 31	3 905. 21	3 893. 70
利息支出	4 190. 89	4 190. 89	13 749. 06	13 749. 06

续表

项目	2020 年度		2019 年度	
	合并	母公司	合并	母公司
手续费及佣金净收入	382 603. 45	382 603. 45	358 565. 40	358 565. 40
手续费及佣金收入	382 856. 35	382 856. 35	358 912. 36	358 912. 36
手续费及佣金支出	252. 90	252. 90	346. 96	346. 96
投资收益	69 733. 94	66 485. 84	54 818. 15	54 883. 96
公允价值变动收益	−73 742. 71	−70 877. 74	−45 184. 04	−46 437. 91
汇兑收益	−2. 68	−2. 68	1. 77	1. 77
其他业务收入	121. 31	121. 31	—	—
资产处置收益	1. 54	1. 54	0. 32	0. 32
二、营业总支出	114 715. 97	114 326. 20	101 634. 61	100 493. 92
税金及附加	2 642. 95	2 642. 95	2 541. 12	2 541. 12
业务及管理费	104 795. 90	104 406. 14	98 781. 20	97 640. 50
研发费用	488. 29	488. 29	175. 31	175. 31
信用减值损失	6 767. 05	6 767. 05	136. 99	136. 99
其他资产减值损失	—	—	—	—
其他业务成本	21. 78	21. 78	—	—
三、营业利润	262 135. 94	262 135. 94	256 723. 14	256 664. 26
加：营业外收入	26. 75	26. 75	52. 44	52. 44
减：营业外支出	693. 90	693. 90	393. 35	393. 35
四、利润总额	261 468. 79	261 468. 79	256 382. 23	256 323. 35
减：所得税费用	63 390. 47	63 390. 47	62 389. 23	62 389. 23
五、净利润	198 078. 32	198 078. 32	193 993. 00	193 934. 12

公司法定代表人：姚江涛　主管会计工作公司负责人：周祺　会计机构负责人：刘燕

5. 1. 4　所有者权益变动表

所有者权益变动表（合并）

编制单位：中航信托股份有限公司　2020 年度　单位：万元

项目	2020 年度（合并）						
	股本	资本公积	其他综合收益	盈余公积	一般风险准备	未分配利润	所有者权益合计
一、上年年末余额	465 726. 71	117 474. 98	59 698. 62	104 618. 61	84 089. 27	449 367. 27	1 280 975. 46
加：会计政策变更	—	—	—	—	—	—	—
二、本年年初余额	465 726. 71	117 474. 98	59 698. 62	104 618. 61	84 089. 27	449 367. 27	1 280 975. 46
三、本年增减变动金额	—	—	−9 298. 62	19 807. 83	10 244. 00	90 436. 41	111 189. 63
（一）综合收益总额	—	—	−9 298. 62	—	—	198 078. 32	188 779. 70
（二）股东投入和减少资本	—	—	—	—	—	—	—
1. 股东投入的普通股	—	—	—	—	—	—	—
（三）利润分配	—	—	—	19 807. 83	10 244. 00	−107 641. 90	−77 590. 07
1. 提取盈余公积	—	—	—	19 807. 83	—	−19 807. 83	—
2. 提取风险准备	—	—	—	—	10 244. 00	−10 244. 00	—
3. 对股东的分配	—	—	—	—	—	−77 590. 07	−77 590. 07
4. 其他	—	—	—	—	—	—	—
（四）股东权益内部结转	—	—	—	—	—	—	—
1. 资本公积转增股本	—	—	—	—	—	—	—
四、本年末余额	465 726. 71	117 474. 98	50 400. 00	124 426. 44	94 333. 27	539 803. 69	1 392 165. 09

公司法定代表人：姚江涛　主管会计工作公司负责人：周祺　会计机构负责人：刘燕

所有者权益变动表（合并）（续）

编制单位：中航信托股份有限公司　2020 年度　单位：万元

项目	2019 年度（合并）						
	股本	资本公积	其他综合收益	盈余公积	一般风险准备	未分配利润	所有者权益合计
一、本年年初余额	465 726. 71	117 474. 98	57 409. 40	84 529. 38	66 462. 18	387 787. 79	1 179 390. 44
加：会计政策变更	—	—	−7 291. 14	695. 81	347. 91	6 091. 08	−156. 34
二、本年年初余额	465 726. 71	117 474. 98	50 118. 26	85 225. 20	66 810. 09	393 878. 87	1 179 234. 10

续表

项目	2019 年度(合并)						
	股本	资本公积	其他综合收益	盈余公积	一般风险准备	未分配利润	所有者权益合计
三、本年增减变动金额	—	—	9 580. 36	19 393. 41	17 279. 18	55 488. 40	101 741. 35
(一)综合收益总额	—	—	9 580. 36	—	—	193 993. 00	203 573. 36
(二)股东投入和减少资本	—	—	—	—	—	—	—
1. 股东投入的普通股	—	—	—	—	—	—	—
(三)利润分配	—	—	—	19 393. 41	17 279. 18	-138 504. 60	-101 832. 00
1. 提取盈余公积	—	—	—	19 393. 41	—	-19 393. 41	—
2. 提取风险准备	—	—	—	—	17 279. 18	-17 279. 18	—
3. 对股东的分配	—	—	—	—	—	-101 832. 00	-101 832. 00
4. 其他	—	—	—	—	—	—	—
(四)股东权益内部结转	—	—	—	—	—	—	—
1. 资本公积转增股本	—	—	—	—	—	—	—
四、本年末余额	465 726. 71	117 474. 98	59 698. 62	104 618. 61	84 089. 27	449 367. 27	1 280 975. 46

公司法定代表人：姚江涛　　主管会计工作公司负责人：周祺　　会计机构负责人：刘燕

所有者权益变动表（母公司）

编制单位：中航信托股份有限公司　　2020 年度　　单位：万元

项目	2020 年度(母公司)						
	股本	资本公积	其他综合收益	盈余公积	一般风险准备	未分配利润	所有者权益合计
一、上年年末余额	465 726. 71	117 474. 98	59 698. 62	104 618. 61	84 089. 27	449 367. 27	1 280 975. 46
加：会计政策变更	—	—	—	—	—	—	—
二、本年年初余额	465 726. 71	117 474. 98	59 698. 62	104 618. 61	84 089. 27	449 367. 27	1 280 975. 46
三、本年增减变动金额	—	—	-9 298. 62	19 807. 83	10 244. 00	90 436. 41	111 189. 63
(一)综合收益总额	—	—	-9 298. 62	—	—	198 078. 32	188 779. 70
(二)股东投入和减少资本	—	—	—	—	—	—	—
1. 股东投入的普通股	—	—	—	—	—	—	—
(三)利润分配	—	—	—	19 807. 83	10 244. 00	-107 641. 90	-77 590. 07
1. 提取盈余公积	—	—	—	19 807. 83	—	-19 807. 83	—
2. 提取风险准备	—	—	—	—	10 244. 00	-10 244. 00	—
3. 对股东的分配	—	—	—	—	—	-77 590. 07	-77 590. 07
4. 其他	—	—	—	—	—	—	—
(四)股东权益内部结转	—	—	—	—	—	—	—
1. 资本公积转增股本	—	—	—	—	—	—	—
四、本年末余额	465 726. 71	117 474. 98	50 400. 00	124 426. 44	94 333. 27	539 803. 69	1 392 165. 09

法定代表人：姚江涛　　主管会计工作的负责人：周祺　　会计机构负责人：刘燕

所有者权益变动表（母公司）（续）

编制单位：中航信托股份有限公司　　2020 年度　　单位：万元

项目	2019 年度(母公司)						
	股本	资本公积	其他综合收益	盈余公积	一般风险准备	未分配利润	股东权益合计
一、本年年初余额	465 726. 71	117 474. 98	57 232. 74	84 529. 38	66 462. 18	388 023. 33	1 179 449. 32
加：会计政策变更	—	—	-7 114. 48	695. 81	347. 91	5 914. 43	-156. 33
二、本年年初余额	465 726. 71	117 474. 98	50 118. 26	85 225. 20	66 810. 09	393 937. 76	1 179 292. 99
三、本年增减变动金额	—	—	9 580. 36	19 393. 41	17 279. 18	55 429. 52	101 682. 47
(一)综合收益总额	—	—	9 580. 36	—	—	193 934. 12	203 514. 48
(二)股东投入和减少资本	—	—	—	—	—	—	—
1. 股东投入的普通股	—	—	—	—	—	—	—
(三)利润分配	—	—	—	19 393. 41	17 279. 18	-138 504. 60	-101 832. 01
1. 提取盈余公积	—	—	—	19 393. 41	—	-19 393. 41	—
2. 提取风险准备	—	—	—	—	17 279. 18	-17 279. 18	—
3. 对股东的分配	—	—	—	—	—	-101 832. 00	-101 832. 00
4. 其他	—	—	—	—	—	—	—
(四)股东权益内部结转	—	—	—	—	—	—	—
1. 资本公积转增股本	—	—	—	—	—	—	—
四、本年末余额	465 726. 71	117 474. 98	59 698. 62	104 618. 61	84 089. 27	449 367. 27	1 280 975. 46

法定代表人：姚江涛　　主管会计工作的负责人：周祺　　会计机构负责人：刘燕

5.2 信托资产

5.2.1 信托项目资产负债表

信托项目资产负债表

编制单位:中航信托股份有限公司　　2020年12月31日　　单位:万元

信托资产	2020年12月31日	信托负债和信托权益	2020年12月31日
信托资产:	—	信托负债:	—
货币资金	1 282 628.27	交易性金融负债	—
拆出资金	—	衍生金融负债	—
存出保证金	—	应付受托人报酬	18 882.21
交易性金融资产	2 247 184.09	应付托管费	1 117.44
衍生金融资产	—	应付受益人收益	8 962.27
买入返售金融资产	2 174 298.97	应交税费	31 575.08
应收款项	749 818.41	应付销售服务费	30 076.62
发放贷款	20 649 983.89	其他应付款项	1 032 030.19
可供出售金融资产	19 171 478.90	预计负债	—
持有至到期投资	2 081 642.61	其他负债	187.10
长期应收款	352 249.91		—
长期股权投资	10 825 168.72	信托负债合计	1 122 830.91
投资性房地产	—		—
固定资产	—	信托权益:	—
无形资产	—	实收信托	65 079 579.23
长期待摊费用	1 638.81	资本公积	120 017.15
其他资产	7 116 923.99	未分配利润	330 589.28
减:各项资产减值准备	—	信托权益合计	65 530 185.66
信托资产总计	66 653 016.57	信托负债及信托权益总计	66 653 016.57

注:实收信托合计金额是信托本金累计给付额。

5.2.2 信托项目利润及利润分配表

信托项目利润及利润分配表

编制单位:中航信托股份有限公司　　2020年度　　单位:万元

项目	2020年度
1. 营业收入	5 062 488.82
1.1 利息收入	2 658 105.03
1.2 投资收益(损失以"-"号填列)	2 301 552.06
1.2.1 其中:对联营企业和合营企业的投资收益	—
1.3 公允价值变动收益(损失以"-"号填列)	-4 862.73
1.4 租赁收入	—
1.5 汇兑损益(损失以"-"号填列)	—
1.6 其他收入	107 694.47
2. 支出	585 525.62
2.1 营业税金及附加	13 601.63
2.2 受托人报酬	295 761.52
2.3 托管费	19 294.34
2.4 投资管理费	1 799.50
2.5 销售服务费	85 664.71
2.6 交易费用	423.954886
2.7 资产减值损失	5 390.69
2.8 其他费用	163 589.27
3. 信托净利润(净亏损以"-"号填列)	4 476 963.20
4. 其他综合收益	-93 533.97
5. 综合收益	4 383 429.23

续表

项目	2020年度
6. 加:期初未分配信托利润	327 975.22
7. 可供分配的信托利润	4 711 404.45
8. 减:本期已分配信托利润	4 380 815.17
9. 期末未分配信托利润	330 589.28

6. 会计报表附注

6.1 自营资产经营情况

6.1.1 信用风险资产五级分类情况

信用资产五级分类	正常类(万元)	关注类(万元)	次级类(万元)	可疑类(万元)	损失类(万元)	信用风险资产合计(万元)	不良资产合计(万元)	不良资产率(%)
期初数	1 331 447.17	273 061.92	16 328.00	—	—	1 620 837.09	16 328.00	1.01
期末数	1 458 669.70	170 433.66	12 142.00	—	—	1 641 245.36	12 142.00	0.74

注:不良资产合计=次级类+可疑类+损失类。

6.1.2 资产减值准备情况

单位:万元

项目	期初数	本期计提	本期转回	本期核销	期末数
贷款损失准备	637.50	662.50	—	950.00	350.00
一般准备	637.50	662.50	—	950.00	350.00
专项准备	—	—	—	—	—
其他资产减值准备	2 959.02	6 104.55	—	—	9 063.57
持有至到期投资减值准备	—	—	—	—	—
长期股权投资减值准备	—	—	—	—	—
坏账准备	2 959.02	6 104.55	—	—	9 063.57
投资性房地产减值准备	—	—	—	—	—

6.1.3 固有股票投资、基金投资、债券投资、长期投资等投资情况

单位:万元

项目	自营股票	基金	债券	长期投资	其他投资	合计
期初数	—	—	—	328 582.22	1 060 642.57	1 389 224.79
期末数	—	—	1 000.00	317 398.94	984 557.45	1 302 956.39

6.1.4 长期投资的前五名

企业名称	占被投资企业权益的比例(%)	主要经营活动	投资收益(万元)
中国信托业保障基金有限责任公司	8.70	保障基金管理	5 500.00
天风证券股份有限公司	3.00	证券服务	120.00
南昌农村商业银行股份有限公司	4.42	银行服务	1 364.16
新余农村商业银行股份有限公司	4.42	银行服务	693.13
中国信托登记有限责任公司	3.33	信托登记	—

6.1.5 固有贷款项目

企业名称	占贷款总额的比例(%)	还款情况
爱康健康科技集团有限公司	71.43	正常
湖南棕榈浔龙河生态城镇发展有限公司	28.57	正常

6.1.6 表外业务的期初数、期末数

报告期内，本公司未开展除信托业务以外的表外业务及担保、代理等其他业务。

6.1.7 公司当年的收入结构

收入结构	合并		母公司	
	金额（万元）	占比（%）	金额（万元）	占比（%）
手续费及佣金收入	382 856.35	100.41	382 856.35	100.51
其中：信托手续费收入	382 856.35	100.41	382 856.35	100.51
投资银行业务收入	—	—	—	—
利息收入	2 327.94	0.61	2 321.31	0.61
其他业务收入	121.31	0.03	121.31	0.03
投资收益	69 733.94	18.29	66 485.84	17.45
其中：股权投资收益	9 122.36	2.39	9 122.36	2.39
证券投资收益	3 560.89	0.94	3 560.89	0.93
其他投资收益	57 050.69	14.96	53 802.59	14.13
公允价值变动收益	-73 742.71	-19.34	-70 877.74	-18.60
汇兑收益	-2.68	—	-2.68	—
资产处置收益	1.54	—	1.54	—
收入合计	381 295.69	100.00	380 905.93	100.00

6.2 披露信托资产管理情况

6.2.1 信托资产的期初数、期末数对比分析

信托资产	2020 年 12 月 31 日	2019 年 12 月 31 日	增减变动额（万元）	增减幅度（%）
集合	47 110 320.61	44 371 336.73	2 738 983.88	6.17
单一	15 276 538.70	20 591 127.36	-5 314 588.66	-25.81
财产权	4 266 157.26	1 616 728.76	2 649 428.50	163.88
合　计	66 653 016.57	66 579 192.85	73 823.72	0.11

6.2.1.1 主动管理型信托业务的信托资产期初数、期末数对比分析

主动管理型信托资产	2020 年 12 月 31 日	2019 年 12 月 31 日	增减变动额（万元）	增减幅度（%）
投资类	37 874 623.04	27 028 821.77	10 845 801.27	40.13
融资类	16 219 460.19	19 859 161.28	-3 639 701.09	-18.33
事务管理类	—	—	—	—
合　计	54 094 083.23	46 887 983.05	7 206 100.18	15.37

6.2.1.2 被动管理型信托业务的信托资产期初数、期末数对比分析

被动管理型信托资产	2020 年 12 月 31 日	2019 年 12 月 31 日	增减变动额（万元）	增减幅度（%）
投资类	—	—	—	—
融资类	—	—	—	—
事务管理类	12 558 933.34	19 691 209.80	-7 132 276.46	-36.22
合　计	12 558 933.34	19 691 209.80	-7 132 276.46	-36.22

6.2.2 本年已清算结束的信托项目情况

6.2.2.1 本年度已清算结束的集合类、单一类资金信托项目和财产管理类信托项目情况

已清算结束的信托项目	项目个数（个）	实收信托合计金额（万元）	加权平均实际年化收益率（%）
集合	247	14 481 688.42	6.86
单一	273	7 828 610.05	6.57
财产权	20	1 502 726.94	5.58

6.2.2.2 本年度已清算结束的主动管理型信托项目情况

已清算结束的信托项目	项目个数（个）	实收信托合计金额（万元）	加权平均实际年化报酬率（%）	加权平均实际年化收益率（%）
投资类	158	5 677 266.63	0.55	6.72
融资类	149	7 847 273.00	1.3	7.57
事务管理类	—	—	—	—

6.2.2.3 本年度已清算结束的被动管理型信托项目情况

已清算结束的信托项目	项目个数（个）	实收信托合计金额（万元）	加权平均实际年化报酬率（%）	加权平均实际年化收益率（%）
投资类	—	—	—	—
融资类	—	—	—	—
事务管理类	233	10 288 485.78	0.19	5.98

6.2.3 本年度新增的集合类、单一类资金信托项目和财产管理类信托项目情况

新增信托项目	项目个数（个）	实收信托合计金额（万元）
集合	391	12 [illegible]312.49
单一	356	2 295 661.61
财产权	56	3 325 676.69
合计	803	18 383 650.79
其中：主动管理型	602	17 576 926.63
被动管理型	201	806 724.16

6.2.4 信托业务创新成果和特色业务有关情况

近年来，中航信托持续推动业务转型与创新。报告期内，公司认真研究“十四五”期间的环境变化、行业趋势、监管政策，积极部署业务转型升级，主动加强业务模式创新、产品创新、服务创新，大力推动另类投资、资产管理、财富管理与服务信托业务发展。报告期内，公司在供应链金融、标品信托、服务信托、家族信托、绿色信托、金融科技等领域快速布局，取得了多项成果。公司积极开拓以票据为结算工具开展供应链金融业务，研究制定《票据支持资产投资指引 V1.0》，成为上海票据交易所会员，设立了“中小企业服务平台”，落地多单项目服务中小微企业经济发展。成立城市更新业务部，专注服务传统住宅开发项目之外的不动产业务细分领域。在绿色信托方面，积极服务绿色企业的不同成长阶段，开拓“碳中和”研究和业务，设立碳信托产品。资产管理业务年内规模突破 1000 亿元，固收类、权益类及现金管理类产品运行良好，净值型产品稳步增长。家族信托业务全面打开同业渠道，依托“鲲鹏管家”专业化的科技运营平台，成功推出保险金信托、股权信托、不动产信托、养老支付信托，专业化配置能力提升，建立了金融同业内的家族信托良好口碑。财富管理业务继续构建以账户信托为载体的服务

体系，落地首单股权服务信托、企业账户服务信托、鲲瓴养老信托等。

6.2.5　本公司履行受托人义务情况及因公司自身责任而导致的信托资产损失情况

报告期内，未发生因公司自身责任导致信托资产损失及赔付等情况。

6.2.6　信托赔偿准备的提取、使用和管理情况

公司从2020年税后利润中提取5%的信托赔偿准备金9 903.92万元，累计提取62 213.22万元。报告期内，公司未使用信托赔偿准备金。

6.3　关联方及其交易的披露

6.3.1　关联交易方的数量、关联交易的总金额及关联交易的定价原则等

固有业务关联方情况

项目	关联交易方数量(个)	关联交易金额(万元)	定价政策
合计	10	3 379.20	按市场价格交易，或按公允原则，以不优于对非关联方同类交易的条件定价

信托业务关联方情况

项目	关联交易方数量(个)	关联交易金额(万元)	定价政策
合计	4	155 114.86	按市场价格交易，或按公允原则，以不优于对非关联方同类交易的条件定价

6.3.2　公司与关联方的重大交易事项

6.3.2.1　固有财产与关联方

单位：万元

项目	期初数	借方发生额	贷方发生额	期末数
贷款	—	—	—	—
投资	—	—	—	—
租赁	—	2 470.54	2 470.54	—
担保	—	—	—	—
其他应收款	—	—	—	—
其他	—	908.66	908.66	—
合计	—	3 379.20	3 379.20	—

注：固有财产与关联方关联交易主要是咨询费和业务收入。

6.3.2.2　信托与关联方交易情况

单位：万元

项目	期初数	借方发生额	贷方发生额	期末数
贷款	298 456.00	44 800.00	245 924.64	97 331.36
投资	43 290.25	—	43 290.25	—
租赁	—	—	—	—
担保	—	—	—	—
其他应收款		—	—	
其他	68 009.84	—	10 226.34	57 783.50
合计	409 756.09	44 800.00	299 441.23	155 114.86

6.3.2.3　固有财产和信托财产之间的交易金额期初汇总数、本期发生额汇总数、期末汇总数

单位：万元

固有财产与信托财产相互交易			
项目	期初数	本期发生额	期末数
合计	1 056 960.65	-173 411.92	883 548.73

6.3.3　关联方逾期未偿还本公司资金的详细情况及本公司为关联方担保发生或即将发生垫款的情况

报告期内，本公司无关联方逾期未偿还本公司资金的情况，没有为关联方提供担保。

6.4　会计制度的披露

公司固有业务、信托业务均按照财政部于2006年2月15日及以后期间颁布的《企业会计准则——基本准则》、各项具体会计准则及相关规定编制。

7. 财务情况说明书

7.1　利润实现和分配情况

公司2020年初未分配利润为449 367.27万元，2020年实现净利润198 078.32万元，计提法定盈余公积金19 807.83万元，计提信托赔偿准备9 903.92万元，计提一般准备340.08万元，分配现金股利77 590.07万元。截至2020年12月31日，公司未分配利润为539 803.69万元。

7.2　主要财务指标

指标名称	合并	母公司	计算公式
净资产收益率(%)	14.82	14.82	净利润/所有者权益平均数×100%
信托报酬率(%)	0.66		[∑项目合同总收入(信托报酬+财务顾问收入)/信托项目总月份×12]/信托资产总规模
人均利润(万元)	579.75	579.75	利润总额/年平均人数

8. 特别事项揭示

8.1　前五大股东变动情况及原因

无。

8.2　董事、监事及高级管理人员变动情况及原因

8.2.1　董事、监事变动情况及原因

2020年12月8日，因个人工作安排原因，杨涛不再担任公司独立董事、董事会薪酬与考核委员会主任委及金融科技委员会主任委员。

2020年4月27日，因工作安排原因，王旺松不再担任公司监事、监事会主席，增补刘明志担任公司监事；4月28日，经监事会选举，刘明志担任公司监事会主席。

2020年11月27日，经股东大会选举产生，邓剑锋担任公司外部监事。经职工代表大会选举产生，陈君枫担任公司职工监事。

8.2.2 高级管理人员变动情况及原因

2020 年 6 月 15 日，经公司董事会审议通过，监管部门核准，张瑰正式履职公司副总经理。

8.3 变更注册资本、住所或公司名称、公司分立合并事项

2020 年 1 月 9 日，根据《江西银保监局关于中航信托股份有限公司变更公司住所的批复》（赣银保监复〔2020〕2 号）及江西省市场监督管理局核准，公司住所变更为江西省南昌市红谷滩新区会展路 1009 号航信大厦。

8.4 公司的重大诉讼事项

无。

8.5 公司及其董事、监事和高级管理人员受到处罚情况

2020 年 2 月，公司收到江西银保监局《行政处罚决定书》（赣银保监罚决字〔2020〕13 号），对公司未按规定报送案件信息行为处以 30 万元罚款及相关责任人警告的行政处罚。

8.6 对中国银保监会及其派出机构对公司检查后提出的整改意见简要说明整改情况

报告期内，公司高度重视并认真落实监管部门的监管意见要求，及时向江西银保监局报告了公司开展乱象整“治回头看”、“资管新规”整改、非标资金池清理、“两压一降”、房地产信托业务规模管控、股权及关联交易整治‘回头看’等多个方面的工作措施及成效；有效开展江西银保监局风险管理及内控有效性现场检查发现问题的整改，基本完成整改到位，切实提升了业务发展质量，增强了风险防控能力。

8.7 中国银保监会及其省级派出机构认定的其他有必要让客户及相关利益人了解的重要信息

无。

8.8 报告期内重大事项临时报告

2020 年 1 月 10 日，公司在《证券时报》B0C 版刊登《关于变更住所的公告》。

2020 年 8 月 26 日，公司在《证券时报》B0C 版刊登《关于变更公司章程的公告》。

9. 公司监事会意见

本报告期内，公司依法运作，决策程序，内部控制较为完善。2020 年度报告中披露的财务信息真实、准确地反映了公司的财务状况和经营成果。

中建投信托股份有限公司

1. 重要提示

1.1 本公司董事会及董事保证本报告所载资料不存在任何虚假记载、误导性陈述或者重大遗漏，并对其内容的真实性、准确性和完整性承担个别及连带责任。

1.2 独立董事钱毅、严宁声明：保证本年度报告的内容真实、完整、准确。

1.3 董事长刘功胜、总经理谭硕、主管会计工作负责人张昳及财务部负责人周志祥声明：保证本年度报告中财务会计报告的真实、完整、准确。

2. 公司概况

2.1 公司简介

中建投信托股份有限公司的前身是浙江省国际信托投资公司。浙江省国际信托投资公司创建于1979年8月，1983年12月经中国人民银行批准成为非银行金融机构，是国内最早经营信托投资业务的公司之一。2002年6月，公司更名为浙江省国际信托投资有限责任公司，成为浙江省首家获准重新登记的信托公司。

2007年3月，中国建银投资有限责任公司收购浙江省国际信托投资有限责任公司原股东持有的全部股权。2007年11月，经中国银监会批准，浙江省国际信托投资有限责任公司更名为中投信托有限责任公司，注册资本为5亿元。2010年1月，公司股东中国建银投资有限责任公司对公司增资，公司注册资本增至15亿元。2013年6月，经中国银行业监督管理委员会浙江监管局批复同意，公司更名为中建投信托有限责任公司。2013年10月，经中国银行业监督管理委员会浙江监管局批复同意，公司英文名称更名为JIC Trust Co., Ltd.，英文名称简称更名为JIC Trust。

2013年12月，经中国银行业监督管理委员会浙江监管局批复同意，公司注册资本增至16.6574亿元。其中，中国建银投资有限责任公司出资金额为15亿元，持有公司90.05%的股权；建投控股有限责任公司出资金额为1.6574亿元，持有公司9.95%的股权。2014年1月，公司在浙江省工商行政管理局完成工商登记变更手续，领取新的营业执照。2014年12月，经中国银行业监督管理委员会浙江监管局批复同意，公司住所变更为浙江省杭州市教工路18号世贸丽晶城欧美中心1号楼(A座)18—19层C区、D区及1层C区103室、105室。

2018年4月，经中国银行业监督管理委员会浙江监管局批复同意，公司更名为中建投信托股份有限公司，注册资本增至50亿元。增资后，各股东持股比例保持不变。公司住所变更为杭州市教工路18号世贸丽晶城欧美中心1号楼(A座)18—19层C区、D区。2018年5月，公司在浙江省工商行政管理局完成工商登记变更手续，领取新的营业执照。

中文名称	中建投信托股份有限公司
英文名称	JIC Trust Co., Ltd.
英文名称简称	JIC Trust
法定代表人	刘功胜
注册地址	杭州市教工路18号世贸丽晶城欧美中心1号楼(A座)18—19层C区、D区
邮政编码	310012
国际互联网网址	http://www.jictrust.cn/
电子信箱	gs_zh@jictrust.cn
负责信息披露的高管	谭硕
负责信息披露联系人	陆琴琴
联系电话	0571-89891501
传真	0571-89891517
电子信箱	luqinqin@jictrust.cn
公司信息披露报纸名称	《上海证券报》
年度报告备置地点	中建投信托股份有限公司综合办公室
聘请的会计师事务所及住所	安永华明会计师事务所(特殊普通合伙) 住所：北京市东城区东长安街1号东方广场安永大楼16层
聘请的律师事务所及住所	浙江天册律师事务所 住所：浙江省杭州市杭大路1号黄龙世纪广场A座11楼

2.2 组织结构

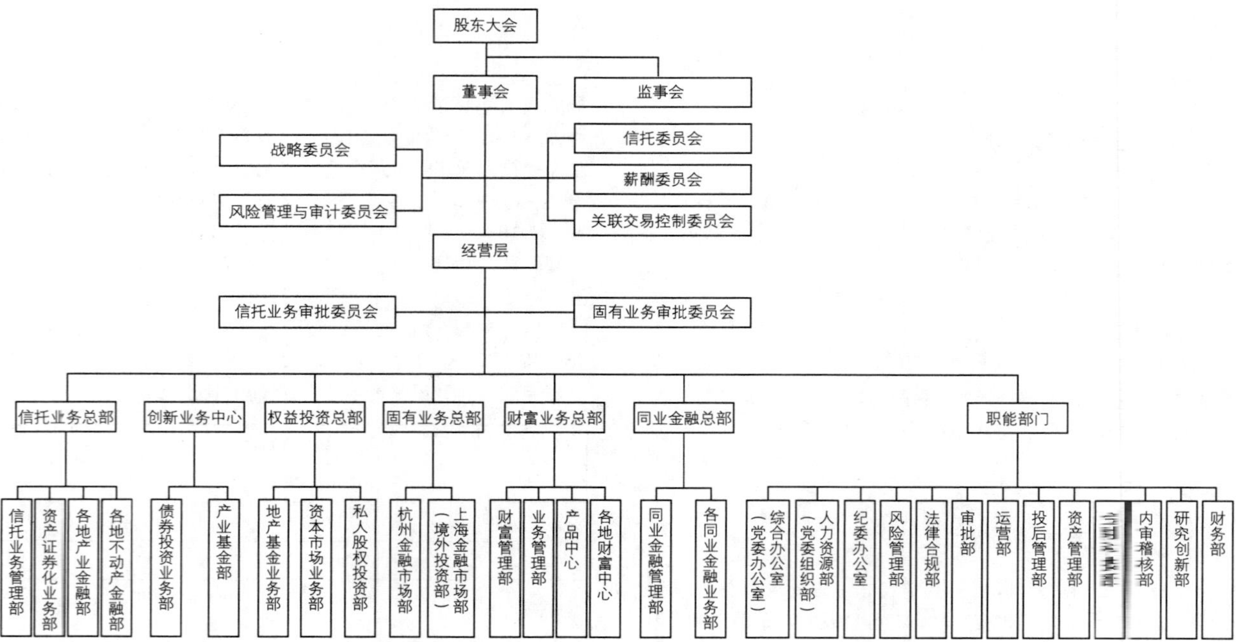

3. 公司治理

3.1 股东

报告期末，公司股东数为 2 家。

股东名称	持股比例(%)	法人代表	注册资本(万元)	注册地址	主要经营业务及主要财务情况
★中国建银投资有限责任公司	90.05	董 轼	2 069 225	北京市西城区闹市口大街 1 号院 2 号楼 7—14 层	投资与投资管理；资产管理与处置；企业管理；房地产租赁；咨询。2020 年，中国建[illegible]合并营业收入 171.85 亿元，归属于母公司净利润为 58.7 亿元。
建投控股有限责任公司	9.95	万建发	200 000	北京市西城区宣武门外大街 8 号楼 3 层 301－2330	项目投资；投资管理；酒店管理；房地产开发；物业管理；企业管理咨询；设备租赁。[illegible]年，建投控股实现合并营业收入 14.09 亿元，归属于母公司净利润为－1.86 亿元。

报告期末，公司控股股东中国建银投资有限责任公司由中央汇金投资有限责任公司 100% 控股，实际控制人、最终受益人均为中国投资有限责任公司；公司股东建投控股有限责任公司是中国建银投资有限责任公司的控股子公司，实际控制人、最终受益人均为中国建银投资有限责任公司。

报告期末，中国建银投资有限责任公司关联方①如下：

关联方	类型
中央汇金投资有限责任公司	母公司
建投投资有限责任公司	主要子公司
建投嘉昱（上海）投资有限公司	
中建投信托股份有限公司	
中建投租赁股份有限公司	
建投控股有限责任公司	
建投华文投资有限责任公司	

续表

关联方	类型
建投华科投资股份有限公司	主要子公司
国泰基金管理有限公司	
中国投资咨询有限责任公司	
中国建投（香港）有限公司	
中投财富辛卯（天津）创业投资合伙企业（有限合伙）	
江苏中比欧洲科创产业基金（有限合伙）	
JIC Firmiana S. A. S	

① 根据股东 2020 年审计报告整理，以下同。

续表

关联方	类型
申万宏源集团股份有限公司	合营及联营企业
上海银行股份有限公司	
西南证券股份有限公司	
安徽江淮汽车集团股份有限公司	
Nature's Care Holdings Fty Limited	
Bright Food Global Distribution Company Limited	
中安网脉(北京)技术股份有限公司	
南京莱斯信息技术股份有限公司	
江苏龙蟠科技股份有限公司	
瑞能半导体科技股份有限公司	
北京时代凌宇科技股份有限公司	
西安向阳航天材料股份有限公司	
新星出版社有限责任公司	
中粮(北京)农业产业股权投资基金(有限合伙)	
建银国际医疗产业股权投资有限公司	
Bright Food (Spain) Holding Co., Limited	
中央汇金旗下公司	与本公司同受一母公司控制或重大影响的其他企业

报告期末,建投控股有限责任公司关联方如下:

关联方	类型
中国建银投资有限责任公司	母公司
建投华科投资股份有限公司	本公司股东
厦门建投建业资产管理有限公司	主要子公司
天津市金银泰物业管理服务中心	
青海建银宾馆业有限公司	

续表

关联方	类型
武汉建银房地产开发有限责任公司	主要子公司
常州市建投经济发展有限公司	
北京金虹达航空机票代售中心	
建投嘉昱置地股份有限公司	
建投嘉昱实业投资发展股份有限公司	
建投嘉昱置业股份有限公司	
建投嘉浩(天津)股权投资基金管理有限责任公司	
建银饭店有限责任公司	
建投享老有限责任公司	
常州市建投经济发展有限公司	
上海嘉投长健医院管理有限公司	
青海建投金融服务有限公司	
陕西建苑大厦	
无锡嘉昱酒店	
中建投信托股份有限公司	受同一控制的关联方
中国建设银行股份有限公司	
中建投租赁股份有限公司	
建投投资有限责任公司	
北京建投科信科技发展股份有限公司	
中建投融资租赁(上海)有限责任公司	
建投嘉昱(上海)投资有限公司	
中国投资咨询有限责任公司	
西安建投科技产业发展有限公司	
建投数据科技股份有限公司	
建投华科投资股份有限公司	

报告期内,公司股东均未在公司股权设置任何抵质押或其他第三方权益。

3.2 董事、董事会及其专门委员会

董事长、董事

姓名	职务	性别	年龄(岁)	选任日期	所推举的股东名称	该股东持股比例(%)	简要履历
王文津	董事长	男	52	2017年12月至2020年8月	中国建银投资有限责任公司	90.05	曾任职于中国建设银行、中国建银投资有限责任公司、宏源证券股份有限公司、中建投咨询有限责任公司、建投控股有限责任公司;2017年12月至2020年8月,任中建投信托股份有限公司党委书记、董事长。
刘功胜	董事长	男	53	2020年8月	中国建银投资有限责任公司	90.05	曾任职于中国建银投资有限责任公司、建投控股有限责任公司、中投科信科技股份有限公司、中国投资咨询有限责任公司;现任中建投信托股份有限公司党委书记、董事长。
谭　硕	董事	男	49	2018年8月	中国建银投资有限责任公司	90.05	曾任职于中国建设银行等;现任中建投信托股份有限公司党委委员、董事、总经理。
王勇华	董事	男	41	2017年12月	中国建银投资有限责任公司	90.05	曾任职于中国出口信用保险公司、中国建银投资有限责任公司、中投科信科技股份有限公司;现任中建投信托股份有限公司董事。
李　昇	董事	男	47	2019年9月	中国建银投资有限责任公司	90.05	曾任职于中国建设银行;现任中国建银投资有限责任公司财务资金部副总经理、金融市场投资部总经理,中建投信托股份有限公司董事。
张亚平	董事	女	54	2017年12月至2020年6月	建投控股有限责任公司	9.95	曾任职于中国建设银行、中国建银投资有限责任公司、建投控股有限责任公司;2017年12月至2020年6月,任中建投信托股份有限公司董事。
刘　原	董事	男	46	2020年9月	建投控股有限责任公司	9.95	曾任职于永恒商贸(悉尼)公司、北京普华永道中天会计师事务所、中国建银投资有限责任公司;现任建投控股有限责任公司党委委员、副总经理,中建投信托股份有限公司董事。

独立董事

姓名	职务	性别	年龄（岁）	选任日期	所推举的股东名称	该股东持股比例（%）	简要履历
袁志刚	独立董事	男	62	2017 年 12 月至 2020 年 12 月	中国建银投资有限责任公司	90.05	曾任职于复旦大学，2017 年 12 月至 2020 年 [illegible]，任中建投信托股份有限公司独立董事。
钱　毅	独立董事	男	64	2017 年 12 月	中国建银投资有限责任公司	90.05	曾任职于湖北财经学院、中南政法学院、中国[illegible]行；现任中建投信托股份有限公司独立董事。
严　宁	独立董事	男	63	2017 年 12 月	中国建银投资有限责任公司	90.05	曾任职于中国银行、中国农村信托投资公司、[illegible]资银行、国家开发银行、中信银行等；现任中建投信托股份[illegible]司独立董事。

注：因任期届满，袁志刚先生于 2021 年 1 月起不再担任公司独立董事。

职工董事

姓名	职务	性别	年龄（岁）	选任日期	所推举的股东名称	该股东持股比例（%）	简要履历
陈　枫	职工董事	女	38	2017 年 12 月	—	—	曾任职于中国银行、上海国际信托有限公司；现任中建投信托股[illegible]公司风险管理部总经理，职工董事。

董事会专门委员会

<table>
<tr><th>董事会下属委员会名称</th><th>职责</th><th>组成人员姓名</th><th>职务</th></tr>
<tr><td rowspan="5">战略委员会</td><td rowspan="5">1. 研究国家经济金融政策变化和行业发展趋势等对公司经营、业务发展等的影响。
2. 组织拟订公司发展规划，对公司年度经营计划提出建议。
3. 组织评估公司发展规划执行情况。
4. 组织拟订公司数据治理战略规划，评估规划执行情况，对数据治理相关的重大事项提出建议。
5. 董事会授权的其他事宜。</td><td>刘功胜</td><td>主任委员</td></tr>
<tr><td>谭　硕</td><td>委员</td></tr>
<tr><td>王勇华</td><td>委员</td></tr>
<tr><td>刘　原</td><td>委员</td></tr>
<tr><td>钱　毅</td><td>委员</td></tr>
<tr><td rowspan="5">信托委员会</td><td rowspan="5">1. 审议公司信托业务发展规划，提出意见和建议。
2. 对公司依法履行受托人职责情况进行督促，提出改进意见和建议。
3. 当公司或公司股东利益与受益人利益的冲突时，确保优先保障受益人利益。
4. 董事会授权的其他职责。</td><td>严　宁</td><td>主任委员</td></tr>
<tr><td>谭　硕</td><td>委员</td></tr>
<tr><td>李　昇</td><td>委员</td></tr>
<tr><td>钱　毅</td><td>委员</td></tr>
<tr><td>陈　枫</td><td>委员</td></tr>
<tr><td rowspan="3">风险管理
与审计委员会</td><td rowspan="3">1. 根据公司发展战略，制订、审核公司风险管理工作规划，评价公司战略目标和经营计划所涉及的风险因素，并向董事会提出建议。
2. 定期审核、评议公司风险管理政策，促进风险管理政策的合法合规和及时有效。
3. 从风险控制角度，监督公司各项规章制度的执行情况，并对公司重大经营决策进行风险监测和评价。
4. 审阅公司风险管理工作报告，对风险管理工作提出改善意见和建议。
5. 审核、批准公司的风险控制流程与风险计量模型和方法的监测、调整等相关工作。
6. 监督公司合规管理的有效实施，了解合规政策实施情况和存在的问题，并向董事会提出建议。
7. 审阅公司年度合规管理工作计划及年度合规管理报告。
8. 审阅公司反洗钱工作年度报告和反洗钱基本制度，了解重大洗钱风险事件及处理情况，并向董事会提出洗钱风险管理建议。
9. 审核、评议公司年度审计工作规划。
10. 负责对公司内部审计制度的有效性及其执行情况进行监督。
11. 负责内部审计与外部审计之间的沟通与协调。
12. 对公司关联交易业务风险进行评估，对重大关联交易事项进行审查并提交董事会审议。
13. 提议聘请或更换外部审计机构。
14. 董事会授权的其他事宜。</td><td>钱　毅</td><td>主任委员</td></tr>
<tr><td>王勇华</td><td>委员</td></tr>
<tr><td>严　宁</td><td>委员</td></tr>
<tr><td rowspan="4">薪酬委员会</td><td rowspan="4">1. 研究、拟订董事及高级管理人员业绩考核办法和薪酬管理办法并提交董事会。
2. 研究并提出董事及高级管理人员的年度薪酬方案，依据公司高级经营管理人员的业绩，拟订薪酬及奖惩建议方案并提交董事会。
3. 监督董事及高级管理人员薪酬制度与奖惩制度的执行情况。
4. 董事会授权的其他事宜。</td><td>严　宁</td><td>主任委员</td></tr>
<tr><td>刘功胜</td><td>委员</td></tr>
<tr><td>李　昇</td><td>委员</td></tr>
<tr><td>刘　原</td><td>委员</td></tr>
<tr><td rowspan="4">关联交易控制委员会</td><td rowspan="4">1. 接受公司关于关联方名单及其更新的备案。
2. 审查和批准关联交易。
3. 审议批准公司经营管理层关于关联交易管理的年度报告。
4. 听取内外部审计机构关于公司关联交易的审计报告。
5. 董事会授权的其他事宜。</td><td>钱　毅</td><td>主任委员</td></tr>
<tr><td>严　宁</td><td>委员</td></tr>
<tr><td>谭　硕</td><td>委员</td></tr>
<tr><td>陈　枫</td><td>委员</td></tr>
</table>

3.3 监事、监事会

监事会成员

姓名	职务	性别	年龄（岁）	选任日期	所推举的股东名称	该股东持股比例（%）	简要履历
崔　建	监事会主席	男	55	2018 年 3 月	中国建银投资有限责任公司	90.05	曾任职于中国建设银行、中国建银投资有限责任公司；现任中建投信托股份有限公司纪委书记、监事会主席。
梁家琦	监事	男	38	2017 年 12 月	中国建银投资有限责任公司	90.05	曾任职于毕马威会计师事务所、昆吾九鼎投资管理有限公司；现任中国建银投资有限责任公司审计部审计二处处长，中建投信托股份有限公司监事。
李爱玲	监事	女	45	2017 年 12 月	建投控股有限责任公司	9.95	曾任职于山东莱芜市经济技术协作办公室、山东莱芜市招商局、中华财务咨询有限公司；现任建投控股有限责任公司财务部总经理，中建投信托股份有限公司监事。
谢　悦	职工监事	女	49	2017 年 12 月	—	—	曾任职于浙江省水利水电高等专科学校、浙江省国信集团、浙江省国际信托投资有限责任公司；现任中建投信托股份有限公司审批部总经理、职工监事。
袁　路	职工监事	男	37	2017 年 12 月	—	—	曾任职于工信部软件与集成电路促进中心、Intel（上海）技术开发有限公司；现任中建投信托股份有限公司研究创新部总经理、职工监事。

注：本届监事会未设下属委员会。

3.4 高级管理人员

姓名	职务	性别	年龄（岁）	选任日期	金融从业年限（年）	学历	专业	简要履历
谭　硕	总经理	男	49	2018 年 11 月	28	博士研究生	经济学	曾任职于中国建设银行等；现任中建投信托股份有限公司党委委员、董事、总经理。
余　海	副总经理	男	46	2013 年 3 月	21	硕士研究生	国际银行及金融学	曾任职于中信银行、平安信托；现任中建投信托股份有限公司副总经理。
张　昳	副总经理	男	49	2013 年 12 月	28	本科	金融学	曾任职于浙江省国际信托投资公司；现任中建投信托股份有限公司董事会秘书、副总经理、工会主席。
侯春枫	首席风险官	男	47	2015 年 12 月	23	硕士研究生	工商管理	曾任职于中国建设银行、金信信托等；现任中建投信托股份有限公司首席风险官。
高峻峰	总经理助理	男	44	2018 年 7 月	14	硕士研究生	工商管理	曾任职于中粮集团、平安信托等；现任中建投信托股份有限公司总经理助理。
邱旭天	总经理助理	男	41	2018 年 7 月	22	硕士研究生	金融学	曾任职于中国建设银行、招商银行、中国民生银行；现任中建投信托股份有限公司总经理助理。

3.5 公司员工

项目		报告期年度	
		人数（人）	比例（%）
年龄分布	25 岁以下	8	1.87
	25～29 岁	53	12.35
	30～39 岁	309	72.03
	40 岁以上	59	13.75
学历分布	博士	10	2.33
	硕士	219	51.05
	本科	189	44.06
	专科	10	2.33
	其他	1	0.23
岗位分布	董事、监事及高级管理人员	11	2.56
	自营业务人员	10	2.33
	信托业务人员	124	28.91
	其他人员	284	66.20

4. 经营管理

4.1 经营目标、经营方针、战略规划

4.1.1 经营目标

公司的经营目标是按照资本实力强、风控能力强、管理规范的总体目标，推动建设有质量、有特色、有品牌的资产管理平台。

公司坚守"受人之托，忠人之事"定位，积极践行金融工作三大任务，做好"六稳"工作，落实"六保"任务，提高政治站位，服务发展大局，增强风险防控能力，履行使命担当，不断提升受托服务质量和水平，坚定不移推进高质量转型发展。

4.1.2 经营方针

稳健经营。以高质量发展为中心，坚持稳健经营和质量优先，把握好稳增长与防风险的关系，保持经营发展稳健向好。

转型发展。坚守信托本源，深化受托服务，在资产管理、财富管理与服务信托等领域，拓展投资渠道，丰富资产配置，优化业务结构，履行国企担当。

文化培育。以受益人合法利益最大化为公司最高价值取向，以依法合规守信和恪守受托义务为行事准则，以服务实体经济、满足民生需要、推动社会进步为使命，树立信托文化品牌。

4.1.3 战略规划

公司以高质量发展为中心，坚持稳健经营和质量优先，牢牢守住不发生重大金融风险的底线。坚定不移地推进信托业务转型步伐，聚焦细分产业，优化业务结构，完善综合金融服务，推动建设有质量、有特色、有品牌的资产管理平台，实现做优做强。

4.2 所经营业务的主要内容

自营资产运用与分布表

资产运用	金额（万元）	占比（%）	资产分布	金额（万元）	占比（%）
货币资产	58 857.30	4.85	基础产业	3 761.85	0.31
贷款及应收款	544 885.87	44.90	房地产业	91 678.18	7.55
交易性金融资产	—	—	证券市场	332.86	0.03
可供出售金融资产	523 469.45	43.13	实业	—	—
持有至到期投资	—	—	金融机构	879 231.05	72.45
长期股权投资	7 180.40	0.59	其他	238 606.76	19.66
其他	79 217.68	6.53	—	—	—
资产总计	1 213 610.70	100.00	资产总计	1 213 610.70	100.00

信托资产运用与分布表

资产运用	金额（万元）	占比（%）	资产分布	金额（万元）	占比（%）
货币资产	188 197.49	1.25	基础产业	1 870 707.00	12.46
贷款	7 289 347.60	48.56	房地产	5 365 596.01	35.74
交易性金融资产	143 525.35	0.96	证券市场	1 159 933.12	7.73
可供出售金融资产	2 665 523.49	17.76	实业	798 663.49	5.32
持有至到期投资	1 114 471.87	7.42	金融机构	1 056 107.63	7.04
长期股权投资	640 786.24	4.27	其他	4 760 819.07	31.71
其他	2 969 974.28	19.78			
信托资产总计	15 011 826.32	100.00	信托资产总计	15 011 826.32	100.00

4.3 市场分析

4.3.1 有利因素

我国经济运行总体平稳，经济结构持续优化，经济社会发展取得新的历史性成就。当前发展仍然处于重要战略机遇期，要准确把握新发展阶段，深入贯彻新发展理念，加快构建新发展格局，推动高质量发展，开启全面建设社会主义现代化国家新征程。

金融供给侧结构性改革持续推进，财政政策提质增效、更可持续，货币政策灵活精准、合理适度，防范风险毫不松懈，重大金融风险隐患得到消除。金融法治持续强化，反垄断和防止资本无序扩张进一步强调，确保金融创新在审慎前提下进行。

“资管新规”过渡期安排稳妥推进，信托行业的监管体系、保障体系和业务分类体系日益完善，信托文化建设进一步加强。监管引导不断加强，转型业务进一步明晰。

4.3.2 不利因素

近年来，国际经济秩序格局变化，主要经济体增长速度放缓，全球治理发展滞后，叠加新冠肺炎疫情暴发蔓延的影响，全球化秩序下的产业链布局面临重构。

国内宏观经济将继续呈现内外承压局面，经济增长中枢下行，实体部门杠杆率提高，经济面临的风险压力持续存在。在此过程中，一些区域性、行业性的风险问题仍将持续暴露。

随着金融供给侧结构性改革的稳步推进，房地产等产业领域面临更严的监管，行业监管政策环境不断完善更新，信托行业在转型期发展不确定性增大。

4.4 内部控制

4.4.1 内部控制环境和内部控制文化

公司治理结构完善，建立了各项决策、执行、监督和激励约束机制，形成了股东大会、董事会、监事会、经营层各负其责、有效制衡、协调运作的公司治理体系。内部机构设置健全，前台、中台、后台各部门权责明晰，已建立风险、合规、运营、投后、审计等多部门联动的内部控制格局和风险隔离机制，有效防范各类风险。

公司高度重视企业内控文化的建设，以合规、稳健和专业化经营为基本原则，秉承“诚信为本，合规经营”的核心理念，发挥信托制度优势，提升资产管理能力和风险管理能力，积极构建资本充实、内控严密、管理规范、具有较强发展能力和竞争能力的金融信托机构。

4.4.2 内部控制措施

4.4.2.1 流程控制

公司风险管理流程分为前台业务部门、中台风控部门、后台职能支持三大模块，实行前台、中台、后台分离原则。内部控制制度覆盖公司业务全流程，前台部门按照公司各项业务受理、审查和操作规程开展业务，实现内控流程的前端落实；中台部门以公司风险偏好和业务指引为准绳，对业务进行决策和事中控制，做好项目存续期间风险的动态监控；后台部门以公司内控制度和流程管理为遵循，对各项业务和经营活动进行维护和支持，实现内控流程的后端控制。

4.4.2.2 组织控制

公司严格按照法律法规及监管要求，建立了组织架构完善、权责清晰、分工明确的内控体系。公司董事会负责内部控制的建立健全和有效实施，下设战略、信托、风险管理与审计、薪酬及关联交易控制等专门委员会，协助董事会履行职责。监事会负责对董事会建立与实施的内部控制进行监督。

2020年，公司持续优化组织架构和部门职责分工。传统信托业务管理模式从区域管理调整为条线管理，组建产业金融专业团队，新设权益投资总部及审批部门，有效地支持和推动公司经营发展。

4.4.2.3 制度控制

公司建立较为系统、完善的内控制度体系，覆盖主要业务领域及管理事项，有效保障内部管理的规范性和业务发展的合规性。根据法律法规、监管规定、内部经营管理实际等要求，推动制度体系更新迭代。修订完善多部公司治理基本规章，优化职权和运行机制；强化资产端业务制度管控精准度，重塑资金端制度体系，强化消费者权益保护；加强业务审批、案件防控、关联交易、反洗钱等重点领域制度规范，保障制度体系的规范性、完整性及有效性。截至2020年末，公司现行有效制度245部，其中当年新增36部、修订48部。

4.4.3 信息交流与反馈

4.4.3.1 完整的报告体系

公司建立有多层次、多途径的报告体系，通过划分部门和人员职责、确立清晰完整的报告线路，明确员工、部门负责人、经营层、董事会和监事会的职责范围及报告路径。

4.4.3.2 信息交流与共享平台的搭建

公司通过OA平台、综合业务系统、CRM系统、财务管理系统等电子化信息交流渠道，建立综合管理信息技术系统，实现“统一平台、信息共享、操作简便、安全高效”的管理目标，保障公司董事会和经营层及时了解和掌握公司的经营和内控情况。

4.4.3.3 外部信息共享机制

公司建立有多渠道的信息披露机制，通过官方网站、客户APP、微信公众号等发布公告或书面文件等方式，畅通与委托人、受益人及社会公众的信息沟通与交流。

4.4.3.4 监管信息沟通机制

公司通过定期报告、临时报告、事前报备、信托计划成立报告、非现场监管报告等方式，及时向监管部门报告公司相关信息，认真落实监管部门政策要求，建立良好的监管信息交流体系。

4.4.4 监督评价与纠正

4.4.4.1 外部监督与评价

公司定期接受监管部门现场检查、股东及会计师事务所的审计，通过制度建设、流程完善、风险管控等措施积极落实各项监管意见及审计建议，进一步促进公司治理水平和内控机制健全和完善。

4.4.4.2 内部监督与评价

公司持续对业务和经营管理活动进行全方位、全过程的监督与评价，严格根据事前、事中和事后经营管理环节不同的特征，规范相应的内部审批、操作和风险管理的程序，细化和完善内控制度，实施内部监督和评价工作。事前主要从制度建设、制度与流程的持续评价与完善、风险信息收集、识别与监测等方面展开，对公司内部控制进行事前规划和风险预警；事中主要包括经营管理业务的审批，风险、合规部门的业务评审，投后运营期间管控，以及业务经办部门的持续监控；事后主要通过审计监督和评价，识别经营管理及业务流程中主要风险点和薄弱环节，及时评估内部控制的有效性，有效提升公司内控管理水平。

4.5 风险管理

4.5.1 风险管理概况

公司坚持“规范经营、稳健发展”的风险合规理念，持续加强全面风险管理，建立组织架构健全、权责边界清晰的风险治理体系，构建“三层式”风险管理组织架构，并在此基础上建立风险管理“三道防线”，涵盖对主要类别风险的识别评估、监测报告、应对处置。

报告期内，公司紧紧围绕“防风险、稳发展、夯基础”的工作总目标，深入贯彻落实监管意见及股东风险管理要求，切实提高风险形势认识，持续强化合规经营意识，进一步完善风险管理体系，大力推进风险资产防范化解，牢牢守住不发生重大金融风险的底线。

4.5.1.1 公司经营活动中可能遇到的风险

公司经营活动中可能遇到的风险包括信用风险、市场风险、操作风险、法律合规风险、流动性风险、声誉风险、战略风险等。

4.5.1.2 风险管理的基本原则与政策

公司全面风险管理坚持全面性、独立性、有效性和匹配性原则，以现代化治理理念为指导，以建立完善的风险管理机制为目标，以核心业务和创新业务的风险管理为重点，持续优化管理策略，引入先进技术工具，实现风险有效控制与业务发展的协调统一。

4.5.1.3 风险管理组织结构与职责划分

公司构建科学有效、职责清晰的风险管理组织架构，建立以董事会（下设风险管理与审计委员会）、监事会、经营层、风险管理职能部门为主的自上而下三层式风险管理架构，并在此基础上构建以业务条线、风险条线、审计条线为主的风险管理“三道防线”。

风险管理与审计委员会作为董事会授权的风险管理和审计监督机构，主要负责制定、审核、评估风险合规管理政策；监督规章制度执行情况；审阅风险合规管理工作报告；审核、评议审计工作规划；监督审计制度有效性及其执行情况等。

风险管理职能部门是公司全面风险及专项风险的主要管理部门。报告期内，公司持续优化风险管理职能部门组织架构，加强风险条线管理主动性和专业化分工。

风险管理部是公司履行全面风险管理职责的牵头部门，负责组织推动各专项风险主责部门就各类风险进行识别、评估、监测、应对和处置，归口管理公司信用风险、市场风险等专项风险，拟定相关风险政策和管理程序，落实风险管理要求。

法律合规部是公司法律合规风险的主责部门，负责合规风险政策和程序的拟定、适当性评估，以及内控管理机制的评估与优化等。

审批部是公司信托和固有业务审批工作的牵头部门，负责建立审议机制、拟定审批制度，以及组织会议、审核材料、落实意见、监管报审等相关工作。

投后管理部是公司操作风险的主责部门，负责拟定项目投后管理规章制度，落实公司操作风险管理机制建设，具体实施项目投后管理工作。

运营部是公司基础运营工作的执行部门，负责落实包括面签核保、收贷收息、档案管理、信息披露、信托登记管理、征信数据报送与查询、消费者权益保护等相关工作。

资产管理部是公司特殊资产业务的归口管理部门，负责推动特殊资产的处置化解及相关管理机制的建立。

内审稽核部是公司内部审计工作的主责部门，负责对公司经营活动进行全面审计，以及对公司内控管理、风险管理的健全性和有效性进行评价及分析，并提出整改建议。

4.5.2 风险状况

2020年，国内宏观经济持续承压，新冠肺炎疫情暴发给经济复苏带来巨大冲击，金融领域监管持续加码，部分行业企业经营依旧受阻。信托行业监管主基调依旧严字当头，“两压一降”工作持续推进，对信托公司风险防范和业务转型能力提出较高要求。报告期内，公司坚决贯彻党中央关于打好防范化解重大风险攻坚战的总体部署要求，加强防范，稳健经营，牢牢守住不发生重大风险的底线。

4.5.2.1 信用风险状况

信用风险是指由于投资对象、交易对手等违约或履约能力发生不利变化而造成的公司资产价值损失的风险。报告期内，公司未发生因重大信用风险所造成的损失。

4.5.2.2 市场风险状况

市场风险是指利率、汇率、股价和商品价格等市场因素变动而导致公司资产价值损失的风险。报告期内，公司房地产类业务受市场政策调控影响基本可控，证券投资类业务项下产品业绩整体表现平稳。

4.5.2.3 操作风险状况

操作风险是指由于人为错误、流程缺陷或不利的外部事件等造成公司资产价值损失的风险。报告期内，公司未发生重大操作风险事件。

4.5.2.4 法律合规风险状况

法律合规风险是指公司或员工的经营管理行为违反有关法律、法规或监管规定而可能遭受法律制裁、监管处罚、重大财产损失或声誉损失及其他负面影响的风险。报告期内，公司未发生重大法律合规风险。

4.5.2.5 其他风险状况

除以上四种风险外，公司还可能面临的风险包括流动性风险、声誉风险、战略风险等。报告期内，公司流动性管理良好，声誉风险可控，战略规划稳步推进。

4.5.3 风险管理策略

针对公司经营过程中可能存在的各类风险，结合全面风险管理体系建设工作，在充分反映风险偏好、风险状况及市场和宏观经济变化的前提下，公司持续完善风险管理策略和防范控制措施。

报告期内，公司主动调整风险管理策略，积极应对内外部压力，大力增强风险管控支撑。公司不断提升重点业务领域风险管控水平，加大风险管理技术工具的探索运用；进一步优化项目存续期管控机制，明确落实投后管控要点；持续提升风险防范意识，通过各类方式培育全员风险合规文化。

4.5.3.1 信用风险管理策略

2020 年，公司重点从制度建设、管控机制及管理工具等方面强化信用风险防控。

在制度建设层面，公司持续健全重点领域信用风险管理制度建设。制定或修订涉及集中度管控、市政平台类业务准入等多项制度，完善重点领域融资类业务展业标准，建立信用风险管控制度规范。

在管控机制层面，公司进一步夯实风险排查和预警机制。加大风险排查工作力度，在常态化排查机制基础上，针对重点业务领域开展专项排查，提前制定应对方案，切实加强信用风险防范；持续优化业务风险预警管控机制，通过在业务系统中嵌入预警管理模块，实现潜在风险的信息流转和报送，大力提升预警管理工作时效性。

在管控工具层面，公司重点深化信用评级、集中度管理工具的应用。完成房地产客户信用评级体系和模型建设工作，并基于评级结果进行授信合作额度测算；建立集中度管理限额指标体系，通过动态监控和严格落实，显著加强集中度风险管控。

4.5.3.2 市场风险管理策略

2020 年，公司涉及市场风险的业务主要为房地产类及资本市场类业务，主要通过调整业务策略、加强风险研判等手段，切实防范市场风险。

针对房地产类业务，公司积极调整业务结构，加大重点区域市场监测，防范房地产市场风险冲击。根据监管机构要求，公司强化行业限额管理，逐步压降房地产信托业务规模及占比。在存量业务管控方面，公司定期对业务集中度较高的二线及强三线城市房地产市场重点开展监测分析，及时了解区域市场波动，提前布局应对。

针对证券投资类业务，公司着力开展市场研判，加强预警监测，持续优化业务管理策略。公司定期召开投资策略会议，对宏观经济走势、货币市场及资本市场趋势进行研判；基于市场趋势预期，实施动态管理，优化组合配置，整体把控产品面临市场风险；按日监测投资标的市值，加强预警管理，防范市场波动风险。

4.5.3.3 操作风险管理策略

2020 年，公司重点加大操作风险管理工具运用，持续细化资产端和资金端各环节管理规范，有效防范操作风险的发生。

在管理工具方面，公司制定操作风险控制自我评估工作机制，并建立常态化工作方案。专项开展固有业务投后管理自评估，及时识别潜在操作风险，明确对应优化措施。

在资产端管控方面，公司持续细化信托业务存续期管理要求。针对传统业务，规范信息披露及信后检查等投后管控关键环节；针对创新业务，进一步明确投资决策机制，加强存续期管理规范，制定相关投后管理制度，明确期间检查标准。

在资金端管控方面，公司全面加强产品销售、消保工作规范化建设。重建资金端制度体系，进一步规范资金端双录、合同审核工作；积极搭建消费者投诉处理流程，优化投诉应对机制，完善消费者权益保护。

4.5.3.4 法律风险管理策略

2020 年，公司主要通过加强全员主动合规意识，优化公司重要运行机制，提升主动合规管理能力。

公司积极推进合规文化建设，创建特色合规培训体系，强化合规培训力度。建立兼职合规联络员机制，提升合规宣导触及力，夯实全员合规理念。公司持续优化重要运行机制，重点完善业务审批机制，细化违规问责机制，建立健全洗钱风险管理、关联交易及案防工作管理等机制。

公司加大对创新业务的合规风险管理，重点围绕房地产股权业务、资产支持票据业务、财富管理业务及信保合作业务等，持续制定或修订多项业务规范和管控指引。

4.5.3.5 其他风险管理策略

针对其他专项风险，公司积极调整管控策略，持续优化管控措施。做好流动性风险指标日常监测工作，按季度开展流动性压力测试，确保流动性风险可控。强化声誉风险管理组织保障，着力完善舆情监测、媒体合作机制，提升声誉风险管理能力。根据外部监管要求和环境变化，强化战略风险管理。

4.6 企业社会责任

公司秉承“价值创造、以人为本、和谐发展”的社会责任理念，立足发展中各利益相关方的普遍诉求，积极服务经济发展、产业转型、结构升级与社会进步的可持续发展大局，致力实现企业发展、员工发展、社会发展的和谐统一。

回归信托本源，积极履行企业发展责任。公司落实稳投资稳金融要求，服务京津冀协同发展、长江经济带发展、粤港澳大湾区建设、长三角一体化发展、黄河流域生态保护和高质量发展五大国家战略区域。2020 年设立政府基建项目规模 53.8 亿元。公司积极提升资本运营和资产经营能力，截至 2020 年末，公司总资产为 121.36 亿元，实现净利润 5.44 亿元，较好地实现了国有资产保值增值。发挥信托制度优势，积极服务实体经济，不断拓展中小企业融资渠道，降低企业融资成本。2020 年投向民营企业项目规模为 942.48 亿元。

坚持以人为本，认真履行员工发展责任。公司持续优化员工职业素质和专业能力培训体系，为员工提供多元共融的工作氛围和科学系统的培训发展体系，优化完善人才培养计划。研究完善员工社会保障体系，为员工提供稳定的就业岗位和合理的薪酬福利待遇，构建和谐劳动关系。广泛开展员工关爱活动，连续四年组织实施“员工入司周年”(星辰计划)文化纪念活动，推动和提升企业文化凝聚力，培育特色企业文化。

多措并举，保护金融消费者合法权益。2020 年，公司认真落实消费者权益保护主体责任，进一步完善消费者权益保护管理体系。积极响应监管号召，开展“3·15”宣传周、金融知识普及万里行等宣教活动，并通过合规竞赛、专家授课、金融知识进校园等内外部宣教活动，大力提升消费者权益保护意识和工作能力。重视客户服务质效，积极回应客户诉求，妥善办结消费投诉 4 起，持续优化完善产品设计、信息披露、客户服务等工作，有效提升消费者服务体验。2020 年，公司未发生侵害消费者权益情形。

践行社会公益，积极履行社会发展责任。公司充分发挥信托制度优势，2020 年累计设立慈善信托 10 单，参与认购中国信托业协会发起的抗疫慈善信托 1 单。截至 2020 年末，公司设立的慈善信托项目涵盖扶贫、救灾、教育、关爱儿童、环境保护、抗击疫情等领域，充分践行《慈善信托管理办法》中五大慈善目的，助力推动公益慈善事业可持续发展。公司重点支持贵州省施秉县巩固脱贫攻坚成果，不断探索助力扶贫的长效机制。

5. 2020 年度及 2019 年度的比较式会计报表

5.1 自营资产

5.1.1 会计师事务所审计意见全文

审计报告

安永华明(2021)审字第 61316039_A01 号

中建投信托股份有限公司

中建投信托股份有限公司董事会:

一、审计意见

我们审计了中建投信托股份有限公司的财务报表，包括 2020 年 12 月 31 日的合并及公司资产负债表，2020 年度的合并及公司利润表、所有者权益变动表和现金流量表，以及相关财务报表附注。

我们认为，后附的中建投信托股份有限公司的财务报表在所有重大方面按照企业会计准则的规定编制，公允反映了中建投信托股份有限公司 2020 年 12 月 31 日的合并及公司财务状况及 2020 年度的合并及公司经营成果和现金流量。

二、形成审计意见的基础

我们按照中国注册会计师审计准则的规定执行了审计工作。审计报告的“注册会计师对财务报表审计的责任”部分进一步阐述了我们在这些准则下的责任。按照中国注册会计师职业道德守则，我们独立于中建投信托股份有限公司，并履行了职业道德方面的其他责任。我们相信，我们获取的审计证据是充分的、适当的，为发表审计意见提供了基础。

三、管理层和治理层对财务报表的责任

中建投信托股份有限公司管理层负责按照企业会计准则的规定编制财务报表，使其实现公允反映，并设计、执行和维护必要的内部控制，以使财务报表不存在由于舞弊或错误导致的重大错报。

在编制财务报表时，管理层负责评估中建投信托股份有限公司的持续经营能力，披露与持续经营相关的事项(如适用)，并运用持续经营假设，除非计划进行清算、终止运营或别无其他现实的选择。

治理层负责监督中建投信托股份有限公司的财务报告过程。

四、注册会计师对财务报表审计的责任

我们的目标是对财务报表整体是否不存在由于舞弊或错误导致的重大错报获取合理保证，并出具包含审计意见的审计报告。合理保证是高水平的保证，但并不能保证按照审计准则执行的审计在某一重大错报存在时总能发现。错报可能由于舞弊或错误导致，如果合理预期错报单独或汇总起来可能影响财务报表使用者依据财务报表作出的经济决策，则通常认为错报是重大的。

在按照审计准则执行审计工作的过程中，我们运用职业判断，并保持职业怀疑。同时，我们也执行以下工作:

(1)识别和评估由于舞弊或错误导致的财务报表重大错报风险，设计和实施审计程序以应对这些风险，并获取充分、适当的审计证据，作为发表审计意见的基础。由于舞弊可能涉及串通、伪造、故意遗漏、虚假陈述或凌驾于内部控制之上，未能发现由于舞弊导致的重大错报的风险高于未能发现由于错误导致的重大错报的风险。

(2)了解与审计相关的内部控制，以设计恰当的审计程序，但目的并非对内部控制的有效性发表意见。

(3)评价管理层选用会计政策的恰当性和作出会计估计及相关披露的合理性。

(4)对管理层使用持续经营假设的恰当性得出结论。同时，根据获取的审计证据，就可能导致对中建投信托股份有限公司持续经营能力产生重大疑虑的事项或情况是否存在重大不确定性得出结论。如果我们得出结论认为存在重大不确定性，审计准则要求我们在审计报告中提请报表使用者注意财务报表中的相关披露；如果披露不充分，我们应当发表非无保留意见。我们的结论基于截至审计报告日可获得的信息。然而，未来的事项或情况可能导致中建投信托股份有限公司不能持续经营。

（5）评价财务报表的总体列报（包括披露）、结构和内容，并评价财务报表是否公允反映相关交易和事项。

（6）就中建投信托股份有限公司中实体或业务活动的财务信息获取充分、适当的审计证据，以对财务报表发表审计意见。我们负责指导、监督和执行集团审计，并对审计意见承担全部责任。

我们与治理层就计划的审计范围、时间安排和重大审计发现等事项进行沟通，包括沟通我们在审计中识别出的值得关注的内部控制缺陷。

安永华明会计师事务所（特殊普通合伙）

中国注册会计师：吴　军

中国注册会计师：果立宇

中国·北京　　2021年4月16日

5.1.2　资产负债表

资产负债表

编制单位：中建投信托股份有限公司　　2020年12月31日　　单位：万元

项目	2020年12月31日		2019年12月31日	
	合并	母公司	合并	[illegible]公司
资产				
货币资金	65 971.84	58 857.30	117 623.28	21 [illegible]41
以公允价值计量且其变动计入当期损益的金融资产	33 873.22	—	17 951.72	—
应收账款	39 250.07	41 668.81	57 011.00	58 [illegible]17
应收利息	11 553.57	11 532.88	10 914.98	10 [illegible]01
发放贷款和垫款	88 955.61	88 955.61	167 855.35	167 [illegible]35
可供出售金融资产	372 045.19	523 469.45	173 249.83	325 [illegible]49
应收款项类投资	554 853.23	402 728.57	458 195.19	327 [illegible]91
长期股权投资	7 180.40	7 180.40	7 068.45	75 [illegible]38
投资性房地产	14 955.07	14 955.07	15 420.34	15 [illegible]34
固定资产	451.97	451.97	394.61	[illegible]61
无形资产	3 590.93	3 590.92	3 186.76	3 [illegible]76
递延所得税资产	53 578.54	54 123.02	27 491.30	27 [illegible]40
其他资产	7 015.94	6 096.70	6 902.80	4 [illegible]35
资产总计	1 253 275.58	1 213 610.70	1 063 265.61	1 037 [illegible]68
负债				
拆入资金	157 500.00	157 500.00	50 000.00	50 [illegible]0
应付账款	174.05	174.05	174.05	[illegible]05
预收款项	11 391.04	11 391.04	718.36	[illegible]6
应付利息	301.03	301.03	140	[illegible]
应付职工薪酬	50 354.27	50 354.27	48 654.03	48 [illegible]03
应交税费	38 416.95	38 416.95	42 927.85	42 [illegible]4
预计负债	9 406.85	9 406.85	5 744.97	5 [illegible]7
其他负债	105 225.04	61 929.12	82 173.64	54 [illegible]
负债合计	372 769.23	329 473.31	230 532.90	202 [illegible]5
所有者权益				
股本	500 000.00	500 000.00	500 000.00	500 [illegible]
资本公积	19 398.36	19 398.36	19 398.36	19 [illegible]36
其他综合收益	1 012.37	−621.09	3 383.62	4 [illegible]38
盈余公积	33 474.46	33 474.46	28 036.20	28 [illegible]20
信托赔偿准备	36 705.34	36 705.34	33 986.21	33 9[illegible]21
一般风险准备	33 971.83	33 971.83	19 384.43	19 3[illegible]43
未分配利润	255 943.99	261 208.49	228 543.89	229 5[illegible]
所有者权益合计	880 506.35	884 137.39	832 732.71	834 4[illegible]
负债和所有者权益总计	1 253 275.58	1 213 610.70	1 063 265.61	1 037 4[illegible]

法定代表人：刘功胜　　主管会计工作负责人：张昳　　会计机构负责人：周志祥

5.1.3 利润表

利润表

编制单位：中建投信托股份有限公司　　2020 年度　　单位：万元

项目	2020 年度		2019 年度	
	合并	母公司	合并	母公司
一、营业收入	222 741.29	224 888.64	242 341.71	239 548.14
利息净收入	2 584.65	2 584.65	15 676.71	15 676.62
利息收入	8 622.72	8 622.72	18 875.54	18 875.44
利息支出	6 038.07	6 038.07	3 198.83	3 198.82
手续费及佣金净收入	167 350.12	169 391.15	188 676.66	191 147.59
手续费及佣金收入	167 359.82	169 400.85	188 826.19	191 297.12
手续费及佣金支出	9.70	9.70	149.53	149.53
投资收益	54 381.55	52 481.89	36 317.74	32 207.15
公允价值变动损益	−2 005.96	—	1 153.82	—
汇兑损益	−8.04	−8.04	2.03	2.03
资产处置收益	—	—	—	—
其他业务收入	438.99	438.99	514.75	514.75
二、营业支出	154 094.58	152 004.24	124 762.37	121 168.01
税金及附加	1 402.72	1 402.40	1 571.65	1 571.65
业务及管理费	56 008.94	55 598.62	66 622.40	65 918.34
资产减值损失	94 537.95	94 537.95	53 212.37	53 212.37
其他业务成本	2 144.97	465.27	3 355.95	465.65
三、营业利润	68 646.71	72 884.40	117 579.34	118 380.13
加：营业外收入	—	—	—	—
减：营业外支出	95.00	95.00	—	
四、利润总额	68 551.71	72 789.40	117 579.34	118 380.13
减：所得税费用	18 406.82	18 406.82	29 579.99	29 579.99
五、净利润	50 144.89	54 382.58	87 999.35	88 800.14
六、其他综合收益	−2 371.25	−4 700.42	5 267.29	5 950.29
七、综合收益总额	47 773.64	49 682.16	93 266.64	94 750.43

法定代表人：刘功胜　　主管会计工作负责人：张昳　　会计机构负责人：周志祥

5.1.4 所有者权益变动表

所有者权益变动表（合并）

编制单位：中建投信托股份有限公司　　2020 年度　　单位：万元

2020 年度	股本	资本公积	其他综合收益	盈余公积	信托赔偿准备	一般风险准备	未分配利润	所有者权益合计
一、2020 年 1 月 1 日余额	500 000.00	19 398.36	3 383.62	28 036.20	33 986.21	19 384.43	228 543.89	832 732.71
二、本年增减变动金额	—	—	−2 371.25	5 438.26	2 719.13	14 587.40	27 400.10	47 773.64
（一）综合收益总额	—	—	−2 371.25	—	—	—	50 144.89	47 773.64
（二）利润分配	—	—	—	5 438.26	2 719.13	14 587.40	−22 744.79	—
1. 提取盈余公积	—	—	—	5 438.26	—	—	−5 438.26	—
2. 提取信托赔偿准备	—	—	—	—	2 719.13	—	−2 719.13	—
3. 提取一般风险准备	—	—	—	—	—	14 587.40	−14 587.40	—
三、2020 年 12 月 31 日余额	500 000.00	19 398.36	1 012.37	33 474.46	36 705.34	33 971.83	255 943.99	880 506.35
2019 年度	**股本**	**资本公积**	**其他综合收益**	**盈余公积**	**信托赔偿准备**	**一般风险准备**	**未分配利润**	**所有者权益合计**
一、2019 年 1 月 1 日余额	500 000.00	19 398.36	−1 883.67	19 156.19	29 546.20	12 181.64	161 067.35	739 466.07
二、本年增减变动金额	—	—	5 267.29	8 880.01	4 440.01	7 202.79	67 476.54	93 266.64
（一）综合收益总额	—	—	5 267.29	—	—	—	87 999.35	93 266.64
（二）利润分配	—	—	—	8 880.01	4 440.01	7 202.79	−20 522.81	—
1. 提取盈余公积	—	—	—	8 880.01	—	—	−8 880.01	—
2. 提取信托赔偿准备	—	—	—	—	4 440.01	—	−4 440.01	—
3. 提取一般风险准备	—	—	—	—	—	7 202.79	−7 202.79	—
三、2019 年 12 月 31 日余额	500 000.00	19 398.36	3 383.62	28 036.20	33 986.21	19 384.43	228 543.89	832 732.71

法定代表人：刘功胜　　主管会计工作负责人：张昳　　会计机构负责人：周志祥

所有者权益变动表(母公司)

编制单位:中建投信托股份有限公司　　2020 年度　　单位:万元

2020 年度	股本	资本公积	其他综合收益	盈余公积	信托赔偿准备	一般风险准备	未分配利润	所有者权益合计
一、2020 年 1 月 1 日余额	500 000.00	19 398.36	4 079.33	28 036.20	33 986.21	19 384.43	229 570.70	834 455.23
二、本年增减变动金额	—	—	-4 700.42	5 438.26	2 719.13	14 587.40	31 637.79	49 682.16
(一)综合收益总额	—	—	-4 700.42	—	—	—	54 382.58	49 682.16
(二)利润分配	—	—	—	5 438.26	2 719.13	14 587.40	-22 744.79	—
1. 提取盈余公积	—	—	—	5 438.26	—	—	-5 438.26	—
2. 提取信托赔偿准备	—	—	—	—	2 719.13	—	-2 719.13	—
3. 提取一般风险准备	—	—	—	—	—	14 587.40	-14 587.40	—
三、2020 年 12 月 31 日余额	500 000.00	19 398.36	-621.09	33 474.46	36 705.34	33 971.83	261 208.49	884 137.39
2019 年度	股本	资本公积	其他综合收益	盈余公积	信托赔偿准备	一般风险准备	未分配利润	所有者权益合计
一、2019 年 1 月 1 日余额	500 000.00	19 398.36	-1 870.96	19 156.19	29 546.20	12 181.64	161 293.37	739 704.80
二、本年增减变动金额	—	—	5 950.29	8 880.01	4 440.01	7 202.79	68 277.33	94 750.43
(一)综合收益总额	—	—	5 950.29	—	—	—	88 800.14	94 750.43
(二)利润分配	—	—	—	8 880.01	4 440.01	7 202.79	-20 522.81	—
1. 提取盈余公积	—	—	—	8 880.01	—	—	-8 880.01	—
2. 提取信托赔偿准备	—	—	—	—	4 440.01	—	-4 440.01	—
3. 提取一般风险准备	—	—	—	—	—	7 202.79	-7 202.79	—
三、2019 年 12 月 31 日余额	500 000.00	19 398.36	4 079.33	28 036.20	33 986.21	19 384.43	229 570.70	834 455.23

法定代表人:刘功胜　　主管会计工作负责人:张昳　　会计机构负责人:周志祥

5.2 信托资产

5.2.1 信托项目资产负债汇总表

信托项目资产负债汇总表

编制单位:中建投信托股份有限公司　　2020 年 12 月 31 日　　单位:万元

信托资产	年末数	年初数	信托负债和信托权益	年末数	年初数
信托资产			信托负债		
货币资金	188 197.49	325 461.76	交易性金融负债	—	—
拆出资金	—	—	衍生金融负债	—	—
存出保证金	—	—	应付受托人报酬	1 748.80	[illegible]8.88
交易性金融资产	143 525.35	9 477.05	应付托管费	137.04	[illegible]6.61
衍生金融资产	—	—	应付受益人收益	161.72	[illegible]7.58
买入返售金融资产	360 760.37	330 000.75	应交税费	390.84	[illegible]7.95
应收款项	766 335.31	1 384 434.90	应付销售服务费	374.95	1[illegible]4.24
发放贷款	7 289 347.60	11 267 201.01	其他应付款项	42 193.37	[illegible].70
可供出售金融资产	2 665 523.49	1 813 031.07	预计负债	—	—
持有至到期投资	1 114 471.87	1 484 449.50	其他负债	—	—
长期应收款	—	—	信托负债合计	45 006.72	9[illegible]25.96
长期股权投资	640 786.24	599 464.13		—	—
投资性房地产	—	—	信托权益	—	—
固定资产	—	—	实收信托	14 759 878.08	17 7[illegible].30
无形资产	—	2 082.50	资本公积	3 330.10	[illegible].00
长期待摊费用	—	—	损益平准金	—	—
其他资产	1 842 878.60	794 044.88	未分配利润	203 611.42	2[illegible].29
减:各项资产减值准备	—	—	信托权益合计	14 966 819.60	17 91[illegible].59
信托资产总计	15 011 826.32	18 009 647.55	信托负债和信托权益总计	15 011 826.32	18 00[illegible].55

法定代表人:刘功胜　　主管会计工作负责人:张昳　　会计机构负责人:周志祥

5.2.2　信托项目利润及利润分配汇总表

信托项目利润及利润分配汇总表

编制单位：中建投信托股份有限公司　　2020年12月31日　　单位：万元

项目	本年累计数	上年累计数
1. 营业收入	1 239 977.14	1 383 149.50
1.1 利息收入	938 999.62	1 078 387.92
1.2 投资收益（损失以“－”号填列）	294 613.01	266 324.10
1.2.1 其中：对联营企业和合营企业的投资收益	—	—
1.3 公允价值变动收益（损失以“－”号填列）	56.47	210.68
1.4 租赁收入	—	—
1.5 汇兑损益（损失以“－”号填列）	—	—
1.6 其他收入	6 308.04	38 226.80
2. 支出	254 874.55	237 862.46
2.1 税金及附加	4 122.36	4 528.50
2.2 受托人报酬	196 579.83	171 799.09
2.3 托管费	6 119.42	5 730.76
2.4 投资管理费	64.57	92.31
2.5 销售服务费	29 750.01	48 714.70
2.6 交易费用	11.34	7.86
2.7 资产减值损失	—	—
2.8 其他费用	18 227.02	6 989.24
3. 信托净利润（净亏损以“－”号填列）	985 102.59	1 145 287.04
4. 其他综合收益	—	—

续表

项目	本年累计数	上年累计数
5. 综合收益	985 102.59	1 145 287.04
6. 加：期初未分配信托利润	205 974.29	136 072.18
7. 可供分配的信托利润	1 191 076.88	1 281 359.22
8. 减：本期已分配信托利润	987 465.46	1 075 384.93
9. 期末未分配信托利润	203 611.42	205 974.29

法定代表人：刘功胜　　主管会计工作负责人：张昳　　会计机构负责人：周志祥

6. 会计报表附注

6.1　会计报表编制基准不符合会计核算基本前提的说明

公司会计报表编制基准无不符合会计核算基本前提的事项。

6.2　重要会计政策和会计估计说明

无。

6.3　或有事项说明

无。

6.4　重要资产转让及其出售的说明

无。

6.5　会计报表中重要项目的明细资料

6.5.1　自营资产经营情况

6.5.1.1　按信用风险五级分类结果披露信用风险资产的期初数、期末数

信用资产五级分类	正常类（万元）	关注类（万元）	次级类（万元）	可疑类（万元）	损失类（万元）	信用风险资产合计（万元）	不良资产合计（万元）	不良资产率（%）
期初数	840 710.15	66 821.21	145 976.05	7 600.00	7 280.99	1 068 388.40	160 857.04	7.76
期末数	855 749.44	83 482.18	359 892.18	2 521.07	8 020.19	1 309 665.06	370 433.44	15.31

注：1. 不良资产合计＝次级类＋可疑类＋损失类。

2. 固有信用风险不良率按中国信托业协会行业评级口径确定，即固有信用风险不良率＝（不良资产总额－已计提减值准备）/信用风险资产总额。

6.5.1.2　各项资产减值损失准备的期初数、本期计提、本期转回、本期核销、期末数

单位：万元

项目	期初数	本期计提	本期转回	本期核销	期末数
贷款损失准备	2 710.86	24 457.74	2 578.00	—	24 590.61
其中：一般准备	1 586.50	—	1 313.00	—	273.50
专项准备	1 124.36	24 457.74	1 265.00	—	24 317.11
应收款项类投资减值准备	18 558.38	10 498.83	2 555.00	—	26 502.21
可供出售金融资产减值准备	39 922.78	78 895.06	—	—	118 817.84
持有至到期投资减值准备	—	—	—	—	—
长期股权投资减值准备	15 454.63	—	15 454.63	—	—
坏账准备	1 281.05	—	1 281.05	—	—
投资性房地产减值准备	—	—	—	—	—

6.5.1.3　按照投资品种分类，分别披露固有业务股票投资、基金投资、债券投资、股权投资等投资业务的期初数、期末数

单位：万元

名称	自营股票	基金	债券	长期股权投资	其他投资	合计
期初数	311.79	40 671.94	4 000.00	75 129.88	607 748.67	727 862.28
期末数	332.86	15 152.54	3 600.00	7 180.40	907 112.62	933 378.42

6.5.1.4　按投资入股金额排序，前五名的自营长期股权投资的企业名称、占被投资企业权益的比例、主要经营活动及投资收益情况等（从大到小顺序排列）

企业名称	占被投资企业权益的比例（%）	主要经营活动	2020年度投资收益（万元）
国泰元鑫资产管理有限公司	24.30	特定客户资产管理业务及中国证监会许可的其他业务	111.95

6. 5. 1. 5　前五名的自营贷款的企业名称、占贷款总额的比例和还款情况等（从贷款金额大到小顺序排列）

企业名称	占贷款总额的比例（%）	还款情况
郑州中盟文化生态旅游开发有限公司	61. 65	—
泉州华大泰禾广场投资有限公司	24. 09	—
盾安控股集团有限公司	9. 86	—
保定市秀兰混凝土搅拌有限公司	4. 40	—

6. 5. 1. 6　代理业务（委托业务）期初数、期末数

单位：万元

项目	期初数	期末数
担保业务	—	—
代理业务（委托业务）	4 569. 62	4 446. 77
其他	—	—
合计	4 569. 62	4 446. 77

6. 5. 1. 7　公司当年的收入结构

收入结构	合并		母公司	
	金额（万元）	占比（%）	金额（万元）	占比（%）
手续费及佣金收入	167 350. 12	75. 13	169 391. 15	75. 32
其中：信托手续费收入	167 350. 12	75. 13	169 391. 15	75. 32
投资银行业务收入	—	—	—	—
利息收入	2 584. 65	1. 16	2 584. 65	1. 15
其他业务收入	430. 95	0. 19	430. 95	0. 19
其中：计入信托业务收入部分	—	—	—	—
投资收益	54 381. 55	24. 42	52 481. 89	23. 34
其中：股权投资收益	622. 55	0. 28	622. 55	0. 28
证券投资收益	—	—	—	—
其他投资收益	53 759. 00	24. 14	51 859. 34	23. 06
公允价值变动收益	-2 005. 96	-0. 90	—	—
营业外收入	—	—	—	—
收入合计	222 741. 29	100. 00	224 888. 64	100. 00

6. 5. 2　信托财产管理情况

6. 5. 2. 1　信托资产的期初数、期末数

单位：万元

信托资产	期初数	期末数
集合	10 361 898. 48	8 606 733. 89
单一	4 328 092. 58	2 247 334. 72
财产权	3 319 656. 49	4 157 757. 71
合计	18 009 647. 55	15 011 826. 32

6. 5. 2. 1. 1　主动管理型信托业务的信托资产期初数、期末数，分证券投资类、股权投资类、融资类、事务管理类分别披露

单位：万元

主动管理型信托资产	期初数	期末数
证券投资类	916 916. 47	1 475 858. 31
股权投资类	409 431. 09	436 650. 08
融资类	8 297 105. 59	6 231 418. 70
事务管理类	2 452 665. 55	1 713 598. 30
合计	12 076 118. 70	9 857 525. 39

6. 5. 2. 1. 2　被动管理型信托业务的信托资产期初数、期末数，分证券投资类、股权投资类、融资类、事务管理类分别披露

单位：万元

被动管理型信托资产	期初数	期末数
证券投资类	68 032. 95	[illegible]30. 20
股权投资类	12 540. 23	[illegible]40. 26
融资类	—	—
事务管理类	5 852 955. 67	5 [illegible]30. 47
合计	5 933 528. 85	5 [illegible]00. 93

6. 5. 2. 2　本年度已清算结束的信托项目个数、实收信托合计金额、加权平均实际年化收益率

6. 5. 2. 2. 1　本年度已清算结束的集合类、单一类资金信托项目和财产管理类信托项目个数、实收信托合计金额、加权平均实际年化收益率

已清算结束的信托项目	项目个数（个）	实收信托合计金额（万元）	加权平均实际年化收益率（%）
集合类	144	6 593 058. 20	[illegible]. 99
单一类	41	2 354 076. 00	[illegible]. 61
财产管理类	16	1 326 150. 29	[illegible]. 27

6. 5. 2. 2. 2　本年度已清算结束的主动管理型信托项目个数、实收信托合计金额、加权平均实际年化收益率，分证券投资类、股权投资类、融资类、事务管理类分别计算并披露

已清算结束的信托项目	项目个数（个）	实收信托合计金额（万元）	加权平均实际年化收益率（%）
证券投资类	—	—	—
股权投资类	10	190 990. 00	[illegible]. 26
融资类	120	6 009 030. 00	[illegible]. 08
事务管理类	22	724 421. 82	[illegible]. 21

6. 5. 2. 2. 3　本年度已清算结束的被动管理型信托项目个数、实收信托合计金额、加权平均实际年化收益率，分证券投资类、股权投资类、融资类、事务管理类分别计算并披露

已清算结束的信托项目	项目个数（个）	实收信托合计金额（万元）	加权平均实际年化收益率（%）
证券投资类	—	—	—
股权投资类	—	—	—
融资类	—	—	—
事务管理类	49	3 348 842. 67	[illegible]

6. 5. 2. 3　本年度新增的集合类、单一类和财产管理类信托项目个数、实收信托合计金额

新增信托项目	项目个数（个）	实收信托合计金额（万元）
集合类	125	8 648 676. [illegible]
单一类	62	712 147. [illegible]
财产管理类	25	2 129 904. [illegible]
新增合计	212	11 490 728. [illegible]
其中：主动管理型	142	9 341 204. [illegible]
被动管理型	70	2 149 523. [illegible]

6.5.2.4　信托业务创新成果和特色业务有关情况

2020年，公司密切关注宏观经济形势及信托行业发展变化，认真贯彻落实各项监管政策要求，加快推动业务转型发展，在资产证券化、债券投资、地产股权、资本市场、慈善信托、财富管理及家族信托等领域取得积极进展。

在资产证券化业务方面，公司积极发掘优质基础资产，打造涵盖融资租赁、商业物业、购房尾款、物业费、信托受益权等类别的资产证券化业务。2020年，公司参与全国首单中国银行间交易商协会中小企业专项知识产权ABN项目，规模为2.1亿元。

在债券投资业务方面，公司持续强化主动管理能力，在债券市场产品设计、投资研究、信用分析等方面获得明显提升，进一步完善投向各行业的产品线，同时为国家战略行业及重点项目提供金融支持。积极推行金融抗疫，在认购疫情防控债、组织成立抗疫慈善信托、支持中小企业盘活存量资产ABS债券等方面作出贡献。2020年，公司存续管理债券投资产品规模同比增长173%。

在地产股权投资方面，公司依托在不动产投资领域的资源禀赋、行业积累及经验优势，逐步开展向非住宅类资产如商业综合体、写字楼、产业物流等子行业的探索与转型。推动从单项目基金至多项目组合基金至不动产细分子行业的方向发展，实现从单一资产品类到多元资产品类的配置组合跨越，为高净值客户打造地产权益类产品。

在资本市场投资方面，公司聚焦监管导向下的业务模式转型，探索开展标品类业务，通过完善严格的金融机构准入条件及筛选机制，加深与领先券商、优秀基金管理人等专业机构的合作，积极稳妥把握二级市场投资方向，2020年陆续发行多单TOF/FOF类、创新类产品。

在慈善信托方面，公司充分发挥信托制度优势，设立抗疫慈善信托10单，参与认购中国信托业协会发起的抗疫慈善信托1单。2020年，公司荣获由杭州市民政局颁发的“最美慈善人”称号，并获评中国互联网新闻中心主办的2020年“精准扶贫先锋机构”。

在财富管理及家族信托方面，公司持续丰富优化产品体系，推动形成不同期限、收益、风险偏好，涵盖固定收益、现金管理类、股权投资类、资本市场权益类等相关领域的多元化产品体系，相继推出指数增强收益凭证类产品、私募证券投资类产品和地产股权投资产品等。积极拓展家族信托，深化以“万泉”个人服务信托和“鸿泉”家族信托业务为重点的家族信托体系，2020年家族信托账户数及规模不断增加，增速分别为67%和217%。

6.5.2.5　本公司履行受托人义务情况及因本公司自身责任而导致的信托资产损失情况（合计金额、原因等）

公司严格按照国家法律、法规和信托文件的约定管理、运用和处分信托财产，按期进行信息披露；对委托人、受益人以及处理信托事务的情况和资料依法保密；以信托财产为限向受益人支付信托利益。2020年，公司未发生损害受益人利益的情况，也无因自身责任而导致信托资产损失的情况。

6.5.2.6　信托赔偿准备金的提取、使用和管理情况

单位：万元

项目	期初数	本年增加	本年减少	期末数
信托赔偿准备金	33 986.21	2 719.13	—	36 705.34
合计	33 986.21	2 719.13	—	36 705.34

6.6　关联方关系及其交易的披露

6.6.1　关联交易方的数量、关联交易的总金额及关联交易的定价政策等

项目	关联交易方数量（个）	关联交易金额（万元）	定价政策
合计	2	3 198.46	按商业原则，协商确定

6.6.2　关联交易方与本公司的关系性质、关联交易方的名称、法定代表人、注册地址、注册资本及主营业务等

关系性质	关联方名称	法定代表人	注册地址	注册资本（万元）	主营业务
控股股东	中国建银投资有限责任公司	董轼	北京市西城区闹市口大街1号院2号楼7—14层	2 069 225	投资与投资管理、资产管理与处置、企业管理、房地产租赁、咨询。
控股股东之子公司	建投嘉昱（上海）投资有限公司	龚国强	上海市虹口区公平路18号8号楼3层B单元	500 000	实业投资、投资管理、资产管理、房地产经营、物业管理、自有房屋租赁、商务咨询、企业管理及咨询。

6.6.3　逐笔披露本公司与关联方的重大交易事项

6.6.3.1　固有与关联方交易情况：贷款、投资、租赁、应收账款、担保、其他方式等期初汇总数、本期借方和贷方发生额汇总数、期末汇总数

单位：万元

固有与关联方关联交易				
项目	期初数	借方发生额	贷方发生额	期末数
贷款	—	—	—	—
投资	—	—	—	—
租赁	—	3 079.84	—	—
担保	—	—	—	—
应收账款	—	—	—	—
其他	—	118.62	—	—
合计	—	3 198.46	—	—

业务及管理费中关联交易金额合计3 079.84万元。具体组成如下：

建投嘉昱（上海）投资有限公司1 382.64万元。

中国建银投资股份有限公司1 697.20万元。

预付账款中关联交易金额118.62万元，是向建投嘉昱（上海）投资有限公司预付的房租等118.62万元。

本公司与上述关联方按一般企业关系进行业务往来。

6.6.3.2　信托与关联方交易情况：贷款、投资、租赁、应收账款、担保、其他方式等期初汇总数、本期借方和贷方发生额汇总数、期末汇总数

无。

6.6.3.3 信托公司自有资金运用于自己管理的信托项目（固信交易）、信托公司管理的信托项目之间的相互（信信交易）交易金额，包括余额和本报告年度的发生额

6.6.3.3.1 固有与信托财产之间的交易金额期初汇总数、本期发生额汇总数、期末汇总数

单位：万元

固有资产与信托资产相互交易			
项目	期初数	本期发生额	期末数
合计	313 613.73	103 684.34	417 298.07

6.6.3.3.2 信托项目之间的交易金额期初汇总数、本期发生额汇总数、期末汇总数

单位：万元

信托资产与信托财产相互交易			
项目	期初数	本期发生额	期末数
合计	1 242 901.93	-157 889.64	1 085 012.29

6.6.4 逐笔披露关联方逾期未偿还本公司资金的详细情况及本公司为关联方担保或即将发生垫款的详细情况

无。

6.7 会计制度的披露

公司固有业务、信托业务均执行财政部颁布的企业会计准则及相关规定。

7. 财务情况说明书

7.1 利润实现和分配情况

公司2020年初未分配利润为229 570.70万元，2020年实现净利润54 382.58万元。计提法定盈余公积5 438.26万元，计提信托赔偿准备金2 719.13万元，计提一般风险准备14 587.40万元。截至2020年12月31日，公司未分配利润为261 208.49万元。

7.2 主要财务指标

指标名称	指标值
资本利润率（%）	6.33
人均净利润（万元）	130.52

7.3 对本公司财务状况、经营成果有重大影响的其他事项

无。

7.4 公司净资本情况

指标名称	指标值	监管标准
净资产（万元）	884 137.39	—
净资本（万元）	555 601.69	≥2亿元
各项业务风险资本之和（万元）	361 747.14	—
净资本/各项业务风险资本之和（%）	153.59	≥100
净资本/净资产（%）	62.84	≥40

以上指标均符合《信托公司净资本管理办法》（中国银监会令〔2010〕第5号）各项监管要求。

8. 特别事项揭示

8.1 本报告期内股东变动的情况

无。

8.2 本报告期内董事、监事及高级管理人员变动情况

8.2.1 董事变动情况

2020年6月，公司原董事张亚平女士因退休辞去董事职务。经公司2020年第五次临时股东大会审议通过，并报经浙江银保监局核准（浙银保监复〔2020〕648号），刘[illegible]先生任公司董事。

2020年8月，公司原董事长王文津先生因职务调动辞去董事长职务。经公司2020年第四次临时股东大会和第一届董事会第二十四次会议审议通过，并报经浙江银保监局核准（浙银保监复〔2020〕568号），公司董事长由王文津变更为刘功胜。

2020年12月，公司原独立董事袁志刚先生因任期届满申请辞去公司独立董事职务。经公司2021年第一次临时股东大会审议通过，袁志刚先生不再担任公司独立董事职务①。

8.2.2 监事变动情况

无。

8.2.3 高级管理人员变动情况

无。

8.3 本报告期内变更注册资本、变更注册地、公司名称变更事项

无。

8.4 公司的重大诉讼事项

8.4.1 重大未决诉讼事项

报告期内，公司新增未决诉讼案件9件，其中5件在一审审理阶段、1件已调解待履行中、3件在二审审理阶段。

8.4.2 以前年度发生，于本报告年度内终结的诉讼事项

报告期内，公司有1件诉讼案件通过拍卖资产分配清偿后，终结执行结案。

8.4.3 本报告年度发生，于本报告年度内终结的诉讼事项

报告期内，公司有5件诉讼案件在达成和解/调解并执行完毕后，以撤诉形式结案。

8.5 本报告期内公司及其董事、监事和高级管理人员受到处罚的情况

2020年9月，浙江银保监局对公司出具《行政处罚决定书》，对公司未按监管规定及时进行信息披露、推介信托计划时存在对公司过去的经营业绩作夸大介绍的情况作出行政处罚，合计罚款45万元。公司高度重视监管处罚意见，针对所涉问

① 截至本报告日，拟任独立董事的任职资格报中国银保监会浙江监管局核准中。

题系以前年度开展的业务，切实落实整改措施，严肃追究责任人员。截至报告日，上述均按照监管要求完成整改。

8.6 本报告期内中国银保监会及其派出机构对公司检查后提出监管意见的情况

2020年4月，浙江银保监局对公司出具《关于中建投信托股份有限公司2019年度监管的意见》，提出以下监管意见：增强服务大局的责任担当，推动股权结构优化，扭转当前严峻的资产风险状况，夯实资产质量，切实提升内控和合规管理水平，强化消费者权益保护，推动业务结构持续优化，积极推进信托文化建设。根据监管意见，公司认真部署整改工作，扎实构建长效机制，持续提升风险管理水平。截至2020年末，公司业务结构持续优化，资产质量进一步夯实，转型发展有序推进，为公司高质量发展奠定了坚实基础。

2020年6月至8月，浙江银保监局对公司开展大额房地产信托业务专项检查，并于2020年11月出具现场检查意见书，对公司房地产业务领域管理制度及内控机制的进一步完善提出监管意见。根据检查意见，公司认真研究制定整改措施，及时上报整改方案。截至报告日，上述监管意见均已完成整改。

8.7 本报告期内重大事项临时报告

2020年4月8日，公司在《上海证券报》发布《中建投信托股份有限公司关于修改〈章程〉的公告》。本次就公司股东法定代表人变更、股东大会及董事会职权、董事会与监事会的议事方式、高级管理人员的表述等方面对公司章程进行了修改。

2020年7月20日，公司在《上海证券报》发布《中建投信托股份有限公司关于修改〈章程〉的公告》。本次就股东应承担的义务、董事会专门委员会设置、监事勤勉履职要求、董事会职权等方面对公司章程进行了修改。

2020年8月31日，公司在《上海证券报》发布《中建投信托股份有限公司关于董事长变更的公告》。公司董事长由王文津变更为刘功胜，董事长刘功胜先生为公司法定代表人。

8.8 本报告期内中国银保监会及其省级派出机构认定的其他有必要让客户及相关利益人了解的重要信息

无。

中粮信托有限责任公司

1. 重要提示

1.1 公司董事会及董事保证本报告所载资料不存在任何虚假记载、误导性陈述或者重大遗漏,并对其内容的真实性、准确性和完整性承担个别及连带责任。本年度报告摘要摘自年度报告全文,客户及相关利益人欲了解详细内容,应阅读年度报告全文。

1.2 公司独立董事对年度报告内容的真实性、准确性和完整性无异议。

1.3 信永中和会计师事务所(特殊普通合伙)对公司出具了标准无保留意见的审计报告。

1.4 公司董事长孙彦敏先生、总经理吴浩军先生、财务总监张雪女士声明:保证年度报告中财务会计报告的真实、完整。

2. 公司概况

2.1 公司简介

中粮信托有限责任公司(以下简称中粮信托、公司或本公司)是2009年7月经中国银监会批准设立的非银行金融机构,注册地为北京市。

2012年经中国银监会批准,公司成功引进战略投资者——蒙特利尔银行。公司于2012年、2013年进行了两次增资,注册资本增至2 300 000 000元。2020年经北京银保监局批准,公司注册资本由2 300 000 000元增至2 830 954 182元。

公司现有股东3家分别为中粮资本投资有限公司持股80.5090%,蒙特利尔银行持股16.2408%,中粮财务有限责任公司持股3.2502%。

2.1.1 公司情况

公司名称(简称)	中粮信托有限责任公司(中粮信托)
公司英文名称(缩写)	Cofco Trust Co.,Ltd.(Cofco Trust)
公司法定代表人	吴浩军
注册地址	北京市朝阳区朝阳门南大街8号中粮福临门大厦11层
邮政编码	100020
公司网站	http://www.cofco-trust.com

2.1.2 主要联系人及联系方式

信息披露负责人	吴浩军
联系人	马建泽
联系电话	010-86378003
传真	010-85638655
电子信箱	majz@cofco.com

2.1.3 其他事项

公司选定《证券时报》作为本次信息披露的报纸。公司年报全文将备置在公司注册地址及网站供查询。

公司聘请的会计师事务所:信永中和会计师事务所(特殊普通合伙)

联系地址:北京市东城区朝阳门北大街8号富华大厦A座8层

2.2 组织结构

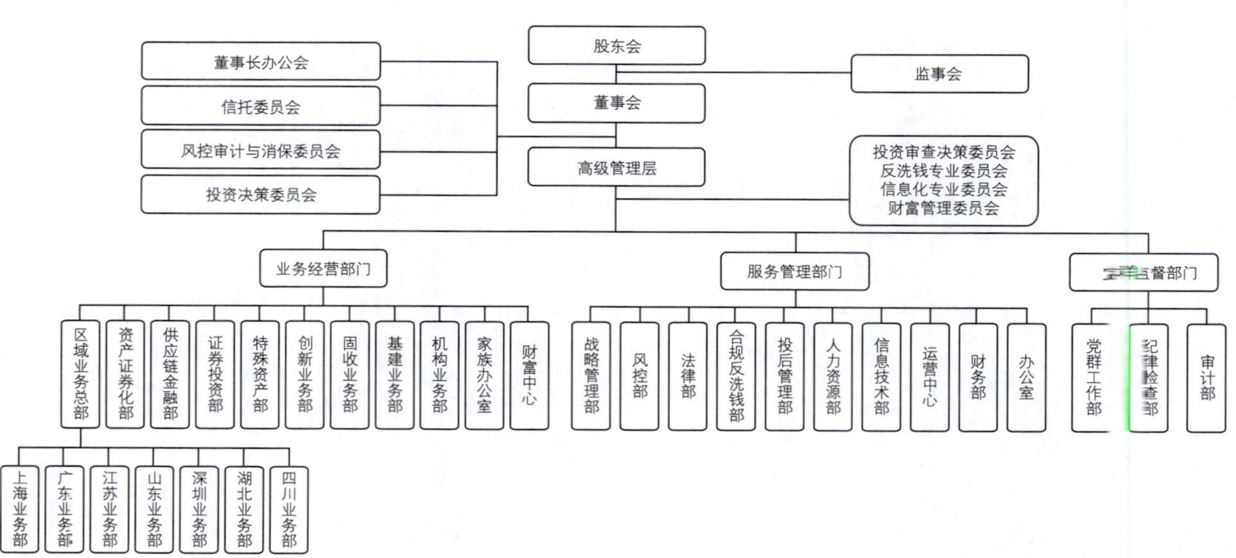

3. 公司治理

3.1 股东

报告期末股东共计3家，其中主要股东为中粮资本投资有限公司(以下简称中粮资本)、蒙特利尔银行。

股东名称	出资比例(%)	法定代表人	注册资本(万元)	注册地址	主要经营业务
中粮资本投资有限公司	80.5090	孙彦敏	133 700.1376	深圳市前海深港合作区南山街道桂湾片区二单元前海卓越金融中心(一期)8号楼904	投资与资产管理;企业管理;投资策划及咨询服务等。
中粮财务有限责任公司	3.2502	骆家駹	100 000.00	北京市朝阳区朝阳门南大街8号中粮福临门大厦19层	集团内存贷款、资金管理、融资咨询、债券承销等。
蒙特利尔银行	16.2408	不适用	—	加拿大安大略省多伦多市帝王西街100号第一加拿大广场	商业银行业务。

3.1.1 中粮资本

报告期末中粮资本的控股股东为中粮资本控股股份有限公司，持股比例为100%；中粮资本控股股份有限公司的控股股东为中粮集团有限公司，持股比例为62.78%；中粮集团有限公司的唯一出资人为国务院国有资产监督管理委员会。中粮资本的实际控制人和最终受益人为国务院国有资产监督管理委员会。除中粮信托外，报告期末中粮资本投资有限公司其他关联方如下：

关联方
中粮资本控股股份有限公司
中英人寿保险有限公司
中粮农业产业基金管理有限责任公司
上海富悦股权投资基金管理有限公司
中粮资本(香港)有限公司
中粮资产管理(国际)有限公司
中粮私募基金管理(海南)有限公司
中粮期货有限公司
中粮祈德丰(北京)商贸有限公司
上海祈德投资有限公司
中粮祈德丰投资服务有限公司
中粮期货(国际)有限公司
中粮资本(天津)商业保理有限公司
中粮资本科技有限责任公司
龙江银行股份有限公司
中英益利资产管理股份有限公司
深圳风林保险代理有限公司
中粮集团有限公司
中粮集团有限公司其他下属单位
弘毅弘量(深圳)股权投资基金合伙企业(有限合伙)
广东温氏投资有限公司

报告期末，中粮资本与中粮信托股东中粮财务有限责任公司为关联方，中粮资本是中粮信托有限责任公司的控股股东，不存在通过协议或其他安排扩大所能支配中粮信托有限责任公司表决权的一致行动人。

中粮资本在报告期内不存在将其所持有的中粮信托股权进行质押或以股权及其受(收)益权设立信托等金融产品的情况。

3.1.2 蒙特利尔银行

蒙特利尔银行注册地为加拿大，是境外上市公司，无控股股东或实际控制人，最终受益人为其全体股东。蒙特利尔银行与中粮信托有限责任公司其他股东不存在一致行动的关系。

除中粮信托外，报告期末蒙特利尔银行的其他关联方如下：

关联方
Bank of Montreal
BMO Capital Markets Limited
Pyrford International Limited
Bank of Montreal Holding Inc.
BMO Investments Limited
BMO Reinsurance Limited
BMO Nesbitt Burns Holdings Corporation
BMO Nesbitt Burns Inc.
BMO Investments Inc.
BMO InvestorLine Inc.
Bank of Montreal Europe plc
Bank of Montreal Mortgage Corporation
BMO Mortgage Corp.
BMO Financial Corp.
BMO Asset Management Corp.
BMO Capital Markets Corp.
BMO Harris Bank National Association
BMO Harris Investment Company LLC
BMO Harris Financial Advisors, Inc.
BMO Harris Financing, Inc.
BMO Family Office, LLC
BMO Global Asset Management (Europe) Limited
BMO Asset Management (Holdings) plc
BMO Life Insurance Company
BMO Life Holdings (Canada), ULC
BMO Life Assurance Company
BMO Trust Company
BMO Trustee Asia Limited
BMO Global Asset Management (Asia) Limited
LGM Investments Limited
富国基金管理有限公司
蒙特利尔银行(中国)有限公司
BMO Global Technology Holding Corp.
Litech Digital Limited

续表

关联方
Arclinks Group Limited
Boholo Holding Ltd
Winbest Holding Group Ltd
方达律师事务所
Sabai Sabai Kitchen and Bar
MediPharm Labs Corp

蒙特利尔银行在报告期内不存在将其所持有的中粮信托股权进行质押或以股权及其受（收）益权设立信托等金融产品的情况。

3.1.3　**中粮财务有限责任公司**

中粮集团有限公司持有公司第三大股东中粮财务有限责任公司83.74%的股权；中粮财务有限责任公司与中粮资本投资有限公司为关联方。中粮财务有限责任公司在报告期内不存在将其所持有的中粮信托股权进行质押或以股权及其受（收）益权设立信托等金融产品的情况。

3.2　董事会

董事会成员

姓名	职务	性别	年龄（岁）	选任日期	所推举的股东名称	该股东持股比例（%）	简要履历
孙彦敏	董事长	男	54	2020年4月	中粮资本投资有限公司	80.5090	曾任中粮财务有限责任公司总经理，中粮集团有限公司财务部总监；现任中粮资本董事长、总经理，中粮信托有限责任公司董事长。
俞　宁	董事	男	50	2020年4月	中粮资本投资有限公司	80.5090	曾任中英人寿保险有限公司资深副总裁；现任中英人寿保险有限公司总裁，中粮信托有限责任公司董事。
吴浩军	董事	男	52	2020年4月	中粮资本投资有限公司	80.5090	曾任中粮期货有限公司总经理助理、副总经理、总经理；现任中粮信托有限责任公司董事、总经理。
姜正华	董事	女	46	2020年4月	中粮资本投资有限公司	80.5090	曾任中粮集团有限公司战略部并购部总经理助理、副总经理，中粮资本投资有限公司总经理助理兼战略投资部总经理；现任中粮资本投资有限公司副总经理，中粮信托有限责任公司董事。
Edgar Normund Legzdins（李凯昇）	董事	男	62	2020年4月	蒙特利尔银行	16.2408	2008年至今任BMO国际业务集团高级副总裁及董事总经理；2012年10月至今兼任中粮信托有限责任公司董事。
Albert Chun－Ming Yu（余俊明）	董事	男	59	2020年4月	蒙特利尔银行	16.2408	2009年至今任BMO银行金融集团亚洲区首席执行官、蒙特利尔银行（中国）有限公司行长；2012年10月至今兼任中粮信托有限责任公司董事。

独立董事

姓名	职务	性别	年龄（岁）	选任日期	所推举的股东名称	该股东持股比例（%）	简要履历
柯卡生	独立董事	男	56	2020年4月	中粮资本投资有限公司	80.5090	曾任中国银监会广东监管局筹备组成员、副局长、非银行金融机构监管部主任，中国华融资产管理股份有限公司董事、总裁；现任中粮信托有限责任公司独立董事。
陈国钢	独立董事	男	61	2020年4月	中粮财务有限责任公司	3.2502	曾任中国中化集团公司副总会计师、财务部总经理、总会计师，新华人寿保险股份有限公司副总裁、首席财务官，中国民生投资集团副总裁，中民投资本管理有限公司董事长，中民投亚洲资产管理有限公司执行董事，中国民生金融控股有限公司首席执行官、董事局主席；现任深圳前海金融资产交易所有限公司任首席执行官，中粮信托有限责任公司独立董事。
潘慧峰	独立董事	男	46	2020年9月	中粮资本投资有限公司	80.5090	对外经济贸易大学金融学院教授，兼任中粮信托有限责任公司独立董事。

3.3　监事会

监事会成员

姓名	职务	性别	年龄（岁）	选任日期	所推举的股东名称	该股东持股比例（%）	简要履历
李德罡	监事会主席	男	49	2020年4月	中粮资本投资有限公司	80.5090	曾任中粮财务有限责任公司总经理助理、副总经理、常务副总经理、总经理等职务。
初丰城	监事	男	57	2020年4月	中粮财务有限责任公司	3.2502	曾任中粮集团财务部会计管理部总经理；现任中粮集团财务部副总监，兼任中粮信托有限责任公司监事。

续表

姓名	职务	性别	年龄（岁）	选任日期	所推举的股东名称	该股东持股比例(%)	简要履历
张晓燕	监事	女	56	2017 年 11 月	蒙特利尔银行	16.2408	2014 年至今担任蒙特利尔银行亚洲区和蒙特利尔银行(中国)有限公司首席风险官;2017 年 11 月至今兼任中粮信托有限责任公司监事。
江元军	职工代表监事	男	50	2020 年 4 月	职工代表大会	—	曾任海军总医院审计办公室主任、"048 工程"战场建设指挥部财务处副团职助理等职务;现任中粮信托有限责任公司审计纪检部专职纪检干部、职工代表监事。
沈　慧	职工代表监事	女	48	2020 年 10 月	职工代表大会	—	曾任中粮信托有限责任公司综合管理部综合管理部负责人等职务;现任中粮信托有限责任公司办公室主任、职工代表监事。

目前公司监事会暂未设下属委员会。

3.4　高级管理人员

姓名	职务	性别	年龄（岁）	选任日期	金融从业年限(年)	学历学位	专业	简要履历
吴浩军	总经理	男	52	2018 年 6 月	23	硕士	EMBA	曾任中粮期货有限公司总经理助理、副总经理、总经理;现任中粮信托有限责任公司总经理。
刘荣华	副总经理	男	38	2019 年 9 月	14	硕士研究生	法学	曾任中融国际信托有限公司金融市场部副总经理、金融同业部总经理等职务;现任中粮信托有限责任公司副总经理(常务)。
马建泽	副总经理兼董秘	男	48	2016 年 3 月(副总) 2018 年 12 月(董秘)	24	本科	国际金融	曾任中粮(美国)金融资本公司任投资部经理,中粮集团有限公司金融事业部项目发展部总经理助理;现任中粮信托有限责任公司副总经理兼董秘。
张　勇	副总经理	男	47	2018 年 1 月	19	博士研究生	政治经济学	曾任生命人寿保险股份公司机构发展部助理总经理,兼任生命养老保险股份有限公司筹备组成员、中粮信托有限责任公司总经理助理;现任中粮信托有限责任公司副总经理。
陈　众	副总经理	男	48	2018 年 1 月	24	博士研究生	会计学	曾任安徽丰原生物化学股份有限公司财务副总监,中粮信托有限责任公司总经理助理;现任中粮信托有限责任公司副总经理。
张　雪	财务总监	女	46	2018 年 1 月	20	硕士研究生	会计学	曾任中粮集团有限公司财务部会计管理部副总经理;现任中粮信托有限责任公司财务总监。
吴　江	总经理助理	男	47	2016 年 3 月	24	本科	国际金融	曾任渤海银行总行金融同业部总经理;现任中粮信托有限责任公司总经理助理。

3.5　报告期内公司员工

项目		报告期年度		上年度	
		人数(人)	比例(%)	人数(人)	比例(%)
年龄分布	20 岁以下	—	—	—	—
	20～29 岁	51	15.89	67	22.41
	30～39 岁	188	58.57	160	53.51
	40 岁以上	82	25.54	72	24.08
学历分布	博士	15	4.67	13	4.35
	硕士	183	57.01	179	59.87
	本科	116	36.14	99	33.11
	专科	7	2.18	8	2.67
	其他	—	—	—	—
岗位分布	董事、监事及其高级管理人员	7	2.18	8	2.68
	自营业务人员	—	—	7	2.34
	信托业务人员	208	64.80	157	52.51
	其他人员	106	33.02	127	42.47
合计		321	100	299	100

4. 经营管理

4.1　经营目标、经营方针、战略规划

4.1.1　愿景

中粮信托的愿景是秉承"忠实良益,信任托付"的消费者服务理念,致力于成为有产业特色、有行业美誉的一流资产管理和财富管理平台。

4.1.2　短期经营策略

为了实现为广大金融消费者提供优质、高效金融服务的长期发展战略,2020 年,中粮信托积极主动作为,转变发展方式,加快转型升级。公司在巩固和提升传统业务优势的基础上,大力发展投资信托、服务信托和财富管理,并召开战略研讨会,以战略为引领,确定了供应链业务、标准化业务、财富管理业务等重点业务发展方向。为适应经营转型需要,构建核心竞争力,提升专业能力,公司进行了组织架构及业务分工的优化调整。按照专业化、条线化原则,改组、设立供应链金融部、资产证券化部、证券投资部、创新业务部、特殊资产部、家族办公室、固收业务部等专业化部门;制定出台配套的管理政策、制度和流程,

优化完善创新机制，推进相关创新业务的标准化和规范化，加快公司转型发展。

同时，中粮信托通过优化内部控制体系，完善中后台部门的职责分工，使中后台的运营机制更加顺畅、管理更加严密、程序更加合理，形成了以管控公司业务风险为前提、以支持业务发展与以保障为核心的四大中心体系，即项目审查中心、合规管控中心、风险监测及预警中心、风险处置中心，推进公司的可持续发展。

此外，中粮信托制定了数字化战略规划，根据需求特点及自身实际情况，建设更加全面的、服务公司发展战略的信息化技术体系，升级金融数字化，深耕金融应用场景，聚焦业务模式的智慧再造。公司已经上线财富端 APP，由登记过户系统（TA）、客户管理系统（CRM）和营销终端（APP/400/公众号/网站）组成的一体化业务运行体系已正式投入使用。

4.2 所经营业务的主要内容

固有资产运用与分布表（母公司）

资产运用	金额（万元）	占比（%）	资产分布	金额（万元）	占比（%）
货币资产	6 258.17	1.27	基础产业	—	—
贷款及应收款	7 935.12	1.61	房地产业	—	—
交易性金融资产	358 668.47	72.63	证券市场	37 614.14	7.62
可供出售金融资产	—	—	实业	—	—
持有至到期投资	—	—	金融机构	275 470.08	59.48
长期股权投资	2 510.00	0.51	其他	180 756.14	32.90
其他	118 468.60	23.98			
资产总计	493 840.36	100.00	资产总计	493 840.36	100.00

信托资产运用与分布表（母公司）

资产运用	金额（万元）	占比（%）	资产分布	金额（万元）	占比（%）
货币资产	56 761.85	0.36	基础产业	2 649 584.68	16.81
贷款	4 775 720.57	30.30	房地产	746 823.71	4.73
交易性金融资产	6 139.07	0.04	证券市场	892 909.84	5.67
可供出售金融资产	1 403 462.42	8.91	实业	6 869 944.18	43.59
持有至到期投资	155 204.84	0.98	金融机构	2 779 279.70	17.64
长期股权投资	5 052 081.50	32.06	其他	1 821 124.05	11.56
其他	4 310 295.91	27.35			
信托总资产	15 759 666.16	100.00	信托总资产	15 759 666.16	100.00

4.3 市场分析

2020 年，整个信托行业面临着监管不断趋严的态势，降杠杆、去通道和降规模成为行业的主基调。2020 年初，中国银保监会进一步明确要求压降通道类和融资类信托业务规模，信托公司的业务发展面临着较大的监管压力，倒逼信托公司转型发展。在此大背景下，信托资产规模持续压降，业务结构持续优化，投资类信托业务增长明显，且行业风控处置能力得到持续加强。

信托行业作为金融业中的重要组成部份，虽面临着较大的转型发展压力，但行业将会遵循监管导向，继续有序压降融资和通道类业务，深化结构性转型；立足于受托人定位，建设受托文化，全面深化受托服务，回归信托本源，服务实体经济，服务人民美好生活需求；同时强化金融科技能力，加快金融数字化升级，谋求行业自身的高质量发展。此外，信托行业还将持续加强合规建设，严控风险，强化风险管理能力，防范化解金融风险。

4.3.1 有利因素

2020 年，我国在复杂严峻的国内外经济环境下，统筹新冠肺炎疫情防控和经济社会发展工作取得重大成果，经济运行逐季度改善、逐步恢复常态。2020 年 GDP 同比增长 2.3%，GDP 总量突破 100 万亿元大关；人均 GDP 继续上升，并持续处于 10 000美元以上位置，中等收入群体持续扩大，为财富管理和资产管理业务提供了广阔市场空间。

后疫情时代，经济社会逐步回归常态，金融行业供给侧结构性改革进一步加快推进；“资管新规”过渡期剩下最后一年，信托公司转型发展进入关键时期。信托行业通过明晰战略方向、强化专业能力、夯实社会信任基础等多方面路径，可实现自身的高质量发展。

国家从战略层面支持建立健全多层次资本市场体系，提高直接融资比重。在结构牛市等预期的影响下，信托公司可以选择提升投研能力，紧抓资本市场的投资机遇，发展证券投资产品，布局 TOF、固收 +、打新、量化投资等产品，满足监管导向和投资者需求。另外，融资类业务压降促使信托行业加快发行投资类信托产品，细分行业赛道，促进投贷联动、股债结合，以应对非标融资额度紧张难题。

此外，当前的严监管环境更加促使信托公司强化业务创新，在资产证券化、家族信托、慈善信托、年金等领域寻求特色化发展，养老信托、绿色信托、REITs、遗嘱信托等创新业务都将迎来突破，扩大信托制度应用领域。

4.3.2 不利因素

经济环境方面，全球经济增长放缓，突如其来的新冠肺炎疫情改变了原有的经济格局，全球经济开启了“新常态”，无论是发展模式、增长速度、增长方式，甚至驱动增长的要素等都在改变。从长期来看，在疫情冲击及贸易保护主义、贸易摩擦加剧影响下，我国经济下行压力依旧较大。

同时，新冠肺炎疫情的暴发无论是对实体经济还是金融行业都造成了巨大冲击。信托公司短期内也因疫情展业受到限制，而疫情对部分行业领域企业盈利能力、偿债能力造成冲击，也给信托行业的风险防控形势造成不利影响。

此外，监管对于信托行业加大了监督力度，强监管、严监管态势将会持续，特别是对影子银行的治理力度会保持高压态势，进一步压降融资类、通道类信托业务规模。传统的融资类业务模式已无法支持信托公司高质量发展的要求，信托公司面临转型发展的压力较大。

4.4 内部控制

4.4.1 内部控制环境和内部控制文化

公司高度重视内部控制建设与完善，以保证经营管理合法合规、资产安全、财务报告及相关信息真实完整，提升公司的经营效率和效果，提高合规意识，树立合规理念，维护公司的信誉和形象，促进公司战略发展目标的实现。

公司严格按照《中华人民共和国公司法》《中华人民共和国

信托法》《信托公司管理办法》等法律法规，建立完善了公司的治理结构、议事规则和运行模式，形成股东会、董事会、监事会和经营管理层相互分离、合理制衡的机制，明确划分治理层和管理层间的权限；董事会下设董事长办公会、信托委员会、风控审计与消保委员会、投资审查决策委员会，各自履行相应职责；建立健全内部控制制度，做到有规可循；完善流程控制和运行机制，做到有据可依。

公司持续加强内部控制文化的建设，组织高级管理人员和员工参加行业培训，学习同业先进经验；通过定期举办内部培训讲座、发放内部宣传刊物、线上学习、项目复盘等形式，树立员工合规意识和风险意识，有效提升员工合规观念和职业道德操守，使员工内控意识不断增强。

4.4.2 内部控制措施

4.4.2.1 内控制度体系

公司建立了权责分明、分工明确的内部控制体系，实现了对公司决策层、管理层和操作层的全面监督和控制。内部控制相关组织架构及职能部门主要包括股东会、董事会、管理层、投资审查决策委员会、风控部、投后管理部、运营中心、合规反洗钱部、法律部、审计部和纪律检查部等。

4.4.2.2 内部控制措施

机制保障。公司构建完善的公司内部控制体系，明确各部门的权限与职责，设置严格的内部管控流程，实现业务操作和内部管理的规范化、科学化。

制度完善。根据市场环境变化及业务发展情况，公司对现行的制度及操作流程中与公司现阶段发展不符或不适合的规定、要求及时修订，并定期发布制度汇编。

强化监督。公司审计部结合外部监管要求及公司实际业务发展情况，以风险为导向开展年度内部控制独立评价，加强对公司内部控制的监督。

推动整改。公司积极推进内部控制缺陷整改工作，定期对内部控制评价工作发现的缺陷逐个确认相关风险点并制定相应的整改措施，并对缺陷整改情况进行核实，推进公司内部控制工作的健全和完善。

信息化建设。公司不断加强信息化建设，通过对财务系统、信托业务管理系统等逐步优化，提升审批效率，将关键控制点纳入系统管理，提高公司风险控制能力。

4.4.3 信息交流与反馈

公司建立了良好的信息交流与反馈机制，定期召开股东会、董事会、监事会，以定期报告的形式将公司经营管理信息传递给股东、董事和监事；通过召开经营及项目评审会议，各管理部门和业务部门将经营管理动态向高级管理人员进行及时汇报。

公司按照监管部门要求，严格执行授权审批和流程审批，认真按时报送各类业务信息、报告和报表，对监管机构提出的问题或建议，公司均给予及时、详细的信息反馈或制定整改措施。

公司严格按照相关法规中有关信息披露的要求，真实、准确、完整地向外部利益相关者披露信息。在公司官方网站等媒体上及时发布公司年报、披露重大事项；同时公司通过热线电话系统，加强与外部客户的交流，接受客户意见反馈。

4.4.4 监督评价与纠正

公司通过各项日常会议，实现管理层对业务的持续监管。董事会通过听取高管层工作报告、月度、季度运行分析报告等，检查公司的日常工作，监督高管层的日常经营；监事（会）列席董事会、投资审查决策委员会、总经理办公会，对董事、高级管理层的行为实施监督；高级管理层通过各部门月度、季度运行分析报告、部门日常汇报、签署业绩合同、绩效考核等形式，保障公司各部门的正常运转，通过督导会和问责会，对有关问题及时处理，有效纠正运行中偏差。

审计部作为公司独立监督部门，负责对公司内部控制制度、业务经营、财务活动等实施评价监督。根据《企业内部控制基本规范》及其配套应用指引的要求，参照《信托公司管理办法》《商业银行内部控制指引》等制度规定，审计部制定了年度内部控制独立评价工作计划，对公司重点内控环节开展全面评价工作，关注内控风险、操作风险、合规风险和信托项目实质性风险等，排查公司经营管理中存在的漏洞和不足，提出切实可行的意见和建议。通过整改追踪核查，对问题整改逐一落实。

4.5 风险管理

4.5.1 风险管理概况

4.5.1.1 公司经营活动中可能遇到的风险

公司经营风险主要有合规风险、信用风险、政策风险、舆情风险。

4.5.1.2 风险控制原则

公司在风险管理方面确立了合规优先、全程监控、风险与效益平衡三个导向。具体执行上，公司坚持不懂不做、信息透明、适度分散、集体决策四个原则。

4.5.1.3 风险管理组织结构与职责划分

公司党委。公司党委对公司重大决策事项、重要人事任免事项、重大项目安排事项和大额度资金运作事项（“三重一大”事项）进行集体讨论决定。

董事会。公司董事会是公司的经营决策机构，也是公司风险管理方面的最高决策机构。公司董事会由9名董事组成，设董事长1名。董事会对公司建立全面风险管理体系和维持其有效性承担最终责任，下设信托委员会、风控审计与消保委员会、投资决策委员会和董事长办公会四个下属委员会。

监事会。公司监事会由5名监事组成，设监事会主席1名。监事会行使下列职权：对董事会编制的公司定期报告进行审核并出审核意见；检查公司财务；对公司董事、高级管理人员执行公司职务进行监督等。

高级管理层。公司高级管理层负责组织实施全面风险管理，实行总经理负责制，首席风险官或独立审批人负责指导、协调和监督各部门开展风险管理工作。

从属于高级管理层的有关机构如下。

（1）投资审查决策委员会。投资审查决策委员会是总经理办公会下设的专业决策委员会，对公司固有业务和信托业务以及对审查通过业务的展期进行审查和决策，即审批。

（2）反洗钱、反恐怖融资工作委员会。反洗钱、反恐怖融资工作委员会是公司反洗钱工作的执行机构，向高级管理层汇报，负责贯彻落实中国人民银行等监管部门制定的反洗钱工作方针、政策，监督指导反洗钱工作。

（3）信息化专业委员会。信息化专业委员会负责提出公司信息化发展战略建议，对公司信息化建设规划进行论证、对公司信息化建设预算决算，以及重大信息化建设项目的审议。

（4）MD 职级及薪酬专业委员会。MD 职级及薪酬专业委员会是公司 MD 考核体系管理、考核、人员定级调级、任职资格标准审定的领导机构。

（5）财富管理委员会。财富管理委员会对公司财富管理有关业务和工作进行相关制度、标准的颁布和审批，审议信托项目发行、资金募集、投资者适格等具体业务。

（6）风险处置决策小组。风险处置决策小组是公司党委、总经理办公会授权的风险处置的决策机构，审议公司风险项目的应对机制、处置措施和方案。

责任部门。责任部门由公司全体组成，具体为业务部门（含固有业务部门，以下同）、风险管理部门、内控合规管理部门、投后管理部门、法律部门、运营管理部门、审计部门、信息技术部门、人力资源管理部门、纪检部门、战略管理部门，将全面风险管理落实在公司的每项业务、每一个操作环节中，实现风险管理职能部门的一体化运作、专业化分工、多层次协调、多角度防范的风险管理职能。

公司建立了“四道防线并行的垂直管理模式”的风险管理组织架构。根据风险防控机制和大类风险牵头的管理要求，前台、中台、后台各职能部门分工协作，各项业务事前、事中、事后各个环节严密协作、环环相扣、相互制衡，党委、董事会、高级管理层及专门委员会与“四道防线”紧密联系，对“四道防线”的风险管理活动进行垂直管理。

“第一道防线”以公司各业务部门为主体组成。各业务部门按照公司风险管理制度与业务操作流程开展信托业务和固有业务，在尽职调查、产品设计、资金募集、贷后投后管理、信息披露、终止清算等整个业务过程中对信用风险、市场风险、操作风险、法律政策风险等主要业务风险进行管理，承担展业和风险控制的第一责任。

“第二道防线”由公司具有风险管理相关职能的风控部、合规反洗钱部、投后管理部、法律部、运营中心、财务部、信息技术部等中后台部门组成，通过交易结构、尽调材料、合同文本等的审核、过程监测、账务管理、证照及档案管理等方式，对其工作范围内的各项风险进行管理，向公司业务活动提供合规、风险控制和法律支持，同时对业务部门负责管理的风险进行平行监控，监督各项风险管理措施是否有效落实。

“第三道防线”为公司审计部门，负责对公司业务运行过程与结果进行独立的审计检查与监督、对风险项目进行审计、对前两道“防线”的风险管理情况执行独立的监督和评价，并就评价结果向公司董事会进行定期汇报。

“第四道防线”由公司党委搭建。公司党委负责公司党风廉政与道德建设，对道德风险防范进行全面领导，负责“三重一大”决策监督、廉洁从业效能监察、腐败迹象线索监测等。固有业务的重大投资需报请公司党委审议决策。

4.5.2 风险状况

4.5.2.1 合规风险状况

合规风险指公司开展信托和固有业务时，业务要素、业务方案、业务文件及事务执行等不符合法律、行政法规和有关监管规定，导致业务方案、业务文件面临无效或被撤销，或公司权利保障面临重大瑕疵的法律风险，甚至存在可能遭受监管机构行政处罚的合规风险，进而给公司带来经济和声誉损失。

报告期内，公司未发生此类合规风险。

4.5.2.2 信用风险状况

信用风险指交易对手不能履约而带来的风险。2020 年受新冠肺炎疫情及监管部门加大风险排查力度的影响，引发了政府融资平台、各类企业偿债能力下降、房地产及资本市场价格下跌，信托赔偿准备金规模持续推高，公司可能面临此类风险。

报告期内，公司信用风险管控压力较往年有所增加。

4.5.2.3 政策风险状况

政策风险是指宏观政策与产业政策发生变化，影响公司战略的有效制定、实施和目标达成。2020 年，行业监管政策持续收紧，中国银保监会通过发布《信托公司资金信托管理暂行办法（征求意见稿）》（以下简称《资管新规》），进一步显示出监管对于持续压缩非标债权融资的资金信托业务规模，信托回归本源业务，鼓励开展服务信托和公益（慈善）信托业务的监管精神。同时，为强调“房住不炒”的理念，中国银保监会通过发布的《中国银保监会办公厅关于进一步加强信托公司房地产信托业务监管的通知》及监管部门窗口指导的有关要求，严控房地产信托业务增速。

报告期内，公司面临的政策风险压力较大。

4.5.2.4 舆情风险状况

舆情风险是指由于投资者、分析师、客户、新闻媒体或其他利益相关者发布的负面消息，或由于企业遭受法律诉讼，导致企业品牌和声誉可能受损的风险。

报告期内，公司未发生此类舆情风险。

4.5.3 风险管理

4.5.3.1 合规风险管理

中粮信托开展各项业务均符合信托行业法律法规的规定和公司制定的《合规管理办法》，业务部门、合规反洗钱部须对项目是否合规进行反复评估、论证。同时，根据《信托业务投后管理办法》，在项目中后期管理过程中根据项目类型的不同，严格把控项目资金流向及用途是否合规，关注各项监管法规等方面的变化对项目的影响。如果相关监管外规发生重大变化，将由公司战略管理部、合规反洗钱部对合规风险进行判断，对业务发展方向进行调整，形成报告后报公司投资审查决策委员会通过，并及时更新或制定公司相关制度，明确新的合规要求并组织实施。公司严格执行信托登记管理办法的要求，确保信托登记上报工作的及时性和准确性。此外，公司所有关联交易均逐笔上报监管，得到明确批复后方可开展。

从整体来看，公司预期能够做到有序展业、合法合规经营，公司面临的合规风险基本可控。

4.5.3.2 信用风险管理

2020 年，公司将提高全面风险管理能力作为公司的核心战略之一，确立了公司全面风险管理体系的建设规划，即打造以公司风险管理核心能力建设为宗旨，用三年时间，基本建成风险管理组织健全、制度完善、流程优化、高效运行、职责清晰、监督有效、评价到位，风险管理文化和信息技术先进，且具有由信息系统数据化支持的风险管理体系。公司已编制《全面风险管理工作手册》，使风险管控有效落实在公司各项业务、每一个操作环节中；完善了各类风险的管理细则，发布了合规风险、洗钱风险、流动性风险、信用风险、市场风险等相关管理办法，使全面风险管控有章可循。

为了规范风险管控行为，公司于2020年5月发布了《关于规范信托业务决策行为的规定》，规范了信托业务调查、审查、审批和投后管理至项目结束各个环节的决策行为、建立了项目主责任人制度及划分信托项目的责任界定，为防范信托项目的信用风险、提高投审会决策水平和建立权责分明的管理流程提供了有力的制度保障。

此外，受疫情和宏观经济下行的影响，信托业务发生信用风险的可能性有所增加。为更好地适应“去通道、降杠杆、防风险”的当前市场环境，顺应“资管新规”下信托业务转型的要求，公司2020年保持信托项目的稳健风险偏好，严格按照集团及资本要求，建立客户和区域准入标准，严把项目风险审查关。

为提高尽调质量，提高贷前审查能力，严控信用风险，2020年公司中台部门加大现场调查研究工作，深入市场调研，不断地细化和修订业务的审查制度及指引。公司面临转型压力，守住风险底线的原则不动摇，开展创新业务风险管理力求制度先行。在开展项目合法合规的前提下，严把项目准入关，提高公司风险防范能力。

项目中后期管理过程中，继续坚持利用“情景分析和压力测试”及“净资本”监测等工具和方法，通过对运行项目进行风险五级分类和动态跟踪管理来有效降低可能发生的信用风险，严防兑付风险。

此外，2020年，由投后管理部牵头，相关部门和业务部门联合对存续项目进行全面梳理、调研与排查。对于受疫情影响较大的区域，公司要求业务团队深入分析并制定风险应对措施，同时赴现场开展催收工作，与各方多次积极沟通、妥善安排付息制定应急处置预案等，避免项目出现违约，将疫情负面影响降至最低。在排查工作开展过程中，公司提前制定检查方案，明确检查重点，及时预警，尽早介入。此外，还要求业务部门每季度末加大与交易对手的沟通频率，及时了解兑付压力。针对重点项目，一旦出现新的情况，好的化解机会，便当即召开专题研讨会议，深入、细化地讨论具体应对方案，提高化解工作可操作性及推进效率。投后管理部也通过同业交流，分享可行性方案，提议尽快丰富中粮信托产品种类及产品设计的灵活性，提高信用风险应对能力，最终严控风险项目增量。

在项目销售环节，公司严格落实信托产品销售环节的录音、录像和投资者风险测评，确保投资者的风险承受能力与产品风险等级向匹配，加强对投资者的风险教育。

从整体来看，在行业风险项目不断增加的情况下，公司没有出现重大风险项目。经风险评估，公司信托项目运营正常，信用风险管控情况良好。

4.5.3.3　政策风险管理

2020年受国家宏观经济环境受疫情等不利因素影响，经济政策仍处于波动调整期，公司经营发生政策风险的可能有所增加。针对政策风险，公司坚持认真研究宏观经济政策，紧密结合政策变化导向和公司实际，适时调整业务发展方向、制定展业经营策略。

在内部经营管理策略上，为更好地适应外部监管政策的变化，公司管理层不断推动业务转型，在金融同业通道规模、房地产信托业务规模、融资类信托业务规模的三重管控目标下，积极探索新业务类型，并且在资产管理能力、财富管理两个领域打造自主管理的核心竞争力，并匹配相应的风险管控能力，做好事前、事中、事后的全面风险管理。

在公司各部门职责上，战略管理部专门就宏观政策进行研究并出具报告，同时结合实际情况制定公司发展战略，降低宏观政策变化对公司运营带来的潜在风险。合规反洗钱部定期收集法律、规则和准则的最新发展，传达监管机构新政策，研究对公司业务的影响，提出合规意见及建议，通过定期发布《监管动态速递》形式，告知公司全员最新监管和政策动态；确保各项政策、程序和操作指南符合法律、规则和准则的要求，以此来防范政策风险。

从整体来看，公司积极关注宏观政策变化并及时进行梳理和解读，审慎评估宏观政策走向对公司展业的潜在风险，充分发挥各职能部门的专业能力，力求有效把控可能面临的政策风险。

4.5.3.4　舆情风险管理

2020年，受市场上信用违约风险事件增加的影响，公司面临舆情风险的可能性有所升高。针对舆情风险管控，公司通过加强自身队伍建设，建立与相关部门的高效协调联动机制，保证各项内外部舆情监控工作机制顺畅有效。通过公开舆情的搜集、研判和应对，真正起到“千里眼”和“顺风耳”的作用。

公司已建立了公开舆情常态化监测机制，由财富中心、投后管理部、特殊资产部根据职责对公司舆情信息进行监测，投后管理部负责汇总公司舆情信息，并向办公室报告；对发现的公司舆情信息，由办公室及时向中粮资本报告，财富中心及时向监管部门报告；如声誉事件涉及集团或符合集团“重大风险事件”报送标准，公司应将该等声誉事件上报集团；对发现的舆情信息，由办公室牵头，联合有关部门共同分析，根据信息性质、影响程度和演变趋势进行分级，根据舆情级别的不同，采取相应的处置方案；舆情发生后，舆情工作组要指定专人时刻监测舆情发展动向，及时澄清虚假信息或不完整信息，直至舆情平息为止；针对舆情处置工作中的成功经验及暴露出来的问题，进一步提出有关反思整改意见。

同时，公司在进行新产品研发设计、市场营销推广时充分考虑声誉风险因素，严格遵守面签和双录制度，坚持充分的风险揭示，确保投资者的风险承担能力和其拟认购产品的风险等级相匹配，坚决防范信托产品不当营销可能引发的风险。此外，公司将日常主动管理与突发事件应对相结合，平时既防微杜渐，主动排查舆情风险，将隐患消灭在萌芽状态，又做好如遇突发舆情事件时的应急预案，正确把握舆情引导与应对的基本原则和客观规律，及时，有效处理舆情危机，化解声誉风险。

4.6　净资本管理概况

公司净资本风险控制指标情况如下：

指标	期末数	监管指标
净资本（万元）	373 605.12	≥2亿元
各项业务风险资本之和（万元）	257 522.95	—
净资本/各项业务风险资本之和（%）	145	≥100
净资本/净资产（%）	80	≥40

5. 报告期末及上一年度末的比较式会计报表

5.1 自营资产

5.1.1 会计师事务所审计意见全文

审 计 报 告

XYZH/2021BJAB10719

中粮信托有限责任公司董事会：

一、审计意见

我们审计了中粮信托有限责任公司（以下简称中粮信托公司）财务报表，包括 2020 年 12 月 31 日的合并及母公司资产负债表，2020 年度的合并及母公司利润表、合并及母公司现金流量表、合并及母公司所有者权益变动表，以及相关财务报表附注。

我们认为，后附的财务报表在所有重大方面按照企业会计准则的规定编制，公允反映了中粮信托公司 2020 年 12 月 31 日的合并及母公司财务状况及 2020 年度的合并及母公司经营成果和现金流量。

二、形成审计意见的基础

我们按照中国注册会计师审计准则的规定执行了审计工作。审计报告的“注册会计师对财务报表审计的责任”部分进一步阐述了我们在这些准则下的责任。按照中国注册会计师职业道德守则，我们独立于中粮信托公司，并履行了职业道德方面的其他责任。我们相信，我们获取的审计证据是充分的、适当的，为发表审计意见提供了基础。

三、其他信息

中粮信托公司管理层（以下简称管理层）对其他信息负责。其他信息包括中粮信托公司 2020 年年度报告中涵盖的信息，但不包括财务报表和我们的审计报告。

我们对财务报表发表的审计意见不涵盖其他信息，我们也不对其他信息发表任何形式的鉴证结论。

结合我们对财务报表的审计，我们的责任是阅读其他信息，在此过程中，考虑其他信息是否与财务报表或我们在审计过程中了解到的情况存在重大不一致或者似乎存在重大错报。

基于我们已执行的工作，如果我们确定其他信息存在重大错报，我们应当报告该事实。在这方面，我们无任何事项需要报告。

四、管理层和治理层对财务报表的责任

管理层负责按照企业会计准则的规定编制财务报表，使其实现公允反映，并设计、执行和维护必要的内部控制，以使财务报表不存在由于舞弊或错误导致的重大错报。

在编制财务报表时，管理层负责评估中粮信托公司的持续经营能力，披露与持续经营相关的事项（如适用），并运用持续经营假设，除非管理层计划清算中粮信托公司、终止运营或别无其他现实的选择。

治理层负责监督中粮信托公司的财务报告过程。

五、注册会计师对财务报表审计的责任

我们的目标是对财务报表整体是否不存在由于舞弊或错误导致的重大错报获取合理保证，并出具包含审计意见的审计报告。合理保证是高水平的保证，但并不能保证按照审计准则执行的审计在某一重大错报存在时总能发现。错报可能由于舞弊或错误导致，如果合理预期错报单独或汇总起来可能影响财务报表使用者依据财务报表作出的经济决策，则通常认为错报是重大的。

在按照审计准则执行审计工作的过程中，我们运用职业判断，并保持职业怀疑。同时，我们也执行以下工作：

（1）识别和评估由于舞弊或错误导致的财务报表重大错报风险，设计和实施审计程序以应对这些风险，并获取充分、适当的审计证据，作为发表审计意见的基础。由于舞弊可能涉及串通、伪造、故意遗漏、虚假陈述或凌驾于内部控制之上，未能发现由于舞弊导致的重大错报的风险高于未能发现由于错误导致的重大错报的风险。

（2）了解与审计相关的内部控制，以设计恰当的审计程序，但目的并非对内部控制的有效性发表意见。

（3）评价管理层选用会计政策的恰当性和作出会计估计及相关披露的合理性。

（4）对管理层使用持续经营假设的恰当性得出结论。同时，根据获取的审计证据，就可能导致对中粮信托公司持续经营能力产生重大疑虑的事项或情况是否存在重大不确定性得出结论。如果我们得出结论认为存在重大不确定性，审计准则要求我们在审计报告中提请报表使用者注意财务报表中的相关披露；如果披露不充分，我们应当发表非无保留意见。我们的结论基于截至审计报告日可获得的信息。然而，未来的事项或情况可能导致中粮信托公司不能持续经营。

（5）评价财务报表的总体列报、结构和内容，并评价财务报表是否公允反映相关交易和事项。

（6）就中粮信托公司中实体或业务活动的财务信息获取充分、适当的审计证据，以对财务报表发表审计意见。我们负责指导、监督和执行集团审计，并对审计意见承担全部责任。

我们与治理层就计划的审计范围、时间安排和重大审计发现等事项进行沟通，包括沟通我们在审计中识别出的值得关注的内部控制缺陷。

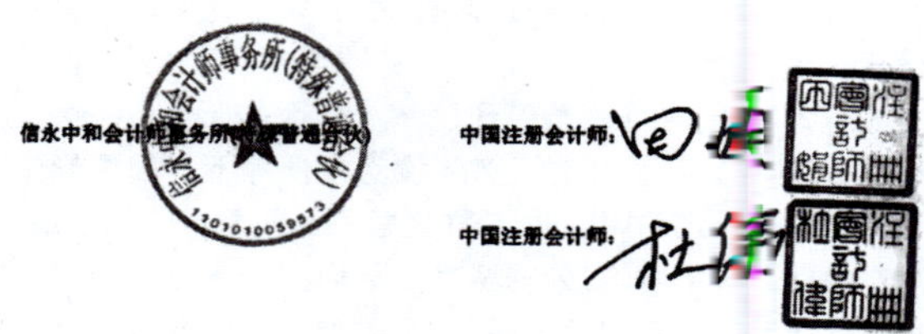

信永中和会计师事务所（特殊普通合伙）　　中国注册会计师：田娟
中国注册会计师：杜律

中国·北京　　二〇二一年四月九日

5.1.2 资产负债表

合并资产负债表

编制单位：中粮信托有限责任公司　　2020 年 12 月 31 日　　单位：元

资产	2020 年 12 月 31 日	2019 年 12 月 31 日
资产：		
货币资金	100 833 553.57	373 098 408.39
结算备付金	—	—
拆出资金	—	—
交易性金融资产	2 969 950 914.64	2 142 537 180.64
合同资产	—	—
买入返售金融资产	191 489 306.18	—
应收账款	69 775 539.01	64 266 034.19
预付账款	10 095 302.42	8 674 459.54
其他应收款	627 576 691.37	880 812 220.23
其中：应收股利	—	—
发放贷款及垫款	1 065 636 815.48	1 633 673 738.01
债权投资	9 897 467.50	49 487 337.50
其他债权投资	—	—
长期应收款	—	—
长期股权投资	—	—
固定资产	3 542 511.94	4 884 039.64
在建工程	—	—
生产性生物资产	—	—
无形资产	8 005 927.23	6 874 475.98
商誉	—	—
递延所得税资产	318 384 534.02	222 233 966.00
长期待摊费用	1 006 540.13	1 632 065.91
其他资产	284 514.02	223 205.07
资产总计	5 376 479 617.51	5 388 397 131.10

法定代表人：吴浩军　　主管会计工作负责人：张雪　　会计机构负责人：丁明

合并资产负债表（续）

编制单位：中粮信托有限责任公司　　2020 年 12 月 31 日　　单位：元

负债和所有者权益	2020 年 12 月 31 日	2019 年 12 月 31 日
负债：		
短期借款	—	—
交易性金融负债	126 523 315.53	53 823 070.41
应付账款	—	—
预收账款	—	18 200 853.67
合同负债	22 723 581.15	—
衍生金融负债	—	—
应付职工薪酬	136 677 669.28	112 034 219.49
应交税费	79 898 705.36	92 296 102.42
其他应付款	54 382 049.43	340 203 053.22
其中：应付股利	—	—
合同负债	—	—
预计负债	—	—
长期借款	—	—
递延所得税负债	—	—
卖出回购金融资产款	—	—
其他负债	118 709 909.76	266 239 672.14
负债合计	538 915 230.51	882 796 971.35
所有者权益：	—	—
实收资本	2 300 000 000.00	2 300 000 000.00
资本公积	430 350 620.10	430 203 568.68

续表

负债和所有者权益	2020 年 12 月 31 日	2019 年 12 月 31 日
减：库存股	—	—
其他综合收益	—	—
专项储备	—	—
盈余公积	246 424 120.91	216 347 572.31
一般风险准备	547 665 162.19	543 336 914.57
未分配利润	1 241 023 298.65	946 534 260.09
归属于母公司股东权益合计	4 765 463 201.85	4 436 422 315.65
少数股东权益	72 101 185.15	69 177 844.10
所有者权益合计	4 837 564 387.00	4 505 600 159.75
负债和所有者权益合计	5 376 479 617.51	5 388 397 131.10

法定代表人：吴浩军　　主管会计工作负责人：张雪　　会计机构负责人：丁明

资产负债表

编制单位：中粮信托有限责任公司　　2020 年 12 月 31 日　　单位：元

资产	2020 年 12 月 31 日	2019 年 12 月 31 日
资产：		
货币资金	62 581 665.16	219 053 190.15
结算备付金	—	—
拆出资金	—	—
应收股利	—	—
交易性金融资产	3 586 684 761.53	3 493 231 317.03
合同资产	—	—
买入返售金融资产	191 489 306.18	—
应收账款	79 351 169.16	56 255 621.75
预付账款	10 095 302.42	8 667 009.54
其他应收款	640 981 249.23	894 249 515.50
其中：应收股利	—	—
发放贷款及垫款	—	—
债权投资	—	—
其他债权投资	—	—
应收款项类投资	—	—
长期股权投资	25 100 000.00	25 100 000.00
固定资产	3 472 241.93	4 803 142.40
在建工程	—	—
生产性生物资产	—	—
无形资产	8 005 927.23	6 874 475.98
递延所得税资产	329 681 339.59	224 513 494.56
长期待摊费用	960 594.96	1 535 998.78
其他资产	—	—
资产总计	4 938 403 557.39	4 934 283 765.69

法定代表人：吴浩军　　主管会计工作负责人：张雪　　会计机构负责人：丁明

资产负债表（续）

编制单位：中粮信托有限责任公司　　2020 年 12 月 31 日　　单位：元

负债和所有者权益	2020 年 12 月 31 日	2019 年 12 月 31 日
负债：		
短期借款	—	—
以公允价值计量且其变动计入当期损益的金融负债	—	—
应付账款	—	—
预收账款	—	18 200 853.67
合同负债	22 723 581.15	—
应付职工薪酬	133 179 518.27	106 335 094.28
应交税费	79 863 272.70	90 493 365.57

续表

负债和所有者权益	2020 年 12 月 31 日	2019 年 12 月 31 日
应付手续费及佣金	—	—
其他应付款	20 857 017.52	338 239 770.38
其中:应付股利	—	—
预计负债	—	—
长期借款	—	—
递延所得税负债	—	—
其他负债	—	—
负债合计	256 623 389.64	553 269 083.90
所有者权益:	—	—
实收资本	2 300 000 000.00	2 300 000 000.00
资本公积	430 187 477.00	430 187 477.00
减:库存股	—	—
其他综合收益	—	—
盈余公积	246 424 120.91	216 347 572.31
一般风险准备	547 665 162.19	543 336 914.57
未分配利润	1 157 503 407.65	891 142 717.91
所有者权益合计	4 681 780 167.75	4 381 014 681.79
负债和所有者权益合计	4 938 403 557.39	4 934 283 765.69

法定代表人:吴浩军　　主管会计工作负责人:张雪　　会计机构负责人:丁明

5.1.3 利润和利润分配表

合并利润表

编制单位:中粮信托有限责任公司　　2020 年度　　单位:元

项目	2020 年度	2019 年度
一、营业收入	1 134 944 234.38	859 102 380.63
手续费及佣金净收入	808 087 646.77	357 679 092.72
利息净收入	7 600 127.54	48 910 084.44
其中:利息收入	16 734 127.53	82 419 618.20
利息支出	9 133 999.99	33 509 533.76
其他收益	816 980.12	223 182.08
投资收益(损失以"－"号填列)	352 790 175.09	545 185 403.16
其中:对联营企业和合营企业的投资收益	—	—
公允价值变动收益(损失以"－"号填列)	-34 062 551.07	-93 003 096.43
汇兑收益(损失以"－"号填列)	-348 321.06	87 299.35
资产处置收益(损失以"－"号填列)	—	-491.29
其中:非流动资产处置收益(损失以"－"号填列)	—	-491.29
其他业务收入	60 176.99	20 906.60
二、营业支出	691 371 280.11	696 302 489.91
税金及附加	5 452 717.80	4 889 809.41
业务及管理费	337 279 244.99	268 610 334.81
信用减值损失	348 641 014.01	414 910 707.32
其他业务成本	-1 696.69	7 891 638.37
三、营业利润	443 572 954.27	162 799 890.72
加:营业外收入	565 012.91	80 000.40
减:营业外支出	1 440 023.93	914 978.52
四、利润总额	442 697 943.25	161 964 912.60
减:所得税费用	110 665 185.20	46 001 712.71
五、净利润	332 032 758.05	115 963 199.89
(一)按经营持续性分类:	332 032 758.05	115 963 199.89
1. 持续经营净利润(净亏损以"－"号填列)	332 032 758.05	115 963 199.89
2. 终止经营净利润(净亏损以"－"号填列)	—	—

续表

项目	2020 年度	2019 年度
(二)按所有权归属分类:	332 032 758.05	1[illegible] 963 199.89
1. 少数股东损益(净亏损以"－"号填列)	3 138 923.27	[illegible] 171 296.12
2. 归属于母公司股东的净利润(净亏损以"－"号填列)	328 893 834.78	1[illegible] 791 903.77
六、其他综合收益的税后净额	—	—
归属于母公司所有者的其他综合收益的税后净额	—	—
(一)以后不能重分类进损益的其他综合收益	—	—
(二)以后将重分类进损益的其他综合收益	—	—
其中:可供出售金融资产公允价值变动损益	—	—
＊归属于少数股东的其他综合收益的税后净额	—	—
七、综合收益总额	332 032 758.05	11[illegible] 963 199.89
归属于母公司所有者的综合收益总额	328 893 834.78	11[illegible] 791 903.77
归属于少数股东的综合收益总额	3 138 923.27	171 296.12

法定代表人:吴浩军　　主管会计工作负责人:张雪　　会计[illegible]负责人:丁明

利润表

编制单位:中粮信托有限责任公司　　2020 年度　　单位:元

项目	2020 年度	[illegible]19 年度
一、营业收入	782 683 000.75	5[illegible] 193 755.24
手续费及佣金净收入	798 696 715.55	3[illegible] 496 111.12
利息净收入	5 480 746.77	[illegible]55 928.70
其中:利息收入	14 614 746.76	[illegible]559 082.87
利息支出	9 133 999.99	[illegible] 503 154.17
其他收益	783 090.68	223 182.08
投资收益(损失以"－"号填列)	307 279 189.39	58[illegible] 998 907.57
公允价值变动收益(损失以"－"号填列)	-329 616 918.63	-42[illegible] 580 374.23
汇兑收益(损失以"－"号填列)	—	—
资产处置收益(损失以"－"号填列)	—	—
其中:非流动资产处置收益(损失以"－"号填列)	—	—
其他业务收入	60 176.99	—
二、营业支出	379 983 684.66	34[illegible]254 285.57
税金及附加	5 231 558.90	4[illegible]66 529.99
业务及管理费	315 546 016.23	25[illegible]49 418.13
信用减值损失	59 206 109.53	8[illegible]38 337.45
其他业务成本	—	—
三、营业利润	402 699 316.09	16[illegible]39 469.67
加:营业外收入	565 000.05	80 000.40
减:营业外支出	1 440 023.93	[illegible]14 978.52
四、利润总额	401 824 292.21	6[illegible]04 491.55
减:所得税费用	101 058 806.25	4[illegible]12 216.96
五、净利润	300 765 485.96	2[illegible]92 274.59
1. 持续经营净利润(净亏损以"－"号填列)	300 765 485.96	2[illegible]92 274.59
2. 终止经营净利润(净亏损以"－"号填列)	—	—
六、其他综合收益	—	—
七、综合收益总额	300 765 485.96	2[illegible]92 274.59

法定代表人:吴浩军　　主管会计工作负责人:张雪　　会计[illegible]负责人:丁明

5.1.4 所有者权益变动表

合并所有者权益变动表

编制单位：中粮信托有限责任公司　　2020 年度　　单位：元

项目	行次	2020 年度								
		归属于母公司所有者权益							少数股东权益	所有者权益合计
		实收资本	资本公积	其他综合收益	盈余公积	一般风险准备	未分配利润	小计		
栏次	—	1	2	3	4	5	6	7	8	9
一、上年年末余额	1	2 300 000 000.00	430 203 568.68	—	216 347 572.31	543 336 914.57	946 534 260.09	4 436 422 315.65	69 177 844.10	4 505 600 159.75
加：会计政策变更	2	—	—	—	—	—	—	—	—	—
前期差错更正	3	—	—	—	—	—	—	—	—	—
其他	4	—	—	—	—	—	—	—	—	—
二、本年年初余额	5	2 300 000 000.00	430 203 568.68	—	216 347 572.31	543 336 914.57	946 534 260.09	4 436 422 315.65	69 177 844.10	4 505 600 159.75
三、本年增减变动金额（减少以"－"号填列）	6	—	147 051.42	—	30 076 548.60	4 328 247.62	294 489 038.56	329 040 886.20	2 923 341.05	331 964 227.25
（一）综合收益总额	7	—	—	—	—	—	328 893 834.78	328 893 834.78	3 138 923.27	332 032 758.05
（二）所有者投入和减少资本	8	—	147 051.42	—	—	—	—	147 051.42	145 879.70	292 931.12
1. 所有者投入的普通股	9	—	—	—	—	—	—	—	—	—
2. 其他权益工具持有者投入资本	10	—	—	—	—	—	—	—	—	—
3. 股份支付计入所有者权益的金额	11	—	—	—	—	—	—	—	—	—
4. 其他	12	—	147 051.42	—	—	—	—	147 051.42	145 879.70	292 931.12
（三）利润分配	13	—	—	—	30 076 548.60	4 328 247.62	-34 404 796.22	—	-361 461.92	-361 461.92
1. 提取盈余公积	14	—	—	—	30 076 548.60	—	-30 076 548.60	—	—	—
其中：法定公积金	15	—	—	—	30 076 548.60	—	-30 076 548.60	—	—	—
2. 提取一般风险准备	16	—	—	—	—	4 328 247.62	-4 328 247.62	—	—	—
3. 对所有者的分配	17	—	—	—	—	—	—	—	-362 462.92	-361 461.92
4. 其他	18	—	—	—	—	—	—	—	—	—
（四）所有者权益内部结转	19	—	—	—	—	—	—	—	—	—
1. 资本公积转增资本	20	—	—	—	—	—	—	—	—	—
2. 盈余公积转增资本	21	—	—	—	—	—	—	—	—	—
3. 盈余公积弥补亏损	22	—	—	—	—	—	—	—	—	—
4. 设定受益计划变动额结转留存收益	23	—	—	—	—	—	—	—	—	—
5. 其他综合收益结转留存收益	24	—	—	—	—	—	—	—	—	—
6. 其他	25	—	—	—	—	—	—	—	—	—
四、本年年末余额	26	2 300 000 000.00	430 350 620.10	—	246 424 120.91	547 655 162.19	1 241 023 298.65	4 765 463 201.85	72 101 185.15	4 837 564 387.00

法定代表人：吴浩军　　主管会计工作负责人：张雪　　会计机构负责人：丁明

合并所有者权益变动表(续)

编制单位:中粮信托有限责任公司

2020 年度

单位:元

项目	行次	2019 年度								
		归属于母公司所有者权益							少数股东权益	所有者权益合计
		实收资本	资本公积	其他综合收益	盈余公积	一般风险准备	未分配利润	小计		
栏次	—	1	2	3	4	5	6	7	8	9
一、上年年末余额	1	2 300 000 000. 00	430 203 568. 68	-162 461 420. 63	203 728 344. 85	536 646 457. 04	1 013 513 461. 94	4 321 630 411. 88	68 006 547. 98	4 389 636 959. 86
加:会计政策变更	2	—	—	162 461 420. 63	—	—	—	—	—	—
前期差错更正	3	—	—	—	—	—	—	—	—	—
其他	4	—	—	—	—	—	—	—	—	—
二、本年年初余额	5	2 300 000 000. 00	430 203 568. 68	—	203 728 344. 85	536 646 457. 04	851 052 041. 31	4 321 630 411. 88	68 006 547. 98	4 389 636 959. 85
三、本年增减变动金额(减少以"-"号填列)	6	—	—	—	12 619 277. 46	6 690 457. 53	95 482 218. 78	114 791 903. 77	1 171 296. 12	115 963 199. 89
(一)综合收益总额	7	—	—	—	—	—	114 791 903. 77	114 791 903. 77	1 171 296. 12	115 963 199. 89
(二)所有者投入和减少资本	8	—	—	—	—	—	—	—	—	—
1. 所有者投入的普通股	9	—	—	—	—	—	—	—	—	—
2. 其他权益工具持有者投入资本	10	—	—	—	—	—	—	—	—	—
3. 股份支付计入所有者权益的金额	11	—	—	—	—	—	—	—	—	—
4. 其他	12	—	—	—	—	—	—	—	—	—
(三)利润分配	13	—	—	—	12 619 227. 46	6 690 457. 53	-19 309 684. 99	—	—	—
1. 提取盈余公积	14	—	—	—	12 619 227. 46	—	-12 619 227. 46	—	—	—
其中:法定公积金	15	—	—	—	12 619 227. 46	—	-12 619 227. 46	—	—	—
2. 提取一般风险准备	16	—	—	—	—	6 690 457. 53	-6 690 457. 53	—	—	—
3. 对所有者的分配	17	—	—	—	—	—	—	—	—	—
4. 其他	18	—	—	—	—	—	—	—	—	—
(四)所有者权益内部结转	19	—	—	—	—	—	—	—	—	—
1. 资本公积转增资本	20	—	—	—	—	—	—	—	—	—
2. 盈余公积转增资本	21	—	—	—	—	—	—	—	—	—
3. 盈余公积弥补亏损	22	—	—	—	—	—	—	—	—	—
4. 设定受益计划变动额结转留存收益	23	—	—	—	—	—	—	—	—	—
5. 其他综合收益结转留存收益	24	—	—	—	—	—	—	—	—	—
[illegible]	[illegible]				—	—	—			
四、本年年末余额	26	2 300 000 000. 00	430 203 568. 68	—	216 347 572. 31	543 336 914. 57	946 534 260. 09	4 436 422 315. 65	69 177 844. 10	4 505 600 159. 75

法定代表人:吴浩军　　主管会计工作负责人:张雪　　会计机构负责人:丁明

母公司所有者权益变动表

编制单位:中粮信托有限责任公司　　2020 年度　　单位:元

项目	行次	2020 年度						
		实收资本	资本公积	其他综合收益	盈余公积	一般风险准备	未分配利润	所有者权益合计
栏次	—	1	2	3	4	5	6	7
一、上年年末余额	1	2 300 000 000. 00	430 187 477. 00	—	216 347 572. 31	543 336 914. 57	891 142 717. 91	4 381 014 681. 79
加:会计政策变更	2	—	—	—	—	—	—	—
前期差错更正	3	—	—	—	—	—	—	—
其他	4	—	—	—	—	—	—	—
二、本年年初余额	5	2 300 000 000. 00	430 187 477. 00	—	216 347 572. 31	543 336 914. 57	891 142 717. 91	4 381 014 681. 79
三、本年增减变动金额(减少以"-"号填列)	6	—	—	—	30 076 548. 60	4 328 247. 62	266 360 689. 74	300 765 485. 96
(一)综合收益总额	7	—	—	—	—	—	300 765 485. 96	300 765 485. 96
(二)所有者投入和减少资本	8	—	—	—	—	—	—	—
1. 所有者投入的普通股	9	—	—	—	—	—	—	—
2. 其他权益工具持有者投入资本	10	—	—	—	—	—	—	—
3. 股份支付计入所有者权益的金额	11	—	—	—	—	—	—	—
4. 其他	12	—	—	—	—	—	—	—
(三)利润分配	13	—	—	—	30 076 548. 50	4 328 247. 62	-34 404 796. 22	—
1. 提取盈余公积	14	—	—	—	30 076 548. 60	—	-30 076 548. 60	—
其中:法定公积金	15	—	—	—	30 076 548. 60	—	-30 076 548. 60	—
2. 提取一般风险准备	16	—	—	—	—	4 328 247. 62	-4 328 247. 62	—
3. 对所有者的分配	17	—	—	—	—	—	—	—
4. 其他	18	—	—	—	—	—	—	—
(四)所有者权益内部结转	19	—	—	—	—	—	—	—
1. 资本公积转增资本	20	—	—	—	—	—	—	—
2. 盈余公积转增资本	21	—	—	—	—	—	—	—
3. 盈余公积弥补亏损	22	—	—	—	—	—	—	—
4. 设定受益计划变动额结转留存收益	23	—	—	—	—	—	—	—
5. 其他综合收益结转留存收益	24	—	—	—	—	—	—	—
6. 其他	25	—	—	—	—	—	—	—
四、本年年末余额	26	2 300 000 000. 00	430 187 477. 00	—	246 424 120. 91	547 665 162. 19	1 157 503 407. 65	4 681 780 167. 75

法定代表人:吴浩军　　主管会计工作负责人:张雪　　会计机构负责人:丁明

母公司所有者权益变动表（续）

编制单位：中粮信托有限责任公司　　　　2020 年度　　　　单位：元

项目	行次	2019 年度						
		实收资本	资本公积	其他综合收益	盈余公积	一般风险准备	未分配利润	所有者权益合计
栏次	—	1	2	3	4	5	6	7
一、上年年末余额	1	2 300 000 000. 00	430 187 477. 00	-161 432 944. 30	203 728 344. 85	536 646 457. 04	945 693 072. 61	4 254 822 407. 20
加：会计政策变更	2	—	—	161 432 944. 30	—	—	-161 432 944. 30	—
前期差错更正	3	—	—	—	—	—	—	—
其他	4	—	—	—	—	—	—	—
二、本年年初余额	5	2 300 000 000. 00	430 187 477. 00	—	203 728 344. 85	536 646 457. 04	784 260 128. 31	4 254 822 407. 20
三、本年增减变动金额（减少以“-”号填列）	6	—	—	—	12 619 227. 46	6 690 457. 53	106 882 589. 60	126 192 274. 59
（一）综合收益总额	7	—	—	—	—	—	126 192 274. 59	126 192 274. 59
（二）所有者投入和减少资本	8	—	—	—	—	—	—	—
1. 所有者投入的普通股	9	—	—	—	—	—	—	—
2. 其他权益工具持有者投入资本	10	—	—	—	—	—	—	—
3. 股份支付计入所有者权益的金额	11	—	—	—	—	—	—	—
4. 其他	12	—	—	—	—	—	—	—
（三）利润分配	13	—	—	—	12 619 277. 46	6 690 457. 53	-19 309 684. 99	—
1. 提取盈余公积	14	—	—	—	12 619 277. 46	—	-12 619 227. 46	—
其中：法定公积金	15	—	—	—	12 619 277. 46	—	-12 619 227. 46	—
2. 提取一般风险准备	16	—	—	—	—	6 690 457. 53	-6 690 457. 53	—
3. 对所有者的分配	17	—	—	—	—	—	—	—
4. 其他	18	—	—	—	—	—	—	—
（四）所有者权益内部结转	19	—	—	—	—	—	—	—
1. 资本公积转增资本	20	—	—	—	—	—	—	—
2. 盈余公积转增资本	21	—	—	—	—	—	—	—
3. 盈余公积弥补亏损	22	—	—	—	—	—	—	—
4. 设定受益计划变动额结转留存收益	23	—	—	—	—	—	—	—
5. 其他综合收益结转留存收益	24	—	—	—	—	—	—	—
6. 其他	25		—	—				—
四、本年年末余额	26	2 300 000 000. 00	430 187 477. 00	—	216 347 572. 31	543 336 914. 57	891 142 717. 91	4 381 014 681. 79

法定代表人：吴浩军　　　　主管会计工作负责人：张雪　　　　会计机构负责人：丁明

5.2 信托资产

5.2.1 信托项目资产负债汇总表

信托项目资产负债表

编制单位：中粮信托有限责任公司　　2020年12月31日　　单位：万元

信托资产	年初数	年末数	信托负债和信托权益	年初数	年末数
信托资产：			信托负债：		
货币资金	59 538.70	56 761.85	交易性金融负债	—	—
拆出资金	—	—	衍生金融负债	—	—
存出保证金	—	—	应付受托人报酬	—	663.80
交易性金融资产	—	6 139.07	应付托管费	—	2.13
衍生金融资产	—	—	应付受益人收益	—	—
买入返售金融资产	—	130.01	应交税费	6 770.80	7 848.34
应收款项	430 634.64	282 518.38	应付销售服务费	—	—
发放贷款	5 099 835.69	4 775 720.57	其他应付款项	60 033.48	64 179.08
可供出售金融资产	1 234 953.98	1 403 462.42	预计负债	—	—
持有至到期投资	—	155 204.84	其他负债	—	—
长期应收款	—	—	信托负债合计	66 804.28	72 693.35
长期股权投资	5 473 138.41	5 052 081.50		—	—
投资性房地产	—	—	信托权益：	—	—
固定资产	—	—	实收信托	15 526 023.93	15 554 805.36
无形资产	—	—	资本公积	35 096.67	−2 187.96
长期待摊费用	—	—	损益平准金	—	—
其他资产	3 429 396.14	4 027 647.52	未分配利润	99 572.68	134 355.41
减：各项资产减值准备	—	—	信托权益合计	15 660 693.28	15 686 972.81
信托资产总计	15 727 497.56	15 759 666.16	信托负债及信托权益总计	15 727 497.56	15 759 666.16

5.2.2 信托项目利润及利润分配汇总表

信托项目利润及利润分配表

编制单位：中粮信托有限责任公司　　2020年度　　单位：万元

项目	本年累计数	上年累计数
1. 营业收入	1 106 833.72	890 293.93
1.1 利息收入	254 030.34	185 926.82
1.2 投资收益（损失以"－"号填列）	851 282.92	701 154.32
1.2.1 其中：对联营企业和合营企业的投资收益	—	—
1.3 公允价值变动收益（损失以"－"号填列）	655.90	3 124.50
1.4 租赁收入	—	—
1.5 汇兑损益（损失以"－"号填列）	—	—
1.6 其他收入	864.56	88.29
2. 支出	99 803.60	61 483.25
2.1 营业税金及附加	3 495.72	3 128.47
2.2 受托人报酬	73 815.49	34 299.09
2.3 托管费	901.79	1 203.77
2.4 投资管理费	—	11.49
2.5 销售服务费	170.94	54.73
2.6 交易费用	348.99	358.57
2.7 资产减值损失	—	—
2.8 其他费用	21 070.67	22 427.13
3. 信托净利润（净亏损以"－"号填列）	1 007 030.12	828 810.68
4. 其他综合收益	—	—

续表

项目	本年累计数	上年累计数
5. 综合收益	1 007 030.12	828 810.68
6. 加：期初未分配信托利润	99 572.68	195 460.72
7. 可供分配的信托利润	1 106 602.80	1 024 271.40
8. 减：本期已分配信托利润	972 247.39	924 698.72
9. 期末未分配信托利润	134 355.41	99 572.68

6. 会计报表附注

6.1 会计报表编制基准不符合会计核算基本前提的说明

会计报表编制无不符合会计核算基本前提的事项。

6.2 重要会计政策和会计估计说明

6.2.1 会计政策变更情况

财政部于2017年颁布了修订后的《企业会计准则第14号——收入》（以下简称新收入准则），本公司作为上市公司中粮资本控股股份有限公司的下属公司，根据准则要求自2020年1月1日起执行新收入准则。按照新收入准则要求，首次执行新收入准则的企业，应当根据首次执行新收入准则的累积影响数，调整首次执行新收入准则当年年初留存收益及财务报表其他相关项目金额，对可比期间信息不予调整。企业可以仅对在首次执行日尚未完成的合同的累积影响数进行调整。

上述会计政策变更未对本报告期集团财务报表产生重大影响。

6.2.2 会计估计变更情况

公司报告期内无须披露的重大会计估计变更事项。

6.2.3 前期会计差错更正情况

公司报告期内无须披露的前期差错更正事项。

6.3 或有事项说明

6.3.1 北京信诚达融资产管理有限公司信托纠纷案

本公司因单一资金信托合同纠纷，被北京信诚达融资产管理有限公司（以下简称信诚达公司）提起诉讼，该案件涉案金额达11 805万元。北京市第二中级人民法院于2018年7月10日作出一审判决，判定双方于2015年10月14日签订的单一资金信托合同于2017年5月2日终止履行，中粮信托向信诚达公司赔偿经济损失4万元，中粮信托按照涉案单一资金信托合同的要求，向信诚达公司原状分配涉案信托财产。随后，信诚达公司不服一审判决上诉至北京市高级人民法院。北京市高级人民法院于2019年12月20日下发（2018）京民终508号民事判决书，判决驳回上诉，维持原判。2020年11月2日，信诚达公司向最高人民法院申请再审，要求撤销北京市第二中级人民法院（2018年）京02民初33号民事判决书中第一、第二、第三、第四、第五项判决；撤销（2018）京民终508号民事判决书的内容；请求确认中粮信托赔偿信诚达信托利益5 055万元，可得利益损失6 750万元。截至财务报表批准报出日，该案件尚在审查中。

6.3.2 华远商业保理有限公司合同纠纷案

本公司因合同纠纷，被华远商业保理有限公司提起诉讼，该案涉案金额为623万元。2019年4月26日，北京市朝阳区人民法院（2019）京0105民初18220号民事判决书判决：中粮信托于判决生效之日起七日内给付原告华远商业保理有限公司服务费623万元。中粮信托不服一审判决，向北京市第三中级人民法院提起上诉。2019年8月28日，北京市第三中级人民法院（2019）京03民终10143号民事判决书判决，驳回上诉，维持原判。2019年11月8日，公司向北京市高级人民法院提交再审申请材料，高院已受理公司再审申请。截至财务报表批准报出日，该案件已由北京市高级人民法院裁定提审，原判决已终止执行。

6.3.3 北京融汇财通投资有限公司信托纠纷案

本公司因信托合同纠纷，被北京融汇财通投资有限公司（以下简称融汇财通）提起诉讼，该案件涉案金额为3 424.31万元。2020年7月8日，融汇财通提起诉讼，要求中粮信托赔偿信托投资本金、可得收益及利息损失合计3 424.31万元。北京市东城区人民法院（2020）京0101民初102[illegible]8号民事裁决书判决：驳回原告融汇财通诉讼请求。截至财务报表批准报出日，融汇财通尚未进行再次上诉。

截至2020年12月31日，除上述事项外，本公司无须披露其他重大或有事项。

6.4 重要资产转让及其出售的说明

公司报告期内无重要资产转让及出售情况。

6.5 会计报表中重要项目的明细资料

6.5.1 披露自营资产经营情况

6.5.1.1 按信用风险五级分类结果披露信用风险资产的年初数、年末数

信用风险资产五级分类	正常类（万元）	关注类（万元）	次级类（万元）	可疑类（万元）	损失类（万元）	信用风险资产合计（万元）	不良资产合计（万元）	不良资产率（%）
年初数	306 072.20	50 245.38	134 062.78	61 884.69	—	552 265.05	195 947.47	35.48
年末数	348 622.09	50 250.42	96 405.90	72 307.31	—	567 585.72	168 713.21	29.72

注：不良资产合计＝次级类＋可疑类＋损失类。

6.5.1.2 各项资产减值损失准备的年初数、本年计提、本年转回、本年核销、年末数；贷款的一般准备、专项准备和其他资产减值准备应分别披露

单位：万元

项目	年初数	本年计提	本年转回	本年核销	年末数
贷款损失准备	—	—	—	—	—
一般准备	—	—	—	—	—
专项准备	—	—	—	—	—
其他资产减值准备	—	—	—	—	—
可供出售金融资产减值准备	—	—	—	—	—
持有至到期投资减值准备	—	—	—	—	—
长期股权投资减值准备	—	—	—	—	—
坏账准备	11 550.75	5 920.61	—	—	17 471.36
投资性房地产减值准备	—	—	—	—	—

6.5.1.3 自营股票投资、基金投资、债券投资、股权投资等投资业务的年初数、年末数

单位：万元

项目	自营股票	基金	债券	长期股权投资
年初数	—	—	2 063.78	2 510.00
年末数	16 774.41	—	926.78	2 510.00

6.5.1.4 前五名的自营长期股权投资的企业名称、占被投资企业权益的比例、主要经营活动及投资收益情况等

企业名称	占被投资企业权益的比例（%）	主要经营活动	投资收益（万元）
中粮农业产业基金管理有限责任公司	50.20	基金管理	—

6.5.1.5 前五名的自营贷款的企业名称、占贷款总额的比例和还款情况等

无。

6.5.1.6　表外业务的年初数、年末数，按照代理业务、担保业务和其他类型表外业务分别披露

单位：万元

表外业务	年初数	年末数
担保业务	—	—
代理业务（委托业务）	—	—
其他	—	—
合计	—	—

注：代理业务主要反映因客观原因应规范而尚未完成规范的历史遗留委托业务，包括委托贷款和委托投资。

6.5.1.7　公司当年的收入结构

收入结构	金额（万元）	占比（%）
利息净收入	548.07	0.49
手续费收入	79 869.67	71.81
投资收益	30 727.92	27.63
资产处置收益	—	—
其他收益	78.31	0.07
收入合计	111 223.97	100.00

6.5.2　披露信托资产管理情况

6.5.2.1　信托资产的年初数、年末数

单位：万元

信托资产	年初数	年末数
集合	6 908 942.82	8 584 058.00
单一	5 567 094.94	4 554 134.58
财产权	3 251 459.81	2 621 473.58
合计	15 727 497.57	15 759 666.16

6.5.2.1.1　主动管理型信托业务年初数、年末数，分证券投资类、股权投资类、融资类、事务管理类分别披露

单位：万元

主动管理型信托资产	年初数	年末数
证券投资类	904 805.95	1 117 908.49
股权投资类	263 905.78	202 822.85
融资类	4 227 426.85	4 074 523.67
事务管理类	—	651.00
其他投资类	425 978.26	1 034 397.26
合计	5 822 116.84	6 430 303.27

6.5.2.1.2　被动管理型信托业务年初数、年末数，分证券投资类、股权投资类、融资类、事务管理类分别披露

单位：万元

被动管理型信托资产	年初数	年末数
证券投资类	100 047.55	—
股权投资类	5 546 323.10	4 734 069.17
融资类	2.53	1.19
事务管理类	4 244 772.00	4 569 838.34
其他类	14 235.55	25 454.19
合计	9 905 380.73	9 329 362.89

6.5.2.2　本年度已清算结束的信托项目个数、实收信托合计金额、加权平均实际年化收益率

6.5.2.2.1　本年度已清算结束的集合类、单一类资金信托项目和财产管理类信托项目个数、实收信托合计金额、加权平均实际年化收益率

已清算结束的信托项目	项目个数（个）	实收信托合计金额（万元）	加权平均实际年化收益率（%）
集合类	29	1 384 215.00	8.52
单一类	21	287 268.27	4.53
财产管理类	5	434 331.14	7.45

注：1. 加权平均实际年化收益率 =（信托项目 1 的实际年化收益率 × 信托项目 1 的资产总计 + 信托项目 2 的实际年化收益率 × 信托项目 2 的资产总计 + … + 信托项目 n 的实际年化收益率 × 信托项目 n 的资产总计）/（信托项目 1 的资产总计 + 信托项目 2 的资产总计 + … + 信托项目 n 的资产总计）×100%。

2. 包含已完成兑付但截至 2020 年末尚未完成银行销户手续的项目。

6.5.2.2.2　本年度已清算结束的主动管理型信托项目个数、实收信托合计金额、加权平均实际年化收益率，分证券投资类、股权投资类、融资类、事务管理类分别披露

已清算结束的信托项目	项目个数（个）	实收信托合计金额（万元）	加权平均实际年化收益率（%）
证券投资类	—	—	—
股权投资类	4	188 500.00	8.22
融资类	23	896 424.00	9.29
事务管理类	—	—	—
其他投资类	1	25 020.00	9.97

6.5.2.2.3　本年度已清算结束的被动管理型信托项目个数、实收信托合计金额、加权平均实际年化收益率，分证券投资类、股权投资类、融资类、事务管理类分别披露

已清算结束的信托项目	项目个数（个）	实收信托合计金额（万元）	加权平均实际年化收益率（%）
证券投资类	1	100 000.00	7.82
股权投资类	—	—	—
融资类	—	—	—
事务管理类	26	895 870.41	6.17
其他投资类	—	—	—

6.5.2.3　本年度新增的集合类、单一类和财产管理类信托项目个数、实收信托合计金额

新增信托项目	项目个数（个）	实收信托合计金额（万元）
集合类	70	3 548 688.69
单一类	10	626 182.53
财产管理类	7	2 104 191.00
新增合计	87	6 279 062.22
其中：主动管理型	73	3 609 362.22
被动管理型	14	2 669 700.00

6.5.2.4　信托业务创新成果和特色业务有关情况

作为中粮集团控股的中央企业信托公司，中粮集团产业背景为中粮信托供应链金融发展提供了场景和基础。为了牢牢锚定集团主业、服务集团主业，公司组建供应链金融部，打造供

应链金融核心品牌业务，把建设农业全产业链金融服务能力作为核心竞争力建设方向之一，要求发展出匹配集团行业地位的特色供应链金融服务能力。供应链金融部成立之后即成功落地蒙牛集团单一事务管理类业务7亿元。

随着信托公司转型发展的需要，且国家从战略层面支持建立健全多层次资本市场体系，优化融资结构，提高直接融资比重，压缩信托非标融资空间。中粮信托积极转变融资类业务的发展模式，加快转型升级，大力发展投资信托、服务信托等创新业务。固报价型产品“丰利”“丰利2号”正常运作，管理规模稳定增长；净值型固收+产品——丰惠1号集合资金信托计划已经立项、落地。公司积极拓展资产证券化业务的资产类型，开展汽车金融ABS，积极探索并表ABN业务，落地ABS 170亿元、ABN 40亿元。证券投资业务有序开展，持续密切跟踪市场基本面、政策面和资金面，结合项目投资理念和投资策略进行灵活资产配置和交易。

公司继续加大服务信托业务拓展力度。2020年家族办公室已落地6单家族信托业务，在途5单；落地首单保险金信托业务，为客户资产传承，提供了以保险保障为核心的综合家族传承解决方案，以及全生命周期现金流和风险防范安排。此外，公司还积极开展慈善信托业务。在北京市民政局及北京银保监局的指导和鼓励下，2020年11月，“中粮信托·忠良慈光1号·2020年战疫关怀专项慈善信托”正式备案成立。

6.5.2.5　公司履行受托人义务情况及因公司自身责任而导致的信托资产损失情况（合计金额、原因等）

公司在报告期内未发生因本公司自身责任导致的信托资产损失。

6.6　关联方关系及其交易的披露

6.6.1　关联交易方的数量、关联交易的总金额及关联交易的定价政策等

项目	关联交易方数量（个）	关联交易金额（万元）	定价政策
合计	18	572 611.43	本公司与关联方之间的交易采用公平市场价格进行定价

6.6.2　关联交易方与公司的关系性质、关联交易方的名称、法定代表人、注册地址、注册资本及主营业务等

关系性质	关联方名称	法定代表人	注册地址	注册资本（万元）	主营业务
与公司同一实际控制人	北京中粮广场发展有限公司	孙天立	北京	3 330 美元	写字楼、商铺租赁。
与公司同一实际控制人	中粮地产集团深圳物业管理有限公司北京市东城区分公司	姜雪巍	北京	—	物业管理。
与公司同一实际控制人	中粮营养健康研究院有限公司	郝小明	北京	25 000.00	食品加工技术培训。
公司实际控制人	中粮集团有限公司	吕军	北京	1 191 992.90	粮食收购、境外期货业务、进出口业务、酒店的投资管理、房地产开发经营；物业管理、物业代理；自有房屋出租。
与公司同一实际控制人	中粮阳光企业管理（北京）有限公司	邵芳	北京	300.00	企业管理；企业管理咨询；会议服务。
与公司同一实际控制人	北京中粮龙泉山庄有限公司	石孜	北京	8 545.00	住宿、餐饮、会议服务。
同一母公司	中粮期货有限公司	王庆	北京	84 620.00	商品期货经纪；金融期货经纪、期货投资咨询；资产管理。
与公司同一实际控制人	中粮财务有限责任公司	骆家駹	北京	100 000.00	对成员单位办理财务和融资顾问、信用鉴证及相关的咨询代理业务。
与公司同一实际控制人	中粮（北京）农业产业股权投资基金（有限合伙）	中粮农业产业基金管理有限责任公司	北京	22 202.02	非证券业务的投资、投资管理、咨询。
母公司	中粮资本投资有限公司	孙彦敏	深圳	133 700.1376	投资与资产管理。
母公司股东	中粮资本控股股份有限公司	孙彦敏	河南	230410.5575	投资与资产管理。
与公司同一实际控制人	锐成投资管理有限公司	刘贤福	北京	6 000.00	实业项目的投资、企业资产受托管理、经济信息咨询。
与公司同一实际控制人	深圳中粮商贸服务有限公司	陈轼彬	深圳	5 000.00	投资咨询、物流信息咨询、风险管理咨询。
与公司同一实际控制人	深圳市明诚金融服务有限公司	孙彦敏	深圳	2 500.00	金融信息咨询、提供金融中介服务、接受金融机构委托从事金融服务外包。
与公司同一实际控制人	内蒙古爱养牛科技有限公司	刘晓江	内蒙古呼和浩特市	2 000.00	畜牧业电子商务平台；畜牧业服务云平台；畜牧业服务业。
与公司同一实际控制人	内蒙古蒙牛乳业（集团）股份有限公司	卢敏放	内蒙古呼和浩特市	150 429.087	乳制品的生产、加工、销售；畜牧饲养等。
与公司同一实际控制人	中国食品集团有限公司	曹江	北京	17 741.332394	销售食品；相关机械设备、材料、专用工具及零配件的代购、代销；进出口业务等。
与公司同一实际控制人	中粮海优（北京）有限公司	郑合山	北京	239 880.00	餐饮服务、预包装食品销售（含冷藏冷冻食品）、特殊食品销售（保健食品、婴幼儿配方乳粉、其他婴幼儿配方食品）等。

6.6.3 逐笔披露公司与关联方的重大交易事项

6.6.3.1 固有财产与关联方：贷款、投资、租赁、应收账款、担保、其他方式等年初汇总数、本年发生额汇总数、年末汇总数

单位：万元

固有财产与关联方关联交易			
项目	年初数	本期发生额	年末数
贷款	—	—	—
投资	—	—	—
租赁	—	2 199.07	—
担保	—	—	—
应收账款	—	—	—
其他应收	392.43	12.89	405.32
其他应付	0.95	-0.35	0.60
合计	393.38	2 211.61	405.92

6.6.3.2 信托资产与关联方：贷款、投资、租赁、应收账款、担保、其他方式等年初汇总数、本年发生额汇总数、年末汇总数

单位：万元

信托资产与关联方关联交易			
项目	年初数	本期发生额	年末数
贷款	15 302.02	70 000.00	85 302.02
投资	171.00	27 733.00	27 904.00
租赁	—	—	—
担保	—	—	—
应收账款	—	—	—
其他	46 797.00	13 805.24	60 602.24
合计	62 270.02	111 538.24	173808.26

6.6.3.3 固有财产与信托财产之间的交易金额年初汇总数、本年发生额汇总数、年末汇总数

单位：万元

固有财产与信托财产相互交易			
项目	年初数	本期发生额	年末数
合计	213 489.78	57 065.36	270 555.14

6.6.3.4 信托资产与信托财产之间的交易金额年初汇总数、本年发生额汇总数、年末汇总数

单位：万元

信托资产与信托财产相互交易			
项目	年初数	本期发生额	年末数
合计	—	—	—

6.6.4 逐笔披露关联方逾期未偿还公司资金的详细情况及公司为关联方担保发生或即将发生垫款的详细情况

无。

6.7 会计制度的披露

公司固有业务和信托业务，同时执行财政部2006年2月15日颁布的《企业会计准则》及2014年颁布的八项具体准则和一项基本准则的有关规定。

7. 财务情况说明书

7.1 利润实现和分配情况

2020年，公司实现净利润300 765 485.96元。提取法定盈余公积30 076 548.60元，提取一般风险准备4 328 247.62元，年末可供分配的利润为1 157 503 407.65元。

7.2 主要财务指标

指标名称	指标值
资本利润率(%)	6.64
人均净利润(万元)	97.02

注：1. 资本利润率＝净利润/所有者权益平均余额×100%。
2. 人均净利润＝净利润/年平均人数。

7.3 对公司财务状况、经营成果有重大影响的其他事项

公司无上述事项。

8. 特别事项揭示

8.1 前五名股东报告期内变动情况及原因

根据公司经营发展需求，公司股东中粮资本投资有限公司以16亿元向公司出资，新增出资按照经评估的中粮信托每股净资产计算，公司注册资本由2 300 000 000元增至2 830 954 182元，其余部分计入公司资本公积科目。公司股东中粮财务有限责任公司、Bank of Montreal（蒙特利尔银行）放弃出资。

本次公司增加注册资本并调整股权结构已经公司股东会审议通过，并于12月28日获得北京银保监局核准（京银保监复〔2020〕1007号）。增资后，公司的股东名称、出资金额（注册资本）和出资比例如下：

中粮资本投资有限公司，出资金额为2 279 172 682元，出资比例为80.5090%。

Bank of Montreal（蒙特利尔银行），出资金额为459 770 000元，出资比例为16.2408%。

中粮财务有限责任公司，出资金额为92 011 500元，出资比例为3.2502%。

本次增资并调整股权结构立足于公司整体发展战略和信托行业转型背景，有利于公司拓展业务发展空间，推动业务转型，提升盈利能力。

公司就本次增资并股权结构调整事项相应修改了公司章程，于2021年2月10日完成了相关事项的工商变更登记及备案手续，并于2021年2月19日在《证券时报》发布了《中粮信托有限责任公司关于增加注册资本并调整股权结构的公告》。

8.2 董事、监事及高级管理人员变动情况及原因

8.2.1 董事变动情况及原因

公司第三届董事会任期已届满，经公司股东会审议通过，改选产生第四届董事会，其中陈德彪因工作调整不再担任董

事，姜正华当选第四届董事会董事，姜正华董事任职资格获得了北京银保监局核准，于6月15日正式任职。

经公司股东会审议通过，毕仲华因个人原因不再担任公司独立董事，选举潘慧峰为独立董事，潘慧峰独立董事任职资格获得了北京银保监局核准，于11月9日正式任职。

8.2.2 监事变动情况及原因

公司第三届监事会已届满，经公司股东会、职工代表大会、监事会审议通过，改选产生第四届监事会，其中许良因工作调整不再担任职工代表监事、监事会主席，王伟因工作调整不再担任监事，李德罡当选第四届监事会主席，江元军当选第四届监事会职工代表监事。

为增强职工代表监事在监事会中的作用，进一步维护职工利益，经公司股东会审议通过并经北京银保监局核准，公司修改了公司章程，将监事会人数由4名增加至5名，增补一名职工监事；后经职工代表大会审议通过，沈慧当选职工代表监事。

8.2.3 高级管理人员变动情况及原因

2020年11月，因工作调整需要，经公司董事会审议通过，张文生不再担任公司副总经理。

8.3 变更注册资本、变更注册地或公司名称、公司分立合并事项

根据公司经营发展需求，公司股东中粮资本投资有限公司以16亿元向公司出资，新增出资按照经评估的中粮信托每股净资产计算，公司注册资本由2 300 000 000元增至2 830 954 182元，其余部分计入公司资本公积科目。公司股东中粮财务有限责任公司、Bank of Montreal（蒙特利尔银行）放弃出资。

本次公司增加注册资本并调整股权结构已经公司股东会审议通过，并于12月28日获得北京银保监局核准（京银保监复〔2020〕1007号）。增资后，公司的股东名称、出资金额（注册资本）和出资比例如下：

中粮资本投资有限公司，出资金额为2 279 172 682元，出资比例为80.5090%。

Bank of Montreal（蒙特利尔银行），出资金额为459 770 000元，出资比例为16.2408%。

中粮财务有限责任公司，出资金额为92 011 500元，出资比例为3.2502%。

本次增资并调整股权结构立足于公司整体发展战略和信托行业转型背景，有利于公司拓展业务发展空间，推动业务转型，提升盈利能力。

公司就本次增资并股权结构调整事项相应修改了公司章程，于2021年2月10日完成了相关事项的工商变更登记及备案手续，并于2021年2月19日在《证券时报》发布了《中粮信托有限责任公司关于增加注册资本并调整股权结构的公告》。

8.4 公司的重大诉讼事项

8.4.1 重大未决诉讼事项

2020年，公司信托业务共涉及6起重大未决诉讼，其中4起为公司代表信托项目起诉/申请公证债权文书强制执行的案件，1起为第三人被诉案件，1起为被申请人案件（再审立案审查阶段），固有业务不涉及重大未决诉讼事项，具体情况如下表。

序号	原告/申请人	被告/被申请人	起诉日期	案由	涉案金额（万元）	诉讼进展情况
1	北京信诚达融资产管理有限公司	中粮信托	2016年4月	信托纠纷（信托项目纠纷）	11 805	原告向最高人民法院申请再审，截至2020年12月31日，本案尚在再审立案审查中。
2	中粮信托	中科建飞投资控股集团有限公司（被申请人一）、上海意邦置业有限公司（被申请人二）、中科建设开发总公司（被申请人三）	2018年9月4日	公证债权文书执行（信托项目纠纷）	43 834.83	被申请人二上海意邦置业有限公司、被申请人三中科建设开发总公司已被法院裁定进入破产重整程序。截至2020年12月31日，本案尚在执行中。
3	中粮信托	安徽中恒控股有限公司、安徽中恒控股有限公司管理人	2019年7月9日	普通破产债权确认纠纷（信托项目纠纷）	6 302.67	中粮信托根据事务管理类单一资金信托受益人指令提起本案诉讼。2020年8月安徽高院作出二审判决，驳回上诉，维持原判。中粮信托根据受益人指令向最高人民法院申请再审。截至2020年12月31日，本案尚在再审立案审查中。
4	上海浦东发展银行股份有限公司济南分行	被告东莞勤上集团有限公司、李旭亮、温琦、第三人中粮信托有限责任公司合同纠纷	2020年3月11日	合同纠纷（信托项目纠纷）	120 457.75	北京市第二中级人民法院开庭审理本案，原告未向中粮信托提出诉讼请求。截至2020年12月31日，本案尚未审结。
5	中粮信托	金良顺、孙大可、夏建明、王洪庚、精功集团有限公司	2020年6月9日	合同纠纷（信托项目纠纷）	47 978.81	中粮信托根据事务管理类单一资金信托受益人指令，向法院提起本案诉讼。绍兴市柯桥区人民法院已开庭审理了本案。截至2020年12月31日，本案尚未审结。
6	中粮信托	福建省莆田市泽润房地产开发有限公司、福建省涵江港涵房地产开发有限公司、黄凤明合同纠纷案	2020年7月6日	合同纠纷（信托项目纠纷）	92 112.37	中粮信托履行受托人职责，向法院提起本案诉讼。北京市第四中级人民法院已开庭审理本案。截至2020年12月31日，本案尚未审结。

8.4.2　以前年度发生，于本报告期内终结的诉讼事项

序号	原告/申请人	被告/被申请人	起诉日期	案由	涉案金额（万元）	诉讼进展情况
1	中粮信托	北京黄金交易中心有限公司（被告一）、中国青旅实业发展有限责任公司（被告二）、上海中青世邦商业保理有限公司（被告三）	2018年5月4日	债权转让合同纠纷（信托项目纠纷）	6 270.47	判决已生效，中粮信托已向法院申请强制执行，本案正在执行中。
2	中粮信托	北京黄金交易中心有限公司（被告一）、中国青旅实业发展有限责任公司（被告二）、上海中青世邦商业保理有限公司（被告三）	2018年5月4日	债权转让合同纠纷（信托项目纠纷）	5 084.22	判决已生效，中粮信托已向法院申请强制执行，本案正在执行中。
3	中粮信托	北京黄金交易中心有限公司（被告一）、中国青旅实业发展有限责任公司（被告二）、上海中青世邦商业保理有限公司（被告三）	2018年5月4日	债权转让合同纠纷（信托项目纠纷）	8 064	判决已生效，中粮信托已向法院申请强制执行，本案正在执行中。

8.4.3　本报告年度发生，于本报告期内终结的诉讼事项

序号	原告/申请人	被告/被申请人	起诉日期	案由	涉案金额（万元）	案件情况
1	中粮信托	徐春林、贾莹梅	2020年1月7日	合伙企业财产份额转让纠纷（信托项目纠纷）	5 436.94	中粮信托履行受托人职责，向法院提起本案诉讼。北京市第二中级人民法院已开庭审理本案。本案已撤诉结案。
2	锦州银行股份有限公司	中粮信托、第三人万和证券股份有限公司、交通银行股份有限公司北京市分行	2020年8月31日	合同纠纷（信托项目纠纷）	11 120.40	北京市第二中级人民法院已裁定准许原告撤诉。

8.5　对会计师事务所出具的有保留意见、否定意见或无法表示意见的审计报告的，公司董事会应就所涉及事项作出说明

会计师事务所对公司出具了标准无保留意见的审计报告。

8.6　公司及其董事、监事和高级管理人员受到处罚的情况

无。

8.7　中国银保监会及其派出机构对公司检查后提出整改意见的，应简单说明整改情况

2020年4月20日，公司收到北京银保监局下发的《中粮信托有限责任公司2019年度监管意见书》（京银保监发〔2020〕179号），认为公司在“治乱象、去嵌套、防风险”的信托监管总体思路指导下，实现经营管理稳健发展，同时指出公司经营管理中存在的问题与风险并提出相应监管要求。

公司收到监管意见书后高度重视，及时向董事会、监事会进行通报，并立即组织高级管理层和公司相关部门认真学习领会，责成公司合规反洗钱部牵头落实整改工作，制定整改方案，明确整改目标，督促整改进展。通过落实整改方案，公司进一步完善股权管理和公司治理，推进转型发展并强化社会服务领域金融支持，持续推进信托业务治理，深化风险治理并防控重点领域风险隐患，持续提升内控管理能力，持续做好“资管新规”过渡期整改工作，推进信托文化建设回归“受托人”定位。截至2020年末，公司基本完成监管意见书提出的监管要求。

8.8　本年度重大事项临时报告的简要内容、披露时间、所披露的媒体及其版面

5月11日，公司在《证券时报》第B1版刊登了关于修改公司章程及变更法定代表人的公告。

11月17日，公司在《证券时报》第B3版刊登了关于修改公司章程的公告。

8.9　中国银保监会及其省级派出机构认定的其他有必要让客户及相关利益人了解的重要信息

无。

9. 社会责任履行情况

报告期内，公司坚持服务实体经济、服务民生、服务投资者，认真贯彻国家经济金融政策和监管要求，加快转型和创新步伐，满足客户多样化金融需求，积极践行企业社会责任；公司始终坚持依法合规、稳健经营，不断完善风险防控体系，有效履行受托人职责和义务，维护受益人利益最大化。

为响应信托业协会关于设立专项慈善信托抗击新型冠状病毒肺炎疫情的倡议，公司积极参与助力疫情防控工作，履行社会责任，体现社会担当，经报集团相关部门批准，认购由中国信托协会牵头、由国通信托有限责任公司担任受托人已发起设立的“中国信托业抗击新型肺炎慈善信托”第二期，认购金额为50万元，用于投入疫情防控阻击战。此外，为更好地发挥金融

机构的专业优势，中粮信托积极整合各类社会资源、践行社会责任、提供专业服务、不计自身报酬地开展战疫关怀专项慈善信托，为各界同仁的公益善心、善举提供专业的慈善信托服务，尽最大努力为打赢疫情防控阻击战构筑坚强防线。2020 年 11 月，“中粮信托 · 忠良慈光 1 号 · 2020 年战疫关怀专项慈善信托”正式备案成立——该慈善信托款项将专门用于支持疫情防控和救治的相关机构，相关医护人员及其亲属，奋斗在卫生、交通、物流、公安、物资生产等防护和生产保障一线的人员及其亲属等；疫情结束后可用于未来其他公共卫生事件中的一线医护人员专项帮扶。为体现对参与疫情防控和救治的广大基层医护人员及抗疫一线工作人员的关怀，第一批慈善信托受益人选取了朝阳区内从事与抗击新冠肺炎疫情相关工作的基层工作人员。首批善款已在 2020 年末发放至第一批受益人，让奋战在抗疫一线的工作人员感受到社会的关注和认同，第二批善款也将于 2021 年 3 月末前进行发放。

公司在客户服务及消费者权益保护、扶贫、反洗钱等方面也积极履行相应社会责任。在消费者权益保护方面，中粮信托始终秉承“忠实良益，信任托付”的消费者权益保护理念，积极做好金融消费者权益保护工作，切实履行为广大金融消费者提供优质、高效金融服务的社会责任和使命。2020 年公司持续深化消费者权益保护各项工作。第一，坚持公司发展与金融消费者保护机制建设相结合。建立完善的金融消费者保护制度体系，形成一套有各部门联动、“有章可循”的工作机制。坚持“事前协调、事中管控、事后监督”的全流程管控。第二，公司坚持“矛盾不上交、就地化解”的投诉处理原则。重视倾听消费者声音，第一时间处理消费者的建议、咨询和投诉。2020 年共受理各类投诉 11 起，均高效、高质地予以处理，得到投资者的理解与认可。内部注意定期汇总分析，从消费者反映的重大、紧急、共性问题入手，推动产品、服务和业务流程的持续优化。第三，加强业务经营行为管理，发挥内部监督、纠偏作用，确保监管制度和要求的落实。公司对于消费者权益保护工作，定期进行总结与检查，确保各项工作合规、有效落实到位，责任到人。第四，持续加强金融消费者教育，引导科学健康消费。公司有计划地开展日常消费者教育与监管要求的集中宣教活动，以线上宣传为依托，结合线下活动，积极拓展受众群体，多元化、多渠道进行消费者金融知识宣教，有效提高了社会公众防范金融风险和消费者权益保护的意识。

在扶贫工作方面，中粮信托存续的“中粮信托 · 安徽农担金寨猕猴桃产业扶贫‘劝耕贷’集合资金信托计划（第一期）”，累计向国家级贫困县安徽金寨县的 11 个猕猴桃种植专业合作社、3 个家庭农场、1 个农业龙头企业发放信托贷款 2 050 万元，2020 年末该信托计划存续规模为 2 050 万元。通过该信托计划中粮信托给国家扶贫地区金寨县的猕猴桃合作社提供了信托资金支持，有效解决了金寨猕猴桃产业融资难问题，并通过临时和固定用工、土地流转和入股的方式，带动建档立卡贫困户 300 户。由于该项目的支撑，联合国世界粮食计划署投资 450 万元，在金寨县完成建设 300 亩猕猴桃产业扶贫基地，连接 150 户在册贫困户共同发展，稳定增收致富，已成为贫困地区产业脱贫的典型。中粮信托通过创新金融产品，有效支持了大别山革命老区农业发展农村建设，助力国家扶贫战略，践行金融扶贫的企业责任。

在反洗钱、反恐怖融资工作方面，公司遵照《中华人民共和国反洗钱法》《中华人民共和国反恐怖主义法》的规定，根据中国人民银行、中国银保监会发布的法规政策，在公司日常经营管理工作中认真履行各项反洗钱责任，不断完善和改进工作机制和规章制度，持续做好客户身份识别、可疑交易识别和身份资料保存等工作，进一步加强技术保障和人员配备，推动公司开展反洗钱工作改革发展。报告期内，公司根据最新法律法规和监管政策要求，修订、制定了一系列反洗钱、反恐怖融资规章制度，使制度体系进一步优化完善。公司根据现阶段业务规模和复杂程度，完成反洗钱、反恐怖融资组织架构及职责微调，使洗钱、恐怖融资风险管理组织架构更加合理，运行机制层次更加清晰。公司通过采购反洗钱、反恐怖融资信息系统，进一步完善对客户身份识别及交易记录保存等工作的信息化覆盖，保证系统安全性和稳定性的同时提升工作效率。公司通过线下宣传资料及公司网站、微信公众号等线上宣传渠道，进一步强化反洗钱、反恐怖融资宣传工作，不断提升客户对反洗钱、反恐怖融融资工作的认识，取得了良好的宣传教育效果。此外，公司通过组织开展全员培训、专项培训等形式，确保公司员工知悉反洗钱、反恐怖融资工作要求，合规开展相关工作。

10. 公司监事会意见

公司监事会认为，报告期内，公司依法运作、决策程序合法有效，没有发现公司董事、高级管理层履行职务时有违法违规、违反公司章程或损害公司股东利益的行为。公司财务报告经信永中和会计师事务所（特殊普通合伙）审计，真实地反映了公司财务状况和经营成果。

中融国际信托有限公司

1. 重要提示

1.1 本公司董事会及董事保证本报告所载资料不存在任何虚假记载、误导性陈述或者重大遗漏,并对其内容的真实性、准确性和完整性承担个别及连带责任。本年度报告摘要摘自年度报告全文,客户及相关利益人欲了解详细内容,请阅读年度报告全文。

1.2 本公司独立董事保证本报告所载资料不存在任何虚假记载、误导性陈述或者重大遗漏,并对其内容的真实性、准确性和完整性承担个别及连带责任。

1.3 公司董事长刘洋先生、首席财务官董继红先生声明:保证年度报告中财务报告的真实、完整。

2. 公司概况

2.1 公司简介

2.1.1 法定中文名称:中融国际信托有限公司(简称中融信托,以下称公司或本公司)

2.1.2 法定英文名称:Zhongrong International Trust Co., Ltd.(缩写:ZRT)

2.1.3 法定代表人:刘洋

2.1.4 注册地址:哈尔滨市松北区科技创新城创新二路277号
邮政编码:150028

2.1.5 公司国际互联网网址:www.zritc.com

2.1.6 电子邮箱:zritc@zritc.com

2.1.7 公司信息披露事务负责人姓名:王强
信息披露事务联系人:朱熹妍
联系电话:010-50860127
传真:010-50861299
电子信箱:zritc@zritc.com

2.1.8 公司选定的信息披露报纸名称:《金融时报》《上海证券报》

2.1.9 年度报告备置地点:黑龙江省哈尔滨市松北区科技创新城创新二路277号哈投大厦25层;北京市朝阳区东风南路三号院中融信托北京园区B座

2.1.10 公司聘请的会计师事务所名称:大信会计师事务所(特殊普通合伙)
住所:北京市海淀区知春路1号学院国际大厦1504室

2.1.11 公司聘请的律师事务所名称:北京市中伦(上海)律师事务所
住所:上海市浦东新区世纪大道8号国金中心二期10—11楼

2.2 组织结构

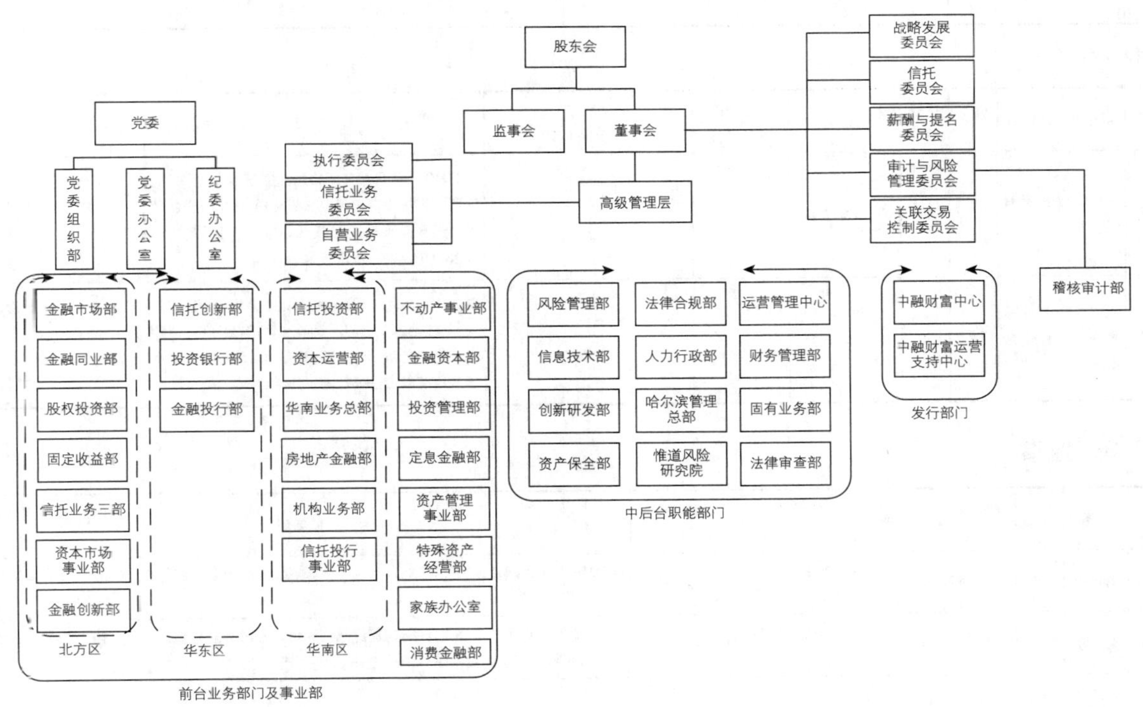

3. 公司治理

3.1 股东

2020 年度末，本公司由 4 家股东共同出资构成，经纬纺织机械股份有限公司为控股股东，股东情况如下：

股东名称	出资比例(%)	法人代表
★经纬纺织机械股份有限公司	37.47	吴旭东
中植企业集团有限公司	32.99	刘秀坤
哈尔滨投资集团有限责任公司	21.54	赵洪波
沈阳安泰达商贸有限公司	8.01	李菲

注：★号代表本公司控股股东，实际控制人为中国机械工业集团有限公司，最终受益人为国务院国有资产监督管理委员会。

3.2 董事

董事长、副董事长、董事

姓名	职务	性别	年龄(岁)	选任日期	所推举的股东名称	该股东持股比例(%)	简要履历
刘　洋	董事长	男	45	2016 年 3 月	经纬纺织机械股份有限公司	37.47	自 2016 年 3 月起任本公司董事长，2016 年 5 月起任本公司党委副书记；曾任中植企业集团有限公司副总裁，本公司党委书记，北京中融鼎新投资管理有限公司董事，中融基金管理有限公司董事。
姚育明	副董事长	男	59	2010 年 7 月	经纬纺织机械股份有限公司	37.47	自 2010 年 7 月起任本公司副董事长，2015 年 10 月起任本公司党委书记；曾任经纬纺织机械股份有限公司常务副总经理、董事、总经理、党委书记，中国恒天集团有限公司党委委员。
张向晖	副董事长	女	43	2015 年 12 月	经纬纺织机械股份有限公司	37.47	自 2015 年 12 月起任本公司副董事长；曾任兴业银行资金营运中心财富管理处副处长，兴业银行投资银行部发行承销处处长，兴业银行投资银行部副总经理。
张　东	董事	男	48	2015 年 5 月	经纬纺织机械股份有限公司	37.47	自 2015 年 5 月起任本公司董事、总裁，2015 年 10 月起任本公司党委副书记；曾任天元证券经纪有限公司信息技术部总经理，江海证券经纪有限公司信息技术部副总经理，本公司行政总监、执行总裁、副总裁，北京中融鼎新投资管理有限公司董事长、总裁。
张宪军	董事	男	46	2015 年 1 月	哈尔滨投资集团有限责任公司	21.54	自 2015 年 1 月起任本公司董事，现任哈尔滨哈投投资股份有限公司副董事长、总经理；曾任哈尔滨投资集团有限责任公司长远发展规划处科长、办公室秘书、办公室副主任、办公室正部级员、董事会办公室主任、金融资产管理部部长。

独立董事

姓名	所在单位及职务	性别	年龄(岁)	选任日期	所推举的股东名称	该股东持股比例(%)	简要履历
李　辉	北京赢动投资有限公司总经理	男	49	2010 年 7 月	—	—	自 2010 年 7 月起任本公司独立董事，现任北京赢动投资有限公司总经理；曾任联合证券投资银行部高级经理，汉唐证券投资银行部副总经理，银河证券投资银行部业务总监，安信证券投资银行部业务总监，瑞信方正证券有限责任公司企业融资部执行董事。
李华杰	北京永拓会计师事务所管理合伙人	男	56	2015 年 8 月	—	—	自 2015 年 8 月起任本公司独立董事，现任北京永拓会计师事务所管理合伙人；曾任哈尔滨阀门厂财务主管，黑龙江会计师事务所部门经理，黑龙江兴业会计师事务所部门经理，利安达信隆会计师事务所副所长，北京永拓会计师事务所有限责任公司副主任会计师。

3.3 监事

姓名	职务	性别	年龄(岁)	选任日期	所推举的股东名称	该股东持股比例(%)	简要履历
高兴山	监事长	男	57	2019 年 1 月	中植企业集团有限公司	32.99	自 2019 年 1 月起任本公司监事长；曾任中植企业集团有限公司副总裁、董事局主席，中融国际信托有限公司董事长。
毛发青	监　事	男	51	2010 年 7 月	经纬纺织机械股份有限公司	37.47	自 2010 年 7 月起任本公司监事；现任经纬纺织机械股份有限公司董事、总经理；曾任经纬纺织机械股份有限公司会计室主任、财务部部长、副总经理、财务总监。

续表

姓名	职务	性别	年龄（岁）	选任日期	所推举的股东名称	该股东持股比例（%）	简要履历
邵　武	监　事	男	38	2019年2月	职工监事	—	自2019年2月起任本公司职工监事，现任本公司稽核审计部副总经理；曾任毕马威华振会计师事务所审计经理。

3.4　高级管理人员

姓名	职务	性别	年龄（岁）	选任日期	金融从业年限（年）	学历	专业
张　东	总裁	男	48	2015年5月	22	本科	焊接工艺及设备
游　宇	常务副总裁 董事会秘书	男	46	2013年6月 2017年6月	23	硕士	金融管理
何志强	副总裁	男	45	2011年10月	15	硕士	工商管理
金庆浩	副总裁	男	51	2016年11月	28	硕士	工商管理
刘　炜	副总裁	男	48	2017年2月	24	本科	国际经济
庚　磊	副总裁	男	36	2016年6月	12	本科	法学
刘香玉	行政总监	女	45	2013年3月	10	硕士	工商管理
王　强	首席合规官 总法律顾问	男	44	2020年12月 2018年3月	14	博士	经济法学
侯春琳	总稽核	女	45	2020年12月	10	硕士	工商管理
董继红	首席财务官	男	52	2020年12月	1	本科	会计学
高　全	总裁助理	男	46	2018年4月	15	硕士	法学
杨　莉	总裁助理	女	38	2019年10月	16	硕士	工商管理

3.5　公司员工

项目		2020年度		2019年度	
		人数（人）	比例（%）	人数（人）	比例（%）
年龄分布	25岁以下	2	0.86	7	1
	25～29岁	41	17.67	114	16.31
	30～39岁	116	50	447	63.95
	40岁以上	73	31.47	131	18.74
学历分布	博士	3	1.29	9	1.29
	硕士	92	39.66	342	48.93
	本科	126	54.31	313	44.78
	专科	11	4.74	32	4.58
	其他	—	—	3	0.43
岗位分布	董事、监事及高级管理人员	21	8.9	23	3.27
	自营业务人员	1	0.42	4	0.57
	信托业务人员	210	88.98	665	94.59
	其他人员	4	1.7	11	1.56

注：1. 在董事、监事及高级管理人员的21人中，有4人不包含在正式编制232人中，岗位分布总人数应为正式编制＋编制外董事/监事共计236人。

2. 自营业务人员是指按照岗位分工，专门或至少主要从事固有资金使用和固有资产管理有关业务的职工；信托业务人员是指按照岗位分工，专门从事或者主要从事信托资金使用和信托资产管理各项业务的职工；对于人力行政部等类似无法明确区分的综合部门归为其他人员。

4．经营管理

4.1　经营目标、经营方针、战略规划

公司充分履行受托管理责任，做好投资者服务与陪伴，不断提升投资者的投资体验和参与感，围绕投资者的切身需求定制产品，用专业化的管理回报客户的信任。公司秉承与优秀企业共同成长的投资理念，依托专业的资产管理和投资研发团队，以综合金融服务为企业提供个性化投融资解决方案。公司制定了《2021—2025年战略发展规划》，将紧紧围绕一个中心，聚焦三大业务板块，推动三大变革，完成三项提升，打造五大品牌形象。

4.2　所经营业务的主要内容

4.2.1　经营概况

2020年，公司按照既定的战略转型方案，积极推动各业务板块稳健发展。截至2020年末，公司自有资产为285.58亿元（合并），公司及各子公司受托管理资产总规模为8 898.83亿元，实现营业总收入55.00亿元（合并）。公司本部净资产为190.61亿元，净资本为162.52亿元，净资本覆盖率为169.81%，净资本盈余为66.81亿元。

4.2.2　信托业务

2020年，公司坚持为实体经济提供多元化金融服务的宗旨，根据市场需求和公司战略，持续调整并优化业务结构，重点围绕新基建建设、传统产业改造升级及新兴产业投资扶持、住房建设与存量物业升级改造等方向开展业务。2020年末，存续信托计划1 082个，受托管理资产7 176.30亿元，规模同比有所下降，业务结构进一步优化，风险整体可控。报告期末，信托资产运用与投向的明细情况见下表。

信托资产运用与分布表

资产运用	金额（万元）	占比（%）	资产分布	金额（万元）	占比（%）
货币资产	1 622 407.19	2.26	基础产业	7 499 268.64	10.45
贷款	23 435 368.28	32.66	房地产	12 914 987.58	18.00
交易性金融资产投资	1 717 766.59	2.39	证券市场	2 276 685.56	3.17
可供出售金融资产投资	16 672 574.04	23.23	实业	26 107 484.26	36.38
持有至到期投资	183 304.45	0.26	金融机构	22 298 775.69	31.07
长期股权投资	14 118 379.68	19.67	其他	665 821.60	0.93
其他	14 013 223.10	19.53			
信托资产总计	71 763 023.33	100.00	信托资产总计	71 763 023.33	100.00

4.2.3　自营业务

本年度，公司自有资金主要以保持高流动性原则进行管

理，同时为满足保值和增值的需要，在一定范围内进行投资，主要反映为交易性金融资产及其他债权投资。

自营资产运用与分布表

资产运用	金额（万元）	占比（%）	资产分布	金额（万元）	占比（%）
货币资产	1 074 906.99	37.64	基础产业	3 052.46	0.11
贷款及应收款	160 139.15	5.61	房地产业	150 746.98	5.28
交易性金融资产投资	1 056 888.26	37.01	证券市场	1 092 762.46	38.26
债权投资	—	—	实业	161 604.48	5.66
其他债权投资	231 217.46	8.10	金融机构	245 635.36	8.60
其他权益工具投资	1 943.93	0.07	其他	1 201 973.84	42.09
长期股权投资	226 964.41	7.95			
其他	103 715.39	3.63			
资产总计	2 855 775.58	100.00	资产总计	2 855 775.58	100.00

4.3 市场分析

4.3.1 有利因素

2020 年，我国经济保持较强韧性，成为全球唯一实现经济正增长的主要经济体。三大攻坚战取得决定性成就，科技创新取得重大进展，改革开放实现重要突破，民生得到有力保障，整体呈现稳中有进、稳中向好的态势。

金融监管机构自 2017 年以来开展的一系列金融乱象整治工作取得良好效果，金融行业整体杠杆率进一步降低，风险积聚得到有效遏制，个别风险机构和事件得到妥善处置和化解，金融环境整体健康。

随着国民财富的不断积累，国民消费逐渐升级，消费金融、供应链金融、财富管理类信托、家族信托、服务信托等均具有较大的发展潜力，信托公司在这些行业的投入逐渐增加并形成自身优势，未来这些业务将成为信托行业稳定发展的动力和源泉。

4.3.2 不利因素

2020 年，受新冠肺炎疫情等因素影响，全球经济总体增长缓慢，我国宏观经济整体继续承压，经济下行的压力有所上升，尤其是在中美经贸摩擦持续拉锯的背景下，中国经济面临的内外部环境更加严峻。

受经济下行压力影响，社会整体信用风险暴露几率增加，资管行业不良资产上升，优质资产获取难度增大，存续资产风险管控难度提升。

金融行业强严监管形势持续加码，控杠杆、控地产、去通道、去嵌套等监管要求贯穿全年始终，信托公司合规展业压力持续增加。

资管行业竞争加剧，银行理财子公司纷纷设立，券商资管公司、私募基金管理人等凭借自身禀赋和制度优势，参与资管市场份额，信托公司无论是在私募投行还是资产管理、财富管理领域，都面临着更加激烈的挑战。

4.4 内部控制

4.4.1 内部控制环境和内部控制文化

公司高度重视内部控制体系建设，不断改善内部控制环境，建立了合理的组织架构及规范的公司治理机制。本报告期内，公司严格落实各项监管要求，以合规运营为基础，风险识别为导向，信息技术建设为支撑，构建以规章制度体系和内控评价体系为主要内容的内部控制体系。公司十分关注并逐步培育“管理层高度重视、内控人人有责、违规必受追究”的内控文化，积极引进金融同行先进的管理经验，内部控制的有效性得到提升。

4.4.2 内部控制措施

公司建立了较为科学、严谨的内部控制体系，持续健全完善内部控制制度，优化公司治理机制，加强企业文化建设，始终保持良好的内部控制环境。公司内部控制制度体系形成了以《公司内部控制制度》为总体制度，《公司内部控制管理手册》为具体内容，《公司内部控制评价手册》为评价标准的三个层次。

4.4.3 监督评价与纠正

公司持续对经营管理及业务运行过程进行全面的监督和评价，并通过外部检查督促公司不断完善内部控制体系建设。一是公司接受监管部门的监督和评价，按年接受会计师事务所的审计，积极落实检查意见和建议。二是公司内部审计部门稽核审计部对业务经营、内控合规、财务收支等方面进行多项审计，排查公司经营管理中存在的漏洞和不足，并积极推动整改措施落到实处。

4.5 风险管理概况

4.5.1 风险状况

4.5.1.1 信用风险状况

信用风险是公司信托项目面临的主要风险之一，主要指交易对手不能或不愿按时履约而对公司业务经营所造成的风险。自 2020 年以来，公司业务所面临的信用风险仍处于较高水平，市场整体的流动性压力、再融资难度在一定程度上导致交易对手的履约能力有所下降，信用风险持续存在。报告期内，公司严格按照财政部和中国银保监会的要求提足各项准备金，未发生因重大信用风险所造成的损失。

4.5.1.2 市场风险状况

市场风险是公开市场金融产品或其他产品价格波动导致公司财产或信托财产遭到损失的可能性。公司市场风险主要涉及证券投资自营业务、信托业务及上市公司股权收益权信托业务等。2020 年末，证券投资信托资产规模占全部信托资产的 3.43%。对于此类业务，公司本着审慎原则，合理配置资产，通过结构化信托安排和严密管理措施，勤勉、尽职履行受托人职责，始终确保优先受益人的资金安全。

4.5.1.3 操作风险状况

操作风险是指由于公司内部程序、人员、系统的不完善或失误，或外部事件而引发的风险。一方面，公司不断梳理和规范业务流程，加强内部控制，从制度上尽可能避免操作风险的产生；另一方面，公司也注重培养员工的责任心，提升其业务水平和专业素质，尽量杜绝因为员工自身能力或责任心不足而导致的操作风险。报告期内，公司未发生因操作风险带来的损失。

4.5.1.4 其他风险状况

公司面临的其他风险主要有法律风险、合规风险及声誉风险等。法律风险是指因公司违反法律规定或因合同纠纷，致使公司遭受处罚或者诉讼的风险。合规风险是指因公司没有遵循法律、规则和准则而遭受法律制裁、监管处罚、出现重大损失的风险。公司面临的声誉风险是指因缺少声誉应急处理能力、不能妥善处理媒体关系及未建立声誉风险管理机制而导致声誉损失的风险。目前,公司的法律风险、合规风险及声誉风险均处于较低水平。

4.5.2 风险管理

4.5.2.1 信用风险管理

公司信用风险管理的具体措施:一是完善信用风险管理制度体系;二是完善信用风险限额管理;三是完善行业研究和准入机制;四是加大存续项目信用风险的监控力度;五是完善投资业务的信用风险防范措施。

4.5.2.2 市场风险管理

证券投资信托业务的风险管理严格遵循组合投资、分散风险的原则,制定投资范围、比例,采用逐日盯市的方法,实时掌控风险状况;选择经验丰富、业绩优秀的投资顾问,以更好地识别市场变化中的潜在风险;设置科学、操作性强的警戒与止损机制并严格执行,确保风险始终处于可控状态。

4.5.2.3 操作风险管理

公司由运营管理中心专职负责操作风险的管理。一是进一步完善操作风险管理制度,结合不同业务特点,对项目实行分类专业化管理,降低了项目后续管理的操作风险。二是对项目管理、会计管理等系统的持续更新跟进,逐步形成了实时监测、定向预警、定量控制的风险管理流程。三是通过强化内控基础,优化内控措施,持续提升"三道防线"体系的运行效率和效果。

4.5.2.4 其他风险管理

法律风险。在业务类合同的风险防范方面,公司成立了专门负责业务类合同文本审查的法律审查部,极大地提高了法律审查的工作效率,提高了业务类合同文本的质量。在法律制度的建设和落实方面,公司已根据相关法律法规制定了覆盖各类项目"募""投""管""退"等关键环节的一系列规章制度,建立了较为完善的法律风险制度防范体系。

合规风险。公司坚持"合规创造价值、合规人人有责和合规从高管做起"的管理理念,持续完善合规管理体系建设。加强员工行为合规培训,积极推动公司信托文化建设和合规文化建设;设立投资者教育专区,推动投资者教育和金融消费者权益保护工作。

声誉风险。公司由品牌中心负责牵头落实公司品牌和声誉风险管理工作部署,对声誉风险事件进行主动防范、全面监测、及时反应、有效处理,及时进行复盘和问责,维护公司品牌形象。

4.6 获得荣誉情况

报告期内,公司相继得到新闻媒体及社会各方的积极评价,获得主要荣誉如下:全国银行间同业拆借中心"2020 年度银行间本币市场交易 300 强""最佳进步奖";《证券时报》"2020 年度中国优秀信托公司";《金融时报》"2020 年度最佳财富管理信托公司";《中国经营报》"2020 卓越竞争力家族信托管理公司";《21 世纪经济报道》"2020 年度竞争力信托公司"。

5. 报告期末及上一年度末的比较式会计报表

5.1 自营资产

5.1.1 会计师事务所审计意见

大信审字〔2021〕第 1-00042 号审计报告审计意见:中融信托财务报表在所有重大方面按照企业会计准则的规定编制,公允反映了 2020 年 12 月 31 日的合并及母公司财务状况,以及 2020 年度的合并及母公司经营成果和现金流量。

5.1.2 资产负债表

资产负债表

编制单位:中融国际信托有限公司　　2020 年 12 月 31 日　　单位:元

项目	合并		母公司	
	期末余额	年初余额	期末余额	年初余额
货币资金	10 749 069 857.17	10 622 063 715.94	7 624 437 639.84	7 039 338 192.40
结算备付金	384 439.64	3 613.79	—	—
拆出资金	25 734 347.69	—	—	—
交易性金融资产	10 568 882 566.97	10 302 116 448.57	7 618 118 781.36	7 264 842 708.45
应收账款	128 092 100.61	136 462 237.30	65 271 493.78	69 000 743.14
预付款项	4 962 022.18	7 976 653.35	—	—
应收利息	5 177 016.56	14 833 492.80	—	—
应收股利	—	—	—	—
其他应收款	109 847 273.24	100 859 843.65	43 191 485.54	57 729 034.01
买入返售金融资产	9 601 712.36	—	—	—
存货	216 459 080.47	140 695 466.87	—	—
持有待售资产	—	—	—	—
发放贷款和垫款	1 358 275 076.22	885 881 014.19	509 221 917.81	201 104 657.53
债权投资	—	—	—	—
其他债权投资	2 312 174 649.78	2 434 283 481.28	1 290 709 514.72	1 555 413 271.97
长期应收款	—	—	—	—
长期股权投资	2 269 644 105.02	2 209 801 502.47	4 652 144 105.02	4 795 850 100.42

续表

项目	合并		母公司	
	期末余额	年初余额	期末余额	年初余额
其他权益工具投资	19 439 276. 28	25 000 000. 00	—	—
投资性房地产	—	—	—	—
固定资产	28 774 394. 81	29 867 001. 05	19 519 156. 39	19 736 589. 65
在建工程	—	—	—	—
无形资产	72 981 158. 98	68 833 000. 10	61 007 231. 69	57 039 742. 76
开发支出	1 618 023. 62	—	1 618 023. 62	—
商誉	23 947 504. 99	23 947 504. 99	—	—
长期待摊费用	52 838 876. 89	75 509 437. 52	43 061 238. 80	61 [illegible]96 378. 75
递延所得税资产	585 804 102. 15	462 061 595. 73	529 291 510. 46	420 [illegible]36 224. 34
其他资产	14 048 225. 04	75 863 490. 16	4 724 595. 97	52 [illegible]60 510. 79
资产合计	28 557 755 810. 67	27 616 059 499. 76	22 462 316 695. 00	21 594 848 154. 21

法定代表人：刘洋　　主管会计工作负责人：董继红　　会计机构负责人：汪松

资产负债表（续）

编制单位：中融国际信托有限公司　　2020 年 12 月 31 日　　单位：元

项目	合并		母公司	
	期末余额	年初余额	期末余额	年初余额
短期借款	—	—	—	—
拆入资金	—	—	—	—
应付账款	17 861 695. 65	103 903 508. 66	—	—
合同负债	13 055 753. 73	15 223 166. 38	9 016 546. 27	9 1[illegible]3 991. 35
代理买卖证券款	485 971 925. 81	—	—	—
应付职工薪酬	2 578 900 229. 50	2 135 587 347. 67	1 929 726 153. 66	1 378 2[illegible]3 057. 02
应交税费	591 254 241. 48	639 548 548. 33	496 995 221. 82	556 0[illegible]9 182. 40
应付利息	—	—	—	—
应付股利	—	—	—	—
其他应付款	57 457 757. 39	101 152 968. 25	572 066 223. 82	709 922 991. 16
持有待售负债	—	—	—	—
长期借款	653 511 242. 52	700 539 323. 85	—	—
应付债券	2 406 231 631. 09	2 568 108 442. 76	—	—
长期应付职工薪酬	390 424 535. 89	612 640 224. 73	390 424 535. 89	612 640 224. 73
预计负债	—	—	—	—
递延所得税负债	6 333 662. 42	29 613 056. 61	2 665 781. 45	13 355 075. 84
其他负债	226 831. 91	348 769. 64	—	—
负债合计	7 201 229 507. 39	6 906 665 356. 88	3 400 894 462. 91	3 279 4[illegible] 522. 50
实收资本（或股本）	12 000 000 000. 00	12 000 000 000. 00	12 000 000 000. 00	12 000 000 000. 00
其他权益工具	—	—	—	—
资本公积	250 803 413. 59	246 473 567. 38	243 783 584. 08	239 4[illegible] 591. 18
其他综合收益	−18 340 984. 47	21 578 018. 63	4 049 959. 31	2 4[illegible] 543. 28
其中：外币报表折算差额	−11 315 591. 92	27 873 407. 38	—	—
盈余公积	1 960 570 855. 04	1 846 562 335. 89	1 960 570 855. 04	1 846 56[illegible] 335. 89
一般风险准备	1 334 811 991. 12	1 265 510 488. 61	1 334 811 991. 12	1 265 51[illegible] 488. 61
未分配利润	5 151 898 023. 82	4 385 249 231. 13	3 518 205 842. 54	2 961 43[illegible] 672. 75
归属于母公司所有者权益（或股东权益）合计	20 679 743 299. 10	19 765 373 641. 64	—	—
※少数股东权益	676 783 004. 18	944 020 501. 24	—	—
所有者权益（或股东权益）合计	21 356 526 303. 28	20 709 394 142. 88	19 061 422 232. 09	18 315 3[illegible] 631. 71
负债和所有者权益（或股东权益）总计	28 557 755 810. 67	27 616 059 499. 76	22 462 316 695. 00	21 594 8[illegible] 154. 21

法定代表人：刘洋　　主管会计工作负责人：董继红　　会计机构负责人：汪松

5.1.3 利润表

利润表

编制单位:中融国际信托有限公司　　2020 年度　　单位:元

项目	合并		母公司	
	本期金额	上期金额	本期金额	上期金额
一、营业总收入	5 499 999 938.59	5 358 790 608.52	4 563 955 058.71	4 518 623 963.89
利息净收入	170 219 372.12	304 183 443.94	73 166 116.45	94 468 480.09
利息收入	170 467 149.91	363 393 957.84	73 413 894.24	153 678 993.99
利息支出	247 777.79	59 210 513.90	247 777.79	59 210 513.90
手续费及佣金净收入	4 442 482 381.83	4 505 737 417.12	3 923 522 090.24	4 097 952 185.71
手续费及佣金收入	4 442 482 381.83	4 505 737 417.12	3 923 522 090.24	4 097 952 185.71
手续费及佣金支出	—	—	—	—
投资收益(损失以"-"号填列)	949 323 196.06	471 963 358.25	600 919 436.21	284 553 653.95
其中:对联营企业和合营企业的投资收益	160 580 360.95	173 204 026.80	160 590 595.67	173 028 913.00
公允价值变动收益(损失以"-"号填列)	-90 666 724.20	69 651 462.84	-55 952 394.42	38 340 085.90
汇兑收益(损失以"-"号填列)	-5 655 424.27	540 809.29	-166 359.39	77 685.44
其他业务收入	5 988 819.70	2 344 781.99	2 930 786.84	1 685 604.73
资产处置收益(损失以"-"号填列)	135 444.44	160 940.82	135 444.44	160 940.82
其他收益	28 172 872.91	4 208 394.27	19 399 938.34	1 385 327.25
二、营业总支出	3 822 329 493.42	3 160 803 659.23	3 124 571 233.55	2 516 945 297.20
税金及附加	27 045 806.78	35 754 739.42	11 271 077.97	18 504 535.63
业务及管理费	3 741 708 644.02	3 119 467 158.05	3 113 300 155.58	2 498 440 761.57
信用减值损失	53 429 161.67	5 403 694.67	—	—
资产减值损失	—	—	—	—
其他业务成本	145 880.95	178 067.09	—	—
三、营业利润(亏损以"-"号填列)	1 677 670 445.17	2 197 986 949.29	1 439 383 825.16	2 001 678 666.69
加:营业外收入	33 598 635.59	15 633 825.05	4 516 839.96	9 188 712.40
减:营业外支出	4 565 632.44	5 917 738.42	4 024 526.59	5 315 670.90
四、利润总额(亏损以"-"号填列)	1 706 703 448.32	2 207 703 035.92	1 439 876 138.53	2 005 551 708.19
减:所得税费用	327 620 246.54	452 604 126.12	299 790 947.08	431 471 643.00
五、净利润(净亏损以"-"号填列)	1 379 083 201.78	1 755 098 909.80	1 140 085 191.45	1 574 080 065.19
归属于母公司所有者的净利润	1 337 672 830.18	1 705 360 750.49	1 140 085 191.45	1 574 080 065.19
※少数股东损益	41 410 371.60	49 738 159.31	—	—
持续经营损益	1 379 083 201.78	1 755 098 909.80	1 140 085 191.45	1 574 080 065.19
终止经营损益	—	—	—	—
六、其他综合收益的税后净额	-40 227 721.31	12 639 311.55	1 636 416.03	2 413 543.28
归属于母公司所有者的其他综合收益的税后净额	-39 919 003.10	12 528 296.28	—	—
1. 以后不能重分类进损益的其他综合收益	-4 426 418.29	—	—	—
(1)权益法下不能重分类进损益的其他综合收益	—	—	—	—
(2)其他权益工具投资公允价值变动	-4 426 418.29	—	—	—
2. 以后将重分类进损益的其他综合收益	-35 492 584.81	12 528 296.28	1 636 416.03	2 413 543.28
(1)权益法下将重分类进损益的其他综合收益	1 636 416.03	2 413 543.28	1 636 416.03	2 413 543.28
(2)其他债权投资公允价值变动	2 342 563.13	1 404 626.01	—	—
(3)金融资产重分类计入其他综合收益的金额	—	—	—	—
(4)其他债权投资信用减值准备	-282 564.67	—	—	—
(5)现金流量套期损益的有效部分	—	—	—	—
(6)外币财务报表折算差额	-39 188 999.30	8 710 126.99	—	—
归属于少数股东的其他综合收益的税后净额	-308 718.21	111 015.27	—	—
七、综合收益总额	1 338 855 480.47	1 767 738 221.35	1 141 721 607.48	1 576 493 608.47
归属于母公司所有者的综合收益总额	1 297 753 827.08	1 717 889 046.77	—	—
*归属于少数股东的综合收益总额	41 101 653.39	49 849 174.58	—	—

法定代表人:刘洋　　主管会计工作负责人:董继红　　会计机构负责人:汪松

5.2 信托资产

5.2.1 信托项目资产负债汇总表

信托项目资产负债汇总表

编制单位:中融国际信托有限公司　　2020 年 12 月 31 日　　单位:万元

项目	2020 年 12 月 31 日	2019 年 12 月 31 日
信托资产		
货币资金	1 622 407. 19	1 538 418. 54
交易性金融资产	1 717 766. 59	1 706 933. 13
买入返售金融资产	205 281. 68	408 896. 88
应收款项	3 317 693. 87	2 744 223. 27
发放贷款	23 435 368. 28	27 897 808. 14
可供出售金融资产	16 672 574. 04	16 649 258. 47
长期股权投资	14 118 379. 68	10 232 737. 04
长期待摊费用	787. 27	3 277. 13
其他资产	10 672 764. 73	15 363 639. 51
信托资产总计	71 763 023. 33	76 545 192. 11
信托负债:		
应付受托人报酬	6 527. 15	6 900. 07
应付托管费	5 204. 66	5 014. 75
应付受益人收益	359 756. 21	379 093. 12
应付销售服务费	249. 90	674. 74
其他应付款项	1 101 617. 81	1 089 468. 79
其他负债	34 990. 39	374 210. 95
信托负债合计	1 508 346. 12	1 855 362. 42
信托权益:		
实收信托	71 252 080. 49	75 629 280. 96
资本公积	−4 248. 16	−138 809. 79
未分配利润	−993 155. 12	−800 641. 48
信托权益合计	70 254 677. 21	74 689 829. 69
信托负债和信托权益总计	71 763 023. 33	76 545 192. 11

5.2.2 信托项目利润及利润分配汇总表

信托项目利润及利润分配汇总表

编制单位:中融国际信托有限公司　　2020 年度　　单位:万元

项目	2020 年度	2019 年度
营业收入	6 484 173. 93	6 012 036. 54
利息收入	2 723 551. 68	2 867 036. 54
投资收益	3 380 273. 22	2 732 001. 52
公允价值变动收益	118 903. 47	244 026. 62
其他收入	261 445. 56	168 971. 86
支出	1 171 726. 28	973 007. 10
受托人报酬	158 279. 27	215 041. 54
托管费	12 955. 15	15 562. 07
投资管理费	41 726. 46	8 740. 57
销售服务费	486 122. 70	371 014. 38
交易费用	4 585. 94	4 238. 28
其他费用	468 056. 76	358 410. 26
信托净利润	5 312 447. 65	5 039 029. 44
其他综合收益	−53 262. 35	−209 216. 33
综合收益	5 259 185. 30	4 829 813. 11
加:期初未分配信托利润	−800 641. 48	−906 714. 13
可供分配的信托利润	4 476 087. 57	4 157 124. 66
减:本期已分配信托利润	5 469 242. 69	4 957 766. 14
期末未分配信托利润	−993 155. 12	−800 641. 48

6. 会计报表附注

6.1 会计报表编制基准、会计政策等情况

本公司财务报表以持续经营为基础,根据实际发生的交易和事项,按照财政部颁布的《企业会计准则——基本准则》和具体会计准则等规定,并基于相应重要会计政策、会计估计进行编制。

6.2 或有事项说明

幸福蓝海影视文化集团股份有限公司于 2019 年 6 月 3 日向南京市中级人民法院提起诉讼,要求本公司子公司北京中融鼎新投资管理有限公司(以下简称中融鼎新)返还已收到的股权转让款及利息合计 3 436. 37 万元。南京市中级人民法院受理案件后冻结本公司子公司中融鼎新银行存款 3 436. 37 万元,目前本公司子公司中融鼎新已聘请律师应诉。截至本报告报出日,该案件尚处于一审审理阶段,法院未有明确判决。

6.3 重要资产转让及其出售的说明

报告期内,本公司无相关说明事项。

6.4 会计报表中重要项目的明细资料

6.4.1 自营资产经营情况

6.4.1.1 按信用风险五级分类结果披露信用风险资产的期初数、期末数

信用风险资产五级分类	正常类(万元)	关注类(万元)	次级类(万元)	可疑类(万元)	损失类(万元)	信用风险资产合计(万元)	不良资产合计(万元)	不良资产率(%)
期初数	1 175 668	1 140	—	—	—	1 176 808	—	—
期末数	1 194 806	43 348	—	—	—	1 238 154	—	—

注:不良资产合计 = 次级类 + 可疑类 + 损失类。

6.4.1.2 各项资产减值损失准备的期初数、本期计提、本期转回、本期核销、期末数

单位:万元

项目	期初数	本期计提	本期转回	本期核销	期末数
贷款损失准备	217	1 051	—	—	1 268
一般准备	—	—	—	—	—
专项准备	—	—	—	—	—
其他资产减值准备	—	921	—	—	921
其他债权投资减值准备	—	28	—	—	28
其他权益工具投资减值准备	—	—	—	—	—
长期股权投资减值准备	—	—	—	—	—
坏账准备	359	3 348	5	81	3 621

6.4.1.3 自营股票投资、基金投资、债券投资、股权投资等投资业务的期初数、期末数

单位:万元

项目	自营股票	基金	债券	长期股权投资
期初数	22 083. 73	586 778. 04	175 037. 90	22[illegible]30. 15
期末数	4 853. 19	775 872. 33	225 601. 99	22[illegible]4. 41

6.4.1.4　自营长期股权投资的企业名称、占被投资企业权益的比例、主要经营活动及投资收益情况

企业名称	占被投资企业权益的比例(%)	主要经营活动	投资收益(万元)
中国信托业保障基金有限责任公司	13.04	基金管理服务	13 149.52
哈尔滨农村商业银行股份有限公司	9.90	银行	2 990.23
中国信托登记有限责任公司	3.33	信托登记业务	-80.69

注:投资损益是指按照企业会计准则规定,核算股权投资确认损益并计入披露年度利润表的金额。

6.4.1.5　前五名的自营贷款的企业名称、占贷款总额的比例和还款情况

序号	企业名称	贷款企业名称	贷款金额(万元)	占贷款总额的比例(%)	还本付息情况
1	中融国际信托有限公司	北京景华伟业商贸有限公司	50 922.19	37.49	按时还本付息
2	中融平和财务有限公司	Beta Asset Management Limited	31 105.88	22.90	停止计息中
3	中融平和财务有限公司	正荣地产集团有限公司	22 220.16	16.36	按时还本付息
4	中融平和财务有限公司	信源国际控股有限公司	21 910.26	16.13	按时还本付息
5	中融平和财务有限公司、中融平和金融有限公司	京基实业香港有限公司	6 464.74	4.76	抵押物处置中

6.4.1.6　表外业务的期初数、期末数,按照代理业务、担保业务和其他类型表外业务分别披露

单位:万元

表外业务	期初数	期末数
担保业务	—	—
代理业务(委托业务)	—	—
其他	—	—
合计	—	—

注:代理业务主要反映因客观原因应规范而尚未完成规范的历史遗留委托业务,包括委托贷款和委托投资。

6.4.1.7　公司当年的收入结构

收入结构	金额(万元)	占比(%)
手续费及佣金收入	444 248	80.28
其中:信托手续费收入	389 189	70.33
利息收入	17 047	3.08
其他业务收入	599	0.11
投资收益	94 932	17.15
其中:股权投资收益	16 093	2.91
其他投资收益	78 839	14.25
公允价值变动收益	-9 067	-1.64
汇兑损益	-566	-0.10
资产处置收益	14	—
其他收益	2 817	0.51
营业外收入	3 360	0.61
收入合计	553 385	100.00

注:手续费及佣金收入、利息收入、其他业务收入、投资收益、营业外收入均应为损益表中的一级科目,其中手续费及佣金收入、利息收入、营业外收入为未抵减掉相应支出的全年累计实现收入数。报告年度实现信托业务收入的总额,其中以手续费及佣金确认的信托业务收入金额,以业绩报酬形式确认的信托业务收入金额和以其他形式确认的信托业务收入金额。

6.4.2　**披露信托资产管理情况**

6.4.2.1　信托资产的期初数、期末数

单位:万元

信托资产	期初数	期末数
集合	61 265 323.81	63 093 616.81
单一	9 416 322.37	5 234 655.24
财产权	5 863 545.93	3 434 751.28
合计	76 545 192.11	71 763 023.33

6.4.2.1.1　主动管理型信托业务的信托资产期初数、期末数

单位:万元

主动管理型信托资产	期初数	期末数
证券投资类	1 993 306.84	1 926 159.72
股权投资类	6 928 104.83	13 490 056.11
其他投资类	24 426 978.18	26 265 176.74
融资类	24 935 808.40	20 499 176.33
事务管理类	6 000.00	6 015.12
合计	58 290 198.25	62 186 584.02

6.4.2.1.2　被动管理型信托业务的信托资产期初数、期末数

单位:万元

被动管理型信托资产	期初数	期末数
证券投资类	—	—
股权投资类	—	—
其他投资类	873 975.54	348 282.44
融资类	80 000.92	—
事务管理类	17 301 017.40	9 228 156.87
合计	18 254 993.87	9 576 439.31

6.4.2.2　本年度已清算结束的信托项目情况

6.4.2.2.1　本年度已清算信托项目情况

已清算结束的信托项目	项目个数(个)	实收信托合计金额(万元)	加权平均实际年化收益率(%)
集合类	277	12 599 939.75	7.83
单一类	91	4 370 738.32	5.75
财产管理类	55	3 426 716.28	6.60

注:加权平均实际年化收益率=(信托项目1的实际年化收益率×信托项目1的资产总计+信托项目2的实际年化收益率×信托项目2的资产总计+…+信托项目n的实际年化收益率×信托项目n的资产总计)/(信托项目1的资产总计+信托项目2的资产总计+…+信托项目n的资产总计)×100%。

6.4.2.2.2　本年度已清算结束的主动管理型信托项目情况

已清算结束的信托项目	项目个数(个)	实收信托合计金额(万元)	加权平均实际年化信托报酬率(%)	加权平均实际年化收益率(%)
证券投资类	12	51 516.28	0.98	5.59
股权投资类	16	1 909 462.03	0.85	7.82
其他投资类	28	1 753 762.43	0.63	5.27
融资类	239	7 703 898.18	1.65	8.18
事务管理类	1	5 000.00	0.01	11.54

6.4.2.2.3 本年度已清算结束的被动管理型信托项目情况

已清算结束的信托项目	项目个数（个）	实收信托合计金额（万元）	加权平均实际年化信托报酬率（%）	加权平均实际年化收益率（%）
证券投资类	—	—	—	—
股权投资类	—	—	—	—
其他投资类	1	400 000.00	0.08	4.65
融资类	—	—	—	—
事务管理类	126	8 573 755.43	0.09	6.37

6.4.2.3 本年度新增信托项目情况

新增信托项目	项目个数（个）	合计金额（万元）
集合类	254	10 978 824.69
单一类	45	662 624.19
财产管理类	209	1 443 432.27
新增合计	508	13 084 881.15
其中：主动管理型	484	11 734 577.60
被动管理型	24	1 350 303.55

6.4.2.4 信托业务创新成果和特色业务有关情况

公司高度重视创新研发能力建设，不断加大创新产品开发力度，持续提升研发团队研究水平，紧跟资管行业前沿动态，充分挖掘创新产品的潜在机会，以模式创新、风险可控、投资者认可作为产品设计的基础，将产品创新提升到新的战略高度，树立公司资产管理、财富管理的品牌优势。2020 年，公司博士后科研工作站正式获得国家人社部和全国博管会批准设立，公司创新研发能力将得到进一步提升。

6.4.2.5 本公司履行受托人义务情况及因本公司自身责任而导致的信托资产损失情况

报告期内，公司作为受托人严格按照国家法律、法规及信托合同的约定严格履行受托责任，为信托资产安全和受益人利益尽职管理，未发生因本公司自身责任而导致的信托资产损失情况。

6.5 关联方关系及其交易的披露

6.5.1 关联交易方的数量、关联交易的总金额及关联交易的定价政策

	关联交易方数量（个）	关联交易金额（万元）	定价政策
合计	19	1 466 318.27	本公司 2020 年度发生的关联方交易均遵循一般正常的交易条件进行，并以市场价格作为定价依据。

6.5.2 关联交易方基本情况

报告期涉及关联交易的关联方情况如下：

关联性质	关联方名称	法定代表人	注册地址	注册资本（万元）	主营业务
股东单位	哈尔滨投资集团有限责任公司	赵洪波	哈尔滨市南岗区汉水路 172 号	500 000	从事固定资产、基础设施、能源、供热、高新技术产业、资源开发项目投资与投资信息咨询等。
股东单位	中植企业集团有限公司	刘秀坤	北京市朝阳区东四环中路 39 号 A 单元 1515	500 000	资产投资及资产管理等。
股东关联子公司	横琴人寿保险有限公司	兰亚东	珠海市横琴新区十字门中央商务区珠海横琴金融产业发展基地 2 号楼	200 000	普通型保险，包括人寿保险和年金保险、健康保险、意外伤害保险等。
股东关联子公司	漳州恒天物流有限公司	谷景虎	福建省漳州市龙文区朝阳镇龙江北路海峡农博汇	5 000	道路运输、仓储、货物包装、货运代理等。
股东关联子公司	北京恒天明泽基金销售有限公司	周斌	北京市北京经济技术开发区宏达北路 10 号五层 5122 室	5 000	基金销售。
股东关联子公司	财富恒天投资管理有限公司	姜勇	珠海市横琴新区环岛东路 1889 号横琴创意谷 17 栋横琴智慧金融产业园 E211 房间	8 000	投资咨询。
股东关联子公司	恒天嘉华非织造有限公司	何苏义	仙桃市彭场镇仙彭公路西侧 1 号厂房幢	43 480	非织造布、非织造布制品等。
股东关联子公司	融钰集团股份有限公司	陆璐	吉林省吉林市船营取迎宾大路 98 号	84 000	资产管理、控股公司企业管理服务等。
非控股联营企业	中国信托业保障基金有限责任公司	刘宏宇	北京市西城区月坛南街 1 号院 5 号楼 20—23 层	1 150 000	受托管理保障基金等经相关部门批准后依批准的内容开展经营活动。
非控股联营企业	哈尔滨农村商业银行股份有限公司	郭俊秋	哈尔滨市道里区经纬二道街 65 号	200 000	吸收公众存款、发放贷款、办理国内结算等。
控股子公司	北京中融鼎新投资管理有限公司	张东	北京市石景山区八大处高科技园区西井路 3 号 2 号楼 268 号房	200 000	项目投资、资产管理、投资咨询等。
控股子公司	达孜县鼎诚资本投资有限公司	张东	西藏拉萨市达孜县工业园区珠峰实业 203 号房	200	投资管理、资产管理等。
控股子公司	北京中融汇智人力资源有限公司	刘香玉	北京市石景山区实兴大街 30 号院 3 号楼 11 层东南区域	1 000	劳务派遣、人才推荐、人才招聘等。
控股子公司	上海辉致人力资源有限公司	刘香玉	中国（上海）自由贸易试验区银城中路 8 号 801 室、812 室	200	人才中介、劳务派遣、商务信息咨询等。

续表

关联性质	关联方名称	法定代表人	注册地址	注册资本（万元）	主营业务
控股子公司	中融（北京）资产管理有限公司	王瑶	北京市门头沟区石龙经济开发区永安路20号3号楼1层107室	20 000	特定客户资产管理业务及中国证监会许可的其他业务。
控股子公司	中融基金管理有限公司	王瑶	深圳市福田区福田街道岗厦社区金田路3088号中洲大厦3202、3203B	75 000	基金募集、基金销售、特定客户资产管理、资产管理和中国证监会许可的其他业务。
控股子公司	哈尔滨中融鼎新置业有限公司	金庆浩	哈尔滨市松北区创新二路277号2518室	10 000	房地产开发。
控股子公司	北京中融恒睿资本投资管理有限公司	高远	北京石景山区实兴大街30号院3号楼2层－D－0663房间	10 000	投资管理、资产管理等。
控股子公司	北京中融稳达资产管理有限公司	马镇	北京市石景山区实兴大街30号院3号楼2层D－0605房间	10 000	资产管理、项目投资、投资咨询等。

6.5.3 本公司与关联方的重大交易事项

6.5.3.1 固有财产与关联方关联交易

单位：万元

固有财产与关联方关联交易				
项目	期初数	借方发生额	贷方发生额	期末数
贷款	—	—	—	—
投资	440 294.19	216 038.80	272 900.00	383 432.99
租赁	—	187.02	30.74	—
担保	—	—	—	—
应收账款	—	—	—	—
拆入资金	—	—	—	—
其他	0.90	182 397.31	966.20	0.90
合计	440 295.09	398 623.13	273 896.94	383 433.89

6.5.3.2 信托资产与关联方关联交易

单位：万元

信托资产与关联方关联交易				
项目	期初数	借方发生额	贷方发生额	期末数
贷款	—	—	—	—
投资	104 740.51	99 040.52	6 782.72	126 998.31
租赁	—	—	—	—
担保	—	—	—	—
应收账款	—	—	—	—
其他	—	154 958.18	—	205 000.00
合计	104 740.51	253 998.70	6 782.72	331 998.31

6.5.3.3 固有财产与信托财产之间的交易情况

单位：万元

固有财产与信托财产相互交易			
项目	期初数	本期发生额	期末数
合计	420 385.25	－200 600.00	219 785.25

6.5.3.4 信托资产与信托财产之间的交易情况

单位：万元

信托资产与信托财产相互交易			
项目	期初数	本期发生额	期末数
合计	847 620.64	1 294 976.10	2 142 596.74

6.5.4 关联方逾期未偿还本公司资金的详细情况及本公司为关联方担保发生或即将发生垫款的详细情况

报告期内，关联方无逾期不偿还本公司资金情况，本公司无为关联方担保发生或即将发生垫款情况。

6.6 会计制度的披露

本公司执行财政部2006年颁布的《企业会计准则》及2014年颁布的八项具体准则和一项基本准则的有关规定，并根据财政部2017年修订后的《企业会计准则》第14号、第22号、第23号、第24号、第37号收入和金融工具准则，对财务数据进行了重新分类。

7. 财务情况说明书

7.1 利润实现和分配情况

2020年共实现利润总额170 670.34万元，净利润为137 908.32万元，计提盈余公积11 400.85万元，计提信托赔偿准备金5 700.43万元，计提一般风险准备1 229.72万元。

7.2 主要财务指标

指标名称	指标值
资本利润率（%）	6.56
人均净利润（万元）	229.32

注：1. 资本利润率＝净利润/所有者权益平均余额×100%。
2. 人均净利润＝净利润/年平均人数。
3. 平均值采取年初及各季末余额移动算术平均法，公式为 a（平均）＝ $(a_0/2 + a_1 + a_2 + a_3 + a_4/2)/4$。

7.3 对本公司财务状况、经营成果有重大影响的其他事项

报告期内，无相关事项。

8. 特别事项揭示

8.1 前五名股东报告期内变动情况及原因

报告期内，本公司股东没有发生变动。

8.2 董事、监事及高级管理人员变动情况及原因

8.2.1 董事变动情况及原因

报告期内，本公司董事人员没有变动。

8.2.2 监事变动情况及原因

报告期内，本公司监事人员没有变动。

8.2.3 高级管理人员变动情况及原因

离任高级管理人员情况表

姓名	前任职位	离任时间	离职原因及内部决议
连晋华	财务总监	2020 年 2 月	退休，第六届董事会第七次会议
胡　猛	副总裁资本 市场业务总监	2020 年 3 月 2020 年 12 月	职务调整，第六届董事会第十次会议 职务调整，第六届董事会第十七次会议
解　弘	副总裁	2020 年 12 月	个人原因，第六届董事会第十七次会议
王　强	合规总监	2020 年 12 月	职务调整，第六届董事会第十七次会议
侯春琳	稽核总监	2020 年 12 月	职务调整，第六届董事会第十七次会议
董继红	财务总监	2020 年 12 月	职务调整，第六届董事会第十七次会议

新任高级管理人员情况表

姓名	职位	新任时间	任职原因及内部决议
董继红	财务总监 首席财务官	2020 年 2 月 2020 年 12 月	股东提名，第六届董事会第七次会议 职务调整，第六届董事会第十七次会议
胡　猛	资本市场 业务总监	2020 年 3 月	职务调整，第六届董事会第十次会议
王　强	首席合规官	2020 年 12 月	职务调整，第六届董事会第十七次会议
侯春琳	总稽核	2020 年 12 月	职务调整，第六届董事会第十七次会议

8.3 公司的重大诉讼事项

报告期内，公司无重大诉讼事项。

8.4 公司及其董事、监事和高级管理人员受到处罚的情况

报告期内，公司及董事、监事和高级管理人员未发生受到处罚的情况。

8.5 中国银保监会及其派出机构对公司检查后提出的整改意见及公司整改情况

2020 年，黑龙江银保监局对公司开展了银行业市场乱象整治“回头看”现场检查和部分房地产项目合规情况现场检查。根据检查情况，公司对存在瑕疵的项目制订了相应的整改计划，完善了业务尽职调查和投贷后管理要求，进一步梳理了公司制度管理体系，持续加强公司治理、关联交易管理工作，确保公司业务经营管理始终满足监管法规各项要求。

8.6 本年度重大事项临时报告的简要内容、披露时间、所披露的媒体

报告期内，公司重大事项临时报告的披露媒体为《证券日报》，本年度合计刊登各类公告一则，具体如下：

临时披露重大事项

披露时间	披露公告名称	披露内容	披露媒体
2020 年 4 月 17 日	中融国际信托有限公司关于修改公司章程的公告	本公司及董事会全体成员保证本公告内容真实、准确和完整，没有虚假记载、误导性陈述或重大遗漏。 经中融国际信托有限公司 2020 年第一次临时股东会审议通过，本公司根据《信托公司股权管理暂行办法》（银保监会令 2020 年第 4 号）规定，结合公司实际经营管理需要，对公司章程进行了相应修改。上述章程修改事项已经中国银保监会黑龙江监管局黑银保监复〔2020〕71 号文件核准，并已完成工商登记备案手续。	《证券日报》

8.7 中国银保监会及其省级派出机构认定的其他有必要让客户及相关利益人了解的重要信息

报告期内，没有中国银保监会及其省级派出机构认定的其他有必要让客户及相关利益人了解的重要信息。

9. 公司监事会意见

公司监事会认为，公司的财务数据资料真实、客观和准确地反映了公司的财务状况和经营成果。

中泰信托有限责任公司

1. 重要提示

1.1 本公司董事会及董事保证本报告所载资料不存在任何虚假记载、误导性陈述或者重大遗漏，并对其内容的真实性、准确性和完整性承担个别及连带责任。本年度报告摘要摘自年度报告全文，客户及相关利益人欲了解详细内容，应阅读年度报告全文。

1.2 史亚政董事根据其代表利益的深圳市易建科技有限公司和桥润资产管理有限公司的要求弃权，未陈述理由。请客户及相关利益人特别关注[本报告按照《中国银监会办公厅关于修订信托公司年报披露格式、规范信息披露有关问题的通知》(银监办发〔2009〕407号)及《信托公司股权管理暂行办法》(中国银保监会令〔2020〕4号)相关要求编制]。

1.3 独立董事袁东生、熊焰、朱青、鲍治认为本年度报告真实、准确、完整。

1.4 中审亚太会计师事务所(特殊普通合伙)对本公司2020年度财务会计报告出具了标准无保留意见的审计报告。

1.5 公司董事长吴庆斌、总裁胡杰、主管会计工作负责人吴庆斌及财务会计部负责人隋新声明：保证年度报告中财务会计报告的真实、完整。

2. 公司概况

2.1 公司简介

2.1.1 公司的法定中文名称：中泰信托有限责任公司

公司的法定英文名称：Zhonggtai Trust Co.，Ltd.

2.1.2 法定代表人：吴庆斌

2.1.3 注册地址：上海市黄浦区北京东路666号F区(西座)32层和33层

(2021年3月，经监管机关批准，公司注册地址和实际办公地已由原上海市黄浦区中华路1600号17楼、18楼迁至此处)

邮政编码：200001

国际互联网网址：www. zhongtaitrust. com

电子信箱：zhongtai@ zhongtaitrust. com

2.1.4 信息披露事务负责人及联系人：赵凤英

联系电话：021-63872058

传真：021-63872700

电子信箱：zhaofengying@ zhongtaitrust. com

2.1.5 公司选定的信息披露报纸名称：《上海证券报》《金融时报》

2.1.6 公司年度报告备置地点：上海市黄浦区北京东路666号F区(西座)33层办公室

2.1.7 公司聘请的会计师事务所：中审亚太会计师事务所(特殊普通合伙)

地址：北京市海淀区青云里满庭芳园小区9号楼青云当代大厦22层

2.1.8 公司聘请的律师事务所：北京市天铎律师事务所

地址：北京市西城区官园国英一号三楼

2.2 组织结构

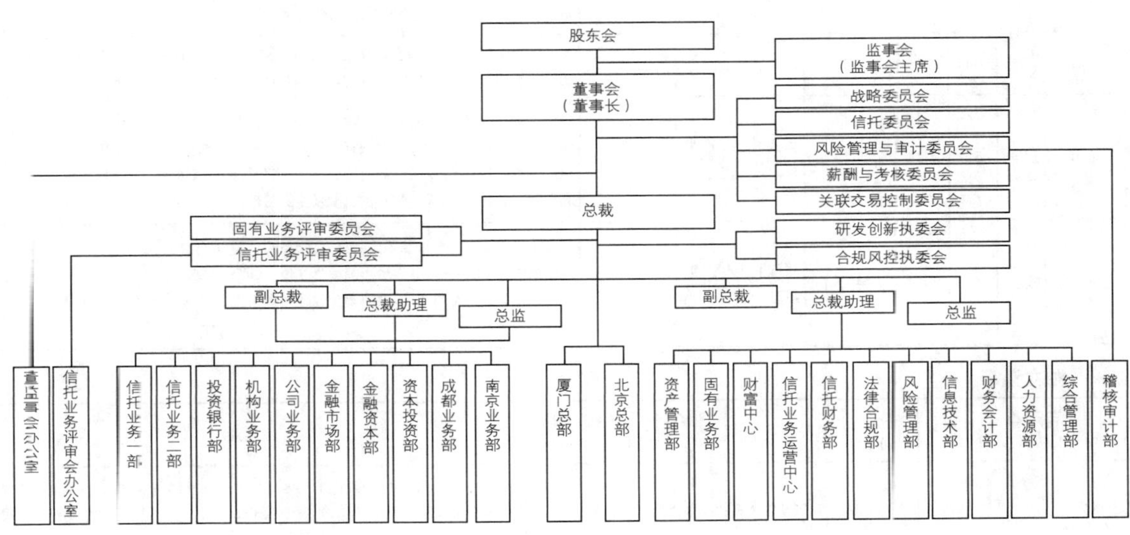

3. 公司治理

3.1 股东

报告期末，股东总数为 6 家；持有公司 15% 以上股份的股东情况如下：

股东名称	持股比例（%）	法人代表
中国华闻投资控股有限公司	31.57	幸宇晖
上海新黄浦实业集团股份有限公司	29.97	赵峥嵘
广联（南宁）投资股份有限公司	20	吴庆斌

公司前三位股东的主要股东情况如下：

股东名称	主要股东	出资比例（%）	法人代表	注册资本（万元）	注册地址	主要经营业务及主要财务情况
中国华闻投资控股有限公司（华闻控股）	北京国际信托有限公司（德瑞股权投资基金集合资金信托计划）	100	周瑞明	220 000	北京市朝阳区安立路 30 号院 1 号、2 号楼	资金信托；动产信托、不动产信托；企业资产重组等。财务状况良好。
上海新黄浦实业集团股份有限公司（新黄浦）	上海新华闻投资有限公司	25.07	幸宇晖	50 000	上海市闸北区天目中路 383 号 501 室	实业投资，资产经营及管理（非金融业务），国内贸易等。财务状况一般。
广联（南宁）投资股份有限公司（广联投资）	中国华闻投资控股有限公司	65.69	幸宇晖	120 000	北京市朝阳区东三环北路 38 号院 1 号泰康金融大厦 25 层 2501 内 5 室	实业投资等。财务状况一般。

公司股东华闻控股、广联投资与新黄浦存在关联关系：北京国际信托有限公司（德瑞股权投资基金集合资金信托计划）持有华闻控股 100% 的股权，华闻控股持有广联投资 65.69% 的股权，华闻控股及广联投资分别持有上海新华闻投资有限公司（上海新华闻）50% 的股权，上海新华闻持有新黄浦 25.07% 的股权，为其第一大股东。

3.2 董事

3.2.1 董事

姓名	职务	性别	年龄（岁）	选任日期	所推举的股东名称	该股东持股比例（%）	简要履历
吴庆斌	董事长	男	47	2014 年 7 月 15 日	华闻控股、广联投资	31.57、20	毕业于清华大学水利水电工程系水利水电建筑工程专业及法学专业，获得双学士学位；先后任职于北京国际信托有限公司等机构，并担任重要管理职务，具有近二十年金融工作及管理经验。
穆　瞳	董事	女	37	2014 年 11 月 21 日	华闻控股、广联投资	31.57、20	毕业于西北工业大学自动化专业和宾夕法尼亚大学电子工程专业，先后任职于 GroGroup 投资管理公司、天行国际集团、日盛嘉富证券及华闻控股，并担任管理职务，积累了相当的市场及金融相关领域工作经验。
陆却非	董事	男	64	2014 年 7 月 15 日	新黄浦	29.97	毕业于中国科技大学，博士研究生学历，先后在中科院上海生理研究所、上海新黄浦实业集团股份有限公司等机构工作，并担任高级管理职务，具有三十余年的经济及管理工作经验。
史亚政	董事	男	50	2014 年 7 月 15 日	华闻控股、广联投资	31.57、20	毕业于浙江大学无线电系无线电技术专业，获得学士学位，后毕业于电子科技大学计算机学院软件工程领域工程专业，获得硕士学位；长期从事金融及经济管理工作，实践经验深厚，先后任职于江泰保险经纪有限公司、中惠保险经纪有限公司及广联投资等机构，并担任高级管理职务，具有逾二十年的金融及企业管理工作经验。
叶桂峰	董事	男	42	2014 年 7 月 15 日	华闻控股、广联投资	31，57、20	毕业于江西财经大学法律系国际经济法专业，获得学士学位，后毕业于中国人民大学法学院民商法专业，并先后获得硕士及博士学位；长期从事经济及金融法律实践二十年，先后任职于北京市创天律师事务所、北京市宝盈律师事务所及华闻控股等机构，且具有多年金融及法律合规管理工作经验。

3.2.2 独立董事

姓名	所在单位及职务	性别	年龄（岁）	选任日期	所推举的股东名称	该股东持股比例（%）	简要履历
袁东生	已退休	男	69	2014 年 11 月 12 日	华闻控股	31.57	先后于中共山西省委党校、西安交通大学管理学院学习，取得工商管理硕士学位；长期从事金融及企业管理工作，先后任职于山西信托有限责任公司、山西国信投资（集团）公司等机构，并担任高级管理职务，具有近二十年的金融及企业管理工作经验。

续表

姓名	所在单位及职务	性别	年龄（岁）	选任日期	所推举的股东名称	该股东持股比例（%）	简要履历
熊焰	北京国富资本有限公司董事长	男	64	2015年7月9日	华闻控股	31.57	毕业于哈尔滨工业大学无线电工程系通信专业，获得学士学位，后毕业于该校管理学院经济学专业，获得硕士学位；长期从事金融及企业管理工作，实践经验深厚，先后任职于中国共产主义青年团中央委员会、北京产权交易所有限公司、北京金融资产交易所有限公司及北京国富资本有限公司等机构，并担任高级管理职务，具有二十余年的金融及企业管理工作经验。
朱青	中国人民大学财政金融学院教授、博士生导师	男	63	2014年7月15日	华闻控股	31.57	毕业于北京经济学院财贸系财政专业获得学士学位，后就读于中国人民大学财政金融学院财政系财政专业，先后获得经济学硕士及博士学位；长期从事财政金融和社会保障领域的教学和研究工作，具有相当的财税知识，先后任职于中国人民大学财政金融学院等单位，担任学术委员会主任、教授、博士生导师等重要职务，积累了深厚的财政金融和社会保障领域工作经验。
鲍治	北京奋迅律师事务所负责人	男	43	2014年7月15日	华闻控股	31.57	毕业于安徽大学法学院法律系法学专业，获得学士学位，先后毕业于华东政法大学研究生院民商法学专业及美国加州大学伯克利分校法学院法学硕士专业，并分别获得硕士学位；长期从事金融、贸易相关法律领域工作，先后任职于中华人民共和国商务部、北京市君合律师事务所及北京市奋迅律师事务所，积累了相当的金融法律相关领域工作经验。

3.3 监事

姓名	职务	性别	年龄（岁）	选任日期	所推举的股东名称	该股东持股比例（%）	简要履历
焦远超	监事会主席	男	53	2020年12月29日	华闻控股广联投资	31.57、20	毕业于北京大学、哈佛大学，获得国际关系专业硕士、公共管理硕士学位，先后在国务院新闻办、世界银行总部、黑龙江省金融办、哈尔滨市委市政府等机构任职，并担任重要管理职务，具备近三十年的管理工作经验。
王红梅	股东代表监事	女	52	2016年11月7日	华闻控股	31.57	毕业于华中科技大学、武汉工业大学，获得工学学士、硕士学位，后毕业于新加坡国立大学，获得工商管理硕士（EMBA）学位；先后于建设银行、武汉三镇实业控股股份有限公司等机构任职，并担任重要管理职务，具备二十余年经济及管理工作经验。
隋新	职工代表监事	女	42	2018年4月12日	—	—	毕业于东北林业大学、上海理工大学，获经济学学士、硕士学位，先后在东北林业大学、深圳农村商业银行、平安集团内控管理中心、上海国际信托、中泰信托等机构任职。

注：报告期内，原监事会主席刘卓先生因个人原因辞职，经公司股东会、监事会审议，焦远超先生被选举为股东代表监事、监事会主席。

3.4 高级管理人员

姓名	职务	性别	年龄（岁）	任职日期	金融从业年限（年）	学历	专业
胡杰	总裁 合规总监	男	36	2020年12月30日 2019年5月10日	14	本科	经济学
余钧	副总裁	男	53	2015年4月9日	31	本科	国际金融学
沈烁	副总裁	男	48	2015年4月9日	23	本科	经济法

注：报告期内，经公司董事会会议决定，并经上海银保监局核准，胡杰先生就任公司总裁。

3.5 公司员工

截至2020年12月31日，公司共有员工93人（不含外部董事、监事），平均年龄为37岁，大部分员工具有大学本科以上学历。

项目		报告期年度		上年度	
		人数（人）	比例（%）	人数（人）	比例（%）
年龄分布	25岁以下	—	—	2	1.87
	25～29岁	15	16.13	17	15.89
	30～39岁	50	53.76	57	53.27
	40岁以上	28	30.11	31	28.97

续表

项目		报告期年度		上年度	
		人数（人）	比例（%）	人数（人）	比例（%）
学历分布	博士	2	2.15	—	—
	硕士	57	61.29	62	57.94
	本科	24	25.81	30	28.04
	专科	6	6.45	11	10.28
	其他	4	4.3	4	3.74
岗位分布	董事、监事及其他高级管理人员	3	3.23	4	3.74
	自营业务人员	2	2.15	2	1.87
	信托业务人员	40	43.01	47	43.93
	其他人员	48	51.61	54	50.47

4. 经营管理

4.1 经营目标、经营方针、战略规划

公司秉承诚信服务、专业理财、创新思维、理性投资的精神，坚持与新老客户、核心产业和区域经济一起成长的理念，注重提高创新能力，正确处理发展与规范管理、规模结构与效益之间的关系。在信托业务、创新产品构建、资产管理业务、信托产品销售能力建设、基础管理工作方面充分发展的基础上，深化公司治理及运营体系的优化调整工作。

公司将认真贯彻落实国家宏观经济政策和金融监管要求，建立规范、高效的公司内控体系，不断提高对各种风险的识别、防范和控制能力。以深化信托行业转型、强化创新和夯实管理为抓手，促进业务转型升级和结构调整。公司始终坚持市场化、差异化、规模化的发展路线，致力于在明晰的发展战略指导下，依托优秀的企业文化和价值观、人力资本体系、法人治理结构，构建运转流畅的资产管理体系和财富管理体系，着力提升资产管理能力、风险控制能力和财富管理能力，真正将“受人之托，代人理财”的理念注入业务实践当中，形成多层次、多纬度的信托产品，推动公司信托业务回归信托本源，为实体经济服务，为各利益相关者创造价值。

公司未来将继续贴近市场，加强研发，以业务和产品创新为核心，提高创新能力，形成新的创新业务布局，强化对市场的前瞻性判断和对业务的准确把握，为今后的发展创造条件。公司将立足受托人本位，探索创新以受托服务为核心的服务信托，将金融服务与财富管理服务相结合，在家族信托、家庭信托、员工利益信托、资产证券化信托、账户管理信托等方面积极开拓，运用金融科技结合具体场景，满足客户多元需求，提高信托服务的效率和效果。将公司建设成为制度健全、内控到位、管理科学、经营规范的，具有核心竞争力的专业金融机构。

4.2 所经营业务的主要内容

报告期内，固有业务除长期金融股权投资外，主要运用是活期存款、固定收益类产品投资、国债回购等，2020 年实现投资收益 21 712.60 万元、利息净收入 419.94 万元、其他业务收入 2 891.00 万元。

截至 2020 年 12 月 31 日，公司资产总计达 49.30 亿元，负债总计达 2.08 亿元，所有者权益为 47.22 亿元，净资产收益率为 4.57%，净资本为 37.91 亿元，净资本/净资产的比率为 80.28%，净资本/各项风险资本之和的比率为 622.50%，均远高于 40% 及 100% 的监管标准。公司的净资产保持稳定和充足，公司资产保持较高的流动性水平，信托业务运行平稳，为公司下一步大力拓展业务奠定了良好的基础。

2020 年，在企业社会责任方面，公司在以专业能力支持实体经济发展、支持民生保障类事业发展、保护投资者权益等工作的基础上，中泰信托员工第六年参与“鞋盒礼物”公益项目，为乡村儿童准备新年礼物。为应对新冠肺炎疫情，公司除了对外捐赠防疫物资，公司响应中国信托业协会关于设立“中国信托业抗击新型肺炎慈善信托”的倡议，认缴善款。

2020 年是信托文化建设的教育年，公司在报告期内完成了各利益相关者的宣传引导工作，针对投资者，在 9 月“投资者教育月”，公司设置了专门的信托文化专题内容宣传。

报告期内，公司消费者权益保护工作委员会和消费者权益保护小组积极工作，公司组织包括“3·15”消费者权益保护日、反洗钱宣传教育活动、“金融知识普及月 金融知识进万家 争做理性投资者 争做金融好网民”活动、防范非法集资宣传教育等，并在日常工作中审慎、妥善履行企业的社会责任，及时处理投资者的咨询、投诉和建议意见。

自营资产运用与分布表

资产运用	金额（万元）	占比（%）	资产分布	金额（万元）	占比（%）
货币资产	12 803.67	2.60	基础产业	—	—
贷款及应收款	43 492.12	8.82	房地产业	—	—
交易性金融资产投资	141 095.84	28.62	证券市场	31 517.50	6.39
可供出售金融资产投资	56 495.29	11.46	实业	—	—
持有至到期投资	7 767.58	1.58	金融机构	215 658.[illegible]	43.74
长期股权投资	215 658.27	43.74	其他	245 880.89	49.87
其他	15 743.89	3.19			
资产总计	493 056.66	100.00	资产总计	493 056.66	100.00

2020 年，公司新发行信托产品 19 个，成立信托本金 37.85 亿元，包括存续产品分期发行和开放式产品申购在内本年新增信托本金合计 48.75 亿元；清算信托产品 30 个，清算信托本金 78.68 亿元，包括存续产品部分结束和开放式产品赎回在内本年兑付信托本金合计 114.31 亿元。全年向受益人分配信托收益 19.81 亿元。

信托资产运用与分布表

资产运用	金额（万元）	占比（%）	资产分布	金额（万元）	占比（%）
货币资产	15 950.56	0.61	基础产业	384 4[illegible].04	14.8
贷款	1 205 165.47	46.4	房地产	416 4[illegible].00	16.03
交易性金融资产投资	125 328.92	4.82	证券市场	143 1[illegible].92	5.51
可供出售金融资产投资	417 625.41	16.08	实业	1 257 2[illegible].35	48.4
持有至到期投资	43 273.00	1.67	金融机构	43 2[illegible].00	1.67
长期股权投资	292 854.35	11.27	其他	352 9[illegible].23	13.59
其他	497 403.83	19.15			
信托资产总计	2 597 601.54	100.00	信托资产总计	2 597 6[illegible].54	100.00

注：“资产分布”项下的“其他”主要为对固定收益类金融产品投资。

4.3 市场分析

4.3.1 有利因素

4.3.1.1 经济结构转型为信托提供新机会

经济结构转型为新常态下信托业的转型创新和加速发展提出了全新的要求，同时带来了难得的历史机遇。信托业既应着眼长远的体制机制创新，又要满足“产业优化、消费升级、财富管理、新型城镇化、经济出海”等新兴发展主题持续产生的投融资需求，协调推进自身发展模式改革的深化，提高服务实体经济的效率。在中国经济逐步由高速增长转向高质量增长的过程中，伴随着发展方式转变、经济结构优化、增长动力转换及供

给侧结构性改革的进一步深化，未来的产业发展将出现新一轮结构调整，企业将出现并购重组潮流。对于信托而言，研发产业引导基金与并购基金能够有效对接经济转型中企业的需求，推动资产证券化等创新业务有效地盘活存量，为企业发展注入流动性。信托业应站在战略发展的高度，发挥制度优势，积极探索创新业务模式，为实业转型提供全方位的投融资服务，在服务实体经济的同时，完成自身转型升级的历史性飞跃。

4.3.1.2　国内居民财富的快速积累 信托财富管理前景广阔

得益于中国经济持续数十年的高速增长，中国高净值客户数量迅猛增长，已成为全球仅次于美国的高净值家庭数量第二多的国家和地区。通过近年数据比较，中国高净值人群数量及其可投资资产规模均呈现快速扩张的态势。这预示着资管行业迅速发展的态势没有变化，在未来相当长的时间内，信托业的财富管理领域具有广阔前景。

4.3.1.3　金融监管重塑金融生态

近年来，各类金融监管政策的出台，意在推进金融体系内部去通道、去嵌套、遏制金融空转，引导资金脱虚向实，让金融机构回归本源，服务于实体经济。2020 年中国信登信托登记系统新增数据呈现三个方面的特点：一是特色业务发展逐渐趋向服务信托，资产证券化产品为代表的服务信托规模占比已从年初的 30.13% 上升至年末的 46.58%；二是财产权类信托产品规模占比呈波动上升趋势，产品规模年内呈波动上升趋势，当年 12 月涉及初始募集金额达 5000 多亿元，为年内最高，占当月所有信托产品初始募集金额的 55%；三是工商企业成为年度信托资金最主要投向，投向金融机构的信托资金规模也有增长。信托公司将在监管政策的指引下，回归本源，进一步提升主动管理能力，履行主动管理职责，加强风险监管，合规经营，坚持市场化导向，进行资源的优化配置，更好地服务于实体经济。

4.3.1.4　科技赋能金融服务

新技术、新模式为信托公司的差异化发展带来新的可能，也将显著地缩短信托公司的成长曲线。2020 年行业年会上提到的信托公司能力建设，其中之一就是“信息科技支撑引领能力”。金融科技不断重塑金融行业，信托公司可以在此背景下，在合规前提下，充分利用科技，发展各类线上渠道，改善客户体验；通过建设更高效的运营平台，提高企业的经营效率和市场响应速度，并在生态化发展、开放式发展的大环境下，聚合资源，实现协同发展。

4.3.2　不利因素

4.3.2.1　新冠肺炎疫情带来短期冲击

2020 年初，受新冠肺炎疫情冲击的影响，各行各业都受到影响。企业延迟复工复产，资金需求偏弱，甚至出现部分企业、客户提前还贷的情况，又因疫情防控需要，信托公司正式复工较晚，加之人员出差和流动受限，日常的市场营销、客户拜访、面签等工作延后或者取消，叠加企业需求偏弱，大大增加了信托公司的经营难度。

4.3.2.2　在“去通道”背景下，行业经营压力进一步加大

2020 年，强监管、严监管的趋势进一步加强，以“资管新规”为基础，去通道、去刚兑、去杠杆、回归服务实体经济仍是 2020 年信托业监管的主要内容。“资管新规”对行业的规范发展具有正确的指导意义，并且影响深远。强监管、严监管正常态化，体现了监管层意在督促信托业回归本源、积极支持实体经济发展的清晰政策导向。这意味着传统的业务都将成为过去，信托业转型是大势所趋。受多方因素的影响，包括经济新常态背景下实体经济增速放缓带来的资产质量下降风险，资管机构竞争和行业内业务竞争风险，以及供给侧结构性改革背景之下监管趋严所带来的合规风险和流动性风险，使得当前信托业的发展总体上面临着较大的压力。

4.3.2.3　业务集中度较高，严监管下，行业亟须厘清转型方向

随着“房住不炒”政策的持续和信托严监管的加码，2020 年房地产信托的发行正经历“寒冬”，年末房地产信托虽有短暂回升，但受限于额度和房企的“三道红线”政策，该类业务新增规模的大幅增长难以持续。因此，从短期来看，信托公司主动管理能力仍有待提高，存续业务中通道业务、房地产业务占比过高，业务结构单一而且有待优化。

资管行业统一监管后，原来信托公司较为倚重的通道业务、房地产业务等均受到较强的监管约束，在严监管下，信托公司经营环境发生巨大变化。对于信托来说，深耕服务信托、回归本源和受托人定位正“迫在眉睫”。

4.4　内部控制

4.4.1　内部控制环境和内部控制文化

公司根据法律法规和公司章程，建立了较为完备的法人治理结构，通过建立规范的公司治理结构和议事规则，明确决策、执行、监督等方面的职责权限，形成较为科学有效的职责分工和制衡机制。

股东会、董事会和监事会依照法律和公司章程分别履行决策、执行和监督职责。股东会是公司的权力机构，在股东会的授权下，董事会是公司的决策及执行机构，监事会是公司的监督机构。董事会下设战略委员会、信托委员会、风险管理与审计委员会、薪酬与考核委员会、关联交易控制委员会五个专门委员会，在公司发展战略、受益人利益保护、重要岗位人员任职与考核、风险控制、信息披露等方面发挥专业作用，为进一步完善治理结构、促进董事会科学高效决策提供支持。

公司明确界定各部门、各岗位的目标、职责和权限，建立相应的授权、检查和逐级问责制度，确保不相容岗位的相互分离及其在授权范围内履行职能，完善各层级间的授权与管理体系，保证各项决策能够被有效执行。

公司内部树立合规优先，严守风险底线的内控文化，并结合业务特点和内部控制的要求来设置公司各内部机构，明确职责权限分配，落实各部门权利与责任。公司内部控制的目标是合理保证经营合法合规、资产安全、财务报告及相关信息真实完整，提高经营效率，促进公司发展战略的实现。

4.4.2　内部控制措施

风险管理部、法律合规部和稽核审计部作为公司内控管理的主要职能部门，负责拟定和修订内控制度，监督检查和评价内部控制措施的科学性、规范性和可操作性。公司通过修订并不断完善各项管理制度，针对不同业务和管理事项优化内部控制措施，形成事前、事中、事后紧密衔接的内控防线。

公司按照前台、中台、后台划分，制定了相应的规章制度、

操作规程和风险管理制度，使各项业务开展都具备比较详细的业务流程规范。在业务流程上，公司通过事前、事中、事后控制三者结合防范风险，强调即时过程控制。各部门发生异常情况后即时汇报，识别风险并采取相应措施，确保公司内部控制的有效性。

公司固有业务和信托业务相互分离，部门设置和业务人员、业务信息相互独立，分别建账，分别核算。针对信托业务和固有业务的业务特性，分别成立信托业务评审委员会和固有业务评审委员会进行项目评审，根据具体业务的不同特点，采取既有共性又有个性的具体内部控制对策。通过内部控制的环境、程序和措施防范各项业务风险。在经营授权方面，实行逐级授权体系，公司内部相关的不同级次、不同部门之间有明确的授权关系和报告关系。

报告期内，公司根据经营发展环境的变化，结合内部控制管理的实际，进一步加强公司内部控制制度及流程建设，制定、梳理和修订了内部控制制度及各类业务指引。公司开展了系统性的风险管理体系自评估工作，以“中泰信托”的法律人格为基本范畴，从可能导致公司经营损失的现实风险点出发，从项目开展生命周期中存在的点状问题切入，进行从问题到危害再到解决措施的系统性分析。随着制度的不断完善，公司董事会、管理层、各相关部门和人员能够按照公司各项制度和业务操作流程履行风险的管理和监控职责，各项业务基本做到前中后台操作上的相对独立和相互制衡。

4.4.3 信息交流与反馈

公司建立了信息传递、披露和反馈的机制，明确内部控制相关信息的处理和传递程序，确保信息及时沟通，促进内部控制有效运行。

公司明确管理层、各部门和员工的职责范围和报告路径，通过定期工作报告和会商，确保经营管理层及时了解经营信息和风险状况。通过 OA 系统和业务管理系统建立了贯穿各部门的共享信息平台，及时准确的传递管理信息和数据。加大对信息化系统的投入力度，在业务流程、行政审批流程等方面的系统集成功能不断改进和完善。

公司严格按照监管要求，建立对外信息披露制度，规范对投资者、公众、监管部门等的披露方式和流程。定期或及时披露年度报告、年度报告摘要、重大事项临时报告等公司信息。通过网站公告、书面通知等多种方式，依法对委托人和受益人披露信托产品信息。事前向监管部门报送拟开展信托业务的基本信息、关联交易信息、集合资金信托异地推介信息。定期提交非现场监管报告，及时报送临时事项报告等经营信息。报告期内，公司信息交流与反馈机制规范。

4.4.4 监督评价与纠正

公司稽核审计部独立行使对公司内部控制情况的监督和评价职能。每半年对公司开展一次全面审计，囊括公司财务、业务、人事行政及综合等各个方面，对公司经营活动全过程实施监督；信托项目稽核是通过对项目整体所有环节运作的动态审计并进行合规性评价；专项审计则针对重点风险项目或监管要求不定期开展；公司中高级管理人员及公司要求的关键岗位人员的离职必须经过稽核审计部门的审计。

通过公司核心业务系统中稽核审计流程审批节点的控制，持续对审计项目的整改情况进行监督检查及复核直至整改结束，公司的跟踪检查及纠正机制得以持续执行。

公司各项审计工作均通过审计报告提出意见和建议，并对整改情况进行持续跟踪检查，督促整改落实，使公司能够及时、有的放矢地对各项工作进行规范和管理，有效提升内部控制管理水平，为公司持续稳健运营保驾护航。

4.5 风险管理

公司严格执行中国银保监会关于信托公司风险监管的指导意见，坚持防范化解风险和推动转型发展并重的原则，切实加强潜在风险防控，加强尽职管理，加强风险评估，优化业务管理，严防道德风险和案件风险，建立风险防控长效机制。

公司经营活动面临的主要风险包括信用风险、市场风险、操作风险和其他风险。公司风险管理坚持全面性、独立性、连续性、审慎性、有效性等基本原则，以风险最小化、风险成本最低化为目标，坚持以风险管理为核心开展经营活动，平衡业务发展与风险管理之间的关系，建立并逐步完善了基于制度规范和流程控制的风险管理制度体系。基本形成了前台、中台、后台相分离、信托资金运作与自有资金运作相分离的风险管理框架，力求将风险管理制度与措施贯穿到公司各项业务、各个部门、各个岗位，实现风险管理覆盖公司运营的全过程。同时，通过建立有效的风险管理组织体系，保障风险管理制度的有效适用，并根据国家政策、法律及公司经营发展战略的变化，定期对公司相关风险管理制度进行修订和补充。

公司的风险管理组织架构由公司董事会、风险管理与审计委员会、管理层、固有/信托业务评审委员会、风险管理部门、各业务部门及相关职能部门组成。具体来说，形成了由董事会及管理层直接领导，以风险管理部门为依托，相关职能部门配合，与各个业务部门全面联系的风险管理机制。具体风险管理职责划分情况如下：

（1）董事会：进行公司风险管理战略、偏好、政策、最高风险承受水平设定和风险管理决策制定，监控和评价风险管理的全面性、有效性及高级管理层在风险管理方面的履职情况，审批重大业务项目实施方案，倡导公司全员风险管理意识和风险管理文化，并对公司风险管理承担最终责任。

（2）风险管理与审计委员会：针对公司总体风险管理体系的建立和运行情况向董事会提供咨询意见；对公司业务风险控制及管理情况进行监督。

（3）管理层：负责定期审查和监督执行公司风险管理政策、程序及具体操作规程，不断完善公司各项风险管理措施，确保公司风险管理体系的有效性；及时了解公司各类风险水平及其管理状况，确保通过恰当的风险管理战略、政策和程序来有效地识别、计量、监测和控制各项业务所承担的各类风险。

（4）固有/信托业务评审委员会：具体负责公司各项业务风险的事前管理和控制，与承担风险的业务部门保持相对独立。对公司所有经立项的固有/信托业务项目进行评审，识别其各项风险水平，在综合风险分析和可行性论证后给出评审意见，通过集体决策实现业务项目风险的事前管理和有效控制。

（5）风险管理部：根据公司发展战略，定位于中端、前端风险管控，建立集中型的风险管理模式，将信用风险、市场风险、操作风险等纳入统一的风险管理体系。负责公司各类投融资业务的风险审查，实现业务决策与风险管理的适度分离，风险管理覆盖公司的全部经营活动与过程，与业务部门的风险自律形成制衡。对公司经营管理活动中的各类风险实施有效的事前评估和过程监控，有效化解和降低公司运营风险。

(6)稽核审计部：通过实行重大业务项目流程稽核，对单个业务项目进行事中和事后风险管理监督，开展定期全流程的全面内部审计，对公司各项经营管理活动进行检查，并向公司董事会及上级监管单位提交内部审计报告。

(7)法律合规部：负责监管部门(包括但不限于银保监局、金融办、人民银行)的监管要求、监管文件、监管意见和公司内部各类业务的合规准入标准、操作规范等事务的牵头、组织、优化、落实等工作，并围绕信托业务项目全生命周期开展工作，并为公司固有业务开展提供法律事务服务。

(8)业务部门：业务部门是公司风险管理的第一道防线，研判项目风险和设计风险控制措施，构建调研、决策和管理职责相互分离的风险自律体系，承担与其项目相关的风险管理责任。

4.5.1　信用风险状况

信用风险主要来自债务人或交易对手未能或不愿履行其承诺，或者其信用等级下降时给公司权益或金融产品持有人造成损失的风险。

公司2020年末信用风险资产账面余额共521 919.96万元，固有不良信用风险资产期初数为59 023.50万元，期末数为58 833.91万元，贷款损失准备为30 716.06万元，其他各项减值准备为13 896.31万元，均已按《资产五级分类管理办法》的规定足额计提。故上述不良信用风险资产不影响公司资产质量。

公司通过事前评估、事中控制、事后监督的风险管理体系来防范和规避信用风险。具体来说，对交易对手进行前期现场风险尽调、综合信用分析，对信托资金的投向区域、行业进行合理布局，避免信用风险的规模化暴发。通过定期风险评估等手段，监控交易对手信用风险的变化，对交易对手进行动态管理。在资金发放后，业务部门、风险管理部等定期或不定期地进行贷后检查和抽查，形成检查报告，发现问题及时预警、及时处理。报告期内，公司各类业务均履行了严格的内部评审程序，合法合规，担保措施充足，交易对手信用等级较高，信用风险可控。

4.5.2　市场风险状况

公司制定与业务性质、规模、复杂程度和风险特征相适应的，与公司总体业务发展战略、管理能力、资本实力和能够承担的总体风险水平相一致的市场风险管理战略。信托业务方面，通过信托产品的结构化设计和组合投资，严格执行权限设定和止损操作，最大限度地降低市场风险对投资人权益的影响。此外，公司建立充足的风险准备金，制定风险处置预案，锁定项目退出风险。公司本着审慎的原则，对固有资金进行合理配置。公司固有业务及信托业务尚未涉及外汇业务，受市场汇率变动的直接影响不明显。其他风险，如利率风险、通货膨胀等因素，对公司经营无明显影响。

报告期内，公司密切关注各类市场风险，及时调整投资策略，积极发展创新业务，勤勉尽职地履行受托人职责，市场风险可控。

4.5.3　操作风险状况

操作风险是公司履行受托人勤勉、审慎和尽职责任，在运营和业务开展各个环节可能面临的最为普遍的风险。公司操作风险管理主要是加强内控制度建设，坚持内控优先、制度先行，全面分析公司经营环节和业务流程，合理设置体现制衡原则的前台、中台、后台岗位职责。通过管理层专项调研会，汇总前台、中台、后台对流程优化的意见和建议，持续总结整理各项业务规范，梳理操作流程。通过加强资源配置、完善制度建设、优化系统建设等举措全面提高风险管理能力。

报告期内，公司操作风险管控能力不断提升，内控制度体系基本覆盖公司经营的每一个过程和环节，各项制度和流程能够得到有效的执行，并通过“大运营”体系的建立进一步提高了信托业务管控水平。报告期内，公司无该类风险的发生。

4.5.4　其他风险状况

除上述风险类型外，公司还可能面临合规与法律风险、声誉风险等其他风险。

公司合规与法律风险管理包括严格按照相关法律法规、监管规定，对所有拟开展的业务进行合规性审查，明确各类业务合规标准。重视交易安排和法律文件的有效性，强调各类救济措施的可操作性。在信托产品运行和管理过程中，根据信托资金的具体管理、运用和处分方式，严格遵守法律规定和监管要求。提高公司全员的法律合规意识，及时掌握外部金融法律动态和监管政策，严格在现有政策允许范围内开展业务。报告期内，业务整体合规和法律风险管理水平持续提升。

公司声誉风险管理策略包括将公司声誉风险管理机制的构建与公司发展战略、企业文化建设等进行结合，提升专业能力，强化风险意识，审慎经营和诚信发展。公司高度重视防范在业务开展过程中出现的各种声誉风险，强调在稳健经营和持续发展的基础上，主动有效地进行声誉风险管控和应对，进行充分的信息披露，积极履行公司的社会责任，提升公司的社会形象。

5. 报告期末及上年度末的比较式会计报表

5.1　自营资产(经审计)

5.1.1　会计师事务所审计全文

审计报告

中审亚太审字(2021)020128号

中泰信托有限责任公司：

一、审计意见

我们审计了中泰信托有限责任公司(以下简称贵公司)财务报表，包括2020年12月31日的资产负债表，2020年度的利润表、现金流量表、所有者权益变动表，以及相关财务报表附注。

我们认为，后附的财务报表在所有重大方面按照企业会计准则的规定编制，公允反映了贵公司2020年12月31日的财务状况及2020年度的经营成果和现金流量。

二、形成审计意见的基础

我们按照中国注册会计师审计准则的规定执行了审计工作。审计报告的“注册会计师对财务报表审计的责任”部分进一步阐述了我们在这些准则下的责任。按照中国注册会计师职业道德守则，我们独立于贵公司，并履行了职业道德方面的其他责任。我们相信，我们获取的审计证据是充分的、适当的，为发表审计意见提供了基础。

三、管理层和治理层对财务报表的责任

贵公司管理层（以下简称管理层）负责按照企业会计准则的规定编制财务报表，使其实现公允反映，并设计、执行和维护必要的内部控制，以使财务报表不存在由于舞弊或错误导致的重大错报。

在编制财务报表时，管理层负责评估贵公司的持续经营能力，披露与持续经营相关的事项（如适用），并运用持续经营假设，除非管理层计划清算贵公司、终止运营或别无其他现实的选择。

治理层负责监督贵公司的财务报告过程。

四、注册会计师对财务报表审计的责任

我们的目标是对财务报表整体是否不存在由于舞弊或错误导致的重大错报获取合理保证，并出具包含审计意见的审计报告。合理保证是高水平的保证，但并不能保证按照审计准则执行的审计在某一重大错报存在时总能发现。错报可能由于舞弊或错误所导致，如果合理预期错报单独或汇总起来可能影响财务报表使用者依据财务报表作出的经济决策，则通常认为错报是重大的。

在按照审计准则执行审计的过程中，我们运用职业判断，并保持职业怀疑。同时，我们也执行以下工作：

（1）识别和评估由于舞弊或错误导致的财务报表重大错报风险，设计和实施审计程序以应对这些风险，并获取充分、适当的审计证据，作为发表审计意见的基础。由于舞弊可能涉及串通、伪造、故意遗漏、虚假陈述或凌驾于内部控制之上，未能发现由于舞弊导致的重大错报的风险高于未能发现由于错误导致的重大错报的风险。

（2）了解与审计相关的内部控制，以设计恰当的审计程序。

（3）评价管理层选用会计政策的恰当性和作出会计估计及相关披露的合理性。

（4）对管理层使用持续经营假设的恰当性得出结论。同时，根据获取的审计证据，就可能导致对贵公司持续经营能力产生重大疑虑的事项或情况是否存在重大不确定性得出结论。如果我们得出结论认为存在重大不确定性，审计准则要求我们在审计报告中提请报表使用者注意财务报表中的相关披露；如果披露不充分，我们应当发表非无保留意见。我们的结论基于截至审计报告日可获得的信息。然而，未来的事项或情况可能导致贵公司不能持续经营。

（5）评价财务报表的总体列报、结构和内容（包括披露），并评价财务报表是否公允反映相关交易和事项。

我们与治理层就计划的审计范围、时间安排和重大审计发现等事项进行沟通，包括沟通我们在审计中识别出的值得关注的内部控制缺陷。

中国注册会计师：袁振湘（项目合伙人）

中国注册会计师：崔伟英

中国·北京　　　　　　　　　　　　二〇二一年四月十八日

5.1.2 资产负债表

资产负债表

编制单位：中泰信托有限责任公司　　　2020 年 12 月 31 日　　　　　　单位：万元

项　目	期末余额	年初余额	项　目	期末余额	年初余额
资　　产			负　　债：		
现金	5. 19	4. 19	拆入资金	—	—
银行存款	9 498. 07	29 488. 51	交易性金融负债	—	—
其他货币资金	3 300. 41	5 388. 14	衍生金融负债	—	—
拆出资金	—	—	卖出回购金融资产款	—	—
交易性金融资产	141 095. 84	91 723. 43	应付手续费及佣金	—	—
衍生金融资产	—	—	应付职工薪酬	9 185. 56	[illegible]36. 77
买入返售金融资产	—	—	应交税费	2 962. 14	[illegible]15. 27
应收手续费及佣金	—	28. 05	应付利息	—	—
应收利息	367. 69	84. 36	应付股利	470. 63	[illegible]70. 63
应收股利	25 542. 00	23 908. 50	其他应付款	719. 71	[illegible]53. 61
其他应收款	17 582. 43	13 443. 49	预计负债	—	—
其他流动资产	—	684. 82	递延收益	—	—
持有待售资产	—	—	递延所得税负债	7 498. 99	[illegible]5. 89
发放贷款和垫款	—	—	其他负债	—	—
可供出售金融资产	56 495. 29	78 052. 31	负债合计	20 837. 02	1[illegible]2. 17
持有至到期投资	7 767. 58	12 649. 39	所有者权益：		
长期股权投资	215 658. 27	204 930. 25	实收资本	51 660. 00	5[illegible]0. 00
投资性房地产	—	—	资本公积	3 367. 40	[illegible]7. 40
固定资产	1 322. 65	1 200. 94	减：库存股	—	—
无形资产	631. 91	668. 96	其他综合收益	16 517. 76	2[illegible]0. 23

续表

项　目	期末余额	年初余额	项　目	期末余额	年初余额
商誉	—	—	盈余公积	27 584. 18	27 584. 18
长期待摊费用	907. 85	409. 72	一般风险准备	7 636. 82	7 000. 07
递延所得税资产	12 881. 48	12 060. 10	信托赔偿准备金	10 332. 00	10 332. 00
其他资产		—	未分配利润	355 121. 47	334 159. 12
			外币报表折算差额	—	—
			归属于母公司所有者权益合计	472 219. 65	455 253. 00
			少数股东权益	—	—
			所有者权益合计	472 219. 65	455 253. 00
资产总计	493 056. 66	474 725. 17	负债和所有者权益总计	493 056. 66	474 725. 17

法定代表人:吴庆斌　　主管会计工作负责人:吴庆斌　　会计机构负责人:隋新

5.1.3　利润表

利润表

编制单位:中泰信托有限责任公司　　2020 年度　　单位:万元

项目	本期金额	上期金额
一、营业收入	35 401. 64	27 021. 46
利息净收入	419. 94	508. 79
利息收入	419. 94	508. 79
利息支出	—	—
手续费及佣金净收入	7 187. 97	6 000. 62
手续费及佣金收入	7 189. 37	6 001. 99
手续费及佣金支出	1. 40	1. 37
投资收益(损失以"－"号填列)	21 712. 60	14 680. 12
其中:对联营企业和合营企业的投资收益	15 677. 17	10 055. 31
公允价值变动收益(损失以"－"号填列)	3 190. 14	4 030. 32
汇兑收益(损失以"－"号填列)	—	—
其他业务收入	2 891. 00	1 801. 61
资产处置收益	—	—
其他收益	—	—
二、营业支出	13 672. 47	13 873. 30
税金及附加	70. 13	64. 69
业务及管理费	9 360. 13	10 687. 83
资产减值损失	2 761. 03	2 746. 17
其他业务成本	1 481. 18	374. 61
三、营业利润(亏损以"－"号填列)	21 729. 17	13 148. 16
加:营业外收入	1 737. 39	975. 75
减:营业外支出	51. 18	317. 36
四、利润总额(亏损总额以"－"号填列)	23 415. 38	13 806. 55
减:所得税费用	1 816. 27	865. 09
五、净利润(净亏损以"－"号填列)	21 599. 11	12 941. 46
其中:持续经营净利润	21 599. 11	12 941. 46
终止经营净利润	—	—
六、其他综合收益的税后净额	－4 632. 46	7 189. 49
(一)以后不能重分类进损益的其他综合收益	—	—
1. 重新计量设定受益计划净负债净资产的变动	—	—
2. 权益法下在被投资单位不能重分类进损益的其他综合收益中享有的份额	—	—
(二)以后将重分类进损益的其他综合收益	－4 632. 46	7 189. 49
1. 权益法下在被投资单位以后将重分类进损益的其他综合收益中享有的份额	－299. 15	1 332. 74
2. 可供出售金融资产公允价值变动损益	－4 333. 31	5 856. 75
3. 持有至到期投资重分类为可供出售金融资产损益	—	—
4. 现金流量套期损益的有效部分	—	—
5. 外币财务报表折算差额	—	—
七、综合收益总额	16 966. 65	20 130. 95

法定代表人:吴庆斌　　主管会计工作负责人:吴庆斌　　会计机构负责人:隋新

5.1.4 所有者权益变动表

所有者权益变动表

编制单位：中泰信托有限责任公司

2020 年度

单位：万元

项目	本期发生额									
	实收资本	资本公积	减：库存股	其他综合收益	专项储备	盈余公积	一般风险准备	信托赔偿准备	未分配利润	所有者权益合计
一、上年期末余额	51 660.00	3 367.40	—	21 150.23	—	27 584.18	7 000.07	10 332.00	334 159.12	455 253.00
加：会计政策变更	—	—	—	—	—	—	—	—	—	—
前期差错更正	—	—	—	—	—	—	—	—	—	—
其他	—	—	—	—	—	—	—	—	—	—
二、本年期初余额	51 660.00	3 367.40	—	21 150.23	—	27 584.18	7 000.07	10 332.00	334 159.12	455 253.00
三、本期增减变动金额（减少以"－"号填列）	—	—	—	-4 632.46	—	—	636.76	—	20 962.36	16 966.65
（一）综合收益总额	—	—	—	-4 632.46	—	—	—	—	21 599.11	16 966.65
（二）所有者投入和减少资本	—	—	—	—	—	—	—	—	—	—
1. 股东投入的普通股	—	—	—	—	—	—	—	—	—	—
2. 其他权益工具持有者投入资本	—	—	—	—	—	—	—	—	—	—
3. 股份支付计入所有者权益的金额	—	—	—	—	—	—	—	—	—	—
4. 其他	—	—	—	—	—	—	—	—	—	—
（三）利润分配	—	—	—	—	—	—	636.76	—	-636.76	—
1. 提取盈余公积	—	—	—	—	—	—	—	—	—	—
2. 提取一般风险准备金	—	—	—	—	—	—	636.76	—	-636.76	—
3. 提取信托赔偿准备金	—	—	—	—	—	—	—	—	—	—
4. 对所有者（或股东）的分配	—	—	—	—	—	—	—	—	—	—
5. 其他	—	—	—	—	—	—	—	—	—	—
（四）所有者权益内部结转	—	—	—	—	—	—	—	—	—	—
1. 资本公积转增资本（或股本）	—	—	—	—	—	—	—	—	—	—
2. 盈余公积转增资本（或股本）	—	—	—	—	—	—	—	—	—	—
3. 盈余公积弥补亏损	—	—	—	—	—	—	—	—	—	—
4. 其他	—	—	—	—	—	—	—	—	—	—
（五）专项储备	—	—	—	—	—	—	—	—	—	—
1. 本期提取	—	—	—	—	—	—	—	—	—	—
2. 本期使用	[illegible]	[illegible]	[illegible]	[illegible]	[illegible]	[illegible]	[illegible]	[illegible]	[illegible]	[illegible]
（六）其他	—	—	—	—	—	—	—	—	—	—
四、本期期末余额	51 660.00	3 367.40		16 517.76		27 584.18	7 636.82	10 332.00	355 121.48	472 219.65

法定代表人：吴庆斌　　主管会计工作负责人：吴庆斌　　会计机构负责人：隋新

5.2 信托资产

5.2.1 信托项目资产负债汇总表

信托项目资产负债汇总表

编制单位：中泰信托有限责任公司　　2020 年 12 月 31 日　　单位：万元

信托资产	期末数	期初数	信托负债和信托收益	期末数	期初数
信托资产：			信托负债：		
货币资金	15 950.56	12 355.61	交易性金融负债	—	—
拆出资金	—	—	衍生金融负债	—	—
存出保证金	—	—	应付受托人报酬	196.00	27.91
交易性金融资产	125 328.92	136 528.63	应付托管费	17.29	30.62
衍生金融资产	—	—	应付受益人收益	—	—
买入返售资产	17 800.00	6 730.00	应交税费	203.90	150.84
应收款项	392 103.83	261 244.31	应付销售服务费	—	—
发放贷款	1 205 165.47	1 649 981.05	其他应付款项	33 429.50	23 160.96
可供出售金融资产	417 625.41	594 925.01	其他负债	—	—
持有至到期投资	43 273.00	130 376.20	信托负债合计	33 846.69	23 370.33
长期应收款	45 000.00	45 000.00			
长期股权投资	292 854.35	359 822.05	信托权益：		
投资性房地产	—	1 029.33	实收信托	2 399 826.47	3 055 413.86
固定资产	—	—	资本公积	80 000.00	79 998.39
无形资产	42 500.00	42 500.00	外币报表折算差额	—	—
长期待摊费用	—	—	未分配利润	83 928.38	81 709.63
其他资产	—	—	信托权益合计	2 563 754.85	3 217 121.88
信托资产总计	2 597 601.54	3 240 492.20	信托负债及信托权益总计	2 597 601.54	3 240 492.20

法定代表人：吴庆斌　　财务负责人：吴庆斌　　会计机构负责人：杨阳

5.2.2 信托项目利润及利润分配汇总表

信托项目利润及利润分配汇总表

编制单位：中泰信托有限责任公司　　2020 年度　　单位：万元

信托资产	本年数	上年数
一、营业收入	229 096.32	206 032.20
利息收入	104 435.15	110 754.92
投资收益	121 472.73	89 435.42
其中：对联营企业和合营企业的投资收益	—	—
公允价值变动收益（损失以"－"号填列）	-231.01	611.98
租赁收入	2 899.52	3 810.97
汇兑损益（损失以"－"号填列）	—	—
其他收入	519.93	1 418.92
二、营业支出	28 748.99	13 195.88
营业税金及附加	—	—
受托人报酬	7 882.42	6 434.60
托管费	1 927.80	1 700.98
投资管理费	—	—
销售服务费	—	175.45
交易费用	—	—
资产减值损失	12 187.01	—
其他费用	6 751.76	4 884.85
三、信托净利润（净亏损以"－"号填列）	200 347.33	192 836.32
四、其他综合收益	—	—
五、综合收益	200 347.33	192 836.32
加：期初未分配信托利润	81 709.63	90 861.55
六、可供分配的信托利润	282 056.96	283 697.87
减：本期已分配信托利润	198 128.58	201 988.25
七、期末未分配信托利润	83 928.38	81 709.63

法定代表人：吴庆斌　　财务负责人：吴庆斌　　会计机构负责人：杨阳

6. 会计报表附注

6.1 本会计报表不符合会计核算基本前提的事项

无。

6.2 或有事项说明

本公司对发放的已逾期的贷款提起诉讼，全部已判决并胜诉，公司正积极对相关债权进行追讨。

单位：万元

或有事项项目	期初金额	期末金额
合计	30 716.06	30 716.06

6.3 重要资产转让及其出售的有关说明

报告期内，公司无重要资产转让或出售。

6.4 会计报表中重要项目的明细资料

6.4.1 自营资产经营情况

6.4.1.1 信用风险资产情况

中国银行业监督管理委员会自 2016 年 1 月起调整了信用风险资产的统计范围，主要为将长期股权投资、交易性金融资产、可供出售金融资产和持有至到期投资等新纳入信用风险资产范围。按信用风险资产五级分类，报告期末，公司不良信用风险资产合计为 58 833.91 万元，信用风险资产合计为 521 919.96 万元（其中，正常类为 448 251.18 万元、关注类为 14 834.87 万元、次级类为 12 496.29 万元、可疑类为 10 921.56 万元、损失类为 35 416.06 万元）。公司已足额计提拨备，全面覆盖不良信用风险资产，故上述不良信用风险资产不影响公司资产质量。2020 年，公司信用风险资产不良率为 11.27%。信用风险资产不良率仅反映报告期内公司信用风险资产相关情况。

注：1. 不良信用风险资产合计 = 次级类 + 可疑类 + 损失类。

2. 信用风险资产合计 = 正常类 + 关注类 + 次级类 + 可疑类 + 损失类。

3. 信用风险资产不良率 = 不良信用风险资产合计/信用风险资产合计 x100%。

6.4.1.2 资产减值损失准备情况

单位：万元

项目	期初数	本期计提	本期转回	本期核销	期末数
贷款损失准备	30 716.06	—	—	—	30 716.06
一般准备	—	—	—	—	—
专项准备	30 716.06	—	—	—	30 716.06
其他资产减值准备	—	—	—	—	—
可供出售金融资产减值准备	5 901.86	-2 777.79	—	—	3 124.07
持有至到期投资减值准备	84.17	1 072.31	1 000.00	—	156.48
长期股权投资减值准备	—	—	—	—	—
坏账准备	5 075.74	5 540.02	—	—	10 615.76
投资性房地产减值准备	—	—	—	—	—

6.4.1.3 投资业务情况

单位：万元

项目	自营股票	基金	债券	长期股权投资	其他投资	合计
期初数	38 589.00	—	—	204 930.25	143 836.13	387 355.38
期末数	31 517.50	—	5 011.50	215 658.27	168 829.72	421 016.99

6.4.1.4 自营长期股权投资情况

企业名称	占被投资企业权益的比例（%）	主要经营活动	投资损益（万元）
大成基金管理有限公司	50.00	公募基金的募集和管理	16 419.87
都邦财产保险股份有限公司	19.07	保险业务	-742.70

6.4.1.5 前三名的自营贷款的企业名称、占贷款总额的比例和还款情况等

企业名称	占贷款总额的比例（%）	还款情况
深圳市凯泰隆实业发展有限公司	22.79	逾期
海南金盟发实业有限公司	22.79	逾期
黄山长江徽杭高速公路有限公司	22.79	逾期

6.4.1.6 表外业务情况

单位：万元

表外业务	期初数	期末数
担保业务	—	—
代理业务（委托业务）	—	—
其他	—	—
合计	—	—

6.4.1.7 本公司当年的收入结构

收入结构	金额（万元）	占比（%）
利息收入	419.94	1.13
手续费及佣金收入	7 187.97	19.35
其中：信托手续费收入	7 187.97	19.35
投资收益	21 712.60	58.46
公允价值变动收益	3 190.14	8.59
汇兑损益	—	—
其他业务收入	2 891.00	7.78
资产处置收益	—	—
其他收益	—	—
营业外收入	1 737.39	4.68
合计	37 139.04	100

2020 年本公司信托业务收入为 7 187.97 万元，均为以手续费及佣金确认的信托业务收入。

6.4.2 披露信托财产管理情况

6.4.2.1 信托资产的期初数、期末数

单位：万元

信托资产	期初数	期末数
集合	714 014.76	[illegible] 111.42
单一	2 386 394.41	1 [illegible] 320.87
财产权	140 083.04	[illegible] 169.25
合计	3 240 492.20	2 [illegible] 601.54

6.4.2.1.1 主动管理型信托业务

单位：万元

主动管理型信托资产	期初数	期末数
证券投资类	642.95	—
股权投资类	—	[illegible]800.04
融资类	297 851.81	2[illegible]594.39
事务管理类	1 147.58	[illegible] 370.09
其他类	266 362.00	3[illegible] 415.06
合计	566 004.34	6[illegible] 179.58

6.4.2.1.2 被动管理型信托业务

单位：万元

被动管理型信托资产	期初数	期末数
证券投资类	—	—
股权投资类	—	—
融资类	140 327.73	1[illegible]877.26
事务管理类	2 534 160.13	1 7[illegible]544.7
其他类	—	—
合计	2 674 487.86	1 9[illegible]421.96

6.4.2.2 本年度已清算结束的信托项目个数、实收信托合计金额、加权平均实际年化收益率

6.4.2.2.1 本年度已清算结束的集合类、单一类资金信托项目和财产管理类信托项目个数、实收信托合计金额、加权平均实际年化收益率

已清算结束的信托项目	项目个数(个)	实收信托合计金额(万元)	加权平均实际年化收益率(%)
集合类	4	25 961.13	8.98
单一类	26	760 856.06	8.56
财产管理类	—	—	—

6.4.2.2.2 本年度已清算结束的主动管理型信托项目个数、实收信托合计金额、加权平均实际年化收益率

已清算结束的信托项目	项目个数(个)	实收信托合计金额(万元)	加权平均实际年化信托报酬率(%)	加权平均实际年化收益率(%)
证券投资类	2	734.86	5.13	0.37
股权投资类	—	—	—	—
融资类	1	16 000.00	6.36	0.24
事务管理类	2	5 970.00	11.73	1.71
其他类	2	26 256.27	9.92	1.35

注:"其他类"指除投向证券及股权外的其他投资类业务。

6.4.2.2.3 本年度已清算结束的被动管理型信托项目个数、实收信托合计金额、加权平均实际年化收益率

已清算结束的信托项目	项目个数(个)	实收信托合计金额(万元)	加权平均实际年化信托报酬率(%)	加权平均实际年化收益率(%)
证券投资类	—	—	—	—
股权投资类	—	—	—	—
融资类	—	—	—	—
事务管理类	23	679 312.06	8.77	0.41
其他类	—	—	—	—

6.4.2.3 本年度新增的集合类、单一类和财产管理类信托项目个数、实收信托合计金额

续表

新增信托项目	项目个数(个)	实收信托合计金额(万元)
集合类	—	—
单一类	13	275 418.00
财产管理类	6	103 055.84
新增合计	19	378 473.84
其中:主动管理型	10	164 738.00
被动管理型	9	213 735.84

6.4.2.4 信托业务创新成果和特色业务有关情况

2020年,公司基于业务发展外部环境和自身能力,持续探索业务创新。公司立足受托人本位,探索创新以受托服务为核心的服务信托,将金融服务与财富管理服务相结合,探索服务信托、家族信托等重要方向,在家族信托、家庭信托、员工利益信托、资产证券化信托、账户管理信托等方面积极开拓,完善产品线设置并夯实债券、便利金融等业务的运营管理,抓住业务发展机会。

6.4.2.5 报告期内,本公司依法依规审慎履行受托人职责,未发生因本公司自身责任导致信托资产损失的情况

截至2020年12月31日,本公司信托赔偿准备金累计金额为10 332万元,已达注册资本的20%。根据《信托公司管理办法》第四十九条,信托赔偿金累计金额达到公司注册资本的20%时,可不再提取。因未发生管理失职的情况,本年度未使用信托赔偿准备金。公司按照中国银保监会的有关规定管理信托赔偿准备金。

6.5 关联方关系及其交易的披露

6.5.1 关联交易方的数量、关联交易的总金额及关联交易的定价政策等

项目	关联交易方数量(个)	关联交易金额(万元)	定价政策
合计	6	37 433.30	按照市场公允价格确定

注:1."关联交易"定义以《中华人民共和国公司法》和《企业会计准则第36号——关联方披露》有关规定为准。具体定价政策:按照市场公允价格确定;如果缺乏市场公允价格的,比照相关类似业务或资产的市价确定;如果上述两种价格都不存在,则按照中介机构出具的评估价确定。

2. 关联交易除了本年度内新增的大成基金应付股利,其余均为历史形成。

6.5.2 关联交易方与本公司的关系性质、关联交易方的名称、法定代表人、注册地址、注册资本及主营业务等

关系性质	关联方名称	法人代表	注册地址	注册资本(万元)	主营业务
受同一股东控制	上海新华闻投资有限公司	幸宇晖	上海市闸北区天目中路383号501室	50 000	实业投资、资产经营及管理等。
受同一股东控制	上海久峰投资咨询有限公司	吴艳芸	上海市松江区松汇西路1558号A-287	1 000	企业投资咨询、商务咨询、财务管理咨询、企业管理咨询服务。
受同一股东控制	中达资产管理有限公司	程齐鸣	北京市朝阳区安立路66号4号楼4层I段4层405室	5 000	资产管理;项目投资;投资管理;企业管理咨询;投资咨询。
受同一股东控制	沈阳弘泰投资有限公司	马威	沈阳市和平区中山路111号1106室	5 000	产业投资及对所投资资产进行管理,投资信息、财务信息咨询。
合营公司	大成基金管理有限公司	吴庆斌	深圳市福田区深南大道7088号招商银行大厦32层	20 000	基金募集;基金销售;资产管理及中国证监会许可的其他业务。
合营企业	上海中泰鑫隆投资有限公司	王政	中国(上海)自由贸易试验区浦东大道720号22层G座	10 000	实业投资,企业资产委托管理及并购,国内贸易(除专项审批),咨询服务。

6.5.3 **本公司与关联方的重大交易事项**

6.5.3.1 固有与关联方交易情况

单位：万元

固有与关联方关联交易				
项目	期初数	借方发生额	贷方发生额	期末数
贷款	—	—	—	—
投资	—	—	—	—
租赁	—	—	—	—
担保	—	—	—	—
应收账款	35 785.14	4 650.00	3 000.00	37 435.14
其他	48.16	—	—	48.16
合计	35 833.30	4 650.00	3 000.00	37 483.30

6.5.3.2 信托与关联方交易情况

单位：万元

信托与关联方关联交易				
项目	期初数	借方发生额	贷方发生额	期末数
贷款	5 315.50	—	—	5 315.50
投资	5 022.50	—	—	5 022.50
租赁	—	—	—	—
担保	—	—	—	—
应收账款	—	—	—	—
其他	—	—	—	—
合计	10 338.00	—	—	10 338.00

6.5.3.3 信托公司自有资金运用于自己管理的信托项目（固信交易）、信托公司管理的信托项目之间的相互（信信交易）交易金额，包括余额和本报告年度的发生额

6.5.3.3.1 固信交易情况

单位：万元

固有财产与信托财产相互交易				
项目	期初数	本期发生额		期末数
		借方发生额	贷方发生额	
合计	24 496.29	—	4 175.94	20 320.35

6.5.3.3.2 信信交易情况

单位：万元

信托资产与信托财产相互交易			
项目	期初数	本期发生额	期末数
合计	—	—	—

6.5.4 **关联方逾期未偿还本公司资金的情况及本公司为关联方担保发生垫款的事项**

无。

6.6 会计制度的披露

6.6.1 固有业务执行的会计制度

本公司固有业务从2008年1月1日起执行财政部发布的《企业会计准则——基本准则》（财政部令第33号发布、财政部令第76号修订）、于2006年2月15日及其后颁布和修订的42项具体会计准则、企业会计准则应用指南、企业会计解释以及其他相关规定（统称企业会计准则）。

6.6.2 信托业务执行会计制度

本公司信托业务从2010年1月1日起执行财政部2006年2月颁布的《企业会计准则——基本准则》和38项具体会计准则、其后颁布的应用指南、解释及其他相关规定（统称企业会计准则）。

7. 财务情况说明书

7.1 利润实现和分配情况

7.1.1 利润实现情况

本年度实现利润总额为23 415.38万元，实现净利润为21 599.11万元。

单位：万元

项目	金额
营业利润	21 729.17
利润总额	23 415.38
所得税	1 816.27
净利润	21 599.11

7.1.2 利润分配情况

单位：万元

项目	金额
本年度净利润	21 599.11
上年未分配利润	334 159.12
本年其他转入	—
可供分配的利润	355 758.23
提取法定盈余公积	—
提取法定公益金	—
提取信托赔偿准备金	—
提取一般准备金	636.76
可供投资者分配利润	355 121.47
未分配利润	355 121.47

7.2 主要财务指标

指标名称	指标值
资本利润率（%）	4.66
加权年化信托报酬率（%）	0.43
人均净利润（万元）	232.25

注：1. 资本利润率＝净利润/所有者权益平均余额x100%。

2. 加权年化信托报酬率＝（信托项目1的实际年化信托报酬率x信托项目1的实收信托＋信托项目2的实际年化信托报酬率x信托项目2的实收信托＋…＋信托项目n的实际年化信托报酬率x信托项目n的实收信托）/（信托项目1的实收信托＋信托项目2的实收信托＋…＋信托项目n的实收信托）。

3. 人均净利润＝净利润/平均人数。

4. 平均值采取年初、年末余额简单平均法，公式为a（平均）＝（年初数＋年末数）/2。

7.3 对本公司财务状况、经营成果有重大影响的其他事项

无。

8. 特别事项揭示

8.1 报告期内本公司股东变动情况及原因

无。

8.2 董事、监事及高级管理人员变动情况及原因

报告期内，经公司董事会会议决定，并经上海银保监局核准，胡杰先生就任公司总裁。

报告期内，公司监事会主席刘卓先生因个人原因提出辞职。经公司股东会、监事会审议，焦远超先生被选举为股东代表监事、监事会主席。

报告期内，公司董事会成员未发生变动，公司股东未提名董事。

8.3 变更注册资本、注册地或公司名称、公司分立合并事项

报告期内本公司未变更公司住所。

2021年3月，经公司股东会审议通过，并经并经上海银保监局核准，公司住所由原上海市黄浦区中华路1600号17楼、18楼变更至上海市黄浦区北京东路666号F区（西座）32层和33层。公司已换领新的金融许可证、营业执照并完成公司章程变更及工商备案手续。

8.4 公司的重大诉讼事项

8.4.1 信托项下诉讼

8.4.1.1 重大未决诉讼

2019年，公司"中泰·弘泰11号集合资金信托计划"交易对手未按合同约定还款。公司于2020年2月向上海金融法院起诉都匀经济开发区管理委员会，并请求法院进行财产保全。2021年3月12日，上海金融法院已开庭审理本案。截至目前，尚未作出判决。

8.4.1.2 以前年度发生，于本报告年度内终结的诉讼事项

2019年，公司"中泰·弘泰11号集合资金信托计划"交易对手未按合同约定还款。公司于2019年7月向上海金融法院起诉贵州清水江城投集团有限公司、黔南东升发展有限公司，并请求法院进行财产保全。本案一审于2020年6月24日判决，公司胜诉。本案被告贵州清水江城投集团有限公司于2020年7月向上海市高级人民法院提起上诉，后又于10月19日撤回上诉。上海高院于2020年10月27日作出准予撤诉的民事裁定书，本案一审判决于2020年11月3日已生效。目前，本案正在执行中。

2019年，公司"中泰·恒泰18号集合资金信托计划"交易对手青海省投资集团有限公司未按照合同约定支付标的股权收益权转让价款，公司向上海市高级人民法院起诉青海省投、桥头铝电、西部水电和三江水电，请求法院判令青海省投支付标的股权收益权回购价款（回购价款=回购基本价款+回购溢价款），并承担违约金、损害赔偿金和实现债权和保证的费用；请求法院进行财产保全、判令桥头铝电、西部水电和三江水电对青海省投所负债务承担连带清偿义务。2019年8月15日，本案移交至西宁市中级人民法院集中管辖，并于2020年1月7日开庭审理。西宁市中级人民法院已于2020年3月5日作出一审判决，判决公司胜诉。青海省于2020年6月19日向西宁市中级人民法院申请破产重整已被受理，目前，本案正在执行中。

8.4.1.3 本报告年度发生，于本报告年度内终结的诉讼事项

公司"中泰·贵州遵义播州水投股权收益权投资集合资金信托计划"因融资方出现违约情形，公司于2020年8月向上海金融法院起诉遵义市播州区城市建设投资经营（集团）有限公司、遵义市播州区国有资产投资经营（集团）有限责任公司、遵义市播州区交通建设投资有限公司，要求被告向我司承担还款义务，并申请了财产保全。2020年10月30日，公司与本案被告签署展期协议，并在金融法院主持下，于2020年11月18日达成调解一致，法院向公司出具了《民事调解书》，本案以调解方式结案。

公司"中泰·弘泰1号集合资金信托计划"因融资方出现违约情形，公司于2020年5月向上海金融法院起诉贵州省遵义市汇川区人民政府、遵义市汇川区城市建设投资经营有限公司、遵义经济技术开发区投资建设有限公司，要求三被告履行还款义务，并申请了财产保全。上海金融法院于2021年1月6日作出一审判决，公司胜诉。本案目前正处于执行中。

公司"中泰·顺泰8号集合资金信托计划"因融资方出现违约情形，公司于2020年5月向上海金融法院起诉六盘水大河经济开发区管理委员会、六盘水大河经济开发区开发建设有限公司、六盘水市钟山区城市投资建设有限公司，要求被告履行还款义务，并申请了财产保全。上海金融法院于2020年11月26日作出一审判决，公司胜诉。

公司"中泰·祥泰1号集合资金信托计划"因融资方出现违约情形，公司于2020年5月向上海金融法院起诉贵州省六盘水市钟山区人民政府、六盘水梅花山旅游文化投资有限公司、六盘水市钟山区城市投资建设有限公司、贵州六盘水攀登开发投资贸易有限公司，要求被告履行还款义务，并申请了财产保全。在上海金融法院主持下，本案于2021年1月28日达成调解一致，法院向公司出具了《民事调解书》，本案以调解方式结案。

8.4.2 固有项下诉讼

2018年，财富证券有限责任公司因争议向湖南高院对公司提起诉讼并申请财产保全。公司于2020年3月就财富证券恶意起诉公司并保全公司财产、对公司财产造成损失一案，向湖南省高级人民法院提起诉讼，要求财富证券赔偿公司在财产保全中所遭受的全部损失。目前该案尚未开庭审理。

8.5 公司及其董事、监事和高级管理人员在报告期内受的处罚

无。

8.6 中国银保监会及其派出机构对公司检查整改意见落实情况

2020年1月，上海银保监局就第二次全面风险排查向公司下发了《风险提示函》。3月，上海银保监局通过专网整改监督系统新增了第三次全面风险排查中指出的问题。公司对此高度重视，及时向董事会、股东单位等相关各方进行了报告，并建立整改台账，将贯彻落实监管部门监管意见的具体工作进行了任务分解，明确落实整改的部门分工和责任，要求责任部门全面开展整改工作，并按季度汇总整改落实情况表及已完成工

作的佐证材料。截至2020年12月31日，对于监管部门指出的问题及监管意见，已完成11项，其余问题将继续按照公司经营计划和监管要求进行整改。对于监管部门关注的实际控制人阳光化工作，公司高度重视，已积极敦促公司股东等方面按时落实监管要求，后续将继续按计划配合监管部门推进公司股东阳光化工作。

8.7　本年度公司重大事项临时报告

公司于2020年2月26日在《证券时报》B001版发布《关于律所变更的公告》、10月14日分别在《上海证券报》9版和《金融时报》07版发布《关于公司章程变更的公告》、12月25日分别在《上海证券报》9版和《金融时报》06版发布《关于公司总裁变更的公告》。

8.8　报告期内，中国银保监会及其省级派出机构认定的其他有必要让客户及相关利益人了解的重要信息

无。

9. 公司监事会意见

公司监事会认为，报告期内，公司决策程序合法，内部控制实施符合监管要求，公司董事、高级管理人员履职行为过程中未见违法违纪或有损公司及股东利益的行为。

中审亚太会计师事务所（特殊普通合伙）为公司2020年度财务报告出具了标准无保留意见的审计报告。监事会认为，该财务报告真实地反映了公司的财务状况和经营成果。

中铁信托有限责任公司

1. 重要提示

1.1 本公司董事会及董事保证本报告所载资料不存在任何虚假记载、误导性陈述或者重大遗漏，并对其内容的真实性、准确性和完整性承担个别及连带责任。本年度报告摘要摘自年度报告全文，客户及相关利益人欲了解详细内容，应阅读年度报告全文。

1.2 本公司全部董事均出席了审议本次年报的董事会会议，公司监事、高管列席了会议。

1.3 本公司独立董事周国华先生、陈永生先生、龙宗智先生声明：保证年度报告内容的真实性、准确性和完整性。

1.4 普华永道中天会计师事务所（特殊普通合伙）根据中国注册会计师独立审计准则对本公司年度财务报告进行审计，出具了无保留意见的审计报告。

1.5 本公司董事长马永红先生、总经理陈赤先生、财务负责人李正斌先生和会计机构负责人（会计主管人员）马笑薇女士声明：保证年度报告中财务报告的真实、完整。

2. 公司概况

2.1 公司简介

2.1.1 公司法定中文名称：中铁信托有限责任公司
中文名称缩写：中铁信托
公司法定英文名称：China Railway Trust Co.,Ltd.
英文名称缩写：CRTC

2.1.2 法定代表人：马永红
注册地址：成都市武侯区航空路1号国航世纪中心B座20层、21层、22层
邮政编码：610041
公司国际互联网网址：www.crtrust.com
电子信箱：crtc@crtrust.com

2.1.3 公司负责信息披露事务的高级管理人员：舒军华
联系人：王重明
电话/传真：028-82570969
电子信箱：wcm@crtrust.com

2.1.4 公司选定的信息披露报纸：《上海证券报》《证券时报》

2.1.5 公司年度报告备置地点：成都市航空路1号国航世纪中心B座26楼

2.1.6 公司聘请的会计师事务所名称：普华永道中天会计师事务所（特殊普通合伙）
住所：中国（上海）自由贸易试验区陆家嘴环路1318号星展银行大厦507单元01室

2.1.7 公司聘请的律师事务所名称：泰和泰律师事务所
住所：成都市高新区天府大道中段199号棕榈泉国际中心16楼、17楼

2.2 组织结构

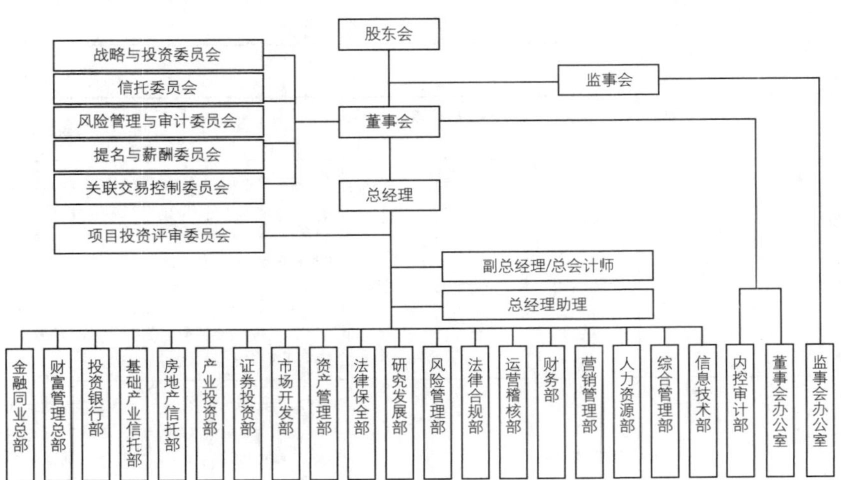

3. 公司治理

3.1 股东

3.1.1 报告期末股东总数为 16 家，出资比例 15% 以上的股东情况

股东名称	出资比例（%）	法人代表
中国中铁股份有限公司	78.911	陈云

3.1.2 公司第一大股东的主要股东情况

公司第一大股东名称	第一大股东的主要股东	出资比例（%）	法人代表
中国中铁股份有限公司	中国铁路工程集团有限公司	47.21	陈云

3.2 董事

3.2.1 董事会成员

姓名	职务	性别	年龄（岁）	选任日期	所推举的股东名称	该股东持股比例（%）	简要履历
马永红	董事长	男	54	2018 年 1 月	中国中铁股份有限公司	78.911	历任铁道部第三工程局处长，中铁三局集团有限公司董事、副总会计师、总会计师、总法律顾问，中铁置业集团有限公司董事、财务总监、副总经理，中铁信托有限责任公司党委书记、纪委书记、监事长；现任中铁信托有限责任公司党委书记、董事长。
陈　赤	董事	男	54	2018 年 12 月	中国中铁股份有限公司	78.911	历任西南财经大学政治经济学教研室副主任，四川省信托投资公司峨眉山办事处总经理助理，衡平信托有限责任公司总经理助理，中铁信托有限责任公司副总经理、董事会秘书；现任中铁信托有限责任公司党委副书记、总经理。
何　文	董事	男	56	2018 年 1 月	中国中铁股份有限公司	78.911	历任中铁四局集团有限公司财务处副处长、资金部部长、副总会计师、总会计师、董事、党委常委，中铁信托有限责任公司党委书记、纪委书记、监事长；现任中国中铁股份有限公司董事会秘书、财务部部长。
冯晓群	董事	女	54	2018 年 7 月	成都工投资产经营有限公司	3.495	历任成都投资项目经济技术咨询公司、蜀都大厦管理公司职员，成都市国有资产投资经营公司投资部经理、资产经营部经理，成都工投资产经营有限公司投资管理部经理、投资总监，成都工业投资集团有限公司资产管理部部长、审计风控部部长；现任成都工投资产经营有限公司副总经理。
魏道洪	董事	男	50	2019 年 9 月	中铁二局建设有限公司	7.232	历任中铁二局股份公司财务科副科长、科长，中铁二局股份公司[illegible]公司总会计师、党委书记，中铁二局瑞隆物流总经理、党委书记；现任中铁二局建设有限公司财务部部长。

3.2.2 独立董事

姓名	所在单位及职务	性别	年龄（岁）	选任日期	所推举的股东名称	该股东持股比例（%）	简要履历
周国华	西南交通大学教授	男	54	2018 年 1 月	—	—	历任西南交通大学经济管理学院院长助理、副院长；现任西南交通大学企业与项目管理研究所所长，中国高铁国际化发展协同创新中心（四川省 2011 计划）执行主任，教授、博士生导师，中铁信托有限责任公司独立董事、董事会提名与薪酬委员会主任委员。
陈永生	西南财经大学教授	男	57	2018 年 1 月	—	—	历任西南财经大学经济研究所助理研究员、副研究员，西南财经大学金融学院副教授、教授；现任西南财经大学金融学院教授，中铁信托有限责任公司独立董事、董事会信托委员会主任委员。
龙宗智	四川大学教授	男	66	2018 年 1 月	—	—	历任解放军 38 师班长、排长，成都军区直属军事检察院检察员、副检察长、检察长，成都军区检察院副检察长，四川大学法学院教授，西南政法大学校长，重庆市人大内司委副主任；现任四川大学法学院教授、博士生导师，中铁信托有限责任公司独立董事、董事会风险管理与审计委员会主任委员、董事会关联交易控制委员会主任委员。

3.3 监事

姓名	职务	性别	年龄（岁）	选任日期	所推举的股东名称	该股东持股比例(%)	简要履历
丁　宁	监事长	男	45	2020年10月	中国中铁股份有限公司	78.911	历任中铁信托综合管理部副总经理、总经理、人力资源部总经理，中铁信托控股子公司宝盈基金管理有限公司党工委书记、纪工委书记、副总经理、工会主席、董事会秘书等职务；现任中铁信托监事长、工会副主席、人力资源部(党委干部部)部长。
侯社中	监事	男	47	2018年1月	中国中铁股份有限公司	78.911	历任中铁电气化局一处助理工程师，中铁工程公安局第八公安处干警，中铁电气化局纪委监察员、法律顾问室主任，中国铁路工程总公司上市办法律组组员，中铁置业集团有限公司法律合约经理、副部长、部长，青岛中金渝能公司总法律顾问，中铁置业集团有限公司总法律顾问、董事会秘书，四川新锐投资有限公司董事长；本报告期内任中国中铁股份有限公司法律合规部部长，现已调离中国中铁股份有限公司。
游勇进	监事	男	50	2018年1月	成都高新发展股份有限公司	0.692	历任四川省五金交电化工总公司外经贸处科员，成都倍新咨询有限公司发展部经理，倍特期货有限公司重庆营业部总经理，成都倍特投资有限公司总经理助理，成都攀特实业有限公司副总经理；现任成都高新发展股份有限公司投资发展部部长。
马东开	职工监事	女	45	2018年1月	—	—	历任中铁二局集团有限公司生活处供应站会计员，中铁二局财会部资金中心会计员、助理会计师，中铁八局集团有限公司财务部会计师，中铁信托有限责任公司财务中心会计师、财务中心总经理助理、副总经理、总经理；现任中铁信托有限责任公司运营稽核部总经理。
郭　洋	职工监事	男	36	2019年1月	—	—	历任中铁信托有限责任公司风险管理部职员、风险管理部总经理助理、法律合规部副总经理；现任中铁信托有限责任公司资产管理部副总经理。

3.4 高级管理人员

姓名	职务	性别	年龄(岁)	选任日期	金融从业年限(年)	学历	专业
陈　赤	总经理	男	54	2018年12月	22	博士	金融学
王　兴	副总经理	男	52	2013年12月	22	博士	会计学
舒军华	副总经理	男	47	2014年4月	16	硕士	管理学
严　震	副总经理	男	44	2019年1月	19	硕士	金融学
李正斌	总会计师	男	47	2017年7月	11	本科	会计学
李　京	总经理助理	男	50	2017年7月	12	硕士	管理学

3.5 公司员工

报告期内在岗员工人数为283人，平均年龄为37岁。

学历分布比例如下：

学历分布	人数(人)	比例(%)
博士	7	2.48
硕士	129	45.58
本科	131	46.29
专科	12	4.24
其他	4	1.41

4. 经营管理

4.1 经营目标、企业品格、战略规划

4.1.1 经营目标

公司坚持“稳中求进、推进高质量发展”的工作总基调，坚持“资产端求稳、资金端求进、管理上提效”经营策略，通过拓展新兴战略性业务优化业务布局，通过深化改革激发企业各要素活力，通过项目管理质量年活动提升风控水平和项目开发质量，通过重构营销体系提升资金端获取能力，通过治理体系和能力建设升级企业管控水平和运行效率，转型升级、提质增效，超额完成年度经营指标，稳步提升行业影响力，奋力谱写公司高质量发展新篇章。

4.1.2 企业品格

公司所秉承的企业品格是允执其中、守信如铁。

4.1.3 战略规划

完成“十三五”收官，编制“一四五”规划，并结合对标世界一流和国企改革三年行动，精心谋划企业转型升级安排与布局。“十四五”时期公司将坚持“稳中求进、推进高质量发展”的总基调，统筹保增长、促转型、控风险，实施“1246”工作方略，加快向“信托投融资＋资产管理”双主业模式和“投资银行＋服务信托”双辅业模式演进，实现公司更高质量、更有效率、更加均衡、更可持续发展，努力把中铁信托建设成为行业一流的现代综合金融企业。

4.2 所经营业务主要内容

公司业务分为自营业务和信托业务。

4.2.1 自营业务

自营业务主要包括自营贷款、自营证券、金融产品投资等。

自营资产运用与分布表

资产运用	金额（万元）	占比（%）	资产分布	金额（万元）	占比（%）
货币资产	540 429	33.45	基础产业	—	—
贷款及应收款	182 699	11.31	房地产业	—	—
交易性金融资产	97 036	6.01	证券市场	138 794	8.59
其他非流动性金融资产	470 232	29.10	实业	—	—
长期股权投资	220 291	13.63	金融机构	704 598	43.61
递延所得税资产	72 808	4.50	其他	772 421	47.80
其他	32 318	2.00			
资产总计	1 615 813	100.00	资产总计	1 615 813	100.00

4.2.2 信托业务

信托业务是本公司的主营业务和主要收入来源，主要包括集合资金信托、单一资金信托、财产信托等。

信托资产运用与分布表

资产运用	金额（万元）	占比（%）	资产分布	金额（万元）	占比（%）
贷款	15 479 071	47.49	基础产业	2 429 293	7.45
交易性金融资产	12 863	0.04	房地产	5 704 268	17.50
可供出售及持有至到期投资	7 606 689	23.34	证券市场（股票）	—	—
长期股权投资	4 199 789	12.88	证券市场（债券）	—	—
租赁	—	—	证券市场（基金）	13 188	0.04
买入返售	—	—	金融机构	3 769 027	11.56
存放同业	244 446	0.75	工商企业	8 408 237	25.80
其他	5 051 898	15.50	其他	12 270 743	37.65
信托资产总计	32 594 756	100.00	信托资产总计	32 594 756	100.00

4.3 市场分析

4.3.1 外部环境机遇和挑战并存

国际环境。当今世界正经历百年未有之大变局，新冠肺炎疫情暴发后，大国的竞争和博弈比以前更激烈。产业竞争早已不是单纯的产能数量竞争，而是包括创意、研发、价值创造和分配、知识产权等全方位、全链条的竞争，且产业发展会自发地向产业链利润高的环节靠拢。以数字化、智能化、网络化、绿色化为特征的新技术正加速向各个产业领域渗透，催生新的生产方式、商业模式和产业生态，大大改变了以往的资源配置方式、生产组织方式和价值创造方式。

国内环境。我国发展仍然处于重要战略机遇期，但挑战和机遇并存，化解挑战就是新的机遇。从破解资源环境约束、适应人民群众对美好环境的期盼来看，绿色发展是必然选择。同时，随着我国经济进入高质量发展新阶段，产业转型升级必将成为新的经济发展着力点，从而推动产业体系加快形成实体经济、科技创新、现代金融服务、人力资源协同发展的多元化格局。

4.3.2 信托行业发展面临转型

一是制度层面，相关制度陆续发布，推动信托行业回归本源、转型发展。2020年1月20日，《信托公司股权管理暂行办法》（2020年第4号）正式发布，加强对信托公司股东，特别是主要股东从进入退出的全流程管控；2020年11月16日，《中国银保监会信托公司行政许可事项实施办法》（2020年第12号）正式发布，在严守市场准入首道风险防控关口的前提下，加快推动信托行业转型发展。

二是监管层面，在去通道、严监管的背景下，信托行业2020年迎来较大调整。信托融资业务持续压降，地产信托规模被严控。在严守风险底线的基础上，监管部门督导信托公司立足受托人定位，通过弘扬履职尽责、灵活创新的信托文化，激活全社会对信托本源业务的市场需求。2020年5月8日，中国银保监会对外发布《信托公司资金信托管理暂行办法（征求意见稿）》，表明在非标业务空间受限之下发展“标准化”业务是大势所趋。

三是业务层面，信托公司在有序压降通道及融资类业务规模的同时，也在主动谋求转型。首先，信托行业支持实体经济力度不减，信托投向结构不断优化，为金融服务小微和民营企业发展提供了有效补充；其次，信托行业助力社会财富积累，本源业务不断发展，有效满足了人民群众财富管理需求。特别是随着信托服务领域逐步拓宽，家族信托、保险金信托、企业年金信托、消费信托的稳步推进，信托行业在财富传承、福利保障、消费升级等方面将会发挥更加重要的作用。

4.4 内部控制

4.4.1 内部控制环境和内部控制文化

公司按照国家有关法律法规和自身实际，构建了较为完善的内部控制体系。通过建立和完善组织架构、发展战略、授权体系、人力资源、组织文化、社会责任、内部规章及监督评价体系，形成了研究、决策、操作、稽核与审计监督相互制衡的风险控制机制，并通过事前、事中、事后控制三者结合进行综合防范，营造了合规、完整、有序的内控环境。

第一，公司建立了规范的治理结构。股东会、董事会、监事会“三会”分工明确并相互制衡、各司其职、规范运作。各治理主体议事规则完备，职责规定明确，并根据发展情况及时修订，为公司法人治理结构的规范运行提供了制度保证。

第二，公司建立了授权管理体系。经理层实行总经理负责制，在董事会授权范围内，对日常业务进行风险管理和控制。通过授权管理，形成了一套由公司分级授权的逐级审查、分级审批的分工明确和权力相互制衡的业务授权体系。

第三，公司合理划分各经营管理部门的职责分工，加强各条线的内部管理、监督检查及信息传递，通过明确岗位职责，界定工作权限，制定工作流程、操作指引，形成了业务管理、合规检查和内部审计有序分工的内部控制三道防线及覆盖各层级的内部控制监督体系。

第四，公司将品牌建设融入信托文化建设中，打造“允执其中，守信如铁”的企业品牌，体现“受托人责任”的受托文化内涵；公司积极倡导和推进合规风控文化建设，持续实施多层次的合规宣导、培训，开展廉洁从业教育活动，提高员工的合规意识，培育全员参与的合规风控文化。

4.4.2 内部控制措施

公司在内部控制体系框架下，采用授权审批控制措施，明确各部门及岗位的权限范围、审批程序及相应的责任，形成各司其职、各负其责、相互制约的工作机制；采用预算控制措施，制定全面预算管理办法，明确预算的各责任主体在预算管理中的职责权限，规范预算的编制、批准、下达和执行、调整、监督与考核程序；采用绩效考评控制措施，对公司各部门和全体员工的业绩进行考核评价；公司建立重大风险预警机制和突发事件应急处理机制，对可能发生的重大风险或突发事件制定应急预案，责任到人；逐步建立信息化基础设施建设和管理的长效机制，满足公司业务开展及内部管理的信息化需求。

报告期内，公司对相关内控制度进行了废、改、立，并强化制度执行，推进企业规范管理和有序运行。

4.4.3 监督评价与纠正

公司建立了多层次的内控监督体系：监事会依法履行监督职责，并就监督过程中发现的公司治理及经营管理中需要关注的问题，及时与董事会和经理层沟通；董事会及其风险管理与审计委员会不定期召开会议，积极发挥专业判断和智库作用；运营稽核部和内控审计部负责对公司日常经营行为进行过程稽核和审计监督。

4.5 风险管理

4.5.1 风险管理概况

经营活动中面临信用风险、市场风险、操作风险、政策法律风险、道德风险等类型的风险，为此公司依据《中华人民共和国信托法》《信托公司管理办法》等法律法规构建风控体系。公司风险管理组织结构的具体职能部门及其职责如下：

董事会对股东会负责，根据股东会和公司章程授予的职权，依法行使决策权。

董事会信托委员会的主要职责：(1)负责督促公司依法履行受托职责，对公司信托业务运行情况进行评估，当公司或股东利益与受益人利益发生冲突时，研究提出维护受益人最大利益的具体措施；(2)研究信托行业的发展趋势及运行规律，对公司信托业务的发展方向和专项规划进行研究并提出建议；(3)对中国银保监会或其派出机构检查公司信托业务后要求董事会组织整改的问题进行研究并提出建议等；(4)需要时，初审董事会审议的信托项目，委员会认为有必要到现场的，经营层应给予配合；(5)指导有关部门开展信托创新活动；(6)如有必要，可以聘请外部专家或中介机构为其提供专业咨询服务；(7)监管机构要求履行的职责；(8)董事会授予的其他职权。

董事会风险管理与审计委员会的主要职责：(1)监督高级管理层关于信用风险、流动性风险、市场风险、操作风险、合规风险和声誉风险等风险的控制情况，对公司风险政策、管理状况及风险承受能力进行定期评估，提出完善风险管理和内部控制的意见；(2)检查公司风险及合规状况、会计政策、财务报告程序和财务状况；(3)负责公司年度审计工作，提出外部审计机构的聘请与更换建议，并就审计后的财务报告信息真实性、准确性、完整性和及时性作出判断性报告，提交董事会审议；(4)监管机构要求履行的职责；(5)董事会授予的其他职权。

董事会关联交易控制委员会的主要职责：(1)主要负责关联交易的管理，审查和批准关联交易，控制关联交易风险；(2)对公司涉及关联交易的项目、制度等事宜进行初审，向董事会提出建议；(3)研究实施其他涉及公司关联交易的重大事宜；(4)对董事会审议批准的有关关联交易的各项规划，督促经理层及相关部门予以认真实施，定期或不定期地检查实施的进度、评价规划实施的效果，并将检查结果与公司高级管理人员年度绩效考核评价相挂钩；(5)监管机构要求履行的职责；(6)董事会授予的其他职权。

公司经理层在董事会的领导下，执行董事会决议并负责公司的日常经营管理。经理层实行总经理负责制。

投资评审委员会在总经理授权范围内对集合资金信托业务、单一资金信托业务、财产信托业务、自营业务进行风险评估、可行性评审和操作实施方案的审议，最终形成公司集体审议意见。

风险管理部主要负责固有业务和主动管理类信托业务的信用风险、操作风险及市场风险揭示，负责组织投资评审委员会的召开。

法律合规部主要负责事务管理类信托业务风险揭示，固有和信托业务的合规风险控制，负责日常法律事务工作，牵头组织反洗钱工作。

运营稽核部主要负责稽核信托业务放款前手续落实情况，稽核主动管理集合信托项目的投(贷)后管理情况，以及对即将到期或出现风险隐患的主动管理集合信托项目出具风险评级意见。

4.5.2 风险状况

4.5.2.1 信用风险状况

信用风险是指交易对手未能履行合同，所带来的经济损失风险。公司所面临的信用风险主要表现为在信托融资、资产回购、后续资金安排、担保、履约承诺等交易过程中，借款人、担保人、保管人(托管人)等交易对手不履行承诺，不能或不愿履行合约承诺而使信托财产和固有财产遭受潜在损失的可能性。

公司一般准备、专项准备的计提方法和统计方法为合理估计资产风险程度和可能发生的损失，并按照财政部规定的准备金提取范围对风险资产计提资产损失准备。

公司的抵押品确认原则：(1)合法性，即要求抵押物和质押物必须符合国家法律规定，产权或处分权合法清晰，抵押品他项权利登记合法有效；(2)保证能力充足性，即公司根据抵押物、质押物的保值能力和变现难易程度对不同抵押、质押物设置不同的抵押率，对于需要估价的抵(质)押财产，必须经过公司认可的资产评估中介机构进行估价，价值认定和评估真实准确；(3)可操作性，即要求抵(质)押财产标的明确、易于保管、转让和变现。

公司对保证贷款的管理原则：(1)保证人资格必须合法有效，应具有独立的法人资格，对其拥有的财产享有所有权或依法处分权；(2)保证人应具备良好的资信状况、良好的信誉、充足的还款能力、良好的还款记录、经营业绩稳定、财务状况良好、具备足够的担保能力；(3)担保文件合法有效；(4)公司对保证人加强保证的后期管理，对其资信状况和偿债能力及保证合同的履行情况定期进行检查，督促保证人按照保证合同的约定按期提交有关材料并履行各项义务。

4.5.2.2 市场风险状况

市场风险是指公司在信托和自营业务中，因股价、汇率、利率及其他价格因素变动对公司盈利能力和财务状况的影响，其可以分为金融资产价格风险、汇率风险、利率风险等。

(1)股价变动对公司盈利能力和财务状况的影响分析。2020年，公司在证券二级市场开展的业务量在信托总规模中占比持续维持在较小的比例，因此证券市场的股价变动对公司的盈利和财务状况的影响有限。

（2）汇率变动对公司盈利能力和财务状况的影响分析。公司目前暂未开展外汇业务，不会给公司的盈利和财务状况造成影响。

（3）利率变动对公司盈利能力和财务状况的影响分析。公司信贷业务的执行利率多数为固定利率，因此利率变动对公司盈利能力和财务状况的直接影响较小。

（4）其他价格因素变动对公司盈利能力和财务状况的影响分析。公司的主营业务之一是信托业务，主要业务收入来源于信托报酬收入，因而其行业费率的变动（特别是监管政策的变化及同业竞争）对公司的盈利能力和财务状况具有一定影响。

4.5.2.3　操作风险状况

操作风险是指由于不完善或有问题的内部操作过程、人员、系统或外部事件而导致的直接或间接损失的风险，包含了法律风险。

公司持续加强业务操作流程化、标准化和规范化，构建了合规管理体系，在操作层面进一步防范合规性风险；对信托合同及项目合同进行了修改完善，进一步提高合同标准化程度，并配套发布相关指引指导实施，降低合同风险；梳理优化业务审批流程、用印等流程管控和相关制度，严格业务、反洗钱等各项合规审查。

在政策法律风险管理方面，公司根据国家法律法规和中国银保监会的要求，制定公司规章和内控制度，针对监管政策及信托行业的形势变化，及时调整经营策略，以规范业务行为。

4.5.2.4　其他风险状况

其他风险主要是指公司业务开展中的声誉风险、道德风险等。

声誉风险是指由机构经营、管理及其他行为或外部事件导致利益相关方对机构负面评价的风险。

道德风险是指公司员工在获取信息不对称的情况下，采取以自身效用最大化的自私行为，侵占公司和客户的利益，给公司财产和信托财产带来的损失。

报告期内，公司未发生因其他风险所造成的损失。

4.5.3　风险管理

4.5.3.1　信用风险管理

公司的信用风险控制策略是通过规范对交易对手的尽职调查进行事前控制；通过设定抵（质）押担保措施、引入风险转移措施、风险定价等手段规避或减少信用风险。公司强调积极实施主动管理类信托业务，将风险管理前移，加大信息化系统建设，强化稽核审计及风险管理，以控制信用风险。

4.5.3.2　市场风险管理

公司市场风险管理的策略：一是通过多领域的业务组合来分散风险。业务开展中，在公司较为擅长的业务领域内，逐渐建立较为稳定的固定业务关系客户群，减少因不熟悉行业情况而造成的风险和损失。二是加强对交易对手在其所处行业的市场竞争能力的分析，准确把握资金进入时机，密切跟踪市场，及时调整投资策略和投资组合，密切关注经济运行状况，规避宏观政策调控带来的不良影响。三是根据项目期限的长短及交易对手的财务状况和资金调剂能力，合理约定信托资金的还款方式、价格、期限及内控措施，避免市场风险带来的信托财产收益的不确定性。

4.5.3.3　操作风险管理

公司操作风险管理的策略：一是建立科学的风险内控体系，明确各项业务的操作规程，形成良好的操作风险监测和报告线路。二是持续加强公司治理体系建设，从议事决策机制上严防操作风险。三是积极培育全员风险管理文化，强化全员风险防范意识。四是优化内部风险管控模式，努力建立覆盖全业务、全部门的信息管理系统。

4.5.3.4　其他风险管理

在声誉风险管理方面，从完善内部控制体系、强化声誉风险管理意识、完善制度机制及积极维护传播渠道等入手，加强对声誉风险的识别、预警、监测和控制。

在道德风险管理方面，一是继续强化合法合规经营的理念，建立健全各项规章制度，通过严格的内控体系对员工的行为进行规范。二是完善人事管理制度，建立奖惩制度并严格执行。三是加强思想政治和职业道德教育，增强员工的工作责任心，强化勤勉尽责和敬畏受规意识。四是加强内部稽核和审计监督，对违规违纪员工进行问责处理。

4.6　社会责任

4.6.1　积极服务实体经济

一是服务实体经济和民生项目。一方面，积极与重大项目对接，积极参与民生项目，创新交易结构，通过多种方式提供资金支持；另一方面，支持众多产业发展，既服务于工商企业资金需求，又对节能环保、生物医疗、高端装备制造等新兴产业提供资金支持。2020年，公司引导社会资金投向各类工商企业总额为626.62亿元，支持实体企业和实体经济发展。

二是服务四川经济发展，与地方战略全面对接，积极参与成都等多市基础设施建设、棚户区改造和新兴产业发展。2020年，公司引导社会资金投向四川各类工商企业和地方建设总额为357.48亿元，支持了地方经济发展，获评“四川服务企业100强”。

三是服务客户多元化理财需求，为众多机构和投资人提供专业理财服务，2020年为投资者创造信托收益超过209亿元，满足广大投资人日益增长的理财需求。

4.6.2　助力脱贫防疫

长期以来，公司始终发挥金融企业优势，通过采取对口扶贫、精准帮扶、智力扶贫、救灾解困、环境保护等措施，深入实施精准扶贫，受到社会各界好评，曾连续三年获评“四川金融扶贫工作先进单位”称号，并荣获四川慈善“百企扶贫”行动“突出贡献单位”等多项荣誉称号。

精准实施对口扶贫方面，公司积极响应四川省银行业支持帮扶全省88个贫困县行动计划（2015—2020年）号召，2016年起对口帮扶前国家级贫困县泸州市叙永县，通过捐赠、“一对一”帮扶、助推产销衔接、开展慈善信托、促进投资带动等方式，支持当地脱贫攻坚和经济社会发展，2020年2月，叙永县正式退出贫困县序列，顺利实现脱贫摘帽。2020年8月，公司深入泸州市叙永县枧槽苗族乡九龙村开展教育结对帮扶，通过中铁信托爱心基金对5户建档立卡的困难家庭实施“一对一”精准教育扶贫。

精准对接群众需求方面，通过中铁信托爱心基金筹集、捐献善款200万余元，先后实施了阆中市二龙镇革命老区农村扶贫道路建设、德格县竹庆乡中心小学食堂建设、西藏班戈县普保镇多尔格村困难牧户帮扶、青白江龙王学校留守儿童学生床购置、金堂县农村居家养老服务中心助老、蒲江中学助教助学、西御河街道困难群众新春慰问等12个项目。

助力疫情防控方面，公司捐款50万元注入"中国信托业抗击新型肺炎慈善信托"，所属企业宝盈基金向武汉慈善总会捐款50万元，全体党员踊跃捐款，积极支持疫情防控。

4.6.3　热心公益慈善

2020年恰逢公司成立40周年，公司陆续推出多支公益慈善信托，共计落实善款150万元，产生了良好的公益示范效应。一年来，先后发起设立与成都杜甫草堂合作的国内首单以博物馆为主题的弘文系列慈善信托、与成都武侯祠合作的国内首单以弘扬"三国文化"为主题的明道系列慈善信托、与省内知名高校合作的以支持"科研教育"为主题的致远系列慈善信托，以及专注精准扶贫的大同系列慈善信托。同时，与相关方联手开展慈善活动3场。其中，弘文1号慈善信托资助"弘扬李杜精神校园行公益活动"走进江油市诗城小学与九寨沟实验小学，共计捐赠书画作品33件、书籍17 000本、文具2 000个、刻石2块；明道1号慈善信托资助"孔明东风·凉山行公益活动"走进凉山盐源县甲花小学，共捐赠三国文化相关物品1 050件、书籍2 068本、学习用品5 240个、学生课桌椅267套、学生餐具530个、饮水设备20台等。

此外，公司高度重视消费者权益保护工作，不断加强员工培训、开展宣传教育活动，提升全体员工，尤其是直接面对客户的一线工作人员的消费者权益保护意识；不断加大金融知识宣传力度，开展了7场金融联合宣教活动、反洗钱知识宣传月活动等，通过营业网点、大学校园、社区等场所，发放宣传材料、举办多场专题讲座，帮助公众提高风险识别和防范能力，引导大家使用正规金融服务，保障自身财产安全，不断提高服务质量和客户满意度。

5. 报告期末及上一年度末的比较式会计报表

5.1　自营资产

5.1.1　会计师事务所审计结论

普华永道中天会计师事务所(特殊普通合伙)认为，中铁信托财务报表在所有重大方面按照企业会计准则的规定编制，公允反映了中铁信托2020年12月31日的公司及合并财务状况，以及2020年度的公司及合并经营成果和公司及合并现金流量。

5.1.2　资产负债表

公司及合并资产负债表

编制单位：中铁信托有限责任公司　　2020年12月31日　　单位：元

项目	合并	
	2020年12月31日	2019年12月31日
资产		
货币资金	6 176 526 528.15	4 158 683 252.22
发放贷款和垫款	3 687 740 634.08	2 806 064 575.92
金融投资：		
交易性金融资产	6 990 994 518.37	8 327 705 207.18
债权投资	1 667 104 523.57	2 132 272 827.21
长期股权投资	54 757 481.98	53 904 368.89
投资性房地产	12 864 639.44	13 935 692.72
固定资产	42 070 528.04	41 036 232.33
使用权资产	78 660 079.40	89 659 669.43
无形资产	64 981 247.20	63 908 862.19
递延所得税资产	779 824 596.92	710 658 709.65
其他资产	271 631 684.77	382 219 907.19
资产总计	19 827 156 461.92	18 780 049 304.93
负债		
合同负债	2 502 919 121.13	2 154 219 342.66
交易性金融负债	64 902 331.11	85 267 542.81
应付职工薪酬	190 222 505.75	153 793 265.22
应交税费	774 874 025.26	922 055 359.67
租赁负债	83 667 657.95	92 590 665.76
其他负债	5 571 625 252.90	5 615 544 450.18
负债合计	9 188 210 894.10	9 023 470 626.30
所有者权益		
实收资本	5 000 000 000.00	5 000 000 000.00
资本公积	15 563 200.00	15 563 200.00
盈余公积	1 113 211 165.18	1 012 619 319.86
一般风险准备	1 919 959 381.30	1 772 956 413.16
未分配利润	2 339 579 482.47	1 735 527 509.54
归属于母公司所有者权益合计	10 388 313 228.95	9 536 666 442.56
少数股东权益	250 632 338.87	219 912 236.07
所有者权益合计	10 638 945 567.82	9 756 578 678.63
负债和所有者权益总计	19 827 156 461.92	18 780 049 304.93

公司及合并资产负债表(续)

编制单位：中铁信托有限责任公司　　2020年12月31日　　单位：元

项目	公司	
	2020年12月31日	2019年12月31日
资产		
货币资金	5 404 293 060.29	3 459 757 008.22
金融投资：		
交易性金融资产	5 672 684 022.50	5 630 056 719.63
债权投资	1 826 985 267.29	320 984 284.77
长期股权投资	2 202 914 098.04	3 852 577 400.71
固定资产	35 011 343.98	34 397 845.51
使用权资产	39 391 423.58	34 379 122.20
无形资产	61 269 288.04	59 309 763.80
递延所得税资产	728 076 148.58	648 917 738.80
其他资产	187 502 793.02	181 014 716.33
资产总计	16 158 127 445.32	14 221 394 599.97
负债		
合同负债	2 819 410 136.83	2 347 537 617.43
应付职工薪酬	118 552 823.54	104 840 177.46
应交税费	753 464 296.59	914 497 131.22

续表

项目	公司	
	2020 年 12 月 31 日	2019 年 12 月 31 日
租赁负债	42 056 470. 78	35 974 168. 17
其他负债	2 612 967 518. 35	1 761 587 759. 70
负债合计	6 346 451 246. 09	5 164 436 853. 98
所有者权益		
实收资本	5 000 000 000. 00	5 000 000 000. 00
资本公积	15 563 200. 00	15 563 200. 00
盈余公积	1 114 847 517. 38	1 014 255 672. 06
一般风险准备	1 581 253 363. 04	1 468 997 578. 11
未分配利润	2 100 012 118. 81	1 558 141 295. 82
所有者权益合计	9 811 676 199. 23	9 056 957 745. 99
负债和所有者权益总计	16 158 127 445. 32	14 221 394 599. 97

法定代表人：马永红　　主管会计工作负责人：李正斌　　会计机构负责人：马笑薇

5. 1. 3　利润和利润分配表

公司及合并利润表

编制单位：中铁信托有限责任公司　　2020 年 12 月 31 日止年度　　单位：元

项目	合并	
	2020 年度	2019 年度
一、营业收入		
利息净（支出）/收入	（185 504 782. 16）	83 461 217. 72
利息收入	183 629 713. 42	382 154 938. 23
利息支出	（369 134 495. 58）	（298 693 720. 51）
手续费及佣金净收入	1 967 024 292. 00	1 419 411 110. 56
手续费及佣金收入	1 978 277 825. 62	1 429 651 585. 62
手续费及佣金支出	（11 253 533. 62）	（10 240 475. 06）
投资收益	335 038 529. 84	436 299 919. 47
其中：对联营企业的投资损益	853 113. 09	（1 391 034. 05）
公允价值变动损益	145 399 004. 38	321 005 621. 91
其他业务收入	1 873 495. 97	4 356 865. 81
合计	2 263 830 540. 03	2 264 534 735. 47
二、营业支出		
税金及附加	（17 379 563. 94）	（12 991 368. 08）
业务及管理费	（664 573 557. 41）	（494 068 333. 36）
研发费用	（2 999 821. 97）	（2 675 264. 15）
信用减值损失	（83 590 512. 48）	（433 554 651. 07）
其他业务成本	（1 071 053. 28）	（1 071 053. 28）
合计	（769 614 509. 08）	（944 360 669. 94）
三、资产处置损益	23 063. 43	12 259 719. 76
四、其他收益	2 281 063. 12	54 354. 00
五、营业利润	1 496 520 157. 50	1 332 488 139. 29
加：营业外收入	286 619. 84	277 671. 92
减：营业外支出	（1 730 322. 74）	27 352 588. 26
六、利润总额	1 495 076 454. 60	1 360 118 399. 47
减：所得税费用	（361 509 565. 41）	（328 494 230. 03）
七、净利润	1 133 566 889. 19	1 031 624 169. 44
归属于母公司所有者的净利润	1 102 846 786. 39	1 017 974 638. 88
少数股东损益	30 720 102. 80	13 649 530. 56

续表

项目	合并	
	2020 年度	2019 年度
八、其他综合收益的税后净额	—	
九、综合收益总额	1 133 566 889. 19	1 0[illegible]1 624 169. 44
归属于母公司所有者的综合收益总额	1 102 846 786. 39	1 0[illegible] 974 638. 88
归属于少数股东的综合收益总额	30 720 102. 80	[illegible] 649 530. 56

公司及合并利润表（续）

编制单位：中铁信托有限责任公司　　2020 年 12 月 31 日止年度　　单位：元

项目	公司	
	2020 年度	2019 年度
一、营业收入		
利息净收入	9 847 398. 13	4[illegible]43 978. 90
利息收入	81 563 136. 39	11[illegible]46 167. 22
利息支出	（71 715 738. 26）	（6[illegible]02 188. 32）
手续费及佣金净收入	1 524 563 554. 98	1 16[illegible]15 243. 77
手续费及佣金收入	1 535 817 088. 60	1 17[illegible]55 718. 83
手续费及佣金支出	（11 253 533. 62）	（1[illegible]40 475. 06）
投资收益	361 686 305. 33	41[illegible]02 059. 61
其中：对联营企业的投资损益	853 113. 09	（[illegible]91 034. 05）
公允价值变动损益	92 372 960. 83	19[illegible]44 858. 04
其他业务收入	1 648 491. 27	[illegible]93 228. 55
合计	1 990 118 710. 54	1 82[illegible]99 368. 87
二、营业支出		
税金及附加	（14 258 689. 29）	（1[illegible]87 228. 87）
业务及管理费	（245 797 915. 03）	（22[illegible]32 947. 58）
研发费用	（2 999 821. 97）	（[illegible]75 264. 15）
信用减值损失	（220 558 684. 16）	48[illegible]37 504. 16
资产减值损失	（99 028 573. 15）	（16[illegible]0 583. 87）
合计	（582 643 683. 60）	（35[illegible]58 520. 31）
三、资产处置损益	23 063. 43	1[illegible]59 719. 76
四、营业利润	1 407 498 090. 37	1 48[illegible]0 568. 32
加：营业外收入	285 170. 19	[illegible]7 670. 98
减：营业外支出	（80 513 251. 97）	（38[illegible]7 369. 46）
五、利润总额	1 327 270 008. 59	1 10[illegible]0 869. 84
减：所得税费用	（321 351 555. 35）	（26[illegible] 7 812. 00）
六、净利润	1 005 918 453. 24	83[illegible]3 057. 84
七、其他综合收益的税后净额	—	—
八、综合收益总额	1 005 918 453. 24	83[illegible]3 057. 84

法定代表人：马永红　　主管会计工作负责人：李正斌　　会计机构负责人：马笑薇

5. 1. 4　公司及合并现金流量表

公司及合并现金流量表

编制单位：中铁信托有限责任公司　　2020 年 12 月 31 日止年度　　单位：元

项目	合并	
	2020 年度	2019 年度
经营活动产生的现金流量	—	—
收到咨询费和手续费取得的现金	1 997 876 775. 70	1 2[illegible]19 605. 71
收到基金管理费取得的现金	475 669 135. 90	2[illegible]74 195. 20
收到贷款利息取得的现金	87 214 754. 27	2[illegible]67 867. 15
收到金融企业往来利息取得的现金	82 631 890. 55	8[illegible]41 845. 84
客户贷款及垫款净减少额	—	41[illegible]27 534. 39
债权投资净减少额	—	34[illegible]70 000. 00

续表

项目	合并	
	2020 年度	2019 年度
收到其他与经营活动有关的现金	1 927 816 258. 44	944 492 185. 98
经营活动现金流入小计	4 571 208 814. 86	3 552 493 234. 27
支付利息、手续费及佣金的现金	(207 983 974. 60)	(245 435 618. 36)
支付给职工以及为职工支付的现金	(299 687 200. 15)	(305 441 181. 80)
支付的各项税费	(1 386 668 904. 06)	(1 015 777 233. 68)
客户贷款及垫款净增加额	(619 966 993. 13)	—
债权投资净增加额	(62 453 379. 73)	—
支付其他与经营活动有关的现金	(1 321 492 895. 79)	(725 070 056. 40)
经营活动现金流出小计	(3 898 253 347. 46)	(2 291 724 090. 24)
经营活动产生的现金流量净额	672 955 467. 40	1 260 769 144. 03
投资活动产生的现金流量	—	—
收回投资收到的现金	5 690 019 849. 91	3 967 682 365. 81
取得投资收益收到的现金	446 518 669. 67	620 603 218. 04
处置固定资产、无形资产和其他长期资产收回的现金净额	56 500. 00	—
投资活动现金流入小计	6 136 595 019. 58	4 588 285 583. 85
投资支付的现金	(6 175 956 956. 97)	(4 477 295 175. 74)
购建固定资产、无形资产和其他长期资产支付的现金	(20 215 160. 01)	(15 434 049. 48)
投资活动现金流出小计	(6 196 172 116. 98)	(4 492 729 225. 22)
投资活动产生的现金流量净额	(59 577 097. 40)	95 556 358. 63
筹资活动产生的现金流量		
借款所收到的现金	7 663 000 000. 00	2 111 000 000. 00
筹资活动现金流入小计	7 663 000 000. 00	2 111 000 000. 00
偿还债务所支付的现金	(7 130 000 000. 00)	(2 171 000 000. 00)
分配股利、利润或偿付利息支付的现金	(317 936 594. 39)	(440 086 089. 45)
其中：子公司支付给少数股东的股利	—	—
支付的其他与筹资活动有关的现金	(31 418 289. 33)	(28 766 536. 87)
筹资活动现金流出小计	(7 479 354 883. 72)	(2 639 852 626. 32)
筹资活动产生的现金流量净额	183 645 116. 28	(528 852 626. 32)
现金及现金等价物的变动净额	797 023 486. 28	827 472 876. 34
加：年初现金及现金等价物余额	2 957 694 412. 27	2 130 221 535. 93
年末现金及现金等价物余额	3 754 717 898. 55	2 957 694 412. 27

公司及合并现金流量表(续)

编制单位：中铁信托有限责任公司　　2020 年 12 月 31 日止年度　　单位：元

项目	公司	
	2020 年度	2019 年度
经营活动产生的现金流量	—	—
收到咨询费和手续费取得的现金	1 988 454 524. 49	1 369 081 925. 39
收到金融企业往来利息取得的现金	81 563 136. 39	75 937 002. 12
收到其他与经营活动有关的现金	1 900 717 060. 54	937 504 640. 37
经营活动现金流入小计	3 970 734 721. 42	2 382 523 567. 88
支付利息、手续费及佣金的现金	(11 253 533. 62)	(10 144 086. 17)
支付给职工以及为职工支付的现金	(177 638 137. 53)	(177 723 174. 62)
支付的各项税费	(1 322 380 081. 47)	(981 038 568. 75)
支付其他与经营活动有关的现金	(1 046 837 923. 47)	(574 232 962. 25)
经营活动现金流出小计	(2 558 109 676. 09)	(1 743 138 791. 79)
经营活动产生的现金流量净额	1 412 625 045. 33	639 384 776. 09
投资活动产生的现金流量	—	—
收回投资收到的现金	5 722 191 486. 08	3 417 475 814. 48
取得投资收益收到的现金	466 729 592. 39	562 599 282. 82
处置固定资产、无形资产和其他长期资产收回的现金净额	56 500. 00	—
投资活动现金流入小计	6 188 977 578. 47	3 980 075 097. 30
投资支付的现金	(6 940 205 494. 78)	(3 140 819 459. 40)
购建固定资产、无形资产和其他长期资产支付的现金	(16 630 700. 49)	(13 682 357. 68)
投资活动现金流出小计	(6 956 836 195. 27)	(3 154 501 817. 08)
投资活动产生的现金流量净额	(767 858 616. 80)	825 573 280. 22
筹资活动产生的现金流量	—	—
借款所收到的现金	7 663 000 000. 00	2 111 000 000. 00
筹资活动现金流入小计	7 663 000 000. 00	2 111 000 000. 00
偿还债务所支付的现金	(7 130 000 000. 00)	(2 171 000 000. 00)
分配股利、利润或偿付利息支付的现金	(317 936 594. 39)	(440 086 089. 45)
支付的其他与筹资活动有关的现金	(11 293 782. 07)	(9 923 608. 58)
筹资活动现金流出小计	(7 459 230 376. 46)	(2 621 009 698. 03)
筹资活动产生的现金流量净额	203 769 623. 54	(510 009 698. 03)
现金及现金等价物的变动净额	848 536 052. 07	954 948 358. 28
加：年初现金及现金等价物余额	2 710 757 008. 22	1 755 808 649. 94
年末现金及现金等价物余额	3 559 293 060. 29	2 710 757 008. 22

法定代表人：马永红　　主管会计工作负责人：李正斌　　会计机构负责人：马笑薇

5.1.5 所有者权益变动表

所有者权益变动表(合并)

编制单位：中铁信托有限责任公司　　2020 年 12 月 31 日止年度　　单位：元

项目	归属于母公司所有者权益					少数股东权益	合计
	实收资本	资本公积	盈余公积	一般风险准备	未分配利润		
一、2019 年 12 月 31 日余额	5 000 000 000. 00	15 563 200. 00	1 012 619 319. 86	1 772 956 413. 16	1 735 527 509. 54	219 912 236. 07	9 756 578 678. 63
二、本年增减变动金额	—	—	—	—	—	—	—
(一)净利润	—	—	—	1 102 846 786. 39	30 720 102. 80	1 133 566 889. 19	—
(二)其他综合收益	—	—	—	—	—	—	—
综合收益总额	—	—	—	—	1 102 846 786. 39	30 720 102. 80	1 133 566 889. 19
(三)利润分配	—	—	—	—	—	—	—
1. 提取盈余公积	—	—	100 591 845. 32	—	(100 591 845. 32)	—	—
2. 提取信托赔偿准备金	—	—	—	100 591 845. 32	(100 591 845. 32)	—	—

续表

项目	归属于母公司所有者权益					少数股东权益	合计
	实收资本	资本公积	盈余公积	一般风险准备	未分配利润		
3. 提取风险准备金	—	—	—	46 411 122. 82	(46 411 122. 82)	—	—
4. 对股东的分配	—	—	—	—	(251 200 000. 00)	—	([illegible] 200 000. 00)
三、2020 年 12 月 31 日余额	5 000 000 000. 00	15 563 200. 00	1 113 211 165. 18	1 919 959 381. 30	2 339 579 482. 47	250 632 338. 87	10 [illegible] 945 567. 82

所有者权益变动表（合并）（续）

编制单位：中铁信托有限责任公司　　2020 年 12 月 31 日止年度　　单位：元

项目	归属于母公司所有者权益					少数股东权益	合计
	实收资本	资本公积	盈余公积	一般风险准备	未分配利润		
一、2018 年 12 月 31 日余额	5 000 000 000. 00	15 563 200. 00	928 943 014. 08	1 676 168 244. 17	1 282 877 345. 43	206 262 705. 51	9 [illegible] 814 509. 19
会计政策变更	—	—	—	—	—	—	—
二、2019 年 1 月 1 日余额	5 000 000 000. 00	15 563 200. 00	928 943 014. 08	1 676 168 244. 17	1 282 877 345. 43	206 262 705. 51	9 [illegible] 814 509. 19
三、本年增减变动金额	—	—	—	—	—	—	—
（一）净利润	—	—	—	—	1 017 974 638. 88	13 649 530. 56	1 [illegible] 624 169. 44
（二）其他综合收益	—	—	—	—	—	—	—
综合收益总额	—	—	—		1 017 974 638. 88	13 649 530. 56	1 [illegible] 624 169. 44
（三）利润分配	—	—	—	—	—	—	—
1. 提取盈余公积	—	—	83 676 305. 78	—	(83 676 305. 78)	—	—
2. 提取信托赔偿准备金	—	—	—	83 676 305. 78	(83 676 305. 78)	—	—
3. 提取风险准备金	—	—	—	13 111 863. 21	(13 111 863. 21)	—	—
4. 对股东的分配	—	—	—	—	(384 860 000. 00)	—	([illegible] 860 000. 00)
四、2019 年 12 月 31 日余额	5 000 000 000. 00	15 563 200. 00	1 012 619 319. 86	1 772 956 413. 16	1 735 527 509. 54	219 912 236. 07	9 [illegible] 578 678. 63

所有者权益变动表（公司）

编制单位：中铁信托有限责任公司　　2020 年度　　单位：元

项目	实收资本	资本公积	盈余公积	一般风险准备	未分配利润	合计
一、2019 年 12 月 31 日余额	5 000 000 000. 00	15 563 200. 00	1 014 255 672. 06	1 468 997 578. 11	1 558 141 295. 82	9 056 [illegible] 745. 99
二、本年增减变动金额	—	—	—	—	—	—
（一）净利润	—	—	—	—	1 005 918 453. 24	1 005 [illegible] 453. 24
（二）其他综合收益	—	—	—	—	—	—
综合收益总额	—	—	—	—	1 005 918 453. 24	1 005 [illegible] 453. 24
（三）利润分配	—	—	—	—	—	—
1. 提取盈余公积	—	—	100 591 845. 32	—	(100 591 845. 32)	—
2. 提取信托赔偿准备金	—	—	—	100 591 845. 32	(100 591 845. 32)	—
3. 提取风险准备金	—	—	—	11 663 939. 61	(11 663 939. 61)	—
4. 对股东的分配	—	—	—	—	(251 200 000. 00)	(251 [illegible] 000. 00)
三、2020 年 12 月 31 日余额	5 000 000 000. 00	15 563 200. 00	1 114 847 517. 38	1 581 253 363. 04	2 100 012 118. 81	9 811 [illegible] 199. 23

所有者权益变动表（公司）（续）

编制单位：中铁信托有限责任公司　　2020 年度　　单位：元

项目	实收资本	资本公积	盈余公积	一般风险准备	未分配利润	合计
一、2018 年 12 月 31 日余额	5 000 000 000. 00	15 563 200. 00	930 579 366. 28	1 387 386 905. 11	1 271 525 216. 76	8 605 [illegible] 688. 15
会计政策变更	—	—	—	—	—	—
二、2019 年 1 月 1 日余额	5 000 000 000. 00	15 563 200. 00	930 579 366. 28	1 387 386 905. 11	1 271 525 216. 76	8 605 [illegible] 688. 15
三、本年增减变动金额	—	—	—	—	—	—
（一）净利润	—	—	—	—	836 763 057. 84	836 [illegible] 057. 84
（二）其他综合收益	—	—	—	—	—	—
综合收益总额	—	—	—	—	836 763 057. 84	836 [illegible] 057. 84
（三）利润分配	—	—	—	—	—	—
1. 提取盈余公积	—	—	83 676 305. 78	—	(83 676 305. 78)	—
2. 提取信托赔偿准备金	—	—	—	83 676 305. 78	(83 676 305. 78)	—
3. 提取风险准备金	—	—	—	(2 065 632. 78)	2 065 632. 78	—
4. 对股东的分配	—	—	—	—	(384 860 000. 00)	(384 8[illegible]000. 00)
四、2019 年 12 月 31 日余额	5 000 000 000. 00	15 563 200. 00	1 014 255 672. 06	1 468 997 578. 11	1 558 141 295. 82	9 056 9[illegible] 745. 99

法定代表人：马永红　　主管会计工作负责人：李正斌　　会计机构负责人：马笑薇

5.2 信托资产

5.2.1 信托项目资产负债汇总表

信托项目资产负债汇总表

编制单位：中铁信托有限责任公司　　2020年12月31日　　单位：万元

信托资产	期初数	期末数	信托负债和信托权益	期初数	期末数
信托资产			信托负债		
货币资金	489 698	244 446	应付受托人报酬	—	—
拆出资金	—	—	应付保管费	—	—
交易性金融资产	12 649	12 863	应付受益人收益	—	—
买入返售金融资产	150 000	—	其他应付款项	123 473	1 495 430
应收款项	10 572 395	4 992 688	应交税费	—	2 760
发放贷款	17 363 446	15 479 071	应付销售服务费	—	—
可供出售金融资产	9 365 438	7 355 694	其他负债	—	—
持有至到期投资	568 982	250 995	信托负债合计	123 473	1 498 190
长期应收款	—	—			
长期股权投资	3 674 714	4 199 789	信托权益		
固定资产	—	—	实收信托	42 009 176	30 995 466
无形资产	—	—	资本公积	—	—
长期待摊费用	—	—	未分配利润	408 764	101 100
其他资产	344 091	59 210	信托权益合计	42 417 940	31 096 566
信托资产总计	42 541 413	32 594 756	信托负债及信托权益总计	42 541 413	32 594 756

法人代表：马永红　　信托财务部负责人：马东开　　制表：郭磊，吕大

注：非上市公司报表，暂未采用新金融工具准则与新金融企业财务报表格式。

5.2.2 信托项目利润及利润分配汇总表

信托项目利润及利润分配表

编制单位：中铁信托有限责任公司　　2020年度　　单位：万元

项目	本期数	上期数
一、营业收入	2 087 124	2 387 888
利息收入	1 079 931	1 172 293
投资收益	758 812	983 525
公允价值变动收益	1 197	292
其他收入	247 184	231 778
二、营业支出	302 133	183 378
三、扣除资产减值准备前的信托利润	1 784 991	2 204 510
减：资产减值损失	—	—
四、扣除资产减值准备后的信托利润	1 784 991	2 204 510
五、损益平准金	—	—
六、综合收益	1 784 991	2 204 510
加：期初未分配利润	408 765	422 537
七、可供分配的信托利润	2 193 756	2 627 047
减：本期已分配信托利润	2 092 656	2 218 282
七、期末未分配信托利润	101 100	408 765

法人代表：马永红　　信托财务部负责人：马东开　　制表：曹庭瑜

注：非上市公司报表，暂未采用新金融工具准则与新金融企业财务报表格式。

6. 会计报表附注

6.1 简要说明报告年度会计报表编制基准、会计政策、会计估计和核算方法发生的变化

报告期内，公司无会计政策、报表编制基础、会计估计和核算方法的变化。

6.2 或有事项说明

报告期内，本公司无重大的担保事项及需要说明的或有事项。

6.3 重要资产转让及其出售的说明

报告期内，本公司无重要资产转让及出售事宜。

6.4 会计报表中重要项目的明细资料

6.4.1 自营资产经营情况

6.4.1.1 按信用风险五级分类结果披露信用风险资产的期初数、期末数

信用风险资产五级分类	正常类（万元）	关注类（万元）	次级类（万元）	可疑类（万元）	损失类（万元）	信用风险资产合计（万元）	不良资产合计（万元）	不良资产率（%）
期初数	1 504 054	2 711	—	—	—	1 506 765	—	—
期末数	1 589 315	33 127	100 932	—	—	1 723 373	100 932	5.85

注：不良资产合计＝次级类＋可疑类＋损失类。

6.4.1.2 各项资产减值损失准备的期初数、本期计提、本期转回、本期核销、期末数；贷款的一般准备、专项准备和其他资产减值准备应分别披露

单位：万元

项目	期初数	本期计提	本期转回	本期核销	期末数
贷款损失准备	—	—	—	—	—
一般准备	—	—	—	—	—

续表

项目	期初数	本期计提	本期转回	本期核销	期末数
专项准备	—	—	—	—	—
其他资产减值准备	28 501	27 578	4 323	—	51 756
可供出售金融资产减值准备	—	—	—	—	—
持有至到期投资减值准备	—	—	—	—	—
长期股权投资减值准备(并表结构化主体)	103 407	9 903	—	—	113 310
坏账准备	34 327	—	1 200	—	33 127
投资性房地产减值准备	—	—	—	—	—

6.4.1.3 自营股票投资、基金投资、债券投资、股权投资等投资业务的期初数、期末数

单位:万元

项目	自营股票	基金	债券	长期股权投资
期初数	94 570	30 209	—	97 901
期末数	118 125	20 669	—	98 917

6.4.1.4 按投资入股金额排序,前五名的自营长期股权投资的企业名称、占被投资企业权益的比例、主要经营活动及投资收益情况等(从大到小顺序排列)

企业名称	占被投资企业权益的比例(%)	主要经营活动	投资收益(万元)
1. 中国信托业保障基金有限责任公司	4. 35	其他金融业	2 750
2. 宝盈基金管理有限公司	75	基金管理	—
3. 富滇银行股份有限公司	0. 8	银行金融业	—
4. 上海中胜达资产管理公司	30	资本投资	85

6.4.1.5 前五名的自营贷款的企业名称、占贷款总额的比例和还款情况等(从大到小顺序排列)

无。

6.4.1.6 表外业务的期初数、期末数,按照代理业务、担保业务和其他类型表外业务分别披露

单位:万元

表外业务	期初数	期末数
担保业务	—	—
代理业务(委托业务)	3 626	3 626
其他	—	—
合计	3 626	3 626

6.4.1.7 公司当年的收入结构

收入结构	金额(万元)	占比(%)
手续费及佣金收入	153 582	77. 53
利息收入	8 156	4. 12
其他业务收入	165	0. 08
投资收益	36 169	18. 26
营业外收入	29	0. 01
收入合计	198 101	100. 00

6.4.2 信托资产管理情况

6.4.2.1 信托资产的期初数、期末数

单位:万元

信托资产	期初数	期末数
集合	12 884 818	[illegible]8 589
单一	17 803 527	15 [illegible]0 101
财产权	11 853 068	[illegible]6 066
合计	42 541 413	3[illegible]4 756

6.4.2.1.1 主动管理型信托业务期初数、期末数,按照证券投资类、股权投资类、融资类、事务管理类分别披露

单位:万元

主动管理型信托资产	期初数	期末数
证券投资类	2 661	[illegible]863
股权投资类	832 317	2 [illegible]874
其他投资类	9 716 997	8 [illegible]110
融资类	5 724 312	4 [illegible]940
事务管理类	—	—
合计	16 276 287	15 [illegible]787

6.4.2.1.2 被动管理型信托业务期初数、期末数,按照证券投资类、股权投资类、融资类、事务管理类分别披露

单位:万元

被动管理型信托资产	期初数	期末数
证券投资类	—	—
股权投资类	—	—
其他投资类	—	—
融资类	—	—
事务管理类	26 265 126	1[illegible]27 969
合计	26 265 126	1[illegible]27 969

6.4.2.2 本年度已清算结束的信托项目个数、实收信托合计金额、加权平均实际年化收益率

6.4.2.2.1 本年度已清算结束的集合类、单一类资金信托项目和财产管理类信托项目个数、实收信托合计金额、加权平均实际年化收益率

已清算结束的信托项目	项目个数(个)	实收信托合计金额(万元	加权平均实际年化收益率(%)
集合类	554	7 309 850	5. 90
单一类	219	9 800 395	[illegible]. 08
财产管理类	75	8 093 883	2. 44

6.4.2.2.2 本年度已清算结束的主动管理型信托项目个数、实收信托合计金额、加权平均实际年化收益率,按照证券投资类、股权投资类、融资类、事务管理类分别披露

已清算结束的信托项目	项目个数(个)	实收信托合计金额(万元)	加权平均实际年化信托报酬率(%)	加权平均实际年化收益率(%)
证券投资类	—	—	—	—
股权投资类	10	328 233	2. 86	6. 83
其他投资类	176	5 931 214	0. 07	1. 27
融资类	392	3 301 914	1. 39	7. 19
事务管理类	—	—	—	—

6.4.2.2.3 本年度已清算结束的被动管理型信托项目个数、实收信托合计金额、加权平均实际年化信托报酬率、加权平均实际年化收益率，按照证券投资、股权投资、融资、事务管理类分别披露

已清算结束的信托项目	项目个数（个）	实收信托合计金额（万元）	加权平均实际年化信托报酬率（%）	加权平均实际年化收益率（%）
证券投资类	—	—	—	—
股权投资类	—	—	—	—
其他投资类	—	—	—	—
融资类	—	—	—	—
事务管理类	270	15 642 767	0.16	5.55

6.4.2.3 本年度新增的集合类、单一类和财产管理类信托项目个数、实收信托合计金额

新增信托项目	项目个数（个）	实收信托合计金额（万元）
集合类	210	6 089 921
单一类	152	9 607 888
财产管理类	31	4 118 596
新增合计	393	19 816 405
其中：主动管理型	268	10 284 663
被动管理型	125	9 531 742

6.4.2.4 本公司履行受托人义务情况及因本公司自身责任而导致的信托资产损失情况（合计金额、原因等）

本公司遵守信托法和信托文件对受托人义务的规定，为受益人的最大利益处理信托事务。管理信托财产时，恪尽职守，履行诚实、信用、谨慎、有效管理的义务，没有因本公司自身责任而导致的信托资产损失情况。

6.5 关联方关系及其交易的披露

6.5.1 关联交易方的数量、关联交易的总金额及关联交易的定价政策

项目	关联交易方数量（个）	关联交易金额（万元）	定价政策
合计	14	336 736.00	按市场公允价格定价

6.5.2 关联交易方与本公司的关系性质、关联交易方的名称、法定代表人、注册地址、注册资本及主营业务等

关系性质	关联方名称	法定代表人	注册地址	注册资本（万元）	主营业务
控股股东	中国中铁股份有限公司	陈云	北京市海淀区复兴路69号中国中铁广场	2 457 092.93	基建建设、勘察设计与咨询服务、工程设备和零部件制造、房地产开发以及其他业务。
控股股东的子公司	成都中铁天圆房地产有限公司	朱健	中国（四川）自由贸易试验区成都市天府新区宁波路东段377号1栋5层11号	5 000.00	房地产开发、物业管理、房屋租赁、土地整理。
控股子公司	宝盈基金管理有限公司	马永红	深圳市福田区深圳特区报业大厦第15层	10 000.00	发起设立基金，基金管理业务。
控股股东的子公司	中铁建工集团有限公司	张建喜	北京市丰台区南四环西路128号诺德中心1号楼	640 000.00	基建建设、房地产开发与经营、工程设备和零部件制造等。
控股股东的子公司	中铁高新工业股份有限公司	易铁军	北京市丰台区汽车博物馆东路1号院3号楼43层4301	222 155.15	道岔、钢结构制造与安装、隧道施工设备、工程施工机械等装备的研发、制造和配套服务。
控股股东的子公司	中铁南方投资集团有限公司	赵勇	深圳市南山区中心路3333号中铁大厦	500 000.00	项目投资、建设项目管理、基础设施建设、房地产开发、设计咨询、工程咨询、股权投资及其他业务。
控股股东的子公司	中铁一局集团有限公司	马海民	陕西省西安市碑林区雁塔北路1号	615 200.00	基建建设及其他业务。
控股股东的子公司	中铁五局集团有限公司	徐中义	贵州省贵阳市云岩区枣山路23号	561 515.15	基建建设及其他业务。
控股股东的子公司	中铁二局集团有限公司	汪海旺	成都市金牛区通锦路16号	826 382.26	基建建设、房地产开发以及其他业务。
控股股东的子公司	中铁四局集团有限公司	李新生	安徽省合肥市包河区望江东路96号	714 621.94	基建建设及其他业务。
控股股东的子公司	中铁崇州市政工程有限公司	朱建祥	四川省崇州市崇阳街道永安中路19号4栋5层1号	3 000.00	项目投资，设计咨询工程管理及服务，建筑安装工程。
控股股东的子公司	中铁城市发展投资集团有限公司	黄天德	四川省成都市天府新区宁波路东段377号中铁卓越中心	500 000.00	项目投资，建设项目管理及运营及其他业务。
控股股东的子公司	中铁十局集团有限公司	李学民	山东省济南市高新技术产业开发区舜泰广场7号楼	380 000.00	承包国外工程项目，铁路工程、房屋建筑工程，房屋租赁，物业管理及其他业务。
控股股东的子公司	中铁隧道局集团有限公司	于保林	广州市南沙区明珠湾起步区工业四路西侧自编2号（仅限办公用途）（自主申报）（MZ）	299 768.82	基建建设及其他业务。

6.5.3 本公司与关联方的重大交易事项

6.5.3.1 固有与关联方交易情况：贷款、投资、租赁、应收账款、担保、其他方式等期初汇总数、本期借方和贷方发生额汇总数、期末汇总数

单位：万元

固有与关联方关联交易				
项目	期初数	借方发生额	贷方发生额	期末数
贷款	—	—	—	—
投资	10 000.00	—	10 000.00	20 000.00
租赁	—	—	—	—
担保	—	—	—	—
应收款项	—	—	—	—
其他	—	—	—	—
合计	10 000.00	—	10 000.00	20 000.00

6.5.3.2 信托与关联方交易情况：贷款、投资、租赁、应收账款、担保、其他方式等期初汇总数、本期借方和贷方发生额汇总数、期末汇总数

单位：万元

信托与关联方关联交易				
项目	期初数	借方发生额	贷方发生额	期末数
贷款	64 000.00	—	26 000.00	90 000.00
投资	254 436.00	58 600.00	30 900.00	226 736.00
租赁	—	—	—	—
担保	—	—	—	—
应收款项	—	—	—	—
其他	—	—	—	—
合计	318 436.00	58 600.00	56 900.00	316 736.00

6.5.3.3 信托公司自有资金运用于自己管理的信托项目（固信交易）、信托公司管理的信托项目之间的相互（信信交易）交易金额，包括余额和本报告年度的发生额

6.5.3.3.1 固有与信托财产之间的交易金额期初汇总数、本期发生额汇总数、期末汇总数

单位：万元

固有财产与信托财产相互交易			
项目	期初数	本期发生额	期末数
合计	—	—	—

6.5.3.3.2 信托项目间的交易金额期初汇总数、本期发生额汇总数、期末汇总数

单位：万元

信托资产与信托财产相互交易			
项目	期初数	本期发生额	期末数
合计	—	—	—

6.5.4 关联方逾期未偿还本公司资金的详细情况以及本公司为关联方担保发生或即将发生垫款的详细情况

无。

6.6 会计制度的披露

本财务报表按照财政部于 2006 年 2 月 15 日及以后期间颁布的《企业会计准则——基本准则》、各项具体会计准则及相关规定（合称企业会计准则）编制。

7. 财务情况说明书

7.1 利润实现和分配情况

2019 年末，母公司未分配利润为 155 814 万元，2020 年实现净利润 100 591 万元，按规定计提法定盈余公积 10 059 万元、一般风险准备金 1 166 万元、信托赔偿准备金 10 059 万元，分配股利 25 120万元。综上，2020 年末，母公司未分配利润为 210 001 万元。

2019 年末，公司合并未分配利润为 173 552 万元，2020 年公司合并实现净利润 113 357 万元，其中实现合并归属母公司净利润为 110 285 万元，按规定计提盈余公积 10 059 万元、一般风险准备金 4 641万元、信托赔偿准备金 10 059 万元，分配股利 25 120 万元。2020 年末，公司合并未分配利润为 233 958 万元。

7.2 主要财务指标

指标名称	指标值
资本利润率（%）	10.66
加权年化信托报酬率（%）	0.29
人均净利润（万元）	361

7.3 对本公司财务状况、经营成果有重大影响的其他事项

报告期内，公司未发生对财务状况、经营成果有重大影响的其他事项。

8. 特别事项揭示

8.1 前五名股东报告期内变动情况及原因

8.1.1 前五名股东变更

无。

8.1.2 控股股东变更

无。

8.2 董事、监事、高级管理人员变动情况及原因

8.2.1 董事变更

无。

8.2.2 监事变更

经公司第五届监事会第十一次会议审议通过，同意解义才不再担任公司第五届监事会监事长；经公司股东会 2020 年第二次会议审议通过，同意解义才不再担任公司第五届监事会监事。

经公司股东会 2020 年第二次会议选举，丁宁为公司第五届监事会监事；经公司第五届监事会第十二次会议选举，丁宁为公司第五届监事会监事长。

8.2.3 高级管理人员变更

经公司第五届董事会第十八次会议聘任，舒军华为公司董事会秘书。2020年12月，中国银保监会四川监管局核准舒军华中铁信托有限责任公司董事会秘书的任职资格。

经公司第五届董事会第三十九次会议聘任，李京为公司总经理助理。根据相关文件规定的同级任职监管核准规定，公司已于规定时间向中国银保监会四川监管局报送专项报告。

8.3 变更注册资本、变更注册地或公司名称、公司分立合并事项

本年度公司注册资本、注册地址、公司名称未发生变更，公司未发生分立合并事项。

8.4 公司的重大诉讼事项

本年度公司无新发生重大诉讼和被诉案件。

8.5 公司及其董事、监事和高级管理人员受到处罚的情况

报告期内，公司因违反审慎经营原则，受到中国银行保险监督管理委员会四川监管局罚款30万元的行政处罚。

报告期内，公司董事、监事和高级管理人员未受到处罚。

8.6 中国银保监会及其派出机构对公司检查后提出整改意见的整改情况说明

2020年1月，四川银保监局对公司进行了新一轮全面风险排查情况现场调查，提出了如下整改意见：一是加强风险管理，充分揭示各类业务风险情况，严格按照规定进行风险分类，全面真实反映风险状况。二是加强合规管理，强化重点领域业务管控，严格执行“资管新规”等各项监管规定。

2020年11月至2020年12月，四川银保监局对公司实施了新一轮房地产信托业务排查及风险管理有效性综合检查，要求进一步认真落实房地产信托监管要求。

报告期内，针对上述监管意见，公司高度重视，举一反三，认真做好整改：一是贯彻全面风险排查的监管意见，把风险防范化解作为当前首要工作来抓，成立了专项工作小组，层层压实责任，积极化解存量风险，并着力防范新的风险。二是强化合规管理，一方面，坚持以监管政策为导向，严格落实监管要求，不断健全完善合规经营长效机制，认真开展合规自查和警示教育，进一步健全教育、预警、防范、处置和追责一体化的风控合规体系，严守合规底线；另一方面，开展项目管理质量年活动，不断优化风控流程，从项目准入、尽职调查、可研报告、立项审查、项目评审、贷中放款、贷后管理、风险预警、风险化解等全过程着手，实现项目管理制度更加健全、流程管控更加严密、激励约束机制更加到位、技术手段更加科学，不断提高项目管理规范化、制度化、标准化和信息化水平。三是严格落实房地产信托监管要求，同时加快以本源业务为重点的创新步伐，积极优化业务结构，推动企业稳健持续发展。

8.7 本年度重大事项临时报告的简要内容、披露时间、所披露的媒体及其版面

公司于2020年4月27日在《证券时报》B003版和《上海证券报》51版进行了2019年年度报告摘要的公开信息披露。

8.8 本年度净资本管理情况

项　　目	期初余额	期末余额	监管标准
净资本（万元）	733 058.56	800 370.66	≥20 000
净资产（万元）	905 695.77	981 167.62	≥30 000
固有业务风险资本（万元）	117 932.28	111 601.40	—
信托业务风险资本（万元）	185 224.37	163 253.38	—
其他业务风险资本（万元）	—	—	—
各项业务风险资本之和（万元）	303 156.65	274 854.78	—
净资本/各项业务风险资本之和（%）	241.81	291.19	≥100
净资本/净资产（%）	80.94	81.57	≥40

8.9 中国银保监会及其省级派出机构认定的其他有必要让客户及相关利益人了解的重要信息

无。

9. 公司监事会意见

公司监事会认为，本报告期内，董事会运作规范、决策合理、程序合法；公司董事、高级管理人员能够认真执行董事会、股东会决议，忠实履行诚信勤勉义务，未发现公司董事、高级管理人员在执行公司职务时违反法律法规、公司章程或损害公司、股东、员工和信托受益人利益的行为；公司建立了较为完善的内部控制体系，并具有合法性、合理性和有效性；公司关联交易公平、公正，交易价格合理，未发现违规关联交易；公司财务报告真实地反映了公司财务状况和经营成果，聘请的会计师事务所出具的审计报告客观真实；公司严格执行信息披露相关规定，认真履行信息披露人的义务和责任，真实、准确、完整、及时地披露公司应披露的信息。

中信信托有限责任公司

1. 重要提示

1.1　本公司董事会及董事保证本报告所载资料不存在任何虚假记载、误导性陈述或者重大遗漏，并对其内容的真实性、准确性和完整性承担个别及连带责任。

1.2　本公司独立董事林义相、徐经长、张宏久对年度报告内容的真实性、准确性、完整性无异议。

1.3　本公司董事长刘正均、副董事长兼总经理李子民、主管会计工作的常务副总经理王道远保证年度报告中财务报告的真实和完整。

2. 公司概况

2.1　公司简介

2.1.1　公司历史沿革

中信信托有限责任公司是经原中国人民银行批准设立的非银行金融机构，成立于1988年3月1日，注册地为北京市。公司前身是中信兴业信托投资公司，2002年经中国人民银行批复，中信集团公司将中信兴业信托投资公司重组、改制、更名为中信信托投资有限责任公司，并承接中信集团公司信托类资产、负债及业务。2007年，根据中国银行业监督管理委员会《关于中信信托投资有限责任公司变更公司名称和业务范围的批复》，公司名称变更为中信信托有限责任公司。

公司于2005年、2006年、2014年、2019年分别增资2.92亿元、4亿元、88亿元、29.70亿元，目前公司注册资本为112.76亿元（其中外汇为2 300万美元）。

2.1.2　公司的法定名称

中文：中信信托有限责任公司（缩写中信信托）

英文：Citic Trust Co.，Ltd.

2.1.3　公司法定代表人：陈一松

2.1.4　公司注册地址：北京市朝阳区新源南路6号京城大厦

邮政编码：100004

公司互联网网址：https://www.citictrust.com.cn

公司电子信箱：citict@citictrust.com.cn

2.1.5　公司负责信息披露事务的高级管理人员：王道远

公司信息披露事务联系人：王珂

办公电话：8610-59902108

办公传真：8610-84861380

电子信箱：djb@citictrust.com.cn

2.1.6　公司选定的信息披露报纸：《金融时报》

2.1.7　年报备置地点：北京市朝阳区新源南路6号京城大厦13层

2.1.8　公司聘请的会计师事务所：信永中和会计师事务所（特殊普通合伙）

地址：北京市东城区朝阳门北大街8号富华大厦A座9层

2.1.9　公司聘请的律师事务所：北京市嘉源律师事务所

地址：北京市西城区复兴门内大街158号远洋大厦F407室

2.2　组织结构

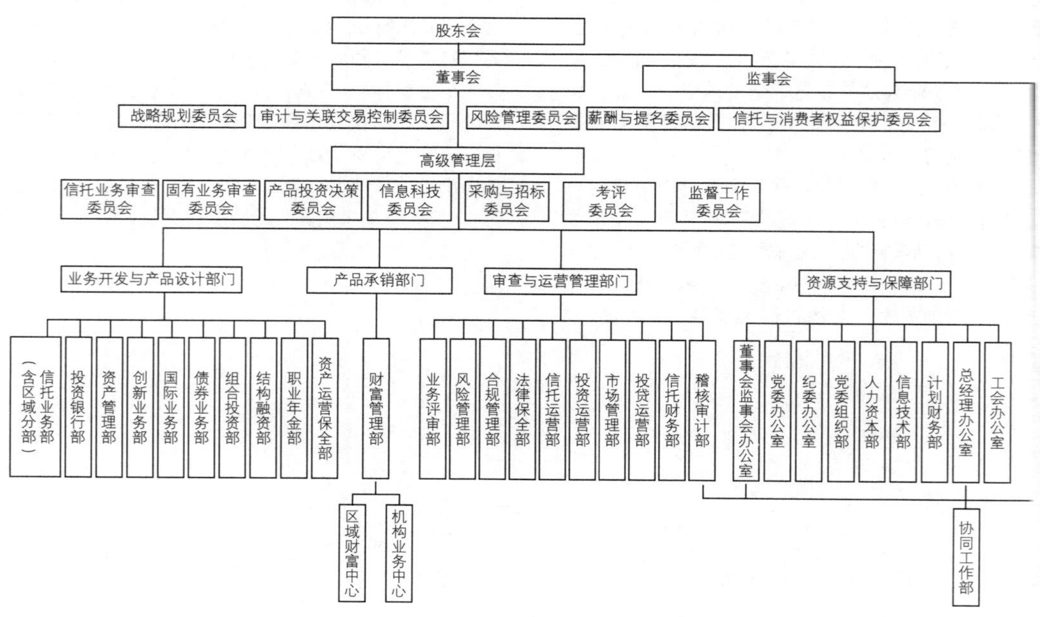

3. 公司治理

3.1 股东

股东总数为 2 家。

股东名称	持股比例(%)	法定代表人	注册资本(亿元)	注册地址	主要经营业务及主要财务情况
中国中信有限公司	82.26	朱鹤新	1 390.00	北京市朝阳区新源南路 6 号	金融、实业,2020 年末净资产为 7 304 亿元。
中信兴业投资集团有限公司	17.74	张坚	26.00	上海市虹口区四川北路 859 号 55 楼	实业投资与贸易,2020 年末净资产为 241 亿元。

注:中信兴业投资集团有限公司是中国中信有限公司的全资子公司。中国中信集团有限公司为本公司最终实际控制人。

3.2 董事、董事会及其下属委员会

董事长、董事

姓名	职务	性别	年龄(岁)	选任日期	所推举的股东名称	该股东持股比例(%)	简要履历
刘正均	董事长	男	55	2020 年 12 月	中国中信有限公司	82.26	南开大学经济学博士,1988 年 7 月参加工作,曾任审计署党组成员、法规司司长;现任中国中信集团有限公司副总经理,中国中信股份有限公司和中国中信有限公司副总经理,兼任中信信托董事长。
李子民	副董事长	男	49	2017 年 5 月	中国中信有限公司	82.26	中国科学院大学管理学博士,1994 年 7 月参加工作并入职本公司,历任部门总经理、业务总监、公司副总经理;现任职公司副董事长、总经理。
薄伟康	副董事长	男	50	2017 年 5 月	中国中信有限公司	82.26	中国人民大学经济学博士,1996 年 7 月参加工作,先后在农业部、国务院办公厅就职,2015 年 2 月入职本公司任公司副总经理;现任公司副董事长。
赵文海	董事	男	54	2019 年 3 月	中国中信有限公司	82.26	清华大学硕士,1989 年 7 月参加工作,先后在中国教育电子公司、中信公司、中国中信集团、中国中信集团有限公司任职;现任中国中信集团有限公司战略发展部副总经理。
王爱明	董事	男	53	2019 年 3 月	中国中信有限公司	82.26	中国人民大学硕士,1991 年 7 月参加工作,先后在中国华能集团、北海新力实业股份有限公司、中信公司、中国中信集团、中信和业投资有限公司、中信城市投资发展集团有限公司、中国中信集团有限公司任职;现任中国中信集团有限公司财务部副总经理。
张立	董事	女	48	2012 年 5 月	中信兴业投资集团有限公司	17.74	中央财经大学经济学硕士,1997 年 4 月参加工作,先后在中信证券公司、中信兴业投资集团有限公司就职;现任中信兴业投资集团有限公司副总经理。

独立董事

姓名	职务	性别	年龄(岁)	选任日期	所推举的股东名称	该股东持股比例(%)	简要履历
林义相	独立董事	男	56	2007 年 12 月	中国中信有限公司	82.26	法国巴黎第十大学应用宏观经济学博士,天相投资顾问有限公司董事长兼总经理。
徐经长	独立董事	男	55	2007 年 12 月	中国中信有限公司	82.26	中国人民大学经济学博士,中国人民大学商学院教授、博士生导师。
张宏久	独立董事	男	66	2016 年 6 月	中国中信有限公司	82.26	北京大学法学硕士,北京市竞天公诚律师事务所合伙人。

董事会下属专门委员会

董事会下属专门委员会名称	职责	组成人员姓名	职务
战略规划委员会	负责拟定公司中长期发展战略规划,审阅公司年度经营计划,增加或减少注册资本的方案,对公司合并、分立、解散、清算和变更组织形式的方案进行研究,并依据内外部发展状况对上述问题予以调整和完善等。	刘正均	主任委员
		赵文海	委员
		徐经长	委员
		王爱明	委员
审计与关联交易控制委员会	负责拟定内部控制流程;审核和监督内部审计年度计划的制定和执行,评估审计结果,并提出改进建议等;负责关联交易的管理,及时审查和批准关联交易,控制关联交易风险等。	徐经长	主任委员
		张宏久	委员
		张　立	委员
风险管理委员会	负责拟定风险管理战略、风险管理政策和内部控制原则,监督风险管理和内部控制系统的健全性、合理性和执行的有效性,指导公司全面风险管理和内部控制工作。	赵文海	主任委员
		林义相	委员
		李子民	委员
薪酬与提名委员会	负责拟定董事、高级管理人员、员工的薪酬、福利和其他激励计划,并监督方案的实施;拟定高级管理人员的选择标准、选择程序;对高级管理人员人选的任职资格和条件进行初步审核等。	林义相	主任委员
		徐经长	委员
		薄伟康	委员

续表

董事会下属专门委员会名称	职责	组成人员姓名	职务
信托与消费者权益保护委员会	负责督促公司依法履行受托职责，向董事会提交消费者权益保护工作报告及年度报告，指导和督促消费者权益保护工作管理制度体系的建立和完善，对高级管理层和消费者权益保护部门工作的全面性、及时性、有效性进行监督。当公司或股东利益与受益人利益发生冲突时，信托与消费者权益保护委员会应当保证公司为受益人的最大利益服务。	张宏久	主任委员
		林义相	委员
		张　立	委员

3.3　监事、监事会

姓名	职务	性别	年龄（岁）	选任日期	所推举的股东名称	该股东持股比例（%）	简要履历
吕君芳	监事会主席	女	49	2013年10月	中国中信有限公司	82.2	浙江大学文学博士，1992年8月参加工作，先后在浙江教育学院、浙江工商大学、中信资产管理有限公司就职，2013年5月入职本公司；现任公司监事会主席。
关　颐	监事	男	52	2012年5月	中国中信有限公司	82.26	对外经济贸易大学毕业，1990年7月参加工作，先后在中国国际信托投资公司、中信集团就职，2006年1月任公司监事；现任中国中信集团有限公司稽核审计部总经理助理。
李　东	监事	女	47	2015年10月	职工代表	—	中央财经大学经济学硕士，1994年7月参加工作并进入国家审计署，2013年11月入职本公司；现任公司稽核审计部总经理。

注：本届监事会未设立下属委员会。

3.4　高级管理人员

姓名	职务	性别	年龄（岁）	选任日期	金融从业年限（年）	学历	专业	简要履历
李子民	总经理	男	49	2014年6月	26	博士	管理科学与工程	1994年7月入职本公司，历任部门总经理、业务总监、公司副总经理；现任公司副董事长、总经理。
王道远	常务副总经理	男	51	2017年6月	25	硕士	工商管理	1995年3月入职本公司，历任部门总经理、董事会秘书、公司总经理助理、公司副总经理；现任公司常务副总经理。
蔡成维	副总经理	男	51	2015年3月	17	硕士	法律	1991年9月参加工作，先后在山东某市农业局、检察院、建设银行山东分行、中国中期投资有限公司就职，2006年7月入职本公司，历任部门副总经理、总经理、合规总监；现任公司副总经理。
刘　寅	副总经理	男	45	2017年7月	21	硕士	经济学	1999年4月参加工作，先后在中国银行、国泰君安证券公司、原中国银监会（现中国银保监会）就职，2017年7月入职本公司；现任公司副总经理。
涂一锴	副总经理	男	44	2015年3月	18	硕士	企业管理	2002年4月参加工作并进入中信银行，2008年12月入职本公司，历任部门副总经理、总经理、业务总监；现任公司副总经理。
刘小军	副总经理	男	44	2016年5月	18	硕士	金融学	2002年7月参加工作并进入中国建设银行，2006年4月入职本公司，历任高级经理、部门副总经理、总经理、业务总监；现任公司副总经理。
戴家凯	副总经理	男	48	2018年7月	27	硕士	工商管理	1992年7月参加工作并进入北京市粮食局，1993年11月入职本公司，历任部门副总经理、总经理、公司风险总监、财务总监；现任公司副总经理。

3.5　公司员工

报告期末，公司职工人数为752人。

项目		2020年度		2019年度	
		人数（人）	比例（%）	人数（人）	比例（%）
年龄分布	25岁以下	9	1	15	2
	25～29岁	148	20	168	23
	30～39岁	435	58	422	56
	40岁以上	160	21	145	19
性别分布	男	408	54	412	55
	女	344	46	338	45

续表

项目		2020年度		2019年度	
		人数（人）	比例（%）	人数（人）	比例（%）
学历分布	博士	23	3	25	3
	硕士	525	70	510	68
	本科	187	25	197	27
	专科	17	2	18	2
岗位分布	董事、监事及高级管理人员	17	2	18	2
	固有业务人员	22	3	20	3
	信托业务人员	643	86	645	86
	其他人员	70	9	67	9
合计		752	100	750	100

4. 经营管理

4.1 经营目标、经营方针、战略规划

4.1.1 经营目标

公司致力于成为国内行业领先、综合实力卓越、富有品牌影响力的综合金融解决方案的提供商和多种金融功能的集成者。

4.1.2 经营方针

公司追求和谐、科学的价值文化，秉承“无边界服务、无障碍运行”的经营理念，遵循市场规律，超前适变应变，持续学习创新，统筹价值实现。

4.1.3 战略规划

公司以信托资产管理为主业，以客户为中心，以资本为基石，以人才为驱动，以金融科技为途径，以价值创造和风险管理为目标。深挖细分市场服务能力，做深投资银行，做精服务信托，做实资产管理，做强财富管理，打造综合金融服务能力。

4.2 所经营业务的主要内容

公司经营业务：信托业务、固有业务和专业子公司资产管理业务。报告期内，公司实现营业总收入 87.46 亿元，手续费及佣金收入 61.42 亿元；净利润为 38.55 亿元，同比增长 7%；上缴国家税金 45.37 亿元，创公司历史新高。

4.2.1 信托业务

信托业务是指公司作为受托人，按照委托人的意愿，基于受益人利益或特定目的，对信托财产进行管理、处分的业务。2020 年末，公司信托资产余额为 12 247 亿元。报告期内，公司新增信托项目 1 193 个，实收信托 2 608 亿元；为受益人分配信托收益 682 亿元。信托资产中主动管理型信托资产规模占比为 54%，涵盖基础设施、金融市场、文化科技等领域。

投资银行业务是指主要利用债务、权益等投融资工具，为企业、政府部门、金融同业机构等卖方客户，提供灵活多元的综合金融方案。2020 年，在“十三五”收官之年，公司进一步深耕传统优势市场，为区域经济发展和工商企业经营提供金融支持和服务。报告期内，中信信托继续深化产融结合，持续服务实体经济，投入资金约为 6 700 亿元，响应“一带一路”的国家倡议，参与并推动“京津冀协同发展”“长江经济带发展”等国家战略实施，推动新型基础设施、产业转型升级、城镇化建设、战略新兴产业、养老产业等发展。公司与合作伙伴共同设立科创基金，为高新技术、产业升级提供金融赋能；积极拓展消费金融，携手京东、金蝶等金融科技公司，共同推动消费转型升级。在应对新冠肺炎疫情过程中，公司不仅是行业第一家向武汉进行捐赠援助的信托公司，而且积极发挥专业优势，为受灾中小企业提供灵活多样的金融支持和配套服务，为抗疫战役贡献应有之力。

资产管理业务是指公司为满足买方客户的投资需求，按照约定的投资范围和策略，将客户交付的信托资金配置到各类金融产品的业务。公司持续提升资本市场配置管理能力，推出“信睿”等系列 TOF(Trust of Fund)基金信托产品，以股票基金和固定收益基金为底层资产，通过量化分析以及对基金管理人的筛选，有效对冲市场风险，为客户提供稳定收益；推出“信源”主动管理货币增强产品，对比同类货币基金类产品表现优异。此外，公司还充分发挥中信集团协同资源优势，与中信证券、中信建投合作，发行“信安”“云涌”“云峰”等系列产品，并持续推进收益凭证等业务。

财富管理业务是面向高端个人客户和机构客户提供的多元化的资产配置与理财服务，金融产品配置包括货币、固定收益、权益类投资等，并根据不同的客户类群提供家族信托、保险金信托、专户理财等差异化的细分服务。目前，公司设立北京、上海、广州、深圳、天津、杭州、厦门、西安、成都、南京十个财富管理中心，为客户提供专业化、综合化的财富管理服务。公司家族信托和保险金信托持续领跑全行业，发布国内首个保险金信托的服务标准，奠定行业基础；通过下属公司中信信惠国际信托设立首单境外家族信托，实现中国信托行业零突破，为客户进一步完善了境内外家族资产的传承布局。报告期末，客户规模超过 3 000 名，受托资产规模超过 490 亿元，同比增长 44%。

服务信托业务是指以信托财产独立性为前提，以资产账户和权益账户为载体，以信托财产安全持有为基础，为客户提供账户管理、财产保管/登记、交易、监督、结算/清算、估值、权益登记/分配、信息披露、合同保管等托管运营类金融服务的信托业务。报告期内，公司大力拓展资产证券化业务，不断进行模式探索，引领行业创新，在拥有首批非金融企业债务融资工具承销商资格和资产证券化业务管理人资格的基础上，再获非金融企业债务融资工具受托管理业务资质，发行全国第一个单层 SPV 结构商业房地产抵押贷款类资产证券化产品，报告期末，资产证券化业务规模为 874 亿元；在职业年金领域，公司屡获行业突破，成为唯一成功中标广东省、浙江省职业年金受托人的信托公司。

报告期末，公司信托资产运用与分布表如下。

资产运用	金额(万元)	占比(%)	资产分布	金额(万元)	占比(%)
货币资产	11 007 580.30	8.99	基础产业	21 512 977.91	17.56
拆出资金	1 205 000.00	0.98	房地产	19 947 554.72	16.29
贷款	44 193 353.84	36.09	证券市场	9 173 675.29	7.49
交易性金融资产投资	12 108 073.70	9.89	工商企业	28 125 584.05	22.97
可供出售金融资产投资	18 026 917.03	14.72	金融机构	27 912 531.99	22.79
持有至到期投资	4 183 935.83	3.42	其他	15 793 570.61	12.90
长期股权投资	13 301 749.17	10.86			
其他	18 439 284.70	15.05			
信托资产总计	122 465 894.57	100.00	信托资产总计	122 465 894.57	100.00

4.2.2 固有业务

固有业务的展业原则是在净资本覆盖率和杠杆率的约束下，制定公司资产配置策略，处理好资产与负债、风险与收益、短期目标与中长期战略之间的关系，实现固有资产增值目标，支持信托业务及子公司业务发展，为股东创造更大价值。报告期末，公司本部固有资产总额为 349 亿元，同比增长 9%；固定

收益投资收益保持平稳。

资产运用	金额（万元）	占比（%）	资产分布	金额（万元）	占比（%）
货币资产	489 431. 86	14	基础产业	410 047. 90	12
发放贷款和垫款	567 779. 87	16	房地产业	395 379. 40	11
买入返售金融资产	3 610. 00	0	证券市场	364 939. 79	10
交易性金融资产	776 166. 47	22	实业	216 496. 91	6
债权投资	763 061. 78	22	金融机构	470 624. 71	13
其他权益工具投资	195 259. 92	6	其他	1 645 580. 80	48
长期股权投资	325 364. 78	9			
其他	369 612. 55	11			
资产总计	3 490 287. 23	100	资产总计	3 490 287. 23	100. 00

4. 2. 3 专业子公司资产管理业务

专业子公司业务是中信信托构建综合金融服务平台的重要组成部分。公司已成立海外投资平台中信信惠国际资本有限公司（下简称中信信惠）、私募股权投资平台中信聚信（北京）资本管理有限公司（下简称中信聚信）、消费金融平台中信消费金融有限公司等多家专业子公司，打造融股权投资基金、公募基金、货币经纪、海外投资、消费金融等业务于一体的综合金融服务平台。报告期末，下属专业子公司管理资产规模超过 1 900 亿元，投向新兴科技、高端制造、文化教育、医疗健康等多个产业领域。

通过旗下中信聚信，公司探索前沿另类投资标的，如商业航天和太空产业等高科技领域。报告期内，中信聚信自有权益投资业绩显著，实现利润 1. 18 亿元，旗下多支基金收益同业领先。其中，投资的中科微精“航空航天发动机极端精细制造装备”项目列入中国科学院弘光专项重大示范转化工程的代表项目；被投企业北京天链测控技术有限公司在 2020 年 9 月长征十一号运载火箭第二次海上发射中，提供了星箭分离点及全部 9 颗卫星首圈次的测控保障支持。

作为中国信托公司第一个境外平台，中信信惠现拥有香港证监委核准的第一、第四、第九类牌照，信托牌照和放债人牌照。公司全力支持大湾区建设，报告期末管理资产余额为 87 亿元，旗下全球机遇基金表现优异、屡获大奖。报告期内，经中国证券监督管理委员会核准，中信信惠获合格境外投资者（QFII/RQFII）资格，这也是国内第一个信托公司海外平台获此资格核准。

4. 3 市场分析

4. 3. 1 影响业务发展的不利因素

全球疫情冲击世界经济。新冠肺炎疫情对中国经济乃至全球经济产生了广泛而深远的影响，当前疫情仍在持续，全球经济复苏仍存在较大不确定性，由此引发的贸易风险及市场风险给信托公司业务开展及风险管理带来巨大挑战。

监管政策调整带来转型压力。报告期内，监管机构调控措施频出，强力引导信托行业转型，传统展业受限、新兴业务有待进一步探索的展业现状给信托公司带来较大的转型压力和经营压力。

风险叠加加剧行业调整。受新冠肺炎疫情及由此导致的经济下行影响，报告期内，金融行业虽然整体运行平稳，但个体风险暴露高发，债券违约企业数量创新高且向高信用主体蔓延，股市“黑天鹅”事件频现，信托行业整顿加剧。

4. 3. 2 影响业务发展的有利因素

中国经济领衔全面复苏。尽管面临内外多重不利因素，中国经济发展始终坚持稳中求进的总基调，成为世界主要经济体中唯一实现正增长的国家。而在全球经济进入弱复苏的大背景下，中国经济将获得进一步的增长助力，给各行各业的发展创造了较好的外部营商环境。

“十四五”开局之年蕴藏新机遇。“十四五”规划围绕经济发展、改革开放、社会文明、生态文明建设、民生福祉、国家治理效能六个方面提出新目标，明确了坚持创新、加快发展现代化产业体系、改善人民生活品质等 12 项重要举措，为金融行业及信托行业的发展注入新的机遇。

信托文化建设保证行业良性发展。行业加强文化建设，夯实“受托人文化”，保证行业在自律中发展，在规范中提升；在行业调整之际，坚守信托文化，积极进行业务探索的信托公司将进一步巩固、扩大发展优势和竞争优势。

4. 4 内部控制

4. 4. 1 内部控制环境和内部控制文化

公司按照《中华人民共和国公司法》《信托公司管理办法》《信托公司治理指引》《企业内部控制基本规范》等法律法规及公司章程相关要求，建立了由股东会、董事会、监事会、高级管理层组成的分工明确、权责对应、合理制衡的公司治理结构。

公司重视内部控制文化建设，以合规经营和维护受托人利益为出发点，坚持“业务发展、内控先行”的管理理念，建立了涵盖企业价值观、经营理念、运行原则、操守规范的文化体系；坚持可持续发展的人力资源政策，建立了具有信托特色、激励与约束并重的人力资本管理体系；从环境文化、制度文化、组织文化、行为文化等多层次切入，通过制度规范、考核激励、讲座培训、执纪问责等多种方式，倡导和实践内部控制核心理念，营造良好的合规经营和风险防范的内部控制文化氛围。

4. 4. 2 内部控制措施

公司内控制度体系涵盖公司治理、风险合规、稽核审计、财务管理、业务管理、人力资本、市场销售、信息技术、行政管理等，明确了各部门及岗位的职责权限、各业务流程的控制节点及控制要求，并按照《公司制度管理办法》定期进行评估，同时根据业务发展创新及时调整、更新管理制度，发出规范性通知以及新业务内部操作指引。报告期内，公司新制订或修订制度共计 55 项，涵盖风险合规、业务审批、财务管控、销售管理、内部审计规范等方面。

公司通过分级授权审批控制、不相容职务分离控制、会计系统控制、财务预算控制、绩效考评控制、业务预警及应急机制等措施，有效发挥内控在经营管理和业务发展中的实质性作用；始终遵循前台、中台、后台分离的原则，将相互监督制衡的运行机制贯穿全业务流程；加大信息系统投入，升级综合业务管理平台、财务管家等系统，将自动控制与人工控制相结合，加强关键风险点的自动化管控和监督。

公司坚持“防火墙”机制，在信托业务和固有业务之间实行部门、人员、财务和管理的有效分离；设立信托业务审查委员会和固有业务审查委员会，对信托业务和固有业务进行独立评审。

4.4.3 信息交流与反馈

公司建立起高效通畅的内外部信息交流与反馈机制。内部各层级之间明确报告路线，上下级之间，前台、中台、后台之间通过定期经营分析会议、各类业务系统、财务管理系统、OA办公系统等渠道建立信息共享机制；倡导敞亮文化、无障碍沟通，通过公司领导接待日、纪委委员片区联系会议、谈心谈话等机制广泛听取意见，并通过监督工作委员会研究协调各类意见建议。

公司按照监管要求，及时报送各类财务及业务报表、事前及事后报告、关联交易报告等；积极履行受托人职责，通过过程监测与不定期监督检查，向投资者及时、准确地披露各类业务信息；加强消费者权益保护工作管理，规范投诉受理和处理流程，设立投诉邮箱、400电话及现场投诉等渠道，接受投资者监督；通过建立《新闻发言人制度》《声誉风险管理办法》《重大突发事件应急处置办法》《自媒体管理办法》《品牌声誉管理办法》《公共关系管理办法》等，及时、完整地向各类利益相关者披露相关信息，通过官方网站、APP、微信公众号等渠道，确保公司对外交流的及时性、有效性、规范性。

4.4.4 监督评价与纠正

公司创新内控管理模式，持续推进多层次大监督体系建设，秉持"全面监督、群众监督、日常监督"理念，通过监督工作委员会，整合行政、纪检、运营多条线的监督力量，形成了以监督工作委员会为统领，以监督信息采集、调研分析、整改落实、执纪问责等"八步工作法"为运作模式的大监督格局；监事会负责监督董事会、高级管理层及其成员履职情况，检查、监督公司的财务活动，纪检部门聚焦党风廉政建设和廉洁从业，强化监督执纪问责，稽核审计部以风险为导向独立行使监督评价职能，通过常规审计与专项审计相结合的方式，持续对各类经营管理活动进行监督评价，对管理人员实施任期经济责任审计，对内控的健全有效性开展专项审计，注重问题的整改跟踪，确保审计建议的有效落实。

4.5 风险管理

4.5.1 风险管理概况

公司坚持"以风险管理服务业务发展，以风险管理促进价值提升"的核心理念，持续完善全面风险管理体系，推行全员风险管理文化，构建了以"四道防线"（业务拓展、风险合规、稽核审计、纪检监察）为组织基础，覆盖公司战略风险、业务风险、人力风险、财务风险、声誉风险的全面风险管理体系，通过制度规章和管理流程的有效运行，保障公司经营目标的实现。报告期内，公司多项风险管理措施并举，在业务规模大幅压降的情况下，有效防控风险。

4.5.2 风险状况

4.5.2.1 信用风险状况

信托业务的信用风险主要来自融资类信托业务。报告期内，公司顺利完成159个融资类信托项目的终止清算，累计分配信托本金1161亿元，实现了信托业务的预期目标，履行了受托人的尽职管理职责。

固有业务信用风险主要来自固定收益类资产。报告期末，公司投资的具有融资属性的金融产品安全性较好，各产品均处于正常运行状态。

4.5.2.2 市场风险状况

信托业务的市场风险主要来自证券投资类信托业务。报告期内，公司严格控制证券投资业务风险，实现产品业绩稳健增长。

固有业务的市场风险主要来自固有权益类资产。报告期内，固有权益类资产收益贡献平稳。

4.5.2.3 操作风险状况

操作风险是指信托公司作为受托人，因尽职管理存在瑕疵而导致的直接或间接财务、声誉损失的风险。报告期内，公司通过不断完善制度、优化流程，以及严格要求遵章守纪，并强化执纪问责来降低操作风险。

4.5.2.4 合规与法律风险状况

公司坚持以"实质重于形式、合法有效"的原则开展业务，在制度建设、流程优化、措施管控、队伍建设等方面扎实做好合规与法律风险管理。报告期内，公司未产生重大的合规与法律风险。

4.5.2.5 道德风险状况

公司通过组织全员培训和宣导教育活动，增加内部监察和审计频率，提高全体员工的职业操守和道德水平。报告期内，公司未发生因员工道德问题导致受托管理资产或固有财产遭到损失的情形。

4.5.2.6 声誉风险状况

声誉是信托公司赖以生存的重要资产。声誉风险是指由公司行为、从业人员行为或外部事件等，导致利益相关方、社会公众、媒体等对公司形成负面评价，从而损害公司品牌价值、不利正常经营、甚至影响市场稳定和社会稳定的风险。报告期内，公司未发生重大负面舆情、案件和群体事件，维护了良好的品牌声誉。

4.5.3 风险管理

报告期内，面对复杂严峻的外部形势，以及业务规模压降、业务转型发展带来的内生风险压力，公司快速适应市场变化，在保障经营业绩的前提下，有力控制新增风险。具体举措如下：一是主动调整风控策略，积极应对政策变化，有效规避业务规模压降可能引发的次生风险；二是加强存量项目风险监控与全面风险排查，及早预警，及时化解；三是顺应严监管形势，有效管控合规与法律风险；四是积极支持创新业务，助力业务转型探索；五是进一步完善制度建设，重新梳理各业务流程和管理环节，减少业务操作风险。

4.5.3.1 信用风险管理

城投公司信用风险管理。公司不断提高区域合作层级，地市级、百强县城投融资业务规模占比逐年提高。此外，公司加强存量业务的风险排查力度，多跑现场，及时处理风险预警。

房企信用风险管理。人民银行、住建部等监管部门为房地产企业划定"三道红线"，人民银行、中国银保监会针对银行业金融机构房地产贷款集中度发布限制性管理通知，限制了房地产企业融资加杠杆，从长远看对房地产行业的健康发展有利，但短期给市场带来了影响，公司持续跟踪房地产行业的变化情况，适时调整风控策略，有效管理房企信用风险。

4.5.3.2 市场风险管理

报告期内，债券违约企业数量创新高且向高信用主体蔓延，股市“黑天鹅”事件频出，市场风险偏大，一方面，公司严格依据信托合同进行投资运营，确保各项风险控制措施有效执行，使得有价证券投资类信托产品整体运行平稳；另一方面，通过创新产品模式和投资策略，根据特定的投资目标构建投资组合，在追求长期稳健回报的同时，尽量分散市场风险。

4.5.3.3 操作风险管理

报告期内，公司通过不断完善制度、优化流程，以及严格要求遵章守纪，并强化执纪问责来降低操作风险。公司建立了较为完善的风险管理、审计检查及其他监督管理体系，同时加强全面风险排查，有效防范了重大操作风险的发生。

4.5.3.4 合规与法律风险管理

公司高度重视合规与法律风险管理。公司始终坚持“合规创造价值”的合规理念，倡导形成“主动合规”“人人有责”“合规管理全覆盖”的合规文化。报告期内，公司健全合规制度和机制建设，强化业务合规审查和自查，推动政策研究和合规培训，不断夯实合规风险管理基础，全方位提升合规经营能力。公司强化了投资者适当性、反洗钱、关联交易和消费者权益保护等方面的管理，提升了专项合规管理事项水平。公司结合司法处置经验，持续查漏补缺，不断优化法律文本和业务流程，全面强化法律风险管理。

4.5.3.5 道德风险管理

公司严控道德风险，严格要求员工加强经营理念、政策法规和业务操作等技能的学习，加强职业道德和风险防范意识的培养，要求员工全面掌握有关法律法规、各项管理制度和风险防控措施，并在各部门设立观察员岗位，定期向公司汇报有悖于从业操守规范的倾向性问题。报告期内，公司多维度提升了内控管理，通过开展党员学习、主题教育、进行信托企业文化视频宣传等多种方式，有效防范了道德风险的发生。

4.5.3.6 声誉风险管理

公司重视声誉风险管理，将之作为公司治理和全面风险管理体系的重要组成部分，不断完善声誉风险管理机制，实现了对声誉风险的识别、监测、预警、控制和化解。报告期内，公司严格落实监管与中信集团各项规章制度要求，进一步规范、统一公司品牌与声誉风险管理，主动与利益相关方、社会公众、媒体等交流沟通，准确及时披露相关信息，配合并推动项目风险的化解。

4.6 净资本管理概况

公司高度重视净资本管理，保证资本扩充与业务发展的匹配和平衡，2019 年公司注册资本提升至 113 亿元。报告期内，公司顺利完成 845 个信托项目的终止清算，累计分配信托本金 10 471 亿元；期末，公司净资本余额为 220 亿元，净资本充足率达 200%，高于 100% 的监管标准，各项指标均处于监管要求的较好水平。充裕的资本实力构筑了公司可持续发展的坚实基础。

指标	2020 年末	2019 年末
净资本（亿元）	220	198
各项风险资本之和（亿元）	110	114
净资本覆盖率（%）	200	173
净资本/净资产（%）	72	67

5. 报告期末及比较式会计报表

5.1 固有资产

5.1.1 会计师事务所审计意见

信永中和会计师事务所认为，公司财务报表在所有重大方面按照企业会计准则的规定编制，公允反映了中信信托公司 2020 年 12 月 31 日的合并及母公司财务状况，以及 2020 年度的合并及母公司经营成果和现金流量。

5.1.2 资产负债表

资产负债表

编制单位：中信信托有限责任公司　　2020 年 12 月 31 日　　单位：万元

项目	合并		母公司	
	2020 年 12 月 31 日	2019 年 12 月 31 日	2020 年 12 月 31 日	2019 年 12 月 31 日
资产：				
货币资金	15 336.42	13 027.91	1.03	1.[illegible]
存放同业款项	525 965.26	376 364.23	489 430.83	310 758.[illegible]
应收款项	52 152.64	78 583.32	21 329.27	14 951.[illegible]
其他应收款	198 691.08	253 700.53	192 892.21	269 214.[illegible]
买入返售金融资产	4 710.41	410.00	3 610.00	—
发放贷款和垫款	576 179.81	826 990.85	567 779.87	814 265.[illegible]
交易性金融资产	1 110 863.58	883 309.65	776 166.47	714 325.[illegible]
债权投资	1 063 040.15	710 265.89	763 061.78	479 036.[illegible]
其他权益工具投资	195 259.92	187 925.34	195 259.92	187 925.[illegible]
长期股权投资	809 644.90	795 103.93	325 364.78	307 864.[illegible]
投资性房地产	—	5 476.21	—	5 476.[illegible]
固定资产	2 638.07	2 015.06	2 409.44	1 885.[illegible]
使用权资产	3 663.06	3 817.98	2 012.84	3 347.[illegible]
无形资产	7 182.61	4 353.09	7 162.40	4 330.[illegible]
商誉	36.21	36.21	—	—
递延所得税资产	131 293.83	94 219.96	129 985.25	88 653.[illegible]

续表

项目	合并		母公司	
	2020 年 12 月 31 日	2019 年 12 月 31 日	2020 年 12 月 31 日	2019 年 12 月 31 日
其他资产	14 757.25	4 704.35	13 821.14	3 338.82
资产总计	4 711 415.20	4 240 304.51	3 490 287.23	3 205 375.96
负债:				
借款	233 193.17	387 577.42	—	—
交易性金融负债	180 851.60	44 260.11	—	—
应付职工薪酬	154 022.29	148 883.09	148 334.99	141 883.64
应交税费	85 483.86	75 240.62	78 215.64	69 203.43
应付款项	8 018.02	—	—	—
其他应付款	86 005.14	61 764.01	66 889.26	20 780.31
预计负债	156 905.90	112 167.00	148 165.93	—
应付债券	433 477.54	317 481.62	—	—
租赁负债	3 797.13	3 926.00	2 134.97	3 446.70
合同负债	1 514.21	1 808.82	1 422.89	1 808.82
递延所得税负债	1 480.79	220.15	—	—
其他负债	8 560.71	1 642.22	—	—
负债合计	1 353 310.38	1 154 971.06	445 163.68	237 122.90
所有者权益:				
实收资本	1 127 600.00	1 127 600.00	1 127 600.00	1 127 600.00
资本公积	171 534.09	171 534.09	169 400.00	169 400.00
其他综合收益	46 315.03	28 702.49	26 444.94	22 626.43
盈余公积	329 153.92	308 824.23	329 153.92	308 824.23
一般风险准备	54 460.50	49 494.97	54 460.50	49 494.97
信托赔偿准备	162 650.28	152 485.43	162 650.28	152 485.43
未分配利润	1 466 035.61	1 246 253.48	1 175 413.90	1 137 822.00
归属于母公司所有者权益合计	3 357 749.44	3 084 894.69	3 045 123.55	2 968 253.06
少数股东权益	355.38	438.76	—	—
所有者权益合计	3 358 104.82	3 085 333.45	3 045 123.55	2 968 253.06

公司法定代表人:陈一松　　主管会计工作的公司负责人:王道远　　公司会计机构负责人:胡楠

5.1.3 利润表

利润表

编制单位:中信信托有限责任公司　　2020 年度　　单位:万元

项目	合并		母公司	
	2020 年度	2019 年度	2020 年度	2019 年度
一、营业收入	874 585.81	718 278.03	707 270.15	637 796.95
手续费及佣金净收入	614 189.02	494 878.97	578 607.76	478 847.88
利息净收入	93 968.75	121 321.58	96 787.88	131 656.00
投资收益	163 349.44	132 949.48	35 068.10	57 017.88
公允价值变动收益	-4 318.87	-33 615.49	-10 620.05	-30 614.73
汇兑净收益	233.14	1 643.41	416.00	1.58
资产处置收益	—	0.96	—	0.96
其他业务收入	7 164.34	1 099.12	7 010.47	887.38
二、营业支出	375 691.17	238 507.99	406 972.38	183 557.84
税金及附加	4 529.62	4 036.37	4 419.35	3 964.63
业务及管理费	200 276.49	181 791.69	275 710.97	134 250.89
其他业务成本	4 885.46	41.89	4 885.46	41.89
信用减值损失	118 415.02	52 638.04	121 956.61	45 300.43
其他资产减值损失	47 584.58	—	—	—
三、营业利润	498 894.65	479 770.04	300 297.77	454 239.11
加:营业外收入	1 707.40	243.35	1 706.41	240.2
减:营业外支出	8 833.24	3 335.82	8 626.66	3 052.92
四、利润总额	491 768.81	476 677.57	293 377.52	451 426.39
减:所得税费用	106 231.57	117 365.47	90 080.59	111 341.33
五、净利润	385 537.23	359 312.10	203 296.93	340 085.06
归属于母公司所有者的净利润	385 487.15	359 292.42	203 296.93	340 085.06
少数股东损益	50.08	19.68	—	—

公司法定代表人:陈一松　　主管会计工作的公司负责人:王道远　　公司会计机构负责人:胡楠

5.1.4 所有者权益变动表

所有者权益变动表

编制单位：中信信托有限责任公司　　　　2020 年度　　　　单位：万元

项目	2020 年度（合并）									2020 年度（母公司）							
	归属于母公司所有者权益							少数股东权益	所有者权益合计	实收资本	资本公积	其他综合收益	盈余公积	一般风险准备	信托赔偿准备	未分配利润	所有者权益合计
	实收资本	资本公积	其他综合收益	盈余公积	一般风险准备	信托赔偿准备	未分配利润										
2019 年 12 月 31 日余额	1 127 600.00	171 534.09	28 702.49	308 824.23	49 494.97	152 485.43	1 246 253.48	438.76	3 085 333.45	1 127 600.00	169 400.00	22 626.43	308 824.23	49 494.97	152 485.43	1 137 822.00	2 968 253.06
会计政策变更	—	—	—	—	—	—	—	—	—	—	—	—	—	—	—	—	—
2020 年 1 月 1 日余额	1 127 600.00	171 534.09	28 702.49	308 824.23	49 494.97	152 485.43	1 246 253.48	438.76	3 085 333.45	1 127 600.00	169 400.00	22 626.43	308 824.23	49 494.97	152 485.43	1 137 822.00	2 968 253.06
本年增减变动金额	—	—	—	—	—	—	—	—	—	—	—	—	—	—	—	—	—
1. 综合收益总额	—	—	17 612.55	—	—	—	385 487.15	50.08	403 149.78	—	—	3 818.51	—	—	—	203 296.93	207 115.44
2. 所有者投入和减少资本	—	—	—	—	—	—	—	—	—	—	—	—	—	—	—	—	—
3. 利润分配	—	—	—	20 329.69	4 965.53	10 164.85	-165 705.02	-133.46	-130 378.41	—	—	—	20 329.69	4 965.53	10 164.85	-165 705.02	-130 244.95
提取盈余公积	—	—	—	20 329.69	—	—	-20 329.69	—	—	—	—	—	20 329.69	—	—	-20 329.69	—
对所有者的分配	—	—	—	—	—	—	-130 244.95	-133.46	-130 378.41	—	—	—	—	—	—	-130 244.95	-130 244.95
提取一般风险准备	—	—	—	—	4 965.53	—	-4 965.53	—	—	—	—	—	—	4 965.53	—	-4 965.53	—
提取信托赔偿准备	—	—	—	—	—	10 164.85	-10 164.85	—	—	—	—	—	—	—	10 164.85	-10 164.85	—
4. 非同一控制下企业合并调整	—	—	—	—	—	—	—	—	—	—	—	—	—	—	—	—	—
上述 1 至 4 小计	—	—	17 612.55	20 329.69	4 965.53	10 164.85	219 782.13	-83.38	272 771.37	—	—	3 818.51	20 329.69	4 965.53	10 164.85	37 591.91	76 870.49
2020 年 12 月 31 日余额	1 127 600.00	171 534.09	46 315.04	329 153.92	54 460.50	162 650.28	1 466 035.61	355.38	3 358 104.82	1 127 600.00	169 400.00	26 444.94	329 153.92	54 460.50	162 650.28	1 175 413.91	3 045 123.55

所有者权益变动表(续)

编制单位:中信信托有限责任公司　　2020 年度　　单位:万元

项目	2019 年度(合并)									2019 年度(母公司)							
	归属于母公司所有者权益							少数股东权益	所有者权益合计	实收资本	资本公积	其他综合收益	盈余公积	一般风险准备	信托赔偿准备	未分配利润	所有者权益合计
	实收资本	资本公积	其他综合收益	盈余公积	一般风险准备	信托赔偿准备	未分配利润										
2018 年 12 月 31 日余额	1 000 000.00	2 134.09	15 169.41	274 815.72	42 148.65	135 481.18	1 051 176.46	419.08	2 521 344.59	1 000 000.00	—	12 889.65	274 815.72	42 148.65	135 481.18	961 952.34	2 427 287.54
会计政策变更	—	—	—	—	—	—	-73.79	—	-73.79	—	—	—	—	—	—	-73.79	-73.79
2019 年 1 月 1 日余额	1 000 000.00	2 134.09	15 169.41	274 815.72	42 148.65	135 481.18	1 051 102.67	419.08	2 521 270.80	1 000 000.00	—	12 889.65	274 815.72	42 148.65	135 481.18	961 878.55	2 427 213.75
本年增减变动金额	—	—	—	—	—	—	—	—	—	—	—	—	—	—	—	—	
1. 综合收益总额	—	—	13 533.08	—	—	—	359 292.42	19.68	372 845.18	—	—	9 736.78	—	—	—	340 085.06	349 821.84
2. 所有者投入和减少资本	127 600.00	169 400.00	—	—	—	—	—	—	297 000.00	127 600.00	169 400.00	—	—	—	—	—	297 000.00
3. 利润分配	—	—	—	34 008.51	7 346.32	17 004.25	-164 141.61	—	-105 782.53	—	—	—	34 008.51	7 346.32	17 004.25	-164 141.61	-105 782.53
提取盈余公积	—	—	—	34 008.51	—	—	-34 008.51	—	—	—	—	—	34 008.51	—	—	-34 008.51	—
对所有者的分配	—	—	—	—	—	—	-105 782.53	—	-105 782.53	—	—	—	—	—	—	-105 782.53	-105 782.53
提取一般风险准备	—	—	—	—	7 346.32	—	-7 346.32	—	—	—	—	—	—	7 346.32	—	-7 346.32	—
提取信托赔偿准备	—	—	—	—	—	17 004.25	-17 004.25	—	—	—	—	—	—	—	17 004.25	-17 004.25	—
4. 非同一控制下企业合并调整	—	—	—	—	—	—	—	—	—	—	—	—	—	—	—	—	—
上述 1 至 4 小计	127 600.00	169 400.00	13 533.08	34 008.51	7 346.32	17 004.25	195 150.81	19.68	564 062.65	127 600.00	169 400.00	9 736.78	34 008.51	7 346.32	17 004.25	175 943.45	541 039.31
2019 年 12 月 31 日余额	1 127 600.00	171 534.09	28 702.49	308 824.23	49 494.97	152 485.43	1 246 253.48	438.76	3 085 333.45	1 127 600.00	169 400.00	22 626.43	308 824.23	49 494.97	152 485.43	1 137 822.00	2 968 253.06

公司法定代表人:陈一松　　主管会计工作的公司负责人:王道远　　公司会计机构负责人:胡楠

5.2 信托资产

5.2.1 信托项目资产负债汇总表

信托项目资产负债汇总表

编制单位:中信信托有限责任公司　　2020年12月31日　　单位:万元

信托资产	2020年12月31日	2019年12月31日
信托资产:		
存放同业款项	11 007 580.30	13 737 753.35
拆出资金	1 205 000.00	1 205 000.00
交易性金融资产	12 108 073.70	9 608 177.58
买入返售金融资产	300 041.98	554 619.80
应收账款	16 900 698.19	17 436 013.86
应收利息	422 732.94	426 066.70
应收股利	72 425.26	74 702.51
其他应收款	743 331.73	1 224 116.66
贷款	44 193 353.84	61 569 260.09
可供出售金融资产	18 026 917.03	30 688 682.85
持有至到期金融资产	4 183 935.83	3 848 995.76
长期股权投资	13 301 749.17	17 023 935.81
其他资产	54.60	18 270.55
信托资产总计	122 465 894.57	157 415 595.52
信托负债和信托权益	2020.12.31	2019.12.31
信托负债:		
应交税费	98 928.75	107 243.85
其他应付款	862 611.10	1 096 075.72
应付账款	212 681.28	330 050.10
信托负债合计	1 174 221.13	1 533 369.67
信托权益:		
实收信托	118 128 026.65	153 612 338.48
资本公积	648 156.72	1 406 931.95
未分配利润	2 515 490.07	862 955.42
信托权益合计	121 291 673.44	155 882 225.85
信托负债及权益总计	122 465 894.57	157 415 595.52

法定代表人:陈一松　　主管信托财务负责人:王道远　　会计机构负责人:杜永生

5.2.2 信托项目利润及利润分配汇总表

信托项目利润及利润分配汇总表

编制单位:中信信托有限责任公司　　2020年度　　单位:万元

项目	2020年度	2019年度
一、营业收入	10 037 465.07	11 042 094.13
利息收入	4 031 875.15	4 426 742.47
投资收益	4 485 949.27	4 803 896.56
公允价值变动损益	1 338 430.47	1 322 113.73
汇兑损益	−11 181.32	−7 964.10
其他收入	192.391.50	497 305.47

续表

项目	2020年度	2019年度
二、营业费用	1 364 660.20	[illegible]241 973.89
三、税金及附加	28 144.02	29 994.57
四、扣除资产损失前的信托利润	8 644 660.85	[illegible]770 125.67
减:资产减值损失	171 765.52	1 950 387.14
五、扣除资产损失后的信托利润	8 472 895.33	[illegible]819 738.53
加:期初未分配信托利润	862 955.42	314 683.95
六、可供分配的信托利润	9 335 850.75	[illegible]134 422.48
减:本期已分配信托利润	6 820 360.68	[illegible]271 467.06
七、期末未分配信托利润	2 515 490.07	862 955.42

法定代表人:陈一松　　主管信托财务负责人:王道远　　会计机构负责人:杜永生

6. 会计报表附注

6.1 会计报表编制基准不符合会计核算基本前提的说明

6.1.1 会计报表不符合会计核算基本前提的事项

本公司无上述情况。

6.1.2 纳入公司合并会计报表范围的子公司情况

子公司名称	业务性质	注册地	注册资本(万元)	实际投资额(万元)	母公司持有的权益性资本的比例(%)	合并期间
中信聚信(北京)资本管理有限公司	服务业	北京	50 000	50 000	100	2012年4月至2020年12月
中信信惠国际资本有限公司	金融业	香港	164 657万港元	144 096.89	100	2014年10月至2020年12月

注:1. 2012年,公司出资20 000万元设立全资子公司中信聚信(北京)资本管理有限公司(以下简称中信聚信),并将其纳入合并会计报表范围,纳入合并报表的基准日为2012年4月17日。2014年,公司以现金方式向中信聚信增加注册资本20 000万元,变更后注册资本为40 000万元。2017年,公司以现金方式向中信聚信增加注册资本10 000万元,变更后注册资本为50 000万元。

2. 2014年,公司出资15.83万元受让中信信惠国际资本有限公司(以下简称中信信惠)51%股权,并将其纳入合并会计报表范围,纳入合并报表的基准日为2014年10月31日。2015年3月,公司以现金3 173.83万元向中信信惠增资。2015年10月,公司以现金3 073.82万元购买中信信惠少数股权(占该公司股份的49%),由此取得对中信信惠100%的控制权。2018年公司以现金方式向中信信惠增加注册资本137 833.40万元。

6.2 重要会计政策和会计估计说明

公司自2018年1月1日起执行《企业会计准则第14号——收入》《企业会计准则第22号——金融工具确认和计量》《企业会计准则第23号——金融资产转移》《企业会计准则第24号——套期会计》和《企业会计准则第37号——金融工具列报》等准则。

6.3 或有事项说明

报告期末,公司无对外担保。

6.4 重要资产转让及其出售的说明

报告期内,公司没有重要资产转让及其出售。

6.5 会计报表中重要项目的明细资料

6.5.1 固有资产经营情况

6.5.1.1 信用风险资产五级分类情况

按照《中国银行业监督管理委员会关于非银行金融机构全面推行资产质量五级分类管理的通知》的分类标准，本年度公司固有资产质量情况如下：

信用风险资产五级分类	正常类(万元)	关注类(万元)	次级类(万元)	可疑类(万元)	损失类(万元)	信用风险资产合计(万元)	不良资产合计(万元)	不良资产率(%)
期初数	1 664 892.13	337 461.24	14 000.00	—	67 250.95	2 083 604.32	81 250.95	3.90%
期末数	1 940 411.76	219 663.28	—	13 900.00	150 248.56	2 324 223.60	164 148.56	7.06

注：不良资产合计＝次级类＋可疑类＋损失类。

6.5.1.2 资产减值准备情况

单位：万元

项目	期初数	本期计提	本期转回	本期核销	期末数
应收账款坏账准备	256.69	894.11	209.68	—	941.12
其他应收款坏账准备	4 165.03	4 949.24	997.23	—	8 117.03
应收利息减值准备	169.02	273.13	—	277.67	164.49
发放贷款和垫款减值准备	119 810.56	120 095.07	40 226.42	13 288.28	186 390.93
金融资产投资减值准备	67 636.85	28 627.49	14 580.79	18 445.00	63 238.56
其中：债权投资减值准备	67 636.85	28 627.49	14 580.79	18 445.00	63 238.56
长期股权投资减值准备	469.16	—	469.16	—	—
合计	192 507.31	154 839.04	56 483.28	32 010.94	258 852.13

6.5.1.3 固有股票投资、基金投资、债券投资、长期股权投资等投资情况

单位：万元

项目	固有股票	基金	债券	长期股权投资	其他投资	合计
期初数	2 565.95	56 558.59	27 937.47	307 864.84	1 294 225.81	1 689 152.66
期末数	13 533.87	55 401.83	29 807.07	325 364.78	1 635 745.41	2 059 852.96

6.5.1.4 固有长期股权投资的前五名

企业名称	占被投资企业权益的比例(%)	主要经营活动	投资收益(万元)
中信聚信(北京)资本管理有限公司	100.00	投资管理、经济信息咨询	并表子公司
中信信惠国际资本有限公司	100.00	资产管理	并表子公司
中信保诚基金管理有限公司	49.00	证券投资基金	6 516.34
天津信唐货币经纪有限责任公司	48.00	资产管理	1 979.61
中信消费金融有限公司	34.90	金融服务	1 077.63

6.5.1.5 固有贷款前五名

企业名称	占贷款总额的比例(%)	还款情况
重庆首汇置业有限公司	26.57	正常
浙江佳源创盛物产集团有限公司	26.57	正常
昆明嘉丽泽旅游文化有限公司	21.78	正常
北京方正世纪信息系统有限公司	14.10	逾期
江苏瀚瑞投资控股有限公司	6.64	正常

6.5.1.6 表外业务的期初数、期末数

单位：万元

表外业务	期末数	期初数
担保业务	—	—
代理业务(委托业务)	72 527.79	72 527.79
其他	—	—
合计	72 527.79	72 527.79

6.5.1.7 公司当年的收入结构

收入结构	合并		母公司	
	金额(万元)	占比(%)	金额(万元)	占比(%)
手续费及佣金净收入	614 189.02	70.09	578 607.76	81.61
其中：信托手续费收入	578 607.76	66.03	578 607.76	81.61
投资银行业务收入	—	—	—	—
利息净收入	93 968.75	10.72	96 787.88	13.65
其他收入	7 164.34	0.82	7 010.47	0.99
其中：计入信托业务收入部分	—	—	—	—
投资收益	163 349.44	18.64	35 068.10	4.95
其中：股权投资收益	101 341.54	11.56	7 880.54	1.11
证券投资收益	609.13	0.07	609.13	0.09
其他投资收益	61 398.77	7.01	26 578.44	3.75
公允价值变动收益	-4 318.87	-0.49	-10 620.05	-1.50
营业外收入	1 707.40	0.19	1 706.41	0.24
汇兑损益	233.14	0.03	416.00	0.06
收入合计	876 293.21	100.00	708 976.56	100.00

6.5.2 披露信托资产管理情况

6.5.2.1 信托资产的期初数、期末数

单位：万元

信托资产	期初数	期末数
集合	79 777 730.41	69 986 159.88
单一	57 428 007.00	40 434 155.13
财产权	20 209 858.11	12 045 579.56
合计	157 415 595.52	122 465 894.57

6.5.2.1.1 主动管理型信托业务期初数、期末数，分证券投资类、股权投资类、融资类、事务管理类分别披露

单位：万元

主动管理型信托资产	期初数	期末数
证券投资类	23 358 027.10	25 297 823.28
股权投资类	12 465 485.78	7 110 540.06
融资类	36 762 661.98	33 482 398.95
事务管理类	—	—
合计	72 586 174.86	65 890 762.29

6.5.2.1.2 被动管理型信托业务期初数、期末数，分证券投资类、股权投资类、融资类、事务管理类分别披露

单位：万元

被动管理型信托资产	期初数	期末数
证券投资类	—	—
股权投资类	—	—
融资类	—	—
事务管理类	84 829 420.66	56 575 132.28
合计	84 829 420.66	56 575 132.28

6.5.2.2 本年度已清算结束的信托项目个数、实收信托合计金额、加权平均实际年化收益率

6.5.2.2.1 本年度已清算结束的集合类、单一类资金信托项目和财产管理类信托项目个数、实收信托合计金额、加权平均实际年化收益率

已清算结束的信托项目	项目个数（个）	实收信托合计金额（万元）	加权平均实际年化收益率（%）
集合类	316	30 747 329.38	6.23
单一类	434	60 103 210.40	5.62
财产管理类	95	13 855 472.01	5.53

6.5.2.2.2 本年度已清算结束的主动管理型信托项目个数、实收信托合计金额、加权平均实际年化收益率，分证券投资类、股权投资类、融资类、事务管理类分别披露

已清算结束的信托项目	项目个数（个）	实收信托合计金额（万元）	加权平均实际年化收益率（%）
证券投资类	260	10 940 019.69	6.73
股权投资类	75	10 567 817.21	6.96
融资类	159	11 606 268.06	7.54
事务管理类	—	—	—

6.5.2.2.3 本年度已清算结束的被动管理型信托项目个数、实收信托合计金额、加权平均实际年化收益率，分证券投资类、股权投资类、融资类、事务管理类分别披露

已清算结束的信托项目	项目个数（个）	实收信托合计金额（万元）	加权平均实际年化收益率（%）
证券投资类	—	—	—
股权投资类	—	—	—
融资类	—	—	—
事务管理类	351	71 591 906.83	5.18

6.5.2.3 本年度新增的集合类、单一类和财产管理类信托项目个数、实收信托合计金额

新增信托项目	项目个数（个）	实收信托合计金额（万元）
集合类	318	21 [illegible] 624.59
单一类	613	2 [illegible] 148.13
财产管理类	267	1 [illegible] 218.13
新增合计	1 198	26 [illegible] 990.85
其中：主动管理型	1 118	20 [illegible] 162.25
被动管理型	80	5 [illegible] 328.60

注：上述统计未包括尚未清算的开放式信托项目本年度内发生的申购和赎回金额，故期初余额－本期清算＋本期新增≠期末余额。

6.5.2.4 信托创新研究成果

公司积极推进业务创新，在资产证券化、证券投资信托、国际业务、消费金融、家族信托与保险金信托、服务信托等领域取得模式突破，引领行业创新。

6.5.2.4.1 资产证券化

中信信托大力拓展资产证券化业务，拥有首批非金融企业债务融资工具承销商资格和资产证券化业务管理人资格、非金融企业债务融资工具受托管理业务资质，发行全国第一个单层SPV结构商业房地产抵押贷款类资产证券化产品。荣获第五届中国不动产证券化合作发展峰会暨2020不动产证券化“前沿奖”“年度最佳CMBS/CMBN奖”。

6.5.2.4.2 证券投资信托

公司加大信托标品化业务开发拓展力度，成立由公司总经理挂帅的证券投资服务信托业务小组；睿信TOF系产品获得较高市场口碑。

6.5.2.4.3 国际业务

公司高度重视国际业务，旨在满足投资者多元化的投融资需求，提供给海内外客户全方位一体化的综合金融服务。报告期内，公司积极响应金融服务“一带一路”建设倡议，在继续做好境外股权代持和“一带一路”重点国别出口信贷业务的基础上，积极配合中国出口信用保险公司、协同中信银行推进重点国别项目出口信贷一揽子方案。响应“一带一路”建设要“坚持‘走出去’和‘引进来’并重”的要求，积极与境外主权基金、机构投资人和高净值客户探讨通过在海南、深圳等自贸港（区）设立合格境外有限合伙基金（QFPL）、离岸信托等途径共同参与境内股权项目和资本市场投资的业务模式，努力探索中国信托行业由“代国人投资理财”向“为世人管理资产”的国际化转型之路。

6.5.2.4.4 消费金融

公司是行业唯一设立下属消费金融公司的信托公司，旗下中信消金专注开展个人消费贷款相关的人民币业务。报告期内，中信消金注册资本由2019年创立时的3亿元增至7亿元；产品、风控、科技、合规体系建设有序推进。

6.5.2.4.5 家族信托与保险金信托

自2014年推出家族信托以来，公司保持了领先的行业领跑地位。公司通过下属公司中信信惠国际信托设立首单境外家族信托，实现中国信托行业零突破，为客户进一步完善了境内外家族资产的传承布局；发布国内首个保险金信托的服务标准，奠定行业基础。

6.5.2.4.6　服务信托

公司的职业年金业务获得阶段性突破，成为行业唯一成功中标广东省、浙江省职业年金受托人的信托公司。通过对该业务的经验积累和系统搭建，公司为切入更为广阔的养老产业市场进一步夯实基础。

6.5.2.4.7　金融科技

公司加大对金融科技的研发和应用力度。报告期内，公司共启动14个重点项目建设，新官方网站、营销管理平台和家族信托协同平台3个系统获得拥有自主知识产权的软件著作权证书。

6.5.2.5　本公司履行受托人义务情况

公司以受益人利益最大化为原则，严格按照《中华人民共和国信托法》《信托公司管理办法》《信托公司集合资金信托计划管理办法》等法律法规的规定及信托合同等文件的约定，恪尽职守，诚实、信用、谨慎、有效地管理信托财产，严格履行受托人的义务，为受益人的最大利益处理信托事务，公平、公正地处置信托财产，建立金融消费者权益保护机制和管理体系，为投资者提供了回报稳定且风险可控的投资产品。

6.5.2.6　信托赔偿准备的提取、使用和管理情况

公司从2020年的税后利润提取5%的信托赔偿准备金，即10 164.85万元，余额达162 650.28万元。公司2020年未发生需要使用信托赔偿准备金的事件，也未使用信托赔偿准备金。

6.6　关联方关系及其交易的披露

6.6.1　关联交易方的数量、关联交易的总金额及关联交易的定价原则等

	关联交易方数量（个）	关联交易金额（万元）	定价政策
合计	40	213 456.21	（1）遵循市场价格的原则，有客观的市场价格作为参照的一律以市场价格为准。 （2）如果没有市场价格，按照成本加成定价。 （3）如果既没有市场价格，也不适合采用成本加成价的，按照协议价定价。

6.6.2　关联交易方与本公司的关系性质、关联交易方的名称、法定代表人、注册地址、注册资本及主营业务等

关系性质	关联方名称	法定代表人	注册地址	注册资本（亿元）	主营业务
母公司	中国中信有限公司	朱鹤新	北京市朝阳区新源南路6号	1 390.00	金融、实业
同一母公司	中信银行股份有限公司	李庆萍	北京市朝阳区光华路10号院1号楼	489.35	银行业务
母公司对其有重大影响	中信证券股份有限公司	张佑君	广东省深圳市福田区中心三路8号卓越时代广场（二期）北座	121.17	证券经纪、投行业务

注：公司本年度共有关联方40个，主要来自中信集团内部，表中为公司主要关联方。

6.6.3　公司与关联方的重大交易事项

6.6.3.1　固有财产与关联方：贷款、投资、租赁、应收账款、担保、其他方式等期初汇总数、本期发生额汇总数、期末汇总数

单位：万元

固有财产与关联方关联交易				
项目	期初数	借方发生额	贷方发生额	期末数
贷款	—	—	—	—
投资	11 531.79	57 075.95	62 988.64	5 619.11
租赁	20.44	1 561.69	1 576.41	35.16
担保	—	—	—	—
应收账款	3 196.00	36 000.33	36 000.00	3 196.33
其他	1.58	7 452.84	6 771.59	682.83
合计	14 749.81	102 090.81	107 336.63	9 533.43

6.6.3.2　信托资产与关联方：贷款、投资、租赁、应收账款、担保、其他方式等期初汇总数、本期发生额汇总数、期末汇总数

单位：万元

信托资产与关联方关联交易				
项目	期初数	借方发生额	贷方发生额	期末数
贷款	71 285.19	—	50 000.00	21 285.19
投资	53 746.21	—	30 333.33	23 412.88
合计	125 031.40	—	80 333.33	44 698.07

注：此外，还包括支付给关联方中信银行的托管费10 900.37万元。

6.6.3.3　固有财产和信托财产之间的交易金额期初汇总数、本期发生额汇总数、期末汇总数

单位：万元

固有财产与信托财产相互交易			
项目	期初数	本期发生额	期末数
合计	362 456.70	93 558.71	456 015.41

6.6.3.4　信托资产与信托财产之间的交易金额期初汇总数、本期发生额汇总数、期末汇总数

单位：万元

信托资产与信托财产相互交易			
项目	期初数	本期发生额	期末数
合计	5 680 685.36	653 930.91	6 334 616.27

6.6.4　关联方逾期未偿还本公司资金的详细情况及本公司为关联方担保发生或即将发生垫款的情况

关联方无逾期不偿还本公司资金情况，本公司无为关联方担保发生或即将发生垫款情况。

6.7　会计制度的披露

本公司固有业务和信托业务均执行财政部颁布的企业会计准则及相关规定。

7. 财务情况说明书

7.1 利润实现和分配情况

2020 年母公司净利润为 203 296.93 万元，合并净利润为 385 537.23 万元。

依据《中华人民共和国公司法》《信托公司管理办法》和公司章程，公司对本年实现的母公司净利润 203 296.93 万元进行分配，其中，提取 10% 的法定盈余公积金 20 329.69 万元，提取 5% 的信托赔偿准备 10 164.85 万元。

7.2 主要财务指标

指标名称	指标值	
	合并	母公司
资本利润率（%）	11.97	6.76
人均净利润（万元）	469.88	273.25

注：1. 资本利润率 = 净利润/所有者权益平均余额 ×100%。
2. 人均净利润 = 净利润/年平均人数。
3. 平均值采取期初、期末余额简单平均法，公式为 a（平均）=（期初数 + 期末数）/2。

7.3 对本公司财务状况、经营成果有重大影响的其他事项

报告期内，公司没有对财务状况、经营成果产生重大影响的其他事项。

8. 特别事项揭示

8.1 股东报告期内变动情况及原因

报告期内，本公司没有发生股东变动。

8.2 董事、监事及高级管理人员变动情况及原因

2020 年 12 月，陈一松因工作变动不再担任公司董事长、董事职务；股东会选举刘正均担任公司董事，董事会选举刘正均担任公司董事长，董事长任职资格已获北京银保监局核准。

8.3 变更注册资本、注册地或公司名称、公司分立合并事项

无。

8.4 公司的重大诉讼事项

无。

8.5 公司及其董事、监事和高级管理人员受到处罚的情况

报告期内，北京银保监局对公司作出一笔 30 万元罚款的行政处罚。除上述事项外，公司及其董事、监事和高级管理人员无其他受到处罚的情况。

8.6 中国银保监会及其派出机构对公司进行检查及提出整改意见的情况

报告期内，北京银保监局对公司一笔城投业务进行检查，提出公司在该业务开展中存在尽职管理不到位的问题。公司已按照北京银保监局要求切实落实整改工作，内部控制和合规管理水平得到进一步提升。

8.7 重大事项临时报告情况

2020 年 3 月 9 日，公司在《上海证券报》第 9 版发布关于修改《公司章程》的公告：

经公司 2019 年第三次股东会审议通过，本公司就增加注册资本、调整股权结构事宜修改公司章程。该事项已经中国银行保险监督管理委员会北京监管局核准（京银保监复〔2019〕715 号），并完成北京市市场监督管理局备案程序。公司章程第十三条、第十四条、第十五条作相应修改。

2020 年 12 月 28 日，公司在《上海证券报》第三版发布关于董事长变更的公告：

经中信信托有限责任公司（以下简称公司）2020 年第四次股东会会议和第六届董事会第二十八次会议审议通过，并经中国银行保险监督管理委员会北京监管局核准（京银保监复〔2020〕962 号），刘正均先生担任公司董事长。

8.8 其他有必要让客户及相关利益人了解的重要信息

无。

9. 公司监事会意见

公司监事会根据有关法律、法规，监督检查了公司依法运作、重大决策、重大经营活动情况及财务状况，认为公司能够合规运作，公司董事、总经理等在履行公司职务时未有违反法律、法规、公司章程或损害公司利益的行为，公司年度报告真实地反映了公司的财务状况和经营成果。

中原信托有限公司

1. 重要提示

本公司董事会及董事保证本报告所载资料不存在任何虚假记载、误导性陈述或者重大遗漏，并对其内容的真实性、准确性和完整性承担个别及连带责任。

独立董事冯根福先生、徐长生先生、瞿强先生认为本报告内容真实、准确、完整。

本公司总裁崔泽军、主管会计工作的副总裁李信凤及计划财务部负责人鲁耀声明：保证年度报告中财务报告的真实、完整。

2. 公司概况

2.1 公司简介

中原信托有限公司于 1985 年 8 月经河南省人民政府和中国人民银行批准成立。2002 年 10 月中国人民银行《关于中原信托投资公司重新登记有关事项的批复》（银复〔2002〕285 号）批准公司重新登记，并改制为有限责任公司，成为专门从事信托业务的信托金融机构。2007 年 10 月中国银监会《关于中原信托投资有限公司变更公司名称和业务范围的批复》（银监复〔2007〕468 号）批准公司变更名称为现名，并核准了新的业务范围，换发了中华人民共和国金融许可证。2008 年 5 月中国银监会《关于批准中原信托有限公司增加注册资本及变更股权的批复》（银监复〔2008〕164 号）批准公司增资扩股，注册资本由 59 227.2 万元增加到 120 200 万元（其中，外汇为 1 500 万美元）。2008 年 8 月中国银监会《关于中原信托有限公司特定目的信托受托机构资格的批复》（银监复〔2008〕349 号）核准公司特定目的信托受托机构资格，2010 年 10 月获得固有资产从事股权投资业务资格。2012 年 6 月注册资本增加至 15 亿元。2014 年 12 月以利润转增形式将注册资本由 15 亿元增加至 25 亿元。2016 年 12 月注册资本金由 25 亿元变更为 36.5 亿元。2019 年 6 月注册资本金由 36.5 亿元变更为 40 亿元。

2.1.1 公司中文名称：中原信托有限公司
中文简称：中原信托
英文名称：Zhongyuan Trust Co.，Ltd.
英文缩写：Zhongyuan Trust

2.1.2 法定代表人：赵卫华

2.1.3 注册地址：中国河南省郑州市商务外环路 24 号中国人保大厦
邮政编码：450016
公司互联网网址：http://www.zyxt.com.cn
电子信箱：info@zyxt.com.cn

2.1.4 信息披露事务负责人：刘飞
信息披露联系人：张进
电话（传真）：0371-88861888　电子信箱：info@zyxt.com.cn

2.1.5 信息披露报纸：《上海证券报》《证券时报》

2.1.6 年度报告备置地点：办公室（郑州市商务外环路 24 号中国人保大厦 27 层）

2.1.7 公司聘请的会计师事务所：中证天通会计师事务所（特殊普通合伙）
地址：北京市海淀区西直门大街甲 43 号 1 号楼 13 层

2.1.8 公司聘请的律师事务所：河南仟问律师事务所
地址：郑州市郑东新区平安大道 189 号正商环湖国际 12 层

2.2 组织结构

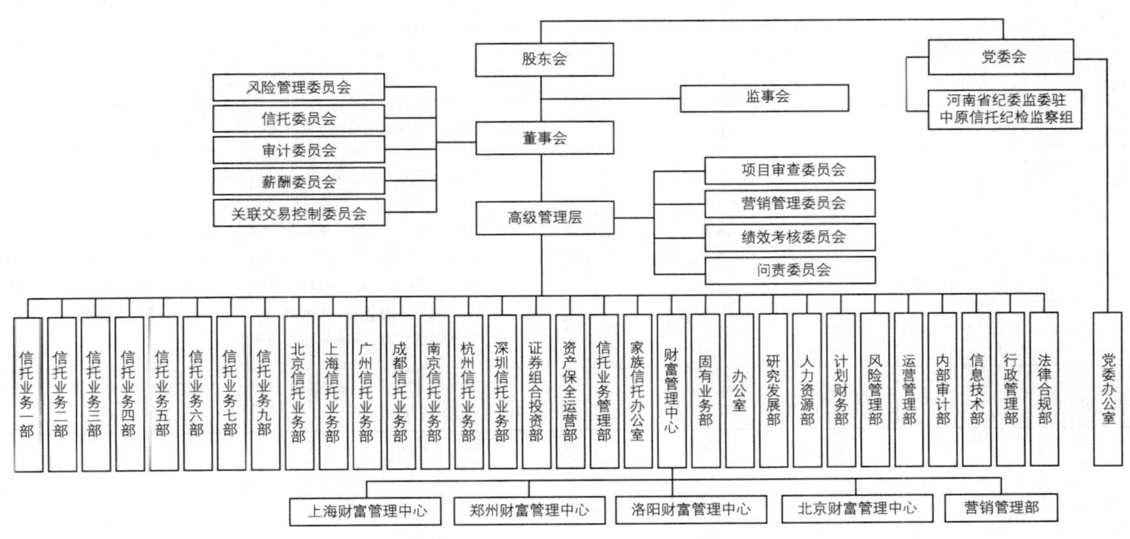

3. 公司治理

3.1 股东

截至报告期末，公司股东共3家。股东情况如下：

股东名称	持股比例(%)	法定代表人
河南投资集团有限公司	58.96536	刘新勇
河南中原高速公路股份有限公司	31.91032	马沉重
河南省豫粮粮食集团有限公司	9.12405	张培贤

公司第一大股东的主要股东的情况如下：

股东名称	其主要股东	出资比例(%)	注册资本(万元)	主要股东的主要经营业务及主要财务情况
河南投资集团有限公司	河南省人民政府	100	—	—

3.2 董事

公司董事会成员的基本情况如下：

姓名	职务	性别	年龄(岁)	选任日期	所推举的股东名称	该股东持股比例(%)	简要履历
赵卫华	董事长	男	43	2020年9月	河南投资集团有限公司	58.96563	历任中国建设银行河南省分行房地产金融业务部经理，中信银行郑州紫荆山路支行行长助理，中信银行郑州分行风险管理部总经理，中信银行郑州分行授信审批部总经理，中原银行党委委员、行长助理兼风险总监，中原银行党委委员、副行长兼风险总监等职务；现任中原信托有限公司党委书记、董事长。
闫万鹏	董　事	男	56	2020年9月	河南投资集团有限公司	58.96563	历任河南省计委办公室办事员，河南省计经委办公室科员、副主任科员、主任科员，河南省计委办公室主任科员、人事处主任科员，河南省建设投资总公司总经理助理、财务总监、总会计师；现任河南投资集团有限公司总经理。
张秋云	董　事	女	48	2020年9月	河南投资集团有限公司	58.96563	历任开封市第一中学教师，河南省发展改革委财政金融处副调研员、副处长，河南省宏观经济研究院党支部书记，中国（河南）自由贸易试验区郑州片区管委会常务副主任；现任河南投资集团有限公司金融管理部主任。
张东红	董　事	男	45	2020年9月	河南投资集团有限公司	58.96563	历任河南安彩集团公司党委办公室主管、专业技术人员管理办公室主任、人力资源部部长、企业策划部部长，河南投资集团人力资源部业务经理、副主任兼任河南汇融人力资源管理有限公司总经理；现任河南投资集团企业策划部主任兼河南汇融人力资源管理有限公司总经理。
彭武华	董　事	男	49	2020年9月	河南中原高速公路股份有限公司	31.91032	历任河南高速公路发展有限公司洛阳分公司财务科长，安新公司改建工程项目部财务处长，河南高速公路发展有限公司会计结算中心副主任、副经理，河南岳常公司董事、副总经理、财务总监、财务资产部副部长、部长，河南交通投资集团有限公司财务管理部一级职员、财务管理部副部长，河南高速房地产开发有限公司正处级干部；现任河南中原高速公路股份有限公司总会计师。
岳道贵	董　事	男	46	2020年9月	河南中原高速公路股份有限公司	31.91032	历任郑州黄河公路大桥管理处财务部主管会计，中原高速大桥分公司财务部主管会计，中原高速平顶山分公司财务经理，中原高速股份有限公司财务资产部副经理；现任中原高速股份有限公司财务资产部经理。
魏华阳	董　事	男	50	2020年9月	河南省豫粮粮食集团有限公司	9.12405	历任河南省油脂公司贸易发展部副总经理、贸易开发部经理、销售部经理、副总经理，河南世通谷物贸易公司副总经理，河南长城粮油食品有限公司党支部书记，河南省国有资产控股运营集团有限公司发展规划部部长兼河南省电子规划研究院有限责任公司董事，河南国控租赁股份有限公司董事长，平顶山煤矿机械有限责任公司监事会主席，河南省国控基金管理有限公司董事长，中原信托有限公司监事，河南郑州农村商业银行股份有限公司董事，河南国控金控有限公司董事长；现任河南省国有资产控股运营集团有限公司副总经理。
崔泽军	董　事	男	57	2015年12月	职位董事兼职工董事	—	历任郑州粮食学院教师，中原信托有限公司财务部经理、副总经理、总经理；现任中原信托有限公司总裁。

独立董事

姓名	所在单位及职务	性别	年龄（岁）	所推举的股东名称	该股东持股比例（%）	简要履历
冯根福	西安交通大学教授	男	63	—	—	西安交通大学经济与金融学院二级教授，博士生导师，国家级突出贡献专家，享受国务院政府特殊津贴，西安交通大学"领军人才"，应用经济学学科和产业经济学学科学术带头人。
徐长生	华中科技大学教授	男	57	—	—	华中科技大学经济学院教授，博士生导师，教育部经济学教学指导委员会委员，中华外国经济学研究会理事暨经济学分会副会长，德国杜伊斯堡大学客座教授，美国哈佛大学高级访问学者。
瞿　强	中国人民大学教授	男	54	—	—	中国人民大学财政金融学院教授，博士生导师，入选教育部"新世纪优秀人才支持计划"和北京市"教学名师"，中国金融学会理事，中国金融四十人论坛（F40）特邀会员，中国工商银行外部监事，北京银行外部监事，国家开发银行特聘专家。

3.3　监事会成员

公司监事会成员的基本情况如下。

姓名	职务	性别	年龄（岁）	选任日期	所推举的股东名称	该股东持股比例（%）	简要履历
宋　东	监事长	男	51	2021 年 2 月	河南中原高速公路股份有限公司	31.91032	历任河南省财政厅办公室、预算处干部，河南省财政厅预算处、社会保障处、农业处副处长，河南省财政厅监督检查六处主任，河南省三门峡市财政局局长、党组书记、二级巡视员；现任中原信托有限公司党委委员、监事长。
杨德伟	监　事	男	39	2020 年 9 月	河南投资集团有限公司	58.96563	历任郑州升达经贸管理学院教师，河南投资集团有限公司证券事务部、资本运营部职员、资本运营部副主任；现任河南投资集团发展计划部副主任。
郑　强	监　事	男	36	2020 年 9 月	河南省豫粮粮食集团有限公司	9.12405	历任许昌县人民检察院反渎职侵权局副局长，河南省国有资产控股运营集团有限公司审计监察部副部长、纪检监察部部长、审计部部长；现任河南省国有资产控股运营集团有限公司纪委委员兼风险合规部经理。
张　亮	职工监事	男	49	2020 年 9 月	—	—	历任中原信托有限公司投资银行部高级主管、信托业务四部高级主管、投资管理二部高级主管、信托业务一部总经理、信托业务五部（北京部）总经理、信托业务九部总经理；现任中原信托有限公司风险管理部总经理。
山　岩	职工监事	女	52	2020 年 9 月	—	—	历任中原信托有限公司存款营业部、总经理办公室职员、计划财务部副总经理；现任中原信托有限公司内部审计部总经理。

3.4　高级管理人员

姓名	职务	性别	年龄（岁）	选任日期	金融从业年限（年）	学历	专业	简要履历
崔泽军	总裁	男	57	2015 年 12 月	29	博士研究生	西方经济学	历任郑州粮食学院教师，中原信托有限公司财务部经理、副总经理、总经理；现任中原信托有限公司总裁。
姬宏俊	副总裁	男	57	2015 年 12 月	20	硕士研究生	工商管理	历任河南省计经委财金处、外经处副主任科员、主任科员，投资处、财金处副处长，国家开发银行河南省分行客户一处副处长，中原信托有限公司副总经理；现任中原信托有限公司副总裁。
薛怀宇	副总裁	男	52	2015 年 12 月	29	博士研究生	西方经济学	历任人民银行河南省分行货币信贷处副科长，人民银行郑州中心支行非银处信托科科长，中原信托有限公司副总经理；现任中原信托有限公司副总裁。
李信凤	副总裁兼总会计师	女	55	2015 年 12 月	32	硕士研究生	工商管理	历任中原信托有限公司金融部、财务部经理、总裁助理；现任中原信托有限公司副总裁兼总会计师。
赵　阳	副总裁	男	49	2015 年 12 月	25	硕士研究生	工商管理	历任中保信期货经纪有限公司郑州期货业务部总经理，中原信托有限公司证券营业部总经理、信托市场部经理、信托业务管理总部副总经理、信托综合部经理、风险管理部经理、总裁助理；现任中原信托有限公司副总裁。

3.5 公司员工

项　目		报告期年度		上年度	
在职员工数		267		254	
		人数(人)	比例(%)	人数(人)	比例(%)
年龄分布	20 岁以下	—	—	—	—
	20 ~29 岁	39	14.6	40	15.8
	30 ~39 岁	163	61.1	155	61.0
	40 岁以上	65	24.3	59	23.2
学历分布	博　士	4	1.5	5	2.0
	硕　士	196	73.4	183	72.0
	本　科	58	21.7	56	22.0
	专　科	8	3	9	3.6
	其　他	1	0.4	1	0.4
岗位分布	董事、监事及其高级管理人员	14	5.2	13	5.1
	自营业务人员	11	4.1	12	4.7
	信托业务人员	160	60.0	148	58.3
	其他人员	82	30.7	81	31.9

4. 经营管理

4.1 经营目标、经营方针、战略规划

4.1.1 经营目标

公司的经营目标是实现信托业务结构转型升级，产品创新能力提高，固有资产配置优化，经济效益和管理水平持续提升。

4.1.2 经营方针

公司的经营方针是坚持“守正创新控风险 转型调整促发展”总基调，走诚信、合规、创新、可持续发展道路。

4.1.3 战略规划

公司的战略规划是有效整合资源，提供专业化资产配置和财富管理服务，服务中国机构和高端个人客户需求，切实履行消费者权益保护职责。

4.2 所经营业务的主要内容

本公司的业务主要是资产管理、财富管理类信托业务和自营资产管理业务。报告期内，信托业务项下提供的主要理财产品有中原财富—宏业系列、宏利系列、成长系列、鑫福系列、安益系列、安惠系列、安融系列信托产品及家族信托、资产证券化信托、公益信托、企业年金信托、PE 投资信托等信托产品，以及服务机构和高端个人客户特定需求的信托业务等；自营资产管理业务主要包括股权投资、金融产品投资等。

自营资产运用与分布表

资产运用	金额(万元)	占比(%)	资产分布	金额(万元)	占比(%)
货币资产	38 630.71	3.89	基础产业	—	—
贷款及应收款	56 913.51	5.74	房地产业	—	—
交易性金融资产投资	0.82	—	证券市场	8 253.04	0.83
可供出售金融资产投资	631 773.47	63.66	实业	2 851.18	0.29
持有至到期投资	—	—	金融机构	796 308.06	80.24
长期股权投资	236 684.29	23.85	其他	184 939.13	18.64
其他	28 348.61	2.86			
资产总计	992 351.41	100	资产总计	992 351.41	100

信托资产运用与分布表

资产运用	金额(万元)	占比(%)	资产分布	金额([illegible])	占比(%)
货币资产	213 332.53	1.04	基础产业	4 679 [illegible].57	22.84
贷款	12 576 417.41	61.38	房地产	4 044 [illegible].80	19.74
交易性金融资产投资	11 792.62	0.06	证券市场	16 [illegible].60	0.08
可供出售金融资产投资	1 368 799.14	6.68	实业	6 354 [illegible].82	31.01
持有至到期投资	—	—	金融机构	1 176 [illegible].74	5.74
长期股权投资	627 384.31	3.06	其他	4 219 [illegible].78	20.59
其他	5 693 250.30	27.78			
信托资产总计	20 490 976.31	100	信托资产总计	20 490 [illegible].31	100

4.3 市场分析

4.3.1 影响公司经营发展的有利条件

我国经济稳中向好、长期向好的基本趋势没有改变，改革开放以来积累的雄厚物质技术基础，超大规模的市场优势和内需潜力，庞大的人力资本和人才资源，为信托业的发展创造了良好的环境；我国继续实施积极的财政政策、稳健的货币政策，引导资金投向先进制造、民生建设、基础设施短板等领域，为信托展业提供了更多的机遇；随着我国经济多年的高速发展，社会财富的绝对存量大幅度增加，因而社会对财富的传承、家族传承、税务筹划等需求逐渐增强，这为发挥信托优势、开展资产管理业务奠定了坚实基础；《信托公司股权管理暂行办法》《非银行金融机构行政许可事项实施办法》等系列顶层制度，不断出台和完善，推动信托行业逐步规范、增强信托行业公信力，提升信托行业的整体竞争力。

4.3.2 影响公司经营发展的不利条件

受新冠肺炎疫情影响，我国的餐饮消费、酒店、旅游、航空等行业的修复一直不够理想。境外疫情的扩散蔓延和中美贸易摩擦的不确定性给我国经济发展带来新的挑战。2021 年是“资管新规”过渡期延长后的最后一年，通道业务、融资类业务和房地产业务管控严格，信托公司的资产规模和盈利能力短期内面临较大冲击，创新转型压力加大；部分实体企业经营压力上升，盈利能力下降，违约事件增多，风险正从实体企业向金融机构蔓延，信托公司的风险管控压力增大。

4.4 内部控制

4.4.1 内部控制环境和内部控制文化

公司不断优化内部控制体系，持续强化科学、严谨的风控理念，内控制度已贯穿部门、岗位和工作的各个环节之中，并且通过考核制度和问责制度确保内部控制的各项要求得到监督和落实。(1)公司法人治理结构健全，股东会、董事会、监事会、高级管理层形成分工明确、职责清晰、制衡有序、运行规范的公司治理机制；(2)董事会及高级管理层下设风险管理委员会、审计委员会、信托委员会、薪酬委员会、关联交易控制委员会、项目审查委员会、营销管理委员会、绩效考核委员会、问责委员会等多个专业委员会，各专业委员会各司其职，各负其责，充分发挥评审、决策、监督、评价等职能，有效防范和化解了各类风险；(3)公司持续推进全面风险管理体系建设，明确尽职调查和风险管理的问责机制，确保公司风险管理能够实现事前有防范、

事中有控制、事后有评价与反馈，建立了"顺序递进、权责统一、严格有效"的监控防线。

公司坚持受益人合法利益最大化原则，大力弘扬信托文化，努力让"诚信重诺、值得托付"成为每名员工的价值追求，让信托文化渗透到员工的一言一行及具体业务操作过程中，让履行内控职责成为每名员工的行动自觉。公司通过制定、完善和实施各类岗位人员行为准则，全面加强员工行为管理，增强内控制度执行力，积极营造文化引导与规范约束有机结合的内部控制环境。

4.4.2 内部控制措施

公司建立了由公司章程、各项规章制度、岗位职责说明书等共同构建的内控制度体系。规章制度包括业务管理、公司治理、内部审计、计划财务、人力资源、党建、行政管理等各个方面，基本涵盖了业务发展、风险管理、资产管理、部门设置、人员安排、事前决策与防范、事中执行与控制、事后监督、反馈纠正、问责等管理环节，确保公司各项经营有规可依。2020 年，根据市场形势变化及监管政策调整，不断完善公司制度体系，制定了《消费投诉管理办法》等 12 项制度，修订完善了《新股询价和申购业务管理办法及操作流程》等 34 项制度。

公司对各部门、岗位制定了明确的职责和权限，严格按照不相容岗位相互分离的原则设定岗位职责，信托业务和固有业务部门分设，信托业务和固有业务全面实现人、财、物相互独立，确保内控制度有效实施。

公司发行的项目需依次经风险管理部与法律合规部初评审、业务部门主管副总裁、公司项目审查委员会、公司总裁审批。各级评审决策机制各司其职、各负其责，坚持业务发展和风险管控"双轮驱动"，准确把握业务发展和风险管理的辩证统一关系，把业务风险控制在公司可承受的范围内。

4.4.3 信息交流与反馈

4.4.3.1 外部信息交流与反馈

公司建立了高效、畅通的外部信息交流与反馈机制。公司指定专职人员负责官方网站维护和信息收集整理，所有对外披露的业务信息和其他信息依据有关规定在外部网站发布，实现信息披露的及时、规范和完整；公司指定专人负责在微信平台上发布产品成立信息及公司新闻，增加信息发布及与客户沟通交流的渠道；与监管部门建立了良好的信息报告反馈机制，业务开展、风险状况、内外部审计情况及合规管理等方面的问题均能够及时完整地向监管部门报告，及时落实监管部门监管意见；建立了舆情监测制度，及时收集舆情，解答客户疑问，不断提升金融服务水平；建立了新闻发言人制度，保持与外界及广大客户良好沟通；遵循受益人合法利益最大化处理信托事务的原则，通过问卷调查、客户面谈、电话沟通等方式，对委托人进行适应性调查，并对各信托产品进行了充分的风险揭示和信息披露。

4.4.3.2 内部信息交流与反馈

公司在各项业务活动中，根据相关制度规定了清晰、高效的报告路线，董事会、监事会、高级管理层能够及时获取相关信息，同时前台、中台、后台通过信息的交流形成监督制约机制；针对经营过程中可能发生的重大事项专门制定了请示报告制度，对请示报告的受理机构、请示报告的事项范围、请示报告的一般行文规则、项目管理内部报告制度、其他工作汇报制度、责任追究等内容作了明确规定；建立了信托业务管理系统、财务管理系统、CRM 系统、人力资源管理系统和协同办公等应用系统，2020 年持续升级优化了核心业务系统和办公管理系统，新上线数据库一体化管理系统和网上营销管理系统，进一步规范了信息交流与反馈机制。

4.4.4 监督评价与纠正

公司通过内控机制的动态调整和不断完善，形成了以风险管理、合规管理和内部审计为主，业务授权控制、会计控制、业务流程控制及信息化控制等相互作用的内控监督评价与纠正机制，实现了内控缺陷的及时发现和纠正。对于发现的问题，相关部门及时提出改进措施和管理建议并上报管理层。监督评价机制的适时跟进，不仅完善和优化了操作流程，提高了内部运行的合理性和工作效率，而且增强了对操作风险的实时掌控能力，使内部监督制约机制更加健全有效。在日常管理过程中，无论监管部门提出的监管意见，还是内部审计或有关部门提出改进工作、加强管理的建议，公司管理层均高度重视，并迅速责成相关部门进行整改落实，推动了内控制度的执行和完善，保证了整个内部控制体系的长效运行。

2020 年，为发挥内部审计的监督和指导作用，着力提升公司的经营管理和风险控制水平，内部审计部围绕公司"回归信托本源，加快业务转型，推动公司高质量发展"的工作思路，以及加强内部管理和风险防控的总体要求，共开展了包括固有业务管理、信托业务管理、产品营销与客户管理、反洗钱、征信业务、内控制度建设和员工离职等 14 项内部审计工作，涉及项目 166 个，资产规模约 517 亿元，提出并被采纳审计意见或管理建议 53 条，并持续跟踪审计整改落实情况。通过审计不仅完善了防控措施，化解了潜在风险，同时还总结了工作中的成功经验和做法，提出的意见及建议已逐步转化为管理措施，充分发挥了内部审计在加强内部控制、防范风险和提升精细化管理水平等方面应有的作用。

4.5 风险管理

4.5.1 风险管理概况

公司风险管理的基本原则：强化风险管理意识，明确风险管理责任，提高识别、量化和控制风险的能力，建立涵盖公司业务发展、资产管理、部门设置、人员安排以及决策、执行、监督、反馈等各个内控环节的风险管理系统，实行全面风险管理，把风险控制在公司可承担范围之内。

公司实行风险管理责任制，风险管理组织结构与职责划分按照信托业务部门与固有财产管理部门分设，信托业务操作过程前台、中台、后台分设的原则设置，横向与纵向相互监督制约，明确各个部门、各个环节风险管理的责任。

4.5.2 风险状况

4.5.2.1 信用风险状况

信用风险指因交易对手未能履行合同约定所带来的经济损失风险。公司业务运营中主要的交易对手为房地产企业、城投公司、一般工商企业等。报告期内，面对经济持续下行及信托行业增速放缓等压力，公司始终坚持稳健经营原则，从严筛选交易对手，审慎确定授信额度，规范交易流程和管理流程，采用土地及房产抵押、股权或上市公司股票质押、商业物业与在建工程抵押等多重风险防范措施做实项目担保，严格控制抵

(质)押率,并结合项目实际情况追加实际控制人或有实力第三方连带责任担保,最大限度地减少信用风险可能带来的损失。

报告期末,公司固有业务信用风险资产(包括贷款、拆借、租赁)按照资产五级分类标准分类的情况:正常为零万元、关注为零万元、次级为零万元、可疑为零万元、损失为零万元。其中,不良信用资产的期初数为零万元,期末数为零万元,报告期末准备金余额为零万元。

4.5.2.2 市场风险状况

市场风险是指因证券价格、利率、汇率等的变动而导致价值未预料到的潜在损失的风险。公司面临的市场风险主要是股票二级市场波动风险,具体影响证券投资类信托业务及股票质押信托融资业务。报告期内,公司开展的证券投资类信托业务,均甄选优质的交易对手,整体风险相对可控。

4.5.2.3 操作风险状况

公司实行规范化、标准化、制度化管理,各项内控制度比较健全,并能根据监管政策的变化不断修订和完善;实行岗位职责和相互监督检查相结合,并制定了相关制度对失职、越权或者违规操作的人员进行问责,强化执行力;不断加强各类业务系统的升级改造和人员培训,加强相关业务的信息化管理;强化项目事中监督与审计,及时发现、控制潜在风险,及时整改不规范的操作行为。总体上,公司操作风险管理工作比较扎实,报告期内未发生操作风险。

4.5.2.4 其他风险状况

本公司面临的其他风险主要有合规风险、法律风险、流动性风险、声誉风险等。公司能够根据外部监管政策和法律法规的变化及时调整公司相关制度,主动配合监管部门对公司业务的监管,没有发生重大合规风险和法律风险。截至2020年末,公司净资本对各项业务风险资本的覆盖率达226.90%,净资本/净资产指标为79.08%,净资本指标处于较好水平,流动性风险可控。公司重视品牌建设和声誉风险管理,勤勉尽职履行受托人责任,与受益人建立了良好的沟通渠道,报告期内没有发生重大声誉风险。

4.5.3 风险管理

4.5.3.1 信用风险管理

公司管理信用风险的主要策略:一是优选交易对手,公司制定有主要业务的授信原则,明确了各类业务的交易对手准入门槛,不符合要求的交易对手不予合作。二是优选抵(质)押物,审慎确定抵质押率。抵(质)押物以选取不存在所有权争议、市场价值可测、易于管理、易于变现的资产为原则;抵(质)押率的确定根据项目具体情况和抵(质)押资产特点而定。三是扎实开展项目风险排查,公司制定了风险排查制度,对每类业务的风险排查频率、方式等作出具体规定。四是对后期管理中发现的潜在风险进行逐一核实,通过日常风险排查,做到风险苗头早发现、早预警、早处置。

根据年度经营情况,公司未计提一般准备,按净利润的5%计提信托赔偿准备金,报告期内计提2020年信托赔偿准备金1 566.38万元,期末信托赔偿准备金累计31 547.29万元,报告期内未使用信托赔偿准备金,所提取信托赔偿准备金存放于商业银行。

4.5.3.2 市场风险管理

公司管理市场风险的主要策略:一是对市场风险实行限额管理,将固有资金投资股票的比重控制在与公司的投资管理和风险承受能力相适应的水平;二是加强对宏观经济形势和特定行业趋势、区域金融环境的整体判断研究,关注政策变化可能引发的风险,避免进入限制类行业和相关项目,增强证券投资决策的预见性和前瞻性,提高反应速度;三是利用证券投资及风险管理系统,提高证券估值效率和风险评估的科学性,强化止盈止损等风险防范措施;四是建立股票质押融资项目风险预警台账,逐日盯市,动态监测项目安全边际,做实保证金、股票追加机制。

4.5.3.3 操作风险管理

公司管理操作风险的主要策略:一是根据监管政策变化,动态修订和完善内控制度体系,细化业务操作流程,明确岗位职责,规范管理要点,确保各项操作有规可依;二是加强业务流程的信息化管理,实现各项流程操作的规范化、自动化;三是持续加强员工培训,增强员工责任意识,提升员工道德水准;四是持续推进精细化管理,强化监督检查和处罚问责。

4.5.3.4 其他风险管理

报告期内,公司不断深化对法律合规风险演变规律认识,适时调整管理策略,积极采取有效措施,全面加强重点领域和关键环节法律合规风险管控,依法合规经营水平不断提升。公司注重运用法治思维和法治方式防范化解风险,积极整合内外部资源力量,依法高效推动项目谈判、合同审核、债务重组和司法诉讼等,充分维护投资者和公司利益。通过举办法律合规大讲堂,深入开展法治宣传、防范非法集资、防范金融诈骗、扫黑除恶、案件警示等专题宣传教育活动,努力营造尊法学法守法用法的良好氛围。

4.6 净资本管理指标

截至2020年末,公司净资本为71.62亿元,各项风险资本之和为31.57亿元,净资本对风险资本的覆盖率达226.90%,净资本/净资产指标为79.08%,各项指标均达到监管标准。

4.7 履行社会责任情况

报告期内,公司努力构建分工合理、制衡有力、监督到位、运行顺畅的法人治理结构,完成董事会、监事会换届,修订公司章程和三会议事规则,设立董事会关联交易控制委员会,进一步完善了股东会、董事会和高级经营层的分级授权体系,贯彻落实"三重一大"决策制度,细化了各个层级的职责边界、议事规则和决策程序。全面落实中央及河南省关于新冠肺炎疫情防控的重要决策部署,统筹做好疫情防控和复工复产各项工作,切实保护员工生命安全和身体健康,以捐赠方式认购中国信托业协会专项慈善信托50万元,公司党委组织特殊党费捐赠活动,领导干部率先垂范、全体党员积极参与,以实际行动支持疫情防控工作。严格遵循有关法律、规则和准则要求,持续完善的180余项管理制度涵盖了业务、资产、部门、人员以及决策、执行、监督、反馈各个内控环节。截至2020年末,中原信托累计管理信托财产9 026亿元,按时足额交付到期信托财产7 001亿元,累计向客户分配信托收益913亿元。发挥企业社会价值,积极谋划融入国家黄河流域发展、中部崛起等经济建设重要战略,全年新增河南省内信托融资461亿元。2020年,先后荣获中国信托业2020年信托知识竞赛决赛"团体优秀奖"

"优秀个人奖",2020 金融界领航中国金融盛典"2020 领航中国年度评选杰出财富服务品牌奖","'诚信托'最佳慈善信托产品奖"等奖项。坚持以人为本的发展理念,不断完善薪酬保障体系,为员工个人发展提供多元化培训支持,努力畅通员工发展通道,优化员工成长成才环境。以服务客户为中心,忠实履行受托责任,积极推进消费者权益保护工作,服务客户资金的保值增值,满足客户多样化金融需求。

5. 报告期末及上一年度末的比较式会计报表

5.1 自营资产

5.1.1 会计师事务所审计结论

中证天通会计师事务所(特殊普通合伙)审计了中原信托有限公司 2020 年度财务报表,出具了标准无保留意见的审计报告书。

5.1.2 资产负债表

资产负债表

编制单位:中原信托有限公司　　2020 年 12 月 31 日　　单位:万元

资产	行次	期末数	期初数	负债及所有者权益	行次	期末数	期初数
流动资产:	1			流动负债:	36		
货币资金	2	38 630.71	54 350.47	短期借款	37	—	—
拆出资金	3	—	—	拆入资金	38	—	—
交易性金融资产	4	0.82	—	交易性金融负债	39	—	—
衍生金融资产	5	—	—	衍生金融负债	40	—	—
买入返售金融资产	6	—	—	卖出回购金融资产款	41	—	—
应收账款	7	1 344.09	4 073.57	应付账款	42	—	—
预付款项	8	—	—	预收款项	43	—	—
应收利息	9	—	—	应付职工薪酬	44	17 822.04	17 227.68
应收股利	10	—	—	应交税费	45	6 480.25	8 114.91
其他应收款	11	55 569.42	53 619.81	应付利息	46	—	—
存货	12	—	—	应付股利	47	—	—
一年内到期的非流动资产	13	—	—	其他应付款	48	60 369.46	129 783.04
其他流动资产	14	—	—	一年内到期的非流动负债	49	—	—
—	15	—	—	其他流动负债	50	—	—
流动资产合计	16	95 545.04	112 043.85	流动负债合计	51	84 671.75	155 125.63
非流动资产:	17	—	—	非流动负债:	52	—	—
发放贷款及垫款	18	—	—	长期借款	53	—	—
可供出售金融资产	19	631 773.47	672 678.52	应付债券	54	—	—
持有至到期投资	20	—	—	预计负债	55	1 950.25	1 950.25
长期应收款	21	—	—	递延所得税负债	56	0.08	—
长期股权投资	22	236 684.29	230 469.70	其他非流动负债	57	—	—
投资性房地产	23	1 689.22	1 828.63	非流动负债合计	58	1 950.33	—
固定资产	24	7 957.19	8 223.69	负债合计	59	86 622.08	157 075.88
在建工程	25	12 728.48	9 505.37	所有者权益:	60	—	—
工程物资	26	—	—	实收资本	61	400 000.00	400 000.00
固定资产清理	27	—	—	资本公积	62	174 532.37	178 567.56
无形资产	28	4 614.64	4 685.70	减:库存股	63	—	—
递延所得税资产	29	931.24	487.56	其他综合收益	64	-4 789.71	53.94
抵债资产	30	427.84	427.84	盈余公积	65	63 211.78	60 079.02
其他非流动资产	31	—	5.60	一般风险准备	66	31 829.08	30 262.70
—	32	—	—	未分配利润	67	240 945.81	214 317.36
非流动资产合计	33	896 806.37	928 312.61	外币报表折算差额	68	—	—
—	34	—	—	所有者权益合计	69	905 729.33	883 280.58
资产总计	35	992 351.41	1 040 356.46	负债及所有者权益总计	70	992 351.41	1 040 356.46

法定代表人:赵卫华　　财务经理:鲁耀　　复核:鲁耀　　制表:邓燕

5.1.3 利润和利润分配表

利润和利润分配表

制表单位：中原信托有限公司　　2020 年度　　单位：万元

项目	行次	当年数	上年数
一、营业收入	1	83 307.23	96 845.43
利息净收入	2	−2 955.43	−5 45[illegible].36
利息收入	3	813.40	2 12[illegible].02
利息支出	4	3 768.83	7 58[illegible].38
手续费及佣金净收入	5	61 853.48	69 20[illegible].41
手续费及佣金收入	6	61 853.48	69 20[illegible].41
手续费及佣金支出	7	—	—
投资收益（损失以“－”号填列）	8	24 053.84	32 68[illegible].18
其中：对联营企业和合营企业的投资收益	9	20 237.29	19 95[illegible].27
资产处置收益（损失以“－”号填列）	10	0.58	109.96
公允价值变动收益（损失以“－”号填列）	11	0.34	—
汇兑收益（损失以“－”号填列）	12	—	—
其他业务收入	13	354.42	31[illegible].25
二、营业支出	14	41 641.06	42 56[illegible].46
税金及附加	15	560.00	62[illegible].27
业务及管理费	16	20 791.75	22 01[illegible].46
资产减值损失	17	20 149.89	17 83[illegible].06
其他业务成本	18	139.42	2 08[illegible].66
三、营业利润（亏损以“－”号填列）	19	41 666.17	54 2[illegible].97
加：营业外收入	20	95.83	80.00
减：营业外支出	21	50	[illegible].21
四、利润总额（亏损以“－”号填列）	22	41 712.00	54 36[illegible].76
减：所得税费用	23	10 384.41	13 2[illegible].02
五、净利润（净亏损以“－”号填列）	24	31 327.59	41 15[illegible].74
六、每股收益	25	—	—
（一）基本每股收益	26	—	—
（二）稀释每股收益	27	—	—
减：其他调整事项	28	—	—
七、其他综合收益	29	−4 843.65	89[illegible].11
八、综合收益总和	30	26 483.94	42 047.85

法定代表人：赵卫华　　财务经理：鲁耀　　复核：鲁耀　　制表：邓燕

5.1.4 所有者权益变动表

所有者权益变动表

编制单位：中原信托有限公司　　2020 年度　　单位：万元

项目	行次	本年金额						
		实收资本	资本公积	其他综合收益	盈余公积	未分配利润	一般风险准备	所有者权益合计
一、上年年末余额	1	400 000.00	178 567.56	53.94	60 079.02	214 317.36	30 262.70	883 280.58
1. 会计政策变更	2	—	—	—	—	—	—	—
2. 前期差错更正	3	—	—	—	—	—	—	—
3. 其他调整项	4	—	—	—	—	—	—	—
二、本年年初余额	5	400 000.00	178 567.56	53.94	60 079.02	214 317.36	30 262.70	883 280.58
三、本年增减变动金额（减少以“－”号填列）	6	—	−4 035.19	−4 843.65	3 132.76	26 628.45	1 566.38	22 448.75
（一）本年净利润	7	—	—	—	—	31 327.59	—	31 327.59
（二）直接计入所有者权益的利得和损失	8	—	−4 035.19	−4 843.65	—	—	—	−8 878.84
1. 可供出售金融资产公允价值变动净额	9	—	—	−1 331.03	—	—	—	−1 331.03
2. 权益法下被投资单位其他所有者权益变动影响	10	—	—	−3 512.62	—	—	—	−3 512.62
3. 与计入所有者权益项目相关的所得税影响	11	—	—	—	—	—	—	—
4. 其他	12	—	−4 035.19	—	—	—	—	−4 035.19
小计	13	—	−4 035.19	−4 843.65	—	31 327.59	—	22 448.75

续表

项目	行次	本年金额						
		实收资本	资本公积	其他综合收益	盈余公积	未分配利润	一般风险准备	所有者权益合计
(三)所有者投入资本	14	—	—	—	—	—	—	—
1. 所有者本期投入资本	15	—	—	—	—	—	—	—
2. 本年购回库存股	16	—	—	—	—	—	—	—
3. 股份支付计入所有者权益的金额	17	—	—	—	—	—	—	—
(四)本年利润分配	18	—	—	—	3 132. 76	-4 699. 14	1 566. 38	—
1. 对所有者(或股东)的分配	19	—	—	—	—	—	—	—
2. 提取盈余公积	20	—	—	—	3 132. 76	-3 132. 76	—	—
3. 提取一般风险准备	21	—	—	—	—	-1 566. 38	1 566. 38	—
(五)所有者权益内部结转	22	—	—	—	—	—	—	—
1. 未分配利润转增资本	23	—	—	—	—	—	—	—
2. 资本公积转增资本	24	—	—	—	—	—	—	—
3. 盈余公积转增资本	25	—	—	—	—	—	—	—
4. 盈余公积弥补亏损	26	—	—	—	—	—	—	—
四、本年年末余额	27	400 000. 00	174 532. 37	-4 789. 71	63 211. 78	240 945. 81	31 829. 08	905 729. 33

所有者权益变动表(续)

编制单位:中原信托有限公司　　2020 年度　　单位:万元

项目	行次	上年金额						
		实收资本	资本公积	其他综合收益	盈余公积	未分配利润	一般风险准备	所有者权益合计
一、上年年末余额	1	365 000. 00	143 567. 56	-842. 17	55 963. 84	249 338. 38	28 205. 12	841 232. 73
1. 会计政策变更	2	—	—	—	—	—	—	—
2. 前期差错更正	3	—	—	—	—	—	—	—
3. 其他调整项	4	—	—	—	—	—	—	—
二、本年年初余额	5	365 000. 00	143 567. 56	-842. 17	55 963. 84	249 338. 38	28 205. 12	841 232. 73
三、本年增减变动金额(减少以"-"号填列)	6	35 000. 00	35 000. 00	896. 11	4 115. 17	-35 021. 02	2 057. 59	42 047. 85
(一)本年净利润	7	—	—	—	—	41 151. 74	—	41 151. 74
(二)直接计入所有者权益的利得和损失	8	—	—	896. 11	—	—	—	896. 11
1. 可供出售金融资产公允价值变动净额	9	—	—	439. 09	—	—	—	439. 09
2. 权益法下被投资单位其他所有者权益变动影响	10	—	—	457. 02	—	—	—	457. 02
3. 与计入所有者权益项目相关的所得税影响	11	—	—	—	—	—	—	—
4. 其他	12	—	—	—	—	—	—	—
小计	13	—	—	896. 11	—	41 151. 74	—	42 047. 85
(三)所有者投入资本	14	—	—	—	—	—	—	—
1. 所有者本期投入资本	15	—	—	—	—	—	—	—
2. 本年购回库存股	16	—	—	—	—	—	—	—
3. 股份支付计入所有者权益的金额	17	—	—	—	—	—	—	—
(四)本年利润分配	18	—	—	—	4 115. 17	-6 172. 76	2 057. 59	—
1. 对所有者(或股东)的分配	19	—	—	—	—	—	—	—
2. 提取盈余公积	20	—	—	—	4 115. 17	-4 115. 17	—	—
3. 提取一般风险准备	21	—	—	—	—	-2 057. 59	2 057. 59	—
(五)所有者权益内部结转	22	35 000. 00	35 000. 00	—	—	-70 000. 00	—	—
1. 未分配利润转增资本	23	35 000. 00	35 000. 00	—	—	-70 000. 00	—	—
2. 资本公积转增资本	24	—	—	—	—	—	—	—
3. 盈余公积转增资本	25	—	—	—	—	—	—	—
4. 盈余公积弥补亏损	26	—	—	—	—	—	—	—
四、本年年末余额	27	400 000. 00	178 567. 56	53. 94	60 079. 02	214 317. 36	30 262. 70	883 280. 58

法定代表人:赵卫华　　财务经理:鲁耀　　复核:鲁耀　　制表:邓燕

5.2 信托资产

5.2.1 信托项目资产负债汇总表

信托项目资产负债汇总表

编制单位：中原信托有限公司　　2020 年 12 月 31 日　　单位：万元

信托资产	期末数	期初数	信托负债和信托权益	期末数	期初数
信托资产：			信托负债：		
货币资金	213 332.55	126 749.36	交易性金融负债	—	—
拆出资金	—	—	衍生金融负债	—	—
存出保证金	—	—	应付受托人报酬	1 620.93	[illegible]243.06
交易性金融资产	11 792.62	10 194.35	应付托管费	63.78	37.67
衍生金融资产	—	—	应付受益人收益	259.84	1 899.08
买入返售金融资产	914 299.50	785 399.55	应交税费	255.74	192.19
应收款项	59 528.11	16 071.76	应付销售服务费	—	—
发放贷款	12 576 417.41	12 392 622.68	其他应付款项	212 340.86	153 572.17
可供出售金融资产	1 368 799.14	1 418 602.70	预计负债	—	—
持有至到期投资	—	—	其他负债	—	—
长期应收款	1 095 480.50	150 963.35	信托负债合计	214 541.16	15[illegible]944.17
长期股权投资	627 384.31	955 652.61			
投资性房地产	—	—	信托权益：		
固定资产	—	—	实收信托	20 249 812.32	17 7[illegible]353.87
无形资产	—	—	资本公积	2 370.96	1 378.97
长期待摊费用	70.32	70.32	外币报表折算差额	—	—
其他资产	3 623 871.86	2 032 700.36	未分配利润	24 251.87	[illegible]4 [illegible]50.03
减：各项资产减值准备	—	—	信托权益合计	20 276 435.15	17 724 082.87
信托资产总计	20 490 976.31	17 889 027.04	信托负债及信托权益总计	20 490 976.31	17 889 027.04

法定代表人：赵卫华　　财务经理：鲁耀　　复核：王醒　　制表：孙婉玮

5.2.2 信托项目利润及利润分配汇总表

信托项目利润及利润分配汇总表

编制单位 中原信托有限公司　　2020 年度　　单位：万元

项目	当年数	上年数
1. 营业收入	1 143 310.84	1 192 902.08
1.1 利息收入	933 494.06	933 358.33
1.2 投资收益（损失以"－"号填列）	207 579.52	228 317.97
1.2.1 其中：对联营企业和合营企业的投资收益	—	—
1.3 公允价值变动收益（损失以"－"号填列）	1 739.25	2 546.77
1.4 租赁收入	—	—
1.5 汇兑损益（损失以"－"号填列）	—	—
1.6 其他收入	498.01	28 679.01
2. 支出	122 083.52	144 494.99
2.1 营业税金及附加	3 813.89	3 685.99
2.2 受托人报酬	64 201.62	71 936.51
2.3 托管费	18 801.66	32 382.94
2.4 投资管理费	—	—
2.5 销售服务费	—	—
2.6 交易费用	48.29	36.18
2.7 资产减值损失	—	—

续表

项目	当年数	上年数
2.8 其他费用	35 218.06	36 453.37
3. 信托净利润（损失以"－"号填列）	1 021 227.32	1 0[illegible]8 407.09
4. 其他综合收益	1 027.32	－1.33
5. 综合收益	1 022 254.64	1 0[illegible]8 405.76
6. 加：期初未分配信托利润	14 850.03	50 773.37
7. 可供分配的信托利润	1 036 077.35	1 0[illegible]9 180.46
8. 减：本期已分配信托利润	1 011 825.48	1 0[illegible]4 330.43
9. 期末未分配信托利润	24 251.87	14 850.03

法定代表人：赵卫华　　财务经理：鲁耀　　复核：王醒　　制表：孙婉玮

6. 会计报表附注

6.1 会计报表编制基准不符合会计核算基本前提的说明

本报告期会计报表编制基准不存在不符合会计核算基本前提的事项。

6.2 简要说明报告年度会计报表编制基准、会计政策、会计估计和核算方法发生的变化

本公司于 2008 年 1 月 1 日起执行新《企业会计准则》，按

照新《企业会计准则》要求进行会计核算。

6.3　或有事项说明

本会计期未发生对外担保及其他或有事项。

6.4　重要资产转让及其出售的说明

本会计期无重要资产转让及其出售。

6.5　会计报表中重要项目的明细资料

6.5.1　自营资产经营情况

6.5.1.1　按信用风险五级分类结果披露信用风险资产的期初数、期末数

信用风险资产五级分类	正常类（万元）	关注类（万元）	次级类（万元）	可疑类（万元）	损失类（万元）	信用风险资产合计（万元）	不良资产合计（万元）	不良资产率（%）
期初数	—	—	—	—	—	—	—	—
期末数	—	—	—	—	—	—	—	—

注：不良资产合计 = 次级类 + 可疑类 + 损失类。

6.5.1.2　各项资产减值损失准备的期初数、本期计提、本期转回、本期核销、期末数，贷款的一般准备、专项准备和其他资产减值准备

单位：万元

	期初数	本期计提	本期转回	本期核销	期末数
贷款损失准备	—	—	—	—	—
一般准备	—	—	—	—	—
专项准备	—	—	—	—	—
其他资产减值准备	152 024.74	20 149.89	—	—	172 174.63
可供出售金融资产减值准备	145 381.67	18 061.79	—	—	163 443.46
持有至到期投资减值准备	—	—	—	—	—
长期股权投资减值准备	—	—	—	—	—
坏账准备	6 643.07	2 088.10	—	—	8 731.17
投资性房地产减值准备	—	—	—	—	—
抵债资产减值准备	—	—	—	—	—

6.5.1.3　自营股票投资、基金投资、债券投资、其他投资等投资业务的期初数、期末数

单位：万元

	自营股票	基金	债券	其他投资
期初数	—	31 846.85	—	640 831.67
期末数	8 252.22	4 878.55	—	618 642.70

6.5.1.4　前五名的自营长期股权投资的企业名称、占被投资企业权益的比例、主要经营活动及投资收益情况

企业名称	占被投资企业权益的比例（%）	主要经营活动	投资收益（万元）
长城基金管理有限公司	17.6470	基金管理	658.05
上海临芯投资管理有限公司	12.0000	投资管理	150.00
洛银金融租赁股份有限公司	10.0000	金融租赁	5 376.45
河南资产管理有限公司	10.0000	资产管理	4 217.04
郑州银行股份有限公司	3.5050	商业银行	10 643.80

6.5.1.5　前五名的自营贷款的企业名称、占贷款总额的比例和还款情况

企业名称	占贷款总额的比例（%）	还款情况（万元）
—	—	—
—	—	—

6.5.1.6　表外业务的期初数、期末数，按照代理业务、担保业务和其他类型表外业务

单位：万元

表外业务	期初数	期末数
担保业务	—	—
代理业务（委托业务）	—	—
其他	—	—
合计	—	—

6.5.1.7　公司当年的收入结构

收入结构	金额（万元）	占比（%）
手续费及佣金收入	61 853.48	70.96
其中：信托手续费收入	61 853.48	70.96
投资银行业务收入	—	—
利息收入	813.40	0.93
资产处置收益	0.58	—
其他业务收入	354.76	0.41
其中：计入信托业务收入部分	—	—
投资收益	24 053.84	27.60
其中：股权投资收益	21 045.34	24.14
公允价值变动收益	46.92	0.06
其他投资收益	2 961.58	3.40
营业外收入	95.83	0.10
收入合计	87 171.89	100

6.5.2　信托资产管理情况

6.5.2.1　信托资产的期初数、期末数

单位：万元

信托资产	期初数	期末数
集合	7 926 782.63	8 610 337.92
单一	7 999 018.31	8 328 965.12
财产权	1 963 226.10	3 551 673.27
合计	17 889 027.04	20 490 976.31

6.5.2.1.1　主动管理型信托业务期初数、期末数，分证券投资类、其他投资类、融资类、事务管理类分别披露

单位：万元

主动管理型信托资产	期初数	期末数
证券投资类	21 683.70	88 131.93
其他投资类	2 141 178.72	5 762 061.28
融资类	4 548 927.17	3 952 500.69
事务管理类	897 100.95	4 058 226.46
合计	7 608 890.54	13 860 920.36

6.5.2.1.2　被动管理型信托业务期初数、期末数，分证券投资类、其他投资类、融资类、事务管理类分别披露

单位：万元

被动管理型信托资产	期初数	期末数
证券投资类	—	—
其他投资类	351 133.51	1 744 272.07
融资类	394 381.22	—
事务管理类	9 534 621.77	4 885 783.88
合计	10 280 136.50	6 630 055.95

6.5.2.2　本年度已清算结束的信托项目个数、实收信托合计金额、加权平均实际年化收益率

6.5.2.2.1　本年度已清算结束的集合类、单一类资金信托项目和财产管理类信托项目个数、实收信托合计金额、加权平均实际年化收益率

已清算结束的信托项目	项目个数（个）	实收信托合计金额（万元）	加权平均实际年化收益率（%）
集合类	61	1 456 432.06	6.25
单一类	51	1 624 342.42	6.88
财产管理类	16	1 466 730.54	4.76

注：加权平均实际年化收益率 =（信托项目 1 的实际年化收益率 × 信托项目 1 的资产总计 + 信托项目 2 的实际年化收益率 × 信托项目 2 的资产总计 + … + 信托项目 n 的实际年化收益率 × 信托项目 n 的资产总计）/（信托项目 1 的资产总计 + 信托项目 2 的资产总计 + … + 信托项目 n 的资产总计）×100%。

6.5.2.2.2　本年度已清算结束的主动管理型信托项目个数、实收信托合计金额、加权平均实际年化收益率，分证券投资类、其他投资类、融资类、事务管理类分别披露

已清算结束的信托项目	项目个数（个）	实收信托合计金额（万元）	加权平均实际年化收益率（%）
证券投资类	—	—	—
其他投资类	16	1 014 117.85	3.78
融资类	48	914 641.92	7.58
事务管理类	4	116 978.00	7.62

6.5.2.2.3　本年度已清算结束的被动管理型信托项目个数、实收信托合计金额、加权平均实际年化收益率，分证券投资类、其他投资类、融资类、事务管理类分别披露

已清算结束的信托项目	项目个数（个）	实收信托合计金额（万元）	加权平均实际年化收益率（%）
证券投资类	—	—	—
其他投资类	—	—	—
融资类	4	130 420.76	6.15
事务管理类	56	2 371 346.49	6.24

6.5.2.3　本年度新增的集合类、单一类和财产管理类信托项目个数、实收信托合计金额

新增信托项目	项目个数（个）	实收信托合计金额（万元）
集合类	63	3 363 418.00
单一类	61	3 103 817.00
财产管理类	37	3 583 898.00
新增合计	161	10 051 133.00
其中：主动管理型	161	10 051 133.00
被动管理型	—	—

6.5.2.4　信托业务创新成果和特色业务有关情况

报告期内，公司高度重视转型发展及创新工作。在创新业务领域取得积极进展。优化组织结构，引进创新人才，成立了证券组合投资部、家族信托办公室；采取优先评审、优先销售、提高考核系数等措施积极推动业务转型，落地实施资产证券化项目 21 个、证券投资信托项目 6 个、房地产股权投资信托项目 1 个。

6.5.2.5　信托赔偿准备金的提取、使用和管理情况

公司按净利润的 5% 计提信托赔偿准备金，报告期内计提 2020 年度信托赔偿准备金 1 566.38 万元，期末信托赔偿准备金 31 547.29 万元，报告期内未使用信托赔偿准备金，公司所提取信托赔偿准备金存放于商业银行。

6.6　关联方关系及其交易的披露

6.6.1　关联交易方的数量、关联交易的总金额及关联交易的定价政策等

项目	关联交易方数量（个）	关联交易金额（万元）	定价政策
合计	79	1 254 461.23	市场公平价格

注：关联交易是指信托公司以自有资产、信托资产为关联方提供投融资等服务，或以担保等方式为关联方融资提供便利的业务。关联交易的统计范围应基本与银监会非现场监管信息系统中关于关联交易的范围和口径一致，也可增加为关联方提供咨询等其他非投融资类业务服务的信息。

6.6.2　关联交易方与本公司的关系性质、关联交易方的名称、法定代表人、注册地址、注册资本及主营业务等

关系性质	关联方名称	法定代表人	注册地址	注册资本（万元）	主营业务
公司股东	河南投资集团有限公司	刘新勇	郑州市	1 200 000	项目投资管理
公司股东	河南中原高速公路股份有限公司	马沉重	郑州市	224 737	交通设施投资
公司股东	河南省豫粮粮食集团有限公司	张培贤	郑州市	100 000	粮食收购、加工

6.6.3　本公司与关联方的重大交易事项

6.6.3.1　固有财产与关联方：贷款、投资、租赁、应收账款、担保、其他方式等期初汇总数、本期发生额汇总数、期末汇总数

单位：万元

固有财产与关联方关联交易			
项目	期初	发生额	期末
贷款	—	—	—
投资	—	—	—
租赁	—	—	—
担保	—	—	—
应收账款	—	—	—
其他	—	—	—
合计	—	—	—

6.6.3.2　信托资产与关联方：贷款、投资、租赁、应收账款、担保、其他方式等期初汇总数、本期发生额汇总数、期末汇总数

单位：万元

信托资产与关联方关联交易			
项目	期初	发生额	期末
贷款	36 000.00	-8 000.00	28 000.00
投资	—	—	—
租赁	—	—	—
担保	—	—	—
应收账款	—	—	—
其他	47 752.17	-47 752.17	—
合计	83 752.17	-55 752.17	28 000.00

6.6.3.3　固有财产与信托财产之间的交易金额期初汇总数、本期发生额汇总数、期末汇总数

单位：万元

固有财产与信托财产相互交易			
项目	期初数	本期发生额	期末数
合计	639 648.89	12 748.84	652 397.73

6.6.3.4　信托资产与信托财产之间的交易金额期初汇总数、本期发生额汇总数、期末汇总数

单位：万元

信托资产与信托财产相互交易			
项目	期初数	本期发生额	期末数
合计	647 470.00	-73 406.50	574 063.50

6.6.4　逐笔披露关联方逾期未偿还本公司资金的详细情况及本公司为关联方担保发生或即将发生垫款的详细情况

报告期内无关联方逾期未偿还本公司资金的情况，未有本公司为关联方担保发生或即将发生垫款的情况。

6.7　会计制度的披露

6.7.1　自营业务

本公司执行2006年财政部颁发的《企业会计准则》及相关规定。

6.7.2　信托业务

本公司执行2006年财政部颁发的《企业会计准则》及相关规定。

7. 财务情况说明书

7.1　利润实现和分配情况

2020年本公司实现利润总额41 712.00万元，所得税费用为10 384.41万元，实现净利润31 327.59万元，按10%计提法定盈余公积3 132.76万元，按5%计提信托赔偿准备金1 566.38万元，加上以前年度未分配利润后，期末未分配利润余额为240 945.81万元。

7.2　主要财务指标

指标名称	指标值
资本利润率（%）	3.51
加权年化信托报酬率（%）	0.32
人均净利润（万元）	121.60

7.3　对本公司财务状况、经营成果有重大影响的其他事项

无。

8. 特别事项揭示

8.1　前五名股东报告期内变动情况及原因

无。

8.2　董事、监事及高级管理人员变动情况及原因

2020年9月，中国银行保险监督管理委员会河南监管局《关于核准赵卫华中原信托有限公司董事长资格的批复》（豫银保监复〔2020〕361号）核准赵卫华先生担任公司董事长的资格。

2020年9月，中国银行保险监督管理委员会河南监管局《关于核准张秋云等六人中原信托有限公司董事任职资格的批复》（豫银保监复〔2020〕360号）核准张秋云、张东红、岳道贵、魏华阳担任公司董事及冯根福、翟强担任公司独立董事的资格。

8.3　变更注册资本、变更注册地或公司名称、公司分立合并事项

无。

8.4　公司的重大诉讼事项

报告期内，本公司作为原告提起重大诉讼案件7件，该等法律诉讼主要为本公司向相关交易对手客户就未能偿还本公司债权而提起的诉讼。该等法律诉讼（无论个别或共同）预期不会对本公司财务状况或经营业绩造成重大不利影响。

8.5　公司及其高级管理人受到处罚的情况

无。

8.6　中国银保监会及其派出机构对公司检查后提出整改意见的整改情况

中国银行保险监督管理委员会河南监管局检查组于2020年9月15日至10月30日对公司进行了现场检查，检查组对公司的同业通道及房抵贷等业务进行了检查，并就业务管理的精细化程度及内控制度的完善程度提出了整改意见。公司已根据监管意见对《项目审批办法》等多项内控制度进行了修订完善，后续将根据监管要求不断压降金融同业业务，完善房抵贷业务系统及业务管理，并不断强化精细化管理措施。

8.7　本年度股东违反承诺质押信托公司股权或以股权及其受（收）益权设立信托等金融产品的情况

无。

8.8　本年度重大事项临时报告的简要内容、披露时间、所披露的媒体及其版面

经公司股东会、董事会选举，并经中国银行保险监督管理委员会河南监管局核准，赵卫华先生担任公司董事会董事长，其资格自核准日生效，该事项于2020年9月10日在《上海证券报》（138版）《证券时报》（B001版）披露。

经公司股东会选举，并经中国银行保险监督管理委员会河南监管局核准，张秋云、张东红、岳道贵、魏华阳担任公司董事，冯根福、瞿强担任公司独立董事，六位董事资格自核准日生效，该事项于2020年9月11日在《上海证券报》（84版）《证券时报》（B064版）披露。

经股东会审议通过并报中国银行保险监督管理委员会河南监管局核准（豫银保监复〔2021〕42号），公司章程完成修订，法定代表人由崔泽军变更为赵卫华。上述事项已于2021年2月4日完成工商登记变更并领取营业执照，并于2月5日在《上海证券报》（92版）、《证券时报》（B001版）披露。

8.9　中国银保监会及其省级派出机构认定的其他有必要让客户及相关利益人了解的重大信息

无。

9. 公司监事会意见

报告期内，公司经营运作规范，重大决策合法有效；财务管理严格规范，审计机构对公司2020年度财务报告出具了标准无保留意见审计报告；公司董事、高级管理人员在经营管理和决策过程中谨慎、认真、勤勉、尽职，为公司业务发展和管理提升作出了贡献，维护了全体股东和信托受益人合法利益，未发现严重违反法律法规、公司章程或损害公司及股东利益的行为

紫金信托有限责任公司

1. 重要提示

1.1 紫金信托有限责任公司董事会及董事保证本报告所载资料不存在任何虚假记载、误导性陈述或者重大遗漏，并对其内容的真实性、准确性和完整性承担个别及连带责任。

1.2 公司股东会已建立独立董事制度，独立董事保证本报告内容真实、完整和准确。

1.3 公司编制的2020年度财务报告已经立信中联会计师事务所（特殊普通合伙）审计，并出具了标准无保留意见的审计报告。

1.4 公司法定代表人陈峥、主管会计部门负责人高晓俊和会计部门负责人杨黎文声明并保证年度报告中财务报告的真实、完整。

2. 公司概况

2.1 公司简介

紫金信托有限责任公司（以下简称紫金信托）前身为南京市信托投资公司，成立于1992年。在历经股权变更后，2010年经中国银行业监督管理委员会批准，公司实施增资重组。公司控股股东为国资全资设立的南京紫金投资集团有限责任公司（以下简称紫金投资集团）。公司引入了国际著名的信托金融机构日本三井住友信托银行股份有限公司（Sumitomo Mitsui Trust Bank, Limited）（以下简称三井住友信托）及多家国内知名企业作为战略投资者。2010年10月，经中国银行业监督管理委员会批准重新登记并正式更名为紫金信托有限责任公司（《中国银监会关于南京市信托投资公司重新登记等有关事项的批复》银监复〔2010〕485号），同时由中国银监会江苏监管局颁发金融许可证。公司于2010年11月28日在南京开业，注册资本为24.53亿元。

紫金信托秉持"行远者，必有信"的经营理念，充分发挥"受人之托，代人理财"的信托功能，秉持"责任、专业、开放、分享"的企业文化，围绕"为客户提供定制式服务的财富管理人"的愿景，不断迈进建设"特征鲜明的细分市场领军企业"步伐，积极探索转型时代下的信托公司稳健发展之路，推动公司高质量发展。公司立足信托主业，探索金融创新，为企业提供全方位的综合金融解决方案，为投资者提供立体化的资产管理、财富管理方案。

2.1.1 公司法定中文名称：紫金信托有限责任公司

中文缩写：紫金信托

公司法定英文名称：Zijin TrustCo.，Ltd.

英文缩写：ZJT

2.1.2 法定代表人：陈峥

2.1.3 注册地址：江苏省南京市鼓楼区中山北路2号紫峰大厦30层

邮编：210008

公司国际互联网网址：http://www.zjtrust.com.cn

公司电子邮箱：bgs@zjtrust.com.cn

2.1.4 公司负责信息披露事务的高级管理人员：高晓俊

联系人姓名：高晓俊

联系电话：025-66775859

传真：025-66770666

电子信箱：guoxiaojun@zjtrust.com.cn

2.1.5 公司选定的信息披露报纸名称：《金融时报》

2.1.6 公司年度报告备置地点：南京市鼓楼区中山北路2号紫峰大厦30层

2.1.7 公司聘请的会计师事务所：

立信中联会计师事务所（特殊普通合伙）

地址：天津市南开区宾水西道333号万豪大厦10层

2.1.8 公司聘请的律师事务所：

上海市锦天城（南京）律师事务所

地址：南京市建邺区江东中路347号国金中心一期27层、28层

北京大成（南京）律师事务所

地址：南京市鼓楼区集慧路18号联创科技大厦A座7楼、8楼、9楼、10楼

2.2 组织结构

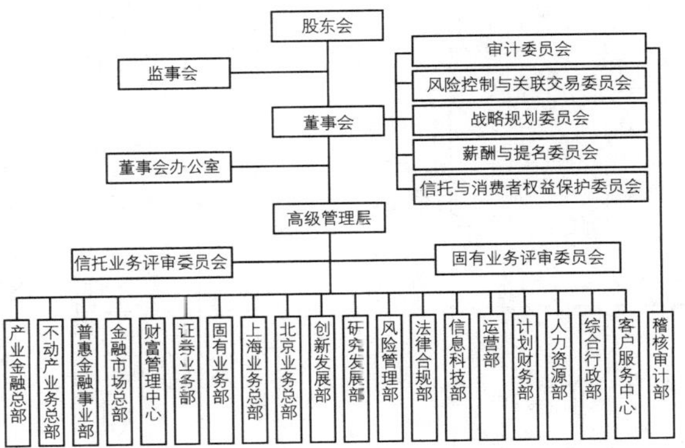

3. 公司治理

3.1 股东

股东名称	持股比例（%）	出资额（元）	法人代表	注册资本（亿元）	注册地址	主要经营业务
★南京紫金投资集团有限责任公司	60.01	1 472 045 300.00	李方毅	50	南京市建邺区江东中路 377 号金融城一期 10 号楼 27F	股权投资；实业投资；资产管理；财务咨询、投资咨询（依法须经批准的项目，经相关部门批准后方可开展经营活动）。
三井住友信托银行股份有限公司	19.99	490 354 700.00	桥本胜	3 420 亿日元	东京都千代田区丸之内 1－4－1	信托业务；商业银行业务；证券投资咨询；资产管理运用；房地产咨询及中介业务等。
南京新工投资集团有限责任公司	7.34	180 000 000.00	王雪根	41.74	南京市玄武区唱经楼西街 65 号	新型工业化项目投资、运营；风险投资；实业投资；资产经营、资本运作、不良资产处置；资产委托经营；企业咨询；项目开发；物业管理；财务顾问等。
三胞集团有限公司	5.11	125 300 000.00	袁亚非	20	南京市雨花台区软件大道 68 号 01 幢	电子商贸、百货零售、电子信息制造、房地产、健康养老等。
南京江北新区产业投资集团有限公司	5.00	122 650 000.00	高亮	65.48	南京市江北新区高新路 16 号	产业项目投资，产业载体建设，产业综合服务，保障房建设等。
江苏金智科技股份有限公司	2.55	62 650 000.00	贺安鹰	4.04	南京市江宁开发区将军大道 100 号	电力产品业务，电力设计和集成运维业务，新能源投资运营业务，IT 业务等。

3.2 董事

董事长、副董事长、董事

姓名	职务	性别	年龄（岁）	选任日期	所推举的股东名称	该股东出资比例（%）	简要履历
陈　峰	董事长	女	53	2018 年 1 月	南京紫金投资集团有限责任公司	60.01	女，1968 年 5 月出生，硕士，正高级经济师，历任上海星火制浆造纸厂技术员、助理工程师，南京国际信托投资公司部门经理，南京市国有资产投资管理控股（集团）有限责任公司部门经理、总经理助理、副总经理，南京紫金投资控股有限责任公司副总经理兼任紫金信托有限责任公司总经理；现任南京紫金投资集团有限责任公司董事、总经理，紫金信托有限责任公司董事长，南京证券股份有限公司董事，南京银行股份有限公司董事。
山胁徹哉	副董事长	男	59	2018 年 1 月	三井住友信托银行股份有限公司	19.99	男，1962 年 1 月出生，MBA，历任住友信托银行首尔代表处首席代表，住友信托财务香港公司总经理，住友信托银行信用投资业务部副部长，住友信托银行新加坡分行行长，三井住友信托银行新加坡分行行长、亚洲地区支配人；现任三井住友信托银行上席理事，紫金信托有限责任公司副董事长。
刘燕松	董事	男	41	2018 年 3 月	南京紫金投资集团有限责任公司	60.01	男，1980 年 11 月出生，学士，历任中国对外经济贸易信托有限公司理财服务中心总经理助理、副总经理、投资银行部副总经理、金融产品一部总经理、房地产信托业务部总经理，中国对外经济贸易信托有限公司副总经理；现任紫金信托有限责任公司董事、总裁。
胡苏迪	董事	男	41	2019 年 11 月	南京紫金投资集团有限责任公司	60.01	男，1980 年 7 月出生，博士后，高级经济师，历任平安人寿江苏分公司企划部发展研究岗专员，信诚人寿江苏分公司市场部主任、市场部副总经理、市场部总经理、业务支援部总经理、机构发展与行政部总经理，世纪保网副总经理，兴业证券股份有限公司团委书记、品牌策划部经理，南京紫金投资控股有限责任公司战略发展部经理，南京紫金投资集团有限责任公司战略发展部副部长（主持工作）；现任南京紫金投资集团有限责任公司战略发展部部长，南京国资混改基金有限公司董事、总经理，南京市信息化投资控股有限公司党支部书记、董事长，紫金信托有限责任公司董事。
赵　磊	董事	男	41	2018 年 1 月	三胞集团有限公司	5.11	男，1980 年 11 月出生，学士，历任日本瑞穗投资咨询有限公司咨询业务部投资分析师，三胞集团有限公司董事长助理，三胞集团有限公司投资管理中心总监，南京万商商务服务有限公司法定代表人、总经理，三胞集团有限公司金融事业部副总裁；现任三胞集团有限公司助理总裁，三胞集团南京投资管理有限公司总经理，紫金信托有限责任公司董事。

独立董事

姓名	职务	性别	年龄（岁）	选任日期	所推举的股东名称	该股东出资比例（%）	简要履历
夏　亮	独立董事	男	46	2018 年 1 月	南京紫金投资集团有限责任公司	60.01	男，1975 年 1 月出生，硕士，历任上海市毅石律师事务所律师助理，中伦金通律师事务所上海分所律师助理，上海市通力律师事务所律师，北京市金杜律师事务所上海分所律师；现任上海市通力律师事务所律师、合伙人，紫金信托有限责任公司独立董事。
陈景善	独立董事	女	52	2019 年 3 月	三井住友信托银行股份有限公司	19.99	女，1969 年 7 月出生，博士，历任早稻田大学法学院助教、早稻田大学助教；现任中国政法大学教授、博士生导师，东亚企业并购与重组法制研究中心主任，教育部归国人员科研启动基金评委，中国银行法学会理事，保险法学会理事，北京市金融服务法学会监事，北京市破产法学会常务理事，东亚破产再建协理事，北京市比较法学会理事（主要研究日韩东亚比较法），北京市网络法学会副会长，北京市债法学会副会长兼秘书长，紫金信托有限责任公司独立董事。

3.3　监事

监事会成员

姓名	职务	性别	年龄（岁）	选任日期	所推举的股东名称	该股东出资比例（%）	简要履历
李　颖	监事会主席	女	39	2020 年 9 月	南京紫金投资集团有限责任公司	60.01	女，1982 年 5 月出生，学士，历任南京市国有资产经营公司财务部出纳，南京市国资集团资产运营中心办公室助理主管、计划财务部会计，紫金投资集团计划财务部会计、计划财务部总经理助理，紫金资管公司财务部经理，紫金投资集团计划财务部副部长；现任紫金投资集团计划财务部部长兼审计监督部部长，南京紫金融资租赁有限责任公司监事会主席，利安人寿保险股份有限公司董事，南京通汇融资租赁股份有限公司监事，紫金信托有限责任公司监事会主席。
许　慧	监事	女	33	2020 年 4 月	南京江北新区产业投资集团有限公司	5.00	女，1988 年 12 月出生，学士，历任淮安市城市资产经营有限公司资金处科员、资金处处长助理，淮安市国有联合投资发展集团有限公司资金处处长助理、投融资一部副部长、融资处副处长，南京江北新区产业投资集团有限公司财务金融部融资管理岗；现任南京江北新区产业投资集团有限公司战略投资部副部长（主持工作），紫金信托有限责任公司监事。
蒋一雷	职工代表监事	男	46	2019 年 5 月	—	—	男，1975 年 9 月出生，硕士，历任苏州信托有限公司助理总裁，苏州沙冬青资产管理有限公司副总经理，紫金信托有限责任公司信托业务总监、上海信托业务总部总经理；现任紫金信托有限责任公司风控总监、风险管理部总经理兼法律合规部总经理，紫金信托有限责任公司职工代表监事。

3.4　高级管理人员

姓名	职务	性别	年龄（岁）	选任日期	金融从业年限（年）	学历	专业
刘燕松	总裁、董事	男	40	2018 年 3 月	18	本科	金融学
高晓俊	副总裁	男	49	2015 年 4 月	19	硕士研究生	工商管理
顾怀宇	副总裁	男	47	2015 年 11 月	25	硕士研究生	公共管理
长谷川 宽树	副总裁	男	50	2018 年 10 月	28	本科	经济学
伍兵	总裁助理	男	54	2013 年 9 月	32	博士研究生	技术经济及管理
李薇	总裁助理	女	41	2019 年 5 月	20	硕士研究生	工商管理

3.5　公司员工

项目		报告期年度		上年度	
		人数（人）	比例（%）	人数（人）	比例（%）
年龄分布	25 岁以下	1	0.53	—	—
	25～29 岁	26	13.68	34	17.80
	30～39 岁	113	59.47	113	59.16
	40 岁以上	50	26.32	44	23.04

续表

项目		报告期年度		上年度	
		人数（人）	比例（%）	人数（人）	比例（%）
学历分布	博士	3	1.58	3	1.57
	硕士	96	50.53	91	47.64
	本科	88	46.31	94	49.21
	专科	2	1.05	2	1.05
	其他	1	0.53	1	0.53

续表

项目		报告期年度		上年度	
		人数（人）	比例（%）	人数（人）	比例（%）
岗位分布	董事、监事及高级管理人员	8	4.21	8	4.19
	自营业务人员	5	2.63	4	2.09
	信托业务人员	106	55.79	112	58.64
	其他人员	71	37.37	67	35.08

4. 经营管理

4.1 经营目标、经营方针、战略规划

4.1.1 经营目标

公司的经营目标是抓好“三个维度”，防风险、稳增长，向“成为一家特征鲜明的细分市场领军公司”的中长期发展目标不断迈进。

4.1.2 经营方针

公司的经营方针是提倡实干，向市场要厚度，利用优势禀赋，聚焦成熟业务模式，苦干实干，做厚公司可持续经营的安全垫。提升能力，向市场要深度，找到能力提升点，切实加强细分领域专业能力，做深做透，形成公司长期发展的比较优势。提高协同，向市场要宽度，打破部门界限，形成公司统一合力，协作互补，构建公司新一轮发展的增长极。

4.1.3 战略规划

公司的战略规划是坚持“为客户提供定制式服务的财富管理人”的发展愿景，致力于成为中产家庭美好生活的坚定守护者、实体经济高质量发展的有力推动者。

4.2 所经营业务的主要内容

4.2.1 公司经营业务和品种

经中国银行保险监督管理委员会批准，公司许可经营项目为：资金信托；动产信托；不动产信托；有价证券信托；其他财产或财产权信托；作为投资基金或者基金管理公司的发起人从事投资基金业务；经营企业资产的重组、购并及项目融资、公司理财、财务顾问等业务；受托经营国务院有关部门批准的证券承销业务；办理居间、咨询、资信调查等业务；代保管及保管箱业务；以存放同业、拆放同业、贷款、租赁、投资方式运用固有财产；以固有财产为他人提供担保；从事同业拆借；中国法律法规规定或中国银保监会批准的其他业务（外资比例低于25%）。

一般经营项目：无。

4.2.2 公司资产组合和分布

自营资产运用与分布表

资产运用	金额（万元）	占比（%）	资产分布	金额（万元）	占比（%）
货币资产	8 613.88	1.65	基础产业	—	—
贷款及应收款	911.88	0.17	房地产业	—	—
交易性金融资产	144 928.93	27.75	证券市场	94 962.72	18.19
可供出售金融资产	254 579.00	48.75	实业	—	—
持有至到期投资	51 333.22	9.83	金融机构	420 766.54	80.57
长期股权投资	52 404.43	10.04	其他	6 495.80	1.24

续表

资产运用	金额（万元）	占比（%）	资产分布	金额（万元）	占比（%）
其他	9 453.72	1.81	—	—	—
资产总计	522 225.06	100.00	资产总计	522 225.06	100.00

信托资产运用与分布表

资产运用	金额（万元）	占比（%）	资产分布	金额（万元）	占比（%）
货币资产	98 082.24	0.78	基础产业	2 508 195.57	19.89
贷款	5 447 786.22	43.21	工商业	4 687 142.56	37.18
交易性金融资产	—	—	房地产业	866 914.00	6.88
买入返售金融资产	30 990.01	0.25	证券业	1 126 377.59	8.93
可供出售金融资产	6 123 771.28	48.57	金融机构	3 292 561.70	26.12
持有至到期投资	—	—	其他	126 152.67	1.00
长期投资	884 265.33	7.01	—	—	—
其他	22 548.51	0.18	—	—	—
信托资产总计	12 607 443.59	100.00	信托资产总计	12 607 443.59	100.00

4.3 市场分析

4.3.1 影响公司发展的有利因素

国家提出的构建以国内循环为主、国内国际双循环相互促进的“双循环”新发展格局为信托业发展提供有利条件。加强要素的市场化配置是经济“双循环”中的一个关键环节。信托具有贯通货币市场、资本市场与产业市场的全市场配置功能，依托独特的制度优势，在“双循环”格局下具有较大发挥空间。

信托文化建设助推行业高质量发展。2020年是信托文化建设五年行动计划的首年。按照“信托文化教育年”要求，全行业牢固树立受托人意识，建设以守正、忠实、专业为特征的受托人文化，以文化的力量推动信托行业提升发展质量。

配套机制建设推动信托转型提速。2020年5月，中国银保监会发布《信托公司资金信托管理暂行办法（征求意见稿）》，为信托业转型发展提供了明确的政策导向。信托公司积极提升主动管理能力，通过多种方式拓展证券投资信托业务，服务实体经济发展与居民财富管理需求的能力持续增强。

金融科技对财富管理服务的赋能作用提升。受新冠肺炎疫情影响，投资者对于远程服务需求呈上升态势。这为信托公司利用金融科技开展数字化财富管理服务提供了有利条件。通过持续推进科技建设，金融科技对信托公司财富管理服务的赋能作用显著提升。

4.3.2 影响公司发展的不利因素

新冠肺炎疫情暴发对行业发展形成制约。2020年，新冠肺炎疫情对中国和世界经济、金融市场造成了重大冲击。随着疫情在全球蔓延扩散，国内经济恢复也面临较多不确定因素，对信托行业的业务拓展造成明显制约。

行业风险管控难度进一步加大。2020年受到新冠肺炎疫情的影响，信托行业面临错综复杂、充满挑战的发展环境。在行业信用风险暴露持续增加的背景下，既要化解存量风险，又要防范新增风险，这对信托公司的风险管控能力提出了更高的要求。

4.4 内部控制

4.4.1 内部控制环境和内部控制文化

公司按照《中华人民共和国公司法》《信托公司管理办法》《信托公司治理指引》和监管部门的要求，明确股东会、董事会和监事会的权责和制约关系，董事会、监事会、经营班子的权责和授权制约关系。公司高级管理层与下属部门形成了有效的授权分责关系。

公司坚持"风险管理创造价值"的风险文化理念，建立"平衡、奇正、预防、权变"的全面风险管理体系，坚守风险底线，顺应业务发展需要和市场变化，将防范风险作为风险管控的核心，实现风险管控与业务发展的平衡。面对各类风险高发的外部环境，始终秉承"风控至上、合规于心"的内控文化底色，不断提升风险防控能力。公司坚持依法合规经营的理念和风险控制优先的原则，形成业务不断发展和风险有效控制的运行机制，营造良好的合规经营环境。

4.4.2 内部控制措施

公司董事会下设风险控制与关联交易委员会负责内部控制体系的建设、完善、有效实施。公司的内部控制职能部门为风险管理部和法律合规部。

公司坚持"内控优先、稳健运行"管理理念，持续加强内控制度体系建设和完善细化工作，不断完善有关基础管理和业务管理制度，全面覆盖信托业务、固有业务和基础管理工作。公司建立健全各项业务决策机构和决策程序。公司主要业务部门之间建立并逐步健全严格的隔离制度，实现四个分离：信托业务与固有业务相分离、不同的信托财产之间相分离、同一信托财产运用与保管相分离、业务操作岗与风险管控岗相分离。

对于信托业务，在信托项目尽职调查、业务审批、产品销售、存续管理、信息披露、清算核算、风险管控等各环节分别制定了管理办法和操作规程，业务运行规范化程度显著提高。在设立环节，公司通过制定各专项业务项目的尽职调查指引，建立科学有效的信托业务决策机制，严格按照公司制度和流程开展信托项目审查审批，根据法律法规制定规范的信托文件等措施实现内部控制；在运用环节，公司对信托财产运用严格遵守法律法规规定，实现信托财产的审批、运用和保管（托管）分离等措施；在管理环节，公司初步建立各类信托业务风险识别、评估、监测、报告控制体系，公司信托业务的前台、中台、后台信息交流保持渠道畅通和信息对称，建立信托项目及时分析、跟踪检查的管理制度，设立业务管理台账做好记录，实现内部控制；在清算终止环节，公司严格依据法律法规、信托文件制作处理信托事务的清算报告，及时向委托人、受益人进行披露，同时规范信托业务档案管理机制，以实现内部控制。

对于固有业务，公司全面加强资金投放的事前、事中和事后管理，业务运行继续保持良好。遵循谨慎原则，建立健全固有业务决策机构和决策程序，制定年度自有资金配置计划与风险容忍度，严格按照董事会的有关规定及公司相关制度规定的程序与决策权限进行报审与审批，加强对固有业务的投资策略、规模、品种、结构、期限等的决策管理；公司坚持自有资金"低风险、高流动"的配置要求，根据经济形势、市场情况的变化，适时进行固有业务投资策略的调整。公司通过合理的预警机制、严密的账户管理、严格的资金审批调度、规范的交易操作及完善的业务档案管理制度等，控制固有业务的运作风险。

4.4.3 信息交流与反馈

公司建立了良好的信息共享、传递、披露和反馈的制度体系。

公司内部建立了清晰完整的报告线，明确公司股东会、董事会及其专门委员会、监事会、高级管理层、职能部门和员工的职责范围和报告路径。

对客户和社会公众，公司通过公司网站、公众号、经营场所等多种方式，从公司和业务两个层面依法进行信息披露，与委托人和社会公众实现信息共享。

对监管部门，通过非现场监管报告、信托业务事前报告、关联交易报告、临时事项报告等方式报告有关信息。

4.4.4 监督评价与纠正

公司建立了多层次的内控监督体系：监事会依法履行监督职能，对公司董事、高级管理层履职情况进行监督；稽核审计部独立行使内部审计监督权，直接向董事会审计委员会进行报告；公司建立了规范的审计检查及后续整改跟踪机制，管理层高度重视审计发现问题及其整改落实情况，通过定期的审计交流，确保对审计过程中发现的内部控制缺陷及时予以整改完善，持续提升公司的内控水平。

2020 年，面对新冠肺炎疫情的影响，公司灵活调整审计作业方案及监督形式，积极借助远程办公、在线交流、非现场审计等方式，实现了内部控制监督不脱节。内部审计紧贴重点业务、重大潜在风险、重要职能查错纠弊，从问题出发，以风险为导向，持续加固管理闭环的质量，使公司的内部控制更加有效、趋于完善。

4.5 风险管理

4.5.1 风险管理概况

报告期内，公司紧跟国家经济、金融政策方向，按照监管部门全面风险管理指引的要求，密切围绕年初董事会制定的风险管理目标，统一部署，审慎经营管理。公司固有和受托资产总体风险可控，圆满完成了风险管理目标任务。

公司严格管理信托规模，控制融资类业务规模，进一步压降事务管理类规模，提升全面风险防控能力。整体业务运行保持平稳，各项管控业务均在限额指标以内，总体风险可控。公司形成"全面、全员、全覆盖、全流程、全市场"的风险管控体系，对风险的管控包含在项目投前、投中、投后全流程，覆盖信用风险、市场风险、流动性风险、操作风险、声誉风险等。

4.5.2 风险状况分析

4.5.2.1 信用风险状况

信用风险是由于交易对手不履行义务而给公司带来潜在损失的风险，主要表现为在贷款、资产回购、后续资金安排、担保、履约承诺等交易过程中，借款人、担保人、保管人（托管人）等交易对手不履行承诺，不能或不愿履行合约承诺而使信托财产和固有财产遭受潜在损失的可能性。

公司按照《非银行金融机构资产风险分类指导原则（试行）》确定的资产风险分类标准，将资产分为正常、关注、次级、可疑和损失五类。风险资产的减值准备计提比例以五级分类结果为基础，形成计提基准比例。

报告期内，公司严格履行受托人尽职管理职责，全年信托产品均如期兑付，未发生兑付风险，全部现有存量固有、信托资产安全受控，未发现重大风险隐患。

4.5.2.2　市场风险状况

市场风险主要指市场利率、汇率或金融产品等价格变动给公司造成损失的风险，主要表现为股票、债券、票据、外汇等资产因价格变动而带来损失的风险。

报告期内，公司通过优选交易对手、谨慎选择项目或标的物、严格的投后管理措施、对股票类标的物进行实时盯盘及设置预警机制，确保市场风险可控。

4.5.2.3　操作风险状况

操作风险是指由不完善或有问题的内部程序、员工和信息科技系统，以及外部事件所造成损失的风险。

报告期内，公司未出现重大操作风险事项。

4.5.2.4　其他风险状况

其他风险包括流动性风险、声誉风险和集中度风险。

4.5.2.4.1　流动性风险

报告期内，公司面临的兑付集中度和清算压力较小，流动性风险低。

4.5.2.4.2　声誉风险

报告期内，公司未有任何信托项目赔付，存量信托项目运行正常，潜在赔偿责任风险较小。

4.5.2.4.3　集中度风险

信托资金运用涉及公共设施管理业、城市公共交通业、商务服务业、环境管理业、水利管理业、批发业、零售业、银行业、房地产业、其他金融活动等行业，资金运用投向较为丰富，集中度风险较低。

4.5.3　风险管理举措

4.5.3.1　信用风险管理

（1）完善信用风险管理制度体系。公司执行标准化的管理流程，覆盖从客户尽职调查、信用评估、风险资本测算、风险审查审批、资金划拨至融资后监控的全部环节，业务种类覆盖产业金融、不动产、普惠金融、资本市场、投资银行、金融同业等不同业务品种。

（2）完善信用风险限额管理。为减少单一主体信用恶化对公司的财务影响，降低集中度风险，公司在融资业务领域中的基础产业板块设置了严格的区域限额管控，在不动产业务板块推行单一主体风险限额管理。根据交易对手信用状况，严格控制抵（质）押率，保证足够的安全边际，确保抵（质）押品安全可控。

（3）严格按照国家宏观调控政策和产业政策导向，研究行业发展趋势、市场机会及风险特征，制定内部行业投融资政策，充分利用客户分类、名单制管理和行业限额等多种手段，严格审查行业和客户的准入资质，防范行业风险。

（4）加大存续项目信用风险的监控力度。设置科学合理的监控指标，提高监控频度，通过多方面信息的监控和整合，及时掌握交易对手信用状况的变化，并根据监控信息采取不同的应对措施，有效防范和化解风险。

（5）多方位引入新型风险管理工具。

4.5.3.2　市场风险管理

（1）关注宏观经济及金融市场对业务的影响，遵循组合投资、分散风险的投资原则，注意防范系统性风险。

（2）审慎推进有市场风险敞口的投资业务，对投资类业务设置准入门槛及禁入领域，并由评审会授权证券投资决策小组对证券投资业务进行专家把关。

（3）在资本市场中，对股票质押类、证券投资类等业务进行了专项风险排查，从风控阀值安全边际、价格波动性、质押率、风险影响等多个角度进行风险评估。

4.5.3.3　操作风险管理

（1）完善各项制度规定并持续完善操作风险管理机制，针对关键操作环节和跨部门协同环节，重点强化操作风险防控。

（2）在操作风险首问负责制基础上，法律合规部对操作风险管理内容、操作风险报告进行扎口管理，及时报告操作风险事件。

（3）通过建设计算机系统及管理机制，不断完善核心业务系统、CRM 系统和财务系统的功能性建设和优化，加强网络安全管理。

（4）从内部举报、案件防控、合规问责等各个层面，加强案件防控及员工行为的管理和监督，切实防范和降低操作风险。

（5）加强检查监督工作，通过法律合规部的扎口管理、稽核审计部的定期检查，做到操作风险早发现、早处理。

4.5.3.4　其他风险管理

其他风险管理举措包括流动性风险管理、声誉风险管理和集中度风险管理等，其中重点为管理流动性风险，具体举措如下。

（1）坚持审慎性原则，充分识别、有效计量、持续监测和主动控制公司整体及相关产品的流动性风险。风险管理部牵头，充分研究、实证求验、利用多种流动性管理工具基础上，形成多部门统一协作的公司流动性管理的整体框架，多管理阀值、多层次的流动性管理的处理机制。

（2）定期对存续项目的偿付风险进行排查，对交易对手的资金安排情况进行调查评估，以做到流动性风险的尽早掌握和及时预防。关注资金市场变化，及时根据资金面的变化调整业务期限策略，控制长期限产品的投放。

（3）针对现金管理类产品，进行重点流动性监控，实时测算现金缺口，审慎评估每笔投资实施后的流动性风险变化情况，加强对资金和资产的期限匹配管理，从公司整体层面考量，从严管控现金缺口，防范流动性风险。

（4）按照审慎原则定期开展流动性压力测试，评估流动性储备的充足性，确定其应当采取的风险缓释策略和流动性应急措施。

4.6　净资本管理情况

截至 2020 年 12 月末，公司净资本为 368 580.75 万元，符合该项指标需大于等于 2 亿元的监管要求。固有业务风险资本为 66 087.70 万元，信托业务风险资本为 113 236.98 万元，各项业务风险资本之和为 179 324.67 万元。净资本/各项业务风险资本之和为 205.54%，符合该项指标需大于等于 100% 的监管要求，净资本/净资产为 81.72%，符合该项指标需大于等于 40% 的监管要求。

公司净资本和风险资本满足所有监管指标要求，抵御风险能力良好。基于业务发展的前瞻性考虑，加强了各项业务及未来业务发展耗用净资本的管理，安排了专人进行净资本的测算及复核，根据净资本承载能力制定相应业务策略，审慎进行净资本耗用的预测，为业务发展提供前置引导。

5. 报告期末及上一年末的比较式会计报表

5.1 自营资产

5.1.1 会计师事务所审计结论

立信中联会计师事务所（特殊普通合伙）审计了紫金信托有限责任公司财务报表，包括2020年12月31日的资产负债表，2020年度的利润表、现金流量表、所有者权益变动表，以及相关财务报表附注。出具《审计报告》（立信中联审字〔2021〕D－0005号），认为紫金信托有限责任公司财务报表在所有重大方面按照企业会计准则的规定编制，公允反映了紫金信托2020年12月31日的财务状况及2020年度的经营成果和现金流量。

立信中联会计师事务所（特殊普通合伙）

中国注册会计师：
（项目合伙人）

中国注册会计师：

中国・天津　　2021年1月28日

5.1.2 资产负债表

资产负债表

编制单位：紫金信托有限责任公司　　2020年12月31日　　单位：万元

资　产	期末余额	年初余额
资产：		
现金及存放中央银行款项	0.50	0.20
存放同业款项	8 613.38	12 596.94
贵金属	—	—
拆出资金	—	—
以公允价值计量且其变动计入当期损益的金融资产	14 928.93	80 890.37
衍生金融资产	—	—
买入返售金融资产	3 869.80	5 229.90
应收利息	—	—
发放贷款和垫款	—	—
可供出售金融资产	254 579.00	292 199.96
持有至到期投资	51 333.22	65 735.61
应收款项类投资	—	—
持有待售资产	—	—
长期股权投资	52 404.43	1 470.63
投资性房地产	—	—
固定资产	5 117.32	5 357.09
无形资产	205.60	14.12
商誉	—	—
递延所得税资产	—	—
其他资产	1 172.88	1 664.12
资产总计	522 225.06	465 158.94

法定代表人：陈峥　　主管会计工作负责人：高晓俊　　会计机构负责人：杨黎文

资产负债表（续）

编制单位：紫金信托有限责任公司　　2020年12月31日　　单位：万元

负债及所有者权益	期末余额	年初余额
负债：		
向中央银行借款	—	—
同业及其他金融机构存放款项	—	—
拆入资金	—	—
以公允价值计量且其变动计入当期损益的金融负债	—	—
衍生金融负债	—	—
卖出回购金融资产款	—	—
吸收存款	—	—
应付职工薪酬	35 434.05	30 474.04
应交税费	26 093.77	17 794.97
应付股利	2 179.98	1 495.90
应付利息	—	—
持有待售负债	—	—
应付债券	—	—
预计负债	—	—
递延所得税负债	—	—
其他负债	7 483.78	8 983.71
负债合计	71 191.58	58 748.62
所有者权益：		
实收资本	245 300.00	245 300.00
资本公积	—	—
减：库存股	—	—
其他综合收益	—	—
专项储备	—	—
盈余公积	33 327.83	27 526.81
一般风险准备	7 749.61	6 892.63
信托赔偿准备	16 663.92	13 763.41
未分配利润	147 992.12	112 927.47
所有者权益合计	451 033.48	406 410.32
负债和所有者权益总计	522 225.06	465 158.94

法定代表人：陈峥　　主管会计工作负责人：高晓俊　　会计机构负责人：杨黎文

5.1.3 利润表

利润表

编制单位：紫金信托有限责任公司　　2020年度　　单位：万元

项目	本期金额	上期金额
一、营业收入	116 517.30	110 324.71
利息净收入	193.96	74.34
利息收入	193.96	109.34
利息支出	—	35.00
手续费及佣金净收入	85 573.24	76 852.01
手续费及佣金收入	85 573.24	76 852.01
手续费及佣金支出	—	—
投资收益	36 852.33	22 184.41
其中：对联营企业和合营企业的投资收益	—	—
资产处置收益（损失以"－"号填列）	—	—
公允价值变动收益	－6 102.10	11 213.92

续表

项目	本期金额	上期金额
汇兑收益	-0.13	0.03
其他收益	—	—
其他业务收入	—	—
二、营业支出	41 325.95	41 825.75
税金及附加	1 002.19	1 021.68
业务及管理费	27 544.03	26 089.47
资产减值损失	12 779.73	14 714.60
其他业务成本	—	—
三、营业利润	75 191.35	68 498.96
加：营业外收入	5 077.20	2 989.40

续表

项目	本期金额	上期金额
减：营业外支出	150.03	100.00
四、利润总额	80 118.52	71 388.36
减：所得税费用	22 108.36	18 173.53
五、净利润	58 010.16	53 214.83
（一）持续经营净利润（净亏损以"－"号填列）	58 010.16	53 214.83
（二）终止经营净利润（净亏损以"－"号填列）	—	—
六、其他综合收益	—	—
七、综合收益总额	58 010.16	53 214.83

法定代表人：陈峥　　主管会计工作负责人：高晓俊　　会计机构负责人：杨黎文

5.1.4　所有者权益变动表

所有者权益变动表

编制单位：紫金信托有限责任公司　　2020 年度　　单位：万元

项目	本年金额							
	股本	资本公积	减：库存股	盈余公积	一般风险准备	信托赔偿准备	未分配利润	所有者权益合计
一、上年年末余额	245 300.00	—	—	27 526.81	6 892.63	13 763.41	112 927.47	406 410.32
加：会计政策变更	—	—	—	—	—	—	—	—
前期差错更正	—	—	—	—	—	—	—	—
其他	—	—	—	—	—	—	—	—
二、本期年初余额	245 300.00	—	—	27 526.81	6 892.63	13 763.41	112 927.47	406 410.32
三、本期增减变动金额（减少以"－"号填列）	—	—	—	5 801.02	856.98	2 900.51	35 064.65	44 623.16
（一）净利润	—	—	—	—	—	—	58 010.16	58 010.16
（二）其他综合收益	—	—	—	—	—	—	—	—
上述（一）和（二）小计	—	—	—	—	—	—	58 010.16	58 010.16
（三）所有者投入和减少资本	—	—	—	—	—	—	—	—
1. 所有者投入资本	—	—	—	—	—	—	—	—
2. 股份支付计入所有者权益的金额	—	—	—	—	—	—	—	—
3. 其他	—	—	—	—	—	—	—	—
（四）利润分配	—	—	—	5 801.02	856.98	2 900.51	-22 945.51	-13 387.00
1. 提取盈余公积	—	—	—	5 801.02	—	—	-5 801.02	—
2. 提取一般风险准备	—	—	—	—	856.98	—	-856.98	—
3. 提取信托赔偿准备	—	—	—	—	—	2 900.51	-2 900.51	—
4. 对所有者（或股东）的分配	—	—	—	—	—	—	-13 387.00	-13 387.00
5. 其他	—	—	—	—	—	—	—	—
（五）所有者权益内部结转	—	—	—	—	—	—	—	—
1. 资本公积转增资本（或股本）	—	—	—	—	—	—	—	—
2. 盈余公积转增资本（或股本）	—	—	—	—	—	—	—	—
3. 盈余公积弥补亏损	—	—	—	—	—	—	—	—
4. 其他	—	—	—	—	—	—	—	—
（六）专项储备	—	—	—	—	—	—	—	—
1. 本期提取	—	—	—	—	—	—	—	—
2. 本期使用	—	—	—	—	—	—	—	—
（七）其他	—	—	—	—	—	—	—	—
四、本期期末余额	245 300.00	—	—	33 327.83	7 749.61	16 663.92	147 992.12	451 033.48

法定代表人：陈峥　　主管会计工作负责人：高晓俊　　会计机构负责人：杨黎文

5.2 信托资产

5.2.1 信托项目资产负债汇总表

信托项目资产负债汇总表

编制单位:紫金信托有限责任公司 2020 年 12 月 31 日 单位:万元

信托资产	期末余额	年初余额	信托负债和信托权益	期末余额	年初余额
信托资产			信托负债		
货币资金	98 082.24	171 971.56	交易性金融负债	—	—
拆出资金	—	—	衍生金融负债	—	—
存出保证金	—	—	应付受托人报酬	11 832.03	—
交易性金融资产	—	—	应付托管费	40.67	4.74
衍生金融资产	—	—	应付受益人收益	—	42.17
买入返售金融资产	30 990.01	30 815.00	应交税费	—	—
应收款项	22 518.21	13 971.67	应付销售服务费	—	—
发放贷款	5 447 786.22	6 180 006.54	应付手续费及佣金	—	—
可供出售金融资产	6 123 771.28	6 895 206.46	其他应付款项	4 468.90	2 598.62
持有至到期投资	—	—	其他负债	—	—
长期应收款	—	—	信托负债合计	16 341.60	2 645.53
长期股权投资	884 265.33	1 014 481.00			
投资性房地产	—	—	信托权益		
固定资产	—	—	实收信托	12 348 369.04	14 144 300.48
无形资产	—	—	资本公积	—	—
长期待摊费用	—	—	损益平准金	—	—
其他资产	30.30	30.30	未分配利润	242 732.95	159 536.52
减:各项资产减值准备	—	—	信托权益合计	12 591 101.99	14 303 837.00
信托资产总计	12 607 443.59	14 306 482.53	信托负债和信托权益总计	12 607 443.59	14 306 482.53

法定代表人:陈峥 主管会计工作负责人:高晓俊 会计机构负责人:沈心怡

5.2.2 信托项目利润及利润分配汇总表

信托项目利润及利润分配汇总表

编制单位:紫金信托有限责任公司 2020 年度 单位:万元

项目	本期发生额	上期发生额
一、营业收入	994 852.21	1 040 047.44
1.1 利息收入	437 924.24	382 710.27
1.2 投资收益	556 927.97	657 337.17
1.2.1 其中:对联营企业和合营企业的投资收益	—	—
1.3 公允价值变动收益	—	—
1.4 租赁收入	—	—
1.5 汇兑损益(损失以"-"号填列)	—	—
1.6 其他收入	—	—
二、支出	132 879.85	120 754.30
2.1 营业税金及附加	3 186.89	3 259.05
2.2 受托人报酬	97 721.32	89 282.63
2.3 托管费	4 393.26	3 495.29
2.4 手续费及佣金	—	0.67
2.5 销售服务费	—	—
2.6 交易费用	64.92	130.26
2.7 资产减值损失	—	—
2.8 其他费用	27 513.46	24 586.40
三、信托净利润(净亏损以"-"号填列)	861 972.36	919 293.14
四、其他综合收益	—	—
五、综合收益	861 972.36	919 293.14
六、加:期初未分配信托利润	159 536.52	134 601.04
七、可供分配的信托利润	1 021 508.88	1 053 894.18
八、减:本期已分配信托利润	778 775.93	894 357.66
九、期末未分配信托利润	242 732.95	159 536.52

法定代表人:陈峥 主管会计工作负责人:高晓俊 会计机构负责人:沈心怡

6. 会计报表附注

6.1 会计报表编制基准、会计政策、会计估计和核算方法发生的变化

公司会计报表编制基准不存在不符合会计核算基本前提的情况。

本公司以持续经营为基础,根据实际发生的交易和事项,按照《企业会计准则——基本准则》和其他各项会计准则的规定进行确认和计量,在此基础上编制财务报表。

本期无需要披露的会计政策和会计估计变更。

6.2 或有事项说明

本公司无需要披露的或有事项。

6.3　重要资产转让及出售的说明

报告期内，公司未发生重要资产转让及出售行为。

6.4　会计报表中重要项目的明细资料

6.4.1　自营资产经营情况

6.4.1.1　按信用风险五级分类结果披露信用风险资产的期初数、期末数

信用风险资产五级分类	正常类（万元）	关注类（万元）	次级类（万元）	可疑类（万元）	损失类（万元）	信用风险资产合计（万元）	不良资产合计（万元）	不良资产率（%）
期初数	474 223.13	—	—	—	—	474 223.13	—	—
期末数	537 303.97	6 831.00	—	—	—	544 134.97	—	—

注：不良资产合计＝次级类＋可疑类＋损失类。

6.4.1.2　各项资产减值损失准备的期初数、本期计提、本期转回、本期核销、期末数

单位：万元

项目	期初数	本期计提	本期转回	本期核销	期末数
贷款损失准备	—	—	—	—	—
一般准备	—	—	—	—	—
专项准备	—	—	—	—	—
其他资产减值准备	14 714.60	12 779.73	—	—	27 494.33
可供出售金融资产减值准备	14 714.60	12 779.73	—	—	27 494.33
持有至到期投资减值准备	—	—	—	—	—
长期股权投资减值准备	—	—	—	—	—
坏账准备	—	—	—	—	—
投资性房地产减值准备	—	—	—	—	—

6.4.1.3　固有业务股票投资、基金投资、债券投资、股权投资等投资的期初数、期末数

单位：万元

项目	自营股票	基金	债券	长期股权投资	其他投资	合计
期初数	33 438.43	8 454.92	5 229.99	1 470.63	396 932.50	445 526.47
期末数	36 438.01	7 590.92	3 869.80	52 404.43	406 812.22	507 115.38

6.4.1.4　自营长期股权投资的企业名称、占被投资企业权益的比例、主要经营活动及投资收益情况

企业名称	占被投资企业权益的比例（%）	主要经营活动	投资收益（万元）
南京银行股份有限公司	0.64	吸收公众存款，发放贷款，发放国内外结算，从事同业拆借等	3 435.17
南京证券股份有限公司	0.28	证券经纪、证券承销、证券自营、客户资产管理、财务顾问等	73.39

注：投资损益是指按照企业会计准则规定，核算股权投资确认损益并计入披露年度利润表的金额。

6.4.1.5　自营贷款的企业名称、占贷款总额的比例和还款情况

无。

6.4.1.6　表外业务

单位：万元

表外业务	期初数	期末数
担保业务	—	—
代理业务（委托业务）	—	—
其他	—	—
合计	—	—

6.4.1.7　公司当年的收入结构

收入结构	金额（万元）	占比（%）
手续费及佣金收入	85 573.24	70.38
其中：信托手续费收入	85 573.24	70.38
投资银行业务收入	—	—
利息收入	193.96	0.16
其他业务收入	—	—
其中：计入信托业务收入部分	—	—
投资收益	36 852.33	30.31
其中：股权投资收益	3 508.56	2.89
证券投资收益	14 290.81	11.75
其他投资收益	19 052.96	15.67
公允价值变动收益	−6 102.10	−5.02
汇兑损益	−0.13	—
营业外收入	5 077.20	4.17
收入合计	121 594.50	100.00

注：手续费及佣金收入、利息收入、其他业务收入、投资收益、营业外收入[illegible]应为损益表中的科目，其中手续费及佣金收入、利息收入、营业外收入为未抵减[illegible]相应支出的全年累计实现收入数。

"其他业务收入"和"营业外收入"如超过总收入的5%，具体说明[illegible]何种业务。

报告年度实现信托业务收入的总额，其中以手续费及佣金确认的信[illegible]业务收入金额，以业绩报酬形式确认的信托业务收入金额和以其他形式确认的[illegible]托业务收入金额。

6.4.2　信托资产管理情况

6.4.2.1　信托资产的期初数、期末数

单位：万元

信托资产	期初数	期末数
集合	8 900 995.33	8 1[illegible]516.63
单一	2 982 280.92	2 2[illegible]013.49
财产权	2 423 206.28	2 2[illegible]913.47
合计	14 306 482.53	12 6[illegible]443.59

6.4.2.1.1　主动管理型信托业务期初数、期末数

单位：万元

主动管理型信托资产	期初数	期末数
证券投资类	—	1 114 [illegible].59
股权投资类	4 266.00	20[illegible].00
其他投资类	2 312 769.55	1 688 [illegible].59
融资类	4 244 270.18	3 600 [illegible].47
事务管理类	160.50	101 [illegible].52
合计	6 561 466.23	6 524 [illegible].17

6.4.2.1.2 被动管理型信托业务期初数、期末数,分证券投资类、股权投资类、融资类、事务管理类分别披露

单位:万元

被动管理型信托资产	期初数	期末数
证券投资类	—	—
股权投资类	—	—
其他投资类	222 973.66	40 429.70
融资类	—	—
事务管理类	7 522 042.64	6 042 401.72
合计	7 745 016.30	6 082 831.42

6.4.2.2 本年度已清算信托项目个数、实收信托合计金额、加权平均实际年化收益率

6.4.2.2.1 本年度已清算信托项目(按集合类、单一类、财产管理类分别计算)

已清算结束的信托项目	项目个数(个)	实收信托合计金额(万元)	加权平均实际年化收益率(%)
集合类	78	4 594 040.07	6.8181
单一类	40	1 447 712.74	5.5924
财产管理类	15	2 370 952.31	5.8011

注:1. 收益率是指信托项目清算后,给受益人赚取的实际收益水平。

2. 加权平均实际年化收益率=(信托项目1的实际年化收益率×信托项目1的实收信托+信托项目2的实际年化收益率×信托项目2的实收信托+…+信托项目n的实际年化收益率×信托项目n的实收信托)/(信托项目1的实收信托+信托项目2的实收信托+…+信托项目n的实收信托)×100%。

6.4.2.2.2 本年度已清算主动管理型信托项目(按证券投资类、股权投资类、融资类、事务管理类分别计算)

已清算结束的信托项目	项目个数(个)	实收信托合计金额(万元)	加权平均实际年化信托报酬率(%)	加权平均实际年化收益率(%)
证券投资类	2	12 671.00	0.0995	7.0940
股权投资类	1	4 266.00	0.9412	9.3539
其他投资类	6	154 874.54	2.0377	6.8310
融资类	70	2 850 109.00	2.1750	7.7089
事务管理类	7	125 642.27	0.0809	5.7172

注:加权平均实际年化信托报酬率=(信托项目1的实际年化信托报酬率×信托项目1的实收信托+信托项目2的实际年化信托报酬率×信托项目2的实收信托+…+信托项目n的实际年化信托报酬率×信托项目n的实收信托)/(信托项目1的实收信托+信托项目2的实收信托+…+信托项目n的实收信托)×100%。

6.4.2.2.3 本年度已清算被动管理型信托项目(按证券投资类、股权投资类、融资类、事务管理类分别计算)

已清算结束的信托项目	项目个数(个)	实收信托合计金额(万元)	加权平均实际年化信托报酬率(%)	加权平均实际年化收益率(%)
证券投资类	—	—	—	—
股权投资类	—	—	—	—
其他投资类	1	869 193.00	0.2242	5.4376
融资类	—	—	—	—
事务管理类	46	4 395 949.31	0.1007	5.2815

6.4.2.3 本年度新增的集合类、单一类和财产管理类信托项目个数、实收信托合计金额

新增信托项目	项目个数(个)	实收信托合计金额(万元)
集合	75	3 216 978.37
单一	35	803 690.56
财产权	10	1 574 997.21
新增合计	120	5 595 666.14
其中:主动管理型	91	4 013 772.76
被动管理型	29	1 581 893.38

注:本年新增信托项目指在本报告年度内累计新增的信托项目个数和金额。包含本年度新增并于本年度内结束的项目和本年度新增至报告期末仍在持续管理的信托项目。

6.4.2.4 信托业务创新成果和特色业务有关情况

(1)探索家族信托。公司坚守受托人根本定位,满足人民日益增长的美好生活需要,公司在成功推出“紫金信托·私享系列家族信托”后,2020年推出“紫金信托·丰享系列家族信托”。结合长三角区域高净值客群特点,通过家族信托满足客户对资产管理、财富传承、生活保障等多方面需求。在资产管理方面,根据委托人风险评估结果、信托财产类型、家庭支出特点等,确定资产组合的风险、收益特征及流动性要求,建立多市场金融资产遴选配置。财富传承方面,针对委托人家庭实际情况,通过信托利益分配,实现家庭财产定向传承,保全资产完整性。在生活保障方面,根据委托人家庭现金流情况,通过定期分配、临时分配相结合的方式,满足信托受益人日常生活、出国留学、医疗健康等多方面支出需求。

(2)以科技赋能推进数字化财富管理服务。2020年初开始的新冠肺炎疫情加速了公司财富管理向数字化转型的步伐。在2020年春节期间,公司启动了“抗疫情·稳生产”工作,扩容“远程双录系统”及“客户身份线上认证”等多个应用系统或模块,以技术手段及时有效地应对疫情带来的管理、服务、销售上的冲击。上线“紫金信托小程序”,实现多个产品的线上认购。优化“六度”系统模块,立足于服务销售,打造理财经理展业和客户服务的随身中台。2020年12月10日,2020金融界“领航中国”年度评选颁奖盛典在北京举行,紫金信托凭借在财富管理服务方面的卓越表现,荣获“杰出财富服务品牌奖”。在中国人民银行南京分行开展的2019年度江苏省金融机构金融消费者权益保护评估工作中,公司荣获A级。

(3)以慈善信托助力打赢疫情防控阻击战。2020年面临突如其来的新冠肺炎疫情,公司发挥信托优势,通过慈善信托助力一线疫情防控与医疗救助。“紫金信托·厚德博爱抗击疫情”系列慈善信托累计募集慈善资金超过580万元。新冠肺炎疫情在中国暴发以来,日方股东三井住友信托银行非常关注疫情进展。为有效助力打赢疫情防控阻击战,双方合作设立了“紫金信托·厚德博爱中日友好抗击疫情慈善信托”。这是国内首单境外企业作为委托人的慈善信托,项目规模为50万元,募集资金用于武汉市雷神山医院疫情防控救治工作。

6.4.2.5 本公司履行受托人义务情况及因本公司自身责任而导致的信托资产损失情况

本公司以为受益人最大利益行事为基本职责,认真履行以下义务:诚实信用、谨慎和有效管理义务;忠实义务;分别管理义务;亲自管理义务;保存记录义务;定期报告义务;依法保密

的义务；向受益人支付信托利益的义务。

截至2020年12月31日，本公司未发生因自身责任而导致的信托资产损失情况。

6.5　关联方关系及其交易

6.5.1　关联交易方的数量、关联交易的总金额及关联交易的定价政策等

项目	关联交易方数量（个）	关联交易金额（万元）	定价政策
合计	7	192 415.84	—

6.5.2　关联交易方与本公司的关系性质、关联交易方的名称、法人代表、注册地址、注册资本及主营业务等

关系性质	关联方名称	法定代表人	注册地址	注册资本（亿元）	主营业务
本公司控股股东	南京紫金投资集团有限责任公司	李方毅	江苏省南京市	50	实业投资、资产管理、财务咨询、投资咨询。
本公司股东在中国设立的分支机构	三井住友信托银行股份有限公司上海分行	八田健	上海市	34	在银监会批准范围之内，经营对各类客户的外汇业务及人民币业务。
本公司控股股东的联营企业	南京银行股份有限公司	胡升荣	江苏省南京市	100.07	吸收存款、发放贷款等。
本公司控股股东的子公司	南京紫金融资租赁有限责任公司	张亚波	江苏省南京市	3	以融资租赁等租赁业务为主营业务等。
本公司控股股东的子公司	南京证券股份有限公司	李剑锋	江苏省南京市	36.86	证券经纪、证券承销、证券自营、客户资产管理、财务顾问等。
本公司控股股东的联营企业	南京通汇融资租赁股份有限公司	张霆	江苏省南京市	5	以融资租赁等租赁业务为主营业务等。
本公司控股股东的子公司	南京市高新技术风险投资股份有限公司	张伟	江苏省南京市	2.08	对高新技术企业进行投资及项目管理等

6.5.3　本公司与关联方的重大交易事项

6.5.3.1　固有财产与关联方：贷款、投资、租赁、应收账款、担保、其他方式等期初汇总数、本期借方和贷方发生额汇总数、期末汇总数

单位：万元

固有财产与关联方关联交易				
项目	期初数	借方发生额	贷方发生额	期末数
贷款	—	—	—	—
投资	1 470.63	—	—	1 470.63
租赁	—	—	—	—
担保	—	—	—	—
应收账款	—	—	—	—
其他	0.17	—	—	0.17
合计	1 470.80	—	—	1 470.80

6.5.3.2　信托资产与关联方：贷款、投资、租赁、应收账款、担保、其他方式等期初汇总数、本期借方和贷方发生额汇总数、期末汇总数

单位：万元

信托资产与关联方关联交易				
项目	期初数	借方发生额	贷方发生额	期末数
贷款	141 200.00	136 000.00	130 000.00	147 200.00
投资	—	—	—	—
租赁	—	—	—	—
担保	—	—	—	—
应收账款	—	—	—	—
其他	40 233.05	57 372.34	53 860.35	43 745.04
合计	181 433.05	193 372.34	183 860.35	190 945.04

6.5.3.3　信托公司自有资金运用于自己管理的信托项目（固信交易）、信托公司管理的信托项目之间的相互（信信交易）交易金额，包括余额和本报告年度的发生额

6.5.3.3.1　固有财产与信托财产之间的交易金额期初汇总数、本期发生额汇总数、期末汇总数

单位：万元

固有财产与信托财产相互交易			
项目	期初数	本期发生额	期末数
合计	239 175.40	−37 077.4	202 098.00

注：以固有资金投资公司自己管理的信托项目受益权，或购买自己管理的信托项目的信托资产均已纳入统计披露范围。

6.5.3.3.2　信托项目之间的交易金额期初汇总数、本期发生额汇总数、期末汇总数

单位：万元

信托资产与信托财产相互交易			
项目	期初数	本期发生额	期末数
合计	878 228.29	−205 202.04	[illegible]3 026.25

注：以公司受托管理的一个信托项目的资金购买自己管理的另一个信托项目的受益权或信托项下资产均已纳入统计披露范围。

6.5.4　关联方逾期未偿还本公司资金的详细情况及本公司为关联方担保发生或即将发生垫款的详细情况

截至2020年12月31日，本公司未发生关联方逾期未偿还本公司资金的情况，也无本公司为关联方担保发生或即将发生垫款的情况。

6.6　会计制度的披露

本公司固有业务、信托业务执行的会计制度为财政部2006年新修订颁布的《企业会计准则》及其应用指南。

7. 财务情况说明书

7.1　利润实现和分配情况

经立信中联会计师事务所（特殊普通合伙）审计，2020年公司实现净利润58 010.16万元。按规定计提法定盈余公积5 801.02万元、计提信托赔偿准备2 900.51万元、计提一般风险准备金856.98万元，2020年实现可供分配利润为

48 451.65万元。

7.2 主要财务指标

指标名称	指标值
资本利润率(%)	13.53
加权年化信托报酬率(%)	0.9183
人均净利润(万元)	305.32

注:1. 资本利润率=净利润/所有者权益平均余额×100%。

2. 加权年化信托报酬率=(信托项目1的实际年化信托报酬率×信托项目1的实收信托+信托项目2的实际年化信托报酬率×信托项目2的实收信托+…+信托项目 n 的实际年化信托报酬率×信托项目 n 的实收信托)/(信托项目1的实收信托+信托项目2的实收信托+…+信托项目 n 的实收信托)×100%。

4. 人均净利润=净利润/年平均人数,公式为 a(平均)=(年初数+年末数)/2。

7.3 对本公司财务状况、经营成果有重大影响的其他事项

无。

8. 特别事项揭示

8.1 前五名股东报告期内变动情况及原因

无。

8.2 董事、监事及高级管理人员变动情况及原因

2020年4月20日,紫金信托有限责任公司2019年度股东会审议通过《关于渠泉先生辞职的议案》,渠泉先生不再担任紫金信托有限责任公司监事。审议通过《关于提名公司监事候选人的议案》,选举许慧女士为紫金信托有限责任公司监事。

2020年9月30日,紫金信托有限责任公司2020年股东会第二次临时会议审议通过《关于监事辞职及选举监事的议案》,陈玲女士不再担任紫金信托有限责任公司监事,选举李颖女士为紫金信托有限责任公司监事。2020年10月12日,紫金信托有限责任公司第三届监事会第十二次会议选举李颖女士为第三届监事会主席。

8.3 变更注册资本、变更注册地或公司名称、公司分立合并事项

无。

8.4 公司重大诉讼事项

8.4.1 重大未决诉讼事项

报告期内公司未发生重大未决诉讼事项。

8.4.2 以前年度发生,于本报告年度内终结的诉讼事项

无。

8.4.3 本报告年度发生,于本报告年度内终结的诉讼事项

无。

8.5 公司及其董事、监事和高级管理人员受处罚情况

无。

8.6 中国银保监会及其派出机构整改意见

江苏银保监局于2020年11月18日至11月24日对公司开展了房地产信托业务专项检查,在监管意见单中提出了严格落实房地产调控政策、严格执行房地产信托贷款监管政策、加强房地产信托业务风险管控三个方面的监管意见。公司已对监管机关提出的问题和意见制定和报送了相关整改方案,并已落实整改。

8.7 本年度重大事项临时报告的简要内容、披露时间、所披露的媒体及其版面

无。

8.8 中国银保监会及其省级派出机构认定的其他有必要让客户及相关利益人了解的重要信息

无。

8.9 已向国务院银行业监督管理机构或其派出机构提交行政许可申请但尚未获得批准的事项

无。

9. 公司监事会意见

公司股东会、董事会、监事会、经营管理层职责明确,有效行使了公司权力机构、决策机构、监督机构和执行机构的职能。

2020年公司董事会发挥科学决策职能,严格遵守《中华人民共和国公司法》、公司章程和相关法规开展工作。公司能够严格按照《中华人民共和国信托法》《信托公司管理办法》《信托公司集合资金信托计划管理办法》和中国银保监会的有关规定,规范运作,依法决策,依法管理。本报告期内,董事会认真执行了股东会的决议,忠实履行了诚信义务,未发现董事及高级管理人员在执行公司职务时有违法违纪和有损公司及股东利益的行为。

公司2020年度财务报告客观真实地反映了公司的实际财务状况和经营成果。